JN203465

中村昌生 監修

茶室露地大事典

淡交社

序

茶室も茶の湯の道具であります。千宗旦の高弟・山田宗徧は、『利休茶道具図絵』の最初に一畳半、二畳、四畳半の寸法書と図を取り上げていました。もっぱら茶室や露地を取り上げた茶書や、図や寸法などを記した刊本、写本もありますが、茶室や露地のことは、茶書の中で説かれてきました。ですから研究のためには、茶書のすべてに眼を通さねばなりません。それは生涯をかけても為し遂げられないことです。

今も茶書は読んでおりますが、特に茶室に関する記載はなく、点前作法について述べられているところを通じても、その茶室の佇まいが浮かんでくることがあり、他の茶の湯道具と茶室が同じであることを感じます。

この事典は茶の湯道具としての茶室、露地を対象としました。そこで項目の選択にも配慮し、建築と庭の専門家だけでなく、茶の湯の研究家にも執筆をお願いしました。

普通茶の湯の世界では、茶室といえば草庵風な四畳半以下の茶室をさしますが、書院風な茶室、煎茶や文人趣味の茶室、立礼席など多様な茶室があります。草庵式茶室が成立してくる珠光、武野紹鷗、千利休以前の茶の湯の座敷、また将軍邸における殿中の茶の湯の間、闘茶や淋汗の茶の湯の茶亭など、多様な茶室が形成されていました。やがて草庵の茶が武家から公家、町衆にまで普及し、利休の茶室は多彩な展開をみせます。武家社会では御成の茶の式法が生まれ、数寄屋、鎖の間、書院という茶会の施設の構成が定まり、公家社会にもひろまりました。

利休は茶の湯道具の創作を通じて、思想、美意識を後世に伝えました。それは書院建築や山荘にも影響を与え、曼殊院の大書院・小書院、西本願寺黒書院、桂離宮、修学院離宮など江戸時代初期の名作が残っています。さらに町衆の住居にもひろがっていきましたし、やがて数寄屋造と呼ばれる様式に発展しました。各地に営まれた大名庭園には、茶屋と呼ばれるような亭が建てられました。それらの亭は瀟洒な造りですが、多くは純粋な茶室ではありませんでした。また京都の三千家、藪内家、速水家、東京の江戸千家など、茶道宗家には流祖以来の茶室が建て継がれています。

近代に台頭した数寄者たちは、自己の創意を加えても、やはり伝統的な草庵式茶室を継承し、写しを造ることもありました。そして椅子式（立礼）の茶室や、椅子式と座礼の結合を試みるようになります。さらに草庵風から一段と鄙びた造り、田舎家を活用することを好みました。また古材の活用も好きでした。彼らは広大な山荘を営み、庭間に趣向を尽した茶室を設けています。山荘内では小間とともに広間も造られ、美材を競いました。

第二次大戦後は茶の大衆化の時代に向かい、大寄せの茶が盛んになります。広間が歓迎されるようになり、小間と広間の併設が一般化しました。小間はやはり草庵式茶室が主流ですが、新しい意匠も工夫されるようになります。立礼席も流行し、茶道宗家にも裏千家に初めて「又新」が設けられました。建築家らによる新しい茶室の試みも現われていますが、今のところ普及の兆しはありません。

このように茶室の展開を概観すると「茶の湯の道具」を離れた茶室も少なくありません。この事典ではそれらの遺構にも視野をひろげています。

茶室には必ず露地があります。茶室と露地も一体なのです。利休は、茶の湯は「路地入ニテミル事肝要」と説いていました。露地口を入る時から茶の湯は始まります。庭である露地も、屋内である茶室も一体に組み立てられるのです。日本の住まいは古くから庭（自然）と一体に組み立てられ、「庭屋一如」の伝統を貫いてきたのです。利休の茶室もその伝統に根ざしています。露地は広狭の定めはありませんが、露地口から直ちに茶室の姿を望見できないように植木で視界をふさぎ、茶室につながる苑路を長くして、「山居之鉢」の趣きをつくり出します。苑路を形成する飛石や延段の配置、石の選択には細心の工夫が凝らされ、冬には樹木の蔭に敷松葉が施されます。茶室の近くには手水構えをしつらえます。蹲踞の構えのほかに、立使いの手水鉢を据えることもあります。客は迎付の前に亭主が注いだ手水を使い、世俗の塵を洗い流すのです。客は土間庇の飛石を伝って席入りしますが、土間庇は座敷(建物)と露地(庭)をつなぐ空間です。土間庇にはたいてい刀掛が釣られ、塵穴があります。利休はある時、床に花を飾りませんでした。不思議に思った客に、帰りに塵穴を見て欲しいと言ったという逸話も、露地と茶室の一体であることを説いています。

このような茶室と露地に対する考え方を共有される方々によって露地に関する項目の執筆もなされています。

事典の出版には多くの方々のご協力を仰がねばなりません。幸い京都工芸繊維大学に在職中、小生の大学院研究室出身者で、茶室の研究もしている方がありましたので、日向進、中村利則、池田俊彦、桐浴邦夫の各氏、そして東京で近世住宅等の研究に成果を挙げておられ、かねて親交のあった西和夫先生に編集委員としてご協力をお願いしました。西先生は東奔西走のご多忙の日々でしたが、急に病を得て平成二十七年、幽明境を異にされました。思いもかけないことで呆然としていましたところ、西先生の恩師に当る平井聖先生が、西先生の残された仕事、原稿執筆まで、ご多忙にもかかわらず引き継いで下さいました。先生の深いご理解とご尽力に厚く御礼申し上げます。

露地に関しては、日本庭園研究家で露地にご造詣の深い仲隆裕先生にご尽力頂きました。先生は庭園研究の上でも「庭屋一如」の伝統を重視しながら、各地の遺構を調べ、作庭技術にも精通しておられ、かつ茶室関係の委員との交流もあり、快く編集委員をお引き受け頂きました。

茶の湯に関しては倉澤行洋先生に委員としてご協力を仰ぎました。哲学者で、茶道に精通せられ、特に思想、美意識の研究の深化に貴重な業績を挙げてこられました。「茶の湯道具」のこの事典が先生の学識で裏打ちされたことを特筆しなければなりません。

「茶室」の大項目は当然私が執筆すべきであります。しかし『角川茶道大事典』（角川書店、一九九〇年刊）において、編者の林屋辰三郎先生からの厳命で遂に小生が執筆をお受けせざるを得ませんでした。そのため本書でふたたび「茶室」の項目の筆を執ることはできません。そこで私は横山正先生に懇請いたしました。横山先生は故宮上茂隆氏と東京大学在学中から私の研究室へこられ、茶室について論じ合いました。ともに堀口捨己先生のご業績を仰ぎながら、持論を育てる楽しい集まりでしたが、宮上さんは突然世を去られ、横山先生とも会う機会は少なくなりました。しかし、互いに気持ちでは議論を続けている心境でつながっています。そんな間柄のせいでしょう、ご執筆頂くことができました。

ご多忙中、原稿や平面図、イラストなど、多様な図版をご執筆下さいました多くの方々に厚く御礼を申し上げます。また写真の撮影や提供にご協力を頂いた方々にも心から謝意を表します。

さらに淡交社その他の方々には、読者の視点に立っての原稿整理や校正など、ご尽力を頂き感謝に堪えません。

この事典が、茶室、露地に関心のある方々の座右に備えられ、茶の湯、建築、庭園を通じて、日本の文化の未来に貢献できることを期待しております。

平成二十九年晩秋

中村昌生

凡例

一、本事典は、原則として小項目主義をとった。収録総項目は、約四、九〇〇項目。

一、項目の選定は、監修者及び編集委員が行った。

一、項目は、建築として抹茶・煎茶両道の茶室と和風建築及び露地、茶の湯の各部門から選出し、五十音順に配列した。

一、建築の部門では、全国各地に存在する茶室や和風建築を中心に、現在失われているが茶道史上で重要と考えられる茶室についても取り上げた。さらに茶室の各部名称、建築工法や技術に関する用語、大工用具などについて立項した。

一、露地の部門では、露地及び大名庭園などの茶室をともなう日本庭園を中心に、露地の構造、役石、門や木戸、垣、燈籠、手水鉢、さらに用いられる植栽や石・砂などについて立項した。

一、茶の湯の部門では、茶室・露地とかかわりの深い茶人・数寄者や茶書・文献、さらに茶事、茶会での用語、茶道具についても立項した。

一、茶室・和風建築の立項選定においては、原則として建造から五十年を経ているものを基準としているが、それ以外のものも採録した。

一、「広間」と「小間」など、項目によっては解説を統合して内容を比較できるようにしたものもある。

一、個人邸にあった茶室などを含め、現在までに移築されたり、逸した建築物があり、その跡を追えないものもあるが、本書の意義などを考慮し、過去の出版書なども参照して項目として採用したものもある。

一、茶室・和風建築の項目には、本来「旧某家住宅」「旧某家茶室」など、正しくは旧家の名称をもって立項すべきものもあるが、検索の便をはかるため「旧」の文字を取り、項目名としたものもある。

一、項目の配列は、濁音、半濁音に関係なく、すべて清音に直して配列した。

一、同名・同字の項目については一項目にまとめ、❶❷…を付して区別し、配列した。

一、同音の項目については、第一字目の漢字の画数が少ない順に配列した。

一、各部門の執筆に際しては、現在の学問研究の水準に基づく内容としながらも、茶道における伝承についての考慮をはらった。

一、執筆者と図版作成者については、執筆者・図版作成者一覧に別記した。

一、巻末には編集局による編集、構成で、イラストを中心とした付録ページを設け、本文理解の助けとした。

一、付録ページは、本文ページとは別にノンブルを振り直した。

一、見出しは、本見出し、仮名見出しの順で掲げた。

一、見出し語の送り仮名は多く、省略した。

一、ふり仮名は、項目ごとに初出の語句に付けた。ただし、（　）内については原則として付けなかった。

一、ふり仮名は様々な読みがあるもの、もしくは歴史的には付したふり仮名とは違う読みの可能性があるものもあるが、原則として立項名の読みに従った。

一、現存する茶室・建築及び露地の項目は、原則として現在の所在地の都道府県名と市町名を冒頭に入れ、解説の文末には文化財指定の別を明示した。

一、指定文化財については、国指定の国宝、重要文化財、史跡、名勝、特別史跡、特別名勝、及び登録有形文化財、登録記念物に入れ、都道府県指定の文化財については明示しなかった。

一、各項目中で、⇩印は、その項目を見よという意味を示す。また＊印を付す語句は、別に立項があり、内容の関連する、あるいは参照すべき語句である。

一、茶道史上、重要な茶室や室内の主要部分、建築工法などの項目では、理解のために必要と思われる語句に、＊印を付けるように努めた。

一、茶道各流の歴代家元に＊印を付す場合、その前方にある流派（表千家、裏千家など）の語に＊印を付した。

一、付録ページを参照すべき項目には、解説の文末などに（付録〇頁参照）と入れた。

一、＊印を付せないが、項目の参照が必要と思われる箇所には（〇〇の項を参照）などと入れた。

一、時代区分表記は、原則として政治・文化史時代区分に従い、大和・飛鳥・奈良・平安・鎌倉・室町・織豊・江戸時代として、通史との一致をはかった。なお、南北朝時代は室町時代初期と表記した。また応仁の乱から織豊時代までの時期を戦国時代と表記したこともある。

一、原始、古代、中世、近世、近代、現代などの表記も用い、特に近現代は、明治・大正・昭和・平成を示すこととした。

一、人名項目は、正式な呼称によるもののほか、近代数寄者の人名は雅号で立項したものもある。

一、人名項目には、文頭にその生没年を和暦年号及び西暦で示した。

一、文中の年号は、日本における事象には和暦年号を用い、西暦を付した。

一、建築の寸法表記は原則として尺貫法を用い、メートル法での表記が必要な場合は（　）を付して入れた。

一、引用文、引用語句、特別な語句、別称、古称などは「　」でくくったものもある。

一、近代以前の文献資料からの引用文については、漢字を旧字体から新字体にあらため、読みやすいように句読点やナカグロを付したものもある。

一、台目の表記については、「大目」と表記する立場もあるが、本事典においては、特別な場合を除き、「台目」と統一した。

一、床（とこ）の表記については、「床の間」と表記する立場もあるが、本事典においては、特別な場合を除き、「床」と統一した。

一、現在、表千家の茶室不審菴の表記は「菴」の文字で表記されているため、現在の不審菴を示す項目や箇所では「不審菴」と統一した。

一、茶室をはじめとした和風建築においては、屋根の葺き替えなど、日々改修が行われているため、現状が解説内容と変わっている可能性もある。

一、本文の収録図版については、茶室・建築や露地を中心に添載した。総点数約八五〇点。

一、茶道史上、重要と考えられる茶室・建築については、建築平面図を添載した。総点数約一五〇点。

一、収録図版の撮影者及び協力者は別記した。

一、本書に収録した茶室・露地の多くは非公開であり、一般の拝観が許可されないところもある。

【執筆者・図版作成者一覧】五十音順

飯島照仁
池田俊彦
岩崎正彌
岩崎　泰
岩田明子
岡本文音
忍穂明日香
影山純夫
加藤悠希
神谷昇司
岸本真理子
北岡慎也
木津宗詮
木津露真
木村栄美
桐浴邦夫
工藤誠己
倉澤行洋

桑原典子
小出祐子
五島昌也
齊藤紘子
坂本忠規
佐藤ひろゆき
清水重敦
下出祐太郎
白木朝乃
菅沼　裕
杉谷朱美
関根秀治
高橋知奈津
橘　倫子
建部恭宣
谷　晃
田野倉徹也
直井陽子

仲　隆裕
中西大輔
中村　幸
中村靜子
中村琢巳
中村利則
中村昌生
西　和夫
朴　珉廷
日向　進
平井　聖
平出美玲
平井俊行
平川善弘
廣田吉崇
麓　和善
前田伸治
松田剛佐

松本康隆
矢ヶ崎善太郎
山田由香里
横山　正
吉江勝郎
吉村龍二
和田嘉宥

［図版協力者］五十音順

会津若松観光ビューロー
秋田県建築士会
秋山宗和
足利市教育委員会
有澤家
壱岐市教育委員会
石川県金沢城・兼六園管理事務所
依水園
和泉市久保惣記念美術館
出水神社
出雲文化伝承館
居初氏庭園
市島邸
伊奈波神社
井上隆雄
今西家書院
上田流和風堂
埋木舎・大久保家
裏千家 今日庵
宇和島伊達文化保存会
永青文庫
恵観山荘保存会
江戸千家宗家蓮華庵
江戸東京たてもの園
江沼神社
海老名家
MOA美術館
圓光寺
遠州茶道宗家
黄梅院
大垣市奥の細道むすびの地記念館
大津市
大屋孝雄
小笠原敏孝
岡山県観光連盟
岡山県後楽園事務所
岡山大学附属図書館
奥田家住宅
小田原市教育委員会
小田原市郷土文化館
表千家 不審菴
園城寺
海福院
鹿児島市教育委員会
香川県栗林公園観光事務所
笠間日動美術館
勧修寺
梶原家住宅茶室
春日大社
加藤振次
加藤成文
金沢市立中村記念美術館
金沢21世紀美術館
可部屋集成館
賀茂別雷神社
臥龍山荘
川越市
川本聖哉
がんこフードサービス
記恩寺
岸本木材
北野天満宮
北村美術館
吉川一朗
久昌院
京からかみ丸二
京都市観光協会
京都市市民局 元離宮二条城事務所
京都大学
京都伝統建築技術協会
共楽亭
玉林院
清澄庭園サービスセンター
近鉄リテーリング
草野本家
宮内庁 京都事務所
熊本市
倉敷市旧柚木家住宅
グランドプリンスホテル新高輪
栗本家
桑名市
桑原英文
慶栄寺
桂春院
建仁寺
光雲寺
光悦寺
廣誠院
香雪美術館
高台寺
高知市教育委員会
高知市寺田寅彦記念館
高桐院
小鍛冶宗伸
国際基督教大学
国立国会図書館
護国寺
五島美術館
琴ノ浦温山荘園
古奈別荘
小林一夫
小林宗美
小林正和
孤篷庵

金地院
興福院
西行庵　花輪家
西光寺
齋田記念館
西芳寺
堺観光コンベンション協会
佐賀県立名護屋城博物館
札幌市
茶道宗徧流不審庵
茶道隆茗会
山陰中央新報社
三溪園
三玄院
山水園
サントリー美術館
重森三玲庭園美術館
慈光院
慈照院
慈照寺
詩仙堂丈山寺
思文閣出版
酬恩庵
聚光院
縮景園
小学館
勝興寺
正伝永源院
松殿山荘茶道会
浄土寺

称名寺
青蓮院門跡
昭和美術館
白河市教育委員会
神宮司庁
真珠庵
真宗大谷派（東本願寺）
神勝禅寺
瑞光山蓮乗院
瑞峯院
末廣神社
杉本泰輔
住友林業
角屋保存会
炭屋旅館
成巽閣
青龍苑
石水博物館
芹川貞夫
専修寺
浅草寺
潜龍
總持寺
醍醐寺
太閤園
大慈院
大仙院
大通寺
大道雪代
大松

當麻寺中之坊
高久酒造
竹田市教育委員会
竹中工務店
竹中大工道具館
竹前　朗
立花家
達川要三
たつの市役所
田畑みなお
田淵家
竹林舎建築研究所
致道博物館
茶道資料館
津軽藩ねぷた村
土橋永昌堂
つば甚
DNPアートコミュニケーションズ
貞観園保存会
天球院
天理教兵庫教務支庁
東海庵
東京藝術大学附属図書館
東京国立博物館
東京都公園協会
東京都庭園美術館
等持院
唐招提寺
東福寺
東北大学附属図書館

藤間久子
徳川美術館
德田音夢
特別史跡旧閑谷学校顕彰保存会
鳥取県教育委員会
富山県民会館分館　豪農の館　内山邸
富山市佐藤記念美術館
内閣府　迎賓館京都事務所
中田　昭
中津万象園・丸亀美術館
中村公園事務所
中村洋子
名古屋市東山荘
名古屋市文化振興事業団
名古屋市緑化センター
七尾市教育委員会
奈良学園
奈良国立博物館
南湖神社
南宗寺
新潟ビルサービス
西川宗進
西田家庭園保存会
日新電機
日泰寺
ニトリ
日本私立学校振興・共済事業団
二村　海
ニューカラー写真印刷
仁和寺

根津美術館
ノートルダム女学院中学高等学校
野田市郷土博物館・市民会館
野仏庵
野村證券
白沙村荘　橋本関雪美術館
箱根登山鉄道
畠山記念館
八勝館
パナソニック
林忠彦作品研究室
速水滌源居
阪急文化財団　逸翁美術館
半床庵文化財団
ピクスタ
彦根市教育委員会
日ノ丸産業
姫路市
姫路文学館
兵庫県赤穂市教育委員会
平山学園
福井市
福井新聞社
フクシ・エンタープライズ
藤井金治
藤井宗悦
ふじのくに茶の都ミュージアム
藤森　武
伏見稲荷大社
古川泰造

平安神宮
北方文化博物館
ホテル・クリオコート博多
ホテル奥道後　壱湯の守
堀内カラー
堀内長生庵
本願寺（西本願寺）
本田敏雄
本法寺
前橋市
松江市
松江歴史館
松尾家
松島観光協会
松任秀樹
松浦史料博物館
曼殊院門跡
萬福寺
美さき商事
三島市立公園楽寿園
水野克比古
溝縁ひろし
三井記念美術館
三井物産
三菱東京ＵＦＪ銀行
水戸土木事務所
水無瀬神宮
渞　忠之
宮上茂隆
宮野正喜

宮村政徳
明願寺
妙喜庵
明壽院
無限庵
武者小路千家　官休庵
睦美マイクロ
無鄰菴管理事務所
室金物
名鏡勝朗
名勝天赦園
名鉄犬山ホテル
明々庵
本木誠一
諸戸財団
八代市立博物館
柳川市教育委員会
藪内燕庵
山口県文書館
ヤマザキマザック
山田雅信
八幡市立松花堂庭園
有斐斎弘道館
友明堂
湯沢市教育委員会
揚輝荘
養翠園
陽明文庫
与古田松市
横浜市教育委員会

横山健蔵
横山竹材店
吉池旅館
頼久寺
来迎院
頼山陽旧跡保存会
樂家
流響院
龍安寺
竜王会館
龍光院
両足院
蓮華寺
鹿王院
鹿苑寺
早稲田大学図書館

［装訂・組版］
ザイン　大西和重
　居上美智子
　大西未生

［ケース写真］
裏千家又隠　撮影／井上隆雄
兼六園夕顔亭　撮影／田畑みなお

あ

相生の松【あいおいのまつ】

幹が根元で二股に分岐する松。あるいは二株の樹木が密着し、双生するもの。能の演目の高砂でよく知られる。能の高砂では、高砂の松（兵庫県高砂市）と住吉の松（大阪市住吉区）とが相生の松とされる。「相老」とかけて夫婦和合、長寿を象徴する。一般に直立する幹を雄株、もう一方を雌株と呼称する。

合木棚【あいきだな】

函木棚と同じ。⇒函木棚【かんきだな】

合釘【あいくぎ】

部材と部材を内側でつなぎ合わせる時に用いる釘。そのため釘の両端が釘先の形状となり、釘の頭は存在しない。茶室では一般に*中柱のある点前座に設けられた仕付棚（二重棚や*雲雀棚など）の棚の木口を接合する時や、水屋の*簀子棚（茶碗棚）などの接合に用い、部材の接合において釘を見せない工夫がなされている。

間垂木【あいだるき】

*化粧垂木の垂木間に、化粧垂木とは異なる材や種の垂木を入れたもの。またその垂木。特に茶室や数寄屋建築では、三尺程度の疎らな間隔に配された丸太や竹の垂木間に、女竹や淡竹などの細い竹を中央に入れたものをさすことが多い。この時、間垂木は、藤がらみにして小舞と結び付けることで、わびた表現とすることが多い。（付録24頁参照）

相手柱【あいてばしら】

❶ある柱に相対して立つ柱。床の左右二本の柱のうち、*床柱でない方の柱。（付録16頁参照）
❷*台子の四本柱のうち、*客付の奥の柱。

間垣【あいのかき】

仕切り垣と同じ。⇒仕切り垣【しきりがき】

相の間【あいのま】

❶主要な二つの座敷（広間）などのあいだに配置された小部屋。「合の間」とも書く。両座敷に対しては次の間として機能し、数寄屋風の書院では控えの間として使われる。一般的に、八畳と六畳の座敷のあいだには、四畳程度の広さが適当とされる。社寺建築においては本殿と拝殿のあいだ、礼堂と祠堂のあいだにある部屋をさし、権現造、八幡造などに見られる。
❷柱間寸法のひとつ。「六尺間」ともいう。*京間と*田舎間との中間の広さ。

間柱【あいばしら】

力竹と同じ。⇒力竹【ちからだけ】

合端のなじみ【あいばのなじみ】

*飛石を打つ時に、前後する石の凸部と凹部をあわせるなどして、視覚的に調和の取れた配置にすること。「合端のなずみ」ともいう。

青石【あおいし】

青または緑色の石の総称。庭園や建材に使用される。中央構造線にそった三波川変成帯に分布し、三波川結晶片岩の中の緑泥角閃片岩で、この岩脈に該当する日本列島の各地で産出するほか、蛇紋岩や砂岩における同色のものも青石と呼ぶことがある。関東では*秩父青石、三波川石などがある。関西では和歌山県を挟んで東西に産出する*紀州青石があり、京都など畿内と中部地方の庭園に使用されている。四国では阿波青石が徳島県の吉野川流域、さらに愛媛県の伊予地方にかけて産出する。九州北部にも露出し、福岡県八女市矢部川流域では広川青石として産出される。庭園では*景石のほか*飛石や*沓脱石、石橋などに使用されるほか、*伽藍石として加工されたりする。特に*滝石組では中世から重宝されたほか、*敷石や*捨石、根固石、石積み、碑石などにも幅広く使用される。

青木【あおき】

ガリア科アオキ属の常緑低木。北海道南部から本州、四国、九州、沖縄までひろく分布する。樹高は二メートル前後。葉身は卵状長楕円形で、長さが八～二五センチほど。果実は秋に赤熟し、春頃までのこることもある。園芸品種も多く、果実がオレンジ色や黄色、白色のもの、また葉に斑が入るものなどがある。その名は茎や枝、葉などに青味を感じる光沢があり、一年を通して青々としていることからつけられた。古くから庭園樹、また露地の植栽として好まれる。

青木宗鳳【あおきそうほう】

元禄三年(一六九〇)~明和二年(一七六五)。江戸時代中期の茶人。遠州流の山田乗仙に茶の湯を学ぶ。剃髪し凡鳥と号した。別号は紫雪庵、水蒲、一統子など。大坂を拠点に茶道古文献の研究に取り組み、浪華文庫をのこす。著書に『古今茶語』『服紗考』『喫茶南方録細註』などがある。二世宗鳳は初代の子。初めは宗舒、後に新柳軒、温古斎と号した。寛政五年(一七九三)没。三世宗鳳は二世の門人。習々軒と号した。文政十一年(一八二八)没。

青桐【あおぎり】

アオイ科アオギリ属の落葉高木。「梧桐」とも書く。亜熱帯に自生し、伊豆半島や紀伊半島、四国、九州の沿海地で野生化する。主幹が直立し、街路樹としてよく植えられる。樹高は大きいもので一五メートルほどになる。葉は一五~二五センチの扁円形で三~五裂する。全縁。古くは『万葉集』や『出雲国風土記』に記載され、*寝殿造の邸宅内にも植栽されていた。ひろく栽培されたのは明治時代に入り、煎茶の流行とともに文人趣味の庭園が各地で造られた頃で、寒山竹との寄植えが好まれた。中国より輸入して植えるものもあった。

青竹箸【あおだけばし】

塵箸と同じ。⇒塵箸【ちりばし】

青竹蓋置【あおだけふたおき】

青竹で作られた蓋置のこと。蓋置は茶道具のひとつで、点前中に釜の蓋を置いたり、柄杓を引くための道具。青い竹を鋸で引き切って作ることから「引切」ともいう。節が中心より上にある風炉用と中ほどにある炉用に分けられる。*武野紹鷗が初めて好み、*千利休をはじめ*千道安、*古田織部が表道具として取り上げたとも、紹鷗が水屋用としたものを、利休が寸法を定めて点前に用いたとも伝えられる。

閼伽井【あかい】

閼伽とは、本来仏に供える水のことで、すなわち閼伽井とは、仏に供える水を汲む清らかな井戸のことをさす。後にここから転じて、重要な行事に用いられる神聖な井戸、またはその井戸を囲う覆屋のこともさすようになった。

赤石【あかいし】

赤色の石の総称。庭石としては鞍馬の赤石、京都の*紅加茂石、加賀紫雲石、奥州紫雲石、*貴船石、*丹波鞍馬石、相州赤石などがある。また群馬の三波石にも赤系統のものがある。鉱物を多く含む潜晶質石英で赤色が出るが、堆積成分中の無色石英石理などが混ざった白色の筋状模様が入った場合、肉石などと称される場合もある。*佐渡の赤玉石などは鮮やかさが顕著である。庭石の色調で吉凶を占う文化もみられ、近世より珍重された。水石(水石の項❶を参照)のほか*景石、軒内の砂利、*蹲踞の*海に撒かれることもある。*六義園や新潟市の旧齋藤氏別邸庭園(名勝)などに使用されている。

赤樫【あかがし】

ブナ科コナラ属の常緑高木。本州(宮城県、新潟県以西)から九州に分布する。樹高は大きいもので二五メートルになる。葉は互生し、卵状楕円形で全縁。個体によって上半部が波状となる場合もある。庭木や公園樹として用いられ、神社などにも植えられる。その材は赤味を帯び、密度が高く、非常に堅いため、茶室の床柱や中柱をはじめ建築材として用いられることもある。

明石の間【あかしのま】

兵庫県加古川市の料亭・みとろ苑にある茶室。みとろ苑はもと、豪農・大西家九代甚一平が大正七年(一九一八)に完成させた別宅。主屋は天保十一年(一八四〇)頃の建築と推定され、入母屋造桟瓦葺。明石の間はこの主屋西端に突出する形で設けられているが、明石城主・松平家の茶室を明治時代に移築したものと伝えられている。原叟床形式の五畳で、三畳の水屋が付属している。茶室の天井は網代天井で、矢羽根と角網代の二種類が使用され、格縁で押えられる。大広間棟の西端には茶室*安閑庵がある。なお大広間棟は、旧大西家住宅大広間棟として登録有形文化財、庭園は登録記念物である。

縣宗知【あがたそうち】

明暦二年～享保六年（一六五六～一七二一）。江戸時代前期から中期にかけての庭師、茶人。名は俊正、玉泉子と号した。*小堀遠州の作とされる庭園には宗知の作も多いという。幕府の御庭方をつとめ、茶の湯を遠州流の上柳甫斎に学ぶ。門下に老中・土屋政直、幕府御数寄屋頭の高橋休閑、縣三悦、縣三知らがいる。宝永元年（一七〇四）に高橋休閑へ与えた茶書『宗知秘伝抄』や、『庭作心得書』などの著作をのこしている。作庭では、越後国新発田藩（新発田市）溝口家下屋敷に、近江八景を模したとされる回遊式庭園（清水園の茶室の項を参照）が知られる。

暁の茶事【あかつきのちゃじ】

*茶事七式の一つ。冬季の暁に催す茶事。「夜込の茶事」、「残燈」「残月の茶事」とも称する。午前四時半頃、暗いうちの*初入りでは、*待合、露地、茶室とも燈火類をつけ、前夜の風趣をのこす。まず前茶があり初炭となるが、初炭の際、前夜からの炉中と釜の水とをあらためるのが特徴である。続いて*懐石があり、*中立の頃には夜明けを迎え、露地の燈火を引く。*後座の席中も燈火類が引かれ、濃茶、後炭、薄茶となる。暁闇から夜明けへの風趣の変化を楽しむ。

赤土壁【あかつちかべ】

壁土に赤土を用いた壁。一般には火山灰土壌の表層の黒土に対して、有機物の少ない明るい褐色の下層土を赤土と称する。また西日本や沖縄などに分布する赤土は、火山灰地帯の赤土よりも赤みが強く、亜熱帯気候下で生成された土壌であり、熱帯地方のラテライト性土壌に近い組成をもっている。壁に赤土を使用した場合は、桃色から紅色まで幅広い色調を呈する。色土としては桃山土、*大坂土などもこの範囲に属する。いずれも、現在では手に入りにくい材料のため、稲荷山黄土などを焼成して赤褐色にして使用する場合もある。その他、赤色系統の壁には弁柄を混ぜて赤色に色付けした*弁柄壁があるが、色調は赤土壁よりも明るく、全般に派手な印象を受ける。*古田織部は「数寄屋壁ノ事赤土ニテ塗也」と記しており、赤土を好んだようである。

赤松【あかまつ】

マツ科マツ属の常緑針葉高木。北海道南部、本州から九州まで全国的に内陸型の分布をする。品種は多い。*黒松を「雄松」などというのに対して「雌松（めんまつ）」「女松」などの別称がある。幹は直立してのび、樹高は三〇～三五メートルになる。樹皮は亀甲状で剝がれやすく赤褐色または黄赤褐色。わが国の森林構成樹の代表格で、庭園や露地の植栽としても非常によく用いられる。生長が速く、陽光を好み、乾燥地や、痩地に耐えるが、病虫害や公害に弱い。黒松と対比して庭園に植えられることもあり、露地にも好んで用いられる。また焼土の台地に生える先駆種で、京都の市中に自生しているため京町家の中庭をはじめ、露地においてもよく見られる。赤松材はかつて南部松（岩手県）、東北物（奥羽地方）、日向物（宮崎県）、山陽、山陰地方などが多くの優良材を産出、使用されてきたが、近年では自然環境の変化や虫害のため、市場に出回ることが激減し、京都府、兵庫県、奈良県、山梨県などのものも使われる。とはいえこれらも希少性が高い。*心材は帯黄褐色、*辺材は黄白色で、木理は真っ直ぐ通り、弾力が大きいこともあり粘り強く耐久性や耐水性に富み、工作が容易である。また樹脂道（樹脂の分泌される細胞隙間）をもっているため脂気が多く、材面に松ヤニが染み出ることもある。なお未乾燥材は、青変菌の発生によって青ないし黒色に変色するおそれがあるので、伐採時期や乾燥、製材のタイミングには注意を要する材である。*建築材として*小屋組、床組、*床板、*敷居、*畳寄、*縁甲板、基礎杭などに、また皮付材は*床柱、*中柱、*化粧垂木、*竿縁、*壁留、*廻縁などに用いる。

赤身【あかみ】

心材と同じ。⇒心材【しんざい】

赤芽柏【あかめがしわ】

トウダイグサ科アカメガシワ属の落葉高木。本州から九州、沖縄の山野に生える。樹高は五～一〇メートル程。樹皮は特徴的で、割れ目が縦に細かく入る。葉は長さ一〇～二〇センチの倒卵状円形で、先端が尖り、縁は時々三裂する。新芽は赤い。常緑樹を中心とした雑木林のほか、市街地でも実生から生長したものがよく見られる。

上り框【あがりがまち】
玄関や式台(式台の項❶を参照)、あるいは*寄付などの上り口で、土間や沓脱石から一段上った床の面の端に取り付ける*框。

明り書院【あかりじょいん】
付書院と同じ。⇩付書院【つけしょいん】

明障子【あかりしょうじ】
明りをとるために薄い紙や絹布などを張った*障子。現在一般的にいわれる障子のこと。障子の語がもともと間仕切りとして窓や縁の内側に建てる建具(明障子、衝立障子、襖障子など)の総称を示したのに対して、このようにいわれた。

明り床【あかりどこ】
付書院と同じ。⇩付書院【つけしょいん】

開口神社【あぐちじんじゃ】
大阪府堺市甲斐町東に鎮座する式内社。祭神は、塩土老翁神、素盞嗚神、生国魂神を祀る。神功皇后の勅願により塩土老翁神を祀り創建されたと伝え、『延喜式神名帳』では「開口」を「アキクチ」と読ませるが、これが訛って「アグチ」となった。摂津国の住吉大社(大阪市住吉区)と古くから関係が深く、天平三年(七三一)の記録では開口水門姫神社と書かれている。天永四年(一一一三)、原村の素盞嗚命、木戸村の生国魂命を合祀し、開口三村大明神と呼ばれ、崇敬されるようになったという。十二世紀には境内に念仏寺が創建された。堺が商業港として発展し、商人勢力が台頭してくると、商人たちの自治に支えられるようになり、康応元年(一三八九)に豪商の野遠屋周阿弥が田地を寄付して以来、田地の寄進が相次いだ。天文四年(一五三五)には念仏寺の築地修理料として堺南荘の豪商・百十余名が一人一貫文ずつを寄進しているが、この中には*武野紹鷗、*千利休(「せん与四郎」名義)などの名も記され、利休の名が見える最初の文献として知られる。これら豪商から選ばれた十数人が納屋衆、会合衆となって堺の自治組織の運営にあたり、開口神社の祭礼で重職を勤めたのである。昭和二十年(一九四五)の堺大空襲により本殿と三重塔を含め焼失したが、記録類は被害を免れた。密教や浄土教の道場にもなって活況を呈したことから、大寺の通称が定着、今もその名で親しまれている。戦前、境内南側客殿の庭園脇に武野紹鷗好みの八窓茶室がのこされていたと伝えるが、この八窓茶室の詳細は詳らかではない。茶室も戦災で焼失。平成元年(一九八九)七月に客殿横に史料を元にして無礙庵として再建され、四畳半と水屋三畳からなる。

揚板【あげいた】
自由に取り外しができる床板。台所などの床下を物入に利用する場合などに用い、物入部分を揚板下と呼ぶこともある。板には*手掛穴をあけたり、金物を取り付けたりする。*水屋で炭を収納するために作られたものを*炭入という。

揚卸窓【あげおろしまど】
上下窓と同じ。⇩上下窓【あげさげまど】

上げ切【あげぎり】
上げ台目切と同じ。⇩上げ台目切【あげだいめぎり】

上下窓【あげさげまど】
垂直に上げ下げすることができる*障子を装置した窓の総称。「揚卸窓」ともいう。たとえば*雪見障子など。

揚簀戸【あげすど】
屋根はなく、二本の丸太柱の上部に*楣を渡し、割竹を菱目や籠目に組み上げた*簀戸を釣る簡

揚簀戸　表千家

素な門。*中門として主に用いられる。茶事の際には簀戸を突き上げて開き、竹竿などで固定して用いる。*寝殿造などの*半蔀に似ることから「半蔀」と呼ぶこともある。

上げ台目切【あげだいめぎり】

茶室における炉の切り方の一つ。「上げ手切」「上げ切」ともいう。*点前畳が*丸畳で、炉を*出炉に切る場合、点前畳の長手を二分する中心線の、亭主から見て向こう側（上手側）に切った炉をいう。この場合、点前畳は丸畳であるものの、*道具座は約四分の一畳になり、台子を使った点前ができないことになる。道具座の広さは、結果的に*台目切と同じとなり、わび茶を志向した炉の切り方といえる。このように、丸畳の中心線より先の側に炉を切ることを「上げて切る」といい、中心線の手前側に切ることを「下げて切る」という。なお、上げて切ると点前座後方の空間に余裕ができるので、*給仕口があけられず*茶道口しかない場合、茶道口からの給仕の動線にもおのずと余裕が生まれる。

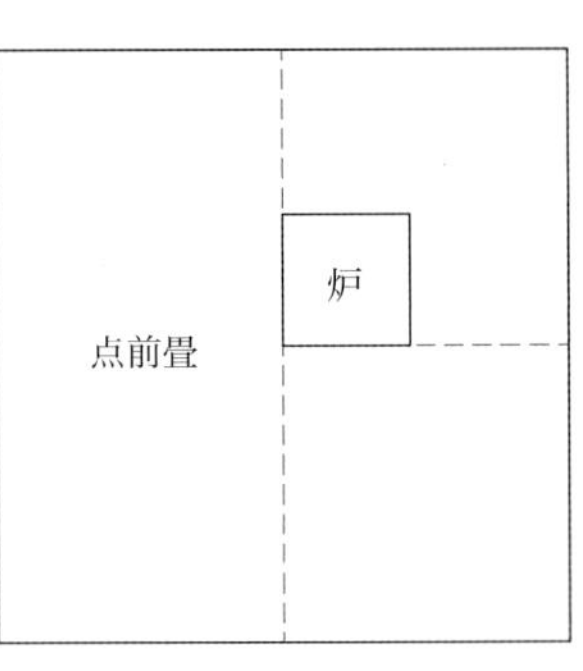

上げ台目切

揚げ手水鉢【あげちょうずばち】

*手水鉢を据える時、*枯池や*枯流れの護岸を利用して台石とし、役石などを用いないで*鉢前を組んだものをいう。*金森宗和の好みと伝えられる。

上土門【あげつちもん】

門の一形式。屋根の両妻に柄振板を取り付け、軒先を緩やかな勾配の板屋根とし、中央の*棟木の上部に土をのせ、覆ったもの。平安時代には土塀の潜り戸的な存在であったと考えられるが、鎌倉時代の「法然上人絵伝」には土塀より一段高い本格的な門の一形式として描かれる。奈良県生駒郡斑鳩町の法隆寺西園院に江戸時代建造と考えられる上土門（重要文化財）が現存するが、屋根は檜皮葺である。

上げ手切【あげてぎり】

上げ台目切と同じ。　⇨上げ台目切【あげだいめぎり】

上げ戸【あげど】

❶柱に付けた竪溝にそって上下に動かし開閉する摺上げ戸をいう。「揚戸」とも書く。民家の大戸口などに用いられる。
❷上端を丁番（蝶番）などで人見（蔀）梁や*楣に取り付け、上方に跳ね上げて開く扉。

明け放し【あけはなし】

吹抜きと同じ。　⇨吹抜き【ふきぬき】

通草【あけび】

アケビ科アケビ属の落葉つる性木本。本州以南の山野に自生する。葉は掌状複葉で、小葉は楕円形で五枚ある。四～五月、葉のあいだから花序を出し、淡紫色の花をつける。果実は楕円形、長さ六センチで食用になる。露地では*袖垣に絡ませるなどして、深山の趣を演出するのに用いられる。また、つるはあけび細工に利用され、籠などが編まれる。

曙笹【あけぼのざさ】

竹の種類のひとつで、オキナダケの園芸品種。四～七月にかけて葉に白色の斑が出るため、これを曙にたとえた名。庭園では*下草としてよく用いられる。

曙躑躅【あけぼのつつじ】

ツツジ科ツツジ属の落葉低木。本州（紀伊半島）、四国に分布し、日当りの良い山地に自生する。樹高は三～六メートルになる。葉は広楕円形で、三～六センチほどのものが輪生状につく。五月頃葉のつく前に紅色の花がつき、庭園の低木としてよく用いられる。

浅井家の茶室【あさいけのちゃしつ】

兵庫県たつの市の浅井家住宅にある茶室。浅井家は代々醤油製造業を営んでおり、戦後、ヒガシマル醤油株式会社を創立した。屋敷は主屋と座敷棟、土蔵などからなり、茶室は座敷棟一階にある。座敷棟は桁行三間、梁行五間半、二階建、入母屋造桟瓦葺で、栂普請の建物。建築されたのは昭和十二年（一九三七）と伝えられる。八畳の座敷と六畳の仏間に並んで茶室がある。六畳で、半間幅の床を構え、中庭に面して火燈窓の出窓をあける。床柱は赤松皮付、玉杢の杉材を地板とする。天井は竿縁天井で、竿に赤松の小丸太を使用する。

朝顔釘【あさがおくぎ】
*花入釘の一種。*朝の茶事などで、朝顔などを蔓が絡むような姿に入れるため用いる。床の下地窓（*墨蹟窓）の寒竹や割竹などが縦横交差した箇所に打ち、割れた釘先（割足先）を開いて固定する。

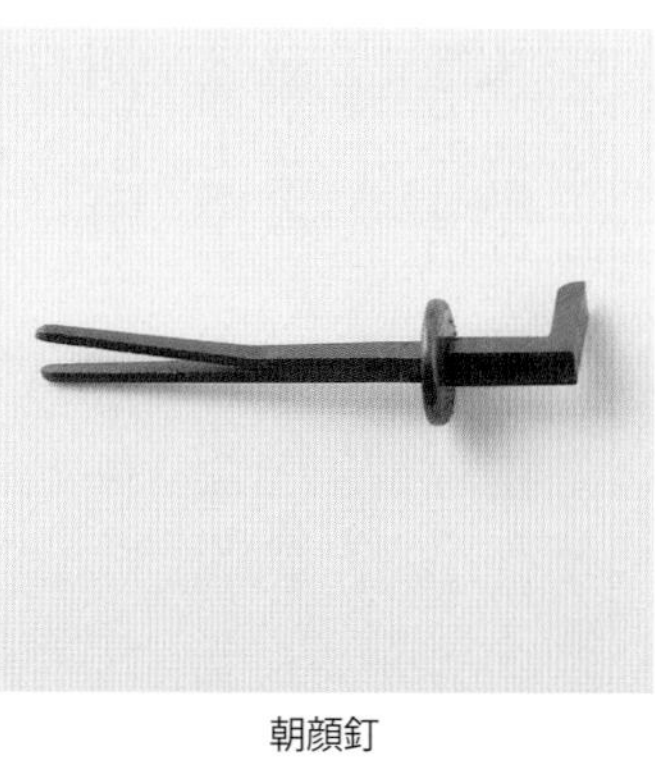
朝顔釘

葮棚【あさがおだな】
*床脇に設けられる*飾棚の一種。『雑工三編 大工棚雛形』（一八五〇年刊）ほか、江戸時代後期から明治時代にかけて公刊された棚雛形本に収録される。正面壁の下部に*連子窓を設け、その上部に棚板と*天袋を組み合わせたもの。

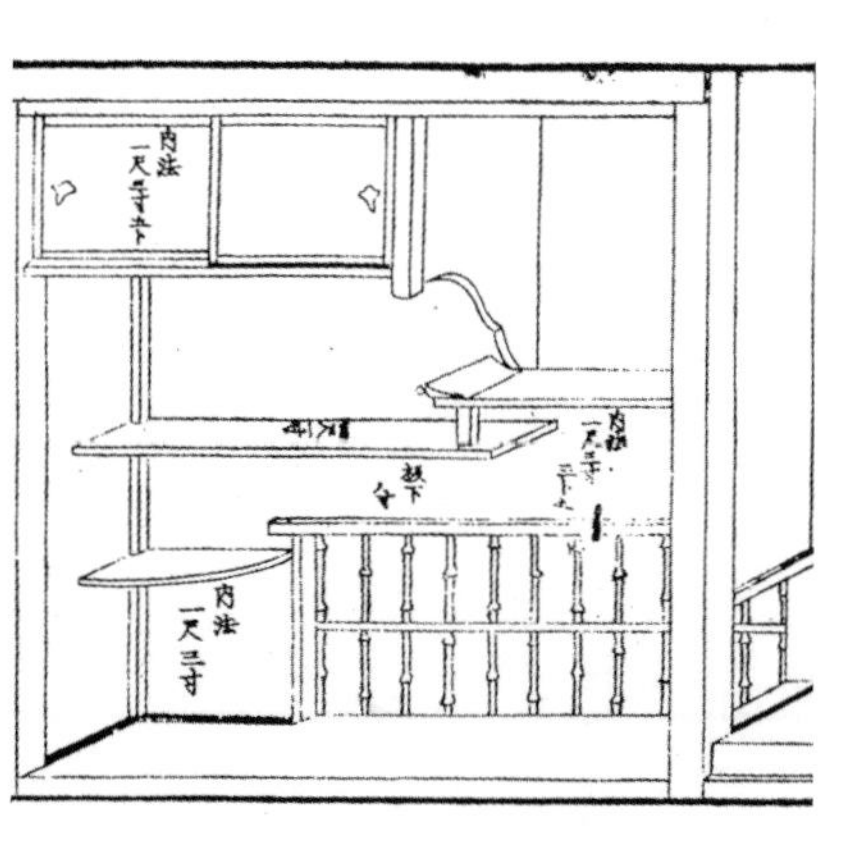
葮棚 『雑工三編 大工棚雛形』

浅葱土【あさぎつち】
壁土の一種。京都市近郊や淡路島で産出される色土。「浅黄土」とも書く。黄味がかった青色の土。建物外壁や塀の*上塗土として*大津壁に使用することが多い。最近ではブルーセメントと称し、セメントの混和材としても使用される。

朝倉家住宅【あさくらけじゅうたく】
東京都渋谷区にある朝倉虎治郎の旧居宅。東京府議会議長や渋谷区議会議長を歴任した虎治郎が大正八年（一九一九）に建てたもので、昭和二十二年（一九四七）まで本邸として使用されていた。大工棟梁は朝倉家出入りの秋元政太郎。敷地北側に主屋が建ち、西に土蔵、東に庭門や付属屋（車庫）がある。主屋は木造二階建、瓦葺で、外壁は下見板張と一部が漆喰塗。主屋は、玄関両脇に洋間（北側）と十二畳半の応接間（南側）とを配し、かつては、寝間、中の間（居間）、仏間だった第一会議室に続く。中庭を囲んで北側に家族室と食堂、南側に書院風の角の杉の間と数寄屋風の杉の間二室（表と奥の二室）がある。数寄屋風の表の杉の間は杉材を板目で揃える。また南西には茶室と土蔵がある。茶室は囲炉裏のある五畳半で、半畳の釣床を構え、地板に地袋がのる形式。天井は網代の掛込天井で、床前は平天井。続きの五畳には円窓をあけ、赤松の床柱を立てる踏込床を構えている。二階には、格式の高い十五畳と十二畳半の広間とがあり、高く格天井を張って、内法長押の上に蟻壁長押、天井長押を廻す。柱、長押など化粧材は檜の良材を用い、小屋組は和小屋で、梁組は水平斜材を打って補強する。この東は炉の切られていない四畳半の茶室、六畳の水屋がある。茶室の床は、一間幅の地板に竹の柱を立てて、下地窓をあけた袖壁を造る袋床の形式となっている。二階階段の踊り場の板戸は、小猿雪堂によるものと伝わる。主屋の南及び南西は、庭石や大型の石燈籠を多数配し、崖線の地形を利用した回遊式庭園となっている。主屋と土蔵は重要文化財。

麻苆【あさすさ】
*苆の一種。麻の古名から「苧苆」ともいう。麻の茎の繊維を裁断し、ほぐしたもの。漆喰壁（漆喰の項を参照）や*大津壁のつなぎとして材料に混入する。未晒しのものは*下塗、もしくは*中塗用として、漂白したものは晒し苆と呼び、*上塗

に用いる。日本麻、黄麻、マニラ麻などの麻が使用されるが、中でも日本麻で製造された船具のロープや地引網などから作ったものは*浜苆の名でも知られる。サイザル麻で作ったものは白毛苆と呼び、砂漆喰やプラスター中塗などの下塗に、南京苆など油を含んだ*油苆は屋根漆喰用として使われる。

朝茶事【あさちゃじ】

*茶事七式の一つ。夏季の朝に催す茶事。「朝会」「朝の茶の湯」、また「朝茶」とも称する。午前六時から七時までの案内とし、所用にさしさわらないよう三時間ほどで終えるのが良いとされる。風炉の季節の茶事であるが、*懐石の前に初炭を行うのが特徴である。懐石は簡素なものが供され、*中立の後、濃茶となり、続き薄茶の形式がとられる。元来四季を通じて行われていたが、現在では夏の朝のさわやかな風趣を楽しむ茶事とされる。

葭【あし】

「芦」や「葦」「蘆」とも書く。 ⇨葭【よし】

足洗石【あしあらいいし】

水汲石と同じ。 ⇨水汲石【みずくみいし】

庵治石【あじいし】

石材の一種。香川県高松市庵治町から産出する細粒黒雲母花崗岩。石英と長石を主成分とし、少量の黒雲母と角閃石を含んだもの。結晶が細かいため、硬度が高く、加工にもすぐれている。水晶と同程度に含水し難いため変成に強く、黒雲母の斑が入るため研磨すると美しい。黒雲母の斑は「荒目」「中目」「小間目（細目ともいう）」と区別され、順に微細となり、貴重品として区別されている。石清水八幡宮の「建武回録記」には暦応二年（一三三九）に使用されたという記述があり、海運による輸送がなされていたと考えられる。未加工石は飛石や沓脱石などにも使用される。庭石よりも碑石としての使用が多い。

足利義政【あしかがよしまさ】

永享八年〜延徳二年（一四三六〜九〇）。足利八代将軍。六代将軍義教の子で七代将軍義勝の弟。幼名三寅、三春。嘉吉三年（一四四三）、兄・義勝が夭折したことにより後嗣となり、義成と称する。宝徳元年（一四四九）に元服、将軍職につき、享徳二年（一四五三）に義政と改める。寛正元年（一四六〇）、日野富子を正室とする。同五年、浄土寺に入信していた弟の義尋（後の義視）を還俗させて後嗣に定めるも、翌六年に富子に嫡男・義尚が生まれる。これが細川勝元と山名宗全（持豊）の勢力争いと結び付き、応仁元年（一四六七）の応仁の乱勃発の一因となった。文明五年（一四七三）、義尚が元服し、九代将軍に任じられ、義視は将軍後継者から除かれた。義政の時代は、幕府や鎌倉府の存在形態が変化し、守護大名間やその家中での抗争、領国内では国人層が台頭し畿内を中心に徳政一揆の拡大、荘園では荘家の一揆が頻発し、農民闘争と国人、土豪層が結び付くなど、ありとあらゆる階層の権利主張の時代にあって、将軍権力を支える幕府機構が多様となった。そのために、応仁の乱前には意欲をもって政治に取り組むこともあった義政が、応仁の乱を契機に意欲を失い、代って富子が政治力をもつことになり、その後は義尚、義政、富子が時期、場面に応じて権限を分掌し、乱後の政局を担うこととなった。義政は文明十四年、隠居所として*東山殿の造営を始め、翌十五年に移り住む。文明十八年に*東求堂が完成し、延徳元年（一四八九）には観音堂（銀閣）が上棟された。この東山殿の造営に深くたずさわったのが、河原者の善阿弥であった。この時代を*東山時代ともいい、能、茶、連歌、香、花、水墨画などの文化が開花したが、混乱の時代に興隆したこれらの文化は、将軍家のみならず大名、国人、土豪層、村落住民、*同朋衆に至るまで、等しく好まれた。三代将軍義満の時代の北山文化に対比して、東山文化と呼称される。そして文化の担い手として、庶民層たちが主体的にかかわるようになった。

足利義満【あしかがよしみつ】

正平十三年・延文三年〜応永十五年（一三五八〜一四〇八）。足利三代将軍、太政大臣。二代将軍義詮の子。幼名春王。法名道有、道義。諡号は鹿苑院殿。貞治五年（一三六六）の父・義詮の死去により家督を継ぎ、翌六年に元服し三代将軍に任ぜられる。細川義之が管領となり補佐し、南朝や守護大名を制して幕府の基礎を作るも、康暦の政変(一三七九年)で失脚する。義満は永和四年(一三七八)、京都室町に*室町殿(花御所)を造営する。この年、権大納言、次いで右大将に任ぜられ、公武の権力を掌握する出発点となる。室町殿では蹴鞠や詩歌管絃が盛大に行われ、また、この頃にはすでに申楽に開眼し、観阿弥、世阿弥親子への後援が始まっている。土岐氏や山名氏などを滅ぼし有力守護大名たちの勢力削減につとめ、明徳三年(一三九二)には南北朝を合一する。応永元年(一三九四)将軍職を子の義持に譲って出家するが、実権はなお義満の掌中にあった。応永四年、仙洞御所に擬して*北山殿を造営し、義満ならびに公、武、僧の要人も北山に移住し、政務や祭祀がここで執り行われた。応永八年、中国の明との国交を開き始めた勘合貿易では、巨万の富をもたらすとともに、おびただしい*唐物(書画、陶磁器、絹織物など)が輸入され、北山殿の一部である金閣の*会所では、連日のように連歌や*闘茶の会が催され、唐物が荘厳された。義満が管理するとともに経済的にも保護した五山の禅院では、五山文化が発達したが、王朝文化の詩歌管弦を愛好した義満が目指したものは、五山文学で盛行した和漢聯句と同様、和漢の対比を見せることではなく和漢兼帯の風流生活であった。義満の晩年から義持時代にかけて栄えた文化は、後の東山文化と対比し、北山文化と呼称される。

葦垣【あしがき】

葭垣と同じ。⇩葭垣【よしがき】

足掛石【あしかけいし】

*砂雪隠の*役石のひとつ。砂雪隠内に据えられる左足をのせる石のことをいい、右足をのせる前石と反対側に据える。足掛石と前石とをまとめて「踏石」ともいう。『*石州三百ケ条』の砂雪隠石の図には「足掛石、二段石」と示され、「足揃石、低き所にて前石見合、但、半分もかへの外へ出ル石もすへてよき也」と述べられている。(付録5頁参照)

足固【あしがため】

床を支える構造材のひとつ。柱間に取り付け、*大引を受ける水平材。「脚固」「脚堅」、または「足堅」とも書く。柱心に揃えた完足固に対して、柱を両面から挟んで取り付けるものを割足固、部屋の内面に取り付けるものを側足固という。六畳敷以上の広間では檜などの四寸角を標準とし、*四畳半以下の茶室では側まわりを壁とするため、側足固とすることが多い。上端は板摺として、床板を張るために決ることもある。(付録28頁参照)

芦の丸屋【あしのまろや】

京都市南区の実相寺にあった松永貞徳ゆかりの建物。貞徳(一五七一〜一六五三)は江戸時代初期の俳人、歌人、歌学者。逍遥軒と号し、里村紹巴より連歌を、*細川幽斎より歌学を学んだ。『俳諧京羽二重』によれば、貞徳は京都東山の大仏殿近くの池田町にあった柿園を妙法院の尭然法親王から与えられて、歌俳諧の会を催していたという。その庵が、後に貞徳の菩提寺であった実相寺に移されたと伝えられる。『都名所図会』には、実相寺の項に「芦丸屋は本堂の巽(東南)にあり、貞徳翁閑居し給ひし処なり」とある。近年の記録によれば、内部には二畳台目向板入、入炉で壁床の席と、四畳半壁床の席(水屋を兼用)が併設されていたと伝わる。ただし『正覚山実相寺の沿革』によれば、「江戸時代より何回か改築されてきた『芦の丸屋』は、ある尼僧によって建てられ、俳人等が住み、後に貞徳が隠棲したところとして誤伝され重宝がられた茶室風の芦ぶき入母屋造りである」と記され、昭和三十六年(一九六一)の第二室戸台風で半壊のままとなり、同六十三年には倒壊、現在は礎石のみがのこる。なお芦の丸屋とは「葦の屋」「葦の宿」に同じく、葦(葭)で屋根を葺いた、粗末な小屋やそのような家を意味する言葉である。

足元行燈【あしもとあんどん】

*夜咄の茶事などの夜会に、露地で用いる*行燈。*腰掛待合から茶室へと向かう足元に置かれ、客の席入りや*中立を助け、進む方向を示唆するもの。一般的には竹の提手が付く。

足元長押【あしもとなげし】

長押の一種。上等な塀などの造作として、下方の足元近くに渡した長押。最下部にある*地長押よりは上方に取り付く。

足元貫【あしもとぬき】
柱の下部に通された*貫のこと。

会釈の木【あしらいのき】
❶*役木のひとつ。「添え木」ともいう。庭園内の主たる*石組や工作物などに添え、植えられる樹木。❷*井筒に添えて植えられる樹木。「井会釈木」「井戸会釈の木」ともいう。『築山庭造伝前編』にはその樹種について松、梅、柳、竹などが良いと記される。

網代【あじろ】
杉柾(杉の*柾目材)、椹、黒部杉(ネズコ)、檜などの*野根板や竹を編んだもの。天井や戸、垣などに張られる。編み方により*矢羽根網代、*角網代をはじめ、籠目、亀甲、四つ目、六つ目など多くの種類がある。もとは漁具の一種で、水中に木や竹を編んで立てた、魚を獲る仕掛けをいった。網の代りという意で、古くは『万葉集』に「宇治川は淀瀬無からし網代人舟よばふ声をちこち聞ゆ」とある。また*箒目にも網代様の紋様があり(網代紋)、主として書院式の庭園などに描かれた。

網代垣【あじろがき】
*編垣の一種。檜、椹などを薄く割った*へぎ板や、細竹、割竹などを編んだ網代を張り、*押縁で留めたもの。垣では「手」と呼ばれる材の束を、斜めに二束越えて杉綾模様に編んだ二手越しの網代を用いる場合が多く、この代表的なものに*沼津垣がある。

網代敷【あじろじき】
*切石敷の一種。長方形の石を斜めにして組み合わせ、網代模様に敷いたもの。

網代天井【あじろてんじょう】
杉皮や檜皮、竹皮、杉柾(杉の柾目材)、黒部杉(ネズコ)、椹などの*へぎ板を編んだ網代で、天井面を張った天井。網代は庶民の住宅の壁面などに使用している様が「年中行事絵巻」などに見ることができ、平安時代においては庶民の素朴な工法だったと考えられる。一方で『今昔物語』には藤原高藤が鷹狩りで京都山科の宮道氏の屋敷を訪れた際、粗末な家であったが「檜籧篨」(檜網代)の天井であったと賞していることから、後の*わびに通じる住まいに使用されていたことも知られる。茶室の天井としての網代は『茶譜』において、*千利休が天井に工夫を加えたとして、「ノネ板」(*野根板)を「網代ニ組テ天井ニ張」と記していることから、利休以後のものと考えられる。*網代の形式は*矢羽根網代がよく用いられるが、*角網代を用いることや亀甲模様に組むこともある。茶室の*平天井や*落天井のほか、床や付書院の天井などにもまれに見られる。天井には、網代の組み方やへぎ板の幅に応じて割り付け、隠し釘で下地板に一枚ごとに打ち付けて板状にし、取り付けられる。下面の押えとして竿縁には、女竹二本などを使用することもある。(付録25頁参照)

網代天井(角網代)

網代戸【あじろど】
*網代を上下の*桟と*竪框のあいだに入れ、割竹などで押さえて作った戸。押入や水屋の物入、そのほか、露地の*木戸などにも用いられる。

網代張【あじろばり】
*網代を張ること、また網代を張った建築的なものの総称。*網代天井、*網代垣、*網代塀、網代戸などがある。

網代塀【あじろべい】
檜や椹、竹などを薄く削ったものや、杉皮などを交互に編んだ網代を柱間に張った塀。

蛙吹庵【あすいあん】
京都市左京区の*遊雲居にあった茶室。遊雲居は山口玄洞の別邸で、京都の美術商・土橋嘉兵衛の紹介で、滋賀県の鈴鹿山中にあった民家を、内藤源七の手で昭和時代初期に田舎家として移築したもの。屋根は入母屋造茅葺で低く葺き下ろされる。平面はいわゆる田の字型民家で、土間と床が付いた四畳の座敷、次の間四畳、囲炉裏が設けられた板間（ダイドコロ）、茶室六畳の四間取りである。六畳の茶室はもとナンド（寝室）に炉を切ったもので、畳には縁なしの畳を敷く。天井は民家らしい簀子の平天井の二方を化粧屋根裏として、野太い垂木や梁組などがあらわになっており、野趣あふれる構成となっている。床を設けず壁床とするなど、ほとんど手を加えずもとの雰囲気をのこしながら、茶室として工夫された特徴をもつ。このような工夫は茶室以外にも及び、土間脇の馬屋が待合に、ハシリ（炊事場）が立水屋に、囲炉裏のあるダイドコロが茶事の準備室に活用された。庵号は近衛文麿の命名と伝える。山口別邸は平成十二年（二〇〇〇）に取り壊されたが、この田舎家は北海道中札内村へ移築された。

蛙吹庵　茶室六畳　内部

小豆赤【あずきあか】

栃木県日光市の大谷川流域から産出する赤石の一種。鉄分と石英が、高熱と高圧で結合したもので、新潟県の旧両津産（佐渡の赤玉石）や糸魚川産の赤石より、やや品質が落ちる。

翌檜【あすなろ】

ヒノキ科アスナロ属の常緑針葉高木。「檜葉」「档」「アスヒ」などの別称もある。本州（岩手県から中部地方）から九州の山中に分布する。樹高は大きいものでは三〇メートルになるものもある。長野県木曽地方では木曽五木の一つとして保護された。心材と辺材の境や年輪ははっきりしない。心材は暗黄から帯褐、淡黄色で、辺材は淡黄から白色、材質は緻密、軽軟で弾力が大きく、また光沢や脂気があり、特有の香気をもつ。一般に檜に似ているがやや劣る。また北海道南部、本州北部（日本海側では能登半島以北）には変種のヒノキアスナロが分布しており、日本三大美林の一つである青森ヒバ林でよく知られている。能登半島に移入されたヒノキアスナロを石川県では特に「档」と呼び、輪島塗の下地として用いている。建築材として、心材部分は保存性が高いために湿気の多い土台や湯殿、流し板などに好まれ、また床柱、建具などに幅広く用いる。繊維方向の収縮がはなはだしい材で、取り付け後に捩れや狂いを生じることもあるので扱いには注意を要する。

東屋【あずまや】

庭園内に設けられる吹放ちの建物。「荒屋」ともいう。「四阿」とも書き、またこれを「しあ」と読むこともある。眺望を楽しむ休憩所などに用いられるほか、そのもの自体が庭の景観上の大切な構成要素となることがある。四阿の文字を当てるのは隅棟が中央に集まる宝形造の屋根の形に由来するため。

東屋　悠々亭　縮景園

阿迫板【あぜりいた】

柱などに溝を彫り込み、溝の付いた柱と柱間に、板をはめ込んで壁を造る時(阿迫羽目)、用いられるその板のこと。

足達家の茶室【あだちけのちゃしつ】

奈良県天理市の足達家にある茶室。生駒郡斑鳩町の山崎家から移築されたという正門脇の茶室と四畳半の茶室がある。正門脇の茶室は、内部が三畳、奥行きの浅い半間幅の床を構え、躙口、貴人口、中敷居窓をあけた開放的な茶室で、文人画や歌が張られた襖の中には水屋が納められている。特異なのは躙口で、敷鴨居とそれを支える柱が壁から独立して庭に突き出ている。四畳半の茶室は、昭和四年(一九二九)に建築されたL字平面の茅葺建物の一室を改修したものである。天井は一畳大の春日杉を大胆に用いたもので、四畳半の畳の敷き方と対照になっている。茶室化にあたってどの程度改修が加えられたのか不明であるが、書院の欄間には茶道具をあしらった愛らしい透彫りが見られる。

熱海茶屋【あたみぢゃや】

静岡県熱海市の岩崎家別邸にあった茶室。明治時代初期に岩崎彌太郎が*六義園を所有すると、園内にこれを移築、吹上茶屋と名づけられていたが、昭和三十三年(一九五八)に焼失した。四畳半の本席に勝手を付け、別に縁台と腰掛を配した吹抜けの土間を付属して、池泉を眺められるように建てられていた。

熱田の金燈籠【あつたのかなどうろう】

藪内家*燕庵の腰掛に釣られる金属製の燈籠。腰掛の貴人席に、棟木に腕木を取り付けて釣られる。*豊臣秀吉が小田原の陣の帰途にもち帰ったものを初代藪中斎剣仲が所望、拝領したと伝えられる。六角形の*釣燈籠で、火袋には迦陵頻伽の透彫りが施される。

安土城【あづちじょう】

滋賀県近江八幡市にあった織豊時代の城。近世城郭の嚆矢と伝えられてきた。*織田信長が築城したもので、天正四年(一五七六)に工事を開始、同七年に天主(天守)が完成した。城は瓦葺の建物が建ち並び、穴太積の高石垣で塁線が築かれていた。安土山山腹の黒鉄門から内部にあたる山上は城郭部を構築し、最上部の本丸には行幸御殿と信長の居所としての天主があった。山腹以下には多くの曲輪を配し、家臣の屋敷が建ち並んだ。山下には、平地との境に水堀をめぐらせて境界とし、城下を造っている。天主は五層七重で、各階とも外壁は軒裏が白漆喰塗、腰は黒漆塗の羽目板張、内部は畳敷きあるいは板敷きで、狩野永徳の襖絵で装飾されていた。最上階の七重は内外金箔押し、六重の外側は朱塗の八角堂となり、四、三、二階は金碧障壁画で飾られた書院造となっていた。四重目(三階)には茶室が設けられていたことが『信長公記』に記されている(安土城の茶室の項を参照)。天正十年の本能寺の変の直後に、天主とその周辺の建物は焼失した。跡地は特別史跡。

安土城の茶室【あづちじょうのちゃしつ】

滋賀県近江八幡市の*安土城にあった茶室。慶長年間(一五九六〜一六一五)に成立の『信長公記』巻十一には、天正六年(一五七八)元日の朝、*織田信長が嗣子・信忠、明智光秀、羽柴秀吉(*豊臣秀吉)ら十二名の諸将に御茶を供した座敷についての記述が見られる。六畳敷、右勝手、四尺幅の縁が付く座敷で、この時代にすれば前時代的な、古風な茶室であった。あるいは安土山東南端の腰越峠を見下ろす高台、通称東門を入った一郭にあったという御茶屋なのでもあろうか。「御茶過ぎ候て、各御出仕あり」と、あらためて本丸か二の丸(西の丸)の御殿に上って三献の儀に臨んでいる。また同書巻九には、本丸にあった天主(天守)の四重目(三階)に茶室が設けられていたことが記される。安土城天主とみられる平面図を掲載する「天守指図」(静嘉堂文庫美術館蔵)によると、四重目の東北隅には「ミつ(水)棚」を設けた三畳ほどの勝手とおぼしき部屋があり、その南に続く二間四方の部屋が茶室と考えられる。北西の一畳分には台目幅の「押込」とその脇に南面する間口半間の「違棚」が構えられる。勝手から入った踏込の一畳の正面に違棚を構えた*茶立所のような構成で、右勝手(逆勝手)である。西面の南に寄せて一間床が構えられ、東向きに二つの火燈窓をあけていた。室内は「ていひき」「でいばかりにて御絵なし」とあり、金泥が引かれていたことがわかり、豊臣秀吉の黄金の茶室を先駆する様態をもっている。天正八年正月二十六日に吉田兼和（兼見）が細川昭元らとともに招き入れられた「茶湯座敷」（兼見卿記）はこの茶室をさすと考えられる。

档【あて】

❶翌檜と同じ。　⇒翌檜【あすなろ】

❷木材の欠点のひとつ。斜面に生えた樹木が真っ直ぐ上へと生長する過程で、自然現象で湾曲した箇所に生じた通常の性質と異なる部分。正常な材に比べて繊維素が少なく、重硬であるが脆くなる。一般に針葉樹に多く見られる。このような档のある材は加工が困難で、据え付け後に捩れや狂いを生じやすい。そのため据え付けの際には、その質を十分理解して施工にあたらなければばらない。「反木」ともいわれる。

档丸太【あてまるた】

档の丸太。ここでいう档とは翌檜のこと。主に草庵式茶室の床柱や腰掛待合、土間庇などの柱材として、また床框や垂木などにも好まれることが多い。能登半島に移入されたヒノキアスナロ（アスナロの変種）の档丸太や、節が特徴的で自然な風合の丹波（京都府、兵庫県）の档丸太が有名である。

跡石【あといし】

『古田織部正殿聞書』に記される砂雪隠の役石のひとつ。「後石」とも書く。裏返し石と同じ。

⇒裏返し石【うらがえしいし】

安曇川砂利【あどがわじゃり】

滋賀県の安曇川から産出する砂利。明治時代以降、東京遷都にともない京都御苑が公園として開放された際に、その苑路に敷き詰められたことから「御所砂利」の別称がある。灰色や茶色、白色系統の石が適度に混ざり、珍重される。京都では安曇川ビリ石とも呼ばれ、機械で砕石化されたものとは区別して使用される。

跡見の茶事【あとみのちゃじ】

茶事七式の一つ。朝茶事や正午の茶事に参会できなかった人から、席中の荘り付けや道具組を一覧したい希望があった時、その茶事の後、全く同じ趣向、道具の取り合わせで行う。内容に定則はない。本来の茶事の客が退席する頃に腰掛待合で待機するなど、引き続いての茶事となる。そもそも茶事は亭主側から招待するのが通例であり、客側から申し入れるのはこの茶事に限られる。

疎竹【あばらだけ】

まばらに並んで生えている竹。またはそのような竹の生垣。

疎垂木【あばらだるき】

⇒疎垂木【まばらだるき】

荒屋【あばらや】

❶荒廃した家のこと。また粗末な家をさし、自分が住んでいる家にへりくだって用いることもある。

❷東屋と同じ。　⇒東屋【あずまや】

あふち貫【あふちぬき】

草庵式茶室の連子窓において、連子竹の中ほどに取り付けられた横貫（付貫）で、内側に添えるだけの形で取り付けられるもの。（付録22頁参照）

鐙瓦【あぶみがわら】

軒丸瓦と同じ。　⇒軒丸瓦【のきまるがわら】

油障子【あぶらしょうじ】

障子の一種。「雨障子」ともいう。油紙を張って防水性をもたせた障子のこと。突上窓や、外部に面して雨のかかる出入り口などに用いられた。

油苆【あぶらすさ】

麻苆のうち、植物油（主に菜種油）の圧搾に用いた麻袋などを裁断し、繊維状にほぐしたもの。「油つた」ともいう。黄褐色をしており、漆喰壁（漆喰の項を参照）の下塗、中塗に混入して使用される。また油苆に含まれる油分がゆっくりと染み出し防水効果を高めるので、主に屋根漆喰に混入して用いられる。

阿部正備茶室【あべまさかたちゃしつ】

福島県東白川郡の棚倉城跡にある茶室。江戸時代末期には阿部正備(一八二三〜七四)の所有であったと伝わる。正備は天保九年(一八三八)に陸奥国白河藩第四代藩主となり、和歌に長じた人物。嘉永元年(一八四八)には隠居して養浩、省私堂などと称し、阿部家十六代で白河藩八代正静の棚倉藩転封にともない、ともに棚倉へ移った。茶室は明治維新後には商家へ譲られ、その後石澤家の茶室として城跡地内に保存されていたが、平成二十三年(二〇一一)に現在地の追手門跡近くに移築、修復された。外観は寄棟造の茅葺鉄板覆(もとは木羽葺)で、周囲を熨斗羽目の板壁とする独特な造りとなっている。全体四畳半の一隅に半畳の水屋を配した間取り。炉は四畳半切。点前座部分のみを落天井とし、床は壁床。

雨押【あまおさえ】

雨漏りのしやすい部位に取り付け、建物内への雨水の侵入を防ぐための部材。化粧の役割も兼ねていて、板や金属板、*漆喰などを用いる。屋根と煙突の隙間や、内樋と壁との接する際、屋根と外壁、外壁と窓の上枠、*腰羽目と漆喰壁の取り合い部分など、いたる箇所に用いる。漆喰による雨押は特に「ひねり掛け」と呼ぶ。

雨落【あまおち】

屋根の*軒先の真下、雨水が落ちる所。雨だれによる地面の浸食を防ぐためなどに*雨落石を並べ置いたり、溝を造ったりする。水限の意から「砌」ともいう。軒内景趣の一つとして工夫がこらされることも多い。

雨落石【あまおちいし】

*雨落に敷き並べる石。雨だれの建物への跳ね返りや、地面に穴があくのを防ぐために敷かれる。

雨障子【あましょうじ】

油障子と同じ。　⇒油障子【あぶらしょうじ】

雨戸【あまど】

風雨の吹き込みや外部からの侵入を防ぎ、あるいは遮光を目的として、縁側や窓など建物の開口部外側に設けられる建具。『守貞謾稿』(一八五三年頃完成)に「天正中までは、すべて民家雨戸なし」とあるように、近世に発生した。和風建築で用いられてきた一般的な雨戸では、*戸袋に収納された板戸を一筋の敷鴨居にそって一枚ずつ繰り出して閉め、閉め終わりの戸に取り付けた*猿で内側から戸締りをする。こうした形式の雨戸をもたない草庵式茶室では、*連子窓や*下地窓の外側に*掛戸を用いて障子を保護する。また*突上窓には、*摺上障子の外側に屋根葺材と同じ素材で造られた突上戸(覆戸)を設ける。採光や通風のために*無双窓を設けた雨戸もある。現在の一般住宅では、防火を目的とした金属製のものが多い。

天の川席【あまのがわせき】

❶*点前座の両側に*客座がある茶室を称していうことがある。点前座が茶室中央に設けられ、客はこの点前座を挟んで対座することからの称。たとえば武者小路千家東京稽古場の半床庵(半床庵の項❶を参照)、滋賀県大津市の*竹林院の茶室などがある。❷*点前座と*客座のあいだに*中板を入れた茶室を称していうことがある。中板を天の川に見立てて称される。たとえば久田家の半床庵(半床庵の項❷を参照)などがある。半床庵は四畳中板入の席で中柱を立てた形式である。

編垣【あみがき】

垣のうち、柱と*玉縁で囲まれる主体部を、割竹、篠竹、薄板、*檜皮、樹枝などを*組子として編み込んだものの総称。*網代垣、*大津垣などがある。

編笠門　武者小路千家

編笠門【あみがさもん】
*柿葺または栩葺(柿板より厚い栩板で葺くこと)の屋根に、緩やかに盛り上がる起りを付けた門のこと。屋根の形が編笠に似ているところからこの名がつく。武者小路千家*官休庵の*中門、大徳寺*孤篷庵の方丈前の中門などが知られる。

阿弥陀垣【あみだがき】
*編垣の一種。杉丸太柱を立て、柱間に、箱根竹を縦十五本、横十本ほどの割合で市松に編んだものを張り込んだ垣。両面とも同じ意匠となることに特徴がある。

編戸【あみど】
割竹や*へぎ板を用いて菱目や籠目、市松などの模様に編んだ戸の総称。

網目文【あみめもん】
文様の一種。魚や鳥などを捕える網を文様化したもの。ちなみに棒を使い円錐状に広げ、網を干す様子を文様化した干網文は、幸運などを掬い取るという縁起の良い文様とされ、*青海波文や葭、苫屋、花や飛鳥、霞などと組み合わせて、風景文様として用いられることが多い。染織、陶磁器、障子や襖に用いられるほか、*燈心亭では違棚の幕板に透彫りされる。

綾檜垣【あやひがき】
*網代垣のひとつ。檜の薄板や皮を綾模様に編み、張ったもの。『今昔物語集』には寝殿のまわりにめぐらす垣として記される。

あやめ垣【あやめがき】
竹垣の一種。*鉄砲垣のひとつで、丸竹を*立子とし、数本を一組にし、*胴縁の表裏から結ったもの。*押縁を用いず、立子を胴縁に掻き付けた縄が綾模様に見えることからの名という。

荒井家の茶室【あらいけのちゃしつ】
福島県白河市の荒井家住宅にある茶室。荒井家住宅は昭和五年(一九三〇)に建てられ、屋敷内に複数の茶室をもつ。茶室楽山荘は主屋の南西側に建ち、他の場所に移築されていた白河小峰城の旧太鼓櫓を入手したもので木造二階建、宝形造の屋根をもつ。一階、二階ともに四畳半の茶室を備える。櫓を利用した建物のため二階では柱が転んで(傾いて)おり、その隙間は造作によって巧みに繕われている。また座敷棟にも昭和五年に造り込まれた四畳半の茶室がある。工事は地元の棟梁・鈴木彦太郎の手によったと伝えられる。

洗い砂利【あらいじゃり】
砂利の一種。砂利中の土や砂を洗浄したもの。*左官材料としては*洗出しやコンクリートの骨材として使用される。山土などの混入がなく、一様な仕上がりや色調を表現できる。洗浄の手間が掛かるため、*切込砂利や土が混ざる山砂利より高級である。また洗出しにおいては、砂利の色そのものが意匠を形成するため、様々な洗い砂利が使い分けられる。

荒磯の景【あらいそのけい】
⇒荒磯の景【ありそのけい】

洗出し【あらいだし】
*三和土を打ち終わったのち、表面が乾かないうちに水と刷毛で表面を洗い流して、砂利などの骨材を表面に現して仕上げる方法。またそのように仕上げたもの。コンクリートによる土間打ちでも用いられる。

荒垣【あらがき】
目を荒くまばらに造った垣。『催馬楽』や『万葉集』に用例がある。神社などの外側に設けられたものをさす場合もあり、古代より境界を象徴する垣として用いられた。

粗樫【あらかし】
ブナ科コナラ属の常緑高木。本州(宮城県、石川県以西)から九州、沖縄の山野に生える。カシ類でも普通に見られるために、単に「カシ」というと、この種をさすことが多い。樹高は二〇メートル程度。葉は倒卵状長楕円形で上半部に鋸歯があり、互生する。関西では庭木や露地の主木としてよく用いられ、京町家の中庭においても最も普通に見かける。また生垣として列植されることも多い。一方、関東では*白樫が好んで植えられる。

荒壁【あらかべ】

小舞下地（小舞壁の項を参照）に塗り付けた壁土の下塗のこと。「粗壁」とも書く。土壁の構成上における一番下層のものであり、剛性と靭性をあわせもち、主に土壁の強度を受けもつ。荒壁に使われる土である荒壁土は、各地で産出するが、特に関東の*荒木田土と、関西の*深草土が有名である。（付録28頁参照）

荒壁土【あらかべつち】

壁土の下塗である*荒壁に用いられる壁土の総称。砂混じりの高粘土質の土に、稲藁を裁断した*荒苆を混入し水で練り合わせ、数カ月から一年間ほど練り置きする。この作業を「寝かす」という。そのあいだに藁が醗酵分解し、塗りやすく、なおかつ衝撃に強い荒壁土ができあがる。特に関東の*荒木田土と、関西の*深草土が荒壁用の土として有名である。

荒皮【あらかわ】

原木の外側を覆う表皮。また一本の立木から最初に剥がされた皮。これに対して、剥いだ後に新しくできた表皮は黒皮と呼ばれる。*磨丸太の製造工程では、まずこの荒皮むきを行い、次いでシブ皮を除く小むきを行う。また荒皮を剥いで錆付を施す*錆丸太もある。厚みのある荒皮は、建築用の化粧材としても用いられる。

荒木田土【あらきだつち】

壁土の一種。*荒壁用の高粘土質の土で、東京の荒川沿いの荒木田原から産出することからの称。色は灰色または茶褐色で、腐植質が少なくよく粘る。主に壁土、瓦土として使用されるが、相撲の土俵の盛土にも使われる。京都の*深草土と比べ、粘土より少し径の大きいシルト（微細砂）分が多く、非常に粘りの強い壁土である。

荒苆【あらすさ】

藁苆のうち、*荒壁に使用するもの。稲藁を三〜四寸に裁断したものをそのまま使用するが、稲藁や畳の切れ端を、*左官が自ら裁断し、そのまま壁土中に投入することがほとんどである。これを数カ月から一年間ほど練り置くことにより自然と醗酵分解が進み、手を加えることなく、上質の荒壁土ができ上がる。荒苆以外の苆は、稲藁を適度の長さに裁断した後、水を含ませ、数日放置し、軽度に醗酵したものを揉みほぐし作製する。

荒手屋敷【あらてやしき】

岡山市中区にあった備前国岡山藩筆頭家老・伊木氏の別邸。昭和十三年（一九三八）に現在地の*後楽園外苑に移転したが、昭和二十年の大空襲で燈籠や建具の一部をのこし焼失した。戦後、当時の資料をもとに再建され、荒手茶寮として現在に至る。別邸時代の表門であった長屋門は、昭和十二年に鮎川義介の自宅内（東京都千代田区）に移築された後、変遷を経て、現在は世田谷区にその姿を留める。また昭和十三年には屋敷内の大炉の間が東京へ移され、現在は*樵亭としてMOA美術館にある。

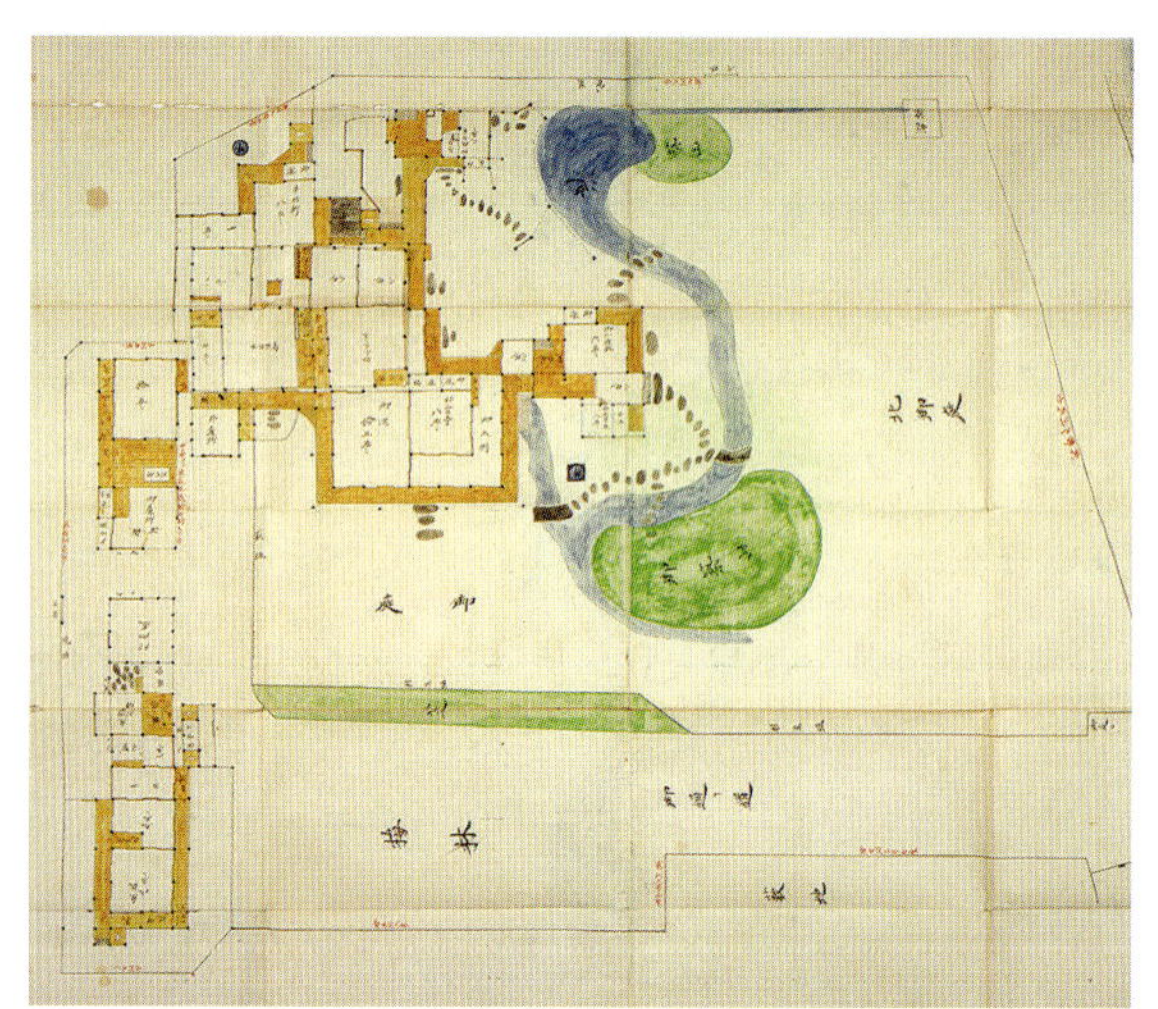

「備前岡山荒手屋敷座敷絵図」　岡山大学附属図書館蔵

粗柾目【あらまさめ】

*柾目のうち、木目が一般にやや粗いもの。単に「粗柾」といい、粗柾目の材のこともさす。また上質な*糸柾目に対する語で、下等の材を意味する。

霰石【あられいし】

*玉石敷に使用される石をいう。*玉石の中でも直径一〇センチ内外で、やや平坦な面をもつものが敷き詰めた時に美しいとされる。この石の大きさにより、*霰崩しや*霰零しなどと玉石敷の

呼称が変わる。

霰崩し【あられくずし】
玉石敷の一種。霰零しよりやや大きめの玉石を用いたものや、霰零しの中にさらに大きな玉石などを交えたものをいう。「大零し」「大崩し」ともいう。(付録9頁参照)

霰零し【あられこぼし】
玉石敷の一種。小ぶりの玉石を用い、霰をこぼしたかのような風情に敷いたもの。「小零し」「小崩し」ともいう。実例に桂離宮の御幸道の敷石道が知られる。(付録9頁参照)

霰敷石【あられしきいし】
玉石敷と同じ。⇩玉石敷【たまいしじき】

霰目地【あられめじ】
敷石の目地の一種。玉石敷一般の、不定形な目地のこと。

蟻壁【ありかべ】
書院造における建築技法の一種。蟻壁長押と天井長押のあいだは、柱より前面に壁を設け、四周を細長い水平の一つの壁として見せる技法。これにより天井の構成材を柱が支えていることを隠し、視覚的に天井が宙に浮いているように見せる効果がある。

有澤山荘【ありさわさんそう】
島根県松江市菅田町にある松江藩家老有澤家の旧山荘。寛永十五年(一六三八)に出雲国(島根県)松江藩十八万六千石の藩主になった松平直政が、時の家老、有澤織部直玄に下賜した山屋敷である。有澤家は代々松江藩の家老で、初代直玄が山屋敷に茶屋を建てて山荘を営み、以来、菅田山荘とも呼ばれていた。その後、六代織部弌善の時、七代藩主松平不昧の指図によって、寛政四年(一七九二)頃、山荘内に茶室菅田庵が、引き続いて不昧の弟・衍親(雪川)の好みで向月亭とその前庭が造られた。向月亭と菅田庵との関係、山荘からの眺望、山荘に通じる下道の趣などは、奈良県大和郡山市の慈光院の景にも通じるところがある。なお菅田庵と向月亭のある主屋の北東に御風呂屋がやや離れて建つ。入母屋が交差する茅葺屋根に柿葺の庇を付けた建物で、蒸風呂と洗い場からなる浴室(約二坪)のほか、脱衣(一畳)、腰掛、寄付(二畳)、着衣(二畳)、上雪隠、下雪隠、蒸風呂の炊口を備える物置などがある。この御風呂屋も不昧の指図で建てられており、菅田庵の寄付に相当する。山荘一帯は菅田庵として、史跡及び名勝に指定されている。

蟻桟【ありざん】
吸付桟と同じ。⇩吸付桟【すいつきざん】

荒磯の景【ありそのけい】
園池の護岸石組の一種。海岸に波が激しく打ち寄せ、岩が洗い流されたような磯の景色を表現するもの。「あらいそのけい」とも読む。草壁皇子(六六二〜六八九)がその住まいである島宮について「御立たしの島の荒磯を今見れば生ひざりし草生ひにけるかも」(万葉集)と詠んでいることから、飛鳥時代に、すでにこうした海景表現が行われていた可能性がある。『作庭記』には「大海様ハ、先あらいそのありさまを、たつべきなり、そのあらいそハ、きしのほとりに、はしたなくさきいでたる石どもたて丶、みぎハをとこねになして、たちいでたる石、あまたおきさまへたてわたして、はなれいでたる石もせうせうあるべし。これハミな浪のきびしくかくるところにて、あらひいだせるすがたなるべし」とあり、荒磯の景を作庭するための具体的な手法を記している。

阿波石【あわいし】
石材の一種。徳島県の吉野川河床から産出する良質の緑泥角閃片岩。同県中央東西にわたる広範囲に分布し、三好市が主な産出地であるが、大歩危渓谷にも多く露出している。ひろく青石と呼ばれるものの一種と同じ石質である。その歴史は古く、景石や飛石、沓脱石に使用され、特に貼石に使う薄いものを産出し、それを短冊石と称し、板碑や箱(阿波式石棺の側枠)に使用した。

泡消石【あわけしいし】
水門石と同じ。⇩水門石【すいもんいし】❶

淡路砂利【あわじじゃり】

兵庫県の淡路島海岸で採取された花崗岩系の礫や砂利。三〜六センチ内外で、庭園材料としてひろく使用される。滋賀県の甲賀地方、京都府南部の木津川流域でも採取されるが、やや褐色がかり、またそれらと区別するために淡路島産を本場と称することがある。

合せ目地【あわせめじ】

垂直方向の目地のこと。石、煉瓦、コンクリートブロックなどを積む時、縦方向となる継ぎ目。露地では主に練り土を使って接合する。

淡竹【あわだけ】

⇨淡竹【はちく】

安閑庵【あんかんあん】

兵庫県加古川市の料亭・みとろ苑にある茶室。みとろ苑はもと、江戸時代後期に綿花栽培で豪農に成長し、近代には醤油醸造業を営んでいた大西家九代甚一平が、加古川右岸の見土呂の地に大正七年（一九一八）に完成させた別宅（旧大西家住宅）。主屋と大広間棟からなり、大広間棟の西端に茶室安閑庵が位置する。大広間棟は入母屋造桟瓦葺で、桟瓦葺銅板腰板の下屋を廻し、入母屋造桟瓦葺の突出部を付す。平面は十六畳の大広間と十畳の次の間が並び、一間幅の畳廊下をめぐらせる。床は一間半幅の畳床、真塗の床框、糸柾の檜を落掛に使用している。床脇は一間幅で天袋、地袋、棚を備える。天井は、大広間と次の間は猿頰天井が採用されている。材料は折り上げた猿頰天井、畳廊下には支輪で床柱を含めて栂材で、化粧面すべてを柾目とする。二室の部屋境の欄間は指物で固める構法である。安閑庵は入母屋造桟瓦葺で、四畳半台目の平面に台目切本勝手の炉を備える。床は風炉先床。また北側に三畳の水屋を配し、南側には寄付としても使用される三畳の内玄関が取り付き、脇に腰掛を備える。主屋の西端には茶室明石の間がある。大広間棟の周囲に庭園がひろがる。北庭は傾斜地の裾部に大きな露岩を配して築山とし、上方の二つの滝から地形にそって流水をめぐらせ、枯流れと実際の水流とが、分岐、合流を繰り返しつつ築山の斜面を流れ下る形式である。流れは建物の下をくぐって、南庭の池に達する。南庭は、大広間の沓脱石から池に向かって飛石が打たれ、池には巨石を用いた石橋を架ける。また明石の間の南に位置する主屋の南庭は、石燈籠や蹲踞を中心とする小規模な露地風の書院庭園である。なお大広間棟は旧大西家住宅大広間棟として登録有形文化財、庭園は登録記念物である。

安閑窟【あんかんくつ】

京都市東山区の高台寺にある茶屋傘亭及び時雨亭の古称。⇨傘亭【からかさてい】⇨時雨亭【しぐれてい】❶

鮟鱇形手水鉢【あんこうがたちょうずばち】

手水鉢の一種。その形状は大きく二種類がある。一つは、水穴の大きく開いた形が鮟鱇が口を大きく開けている様に似ていることから名づけられたとされる、背の低い手水鉢、もう一つは、丸みのある自然石に円形の水穴を穿ったもので、石の形が鮟鱇に似ていることから名づけられたとされる手水鉢である。前者の例としては、等持院清漣亭の露地にあるものが挙げられるが、この手水鉢は司馬温公形手水鉢ともされるもので、命名の由来の違いから、二通りの名がつけられたと考えられる。一方、後者の例としては、小石川後楽園の茶屋九八屋にあるものが挙げられる。なお手水鉢とは別に、茶道具でも茶入や花入、水指に鮟鱇の名を冠したものは多い。（付録10頁参照）

安山岩【あんざんがん】

火山岩のひとつ。暗灰色をして、均一な組成で硬質である。日本では花崗岩よりも産出量が多く、全国に丁場（原産地、採石場）がある。鉱物が混じる花崗岩とは異なる使用方法となり、石材としての用途はひろく、その硬さや風化しにくい面で珍重される。庭園では景石としては地味な色調であることから、主だった石組などに利用されるよりは、板状節理のある根府川石のように貼石や敷石、碑石などに重宝される。一方、表面に急冷凝結による破砕面の入った、多孔質の複輝石安山岩の箱根溶岩（箱根赤ボサ石、真鶴呂太など）は、塀基礎や石造品、敷石などに使用されるほか、同じ複輝石安山岩でも鉄平石のようなカンラン石複輝石安山岩は板状節理が多く、使用も小端積や敷石、貼石となる。このほか*小松石や兼平石などが有名。

安寿庵【あんじゅあん】

福島県いわき市の中山家にある茶室。もとは昭和十六年(一九四一)に着工、終戦後の同二十年に同市の松本家の離れとして建てられた茶室で、一太郎庵と名づけられていた。松本家は酒造業で財をなした家。棟梁は東京八王子の大須賀桃太郎。平成二十年(二〇〇八)に現在地の中山家へ移築され、安寿庵と命名された。八畳の広間に、六畳に一間半の床をもつ茶室、三畳の水屋のほか、書斎として造られた洋間をもつ洋室棟が接続する。松本家住宅茶室として登録有形文化財である。

安勝軒【あんしょうけん】

京都市北区の大徳寺塔頭*瑞峯院にある茶室。昭和三年(一九二八)、数寄者・小島弥七の寄進で、*表千家十二代惺斎敬翁の指導により客殿の北に建てられた。三畳台目の席と次の間三畳、水屋三畳、土間の台所からなる。西側外観は入母屋造桟瓦葺で、軒まわりを銅板葺とする。西側の流れに小さな妻を造り、躙口と連子窓をあけて、南側に貴人口と下地窓をあける。内部は北側東寄りに点前座、その風炉先にあたる西寄りに台目床を構える。逆勝手向切に炉を切り、勝手付に一重棚を釣り、下地窓をあける。床は松の前板を入れることで奥行きを狭め、小間らしい形態に調節している。床柱はやや細めの档丸太、床框は杉の磨丸太の面付を用いる。東側北寄りに茶道口、南寄りに給仕口を備える。天井は床前が掛込天井、給仕口上が竹網代の平天井、点前座上が蒲の落天井で、白竹を三通り打ち上げて構成されている。次の間は深三畳で、炉を隅炉に切り、また南側は潜りと、その上に中敷居窓を間口いっぱいにあけ、潜りは板戸三枚建としている。さらに南へ接続する水屋との仕切り建具を外すことで大きな水屋としても活用でき、茶席と水屋を使い分ける空間構成が工夫されている。小島は同院に*餘慶庵も寄進している。なお客殿から飛石伝いに閑眠庭を渡り安勝軒へと席入りするが、閑眠庭は*重森三玲の作で、同院を建てた大友宗麟がキリシタン大名であったことから十字架を意識した形状の石組を白砂の上に立てる。

安勝軒　三畳台目席　床側

安藤家の茶室【あんどうけのちゃしつ】

山梨県南アルプス市の安藤家住宅にある茶室。安藤家は当地の名主をつとめた家。宝永五年(一七〇八)建築の主屋に、万延二年(一八六一)に茶室が付属された。八畳の茶室と控えの間六畳からなる。八畳は花月座敷で、北側正面中央に床を備える。床柱は筍面を施した榎、相手柱は釣束形式、床の客座側は畳床と上面を揃えた板敷きで、上部に棚を設ける。壁は漆喰塗である。東面と南面は全面に障子が建てられ、広く庭園を望むことができる。安藤家住宅は主屋にのこっていた棟札から建築年代が正確に判明しており、甲斐国名主の家屋を伝えるものとして重要文化財に指定されている。

行燈【あんどん】

行燈

燈具の一種。木などの枠に紙を張り、その中に油皿などを入れて火を燈す照明具。大きくは座敷用と露地用がある。座敷用の行燈は一般に広間で用いられるもので、杉木地で竹の提手が付けられ、上部の覆板がない利休好みが知られている。そのほか半月形の行燈を使うこともある。また露地では用途に応じ*露地行燈、*足元行燈が使われる。

安楽庵【あんらくあん】

三重県津市の専修寺にある茶室。*伏見城にあったものを藤堂高虎（一五五六～一六三〇）が拝領し、後に藤堂家から同寺に寄贈されたとも、また万治元年（一六五八）、窪田山に建てた席を移築したものともいわれる。入母屋造茅葺、躙口前に土間庇を設けた三畳台目中板入の席で、複雑な内部が特徴である。客座三畳の内、下座側の給仕口に続く半畳に鱗板一枚を入れ、客座と点前座のあいだは一間半の長い中板で隔てる。点前座は台目構えで、中板際に立つ中柱は点前座と矩折に続く一間床の床柱を兼ねている。さらに客座と中板のあいだに太鼓襖を引き違いに建てるが、これは点前において襖を引き開ける道安囲の手法を取り入れたものであろう。すなわち、客座は道安囲、中板、台目構えの三つの結界で点前座と結ばれる構成である。客座は皮付丸太と竹竿縁の野根板天井で六尺三寸と高く、点前座は化粧屋根裏であることからも、このような複雑な構成は貴人に対応した工夫と考えられる。*千道安と*織田有楽の合作にちなむ席名との伝承をもつが、十六世紀までは遡られないとしても、道安囲や鱗板が古風を偲ばせる。

安楽庵　外観

安楽庵策伝【あんらくあんさくでん】

天文二十三年～寛永十九年（一五五四～一六四二）。江戸時代前期の浄土宗西山派の僧。京都誓願寺竹林院の開山。俗姓は平林氏。美濃国（岐阜県）に生まれ、幼少期に同地の浄音寺にて得度。後に京都禅林寺智空甫寂に参じた。日快策伝と称し、各地を転じた後、慶長十八年（一六一三）に誓願寺の住職となり、元和五年（一六一九）には紫衣を勅許された。同九年に隠退し支院の竹林院を開き、茶室安楽庵を構えて隠居（誓願寺竹林院の茶室の項を参照）、安楽庵、醒翁と号した。茶の湯を通じて*松花堂昭乗、*小堀遠州らと親交し、また*近衛信尋の知遇を得た。『安楽庵名物帳』に、収蔵した茶器、書蹟が記録されており、また催した茶会については『*松屋会記』に詳しい。笑話集『*醒睡笑』の著作は有名で、後世落語の祖と呼ばれた。

い

井会釈木【いあしらいき】

会釈の木と同じ。⇒会釈の木【あしらいのき】❷

井伊家の茶室【いいけのちゃしつ】

近江国（滋賀県）彦根藩主の井伊家には、彦根城（彦根市）の表御殿、槻御殿、及び城下の松原屋敷、また江戸藩邸の外桜田上屋敷、赤坂中屋敷、早稲田抱え屋敷など、それぞれの屋敷に茶室や茶屋があった。その中で代表的な茶室を挙げると、元和八年（一六二二）頃までには竣工していた藩主の住まいである彦根城表御殿の、表向きの領域には御休所の近くに間適軒（四畳床無し、四畳半切）、また奥向きの領域には御座所近くに天光室（四畳半）が庭に面して建ち、園池の対岸に不待庵（二畳中板向切）の茶室があった。そして延宝五年（一六七七）、第四代藩主直興が下屋敷として造営した槻御殿（黒門外御屋敷、*玄宮楽々園）では、文化九年（一八一二）、第十一代藩主直中が致仕して隠居屋敷として整備され、御座の間近くに三畳台目の茶室が建てられており、その後、新館脇の茶所として虎踞（二畳半台目中板、台目切）、中座敷（五畳半）、御座の間脇茶所奥四畳（三畳）が設けられている。さらに直中の隠居後に整備された松原屋敷には琵琶湖岸の庭園に通天茶屋、岨之茶屋、菊之茶屋、南台之茶屋の茶屋があった。また江戸藩邸の外桜田上屋敷には、享和元年（一八〇一）頃に表向きの領域の奥まったところ、御居間に隣接して御茶所（三畳台目、台目切）があった。そして屋敷での場所は特定できないが、一露亭（一露軒、三畳上げ台目切）があり、*井伊直弼の茶会にしばしば使われていた（東都水屋帳）。そして赤坂中屋敷には三畳向切や、安政五年（一八五八）頃に直弼によって建てられた新席四畳半などがあり、そのほか早稲田抱え屋敷の広大な庭園にはいくつかの茶屋もあった。嘉永四年（一八五一）から安政七年に没するまでの直弼の茶会（彦根水屋帳、東都水屋帳ほか）には、彦根では主に天光室や不待庵が使われ、また江戸では上屋敷の一露亭のほかに、中屋敷の三畳や新席四畳半なども使われていたことが知られる。

井伊宗観【いいそうかん】

井伊直弼のこと。⇒井伊直弼【いいなおすけ】

井伊直弼【いいなおすけ】

文化十二年～安政七年（一八一五～六〇）。幕末の大名、茶人。近江国（滋賀県）彦根藩第十三代藩主。大老。第十一代藩主直中の十四男として生まれる。幼名鉄之介、のち鉄三郎、埋木舎、柳王舎、無根水、宗観と号した。出生時には既に兄の直亮が藩主になっていたため、父の隠居所であった彦根城内槻御殿で十七歳まで過ごした。天保二年（一八三一）、父の死にともない三百俵の捨扶持を受けて、十七歳から十五年間、彦根の尾末町屋敷で部屋住みとして過ごした。自らの才能が開花することなく埋木として朽ち果てることを嘆き、尾末町屋敷を*埋木舎と名づけた。弘化三年（一八四六）、直亮の世子であった直元が没すると、にわかに直亮の養子となり、さらに直亮の死去にともなって嘉永三年（一八五〇）、家督を継ぎ、掃部頭を称す。開国論を展開し、常陸国（茨城県）水戸藩第九代藩主の徳川斉昭らと対立。安政五年（一八五八）、幕府大老に就任すると、日米修好通商条約に調印し、攘夷派の弾圧を行った（安政の大獄）。安政七年三月三日、桜田門外において水戸、薩摩藩士の襲撃を受けて非業の死を遂げた。墓所は東京都世田谷区の豪徳寺。埋木舎時代には「チャカポン（茶、和歌、鼓）」と呼ばれるほど、茶道、和歌、能楽をはじめとした諸芸に励んでいる。茶の湯は片桐宗猿の指導を受けて石州流を学び、埋木舎に茶室*澍露軒を営んだ。弘化二年、三十一歳の時に記された『入門記』には、石州流の源流を正して一流を立てるという高い目標が示されている。禅宗の影響を強く受け、茶の精神性を追求し、*一期一会の思想と独座観念という独自の茶道感をもった。『*南方録』の研究を進め、『*茶湯一会集』『披間之弁』『閑夜茶話』などを著した。また直弼は「東都水屋帳」「毎会水屋帳」「懐石附」など、多くの茶会記をのこしている。中でも自筆自会記の「彦根水屋帳」「東都水屋帳」には嘉永四年から安政四年までに天光室、不待庵、玄宮園中で催された十五会と嘉永五年から安政七年までに江戸藩邸（下屋敷）内の一露亭などで開かれた二十会を収める。このほか直弼は、藩窯の湖東焼や楽焼で好みの茶道具を作って茶会に用いている。

井植山荘【いうえさんそう】

兵庫県宝塚市にある旧藤田彦三郎の別荘。藤田香雪の三男・彦三郎が長尾山松籟庵として、大正三年（一九一四）に建てたもので、戦後、三洋電機株式会社の創業者・井植歳男の所有となって現在の名称となった。建築は日吉忠次郎、造園は梅園梅叟。建物は数寄屋造の意匠でまとめられ、南西から、主人の間棟、管理棟、玄関棟、湯の間棟、客間棟、浴室棟と続き、客間棟北側に茶室棟が付属する。茶室は切妻造茅葺で三方に銅板の庇が廻る。平面は四畳半、西側に上座床を設け、南側に貴人口をあける。北側には一間半に腰障子四枚を建て込んだ内法の低い出入り口があり、躙口の役割を担う。天井は平天井と点前座上部が落天井となる。

庵【いおり】

質素な佇まいの小屋、また茶室をさすこともある。もとは小仏殿を意味し、剃髪した隠遁者の粗末な住まいや仮小屋をさす言葉であった。またその庵の各号を庵号といい、その人自身をさす号でもある。

猪飼家の茶室【いかいけのちゃしつ】

愛知県あま市の猪飼家にある茶室。明治四十三年（一九一〇）、松尾流九世半古斎（松尾家の項を参照）の設計と伝わる。半古斎は建築や造園に優れ、県内では徳源寺庭園や鶴舞公園聞天閣庭園を手掛けたことで知られる。茶室棟は昭和三十二年（一九五七）の伊勢湾台風の後に改修が行われており、主屋の南西に位置し、渡り廊下でつながる。本席は四畳半の中に一間床を組込むが、奥行き二尺七寸ほどで前板をはめ、また左手に袖壁を付し、台目分を畳敷きとしてのこりに鱗板を入れた框床形式である。点前座は茶道口正面の半畳の踏込畳と一畳の点前畳で、四畳半切に炉を切る。天井は客座二畳分が野根板張の竿縁天井で、竿の下端に松皮をのこす。点前座は落天井となり、蒲を白竹で押える。南面にある躙口はやや大きめである。茶道口が片引きの太鼓襖で、矩折の給仕口には引違い襖を建てる。点前座正面の三枚引きは腰板障子となる。水屋は本席の西にあり、縁甲板の床に竿縁天井で、通棚に簀子棚を釣り、右手を隅棚とする。

筏井家住宅の茶室

【いかだいけじゅうたくのちゃしつ】

富山県高岡市の筏井家住宅にある茶室。伝統的建造物群保存地区に建つ土蔵造の住宅に組み込まれる。筏井家は綿糸などの卸商を営んだ商家で、明治三十三年（一九〇〇）の大火に罹災するが、同三十六年には現在の家屋が再建されている。茶室は主屋の奥に位置する八畳の座敷と襖で仕切られるが、普段は続きの座敷として使われ、八畳の座敷と同様に弁柄漆塗の柱に長押を廻し、土縁を通して庭を眺めることができる。広さは六畳、本勝手の席で、勝手付に床を構えた亭主床の形式。床は幅一間半の踏込床で、床柱に百日紅、落掛に図面角竹を用い、庭側に南天の小柱を立てて袖壁を設け、袋床としている。間口の広い床ではあるが庭側の一間を大平とし、晒しの平竹を見切に用いて茶道口側の半間に奥に入り込んだ地袋を設けている。床の地板は杉の一枚板で床と並ぶ茶道口まで達し、地板に直接溝を彫り、茶室に対して斜めに引違いの襖を建てる。床と茶道口のあいだには袖壁を設け、竹を化粧に組んだ円窓をあけ、曲がりのある竹を壁留に用いて下部を吹抜く。また天井は幅一尺五寸の杉板を女竹と桜の竿で交互に押さえた竿縁天井で廻縁を二重とし、上段には辛夷丸太、下段には弁柄漆塗の角材を用いるなど、変化に富んだ構成は座敷と草庵の境界を取りもつ役割を果たしている。茶道口の矩折には一間幅の襖を建て込み、八畳の座敷側の半間を片引きの襖として、主屋正面側にあるミセノマからサヤノマを通り入席できるよう配慮している。

筏打

【いかだうち】

*飛石の打ち方の一種。*短冊石を二本のみずらして平行に据えたもの。（付録8頁参照）

筏張

【いかだばり】

床や縁などにおける板の張り方の一種。細板数枚を用いて*濡縁などを張る場合、板の長手方向の継ぎ位置を、継目が一直線にならないよう順次ずらして張る方法。またそうして張られたもの。張り上げた形状が、筏に似ることからの称。

斑鳩庵

【いかるがあん】

東京都港区の*根津美術館にある茶室。もとは昭和二年（一九二七）、*根津青山が東京都南青山の自邸に営んだ茶室で、寄付、茅葺の中潜り、腰掛待合を配した二重露地をもち、法隆寺に伝来していたという石燈籠から命名された。三畳向切中板入の席で、径一尺ほどの奈良古材（檜）の床柱を立てた台目床を構え、火燈口形式の勝手口をあけていた。客畳の上は化粧屋根裏、点前畳の上は菰の落天井、廊下を介して四畳半の広間と六畳半の勝手が接続していたが戦災で焼失したため、昭和三十年、撫松庵を移築して同様に庵号を斑鳩庵とした。撫松庵は、文化から文政年間（一八〇四～三〇）の江戸本所の大名屋敷に建てられていた茶室を、明治十四年（一八八一）、

斑鳩庵　外観

益田克徳が根岸の自宅に移築したもので、明治時代末期には、埼玉県与野の鹿島邸に移されていた。現在は四畳半向切下座床で、道安囲の席である。平天井と落天井は、壁と同じ聚楽土で仕上げられている。隣接する清渓亭とのあいだの点前座の壁に大きな下地窓をあけ、風炉先には壁を立て、色紙窓があけられている。

居替わる【いがわる】

茶事の時、初座と後座で客が座る場所を替えること。「座替わる」ともいう。流儀によって約束は異なるが、裏千家では四畳半以上の広間では、初座(初炭と懐石)は床本位に座るが、後座は釜本位(釜付正客)に座る。したがって上座床の茶室では初座、後座とも同じ位置に座るが、下座床では居替わることになる。小間の場合は、初座、後座とも床本位であるので居替わることはない。また八畳敷でも台目据(台目以外の席で、台目の位置に点前道具を据えること)に風炉が据えてあるか、向切になっていれば小間の扱いとなり居替わることはない。また燕庵形式のように相伴席から給仕できる場合は初座と後座は居替わる。茶室の構造により懐石の都合で居替わることがある。

居替わる座敷【いがわるざしき】

居替わることのある座敷をいう。『草人木』に見られる語で、「座敷によりて、居替とかハらさるとあり、此儀、当代人しれる事なれ共、初心の為にしるし侍也」と記し、必ず居替わる座敷として燕庵形式の図を挙げている。

伊木三猿斎【いきさんえんさい】

文政元年～明治十九年(一八一八～八六)。幕末から明治時代にかけての武士、茶人。備前岡山藩主池田家の筆頭家老。名は忠澄。代々池田家の家老をつとめた伊木家の十四代目で、虫明(邑久郡)を中心に三万三千石を領した武将。茶の湯を速水流三代の宗筧に学び、伊木家の茶道役の神崎宗又を裏千家十一代玄々斎精中のもとへ派遣する。また慶応二年(一八六六)に上洛した折、玄々斎に千利休木像の模刻を依頼し、明治二年(一八六九)にでき上がると、屋敷内に利休堂を築造し、十月二十六日開眼披露となる。玄々斎好み太柱の席、寒雲亭の写し、大炉の間の写し(樵亭)なども築造。利休像は三猿斎没後の明治二十年六月、夫人の清樹院から京都大徳寺に寄進され、今も山門に安置されている。三猿斎は領地の虫明に御庭焼として窯を築き、京都より陶工を招いて様々の茶道具を作成している。これらは虫明焼として現在も知られている。

生節【いきぶし】

製材された木材に現れた節の状態のこと。枝の付け根に生じる節の繊維とその周囲木部の繊維とがしっかり生きて結合されている節。板材で、節の部分が乾燥し朽ちて抜けることのないものを生節の板という。施工場所によっては、あえて生節の板を使用することもある。また、その逆で節と周囲木部の繊維が連結していないものを死に節、なかば繊維の連結がないものを半死に節などという。

憶昔の席【いくじゃくのせき】

京都市下京区の西本願寺にある茶室。境内東南隅の滴翠園に建ち、飛雲閣の舟入の間の東に水屋を隔てて接する。寛政七年(一七九五)九月十七日、席披きが催され、西本願寺十八代門主文如を正客に、藪内家六代比老斎竹陰も相伴に加わっていたことが寺側の記録から確認できる。当時、文如は比老斎に茶道の奥義を問い、寛政六年に至り相伝を受けたといわれており、この茶室は比老斎の指導なり、好みで建立されたと考えられる。池の東畔に露地門が開かれ、池にそって入口に至る。途中、露地門の近くに三方が葭張りで、瓦積みの腰掛がある。この腰掛から茶室の土間庇に向かって飛石が打たれる。外観は入母屋造柿葺の屋根を東側に向け、さらに庇を葺き下ろして深い土間庇を造る。一方、北側にも入母屋風の妻に庇を付け、柱を立てて同様に庇を池上に付け下ろしており、東と北両面に妻を見せる複雑な構成となる。土間庇に向かって左側は袖壁であり、ここに刀掛が造られ、二段石の刀掛石を据える。刀掛は竹釘を打った丸竹を二本並べ立てたもので、藪内家で見られる技法である。内部は、壁はすべて紅壁(弁柄壁)となり、三畳半に板間を付している。躙口を入るとまず榑板張の板間があり、薄縁が敷かれている。それから無目を隔てて三畳半の座敷が続く。板間は相伴席に

憶昔の席　点前座側

勝手　水屋　床

憶昔の席

あたり、座敷は*上段の間に見立てられる。相伴席の左側に給仕口をあけ、その右手には*仮置棚が設けられている。床は南側へ*下座床に構え、*床柱は南方産の材による*皮付丸太である。その皮肌から「蛇の目木」と呼ばれている。やや曲がりを帯びているが、それを補うように*相手柱は端正な*磨丸太を*面を付けずに立てて、*二本柱としている。黒塗の*床框と削り木の*落掛とあわせて、独特の大らかな風格をもった床構えが形づくられている。点前座は*真菰天井で、*茶道口を入った約半畳の*踏込畳の上まで続いて室内全体を覆っている。炉は*台目切、*風炉先にやや大きく*下地窓をあける。床と向かい合って北側に*付書院を設けており、付書院の障子を開けると*池庭の景色がひろがる。飛雲閣に付属する茶室として、また池畔の亭として考慮された造りとなっている。水屋は*天袋と二段の棚からなり、天井を白張付としている。舟入の間との境には*杉戸が建てられる。

憶春の席【いくしゅんのせき】

*松平不昧が江戸赤坂の松江藩上屋敷に造営した*谷の茶屋の茶室の一つ。詳細は不明。なお『松平不昧伝』には「銀薬罐　青竹自在」「釜　茶飯釜　透水天猫作」「茶杓　小堀十左衛門作」など、享和二年（一八〇二）に行われた谷の茶屋落成披露茶会におけるこの茶室での道具組が記されている。

怡溪宗悦【いけいそうえつ】

正保元年～正徳四年（一六四四～一七一四）。江戸時代前期の臨済宗大徳寺派の僧。*大徳寺二百五十三世住持。江戸東海寺の輪番をつとめ、筑後国（福岡県）久留米藩有馬家が創建した塔頭高源院の開山となる。茶の湯を*片桐石州に学び、『*石州三百ケ条』の註解書を著すなど、石州流が伝播する上で大きな役割を果たす。この系統を石州流怡溪派という。門下に越後国（新潟県）新発田藩主溝口重雄（越後怡溪派の祖）、陸奥国（福島県）会津藩茶堂の飯束林清（会津怡溪派の祖）、*伊佐幸琢（伊佐派の祖）、小泉了阿らがある。新発田藩や近代に出た坂井毎日庵の影響などにより、現在も新潟地方では石州流怡溪派の流れが盛んである。

生垣【いけがき】

樹木を列状に密植し、*刈込や剪定で整えた垣。防風、防塵などの機能にすぐれる。樹種は、基本的に土地の環境に適し、強い刈込などに耐え、枝葉が密な種を選ぶ。また単一の種とする場合と、複数の種を用いて*混ぜ垣とする場合とがある。用途にあわせた高さ、厚み、形状に仕立てることが可能で、また樹種によっても様々な風合となる。露地では、粗樫、白樫、犬槙、山茶花、笹などの常緑樹が好まれる。『築山庭造伝前編』下には、「生垣に二種あり、刈込の生垣、透作りの生垣なり。刈込の生垣ハ中の枯枝を能く透して後、見附を刈るべし。透垣ハ始めに見附を刈込て後中を透すべし」とある。

池上百竹亭【いけがみひゃくちくてい】

長野県松本市にある旧池上喜作邸。喜作は明治時代から昭和時代の戦前頃に活躍した呉服商で、多くの文化人と交流し、俳句、短歌、書画を能くした。その屋敷の離れとして三畳台目の茶室があり、点前座は台目構えの形式で、炉は台目切本勝手。床は上座に構えた台目床。床の前の対面に躙口があけられ、矩折に貴人口、そして床前の貴人畳の脇が給仕口となっている。主屋には三つの座敷が横に並び、玄関側より、八畳で床を備えた中の間、床と違棚を備えた八畳の下座敷、一間半の床、袋床と違棚の床脇を両側に備えた十畳の上座敷からなる。

生込み燈籠【いけこみどうろう】

石燈籠の一種。台座がなく、竿を地中に埋め込む石燈籠のこと。*織部燈籠や道標形がこれに属する。社寺献灯用の石燈籠と異なり、据え付け高の調整が容易で庭園で好まれる。特に*蹲踞の鉢明りに多用される。

井桁【いげた】

方形の井戸の化粧側の上部に組まれた井の字形の縁木。「井筒縁」ともいう。そこから転じて、井の字形に組まれたものを井桁組といい、*間越欄間や床脇の意匠、*塀重門の扉、梁械や通械などに用いられる。また、組み方により*破井桁、菱井桁などがある。また、このような模様をさしていうこともある。

池田文庫【いけだぶんこ】

大阪府池田市にある専門図書館。大正四年（一九一五）、実業家の*小林逸翁が宝塚新温泉内に開館した図書室に始まる。昭和七年（一九三二）には演劇資料収集を目的とした宝塚文芸図書館となり、それを引き継ぎ昭和二十四年に開館した池田文庫は、宝塚歌劇や阪急電鉄、民俗芸能に関する資料などを多数収集、所蔵する。構内には小林邸から移築された*大小庵や、*古彩庵などの茶室がある。

池庭【いけにわ】

日本庭園の様式のひとつ。*枯山水、*露地に対して、池を主体とする庭園を総称していい、「池泉式庭園」ともいう。飛鳥時代から奈良時代、平安時代の庭園様式はほぼこの様式に属し、*寝殿造庭園や*浄土庭園なども含まれる。池庭は、その利用形態から、舟遊びを目的とした池泉周遊式庭園、池庭の周囲を歩きながら観賞する*回遊式庭園（池泉回遊式庭園）に細分化される。また、*書院（座敷）から眺めることを主たる目的とした座視式（定視式）庭園に属するものもあり、この場合、*築山を多くともなうことから築山林泉式庭園ともいう。江戸時代の大名による*大名庭園も池庭の様式に属し、回遊式庭園の形式をとるものが多い。しかしながら実態としてこれらの観賞方法をあわせもつ事例が多く、分類は便宜的なものといえる。

遺香庵【いこうあん】

京都市右京区の高山寺にある茶室。昭和六年（一九三一）、*明恵上人（一一七三～一二三二）七百年の遠忌を記念し、上人の茶恩に報いその遺香を後世に伝えることを目的に、*高橋箒庵はじめ百三名の篤志によって建設された。建築は三代*木村清兵衛、露地は植治こと七代目*小川治兵衛の作。四畳台目の席と広間八畳、及び水屋三畳からなり、これらを畳廊下と板廊下がつなぐ。四畳台目部分の外観は入母屋造桟瓦葺で軒先と螻羽のみ銅板葺とし、妻側正面に銅板葺の大きな庇を葺き下ろしている。その内部は平三畳台目の下座側、床前に一畳を付けた構成で、床前一畳に板畳を添えて給仕口の踏込としている。床は台目床で、踏込の板畳側に寄せて設けられていることから、床が壁の中央に位置し両脇に

遺香庵　四畳台目　点前座側

二本の床柱が立つ二本柱の構えとなる。ともに档丸太の荒々しい趣の材で、落掛も和釘がのこされたままのしゃれ木を転用している。給仕口の開口部全体を曲がり木で縁取るのは水無瀬神宮の*燈心亭に共通する。点前座は、中柱に曲がりのある辛夷丸太を立てる。南壁面の中央に立てた柱を挟み躙口と火燈窓をあけ、西には貴人口をあける。露地の一画の最上部に建つ腰掛式鐘楼には「茶恩鐘」と名づけられた梵鐘が釣られており、遺香庵建設の寄進者百三名の名が刻まれている。

生駒石【いこまいし】

石材の一種。大阪府と奈良県の境にある生駒山から産出する生駒斑糲岩。特に生駒山頂東南麓の奈良県生駒市西菜畑町から小倉町にかけて産出するものが最も良質とされる。珪酸分に乏しく、鉄やマグネシウムに富むことから重く、鉄分が地表で風雨にさらされて酸化し、表面に錆が生じ、独特の紫を含んだ赤黒褐色を呈す。*筑波石に類似する。手水鉢、飛石、沓脱石、石積みなどに利用される。

居座【いざ】

*点前座における*カネ割のことで、*点前畳のうち*亭主の座る場所をいう。点前畳を二つに分けた時、向こう半分を道具座、のこり半分を居座という。さらに道具座を二等分し、*台子の座と*道具扱いの座が設定される。

伊佐幸琢【いさこうたく】

貞享元年～延享二年（一六八四～一七四五）。江戸時代中期の茶人。半々庵と号す。*怡渓宗悦に石州流を学び、幕府御数寄屋頭となる。以来、五代にわたり伊佐家がその職をつとめた。伊佐家は代々幸琢を名乗り、二代半提庵、三代半寸庵、四代半能庵、五代半片庵と続く。この系統は特に石州流伊佐派と呼ばれるが、ひろく石州流怡渓派の茶人を育て、その伝承を支える役割を担った。*松平不昧は半寸庵に石州流を学んだことが知られる。生年については、延宝元年（一六七三）とする説もある。

イジイジ塗【いじいじぬり】

❶漆塗の技法の一種。変塗のひとつで、塗り表面に凹凸や、縮緬状の肌合いをもつ。黒漆や色漆の塗膜を粉末状にした乾漆粉や木炭粉を、漆を塗ってただちに蒔き、乾燥させた後、ふたたび漆で塗り固め、研ぎ磨いて仕上げる。石地塗、石目塗の技法であり、「いじぬり」の読みと、仕上がりの塗面の凹凸感、あるいは縮緬感といった感覚的な表現からの命名と考えられる。

❷漆塗の技法の一種。「いじ塗」ともいう。叩き塗りをベースとした変塗のひとつ。上塗を、いわゆるいじ肌に叩き出して後、研ぎ磨きあげる。表面の凹凸を研いでならし、雅味のある*蠟色塗に仕上げる。加賀国（石川県）前田家お抱えの塗師・近藤道恵がこれの名手といわれ、また江戸時代前期の塗師・初代満田道志が創始したともいわれる。

石垣【いしがき】

土留めのために石を積み上げた擁壁（壁状の構造物）、または境界、区画などのために石を積み上げて垣塀状としたもの。土留めのための擁壁は「石積み」ともいい、特に築城にともなう石垣は近世城郭において著しく発展した。自然石を用いた石垣は*野面積みと呼ばれ、加工石を用いたものには打ち込み矧ぎ、切込み矧ぎがある。積み石の形状によっては間知石積み、切石積み、玉石積みがある。また、*目地の形式によっては布積み、乱積み、亀甲積み、落し積みなどがある。目地にモルタルを用いたものを練り積み、用いないものは空積みという。そのほか、地域によって様々な呼称がある。

石川丈山【いしかわじょうざん】

天正十一年～寛文十二年（一五八三～一六七二）。織豊時代から江戸時代前期にかけての武士、文人。幼名孫助、名は重之、凹、字は丈山。号に大拙、烏鱗子、東渓、山木山材、凹凸、六六山人、藪里翁、三足老人など。三河国（愛知県）碧海郡泉卿生まれ。*徳川家康に仕えた石川信定の子。慶長三年（一五九八）、父の死後、家康の近習となる。慶長二十年、大坂夏の陣において戦功を挙げるも、禁令を犯した*先登（一番のり）であったことから浪人となり、京都*妙心寺に隠棲し学問に励む。元和三年（一六一七）、旧友の林羅山の勧めにより、藤原惺窩の門に列し儒学を学ぶ。元和四年、紀伊国（和歌山県）の浅野家に仕えるが、数カ月で辞する。しかし老母の孝養のため、同九年板倉重宗の仲介で紀伊から広島へ転封した浅野家へふたたび仕える。寛永十三年（一六三六）に帰洛、相国寺畔の睡竹堂に寓居。寛永十八年、一乗寺村に凹凸窠を建て、没するまでの三十余年、ここで隠棲生活を送った。中国の詩人三十六人を撰んで三十六詩仙とし、その画像（狩野探幽筆）と詩が堂内の壁面四方に掲げられたことによって、凹凸窠は詩仙堂の名で知られるようになった。丈山は漢詩にすぐれ、慶安元年（一六四八）に詩集『覆醤集』三巻を著している。また書にもすぐれ、特に隷書を能くした。加えて茶の湯にも精通し、作庭の技術は詩仙堂の庭に表現され、京都東本願寺の渉成園や京都府京田辺市の酬恩庵の方丈庭園は、丈山の手によるものと伝えられている。なお、売茶東牛編『煎茶綺言』併載の小川信庵撰「煎茶法会法式之書」が根拠となって丈山は煎茶道の祖とも称されてきたが、近年、それを否定するのが通説となりつつある。愛知県安城市の丈山文庫にある学甫堂は、丈山が京都で寓居した睡竹堂の書斎を移築したもの。

石口【いしぐち】

根石（根石の項❶を参照）の上端、または石を据えた場合の石の上端をいう。礎石建ての場合では、柱ののる面をいい、石の凹凸にあわせて柱の脚元をひかり付けてなじませる仕口のことを「石口をとる」という。

石組【いしぐみ】

庭園において、石を組み合わせて据え付けること。または据え付けられた石のことをいう。庭園の骨格ないし、主要部分の景を構成することから、古くは作庭を「石を立てる」と称した。日本の庭園においては、庭石には自然石を用いることを原則としてはいるが、部分的に加工した石、あるいは加工石が用いられることもある。自然石の大きなものを岩と呼ぶことから、特に「岩組」とも記され、「石組」と表記して「いわぐみ」と読むことが本来である。石組には大きく分けて、①土地の造成や安定にかかわる実用的なもの、②庭園の主要な景を構成するもの、③神仏の世界を象徴するもの、などがある。①には、斜面を安定させる土留めや積石、湧泉や井戸を囲う井泉石組などがあるが、これらといえども庭園の景を構成する要素のひとつである。②は、自然の風景にならって構成される石組で、滝石組、園池や流れの護岸石組のほか、築山の石組や岩島の石組、蹲踞の石組などがある。③は、神の依代である磐座、仏世界である須弥山石組や蓬莱石組、神仙の棲家を表す洞窟石組、仏像の三尊形式を模す三尊石組（三尊石）、長寿を祈願する鶴亀石組、子孫繁栄を願う陰陽石組、吉祥数を表す七五三の石組などがある。具体的な技法としては、一石据え、二石組、三石組、四石組、五石組、六石組、複合石組などがある。

石組園生八重垣伝【いしぐみそのうやえがきでん】

江戸時代後期の庭園書。秋里籬島著。上下二冊。文政十年（一八二七）に浪花文金堂より刊行。石組、垣、庭門、橋、飛石、延段など庭園を構成する各要素を図解する。特に垣について数多く収録されており、当時の垣のデザインがよくうかがえる。籬島は寛政十一年（一七九九）に京の名園を紹介する『都林泉名勝図会』を、さらに本書に続いて文政十一年には『築山庭造伝後編』（築山庭造伝の項を参照）を著している。

石敷【いしじき】

石を敷き詰めた路面や池護岸などの、庭面のことをいう。

石畳【いしだたみ】

平らな石を敷いた舗装。方形の平石を並べたものをいうが、ひろく敷石や石敷の意。

石立【いしたて】

作庭（庭園を造ること）を意味する古語。「いしだて」とも読む。石を立てるとは庭石を組む（据え付ける）意味であることから、作庭をさすようになったとされる。作庭に従事する僧侶を石立僧と称することもあった。

石立僧【いしたてそう】

古代から中世にかけての、作庭に熟練した僧侶をいう。「いしだてそう」とも読む。石立とは作庭を意味し、平安時代後期には作庭に秀でた僧侶が現れた。藤原頼通の邸宅高陽院の作庭に従事した延圓阿闍梨(一〇四〇年没)や東北院の石立を行った蓮仲法師の名が『*作庭記』に挙げられている。仁和寺に伝わった作庭伝書『山水並野形図』にはその伝承者として延圓のほか、法金剛院の*滝石組を行った伊勢公林賢、これを改修した徳大寺法眼静意、鎌倉時代に永福寺の作庭に従事した静玄の師である静空の名が挙げられており、また平野神社の作庭には仁和寺僧某が招かれていることから、仁和寺の僧侶が作庭に多く携わっていたことがうかがえる。しかし仁和寺以外の僧侶も作庭に従事していたようであり、内山永久寺の作庭にたずさわった信尭坊や浄春坊、浄春房胤乗、称名寺庭園を作庭した性一、南禅院庭園の作庭者とされる心遍、または了遍などの名が史料にのこる。

石谷家住宅【いしたにけじゅうたく】

鳥取県八頭郡智頭町にある石谷家の住宅。石谷家は江戸時代に智頭往来の宿場町として栄えた智頭宿の中央部に位置し、屋号は塩屋。宿場問屋を商い、安永から天明年間(一七七二～八九)には智頭郡の大庄屋をつとめ、明治以降は、地方きっての林業家として栄えてきた。街道に面した敷地に、大小およそ二十棟もの建物を抱える広大なその邸宅は、大正八年(一九一九)から約十年をかけて大改造が行われた。屋敷構えは江戸時代以来の町家形式から武家屋敷風の構えに変わり、正面中央に冠木門を設けて周囲を板塀や土蔵で囲い、その中に大規模な主屋をはじめとする多くの建物をつなぎ、邸宅の構えをとっている。昭和三年(一九二八)竣工の主屋は桁行十一間五尺、梁行七間の二階建。土間上部の小屋組は大規模農家の架構を思わせるが、一抱えもあろうかという梁が縦横に組まれ、林業家の主屋ならではの豪快さを見せる。主屋の東には客間部分となる新座敷、古座敷が雁行形にのび、その上手に茶室が取り付く。新座敷棟は、桁行六間、梁行三間四尺、平家建、入母屋造桟瓦葺で、北端に仏間が接続しているが、八畳二間からなる端正な書院造で、東には広縁、土間庇を介して池泉庭園がひろがる。古座敷は安政年間(一八五四～六〇)に土蔵を直して建てられもので、新座敷の上手正面側に取り付き、八畳間と六畳間からなり、北、東、南に縁側が廻る。古座敷の東の茶室は、主屋などの建築工事が一段落した後に建てられたもので、四畳半と二畳からなり、一部が庭園の池中に張り出して建っている。四畳半は、炉は四畳半切本勝手。躙口は東側にあいているが、北側にも引違い戸を建て、庭園から直接入ることもできる。天井は竿縁天井で、点前座上部は低い網代天井となっている。下手の二畳も水屋が接続した茶室で、炉は向切、点前座は掛込天井。南面には角竹の床柱が立つ半間床と縦長の開口(客用の出入り口)が並ぶ。主屋、座敷棟、家族棟、一号蔵、二号蔵、三・四号蔵、五・六号蔵、七号蔵は重要文化財、また庭園は登録記念物である。

石段【いしだん】

❶石で造った階段。❷*延段の古称。『*数寄道次第』に「其後石たんへ上り、袖すりの松よりまなか程間を置」と見える。

石燈籠【いしどうろう】

石で制作された燈籠のこと。本来は仏の供養のために堂前に立てられた。形状は、基礎や*中台、笠は四角、六角、八角形、竿は円柱のものが一般的であるが、特に露地や庭園に用いられる場合、円形や三角形のもの、宝珠のないもの、竿を直接地面に埋め込むもの(*生込み燈籠)、基礎や竿がなかったり複数本の足を付けるものなど、様々な形状のものが創案された。本来は石材を整形して一体で制作されていたが、古い石造物を集めたり(*寄燈籠)、自然石をほぼそのまま用いたり(*山燈籠)と、形状のみならず、素材や加工方法においても様々な工夫が施された。最初に制作されたと思しきものは*本歌、また由緒があることや意匠がすぐれていることなどにより高い評価を受けているものは*名物燈籠と称され、模作されて、全国各地の露地や庭園などに用いられている。露地(茶庭)において、石燈籠をどのように据えるかについては、あまり細かい規定はなかったようで、針屋宗春が慶長五年(一六〇〇)に記した『*宗春翁茶湯聞書』には「其露地様子ニヨリ能所見計ヒ置也」とあり、茶庭(露地)の造りに応じて据えることが肝要であったことがうかがえ、『南方録』にも「露地の趣に随ひ手水鉢の辺又は木陰の闇き所に置べし」と、燈火が必要な場所に置くように、という実用的な意見が述べられている。江戸時代の中頃に至っても、その姿勢に大きな変化はなかったようで、藪内家五代不住斎竹心（一六七八～一七四五）が著した『源流茶話』には石燈籠に三日月の透かしがあった場合、これを西の方角へ向け、満月の透かしは必ず東の方角へ向けるのがならいだということですが、いかがでしょうか、という問いに対して、「古法ニハ無之事ニ候、石燈籠ハ露地の景気にあらす、夜会に手水鉢・雪隠のほとり、又ハ露地の幽径をてらし候ハん為なれば、三ヶ月・満月のかたちによらす、其明りのすかしによりて、明りのよきかたを専の方へ向け申事ニ候」と答えており、また近衛家凞の言行を記した『槐記』の享保十八年（一七三三）八月十五日の条にも「灯籠ハ明リノ為ニアラズシテハ、何ノ役ニモ立タヌモノナリ」とし、据える数についても「ドコマデモ路次ノ広狭ニ因ルベシ」としている。また『築山庭造伝前編』（一七三五）でも「高さの事さまざまの伝あれども強て寸尺に拘べからず。只燈篭の大小、庭の広狭に応じて恰好見合せ肝要なり。火影泉水のうつりを計ふべし」と、露地（茶庭）に限らず、一般的な庭園においても細かい規定はなかったものと考えられる。（付録12頁参照）

石庭【いしにわ】

⇒石庭【せきてい】

石橋【いしばし】

石で造られた橋の総称。露地や庭園で用いられる場合には、自然石を用いたものと、切石を用いたものに大別される。一枚の板石からなるもの、橋脚を立てて複数枚の石を渡したものなどがある。天龍寺庭園の龍門瀑、西本願寺の大書院庭園（虎渓の庭）、桂離宮の松琴亭など、多くの庭園に見られる。露地においても表千家祖堂前のものなどが知られる。

石橋家の茶室【いしばしけのちゃしつ】

島根県出雲市の石橋家住宅にある茶室。石橋家は当地方の旧家で、その主屋はこの地域の町家特有の切妻妻入造で塗屋造（外壁を漆喰で塗り込め、耐火構造としたもの）である。この主屋の北側、表通りとは庭を挟んで設けられている客座敷棟は藩主御成のために建てられたと伝わる。前後（東西）に付く土間庇に至るまで、総じて数寄屋普請であるが、材質や仕上げは主室（十畳）がすべてにおいて優れ、御成座敷として入念に造られたことがわかる。この棟の北東部に、三畳中板入の席に水屋が付いた茶室を付設する。躙口はなく、東面と南面にある建具は明障子で、「そうのにわ」と呼ばれる前庭に面して縁を張り出している。床は半間の平床で、床柱は竹、一間幅の床脇、違棚の背後の壁には、小舞下地の大きな円窓があけられる。近代的な工夫が施されているが、煎茶に対応できる茶席である。出雲地方では、煎茶を旨とする茶室が江戸時代末期から明治時代にかけて町家に流行ったとみられる。登録有形文化財。

五十公野御茶屋【いじみのおちゃや】

新潟県新発田市にある越後国新発田藩藩主溝口家の別邸。明暦元年（一六五五）、四代藩主溝口重雄の時に茶寮として整備された。現在の建物は文化十一年（一八一四）に建てられたものを、平成十一年（一九九九）に復原修理したもの。寄棟造茅葺の屋根で、開放的な書院造の座敷が茶室として使用されていた。十畳の主室には一間床と、一間半の付書院が併置され、二間が続き間となり、二方向を大きく開口部としている。さらに続き間として十畳が付属し、床などの備えはないが、壁面に大きな円窓が下地窓形式であけられている。また両室の境は無目の敷居と鴨居で、一体化したものとなっており、欄間には大きな菱形の下地窓を備える。なお庭園は旧新発田藩下屋敷庭園および五十公野御茶屋庭園として名勝に指定されている。

伊集院兼常【いじゅういんかねつね】

天保七年～明治四十二年（一八三六～一九〇九）。近代の実業家、数寄者。鹿児島出身。薩摩藩士時代は江戸薩摩藩邸の営繕を担当していたが、明治維新時には軍人となって戊辰戦争に赴く。維新後は海軍省や工部省の営繕局長を歴任し、退職後は、藤田伝三郎（香雪）、渋沢栄一、大倉喜八郎らと日本土木会社（現大成建設）を設立して初代社長となり、有栖川宮家の住宅、帝国博物館（現東京国立博物館）、国会議事堂、鹿鳴館の建築を手掛ける。建築や造園にすぐれ、「近世（近代）の遠州公」「今遠州」とも称された。京都の木屋町二条に高瀬川を引き込んだ庭園のある別邸を建てた。兼常が屋敷を手放した後は、屋敷の所有者が変わり、廣誠院となり、今に至る。その後、南禅寺畔に現在の對龍山荘を造営した。茶道は裏千家十二代又妙斎直叟に学び、十三代圓能斎鉄中を後援し、裏千家の活動を支援した。また益田鈍翁、高橋箒庵ら近代を代表する数寄者とも交流している。

倚松庵【いしょうあん】

神奈川県横浜市鶴見区の曹洞宗總持寺の紫雲庭にある茶室。根津青山、藤原暁雲、高橋箒庵、横井半三郎らの発起により、約百名の出資者を得て、昭和十一年（一九三六）に完成。設計は箒庵、建築は仰木魯堂。三畳台目に鞘の間を加えた小間と八畳の広間からなり、腰掛待合は小堀遠州好みという卍字形腰掛待合で、出資者の名が刻まれた感恩鐘が釣られる。後に増築が重ねられていて、建設当初は、鞘の間がやや小さかったという。

倚松庵　外観

頤神室【いしんしつ】

京都市上京区の相国寺塔頭慈照院にある茶室。千宗旦の好みと伝えられる。同院七世の昕叔顕晫は、八条宮智忠親王と親交深く、また織田有楽や宗旦とも交わり、茶の湯を嗜んだ。寛永九年（一六三二）、昕叔が桂宮から拝領した読書堂を宗旦に依頼して頤神室として造り、宗旦も来遊してここで茶会を催したと伝えられる。外観は南面して建ち、切妻造瓦葺の前面に銅板葺の庇を付け、土間庇を形成する。その東端には袖壁を造り、入隅には二重の刀掛を釣り、西端が二枚障子の貴人口となる。内部は四畳半下座床で、炉を本勝手四畳半切に切る。東側の点前座勝手付には円窓をあけた仏壇を設け、その下部を倹飩形式の地袋とした持仏堂と押入が造られている。仏壇の中には右手に黒楽の茶碗をもった布袋像を安置するが、千利休の替え首も用意されており、頭部を取り替えることができ、利休堂の役割ももつ。当茶室は一時、荒廃がひどく昭和三十四年（一九五九）に大規模

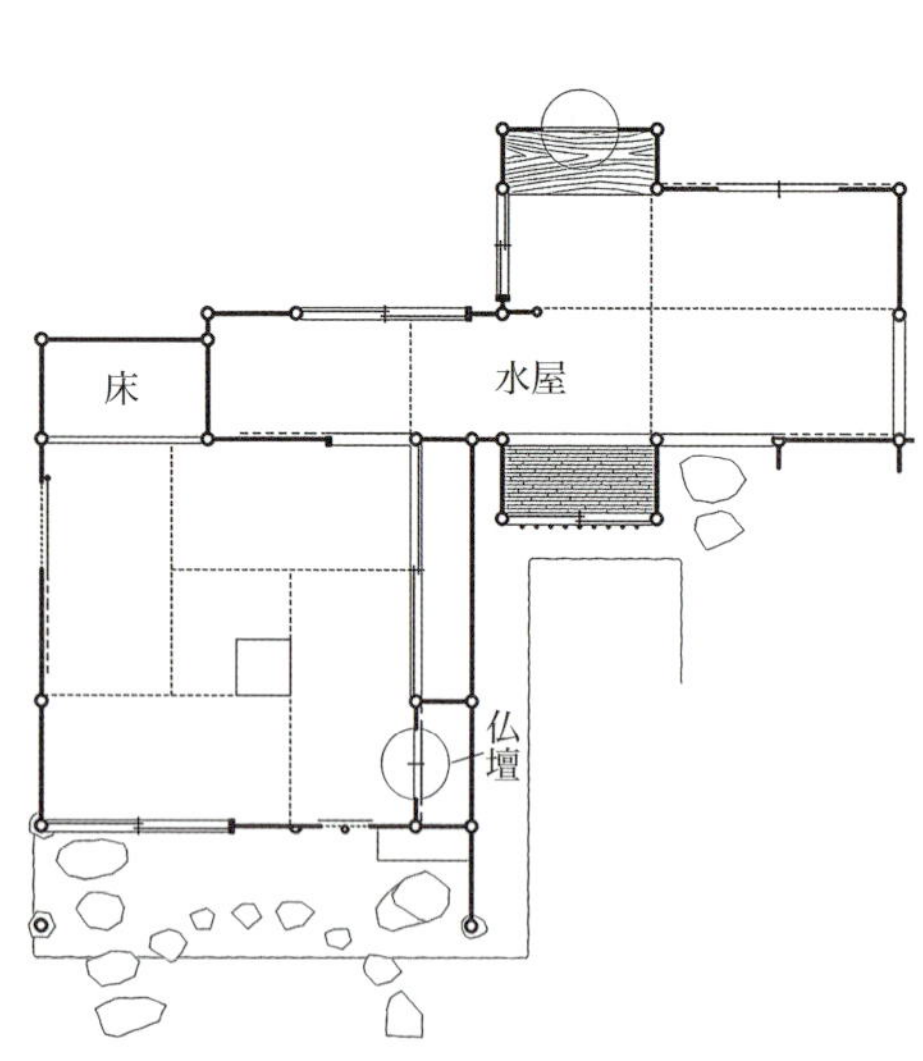

頤神室

頤神室　持仏堂側

な修理が行われている。天井は修理前には一面が平天井であったが、もとの構成に復し、南側貴人口前の掛込天井を持仏堂の手前で打ち切り、持仏堂の前、半間四方を平天井としている。修理時の作意により、現在は床前の平天井が矢羽根網代で、持仏堂前が市松の網代張となっている。貴人口正面に設けた床は台目床で、赤松皮付の床柱はやや太目で所々に節や釿目を見せる。框はなぐりで、床柱とともに当初材と考えられる。入隅を塗廻し、床は天井が低く、わびた構えである。床の右側にある茶道口は方立口となる。西の客座側の壁面には下地窓を一つあける。頤神室は書斎と居室を兼ねたような茶室として工夫されたと考えられ、また入隅の柱に竹を立てており、これも千家の茶匠の作意とは異なる同院の僧の意向と見受けられる。

伊豆青石【いずあおいし】

伊豆御影のこと。⇨伊豆御影【いずみかげ】

依水園の茶室【いすいえんのちゃしつ】

奈良市の依水園（名勝）にある茶室。依水園は、はじめ延宝年間（一六七三～八一）に清須美源四郎道清が別邸として、興福寺の小院・摩尼珠院の別業があったこの地に設けたもので、明治三十二年（一八九九）頃に関藤次郎がこれを受け継いで前園とし、さらに東大寺側の土地を購入して後園の築造を行った。約一万二千坪の回遊式庭園、及び園内の茶室は*裏千家十二代又妙斎直叟が指導にあたり、明治四十四年に全容が完成した。園内には氷心亭、主屋（管理棟）に清秀庵、及び六畳台目と九畳の茶室が、前園には*三秀亭と挺秀軒がのこる。氷心亭は同園の主座敷にあたる建物で、後園に面して建つ。外観はキングポストトラスを用いた兜造風の茅葺屋根をもつ。内部は十三畳の広間と五畳半の茶室を中心としている。広間は、本勝手四畳半切に炉を切り、床は栃の地板を敷いた踏込床を下座に構える。床脇は地袋の上に欅の一枚板を配する。天井板はすべて新薬師寺の古材で、裏千家*寒雲亭を模した舟底天井と竿縁の平天井、掛込天井で構成される。また付書院には*咄々斎の欄間に見られる桐の透彫りがある。五畳半の茶室は、炉を本勝手四畳半切に切り、床は松の大節入りの地板を用いた踏込床とする。床柱は杉絞丸太。茶道口上の欄間は寒雲亭の櫛形欄間を写している。天井は煤竹詰め打ちの平天井で、濡縁は新薬師寺の古材を、竹と交互に張っている。このほかに御蓋、高圓、若草の、あるいは大和三山をモチーフにした障子欄間をもつ九畳の茶室がある。主屋内の茶室清秀庵は、外観が瓦及び檜皮葺の入母屋造で、樂家十一代慶入の七十六歳（一八九二年）の作になる鬼瓦をのせる。内部は四畳半で*又隠の写しだが、躙口のほかに貴人口を付加している。天井は網代を一枚張った平天井と掛込天井からなり、廻縁には赤松、辛夷、杉の三種を用いる。茶道口に接して台目畳四枚敷の鞘の間があり、茶道口近くに炮烙棚を設ける。六畳台目の茶室は、一間幅で一尺五寸の奥行きの床があり、床柱は杉磨丸太、床框は楓を用いる。点前座には雲雀棚を釣り、天井は蒲の落天井とする。客座の天井は新薬師寺の古材による竿縁天井。襖には壺々引手が用いられる。なお、前園の三秀亭はその意匠、及び建設時期や黄檗僧の木庵性瑫による命名から煎茶の影響が考えられる。また、敷地東南隅にはかつて東大寺塔頭龍松院にあった茶室臨蹊庵があったが、昭和三年（一九二八）に興福院に移築され*龍松庵と改名された。現在はその付属の寄付のみ同園にのこされている。全体的に裏千家の茶室の写しを基本としているが、いずれも茶室としてのオリジナリティーが高いのは、又妙斎の適切な指導があったからと考えられる。近代の奈良有数の質を誇る茶室群であるだけでな

依水園の茶室　氷心亭　外観

く、茶室に見られる写しという設計思想を考える上でも貴重な遺構である。

伊豆石【いずいし】

神奈川県の伊豆半島東海岸から静岡県の西伊豆海岸付近にかけて産出する（真鶴地方のものも含む）石材の総称。輝石安山岩系（硬質）の石材では、主に神奈川県の真鶴地方や根府川周辺から産出する真鶴石や小松石、根府川石などが知られ、板状節理をもつ平坦なものもある。江戸城石垣に用いられていることで有名。耐火性にすぐれ、風化しにくく、緻密で山錆を見せる。関東地方を中心に景石や板材、石垣、石碑材として使用されている。一方で凝灰岩系（軟質）の石材は、主に静岡県の熱海、宇佐美、伊東、川奈、稲取、河津、下田地方などから産出し、長岡青石（本場伊豆青石）や伊豆黒朴、天城抗火石（抗火石の項を参照）などが知られる。

倚翠亭【いすいてい】

京都市左京区の橋本関雪邸　白沙村荘にある茶室。関雪は大正から昭和時代の日本画壇で活躍した画家で、白沙村荘内の庭園（名勝）や建物は関雪が自ら設計しており、そのうち倚翠亭は回遊式庭園の池畔に建つ。茶を嗜んだ関雪の妻・よねのために建てられたもので、昭和七年（一九三二）の完成（関雪手記）。六畳の広さで、間口一間の袋床を備え、袖壁に糸巻形の下地窓をあけている。床脇の三角棚や、北側を懸造にして池に張り出して設けた縁など、画家らしい自由な発想がうかがえる。廊下を隔てて南側に茶室憩寂庵がある。平成二十一年（二〇〇九）の失火焼失後、同二十四年に、一部に焼け残った材を用いて旧状に復興された。編笠門から倚翠亭に至る飛石は、関雪自らが探し求め、配り方を決めたといわれる。池中に打たれた飛石を伝い本亭の東側に至る。飛石の尽きたところに玉石敷を設け、手水鉢が水中に据えられる。

鶍【いすか】

木材の先端を二分し、交差する方向に斜めに切ること。その形状が、鶍という鳥の先が湾曲し上下が嚙み合わないくちばしに似ることからいう。遣方杭（水杭）の先端の加工などに用いる。鶍継は木材の両側面を交差する斜め方向でつなぎ合わせる継手。見え隠れ部分では目地や車知栓（材と材の接合部を留めるために打ち込まれる長方形断面の栓）を入れて固める。天井の竿縁などに用いられる工法である。

伊豆黒朴【いずくろぼく】

静岡県伊東市付近から産出する黒朴石の一種。また富戸、川奈崎地区に産出するものは薄い模様があり珍重されている。伊豆石のひとつ。

椅子点前【いすでまえ】

椅子に座って行う点茶法。明治五年（一八七二）に裏千家十一代玄々斎精中が創案した立礼式を嚆矢とし、同六年頃、堀内家七代の至慎斎宗晋と八代松翁宗完が好んだタワフルによる椅子点前が続く。立礼式に用いる点茶盤は基本的には座敷に設えるもので濃茶、薄茶点前、炭手前ができるので茶事を催すことが可能である。

和泉青石【いずみあおいし】

大阪府の泉南市と泉南郡岬町付近から産出した青石の一種。和泉層群から切り出されていた緑灰色の砂岩。古くから景石、石垣、鳥居、墓石、建材、砕石、石塀などに使用される。和泉層群は、白亜紀末の砂礫、砂、泥が海底にたまり、地層が形成されたもので、兵庫県淡路島にも層群がのび、鳴門砂岩と同じ石質である。緻密で硬く、緑灰色である。紀州青石に岩脈はつながるが、石質と色味が異なる。また化石などが多く混入することでも知られる。

和泉石【いずみいし】

和泉青石のこと。

⇒和泉青石【いずみあおいし】

伊豆御影【いずみかげ】

石材の一種。神奈川県の伊豆半島から産出する砂質の多い凝灰岩。伊豆石のひとつで、青味をもち、「伊豆青石」ともいう。特に伊豆の国市長岡から産出するものを長岡青石といい、これを他の伊豆青石と区別して本場伊豆青石ともいう。現在は同市の韮山から産出する伊豆若草石が類似のものとして流通している。軟質で加工がしやすく比較的軽い。建材、塀、蔵、石段、かまど、石仏、墓石などに使用される。

和泉草【いずみぐさ】

石州流の伝書。十巻からなる。*藤林宗源が*松浦鎮信に書写して贈る旨の貞享四年（一六八七）付け識語が巻三の巻末にあり、巻一から巻三までの部分は宗源の著述と考えられている。巻四以下のうち、数寄屋の図や詳細な寸法が記されている部分はいわゆる*片桐石州の『茶具備討集』『大工之書』と同じである。そのほか『*君台観左右帳記』『*御飾書』などの古い茶書が集成されている。巻一から巻三までが翻刻されている。

泉殿【いずみどの】

❶平安、鎌倉時代において湧水による池を邸内に取り入れた住宅の別称。またそのような池泉に臨んで建てられた建物。詩歌や歌合、納涼など遊興の会場となった。❷*寝殿造において寝殿、またはその両脇の対屋から南へのばした*渡殿を通じて、庭内の水辺に設けられた建物をいうことがある。

泉坊【いずみのぼう】

京都府八幡市の石清水八幡宮にあった僧坊の一つ。*滝本坊の住職であった*松花堂昭乗が晩年、弟子に滝本坊を譲り、ここに移って隠棲し、寛永十四年（一六三七）、泉坊のかたわらに草庵の松花堂（松花堂の項❶を参照）を構えた。かつて石清水八幡宮がある男山には四十八もの坊があったことが知られる。現在、松花堂は八幡市立松花堂庭園・美術館に移築されている。

伊勢青石【いせあおいし】

三重県鳥羽市の答志島と菅島から産出した*青石の一種。中央構造線にそった三波川変成帯に分布し、三波川結晶片岩の中の緑泥角閃片岩。緑泥片岩の中では、青石として*伊予青石に次ぐ良品とされる。変色は無いものの、冴え味が少ないとされる。岩質は粗く、石理が少ないため、*紀州青石と類似する。主に景石などに使われる。比較的古い時代に産出した庭石で現在は採取されていない。

伊勢呉呂太【いせごろた】

伊勢呉呂太

三重県の菰野町とその周辺で採取される*呉呂太石で、*伊勢御影の一種。黒雲母花崗岩質が鉄分で酸化し、茶系の色をしていることから「錆石」ともいい、延段や雨落、洲浜の石として重宝される。四〜一〇センチ程度の玉石で、石目が粗く、花崗岩としては軟石である。

伊勢砂利【いせじゃり】

伊勢湾沿岸で採取される砂利。三〜六センチ程度のもので、白く、雲母成分が若干入った花崗岩。関西方面に多く出荷されている。敷砂利や雨落などにひろく使用される。

伊勢御影【いせみかげ】

石材の一種。三重県の菰野町一帯、及び朝明川の河床、伊賀市の旧島ヶ原村付近から産出する黒雲母花崗岩。「菰野石」ともいう。黒雲母、長石、石英の三組成からなる。景石をはじめ、飛石、沓脱石、手水鉢などに使用される。

井泉【いせん】

⇒井泉【せいせん】

磯石【いそいし】

石材の一種。神奈川県の相模湾海岸線から産出した輝石安山岩。伊豆石のひとつ。主に景石として使用された。神奈川県小田原市、真鶴地方、静岡県伊東市、賀茂郡付近でも採取された。特に旧静浦村（江浦村）産出材は模様の美しさから珍重されたが、現在は採取が禁止されている。

磯島形【いそじまがた】
園池の島の形の一種。『*作庭記』には「礒しまは、たちあがりたる石を、ところところにたてゝ、その石のこはんにしたがひて、浪うちの石をあらゝかにたてわたして、その高石のひまひまに、いとたかゝらぬ松の、おひてすぐりたるすがたなるが、みどりふかきを、ところところうふべきなり」とあり、所々に高い石を立て、その周囲に荒々しく波打ち際の石を据えるとともに、高い石のあいだには低い形姿のすぐれた松の古木を植えるもの、としている。

磯渡【いそわたり】
沢渡石と同じ。 ⇒沢渡石【さわたりいし】

板【いた】
薄く平らに製材された木材の総称。使用される部位にしたがって天井板、床板、壁板、板戸、吊板などと呼ぶ。天井や床をはじめ、室内で目に留まる主要な意匠材となる。そのため数寄屋で用いられる板は、その表面に現れる木目の表情が吟味される。たとえば直線状の筋からなる柾板、年輪の接線方向に挽いた板目板などに区別される（柾目、板目の項を参照）。

板石【いたいし】
扁平な板状に加工された石材。「ひら石」「片石」ともいう。各面を加工しないで板の形に切ってあるものを荒板といい、各面を鑿切りにして四周もある程度まで加工したものは鑿切板、片面を平坦にして四周を相当程度にまで加工したものを山叩板という。建物の腰張り、*敷石、*飛石、屋根葺、テラス、浴場、台座、橋板、井戸の側などに使われる。また竪石の板石としては玄蕃石が使われる。

井田石【いだいし】
石材の一種。静岡県沼津市井田付近から産出する凝灰安山岩質の石。井田火山の噴出物で、古代より石材として知られていた。京浜地域や静岡方面で使用されることが多い。産出地辺りでは古墳の石棺として用いられたほか、徳川四代将軍家綱の御宝塔の材料や江戸城の石垣材として有名である。

板絵図【いたえず】
板に描かれた絵図面。建築では建物の平面図などを描き、*番付や寸法、部屋名が記されたものもある。建物完成後、屋根裏に納めたり、または不要となって建物の一部に転用され、のこることもある。これらから年紀や建設当初の間取りが判明することもあり、建物の変遷を知る上で貴重な存在である。京都*角屋や和歌山県の旧中筋家住宅（中筋家住宅の茶室の項を参照）の板絵図などは重要文化財の附指定を受けている。

板縁【いたえん】
板を張って造った*縁の総称。縁の造られる場所や、板の張り方などにより、多くの種類と呼称がある。

板絵図　竹中大工道具館蔵

板垣【いたがき】
板を縦または横に並べて打ち付けた垣。高さによって、高板垣、腰板垣があり、板のあいだに隙間をあけるものを*透垣、板を*羽重に張ったものを*切掛という。『*石組園生八重垣伝』には、「板垣打合」として、縦板を表と裏から交互に横材に打ち付けた垣を掲載し、「茶室または間垣に用ゆ、全体この垣は有職物とて二十七種の一つなり、板幅六寸をもって法とす、（中略）焼杉また船板をもつて造る」とある。また、『築山庭造伝前編』下には「板垣の板は焼べし、焼に付ても焚くべからず、鉄物を火にして其板を撫て撫やきにやくべし」とある。

板掛【いたがけ】

棚板、床板などの板材の端を受けるために、受ける側の材を決った小穴、また打ち付けられた桟をいう。「板決り」「板持ち」ともいう。点前座の釣棚や、水屋棚、*洞庫内の棚などを取り付けるのによく用いられる。

板壁【いたかべ】

板張りを仕上げとした壁。日本建築の壁としては、古くは樹皮や草、泥(土)などで造られた素朴なものから、高床建物の板校倉や、伊勢神宮内宮正殿の板壁、法隆寺などの古代寺院の漆喰塗などがあり、やがて室町時代後期に*書院造の住宅の壁として、紙を張った*張付壁も見られるようになる。武野紹鷗の四畳半茶室(武野紹鷗の茶室の項を参照)が注目を集めたのはちょうどその頃で、この茶室の壁も*白張付壁であったが、のちの茶室では*土壁が主流となる。紹鷗の時代、茶室の壁を板壁にする例もあったようで、『池永宗作への書』には「茶湯ノ座敷ノ造作ハ、板ヲ以壁ナドヲシタヲハ、常翁ハ舛ノ底デ茶湯ヲスル様ナド云テキラハレケル」とあり、紹鷗は、枡の底で茶の湯をしているようだと嫌った、という逸話も伝えられている。現在、茶室の外壁の多くは土壁であるが、壁の足元の、雨が当たる部分には、壁の保護のために板を用い、*腰板とすることも多い。同様に、風雪の厳しい地方では、外壁の軒下までのほとんど、あるいはすべてを、*下見板張にすることもある。内壁では、表千家*不審菴の点前座の壁のように、所作の都合上、特に壁の保護を要するところや、*水屋流しを囲む三方の壁など、水まわりの壁にも腰板が使われる。

板唐戸【いたからど】

*開き戸の一種。「板扉」ともいう。一枚板、あるいは二枚以上の幅広の厚板を*矧合せた形式の戸。*木口を隠し、反りを防ぐため扉の上下に*端喰を入れたものや、裏桟を取り付け、正面側から釘留を行い*釘隠金物で装飾を施したものもある。

板決り【いたじゃくり】

板掛と同じ。⇨板掛【いたがけ】

板畳【いただたみ】

茶室の平面を構成する時、畳のみでなく様々な板敷きの部分(地板)を組み合わせて、席内にゆとりや変化を加える場合、それらの地板を板畳と総称する。*千利休により極小の*草庵式茶室が生み出されて後、その小間としての特質を活かすため、種々の板畳が工夫された。極小の茶室のさきがけであった*待庵でもすでに、次の間ながら一畳の壁際に板畳が入れられていたし、*千少庵が千家を復興した折にも、復元した利休大坂屋敷「三畳大」(千少庵の屋敷と茶室の項を参照)の点前畳の脇に、待庵と同様の板畳が添えられていた。両席とも、半間の壁に釣棚と出入り口を並べて設けており、出入りの所作に支障がないよう板畳を添えて点前座の幅を加減したものであった。このような点前座の板畳は、表千家*不審菴にも見られる。こうした板畳のほか、*向板、*半板、*鱗板、*中板、*前板、*脇板、*小板、*柳板などの板畳もある。

板違い天井【いたちがいてんじょう】

*格天井などにおいて、それぞれの格間に張る*格板の種類を交互に変えたり、木目を縦横遣り違いに張った天井。

板包【いたづつみ】

建築の工事中に、柱やその他の化粧材を傷付けないよう、板で包み養生をすること。特に*磨丸太や*面皮の柱、床板などに対して用いる。

板天井【いたてんじょう】

板張りの天井の総称。一般によく見られるものには、竿縁で天井板を押さえた*竿縁天井。その竿縁に*猿頬面を施した猿頬天井、天井板に*野根板を使用した野根板天井、竿縁など下から支える部材を用いず天井下面に凹凸のない*鏡天井、縦横に組まれた格縁を使用した*格天井や*小組格天井などがある。また天井全体の形状としては*舟底天井や*廻縁の高さより支輪などを使用して高く張った*折上天井などもある。天井板は*羽重に張ることが多いが、その間隔を少しあけて(*目透張)、裏に*目板を付けた底目板天井(敷目天井、目透天井)もある。竿縁天井の竿縁には角材が用いられるほか、細丸太を用いることもある。天井板には杉が使用されることが多いが、*屋久杉、霧島杉、土佐杉、春日杉、*吉野杉、秋田杉などがよく知られ、*神代杉が使用されることもある。それらの板の表情には、*柾目や*板目、板目の中でも装飾的価値の高い*杢目などがある。野根板には神代杉や*黒部杉（ネズコ）、赤杉、椹などの粘りのある天然木が使用される。人手によって成長促進させられた木は目が粗く艶もないために野根板には適さない。

板戸【いたど】板を張って作られた戸の総称。茶室においては、*下地窓などに掛ける*掛戸、*入側などに用いられる*杉戸のほか、水屋や勝手の物入などの戸として用いられる。

板床【いたどこ】畳の代りに板を入れた床。*畳床に対する語。貴人の座である上段の姿を保持しながら座敷飾の場として活用されるのが茶室の床である。本来は尊貴な座である床の座面を、畳に代えて板を敷き込んだわびた構えである。床板は欅、松、桑などの材が使われる。形式には*踏込床、*蹴込床の場合と*框床の場合がある。

板貫【いたぬき】*貫、すなわち柱を貫いて相互につなぐ横材に、板を用いたもの。薄くて幅の狭い小幅板と呼ばれる板を用いることが多い。

板羽目【いたばめ】板張りの壁や塀のこと。「いたはめ」とも読む。羽目とは、建物の壁あるいは器具の側面に板をはめ込んだり、打ち付けたりして平坦な面に仕上げているところをいう。板の張り方によって*熨斗羽目（竪羽目）、*布羽目（横羽目）、あるいは板の継ぎ目に*目板を打つ目板羽目などがある。板をわずかずつ重ねて張り下ろす*下見板張も板羽目ということがあるが、もともと羽目は下見に対して平坦に仕上げるものをさしていた。

板葺【いたぶき】板で屋根を葺くこと、または板で葺いた屋根の総称。「板屋」とも。葺材となる板の種類により、大板葺、*柿葺、栩葺、木賊葺などがある。

板塀【いたべい】塀のうち、木材による架構造の骨組に板を張ったものの総称。

板目【いため】木材の表面に現れる木目の一種。木材は挽き方にしたがって、年輪が多彩な木目として現れるが、板目は、年輪の接線方向に挽く時に現れるもの。対して*柾目は直線状の筋をなす模様で、年輪を放射状に挽いたもの。板の中央部が板目、その周辺が柾目の材を中板目と呼び、天井材で好まれる。さらに中央の板目の幅がきわめて狭い良材を中杢と呼び、その希少性から数寄屋の高級材として扱われる。（付録29頁参照）

板廊【いたろう】板張りにした廊下の総称。

一位【いちい】イチイ科イチイ属の常緑針葉高木。北海道、本州から九州まで分布し、亜高山帯や寒冷地に生える。樹高は大きいものでは二〇メートルほどになる。庭木としても用いられるが、その場合せいぜい一〜二メートル程度のものを利用する。材質は緻密で建築材としても使われる。

一位樫【いちいがし】ブナ科コナラ属の常緑高木。本州（関東地方南部以西）から九州に分布する。暖地の山地に自生し、樹高は大きいもので三〇メートルになる。堅果は長さ約二センチで秋に成熟し、食べられる。庭木や公園樹の植栽、また薪炭材として利用される。

一雨軒【いちうけん】愛知県津島市の平山学園本町校舎にある*三養荘の茶室。三養荘は昭和六十年（一九八五）に肥料商・服部家より移築された。一雨軒は昭和四年（一九二九）頃、松尾流十世不染斎（松尾家の項を参照）がかかわって京都から服部家に移されたと伝わる。茶室は東を正面として裏の書院座敷から土間廊下で続く。外観は南北棟の切妻造で、柿葺の土間庇を付け下ろす。本席は平三畳台目下座床

一雨軒　点前座より躙口側を見る

で、炉は台目切。点前座には赤松の曲柱を立て、袖壁は客座の壁と一体となり、横木の壁留が東側面までのびる。二重棚を釣り、風炉先窓をあける。茶道口は方立口とし、床の脇に設けた給仕口は火燈口形式とする。床は奥行き二尺四寸の畳床で、釿目の床柱。相対して東面南端に躙口をあける。躙口上部を連子窓として柱を挟み、その北側には下地窓に力竹を立て障子を掛ける。天井は客座床側が野根板を白竹で打ち上げた平天井で、もう一方が化粧屋根裏で突上窓をあける。点前座は蒲の落天井で元末を組にした女竹で押える。本席の北にある水屋は化粧屋根裏で、床を縁甲板（榑板）張とする。東面に流しや棚、天袋があり、北面に掃出口がある。西側の廊下も化粧屋根裏と縁甲板張で、北面の片引き板戸で土間廊下につながる。

市川松斎の茶室【いちかわしょうさいのちゃしつ】

大坂の有楽流の茶人であった市川松斎が営んだ茶室。江戸時代末期の故実家・栗原信充著『柳庵随筆』の所載図によると、三畳台目下座床で、奥行きの浅い台目床と半間幅の板畳が並ぶ。躙口は上座側で、床正面の点前座寄りに設けられる。茶道口は火燈口とし、床の脇の板畳に給仕口があけられ、中柱は桜、床柱は松、相手柱は栗が用いられていた。

一崩しの天井【いちくずしのてんじょう】

*格天井の一種で、裏千家の*咄々斎に見られる。「長板天井」ともいう。格縁に北山小丸太を用いて八畳の広さの天井を十六間に分け、格間にはそれぞれ*長板の寸法に切った五葉松の板二枚を張る。各格間の長板は縦横遣り違いに張り、*目板を入れることで、全体として「一」の文字を崩して図案化したようになることから、この名がある。

一崩しの天井　咄々斎　裏千家

一期一会【いちごいちえ】

一期とは人が生まれてから死ぬまでのあいだのことで、そのあいだにたった一度の出会いであるということ。茶の湯では茶会一回ごとを、生涯ただ一度の会と考え、主客ともに真心をもって臨むことを説いた言葉。『*山上宗二記』「茶湯者覚悟十躰」には、*千利休が客の心得を説いた言葉として、「朝夕寄合間ナリトモ、道具ヒラキ、亦ハ口切ハ不及云ニ、常ノ茶湯ナリトモ、路地へ入ヨリ出ルマテ、一期ニ一度ノ会ノヤウニ、亭主ヲ可敬畏」とある。*井伊直弼はその著『*茶湯一会集』の序文において「抑、茶湯の交会は、一期一会といひて、たとへハ幾度おなし主客交会するとも、今日の会にふたゝひかへらさる事を思へハ、実ニ我一世一度の会也」とこの語を強調しており、「一期一会」という語自体は直弼により造られたものと思われるが、精神性を追求した言葉であり、茶人の重要な心得とされる。

一座【いちざ】

座は本来、座席という場所、また特別な者の集会する場を表す言葉であるが、さらに、その仲間の意味にも発展した。一座とは芸能、歌舞伎などの興行者の一団体や、連歌、俳諧、茶会の一会を表す言葉として使われる。『*南方録』「滅後」には「一座一会ノ心、只コノ火相・湯相ノミナリ」とあり、茶会一会の心構えにおいては火相（炉や風炉中の火のおこり具合）、湯合（湯のかげん）がその本質であることを説いている。*七事式では、且座之式を一会行うことを一座という。

一座建立【いちざこんりゅう】

もともとは能楽などで一座を経営する意味。世阿弥の『風姿花伝』には、「この芸とは、衆人愛敬を以て、一座建立の寿福とせり」とある。茶の湯では『*山上宗二記』「茶湯者覚悟十躰」に「客人フリ事、在、座ノ建立ニ、条々蜜伝多也」または、「飯ノ喰ヤウノ事、一座建立ノ中ニ在リ」とあり、亭主と客の心が通い合い一体感が得られ、充実した茶会となることをいう。

市島家の茶室【いちじまけのちゃしつ】

新潟県新発田市の市島邸にある茶室。市島家は新発田藩主溝口氏の移封にともない随従してきた御用商人で、当地の大地主として成長した。最初は五十公野に居を構えていたが、やがて水原に移って継志園と呼ばれる庭園を築いた。しかし幕末の騒乱で邸宅は焼失。その後、現在の天王の地に屋敷を構えるようになった。主屋に相当する部分は南山亭と呼ばれ、仏間のほか居間や寝室が設けられている。水月庵は渡り廊下で南山亭につながっており、六畳の茶室に四畳半が付属したもので、大徳寺四百三十五世住持大綱宗彦の水月の歌にちなんだ命名と伝えられている。点前座勝手付側が池にせり出した縁となり、上座に構えた框床の横には地板が敷かれただけの床脇が設けられている。松籟庵はもともと水原の継志園にあった茶室で、幕末の焼失を免れたものを現在の天王の屋敷の庭園内に移築した。屋根は茅葺、平三畳台目の平面。茶道口は点前座勝手付、給仕口は床の脇にあけられている。客の出入り口は貴人口形式。設計は江戸時代後期に越後国（新潟県）柏崎で生まれた茶人・*松村宗悦による。

市島家の茶室　松籟庵　外観

一樹庵【いちじゅあん】

東京都港区の*根津美術館にある茶室。明治三十二年（一八九九）、大阪伏見町の美術商・春海藤次郎が建てた台目五畳の茶室。庵号は、藤次郎が*表千家十一代碌々斎瑞翁から受けた号による。風炉先、炉の前角には皮付の櫟の中柱を立て、仕切り壁を設け、刳り抜かれた火燈形には撓めた枝を入れる。また点前座には碌々斎の花押がある釘箱棚が仕付けられる。風炉先側に構えた床は四尺五寸床。昭和四十八年（一九七三）、二代目根津嘉一郎の還暦を記念して、同館に移築、この時*披錦斎が増築された。

一樹庵　床と点前座側

一重棚【いちじゅうだな】

釣棚の一種。点前座の向こう入隅に仕付けられた一重の棚。羽箒、香合、棗などを荘るのに用いられる。多くは厚さ四分、奥行き八寸五分、幅一尺五分程度の桐材、まれに杉材の棚板、三方に沢栗や桑の*端喰を入れる。畳から棚までのあきは、二尺七寸前後とし、手前の角を細い白竹で天井から釣る。*千利休の創案とされ、*小間に用いられる、ごくわびた形式である。『*茶道筌蹄』には、「一重　利休形也。桐にて竹の釣木、向切に中柱あるは客付、中柱なきは勝手。但し杉もあり、中柱ある席には杉は不用。利休形の台目にて中柱なきは、勝手の方へ杉の一重棚を釣る。尤少し寸広し」とあり、中柱のある席では客付に、中柱のない席では勝手付に棚を設け、勝手付の場合は、棚の幅も少し大きく取るという。点前座以外にも仕付けられることがあり、たとえば*待庵の次の間に設けられている。

一重棚　一来亭　神勝禅寺

一重露地【いちじゅうろじ】

*露地の一形式。*外露地と*内露地に区別されない露地をいう。『*山上宗二記』の紹鷗四畳半の図（武野紹鷗の茶室の項の図を参照）には、細長い通路である「脇ノ坪ノ内」（坪の内の項を参照）から縁を介して茶室に入る様子が記されている。この通路が露地の原初の姿であったとみられる。元禄十年（一六九七）奥書の*杉木普斎の伝書には「利休流ハ根本、一重盧地ノモノ也」とあるが、『*宗湛日記』によれば、*豊臣秀吉の博多箱崎の露地には潜りと枯木戸の二つがあったことから、露地を*中門などで外露地と内露地に区分する*二重露地がすでにあったことをうかがわせる。

一条昭良【いちじょうあきよし】

慶長十年～寛文十二年（一六〇五～七二）。江戸時代前期の公家。後陽成天皇第九皇子の九宮（母は中和門院前子）。元服して兼遐と称し、一条家が慶長十四年に内基の死去にともない途絶えていたのを、兼遐が継いで再興した。内大臣、右大臣、氏長者、左大臣などを歴任、従一位に叙せられた。さらに関白また摂政に昇り、寛永十二年（一六三五）には昭良と改名、また承応元年（一六五二）、入道して恵観と号す。茶の湯を*金森宗和に学んだとされ、山科道安筆の『*槐記』には昭良が宗和に台子の伝授を所望した際のことが記録されている。*後水尾天皇は兄にあたり、両者で交わした往復書簡が知られる。また京都西賀茂に営んだ山荘は現在、*旧一条恵観山荘として神奈川県鎌倉市に移築されており、その内部に宗和好みと伝える意匠が施された茶室などがある。

一乗院【いちじょういん】

奈良市登大路町にあった興福寺の門跡寺院。*大乗院と並び称される。現在の奈良地方裁判所がある地に天禄元年（九七〇）、定昭大僧正により開創された。唐招提寺の鑑真和上の御影堂は、もと一乗院にあった江戸時代の旧宸殿の遺構。江戸時代前期に*後水尾天皇の皇子・真敬法親王（一六四九～一七〇六）が入寺。真敬は茶の湯を好み『後西院御茶之湯記』にもしばしば登場し、自身の日記『三菩提院宮御記』には茶の湯関連の記事も多い。

一条恵観【いちじょうえかん】

一条昭良のこと。⇒一条昭良【いちじょうあきよし】

一畳台目【いちじょうだいめ】

茶室の広さを表し、客畳として*丸畳一枚、点前畳として*台目畳一枚からなる茶室。最初は一畳半と呼ばれたが、まもなく一畳大、一畳大目などといわれるようにもなった（半と台目については、台目畳の項を参照）。天正十六年（一五八八）に成立した『*山上宗二記』には「宗易ハ京ニテ一畳半ヲ始テ作ラレタリ、当時ハ珍敷ケレトモ、是平人ハ無用也」とあるように、*千利休による試みがさきがけであったらしい。茶室史の上では、*小間の茶室の最終的な到達点として、象徴的な意味をもつ。記録上、当時の京において一畳半の存在が認められるのは、*豊臣秀吉が建てた*聚楽第と、その近傍に利休が構えた聚楽屋敷（千利休の屋敷の項を参照）においてであり、いずれの一畳半も利休の作と考えてよいであろう。聚楽第は、天正十五年九月に秀吉が移徙し、翌十月九日に、博多の豪商・*神屋宗湛が一畳半に招かれている（聚楽第の茶室の項を参照）。『*宗湛日記』によれば、床があり、炉は一尺四寸で、炉縁が真塗であった。一方、利休の聚楽屋敷は、聚楽第と相前後して工事が進んだと考えられ、遅くとも天正十五年末頃までには完成していたようであるが、竣工時期はいま一つ明らかでない。ただこの一畳半は、「利休居士聚楽之宅図取」に平面図が掲載されており、それは室床、火燈口、洞庫、突上窓などを備えたものであった。これらは取り壊されることになるが、利休が晩年に完成させた*四畳半と一畳半は、孫の*千宗旦の時代以降、千家では本源的な茶室として重視され、一畳半の変化形が試みられている。まず着手したのは宗旦で、壊された利休一畳半の遺物であった障子と躙戸、それに座敷寸法とを使って、床無し一畳半の不審庵（千宗旦の茶室の項を参照）を建てている。利休の一畳半よりもさらに、わびを極めたもので、宗旦の言によれば、花も掛物も不要というのが当初の思想であった。宗旦はその晩年には、点前畳の先に*向板を入れ、全体を二畳の大きさにした隠居屋敷の一畳半（現在の裏千家今日庵の平面構成。今日庵の項の平面図を参照）や、*化粧屋根裏を客座側から点前座の側へ流した大徳寺塔頭芳春院の一畳半も試みている。また宗旦の子で*武者小路千家を興した似休斎一翁も、讃岐国（香川県）高松藩松平侯の官を辞した際に*官休庵一畳半を建てたと伝え、現存する官休庵が当初の姿のままだとすれば、幅五寸ほどの板畳（*半板）を客畳と点前畳のあいだに入れた一畳半であった。今、表千家には八代啐啄斎件翁によると伝えられる一畳台目向板入の*反古張席もあり、今日庵や官休庵とともに、いずれも板畳の付加で一畳半の広さを越えてはいるが、一畳半に*向切の炉を切るという利休一畳半の主旨は三千家に継承されている。このほか、半板の代りに*中板を入れて、さらにゆとりを増した一畳半もある。*久田家三代の宗全が元禄十六年（一七〇三）に編んだ『*宗全指図帳』にその平面図が見られるほか、*松平不昧の好みと伝える*菅田庵に実例を見ることができる。ただ中板を入れた場合、菅田庵のように点前畳の外に炉を切る（*出炉）ことが可能となり、*二畳台目の考え方に近い平面にもなる。なお、一畳半の要諦についての相伝は、

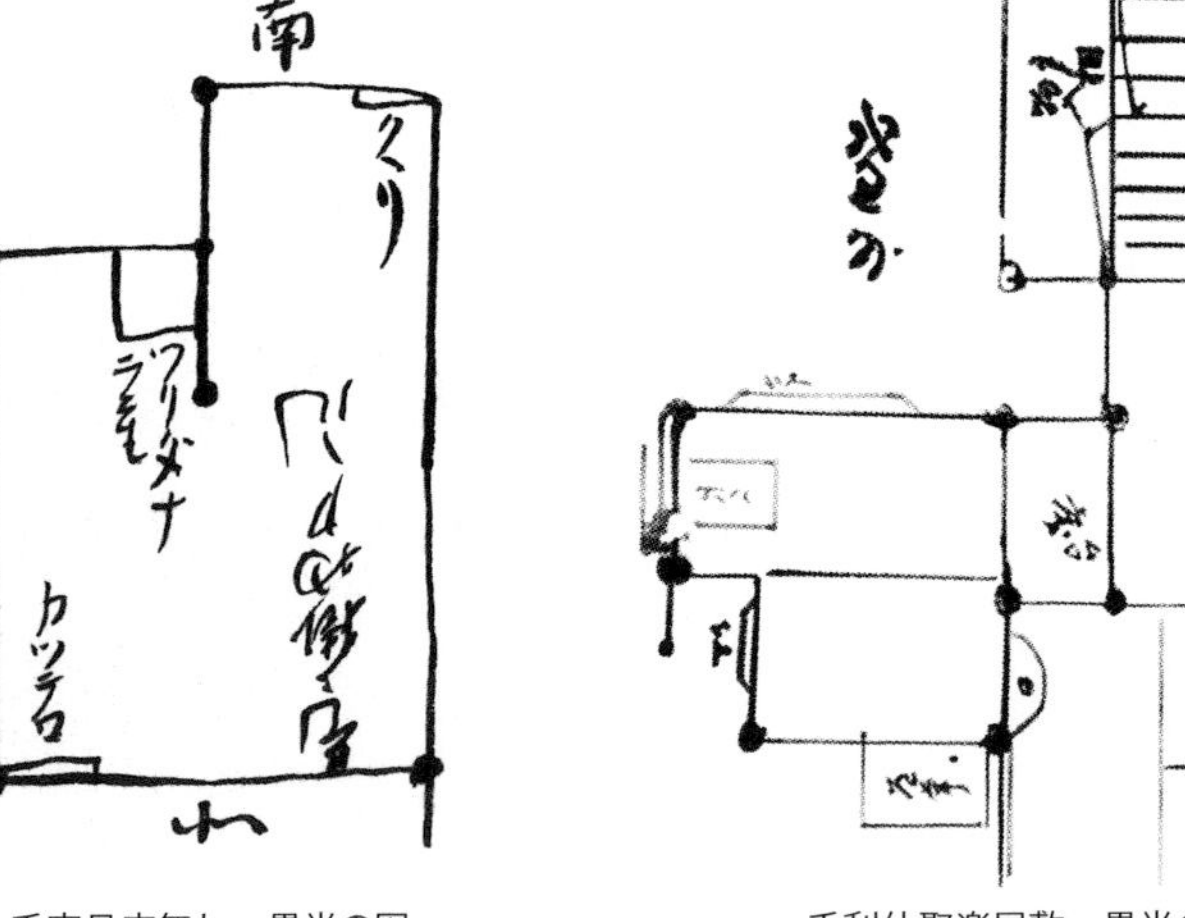

千利休聚楽屋敷一畳半の図
「利休居士聚楽之宅図取」

千宗旦床無し一畳半の図
『茶湯秘抄』（石水博物館本）

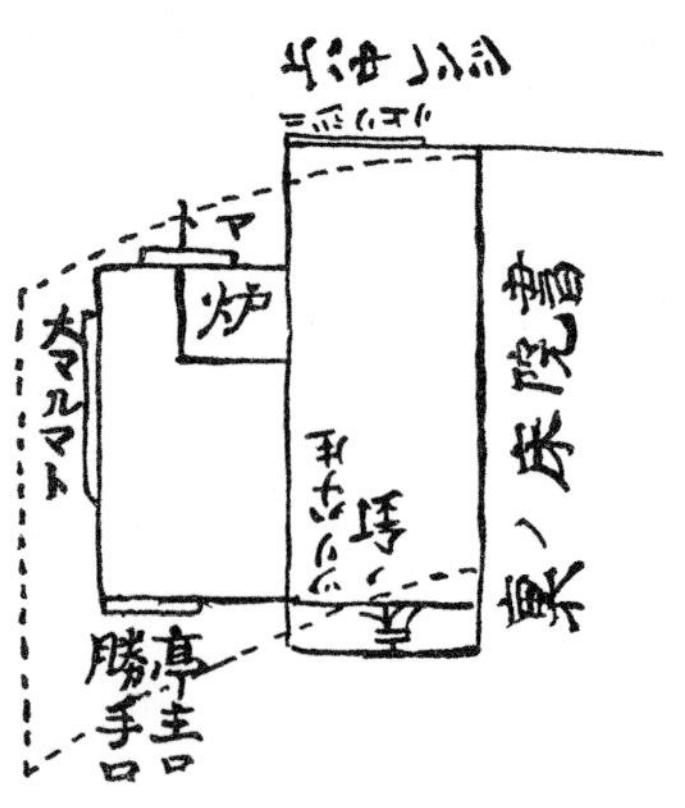

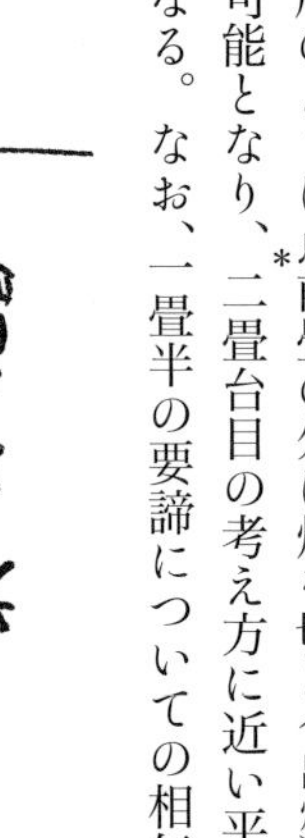

芳春院の千宗旦一畳半の図　『槐記注釈』

一畳半中板の図
『宗全指図帳』（元禄本）

利休から子の*千道安、*桑山宗仙を経て*片桐石州へも流れており、石州が、妙法院門跡・堯然法親王（一六〇二～六一）の求めに応じて著した「*一畳半の事」により、その内容を知ることができる。

一畳半【いちじょうはん】
一畳台目と同じ。⇨一畳台目【いちじょうだいめ】

一畳半の事【いちじょうはんのこと】
石州流の秘伝書。『一畳半の事妙法院御門跡より石州公へ御尋の節御受宗関公自筆の写』と題して伝わる。*片桐石州が妙法院宮堯然法親王に対して一畳半（*一畳台目）の茶室に関する茶法を述べたもの。茶室の構造や道具の選択などにつき全文九カ条からなる。万治元年（一六五八）のものと推測される。*千利休が創案した一畳半の茶法は*千道安、*桑山宗仙を経て石州に伝えられた。石州流はこの極わびの作法を特に重要な教えとして厳格に伝授した。『茶道全集』巻十一、『新修茶道全集』巻九に収録されている。

一太郎庵【いちたろうあん】
福島県いわき市の松本家にあった茶室。安寿庵のこと。⇨安寿庵【あんじゅあん】

一段落【いちだんおち】
*庭滝の水の落とし方の一種。一段で滝の水を落とす。二段に水を落とすと二段落、三段のものは三段落という。

一の石【いちのいし】
躙口前の役石のひとつ。踏石と同じ。⇨踏石【ふみいし】❶

一の字繋ぎ【いちのじつなぎ】
❶文様の一種。一の字を交互につないだ形を表したもので、縦横に引かれた平行線でできる枡を、二分割する線を縦横交互に引いて作る。この一の字が、二になると二の字繋ぎ、三になると三の字繋ぎ、ところどころ一の字がないものは、一の字崩しと呼ばれる。障子や欄間などの組子に用いられる意匠。（付録23頁参照）❷平行線を破れ目地のように交互にずらしてつないだ文様。石板葺や*敷石に見られる。

一番石【いちばんいし】
躙口前の役石のひとつ。踏石と同じ。⇨踏石【ふみいし】❶

一木庵【いちぼくあん】
東京都港区の*高橋箒庵の自邸伽藍洞にあった茶室。もとは大正六年（一九一七）に奈良の法林寺古塔の材を用いて建てられた三畳向切の席で、釘箱棚と織部口を設けていた。扁額は西園寺公望。その四年後、増築にともない、根津青山邸の*表千家六代覚々斎原叟好みの茶室太柱の席の寸法を写し、三畳半に改造。その際、奈良の興福寺の仏堂の丸柱を使用したという。その後、渋谷の加藤正治別邸に移築されるも戦災で焼失した。伽藍洞の庭は、奈良の古寺の伽藍石を収集して造られていた。

一枚板天井【いちまいいたてんじょう】
*鏡天井のうち、特に矧目のない平滑な一枚板（*鏡板）を張って仕上げた天井。床の天井などに多く見られる。

市松敷【いちまつじき】
*切石敷の一種。正方形で、色や種類の異なる切石を碁盤目に並べて、市松模様に敷いたもののこと。

市松の庭【いちまつのにわ】
京都市東山区の東福寺方丈の庭園のうち、北庭の別称。⇨東福寺本坊庭園【とうふくじほんぼうていえん】

市松模様【いちまつもよう】
文様の一種。色の異なる二色の正方形を一つ置きに配したもの。「甃紋」「石畳様」ともいう。江戸時代中期の歌舞伎役者・佐野川市松が着用した袴にこの模様を用いたことが名の由来という。幾何学模様の最も単純なもののひとつで、洋の東西を問わず古くから用いられる。桂離宮*松琴亭の一の間の襖と床には、青と白の和紙が市松模様に張り合わされる。

一文字板【いちもんじいた】
一枚板のこと。一枚の棚板を両壁に水平に取り付けただけの*違棚を一文字棚といい、その姿が一文字のように見えるためにいわれる。

一文字垣【いちもんじがき】

*袖垣の一種。上段を透かし窓とし、中、下段を*建仁寺垣あるいは*枝穂垣などとし、上部に一文字に*笠木をのせる。

一文字瓦【いちもんじがわら】

*軒瓦の一種。*桟瓦の形式で垂れ下端が真っ直ぐのもの。そのため軒先側の下端を隙間なく、一直線に揃えて葺くことができる。茶室や数寄屋の瓦葺屋根に多く見られる。

一文字棚【いちもんじだな】

❶*床脇に設けられる*飾棚の一種。「通棚」ともいう。一枚の棚板を両壁の端から端まで水平に取り付けたもの。

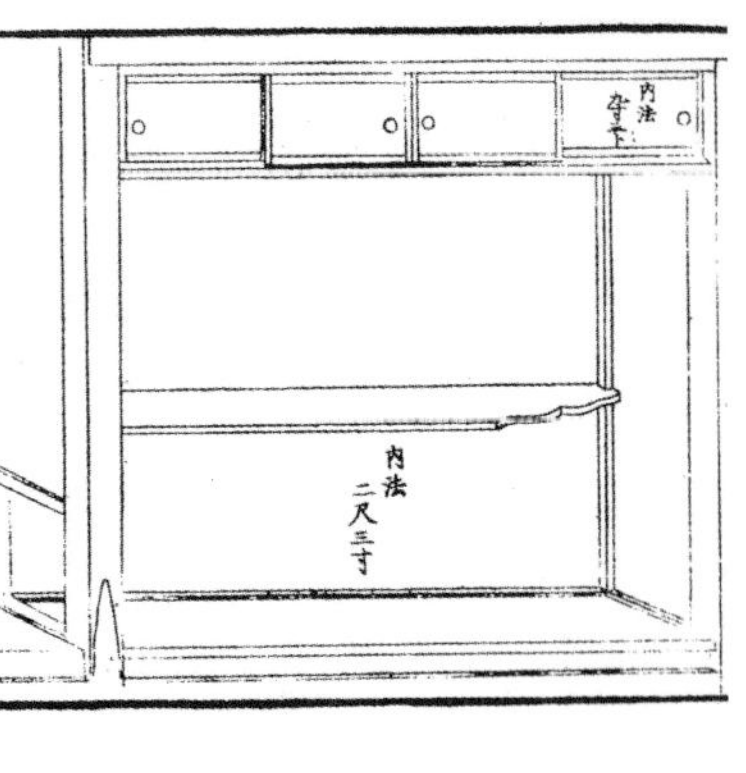

一文字棚❶ 『雑工三編 大工棚雛形』

❷棚板が一直線に通る形式の棚の総称。「通（とおり）棚」ともいう。

一文字手水鉢【いちもんじちょうずばち】

手水鉢の一種。水穴を一文字に細長くあけた形状のもの。長辺を縁側にそうように据えて*縁先手水鉢として用いる。*青蓮院や養源院（京都市東山区）、*妙心寺塔頭東海庵にあるものが知られる。（付録10頁参照）

一文字葺【いちもんじぶき】

❶瓦葺の一種。*軒先を*一文字瓦で葺くこと、または一文字瓦で軒先を葺いた屋根をいう。一文字瓦には装飾の垂れが付き、垂れ下端が一直線に揃い、端正な雰囲気をつくる。

一文字葺❶

❷金属板葺の一種。銅板などの矩形の葺き板を*棟と平行に並べ、煉瓦積みのように、縦の目地が揃わないようにする葺き方。またはそのように葺いた屋根をいう。金属板葺で最も一般的だが、石板葺にも用いる。

一夜庵【いちやあん】

香川県観音寺市の興昌寺にある山崎宗鑑の庵。室町時代の連歌師、俳人の宗鑑が、享禄元年（一五二八）に興昌寺に隠遁した際に営んだもの。宗鑑は、生没年不詳とされるが、一夜庵保存会によれば、寛正六年（一四六五）、近江国（滋賀県）に生まれ、名を志那弥三郎範重と称した。九代将軍足利義尚に仕えたが、義尚の没後は出家し、山城国（京都府）大山崎の、現在の*妙喜庵の地に対月庵を結んで隠棲。山崎を姓となし、以後は山崎宗鑑と称した。当世の連歌に飽き足らず、より平易簡明な俳諧を創造し、後の江戸時代初期の談林俳諧に影響を与え、荒木田守武とともに俳諧の祖とされる。また能書家としても知られ、宗鑑流といわれる書体が伝えられている。文人墨客との幅広い交流の中で、東福寺の僧・梅谷に誘われるままに、興昌寺を訪ね、山内に庵を結んだのが一夜庵である。宗鑑は二十六年間ここに住して、天文二十二年（一五五三）八十九歳でこの庵にて病没した。庵名は、宗鑑がこの庵の壁上に、「上（じょう）は立ち中（ちゅう）は日ぐらし下（げ）は夜まで一夜泊りは下々の下の客」の短冊を掲げたことにちなむ。長居の客を嫌ったとされるが、一方で、「下々の客こそ上々の客」との句ものこるという。「一夜を語り明かすに足る客人に来てほしいものだ」という宗鑑の諧謔の思いを込めた庵に、宗鑑を慕って多くの客が訪れた。以来、最古の俳蹟として、この庵を訪ねる名人大家が多くの文筆をのこす。今日まで数回の修復を経てはいるが、当時の面影を色濃く留めている。外観は寄棟造茅葺、内部は七畳の主室に炉が切られ、押板の下座床の上部に釣棚を設ける。この主室に四畳半の座敷と水屋と土間が付く。もとより茶室というよりは庵の風情ながら、かえって創生期のわび茶の姿を留めて妙味がある。現在、地元の一夜庵保存会が保存に努め、茅葺の一部は宗鑑の故郷に近い琵琶湖畔の葭で葺かれている。

銀杏【いちょう】

イチョウ科イチョウ属の落葉高木。「公孫樹」とも書く。雌雄異株。日本には古い時代に渡来したと考えられている。現在、神社の境内や街路樹として街中でよく見られ、寿命が長く、天然記念物に指定されているものも多い。樹高は大きいもので四五メートルほどにもなる。葉は五～七センチの扇形で、中央に切れ込みが浅く入る。種子は球形で九月頃熟し、内種皮は食用となる。裏千家の露地には*千宗旦の手植と伝わる宗旦銀杏がある。

一来亭【いちらいてい】

広島県福山市の神勝禅寺にある茶室。*千利休が晩年、京都の聚楽屋敷に建てた一畳台目の茶室(千利休の茶室の項を参照)を、中村昌生が復元したもの。*山上宗二によれば、利休は「京ニテ」初めて「一畳半」を建てたという(山上宗二記)。利休はすでに山城国(京都府)山崎の屋敷にて二畳の茶室を試みており、その後、さらに一畳半の茶室を造立したというが、その詳細は明らかでない。なお千家では当時、台目を「半」と呼称していて、実際には一畳台目の大きさを意図している(台目畳の項を参照)。天正十六年(一五八八)の聚楽屋敷での茶会記(天正拾六歳　利休茶の湯之記)に「一帖半」と「四帖半」の茶室が見えるので、実際に存在したと考えられ、別に一畳半を

一来亭

一来亭　点前座と躙口側

二畳に改造したという話も伝えられている。それは*豊臣秀吉が一畳半を嫌ったためともいわれる。この一畳半について直接の史料はないが、後に*千宗旦が千家に造立した一畳半は利休所持の柱や障子、*躙戸を用いたと伝え、利休の一畳半を忠実に再現したのではないかと推測された。宗旦の一畳半には床がないが、聚楽屋敷の二畳は*室床があり、別図の二畳では*洞庫も備えていた。そこで宗旦の一畳半に室床と洞庫を付加すると、聚楽屋敷の一畳半にふさわしい間取りになると考えられて復元された。また宗旦の一畳半は正保四年(一六四七)に至ってそれを継承した*表千家四代江岑宗左の希望で*平三畳台目に建て替えられており、その時、江岑は一畳半の各部寸法、仕様を詳細に書きのこしている。細部寸法はこの記録がもとにされた(一畳台目、二畳、不審菴の項などを参照)。外観は*桟瓦葺で、茶室部分は*片流れ*杉皮葺の屋根に覆われている。躙口には補助の袖を造り、挟敷鴨居をのばしている。南側の外壁には*下地窓を一つあけ、それに大小の*力竹を配する。内部は一畳台目、床は*待庵の仕様にならって室床に造られる。*点前座は赤松皮付、曲がり木の*中柱が立ち、炉は*向切。炉の上に二重棚を釣る。*勝手付には洞庫を設け、*風炉先窓をあける。天井は*竹垂木、竹小舞の*総掛込天井で、古図に見えた*突上窓は省略されている。躙口の上と床の左には下地窓をあける。*床柱の右隣りには*茶道口が隣接してあけられている。建物全体としては水屋六畳のほかに、広間六畳や便所が付加

されてまとめられている。

一客一亭【いっきゃくいってい】 茶事の一種。一人の客を招いて催すもので、「独客の茶事」「独会」ともいう。普通、茶事の客といえば三、四名から七、八名であるが、客が一人の場合をいう。気心の知れた人でも、よほど巧者であり老練でないとできない茶事とされている。*亭主は、亭主であると同時に*詰の役を兼ねなくてはならず、客も、常に亭主の立場になり、亭主の心を汲み、亭主の働き良いように気配りをしなければならない。主客一体になるのが理想である。

一休寺【いっきゅうじ】 京都府京田辺市にある酬恩庵のこと。⇨酬恩庵【しゅうおんあん】

一休宗純【いっきゅうそうじゅん】 応永元年～文明十三年（一三九四～一四八一）。室町時代中期の臨済宗大徳寺派の僧。法名は宗純、道号を一休という。狂雲子と号す。後小松天皇の落胤とする説がある。幼くして山城国（京都府）安国寺の像外集鑑につき周建と名乗ったが、西金寺の謙翁宗為に参禅し、謙翁遷化後は華叟宗曇に参じて印可を与えられた。一休の道号も華叟から与えられたものである。*大徳寺塔頭如意庵、尸陀寺、瞎驢庵などに住した後、*南浦紹明の創建した妙勝寺を復興し、かたわらに*酬恩庵を建ててここに移った。その後も諸寺に転住し、文明六年、綸旨を受けて大徳寺四十七世住持となった。まもなく住持職を辞したが、その後も堺の尾和宗臨などの寄進を得て大徳寺の伽藍の整備につとめた。大徳寺内に塔頭*真珠庵を建てようとするも、完成前に酬恩庵において遷化した。一休は木剣をもって町中を徘徊したり、男女の関係を赤裸々に詩に詠ったりした風狂の禅僧として知られる。しかし一休の禅風は苛烈で、墨蹟にその禅風が表れており評価が高い。一休を慕う人も多く、*珠光の参禅の師とも伝えられる。漢詩集として『狂雲集』や『自戒集』がある。

一間床【いっけんどこ】 間口が一間（約六尺）の寸法の床。ただし、一間の寸法は地域、時代により差があり、一定ではない（間の項を参照）。初期の茶室に構えられた床は、間口一間、深さ半間で畳一畳分に相当する広さをもつのを原則としていた。珠光の四畳半（珠光の茶室の項を参照）の床構えは間口一間、深さは半間であったが、武野紹鷗の四畳半（武野紹鷗の茶室の項を参照）の床は間口が一間で、「床ノフカサ二尺三寸」（*山上宗二記）となっていた。それは、棚や*台子を床に飾ることがなくなり、茶器を畳の上に直接置き合わせるようになった茶法上の変化による。

一指庵【いっしあん】 東京都文京区の瀬川家住宅（旧古市家住宅）にある茶室。⇨瀬川家の茶室【せがわけのちゃしつ】

一笑庵【いっしょうあん】 愛知県名古屋市の岡谷邸（笹屋惣助家）にあった*伝古田織部好みの茶室。京都の誓願寺塔頭竹林院の茶室（誓願寺竹林院の茶室の項を参照）が加藤朴斎や、高田太郎庵（太郎庵の項❶を参照）の所有を経たという由来もあり、「太郎庵」とも称されたが詳細は不明。なおこれに関しては岡谷家の書付に「享保十二年丁未太郎庵四十二歳ノ年古渡橋ノ閑居ニウツス文政十年子初夏鉄炮町本宅ニ移リ大正元年現地ニウツス」とあったという。三畳台目の燕庵形式ではあるが、急勾配の掛込天井に天窓が切られた相伴席と本席のあいだに狩野永徳の絵が描かれた引違いの襖、鴨居上に引違いの板戸を建て、躙口と矩折に貴人口をあけ、腰張りは反古張であったという。一笑庵の額は千宗旦筆。戦災で焼失。

一升石【いっしょうせき】

一升石　仙洞御所

京都市上京区の*仙洞御所の南池西岸洲浜（石浜）に敷かれた*玉石のこと。相模国（神奈川県）小田原藩藩主大久保侯が、小田原の領地にある海岸において、石一つにつき米一升と交換して集めたと伝えられる。十一万個以上の石が敷き詰められる。

一心寺の茶室【いっしんじのちゃしつ】

大阪市天王寺区の一心寺にあった茶室。大坂冬の陣に際し、*徳川家康が*小堀遠州に命じて造らせたもので、「八窓の席」「楽山洞」ともいった。入母屋造、杉皮葺竹四ツ目組、平入で西面する。平三畳台目に台目床を構え、点前座は中柱を立てた台目構えで棚を釣る。天井は躙口を含む南側半分を掛込天井とし、床前と点前座を含む北側半分を竹竿縁蒲張の平天井とする。寺伝に「三方明りの数寄屋」とされるとおり、東面には点前座東側に色紙窓、西面には躙口の左横に引違いの窓、南面には客座南側に東から下地窓、引違いの連子窓をあける。台目二畳の次の間を介して八畳の広間紫琳亭と接続していたが、茶室、次の間、広間とも昭和二十年（一九四五）の戦災で失われた。

一心寺の茶室　点前座側　『数寄屋聚成』2

一新亭【いっしんてい】

広島城下水主町新開（広島市中区）の萬象園にあった茶室。萬象園は明暦年間（一六五五～五八）に筆頭家老の三原浅野家に下賜されて以来、戦後まで浅野家の屋敷として存在していた。半畳を角に用いた四畳半隅炉の席で、大小二つの下地窓をあけ、襖と障子を多く用いた室内で、客座は真菰天井、他は掛込天井となっていた。寛政年間（一七八九～一八〇一）頃の席であったというが、戦災で焼失した。

一草庵【いっそうあん】

石川県金沢市の高巌寺にあった茶室。⇒高巌寺の茶室【こうがんじのちゃしつ】

一足もの二足もの【いっそくものにそくもの】

*飛石の石の大きさを分ける時の称。「ひとあしものふたあしもの」と読むこともある。一足ものは片足がのる程度の大きさのもの。露地ではこの大きさの石が多く用いられる。「一足ぬき」ともいう。二足ものはこれより大きく、両足がのる程度のものをいう。

井筒【いづつ】

井戸の地上部に石や木材で造った囲い。また陶磁器で造られたものもある。石の場合では、筒状や方形のものがあり、切石で方形に組まれた組井筒や、一石を刳り抜いて造った抜井筒などがある。特に木材で「井」の字の姿に組んだものを井桁という。露地の井筒では円形が多く、*如庵の有楽井筒が特に知られる。

五つ台子【いつつだいす】

*台子のうち、*真台子、及台子、竹台子、爪紅台子、高麗台子の五つをいう。

五つ連れ【いつつづれ】

五連打と同じ。⇒五連打【ごれんうち】

一滴庵【いってきあん】

兵庫県神戸市中央区の竹中大工道具館にある茶室。同館はもと竹中家邸宅の敷地を利用したもので、屋敷の北側に建てられていた茶室棟と露地がのこされるが、一滴庵はこの茶室棟に設けられた一室である。竹中工務店の前社長・竹中錬一夫妻の求めに応じ、大工・*笛吹嘉一郎が昭和三十三年（一九五八）に建てたもの。*蓑庵写しの三畳中板入の平面で、奥まった内露地に西向きに建てられている。下座に構えた床は、椎の床柱、相手柱はなぐり目が施された档丸太、床框には小さな入節を景色として見せた杉丸太を使用する。点前座は赤松皮付の曲柱に袖壁が付き、客座とのあいだの中板には上げ台目切に炉を切る。茶道口はまわり茶道口として点前座勝手付に方立口形式で設け、給仕口は床の脇に火燈口形式にあけられる。躙口は床正面に位置し、上部に連子窓、そして突上窓があけられている。天井は床前が野根板張の平天井、躙口側が竹垂木、竹小舞の化粧屋根裏、点前座は落天井となる。本歌の蓑庵と比較して、躙口上部と客座側壁面の窓の形式が違っている。蓑庵が外部からの光を抑制した窓の構成になっているのに対し、一滴庵ではその厳しさは薄らぎ、むしろ壁面と窓の配置のバランスを考えた組立となっている。

一滴庵　点前座より躙口側を見る

一白庵【いっぱくあん】

静岡県熱海市のMOA美術館にある茶室。設計は江守奈比古。昭和五十七年（一九八二）、創立者・岡田茂吉の生誕百年を記念して、現美術館とともに建設。百の字を「一」と「白」に分けて命名された。瓦四半敷の立礼席から、十二畳半の書院造の大広間に接続し、その奥に炉を切った七畳の広間席と小間席で構成される大規模な数寄屋建築。小間は、三畳台目向切で、給仕口前に台目畳が付き、貴人口から席入りする。

一服一銭【いっぷくいっせん】

茶一服を銭一文で供する茶屋、茶売り、茶の湯などを称していう。初見史料は、応永十年（一四〇三）に京都東寺南大門前の一服一銭の茶売り人が東寺に差し出した請文である。この文書から、これ以前から東寺門前に一服一銭が立てられていたことが分かる。茶屋の原型は寺社門前茶屋にあり、形態には見世売り、居売り、振売り（荷茶屋）があった。その情景は七十一番職人歌合、高雄観楓図、社寺参詣曼荼羅図、洛中洛外図屏風などの絵画にも数多く描かれている。

一方庵【いっぽうあん】

❶武者小路千家にあった茶室。安永元年（一七七二）の火災で焼失した官休庵を七代直斎堅叟が再建するにあたり、新たに好んだ茶室で、邸内の井戸を避けて茶室の片隅を斜めに削っていた。天明八年（一七八八）二月の火災で焼失したが、八代一啜斎休翁により家元邸内の他の茶室とともに再建。その後、同流の数寄者・平瀬家五代士瀾の病気療養所として、天保元年（一八三〇）、大坂浮世小路御霊筋に小路座敷が建てられた折に、一方庵も京都の家元邸内より移築されたと考えられる。小路屋敷の図面によると、炉は向切、半間の床と点前座一畳、客座の台目二畳と三角形の板畳からなり、点前座は道安囲の構えであったという。直斎筆の扁額「一方庵」が掲げられ、躙口脇に刀掛が備えられていた。後に京都に再現された平瀬邸一方庵の図面がのこされているが、邸自体は取り壊され現存しない。

❷東京都杉並区の真盛寺にある茶室。木津家三代宗泉が、港区麻布の東久世邸内に、大坂浮世小路にあった平瀬士瀾の旧一方庵（❶の項を参照）の残材と秋泉御茶室の余材を使用して造った。旧一方庵の写しで、武者小路千家十二代愈好斎聴松が揮毫した「一方庵」の扁額が掲げられている。昭和二十四年（一九四九）に新宿区浜野邸、同四十六年に世田谷区東邸と移築を重ね、同五十一年、真盛寺に移された。

❸京都市左京区の看松居にあった小間の茶室。

⇩看松居【かんしょうきょ】

❹松平不昧が大崎園に営んだ茶室の一つ。園庭の中ほど、不昧が住した西館の南方にあり、茶室の南には「御花壇」がひろがっていた。四畳向切下座床の茶室は、水屋を北側、床の背後に配置し、東と南と西の三方を半間幅の土間（四半敷）で囲んだ開放的な茶室で「御納涼所」とも称された。『大崎名園の記』には「さてかへさに、雄峰老の案内にて、おく締りのうち、『一方庵』へまゐりたり。かのより子の方の老を養ひたまふ所となん」と記されている。なお、この一方庵は、松江藩（島根県）の『列士録』の「岡千蔵」の欄に「弘化四丁未年三月廿八日此度砂村御屋

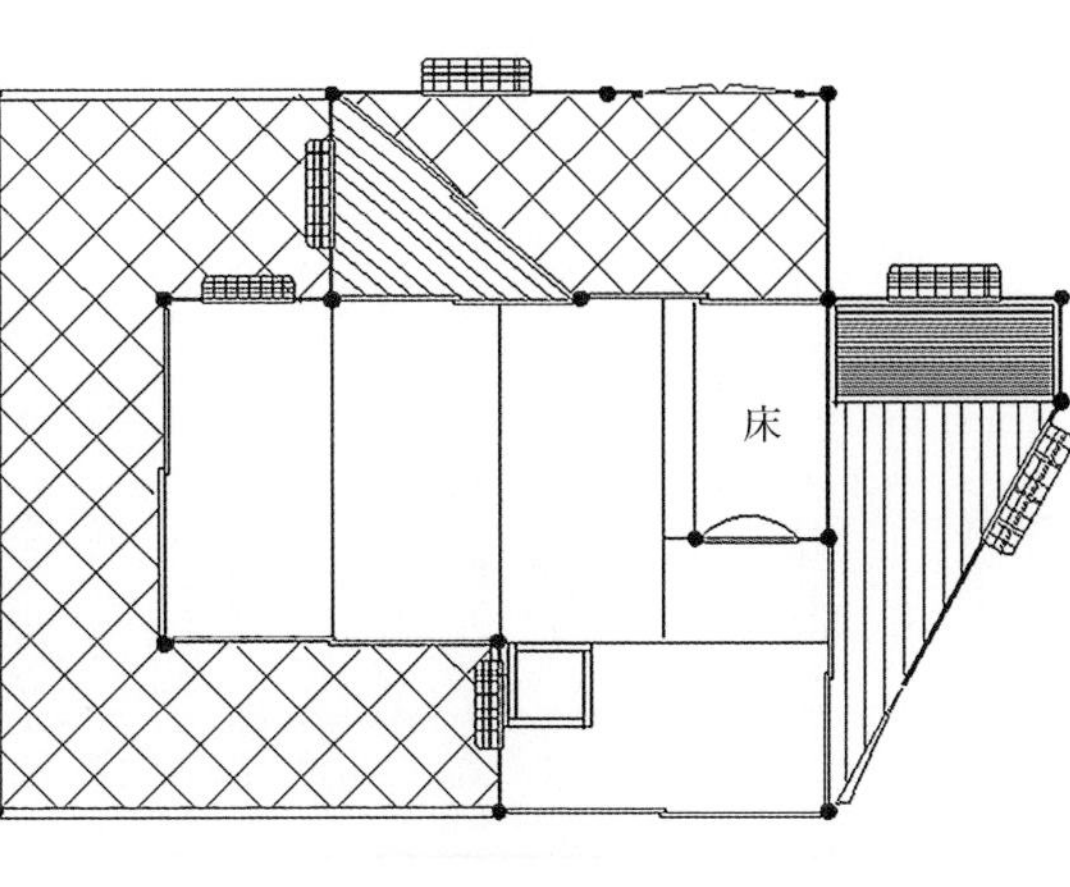

一方庵（大崎園）「江戸大崎御屋鋪御茶屋之絵図面」から作図

敷江一方庵御茶屋御組立ニ付為横目日々相詰様被仰渡之」とあり、同じく『列士録』の「永井彦蔵」には「(嘉永二年)六月十五日(中略)一方庵御茶屋御普請皆出来ニ付為御褒美三百疋被下之」とあるところから嘉永二年(一八四九)頃に松江藩の抱え地、砂村(江東区南砂)に移築されたことがわかるが、その後の消息は不明である。

一本引き【いっぽんびき】

建具の開閉形式のひとつ。出入り口に建てた一枚の引き戸を、一本溝の敷鴨居やレールによって開閉する形式。

出居【いでい】

⇒出居【でい】

井戸【いど】

地面を掘り下げて地下水を蓄えて、汲み取る仕掛け。露地においては良質の水を得ることが重要で、必ずといってよいほど井戸が設けられる。また水が湧出しない場合でも*井筒などを設けて、景として井戸を構える。庭園では装飾化され、添景物として扱われる。その場合必ずしも実用性はなく、*井戸構え、*飾り井戸などで構成される。

伊藤忠兵衛家の茶室【いとうちゅうべえけのちゃしつ】

滋賀県犬上郡豊郷町の伊藤忠兵衛記念館にある茶室。同館は伊藤忠商事や丸紅の創業者・初代伊藤忠兵衛が明治十五年(一八八二)頃に建てた主屋を中心に、大正時代頃の離れ座敷と茶室などからなる。平成十四年(二〇〇二)に公開。現在の茶室は屋敷の南東隅に位置するが、もとは離れ座敷と近接していたと考えられている。外観は、途中で棟の高さを変えた切妻造桟瓦葺の屋根に庇を付ける。一畳台目下座床の席及び、三畳半に前板と脇板を備える台目床を加えて四畳半の大きさの席、そして水屋からなる。二畳台目の席は北面に五尺幅の貴人口があけられ、その正面に幅四尺二寸の床が設けられ、床柱として檜の档丸太が立てられる。点前座は向切に炉が切られ、中柱と袖壁によって客座側と緩やかに区切られる。風炉先に向板が備わることで、台目畳であるが一畳の大きさとなり、ほど良い広さが確保されている。天井は床前が杉板目の砂磨き板を張った竿縁天井、貴人口側が化粧屋根裏、点前座上部が杉板目板の落天井という三段構成となっている。三畳半の席は北面に躙口を設け、東面にはなぐりの縁から貴人口へのアプローチが設定されている。床は幅四尺半で、赤松の床柱を立てる。

井戸構え【いどがまえ】

井戸を中心とした一画の構成をいう。一般に*井筒の上に井戸蓋を置き、井戸のまわりは縁石で区画され、井戸の正面に前石、水を汲み上げる位置に水汲石、桶を置くための桶石を据える。また、流れ出た水を溜める水ため、水ためと周辺との調和を取るための会釈石、植栽である会釈の木(会釈の木の項❷を参照)などで構成される。

糸柾目【いとまさめ】

*柾目のうち、木目が密で、細い糸や紙を重ねたようになっているもの。単に「糸柾」ともいい、糸柾目になった材面を有するものをさすこともある。多くは*杉、*黒部杉(ネズコ)、*檜などの年輪幅のきわめて狭い針葉樹に見られ、優良材として扱われる。

糸丸瓦【いとまるがわら】

*丸瓦のうち、最も細い直径が二寸五分ほどのもの。単に「糸丸」ともいう。

井戸屋形【いどやかた】

井戸の周囲に柱を立て、その上に屋根を架けたもの。

稲井石【いないいし】

石材の一種。宮城県石巻市渡波（旧牡鹿郡稲井町）から産出する石。「井内石」とも書き、「仙台石」または「仙台根府川」ともいう。岩質は黒色の大板石に白条を付ける泥板岩質。硬く、石目が美しいため、石碑や石橋、墓石、敷石に適している。*根府川石と同質で色味も類似している。

田舎造【いなかづくり】

*数寄屋の別称。近代において数寄屋が草亭、茅屋の風を取り込み、あたかも農家のように建てられることから田舎造と称することもあった。しかし前近代の貴紳の邸宅の伝統の中にも、山里を憧憬して庭間に茅屋の小亭を建てることがしばしばあり、数寄屋もそうした系譜を引いていると考えられる。近代数寄者の中には故郷を懐かしみ、農家風な茶室を好んだ人もいて、それも田舎造ということもあった。

田舎間【いなかま】

❶主に関東地方で使われてきた基準尺。柱の心々距離（柱割の項を参照）、一間の間隔を六尺とする。「江戸間」「関東間」ともいう。なお主に京都を中心として用いられてきたのが*京間、名古屋を中心とした地方で用いられてきたのが*中京間である。❷土地や建物に用いる尺度の単位で、一間を六尺とするもの。

田舎間畳【いなかまだたみ】

五尺八寸×二尺九寸程度の大きさの畳。*田舎間の基準尺に敷かれる。主に関東地方で使われ「江戸間畳」ともいう。

田舎家【いなかや】

多くは農村部などに建てられた古民家のこと。*茅葺*入母屋造、室内に板間の*囲炉裏の間があることなど共通する意匠をもつ。一方、農家やその古材を移築再利用し、自らの好みにあわせて改築し、わびた風情を醸す建物を特に田舎家と呼ぶこともある。こうした古民家を邸内に改築し、茶の湯にも使えるようにした田舎家は、とりわけ近代数寄者と呼ばれる人々のあいだで流行した。たとえば*松永耳庵の柳瀬荘*黄林閣などが知られる。

稲子差【いなごさし】

*竿縁天井で天井板を*羽重にする際、重ねた傍部分に隙間ができないように下側の板に取り付ける竹、または木製の部材を稲子、またこの技法のことを稲子差と呼ぶ。通常、天井板を釘留めできない竿縁間の中央の位置に取り付ける。

稲妻折釘【いなずまおれくぎ】

稲妻釘と同じ。⇨稲妻釘【いなずまくぎ】

稲妻釘【いなずまくぎ】

軸が三重に折れた形状の釘。「稲妻折釘」ともいう。床脇などに*喚鐘や*銅鑼、訶梨勒などを吊すために打たれる。「喚鐘釘」「銅鑼釘」などともいう。鉤先を手前に向けて取り付ける。『茶道筌蹄』にも「カギ先を前へ向ケて打」とある。（付録20頁参照）

稲妻走り釘【いなずまはしりくぎ】

稲妻走り釘

軸釘の一種。床に二幅対や三幅対、広幅の横物などを掛ける場合に用いる。あらかじめ建築時に床の*廻縁に仕込み、釘が左右に走る、つまり動くように工夫されたもの。様々な掛物に対応できる融通の利く釘である。『石州三百ケ条』には「又ありにして自由に左右へあるくやうに致し候、懸物の間、広狭能様自由なる仕方に小堀遠州好也、是ハ大徳寺なとの客殿にかけ物懸る時、長竿とて竿のやう成木をけつり、夫にありにて折釘自由にあるく様に致したるを遠州ミて、被申候の趣向也」とあり、このような工夫は*小堀遠州が始めたという。一般的には、廻縁の左右中央に*二重折釘を打ち、その両側のそれぞれ中央にこの釘が位置するよう施される。これは床の間口を六等分した二カ所を基準に釘が左右に移動できるように仕込むためである。中央の二重折釘は左右の釘とあわせて使用するが、竹の*軸釘にすることもある。*織部板用の*走り釘もある。（付録20頁参照）

稲田石【いなだいし】

石材の一種。主に茨城県笠間市の稲田山や鍬柄山一帯から産出する黒雲母花崗岩で、白色に黒斑のある*御影石のひとつ。加波山、筑波山一帯からも産出する。「茨城石」と総称されることがある。関東で流通する御影石の多くがこの稲田石で、産出量も豊富で岩質も良い。荒目、中目、細目、ぬか目などと黒雲母の大きさで区分されている。特に日本橋や東京駅、最高裁判所などに使用されたことで知られる。

稲叢【いなむら】

庭園内で、冬期防寒用に*下草や低木に被せる藁をさす。「藁ぼっち」ともいう。農作業で刈り取った稲を積み上げたもの（稲叢、稲塚）と似ることからの呼称。形は宮立、茶筅、杉笠、梅鉢、時雨傘、二重傘などの種類がある。庭園などでは、実際には中に何もなく、ただ化粧として立てられることもあり、冬の風物詩となっている。

犬潜り【いぬくぐり】

狆潜りと同じ。⇒狆潜り【ちんくぐり】

犬走り【いぬばしり】

❶軒下を*三和土、コンクリート、砂利などで押さえた場所。❷土木で、盛土や切土の法面の崩壊を局部に留めたり、予防したりするために、法面に水平に設けた小段。❸*築地で、外側の溝と築地下との境の幅が狭いもの。この幅が広くなると*堧地という。❹石積上部の天石の表面。

犬槙【いぬまき】

マキ科イヌマキ属の常緑針葉樹で、単に「槙」、別に「草槙」ともいう。本州（関東地方以西）から九州、沖縄などの海岸に近い山地に分布する。樹高は大きいもので二五メートル、幹は直径二メートルほどにもなる。きわめて耐陰性は強い。庭木として用いられることが多く、刈込の仕立物や生垣などとしてよく植えられる。室町時代の作庭書『山水並野形図』では、この木を躑躅や柃など低木とともに植え、深山の風情を演出するべきと植栽法を示す。また『松屋会記』には「路地ハ檜・ヒハノ木一村、マキ一村、皆一村ツ、ウハル也」と、慶長十四年（一六〇九）十二月十二日、大坂天満の*織田有楽の会に参席した松屋久好が記しているほか、『築山庭造伝後編』に「植樹ハ松、槙、南天、棒樫、もつこく等よし」とあり、茶庭では好まれ、植えられる木のひとつである。同種のラカンマキは本種と比べて全体に小形である。その材は、*心材と*辺材の色の差はほとんどなく、色調は褐色を帯びた黄色から暗褐色。木理は通直で、材質は緻密で軽軟、水湿性に富み、保存性が高い。建築材として出節の柱材や造作材などに好まれる。

犬山石【いぬやまいし】

石材の一種。愛知県犬山市の木曽川河床や山間部から産出した石。木曽川周辺では美濃帯と呼ばれている中古生界の堆積地層が表出している。褐色のチャートで青梅石と酷似し、飴色のものが珍重される。非常に硬く、古くは火打石として使用された。主に庭園では景石に、また石垣にも使用され、犬山城石垣の石材としても知られる。現在は採取が禁止されている。

井上馨【いのうえかおる】

井上世外のこと。⇒井上世外【いのうえせがい】

井上世外【いのうえせがい】

天保六年～大正四年（一八三五～一九一五）。近代の政治家、数寄者。萩藩士・井上光亨の子として周防国（山口県）吉敷郡湯田村に生まれ、幼名勇吉、後に聞多また馨とも。伊藤博文らとともに幕末維新期に萩藩の志士として活躍。維新後は大蔵大輔、元老院議官、参議、工部卿、外務卿、農商務大臣、内務大臣などの要職を歴任し、明治の元勲の一人として活躍した。日露戦争の際、戦費調達に奔走した功で侯爵に叙せられ、政財界に睨みをきかせた。また政界での活躍にとどまらず実業界の発展にも力を尽くし、紡績業、鉄道事業などを興して殖産興業につとめた。日本郵船、藤田組、小野田セメント、筑豊御三家（福岡県筑豊地方の財閥）などに関与し、特に三井財閥とは最高顧問になるほど密接な関係をもったため、西郷隆盛から「三井の番頭」と皮肉られたこともあった。さらに三井財閥、藤田組などを通して第一国立銀行を設立、三井物産の創業、三池炭鉱事業の開始、台湾銀行や台湾製糖会社の設立、児島湾干拓事業、洞海湾拡張事業などを手掛け、日本が近代化を推し進めることに功績が大きかった。茶の湯は*益田鈍翁の誘いにより始めたとされ、自邸内に奈良の東大寺四聖坊にあった八窓庵（第二次大戦の際に焼失。八窓庵の項❸を参照）を移し、その席披きには明治天皇の行幸があったことで、茶の湯などの伝統文化が正統性を得たとする見方もある。徽宗筆桃鳩図、牧谿筆客来一味図、松島茶壺、長次郎作雁取茶碗など多くの名物茶道具を収集したが、死後そのコレクションは散逸した。

猪股邸【いのまたてい】

東京都世田谷区にある旧猪股猛邸。猪股は財団法人労務行政研究所の理事長をつとめた人物。昭和四十二年（一九六七）、*吉田五十八の設計により完成。内部は柱や長押、廻縁といった部材を極力減らし、吉田流といわれるすっきりとした近代数寄屋造の特徴を示す。母屋には渡り廊下を介して*又隠写しの茶室をつなげ、*松永耳庵筆の額を掛ける。猪股自身が作庭した庭園が付属する。また*今日庵写しの一畳台目席を増築している。現在は世田谷区に寄贈されている。

猪目棚【いのめだな】

*仕付棚の一種。天板に長方形の一方がやや細くなった形の板をもつ棚。天板の形が猪の目に似ているのでこの名があるともいう。

猪目窓【いのめまど】

猪目、すなわちハート形にあけられた窓のこと。*光琳窓と呼ばれている仁和寺*遼廓亭のものがよく知られている。猪の目に似ているからとされるが、「い」の字に似ることによる（貞丈雑記）ともいう。別に*猪窓と呼ばれる窓があるが、これは窓の形状による名称ではなく、猪など凶暴性のある野生動物や夜盗が住宅内に入り込まないように設けられたもので、格子窓であることが多い。

猪目窓

鳳尾草【いのもとそう】

イノモトソウ科イノモトソウ属のシダ植物。「トリノアシ」ともいう。石垣のあいだや岸壁などに付着し、露地もしくは町家の中庭などでもよく育てられる。その名は井戸の付近に生える草という意で「井之許草」から。

伊庭御茶屋【いばのおちゃや】

*小堀遠州が近江国伊庭（滋賀県東近江市）に造営した御茶屋。伊庭御殿は、江戸時代初期に徳川将軍家が江戸と京都を往復する際に利用する目的で建てられた御殿（御茶屋）の一つで、大工頭・中井大和守の後代（中井家）に伝わる古文書から寛永十一年（一六三四）に建てられたことが知られる。また、ともにのこされた「伊庭御茶屋指図」と現状の地形が一致し、昭和六十一年（一九八六）に行われた発掘調査においても指図との一致が確認されている。滋賀県にのこされた他の御殿（柏原御殿、永原御殿など）は方形を基調とするが、伊庭御殿は横長の不定形な縄張が特徴である。

茨【いばら】

一つの建築部材の中で、異なる曲線で構成される時に曲線同士が交わり突出した部分。法隆寺金堂の肘木の*木口下部と下端曲線の交差部や平安時代以降作られた本蟇股の内部曲線交差部、*唐破風などに見られる*輪垂木のうち二つの曲線により構成された交差部などに存在する。

茨垣【いばらがき】

*生垣の一種。枳殻、薔薇などのようなとげのある木を植え並べて造ったもの。侵入防止の目的がある。

茨城石【いばらきいし】

石材の一種。*稲田石に代表される黒雲母花崗岩である。産出地により色調が数種類ある。また、真壁御影や大郷戸御影なども含まれる。

茨垂木【いばらたるき】

*輪垂木のうち、二つの曲線により構成された交差部に、*茨をもつもの。多くは*唐破風の屋根に用いられる。

遺芳庵【いほうあん】

京都市東山区の*高台寺にある茶室。江戸時代前期の芸妓で、*灰屋紹益の妻であった吉野太夫遺愛の席とも、紹益が太夫を偲んで造立したとも伝えられている。現在の建物は用材も新しく、そのような古さは保持されていない。境内の*方丈、*書院の背後に位置し、紹益遺愛の茶室と伝えられる*鬼瓦席と露地を隔てて向かい合うように建っている。もとは鬼瓦席と同じく、京都小川通武者小路上るの紹益の邸内にあったといい、移築は京都の美術商・土橋嘉兵衛の尽力によるものという。鬼瓦席は現在地に、遺芳庵はまず高台寺塔頭の岡林院へ移築されて後、高台寺境内に移り、さらに位置を変更して現在に至っている。再三にわたる移転のため、原形から大きく変更が加えられていると考えられる。現在、外観は主屋を*宝形造*茅葺とし、それに*柿葺の屋根と庇を組み合わせている。宝形屋根の部分が茶室で、他は勝手二畳と水屋であるが、両者を南北に少しずらして配置し、板間で接続しているため、やや複雑な外観を見せている。茅葺屋根は軒が低く、屋頂に擂鉢が伏せられている。また床高も低く、*踏石もあわせて低く据えられている。内部は床無しの*一畳台目*向板入。西側の壁面には大円窓があけられており、この窓が吉野窓の名で知られることから、遺芳庵を「吉野窓の席」ともいう。壁には*藁苆を散らしている。内側には*引分けに*障子が建てられているが、全開されずほんの少し中央が開くだけである。点前座は炉を*向切*逆勝手に切り、*洞庫を備えている。向板の先、客付側に竹の柱を立て、*花入釘を打つ。さらに向板の先の壁には*軸釘が打たれ、掛物が掛けられるようになっている。かつては点前座の前方、*入隅の*四分一の下方を消して塗廻していたが、現在は下までのびている。天井には一面に竹簀子を張る。わびた素朴な表現の中に、意表をつく大円窓を組み合わせた着想は大胆かつ非凡であり、吉野太夫の好みを髣髴とさせるような情緒を醸し出すことに成功している。

水屋

遺芳庵

遺芳庵　内部

水蠟樹【いぼたのき】

モクセイ科イボタノキ属の落葉低木。北海道から九州に分布し、山野に普通に見られる。樹高は二～四メートルになる。葉は長楕円形で全縁、対生する。五～六月に本年枝の先に白色の花が多数咲く。樹皮に寄生する虫の分泌液で皮膚にできたイボを取っていたことからこの名前がついた。また、この分泌液は戸溝に塗って戸の滑りをよくするほか、家具の艶出しにも使われていた。刈込に強く、露地では躑躅などと同様に低木としてよく植栽される。

いぼ結び【いぼむすび】

垣の結束などに用いる縄や紐の結び方の一種。「いぼゆい」ともいう。「いぼ」は結穂の略称。端をイボのように突き出して結ぶ。

いぼ結び

今井宗久【いまいそうきゅう】

永正十七年～文禄二年（一五二〇～九三）。室町時代後期から織豊時代にかけての堺の商人、茶人。通称は彦八郎また彦右衛門で、諱は兼員もしくは久秀。宗久は号。昨夢斎と名乗る。*武野紹鷗の娘婿。*今井宗薫の父。近江国（滋賀県）の佐々木家の一族で、同国高島郡の今井城城主の子として産まれたとの伝えがある。若くして堺に移り商人としての生活を始め、早くして成功したらしい。屋号は納屋。*織田信長が畿内を支配するとすぐに信長に茶壺松島と紹鷗茄子の茶入を献上して取り入ろうとした。その結果信長は宗久を厚遇し、二千二百石の知行地の代官職を任せた。一方、足利十五代将軍義昭には大蔵卿法印に任じられてもいる。宗久は商人として武器も扱い、しばしば信長のもとで武器の調達にあたったようである。信長は宗久を茶人としても評価し茶堂として使うことをしばしば行った。信長の横死後、*豊臣秀吉も宗久を厚遇し代官職を続けさせた。秀吉は茶堂としても宗久を使うが、評価は*千利休、*津田宗及に次ぐ位置に落ち着く。宗久は茶の湯を紹鷗から学んだと考えられる。紹鷗の他界後は紹鷗の茶道具を含む遺産を管理した。紹鷗名物の茶壺松島や玉澗筆波図を使った茶会も行い、紹鷗の後継者の位置にあることを示した。しかし紹鷗の子であり宗久の義弟である武野宗瓦が成人すると、紹鷗の遺産をめぐっての争いが起こり、これは茶道具を宗瓦に返還することで決着した。宗久の手元にのこった名物道具は必ずしも多くはないが、林徹釜、玉澗筆波図、虚堂墨蹟の所蔵が知られ、これらを使って晩年まで茶の湯を楽しんだ。天正十五年（一五八七）に開かれた*北野大茶之湯においても四つの茶室のうちの一つを任されている。宗久の茶会記としては『今井宗久茶湯書抜』があるが、収録する茶会も少なく、やや信頼性に欠けるとされる。宗久については大和国（奈良県）今井郷との関係について述べられることが多い。しかしその結び付きを証明する信頼のおける史料は見つかっていない。現在、大阪府堺市の大仙公園に移された*黄梅庵は奈良県橿原市今井町の豊田家にあった茶室で、今後宗久との関係について検討する必要がある。

今井宗薫【いまいそうくん】

天文二十一年～寛永四年（一五五二～一六二七）。織豊時代から江戸時代前期にかけての堺の商人、茶人。*今井宗久の子で帯刀左衛門久胤と名乗り、剃髪後は宗薫と号する。単丁斎の号もある。宗久の商いを受け継ぐとともに、早くから*豊臣秀吉の茶堂をつとめ宗久の後継者としての立場を確立する。宗久の没後は秀吉から摂津国住吉郡（大阪府）の一千石を与えられた。秀吉の死後、徳川家康の子・忠輝と伊達政宗の娘・五郎八姫との婚姻の仲介をしたことを秀吉の命に背くものとして罰せられる。関ヶ原の戦いでは家康に従い、報償として住吉郡の三百石を与えられた。大坂冬の陣では徳川方に味方して大坂城にとらえられたが、*織田有楽の取りなしで一命をとりとめ高野山に蟄居する。夏の陣でも家康に味方しようとして高野山を出た。しかしその後、嫡子・宗呑に過ちがあり所領が与えられず終わった。そのことを知った政宗は伊予国（愛媛県）の所領のうち千石を与えたという。後に徳川二代将軍秀忠から摂津国に一千三百石を与えられたという説もあり、所領については不明なことが多い。宗薫と政宗とは親しく、政宗は宗薫から畿内の情報を得ていたし、茶の湯について学ぶことも多かった。宗薫は政宗に台子点前を伝授してもいるし、宗薫茶書の写しが伊達家に伝えられてもきた。嫡子・宗呑は宗薫に先立って他界したため、跡は弟の平左衛門が継いだ。今井家はこの後、幕府旗本として存続する。

今尾家の茶室【いまおけのちゃしつ】

京都市中京区の旧今尾景年邸にある茶室。景年（一八四五～一九二四）は四条派の画家として活躍し、花鳥画にすぐれ、国内外で高い評価を得た。大正三年（一九一四）に建てられた居宅は木造二階建、桟瓦葺で、一階には玄関、十畳の応接室、十五畳の主座敷、十畳の次の間のほか、十畳の客間、六畳の茶室などが配置され、二階には十五畳間の景年の画室、十畳の弟子の画室ほか六室がある。茶室は主屋のほぼ中央に位置し、南側は縁側を挟んで坪庭と接する。東側南に床を設け、床柱には奇木を用い、天井の竿縁に皮付材を用いるなどの工夫が見られる。各部屋には室内を通過することなく、廊下を通って行けるなど近代的な設計思想で建てられている。現在は一階部分が料亭として利用される。主屋の他に土蔵、門及び塀、中門がのこる。久保家住宅として登録有形文化財である。

今川義元【いまがわよしもと】

永正十六年～永禄三年（一五一九～六〇）。室町時代後期の武将。今川氏親の子。武田信玄、北条氏康と姻戚関係を結び、駿河、遠江（ともに静岡県）、三河（愛知県）を支配した。永禄三年、桶狭間の戦いで織田信長に討たれた。茶の湯に造詣が深く、玉澗筆遠浦帰帆（帆帰の絵）、趙昌筆桃絵、舜挙筆瓜絵などの唐絵や、不二茄子茶入、千鳥香炉などの茶器を所蔵していたという。また*『古今茶道全書』には、義元の露地庭、書院庭、上段の炉の図がのる。

今西家の茶室【いまにしけのちゃしつ】

奈良市の今西家にある茶室。今西家書院に付属する茶室で、書院は室町時代中期の建設であるが、茶室はその形式から後の改造によるものと見られる。内部は三畳で、半間幅の床を構える。床柱と床框は古材を使用し、墨蹟窓を備えている。床脇は一間幅の古材を地板として掃出窓を設け、上方右寄りに下地窓をあける。出入り口は、露地からの二枚引違い明障子の貴人口、書院からの二枚引違い襖、茶道口と見られる火燈口をあける。火燈口をあけた壁面には、床脇の落掛の高さに合わせて煤竹を配している。天井は網代張で、中央に龍が描かれている。今西家書院は初期書院造の特徴を示す遺構として重要文化財に指定されている。

今西家の茶室　床側

伊予青石【いよあおいし】

愛媛県の伊予地方西海岸の八幡浜付近から伊方町にかけて産出する*青石の一種。中央構造線にそった三波川変成帯に分布し、三波川結晶片岩の中の緑泥角閃片岩のこと。伊予青石の属する三波川帯の結晶片岩は、中央構造線の太平洋側にそって、関東から紀伊半島、四国、九州まで分布し、これらと類似し、帯状の無色石英石理が走る特徴をもつ。阿波青石も伊予青石と基本的には同質の類似した岩石である。伊予青石の中でも、海中で洗われたものは、短い期間で冴えを見せ、丸く角のとれた形状や大きさを揃える物は本場青石として流通している。紫色を帯びることもある。庭石としては、*景石、*飛石、*沓脱石、石橋などに利用され、水を打つとさらに美しい。また石積みにも使用され、名取の石垣（伊方町）はその景観が評価されている。*紀州青石や阿波青石に続く庭園材料としての歴史をもち、伊方町三机（旧瀬戸町）産出の物は名高い。特に鎌倉時代以降に珍重され、現代まで多くの名園に使用されてきた。保国寺石庭（愛媛県西条市、名勝）や清澄庭園（東京都江東区）が著名である。

伊予石【いよいし】

石材の一種。愛媛県の伊予地方から産出する三波川結晶片岩の中の緑泥角閃片岩の総称。青色の美しいものは*伊予青石と呼ばれる。石英石理が多く入る白いものもある。

伊予笹【いよざさ】

阿亀笹のこと。⇩阿亀笹【おかめざさ】

為楽庵【いらくあん】

❶*松平不昧が*大崎園に営んだ茶室の一つ。園庭の南端にあって、八畳の本席、水屋を付けた四畳、二畳の小間に土間を備えた細長い建物である。『大崎名園の記』によるとまず「入口門あり、合天井にして、屋根の作りざま殊に面白く、門に額懸れり、三角の形にて、木地ふち無し。『關門』の二字、竪一行彫りて、胡粉塗り、書は遠州公のよし」とある。本席八畳は六畳と二畳からなり、その境に掲げる額には「爲樂菴」と記されて、「爲」は*江月宗玩、「樂」は*松花堂昭乗、「菴」は*小堀遠州の三人の字を集めたものであった。壁で囲まれた内露地を入ると正面には腰掛が設けられ、その背面にあけられている火燈窓は指物職の九兵衛が造った赤松柾目を曲げたもので、六角の手水鉢は羅城門の礎石だったと伝わるもの。勝手の土間に設えてある竈も見る価値があるなどとあり、園内では最も善美をつくした茶席だったという。

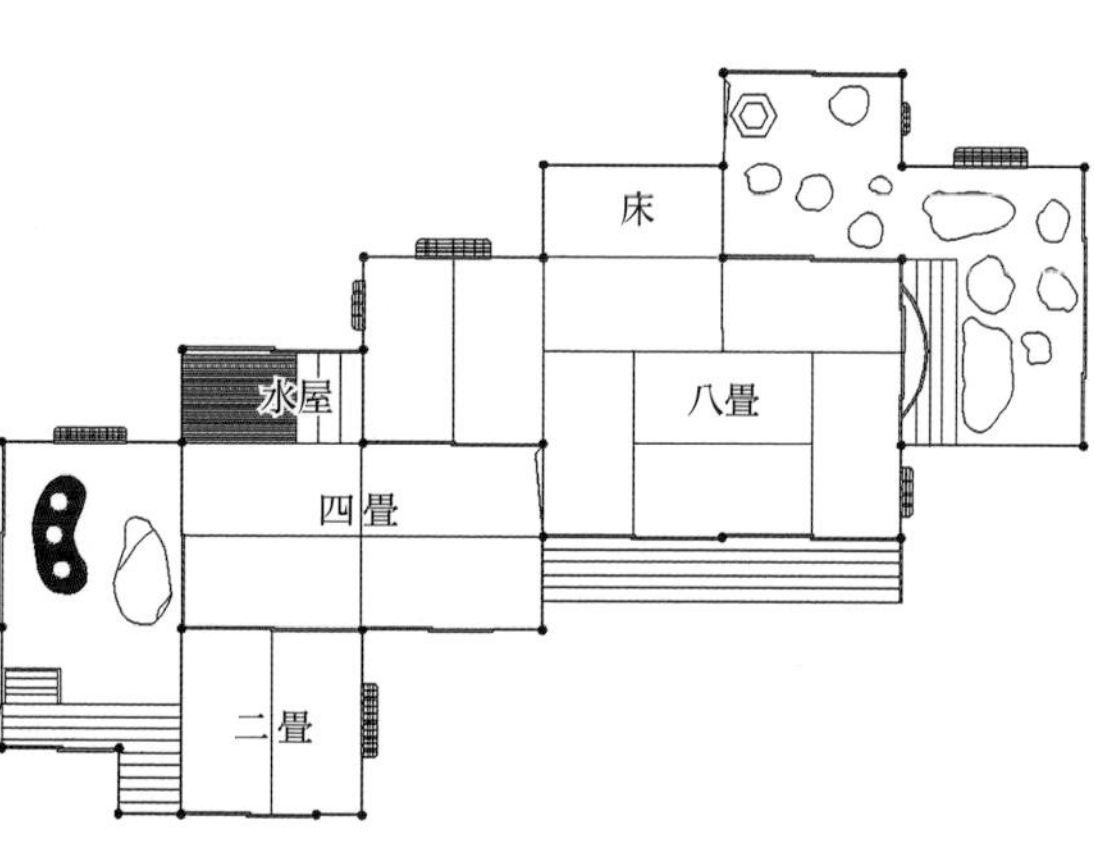

為楽庵❶　「江戸大崎御屋鋪御茶屋之絵図面」から作図

❷東京都品川区の*益田鈍翁の本邸*碧雲台にあった茶室。大正二年（一九一三）に完成。施工は*木村清兵衛で、*仰木魯堂も工事にかかわったという。邸内の東南角にあった。高橋箒庵著『東都茶会記』によると「田舎めきたる一構」で、寄付として土足庵（土足庵の項❷を参照）が設けられていた。茶席内部は四畳半中板入で、床に向かって左側に白木の大丸柱を立て、破風には、大崎園の為楽庵（❶の項を参照）にならい*江月宗玩、*松花堂昭乗、小堀遠州の合筆による扁額「爲樂菴」の写しが掲げられていた。

❸神奈川県小田原市の*益田鈍翁の別邸*掃雲台にあった茶室。大正十二年（一九二三）の関東大震災で倒壊した本邸*碧雲台の為楽庵（❷の項を参照）の残骸をもって再建したという（大正茶道記）。外観は瓦葺を大棟とし、別に柿葺と軽やかな小舞蝶羽の屋根を付けた特色のあるものであった。内部は四畳中板入の広々とした茶室に六畳の広間と勝手を付けたもので、茶室は、大木の床柱を半分壁内に抱え込む面白い意匠であった。破風には碧雲台の頃と同じ「為樂菴」の扁額が掲げられていた。現存せず。

入側【いりかわ】

❶*座敷と*縁側とのあいだにある通路のこと。畳敷きとした場合は縁座敷ともいう。❷建物の外周から一間入った柱筋。❸引出しの左右の側板をいう。

入込床【いりこみどこ】

茶室の座敷部分の輪郭が正方形または長方形でなく、一隅が主に一畳分入り込んだ場所に設けられた床。*出床に対する語。一畳より小さい床が構えられた場合、*前板や*脇板などの*板畳を入れることが多い。

入隅【いりすみ】

壁などの二つの面が交わった内側の隅、凹部。二面が交わることから向かい合う建具や開口部の意匠の関係を吟味したり、入隅に立てられた

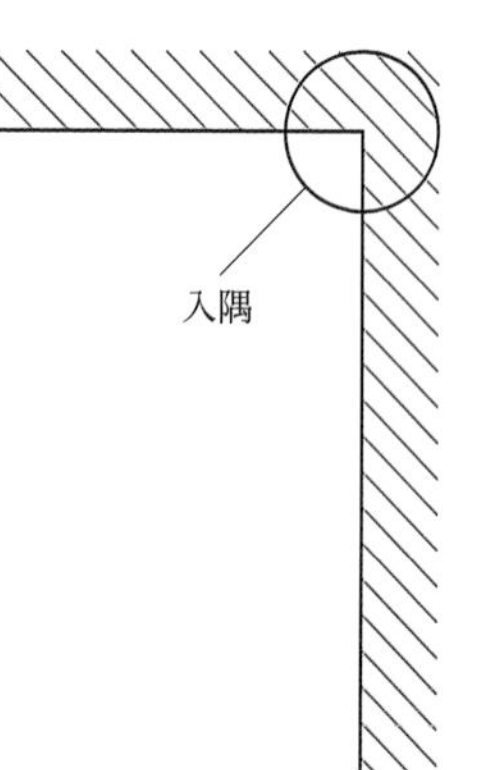

柱を塗り込めるといった工夫が施されたりする。逆に、外側の張り出した角、凸部を出隅という。

入母屋造【いりもやづくり】

屋根の一形式。寄棟造の屋根に切妻造をのせたような形のもの。屋根の上部を切妻造のように二方へ勾配を葺き下ろして三角の妻を見せ、下部は寄棟造のように四方に勾配を付す。また切妻造の妻側前面に庇を付け、片方のみに隅木を架けたものを片入母屋造という。入母屋は「いりまや」の転訛とする説もある。（付録15頁参照）

入炉【いりろ】

茶室における炉の切り方の一つ。点前畳に切った炉をいう。出炉に対する語で、居座の向こう側に炉が切られるため「向炉」ともいう。炉が亭主から見て客付側（本勝手では右側）に切ってあれば向切、勝手付側（本勝手では左側）に切ってあれば隅炉となる（本勝手、逆勝手については本勝手の項を参照）。ともに本来、壁付の炉のため、畳寄の下に炉壇が納まることになる。そのため上に炉壇を引き出しやすくするように小板を入れることが多い。小板の寸法は、長さが炉と同じ一尺四寸で奥行き二寸と一寸八分（向板がある場合）のものがあり、材質は松か杉（向板がある場合）を用いる。たとえば二畳敷のような客畳一畳と点前畳一畳からなる茶室の場合、出炉にするということは、つまり客畳に炉を切ることになり、不適切である。そこでおのずと入炉が選択されることになる。古くは武野紹鷗が試みた長三畳が入炉であった（茶湯秘抄）。茶室が広くなれば客と亭主の距離も遠くなり、その上、炉を入炉にすると、一般に亭主と客との位置関係においては、出炉では亭主が客側を向き点前をし、入炉では正面を向いて点前をすることとなる。『南方録』「滅後」には「休常ニノ玉フ、二畳向炉、コレ草菴第一ノスマキナルベシ、柱ヲ立、右ノ別タヽミニ炉ヲナヲシタルコト後悔也、ソレヨリ客席ノツマラヌヤウニトテ、三畳ニ成、四畳ニ成、年々月々色々ノコトニナレリ、又臺目ダヽミ廣ク自由ナルユヘ、種々ノ置合モ出来、サマ〴〵ノ道具ヲモ取出シ、無益ノコトニナリヌ、始ノゴトク向炉バカリナラバ、イカホドメヅラシキコトヲスベキト思テモ、ナルベカラズト」とあり、千利休は常々、二畳向炉（入炉）が草庵の茶室に最もふさわしいといっていたと記される。（付録18頁参照）

伊六庵【いろくあん】

奈良市の西林家にある茶室。明治時代初期に唐物商を営んだ西林伊六が建てたもので、その名から伊六庵と呼ばれる。茶室は真の席と行の席と呼ばれる二席からなり、建築年は明治二年から八年（一八六九〜七五）とされる。真の席は、二畳中板入で、奥行きの浅い床を点前座正面に配置している。床板、中板はともに黒檀で、床柱は中ほどの大部分を欠いており、床の脇にあけられた下地窓の形や桟、円窓の菱形の桟、両開きの桟唐戸など、全体的に煎茶室的な特徴を備える。行の席は、三畳半で、原叟床や茶道口の方立など、抹茶室らしい形式を備えつつ、しゃれ木や下地窓の形や配置、躙口の形や大きさなど、細部が極めて自由であり、見所あふれる茶室となっている。

いろこ敷【いろこじき】

鱗敷と同じ。⇒鱗敷【うろこじき】

色付【いろつけ】

木材に塗装を施して仕上げとすること。逆に、塗装を施さない仕上げを白木という。江戸時代までの茶室や数寄屋のほとんどは、弁柄や煤、墨などを用いて色付が施されていた。これは始めから燻したような色を付け、炭を扱う茶室内の経年による変化を目立たせないという効果のほか、虫害の防止、様々な材の色調を整える、などのために行われたと考えられている。たとえば千利休の聚楽屋敷の色付九間書院では、弁柄と練り墨を混ぜたもので柱や天井に色付が施されていた。色付に関しては『古田織部正殿聞書』にも「数寄屋惣テ色付ニスル、白木作ト云事無之儀也」とあり、数寄屋は全て色付を施すことが記されている。また『茶譜』に「利休流座敷、惣柱并板ノ色付濃付ルナリ、右宗旦曰、木ノ色ハ濃付テ吉、古田織部時代ヨリ薄付ルト云云、当代ハ愈薄付ルト見ヘタリ、白木ニ少色有コトシ」とあるように、利休は手掛けた茶室のほとんどを濃く色付けしたが、利休より以降は薄い色付が好まれる傾向があり、さらに近代になると、選りすぐりの銘木を誇るため、白木の茶室、数寄屋がほとんどとなっていく。一方で抹茶席とは対照的に、江戸時代に発生した煎茶席では古くから自然の趣を重視して白木が好まれた。

色付九間書院【いろつけここのましょいん】

*千利休の聚楽屋敷（千利休の屋敷の項を参照）にあった書院風の茶室。単に「色付書院」とも。天正十五年（一五八七）に営まれ、面皮普請の九間（十八畳）で、上段（二畳）、中段（四畳）、下段（八畳）と縁座敷からなり、付書院が設けられていた。上段中段は化粧屋根裏で、突上窓があけられ、上段の角の柱は五平（長方形断面）の柱で、框は磨丸太であった。色付の名は、弁柄と練り墨を混ぜたもので柱や天井などを塗り、色を付けたことにちなむ。現在の表千家の*残月亭は*千少庵が色付九間書院の中段を略して写し、受け継がれたものである。上段床の柱は*豊臣秀吉がもたれたことから太閤柱と呼ばれ、残月の名はここにもたれて名残の月を眺めたことによると伝えられる。

色付書院【いろつけしょいん】

柱、天井、建具などに墨や煤で*色付を施した数寄屋風書院。最も早い例は、利休聚楽屋敷における*色付九間書院（一五八七年）。熊本城内の加藤平左衛門屋敷、毛利家江戸上屋敷などで、江戸時代初期の大名屋敷の内向きに設けられていた。墨や煤を用い、黒を基調とした色付が施された。これが後に書院の茶室に展開していったとみられる。

色付丸太【いろつけまるた】

*丸太の一種。*色付した丸太のこと。同じ*磨丸太でも*面付をしたところとしていないところ、また*錆丸太を用いたところなどで異なった色調となり、茶室の表情が変わることを防ぐために茶室では色付をすることが原則となっていた。現在ではあまり見られないが、丸太を使う古い遺構ではほとんどが色付されている。

伊呂波紅葉【いろはもみじ】

ムクロジ科カエデ属の落葉高木。「イロハカエデ」とも呼び、「タカオモミジ（高雄紅葉）」の別名もある。本州（福島県以南）から九州の低い山地や水辺に自生する。樹高は一〇〜一五メートルほど。葉は同属のオオモミジやヤマモミジと比べ小形で、直径四〜七センチ、掌状に五〜七裂し、互生する。秋に紅葉する美しい姿が好まれ、庭木としてよく植えられる。冬枯れの木と呼ばれ、露地にはあまり植えられることのない落葉樹ではあるが、天正十五年（一五八七）にできた松屋久政の露地は「楓只一本」であったことが『松屋会記』にのこされるほか、『築山庭造伝後編』「路地庭造の図解」の項には「紅葉一色の路地の造り方も有」とあり、紅葉のみが植えられた露地もあったようである。また『古田織部正殿聞書』に「楓外路地ニ植事不苦ト也。内ニハ不可植也」とある。近年においても比較的明るい風情が求められる中で、伊呂波紅葉が外露地に多数植えられる茶庭も見られるようになった。

囲炉裏【いろり】

室内に設けられた囲炉裏は、「地火炉」とも称され、用途により二種に大別されよう。一つは「北面ノ居タル方ニ和ラ行テ臨ケレバ、長地火炉ニ俎共七八ツ立テ、万ノ食物置テ手散シテ男共有リ」（今昔物語）などと記され、「春日権現験記絵」や「慕帰絵詞」「善教房絵詞」「酒飯論」など、中世の絵巻物にも多く描出されている、調理を目的とした囲炉裏である。それは近世に至っても、料理之間や膳立之間などの部屋に必要不可欠なものであり、また農家の「オエ」や「ヒロマ」にある囲炉裏も、調理にも使うプリミティブな火を宿すところであった。それとは別にもう一つある囲炉裏は、清少納言が「人の家につきづきしもの」（枕草子）の一つとして、「絵かきたる火桶」とともにあげる地火炉で、暖房を目的とした囲炉裏である。『枕草子』がしばしば併記する火桶と地火炉は、同じく暖房具ではあるが、火桶は炭櫃と同様に、もち運びが可能な道具で、それはいろいろな行事に対応するハレ（晴）の、非日常的な空間に置き合わせて使われていた。それに対して固定された地火炉は、日常的なケ（褻）の空間に装置された暖房具で、それぞれ使用する領域が異なるものであった。そうした暖房用の地火炉は、すでに寛和元年（九八五）の『小右記』に「早朝従内退出、渡殿地火炉始塗」と*渡殿に設けられていたり、久寿二年(一一五五)、鳥羽上皇の離宮にあった金剛心院の西庇御所にあったことが知られるし、また内裏の清涼殿の西に隣接する後涼殿、右近陣の南廂にも地火炉が切られていた。そして十二世紀後半に書かれたという「観普賢経冊子」の地に描かれた絵画には地火炉を囲んでくつろぐ更衣の姿が描出されており、それは後涼殿南廂の地火炉の情景にも比定されよう。また隠遁者の庵室にも、その居室に地火炉が設けられており、また室町時代初期の山科教言邸においても、泉殿、景総庵、御方にそれぞれ「ユルリ」が存在する。そして「不動利益縁起」に描出された僧院の「炉間」も、僧侶の私的な部屋であったことから、こうしたケの、日常生活空間には、暖房用としての固定的な囲炉裏が切られていた。そうした暖房用の囲炉裏と、調理を目的とした囲炉裏の大きな相違点はその燃料にある。すなわち貴紳住宅の暖房用には概して炭が用いられ、それに対して調理用の囲炉裏では柴や薪をくべていた。やがて暖房用の囲炉裏に鑵子が釣られ、湯が沸かされて、茶がそこに付随してくる。室町時代中期に描かれたと考えられる「掃墨物語絵巻」北山私僧坊の情景には、まだ*寝殿造の遺風をのこす*会所の中央に、横幅が半畳には少し小さい、長方形の囲炉裏が切られている。その囲炉裏に五徳を据えて鎖で金の鑵子が釣り下げられており、また*高麗縁の畳を敷き詰めた座敷の、炉脇の半畳だけは指筵にして、その上には*炉縁に寄せて胡銅の杓立と飯桶型の水指らしき道具が置き合わせられている。そして会所とは縁続きの奥の勝手では、僧形の男が、胴を朱漆塗りにした臼で茶を碾く姿も描いている。こうした囲炉裏の存在は、永享五年(一四三三)に建てられた足利義教の*室町殿泉殿会所の書斎「赤漆之御床間」にも想定され、「御つり物、水指同南蛮物、下水胡銅、杓立胡銅・杓二・火箸鍮石、蓋置胡銅、炭かき鍮石・柄ハ紫檀、箒しゅろひけ、火おほいあり」(室町殿行幸御飾記)と、茶の湯の道具がしつらえられていた。それは文明十七年(一四八五)に造立された*足利義政の*東山殿の持仏堂に設けられた書斎、すなわち東求堂*同仁斎にも踏襲されていると考えられる。現在は同仁斎にはすでに囲炉裏はないが、この部屋の長押裏には「御いるりの間」の墨書があって、かつては囲炉裏があったことは確かであり、また東山殿の室礼を書いた『*御飾書』に、同仁斎の室礼を「御持仏堂うしとら四帖半敷、御いろりなんばん物つり物、ゑふご水指同はんおけ、杓立細口こどう、水こぼし四方こどう、蓋置ことう、くさりつねのごとし」と記している。これまで東求堂同仁斎を*四畳半茶室の濫觴(雍州府志)として、ここにわび茶の原点を求めてきたが、北向きの四畳半でのこうした囲炉裏の茶は、中世に連綿として引き継がれてきたケの領域における茶の様相を伝えるものであり、同仁斎は今にのこる唯一の囲炉裏の茶の遺構ととらえ直さなければならない。わび茶は貴紳住宅の、ケの領域における囲炉裏の茶を基底として展開し、囲炉裏の火を囲んで語らう雰囲気を、思想的にも造形的にも豊かに生活文化の中に定着させ、ハレ化を目指す中に大成されていったと考えられる。

石組【いわぐみ】

「岩組」とも書く。⇒石組【いしぐみ】

岩崎邦男【いわさきくにお】

昭和六年~平成二十五年(一九三一~二〇一三)。数寄屋大工。京都に生まれる。戦後まもなく父親のもとで大工を目指し、この道に入った。*北村捨次郎の縁戚につらなる人物で、幼い頃から大工としての素養は十分に蓄えられていたと考えられる。大工としては決して早い出発ではなかったが、修業中からすでに丸物(丸太)と角物(角材)のどちらの仕事も区別なくこなした。三十歳の時に檀那寺である西園寺(京都市上京区)の庫裏の*墨付けを行い、独立した。その後は仕事の場を京都に限らず、長野、神奈川、福井、徳島などの各地で居宅や茶室を中心に数多くの作品を手掛けた。代表作に京都市右京区の堀内宗完邸(一九七五年建築)がある。

岩崎家の茶室【いわさきけのちゃしつ】

鹿児島市の岩崎家の邸宅にある茶室。この邸はもと島津家の祁答院氏の屋敷である。茶室は明治三十年(一八九七)頃、藪内家宗匠の指図により造営された燕庵形式の席で、別に七畳半の広間が隣接する。燕庵形式の茶室は茅葺、広間は柿葺。一度焼失したが、再建されている。

岩崎彌之助別邸和館【いわさきやのすけべっていわかん】

神奈川県足柄下郡箱根町にある旧岩崎彌之助別邸の和風別荘建築。現在、別邸のあったこの地は吉池旅館となる。三菱財閥を創業した岩崎彌太郎の弟で、その二代目となった彌之助が、明治三十七年（一九〇四）に建てた数寄屋建築で、明治四十一年にコンドルが設計した木造二階建、外壁野面積み、妻壁をハーフティンバー様式とした洋館が隣接していたが、大正十二年（一九二三）の関東大震災で倒壊し、和館のみが同旅館内の庭園にのこる。岩崎家の建築技師であった清水仁三郎の設計で、木造平家建。外観は入母屋造桟瓦葺、四方に銅板葺の下屋を葺き下ろす。この和館には、松平家の別荘に受け継がれていた徳川家ゆかりと伝わる茶室真光庵が、昭和六十二年（一九八七）頃に移築、渡り廊下で接続されているほか、旅館内に茶室暁亭が移築、保存されている。真光庵は寄棟造の四周に庇を出し、四畳半の客座に一畳の点前座が付く。三枚建の貴人口と躙口とが矩折に配置し、点前座には勝手付に上下二段の窓と風炉先窓があけられる。中柱は胡麻竹。暁亭は古希を迎えた*山縣有朋が明治四十年に神奈川県小田原の板橋に建てた古稀庵にあったもので、大正四年の二期工事の際に建設されたもの。もとは東京日本橋の商家の離れであったと伝わる。関東大震災で倒壊し、震災後に当初材で再興。昭和時代のはじめに熊本徳次郎の所有となったが、近年移築された。古稀庵時代とは炉や茶道口の位置が移動しており、現在は四畳半台目、逆勝手の席で、台目の踏込床形式の板床に辛夷の床柱、床と点前座とのあいだ、袖壁には獅子垣窓をあけ、勝手側に成（高さ）が同寸の天袋と地袋が付く。三枚の引込戸と二枚建の貴人口とが矩折に配置される。旧岩崎彌之助別邸和館は吉池旅館別荘として登録有形文化財である。

岩崎彌之助別邸和館　外観

岩躑躅【いわつつじ】

❶黐躑躅のこと。⇩黐躑躅【もちつつじ】

❷ツツジ科スノキ属の落葉小低木。本州中部地方以北から北海道の高山や寒地に自生する。高さ五～一五センチ。六～七月に紅色を帯びた白色の小さな花をつける。花後にできる液果は直径約一センチの球形で、熟すと紅色となり食べられる。

引拙【いんせつ】

生没年不詳。室町時代後期の茶人。*珠光の後世代で、*武野紹鷗の前の世代に位置する。奈良の松屋久重の編集と伝えられる『松屋名物集』に名が見られず、『*山上宗二記』の写本によっては堺の人との注があるので、堺の茶人であったと考えられる。また同書によれば、「十月時雨の頃木葉乱るに似」た茶風に到達した、珠光や紹鷗に劣らないほどの茶の湯名人であったとされる。袋棚を用いた茶会をたびたび行った。所持した三十種の*名物には楢柴肩衝、千種茶壷、任月山筆雀図、胡直夫筆達磨図、玉澗筆岸図、姥口平釜、大霰猿釜、引拙茶碗などが含まれる。鳥居姓で記されることがあったが、現在は否定されている。

陰のカネ【いんのかね】

十一のカネの項を参照。⇩十一のカネ【じゅういちのかね】

陰陽思想【いんようしそう】

陰陽とは、中国の思想に端を発し、森羅万象、宇宙のありとあらゆる事物を様々な観点から陰（爻は⚋）と陽（爻は⚊）の二つのカテゴリーに分類する二元思想。この陰陽二元以前に存する原初絶対的な存在を太極という。この太極から発生

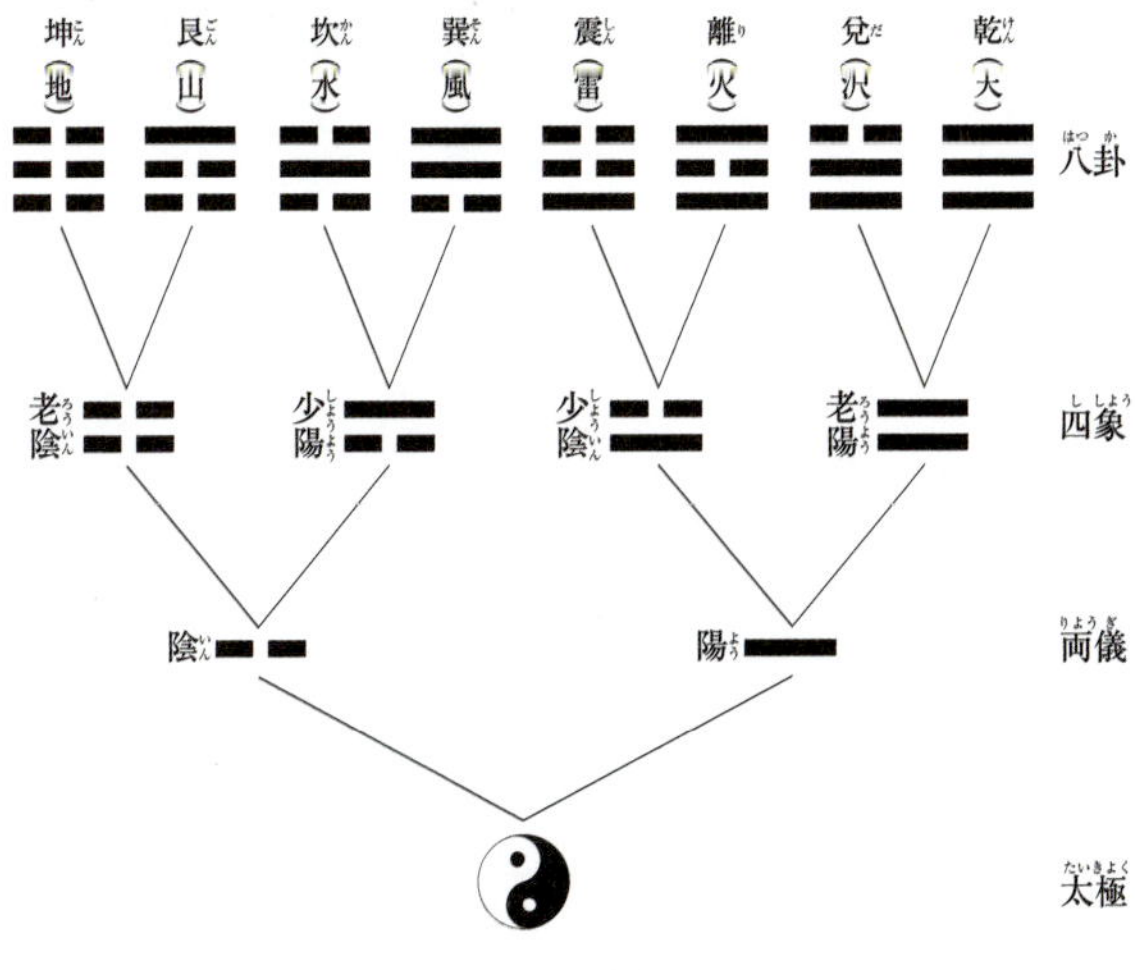

した陰と陽（たとえば、天と地、男と女、上と下、火と水、吉と凶、奇数と偶数など）は互いに対立する属性を持った二つの気であり、万物の生成消滅といった変化はこの二気の交合、感応によって起るとされる。この陰と陽の交合、感応から老陽⚌（東、春）、少陰⚍（南、夏）、少陽⚎（西、秋）、老陰⚏（北、冬）の四象が生じ、この四象から生じる八卦が自然界や人事界百般の現象を象徴する。このような陰陽に基づいた思想や学説を陰陽思想、陰陽論、陰陽説などという。茶道はこの陰陽思想に大きな影響を受けている。水（陰）と火（陽）による「湯の創造」「客は陰、亭主は陽」「初座は陰、後座は陽」「行之行台子と八卦盆」「＊カネ割」「一陽来復」など、茶道の根本理とかかわりがある。ただ日本の陰陽道は、中国の陰陽思想が諸学問分野の主要理論に用いられたことと異なり、天文と占筮を中心とする日本的な秘教へと展開したものである。

八卦　乾（天）　兌（沢）　離（火）　震（雷）　巽（風）　坎（水）　艮（山）　坤（地）
四象　老陽　少陰　少陽　老陰
両儀　陽　陰
太極

八卦分岐表

陰陽説【いんようせつ】
陰陽思想と同じ。⇩陰陽思想【いんようしそう】

蔭涼軒日録【いんりょうけんにちろく】
相国寺（京都市上京区）鹿苑院南坊の、蔭涼軒主の公用日記。「おんりょうけんにちろく」とも読む。季瓊真蘂ならびに亀泉集証によって、永享七年～嘉吉元年（一四三五～四一）、長禄二年～文正元年（一四五八～六六）、文明十六年～明応二年（一四八四～九三）の記録がのこされた。足利義教、義政、義尚の三代にわたる京都五山の動向、室町幕府の政治、経済、外交などが詳述されており、特に義政の＊東山殿造営や＊唐物収集にかかわる内容は東山文化を知る上でも重要な史料である。

う

植木師【うえきし】
植木屋の項を参照。⇩植木屋【うえきや】

植木職【うえきしょく】
植木屋の項を参照。⇩植木屋【うえきや】

植木奉行【うえきぶぎょう】
江戸幕府における職名の一つ。鎌倉、室町両幕府にも類似の職があった。江戸幕府では＊作事奉行の支配に属し、城中または別殿などの植木のことを掌るもの。はじめ樹奉行といい、正徳年間（一七一一～一六）に名をあらため、天明年間（一七八一～八九）に廃止された。

植木屋【うえきや】
植木を売る店。また植木の栽培や販売を業とする人をいう。「樹木屋」とも書く。元禄三年（一六九〇）の『人倫訓蒙図彙』には「植木や　諸国にもとめて屈曲の風流をなし、石台木等に植、諸の草花ともに商」とあり、作庭に従事する「庭作」や庭石を扱う「庭石や」、切花を扱う「下草や」とは別の業種であるとしている。江戸では染井の植木屋が名高く、伊藤伊兵衛家は徳川将軍や御三家の御用達をつとめた。ちなみに三代目の三之丞は『花壇地錦抄』を著したことで知られる。江戸時代末には現在の造園業に相当する庭園の設計や施工、管理などにも従事するようになった。

植込み【うえこみ】

庭園などで修景や防風、目隠しのために、樹木を多く密に植えたところ。露地では樹木の植えてあるところをいう。

植治【うえじ】

宝暦年間(一七五一～六四)より作庭を行っている京都の造園業、植木屋である小川家の屋号。七代目＊小川治兵衛のことをさす場合が多い。

上田宗箇【うえだそうこ】

永禄六年～慶安三年(一五六三～一六五〇)。織豊時代から江戸時代前期にかけての武将、茶人。茶道上田宗箇流の祖。尾張国(愛知県)星崎で生まれる。名は重安で、通称は左太郎。幼名は亀丸で、号は宗箇、竹陰、是斎など。父・重元に続いて丹羽長秀に仕えたが、後に＊豊臣秀吉の直臣となり、主水正に任ぜられ、越前国(福井県)で一万石を領する。慶長五年(一六〇〇)、関ヶ原の戦いでは西軍に属し、敗戦後剃髪して宗箇と称する。蜂須賀家政に招かれ、阿波国徳島で茶道指南、作庭などにあたるが、慶長七年、還俗して一万石で和歌山城主・浅野幸長に仕える。元和五年(一六一九)、安芸(広島県)に移封された浅野長晟に従って広島に移り、城内に上屋敷を拝領して茶寮の＊和風堂を建て、茶室＊遠鐘と露地を造立した。宗箇は茶を＊古田織部に学び、『利休百会記』には「上田佐太郎」の名で、『松屋会記』の慶長四年二月二十一日には「上田主水殿」の名で登場、同年には＊春屋宗園から竹陰の号を受けている。宗箇没後、子孫は代々宗箇の茶を伝え、現在に至る。所持の茶道具として織部から譲られた花入銘生爪が知られるほか、晩年には作陶に興じ、手造り茶碗銘さてもや、手造りの茶杓銘敵がくれなどが伝わる。また築造した庭園として広島市の＊縮景園、名古屋城二の丸庭園、和歌山城西の丸庭園、徳島城表御殿庭園などがある。

上野東照宮の茶室【うえのとうしょうぐうのちゃしつ】

東京都台東区の上野東照宮にある茶室。明暦二年(一六五六)、奉行徒頭堀田一純、作事奉行神尾元珍、大工木原大工助により建てられた。明治時代に御供所に改築されたが、昭和四十一年(一九六六)、ふたたび広間茶室に復原された。切妻造瓦葺から銅板葺の跳ね出しが付く小間と、入母屋造瓦葺に銅板葺の庇が廻る広間とが、棟を矩折に構成する。小間は関東間の四畳半で、下座床、逆勝手の席。床柱は、栗材の入り違い矢羽根の付鑿仕上げで、同じ仕上が建物の桁など随所に用いられている。相手柱は辛夷、床框は塗り。引違い襖で茶道口と給仕口とを兼ね、躙口の片引き、風炉先の引分け、貴人口や墨蹟窓など、六つの明障子窓があく。天井は、へぎ板の平天井と杉皮の掛込天井、点前座の真菰の落天井の構成。広間は、関東間の八畳席。一尺幅の欅板を挟んで、畳敷きの踏込床と欅の琵琶台の形式だが、天板の下の部分は塗廻されている。床脇地袋の奥の壁のみ漆喰塗で、引分けの円窓障子が壁龕を造っている。平書院と二枚建の障子、四枚建の障子を開けると、矩折に縁が廻る開放的な造りで、勝手側には下地窓をあけ、茶道口と給仕口を兼ねて、引違いに襖を建てる。その他、扇形の欄間と円窓があいた玄関、一間半の火燈形の垂れ壁に地袋が据えられた三畳の寄付があり、水屋も小間と広間それぞれに設けられている。

上野富二【うえのとみぞう】

明治四十五年～平成九年(一九一二～九七)。数寄屋大工。名棟梁の聞こえが高かった世継佐一郎の次男として京都に生まれる。京大工の家に育ち、幼い頃から父の助手をつとめ、後には特に設計に興味をもち、その方面での活動を開始した。＊藤井厚二や沢島英太郎と出会い、新しい数寄屋建築のデザインや茶室について啓発され、また指導を受けたが、決して伝統の重要さを軽んじることなく、これを基礎として、新しいスタイルとの融合を図った。そして設計から施工に至る一貫した作業の貴さを認識し、その上で新しい和風建築を追求するという姿勢をとり続けた。代表作に双月(一九八三年建築)などがある。

上村家の茶室【うえむらけのちゃしつ】

京都市中京区の旧上村松園邸にある茶室。京都御所の南に位置する。松園（一八七五〜一九四九）は美人画で知られる日本画家で、女性で初めて文化勲章を受章している。大正二年（一九一三）に竣工。大塀造（高塀）の町家の前栽に面した二階建、独立棟の一階に位置する六畳の室で、角柱や竿縁天井などにより書院風の端正な骨格を保ちつつ、引違いの躙口、主屋側半間通りの落天井、煎茶趣味を思わせる幾何学的で複雑な床まわりに、茶室らしい構成と意匠を見せる。床脇を袋床状に扱い、琵琶台と違棚を組み合わせ、袖壁を半円に刳った構えが特徴。

浮船石【うきふねいし】

舟石と同じ。⇨舟石【ふないし】

浮舟の手水鉢【うきふねのちょうずばち】

手水鉢の一種。背が比較的高い、舟の形状のもの。臨済寺（静岡市）にあるものが知られる。

鶯垣【うぐいすがき】

*柴垣の一種。上端を切り揃えていない黒文字の枝を*立子として並べ、割竹の*押縁で押さえるもの。茶庭に好まれ、『*石組園生八重垣伝』には「茶室第一の垣なり」とある。

鶯張【うぐいすばり】

*板縁を人が歩く時、鶯が鳴いているような音を発する床のこと。縁板同士や目鎹と釘がこすれて音を発しており、新築時から故意に造られたものではないと考えられるが、防犯上の観点からある程度の音は珍重された面もある。

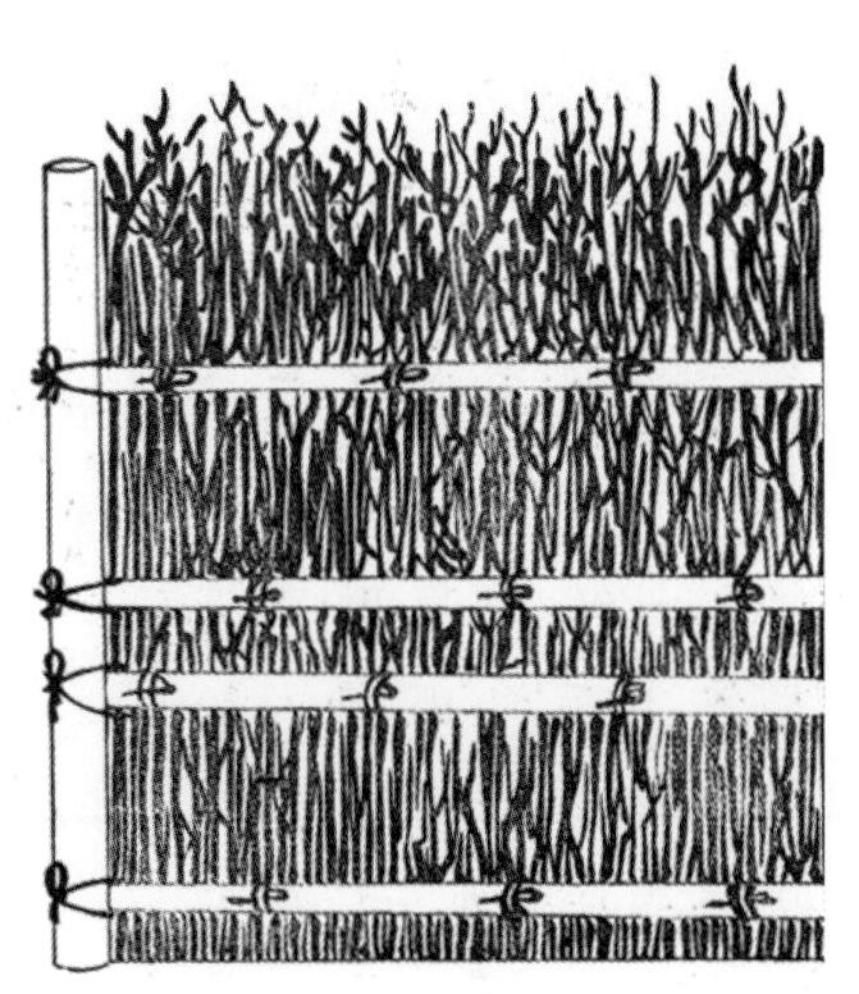
鶯垣　『石組園生八重垣伝』

有合庵【うごうあん】

愛知県名古屋市昭和区の昭和美術館にある茶室。もと十四山村（弥富市）の素封家である佐野家にあったもので、昭和二十二年（一九四七）、同館に移築。敷地の中心から南西方向に建ち、北東には*南山寿荘がある。建物は南面して建ち、北西角に小間の本席が付属する。他に九畳ならびに八畳の広間、濡縁が南側に付き、北東を水屋とする。外観は切妻造桟瓦葺で、西面に捨柱を立てて土間庇を形成する。九畳と八畳は襖で仕切られ、それぞれ炉は四畳半切。九畳は一間床と地袋が西面にあり、矩折の本席点前座との境には円窓があけられる。八畳は以前、六畳で、その部分に長押が廻り、東側に二畳が加えられた。両座敷とも中京間で建てられている。本席は一畳台目に中板を入れた席で、畳は京間畳を用いる。太鼓襖を建て込んだ回転戸の方立口より点前座へ出入りする。炉は向切、風炉先窓をあけ、やや高めに一重棚を勝手付に釣る。客座には北面に引違い障子の貴人口と、その矩折、西側に躙口をあけ、躙口の上部は連子窓となる。床は下座床、台目幅の框床で墨蹟窓をあける。天井は点前座が蒲の平天井で元末を組にして女竹で押える。客座は北側に下がる化粧屋根裏。水屋は床の背面に位置し、通棚に簀子棚を下げ、左手に釣木のない一重隅棚と天袋がある。

右近家の茶室【うこんけのちゃしつ】

福井県南条郡南越前町の右近家にある茶室。日本海を望む敦賀湾の入口にあたる同町河野に位置する。江戸時代中期から明治時代中期にかけて、大坂と蝦夷地を結んだ北前廻船業で隆盛を極めた右近家の本邸に設けられ、主屋の主座敷十二畳の奥にある四畳半台目の煎茶座敷と、その南庭に建つ五畳の席がある。煎茶座敷は正面の右側を奥行き一尺二寸と浅い薄縁敷の台目床とし、床の脇には垂れ壁を付け火燈口をあける。茶室の南から東に縁が廻る。柱は栂四寸角、天井高は八尺。廻縁は煤竹、杉杢板羽重張、煤竹の竿縁天井。しゃれ木の床柱、面に黒漆塗を施した杉磨丸太の床框に杉の落掛を取り合わせる。煤竹が用いられた座敷には煎茶趣味が漂う。南庭中の茶室は昭和十年（一九三五）頃、当時の日本海上保険株式会社の社長であった十一代目右近権左衛門が昭和の金融恐慌期に、地域経済の活性化、窮民救策のために高台に建つ西洋館（登録有形文化財）とともに普請した茶室と伝えられている。外観は入母屋造桟瓦葺で、水屋を備える。内部は五畳の席。四枚障子の貴人口をあけ、その正面に床、床の脇に点前座を並べて構える。床は前板、脇板に杉磨丸太の床柱を立て、出節のある上端面付の杉磨丸太の床框と档丸太の相手柱を取り合わせた原叟床。点前座は炉を向切に切る。床前を平天井に、客座側を化粧屋根裏とし、下座側を落天井に構成する。点前座側に火燈口をあける。建物は現在、資料館の「北前船主の館・右近家」として公開されている。

宇治川石【うじがわいし】
石材の一種。京都府の宇治川流域から産出する輝緑凝灰岩。色調は不同で黒や青、赤などが見られ、光沢がない。古代より古墳の石棺などによく用いられ、水に濡れると緑色に見える。水石などとしても珍重される。

宇治川豆砂利【うじがわまめじゃり】
京都府宇治市から採取される*豆砂利。*宇治川石の砂や礫からなる川石で、上流の瀬田川流域が採取場である。

宇治橋三の間【うじばしさんのま】
京都府宇治市の宇治川に架かる宇治橋に設けられた張り出した部分。西詰より三つ目の欄干部分に幅一間ほど橋板を張り出して造られる。この張り出しには、元来、橋の守護神・橋姫を祀るための社殿が設けられたが、ここから汲み上げる水が茶によく合うとの評判が立ち、京の*醒ケ井の水、*柳水と並ぶ名水に数えられるようになった。水の味は、清白にして軽しと評されていた。これが名水であることを説明する諸説のなかに、竹生島弁才天（滋賀県）の社壇の下から湧き出す霊水がここに流れ来るのだ、というものがあった。*豊臣秀吉も伏見在城の折には、日々これを愛用したという。ちなみに北野天満宮（京都市上京区）にある*千歳軒の床柱は宇治橋の橋杭を用いたという。

牛梁【うしばり】
敷梁と同じ。　⇨敷梁【しきばり】

後石【うしろいし】
鏡石と同じ。　⇨鏡石【かがみいし】❸

笛吹嘉一郎【うすいかいちろう】
明治三十一年～昭和四十四年（一八九八～一九六九）。数寄屋大工。笛吹嘉三郎の長男として生まれる。父の嘉三郎は*表千家出入りの数寄屋大工として知られる平井家で働いていたが、その後独立したため、嘉一郎は嘉三郎に習い、数寄屋大工としての素養を身につけた。ただし、嘉一郎は初期の一時期、平井家を手伝っていたらしい。また嘉三郎の教育方針で十五歳の頃から表千家の茶人・西尾真のもとへ茶の湯の稽古に通い、自らも茶を嗜んでいた。大正時代の末から昭和四十年代にかけて自らを「数寄屋師」と規定して活躍し、大正十二年（一九二三）の自邸を皮切りに、戦前には小林一三邸（*雅俗山荘）の茶室*即庵、*大河内山荘、大徳寺塔頭玉林院の茶室*洞雲庵、戦後には山口市の*山水園、福岡市の田中丸邸茶室松風庵（一九五二年）、不審菴東京出張所（一九五三～五五年）、インド大使館茶室碧庵（一九五九年）や、岡山市*後楽園の茶祖堂、南宗寺*実相庵の復元など計百以上の茶室の設計施工を行った。また、京都伝統建築技術協会の初代会長をつとめ、数寄屋の技術継承に尽力した。

臼石【うすいし】
❶穀物などを磨り潰し、粉にする石臼（茶の葉を抹茶にするためのものは*茶臼という）の底部の部材で、正円の輪郭と矢車状の線刻をもつ形状のもの。「挽臼石」ともいう。そのデザインの面白さから、庭園の踏分石（踏分石の項❶を参照）や*沢飛石、*手水鉢、蹲踞の*前石などに転用して用いられたが、やがて庭園用に作られることにもなった。無鄰菴（無鄰菴の項❸を参照）などに見られる。
❷白石のこと。　⇨白石【しろいし】

薄石【うすいし】
❶白石のこと。　⇨白石【しろいし】
❷貼石に使う薄い石を称することがある。

薄板【うすいた】
*花入を床に荘る時、下に敷く板。*畳床の場合に

使用し、*板床の場合には原則用いない。種類には矢筈板、蛤端、丸香台などがあるが、裏千家では花入の格（真、行、草）により、次のように使い分ける。矢筈板は古銅、砂張、青磁、染付など真の花入の場合に、塗りの蛤端は釉薬のかかった国焼など行の花入に、また木地の蛤端や丸香台は楽焼、竹、無釉陶の国焼など草の花入に用いる。なお籠の花入には薄板を用いない。

薄板（矢筈板）

薄鴨居【うすがもい】

*鴨居の一種。一般的な開口部に用いられる鴨居の十分の八程度の成で、*欄間などの小さな開口部に用いられる。欄間に用いられる場合には欄間鴨居ともいう。

薄敷居【うすじきい】

*敷居の一種。一般的な開口部に用いられる敷居よりも薄いもので、*欄間などの小さな開口部に用いられる。欄間に用いられる場合には欄間敷居ともいう。

臼の御茶屋【うすのおちゃや】

福井市の*養浩館にあった茶屋。臼の御茶屋の様子は、元禄年間（一六八八～一七〇四）の大改修の状況を描いた「文政六癸未歳九月吉日改正御泉水指図」（松平文庫蔵）に記されている。指図には、広大な園池に臨んで南北に配された「御茶屋」「御風呂屋」「御台所」などの数寄屋風書院造の御殿が描かれている。臼の御茶屋はその御殿より少し離れた屋敷の南部中ほどに設けられた、元禄年間の記述に見られる谷の御茶屋の建物である。建物は南の築地塀にそって、主室（十畳）、御次（十四畳）が南北に設けられ、その西側にめぐらされた縁側伝いにさらに縁が南塀にそって西側に二間ほどのびて御待合（六畳）、雪隠に続く。主室の天井には水玉鳥の子紙張が施されていた。昭和二十年（一九四五）の戦災によって焼失し、跡地に礎石のみがのこる。昭和五十七年、養浩館庭園は国の名勝に指定され、御殿は平成五年（一九九三）に復元された。

薄縁【うすべり】

*畳表に*縁布を付けた敷物。*板床に敷いて畳床としたり、畳の代用として板の間などに敷き詰め、簡易の畳敷とするために使用される。

渦巻砂紋【うずまきさもん】

*箒目の一種。*枯山水の庭園などの白砂敷きの地面に描かれる渦巻紋様。

太秦形燈籠【うずまさがたどうろう】

石燈籠の一種。*名物燈籠の一つに挙げられ、太秦の広隆寺（京都市右京区）に鎌倉時代の本歌があることからその名がついた。笠、火袋、中台の平面形は六角形、竿は円柱で途中に節があり、基礎が円形である形式。（付録13頁参照）

鶉杢【うずらもく】

*杢目の一種。杢目が鶉の羽の模様に似ているもの。*屋久杉についていうことが多いが、*神代杉、赤松などにも現れる。屋久杉の鶉杢の床柱や天井板などは特に珍重される。

鶉杢

烏鼠集四巻書【うそしゅうよんかんしょ】

いくつかの茶書を集大成した書。四巻。第一巻、第三巻、第四巻前半部分は『*数寄道次第』『数寄道大意』、第二巻の前半部分は『茶具備討集』、第二巻の後半部分は東京国立博物館本『君台観左右帳記』にほぼ全文が一致し、第四巻後半部分は『茶湯秘抄』の一部に重なる。また『分類草人木』『喫茶雑話』などの内容も部分的に取り込まれている。まとめられたのは十七世紀初め頃と考えられているが、十六世紀中頃に成立したと考えられる内容が多く含まれており、初期茶の湯の史料として評価されている。第一巻は茶の湯の理念を述べる条から始まり、歴史に続いて、懐石、点前、客の作法、道具などについて、茶の湯における作法や手順の具体的な内容が、珠光や武野紹鷗などの挿話とともに、三百カ条あまりにわたって述べられている。第二巻の前半は漢文体で茶道具の名称について記され、後半は座敷（茶室）に道具の荘り方の解説がなされた図が三十八通り描かれる。第三巻は器物の扱い、点前手順などの多様な内容が二百カ条あまり連なる。第四巻は第三巻と同様、器物の扱いほか百二十カ条ほどの箇条書きに続けて後半に、茶の湯の道具や名物などの名や心得を和歌仕立てで詠み込み、百首と追加十首の計百十首にしたものが収載され、巻末には「曰二烏鼠集一蓋蝙-蝠之為レ物、鳥而非レ鳥、鼡而非レ鼡」の一文を含む跋文と、「元亀三龍集壬申辰重陽湘東一枝叟書焉」の奥書が記される。この跋文と元亀三年（一五七二）の奥付は、第四巻後半の百首歌のものと考えられている。書名は百首歌の本来の名称『鳥鼠集』を誤ったもののようで、表題の『烏鼠集』とは、「烏鼠集を含む四巻本の茶書集成書」との意から、今日庵文庫所蔵本では『烏鼠集四巻書』と題されている。翻刻は『茶道文化研究』第一輯に収録。

轉庵【うたたあん】

奈良県葛城市の受福寺にある茶室。昭和三十五年（一九六〇）に加藤淡斎の設計により建てられた。かつては「望南居」と呼ばれた。本堂の南に接続され、四畳半の席と四畳半の水屋からなるが、部屋境の三枚襖を外すと九畳大の広間として使用することもできる。炉を本勝手四畳半切に切り、東面南側に台目床を構え、床柱に辛夷を用い、低めの墨蹟窓があけられている。床に向かって左手壁面の中央には風炉先窓となるやや大きめの下地窓をあけている。南面は中央に柱を立て、東側を柱間いっぱいの連子窓、西側を二枚障子の貴人口とし、東面は南寄りにある間柱以外はすべて土壁としている。天井は点前座を落天井、床前を杉板砂摺の平天井とし、西側半間を垂れ壁で区画した上で掛込天井として中央に突上窓をあけている。

内垣【うちがき】

外露地と内露地の境に設ける簡素な垣。露地全体を囲う外垣に対する称。一般には、空間を仕切る役割であることから仕切り垣といい、柴垣や透かし垣などを用いる。

雨竹居士薦筵図誌【うちくこじせんえんずし】

明治四十二年（一九〇九）五月七日、大阪の骨董商・椰川雨竹堂主人が、その父・雨竹居士追薦（追善）のために、船場の堺卯楼、及び木村邸で開催した煎茶会の図録。大正二年（一九一三）二月、椰川善左衛門によって刊行された。上巻には第一席薦事（祭壇）、第二席遺愛品陳列（文房・書画展観席）、第三席盆栽陳列席、第四席書画展観席、第五席煎茶席、第六席盆栽陳列席、第七席煎茶席、下巻には第八席書画展観席、第九席前席と本席（煎茶席）、第十席書画展観席、第十一席煎茶席、第十二席盆栽陳列席、第十三席煎茶席、第十四席遺物煎茶席、第十五席酒席が収録され、煎茶席よりもむしろ書画展観や盆栽陳列席のほうに重点がおかれているといえる。

内腰掛【うちこしかけ】

内露地に設けられた腰掛のこと。茶事の中立の時に使用される施設。『茶道筌蹄』には、外露地のものを待合、内露地のものを腰掛といい、また『茶譜』では、外露地のものを外腰掛、内露地のものを内腰掛と記している。現在、一般的にはこの『茶譜』の考え方と同様である。（付録4頁参照）

打込み石【うちこみいし】

差石と同じ。⇒差石【さしいし】

内蹲踞【うちつくばい】

蹲踞の一形式。屋内の土間に蹲踞を設けた形式をいい、金森宗和の好みとも伝えられる。大徳寺塔頭真珠庵の庭玉軒のものが知られる。

内蹲踞　庭玉軒　真珠庵

内法【うちのり】

柱と柱、また*敷居と*鴨居など対面する部材の内側から内側までの寸法。ただし敷居から鴨居までの高さ寸法を称して、内法と呼ぶ場合も多い。内法の高さを低くおさえることで、部屋が落ち着いた雰囲気になるなどの効果があるため、室内空間の重要な基準となる寸法である。

内法長押【うちのりなげし】

*長押の一種。出入り口や窓などの*鴨居の上にある長押。あるいはこの高さにある長押のこと。長押の幅は柱の八分とし、柱と同材とするのが通常であるが、数寄屋風の座敷では柱と材を変えたり、*丸太や*面皮材を用いたりすることもある。茶室では格式を嫌うため、使用しないことが多い。(付録19頁参照)

内法貫【うちのりぬき】

*鴨居のすぐ上、すなわち*内法長押の裏側、また出入り口や窓の上の高さに通る*貫。手の込んだ技法として、内法長押と揃えた上面に、千切(両端が広がって三角形を頭合わせにしたような蝶形の木片)を用いて、両者をつなぐ手法がある。

打橋【うちはし】

建物と建物や部屋と部屋のあいだに架け渡した板橋で、取り外しが可能なもの。

内橋亭【うちはしてい】

石川県金沢市の*兼六園にある亭。八畳、六畳と、これら両者をつなぐ橋からなり、六畳と橋は、庭園の中心となる霞ヶ池に張り出して建っている。現在、八畳は茶店として使われ、また六畳は肘掛縁を付す窓を壁三面にあけた開放的な座敷で、霞ヶ池を眺めるのに適した構成となっている。ただ当初からここに建っていたわけではなく、もとは園内西北端部、今の百間堀通沿いの、長さ六十七間の蓮池馬場に臨んで建つ御亭であった。したがって亭名も、「内橋御亭」のほか、「観馬の御亭」などとも呼ばれていた。馬場自体は、加賀藩第五代藩主前田綱紀が延宝四年(一六七六)頃に造ったもので、そこに馬見のための御亭も設けられたようであったが、宝暦九年(一七五九)の大火で焼失し、その後、第十一代藩主治脩が安永五年(一七七六)に復興した御亭が、現在の内橋亭の始まりと伝える。絵図などの資料によると、基本的な平面構成は現在と変わらないが、使い方は現行とは逆で、八畳が観馬のための主座敷で馬場に面し、六畳が次の間であった。したがって、壁面の構成も今とは違い、八畳のほうは床まわり以外すべてに障子が建つ、開放的なものであった。当時の屋根は八畳のほうが宝形造柿葺と見られ、軒のすぐ下には深い庇を三方にめぐらして主座敷らしい佇まいを形成し、橋と六畳のほうは、ひと続きの切妻屋根をのせていた。また建物周囲は、細かい砂がきれいにまかれ、橋の下には清水が流れる風流な亭であった。この亭が現在地に移されたのは、兼六園が一般公開されることになった明治七年(一八七四)頃と考えられているが確証はない。また移築されて後、池に張り出す六畳の部分は風雪により大破し、昭和四十年(一九六五)に復元されて現在に至る。

内塀【うちべい】

敷地の一画に茶室、露地を造る際に、その周囲にめぐらす塀。

打ち水【うちみず】

庭や道に水を撒くこと。「水打ち」ともいう。庭石を美しく見せる、埃を抑える、涼気を取るなどの目的があるが、茶の湯においては茶事、茶会の際に露地に客を迎えるための清めの意味を込めた亭主の心得として大切にされる。また客は露地に打ち水がされていることで、亭主の準備が整っていることを知る。打ち水の加減、タイミングなどは茶事の進行や、季節、天候などによって変わるため、*『南方録』では「露地に水打つ事、大凡に心得べからず、茶の湯の肝要」と説き、また*井伊直弼も『*茶湯一会集』で「水を打つ事、是も数寄者の行にして、常々亭主みつから鍛錬すへし、巧者の打ちたるハ、一際うるはしく、潔き風情見ゆるもの也」と述べるように、修練が必要とされる。諸条件による配慮はあるが、基本的には客の*席入り前、*中立前、退席前に露地に水を打ち、これを*三露という。

内室造【うちむろづくり】

建物の建造法の一種。天井を張らず、屋根裏を化粧であらわしている造り方のこと。内室とは仏殿、宮殿、門などの化粧屋根裏をさす語。茶室にも見ることができる造り方である。

内山家の茶室【うちやまけのちゃしつ】

富山市の旧内山家住宅にある茶室。内山家は神通川沿いに位置する豪農の家で、昭和五十二年（一九七七）、屋敷地とともに富山県に譲渡され、現在は富山県民会館内山分館となる。邸内には十二代当主松世が営んだ書院茶室、三入庵、夜雨廳の三つの茶室がある。書院茶室は書院に付属する四畳半の茶室で、書院とともに明治二十年代の末に建てられた。*藪内家十代休々斎竹翠の好みの茶室と伝えられる。内部は台目幅に床柱を立てた踏込床形式の袋床を正面に、二畳の客座を挟んで、下座側に炉を四畳半切にした点前座を置き、床正面左側に相伴席を配する燕庵形式の席。床は、床柱に赤松の皮付丸太、七つの節の入った松の地板を敷き、墨蹟窓をあける。床前の二畳を杉板羽重張の竿縁天井、点前座を網代張の落天井、相伴席側を化粧屋根裏とするが、燕庵形式の特色である客座との境に二枚襖を建てず無目とする。床側に寄付、勝手側に水屋を置く。三入庵は藪内家十一代透月斎竹窓の好みと伝えられ、昭和二年に藪内家出入りの棟梁が造ったとされる。昭和十六年に他所へ移築されたが、同五十六年に現在地に戻った。四畳半本勝手の席で、勝手の廊下を挟んで水屋を置く。外観は切妻造銅板葺、妻面を正面とし、前面に深い庇を付け下ろし、水屋側の屋根と組み合う。外観正面の左隅に障子引違いの貴人口をひらき、矩折に躙口を設け、その正面に床を構える。そして貴人口の正面に給仕口、矩折に茶道口をとる。床は、台目幅に床柱を立てた框床形式の袋床とし、袖壁に下地窓をあける。しゃれ木の床柱に、档丸太の相手柱、赤松皮付で上面面付丸太の床框を取り合わす。炉は四畳半切。天井は網代張、女竹二本打ち上げの床前の平天井、蒲と白竹竿縁の落天井と掛込天井からなる。露地に腰掛待合を備える。夜雨廳は邸内に三棟並ぶ土蔵の一つ「上の蔵」の横に明治十二年（一八七九）、十一代当主年彦が建てた書斎・松下結庵を明治時代の末、十二代当主松世が茶室に改造し、席名を夜雨廳としたもの。六畳台目の席と水屋からなる。外観は切妻造瓦葺の主屋に銅板葺の土間庇を付け下ろす。土間庇側に二枚引違い腰障子の貴人口をあけ、その正面、間口二間に七尺の袋床と半間の床脇を構える。床は赤松の釿目を施した皮付丸太の床柱に、杉面皮の相手柱を取り合わせた框床で、袖壁には下地窓をあける。正面塗廻しとした袋棚の床脇は床側を半月形にあける。炉は四畳半切とする。天井は竿縁天井で、書斎だった当時のものをのこしている。貴人口の横は、白竹の壁留をわたした垂れ壁を設け、台目畳に化粧屋根裏とした相伴席とし、水屋側に給仕口をあける。給仕口と並べて茶道口をあける。茶室はすべて登録有形文化財。

内山家の茶室　書院茶室　床側

内露地【うちろじ】

*二重露地、*三重露地などにおいて、茶室が建つ側の露地をいい、*外露地（または*中露地）との境界は*四つ目垣や*生垣のような簡素な仕切りとし、*中門（*中潜り、*枝折戸、*揚簀戸など）を開く。

通常、内露地には*中立において使用される*内腰掛をはじめ、*砂雪隠、*蹲踞、井戸などが設けられ、茶室近くには*額見石を据えることもある。外露地より一層奥深く、もの静かな風情にすることが良いとされる。(付録4頁参照)

写し【うつし】

原品や原形をなぞらえたり、模したりして造った茶道具や茶室のこと。ヨーロッパにおいては古代以来、芸術作品の写しとは真作のコピーに過ぎず、あるいは贋作、偽作と否定的にとらえる傾向があった。しかし日本においては、和歌の修辞法の一つとして、古歌を背景とした「本歌取」がある。藤原俊成、定家は、表現効果の重畳化を図るものと「本歌取」を評価した。和歌の新たな展開であり、心には新鮮な趣を求めながらも、詞は古い秀歌にならう「本歌取」により、新奇さだけを追う卑しさを脱した、余情妖艶(近代秀歌)の世界がひろげられていったとする。こうした写しはコピー(copy)というよりかは、むしろリミックス(remix)、またはアダプテーション(adaptation)などともいうべきものと考えられる。日本における写しの伝統は、十六世紀中頃からのわび茶の展開においても継承されていた。『*山上宗二記』に所載の*武野紹鷗の四畳半(武野紹鷗の茶室の項を参照)は、檜柱に張付壁、一間床を構えた茶室で、「右此座敷紹鷗ノ移シ也、(中略)其後宗久・宗易・宗瓦・宗及・拙子式迄仕候、此外ノ唐物持京・堺悉ク是ヲ移ス」と、*今井宗久、千宗易(*千利休)、武野宗瓦、*津田宗及、*山上宗二といった茶人をはじめとする、唐物を一つでももつ京や堺の町衆がこぞって写し建てていたという。これも格式ある茶の湯の場を先師にならう思いがあってのことと考えられる。しかし天正十年(一五八二)、還暦を過ぎた頃からの利休の茶の湯は、「本歌取」の伝統を破って、「孔子曰、及七十従二發レ心所一、不レ越レ法　此語ヲ宗易常ニ思　主名人ニ身ヲ赦シ　山ヲ谷　西ヲ東ト茶湯ノ法度ヲ破リ物ヲ自由ニス」(山上宗二記)と、新奇な趣をもってわび茶の深化を図る。そして二畳、さらには一畳半と茶室の極小化が果たされるとともに、江戸時代の茶書に掲載された利休の茶室六十四件は、広さは同じであっても一つずつがそれぞれ異なるものであった。そして天下一の茶匠となった利休の茶室の写しが認められるのは、利休が自刃し、秀吉も没した後のことである。慶長四年(一五九九)伏見の大谷吉継が大名衆四人と、博多の*神屋宗湛を招いた茶室は深三畳台目で、「是ハ利休大坂ノスキヤ御移シ候ト也」(宗湛日記)と、天正十二年頃、大坂城の利休屋敷に造立された茶室を写したものであった(深三畳半の項を参照)。これが初めての*台目構えの茶室であり、『山上宗二記』にこれものせられていたが、利休自刃後に蟄居を余儀なくされた*千少庵が、慶長元年に赦免されて会津若松(福島県)から帰洛し、本法寺前屋敷(千少庵の屋敷と茶室の項を参照)において造立したのも、この写しであった。それは父・利休を追慕するとともに、千家再興を図るシンボルでもあったと考えられる。初見されるのは慶長十三年に奈良の松屋久重を招いた茶会からで、『*松屋会記』には詳細な指図が添えられている。茶道具における写しはさておき、十七世紀半ばからは、山崎の妙喜庵に再興された*待庵の写しも方々に建てられ始める。「山崎の妙喜庵ニ有之利休のかこい、信斎老ニ御うつし御立候さしつ也、二畳敷にて自在御つり、瓢箪釜いつも御掛候、反古張也、つき手までも山崎のに違なく候よし」(旁求茶会記)と、二代将軍*徳川秀忠の老中をつとめていた永井尚政が、明暦四年(一六五八)頃、山城国(京都府)淀城内の島の茶屋に建てたのも待庵の写しであり、また幕府作事方の京都大工頭をつとめていた中井正知の京都屋敷にも写されている。その後、秀忠による「数寄の御成」のための茶室として*古田織部が好んだ三畳台目通い一畳付きの座敷は規範化し、やがて「数寄屋御成」の茶室として形式化して「織部格」(宗箇様御聞書)と称されるようになる。そしてそれは武家儀礼の中に格式性をもち、会津若松城の*麟閣や金沢城兼六園の*夕顔亭、井伊家江戸藩邸など、幕末に至るまでそれを「本歌取」した茶室が建てられていた。また松江の竹内家、金沢の清水家など、諸藩の大工が書きのこした茶室書の巻頭には、この「織部格」の寸法書きがあり、さらに、初めて公刊された茶室書である『*数寄屋工法集』でも、三冊本の上巻に「数寄屋之事」として、第一義的に「織部格」を取り上げ、腰掛や高塀などの露地の施設、数寄屋道具の寸法とともに、上巻一冊分を使って詳細な寸法を記している。なお「織部格」と近似する平面として、織部遺贈、織部好みと伝える藪内家の茶室*燕庵がある。三畳敷の左右に台目の点前座と一畳板入りの相伴席が相対し、茶室の背後には水屋を設ける。この平面形式を*燕庵形式と呼ぶ。ところでこの燕庵については、いつの頃からか、その写しに関する厳しい定めがあった。一つは藪内家の相伝を受けた者にのみ写しを許すこと、二つ目がもし本歌が滅失した時は、それら写しの中で最も古い茶室を藪内家へ寄付すること、そして三つ目が本歌とは一寸一分違えずに忠実に写すこと、というものであった。実際に燕庵は、元治元年（一八六四）七月の蛤御門の変の兵火に類焼し、天保三年（一八三二）に写されていた摂津国有馬郡結場村（兵庫県神戸市）の門人・*武田儀右衛門宅から、慶応三年（一八六七）に移築したものである。焼失前の燕庵については起し絵図の記録がのこされていて、それと現在の燕庵とを比較しても大きな違いが認められず、極めて精度の高い写しであった。こうした茶家の茶室写しの許諾には、あるいは古今伝授にも通じるものがあったと考えられる。江戸時代後期の茶の湯の普及にしたがって、各地に茶家の本歌を写す茶室も多く建てられている。しかしその多くが家元自らの意図によるものではなく、各地へ出向いて茶の湯教授に当たっていた宗匠方の指導を得てのことであった。そしてその写しは先の燕庵とは異なり、あえて正確には写さず、茶家の本歌には敬意が払われていた。たとえば四畳半の規矩として、裏千家の*又隠を写す茶室は多いが、床まわりから点前座まわり、風炉先の楊子柱ばかりは写すものの、躙口の位置を違え、またそれを貴人口にするなど、意識的に一部をあらためたものも多い。むしろこれが一、二句を古歌から取り込んだ「本歌取」なのであり、それによりもう一つの深奥な余情の世界が創出されたのである。

腕木【うでぎ】

❶柱や梁などから持ち放し（下に柱などの支えのない状態）で出した、*桁などの横木を支持する部材。*腕木門、腕木庇、出窓などに用いられる。（付録30頁参照）
❷大工の隠語で手のこと。

腕木門【うでぎもん】

門の一形式。二本の親柱を横架材でつなぎ、柱の前後に*腕木と呼ばれる横木を貫通させる。この腕木に桁（出し桁）を渡して、その上へ*切妻造の屋根を構成する簡易な門のこと。*中門にも多く用いられる。（付録30頁参照）

うねり砂紋【うねりしゃもん】

*箒目の一種。*枯山水の庭園などの白砂敷き地面に描かれる、波のうねりを表現した紋様。

姥目樫【うばめがし】

ブナ科コナラ属の常緑低木。「姥芽樫」とも書く。本州（房総半島、三浦半島、伊豆半島以西の太平洋側）から九州、沖縄にかけて分布し、暖地の海沿いの山地などに自生する。樹高は五〜七メートル、大きいものでは一〇メートルになるものもある。葉は長さ三〜六センチの広楕円形で、表面にはやや光沢がある。大正時代頃までは樹皮を煎じてお歯黒に用いた。京都御所の生垣など、関西ではよく見られる庭木で、露地の常緑樹林を構成する主な樹木のひとつである。園芸種として葉が長楕円形で皺のあるチリメンガシもある。材質は非常に堅く、備長炭の原料になる。

雨宝庵【うほうあん】

神奈川県鎌倉市の前山久吉別邸にあった茶室。昭和五年（一九三〇）に建てられた。主屋から渡り廊下でつながった切妻造茅葺に柿葺の庇を付けた建物で、席は一畳と台目畳四畳、中板からなる五畳敷で、床前には小板を入れていた。化粧棟木から床側と躙口側に下る杉皮張の化粧屋根裏と一部へぎ板の網代天井で、点前座上部は竿縁の落天井。床柱は奈良の*興福院の古材を用い、風炉先に獅子垣窓と、中柱の袖壁に下地窓があけられていた。現存せず。なお久吉は東京都千代田区の邸宅に茶室*観空庵を構えていた。

海【うみ】

*鉢前または*蹲踞の、*手水鉢及び*役石に囲まれた部分。「水門」「吸込み」ともいう。使った水を流すところで、その水を排水する穴がある。この穴を隠し、落ちた水が跳ね返らないように小石、または瓦片などの*水門石を置く。（付録7

頁参照）

梅【うめ】

バラ科アンズ属の落葉小高木〜高木。中国の中部原産。葉は互生し、長さ四〜九センチの倒卵形または楕円形で重鋸歯がある。花は葉に先立って二〜三月に咲く。通常白色だが、紅色、薄紅色もある。果実は初夏に熟し、食用、薬用となる。『万葉集』によく詠まれたため、その頃の渡来と考えられていたが、弥生時代前期には九州北部、及び山口で栽培され、後期には全国的に栽培されるようになったことが最近の研究で明らかになっている。当初は果樹園として好まれたほか、宮廷でも愛好された。平安宮内裏の紫宸殿には現在、左近の桜が植えられているが、当初は梅であった。また『日本紀略』の昌泰二年（八九九）正月三日の条に「庭中梅花の詩を賦す」とあるように、朱雀院の庭にも梅が植栽されていたことがうかがえ、これらは唐風文化の影響とみられる。紅梅、白梅、八重など、交配により園芸品種が多く作られ、元禄八年（一六九五）に刊行された『花壇地錦抄』には四十八種が挙げられている。現在は住宅の庭はもちろん、神社の境内や大名庭園内に、品種改良された多種にわたるウメが群植され愛好されている。また建築材として変木は床柱に用いられることもある。

梅ヶ枝の手水鉢【うめがえのちょうずばち】

手水鉢の一種。円柱または半円柱形の石材を用いて、その天端だけでなく、柱の途中にも小さな水穴をもうけた手水鉢のことをいう。形状には違いがあるものの、いくつか梅ヶ枝の手水鉢とされるものが知られている。京都市下京区には「ひらかな盛衰記」にいわれがあるという手水鉢が、また『京華林泉帖』（一九〇九年刊）には「長樂寺の舊物にて世に梅ケ枝の手水鉢といふを購入し大に其觀を副へたり」とあり、かつては中井氏*居然亭にも梅ヶ枝の手水鉢と称されたものがあったことが記されている。自然石から削り出して成形するのが一般的であるが、古墳の石棺の蓋を加工したものもあったようである。（付録11頁参照）

埋樫【うめがし】

摩耗を防ぎ、建具の滑りを良くするために*敷居の溝に施された薄板のこと。またはその工作。「辷木」「溝樫」ともいう。樫や桜などの堅木を材とする。

埋械貫【うめかせぬき】

根搦貫と同じ。⇩根搦貫【ねがらみぬき】❸

埋木【うめき】

木材の傷や節などの欠陥部分を鑿で穴掘りし、木片を埋めて繕うこと。またはその木片。充填する木片は、木目を充填部とあわせて目立たなくする場合もあれば、紅葉や瓢箪の形に作り出して紋様として利かせる場合もある。茶室では、歴史のある建築から譲り受けた古材を使い、由緒を誇ることがある。その際、以前使っていた時の貫や枘穴がのこることが多く、これらを隠す時にも埋木を施す。埋木を施すことがさらに由緒を誇ることにつながる。*千利休も埋木の多い座敷が良い座敷だと答えた次のような逸話をのこしている。「利休、門下の人、いかやうなる座敷かよく候そと問れされは、休、うめ木のおほい座敷かよく候と答フ」（茶話指月集）。

梅棚【うめだな】

*床脇に設けられる*飾棚の一種。江戸時代に棚雛形として定型化される四十八棚の一つで、京都御所御学問所などに実例がある。『増補大匠雛形四 新板棚雛形』（一八六六年刊）には「是ハたなかす（棚数）多き所、またハ御上方御ねま（寝間）なとによし」とある。

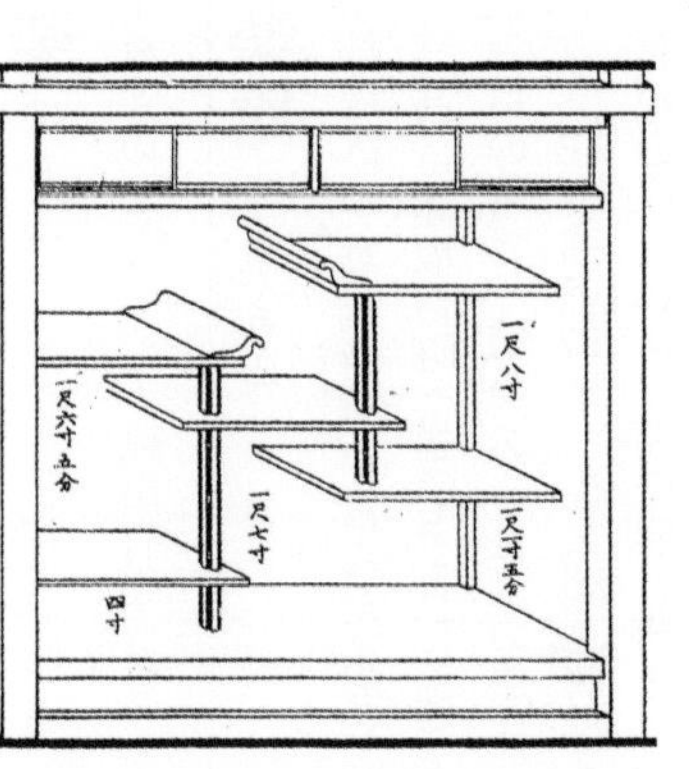

梅棚 『増補大匠雛形四 新板棚雛形』

梅鉢形懸魚【うめばちがたげぎょ】

*懸魚の一種。「梅鉢懸魚」とも。外形が五角形となり、各辺は凹型に加工されるものが多く見ら

れる。各辺を直線で構成するものは特に切懸魚と呼ぶこともある。簡単な意匠で装飾は乏しい。

梅鉢形手水鉢【うめばちがたちょうずばち】
手水鉢の一種。平鉢形で、梅花のような形状のもの。明治時代以後に作られるようになったと考えられる。

梅擬【うめもどき】
モチノキ科モチノキ属の落葉低木。「落霜紅」とも書く。本州から四国、九州の山中や湿地に自生する。樹高は二～三メートルほどになる。葉は楕円形または卵状披針形で、細かい鋸歯がある。葉がウメに似ていることからこの名がついた。秋には赤色の直径五ミリほどの果実がつき、葉が落ちた後も枝にのこるため、鑑賞用として庭園に植えられることが多い。露地にも植栽される。

埋木舎【うもれぎのや】
滋賀県彦根市にある彦根藩主井伊家の屋敷。彦根城佐和口御門の近くに位置した簡素な屋敷で、創建は宝暦九年（一七五九）頃と見られる。特に*井伊直弼が第十三代彦根藩主となるまでのあいだ、天保二年（一八三一）以後十五年を過ごした屋敷として知られ、「埋木舎」の名称も、直弼が不遇の時代、自らを花の咲くこともない埋もれ木と同じだとして命名したものである。もとは「尾末町御屋敷」「北の御屋敷」などと呼ばれていた。表座敷、奥座敷、居間、茶室*澍露軒などからなる。特別史跡。

裏板【うらいた】
軒板と同じ。⇩軒板【のきいた】

裏返し石【うらがえしいし】
*砂雪隠の*役石のひとつ。「空返し石」また単に「返し石」ともいう。砂雪隠内、つぼを中心に前方に据える*小用返しの石に対し、後方に据える石のこと。『*茶道筌蹄』に「入口の石を戸下の石といふ。両方を踏石といふ。向を小便返しと云。後をウラ返し、此四ツの石の間より砂を撫込み、勝手の方に積む」とあり、戸下石（*戸摺石）、*踏石、小用返しの石とともに雪隠内に据えられる重要な役石である。『*石州三百ケ条』には図とともに「裏返し石、跡の方に居る。高さ小用返しより二寸ほど低し、前石の方へ片よせすゆる」とある。また『古田織部正殿聞書』では「跡石」とされ、この場合、小用返しの石は「前石」とされる。（付録5頁参照）

裏返し塗【うらがえしぬり】
*荒壁塗の乾燥後、裏側から荒壁土を塗る工程。「呼び塗」「裏壁塗」ともいう。*竹小舞を両側から壁土で挟み込むことにより、土壁の強度や耐火力が格段に増加する。材料は荒壁材料を使用するが、少し柔らかく調整したものを用いる。また*荒苆を追加する時は短めにし、石なども取り除いておく。後作業の利便を考慮して、荒壁の完全乾燥後、または半乾燥後の二通りの施工法がある。

裏壁塗【うらかべぬり】
裏返し塗と同じ。⇩裏返し塗【うらがえしぬり】

有楽【うらく】
織田有楽のこと。⇩織田有楽【おだうらく】

有楽庵【うらくあん】
東京都港区に*高橋箒庵が営んだ茶室。昭和十年（一九三五）、赤坂台町（赤坂七丁目）に建てられた。三畳台目の席で、節のある丸太の床柱と塗框、辛夷の中柱の袖壁には、*佐久間真勝好みという破れ窓があけられた。火燈形の給仕口、突上窓

有楽庵　床と点前座側　『数寄屋聚成』11

をもつ。また寄付、八畳の広間、水屋などが付設する。扁額は清浦奎吾。箒庵は『日本之茶道』にこの茶室を建てた経緯を「最近倅の為めに近代的家屋を新築するに就き、旧宅全部を取り払ひ、一木庵は加藤正治氏の渋谷別邸に移築する事となった。右様の次第で私は自分の茶室がなくなつたので、茶を喫むだけの小庵を、俄に赤坂台町に造り、之を有楽庵と名づけた」と述べている。また席名の由来についても書いており、席名の由来は、織田有楽が石の一面に水溜をあけたが、さらにひっくり返して地面に水溜をあけたという「掘違ひの手水鉢」を俵本（奈良県田原本町）の旧有楽邸から譲り受け、この席の蹲踞として据えたからだという。戦災で焼失し、同じ庵号で四畳半台目席が再建された。

有楽苑【うらくえん】

愛知県犬山市の名鉄犬山ホテルにある日本庭園。明治六年（一八七三）、正伝院が永源院と合併し（正伝永源院）、茶室 如庵や書院（旧正伝院書院）をはじめとした正伝院の遺構はすべて祇園町有志に払い下げられ、有楽館となった。しかし経営が困難になったことから明治四十一年、如庵と露地、書院などは三井家の手に渡り東京麻布今井町の三井本邸、その後、三井高棟の代に神奈川県大磯別邸城山荘に移った。さらに昭和四十五年（一九七〇）、名古屋鉄道の所有となり、犬山城下に移築され、昭和四十七年、有楽の名にちなみ有楽苑が開苑した。現在、苑内には、如庵と旧正伝院書院、文明年間（一四六九～八七）の細川満元ゆかりの岩栖門、織田家菩提寺の徳源寺に建てられた徳源寺唐門、藤村庸軒旧蔵の石燈籠などがある。また有楽の大坂天満屋敷にあった茶室を古図によって復元した元庵や新席の弘庵もある。

有楽囲【うらくがこい】

織田有楽の造った茶室 如庵の点前座は、台目畳の点前座に炉を向切にし、炉の前角に中柱を立てて風炉先に杉の一枚板をはめて仕切り、中柱ぎわを火燈形に刳り抜いた構成である。如庵のこのような室内構成を有楽囲といい、また如庵の別称としても用いられることがあるが、必ずしも如庵そのものをさす語ではない。

有楽形燈籠【うらくがたどうろう】

石燈籠の一種。きのこ形の笠をのせた球形の火袋と、短い円柱形の竿をもつ形式のものをはじめ、いくつかの形状のものがある。織田有楽の好みと伝えられる。（付録13頁参照）

有楽窓【うらくまど】

織田有楽が晩年、正伝院（正伝永源院の項を参照）に営んだ 如庵の点前座勝手付に見られる二つの連子窓の呼称。「目ナシレンヂ（連子）」といわれたように、竹が外側から隙間なく打ち並べられる。連子の竹は現在は紫竹と白竹の打ち混ぜになっているが、古図には「連子紫竹太サ五分詰打」とあり、当初は紫竹だけであったことがわかる。竹の節間からこぼれるわずかな光が障子に竪縞の影模様を描き、微妙な明暗をもたらす効果に、有楽の非凡な独創性を見ることができる。また、このように連子を詰め打ちした窓を一般にも有楽窓と呼称している。

有楽窓　如庵　有楽苑

裏桟【うらざん】

桟の一種。反りを防いだり補強するために、天井板や雨戸などの裏に取り付け、板を押さえるもの。

裏白【うらじろ】

ウラジロ科ウラジロ属のシダ植物。葉は羽状に切れ込み、羽片は披針形から長楕円状披針形で、裏が白く、胞子嚢をつける。新潟県、山形県以南の本州からひろく沖縄まで、山地に自生する。葉の裏の白さが白髪に見立てられ、夫婦和合、長寿を願い、日本各地で正月飾りに使われる。露地では蹲踞付近をはじめ、園路沿いによく植えられる。

裏千家【うらせんけ】

茶道流派の一つ。千利休を祖とする三千家のうち、三代千宗旦の四男・仙叟宗室より始まる。京都市上京区に所在。歴代の名乗りは宗室。

[四代仙叟宗室]元和八年〜元禄十年（一六二二〜九七）。千宗旦の四男。幼名長吉郎。臘月庵と号する。はじめ野間玄琢について医学を修業、玄室とあらためるが玄琢没後は茶道に専念する。承応元年（一六五二）、加賀藩（石川県）前田家に出仕。小松城三ノ丸に屋敷を賜り、第三代藩主前田利常に茶道茶具奉行として仕え、利常没後は第五代藩主綱紀に仕える。万治元年（一六五八）に今日庵を継ぐ。翌二年、金沢城下の味噌蔵町に邸地を賜る。元禄三年の利休百年忌に際して、裏千家内に利休堂を建てる。また同六年、金沢城内玉泉院丸の御庭の作事を仰せ付けられる。 **[五代不休斎常叟]**延宝元年〜宝永元年（一六七三〜一七〇四）。四代仙叟宗室の長男。幼名与三郎、のち宗安と号す。加賀藩に出仕し、元禄十五年（一七〇二）には伊予松山藩（愛媛県）松平家（久松家）にも出仕。門人の阿部藤兵衛の屋敷に金龍水の井戸を取り入れた二畳の茶室を好んでいる。 **[六代六閑斎泰叟]**元禄七年〜享保十一年（一六九四〜一七二六）。五代不休斎常叟の長男。幼名は政吉郎、のち宗安。十一歳の時、六代を継承。表千家六代覚々斎原叟について茶道の修行を受ける。加賀、松山両藩に出仕し、享保十一年、松山藩第五代藩主松平（久松）定英のお供で江戸へ下向する。松平不昧が大崎園に移築した茶室独楽庵には六閑斎好みの三畳台目の茶室が付属していた。 **[七代最々斎竺叟]**宝永六年〜享保十八年（一七〇九〜三三）。表千家六代覚々斎原叟の次男。幼名政之助、のち宗乾。享保十一年、七代を継承し、加賀、松山両藩に出仕した。今日庵の寄付を改築して茶室とし、自筆の「松無古今色」の扁額を掲げて無色軒と名づけたとも伝える。 **[八代又玄斎一燈]**享保四年〜明和八年（一七一九〜七一）。表千家六代覚々斎原叟の三男。幼名十一郎。享保十九年に八代を継承。表千家七代如心斎天然の薫陶を受ける。加賀、松山両藩に茶道奉行として出仕。裏千家の茶室を修復し、如心斎や大徳寺の無学宗衍らとともに七事式を制定した。 **[九代不見斎石翁]**延享三年〜享和元年（一七四六〜一八〇一）。八代又玄斎一燈の長男。幼名十一郎、のち玄室。寒翁と号する。天明八年（一七八八）の京都大火で被災した又隠、寒雲亭などの建物を修復し、寛政元年（一七八九）九月より利休二百年忌追善茶会を行った。翌二年、被災を免れた利休木像を修復し、新たに祖堂（現在の奥待合）に安置し、利休二百年忌を勤修した。 **[十代認得斎柏叟]**明和七年〜文政九年（一七七〇〜一八二六）。九代不見斎石翁の長男。幼名栄三郎、三十二歳で十代を継承し、松山藩の茶道奉行をつとめた。

[十一代玄々斎精中]文化七年〜明治十年（一八一〇〜七七）。三河国（愛知県）奥殿領主の大給松平家六代乗友の子。幼名千代松。不忘、寒雲の号がある。十歳で婿養子として迎えられ、虚白斎玄室と名乗る。成人後、十代認得斎柏叟の長女・萬地を妻とした。天保九年（一八三八）から翌十年にかけて、利休二百五十年忌を前に、表門、玄関、咄々斎、大炉の間、抛筌斎などを増築し、利休堂（御祖堂）を再興した。また和巾点の復興や立礼式など新しい点前を考案した。加賀、松山両藩とともに徳川斉荘から尾張藩への出仕も許され、門人には徳大寺公純、伊木三猿斎、松村宗悦、村瀬玄中など宮家、公家、武家、町人にわたり全国に及ぶ。玄々斎ゆかりの茶室に岐阜市の水月亭（水月亭の項❷を参照）、仙洞御所内の又新亭、名古屋市の孤篷などがある。 **[十二代又妙斎直叟]**嘉永五年〜大正六年（一八五二〜一九一七）。角倉玄祐の長男。幽軒と号す。明治四年（一八七一）、十一代玄々斎精中の娘・猶鹿の婿養子として裏千家に入り十二代を継承、玄室という。同十八年、家督を長男・駒吉（十三代圓能斎）に譲り、京都府山崎の妙喜庵に移って茶道の振興につとめる。又妙斎ゆかりの茶室に奈良市依水園の茶室などがある。 **[十三代圓能斎鉄中]**明治五年〜大正十三年（一八七二〜一九二四）。十二代又妙斎直叟の長男。幼名駒吉。対流軒と号す。明治十八年、家督を譲り受け、同二十二年に十三代を継承する。同二十四年に上京して流儀の発展につとめ、『今日庵月報』の創刊や夏期講習会を創始する。大正十

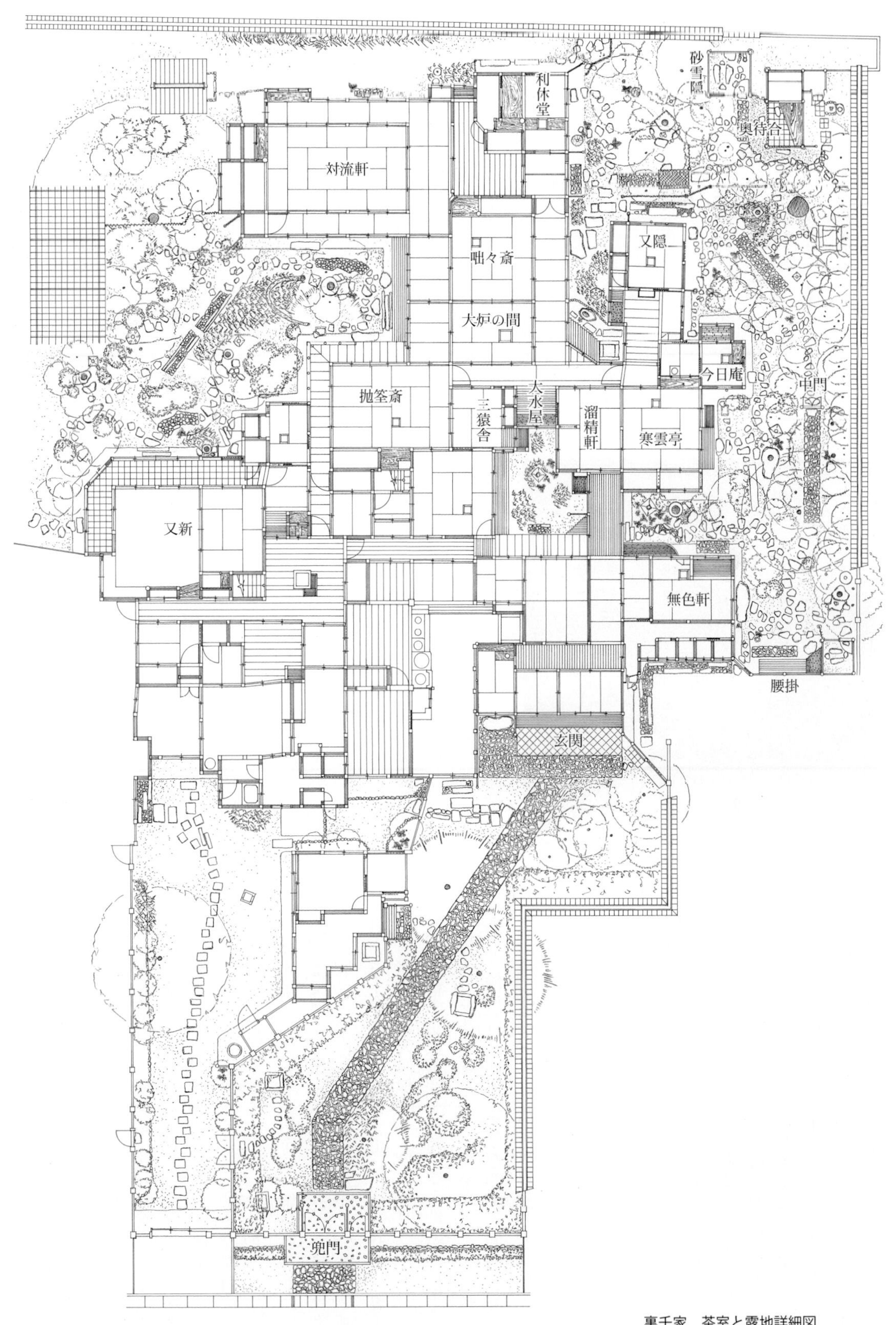

裏千家　茶室と露地詳細図

二年、裏千家内に*対流軒を新築。また同じ年に大徳寺塔頭*高桐院の書院を改築し、茶室*鳳来席を造る。［十四代無限斎碩叟］明治二十六年〜昭和三十九年（一八九三〜一九六四）。十三代圓能斎鉄中の長男。幼名政之輔。大正六年（一九一七）、仙台・伊藤家の嘉代子との結婚を機に、玄句斎から淡々斎と改称する。同十三年に十四代を継承。同十四年、大徳寺の円山伝衣について得度し、無限斎の安名を授かる。昭和四年には*桐蔭席を造る。同十五年、流儀統一のため淡交会を結成、同二十二年に国際茶道文化協会を設立した。同二十九年には裏千家内に*又新を新築。また同三十一年には裏千家の向かいに*茶道会館を、翌三十二年に東京都千代田区に裏千家東京道場を建設する。［十五代鵬雲斎汎叟］大正十二年〜（一九二三〜）。十四代無限斎碩叟の長男。名は政興。昭和二十四年（一九四九）、大徳寺の後藤瑞巖につき得度、鵬雲斎玄秀宗興居士となる。また妙心寺の梶浦逸外より虚心の斎号を受ける。同三十九年、十五代を継承。海外への茶道普及に尽力し、平成九年（一九九七）文化勲章を受章する。同十四年、代を譲って玄室を名乗り現在に至る。三重県伊勢市の*神宮茶室をはじめ、指導、築造にかかわった茶室は多数あるが、現代に適合すべく座礼の茶室と立礼席を結合した作風の茶室を設計、海外にも多く寄贈する。また平成七年には東京都新宿区に大広間と立礼席をもつ裏千家今日庵東京道場を移転、建設している。［十六代坐忘斎宗室］昭和三十一年〜（一九五六〜）。十五代鵬雲斎汎叟の長男。名は政之。大徳寺の中村祖順につき得度、坐忘斎玄黙宗之居士となる。後に妙心寺の盛永宗興に参禅。平成十四年（二〇〇二）に十六代を継承し、現在に至る。平成二十五年に平成茶室を新築。以後、重要文化財裏千家の改修を行う。

裏千家の露地【うらせんけのろじ】

京都市上京区の*裏千家に所在。千利休の孫である*千宗旦は、天正十六年（一五八七）頃に大徳寺の*春屋宗園のもとに喝食となっていたが、天正十九年の利休自刃後、会津の*蒲生氏郷に身を寄せていた父の*千少庵が赦免され、小川通の本法寺門前において千家再興を果たすと、ともに移り住んだ。正保三年（一六四六）六十九歳の時に屋敷を三男で*表千家四代の江岑宗左に譲り、北方十六間四方を隠居屋敷とし、四男で裏千家四代の仙叟宗室とともに移った。当時の屋敷の構成は、北側に主屋が建ち、その南に接して二畳敷の茶室（一畳台目向板入、*今日庵）があり、正面である南側に露地があって高塀で囲われ、西側に*露地口を設けるものであった。承応二年（一六五三）、宗旦は七十六歳で再度隠居し、四畳半座敷を新しく設けた。これが*又隠であり、命名の由来について『*雪間草』には「隠居場ヲ宗室ニユツルユヘ又隠ノ名アリ」とある。天明八年（一七八八）の大火で表千家とともに類焼したが、寛政元年（一七八九）の利休二百年忌追善茶会において又隠が本席として修復され、今日庵は文化四年（一八〇七）の九月二十二日に始まった宗旦百五十年忌追悼茶会までに再興された。裏千家の表門は、天保年間（一八三〇〜四四）に十一代玄々斎精中が武家門を再建、さらに嘉永二年（一八四九）に現在の形式に改められた。*寄棟造、*檜皮葺瓦棟の瀟洒な門で、*兜門ともいう。玄関まで続く*石畳が両側の高い*生垣と相まって山居の趣を醸し出している。石畳は「霰零しの石畳」ともいわれ、十四代無限斎碩叟の創案である。露地の石畳より幅広く、小ぶりな*真黒石の栗石を一面に敷き詰めている。全体は多重露地で、最奥部の又隠の露地は*二重露地となっている。玄関南側の露地口から狭い通路の*延段を伝って進むと*外露地に入る。享保十二年（一七二七）七代最々斎竺叟の時代に工匠の中井主水が記した「今日庵ニ有之庭之図」によれば、露地は当時も現在と同様、西から東へとのびる細長いものであった。現在、露地には西端に*腰掛（外腰掛）があり、東に向かって順に*無

裏千家　内露地

色軒、*寒雲亭、今日庵、又隠、*利休堂が位置し、これら茶室を結ぶように*飛石や延段で園路が設けられている。腰掛は仙叟の好みと伝えられ、*杉皮葺*片流れの屋根が竹で押さえられている。腰掛の左端は竹張りで、*正客石として自然石が据えられる。次客以下の座は杉の*榑板張で、*敷石とされている。腰掛からの飛石は二方に分かれ、一方は無色軒東側の露地から寒雲亭の露地、さらに今日庵に至る。もう一方は延段を挟んで*中門を潜り、今日庵あるいは又隠の露地に達する。中門から西側が外露地、東側が*内露地の構成となる。複雑な動線であるがまとまりよく、また植込みや下草でさりげなく区切られている。寒雲亭に向かう飛石の途中には*猿戸があり、そこから長い一枚の切石の園路を伝う。寒雲亭の露地には、利休遺愛と伝える*小袖の蹲踞が構えられている。鉢明りとして、左手背後には*生込み燈籠が低く据えられている。これは宗旦遺愛の欠燈籠と呼ばれる。蹲踞から飛石が寒雲亭の*沓脱石や*塵穴に続き、さらに分かれた飛石が今日庵の*躙口に達する。中門は、構造は*梅見門と同様だが竹で葺かれた*竹葺門である。現在の中門は玄々斎の再建によるものである。享保年間（一七一六～三六）の記録では屋根は木賊葺で杉板の扉となっていた。扉は内露地側が板張り、外露地側は竹の詰め打ちである。今日庵の内露地はやや明るく、中門から左手に向かって躙口や*刀掛に至る飛石は又隠に比べるとやや大ぶりである。中門から又隠の内露地に向かうと、右手に角形の石燈籠があり、ここで飛石は霰零しの延段となって*井筒「菊の井」や*奥待合へと続く飛石と交わり、蹲踞に至る。*手水鉢は*四方仏手水鉢で、大ぶりの前石（前石の項❶を参照）が据えられ、右手に*手燭石、左手に*湯桶石といった*役石が組まれている。鉢明りの石燈籠は生け込みである。又隠は*入母屋造*茅葺で農家を思わせる佇まいであり、躙口にかけての飛石はまことに小ぶりで、「宗旦の*豆撒石」と称される。躙口前の*踏石は、通常は両足を揃えるほどの踏面が良いとされるが、これも小さく、極わびを追求した宗旦の意識がよく表されている。延段から躙口や蹲踞、刀掛、水屋などへの動線が複雑なこの場所にあって、一見乱雑で「乱れ飛石」といわれる飛石の配置は、実際の足の運びに的確に即したものであり見事である。玄々斎は、利休二百五十年忌に際して広間の*咄々斎や*抛筌斎、*大炉の間などを増築した。現在の利休堂も玄々斎によるもので、南側に奥待合（内腰掛）と*砂雪隠が建つ外露地があり、奥待合のかたわらにある銀杏の大木は宗旦手植えと伝え、宗旦銀杏と称され名高い。奥待合は、もと九代不見斎石翁が再建した仮の利休堂であったらしく、利休二百五十年忌の時、玄々斎による利休堂の建立を受けて奥待合として使われるようになった。北側には*柿葺の庇が付け下ろされ、広い*土間庇を形成している。奥待合の北に隣接して建つ砂雪隠は、広さが六尺五寸四方で、一面に撒かれた*白川砂の上に前石（前石の項❷を参照）、*足掛石、*小用返しの石、*裏返し石の役石を配置する。奥待合から北へ進み、*揚簀戸を潜って延段、飛石を伝うと内露地となり、利休堂の西、咄々斎*入側の沓脱石に至る飛石も寒竹の植栽とよくなじみ、又隠の東側へとのびる切石を用いた延段も美しい。咄々斎の北側は、*対流軒、*抛筌斎、*又新とのあいだにある清閑な*中庭で、臥龍松をめぐってそれぞれの茶座敷を結ぶ飛石や延段が打たれている。なお裏千家の露地は今日庵（裏千家）庭園としてその主要部分が名勝に指定されている。

瓜実燈籠【うりざねどうろう】

石燈籠の一種。無縫塔に火口をあけたもので、その形が瓜実に似ていることから名づけられたという。真如院（京都市下京区）にあるものなどが知られる。（付録12頁参照）

瓜畠の御茶屋【うりばたけのおちゃや】

桂離宮の始まりに*八条宮智仁親王が営んだ茶屋。智仁親王書状に「下桂瓜畠之かろき茶や」とあり、この茶屋が現在の古書院の原形となった。

⇒桂離宮【かつらりきゅう】

潤塗【うるみぬり】

漆塗の技法の一種。「潤朱塗」ともいう。チョコレート色ともいえる褐色の塗り上がりの風合をもつ。黒色と朱色に代表される漆塗の中に、落ち着いた風合を添える。黒蠟色漆に朱色の顔料を混練したものと、*透漆に松煙や黒色の顔料を混合したものに、朱色の顔料を混練したものがある。朱色の顔料には、古来、辰砂が用いられ、その後、水銀朱が多く用いられてきた。現在、水銀が敬遠され、レーキ顔料を使用することが多い。ほかに顔料として赤味をおさえた*弁柄を用いることもある。器物のほか、茶室では*床框などに施される用例がある。

潤塗の床框

鱗板【うろこいた】

並んでいる鱗が三角形に見えるところから、三角形の板をいう。また茶室では*板畳の一種で、床の脇に、床の*袖壁面を斜行させて敷いた三角形の板畳をさす。*茶道口から客座への給仕が難しい時、この板を入れ、茶道口からの給仕を円滑にする役割をもつ。*如庵や*遼廓亭の二畳半台目の席に見られる。

鱗板　如庵　有楽苑

鱗敷【うろこじき】

*切石敷の一種。魚の鱗に似た意匠に切石を敷き詰めたもの。「いろこ敷」ともいう。あるいは二等辺三角形の板石(鱗石)を敷き詰めたもの。組み合わせにより様々な意匠が見られる。(付録9頁参照)

上木【うわき】

樹林の中で、上層を構成する大きく生長する樹木のこと。「じょうぼく」とも読む。対して下層の灌木(樹高が三メートル以下の木のこと。低木)は*下木という。露地では上木として深山の景を表すため、一年を通して、日照を抑えられる常緑広葉樹が植えられることが多い。*樫、黒鉄黐、榊、冬青など。

上桟【うわざん】

戸や障子などの建具で、横に渡した桟のうち最も上端にあるもの。「かみざん」とも読む。(付録23頁参照)

上塗【うわぬり】

❶漆塗工程のひとつ。漆塗工程は下地工程と上塗工程に大別される。上塗工程は、下塗、中塗を経て、仕上げ塗の工程になる。この仕上げの塗り工程のことを上塗という。黒漆塗、朱漆塗、*溜塗、*潤塗、*木地蠟塗、*掻合塗など、多様な仕上げ塗がある。上塗は*蠟色塗と*花塗に大別でき、前者は無油漆を用い、上塗後に研ぎ磨きを施して、鏡面仕上げとする。後者は立塗、塗立、塗放しなどといい、この塗放しで完成させる。

❷*真壁などの工法の最終工程にあたり、*中塗の上に施工する。土壁の場合は*水捏ね仕上げ、糊捏ね仕上げなどの撫で切り仕上げと、*大津壁やはんだ仕上げなどの押え仕上げがあり、塗厚は二~五ミリで、篩目の細かい色土(*聚楽土、稲荷土、錆土、白土など)を使用する。微塵砂や*微塵莇、麻莇などで粘度を調整して塗り付け、それぞれ専用の鏝で仕上げる。(付録28頁参照)

上塗土【うわぬりつち】

最終仕上げの上塗(上塗の項❷を参照)に用いる土のこと。各種の色土を乾燥、粉砕後、三厘程度の篩にかけたもので、*水捏ね仕上げや糊捏ね仕上げに使用する。代表的なものとしては*聚楽土、稲荷土などがある。

上端【うわば】

木材や石材などの上面、また開口部など建築部位の上方にあたる部分をいう。「天端」ともいう。逆に、下方を下端という。茶室や数寄屋では、部材の細やかな見え方や納まりを吟味するため、部材の上端や下端の取り合いや揃え方がそのでき栄えを大きく左右することになる。

上張り【うわばり】

襖や張付壁、張付天井における仕上げ張りのこと。通常、美しい仕上げを保つため、上張りの前に幾重もの下張りの工程を施す。これにより紙の伸縮などの乱れを防ぎ、上質な仕上げが実現される。

上棟【うわむね】

屋根を挟んで上下に*棟木が使用される場合、特に上方の棟を上棟といい、下方を下棟と呼んで区別する。*腕木門で屋根の棟上にある棟木のほか、山王鳥居の鳥頭、神明造の甲板も上棟という。

雲庵【うんあん】

岐阜市の旧渡辺邸にある茶室。十六銀行を創業した実業家・渡辺甚吉（一八五六～一九二五）邸に営まれた四畳中板入の席で、松尾流九世半古斎（松尾家の項を参照）の作。

雲烟供養図録【うんえんくようずろく】

明治十二年（一八七九）五月十八日、薬山堂主人・杉田尚絅が、亡父である竹香翁供養のために、京都東山で開催した煎茶会の図録。杉田三郎助の編輯、出版により、明治十三年十一月に刊行された。薬山堂は京都の骨董商で、『*直入翁寿筵図録』（一八八〇年刊）にも和漢故人書画展観席の補助としてその名が見える。首、上、中、下の四巻からなり、首巻は知恩院で展観された書画の目録が記されるのみで、茶席に関する記載はない。上巻に第一席（東山端寮別亭）、第二席（堀内氏楼上）、中巻に第三席（牡丹園別亭）、第四席（牡丹園）、第五席（中邨楼別亭）、第六席（中邨楼茶亭）、第七席（中邨楼後亭）、下巻に第八席（藤棚亭）、第九席（知恩院方丈）が収録されている。このうち第一、六、七、九席は茶席のみ、第二、三、四、五席は茶席と副席の二席で構成され、第八席は清楽合奏のための席である。

雲脚【うんきゃく】

京都市下京区に所在の*藪内家の茶室。天正九年（一五八一）十月二日、*千利休より相伝の賀として初代藪中斎剣仲に贈られた茶室と伝え、同家にはこの茶室とともに、利休筆「雲脚」の瓢形板額と、炉、風炉用の道具一式が伝来する。元治元年（一八六四）の蛤御門の変で藪内家が類焼して後、翌年ただちに再建が始まってなった建物が現在の雲脚である。外観は、屋根が*入母屋造*柿葺、南面に*躙口と*連子窓、西面に*貴人口と*下地窓があく。東に*談古堂、北には水屋が接する。内部は二畳台目*向切で、躙口を入った正面奥に見える点前座は、総化粧屋根裏の下、客座と点前座の境に、壁を大きく刳り抜いてできたような垂れ壁と*袖壁がある。点前座全体があたかも*洞床のように見えるその構成に大きな特徴があり、床の中で点前をする亭主の横姿を客が見守るような形になる。点前座には床のしつらいもなされており、炉の先に三角形の*向板が敷かれ、壁が客のほうへ斜めに向いている。ここには*軸釘と*中釘を打つとともに、勝手付との境、壁の曲がり角に*なぐりの柱を立てて*床柱に見立て、あたり全体を*踏込床として機能させている。なお北側に*茶道口を

水屋

雲脚

雲脚　点前座側

設けるが、その*方立には、剣仲の義弟・*古田織部がこだわり、藪内家に踏襲される手法ともなった竹が使われている。雲脚は、文化八年(一八一一)頃は炉が向切ではなく*台目切だったようであるが、そのほかは元治元年の焼失前とほとんど変わらない姿で再建されたことは諸史料で確認できる。天明八年(一七八八)の京都の大火でも藪内家は罹災しなかったから、現在の屋敷地では、現状の雲脚の姿が変わりなく存在していたと想像されるが、それより前に何度か移り変わった屋敷での雲脚に関しては、資料が伝わらず明らかではない。

繧繝縁【うんげんべり】

*縁布の一種。「うげんべり」「うんげいべり」「うげんばし」ともいう。繧繝模様を染め出した畳縁。繧繝模様とは雲、菊などの紋の周囲を同色濃淡三色で三重に囲んだもの。皇族の御座畳など天皇、上皇や親王、または神前に限って用いられた最も格式の高い畳縁である。

雲上袖垣【うんじょうそでがき】

*『石組園生八重垣伝』にのる*袖垣の一種。同書に「葭にてつくる、縁は杉丸太なり、藤つるにて結」とある。またその図解には、下方内側に円弧状の刳り形を設けて、頂部に*笠木を付け、中央を雲形に刳り抜いた板を*押縁に用いた絵が描かれる。

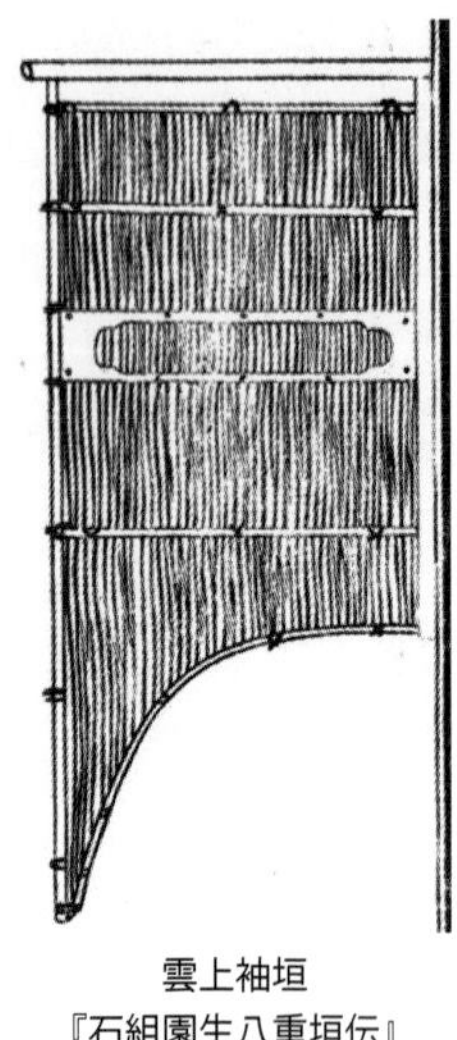
雲上袖垣
『石組園生八重垣伝』

雲笑亭【うんしょうてい】

奈良市の*興福院にあった茶室。昭和三年(一九二八)、興福院に*長闇堂が復元されるにあたり、石崎邸にあった茶室浅香亭を直矢氏が寄付したもの。同じく興福院に移築された*龍松庵の西側に移された。入母屋造桟瓦葺の四畳半で、濡額の「雲笑」の筆跡は*久保権大輔の筆跡から撰んだという。移築に際しては井倉宗苔が指導、監督にあたった。

雲中庵【うんちゅうあん】

東京都渋谷区の香林院にある茶室。大正八年(一九一九)、*仰木魯堂が建てた自らの茶室で、翌年売却するも、弟の政斎が買い戻し、茶室と仕事場として住み続けた。香林院は臨済宗大徳寺派の寺で、かつては隣接する祥雲寺の塔頭。裏千家十一代玄々斎精中の祖となる大給松平家の初代乗次を開基とする。茶室は三畳向切、給仕口と躙口をあけ、全体に傾斜した天井で、点前座上部のみが蒲の落天井。茶室とつながり付属する小亭は八畳半、直径一尺三寸ほどの薬師寺の古柱を床柱としている。かつてこの小亭は、瓦敷で四畳半ばかりの広さをもつ辻堂風の立礼席だったことが『東都茶会記』五「祥雲寺内新席」の記述からうかがえる。

雲紋竹【うんもんちく】

竹の種類のひとつで、ハチク(*淡竹)の一種。北海道南部以南の各地にひろく栽培される。大形のタケで高さ一八～二〇メートルほどになる。稈に茶褐色の斑紋が雲状に生じることからこの名で呼ばれる。庭園の植栽としてよく用いられる。

雲門庵【うんもんなん】

香川県高松市の増井家にある茶室。昭和三十一年(一九五六)に*重森三玲の設計、中川兼光の施工で建てられた。切妻造、四畳本勝手台目床の席で、六畳の水屋が付随する。給仕口が縁側にとられ、また躙口のほかに貴人口をあける。中潜りと待合、蹲踞を備えた露地は、増井氏庭園(雲門庵露地)として登録記念物である。

雲紋目地【うんもんめじ】

*敷石の*目地の一種。目地が雲紋になっているもの。

え

恵庵【えあん】
東京都港区のグランドプリンスホテル高輪の日本庭園にある茶室。昭和六十年（一九八五）、村野藤吾設計により建てられた。十畳二間続きの広間「曙」、残月亭写し「月」、如庵風の四畳半「花」、四畳の「香」、三畳台目逆勝手の「汀」、隅炉を備えた寄付六畳の六つの席からなる。正門の編笠門をはじめ、軽さを演出した外観に、村野の作風がよく現れている。

英雲荘【えいうんそう】
三田尻御茶屋のこと。⇩三田尻御茶屋【みたじりのおちゃや】

詠帰亭【えいきてい】
東京都世田谷区の長尾欽彌邸である宜雨荘にあった茶室。もとは東京浅草区の旧松浦伯爵邸蓬萊園にあったものを、昭和十五年（一九四〇）に移築。『甲子夜話』によると、詠帰亭は文化年間（一八〇四〜一八）に建設されたが、文政元年（一八一八）に焼失し再興。建設当時からその名があったとある。席名は名所名園に遊んで歌を詠んで帰るという意味で、『論語』の「浴乎沂風乎舞雩詠而帰」から付けられた。池畔に建てられ、屋根は瓦葺で、躙口の上には連子窓をあける。内部は書院式で、池に臨む面には障子四枚を建て、その外に眺望台が設けられていた。なお宜雨荘は昭和六年、大江新太郎の設計で、京都の木村工務店が施工、岩城亘太郎が造園。母屋のほかに、寝所であった地下一階木造二階建の清明亭が、都立深沢高等学校に現存する。広間は十畳半に二畳の上段の間が付き、懸造の張り出しに唐破風を付けた建物。茶室宜春亭は六義園に移築されている。茶室八霞亭と詠帰亭は現存不明。

栄西【えいさい】
永治元年〜建保三年（一一四一〜一二一五）。「ようさい」とも。平安時代後期から鎌倉時代前期にかけての臨済宗の僧。法号は明庵。千光、葉上房とも号する。備中国（岡山県）吉備津宮の神職・賀陽氏の一族として生まれる。十四歳の時に比叡山で出家、以後天台の教学を学び、伯耆国（鳥取県）大山寺の基好や比叡山の顕意の密教を相承する。博多で李徳昭に出会い、渡宋の意志を強くする。仁安三年（一一六八）四月に宋に渡り、九月に帰国する。今津の誓願寺（福岡県）において、仏書の研究、著述に専念。文治三年（一一八七）にはインドを目指して、再び入宋する。この時、虚菴懐敞から、臨済宗黄龍派の禅宗を学び、その法を嗣いだ。密教を基盤として禅を受法する禅風を掲げ、宋風の本格的禅院作法を身につける。帰国して建久六年（一一九五）、博多に聖福寺を建立し、禅宗の弘布につとめたが、比叡山などの圧力を受ける。それに対し『興禅護国論』を著し、禅が、鎮護国家に役立つことを訴えている。京都を避けて正治二年（一二〇〇）に鎌倉に下り、寿福寺の開山となる。建仁二年（一二〇二）、二代将軍源頼家の帰依を受け、ふたたび京都に建仁寺を建て、開山となる。建永元年（一二〇六）、東大寺大勧進となったが、建保三年に寿福寺で没する。二回目の帰朝に際し、中国・宋の禅院の喫茶習俗と茶の種を伝え、肥前（佐賀県）脊振山霊仙寺山内に栽培している。建保二年、三代将軍源実朝に茶を薦め、「茶徳を誉めの所の書」を献じたことが知られる（吾妻鏡）。

瀛州【えいしゅう】
中国の神仙思想において、東海にあって神仙が住むとされる架空の島の一つ。蓬萊、方丈とあわせて三神仙島と呼ばれる。よく日本庭園の園池にこれを表現した中島が配される。石組によるものは瀛州石と呼ばれる。

叡尊【えいそん】
建仁元年〜正応三年（一二〇一〜九〇）。鎌倉時代の律宗の僧。真言律宗の祖。西大寺第一世長老で、同寺中興の祖。字は思円、諡号は興正菩薩。大和国（奈良県）に生まれる。東大寺で出家し、律宗の復興を志して西大寺に入った。戒律の授与、加持祈禱の奨励、ならびに慈善救済事業に尽くし、その数々の徳行は『感身学正記（思円上人形状記）』に詳しい。庶民の施薬救病のため、律院に茶園を設けて施茶にもつとめたと伝える。また叡尊が鎌倉に赴いた時の旅路や動静が『関東往還記』に記される。同書には、途次の宿場で行った儲茶の記事が見られる。また西大寺の大茶盛は叡尊が暦仁二年（一二三九）正月、修正会の結願の日に、鎮守八幡宮に供えた茶を衆僧にも施したことに始まるとされる。

永田家の茶室【えいだけのちゃしつ】
奈良県吉野郡下市町の永田家にある茶室。永田家は林業家で、玄関近くの表の茶室、主屋の奥にある奥の茶室、庭の茶室があり、いずれも主屋と同じ明治三十二年（一八九九）頃の建築とみられている。主屋の棟札には棟梁室津徳松、米治郎の名が記される。表の茶室は入母屋造瓦葺で、庇は銅板葺。北に躙口、東に貴人口をあける。内部は五畳本勝手の席で、磨丸太に三つのチョウナ削りのある床框や茶道口の上のなぐりなどが目を引く。中敷居窓や連子窓、四枚障子の貴人口など極めて開放的である。奥の茶室は三畳台目向板入の席で炉は向切。床は踏込床で一間幅の地板を敷き、中央に柱を立て、右を床として織部板を入れ、左を床脇として円窓に一重棚を添えている。またこの茶室には貴人口の上の弓形の窓や点前座正面上部の太鼓形の下地窓など左官仕事による個性的な窓が見られる。庭の茶室は切妻造で、起りのある銅板葺。内部は四畳上げ台目切である。床は塗廻しで塗立柱があり、中柱を備えた点前座正面には蛤棚を備える。

永平清規【えいへいしんぎ】
道元（一二〇〇～五三）が曹洞宗で参禅弁道する者のために、衆僧各自の所掌ならびに威儀などを定めて撰述し、漢文で書かれた六篇を集めたもの。二巻。嘉禎二年（一二三六）に典座の職務である衆僧への調食に関することを詳しく記した「典座教訓」をはじめとし、大仏寺（永平寺）において、初参の衲僧に坐禅の作法を教えた「弁道法」、飯食について信施を重んじ、自他を観念すべきことを示した「赴粥飯法」、古教照心の道を求める者のあるべき姿、規則を述べた「衆寮清規」ほか、「対大己五夏闍梨法」「知事清規」よりなる。折にふれて撰述されたもので、修行僧、役職についた僧の生活規律の拠りどころとなった。

恵観山荘【えかんさんそう】
神奈川県鎌倉市に所在の恵観山荘保存会が所有する茶屋。旧一条恵観山荘のこと。⇨旧一条恵観山荘【きゅういちじょうえかんさんそう】

亦楽庵【えきらくあん】
愛知県犬山市の明治村にある茶室。もと京都市北区にあり、明治十年（一八七七）頃、京都の医師・福井恒斎が自邸に建てた茶室。*平井竹次郎が手掛けている。創建時は主屋に接続して造られたが、昭和四十二年（一九六七）、主屋の一部が取り払われて、独立の茶室になり、同四十六年に移築される。切妻造桟瓦葺。桁行二間半、梁行三間、妻側に躙口を設ける。四畳半の茶室の左右に瓦四半敷による土間と水屋、裏手に廊下が付く。茶室は*又隠を模したものといわれるが、躙口を入った矩折に二本引きの掃出障子を建て、四半敷の土間に開放する。登録有形文化財。

江田家の茶室【えだけのちゃしつ】
山口県光市の江田家住宅にある茶室。江田家は古くより、瀬戸内海航路の要衝・室積浦の地で廻船業を営んだ家。その主屋は棟札によると、大正三年（一九一四）に斧始式を行い、同八年に上棟した建物で、棟梁は当地の宮大工・吉槻作平と記される。茶室は主屋の北東端、門の正面に構える式台付き玄関の奥に設けられる。平面は四畳半、東屋風の宝形造の天井をもつ。隣り合う式台付き玄関と、格式に大きな隔たりのある意匠で構成されている。

枝穂垣【えだほがき】
垣のうち、竹穂や萩、黒文字などの樹枝を*立子、組子（組子の項❷を参照）として用いたものの総称。「穂垣」ともいう。

触杖【えづえ】
乾屎橛と同じ。⇨乾屎橛【かんしけつ】

越月庵【えつげつあん】
奈良市の田村家にある茶室。もとは京都の下鴨にあった茶室を昭和十五年（一九四〇）に移築したもので、奈良の棟梁・前川某が約一年をかけて完成させたという。席名は*裏千家十四代無限斎硯叟による。外観は入母屋造銅板葺で、東側に貴人口をあける。内部は三畳で、炉を上げ台目切本勝手に切り、中柱を立て、雲雀棚を釣る。点前座後ろの組子障子が個性を演出している。天井は床前を平天井、貴人口の前を掛込天井、点前座を落天井とする。三畳の北には二畳分の広さの部屋が接しており、ここはもとは持仏堂であったと考えられる。この部屋の北側に躙口をあけ、その横、池に張り出して付書院を設けている。

桟【えつり】

❶*茅葺屋根の*垂木の上に並べる葺き下地。古くは葭で作られ、「枝吊り」の語が由来という。六尺ほどの長さの細竹や板、葭、割木などを数条の縄などで編み、簀子状に作って用いる。『和漢三才図会』には、*桟瓦葺の下地材としても記される。❷桟竹のこと。⇒桟竹【えつりだけ】❸

桟竹【えつりだけ】

❶桟（桟の項❶を参照）に竹を用いたもの。❷*化粧垂木に木と竹を交互に用いる場合の、竹の方の垂木。❸壁下地を*切壁下地に造る時、下地材として用いる真竹などの大柄な*竹小舞。単に「えつり」ともいい、「間渡竹」ともいう。（付録28頁参照）

江戸三【えどさん】

奈良市の料亭旅館。奈良公園の春日大社参道南側一角にある。小規模な数寄屋造の建築群からなり、十棟の亭屋、帳場一棟、浴室一棟からなる。最も古いものには明治三十五年（一九〇二）に建てられた八方亭があり、これは昭和九年（一九三四）に浅茅ヶ原から移築されてきた。その他はおおよそ大正から昭和時代初期の建築である。客室は四畳半、六畳、八畳を中心とした組み合わせで、付属室では二畳や三畳の組み合わせも見られる。小規模ではあるが、奈良公園内という独特の環境と、近代奈良における文人墨客の交流の場を今に伝える貴重な数寄屋建築群である。

江戸城【えどじょう】

東京都千代田区にある室町時代から江戸時代の城。江戸幕府の中心であり、十五代にわたる徳川将軍の居城となった。平安時代から室町時代（十五世紀前半）まで江戸氏の本拠地として館が築かれ、長禄元年（一四五七）には太田資長（道灌）によって江戸城が築かれる。天正十八年（一五九〇）、*徳川家康が江戸城に入城。本丸、西の丸の建設（一五九二年）などの整備を行う。慶長八年（一六〇三）に江戸幕府を開いた家康は、諸大名に御手伝普請を命じて同十一年に造営工事を着工、翌十二年に天守が完成した。元和度の修築を経て、寛永十三年（一六三六）には内郭と外郭よりなる総構が完成した。江戸城の内郭は、本丸、二の丸、三の丸、西の丸、北の丸、吹上からなる内濠によって囲われた場所で、その外に武家地、町地、寺社地が配置された外郭があり、外濠で囲われる。本丸の主要な建築は天守と本丸御殿である。本丸御殿は表、*中奥、大奥からなり、表は大広間、*白書院、*黒書院と諸座敷で構成されていた。大広間は、上段、中段、下段以下八室からなり、畳数四百畳以上という広さで、俗に千畳敷ともいわれた。明暦三年（一六五七）の大火で天守、本丸御殿などが焼失し、万治二年（一六五九）に本丸御殿は再建されたが、天守は再建されなかった。万治度の本丸御殿はその後長く存続したが、三度火災に遭い二度再建され、文久三年（一八六三）の焼失以後は再建されず、西の丸に幕府の中枢は移った。西の丸は将軍退隠後の大御所や将軍世嗣の居処で、西の丸御殿は、本丸御殿よりやや規模は小さいが、表、中奥、大奥からなる。北に紅葉山、中央に西の丸御殿、その西側に山里があった。山里は高台に営まれた庭園で、茶屋が多く設けられていた。西の丸御殿は長禄元年の創建以降、五回焼失し、造営修築は七回に及んでいる。また、西の丸の西側にある吹上の庭園にも多くの茶屋が設けられた（吹上庭園の茶屋については、江戸城の茶室の項を参照）。江戸城は、慶応四年（一八六八）四月に開城、同年九月に明治天皇が入城し、西の丸御殿を皇居として使用したが、明治二十一年（一八八八）に明治宮殿、昭和四十三年（一九六八）に昭和宮殿が、西の丸御殿跡に建造された。

江戸城の茶室【えどじょうのちゃしつ】

東京都千代田区の*江戸城にあった茶室、茶屋。江戸城内の御茶屋としては、吹上庭園（現在の皇居、吹上御苑周辺。西の丸の西側、道灌堀の外にあたる)に設けられた多くの御茶屋が知られている。たとえば、『落葉集五』(国立公文書館蔵)に収録されている寛政三年(一七九一)六月五日に行われた「吹上角力御覧」に際しての記録では、譜代大名が拝見した御茶屋として、滝見御茶屋、御花壇馬場御茶屋、諏訪御茶屋、*紅葉御茶屋、田舎御茶屋、並木御茶屋、新御茶屋の名称が記されている。また吹上庭園の順路にそって記された「道の記」には、御花壇御茶屋から入り、滝見御茶屋、地主山御高台御茶屋(別称富士見台御茶屋)、諏訪御茶屋、田舎御腰掛、植木の御茶屋、梅の御腰掛、元馬場御茶屋、新御馬見所、新御構御茶屋、在郷之御茶屋、名主御茶屋、立場御茶屋、紅葉御茶屋の名が見られ、吹上庭園には多くの御茶屋が造られていたことがわかる。文化二年(一八〇五)の状況を示す絵図『江戸城御吹上総絵図』(東京都立中央図書館蔵)には、滝見御茶屋、鳩御腰掛、地主山御亭、練土御腰掛、紅葉御茶屋、梅之御腰掛、元馬場馬見所、新馬場馬見所、新御茶屋、腰掛が描かれている。御茶屋は軽い建物なので、しばしば修復され、建て替えもあったと考えられ、同名の御茶屋の図面でも、同じ平面を示しているとは限らない。吹上に庭が造られるようになったのは、明暦大火(一六五七年)によってそれまでその位置にあった御三家の上屋敷が、城外に移されてからである。それ以前の江戸城内の御茶屋に関する記録を拾うと、慶長七年(一六〇二)の『慶長見聞書』の「徳川家康江戸城富士見の亭に文庫を建て」や、『正保録』の正保四年(一六四七)五月二十七日条の「さきの地震にて、御茶室辺石垣破損せしかは、酒井河内守忠清修築の助役を命せらる」などいくつかが見つかる。指図が明らかになる寛永度以後の本丸御殿では、万治度では、八代将軍吉宗時代の『御本丸御表方惣絵図』(東京都中央図書館蔵)に、黒書院西側の石垣近くの土手の上と、吉宗の御休息改造を示す掛け紙上の絵図の池の北側に、それぞれ一つずつ御茶屋が描かれている。弘化度では、大奥御座之間の南の庭と北側の新御殿庭の二カ所に御茶屋があった。また御鈴番所のそばに在郷亭があった。次の万延度では在郷亭のみである。西の丸については、『東武実録』の寛永四年(一六二七)六月二十五日条に「此造営に西丸山里の数寄屋亦成りしと見へ、寛永四年六月廿五日秀忠此に徳川義直・同頼房・藤堂高虎を召して茶を賜ひしこと有り」「同二十五日西の丸山里の御数寄屋に於て、尾張大納言義直・水戸中納言頼房二卿に御茶を賜る。御相伴藤堂和泉守高虎登営す」とあり、『伯爵酒井家回答』の寛永六年三月十七日の条に「西之丸御囲座敷御柱立ノ吉日、三月十八日之晩、永信州より以周齋尋二来」。『譜牒余禄』の寛永十七年四月の条に「一、同年四月、山里御数寄屋御普請出来、即信濃守御茶献上仕候処、御感被遊此時為御褒美、行包之御腰物拝領候事」と西の丸では西の丸西部の山里部分に御茶屋が造られたことがわかる。図面が存在する慶安度以降は次のとおりである。慶安度では、中奥の御休息の西に掛け紙して、庭園と御小座敷及び数寄屋を描いている。大奥では、西側土手の上に御茶屋があった。二の丸については、『東武実録』寛永七年四月二十二日条に「二の丸御庭に山を築き、御泉水の辺に三畳台目の御囲御茶屋を造らしむ」とあり、寛永七年五月四日に、三代将軍家光が二代将軍秀忠を迎えて御泉水のお茶屋で茶会が催された。『寛明日記』の正保二年七月二十八日条には「廿八日未刻二の丸へ渡御。(中略)小堀遠江守宗甫心を尽して仕たる御庭也」、『柳営日次記』の慶安三年(一六五〇)三月五日条には「明日大納言様二丸え被為移候ニ付、彼御亭御住居等、為見分、二丸え豊後守・対馬守并中根二郎左衛門、遠山十右衛門被遣之注絵図備上覧」とあり、図面の上では、東側庭園内にいくつかの御茶屋などが見られる。

江戸間【えどま】

田舎間と同じ。⇩田舎間【いなかま】

江戸間畳【えどまだたみ】

田舎間畳と同じ。⇩田舎間畳【いなかまだたみ】

蝦束【えびづか】

「海老束」とも書く。雛束と同じ。⇩雛束【ひなづか】

縁【えん】

居室となる部屋の外部にある廊下状の空間や建物の外部の*縁側の総称。設ける場所、その形式により*入側(いりかわ)、*広縁(ひろえん)、*落縁(おち)、*濡縁(ぬれ)などの区別がある。また板の張り方により*榑縁、*切目縁などの違いもある。*桂離宮など上質な建築では畳を敷いた畳縁が用いられることもある。

猿庵【えんあん】

愛知県名古屋市中区の神谷家にある茶室。もと同市東区にあった富田家の茶室で、大正十三年（一九二四）建造、翌十四年正月に席披きの茶事が行われた。施主は富田重助（一八七二〜一九三三）で、席名は*裏千家十三代圓能斎鉄中が命名。明治時代中頃より昭和時代初期にかけて中京財界で活躍した重助は茶道、建築、造園、能などの趣味をもっていた。昭和十七年（一九四二）に富田家本宅を移転する時に解体され、同三十九年に再建。平成七年（一九九五）、再度解体して現在地に移築する。富田邸に建っていた時には東を正面としていた。切妻造桟瓦葺で、土間庇が北面及び東面に銅板一文字葺で廻り、西面北や東面南には庇が付く。四畳半台目下座床の席で、昭和二十年に焼失した*猿面茶室と同一である。しかし躙口の位置、太鼓襖の茶道口に違いが見られる。また猿庵の天井は点前座が蒲の落天井で、客座の三畳分が野根板竹押えの平天井と分かれるが、猿面茶室では一面の蒲天井である。

遠庵【えんあん】

岡山県倉敷市の萱谷氏邸にある茶室。安政元年（一八五四）に萱谷家が藪内流の免許を皆伝された後、明治時代に藪内家八代真々斎竹猗の門であった萱谷寿仙（一八二八〜一九一〇）の好みで造られた。この茶室は藪内家の茶室*雲脚の写しとされ、高台に建てられる。平面は三畳台目、炉は向切の丸炉で、床は間中の板座で洞床、床柱は赤松の皮付丸太。茶道口と給仕口とは、太鼓襖を引違いに建て、使い分けるようになっている。客座では、床の脇に二枚障子、その横に連子窓を間中にあけた壁、もう一方はまた二枚障子を建てる。天井は、客座では細いなぐりの押えを五本渡した野根板天井、点前座は白竹三本で押さえた杉皮張の落天井である。

円椅【えんい】

*立礼で用いる座が丸い形をした椅子。明治五年（一八七二）、京都博覧会に際して、*裏千家十一代玄々斎精中が創案した立礼式で*点茶盤、*喫架とともに使用された。玄々斎が自ら図示し、大工棟梁の二代*木村清兵衛に作成依頼した「立礼之図記」には高さ一尺三寸六分、円板の直径は一尺二寸一分と書かれ、この上に*円座を敷く。

煙雨亭【えんうてい】

長野市の象山神社にある茶室。佐久間象山ゆかりの建物で、もと象山が投宿した京都木屋町の煙雨楼にあった。昭和四十年（一九六五）頃に解体され、京都象山会の高岡謙次がその資材を譲り受け保管していた。昭和五十六年にこの資材が寄贈され、現在地に再建、象山の往時を偲び後世に伝えるため煙雨亭と名づけられた。屋根は入母屋造金属板葺。三畳の茶室と水屋などからなる。茶室は上座床、点前座上部を落天井とし、勝手付に袋棚を設ける。同社には象山が蟄居していた屋敷の離れの高義亭も移築、復原されている。

円影庵【えんえいあん】

滋賀県大津市の長尾欽彌別邸である隣松園にあった茶室。長尾欽彌（一八九二〜一九八〇）はわかもと製薬の創立者で、昭和十年代（一九三五〜四四）から*松永耳庵と親交、古美術品を収集した人物。入母屋造茅葺、四畳枡床の席で、床柱には民家にあったという、いくつもの節を見せた大きな古びた柱が使われていた。床前は網代天井、垂れ壁で分けられた客座は野根板の竿縁天井、点前座は葭または蒲を細竹で打った落天井。点前座の勝手付には竹を詰め打ちし、棚を釣った水屋洞庫が設けられていた。この席に三畳の小間、丸炉を備えた水屋が続く。さらに瓦敷の土間は化粧屋根裏の傘天井に造り、一方を大きく開放し、内蹲踞を設け、また矩折に配された腰掛は貴人口の縁を兼ねていた。ここに見られる民家風の趣は、隣松園の建築群に通底するものであった。もとは兵庫県西宮市に、*裏千家十三代圓能斎鉄中の好みで建てられたもので、*岡田永斎によって移築されたと伝える。また、この茶室の南方には*木村清兵衛の手になる茶室があり、両者には共通する手法も見られた。隣松園の庭園は七代目*小川治兵衛の甥・岩城亘太郎が昭和七年から手掛けた。平成十六年（二〇〇四）に解体されている。

縁葛【えんかずら】
縁板を直接支えるために、*縁束の頂部、あるいは腰組斗栱の上部に通した横木。(付録30頁参照)

煙霞癖【えんかのへき】
「煙霞の痼疾」とも。庭園の観賞をはなはだしく好む癖をいう。もと『唐書』の田遊巌伝により、山水に親しみ自然の風景を愛で、旅を好む習性を称することをいう。

縁框【えんがまち】
縁板の外側に、*縁束よりも少し外に出して取り付けた横木。*榑縁の板端を隠すように取り付ける場合が多い。この縁框の上部を*敷居として、雨戸を建てる場合もある。(付録30頁参照)

縁側【えんがわ】
建物の外部に設けられた*板縁のこと。社寺などでは、落下防止のため外側に*勾欄を設けることがある。

燕喜館【えんきかん】
新潟市中央区の白山公園にある建物。明治時代から昭和時代にかけて活躍した商家・三代目斎藤喜十郎邸の座敷棟(接客部分)を平成九年(一九九七)に移築したもの。もと同区の東堀通七番町にあり、明治四十年代(一九〇七～一二)頃の建築と推測される。燕喜館の名称とともに以前の空間を伝える部分は、式台から前座敷を経て奥座敷に至る構成である。平書院を備えた十二畳半の前座敷は、二間半の間口を中央で二分して床と床脇とするため、両者とも間口が一間小間中とやや広いものとなる。奥行き半間の板床の床柱は赤松の皮付丸太、狆潜りでつながる床脇は間口いっぱいの天袋と、これから台目幅の間口で釣棚を下げる。床と同じ高さに框を付けた地板には円弧状の地袋をしつらえる。この前座敷の柱は面皮柱となっている。対して杉の四方柾が多用された奥座敷は、十二畳半の一の間と二の間、十五畳の三の間からなり、総計四十畳、十一尺の天井高をもつ広大で開放的な空間である。一の間は出書院を備え、前座敷同様の構成で一間小間中の間口の床と床脇を設ける。奥行き半間の薄縁床の床柱は杉の四方柾、狆潜りでつながる床脇は西楼棚とし、地板は床と同じ高さに框を付ける。三の間には紫檀、黒檀などを使った床が設けられる。この奥座敷の縁側は、長さ十間に及ぶ杉丸太が使われた長大な土縁で、欅の榑縁と那智黒石を敷き詰めた土間がガラス戸で庇下一体に取り込まれている。登録有形文化財。

燕喜館　奥座敷一の間　床と付書院側

縁桁【えんげた】
縁側の屋根庇の*垂木を受ける軒桁のこと。縁柱の上にのり、縁側の*鴨居や*無目を釣ることもある。軒を角材の垂木とする場合は縁桁も角材を、*化粧垂木とする場合は杉の磨丸太を用いることも多い。

円座【えんざ】
菅や蒲の茎葉を円形で、平らに編んだ敷物のこと。茶の湯では客が*腰掛で使う。寸法は直径が一尺、厚みが七分ほどで、放射状や渦巻状に編んだものなどがある。材質には、ほかに竹皮や真菰、藺、棕櫚、稲藁などがある。中でも歴史ある*讃岐円座は最高級品として希少性が高い。もともと円座は、蒲の葉を編んで作られたといい、座蒲団の異名ものこる。禁裏で用いられたものでは時代の変遷とともに縁に模様を付けたり、布、綾、錦などで包んだものも現れ、官位によって縁の色などに差異があったことが伝えられている。

円座

縁先手水鉢【えんさきちょうずばち】

縁などに接して露地（茶庭）や庭園内に据えられ

縁先手水鉢

た手水鉢のこと。縁から水を汲む柄杓が届くよう、背の高いものを用いる場合と、高い石を台にしてその上に水鉢を置く場合とがある。江戸時代中期頃には縁先手水鉢の周囲に清浄石、水汲石、水揚石、蟄石などといった役石を配して組み、鉢前を構成することが定式となった。露地や庭園内で蹲って用いる蹲踞とは区別される。なお実用に供さない鑑賞用のものを飾り手水鉢ともいう。

縁座敷【えんざしき】

畳敷きにした入側をさしていうことがある。座敷との境に障子を、外側には雨戸を建て込み、縁を設けることが多い。

円山庵【えんざんあん】

富山市の富山市民俗民芸村にある茶室。もとは、遠州流の茶人であったという金子宗峯が、大正六年（一九一七）より整備を始めた山荘の円山荘に、大正九年に造った茶室録寿庵である。戦後、現在地へと移築され、富山市の施設となった後、新たに立礼席などを設け円山庵と名づけられた。円山荘は現在の民俗民芸村の南西にある小高い丘の上に営まれ、茅葺屋根の吟亭と越々台、三角平面をもつ静寂堂などの建物、また立山連峰や神通川を借景として作庭された庭園の皓洋園が存在していた。移築された旧録寿庵は三畳の袴付と六畳の寄付を付した広間の茶室である。広間は客座十畳に落掛で区分けされた長四畳の点前座、さらに点前座風炉先側に建具で間仕切り、小間とすることもできる二畳分の広さの室を構える。内部に用いられる材は、点前座風炉先の小間を隔てる大黒柱のみが上部に少し丸みをのこした角柱で、その他の柱、落掛、廻縁、竿縁などには自然の丸太材を利用し、山頂の風情を取り込んだという。床は下座床、幅二間、奥行半間の踏込床形式で、地板は欅の一枚板に縞黒檀の雑巾摺を廻す。床柱は出節の絞丸太、相手柱には赤松の皮付丸太、落掛には黒竹を用いる。移築前後で建物の向く方位はほぼ変わらず、床の矩折、南東側一間半と一間に腰付雪見障子を建て込み立山連峰を望み、床の正面、東北側には二間の雪見障子の腰窓を設ける。中束には大きな出節を用いて滝壺を表す。他にも様々な箇所に自然を表現した木彫や髹漆、襖絵などがあったというが、現在は見られないものが多い。点前座の風炉先側二畳部分は、中央には炉が切られていて、建具を建て込んで独立した小間としても扱えるようになっている。炉の周囲には四畳半廻敷のように小さな畳を廻しており、北西側に地袋を備えた踏込床を構えるが、その一部には入り込んだ一隅を設け、袋床のような暗がりを作っていて、『円山荘の記』には「床天井の暗きに蝙蝠の遊ぶあり」と記されている。

遠山石【えんざんせき】

築山や滝石組の奥に組まれる石で、遠くに見える山の稜線や月などを抽象的に表現したもの。

『築山山水伝』には「築山の役石」として、山頂石や霞隠石、晴月石、月陰石などの遠景をさす石の名称が記される。

延寿庵【えんじゅあん】

奈良市の興福寺にある茶室。もとは同寺の子院・延寿院にあったが、明治時代の廃仏毀釈の影響で餅飯殿通りの一商家に移築後、井倉宗苔宅に解体保存されていたとされる。その後、昭和十年（一九三五）に奈良女子高等師範学校教授の佐藤小吉へ寄贈され、佐保山荘に再建。さらに昭和三十二年、興福寺に再興された。内部は三畳逆勝手向切、下座床の席。炉の手前外隅に中柱を立てて、床の相手柱までの台目幅に引違いの襖を納め、道安囲のように点前座を別室に見立てている。また露台を設けていることなども特徴的である。

遠州【えんしゅう】

小堀遠州のこと。⇒小堀遠州【こぼりえんしゅう】

遠州形燈籠【えんしゅうがたどうろう】

石燈籠の一種。小堀遠州の好みと伝えられるものをいうが、江戸時代から大別して二種類の形状のものが知られ、笠と竿が円形である点はどちらも共通しているが、笠が非常に長く、火袋と基礎が六角形で中台が円形のものと、笠の上の宝珠が非常に長く、三日月形の火口のある火袋は方形で中台が六角形のものがある。（付録13頁参照）

遠鐘【えんしょう】

広島市西区に所在の茶道上田宗箇流家元の茶室。もとは上田宗箇が広島の上屋敷に営んだ和風堂に設けられていた。古田織部好みの燕庵に一畳を加えた四畳台目で、下座床を構え、二枚襖を隔てて相伴席が設けられた。客座が一畳広くなったため、燕庵では隅にあく躙口が中央寄りになり、躙口前の土間庇が深くなっている。茶室の後方には鎖の間が接続する。昭和二十年（一九四五）の原爆投下により消滅したが、同五十七年に中村昌生により復元された。

遠鐘　点前座側

床

遠鐘

圓成庵【えんじょうあん】

東京都文京区の護国寺にある茶室。昭和時代初期、高橋箒庵が、松平不昧墓所の整備にともない建設したもの。箒庵の構想のもと、建築には数寄屋建築家の仰木魯堂が携わっている。松平家の菩提寺・天徳寺から護国寺へと松平家墓門が移され、その扉に「弾指圓成」の文字が刻まれていたことから圓成庵と名づけられ、十畳の広間である不昧軒が付属する。外観は切妻造桟瓦葺で銅板葺の庇を付け下ろす。軒桁位置を高くするために屋根と庇のあいだ、妻が高く立ち上り、そこに格子窓をあけてガラス戸を建て込む。内部は点前畳一畳、客座三畳に幅一尺四寸の中板を入れ、炉を上げ台目切に切り、ゆとりを感じさせる構成となっている。点前座の中柱は赤松皮付の曲柱で、袖壁には二節の引竹を入れて下部を吹抜き、客付入隅に二重棚を釣る。南側、下座に構えた床は、床柱が錆丸太、床框が面を春慶塗とした面皮。上座側の躙口と矩折に二枚障子を建てて貴人口が設けられる。また上座側化粧屋根裏に突上窓をあけるが、妻にあけた格子窓と直結されることで、戸を突き上げることも、障子をすり上げることもなく外光をとり込むことができる。貴人口側の外壁には腰掛が設けられ、*燕庵の腰掛同様にL字形で潜りがあるが、割腰掛ではなく、瓢形を透かした板を壁にはめ込む。露地に据えられた手水鉢、石燈籠も天徳寺にあり松平家から寄付されたもの。

圓成庵

圓成庵　外観

縁隅木【えんすみぎ】

縁側が矩折に廻る縁の隅部から、四十五度の角度で突き出した部材。「隅扠首」「隅縁葛」ともいう。縁板を直接支える*根太のような役割をもつ。縁板の端よりも外に出ることが多い。

円星宿手水鉢【えんせいしゅくちょうずばち】

手水鉢の一種。「えんしょうしゅくちょうずばち」とも読む。円柱形の石の天端に水穴をあけた形状で、側面に「星」の字が刻まれたもの。

円窓【えんそう】

円形にあけられた窓のこと。「まるまど」とも読む。円窓は円相、すなわち禅でいう悟りの対象である三千世界を表象するものとされ、宗教性を帯びた形象として曹洞宗や黄檗宗の仏堂の壁面にあけられる。三千家の*祖堂、すなわち*表千家祖堂、裏千家の*利休堂(御祖堂)、武者小路千家の祖堂、それぞれの千利休像を安置する室の前面には円窓があけられている。いずれも完全な円ではなく、下部に少し弦(円周上の二点を結ぶ直線)を見せている。円窓のもつ宗教性をもととしつつ、*火燈窓がわび茶の家の祖を祀るにふさわしく造形されたと見ることもできる。一方、瀟洒で粋な雰囲気をつくり出す*吉野窓のような例も見られる。

円窓几帳【えんそうきちょう】

『*石組園生八重垣伝』にのる垣の一種。二本の柱を立てて上下に横木を渡し、その中央に菱格子の円窓を取り付けたもの。同書には「有職形」とある。几帳は本来、*寝殿造の調度のうち、移動可能な障屏具の一種であるが、これを戸外に用いたもの。

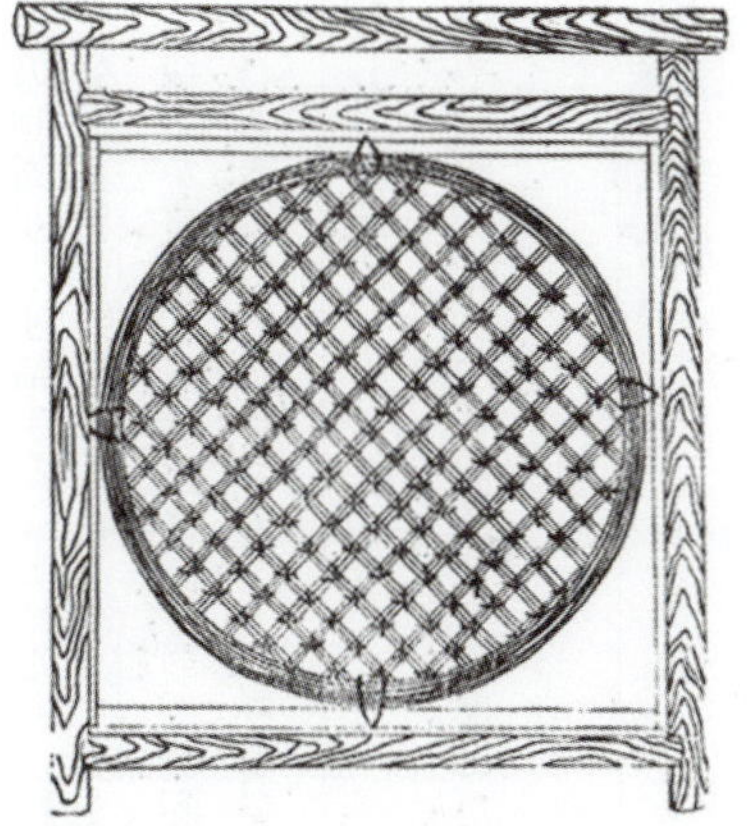

円窓几帳　『石組園生八重垣伝』

円窓床【えんそうどこ】

*円窓をあけた床のこと。直線的な素材を中心に組み立てられた座敷に導入された丸い図形は斬新な意匠的効果をもたらす。床の中の円窓は室内意匠の中心的要素であり、床そのものを掛物の代りとして鑑賞の対象とする趣向であろ

う。*皆如庵では*室床に板敷きというわびた床構えの中に円窓があけられている。下地窓としないで障子を引分けに建て、中央に*花入釘を打っている。*夜咄の茶事において、この窓に背後の水屋の燈火が映り、風情を添える効果が企図されている。豊臣秀吉が伏見城に営んだ茶屋と伝えられる高台寺*時雨亭の見晴らしのよい階上の床にあけられた円窓は、室内に景趣を添えるとともに、円窓を通して庭間の眺望を楽しむ趣向であったのかもしれない。

円窓床　皆如庵　西行庵

円窓菱袖垣【えんそうひしのそでがき】

『*石組園生八重垣伝』にのる*袖垣の一種。*立子に萩を用い、中央に菱格子の円窓をあけ、割竹の*押縁、*玉縁を架け渡したもの。

烟足軒【えんそくけん】

神奈川県鎌倉市の円覚寺塔頭佛日庵にある茶室。東京農工銀行頭取だった中山佐一（一八六四〜一九四三）邸にあったが、昭和初年（一九二六）に現在地に移築された。茶室の前には、作家・大佛次郎の妻から贈られた枝垂桜が植えられる。四畳半下座床の本席に玄関と水屋三畳が接続する。出入り口として火燈形の茶道口と貴人口、躙口のほか、床脇の円窓を含めると五つの下地窓をあける。天井一面の網代天井、下地窓に多様な材を用い、床脇の方立などに瀟洒な意匠が見られる。

円窓菱袖垣　『石組園生八重垣伝』

園地【えんち】

公園や庭園などになっている土地。

園池【えんち】

庭園に設けられた池。「庭池」ともいう。庭園においては重要な構成要素の一つでもあり、*池庭をさすこともある。

円柱形手水鉢【えんちゅうがたちょうずばち】

手水鉢の一種。円柱形の石の天端に水穴をあけた形状のもの。南禅寺塔頭光雲寺の*瑪瑙の手水鉢、玉泉園（石川県金沢市。灑雪亭の項を参照）のものなどが知られる。

縁束【えんづか】

*縁側の外周に一定間隔で設けられる*束。構造的に重要な部材で、これにより縁側外周を支え、建物の側周りと連結することにより、縁側を構成する。縁束頂部間をつなぐ部材には二種類あり、縁束を貫通する横材は*縁葛、側面から取り付けるものは*縁框という。（付録30頁参照）

園丁【えんてい】

菜園や庭園、公園などの植栽や管理にたずさわる人。

遠藤庄五郎【えんどうしょうごろう】

江戸時代後期の数寄屋大工。文久三年（一八六三）に表千家古図を作成した「正（庄）五郎」という大工が知られている。近代に活躍した数寄屋大工・*上坂浅次郎は「御数寄屋師庄五郎五世孫」と西芳寺*少庵堂（一九二〇年）の板額に書いていた。文化年間（一八〇四〜一八）頃に*表千家と深い関係があったことを推測させる「庄五郎」という数寄屋大工がいたことは、竹中大工道具館所蔵の史料により確かなことである。『*不白筆記』には、表千家七代如心斎天然から信頼を受けていた「庄右衛門」という数寄屋大工がいたことが記されている。大徳寺塔頭玉林院の南明庵に付属する*蓑庵、*霞床席は「遠藤庄右衛門」が棟梁であったが、「庄五郎」と「庄右衛門」の関係については不詳。

燕庵【えんなん】

京都市下京区に所在の*藪内家の茶室。藪内家の代表的な茶室で、*古田織部好み。初代の藪中斎剣仲の妻が織部の妹であったことから、慶長十九年（一六一四）の大坂の陣の際、織部が自身の屋敷の茶室を剣仲に譲って出陣したと伝える（都名所図会、拾遺都名所図会）。確かに燕庵はその露地とともに織部の好みをよく伝えており、それを立体的に確認できる遺構として貴重である。藪内家は八代真々斎竹猗の時、元治元年（一八六四）七月の蛤御門の変の兵火に類焼し、燕庵も罹災を免れることはできなかった。しかし、それ以前から同家には燕庵についての決まりがあり、それは相伝を受けた者にのみ写しを許すこと、写しは本歌に絶対忠実であること、本歌が失われた時は最も古い写しを同家に寄付すること、というものであった。この決まりに従って、慶応三年（一八六七）、摂津国有馬郡結場村（兵庫県神戸市）の門人・*武田儀右衛門の屋敷にあった写しを移築したのが、現在の燕庵である。外観は、屋根が*入母屋造*茅葺で、平面に応じた軒の出入りや*突上窓の切欠きがあるため、茅葺の葺厚を見せる部分が多くあり、その厚みからくる重厚感も外観の特徴の一つになっている。また東側の妻壁には、*珠光筆と伝える*扁額（*千利休から託されたものという）を掲げている。外壁の構成も特徴的で、東面の*下地窓にはその両脇に二本の*力竹が対称に添えられるほか、他の力竹も合わせて五本すべてが、窓からやや離して立てられる。内部の間取りは*三畳台目で、東西に三畳を並べ、その西面に床を構え、北に点前座、南は二枚建の*太鼓襖を介して一畳の*相伴席が付く。点前座も相伴席も、西側の床のほうに寄って付き、客畳だけが一部東に突出した形になるが、*躙口は、この突出部分の南面東端にあいており、ちょうど外壁のへこんだ所にあるような形になるので、織部の時代はここを「玄関」、玄関先の軒を支える*捨柱を「玄関柱」と呼んでいた。*刀掛はここに釣られ、その下の刀掛石は通例の*二段石ではないが、貴人の客の時に小姓が刀をもってここに腰掛けて待つので小姓石と呼ばれている。燕庵ではないが、『*茶湯秘抄』の織部三畳台目図では、愛宕山を見るために玄関の上に突上窓をあけていた。織部はこうした形式の茶室を、伏見と堀川の両屋敷に造ったし、他家にも建てていたが、剣仲に譲った茶室がどの屋敷のものなのかはわからない。床は、床柱が杉で、大きく面を取って*釿目を施し、框は真塗で*高麗縁の畳を敷き、格式をもたせている。*落掛の見付下端にはわずかに皮目をのこしているが、これは藪内家では特に重視してきた細部手法である。点前座は*台目構えで、*中柱に赤松皮付の*曲柱を立てて*袋釘を打つ。中柱に付く*袖壁を吹抜く*壁留は角材で、*雲雀棚はこの壁留の上に納まる高さに釣る。燕庵内部の特徴の一つとしては窓が多いことも挙げられる。千利休の茶室とは対照的である。本席で八窓、相伴席を合わせると十窓にもなる。織部は茶室や露地の構成に対して「景」という見方を説いていたので、窓の種類や大きさ、配置構成などによっても内部の景の演出が図られたものと考えられ、燕庵にもそれがよく表れている。下地窓、*連子窓、突上窓のほか、特に床の*墨蹟窓では障子を外側に掛けるようにし、内側の下地の竹に*花入釘を打って、床荘りに花と下地の景を添えられるようにしている。墨蹟窓でのこのような工夫は織部が始めたと考えられ、後に*花明窓と呼ばれるようになった。また点前座の勝手付の窓は、上下二段に重ねた窓の中心軸を横にずらして配置したもので、これも織部の創始になり、姿が色紙散らしに似ることから*色紙窓と呼ばれた。客座の北にあけた窓では、その*敷居を点前座の袖壁までのばし、それがそのまま壁留にもなっているという構成も見られ、窓、壁面、袖壁、曲柱を一続きの壁面の景として一体に扱っているのがうかがえる。この壁面構成では、背後に色紙窓のあく壁が重なっており、この重なりの効果を損ねぬよう、床前の*蒲天井も点前座の上まで一面にのばし、*落天井を省いている。このほか景という点では、*茶道口の*方立と床框を、用材の取り合わせという視点でも織部は考えていた。角材の方立だと建水が角に当たるので竹を立てるのが良いが、そうであれば床框は真塗でないと取り合わないという考えである。これも、燕庵にそのまま見られるもので、床のある壁面全体を景

燕庵　外観

燕庵　床側

として見るということであろう。また*腰張りや襖に使う紙の種類や張り分け方を、室内全体でどう行うかについても織部は説いており、これらすべてを総合的にとらえてみると、織部がいかに茶室全体を視野に入れて景の効果を図っていたかがわかる。そのほか、景以外で注目すべき点としては、身分の違いによる秩序を茶室の構成にも反映させたことである。本席に付く別畳一畳（相伴席）がそれにあたる。この一畳には、水屋との境に*火燈口があいており、この畳を使って、亭主が*懐石などを給仕したり客が水屋へ行く際の通いとして機能するのはもちろんながら、貴人を招いた時は、本席との境の太鼓襖と別畳を取り外し、板間となった相伴席に*円座を敷いて、本席を*上段（貴人席）、板間を下段（相伴席）とした使い方もしたようである。また貴人がいない場合では、人数に応じて襖を着脱し、臨機応変に席を伸縮させることも行われ、織部がこの形式の茶室に十三人を呼び入れて薄茶を振舞ったという記録もある。織部が慶長六年頃から始めた、三畳台目に相伴席を付すこの平面形式はその後大流行し、当時の茶室の標準形式のような存在になっていた。「三畳大目ニ通イ一畳付タルヲ織部格ト云也」（宗箇様御尋書）ともあるように、当時、別畳の部分を「通イ」、平面形式全体を「織部格」ということもあったが、その後、前述したような相伴席の使用法もあらためて説かれるなどして、現在では一般的に、別畳を相伴席、茶室平面全体を*燕庵形式と呼んでいる。元治元年の焼失前の燕庵がどのようなものであったか、それを確かめるための史料はいくつか知られており、一つは、文化八年（一八一一）に藪内家より贈られ、織部正十四代孫とされる古田重名が所持していたという図、もう一つは、それよりやや古いと考えられる酒井抱一が描いた藪内家露地図、また露地全体の景観を確認できるものとして天明七年（一七八七）刊の『拾遺都名所図会』中の「藪内茶亭庭中之図」がある。いずれも露地の構成や*雪隠などの施設の位置に変化はあるが、燕庵自体は現状とほぼ変わらぬ構成を確認することができる。これらの図は、それ以前から続いた古い姿を示す六代比老斎竹陰の時の様子のものだが、織部が大坂の陣の前に譲ったとすると、燕庵が藪内家に移ったのはさらに百五十年以上前のことになる。藪内家は寛永十七年（一六四〇）に下長者町新町から現在地に移ったので、譲られたのは下長者町の屋敷でのことで、そこでの姿も明らかでない。しかし燕庵が焼失前の状態を忠実に保っていた

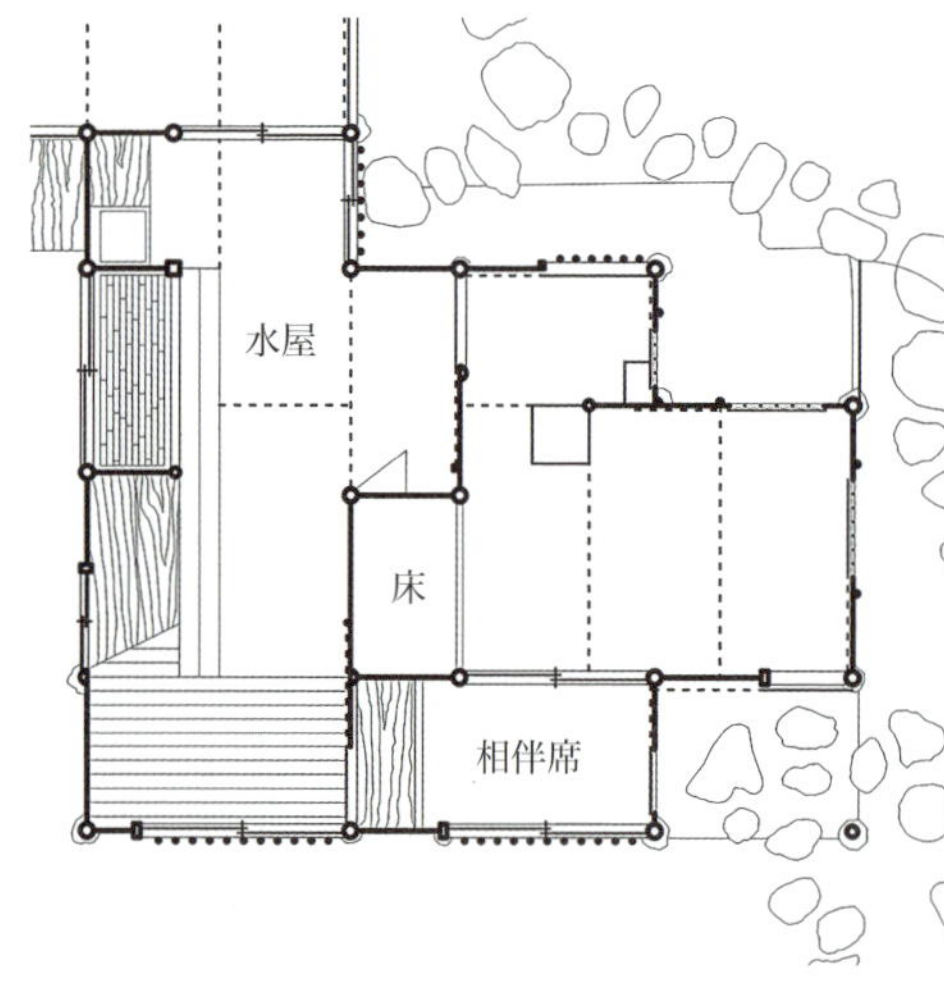

燕庵

こと、また現在の露地の構成も織部の手法をよく伝えており、屋敷地を変わる際には、露地も慎重に検討されて移されたと考えられることから、織部の時代までさかのぼり得る可能性は十分にあるとみられる。重要文化財。

燕庵形式【えんなんけいしき】

三畳敷の左右に台目の点前座と一畳板入の*相伴席が相対する茶室の平面形式のこと。*古田織部好みの形式である。*藪内家の茶室*燕庵及び、燕庵の写しを許された茶室に共通する窓などの意匠も含めていうことが多い。茶室建築で唯一の様式名。燕庵形式は武家好みの茶室の基本ともなり、この平面形式はひろく知られていたため、類似の茶室が多く造られた。正伝院本*『茶道正伝集』（一七七一年）の中では燕庵と同じ平面が紹介されるのみで特定の呼称は使われていないが、元禄九年（一六九六）没の野村円斎によるとされる『宗箇様御聞書』（上田家所蔵文書）の中では「織部格」と記されている。そこから織部格形式という語が使われることもあるが、織部格は燕庵形式の相伴席を「通イ」と表現し、茶室の背後に*鎖の間、*書院などがつながる織部の全体構想をもつものであり、現在の燕庵のように背後に水屋を設けるのみのものではなかったと考えられる。

縁柱【えんばしら】

縁側の外側に立って、*縁桁を受ける柱。角材や丸太材を用いる。

燕舞軒【えんぶけん】

京都市東山区の*建仁寺塔頭大中院にある茶室。大中院は、建仁寺二十七世の東海笠源の塔所として康永年間（一三四二～四五）に創立された。応仁の乱により荒廃し、天文二十一年（一五五二）の建仁寺の火災により焼失したが、雪窓霊玉により承応年間（一六五二～五五）に再興。現在の本堂、庫裏などが建てられた。書院は慶長年間（一五九六～一六一五）の建物を塔頭霊洞院から文化年間（一八〇四～一八）に移築したもので、燕舞軒は、その書院の西に続く。宝暦年間（一七五一～六四）頃の住職・白堂笠津が*表千家七代如心斎天然について茶を学んだ頃に造営したと考えられる。はじめは四畳半に炉を切っただけであったというが、後に現状の三畳中板入に改造された。燕舞の名は、陶淵明の詩句「燕舞春日長」から採ったといわれ、黄檗宗の無禅丹崖の書いた草書の扁額が伝わっている。花見小路に面する大中院の東北には祇園甲部歌舞練場があり、燕舞は演舞と音通するのも妙縁である。西から東へと点前座一畳、中板、客畳一畳が並び、その北側に東に寄せて一畳を敷くが、点前座先には中板の幅分だけ、さらに板畳を敷き込む。床は西側に、台目幅の洞床を板畳の前に東を向けて構える。炉を向切に切り、板畳、炉、中板で主客の座が分けられることになる。北側の壁には、板畳上部に円窓、さらにその右に貴人口があけられ、向こうには縁が廻り、露地への出入り口となる。燕舞軒の東側には八畳広間が南北に二室接続しており、北側の一室に炉が切られ、二室をあわせて十六畳の茶室になる。書院の襖絵は海北友松の手になる。また茶室南側には遠州流の席といわれる七畳が、さらにその西には住職の居間となる六畳は連なり、敷き込まれた地板に丸炉が切られている。

淵黙庵【えんもくあん】

❶奈良県生駒郡斑鳩町の法隆寺にある茶室。同寺の西院、大湯屋の近くに建ち、席名は法隆寺百三世管主・佐伯定胤の号である淵黙に由来する。神戸積徳会の寄贈により建設され、昭和二年（一九二七）、同寺の防水工事竣工にあわせて席披きが行われた。茶室は広間、寄付、外腰掛、小間、水屋、露地からなる。小間は二畳台目向切本勝手で中柱を立て、床は浅い板床、出入り口は躙口、貴人口、茶道口、給仕口を設ける。中柱の納まりや躙口の敷居が挟み敷居でないことなどから、専門の数寄屋大工の仕事ではないと見られるが、開放性を求めつつも、独特の緊張感を備えている。向板や床の落掛には古材が使用され、茶道口の引き込みを壁中にするという独特の工夫も見られる。寄付から外腰掛、茶室に至る動線も合理的であり、茶人の適切な指導のあったことが考えられる。また外腰掛の左右の壁にはめられた彫刻、及び背面の壁面中央に掛けられていたとみられる扁額は法隆寺をはじめとした国宝の仏像修復に功績の高い新納忠之介の作品と考えられ、席名、古材の使用とともに法隆寺の近代を語る貴重な茶室である。

❷山口県下関市の長府毛利邸にある茶室。島根県鹿足郡津和野町の堀家の敷地内にあったものを、昭和二十八年(一九五三)に下関市長府の原家が譲り受け、さらに平成十六年(二〇〇四)に下関市が原家から寄贈を受け、長府毛利邸に移築した。屋根はもと茅葺であった。

園路【えんろ】

庭園や公園内の通路をいう。「苑路」とも書く。庭園においては地面を締め固めた地道のほか、砂利敷の舗装や*敷石、*飛石などにすることが多い。

園路　清流亭庭園

お

御間形燈籠【おあいがたどうろう】

石燈籠の一種。奈良の春日大社本殿と若宮のあいだの御間道に据えてあったことから名づけられた。基礎、竿、火袋、中台、笠はいずれも方形で、同社の宝物殿に所蔵される元亨三年(一三二三)の銘があるものが知られる。火袋は当初は石造であったと思われるが、現在は木製の火袋となっており、同形でも火袋を石で作る場合は*西ノ屋形燈籠という。(付録13頁参照)

黄鶴台【おうかくだい】

京都市下京区の西本願寺にある入浴施設。蒸風呂の項を参照。⇒蒸風呂【むしぶろ】

桜下亭【おうかてい】

京都市下京区の東本願寺(真宗大谷派)にある、もと二十二代現如の隠居所。御影堂北の書院群の中にあり、桁行七間半、梁行六間の入母屋造桟瓦葺の建物に、西に桁行二間半、梁間三間を突出させる。東京の霞ケ丘別邸に明治四十二年(一九〇九)に建てられ、昭和十四年(一九三九)、現在地に移築された。東に食い違いの四室、その西側に八畳の茶室を設ける。茶室は西側北に床、南に床脇を設け、床柱には太い皮付丸太をそのまま用いている。南側西には格狭間形に刳り抜いた壁をもつ付書院を設けるなど、斬新な意匠が目立つ。

桜下亭　茶室　床側

扇垣【おうぎがき】

萩などを扇の形状に束ねて造った垣。また車輪を二分、あるいは四分にした形状に似ることから「車垣」ともいう。

扇子棚【おうぎだな】

*床脇に設けられる*飾棚の一種。「扇棚」と書く雛形本もある。江戸時代に棚雛形として定型化される四十八棚の一つ。『増補大匠雛形四　新板棚雛形』(一八六六年刊)には「是ハたなかす(棚数)おほ(多)き所、上下共何れにもよし」とある。

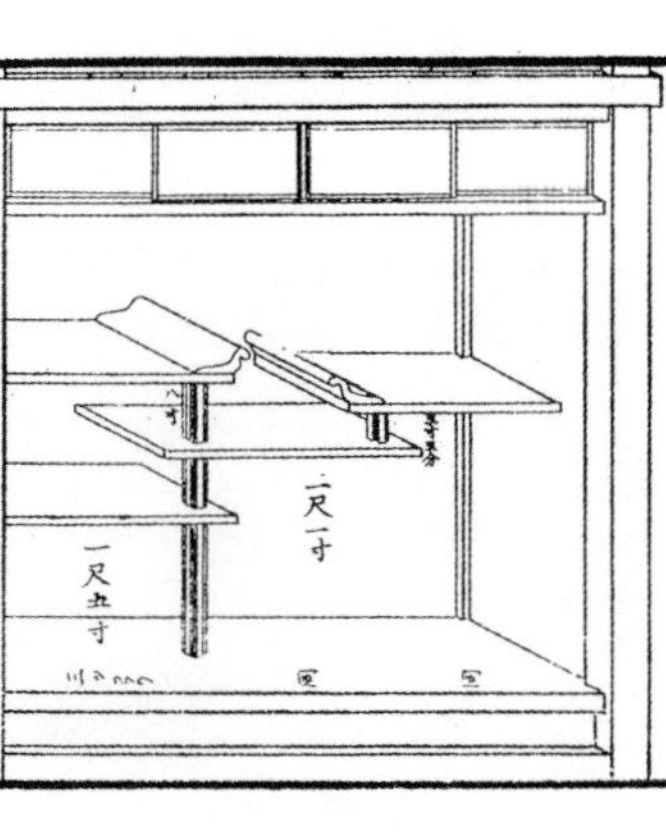
扇子棚　『増補大匠雛形四 新板棚雛形』

扇垂木【おうぎだるき】

*垂木の配し方（*垂木割）の一種。扇の骨のように放射状に配置された垂木のこと。*軒の隅に向ってひろがる。中国建築を源流として、奈良時代前期の仏教建築、鎌倉時代の大仏様と禅宗様の仏堂に用いられた。建物正面の中央部は並行として隅だけを放射状とするもの（隅扇）と、中央部から順にひろがるものがある。

扇の間【おうぎのま】

三重県桑名市の諸戸氏庭園（旧諸戸清六邸・西諸戸家屋敷、名勝）にある藤茶屋の一室。揖斐川右岸に位置するこの地には豪商・山田家の屋敷があったことが、「山田氏林泉図」として享和二年（一八〇二）の『久波奈名所図会』で確認できる。この山田家の屋敷が、明治十七年（一八八四）に、実業家で諸戸家初代の清六の手に移り、西側へ御殿と池庭を拡張、変遷を経たものが現在の諸戸氏庭園である。この藤茶屋は、すでに「山田氏林泉図」にも描かれている。同図には、現存する*推敲亭のほかに菖蒲池や芝原、稲荷も確認できるので、庭園の主要部は近世以来のものを引き継いでいると考えられる。藤茶屋は、山田家時代には藩主が藤を愛でるために訪れたともいわれる茶室で、「山田氏林泉図」にも矩折になった藤棚が隣接して設けられた姿で描かれている。昭和二十年（一九四五）の戦災で焼失したが、同四十三年に再建された。六畳の両脇へ三角形の地板を入れて、扇をひろげたように藤棚に面する庭園側がひらいた姿の開放的な造りであることから、扇の間とも呼ばれる。庭園の反対側の面には、左から間口半間の薄縁床、間口半間の壁面、釣棚を三枚下げただけの間口一間の床脇が、並んで設けられる。この扇の間の右手には、床脇壁のない原叟床をしつらえた三畳台目の茶室が続いている。

応挙館【おうきょかん】

東京都台東区の東京国立博物館にある*書院茶室。もとは現在の愛知県海部郡大治町に位置する明眼院の書院として、寛保二年（一七四二）に建てられたもの。明眼院は、室町時代初期頃から眼科治療を施した日本最古の医療施設として知られ、*後水尾天皇の皇女の眼病の治療にあたったことから、「明眼院」の院号を賜った。また*小堀遠州や円山応挙らが同院で治療を受けたとされている。しかし、明治維新後の廃仏毀釈、そして「医術開業の試業規則」によって僧医の施療が禁止されると、寺は衰退していった。明治二十一年（一八八八）、*益田鈍翁がこの書院を引き取り、品川御殿山の本邸*碧雲台に移築した。移築に際しては鈍翁の弟・克徳が改修にあたった。これが昭和八年（一九三三）、東京国立博物館に寄贈され、応挙館となった。室内の張付壁及び襖に描かれている墨画は、円山応挙が明眼院に眼病で滞留した折、治療の御礼に揮毫したものと伝えられる。現在の間取りは十八畳が二間で、書院一の間、書院二の間と称し、一の間には炉が切られ、一間半の床、違棚と天袋をもつ床脇、そして付書院を設けている。

黄金池【おうごんち】

京都市西京区の*西芳寺の庭園にある池。西芳寺庭園（史跡、特別名勝）は上の*枯山水、下の園池の上下二段からなり、*夢窓疎石の作庭になる。黄金地はこの下段の中心をなす池で、草書体の「心」の字をかたどったともいう。夕日ヶ島、朝日ヶ島、霞島（長島）という三つの中島を配す。現在は西芳寺が苔寺として知られるように苔に覆われているが、作庭当時は白砂が敷かれていた。

黄金の茶室【おうごんのちゃしつ】

黄金の茶室の項を参照。　⇒黄金の茶室【きがねのちゃしつ】

凹凸窠【おうとつか】

京都市左京区にある石川丈山の旧住居。詩仙堂のこと。　⇒詩仙堂【しせんどう】

黄梅庵【おうばいあん】

大阪府堺市の大仙公園にある茶室。もとは奈良県橿原市の豊田家に建っていたもので、*今井宗久の好みと伝えられている。昭和十年（一九三五）頃、*松永耳庵が譲り受けて*柳瀬荘に移築、次いで昭和二十三年に神奈川県小田原市の邸宅内に移築して黄梅庵と名づけて愛用していた。これが昭和五十五年、現在地に移築された。切妻造銅板葺の前面に庇を付け下ろした形式。八畳の広間、三畳の小座敷などからなる。八畳は下座床で、手摺を備えた濡縁が付く。天井は平天井と化粧屋根裏。小座敷は平三畳、下座に床を構え、赤松皮付の床柱を立てる。点前座は中柱を立てず、向切に炉が切られ、勝手付に洞庫を備える。茶道口と給仕口は太鼓襖を引違いに建て込んだ通い口形式となる。天井は床前を野根板天井、躙口側を化粧屋根裏、点前座を蒲の落天井としている。登録有形文化財。

黄梅庵　外観

黄梅院【おうばいいん】

京都市北区にある*大徳寺の塔頭。天正十六年（一五八八）、小早川隆景（一五三三〜九七）が、春林宗俶（大徳寺九十八世住持）を開山として創建した。春林の庵居・黄梅庵が前身で、その地は大徳寺八十七世休翁宗萬の塔所・龍福院の廃址であるという。春林の法嗣であり、隆景と師檀関係にある玉仲宗琇（大徳寺百十二世住持）が開祖に請じられるが、玉仲は辞して師の春林が勧請開祖となる。黄梅院は毛利輝元をはじめ、小早川家の宗家筋にあたる毛利家歴代を檀越とした。本堂と唐門は、天正十四年、*豊臣秀吉により改築され、庫裏と表門は隆景の支援によって同十七年に改修された。本堂、唐門、庫裏は重要文化財で、本堂の襖絵、竹林七賢図、西湖図、芦雁図も雲谷等顔筆と伝えられ、重要文化財に指定されている。茶室に*武野紹鷗の好みと伝えられる*昨夢軒があり、書院の自休軒に組み込まれている。庭園に*千利休の作庭と伝えられる直中庭、天正年間に作庭されたといわれる破頭庭、作仏庭がある。また墓地には*蒲生氏郷や織田信秀の墓がある。なお黄梅院十四世で、大徳寺四百三十五世の大綱宗彦は、詩歌、書画を能くし、また茶の湯に造詣が深く、*裏千家十代認得斎柏叟及び十一代玄々斎精中、*表千家十代吸江斎祥翁、*武者小路千家十代以心斎全道らとの親交が、大綱の日記『友松集』七十冊と『空華室日記』七十七冊から知られる。

近江表【おうみおもて】

*畳表の一種。かつて近江国（滋賀県）蒲生郡で生産された。近江では奈良時代から江戸時代にかけて藺草栽培が行われ、特に江戸時代初期には高級品として京都などへ送られた。近世以降は*備後表が高級品として近江表に取って代り、昭和時代に入るとまもなく廃れた。

鷗友軒【おうゆうけん】

静岡県熱海市の*野村得庵の別荘塵外荘にあった茶室。昭和十六年（一九四一）に建てられたもので、同時に建てられた茶室到月亭とともに洋風本館の南、海に面した岸壁上に位置し、披露の茶会が約一カ月にわたって大々的に催されたという。席は三畳台目向切中板入で、*川上不白好みを写したものであった。老朽化などから昭和六十三年に取り壊された。

黄林閣【おうりんかく】

埼玉県所沢市の*松永耳庵の旧別荘*柳瀬荘にある民家。昭和五年（一九三〇）、耳庵が柳瀬荘の主屋として移築した。渡り廊下で、*斜月亭や*久木庵と接続している。もとは東京都東久留米市にあった大庄屋・旧村野家住宅で、天保十五年（一八四四）の建築と伝えられる。桁行十三間半、梁行六間半、入母屋造茅葺で、整形九間取りは南面する。桁行のうち東方六間が土間。床部のうち、前側中央が式台のある八畳玄関の間。十畳の次の間から床、棚、付書院付の上の間へと続く。これら三室には矩折二方に半間幅の縁が廻る。これら三室と中央の中の間はきわめて天井が高く、内法小壁の上に欄間、蟻壁長押、丈の高い蟻壁を付けて竿縁天井となる。土間寄りの三室は、一般的な高さに根太天井（一階に天井が張られず二階の根太が見える天井）が張られている。奥の間としての六畳半は、耳庵が茶の湯にかかわり始めた頃の茶室で、枘穴を正面に見せる転用材を床柱とし、天井に煤竹を詰め張りしている。東京都北部の江戸時代末期の大型農家の特色がよく現れ、立ちが高く天井も高い割には木柄が細い。保存状態も良い。重要文化財。

大霰【おおあられ】

*霰零しのひとつで、玉石でも一〇センチ以上のものを広目地で敷き詰めた敷石。

大磯砂利【おおいそじゃり】

神奈川県の相模湾海岸で採取される砂利。丹沢山地の凝灰岩などが酒匂川によって相模湾に運ばれ、海岸に打ち上げられたもの。黒色で*那智砂利と混同されやすいが、色の濃さに差がある。

大板【おおいた】

点前座に敷き、主に風炉や水指をのせる板。長さ一尺四寸四方、厚さ六分。古形と称するものには、真塗、桐掻合塗などがあり、表千家伝来の荒目板のものなど各流派に様々な好みがある。なお寸法が長さ一尺四寸、幅一尺二寸、厚さ六分のものもあり、*長板を二分した寸法から、「半板」ともいう。

大入【おおいれ】

材の端部をそのままの形状で隙間なく、もう一方の材に差し込む*仕口。「追入」とも書く。たとえば柱へ敷居、鴨居、框などの横木を大入で差し込む。これにより、材の回転や捩れを防ぐ効果もある。

大カネ【おおかね】

「大曲尺」とも書く。カネ割の項を参照。⇩カネ割【かねわり】

大壁【おおかべ】

壁の一形式。柱などの*軸組材が露出しないように、その表面を板や塗壁で覆うように仕上げたもの。日本においては土蔵や城郭などに多く見られる形式で、*真壁に対する語。

大刈込【おおかりこみ】

*刈込の一種。一定の範囲に群植する樹木を、面的に刈り込み、整形したもの。*修学院離宮の上御茶屋（上離宮）の大刈込は特に有名で、池下の斜面地一帯にひろがり、高さ十数メートルに及ぶ箇所もある。これは作庭当初からというよりも明治時代以後、維持管理の中で形づくられたものと考えられている。手入れの際、両手挟ではなく、柄の長い大刈込専用の打ち鎌と呼ばれる特殊な道具が使われる。

大切目【おおぎりめ】

❶丸目と同じ。⇩丸目【まるめ】
❷『*石州三百ケ条』に「大切目といふハ、一畳の角を切たる也」と記されていて、文字通りに解せば、畳の角に炉を切った*かぎ畳の状態を意味することになるが、詳細は不明。

仰木魯堂【おおぎろどう】

文久三年〜昭和十六年（一八六三〜一九四一）。数寄屋建築家。弟は工芸家で帝室技芸員となった仰木政斎。福岡県遠賀郡に生まれた魯堂は、東京に進出して明治四十年（一九〇七）頃から本格的な活動を始めたようであるが、事務所を開設するまでの経緯はほとんど知られていない。*益田鈍翁、団狸山（琢磨）、*高橋箒庵ら数寄者たちの信頼を得て、独自な作風になる建築や作庭に才腕を発揮した。自らも名品を収集し、洒脱な書画に堪能で、茶事に嗜みのある数寄者でもあった。団家との関係はことに深く、大正四年（一九一五）、小田原石垣（神奈川県）にあった田舎家（鼓腹亭）を原宿（東京都渋谷区）の団家邸内に移築したのをはじめ、団家の古美術品購入にもたずさわり、箒庵に「団家の普請奉行」と呼ばれている。魯堂は、数寄屋建築は茶道具や古美術をはじめとする美の鑑賞の場である一方、茶道具や古美術に圧倒されないたくましい空間でなければならないと考えていた。鈍翁の箱根強羅の茶亭*白雲洞や*不染庵、三井鉱山保養所内にある茅葺の建物などに見られるように、田舎家の再生に巧みな造形力を発揮した。*色付を好んだこと、古材をよく利用したこともその作風として挙げることができる。*護国寺の檀徒総代となり同寺を「茶道本山」とすることに数寄者としての生涯を賭けた箒庵の意を受け、魯堂は*圓成庵など茶室のほか、多宝塔や由岐神社（京都市左京区）拝殿を写した門などを担当した。

大崩し【おおくずし】

霰崩しと同じ。⇒霰崩し【あられくずし】

大河内山荘【おおこうちさんそう】

京都市右京区にある俳優・大河内傳次郎の旧別荘。嵯峨小倉山の南東面と嵐山公園（亀山公園）に挟まれたところに六千坪の敷地で位置する。昭和六年（一九三一）から三十年の歳月をかけ、傳次郎自らが設計して、造営された。傳次郎の頃は小倉山荘と呼ばれていたが、没後の一般公開に際して大河内山荘と改称している。広大な苑内の南西部、梁行一間に桁行二間、入母屋造桟瓦葺、東面妻入の持仏堂が最初に建てられた。次いで昭和七年に明治時代の茶屋を移築した滴水庵は、梁行五間に桁行五間の入母屋造茅葺で下屋庇を付け、正面の南面西半には切妻造の突出部を造る。内部は二室の茶室と水屋からなり、丸太や竹を多用した造りである。その後昭和十六年には、中心施設としての大乗閣が滴水庵の北方に、中門が庭園の内外郭を仕切る位置に建てられた。大乗閣は数寄屋師・*笛吹嘉一郎の作で、数寄屋風の書院と、泉殿のように突出した寝殿、*如庵写しの茶室に、民家風の勝手と土間を一体化させた斬新な建物となっており、屋根や意匠に工夫をこらしたものである。中門は親柱の背面のみに控柱を添えて、冠木で軸部を構成する。これは間口五尺六寸ほどの小規模な門であるが、弓形の垂木による迫持状の檜皮葺屋根をのせて、丸太やなぐりを多用した特異な意匠となっている。他に茶室月下亭や傳次郎の資料館などを含んだ庭園は、東山と比叡山と保津川を借景にした広大な回遊式であり、庭師・広瀬利兵衛とともに造営を行ったものである。持仏堂、滴水庵、大乗閣、中門は登録有形文化財。

大河内山荘　滴水庵　外観

大零し【おおこぼし】

霰崩しと同じ。⇒霰崩し【あられくずし】

大坂城【おおさかじょう】

大阪市中央区にある織豊時代から江戸時代の城。「金城」「錦城」ともいい、明治時代以降は「大阪城」と書く。この地には、天文元年（一五三二）、本願寺十代証如が、本願寺を京都の山科から移して城塞化した石山本願寺があったとみられる。その後、石山合戦がおこり天正八年（一五八〇）に和議が結ばれて、本願寺はこの地を退却する。天正十一年、賤ヶ岳の戦いで勝利した*豊臣秀吉は、石山本願寺の跡地を利用して築城を開始、翌年より三十数カ国から数万の人夫を動員して工事が行われ、同十三年には天守、本丸御殿など主要部分はほぼ完成した。その後、秀吉没年の慶長三年（一五九八）まで断続的に工事が行われ、二の丸、三の丸、総構（外郭）などが整備された。天守は、五層八重であった。秀吉は、*山崎城から大坂に移った天正十一年の七月二日には、「大坂御城」において四畳半の茶室の席披きをしている（大坂城の茶室の項を参照）。また山里には茶室が建てられ、天正十二年正月三日には席披きが行われている（大坂城山里の茶室の項を参照）。翌十三年には、城内に*黄金の茶室が設けられた。秀吉の後、秀頼が城主となるが、慶長十九年（一六一四）の大坂冬の陣では講和条件として堀が埋められ、同二十年の大坂夏の陣で落城、焼失した。その後、松平忠明が入城し、元和六年（一六二〇）に江戸幕府による改築再建が行われた。豊臣家築造の城の上に築造が行われ、総奉行を藤堂高虎、作事奉行を小堀遠州として、諸大名を動員し、寛永六年（一六二九）に完成。五重の天守や白書院、対面所、黒書院、数寄屋などをもつ本丸御殿などの施設を備えていた。慶応四年（一八六八）、鳥羽伏見の戦いで建物の多くが焼失した。現在の天守は昭和六年（一九三一）、市民の寄付によって豊臣家時代の天守を模して、鉄筋コンクリートで復興されたもの。重要文化財。城跡は特別史跡。

大坂城金の小座敷【おおさかじょうきんのこざしき】

黄金の茶室の項を参照。　⇒黄金の茶室【きがねのちゃしつ】

大坂城の茶室【おおさかじょうのちゃしつ】

大阪市中央区の大坂城にあった茶室。豊臣秀吉は賤ヶ岳合戦後に織田信長の一周忌を終えて、「五畿内廉目能所」大坂を天下の都城とするため、天正十一年（一五八三）六月には、山崎城から大坂へと転進する。そして九月から石山本願寺の跡地に三十余国の大名に命じ、堅固にして豪壮華麗な大坂城の築造に着手した。しかしそれより以前、秀吉が大坂に入ってひと月目の七月二日、四畳半の茶室が席抜きされている。それから十一日まで千宗易（千利休）と津田宗及が茶堂をつとめて毎日茶会が催され、後半の六日からは次の間の八畳が使われていた。あらためてこの茶室四畳半や八畳敷が使われたのが、九月十六日の大坂城道具揃えの時で、『天王寺屋会記』「宗及他会記」によれば、秀吉がすでに手中にしていた信長伝来の道具のほか、松井友閑、荒木村重、宗易、万代屋宗安、宗及が持ち寄ったものまで、名物の茶道具が四畳半と勝手、次の間八畳とにところ狭しと飾り付けられた。その茶室構成とは、四畳半には床が構えられ、「ヨシタナ（葭棚）」（洞庫の項を参照）が備わっていたから、おそらくは紹鷗四畳半（武野紹鷗の茶室の項を参照）にならうものであったと考えられる。また八畳敷には付書院が構えられてはいるが、床の存在が認められず、数多くの掛軸も部屋の周囲の壁面に掛け廻されていたのだろう。それは紹鷗四畳半の勝手一畳の続きにあった「書院四畳半」のような座敷が想定され、ただその広さが八畳にひろげられたものと考えられる。ともあれ、秀吉の大坂城においては、門や櫓、諸殿舎にもまして、茶室が最初に整えられていた。四畳半の席抜きの二カ月後の天正十一年九月から本格的に築造が始まった。そこに設けられた山里の曲輪には、二畳隅炉、暦張の茶室が造られ、天正十二年正月三日に席抜きが行われている。（大坂城山里の茶室、大坂城山里の露地の項を参照）。さらに天正十三年十二月、小早川隆景らは大坂城において秀吉から「惣金之御小座敷」を見せられているが、これが黄金の茶室の初見とされる。

大坂城山里の茶室【おおさかじょうやまざとのちゃしつ】

大阪市中央区の大坂城の山里にあった茶室。この山里は、天正十一年（一五八三）九月から本格的に築造が進められた大坂城の曲輪（削平地）構成において、本丸の北石垣の下段、内堀とのあいだの一郭を占めて設けられた曲輪であり、山里はその後の秀吉の城郭には必ず設けられた一郭である。山里からの内堀に架かる反り橋を極楽橋と通称し、また「古木なとの儀、さなから物さひたる趣候」（毛利家臣覚書）とか、「森ノ中」（武功雑記）と伝えられるのは、あるいは石山本願寺時代の庭を活用したとも考えられる。「市中隠」（市中の山居）の虚構が都市の中核に位置する城郭に造り込まれていた。山里において、記録ののこる最初の席抜きは、『天王寺屋会記』「宗及他会記」によると、天正十二年正月三日である。二畳隅炉、暦張の茶室で、おそらくは千宗易（千利休）がこれにも深くかかわっていたと考えられる。『宗湛日記』天正十五年二月二十五日の条には「御座敷二畳、床四尺五寸、カベ暦ハリ、左ノスミニキロリ有、ソノ脇ニ道籠アリ」とあり、これが前述のものだとすると二畳隅炉で四尺五寸幅の床を構え、暦張で洞庫を設けた形式であった。山里の茶室の竣工をみて、先に城内にあった四畳半茶室（大坂城の茶室の項を参照）を使った茶会の記録は見出せなくなり、その存否は不明である。とはいえ、この山里には二畳のほかに別の茶室も営まれており、天正十二年十二月一日に初めて使われた山里の座敷があった(天王寺屋会記)。それがどのような形容であったかは知られないが、天正十三年四月二十八日朝、本願寺の下間頼廉が使いで大坂城を訪れた時、宗易が同席して秀吉自らの点前で茶を供した三畳敷でもあろうか(貝塚御座所日記)。また天正十六年九月九日に、毛利輝元らを招いての茶事があったのも山里の茅葺の三畳で、その後二畳の茶室に席を移し、秀吉の点前で薄茶を賜っている(天正記)。これにより山里には二畳の茶室のほかに三畳敷があったことが認められる。また別には、『宗湛日記』によれば、天正十五年十月二十一日、伊集院忠棟、*細川幽斎を招いての茶会の後、*跡見の茶事に訪れた*津田宗及と*神屋宗湛がまず初めに拝見したのが焙烙釜が自在に釣られた四畳の茶室であった。その後に二畳に招き入れられ、秀吉が自ら花を入れて茶を供したが、四畳の炉に釣られていた釜が焙烙釜で、先の輝元らの会と同じであったことから、ここでいう四畳は先の茅葺三畳であったとも考えられる。『天王寺屋会記』「宗及他会記」によると、天正十三年二月二十日に秀吉を訪ねた織田信雄は、二十一日に「御広間」にて振舞いをうけ、二十四日には織田源五(*織田有楽)とともに山里での会に招かれ、秀吉の点前で茶を飲んだという。

大坂城山里の露地

【おおさかじょうやまざとのろじ】

大阪市中央区の*大坂城の山里において設けられた露地。山里は天正十一年(一五八三)から造営が始まった曲輪(削平地)構成において、本丸の北石段の下段、内堀とのあいだに設けられた。「古木なとの儀、さなから物さひたる趣候」(毛利家家臣覚書)や「森ノ中」(武功雑記)などと伝えられることから、石山本願寺時代の庭園をもとにして構えられたとも考えられる。天正十二年正月三日に茶室(二畳)の席披きが行われた記録があるほか、茅葺の茶室(三畳)もあった(大坂城山里の茶室の項を参照)。天正十五年二月二十五日朝、*豊臣秀吉に招かれた*神屋宗湛は「七ツ時分ヨリ参上ソロテ、ハネキドノ本ニ罷居候」と記している(宗湛日記)ことから、露地の入口には*枯木戸が設けられていたことがわかる。なお、ここで*今井宗久らと待ち合わせていることから、露地には*腰掛が設けられていなかったと考えられ、いわゆる*一重露地であったものと推察される。宗湛は続いて「此路地ニハ、ハネキドマデモ水ヲ打立候」と記し、枯木戸にも*打ち水がされていたことを伝えている。

大坂土

【おおさかつち】

壁土の一種。かつて大阪市の天王寺付近で産出された。「天王寺土」「京錆土」ともいう。一般的には赤色の混じった黄色の土といわれるが、京都の*左官のあいだでは、もう少し赤みの強い褐色の*上塗土をさすことが多い。現在は採取が困難である。この土による現存する壁としては、*桂離宮の御殿中書院一の間や*松琴亭、*笑意軒、また*玉林院*蓑庵などがある。

大崎園

【おおさきえん】

*松平不昧が江戸品川(東京都品川区)の高台(御殿山)に営んだ下屋敷内の茶苑。不昧はここに隠居する前の享和三年(一八〇三)に八千四百三十七坪を金三千両で買い上げ、続いて文化五年(一八〇八)に南の隣接地三千五百三十五坪を取得、さらに文化八年に南の隣接地二千坪を取得し、抱え地と合わせて二万千九百坪の広大な敷地となった。ここに、不昧が住いする西館と、正室彰子が住いする東館が建てられ、西側一帯に

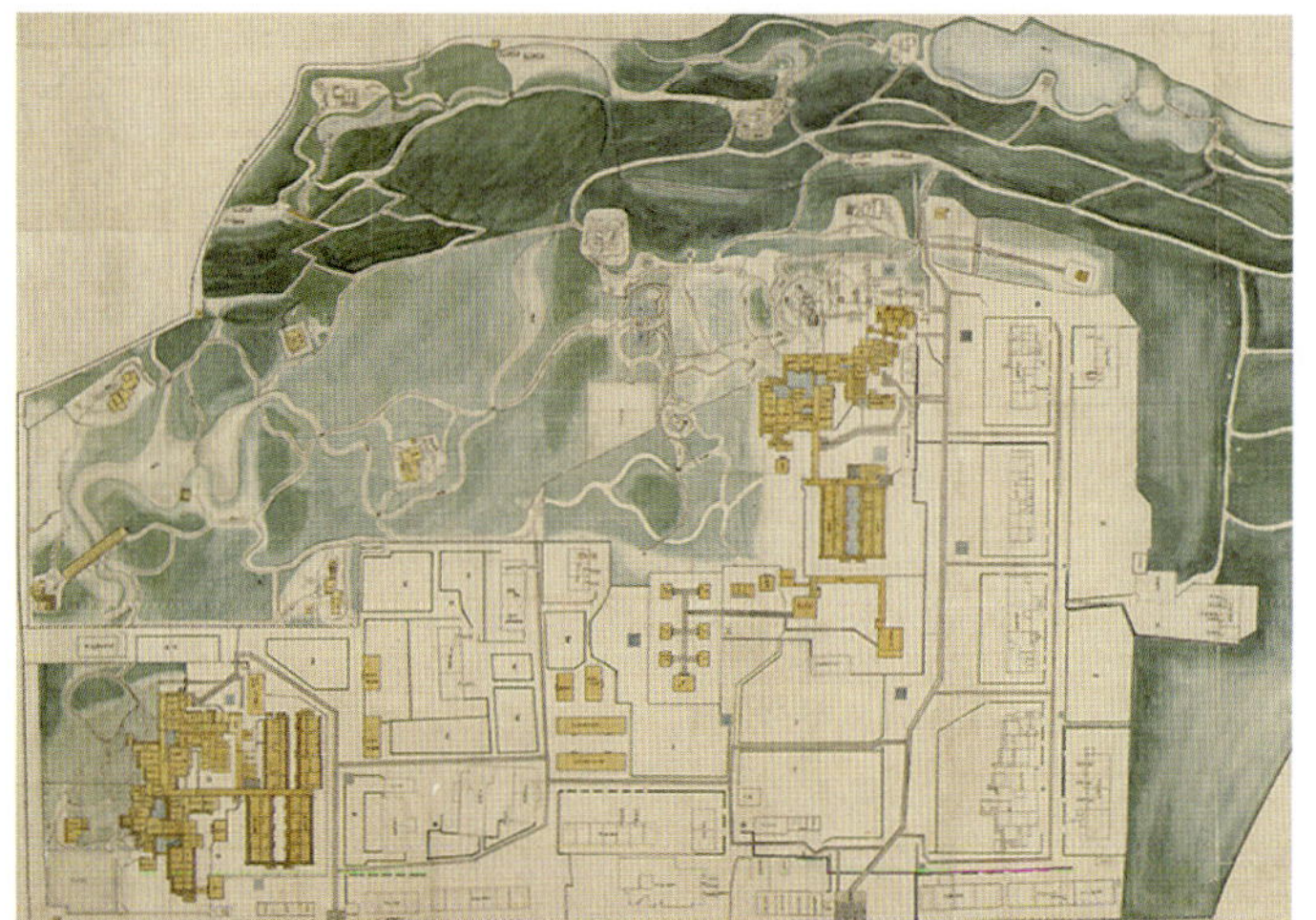

大崎園　「大崎御屋敷分間惣絵図面」(右が北)　松江歴史館蔵

は*紅葉台の茶室、利休堂（御稽古所）、*独楽庵、*清水の御茶屋、*一方庵、*富士見台の茶室、*眠雲、*窺原、*簇々閣、*為楽庵、*松瞑などが点在する回遊式庭園が営まれた。「東都随一の楽園」と称されたが、嘉永六年（一八五三）に幕府の砲台（品川御台場）築造のため没収され、数多くあった茶室もすべて取り壊された。文政十二年（一八二九）に堀直央が記した『大崎名園の記』や、「雲州不昧公大崎別業図真景」（谷文晁原図、国立国会図書館蔵）などにより、園や茶室の面影を知ることができる。

大崎名園の記【おおさきめいえんのき】

堀直央による*松平不昧の*大崎園の記録。文政十二年（一八二九）三月十八日に越後国（新潟県）村松藩主堀丹波守直央が松平定信（白河楽翁）とともに大崎園を訪れた際の記文で、『松平不昧傳』中巻及び『茶禅不昧公』に掲載される。「東都随一の楽園」とも称された大崎園は嘉永六年（一八五三）の品川御台場の構築にともない幕府に公収され、陣屋となり、茶室を含めそのすべてが失われたため、定信が記した『白河楽翁公大崎別業遊覧記』（写し、国文学研究資料館蔵）とともに、大崎園の姿を今に伝える貴重な記録である。

大笹生石【おおささぶいし】

山形県東置賜郡高畠町大字竹森大笹生から産出する高畠石のこと。 ⇨高畠石【たかはたいし】

大座敷【おおざしき】

堺の豪商天王寺屋の*津田宗達、宗及父子が自邸に営んでいた茶室。二人の茶会記（*天王寺屋会記）によれば、天文十八年（一五四九）から天正三年（一五七五）まで使用が見られる。座敷の具体的な構成はわからないが、客数は七人以下が多い中、九人、十一人、十五人などの例もあり、八畳以上の広さがあったと考えられる。床や炉を備え、*小座敷と合わせて一所として使うこともできた。用途としては、常の茶の湯のほか、「振舞」「花見」「清（精）進」「酒」「弁在（財）天祝」「甘会」「初風呂」「碁」など様々であった。一方、小座敷では、炉を使った茶の湯のほか、当時使われ始めた台子、タシ（箪笥棚）、一枚板、籠、押入、袋棚などが併用された茶の湯が盛んに行われていた。なお宗達の代には、大座敷と小座敷のほかに茶屋もあり、天文二十四年から使用が見られ、ここで竈土を使った茶の湯を行うこともあった。また宗及の代では、天正二年六月七日に「大座敷之四帖半」として小座敷の作事中であったことが記録され、同四年十二月五日には「新座敷　左勝手」で口切の茶会を催している。さらに天正十二年六月二十一日には茶屋披きが行われており、これは平三畳で、床、棚、竹縁を備えたものであったと考えられる。

大下地窓【おおしたじまど】

*下地窓の一種。一つの壁面いっぱいに下地窓をあけたような大きなものをいう。裏千家*咄々斎の例のように、意匠の中心として下地を正面にあらわしたり、障子を省くことが多い。

大島石【おおしまいし】

❶石材の一種。愛媛県今治市大島の旧宮窪から産出する花崗岩。丁場（原産地、採石場）は余所国、宮窪、カレイの三地区に分れており、四国や中国地方、京阪神などでも多く流通する。青みがかった花崗岩で変色しにくく、劣化の少ない材料として古くから知られ、明治時代以降に多く産出した材料である。主に角材、長材が知られ、敷石にも多く使用される。❷石材の一種。熊本県八代市の北西、大島付近から産出する石で、*大理石のひとつ。中粒ないし粗粒で、層理が発達している。白筋、赤筋、黒筋、斑紋などの変化がある。茶庭にはほとんど用いられず、工芸品に使用されることが多い。

大島黒砂利【おおしまくろじゃり】

東京都の伊豆大島海岸で採取される砂利。三原山噴出の玄武質溶岩で、良質な黒砂利として知られる。三宅島海岸からも採取され露地や書院庭の雨落や敷砂利に使用されている。

大島家の茶室【おおしまけのちゃしつ】

佐賀県唐津市の大島家住宅にある茶室。大島家住宅は旧唐津銀行の創業者・大島小太郎の旧宅で、住宅は明治十二、三年（一八七九、八〇）頃の建築。茶室は敬日庵といい、大正時代の増築と伝えられる。住宅も数寄屋風の意匠が随所に組み込まれたもので、庭内には待合が建つ。茶室部分は主屋から張り出した形式で接続されている。六畳の広間と四畳の次の間、四畳半などからなる。六畳には琵琶床を組み込んだ一間床と床脇の違棚、そして平書院が付く。四畳半には上座側一間半を二分し、台目床と床脇を備える。床柱は黒檀で、床脇には地板が敷かれ、落掛として極端に曲折した変木が用いられ、上部土壁の上端に下地窓を見せる。水屋に面する点前座の勝手付には色紙窓をあけている。また茶道口には稲妻形に網代がはめ込まれた吹寄障子が片引きに建て込まれる。

大西楼棚【おおせいろうだな】

*床脇に設けられる*飾棚の一種。「大橋棚」ともいう。『新撰棚雛形』（一八八二年刊）では「だいにしにかいだな」と読ませる。江戸時代に棚雛形として定型化される四十八棚の一つで、*西楼棚の下部に*一文字棚を組み合わせたもの。『増補大匠雛形四 新板棚雛形』（一八六六年刊）には「是ハ上座に棚数多有之、一間半なとはなし（離し）たる所ニ用」とある。定勝寺庫裏（長野県木曽郡、重要文化財）には二間幅に設けられた本形式の実例がある。また『伊勢家用来荘飾門口伝書』（一七七一年写）は「四十八棚の中にも西楼棚を八平人の居所に八決して難用棚なれは、其心得あるへし」とした上で、「大西楼棚も是に准すへし」と記し、これらの棚が上位の身分に限って用いられることを示す。

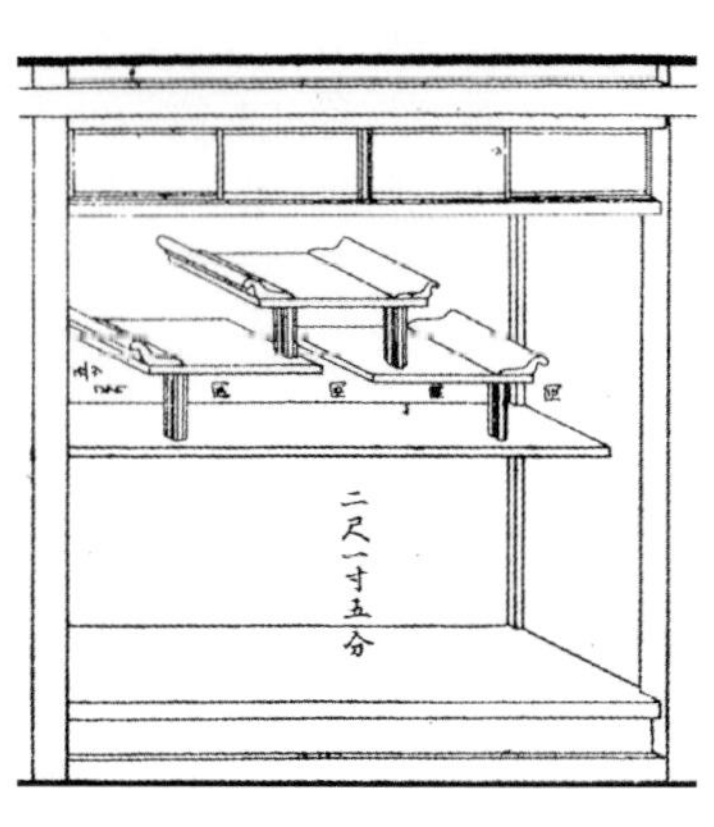

大西楼棚　『増補大匠雛形四 新板棚雛形』

大田黒家の茶室【おおたぐろけのちゃしつ】

東京都杉並区の大田黒公園にある茶室。大田黒公園は音楽評論家の大田黒元雄の遺志により、杉並区に寄贈された屋敷地を中心に日本庭園として整備されたもの。四半敷の土間の休憩室から、半間の廊下を挟んで八畳の広間、五畳の水屋につながる。一間床に半畳の琵琶台、*床脇に地袋をもち、火燈口形式の茶道口と引違いに太鼓襖を建てた給仕口をあける。広縁と濡縁とのあいだに、全面引込みのガラス戸があり、開放的な造りである。

大田家の茶室【おおたけのちゃしつ】

山口県長門市の旧山口慶八の別荘にある茶室。音信川沿いの湯本温泉恩湯のそばに建つが、佐賀の炭鉱王として知られる慶八の妻が音信川向かいの出であることから、この地に別荘を構えたと思われる。主屋、茶室ともに昭和十四、五年（一九三九、四〇）頃の建築で、設計者などは不明であるが、柱づかいや廊下天井の化粧垂木、障子の意匠などから、慶八と深い交流があった数寄屋大工・*笛吹嘉一郎の関与が推測される。嘉一郎は長門市で坂倉新兵衛家の茶室や大寧寺の茶室を手掛けており、この別荘もその流れでたずさわったのであろう。茶室は四畳半で貴人口を西面にあける。床柱は赤松皮付、床框は杉、落掛は辛夷。畳床の天井は杉の一枚板、床脇の天井は亀甲編みの網代。東面に腰窓をあけるほか、腰窓の上、床脇、貴人口の脇に下地窓があく。天井は床前の二畳が杉の矢羽根網代、貴人口前の一畳は菰の下り天井、茶道口のある南側一畳半は杉皮の掛込天井。掛込天井と網代天井、下り天井との境には下り壁と竹の落掛が通る。

太田家の茶室【おおたけのちゃしつ】

奈良県生駒郡斑鳩町の太田家にある茶室。太田家は酒造業を営む家で、明治二十年から三十年（一八八七〜九七）頃に建てられた。茶室は主屋の北側、中庭の露地を挟んで建つ。外観は入母屋造、瓦葺、内部は四畳半大の平面に原叟床風の框床を組み込んだ三畳半の茶室で、炉は本勝手四畳半切である。南側正面に突上窓、濡縁を備えた三枚障子の貴人口、風炉先に大きな下地窓をあけた開放的な茶室であるが、西側壁面は躙口と連子窓でやや閉鎖的な壁面が構成されている。天井は網代の平天井に南側を掛込天井としている。坪庭を露地化して近世町家の構成をのこしつつ、躙口と縁側を備えた貴人口により、茶の湯の使い勝手と居住性を両立させた、小規模な近代茶室の秀作である。太田酒造茶室として登録有形文化財である。

大畳【おおだたみ】

*京間畳のこと。*田舎間(いなかま)畳を小畳と称するのに対していう。京間畳は長手側が六尺三寸(約一九一センチ)で、田舎間畳は五尺八寸(約一七六センチ)であるから、京間畳のほうが一五センチも大きいのでこの名がある。

大津垣【おおつがき】

*胴縁(どうぶち)を数段設け、割竹の*立子(たてこ)を交互に編み込んだ垣。上部に割竹の*玉縁を渡す。『*石組園生八重垣伝(いしぐみそのうやえがきでん)』には朝鮮馬行(やらい)の別名として掲載され、「組垣根ともいう」とある。名称の由来は、朝鮮通信使往来の際に大津(滋賀県)に設けられたためとする説、表と裏に交互に編み込むことを、表を京、裏を大津にたとえたとする説がある。元来は大竹を四つ割にして組んだ荒い垣であったが、細い割竹などを用いる*編垣(あみがき)へと変化した。

大津垣

大津壁【おおつかべ】

土壁上塗(うわぬり)の一種。*水捏(ご)ねをした色土に*麻苆(あさすさ)を混入攪拌(かくはん)し、土容量の二～三割の消石灰を入れ、金鏝(かなごて)で押えて仕上げた壁。下引きとして篩目(ふるいめ)の小さい中塗土を使った摺(こす)り土、もしくは上塗土と消石灰に切返し苆(飛出(ひだ)し苆の項を参照)を入れた灰土を塗り、追っ掛け塗りで大津上塗を塗り付け、水引き具合を見て金鏝押え仕上げとする。名前の由来は、滋賀県大津市近くで良質の白土が採取されたためといわれる。工程の違いによって*並大津と*磨き大津がある。特に光沢のある磨き大津は土壁の中でも最高難度の技術を要する。また用いられる土の色によって*黄大津や*茶大津、白大津などがあり、白大津は漆喰(しっくい)壁に見た目は似ているが、糊(のり)を使わないことと、白土を主成分としていることから、土壁の範疇に属する。

大釣棚【おおつりだな】

*仕付棚の一種。裏千家*溜精軒(りゅうせいけん)のものは十一代玄々斎精中好みで、桑の一枚板を用いる。別に「大棚」ともいう。また、二重の釣棚で大きい方の棚板をいうこともある。

大手毬【おおでまり】

レンプクソウ科ガマズミ属の落葉低木。「繡毬花(てまりばな)」ともいう。観賞用として庭木などによく用いられ、樹高は一～三メートルほどになる。四～五月に白色の装飾花が直径一二センチほどの球状に集まり、手毬のような姿となる。

大釣棚　溜精軒　裏千家

大床【おおどこ】

間口(まぐち)が二間(にけん)から三間ある床。*座敷飾を設ける主室に対し、次の間など*数寄屋造の書院や茶屋などに見られることが多い。西本願寺*黒書院二の間の幅二間の床などがその例。

大躙【おおにじり】

*躙口の内法(うちのり)寸法が通常よりも随分大きいものをいう。一般的な躙口の板戸を横に二枚の引違いとした躙口をいうことが多い。武者小路千家の*半宝庵(はんぼうあん)の躙口は高さ二尺六寸、横幅四尺七寸四分で、これにあたる。なお躙口の内法寸法の標準値は高さ二尺二寸、横二尺一寸程度だが、その寸法は各茶人の好みによって決められるので、多少の大きさの違いでは大躙とはいわない。

大貫【おおぬき】
柱と柱をつなぐ*通貫のほか、胴縁、床板、屋根小舞などに用いられる貫のこと。厚さ五~八分、幅三寸二分~三寸八分程度で、長さは二間ほど。多くは杉、檜、松などが用いられる。

大橋棚【おおはしだな】
大西楼棚と同じ。⇒大西楼棚【おおせいろうだな】

大原の山荘【おおはらのさんそう】
京都市左京区にある若松華瑶旧邸。華瑶は西陣織の図案家で、この山荘は昭和六年(一九三一)、大原の地に建設された。近隣の農家から移築した茅葺の母屋と、同じく茅葺の茶室鶺鴒亭などで構成される。鶺鴒亭は大原戸寺町の野田家にあった池中の茶室を改造したものと伝え、東は四畳半に床、棚を設けた主室、その西に四畳の控えの間を設ける。四畳間の西側には巻物などの図案資料を納める棚を造り付けている。二室のあいだには水車の側板を用いた欄間があり、四畳半東側の窓の外には複数の樹種を用いた勾欄など、これまでの正統的な伝統にとらわれない独自の意匠感覚で造られる。邸内には平成二年(一九九〇)に離れを改造したもう一棟の茶室茶汎庵がある。

大引【おおびき】
床を支える構造材のひとつ。「尾引」ともいう。*根太を保持する水平材。この大引に直交して根太を渡す。大引自体は、両端を*土台や大引受けにのせ、中間は三尺以内の間隔で立てた床束で支える。大引は三尺前後の間隔で配され、三~四寸角の檜材が使われることが多い。(付録28頁参照)

大平【おおひら】
一枚の大きな壁面をいい、主に床の正面中央の壁をさす。古くは「おおべら」といった。

大服茶【おおぶくちゃ】
新年の祝儀茶。「大福」「皇服」とも書く。中に梅と昆布を入れ縁起を祝う。天暦五年(九五一)の疫病流行の際、空也が村上天皇の命により十一面観音像を造立して車にのせて引き廻し、念仏を唱え、茶を煎じて茶筅にてふりたて、観世音に供した。それを疫病の人々に与えたところ、病が悉く治ったとの説話があり、空也堂鉢たたきの僧が歳末に売り歩いた茶筅を使用すると無病息災の利益が得られると伝えられていた。京都の六波羅蜜寺ではこれらの伝承に由来し、現在も正月三が日に梅と昆布を入れた煎じ茶を皇服茶として授与している。

大平【おおべら】
⇒大平【おおひら】

大松亭【おおまつてい】
加賀藩の江戸藩邸にあった茶座敷の一つ。加賀藩第五代藩主前田綱紀が、万治四年(一六六一)七月に金沢に初入部する直前の六月四日に茶会をした際に用いられた。『日歴』(『加賀松雲公』に掲載)によれば、酒井雅楽頭、酒井日向守ら七人を招いて、御居間座敷、遠州座敷、観音御亭、掛作御亭、御茶屋亭、桜御亭、大松亭、鶚御亭、大書院の各所に荘り付けをして振舞い、大松亭での荘りは掛物が一休小色紙、釜が山梔子などであった。

大水屋【おおみずや】
*裏千家の*咄々斎脇に設けられた水屋。*溜精軒の北側、十一代玄々斎精中により改造、増築され、当時「稽古之間」と称されていた咄々斎の、その次の間(*大炉の間)西側に廊下を挟んで位置する。咄々斎や大炉の間、大水屋などの普請は初代*木村清兵衛があたった。大水屋正面には玄々斎の「*稽古の席掟」、向かって左壁には十三代圓能斎鉄中の「水屋訓と水屋飾りの図」という壁書が掲げられ、稽古に臨む心構えや*水屋荘などが示されている。「稽古の席掟」は安政三年(一八五六)に大板に刻されたもので、「礼儀厳重の事」に始まり、十九カ条の心得が記されている。また「水屋訓と水屋飾りの図」は、水屋は茶道修練の第一の場であり稽古の基本であるとし、水屋荘の配置を図で示して整理整頓が肝要であることを教示している。水屋棚は四段の形式で、最上段が通棚となっている。最下層に簀子を備えた水屋流し、三方に柄杓や水漉、揺器、釜据、切藁などが掛けられる高さの腰板を設けているのが特徴である。また水屋流しの

前には床下に炭入が設けられている。この大水屋に裏千家の水屋の基準を見ることができる。なお玄々斎は安政三年に自作の竹花入を清兵衛に贈っているが、その箱に「以稽古間水谷壁止りの残竹造之　二重花入　棟梁と号　今日庵　安政三辰冬　普請成就之時　與内匠清兵衛方」と記している。

大水屋

大棟【おおむね】

*棟のうち、最も高い部分に水平に通った主棟のこと。*流れが交差する部分にも棟ができるため、他にできた棟（*隅棟や*降棟）と区別した名称。（付録15頁参照）

大棟門【おおむねかど】

*棟門のうち、規模の大きいものをいう。中央間の扉を二枚開きとし、左右両脇、あるいはどちらか片方に潜り戸が設けられる。

大面【おおめん】

*面取の一種。角柱などの部材に施される*角面のうち、糸幅のように狭い糸面に対して、幅広の面をいう。普通、柱幅の十分の一、または八分の一の幅以上の面を大面と呼んでいる。

大谷石【おおやいし】

石材の一種。栃木県宇都宮市の大谷町付近から産出する凝灰岩。白緑色、軟質で加工が容易な特徴がある。石塀や内装用に用いられる。

大鰐石【おおわにいし】

石材の一種。青森県弘前市の小金崎付近から産出する新第三紀中新世の角礫凝灰岩。「八幡館石」ともいう。褐色の粗粒安山岩の砕屑を含んでいる。また黒色石英が縞を形成し、多少層状に脆弱になる欠点がある。

岡倉天心【おかくらてんしん】

文久二年～大正二年（一八六二～一九一三）。近代の美術評論家。福井藩士で、貿易商を営む勘右衛門の次男。幼名は角蔵、十二歳頃に覚蔵にあらため、大学在学中に覚三に改名。天心は雅号。横浜生まれ。東京開成学校を経て、明治十三年（一八八〇）東京大学を卒業。文部省に入り、音楽取調掛となり、その後フェノロサらとともに美術取調委員として、明治十九年に渡欧、米国にも立ち寄り帰国。明治二十二年、東京美術学校の開設に貢献、翌年学校長となり、同時に帝国博物館理事兼美術部長を兼任。在職中には、木版多色刷図版を用いた美術雑誌『國華』を創刊。明治三十一年に帝国博物館理事兼美術部長並びに東京美術学校校長を辞職後、橋本雅邦、下村観山、横山大観、菱田春草らとともに日本美術院を創立するなど、画家の養成や画壇の改革に力をつくした。明治三十四年からインドに約一年巡遊、同三十六年、「亜細亜は一なり」で始まる英文著書『東洋の理想』を英国にて公刊し、「日本はアジア文明の博物館である」と論じた。明治三十七年、ボストン美術館の東洋部顧問に就任。『日本の覚醒』に続いて、同三十九年にニューヨークにて『茶の本』を公刊した。『茶の本』は独文や仏文などに訳され、世界に普及した。『茶の本』では、第四章に茶室の一章を設けており、茶室と露地について論じている。明治三十九年、観山、大観、春草、木村武山をともない、茨城県五浦に移住し六角堂を建て、日本美術院も五浦へ移転。同年、文部省美術展覧会審査委員に任ぜられるなどした。岡倉由三郎氏によれば天心は大学卒業後、正阿弥という幕末の茶人より茶の湯を学んだという。

御飾書【おかざりしょ】

足利将軍家の座敷道具飾の実例とその法式に関する書。『玩貨名物記』（万治庚子四月己亥序版本）の附冊として版行された万治三年（一六六〇）文月十日序本の元奥書には、大永三年（一五二三）十一月、*相阿弥が足利十代将軍義稙のために記したとある。主に*東山殿の飾り方の実例を部屋ごとに説明し、続けて座敷道具飾の法式について図を交えて記す。『小川御所并東山殿御餝図』など、異なる題や内容をもつ諸本が存在する。『*君台観左右帳記』や現存する建物の状況と一致する記述を含み、*東山時代の茶室や書院飾(書院飾の項❶を参照)の法式を考える上で重要な史料とされてきたが、近世初頭の成立とみる説もある。万治三年版行本の翻刻は『茶道古典全集』第二巻所収、別本は「御飾記」の題で『群書類従』(遊戯部)所収。

小笠原砂利【おがさわらじゃり】
東京都の小笠原諸島海岸付近で採取される砂利。細粒で青味がかっており、全般にやや角がある。庭園材料として敷砂利などに用いられる。

岡田永斎【おかだえいさい】
明治十八年~昭和三十四年(一八八五~一九五九)。近代の数寄屋大工。*裏千家出入りの数寄屋師・岡田米斎の長男として生まれる。米斎について修業した。懐石料理が得意で、茶事を楽しんだという。昭和三年(一九二八)、京都の吉田山山頂に*谷川茂庵が企画した明治閣と茶室を建てる。その他、大徳寺六代管長の円山伝衣のために造られた大徳寺塔頭芳春院の茶室*落葉亭や慈照寺の洗月亭、大覚寺の*望雲亭など数多くの茶室を手掛けている。また、長尾欽彌の別邸*隣松園の裏千家十三代の圓能斎鉄中好みの茶室や藤原暁雲の熱海別邸滞春亭の茶室*倶忘軒など、数寄者の依頼による仕事も手掛けた。この他にも天龍寺の*祥雲閣や*甘雨亭、南禅寺の*不識庵や*龍淵窟などもその作として知られる。

尾形光琳【おがたこうりん】
万治元年~正徳六年(一六五八~一七一六)。江戸時代前期から中期にかけての画家、工芸意匠家。京都の呉服商である雁金屋尾形宗謙の次男。陶芸家・尾形乾山の兄。通称は市之丞。名は惟富、後に惟亮、伊亮、方祝など、号として光琳、青々、積翠などがある。絵は狩野派の流れを汲む山本素軒に学んだが、次第に俵屋宗達の画風に惹かれるようになり、装飾性の強い画風を身につけていった。宗謙の遺産を使い果たして後、二条綱平などの後援を得て職業画家として立った。元禄十四年(一七〇一)、法橋に叙せられるが、この頃に燕子花図屏風などが描かれたと考えられている。また同じ頃に乾山の陶器生産も始まり、その絵付も行うようになる。宝永年間(一七〇四~一一)には江戸に下り酒井雅楽頭家に仕えることもあったが、間もなく帰洛し京都に新屋敷を建て制作を行った。そして京都で生涯を終えることになる。光琳の遺作としては絵画が多く、雪舟や*松花堂昭乗、狩野派などの伝統的な技法を学びつつも、宗達の装飾性を生かした光琳様式を完成した。工芸では、白地秋草模様小袖(冬木小袖)が光琳の意匠によるとされるほか、八橋蒔絵螺鈿硯箱も光琳の意匠によると考えられている。蒔絵や衣装の図案帳ものこるので、光琳の意匠による工芸作品は多かったのだろう。光琳意匠の影響が大きかったことは、すでに光琳在世中に出版された図案集に多くの光琳模様が含まれていることから明らかである。仁和寺の*遼廓亭は光琳好みとされる。また茶室青々庵を含む光琳屋敷が、起し絵図などに基づいて現在、静岡県熱海市のMOA美術館に復元されている。

小賀玉木【おがたまのき】
モクレン科モクレン属の常緑高木。「黄心樹」とも書く。本州(千葉県以西)から九州、沖縄に分布し、暖地の山地に自生する。葉は互生し、長楕円形で革質。庭木としても時々見られ、京都御所内の池庭周辺にも数本植えられる。露地の植栽として用いることもある。特に神聖の樹木として神前に供える玉串に用いられたり、神木として神社境内に植えられたりする。建築材としては床柱に利用されることもある。

雄勝石【おかちいし】
石材の一種。宮城県石巻市雄勝町から産出する硬質粘板岩。黒色で光沢があり、加工がしやすい。粒子が細かく圧縮や曲げに高い強度をもち、経年変化などへの耐性がある。天然スレート材料としても知られ、近代建築の屋根に多く使用されるほか、硯の材料としても知られている。玄昌石の一種で、近隣からは女川石も産出する。

拝【おがみ】
*垂木や破風板などの斜材が頂点であわさった山形の部分。

拝石【おがみいし】
礼拝石と同じ。 ⇒礼拝石【らいはいせき】

岡村仁三【おかむらにぞう】
明治十七年〜昭和四十七年（一八八四〜一九七二）。近現代の数寄屋大工。岡村家は代々、*西本願寺に出入りした大工の家系であり、仁三も二条城修理や仁和寺御殿など、京都での仕事にたずさわっていた。後年は東京へ移り、*吉田五十八が設計した住宅の施工を担った。吉田が開拓した近代数寄屋の建築要素には、二間持ち放し（下に柱などの支えのない状態）の鴨居、大壁造、荒組障子などがあり、これらの独創的な設計要求に対して、仁三は京都で培われた伝統的な数寄屋技術を大胆に応用し、表現した。代表作として、昭和九年（一九三四）に建てられた吉田設計の小林古径邸（新潟県上越市、登録有形文化財）がある。

阿亀笹【おかめざさ】
竹の種類のひとつ。「ゴマイザサ」「ブンゴザサ」、また「イコザサ」ともいう。稈が細く、高さ一〜一・五メートル程度。日本原産で、関東以西でひろく栽培される。東京浅草の酉の市で、おかめの面をこの竹で作った竿に釣り下げたことからこの名がついたという。露地の*下草としてよく植えられる。

小川沢石【おがわさわいし】
石材の一種。静岡県伊東市の小川沢付近から産出する安山岩。白く、石質は硬い。国会議事堂周囲の石垣に使用されていることで有名。神奈川県足柄下郡湯河原町から産出する相州白石と混同されることが多い。

小川治兵衛【おがわじへえ】
京都の造園業・植治の当主。特に七代目小川治兵衛（一八六〇〜一九三三）は、明治時代中期から昭和時代初期にかけて京都を中心に全国で活躍し、近代庭園の先覚者と評される。七代目は、京都府乙訓郡（長岡京市）の山本藤五郎の次男として生まれ、幼名は源之助。十八歳で京都市東山区の植木屋・小川家の養子となり、小川治兵衛を襲名した（黒田天外『続々江湖快心録』では五代目とする）。明治二十七年（一八九四）の七宝家・並河靖之邸の作庭をはじめ、山縣有朋の*無鄰菴、市田弥一郎の*對龍山荘、野村得庵の*碧雲荘、住友春翠の鹿ケ谷別邸（有芳園）など、南禅寺界隈の新興別荘地において琵琶湖疏水を用いた自然主義の庭園を数多く営む。個人邸宅以外にも*平安神宮神苑や円山公園、京都府庁、京都博物館、都ホテルなどの作庭にも従事し、また京都以外においても東京の古河別邸、大阪の住友家茶臼山別邸（*慶沢園）、岡山県倉敷市の大原別邸（有鄰荘）などの作庭を行うほか、*桂離宮や京都御所、*仁和寺などの庭園修理も手掛けた。単独の茶室にともなう露地としては高山寺*遺香庵があるが、広大な庭園の一画に近代数寄者の煎茶への愛好を反映するような開放的で明るい露地を多数営んでいる。

小川白楊【おがわはくよう】
明治十五年〜昭和元年（一八八二〜一九二六）。近代の造園家。七代目*小川治兵衛の長男。名は保太郎。父の仕事を手伝うとともに石造物に造詣が深く、植治の造園にも影響を与えたとされる。また写真家として、さらに古瓦や古鏡の収集でも知られ、『家蔵瓦譜』『古瓦譜』の編集出版がある。ウェスティン都ホテル京都の*佳水園の作庭や、慶雲館（長浜市。慶雲館の茶室の項を参照）、*碧雲荘、*清流亭、流響院（旧岩崎久彌邸）などの造営にかかわっている。

牝瓦【おがわら】
「男瓦」とも書く。丸瓦と同じ。 ⇒丸瓦【まるがわら】

置石【おきいし】
関守石と同じ。 ⇒関守石【せきもりいし】

置井戸【おきいど】
飾り井戸と同じ。 ⇒飾り井戸【かざりいど】

置刀掛【おきかたなかけ】
左右にまたのある木などを立てて、刀を横にして掛け置く道具。二段になるものが多い。刀を縦にして置くものもある。茶室においては千利休以前、茶室に縁が付き、縁より入室していた頃は、縁に置刀掛を据えたという。のち縁が除かれ、*躙口が現れた頃に*刀掛ができたと考えられるが、*織田有楽の茶室*如庵では、躙口付近に刀掛を設けず、正面左端の*土間庇の奥に、*扈従の間を設け、そこに置刀掛を置いたとされる。

置洞庫【おきどうこ】

*洞庫の一種。箱型で棚のみが付けられ、底板がなく、移動可能な洞庫。点前座脇の勝手側の建具の開口部にあわせ、開口部の向こうにおいて使用する。このため建具は襖仕立てが多い。

置燈籠【おきどうろう】

笠と*火袋、もしくは*中台までで、竿や基礎をともなわない形式の燈籠のこと。石燈籠が多いが、木製や金属製の燈籠もある。*桂離宮の*三光燈籠、仁和寺*飛濤亭のものが知られる。

置床【おきどこ】

床の一形式。床の上部（小壁、落掛）、床柱を省略した形式。地板だけのものや袋戸を付けたものもあり、取り外し可能なものは*付床という。『嬉遊笑覧』に「小き家には、置床とて、取をきにするあり」と見える。*曼殊院小書院次の間（富士の間）の西に接する無窓の席の出隅に、逆蓮擬宝珠の親柱を立てて袖板を入れた構えがあるが、これも置床の一例である。

置床　無窓の席　曼殊院

置水屋【おきみずや】

*水屋棚の一種。移動可能な水屋棚のこと。一般に杉材で、*水屋流し、棚を備え、竹釘が打たれている簡易な形式のもの。二枚の木製建具を建て込む。置水屋の大きさや形態に応じ、最下層または中層に流した湯水を溜めるための引出しが付けられている。また上部や下部に物入を備えているものもあり、大小様々な形がある。川上不白好みや片桐石州好みが知られている。

置炉【おきろ】

持ち運び可能な*炉のことで、炉を切る位置に置き、炉の代用として扱う。*炉壇の大きさに木枠を作り*炉縁を付ける。

奥田正造【おくだしょうぞう】

明治十七年（一八八四）～昭和二十五年（一九五〇）。近代の教育者、茶道家。岐阜県高山市の生まれ。東京大学文学部卒業。大正六年（一九一七）、自らが主事として教鞭をとる東京成蹊女学校に茶室不言庵を建てて茶道に基づく教育を始め、六十七歳で世を去るまで、その信念に基づくユニークな教育方針を貫いた。彼の教育の理想は、学解に偏せず行持も重んじ、行解相応する人間を作ることにあった。正造自らも真に平常底と一如にわび茶を実践していたが、茶道家としてよりは教育者として知られている。著書には、多くの茶人の逸話を紹介するなどして、生活の中の茶を説いた『茶味』がある。その抄録が高等女学校の国語の教科書などにも多く取り入れられ、名著の誉れが高かった。さらなる著述を求められると、正造は「私はこの一冊でよい。この本の境地を実行すれば足りる」とことわっていたという。

奥待合【おくまちあい】

*裏千家にある*腰掛。敷地の東北隅、宗旦手植えと伝わる宗旦銀杏あたりに建てられている。垂れ壁を付けて下部を大きく円窓形に刳り抜いた円窓床を構える。柿葺の庇を付け下ろして広い土間庇を形成し、土間部分を四半敷とする。もとは寛政二年（一七九〇）の利休二百年忌を控えた九代不見斎石翁によって建てられた仮の*祖堂であったらしく、円窓床内部には天明の大火の難を避けた利休像が祀られていた。その後、利休二百五十年忌にあわせた十一代玄々斎精中の増改築にともない、あらたな*利休堂が完成したため、不見斎の利休堂は奥待合（内腰掛）として使用されることになった。現在は砂雪隠が添え建てられている。

小栗家西の茶室【おぐりけにしのちゃしつ】

愛知県半田市の小栗家住宅にある茶室。小栗家は万三商店と称して醸造業をはじめ肥料、米穀、綿糸などの問屋を営んでいた。この茶室は大正四年(一九一五)に離れの竹の間(登録有形文化財)などとともに建てられた。敷地の最西にあり、北側にある竹の間と廊下でつながる。建物は東を正面として建つ平家の切妻造で、棟に瓦を積み、東面を銅板の瓦棒葺とする。本席の東は外部で土間庇となり、南側に水屋を配し、西側を廊下とする。内部は二畳台目隅炉で、置洞庫を設ける。火燈口で南の水屋とつながる。

小栗家の煎茶室【おぐりけのせんちゃしつ】

愛知県半田市の小栗家住宅にある煎茶室。知多半島の半田は江戸時代から醸造業で栄えたが、万三商店と呼ばれた小栗家は、醸造業に加えて肥料、米穀、綿糸などの問屋も商う、この地方屈指の豪商であった。屋敷構えは、東西に長く、主屋は寄棟造桟瓦葺、二階建で、表通りに面した東側が店棟、奥が居宅棟となっている。居宅棟は明治三年(一八七〇)、店棟は同二十五年に建設された。煎茶室九畳は居宅棟に設けられ、北面西半に天井を一段高くした独特の壁床をもち、その東側壁面には中国意匠の紫檀の透窓が、また東面南寄り壁面には中国意匠の陶板がはめ込まれている。さらに天井は雷文、万字繋文、及び紗綾形文を配した極めて精緻な網代天井となっている。主屋の西には渡り廊下で書院が接続する。離れは「竹の間」の名称があり、敷地北西隅に、大正四年(一九一五)に建設された。玄関上り口に太い孟宗竹を敷き並べ、それに続く廊下にも同様の孟宗竹と面皮の角材を交互に並べ、大胆かつ斬新な意匠となっている。離れの座敷は東西に二室並んでいるが、玄関に近い東側の座敷が煎茶室である。間口一間半、奥行三間の細長い部屋で、西面北半に床と床脇が並び、のこる七畳半に畳が敷かれ、東面南端に付書院が、庭に張り出して設けられている。この付書院の窓の格子は大胆な中国意匠で、北面から東面にかけて障子を建て込んだ開放的な開口部と、その先の繊細な竹林を主体とした庭園とあわせて、煎茶室としての特色がよく現れている。小栗家住宅は主屋や書院、離れのほか、書院の東に接して建つ茶室などが登録有形文化財である。

桶揚石【おけあげいし】

水揚石と同じ。⇩水揚石【みずあげいし】

桶石【おけいし】

❶蹲踞の役石のひとつ。湯桶石と同じ。⇩湯桶石【ゆおけいし】
❷縁先手水鉢の役石のひとつ。水揚石と同じ。⇩水揚石【みずあげいし】
❸井戸の*役石のひとつ。井戸の脇に据え、桶を置くための石。

朮【おけら】

キク科オケラ属の多年草。「白朮」とも書く。本州から九州にかけての、日当りの良い乾いた草地に生える。葉は堅く、細かな鋸歯が見られる。秋には茎の先に白色の花をつける。根や皮は昔から薬として利用されており、八坂神社(京都市東山区)のをけら詣りが有名である。またかつては梅雨時には湿気を除くために室内でいぶすことが民間で行われており、「おけら焚」というのがこの時期の季語として使われる。山田宗徧の『茶道要録』(一六九一年刊)には蔦、貫衆(*羊歯)、蕨、款冬などとともに*下草に用いるものとして名が挙がる。

起し絵図【おこしえず】

江戸時代にあらわれた立体絵図のひとつ。「建絵図」(「たてえず」とも読む)「建図」「姿図」ともいう。和紙に建物の平面図を描き、これに立面や室内展開図を描いたものを貼り、平面図上に垂直に起して建物を立体的に見られるようにしたもの。天井や屋根を付けることもある。立面の壁面と壁面は爪状の突起部を穴に差し込むことで固定する。突起部を穴から外せば解くことができ、組立も折り畳みも自在に繰り返せるのが利点。折り畳んだ状態はかさばらず、持ち運びが便利。各面には柱、建具、天井形式、その他各部の形と寸法が示されることもある。老中・松平定信(一七五九～一八二九)は、*今日庵、*大仙院の石庭、大徳寺*真珠庵などの起し絵図を集めたことで知られる(*楽翁起し絵図、東京国立博物館蔵)。御殿や社寺建築のほか、茶室に関して多く作られ、茶匠たちは、茶室の写しを造る時や設計する時の参考とし、活用した。「大工頭中井家関係資料」(重要文化財)には、妙喜庵*待庵、高台寺*時雨亭、*如庵などの起し絵図が含まれる。

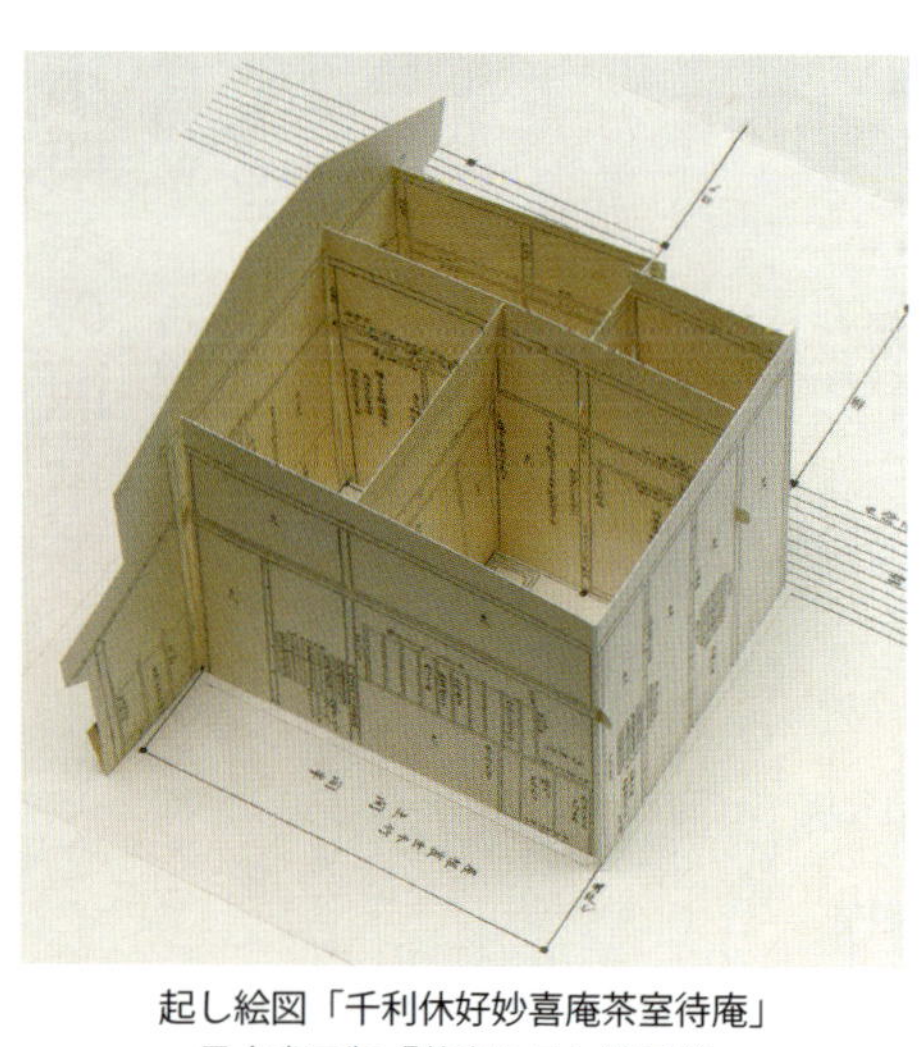

起し絵図「千利休好妙喜庵茶室待庵」
墨水書房版『茶室おこし絵図集』

筬形【おさがた】

筬のように*竪繁になったものをいう。筬とは機織に用いる道具のひとつで、木や竹、金属などの薄片を櫛の歯のように並べて長方形の枠に入れたもの。建築においては欄間(*筬欄間)や窓(*筬窓)などに見られる。

小狭小舞【おさごまい】

❶*小舞の一種。茅葺(藁など、草葺も)の*切妻造において、妻面へ出たままの状態の小舞。「筬小舞」と書くこともあるため、屋根下地材の小舞が、筬のように細長く並んで見える様子からの呼称か。❷神明造の社殿で、*破風の*拝に近い妻面から突出させた、左右四本ずつの小部材。「鞭掛」ともいい、根元の断面を方形、先端を円形に作る。

筬羊歯【おさしだ】

シシガシラ科ヒリュウシダ属のシダ植物。本州から九州地方の山地で、岩上に群生することが多い。葉は羽状に並び、羽片は被針形で、先端部の葉のみ尾状にのびる。長さ二〇センチ程度。露地でも好まれ、よく*景石上に群生する。

おさ定規【おさじょうぎ】

大工道具の一種。*墨付けに用いる道具。茶室では凹凸をもった*礎石や丸太を用いるが、これらを*ひかり付けして精確に接合させるために、材に曲面を写し取るもの。竹の薄片(筬)を束ね、両側から押えて留めたもので、薄片が可動するので、これを丸太にそわせてトントンと叩いて形状をあわせることで、おおまかな断面形状を写し取ることができる。それを写す面に移動して、薄片にそって墨サシでなぞることで形状を写し替えることができる。ただし、構造上なめらかな曲線まで写し取ることはできないので、あくまで概形を写すための道具である。特に丸太同士の*仕口には向いておらず、この場合はフリーハンドで線を描く。おさ定規で写した面の精度を高めるには*口引やコンパスを用いる。(付録27頁参照)

筬窓【おさまど】

機織りで横糸を織り込むために用いる櫛の歯状の道具を筬という。女竹や葭などを密に配してこの筬のような姿にした窓のこと。

納まり【おさまり】

いくつかの部材が取り合う部分の施工法や意匠的な見せ方をいう。精緻な加工で繊細な表現を見せる茶室や数寄屋の設計、施工では、複雑に取り合う部材間の接合を美しく明快に処理すべく、納まりがとりわけ重要視される。

筬欄間【おさらんま】

*欄間の一種。格式ある座敷と次の間境の*小壁などに用いられ、*組子を*竪繁に並べ、中央に横桟を三筋ほど、上下にそれぞれ一筋ないし二筋を通す。横桟を通さないものもある。その意匠が機織りで使われる道具の筬に似ていることからの呼称という。(付録23頁参照)

押板【おしいた】

*書院などの室内に掛軸を掛け、*三具足を置くために設けられた装置。『*君台観左右帳記』に「一、おしいたに三幅一対・五幅一ついかゝる時は、かならす三具足をくへし。(中略)一、一けんおしいたには、二ふく一ついのゑかゝるへし(後略)」と説明している。したがって同書が著わされた室町時代には「おしいた」(押板)と称したことが確認される。また『君台観左右帳記』に、

押板　園城寺光浄院客殿一之間

「大なる八景の八幅などは壁にかかるべからず、たとい押板候わずとも、かけ候て、置押板などをも、おかるべく候也」とあり、作り付けの押板に対して置押板のあったことも知られる。このように、中国から輸入された宋、元代の絵画を軸装して鑑賞することが増え、それらの前に三具足をおく慣習からも十四世紀前後に定着していったと考えられる。形式は今日の床とは異なり、厚い板を畳より七寸から一尺ほど上げて作り付けにし、その下に低い小壁を設けた蹴込式である。また間口に比して奥行きが浅いことを特色とし、間口は一間より広く二間以上のものがあるのに対して、奥行きは概ね二尺以内である。書院造では押板、付書院、違棚が座敷飾の装置として定型化する。一方、茶室ではそれらを省略、簡素化して、ほぼ一畳敷で、貴人の座であった上段の形式が取り入れられ、「床」と呼ばれた。近世に入ると、『匠明』(一六〇八年)で押板が「トコ」と呼ばれているように、「押板」に代って「床」の呼称が一般化するようになった。現存する押板の例として、滋賀県大津市園城寺の光浄院や勧学院の客殿(いずれも国宝)などに見ることができる。

押入【おしいり】

押入の項を参照。⇒押入【おしいれ】

押入【おしいれ】

一般的には「おしいれ」と読み、襖や戸で仕切られた造り付けの物入をさすが、そのような空間を組み込んだ茶室が知られている。『*宗湛日記』天正十五年(一五八七)正月十六日朝の条には「四テウシキノ内一テウノヲシ入　キロリヲシ入ニアリ　釜テトリ、五徳スヘ　一畳ノヲシ入ニ、キヌタニ柳ト白梅ト入テ」とあり、また同十九日の条には「平三テウ　四寸キロリ(中略)始ヨリ、大壺ヲ一テウノヲシ入ノタヽミニ置」とある。現在でも*松花堂(松花堂の項❶を参照)や妙心寺*海福院の茶堂など、襖を建てた押入状の空間の中に棚や炉(*丸炉)を備えた構えが知られている。それらは草庵の茶の湯の方式が定まる以前に行われていた点茶の場と喫茶の場とが別になっていた段階の茶の湯のあり方、あるいは「籠」「箪笥(「たじ」とも)」、そして「押入」と呼ばれた棚を用いた茶の湯のあり方を伝えるものと考えられる。

押入床【おしいれどこ】

織豊時代頃の床のことをさす言葉の一つ。「おしこ見床(押込床)」ともいう。『日葡辞書』にしたがうと、「ヲシイレ」の一つは「家の外側へ突き出たところの内側にある空所」、あるいは「ヲシイレダナ」という意味であり、「トコ」は「座敷の上座にある一種の高座または段で、生花などを置く所」という意味である。すなわち、外に突き出た部分で内部が高座または段になっている空所、つまり現在の床のことを押入床と呼んでいたと考えられる。『*天王寺屋会記』の「宗及他会記」天正九年(一五八一)六月十二日の条には「一　ヲシ入床ニ　大軸ノ月絵、カケテ」とあり、床をさしている。一方で「床」の文字を省略して「ヲシ入」と呼ぶこともあるが、押入床以外の「家の外側へ突き出たところの内側にある空所」すなわち茶室では点前座をさす言葉としても使用されており、混用が認められる。たとえば『*宗湛日記』天正十五年正月十六日の条には「四テウシキノ内一テウノヲシ入　キロリ　ヲシ入ニアリ、釜テトリ、五徳スヘ　一畳ノヲシ入ニ、キヌタニ柳ト白梅ト入テ」と、文中に三つの「ヲシ入」が見られる。最初の「ヲシ入」は床と点前座、どちらか不明であり、床であるなら三畳の座敷に一畳の床があると見られ、点前座であるなら袖壁と中柱で曖昧に区切られて外側に突き出たように見えるものだと考えられ、二つ目の「ヲシ入」につながるとみられる。その二つ目の「ヲシ入」は点前座をさすと考えられ、向切の炉が切られた点前座のことをさしている。三つ目の「ヲシ入」は床をさすと考えられ、柳と白梅をさした砧青磁の花入が置かれていたという意味である。なお、「押入」は「オシイリ」と読み、現在の押入と同様のものとみなす説もある。

押角【おしがく】

*小丸太のまわりを挽いて、ほぼ角材に近い形にしたもの。部分的に皮ののこった材で「丸身付の角材」ともいわれる。小丸太でも*心持材で一本取りすることができ、無駄な余材を少なく製材できる。

押込床【おしこみどこ】

押入床と同じ。⇒押入床【おしいれどこ】

押縁【おしぶち】

❶天井や屋根、壁面の板などを押さえるために、板とそれを取り付ける材の接触部分に打ち付ける細長い材。割板や薄板、竹などを用いる。

❷横目板と同じ。⇒*横目板【よこめいた】

❸垣の*立子や*組子を表面から押さえるための部材。通常、親柱のあいだを渡す横材で、材料には主に割竹を用い、*胴縁と同じ太さの二つ割、または三つ割を使うことが多く、名古屋以西では、細割竹を三本重ねて用いることもある。また細い丸竹や樹皮などを束ねたものや板を使うこともあり、この場合は平縁という。

押縁竹【おしぶちだけ】

*押縁の一種。竹を用いた押縁のこと。なかでも垣などで、*胴縁の位置で*立子を押さえるために渡した割竹をいう。胴縁と同じ太さの二つ割り、または三つ割りを用いることが多い。名古屋以西では、細割竹を三本重ねることもある。

苧莇【おすさ】

麻莇と同じ。⇒麻莇【あさすさ】

御席屏風【おせきびょうぶ】

愛知県名古屋市東区の徳川美術館にある折り畳み式の茶室で、組立茶室と称されている。もと同市西区の慶栄寺に伝わる三席（広間、小間、寄付）の内の一つで、同寺から徳川美術館に広間（六畳）が寄贈され、のこる小間（四畳半）、寄付（四畳半）の二席は慶栄寺に所蔵されている。これらは幕末維新期の尾張徳川家十四代慶勝（一八二四～八三）が家臣に造らせたといわれ、慶栄寺の寺伝によると、慶勝は万延元年（一八六〇）にこの「御席屏風」を使い、江戸で諸大名を招いて大茶会を催し、後に尾張に持ち帰り、親交のあった十一代住職が慶応元年（一八六五）に特別に拝領したという。土壁に似た和紙を張った四面の壁面を三組の屏風仕立てとし、*天井部分をのせ、小さな袖壁を席中に二面立てることで囲いが創り出される。屏風仕立ての一扇の寸法は、高さ五尺八寸、幅二尺五寸、厚み六分で、この厚みに二重の釣棚、行燈、移動可能な折り畳み式の竹釘などが仕込まれる。さらに蒲の落天井、へぎ板風の網代天井、突上窓をあける掛込天井などは、いずれも鉋屑ほどのきわめて薄い杉や桐材を和紙に張り合わせ、竹で押さえてあり、変化に富んだ天井構成ながら軽量化が図られている。天井周辺の垂木、壁留、廻縁や柱材には北山丸太、赤松、辛夷、栗などの小丸太、また竹が使われている。障子には写真技術を学んでいた慶勝が撮影したという写真のガラス原板がはめ込まれる。これらは西本願寺十八代門主文如（一七四四～九九）好みで、同じく折り畳み茶室として知られる蛍籠との類似点がある。

御席屏風（組立茶室）　徳川美術館蔵

織田有楽【おだうらく】

天文十六年～元和七年（一五四七～一六二一）。織

豊時代から江戸時代前期にかけての大名、茶人。織田備後守信秀の十一男。信長の実弟。名は長益、通称源五（郎）、号は有楽、如庵。本能寺の変（一五八二年）の後、*豊臣秀吉に仕え、秀吉没後は*徳川家康につき、関ヶ原の戦い（一六〇〇年）ではその功により大和国（奈良県）山辺郡内に三万石を与えられた。一方、大坂天満屋敷にあっては豊臣秀頼を補佐し、大坂冬の陣では豊臣方の盟主に推されるなど、両陣営を遊泳したが、元和元年の大坂夏の陣には参加せず、京都二条の屋敷に隠棲して茶室を設け、茶道に専念していく。松本見休による有楽流の茶法書『貞要集』によれば、*千利休から*台子を伝授されたと伝えられる。なお六条堀川の名水の*醒ヶ井を修理して、井筒に「元和元年九月二日、有楽」と記した。そして、この井筒を翌二年正月に引き取り、同形のものを造り、「佐女牛井　元和弐年五月吉日　有楽再興之」と記載し六条堀川にふたたび据えた。『寛政重修諸家譜』によれば、元和二年に四男長政（大和国戒重藩）と五男尚長（大和国柳本藩）にそれぞれ一万石を分割し、そののこりの一万石を自分の養老の料とした、とある。元和二年に建仁寺塔頭の正伝院（正伝永源院の項を参照）を再興し、同四年の秋に客殿、庫裏、書院とともに茶室*如庵を建てた。また正伝院には*今井宗久が建立した*武野紹鷗の供養塔を界の富豪・難波某より譲り受け隠居所のかたわらに移建した。*古田織部没後には茶の湯第一人者の称を得て、元和七年十二月十二日、京都東山に没し、正伝院に葬られた。法名は如庵有楽正伝院。所持した名物道具は死後散逸したが、その中には孫の三五郎長好が収集したものが多い（織田三五郎遺品分配目録）。後に有楽の茶説、茶流は『茶道正伝集』『貞置集』に編まれて茶道流派として有楽流が興された。

織田有楽の屋敷と茶室

【おだうらくのやしきとちゃしつ】

*織田有楽が*大坂城を退去するまで居住した大坂の天満屋敷に建てた茶室は、平三畳台目で点前座の奥に床を構えた亭主床の席で、客座と次の間との境に、大きな火燈口をあけたものであった。天満屋敷跡に建てられた*九昌院に至るまでの記録などにより、有楽苑内に復元されたのが*元庵である。この他に天満屋敷の茶室図として伝えられるものに、*二畳台目の客座に二畳半ほどの広さの榑縁を付し、その端に躙口をあけ、点前座の背後に床を構えた平面図が伝えられている。また慶長十七年（一六一二）十一月、翌年九月の豊臣秀頼の御成の時の会記によると、屋敷内には上段、床、一間の書院床、違棚を備えた書院と鎖の間があったことがわかる。大坂退去後に住した京都二条屋敷の茶室と伝えられるものは、二畳台目下座床に二枚障子を隔てて半間幅の榑縁が付加され、縁の隅に躙口をあけていた。やがて有楽は建仁寺塔頭の正伝院（正伝永源院の項を参照）を再興して、元和四年（一六一八）、庫裏の背後に隠居所を設け、茶室*如庵を建てた。如庵の独創的な室内構成は*有楽囲などと呼ばれている。また二畳遣り違いの平

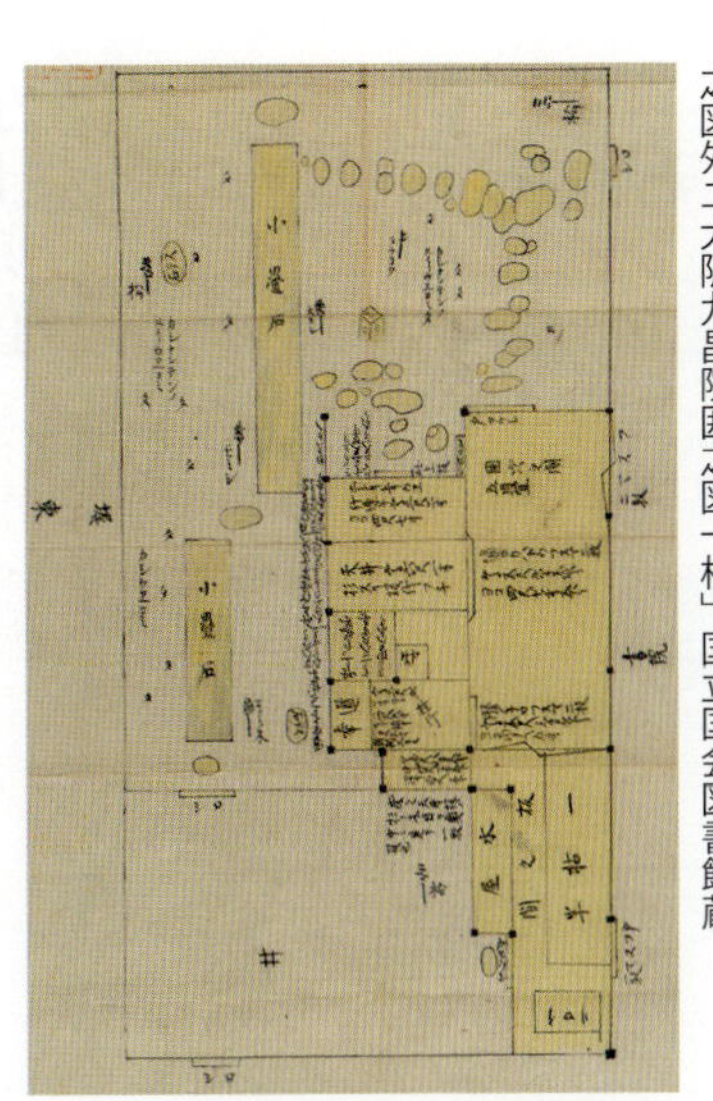

織田有楽天満屋敷の茶室図　権現様渡御之囲 織田有楽指図 大阪九昌院　洗解庵　「十八囲之図外二大阪九昌院囲之図一枚」国立国会図書館蔵

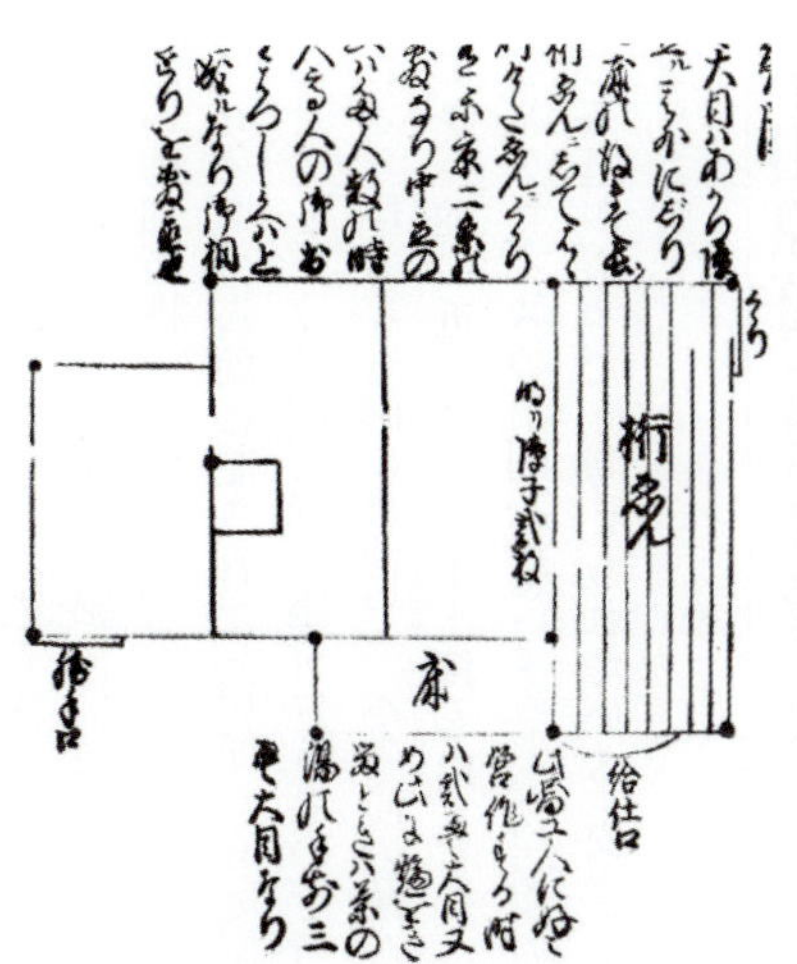

有楽囲の図　『数寄屋工法集』

面で、遣り違いのところに床を構え、点前座も洞庫を付し、炉を向切にした茶室「祇園座敷」が図で伝えられている（二畳の項の図を参照）。この座敷があったという祇園屋敷が正伝院の隠居所であるとの推測も許されるが、確定することはできない。また平四畳で、躙口の対面中央に床と点前座を配し、点前座は床を背後にして台

目切に炉を切っている茶室の図も伝えられる。正伝院が祇園に接していたため、有楽の隠居所を祇園屋敷と呼んだとも推測はされるが、隠居所にこのような茶室があったという確証はない。*伏見城から上林家を経て、三室戸寺金蔵院へ移され、*月華殿に付属して建てられていた茶室は、のちに*三溪園に移され、月華殿から独立して建てられて九窓亭、のちに春草廬（春草廬の項❷を参照）と称された。有楽作と伝えられ、九窓亭の呼称のとおり、九窓を備えている。これらの作例に、有楽の多彩な作風が現れている。床は上座床、下座床だけでなく、亭主床も点前座背後に構えたこともあり、床の配置の工夫は全く自在であった。風炉先に洞庫を設ける珍しい工夫も試みている。また客座を畳と板間で構成することがあった。畳と板間とのあいだに間仕切りも高低もなく一続きであった。これは貴人の座と相伴席を分けるためであったと考えられる。*古田織部は相伴席を二枚襖で隔て、さらに下段に構成する工夫もこらしたと推測される。有楽はむしろ畳と板間という寝殿造以来の古い仕来りからの発想であろう。また*千利休が嫌ったと伝えられる竹の中柱を立てたこともあった。有楽が*豊臣秀吉に茶の湯の相伝を願い出たところ、秀吉は「汝は年来数寄の巧者なれば」利休から伝授を受けよといったという。秀吉の前で相伝を終えた後、退出した有楽に「茶道に大事の習と云事さらなし　皆自己の作意機転にてならひのなきを台子の極意とするぞ」と伝えたという（貞要集）。この極意を実践していたことが、有楽の多様な作例によく現れている。

織田信長【おだのぶなが】

天文三年～天正十年（一五三四～八二）。織豊時代の武将。尾張（愛知県）下四郡を支配する織田家の家老・信秀の次男。幼名吉法師、通称三郎。天文十五年、元服して信長と名乗り、同二十年、家督を継いで上総介と称した。尾張一国を支配下とした後、美濃（岐阜県）を攻略、岐阜に進出した。永禄十一年（一五六八）、足利義昭を奉じて入洛し、室町幕府を再興して義昭を将軍職に擁立したが、やがて両者のあいだに不和が生じると義昭を河内国（大阪府）の若江城に追放し、*室町幕府を倒した。天正四年、近江国（滋賀県）に*安土城を築き、岐阜より居城を移した。近畿、北陸、山陰、山陽を制圧し、天正十年、中国征伐に派遣した*豊臣秀吉の応援のために上洛、本能寺に宿泊中に明智光秀に襲われて横死した。法諱は総見院泰巖安公。死後、太政大臣従一位を追贈された。大徳寺*塔頭総見院が菩提所となった。仏教を弾圧することもあったが、一方、キリスト教に対しては好意的な態度を示し、宣教師のルイス・フロイスの要請を受けて、京都の南蛮寺建立や、安土城下の教会堂ならびに神学校建設に土地と資材を提供するなど、布教を援助、宣教師らを通して積極的に西洋文化を受容した。また関所の撤廃、座の廃止、楽市の設置など、商品経済の発達を促進する政策を行い、堺の豪商らとの結び付きを深めた。堺の豪商のあいだで流行していた茶の湯にも関心を寄せ、*今井宗久、*津田宗及、*千利休らを茶堂に起用した。「御茶湯御政道」と呼ばれるように茶の湯を政略的に利用したが、秀吉をはじめ武将のあいだで茶の湯が流行する原因ともなった。また京都、堺で「名物狩り」と形容された*名物茶道具の収集を行い、これらを披露する茶会を相国寺、妙覚寺などで開催し、また新築された安土城においてもたびたび茶会を行った。岐阜城跡の発掘調査では、織田信長居館跡から複数の庭園遺構が見つかり、永禄十二年にルイス・フロイスの書簡に記された「居館から庭園を眺めた」という訪問記録を裏付けるものと考えられる。巨大な庭園には池や二本の滝の跡が確認でき、池の近辺からは手水鉢も出土している。なおフロイスの訪問記録によると、居館の三階に茶室があったと考えられている（安土城の茶室の頁を参照）。

小田原葺【おだわらぶき】

*板葺の一種。屋根葺材に板を用い、竹棟をのせ、勾配方向へ竹の押縁を取り付ける葺き方。竹の代りに石をのせることもある。かつて小田原宿（神奈川県）で見られた葺き方。

落石【おちいし】

⇒落石【おとしいし】

落縁【おちえん】

*縁の一形式。座敷あるいは縁より、さらに一段低く造った縁のこと。多くは*雨戸の外の*濡縁

で、建物の外まわりに造られる。

越智家の茶室【おちけのちゃしつ】

愛媛県西条市の越智家住宅にある茶室。当住宅のある壬生川の地は、商業の発達した港町で、明治時代に、その発展に寄与した人物が越智和太郎であった。屋号を枡屋といい、木蝋の販売などで当地の豪商となった。その店舗兼住宅は江戸時代末期の建築と推定されるが、その後、数寄屋棟と茶室棟が、昭和二年（一九二七）、和太郎の隠居用として建築された。数寄屋棟は板敷きの縁を廻した八畳の座敷、畳敷きの縁を廻した八畳と六畳の続き間、四畳半の茶室などからなる。また茶室棟は入母屋造桟瓦葺の屋根で、深三畳台目の本席と二畳半の水屋からなる。本席は風炉先に床を構え、向切に炉が切られている。登録有形文化財。

落天井【おちてんじょう】

天井の一形式。天井の高さが二段になっている場合、その低いほうの天井のこと。「落（おとし）天井」とも読む。主として茶室の点前座部分の天井に使用される。これは亭主の空間に謙虚さを表すための演出のひとつで、客をもてなすための手法である。一般に天井の高低はその空間の格式を表現し、低い天井は下位の空間を示す。板を張って女竹の竿縁で押さえたもの、蒲天井、網代天井などがある。（付録24頁参照）

落間【おちま】

❶書院建築において、部屋の上下を区別するために、上段、中段、下段、落間などを設け、その中で最も低い所をいう。❷他の部屋より床が一段低く造られた部屋。家族や奉公人の部屋として用いられる。

落石【おとしいし】

躙口前の役石のひとつ。踏石に続き据えられる石。「おちいし」とも読み、「二番石」ともいう。『石州三百ヶ条』に「くゞりの石高さ四寸と心得、其次の石を居る也、是をおとし石といふ、此石ハくゞりの石面より一寸五分斗下る也」とあるように踏石よりやや下げて据えられる。また『茶道筌蹄』には「一番石の高サハ一番石と三番との間也。一番と二番との明キは草履を横に入るゝ程次第々々に此明キなり。三番目石より高サ二寸。但し三番石は定め高サ二寸也。二番を居ゆるに一と三と見合て其後に二番を定る也」とあり、この石を据える高さは踏石と乗石のあいだとし、この二石を据えた後に落石を据えると記される。（付録14頁参照）

落掛【おとしがけ】

床や書院窓の上部の小壁下で、小壁を受けるための横木。「楣」と書く茶書もある。本床では内法より柱二、三本ほど上げて取り付けるが、落掛の位置は天井の高さとのバランスで決まる。床框、床柱とともに床を飾る材料で、杉や桐、松などの材の見付を柾目に取って、取り付けることが多いが、茶室や数寄屋では面皮や竹、雑木の小丸太などを用いる。落掛の中央正面または裏側に、釣花入を掛けるために打つ折釘を落掛花釘と呼ぶこともある。（付録16、19頁参照）

落掛花釘【おとしがけはなくぎ】

花入釘の一種。床の落掛の中央の前面、もしくは裏面に打たれる。「華鬘釘」ともいう。趣向に応じて釣花入を掛けるためのもの。『茶道筌蹄』には「内は利休、外は元伯」とあり、落掛の内側に打ったのは千利休で、外側正面に打ったのは千宗旦であると伝えている。（付録20頁参照）

落違棚【おとしちがいだな】

床脇に設けられる飾棚の一種。江戸時代に棚雛形として定型化される四十八棚の一つ。『増補大匠雛形四 新板棚雛形』（一八六六年刊）には「是ハおし（押）板、書院わき何の所にもよし」とある。

落違棚 『増補大匠雛形四 新板棚雛形』

落天井【おとしてんじょう】
⇒落天井【おちてんじょう】

御留砂【おとめずな】
鳥取県の米子地方から産出する赤砂。庭園材料として珍重される。特に*松平不昧の好んだ敷砂として知られる。色は赤い珊瑚に近いもので、出雲地方では松平家と関係のあった社寺や豪家にのみ許された材料として知られる。

踊桐【おどりぎり】
桐を不揃いに崩して図案化したもの。襖などの*型置唐紙の模様や、透彫りなどにも見られ、代表的なものに、表千家*残月亭の欄間（踊桐欄間）がある。

鬼皮【おにかわ】
錆皮と同じ。⇒錆皮【さびかわ】

鬼瓦【おにがわら】
*棟の両端や*隅棟、*降棟の先端に付ける飾り瓦。邪を払う、または防火の意味を込めた意匠を施す。日本では奈良時代頃から見られ、当初、板状だったものが次第に立体化し、意匠も鬼面から雲や波などの鬼瓦も作られるようになった。また洲浜型や*一文字瓦と併用する海津型なども見られる。茶室に用いられた鬼瓦の例として著名なのが京都市の高台寺にある*鬼瓦席で、破風に樂家四代一入作の鬼瓦を掲げていたことから、その名がついたと伝えられる。また表千家*残月亭の鬼瓦は、当初は樂家初代長次郎の作であったと伝えられ、以後、五代宗入など樂家歴代により焼き変えられ、現在は十二代弘入の作である。

鬼瓦席【おにがわらのせき】
京都市東山区の*高台寺にある茶室。境内の*方丈、*書院の背後に位置し、*遺芳庵と露地を隔てて向かい合うように建つ。*灰屋紹益の遺愛の茶室と伝えられる。この茶室はもとから同寺にあったのではなく、遺芳庵と同じく、京都小川通武者小路上るの紹益の邸内にあったという。*千家十職の駒澤利斎が所有していたこの茶室を明治四十一年（一九〇八）、京都の美術商・土橋嘉兵衛が譲り受け、高台寺に移築した。遺芳庵と向かい合って建っているのは後世の作意である。外観は*切妻造桟瓦葺の二方に*杉皮葺の庇を廻して、*入母屋造風の軽快な屋根を形造っている。もとは妻面に*楽焼の*鬼瓦が掲げてあったので、鬼瓦席と称せられた。鬼瓦は現在、室内の西側、勝手付壁面に掛けられており、樂家四代一入の作と伝えられる。南面して*躙口が、その矩折に東面して三枚障子の*貴人口があけられている。南側は西半分が廊下に接しているので、*土間庇が東半分しかなく、躙口を後にあけた可能性もある。内部は*四畳半で、躙口と正対して*台目床を構え、それと矩折に*間半の*付書院が設けられている。付書院の下は*地袋として板戸を建てる。明り窓は障子を*引違いに建て、付書院の*無目から一段*鴨居を上げて、貴人口があけられる。障子の腰はやや高く、*野根板張をへぎ竹で押さえている。この付書院や鴨居の*内法の高さが居室的なくつろぎを生み出している。客座の天井は北山の細

鬼瓦席　床と点前座側

床
水屋
鬼瓦席

い丸太を*竿縁にした平天井であるのに対し、点前座は蒲の*落天井である。点前座の*入隅は*塗立柱として柱を途中から塗り消している。*勝手口は二枚襖で大きく設けている。躙口の上の窓は付敷居の位置が少し高く、躙口の鴨居とは別々に取り付けられている。この茶室は利休流の草庵風な四畳半であるが、三枚障子の貴人口と付書院を設けていることなどが特色であり、二枚襖の勝手口とともに、この茶室に居間であり客間であるような性格を与えている。

鬼御影【おにみかげ】

❶石材の一種。和歌山県新宮市の明神山から産出する巨結晶の流紋岩のこと。❷粗粒の巨晶花崗岩のこと。火成岩の中でも大きな結晶をもつペグマタイトの一種で、荒目石の範疇に入ることもある。*三州御影がその代表的なもの。

尾引【おびき】

大引と同じ。⇩大引【おおびき】

帯桟【おびざん】

桟の一種。「腰桟」ともいう。戸の中ほどの腰の高さあたりに取り付けた、幅の広い*横桟。幅は四寸から四寸五分程度が多く、これに透彫りを施したり、引手や取手を取り付けたりする。帯桟の上下の板に、種々の間隔で、様々な断面形状の舞良子を、竪や横向きに取り付けることもある。

帯戸【おびど】

*板戸の一種。板戸のほぼ中間の高さの位置に、補強のため*帯桟を入れたもの。「帯桟戸」「中帯戸」ともいう。

朧棚【おぼろだな】

*床脇に設けられる*飾棚の一種。『雑工三編 大工棚雛形』(一八五〇年刊)ほか、江戸時代後期から明治時代にかけて公刊された棚雛形本に収録される。正面の壁中央に大きな円窓を下地窓として造り、その前方に*違棚を配することで、月に霞がかかるような意匠をもつ。

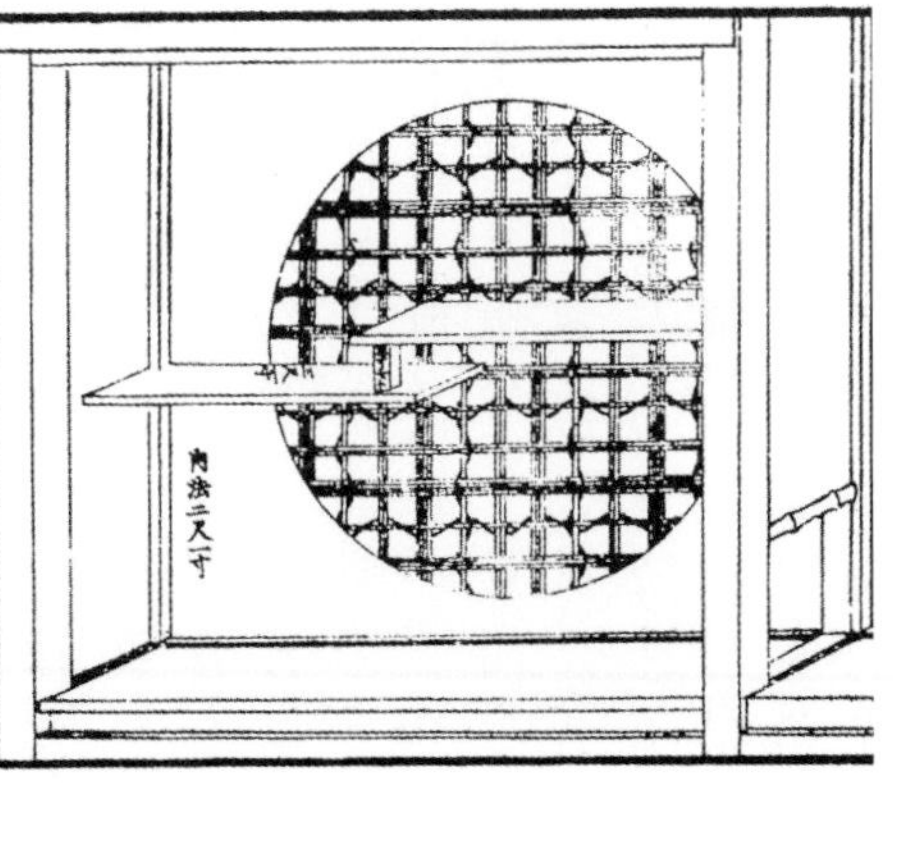

朧棚 『雑工三編 大工棚雛形』

雄松【おまつ】

「おんまつ」とも読む。黒松と同じ。⇩黒松【くろまつ】

女郎花【おみなえし】

スイカズラ科オミナエシ属の多年草。日本全土の日当りの良い草原に分布する。高さ一メートルほどになる。茎は上部で枝分かれし、八〜十月に黄色の花を散房状につける。『万葉集』で秋の野の「七種の花」として歌われ、秋の七草の一つとして有名である。十二世紀頃の成立と推定されている『*作庭記』には「遣水のほとりの野筋にハおほきにはびこる前栽をうふべからず。桔梗、女郎、われもかう、きぼうし様のものをうふべし」とあり、この頃には庭園の植栽として認識されていたことがうかがえる。実際に、藤原道長の邸宅京極殿の*渡殿の下に流れる*遣水のほとりには女郎花が植えられていたという記述ものこる。独特の臭いがあるため『*南方録』には「花生にいけぬ花」(禁花)のうちの一つとして歌に詠まれているが、一方で『今井宗久茶湯書抜』には*千利休自らが茶会で利用した記録ものこる。現在でも秋の茶花としてよく用いられる。

表御殿【おもてごてん】

城郭や御所に設けられる公の政務、または儀式を執り行う正殿。

表座敷【おもてざしき】

住宅の表の方にある座敷。主に客間とする。対して奥にあり、私生活空間となる座敷を奥座敷という。

表書院【おもてしょいん】

御殿や邸宅において、表側にある*書院。公的な謁見や接客などに使われた。対して奥書院は奥側にある書院で、当主の休息や居間、寝室などに使われた。

表千家【おもてせんけ】

茶道流派の一つ。*千利休を祖とする三千家のうち、千家三代*千宗旦の三男・江岑宗左より始まる。京都市上京区に所在。歴代の名乗りは宗左。**[四代江岑宗左]** 慶長十八年～寛文十二年(一六一三～七二)。千宗旦の三男。名は右馬之允。また堪笑軒、逢源斎の別号もある。寛永十九年(一六四二)、紀州徳川家に仕え、承応二年(一六五三)に『千家由緒書』を書き上げ徳川家に提出した。また、宗旦の造った一畳半の茶室不審庵を宗旦と相談の上、現在のこる*不審菴と同じ平三畳台目に建て替えた。子の宗巴のために書きのこした覚書が『*江岑夏書』である。**[五代随流斎良休]** 慶安三年～元禄四年(一六五〇～九一)。宗旦の娘・くれと*久田家二代宗利(宗理)のあいだに生まれる。久田宗全の弟。初め宗巴、のち良休宗佐とあらためた。江岑の跡を継いで紀州徳川家に仕えた。茶風は古風であったという。好み物の数は少ないが、細い竹の頭を斜めにそいで打ち付けた好みの竹垣が表千家にのこる。また茶道具の来歴や故事、茶室の図などを記した『随流斎延紙ノ書』をのこした。**[六代覚々斎原叟]** 延宝六年～享保十五年(一六七八～一七三〇)。久田宗全の長男。幼名は勘太郎。随流斎宗佐の養子となり、宗員と名乗った。若くして随流斎が死去したために、はやく表千家を継いだ。初め随流斎から受け継いだ古風な茶の湯を身につけたが、次第に時代に応じた新風を取り入れ、独自の茶風を完成した。弟子に町田秋波、堀内仙鶴、三谷宗鎮、松尾宗二などがいる。好みの道具は多く、*妙喜庵の松で作ったとされる老松割蓋茶器は特に有名である。好みの茶室としては*原叟床四畳半、*桝床四畳半がある。大徳寺の大心義統から流芳軒の号が与えられた。**[七代如心斎天然]** 宝永二年～寛延四年(一七〇五～五一)。六代覚々斎原叟の長男。幼名与太郎。宗巴、宗員とあらため、享保十五年(一七三〇)二十六歳で表千家を継いだ。この頃、町人層へも茶の湯はひろがりをみせ、茶家でも対応を求められる時代となっていた。そこで*七事式を考案し、茶の湯の転換期に対応する茶の湯を行った。そして七事式に適した*花月座敷を考え出した。これにより*小間の稽古から広間での稽古へという大きな転換をもたらした。弟子に*川上不白、久田宗悦、堀内宗心、住山楊甫がおり、特に不白は如心斎に代り江戸での千家の茶の普及につとめた。大徳寺塔頭玉林院の茶室*蓑庵は好みの茶室とされる。**[八代啐啄斎件翁]** 延享元年～文化五年(一七四四～一八〇八)。七代如心斎天然の長男。幼名与太郎。幼くして如心斎と死別したために、叔父で*裏千家八代の又玄斎一燈や川上不白など如心斎の弟子たちの後見、援助を得て茶の湯の修行を積んだ。天明八年(一七八八)、火事により建物すべてを失ったが復興に尽力し、利休二百回忌の茶会を催す。この時、現在の祖堂の原型が造られ(表千家祖堂の項を参照)、新たに設けたのが一畳台目の*反古張席である。六十歳で隠居して宗旦を名乗る。弟子に多田宗菊、住山江甫、内本積有などがいる。**[九代了々斎曠叔]** 安永四年～文政八年(一七七五～一八二五)。久田家六代宗溪の長男。幼名貞蔵。のち宗員。啐啄斎の娘・たく(さわ)と結婚して養子となり、啐啄斎の隠居にともない家元を継ぐ。点茶法の整備につとめており、また紀州徳川家第十代治宝の求めに応じて、文政四年頃造営の*養翠亭に茶室*実際庵を設計したという。治宝は文政五年には表千家を訪れたが、その後まもなく徳川家から与えられたのが、現在ものこる表門(武家門)である。弟子に三井元之丞、渡辺道閑などがいる。大徳寺の剛堂宗健から好雪軒の号を与えられた。**[十代吸江斎祥翁]** 文政元年～万延元年(一八一八～六〇)。久田家七代宗也と啐啄斎の娘・喜登の子。九代了々斎曠叔の甥。幼名達蔵。八歳で養子に迎えられ、翌年家元を継いだ。天保七年(一八三六)、徳川治宝から台子真点前の皆伝を受ける。天保十年、利休二百五十回忌の茶会に際して不審菴、*残月亭を再建、祖堂の改築を行った。晩年隠居して宗旦を名乗る。弟子に三井高福、土橋宗三、細谷宗伯などがいる。大徳寺の拙叟宗益から安祥軒の号が与えられた。**[十一代碌々斎瑞翁]** 天保八年～明治四十三年(一八三七～一九一〇)。十代吸江斎祥翁の長男。幼名与太郎。のち宗員。

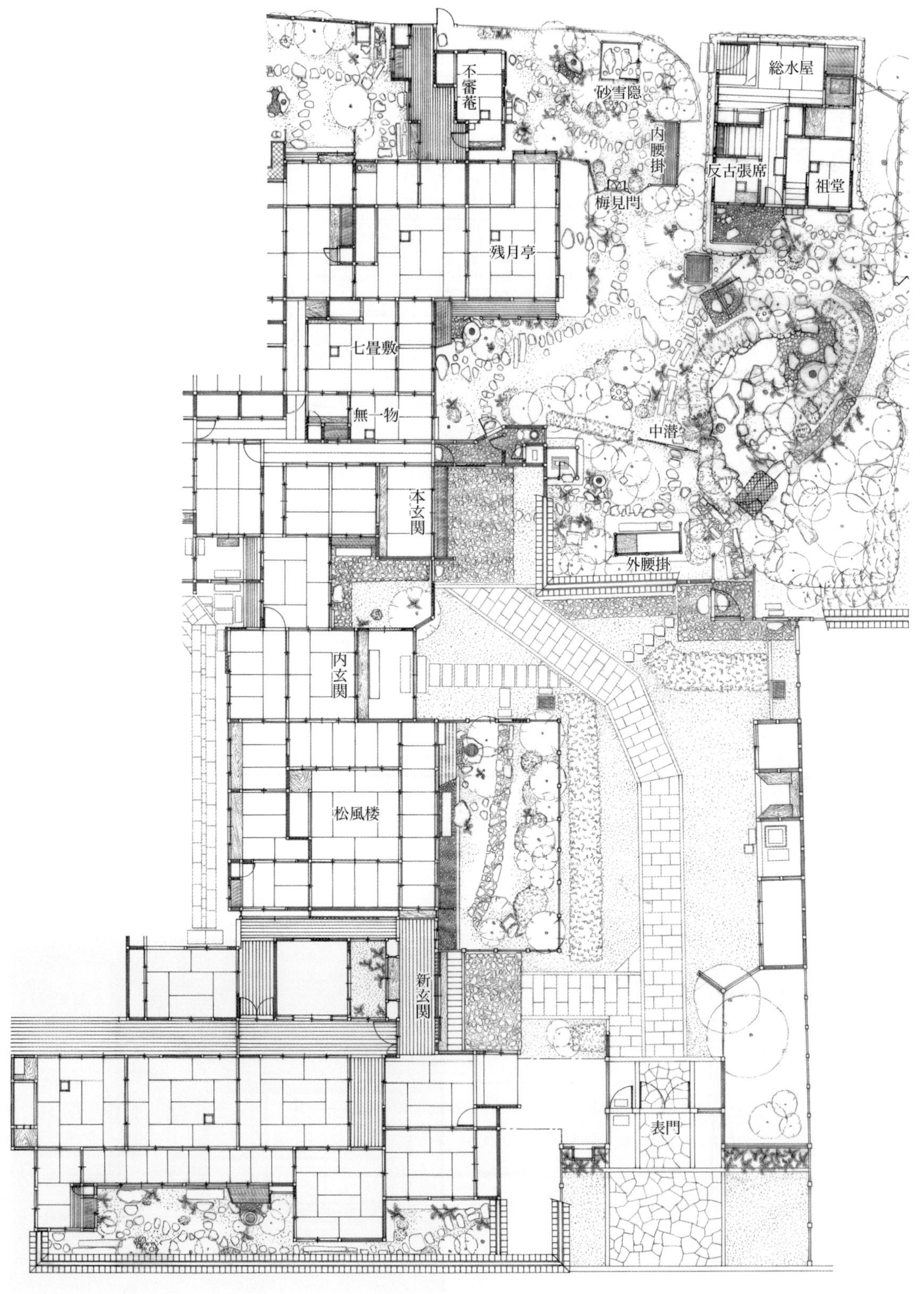

表千家　茶室と露地詳細図

吸江斎の隠居にともない家元を継いだ。この継承の時期が幕末から明治時代の混乱期であったため、地方での弟子層の拡大を目指した。また記念茶会や献茶などの近代的な茶の湯の方向を模索し、活動した。明治二十五年、隠居して宗旦を名乗ったが、同三十九年、火災により祖堂と表門を除く建物を失うと復興に努力し、*残月亭を再建した。弟子に吉田紹和、鴻池炉雪、春海痴漸、渡辺清などがいる。碧雲軒の別号がある。［十二代惺斎敬翁］文久三年～昭和十二年（一八六三～一九三七）。十一代碌々斎瑞翁の長男。幼名は与太郎。のち宗員。法名は惺々斎。明治二十五年（一八九二）、家元を継いだ。豊公三百年祭茶会など多くの茶会を担当し、碌々斎の示した近代化された茶の湯を受け継いでいく。明治三十五年、東京出張所を開設。同三十九年、火災により祖堂と表門を除く建物を失い、その再建につとめた。大正二年（一九一三）、不審菴を再建し、同十年には稽古場の*松風楼を増築、増加する弟子に対応しようとした。弟子に三井高広、*高橋箒庵、川部宗無、藤田江雪などがいる。［十三代即中斎無盡］明治三十四年～昭和五十四年（一九〇一～七九）。十二代惺斎敬翁の次男。名は覚二郎。長兄・宗員の死去、それに続く惺斎の死去にともない家元を継いだ。昭和十二年、月刊誌『和比』を発刊、同十七年には表千家同門会を組織し、各地に支部組織を編成して、教授者の教育につとめた。出版物による茶の湯の普及にもつとめ、『即中茶記』や『元伯宗旦文書』を出版した。［十四代而妙斎宗左］昭和十三年（一九三八）～。十三代即中斎宗左の長男。名は岑一郎。昭和四十二年、大徳寺の方谷浩明より而妙斎の斎号が与えられ、宗員を名乗る。昭和五十五年、家元を継ぐ。平成三十年（二〇一八）、代を譲って、隠居名の宗旦を名乗る。［十五代猶有斎宗左］昭和四十五年（一九七〇）～。十四代而妙斎宗左の長男。名は芳紀。平成十年（一九九八）、大徳寺の福富雪底より猶有斎の斎号が与えられ、宗員を名乗る。平成三十年に家元を継ぎ、宗左を襲名した。

表千家七畳【おもてせんけしちじょう】

*表千家の茶室。*残月亭の次の間九畳の西に接続する広間。表千家八代啐啄斎件翁の好みの座敷で、天明八年（一七八八）の大火後に造られた。現在の七畳は、明治三十九年（一九〇六）の焼失後の再建であるが、それ以前も同様の意匠が施されていた。内部は六畳敷に床を構え、床の脇に*台目畳を敷く。南側、*腰障子四枚建の出入り口を隔て、台目畳四畳敷の*入側（鞘の間）があり、その東端に*濡縁を設け*縁先手水鉢を据えている。入側境は、*鴨居内法高五尺七寸、鴨居上の*欄間、一尺二寸のあきに幅六寸の杉杢板を入れている。天井は一面の*竿縁天井で、高さは七尺六寸七分。東側上座中央に*台目床を構え、床柱は右が赤松皮付、左に*档丸太を立てる。床前には幅六寸三分の*前板を入れて床の奥行きを縮めている。前板は点前座の端までのび、*勝手付の壁面北端は前板の幅の分だけ板張りとし、鴨居内法高五尺七寸で、*腰高障子三枚建としている。床に対する西側は中央に柱を立て、北端に襖二枚建の*茶道口をあける。柱の左は入側境と同じ高さの二本襖の口である。著しく目を惹くのは、床の*落掛の高さが鴨居の内法より低いことと、茶道口が低められていることと

表千家七畳　内部

床

表千家七畳

である。落掛は鴨居の位置より高く取り付けるのが広間の通例である。七代如心斎天然は*七事式のために工夫された座敷を考案しているが、この座敷は啐啄斎が、七事式に向かないようにと工夫した新しい稽古場であると伝えられる。広間に*小間の寸法を取り入れた構成の工夫がそのあらわれであろう。床の脇の*框の上を二尺ほど吹抜き、竹の*壁留を入れ、高さの不揃いの竹を並べて二条の*貫を通している。啐啄斎の好んだ意匠であった。

表千家祖堂　利休堂側

表千家祖堂【おもてせんけそどう】

*表千家の*祖堂。「点雪堂」(點雪堂)とも呼ばれる。表千家の露地の南東に西面して建つ。*外腰掛から*揚簀戸を潜り、*延段を伝うと、祖堂の*内露地に入る。北の*残月亭前の露地との境には*萱門が建つ。外観は*切妻造*茅葺、前面に*柿葺の庇を深く付け下ろし、その左方はさらに北へ*片流れの屋根を付して、前面に*水張口をあけている。*不審菴と似た構成の屋根であるが、草庵の佇まいながら、茅葺屋根の勾配が急で、千家の聖堂にふさわしい雰囲気を漂わせている。大きい妻の梁の上に「點雪」の額を掲げている。内部は*四畳半。南端にあけられた*躙口の正面に*上段を設け、正面壁面に*円窓があけられ、その奥に*千利休像を安置する利休堂がある。上段の左脇に床を構え、相対する南側は二枚障子の*平書院である。天井は*格天井で、格縁には竹を用い、草庵にあわせた意匠を工夫している。下段の四畳半は、客座から点前座へかけて*野根板の*網代天井、下座半間通りを*竹垂木、竹小舞の*化粧屋根裏とし、*突上窓をあける。窓は客座側と躙口上の*下地窓二つだけで、利休の四畳半と同じ構成である。点前座の*入隅には*楊子柱の手法を用いている。点前座は一畳、*洞庫を設け、*茶道口の踏込の半畳は板敷きである。炉は*四畳半切、炉の手前角に杉丸太の*中柱を立て、*間仕切壁を設け、*火燈口をあけている。いわゆる*道安囲の構成である。*千道安の好みとして伝えられる道安囲は、炉は*台目切であった(道安囲の項を参照)。仕切りを隔て、次の間で点前をするという謙虚な構えが祖堂にふさわしい。この四畳半は、八代啐啄斎件翁によって建てられた。自筆の古図によると、当初は躙口の正面に床を構えた道安囲の四畳半であった。そして床の横に利休堂が設けられ、像は勝手のほうに向けて安置されていた。天保十年(一八三九)、利休二百五十回忌を迎え、十代吸江斎祥翁は不審菴、残月亭を再建するとともに、啐啄斎好みの四畳半を、現在の位置に独立した祖堂として造立したのであった。その時、床を上段とし、脇床を造り、正面に利休堂を設けたのである。床の脇壁に*墨蹟窓があけられたのもこの時で、床柱には旧の*落掛の痕跡がのこっている。重要文化財。

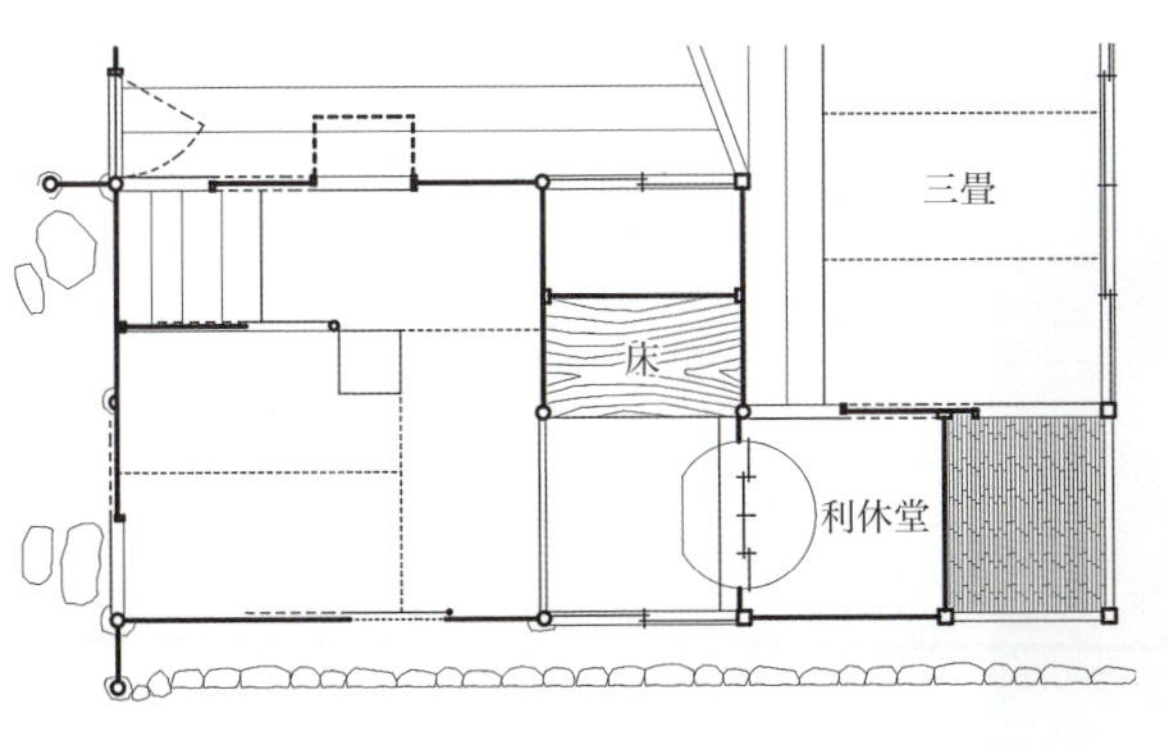

表千家祖堂

表千家の露地【おもてせんけのろじ】

京都市上京区の*表千家に所在。茶の湯を大成した*千利休は*豊臣秀吉の茶頭であったが、天正十九年（一五九一）に自刃する。*聚楽第付近にあった利休の聚楽屋敷（千利休の屋敷の項を参照）は破却され、利休の子の*千少庵は陸奥国会津（福島県）の*蒲生氏郷に預けられた。文禄三年（一五九四）頃に赦免された少庵は帰洛し、小川通の本法寺門前に千家を再興した。その後、跡を継いだ*千宗旦は正保三年（一六四六）に屋敷を三男の江岑宗左に譲り、四男の仙叟宗室とともに屋敷北側の地に隠居した。以後、前者が表千家、後者が*裏千家として現在に至っている。表千家は、南北にのびる小川通に西面し、南端に表門をひらく。敷地の北半部は居住空間で、南半部に複数の茶室、茶座敷が位置している。表門は文政五年（一八二二）に紀州徳川家から拝領した櫓門形式の武家門で、左右に長屋が付属する。門の正面の*敷石は*氷紋目地で、左右は化粧砂利敷とされている。表門を潜ると明るい広場となり、右手に*供待が建つ。中央にのびる*切石の敷石を伝うと露地を囲う塀の手前で北に折れ、本玄関に至る。本玄関は四畳敷で、北に*板畳が添えられている。その奥が三畳の*寄付で、西側には*中庭（坪の内）が付属する。なお本玄関の西側には稽古場の玄関があり、*松風楼とその露地、さらに新館（一九六一年増築）西側にも露地がある。南東部の塀で囲われた一画には広大な露地があり、本席である*不審菴、広間の*残月亭、*点雪堂（表千家祖堂）などの茶室、茶座敷が配されている。全体としてはいわゆる多重露地で、不審菴の露地としては*三重露地、祖堂や残月亭、*反古張席の露地としては*二重露地となる。*霰崩しの*延段を伝って塀にあけられた*露地口を潜ると、そこは*外腰掛と*下腹雪隠を備える*外露地である。外腰掛には、*正客石として自然石が一石、*連客石には細長い花崗岩の切石が据えられる。この外露地から、東側の*中潜りを経て伝うと残月亭の露地（不審菴の*中露地にあたる）を経て不審菴の*内露地となる。一方、南側の*揚簀戸を潜ると祖堂の内露地へと導かれる。中潜りは*中門の一形式で、幅一間半ほどの短い塀に*潜り口をあけるものであり、茶事の際には亭主はここまで*迎付に出て主客の礼を交わす。中潜りは天明八年（一七八八）の大火以前の露地にも内腰掛から不審菴に向かう園路の途中にあった。外腰掛から潜り口までは苔に覆われた地面に*飛石が打たれ、潜り口の前後にはやや高い*乗越石が据えられる。これを潜ると*書院茶室である残月亭の内露地となる。広間の露地らしく明るい趣であり、赤松の老大木の足元には*井筒が構えられており、*桧垣、*千両、*藪柑子、羊歯類が清々しく、さらに*犬槙や*木斛などの植栽の背後には祖堂の*茅葺屋根が垣間見え、山里の趣をつくり出している。なお冬季には苔の霜除けのために*敷松葉がなされることもこの内露地の特徴ある風景である。中潜りから続く飛石には素朴な山石や川石のほか花崗岩の切石も用いられ、残月亭へは軽やかな*土間庇の下に据えられた*沓脱石から*腰高障子を開けて席入りする。*乗石が手水構えの*前石となるがここに手水鉢はなく、*茶事の際には前石の脇に据えられたやや高い石に水桶が置かれ、蹲踞柄杓が添えられる。不審菴の内露地との境は、百人垣と呼ばれる*袖垣や*随流垣と呼ばれる竹垣で区画され、*梅見門が建つ。門を入ると右手に*内腰掛、正面に*砂雪隠、左手に不審菴を望む。東側を*建仁寺垣で区画した狭小な空間であるが、巧みな植栽によって奥深さを感じさせる。内腰掛は、不審菴での茶事において*中立の際に用いられるもので、腰掛前には三つの石が据えられ、それぞれ正客、次客、それ以外の連客が足をのせて腰掛ける。これらの石に続く一足ものの小さな飛石は、梅見門からの飛石と不審菴への飛石、砂雪

表千家　残月亭の露地

隠への飛石と、三方向に向かうよう巧みに配置されている。少庵は、利休を偲んでその大坂屋敷に営まれていた深三畳台目を忠実に再現して建てた（千少庵の屋敷と茶室の項を参照）と考えられる。これに「不審庵」の名が与えられていたかは定かではないが、宗旦が寛永十年（一六三三）に利休の聚楽屋敷の一畳半の古材を用いて営んだ床無し一畳半には「不審庵」の名が与えられていた。この席名の由来は「不審花開今日春」という*古溪宗陳の偈であった。『宋史略』によると「不審」は挨拶であり、茶の湯の第一関門はここから始まる、との意であるという。その後、江岑は正保四年（一六四七）に不審庵を平三畳台目にあらためた。当初は残月亭の南に接続していたことが天明八年（一七八八）の大火以前の古図（藤井不羨庵筆）によって知られるが、大火後に両者は分離して再興された。したがって、現在の不審菴内露地はこの時以降に整えられたものと考えられる。残月亭の内露地にも変化があり、古図によると残月亭の西側には幅一間で四畳の*入側があり、これに接続して沓脱石や畳石（延段）、*捨石などで構成される内露地があった。現在は入側ではなく*濡縁であり、軒を廻して西日除けのため*中敷居窓が設けられているが、露地には切石を交えた飛石が打たれ、往時の内露地の趣をうかがうことができる。また、この濡縁は矩折に西にめぐり、七畳の間（表千家七畳の項を参照）の入側（鞘の間）に接続するが、ここには榑板のあいだに竹材を挟み並べた縁が設けられ、*縁先手水鉢と見事な調和を見せている。現在の不審菴は明治三十九年（一九〇六）の火災後、大正二年（一九一三）に再建されたものであるが、旧規が忠実に踏襲されている。不審菴の正面には、蹲踞から右手に*躙口前への飛石がのび、左手には*二段石の*刀掛石に向かう飛石が据えられている。*軒内に*三和土はなく、壁際の*差石も半ば苔で覆われ、さらに羊歯が風情を添えている。蹲踞の手水鉢は礎石を利用したもので、慶長十三年（一六〇八）二月二十五日に宗旦の会に招かれた松屋久重が「水鉢ハ石スエノ大石也」と記した（松屋会記）ものと見られる。*海には*栗石が作為なく敷き詰められ、石清水を思わせる風情である。残月亭の内露地には、祖堂に向かう萱門（茅葺門）があるが、祖堂での茶事の際には外露地から揚簀戸を経て*席入りする。元禄三年（一六九〇）の利休百年忌に際し、裏千家の仙叟は廟屋に利休像を祀った。表千家でも利休百五十回忌に七代如心斎天然によって利休像を祀る小堂が営まれたが、天明の大火で焼失した。その翌年、利休二百回忌に際し、八代啐啄斎件翁は利休像を祀ってその手前に*道安囲四畳半を配するという形式で祖堂が営まれた。現在の祖堂は同じ形式で、天保十年（一八三九）の利休二百五十回忌に際して十代吸江斎祥翁によって建てられたものである。藤井不羨庵の古図や、*堀内家五代不識斎宗完筆「天明大火前不審庵路地之図」によれば、当初の祖堂は残月亭の東方に位置し、飛石や畳石（延段）、石燈籠、井戸などが描かれている。露地の様子にも大きな違いがある。大火前の外露地は、敷地南端で西に突き出すような形の狭いものであった。これに対し、内露地は松屋久重が「路地ヒロシ」と会記に記すように広大である。南端に内腰掛があり、ここからほぼ一直線に飛石や延段が北にある不審庵に向かって伸びている。注目されることは、内露地のほぼ中央に大きな空堀が描かれていることである。空堀の北西部には手水鉢が描かれ、古図に「此手水鉢　聚楽ヨリ拝領」とあるようにこの手水鉢は利休の所持であったもので、後に「利休水鉢」とも称された。天正十八年十月二十日の『宗湛日記』には、利休の聚楽屋敷二畳敷での茶事に招かれた*神屋宗湛が「自然なる大石をくりて　柄杓は常より大なり　おほのけて也」としているように、自然石に水穴を掘ったものである。少庵はこれを不審庵の手水鉢として用いていたのであったが、祖堂が現在の位置に建て直された際、空堀は縮小されて祖堂前の*降り蹲踞辺りから揚簀戸前の石橋付近まで廻る*枯流れとなり、この手水鉢が祖堂の内露地の手水鉢とされたとみられる。揚簀戸を潜ると一本の自然石の石橋があり、空堀（枯流れ）を渡る。山石の砕石で敷かれた石畳には風情があり、*生垣や植込みの中を歩むと山路をゆく趣である。祖堂の前面に至ると飛石となり、左手に向かうと空堀の中に手水構えがある。これは降り蹲踞の形式で、手水鉢の周囲には苔むした栗石が敷き詰められ、羊歯や下草が山中の石清水のような趣を醸し出している。飛石は、一つは祖堂の四畳半へ向かい、一つは反古張席へ、さらにいま一つは萱門へと分かれ、残月亭内露地に接続する。このように、表千家の茶室と露地は、四百年以上に及ぶ歴史の中でたびたびその姿を変えてきた。しかしその変化は、移り変わる時代において常に利休の茶の湯を新たに甦らせようとする創造精神に満ちあふれるものであった。なお表千家の露地は「不審庵（表千家）庭園」として名勝に指定されている。

表待合【おもてまちあい】

外部に面する待合のこと。現在の*寄付をさすと考えられる。『*槐記』の享保九年（一七二四）十月十六日の条に、「二畳敷、竹ノ天井、莨盆　火炉　清次二ツ」とある。

表門【おもてもん】

❶屋敷に入るための正式な門。正門のこと。❷屋敷の正面にある門。対して裏手にある門は裏門という。

母屋【おもや】

「主屋」とも書く。❶建物の中心部分のこと。庇や角屋に対して用いる。❷屋敷の中で中心となる建物のことをいう。離れや納屋など複数の建物が存在する時に、それらの付属建築に対して用いる。主に住居として用いられる建物をさすことが多く、「本屋」などとも書く。

親子垣【おやこがき】

竹垣の一種。*建仁寺垣のひとつで、*立子の竹を太いものと細いものとで交互に配した垣。

折上格天井【おりあげごうてんじょう】

*折上天井の一種で、*格天井のひとつでもある。格天井を*天井長押から支輪などで曲面部を造って折り上げて高くしたもの。格天井よりも格式が高く、城郭、御殿や社寺の本堂などに用いる。格縁につながる支輪の竪木は小海老、または亀の尾といわれ、支輪における他の並列する細かい竪木は蛇骨子と称す。（付録25頁参照）

折上小組格天井【おりあげこぐみごうてんじょう】

*折上天井の一種。*折上格天井の各格間に小型の格子があるもの。城郭や御所の御殿、社寺の本堂などに用いられることが多い。*東求堂の仏間などに見られる。

折上棚【おりあげだな】

*床脇に設けられる*飾棚の一種。江戸時代に棚雛形として定型化される四十八棚の一つ。『増補大匠雛形四　新板棚雛形』（一八六六年刊）には「是ハ上段たな（棚）多、いろ〳〵めづら（珍）しき所ニよし」とある。

折上天井【おりあげてんじょう】

天井の一形式。*天井長押から支輪や蛇腹などで

折上天井（折上小組格天井）　旧天瑞寺寿塔覆堂　三溪園

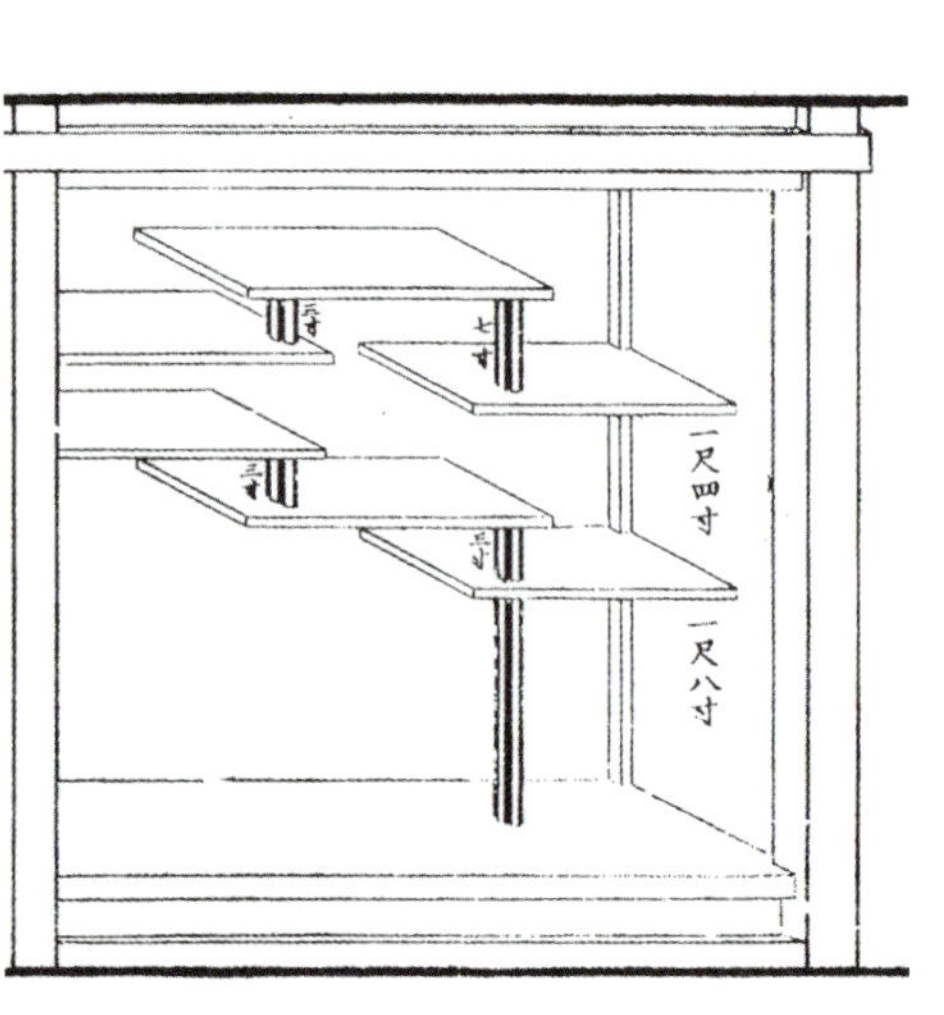

折上棚　『増補大匠雛形四 新板棚雛形』

曲面部を造って折り上げ、天井を高く持ち上げたもの。二段にもち上げるものは二重折上天井という。さらに*格天井との組み合わせにより*折上格天井、*折上小組格天井、*二重折上小組格天井などがある。(付録25頁参照)

折揚戸【おりあげど】

建具の一種。*鴨居の部分から釣り下げる建具のうち、上下二枚を丁番(蝶番)でつなぎ、下半分を上半分と重ねた上で、軒先(外側の場合。内側の場合は天井)の金具などに引っ掛け、開口部を確保する形式のもの。

下井戸【おりいど】

地下やや深い所にある井戸。「降り井戸」とも書く。井戸までは石段などで下りる。実例として*山紫水明処のものが挙げられる。

下井戸の影木【おりいどのかげき】

庭園内の*下井戸に添えられる樹木のこと。下井戸を囲う石積の中程や、水際に配され、水面に影を映すものをいう。『築山庭造伝前編』では、樹種は松もしくは梅が良いとされ、根のよく張る柳については注意が必要であるとしている。

折置組【おりおきぐみ】

*小屋組における*小屋梁の端部と柱との納め方のひとつ。柱の上に直接小屋梁を架け、その上に*軒桁を置いた構造。柱は頭を重枘とし、梁と桁を貫いて柱から桁までを固定する。*側柱が等間隔に建つ建物や、小規模な建物にむく。一方、柱の上に軒桁を置き、小屋梁を架ける構造を*京呂組という。

折懸垣【おりかけがき】

枝折垣の古称。　⇨枝折垣【しおりがき】

折釘【おりくぎ】

⇨折釘【おれくぎ】

折込棚【おりこみだな】

*床脇に設けられる*飾棚の一種。江戸時代に棚雛形として定型化される四十八棚の一つ。『増補大匠雛形四 新板棚雛形』(一八六六年刊)には「是ハ御ね(寝)間、御うへかた(上方)、つほねかた(局方)、しゆでん(主殿)にてもたな(棚)多所によし」とある。

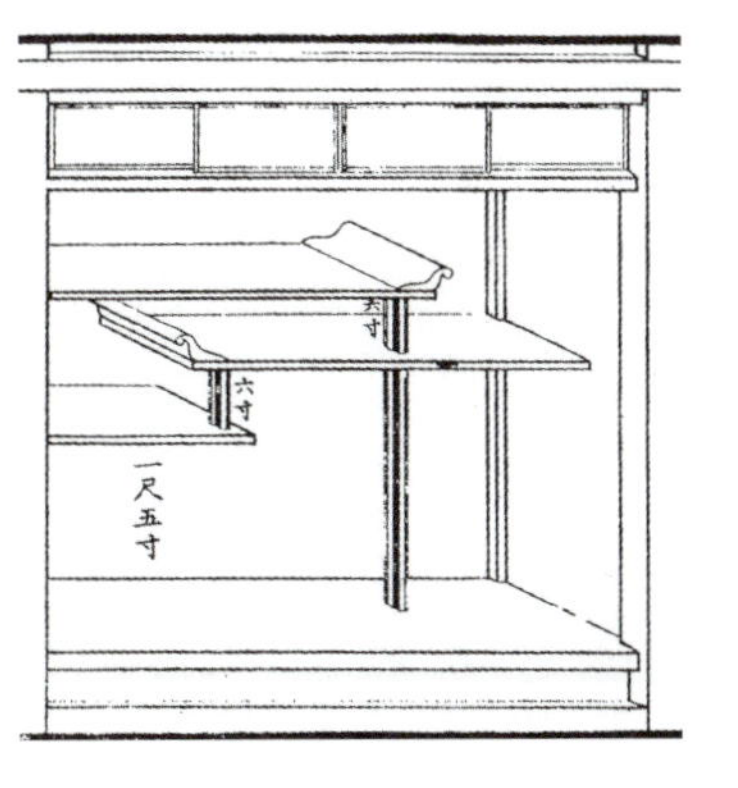

折込棚　『増補大匠雛形四 新板棚雛形』

降り蹲踞【おりつくばい】

蹲踞の一形式。「下り蹲踞」とも書く。地面を掘り下げた場所や*枯流れなどの地形の下がった位置に蹲踞を設けた形式をいう。*表千家祖堂や南宗寺の*実相庵、*碧雲荘のものが知られる。

降り蹲踞　碧雲荘

折戸【おりど】

開口にそって折り畳むように開閉する形式の扉。*片開きとした片折戸、*両開きにした*両折戸などがある。

織部【おりべ】

古田織部のこと。　⇨古田織部【ふるたおりべ】

織部板【おりべいた】

*織部床の上部に入れる普通、幅七〜八寸ほどの板。「雲板」ともいう。この板に*軸釘を打ち、掛物を掛ける。

織部井戸【おりべいど】

藪内家燕庵の内露地（藪内家の露地の項を参照）にある井戸をいう。藪内家が現在地へ移転したのは寛永十七年（一六四〇）のことであり、織部がこの井戸を設けたものではないが、移転前の燕庵の露地は*古田織部の好みによるもので、これが忠実に移設されたと伝わる。このことから、織部井戸の名で呼ばれるようになったと考えられる。井筒は筒状の石製で、現在は水が涸れた空井戸となっているが、井筒の左右に*屋形の柱の礎石があり、酒井抱一の図に「井ノ口ニ竹簀カケテ竿ツルベ」とあることから、釣瓶で水を汲む形式であったと考えられる。

織部堂【おりべどう】

愛知県名古屋市中区の*名古屋城にある茶室。昭和三十年（一九五五）、森川勘一郎（如春庵）が中島郡祖父江（稲沢市祖父江町）の山内抱霜軒邸にあった地蔵堂を改築したもの。名古屋城で*猿面茶室を指導したという*古田織部を顕彰するために建てた。同城の茶苑にあり、全体の外観は方形に近く、屋根は宝形造杉皮葺で、頂に素焼きの瓶がのる。東側を正面として引違い二本引の躙口をあけ、その上方に大和葺の板庇を付す。またその矩折、南側に二本引違いに腰障子を建て、切目縁を設ける。その上方には杉皮葺の庇を付け下ろす。ほかの二面も杉皮葺の庇が矩折にめぐる。内部は四畳半で、点前座を道安囲に構える。躙口の正面壁に持仏堂を外に付け出して、正面に円窓を配する。天井は客座の三畳分は一崩しの平天井、点前座は掛込天井にする。水屋も付属する。

織部燈籠【おりべどうろう】

石燈籠の一種。*古田織部の好み、もしくは考案といわれることからその名がある。笠、火袋、中台は四角で基礎がなく、竿が地面に埋め込まれていることが多いが、まれに基礎をもつものもある。*桂離宮や*孤篷庵にあるものが知られるが、藪内家*燕庵のものが本歌とも伝えられる。竿の上部を丸形に張り出させており、十字架を模しているようにも見えること、竿に彫り込まれている像を聖母マリアに見立てることもできることから「切支丹燈籠」とも呼ばれるが、キリスト教に由来する燈籠であることを示す史料は確認されていない。製作年代のわかる最古のものは、織部の没年、慶長二十年（一六一五）のものとされる。

織部燈籠　碧雲荘

織部床【おりべどこ】

*壁床の一種で、壁面に床柱を付け、上部に幅七〜八寸ほどの*織部板を入れて、それに*軸釘を打った簡略な床。*古田織部の創意と伝える。わび化の工夫で、奥行きを省略した形式の床である。

織部床

織部百ヶ条【おりべひゃっかじょう】

織部流茶書。*古田織部が師の*千利休より伝授された茶法を門弟に与えた形式をとり、多くの写本が存在し、内容も同一ではない。当初は書名は付けられておらず、後世にそれらの所蔵者などにより書名が与えられたものと考えられる。『続群書類従』（飲食部）と『新修茶道全集』巻九所収の「茶道秘伝」、『茶道全集』巻二所収の「利休目録」、『茶道古典全集』第十一巻所収の「古織部伝書」、『茶湯古典叢書』一所収の「古田織部正殿聞書」は、書名は異なるがいずれも『織部百ヶ条』として括られるものであり、それぞれ底本を異にしており、内容、箇条数は必ずしも同じではない。なお杉木普斎と三谷宗鎮が注釈書を著しており、普斎の注釈書「古織百ヶ条之内相違之儀宗旦抜書」は『茶湯古典叢書』二の解題に翻刻所収されている。

折釘【おれくぎ】

L字形に軸先が折れた釘の総称。一般的には座がないものをいうが、座付の折釘もある。また二重に折れた二重折釘もある。用途に応じて様々な大きさのものがあり、扁額や簾、雨戸などを掛ける。

温公形手水鉢【おんこうがたちょうずばち】

司馬温公形手水鉢と同じ。⇒司馬温公形手水鉢【しばおんこうがたちょうずばち】

温山荘【おんざんそう】

和歌山県海南市にある新田長次郎の旧別荘。長次郎（一八五七～一九三六）は日本で初めて動力伝動用革ベルトを制作した新田帯革製造所（現ニッタ株式会社）を創業、大正元年（一九一二）、琴ノ浦の地を取得すると、庭園や主屋、茶室（鏡花庵）、浜座敷などを次々と築造した。温山荘の名は、東郷平八郎（一八四七～一九三四）が長次郎の求めに応じて、長次郎の雅号である温山から命名したという。これらの造営は長次郎自らがあたったとされるが、作庭や茶室は木津家三代宗泉が、主屋は長次郎の女婿で合資会社新田帯革製造所の建築顧問でもあった木子七郎（宮内省内匠寮技師・木子清敬四男、一八八四～一九五四）が設計、指導したという。主屋は、大正四年五月二十六日に上棟。主座敷部と内玄関部を南北に接続し、西側の床高を高めて池越しの眺望を意識した構成となっている。入母屋と寄棟造の桟瓦及び銅板葺で、洋小屋構造。栂の良材が用いられた主座敷部は二十四畳敷の主室と多くの付属室で構成される。主室には一間半間口の床、琵琶台と付書院、違棚を設け、木彫家・相原雲楽による「波に兎」の彫刻欄間をはじめ、透彫りや瀟洒な意匠が各部に見られる。付属室のうち、十畳と寄付は大正時代後期の増築で、十畳は欅の一枚板の縁板や井桁状の違棚、枡形を組み合わせた意匠の欄間など独創的な発想で造られる。浜座敷は、海側を水面に張り出した懸造とした入母屋及び寄棟造の本瓦葺で、構造は洋小屋。十畳の主室に琵琶台付の床と違棚を備え、北側の六畳には北面に大きな軍配形火燈窓をあける。軒の吹寄垂木など、軽妙な意匠の建築となっている。これらの建築はいずれもコンクリートや洋小屋、合板など、当時の高度で先駆的な技術や建材が使用されている点に大きな特徴がある。また庭園は汐入式庭園で、巨石や擬石、擬木などを多用した独特の意匠、構造、技法が見られる。主屋、茶室、浜座敷は重要文化財、また庭園・温山荘園は名勝に指定されている。

温山荘　鏡花庵　外観

御祖堂【おんそどう】

裏千家にある祖堂。利休堂のこと。⇒利休堂【りきゅうどう】

蔭涼軒日録【おんりょうけんにちろく】

⇒蔭涼軒日録【いんりょうけんにちろく】

か

蝸庵【かあん】

*松平不昧が江戸赤坂の松江藩上屋敷に造営した*谷の茶屋の茶室の一つ。詳細は不明である。なお『松平不昧伝』には「掛物　色紙　狂歌信海」「釜　阿弥陀堂　蝸庵常住と公筆の文字あり」「炭取　公好形　出雲細工籐組」などとあり、享和二年（一八〇二）に行われた谷の茶屋落成披露茶会におけるこの茶室での道具組が記されている。

何有荘【かいうそう】

京都市左京区にある旧稲畑勝太郎別邸。稲畑染料店（稲畑産業）を創業した実業家・稲畑勝太郎が南禅寺旧境内南端、東山裾の傾斜地に営んだ別荘の和楽庵を、昭和二十八年（一九五三）に宝酒造の大宮庫吉が入手、何有荘と改名した。七代目*小川治兵衛の作庭で、斜面を利用しつつ琵琶湖疏水の水を引き込んだ壮大な庭園が設けられ、斜面下の平坦地に主屋が、庭園内に複数の茶室が配される。明治三十年代後半にまず別邸として庭園及び旧主屋、庭園内茶室の造営が開始され、明治四十四年（一九一一）には大規模な増築を施して稲畑家の本邸となり、さらに大正時代に洋館、茶室などが付加されて規模が整えられた。明治、大正時代には光琳会などの芸術復興運動の一翼を担う場ともなった。主屋は複数棟を廊下で接続するもので、主屋西には*武田五一設計の洋館が付属していた（主屋、洋館は現存せず）。座敷まわりは住友家お抱え大工の二代目*八木甚兵衛の手になるもので、吟味された栂の良材を用いた端正な書院造である。玄関脇に配される八畳台目の茶室は、庭園側に土間庇を架けた開放的な造りで、大正時代の増築と見られる。勝手まわりは吉原長三郎の手になる。主屋の東には、明治二十八年の第四回内国勧業博覧会に*平井竹次郎によって建てられた茶室を移築したものと伝わる*龍吟庵がある。西には待合の茅葺の草庵残月亭が建つ。さらに西南には立礼席の神泉亭が建つ。桁行四間、梁行二間半の一室空間で、背面中央に切られた円窓下に流れを呼び込む。また斜面上の平坦地には、大正六年（一九一七）上棟の茶室草堂が設けられている。棟札に神坂雪佳考案、平井竹次郎設計、大工市元常一とあり、庭園内に置かれる風情を意識して複数の隅切を施した特徴的な外観を図案家の神坂が考案し、平井が具体的な建築設計を行ったものとみられる。平面は中廊下を通した両側に次の間付き広間八畳と小間四畳半及び勝手が配されている。

皆折釘【かいおれくぎ】

頭の部分が小さく丸く折れ曲がった釘。「貝折釘」とも書く。茶室建築では外壁の板壁などを打つのに用いられ、釘頭を横一列通して意匠とすることが多い。*駒寄の竹の犬矢来などにも使用される。

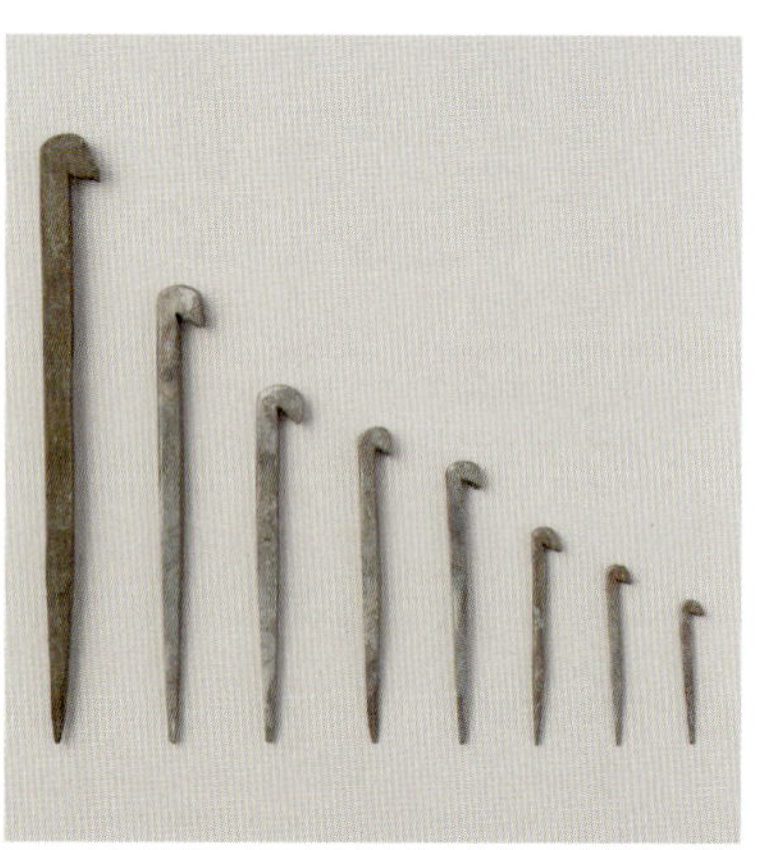

皆折釘

貝形手水鉢【かいがたちょうずばち】

手水鉢の一種。「半月形手水鉢」ともいう。自然石を用い、水穴が二枚貝の貝殻のような形となっているもの。勧修寺（京都市山科区）のものが知られる。

槐記【かいき】

*近衛家凞の言行を、医師の*山科道安が日録的に記述したもの。享保九年（一七二四）正月から同二十年正月に至る。正編七巻、続編四巻。初め『槐下与聞』と名づけられたが、後に『槐記』と改称された。槐は大臣の唐名である槐門にちなむ。内容は有職故実、歌学、語学、書道、絵画、金石、本草、医術、香道、花道、茶の湯など、あらゆる分野に及び、古今の人物の見識、和漢典籍の引例なども豊富である。博識多才な家凞の深い教養や見識が如実にあらわれている。中で

も茶の湯に関する記事は過半を占め、多くの詳細な茶会記をはじめ道具の来歴や扱い、茶席での所作、茶の湯の精神論などが説かれている。さらに香道に関しても詳しいが、秘事の記載が多いために他見を禁じられ、道安の手元より近衛家へ献じることを命ぜられたとするものがある。京都の陽明文庫には零本四冊（享保十一年、十二年、十三年、十八年）の山科道安自筆本がのこされており、また各所に写本も多く存在する。刊本としては『史料大観』、注釈に佐伯太の『槐記注釈』、また『茶道古典全集』第五巻、『日本古典文学大系（続編）』に抄出刊行された。

皆具【かいぐ】

道具の一式揃ったもの。元来は束帯などの装束、馬具、武具などの必要な物一式を意味する。茶の湯では*台子、*長板などに荘る水指、杓立、建水、蓋置などの一式をいう。風炉、釜を含めていう場合もある。唐銅のものを真とする。他に陶磁器で揃えたものもある。

会所【かいしょ】

中世、芸能などの寄合の会場となる場所、部屋をさした言葉。天延二年（九七四）に慶滋保胤が主催した、僧俗が交わっての仏教を基とした文芸の会である勧学会において、「勧学会所」とか「会所・堂宇建立之事」（本朝文粋）などと、その寄合の会場を会所と称したのを初見として、後鳥羽院の宇治御所（京都府宇治市）の「風炉御所」の一室に「御会所」（明月記）が認められる。その後、茶会や連歌会の場が、会衆が寄り集うところを意味して会所と呼称された。こうした会所の結構がある程度具体的にわかるのは、*足利義満以降の*室町殿などの将軍第やその別業などにおいてである。そして足利義教の時、永享四年（一四三二）から六年にかけて、室町殿では南向会所、泉殿会所、新造会所と、会所の全盛時代を迎え、同九年十月には後花園天皇の行幸を仰いでいた。そうした邸第を概観すると、儀礼的空間を中核とするハレ（晴）の領域と、日常的な生活空間を中核とするケ（褻）の領域に大別される殿舎構成にあって、そのケの一画とはいいながらも、寄合の場としてはハレにもみえる、中間領域のスキ（数寄）の場に会所は位置する。会所も当初はその部屋を意味した狭義のものから、やがてその会所を主室とする一棟の建築を意味した広義でも会所と称されるようになっていた。会所の構成は二種の型式があり、その一つの型式は南向き表側に三室、北向き裏手に三室の六ツ間取りにするもの。表側は主室の会所を中央にして、公的な用途をもった部屋が並び、裏手には*書院（居間）や眠床（寝室）などの私的な用途をもった諸室が配されている。禅院における*塔頭の*方丈も、表側には公的な部屋である礼の間、*室中の間（主室）、檀那の間の三室が連なり、裏手には私的な部屋である書院、眠蔵、衣鉢の間の三室が並んでいて、会所の構成に近似しているし、また禅宗のみならず、鎌倉新仏教の浄土宗や法華宗の寺院における客殿も同様であった。もう一つの会所の型式は略式型で、南向きの表側に会所と次の間の二室を配し、裏手に「納戸」（寝室）などの私的な部屋を配するもの。応永十七年（一四一〇）の醍醐寺の儀礼、京都本坊法身院での「吉書儀」に描かれた小御所兼用会所や、平内家の大工技術書である『*匠明』の殿屋集に所載の「昔六間七間主殿図」などが、この型式の会所である。中世にはこうした会所は唐物で荘厳され、様々な寄合の場として使われていたが、二型式の会所と同様の構成をする建築が、あるところでは*客殿と呼ばれ、また武家諸将の屋敷では主たる殿舎として位置づけられて*主殿と呼称される場合もあった。そして中世末頃には会所の呼称はみられなくなったが、しかし客殿を究極する*対面所も会所を原点とするもので、その用向きと型式は江戸時代の殿舎にまで継承されてきた。

懐石【かいせき】

*茶事に出す料理。本来、懐石とは禅宗の僧が坐禅に入る前に空腹や寒さを癒すために懐に抱いた温石（石を火で焼き布で包んだ石）をさし、そこから空腹をしのぐ程度の軽い料理の意となった。一汁（味噌汁）三菜（向付、煮物、焼物）が基本で、茶事で濃茶を美味しくいただくための料理というのが本来の役目である。懐石の文字を初めて用いたとされる『*南方録』には「小座敷ノ料理ハ、汁一ツ、サイ二カ、三ツカ、酒モカロクスベシ、ワビ座敷ノ料理ダテ不相応ナリ」とある。

懐蔵集【かいぞうしゅう】

茶室の寸法書。坂田源三郎（正輔、?～一七六二）著。写本一冊。墨付八十五丁。成立年代は不詳だが、元文から宝暦年間（一七三六～六四）に至るあいだの成立と考えられる。慈照院殿御座敷から始まり、珠光座敷、紹鷗四畳半之座敷、宗易四畳半之座敷、古田織部三畳大目之座敷、宗易三畳大目、二畳半座敷（昔座敷）、平野屋宗貞座敷、道安座敷など古今の各茶人好みの茶室の図と詳細な寸法を記し、露地、点前、茶人の言行を詳述する。国立国会図書館蔵。

掻蔓【かいづる】

材を掻くための蔓。たとえば*化粧屋根裏などで、*竹垂木と*小舞を結ぶ時に用いる。藤の蔓を特に藤蔓といい、茶室の下地窓に使われる。

皆如庵【かいにょあん】

京都市東山区の円山公園（名勝）にある茶室。園内の南、*西行庵に水屋を介して接続して建つ。歌僧・西行が一時庵を結んだと伝えられる当地には、西行を祀る草堂が設けられていたが、明治時代には荒廃していた。その後、堂の修復と西行庵の建造が明治二十六年（一八九三）に行われ、これを機にその翌年、西行庵の南方に皆如庵が移築された。この茶室は同時期に京都の久我家から買い取ったもので、もとは宇喜多秀家（一五七二～一六五五）の息女が久我家に輿入れの際に引出物として持参したと伝えられる。久我家は茶の湯の世界でも知られた名家であるが、その久我家の史料からは伝承の真否を確かめら

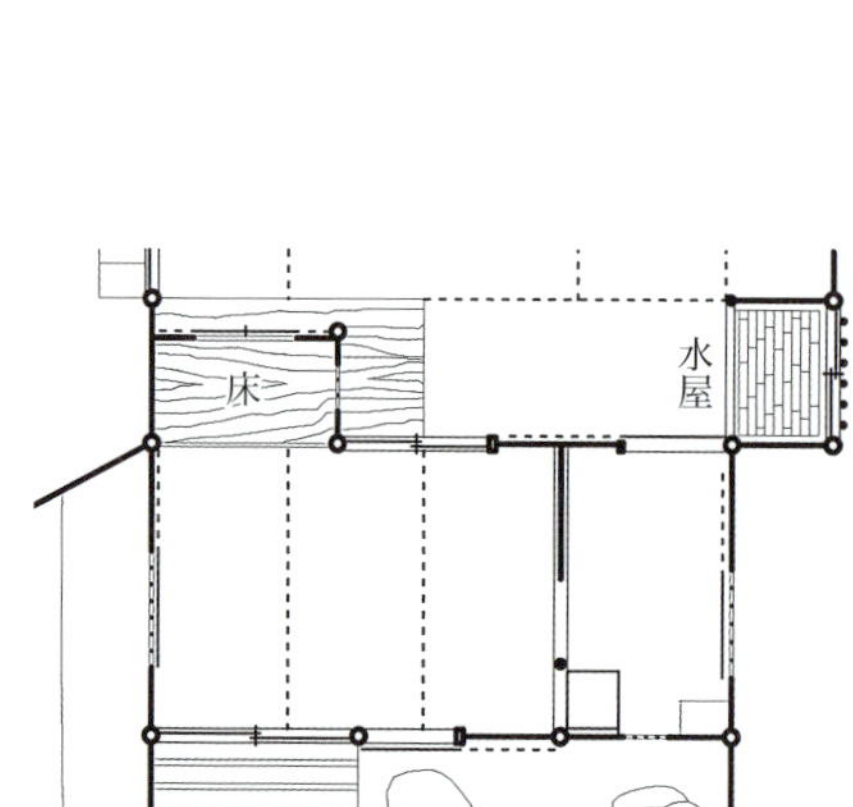

皆如庵

皆如庵　点前座側

れていない。茶室は東面して建ち、*切妻造の前面に庇を付け下ろし、左右に*袖壁を付した外観である。内部は長四畳で、その床の構成がこの茶室の特徴である。板敷きで*室床の形式をとり、*面皮の*床框に*北山丸太の*床柱というわびた造りであるが、その正面に*円窓をあけるという珍しい趣向を見せている。勝手の燈火が円窓の障子に映って興趣を添えることから、この茶室は「夜咄の席」とも呼ばれることになった。壁に円窓があるため向かって左の脇壁に*軸釘が打たれるが、幅の細い軸物しか掛けられない。また円窓の障子を引き開けると中央に板が入っており、そこに*花入釘が打たれる。点前座は炉を*向切本勝手に切り、*中柱を立て、袖壁を付けて*火燈口をあけたいわゆる*宗貞囲（道安囲とも）の構えである。*勝手付の隅には一重棚を釣る。点前座との境は袖壁によって仕切られるため、客座だけ別室の感がある。*給仕口は*太鼓襖を*引違いに建てる。その右端の*入隅は*塗廻しで柱が消されている。天井は客座三畳の上が*竿縁天井で、*連子窓と*貴人口は開口部が大きく、床の風流な意匠も加わって、くつろぎが感じられる。点前座が*網代の*落天井になっているため、客に対していっそうへりくだっているように見える。室床や宗貞囲といったわびた形式を導入しながら、円窓をあけて風流な意匠を働かせ、客座にくつろぎを与える雰囲気もつくり出している特色から、宇喜多秀家の息女の引出物という伝承もあながち否定できない。この茶室の露地は*蹲踞から*飛石が茶室

の右端、*刀掛石へ向かうが、*二段石があるだけで*刀掛を備えていない。*踏分石で*躙口、貴人口へも伝うよう飛石が配されている。貴人口前には竹を挟んだ*榑縁が設けられ、足元は*敷石で、*沓脱石は左寄りに面揃いに据えられる。貴人口左の袖壁には*下地窓があけられ、*腰張りを張るが、これは明らかに*腰掛の形式で、腰掛と貴人口を兼ねていると考えられる。

貝の口【かいのくち】

❶*蛤端と同じ。⇒蛤端【はまぐりば】❶

❷*蹴込床の床板において、前方*木口を蒲鉾形に丸みを帯びた形状にしたもの。また、その木口部分をいう。

海福院の茶堂【かいふくいんのさどう】

京都市右京区の*妙心寺塔頭海福院にある茶堂。当院は本坊の東北に位置し、元和二年（一六一六）、夬室智丈を開基として福島正則（一五六一～一六二四）により創立された。当院に滞在して本坊法堂の天井画を制作中であった狩野探幽が、酒に酔って書院の襖絵を描いたという逸話が伝えられている。現本堂は、塔頭韶陽院から移されていた庫裏を増改築し、方丈と書院の機能をあわせて一体としたものである。庫裏に設けられた飲食の場とされる寮室を茶堂という。書院座敷の体裁で整えられ、点茶の設備を有して訪問者を接待する場としても使われる。襖絵の画題により「芦雁の間」と呼ばれる*室中の間（八畳）西の六畳は、本来は海福院庫裏の茶堂であったと推測される。その西面の襖をあけると、*丸炉と棚を備えた構えが現れる。西面は面皮柱で二分され、襖を建てて奥行きの浅い押入状の空間が造られている。そして南半の間口一間分の内部に華奢な面皮柱を別に立て、左には二重の袋棚と一重棚を設けて丸炉を据え、右には上下二段の袋棚が造り込まれている。背面側からは庫裏の配膳棚として使われる。丸炉の脇は一重棚の高さほどの格子窓とし、丸炉側に障子を掛けている。特に明文化はされていなかったようであるが、妙心寺では茶の湯を制約する風があったという。妙心寺山内で茶室をもつ塔頭は限られていることとあわせ、押入の中に仕込まれたような点茶の構えは、茶の湯の設備をあらわにしないことによって、その制約に対応しようとした工夫であったのかもしれない。

海福院の茶堂　芦雁の間

回遊式庭園【かいゆうしきていえん】

*池庭の一形式。一定の着座位置からの観賞を目的とした座観式（定視式）庭園に対して、歩き回り観賞する庭園全般をいうこともあるが、これらは*周遊式庭園に含まれ、本義ではなく、厳密には江戸時代初期以降、大規模な園池を中心に、*枯山水や*露地の様式を取り込んだ総合的な様式の庭園をいう。「池泉回遊式庭園」ともいう。池のまわりに御殿や茶室、*東屋（四阿）などが設けられ、それらの建築を*園路で結び、歩みを進めるにしたがって庭景が次々に変化していくもので、*舟遊の要素をもつものも多い。江戸時代初期の*桂離宮において確立し、*大名庭園の多くもこの形式に含まれる。

偕楽園【かいらくえん】

茨城県水戸市に所在の*大名庭園。天保十三年（一八四二）、水戸藩第九代藩主徳川斉昭が開設した*回遊式庭園で、近年には日本三名園の一つに挙げられる。園名の由来は斉昭自筆の『偕楽園記』に「是余与衆同楽之意也。因命之曰偕楽園」とあり、当初より大衆に開放することを目的としており、近代的な公園の始まりとして日本の公園史上に重要な意義をもつ。表門から中門までは、杉林と男山八幡宮の竹と伝えられる竹林が続く。中門の先の広大な芝生の*平庭に*好文亭とその北西隅に*何陋庵が建ち、その北側に斉昭の指図で植えられたという数千株の梅林がひろがっている。江戸時代末期の流行である自然の景観を園内に取り込む風景園の傑作として名高い。明治六年（一八七三）、太政官布告により常磐公園と名称を変更したが、昭和七年（一九三二）には旧称に復した。戦災で好文亭を焼失するなど、被害を受けたが、昭和三十年から三年をかけて再興された。常磐公園として史跡、名勝に指定されている。

開炉【かいろ】

炉開きと同じ。⇒炉開き【ろびらき】

嘉隠堂【かいんどう】

愛知県名古屋市東区に所在の*松尾家の茶室。五世不俊斎が、京都の東洞院押小路に居を構え、天明八年（一七八八）の大火で焼けた嘉隠堂を文政十三年（一八三〇）に再建したと伝える。その後、松尾家は名古屋に移り、現在の嘉隠堂は邸内の一番奥に位置する。内部は*三畳台目。*祖堂と床を付加し、西側に二枚障子の*貴人口と、南側西端に*躙口をあける。貴人口を入った正面、東側に祖堂を構える。約一尺幅の地板を、*蹴込に*磨丸太を入れて敷き込み、*落掛を付け、向かって左に板幅分の脇壁を造る。その正面壁中央に*無目敷居を入れ、上部に円窓をあけて中に流祖像を祀る。床は祖堂の矩折、南に向いて設けており、*出隅に柱がなく、点前座*風炉先の勝手付角に古材の柱を立てて*花入釘を打ち、*床柱としている。祖堂の脇壁を造る*しゃれ木の柱を*相手柱として、脇壁が*袋床のように洞を形成している。床框には丸太風に削り上げた古材を入れる。客座は、貴人口寄り半間通りが*化粧屋根裏、のこりが胡粉を塗った*野根板張の*平天井。点前座は蒲の*落天井で一重棚を釣る。*松隠亭とのあいだの露地には、土蔵北側の瓦*四半敷の*土間廊下を利用し、両開きの桟唐戸を釣った透関坊が*待合として使われている。嘉隠堂の西側には*降り蹲踞があり、そこには鎌倉時代の作と考えられる*梟の手水鉢が据えられる。

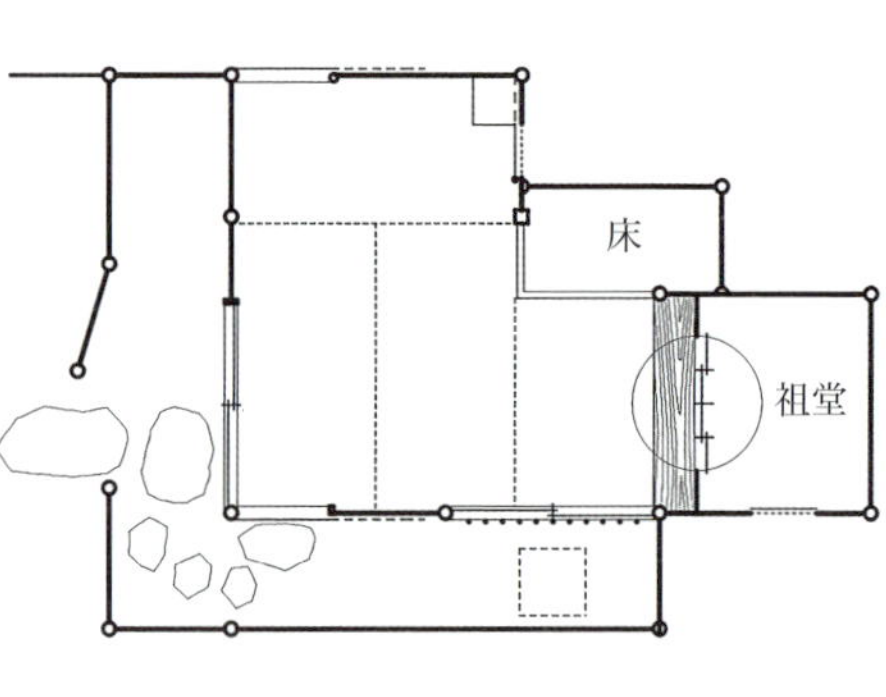

嘉隠堂

花雲【かうん】

東京都渋谷区の諦聴寺にある茶室。三代目*木村清兵衛が手掛けた。伝承では、昭和三年（一九二八）に上野公園で開催された大礼記念国産振興東京博覧会のために造られたという。その後、各地の個人宅への移築を経て、昭和五十七年頃に現在地に移った。外観は入母屋造銅板葺、水無瀬神宮*燈心亭を写した三畳台目下座床の茶室で、天井には吹寄に並べた格縁の格間に多彩な銘木、銘竹が張り詰められている。扁額は*益田鈍翁の揮毫で、造営に鈍翁の関与が推察される。

臥雲居【がうんきょ】

富山市の富山城址公園内碌々亭にある四畳半の席。⇒碌々亭【ろくろくてい】

花雲亭【かうんてい】

長崎県壱岐市の旧熊本利平邸である碧雲荘にある茶室。もとは昭和八年（一九三三）、久邇宮邦彦

花雲亭　床と点前座側

王妃俔子が東京渋谷の別邸を造営した際に建てられ、その後、昭和十七年に熊本邸へ下賜された。当初の茶室造営は、俔子が益田鈍翁に依頼し、数寄屋大工の二代目木村清兵衛が普請を手掛けた。「数寄屋師　清兵衛」と焼印が押された炉縁が現存する。外観は入母屋造桟瓦葺。水無瀬神宮燈心亭の写しを基調とした三畳台目下座床の席で、水屋と二畳の次の間が付属する。東京都渋谷区の同じく木村清兵衛が手掛けた茶室花雲と類似する構成である。

返し石【かえしいし】
裏返し石と同じ。⇒裏返し石【うらがえしいし】

返浪筆返し【かえしなみふでがえし】
筆返しの一種。「浪返し筆返し」ともいう。断面の形状が、打ち寄せる波頭が後返りするような形のもの。（付録19頁参照）

楓【かえで】
ムクロジ科カエデ属の木の総称。その種にはイロハモミジ（伊呂波紅葉）、オオモミジ、イタヤカエデ、ハナノキなど多くがある。一般には高木、落葉性の広葉樹で、主に本州から四国、九州に分布する。心材は帯紅や淡褐色、辺材は褐色や淡褐色。材質は緻密で堅硬、光沢があるが加工しがたい面もある。建築材として床柱、床框、床板、棚板などに用いることが多いが、そのほか装飾材、家具材としてもひろく使用する。楓は杢目が非常に面白く、特徴的なものとして挙げられる玉杢や蟹杢は大変希少である。

楓棚【かえでだな】
床脇に設けられる飾棚の一種。江戸時代に棚雛形として定型化される四十八棚の一つ。『増補大匠雛形四　新板棚雛形』（一八六六年刊）には「是ハおし（押）板わき、しよゐん（書院）わきによし」とある。

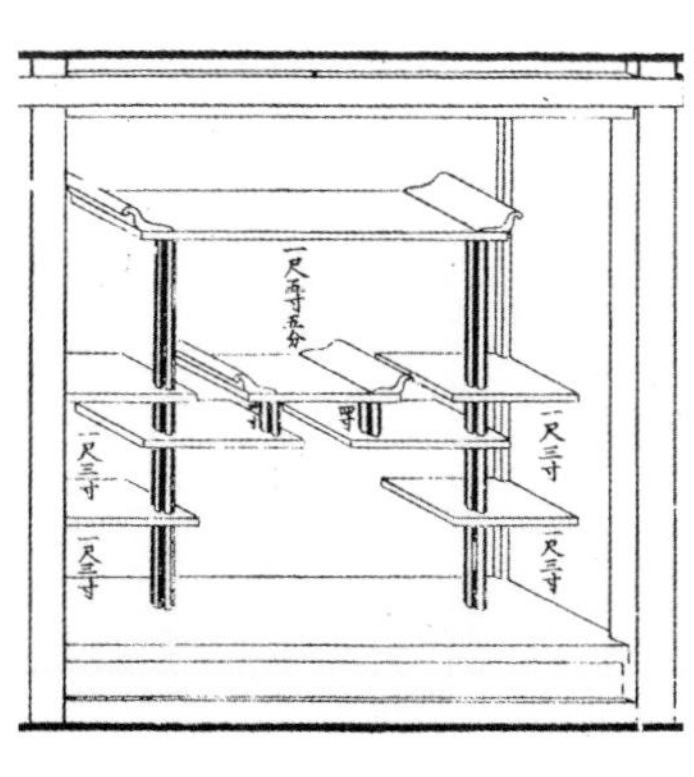
楓棚　『増補大匠雛形四 新板棚雛形』

返浪筆返し【かえりなみふでがえし】
⇒返浪筆返し【かえしなみふでがえし】

鏡石【かがみいし】
❶『山水並野形図』に示される、惣持石に添えて立てる石。惣持石は池の中に立てる石。上面は模様、節目があり、面から右へ斜形となる形の石で、この惣持石を磨く（引き立てる）という意味から鏡の文字が使われる。❷水落石と同じ。⇒水落石【みずおちいし】❸蹲踞において、手水鉢の背後に景として据えることがある板石状の石。「後石」ともいう。

蟄石【かがみいし】
縁先手水鉢の役石のひとつ。「屈石」とも書く。手水鉢の手前側、縁の下に据え、手水の跳ね返りが縁下に浸入することを防ぐもので、「水返石」ともいう。通常、縁下に板状の自然石を横長になるようにし、垂直に立てる。また縁の規模により立てる石の数を増減する。『築山庭造伝後編』には、風情のある青石を用いる旨が記される。（付録7頁参照）

鏡板【かがみいた】
天井や戸、壁板など、ある区画内に張る平滑な一枚板のこと。たとえば戸の竪框と桟の枠組に一枚板をはめ込んだものが鏡板戸となる。また床や床脇の天井は鏡板を張った鏡天井の形式とすることが一般的である。ただし無垢板を数枚、あわせ目を見せないように継ぎ合わせたものも鏡板と呼ぶことがある。

鏡天井【かがみてんじょう】
竿縁や格縁を用いない板天井。矧目のない一枚板（鏡板）を張ったものもあるが、複数枚を上面の野縁で固定したものもある。仏堂の内陣の天井などによく用いられる。禅宗寺院の法堂では、龍の絵が描かれることがあり、その中央下部で手を叩くと音が反響し、龍の鳴き声のように聞こえ、「鳴き龍」などと呼ばれることがある。現在、茶室においては床の天井として用いられることはあるが、客座や点前座に用いられることはまれである。一方『紳書』『茶湯奥儀鈔』『茶譜』には、武野紹鷗の時代までは鏡天井であったと記されている。ただこれらの記述は板天井のことを示していた可能性もある。

加賀屋新田会所【かがやしんでんかいしょ】

大阪市住之江区にのこる新田会所跡。鳳鳴亭の項を参照。

⇩鳳鳴亭【ほうめいてい】

垣【かき】

屋敷、庭などの内外を限る囲いとして設けた工作物。「垣根」ともいう。塀に比べ簡素な造りで、用途により、囲い垣、仕切り垣、袖垣に大別される。垣は古くから、神社に見られる玉垣、瑞垣のように聖域の区画を目的とし、庭園では特に露地の発展とともに、様々な材料、意匠の垣が考案された。江戸時代には、垣を図入りで解説する『石組園生八重垣伝』（一八二七年）が刊行されるなど、簡素な垣から技巧的な垣まで多種多様な垣が流布していた。垣の名称には、使用する材料、意匠や構造、本歌となる寺院の名などを冠するものがある。露地では特に、建仁寺垣、光悦寺垣、四つ目垣、柴垣、鉄砲垣、鶯垣、竹穂垣、重ね垣、真背垣（ませ垣の項❷を参照）などがよく用いられる。

掻合塗【かきあわせぬり】

漆塗の技法の一種。「柿合塗」とも書き、「目はじき塗」ともいう。欅、セン（栓）、シオジ（塩地）、栗などの木目がくっきりとした木地に、柿渋に松煙や弁柄などを混ぜた色渋を数回塗って渋下地とし、その上に漆を上塗したもの。木目にそって小さな穴があく味わいのある仕上りとなる。

舁竈土【かきくど】

移動式の竈土のこと。「舁く」とはかつぐこと。すなわち一服一銭の売茶の担いに組み込んだもの。「職人尽絵」などに見られる。

かきさし窓【かきさしまど】

下地窓を参照。

⇩下地窓【したじまど】

かぎ畳【かぎだたみ】

❶炉が切られて畳の角の一部が欠き取られている丸畳。また、その畳の炉の脇のところをいう。❷亭主が茶道口より踏込畳に入り、次いで通い畳に進む時に越す、通い畳の角をいう。

杜若【かきつばた】

アヤメ科アヤメ属の多年草。「燕子花」とも書く。北海道から九州まで分布し、水湿地に群生する。茎は円柱形で直立する。五〜六月に青紫色か紫色の花を二、三個つける。平安時代にこの花を直接布に擦り付け（書き附け）るようにして染めていたといい、名は書き附け花からの転訛という。この頃成立の『作庭記』に「沼様ハ、石をたつることはまれにして、こゝかしこのいり江に、あし、かつみ、あやめ、かきつばたやうの水草をあらしめて」と沼地のような園池を造る際の植栽に挙げられている。大名庭園などの広大な園池の護岸沿いによく群植される。しかし露地には園池を設けることが少なく、また花物を避ける傾向にあるため植えられることは少ない。

垣留の木【かきどめのき】

役木のひとつ。垣に添えて植えられる樹木。袖垣の建物と接していないほうの柱付近に植えられる。木の高さは垣と並ぶ程度が良いとされる。

垣根【かきね】

垣と同じ。

⇩垣【かき】

蝸牛庵【かぎゅうあん】

愛知県名古屋市西区の海福寺にあった茶室。河村玉椿斎（河村九兵衛宗智の子、曲全の孫。一八一二年没）が、橘町の延広寺（同市中区）の北にこの茶室を設け、佐市と号して曲全流の茶の湯を盛んに指導していた。この茶室は組立式で、蝸牛（カタツムリ）のように移動して、自由自在、意のおもむくところにしたがって茶を点てることができるという意味からの命名と伝える。後に海福寺へ移築された。

丸桁【がぎょう】

垂木を支える桁で、最も軒先に近いもの。「がんぎょう」とも読む。本来は断面が円形であったことから付いた呼称であるが、現在は断面が方形でもこの呼称を用いる。

欠き炉【かきろ】

*炉壇につかえてしまう大きな釜を使う場合に用いる炉。「かぎ炉」ともいい、「欿炉」とも書く。炉壇を塗る時に四面の中央を櫛形に刳って、釜が懸かるようにしたもので、炉壇を釜のために欠いたところからこの名がある。*表千家六代覚々斎原叟にはじまるともいわれ、大徳寺*芳春院の茶室にこの例がある。

閣【かく】

地上高く造られた、または二階建以上の建物。高殿、楼閣などをいう。さらに建物の上層階のみをさす場合もある。

角網代【かくあじろ】

*網代の編み方の一種。角が九十度、すなわち長方形（含正方形）になる編み方。特に石畳網代や市松網代と呼ばれるものも含まれる。なお日本の伝統意匠である*市松模様の称は、江戸時代中期の歌舞伎役者・佐野川市松の袴の意匠からきたといい、それまで「石畳」あるいは「霰」と呼ばれていたものであり、元来は同じものを示していた。しかし現在の網代の意匠としては、石畳と市松は別のものとして称されることも多い。（付録25頁参照）

学温園茶会図録【がくおんえんちゃかいずろく】

昭和元年（一九二六）十一月十四、十五日に、愛知県一宮市の森居易斎翁十七周忌追薦（追善）のために開催された煎茶会の図録。森林右衛門によって刊行された。本茶会は、第一席祭壇、第二席香煎席（三室）、第三席瓶花盆栽席（二室）、第四席煎茶席、第五席薄茶席、第六席書画展観席、第七席煎茶野席、第八席薄茶席、第九席煎茶席、第十席浅酌席、第十一席蘭花湯（腰掛および席）で構成され、第一席及び第二席が森林右衛門本宅（明月閣）、第三席から第五席が森林兵衛別邸（竹梁斎）、第六席から第九席が森林右衛門別邸（学温園）、第十席及び第十一席が瑞芳院に設けられた。他の煎茶会のように、骨董商、煎茶結社とのかかわりは認められず、地方の煎茶愛好家単独による煎茶会の図録である。

鶴々亭【かくかくてい】

愛知県名古屋市昭和区の鶴舞公園にある茶室。公園の西方、噴水塔の南西に*百華庵と隣接して建つ。昭和三年（一九二八）九月、御大典奉祝名古屋博覧会開催の折、茶室の参考館として、名古屋材木商組合が建築したもの。主要造作材には木曽檜の最高級品を使い建築された。主屋根は入母屋造桟瓦葺で棟違とし、北面を除く三面に桟瓦葺の庇を廻し、主屋根を越屋根（大屋根に別の棟をもつ小さな屋根をのせたもの）に見せる。西方を正面として切妻破風の車寄を突き出す。内部は四畳半の玄関（寄付）、六畳の次の間、十畳の座敷と続き、東から南へ矩折に四尺幅の縁が廻る。寄付の北側には六畳の水屋がある。次の間は、座敷と同様に長押を打ち、座敷は中床を大面に取り、天袋、通棚が付く床脇の下方に吹抜きを造り、東の脇に台目畳を挟んで付書院を設ける。座敷の天井は次の間とともに竿縁天井とし、南東二方に廻る榑縁の縁板は檜の糸柾目で幅四寸五分、長さは三間以上のものを使う。また次の間、座敷境の欄間には、座敷側に桐、次の間側に杉の山形が頂や谷をずらして重ねてあり、奥行きを感じる意匠となっている。建物全体の設計は中京間で設計される。この地域の伝統的な設計手法で高精度に施工されている。

鶴々亭　外観

学市軒【がくしけん】

京都市下京区に所在の*藪内家の茶室。邸内にある広間の*緝凞堂の東側に隣接しており、両座敷が、あいだの壁にあく障子窓を共有するような関係になっている。学市軒の建設経緯は不明だが、緝凞堂が明治二十一年(一八八八)に当家に移築された時、茶座敷にかなうようあらためられたので、その際、学市軒も現在のような姿になったと考えられている。学市軒は独立した茶室として使えるほか、敷地内での位置やさりげない座敷構成などから、*寄付、応接間、通路としての*鞘の間、控えの間などとしても使え、汎用性の高い座敷となっている。また平生は、稽古場としても使われている。内部は六畳。東面にあく*腰障子二枚を建てた*貴人口を上ると、天井は一面の*竿縁天井で、左手にあたる南側が床、右手にあたる北側が点前座、正面が*緝凞堂とのあいだの障子窓になっている。床は*壁床で、同家の*談古堂の床に似た簡素な構成をもち、これの右脇に腰障子一枚を建てた出入り口があって、ここから緝凞堂の縁の続きに出られるようになっている。また点前座まわりの壁面構成は、緝凞堂の点前座と同様の配置による窓や*茶道口からなり、壁の上方には六代比老斎竹陰の揮毫による額がかけられている。二枚建て*太鼓襖の茶道口を出ると、緝凞堂や水屋に入る廊下がある。

学市軒　床側

緝凞堂

学市軒

隠小羽根【かくしこばね】

*柿葺の葺き方のうち、柿板を重ねて上から打つ竹釘を表面に現さないで、重ねの下に隠して打つ方法。普通の柿葺では竹釘が見え、隠小羽根は上等な葺き方となる。

角竹【かくちく】

❶*筍に木枠を被せることで人工的に稈を四角い形状にした竹。銘竹の一種。床柱や*落掛などに用いる。その仕上げの意匠にしたがって、*晒角竹(角竹を晒竹にしたもの)、*錆角竹(角竹を錆竹にしたもの)、*染煤角竹(角竹を煤竹に似せて染色したもの)、また京銘竹として知られる図面角竹(硫酸や砂などを混ぜた液で稈に模様を付けたもの)などの種類がある。
❷四方竹のこと。⇨四方竹【しほうちく】❶

角柱【かくばしら】

断面が正方形の柱。古い社寺建築の主要部や*寝殿造などでは*丸柱が用いられた。その後、*書院建築などでは畳や建具の納まりから角柱が用いられるようになるが、*面取をし、面が大きく取られていた。時代が下るにつれ面取幅は小さくなっていく。茶室においては、初期では小室で茶の湯が行われ、面取の角柱であったが、やがて*草庵式茶室に近付くと*丸太を使用することとなった。

角柱形刈込【かくばしらがたかりこみ】

*刈込の一種。「角作り」ともいう。角柱形に刈り込み、樹形を整えるもので、犬黄楊など常緑で葉の小さいものによく施される。

学甫堂【がくほどう】

愛知県安城市の丈山文庫にある*石川丈山の旧書斎。寛永十三年から同十八年（一六三六〜四一）まで京都の相国寺のあたりに隠棲した丈山が建てた睡竹堂にあった建物。昭和四十四年（一九六九）、京都市左京区の睡竹堂からこの建物を丈山文庫庭内に移築、復原した。入母屋造茅葺で、三畳敷に板床を配した間取りで、二方に榑板張の濡縁が廻り、その境には三本引きの腰障子を建てる。天井は竿縁天井で、濡縁の天井は網代天井となる。学甫堂の横にある石燈籠は、江戸時代初期に京都のみで流行したという白川花崗岩で作られたもので、蹲踞とともに丈山の遺品である。

角掘り【かくぼり】

壺掘りと同じ。⇒壺掘り【つぼぼり】

額見石【がくみいし】

*役石のひとつ。*内露地の*蹲踞と茶室とのあいだ、*扁額が見やすい位置に打たれる石のこと。*飛石中に据えられることもあるが、飛石から少し離して打たれることが多い。比較的大ぶりな石が用いられる。時に茶室全体の佇まいや露地全体の景を見る意もあることから「物見石」ということもある。

角山箺篁翁薦事図録【かくやましゅんこうおうせんじずろく】

大正八年（一九一九）十一月三日、角山翁・山中吉郎兵衛の三回忌に、大阪網島で開催された煎茶会の図録。山中箺篁堂の編輯、山中吉郎兵衛の発行により、大正十一年六月一日に出版された。本茶会は全二十席で構成され、第一席から第八席までが鮒宇楼、第九席から第十八席までが藤田氏旧邸の洋館、庭園、市隠亭、残月茶亭など、第十九席が鮒宇楼庭園に設けられた。図録は、瑞、草、魁の三巻構成で、瑞巻には第一席から第六席まで、草巻には第七席から第十二席まで、魁巻には第十三席から二十席までが収録されている。そして、第一席が祭壇、第二、三、十四、十六席が書画展観席、第四席が盆栽陳列席、第五、六、七、八、十二、十三、十五席が煎茗席（煎茶席）、第九、十席が陶器、銅器陳列席、第十一、十七席が抹茶席、第十八、十九席が模擬店、第二十席が浅酌席で、このうち第六、十五席は待合席と煎茗席の二席からなっている。

隠れ蓑【かくれみの】

ウコギ科カクレミノ属の常緑小高木。本州（関東以西）、四国、九州に分布する。湿り気のある照葉樹林内、特に海岸近くに多く、樹高は三〜八メートル。葉身は長さが七〜一二センチ、幅が三〜八センチ。普通は全縁、卵状楕円形で、隠れ蓑の名はこの葉を、着ると姿を隠すことができるといわれる蓑に見立てたもの。古くから神聖視され、庭園樹、また露地の植栽としても用いられている。

角連子【かくれんじ】

*連子の一種。「角格子」ともいう。断面が方形、または菱形の連子子を付けた連子のこと。断面が菱形の連子子は*菱子ともいう。

掛金【かけがね】

戸締り用金物の一種。輪形に作った部分（正円のものを輪掛金、楕円状に細長いものを竿掛金という）に棒状の根壺が付き、この根壺を柱などに打つ。また戸には頭が輪形になった釘状の請壺を打ち、輪（もしくは竿）掛金を請壺にはめ、釘または錠を差して戸締りとする。

掛釘【かけくぎ】

茶室の内外においてある物を掛けるために打たれる釘の総称。茶室内部においては*軸釘、*花入釘、*中釘、*落掛花釘、*朝顔釘、*柳釘、*撞木釘、*釜蛭釘、*花蛭釘、*袋釘などがある。外部では*簾掛釘や扁額掛釘などが、また*竹釘を用いた箒掛釘や傘掛釘など、露地の各所に打たれるものもある。

掛込天井【かけこみてんじょう】

天井の一形式。茶室などの天井において、*平天井と化粧屋根裏（化粧屋根裏の項❶を参照）を組み合わせたもの。あるいは化粧屋根裏のみをさす場合もある。後者が室内全体にひろがるものを*総掛込天井ともいう。近代においては、明治時代になって外国人が茶室に入ることを考慮したり、あるいは明快さが求められたりする過程で、平天井の天井高を高くすることがしばしば行われた。その結果、化粧屋根裏と平天井が接する部分の納まりが悪くなり、境に垂れ壁を設けることがある。それを「のれん壁」などという。また主に昭和時代になって、平天井と化粧屋根裏との境目部分に空調の吹き出し口を設けたり、照明器具を埋め込んだりすることがあった。一般に客座の上部の天井となり、平天井を床側、化粧屋根裏を躙口側に設けることが多い。(付録24頁参照)

掛障子【かけしょうじ】

茶室の下地窓などに掛けて用いられる障子のこと。折釘を窓の上部に二本、下部に一本打ち、そこに両端部を角柄に造った障子を掛けることから「掛け窓」「角柄障子」ともいう。

掛障子

花月座敷【かげつざしき】

七事式が制定された際、これにかなう座敷として工夫された座敷形式に対する呼称。八畳敷の正面中央に一間床を配し、その左右両脇に半間の間口の棚などを設ける形式である。左の棚の前の一畳を点前座として炉が切られ、畳の敷き方も七事式の所作に合わせて敷かれる。七事式が考案されて多人数による稽古が行われるようになり、こうした形式の座敷がやがて本席としても受け入れられるようになって、広間の茶室が普及していったと考えられる。またいつの頃からかこの座敷形式が「花月座敷」と呼ばれるようにもなった。十九世紀前半に流布した起し絵図や同じ頃の古図には、七事式を主導した表千家七代如心斎天然の花月楼、その高弟・川上不白の花月楼(花月楼の項❶を参照)、あるいは単に「八畳敷」「座敷」などの題で如心斎や不白の好みとする座敷図に同様の形式のものが見られる。なお不白が江戸の神田明神台に建てた八畳の花月楼は、不白の花月楼の起し絵図と同じく四畳の上段をもつ座敷であった。

花月楼【かげつろう】

❶川上不白が宝暦八年(一七五八)、自邸のあった江戸の神田明神台に設けた広間の茶室。花月楼の名は、七事式のうちの一つ、花月之式にちなむ。『千家数寄屋寸法』によると、畳には京間畳が使われ、八畳敷を中心として北側に四畳の上段が付き、東側と南側には一間幅の入側が、西側には六畳と四畳半の「溜之間」が接していた。また上段には、北面に床(右側)と床脇棚(左側)が、東面に付書院が設けられていた。こうした基本構成から見れば、花月楼はまぎれもなく書院であるが、一方で天井や鴨居の高さを低く抑え、長押は打たず、細部の意匠や材料も、わびの手法に通ずる仕様としていた。特に上段にはそうした配慮が見られ、上段とはいえ、床を一段上げることはせず、八畳と揃えてその境に無目敷居を入れるだけであったし、天井は「張天井」(紙か布の張付と考えられる)にしていた。また八畳との境の上部は、無目鴨居に竹の長押を付けたものを入れ、その上の小壁に、櫛形をした下地窓風の欄間を左右に一対あけて、上段らしさを表現していた。このように、上段としての格調は表現されるものの簡素でわびた意匠構成が要所に配され、書院全体が茶座

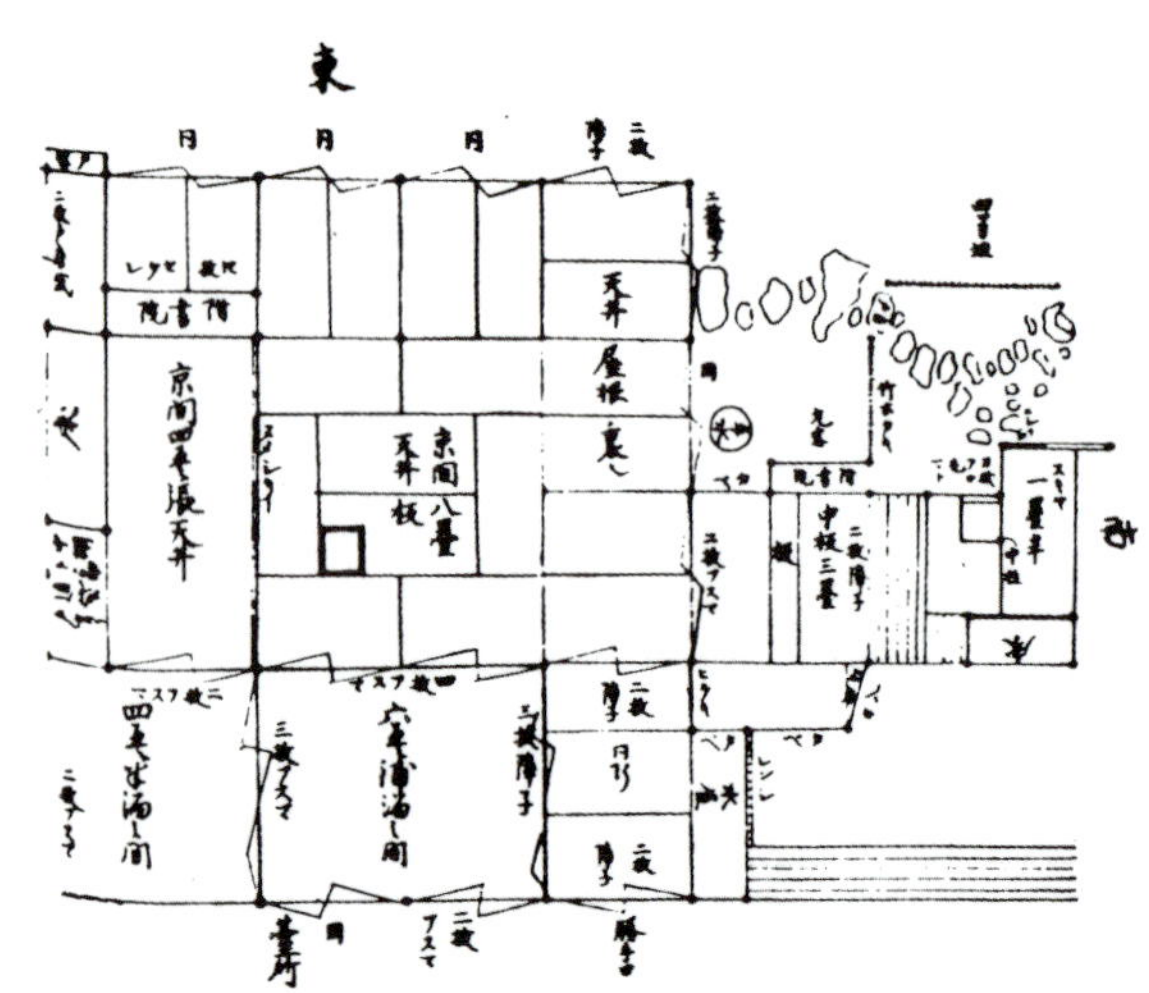
京間八畳の図　『千家数寄屋寸法』

敷の造形で統一されていたことが理解される。花月楼の点前座は、上段四畳の前の無目敷居に接した隅の一畳があてられているが、そうした唐突な配置であっても、上段との齟齬を感じさせないのである。この点、*小堀遠州が*忘筌で行った、わび茶の所作を書院の格式の中にとけ込ませた表現とは、全く逆の方向であったといえる。不白が指導した花月楼の遺構としては、山口県萩市の松陰神社に現存するものがある（❷の項を参照）。ここでの上段は、通例どおり床が一段上げられており、上段の床まわりの構えは、壁の中央に一間床が、両脇に半間の棚が設けられている。花月之式では、八畳のうち、点前座を起点とする四畳半を本席とみなし、その外側の畳は、稽古の役を入れ替わるための移動などに使われるため、こちらの床構えのほうが花月之式にかなった配置といえる。*表千家七代如心斎天然や不白の好みと伝えられている座敷図や*起し絵図には、こうした床構えの八畳（上段は無い）もいくつか知られており、こちらが元来の着想だったのであろう。不白は、門人に対して、如心斎よりも寛容な姿勢をとっていた。江戸において幅広い人々に千家の茶道をひろめる際には、その寛容さも役立っていたと思われ、不白の好みになるとする広間の種類が少なくないのも、そうした姿勢と関係があるように考えられる。

❷山口県萩市の松陰神社にある茶室。安永五年（一七七六）に長門国萩藩第七代藩主毛利重就が川上不白の図面によって*三田尻御茶屋（防府市）に造立した。重就の没後、文化二年（一八〇五）に茶堂・竹田休和が萩の平安古の屋敷に移し、さらに明治二十年（一八八七）に萩出身の品川弥二郎が萩の旧宅に移していた。吉田松陰没後百年にあたる昭和三十四年（一九五九）に現在地に移築されている。主室八畳と床、棚、付書院を備える四畳の上段の二方に、一間幅の入側が矩折に廻る。入側筋の建具を外すと二十畳敷とすることもできる、*花月座敷特有の平面形式をもつ。三田尻御茶屋には、周防国分寺境内に天明六年（一七八六）に造立されていた花月楼が明治二十一年に移築されている。

花月楼（江戸千家宗家蓮華庵） 床側

❸東京都文京区弥生に所在の江戸千家宗家蓮華庵の茶室。*不白堂に隣接し、内部は八畳敷で、中央に*一間床を置き、右手の*床脇は、*床柱を*釣束に代えて壁を吹放し、*床畳と同じ高さに*地板をそのまま続けて半畳分敷き、*台面としている。右の壁の*入隅に二重棚を釣っている。また左は赤松皮付の床柱を立て、床脇には下部いっぱいに*地袋を設け、地袋の上は正面と床境に円弧形の下がり壁を付けて仏龕のような構成にしている。

床

花月楼

掛戸【かけど】

*草庵式茶室で、風雨を防ぐため*連子窓や*下地窓の外側に掛けておく*板戸。茶事、茶会を催す際には取り外す。*へぎ板を張り、割竹で押さえた形式で、窓の上部に打った*折釘に掛ける。

掛燈台【かけとうだい】

燈具の一種。小間や水屋、廊下などで、置いて使う形式の燈具の置き場所がない時に掛けて用いる簡易な照明具。利休形といわれる木掛燈台と*竹掛燈台がある。

欠燈籠【かけどうろう】

笠や*火袋、*中台、竿の一部が欠けている石燈籠のこと。「かげどうろう」と読むこともある。人の手によって欠いたとされるものや長年の浸食、地震などによる倒壊によって欠けたものがそのまま使われているものがある。大徳寺塔頭高桐院所蔵で*細川三斎の墓塔とされている石燈籠が知られる。

掛花入釘【かけはないれくぎ】

花入釘と同じ。⇒花入釘【はないれくぎ】

筧【かけひ】

割竹や節抜きの丸竹、刳り抜いた木材を用いて水を引いた導水装置。「掛樋」とも書く。もとは山間の民家などで自然の湧水や渓流の水を生活用水とするために用いたが、後に庭園の景として*蹲踞や*鹿おどしと組み合わせて用いられるようになった。導水の屈曲部は、木材を短く切り二方向に穴を抜いて作った駒頭と称する連結具を用いてつなぐ。樋口から落ちる水の姿とそれを受ける水鉢の水面、水音を楽しむ。

筧

囲い【かこい】

茶室の別称。建物の一部を小さく囲って茶の湯を行ったことに由来する呼称。そのような用例として、『*天王寺屋会記』「宗及他会記」の永禄九年（一五六六）九月十日条に、「かいの町とくら小路かしやにて、二階をかこひて之茶湯也」と見える。『*茶道筌蹄』には「囲の始りは珠光東山殿正寝十八畳の間を四ツ一に分かこひたるが濫觴なり」と、*足利義政の*東山殿の*会所（正寝）九間（十八畳敷）を四分の一に囲って四畳半を造ったとするが、これは四畳半を茶室の始まりとする説と結び付けた発想であろう。『*南方録』には、*千利休が*北向道陳から聞いたはなしとして、「珠光ノ時、広座舗ノ端ヲ屏風ニテカコミテ、五・六畳敷ホドニシテ茶タテラレシコトアリ」と、*珠光が広間の隅を屏風で囲って茶を点てたことが伝えられている。天正十五年（一五八七）十月一日に催された*北野大茶之湯において*今井宗久が担当した茶室は、「於北野松原ノ内、御囲四ツ立サセラル（中略）宗久ノ囲、四畳半ニテ、四方ヲ青キアシロ（網代）ニテ囲イ、四尺二寸ノ床アリ、ク、リノ前ニ大樹ノ松アリ」と描出されている（今井宗久茶湯書抜）。この囲いは、建物の中に造り込まれたものというより、独立した茶室であったと推測される。『*古田織部正殿聞書』では数寄屋と囲いを区別して、「数寄屋ハカヤフキ（茅葺）ニ定」め「瓦フキ、又ハコケラフキ（柿葺）ナトニスル事夢々不可有之」とするのに対して、「囲ハ（中略）何フキニテモ不苦」としている。また『*茶譜』でも、「棟ヲ別ニ上テ路地ヨリク、リヲ付テ客ノ出入スル」独立した茶室（小座敷）と、「隣書院ヨリ襖障子ナト立テ茶ヲ立ル」「広座敷ノ内ニ間仕切テ、茶ヲ立ルヤウニ造ル」囲いを区別している。実際には厳密な使い分けはされていなかったようで、独立した茶室も囲いと呼ばれていた。「囲居」と表記する例も見られる（槐記）。

囲い垣【かこいがき】

敷地や庭などの区画を囲う垣。境界表示のほか、目隠しや侵入防止の役割をもたせる場合が多い。露地においては、このような囲いのための垣を外垣ともいう。

花崗岩【かこうがん】

地下深くで徐々に冷却された深成岩のひとつで、石英と長石を主成分として有色鉱物の雲母などを含んだものか、酸性岩でナトリウムとカリウムを含まないもの。全国的に分布し、産出量も多い。産出地により*白川石（京都）など多くの呼称があり、用途もひろい。緻密であるが斜長石や黒雲母などが風化したものはボソなどと呼ばれることもある。石材としては兵庫県神戸市の六甲山地に産出した御影石が著名なことから、花崗岩の別称として使用されることもあり、さらに頭に地域名などを付けて、*甲州御影などと呼ばれることがある。

蝸殻庵【かこくあん】
神奈川県小田原市の*益田鈍翁の別邸*掃雲台にあった茶室。京都府八幡にあった山本条太郎所有の茶室を譲り受けた鈍翁が、御殿山の自邸に移し、関東大震災後の昭和六年(一九三一)、さらに掃雲台に移築した。*松花堂昭乗が最初の方丈焼失後に造ったものの遺構、または蝸殻庵と称した見取図を写したものともいわれている。杉皮葺切妻造で、松花堂筆蝸殻の額を正面破風に掲げ、*片桐石州好みの低い土塀の前に、ともに伝来していた三階笠の石燈籠と自然石の蹲踞が据えられていた。席は三畳下座床。引違いの太鼓襖で炉を隅炉に切った点前座一畳と客座二畳が仕切られ、また点前畳と給仕口のあいだには板が敷き込まれていた。床は板床で、その隣には、薩摩杉戸の地袋の上に*珠光の像を安んじた仏壇を備える。躙口はなく、竈土を据えた土間に貴人口があけられ、土間への入口は両開き二枚折り唐戸であった。天井は正方形に紅地モールの古布が張り込まれ、その周囲を竹の網代張しした特徴的な造りの茶室であった。

籠守棚【かごもりだな】
*床脇に設けられる*飾棚の一種。「せいしゅだな」と読ませる雛形本もある。江戸時代に棚雛形として定型化される四十八棚の一つで、小鳥の籠などを置いた。『増補大匠雛形四　新板棚雛形』(一八六六年刊)には「是ハ小鳥なとかい(飼)てかご(籠)を入るなり、つね(常)の所にハ中座」とある。

籠守棚　『増補大匠雛形四 新板棚雛形』

笠形刈込【かさがたかりこみ】
*刈込の一種。「笠作り」ともいう。直幹をのこし、上部の枝葉部分が笠形に、つまり縦断面が三角形になるよう仕立てたもの。

笠瓦【かさがわら】
雨除けのために塀や壁の上部に葺く瓦。「傘瓦」とも書く。*雁振瓦、陣笠瓦などがある。

笠木【かさぎ】
塀、垣、欄干、橋の手摺、鳥居などの上に架け渡す横木。

傘亭【かさてい】
⇒傘亭【からかさてい】

重ね垣【かさねがき】
*枝穂垣の一種。『*石組園生八重垣伝』には「三段垣又重墻ともいふ」とある。力杭に横木を数本渡し、竹穂、黒文字、柴などの樹枝を*立子として、二段または三段に結い、割竹の*押縁で留めたもの。

重違棚【かさねちがいだな】
*床脇に設けられる*飾棚の一種。江戸時代に棚雛形として定型化される四十八棚の一つ。*天袋の下部を二段に分割し、各段に袋戸を三枚ずつ建てたもの。『増補大匠雛形四　新板棚雛形』(一八六六年刊)には「此棚ハたな(棚)数多き所、御やす(休)みの間、または上方御つほね(局)方ニよし」とある。

重違棚　『増補大匠雛形四 新板棚雛形』

重之棚【かさねのたな】
重々棚と同じ。⇒重々棚【じゅうじゅうだな】

風間家住宅【かざまけじゅうたく】
山形県鶴岡市にある風間家の旧店舗兼住宅。呉服、太物屋を営み、庄内藩御用商人であった風間家の七代幸右衛門が、明治二十九年(一八九六)、武家屋敷跡に主屋、中蔵と奥蔵を建て、前蔵及び風呂場、便所、小座敷と増築していった。明治二十九年が丙申にあたることから主屋は丙申堂と名づけられた。木造一部二階建、約四万の石が置かれた石置杉皮葺、及び桟瓦葺。南面する主屋を中心に、北東に小座敷が接続し、南側の道路に面して表門(約二百年前の薬医門)と前蔵が、西側には中蔵と奥蔵、北側に内蔵(金庫蔵)がある。明治二十七年の酒田地震を教訓にして建てたと伝えられており、約六十畳の板の間に架かる梁をトラス(三角形)状にしている。重要文化財に指定される。明治四十三年には丙申堂の五十メートルほど北側に別邸が造られた。木造平家建で、屋根は入母屋造銅板葺。座敷二間と前室とからなり、西面に玄関、東面と北面に広縁と土間庇を設けている。昭和十八年(一九四三)頃まで迎賓館として使われていたが、その後、昭和二十六年頃まで綴れ織の遠藤虚籟、和田秋野が居住し、同二十七年には九代眞一の私邸となった。建築時より上座敷に木庵性瑫筆の「無量光」の額を掲げ、八代幸右衛門が建物庭園を含めて「無量光苑」と名づけた。さらに眞一が、床に御石仏釈迦像を安置して「無量光苑・釈迦堂」と命名した。付属屋の中門、土蔵、板塀、表門、北門を含め、登録有形文化財である。数寄屋造だが、炉は切られていない。釈迦堂西側に、茶室風建築が建っていたというが現存しない。

風窓【かざまど】 建物の床下に設けた風を通す窓。床下の湿気を防ぐ。古くは*如庵にも見ることができる。

飾り井戸【かざりいど】 水を出さない装飾のための井戸と、水を出すものとがある。前者は*井筒や*井桁を*井戸構えがあるのにふさわしい位置に置くだけだが、後者は水道や別の井戸から導水して水を入れる、水源を異にした井戸である。「置井戸」ともいい、また水を用いないものは「空井戸」ともいう。

荘雪隠【かざりせっちん】 砂雪隠と同じ。⇒砂雪隠【すなせっちん】

飾棚【かざりだな】 主に座敷の*床脇などに設けられる装飾用の棚。一般に美術品などの収納と展示を目的とするが、棚板、*天袋や*地袋などの組み合わせ、材料、用途によって多種多様な種類がある。床脇に仕付けられたものは床脇棚ともいう。桂離宮の*桂棚、修学院離宮の*霞棚、醍醐寺三宝院の*醍醐棚のように、意匠や材料に趣向をこらした名棚のほか、*文琳棚のように荘られた茶器が名の由来になったものもある。また江戸時代から明治時代にかけて四十八棚などが定型化され、それらを紹介する棚雛形本が公刊された。板行された棚雛形本によって多少の異同はあるが、例えば『増補大匠雛形四 新板棚雛形』(一八六六年刊)は、通棚、違棚、通違棚、二重違棚、三重違棚、落違棚、仕切違棚、烏棚、冠棚、上下棚、函木棚、重違棚、屏風棚、西楼棚、卓棚、鳥居棚、大西楼棚、嶋棚、扇子棚、菱棚、藤棚、梅棚、桜棚、柳棚、楓棚、松棚、折上棚、通向棚、袋棚、櫓棚、折込棚、籠守棚、二階棚、具足棚、千鳥棚、書物棚、草紙棚、大輪棚、御膳棚、重々棚、釣棚、向棚、手高棚、次第棚、局棚、化粧棚、立違棚、呉服棚を挙げ、「外二棚」として神祀棚、仏守棚を掲載する(各項を参照)。

飾り手水鉢【かざりちょうずばち】 手を清めるという実用から離れ、庭の景物として据えられた*手水鉢をいう。「飾り鉢前」ともいう。主として*縁先手水鉢。いつ頃から用いられたかは定かではないが『築山庭造伝後編』(一八二八年刊)などに記述がある。

飾り鉢前【かざりはちまえ】 飾り手水鉢と同じ。⇒飾り手水鉢【かざりちょうずばち】

飾箒【かざりぼうき】 露地箒には*棕櫚箒と*蕨箒の二種類があるが、これらは実用としての一面以外に、清浄と主客の精神性を表現するものとしての一面もある。現代ではこの精神性における役割を重視し、飾箒と呼ぶことがある。露地で実用に用いられる箒には様々な大きさの手箒がある。

樫【かし】

ブナ科コナラ属のカシ類の総称。*アカガシ（赤樫）、*シラカシ（白樫）、*アラカシ（粗樫）、イチイガシ（*一位樫）、ウバメガシ（*姥目樫）などの種がある。常緑樹林内でよく見られ、中でもアラカシは最も普通に見られ、単にカシというと、アラカシをさすことが多い。幹や葉の色に落ち着きがあり、露地の植栽としてよく好まれる。『*江岑夏書』の寛文三年（一六六三）七月八日の条に「古の路地ニハ松・かしの木・かなめ・ひさゝ木・すゝき、か様ノ木のたぐひ、竹・もミハ織部より植申候、路地のつくり様、各別つくり庭のことくニいたし候」とあり、*古田織部より前の露地に松とともに樫が植えられていたとの記述がある。また『*細川三斎御伝受書』には「樹ニ桃　枇杷ヲ利休ハ嫌ヒ候　盧路ニハ松　樫山グミヲ植申すト被仰候」と、さらに『築山庭造伝後編』「路地庭造の図解」の項に「植樹ハ松、槙、南天、棒樫、もつこく等よし」とあり、古くから露地の常緑樹を中心とした樹林の主な構成種であることがわかる。

菓子の茶事【かしのちゃじ】

飯後の茶事と同じ。⇒飯後の茶事【はんごのちゃじ】

鍛冶屋口【かじやぐち】

点前座に中柱を立てて*袖壁を造った席で、袖壁の*引木の下、吹抜けになっているところ。『茶道早合点』に「大目切向板にて、中柱のあるに、横手の壁に、をとしがき（落掛）ある口を、かぢや口と云」とある。

勧修寺形燈籠【かじゅうじがたどうろう】

石燈籠の一種。「かんしゅうじがた」もしくは「かんじゅじがた」とも読まれる。勧修寺（京都市山科区）のものを本歌とし、広義の*雪見形燈籠に分類される。基礎、竿、中台、笠が方形で、火袋が長方形だが、竿は中を刳り抜いて短い方柱とし、火口は横長、笠は曲線で構成される。

勧修寺形燈籠　勧修寺

頭巻釘【かしらまきくぎ】

釘の頭の部分を丸く巻き込んで成形した釘のこと。*躙戸や*水屋流しなどで用いられる。頭の巻き込みが頭巻釘より大きなものを*巻頭釘という。

柏【かしわ】

ブナ科コナラ属の落葉高木。「槲」とも書く。北海道、本州から九州まで分布し、山野の痩せた地や海岸に生える。樹高は一〇～一五メートルになる。葉は長さ一〇～三〇センチで、波状の鋸歯があり、枝先に集まって互生する。枯れた葉が長く枝にのこるため、縁起をかつぎ庭に植えられる。若葉は端午の節句の柏餅に利用される。「炊葉」が名の由来で、古くは食物を盛る葉はすべてカシワといった。現在でも伊勢神宮の神嘗祭などでは柏の葉に供物を盛るなどし、神事によく用いられる。材質は堅く、建築材として利用されることもあり、また薪炭材にも用いられる。

頭巻釘

柏木貨一郎【かしわぎかいちろう】

天保十二年～明治三十一年（一八四一～一八九八）。江戸時代後期から近代にかけての工匠、古美術鑑定家。江戸神田和泉橋の糸屋・辻家に生まれ、江戸幕府の小普請方・柏木家の養子となり九代を継いだ。号は探古斎。古美術の鑑識にすぐれ、自ら収集もしている。明治維新後は文部省につとめて、古寺社の宝物調査などを担った。建築設計にも手腕も発揮し、品川御殿山の益田鈍翁邸（碧雲台）、飛鳥山の渋沢栄一邸などの和風邸宅や茶室を手掛けた。

梶原家の茶室【かじわらけのちゃしつ】

兵庫県姫路市の梶原家住宅にある茶室。梶原家は、江戸時代より塩田業や海運業を営んできた。敷地内の建物は二十棟あまりに及び、六席の茶室を有す。明治三十九年（一九〇六）に主屋を曳家（建築物を解体しないで移動すること）し、新座敷と煎茶室を加えている。大工は地元の魚田家という。大正時代前期には京都から数寄屋師・岡田永斎と荻田米斎を呼び、表門、北離座敷、南離座敷、しづの舎、待合などが建設された。庭園は大正時代前期、京都の植熊こと加藤熊吉による。新座敷北東の茶室が前茶室で、新座敷とは渡り廊下でつながる。茶室は切妻造桟瓦葺で、四畳半の畳敷きの北側に踏込床形式の台目床を構え、床に並んで玄関土間からの台目幅の板敷き部分を加える。床柱は赤松皮付。東面には少し大きめの躙口をあけ、西面には卍字崩しの意匠を施した円窓をあける。北離座敷は切妻造桟瓦葺で、主室として八畳の座敷をもつ。北側に一間床を構え、太い槙の床柱、大平には円窓をあける。東に平書院と貴人口が並ぶ。南離座敷は入母屋造本瓦葺で、八畳座敷と水屋の付いた四畳を並べる。八畳は、東面に七尺五寸幅の床を構え、床の脇には地板を敷き、火燈窓をあけている。天井は一崩し天井。南離座敷から渡り廊下でしづの舎に至る。しづの舎は、裏千家十三代圓能斎鉄中の設計と伝えられ、入母屋造茅葺の屋根が雁行し、二畳、四畳、四畳半の茶室が備わる。主屋や管理人部屋をはじめ、離座敷、茶室しづの舎、雪隠、腰掛待合などは登録有形文化財である。

佳水園【かすいえん】

京都市東山区のウェスティン都ホテル京都にある和風別館。昭和三十四年（一九五九）に竣工した。木造の客室棟と鉄筋コンクリート造の宴会棟からなり、客室棟はさらに三つのブロックに分かれ、それぞれが雁行しながら廊下で結ばれる。設計は村野藤吾、施工は中村外二。軒の出を深くし、見付を極力薄く見せるために垂木に鉄板をボルトで締め、螻羽を鉄骨で補強するなど、純粋な木造では得られない視覚的効果を生んでいる。佳水園の白砂敷きの中庭は、村野が醍醐寺三宝院の庭を模したもので、その南にひろがる岩盤の庭を取り込むように造られる。岩盤の庭は、かつてここにあった清浦奎吾の別荘喜寿庵の名残りで、小川白楊が手掛けた。また同ホテルには七代目小川治兵衛が昭和八年に作庭した葵殿庭園もあり、葵殿の南斜面にひろがり、雲井の滝と呼ばれる三段の滝で構成された雄大な周遊式庭園となる。

数糸【かずいと】

畳床（畳床の項❷を参照）を作る時に藁を結束する麻糸のこと。畳床の幅にある糸の列数で十通り、九通りなどといわれる。

数江家の茶室【かずえけのちゃしつ】

東京都大田区の数江邸の茶室。もとは亀井武夫を施主として、ヴォーリズ設計事務所によって昭和十四年（一九三九）に建てられた。担当は東京事務所長の松ノ井覚治である。昭和十六年に現在の数江家に譲渡された。主屋の外観はスパニッシュ風であるが、内部は茶の湯を行うことを前提とした数寄屋建築である。雁行型に配置され、その南西側が茶の湯空間となっている。中央に位置するのが表千家八代啐啄斎件翁好みの七畳で、ここでは無一物と称される。茶室は中央に床を配し、四畳半切本勝手に炉を切る。床脇は台目畳が敷き込まれ、厳密には六畳台目の大きさである。東側と南側に四畳の部屋が取り付き、東側には濡縁が備わり、その先に蹲踞が設けられている。水屋は南の四畳に並んで点前座側に設けられている。これらの南側に玄関ホールからアプローチされる洋風の応接室と床を付けた三畳の寄付が設けられ、その脇には六畳の大きさの土間席が設けられている。庭間には内腰掛、外腰掛のほか、三畳台目の香積庵と呼ばれる茶室が配される。

春日燈籠【かすがどうろう】

石燈籠の一種。笠、火袋、中台、基礎が六角形、竿は円形の最も標準的な石燈籠の形式。奈良の春日大社の献燈用に多いことからの名称。「～形(石)燈籠」という場合、形状がほぼ一定していることが通例であるが、春日燈籠は鎌倉時代以降、長年にわたって制作され続けてきたため、意匠の違いなどによる多くのバリエーションがある。中には別に名が与えられているものもあるが、昔と今では名称と形状が相違してしまっているものも見られる。春日大社の祓戸社の前にあるため、祓戸形燈籠とも呼ばれる石燈籠もそうした例の一つで、『築山庭造伝前編』では、笠の上の宝珠や竿の形状が異なっていることが確認される。また火袋に神鹿や日、月、三笠山の彫刻があるものを呼ぶこともある。

春日燈籠（奥ノ院形石燈籠）　春日大社

霞障子【かすみしょうじ】

障子の一種。組子を掛け合わせに組み、霞がたなびくような形に配した障子のこと。実例に、西本願寺の澆花亭の客座二方に建てられたものがある。（付録23頁参照）

霞棚【かすみだな】

❶床脇に設けられる飾棚の一種。霞がたなびくような形に棚板を配したもの。修学院離宮中御茶屋(中離宮)の客殿一の間の霞棚は、棚板に五枚の欅の板を配し、二段の地袋を組み合わせた優美なものとして知られ、この形式の代表作に挙げられる。

霞棚❶　修学院離宮中御茶屋客殿一の間

❷床脇に設けられる飾棚の一形式。❶とは形状を異にするもので、『雑工三編 大工棚雛形』(一八五〇年刊)ほか、江戸時代後期から明治時代にかけて公刊された棚雛形本に収録される。

霞棚❷『雑工三編 大工棚雛形』

霞床席【かすみどこのせき】

京都市北区の大徳寺塔頭玉林院にある茶室。寛保二年(一七四二)、大坂の豪商・鴻池了瑛(四代目善右衛門)による建造で、了瑛が茶の湯の師と仰いでいた表千家七代如心斎天然の指導が考えられている。玉林院八世大龍宗丈の時、了瑛は先祖とされる山中鹿之助の位牌堂として南明庵を造営。茶事の形式で法要を営むことができるように、西に小間の蓑庵を、東に書院の霞床席を付設した。南明庵を中心とする一連の施設は、寛保二年四月二十二日に落成したことが棟札によって明らかで、施主に加え「本堂工匠　林重右衛門宗友」「数寄屋鏁之間　工匠遠藤庄右衛門隆明」と工匠の名も明記されている。本堂とは南明庵のことをさすと考えられ、それと茶室部分は別々の工匠が手掛けたことになる。林重右衛門は大徳寺出入りの大工であり、本堂は堂宮大工が、茶室部分は数寄屋大工が造ったと考えられる。数寄屋大工として名が確認できるのはこの棟札が最古である。*樂家七代長入が作ったと伝える*敷瓦を*四半敷にした*土間廊下が南明庵の東側から矩折に曲がり、霞床席の前からさらに東に続く次の間へのびている。その廊下の上方は角*垂木、*木小舞の*化粧屋根裏で、霞床席の入口前にやや大きく*突上窓をあけている。*貴人口形式の入口は*内法高が五尺二寸二分で、上に*欄間窓をあけている。入口部分だけ*敷居下の壁に*幅木を入れ、その向こうは足元を吹抜いて横木を入れている。上り口には*腰障子の外に*帯戸を二本建てることができ、それを引き込む*戸袋も意匠の中に生かされている。内部は四畳半の広さで、小間と広間の境界で、その造りによってどちらにも帰属し得るが、ここでは棟札に「鐶之間」とあったように、蓑庵に対する書院として造られている。室内東側に*一間床を構え、*違棚を備え、天井は*格天井、壁は*張付壁であり、明らかに書院風の構成となる。しかし細部には必ずしも書院風とはいえない手法が示されていて、床は*板床形式の*蹴込床であるが、蹴込には*煤竹を用いている。*床柱には丸太を立てて、その*見付には高く*面を付けている。一方で違棚は床の中に設けられ、書院としても茶室としても異例な企てで、きわめて自由な発想である。棚板はそれぞれ三尺をこえ、壁からやや離して取り付けるが、壁面、違棚とのあいだに富士絵を掛けることで、この違棚を霞に見立てる趣向であったと伝える。棚の取り付け位置はほど良く、*筆返しの形状も美しい。*雛束のあいだにはめられた幕板は如心斎好みという*捻梅文を透かした図案である。天井はすべて杉木地で構成され、格縁は*猿頬面、格間には*柾目板が目の向きを交互して張られている。*茶道口は*引違いに襖を建てる。四面の張付壁と小壁との境には竹の*付鴨居が取り付けられるが、それぞれ高さが異なり、点前座の側が最も低い。これは天井が一面の格天井であるため付鴨居によって*落天井に相当する点前座の地位を表しているとみられる。霞床席は、書院の格式と構成を保持しつつ、そこに自由な*草庵的手法が注入され、書院と草庵の融合が画された興味深い遺構といえる。重要文化財。

床

霞床席

霞床席　床側

糟屋家の茶室【かすやけのちゃしつ】

愛知県西尾市の旧糟屋縫右衛門家にある茶室。糟屋縫右衛門家は、室町時代後期にこの地に移り住み、江戸時代には大地主となった家で米穀販売、三河木綿の惣問屋などを営んだ。主屋の西側に隣接し、明治時代後期に増築されたと考えられる離れは「お部屋」と茶室からなる。この茶室は両替町久田家六代宗参の弟子・栄甫が設計したと伝える。「お部屋」は六畳で、東側に二間幅の床、奥に四畳の控えの間、さらに南と西側に廊下が廻っている。茶室は三畳台目で、点前座は床に並び向切本勝手である。床の背面は斜めになり、点前座には袴腰形の茶道口があき、矩折に引違いの太鼓襖を建てる。点前座の正面は床の西側で、竹の壁留のある狆潜りがあり、その床の壁側には尺二寸ほどの袖壁が付く。上部には左手角に釣棚を設ける。

葛石【かずらいし】
❶敷石の周囲に並べるなど、区画の境界に用いられる切石のこと。❷建物の基壇上部の縁に並べられた切石のこと。「縁石」ともいう。

風返し【かぜがえし】
鼻隠と同じ。⇒鼻隠【はなかくし】

我前庵【がぜんあん】
京都市右京区の仁和寺にある遼廓亭の二畳半台目のこと。⇒遼廓亭【りょうかくてい】

茄藻庵【かそうあん】
奈良県桜井市の長谷寺にある茶室。昭和十七年（一九四二）の興教大師八百年を記念して末寺から寄進された。戦争の激化により席披きもされないままになっていたが、昭和三十七年になってようやく月釜が懸けられるようになったという。建てられるにあたっては、指導及び助言者として表千家十二代即中斎無盡、生形貴一、吉田尭文らの名が挙げられているが、笛吹嘉一郎の自筆図面が現存し、現状と一致することから実際の設計施工は笛吹とみられる。四畳半の席に板廊下を挟んで三畳大の水屋、一間半幅の外腰掛が単純な長方形平面内に巧妙に納められているが、屋根は四畳半、廊下、水屋及び外腰掛と三つに棟を分けている。四畳半は下座床で、西に床を構え、床柱には本堂舞台の欄干に使用されていた欅丸太の古材が使用されている。床柱に接して火燈口形式の給仕口、北面勝手側の壁面には方立の茶道口と洞庫が配される。東面には風炉先窓と南端の躙口上には連子窓があけられ、南面は床寄りに下地窓のみをあけ、他は土壁としている。床柱に象徴性をもたせつつも、抑制された開口部と千家流の規矩にそった構成により落ち着いた空間を実現している。

雅俗山荘【がぞくさんそう】
大阪府池田市にある小林逸翁の旧邸宅。昭和三十二年（一九五七）より逸翁美術館として開館されていたが、同館の移転にともない、現在は小林一三記念館として一般公開されている。小林利助設計、竹中工務店施工による二階建、鉄筋コンクリート造で、昭和十二年に竣工した。スペイン瓦の屋根や二階壁面のハーフティンバーなど洋風の意匠を主調とする。内部は、玄関ホールに続くマントルピースをもつ吹抜けの広間のほか、八畳座敷などを設け、和洋を折衷する。また収蔵庫を二階に設け、美術品の収蔵、展示も考慮されている。小林一三記念館には茶室費隠、即庵、人我亭がある。登録有形文化財。

型置唐紙【かたおきからかみ】
唐紙の一種。「形置唐紙」とも書く。様々な模様を切り抜いた型紙を用いて、箔押し、胡粉押し、雲母押しなどの技法を施して模様を付ける。茶室では茶方好みの植物文様が用いられることが多く、たとえば三千家好みの千家大桐がある。

型置唐紙　千家大桐置上

片桐石州【かたぎりせきしゅう】
慶長十年～延宝元年（一六〇五～七三）。江戸時代前期の大名、茶人。石州流の祖。片桐且元の弟・貞隆の子であり、大和国（奈良県）小泉藩の第二代藩主となる。名は初め貞俊、後に貞昌とあらためる。従五位下石見守に叙任したことから石州として知られる。法号は三叔宗関。茶の湯は千道安から教えを受けた桑山宗仙に学び、千利休のわび茶に親しんだ。寛永十年（一六三三）から同十八年まで京都知恩院の作事奉行をつとめ、この間、京都において小堀遠州や千宗旦と親しく交流して茶の湯の研鑽につとめた。玉室宗珀、玉舟宗璠に参禅し、大徳寺に塔頭高林庵を開き、玉舟を開山として大和小泉に慈光院を創建した。寛文五年（一六六五）十一月、船越永景とともに四代将軍徳川家綱に召され、点茶をして献じた。このことから将軍家茶道師範との伝承が生まれる。石州は茶匠がその個性により茶の湯を確立していく時代の最後に位置し、その後は確立された茶の湯を流派として伝承していく時代へと移行する。このため石州流を伝承する後世の茶人たちにより意識的に石州像がつくり上げられたといえる。門下に*藤林宗源、清水動閑、*松浦鎮信、野村休盛、*怡渓宗悦、大西閑斎らが出て、石州流は柳営（幕府）の茶の湯として武家社会に急速にひろまり、多くの分派分流を生じた。その教えを示す茶書として『*石州三百ケ条』、『*一畳半の事』などが伝わる。遺構には*慈光院茶室、當麻寺*中之坊茶室がある。石州の長男・下条信隆は千石の分知を受けて旗本となり、後に片桐姓に復するこの家から、*井伊直弼の師である片桐宗猿が出る。大名家としての片桐家は三男の貞房が継承し、この家から新石州流を唱えた片桐貞信が出るが、家元として石州流宗家を称するのは昭和時代初期に始まる。

片桐石州の茶室

【かたぎりせきしゅうのちゃしつ】

寛永十四年（一六三七）十二月頃、*片桐石州は「尚々茶杓令一覧是進申候、貴札忝拝見仕候、御慇懃に被成下、殊に寒梅の玉句見事の花に御添給忝候、御礼難申尽、将又明後十二日御茶進候に付、三斎と小遠州殿御越候間、将監殿御同道にて御越待入候、猶其節期面上時候、恐々謹言」（松花堂昭乗）と、十二月十日付松花堂昭乗宛の書状に認めているように、*小堀遠州、*細川三斎、*佐久間実勝、*松花堂昭乗を茶会に招いている。それは石州が作事奉行をつとめていた知恩院再興の工事中のことでもあり、柳馬場通綾小路に構えていた石州の京都屋敷で行われたと考えられる。そこには「四畳敷前闕」とか「四畳半前欠」の囲いと称する茶室があり、安永四年（一七七五）に京都から大和小泉（奈良県大和郡山市）の片桐屋敷に移築されている。その茶室は南向きの四畳敷であり、平三畳の客座の奥側（北）に丸畳一畳の点前座を配す。点前座の背後が鍵の手に矩折となり、四畳半の半畳分を欠く構成から「四畳前闕」とか「四畳半前欠」と称されたのであろう。平三畳の客座のうち一畳は相伴席であり、また上げ台目切に炉を切った点前座は、中柱を建てた台目構えにして、その奥に点前座の脇に添えて台目の、いわゆる亭主床を構える。入口は縁入りで、腰障子を二枚建てにした貴人口、その口をあけると正面に点前座と床が前後してあり、見所が一壁面側に集中している。*織田有楽が好んだ大坂天満屋敷の三畳台目、亭主床の茶室（織田有楽の屋敷と茶室、元庵の項を参照）に近似しており、また遠州は寛永五年に造営した南禅寺*金地院八窓席において、点前座と床を左右に併置して見所の一極化を図っており、その意識を継承するものでもある。点前座の背後には火燈形の茶道口をあけ、そこを出ると一畳の勝手が付設されている。ただ勝手と客座境には、遠州の三畳台目の茶室に通例の、茶道口から矩折であける給仕口はなく、釿目砂摺にして杢目をあらわにした杉の一枚板、竪張の板壁を建てて隔てている。それも元和四年（一六一八）に有楽が建仁寺正伝院に好んだ茶室*如庵の、中柱続きの、火燈形をあけた板壁にも相応しよう。しかしそれ以上に、砂摺にした板壁は、杢目もことさらに強く浮かび上って意匠的である。この茶室については、同一の平面構成を示しながらも、周辺への取り付きと相伴席の天井を一部異にする、二つの指図がのこされている。一つは堀口家蔵の「起こし絵図」で、もう一つが無題の「茶室図集」が掲出するものである。前者は、茶室前面の濡縁が東南方向へ斜めにのびて書院へと続き、刀掛は書院にあったという。濡縁の先には手水鉢が据えられ、また相伴席一畳の天井を掛込の化粧屋根裏にして、突上窓をあけていた。それに対して後者は、茶室前面の縁が真っ直ぐ南にのびて書院の縁へと続き、茶室の縁の東に、二枚の腰障子境にして書院が続いていた。そして茶室縁の西を屋根で覆って土間庇とし、その西と南の二方には白川石の葛石を廻して、そのうちには一面に、水漉しの「黒キナチ石」を敷き込んでいる。縁先手水鉢は大徳寺孤篷庵*忘筌のそれに似て、その中央に根府川石の台石（高二寸五分）を置き、その上に高さ二尺で、径が二尺五寸の水鉢を据えており、高さは総じて二尺二寸五分、縁側からの蹲踞使いを考えてのことなのだろう。貴人口を入った室内の天井は、相伴席を含める客座三畳から、点前座をも通して、紫竹の竿縁で押さえた杉へぎ板の平天井で、突上窓はあけられていない。また床の裏手に接続する居間との取り付きについても二つの指図は若干の違いを見せているが、それらは周辺の状況が極めて近似しているので、移築前後の差異とまでは考えられず、ともに京都屋敷での、周辺の変化にそった改造でもあったと考えられる。ともあれこの茶室は見所の多い、表現主義的傾向の強い作風を示している。柱は貴人口の東脇柱が上から四分の一ほど丸味をのこした松の角柱が使われているほかは、およそ三寸二分径ほどの杉丸太柱である。しかしことのほかの思い入れもあってのことだったのだろう、茶道口から板壁に矩折れる出隅柱には、杉丸太が使われており、少し丸味をのこして斧はつりが施されていた。それはやはり釿目を付けた、板壁に同化した意匠であったと考えられる。その柱と並び建つ点前座の中柱は直なる姿をもって、「カンナケツリ、斧目アリ、杉角物壱寸九分、但西ツラヘギメニテ、尤鉋削ニシテ、所々枌目残リ有之候」と、出隅柱に呼応する装いをしていた。曲がりのない、真っ直ぐな中柱は、初めての台目構えである利休大坂屋敷三畳台目(深三畳半、細長三畳の項を参照)に、直なる赤松皮付の中柱を建てて以来、杉にしてもすでに有楽の如庵や小堀遠州の*密庵席の先例にならうものであったが、それに釿目や鉋削りの枌目を付けるという、珍しい仕様を見せていた。また点前座脇の床の、右の床柱は栗材で、「角削斧ハツリ、但シシノキ前ニミル」と、角を正面から奥側に向かって斧はつりして、鎬目が正面に見えるようにしていた。相手柱は杉丸太で、床柱に面する見込面は総じて丸味があり、少し床内にはみ出すため、柱を幾分欠き取って床の畳が敷き込まれていた。そして床の奥入隅は塗廻しにして室床とし、墨蹟窓はあけられてはいない。ところでこの茶室は、石州が大和小泉の慈光院において、書院の造立からやや遅れた寛文十一年(一六七一)、書院の背後に好んだ二畳台目の茶室(慈光院茶室の項を参照)とも近似している。異なるところは点前座が台目畳であることと、客座が二畳で相伴席をともなっていないことである。しかし二枚建ての太鼓襖を隔てて、二畳の「控えの間」(相伴席)を付設しているから、襖を取り外せば、京都屋敷の茶室と同様の趣きを見せることとなる。また天井の竿縁をともに床挿しにする。それは入口から見て、点前座と床へ視線を向ける補助的な役割も担っており、慈光院では躙口が隅柱から四寸三分の小壁を付けて中央寄りにあけられていて、そこからの視界は、直なる中柱から床へと集中する。そしてその中柱上部での小さな曲がりにさえ、数寄の異風体が目立たぬように室内風景に融合しており、わびへの研鑽を図る石州の茶風が見事に反映されているといえよう。知恩院再興のために上洛して、翌寛永十一年の正月は大和小泉の居館で過したのであろう。同月十七日、石州は松屋久重ら奈良の惣年寄四人を茶会に招いている。石州三十歳、今日知られる石州の会では初見のものであり、*桑山宗仙について早くから茶を学んでいた石州が、ここにすでに茶室を好んでいたことが認められる。それは平三畳の座敷で、特に「平三畳カコイ」と称されていた。ところでこの茶室は床前の客座の奥行きが一間の平型の茶室であったのに対して、その後の京都屋敷や慈光院茶室の二畳台目は客入口から床前までの奥行きを一間半にして深型にする。平型は正面の間口が広く、床への奥行きが浅いだけに明るさが満ちており、いわば寛永という時代性が生み出した構成といっても過言ではない。それに対して深型は、床へと至る明りのグラデーションも仔細を極め、中柱と袖壁に遮られればなおさらのことで、ましてや墨蹟窓のない床は、明る過ぎない明りが支配していた。わび茶の変容とは微妙な差が生じており、石州の平型から深型への推移は、石州の茶の変節点でもあったといえようか。その後石州は、大和小泉においてまた新たな茶室を好み、寛永十七年二月二十四日にはそこでの茶の湯に興福寺や東大寺の僧侶四人と久重を招いている。それが「座敷三条大、遠州ノ」とする座敷で、遠州がしばしば好んでいた三畳台目にならう、遠州風の茶室でもあったと考えられる。*藤林宗源が石州から拝領し、改造を加えて*能改庵と称された茶室四畳台目が古図に伝えられ、それとも近似している。寛永十八年三月四日、石州は奈良奉行をつとめていた中坊長兵衛、松花堂昭乗の兄である中沼左京、そして久重の三人を客として茶会を催している。茶会はこの三畳台目の茶室が使われたと考えられる。それは知恩院作事の竣工を報告のため江戸へ出立する、名残りを惜しむ別れの会であった。床には石州が生まれた翌年、「慶長十一年十月朔日」と年紀した*春屋宗園、*澤庵宗彭、玉室宗珀の三筆の軸が掛けてあり、そこには、寛永十五年に「三叔宗関」の法号を得て、すでに大徳寺山内に師玉室を開山として高林庵(高林庵の項❶を参照)を創立していた石州が、初めての大仕事を成就して、自らの成長を祝う思いも込めてのことであったのだろう。釜は*千道安所持のものである。さらには茶の後の薄茶振舞いのために招き入れられた勝手、おそらくは鎖の間として使われていたと考えられるが、その床には石州の父・貞隆が*豊臣秀吉から拝領したという「伏見」と称する七斤入りの大壺が飾られていた。その後、舜挙筆栗鼠図が掛けられ、玉室筆「大燈国師三百年記」が出されていた。それは紫衣事件で流刑されていた澤庵、玉室が赦免され、混乱していた大徳寺も落ち着きを取りもどした寛永十三年十二月に執行された大徳寺三百年遠忌の記で、石州が玉室に参禅したのもその頃のことであった。

刀掛【かたなかけ】

茶室の*躙口の近くに設けられる刀を掛けるための装置。一段のものや大小を掛ける二段のものがある。垂直の丸太に竹釘を打った形式、杉を使った利休形、竹を使った千宗旦好みなどがある。また刀掛の前に据えてある役石を*刀掛石といい、主として*二段石を使用する。茶室の中は平等であることから、身分を示す刀を置いて入室することが求められた。とりわけ躙口とあわせて、室内に刀をもち込めなくすることが工夫された。しかしこの刀掛がいつから使用されたのかは明らかではない。『茶道望月集』には「むかしの座敷六畳敷四畳半の比、又宗易始の比迄も茶会に刀ハ外にぬき置、脇指ハさして座敷へ入しと也、其後宗易より無刀にて小座敷へ入事には成たると也(中略)休か高名と云ハ是成へし、其後貴人の為二形を好ミて、当時の刀掛棚ハ出来たる事と云也」とあり、利休の若い頃には刀掛がなく、外に置いていたのであるが、晩年には、貴人のために棚形式の刀掛を作ったとある。また『*茶道四祖伝書』文禄五年(一五九六)三月九日の織部屋敷の三畳台目茶室の図には、「刀掛」の書き込みが見られ、この頃には存在が確認される。(付録14頁参照)

刀掛　不審菴　表千家

刀掛石【かたなかけいし】

*役石のひとつ。躙口周辺、*刀掛の足元に据えられた石。「刀懸石」と書かれたり、「刀掛之石」「刀掛の踏石」ともいう。刀掛に刀を掛ける際に踏み台とする。高さのある石が用いられ、現在は*二段石が好まれる。この刀掛石に二段石を用いることについては『築山庭造伝後編』の「刀懸石」の項に「二段石」と図説されているほか、『築山染指録』に「此ノ石近世ハ壇石ニ限ル」とあり、江戸時代後期頃に定まったものと思われる。(付録14頁参照)

刀掛の踏石【かたなかけのふみいし】

刀掛石と同じ。⇒刀掛石【かたなかけいし】

片流れ【かたながれ】

屋根の一形式。屋根面が一方だけに傾斜しているもの。(付録15頁参照)

片引き【かたびき】

建具の開閉形式のひとつ。一枚の建具を、開口部にそって水平に引き滑らせて開閉する形式。*鴨居、*敷居の溝は一筋溝となる。またこの形式の戸を片引戸という。

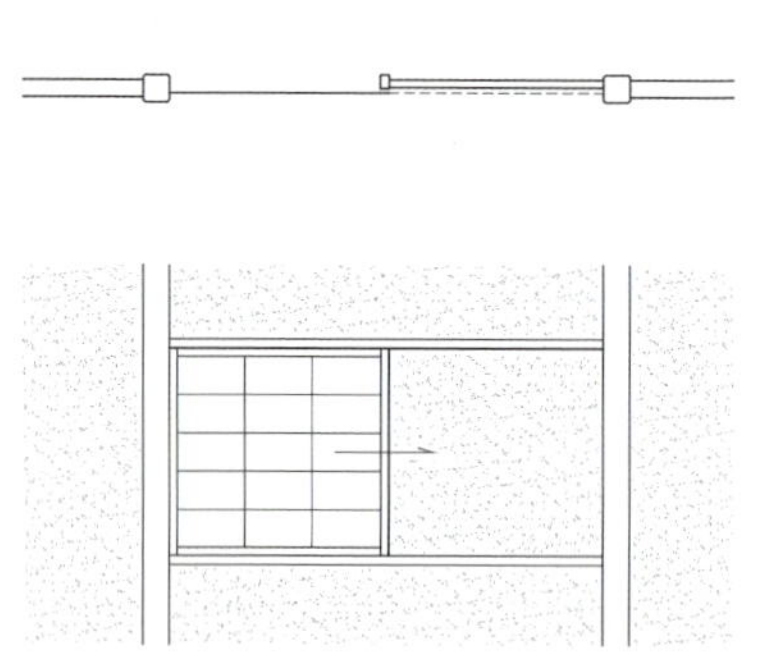
片引き(上・平面図)

片庇廊【かたびさしろう】

屋根が*片流れになる廊下のこと。露地内の伝い廊下などに用いられる。

片開き【かたびらき】

建具の開閉形式のひとつ。一枚の建具の左右いずれかの端部が釣元となり、そこを回転軸として開閉する形式。この形式をとる戸を片開き戸といい、釣元に丁番（蝶番）や軸釣り金物を取り付けて使用する。

片蓋柱【かたぶたばしら】

付柱と同じ。⇒付柱【つけばしら】❶

霞中庵【かちゅうあん】

京都市右京区にある旧竹内栖鳳別邸。京都画壇の重鎮として知られる栖鳳（一八六四～一九四二）が、自らの指揮で大正元年（一九一二）から同五年にかけて造営したと伝えられる。かつて同地にあった旧公卿・壬生基修（一八三五～一九〇六）の邸宅の一部がのこされ、そこに栖鳳によって書院及び画室などが新築された。建物の南には流れをともなった庭がひろがっている。壬生家の遺構としては玄関と茶室棟がのこされ、それらは明治三十三年（一九〇〇）の上棟、大工は河野辰三郎であった（上棟幣串による）。茶室棟は寄棟造茅葺で、琵琶床付きの広間八畳と二畳台目の小間からなる。小間の床は台目の位置に床柱を立てた框床で、脇板と前板を敷き込んでいる。いわゆる原叟床の形式に框床を取り込んだもので、近代に流行した床の形式のひとつである。栖鳳によって新築された建物は書院棟と画室棟からなり、霞中庵はこの画室の庵名でもある。書院棟を建設した時の棟札がのこされており、上棟が大正三年、施工した大工は橋本嘉三郎であった。おそらく画室霞中庵も同時期の建築で同じ大工の手になると考えられる。大工・橋本嘉三郎の名は、画家・山元春挙の別邸*蘆花浅水荘の造営記録にも確認できる。書院棟は入母屋造桟瓦葺を主屋根として、いくつかの棟が複雑に重なる。内部は十一畳に三畳の上段床を構えた主室と六畳の次の間が雁行して並び、畳敷き一間幅の入側（縁座敷）が北、西、南の三方を廻る。主室の北にある、ともに四畳半の茶室と水屋は後に増築された。出節が目立つ档丸太を多用するなど、書院だが格式張らない数寄屋風の雰囲気が漂っている。画室の霞中庵は入母屋造茅葺を主棟にして屋根が複雑に組み合わされる。内部は八畳の画室と三畳の次の間及び四畳半の茶室（水屋付き）からなる。書院棟と約三十度の角度をもって連結されており、さらに八畳画室と三畳次の間は約三十度の角度をもったまま配置されているのに対して、茶室四畳半と水屋は書院棟と平行に建てられていることから、おのずと台形や三角形の部分が随所に現れ、複雑な構成を見せる。しかし、画室の正面には嵐山の山容を望むことができるなど、その平面の複雑さには単なる気ままな発想ではなく、栖鳳の確かな建築的構想力がうかがえる。開放的な茶室の構成や材料の選択、象嵌などの工芸的手法などには自由な創造力が横溢し、画家らしい文人趣味にも通じているといえる。近代和風建築の類まれな名作の一つである。

闊遠亭【かつえんてい】

京都市北区の大徳寺にあった寸松庵（寸松庵の項❶を参照）の待合。「濶遠亭」とも書き、また「かつおんてい」とも読む。「*楽翁起し絵図」により詳細を知ることができる。寄棟造の二階建で、南側には*松花堂昭乗筆「闊遠亭」の額を掲げていた。階段上り口の左右両側に腰掛を付け、向かって右の腰掛背後に下腹雪隠が設けられていた。階段は五段で、二階部分は一畳台目。南と東側の壁二方に窓をあけ、北東隅に三重棚を釣っていた。天保五年（一八三四）に寸松庵の建物は焼失しているが、闊遠亭はのこり、明治十二年（一八七九）、石山基文が寸松庵の茶室とともに東京に移した。明治三十一年、*高橋箒庵が入手して自邸（麹町一番町）に移築したが、大正十二年（一九二三）に焼失している。この待合そばの延段に使用されていた青織部の瓦は寸松庵瓦と称され、風炉をのせるための敷瓦として好まれる。

勝手【かって】

❶台所と同じ。⇒台所【だいどころ】

❷*水屋のこと。古茶会記などにしばしばあらわれる語で、水屋と同じ意味で使用されるが、勝手で振舞いをした例も見られることから、茶事、茶会の準備をすると同時に、料理などの簡単な振舞いができる間を兼ねていたとも考えられている。このような勝手を*勝手水屋と呼ぶこともある。

勝手口【かってぐち】

❶茶室における亭主側の出入り口をいう。*茶道口、もしくは*給仕口をいうことがある。茶室空間の*上座と下座を考える時、勝手口側を下座とすることもある。
❷台所や水屋への出入り口のこと。

勝手付【かってつき】

亭主が点前座に着座した時、亭主から見て壁側をいう。対して客座側を客付という。現在、*本勝手では亭主の左側となり、逆勝手では右側をさすことになる。

勝手床【かってどこ】

亭主床と同じ。⇒亭主床【ていしゅどこ】

勝手水屋【かってみずや】

勝手と*水屋を兼ねた空間をさす。勝手は基本的には水屋と同義だが、茶の湯の準備をする空間であるとともに、古茶会記では勝手で料理などを振舞った例があることから、このような機能を兼ねた所を勝手水屋と呼ぶことがある。南禅寺*金地院八窓席の次の間などが、これに相当する。

桂垣【かつらがき】

❶*枝折垣の一種。*桂離宮の東面、桂川沿いに設けられた垣。「笹垣」ともいう。*淡竹の竹林の竹を生きたまま折り曲げて、枝葉を木柵に編み込んだもの。

桂垣❶　桂離宮

❷*竹穂垣の一種。横方向に並べた竹穂を、縦の割竹の*押縁で挟み、縄で結わえたもの。*桂離宮の御成門の両側にひろがるものを本歌とし、現在一般にこの形式のものを桂垣というが、本来は❶の垣を桂垣といい、それと区別するため、❷のものは「穂垣」「桂穂垣」などと称する。

桂棚【かつらだな】

*違棚の一種。*桂離宮新御殿の主室である一の間の上段(三畳)に造り付けられた違棚。新御殿は、後水尾上皇の御幸に備えて寛文二年(一六六二)に増築された。棚板、*袋棚、*厨子をL字形に巧みに組み合わせ、細部までこった意匠を施す。棚の機能性はもちろん、全体が部屋の装飾としての役割も果たす。小襖の絵は狩野探幽筆の伝承をもつ。材木は黒檀、紫檀、伽羅、唐桐、唐桑など十八種の*唐木の銘木を使う。棚脇には大きな櫛形窓をもつ付書院を備える。修学院離宮の*霞棚、*三宝院の醍醐棚とともに天下の三棚とも称される。

桂棚　桂離宮新御殿一の間

桂離宮【かつらりきゅう】

京都市西京区にある、もと八条宮家(京極宮家、桂宮家)の別業。桂川中流域右岸(西岸)の桂御園に位置する。明治十四年(一八八一)、十一代淑子内親王の薨去をもって桂宮家は絶家して、同十六年宮内省が所管するところとなり、離宮と呼ばれるようになった。敷地は現在付属地を含めてほぼ二万一千坪(約六万九五〇〇平方メートル)、東が桂川に沿い、南は旧山陰街道に面した、不等辺三角形に近い形状をなす平坦地である。うち離宮庭園部は一万七千五百坪(約五万八〇〇〇平方メートル)、明治十三年には一万三千坪(約四万二九〇〇平方メートル)であった(地割図)から、その後かなり拡張している。離宮庭園部の中央には園池が掘られて、大小三つの中島が築かれており、池の西側を一段高くして御殿群が構えられている。住宅様式としての*数寄屋造を代表する建築で、北東から南西にかけて古書院、中書院、楽器の間、新御殿が雁行形に配され、その西側背後に旧役所と臣下控室などが付随する。また園池の周囲や中島には*茶屋や腰掛が点在し、古書院の北脇には茶屋*月波楼、御殿群対岸の天橋立近くには茅葺の茶屋*松琴亭が建つ。そして松琴亭の茶室への露地には、北方に御腰掛(外腰掛)、東方の山上には*四ツ腰掛(卍字亭)が配されている。さらには大山島へ渡ると、かつては山上に「山上亭」があったが、今はその先の築山上に休息の茶屋*賞花亭が建てられていて、その西麓に位牌堂である園林堂が構えられている。また園池の一番南側の舟着にそって茶屋*笑意軒が建つ。表門(御成門)は敷地の北方に構えられ、そのうちに一直線に通された園路の正面に御幸門を配して、御幸道が古書院御輿寄へと導くなど、ここに表からのアプローチが形成されている。ところでここは古くは下桂庄に属し、長和三年(一〇一四)には藤原道長が遊覧の施設として「桂山荘」(御堂関白記)を営んでいた、藤原氏・近衛家ゆかりの所領であった。また源経信(一〇一六~九七)もこのあたりに山荘をもっていて桂大納言と称されていたし、「今宵わが桂の里の月を見ておもひ残せることのなきかな」(金葉集)の和歌をのこしている。『源氏物語』「松風」でも光源氏が桂に別業「桂の院」を構えていて、そこでの宴遊の折に冷泉帝から、「月のすむ川のをちなる里なればかつらのかげはのどけかるらむ、うらやましう」の和歌を添えた便りが届けられていた。その後この地は*細川幽斎なども受け継いでおり、ここが八条宮家の所領となったのは、慶長二十年(一六一五)頃のことであったと考えられ、下桂周辺には四カ所の知行所をもっていた。八条宮家を創始した*八条宮智仁親王は、天正七年(一五七九)に正親町天皇第一皇子誠仁親王の第六王子として生まれ、同十六年にいったんは豊臣秀吉の猶子となった。しかし秀吉に嫡男棄丸(鶴松)が誕生したため、同十八年に八条宮家を興し、翌十九年に親王宣下して智仁親王を称するようになった。智仁親王は元和元年(一六一五)頃からはしばしば桂を訪れるようになり、邸内園池の西側には七間×五間半の書院(のちの古書院にあたると考えられる)が営まれている。それが草創期の様相であり、翌二年六月には公家衆や乱舞衆などを引き連れて、川向こうの川勝寺村に瓜見をし、桂川を逍遙しているし、あるいは後陽成院女御(近衛前子)の御成も迎えている(智仁親王御記)。そこはまた「下桂瓜畠之かろき茶や」(智仁親王書状)などとも呼んでいて、同六年には「下桂茶屋普請スル、度々客アリ」(智仁親王御記)と、第二次の整備が加えられており、寛永元年(一六二四)にここを訪れた相国寺鹿苑院の昕叔顕晫は「赴桂八条親王別墅、庭中築山鑿池、池中有船、有橋、有亭、亭上見四面山、天下絶景也」(鹿苑日録)と記していたし、その翌年招かれた南禅寺金地院の以心崇伝は「桂亭記」を著し、「今際聖代、課万夫天百工、引流為山、構華殿、築玉楼」と賞賛している。この別業も寛永六年に智仁親王が薨じると、しばらくのあいだは荒れるがままとなり、同八年ふたたびここを訪れた鹿苑院の昕叔は「帰路赴八条殿御殿、桂光院薨御之後、無修補故荒廃甚、感慨懐旧太切也、就縁喫酒茶而帰」(鹿苑日録)と嘆いていた。八条宮家二代を嗣いだ*八条宮智忠親王が、初めて桂の別業に赴いたのは寛永十八年頃のこと。そして親王自ら指揮をとって再興工事が行われ、古書院の南西隅あたりを改造して、その南に中書院や御湯殿、御局向二階屋が増築されており、第三次の整備をして親王が逗留するための寝室などが整えられた。障壁画は狩野探幽、尚信、安信の三兄弟が筆をとったと伝えられ、「山水の間」(現在の一の間)、「七賢の間」(現在の二の間)、「雪の間」(現在の三の間)を構成している。ただ「山水の間」の違棚、天袋の襖の建て込み方が古風で、この違棚は恐らくは内裏北側の八条宮本邸から移して組込まれたものと考えられ、また違棚の東脇を茶道口として、かつてはこの「山水の間」六畳が茶室であった。そして古書院の東側広縁から庭へ張り出して、露台の月見台が造られたのもこの時であったと考えられる。寛永十九年には、智忠親王は加賀藩第三代藩主前田利常の娘富子姫(富姫)と結婚し、前田家からの経済的な助力も得て、再興も進められたのであろう。智忠親王の妹で、西本願寺十三代門主良如に嫁いだ梅宮も、折々にここを訪れることがあり、「昨日はかつらの御ちや屋かりまいらせ候へハ、何も〱御ねん入り、御人まてつけさせられ候、所々のちやのゆまておほせつけさせられ候、ミな〱ゆる〱となくさみまいらせ候、かす〱かたしけなく存まいらせ候、よへは御ふねにのりまいらせ候、里々山々の火、月の出まいらせ候をミまいらせ候」(梅宮消息)などとの、礼状を送っている。また慶安二年(一六四九)五月晦日、金地院の最岳元良や鹿苑寺の鳳林承章らが桂での茶会に招かれ、智忠親王自らの点前で御茶をいただいた(隔蓂記)。そして「御茶後、方々御茶屋五ヶ所有之、於処々、而酌酉水(酒)、御遊興、本阿弥喜太郎来、飜舞袖、本阿弥三郎左衛門発一声也」(同)と、邸内に五カ所あった茶屋において遊興が繰りひろげられていた。この時あった五カ所の茶屋とは、明確ではないが、古書院や中書院、松琴亭、賞花亭に、今はない「竹林亭」でもあったと考えられる。現存する茶屋の月波楼が古書院の北脇に造立されたのは承応三年(一六五四)頃のことと考えられ、白楽天の西湖の詩から命名され、「梅の茶屋」とも呼ばれていた。その承応三年二月から明暦元年(一六五五)九月にかけての、およそ一年半のうちに、智忠親王は都合十二回、延べ百三十八日も桂に滞在しており、長い時は最大三十八日間にも及んだという。そのうち承応三年六月から十一月の半年間は、桂へ赴*くことはなく、それは同年九月に後水尾上皇(後水尾天皇)の第十一王子幸宮を養子に迎え入れ、宮家の後継としたことがあったからかもしれない。そして明暦四年三月、後水尾上皇がお忍びで桂へ行幸しており、この時に御幸門、御幸道や古書院の御輿寄が造作されたと考えられる。その後寛文元年(一六六一)から二年にかけての第四次の整備においては、中書院の南西に楽器の間、さらにその先に御幸御殿としての新御殿が増築され、中島に園林堂や賞花亭、池畔の南に笑意軒が建てられたのもこの頃であったと考えられる。寛文二年に智忠親王は薨じ、穏仁親王が三代を嗣いだが、翌三年の三月と十一月に後水尾上皇は二度にわたり桂へ行幸している。ただ穏仁親王が寛文五年に二十三歳の若さで早世し、その後も四代を嗣いだ後西天皇第一皇子の長仁親王が延宝三年(一六七五)に二十一歳で、五代を嗣いだ後西天皇第八皇子の尚仁親王が元禄二年(一六八九)に十九歳で薨じた。さらには六代と考えた霊元天皇第九皇子の作宮(常磐井宮)も元禄五年に四歳で夭折したため、しばらくは相続人不在のため、幕府代官金丸又左衛門の預かりとなっており、松琴亭の周辺の地形に多少の変化があったようである。そして元禄八年、霊元天皇第七皇子富貴宮文仁親王が六代を嗣ぐこととなり、宮家も八条宮から京極宮へと改称されることとなった。元禄十年、文仁親王は生母准后宗子(敬法門院)とともに桂へ赴いており、その頃に描かれた「桂宮御別荘全図」には「古書院・中書院・新御殿・月波楼・御腰掛・松琴亭・笑意軒・賞花亭・園林堂」などの、今日にまでのこる書院群や茶屋、持仏堂などが建てられていて、敷地の一画には御留守居役の新庄平六宅の葛屋も設けられていた。この文仁親王から、その王子の七代家仁親王、またその王子の八代公仁親王の三代、元禄から明和年間(一六八八〜一七七二)頃にかけては比較的家運も順調で、宝暦十二年(一七六二)頃には家仁親王も頻繁に桂別業へ御成になっていた。そ

桂離宮　洲浜と松琴亭

して松琴亭などが冠水することも何度かあったが、桂別業の存在はよく知られるようになり、拝観の申し出も多くあって、京都所司代がその制限をしたという（桂宮覚留書）。文化七年（一八一〇）に京極宮九代を嗣いだ光格天皇第四皇子の磐宮は、桂宮号を賜ったが、同八年盛仁親王の宣下した翌日に一歳で薨じ、また天保六年（一八三五）に桂宮十代を嗣いだ仁孝天皇第六皇子の幹宮も、同七年節仁親王の宣下した翌日に四歳で薨去してしまう。そして十一代を嗣いだのが仁孝天皇第三皇女の淑子内親王であり、これが女性が当主として世襲親王家を継承した唯一の例であって、一品、准三宮（准后）に叙され、桂准后宮とも称されていた。そうした中、文化二年には松琴亭の東に四ツ腰掛が再建されており、また文政六年（一八二三）には中書院、同十年には園林堂の小屋組等の修理も行われてきた。そして近代に至って、明治二十三年、御幸門を修理したのは大工*三上吉兵衛であったし、昭和九年（一九三四）の室戸台風で倒壊した賞花亭は、同十年大工棟梁*木村清兵衛の手によって再興されていた。そして昭和五十一年から五十七年までの七年をかけた御殿の解体修理、また同六十年から平成三年（一九九一）までの七年をかけた茶屋の解体修理において、精緻な調査が実施され、高度な技術をもって、周到に補修が加えられた。ところで桂離宮の建築や庭園の作者を、八条宮家の後代の記録である「桂御別業之記」では、*豊臣秀吉が*小堀遠州に命じて造らせたのが古書院であり、また茶屋は「瓜畠の御茶屋」をはじめとして月波楼などは、遠州の門弟である出納大蔵少輔（倉光日向守）や山科出雲守、妙蓮寺の玉淵坊の三人が、遠州の指図でしつらえたとしており、遠州作を信ずるものも多くあった。ただ秀吉が遠州に命じたとするには、遠州の年齢を考えれば無理があるし、また八条宮家と遠州とのかかわりを明確にする記録も欠いている。とはいえ内裏や院御所の工事を通して、八条宮家と遠州の交流は否定できないし、智仁親王妃の常照院が遠州の義弟である中沼左京に宛てた書状に、作事や普請のことも書かれている。そして智忠親王妃富姫の生家である前田家も遠州とは親交していて、これらから桂離宮の建築や庭園の造形において、遠州の影響は強く現れているといえるのではないだろうか。『源氏物語』にも通じる、王朝の詩情が満ちあふれ、人工的に造り上げられた庭園の自然風景と建築が見事に融合している。昭和八年にここを訪れたドイツの建築家ブルーノ・タウトが「永遠なるもの—桂離宮」と絶賛して以降、世界的な名声を得ることとなった。

火燈石【かとういし】

燈上げ石と同じ。　⇩燈上げ石【ひあげいし】

火燈墻【かとうがき】

*『石組園生八重垣伝』にのる垣の一種。*火燈形の潜りをあけたもの。同書に「葭にて造る、路地口中庭より、中庭のあいだなどに置なり。形は大徳寺又建仁寺垣にてもよし、矢柄竹また割竹でもよし」とある。ただし、掲載された図の潜りの形状は頂部がアーチ形をなしているが、一般に火燈形は、山形に頂部があり、裾開きの形状をさす。

火燈形【かとうがた】

上部が繰形で、丸みを帯びてアーチ状になった形。特に頭頂部は尖頭形になるものが多く、蠟燭の炎のように尖っていることからの称で、「火頭形」とも書く。また木造建築では火を嫌うために同音の漢字を借りて「花頭」などとも書かれるようになったという。一般的に、寺院建築の窓に多く見られる形で、*火燈窓といわれる。茶室では上部が丸みを帯びた給仕口を*火燈口という。

加藤清正の茶室【かとうきよまさのちゃしつ】

織豊時代の武将・加藤清正（一五六二〜一六一一）にゆかりの茶室は、江戸桜田門外屋敷、伏見（京都市）、山崎（京都府大山崎町）、本圀寺（京都市）、隈本邸（熊本市）などにあった。*『古今茶道全書』中の「加藤肥後守殿相生之露地」には江戸邸内の様子が描かれており、寄棟造茅葺で四方に瓦葺の下屋をもち、刀掛、躙口が付いた茶室が確認できる。伏見の茶室は、伏見から角倉家を経て堀川今出川の某家へと移築された三畳の茶室であったと伝えられている。山崎の茶室は「花畑」と名づけた区域にあったとされる（続清正記）。本圀寺では塔頭の勧持院、信正院の作庭も清正が行っている(京都坊目誌など)。清正は、深山の茶壺や古瀬戸肩衝茶入銘歌姫を所持したほか、*釜山海の手水鉢を朝鮮からもち帰ったことなどでも知られている。

火燈口【かとうぐち】

上部をアーチ状(*火燈形)に塗廻した形式の出入り口。「火頭口」「花頭口」とも書く。茶室においては主に*給仕口または*茶道口に用いられる。通常席中に設けられる*方立はなく、鴨居は壁向こう(水屋側)に通される。建具は片引きに*太鼓襖を建て込み、席中からは火燈形が建具にさえぎられることなく見えることになる。縁は*蛤端に仕上げ、奉書紙を張って養生し、給仕口の場合は座って躙り入る動作しか必要としないため、高さは抑えられる。火燈形の曲線には、茶人の好みが現れ、たとえば*千利休は頂部を抑えるような曲線を、*小堀遠州は*袴腰に近い輪郭か、やや尖りぎみの形を好んだ。『*山上宗二記』(齋田記念館本)の「山上宗二大坂の座敷細長三帖敷」における給仕口の火燈表示が初見と考えられる。また語句としての初出は『*草人木』(一六二六年)の「火とう口の所を、くハとうにせすして、五尺か一間か、其座敷のひろさによりて、ふすま障子二枚にしたる座敷あり」である。壁を塗廻しただけの口で、最もわびた出入り口の手法であり、そこから運び出す時の亭主(または給仕)の姿勢を一段とつつましやかなものに見せ、客に対する謙譲の気持ちを表現する効果がある。なお、給仕口及び茶道口の形式を、火燈口にするか、*方立口にするかは、その茶室の茶人による意匠の整え方次第である。また、やや御殿風の数寄屋造の座敷などでは、火燈口の縁を塗廻しとせずに、寺院の建築の*火燈窓に見られるような本来の頂部の尖った火燈形の塗縁(火燈縁)を取り付けた例も見られる。

火燈口

火燈石【かとうせき】

燈上げ石と同じ。⇒燈上げ石【ひあげいし】

火燈窓【かとうまど】

中央頂部が尖頭形となり、上部が繰形をした曲線(*火燈形)からなる窓のこと。鎌倉時代に禅宗建築が伝えた。「花頭窓」「火頭窓」などの字が当てられる。石山寺(滋賀県大津市)本堂の源氏の間にあることから「源氏窓」と呼ばれることもある。一般的な傾向として、古い時代のものは竪の窓框が垂直に近く、時代が下がるにつれて脚元がひらいていく。火燈形は窓だけに限られたわけではなく、出入り口の上部にも用いられた。茶室の給仕口や茶道口にも用いられるが、頂部は尖頭形ではなくアーチ状である(火燈口の項を参照)。火燈窓の形状にも変化が現れ、その形状により*蕨火燈窓、*富士火燈窓、*琴柱火燈窓などと呼ばれるものがある。櫛形とも称されることがあるが、語義的には櫛形は半月(半円)の形である。

火燈窓

金澤邸【かなざわてい】

京都市下京区にある金澤家の邸宅。昭和十一年(一九三六)に*裏千家の茶匠・金澤家十五代宗推(一八九九～一九七五)の好みで建てられた。*岡田永斎の普請で、永斎が手掛けた茶家の町家として、代表的な遺構である。高塀を東面して設け、四間ほどの間口を入ると、三畳の玄関寄付と坪庭、次の間六畳、広間八畳の淡流軒と並び、奥庭のさらに奥には台目三畳の水屋を併設した*又隠写しの四畳半茶室*方圓庵が構えられている。玄関寄付は小丸太垂木に錆丸太の棟木を用いた舟底天井で、柱もすべて面付北山丸太。物見窓となる付書院、矩折の壁面を壁床として、台目切の炉を設け、小間の茶室としても用いることができる工夫がなされている。主室の広間も四畳半切に炉を切り、杉中杢の竿縁天井、一間間口の床は絞丸太の床柱と蠟色塗の床框、付書院の明障子の組子は粗めで、欄間障子は竪組子のみと、全体に簡素な意匠となっている。また広間の欄間の桐板には、裏千家十四代無限斎碩叟による軽妙な波の揮毫がある。広間から土間庇で続く八坪ほどの奥庭には二重露地が構成され、最奥には切妻造桟瓦葺の茶室方圓庵が建つ。全体に穏やかでわびた空間で、市中にある住居にのこされた名棟梁の作品として貴重な存在である。

金戸【かなど】

門や土蔵などに用いられる金属製の戸の総称。「鉄戸」とも書く。防火などを目的とする。

金燈籠【かなどうろう】

金属製の燈籠のこと。鉄や青銅製のものや、銅で鍍金されたものなどが多い。古くは奈良の東大寺大仏殿前にあるもののように竿や基礎まである一般的な形状をしているが、露地や庭園では*釣燈籠や*置燈籠として用いられることから、竿や基礎のないものが多い。露地にあるものでは藪内家*燕庵の腰掛に釣られる*熱田の金燈籠が知られる。

矩計【かなばかり】

❶軒先を含む代表的な外壁部分を切断した垂直断面。

❷矩計(❶の項を参照)を描いた図。「建地割」ともいう。平面図と矩計図が、建物の建築設計の実用的な図面となる。

要石【かなめいし】

*飛石の一種で、立ち止まって露地内の景を見るための*役石。他より大きく、やや高めに打たれることが多い。

要黐【かなめもち】

バラ科カナメモチ属の常緑小高木。「扇骨木」とも書く。本州(東海地方以西)から九州に分布し、山地や丘陵に生える。葉は長さ六〜一〇センチの長楕円形または倒卵状楕円形で、革質で表面に光沢があり、縁には細かい鋸歯がある。若葉が紅色を帯びることに特徴がある。材が堅く、幹から扇の要が作られることからこの名がついたとも、カニの目に似ているからともいわれる。『*江岑夏書』の寛文三年(一六六三)七月八日の条に「古の路地ニハ松・かしの木・かなめ・ひさゝ木・すゝき、か様ノ木のたぐひ、竹・もミハ織部より植申候、路地のつくり様、各別つくり庭のことくニいたし候」とあり、*古田織部より前の露地に松や樫とともに植えられていたとの記述がある。現在も深山の景趣を演出するのに露地によく植えられる

金森宗和【かなもりそうわ】

天正十二年〜明暦二年(一五八四〜一六五六)。江戸時代前期の茶人。飛驒国(岐阜県)高山城主・金森可重の長男、名は重近。慶長十九年(一六一四)に勘当、廃嫡され、上洛して剃髪、宗和と号した。当初は祖母の久昌院がいた大徳寺の塔頭金龍院(現在は廃絶)に身を寄せたと考えられるが、やがて烏丸今出川上ル御所八幡町に当時としては珍しい二階建の屋敷を構えた。西洞院時慶をはじめ、*近衛信尋など堂上公家と交わり、鹿苑寺(金閣寺)の*鳳林承章の知遇を得て交際範囲をひろめていった。その茶の湯は公家の支持を得て「姫宗和」と称されることが多いが、実は京都所司代をはじめ、幕府の要人たちとの付き合いも深く、茶会記に見る客の顔ぶれは公家より武人がはるかに多い。正保四年(一六四七)に開窯したと推定されている御室窯に深くかかわり、*野々村仁清を御室窯の陶工として斡旋したと考えられる。仁清を指導するかたわら御室焼の紹介、販売にも熱心で、関連する書状が多くのこるほか、茶会記には御室焼の使用例がきわめて多く、宗和の茶会はさながら御室焼のショーウィンドウのようだと評されることもある。宗和は表向き勘当されたことになっているが、上洛後も飛驒金森家とは密接な関係を保ち、一族の動静を気にかけていたことが書状の文面からわかる。茶の湯は*千道安系の茶に独自の工

夫を加えて宗和流を称したとされるが、*千宗旦からは手厳しい批判を浴びせかけられた。子息に七之助があり、七之助は加賀藩へ出仕して幕末まで金森家は存続し、また宗和流茶の湯が金沢に伝えられた。好みの茶室として大徳寺塔頭真珠庵の*庭玉軒が有名。

金森宗和の屋敷と茶室【かなもりそうわのやしきとちゃしつ】

慶長十九年(一六一四)に勘当、廃嫡された後、剃髪した*金森宗和が御所八幡町(京都市上京区烏丸今出川上ル)に構えた屋敷は二階建で、露地と茶室が備わっていた。露地は露地口から栗石敷の外露地へ、中潜りを経て内露地へ進む。中潜りの右脇に、外雪隠と背中合わせに設けられた内雪隠がある。躙口に向かって飛石をたどると、西向きに建つ茶室の躙口に至る。蹲踞や刀掛も設けられていた。中潜りのある塀と茶室のあいだは、化粧屋根裏に覆われ、突上窓が切られていた。中潜りから内露地まで屋内化されており、宗和の工夫と考えられる。真珠庵の*庭玉軒と同じ構成であった。ここでは露地と屋根裏は茶室の東にも廻っており、三カ所に突上窓があった。茶室の内部は三畳台目。客座の三畳敷に床と点前座を背中合わせに並べて配置しており、点前座の背後が床の脇になる。この配置は織田有楽好みと伝える作例にも見られた。炉は台目切、ただし中柱は立てず、勝手付の壁の入隅に三重の釣棚をしつらえている。点前座には風炉先窓があけられていた。客座の北側の壁には地敷居窓(下地窓)の上に重ねて窓をあけていた。御所八幡町の屋敷には、二階の座敷に長四畳の茶室があった。縁から入る形式で、四尺の下座床を設け、中柱を立て炉が切られ、雲雀棚がしつらえられていた(四畳の項の図を参照)。また別に縁の付いた六畳敷が設けられていた(松屋会記ほか)。覃斎信立の起し絵図の中に「宗和四畳舗」と題した図がある。客座は三畳、躙口の正面に床を構え客座と遣り違いに一畳の点前座を付し、炉を向切にする。客座は高さ六尺の平天井で、点前座は化粧屋根裏である。点前座は客座と半間接しているだけで、その境は三尺八寸の高さに無目を通し、下部を吹抜いている。*宗貞囲に共通する構えである。鹿苑寺の茶室*夕佳亭はもと宗和の好みでできたと伝えられ、土間に面して竈土がしつらえられていた。奈良の*大乗院にあった宗和好みの茶室も、古図によると上段付きの座敷の土間に竈土が設けられていた。宗和は茶室に竈土を好んだらしく、*桂離宮の茶屋にも通じる宗和の好みであったと考えられる。また*一条昭良が営んだ*旧一条恵観山荘では、三畳の間に設けられた二段の袋棚(二階棚)や前庭が宗和の好みと伝えられ、この昭良の別荘の遺構と宗和とのかかわりが考えられる。

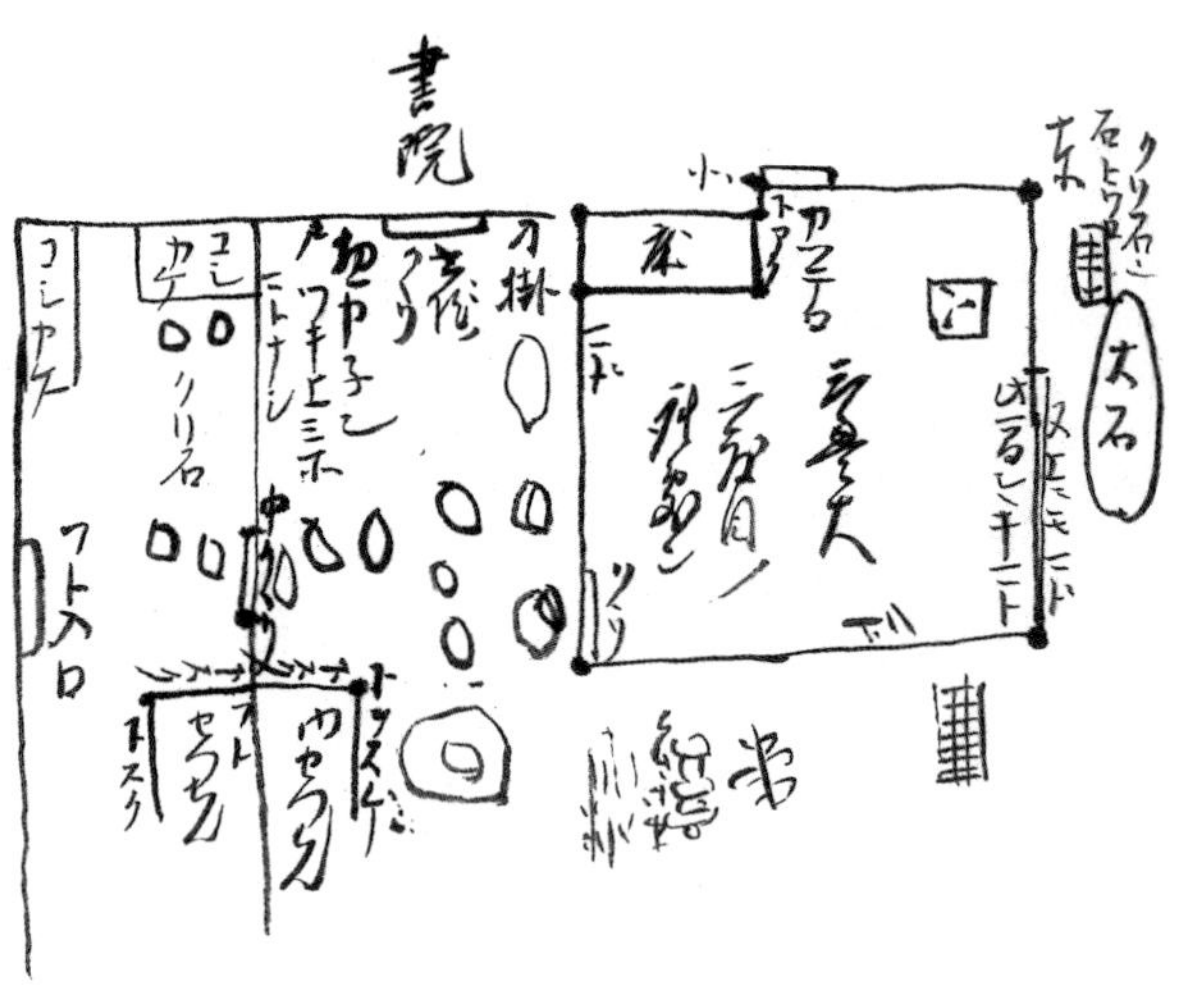

金森宗和御所八幡町屋敷の三畳台目の図 『茶湯秘抄』(石水博物館本)

蟹面【かにめん】

*面取の一種。柱や板などの部材の角部に施し、*入隅の溝から角に向かって半円以上の円面が飛び出したもの。蟹の面に似ていることからこの名がつけられた。

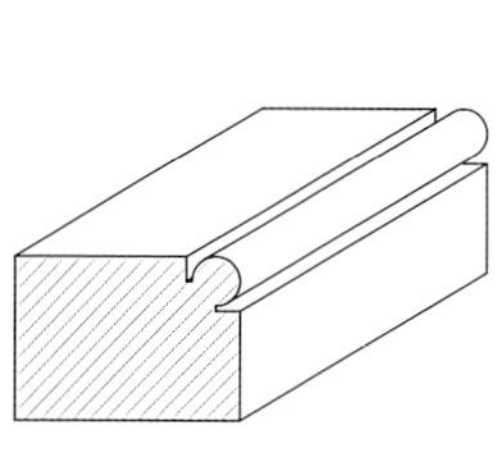
蟹面

蟹杢【かにもく】

*杢目の一種。杢目が蟹の甲羅のような模様のもの。または蟹が脚を広げたような模様のものともいわれる。赤松や黒松、楓、欅、栂などに現

れる。

鐘聞石【かねききいし】

*腰掛周辺の*役石のひとつ。茶事の際、亭主が鳴物（*銅鑼）などを打って*後入りを知らせた時に、正客と連客が腰掛より出て、つくばってその音を聞くための石。また*飛石も兼ねる。（付録5頁参照）

矩の手目地【かねのてめじ】

*敷石の*目地の一種。角丸の方形や矩形の*寄石敷において、目地が縦横の矩の手（直角）や丁字形となるが、その目地のことをいう。

カネ割【かねわり】

カネとは規矩であり、カネ割は、『*南方録』「墨引」に説く独特な、茶道具の数とその置き合わせ、点前の形を規定しようとした規式で、*台子や畳などの一定の長さを等分割し、それにより生じた分割線そのものである。これは花道や武道などと同様、近世初期に芸道を理論化しようとしたとき拠りどころとした、陰陽五行説に基づいている。まず陰陽は、茶会の*初座と*後座を陰と陽とし、初座の床には掛物、窓には簾を掛け、釜の火相も衰えている。それに対して後座は、床の掛物は巻き下して花を生け、簾は外して明るい陽の席にするが、しかし陽を決めるのに重要なのは火相である、と教える。また茶道具は、床と棚においてその数を同じくせず、調（偶数）と半（奇数）に違え、それに点前座の道具を組む。初座では床に墨蹟一点（奇数）、点前座に釜一点（奇数）、棚に香合と羽箒の二点（偶数）で二半一調とし、総数四点の陰の席になる。それが後座では、床に花入一点（奇数）、点前座に釜と水指、柄杓、蓋置の四点（偶数）、棚に茶碗と茶杓の二点（偶数）で二調一半とし、総数が七点の陽の席となり、道具の置き合わせを整えて、心を静寂に帰した境地が形成される、という。そして太極が陰陽となって作用するところに五行が生じ、万物を生成する素因となるのである。これらを背景として、カネ割については、「京間ノ大畳」（*京間畳、六尺三寸×三尺一寸五分）と「イナカ間ノ小畳」（*田舎間畳、五尺八寸×二尺九寸）では大きさが違い、それまでの畳の目数で道具の置き場所をいう規定は不合理であると考えたのであろう。そこで畳の短辺から両端の畳の縁（各一寸）幅の二寸を除いたうちを、京間畳では六等分して五本の陽のカネを引き、さらに陽のカネと陽のカネのあいだに六本の陰のカネを引いて、五陽六陰の十一の大カネ（五折のカネ）が設定される。また中央の陽のカネは第一のカネといい、一つものの「至極」のカネとして、秘蔵の名物道具の座でもある。それに対して田舎間畳では、四等分して三本の陽のカネ、そのあいだに陰のカネを四本引いて、三陽四陰の七つの小カネ（三折のカネ）を設定する。それは台子においても大、小の台子にそれぞれ準用される（十一のカネの項を参照）。これらによって祝儀などの吉事の時や通常の茶会、台子では陽のカネに、仏事、懐旧や夜会の時には陰のカネに荘る方式を定めた。ただ凶事でも子孫繁栄を祈って、一品ずつは陽のカネに荘ることもある。また第一のカネに置く名物を、あえて中央を外して置く「峯スリ」のカネ、陽のカネ二線をまたいで道具を置くと陽のカネのあいだがすべて陽に転じるという「括りカネ」をはじめ、「続きカネ」など、道具の大小や名物についてのカネ割法も規定されている。『南方録』では五陽六陰のカネを使って、点前法を厳格に規定しており、それを奥義とはしているものの、「墨引」の「奥書」で「秘ハ秘スルニ依テ尊ク候。是非此巻ハ反古ニ可被成候」と利休に述べさせている。それはこうしたカネが「未熟ノ人ハ却而規矩ニクヒラレ、茶ノ本心ヲ取ウシナヒ、道ノサマタケトナル也」（追加）と、初心者にはかえって道の妨げとなり、また一方において道を極めた人は、こうしたカネを忘れ、法を離れ、自然とその理にかなうようにする事が心の*大カネ（心の一つカネ）である、という。こうした茶の湯の理論は、その後、一般化はしなかったが、近代になって野崎兎園や田中仙樵などによって研究されてはいる。

鹿の子打ち【かのこうち】

*釿目の一種。鹿の子模様のように所々をはつった（少しずつ削った）もの、または、はつることをいう。床柱や中柱、床框、門柱などに使われる。

冠木【かぶき】

❶*棟門、薬医門などの親柱頂部をつなぐ横架

材。両端部は親柱より外部にのび、側面の意匠上でも重要な構成要素となる。（付録30頁参照）
❷冠木門の略。⇒冠木門【かぶきもん】

冠木門【かぶきもん】

門の一形式。柱を横繋ぎ材（貫、冠木）で連結した門。柱に二本の横繋ぎ材を貫き通したものを釘貫門といい、横架材を置いただけのものは冠木門と呼んで区別していた。『家屋雑考』には、冠木門は両柱の上へ木を横たえたもので、鳥居に笠木をのせたようなものであると記されている。今は柱を貫で連結した形式を冠木門と呼びならわしている。二本の本柱で自立するだけでなく、控柱を立て、飛貫や腰貫で本柱と連結して構造強化を図る。

兜門【かぶともん】

腕木門が大規模になり、本柱と控柱のあいだにも切妻の屋根を架ける形式を高麗門という。普段は開放された状態にある門扉に雨が当たらない備えが形態上の特徴。この高麗門を意匠的に洗練させたものが兜門である。正面、側面からは平唐門のように見えるが、背面の軒が弧状に切り取られ、扉を開けた時この凹部によって雨が当たらない。その形状が兜を連想させることからの称という。高麗門に見られた内側左右の小屋根を含んで一つの屋根にまとめあげた造形である。代表例の一つに大徳寺塔頭 龍光院の表門がある。また裏千家の表門も兜門の形式で、茶家の門にふさわしい瀟洒な造形である。

兜門　大玄関側より見る　裏千家

冠棚【かぶりだな】

「かんむりだな」とも読む。❶床脇に設けられる飾棚の一種。江戸時代に棚雛形として定型化される四十八棚の一つで、地袋と一組の違棚を組み合わせたもの。『増補大匠雛形四 新板棚雛形』（一八六六年刊）には「是ハ御くつろき（寛ぎ）の間、またハしよゐん（書院）わき、何も上段ニよし」とある。また『伊勢家用来荘飾門口伝書』（一七七一年写）には「卓棚冠棚なとも貴人を招請申程の座ならハ可用、左なくハ無用たるへし」とあり、その用法に規範があったことを記す。❷貴人の冠を置いた棚。数寄屋建築においては、飾棚や仮置棚として設けられることもある。❸棚物の一種。「冠台」「冠卓」ともいう。冠を置くための棚を香炉卓や水指棚として転用したもの。

冠棚❶『増補大匠雛形四 新板棚雛形』

壁【かべ】

建物、部屋の周囲などの垂直な面材。柱があらわれた真壁、柱を塗り込めた大壁がある。日本建築は柱梁による構造であるため、校木と呼ばれる角材を積み上げて井桁状に組んだ校倉造などを除き、壁は非構造材であることが多い。材質によっても異なるが、温湿度の調整、防火、防風、防雨、プライバシーの保護、仕切り、展示、背もたれなどに効果を発揮する。最も工程が少ないものとして、板を並べて張る羽目板張、下見板張などがある。仕上げ材を用いるものとして、竹、葭などを下地として土を塗り重ねた土壁、漆喰を塗った漆喰壁がある。土壁には京都聚楽産の聚楽土を用いた聚楽壁、*苆入りの*荒壁を仕上げとしたもの、*赤土壁、*錆壁などがある。壁の保護や装飾を目的として、外壁の壁に瓦を漆喰で固めた海鼠壁、室内の壁に紙類を張った*張付壁、下部に紙類を張った*腰張りなどがある。

壁下地【かべしたじ】

一般には最終仕上げ以前の施工工程で造られたものを一括して下地といい、広義では、その中で左官材料を塗り付けるための下地のこと。小舞下地（小舞壁の項を参照）、ボード下地、メタルラス下地、合板下地、コンクリート下地、煉瓦下地、ブロック下地、版築下地などがある。また狭義では、関東では小舞搔きの下地を造る大工仕事をさし、関西では小舞搔きの作業をさす。

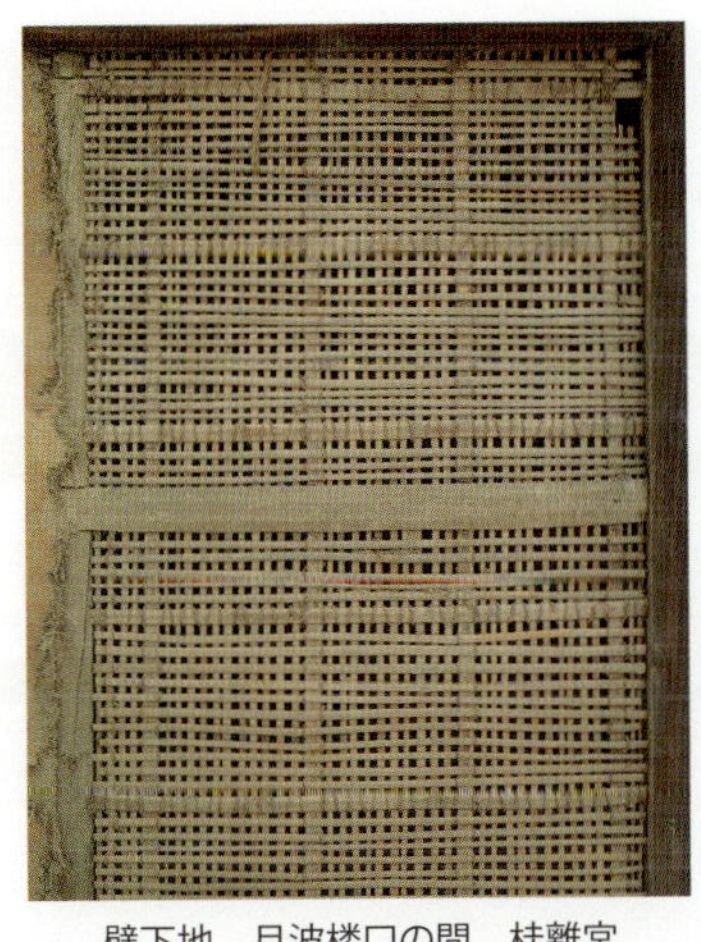

壁下地　月波楼口の間　桂離宮

壁床【かべどこ】

床の一形式。奥行きも高さも除いて平板な壁面を床に見立てた形式。*千宗旦が四一歳の頃、*千利休がもっていた障子や躙口の戸を使い、利休の寸法によって好んだ一畳半（一畳台目、千宗旦の茶室の項を参照）は「花も掛物も不入候て、床なしノ一畳半ニ候へ共、中柱のへい（塀）ニ右ノ軸ハかけ候ハてハ不叶」（宗受宛宗旦書状）とあるように、床がなかった。それで茶道口をあけた大平が床に見立てられ、軸釘と花入釘が打たれていた。宗旦は床のある一畳半も造っていたが、「一畳半は狭が面白候」という利休の姿勢に傾倒していた宗旦にとっては、床無しの一畳半においてこそ、深いわびの境地にふさわしい空間を構築することができたのであろう。裏千家*今日庵の壁床がその代表例である。

壁留【かべどめ】

上面で壁を受け、下面を解放するために取り付ける横材。「壁止」とも書く。茶室の天井で、*掛込天井での化粧屋根裏の*垂木掛から下がる*小壁を受けたり（この場合は掛込丸太ともいう）、*落天井での一段下がった小壁を受けたりするもの。また、*台目構えの中柱まわりにおいて、袖壁の下方を吹抜くために中柱に刳り付ける横材や、外壁面で、*差石や基礎とのあいだをあけるためにこれらの上近くに取り付けて壁を受ける材などのこと。使用される場所により、丸太や削り木、竹など、様々な材を用いる。（付録14、17、24、28頁参照）

壁面戸【かべめんど】

塗面戸と同じ。⇒塗面戸【ぬりめんど】

花泛亭【かへんてい】

京都市左京区の*野村得庵の旧別邸*碧雲荘にある茶室。大工棟梁は*北村捨次郎。*又織や花泛亭などの施設は大正十二年（一九二三）には竣工したが、昭和二年（一九二七）に焼失し、現在のものはその直後に再建された。花泛亭の玄関は、切妻造桟瓦葺に檜皮葺を二方へ葺き下ろす。内部は土間となり、正面となる南から西に矩折に腰掛を設け、北と東の二方は腰掛の袖壁をのこして吹放している。そこから三畳台目の寄付へと入り、西側廊下を隔てて四畳の次の間をともなう八畳の広間花泛亭へと続く。寄付は全体四畳半の大きさで、正面、台目の点前座に炉を隅炉に切って、風炉先側へ地板を敷き込んで三角の地袋を備える。花泛亭は広間としては異例の構成で、西側にある点前座客付の角に柱を立て、小壁を廻した落天井により小間の点前座のような区画が施される。風炉先に杉の杢板をはめて下部を吹抜き、勝手付には洞庫も備える。また天井にも点前座角の柱から小壁を付け、北側へ矩折に廻し、周囲半間を区画している。周囲半間は化粧屋根裏となり、その内側は竿縁天井とする。さらに広間では点前座風炉先側を床とすることが多いが、当茶室は南側、下座に構えている。床柱は絞丸太、框は面皮だが面部分だけが黒塗となっている。花泛亭の北から西にかけては周囲が瓦四半敷の土間となり、その外側にガラス戸が建て込まれている。次の間との境及び土間境の小壁には下げ束を入れず、櫛形窓をあける。こうした花泛亭がもつ点前座や床の構成、次の間の存在は、広間でありながら、*燕庵の間取りを基本として構想されたともいえる。重要文化財。

水屋
床
次の間

花泛亭

花泛亭　次の間より主室を見る

鎌形手水鉢【かまがたちょうずばち】

手水鉢の一種。全体的に曲がった形の石のもので、これが鎌のように見えることから名づけられた。桂離宮の*月波楼にあるものが知られる。(付録10頁参照)

釜据【かますえ】

*水屋で釜に湯や水を張る時、また釜の後始末をする時に釜を据えるためのもの。四角に組んだ木枠で、釜が安定して置けるよう木枠の内側が丸く刳ってある。利休形は赤杉の柾材。

噛せ石【かませいし】

詰石と同じ。⇨詰石【つめいし】❶

框【かまち】

❶床に段差がある時、高い方の床の端に渡す化粧の横木。*床框、*縁框、*上り框などがある。❷竪框と同じ。⇨竪框【たてがまち】❸畳の短辺、すなわち縁を付けない部分。❹石工道具の一種。玄翁に似て、一方の尖ったもの。

框床【かまちどこ】

床の一形式。*床框が取り付く床の総称。座敷の床面より一段高く床を設け、その床の前面に框を入れることで、*床板または床の畳の端を隠すものである。

蒲天井【がまてんじょう】

蒲を菰編みにした蒲筵を天井面に張った天井のこと。「蒲席天井」ともいう。女竹を竿縁として使用することが多く、菰編みの糸目を意図してその竿の中間に来るようにしたものなどがある。『茶譜』には*千利休がそれまでの*鏡板を外して蒲を張ったとあり、それまで*板天井だけであった天井に新しく蒲天井を考案したと考えられる。似た形式のものに、真菰を使用した真菰天井、藁を使用した藁天井がある。主として茶室の点前座上部に用いられることが多いが、謙虚さの表現のひとつである。

釜蛭釘【かまひるくぎ】

*釣釜の際、鎖を掛け、釜を釣るために天井に打たれる釘。後付け可能な捻じ込み式のものと、工事中に仕込む栓差し式のものがある。釣釜は炉の中心に鎖が下がって釜を釣ることになるた

釜蛭釘

め、釘の中心を炉の中心とあわせるのではなく、鉤に掛けた鎖が炉の中心に下がるように釘の位置が決定される。また鉤の向きにも注意を払う必要がある。*出炉の*四畳半切の場合、千家流では鉤先を下座に向ける（亭主が点前座に進む方向と平行）のが一般的であるが、流派によっては客座側へ鉤を向けるように打つこともある。*入炉の場合も流派によって異なることがあるが、客付へ鉤を向けて打つことが多い。『*茶道筌蹄』には「炉に向てクサリを右の手にて懸る様にカギ先を向ケて」とあり、*本勝手の場合に点前座から炉に向かって右手で鎖を掛けると、現在と同様に下座や、入炉の際、客付へ鉤先を向けることになる。（付録20頁参照）

蒲鉾壇【かまぼこだん】

*敷石のうち、蒲鉾の形状のように中央をやや高く盛り上げて石を敷くもの。「蒲鉾段」とも書く。壇は周囲より一段高く盛り上げられた部分をいい、*敷石道は「壇」「石段」などとも呼ばれた。『*露地聴書』に「蒲鉾段はねり土で蒲鉾なりに作り、中に能頃の石を居るなり」とある。

蒲筵【がまむしろ】

蒲で編んだ*筵。下地板に張り付け、天井材として用いる。この天井を*蒲天井という。草庵式茶室の特に*落天井に好まれる。また*内露地、*外露地の二カ所に*腰掛がある場合に、一方に円座、他方に蒲筵や籐筵の類を敷くことや、夏の敷物として待合などに使用されることもある。

蒲蓆天井【がまむしろてんじょう】

蒲天井と同じ。⇒蒲天井【がまてんじょう】

上桟【かみざん】

⇒上桟【うわざん】

神島石【かみじまいし】

石材の一種。静岡県伊豆の国市神島、及び沼津市静浦から産出する石。「伊豆六方石」または「材木石」ともいう。角閃石デイサイトの貫入岩で、溶岩が冷却、収縮する過程で生じる四角から八角の柱状節理をもつ灰褐色の石質。石英質を含む安山岩系の場合もある。断面の太さが一〇センチ程度と細いものが多く、二〇センチ程度のものもある。採石時は青みを帯び、空気に触れると酸化し黄色味を帯びる。景石、縁石、石棚、杭、延段、石標などに適している。

上下棚【かみしもだな】

*床脇に設けられる*飾棚の一種。「じょうげだな」と読ませる雛形本もある。江戸時代に棚雛形として定型化される四十八棚の一つ。*天袋の下部に段違いの棚板二枚を組み合わせたもので、各棚板は*持送によって支持される。『増補大匠雛形四 新板棚雛形』（一八六六年刊）には「是ハたな（棚）数多き所、又ハやすミ（休み）の間によし」とある。

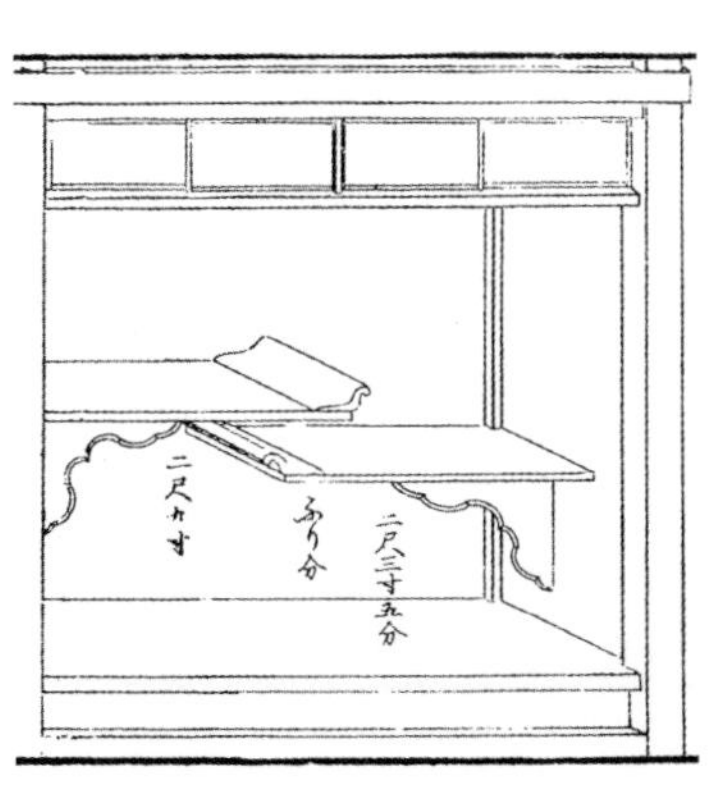

上下棚『増補大匠雛形四 新板棚雛形』

紙苆【かみすさ】

*苆の一種。楮、三椏、雁皮などの樹皮の繊維からなる和紙を細かくほぐし、漂白したもの。「玉すさ」ともいう。左官材料としては、繊維の長い楮が多く用いられる。*漆喰や*並大津にも入れることがあるが、非常に細い繊維なので、もっぱら薄塗仕上げの材料として使われる。紙の繊維が細く強度があるため、*磨き大津壁の上塗土（引土）や漆喰磨きの上塗材などに使われる。厚塗の漆喰などでは、表面の小割れ（ヘアークラック）を防ぐ目的で紙苆を入れることがある。*障子や*襖に使用する*美濃紙や*黒谷和紙の裁ち屑に水を含ませ、平らな石の上に置き、竹や樫の棒で叩いてほぐし紙苆とする。

紙屋川石【かみやかわいし】

京都市の紙屋川河床（現在の天神川）で採取された石。鷹峯から*衣笠、*北野を流れる河床で採取していた、*玉石から砂利程度の大きさの赤い石のこと。古くは十六世紀の京都において、庭園材料として蹲踞の*海に敷くことや、内露地などに撒く場合もあったと伝わる。今は採取されていない。

神屋宗湛【かみやそうたん】

天文二十年（一五五一）～寛永十二年（一六三五）。織豊時代から江戸時代前期にかけての博多の商人、茶人。「神谷」と書かれることもあるが正しくは神屋。善四郎と称し、号は置安斎宗湛、名は貞清。神屋家は永富を祖とし三代寿貞（二代主計の弟とされる）の時、中国の明から銀の精錬法を学んで石見銀山の開発に成功し、財をなしたと伝えられる。寿貞の後、宗断、紹策そして貞清宗湛と続く。宗湛は天正十四年（一五八六）十月に上洛するが、これは西国経営と朝鮮侵攻を企図していた*豊臣秀吉の意を受けてのことともいわれる。その折に大徳寺で*古溪宗陳について得度し、大坂城で秀吉から歓待された。天正十五年、秀吉の島津征討には薩摩（鹿児島県）まで陣中見舞いに出向き、秀吉とともに博多に戻ると島井宗室らと接待した。この時、宗湛と宗室は博多復興にあたる町人側の奉行に任じられ、博多町人の重鎮となった。古溪が筑紫に流された際にはこれを慰労している。秀吉の朝鮮出兵には島井宗室など博多町人とともに協力したが、秀吉が没し、関ヶ原の戦いで東軍が勝利するとともに凋落し、秘蔵した博多文琳を領主・黒田忠之に召し上げられるなど、晩年はかつての栄華とはほど遠いものがあった。天正十四年の上洛の際から始まる『*宗湛日記』は、織豊時代の茶の湯のありさまを知る史料として貴重である。

禿口【かむろぐち】

*通い口の別称。「かぶろぐち」とも読む。『*茶道筌蹄』に「此席に利休通口をはじめて好む、是は太閤御招のため也、此通口をむかしは禿（カブロ）口といふ」、さらに「通口の濫觴は、台目にては点茶の節貴人の前へ行く急なる用向など勝手口より申上難きゆへ、利休勝手口の外に通ひ口を明る也、夫故に是を禿といふ也　禿の出入する為といふ意なり」とあり、*給仕口に相当する通い口を利休があけたこと、それを禿口と呼んでいたこと、その名の由来は禿、すなわち子どもが出入りすることによる、と説明している。『*茶道四祖伝書』には「御給仕ハカブロ（禿）両人」とあり、給仕を禿が掌っていたことも確かなようである。一方で『*不白筆記』には「茶点口ノ形り、比二ツノ内セイヒクイハ禿口ト云テ通イ口ナリ、二ッ共ニ茶立口ナリ」とあって、給仕口に限定せずに茶立口（*茶道口）も含めて、その形や高さから禿口と呼ぶ説もある。

亀石【かめいし】

*石組の一種。亀をかたどって造られた*亀島を一石で表現したもの。『山水并野形図』では「万劫石」とし、*蓬莱を象る不老石に添えるとする。

亀形刈込【かめがたかりこみ】

*刈込の一種。動物作りのうち、枝葉部分が亀の形になるよう仕立てたもの。長寿、招福を願い、鶴とともに庭園内に配されることがある。

亀島【かめじま】

日本庭園の島の一形式。仙人の住む島が亀の背にのっているとする中国の*神仙思想に基づき、園池、及び*枯山水に造られる亀の形をした島をいう。亀頭石、両手石、両脚石、尾崎石（亀尾石）の六石を据える。

亀腹【かめばら】

寺社建築などの縁の下で、基礎周辺を白漆喰で饅頭形に固めた部分。多宝塔の層間、鳥居の礎盤などにも見られる。

鴨居【かもい】

窓や出入り口といった開口部の上部に設けられた横材。下部の*敷居と対になって、そのあいだ（内法）に*障子や*襖など*引き戸が建て込まれる。鴨居の下面には、引き戸を滑らせて開閉するため深さ四～五分ほどの溝が彫られることが多く、溝を彫り込んだのこりの部位を*樋端や畦という。鴨居の寸法は、幅が柱幅の〇・八倍から〇・九倍程度、成（厚さ）が同じく〇・三五倍から〇・五倍程度であるが、古いものほど厚く、時代が新しくなると薄くなる傾向がある。建具が入らず溝が彫り込まれていないものを*無目鴨居という。そのほか形状や用いられる場所によって、*指鴨居や、*薄鴨居、*付鴨居、*挟み鴨居、一本溝で幅が狭く、鴨居の外面に取り付けて*雨戸の開閉に用いられる一筋鴨居などがある。

蒲生氏郷【がもううじさと】

弘治二年〜文禄四年（一五五六〜九五）。織豊時代の武将、茶人。近江国（滋賀県）蒲生郡日野中野城主・蒲生賢秀の嫡男として生まれる。幼名鶴千代丸。通称忠三郎。初名賦秀。洗礼名レオン。蒲生氏は室町幕府の奉公衆であったが、戦国時代には近江守護・六角氏の重臣となり、蒲生郡日野を拠点とした。永禄十一年（一五六八）に父・*賢秀は、織田信長に降り、氏郷は人質として差し出され、岐阜城に入る。間もなく信長の近侍に召され元服、忠三郎賦秀と名づけられた。永禄十二年には信長の臣下として、賢秀とともに伊勢国（三重県）大河内城の戦いに初陣、武功を挙げ、翌元亀元年（一五七〇）に信長の娘・冬姫を娶って、日野に帰国する。天正十年（一五八二）の本能寺の変では、信長の家族を日野城に保護した。同年、家督を相続、*豊臣秀吉に帰属し、各地を転戦する。天正十二年に伊勢松ヶ島城十二万石に転封となり、この年より氏郷と名乗る。翌十三年、*高山右近や*牧村兵部の勧めでキリスト教に入信する。キリシタンとなった氏郷は、周囲にも信仰を勧め、右近とともに黒田孝高（如水）を入信に導いたという。天正十五年の九州攻め、天正十八年の小田原征伐などの功労により、同年八月、会津（福島県）黒川城四十二万石に転封となる。後に若松と改名、会津若松九十二万石の城主となる。これは徳川家康、毛利輝元につぐ大封であった。文禄の役に参陣して肥前国（佐賀県）*名護屋城に赴くが、在陣中より重い病にかかり、京都伏見の蒲生屋敷にて死去。大徳寺塔頭*黄梅院に葬られる。茶の湯を*千利休に学び、『*江岑夏書』では「利休弟子衆七人衆」（いわゆる*利休七哲）の筆頭に挙げられている。利休の死後、氏郷は*千少庵を会津若松城に庇護し、その後の千家復興にも尽力した。鶴ヶ城（会津若松城）内の茶室*麟閣は、少庵によって造られたと伝えられている。

加茂鹿の子石【かもかのこいし】

石材の一種。京都市の賀茂川筋で採取される石。褐色混じりの赤味に、石英筋のあるもので、斑点が鹿の子どもの模様に似ているため、呼称されたと考えられる。

鴨川洗い砂利【かもがわあらいじゃり】

京都市の鴨川流域の河床で採取された三ミリ前後の小粒の砂利。ホルンフェルスや花崗斑岩、花崗閃緑岩などが混在する。*左官骨材などに使用されてきた材料。*鴨川豆砂利よりも小さい。

鴨川豆砂利【かもがわまめじゃり】

京都市の鴨川河床で採取された*豆砂利。青黒い色調で白色紋が入るものが多く、チャートやホルンフェルス、花崗斑岩や花崗閃緑岩などが混在する。光沢はない。三〜九ミリ前後のもので、古くは豆砂とも呼ばれていた。主に露地の敷砂利や蹲踞の*海に使用される。

加茂沓石【かもくついし】

石材の一種。京都市の賀茂川流域の河畔堆積土中で採取される円形の石。沓石は束の下に使う礎石の別称であるが、青みがかった黒色の川原石を、沓石に使用した場合の呼称。

加茂七石【かもしちせき】

京都市の賀茂川水系、また高野川水系から産出する石の総称。七石というが、七種に限定されるものではない。特に水石（水石の項❶を参照）として珍重される*八瀬真黒石、*賤機石、*鞍馬石、*貴船石、*畚下石、*雲ヶ畑石、*紅加茂石が知られる。二条城清流園や京都迎賓館の庭園などでは、この七石を揃えて据えている。

鴨長明【かものちょうめい】

久寿二年？〜建保四年（一一五五？〜一二一六）。鎌倉時代の歌人。名は正しくは「ながあきら」と読む。『方丈記』の著者として知られる。下鴨神社の社家の出身。後鳥羽院によって再興された和歌所の寄人となった。五十歳にして出家。洛北大原（京都市左京区）に隠遁し、四年後、洛南の日野山（京都市伏見区）に移る。そこでの住居は「世の常にも似ず。広さはわづかに方丈、高さは七尺がうち」（方丈記）であった。広さが四畳半である*方丈は、維摩居士の居室が方丈であったという故事をもち、また『南方録』の珠光四畳半座敷の記述から茶室の根本と考えられ（珠光の茶室、真の座敷の項を参照）、そこからさかのぼって後世の茶人は『方丈記』にみる長明の方丈についても関心をもつことになる。

加茂真黒鱗石【かもまぐろうろこいし】
京都市の賀茂川筋で採取される円形の*真黒石。特に扁平で楕円形の形状のものをいう。敷石材料として珍重されるが、採取が少ないため、貴重品となっている。

加茂真黒畳石【かもまぐろたたみいし】
京都市の賀茂川河床、及びその流域付近で採取される方形の*真黒石。大きさは六～一二センチ前後、厚み一八ミリ程度のもの。畳石（*延段）として使用され、敷石としては採取が少ないため貴重品となっている。*目地をあわせて緻密に敷き詰めた小規模の使用例が多い。

加茂真黒撒き石【かもまぐろまきいし】
京都市の賀茂川河床、及びその流域付近で採取される小型の*真黒石。三センチ内外で、砂利としては希少価値が高く珍重される。庭園材料としては*蹲踞の*海に撒くことがある。

茅【かや】
屋根を葺く草物の総称。「萱」とも書く。イネ科やカヤツリグサ科の草本で、チガヤやススキ、スゲなどのこと。これを用いて葺いた屋根が*茅葺である。

榧【かや】
イチイ科カヤ属の常緑針葉高木。生長が遅く大きい樹を見ることは少ない。本州から九州、対馬などに分布し、病虫害や煤煙にも比較的強く、庭園や露地の植栽として用いることもある。白蟻にも抵抗性が高い。材質は木理が緻密で弾力があり、脂気、芳香もある。生長が緩やかであるため、年輪はあまりはっきりしない。材色は優美で、*心材と*辺材の色の差は少ない。心材は褐色を帯びた黄色、辺材は黄白色で光沢を有する。建築材として床柱、床框や棚板などに、また湿気の多い場所の床板などにも用いる。希少性の高い材であり、建築材以外では高級な碁盤や将棋盤にも用いる。

茅負【かやおい】
*軒先で垂木と裏甲のあいだにある横木。軒反りを調整するために取り付けられる。茅負は隅木や力垂木などに支えられる。

茅垣【かやがき】
茅を束ねて造った簡素な垣。『築山庭造伝前編』下には「茅垣の茅ハ七月八月に芟べし、尾花の後宜しからず」とある。

茅葺【かやぶき】
*草葺の一種。*茅を用いて屋根を葺くこと、また茅で葺いた屋根をいう。母屋（母屋の項❸を参照）の上に垂木に相当する昇竹を一定間隔に縄で結束し、その上に桟竹を並べて縛り、下地を整える。軒裏の化粧を終えた後に茅を葺き、藤縄や棕櫚縄など各種の縄を使って固定、タタキで打ち叩いて、刈込を行い形を整える。一般的に茅葺の屋根は矩勾配で、急勾配とし、雨水を早く流し腐食を防ぐ。*又隠や*燕庵をその例として、*草庵式茶室の屋根にしばしば見られる。

茅葺　賞花亭　桂離宮

茅葺門【かやぶきもん】
*茅葺の門の総称。「茅門」「萱門」ともいう。社寺の門が瓦や檜皮で葺かれているのに対して、民家などに用いられる。茅を葺き材として用い

茅葺門　表千家

ることで、質素でわびた雰囲気があり、*中門(ちゅうもん)や*露地口の門にも好んで造られる。

茅門【かやもん】
「萱門」とも書く。茅葺門と同じ。⇒茅葺門【かやぶきもん】

通い【かよい】
❶相伴席の別称。⇒相伴席【しょうばんせき】
❷半東と同じ。⇒半東【はんとう】

通い口【かよいぐち】
茶室における出入り口の一つ。亭主側の出入り口で、通いとは、茶事、茶会の際に亭主を補佐する給仕役を意味することから、通いの者、すなわち給仕役が通る出入り口をさす。「*給仕口」あるいは「*禿口(かむろぐち)」ともいう。茶室では、亭主が出入りするための*茶道口が必要不可欠で、通い口は普通、茶道口とは別にあけられるものだが、通い口をあけずに、茶道口がその役割を兼ねることもある。通い口の名称は『*松屋会記』「久好茶会記」の慶長元年(一五九六)三月八日の条、古田織部(おりべ)殿での茶会の図中に「カヨイ口」と表記されるのが初期の例である。その後の茶会記類に通い口(「カヨイ口」あるいは「カヨヒ口」)は頻出する。「通い口」は給仕のための出入り口に限定せず、一般に出入り口の通称と理解することもできるが、たとえば『*茶譜』に「茶道口　通口の太鞁張ノ障子」とあるように、茶室では明らかに茶道口と別の亭主側の出入りに用いられたようである。しかし一方で『茶譜』には「勝手口　通口有之トモ、広座敷ノ内ニ間仕切テ」などあるように、亭主側の出入り口である「勝手口」(茶道口)に対して、必ずしも亭主側の出入りに限定せずに、客の出入りのための口を意味することもあったと解される。現在の*燕庵(えんなん)に代表される、織部が好んだとされる三畳台目下座(げざ)床相伴(しょうばん)席付の茶室において、相伴席の勝手側にあけられた口を「通口」と称しており、客がここを通って*鎖の間や広間の茶室に移動した可能性もある。また建具(たてぐ)を二枚引違いに建て込み、一方を茶道口、もう一方を給仕口とした出入り口の総称として通い口ということもある。

通い畳【かよいだたみ】
茶室内の畳の呼び名のひとつ。茶室に敷かれる畳には、*点前畳、*客畳、*踏込(ふみこみ)畳、*貴人(きにん)畳などがあり、亭主や客、*半東(はんとう)などの所作や位置に応じた呼称がある。通い畳は亭主、半東が給仕に際して通り歩く畳をいう。二畳台目下座床(げざどこ)などの*小間(こま)の場合では、通い畳が貴人畳、炉畳などを兼ねることになる。さらに*七事式の花月之式などでは四畳半に座替わりしたのこりの畳を通い畳ということもある。

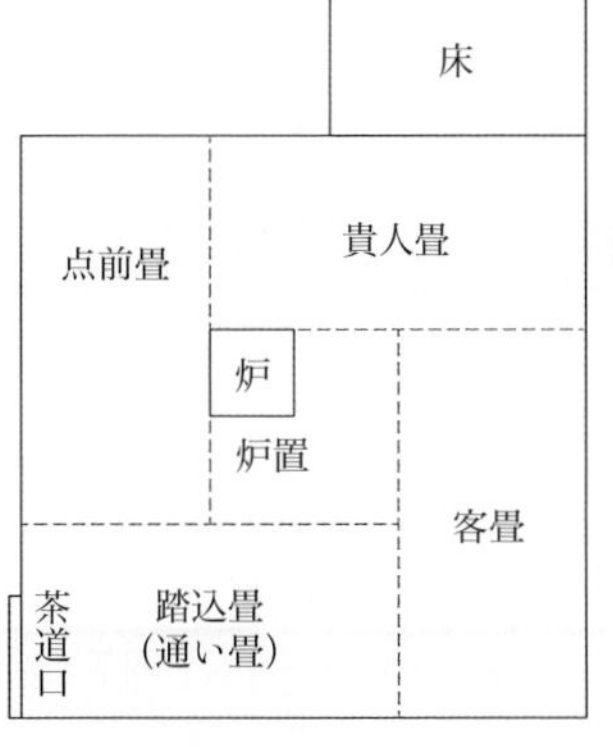

通い畳　四畳半　炉

通い畳　四畳半　風炉

通い畳　二畳台目下座床　炉

空井戸【からいど】
❶*飾り井戸のうち、水を出さないもの。実用的な井戸ではなく、*井戸構えがあるのにふさわしい位置に装飾物として置かれた井戸のこと。
❷水の枯れた井戸。「涸(かれ)井戸」ともいう。

傘亭【からかさてい】
京都市東山区の*高台寺にある*茶屋。「かさてい」とも称す。境内東方の小高い地点に建つ。傘亭を北、*時雨亭を南にして両亭を*土間廊下でつなげ、もとより一体のものとして造られたと考えられ、かつては「安閑窟」という一つの呼称しかなかった。外観は*宝形造*茅葺で、屋根を低くおさえ、開放的な時雨亭とは対照的に壁で囲われている。入口を土間廊下とつながる南側ではなく西側にあけ、下の板戸を右側へ引き込み、上方の*簀戸を中から釣り上げるという仕掛けになっている。入口の左右は*連子窓となっており、右側の窓は、ほかとは目立った意匠の変化を見せる。内部は、上方に吹抜けた奔放な空間で、*平天井を張らずに宝形の*化粧屋根裏が覆っている。室の中央には自然木の*梁が架かり、その中央に立てられた*束が*棟を支え、四方へ放射状に美しく軽快に構成された*竹垂木、竹小舞で化粧屋根裏が展開する。この「亭の天井丸くして傘を広げたるごとし」(都林泉名勝図会)という姿から傘亭という席名が生まれている。また梁の上には「安閑窟」の額を掲げる。入口を入ると土間で、踏上りの小縁を付ける。その土間に面する西北角に一畳敷の*上段がある。二方に*框を廻して角に赤松皮付の柱を立て、*肘掛窓をあける。内部は土間と上段を含め八畳の間取りで、現在は畳敷きであるが、もとは板間であった。窓は壁面ごとに位置や大きさが異なり変化を付けている。上段の反対、南側の*下屋に勝手があり、隅に*竈土と*長炉が設けられ、その向かいには潜りをあけ、土間廊下につながる。時雨亭とともに古式をのこす*竈土構えの実例としては唯一のものである。時雨亭と傘亭は、昭和九年(一九三四)の台風で倒壊し、*起し絵図をもとに細部に至るまで復原されたが、材料の多くは取り替った。やや閉鎖的な傘亭と、開放的な時雨亭は季節や天候に応じて、あるいは茶と懐石、*初座と*後座に分けて使用することもできる。そのような用途の場合、両亭をつなぐ土間廊下は*内露地の役割を果たす。*切妻造*杉皮葺の屋根をのせ、両側に皮付柱が立ち並ぶ吹放ちで、瓦、切石、自然石によって通路を造る。傘亭に向かって左側、廊下の中ほど傘亭寄りから*飛石がのび、その先に*蹲踞を設け、また右側、時雨亭寄りからも飛石が打たれ、先に*手水鉢が据えられる。この廊下は*小堀遠州の作という伝えもある(大日本寺院総覧)。確かな記録はないが、小書院の北に接続していた四畳台目の茶室、*豊臣秀吉遺愛の観月台がある偃月池が配される鶴亀の庭(名勝)などは遠州の作と伝わる。また遠州は高台院(秀吉夫人、北政所)の身辺に配慮を示した土井大炊頭との交渉も深く、土間廊下に手を入れる機会があったことも考えられる。傘亭、時雨亭の両亭は、ともに*伏見城から移築されたと伝えられているが、『学問所記』には「草堂ヲ出テ数歩スレバ重門有リ、門内ニ入レバ高堂有リ」「松竹ヲ栽エ深園ヲ作リ高堂ヲ建テ学問所ト号ス」とあり、こうした情景は何となく時雨亭や傘亭を髣髴とさせる。さらに学問所の施設には、歌を賦し、詩を吟じ、茶の湯もできるという茶屋が組み入れられていたことを思うと、この両亭を学問所の遺構と見ても不自然ではない。*千利休作ともいわれたが、伏見城の築造も高台寺の創立も利休の死後での

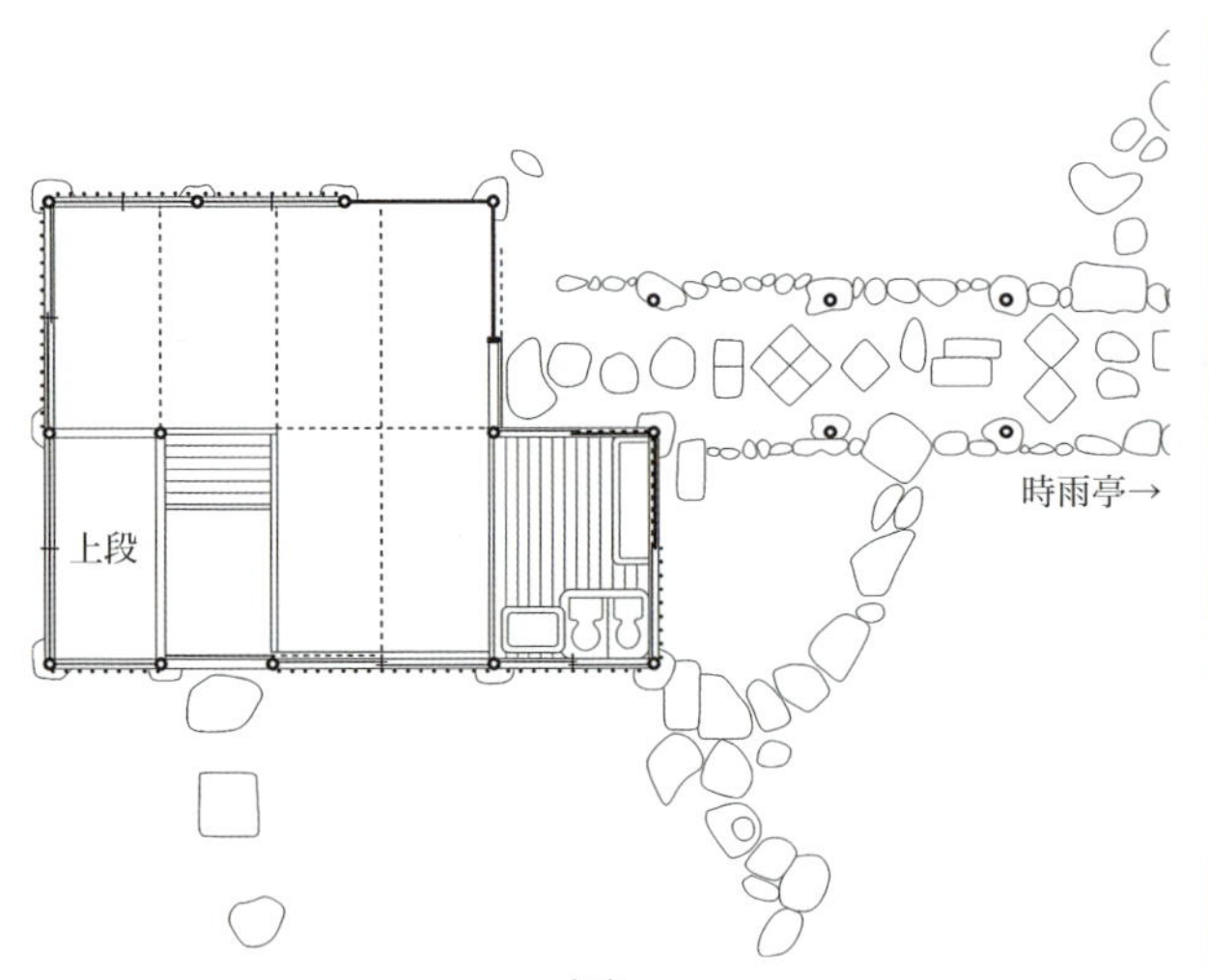

傘亭

傘亭　上段側

ことである。重要文化財。

唐紙【からかみ】
❶版木で模様を付けた紙。当初の唐紙は奈良時代に中国から輸入されたもので、書くために用いる料紙がほとんどであった。平安時代に唐紙の需要が高まり、国内でも生産されるようになる。やがて襖の上張りに用いられるようになった。茶室の襖では広間の上張りに唐紙が用いられる。また壁紙として使われることもある。❷*襖のこと。襖の古語である唐紙障子を略して唐紙と呼ぶようになった。

唐木【からき】
*紫檀、黒檀、鉄刀木、白檀などの熱帯産の木材を総称し、古くより唐木と呼ぶ。「とうぼく」とも読む。またこれらに加え紅木紫檀、*花櫚までを含むこともある。産地としてはタイ、カンボジア、ベトナムなど、熱帯アジア諸国に分布しているが、現在ではいずれも希少材として取り扱われる。多くは堅い材質と色合い、美しい光沢などが好まれ、建築材として床柱、床框、床板、棚板など、そのほか高級指物や内装材としても使用する。もともと中国を経て渡来したことからの名称で、これらは*銘木として扱われ、特に紫檀、黒檀、鉄刀木は唐木三大銘木として珍重される。

空極【からぎめ】
土極と同じ。⇩土極【つちぎめ】

可楽庵【からくあん】
京都市東山区のウェスティン都ホテル京都にある茶亭。当時の常務取締役が国内外の旅行客増加に対応し、茶道を国外の人々に紹介するため、裏千家の茶人・田村宗園と図り、昭和八年（一九三三）十一月に和風宴会場である葵殿の山沿いに建設された。当初の建物は、外観は入母屋造で東面して建ち、南から東にかけて入側を廻していた。奥の座敷には床に琵琶床を付け、炉が切られており、茶や香、席画などが催された。この可楽庵は設備などの老朽化のため取り壊され、現在の可楽庵は後に新築されたもので、八畳と六畳の二間続きの座敷のほか、洗面所やトイレなどが付設されており、和風別館として会食や宿泊などに利用されている。可楽庵の名は、かつてホテルの敷地内に別邸を構えていた政治家・清浦奎吾の命名による。

唐草瓦【からくさがわら】
*唐草文を施した瓦の総称。「花瓦」ともいう。日本では白鳳時代から忍冬唐草文のある*軒瓦が現れ、時代ごとに唐草文の形式は変化していった。軒瓦に唐草文のものが多いところから、軒瓦の別名でもある。

唐草文【からくさもん】
文様の一種。蔓草を文様化したもの。エジプトのロータス（蓮）やパピルスなどの模様が始まりであるとされ、古代ギリシャ、ローマでは忍冬やアカンサス（ハアザミ）の模様が、建築などの装飾に見られる。一説にはこの模様が中国（唐）を経て日本に渡来したため、唐草文という。宝相華唐草、牡丹唐草、菊唐草、葡萄唐草などの変化がある。

唐草欄間【からくさらんま】
*透彫欄間のうち、*唐草文を透彫りにしたもの。

烏踊り【からすおどり】
針目押えと同じ。⇩針目押え【はりめおさえ】

烏紙【からすがみ】
畳の*縁布の下に挟まれた両面紺黒色の和紙。この紙で微妙な厚みを加減し、形が崩れないように縁を縫い付けることができる。近年ではほとんど使用されない。

烏棚【からすだな】
*床脇に設けられる*飾棚の一種。「蔦棚」ともい

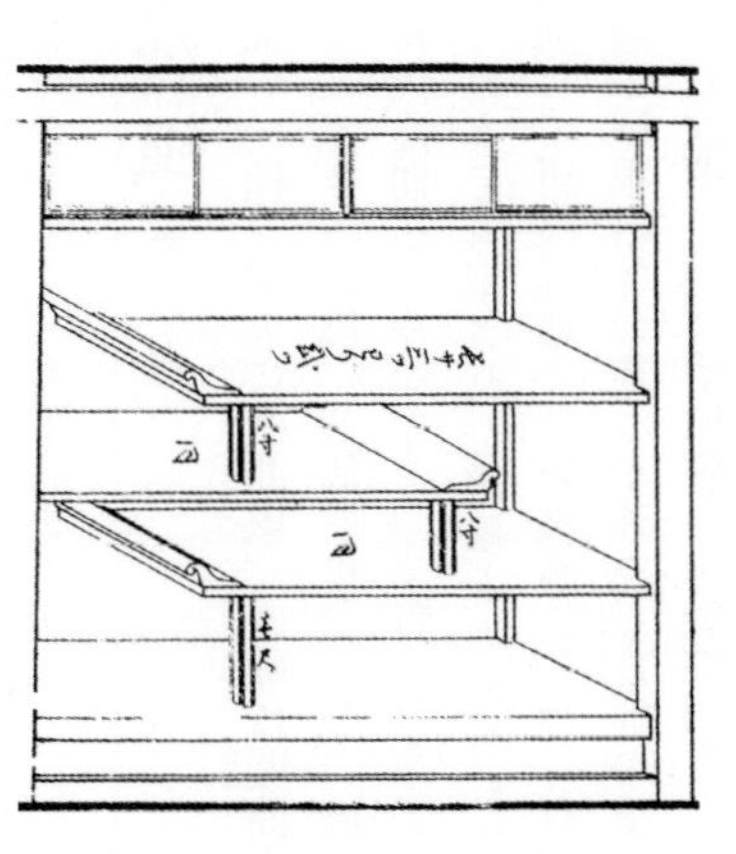
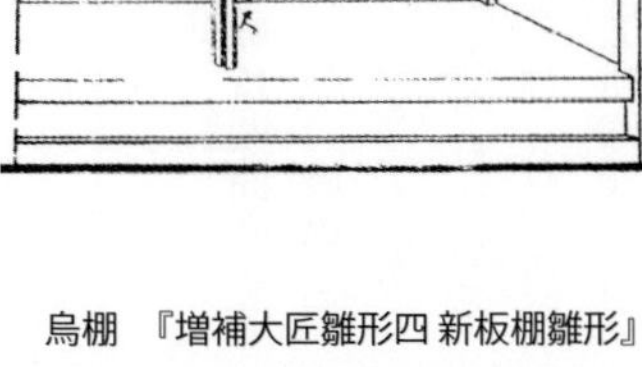

烏棚『増補大匠雛形四 新板棚雛形』

う。江戸時代に棚雛形として定型化される四十八棚の一つ。京都御所御学問所などに実例がある。『増補大匠雛形四　新板棚雛形』（一八六六年刊）には「是ハたなかず（棚数）多き所、また八書ゐん（院）わき、上段わき何れにもよし」とある。

ガラスの茶室【がらすのちゃしつ】
ガラスを素材に用いた茶室。ヴェネツィア・ビエンナーレでは二〇一一年には「光庵―ガラスの茶室」（吉岡徳仁）、二〇一四年には「Glass Tea House Mondrian／聞鳥庵」（杉本博司）と、ガラスを素材とする茶室が出品され、注目されている。聞鳥庵（モンドリアン）は、池に浮かぶ縦二・五メートル×横二・五メートル×高さ二・八メートルのガラスの箱で、これに板材の躙口と茶道口が取り付けられている二畳の茶室で、池を囲む垣根は伊勢神宮板垣をモチーフとしたものである。また内田繁が門司港ホテルに造った一聚庵には大小二つの茶室があるが、その小間は曇りガラスで仕切られた茶室となっている。

唐橘【からたちばな】
サクラソウ科ヤブコウジ属の常緑小低木。*千両や*万両に対して、「百両」ともいう。本州（茨城県、新潟県以西）から九州、沖縄の常緑樹林内に見られる。樹高は二〇～七〇センチ程度で、葉は互生し、披針形で厚みがある。七月頃、葉や鱗片葉のわきから花序を出し、白色の花をつける。その後、直径六～七ミリの赤色の果実が茎頂部に実る。花や赤い実が好まれ、*下草として庭園内によく植えられる。

唐戸【からと】
建具の一端に軸をもつ*開き戸で、日本の古代建築から用いられている*板唐戸と、鎌倉時代以降、中国の宋から伝来し、禅宗建築に用いられた*桟唐戸の総称。

唐櫃庵【からとあん】
愛知県名古屋市昭和区の三代高松定一の八事山荘にあった茶室。もと兵庫県神戸市北区の有馬にあった田舎家を昭和十年（一九三五）頃に、移築、改造したもので、外観は入母屋造茅葺、内部は十畳二間の奥に三畳の席があった。躙口を入ると左手に台目床を付けていた。*益田鈍翁もこの茶室に招かれ茶の湯を楽しんだという。また山荘内に設けられた待合には、内部に楽焼窯を置き、作陶が楽しめるよう工夫されていた。

唐戸面【からとめん】
*面取の一種。*桟唐戸の框や*桟の部分に用いられる。部材の角部分を正側面とも数ミリ削り、角に丸みをもたせた形状のもの。

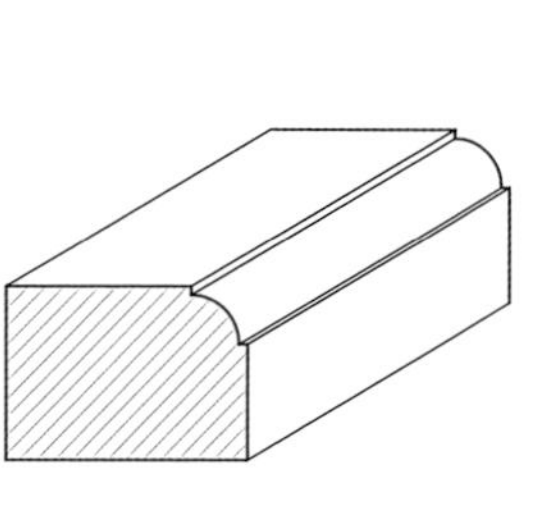

唐戸面

唐破風【からはふ】
*破風の一種。中央に凸曲線、両端に凹曲面が連続してできる破風。装飾的役割の強い破風で平安時代後期から存在する。「唐」の文字があるが、日本で考案された破風と考えられている。大別して唐破風造と軒唐破風に分けられ、唐破風造は屋根自体の造りが独立したもので、寺院の門や玄関、向拝や城郭の出窓部分などに用いられている。軒唐破風は屋根の軒先の一部に唐破風を造ったもので、雨を入口の左右に落すためのもの。寺社、城郭や*書院造などの住宅建築にも用いられている。

唐船形手水鉢【からふねがたちょうずばち】
舟形手水鉢と同じ。⇨舟形手水鉢【ふながたちょうずばち】

唐松【からまつ】
マツ科カラマツ属の落葉針葉樹。東北、関東、中部地方の亜高山から高山帯に分布する。日本固有種。日本の針葉樹のなかで唯一の落葉性高木。「落葉松」ともいい、全国的に寒冷地帯の重要な造林樹種である。比較的乾燥地にも耐え、移植もさほど困難ではない。樹形が美しく高原などの造園樹に適するが、煤煙、高湿に弱いので都市には適さない。*心材は紅褐、赤褐色、*辺材は黄白色で、心材と辺材がはっきりしないものも多い。木理は一般に通直でないことが多く、材質はやや堅硬で脂気は多いが、造林木からの若木は乾燥の際に割れや狂いが出やすい。材の保持力は赤松よりやや劣る。天然で老齢の唐松は*銘木として取り扱われる。建築材として床柱、床框、床板、土台、長押、建具材などに多く用いる。

唐物【からもの】

中国製品あるいは、中国経由の輸入品の総称。平安時代には織物類、香薬類などが主に呼称され、朝廷から任ぜられ、商船の荷を優先的に買い上げる役目の唐物使の存在が認められる。鎌倉時代には禅宗の影響を受け、頂相や絵画、法具などが多く舶来されたが、青磁の茶道具や宋代の古物なども輸入されていたことが、韓国の新安沖海底の引き上げ文物から確認できる。室町時代には宋、元、明代の絵画、陶器、磁器、漆器などが主となり、唐物の目利きや管理を行う唐物奉行の職も置かれた。*足利義政所蔵の宝物を中心とする東山御物は主に唐物で占められ、*東山殿など足利将軍家の御所や山荘に設けられた*会所における*書院飾などの装飾品として重用されている。

唐門【からもん】

門の一形式。*唐破風の付く門のこと。御所や寺院などで用いられる。二本の丸柱を*冠木でつなぎ、丸柱から前後に出ている出し梁で出し桁を、板蟇股で棟を受け、両脇に唐破風の付いた*檜皮葺の屋根を架ける。扉は*竪框に横桟を通し竪板張りとした場合と、*唐戸の場合とがある。唐破風の付く向きにより*向唐門（正面に唐破風を付ける）と*平唐門とがある。

伽藍石【がらんいし】

寺社の建物の礎石のこと。「がらんせき」とも読む。庭園の踏分石（踏分石の項❶を参照）などとして用いられることが多い。特に明治時代の廃仏毀釈以後、古代から中世の伽藍石が多く流出し、中には塔の心礎を使用する場合もある。塔心礎は枘が突起していて歩行に難があるが、風情がある。加工された造形を自然石の*飛石などに挿入する意匠は、『築山庭造伝後編』では「古へ相阿弥といふ人庭を造るとき大伽藍の礎をもって置けり、其趣向面白し、又名も相似たればバ今是を本名としてがらん石といふ也」とあり、その意外性を評価している。露地では*額見石としての利用や、水穴をあけて手水鉢にした*伽藍石手水鉢などもある。また*礼拝石や*景石としても用いられ、奈良の町家の*坪庭では奈良時代の大寺の伽藍石が景石として珍重され、庭内に置かれる。いずれも庭伽藍としてその模造品が近世半ばから流通していたようで、香川県小豆島や茨城、三州（三河のこと。愛知県）、伊勢（三重県）、白川（京都府）などの石材、また*青石を加工したものや赤味のある粘板岩もある。形状は自然石の扁平な面を基本として円形の形状を作り、六センチ内外の肩を設けて段差を付ける。下段は割肌（石を割ったそのままのテクスチャー）にする場合が多い。円形部分は平坦仕上げとする場合が多いが、中央に九センチ内外の枘穴を穿つ場合もある。大きさは三〇センチ程度から大型のものは一五〇センチ程度のものもある。

伽藍石　涼流亭　流響院

伽藍石手水鉢【がらんいしちょうずばち】

手水鉢の一種。木造建造物に用いていた*礎石に水穴をあけ手水鉢としたもの。もしくは礎石の形状に加工した石に、水穴をあけて手水鉢としたもので「礎石形手水鉢」ともいう。*四君子苑や*太閤園のものなどが知られる。

仮置棚【かりおきだな】

*水屋や*相の間などに設けられた棚。茶事、茶会の際に用いる道具を仮置きするためのもの。仕付けられたものや組立式のものもある。仕付けた棚では茶道口付近に設けられた*炮烙棚や壁面に板を備え付け、折り畳んで出し仕舞できる折畳棚が知られている。

雁打【かりがねうち】

*飛石の打ち方の一種。「雁行打」ともいう。飛石を三石、または四石ずつ左右に大きく曲げて配石するもの。雁が群れて飛ぶ様に似ていることからいう。*千鳥がけより曲がりが大きい。(付録8頁参照)

刈込【かりこみ】

植栽の剪定手法のひとつ。また、その手法によって仕立てられた植栽。枝を一本ずつ剪定するのではなく、樹形を面的に整形する方法。室町時代中期以降は「込」と称された。敷地境界の*生垣や、寺院庭園の特に躑躅や黄楊など低木に対してよく施される手法で、直方体、円錐、丸状など様々な形に整えられる。少なくとも十六世紀頃には出現しており、岐阜城には動物の形に刈り込まれた樹木があったとの記録がのこる。その後、十八世紀末期の『都林泉名勝図会』(一七九九年刊)には、庭園内に刈込生垣がいくつも配された寺院が数多く掲載されているほか、この頃の作庭書である『築山庭造伝前編』には刈込生垣の剪定方法が記されているほど、当時刈込の手法が流行していた。刈込の際に利用する両手挟の普及によって、今でも全国各地で特色ある刈込を見ることができる。露地では生垣や植込みに一部用いられる手法である。

臥龍院【がりゅういん】

愛媛県大洲市にある臥龍山荘の主屋。⇨臥龍山荘

臥龍山荘【がりゅうさんそう】

愛媛県大洲市にある旧河内寅次郎別邸。同市出身で、神戸に進出し木蠟貿易で財をなした寅次郎(一八五三〜一九〇九)が老後を過ごす目的で郷里に建設した。肱川流域随一の景勝地である臥龍淵にそった南北に長い約三千坪の敷地に主屋の臥龍院と離れ座敷の*不老庵があり、冨士山と肱川の絶景を眺めることができる庭園内に茶室知止庵が建つ。この地は文禄年間(一五九二〜九六)に渡辺勘兵衛が庭園を築き、大洲藩主加藤家に継がれていたが、明治時代には荒廃していた。山荘は構想十年、施工四年の歳月をかけて建設されたといわれており、完成したのは明治四十年(一九〇七)のことであった。造営に関する資料として、山荘に保管されている棟札と中野家資料(大洲市立博物館蔵)がある。それらによると、臥龍山荘の建設はまず不老庵から始まり、明治三十三年に着工、翌三十四年に竣工。続いて臥龍院が明治三十六年に着工、三十八年上棟、四十年に竣工した。不老庵の建築を手掛けたのは中野寅雄という地元の大工であった。次いで建設された臥龍院は、京都にいて数寄屋建築に精通していた八木某の指示で、中野が棟梁、配下に草木国太郎や上田浅之進といった大工が加わっていた。また臥龍院の造営には九代中村宗哲(床框など)、九代中川浄益(蝙蝠の引手や縁の留め釘など)、十三代駒澤利斎(欄間)、八代奥村吉兵衛(襖)など、いわゆる*千家十職の職方たちがかかわっている。主屋の臥龍院は木造平家、寄棟造茅葺。内部は迎礼の間、清吹の間、霞月の間、壱是の間などからなる。大きな屋根が印象的な農屋風の建築であるが、内部の意匠は*桂離宮や*修学院離宮、大徳寺の玉林院茶室などに見られる特徴を援用しながら創意工夫をこらすなど、京都の建築を規範としたことが明らかである。清吹の間は、室内に花筏、流水、菊水を透彫りした桐板を入れ、雪輪窓と呼ばれる窓をあけることで四季を表している。霞月の間は、床脇の違棚を霞、円窓を満月に見立て、その隣に建てられた鼠色の襖の引手が蝙蝠で、夕闇が表現されている。また壱是の間は、畳を上げると能舞台になるよう工夫されている。不老庵は木

臥龍山荘　臥龍院霞月の間　床側

造平家、寄棟造茅葺で、崖の上に建つ懸造の数寄屋である。茶室知止庵は木造平家、切妻造瓦葺。山荘の浴室であったが、昭和二十四年（一九四九）に内部を改造して茶室にあらためたものである。庭園は神戸の庭師・植徳の作。特に飛石にこだわりを見せ、大坂の豪商・淀屋辰五郎家にあった手毬石、灘の酒造りに用いた米搗き用の石臼、げんだ石（愛媛県内上灘の一部のみから産出）などが据えられている。臥龍山荘は寅次郎没後しばらく親族によって管理されていたが、昭和五十三年に大洲市に譲渡され、同五十五年より一般に公開されている。重要文化財。

臥龍廊【がりょうろう】

京都市東山区の*高台寺の臥龍池に架かる屋根付きの渡り廊下（階段）。開山堂と霊屋を結んでおり、全長は六〇メートルほど。桟瓦葺の屋根を反らせながらのぼっている姿から臥龍の名がある。臥龍池を含む高台寺庭園は*小堀遠州の作とも伝えられており、史跡及び名勝に指定されている。

花梨【かりん】

バラ科カリン属の落葉広葉樹。「花櫚」とも書く。中国原産で、平安時代には渡来していたと考えられ、東北や甲信越地方で栽培が多い。*心材は黄褐色や橙褐色、赤褐色など、*辺材は白色である。色合いが良く、光沢があり、*杢目も面白く、*玉杢や*縮杢などが珍重されている。やや軽く軟らかい。建築材として床柱、床框、床板、落掛などに用いる。また棚板にも使用される。桂離宮の*桂棚の観音開き扉には紅花梨が用いられているし、『*君台観左右帳記』には「比ちかいたな（違棚）は、紫檀・花梨・象牙などにてつくりたるたな也」とある。

枯池【かれいけ】

*枯山水の庭園における手法の一種。庭園において水を入れない仕様の池のこと。護岸にあたる部分に*石組を施し、底にあたる部分には白砂などを敷いて、水面を表象することが多い。枯山水の庭園のように当初より枯池として造られているものと、もとは水を溜める池であったものを枯池に改修したものとがあり、後者の場合「涸池」の字を用いる場合がある。

枯山水【かれさんすい】

日本庭園の様式のひとつ。*池庭、*露地に対し、山水の景色を庭園に表現する時、直接水を用いず、*立石などの*石組のみで滝口を、白砂や玉石、化粧砂などで*流れを表現するなどした庭園のこと。『*作庭記』にも記されているが、往時は庭園の様式というよりは、池や*遣水などから離れた場所に配された石組のことをさしていたと考えられる。それが庭園全体において水を用いない、枯山水という様式の庭園が造られるようになったのは室町時代と考えられる。古くは「こせんずい」や「こせんすい」「からせんずい」「からせんすい」とも読まれていた。なお庭園の一部に枯山水の手法で池や滝、流れを造った場合、*枯池、*枯滝、*枯流れという。禅宗寺院に造られることが多い。龍安寺方丈庭園や大徳寺大仙院庭園が特に著名である。

枯山水　大仙院本堂東庭

枯滝【かれたき】

庭園において、実際に水を流すことなく、*石組（枯滝石組）や白砂で表現された滝のこと。実際に水のある池に設けたものや、もとは水を流していたものを枯滝に改修したものもあり、後者の場合「涸滝」の字を用いる場合がある。*水落石として色彩の鮮やかな石を用いることで水の落ちる様をより強調することも多い。庭園に造られるようになったのは中世以降からと考えられている。

枯流れ【かれながれ】

庭園において、実際に水を流すことのない*流れのこと。実際に水のある池の上流に設けたものや、もとは水を流していたものを枯流れに改修したものもあり、後者の場合「涸流れ」の字を用いる場合がある。流れの底にあたる部分に白砂や小石を敷いて水の流れを表現し、両岸に*護岸石組や*乱杭護岸を施すことが多い。阿波国分寺庭園や西本願寺の*滴翠園などで用いられている。また*表千家祖堂前の露地（表千家の露地の項を参照）にもその例が見られる。

何陋庵【かろうあん】

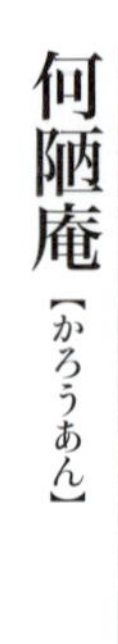

何陋庵　腰掛待合

茨城県水戸市の*偕楽園にある茶室。天保十三年（一八四二）、園内*好文亭の北西隅に水戸藩第九代藩主徳川斉昭によって建てられたと伝える。席名は『論語』を出典とする。四畳半本勝手で貴人口をあける。点前座脇に洞庫を設け、台目床の床柱は薩摩藩（鹿児島県）第十一代藩主島津斉彬から贈られた躑躅の古木が用いられた。水屋は板の間で仮置棚と地袋を設ける。昭和二十年（一九四五）の戦災で焼失後、同三十三年に再建、同四十四年の落雷での焼失を経て再再建。茶室の露地西側の茅葺の腰掛待合は櫟の丸太造で、三方の壁には、茶の作法が説かれた「茶説」の額、「茶対」の円額、「巧詐不如拙誠」の額が掲げられている。

側足固【がわあしがため】

足固の項を参照　⇩足固【あしがため】

側板【がわいた】

❶建物や家具類の側面にある板。
❷「かわいた」と読み、階段や段梯子の側面で段板を支える部材。「登り桁」ともいう。直線上のものを側桁、段状に切り込んだものは*簓桁、簓子板と区別する。
❸*戸袋の妻板のこと。
❹*付書院の側面の板のこと。

川上不白【かわかみふはく】

享保四年～文化四年（一七一九～一八〇七）。江戸時代中期の茶人。紀伊国（和歌山県）新宮藩士・川上五郎作の次男として生まれ、幼名亀次郎、名は新柳。宗雪、孤峰、不羨、蓮華庵、黙雷庵、円頓斎などとも号した。若くして茶の湯に志し、上洛して*表千家七代如心斎天然に師事、大徳寺の大龍宗丈に参禅。如心斎が*裏千家八代又玄斎一燈や大徳寺の無学宗衍などとともに*七事式を制定した際に協力した。寛延三年（一七五〇）、三十二歳の時江戸に下り、以来、江戸に居を構えて千家流茶の湯の普及につとめた。不白の後は、いくつかの家に分かれてその跡を継ぎ、それぞれが一派をなしている。当時、冬木家に所蔵されていた*千利休の遺偈を千家に戻すべく奔走したことが知られる。不白は俳句も嗜み『不白翁句集』が刊行されている。禅を学んだが熱心な日蓮宗徒で、谷中にある日蓮宗寺院安立寺に葬られた。多くの著作をのこし、『*不白筆記』と称される書物が代表作であり、すぐれた茶書の一つとして評価が高い。花月楼（花月楼の項❶を参照）、*黙雷庵や*蓮華庵などの茶室を造り、また多くの好み茶道具が伝えられている。

川上不白の茶室【かわかみふはくのちゃしつ】

広間では台子、小間では炉の茶をするというわび茶の原則からみれば、八畳の書院に炉を切るということは否定されるものであった。しかしそうした例がそれまでなかったわけではなく、*古田織部や*小堀遠州などが好んだ鎖の間では、炉を切って釜を釣り、そこで袋棚の茶という、真と草の中庸を行く行体の茶が行われもしていたし、あるいは広間に草庵の炉の茶を融合した、遠州の大徳寺孤篷庵*忘筌のような例もある。しかしそれらはやはり特異例であって、広間に炉を切ることの不条理さを忘れさせてしまったのは、*七事式の*花月座敷が広汎に普及したからに他ならない。そしてそれに尽力したのが、*表千家七代如心斎天然の高弟で、江戸に上った*川上不白である。宝暦五年（一七五五）、神田明神台に居を構えた不白は、同八年、邸内に花月楼（花月楼の項❶を参照）を営んだ。寛政七年（一七九五）に水野政明が書写した『千家数寄屋寸法』によると、それは京間八畳の座敷を中核として、その北側にあたかも上段に見立てて、張付天井とする四畳敷が、無目敷居を境にして続いている。そして無目敷居の上部には、やはり無目の鴨居を通して、その上に竹の「付ナゲシ」を打ち、釣束の左右の小壁に一つずつの櫛形窓をあけていた。ここに竹の付長押を打つことは自休、大徳寺玉林院*霞床席の竹の付鴨居にも通じ、如心斎譲りのものであったとも考えられる。四畳敷の北には間口八尺ほどの床と、間口五尺ばかりにして斜行する地袋と一重の通棚からなる脇棚が配され、また東側には間口一間の糸巻型の欄間と明障子を建てた付書院が構えられていた。そしてそれらを取り巻くように、東から南に幅一間の、掛込天井にした入側が折れ廻り、西側には六畳と四畳半の「溜之間」が襖境に接する。八畳と入側境の欄間には、釣束をあいだに入れた櫛形の下地窓があけられていた。ところで花月座敷において、床が正面中央に位置するのではなく、この花月楼のように客付側に寄せて構えられることもあったようで、如心斎が多田宗菊宅に好んだ八畳でも、床は客付側に構えられていた。しかし七事式の、中でも花月之式の所作をみると、その基本として使うのは八畳の内の炉を中心とした四畳半で、のこりの客付と下手の半間幅筋はただ通い道としてあるだけである。花月座敷の多くが正面中央に一間床を構え、その両脇には琵琶台がしつらえられたり、あるいは棚がしつらえられているのも、そうした花月之式にかなう構成を採るからに他ならない。そして不白の指南を受けていた萩藩第七代藩主毛利重就が、安永五年（一七七六）、不白の図をもとにして長門国防府（山口県防府市）の*三田尻御茶屋に営んだ花月楼（花月楼の項❷を参照）は、八畳に続く四畳の上段が、ここでは上段框を通して一段高くして構えられていたり、八畳と入側境の櫛形欄間が下地ではなく、枠を廻すだけのものであったりする違いはあるにしても、二方に折れて廻された入側、八畳と上段境の櫛形欄間、上段に構えられた付書院、あるいは竹の付長押など、大要は不白の花月楼にならう結構をもっていた。しかし正面の床と棚の構成が大きく異なり、三田尻御茶屋では中央に一間床が構えられ、左手は地袋棚、右手には一段の通棚を配している。すでにここでは花月之式の時にかなうようにあらためられており、また二方に廻した入側は不白の工夫で多くの人に七事式を供覧させる場として設けたものであった。『茶学提要』によると、不白は七事式の一二三之式の札の打ち方を工夫して十牛にたとえ、それが心増いほど如心斎の意にかなうものであったので、如心斎は長入作の楽の水指に「冬瓜」と銘を付けて送ったという。すなわち「通関」に通じて瓜二つの意味をなし、不白が早くに如心斎の茶を体得して、師弟一如であったことが知られる。それも七事式に限ったことではなく、如心斎の茶の根底にある*千利休のわび茶の理念を再興する意識を、さらに推進したのも不白であった。江戸に上った不白は、延享四年（一七四七）頃から冬木家の上田小平次が所持していた利休遺偈を表千家に譲渡するよう説得につとめ、宝暦元年、如心斎が没する二カ月前にようやく如心斎の手元に届けられた。そして同五年、神田明神台に構えた寓居にまず営んだのが、利休堂を内包した*蓮華庵であったし、また明和四年（一七六七）、衰微していた東海寺琳光院を復興し、そこに利休堂と利休の供養塔を建てるとともに、翌五年そこで利休忌を厳修したのも、利休以来の伝統を固成確立する思いからであった。蓮華庵は三畳と板敷きの踏込半畳からなり、客座と点前座の境に火燈口をあけた仕切壁を建てて、上げ台目切に炉を構える、いわゆる道安囲の構成であったことが『千家数寄屋寸法』によって知られる。台目床の床柱には鎌倉建長寺山門の古材である、一尺四寸三分径の円柱が使われており、見付の天井際から二尺四寸二分の長さで付けられたはつり目には、「蓮華庵」と墨書されていた。江戸に上った不白にとって、道安囲といい、建長寺の古材といい、そうした由緒性が必要とされたと考えられる。太い床柱を建てたため、床前には一尺三寸二分幅の板畳を敷き込んで間がひろげられている。そして床脇には茶道口から入った踏込の板敷きに面して、地袋をしつらえた龕が構えられ、そこに「玄明」の額を掲げて利休坐像が祀られていた。それは客座からは見えないが、不白が茶道口を出入りするたびにそれを拝することになり、日々の茶の湯の一つの戒めとしたものと考えられる。また琳光院の利休堂は、一畳二台目に板畳を敷き込んで、ちょうど平三畳になる座敷で、客付の床と対角する点前座の風炉先には、円窓をあけた壁龕を設け、そこを利休堂とする。そして隅炉を構えて洞庫をしつらえるなど、先の道安囲の蓮華庵とは異なる要素もあるが、席内に板畳を敷き込んだり、下座床に構える点前座、床に正面してあけられた躙口など、ましてや基本が平三畳であることなどを勘案すると、二つの座敷は類似した好みによるものといえよう。不白はこれら以前にも寛延三年（一七五〇）、京都から神田駿河台へ移築した茶室＊黙雷庵に二畳台目、下座床の座敷を好んでいたから、こうした平型の下座床の構成が不白の初期に一貫しているといえ、そこに如心斎の好んだ大徳寺聚光院の＊閑隠席や玉林院＊蓑庵に通底する意識が感じられる。先述した神田明神台の花月楼では、南側の入側とは二枚建ての襖境にした南に、如心斎好みという二畳中板を核として、その西の下手側にもう一畳付加して南端に三角形の踏込床をしつらえ、また東に円窓をあけた台目幅の付書院を構える座敷が付随していたし、さらにその南に一畳分の板間を隔てて、床を構えた一畳台目、向炉の座敷も設けられていた。そこにはわびの理念に基づいた極小志向はあるにしても、それが必ずしも利休的なものを踏襲した姿とは考えられず、やはり時代的な変調があることは否定できない。そうした中で『茶道宝鑑』が掲出する小石川諏訪町に好んだ「椎の木」と通称される座敷は、利休の大坂屋敷深三畳台目（深三畳半、細長三畳の項を参照）に近似した構成をみせる。ただ床が右寄りになり、床前に五寸幅の板畳を入れており、また床前の一畳分が高麗畳であったり、さらには床から矩折の脇手側には付書院が構えられ、給仕口も太鼓襖の二枚建にするなどの違いはある。しかし点前座の風炉先側に茶道口をあけて戻り点前とし、脇に板畳を敷き込んで利休の深三畳台目と同じくする。そこに空間性を幾分かは異にしながらも、利休に迫ろうとする意識だけは認められよう。

不白はこうした茶室の造形について「数奇屋ハ惣体物好過タルハ悪し、総体常書院ニ而も如此ナリ、古風ニシツカリトスルか肝要ナリ、珍過タル事不好候、珎敷過ル事ヲかんがへ候へハカラクリ事多して芸薄し」（不白筆記）と述べ、異形を排除して伝統に裏付けられた、「古風ニシツカリト」した座敷のありようを説いていた。そこには如心斎のいう利休形の茶に通じるものがある。そして「普請ノ事、数奇屋普請ハ昔ノ数奇屋ヲ見ルニ、今時トハ大キニ替リ手強く堅く見ゆる　今スるハ兎角ひなやかニよハし、切こ細工の如シ　故ハ昔ハ木の生レの通りノ木也　其木太ト成ルをめんもつら付多して全体かつしりと見ゆる　今の普請ハ歩も違い申間敷候得共木ハ山ニテ初より柱ニ成ル様ニ美しく菜なとを作

蓮華庵（神田明神台）の図
『千家数寄屋寸法』

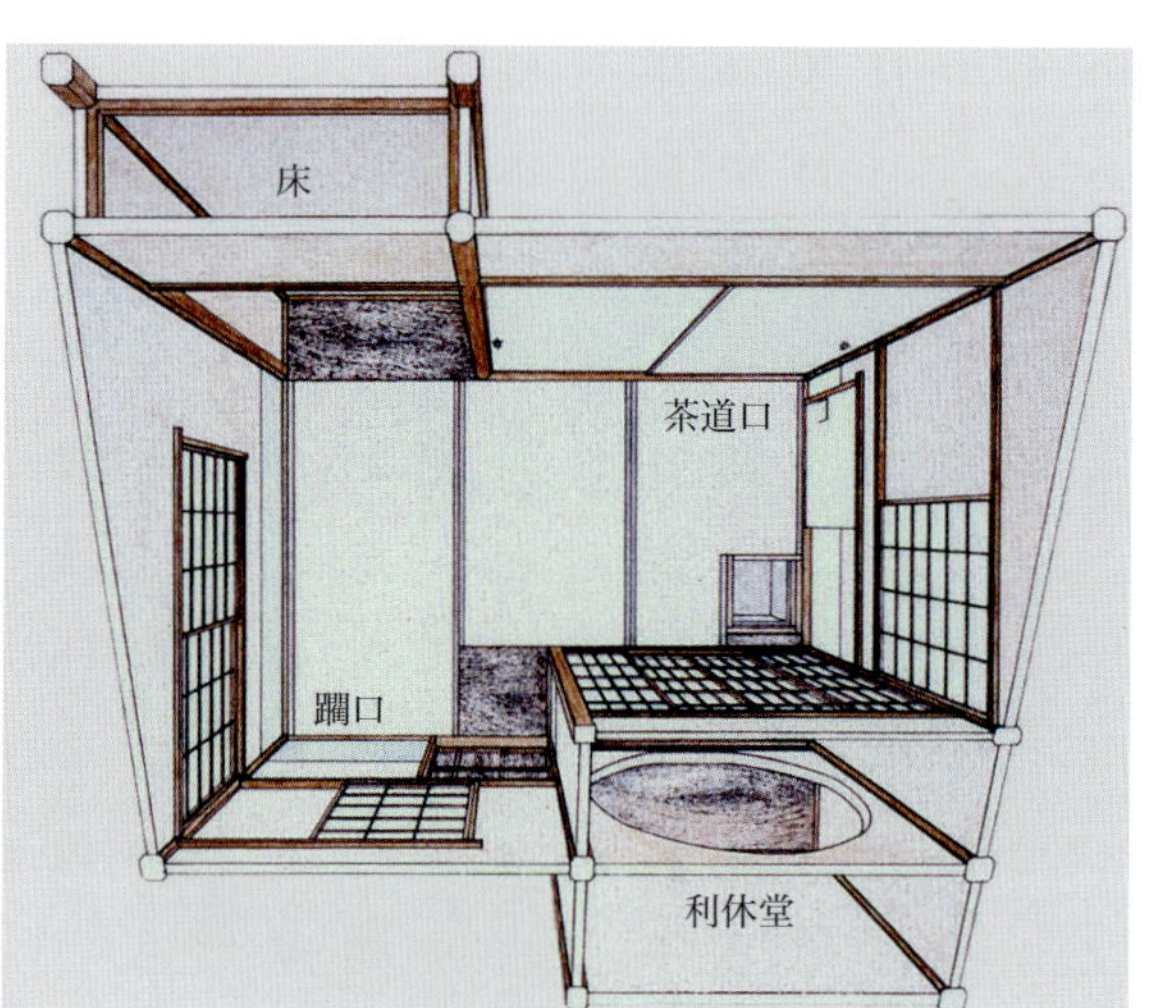

東海寺琳光院茶室（利休堂）復元図

る様ニ作り申候。依テ木も美しく和らか成ル也。甘して不宜候　只数奇屋事と申せはケ様に今ハ致し　昔の苦ミ有ル道ぎりたる普請宜候　不審庵の木柱或ハ書院上の間等を見へし　又利休時代又織部等の座敷を見るへし」（不白筆記）と、当時の、眼にやさしく映り、繊細であるがゆえにひ弱に見える座敷造りに対して警鐘を鳴らしたのも、緊張感漲る茶の湯を不白みずから希求していたからに他ならない。幼くして如心斎を継ぎ、不白の後見を得て育った八代啐啄斎件翁は、やはり遊芸に走る茶の湯を憂い、八畳の花月座敷さえ否定して、そこから一畳を取り払った七畳敷を好み、千家のわび茶を厳格に教授する座敷を設けていた。

川坂屋の茶室【かわさかやのちゃしつ】

静岡県掛川市の川坂屋にある茶室。川坂屋は東海道日坂宿にあった旅籠。文化二年（一八〇五）、掛川藩主太田資順が市内の庭園偕楽園に建てた茶室で、天保の改革（一八四一〜四三年）で偕楽園が取り壊された際、掛川城内に移築。明治元年（一八六八）には川坂屋に譲られ、上段の間の南東に移された。平成七年（一九九五）、国道一号線のバイパス建設のため、解体保存され、同十五年、川坂屋の北側に復原される。床の壁は掛川特産の葛を使った葛壁で、床柱には躑躅の巨木が使われ、野趣を添えている。

河津石【かわづいし】

静岡県の河津川沿いから産出する*青石の一種。古くは「沢田石」といった。さらに大きく二種に分類され、本河津石は新第三紀の凝灰岩で、新川津石は凝灰質砂岩である。採取直後は青みがかった淡緑色だが、その後の経年変化で白んでくる。景石や、建材として貼石に使用されるほか、墓石や石造品にも加工される。

皮付丸太【かわつきまるた】

*丸太の一種。樹皮が付いたままの丸太。茶室建築では*床柱や*中柱、*桁や*廻縁などの化粧材として欠かすことができない。代表的な皮付丸太の樹種には赤松、辛夷、令法、椿、桜、梅、櫟、栗、百日紅、南天、桐などがあり、席の雰囲気に応じて好まれる。

側土台【がわどだい】

*土台のうち、外壁下に配置された土台のこと。

側柱【がわばしら】

建物の外周を構成する柱。室内の間仕切り壁を構成する柱に対しての呼称。構造的に主要な柱の場合でも、下屋柱の場合でも用いる。隅にあたるものは隅柱ともいう。

河文水かがみの間【かわぶんみずかがみのま】

愛知県名古屋市の料亭・河文の別館にある座敷。昭和四十七年（一九七二）、*谷口吉郎の設計。鉄筋コンクリート造の平家建の中に設けられた、主室三十畳の間と次の間十二畳からなる。中庭は座敷の広縁越しに清らかな水を湛えた池泉庭となっており、その池底の伊豆青石（*伊豆御影）に写し出された澄明な水面を水鏡の様に比喩して、その座敷を「水かがみの間」と称した。座敷は間口五間。床は間口三間、奥行一間の框床に、床脇二間とし、その半間に袖壁を設け、間口五間通しに落掛を架けた上段床に構える。そして、床框を矩折にめぐらした奥に杉磨丸太の床柱を立て、床脇正面に付書院、それと矩折に棚をしつらえる。

瓦【かわら】

屋根葺材の一種。原料の粘土を練り、成型、焼成して作られる。日本では飛鳥時代から生産、使用されている。製法により燻し瓦、釉薬瓦などに分けられ、主な産地として三州（愛知県）、淡路（兵庫県）、石州（島根県）などが挙げられる。用いられる場所やその形状から様々な種類と名称があり、*丸瓦、*平瓦、*一文字瓦、*桟瓦、*留蓋、*雁振瓦などがある。また屋根以外にも*敷瓦や*竪瓦など、地面を覆ったり、塀の腰に張り付けたりして使用するものもある。

瓦板塀【かわらいたべい】

上部に板を張り、下部に平たい瓦を張った塀。

瓦釘【かわらくぎ】

屋根瓦が滑り落ちるのを防ぐために打つ釘。瓦の尻の部分にある釘穴を利用して*瓦桟に打ち留める。

瓦桟【かわらざん】

*桟瓦、特に引掛桟瓦において、瓦の裏面にある突起(爪)を引っ掛けるために、*軒先に平行にして*野地板に打ち付ける細い木の桟。

瓦敷【かわらじき】

*土間や軒内などに瓦を敷き詰めたもの。敷き詰める瓦は*敷瓦という。その敷き方にしたがって*四半敷、碁盤敷などがある。

瓦下見【かわらしたみ】

外壁に下見板ではなく瓦を張り付け、目地を漆喰で塗り上げたもの。通常より重厚な意匠となり、この形式の壁を特になまこ壁という。

瓦葺【かわらぶき】

瓦で屋根を葺くこと、または瓦で葺いた屋根の総称。*本瓦葺や、*瓦桟に引っ掛けて葺かれる桟瓦葺などがある。

瓦塀【かわらべい】

❶平たい瓦を張った塀で、*目地を凸状に盛り上げるなまこ漆喰を施すもの。
❷練塀と同じ。⇨練塀【ねりべい】

瓦棒葺【かわらぼうぶき】

金属板葺の一種。野地板の上に、屋根の*流れにそって約四五～六〇センチの一定間隔で、瓦棒と呼ばれる角棒状の心材を入れ、上から金属板を被せる葺き方。心材を入れないものもある。

閑隠席【かんいんのせき】

京都市北区の大徳寺塔頭*聚光院にある茶室。寛保元年(一七四一)の建造。客殿の背後に短い渡り廊下でつながれた一棟の書院があり、その中、西北の一角に造り込まれた*平三畳の席で、南に座敷六畳が接続している。玉林院の大龍宗丈の筆録に「寛保元酉年　聚光院利休居士百五拾年忌之節　千宗左老被致寄附候茶所ニテ　朝茶湯ニ御逢被成度旨」との記事が見え、寛保元年に*表千家七代如心斎天然が聚光院に「茶所」を寄付したことが知られる。この茶所が閑隠席にあたると考えられている。別史料では*裏千家八代の又玄斎一燈好みと伝えるものもある。又玄斎は如心斎の実弟で、ともに*七事式を制定した間柄であり、*千利休の百五十年忌に如心斎と又玄斎が相計って、聚光院に寄付したのがこの茶室であったと考えられる。なお事実とは異なるが、聚光院と利休との関係の深さからこの席は利休の作との伝えもある。西面の外観は*切妻造*桟瓦葺の屋根の妻側に二つの付庇を設けており、南の庇は高く、北は低い。南は座敷六畳、北は閑隠席の*躙口となる。南の付庇の下には縁が設けられており、六畳の縁であると同時に*腰掛の機能も有している。その西側には露地が展開されており、*蹲踞、石燈籠、井戸が配置されている。*飛石は小ぶりで淡々とした*草庵風の露地となっている。*床柱の通りとなる北側に*袖壁を造り、その*入隅に二重の*刀掛を釣

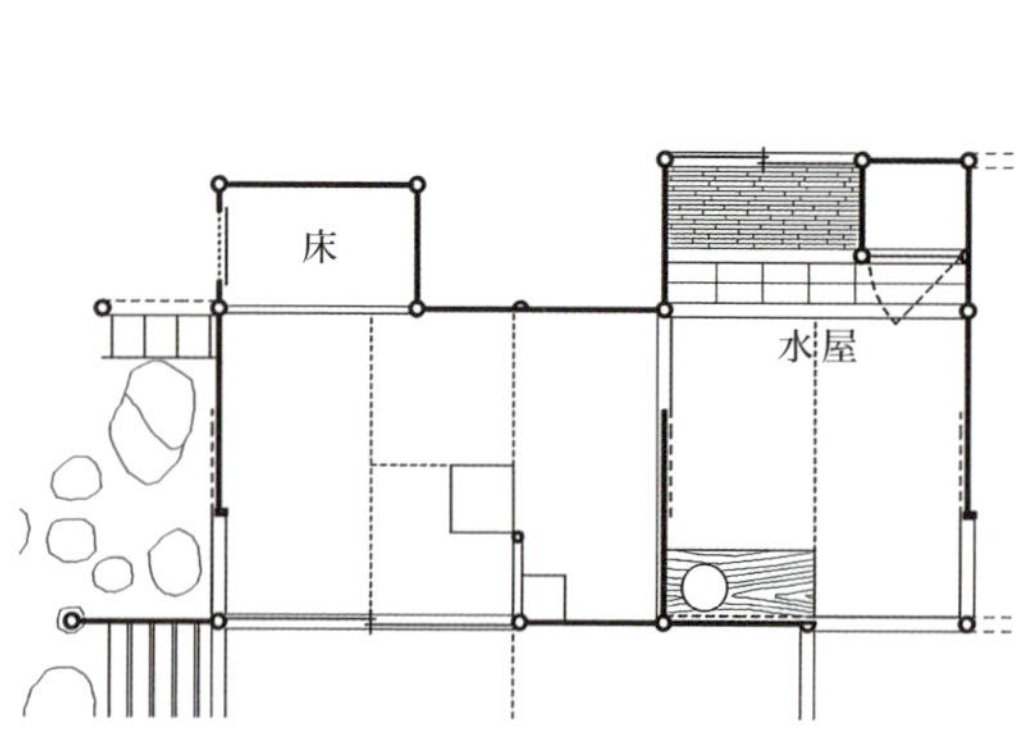

閑隠席

閑隠席　床側

り、その下に*刀掛石を据えている。内部、点前座は炉を*上げ台目切に切り、*小間中に*中柱を立てる。中柱は赤松皮付の直材で、壁留に引木を入れ、袖壁の下方を吹抜いている。袖壁の入隅には二重棚が釣られる。利休流の約束通り、下棚が吹抜きを通して少し見えるように釣っている。*茶道口は*火燈口形式。北側*下座に構えた床は、床柱が赤松皮付、*床框が北山丸太の*面付き、*相手柱も同じで*落掛は杉の削り木である。六畳の間との境は一間の口で*襖を二枚建て込む。躙口上に*連子窓、床に墨蹟窓をあけるが、この茶室には二つしか窓がなく、明りが抑制された引き締まった空間を形成している。天井は客座上が*野根板天井で*白竹打ちの*平天井形式として、点前座を*落天井形式の*真菰天井とする。内部構成及び用材は草庵茶室としては簡素であり、何気ない佇まいに見えるが、その構成には一分の隙もなく、侵し難い風格を備えている。点前座の東側、茶道口の向こうに二畳の水屋が続き、さらに東へ*枡床席が接続している。重要文化財。

甘雨亭【かんうてい】
京都市右京区の天龍寺にある茶室。昭和九年（一九三四）十月、天龍寺七代管長の関精拙が、建武中興六百年を記念して多宝殿を新しく建立した際に*祥雲閣とともに新築した。指導、命名は*裏千家十四代無限斎碩叟、大工は*岡田永斎。外観は切妻造で、妻側に土間庇を付け下ろし躙口を設ける。その矩折に腰障子三枚を建てて貴人口とする。内部は五畳半台目で、四畳半台目の下座側に一畳と鱗板を入れ、斜めに給仕口を設ける。点前座は客付に一重棚を釣った台目構えで、風炉先床を構え、その境の袖壁は下部を吹抜いている。また点前座の対面、躙口側の壁には大円窓があけられる。天井は床と点前座の前三畳分が竿縁天井となり、その他は竹垂木と竹小舞の化粧屋根裏をめぐらして、竿縁天井と化粧屋根裏の境に下り壁を設ける。

閑雲【かんうん】
愛知県愛知郡東郷町にある茶室。松尾流十世不染斎（松尾家の項を参照）の設計で、もとは昭和十五年（一九四〇）に美術商・横山五郎が岐阜市竹屋町に建てたと伝える。大工は松尾流の茶人でもあった小森棟斎で、建具は岐阜市松尾町の差伊による。昭和五十二年頃に解体されたが、平成五年（一九九三）、現所有者が移築、復原した。建物の外観は、つし二階（厨子二階）風に成の低い二階建。大屋根が寄棟造桟瓦葺で一階を桟瓦葺の切妻とし、周囲を銅板で葺く。内部は六畳袋床付の広間と六畳の次の間、そして三畳台目の閑雲席からなり、入側は一段下げて台目幅に那智石を十枚敷く。閑雲席は台目床に並んで逆勝手の向切とし、右手壁面に蛤棚を釣る。点前座は蒲の落天井、客座は白竹竿縁と野根板の平天井。床に対面して貴人口、矩折に躙口をあける。

看雲軒【かんうんけん】
*松平不昧が、江戸赤坂の松江藩上屋敷に造営した*谷の茶屋の茶室の一つ。詳細は不明。なお『松平不昧伝』には「掛物　二幅対　梁楷筆猪頭蜆子　表具印金」「香炉　黄瀬戸向獅子　利休所持」など、享和二年（一八〇二）に行われた谷の茶屋落成披露茶会におけるこの茶室での道具組が記されている。

閑雲軒【かんうんけん】
石清水八幡宮の*滝本坊にあった茶室。「寛永年中、松花堂昭乗と小堀政一相語らひて好み営れし室也」（男山考古録）とあり、*松花堂昭乗と*小堀遠州がその建造にかかわったものと伝えられる。室内に大徳寺の*江月宗玩筆臨渓の額が掲げられていた。谷に臨んだ懸造で、客殿の廊下から茶室の三方を廻る縁に進み、縁から躙口を入った。内部は四畳台目。躙口は客座の中央寄りにあき、中柱を立てた台目構えの点前座は客座の中ほどにおかれ、茶道口と給仕口は直角に配されていた。安永二年（一七七三）に滝本坊とともに焼失した。閑雲軒は、昭和四十五年（一九七〇）に京都府八幡市の松花堂庭園・美術館の茶室松陰として中村昌生により再現されている。平成二十二年（二〇一〇）、滝本坊の跡地から懸造とみられる建物（閑雲軒）の礎石が発掘された。斜面から約八メートルせり出し、地面から床までの高さは最高で約六・五メートルであったと推測されている。

看雲席【かんうんせき】
京都市左京区の*南禅寺塔頭慈氏院にある茶

室。もと南禅寺下河原町の塚本貞二郎邸にあり、昭和六年(一九三一)に慈氏院境内へ移築した。二畳二台目中板入の席と、広間八畳、六畳の控えの間、水屋の間などからなる。茶席は広さは四畳で、床前に台目二畳と丸畳一畳の客座が並び、台目二畳に中板を挟んで点前座一畳が、下座床になるように付く。躙口は床の正面、北側にあける。床は間口四尺四寸、奥行き二尺五寸の蹴込床で、床柱は赤松皮付、地板は松。点前座は中板に炉を上げ台目切に切り、中柱を立てて壁留に引竹を入れて下部を吹抜く。客付に一重棚を釣り、風炉先窓をあける。天井は台目の客座上が平天井、躙口上が掛込天井で、点前座を落天井とする。東側には一間三本引きの障子を建てて、その外側に広縁が付き、開放的で明るい席となる。腰張りは古暦の二段張。

寒雲亭【かんうんてい】

❶ *裏千家の茶室。八畳敷の広間で、*千宗旦の好みと伝えられる。宗旦が営んだ隠居屋敷の「居間」(隔蓂記、慶安元年〈一六四八〉五月二十八日条)が寒雲亭にあたるともみられるが、それは六畳敷であった(宗旦座敷之図)。現在の寒雲亭は、天明八年(一七八八)一月の京都大火に類焼後、同年十二月に*咄々斎(現在の咄々斎の前身)と同じ田口善兵衛、善七を棟梁として再建されたものである(棟札)。寛政二年(一七九〇)の利休二百年忌を控えて、*又隠とともにいち早く再建されたのであろう。*桟瓦葺の屋根に*今日庵と続きの*柿葺の庇が葺き下ろされ、南側に深い*土間庇を形成している。露地に面して*貴人口をあけ、その前に*榑板張の小縁を付している。西側北寄りの一間床と、東側南寄りの一間の*付書院が向かい合わせに配置される。床柱、*床框ともに端正な入節の*北山丸太。床柱にはかなり高いところまで*面付をし、床框の下にはわずかに*蹴込板が入っている。床の脇は竹の*壁留を入れて下方を吹抜き、そこに長短の竹を立て並べて*貫を通す透けた意匠の*獅子垣窓となっており、千家好みとして知られる。西側南寄り、床の脇の一畳を「柳の間」と称している。又隠の水屋からの*踏込畳一畳を点前座とし、炉は*向切。北側床寄りの一間は*溜精軒への二枚襖の口で、襖絵は狩野探幽筆と伝えられる。襖中央の仙人の右手の指が逆になっているところから*手違いの襖として名高い。上部は間口いっぱいに*櫛形欄間となる。この櫛形欄間は、宗旦が東福門院(*後水尾天皇中宮・和子)からの拝領の品によって工夫したと伝えられる。北側東寄りの壁面は畳から四尺三寸ほどの高さに横竹を通し、上を土壁、下を唐紙張とする。天井は三つに区画される。北半は二分され、床前の二畳分を*竿縁天井、点前座側を一段高い*野根板張、白竹打ち上げの*平天井、南半の四畳分を*舟底天井とする「真行草の天井」として知られる。柱は上り口の一本を除いてすべて丸太であり、長押はなく、くつろいだ居間としての性格が反映されている。現在、寒雲亭と*無色軒とは庭を挟んで離れているが、再建当時、寒雲亭と無色軒の前身となる座敷は寒雲亭の床の脇にある引違いの建具で接続していた。二つの座敷が接続していたことを記す、十一代玄々斎精中の時代に作成されたと

溜精軒
床
柳の間

寒雲亭

寒雲亭（裏千家） 床側

みられる図(木口絵図、彦根城博物館蔵)は、寒雲亭の特色をよく示すとともに、現状との違いも見せている。「柳の間」がなく、床の脇の*吹抜きが隣室(無色軒の前身)にもあらわれているという点である。また「寒雲亭八畳稽古所」と題された図(名物数奇屋図、国立国会図書館蔵)がある。玄々斎の時代、咄々斎が建てられるまでの一時期、寒雲亭が稽古所であったのかもしれない。重要文化財。

❷神奈川県鎌倉市の東慶寺にある茶室。もとは明治時代に、*裏千家十三代圓能斎鉄中と親交した松平久松家の松平勝成によって、東京の邸内に建てられた、裏千家の寒雲亭(❶の項を参照)を写した茶室。その後、堀越宗圓の所有を経て、同寺に寄進された。平成六年(一九九四)に改修され、瓦葺から銅板葺に変わるなどしている。

閑雲亭【かんうんてい】

❶長崎県平戸市の松浦史料博物館にある茶室。明治二十六年(一八九三)、松浦家第三十七代詮(心月庵)が建築したもの。昭和六十二年(一九八七)に台風で倒壊したが、使用可能な部材を用いて翌年に再建された。寄棟造茅葺で、一部屋根を葺き下ろし、この部分には手水鉢が備えられている。内部は四畳枡床の席と六畳の座敷からなる。四畳の席は縁なしの畳が敷かれ、炉は向切、風炉先に床を構える。枡床は踏込床形式で畳を敷き込み、床柱には合歓木が使用され、その枝が落掛となる。相手柱は桜の皮付。点前座との境の吹抜きには高さを不揃いにした竹をまばらに並べ、貫を通した結界を設ける。点前座の勝手付には火燈口形式の茶道口があけられ、壁面には反古紙を腰張りとする。客の出入り口として点前座の対面には、すべてに大きな節のある腰板が使われた三枚の腰障子を建てて貴人口とし、矩折に躙口を設ける。亭全体に屋根裏をそのまま見せ、点前座の上のみ葭簀の落天井とする。閑雲亭とその東側に建つ腰掛待合は登録有形文化財。

閑雲亭（松浦史料博物館） 四畳の席
点前座と躙口側

❷神奈川県小田原市の掃雲台にあった茶室。幽月亭のこと。⇩幽月亭【ゆうげってい】

❸奈良県五條市の栗山家にある茶室。同家の客殿である有節園の主室八畳に付属し、四畳半と半畳台目の二席がある。明治時代後期から大正時代初期の建造。四畳半の席は貴人口と躙口を備えるが、貴人口の戸当りとなる床側の柱は檜の節物を使用している。主室八畳の床柱は節の目立つ松で、有節園の名称の由来とみられるが、この節物もそれとの関連を想起させる。また平天井は孟宗竹を開いたひしぎ竹を使用している。半畳台目の席は浴室が付属しており、円窓と網代の低い天井が特徴的である。

閑雲の御茶屋【かんうんのおちゃや】

大崎園にあった松平不昧の茶室。清水の御茶屋のこと。⇩清水の御茶屋【しみずのおちゃや】

浣花亭【かんかてい】

京都市東山区の下村家別邸にあった茶室。下村家は大丸(現大丸松坂屋百貨店)の創業者・下村彦右衛門正啓を祖とする。この茶室は、三畳席と一畳台目中板入席の二つからなり、これらは単独で使うことも、つないで使うことも可能であった。つないで使用する場合は三畳が客側に、一畳台目が亭主側となる。三畳席には濡縁越しに貴人口から席入りし、床は壁床、天井は杉皮の掛込天井。一畳台目席には躙口から入り、出格子の書院が付き、火燈口形式の給仕口と方立口形式の茶道口が設けられていた。炉は中板へ出炉に切り、風炉先窓をあけ、左に角棚を仕付けていた。変化に富んだ妙味ある名茶室であったという。なお浣花亭の名は、中国の唐の詩人・杜甫が成都に営んだ草堂の浣花渓にちなむとも考えられる。現存せず。

閑々亭【かんかんてい】

東京都台東区の恩賜上野動物園にある茶亭。寛永三年(一六二六)、藤堂高虎が上野の私邸内に東照宮と寒松院を建て、翌年、東照宮の移し替えの祭事に際して徳川秀忠、家光が相次いで参拝。その名称は寒松院に立ち寄った折、家光が「武士も風流を嗜むほど世の中が閑になったので閑々亭と名づけるがよかろう」といったことによると伝えられる。寒松院は慶応四年(一八六八)、彰義隊の戦い(上野戦争)で焼失するも、明治十一年(一八七八)、寒松院の庭であった現地に復旧。梁行二間、桁行四間の茅葺曲屋の構成で、瓦四半敷の土間に腰掛が廻る。漆喰壁に円形の下地窓がひらき、皮付丸太で組まれた東洋趣味の格子で内外が仕切られている。小屋組は皮付丸太で組まれ、葭の軒裏が野趣を醸し出している。隣接して、青磁の便器が据えられた茅葺の雪隠が並び、露地に据えられた信楽焼の燈籠には「五条坂清水六兵衛」と彫られている。

歓喜庵【かんきあん】

愛知県名古屋市千種区の城山八幡宮の献茶殿*洗心軒にある茶室。洗心軒はもと中区竪三蔵町の三代高松定一別邸香細舎で、これが昭和四十三年(一九六八)に城山八幡宮の社殿東南に移築され、献茶殿となった。この洗心軒の西棟一階にあるのが歓喜庵である。四畳に半畳の床を設け、北側の一畳を点前座とし、炉を隅炉に切り、西側に茶道口と給仕口を兼ねた方立口をあけ、蒲の落天井となる。床は枡床の形式で、床柱と落掛はなく、丸太の框が矩折に入り、点前座側の袖壁と矩折の小壁を塗廻し、半畳より広く見せる。東面は丸形の下地窓で、南面を貴人口と板戸が躙口程度の高さの引違いに入り、方立口と対面する。三畳部分は化粧屋根裏になる。西面には網代戸で仕切られる水屋が北にあり、南側には地板の上に棚がある。露地に蓮華形手水鉢を配する。

函木棚【かんきだな】

*床脇に設けられる*飾棚の一種。「がんきだな」「かんぎだな」、また「合木棚」と書いて「あいきだな」と読ませる雛形本もある。江戸時代に棚雛形として定型化される四十八棚の一つで、三枚の棚板を左上から右下に向かってずらしながら配し、*天袋を組み合わせたもの。奈良の唐招提寺御影堂(重要文化財、旧一乗院宸殿)などに実例がある。『増補大匠雛形四 新板棚雛形』(一八六六年刊)には「是ハたなかす(棚数)多き所、又ハ書院わき棚二ツ三ツ有所なとによし」とある。

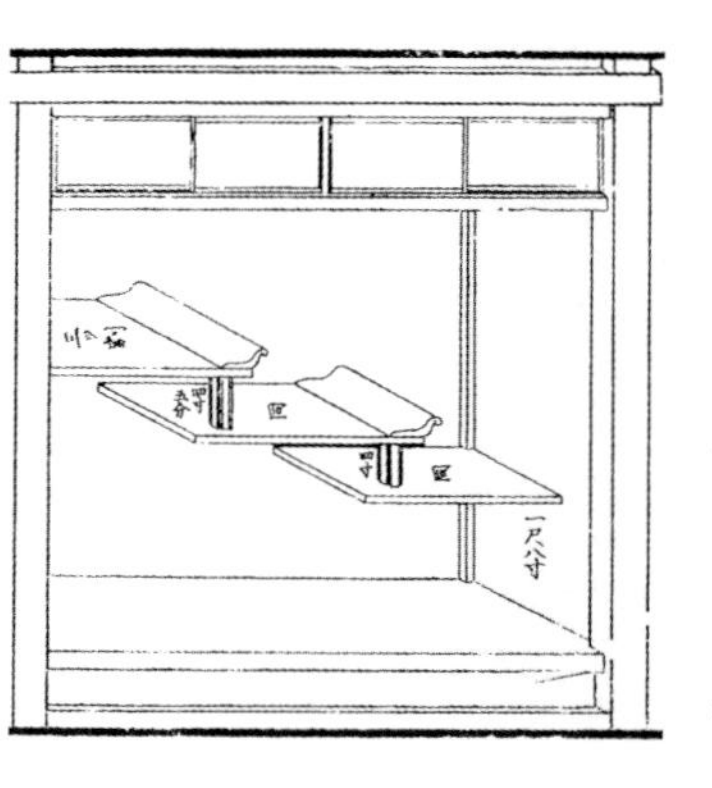

函木棚 『増補大匠雛形四 新板棚雛形』

官休庵【かんきゅうあん】

*武者小路千家の茶室。四代似休斎一翁が讃岐国(香川県)高松藩松平家の官を辞して建てた茶室と伝えられ、*千宗旦筆「官休」の*扁額も伝来している。しかし一翁は官を辞したことはない(木津宗詮「千一翁宗守」)。一翁は塗師・吉文字屋吉岡与三右衛門の養子となっていたが、千家に復して、千宗守に名をあらためる前に、すでに茶室を建てていた。宗旦が*表千家四代江岑宗左に宛てた慶安二年(一六四九)十一月十四日付の手紙(元伯宗旦文書)の中で「甚も道具共あつかい候へと申事候、はし(端)をしきり申よし、今日見ニゆき候」と記している。甚右衛門(一翁)が茶家となる準備をし始め、茶室の普請にも着手していた折、宗旦も現物を見に行っていたことがわかる。この茶室こそ官休庵として伝来した茶室ではないかと考えられる。木津宗詮によれば、官休庵の名が年代とともに最初に確認できるのは寛文五年(一六六五)であるという。そして父子協議の上、完成されたと推測することができよう。官休庵は安永元年(一七七二)、天明八年(一七八八)、嘉永七年(一八五四)の三度の火災に焼失、明治十四年(一八八一)、十一代一指斎一叟が丹波地方から官休庵写しの茶室を移築したが、これも老朽化により、大正十五年(一九二六)、十二代愈好斎聴松が再建した。この時、法規の制約で*茅葺から瓦葺にあらためられた。官休庵は露地の北端の*内露地に、住居に接続し南向きに建てられている。外観は、*入母屋造*桟瓦葺の屋根の前面に庇を付け下ろして*土間庇を形成し、東端に*躙口をひらく。露地には石燈籠と、一翁遺愛と伝える*四方仏手水鉢が*蹲踞

官休庵　点前座側

官休庵　外観

に据えられている。内部は、客座と点前座のあいだに幅五寸一分の板（半板）を入れた一畳台目半板の席で、下座床を構え、炉を向切に切り、炉の先に小板が入る。勝手付には水屋洞庫を備え、火燈形の茶道口から踏み込む板畳を点前座の背後に敷き込んでいる。千利休の一畳半から宗旦は床無しの一畳半に向板を入れた（一畳台目、千宗旦の茶室の項を参照）。一翁は半板と踏込の板畳を入れて、利休一畳半に新しい工夫を加えたのである。また利休も宗旦も天井は総掛込天井としていたが、一翁は踏込の板畳の部分だけ化粧屋根裏とし、客座、点前座一面に蒲を張り、竹を打ち上げ辛夷皮付、竹、削り木を廻縁に取り合わせた平天井として、利休や宗旦とは異なる麁相な表現を試みた。半板により亭主と客の間合いの調節を工夫した。それによって床の間口もひろげることができた。利休は一畳半の茶室で床を室床としたが、一翁はここでは鏡天井を張り、両隅だけ壁を塗廻している。床框は档丸太、床柱は大面取の杉丸太を一面にはつり、野趣を滲み出させている。再建に際しては、旧材のはつり目の再現に努めたという。点前座の勝手付には、宗旦の「老後の仕舞」をそのまま取り入れ、水屋洞庫を設けた。躙口側には床に寄せて連子窓を、客座は床と向かい合う側に下地窓を、点前座には風炉先窓をあけ、席中の明暗の調子を整えている。目を惹くのは風炉先の出隅で、天井から下まで壁を塗廻していることである。そして点前座の入隅は、風炉先窓の敷居と鴨居のあいだだけ塗廻している。出隅の柱をあらわさず塗廻すという大胆な造形による、室内のひろがりの効果は大きい。また点前座の白の腰張りが出隅から客座の下座までのびており、紺の腰張りは南側の客座だけである。登録有形文化財。

水屋
床

官休庵

官休庵　水屋

磵居【かんきょ】

東京都港区にあった茶室。堀口捨己の設計で、昭和四十一年（一九六六）、麻布に竣工した。外観は平家建、寄棟造桟瓦葺、軒は銅板葺。内部は広間八畳、三畳台目、寄付、水屋、台所などからなる。特徴として材料に栗材を多用しており、チョウナによるはつり目を見せることによって栗の堅い感じを軽減している。また天井や棚板や落掛には柔らかい表情の桐材を多く用い、栗材との対比を見せている。広間八畳は床と付書院を矩折に配し、天井は隣接する水屋に連なっている。南の庭園に面して土間庇を配し、「月見台」と称する竹縁を張り出す。三畳台目は台目構えから中柱と袖壁を取り払い、雲雀棚を片持ちに取り付けるなど、開放的な点前座を構成している。

涵虚亭【かんきょてい】

京都市北区の大徳寺塔頭*興臨院にある茶室。庫裏の北方に渡り廊下で連絡し、水屋四畳半を挟んでその西に建つ。席名は中国・北宋代の蘇軾（蘇東坡）の詩から命名された。昭和三年（一九二八）、*山口玄洞による建築。切妻造の屋根の南側に庇を付け下ろし、躙口、その矩折、西側には貴人口をあける。内部は四畳台目下座床で、平三畳台目下座床の席の床前に、さらに貴人畳を一畳加えた形で、座敷全体がL字形の平面構成となる。曲がり角の壁が座敷に張り出し、ここに給仕口をあけており、古田織部好みとも伝えられる奈良国立博物館の*八窓庵の平面形式に類し、小堀遠州などもこの形式の茶室を造っている。また給仕口のあく壁をやや後退させて、その壁と畳とのあいだに小間中分の板畳を加えているが、同様の茶室に高山寺の*遺香庵などがあり、近代に好まれた構成である。貴人口の対面、東に台目構えの点前座を設ける。北側に構えた床は一間床で袋床形式、向かって右に袖壁を造り、下地窓をあけている。その袖壁前が板畳となる。

観空庵【かんくうあん】

東京都千代田区の前山久吉邸にあった茶室。前山久吉（一八七二〜一九三七）は号を観空庵といい、浜松銀行頭取や共同保全会社社長を歴任した人物で、*益田鈍翁と交流があり、古美術の収集家としても知られる。茶室は三畳台目の席と八畳の広間、三畳の寄付などからなり、露地には奈良から運んだ時代物の役石が配されていたという。庵名は久吉の号から付けられた。戦災で焼失。また久吉は昭和五年（一九三〇）、鎌倉市の別邸に茶室*雨宝庵を建てている。

観月庵【かんげつあん】

島根県松江市の普門院にある茶室。普門院は藩主松平家の祈願所として尊崇を受けた天台寺院。観月庵は寺伝によれば、*松平不昧に信任された三斎流の茶人・荒井一掌の好みで、享和元年（一八〇一）頃、時の住職・恵海法印により建てられたという。茅葺屋根で、二畳隅炉の本席と四畳半の席からなり、本席の躙口の上にかかる土間庇は深い。床は踏込床で床柱は太く真っ直ぐな竹である。点前座側の窓は天井いっぱいまであけられ、障子を建てていたが、平成二十一年（二〇〇九）の解体調査で、かつては円窓であったことが判明し、再現されている。四畳半は本勝手四畳半切で貴人口正面が幅半間弱の洞床、点前座側に洞庫を設ける。また腰掛待合の天井板には宍道湖でシジミ漁をしていた舟の板が使われる。不昧もしばしば訪れており、明治時代には小泉八雲もここで茶の湯を学んだという。

観月台【かんげつだい】

*月見台のうち、特に舞台風の建物をいう。渡り廊下の中央部に設けることもある。

観月亭【かんげつてい】

月見亭と同じ。⇨月見亭【つきみてい】❶

涵月楼【かんげつろう】

愛知県津島市の渡辺家にある座敷。渡辺家は津島神社の祭礼である天王祭を掌る家の一つ。建物は記録から寛政五年（一七九三）以後のものと考えられる。二階建、切妻造桟瓦葺で、一階は式台のある玄関から縦に四間取りで一列に並ぶ。二階の十一畳の座敷には「涵月楼」の扁額が掛けられ、名月茶会の折、座敷の縁に水を張った盥をおいて月を眺めたという。座敷内には三尺四方の大きな炉が切られ、炉を納めるために階下の懐を深くする必要から階段の蹴上を高くしている。この炉は書院座敷に茶屋的な雰囲気を演出するためであろうか。上げ台目切のごとく使うことになる。一間半×二間の天井は総網代天井、床は正面向かって左に地袋と一重の釣棚を床の奥に設け、床の脇の一畳を点前座とする。地袋上と点前座の天井は一枚板の鏡天井として一段低く張り、小丸太を壁留として床柱に矩折に廻す。面を一尺ほど付けた皮付の床柱は床脇の天井まで独立柱のように納まる。ま

か

た落掛も小丸太で下端に面を付けるのみで、床柱を引き立てている。一間の床に続いて右側に半間の琵琶台を設ける。琵琶台の上には喚鐘用の釘を打ち、尾張徳川家拝領の喚鐘を釣る。縁に面した側は一間幅に皮付柱を立て、敷居を畳面より上げて引違いに二枚の腰障子を建てる。両隣室との境の欄間には波飛沫の板欄間をはめている。

雁行打【がんこううち】

雁打と同じ。⇨雁打【かりがねうち】

元興寺形燈籠【がんごうじがたどうろう】

もと元興寺（奈良市）にあった石燈籠。「啼燈籠」ともいう。元興寺は宝徳三年（一四五一）の一揆や安政六年（一八五九）の火災などで衰退した。現在は芝新屋町の元興寺（華厳宗、旧元興寺塔跡）にある。高さは約八尺、六角形で正嘉元年（一二五七）の銘が刻まれており、江戸時代には*名物燈籠の一つに数えられた。昭和十九年（一九四四）に倒壊し、後に修復されたが、笠の蕨手などは欠損している。

関山慧玄【かんざんえげん】

建治三年〜正平十五・延文五年（一二七七〜一三六〇）。室町時代初期の臨済宗の僧。*妙心寺の開山。信濃国（長野県）の高梨高家の次男として生まれる。建長寺の東伝士啓のもとで得度。建長寺の*南浦紹明や、南浦の遷化後は大徳寺の*宗峰妙超のもとで修行して印可を与えられ、美濃国（岐阜県）の伊深に庵を結んだ。宗峰に代って花園上皇に法を説いて信を得、上皇が延元二・建武四年（一三三七）に妙心寺を創建する際、開山として迎えられた。南浦（大応国師）、宗峰（大燈国師）、関山と続く法系は、応燈関と呼ばれる。関山の法を嗣いだ弟子は授翁宗弼ただ一人であるが、その禅風は妙心寺に脈々と受け継がれている。国師号として本有円成、大定聖応、光徳勝妙などがある。

含山軒【がんざんけん】

滋賀県長浜市の大通寺にある書院。大通寺本堂及び広間の北側へ庭園を挟んで建つ。大通寺は長浜御坊とも呼ばれる東本願寺（真宗大谷派）の別院である。慶安二年（一六四九）に寺地が拡張整備されたが、含山軒はその頃に現在の位置へ客室として建てられたと考えられ、丁字型に*蘭亭が接続する。接続部の相の間は一間半幅で、北端は茶室、南端は仏間となっている。含山軒は桁行六間、梁行三間。平家の桟瓦葺、屋根は北側妻面に小棟を造った切妻造で、北面以外は他の建物と接続する。東側と北側には矩折に柿葺の土間庇が取り付く。内部は北に一の間と南に二の間が並ぶ。一の間は十畳、北面西寄りに間口一間の付書院を備え、西面は間口一間、奥行き半間の床と襖が南北に並び、この襖は西奥の蘭亭への相の間にある三畳台目の茶室の貴人口となる。この茶室は柱面の痕跡などから、含山軒と同時期のものと考えられている。一の間の東側と北側には矩折に拭板張の鞘の間、さらに外側に榑板張の濡縁が取り付く。二の間は三間×二間半の十五畳である。一の間、二の間ともに角柱で長押を廻し、張付壁は絵付、内法から上は聚楽塗の真壁で、一の間は猿頬天井、二の間は竿縁天井を張る。部屋境の建具は絵襖、縁境は腰障子で、外部側へは戸襖の舞良戸や杉戸を建て、部屋境には筬欄間が入るなど整った書院である。柱は栂、軒桁は松、天井は一の間が檜、二の間が杉であるが、新築に近付けるようになされた明治四十三年（一九一〇）の修理で、当初材が大量に取り替えられている。当初は檜柱、一の間は杉の竿縁天井であったと考えられている。含山軒及び蘭亭は大通寺客室として重要文化財、またそれぞれ付属の庭園はともに名勝に指定されている。

乾屎橛【かんしけつ】

*砂雪隠に備えられる竹篦。「触杖（しょくじょう、えづえとも読む）」ともいう。用を済ませた後、砂をかけるためのもので、「砂掻き」「砂掻け」「粉匙」などとも呼ぶ。実際には使用されることはなく飾りとなっており、砂雪隠の一隅に盛り上げた砂の上にさし置かれ、『*南方録』には「客来前トクト水ヲウチ、掃除仕廻テ、其後カハキ沙ヲ手桶ニ取ヨセ、山ナリニ立、其上ニ触杖ヲサヽレタリ」とある。禅宗では本来の用途から転じて、最も汚いもの、無用のものをさす。

閑室【かんしつ】

京都府乙訓郡大山崎町の*聴竹居にある離れ。

藤井厚二の五回目となる実験住宅・聴竹居は昭和三年（一九二八）に竣工、その書斎兼接客室であった。緩い勾配の切妻造銅板葺の屋根をL字に組み合わせ、中央部のみを桟瓦葺とする。丸太の母屋桁や低い軒高に大面取の垂木、地覆石と土台で構成される足元など、数寄屋風の意匠をもつ。室内は四・五メートル四方の下段の間を中心とし、三方に上段の間と次の間、玄関が取り付く。中心部にあたる下段の間は正方形の平面。板敷きの室で、北東面に矩折に革張りの腰掛が造り付けられ、続けて東面の同じ並びに腰高の飾棚と天袋を備えた背の高い地袋が設けられており、腰掛式（洋式）を意識した空間となっている。一方で、腰掛と飾棚の境の柱や上段の間との境の柱を丸太としたり、平天井に竹皮の網代と吹寄の皮付小丸太、萩の掛込天井に竹の小舞を用いるなど、多様な素材を用いながらも草庵風の意匠が基本となっている。「腰掛式を本意として閑寂を楽しみ得る室にて、茶礼をも行い得ること」とした設計意図が反映されている。下段の間の北側に連続して、これと一体で使われることを考慮された上段の間は平三畳で、北面に一間半間口の床を東面に付書院を備える。床と平三畳をあわせると、こちらも正方形の平面になる。腰掛式の下段の間との床高の差は三一六ミリで、床座の上段の間との目線の高さを揃えようとしたものとなっている。また、床框にチーク材を用い、落掛の両端の柱位置が不揃いで、垂壁に照明器具が組み込まれているなど、自由な発想が見られる。下段の間の西側は水屋としての次の間で、流しと多くの収納棚が備えられている。下段の間の南側は玄関となっている。玄関も正方形平面で、内部の意匠にも正方形モチーフが数多く組み合わされている。重要文化財。

閑室　下段の間

喚鐘【かんしょう】

青銅製の小さな釣鐘。仏教寺院で法会などの開始を知らせるために使われるが、茶事では、*後座の準備が整った時、*後入りの*迎付の合図として打つ場合がある。喚鐘の使用方法は流儀により異なる。裏千家では、*銅鑼の陰の音色に対して、喚鐘が陽の音色とされており、*夜咄の茶事に使用される。客の人数に関係なく、*撞木で大小中中大と五点打つが、この打ち方を五点鐘という。

看松居【かんしょうきょ】

京都市左京区の桜鶴苑にある旧山中定次郎別邸。大正四年から六年（一九一五〜一七）にかけて山中商会の三代吉兵衛の娘婿・定次郎の別邸として*木津家三代宗泉の設計で造られ、庭園は七代目*小川治兵衛の手による。迎賓接客の用途に応じたものとして、書院や控え室、茶室などを備えた主屋と別棟の草庵式茶室、他に土蔵や納屋などからなっていた。現在は四畳及び台目四畳の玄関と、入側を矩折に廻した広間十一畳半、入側が広間と連続する次の間八畳、廊下で区画される八畳と五畳半の居間まわりがのこされている。広間には、出書院を組み込んだ間口一間強の大きな床が備えられている。次の間は以前、仏間であった。居間二室はともに床と書院を備えており、控えの客間としても使用されていた。かつての茶室二室は七畳の広間と、*武者小路千家七代直斎堅叟好みの一方庵（一方庵の項❶を参照）にならった小間の茶室、水屋からなっていた。屋根はどちらも入母屋造腰葺で、鞍部が桟瓦葺、腰廻が板葺であった。広間の茶室は出床一畳の八畳大で、縁庇と土間庇を矩折に配し、土間庇からは一方庵への露地がひろがっていた。また竹の縁は腰掛待合として用いることで貴人口としても使うことができた。点前座向こうが床となり、床の脇壁面下方を吹抜いていた。床柱は赤松の皮付丸太、床框は黒一閑塗で、天井は黒部杉竿縁の竿縁天井、土間庇からの上り口上は掛込天井、茶道口上は一段低い竿縁天井となっていた。また小間の茶室は、台目二畳と丸畳一畳及び枡床と不等辺三角形の榑板間からなり、点前座と客座のあいだに太鼓襖を建てて道安囲としていた。柱は杉の面皮、床柱は赤松の皮付丸太、天井は一面の竿縁天井で、杉柾板と竿縁は赤松小丸太。別棟の草庵式茶室は、表千家六代覚々斎原叟好みと伝えられ、一間半四方大の茶室の左右に同じ大きさの板の間、台目三畳の寄付が付属していた。外観は入母屋造茅葺で、板葺の庇を三方に廻し、寄付の屋根のみ切妻造板葺としていた。内部は三畳半、一畳分を小さめの出床として地板を廻していた。柱は杉の面皮、床柱は樟丸太、床框は黒一閑塗、天井は竿縁天井で、躙口上部が掛込天井であった。庭園は琵琶湖疏水を利用して流れを造り山水を表現した治兵衛ならではのものであった。かつては後景に如意ヶ嶽の翠色と南禅寺の樹緑を取り込んだのびやかな庭園で、いたずらに華美を誇らず、草庵風の質素な空間を兼ね備えたものであったことは、現存の広間からもうかがえる。

喚鐘釘【かんしょうくぎ】
稲妻釘と同じ。⇒稲妻釘【いなずまくぎ】

巌松軒【がんしょうけん】
島根県安来市の清水寺塔頭蓮乗院にある茶室。*古門堂茶席と向かい合う書院の続きにある。二畳の席で、二枚の丸畳をずらして敷き、庭に向かった点前座には向板が入り、炉は隅炉、風炉先窓をあける。もう一方下座側にも地板を入れて二畳よりもゆったりとした空間となる。床は壁床。躙口の上の窓からは当寺の三重塔が見える。

観曙亭【かんしょてい】
岡山県倉敷市の旧野崎家住宅（重要文化財）にある茶室。野崎家は大規模な製塩業や新田開発などで富を築いた。旧宅庭園内の築山に造られ、建築年は明らかではないが、『野崎武左衛門勤行録』の安政三年（一八五六）の記事に観曙亭の名が見え、その頃にはすでに建てられていたことがわかる。寄棟造茅葺で、北側と南側に柿葺の庇を付ける。一畳台目向板入の茶室で、点前座の勝手付に中敷居を入れて上下二段とした洞庫を備える。炉は隅炉本勝手切。躙口は設けず、東面に格子窓をあけ、西面と南面を貴人口として、さらに南側の貴人口外には簀子縁を設けた開放的な構成で、かつては海岸と塩田の眺望を楽しむことができた。天井は杉の野根板を羽重として女竹二本組みを竿縁とした竿縁天井を一面に張る。当初、茶室の周辺に杉が多いことから「杉の家」ともいわれていた。旧野崎家の敷地内には、この観曙亭のほか*臨池亭、容膝亭（野崎家の茶室の項を参照）という独立した茶室と腰掛が庭園内に配される。

寒翠庵【かんすいあん】
東京都港区の竹内専之介邸内の寒翠園にあった茶室。*高橋箒庵著『東都茶会記』にたびたび登場する。竹内専之介は嘉永六年（一八五三）、東京に生まれた。織物商を営んだ実業家で、明治三十三年（一九〇〇）に結成された関東の実業家茶人の茶会・和敬会に属し、常時定員（十六羅漢）の一人であった。他にも寒翠園には、豁中庵、無塵洞、鹿の間、市中隠、閑寺庵、一片庵、一茶亭などの茶室があり、大広間を含めて、様々な趣向の茶事が催された。『東都茶会記』の「赤坂寒翠庵茶会」（大正三年〈一九一四〉十二月四日）によれば、寒翠庵は七畳床付で、襖には川端玉章筆の鹿七八匹が描かれていたとある。現存せず。

環翠園【かんすいえん】
*武者小路千家の茶室。陸奥国（福島県）会津藩御用達の矢倉家にあった七代直斎堅叟好みの座敷を、十一代一指斎一叟が明治十四年（一八八一）頃に移築したもの。大工は*平井儀助。もともと八畳だった座敷の東側に*鞘の間が付けられたとされる。*半宝庵の東に半間幅の廊下を挟み、鞘の間、六畳を介して*行舟亭と同じ棟にある。外観は南向きに建てられ、*松平不昧筆の扁額が掲げられた*切妻造*桟瓦葺の妻面に、*銅板葺の庇を付け下ろし、左右に*袖壁を付して*土間庇を形成する。内部は八畳の広さに、下座（西南の角）に一間の*出床を構える七畳間で、*床柱は赤松皮付、*床框は黒柿、竹の*壁留で*狆潜りを設ける。床の左手には、二枚障子の*中敷居窓が*平書院の構えを形成し、並びの*引違いの*貴人口が席の入口となる。床の右手は、内

法の低い*角柄の引違い襖が*茶道口と*給仕口を兼ね、点前座側からは、一間半の襖が三枚建の口、独楽の透かしの*欄間で、次の間六畳につながる。点前座の勝手付中央に丸太が立ち、*間中の壁の途中に壁留を入れ、下方を張付として*道具座としての配慮を込めている。登録有形文化財。

環翠園

環翠園　床側

含翠軒【がんすいけん】

京都市東山区の泉涌寺塔頭来迎院にある茶室。境内の北寄りに庫裏と客殿が東西に並び建ち、その客殿の東に廊下でつながれている。もとは大石内蔵助が寄進した茶室と伝えられているが、現存しているのは大正十四年（一九二五）に新たに建てられたものであることが茶室内の掛札からわかる。手掛けた大工は*上坂浅次郎で、外観は部屋の配置や天井の構成にあわせて切妻屋根を複雑に組み合わせており、数寄屋大工らしい作風がうかがえる。幕末に無住になって荒廃していた同院が、大正時代（一九一二〜二六）に復興される際、当時の住職が茶を嗜んでいた関係から上坂が信徒総代となって造営に関与したと伝えられている。上坂は茶室のほか客殿の造営（一九二〇年）も手掛けている。内部は丸畳一畳と台目畳二畳を組み合わせた客座と、中板を挟んで一畳の点前座からなる。下座床を構え、点前座は中柱を立てて台目構えとする。二畳の中の間を隔てて水屋四畳半が付設する。

含翠軒　外観

含翠亭【がんすいてい】

奈良市の興福寺大乗院にあった茶室。八窓庵のこと。⇩八窓庵【はっそうあん】❶

観川亭【かんせんてい】

熊本市中央区の熊本城内旧細川刑部邸にある茶室。細川刑部家は肥後国熊本藩初代藩主で、細川家三代忠利の弟・刑部少輔興孝が正保三年（一六四六）に二万五千石を与えられ興した。城下にあったその下屋敷が平成五年（一九九三）に現在地に移築された。屋敷内には長屋門、玄関や表書院を備えた主屋、台所、土蔵、そして茶室観川亭などが建つ。観川亭は明治時代になってからの建築と伝えられる。寄棟造桟瓦葺で柿葺の庇を付け下ろす。平面は八畳の書斎と三畳台目の席などからなる。

看大【かんだい】

京都市上京区の*四君子苑にある茶室。同苑の最も東、鴨川に面して位置する広間の茶室。吉野の材木商で数寄者の*北村謹次郎と、棟梁・*北村捨次郎により昭和十九年（一九四四）に竣工した。八畳と六畳の続き間で、主座敷の八畳の西側には奥行きの深い一間床を設け、床柱は絞丸太、床框は真塗、床脇は地袋のみで、その小襖には花兎文様の名物裂が用いられる。北側には平書院と腰障子二枚を建てる。床前に座して四枚の腰障子を開放して東を眺めれば、東山連峰の大文字山がよく見えることより、看大の名がある。障子の外側には土間庇が廻り、真黒石の石畳になっている。大文字の送り火は風炉の季節であるが、炉の季節にも大の字がよく見えるようにとの配慮から、炉を通常、八畳の座敷で切られる広間切の位置より半間下座に下げて切っている。天井板は上品な霧島杉で、下端柾（材の下端が柾目になるようにとる木取り）の竿縁は緩やかな丸面が取られている。八畳と六畳との間には、織豊時代の七宝の引手が嵌められた襖が入れられ、欄間は桑の一枚板で、全体的に軽妙で穏やかな茶趣のある広間となっている。

閑中庵【かんちゅうあん】

東京都港区の*根津美術館にある茶室。もとは大正時代初期に実業家・村井吉兵衛が永田町の私邸山王荘に建てた二畳台目下座床の茶室であった。その後、赤坂の大倉男爵邸への移築を経て、昭和三十年代（一九五五〜）に青山の根津美術館の庭園内に六畳台目向切の席に改修し、移築された。茶道口から火燈形の潜りを経て点前座に至る。平成四年（一九九二）には清溪亭を閑中庵に接続し、牛部屋と改名している。この清溪亭（牛部屋）は戦災で失われた建物を昭和三十一年に再現、現在の*弘仁亭近くに建てていたもので、囲炉裏を設けた四畳半に土間を廻した造りである。

閑中庵　外観

観潮楼【かんちょうろう】

香川県丸亀市の*中津万象園にある煎茶室。観潮楼はその名のとおり、室内から瀬戸の海に浮かぶ塩飽の島々を眺め、潮の満ち引きを見ることができるように、池に臨んで建てられた高床建築である。池に面する北、東面は障子をはずして開放することができ、この二面になぐりの勾欄が付いた縁が設けられている。主室は西面北側に框床があり、床柱には孟宗竹、床框に虎斑杢の栃、地板に欅、落掛に赤松の皮付丸太が用いられている。その南側の床脇は、壁の中段に窓枠下端に竹を用いた突上窓があり、掛障子が掛かる。また南面西側には、竹材を斜めに打ち付けた斬新な意匠の下地窓があり、掛障子が主室側に掛かっている。観潮楼の建設年代を記した史料はないが、讃岐国丸亀藩第五代藩主京極高中（一七五四〜一八一一）の安永十年（一七八一）の「諸御廻文写」（片岡家文書）に、「（前略）然らば中津御茶屋は、御在城中折々御鬱散の場所、殊に近頃は御庭・御物・数奇等も出来これ有（後

観潮楼　床側

略)」と記されており、この頃までに建設されたと考えられている。室内からの眺望を良くするために高床建築とし、縁をめぐらして中国意匠の勾欄を備えた外観や、室内意匠として重要な床柱に孟宗竹を用いるなど煎茶席の特徴を有しながらも、いまだ*唐木、唐物(中国製品を中心とする舶来品)を使用していないことからすると、安永十年建設とみても不都合はなく、もしそうであるならば、煎茶席としては現存最古ということになる。

菅田庵【かんでんあん】

島根県松江市の*有澤山荘にある茶室。寛政四年(一七九二)頃、有澤家六代織部弌善の時、山荘をひろげるにあたり、庭の構成から建物の配置まで、*松平不昧がかかわったといい、菅田庵もこの時に不昧の指図によって建てられた。草庵としてわびた意匠が貴重だが、その中に、武人らしい好みが入り込む。東向き、入母屋造茅葺で、前面に柿葺の庇が付き、破風には不昧筆「菅田庵」の陶製丸額を掲げる。右の袖壁に刀掛、庇の雨落には蹲踞が据えられるが、屋根に比べ、飛石や蹲踞はこぢんまりと配置される。席は一畳台目中板入。床は洞床だが、床框を付け、墨蹟窓をあけている。なお床板は床框も含めて三枚の板を張り合わせ、継目がわからないよう仕上げているが、この床の造りは中板とともに小林如泥(不昧の大工方として活躍した指物師)の仕事と伝えられている。客座と中板上を竿縁天井にして、躙口上は、壁いっぱいに連子窓をあけることで開放的で明るい空間をつくり出し、床と向かい合う壁には円窓をあけ、瀟洒な感覚も見られる。点前座は網代の落天井で、通常、中板では板に炉を切り台目構えとするが、菅田庵では隅炉となっており、中柱の方に一重棚を釣っている。他に例を見ない、破格の構えとなっている。不昧が四十二歳の若さで指図したこの茶室は、定石にこだわらない自由な創意と個性に満ちた作品といえる。なお菅田庵と向月亭のある主屋の北東には、*蒸風呂と洗い場からなる浴室などをもった御風呂屋が建っていて、これは寄付に相当する。重要文化財。

菅田庵　外観

菅田庵

観濤居【かんとうきょ】

栃木県鹿沼市の掬翠園にある茶室。同園は鹿沼の麻商人であった長谷川唯一郎が明治時代末から大正時代初めにかけて造った庭園。四畳半本勝手の席で、踏込床を設けた六畳の寄付、水屋などが付属する。寄付は網代の腰障子を開けると腰掛があり、天井は傘状の化粧屋根裏である。また建物玄関には三和土に刀の鍔が塗り込められている。茶室外壁に漁船の舟板を用いていたが、後の改修によって、現在は南側戸袋にのみのこる。

観濤荘【かんとうそう】

神奈川県小田原市の*益田鈍翁の別邸*掃雲台にあった茶室。昭和四年(一九二九)、鈍翁が名古屋地方の民家を移築したもので、東側の土間と西側の八畳四間からなり、一棟中に寄付と本席が設けられている。入母屋造草葺で煙出が付き、下屋は瓦葺。鈍翁が好んだ田舎家の一つで、建物東側に二本の老松が立ち、南は掃雲台の邸宅地越しに太平洋を望んだ。邸内に毛織物工場ができると女工の寄宿舎としても使われたが、その後失われた。

関東間【かんとうま】
田舎間と同じ。　⇒田舎間【いなかま】

涵徳亭【かんとくてい】
東京都文京区の*小石川後楽園にある数寄屋。寛永六年（一六二九）、本庭築造の当初に営まれ、周囲を当時は貴重だったガラスでめぐらし、*ビードロの茶屋と呼ばれていたが、後年、徳川四代将軍家綱以降、五代にわたって仕えた儒学者・林鳳岡（一六四五～一七三二）が涵徳亭と命名。亭前に糸桜が植えられていた。明治時代末年までは存続していたが焼失、その後、関東大震災後に復興するもふたたび戦災で焼失。現在の建物は四代目で昭和六十一年（一九八六）に再興したもの。

翫土軒【がんどけん】
京都市上京区の樂家にある茶室。　⇒樂家の茶室【らくけのちゃしつ】

環堵席【かんとせき】
大阪市中央区の本願寺津村別院にあった茶室。西本願寺十八代門主文如の好みの席。内部は北東の四畳半、南東の長四畳台目、西の広間十五畳からなる。「環堵」とは、貧しい家、狭い家の含みで、四畳半の付書院には京都曼殊院の*良尚法親王によって書かれた「環堵」の額が掲げられていた。寛政年間（一七八九～一八〇一）頃、西本願寺に建てられ、明治四十年（一九〇七）、津村別院に移築された。一説には、宝暦十年（一七六〇）に古書院、新書院などとともに津村別院内に建てられたともいう。四畳半の茶室は炉を逆勝手に切り、一間の板床とその北の脇に付書院を備え、矩折に板の間を設け、板の間に躙口があいていた。西側の点前座背後に半月窓があき、西側は襖とし広間に通じていた。天井は竿縁天井。長四畳台目の茶室は四畳半の南隣りに位置し、点前座北側の茶道口の先が四畳半となっていた。炉を出炉、本勝手に切り、台目の下座床を構え、その東の脇に点前座が付いていた。床前と点前座は蒲天井、踏込畳は掛込天井で、床と点前座の正面に四枚障子、西側に障子、東側の貴人口に襖を建てていた。戦災により焼失。

鉋【かんな】
大工道具の一種。長方形の台に刃が仕込まれ、木材の表面を平滑に仕上げるのに用いる道具。鎌倉時代頃までは、仕上げ加工にはヤリガンナ（鉇）が用いられていた。これは湾曲した刃で木材を切削するため、平滑な面が得られなかったが、室町時代に台鉋が登場すると、艶やかな平滑仕上げが可能となり、平鉋や底決り鉋など様々の鉋が生まれた。この鉋削りは、仕上げの清らかさと精確さから、次第に素木のまま仕上げる宮殿や書院に欠かせないものとなった。ところが削り仕上げが普及すると、それはあまりにも人工的という感覚が生まれ、草庵式茶室のように、反対に自然の風合をのこした丸太、荒々しさをのこした*釿目や割肌を好むようになった。ただし草庵式茶室であっても、丸太の面や袖壁下の壁留、落掛などに削り木が用いられることは多く、また障子や躙戸などの建具は削り仕上げであることが普通である。（付録27頁参照）

閂【かんぬき】
*開き戸を施錠するため用いられる横材。開き戸の裏側にコの字型の金物（門鎹）を数カ所取り付け、そのあいだを通して施錠を行う。*両開き戸の場合には金物を二枚の扉に、*片開き戸の場合は他方を柱などに取り付ける。

観音開き【かんのんびらき】
両開きと同じ。　⇒両開き【りょうびらき】

関白様御座敷【かんぱくさまおざしき】
*『山上宗二記』に掲出された茶室図六葉のうちの一つ。五番目にのる。ほかの茶室図とは異なり、図中に文字の書き込みはないが（「二帖敷」と記す類本もある）、「関白様ニ有」と記されていることから、*豊臣秀吉の所有になるものであることは確実である。所在地の特定に結び付く情報は記されていない。「二畳敷ノ座敷、関白様ニ有、是ハ貴人カ名人歟（カ）、扨ハ一物モ不持侘数寄歟、此外平人ニハ無用也」とある。天下人のための最もわびた茶室であるとの謂であろう。*二畳の座敷は、右の一畳が客座、左の一畳が点前座になり、炉は点前座の左上隅に切られている。躙口や茶道口、給仕口などの出入り口

は表記されていない。座敷の左側には勝手（次の間）とみられる一畳が付随し、また座敷の下方には座敷と同じくらいで、一間四方ほどの大きさの「面ノ坪ノ内」に相当するとみられる部分が付設している。座敷の上部、右寄りに床を構えている。床の間口幅の記述はないが、床の左側の柱（床柱）が炉の途中にかかって図示されていることから、間口は五尺であったと考えられる（写本には四尺五寸程度のものもある）。この座敷は*大坂城山里の茶室、あるいは秀吉が利休に命じて造らせた*山崎城における*待庵の原形となった茶室などに比定されるが、いずれも確実なものとはいえない。天正十五年（一五八七）二月二十五日に*神屋宗湛が大坂城山里に招かれた茶室は、同十二年一月三日に席披きをしていた茶室（天王寺屋会記）ではないかと推測される。「御座敷二畳、床四尺五寸、カベ暦ハリ、左ノスミニキロリ有、ソノ脇ニ道籠（洞庫）アリ」（*宗湛日記）とあり、二畳敷で隅炉である点は同じであるが、床の間口が狭く、点前座の脇に洞庫が備わっていた点で「関白様御座敷」図との違いがある。また二畳、隅炉、上座床である点では待庵と共通することなどから、妙喜庵に再興された待庵の原形ではないかという説がある。この説については、待庵の床の間口が当初から四尺であったとすれば、「関白様御座敷」図とは異なることになる。そして、床柱が天井の構成と一体化されている現在の待庵とは異なる天井の構成であったことも推測される。

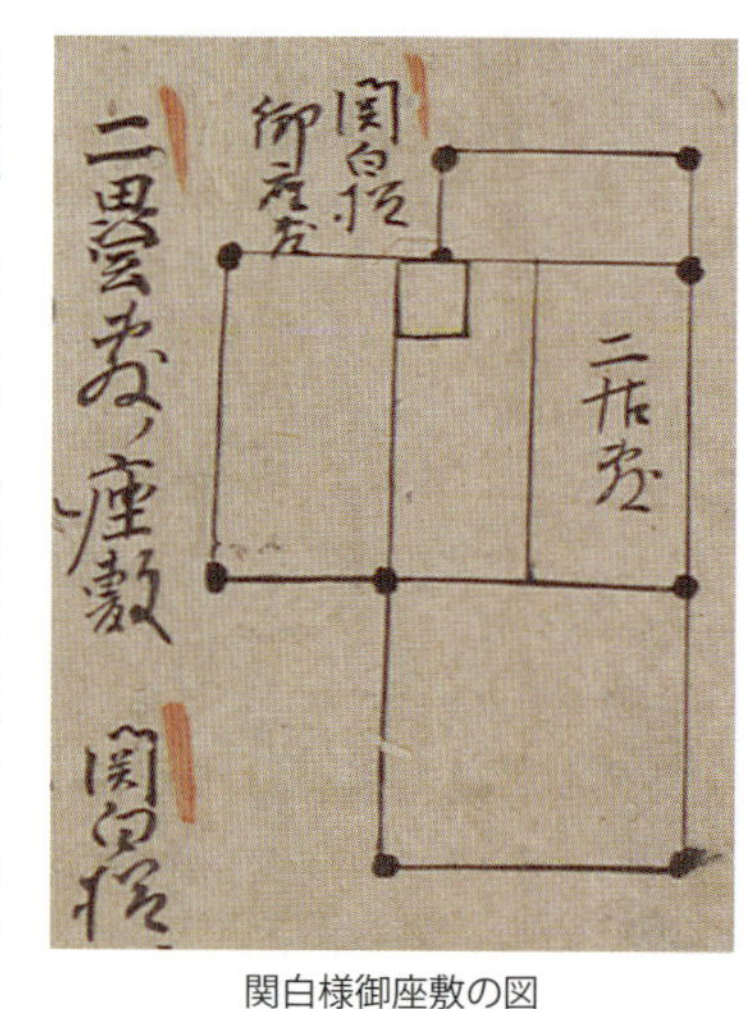

関白様御座敷の図
『山上宗二記』（不審菴本）

環波亭【かんぱてい】

京都市上京区の*仙洞御所にあった茶亭。池に浮かぶ中島に建てられていた。後西上皇の延宝度仙洞御所を描いた「凝花洞庭園図」や『*槐記』享保十七年（一七三二）八月二十七日条などに存在が確認できる。

雁振瓦【がんぶりがわら】

*棟の最上部、あるいは塀の上部にのせる半円形の丸瓦。「棟瓦」と一般的にいわれるが「衾（伏間）瓦」「冠瓦」ともいう。

冠棚【かんむりだな】

⇒冠棚【かぶりだな】

観瀾亭【かんらんてい】

宮城県宮城郡松島町にある書院建築。もとは*伏見城にあったが、仙台藩初代藩主伊達政宗（一五六七～一六三六）が*豊臣秀吉より譲り受け、のち江戸品川の藩邸に移築した後、第二代藩主忠宗により現在地に移されたと伝えられる。藩主の納涼、観月の亭として「月見の御殿」とも呼ばれたが、公式には藩主の松島遊覧や幕府巡見使などの諸国巡回の際の宿泊接待のための御仮屋とされた。第五代藩主吉村により「さざなみを観る」という意で命名され、廊下に佐々木玄龍筆「観瀾亭」、次の間との欄間には第七代藩主重村筆「観瀾」の額が掲げられている。寄棟造柿葺の平家で、京間十八畳の二室の四方に縁をめぐらした簡素な造りではあるが、御座の間の二間床の壁や襖は金箔が用いられた極彩色の障壁画となっている。これは仙台藩お抱えの佐久間左京（狩野左京）一派の作と伝えられ、重要文

観瀾亭　外観

化財に指定されている。

丸炉【がんろ】

丸形の*炉のこと。現在では*水屋流しの脇か、この付近の板敷きの床に設け、*控釜を懸けておくことが多い。直径一尺一寸、深さ一尺ほどの鉄製(銅製や陶製のものもある)で、茶事や茶会の折に予備の湯水や炭火などを用意するために用いられている。方形の炉に先行して用いられた歴史があり、*足利義政の*東山殿にあった西指庵(義政の生活の場と推定される)には丸炉を備えた部屋があったことが伝えられている。また現在でも*松花堂には三段の袋棚が設けられ、下段袋棚の中に丸炉と釣棚がある。*曼殊院でも書院に続く廊下状の一室隅に棚が付き、丸炉が設けられているし、*東陽坊の勝手の間は二畳向板入で、向板に丸炉を切り、風炉先窓をあけている。初期茶の湯の頃の丸炉は、点茶の場が喫茶の場とは別であった頃のあり方、または室町時代に行われていた籠や押入(押入の項を参照)などと呼ばれた茶のあり方を想起させる。

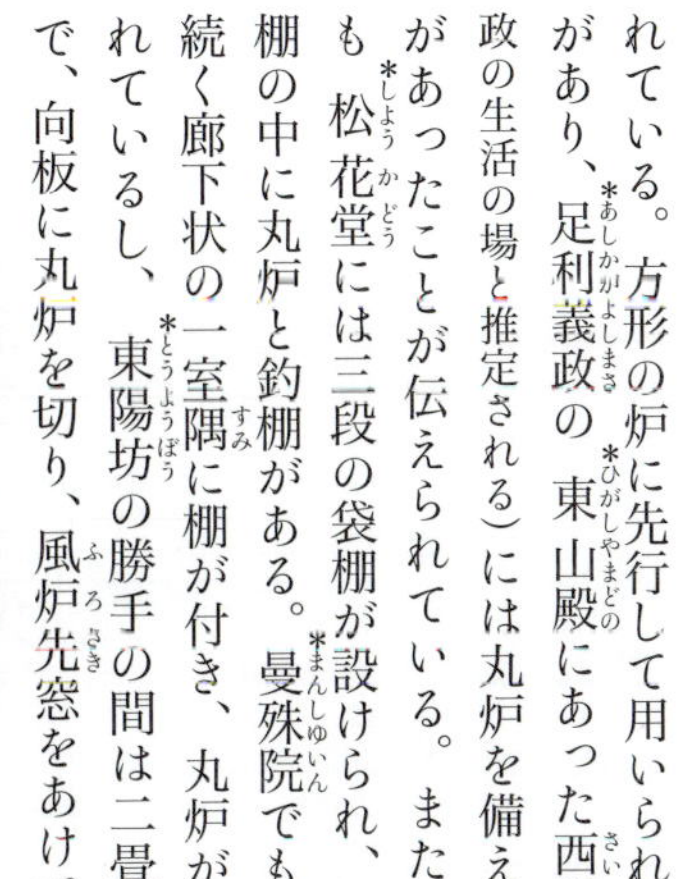
丸炉

龕破床【がんわりどこ】

床の一形式。*洞床と同じ形式で、*相手柱の側にも袖壁を付け、左右対称の意匠をもつもの。『*茶道筌蹄』では「間口一間に間中の洞は原叟好、龕破床といふ」と伝えている。

龕破床　独楽庵　出雲文化伝承館

宜雨荘【ぎうそう】

東京都世田谷区にあった長尾欽彌邸。⇨詠帰亭【えいきてい】

木裏【きうら】

*板目材の材面で、樹心に向かった年輪の内側の肌をいう。反対の面は*木表という。木表に比べ色は薄く、材質は軟らかい。削っても光沢が少ない。また逆目を生じやすい。(付録29頁参照)

帰雲院【きうんいん】

京都市左京区にある*南禅寺の塔頭。南禅寺は亀山法皇により無関普門(大明国師)を開山として迎え、開創されるが、その遷化後、普門の意にしたがい規庵祖円(南院国師)を選任。祖円は一宇もなかった禅寺としての南禅寺の伽藍建立に生涯を捧げる。祖円が創建開山と呼ばれる由縁である。遺骨は祖円の遺言により帰雲庵に納められ、塔所としたのが、当院の始まりで、南禅寺最初の塔頭となった。大正十一年(一九二二)に建てられた茶室*楽々庵があったが、現在は失われている。

帰雲亭【きうんてい】

東京都新宿区の石黒忠悳邸にあった茶室。石黒忠悳（況翁、一八四五～一九四二）は福島県の生まれで、陸軍軍医総監となり軍医制度の基礎を築いた人物。貴族院議員や日本赤十字社の社長などをつとめた。赤塚宗輯に学び、遠州流の茶の湯をおさめて十世宗有、十一世宗明を後援した。四畳半の席で、西洋館を寄付として、露地には叡山苔が一面に敷かれていた。別に小松宮彰仁親王を招くため半月で建てた三畳向切の茶室半月庵も所有していたが、ともに現存しない。

木負【きおい】

*軒の垂木を二軒（二軒の項を参照）とした場合に、地垂木の先端部にのり、飛檐垂木を受ける横材をいう。木負から垂直に下ろした位置で縁側の幅を決定することを木負卸という。

黄大津【きおおつ】

*大津壁のうち、黄土を使ったもので、消石灰と麻苆を混入撹拌し、水を加え練り上げる。「卵大津」ともいう。京都では最も使用頻度が高い大津壁とされる。身体が壁に触れやすい廊下、階段、便所などに施工される。また雨がかりの少ない外壁にも使われる。一般には色粉を使わずに黄土で色を出すが、消石灰を入れるのでもとの黄土はできるだけ濃い色を使用する。そのため粉末の状態ではなく、黄土粘土の塊（堅粉）を入手し、色の濃い部分を選り分けて使用する。

木表【きおもて】

*板目材の材面で、樹皮に向かった年輪の外側の肌をいう。反対の面は*木裏という。木裏に比べ色は濃く、材質は堅い。削れば光沢も美しい。（付録29頁参照）

祇園座敷【ぎおんざしき】

*織田有楽が京都の正伝院（正伝永源院の項を参照）の隠居所に造っていたという二畳の茶室。屋敷の北が祇園町に接していたことによる呼称であろう。下座側に板敷きの洞床を構え、客座と点前座とが少し喰い違いに配されていた（二畳の項の図を参照）。「二畳半、一畳半なとは、客をくるしめるに似たり」（茶道織有伝）とする有楽にとって、この茶室と西本願寺にあった二畳の茶室を除くと二畳半より小さいものはないと考えられる。

木堅【きがため】

漆塗工程のひとつ。「木地固」ともいう。白木素地に生漆などを浸み込ませて硬化させること。木地の狂いを留めるとともに、強度を高める。また、次の漆塗の下地工程で、漆が過度に吸い取られないようにしたり、湿気の吸収をおさえたりする目的もある。

黄金の茶室【きがねのちゃしつ】

*豊臣秀吉が作成した組立式の茶室で、天井や壁、柱などが金で造られた。「おうごんのちゃしつ」と読むこと、また「金の茶室」ということもある。吉川盛林書状写（『大日本古文書』家わけ第九）によると、天正十三年（一五八五）十二月二十一日、*大坂城で秀吉に謁見した小早川隆景らが「惣金之御小座敷」を見せられたとある。これが黄金の茶室の史料上の初出である。翌年一月十六日、秀吉は宮中小御所において黄金の茶室を組立てて金の台子を荘り、正親町天皇らに茶を献じている。この時の茶室については『兼見卿記』天正十四年一月十四日の条に「旧冬於大坂新作之御座敷也」とあり、前年の暮れに完成していたことがわかる。『多聞院日記』の天正十四年正月二十日の条には「金子ノ座敷持テアルク様ニシテ」とあり、移動式であったこともわかる。天正十五年十月一日の*北野大茶之湯では、北野天満宮の拝殿に設置、公開されている。さらに秀吉は、天正二十年には

黄金の茶室　ＭＯＡ美術館

肥前(佐賀県)の名護屋城内に黄金の茶室を運び込み茶会を催している。客として招かれた神屋宗湛はその時の様子を詳しく書き留めており(宗湛日記、同年五月二十八日の条)、茶室の詳細を知ることができる。すなわち平三畳で五尺床が付いており、柱や敷居、鴨居などを「金ヲ延テ包」んでいた。四枚の腰障子には赤い紋紗を張り、桟と腰板は金箔張、畳表は猩々緋、畳縁は金襴というものであった。壁については「ガンギニシトミ」とあるが、下地の板を横に並べて金箔を張ったという解釈や、金の表面にやすり(ガンギ)のような鋸歯状の目が刻まれていたという解釈が示されている。使用された道具も台子、台天目、棗、風炉、蓋置などことごとく金で作られていた。現在、黄金の茶室は大阪城天守閣やMOA美術館(堀口捨己監修)などに復元されている。

木瓦【きがわら】

瓦の形をかたどり、木で作ったもの。板塀などの屋根に用いることがある。

騎牛庵【きぎゅうあん】

京都市北区の光悦寺にある茶室。もとは左京区の山端にあった八木与三郎別邸内に建っていた茶室で、大正八年(一九一九)に現在地に移築されたと伝えられる。外観はL字形の草葺屋根の南に柿葺の屋根を葺き下ろし、さらに西に土間庇を形成している。内部は三畳台目下座床で、床の脇に台目畳を敷いて袴腰形式の茶道口からの踏込としている。点前座には風炉先窓、勝手付に色紙窓をあける。

掬月亭【きくげつてい】

香川県高松市の栗林公園にある数寄屋建築。同園の正確な成立年代はわかっていない。天正十五年(一五八七)から生駒家が讃岐国の領主となるが、寛永年間(一六二四～四四)の四代高俊の代には同地に栗林があったことが確認され、それが前身庭園であるといわれている。そして寛永十九年には、生駒家に代って松平頼重が藩主となり、転封直後からたびたび「栗林荘」に遊んだ記録があるので、すでに高俊の時代に、相当の庭園と建物が成立していたと考えられる。栗林荘は、現在の南湖一帯に相当する。掬月亭の建設年代も定かではない。栗林園を具体的に著した最も古い絵図として、高松藩第二代藩主松平頼常の時代の元禄十三年(一七〇〇)に描かれた「御林御庭之図」がある。本図の中に後の掬月亭に相当する大茶屋の姿が認められ、さらに本図には延享二年(一七四五)の年紀のある園内各所の名称を記した張紙があり、その中に「掬月亭」も見える。掬月亭を忠実に描いた絵図としては、弘化元年(一八四四)二月に描かれた図があり、現存建物とほとんど変わらない雁行状に連なる柿葺屋根の大小四棟の東側にも、茅葺あるいは瓦葺屋根の付属屋が連続していることが確認できる。絵図には建物に「掬月亭」「星斗館」「初筵観」の名称が記されているが、現在は、雁行状に連なった全体を「掬月亭」と称し、棟ごとの名称として、池に張り出した南棟を「掬月」、その北西隅の小室を「茶室」、中央棟を「初筵観」、北棟を「初筵観北棟」と呼んでいる。掬月は、池に張り出した十二畳間と、間口二間の框床を備えた十畳間が東西に並び、その南、東、北の三方に、腰障子と縁がめぐらされ、池(東)側の縁には勾欄が付く。池に映った月を掬うという名のとおり、池に向かって極めて開放的な空間構成となっている。次の間の十畳間には床があるものの、池側の十二畳間が主座敷で、その証拠に、十二畳間は格天井、十畳間は竿縁天井と、十二畳間の天井のほうが格が高い。これら二室の西、すなわち十畳間の床の裏側に、棚付きの八畳間が接続する。八畳間の南西隅には、畳廊下を介して、六畳の茶室が接続する。その入口には、黒漆塗の縁が付いた火燈口があく。茶室西面には、黒漆塗の床框に板敷きの床と、円窓が南北に並ぶ。一方、十畳間西側から八畳間にかけての北には、十二畳の鞘の間があり、その北面西端から北に向かって畳廊下がのび、初筵観に至る。初筵観は、間口一間半の框床を備えた十畳の主座敷と十四畳の次の間が東西に並び、その南側に十八畳の鞘の間が配されている。そして、それらを囲んで、東から北にかけて畳廊下と縁、南から西にかけて縁が、それぞれめぐらされている。目を引くのは主座敷の床で、東、北、西の三方の壁に窓をあけ、黒漆塗の井桁菱格子を組み、緑色の紋紗を張る。斬新かつ開放的な意匠である。初筵観の北面西端から北に向かって畳廊下がのび、初筵観北棟に至る。

掬月亭　外観

初莚観北棟は、廊下の東側に十六畳間があり、その西側に十二畳半の主座敷と七畳半間が南北に並ぶ。そしてそれらの南、西、北の三方に縁がめぐらされている。建設年代は不詳ながら、景勝地に建ち、池に面して開放的な空間構成は、煎茶空間の特徴をよく備えているといえる。

菊座【きくざ】

*釘隠など突出した部材の根元部分である座に、菊模様のあるものをいう。また菊座のある鋲は菊座鋲といわれる。

菊水の井【きくすいのい】

❶名水の一つ。かつて京都室町四条の武野紹鷗の*大黒庵にあったという井戸。現在は碑が建つのみである。❷名水の一つ。かつて京都の下河原通にあったという井戸。三条小鍛冶が刀を鍛えるのに用いていたという。

掬掃亭【きくそうてい】

島根県仁多郡奥出雲町の櫻井家住宅にある煎茶室。櫻井家住宅は、この地で製鉄業を営み出雲国松江藩の鉄師頭取の職をつとめた櫻井氏（屋号は可部屋）の屋敷である。主屋の東側には藩主*松平不昧が「岩浪」と命名した滝のある庭園がひろがるが、掬掃亭はこの庭園の東側、池の中に突き出て建つ茅葺の茶室で、櫻井家に逗留した文人画家・田能村直入が意匠したものである。直入は記録によると明治十一年（一八七八）頃に櫻井家に逗留している。広さは二畳、池を臨む西側の面には柱間いっぱいに四枚の障子を建て、外には、突上戸を釣り、手摺が付く。入口はその反対側にあり、三枚引きの障子を建てる。北側には円窓をあけ、南側には棚と床が取り付く。わびた建物ではあるが、釣殿風でもあり、庭園に溶け込み、優雅な風情を醸し出している。櫻井家住宅は主屋をはじめ、後座敷、古蔵などが重要文化財に指定されている。（付録11頁参照）

掬掃亭　外観

菊鉢形手水鉢【きくばちがたちょうずばち】

手水鉢の一種。広義には*飾り手水鉢に分類され、菊の花の形状をしたもの。玉泉園（石川県金沢市。灑雪亭の項を参照）にあるものが知られる。

木組【きぐみ】

❶木造建築の架構全体をさす。❷建築の各部材を接合する、接合部の組み方。特に構造部材では接合部を考慮、検討することが重要となる。木造建築では*継手や*仕口がある。

窺原【きげん】

*松平不昧が*大崎園に営んだ茶室の一つ。園庭の南西にあり、「瀧見之御茶屋」とも称される。席は四畳半で、三方に障子を建てて、縁を廻す。床は台目床で床柱は赤松、床框は杉丸太でいずれもなぐりになっていた。南には棟をずらして水屋を備える三畳の次の間が付設する。『*大崎

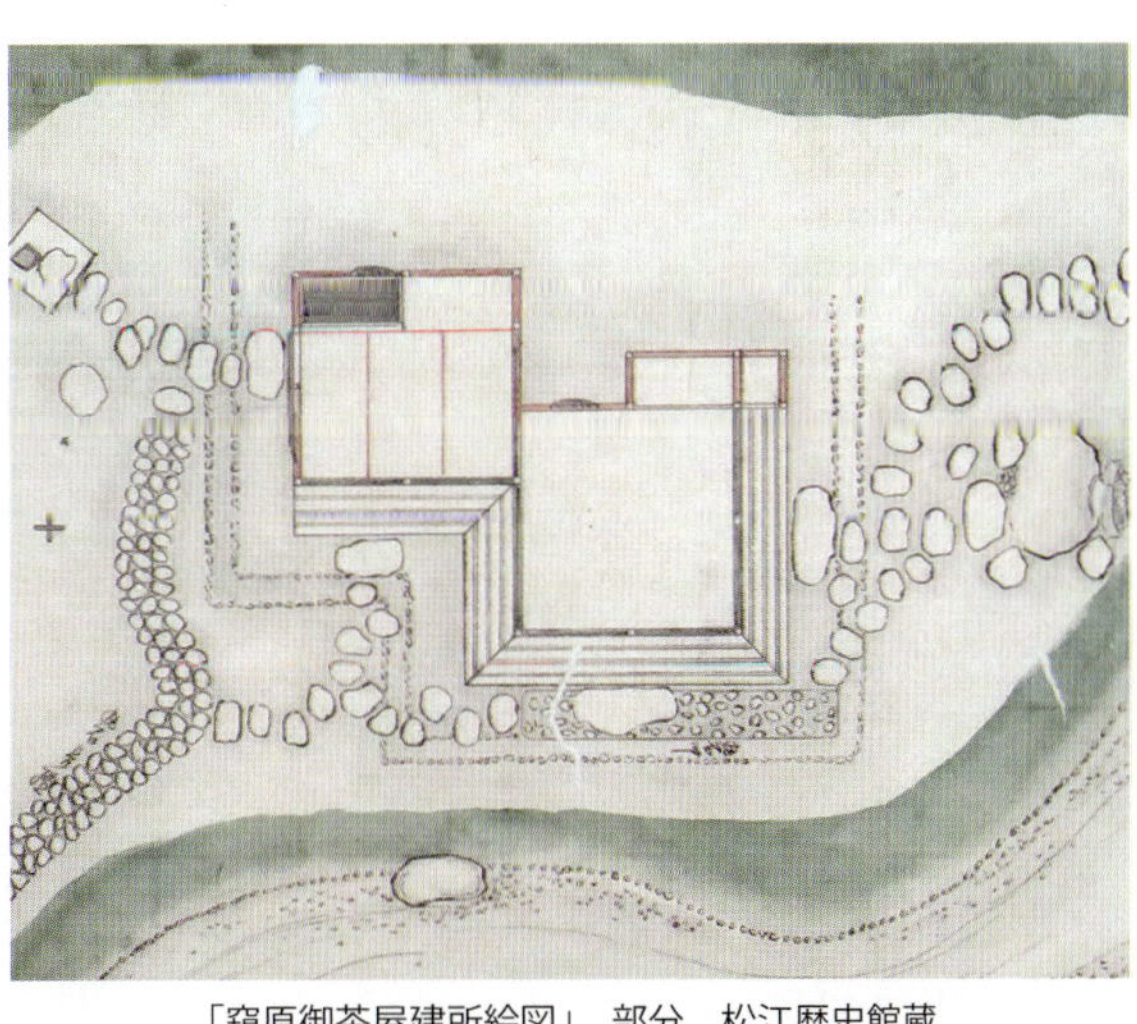
「窺原御茶屋建所絵図」 部分　松江歴史館蔵

名園の記』には「次の間の境入口に額あり、窺原の二字横一行、唐様なり、書は蓬雪となん。椽(縁)は赤松皮にて作りたり。こゝの明障子、こしあぶら竹なり、割りたる表裏互違に並べ打ち、腰張は此御茶屋ばかりは、鼠色の塔紙なり」とある。

木格子【きごうし】

細く削った木を組み合わせた*格子のこと。竹が用いられる場合は竹格子と呼ぶ。引戸や嵌殺し戸などの建具にこれを組み込んだ格子戸に用いられる。また木格子のある窓のことを木格子窓または木格子の連子窓という。これに関して、『*南方録』の「紹鷗に成て、四畳半座敷所々あらため、張付を土壁にし、木格子を竹格子にし」という記述の木格子、竹格子は*連子窓をさしていると考えられる。

枳殻邸【きこくてい】

京都市下京区にある東本願寺の別邸。渉成園のこと。⇩渉成園【しょうせいえん】

木地【きじ】

木目が見える部材。もしくは、塗装の下地となる部材。

木地固【きじがため】

木堅と同じ。⇩木堅【きがため】

貴志家の茶室【きしけのちゃしつ】

大阪市都島区の*太閤園にある茶室。もとは同区桜宮に明治三十二年から三十五年(一八九九～一九〇二)に建てられた貴志弥右衛門邸内にあった茶室である。戦災を免れた貴志邸は大阪市に寄贈され、大阪市職員桜宮会館となったが、近年、太閤園に所有が移った。弥右衛門当時の状況は不明であるが、現在ものこる松花堂とともに、近年まで三畳台目席があった。松花堂は弥右衛門が明治初年に買収した肥後橋南の樋口十郎兵衛宅の土蔵に解体保存されていたものを新邸新築の際に再建したものとみられる。林野全孝による詳細な復原調査によると、「八幡の松花堂」(松花堂の項❶を参照)をオリジナルとし、この「大坂の松花堂」は寛政から文化年間(一七八九～一八一八)頃の忠実な模作と結論づけている。三畳台目の茶室はのこされていた扁額「寿月」がその席名とみられる。外観は草葺で、茶室正面、躙口前に一坪ほどの壁で囲った空間を設け、腰掛を造り込む。室内の点前座は本勝手向切。雲雀棚を隅に設け、点前座正面の床は炉の寸法に合わせて床を斜めとして前板を置きつつ、段差は小さいながらも框を入れた板床とする。天井は床前を平天井、点前座を落天井、それ以外を矩折に掛込天井とする。また外観上に目立つ隅柱の一つを池上に立たせ、その柱を際立たせるよう、曲がり木の壁留を接続するなど、庭園と一体となるよう、相当に練られた設計であった。貴志の茶道の師は*藪内家十代休々斎竹翠であり、庭園、茶室の設計を得意とした休々斎による設計である可能性が考えられる。

木地塗【きじぬり】

漆塗の技法の一種。*木地蠟塗など、木目が透けて見えるように漆を塗ることの包括的ないい方。日中の対訳辞書類では「涂薄漆」の語に、木目が透けて見えるように漆を薄く塗ることとあるように、中国にも同技法があることがわかる。

生渋【きしぶ】

搾り取ったままで、混ぜ物のない柿渋。柿渋は、渋柿の未熟な果実を搾った汁液を発酵、熟成させて作る赤褐色で半透明の液体。柿タンニンを多量に含み、平安時代より様々な用途に用いられてきた日本固有の材料である。漆塗では、*搔合塗の下地として用いられる。また建築床材の拭漆仕上げの下地としても用いる。

貴志弥右衛門【きしやえもん】

明治十五年〜昭和十一年（一八八二〜一九三六）。近代の実業家、教育家、茶人。幼名奈良二郎。東京帝国大学卒業後、家業である大阪心斎橋の洋反物商の二代目を襲名。甲南高等女学校（現甲南女子学園）の創設に寄与し、大正九年（一九二〇）より教頭をつとめた後、名誉教頭となる。茶を*藪内家十代休々斎竹翠に学び、泉松庵聴雪と号す。大正十一年、父・弥右衛門とともに京都妙心寺に徳雲院を再興し、茶室聴雪居を設けた。また大阪肥後橋の樋口邸を購入し、そこに保管されていた材を用いて、*松花堂写しの茶室を桜宮の別邸に設けた。この茶室は大阪市都島区に旧貴志邸茶室として現存する（貴志家の茶室の項を参照）。篠園会の一員として、西尾与右衛門らと交流をもった（与右衛門の次女かめは弥右衛門の妻）。昭和四年（一九二九）より雑誌『徳雲』を刊行、貴志が誌上で論述した内容の大意については、『茶道全集』に「教養としての茶道」（巻之二）、「作法の意義」（巻之二）が掲載されている。

紀州青石【きしゅうあおいし】

和歌山県海南市の旧海草郡西脇野付近、また同郡の島や海岸部、いわゆる三波川変成帯にまたがる地域から産出する*青石の一種。緑泥角閃片岩ではあるが、本場青石（伊予青石の項を参照）に比較して粗面で軟弱な石質である。無色石英が幾筋にも貫入し、*伊勢青石に似ているが青の色調が悪いとされる。鎌倉時代から庭石として使用され、輸送面からもひろく流通していた。室町時代から江戸時代初期にかけての京都の庭園には、相当数使用されている。

紀州石【きしゅういし】

紀州青石のこと。　⇒紀州青石【きしゅうあおいし】

宜春亭【ぎしゅんてい】

東京都文京区の*六義園にある茶室。もとは世田谷区深沢の長尾欽彌邸である宜雨荘にあったが、昭和三十八年（一九六三）、現在地に移築された。四畳半向切で二畳の水屋を設け、勾欄のある縁が池に向かって取り付く。「宜春」の名は宜雨荘の一字とともに中国・宋代の『梅譜』にある「梅は春によろし、秋によろし、雨に風に、いずれも宜しき風情がある」にちなんだもの。

鬼女山房【きじょさんぼう】

長野県北佐久郡軽井沢町の軽井沢高原文庫にある野上弥生子の書斎兼茶室。『秀吉と利休』などで知られる小説家・野上弥生子が昭和時代初め頃から同五十年代にかけて夏を過した北軽井沢大学村（旧法政大学村）の山荘の離れで、昭和八年（一九三三）竣工、平成八年（一九九六）に現在地に移築。寄棟造茅葺の屋根で、主室の七畳に三畳が取り付く。七畳は床と点前座が並び、炉を四畳半切に切る。点前座には茶道口がなく、客座側から回り込む形式で風炉先は水屋になっている。茶立所としての意味をもたせた形態と見ることができる。床と点前座の対面は四枚のガラス障子を建て、外部に面して濡縁を設ける。三畳には円窓をあけた付書院がある。

木地蠟塗【きじろぬり】

漆塗の技法の一種。欅、楓、栃などの木目の美しい素材を用いた素地に、透漆を塗り、下の木目を表す。素地に砥の粉を水で溶いたもので目止めを行い、普通、紅色または黄色に着色する。着色しないものもあり、この場合はやや黒みを帯びる。*春慶塗も原理は木地蠟塗と同じで、透漆に雌黄を混ぜて作った春慶漆を用いる。

嬉森庵【きしんあん】

東京都墨田区向島の水戸徳川家の屋敷にあった茶室。天祐庵のこと。　⇒天祐庵【てんゆうあん】

義心亭【ぎしんてい】

大阪市中央区の茶道宗徧流不審庵の大阪道場柏樹庵にあった小間の茶室。　⇒柏樹庵【はくじゅあん】

生摺【きずり】

希釈しない生漆で*摺漆を行うこと。

基礎【きそ】

建物の最下部で*地盤に接する構造のこと。地盤面を掘り下げる*根切、*地業を行い地固めの後、コンクリートや敷石などで基礎を造る。広義には、地業も含めて基礎という。基礎の上に土台を設けたり、*礎石や*束石を置くことで、柱や束を立てる。

基礎形手水鉢【きそがたちょうずばち】

手水鉢の一種。「礎盤形手水鉢」ともいう。層塔や*宝篋印塔、石燈籠などの石造品の基礎を転用し、水穴をあけたもの。あるいはこれを模して作られたもの。仁和寺の*遼廓亭、縮景園の*明月亭、*浜離宮恩賜庭園にあるものなどが知られる。(付録11頁参照)

木曽五木【きそごぼく】

江戸時代に尾張藩によって伐採が禁止されていた木曽谷(木曽川上流域)の五種類の木。寛文五年(一六六五)に禁林の留山となり、宝永五年(一七〇八)に*檜、*椹、*翌檜、*高野槇の四種類の木が指定、享保六年(一七二一)には鼠子(*黒部杉)が追加され、五木となった。一七三八年にはさらに*欅が追加されている。またこれらは「停止木」「禁木」「御止木」などと称され、上質な優良材としての意味で使われることもある。

木曽檜【きそひのき】

尾州檜のこと。⇒尾州檜【びしゅうひのき】

北大路魯山人【きたおおじろさんじん】

明治十六年〜昭和三十四年(一八八三〜一九五九)。大正時代から昭和時代にかけての書家、篆刻家、陶芸家、料理家。京都の上賀茂神社の社家・北大路家に生れる。本名房次郎。はやくに書家として立ち、多くの篆刻、*扁額、*濡額の制作で名を上げる。料理に通じ、中村竹四郎とともに開業した大雅堂美術店で、常連客に古陶器に盛って出す手料理が評判となり、美食倶楽部を創設する。大正十四年(一九二五)に会員制高級料亭の*星岡茶寮を東京山王の日枝神社畔に開店。料理にかなった器を自ら作陶するために、神奈川県北鎌倉に星岡窯を築く。中国、朝鮮、日本の古陶磁の様式や技法に基づきながら、斬新な意匠と豪放な作風で知られる。魯山人は昭和七年(一九三二)、星岡茶寮に田舎家を移築(戦災で焼失)、また北鎌倉の星岡窯に移築し、住まいとした田舎家は*春風萬里荘として現存する。

北尾春道【きたおはるみち】

明治二十九年〜昭和四十七年(一八九六〜一九七二)。昭和時代の数寄屋研究家。大阪府に生まれる。幼名春吉。父は寺院建築に携ったというが、春吉が生まれた時にはすでに引退し、僧侶となっていた。春吉も九歳で本願寺衆徒となり、春道と改名した。東京高等工業学校(現東京工業大学)で建築を学び、昭和初年には自邸のあった鎌倉を中心に住宅、教会、幼稚園などの建築設計に従事していた。昭和十一年には代表作である西本願寺門主私邸の錦華寮の建設にとりかかっている。その後、膨大な実地調査に基づき、昭和十年から十二年に『*数寄屋聚成』全二十巻、昭和十三年から十四年に『国宝書院図聚』全十巻を出版した。これらの著作は、銘木類の表情を重視する数寄屋の特性を示すべく、各種写真や図面を中心に構成された画期的な内容をもった。戦後は、カタログ的な数寄屋紹介にとどまらず、茶室の思想的背景や系統にも言及する『茶室建築』や『露地・茶庭』(ともに一九五六年刊)、また、それらの索引的な内容をもつ『数寄屋図解事典』(一九五九年刊)など、自らの数寄屋研究を集大成した著作をのこした。

北野大茶之湯【きたのおおちゃのゆ】

天正十五年(一五八七)十月一日、*豊臣秀吉が京都の北野森(上京区北野天満宮境内の松原)で開いた大茶会。十月一日から十日までのあいだ、天候により秀吉の*名物茶道具を展観する予定だったが、この茶会は突如一日で中止となった。貴賎貧富の別なく、国内の者にとどまらず、唐人で数寄を心がける人にも参会を厳命し、釜一つ、釣瓶(水指)一つ、茶碗一つ、茶がない場合はこがしでもよいから持参して、それぞれ茶屋を囲い茶の湯を交歓するようにと呼びかけた。各人に割り当てられた茶屋の広さは二畳であった。もし、参加しなかった場合は今後一切こがしであっても茶を点てられず、また、この茶会に参加しなかった人の所に行くことも禁じるとした。茶会は中央に*黄金の茶室を置き、その前面に秀吉、その左右に名物を荘り、*千利休、*津田宗及、*今井宗久の四畳半四席が二列に囲われてそれぞれにも秀吉の収集した名物が荘られた。経堂から別当寺の松梅院までの松原に八百の茶屋が囲われたという。参会の数寄者らはくじ引きで四人（あるいは五人）一組となり、四席のいずれかで拝服する仕組みとなっていた。一のくじは秀吉、二のくじは利休、三のくじは宗及、四のくじは宗久の席となっていた。秀吉は午後、境内の茶屋を巡り、*ノ観や美濃国（岐阜県）の一化というわび茶人の席を賞し、茶を喫したという。『多聞院日記』によれば、公家や茶人たちが設けた茶屋は千五百から千六百にのぼったという。この茶会は九州征伐の先勝と豊臣政権の天下統一の祝賀の意味を含み、秀吉の威勢を誇示するためのものであった。『太閤記』『*松屋会記』『*長闇堂記』『豊鑑』『多聞院日記』『*茶話指月集』『*源流茶話』などに北野大茶之湯に関する記事がある。この大茶之湯で利休が試みた四畳半茶室は、*茅葺の屋根で丸太柱を用い、*躙口を設けたもので、内部は窓が二つ、*塗立柱の手法を用いるものであった（北野大茶之湯の四畳半の項を参照）。近代では、北野大茶湯三百五十年を記念して、昭和十一年（一九三六）十月八日から五日間にわたり、昭和北野大茶湯が北野神社（今の北野天満宮）境内で催された。

北野大茶之湯の四畳半【きたのおおちゃのゆのよじょうはん】

*豊臣秀吉が天正十五年（一五八七）十月に北野天満宮の松原において催した大茶会において、*千利休が建てた四畳半。屋根は*茅葺で丸太柱を用い、躙口の正面に間口四尺三寸の床があった。躙口を入ったところの半間通りが化粧屋根裏で突上窓があき、床前は平天井であった。床には入隅の柱に寄せて墨蹟窓があけられていた。点前座の入隅に立つ柱の下方を塗り回して上方の柱だけを見せる*塗立柱（楊枝柱）の手法も試みられているが、洞庫の先や躙口の脇には柱が立っていたように、構造的な部材はまだ整理しきれていない。

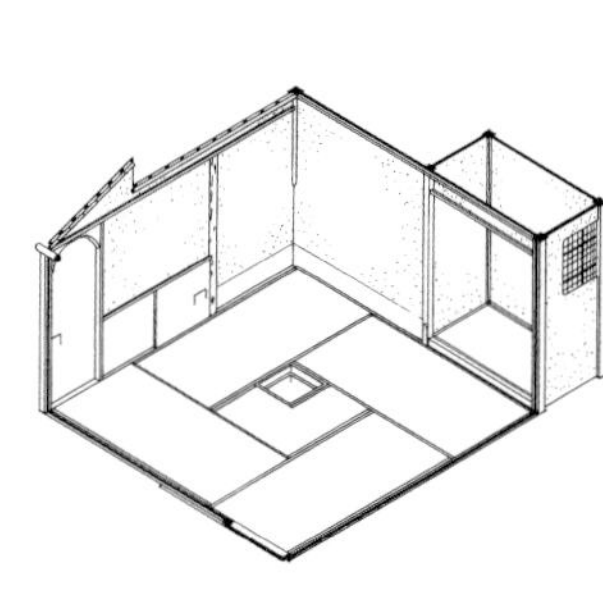

北野大茶之湯の四畳半復元図

北向き【きたむき】

*山上宗二の伝える紹鷗四畳半（武野紹鷗の茶室の項を参照）は北向きであった。また「池永宗作への書」には「茶湯ノ座敷ハ北向ヲ本トス」とあり、茶室が形造られてきた頃には北向きのものが多かったことがわかる。当時は*躙口がまだなく、したがって現在でいうところの*貴人口から大量の光が茶室内に入ってきたことが考えられる。「ナセニナレハ強フアカルウ無キ程ニ茶具真ニミユルジャウ明リナリ、東西南北ノ明リハ変アリ、アカルキ時ハ茶湯道具早々ニミユルナリ」と続けており、北向きからの光は強くなく、明るくもなく、茶道具の真の姿が見える良い光で、明るすぎる光では茶道具が粗末に見えるものだと述べているので、茶室の向き、すなわち貴人口を北に向けることによって、より緩やかな間接光をとり入れるための工夫であったと考えられる。躙口は*千利休が考案したと伝えられるが、同じ頃よく使われるようになった下地窓とともに、その頃以降は、茶室の向きを大きく問題にすることはなくなった。

北向道陳【きたむきどうちん】

永正元年〜永禄五年（一五〇四〜六二）。戦国時代の堺の茶人。本姓は荒木。家業は医者、もしくは皮革業とも。南宗寺の大林宗套に参禅して、古岑の号を受ける。室町幕府の*同朋衆・*能阿弥の小姓であった空海に書院の茶を学び、十一のカネに基づく台子や長盆などの道具荘りに通じ、目利きとしても知られた。*千利休の入門の師であると同時に*武野紹鷗に千宗易（後の利休）を推薦してその弟子とさせた話は有名。また*大徳寺に参禅し、公案八十余則を挙げた真の茶の湯者であり、その茶を「池永宗作への書」では紹鷗が「枯木カトヲモヘバチヤヤツト花ヲ咲様ニ面白キ茶湯ナリ」と評している。紹鷗の「わび茶」「草庵の茶」に対し、能阿弥の流れを汲む「台子の茶」「書院の茶」を伝えていたとされるが、利休の「わび茶」にも少なからぬ影響を与えている。茶道史通説で利休が茶の湯の大成者とされているのは、この二つの流れを伝えることを根拠にしているところが大きい。松花茶壺（徳川美術館蔵）、虚堂智愚墨蹟などの*名物を所持し、茶碗や茶杓など、いくつかの遺品が現存している。北向の名は*北向きに造られた家に住したことから通称した（堺の北向町に住んでいたからとも）という。「池永宗作への書」では「茶湯ノ座敷ハ北向ヲ本トス（中略）常翁ノ座敷ハ此分ナリ」とし、座敷は北向きを根本とすることが述べられる。続けて「道陳六畳ナリ、常翁と茶湯ノ法ケンナリ」と、道陳と紹鷗は近所に住し、茶人として親しい間柄であり、この六畳茶室もまた北向きであったことをうかがわせる。しかし、『茶話指月集』には「道陳小座敷ハ西表にて有しを、さる人、昼の客に西日か入て悪く候ハんといへは、陳朝はかり茶湯すれハ、西日のよしあし覚えすとこたふ」と、道陳の小座敷は西向きであったことを記している。また*突上窓の始まりには各説が伝わるが、その一つに「突上窓、北向道陳の好とも居士のこのミともいふ也、おもやの雪を見るために道陳つき上ケ窓をこのむともいへり」と道陳の工夫であることを伝えるものもある（茶道筌蹄）。

北村謹次郎【きたむらきんじろう】

明治三十七年～平成二年（一九〇四～九〇）。実業家、近代数寄者。奈良県吉野で代々山林業を営む旧家に生まれ、幼少より毎日釜を懸けて茶湯に親しんだという。京都大学進学の頃より本格的に茶道稽古に励み、家業を支えるかたわら茶道美術品の収集につとめ、昭和五十五年（一九八〇）には今日庵老分職となった。謹次郎の収集品は*北村美術館に収蔵され、美術館に隣接するその邸宅及びその茶苑である*四君子苑は登録有形文化財に登録されている。

北村謹次郎邸【きたむらきんじろうてい】

京都市上京区にある数寄者・北村謹次郎の旧邸宅。⇨四君子苑【しくんしえん】

北村捨次郎【きたむらすてじろう】

明治十七年～昭和二十年（一八八四～一九四五）。近代の数寄屋大工。戦前における京数寄屋の名人として名が高い。*上坂浅次郎のもとで修業を積んだ。明治時代の末、*清流亭の建築工事にたずさわったといわれる。後、大正八年（一九一九）から*野村得庵に招かれて、*碧雲荘の棟梁となって普請に腕をふるい、戦中には*北村謹次郎に請われ*四君子苑を完成させた。他にも京都豊国神社の*豊秀舎などを手掛けている。

北村伝兵衛【きたむらでんべえ】

明治二十七年～昭和六十年（一八九四～一九八五）。近現代の町家、数寄屋大工。九代伝兵衛。八代伝兵衛の次男として生まれる。父の八代伝兵衛は東本願寺出入りの堂宮大工・田中伊兵衛の門人。昭和三年（一九二八）に九代目を襲名。九代伝兵衛は進取の気に富み、伝統的な工法に加えて積極的に新しい工夫をはたらかせ、多くの町家を手掛けた。大倉喜八郎の京都別邸書院（現大雲院書院、登録有形文化財）、五条坂の船井邸などにその技量の高さがうかがわれる。生粋の町家大工の棟梁であり、手掛けた町家は百棟をこえる。丸物（丸太）を使う数寄屋建築も得意とした。また*藤井厚二設計の住宅（平岡家〈一九二七年建築〉、平池家、旧小川家〈一九三四年建築〉）や、ドイツ・ミュンヘンの茶室閑松庵（一九七二年建築）、京都府によって伝統技術の保存のために企画された、府立植物園の茶室半木庵なども手掛ける。著書に『茶室　設計詳図とその実際』（千宗室、村田治郎共著、一九五九年刊）がある。昭和四十二年に労働大臣より第一回優秀技能者（現代の名工）に選ばれている。

北村美術館【きたむらびじゅつかん】

京都市上京区に開館する美術館。実業家の*北村謹次郎がその収集品を保存するため財団法人北村文華財団を設立、次いで京都での茶道美術館の魁として昭和五十二年（一九七七）に美術館を開館した。数寄者として知られた謹次郎が選び抜いた約一千点の茶道美術品を蔵し、特に古筆や茶碗に名品がある。隣接する謹次郎の邸宅及びその茶苑である*四君子苑の建物は、昭和時代の数寄屋建築の傑作として名高い。

北山絞丸太【きたやましぼりまるた】

*北山丸太のうち、表面に細い捩れた絞（皺）が入ったものをいう。最高級の天然の絞丸太のほか、半人造、人造のものがある。これは大正時代に北山や吉野で生産方法が開発され、以後量産が可能となった。幹に箸状の当て木を巻き付け、二、三年のあいだに幹が太り、食い込むことで絞を入れる。絞の目が広いものを出絞、狭く不規則なものをしで絞、また日光がよく当た

る部分を中心に絞が現れるものを日向絞という。昔から磨丸太製造業者のあいだでは絞の入り方により様々な呼び名があり、杉天然出絞には雲外、中源、楳田、広河原、打合、三五、サンショ、ベラなどが、杉天然入絞には縮緬などがあり、それぞれ絞の現れ方が微妙に異なる。絞の入り方は一本一本違い、個性があるため、用いる時によく吟味される。茶室や数寄屋をはじめ一般家屋などでも*床柱として、ひろく好まれる。

北山絞丸太

北山杉【きたやますぎ】

京都市北区の中川北山町を中心に清滝川流域で産出される*杉の総称。特に*北山丸太で知られる。古くから行われている*台杉仕立てと、一代限りの皆伐方式の二種類の植林形式がある。台杉は室町時代の応永年間（一三九四～一四二八）頃に始まるといわれ、茶室建築や数寄屋普請の流行とともに盛んになった。一般に専用の畑で挿し木をして苗木を育て、挿し木から二十五～三十年で伐期を迎える。普通、北山杉は晩秋から初冬にかけて伐採されるが、八月中旬頃に伐採される本仕込みは特上品とされている。

北山殿【きたやまどの】

*足利義満が西園寺公経（一一七一～一二四四）の山荘北山第を取得して営んだ山荘。応永四年（一三九七）に着工し、翌年四月に移徙している。義満、夫人日野康子それぞれの居所である北御所、南御所のほか、三層の仏殿（舎利殿）、その北に二層の*会所（天鏡閣）などが設けられていた。仏殿と会所は二層の廊下でつながれていたという。応永十五年三月、義満は後小松天皇の行幸を仰いでいる（北山殿行幸記）。鏡湖池の北端に南面する仏殿は、金箔で飾られていたことから、「金閣」と呼ばれる。義満は後小松天皇を迎えて二カ月後に亡くなり、その院号によって*鹿苑寺となる。以後、北山殿の建物の大半が失われていく中、応仁・文明の戦乱を免れていた金閣は昭和二十五年（一九五〇）に焼失、同三十年に復元された。金閣東北方の高所には*金森宗和好みと伝えられる茶室*夕佳亭がある。

北山丸太【きたやままるた】

*北山杉の丸太。一般的に北山丸太といわれるものは、*北山絞丸太や北山垂木といった*磨丸太をさす。材質は緻密で、木肌に光沢があり、滑らかで色艶が均一である。また円に近い丸さで、全体のバランスも良く、エクボ（凹み）や葉節の難点が少なく、干割れが生じにくいなどの特徴がある。茶室や数寄屋の建築材としてひろく好まれ、*桂離宮や*修学院離宮などにも用いられている。

基壇【きだん】

中国大陸から、寺院建築の導入により伝った基礎の形式で、側面を石材で外装し、上部を石や瓦で舗装したもの。内部は粘土を積み重ねて築成される。地上との昇降のために階段が設けられる。

几帳面【きちょうめん】

*面取の一種。角柱や框（框の項❶を参照）、板などの部材の角部において、角をはさんで、二面から段を欠き取ったもの。特に、新たにできた角に丸みを付けたものを本几帳面という。

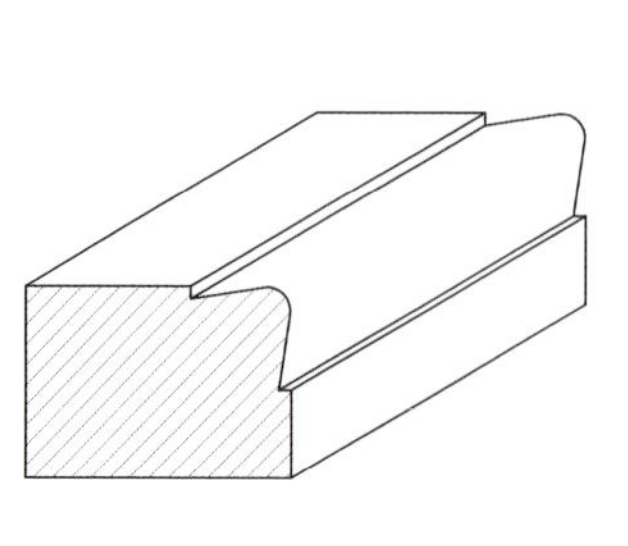
几帳面

喫架【きっか】

*立礼で用いる机。明治五年（一八七二）、京都博覧会に際して、*裏千家十一代玄々斎精中が創案した立礼式で*点茶盤、*円椅とともに使用された。天板は一般的には黒掻合塗で、玄々斎が大工棟梁の二代*木村清兵衛に図示し、作成依頼した「立礼之図記」には厚さが五分半、長さ三

尺、幅一尺五寸一分で、総高が一尺七寸三分と書かれ、遣り違いの脚が付く。円椅に座わる客前に置くが、点茶盤脇に一脚を据え、点てた茶や拝見物を出すためにも使用する。

木津家【きづけ】

茶家。木津松斎宗詮が*武者小路千家八代一啜斎休翁に入門、大坂に立てた家である。庵号は卜深庵、歴代の名乗りは宗詮。

［初代松斎宗詮］安永四年～安政二年（一七七五～一八五五）。名は敬包。*大綱宗彦（大徳寺四百三十五世住持）より松斎の号を、*松平不昧より卜深庵、寒松軒、宗詮の号を受けた。大坂木津（大阪市浪速区）の願泉寺に生まれたが江戸に下り、不昧の知遇を得ている。帰坂後、一啜斎に入門。紀州徳川家の小納戸役となった。また十代以心斎全道の後見をつとめた。奈良の*一乗院の作庭や、名古屋竜門園内の*時入庵などの茶室を造っている。門下に久邇宮朝彦親王、平瀬士瀾、平瀬士陽、加島屋作兵衛らがいる。［二代得浅斎宗詮］文政五年～明治二十九年（一八二二～九六）。名は包一。初め宗隆と号し、拙叟宗益（大徳寺四百四十七世住持）に参じ、得浅斎の号を受ける。播磨国高砂（兵庫県高砂市）の善立寺より入家し二代を継ぐ。十一代一指斎一叟の後見をつとめた。門下に*平瀬露香、北風正造、神田兵右衛門らがいる。［三代聿斎宗泉］文久二年～昭和十四年（一八六二～一九三九）。得浅斎の子で、名は宗一。初め宗隆、宗詮、のち宗泉、露真と号す。大徳寺の川嶋昭隠に参じ、聿斎の号を受ける。十三歳の時、近衛篤麿の薦めにより宮内省内匠寮で木子清敬（一八四五～一九〇七）に旧式建築製図を学び、桂離宮の実測や正倉院御物の調査に参加している。十八歳の時には平瀬露香にともなわれ、ふたたび東上し大蔵省簿記学伝習所に入学。後に第三十二銀行、大阪東区役所などにつとめ、明治四十二年（一九〇九）、露香より武者小路千家の家元預を継ぎ、十二代愈好斎聴松の後見となる。昭和五年大宮御所に*秋泉御茶室を建てた功により、貞明皇后から「宗泉」の名を一代限りで賜った。宗泉が造った茶室の特徴は、比較的明るく、刀掛など時代にあわないものは捨て、電灯やコルクなど当時の新しい素材も積極的に取り入れていることなどである。作例としては興福寺*静観寮、四天王寺本坊庭園と茶室*払塵亭、*五風荘、*温山荘、*看松居、棲霞園、延暦寺大書院庭園など多数がある。［四代花笑斎宗詮］明治二十五年～昭和五十二年（一八九二～一九七七）。聿斎の子。名は三辰。愈好斎より花笑斎の号を受ける。聿斎より茶室設計を学び、藤田美術館や関西電力本社の茶室などを設計した。［五代柳斎宗詮］大正五年～平成十年（一九一六～九八）。花笑斎の子。名は辰猪。千葉高等園芸学校（現千葉大学）を卒業後、東京府庁などに勤務した。愈好斎、花笑斎に茶の湯を師事、大徳寺大光院の小堀明堂より柳斎の号を受ける。武者小路千家名誉教授。［六代徳至斎露真］昭和十八年～（一九四三～）。柳斎の子。名は宗人。隠居後、露真を襲名。関西学院大学卒業後は十三代有隣斎徳翁、柳斎に茶の湯を師事、十四代不徹斎宗守より徳至斎の号を受ける。武者小路千家家元教授。公益財団法人官休庵評議員。［七代桜斎宗詮］昭和三十七年（一九六二～）。本名は大江崇之、徳至斎の養子。立命館大学を卒業し、有隣斎、不徹斎、柳斎に師事する。不徹斎より桜斎の号を受ける。武者小路千家家元教授。

亀甲竹【きっこうちく】

竹の種類のひとつ。モウソウチク（*孟宗竹）の変種。節が水平にならず、節と節のあいだがふくらんで、亀甲形に連続しているもの。亀甲形には個別性があり、形状は様々である。建築材としてその珍しい姿から床柱や中柱、欄間などにまれに好まれる。自然な風合いの*胡麻竹の亀甲竹は珍品とされている。

吉香茶室【きっこうちゃしつ】

山口県岩国市の旧周防国岩国藩主吉川家の岩国本邸にある茶室。明治二十五年（一八九二）に東京神田の別邸内から移築された。第二代藩主吉川経健の茶道の師・名嶋宗古は、*裏千家十一代玄々斎精中に学んだ。このような関係から、茶室は玄々斎好みの*咄々斎を写したと伝えられる。茶室は八畳で、正面の床の間口は七尺ほどで、太いしゃれ木の床柱を立て、床脇は踏込の地板敷きとするが、咄々斎に特徴的な床脇の大きな下地窓は見られない。次の間六畳は水屋で、境の欄間は咄々斎と同じく桐文様を透かしている。

亀甲目地【きっこうめじ】

*敷石の*目地の一種。亀甲形に切った石を用いて敷石を敷く時、目地も亀甲形にのこす場合があり、その目地をいう。

亀甲文【きっこうもん】

文様の一種。六角形の幾何学文様で、形が亀の甲羅に似ているところからいう。六角形単独のものを亀甲形といい、これを上下左右につなげたものを亀甲繋ぎという。また亀甲形を三つ組み合わせたものは三盛亀甲という。亀甲文は古くより瑞祥文様とされ、家紋などとしても幅広く使われる。亀甲文の中に他の文様をあしらう場合があり、花菱亀甲、巴亀甲、亀甲に九曜文、亀甲に三つ鱗文などがある。

喫茶往来【きっさおうらい】

室町時代初期の茶会の次第ならびに喫茶法について、二組の往復書簡の形式で記した書。著者は室町時代初期の天台僧・玄恵(?～一三五〇)といわれるが、その内容から見て十五世紀前半頃の著作と考えられる。一巻。*唐物で飾った座敷のしつらい、四種十服の飲茶勝負など、三代将軍*足利義満の頃の茶会の様子がわかる貴重な史料。

喫茶去【きっさこ】

*松平不昧が*大崎園に営んだ建物の一つ。不昧の住いである西館の北西部にあった。『大崎御屋敷分間惣御絵図面』には「御客家」と記されている。園庭の入口に設けられた待合にあたる施設で、御客座鋪、御台所、御番部屋などからなり、西側には*独楽庵の外露地が接している。『大崎別業遊覧記』には「こゝに室なり　喫茶去の三字を掛けたまふ　内に入れば　又慰といふ字かけたまふそのうちにあなひす　世にいふ待合ふ所かや　たゝみ三ッばかりしきて　しやうじの腰もひの木にし　ふすまは桐を置あげて　だみたる黄かねの色もいとふるびて殊勝なり　その次なる少しひろき間より庭にいでゝ　あないにしたがふ」とある。

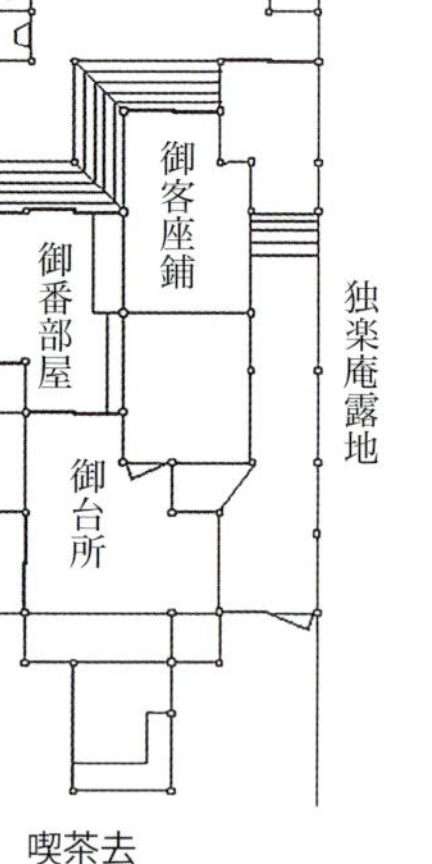

喫茶去
「大崎御屋敷明御殿御住居絵図面」から作図

喫茶指掌編【きっさししょうへん】

茶の湯の故実、逸話集。江戸時代中期の茶人・速水宗達(一七三九～一八〇九)著。月、雪、花の三部から構成される。宗達がのこした草稿に速水家二代宗曄と片岡信賢が校訂を加え、文政八年(一八二五)に月之部上、中、下が板行された。『喫茶明月集』と題する版本もある。雪之部及び花之部は写本が伝わり、三部とも『速水宗達著作選集』の中に翻刻されている。

喫茶之亭【きっさのてい】

室町時代に喫茶にかかわる施設を表した用語の一つ。はやくは室町時代初期の成立とされる『*喫茶往来』に見られ、*会所で行われた茶会に関するくだりの中に記される。松柏が植えられた広い*林泉に建ち、「爰有奇殿、峙桟敷於二階、排眺望於四方。是即喫茶之亭」とあって、二階建で、茶会の場となった二階は眺望のひらけた桟敷のように造られていた。またこの時、一階には釈迦三尊図とともに*唐物の絵画が四面に飾られていた。

喫茶之亭想像復元図　中村洋子作図

喫茶養生記【きっさようじょうき】

*栄西によって記された茶書。初治本と再治本の二種が伝わり、初治本は承元五年(一二一一)に、再治本は建保二年(一二一四)に成立。鎌倉三代将軍源実朝が二日酔いに苦しんでいた時に、飲茶の効用を説くために贈った書と考えられている。上下二巻からなり、上巻には序と「五臓和合門」として諸臓の病気と薬としての茶の効用、下巻には「遣除鬼魅門」として中風などの病気と桑の薬効が述べられている。『茶経』をはじめとして多くの中国の古典を引用しており、栄西の学識の深さを示す。宋風飲茶法の移入時期とほぼ同じ時代に書かれた茶書として、また日本における最古とされる茶書として、その価値はきわめて高い。

狐格子【きつねごうし】

木連格子と同じ。⇨木連格子【きづれごうし】

木連格子【きづれごうし】

*入母屋造の妻壁の一形式。竪(前)、横(後)に桟を組み、格子状にしたもので、格間は背面から裏板を打ち付ける。江戸時代前期までは*破風の背面に取り付き、竪の桟は下端の*前包より前面に出ていたが、江戸時代中期以降、雨仕舞(建物内部に雨が入らないようにすること)の関係より、破風から離れて内側に設けられ、下端は前包の上部に水切り板を取り付け、竪の桟はその上部でとまるようになる。諸説あるがもとは枛格子、抓格子(いずれもつまごうし)であったが、転じて狐格子となり、木連の文字を当てるようになったとの説もある。

木連格子　桂離宮書院

木戸【きど】

庭園や露地に設けられる簡単な門。二本の丸太柱のあいだに*目透戸や*へぎ戸などを用いたもの。『*石組園生八重垣伝』には、「草の木戸はぬきなし、真の木戸は低くひらたく見ゆるがよし、行草立長にするなり、真は戸弐枚なるが故也、行草は一枚戸なり」と、真行草の木戸の形式が示される。警備や防備施設としての門、芝居小屋の入口などをさすこともある。

木戸石【きどいし】

石材の一種。滋賀県大津市の旧木戸村(旧志賀町)から産出する良質な花崗岩。木戸村は石燈籠をはじめとする石造物の生産地としても知られていた。天保十一年(一八四〇)『来迎寺年代記』の庭石の項には「木戸村の出す所を可とす」とあり、江戸時代後期に穴太地区において木戸石の加工を行う石工の存在がひろく知られていたことが記されている。同町から出る水成岩の木戸真黒石とは種が異なる。

木燈台【きとうだい】

燈具の一種。台の上に柱を立て、上部に桐の蜘蛛手(材を四方八方に打ち組んだもの)を付けて、火皿をのせる簡易な照明具。また同種のものに木掛燈台がある。蜘蛛手に桐の後板が付けられており、*水屋洞庫の上などに掛けられる極わびの燈具で、利休形が知られている。

木燈籠【きどうろう】

木製の燈籠のこと。屋根形の笠で、四方形の*火袋に十文字の格子を入れ、障子張としたものが多い。釣燈籠にしたものや、栗丸太を立て、十文字に添え木を渡してその上に置く場合もある。『*石州三百ケ条』には「木燈籠口伝有」として、露地の景色に昼間も「ぼくの上又は石なとの上にのせ置候てもよく候ハんと申され候、それより石州ハ木燈籠其儘差置被申候也」と記す。千利休や千宗旦の好みも伝えられる。

木戸門【きどもん】

江戸時代の特に都市部の町ごとに設けられてい

た防犯上の門。形式は江戸時代前期には柱の頂部を冠木や貫でつなぐ簡素な*冠木門であったが、後期以降は腕木を取り付け、屋根をもつ*腕木門を用いるようになったと考えられる。

木取り【きどり】

それぞれの木がもつ特性をふまえ、板や角材の挽き方を*墨付けし、製材すること。古くは木挽きと呼ばれる製材専門の職人が、木の*木口に墨付けを行い、前挽大鋸と呼ばれる巨大な鋸で製材していた。一本の木から、できるかぎり貴重な木目の材を生み出し、かつ無駄なく効率的に材にしていくことが考慮される。

貴人上り【きにんあがり】

貴人口と同じ。⇨貴人口【きにんぐち】

貴人石【きにんいし】

「*きにんせき」「きじんせき」とも読む。
❶*腰掛の*役石のひとつ。貴人のための腰掛、貴人席足元に据える石。通常、他の腰掛石より高く打たれ、上質の石を用いる。藪内家の露地に設けられた*割腰掛の、貴人席足元に据えられた貴人石はよく知られる。
❷腰掛の役石のひとつ。正客石と同じ。⇨正客石【しょうきゃくいし】
❸貴人口に据えた踏石。*沓脱石のこと。

貴人口【きにんぐち】

茶室における出入り口のひとつ。客側の出入り口で、腰付の*明障子二枚引きを通例とする。*躙口に対して開口の寸法が大きく、貴人（身分や官位の高い人。立派な家柄の人）のための出入り口であるという意味で、「貴人上り」ともいう。小間の茶室であればその寸法はなるべく小さく低くすることが望ましく、高さは五尺一～二寸が標準で、低い場合、三尺八寸程度にもなる。障子の部分が明障子の窓と同じ効果をもつので、その茶室の採光の加減によって腰の高さなども吟味される。躙口が併設されることが多いが、併設されないこともある。*千利休の時代、わびの*草庵式茶室の中では客に身分の差はないという考えから、客用の出入り口を身分によって区別することがなかった。その後に貴人に対する扱いへの配慮が加えられるようになり、貴人口が工夫されることになった。明治時代以降においても、草庵式茶室にふさわしい躙口を設けつつ、腰を折らなくても出入りできる貴人口を設けることは、その利便性からも多用されることになり、近代の茶室の多くに見受けられる。貴人口の前には、切石や自然石による*沓脱石を据える。（付録21頁参照）

貴人座【きにんざ】

茶室で貴人が座すために特別にしつらえられた場所、あるいは貴人の着座が想定されている場所。元来、床は、*書院における貴人のための座（*上段）をさしていたが、茶室に出現した床では、貴人の座という意味は小さくなり、*押板、*違棚、*付書院と同じような飾りをする場所としてもっぱら使われた。結果的には、貴人の座が床から下段に降りてきたために、そのための場所が用意される必要があったと考えられる。床前の一畳を*貴人畳と呼んで区別したり、*高麗縁にして表現したりする。したがって床前の畳は、床框と並ぶように敷くのが一般的で、畳の短辺が床に接するように敷くのを*床挿しといって嫌うこともある。また*川上不白の広間などでは、山口県萩市の花月楼（花月楼の項❷を参照）のように、上段が茶室内に積極的に組み入れられる例もある。

貴人席【きにんせき】

露地の*腰掛に設けられる貴人の席をさし、また*正客の座る座となることもある。貴人席を連客の座とは独立して設ける例（*割腰掛）もあるが、普通は一続きになっており、足元に打たれた役石によって区別される。その場合、貴人席の石である*貴人石（*正客石）は独立して設けられ、連客の座の*連客石より高く据える。連客石は低くして、二、三人を一石とする場合が多い。

貴人畳【きにんだたみ】

茶室内の畳の呼び名のひとつ。*貴人座に見立てられる場所に敷かれた畳。四畳半においては床前の畳をいい、「床前畳」ともいう。四畳半でなくても貴人座に見立てられた畳をさすこともある。裏千家*抛筌斎の*高麗縁の床前二畳はその好例。本来、貴人でなければ着座しないため、正客がこの畳をはずして着座することもある。

木下家の茶室【きのしたけのちゃしつ】

兵庫県神戸市垂水区の舞子公園の旧木下家住宅にある茶室。この住宅はもとは海運業を営んだ又野良助が、自邸として昭和十六年（一九四一）から十八年にかけて建てたと伝えられる屋敷。昭和二十七年に木下家の所有となり、平成十二年（二〇〇〇）に兵庫県に寄贈、舞子公園に組み込まれた。切妻造桟瓦葺の屋根の東西両端にそれぞれ南北に突出部を設けたH字形の平面である。茶室は北西に附属し、入母屋造桟瓦葺で東側に庇を付け下ろす。四畳半切、本勝手、上座床の形式で、北側に設けた床は東に寄せ、しゃれ丸太の床柱を立て、西の床脇には引違いに障子を建てた窓をあけ、竹の柱を立て、二枚の棚を高さを変えて矩折に設けている。東に平書院と貴人口、南に躙口をあける。茶道口は西側の引違いの襖、南に袴腰形の給仕口を設ける。天井は平天井で竹の竿縁は床挿し、貴人口側の東半間を化粧屋根裏とする。登録有形文化財。

木下孝一【きのしたこういち】

昭和六年～平成二十三年（一九三一～二〇一一）。近現代の数寄屋大工。石川県穴水に生まれる。昭和二十年、満州に渡り、大連技術員養成所建築科に入ったが、二年後に帰国。昭和二十二年、十六歳で京都の酒井安太郎に弟子入りする。昭和二十九年、仁和寺の茶室*遼廓亭、*飛濤亭に感銘を受け、*平井滋造に師事。昭和四十一年、数寄屋師として独立。平成元年（一九八九）、数寄屋研究所心傳庵を設立。*酬恩庵の茶室露滴庵のほか、大坂城の*黄金の茶室、鹿苑寺茶室常足亭など多数の茶室の復元、建築を行う。平成十九年に日本建築学会文化賞を受賞。平成二十一年には卓越した技能者（現代の名工）に表彰される。代表作に光悦寺書院、茶室（一九七〇年建築）がある。

既白軒【きはくけん】

京都市右京区の妙心寺塔頭*桂春院にある茶室。桂春院は、慶長三年（一五九八）に織田信忠の次男・秀則が創建した見性院を、秀則の死後、美濃国（岐阜県）の石河貞政が寛永九年（一六三二）に父の五十年忌の追善供養のため、桂南守仙を請じ、本堂ほか建物を整備、再建した。寺伝によると寛永の本堂再建に際して*書院、茶室とも貞政の屋敷から移築されたと伝わるが、書院は別としても現在の茶室はもう少し後の作と考えられる。現在、*三畳*下座床の席で、床を一畳分入れ込んだ全体八畳の書院北側に廊下を隔てて建ち、書院の西側には次の間六畳が続く。寺蔵の古図では、書院の北側に「囲」があり、「囲」は床無しの三畳で、書院とのあいだは*引違いの襖を建てて直に接していた。これとは別に今と同じ姿を伝える明治三年（一八七〇）の図がのこっていることから、それ以前の茶室の姿を伝えていることが確かめられる。現在の茶室は*藤村庸軒の流れを汲んだ人の作とされ、当院では今も庸軒流の茶の湯が行われている。同じ山内の塔頭*退蔵院には庸軒の門人の比喜田氏が檀家をしていたが、その系統に天龍寺大珠院の固蔵がおり、この人物が妙心寺塔頭隣華院と関係が深かったことから、桂春院にもその影響が伝わり、妙心寺住持となる月山（一八二九年、桂春院に得度。一八六九年に住持）が当院に茶室を設けるに至ったと伝えられる。妙心寺は修行の妨げになるとして茶の湯が法度になっていたが、それも安政年間（一八五四～六〇）には解けたという。それらの経緯から、現状の茶室はその際の月山の改造とみるのが妥当であると考えられる。外

床

既白軒

既白軒　点前座より躙口側を見る

観は、東に妻を向けた*切妻造の書院に造り込まれた茶室であるため、書院東側の縁の北側に*柿葺の庇を付け下ろして*土間庇を造り、外観を組み立てている。正面に向かって左側、書院の縁側との見切りには*袖垣を設け、右側はさらに*間半ほどのばして*袖壁を付けることで、内部から見れば端にあけられている*躙口が、外部からは中央に寄って見える。壁付には*刀掛を釣る。足元は*差石の上に低く*腰板を入れる。内部、南側に構えられた床は*板床の形式で、*床柱を赤松皮付、*床框を面取の木地縁にし、*入隅は塗廻す。左の壁に*墨蹟窓をあけるが、*掛障子が外側に掛けられる。床の脇、太鼓襖二枚を建てた口の外には台目の廊下があり、書院に通じる。書院境の襖には狩野山楽筆の*障壁画がのこされている。点前座は、炉を上げ台目切に切り、辛夷丸太の*中柱を立てる。*引木を入れて下部を*吹抜き、客付に上下とも同じ大きさの棚板からなる二重棚を釣り、吹抜きから下棚のみが見えるようにしている。点前座の入隅の柱は、*風炉先窓の鴨居でとまり、それから下を塗廻している。天井は、客座側床前は*平天井の形式で、*白竹押えの*野根板、点前座は*網代張の*落天井で、*化粧屋根裏には*突上窓をあけている。客座と点前座の境に、わずかに小壁をのこして落天井を上げて張ってあり、通例にはない手法である。躙口の上には両端に少し壁をのこして、大きく*連子窓をあけている。客座の*下地窓は中央やや左寄りにあけられ、敷居を柱間いっぱいに通して、安定感をつくり出している。三畳*下座床という間取りや、床が塗廻しの板床であること、やや大きい墨蹟窓をあけることなどに庸軒の代表作である*澱看席に似通うところがある。当院の庭は西門からすでに既白軒へ向かう露地として計画されていると考えられる。*刈込が並ぶ*方丈の南庭を東へ進むと、*飛石の庭となり書院東庭に続き、ここが茶室にとっての*外露地にあたる。書院の縁先の*沓脱石も飛石も小ぶりで利休流の*草庵風な造りを示している。飛石を北に進むと*中門に*猿戸を釣り、その先*内露地には*蹲踞を設け、やや離れて鉢明りの石燈籠を配している。露地の造りとあわせ、江戸時代末期の茶室として端正な作風を示している。

木橋【きばし】

木製の橋の総称。池や*流れのある庭園の通路や添景として古くから造られ、橋脚、橋桁、梁の*軸組をもつものから、板を渡しただけの簡易なものまである。

擬板【ぎばん】

塗壁に自然木のような木目を出す技法。色モルタルを何層にも薄く塗り付けた後、半硬化時に鉄針や竹針を使って木目を描き出し、本物の板のように見せる。

貴船石【きぶねいし】

石材の一種。京都市左京区の芹生峠の貴船口、鞍馬山間に多く産出した紫色輝緑凝灰岩。加茂七石の一つ。古生代二畳紀頃、海底火山の活動が盛んで、玄武岩質の溶岩が噴出するか、爆発による火山灰を海底に堆積した火山砕屑岩のひとつである。表面が凸凹し亀裂が入るように見えるが、強固で風化の少ない石質である。マンガンが紫色に発色させており、濡れると大変美しい。*景石のほか*差石や縁石として珍重された。また石質などの違いにより、淡い青緑色の貴船蓬石、石英の筋が美しい貴船糸掛石、白から黄色の石英が縞を作る貴船虎石といった別もある。

木村清兵衛【きむらせいべえ】

江戸時代末期から昭和時代まで、四代に及ぶ裏千家出入りの数寄屋大工。［初代清兵衛］名は留次郎。？〜元治元年（？〜一八六四）。*裏千家十一代玄々斎精中が利休二百五十年忌（一八三九年）にあたって計画した裏千家増築の*棟梁をつとめ、*利休堂、*咄々斎、*抛筌斎、台所、表門などがこの時に造られた。この功労が賞され、玄々斎から自作竹花入銘棟梁が贈られている。［二代清兵衛］名は幸次郎。弘化二年〜大正四年（一八四五〜一九一五）。初代没後、玄々斎から裏千家の棟梁として、父である初代と同様に出入りを認める許状が届けられたが、そこには「寸法万端厳重」「細工入念」「古風」といった言葉が並び、裏千家普請の風がうかがえる。明治五年（一八七二）の第一回京都博覧会では、玄々斎考案の*立礼式が行われたが、新時代にふさわしいこの立礼に用いる*喫架と*円椅を製作したのも二代である。明治二十年、東京鳥居坂の*井上世外邸への八窓庵（八窓庵の項❸を参照）移築にたずさわったのを機に、東京の数寄者たちの知遇を得て、活躍の舞台が東京へと展開した。　［三代清兵衛］名は芳次郎。明治四年〜昭和三十年（一八七一〜一九五五）。京都市伏見区の呉服商から養子に入る。十三代圓能斎鉄中の時代から出入りし、『裏千家の棟梁』たる清兵衛家の作風に新風を吹き込み、歴代の中でも目覚しい活躍を見せた。賑やかな意匠を盛り込んだ名席の写し、近代的補強技術を用いた丸太の精緻な組立など、その創意は大正、昭和時代の数寄者たちの期待に見事にこたえ、*益田鈍翁、*高橋箒庵、*畠山即翁といった名だたる数寄者たちの邸宅や茶室を手掛けていく。さらに自身も、頻繁に数寄者たちの茶事、茶会に同伴し、すぐれた茶人でもあった。*遺香庵などをのこしている。　［四代清兵衛］名は喜三郎。明治三十三年〜昭和四十五年（一九〇〇〜七〇）。裏千家東京道場、靖国神社靖泉亭や洗心亭など、戦後の新たな茶道興隆に呼応した仕事をこなし、多数の人々が利用できるような広間をもつ数寄屋、デパートの一角に設けられた茶室など、時流をとらえた作品群を生み出した。

客石【きゃくいし】
*中門の*役石のひとつ。「きゃくせき」とも読み、「客人石」ともいう。中門を境にして*外露地側、一石目に打たれる。*迎付の際、客がこの石の上で*亭主と挨拶をかわす。*乗越石の次に、大きい石が用いられる。『*石州三百ケ条』に「中くゞりの外に有を客石といふ、（中略）客石、乗越石ハ常の石より高くすへ候」とあり、*中潜りの場合は、内露地側の乗越石とともに、他の石よりも高く据える。木戸など敷居のない場合は*戸摺石より外露地側、一石目に打つ。（付録6頁参照）

逆勝手【ぎゃくがって】
本勝手の項を参照。　⇩本勝手【ほんがって】

客組【きゃくぐみ】
茶事、茶会を催すにあたり、亭主が第一に考えるのが客組、すなわち*連客を定めることである。亭主はまず*正客を定めて*一座建立となる客組を考慮する。また目上の人を招く場合は、正客に客組をまかせる場合もある。いずれにしても茶事、茶会は、客と亭主の関係につきる。

客座【きゃくざ】
茶室において、客が座す場所。茶室は、亭主が点前をする*点前座と、客が座る客座とからなり、点前座の畳を*点前畳、客座の畳を*客畳という。

客人石【きゃくじんせき】
客石と同じ。　⇩客石【きゃくいし】

客畳【きゃくだたみ】
広義には*点前畳以外の畳をいう。亭主用の点前畳に、客畳を何枚、どのように付け加えていくかによって茶室の平面構成の概要が決まる。また狭義には、そこからさらに*炉畳や*通い畳などを除いた、客が着座するための畳をいう。一般的には客畳まわりに客の出入り口として*躙口や*貴人口、床などが設けられ、また点前畳まわりに亭主の出入り口として*茶道口が設けられて、主客の動線も定まる。

客付【きゃくつき】
亭主が点前座に着座した時、亭主から見て客座の側をいう。対して壁側を勝手付という。現在、*本勝手では亭主の右側となり、逆勝手では左側をさすことになる。

客殿【きゃくでん】
中世以降、当時の支配階級である武家や僧侶などが来客と面会するための建物の総称。*寺院内の子院や塔頭の本堂として用いられた*方丈建築の中にも客殿と称するものがある。

逆床【ぎゃくどこ】
*順床に対していう。*書院造では、床に向かって左側が*付書院、右に*床脇のある構えが順床で、逆床はその左右が逆の構えである。したがって、逆床では向かって右側が光の入る方向となり、向かって右が上座で、左が下座となる。これを茶室に援用すると、光が向かって右から入る床が逆床になる。

旧一条恵観山荘【きゅういちじょうえかんさんそう】

神奈川県鎌倉市に所在の恵観山荘保存会が所有する茶屋。「恵観山荘茶屋」「醍醐家旧邸茶席」ともいう。*一条昭良（恵観）が西加茂（京都市北区）に営んだ別荘の遺構で、没後、一条家から分かれた醍醐家が継承し、その離れ部分（茶屋止観亭）を*宗徧流十世成学宗囲（宗徧）が、婚姻を機に譲り受けて鎌倉に移築し、現在に至る。恵観は、寛永十八年（一六四一）頃から西加茂に別荘を計画し始め、逐次周辺の山々を入手して敷地を拡大した。船山の東麓で、賀茂川の清流を隔てて上賀茂神社の森を望む景勝の地であった。止観亭は、御殿と渡り廊下でつながれていた。山荘の造営の経過は詳らかでないが、正保三年（一六四六）以前、もしくは慶安五年（一六五二）の説がある。正保三年以前とする説は、鹿苑寺の*鳳林承章が日記『隔蓂記』の中に、「正保三年十一月三日、於西加茂、而一条殿下御茶被下」として恵観に招かれた茶会の模様を書き留めていることによる。一方、この日記中の「御数寄屋」「御茶屋」は、現存する山荘の遺構ではなく、醍醐家五代の冬香が明和七年（一七七〇）に書いた『温古録』に、襖の「此をしふち（押縁）うちに慶安五年七月廿二日と書戴たり、そえはこのときに御茶やつくられしものならんか」という記事に基づくのが、慶安五年の説である。「女筆古来図」「西加茂御殿有増之図」（ともに温古録）によると、現在の止観亭と考えられる建物の北方に*梁行五間、*桁行十四間の御殿がやや長い渡り廊下でつながれている。恵観の時代の止観亭の姿は「女筆古来図」「西加茂古図」（温古録）から推測され、「西加茂御殿有増之図」「元治元年古図」（西加茂萬之覚）「京都西加茂山荘図」（慶応年間〈一八六五～六八〉）などから、建物の変遷も知られる。現在の玄関*土間の部分、四畳半と長炉の三畳に接続する部分に増改築の履歴があるが、『温古録』の詳細な伝えと、享保十四年（一七二九）の「霊元法皇御幸記」に見られる建物の描写とが、大部分合致しており、全体の構成意匠から天井の*竿縁や襖の*引手など、細部に至るまでかなり建立

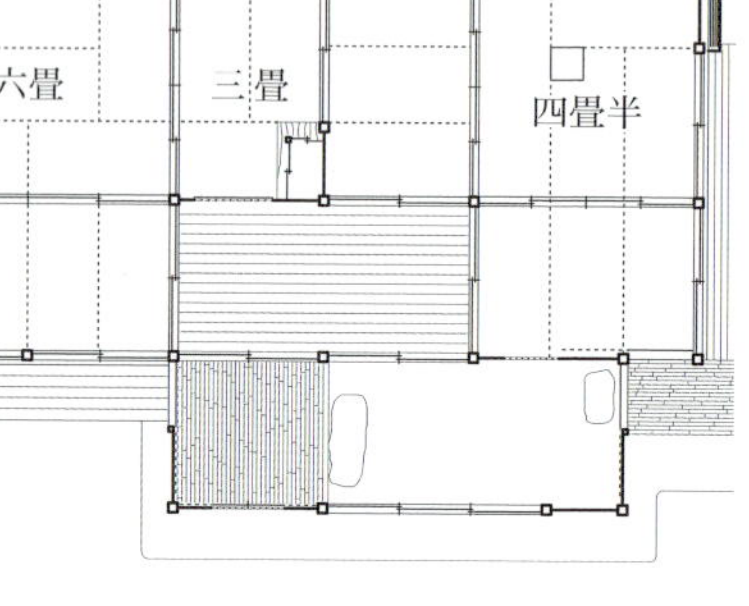

旧一条恵観山荘

旧一条恵観山荘　長四畳　床側

旧一条恵観山荘　三畳　二階棚

当初のものを保持していることがわかる。『温古録』には、「惣てこの網代天井、障子の腰の籠、南庇の板戸に志のひ竹うちて、引手の左り右に替てさまを造りたると、くさりの間四畳敷、中央の間六畳敷、北庇の間、襖障子をはしめ、次々のふすま障子ともの紙引手、みなミツから御物好をくわへてせさせ給ひ」と、総体にわたり恵観自らの好みになるように伝えているが、その中で特に「二階の袋棚其前の下地窓なんと八金森宗和の物好と申伝たり」と記されている。「南の庭へいて、は伝の石とものものすきみな宗和にて侍るとぞ」とあることによれば、*前庭も*金森宗和の好みでできていたと考えられる。昭和三十四年（一九五九）に鎌倉市浄明寺二丁目の山田邸に移築された際は、*堀口捨己の指揮により、「西加茂御殿有増之図」にそって、山荘ができた当初に近い姿に可能なかぎり戻された。敷地の都合上、建物は西面したが、石橋や*蹲踞、*飛石なども西加茂から移され、大体はもとのように配置された。さらに昭和六十年、現在地（鎌倉市浄明寺五丁目）への移築をともなう屋根の全面葺替工事及び調査工事を行い、同三十四年に設けられた管理棟への連絡路が撤去され、その後の部分的な改造も旧に復し、建物の向きも西加茂時代と同様南向きにあらためられた。昭和六十二年には、庭や天皇を迎えるための御幸門なども復元され、ほかに玄関、応接室、時雨亭を含む構えが、同年完成した。現在の止観亭は、南側に庭を望み、桁行十三間、梁行七間、*入母屋造*茅葺の屋根に*桟瓦葺の庇を南北面に付した*田舎家風の外観をしている。三畳から六畳までの小室が三列に東西に配された構成で、西から*長四畳の間を主室に、次の間六畳、三畳の間（二畳台目、袋棚付）へと東に続き、両側に*入側が添う。部屋と部屋とのあいだは、襖と障子、板戸のみで仕切られ、すべてを開け放てば開放的な空間となり、閉じればまた小さな空間が連なる。長四畳の主室（「鎖の間」と呼ばれる）は唯一、床が設けられた座敷で、西側の*一間床を正面に北西側、右端の一畳を*台目切の点前座としている。*床柱は*椎の丸太、*床框は木地の*面取で、*墨蹟窓をあけ、茶室の構えを見せている。床柱は変えられたらしく、現在の*花入釘は鎌倉への移築時に打たれたものである。床の並びの壁面に*竹連子の*中敷居窓をあける。天井は次の間よりも低く、点前座上部はさらに低く*落天井となっており、どちらも竹の*網代に皮付*小丸太を竿縁としている。*床付の竿縁は特に二股に分かれた材が見立てられ、『温古録』にも「いろいろに少宛すしりもちりゆかめる木を、己なりにかわ斗とりて打たるやうにみゆるそかし」と記されている。入側とのあいだの*腰高障子は、竹を籠目に編んだ意匠。次の間六畳とのあいだの襖には、京極高弘の娘の筆跡による*月形引手、次の間六畳の襖には*のの字引手が付く。主室、次の間、三畳の間とを続けて使われることが意図されていたと思われる。三畳の間は、東南の*入隅矩折を四尺二寸ほどの高さの板張とし、面皮框を廻して、その上に、二面に小襖が立てられた二段の袋棚（二階棚）が設けられている。二階棚の脇に*下地窓を配した構えが、宗和の好みと伝えられるが、棚の用途については明らかでない。『温古録』には「西面北面両方よりあけたつる小ふすま障子の二階の袋棚」とある。また、この部屋の襖には「ひしなりの引手」（温古録）が今も付いているが、袋棚脇の炉は新しく切られたものである。南側東寄りに設けられた玄関土間は、増改築を経て明治時代の初め頃に取り払われていたが、鎌倉移築時に「西加茂御殿有増之図」にならって付設された。土間と竹縁からなり、「温古録」には「此所を玄関となんいひ伝たり」と見える。玄関の竹縁から向かって右へ入ると、下地窓のある四畳の間（畳を外すと板間）で、左手の人形廻し（文楽や人形浄瑠璃の前身となる芸能）が描かれた*板戸（*杉戸絵）を介して、六畳の入側へと続く。*竹垂木の*化粧屋根裏が入側にも続き、突き当りの壁面には引分け障子が設けられている。障子を引いても壁で、『温古録』にも「されとも障子のうらも同じ土にて一めんにぬりこめたり　不審はれぬ様なり」と書かれ、当初からの工夫であったことが知られる。最も東にある四畳半の間は、玄関横の四畳の間から、二つの三畳の間の板戸を隔てており、長炉のある三畳とは、*片開きの襖を介する。この襖は、もとは浅葱地に金泥金砂子を施した紙に扇面を散らした華やかな意匠であった。北側に設けられた二段の袋棚の下方は勝手の間の長炉となっているため、袋棚下部の引違い板戸をあければ暖をとることもできた。北側は古図には「茶所」とあり、水屋に続く*勝手で、長炉の上に*仮置棚が設けられている。三つに仕切られた長炉の真上には、袋棚と勝手の仮置棚とのあいだに空間をとり、壁を塗って煙道を造り、炉の暖気を天井裏に導く煙突のような設備があり、ここから二重構造の屋根裏（茅葺屋根の下にさらに柿葺屋根が設けられている）に暖気を送る暖房機能を備えていた。恵観はこの建物で没したと伝え、宗和もかかわった貴族の茶を伝える貴重な遺構である。重要文化財。

九垓盧【きゅうがいろ】

京都府宇治市の松殿山荘にある茶室。⇩松殿山荘【しょうでんさんそう】

汲古庵【きゅうこあん】

東京都港区の*野崎幻庵自邸にあった茶室。明治四十年（一九〇七）に建ち、同年の十一月一日に*井上世外、朝吹柴庵、*高橋箒庵らを招いて席披きの茶事が催された。庵号は世外の命名による。詳細は不明。

給仕口【きゅうじぐち】

茶室における出入り口の一つ。亭主側の出入り口で、茶事、茶会に際して亭主の補佐役である給仕の者が出入りするための口。「*禿口」あるいは「*通い口」「勝手口」ともいう。主に*懐石の際の給仕に使用する。普通は、*茶道口とは別にあけられるが、茶道口が給仕口を兼ねる場合や、一つの口に建具二枚を引違いに建て込み、片方を茶道口、もう一方を給仕口とすることもある。当然ながら客に対して給仕のしやすい位置にあけられるものであり、給仕の際は*膝行での所作が原則であるので、茶道口よりは内法の高さが低く、また茶道口と給仕口があく場合、給仕口は*火燈口形式にする場合が多い。「給仕口」の名称は『*松屋会記』「久重茶会記」の慶長十二年（一六〇七）二月二十五日の条にあり、またそれにさかのぼって、『*山上宗二記』（一五八八年）には「宮仕通くち」の語が図中に登場している。（付録21頁参照）

旧島津氏玉里邸庭園の茶室【きゅうしまづしたまざとていえんのちゃしつ】

鹿児島市玉里町の旧島津氏玉里邸庭園にある茶室。同園は、島津家第二十七代当主斉興（一七九一〜一八五九）によって、天保六年（一八三五）に造営された。敷地の東半部にはかつて御殿などの建築群が建っていた平坦地があり、その南方に上御庭と呼ばれる池庭が造られた。一方、西半部は一段低くなっており、下御庭と呼ばれる庭園と茶室が造られた。名勝に指定されている。諸伝では、玉里邸の諸建築は明治十年（一八七七）の西南の役で焼失するが、斉興の五男・久光が再興に着手し、同十二年には現存する茶室を含む主要な建築が完成した。その後、昭和二十年（一九四五）、太平洋戦争によって御殿をはじめとする大半の建築がふたたび焼失したが、茶室と長屋門及び黒門だけは焼けのこった。昭和二十六年、鹿児島市が玉里邸跡地を買収、同三十四年に鹿児島市立鹿児島女子高等学校が移転してきた時に上御庭は一部をのこして校舎及び運動場に改修されたが、下御庭は大きな改変を受けることなく現在に継承されている。平成二十年（二〇〇八）度から同二十六年度にかけて行われた整備事業によって水屋が復元され、内壁も本来の姿に復された。茶室は、外観は木造平家、寄棟造桟瓦葺で、建物の四周に桟瓦葺の下屋を付け下ろし、北東部の勝手（水屋）入口部分は勾配の緩い片流れの屋根を付け下ろし、金属板で葺いている。内部は主室六畳と次の間六畳が東西に並び、次の間の西に控えの間六畳が、北に控えの間三畳が付属する。座敷の周囲に半間幅の榑縁が廻り、縁先は雨戸以外の建具を建て

旧島津氏玉里邸庭園の茶室　主室六畳台目（手前）と次の間

ず、庭園に向かって開放されている。主室六畳の北側に板敷きの踏込床を構え、床と並んで点前座を設けている。点前座は台目畳に中柱を立てた台目構えとし、炉は本勝手の台目切。中柱には曲がりのない真竹を立てる。二重棚を釣り、その釣木は細竹で、途中から二股に分かれ天井の竿縁を挟んで留めている。なお茶室の建設年を明治十二年とする確かな根拠はないが、「玉里邸記」(大正十二年〈一九二三〉五月記、撰者未詳)に「自ラ工ヲ進メ翌十二年春ニ至リテ竣成シ三月一日ヲ以テ上棟式ヲ挙グ其邸域ハ表口百五十九間裏口百五十三間奥行八十一間三尺余此坪数七千二百六十二坪ナリ」とあり、久光により御殿群が再建された時に茶室も再建されたと考えられている。また、太平洋戦争の空襲に焼けのこったとする伝えは「玉里文庫整理購入の経緯」など、いくつかの史料に散見する。

九昌院【きゅうしょういん】

大坂の天満にあった寺院。元和元年(一六一五)、川崎東照宮(現在の大阪市北区にある大阪造幣局周辺)に別当(庶務を取り扱う寺)として建立された寺で、もと*織田有楽の天満屋敷があった場所に建立された。安永九年(一七八〇)に建国寺に名称を変え、明治維新後、造幣寮が同地に設置されるに及び、明治六年(一八七三)に廃寺となる。九昌院の庭園には有楽が掘った井戸とともに、有楽の天満屋敷にあった茶室がのこっていたが焼失と再建を重ね、大塩平八郎の乱(一八三七年)の時に焼失した。

久昌院茶室【きゅうしょういんちゃしつ】

京都市東山区の建仁寺塔頭久昌院にある茶室。同院は美濃国(岐阜県)加納の城主・奥平信昌が、三江紹益を開基として慶長十三年(一六〇八)に創立したといい、境内の客殿(本堂)及び書院に茶室が設けられている。これは信昌が妻(徳川家康の長女・亀姫)としばしば同院に来遊し、亀姫が数寄者であったために造られたものと伝えられる。後世の改築があるものの、現存する建物は創立当時の構成を踏襲するものと考えられている。客殿は江戸時代初期の造立と見られ、正面に仏壇を設けて、その背後の部屋は二分される。南室は全体六畳の広さをもつが、仏壇後方への出っ張りにより欠き取られて、五畳半の座敷となり、向板を入れて炉を向切に切る。この部屋だけ天井を低めて、長押を除き、土壁で丸太柱を立てることで、茶室風な意匠が造り出されている。また仏壇の背後を床に見立て、織部板を入れて、三角の棚を取り付ける。さらに仏壇下を押入に利用し、文書を張った小襖を建てて意匠に取り入れる。書院は客殿後方の縁から渡り廊下で結ばれている。主室、次の間及び三畳台目の茶室と水屋からなる。主室は八畳の南側東寄りに入側二畳を取り込み、西寄りに上段二畳を設けて、床の脇に台目畳を敷き込んだ間取りである。上段には火燈窓の意匠を用いた付書院があり、この上段に相対するように一間床が設けられる。この床の脇からただちに火燈口を通って北にある三畳台目の小間(遠州別好みの席)へと通ることができる。次の間は八畳に七尺床が設けられ、床の脇に台目畳が付く。主室との部屋境を筬欄間とする一方、南側、入側境の欄間は左右で高低差をもつ軽快な意匠とする。主

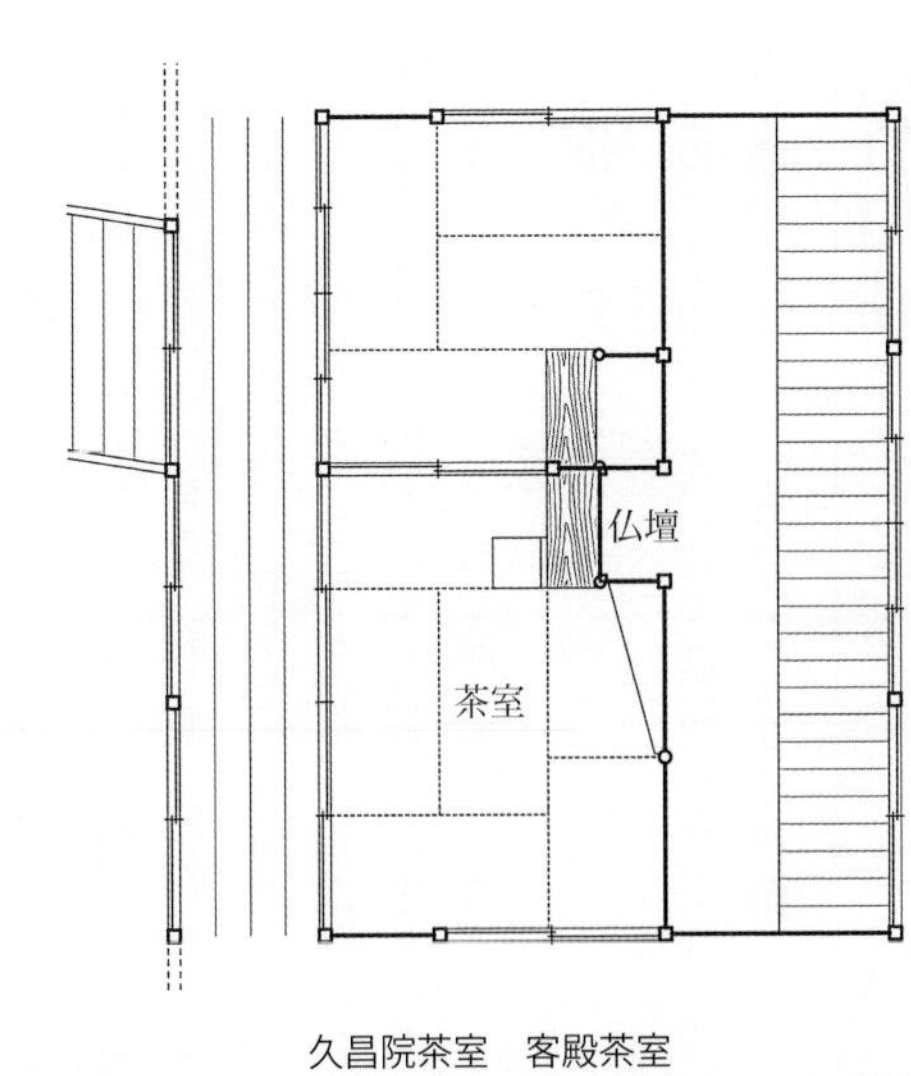

久昌院茶室　客殿茶室

久昌院茶室　書院

久昌院茶室　書院三畳台目　内部

室に上段が設けられ、上段の中に付書院を設けた構えは、*古田織部が「小座敷ト書院トノ間の物」と説いた*鎖の間と合致するものとして注目される。また*小堀遠州の伏見屋敷にも二室からなる鎖の間があった。久昌院茶室は、こうした茶室と鎖の間が緊密に直結された織部、遠州の茶の姿を伝える希少な遺構といえる。

旧正伝院書院【きゅうしょうでんいんしょいん】

愛知県犬山市の*有楽苑にある*書院。建仁寺塔頭*正伝院（現在の*正伝永源院）にあったもので、*織田有楽が元和四年（一六一八）に隠居所として建てたと伝える。明治時代に*如庵とともに東京麻布今井町にあった三井家本邸に移された。その後、神奈川県大磯の別邸城山荘を経て、現在は同じく有楽苑にある如庵の北西側に、昭和四十七年（一九七二）、*堀口捨己によって『都林泉名勝図会』などに見られる正伝院にあった頃の位置関係にほぼ再現されている。外観は緩い勾配の*入母屋造*杮葺で、三方に縁がめぐる。内部は七畳。*長押を省き、一間の出床を構える。床の*落掛は*見付が小さく、*床框の成（高さ）は低い。床の脇壁はやや高く吹抜かれ、脇の畳を点前座として使うように炉を*台目切に切っていたが、現在は*四畳半切にあらためられる。縁側との境は三本溝で戸襖と*腰障子が建てられる。次の間とのあいだの*欄間は格子に二条の*貫を配した簡素な意匠で、障壁画には、狩野山楽や山雪の筆になるものも含まれていることが明らかにされている。重要文化財。

窮邃亭【きゅうすいてい】

京都市左京区の*修学院離宮にある茶屋。上御茶屋（上離宮）、浴龍池の中島に建ち、三方に池を望む。後水尾上皇（後水尾天皇の項を参照）時代からのこる建築で、上御茶屋が竣工した寛文三年（一六六三）頃の建造と考えられ、文政七年（一八二四）に大修理が行われている。外観は三間四方の宝形造杮葺で、屋根の頂には菊花紋章の露盤と擬宝珠瓦をあげる。東と西には深い土間庇が設けられ、東側軒下には扁額が掲げられる。扁額は八角形の板二枚に後水尾上皇の宸筆になる「窮邃」の文字が刻まれ、水引で結んだ意匠としているのは珍しい。内部は十八畳一室で、西北角に設けた矩折の台目畳六畳の上段と十二畳の下段からなり、上段には池を望む西と北に柱間いっぱいに障子を建てた肘掛窓が造られ、西の窓際には長さ二間、幅一尺の欅板が付書院風に取り付き、「御肘掛」と呼ばれていた。天井は竿縁天井となっている。東北隅には水屋を配する。土間庇の幅だけ外側に出た形態で、天袋、地袋とその右に流しを設ける。

窮邃亭　上段側

九窓亭【きゅうそうてい】

京都府宇治市の三室戸寺金蔵院にあった茶室。春草廬のこと。⇒春草廬【しゅんそうろ】❷

旧竹田荘【きゅうちくでんそう】

旧竹田荘　草際吟舎　内部

大分県竹田市にある田能村竹田の邸宅跡。竹田は江戸時代後期の文人画家。岡（竹田市街）の城下町を見下ろす斜面を背にした高台に建つ。主屋は、寛政元年（一七八九）に城下を襲った大火によって全焼したため、同二年に再建、昭和八年（一九三三）に修理された。文政三年（一八二〇）に煎茶の茶室として建立された草際吟舎、文政九年に子弟の居室として建立された補拙廬も後に取り壊されていたが、かつての記憶をもとに昭和七年に再建されている。これら三棟の建物が庭を囲んで配置されている。草際吟舎は土蔵造で、東面に鍵の手に折れ曲がる磚の四半敷の土間庇が付く。室内は北面に半間の床と一間の床脇を構え、床脇の腰壁と天袋のあいだを間口いっぱいの窓として引違いに障子が建て込まれる。また東面土間庇境の一間半には、腰障子四枚が引違いに建て込まれる。南面は中央に柱を立て、東側は床状にくぼめ、西側は壁として西端に火燈口をあけている。昭和七年の再建で、必ずしも当初の意匠が伝えられているとは限らないが、土蔵造の建物を利用した煎茶室は他の煎茶室遺構に見られず、土蔵造の制約の中で積極的に外の景色を取り入れようとしている点に特徴が現れている。史跡。

旧梨羽家茶室【きゅうなしばけちゃしつ】

山口県萩市の萩城跡指月公園にある茶室。⇩煤払いの茶室【すすはらいのちゃしつ】

旧日暮亭【きゅうひぐらしてい】

香川県高松市の栗林公園にある茶室。⇩日暮亭【ひぐらしてい】

旧藤山家住宅日本家【きゅうふじやまけじゅうたくにほんや】

愛知県名古屋市の龍興寺にある客殿のこと。⇩龍興寺客殿【りゅうこうじきゃくでん】

久木庵【きゅうぼくあん】

埼玉県所沢市の*松永耳庵の旧別荘*柳瀬荘にある茶室。*千宗旦好みで、*土岐二三が関与した遺構と伝えられる。山本条太郎が解体所有していたものを耳庵が譲り受け、昭和十三年（一九三八）から翌年にかけて現在地に移築した。席名は条太郎の「条」の字にちなむ。入母屋造茅葺に杉皮葺の庇を廻した外観で、二畳台目に桜の中柱を立て、点前座には雲雀棚が釣られる。なぐりの床柱、塗框の台目床は畳敷き、引違いの太鼓襖を通い口とするが、別に片引きの襖を建てて、四畳の勝手に続く畳廊下が廻る。躙口上部の連子窓、下地窓に加えて、風炉先窓、やや大きめの墨蹟窓、突上窓をあける。床内は鏡天井、床前が竿縁天井、躙口側が雑木丸太垂木の掛込天井で、点前座は落天井。渡り廊下で*黄林閣、*斜月亭と接続する。黄林閣から続く露地の飛石の多くは、加賀藩家老横山家の庭石を移したものといわれる。

久木庵　点前座より躙口側を見る

旧村山家住宅【きゅうむらやまけじゅうたく】

兵庫県神戸市東灘区にある*村山香雪の旧居宅。洋館と和館からなり、和館には書院棟、玄関棟、茶室棟などが設けられている。現在は庭園とともに*香雪美術館の施設となる。明治四十二年(一九〇九)、河合幾次の設計、竹中工務店の施工による洋館が建築された。地階と一階部分は煉瓦造、二階を木造とし、屋根は寄棟造銅板葺。二階の木造部分は、柱や梁などの骨組を見せたハーフティンバー風の装飾。地階には収納、使用人の居室、浴室などが設けられ、一階は玄関、客室、食堂配膳室、二階は居間、和室、寝室、配膳室、ベランダが配置される。香雪自身が起居する空間として建築されたものである。和館は、明治時代末から大正七年(一九一八)にかけての建築で、茶室棟から建築が始まった。茶室棟は、明治四十四年に上棟の茶室*玄庵、大正七年頃とみられる*香雪のほか、玄関、待合、腰掛、寄付、腰掛待合、砂雪隠、渡り廊下よりなる。書院棟は大正七年の建築で、設計が*藤井厚二、施工が竹中工務店。木造三階建、鉄筋コンクリート造の地下室を有す。屋根は入母屋造及び寄棟造で、桟瓦及び銅板葺。三階部分は望楼で、西本願寺の*飛雲閣を連想させる。一階には二十八畳の大広間と次の間十八畳が連続し、大広間には四畳の床と付書院を構える。二室の境には大判の襖四枚で仕切られ、欄間に三十六歌仙の絵を飾る。玄関棟は大正時代後期と見られ、入母屋造檜皮葺の正面に式台と車寄を設けたもので、優雅な檜皮葺の唐破風の正面を見せる。洋館、書院棟、玄関棟、茶室棟、衣装蔵、美術蔵、また宅地及び山林は重要文化財に指定されている。

暁雲庵【ぎょううんあん】

東京都港区の*藤原暁雲自邸にあった茶室。*又隠写し。本家の西南端に位置し、西洋館の奥庭に、細長い池に架かった土橋を渡ると三畳壁床で、小書院を設けた離れを寄付とした。この席は幕臣であった林田某が設計したもので、後藤新平の書斎だった時代があるとされる。

鏡花庵【きょうかあん】

和歌山県海南市の*温山荘にある茶室。温山荘は実業家・新田長次郎(一八五七～一九三六)の別荘。大正九年(一九二〇)に*木津家三代宗泉の設計、指導により建てられた入母屋造茅葺の茶室で、桟瓦葺の下屋が取り付き、玄関を構えた寄付を設ける。内部は九畳の広間を中心に池泉の眺望を意識して矩折に入側がめぐらされている。重要文化財。

澆花亭【ぎょうかてい】

京都市下京区の*西本願寺にある茶室。境内の東南隅の*滴翠園に建つ。滴翠園は、当初の築造は織豊時代にさかのぼると考えられるが、現在の庭園の姿は、西本願寺十七代門主法如の時代に次期門主の文如によって整備されたものである。澆花亭もこの整備に際して明和五年(一七六八)に造立され、同年十月六日には文如が赴いている。西本願寺の茶道師家は*藪内家で、文如は六代比老斎竹陰と親しく交流したというが、

澆花亭

澆花亭　点前座と床側

二人がはじめて対面したのは澆花亭を建てた後の安永七年（一七七八）であり、両者の交流は澆花亭の建造以降に深まったとみられる。外観は*入母屋造*茅葺、南と東側の二方に*柿葺の庇を付け下ろし、縁を矩折に廻して*腰障子を建てた開放的な座敷である。内部は全体で六畳、四畳半に一畳の点前座と、その*風炉先に*枡床を設ける。北側に設ける点前座は*中柱に竹を用い、*袖壁を付けて下部を*吹抜きとするが、炉は切られていない。また三重棚を釣っているのが特徴である。一番下の棚を袖壁の*引木に預け、九寸あけて中棚、さらに九寸あけて上棚を*勝手付の壁に取り付けて、天井から釣竹で釣る。上棚と中棚のあいだも竹でつないでおり、中棚と下棚のあいだにはもとは*雛束があったと考えられる。霞棚（霞棚の項❶を参照）を点前座に取り入れたとも考えられ、客座二方の縁境との障子が*霞障子を建てていることにもつながるとみられる。枡床は板敷きの*蹴込床で、内部は*白張付壁。*床柱には赤松皮付を立てる。*茶道口にはやや*内法の高い一間の二枚*襖が建てられ、点前座や床の工夫などとあわせて、全体としてくつろいだ雰囲気をつくり出している。壁は床を除き*弁柄壁である。天井は四畳半の部分が*網代天井で、点前座の上は*落天井にして蒲を張る。澆花亭の西南には*青蓮榭が接続する。なお明和七年、尾張（愛知県）の真広寺住職が滴翠園十勝の詩を作り文如に献じているが、その中に「青蓮榭」が挙げられており、『都名勝図会』では十勝の説明の中で「青蓮樹は茶亭にして、又澆花亭ともなづく」と記されている。

経師【きょうじ】

*襖や*張付壁、屏風や書画など、紙を張る職人の総称。「表具師」ともいう。もとは経文の折本または巻物を作る職人をいったが、転じて紙を張る職人全般をさすようになった。

行舟亭【ぎょうしゅうてい】

*武者小路千家の茶室。*環翠園東側の台目幅の*鞘の間の続きに、*網代の引違い戸を介して設けられた南北に細長い三畳台目の席である。*大工は平井儀助。環翠園の次の間六畳から葺き下ろされた庇を利用した、一間幅の*入側を用いた構成で、鞘の間と連続している*台目畳の天井のみを*落天井として、部屋内部に出張った壁面を*壁床に見立てている。北端の一畳を点前座として、炉を*向切に切る。三畳の天井は*舟底天井で、丸太垂木の*化粧屋根裏にして*天窓をあける。東側の一間の壁面は*中敷居窓を右寄りにあけており、さらにその上部中央に*引分けの障子窓を配している。*明障子の位置や寸法が、屋形船を思わせることから行舟亭の名がある。十一代一指斎一叟の頃までは*仏間として使われていたこともあり、*躙口や*蹲踞はなく、*前庭も整っていないが、それだけ気楽に使用できるため、炉の季節に好んで釜が懸けられる。また家元における茶事などの際には、環翠園と*祖堂、*弘道庵などを結ぶ通路ともなる。登録有形文化財。

行舟亭　内部

環翠園

行舟亭

経檀棚【きょうだんだな】

仏守棚と同じ。⇒仏守棚【ぶっしゅだな】

京都迎賓館【きょうとげいひんかん】

京都市上京区の京都御苑にある内閣府所管の迎

賓施設。平安建都千二百年を記念して、海外からの国の賓客を接遇するために造られた。平成十七年(二〇〇五)に竣工。現代和風を設計の基本構想とし、その工事には数寄屋大工、庭師、左官、建具師、経師、塗師、畳師など多岐にわたる京都を代表する職人が集結した。室内装飾や家具、調度品の製作にも、漆芸、截金、金工、西陣織などの伝統技能が散りばめられている。また「庭屋一如」をコンセプトに、水をめぐる樹木、樹木から見え隠れする穏やかな和風屋根の連なりなど、建物と庭の一体化も試みられている。畳敷きで和室のスタイルをもつ和会食棟、及び主賓室棟の施工は安井杢工務店、山本興業、中村外二工務店という京都を代表する数寄屋大工が担当。和会食棟は大広間「桐の間」、広間「滝の間」と連なり、「琵琶の間」を備える。和会食棟玄関の床は信楽の土で焼いた陶板、壁は京錆土、天井は舟底天井として、暗やみの通路が非日常的空間への導入を演出する。「琵琶の間」は立礼式の茶室で、待合としても使用される。五十六畳の大広間「桐の間」は、八メートルの大床をもち、天井は中杢板をはめた竿縁天井とし、長さ一二メートルに及ぶ杉の一枚板が使用される。深い土間庇の桁は、長さ一六メートルの北山杉丸太を架けて、開放的な前庭を室内から望むことができる。書院風の「桐の間」に対して、「滝の間」は数寄屋造が意図された。北山丸太の床柱を立て、床框は溜塗、桐の書院欄間に末広文様の透彫り、床と床脇は現場から出土した京錆土で仕上げられている。畳は中継表として、数寄屋の粋がこらされた。これら京都迎賓館の建築工事では、伝統的な和風建築の寸法体系をはるかにこえたスケールの規模をもちながら、材料の確保や細心の施工技術などの数々の難題が見事に解決された。世界最高水準の現代技術と伝統技能の技を融合した、まさに現代和風の代表作といえる。

京都迎賓館　滝の間　床側

行の座敷【ぎょうのざしき】

真の座敷の項を参照。⇨真の座敷【しんのざしき】

京間【きょうま】

❶主に京都を中心として関西、山陰、九州の一部で使われてきた基準尺。*柱割の場合には基準の一間を柱心々距離で六尺五寸とする。*畳割の場合は基準の畳の大きさを六尺三寸×三尺一寸五分とする。なお主に関東地方で用いられてきたのが*田舎間、名古屋を中心とした地方で用いられてきたのが*中京間である。
❷土地や建物に用いる尺度の単位で、一間を六尺五寸とするもの。

京間畳【きょうまだたみ】

六尺三寸×三尺一寸五分の大きさの畳。柱の内法は三尺一寸五分の整数倍となる。主に近畿、中国、四国、九州と西日本の大部分で使用される。京間畳の目数は、本来、手機で縁内六十四目、大和の国六十四州をかたどったといわれている。

京間畳割り【きょうまたたみわり】

六尺三寸×三尺一寸五分の*京間畳の大きさを基準として、*畳割により各室の大きさを決定し、柱の位置を決めるもの。

共楽亭【きょうらくてい】

福島県白河市の南湖公園(史跡、名勝)にある数寄屋。老中をつとめた陸奥国白河藩第三代藩主松平定信が、享和元年(一八〇一)に南湖開鑿後に建造した。桁行四間、梁行二間の寄棟造木羽葺(厚さ一分ほどの板葺)で三方に縁が廻り、眺望を重視した開放的な造り。建物の北東隅は板扉付の玄関としている。八畳二間の間取りだが、部屋境には敷鴨居がなく、定信がここで「山水の高き低きも隔てなく共に楽しき円居すらしも」

と詠じたように、身分の上下なく平等に付き合う「共楽」の思想がこの数寄屋にも現れている。床は釣床形式で、下地窓に片引きの障子を建て込んだ簡素な室内である。現在の建物は明治三十五年（一九〇二）に大幅な改築がなされたものとの指摘がある。また南湖公園に鎮座する南湖神社には*松風亭蘿月庵が建つ。

共楽亭　外観

京呂組【きょうろぐみ】

*小屋組における*小屋梁の端部と柱との納め方のひとつ。柱の上に*軒桁を置き、その上に小屋梁を架けたもの。梁が桁にのるため、真下に柱がなくとも小屋梁を自由に配置できる利点がある。これとは逆の順序、つまり小屋梁の上に軒桁を置くのが*折置組である。

玉鈎亭【ぎょくこうてい】

滋賀県大津市の満月寺にある茶室。昭和九年（一九三四）に倒壊した先の浮御堂の古材を使用し、昭和十二年、客殿南に建築。昭和六十二年に現在地に移築。木造平家建、桟瓦葺で、茶室は七畳下座床の席と四畳向切枡床の席がある。もとは水屋を介してつながっていたが、移築の際、水屋を撤去し、現在は東西に接している。四畳の席は腰障子を引違いに建てた貴人口と躙口が矩折に設けられている。登録有形文化財。

曲水【きょくすい】

曲水宴の略称。または曲水宴を行うための、緩やかな勾配で屈曲する*流れ。曲水宴は中国に起源する三月上巳に行われていた遊宴で、上流から流された盃が、自身のもとに流れ付くあいだに詩歌を作り、盃の酒を飲む遊び。そのため曲水には各所に人が座すことができる場所が設けられ、杯がゆっくり流れるように造られる。

玉川庵【ぎょくせんあん】

京都市左京区に所在の玉川遠州流の和風建築。もと鎌田多三郎の別邸の一つであったが、昭和二十六年（一九五一）から七世家元の大森宗夢の住居となった。広間八畳を中心に四畳半の次の間に三畳の水屋を付随し、玄関は四畳半で、取次の正面に火燈窓、一面の網代天井となっている。玄関右側に茶室丘月庵を配し、全庭を露地として使用できるよう広間の西南に腰掛を設けている。丘月庵の外観は入母屋造で、妻を正面にし、前面に庇を付け下ろし、内部は三畳台目、平三畳の席を配す。三畳台目の席は貴人口をあけ、平三畳の席と床で背中合わせとなっている。踏込床で、赤松皮付の床柱、炉は向切である。平三畳の席は躙口をあけ、西側に踏込床形式の板床を設け、紋丸太の床柱、天井は躙口側から化粧屋根裏、平天井、蒲の落天井と三段に構成されている。点前座は一畳で、杉磨丸太の中柱を立て、袖壁に板をはめ、雲雀棚を釣る。炉は上げ台目切。客の座には中央に下地窓をあけ、付敷鴨居をいっぱいに通して、障子を左右に引き開けるようにしている。丘月庵とは別に、広間南側の廊下東端に南に張り出した三畳の間がある。踏込の板畳が添えられ、かたわらに三角の地袋、一隅に釣床が設けられた風流な意匠となっている。庭の東部の急峻な高台には先心亭がある。宝形造の開放的な亭となっており、点茶卓を造り付け、洞庫を備えていることから、立礼席で用いたのではないかと考えられる。

玉川庭【ぎょくせんてい】

『築山庭造伝後編』（一八二八年刊）の中巻に記される煎茶席。花月庵玉川庭のこと。淀川の眺望の良い地に営まれ、庭内には西湖の柳と宮城野の萩を植えて神潜石と霊報石を配し、庵内には*陸羽と盧仝（中国・唐代の詩人）の肖像に、*売茶翁の石像が安置されていた。主人は風流を好み、茶を煎じて毎月十六日には売茶忌を、三月六日には陸羽忌を営んだという。

曲池【きょくち】
直線的な護岸形状の＊園池（方池）に対して、屈曲した護岸形状の園池を総称していう。

玉竜軒【ぎょくりゅうけん】
愛知県名古屋市の東松松兵衛（堀川貯蓄銀行専務）邸にあった茶室。明治末年の建造。松尾流九世半古斎（松尾家の項を参照）の好みにより建てられる。八畳広間の席であったが、戦災で焼失。

玉林院【ぎょくりんいん】
京都市北区にある＊大徳寺の塔頭。慶長八年（一六〇三）、医師の曲直瀬正琳が月岑宗印（大徳寺百四十二世住持）を開山として創建。当初は正琳庵と称したが、元和七年（一六二一）に焼失、月岑が自力で再建。再建の際に名を玉林院とあらためた。のち寛保二年（一七四二）、大坂の鴻池了瑛が本堂の背後に牌堂の＊南明庵を建設。それに付属して＊蓑庵と＊霞床席を造った。

清削り【きよけずり】
床板を＊実矧または合决りで張りたてた場合、その接際の凹凸がある部分に対して、板の上面を揃えるために鉋削りを行うこと。「目違直し」ともいう。

玉澗流庭園【ぎょっかんりゅうていえん】
中国の南宋代に活躍した画家・玉澗の描く山水画を意匠化したとされる庭園。二つの大きな＊築山のあいだから滝を落とし、その滝の上に高く石橋を架ける点に特徴がある。＊名古屋城の二の丸庭園などがその実例。

居然亭【きょねんてい】
京都市左京区にあった旧中井三郎兵衛別邸。文化年間（一八〇四〜一八）に文人画家・＊世継寂窓が居を構え、居然亭と名づけたことに始まる。明治維新の頃は宇田淵が所有していたが、明治三十五年（一九〇二）に三井財閥の番頭で紙商を営む中井の手に渡ったことで、中井氏居然亭として知られる。中井は「居然亭」と呼ばれる旧書院をのこしつつ、新たに敷地を拡張し、大正時代（一九一二〜二六）に「新別荘」と称して広大な庭と数寄屋風建築の＊聴松居を造営した。三条東洞院に住んでいた中井はここを文化人との交遊などに利用した。居然亭は旧書院の名であると同時に別邸全体の名称でもあった。中井による造営では、庭は川崎熊太郎が作庭し、後に七代目＊小川治兵衛が改修、建築は＊上坂浅次郎が手掛けたと伝えられる。その後所有者は変遷し、敷地も縮小されたが、庭園の一部は現存する。往時の幽邃の様は村瀬栲亭の「居然亭記」に詳しい。

清張り【きよばり】
襖紙や壁紙を張る場合、下張りとなる袋張りの上に施す工程。この清張りをした後、上張りを行う。

御物棚【ぎょぶつだな】
書物棚と同じ。⇨書物棚【しょもつだな】

清め石【きよめいし】
清浄石と同じ。⇨清浄石【しょうじょうせき】

魚躍庵【ぎょやくあん】
静岡市清水区の＊井上世外の別荘である長者荘にあった茶室。『世外井上公傳』によると、長者荘は、明治二十九年（一八九六）頃に造られ、群馬県磯部の別邸を移した本館と東京鳥居坂の本邸の一部を移した別館などがあった。当初、建物は北の丘陵を背負った低地にあったが、明治四十三年に世外の銅像が米糠山に建造されるに及び、翌四十四年にはその山麓に建物を引き移した。魚躍庵もはじめは長者荘のそばにある小丘の上にあったが、世外の大病後に、山上では不便であるということで、建物の移設とともに米糠山の麓に移され、新たに腰掛、待合などの設備を施した。大正三年（一九一四）十二月十二日に席披きの茶会が催されている。待合は三畳で、前面に松林を望み、近く池に臨んで眺望が良かったという。また池には、席名にちなんで魚を放していたとも伝える。世外は本館で亡くなっている。昭和二十年（一九四五）、空襲によって焼失した。なお、本館跡地に現在は静岡市埋蔵文化財センターが建っている。

檉柳【ぎょりゅう】

ギョリュウ科ギョリュウ属の落葉小高木。中国原産で寛保年間(一七四一〜四四)に渡来したとされる。樹高は五〜八メートルほどになる。葉は長さ一〜三ミリの鱗片状で、互生する。五月と九月の年に二回、薄紅色の花を多数つける。庭や公園など、また露地に植えられることもある。

喜楽亭【きらくてい】

愛知県豊田市の豊田市産業文化センターにある町家建築。市内の料理旅館であったこの建物が豊田市に寄贈された後、昭和五十七年(一九八二)にその一部を現在地に移築、復原した。大正時代末期より昭和時代初期の大規模な町家で、大正時代に中央座敷を建築した後、昭和元年(一九二六)から三年に建物前部を付加し、同十五年頃には裏二階の座敷部分を建て増したという。建物は二階建、入母屋造桟瓦葺。妻入で破風に起り(上方に付けた凸形の反り)をもたせる。周囲には庇をめぐらせる。一階は正面中央に玄関があり、正面に松皮菱形の窓をあけ、障子を建てる。南側には出格子を設ける。内部には約一間幅の廊下があり、南側の八畳の間は床柱に竹、束柱に松、相手柱に梅の各材を用いている。六畳の間には壁面全体を使った井桁形の大窓がある。二階には八畳の間が四つ、六畳の間が一つあり、窓には勾欄付きの縁を設ける。登録有形文化財。

桐【きり】

キリ科キリ属の落葉高木。原産は中国大陸といわれるが、古くから日本各地で栽培されており、よく知られている産地には、福島県(会津桐)、岩手県(南部桐)、さらに新潟県、茨城県などがある。近年では中国、台湾、米国、ブラジルなど、海外諸国からも輸入されている。また庭木や露地の植栽としても用いられる。*心材は淡褐色で、*辺材はそれより淡い色だが、その差は著しくない。材面がやや紫色を帯びることがある。年輪はあまり明らかではないが、生長の遅い木に関してははっきりしている材もある。日本産の樹種の中では、最も軽軟で加工がしやすく、製品は高い安定性をもつ。また防音性に富み、吸湿性が少なく、耐火性がある。建築材として床柱、落掛、天井板、欄間板、棚板などに用いる。

錐【きり】

大工道具の一種。刃を回転させて材木に穴をあける道具。日本では古来、手で揉んで回転運動を与える手揉み錐が主流である。道具使いの難しさで「一錐、二鉋、三釿」といわれるように、穴の位置、大きさ、深さなどで適確な判断が求められる道具である。刃は目的に応じて三ツ目錐、四ツ目錐、壺錐などがあるが、茶室造りに欠かせないのは鼠歯錐である。これは刃先が扁平で三股に分かれており、中央が少し長く、両側の二本は短い。中央の錐先で位置を保ち、両側の錐先で周囲を切削する仕組みになっている。刃先が湾曲した壺錐に比べて抵抗が少ないため、割れやすい竹材に穴をあけるのに適している。屋根まわりの竹材に釘を打つための下穴あけや、細かな竹細工などに用いられる。回転運動は電動工具の得意分野のため、現在では電動ドリルに取って代られている。(付録27頁参照)

切石敷【きりいしじき】

*敷石のうち、正方形や短冊形などに整形した石材(切石)を敷き詰めたもの。敷き詰め方や切石の形状により*四盤敷、*市松敷、*鱗敷、*網代敷などがある。

切石敷　表千家表門

切石の飛石【きりいしのとびいし】

整形した板石(切石)を用いた*飛石。切石を敷き詰めたものは*切石敷という。

切裏【きりうら】
*軒先の*茅負にのる裏甲の上に取り付く化粧板。

桐置上唐紙【きりおきあげからかみ】
*型置唐紙のうち、厚みのある型紙で雲母や胡粉を竹べらで刷り込み、五七や五三の桐紋を付けたもの。桂離宮古書院や表千家*残月亭にも使われており、格式の高い形式である。

切返し苆【きりかえしすさ】
飛出し苆の項を参照。
⇨飛出し苆【ひだしすさ】

切掛【きりかけ】
*板垣の一種。「切懸」とも書く。横板を羽重に張った塀、あるいは衝立をさすこともある。材料となる*羽板そのものをさす場合もある。

切壁下地【きりかべしたじ】
壁下地の一種。茶室などの壁下地を造る時、貫（*塗込貫）を一尺間隔のひらきを目安に枠状に組み、そのあいだを薄小舞竹（厚さ三ミリ。一般の小舞下地では六ミリ）で掻き上げる。そのため「薄小舞下地」ともいう。薄塗の壁下地ができ上がる。貫の厚みに下地小舞竹が納まり、貫は角を斜めに削り落とし、表面に鋸目を入れて壁土の食いつき（密着）を良くしておく。必要以外の貫を省いて、代りに、栈竹を一尺間隔に入れる簡易な施工法もある。（付録28頁参照）

切込砂利【きりこみじゃり】
*砂利が多く堆積した土地から、土や砂を含んだまま採取した砂利。路床などに多く使用される。

切支丹燈籠【きりしたんどうろう】
織部燈籠の別称。
⇨織部燈籠【おりべどうろう】

切妻造【きりづまづくり】
屋根の一形式。*隅棟のない屋根で、古くは「真屋」とも呼ばれ、格式が高いものとされた。*大棟を境として、両側に流れをもった形式で、左右対称のものは「両下げ」ともいう。（付録15頁参照）

切妻出庇【きりづまでびさし】
庇の一種。*切妻造の*妻入の入口上部に付した*出庇のこと。*待庵や*不審菴をはじめ、*草庵式茶室に多く見られる。

切抜門【きりぬきもん】
潜り門と同じ。
⇨潜り門【くぐりもん】

切引手【きりひきて】
*引手の一種。*太鼓襖など、*襖縁のない襖に用いられる。襖の下地となる組子の一枡が手掛りとなるように作る。下端に平らな部分ができないように上のほうを切り込み、紙を斜めに張った塵落しとし、襖の内側と外側で高さを違えて作る。流儀によっては茶席側を塵落しとし、水屋側は、下のほうを切り込み下端に平らな部分を作った塵受けとすることもある。

切目縁【きりめえん】
板縁のうち、縁板（切目板）を短手方向、つまり*敷居と直角方向に張り、板の*木口が外側に現れているもの。切目とは木口をさし、「木口縁」ともいう。対して長手方向（敷居と並行）に縁板を張った形式は榑縁という。（付録30頁参照）

切目長押【きりめなげし】
*長押の一種。*敷居の下、縁板とのあいだに設ける長押。もともと切目縁の時に設けられたことに由来した名称。

切戻し【きりもどし】
樹木の剪定方法のひとつ。伸びた枝を途中で切り、長さを縮める方法。切った部分の新芽を生かすもので、大きく生長しすぎた樹形を小さく整える際によく用いられる。

霧除庇【きりよけびさし】
*庇の一種。出入り口や窓などの上部に付けた小型の庇。単に「霧除」ということもある。

きれいさび【きれいさび】
*小堀遠州の茶の風体を語る時にしばしば使われる言葉。「閑寂や枯淡の中に優しさ、麗しさ、華やかさ、清らかさのある風体」というような意味であり、「きれい」な風体と「*さび」た風

体との統合であるということができる。俗に「王朝時代」と呼ばれる平安時代後期の文化においては、『源氏物語』に見られるような、きれいな、やさしい、優艶な、高雅な風体が好まれた。そして中世へと移りゆくにつれて「きれい」などを求める志向が時代精神によって宗教的に深化され「さび」と呼ばれる風体が重んじられるようになった。「さび」は、同じように中世において重んじられた「冷え」の風体に近く、「冷えさび」のような熟語として用いられることもあった。「冷えさび」を連歌師・心敬は「枯野のす、き、有明の月」(有明の月のもとの枯れすすきの野)を例にあげて説明した。心敬の説明の中にすでに「枯れ」の語が出るが、中世の芸術者たちは「冷えさび」の風体の中に枯れた、あれた風体を包摂することを求めた。それは「冷え枯れ」の風体と呼ばれた。*珠光の「心の文」の中に出る「冷え枯るる」はこれであり、*武野紹鷗が「茶の湯の果て」として求めた「枯れかしけて寒かれ」もこれにあたる。*千利休も一畳半の茶室をはじめ、「冷え枯れ」の風体の具現を目指した。これに対して遠州は、「冷えさび」の風体を求めることは利休と共有できたが、「枯れ」の風体を包摂することは求めなかった。そこには時代の風潮の違いがあったであろうし、また利休ほどには禅に傾倒していなかったということも関係があったであろう。ともあれ遠州は「枯れ」の風体ではなく、「きれい」な風体を「冷えさび」の風体の中に包摂する「きれいさび」の風体を求めたのである。はじめに「きれいさび」の風体とは、「閑寂・枯淡の中に優しさ・麗しさ・華やかさ・清らかさのある風体」といったが、閑寂や枯淡は「さび」の説明、優しさ、麗しさ、華やかさは「きれい」の説明と理解していただきたい。

淇菉庵【きろくあん】

愛知県岡崎市の明願寺にある茶室。*山田宗徧が小笠原家に出仕していた時の屋敷にあったと伝える。明暦元年(一六五五)、三河国(愛知県)吉田城主の小笠原忠知が茶頭として*千宗旦を招聘したのに対し、高齢を理由に高弟の宗徧を遣わした。のち宗徧の嗣子である久作が駿河国(静岡県)掛川にこの茶室を移築、享保二十年(一七三五)、明願寺十二世樸民の時、同寺にふたたび移されたという。外観は片流れ柿葺で西面して建ち、正面に大小二つの下地窓が配される。内部は一畳台目向切で、洞庫を備えるが、向板をはずして二畳隅炉の席にもなる。向板の横の壁に花入釘、上方には軸釘が打たれる。また風炉先窓の右に竹檠(竹製の短檠)を掛ける釘を打ち、様々な働きに処する工夫がある。天井は総化粧屋根裏で、竹垂木のあいだの竪小舞が省かれ、横小舞には細く削った小丸太を並べる。間取りは*今日庵と似るが、中柱と袖壁がなく、躙口上部の窓が下地窓で、茶道口が方立口となるなどの違いがある。なお淇菉庵には*弟也斎が増築されている。

淇菉庵　外観

淇菉庵　水屋

際組子【きわくみこ】

欄間や障子などにおいて、*竪框に接している*組子のことをいう。「付子」「際子」ということもある。

黄蘗【きわだ】

ミカン科キハダ属の落葉高木。「黄肌」とも書く。北海道、本州から九州、中国や朝鮮半島などに分布する。樹皮の内皮が鮮やかな黄色であることからこの名がある。苦味があり、漢方では黄蘗といい生薬となる。露地の植栽にも見られる。*心材はやや緑色を帯びた黄褐色であり、大気に長いあいださらされると褐色へと変色する。*辺材は淡黄色で、年輪ははっきりしている。肌目は粗く、木理は一般に通直で、材質は堅く造作しやすい。建築材として床柱、床框、床板、棚板などに用いる。

木割【きわり】

❶建物各部の木材の大きさを割合で決定する仕組み。「木砕き」ともいう。また、それを定めること。全体に及ぶ木割の存在が明確化されるのは江戸時代初期で、平内家伝書の『*匠明』五巻が著名。柱の太さを一とし、各部の大きさを決める。

❷建築における木割と同じく和船設計の基本で、船体構成上基準となる航の長さ、櫓数、帆の反数に対する船体寸法や各部材の寸法の割合を決めるもの。

金閣寺【きんかくじ】

京都市北区にある鹿苑寺のこと。⇩鹿苑寺【ろくおんじ】

銀閣寺【ぎんかくじ】

京都市左京区にある慈照寺のこと。⇩慈照寺【じしょうじ】

金閣寺垣【きんかくじがき】

竹垣の一種。*鹿苑寺（金閣寺）境内、*龍門瀑横の石段や、*夕佳亭付近にあるものを本歌とする。丸竹の*立子を等間隔に立て並べ、*胴縁、*押縁に丸竹か割竹を用い、*玉縁には半割竹三枚を被せる。

金閣寺垣

銀閣寺垣【ぎんかくじがき】

竹垣の一種。*慈照寺（銀閣寺）の参道にあるものを本歌とする。高さが一メートルほどの低い垣で、構造は*建仁寺垣と同様に、柱間に*立子の割竹を隙間なく並べて、*押縁は一段で、割竹の*玉縁を架けたもの。銀閣寺参道では、石垣の上に設けられ、その上に常緑樹を交ぜた高生垣が覆う。

銀閣寺形手水鉢【ぎんかくじがたちょうずばち】

手水鉢の一種。*慈照寺（銀閣寺）のものを本歌とし、方形の石の四方四面に異なった格子紋様を彫り出した形状のもの。（付録11頁参照）

銀閣寺垣

銀沙灘【ぎんしゃだん】

*慈照寺（銀閣寺）の庭にある壇状となった白砂敷。慈照寺は室町時代の足利義政の*東山殿をその始まりとするが、作庭当初にはこうした造形はない。江戸時代後半の絵図から確認され、時代を経るごとに高くなったという説もある。

吟松庵【ぎんしょうあん】

京都市の茶道家・目片宗逸氏邸にあった茶室。もとは東山区の東福寺通天橋畔に建てられていたが、その後戦火を避け、京都市上京区の護王神社あたりへと移築された。席は四畳半で、床柱には嵐山の渡月橋の橋杭を用い、勝手に宝珠窓の書院が設けられていた。また扁額は遠州流中興の祖と仰がれる遠州茶道宗家八世小堀宗中(一七八六〜一八六七)によるもの。現在は解体、保存されている。

錦松軒【きんしょうけん】

大阪市中央区天満橋京町の松坂屋大阪店(現在は閉店)にあった茶室。工芸家十職による千松会の発案、*表千家十三代即中斎無盡の指導で、*笛吹嘉一郎と竹中工務店により昭和四十一年(一九六六)、同地に移転してきた大阪店の七階に造営された。玄関、寄付八畳、板敷の廊下、広間八畳と入側が、北から南へ間口二間で並び、この西に瓦四半敷の土間廊下が台目幅で設けられる。この土間廊下は、広間八畳の南の露地へと、また、玄関の東の入口は、寄付の東に廊下や物入などを挟んで設けられた立礼席へと通じる。広間の東、すなわち立礼席の南には水屋を設ける。瓦四半敷の玄関土間に直結した寄付は、南側の正面に七尺床を構え、床柱は絞丸太、床框は真塗、床の天井は杉中杢板の鏡天井であった。また床の西の脇壁に墨蹟窓をあけていた。東面の水屋への廊下境には襖四枚、西面の土間廊下境には腰障子四枚、床の西の茶道口境には襖二枚を建てていた。寄付南の廊下でつながる広間は、廊下境に四枚襖を建て、欄間には表千家*残月亭と同じく踊桐の透彫りがある桐板がはめられていた。この広間は東側に一間床と、床の南側、すなわち入側のほうには琵琶台が設けられており、床柱は赤松皮付で、床框ははつり目付きの丸太の溜塗、床の天井は杉野根板の網代張であった。琵琶台から入側へは腰高一尺五寸の中敷居窓があけられ、三枚の障子を建て平書院の構えとなっていた。このような床の構えは表千家*松風楼に見られるものであった。南の入側から露地へは、上り口として内法二尺七分の高さへ中敷居を通し、下方三尺五寸を吹抜いていて、潜りの形式に通じる構成を取り入れていた。入側の西端は二枚引きの腰障子を建てて、露地へと張り出して手摺を備えた濡縁を設け、手水鉢を据えていた。立礼席は二十四畳敷分ほどの広さで、玄関東の出入り口のほかに、露地からも出入りすることができた。寄付、広間、露地、立礼席が、玄関や土間廊下、立礼用の入口の三つの出入り口とともに、廊下で相互に結ばれることによって、諸室が円滑に連絡するよう計画された構成であった。

吟松亭【ぎんしょうてい】

愛媛県松山市の奥道後壱湯の守にある茶室。もとは同市祝谷町にあった拾翠庵を昭和五十六年(一九八一)に移築したもの。慶安年間(一六四八〜五二)頃に伊予松山藩松平家初代の定行によって営まれ、嘉永年間(一八四八〜五四)に*裏千家十一代玄々斎精中によって若干の変更が施されたという。現在、建物は二階建で、一階に吟松亭と、水屋四畳半を介して八畳が接続し、二階には広間十畳がある。席は三畳台目向切で、客の出入り口には貴人口をあける。踏込床を風炉先に構えて、大きな曲がりのある躑躅を床柱に立てる。点前座には勝手付に釘箱棚を仕付け、また八畳の平書院の欄間には壺々の透彫りが入れられるが、これらはともに玄々斎の好みを伝えるという。

吟松亭　床と点前座側

近代数寄者と茶室【きんだいすきしゃとちゃしつ】

明治維新を迎え、大きく時代が変わろうとしていた時、多くの伝統文化とともに、茶の湯の衰退が始まった。理由は、人々の関心が欧米の文化に向いたこと、時代の変化により伝統を支えていた人々の退転があったことなどが挙げられる。とりわけ武士の没落と廃仏毀釈による仏寺の廃退は、茶の湯にとって大きな損失につながった。江戸時代において茶室が存在していた武家屋敷や寺院の多くが取り壊され、同様に茶室も取り壊されるか、転売される経緯をたどった。しかしその一方で、博覧会などで移築された茶室が展示され、それまで茶の湯に関心のなかった層の人々が茶の湯に触れる機会が増加し、やがて彼らの中から、財をなし近代の*数寄者として活躍するものも現れてきた。その新興の数寄者たちにとって不足していたものの一つは歴史である。彼らは、市場に出回っていた古美術などとともに茶室を購入し、自らの屋敷に移築した。また開国後、欧米人の日本文化への注目度が高くなると、日本人においても日本文化の再認識が行われるようになった。前者の代表が*原三溪、後者が*井上世外であろう。このように一時危機を迎えた茶の湯文化そして茶室であったが、明治時代中頃からの数寄者たちの活躍によって、新しい歴史が始まった。それまでの家元制度による茶の湯にこだわらない自由な茶の湯が展開した。茶室においても在来の形式にとらわれないものが増加した。明治時代後半から大正時代にかけて、田舎暮らしがひとつのブームとなった。世界的な視野に立っても、ハワードの田園都市構想やアムステルダム派の茅葺の住宅など、公害問題や鉄道などの交通機関の発達という社会情勢にあわせた展開があった。日本においても数寄者たちが、西では阪神間や須磨、東では箱根や鎌倉など、郊外において別邸を構えることが多くなったが、そこではいくつもの茶室が造られることになった。*数寄屋風の意匠をもった屋敷とすることも多かった。また民家を利用した素朴な姿も好まれた。*柳宗悦の民芸運動としての展開もあったが、それらと間接的に関連しながら民家風の茶室が好まれた。民家風の茶室では*益田鈍翁や*松永耳庵らの活躍が見られる。大正時代頃から建築家においても茶室に注目するようになってきた。それは茶室を近代、現代のものとして、すなわち過去の歴史の一コマではなく取り上げるということを意味する。数寄者たちにおいても、昭和時代になると、茶室も新しい生活とのかかわりが着目されるようになった。座敷と土間の融合や、電気などの新しい設備の導入である。*小林逸翁らの試みには、進取の気性に富む大工や数寄屋建築家のサポートがあった。この時代には和と洋、旧と新を組み合わせることによって、新たな展開を試みた者もいた。数寄者たちは近代の茶室を大きく動かしてきた。それは時代の背景もあり、また彼ら自身の自由な発想もあった。それによって江戸時代までにある程度確立した茶室の形態は、近代になって大きくひろがりを見せるようになる。

近代数寄屋【きんだいすきや】

広義では近代における*数寄屋全般をさすが、狭義では主として昭和時代における建築家たちの手による数寄屋をさす。一九二〇年頃よりいわゆる*モダニズムが起きるが、その影響を受けた日本の建築家たちが、在来の数寄屋建築に近代的性格を見出し、そしてさらに近代的視点でその数寄屋建築を見直したものである。具体的にはより簡潔な表現、自然や外部との一体化した構成などで、在来の数寄屋建築に見られる近代的要素をさらに研ぎ澄ましたものである。そもそも数寄屋建築は茶の湯の影響を受けたもので、様々な側面があるものの、無駄な装飾を省き、また外部空間との親和性が見られる建築の様式である。近代においてそれが再評価された。幕末に日本が開国した後、多くの日本の文物が欧米に流出することになった。それはいわゆるジャポニズムとして、彼の地での日本ブームを引き起こすことになる。この流れは建築家たちも例外ではなかった。鉄、ガラス、コンクリートという新しい材料での建築の形態を模索していた彼らにとって、日本建築、とりわけ数寄屋建築は格好の手本となった。欧米の建築家たちは、日本建築の特徴をこぞって取り込んだ。簡素な意匠、常時開放が可能なスライド式の開口部、軒下や縁側などの内外の境が曖昧な空間、水の流れなど自然要素の建築内への取り込み、などである。一方で日本においても明治時代から大正時代にかけて*武田五一や*藤井厚二らは簡素な表現、床と床脇の組立、天井の幾何学的構成など、数寄屋建築のもつ近代的性格に気付いていたが、まだ主流とはなり得なかった。そして昭和時代になって欧米の新しい動きに気付いた日本の建築家は、欧米のその考え方の逆輸入、そして新しい視点での日本建築、とりわけ数寄屋建築の再構築を模索した。都市における*田舎家、床や床脇、違棚などの立体的な組立に着目したのが*堀口捨己。*吉田五十八が好んで使った荒組の障子は、床面から天井まで達する大きさをもち、ミース・ファン・デル・ローエの建築を彷彿とさせ、正方形に近い組子の配列は、オーソドックスな長方形に対して、斬新な印象を与える。*掛込天井の形式は多くの近代の建築家たちが好んで使用した意匠である。緩やかな化粧屋根裏と平天井を組み合わせ、掛込部分に照明器具を埋め込む手法。いわゆる洋室においても、床を設けて障子を建て込むことで、和風として扱うことを可能とした。また在来の数寄屋における意匠で近代性を有するものが着目された。*桂離宮の御輿寄のアプローチや、古書院の月見台の構成、*松琴亭の市松模様、水無瀬神宮*燈心亭の様々な材料を組み合わせながらも統一感のある天井意匠、大徳寺塔頭孤篷庵*忘筌の縁先の工夫、西芳寺*湘南亭の広縁など、枚挙にいとまがない。この動きは建築家のみならず数寄者たちの作例にも応用されることになる。近代において数寄屋が大いに発展したのは、モダニズムに代表される近代の新たな造形と、従来からの数寄屋建築が相互に関連し合って展開してきたことが大きく意味をもっている。そして古典のすぐれた意匠はふたたび近代に大きな注目をあびる。

金の茶室【きんのちゃしつ】

黄金の茶室の項を参照。⇨黄金の茶室【きがねのちゃしつ】

金毛窟【きんもうくつ】

神奈川県横浜市中区の*三溪園にある茶室。*原三溪自らの構想による茶室で、大正七年(一九一八)に竣工した。席名の由来は*千利休が寄進、改築した大徳寺三門・金毛閣の古材を取り入れたことによる。その勾欄の古材を、床柱へと転用したと伝わる。外観は切妻造銅板葺で、床の天井が高くなった部分の桁を上げて、一段高くなった屋根を造る。内部は一畳台目下座床の席で、点前座は炉を隅炉に切り、引分けに障子二枚を建てた風炉先窓をあける。床は踏込床の形式で、床柱に花入釘は打っていない。相手柱は皮付で面を付ける。天井は客座一畳の上が竹と小丸太を交互に組み合わせた化粧屋根裏、点前座上は落天井の木賊張。化粧屋根裏の勾配が急で、小壁が高くなっているのが特徴である。腰張が一様に低く張られていることにも特徴がある。

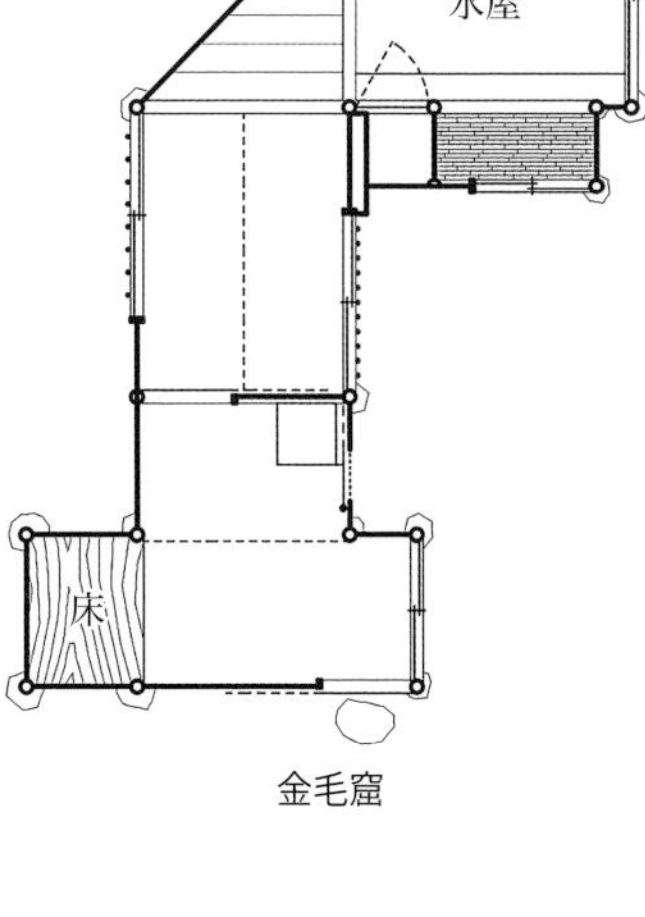

金毛窟

銀杢【ぎんもく】

*杢目の一種。「虎斑」ともいう。大きな髄線が木材の*柾目面に帯状に現れたもの。楢、樫、橅などに見られる。

金木犀【きんもくせい】

モクセイ科モクセイ属の常緑小高木。ギンモクセイの変種。樹高は四～六メートル程度。葉は長さ六～一二センチの広披針形または長楕円形で、対生する。全縁もしくは先端部分に細かい鋸歯がある。十月頃、橙黄色の花が多数束生し、強い芳香がある。寺社や住宅の玄関部分に銀木犀とともに植えられることが多い。露地では香りをはなつ庭木を好まないが、本種は常緑樹林の構成種として植えられることもある。

銀木犀【ぎんもくせい】

モクセイ科モクセイ属の常緑小高木。中国原産。樹高は三～六メートル。葉は長さ八～一五センチの長楕円形。粗い鋸歯があり、対生する。十月に白色の花が束生し、芳香がある。金木犀とともに庭木としてよく用いられる。また金木犀ほど香りが強くないため、露地に植えられることもある。

空庵【くうあん】

京都市東山区の住友吉左衛門友純の旧別邸有芳園にある茶室。友純（一八六五〜一九二六）は住友本家十五代で、春翠を号した。有芳園は大正二年（一九一三）から京都鹿ケ谷の地に造営が始められ、同九年頃に一応の完成をみた。敷地の南東隅に露地が形成されており、広間棟と廊下で結ばれて茶室棟が建ち、空庵と*漱芳が造られている。外観は切妻造柿葺で、南の妻側に庇を付け下ろして貴人口をあける。西にも庇を深く下ろし、その下に腰掛を設けている。内部は四畳半で、台目床を構える。水屋を隔てて東側に茶室漱芳がある。

空心庵【くうしんあん】

神奈川県小田原市の*野崎幻庵の別邸自怡荘にあった茶室。大正九年（一九二〇）、*益田鈍翁の勧めにより、鈍翁が費用を負担し、幻庵の設計で建てられ、翌年一月に席披きの茶会が催された。席名は「大空の高き心に呉竹の林をめでて占めし庵かな」の歌による。大工は地元の留吉。詳細は不明だが、正門左側の竹林の中に造られ、半分を寄付、半分を茶室に区画。寄付は土間を広くとった腰掛と半畳の畳敷き。茶室は長（深）四畳に中柱を立てた席で、客の入口は織部口とし、引違い襖を建てて茶道口と給仕口を兼ねていた。大正十二年（一九二三）の関東大震災で倒壊。同じ場所に、*葉雨庵が建てられた。

釘隠【くぎかくし】

柱と*長押が交差した部分などに打ち留めた釘の頭を隠すための飾り金具。正統的な*書院造では*六葉や桐菱、花菱、家紋などが用いられ、数寄屋建築では花鳥や宝珠、動物など部屋にあわせて意匠をこらしたものも用いられる。材料には銅、鉄、木、陶磁器、*七宝などが使われる。

釘隠　桂離宮新御殿一の間

釘箱棚【くぎばこだな】

*仕付棚の一種。*裏千家四代仙叟宗室が好んだもので、*無色軒点前座の勝手付に仕付けられる。杉木地で、成（高さ）は三尺一寸あまり、客付側の側板、中棚と天板のあいだに*格狭間透がある。釘は用いず全部差し込みで組立にしてあることで、取り外しが可能。板葺の屋根職人が用いる釘箱にちなんだものといわれている。『*茶道筌蹄』には「釘箱棚　仙叟好、杉にて左勝手に好、当時は右勝手にも用ゆ。裏流側五畳敷にあり、今は表にも啐啄斎よりはじめて用ゆ」と記されている。なお*武者小路千家七代直斎堅叟は格狭間透の二つあるものを好んでいる。

釘箱棚　無色軒　裏千家

釘彫【くぎぼり】

釘を打つ位置にあらかじめ設けておく掘り込み。*長押を*鴨居の上に取り付ける時のように、面に対して斜めに釘を打つ場合に釘彫を設けることで、材を傷めず容易に釘を打つことができる。また厚みのある材に釘を打つ場合などにも設けられることがある。

潜り【くぐり】

潜って出入りするように造った、小さな出入り口全般をさしていう。正門脇の小さな出入り口や民家の大戸に造り込まれた小さな出入り口のほか、茶室や露地では、*露地口などに設けられた潜り門や躙口、茶室の水屋から露地への出入り口、内露地の中潜りなどをいう。開口部の高さも五尺程度から躙口のように二尺程度のものまで幅広い。特に露地や茶室の潜りは、茶の湯の草体化の過程で、茶の湯の空間が日常から離れた世界を表現するために設けられたと考えられる。

潜り木戸【くぐりきど】
潜って入るように造った露地口、中潜り、躙口などの出入り口を潜り口といい、その戸が木戸であるもの。

潜り口【くぐりぐち】
❶躙口の古称。⇩躙口【にじりぐち】
❷正門脇の小さな出入り口、民家の大戸に造り込まれた小さな出入り口、茶室の水屋から露地への出入り口、内露地の中潜りなどをいう。

括り棚【くくりだな】
千利休がカネ割に基づいて寸法を定めたという釣棚の一種。陽のカネ二線をまたいで器物を置き合わせると、陽のカネ二線のあいだがすべて陽に転ずるという括りカネの考え方に基づいて寸法が定められたという。『南方録』によれば「休公の台目切ノツリ棚」とあって台目構えに設ける釣棚で、板幅を五つ曲（畳短辺を六等分した寸法）の二つ分で九寸八分として、それに端喰四分と壁止の引木にのる部分四分を加えて合計一尺六分とし、奥行きは九寸または八寸八分とする。端喰四分と引木のもたれ四分の計八分をカネ越しの八分といい、全体として陽のカネ二つ分の幅を確実に越えて「くくる」ことになるので、この棚板の上は全面が陽となるという。また同書には「小棚ノ図、ク、リ棚トモ云」とあり、「小棚」ともいわれ、また堺の集雲庵の点前座に仕付けられた集雲庵棚は括り棚であったという。

潜り戸【くぐりど】
潜りのこと。または、潜りに建てられた戸をいい、多くは引き戸で、下見板張、桟押えの雨戸の形式がほとんどである。

潜りの石【くぐりのいし】
躙口前の役石のひとつ。踏石と同じ。⇩踏石【ふみいし】❶

潜り門【くぐりもん】
板塀や土塀などの一部を切り抜いて造られた小さい門。単に「潜り」とも、また「切抜門」ともいう。

草野家の煎茶室【くさのけのせんちゃしつ】
大分県日田市の草野家住宅にある煎茶室。草野家は天領日田で近世を通じて製蠟業を営んだ商家で、安永元年（一七七二）の大火後の再建から、屋敷合併や増築を重ねて現在の屋敷構えとなった。主屋は店舗部、玄関部、仏間部、新座敷部、隠宅部、客間部からなり、明治から大正時代に改造された新座敷上ノ間、茶室、隠宅上ノ間、客間棟二階明月楼、玄関棟タタミノ間に、煎茶室としての特徴がよく現れている。新座敷は、十九世紀初めに建てられ、明治八年（一八七五）に床まわりの改造を行うとともに八畳間の新座敷控を増築し、同十七年に五畳半の茶室を増築した。十畳の上ノ間と十畳の次の間が東西に、その西側に新座敷控と茶室が南北に並ぶ。上ノ間の西面北端には、間口一間、奥行半間の床を設け、その南脇は、間口半間で、床の西南隅に向かって斜めに切れる三角形の琵琶床となる。北面西半一間は床と矩折の床脇で、東半一間は手前の内法より下を開放とし、その奥の壁に枠を黒漆塗とした大きい窓をあける。床脇の地袋に

草野家　隠宅上ノ間　床側

建てられた四枚引違いの小襖は二組用意されており、一組は竹渓筆の竹林七賢、もう一組は帆足杏雨筆の山水図（一八六二年）で、趣向に応じて取り替えられるようになっている。茶室は、東西二間、南北一間半の北西隅に半間四方の踏込床を設け、のこる五畳半を畳敷きとしている。床の北側、すなわち北面西半には、床と矩折に床脇を外に張り出して設けている。床まわりは大正三年（一九一四）以降の改造と考えられるが、地袋の牡丹梅図、及び天袋の竹蘭図（一八八四年）の二枚引違いの小襖は、いずれも当地の文人画家・平野五岳の筆である。隠宅は慶応二年（一八六六）の建設で、明治十六年及び同十八年に改造された。九畳の上ノ間と六畳の次の間が東西に並ぶ。上ノ間の座敷飾が特に注目され、床は前方約三分の一が畳と同高、後方三分の二がそれより一段上り、床板及び蹴込板はすべて黒檀で、上段にはネズミサシの枯木状の荒れた表面を正面に向けた奇木の床柱が立ち、その東側が違棚と天袋をもつ独創的な原叟床である。唐木を好んで使用することは煎茶室の特徴の一つであるが、黒檀のこれほどの幅広板は例を見ない。また、床柱に用いられたネズミサシの奇木は、床柱位置の落掛にも用いられている。床脇の違棚、及び天袋の地板は紫檀で、床の天井は奥が板目の杉板張り、前方が紙張り、床脇前が一段低く杉の薄板の網代天井である。床の東側の袋棚は側板、及び天板が紫檀で、二枚引違いの小襖は五岳筆の蘭竹図である。明月楼は、明治八年に増築された客間棟の二階に設けられた観月を楽しむための座敷で、七畳の上の間と四畳半の次の間が東西に並ぶ。上の間西面に座敷飾が設けられ、北端が欅の地板を一段高くした蹴込床、その南側が床脇で、地袋は側板及び天板が欅、二枚引違いの小襖は五岳筆の竹蘭盆栽図（一八七九年）である。南端は、地板が松で、奥及び両側面の壁を浅葱色の土壁とし、奥の壁には新座敷と同様の枠を黒漆塗とした大きな窓をあける。草野家住宅は主屋をはじめ座敷蔵などが重要文化財に指定されている。

楔【くさび】
堅い木や石、金属で作られた、断面が鋭角三角形状のもの。木や石を割ったり、重いものを押し上げたり、*仕口の穴に差し込んで部材が抜けないようにするなど、様々な用途に使われる。

草葺【くさぶき】
草、すなわち*茅、*葭、麦藁、麻殻などで葺いた屋根の総称。「葛屋葺」ともいう。

草部屋道設【くさべやどうせつ】
生没年不詳。織豊時代の堺の町人。永禄年間（一五五八～七〇）から天正年間（一五七三～九二）にかけてしばしば茶会を催し、また津田宗及、千利休、今井宗久とともに織田信長の茶会に招かれるなどしており、かなりの茶人であった。*深三畳台目の茶室を設けており、これは*左勝手であったらしい。所持道具としては草部屋肩衝（もとは三好実休所持）が名高く、了庵清欣の墨蹟や備前建水などもあった。

草屋【くさや】
藁屋と同じ。 ⇒藁屋【わらや】

草屋形燈籠【くさやがたどうろう】
葛屋形燈籠と同じ。 ⇒葛屋形燈籠【くずやがたどうろう】

鎖【くさり】
*釣釜を釣るために用いる鎖のこと。炉の上の天井に打たれた*釜蛭釘に懸けて釣る時に用いる。通常、広間で炉の時期に用いるが、*小間で用いる場合、『南方録』「滅後」に「自在ニテモクサリニテモ、客ノ出入ニ道セバケレバサハルコト也、台目切右炉ナドニハカナラズナキコトト心得ベシ」とあるように、客の出入りの邪魔になる場合は使わない方が良いとされていた。種類としては和物、唐物に分けられ、細、小豆、一重、二重、九重、腰細、角間、平鎖などがある。

鎖の間【くさりのま】
小座敷（*茶室）と*書院との中間に位付けされる広間の座敷で、鎖を釣り、釜を懸けることのできる部屋。『秘蔵伝心』にも「小座敷ト書院ノ間ノモノ」とある。一般に広間は書院台子の茶にもつながる格式の高い部屋で、小座敷は草庵とも呼ばれ、格式を崩した茶の湯を行う場所と考えることができる。一方で鎖を使う茶は、*田舎家における素朴な茶の湯をイメージすることか

鎖の間　縦目楼（小堀遠州伏見奉行屋敷の復元）
ふじのくに茶の都ミュージアム

ら、鎖の間は広間における素朴な茶の湯の体現となる。濃茶の後、鎖の間で薄茶を供し、さらに書院で料理を振舞うといった茶事の手法もあり、このような時に使用される。これによって様々な道具を荘り、客に楽しんでもらうというメリットがある。*千利休は鎖の間を屋敷内に設けていた。『雍州府志』に「利休所設鎖間于今存、倭俗以鉄鎖釣釜、置炉上煮湯、故斯処称鎖間」とある。しかし『*南方録』には「備前宰相殿、浅野殿、宗及へ相談のよしにて、鎖の間とて別段に座敷を作事あり、毎々小座敷すミて、又此座にて会あり、此事を宗易伝へ聞給ひ、これ後世に侘茶湯のすたるべきもとゐ也とて、わざと御両所へまいり御異見申されし也、此後ハ御成の時も、小座敷なれば小座敷、書院なれば書院、とかく一日に座をかへてのかざり所作御断申されし也」とあり、利休は鎖の間の使用を戒めていたともいう。一方、*古田織部は、積極的に使用したことで知られている。『古田織部正殿聞書』に「是ハ書院也　上段ノ脇ニ自在又ハ鎖ヲ釣テ鎖ノ間ト云也　狭キ小座敷ト不可心得」とある。*小堀遠州は伏見奉行屋敷（小堀遠州伏見奉行屋敷の項を参照）に鎖の間を造っている。九畳の間で出床を設け、南東側に上段を矩折に付け、床と棚付書院を設ける。西には次の間として三畳が設けられる。鎖の間の北側に六畳の二の間がある。出床の奥に付書院を付けた形式で、離れた場所に棚を設けている。『松屋会記』「久重茶会記」によると、寛永十八年（一六四一）正月十日に、小座敷での濃茶がすんで「通口ヨリ鎖ノ間へ出候、并書院・亭へ出候」と記している。同様の施設は伏見屋敷にも造っていた。鎖の間は、その大きさからは書院といえよう。しかしそこには必ず炉を切っていなければならなかった。炉は草庵のもので、元来、書院造の座敷の設備ではなかった。書院に炉を切ることが普及したのは、この鎖の間が一つの契機とみることができる。現在の広間の茶室では炉を切ったものが見られるが、織豊時代から江戸時代初期の鎖の間の存在が後に影響を与えたということが、可能性として指摘される。

櫛形窓【くしがたまど】

半月形（半円形）や火燈形にあけられた窓のこと。このような意匠を櫛形といい、御所清涼殿の中に柱を挟んであけられた半月形の窓は「櫛形の穴」と呼ばれていた。『類聚名物考』に「今俗には火灯口などとも云、または唐破風形ともいふ也」とある。

櫛形窓　桂離宮新御殿一の間

櫛形欄間【くしがたらんま】

*欄間の一種。櫛の峰のような半月形の弧を櫛形といい、それを意匠に用いたもの。小壁を櫛形に吹抜いたり、下地を見せて*一本引きの小障子を建てたものなどがある。東福門院（後水尾天皇中宮・和子）からの拝領品をもとに*千宗旦が意匠を工夫したという裏千家*寒雲亭の櫛形欄間などが代表例。（付録23頁参照）

孔雀羊歯【くじゃくしだ】
イノモトソウ科ホウライシダ属のシダ植物。北海道から九州地方北部までの山地や岩上に自生する。葉は叢生状につき、羽片は披針形で、胞子嚢を裂片の上縁につける。葉身が孔雀が羽をひろげた姿に似ることからこの名がついた。露地ではよく植えられる*下草のひとつである。

孔雀杢【くじゃくもく】
*杢目の一種。*黒柿に限って使われる表現で、孔雀の羽のような模様が現れたもの。

九条土【くじょうつち】
壁土の一種。京都市南区の九条あたりで産出された色土。少し青みがある濃灰色で、寺院や茶室の*上塗土として好まれた。産出量は非常に少なく、現在は入手不可能。そのために鼠土と呼ばれる鼠色の土に墨を少し入れて代用したが、その鼠土も入手が困難になり、今では*聚楽土や*浅葱土に墨を入れて代用する。茶の湯で使用する*大炉は伝統的にこの色の土で仕上塗をする。

樟【くす】
クスノキ科クスノキ属の常緑広葉高木で、クスノキのこと。「楠」とも書く。本州から九州、さらに台湾や中国に分布する。古くから神社などに植えられ、天然記念物に指定される巨木も多い。庭木や露地の植栽としても見られる。造林に用いられる樹種でもある。最も特徴的な性質は、強い樟脳の香りをもつことで、防虫効果がある。*心材は黄褐色から紅褐色で部分的に緑色を帯びた褐色。*辺材は灰白から黒ずんだ白で、心材との境がはっきりしない。肌目が粗く、国産の木材の中では珍しく木理が交錯していることが多い。*杢目には*玉杢や*葡萄杢、*縞杢、牡丹杢などがある。材質はやや緻密、硬軟さは中程度で、光沢をもち、耐久力があり、水湿に強い。建築材として床柱、床框、床板などに好まれる。

屑張【くずばり】
乱張と同じ。⇨乱張【らんばり】❶

葛屋【くずや】
民家建築などに見られる*草葺の屋根のこと、または草葺の家屋。

葛屋形燈籠【くずやがたどうろう】
石燈籠の一種。笠が*藁葺屋根の形をしたもの。広義の*置燈籠に分類され、「草屋形燈籠」とも呼ばれる。*修学院離宮の上御茶屋（上離宮）や玉泉園（石川県金沢市。灑雪亭の項を参照）にあるものなどが知られる。（付録12頁参照）

葛屋葺【くずやぶき】
草葺と同じ。⇨草葺【くさぶき】

具足棚【ぐそくだな】
*床脇に設けられる*飾棚の一種。江戸時代に棚雛形として定型化される四十八棚の一つ。『増補大匠雛形四 新板棚雛形』（一八六六年刊）には「これハ御ねま（寝間）によし」とある。また『伊勢家用来荘飾門口伝書』（一七七一年写）には「具足棚も其名目武門に用る事いわすして分明成へし」とあり、用法に規範があったことを示す。

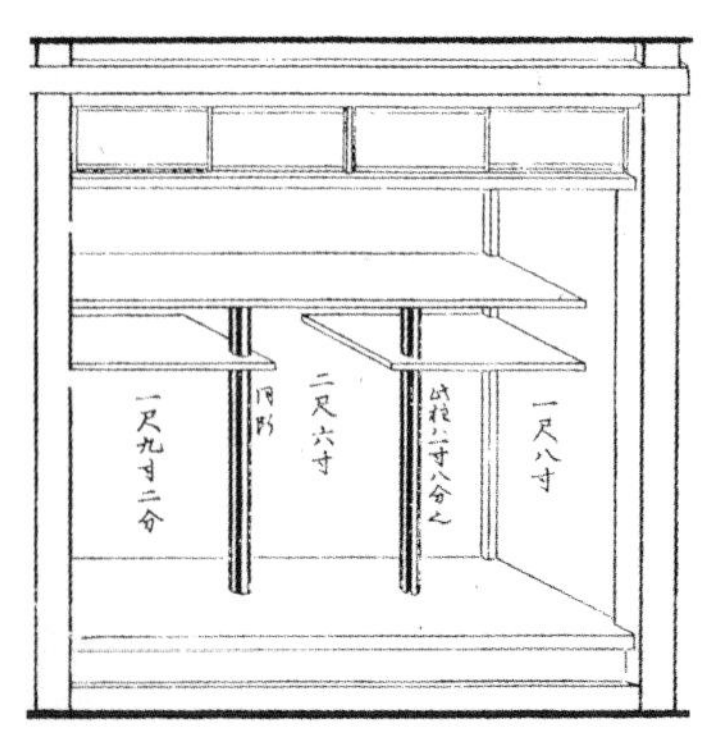

具足棚　『増補大匠雛形四 新板棚雛形』

降棟【くだりむね】
棟のうち、瓦葺の屋根の*大棟から直角に、屋根の*流れにそって*軒先方向に下ろした棟。*入母屋造、*切妻造の屋根の、*妻に近いところに見られる。

朽木欄間【くちきらんま】
*欄間の一種。長年風雨に晒され*心材のみがのこった朽木や船板、水車板などを用いて荒々しい風情を表現した欄間のこと。（付録23頁参照）

口切の茶事【くちきりのちゃじ】

茶事の一種。口切の茶事には内口切と口切の二種がある。茶師が茶家から届けられた茶壺に新茶を詰めて封をする。一夏を越した十一月の初め、茶師から届けられた茶壺の封印を切って新茶を取り出して行う茶事が内口切で、基本的には身内のあいだで内々に試みられる。一度、封を切った壺は、亭主の自印を用いてふたたび封をする。この封を切って行う茶事が口切である。口切の茶事は正月の点初め以上に重要な茶事で、それだけにこの茶事に招かれた客は、服装も含めてあらたまった心持で臨むべきものとされ、亭主側も露地の枝折戸を青竹にあらため、畳を新たにし、炉壇を塗り替える。

梔子【くちなし】

アカネ科クチナシ属の常緑低木。本州（静岡県以西）から九州、沖縄に分布し、暖地の常緑樹林の縁辺部に生える。樹高は大きいもので一～二メートルほどになる。葉は長楕円形で、革質、表面には光沢があり、対生する。六～七月に芳香のある白花がつく。『農業全書』（一六九七年刊）に生垣を造るのに良い種として梔子が挙げられている。現在も寺社や住宅の生垣、混ぜ垣としてもよく用いられる。果実は長さ約二センチの楕円形で、古来、染料として用いられ、現在でもきんとんやたくあん漬けに用いられる。『築山庭造伝後編』「路地庭造の図解」の項に「物の陰又建物の間抔に便所など造作て下水瓶（中略）を置、万年草、くちなし、葉蘭、一ッ葉、藪柑子、さつき等の根じめを遣ふ」と記されるように、花木ではあるが、場所によっては露地に植えられることもある。

口引【くちひき】

大工道具の一種。墨付けに用いる道具。銅板に針と鉛筆を挟んだものや、竹の先端を丸く刻んで二股にしたものなどがある。自然石の礎石の上に柱を立てる茶室においては、凹凸のある石の形状にあわせて柱の下端を削り取るひかり付けが必要になる。また凹凸のある丸太同士の仕口（桁と柱など）においても同様で、ひかり付けに欠かせない曲面を材に写し取り、墨付けをするものである。現代では精度が出るコンパスを用いるのが主流となっている。この仕事はまず、おさ定規あるいはフリーハンドで大まかな形状を写し、仕口を鋸や鑿で荒く刻んで仮組みし、互いを近接させた状態で、針をもとの材の表面にそわせ、鉛筆の先を加工する材へ当てて丸太を一周巡して、接合面の形状を写し取る。そしてこの線にそって鑿で余分を削り落としていく。一度の作業では納まらず、これを数度に分けて行い、光を透かして隙間を確認しながら、間隔を狭め、最終的には隙間なく密接させる。なお口引で写し取れるのは外側の輪郭線のみであるため、内部は対象となる面に白墨を塗り、接触させた時に付く箇所を目安に削り落とす。（付録27頁参照）

沓石【くついし】

❶建物の柱や縁束などを受ける石のこと。柱石や礎石などをさしていう。（付録14、28、30頁参照）❷沓脱石の略称。⇒沓脱石【くつぬぎいし】❸石燈籠の基礎石のこと。

くつかた床【くつかたどこ】

『長闇堂記』に記される床で、踏込床の一種。小間の茶室で床の内側も使用できるよう床框をなくして畳敷きとしたもの。「四帖半を三帖敷となし、客の間とを（遠）きとて、又二帖半にして、下の一こまひの畳を、くつかた床とて、ふちなしとせり」と記されている。

沓脱石【くつぬぎいし】

建物の出入り口に据える役石のひとつ。履物を着脱する際に用いる石。単に「沓石」ともいう。貴人口前、もしくは書院に据えられるものをさし、躙口前に据えられるものは踏石という。沓脱に石が用いられるようになったのは織豊時代からとされ、それ以前は木の板に脚を付けたものが利用されていた様子が当時の絵巻史料に見える。江戸時代の作庭書では沓脱石のほか、「履脱石」「踏壇石」「沓ぬき踏だん」「踏段」「岩段沓抜」の言葉が使われている。『石組園生八重垣伝』には「岩段沓抜組方」とあり、自然石による沓脱と、それに連なる石が五石描かれている。「横勝手踏段」という項にも縁先の飛石が数石描かれているため、建物出入り口の数石をまとめて「踏段」「沓抜」と称した時期もあったと考えられる。現在は建物より一石目のみを沓脱石と称する。切石や自然石で天端の平らなものを用い、中でも*鞍馬石のものは格式が高いとされる。『築山庭造伝前編』『築山染指録』にある「履脱石」は客人島の石で、別の意をさす。

口伝【くでん】

文字によらないで口伝えに秘事、作法などを師から弟子へ伝授すること。古くはインドのヴェーダ伝授において、仏教では特に密教において重要視された。日本ではまず密教において重んじられた。中世以後は仏教に限らず、神道、和歌、茶道、華道、音曲などの芸道でひろく行われた。切紙に項目だけを書き、口述で伝える。その口伝を記した秘伝書も存在する。茶道の秘事口伝としては、「珠光一紙目録」などが伝わる。

竈土【くど】

一般に台所において炊事の用に供する設備。「へっつい」ともいう。『茶具備討集』には、「竈土、或ハ舁竈土（かきくど）」とある。茶室においては、炊事用のものもあるが、別に炉の代りとして使用するものもある。*竈土構えの言葉もある。竈土を用いた茶会の例は、『*天王寺屋会記』の「宗達自会記」弘治二年（一五五六）四月十四日の条に「茶屋ニテ、墨跡懸、火箸見セ申候、くと茶湯也」とあるのが早い例だと考えられる。また同書の「宗及他会記」永禄十年（一五六七）十二月一日の条に、「同極月一日　山上宗ヘキ会　宗易　道叱　宗及　新五　宗二　一中へくとを置テ、平がま、すへ、茶碗二ツにて茶ヲたてられ候」とあり、*風炉のような使用方法であったと考えられる。

竈土構え【くどがまえ】

茶の湯のため*竈土が設置された茶室、あるいは*茶立所の形態のこと。『池永宗作伝書』によると「境（堺）ノ辺ニハワビ数寄ト云テ　クドカマエバカリシテ持ツ人ヲシ　是ヲバ常翁カマエトモ云也」とあり、わび数寄の形式とされた。竈土構えの例としては点前座としての場所に設けられるもの、また座敷とは別に茶立所としての場所に設けられるものがある。高台寺の*時雨亭には床に隣り合って竈土が設けられており、まさに茶室内の点前座としての意味をもつ。また桂離宮の*松琴亭では、座敷から離れた位置に茶立所としての意味をもって設けられている。松花堂（松花堂の項❶を参照）においても座敷横の土間に据えられ、茶立所としての意味が強い。なお、「クト」とのみ記された場合、この竈土を示す場合と風炉を示す場合がある。

竈土構え　傘亭　高台寺

櫟【くぬぎ】

ブナ科コナラ属の落葉高木。「橡」「椚」とも書く。本州（岩手県、山形県以南）から九州、沖縄の暖温帯に分布する。古名は「つるばみ」といい、果実は染色や食に用いられた。枝葉は農家にとって大切な肥料源にもなる。樹皮は堅く淡褐色であり、造林用また露地の植栽にも用いられる。*心材は黄褐色や黒ずんだ褐色で、赤黒いものもある。*辺材は淡褐色、白色である。材質は緻密で重硬である。建築材として*皮付丸太の床柱や相手柱、廻縁、垂木、土間庇の捨柱などに用いる。その他、薪炭材などにも利用され、茶の湯炭においてもこの材が用いられる。

櫟庵【くぬぎあん】

滋賀県甲賀市にある茶室。もとは明治四十一年（一九〇八）、京都市内に*平井竹次郎が手掛けたという茶室で、陶芸家・二代目勝尾青龍洞が窯のある信楽へと移築した。四畳台目の本席と一畳台目半板入の小間、水屋四畳からなる。本席は高台寺にあった*小堀遠州好みの茶室の写しで、大勢の客を収容できるわび茶室として近代に盛んに好まれ、高山寺*遺香庵、大徳寺塔頭興臨院の*涵虚亭、五島美術館*松寿庵などが同様の構成である。下座に構えた床は、床柱は二本柱で档丸太と赤松皮付、落掛には落掛花釘が打たれる。台目構えの点前座は、中柱が百日紅、客付に雲雀棚形式の棚を釣るが、下棚は袖壁の壁留より下に仕付けられている。一畳台目の席は、大きな節のある松を向板に入れ、丸炉を切る。また幅五寸の半板を入れ、躙口には引違いに戸を建てる。

配り木【くばりぎ】
樹木を植える時に、周囲の建物やほかの植物との調和を図ること。「配植」ともいう。

倶忘軒【ぐぼうけん】
静岡県熱海市の旧藤原暁雲別邸*滞春亭にある和風建築。昭和元年（一九二六）の建造で、*岡田永斎が施工にあたった。木造平家建の建物で、外観は宝形造銅板一文字葺の屋根、室内は広間、小間、水屋、台所、浴室、便所などからなる。広間は六畳で、三方に台目幅の入側をめぐらせ、池に張り出した構成を見せる。座敷は椎の絞丸太を床柱とした一間床を構え、違棚や袋棚などを省いた一間幅の床脇が並ぶ。天井は小丸太を格縁とした格天井で、格間に桐板を張り、削り木の中桟を入れた、いわゆる一崩しの天井である。また建物の南端には三畳台目の茶室を備えるが、この茶室は昭和時代に入って増築され、*木村清兵衛が手掛けたという。三畳台目の床は下座に構え、檜の档丸太の床柱、皮付赤松を春慶塗で仕上げた床框を備え、墨蹟窓をあける。点前座は栗六角なぐりでやや歪みをもった中柱を立て、二重棚形式の釣棚を釣り、風炉先窓をあける。天井は杢板を羽重とした平天井と躙口側の化粧屋根裏、点前座は蒲の落天井である。入側の北東の一画には、桂離宮*笑意軒に見られる金箔と紺のビロードを連想させる腰壁が設けられる。南東入側の出窓の壁留は櫛形で、これも桂離宮新御殿一の間の上段に範を求めたものと考えられる。

倶忘軒　広間　床側

久保家住宅【くぼけじゅうたく】
京都市中京区にある旧今尾景年邸のこと。⇒今尾家の茶室【いまおけのちゃしつ】

久保権大輔【くぼごんだゆう】
元亀二～寛永十七年（一五七一～一六四〇）。江戸時代前期の茶人。春日大社（奈良市）の禰宜の家に庶子として生まれる。名は利世、長闇堂と号した。号の由来は、東大寺の勧進上人・俊乗房重源の御影堂の遺物を屋敷内に移し、方七尺の茶室を造ったが、*鴨長明には及ばないとして、*小堀遠州が*長闇堂と命名したことによる。子どもの頃から茶の湯に親しむが、無禄であったため、千利休の袋物師・宗哲との縁を得て、袋縫いで生計をたてた。藤堂高虎、*松花堂昭乗らとの交流も認められ、遠州による久保利世追悼文が*興福院にのこされている。その著作*『長闇堂記』は単なる茶書ではなく、正しくは『長闇堂記及家伝遺誡』とあるように、子孫のために記され、内容は自伝的な記述や茶会の様子、逸話、名物道具、茶人伝、長闇堂の由来、北野大茶之湯見物記など多岐にわたり、史料として貴重である。

熊倉吉太良【くまくらきちたろう】
明治二十七年～昭和五十七年（一八九四～一九八二）。建築家。岸田良造の三男として、京都に生まれる。父の良造は社寺造営を専門とする大工で、*三上吉兵衛の別家をつとめた。また長兄の宇吉、次兄の良吉もともに大工であった。十歳の頃より家業を手伝い、明治四十二年、東本願寺の阿弥陀堂門再建に長兄と従事。大正二年（一九一三）、京都御所の春興殿造営の時、*二軒扇垂木の墨付けを担当し、昭和の大嘗祭の悠紀殿、主基殿の造営にも下命を受けている。大正八年、土木建築請負業を含む熊倉家に婿養子として入った。*武田五一や*藤井厚二らの知遇を得て、伝統を踏まえた近代建築に新境地をひらいた。代表作に、近藤與吉邸（一九五三年頃建築）などがあり、島津製作所の上西亮二邸や寿岳文章邸を手掛けた。

組子【くみこ】

❶釘を用いず木を組み付ける技法。またそれによって、格子や障子、天井、欄間などの枠のうちに縦横に細かく組まれた材のことをいう。組手と呼ばれる溝を加工して組み合せる。様々な組み方があり、装飾的な模様を作り上げることができる。（付録23頁参照）❷垣の*胴縁に取り付け、垣の面を構成する縦横あるいは斜めに組んだ細長い部材。材料には、丸竹、割竹、篠竹や、萩、黒文字などの樹枝がある。

組物【くみもの】

枡組と同じ。　⇒枡組【ますぐみ】❶

組床【くみゆか】

木造建築の床で、大梁の上に小梁を直行させて架け渡し、その上に*根太を渡して床板を張ったもの。床の荷重を支える柱の間隔がひろい場合に用いられる。

組輪違文【くみわちがいもん】

文様の一種。輪を二つ以上組み合わせて文様化したもの。組み合わせる輪の数により、二つ輪違、三つ輪違、四つ輪違、七つ輪違などがある。また、四つの輪を上下左右の間隔を正しく組み合わせた形は四方襷、または十方という。*七宝文の七宝とは、この十方が転訛したもの。これを連続したものは七宝繋ぎと称される。

雲板【くもいた】

織部板と同じ。　⇒織部板【おりべいた】

雲ケ畑石【くもがはたいし】

石材の一種。京都市北区の賀茂川上流、雲ケ畑に産出した。酸化第二鉄を含んだチャートで赤白チャートとも呼ばれる。加茂七石の一つ。*紅加茂石よりは沈んだ赤色を呈しており、白い石英が網状に入ったものもある。赤の部位には小さな点があるが、これは原生動物（放散虫）の遺骸で、珪質の死殻が堆積した痕跡である。

雲障子【くもしょうじ】

障子の一種。*鞘欄間の内側に建てる障子。横長の形状で、*引違いや*片引き、嵌殺しなどの開閉方式をとる。

雲障子

蔵内家の茶室【くらうちけのちゃしつ】

福岡県築上郡築上町にある旧蔵内家住宅の茶室。筑豊の炭鉱王・蔵内次郎作、保房、次郎兵衛の三代にわたる住宅で、屋敷地には明治三十八年（一九〇五）頃に建てられた主屋があり、大正五年（一九一六）から大玄関棟、大広間棟、宝蔵などが山田村四郎丸（豊前市）の棟梁・中江九壽によって増築された。茶室は大正九年に建築。入母屋造で、当初は檜皮葺であったが、現在は銅板葺。八畳の茶室と四畳半の控えの間、五畳の板間からなる。二方向に設けた入側には全面にガラス戸を建て、床は二間の幅をもち、図面竹（人工的に模様を付けた竹。銘竹）の落掛を二間通す。中央に俵絞り（全体に凹凸のある絞丸太）の床柱を立て、左右に趣の違う床を構える。左は地板を敷いた踏込床で、壁面に流水模様の円窓があけられる。右は框床で、さらに外側に琵琶床を設ける。また矩折に設けた付書院は台形で、左三つ巴紋の欄間をはめる。登録有形文化財。

鞍馬石【くらまいし】

石材の一種。京都市左京区の鞍馬山付近の土中から産出した黒雲母花崗岩。鉄分が多く、風化により表面が赤茶色の鉄錆色となる。石の表面数センチより内部は、強固で加工にも耐える。古くから好まれ、『日本山海名産図会』には茶人が非常に好んだ様子が記されている。現在、産

鞍馬石の沢飛石

出せず高価であるが、沓脱石や手水鉢、差石、石燈籠にまで使用されている。関東の大名などにも好まれ、その大きさを競ったことが知られる。現在ではこれに似た京都府丹波地方の丹波鞍馬石、山梨県などで産出される甲州鞍馬石なども流通している。鞍馬石のうち、丸い三センチ内外の砂利は鞍馬栗石、平坦でやや色味が落ちるものは鞍馬畳石などと区別される。これらは「鞍馬玉石」と総称され、いずれも珍重されている。特に三〜一〇センチ前後のものを鞍馬呉呂太と呼び、縁石や差石に好まれる。

栗【くり】

ブナ科クリ属の落葉広葉高木。山野に自生するものはシバグリ、ヤマグリといい、北海道、本州から九州に分布する。福島県、宮城県、岩手県、島根県産などが知られている。また果実を食用とするため多くの栽培品種もある。生長が速く、陽光を好み、病虫害や干害、大気汚染に弱く、移植は極めて困難である。各地で庭園樹としても植えられる。心材は淡い褐色で緑色を帯び、黒みがかった色もある。辺材は、灰白色から黒ずんだ黄色。材質は堅硬で弾力が大きく、耐水性に富む。心材の保存性はきわめて高く、国内産の材の中では最高といえる。建築材として、その性質から土台、その他構造材に用いるが、皮付丸太やなぐりの床柱、床框、床板、落掛、中柱、廻縁、竿縁、化粧梁、手摺、榑縁、その他、造作材として幅広く用いる。また沢栗は茶席の炉縁に好まれる。

栗石【くりいし】

❶建築の基礎の下や石積、庭石の下などに敷き詰める直径一〇〜一五センチほどの丸い石。

❷割栗石の略称。　⇒割栗石【わりぐりいし】

栗石敷【くりいしじき】

栗石を敷いた地面。孤篷庵忘筌の縁先に見られるほか、龍光院密庵席も現在のように書院に接続する前は、庭が栗石敷だったという。

繰戸【くりど】

一本溝の敷鴨居のあいだを滑らせて戸袋から順次一枚ずつ戸を繰り出して開閉する形式の建具。主に雨戸などに用いる。

厨【くりや】

日常的に利用する食料品を保管し、調理を行う建物または部屋。台所。寺院では「庫裏」と呼ぶところもある。

車井戸【くるまいど】

滑車に縄をかけ、その両端に釣瓶を付け、縄を上下することで水を汲むようにした井戸。滑車には欅材、陶器製、金属製などがある。実用に供するもののほか、庭の装飾用にも用いられる。

車垣【くるまがき】

萩などを車輪を二分、あるいは四分に形に束ねた垣。「扇垣」ともいう。

車寄【くるまよせ】

古くは寝殿造において牛車を建物に近付ける場所。平安時代末期には、中門廊の端の扉口あたりを呼んだ。中世になると中門廊より主屋側に設けられた妻戸（妻戸の項❷を参照）のあたりのことを呼び、明らかに場所が移動している。屋根には唐破風を付け、空間に変化を加えたものもある。「法然上人絵伝」巻十六に外側の縁に牛車の鵄尾をのせる図が描かれている。近代に入ると、官公庁の庁舎や貴人の屋敷などに設けられた、乗り物に乗降する際、雨などが当たらないよう建物の一部を突出させて造られた空間のことをいう。

胡桃【くるみ】

クルミ科の落葉高木。北海道、本州から九州まで広く分布し、ノグルミ（野胡桃）やオニグルミ（鬼胡桃、男胡桃や雄胡桃とも）、サワグルミ（沢胡桃、川胡桃とも）の三属三種が自生する。*心材と*辺材の境ははっきりしている。心材はくすんだ褐色で濃い色の縞模様が出ていることが多く、辺材は灰白色である。材質は緻密で木理は通直、中程度の硬さと重さをもち、光沢に富んでいる。狂いが少なく、加工も容易であることから棚材などに使われる。またサワグルミは、焦げにくいということから茶室の炉縁に用いることが多い。

榑【くれ】
❶榑板と同じ。⇒榑板【くれいた】
❷屋根葺材の一種。板屋根などを葺くのに用いる。材を木繊維にそって薄く剝ぎ分け、雨水の浸透をしがたくした板。*椹や赤杉が多く用いられる。
❸貢納品、商品として用いられる山出しの板材の一種。延暦十年（七九一）の太政官符の規格では十二尺×六寸×四寸とするが時代によって一定しない。正倉院文書には「久礼」などと書かれ、『日葡辞書』には「ある種の幅の狭い板」とある。
❹*丸太を四つ割にして*心材を取り去ったもの。
❺丸太を製材してのこった板の意。「背板」とも呼ばれる。
❻板を数える単位。

榑板【くれいた】
板材の一種。木材の年輪にそって割った板のこと。単に「榑」ともいう。これは繊維に逆らわずに加工されることから、雨に強い性質をもつ。縁側で、榑板を敷居にそって張ったのが*榑縁である。

榑縁【くれえん】
板縁のうち、檜や赤松、栂、栗などの*榑板を*敷居と並行に並べ張ったもの。対して敷居に直角に縁板を張ったものが切目縁である。榑板のあいだを透かし、あるいは板と板のあいだに竹を挟んで張ったものを*簀子縁といい、*濡縁に用いられる。（付録30頁参照）

呉竹【くれたけ】
淡竹のこと。⇒淡竹【はちく】

呉竹間几帳垣【くれたけまきちょうがき】
*『石組園生八重垣伝』に掲載される*袖垣の一種。建物側の下三分の一に円弧状の刳り形を設け、円窓をあけて飾り格子を入れる。同書には「葭をかわむきにしてみがき、縄は藤つるにて柱、横縁まで不残よしにてつつみ窓のかざりは磨き竹、同ふじにて結也」とある。

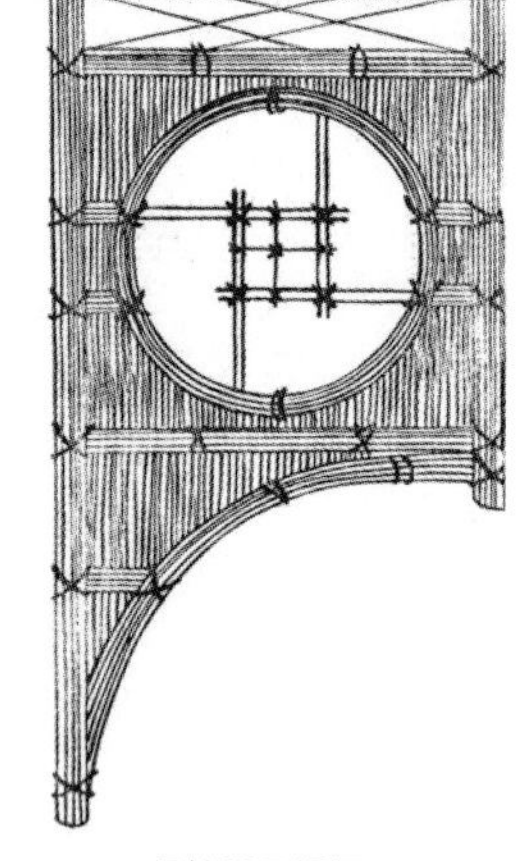
呉竹間几帳垣
『石組園生八重垣伝』

黒柿【くろがき】
柿の木の古木でごくまれに、*心材部に黒い紋様が現れるものがあるが、これを俗に黒柿という。柿はカキノキ科カキノキ属の落葉高木。この黒い紋様部分はタンニンが現れたもので、縞模様が特徴的であることから「縞黒柿」「縞柿」ともいう。黒柿の中でも*叺雀杢という杢目は希少価値がある。黒褐色または黒色を呈し、木理は緻密、堅硬で光沢がある。床柱や床板、床框、落掛、棚の細工や炉縁などに好んで用いられる。

黒木【くろき】
皮付のままで*見え掛りに用いられる材。たとえば*皮付丸太を組み合わせた質素な形式の鳥居を黒木鳥居などと呼ぶ。

黒木造【くろきづくり】
*黒木で組み立てられた丸太造。黒木は古来、大嘗会などに際して用いられていたほか、仮設物や*野物として使われていた。室町時代以降、次第にその素材美が意匠的にも認められるようになり、本格的な丸太造の建築が成立した。

黒書院【くろしょいん】
*書院建築の一つ。*書院造の中心となる書院が二棟の場合、大書院、小書院あるいは*白書院、黒書院と対にして呼ばれることが多い。江戸城本

黒書院　西本願寺

丸御殿では伝統として幕末まで白書院、黒書院が設けられた。これらは江戸時代初期には、「白木書院」「黒木書院」と呼ばれていた。白と黒には公的、私的の意味があり、御殿の用材としては、白木は主に正方形に製材し*鉋をかけた檜材、黒木は皮付、あるいは角に皮をのこした*面皮で*色付した杉材である。江戸城本丸御殿の黒書院は、諸大名の参勤の折、国許から江戸に到着した時、国許に帰る時の挨拶に使われた、将軍の日常的な対面の場であった。黒書院から御座之間への廊下の入口に、御錠口が設けられ、表と中奥を分けていた。武家、公家、そのほかの御殿では、私的な接客の場、あるいは居住の場として黒書院だけが設けられることがある。

江戸城本丸御殿の黒書院の意匠は、面皮材を用いず、木部には色付をせず、基本的に白書院と変わらないが、壁面に金地を使わず、*内法長押上の小壁を押絵とし、江戸時代後期には天井に唐草模様を描いている。*座敷飾では、*帳台構が省略されている。寺院の黒書院では、京都の*西本願寺の黒書院は典型例の一つ。儀式の場である対面所（鴻の間）、門主の対面の場である白書院の奥にあり、黒書院は門主の内向きの御殿。木部は色付。柱、長押などは面皮材。壁は色土の壁。*障壁画は墨絵。欄間は花狭間。座敷飾は、帳台構を略し、床、*違棚、*付書院は基本的な配置をとらない。

黒書院棚【くろしょいんだな】
*違棚の一種。西本願寺*黒書院一の間（京都市下京区、国宝）に設けられた違棚。上部に*天袋を設け、その下に*小堀遠州好みの透彫りの板を入れた三段の棚板を組み合わせたもの。

黒谷和紙【くろたにわし】
和紙の一種。京都府綾部市の黒谷町で産出される手漉和紙。およそ八百年前、平家の落ち武者が山里に隠れ住み、生活の糧として和紙作りを始めたといわれ、古法を守り作られている。障子紙や襖紙、傘紙として全国に流通する。また、その裁ち屑は*紙苆として再生利用される。

黒竹【くろちく】
紫竹のこと。⇒紫竹【しちく】

黒塗床框【くろぬりとこがまち】
*塗框のうち、主に*面取の檜を木地として、黒漆で塗り仕上げたものをさす。最も格調高い仕上げとされる。初期の茶室では塗框が定まりとされ、千利休の茶室の中でも、大坂屋敷の深三畳台目の角柱の五尺床や、聚楽屋敷の四畳半の丸太床柱の床は塗框と推定される。

黒部杉【くろべすぎ】
ヒノキ科クロベ属の常緑針葉樹。「鼠子」や「黒檜」などと書き「ネズコ」「ネズ」、また「クロベ」「クロビ」などと呼ばれる。本州（北部から中部）、中国、四国地方に分布するが、本州中部の山岳地帯が分布の中心である。*木曽五木の一つである。*心材と*辺材の境がはっきりしており、心材は黄褐色や黒褐色、辺材は黄白色である。木理は通直で軽く軟らかく、工作が容易で、水湿に耐える。渋みのある野趣に富んだ材で、天井材として用いることが多い。そのほか建具材や造作材などとしても好まれる。

黒朴石【くろぼくいし】
静岡県、山梨県、栃木県、神奈川県、長野県の各地から産出する火山岩質の溶岩塊。地表に流出した溶岩が変化に富む形で固まったもの。単に「朴石」ともいう。江戸時代後期、特に江戸で景石として多用された石材のひとつ。多くは玄武岩質の黒色、多孔質で柔らかく、時に赤味がかる場合がある。*伊豆黒朴を一等品として、*富士黒朴、*甲州黒朴が次に続く。現在も富士、甲州からは産出されている。

黒松【くろまつ】

マツ科マツ属の常緑針葉高木。本州から九州の日当りの良い海岸沿いに多く分布する。大きなものでは樹高は四〇メートルほどになる。葉は束生し、五～一六センチの針状。樹皮が黒灰色を帯びていることからの名称だが、*赤松に対して「雄松（おんまつとも読む）」「男松」などの別称もある。乾燥と湿気に強く、また潮風にも抵抗力があるため、防風、防潮林として植えられることが多く、松林として景勝地となっている所が多い。また正月の門松をはじめ、小正月や盆の飾りとして各地で使われる。庭園では*景石とともに海岸風景を演出するものとして植えられるほか、赤松と対比して植えられることもある。露地の植栽としてもよく用いられる。*心材は淡褐色、*辺材が白く、材質としては赤松よりも劣る。材質はやや堅硬で弾力は大きく、赤松より脂気がはなはだ多いのが特徴で、工作は赤松よりもやや難しい材である。また水湿に耐える。建築材として床柱などの柱材、床板、床框、造作材、土台や*小屋組などに幅広く用いる。

黒文字【くろもじ】

クスノキ科クロモジ属の落葉低木。本州（東北地方南部以南）から四国、九州の山地に生える。樹高は二～六メートルほどになる。長さ四～九センチの葉が枝先に集まってつく。枝に黒色の斑点をもつ。楊子の材として用いられ、その楊子を女房詞で「モジ」といったことから、「クロモジ」と呼ばれるようになった。露地にもよく植えられ、桂離宮の*黒文字垣のように、垣の材としても利用される。また薪炭材にもなる。

黒文字垣【くろもじがき】

黒文字を*立子とし、*押縁で留めた垣。黒文字の*枝穂垣に笠をのせた*桂離宮の中門付近のものが知られる。

黒文字垣　裏千家

桑【くわ】

クワ科クワ属の落葉高木。北海道から本州、四国、九州で産出される。マグワ（カラヤマグワ）、ヤマグワ（ササグワ）などの種がある。*心材は淡黄から淡褐色、黒褐色で、*辺材は淡黄、黄白色である。材質は緻密で、堅硬、光沢があり、木肌や木理が大変美しい。建築材として床柱などの柱、床框、落掛、造作材、棚や建具材などに用いる。

桑山左近【くわやまさこん】

桑山宗仙のこと。⇒桑山宗仙【くわやまそうせん】

桑山重晴【くわやましげはる】

桑山宗栄のこと。⇒桑山宗栄【くわやまそうえい】

桑山宗栄【くわやまそうえい】

大永四年～慶長十一年（一五二四～一六〇六）。織豊時代の武将、茶人。名は重晴。果法院と号した。剃髪し治部卿法印宗栄と称す。*豊臣秀吉と秀長に歴仕し、従五位下修理大夫に叙任。天正八年（一五八〇）、但馬国（兵庫県）竹田一万石を領した。次いで二万石に加増、紀伊国和歌山城代として三万石への加増を経て、和泉国（大阪府）谷川一万石を加えて、四万石の大名となった。秀吉の御伽衆の一人。関ヶ原の戦いには、継嗣である嫡孫の一晴とともに徳川氏に属した。茶の湯は*千利休の門下であり、*千道安に親炙した。*山上宗二より『*山上宗二記』を受けている。

桑山宗仙【くわやまそうせん】

永禄三年～寛永九年（一五六〇～一六三二）。織豊時代から江戸時代前期にかけての武将、茶人。名は貞晴、別名を重長。宗仙、洞雲と号した。

左近、小傳次と通称される。*桑山宗栄の三男。豊臣秀長に仕え、大和国（奈良県）のうち二千五百石を知行する。従五位下左近大夫に叙任。後、*豊臣秀吉に仕え、朝鮮への出兵などに参戦。関ヶ原の戦いでは東軍に加担した。大坂の陣でも活躍し、戦後は大和国での大坂方残党の追捕を命じられている。*千道安に茶を学んだとも伝えられる。*金森宗和門との説もある。門人に*片桐石州がいる。名物裂の金襴である桑山裂の名は彼の所持にちなむと伝えられる。

君台観左右帳記【くんたいかんさうちょうき】

足利将軍家収集の*唐物についての鑑識ならびにその飾り方を記した書。題意は判然としないが、「君台観」は将軍の楼台殿舎を意味し、「左右」は*同朋衆のこととも、前編と後編のこととも、楼台の左右の*座敷飾のことともされる。全体の構成は画人録、座敷道具飾、器物の三部からなり、画人録は品等論の形式に基づき、中国の宋、元代を中心とする画家百七十七名を上、中、下に分け、それぞれ得意な画題を列挙している。続いて*押板床の飾り次第、*書院及び*違棚の飾り次第が記される。器物の説明では、漆工品、胡銅物、茶碗、天目、葉茶壺、抹茶壺、文具などが取り上げられる。本書には、撰者を*能阿弥とする系統（能阿弥本）と*相阿弥とする系統（相阿弥本）の二つがあり、いずれも原本は存在せず、写本と後世の版本のみが知られる。写本には文明八年（一四七六）二月十二日、能阿弥の奥書がある『群書類従』本と、永正八年（一五一一）十月十六日、相阿弥の奥書のある東北大学狩野文庫本のほか、諸本が伝存する。

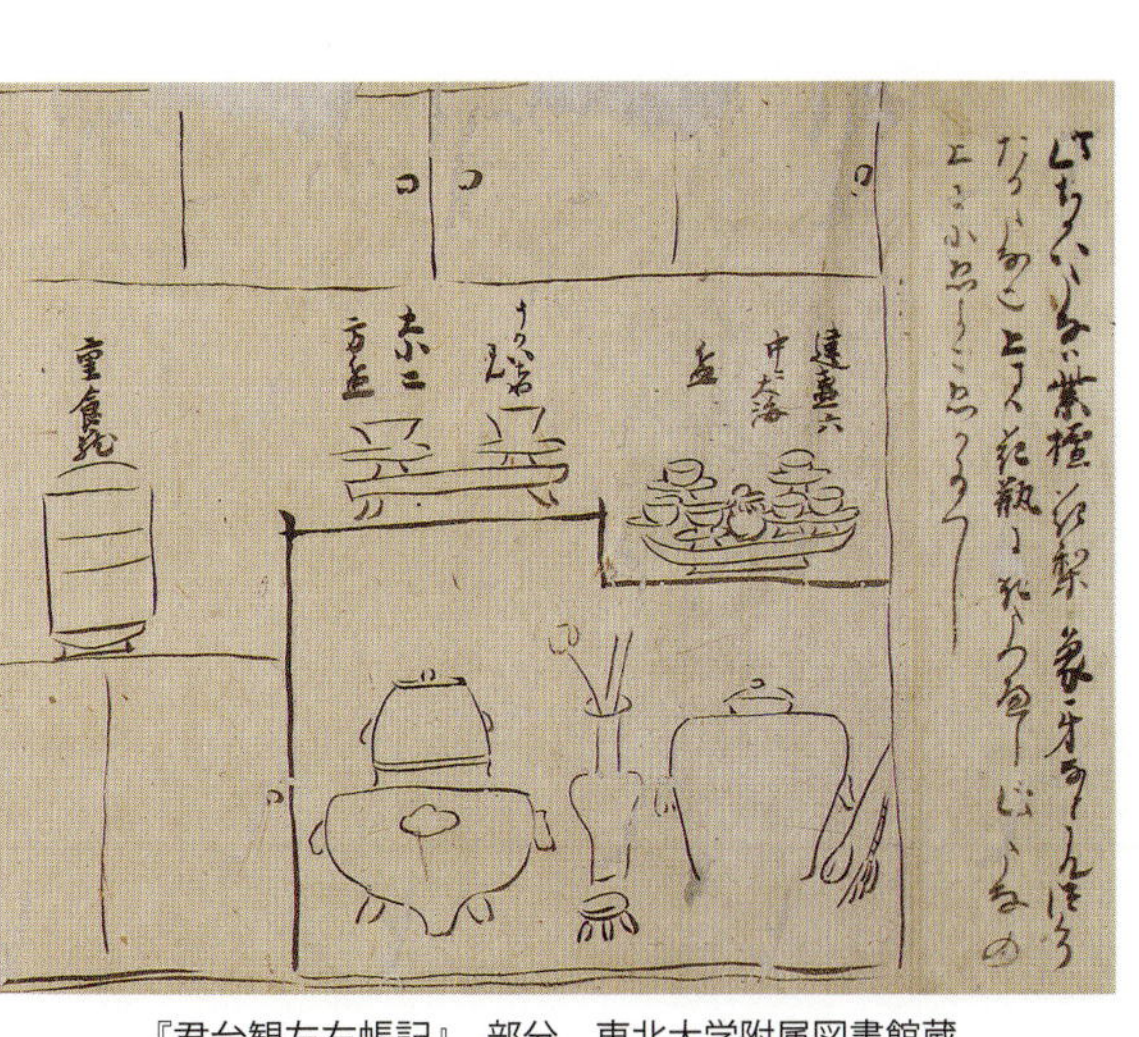

『君台観左右帳記』 部分 東北大学附属図書館蔵

薫風庵【くんぷうあん】

富山県高岡市の棚田家住宅にある茶室。⇩棚田家住宅の茶室【たなだけじゅうたくのちゃしつ】

け

蹴上【けあげ】

床高さなど、基準となる部分からいくらか高い位置に取り付いている建築部材の、高さ方向のことをいう。特に階段の一段分の高さなどに用いられる。

磬【けい】

中国伝来の打楽器。磬架（スタンド型の枠）に釣り下げて、角製の槌、*撞木で打ち鳴らす。起源は古く、中国の殷墟（紀元前十四〜十一世紀）から石製や玉製のものが出土している。後に金属（鉄、銅）でも作られるようになる。形状は板状で、かまぼこ形、台形など種々あるが、周代や漢代には不等辺五角形のへの字形のものが作られ、楽器として用いられたとされる。磬を一枚だけ釣って用いるのを特磬、音の高低が異なる複数の磬を組にしたものを編磬という。日本では奈良時代以降、仏具として用いられ、正倉院には鉄磬の破片が伝わる。声明などに用いる磬は、左右均整のとれた有縁の連弧式山形で、銅製が一般的である。両肩に鈕があり、中央に蓮華文の撞座が設けられる。左右に仏教における吉慶鳥である孔雀の文様が施されているものが多い。茶の湯においては紐を通して書院などに釣り、*喚鐘の代りに用いる

芸阿弥【げいあみ】

永享三年〜文明十七年?(一四三一〜八五?)。足利将軍家の同朋衆。姓は中尾氏、名を真芸、学叟と号した。*能阿弥の子、*相阿弥の父。父と同様、同朋衆として将軍家に近侍し、*唐物の管理や目利き、座敷道具飾にあたる一方、水墨画を能くし、また連歌にも長じた。「学叟真芸五十歳」との款記と、月翁周鏡、蘭坡景茝、横川景三らによる賛をもつ観瀑図(重要文化財、根津美術館蔵)が確実な作品としてのこる。代表的な弟子に祥啓がいる。『*蔭涼軒日録』文明十七年十一月二日条の記述から、没年がこの年以前であったことが知られる。

慶雲館の茶室【けいうんかんのちゃしつ】

滋賀県長浜市の慶雲館にある茶室。慶雲館は明治二十年(一八八七)一月の天皇京都行幸に際し、その帰途の休憩所として、実業家、篤志家の浅見又蔵が私費を投じて建てた和風建築。敷地には長屋門、二階建本館、そして茶室恵露庵がある。片入母屋造桟瓦葺。現在は平成十二年(二〇〇〇)に改修され、広間になっているが、かつては玄関の二畳と四畳半が二部屋備わっていた。北の四畳半は上座床を構えた形式。南の四畳半は、一間半の地板を敷き、一間と半間に分ける位置に床柱を立て、一間分を床、半間を床脇としていた。天井は平天井と化粧屋根裏で、境には下り壁を設けていた。大工は平山久左衛門。名勝に指定されている庭園は又蔵の息子・又次郎の時に、行幸二十五周年を記念して整備され、*小川白楊が手掛けたという。

慶栄寺の茶室【けいえいじのちゃしつ】

愛知県名古屋市西区の慶栄寺にある茶室。慶栄寺は永正元年(一五〇四)創建の真宗大谷派の寺院で、もと春日井郡阿原村(清須市)にあったものを享保九年(一七二四)、現在地に移建したが、大正八年(一九一九)、本堂を焼失。小間の太子堂と棟続きであった広間の松濤庵は、茶庭松濤園の池に隔てられており、延焼を免れたが、近年改修をして、建物の床を四〇センチ以上かさ上げする。太子堂は文化元年(一八〇四)に、同寺九世の超倫院義諦が奈良元興寺の修理に助力した礼として、同寺ゆかりの木造聖徳太子孝養像と五重塔の古材を拝受し、建造したと伝わる。松濤園の池にせり出して建つ、宝形造桟瓦葺で、棟には鳳凰(かつては木製に銅板を張ったもの)を掲げる。内部は二畳台目で、床脇が板張りとなり、躙口をあける。床の奥には太子孝養像を祀る厨子を設ける。柱や欄干に檜の古材が用いられており、点前座は菰の落天井、客座は化粧屋根裏とする。躙口前の直径一・五メートルある沓脱石は、尾張徳川家十四代徳川慶勝が寄進した鞍馬石と伝わる。松濤庵は義諦が京都の東山から移したもので*足利義政好みの茶室という。内部は六畳台目上座床で、台目床の床框はなぐりとし、狆潜りを方立にして長短の竹を七本立て、貫を二本入れている。床脇の台目畳に冠棚を配する。天井は竿縁天井で冠棚を配する床脇のみ一段落とした鏡天井となる。長押を打たない座敷で、庭に面して四枚の腰障子を建て、矩折に二枚引戸の躙口を設ける。床の背後にある二畳の間は、床の裏側を利用して、四寸ほどの奥行きの浅い、曲がり竹の落掛を用いた床を設ける。また入口は躙口となり、脇には上部を一重棚とし、曲がり材の床柱を立てた一種の板床がある。

慶栄寺の茶室　松濤庵　内部

珪化木【けいかぼく】

樹木が化石化したもの。ケイ素を含んだ地下水が、地層からの圧力によって木の細胞組織に圧入されることで、木が二酸化ケイ素に変化して石化したものが多い。特に兵庫県の東条(加東市)黒谷地区西側、三田市や神戸市北区などの神戸層群の一帯からはブナ科、メタセコイア属などの珪化木が多く産出された。石川県の手取川流域や福岡県北九州市夜宮地区などでは、天然記念物に指定されたものもある。庭園では、その年輪や褶曲した模様が珍重され、重要な*景石として使用されることがある。石質はもろく、希少価値から景石以外に使用されることは珍しく、軒下など風雨を避けるような場所での使い方もある。山形県鶴岡市の酒井氏庭園(名勝)や香川県高松市の*栗林公園などに見られる。また流通しているものでは手水鉢などへの加工品が多く見られる。*兼六園にある*夕顔亭の竹根手水鉢はヤシ類の化石を用いたものである。

稽古の席掟【けいこのせきおきて】

*裏千家十一代玄々斎精中が安政三年(一八五六)、大板に刻し、裏千家の*大水屋に掲げた家元の稽古場での掟書。「一、礼儀厳重の事」から始められ「一、着坐渾付とも体の備へ並に呼吸の考第一の事　一、雑談有之間敷事　一、点茶の節腰提もの禁事　一、袴並十徳可有着用事　一、濃茶始小習等稽古の節客に成人羽織可脱事　一、菓子盆煙草盆並に手焙火鉢等の取扱可入念事　一、水屋拵点茶炭点前とも叮寧に執斗跡片付も如元錺置べき事　一、風炉の節は足袋無用事　一、婦人は四季とも足袋を履事　一、花月の主客且座東半東炉風炉とも足袋可履事　一、道の問事幾ケ条にても無遠慮右被中出事　一、出席の方々稽古并に問事とも互に心を入可被致見聞事　一、他流の規矩被尋候儀并に諸咄し禁之事　一、茶の湯の往来に不作法なきやう常々主客の心得可被磨事　一、老若とも恥辱を捨て稽古有べき事　一、伝授の問事ハ席中の差支なき様可有之事　一、稽古手前仕ながら問事被致候儀相禁事　一、七事式の内数茶の外は極の言葉の余無言事　一、先祖已来教示の詩歌文章の意可有会得事」までの十九カ条などからなる。

憩寂庵【けいじゃくあん】

京都市左京区の橋本関雪の邸宅*白沙村荘にある茶室。関雪は大正から昭和時代に活躍した日本画家で、白沙村荘の庭園(名勝)と建物の設計は関雪自らが行っている。回遊式庭園の池畔に、憩寂庵や六畳の*倚翠亭、水屋などからなる茶座敷を構え、庭園に向かって竹縁や広縁を設けた開放的な倚翠亭に対し、憩寂庵は奥まって建つ。昭和七年(一九三二)にこの茶座敷が完成した。平成二十一年(二〇〇九)の火災で焼失したが、平成二十四年に旧規の通り再建された。東向き、切妻造桟瓦葺の妻側に杉皮葺の庇を付け下ろす。内部は四畳台目。平三畳台目の西側、下座に床を構え、床前に一畳を付したL字形の構成とする。床柱には太い古材を立てる。また床脇には持仏堂を設けており、床に向かう壁には一種の火燈形をあけ、床脇の壁には半月形を刳り抜いている。南側には貴人口、その矩折の東側には躙口をあける。床前一畳の北端に板畳を敷き込んで給仕口を、その矩折の点前座背後の面に茶道口をあける。全体としては*小堀遠州が高台寺に建てたという四畳台目を写すが、床脇の持仏堂などに関雪独自の作意がこらされる。

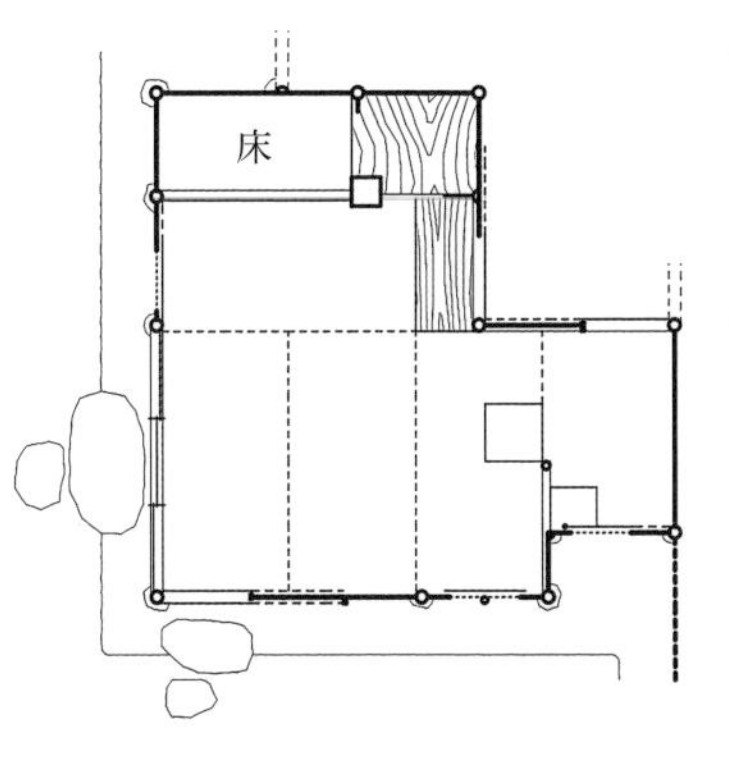

憩寂庵

慶首座【けいしゅそ】

生没年不詳。織豊時代の臨済宗*大徳寺派の僧。堺(大阪府)の禅通寺の僧で(後に*南宗寺に移る)、茶杓削りの名手とされる。『*山上宗二記』には、「此比慶首座折ため能候、悉在口伝」「茶杓慶首座のなかれ」と記され、朱徳と羽淵宗印の茶杓は当世では廃れているが、現在では慶首座の折撓が良くできていて好まれている、慶首座流の茶杓が良い、としている。また『*天王寺屋会記』に慶首座の名は散見され、永禄元年(一五五八)十月五日に慶主座が津田宗達を招いた茶会では春林宗俶の墨蹟を用いた。この茶会は在世中の禅僧の掛物を使った最初の例として知られる。『*茶譜』には「千宗旦曰、(略)利休時代ニハ慶首座ト云出家ニ上手有之、利休モ下削ハ此慶首座ニ削セシト云々」と記され、早くから*千利休の茶杓の下削り師との伝承があることが認められる。『南方録』の筆者である*南坊宗啓のモデルともいわれる。

桂春院【けいしゅんいん】

京都市右京区にある*妙心寺の塔頭。慶長三年(一五九八)、織田信忠の次男・秀則により創建され、見性院と称していたという。一説には、美濃国(岐阜県)鏡島城主で*豊臣秀吉に仕えた石川光政の息・貞政が見性庵を創建し、同山内の塔頭養徳院の桂南守仙を迎えて開祖にしたという。養徳院の二世は、同じ石川一族の水庵宗掬で、桂南はその法嗣であった。迎えられた桂南は、師の水庵をもって名義上の開祖としたという。寛永八年(一六三一)、貞政は翌年の亡父五十年忌の追善供養に備えて客殿(本堂)を再建した。これより、両親の法号の二文字をとって寺名を桂春院とあらためた。この際、近江国(滋賀県)にあった石川家の屋敷をここに移建したのが、今日の書院と茶室のもとであると伝える。書院の奥に茶室*既白軒がある。客殿の北、東、南側、書院前の庭は*小堀遠州の高弟・玉淵坊による作庭の説がある。無明慧性墨蹟(国宝)、千宗旦作茶杓など、多くの茶道具の名品を蔵する。

景石【けいせき】

*石組や*飛石など明確に特定の意匠を表したり、役割をもった石ではなく、庭園の景色の一部として据えられた石のこと。一石、または数石を組み配されたものもある。

螢雪庵【けいせつあん】

京都市左京区の南禅寺塔頭真乗院にある茶室。真乗院は南禅寺百三十九世の香林宗簡が開山である。山名宗全(持豊)の菩提寺として、宝徳二年(一四五〇)に建立、応仁の乱の後に現在地に再建された。螢雪庵は、もとは大正三年(一九一四)、昭憲皇太后の御大葬の時に、伏見区桃山に建てられた皇族の休憩所で、後に市立高等女学校に下賜され、*裏千家十三代圓能斎鉄中の指導によって大正四年、茶室に改造され、芝蘭亭と命名された。その後、昭和十二年(一九三七)に同校が校舎の改築及び運動場の拡張のため、これを現在地に移して増築、あらためて螢雪庵と命名した。茶室は南庭にあり、土間庇が茶室の東側から、広間八畳の北側にかけて矩折にめぐる。内部は四畳半で、上座床の脇に地板を敷く。東側北寄りに躙口を、矩折の北側に貴人口をあける。躙口の上部と貴人口の隣には下地窓をあける。茶道口は、南側東寄りにあける。天井は、躙口の上の半間通りは掛込天井、のこりは網代の平天井である。南にある三畳の水屋を介して、四畳半の次の間と、その東の八畳の広間とが接続する。この二室は、縁側を挟んで庭に南面する。昭和二十二年頃、小説家の谷崎潤一郎は近くの自宅からこの茶室へ半年ばかり毎日通って小説『細雪』を執筆したという。

慶沢園【けいたくえん】

大阪市天王寺区の天王寺公園に所在する近代庭園。もと住友本家十五代の住友吉左衛門友純(春翠、一八六五〜一九二六)が、明治四十一年(一九〇八)頃より茶臼山に造営を始めた本邸の庭園。作庭は、七代目*小川治兵衛(植治)で、明治四十二年より着手されて翌四十三年頃にはほぼ完成した。建造物は、庭園の完成後である明治四十四年に着手し、大正七年(一九一八)に造営がすべて完了している。建築の設計は日高胖、大工は住友家出入りの二代目*八木甚兵衛、建築と庭園の取り合いは植治によるものという。建築がほぼ完成した大正四年には、住友家の本邸は鰻谷(中央区)から茶臼山へ移された。春翠は庭園をはじめ「恵沢園」と命名したが、大正七年の完工時に「慶沢園」と改めた。*大名庭園を想起させるひろがりのある池には、四国から運ばれた石を据えて中島や岬、*洲浜などを設けて海の景色を表現し、南岸には水面に張り出して喚魚亭が設けられていた。春翠は『慶澤園造營略記』の最後に「茶臼山は(中略)本邸より池を隔てたる北方の丘陵にして、當家の所有に属するも(中略)全然之を私用に供せず、(中略)樹木に乏しき大阪に於ける唯一の風致林として其保存を圖り」と述べ、大正十年には、大阪市へ寄贈している。建築の一部は住友家の菩提寺である京都嵯峨の清凉寺に移築され、澄泉閣と名づけられている。また茶室や正応五年(一二九二)在銘の十三重石塔などは、大正九年に完成していた鹿ケ谷別邸へ移された。昭和十一年(一九三六)には、本邸の書院跡に大阪市立美術館が建築され、以来その庭園として現在に至る。現在、園内には*木津家三代宗泉の設計といわれる*長生庵が住友家からの寄贈により移築されている。

懸魚【げぎょ】

*破風の*拝下や左右の母屋（母屋の項❸を参照）位置に付ける装飾的な部材。本来、破風を支える*棟木や母屋の木口を隠すため、破風直下に取り付けられた。後に棟木や母屋の木口が破風の幅内に納まっても、同様の位置に取り付けられた。破風の両流れの頂点に位置するものを拝懸魚、母屋位置のものを降懸魚と呼んでいる。

蹴込【けこみ】

❶ある基準となる部分から、いくらか高い位置までのあいだに取り付いている建築部材。例えば*蹴込板など。

❷ある基準となる部分から、いくらか高い位置に取り付いている建築部材の奥行き方向のこと。特に階段の一段分の幅などに用いられる。

蹴込板【けこみいた】

❶*床框のない床で、床の床板と床面の*畳寄とのあいだに垂直に入れた化粧用の板。

❷階段で足をかける踏板と踏板のあいだに垂直に取り付けられた板。「蹴板」ともいう。

床柱
地板
蹴込板
床柱
地板
蹴込板
畳
畳寄
吸付桟
（吸付根太）

蹴込板❶（上・正面図、下・断面図）

蹴込床【けこみどこ】

床の一形式。床面の*畳寄と床板とのあいだに*蹴込板や小壁を入れて、床板を座敷の畳から一段高く設けた床。大徳寺塔頭玉林院の*霞床席のように蹴込に竹を用いる例もある。

蹴込床　遼廓亭　仁和寺

下座【げざ】

上座の項を参照。

⇩上座【じょうざ】

袈裟形手水鉢【けさがたちょうずばち】

手水鉢の一種。石造宝塔の塔身を利用して作ったもの。あるいはこれを模したもの。表面に彫り込まれた長押や扉の紋様が、袈裟に似ていることからその名がある。東本願寺*渉成園の*塩釜の手水鉢や、大徳寺塔頭*高桐院、*四君子苑のものが知られる。

袈裟形手水鉢（塩釜の手水鉢）　渉成園

下座床【げざどこ】

床が*点前畳に着座した亭主から見て後方の側にある場合をいう。逆に前方にある場合を*上座床という。茶室は、茶の湯を通して亭主が客をもてなす場であるため、その中での座の位という点では点前座が下座、客座が上座というのが基本で、おのずと亭主は、上座近くに設けられた床を前方に見て茶を点てることとなった。*武野紹鷗から*千利休に至る茶室の変遷過程においては、後世にいう上座床が基本になっていた。しかし敷地形状による制約や、茶室まわりの間取りとの関係など、種々の理由から必ずしも上座床にできるとは限らず、すでに利休の時代から下座床にあたる位置に床が設けられる茶室はあったし、また、その後の武家茶人や公家の茶室の中には、床と上座の結び付きに縛られず、自由に茶室を構成する流れも生まれている。そうした状況を踏まえて、やがて「床ニハカマハズ、何デアロウト、勝手口ヲ下座ニスルトサヘ合点スレバ好」(槐記、享保十二年閏正月廿三日の条)という解釈もなされるようになる。こうした解釈も加わって、*勝手口を下座と心得さえすれば、床の位置にかかわりなく上座の位置を見きわめることも、一つのあり方として認められるようになり、また床の配置を自由に考える際も下座床という定義に基づいて配置できるようにもなっていった。実際、『*槐記』には下座床の呼称もすでに使われていた。

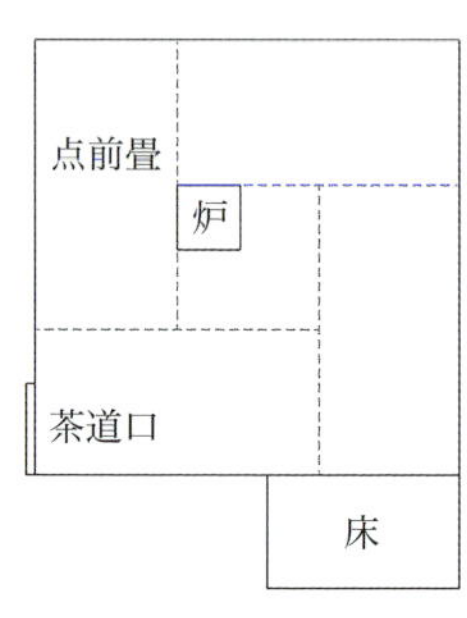

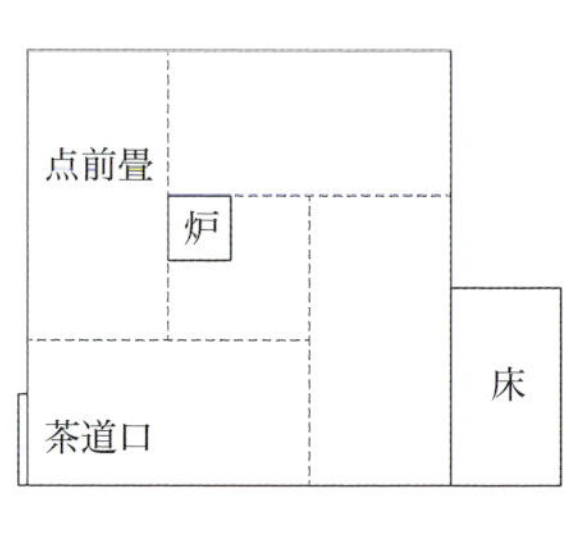

下座床

景色【けしき】

❶建築の用語として用いられる場合、建造物の構成要素と他のもの(室内装飾品、襖絵、前にひろがる庭園など)との調和のこと。

❷茶道の用語として用いられる場合、主に陶器で釉薬の色、なだれ、窯変、斑紋など、鑑賞上趣きがあり見所になるもののこと。

化粧【けしょう】

建築において、*見え掛りとなる材、あるいはその部分をいう。化粧の部分は鉋などで表面を美しく仕上げたり、装飾を施す場合もある。これに対して、*見え隠れとなる部分を*野、また見え隠れに用いられる材を野物という。

化生庵【けしょうあん】

東京都文京区の*護国寺にある茶室。もとは*馬越化生の麻布自邸に、大正十四年(一九二五)、数寄屋師の*仰木魯堂が建てたもので、昭和九年(一九三四)、化生の孫・恭一が、*高橋箒庵により茶苑が整えられた同寺に*月窓軒とともに移築した。月窓軒、次の間、水屋がL字形につながる構成。三畳台目の席で、北側にあけた躙口正面に床と台目構えの点前座を並べて配置する。床柱と框は磨丸太、点前座の中柱は桜の皮付で客付に杉の二重棚を釣る。西側にあけた貴人口には腰のない明障子二枚を建て込み、その向かいに火燈口形式の給仕口を設け、給仕口の横には矩折に下地窓を高低二カ所に配置する。こうした室内の窓の配置が、切妻造桟瓦葺の前面に銅板葺の庇を付加した外観でもそのまま、まとまりのある姿を呈している。天井は中央を平天井、躙口側は突上窓をあけた化粧屋根裏とし、これらの境界に関東の茶室によく見られる手法の小壁を垂らす。点前座は落天井。

化生庵　貴人口側

化生庵

化粧裏板【けしょううらいた】

*軒裏にあらわれた、*化粧垂木の上に張られる裏板。見えるところにあらわれている裏板の意味からいう。「見上板」ともいう。鉋削りをした板や*へぎ板を用いる。

化粧鴨居【けしょうがもい】

付鴨居と同じ。⇒付鴨居【つけがもい】

化粧勾配【けしょうこうばい】

*化粧垂木の勾配のこと。

化粧小舞【けしょうこまい】

*小舞の一種。軒裏にあらわれた小舞。すなわち庇下や*化粧屋根裏などの化粧垂木の上に配してある小舞。杉柾、*晒竹、*弱竹(女竹)、皮付小丸太の太鼓落にしたものなどが用いられる。*草庵式茶室では細い竹を二本束ねて垂木に藤蔓で掻くことが多い。(付録24頁参照)

化粧棚【けしょうだな】

*床脇に設けられる*飾棚の一種。江戸時代に棚雛形として定型化される四十八棚の一つ。*角屋(京都市)の緞子の間には、二間幅で設けられた実例が見られる。『増補大匠雛形四 新板棚雛形』(一八六六年刊)には「御上方、また八つぼねかた(局方)によし」とある。

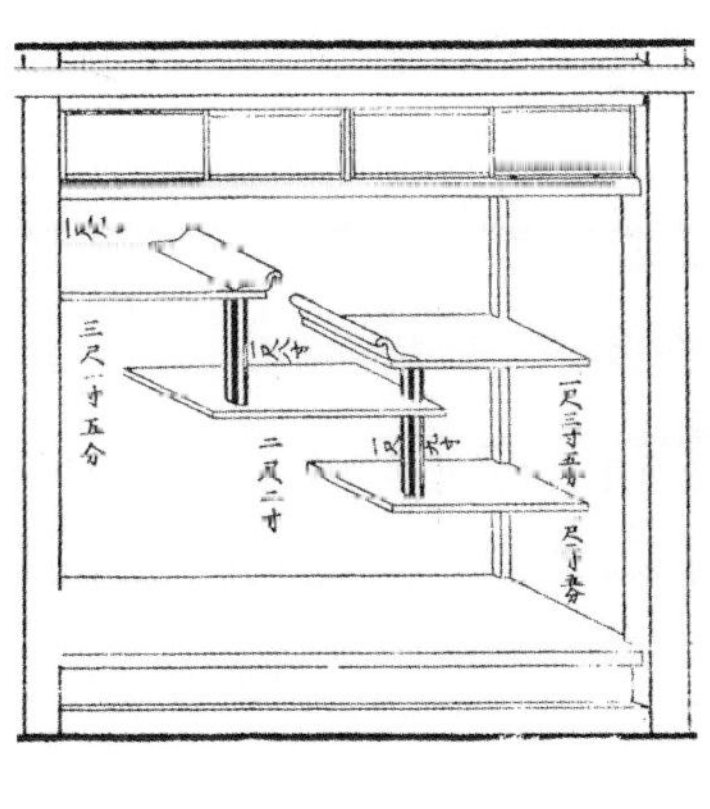

化粧棚 『増補大匠雛形四 新板棚雛形』

化粧垂木【けしょうだるき】

*軒裏や*化粧屋根裏などで、見える部分にあらわれている*垂木のこと。書院には檜、杉、赤松、栂などを鉋削りして、小角断面にしたものを用いる。草庵式茶室では北山杉の小丸太や面皮材、竹などを用いる。見えない部分にある垂木は野垂木という。(付録24頁参照)

化粧縄【けしょうなわ】

垣の部材を結ぶ縄の総称。結び方には*いぼ結び、飾り結び、からげ結びなどがあり、垣の意匠の一部をなす。材料には主に*棕櫚縄が使われ、生地そのままの赤色と、染めた黒色のもの(*染め縄)がある。また*蕨縄、*藤蔓も古くから使用されており、『*石組園生八重垣伝』では部分により使い分けることが記される。

化粧の間【けしょうのま】

宮殿や城郭内で化粧をするために用いられた部屋。「化粧部屋」とも呼ばれる。いわゆる化粧のほか、結髪や更衣、洗面などが行われた。

化粧屋根裏【けしょうやねうら】

❶天井の一形式。化粧の間垂木(*化粧垂木)や小舞(*化粧小舞)、*野地板(*化粧裏板)などで構成された天井。屋根裏を見え掛りとして仕上げられた勾配天井で、実際の*小屋組の下に造られることが多い。*平天井と下り壁で*掛込天井を構成することもある。わびた表現の一つで、茶室や数寄屋建築に多く見られる天井。(付録24頁参照)❷天井の一形式。古代の仏堂などで、天井を張らず、梁や垂木、裏板など*小屋組の構造を露出させた形式。

削り木【けずりぎ】

*鉋できれいに削り仕上げた木材。茶室の*落掛や*廻縁、また袖壁の*壁留などに用いられる。

桁【けた】

*軸組や*小屋組を構成する部材のひとつ。*梁や*垂木などの他の部材を受けるための水平材。一般的には*棟木と平行し、柱などの構造材の上方にある。「角がある」「交差している」という状態を示す方の意からの称。使用される場所によって*軒桁、*敷桁、出し桁、母屋桁、*土居桁、洞桁、旅桁、*縁桁などの種類がある。小屋組では松を用いることが多い。縁桁で*化粧垂木を受ける場合は杉丸太を用いることがある。

桁隠し【けたかくし】

*破風の下端に取り付けられる装飾的な建築部材。*切妻造や向拝などの*桁の両端部の木口を見えないようにするためのもの。*懸魚の形をし

ているものは降懸魚とも呼ばれる。

桁行【けたゆき】

*小屋梁が架かる向きに直交する方向のこと。この方向に横架材の*桁がのるため、この名がある。*梁行に対する語。

結界【けっかい】

茶席では、広間などで、道具畳と客畳とを区切るために用いる小形の衝立のこと。「座障」「座頂」ともいう。主に広間を*小間据えや台目据えにする時に用いる。材質や形状は流儀や茶人の好みによって様々だが、多くは横幅三尺一寸五分から三尺五寸ぐらいで、枕足が付いている。現在では一枚板や一本の竹で代用されることもある。結界とは、元来仏教用語で、仏道修行に障害のないように、特定の作法によって、一種の聖域を区切り定めることであり、寺院の内陣と外陣、僧俗の席境に設けた柵をさした。

月華殿【げっかでん】

神奈川県横浜市中区の*三溪園にある書院建築。外観は入母屋造檜皮葺で、柿葺の庇を廻す。床のある十二畳半の檜扇の間と十五畳の次の間(竹の間)を中心に、東、南、西の三方に落縁を廻し、北側には畳敷きの入側を介して水屋などを付属する。この建物が*原三溪により同園に移されたのは大正七年(一九一八)で、もとは京都府宇治市の三室戸寺金蔵院の客殿であり、付属する茶室九窓亭(春草廬の項❷を参照)とともに移築された。伝承では最初、徳川氏の伏見城にあり、元和六年(一六二〇)の伏見城取り壊しに際し、上林三入に下賜され、後に上林家から三室戸寺金蔵院へ寄贈されたとのことである。しかし三室戸寺金蔵院から三溪園に移築されたこと以外の証拠はない。古材に乏しく、平面構成も江戸時代初期とは考えられず、三溪による改装が多いと見られる。重要文化財。

月華殿　竹の間より檜扇の間を見る

月光殿【げっこうでん】

東京都文京区の*護国寺にある書院建築。もとは、滋賀県大津市の園城寺(三井寺)日光院の客殿として慶長年間(一五九六〜一六一五)頃に建てられた。明治維新以後荒廃していたところ、明治二十年代に原六郎に譲渡、東京御殿山の屋敷に明治二十五年(一八九二)に移築され、「慶長館」と呼ばれていた。昭和二年(一九二七)、*高橋箒庵の勧めで護国寺に寄進された。翌三年に竣工、工事は*仰木魯堂によって行われ、箒庵によって月光殿と命名された。建物の規模は桁行七間、梁行六間、外観は入母屋造檜皮葺、妻入。正面には唐破風が付き、中門廊が南側に突出する。平面は、西側に押板と違棚を備えた十八畳の一の間と十八畳の二の間が西東に並び、北には押板と付書院を付属した四畳の上段を備えた八畳の上座の間、十二畳の次の間が並び、南には広縁と中門廊が取り付き、庭につながる。園城寺光浄院の客殿とも平面が近似している。重要文化財。

月心亭【げっしんてい】

神奈川県鎌倉市に所在する茶道*宗徧流不審庵の茶室棟。十世成学宗囲(宗徧)の構想と指導により、昭和五十年(一九七五)から六年をかけて建てられた宗徧流道場及び茶苑内に建つ。*宝久堂や*不審庵、四方庵(四方庵の項❷を参照)などの茶室の露地を挟んだ西側、南北に長く棟を構える。瓦四半敷の玄関の西、上り口正面に取次(長四畳)、その南に寄付と水屋が並ぶ。それらの東には、広間である白雲の間と幽石の間が二室続いている。さらに仏間(六畳)、江月庵(八畳)が南へと接続している。二室の広間はともに長い土間庇が東側に付き、竹垂木に杉小舞の野根板張の化粧屋根裏で、丸桁はなぐりのある北山丸太、柱は磨丸太である。庇下に榑縁を設けて、露地からの園路がそれぞれの沓脱石へと続いている。幽石の間は八畳敷で、南側に一間床と琵琵琶台を構える。琵琶台に向かって左は、二枚障子を建てて平書院とする。床柱は赤松皮付で、床框は上面を漆塗とした北山磨丸太。琵琶台の天板は土佐杉の杢板を浮造（柔らかな部分を磨き、堅い木目部分を浮き立つようにした仕上げ方法）にする。幽石の間から四枚建の襖で北へ続く白雲の間は、七畳敷で、北側に二畳の上段と入り込んだ床脇を設け、間口一間いっぱいに春日杉の卓板を取り付ける。上段の床柱は北山絞丸太で奥から半間のところに立つ。床框はさらに半間出張って矩折に廻り、材は磨丸太で上面を黒漆塗とし、わずかに浮かせて取り付け蹴込としている。床との境の壁には下地窓をやや大きくあけている。

床

月窓軒

月窓軒【げっそうけん】

東京都文京区の*護国寺にある茶室。もとは実業家・*馬越化生の麻布白邸に数寄屋師の*仰木魯堂が建てたものだが、昭和九年（一九三四）、化生の孫・恭一が、*高橋箒庵により茶苑が整えられた同寺に移築した。外観は入母屋造桟瓦葺、平側となる北に沓脱石を据えて、障子四枚を建て込む。内部は八畳の座敷で、南側に構えた床脇隅に琵琶台、また西側に付書院を設ける。さらに北寄りには腰障子を建て、外部に広縁が張り出し、鉢前を構える。東には縁を赤溜塗にした襖四枚を建てて、その向こうに六畳の次の間が接続し、水屋、*化生庵がL字形につながる。

月波楼【げっぱろう】

京都市西京区の*桂離宮にある茶屋。古書院東北のやや小高くなったところに池に臨んで建ち、「梅の御茶屋」とも「月梅の御茶屋」とも称される。『桂御別業之記』には、八条宮初代智仁親王の造営になると記すが、これを裏付ける史料はない。貞享から元禄年間（一六八四～一七〇四）頃の様子を描く『桂別業図』によれば、間取りは現状と大きくは変わらない。寄棟造柿葺の屋根に覆われ、北西側の破風の下に*松花堂昭乗筆「月波楼」の額を掲げている。かつては茅葺であった。板敷きの*膳組所、一の間、中の間、口の間がコの字形に配置され、入口の土間を囲んでいる。一の間は、長四畳敷で床と付書院を備える。床は室床の形式で、床框は杉面皮、落掛は杉柾である。膳組所は二方が吹き放され、出隅に長炉、西側に低い横長の下地窓をあけ、北側隅に竈土と袋戸を設けている。これは古い*竈土構えの茶の湯を伝えるものとして知られる。一の間と土間境の桁上には「渡海朱印船」の絵馬が掲げられている。中の間は七畳半で、霊元上皇筆「歌月」の額を掲げ、北と西へ濡縁を廻す。天井は、一の間が竹の竿縁天井、それ以外は竹垂木、竹小舞の化粧屋根裏となる。「月波」の名は、中国・唐代の詩人・白居易の詩「月は波心に点じて一顆の珠」に由来する。

月波楼　外観

蹴放し【けはなし】

*開き戸の取り付く柱間に置かれ、取り外しが可能な横材。仏堂などのほか、門に多用される。扉を建て込んだ際、開口部の下部に隙間ができないように取り付けられた。取り外しのできないものを閾と呼ぶ。（付録30頁参照）

毛彫【けぼり】

彫金技法の一種。「線彫」「筋彫」「針描」などともいう。金属面に鏨を使用し、毛のように細い線や図形、文字などを彫り込む技法。建具、勾欄、釘隠などの錺金具に施される。

華鬘釘【けまんくぎ】

落掛花釘と同じ。⇒落掛花釘【おとしがけはなくぎ】

下屋【げや】

*母屋から突き出て付設する所に、母屋から*片流れで差し出した屋根。またはその下部の空間をいう。「差掛け」ともいう。

欅【けやき】

ニレ科ケヤキ属の落葉高木。本州、四国、九州などに分布する。耐風、防音、防塵効果が期待でき、瘦地に耐えて移植が容易なことから造園用にひろく用いられる。年輪ははっきりしており、木肌は粗く表面には光沢があり、木理はしばしば乱れる。*心材は黄褐色から赤褐色、*辺材が帯黄、白色。材質は重硬。建築材として床柱などの柱、床板、床框、落掛、造作材などに用い、欅板の*玉杢や*蟹杢は優良材とされる。特に心材は保存性が高く、強く、狂いが少ない材として知られ、織豊時代から江戸時代にかけて社寺の建築材としても多く用いられている。

螻羽【けらば】

*切妻造の屋根において、*妻側の壁より建屋の外部に出ている軒の端部分。「傍軒」「登り軒」「妻軒」ともいう。*草庵式茶室などでは*小舞螻羽として納めることが多い。また螻羽に用いる瓦は、螻羽瓦といわれる。（付録15頁参照）

蹴板【けりいた】

❶扉の下部の框に取り付けた板で、損傷を防ぐために金属板を用いることが多い。「けいた」とも読む。
❷蹴込板と同じ。⇒蹴込板【けこみいた】❷

間【けん】

❶織豊時代以前の建物は、外側に一定間隔に柱が並んでいたことから、柱間の数を数えて、建物の大きさを表した。一間の寸法は時代により異なり、住宅においては平安時代の公家住宅で十尺から十二尺、時代が下がるとともに短くなっていき室町時代では七尺程度、織豊時代になるとさらに六尺八寸から六尺五寸が用いられるようになる。この時代以降、柱間を一・五倍、ないしは二倍とする建物があらわれ、建物の規模を表すのに不適切となった。そこで一間を長さの単位として考えるようになる。
❷尺貫法で使われる長さの単位。明治二十四年（一八九一）、度量衡法により一間＝六尺＝一・八一八一…メートルと定まった。昭和二十六年（一九五一）に公布の計量法により、同三十四年より公式に使用する単位としては廃止された（土地と建物については延期された）。歴史的には江戸時代、近畿圏では一間を六尺五寸とし、江戸やその他の地域では六尺としていた。

元庵【げんあん】

愛知県犬山市の*有楽苑にある茶室。*織田有楽が大坂の天満屋敷に構えた茶室を、「十八囲之図」（文政七年洗解庵写）や『*貞要集』などの間取りや寸法に基づいて*堀口捨己の指導のもと、中村昌生によって復元設計された。外観は、正面を切妻造柿葺とし、広間と茶室の前面にそれぞれ庇を付して、両者の構えを整えている。屋根の軒高は茶室の平天井と広間の床天井高を勘案して決定された。茶室の土間庇、左右袖壁の意匠も古図に基づき復元されている。室内は平三畳台目で、躙口の正面に点前座があり、その奥に床を構えた亭主床となる。床柱は赤松皮付、框は杉丸太。躙口は壁付でなく壁面の中央、点前座の中柱を真正面に見る位置にあける。後に*片桐石州が造った*慈光院茶室はこの間取りに極めてよく似る。客座の二方の壁が連子窓ばかりで開放的なのも同じである。一方で他には見られない特色として、客座と次の間との境にあけられた高さ五尺二分六寸、横四尺五分六寸の意表をつくような大きな火燈口がある。太鼓襖二枚を引分けに建て、点前座の背後にあけた茶道口と並んでいる。これによって次の間と客座の一体感が生じ、細長い茶室に大きな幅を与え、ゆとりを生み出している。点前座は炉を台目切に切り、特に風炉先に洞庫を設ける構えも注目される。中柱には竹を立て壁留に引竹を入れて下部を吹抜き、上部に下地窓をあけているのも、この茶室の特色である。*千利休は「竹柱ハ目キカズノ立ル」ものと退けていたが、有楽はこの茶室であえて試みており、*古田織部(おりべ)も伏見屋敷の*望覚庵(ぼうかくあん)で竹の中柱と壁留を用いていた。しかし両人ともふたたびは試みなかったらしく、他の作例には見られない。この頃の有楽は利休の茶を踏襲するのではなく、むしろ新しい作風を展開しようという意欲があったことをうかがわせる。天井は、客座は一面に平天井、点前座は蒲(がま)の落天井とする。

元庵

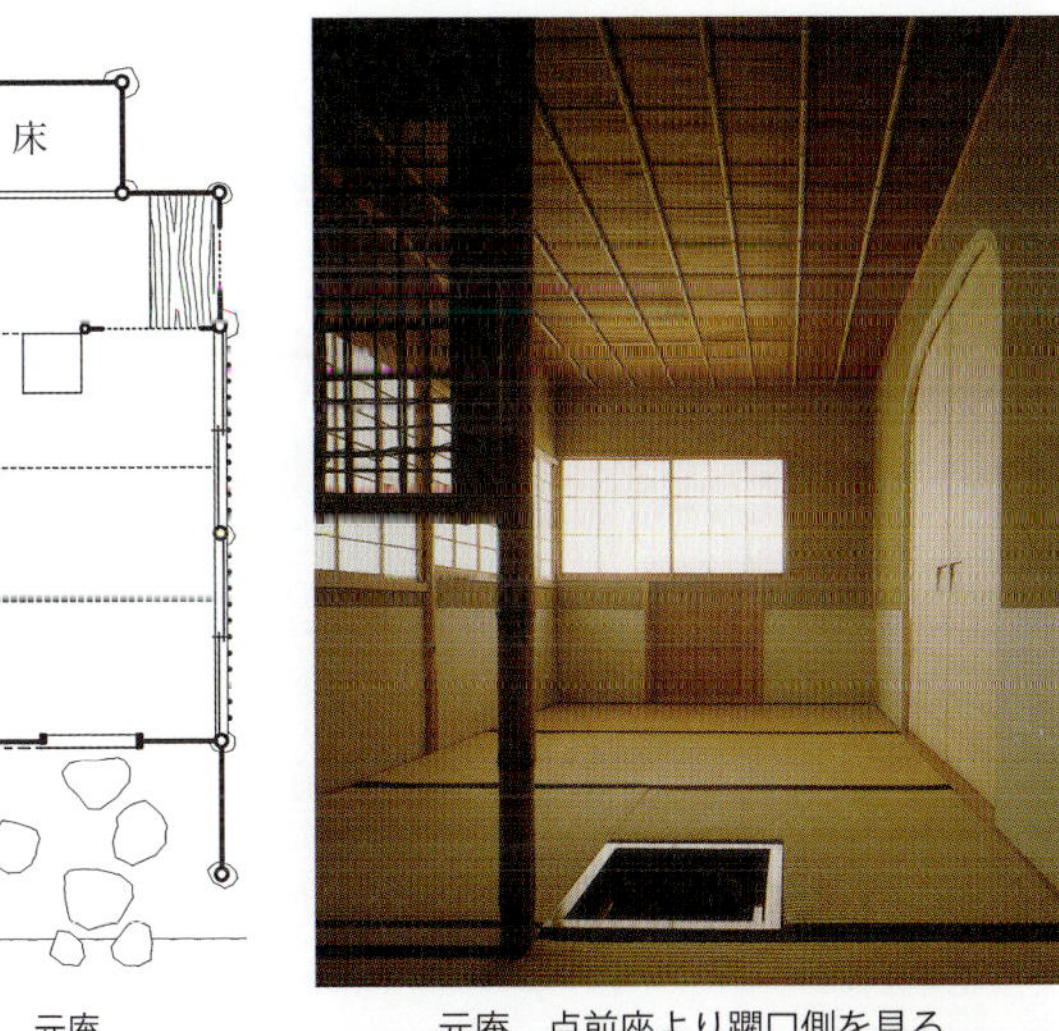

元庵　点前座より躙口側を見る

玄庵【げんあん】

❶石川県小松市の*仙叟屋敷にある茶室。*裏千家四代仙叟宗室が、仕官した加賀藩の地で最初に屋敷を賜わったのが小松城三の丸内であった。平成八年（一九九六）、仙叟の没後三百年を記念して、三の丸跡の芦城公園にあらたに建てられたのが、今の仙叟屋敷である。玄庵はその仙叟屋敷にある五畳半の席。裏千家十五代鵬雲斎汎叟(はんそう)好みで、四畳半に、一畳の点前座と半畳の枡床(ますどこ)を加えて全体を六畳の広さとし、さらにこれに奥行きの浅い台目床を付した構成である。椿の中柱が立つ点前座には、仙叟が好んだと伝える釘箱棚がしつらえられているほか、希少となった小松藺草(いぐさ)の畳が用いられるなど、仙叟と小松にちなんだ席となっている。京都の数寄屋棟梁(とうりょう)・*中村外二(そとじ)の最晩年の仕事である。

❷兵庫県神戸市の*香雪(こうせつ)美術館にある茶室。朝日新聞創業者・*村山香雪の居宅（*旧村山家住宅）の茶室棟にある。明治四十四年（一九一一）の上棟。*燕庵(えんなん)写しの茶室で、三畳台目の平面、屋根は茅葺(かやぶき)。*藪内(やぶのうち)節庵の指導を受けた建築で、大工棟梁(とうりょう)は篤松と伝える。藪内家では、燕庵を写して建てることは相伝を得た人だけが許される定めになっており、村山邸に燕庵写しが建てられたのは破格の扱いといえる。茶室玄庵や*香雪を含む旧村山家住宅茶室棟は重要文化財に指定されている。

玄庵（香雪美術館）　外観

❸京都市北区の土橋邸にある茶室。土橋邸は美術商・土橋嘉兵衛(かへえ)の邸宅で、昭和九年（一九三四）、大工・*内藤源七によって完成した。屋敷の建築は、嘉兵衛と親交のあった陶芸家・河井寛次郎

玄庵（土橋邸）　床と点前座側

に図り、民芸運動を起した*柳宗悦らの協力を得てまとめ上げたものという。茶室玄庵は七畳敷で、*伏見稲荷大社御茶屋を手本として考案された。点前座は床の脇の一畳で、向切に炉を切る。勝手付には違棚と天袋、そして地袋の形式とした洞庫を設け、壁面には格狭間形の窓をあける。亭主の出入り口として方立口形式の茶道口、火燈口形式の給仕口があけられるが、いずれも一般的な太鼓襖の形式ではなく、墨画が描かれ、引手金具を付ける。床は一間の大きさで、桐の四方柾の床柱、春慶塗の床框を備える。床と矩折に付書院を設けて火燈窓があけられる。客の出入り口は貴人口の形式で、四枚の腰障子が建てられる。組子は吹寄で、腰板には籐の網代が使用されている。民芸は幅のある言葉であり、建築においては日本の田舎家への志向のみならず、海外の民衆的なものへの志向も見られる。その意味で玄庵は、日本伝統の意匠を基本とするものの、一方で幅広く日本と共通のアジアのデザインを採用した、という側面もある。

玄菴【げんあん】

京都市北区の*大徳寺塔頭如意庵にある茶室。如意庵は大徳寺の最初の塔頭で、大徳寺七世住持の言外宗忠の塔所であった。応安年間（一三六八～七五）に、隠居の地として旧大徳寺本坊の北西の隅に建立された。その後、移転を繰り返し、明治時代初期に廃絶して、徳禅寺に合併されたが、昭和四十八年（一九七三）、聚光院の北側の現在地に、立花大亀によって再興された。玄菴は、この再興時に本堂などとともに平田工務店によって営まれた。昭和五十五年頃に書院の新築にともない、もとの位置より少し北西に移され書院と接続された。さらに平成二十五年（二〇一三）頃の書院の改築にともなって水屋などが改装された。この茶室は、書院の西にあって、南向き。外観は切妻造銅板葺。内部は四畳半向切、下座床。点前座の風炉先に雑木の柱を立てて壁を設け、下部を吹抜く。床は床柱がなぐり、床框がしゃれ木、墨蹟窓があき、入隅は塗立柱となっている。天井は、客座が竹竿縁にへぎ板の平天井、躙口の上が掛込天井、点前座が落天井で構成される。南側の壁には連子窓の下に躙口をあける。この茶室では如意庵を訪れたごく限られた客に茶が振舞われたという。

玄関【げんかん】

ひろく建物の出入り口、または出入り口部分に設けられた空間のこと。もとは「玄妙な道に進み入る関門」の意で、「玄妙」とは奥深い悟りの世界、「関門」とは入口を意味し、禅宗で悟りの世界に入ることであった。これが建築用語として転用され、禅宗の*方丈の片隅に取り付く入口部分をさすようになった。初見は元弘元年（一三三一）に作成された「建長寺伽藍指図」（現存絵図は一七三二年の写し）の大客殿の入口に記されている。禅宗の方丈玄関は吹放しの*土間廊下で、方丈とは反対側の端に扉口を設ける。室町時代になると武家の邸宅の中門や*車寄も玄関と呼ばれるものが現れ、江戸時代になるとひろく普及し、武家や町人を問わず建物の出入り口のことをさすようになった。この時代以降、建物の格にあわせて書院風な式台（式台の項❷を参照）、玄関やわびた数寄屋風なものまで多種多様な設計が行われたほか、公式な行事や接待に用いる表玄関や日常的に出入りする裏玄関など、一棟で複数設けられる例もある

玄宮園【げんきゅうえん】

玄宮楽々園を参照。⇒玄宮楽々園【げんきゅうらくらくえん】

玄宮楽々園【げんきゅうらくらくえん】

滋賀県彦根市に所在する*大名庭園、及び数寄

玄宮楽々園

屋。近江国彦根藩井伊家の下屋敷として、延宝五年(一六七七)の四代藩主井伊直興による造営に始まり、江戸時代には槻御殿と呼ばれていた。現在は槻御殿の庭園部分を玄宮園、建物部分を楽々園と称する。玄宮園の名は近代に命名されたもので、中国の宮廷に付属した庭園を玄宮といったことに由来する。広大な園池を中心に、中島や*築山を築き、園路をめぐらした*回遊式庭園である。臨池閣が池に突き出すように位置し、築山には鳳翔台が建ち、彦根城天守とその樹林が園の背景をなす。楽々園は御書院を中心に、地震の間、*楽々間などの数寄屋建築から構成される。文化十年(一八一三)、十一代藩主直中の隠居の際に大規模な増築が行われており、現存する御書院はこの時に建てられた。地震の間は、江戸時代には茶の湯に用いる「茶座敷」と呼ばれていたが、その耐震構造が注目されて今日ではこう呼ばれるようになった。また、楽々間は御書院の奥側、渓谷の風情をなした一角にせり出すように立地する煎茶室で、十二代藩主直亮により天保十三年(一八四二)に建てられた。中国風を意図する煎茶室の意匠をよく示す好例である。名勝。

弦月庵【げんげつあん】

奈良県桜井市の茶房長谷路にある茶室。長谷寺の参道沿いに建ち、大正時代、*藪内家の茶道を嗜んでいた当主の山田新が地元初瀬の大工・中西源治に建てさせたもの。庭園への門を入ってすぐの位置に茶室があり、その門側に向かって四枚障子の貴人口をあけている。訪れた客に気軽にお茶を飲んでもらおうと計画されたものと考えられる。外観は寄棟造桟瓦葺、壁面を鼠漆喰仕上げとする。内部は三畳半で原叟床風の框床を備える。床柱は磨丸太で釿潜りの壁留に変木を用いる。炉の位置は床の張り替えのため現在は不明であるが、床脇の四畳半切逆勝手の位置や火燈口からの踏込畳を点前座にして本勝手とする位置が考えられる。天井は平天井と掛込天井で構成されるが、平天井には屋久杉が使用されている。山田酒店(茶房長谷路)茶室として、主屋その他とともに登録有形文化財である。

玄甲舎【げんこうしゃ】

三重県度会郡玉城町にある旧金森家別邸。田丸城主久野家の家老で、*表千家十代吸江斎祥翁から嘉永二年(一八四九)に的伝を受けた金森得水の別荘として、大工庄五郎によって弘化三年(一八四六)に着工、同四年頃に竣工した。北を正面として西側が迎賓用、東側が日常生活用に分かれた構成となる。京間、総檜造で建てられ、建物自体は一つの屋根で覆われている。北の正面には東の日常用と西の迎賓用と、それぞれに出入り口が設けられる。迎賓部分は、玄関から廊下を挟んだ広間八畳を中心として二畳台目の小間、及び寄付や水屋などからなる。広間は、玄関から続く板廊下とは壁で隔てられ、西から南へ矩折に入側を廻す。南の入側は四畳分が待合を兼ねており、沓脱石を据えて、庭園にひらく。広間の北側は、壁面中央に一間床を設ける。床柱は向かって右、東側が赤松皮付、左、西側が檜。右の床脇は三角形を隅に寄せた平面形の地袋、左は通常の地袋に一枚棚を設ける。炉は通常の広間切ではなく、下座床となる南側の点前畳に隅炉が切られる。南の入側東端には網代戸(裏面は襖)を建て、二畳台目の席が接続する。この小間には床が無く、点前座に向板を入れ、向切に炉を切る。東の点前座勝手付に襖二枚を引違いに建てて茶道口を設ける。南の庭園側の軒の庇は檜皮葺、竹垂木である。また広間八畳の西にも、待合を兼ねた四畳の入側を設ける。こちらはさらに西へ縁を設けて南の庭園へとひらく。約二百五十坪の広大な庭園は、国東山系を遠望し、南西に昭和時代初めまで腰掛待合が建てられていた。玄関から入った客は廊下を進み、八畳の広間へ直接入らず、この西の入側から縁を伝い庭園へと進み、園内待合から南の入側へ至り、広間もしくは小間へ席入りすることができるようになっている。また玄関西には、竹の網代戸(裏面は襖)が建てられ、その奥に丸炉を切った寄付二畳が続き、玄関東壁は、廊下と板の間を挟んで水屋三畳が設けられる。玄関に掲げられる「玄甲舎」の板額は、安政三年(一八五六)、交流があった悦叟妙怡(大徳寺四百五十七世住持)の揮毫である。玄関を入った廊下の正面、ちょうど広間の床の裏側の壁面には、全長七八センチ、横幅六九センチの大きな海亀の甲羅が掛けられており、この建物の名の由来と考えられる。背には「蔵六庵」「甲子夏得水」と二行の墨書があり、甲子、すなわち元治元年（一八六四）の得水没年前年のものであること、また「蔵六庵」の美称もあったことがわかる。なお、建物の東西それぞれに突出部があり、上からみると亀の頭と尾に似せた格好となっている。

建国寺の茶室【けんこくじのちゃしつ】

大阪市北区の建国寺にあった茶室。「*楽翁起し絵図」の中に、「織田有楽指図建国寺数寄屋」として、絵図が伝わる。建国寺は、もと織田*有楽の天満屋敷のあった場所に建立されていた九昌院を安永九年（一七八〇）に改名した寺で、寺と茶室ともに現存しない。その間取りは*山上宗二の大坂の深三畳台目の茶室（坪の内の項の図を参照）と共通する点があり、千利休大坂屋敷の三畳台目（深三畳半、細長三畳の項を参照）よりもや深い五尺床の「御床」を奥に設ける。また、点前座は利休のものから半間分だけ床のほうへ上げて点前座背面に茶道口をあけることで、戻り点前を解消している。給仕口を火燈口であけるのも同様である。利休や宗二のものと異なる、この茶室特有の点としては、まずは客座背面の内法いっぱいにあけられた大きな円窓の下地窓が挙げられる。円窓中央には力竹が立っているが、室内側に敷鴨居があるので、大きな障子二枚を力竹から左右へ引分けに建てる独特な構成となっている。また、台目構えの袖壁は下方が吹抜いてあるが、点前座の勝手付には「御水屋道幸」として、建具などで仕切られずに竹簀子の水屋がそのまま付いたような、極めて特徴的な構成を表している。さらに「御床」の上へのみ建物本体の屋根とは別の切妻屋根をのせ、その下部に墨蹟窓をあけて外側へ掛障子を掛けるのも特異である。また躙口が床の正面にあいているのも利休や宗二の茶室とは異なる点であり、このため客畳三枚はすべて平行に敷かれている。九昌院は安永九年に建国寺とあらためられたので、松平定信（楽翁）が没する文政十二年（一八二九）までのあいだに、定信が収集したこの絵図の茶室があったと考えられる。しかし、有楽の好みになるのか、移築されたものかなどの経緯は明らかでない。建国寺は九昌院の頃、享保九年（一七二四）及び建国寺となった天保八年（一八三七）に火災に遭っている。また宝永七年（一七一〇）に成立の『*貞要集』には、「織田有楽之囲を建直し候得共如元作而庭石なとは直し候由石は尤古きを用」とあり、有楽の時代から三度にわたり建て直されていることがわかる。建国寺のこの茶室に関する図として、「楽翁起し絵図」のほかに、『貞要集』の「天満九昌院之座敷」や「権現様渡御之囲 織田有楽指図 大阪九昌院」（織田有楽の屋敷と茶室の項の図を参照）などが知られるが、それぞれ若干の相違が見られるのは、その影響と考えられる。

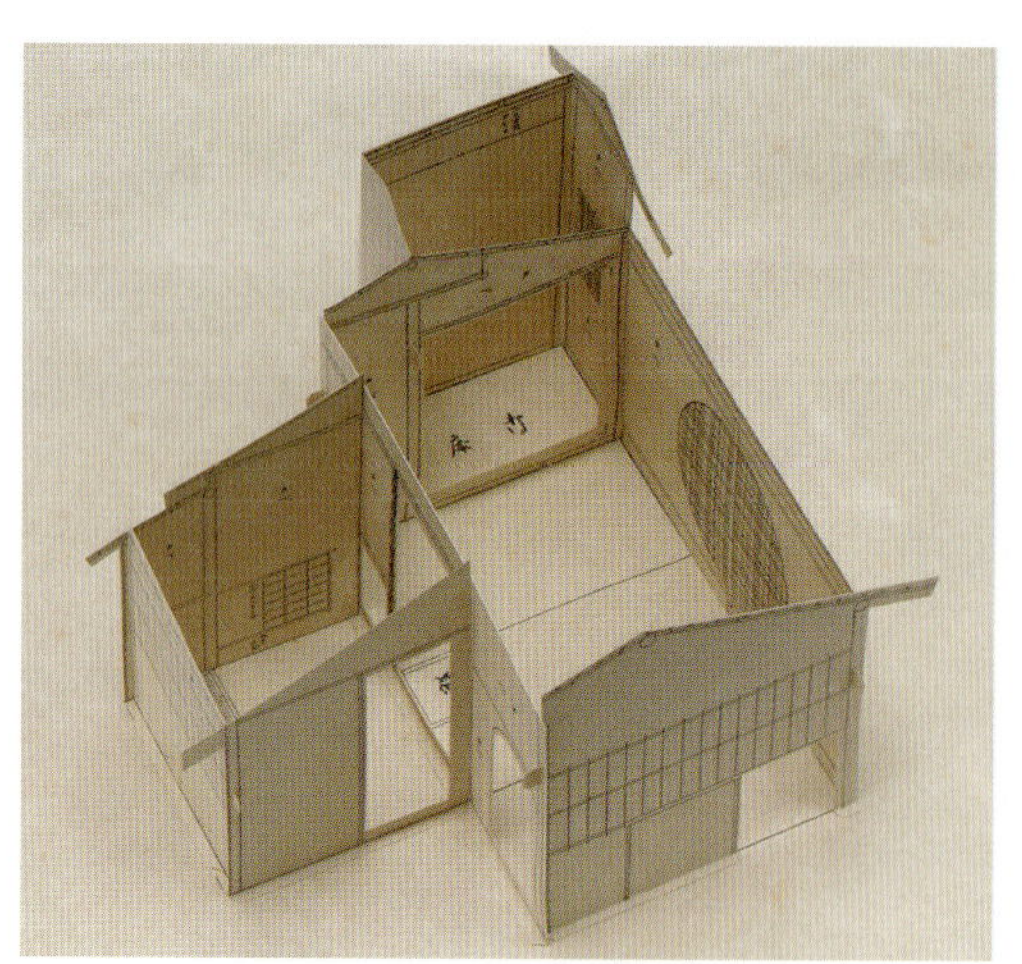

起し絵図「織田有楽指図建国寺数寄屋」
墨水書房版『茶室おこし絵図集』

間竿【けんざお】

建物を建築する際に用いる、その基準となる寸法を記した竿。これに基づきすべての部材の加工を進めることとなる。「春日権現験記」の中では、職人に指示を与える大工*棟梁が手にしている姿が描かれている。（付録27頁参照）

源氏襖【げんじぶすま】

*襖の一種。部屋への採光を目的として、襖の一部に小さな障子をはめ込んだもの。古い例としては桂離宮*月波楼の一の間と中の間の境に建てられたものなどが挙げられる。「中障子襖」、あるいは「大阪障子」ともいい、このうち特に襖の中央部に障子を入れたものを「中障子襖」、上部にあるものを「源氏襖」という場合もある。襖上部の幅いっぱいに障子をはめたものは「腰襖」、あるいは「半障子襖」とも呼ばれる。

源氏塀【げんじべい】

*板垣の一種。腰長押の下部は縦方向に*羽目板を

張り、その板のあいだに丸竹を用いる。腰長押の上部には、細い木材を襷形に組んで透かす。寺や数寄屋などに用いる。

源氏窓【げんじまど】

火燈窓と同じ。⇒火燈窓【かとうまど】

乾泉亭【けんせんてい】

石川県金沢市の寺島蔵人邸跡にある茶室。寺島蔵人（一七七七～一八三七）は、加賀藩における文化～文政年間（一八〇四～三〇）の藩政改革推進者として知られるが、また文化面では書画を能くし、文人画家・浦上玉堂との親交から、この武家屋敷の庭も玉堂の作になると伝えられる。枯池を中心にした回遊式庭園であることから乾泉と命名された。屋敷自体は、蔵人の祖父が安永六年（一七七七）に敷地を拝領し、遅くとも天明五年（一七八五）までに建てたようであるが、その時すでに乾泉亭が造り込まれていたかは不明である。茶室は、乾泉の庭に面してあく障子二枚建ての貴人口から席入りする。その周囲には障子欄間や連子窓も設けられており、庭からの十分な採光を考えた、北陸の天候にかなった外壁構成である。内部は、全体が六畳の広さで、そのうちの一畳分が、前板を入れた蹴込床になっているが、床柱はなく、その代りに釣束を下げて、これに落掛と小壁を取り付けている。前板に接して床前に切られた炉が床柱と接するのを避けるための床構えなのであろう。ただし古図では前板だけでなく脇板も入れられ、床の出隅には床柱が立っていた。明治時代に家屋の半分が撤去され、また乾泉亭自体も一時改装されていたため、のこされた天井板を使って旧規に復されたようであるが、床柱は保存されていなかったため、現状のような構成になったという。この屋敷にはほかに、四畳に丸炉を切った座敷もある。厳密には、四畳の一畳分を、台目畳と向板にし、この板に丸炉をあけたものであるが、文化五年に金沢を訪れた玉堂が、蔵人邸にも二十日ほど滞在し、常に琴を弾じながら詩や書画を楽しんだといい、そのために増築したのがこの四畳だと伝える。これにちなむのか、玉堂揮毫の「黄松琴処」の書も伝わっている。

原叟床【げんそうどこ】

床の一形式。*踏込床のひとつで、*表千家六代覚々斎原叟の考案になると伝えられるが、確かなことはわからない。畳と同じ高さに地板を敷き込み、床の間口、奥行きを画する位置に柱（床柱）を立てることによって床の空間を表す。客座、点前座と一続きに構えられる原叟床は、座敷の空間と一体になり、席中にゆとりとひろがりを与える。同時に、床にあたる部分の余剰の地板は席中のはたらきと有機的なかかわりをもつことになる。客畳は床前の地板を隔てることによって上座を余すことなくいっぱいに使うことが可能になり、点前座の先も床脇の地板によってゆったりとし、通常とは異なった亭主のはたらきが可能になる。

原叟床　清香軒　成巽閣

玄鳥庵【げんちょうあん】

東京都港区のサントリー美術館にある茶室。昭

玄鳥庵　立礼席より広間を見る

和三十六年（一九六一）、もともと丸の内にあった同館に設けられた*裏千家十四代無限斎碩叟の命名による茶室。美術館とともに赤坂を経て、平成十九年（二〇〇七）に東京ミッドタウン内に移転。四畳半下座床で赤松の床柱。床前が竿縁天井、点前座上部のみ掛込天井である。移転時、立礼席は建築家・隈研吾の設計で改装され、窓には中敷居を入れて上を障子、下を吹抜きにしたモダンな意匠となる。またこの時に八畳間も増築され、露地が付属する。

倹飩【けんどん】

本来、箱の垂直面を蓋とするもので、開口部の上部に深く下部に浅い溝を掘り、蓋を一旦上にもち上げてから下端を手前に引き、取り外す仕組みのこと。建築の建具にも応用され、倹飩障子などがある。

建仁寺【けんにんじ】

京都市東山区小松町にある臨済宗建仁寺派の大本山。京都五山の一つ。山号は東山。建仁二年（一二〇二）、源頼家を大檀越として*栄西が創建。元久二年（一二〇五）に落成。はじめ天台、真言、禅の三宗（律を加えて四宗）兼学の道場であったが、東福寺の開山で後に建仁寺の十世住持となる円爾弁円や十一世住持蘭溪道隆の頃から禅刹となった。『京羽二重』巻四には二十の塔頭名が記されているものの、明治時代の廃仏毀釈により、現在は十四塔頭となっている。開山の忌日に行われてきた四頭茶礼は茶の湯以前の禅院の茶礼を今に伝える（現在は栄西誕生日の四月二十日に行われている）。建造物は応永四年（一三九七）や応仁の乱で焼失後も文明十三年（一四八一）などに火災に遭い、創建当時の建物は現存していない。慶長四年（一五九九）、恵瓊が安芸国（広島県）の安国寺から移築した方丈、勅使門は織豊時代のもので、重要文化財に指定されている。方丈の前庭には枯山水の大雄苑がひろがる。そのほか、本坊中庭には潮音庭、*織田有楽の信長供養七重塔、さらに*東陽坊長盛ゆかりの茶室*東陽坊があり、その西側には*建仁寺垣が配されている。絵画では俵屋宗達筆風神雷神図（国宝）や、海北友松筆竹林七賢図、雲龍図などの本坊方丈障壁画（重要文化財）が知られる。

建仁寺垣【けんにんじがき】

竹垣の一種。最もよく見られる代表的な竹垣である。*建仁寺で用いられたことに由来する。柱間に*立子の割竹を隙間なく並べ、数段の*押縁で押え、割竹の*玉縁を架ける。露地では外垣として用いる。『*石組園生八重垣伝』では、玉縁を架けたものを「真の建仁寺垣」とし、玉縁を架けずに立子の上端の高さを不揃いにしたものを「草の建仁寺垣」としている。

建仁寺垣

玄能払い【げんのうばらい】

玄能（金槌の一種、「玄翁」とも書く）で積み石などの表面の大きな凹凸を取るために、角を叩き割り、削り取ること。

元伯宗旦【げんぱくそうたん】

千宗旦のこと。⇒千宗旦【せんそうたん】

源流茶話【げんりゅうちゃわ】

藪内流の茶説、茶法書。「げんりゅうさわ」とも読む。*藪内家五代不住斎竹心著。写本三巻。茶の湯の隆盛とともに流派の別が生じてきたことに対し、茶の湯の源流である*千利休の正風に戻ることを強調する。上巻では問答により茶の湯の歴史や茶室の変遷を述べ、茶道具を概説する。中巻でも問答により茶室、露地、茶事、点前、道具などの当世風を批判し、自説を展開する。下巻では茶人の略伝と和漢の文献とを紹介する。竹心の多くの著作のうち、ほかに先行してまとめられたものであろう。『茶道古典全集』第三巻に翻刻されている。

源霊閣【げんれいかく】

京都市下京区に所在の*藪内家の*祖堂。当初の建築年代は不明だが、明治九年（一八七六）、西本願寺から下賜された茶室*須彌蔵とともに再建された。須彌蔵の北側に廊下を隔てて配され、両室ともに壁は弁柄壁である。内部は三畳敷の西側に板を敷き、その向こうに須弥壇を設ける。須弥壇中央の上部には盤珪永琢遺愛の観音像が祀られ、下段には*栄西が入宋の際にもち帰ったと伝えられる達磨大師像が祀られている。その左には千利休像、右には同家初代の藪中斎剣仲の像が安置されている。利休像の頭巾には利休の遺髪が納められている。

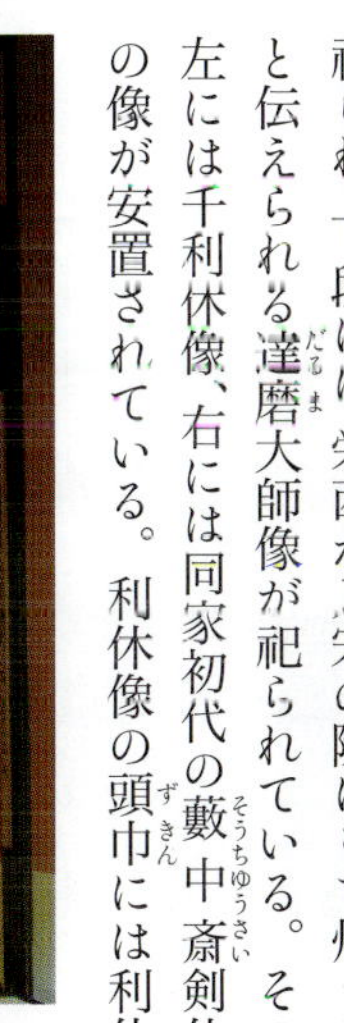

源霊閣

兼六園【けんろくえん】

石川県金沢市に所在の*大名庭園。加賀藩第五代藩主前田綱紀が、延宝四年（一六七六）に、金沢城の南東隣の傾斜地に、蓮池庭と蓮池御殿を造営したのが始まり。蓮池御殿は、享保十年（一七二五）に、第六代藩主吉徳によって小規模なものに建て替えられた。宝暦九年（一七五九）四月、藩政期最大の大火によって、城下の一万五百軒以上と、城内の大半の建物が焼失し、蓮池庭も御殿の一部をのこして焼失した。安永三年（一七七四）、第十一代藩主治脩は、十五年ぶりに蓮池庭の復興に着手し、まず翠滝と「瀧見の御亭」（*夕顔亭に比定されることもある）を造り、同五年には「馬見（観馬）の御亭」（*内橋亭）を完成させた。この時、「上の御亭」（時雨亭）、「舟の御亭」や馬場などもあったことが知られている。蓮池庭四亭のうち、そのままのこる園内唯一の茶室が夕顔亭と考えられる。蓮池庭の東南側一帯は千歳台と呼ばれ、かつて加賀藩重臣の屋敷があったが、寛政四年（一七九二）、治脩は、ここに藩校「明倫堂」と「経武館」の文武二校を造った。享和二年（一八〇二）、斉広が家督を継ぎ、第十二代藩主となるが、文政二年（一八一九）に隠居し、隠居所としての御殿を計画した。その場所が藩校のあった千歳台で、藩校を移転させ、建坪四千坪、部屋数二百以上、二つの能舞台をもつ壮大な屋敷「竹沢御殿」が、文政五年に完成した。そして同年、斉広は、白河藩主松平定信に新たな庭園の命名を依頼する。定信は、中国・宋代の詩人、李格非の『洛陽名園記』に記された「宏大、幽邃、人力、蒼古、水泉、眺望の六つを兼ね備える名園」にこの庭園をなぞらえ、兼六園と命名した。ところがわずか二年後の文政七年に斉広が薨じたため、第十三代藩主斉泰によって、御殿は一部の建物をのこして取り壊され、呼称も「竹沢御屋敷」とあらためられた。天保八年（一八三七）、斉泰は庭園の改造に着手した。さらに嘉永四年（一八五一）には、のこっていたすべての建物が取り壊され、さらに庭園が改造された。それが今日見る兼六園の景観である。近年では日本三名園の一つに挙げられる。特別名勝。

兼六園　雁行橋

こ

孤菴【こあん】

愛知県名古屋市中区の神谷家にある茶室。この茶室は*裏千家十一代玄々斎精中が、尾張徳川家の御同朋の日比野林阿弥（宗永、知玄斎）邸に十二代斉荘（一八一〇〜四五）来喫のために造ったと伝える。明治四十四年（一九一一）に現在地に移築。茶室は南面して建ち、切妻造銅板葺で当初は柿葺であった。内部は台目畳三畳敷で下座床、炉を向切に切る。台目幅いっぱいに貴人口をあけ、上部に櫛形引違い板欄間をはめる。貴人口正面に一間の洞床を構えるが、床柱は台目幅に立つ。この床柱は径七寸五分ほどの太柱で、*名古屋城大修理の際の梁古材らしく、裏に「なごや御用木きそ山」と彫刻がある。また落掛は裏側に彩色文様があり、名古屋城の上洛御殿の廃材を表裏を逆転して活用している。化粧屋根裏の竹小舞は、城内壁下地の竹小舞を再利用する。さらに点前座風炉先窓上部の仕付棚は熱田神宮社殿の古材で、見付に玄々斎の花押がある。茶道口は、袴腰形の太鼓襖を開き戸とし、古田織部、小堀遠州らの消息、裏千家七代最々斎竺叟の茶カブキ看板寸法書（上田小平次宛）を張る。

孤菴　床側

小石川後楽園【こいしかわこうらくえん】

東京都文京区に所在の*大名庭園。寛永六年（一六二九）に水戸藩（茨城県）初代藩主徳川頼房が中屋敷（後に上屋敷となる）の庭として造った*回遊式庭園。当初は、変化に富む地形に巨木が生い茂り、*徳川家光の作庭意向が強く働いていたとされる。明暦の大火に焼けるが、寛文年間（一六六一〜七三）に二代藩主光圀によって改修された。この頃、中国・明の儒学者である朱舜水の構想を取り入れて後楽園と命名されたという。蓬莱島を置いた大泉水を中心に、日本の名所を象り、中国趣味も取り入れて、大名庭園のさきがけとなった。関東大震災や戦災により多くの建物を失ったが、往時の景をよくのこしている。特別史跡、特別名勝。

小板【こいた】

*板畳の一種。炉を*向切に切った場合、風炉先の壁の*畳寄と炉とのあいだに入れる小幅の板。また裏千家*今日庵のように、点前畳が*台目畳で、その先に*向板を入れる場合にも、向板と炉とのあいだに小板を入れることが多い。いつ頃から小板の呼称が用いられるようになったのか詳らかではないが、『*細川三斎御伝受書』では「イタタ、ミ」（板畳）と図に記している。*川上不白は、「小板ハ大小有リ。大ハ丸畳ノ向ヘ用小ハ向板ヲ入タル所ヘ用ユ　木ハ松ト杉也　マサメヲ遣ウ　大二寸小一寸八分」と説いており（不白筆記）、この仕様は、おおむね現代にも受け継がれ、長さは炉と同じ一尺四寸、奥行一寸八分のものは向板が入る時に多く用いられる。炉を*隅炉に切った場合、*待庵のように、小板を入れないこともあれば、*菅田庵のように入れることもある。また小板を入れるのではなく、勝手付側に*柳板を入れることもある。

小板

濃茶【こいちゃ】

*抹茶の一種。茶摘みの前の一定期間覆いをして、直射日光が当たらないようにし、主に古木の茶の木から萌芽数枚を採取して製造したもの。薄茶に比べて色、香りなど上質なものをいう。十月の終わりから十一月初め頃に、茶師より茶家に、その年に摘み取られた碾茶入り茶壺が届けられる。碾茶とは臼で挽く前の茶葉であるが、茶壺の中には紙袋入りの濃茶用の茶葉と、そのまわりに薄茶用の葉が詰められている。濃茶は、濃茶用の抹茶一匁（約三・七五グラム）を一人分として、人数分を一碗に入れて湯を注ぎ練る。飲み方は一碗を*連客で飲み回す（各服点ての時もある）。点前や道具も薄茶とは異なる。

小出邸【こいでてい】

東京都小金井市の江戸東京たてもの園にある住宅。*堀口捨己が設計した最初の住宅である。もとは大正十四年（一九二五）、ヨーロッパ旅行から帰国した直後に東京都文京区に建てられた。急勾配の宝形造瓦葺の平家から、陸屋根で白壁の、茶の間と寝室、六畳と八畳のそれぞれ二間続き二層のボリュームが張り出した外観である。アムステルダム派の影響があるといわれ、表現主義的な手法が随所に見られる中、茶室風の釣棚や付鴨居など、和風の要素もとけ込ませている。平成十年（一九九八）、現在地に移築、保存されている。

後入り【ごいり】

茶事において、*中立した後、ふたたび席に入ること。つまり*後座に入ること。「あといり」「のちいり」ともいう。茶事において客の正式な流れは、まず*初入りをし、中立をして露地に出て、次いで後入りという順になる。後座では、濃茶と薄茶をいただくことになる。

篁庵【こうあん】

京都市北区の大徳寺塔頭*三玄院にある茶室。三畳台目下座床、相伴席付の燕庵形式の茶室である。掲げられた扁額は「篁」の字が西本願寺十七代門主法如、「庵」の字が十八代門主文如の染筆で、額裏の記文から、この茶室はもともと文政八年（一八二五）頃に西本願寺に建てられたことがわかる。その後、明治四十二年（一九〇九）に*藪内家が拝領、現在地に移築された。外観は切妻造桟瓦葺で、妻に銅板葺の庇を付け下ろすが、移築前は茅葺であった。内部は、点前座は台目切に炉を切り、中柱に古田織部好みの雲雀棚を備え、色紙窓が配されている。また床は、真塗の框を入れ、床柱はなぐり、相手柱には面付した雑木の丸太を立てて、墨蹟窓があけられている。また茶道口の方立には竹を用いている。天井は躙口寄りの一畳が掛込天井で突上窓をあけ、のこりは蒲の平天井となっている。客畳と相伴席の境には二枚の襖が建てられ、その上には板欄間が設けられており、建具とともに取り外しが可能である。茶道口を出たすぐに板敷きの一畳があり、水屋三畳が続いている。

篁庵　点前座側

格板【ごういた】

*格天井の格間に張る正方形の*鏡板をいう。木目を互い違いに張る形式が多いが、板と*網代の組み合わせや格板に絵画や彩色紋様を描くなど様々な意匠もこらされる。

耕雲庵【こううんあん】

石川県金沢市の金沢市立中村記念美術館にある茶室。四畳半の席、広間八畳などからなる。四畳半の席は、江戸時代末期、粟崎（金沢市）の豪商（海運業）・木谷藤右衛門が建てたものと伝え、その後、高岡町の横山家、清川町の辰村家、寺町の中村家へと移築され、平成十三年（二〇〇一）に中村家から金沢市に寄贈された。同家ゆかりの中村記念美術館（中村栄俊が創立。同氏は表千家の

耕雲庵　四畳半席　床側

茶人としても知られた実業家）に移築された際、広間八畳と諸室が新たに付設され、現在に至る。四畳半は、*千宗旦好みで、「宗全指図帳」に「今日庵四畳半」として記されているものと同じ構成である。引違い障子の貴人口（欄間も付す）を上った正面に点前座、左側壁面に床を設け、これが下座床の位置になっている。宗旦好みのほうの床は土座の床（いわゆる土床）であったが、耕雲庵では松の地板と畳寄のあいだに竹を入れた蹴込床になっている。天井は化粧屋根裏と網代張の平天井からなる掛込天井で、床に化粧屋根裏があたるような形になる。席名は、道元の「山居之詩」の一節「釣月耕雲」にちなむという。広間八畳は、間口七尺あまりの床と、地袋を備えた床脇とを並べた広間切本勝手の席である。床は、床柱も床框も磨丸太を用いた端正な構えのもので、床脇は地袋の上に大きな円窓をあける。また床の裏、茶室外部に腰掛を設けている。

向栄亭【こうえいてい】

東京都新宿区若宮町に所在の遠州茶道宗家にある茶室。十二世宗慶が、大徳寺塔頭孤篷庵*忘筌の床、点前座まわりを忠実に再現した二十五畳半の大広間。席名は流祖*小堀遠州好みの席名で、中興の祖、八世宗中が用いた席名でもある。点前座には遠州の額が掲げられ、床に向かって右側に間口一間の違棚が設けられている。点初（初釜）や流儀の大きな行事に用いられるほか、稽古道場として構えられており、三カ所に釜を懸けて稽古ができるように工夫され、水屋も二カ所に設けられている。

光悦寺【こうえつじ】

京都市北区鷹峯にある日蓮宗の寺院。山号は大虚山。元和元年（一六一五）、*本阿弥光悦が徳川家康より鷹峯の地を与えられて一族とともに移り住み、工芸職人を集め職人村を作り多くの名作を生み出した。一方ここに位牌堂を建設し先祖を祀ることとした。光悦の没後、この位牌堂は本法寺の日慈を開山とする寺となり、光悦の号によって大虚庵と呼ばれることになったが、その後寺号は光悦寺と変わり、今に至っている。茶室としては*大虚庵、*了寂軒、*本阿弥庵、*徳友庵、*騎牛庵などがあり、毎年秋には光悦会茶会が行われている。

光悦寺垣【こうえつじがき】

竹垣の一種。光悦寺の茶室*大虚庵にあるものを本歌とする。「宗左垣」ともいう。*透かし垣のひとつで、平らな割竹二枚を表裏にあわせた*組子を、斜めに交差させ菱格子とする。高さは一・五メートルほど。*玉縁に幅の狭い割竹を束ねたものを用い、親柱から弓なりに順次低くなり末端は地に伏せて終わる。

光悦寺垣

高圓軒【こうえんけん】

奈良県御所市の西尾家にある茶室。御所銀行頭取をつとめた西尾小五郎が邸内に建てたもの。外観は切妻造瓦葺で軒先を銅板葺とし、妻入正面の庇は軒先を檜皮葺にしている。内部は四畳枡床の席で、床柱に赤松皮付、床板に欅を用いる。床の脇の点前座に中柱を付け、台目切とし、床との境に風炉先窓をあけ、二重棚を釣るなどの特徴は武者小路千家の*半宝庵に共通する。しかし臨機応変な使い方が想定される半宝庵と異なり、この茶室では火燈口形式の茶道口を一つだけにして主茶室としての専用性を高めている。また、枡床の茶室として代表的な大徳寺聚光院*枡床席の貴人口は、床を含めた壁面の半分の幅で、外側の一枚引きの雨戸の制約も受けていたが、この茶室では二枚の雨戸を収める戸袋を設けて、床を除く壁面をすべて貴人口とし、明るい露地にひらかれた茶室となっている。

光華【こうか】

東京都港区の東京都庭園美術館にある茶室。同館はもと昭和八年（一九三三）に建てられた朝香宮鳩彦邸を同五十八年に美術館として公開したもの。茶室光華は昭和十三年、鳩彦の求めに応じ、*武者小路千家の茶人・中川砂村の設計、*平田雅哉の施工によって建築された。四畳半と九畳、立礼席、水屋などからなる。屋根は桟瓦葺で下屋はかつて柿葺、現在は銅板葺、軒平瓦には菊の紋章が付く。立礼席は九畳の大きさをもち、塼敷きで、東と南にガラスの引違い戸を建てた開放的な構成である。天井は竿縁に丸太を使用する。広間は十畳の大きさに、九畳の畳を敷き込み、一間床を構える。点前座は床と並んで設けられ、炉は四畳半切に切られる。天井は竿縁天井で、点前座上部が網代の落天井となる。床の対面、南側には付書院が設けられ、並んで四枚の腰障子が建てられた貴人口となる。四畳半は上げ台目切で本勝手に炉が切られ、風炉先には中柱が立てられ、風炉先屏風を組み込んだような低い板壁と天井からは下り壁を設ける。点前座勝手付には色紙窓が配されている。床は下座に構え、北側の壁面には貴人口と躙口が並んでいる。天井は床前の貴人座を含む部分を平天井、風炉先の半間、躙口にかけては化粧屋根裏、そして点前座上部は落天井となっている。水屋は通常の座式として使用されるものと、立礼席用の立水屋がある。重要文化財。

光華　広間より立礼席を見る

抗火石【こうかせき】

石材の一種。伊豆諸島の新島、式根島、神津島から産出する軽石の一種。「水孔石」ともいう。静岡県の伊豆半島天城山付近からも産出し、「天城抗火石」、また「天城御料石」という。切断が容易なスポンジ質で、水に浮き、薄板として使用されるほか、園芸材料としても使用される。耐候性に富むが磨滅しやすい。

高巌寺の茶室【こうがんじのちゃしつ】

石川県金沢市の高巌寺にあった茶室。一草庵という名で、*金森宗和好みと伝えられていた。同寺は慶長十八年（一六一三）、密厳宗顕を開山として創建された臨済宗妙心寺派の寺で、加賀宗和流金森家の菩提寺でもある。宗和が加賀を訪れた際に指導、建築したと伝えられ、明治三年（一八七〇）まであったが取り壊された。宗和の長男・七之助が寛永二年（一六二五）十五歳で前田家に仕官して後、宗和は慶安元年（一六四八）から同三年まで毎年加賀を訪れていたようであるが、宗和と高巌寺とのかかわりができた経緯は明らかでない。七之助は了空と号し、寛文四年（一六六四）に没した。高巌寺では現在、宗和忌、了空忌茶会が行われており、十畳書院の白牛窟、四畳半の残夢軒、八畳書院の各茶室がある。

こ

光久寺の茶庭【こうきゅうじのさてい】

富山県氷見市にある光久寺の庭園。俯仰園のこと。

⇒俯仰園【ふぎょうえん】

光月庵【こうげつあん】

広島県尾道市の旧福井家住宅にある茶室。旧福井家は千光寺山中腹に建ち、現在は尾道文学記念室として公開される。茶室は数寄屋師・*木村清兵衛(三代か)が昭和四年(一九二九)に建てた切妻造桟瓦葺で、四畳半に台目床を構えた席。天井は矢羽根網代を竹で打ち上げた竿縁の平天井と掛込天井からなる。三畳の水屋が付く。露地は日常性を越えた山居の趣を醸し出すように、長い山道をイメージした自然石の平石を使って曲線状に造られている。登録有形文化財。

江月宗玩【こうげつそうがん】

天正二年～寛永二十年(一五七四～一六四三)。江戸時代初期の臨済宗大徳寺派の僧。号は欠伸子、懞袋子、赫々子。堺の天王寺屋*津田宗及の子。幼名道丸、後に春松。*南宗寺で笑嶺宗訢について得度。*春屋宗園の法を嗣ぐ。黒田長政の博多崇福寺復興に協力、慶長十一年(一六〇六)に長政は亡父の菩提所として*大徳寺山内に*龍光院を創建する。慶長十五年、大徳寺百五十六世住持となる。慶長十七年、*小堀遠州は父の菩提を弔うために龍光院内に江月を開山として*孤篷庵を創建した。また元和七年(一六二一)、*佐久間真勝が孤篷庵内に創建した*寸松庵の開祖ともなる。江月はその後、崇福寺の住持、さらに南宗寺十三世住持となった。寛永二年(一六二五)、*後水尾天皇から大梁興宗禅師の号を勅賜される。寛永四年の紫衣事件の際には、*澤庵宗彭、玉室宗珀とともに京都所司代の板倉重宗へ抗弁書を提出し、同六年、三人は江戸に召喚され幕府の評議を待った。その結果、江月は処罰を受けずにすみ、配流の澤庵、玉室の赦免のために努力した。寛永九年には、肥前国(佐賀県)平戸の松浦鎮信が平戸に開創した正宗寺の開山に請ぜられた。江月は遠州、真勝や*松花堂昭乗らと親交を結び、後水尾天皇、*近衛信尋、織田信雄、徳川家光、高松宮好仁親王、*一条昭良など多くの公家や武家の帰依を受けた。書道、詩文にすぐれ、特に茶の湯を好み、父・宗及より*台子の伝授を受け、遠州らに伝える。語録に『欠伸稿』がある。

向月亭【こうげつてい】

島根県松江市の*有澤山荘にある書院。山荘の主建築。主室に続いて、次の間(六畳)、八畳、くつろぎの間(六畳)が配置され、寄棟造茅葺で、東と南に柿葺の庇を廻す。*松平不昧の弟・衍親(雪川)が家老の有澤家六代織部弌善のために寛政四年(一七九二)頃に指図したという。向月亭は山荘内で、最も眺めの良い位置にあり、東と南がはるかに眺望される。殊に仲秋の頃には、山荘から萩の台の方よりのぼる月が美しく見え、亭の名となったという。四畳半台目向切の主室は、東から南にかけて入側、さらにその外に細竹を並べた軽快な簀子縁を廻す。南面する床は台目床で、床柱や床框は杉の面皮を用い、床脇には幅一間の地袋と天袋を設ける。長押は

水屋
菅田庵
床

向月亭

向月亭　外観と庭

なく、障子は腰が低く、簡明な室である。鴨居上の「向月亭」の額は衍親の筆である。庭は、皐月の低い刈込垣で囲んだ平庭に砂利が敷き詰められて、東北の手水鉢付近以外に植栽はなく、飛石を配するだけの清楚な庭である。飛石のあいだに挟んだ短冊形の*延段の両側は太い竹で画して*霰石を敷き詰め、庭全体を引き締めている。かつて、この庭から萩の台、そして松江の城下や大橋川、さらには出雲富士(大山)を望めたというが、この眺望を助ける前庭としたその作意は見事である。重要文化財。

好古庵【こうこあん】

京都府宇治市の*松殿山荘にある茶室。主屋の中、*九垓盧の南に六畳の文房室と隣り合って並ぶ。*高谷宗範の設計、棟梁は中川徳一で、大正十五年(一九二六)以前に建てられた。文房室とあわせて桁行四間半、梁行二間半の規模で、外観は二階建、地階付、寄棟造桟瓦葺。好古庵の内部は四畳半で本勝手に炉が切られる。両室の間仕切の欄間には小壁を下ろし小枝をのこした亀甲竹を渡す。一方、天井は好古庵と文房室が一体で構成されており、両室の東側が化粧屋根裏で、垂れ壁の壁留のなぐり材が欄間を貫き一体化を感じさせる。平天井部分は文房室が竿縁天井、好古庵が六角の網代天井である。東側は文房室が日本のものとしては珍しい左右対称デザインの違棚、好古庵は半間の床脇を備えた一間床。文房室と好古庵の二階は主人室となり、円形の折上天井をもち、北側にあけた円窓から、九垓盧のヴォールト屋根を眺める。

好刻庵【こうこくあん】

京都市左京区の*重森三玲旧邸にある茶室。昭和四十四年(一九六九)に*重森三玲が自ら設計して建てたもので、邸内書院の北東に接続して建つ。内部は、主室十畳と次の間八畳からなる。主室の東面、中央寄りに床があり、床脇には二段の上段を造り、違棚と天袋を備える。床、床脇ともに、正面の壁面下方に窓をあけて明障子を建てる。天袋の水墨画は三玲自身の作。襖の飛涛の市松模様、清水焼の釘隠、文字をデザインした引手なども三玲の創作になる。藤の花の欄間、障子の腰板などにも斬新な意匠を見ることができる。設計にあたっては吉水神社古書院、西本願寺*飛雲閣、*桂離宮、*曼殊院小書院などが参考にされたといわれるが、むしろ三玲の創意にあふれた茶室である。席名は「日々是好日」を言い換えた「刻々是好刻」にちなむ。現在、旧邸の書院及びその前庭は重森三玲庭園美術館として公開されている。

好刻庵　主室　床側

仰西庵【こうさいあん】

愛知県名古屋市瑞穂区の*東山荘にある茶室。十二畳と次の間十畳の広間の奥に建ち、三方が外部に接し、捨柱を立てて土間庇が廻る。大屋根は妻面を西側に向ける切妻造桟瓦葺で、土間庇は杉皮竹押さえとなる。四畳枡床で炉は向切。点前座には藤の中柱を立てるが、袖壁はなく小壁まで吹抜けとなり、档丸太の床の落掛が中柱までのびる。床柱はなく床板に束が入り蹴込床となる。天井は点前座が葭を竹で打上げ、客座を野根板に丸太の竿縁とする。西面は七尺幅に三枚引きの腰障子を建て、北側にはやや高い位置に連子窓をあける。南面西側に引違いの障子窓、東側には床から客座にかけて下地窓に片引き障子を建て、躙口もなく開放感がある。床の背面となる位置に水屋があり、幅四尺で通棚と隅棚に戸袋が付く。床は北西の茶道口前だけに本席と高さを揃えて変形の一畳が敷かれ、他の縁甲板を低くして段差を設ける。水屋の北側は土間に砂利を敷き、飛石を打った室内露地となる。露地の北側に腰掛を造り、南側には蹲踞や燈籠を配し、背後の水屋との仕切の壁には大きな円窓をあけて力竹が入る。天井は低く杉皮をなぐり材で押さえる。登録有形文化財。

仰西庵　床側

香細舎【こうさいしゃ】

愛知県名古屋市中区にあった三代高松定一別邸。洗心軒のこと。⇒洗心軒【せんしんけん】

上坂浅次郎【こうさかあさじろう】

明治元年（一八六八）〜昭和二年（一九二七）。数寄屋大工。大工であった久七の次男として京都市に生まれる。大正九年（一九二〇）に造立した西芳寺少庵堂の扁額に「御数寄屋師庄五郎五世孫」と記している。「庄五郎」は浅次郎の師であり、父久七の師でもあった、表千家出入り大工の遠藤庄五郎であろう。浅次郎のもとからは北村捨次郎や内藤源七などの数寄屋大工が輩出した。住友別邸（有芳園）、清流亭、泉涌寺来迎院の茶室含翠軒などを手掛けた。

格狭間【こうざま】

上部が複数の曲線（火燈形）、下部は椀のような曲線をした装飾的な模様。「香狭間」とも書く。須弥壇の羽目板や桟唐戸の入子板部分などに施される。古代には単純な意匠のものが多いが、時代が下がると、その曲線も複雑になっていき、外郭の曲線が若葉となるもの、中央部に装飾的な意匠を施すものなどが現れる。

格狭間

格子【こうし】

❶木や竹を細く削り、碁盤目状に縦横に組み合わせたもの。斜めに組み合わせた菱格子もある。その他、格子の並べ方や取り付け方により様々な種類がある。❷窓や扉などの開口部に木や竹を竪子とし、水平方向に貫などを取り付け、侵入防止用の柵としたもの。

香字組【こうじぐみ】

障子や欄間の組子の一種。「香路組」ともいう。縦と横のみに組子を配した構成であるが、複雑な模様となる。上質な障子などに用いられる。（付録23頁参照）

好日庵【こうじつあん】

奈良県橿原市の河合家にある茶室。昭和五十八年（一九八三）に当時約二百年前に建てられたという茶室を移築したもの。現在、入母屋造瓦葺の茶室を中心にして左右に水屋と待合が一列に並ぶが、移築にあたって南側に深い庇を設け、待合の向きを変えるなどの改変を行ったとみられる。内部は四畳半本勝手。床は一間の畳床であるが、台目幅の位置に煤竹の床柱を立てて袋床とし、袖壁に下地窓をあけている。左右それぞれの室への通い口は寸法の異なる二枚引違いの襖であるが、ともに文人風の書画を貼る。深い庇にした南側正面には引違いの躙口と三枚障子の貴人口が柱一本を挟んで間口いっぱいに並んであけられ、躙口上の連子窓も柱間すべてを用い、上部以外に小壁をのこしていない。当初の構成をどれだけのこしているのか不明であるが、床まわりは端正で、点前座の景色をつくる下地窓も好ましく、障子の組子にはいくつか凝ったものが見られる。

格子戸【こうしど】

*格子を組み込んだ建具のこと。上下の桟(桟の項❷を参照)と*竪框、縦横の組子から構成される。格子には組子の配し方によって、吹寄格子や霞格子などの意匠がある。

甲州鞍馬石【こうしゅうくらまいし】

石材の一種。山梨県塩山市、及び大月市から産出する花崗岩。鉄錆で*鞍馬石と非常によく似ることからの名で、鞍馬石を「本鞍馬石」、甲州鞍馬石を「新鞍馬石」と呼び分けることもある。甲州鞍馬石は経年変化により白っぽく見えたり、酸性雨による色調の変化も見られるが、鞍馬石が産出されない現在、貴重な石材となっている。甲州鞍馬産の*玉石や*呉呂太石などに比して、甲州産の玉石を甲州鞍馬玉石(新鞍馬玉石)、呉呂太石を甲州鞍馬呉呂太(新鞍馬呉呂太)といい、庭園の材料としても非常に需要がある。ただしいずれも鞍馬産のものに比べ、錆が落ちやすい。

甲州鞍馬呉呂太【こうしゅうくらまごろた】

甲州鞍馬石の項を参照　⇒甲州鞍馬石【こうしゅうくらまいし】

甲州鞍馬玉石【こうしゅうくらまたまいし】

甲州鞍馬石の項を参照　⇒甲州鞍馬石【こうしゅうくらまいし】

甲州黒朴【こうしゅうくろぼく】

山梨県大月市付近から産出する*黒朴石の一種。薄く、小模様がある。黒朴石の中では*伊豆黒朴に次いで良材として知られる。

甲州御影【こうしゅうみかげ】

石材の一種。山梨県大月市、甲州市大和町(旧東山梨郡大和村)、甲州市塩山の神金地区から産出する黒雲母花崗岩。岩質は粗く、風化しやすい。*景石や*沓脱石、*野面や割石の*飛石などとして使用されることが多い。*石燈籠や*手水鉢などの加工品にも用いられる。甲州御影のうち、鉄錆のあるものは*甲州鞍馬石として使用される場合もある。また三〜五センチ程度の鉄錆のあるものは甲州呉呂太石として採取される。

迎春【こうしゅん】

京都市上京区の京都御所にある建物。「こうすん」と読まれることもある。御常御殿の御涼所に至る渡り廊下の東側にある。安政度の内裏造営に引き続き、孝明天皇の御書見の間として建てられた。十畳と四畳の二間、襖絵は岸連山による群獣図、東の軒下に「迎春」の額が掲げられる。縁には小柴と網代の袖垣が取り付く。「御新建」と呼ばれたこともあり、「迎春の御間」、または単に「迎春殿」とも呼ばれる。

仰松軒【こうしょうけん】

熊本市中央区の立田自然公園にある茶室。同園は肥後国熊本藩主細川家の菩提寺であった泰勝寺跡で、大正十二年(一九二三)、細川護立(同家十六代)がもと天龍寺真乗院にあった細川三斎の茶室(天龍寺真乗院の茶室の項を参照)を絵図に基づいて復元した。一畳台目給仕板付の上座側へ三畳を矩折に付けた、L字型の四畳台目の席。L字に囲われた部分は土間の内露地として一畳側と三畳側のそれぞれに客座への貴人口をあける。上部には庇が付くこの土間は建物内に取り込まれるので、全体の外観は二間×一間半の入

仰松軒　外観

母屋造茅葺、妻入の建物である。室内は、台目構えの点前座と床が一列に並んだ風炉先床の構成となっており、客座からは点前の様子が見えにくい、奥行きのある構成となっている。天井は点前座を化粧屋根裏として、ほかは一面の茅の筵天井である。緩く歪みの付いた中柱を立てた点前座には、突上窓と風炉先窓、色紙窓をあける。なぐりの床柱を立てた床にも墨蹟窓をあける。泰勝寺跡は熊本藩主細川家墓所として国の史跡に指定されている。

格子欄間【こうしらんま】

欄間の一種。格子を組み込んだ欄間の総称。組子の配列により菱格子、竪格子、横格子などがあり、吹寄にする場合もある。

庚申庵【こうしんあん】

愛媛県松山市にある草庵。寛政十二年(一八〇〇)、酒造業を営み俳諧に傾倒した栗田樗堂(一七四九〜一八一四)が五十二歳の時、松山城西方の味酒郷に建てた。切妻造桟瓦葺で、四畳半、三畳、二畳の三間からなり、四畳半と三畳には連続した濡縁が付く。四畳半は壁床形式で、床脇には地袋を設け、上部に円窓をあけている。水屋が備わった三畳との部屋境には、鴨居上部に曲がり木を入れて欄間としている。

江岑夏書【こうしんげがき】

表千家四代江岑宗左の茶の湯に関する覚書。書状の反古を用いて記され、二冊からなる。第一冊は寛文二年(一六六二)から書き始められ、同三年の五月十五日まで、第二冊は五月十六日から、七月十六日までである。四月十五日以降は日付の記載があり、日記のように記される。大部分が江戸在勤中の夏季に記され、同書の包紙には七代如心斎天然が「逢源斎夏書」と上書きしていることで『江岑夏書』と呼ばれる。第一冊冒頭に「道具之出所思出シ次第書付候覚」と記され、続いて千利休や千宗旦にまつわる道具の解説や利休屋敷、少庵屋敷、茶人に関することなど、宗旦からの聞書きを中心に記される。第二冊の奥書には「宗巴一覧之為ニ書申候」とあり、五代随流斎良休のための覚書であることがわかる。記されたのは宗旦が没して数年のうちであり、聞書きなども記憶に新しいうちに筆録されており、利休時代からの千家の研究史料として重要な役割を担う。原本は表千家にのこされる。『茶道古典全集』第十巻に収録。なお『江岑夏書』を整理し浄書したものが「逢源斎書」、『江岑夏書』が書き終えられた寛文三年七月十六日以降、八月二十一日から記された書が「江岑夏書補遺」であるが、これらを含めた翻刻が『江岑宗左茶書』に収録される。

迎春【こうすん】

⇒迎春【こうしゅん】

廣誠院【こうせいいん】

京都市中京区にある旧伊集院兼常別邸。二条木屋町の高瀬川の起点で、角倉家の屋敷があった場所の南に位置する。この地は、もともと勧業場があったが、変遷を経て兼常が入手し、主体となる書院や茶室、庭園などは明治二十五年(一八九二)頃に造られたとされる。その後、明治二十九年には下郷伝平、同三十五年には広瀬満正が所有して広瀬家の所有となり、昭和時代に入ると臨済宗の単立寺院となった。なお兼常はこの地を離れた後、南禅寺そばに別荘を築いて移っている(ここは後に對龍山荘となる)。兼常は山縣有朋と親交があり、作庭や建築に造詣が深く、茶の湯を裏千家十二代又妙斎直叟、あるいは十三代圓能斎鉄中に学んだという。庭園には高瀬川から引き込まれた流れが敷地内を南北に走り、建物はその流れにそうようにあり、さらに茶室部分は流れの上に建つ。主建築は、南方の庭の中へ深く突き出た書院で、十三畳半と次の間十畳からなる。十三畳半の座敷は南から東へ縁を廻して深い化粧屋根裏がめぐらされて、南側の土間庇の軒の出は垂木で約一一尺の長さに及ぶ。この化粧屋根裏を、一本の丸太桁が支え、中間には支柱を立てない持ち放しとする。東の縁は竹を挟んだ榑板張で手摺を付け、南は東より一段低く構えて六角のなぐり材を用いた切目縁とする。台目三畳の床と一間の地袋が設けられた床脇を構え、床は径五寸ほどの絞丸太、大平上部には織部板が入れられる。床の西側の袖壁には火燈窓をあけて、上部には欄間を入れて平書院とする。南と東の二方はすべて腰障子を建て込んでおり、広々と開放することができる。次の間から廊下を通じて北に、茶室と広間八畳がある。茶室は、東南に隅柱をのばし、床下に支柱を立てて高瀬川から引き込んだ流れの上に造られている三畳中板入の席で、東側にあけた板戸を引違いに建てた間口の広い躙口を入ったところに一畳を敷き、その右端に給仕口を火燈口形式にあける。中板を挟んで、南に客畳、北に点前畳が配置されて、その中央下座に床を設ける。床に向かって左隅の壁を曲面にして小板を入れて、垂木にも曲がった竹を入れて納めている。床は板床で、蹴込に北山丸太を入れ、床柱は赤松皮付、面をやや高めに付け、相手柱は入節のある磨丸太。点前座の風炉先には、中柱と勝手付のあいだに袖壁を設け、引木を入れて下方は吹抜きとし、その上方に下地窓をあける。勝手付側には釘箱棚が釣られており、裏千家*無色軒と同じ構成である。客座の壁面ほぼ中央には円窓をあけて、障子を引分けに建て込む。天井は客座上が蒲の化粧屋根裏で、点前座上は蒲の落天井、廻縁は床付が辛夷丸太、勝手付が削り木、風炉先のほうが竹となっており、竿縁に白竹三通りを配する。広間八畳は、北側正面に床を構え、向かって左の点前畳の先の床脇には袋棚を二段に設ける。床の向かって右方は落掛とのあいだに方立を立てて袖壁を造り、そこに下地窓をあけた袋床の形式である。床柱は辛夷丸太、框には絞丸太、紋縁畳を敷く。床の袖壁の後ろには三角形の棚が仕付けられる。また床脇側も側壁を斜めにして、床が奥へとひろげられている。これによって床の奥の壁の中心部を明確にし、また床が間口を奥へひろげているため、大幅の掛物を掛けるのにも都合の良い工夫となっている。

廣誠院

廣誠院　書院南側の縁

香雪【こうせつ】

兵庫県神戸市の*香雪美術館にある茶室。朝日新聞創業で知られる*村山香雪の居宅（*旧村山家住宅）の茶室棟にある。大正七年（一九一八）頃に建てられた四畳半の席で、切妻造桟瓦葺の屋根に銅板葺の庇が廻る。室内は西面に間口一間の床、北面に躙口を設け、上座は平天井、下座は掛込天井。南側に水屋が隣接されるが、水屋は踏込とともに、渡り廊下にそった三角形の平面となっている。渡り廊下の南は大正七年の書院棟、西は明治四十四年（一九一一）の*燕庵写しの茶室*玄庵へとつながる。旧村山家住宅は重要文化財に指定されている。

香雪美術館【こうせつびじゅつかん】

兵庫県神戸市に開館する美術館。*村山香雪が収集した美術品を中心に展観する。昭和四十八年（一九七三）、香雪の四十年祭を記念して開館した。美術館のある香雪の旧居宅は起居生活を送っていた洋館に加え、書院棟、玄関棟、茶室棟、衣装蔵、美術蔵、また宅地及び山林が、*旧村山家住宅として重要文化財に指定され、茶室棟に*玄庵、*香雪などが建つ。

高台寺【こうだいじ】

京都市東山区下河原町にある臨済宗建仁寺派の寺院。山号は鷲峰山。正式には高台寿聖禅寺という。*豊臣秀吉の菩提を弔うために秀吉夫人の北政所（出家して高台院湖月尼と号す）が慶長十一年

（一六〇六）に創建した。開創当時は曹洞宗の寺だったが、寛永元年（一六二四）、建仁寺住持の三江紹益を開山として迎え、臨済宗建仁寺派に改宗し、高台寺と号した。造営に際して、*徳川家康は当時の政治的配慮から多大の財政的援助を行っている。山内に、圓徳院、岡林院、月真院、春光院の四塔頭がのこる。現在、旧持仏堂の開山堂、霊屋、茶屋の*傘亭と*時雨亭、表門、観月台が重要文化財に指定されている。霊屋内陣には秀吉と北政所を祀り、北政所像の下はその墓所となっている。須弥壇や厨子には花筏や楽器尽しの華麗な*蒔絵装飾が施され、高台寺蒔絵として知られる。この蒔絵は黒漆の上に金の平蒔絵に絵梨地、針描、描割、付描といった技法が組み合わされたもの。*土間廊下でつながる傘亭と時雨亭は古くから千利休の好みといわれ、伏見城から移されたとも伝えられている。このほか、茶室としては、*鬼瓦席と*遺芳庵がある。また開山堂を中心に臥龍池と、秀吉遺愛の観月台がある偃月池が配される鶴亀の庭（名勝）は、*小堀遠州の作と伝えられている。

格天井【ごうてんじょう】

格縁と呼ばれる角材を縦横に組み合わせて格子を造り、その上に*格板（裏板）を張った天井。社寺建築や*書院造における格式の高い天井として用いられる。格縁の断面は二～二・五寸角程度、格縁間隔は一・五～三尺程度のものが多い。四周は*廻縁に納めるが、支輪などを用いて一段高く納める手法もあり、これを*折上格天井という。また格縁のあいだ（格間）に小さな格子を組み込んだものを*小組格天井という。両者をあわせた*折上小組格天井、それに加え中央部分を支輪で持ち上げて二段になったものを二重折上小組格天井という。また草花や歌仙の絵を格間に描いたものもある。水無瀬神宮の*燈心亭では格縁を小丸太で吹寄にし、その小さな格間に燈心に使用する葭、萩、寒竹、山吹、木賊などを張っている。似たものに組入天井があるが、*組入天井は構造材として造られ、格天井は小屋梁から釣り下げられる形式である。（付録25頁参照）

弘道庵【こうどうあん】

*武者小路千家の茶室。七代直斎堅叟は、安永元年（一七七二）の火災後の復興を果たすとともに、新しく*一方庵と弘道庵とを興したと伝えられる。弘道庵は十五畳の広間で、一説には直斎時代は十二畳であったともいわれたが、天明八年（一七八八）の大火で焼失。八代一啜斎休翁が再建したが、ふたたび嘉永七年（一八五四）に焼失。昭和十五年（一九四〇）、利休三百五十回忌にあたり、十二代愈好斎聴松によってさらに再建された。現在の弘道庵は、嘉永七年の焼失前と同じ十五畳で、露地を西方に控え、かつて北側西寄りに床と矩折に*付書院が設けられていたが（大工佐助控の絵図や*裏千家十一代玄々斎精中筆の図による）、露地側の縁が*土間庇に変わり、床と付書院の位置が北側東寄りとなっている。床柱は入節の*北山丸太で、*床框は*面皮*溜塗。群青と緑青で彩色された切板に連峯（東山三十六峯）が彫られた*欄間と、源氏車の文様を配した四枚建の襖で仕切られる。その文様は、弘道庵を造立した直斎好みの源氏車香合による。登録有形文化財。

床

弘道庵

弘道庵　床側

高桐院【こうとういん】

京都市北区にある*大徳寺の塔頭。慶長六年（一六〇一）、*細川三斎が、玉甫紹琮（大徳寺百三十世住持）を開山に請じ、父・幽斎の菩提所として創建。現在の客殿や庫裏は大正時代の再興。客殿の北側の書院は、面皮材を用いた数寄屋造で江戸時代からのものとされ、山田宗徧の『*茶道要録』には、千利休の聚楽屋敷の広間は「大徳寺塔頭高桐院の茶堂ト成ル 今ニ有是也」との記述がある。客殿書院の西北にある茶室*松向軒は三斎好みと伝える。客殿西北には、*裏千家十三代圓能斎鉄中の好みの茶室*鳳来席がある。客殿書院西庭の袈裟形手水鉢は三斎遺愛と伝えられ、その西方に位置する室町時代初期の石燈籠（*高桐院形燈籠）は、千利休が所持していたのを三斎がもらい受け、墓標とするよう遺言したものという。また表門から玄関に至る前庭、書院の南庭はともに楓の美しい庭として知られる。そのほか寺宝として、李唐筆楊柳観音図及び山水図（国宝）や青井戸茶碗銘緑毛、利休関係の史料として「古溪和尚入寺奉加帳」（一五七三年）、玉甫筆「古溪和尚総見院入寺法語」を所蔵している。

高桐院形燈籠【こうとういんがたどうろう】

石燈籠の一種。名物燈籠の一つに挙げられ、大徳寺塔頭*高桐院の*細川三斎の墓に墓碑として立てられているものを本歌とする。笠、火袋、中台、基礎は六角形、竿が円形の形式のもの。本歌は笠の一方が欠けているが、*豊臣秀吉がこの燈籠を所望した時に*千利休がこれを欠いて秀吉への献上を辞退した、あるいは細川三斎が千利休遺愛の石燈籠を自身の墓碑にすることを詫びて笠を欠いた、などと伝えられる。

高桐院形燈籠　細川三斎墓
高桐院

弘道館【こうどうかん】

京都市上京区にある旧岡部邸。弘道館は、江戸時代中期の京都を代表する儒者である皆川淇園（一七三四～一八〇七）が設立した学問所であった。その建物は、嘉永七年（一八五四）の大火で被災したと考えられるが、酒造業などを営んでいた山田長左衛門が明治三十二年（一八九九）にこの地を入手し、主屋のほか離れ座敷四棟などを建築した。現在見られる*表千家啐啄斎件翁好みの七畳敷あたりが、その時のものだと考えられる。大正天皇の大礼を記念して選考された史蹟に採択され、「皆川淇園弘道館址」の石碑が建てられた。昭和十五年（一九四〇）に岡部氏の所有となり、大工棟梁の木田某と相談し大きく手が加えられている。西側の十畳と次の間の六畳、そして六畳の茶室は、その時のものである。その後、所有者の変遷もあったが、現在は有斐斎弘道館の所有となって、淇園にちなんだ、現代の学問所として整備されている。玄関脇に位置する啐啄斎好み七畳は、東側中央、床の脇には台目畳を敷き込んでいて、実質は六畳台目である。南に榑縁を設けるが、西側は庭から直接座敷に上り込む形式である。十畳は琵琶床と付書院を備えた座敷で、次の間の六畳には釣床が設けられている。六畳茶室は下座床の形式で、床には火燈窓を設けた付書院を備える。点前座上部は網代の落天井で客座との境には煤竹を壁留にした下り壁を設けている。

弘仁亭【こうにんてい】

東京都港区の*根津美術館にある茶室。戦災で焼失する前は弘仁堂と呼ばれ、六畳広間と二畳台目の小間からなり、小間は*半宝庵のように躙口が広く、板戸を引違いに建てていた。現在の弘仁亭は*無事庵と同じく、実業家・村井吉兵衛が大正時代初期に永田町の私邸山王荘に建てたものを、昭和六年（一九三一）、赤坂の大倉男爵邸に移築。さらに昭和三十一年、弘仁堂跡地に移したもの。十畳で、火燈窓をあけた書院付三畳の上段の間、一間床と半間の床脇が付いた書院式茶室で、無事庵を付設する。

鴻池家【こうのいけけ】

近世から近代にかけての大阪の豪商。初代善右衛門は尼子氏の家臣・山中鹿之助幸盛の一族といい、初代新六(一五七〇～一六五〇)は摂津国鴻池村(兵庫県伊丹市)に住み、良質の清酒の製造に成功し、畿内だけでなく江戸にも進出して財をなし、大坂へ移住した。その子・正成(一六〇八～九三)は善右衛門と称し、以後鴻池家代々が善右衛門を称するようになった。正成はかねてより手掛けていた海運業を拡大、また両替商も手掛け、巨利を得て豪商としての礎を築いた。三代宗利(一六六七～一七三六)の時、酒造業と海運業から撤退して両替商に専心し、多くの大名と取引するようになった。また河内(大阪府)の沼池を得て開墾し、鴻池新田と称したことでも知られる。四代宗貞(一六九三～一七四五)は風流人として著名で、茶の湯を*表千家七代如心斎天然に学び、大徳寺玉林院に茶室*蓑庵と*霞床席を寄進している。茶の湯では鴻池名物として知られる茶道具の多くは、江戸時代中期に活躍した一族の鴻池道億(一六五五～一七三六)が収集したものといわれる。道億は善三郎また弥三兵衛を名乗り、凡斎、光漸、松原庵などと号し、千家流茶人と交わったばかりでなく、*近衛家熈など堂上公家との親交もあったという。『山中光漸茶書』を著し、収集した茶道具目録は『鴻池道具帳』としてまとめられ、三百点ほどの茶道具が収録されている。

香の図仕込【こうのずしこみ】

香の図とは、床の*落掛などの木口を箱目違枘差に加工することで、仕込とはその材を柱に取り付ける際、枘穴の一方を深く、他方を浅く掘り、深い枘穴に差し込んでから浅い方に戻して納める(遣返し)方法で施工すること。香道の世界で用いられる源氏香の文様に似ていることからこの名がついた。

勾配【こうばい】

傾斜の程度を表す語。尺度では「何寸勾配」といって、水平に一尺行った位置で高さ何寸を取り、両端を結んだ勾配をさす。矩勾配とは水平に一尺行った位置で高さ一尺を取る四十五度の勾配のこと。

考槃亭【こうはんてい】

香川県高松市の栗林公園にある茶室。旧日暮亭のこと。⇒日暮亭【ひぐらしてい】

香風園【こうふうえん】

香川県坂出市に所在の鎌田家別邸庭園。当地の実業家で政治家でもあった鎌田勝太郎によって、明治四十一年(一九〇八)から四十三年にかけて築庭された。飯野山、笠山、角山などを借景に、西部域は*回遊式庭園、東部域は芝生広場を中心とした洋風庭園である。現在は坂出市が所有し、開放されている。同園の別邸翠松閣は明治四十四年に建築されたが、大正五年(一九一六)に移築、増築、同十四年にも二階建を西側に増築した。現在のものは、大正十四年の増築と改修した既存部分が一体となったものと考えられる。木造二階建、屋根は入母屋造桟瓦葺である。この中で、茶室は一階に四畳半、二階には七畳半の席がある。四畳半は本勝手で、床は上座床、床柱が赤松、床框は翌檜、落掛は杉で、肥松の板床形式である。床脇は松の地板と落掛には煤竹が使用されており、床との境の壁には狆潜りが設けられている。天井は猿頬面を取った竿縁天井、下座の開口部にはガラス障子が建てられ、室全体に光がとり込まれる。二階の七畳半の席には、床、違棚、平書院が備わった十畳の座敷が続き間として並ぶが、境には桂離宮の月の字崩し欄間を写した欄間が設けられている。時雨亭は明治四十一年頃に建てられ、六畳と四畳半の席からなる。六畳は逆勝手で、半間の杉の板床。床柱はしゃれ木、落掛は皺竹が使用されている。天井は平天井と化粧屋根裏の構成である。四畳半は本勝手で上座床。床框は赤松で蠟色塗で、床の前板として栃板が使用されている。

高風居【こうふうきょ】

東京都三鷹市の国際基督教大学の泰山荘にある草庵風建物。⇒泰山荘【たいざんそう】

格縁天井【ごうぶちてんじょう】

格天井と同じ。⇒格天井【ごうてんじょう】

好文亭【こうぶんてい】

❶京都市東山区の*青蓮院にある数寄屋。同院の林泉の東、小高い所に垣をめぐらせた一角に建つ。明和八年(一七七一)、後桜町上皇の御学問所として建てられた。その後、天保十三年(一八

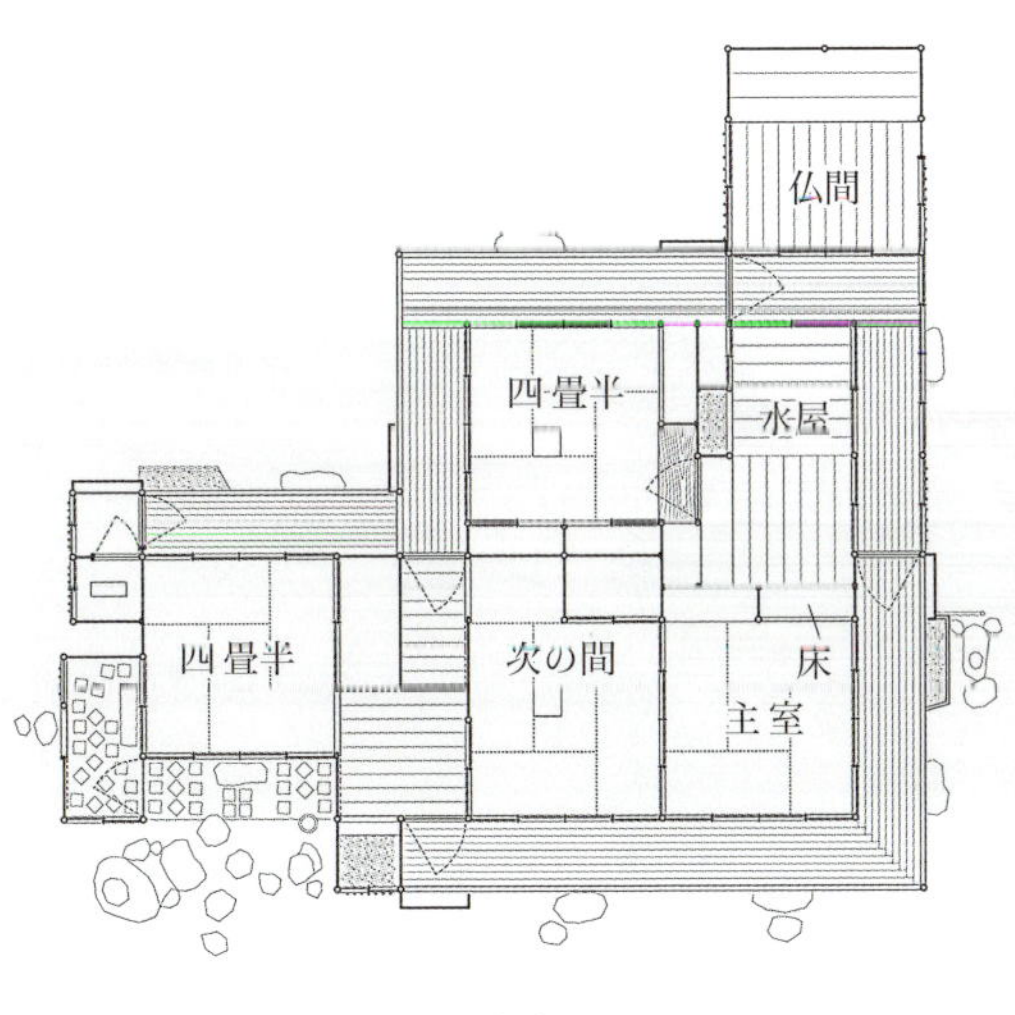

好文亭

好文亭（青蓮院）　主室　床側

四二）に修理、大正十年（一九二一）に一部補修、昭和四年（一九二九）に*山口玄洞の寄進で大修理が施されている。昭和二十六年にも修理が加えられ、長らく維持されていたが、平成五年（一九九三）、放火により焼失した。現在の建物は平成七年に再建されたもの。建物の東南にある四畳半を主室とし、西に四畳半台目の次の間が並ぶ。その二室の北側には東に板の間（御供所）と西に控えの四畳半を設け、それらの四周に榑縁を廻している。また東北端に仏間、西南に玄関四畳半が接続する。『華頂要略』に「御学問所」として好文亭の古図が掲載され、現状の間取りとほとんど同じであることがわかる。現状の好文亭は、御学問所として建てられたその旧規をよく保つことが知られるが、茶室として使うことも可能な工夫が施されている。玄関四畳半を寄付とし、玄関前には*夕佳亭の富士形手水鉢に似た水鉢の蹲踞と蓮華寺形燈籠を配し、円形の塵穴、刀掛はないが刀掛石と見られる二段石があり、露地としての機能を果している。また、そこから座敷まで延段が敷かれ、次の間に炉が切られる。主室四畳半は御座所にあたり、北側正面に床を構える。床の奥行きは一尺五寸ほどと浅く、床柱には椎丸太を立てて、落掛は曲がり木の楓、框は欅の面取である。床脇は畳から六寸の高さに地板を敷き、天袋と左に寄せて地袋を設け、そのあいだに洲浜形の筆返しが特徴的な違棚を組み合わせる。壁面の張付には雅な意匠の障壁画が描かれる。次の間は四畳半台目で、主室も次の間も丸太柱に丸太長押を打ち廻す。縁側境の障子は腰を低くして、竪子は吹寄とする。また主室と次の間との境の欄間には唐紙を張付けた障屏が取り付けられている。後桜町上皇は桜町天皇の第二皇女で、歌道に造詣深く、茶の湯も嗜みが深かったという。こうした趣味を反映し、数寄屋造の座敷に優雅な意匠がちりばめられた学問所が建てられたと考えられている。

❷茨城県水戸市の*偕楽園にある数寄屋及び奥御殿からなる建物。水戸藩第九代藩主徳川斉昭（一八〇〇～六〇）の造営による木造二層三階建の数寄屋である。好文亭と十室からなる奥御殿で構成され、一般にこれらをあわせて好文亭と称している。天保十三年（一八四二）七月、斉昭が一般士民の遊楽慰安のため、詩歌をはじめ管弦、茶の湯など、あらゆる趣味的な会合を行う施設として造営した。偕楽園の名は『孟子』の一節「民と偕に楽しむ」の意図から、また好文亭の名は、中国・晋の武帝の故事「文を好めば則ち梅開き、学を廃すれば則ち梅開かず」による梅の異名・好文木から名づけられた。西棟（好文亭）は、斉昭の御座所を中心として、東西二つの塗縁広間と茶室*何陋庵を配する。また西塗縁広間の北には対古軒がある。塗縁広間は床板が漆塗になっているため、「塗榭」とも称された。かつて広間内の釘隠は、斉昭自作の楽焼の葵崩しのものが用いられた。二階には納戸、武者控室を、三階には八畳の広間の楽寿楼と昇降具のある膳組所などを設けている。好文亭から太鼓廊下（屋根付きの渡り廊下）によって東棟の奥御殿に通じ

好文亭（偕楽園） 外観

ている。躑躅の間、桜の間、萩の間は藩主婦人のお付きたちの詰所、松の間は奥対面所で、紅葉の間はその次の間であった。竹の間、梅の間、清の間は明治二年(一八六九)に柵町にあった中御殿の一部の材を運び、移築したものであった。この建物の南面には芝生と刈込躑躅を点植した庭園が配されている。その建築構想はあくまでも明朗、清新で周囲の環境にも調和するよう、また民衆のためのあらゆる趣味的会合にも適するように造られている。昭和二十年(一九四五)の水戸空襲で焼失後、同三十二年に再建されたが、同四十四年九月にふたたび落雷で焼失、同四十六年に復興した。

高野槙【こうやまき】

コウヤマキ科コウヤマキ属の常緑高木。日本特産種で本州(福島県以西)から九州に分布する。樹高は大きいものでは三〇メートルにもなる。短枝に二個の葉が合着した長さ六～一三センチの線形の葉が輪生する。紀州(和歌山県)から関西地方の寺院では供花として、枝葉が用いられる。庭木にもよく見られ、ヒマラヤスギ、ナンヨウスギとともに世界三大庭園樹とされることも。建築材、特に耐朽性にすぐれるため浴槽などにも利用される。

高遊外【こうゆうがい】

売茶翁のこと。⇒売茶翁【ばいさおう】

紅葉館【こうようかん】

東京都港区の芝公園にあった和風社交施設。尾崎紅葉の小説『金色夜叉』の舞台として知られ、明治十四年(一八八一)に発足した。当初、東京府により和風の迎賓館としての施設を造る計画であった。発足時の紅葉館は、一階に十五畳が二室、十八畳、十畳、二階に十五畳が二室、十八畳が二室などの広間を主体として構成されていた。茶室としては八畳の茶の間があり、後に三畳の利休堂が加えられた。この施設は紳士たちの社交施設であったが、一方で公園内にある施設として、一般にも有料で開放していた。江戸時代の社交施設は閉鎖的な場所に位置することが多かったが、公園というひらかれた場所にこのような施設が造られたことは、茶の湯をはじめ、後の伝統文化の発展に大きな意味をもった。この建物はその後、拡張を繰り返したが、昭和二十年(一九四五)、戦火によって焼失した。その広大な跡地には東京タワーが建つ。

紅葉亭【こうようてい】

東京都国分寺市の殿ヶ谷戸庭園にある茶室。この地ははじめ、大正二年(一九一三)から四年に、後に三菱合資会社の総理事をつとめた江口定条が別荘の随宜園として整備したところ。昭和四年(一九二九)、岩崎彦彌太が別邸として購入。洋風邸宅や紅葉亭が追加整備された。紅葉亭は、床や書院が付いた十畳に、次の間六畳からなり、三方を吹抜けとする網代天井の土間が接続し、腰掛を設ける。開発計画から守るため、昭和四十九年に都が買収した。殿ヶ谷戸庭園は名勝に指定されている。

黄葉亭【こうようてい】

岡山県備前市の旧閑谷学校(特別史跡)にある煎茶室。二筋の川の流れる音を聞きながら休息をする場所、また諸国の文人墨客を迎え入れる場所として、文化十年(一八一三)秋に、閑谷学校の教授役を命じられた武元君立と有吉行蔵によって建設された。命名の由来は、秋に竣工したことと、藤原定家の和歌「小倉山しぐるる頃の朝な朝な昨日はうすき四方の黄葉」から採られている。川に臨んで建つ高床建築で、屋根は宝形造茅葺、頂部に備前焼の鉢がのる。主室四畳半に水屋が付く。川に面する西、北面には開口部に障子を建て、簀子縁を付け、丸太の勾欄を設ける。北面西に下地窓をもつ床がある。南には円窓をあける。頼山陽の撰による『黄葉亭記』が、山陽の父・春水の「黄葉」の書、浦上春琴の「黄葉亭の図」とともに、文化十一年八月にまとめられ、建物とあわせて現存しているが、その佇まいは現在の黄葉亭とほとんど変わりない。

黄葉亭　外観

高麗垣【こうらいがき】

*袖垣の一種。「こまがき」と読むこともある。組子を菱格子に結び、外側の*玉縁を上の角が弧を描くように渡したもの。『*石組園生八重垣伝』によれば、高さ五尺に対し横幅三尺五寸を基準として、この縦横比で大小造るのが良く、材は萩を上品とし、蕨、*矢柄竹（矢竹）、竹の枝などを用いる。

高麗垣　『石組園生八重垣伝』

高麗縁【こうらいべり】

*縁布の一種。白の綾地に黒色の糸で大紋や小紋を織り上げた紋縁。現在は社寺や床などの畳縁に用いられているが、明治時代以前は身分の高い人の屋敷のみに用いることが許されていた。大紋は将軍や大臣が、小紋は公卿が用いることを許されていたという。茶室においては畳床の畳や、*貴人座を表現するため、床前の畳などに用いたりする。

高麗縁

後楽園【こうらくえん】

❶東京都文京区に所在の大名庭園。⇒小石川後楽園【こいしかわこうらくえん】

❷岡山市に所在の*大名庭園。岡山藩二代藩主池田綱政が津田永忠に命じ、貞享四年（一六八七）に築庭を開始。元禄十三年（一七〇〇）に一応の完成をみたが、歴代藩主の好みで唯心山が築かれるなどの変化もあった。近年では日本三名園の一つに挙げられる。御後園と呼ばれていたが、明治四年（一八七一）に後楽園と改称。園内中央には沢の池や唯心山のほか、延養亭や能舞台、*廉池軒、*流店、*慈眼堂などが配される。戦災で多くの建物を焼失したが、再建される。特別名勝。

後楽園（岡山市）

勾欄【こうらん】

橋、廊下、階段縁などの端に設けられた低い柵、手摺。「高欄」とも書く。下から地覆、*平桁、*架木と呼ばれる水平材が三通りのび、その所々に*束（斗束など）を建てて支える。擬宝珠勾欄は平桁、架木の先端部分を擬宝珠柱で留め、*跳勾欄は外に突き出して、上方に跳ね上る形状。

虹梁【こうりょう】

柱同士を上の方でつなぐ際に用いられる化粧梁。上端と下端の両端に丸みのある曲線をもつ。時代により肩の曲線に違いが見られるほか、中世以降になると側面両端を中心に渦や*若葉の彫刻を施すようになり、建築年代を推定する大切な判断要素となる。

高林庵【こうりんあん】

❶京都市北区にある大徳寺の塔頭*芳春院の寮舎。*片桐石州を開基とし、開山は玉舟宗璠。石州が累代の香華院とすることを発願し、玉舟を開山に迎えて創建する。創建年次は不詳だが寛永十七年（一六四〇）、玉舟が高林庵で*表千家四代江岑宗左などを客にして茶会を催している。すべての建物の建造は慶安元年（一六四八）になったという。天明七年（一七八七）の大徳寺の末寺帳には「准塔頭」として確認できる。その後衰退し、明治十一年（一八七八）には仏像を安置する小室となったが、後に再興され現在、芳春院の東側にあって、玉舟の像を祀っている。

❷奈良県大和郡山市の慈光院にある二畳台目の茶室のこと。⇒慈光院茶室【じこういんちゃしつ】

興臨院【こうりんいん】

京都市北区にある大徳寺の塔頭。天文二年（一五三三）頃、能登（石川県）の守護・畠山義総が創建。後に焼失し、天正九年（一五八一）前田利家が再興し、前田家の菩提寺となる。天文から永禄年間（一五三二〜七〇）の建造と見られる方丈（本堂、重要文化財）は昭和五十年（一九七五）に解体修理が行われたが、その時、解体前に仏壇の框に使われていた部材は、建造の当初は書院西側南寄りに設けられていた床框が転用されていたことが判明、建造当初の状態に床が復原された。床は間口一間、深さ二尺弱で、畳と床框とのあいだに高さ二寸二分の蹴込板が入るもので、この復原により室町時代後期には框式の*蹴込床が設けられていたことが実証された。山内には茶室*涵虚亭がある。

光琳窓【こうりんまど】

仁和寺の*遼廓亭にある如庵写しの茶室にあけられた*下地窓のこと。茶室の入口土間の袖壁にあけられる。本歌である如庵では*円窓であったが、ここでは方形となり、また下地の葭が丸竹になっている。遼廓亭では点前座の茶道口が火燈口（如庵では方立口）となり、風炉先には本歌と同じ火燈形があって円形がくり返されている。そこで入口の袖壁には方形が選ばれて円形の反復を避けたとも考えられる。遼廓亭にはもう一つ光琳窓と呼ばれている窓がある。南側の控えの間にある変形の格狭間形の下地窓である。下地には細い割竹が用いられている。ここは仁和寺へ移築後に改修された部分なので、当初からの形状を保っているかどうか確かではないが、こちらのほうが華麗な画風で知られた光琳らしい気分を漂わせている。

光琳窓
遼廓亭控えの間　仁和寺

孤雲【こうん】

京都市左京区の寂光院にある茶室。昭和三年（一九二八）に京都御所で行われた昭和天皇の御大典の際に建てられた大嘗宮の部材の一部が寂光院に下賜され、それをもとに造られた。設計は*岡田永斎。昭和六年に*裏千家十四代無限斎碩叟による献茶と席披きが行われた。寂光院は天台宗の尼寺で、推古二年（五九四）に聖徳太子が建立したと伝える。文治元年（一一八五）九月、建礼門院徳子が高倉天皇と我が子の安徳天皇、平家一門を弔うために入寺。席名は、後白河法皇が建礼門院のもとを訪れた時、粗末な庵室の障子に諸経の要文とともに張られた色紙の中に「笙歌遥かに聴こゆ孤雲の上　聖衆来迎す落日の前」という大江定基の歌と、「思ひきや深山の奥にすまひして　雲居の月をよそに見んとは」という女院の和歌を見て、一行涙にむせんだという『平家物語』の大原御幸の中の一節にちなむ。待合から書院南庭の園池伝いに飛石が打たれる。外観は入母屋造 柿葺、西側に切目縁、南側に板縁をめぐらす。内部は八畳半で、東側に一間床、その左には琵琶床を設ける。右の脇壁には下方に三角形の窓をあけ、吹抜きとする。南側には付書院を設ける。天井は砂摺天井。北には三畳の水屋がある。

五ケの屋【ごかのや】

奈良市の春日大社にある石燈籠の名称。西の屋、新造の屋、本談義屋、瓦屋、上の屋のそれぞれの建物の前に一基以上の石燈籠があった。今は屋という建物はないが石燈籠だけがのこる。

小壁【こかべ】

幅の狭い壁、また高さの低い壁。*内法材から上部の壁や落天井と平天井の境、床の*落掛上部の垂れ壁など。

小川殿【こかわどの】

*足利義政の邸宅の一つ。「小川御所」ともいう。一条以北、小川に面した位置にあり、人形の寺として知られる宝鏡寺がその旧地にあたると考えられている。文明六年(一四七四)、将軍職を継いだ義尚に*室町殿を譲り、自身は細川勝元の「遊覧所」であった屋敷に造立した新殿・小川殿に移っている。文明八年、応仁の乱で室町殿が焼失すると義政正室・日野富子、義尚らが移ってきている。『*君台観左右帳記』に「東のおち間、西の方北のきは一間の御茶湯棚、御対面所の次に、かくの如くかまへて御座あり」とあり、東御殿の*対面所の次の間が一段低い*落間になっていたらしく、そこに間口一間の茶湯棚が置かれていた。なお東御殿の座敷飾は『*御飾書』などにも知られる。

小瓦【こがわら】

標準規格よりも小さいサイズの瓦。「八十枚判」「百枚判」といわれるもの。通常は一坪に五十三〜五十六枚程度を葺くのに対して、小瓦は八十枚、百枚を葺く。塀や庇、門、茶室などの目線に近い場所に使われることが多く、小さい建物のスケール感にあわせるようにして用いられる。

護岸石組【ごがんいしぐみ】

護岸工法の一種。*園池や*流れの水際に組まれる*石組。岸の崩れを防ぐことを護岸といい、石組のほかに草止めや洲浜、玉石、*柵、蛇籠、*乱杭などの工法がある。庭園の護岸石組は景色としても重要な要素となる。飛鳥時代の飛鳥京跡苑池遺構の池や流れの護岸は加工石を積み上げた石積護岸であったが、奈良時代の平城宮東院庭園や平城京左京三条宮跡庭園などにおいては、洲浜護岸とともに部分的ながら海洋風景をかたどった護岸石組が見られる。時代を通じて、山石や沢石などの自然石を用いることが通常であるが、江戸時代初期の後水尾院御所では*小堀遠州によって大胆な切石積護岸が行われ、切石と自然石を巧みに組み合わせた護岸石組も見られた。また京都では産出しない結晶片岩を用いた護岸石組も平安時代にすでに行われ、室町時代には盛んとなった。*醍醐寺*三宝院の庭園や*二条城二の丸庭園では、園池の全周に護岸石組を施して、日本各地の*庭石が用いられており、赤色や青色、白色など色彩も多様である。

虎丘庵【こきゅうあん】

京都府京田辺市の*酬恩庵(一休寺)にある庵室。*一休宗純がその最晩年を過ごしたと伝えら

虎丘庵　主室　床側

れる。軽く起りを見せながら軒先で少し反り上がる仏堂風な屋根と民家風な軸部とが組み合わされ、庵室的な外観を形成している。一休の年譜によると、康正二年（一四五六）に酬恩庵を設立する前に瞎驢庵と称する小庵を営んでいた。応仁の乱（一四六七～七七年）が起ると瞎驢庵から東麓の虎丘に移り、さらに薪の酬恩庵に入ったという。文明七年（一四七五）には薪の虎丘に寿塔を造ったとあるので、酬恩庵にも虎丘の庵は営まれていたらしい。虎丘庵は単層宝形造檜皮葺（屋頂にわずかに棟を造っており、寺蔵の古記録には「小棟造」と表記されている）。内部は六畳の主室に二畳と三畳の部屋が付属する。主室の前に吹放しの縁を設け、沓脱石を据えて上り口としている。主室には付書院を中央に、間半の袋棚と台目幅の板床が左右に配されている。慶安三年から承応三年（一六五〇～五四）にかけて加賀藩第三代藩主前田利常により酬恩庵が修築再興された際に、虎丘庵も再興されたのであろう。

古経楼【こきょうろう】

東京都世田谷区の*五島美術館にある茶室。同館が開館する上野毛のこの地はもと政治家で台湾総督などを歴任した田健治郎の邸宅地で、古経楼は田によって、明治三十九年（一九〇六）に建築されたもの。当初は「茶室」あるいは「茶寮」と呼ばれていたもので、大正十年（一九二一）、皇太子の行啓を機に接待機能を高めるための大改修が行われた。田の死後、*五島慶太の所有となり、この時に古経楼と命名されている。昭和十五年（一九四〇）には、小堀遠州好みの席をもとに造られた四畳台目の茶室*松寿庵を付加した。建物は松寿庵のほか、十二畳半、八畳などの席からなる。八畳は花月座敷で、正面中央に床、その脇には琵琶台を備え、客座側には濡縁が取り付く。十二畳半の座敷には五畳敷の広縁が取り付き、一間半の床を設け、一間の床脇には違棚と袋棚を備える。天井は折上天井である。

古経楼　十二畳半座敷　床側

小切目【こぎりめ】

❶半目と同じ。⇨半目【はんめ】
❷『*石州三百ケ条』に「半畳といふハ目の間へかゝりへり付る也、畳に大切目・小切目と云事、古人云伝へられし也（中略）小切目といふハ、半畳にても、畳の表の目通りの方にてうねを丸目に見るを云、丸め畳と云也、半ハミるを半め畳と云、」とあり、*畳縁が目の途中にかかっているのを*半畳といい、その半畳のうち、畳表の側で丸目になっているのを小切目と称していたと解されるが、詳細は不明。

古今伝授の間【こきんでんじゅのま】

熊本市の*水前寺成趣園にある数寄風書院建築。名称は慶長五年（一六〇〇）に*八条宮智仁親王が*細川幽斎に古今伝授（古今和歌集の解釈を秘伝として師から弟子へと相伝すること）を受けた建物との伝承による。『桂宮日記』によると、前身は京都今出川の八条宮本邸に建てられた智仁親王の学問所で、慶長十年の後陽成院*仙洞御所造営にともない今出川通り南に移された後、*八条宮智忠親王の代に焼失のおそれから知行地である長岡（開田）天満宮（京都府長岡京市）境内に御茶屋として移築した。明治四年（一八七一）の領地の公収にともなって、幽斎に縁のある熊本藩に下賜されたが、廃藩の混乱時は部材保管され、大正元年（一九一二）に現在の姿に竣工した。現在の間取りは、床をもつ八畳と付書院を備えた八畳が南北に続き、東西両側に入側を付ける。長岡天満宮所蔵の御茶屋の平面図と比較すると、床の裏手の十畳などが縮小されている。このため現在は洞庫の裏手が建物外部に露出する。元来の屋根は切妻造で、現在より簡素なものであった。幾度かの変遷はあるものの、全体として当初の様相を留めている。古今伝授には柿本人麻呂の画像を掛ける床が必要であることから、主室の八畳が古今伝授が行われた間と推測される。障壁画は伝海北友松筆。

古今伝授の間　主室八畳　床と点前座側

石【こく】

❶木材の体積を量る単位。太さ一尺(約三〇・三センチ)角、長さ十尺(約三〇三センチ)の直方体の体積(十立方尺、約〇・二七八立方メートル)を一石という。❷尺貫法の容積の単位である。斗の十倍、升の百倍で、約一八〇リットルにあたる。

極斎庵【ごくさいあん】

奈良県五條市の犬飼家にある茶室。犬飼家は西吉野地方の山林を所有し、林業を営んだ家。三畳の極斎庵と七畳の二つの茶室がある。極斎庵は犬飼幾三の設計で明治時代初期に建てられた。内部は畳三枚を横に並べて炉を本勝手四畳半切とした席で、長手方向一間半をすべて使い、持山の多様な材木で見所の多い床空間を構成している。中央左寄りに蹴込床、左に棚、右に平書院風の中敷居窓をあける。床柱は側面下部が大きく凹んだ孟宗竹、相手柱は中央を欠くが、上下に床柱下部の延長部分を使用したとみられ、さらに強く凹んだ部分を正面に見せた竹を使用している。その他、蹴込や落掛が煤竹であるなど、竹や曲がりの多い材を多用しており、文人趣味の影響を感じさせる。七畳の席は来客の宿泊も考えて増築されたもので、幾三の子・正策の設計である。

小崩し【こくずし】

霰零しと同じ。　⇩霰零し【あられこぼし】

木口【こぐち】

木材を繊維方向に直角、または角度をもって挽いた切断面。そのほかの面は木端という。木口は木の年輪の模様が円状に現れるため、その見え方を吟味し、部材の納まりを設計する。(付録29頁参照)

木口縁【こぐちえん】

切目縁と同じ。　⇩切目縁【きりめえん】

小組格天井【こぐみごうてんじょう】

*格天井の一種で、格天井の格間に細かく格子を組み、裏板を張って仕上げた天井。単に「小組」あるいは「組天井」ともいう。また、支輪で折上げにした小組格天井を*折上小組格天井という。(付録25頁参照)

苔【こけ】

蘚苔類の総称。茎と葉をもつ蘚類と、仮根が未分岐で茎と葉の区別がない苔類、角状の胞子体が特徴のツノゴケ類に区別され、庭園でよく用いられる*スギゴケ(杉苔)やスナゴケ、ハイゴケは蘚類に属する。『*作庭記』の「嶋姿の様々をいふ事」の野嶋の項では「秋の草などをうゑて、ひまひまにハこけなどを、ふすべきなり」と記されており、この頃から庭園内に苔を敷くことが行われていたことがうかがえる。『当流茶之湯伝集』によると、*小堀遠州の露地では手水の*海に熊笹や万年青とともに地苔を張ったとの記述が見える。現在の茶庭をはじめとする庭園では苔で表土を覆うことがよく行われていて、普通、京都の寺社で見られるのはスギゴケである。『築山庭造伝前編』「杉苔植やうの事」にその移植の方法が記されている。また『築山庭造伝後編』「路地庭造の図解」の項には「茶庭に至る路地ハ砂路地の気色にして往てこけ庭に入りぬるとき一際苔の寂さま目に立つものなり」と茶庭で寂たる趣を演出するのに苔が適していると説明している。

呼鶏【こけい】

京都市左京区の*山口玄洞の旧別邸*遊雲居にあった茶屋。敷地の最も奥にあった田舎家の手前の雑木林の中に建っていた。外観は、入母屋造桟瓦葺の平家。出入り口には腰高障子を建てる。内部は椅子席で、赤楽瓦四半敷の土間の三方に板敷きの腰掛を廻し、その一方を亭主座としている。亭主座の脇に、土間に張り出して長炉が備わり、前方には水屋と地袋がしつらえられていた。亭主座には躙口風の引違いの二枚板戸から出入りする形式で、この口は水張口としての用も果たす。太い古材や曲がり木が多用されており、小規模であるが苑内に民芸の風情を漂わせていた。遊雲居は解体されており、当茶屋の現存などは不明。

古溪宗陳【こけいそうちん】

天文元年～慶長二年（一五三二～九七）。織豊時代の臨済宗大徳寺派の僧。蒲庵とも号し、その語録は『蒲庵稿』といい、*清巌宗渭が行状記を添えて編集し、*松平不昧により刊行されている。越前国（福井県）朝倉氏の出身で、建仁寺の住持・驢雪鷹覇について出家、後に*大徳寺に移り、江隠宗顕や笑嶺宗訢のもとで修行し、兄弟子の*春屋宗園とともに笑嶺の法嗣となった。天正元年（一五七三）、大徳寺百十七世住持として入寺した際、*千利休が百貫文を奉加しており、この当時より両者に深いつながりのあったことを知ることができる。本能寺の変後、*豊臣秀吉が大徳寺で催した織田信長の葬礼では導師をつとめ、以来秀吉に重用されたが、天正十六年に筑紫に配流され、その赦免のため利休が奔走したことは有名。やがて赦されて洛北の常楽庵に隠棲したが、天正十九年の豊臣秀長の葬儀に導師をつとめ、その追善のために創建された大光院の開山として迎えられている。晩年、後陽成天皇から大慈広照禅師号を賜った。利休をはじめ*神屋宗湛や*今井宗久、宗薫、また*古田織部などが帰依しており、『蒲庵稿』には多くの茶人の名を見ることができる。

焦縁【こげぶち】

*炉縁と*炉壇の上面を覆う木地の枠で、炉縁や炉壇を保護するためのもの。炉縁にはめて使用し、炉中を整える時や、炭火の扱い、釜の上げ下ろしなどの水屋仕事の折に用いられる。桐材のものが好まれる。

柿板【こけらいた】

屋根葺材の一種。椹、赤杉、檜、栗などの薄板。板の長さ約八寸、幅三寸から五寸、厚み一分弱のものが一般的。この板と竹釘を用いて葺いた屋根が*柿葺である。

柿葺【こけらぶき】

*板葺の一種。椹、赤杉、檜、栗などを薄く割った*柿板を用いて屋根を葺くこと、または柿板で葺いた屋根をいう。「小羽板葺」ともいう。一分弱の厚さの板を数枚積み重ねて*軒付をした後に、柿板を少しずつずらしながら配して、竹釘を用いて一枚ずつ固定して葺く。

柿葺　笑意軒　桂離宮

護国寺【ごこくじ】

東京都文京区大塚にある真言宗豊山派の大本山。山号は神齢山。桂昌院（徳川五代将軍綱吉の生母）の念持仏・天然琥珀如意輪観世音菩薩を秘仏本尊として天和元年（一六八一）に創建され、同二年に堂宇が建立された。六寸五分の本尊は唐仏であり、隠元隆琦をはじめとする中国・明代の僧十六人による讃嘆文が現存する。元禄八年（一六九五）には将軍家の祈禱寺院に加えられた。享保二年（一七一七）、同じく祈禱寺院であった護持院が焼失したが、八代将軍吉宗が再建を許さなかったため、護国寺本坊が護持院にあてられ、護国寺は観音堂に移り、住職も護持院の兼帯となった。明治元年（一八六八）、護持院が廃されると、寺地は護国寺に引き継がれた。観音堂（現本堂、重要文化財）は、元禄十一年に五代将軍綱吉によって建立された建物である。大正三年（一九一四）、高橋箒庵が阿倍仲麿塚の古石碑とともに小堂を自邸から移して仲麿堂とし、茶室　箒庵を増築した。以降、同寺を茶道の本山とするべく、大正十四年に松平不昧の墓所が同寺に建造されるのにともない、不昧軒、圓成庵を建造。続いて四代山澄力蔵（静齋）から宗澄庵が寄付され、昭和三年（一九二八）には原六郎邸にあった慶長館を移築、月光殿と改称している。また馬越化生ゆかりの茶室　月窓軒、化生庵や堀越宗圓寄贈の艸雷庵と堂腰掛のほか、三笠亭や蘿装庵などがあり、箒庵をはじめとする近代数寄者ゆかりの多くの茶室によって茶苑が形成されている。山内には、大正十一年に箒庵によって寄贈された名物石燈籠の模造（二十基）もある。

小御所【こごしょ】

内裏にある殿舎の一つ。建長度造営（建長三年、一二五一）の閑院内裏で初めて造られ、室町時代には将軍参内の際に装束をあらためる休息場として用いられた。江戸時代には紫宸殿の東北に建てられ、一列に並ぶ上段、中段、下段の三室が主体となるが、規模や平面は様々に変化した。武家との対面や儀式などに使用され、慶応三年（一八六七）の「小御所会議」の舞台ともなった。現在の京都御所の小御所は、安政度造営（安政二年、一八五五）のものが昭和二十九年（一九五四）に焼失した後、同三十三年に再建された。建物は入母屋造檜皮葺で、一列に並んだ畳敷きの三室（北から上段の間、中段の間、下段の間）の四周に庇をめぐらす。庇は板敷きで、特に東庇を広くし、その東と南北端に階が設けられる。また南西には紫宸殿につながる廊下、北西には北の御学問所につながる廊下が配される。小御所と御学問所の東には池泉のある庭園が設けられる。

九間の席【ここのまのせき】

色付九間書院と同じ。　⇩色付九間書院【いろつけここのましょいん】

小零し【ここぼし】

霰零しと同じ。　⇩霰零し【あられこぼし】

心の一つカネ【こころのひとつかね】

茶道では「心」という言葉は様々な意味で使われるが、『南方録』に見える「心の一つカネ」また「心の大カネ」ともいう時の「心」とは、表現せられたものとしての「茶の姿」に対して、表現するものとしての主体の境涯をいう。そして「一つカネ」は文字通り一つのカネ（曲尺）、一つの法則の意味であるが、それは諸法則の中の、ある一つの法則ではなく、全ての法則がそこから成立する根源法則、唯一絶対の法則の意味である。また、「心ノ一つカネ」の「ノ」は、この場合、同格を示すもので、心すなわち一つカネ、一つカネすなわち心という意味である。茶道においては様々な法則がある。たとえば露地の造り様、蹲踞の石の据え様、茶室の構え様、炉の切り方、切る位置、その寸法、主客の一挙手一投足の作法なども茶道の法則に合致したものでなければならない。また茶事、茶会に用いる道具の置き合わせは、『南方録』では十一のカネや七つカネによる厳格な規定があり、それぞれの道具の形や位などによって真鉾のカネや峯スリカネ、続きカネや括りカネ、カネ外しなどのカネ割法にかなっていなければならない。ただ「心ノ一つカネ」は上記のある一つのカネではなく、唯一のカネであり、ここで列挙したような諸々の茶道法則より一段高い次元に位置するものであり、諸法を超越した存在である。茶道における諸々の法則は、結局唯一絶対の法則である「心ノ一つカネ」が時と処に応じて自己表現したものに過ぎない。茶道修行者に課せられる諸々の法則は、すべてこの「心ノ一つカネ」によって統一され渾然相和して一個の緊密な綜合体をなしている。この「心ノ一つカネ」と諸々の茶道の法則の関係は、まさしく易でいう陰陽未分前の太極と、そこから生れてきた両儀や四象、八卦や六十四卦との関係に近似している。茶道修行の肝要は同書「滅後」に「五ツ折六ツノ小ワリヲ修行シテ至ルココロノ一ツガネナリ」とあり、まず何よりも「心ノ一つカネ」を覚することであるが、これはまだ「茶から心へ」の片道の完成でしかない。さらに「心ノ一つカネ」から喫茶を機縁とする文化創造という方向に働き出る「起動」が必要不可欠である。また「忘タル心ノカネハ五ツトモ六ツトモナシニアウゾ妙ナル」とあり、「心から茶への道」への起動があってこそ、ここに真の茶道の成立がある。しかも、茶から心へ、心から茶への道では常に同じような風体の繰り返しではない。同じく「墨引」に「カヘスガヘス茶ノ湯ノ深味ハ草庵ニアリ、真ノ書院台子ハ各式法儀ノ厳重ヲトトノヘ世間法ナリ。草ノ小座敷、露地ノ一風ハ、本式ノカネヲモトトスルトイヘドモ、終ニカネヲハナレ、ワザヲ忘レ、心味ノ無味ニ帰スル出世間法ナリ」、「追加」に「未熟ノ人ハ却而規矩ニクヒラレ、茶ノ本心ヲ取ウシナヒ、道ノサマタゲトナル也。(中略)其得道ニ至テ却テカネヲワスレ、法ヲ離レ、自然ト其ノリニカナヒタルヲコソ、心ノ大カネト申ナレ」とあり、「秘伝」に「休居士老後ニ十一ノカネ、陰陽差別ナク置合セ玉フ」など、カネや法を忘れ離れることの大事を説いている。もちろん茶道においては、右の引用文にいう法則や規矩を忘れ、離れることは、まず法則や規矩を習い覚えることを経た後でなければならない。「五ツ折六ツノ小ワリ」などの茶道法則どおりに厳しく修行をし、その積み重ねによって、ついに心の一つカネを悟り、そしてその心の一つカネさえも忘れ尽くして、修行者とカネと一体になり、心とものと相感応し、心の欲するところに従っても矩を踰えることのない茶の境涯こそ一番妙なる境涯であると、説いているのである。

古今茶道全書【ここんちゃどうぜんしょ】

茶道全般にわたる百科全書的な啓蒙書。紅染山鹿庵著。板本五巻五冊。元禄七年(一六九四)刊行。書院飾、台子飾、棚飾、炭手前、茶花、掛軸、茶会献立、菓子、茶室や茶道具の寸法、主客の作法、各種点前の手順、露地や庭園など、項目ごとに整理されており、絵や図を用いて詳述する。茶道史上あまり知られない、もしくは創作されたらしい人物を取り上げる点が特徴といえる。『茶の湯文化学』第二号に翻刻されている。

後座【ござ】

茶事において、*中立の後の*後入りの席のこと。初座の陰に対して陽の席とされ、中立のあいだ、亭主は初座の床の掛物を巻き上げて花にあらため、席中を清めたり、窓の*簾を巻き上げたりする。また道具畳に濃茶の道具を荘り付けて客を迎える。そして亭主は客に濃茶と薄茶をもてなす。

古材【こざい】

古い既存の建物を解体するなどして得られた、使い古された材。通常、古材でも再利用に耐え得るものは、小屋裏や床組などの補修材として再利用されることが多い。千利休はこの古材が醸す風情を茶室に取り入れている。長柄橋の柱を使って独楽庵(独楽庵の項❶を参照)を建て、門下に*埋木の多い座敷が良いと諭している(茶話指月集)。また明治時代以降、数寄者のあいだで、著名な神社仏閣や田舎家から発生した古材を自らの数寄屋普請に好んで用いることが流行した。横浜にのこる*三溪園に見られる古建築群などがその代表である。わびの風情を醸す古色を帯びた材質に、数寄者たちは高い歴史性や由緒的な価値を認めたためである。

古彩庵【こさいあん】

大阪府池田市の*池田文庫にある茶室。池田商業専修学校の廃止にともない、*小林逸翁は美術館、図書館、茶室などからなる総合文化会館をその跡に造ることを構想した。戦後すぐのことで、初めに建てられた図書館は学校の講堂を改

古彩庵　床側

造したもので、その古材が用いられた。さらに茶室も学校の古材ばかりで建てられたことにちなんで古彩庵と命名された。昭和二十四年（一九四九）四月に席披きが行われている。内部は四畳半で、南東に一間床を設ける。柱はすべて古材の角物であるが、床框のみ、上面だけ面皮の古材を工夫している。客座側には中央に中敷居窓をあけて、学校のガラス戸が建てられていた。見苦しいので紙張障子にしては、という進言に対しても、逸翁はこのほうがふさわしいと主張したという。茶道口も柱間に鴨居を入れただけの口である。

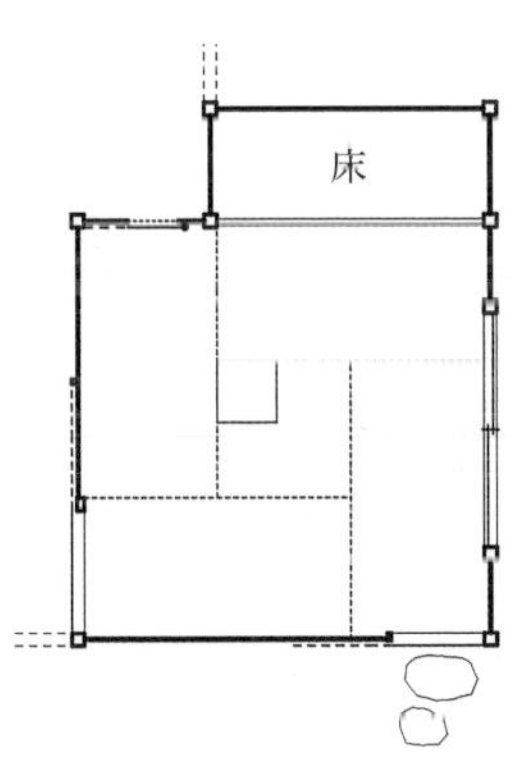

古彩庵

後西院の茶室【ごさいいんのちゃしつ】

後西天皇（一六三七〜八五）は後水尾天皇の第七皇子で、第百十一代天皇。歌道、また茶の湯を好み、*金森宗和を召したという。譲位後の延宝六年（一六七八）十一月から貞享元年（一六八四）六月までの茶会を収録した『後西院御茶之湯記』によれば、御所の中に少なくとも次の四つの茶室をもっていた。三畳台目（炉は台目切だが中柱は立てない、延宝六年十一月九日）、三畳台目に二枚の台目畳が付いたもの（延宝七年一月二十五日）、三畳壁床（襖を開くと竈土構えに接続する、延宝七年三月二十八日）、床脇に鱗板を入れた*如庵写し（延宝八年一月二十日）である。これら四つの茶室を順次使い、また書院や鎖の間に場を移した茶会が催されていたが、延宝九年を境として三畳台目の茶室だけで行われ、後段もなくなることが指摘されている。

後西院の茶室　『後西院御茶之湯記』　三畳台目の図　唐招提寺蔵

小座敷【こざしき】

小さな家、または小さな部屋をさす言葉。「近習の人や小座鋪の若殿原集めては、四書五経の其内を、次第次第に講釈し」（大内義隆記）とあるように、「小座鋪」とも書いた。母屋から外側へ造り出した部屋、すなわち放出なども小座敷と称したり、地域によっては民家で夫婦の寝室や若夫婦、隠居用の小さな部屋をいったりもする。また天文十八年（一五四九）頃からの*津田宗達や宗及の初期の茶会記に「小座敷・大座敷一所ニ、茶湯如常」（天王寺屋会記）などとあり、茶室も小座敷、大座敷と、部屋の広狭に応じての小座敷の呼称もあった。ただ茶室は天文年間（一五三二〜五五）頃から「数寄屋」（高白斎記）とも称され、江戸時代になるとむしろ数寄屋の名称が一般化していったと考えられる。ただそれに対し、「数寄屋と申事、きゝにくしとて小座敷と古より申候、数寄事をよけ申也」（江岑夏書）と、茶の湯が数寄事との誤解が生ずるのを避けるため、古くからの小座敷の呼称が主張されてもいる。とはいえそれは「利休流ニ数奇屋ト云事無之、小座敷ト云」（茶譜）と、千家の茶においてであったと考えられ、茶室書を「小座敷寸法抄」（龍谷大学蔵）と題して著したものもある。ただ千家の茶を除けば、小座敷は数寄屋と並置しても使われており、数寄屋が*小間の茶室をいっていたのに対し、小座敷は必ずしも茶室を意味するものでもなく、また小さな部屋でもなかった。*小堀遠州伏見奉行屋敷を描出した「城州伏見御旧宅図」では、表書院と茶室松翠亭の中ほどに、次の間をともなった小座敷があるが、東西三間、南北二間半の部屋で、三畳の上段と間口一間半の棚を構えた、十畳半であり、また居間のまわりにある「上小座敷」と「奥小座敷」も、三間×二間、九畳と二間半×二間、十畳であるなど、貴紳住宅の殿舎では十畳ほどの部屋の呼称にも小座敷は使われていた。

後座床【ござどこ】

茶事の*後座における床荘りをいう。*初座床の掛物に対して後座床では花というのが基本であるが、茶事の催される時間帯や趣向によって様々である。

小猿【こざる】

❶建具に取り付ける戸締り装置である*猿の中でも小形のもの。❷木製の柵で本柱に斜めに差し込む*控柱(抱控)の上部を固定する小木片。❸*囲炉裏の上部に釣り下げられる*自在のうち、鉤の部分の高さを調整するために取り付けられた横木。火災予防の観点から水をイメージさせる魚の形に作られることが多い。

虎山荘【こざんそう】

京都市右京区の陽明文庫にある数寄屋建築。陽明文庫は、五摂家筆頭の近衛家が家宝の古文書類を永久に保存するため昭和十三年(一九三八)に創設され、三千坪の敷地に同年に第一文庫と事務所を、昭和十五年に第二文庫、その後、近衛文麿別邸兼文庫の閲覧集会所として昭和十八年に建設されたものが虎山荘である。客室棟、居間座敷棟、御寝所からなる平家建、桟瓦葺の建物で、設計は長谷部竹腰建築設計事務所、施工は藤木工務店、大工棟梁は数寄屋大工・保野忠蔵が担った。一番東に位置する客室棟は、玄関、客室、次の間、茶室、供待などで構成されている。特に客室は意匠にこっており、付書院の障子組子の意匠や室内の長押の納め方などは、斬新で自由な発想が感じられる。茶室は客間の北側に廊下を介して取り付く。台目畳三枚の水屋の奥にある三畳台目の席で、「滴庵」と呼ばれている。西側北に台目の踏込床を設け、その南を台目の点前畳として中柱を立てる。床柱には松の入節なぐり仕上げの興福寺古材を用い、天井構成にも変化を付けるなど趣向をこらした茶室となっている。建築家・長谷部鋭吉の独創的な意匠設計を、大工棟梁・保野が忠実に施工した格調高い数寄屋建築である。登録有形文化財。

虎山荘　客室　床側

腰板【こしいた】

壁や建具などの腰から下の部分に張った板。障子では*腰障子といい、様々な板材を平板張りにしたり(木地腰)、*舞良子を配したり(打子物)、*鳥の子紙などの紙張りとしたりするものもある。

腰掛【こしかけ】

露地において、客が亭主の*迎付を待ったり、中立の時に*後入りの合図を待ったりするための施設。二重露地の場合、*外露地にあるものを「*外腰掛」あるいは「*待合」、*内露地にあるものを「*内腰掛」あるいは単に「腰掛」と呼び分けることもある。初期の頃には茶室に付属していた縁、あるいは床几が使用されていた。また『茶式湖月抄』によれば、「休居士時代は、何方も一重露地なり、往還の道路より直に露地の大戸を開き内に入、大戸のきわに腰掛あり、板縁又は簀子等の麁相成仕立なり。露地草庵、是侘の茶の湯なれば、誠に中やどりのやすらひ迄なり」とあり、表の道路から露地に入ったすぐのところ、大戸の近くに腰掛があって、板縁や竹簀子が敷かれていたことが記されている。形式には、独立して建つものや、座敷などの外壁に付属するものもある。屋根は*片流れで、*柿葺や杉皮葺のものが多い。内部は*榑板の縁を張り、石を打って*三和土の土間とする。通常、*露地口から茶室へ進んでいく方向を意識し、前方に*正客、そして*連客が並び着席できるようにされたものが多い。正客と連客の座面を連続させる場合と、変化させる場合とがある。たとえば*表千家の外腰掛のように畳敷きと板張りに分けたり、*裏千家の四代仙叟宗室好みの外腰掛のように簀子敷きと板敷きにする例が見られる。足元の石には正客の部分に独立した*正客石が据えられ、連客の下の*連客石は*延段形式にして、人数の増減に対応できるものも多い。また特殊なものとして、*割腰掛や*堂腰掛などがある。割腰掛は藪内家*燕庵の露地に設けられたもので、潜り口の左右に貴人の席と連客の席を矩折に配している。堂腰掛は*桂離宮の卍字亭（四ツ腰掛）のように正方形平面で*宝形造の屋根の中に卍字形に縁板を配したものである。

腰掛　裏千家外腰掛

腰掛の役石【こしかけのやくいし】

*腰掛に据える*役石には、客が腰掛に座る際、その位置の目安となる*正客石や*次客石、*連客石などがある。また周辺には*鐘聞石なども据えられる。（付録5頁参照）

腰掛待合【こしかけまちあい】

露地内に設けられた*待合のこと。もとは*外露地のものを待合といい、*内露地のものを*腰掛といった。しかし後には、両者とも腰掛待合、あるいは単に「腰掛」とも呼ばれるようになった。『茶道早合点』（一七七一年）には「腰掛　まちあいとも云　中立の後こゝにこしかけ居て、茶室の掃除等出来るを待合す、廬路行燈、羽箒、たばこぼん、料紙硯の類を置、流儀によりて、ゑんざを置、冬は手あぶり等を置」とある。

五色砂利【ごしきじゃり】

神奈川県の大磯海岸で採取される砂利。赤、白、青、褐色、黒の配色で、光沢のある美しい庭園材料として知られる。また同じ海岸から採取され、五つ前後の配色になっている砂利をいい、和歌山県、新潟県、秋田県、青森県、兵庫県の淡路島などにも採取地がある。大きさは一〜三センチ程度で、産出量は少ない。古くは十五世紀頃から文献にあらわれており、五色浜などの地名にもなっている。現在では異なる材料を混ぜて五色砂利とすることもある。

腰桟【こしざん】

帯桟と同じ。　⇨帯桟【おびざん】

腰障子【こししょうじ】

障子の一種。「腰付障子」ともいう。*腰板付の障子のこと。*敷居の上端から腰板の横桟上端までの高さを腰の高さといい、腰障子においては一尺二寸の尺二腰と呼ばれるものを標準とするが、やや低い一尺程度の尺腰や八寸程度の八寸腰などもある。また腰の高さが二〜三尺程度のものを、特に腰高障子という。腰板がなく、全面に障子紙を張った障子は腰無障子、あるいは水腰障子と呼ばれ、「腰を見ず」が転訛したものとされる。腰板には様々な意匠が見られ、竪（縦）あるいは横に*舞良子を打ったもの、舞良子を*吹寄にしたもののほか、*襖紙や*網代を張ったものもある。（付録23頁参照）

腰高障子【こしだかしょうじ】

*腰障子のうち、腰部の高さが二〜三尺ほどの障子をいう。（付録23頁参照）

虚室【こしつ】

京都市上京区の相国寺塔頭大光明寺にある茶室。昭和時代初期に建てられた。隠寮の西部に建てられ、外観は瓦葺に銅板葺の庇が取り付く。北向きで、切妻の妻面には扁額が掲げられ、土間庇を架け、引違いの腰障子が建てられた貴人口と中央部に力竹を配した大きな円窓があけられている。内部は、四畳半上座床で、円窓が床の墨蹟窓の役割を演ずる。床正面、貴人口と矩折に躙口をあける。点前座の南、水屋との境に茶道口をあけ、洞庫を設ける。東の六畳間との境に火燈口をあけるが、給仕口というより荒天時の客の出入り口の役割があるという。

腰貫【こしぬき】

胴貫と同じ。⇩胴貫【どうぬき】

腰羽目【こしばめ】

壁面で、腰の高さのあたりまで羽目板を取り付けたもの。*熨斗羽目として*押縁で押え、*笠木などで納められるものが多い。羽目とは本来は平坦に仕上げる張り方であるが、*下見板張として腰の高さあたりに取り付けたものも、同様に腰羽目と呼ぶことがある。

腰張り【こしばり】

茶室などの室内の土壁の下部に紙を張ることをいう。「腰貼」とも書く。土壁と衣服の保護が本来の目的であるが、意匠上の効果も重要である。腰張りの高さは紙一枚が九寸で、それを一段あるいは二段に張る。絶対的な決まりはないが、一般には点前座側を一段、客座側を二段にすることが多い。また*中敷居の下まで張るものもあり、これを惣張りという。紙の種類には奉書紙、*鳥の子紙、*美濃紙、*湊紙などが用いられ、反古紙や古暦などを使用することもある。*小座敷の点前座や広間には白いものが用いられ、小座敷の客座には紺の湊紙が用いられることが多い。『*石州三百ヶ条』には「腰張ハ習有之事也、昔ハ常の書状の内にて反古を用候、それ故わさとかゝせ候とも、常の反古に似申候様にかゝせ候、紙も厚き薄き取まぜ張申候、とかく有合候反古に似申候かよく候、尤、反古張ハ大目の内斗也、横竹の下ぬりまハしの處に其儘反古を張廻し候、世上ぬりまハしの處を帋（紙）をかへ申候ハあしく候、腰張の高下定り無之候、好次第也、外の腰はりハみなと紙にても青紙にても好次第也、勿論高下の定無之候、床の内ハはり不申候」とあり、本来は反古紙であったが、わざと反古紙を作り、その厚さをも取り混ぜて使うようになったとある。また*台目構えの点前座に見る袖壁の下の塗廻し部分においては紙を変えないのが本来であると説き、腰張りの高さには決まりはないが、床には張らないと述べている。床に関しては『*不白筆記』にも「床ノ内へ腰張リスル事此方ニテハ致し不申事也」と記されている。

腰張り

五尺床【ごしゃくどこ】

間口が五尺の寸法の床。*千利休は天正十一年から十二年（一五八三〜四）頃、大坂屋敷に造っていた三畳台目の茶室に初めて構えたことを*山上宗二が伝えている。また『*江岑夏書』によると同十二年から十三年頃には大徳寺門前屋敷（大坂屋敷、大徳寺門前屋敷については、千利休の屋敷の項を参照）の四畳半の茶室（不審庵）にも五尺床を構えている（台目床の項を参照）。

五松庵【ごしょうあん】

岐阜県高山市の永田家にあった茶室。碌々亭のこと。⇩碌々亭【ろくろくてい】

小姓石【こしょういし】

藪内家の茶室*燕庵の*刀掛石の名称。貴人が客の時に小姓が刀をもち、これに腰を掛けて待っていたことに由来するという。

小障子【こしょうじ】

❶小型の障子のこと。『*茶道筌蹄』には、茶席に*竹障子を用いる場合は「小障子に限る」と記される。
❷孫障子と同じ。⇩孫障子【まごしょうじ】

扈従の間【こしょうのま】

建物の中で貴人に付き従う従者が控えているために用意されている部屋。茶室*如庵には、本席の横に扈従の間が付属している。

御所砂利【ごしょじゃり】
安曇川砂利の別称。 ⇒安曇川砂利【あどがわじゃり】

御所畳【ごしょだたみ】
禁中、御所用に作られた大きい寸法の畳。京間畳が六尺三寸×三尺一寸五分、田舎間畳が五尺八寸×二尺九寸であるのに対して、御所畳は七尺×三尺五寸の大きさである。

其心庵【ごしんあん】
京都市北区の大徳寺塔頭孤篷庵にある茶室。客殿(本堂)の西奥、山雲床のさらに西奥に建つ。この場所は、寛政五年(一七九三)に孤篷庵が焼失後、その復興に尽力した松平不昧が茶室大円庵を建てたところで、その大円庵も嘉永五年(一八五二)に火災で失われた。其心庵は、はじめ昭和二十八年(一九五三)に遠州茶道宗家十一世の小堀宗明の好みにより東京都港区南青山の小堀邸内に建設され、同四十六年、十二世宗慶の指導で現在地に移築された。この茶室の南青山での建設及び、当地への移築を手掛けたのは藤森明豊斎であった。外観は切妻造桟瓦葺で、前面に軒先銅板葺の庇を付け下ろし、その下に土間庇を形成して躙口をあけている。内部は四畳台目。点前座は台目畳で、客座に丸畳四畳を敷き、床前の貴人畳脇にあけられた給仕口とのあいだに二尺一寸ほどの踏込板を入れている。これは小堀遠州の作として伝えられている高台寺の小方丈にあった茶室に共通した間取りである。点前座の勝手付には燕庵に見られるような色紙窓をあけているが、ここでは下地窓や連子窓ではなく上下ともにあけ放しているのは、茶室として異例である。

御膳棚【ごぜんだな】
床脇に設けられる飾棚の一種。江戸時代に棚雛形として定型化される四十八棚の一つ。『増補大匠雛形四 新板棚雛形』(一八六六年刊)には「是ハ御上かた(方)、つぼねかた(局方)の下座、また八料理の間上座によし」とある。

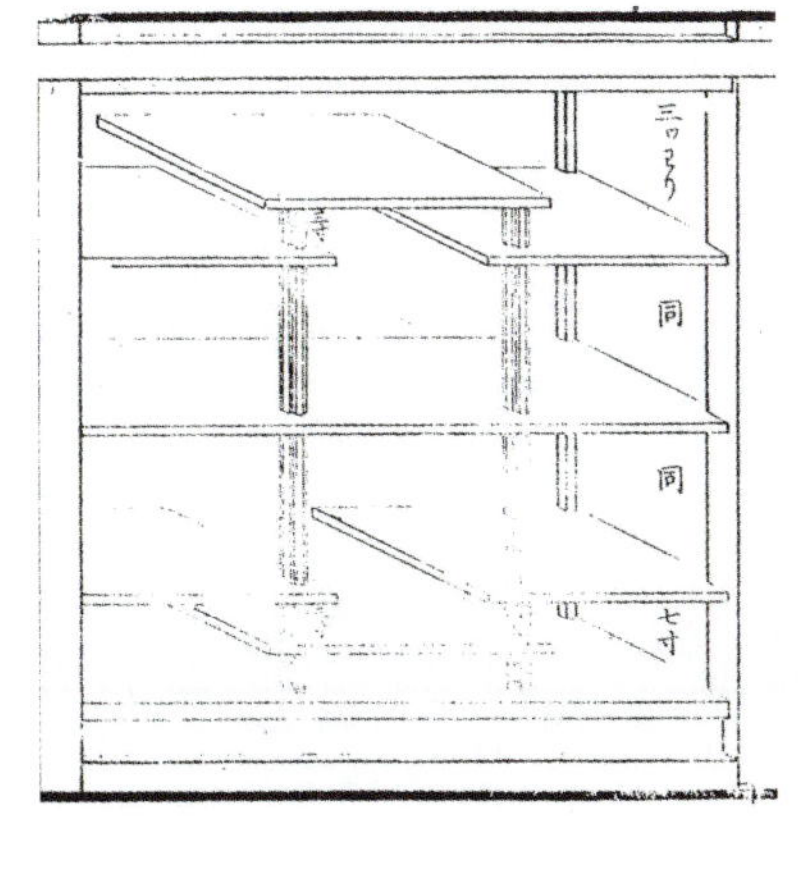

御膳棚 『増補大匠雛形四 新板棚雛形』

小袖の蹲踞【こそでのつくばい】
裏千家の寒雲亭前にある礎石を用いた手水鉢のこと。千利休好みの形状で、小袖の形に似ているから名づけられたとも、豊臣秀吉から小袖を与えられようとした利休が、それよりも庭の石を賜りたいと申し、与えられたものとも伝えられる。

小袖の蹲踞

小棚【こだな】
❶物をのせるため、または装飾として建物の壁に付けられる水平な小板の総称。取り付けられる場所や形状により様々な名称をもつ。書院に造られる違棚や、茶室に設けられる釣棚などがある。
❷括り棚と同じ。 ⇒括り棚【くくりだな】

壺中庵【こちゅうあん】
奈良県山辺郡山添村の久保家にある茶室。同家のギャラリーの一画にある茶室で、当主の先々代が結婚の際に建てた離れの八畳座敷を、平成五年(一九九三)に四畳半茶室と水屋に改造したもの。内部は炉を四畳半切本勝手とし、床柱は赤松皮付、点前座には風炉先窓があけられる。天井を真行草に構成し、掛込天井や落天井、垂れ壁の壁留など、明治時代初期に建てられた主屋を改修した折に出た煤竹が所々に使用されている。また、既存の縁側や建具を活かしたり、下地窓に見せた照明など、随所に工夫が見られる。

小手毬【こでまり】

バラ科シモツケ属の落葉低木。中国原産で、古い時代に日本にもたらされ、江戸時代初期には「小手鞠」として知られていた。樹高は一～二メートル程度。四～五月、球形に多数の白花をつけ、その姿を小形の手毬に見立ててこの名がついた。その可憐な姿が好まれ、春先に茶花としてよく用いられる。庭木としてもひろく植えられる。

五島慶太【ごとうけいた】

明治十五年～昭和三十四年（一八八二～一九五九）。近現代の実業家、数寄者。長野県の生まれ。東京帝国大学卒業後、農商務省、鉄道院を経て、武蔵電気鉄道（現東京急行電鉄）の常務となり後、社長となる。第二次大戦中は内閣顧問、運輸通信大臣に就任。戦後は公職追放を受けるも、昭和二十七年（一九五二）、東急電鉄会長に復帰後は、多角経営の実現を促進し、東急グループの大企業体を築いた。文化事業にも関心が高く、昭和二十四年に大東急記念文庫を開庫、また半生をかけて、古写経をはじめ墨蹟、古筆、絵画を収集した。大師会に所属し、安国寺（中山）肩衝などの名物道具も数多く集めている。その所蔵品は、昭和三十五年に開館された*五島美術館に納められている。なお同館内には、五島が建てた茶室*冨士見亭や*松寿庵がある。

五島美術館【ごとうびじゅつかん】

東京都世田谷区に開館する美術館。*五島慶太が半生をかけて収集した美術品を中心として、昭和三十五年（一九六〇）に開館した。美術館設立を機に、東京都目黒区にあった昭和二十四年開庫の大東急記念文庫が同館の建物内に移転し、平成二十三年（二〇一一）には美術館と文庫が合併されている。古写経、古筆、墨蹟などの書蹟、茶道具、古鏡などのコレクションが充実しており、源氏物語絵巻、紫式部日記絵巻、古林清茂墨蹟などの国宝五点をはじめ、伝馬鱗筆梅花小禽図、青磁鳳凰耳花生、古伊賀水指銘破袋（以上、重要文化財）、伝牧谿筆叭々鳥図、安国寺（中山）肩衝など多くの名品の所蔵で知られる。大東急記念文庫の所蔵品は、五島が一括購入した「久原文庫」と「井上文庫」を中心としている。武蔵野の面影をのこす約六千坪の敷地には茶室を有し、*古経楼と、そこに五島が増築させた*松寿庵や、立礼席としても使用できる*冨士見亭がある。

琴柱形燈籠【ことじがたとうろう】

石燈籠の一種。*兼六園にあるものが本歌とされる。「徽軫燈籠」と書くこともある。広義の*雪見形燈籠に分類されるが、笠、火袋、中台とも六角形で、長さの異なる二本の脚で支えられている点に特徴があり、この脚の形が琴柱（琴の胴の上に立てて弦を支え、音の高低を調節する「人」字形の器具）に似ることから名づけられたという。

琴柱形燈籠　兼六園

琴柱火燈窓【ことじかとうまど】

*火燈窓の一種。琴柱（琴の胴の上に立てて弦を支え、音の高低を調節する「人」字形の器具）の形に似た輪郭のもの。竪の窓框が人の字の形にひらき、頂部の尖頭形はない。

古奈別荘【こなべっそう】

静岡県伊豆の国市にある久保政吉の旧別荘。株式会社ウテナの創業者である政吉が、昭和九年（一九三四）から十二年にかけて伊豆長岡温泉の現在地に建てた近代和風建築。それが昭和十四年に古奈ホテルとなり、現在は、旅館・古奈別荘として利用されている。山の東斜面を利用して大小九棟の建物が敷地内の日本庭園の中に建ち、そのうち、本館の主屋と離れの宇治、田舎家、京家の四棟が当初の姿をのこしている。主屋は木造平家建で、入母屋造桟瓦葺の屋根をもち、鉄筋コンクリート造二階建の洋間を付属している。主座敷には一間床を備え、床脇には

古奈別荘　宇治　外観

中央やや右に曲がり木が立ち、天袋と地袋を支える形式となっている。宇治、京家はもとは茶室として建てられた。宇治は、外観は木造二階建、寄棟造茅葺で、田舎家風の佇まいを感じさせる造りである。内部は一階に玄関と四畳半の和室、二階は六畳の一室である。一階の四畳半には床を設け、床柱は四方竹、床框には栃が使用されている。天井は杉の網代張とする。二階には六畳間が一室あり、天井は猿頬の格縁で区画され、中央をそぎ板の網代張、周囲を神代杉を張っている。北側半間は化粧屋根裏で黒文字と竹を化粧垂木として交互に配している。田舎家は、外観は木造平家建、寄棟造茅葺で、内部は座敷八畳、次の間八畳を中心に西と東の四畳半二室で構成されている。八畳の座敷には奥行きの浅い一間床が設けられ、山躑躅の床柱が立ち、床框は檜である。次の間境の欄間は、桐板で山端の月を眺める二兎をモチーフにした透彫りである。京家は、外観は木造平家建、寄棟造桟瓦葺で、この建物のみ京間の寸法を用いて建てられている。座敷六畳の床柱は杉の絞丸太を立てる。床脇の隅に設けられた地袋は四半円状で、襖も曲線を描いており、特徴的である。座敷四畳半は、山躑躅の床柱と斑竹の落掛をもつ床を構え、床脇地袋の上部に火燈窓をあけ、網干をかたどった組子の障子を建てる。天井は杉中杢の目板張で、張り合わせた四方竹の竿縁で押さえる。宇治、田舎家、京家とも吟味された良材がふんだんに使われており、全体に数寄屋風の基調でまとめられている。

近衛家凞【このえいえひろ】

寛文七年～元文元年（一六六七～一七三六）。江戸時代前期から中期にかけての公家。近衛基凞の子。母は常子内親王。幼くして権中納言に任ぜられた後、内大臣や関白、摂政、太政大臣などを歴任。享保十年（一七二五）、出家。法名は真覚、予楽院と号した。芸術的な才能に恵まれ幼い時から書画を能くしたが、茶の湯、立花、管弦、香などにも才能を発揮した。茶の湯は常修院宮に宗和流を学び、致仕後は鴨川西岸に別業の河原御殿を営み、その中の二層の楼閣物外楼でしばしば茶会を催した。その記録は『御茶湯之記』としてのこされており、正徳三年（一七一三）から享保二十一年までの三百八会の茶会が記録されている。物外楼には二畳敷、三畳敷などの茶室があったが、そこに公家、武士から茶人、商人に至るまでの様々な階層の客を二人もしくは三人ずつ招くことが多かった。道具収集にも熱心であり、多くの名品を所持していた。そのうち茶杓は、茶杓簞笥としてまとめられ、古筆は「大手鑑」に整理されて現存する。また百種類以上に及ぶ花木を写した『花木真写』は絵画史料として、また博物学史料として高い価値をもつ。医師の*山科道安による家凞の言行録『*槐記』は、家凞の諸芸への造詣の深さを知るための一級史料。

近衛応山【このえおうざん】

近衛信尋のこと。　⇩近衛信尋【このえのぶひろ】

近衛信尋【このえのぶひろ】

慶長四年～慶安二年（一五九九～一六四九）。江戸時代前期の公家。*後陽成天皇の第四皇子で後水尾天皇の弟。*八条宮智忠親王の従兄弟である。幼くして近衛信尹の養子となり、左大臣や関白を歴任。正保二年（一六四五）、剃髪し応山と号した。茶の湯は織部流を、立花は池坊流を学んだほか、信尹の三藐院流の書を能くした。歌人としてもすぐれ、後水尾天皇を中心とした宮廷文化の主な担い手として活躍した。澤庵宗彭、鳳林承章、一絲文守、松花堂昭乗などの僧侶、小堀遠州、金森宗和などの武士、千宗旦などの茶人との交友も知られている。

近衛予楽院【このえよらくいん】
近衛家熈のこと。 ⇒近衛家熈【このえいえひろ】

児の手柏【このてがしわ】
ヒノキ科コノテガシワ属の常緑高木。「側柏」とも書く。中国原産で、日本には元禄年間（一六八八～一七〇四）に渡来した。葉はヒノキ（*檜）とよく似ているが、表裏の区別が付きづらい。名は枝が直立している姿が、子供が手を挙げている様子に見えることから。公園や庭園などに植えられることが多い。

木葉打ち【このはうち】
*飛石の打ち方の一種。小さな石を木葉が散ったように不規則に配石したもの。

好み【このみ】
特定の茶人による茶の湯全般に関する意匠をいう。茶室や露地道具、点前道具、懐石道具、茶銘、菓子などの種々に至るまで、その意匠が誰によるものかということ。*千利休の時代には現在ほど頻繁に使われる語ではなかったものの、同意に使われており、ほかに日用品などから茶道具として見出した、また見立てたという、細かい意匠の指示ではない広義の意味でもあった。現在の「好み」と同意に使われていた語として「形」も挙げられる。元来これらは特定の道具、つまりは一品物をさしていたのであるが、それらを写して使うことで数物へと拡大していった。代表的な好み物に、利休好十二器が挙げられるが、これは利休自身による選定ではなく、*表千家七代如心斎天然によるもので、別名「如心十二器」とも称される。このように江戸時代中期以降、利休好みとされる茶道具が権威ある基本形として選定されることが多く行われ、利休形として定着していった。以降、特定の茶人、主として各流派の家元の新たな意匠が好み物として尊ばれ、多くの道具が選定された。これらは各流派の門弟にとって美意識の指針ともなった。

小林一三【こばやしいちぞう】
小林逸翁のこと。 ⇒小林逸翁【こばやしいつおう】

小林一三記念館【こばやしいちぞうきねんかん】
大阪府池田市にある*小林逸翁の旧邸宅雅俗山荘を中心に、逸翁の事績を紹介するために平成二十二年（二〇一〇）に開館した施設。 ⇒雅俗山荘【がぞくさんそう】

小林逸翁【こばやしいつおう】
明治六年～昭和三十二年（一八七三～一九五七）。近現代の実業家、数寄者。名は一三。山梨県韮崎町に生まれる。慶應義塾を卒業後、三井銀行に入行。東京本店に勤務の後、大阪支店へ移る。この時の支店長が慶應義塾の先輩であった*高橋箒庵であり、逸翁に茶を勧めた人物である。抵当部所属時代に多くの骨董品を扱った経験が、後に数寄者として審美眼を発揮する端緒となった。明治四十年（一九〇七）に三井銀行を退職し、箕面有馬電気軌道（後に阪神急行電鉄。現阪急電鉄）を設立。沿線開発の一環として兵庫県宝塚に宝塚新温泉（後の宝塚ファミリーランド）を建設。大正二年（一九一三）、宝塚唱歌隊（後に宝塚少女歌劇、宝塚歌劇団と改称）を組織する。ほかにも日本初のターミナルデパートである阪急百貨店の開業や東宝の設立など次々に事業を展開した。昭和九年（一九三四）、東京電燈の社長に迎えられ、同十五年、商工相として入閣。戦後、国務相となり復興院総裁となった。茶の湯は大正四年頃、生形朝宗庵に師事、表千家の門に入り、その見識に基づき多くの茶道具を収集した。昭和七年には大阪の阪急百貨店に美術部を創立、古美術街を設け、その一角には茶室*福寿荘が造られた。「延命会」をはじめ、財界の数寄者たちの茶会に数多くかかわった。名器陳列の茶の湯を嫌い、多くの人々にその楽しみを伝えようと日常生活の中にある茶の湯を提唱、その茶道論は『新茶道』『大乗茶道記』などにまとめられた。昭和十二年、*雅俗山荘が竣工。山荘内には茶室*即庵や*大小庵など五棟の茶室が設けられた。そのほか逸翁ゆかりの茶室として、*古彩庵などがある。

五平【ごひら】
矩形の意味で、長方形断面の角材のこと。また、断面が一尺×一尺の尺角材を半割にし、一尺×五寸の断面をもつ角材のこと。

五風荘【ごふうそう】

五風荘　山亭　外観

大阪府岸和田市にある寺田利吉の旧邸宅。利吉は紡績業などを営んだ実業家であり、第七代岸和田市長もつとめた人物。竣工当時は岸和田にゆかりのある楠氏をもじって利吉が南木荘と命名したが、利吉没後に諡の五風院にちなんで嫡男・利一が改称した。現在は、岸和田五風荘として日本料理店が活用している。旧岸和田城内の新御茶屋跡などに昭和四年（一九二九）から庭園、同十年から茶室、十二年から主屋の建設に着工し、十四年に完工した。*木津家三代宗泉の全体的な基本設計をもとに、建築は小川喜兵光（大喜）、造園は本井宗太郎が施工とされる。なお主屋は清水組の設計による。邸内には利庵と竹陰、時雨草堂、山亭の三つの茶室棟があったが、時雨草堂は移築されたという。利庵は竹陰も含めた呼び名として使用されることもあるが、狭義の利庵は八窓席とも呼ばれ、三畳中板入本勝手の席である。現存する木津の図面には貴人口と躙口が見られるが、実際には躙口のみとなっており、利吉の意図も十分に反映されているとみられる。竹陰は残月席とも呼ばれる七畳の席であるが、一間幅で奥行きは一間より狭い床が設けられている。表千家の*残月亭とずいぶん異なる印象を受けるが、構成上の共通点は多く、やはり残月亭を基本に設計されているとみられる。山亭は三畳台目逆勝手向切の席で、踏込床を構える。特徴的なのは板縁を約四尺五寸幅で矩折に廻し、ガラス障子としているところである。本亭は庭園の景として懸造が見事な外観を備えるが、亭内からも景色を十二分に楽しむよう設計されている。庭園、主屋、茶室が一体となった昭和時代初期の建設当初の雰囲気をよくのこしつつ、現在も積極的に活用されている。近代大阪の数寄空間を雄弁に語る貴重な遺産である。

呉服棚【ごふくだな】

*床脇に設けられる*飾棚の一種。「御服棚」とも書き、「ぎょふくだな」と読ませる雛形本もある。江戸時代に棚雛形として定型化される四十八棚の一つで、床脇を三段、あるいは四段に分割し、それぞれに*引違いの小襖を建てたもの。『増補大匠雛形四 新板棚雛形』（一八六六年刊）には「是ハ奥方にあるへし」とある。

呉服棚　『増補大匠雛形四 新板棚雛形』

辛夷【こぶし】

モクレン科モクレン属の落葉広葉高木。「ヤマモクレン」「ヒキザクロ」ともいう。「香節」とも書く。北海道、本州から九州に分布する。観賞用の庭木としても用いられる。樹皮は黄灰色を帯びる。材質は緻密で硬く、*皮付丸太は*小間の床柱や中柱、桁、*小丸太は垂木、竿縁、廻縁などに用いる。草庵式茶室には好んで用いられる材のひとつである。

小襖【こぶすま】

*床脇の*天袋や*地袋に用いられる小型の*襖をいう。

孤篷庵【こほうあん】

京都市北区にある*大徳寺の塔頭。慶長十七年

（一六一二）、*小堀遠州が自らの菩提所として、もと龍光院内に建てた寮舎が始まり。現在地へは寛永二十年（一六四三）に移転し、*江月宗玩の法嗣で遠州の子である江雲宗龍が開山に迎えられた。寛政五年（一七九三）に火災で焼失したが、近衛家などの支援を得て寰海宗晙が再建。また出雲藩主*松平不昧が帰依し、建物を修造して家廟として*大円庵を造営した。その子・斉恒は父の遺命により一円相の画像と茶器数点を奉納したが、その中に現在国宝に指定されている茶碗の喜左衛門井戸が含まれている。また寺内には*忘筌と*山雲床などの茶室があり、いずれも遠州好みとして著名。また庭園（史跡、名勝）も遠州の造営と伝えられ、瀟湘八景の庭、あるいは近江八景の庭と称される。

小堀遠州【こぼりえんしゅう】

天正七年～正保四年（一五七九～一六四七）。江戸時代前期の大名、茶人。近江国（滋賀県）小堀村に小堀正次の男として生まれる。通称作介。名は正一（政一とも）。孤篷庵、大有、宗甫などと号す。父が羽柴（豊臣）秀長に属していたことから、幼時に大和郡山（奈良県）に住んだ。秀長没後は父・正次とともにその兄・*豊臣秀吉に属し、秀吉没後は*徳川家康について関ヶ原の戦いでは東軍に属し、戦功により備中国（岡山県）高梁の松山城を預かった。慶長九年（一六〇四）、父の急死で近江の遺領一万二千石を継ぎ、同十一年には*仙洞御所の*作事奉行に任じられた。その後も多くの作事奉行を歴任している。元和九年（一六二三）伏見奉行に就任し、京都を管轄する五味金右衛門とともに京都所司代の板倉重宗を補佐した。徳川幕府の公式記録である『徳川実紀』には小堀遠州に関する記事が六十数回現れるものの、その大部分は各地の寺社の造営などの公務に関してであり、茶の湯については二回に過ぎない。遠州は正保四年二月六日に没するが、同書はその年の八月の条に簡単な卒伝（略歴）をのせており、そこには遠州が当時、茶の湯ではきわめて高名であり、茶道具の値段が遠州の一言で高下したと書かれている。しかしそれは茶の湯の世界におけることであり、幕府の認識は、遠州を茶人としてよりは、あくまで優秀な官僚と評価していたことが『徳川実紀』の記述からわかる。とはいえ将軍も茶の湯を行っていたことはのこされた茶会記によって知ることができ、歴代の将軍も誰かから茶の湯を学んだと考えられる。それはおそらく幕府の職制に組み込まれた茶頭たちからであったかと推定される。茶頭たちは、各時代の茶の湯名人たちに教えを乞い、あるいは相談したと思われ、その結果、将軍周辺で次第に「武家茶の湯」が確立されていったものと考えられるが、茶の湯界では*古田織部とその弟子の遠州により武家茶の湯が確立したと理解されている。いま一つ茶の湯の世界における遠州の功績として忘れてならないのは、茶の湯へ王朝文化を取り込んだことである。遠州は利休時代に確立された*わび数寄における和歌や連歌の思想をさらに発展させようとしたのではなく、茶道具に有名な和歌や物語文学を連想させる*銘を付けることにより、そのものの付加価値を高めるとともに、王朝文化を偲ぶよすがともしたのである。そのことが顕著に見られるのが瀬戸茶入の見立てと銘付けであった。遠州はでき上がった茶入のうちから見所のあるものを選び出して、よく知られた和歌や物語にちなむ銘を付け、茶入を収める箱に書き付けた。その結果、国産の茶入といえば瀬戸茶入が第一のものとして評価されるようになった。茶入のほか茶碗や水指などにも遠州の好みは多く、所蔵した道具は『遠州蔵帳』などにより知ることができ、茶道具の世界において遠州ののこした足跡はきわめて大きい。好みの茶室として南禅寺の*金地院八窓席、大徳寺孤篷庵の*忘筌や龍光院の*密庵席などがある。また作庭にも秀でており、金地院方丈庭園などが知られる。遠州の茶会記は三十種近くが知られており、延べ回数は千回にも届くほどの多さである。そのうち『小堀遠州茶会記集成』は三百九十二回の茶会を収録している。ただ遠州は能吏として幕府の信頼が厚く、公務も多忙をきわめたためであろうか、遠州の茶会記は慶長から元和年間（一五九六～一六二四）の頃にはほとんどなく、ようやく多くなるのは寛永二年（一六二五）以降である。遠州の茶会に集った人々は、武家が多いのが第一の特徴といえ、将軍をはじめ御三家や老中などから微禄の者、あるいは浪人中の者までその顔ぶれはひろい。ついで*江月宗玩、*澤庵宗彭、天祐紹杲、清巌宗渭などの大徳寺僧、後藤顕乗、茶屋四郎次郎、本阿弥光甫などの有力商人、近藤道恵、松屋久重、みすや宗印、針屋正六などの職人や上林、星野、永井などの宇治茶師、半井瑞雪、有馬玄哲、武田道安などの医師、了雲、宗伝、宗円などの幕府の茶頭など、のこされた茶会記が多いこともあるにしろ、そこには多彩な人物が登場する。ただし公家は近衛、日野などの名を見かけることはあっても、全体から見ればごく一部にしか過ぎないのも、遠州茶会の特徴の一つといえよう。遠州が書きのこしたとする茶書は数多く伝えられているが、自筆またはそれに近いと判断できるものはそれほど多くはない。その中で『小堀遠州茶湯伝書』(小堀家蔵)は遠州自筆とされており、江戸時代初期の茶書の成立を考える上で貴重な史料である。

小堀遠州の茶室【こぼりえんしゅうのちゃしつ】

*古田織部が三畳台目に*燕庵形式という定型を創出したのに対して、*小堀遠州は四畳台目の茶室に二つのタイプを創出した。一つは鍵形のもの、もう一つは長四畳台目のものである。前者は、横に長い三畳台目に床前の一畳が付加された構成で、*高台寺に造っている。床と点前座がともに奥に引き込み、二方向性をもった平面形式である。客座の中央にあいた躙口を入ると左手に台目床と床前の一畳、躙口の正面に点前座があり、給仕口は床前の一畳にあく。後者は、長四畳の客座の中ほどにあいた躙口の正面に点前座を配した平面形式で、遠州の伏見奉行屋敷(小堀遠州伏見奉行屋敷の項を参照)に造られていた。この間取りは織部の三畳台目に一畳付した形式になるが、躙口が中央に寄せてあけられているため、客の動線は左右に二分され、床前を貴人座、反対側の端の一畳を相伴席とすることができた。そして台目構えの点前座が客座の中央に位置することになり、点前座の舞台的効果が一層明確になっている。天井も、床前から点前座にかけては平天井、下座(相伴席)のほうを化粧屋根裏として、座の性格に対応させている。織部は「大目ノ上ニ突上窓明ル事無之儀也」(古田織部正殿聞書)といっていたが、遠州は織部以上に多窓を好み、突上窓を点前座にあけるという作意をみせている。伏見奉行屋敷では、突上窓が土間庇と相伴席、点前座の三カ所、他に壁面の窓が八つで、全部で十一窓を備えていた。点前座の突上窓は、茶室という舞台での主役である亭主に対する照明として効果を発揮した。遠州の特色は草庵と書院を結合させた点にある。晩年の作である大徳寺孤篷庵の*忘筌は、太い角柱に長押を打ち廻し、壁は張付という書院造の意匠で造られた座敷である。座敷の外には勾欄付の広縁と落縁が続いて、格式的な構成を保っている。書院に茶立所を付設するという考え方から、龍光院の*密庵席など、必ず中柱を立てた台目構えを導入していたが、ここでは中柱による構えも放棄されて、草庵から離れた茶室の書院化が達成されている。一方、縁先の下半分を吹き抜き、中敷居を入れて上半分に障子を建てた装置は、西日を遮ると同時に、縁先手水鉢や燈籠によって形づくられた内露地の風景だけを切り取って座敷に導入する。落縁の先に据えられた沓脱石の上に通された中敷居は、潜り(躙口)に相当する役割を果たしている。草庵の露地の機構が縁先の構成の中に巧みに組込まれているのであり、表現は草庵から離脱しているが、草庵の造形原理が根底となっている。

小堀遠州伏見奉行屋敷【こぼりえんしゅうふしみぶぎょうやしき】

伏見奉行をつとめた*小堀遠州が伏見城下豊後橋詰に構えていた屋敷。「城州臥(伏)見御旧宅之図」(佐治家蔵)によれば、「与力用部屋」「公事場」などの諸室とともに、東方に「小書院」「小座敷」

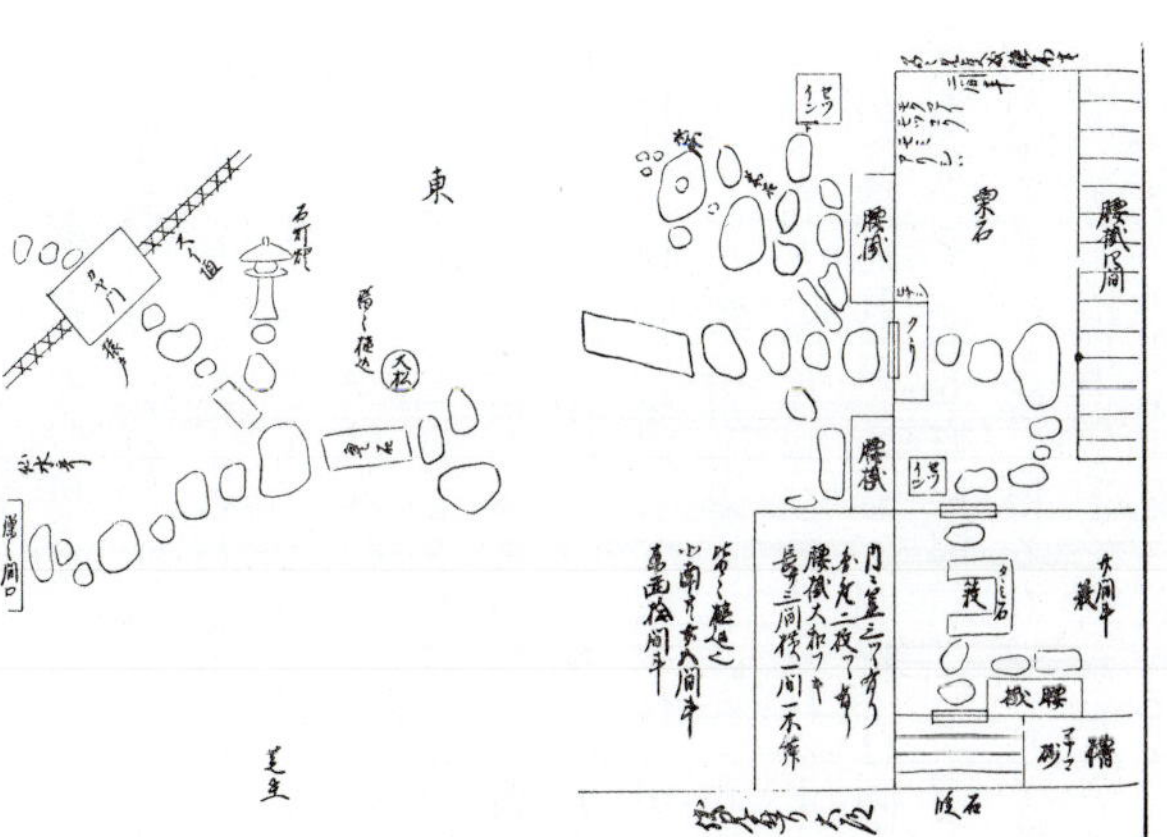

小堀遠州伏見奉行屋敷の図　『茶道四祖伝書』
左・園路側、右・段石から腰掛、中潜り周辺

「数寄屋」「くさり（鎖）の間」「亭」などからなる茶会施設が配されていた。数寄屋（茶室）から廊下がのびて鎖の間に達し、鎖の間の西は小書院に接するとともに東北から廊下がのびて亭（茶屋）に連なっていた。しばしばこの屋敷を訪れていた松屋久重が書き留めた図によれば（茶湯秘抄）、露地は「大道」（大手筋）から石段を上って入口を入ると、右手に腰掛があり、左に藪を見ながら飛石と畳石（延段）を東に進むと引戸に至る。引戸を入ると、南に腰掛、北に雪隠が設けられ、北側の塀に中潜りがあいていた。中潜りを入ると割腰掛形式のかなり大きい腰掛が設けられていた。手水鉢は「長持ノフタ」（松屋会記）と称された角形の鉢であった。園路を北に進むと右手に袖摺松があり、猿戸に至り、左右に続く垣の向こうに長四畳台目の茶室が南向きに建っていた（小堀遠州の茶室の項を参照）。また、伏見奉行屋敷には、茶室成趣庵（成趣庵の項❶を参照）があったという。

盈梅袖垣【こぼれうめそでがき】

『石組園生八重垣伝』にのる袖垣の一種。同書に、「矢柄竹、また竹の枝、萩などにて造る、窓の縁または藤のつるよし、随分大なる程恰好よし」とある。また、この図解には梅の花枝を想起させる大きさの異なる三つの円窓と押縁からなる意匠とともに、円窓の背後に梅の木が描かれ、この名称の由来がうかがえる。

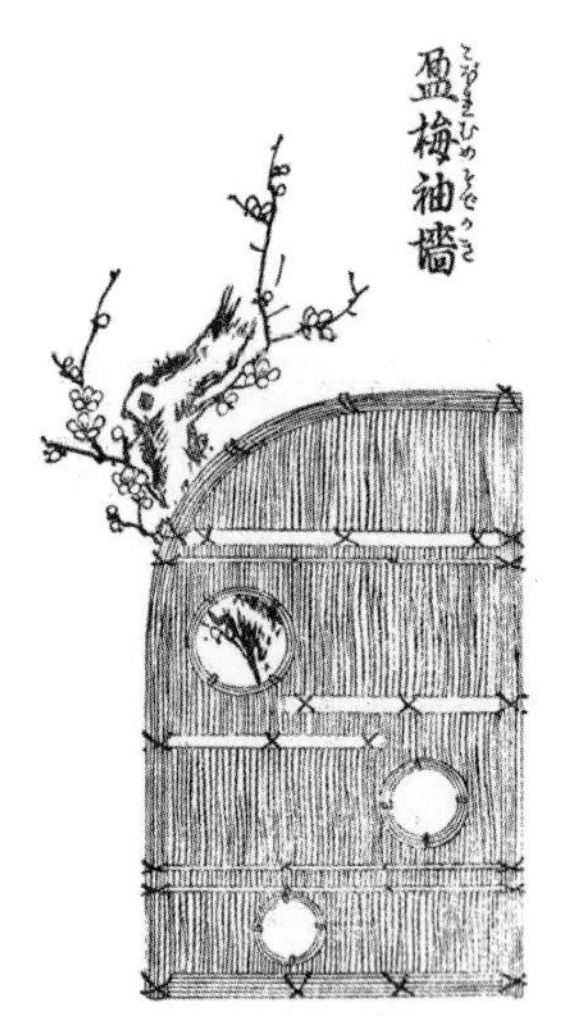

盈梅袖垣　『石組園生八重垣伝』

小間【こま】

四畳半以下の広さの茶室のこと。これに対し広間は、四畳半以上の広さの茶室をいう。これは、単に広さによって区別されているだけでなく、小間は運び点前の茶、すなわち、わび茶の点前を行うための茶室、また広間は台子など棚物を使った点前も行える座敷、という意味合いが含まれている。ただ小間、広間という捉え方は、さほど古い時代からあるものではなかった。千利休がわび茶の基礎を作る以前から、三畳や二畳半（二畳半の項❷を参照）といった四畳半以下の茶室はあったが、それは名物を所持しない人か、意図して名物をもたない茶を好む人のための座敷と受けとめられていた。しかし利休以後は、四畳半以下の草庵式茶室が、小座敷、あるいは数寄屋などと呼ばれ、まさしく正統的な茶室として認められるようになった。これに対し四畳半以上の座敷は、その後もしばらくは、基本的には書院であり、したがって炉が切られることは少なく、台子による点茶が前提であった。鎖の間や、四畳半以上の座敷に台目構えを付加して炉を切る座敷の例などがあったものの、それらに小座敷と同等の正統的地位が与えられることはなかった。ところが江戸時代中期に、表千家七代如心斎天然らを中心にして七事式が考案され、八畳、十畳といった座敷に炉を切って、多人数によるわび茶のための稽古が行われるようになると、そうした座敷がいつしか本席としても受け入れられるようになり、徐々に普及していった。それらは、花月座敷などと名づけられ、座敷全体にわたって新たなわびの解釈で統一が図られたのである。小座敷という呼称は江戸時代を通して使われたが、いっぽうでそうした変化が定着していくことにより、茶室が小間と広間に呼び分けられるようになったものと思われる。なお、四畳半は両者の境界上にあり、その造り方や使い方によって、小間、広間のどちらにも属し得るものとして位置づけられている。四畳半がそうなった要因としては、やはり武野紹鷗の四畳半（武野紹鷗の茶室、真の座敷の項などを参照）が風靡して以降、四畳半が茶室の代表格となったこと、また続く利休が、二畳や一畳半（一畳台目）などの草庵式茶室で確立した新境地を四畳半にも適用したため、それ以降、運び点前によるわび茶を志向する草庵式茶室の四畳半と、従来の台子点前も可能な書院茶の湯の性格を受け継ぐ四畳半とが共存し得た点が挙げられよう。

小舞【こまい】

屋根または壁の下地に用いる竹、細木材。壁下地では割竹を渡して造る竹小舞が一般的。一方、土壁の大壁となる場合や、塗りが厚い土蔵などの場合には、丈夫にするため、竹でなく木を下地とした木小舞とすることもある。こうした材料による違いのほか、広小舞、化粧小舞、野小舞などの使われ方による分類もある。（付録24頁参照）

小舞壁【こまいかべ】

竹や細木を組んだ小舞下地から造られた、伝統的な和風の土壁。小舞下地とは、柱間に通した通貫（塗込貫）をもとにして、桟竹を縦横に一尺間隔ほどに組み、これに小舞竹を一寸内外の間隔で取り付けたもので、これらの取り付けには小舞縄（藁縄）を用いる。この小舞下地へ、泥に苆を混ぜて塗り付けた荒壁から、裏返し塗、中塗、散漆喰、上塗などの工程を経て仕上げる。（付録28頁参照）

小舞螻羽【こまいけらば】

主に切妻造の屋根の妻面端部、すなわち螻羽の工法の一種。「バラ軒」ともいう。通常、屋根下地の構成材を納めるために、破風や垂木形を取り付けたり、端の垂木際で納めたりするが、垂木と垂木のあいだで切り放した切断面をそのままあらわしたように施工する手法。破風などの大きな材で見切られずに、垂木の上部にある小舞や裏板、葺材の端部がすべてそのままあらわれるため、簡素かつ軽やかな表現とすることができるので、柿葺や銅板葺などの軽快な屋根に用いられる。

小間返し【こまがえし】

❶材料の幅とあきを同一寸法として、繰り返していくこと。
❷垂木の配し方（垂木割）の一種。垂木の幅とあきを同じ寸法に配したもの。

高麗垣【こまがき】

⇒高麗垣【こうらいがき】

胡麻殻面【ごまがらめん】

面取の一種。部材の角部に凹凸の溝をひだのように施したもの。面取断面が菊花のような形状となる。

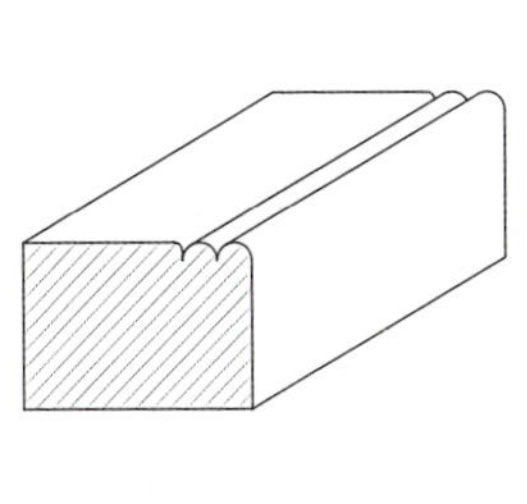

胡麻殻面

駒下駄【こまげた】

露地下駄と同じ。　⇒露地下駄【ろじげた】

小間据え【こまずえ】

結界などを使用し、広間の丸畳を点前座と客座に分けた時、踏込畳が点前座になるようにして風炉釜を据えること。場合によっては、点前座になる畳に炉を切ることもある。そのため点前は小間の点前をすることになる。広間での大寄せの茶会や、また広間で小間の稽古を行う時などにこのようなことが行われる。

胡麻竹【ごまだけ】

黒い斑点が現れた竹の総称。わびた風情があり、化粧の天井材や廻縁、壁留などに幅広く用いられる。また竹工の茶道具にも好んで使用する。
❶マダケ属のクロチク（黒竹、紫竹とも）の一型。園芸上はニタグロチクと呼ばれているもの。クロチクは稈全体が紫黒色になるが、完全に紫黒色にならず、表面に小さな黒点が散在する。この斑点は稈の表面に菌が着生し、小さな突起状になったものである。
❷錆竹と同じ。　⇒錆竹【さびだけ】

小待垣【こまちがき】

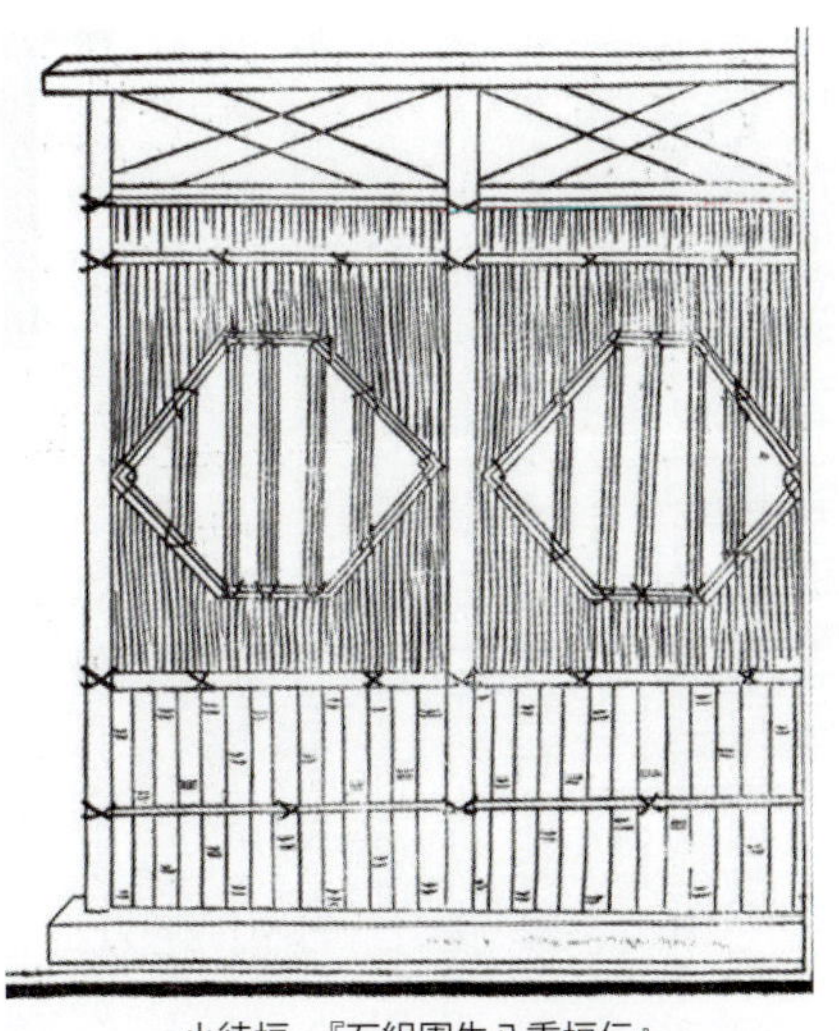

小待垣　『石組園生八重垣伝』

『石組園生八重垣伝』にのる垣の一種。上中下段に分かれ、中段には六角形ののぞき窓をあけ、上段は襷掛けの透かし欄間とする。「忍び垣」ともいう。同書には「高七尺、土賊腰大竹二ツ割、中は葭覗窓はしら組本組にして胴縁はめ、足もとはわき（幅木）」とある。

小町形燈籠【こまちがたどうろう】

石燈籠の一種。名物燈籠の一つに挙げられる鎌倉時代の名品で、もと補陀落寺（通称小町寺、京都市左京区）にあったために「小町寺形燈籠」ともいう。笠、中台、基礎ともに八角形で、火袋のみは四角形の大面取とされ四天王立像が彫られている形式のもの。大正時代以降に移転を繰り返し、現在は石川県金沢市内に移されている。

小松石【こまついし】

石材の一種。神奈川県足柄下郡湯河原町、真鶴町付近から産出する輝石安山岩で、伊豆石のひとつ。淡灰緑色の緻密な石面で、山錆は出ない。墓石や石仏など加工品によく使用される。

小間中【こまなか】

一間（間の項❶を参照）の長さの四分の一のこと。「小間半」とも書く。一間の半分は間中という。

駒寄【こまよせ】

古くは馬場の周囲に設けられる高さ九〇センチほどの柵をいった。現在では人家の門脇に設けられる竹や木製の低い柵のことをいう。

小丸太【こまるた】

丸太の一種。現在のJAS（日本農林規格）では末口の直径が一四センチ未満の丸太をいう。寸法の測定は樹皮を除いた部分について行う。日本標準規格では中丸太と穂付丸太（二寸以上の径の丸太で、梢を有するようなものであることからの呼称。杉材が多く、足場丸太などにも使われる）の中間で、直径は二〇センチ以下とされていた。素材は北山杉や赤松などの針葉樹が代表的であるが、わびた表現が求められる場合には広葉樹も化粧材として用いられる。元末の径の差が少ない真っ直ぐな素材が選ばれる。

小丸太垂木【こまるたたるき】

垂木に小丸太を用いたもの。主に草庵式茶室などで用い、中でも、化粧の軒裏や化粧屋根裏、掛込天井などで、見え掛りにあらわれている垂木に、小丸太を用いたもの。

後水尾天皇【ごみずのおてんのう】

文禄五年～延宝八年（一五九六～一六八〇）。第百八代天皇。後陽成天皇の第三皇子で母は中和門院前子。幼称三宮、名は政仁。慶長十六年（一六一一）即位。中宮に徳川二代将軍秀忠の女・和子を迎え、和子は東福門院と称してとかく緊張しがちであった朝幕関係の融和につとめ、「国母様」と慕われた。千宗旦が女院用の茶道具一式を献上したのに対して、東福門院自作の縫絵などが下賜された。寛永六年（一六二九）に紫衣事件が起り、後水尾天皇が突如として明正天皇に譲位したことで、ふたたび朝幕関係が緊張したが、同十一年に三代将軍家光が上洛して後水尾院と面会したことなどで落ち着きを取り戻した。以後、明正、後光明、後西、霊元の四代にわたり院政を敷いた。慶安四年（一六五一）、落飾して円浄と号し、承応三年（一六五四）皇子である後光明天皇が急逝したのをきっかけに洛北に修学院離宮の造営を発意し、ほぼ六年をかけて完成させている。後水尾院は学問芸能を好み、和歌では古今伝授を受けて歌集『後水尾院御集』をのこし、立花や茶の湯にも熱心であった。また八条宮智仁親王、烏丸光広、中院通村などを召して和学を学び、また鳳林承章、一絲文守、澤庵宗彭、隠元隆琦などに帰依して、いわゆる寛永文化サロンの中心人物として君臨した。大阪府三島郡島本町の水無瀬神宮には、後水尾天皇の好みと伝えられる茶室燈心亭がある。

御物棚【ごもつだな】

書物棚と同じ。⇒書物棚【しょもつだな】

菰天井【こもてんじょう】

真菰天井と同じ。⇒真菰天井【まこもてんじょう】

菰野石【こものいし】

伊勢御影のこと。⇒伊勢御影【いせみかげ】

菰巻【こもまき】

❶幹巻の一種。耐寒性の低い樹木や、植樹後、

樹勢の衰えているものに対し、寒さや強光から保護する目的で施される。菰とは*真菰を編んだ筵をさしている。耐寒性の低い蘇鉄や棕櫚は、葉先まで菰で覆うことがあり、冬の風物詩のひとつとなっている。桂離宮の腰掛待合前に植えられる蘇鉄の菰巻は有名。

❷松に施される幹巻。地面から幹を這い上るマツケムシを菰の中に留まらせ、後に菰ごと焼却しこれを駆除するもの。藁が使われるものは藁巻とも呼ばれる。

籠り【こもり】

❶室町時代、茶室の点前座の壁側に設けられた造り付けで押入式の棚。後に茶室の*洞庫として発展する。

❷神社や寺院に泊まり、願い事を祈ること。参籠。鎌倉時代末期に制作された「石山寺縁起」巻第二には、上皇から庶民まで多くの人が寺院に籠る様子が描かれる。

古門堂茶席【こもんどうちゃせき】

島根県安来市の清水寺塔頭蓮乗院にある茶室。同寺は天台宗の寺院で、山号は瑞光山。この茶室は住職の得故庵恵教法印が文化年間（一八〇四～一八）に同寺大門の古材を利用して造ったもの。恵教は普門院（松江市）の第九世恵海法印の弟子で、*松平不昧の知遇を得ていたといわれ、文化十一年（一八一四）に普門院から蓮乗院に移り、古門堂を開き、三重塔、仁王門、大門、権現堂などを建立した。古門堂は入母屋造茅葺で、二畳丸炉の席に一畳の次の間と、台所が付設しているが、古材を利用した茶席まわりの柱六本は九寸と太い。丸炉の炉縁は三重塔の中心柱の根元を切って作ったものといわれ、風炉先窓の掛障子は桟を外に向ける。二畳、次の間、台所の取り合わせに立つ古材の丸柱は、中を刳り抜き火袋として、三室を照らし、その上には神棚を設けている。独創的な造りで、他に例を見ない。床は浅い洞床で、入隅に大門の古材を見せている。天井は縦を木、横を竹とする廻縁と格縁による二尺角の格天井である。次の間一畳には隅棚が釣ってあるが、*大崎園の*清水の御茶屋（閑雲）に似た手法で、遡って*待庵にも通じる茶室とも考えられる。露地を隔てた向かい側には庫裏に付設する*巌松軒がある。

古門堂茶席　点前座と床側

小屋裏【こやうら】

屋根と天井のあいだにできる空間。物置などとすることもある。この空間では*小屋束や*小屋貫、*梁など屋根を構成する部材があらわになっている。

小屋組【こやぐみ】

建物の屋根を支える架構の総称。主な構成部材は*小屋梁、*小屋束、*小屋貫、*棟木、*母屋、*野垂木、*桔木などである。これらの部材を用いた構法を*和小屋と呼び、その他にトラスを用いた洋小屋もある。（付録28頁参照）

小屋束【こやづか】

*小屋組の構成部材のひとつ。大、小の*梁材の上に立てられた束。上部には*母屋や*棟木をのせる。大型の建物では小屋束の*梁行、*桁行方向に数通りの*小屋貫を貫通させ、*楔や込栓、端栓で固める。（付録28頁参照）

小屋貫【こやぬき】

*小屋組の構成部材のひとつ。*小屋束を相互に連結するために、これを貫いて竪横の十文字に通す貫。*杉材などを用いて、*楔で固める。（付録28頁参照）

小屋根【こやね】

民家の煙出屋根など、*母屋の屋根に取り付けた小さな屋根のこと。

小屋梁【こやばり】

*小屋組の構成部材のひとつ。屋根の重みを支え、その力を柱に伝えるために組まれる*梁。小屋梁と*小屋束を組み合わせて造る構造を*和小屋と呼び、ここでは*太鼓落にした丸太材が小屋梁に多用される。主に構造を担う部材であるが、その仕上げや組み合わせ方などの意匠的な見え方も吟味される。それは、*土間まわりでは室内から小屋梁が見え、屋根の*妻側でその組み方があらわれる場合もあるからである。（付録28頁参照）

後陽成院仙洞御所【ごようぜいいんせんとうごしょ】

慶長十六年（一六一一）の後陽成院（一五七一～一六一七）の譲位にともなって造営された院御所。慶長十年八月に禁裏の北に造営地が定められ、この地にあった八条宮など十余の公家、門跡の宅地跡に慶長十一年末頃に竣工した。敷地の規模は七十九間に九十間で、御対面所、常御殿、御会御殿、殿上の間、二階御書院、御持仏堂、御清所、御局町、院御所様女御御殿、御休息間、女御御殿御清所などの殿舎があった。元和三年（一六一七）の崩御後、敷地は狭められて中和門院御所が建てられた。

五葉松【ごようまつ】

マツ科マツ属の常緑高木。「姫小松」ともいう。北海道南部、本州から九州に分布し、山地の尾根沿いや岩上などに生える。樹高は大きいもので三〇メートルほどになる。葉の長さは二～六センチと黒松や赤松と比べて短く、短枝に五個ずつつくことからの名。庭園や盆栽用として好まれ、各地で栽培される。古くより神の依代とされ、各地の正月飾りに用いられる。その材は均質で建具や欄間などに用いられる。裏千家*咄々斎の床柱、天井板（一崩しの天井の項を参照）には五葉松の材が利用される。

暦張席【こよみばりのせき】

*腰張りに暦を利用した茶室をいう。『*宗湛日記』天正十五年（一五八七）二月二十五日の条には「一御城　山里之御会之事（中略）一御座敷二畳、床四尺五寸、カベ暦ハリ、左ノスミニイロリ有」とあり、豊臣秀吉の大坂城山里の二畳敷の茶室（大坂城山里の茶室の項を参照）が暦張りであったことが記されている。織田有楽の*如庵も暦張席として知られる。

五輪塔【ごりんとう】

石塔の一種。上から空輪、風輪、火輪、水輪、地輪の五つの部位で構成され、梵字を彫ることが通常である。平安時代後期に密教系寺院で、後には宗派にかかわらず用いられるようになった。一石で作られたものも見られる。五輪塔の一部を利用して露地や庭園の手水鉢にした*鉄鉢形手水鉢などがしばしば見られる。

五連打【ごれんうち】

*飛石の打ち方の一種。「五つ連れ」ともいう。*四連打に大または小の一石を添えたもの、あるいは*二連打と*三連打を組み合わせて配石するもの。（付録8頁参照）

胡盧庵【ころあん】

京都市東山区の翠紅館にある茶室。⇒翠紅館【すいこうかん】

呉呂太石【ごろたいし】

*玉石の中で、*花崗岩や安山岩が河床で洗われて磨滅したもの。石質により、玉石表面に雲母やアルカリ長石の粒子による表情があるものをさす。六～一二センチ内外の大きさで、古くはもう少し大きいものも呼ばれる。単に「ゴロ」と呼ばれることも多く、産地に続けてゴロと付けて使い分けることが多い。*延段や*雨落、*差石、洲浜に用いる石として重宝される。

小脇柱【こわきばしら】

大きな門の脇に付設した小門を構成する柱。貴賓を迎える場合でない限りは通常は閉じられる大門に対して、常用に供されるこのような小門を小脇門ということからいう。

小脇門【こわきもん】

*大棟門の左右に設けられた小形で一枚開きの門。中央の両開きの扉は公式行事や重要人物、

また昼間などに用いられるが、小脇門は非公式な訪問や所有者側の人物、夜間の出入りなどに用いられることが多い。

根庵【こんあん】

東京都大田区の日蓮宗大本山池上本門寺内にある大野鈍阿の旧居兼茶室。鈍阿（一八八五〜一九五一）は岐阜県出身の陶芸家で、*益田鈍翁に見出され、鈍翁所持の茶道具の写しを数多く作っている。茶室*鈍庵とともに平成二年（一九九〇）、同寺の*小堀遠州作と伝える庭園、松涛園内に裏千家が寄贈。桟瓦葺に庇を廻した外観で、八畳広間に炉が切られ、六畳次の間、四畳などからなる。四畳の広縁は襖を取り払えば一室となる構えである。広間は一間床に磨丸太の床柱、琵琶床の地袋は板戸。また襖は、広間側にのみ襖紙の張られた板戸で、次の間は板戸に囲まれた野趣に富んだ意匠となっている。

金戒光明寺【こんかいこうみょうじ】

京都市左京区黒谷町にある浄土宗大本山の寺院。浄土宗四箇本山の一。山号は紫雲山。「くろ谷」の名で知られる。承安五年（一一七五）、法然（一一三三〜一二一二）が比叡山西塔の黒谷別所を出て、白川の地に庵室を営んだのが始まりとされる。後に法然の弟子で、白川門徒の派祖・信空が黒谷別所の坊を移建したので「新黒谷」とも呼ばれ、地名によって「白河禅房」とも称された。塔頭には*藤村庸軒作と伝える茶室*淀看席で知られる*西翁院がある。

今昔庵【こんじゃくあん】

名古屋城東の清水坂下（愛知県名古屋市北区）の養老園内にあった茶室。尾張藩士・平澤九朗が文化十一年（一八一四）の致仕後に建て、茶事を楽しんだという。九朗は御目付、高須藩番頭をつとめ、茶の湯は有楽流を修め、余暇には作陶も行ったという。

金地院八窓席【こんちいんはっそうせき】

金地院八窓席　点前座と床側

京都市左京区の*南禅寺塔頭金地院にある茶室。*方丈の背後に建つ*書院の北面に付属している。寛永年間（一六二四〜四四）の建造。金地院は応永年間（一三九四〜一四二八）、足利四代将軍義持の帰依で、洛北の鷹峯に創立されたが、慶長年間（一五九六〜一六一五）の初め、以心崇伝（一五六九〜一六三三）によって現在地に移された。南禅寺は応仁の兵火によって荒廃していたが、慶長十年に崇伝が住持となってようやく復興をみた。崇伝は*徳川家康の信任厚く、外交文書の起草など中央の政治にも参画、同時にその政治力をもって南禅寺の本寺末寺の回復にも奔走している。金地院の再建工事は、崇伝が*後水尾天皇より円照本光国師の号を賜った寛永三年（一六二六）の翌年から開始された。『本光国師日記』に金地院作事に関する記述が散見され、寛永四年八月二十八日の日記には「小遠州へ書状遣ス、南禅寺金地数奇やくさりの間之さしつ地形なわはり以下頼入由申遣ス」とあり、崇伝は*小堀遠州に*数寄屋、及び*鎖の間の指図と*地業、縄張を依頼している。建物は翌寛永五年には完成したとみられ、このような経緯から遠州好みとして伝えられてきたが、昭和二十五年（一九五〇）の修理時の発見により、書院、茶室ともに前身の建物があり、それを改造して造られたことが判明した。前身の茶室は三畳半台目という珍しい平面で、床を含めて四畳半の広さをもった数

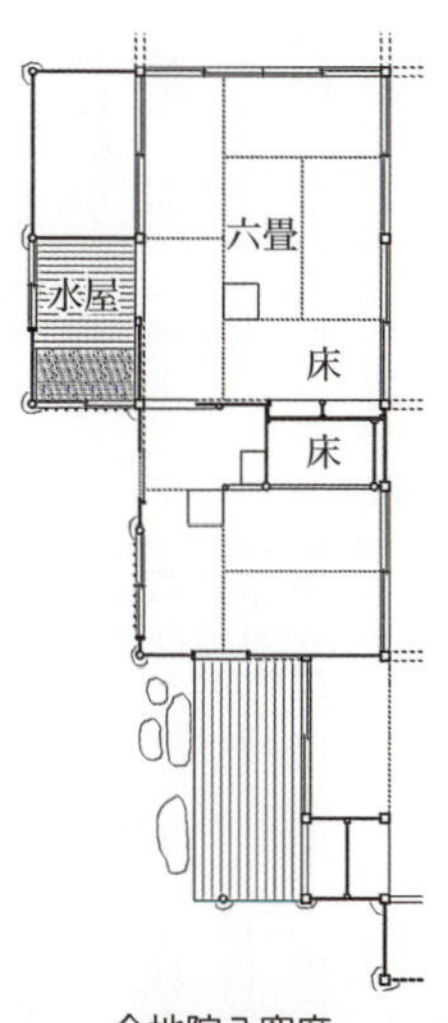

金地院八窓席

寄屋風の部屋があり、遠州の指図はそれを活用することを前提とした改造計画であったらしい。遠州の代表的な*草庵式茶室に比べ、全体構成の作風が異なるのはそのためであると考えられている。現在の内部は*三畳台目で、天井は、北側半通りが*掛込天井、ほかは*竹竿縁の*蒲天井としている。西側に*躙口をあけ、その外側に*板縁を設けているが、これは遠州がよく試みた形式である。また躙口の正面、東側に床と点前座が並列して構えられ、このような造りも遠州の好んだ手法である。向かって右、壁付側の床の柱には櫟の皮付、左の柱には赤松の皮付を立てる。壁付側の柱と、隣接する書院とのあいだに板を入れることで*二本柱としている。*床框は黒塗で、これも遠州の好みであり、床の左脇には*墨蹟窓を、*中柱の*袖壁には*下地窓をあける。中柱は椿に鋸目を入れたもので、掛込天井の丸太に留まらず蒲天井に達して納まる。代りに点前座、勝手付の壁に柱を立て、丸太を受けているが、壁まわりが煩わしくなるため、*入隅を*塗廻しにして処理している。入隅には二重棚を釣る。ともに桐板で、下棚は袖壁の*引木の上に預け、上棚とのあいだに雛束を取り付け、上棚の*出隅を竹で天井から釣り下げる。八窓席と称されるが、窓は躙口上部と北側の壁面の西寄りに*連子窓、さらに柱を挟んだ点前座背後には上に連子窓と下に下地窓を重ねてあけ、これに墨蹟窓と袖壁の下地窓を加えて六つしかない。ちなみに古図も六窓であるし、改造の痕跡も見当たらない。連子窓の割合が多く、しかも大きいのは遠州の好みである。また点前座の背後の下地窓のように低い位置に窓をあけることも遠州の作例に見られる手法である。崇伝は遠州の改造案を見て「遠州このミ一たんとよく候」と述べているが(本光国師日記)、これは躙口、床まわり、窓の作意をさしているとみられる。茶道口を出ると六畳の座敷があり、北に水屋が接している。六畳の間は一面に平縁天井の簡素な座敷で、勝手や*茶立所として用いたのであろう。浅い床と棚が茶室の床の背後の空間を利用して設けられている。*押板式の床や*天袋と*地袋のあいだに*違棚と*通棚(通棚の項❶を参照)を仕付けた棚構えは*密庵席に通ずるものがあり、遠州の指図とみられる。重要文化財。

今日庵【こんにちあん】

*裏千家の茶室。裏千家を代表する茶室。正保三年(一六四六)四月、*千宗旦は譲状を認め、屋敷地の北十六間四方を隠居屋敷と定めて、早速、裏の作事を始めた。「四間ニ三間ノ家」で小座敷は「二畳敷」であった。宗旦自筆の間取図ものこされており、同年九月一日にとりあえず屋移りをした。間取図に二畳の小座敷がはっきり描かれており、南側に南面して建てられ、炉は*向切、炉の前角に*中柱が立ち、*袖壁が付いていたこと、「水つかい」と書き入れた*洞庫が設けられていたことが読み取れる。南側に露地があり、西側の塀の*露地口を入ると右手の塀際に*腰掛と*雪隠が設けられていた。この小座敷は葺き下ろしの屋根で覆われていたと考えられる。慶安二年(一六四九)四月五日、松屋久重が宗旦に招かれた時の会記(*松屋会記)に「隠居ノ二畳敷、但、一畳半敷ヲ、残リハ板畳也、中柱有之、但ヌキハ無之候」と記しており、宗旦自筆の図と変わりないことが知られる。宝永二年(一七〇五)の『宗全指図帳』に「宗旦二畳敷」として展開図が描かれている。それによると客座側に*下地窓、*躙口側に西へ寄せて*連子窓と*向板の先に下地窓、勝手付のやや高いところに下地窓があけられている。慶安元年五月二十八日、宗旦の茶に呼ばれた*鳳林承章の日記『隔蓂記』には「宗旦隠居之家初見之也。座敷一畳半也。掛物者利休居士之影[大徳寺春屋之讃]、花入自初、有之、杜若一輪・蓮葉二枚、茶入利久

今日庵　外観

之小棗［入袋也］」と記している。これによると、宗旦はこの二畳敷で*千利休の画像を掛け、花を生けていたことが知られる。また先に挙げた久重が招かれた四月五日の会記には、「二重筒、板畳ノサキニカケテ、上ノ重ニ、色々様々ノ花多ク入、下ノ重ニテッセン花入、筒ハ自身切リ候由」と記されている。宗旦は自ら切った竹の花入に花を入れ、「板畳ノサキニ」掛けたとあるから、*風炉先は壁であったはずである。『*茶湯秘抄』の図にも、*板畳の先の壁に「花入カヽル」として釘の所在を記入していたし、客座の*大平に「掛物カヽル」と記していた。裏千家四代の仙叟宗室が*又隠の躙口の上の下地窓を連子窓に変えた時、この一畳も、躙口上の下地窓をふさいで連子窓をあけ、さらに*風炉先窓をあけたのであろう。このようにあらためられた状態の図を『宗全指図帳』に「宗旦二畳敷」として伝えている。この状態はほとんど変わることなく存続し、天明八年（一七八八）の大火に焼失したが、文化四年（一八〇七）の九月までには旧の通り再興され、現在に至っている。宗旦は隠居する前、床無しの*一畳半を建てていた。隠居の小座敷には、点前座の先に板畳すなわち*向板を入れて二畳敷とした。この向板について*川上不白は「床ノ付られぬ侘タ座敷ヘ床の替リニ御好被成候（不白筆記）」と伝えている。床無しの一畳半を不審庵（*不審菴）とした宗旦であったが、隠居する前は*残月亭という書院もあり、客のもてなしに事欠くことはなかった。しかし隠居屋敷には座敷は居間と仏間があるだけで、客を通す座敷はもはやない。そこで、床無しの一畳半の中に、せめて「床の替り」に役立つところを、と工夫したのが向板であったというのである。向板も「床なし」を堅持した*わびの工夫であった。さらに宗旦の間取図に「水つかい」と記されていた洞庫は、久重の会記には「タウコノ処ヲ、二枚戸ニシテ、一方ニハ、茶入・茶ワンタナニ置テ、又スエノ方、一方ニハ、ハントウニ水アリ、水下トモ何モ居ナカラノ仕舞也」とあり、水を流せるように*簀子を入れた*水屋洞庫であった。点前が終わっても水屋へ立たず、道具を棚に置き、建水の水も流せるように工夫されたもので、行き届いた老後の点前の工夫であった。現在の今日庵は、*寒雲亭の東南に低く付け下ろした*片流れ*柿葺の屋根に覆われ、楚々とした外観を形造っている。*中門から分かれた*飛石が、小さい*沓脱石につながる。南側にあけた躙口の*鴨居の上に、右の柱へ寄せて連子窓、右手

今日庵　点前座側

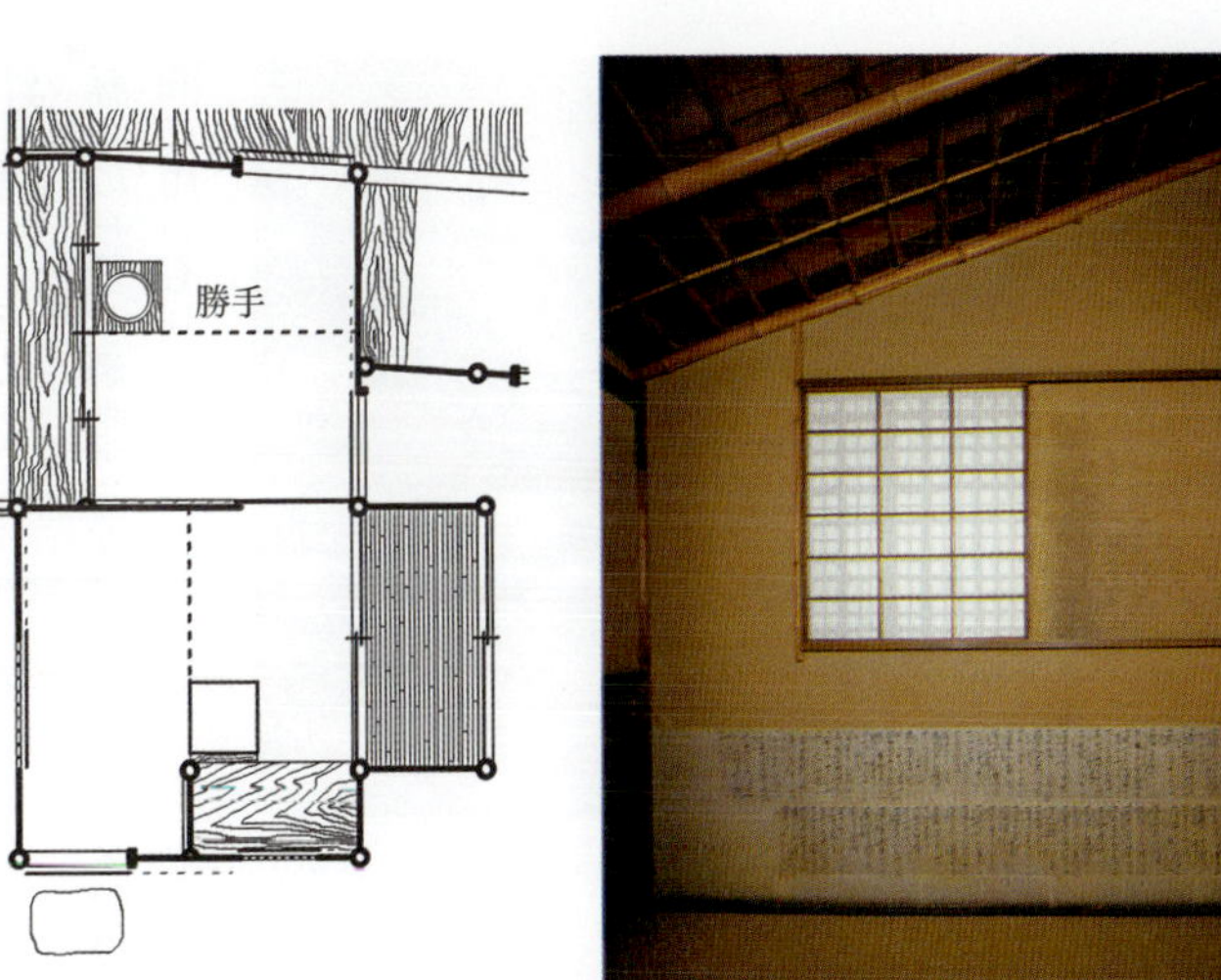

今日庵

今日庵　客座側

今日庵　壁床、茶道口側

に低く下地窓（風炉先窓）を見る。内部は*一畳台目向板入。全て*竹垂木、竹小舞の*化粧屋根裏（総掛込天井）、躙口正面の大平に軸釘を打つ。右端に*火燈形の*茶道口をあける。西側、客座中央やや躙口寄りに下地窓をあける。台目畳の点前座の先に向板を入れ、炉を向切に切る。前角に中柱を立て、*袖壁を付けている。袖壁は連子窓の途中に立つ。中柱は真っ直ぐな辛夷丸太、*見付の四尺六寸の高さに*花入釘を打つ。連子窓をあけたことにより、花入を掛ける壁がなくなったために工夫された釘であろう。勝手付には水屋洞庫を設け、*野根板の戸を引違い建てとする。背面にも同様、野根戸を建てる。下は竹の簀子を入れた流しで両脇に*腰板を入れ、右の壁に付けて一重棚を釣る。客座側と勝手付の壁には反古紙で*腰張りをしているが、向板のまわり三方は、大平とともに腰張りをしていない。「床の替り」であることを示している。今日庵の席名の由来については次のような伝えがある。ある日*清巌宗渭が宗旦を訪ねた。宗旦が不在であったので、失望した清巌は「懈怠比丘不期明日」と書きのこしていった。帰宅した宗旦もまた残念に思い「邂逅比丘不期明日」と書いた。ともに明日を期することのできない境地から「今日庵」の名が生まれたと伝えられる。この書は裏千家に伝来し、「今日庵」の席名は裏千家の代名詞ともなったのである。また「不審菴を逢源斎宗左に譲り、別に二畳敷を営み退去し清巌和尚に菴号を乞い、今日庵と書し又懈怠比丘不期明日と書かれしと云」（千家世代覚書）という伝えもある。さらに、宗旦の弟子であった板屋正賢の話として、「其人ノ話ニ今日庵ヲ宗旦ノ建テラレタル時ニ清巌和尚ヲ招テ額ヲ乞フ。明日書テヤルベシト有リシヲ是非トモニ今日頼入候ト被申ケレバ、清岩懸筆ヲ取テ懈怠比丘期明日ト云大横物ヲ七字ヲ書ヲ賜リシ。ソレヨリシテ今日庵ト云フ。其翌朝右ノ一紙ヲ表具シテ、清岩ヲ茶ニ請セラレタリ。其時正賢ハ其席ニテ清岩老□□ノ時、紙筆ヲ取扱レシカハ正シク見タル由物語有シ也ト」（堀口捨己「茶室おこし絵図集第二集」解説書）とも伝えられる。重要文化財。

興福院【こんぶいん】

奈良市法蓮町にある浄土宗の尼寺。「こうふくいん」とも読む。創建については天平勝宝年間（七四九～五七）に和気清麻呂によるとする説と、宝亀元年（七七〇）に藤原百川によるとする説の二説がある。もとは添下郡菅原伏見里（奈良県尼辻町）にあった。一時衰退していたが、織豊時代には豊臣秀吉から寺領二百石の寄進を受け、ついで寛永十三年（一六三六）、徳川三代将軍家光が祈願所として朱印地二百石を施入した。寛永年間（一六二四～四四）には本堂、客殿（重要文化財）などが造営されたが、この作事、造園の指導には*小堀遠州があたり、*久保権大輔（長闇堂）も参与した。寛文五年（一六六五）、徳川四代将軍家綱から現在の地に寺地を給わり、旧地より建物を移した。境内には権大輔の墓があり、また茶室*龍松庵とともに、大正十五年（一九二六）、古図をもとに復元された茶室*長闇堂（七尺堂）がある。

紺縁【こんべり】

*縁布の一種。濃紺で無地のもの。茶室の特に小間に用いられる。

紺縁

さ

蓑庵【さあん】

京都市北区の大徳寺塔頭*玉林院にある茶室。寛保二年（一七四二）、大坂の豪商・鴻池了瑛（四代目善右衛門）による建造で、*表千家七代如心斎天然の好みとされる。数寄者であった了瑛は、鴻池の祖とされる山中鹿之助の位牌堂として玉林院の本堂の背後に*南明庵を建立することを思いつき、寛保元年に工事に取り掛かり、翌年四月に完成させた。あわせて茶事の形式で法要を営むことができるように、南明庵の西に*小間の蓑庵を、東側に書院の*霞床席を設けた。南明庵を中心とする蓑庵ほか一連の施設は、寛保二年四月二十一日に落成したことが*棟札によって明らかである。棟札には施主に加え「本堂工匠　林重右衛門宗友」「数寄屋鏁之間　工匠遠藤庄右衛門隆明」と工匠の名も明記されている。本堂とは南明庵のことをさすと考えられ、それと茶室部分は別々の工匠が手掛けたことになる。林重右衛門は大徳寺出入りの大工であり、本堂は堂宮大工、茶室部分は数寄屋大工だと考えられる。数寄屋大工が造ったとして名が確認できるのはこの棟札が最古である。本堂西北の*露地門を入り、*飛石を伝うと、西面して建つ蓑庵が見える。外観は*切妻造*柿葺の屋根の前面に庇を深く付け下ろして、低い*草庵の姿を形造っている。壁は*苆をあらわしで見せる荒壁仕舞いで、*幅木も入れず*差石までのびており、広く見える。内部は、客座二畳と点前座一畳を*平三畳に並べ、客座と点前座とのあいだに*中板を入れた三畳中板入の席で、*躙口正面、東側に*下座床を構える。室内の窓は*連子窓と躙口上の*下地窓と少なく閉鎖的で、*突上窓により室内全体にかろうじて明りがいきわたる。床は、*床柱が赤松皮付、*相手柱と*床框が*北山丸太で、自然な*面付をしている。点前座の天井は床前の*平天井に対して、*蒲の落天井とし、躙口側を*掛込天井として三段を切り替え、狭さを感じさせない軽快な造りにしている。中板に炉を*上げ台目切に切り、赤松皮付の*中柱を立てる。中柱は天井が交わる位置から外れた場所に立ち、掛込天井の*竹垂木の途中に取り付いている。かなり大きな曲がりを見せながら、ほっそりと立ち上がっている。床の脇に*火燈形の*給仕口をあける。勝手の廊下西側には水屋を構える。水屋流しで、腰板に*竹釘を打ち、上

蓑庵　外観

蓑庵　勝手廊下

床

蓑庵

に板棚、下に*簀子棚を仕付けた二重棚、さらに上方左隅に二重棚を釣った構成は利休流水屋の典型で、古い実例の一つである。また水屋棚に相対する壁面の*入隅には*仮置棚を設ける。上棚は衽形で長く、下棚とのあいだに取り付けられた袖板に*格狭間を透かした*炮烙棚と呼ばれる形式で、*千宗旦好みと伝えられている。表千家*不審菴や裏千家*又隠の水屋にもあり、茶道口を出たところに設け、亭主が炭道具を仮置きする時に大切な役割を果たす。南明庵や蓑庵造立の経緯については史料に詳しくのこされており、それから構想自体は了瑛のものであったことがうかがわれるが、茶室や露地の意匠までもが了瑛自身の手によるかは不明である。蓑庵には数寄者の余技の域をこえた専門家の創意工夫があふれており、もちろんそこに当時の町衆らしい趣味的傾向もうかがわれるが、そういう要素は巧みな専門的技巧の中に消化されて表現されている。茶室や露地、位牌堂を中心とする使い勝手については細部まで了瑛は如心斎に相談し、指導を仰ぎながら造営は進められたと考えられる。またその仕上には職能の異なる大工が協働した違和感は全くなく、仏堂と数寄屋の意匠が巧みに融合している。一部に華やかさを取り込みつつも、千利休以来の求道的な茶室空間を成立させている。異なる二つの性格を架橋するところにこの茶室の意義があり、茶室の時代性と可能性を考える上で特筆すべき遺構といえる。重要文化財。露地は附指定を受けている。

柴庵【さいあん】

神奈川県鎌倉市の斉藤利助邸(寿福庵)にある茶室。明治四十四年(一九一一)、東京高輪の朝吹英二邸に建てられたものを、彼の死後、大正時代に移築した。建物は切妻造瓦葺の平入で二方に土間庇をめぐらし、軒内の雨落の溝付近には木賊が植えられていた。八畳の席で炉を本勝手出炉に切り、一間床を構え、点前座の後方に茶道口と通い口とが矩折に配される。席入りは、床脇の四枚建の障子と、貴人口のある二畳敷を介してできる。当時、北鎌倉に好日会(斉藤が始めた茶会)が結成され、同庵内には、昭和二十四年(一九四九)創建の尚美庵(四畳半の席)があり、東西の数寄者たちの茶会の舞台となった。

西翁院【さいおういん】

京都市左京区にある*金戒光明寺の塔頭。*藤村庸軒の養祖父・源兵衛(西翁宗徳居士)によって天正十二年(一五八四)に、明蓮社光誉を開山として創建。本堂の西北に接して茶室*澱看席がある。

柴屋寺の茶室【さいおくじのちゃしつ】

静岡市駿河区の柴屋寺にある茶室。同寺は別名を吐月峰といい、月の名所としてもよく知られている。この茶室は永正三年(一五〇六)、連歌師・*宗長がこの地に営んだ草庵の柴屋軒を前身とする。本堂の背後に茅葺の開山堂と茶室が建ち、開山堂には本尊である開山の宗長木像を祀っている。茶室は四畳で、北側正面中央に台目床を構え、丸竹の床框を据えて地板を張る。床柱は杉の面皮柱、相手柱に皮付丸太を立てる。床の左、風炉先にあたる壁に下地窓をあける。天井は竿縁天井で、東側には障子を引違いに二枚建て込む。庭園は名勝及び史跡に指定されている。

西行庵【さいぎょうあん】

❶平安時代末期から鎌倉時代初期にかけての歌人・西行(一一一八〜九〇)にゆかりのある庵をいう。西行は、はじめ鳥羽院に北面の武士として仕えるが、二十三歳で出家し、諸国を行脚する。多くの歌を詠み、家集『山家集』をのこし、『千載集』や『新古今和歌集』などの勅撰集にも二百六十五首が入撰する。この西行が結んだ、あるいは逗留したと伝える庵の跡は、西行庵の名でいくつかが知られるが、そのうち京都市東山区の西行庵(❷の項を参照)は、明治二十六年(一八九三)に宮田小文によって、再興されたもの。また奈良県吉野町吉野山や香川県善通寺市出釋迦寺にも西行庵がある。

❷京都市東山区の円山公園(名勝)にある茶室。この地は西行が出家して庵を結んだ地で、松尾芭蕉も西行を慕って訪れたという。いつの頃からかこの地には西行堂が建てられていたが、明治時代にはかなり荒廃していたようで、それを嘆いた宮田小文が、明治二十八年(一八九五)に京都で内国勧業博覧会の開催が決定したことを機に、堂の修復とそれを守るための施設として西

行庵を建築した。富岡鉄斎の勧進文によって工事費を集め、数寄屋大工・*平井竹次郎の手により、明治二十六年に竣工した。建物は京都市紫竹にあった浄妙庵の建物を購入し、それをもとに工夫したものという。四畳半下座床の席（主室、推敲席）、一畳台目向切の席、土間席などからなる。また建物は*皆如庵とつながっている。土間席部分は通りに面し、茅葺屋根の外観で、桟瓦の庇を低く付け下ろしている。北と東、二方が開口部となり、内部は瓦の四半敷で、玄関の役割も兼ねる。土間の西と南に腰掛としての機能を備えた小縁が取り付き、西側に担い茶屋の棚の部分を二つあわせた形態の点茶卓が据えられている。また西の壁面には棚が設けられ、壁床としての役割ももつ。天井は平天井と化粧屋根裏が組み合わされている。この土間席は立礼席として比較的早い時期に出現したものである。明治十二年開業の也阿弥ホテルが円山公園にあり、おそらく宿泊の外国人たちに茶を振舞ったものと考えられる。土間席南側には隣室の二畳台目席の躙口があけられる。二畳台目席は下座に壁床が設けられた茶室。台目畳の点前座風炉先に向板を敷き、風炉先窓をあけて、隅柱は塗立柱、炉を向切に切る。天井は平天井で点前座上部が落天井となる。推敲席は西行庵の主室である。二方に畳縁が廻り、建具を外せば八畳の座敷として使用が可能である。床は奥行きの浅い板敷きの蹴込床、床脇には太鼓襖を引違いにした地袋が設けられる。天井は竹が張られた簀子天井、竿縁として竹と丸太を交互に配した野趣あふれる形式である。

裁錦楼　主室　床側　『数寄屋聚成』16

裁錦楼【さいきんろう】

福井市の*三秀園にあった座敷。二階に設けられ、主室十畳と次の間からなる。主室正面の西側に二間の踏込床とその右側に半間の床脇を構える。床は間口二間、奥行三尺に、欅一枚竪張とした地板敷き。赤松の皮付丸太の床柱に、錆竹の落掛を取り合わせる。その床には隅切棚を設け、自然木の塗立柱を付ける。床脇には地板に倹飩式の地袋と、染付陶器製の引手をもつ小襖引違いの天袋を設け、その境にある壁に狆潜りをあける。床正面左側は間口二間間半に柱を立て、腰障子四枚を引違いとした窓をあける。その窓の手摺越しに足羽川を隔てて遠く文殊山を望む。一方、床の対面には間口二間間半の柱を中心に、斑竹の鴨居の下に中央柱から円周まで三尺八寸五分の大きな半円窓があけられ、文人趣味によった草庵風の軽快な意匠がこらされた座敷となっている。半円窓は径四分の斑竹九本の連子窓。天井高は六尺六寸三分、黒部杉の野根板張、杉の竿縁天井である。階段室である四畳の次の間は、階段手摺越しに三畳台目向板入の席となっている。

灑雪亭【さいせつてい】

石川県金沢市の玉泉園にある茶亭。茶室、広間八畳、六畳の間などからなる。玉泉園は、加賀藩の重臣であった脇田家の旧屋敷地で、初代直賢（一五八五～一六六〇）以来、約百年間にわたって作庭されたものとされる。灑雪亭及びその露地は、上下二段に構成された庭園内の上段にあり、『松雲公遺稿古文類纂百八十八』中の『脇田家伝書』によれば、二代直能（?～一六七五）の居所を灑雪亭と号し、儒学者・木下順庵（一六二一～九九）もここを訪れて、「飛泉陰雪灑」の句を含む五言律詩を詠んだという。加えて直能は茶を*裏千家四代仙叟宗室に学び、門人の中の白眉であったことなども記している。また『金沢古蹟志』（一九三三年刊）には「露地、茶室を千宗室の指図にて造らせ灑雪亭と名付けたり」と、やや踏み込んだ伝えもあり、両者の表現の違いがいかなる経緯によるものなのか詳らかでない。建物全体は戦後に葺き直された寄棟造の穏やかな外観で、茶屋や広間八畳の軒内は土縁である。

灑雪亭　茶室　床と点前座側

茶室の土縁の上部は、大屋根の下に繊細な化粧屋根裏の軒が別に造り込まれており、雪の重みは大屋根のほうで受ける構造である。また、土縁の先には雪囲い用の戸が建てられるよう敷鴨居と戸袋が取り付けられ、積雪時にはこの土縁を、独立した内露地として使うこともできる。茶室への上り口の壁面は、間口いっぱいに腰障子二枚を引違いに建てた貴人口と、引違い建の躙口とが並び、躙口の上にはさらに同じ幅の連子窓もあいて、開放的な構成である。こうした二重の軒、雪囲いの活用、引違いの上り口といった組み合わせは、同じ金沢にある成巽閣の*清香軒の土縁などにも見られ、土縁を工夫することが金沢の特徴の一つといえる。また広間八畳のほうの土縁は茶室のそれより奥行きは深く、飛石の園路が座敷の足元まで入る。内部は丸畳一枚と台目畳二枚からなる変則的な構成で、台目畳を点前座として炉を向切に切り、風炉先側に構えた床は、奥行きが二尺あまりの踏込床で、幅一尺三寸六分の松の前板が入る。床柱は赤松皮付、袖壁には竹を入れ、壁を留める。前板と床の地板が続いているので、板の上に床柱だけが立っているように見え、原叟床風の床構えともいえる。点前座の背面側の壁には火燈口形式の茶道口、床の対面の壁には貴人口とその右隣りに躙口があく。天井は点前座が落天井、そのほかはすべて化粧屋根裏となる。こうした灑雪亭の構成は、那谷寺の茶室*如是庵とよく似ており、これも仙叟ゆかりの茶室と伝えられているが、那谷寺第十世弗隠（一八三七年没）の「書屋」と記すものもある（石川県史）。一方、八畳のほうは、杉面皮柱と赤土壁の数寄屋風書院で、炉は床前の畳に広間切、床は一間床ながらも踏込床で、これに平書院を組み合わせた床構えである。なお灑雪亭の露地には、金沢の金石を本拠地とした江戸時代後期の豪商・銭屋五兵衛が所持した燈籠がある。また玉泉園の下段庭園には旧主屋が姿を変えながらも現存し、裏千家*寒雲亭のほぼ忠実な写しがある。本歌の襖絵が狩野探幽筆の八仙図（*手違いの襖）だったのに対し、玉泉園の寒雲亭写しは、加賀藩御用絵師・佐々木泉玄（一八〇五〜七九）の筆になるという。

西爽亭【さいそうてい】

岡山県倉敷市の柚木家にある座敷棟。主屋の西側に連なり、天明年間（一七八一〜八九）に建設されたと伝えられている。柚木家のある玉島を領した備中松山藩（高梁市）の藩主がこの地を巡回した折には、宿泊所にもなった。備後国神辺（福山市神辺町）で私塾・廉塾を開いていた儒学者の菅茶山によって、西爽亭と名づけられた。座敷棟の外観は平家建の切妻造本瓦葺で、藩主を迎える御成門を潜ると、正面に式台があり、その奥が六畳の取次の間で、その西面には間口二間、奥行半間弱の棚が造り付けられている。取次の間の奥には十畳の次の間があり、その西側に床、棚、付書院の座敷飾を備えた十畳の上の間が並ぶ。内部は、面皮丸太の柱や廻縁を用いた数寄屋風の手法が用いられる。上の間と次の間の南側には広縁が付き、その西端に別棟で設けられた湯殿と厠が接続する。庭は、御成門の南側から上の間北面へと続く前庭と、上の間、次の間の南側にひろがる高低差のある主庭があ

西爽亭　茶室　外観

り、主庭の南西隅に茶室が建つ。茶室の外観は寄棟造銅板葺で、抹茶室（仙風閣）と煎茶室（招流閣）の二室が、不等辺台形の板の間を挟んで、南北に並ぶ。南側の抹茶室はほぼ八尺四方の正方形平面で、北西隅を半間四方の踏込床とし、台目畳三畳と中板が敷かれる。そして、その南面西端に半間四方の水屋が突出する。北側の煎茶室は四尺五寸四方の正方形平面。二畳敷の池に張り出した高床建築で、北面及び東面には七宝文の透彫りの腰板が付いた窓があけられ、小亭ながら煎茶室としての特徴を備えている。登録有形文化財。

在釜【ざいふ】

茶会や呈茶の用意のあることを示す語。釜を懸けているという意味で、「在釜」と書いて門前に貼り出したり、釣り下げたりして、茶人が釜を懸けていることを知らせる。

西芳寺【さいほうじ】

京都市右京区松尾神ケ谷町にある臨済宗の寺院。苔寺の名で知られる。奈良時代に行基が創建した西方寺を、建久年間（一一九〇～九九）、中原師員が西方寺と穢土寺に分けて、法然を招いた。暦応二年（一三三九）、藤原（中原）親秀が、中興開山として夢窓疎石を請じ、禅宗寺院として再興、寺名を西芳寺とあらためる。夢窓疎石によって山内に設計、造営された庭園は上段が枯山水、下段が浄土式の庭園で、史跡、特別名勝。この庭園に*足利義満、*足利義政もしばしば訪れ、義政は*東山殿など自らの山荘設計の模範としている。また、下段庭園内には*湘南亭、*少庵堂、*潭北亭の三つの茶室があり、*千少庵が湘南亭に退隠していたとも伝えられる。「古都京都の文化財」の一つとして世界遺産に登録されている。

西明寺枝折戸【さいみょうじしおりど】

*揚簀戸の一種。竹で扉の外縁を作り、これに割竹を折り掛けて菱目とし、藤蔓などで結んだもの。『*石組園生八重垣伝』巻上に「西明寺枝折戸　揚戸なり、茶庭の中、木戸、又山ののぼり口などに置べきなり、凡二尺三尺、割竹にて造る」と説明している。

細流【さいりゅう】

⇒細流【ほそながれ】

竿縁【さおぶち】

*板天井の板（*網代や*野根板など）を支え、かつ化粧するため、板と直角の方向に取り付けた細長い部材の総称。両端は天井*廻縁に取り付け、天井が重みで垂れる場合は中途を*梁から釣る。間隔は一間を三つ割りから六つ割りまで各種ある。材には杉や檜、栂、赤松などを用い、*猿頬面など*面取が施されることも多い。また茶室では女竹や皮付小丸太などが好まれ、竹を二本まとめ、吹寄にすることもある。近世中期以降は、竿縁は床と平行になるよう納め、床に対して差す方向になること（*床挿し）を避ける傾向にあった。（付録25頁参照）

竿縁天井【さおぶちてんじょう】

天井板を一方向に張り、それに直角に*竿縁を並べた天井。竿縁天井のうち、竿縁に*猿頬面を付けたもの（猿頬天井）は一段格が上る。ひろく一般に見られる天井である。（付録25頁参照）

竿縁天井　松風楼　表千家

酒井宗雅【さかいそうが】

宝暦五年～寛政二年（一七五五～九〇）。江戸時代後期の大名、茶人。播磨国（兵庫県）姫路藩主。本名は忠以。父・忠仰の早逝により、姫路藩主であった祖父・忠恭の跡を継いだ。母は大給松平乗祐の娘・里姫（玄桃院）。母方の曽祖父は『*三冊名物記』の編著者・大給松平乗邑。実弟は江戸琳派の絵師・酒井抱一。安永五年（一七七六）から記し始めた公用日記『玄武日記』は、逝去直前の寛政二年（一七九〇）六月まで、約十五年に及ぶ日次記。西尾藩主大給松平乗完や岡山藩主池田治政、姫路新田藩主酒井忠交ら、近親者との茶会を通して徐々に茶の湯に傾倒していったことが日記からわかる。天明二年（一七八二）、江戸藩邸の茶室三省亭の造営を契機として茶会に関する記載が増え始め、天明四年には自会、他会あわせて年間で百二十回に及ぶ茶会が記されている。天明四年、松江藩主*松平不昧の茶室未央庵の茶会にも招かれ、以後不昧との親しい交流が生まれ、不昧を茶道の師として石州流の免許皆伝を受けた。また*川上不白らとの交流もあり、千家で考案された*七事式を取り入れるなど、流派にとらわれない一面もある。*千宗旦ゆかりの道具を多く所持し、別邸の茶室を今日庵と名づけている。天明七年から約三年にわたって記された茶会記『逾好日記』は宗雅の晩年の茶会を記した日記で、宗雅が造営した江戸上屋敷の茶室逾好庵に由来する。天明八年の参勤交代の際には、天明の大火で復興中の京都に立ち寄り、大徳寺の各塔頭を廻って*茶室や石燈籠の図を日記にのこしている。また*松花堂昭乗以来、*瀧本坊にのこされた什物が散逸の危機にあることを知り、自ら財を投じて収集につとめ、瀧本坊に寄贈したことが日記に記されている。晩年は足痛で杖を使用したためか、*道安囲の茶室に興味を示し、不昧との往復書簡（酒井宗雅茶湯聞書）では点前座の図を示して詳細を尋ねているが、病に苦しみ、三十六歳で逝去した。宗雅が所蔵した茶道具のうち、百二十点にものぼる道具が十三回忌の後に不昧に譲渡された。

酒井忠能【さかいただよし】

寛永五年～宝永二年（一六二八～一七〇五）。江戸時代前期の大名、茶人。大老・酒井忠清の実弟。従五位下日向守に叙任。その江戸屋敷の露地、書院の庭が優美であったことが『古今茶道全書』巻五に見える。駿河国（静岡県）田中藩四万石を領したが、天和元年（一六八一）に改易された。後に許され五千石の旗本となる。茶の湯を*片桐石州に学ぶ。その養子・酒井忠佳（はじめ忠紀、忠周）は同じく従五位下日向守に叙任、茶の湯を*松浦鎮信門下の野田酔翁に学び、如山と号した。

榊【さかき】

ペンタフィラクス科サカキ属の常緑高木。本州（関東以西）から九州、沖縄の山地に自生する。樹高は一〇メートルほどになる。葉は長さ六～一〇センチで厚く、光沢がある。縁は全縁で互生する。六～七月に白い花を咲かせる。神社によく植えられ、その枝は神事に使われる。伊勢では正月の門松の代りに榊を飾る。材は堅く、農具や、床柱に用いられることも。また薪炭材にもなる。*混ぜ垣の一種としてよく利用されるほか、露地でも深山の景趣を演出する常緑樹林のひとつとして好まれる。

嵯峨御所【さがごしょ】

京都市右京区嵯峨にあった嵯峨天皇（七八六～八四二）の離宮。現在は真言宗大覚寺派の本山、旧嵯峨御所大本山大覚寺となる。園池である大沢池があり、池中には西に天神島、東に菊ケ島を配し、庭湖石と称される*立石を立てる。池の北には藤原公任の「滝の音は絶えて久しくなりぬれど、なこそ流れてなお聞こえけれ」の歌でも知られる名古曽滝の*滝石組がのこり、*遣水跡も確認されている。南畔には茶室*望雲亭が建つ。境内は史跡、大沢池は名勝、また名古曽滝跡は附指定を受けている。

座金【ざがね】

鋲など突出している金物の下に挿入される別の金物。鋲頭より大きくすることによって、広範囲に荷重を分散させる効果がある。その他装飾的に用いることにより、より立体的に豪華に見せる効果がある。*釘隠にも*菊座、丸座などの座金が挿入される。

嵯峨丸太【さがまるた】

杉丸太材の一つ。嵯峨（京都市右京区）が、桂川（大堰川、保津川）を利用した北山や丹波材の集積地であったことによる呼称。『愚子見記』の「諸材木出所并木品之事」では「一吉野上木、一北山中木、一嵯峨丸太中木下」と、吉野や北山産より下位におかれていた。「楽隠居を岡崎に見立（中略）作事は手の物の嵯峨丸太」（井原西鶴『本朝桜陰比事』）とみられるように、数寄屋普請によく使われた。

嵯峨見窓【さがみまど】

金戒光明寺の塔頭西翁院にある茶室*澱看席の*風炉先窓のこと。かつて栗原岡と呼ばれていた吉田山南麓の小高い地点に建つ、茶室の西面する風炉先窓から、嵯峨の景色が望まれたからであろう。

座替わる【ざがわる】

居替わると同じ。⇒居替わる【いがわる】

左官【さかん】

様々な形状の鏝（左官鏝）を扱い、*塗壁を行う職人。「しゃかん」ということもある。壁下地造りから柱への墨付け、壁材料の調合、壁の塗り重ねと、塗壁に関する一切の工事を担い、これらの作業そのものを左官、あるいは左官仕事ともいう。数寄屋は一般住宅に比べて、材料や施工法も特殊なものとなる。数寄屋では細い柱材を用いることから、おのずと壁の厚みも薄くなり、用いる土や藁も一般住宅より細かいものとなる。また、わざと壁塗りを行わず、*小舞の下地を露出させて開口とする*下地窓の施工でも、高い技量が要求される。

坐漁庵【ざぎょあん】

福井県越前市の料亭・神崎家本店の山荘にある茶室。旧武生市街の南、日野川の畔にある村国別荘群入口の北端に位置する神崎家の山荘に、昭和五年（一九三〇）に設けられた。周囲に生垣をめぐらした敷地の東南隅に、東向きに配され、その北から東にめぐらした池面に浮かぶように、池にせり出している。軽快な切妻造の屋根の建物正面を望みながら、北側より池面を沢飛石を伝って席入りする。正面を東に向けて二枚障子の貴人口をあけ、矩折に躙口を設ける。内部は四畳半台目、下座床の席で、炉は四畳半切。柱は北山杉の磨丸太。貴人口正面に薄縁床を構える。床は辛夷丸太の床柱に、杉磨丸太で上端面付の床框を取り合わせ、床柱側袖壁に墨蹟窓をあける。天井は、床前を黒部杉の野根板羽重張、赤松の皮付小丸太の竿縁による平天井とし、点前座の半間通りを辛夷小丸太の化粧屋根裏とする。床の脇北側に広間六畳が続く。

坐漁庵　外観

作事【さくじ】

建物を造ったり、修理したりすること。室町時代では、神社や仏閣の建築工事を造営といい、築地や庭園の造作などの土木工事を普請と呼んだ。近世初頭の城郭建設においては、石垣工事などを普請、御殿などを建築することを作事といい、普請奉行と作事奉行がそれぞれ指揮、監督した。その後、江戸幕府作事奉行の職務が小普請奉行に分掌されるなど、作事と普請の語義上の差異はしだいにあいまいになっていった。

作事奉行【さくじぶぎょう】

江戸幕府における職名のひとつ。普請奉行、小普請奉行とともに下三奉行として土木及び建築にたずさわった。普請奉行が土木関係を扱ったのに対して、作事奉行は江戸城本丸、西の丸の表向きの殿舎や増上寺霊廟の造営、修繕などを統轄し、小普請奉行は奥向き殿舎や寛永寺の造営、修繕を統轄した。作事奉行の支配に属するものとして、畳奉行、石奉行、材木奉行、植木奉行、瓦奉行、小細工奉行、大工頭と、それに属する被官職人、大棟梁、京都大工頭、掃除方、張付師、飾屋、鍛冶屋、庭作などがあった。

作庭【さくてい】

庭園を造ること。「*石立」「庭造り」「築庭」「造庭」なども同じ意味で多く用いられてきたが、今日では作庭と表記することが一般的である。

作庭記【さくていき】

日本最古の作庭書。著者は不明であるが、原著を藤原頼通の子・橘俊綱（一〇二八〜九四）とする説がある。原本は失われ、数種の写本が伝わる。加賀国（石川県）前田家に伝わった写本（谷村家本）は重要文化財。主に*寝殿造の庭園についての作庭手法について書かれ、*石組、島、*庭滝、*遣水、樹木、泉などについての手法を述べている。『作庭記』という名称は『群書類従』に収録された際のもので、古くは『前栽秘抄』とも呼ばれた。『作庭記』冒頭には「石をたてん事、まづ大旨をこゝろうべき也。一地形により、池のすがたにしたがひて、よりくる所々に風情をめぐらして、生得の山水をおもはへてその所々は、さこそありしかと、おもひよせおもひよせたつべきなり。一むかしの上手のたてをきたるありさまをあとゝして、家主の意趣を心にかけて、我風情をめぐらして、したてつべき也。一国々の名所をおもひめぐらして、おもしろき所々をわがものになして、おほすがたをそのところところになずらへて、やはらげたつべき也」といった作庭に重要な三箇条が記されており、自然の風景や名所にならって作庭することが述べられている。また、遣水や栽植などに関して*四神相応や*陰陽思想の影響が見られる。

佐久間真勝【さくまさねかつ】

元亀元年（一五七〇）～寛永十九年（一六四二）。江戸時代前期の旗本、茶人。佐久間将監、寸松庵主の称で知られる。初名は実勝。山隠宗可、または匿藪斎と号した。豊臣秀吉、徳川家康に仕え、慶長九年（一六〇四）、従五位下伊予守に叙任。のち父・政実の後を受けて御使番に列し、河内守、将監に昇った。寛永九年に*作事奉行となり、同十年二千石を加恩、同十一年、三代将軍徳川家光の上洛に際しては近江国（滋賀県）膳所城の作事に当たった。元和七年（一六二一）、*江月宗玩の知遇を得て大徳寺龍光院内に*寸松庵を創立し、晩年はそこで過ごした。真勝が秘蔵した伝紀貫之筆の十二枚の色紙は寸松庵色紙と称され、珍重される。

佐久間将監【さくましょうげん】

佐久間真勝のこと。⇒佐久間真勝【さくまさねかつ】

昨夢軒【さくむけん】

京都市北区の大徳寺塔頭*黄梅院にある茶室。天正年間（一五七三～九二）に建てられた本堂（客殿、重要文化財）から廊橋でつながれた書院自休軒の中に造り込まれている。自休軒は江戸時代初期に建てられ、その時にもとは境内にあった茶室が造り込まれたと伝えられる。茶室は*武野紹鷗好みとも、紹鷗の女婿・*今井宗久の好みとも伝えられている。内部は四畳半。炉を本勝手に切り、台目床を構える。茶室の三方は書院の他の諸室と接し、西と南は襖四枚建、東面に二枚襖を建てて茶道口とする。床のある北面は縁に接し、床の並びに腰障子を建てている。床は土壁で墨蹟窓があき、塗框に絞丸太の床柱という取り合わせである。天井は竿縁天井で大面を取った長押を打ち廻す。四畳半に長押を打ち廻した古風な構えが再現されている一方、床まわりの構成などに紹鷗の時代には見られない要素が認められる。

昨夢軒　床側

桜【さくら】

バラ科サクラ属の落葉樹の総称。山地に自生する*ヤマザクラ（山桜）と、江戸時代末に作られ、最も普通に見かける*ソメイヨシノ（染井吉野）が有名。この他にも人為的な交配などにより二百種以上もの園芸品種が作られた。山桜は古くは『万葉集』に詠まれるなどしていたが、『日本後紀』に記述される、弘仁三年（八一二）に行われた神泉苑での花見を皮切りに、「花宴」が盛んに行われるようになる。仁明天皇の頃、紫宸殿前の梅が桜に替わり、『古今和歌集』の時代には代表的な庭木となった。現在の天龍寺（京都市右京区）の場所に亀山殿が造営された際は、対岸の嵐山に吉野（奈良県）より運ばれた桜が植えられており、現代まで景勝地として人々に好まれている。露地では花樹を好まないため、ほとんど例を見ないが、戦国時代の武将・斉藤道三（一四九四～一五五六）は桜一色の露地を造ったことが『古今茶道全書』（一六九四年刊）に記される。

桜川茶寮【さくらがわちゃりょう】

東京都港区（当時は芝区桜川町）の*馬越化生邸にあった茶室。明治二十三年（一八九〇）頃、名工・杉根本茂樹（当時、紀井田風之助と異名された大工。杉子爵邸、伊集院兼常邸などを手掛けた）によって建てられた。席は広間八畳と一畳台目の小間からなり、別に三畳の寄付があった。大正十二年（一九二三）の関東大震災で焼失。

桜棚【さくらだな】

*床脇に設けられる*飾棚の一種。江戸時代に棚雛形として定型化される四十八棚の一つ。『増補大匠雛形四 新板棚雛形』（一八六六年刊）には「是ハおし（押）板わき、また書院わきによし」とある。

桜棚 『増補大匠雛形四 新板棚雛形』

桜御影【さくらみかげ】

紅色長石やカリ長石を多く含み、桜色のような色調をした黒雲母花崗岩の総称。福島県いわき市赤井、岡山市の万成、矢板地区から産出する。粒が粗く、紅色のあでやかな意匠が古くから好まれる。建築では葛石や貼石、石造物では石燈籠などに用いられる。

柘榴【ざくろ】

ミソハギ科ザクロ属の落葉小高木。「石榴」とも書く。樹高は五～六メートルほどになり、葉は長さ二～五センチで全縁。六月に朱赤色の花をつける。果実は球形で、熟すと実が裂け、種子が現れる。十世紀初頭には中国から渡来しており、当初は薬用として利用されていたが、鎌倉時代には種子が食用となる。この他、種子の酸は鏡の曇りを取るのに用いられた。種子が多くつくことから子孫繁栄を願い、庭木として植えられる。材は床柱に使われる。

下げ苧【さげお】

土壁材料の一種。麻や苧（イラクサ科の多年生植物）の皮から作った繊維を束ねて二つ折にし、短釘に結び付けたもの。繊維が紐状の*髭子と、布状の*のれんがある。木摺（塗壁の下地に用いる小幅板）などに打ち付け、壁土が下地から剥離しないよう一緒に塗り込む。またその工法をいう。

下げ束【さげづか】

釣束と同じ。⇒釣束【つりづか】❷

笹【ささ】

イネ科タケ亜科に属するササ類の総称。竹と笹は古くより明確な区別があったわけではなく、大形のものを竹、小形のものを笹と一般的に呼んでいた。植物の分類上では筍の外皮が早く落ちるものをタケ類に、長く腐るまで付いているものをササ類とする。建築材として用いられる*女竹や*矢竹などはササの仲間で、逆に*阿亀笹はタケの仲間である。笹は庭園の*下草としてよく見られるが、特に京都の鞍馬山や大原に自生するササ属のクマザサ（熊笹）などが知られる。これは冬になると葉の縁が枯れて白く隈どられることからこの名がついた。

楽々庵【ささあん】

京都市東山区の*南禅寺塔頭帰雲院にあった茶室。帰雲院は南禅寺第二世の規庵祖円の塔所。大正十一年（一九二二）二月、当時の帰雲院主・楽々露山、及び小島宗硄ら、多くの茶人が発起して、裏千家の茶匠・鵞山宗宙の指導のもとに造立された。外観は入母屋造桟瓦葺の平入、帰雲院の書院より池庭にそって茶室に入る。破風の扁額「無心心」は楽々露山の筆であった。内部は四畳半本勝手の茶席と、二畳分の板敷きの勝手が北になる次の間三畳、その西に水屋と続く。茶席の床の左脇に千利休像を安置する*壁龕があった。床の落掛は天正年間（一五七三～九二）、京都三条大橋改築の際の橋杭貫と伝える古材で、貴人口の腰障子も織豊時代のものであったという。天井は客座は平天井、一部を掛込天井とし、点前座は落天井とする。現存せず。

搘柱【ささえばしら】
控柱と同じ。⇒控柱【ひかえばしら】

笹垣【ささがき】
❶枝折垣の一種。生きた笹を折って編んだもの。桂離宮にある二種の桂垣のうち、桂川沿いの枝折垣（桂垣の項❶を参照）を、御幸門の両側の竹穂垣に対して、笹垣と呼ぶ場合がある。❷生垣の一種。笹を並べて植栽したもの。

細戸【ささど】
❶小型の板戸の総称。❷躙戸のこと。⇒躙戸【にじりど】

簓桁【ささらげた】
踏板を、その下から支持する登り桁。階段の形にあわせて、上面が簓子のようにぎざぎざに欠き込まれていることからの呼称。踏板の両端を差し込んで支持するものは、側桁という。

簓子下見【ささらこしたみ】
下見板張の一種。下見板と呼ばれる横板を下から順番に羽重に張り付け、三〇センチほどの間隔で簓子と呼ばれる竪桟を取り付けて固定したもの。簓子の裏面は下見板に合わせて刻みを入れるが、これを羽刻と呼ぶ。

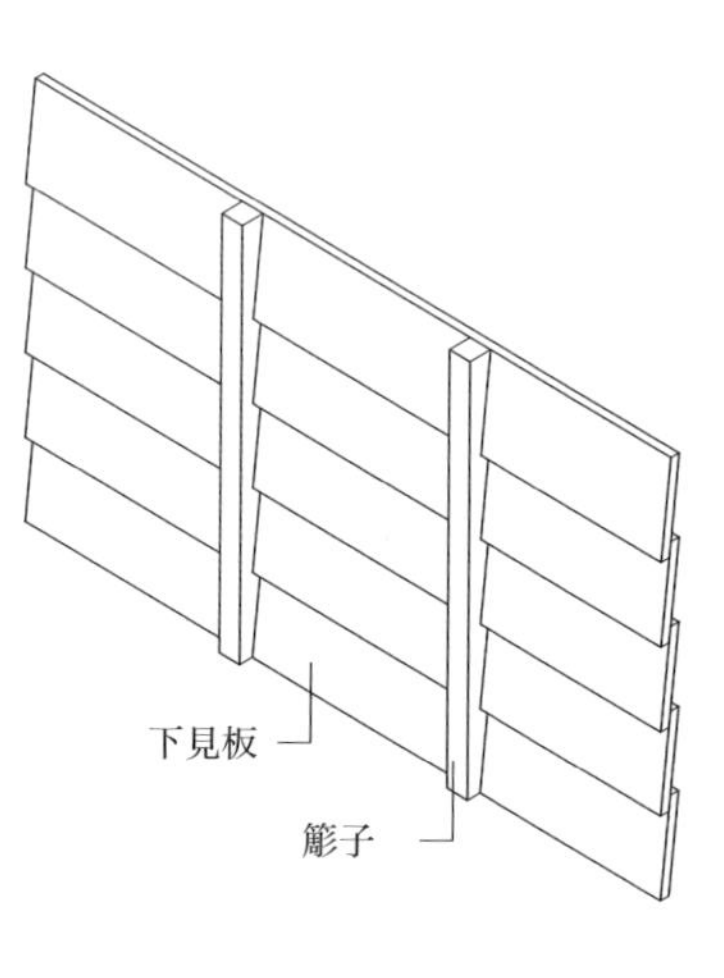

簓子下見

山茶花【さざんか】
ツバキ科ツバキ属の常緑小高木。本州の一部、四国（西南部）及び九州、沖縄の山地に自生する。樹高は五～六メートルほどになる。葉は長さ三～七センチの楕円形で互生する。若枝や葉柄に短毛があるのが特徴。十～十二月にツバキ（椿）に似た花を咲かせる。本種はツバキと違い花弁が平開し、ばらばらになって散る。九州南部では種子をカタシといい、それから採ったカタシ油は調髪用に使われる。『花壇地錦抄』には山茶花の園芸品種が三十八種掲載され、十七世紀頃には椿と同様に愛好されていたことがわかる。花木であるため露地に植えることは珍しいが、日本庭園では好まれ、平等院（京都府宇治市）のように生垣として列植されることもある。

差石【さしいし】
建物の外壁で柱間の壁下に差し込み並べられる呉呂太石。「打込み石」ともいう。草庵式茶室では、床下部分を原則として見せないようにするために差し込まれ、荷重はかからない化粧石である。細長く角のある石が好まれる。京都では貴船石、鞍馬石、高野石などが用いられる。（付録14頁参照）

指裏【さしうら】
指表の項を参照。⇒指表【さしおもて】

指表【さしおもて】
畳の目と縁との納まり方の違いを呼び分ける語。畳縁と接したところで、畳表の目が、縁に隠れず一目すべて現れている側をいう。一方、目の一部が縁で隠れている側を指裏という。つまり畳縁が付く二辺のうち、丸目が通っている側を指表、半目の側を指裏という。有楽流の茶書『貞要集』には「畳にさし表さし裏有、床畳は床縁にさい（さし）表成申候様に敷申候、道具畳大目ぬめ敷居の際は、水指置合るに畳の目数に合る也、畳縁曲り柱ぬめ敷居際まで、一分二分幅狭く成ても、丸目を見申候様に畳屋へ好可申候、畳の縁半目に懸らぬやうに致候」とあり、床に畳を敷く時は床框に接する側を指表とすること。また台目構えなどで点前畳に中柱が立ち、その足元に無目敷居が入って点前畳の幅が狭くなる部分でも、その境が半目にならぬようにすることが説かれていた。

差掛け【さしかけ】
下屋と同じ。⇒下屋【げや】

さ

指鴨居【さしがもい】

鴨居の一種。「差鴨居」とも書く。通常の鴨居よりも成（見付）の大きい鴨居。柱へ取り付けるための仕口が大入（小材の全断面を木材に差し込む仕口）では不十分で、柱に枘差とすることからこの名がある。造作材と構造材を兼ね、柱間を広くとる時などに用いられる。

佐治川石【さじかわいし】

石材の一種。鳥取市佐治町で産出し、石種は三郡変成岩（塩基性火山岩）や、緑泥石千枚岩、変玄武岩と呼ばれる。佐治町細尾から下加瀬木にかけての佐治川流域に露出する。また用瀬町江波の西方からも産出し、区別する意味でこれを江波石と呼んでいる。古生代の海底火山が噴出した玄武岩質の溶岩や火砕岩で、その後の変成や中生代の圧力や熱の影響により灰緑色の石材となったもの。その後地殻変動により表出し転石となり風化により表面に凹凸ができた。佐治川石は約十種類（佐治川真黒石、灰地石、雲かけ石、糸かけ石、碧譚石、虎石、紋石、霰石、巣立石、天平石）に分類され、濡れ色が黒い佐治川真黒石は特に珍重される。赤玉石、本御影石とともに日本三大銘石の一つとされる。島根県安来市の足立美術館の庭園に使用されていることでもひろく知られる。

座敷【ざしき】

古代の寝殿造の住宅においては、床は板敷きを原則としており、そこに人が坐るために置かれた畳や長筵、円座などを敷いた様、坐る場所を総称して座敷といった。「座鋪」とも書く。それが平安時代末期以降、中世の書院造の住宅においては、日常生活空間であるケ（褻）の諸室から、また狭い部屋から次第に、畳が部屋全体に敷き詰められるようになり、そうした畳敷きの部屋を座敷というようになる。そして畳が床材化してすべての部屋に畳が敷き詰められてきた近世においては、床や違棚、付書院といった飾りの場を装置した客間を特に座敷というようにもなってきたし、小座敷などの例も含め、茶室を意味することもあった。あるいは人が坐る、集まる部屋（日葡辞書）をいい、宴席、酒席を意味することもあり、そこから芸人や芸妓が客に酒席などへ呼ばれることをもいう。また室町時代の演能場においては、桟敷の見物席も座敷と呼んでいる（風姿花伝）。そして地域によっては民家の囲炉裏の間において、板敷きの部屋の囲炉裏端に座を設けることから、囲炉裏の間を座敷といったり、主の座以外の席を座敷といったりするところもある。

座敷飾【ざしきかざり】

室町時代以降、書院造の主室に備えられた床、棚（違棚）、書院（付書院）、帳台構のこと。いずれも諸道具が造り付けになったもの。床は壁に掛けられた仏画の前に置き三具足（花瓶、燭台、香炉）などをのせた前机が、棚は文房具（硯、硯屏、墨、筆など）を飾った移動式の置き棚が、書院は出文机と呼ばれた出窓状の机が、帳台構は寝室の入口がその前身である。

座敷の景【ざしきのけい】

客から見て「絵」になる座敷内の形態をいう。たとえば色紙窓は、古田織部が考案した点前座勝手付の窓の形式で、第一の目的は採光であるが、一方で客から見て点前座を演出する重要な舞台装置となっている。また墨蹟窓は本来、床への採光を目的とした窓であった。しかし織部は、掛障子を裏側に掛け、あらわにした下地窓に花入の釘を打った。これによって実用的な床窓が花明窓と呼ばれる「座敷の景」となった。

指敷居【さしじきい】

敷居の一種。「差敷居」とも書く。通常の敷居よりも成（見付）の大きい敷居で、造作材と構造材を兼ねる。端部は柱に枘差として取り付け、軸部を固める。

指垂木【さしだるき】

配付垂木と同じ。⇩配付垂木【はいつけだるき】

指床【さしどこ】

床挿しの項を参照。⇩床挿し【とこざし】

指棟【さしむね】

普通、妻壁から外へ出した化粧の棟木で、破風を受けるものをいう。

匙面【さじめん】

❶面取の一種。部材の角部を凹状に削ったものをいう。

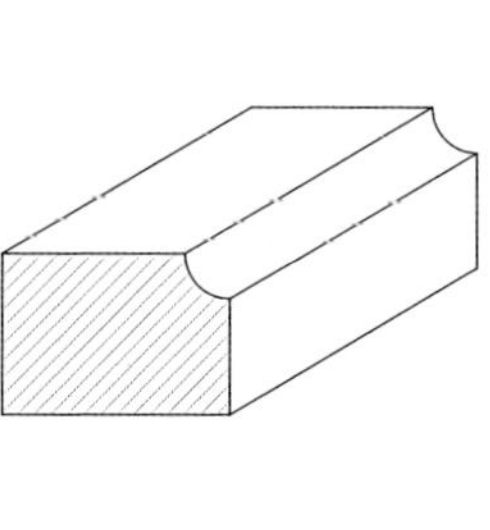

匙面❶

❷柱などの面を途中で止めた部分。

指物【さしもの】

釘を用いず枘や継手のみで材を組み立てた家具や器具。またその技法。机や箱、箪笥のほか、茶道具にも多く用いられる。京都の京指物や東京の江戸指物が知られる。これらの技術者を指物師と称す。

指母屋【さしもや】

普通、妻壁から外へ出した化粧の母屋（母屋の項❸を参照）で、破風を受けるものをいう。

扠首組【さすぐみ】

❶草葺民家において、大梁上に扠首と呼ばれる材を二本一組に合掌（逆V字形）に交叉させて屋根を支える構造。少ない部材で屋根を構築でき、屋根裏を広く使える利点がある。草葺民家の小屋組の代表的なもの。❷屋根の妻などの虹梁上に合掌（逆V字形）に材を組み合わせ、その上部に大斗、化粧棟木などをのせる構造。飛鳥から平安時代にかけての仏堂建築に見られる。

扠首束【さすづか】

妻壁において扠首の中央部に立てられた小屋束をいう。

摩玉縁【さすりたまぶち】

摩とは同一平面にあることをいい、玉縁は断面が円形の一部となる繰形のこと。すなわち同一平面上に掘られた玉縁の繰形のこと。洋風の板壁や建具、家具の装飾として用いられる。

皐月【さつき】

ツツジ科ツツジ属の常緑低木。「五月」とも書く。本州（神奈川県西部、中部地方、近畿地方、山口県）から九州に分布し、川岸の岩上などに自生する。鑑賞用として栽培され、園芸種も多い。葉は長さ二〜三・五センチで互生する。五〜七月頃、朱赤色、紅紫色の花がつく。室町時代の作庭書『山水並野形図』に、深山の趣を出すのに槙をはじめ山桜、松、桐などの木の下に榁や山漆とともに種は不明だがツツジを植えると良いと記される。また『築山庭造伝後編』「路地庭造りの図解」の項に「物の陰又建物の間抔に便所など造作て下水瓶（中略）を置、万年草、くちなし、葉蘭、一ッ葉、薮柑子、さつき等の根じめを遣ふ」とあり、花木だが茶庭でも場所によっては植えることが述べられている。一般に庭木や盆栽として栽培されたものが見られる。

颯々庵【さっさつあん】

❶京都市左京区の京都造形芸術大学瓜生山キャンパスにある茶室。同キャンパス内の「千秋堂」一階にある。床を備えた四畳の寄付（袴付）、七畳半の壁床の席、一間床を備えた十二畳半の席のほか、炭入や丸炉を備えた五畳の水屋から構成される。十二畳半の席は四畳半本勝手切になるように畳が敷かれ、この席と襖で仕切られた次の間（壁床の席）をあわせ用いると二十畳の席になるなど、多様な使い勝手を想定した茶室である。颯々庵は、はじめ三和銀行（現三菱東京UFJ銀行）京都支店ビルの四階に裏千家十四代無限斎碩叟の好みによって造られ、昭和三十五年（一九六〇）に茶室披きが行われた。平成十七年（二〇〇五）のビルの解体にともない颯々庵も解体され、同二十年、ほぼ原形どおりに現在地に移された。欄間にはナグリが用いられ、照明器具のデザインには三和銀行のロゴを模すなど細部意匠にも工夫がある。移築に際して露地が新たに設けられ、ガラスの壁面を通して赤松の疎林の趣を感じることができる。

❷石川県金沢市の観田家住宅にある茶室。観田家は江戸時代に金沢城下町の外港として栄えた同市金石（旧宮腰）に位置する。建物はかつて加賀傘を商う廻船問屋で、宮腰の町年寄をつとめた湊屋佐太郎が建てたと伝えられ、幾度か所有

者が変わる中、昭和二十六年（一九五一）に観田次郎吉が譲り受けて主屋とした。颯々庵は、*裏千家十一代玄々斎精中の好みとされ、主屋の北側、庭に面して二方に土縁をめぐらせた十二畳の広間の奥に設けられる。三畳半向切の席。躙口正面が踏込床となっており、壁に立つ出節の床柱から斜めに落掛が付く。点前座、中柱の袖壁には下地窓をあけ、勝手付側に裏千家*無色軒にならった釘箱棚が付く。

茶堂【さどう】

❶中世の禅宗寺院の一施設。出現時期は不明であるが、史料上に現れるのは鎌倉時代初期から室町時代初期のことである。当初は「室ノ間」「礼間」とも呼ばれていた。用途上の理由から*方丈と一連の施設とされ、方丈の玄関として使われるところが寝堂となり、献茶や儀式、僧侶の日常的な教育、貴人の控室などのために使われるところが茶堂となって分化、併存していった。「講茶堂」とも呼ばれている。住持の生活の場が塔頭に移るにともない、塔頭の庫裏の一部屋としても建てられるようになり、僧侶の衆会所、寝堂に相当する応接室（礼間）、方丈における法式の控室、評議の場として使用された。❷*丸炉を設けて客に供茶する茶席。作法を重視する草庵の茶に対して、略式の自由な茶を主張するもので、江戸時代初期頃に行われた。妙心寺塔頭海福院（海福院の茶堂の項を参照）、相国寺塔頭慈照院、松花堂（松花堂の項❶を参照）などに見られる。❸四国地方などの旧道にそう集落の境などに建つ小堂。⇒茶堂【ちゃどう】 ❹織豊時代から江戸時代にかけて、武将や将軍家に仕えた茶匠のことをいう。「ちゃどう」とも読み、「茶頭」「茶道」と書かれることもある。もともと禅宗寺院での茶礼（茶会）には臨時に茶頭の役職があった。それが室町時代、将軍家などで模せられて臨時に茶湯奉行などが任ぜられたり、また*同朋衆や遁世者が茶の湯に奉仕した。織豊時代になると彼らが武家に召し抱えられて役職化し、「茶堂」と呼ばれた。江戸時代に入ると士分に准ずる役職となり、「茶道」と書かれることが多くなった。❺禅宗寺院の塔頭で集会する時に一日交替であたる役職名。

茶道口【さどうぐち】

茶室における出入り口のひとつ。亭主側の出入り口で、茶を点てる亭主が出入りするための口。「茶立口」「亭主口」また「勝手口」などともいう。*鴨居と方立による*方立口か、塗廻しの*火燈口の形式に造り、外に*太鼓襖を片引きとするのが通例である。一般的な茶道口と*給仕口があく場合は、茶道口が方立口形式で、給仕口を火燈口形式とすることがほとんどである。あるいは二枚を引違いに建て込み、一方を茶道口、他方を給仕口とすることもある。運びのできる最小限の大きさとして、内法の高さは五尺一寸～五尺二寸、横二尺～二尺一寸前後が標準である。広間では、通常の和室と同様に引違いの襖となることが多い。また点前座に対して茶道口をあける位置によって*まわり茶道口と*突込茶道口の称がある。（付録21頁参照）

右が茶道口（方立口）。左は給仕口（火燈口）

佐渡の赤玉石【さどのあかだまいし】

新潟県佐渡市（旧両津）から産出した*赤石の一種。赤色の*玉石で、鉄分と石英が高熱、高圧で生成されたもの。非常に硬く、研磨すると光沢が出る。「朱真石」と古くは呼ばれ、役石、加工品、盆石として使用されていることが多い。古代から珍重され、『古事記』上巻で、豊玉比売が赤玉石の輝きについて述べている記述もある。これは勾玉などに加工されたもののことと考えられる。現在は採取が禁じられている。

佐度看亭【さどみてい】

新潟市南区の*北方文化博物館にある茶室。築山の上に建てられた田舎家風の茶室で、新潟県出身の作庭家・*田中泰阿弥の設計になる。桟瓦葺の屋根に、九畳半の広間、二畳中板の佐度看の間、三畳半の席などが組み込まれている。広間の九畳半は豪壮な梁を架け渡した意匠が特徴で、点前座は落天井となる。佐度看の間の西側の小窓をあけると、はるか佐渡ヶ島を望むことができるところから佐度看亭と命名された。なお佐渡を佐度とし、さんずい偏を付けないのは良寛の歌によったものという。登録有形文化財。

讃岐円座【さぬきえんざ】

*円座の最上級品で、菅で作られ、円座の中心に小円をあけ、六つの同心円状に丸く平らに編まれている。表裏の区別がなく、編み始め、編み終わり、継目がわからないように精巧に作られているのが特徴である。讃岐国(香川県)で作られ、古く奈良時代には朝廷への献上物となっている。円座師・葛西家が一子相伝で製法を伝えていたが、現在は途絶えている。

実矧【さねはぎ】

板材を*矧合せる(接合する)矧の一種。板の片方の板傍(板の側面)に水平の溝を掘り、もう片方に溝にはまる突起を作り、矧合せる本実矧と、板の両傍に水平の構を掘り、雇実を挿入する*雇実矧がある。(付録29頁参照)

さび

もともとは歌学の用語で、閑寂の境地、古風で味わい深い様子をいう。連歌、茶の湯、俳諧などでは美的理念として用いられるが、それにとどまらず所作、内面的なものも含め、芸道を構成する様々な要素の根本精神を表す言葉としても使われる。連歌師の心敬(一四〇六～七五)は『ささめごと』の中で、歌をどのように詠むべきかの問いに「枯野のすすき、有明けの月」とし、「冷え寂びたるかたを悟りしれとなり」と答え、「冷えさび」を幽玄の境地としている。世阿弥(一三六三～一四四三)も『花鏡』の中で、どことなく心を打って成功する能とは「さびさび」とした味わいの中に何とはなく深い感動を与えるとして、これを「冷たる曲」と表現している。中世の文化人の求めた風体は「冷え、さび、やせ、寒く、枯」であり、さらに「冷え、やせ、寒く」に内包する意味には、清らかな、清浄、締った、無駄のない、研ぎ澄まされた、鋭利などがある。茶の湯においては『*石州三百ケ条』「珠光 引拙 紹鷗の心の事」の条で、*珠光は藤原定家(一一六二～一二四一)の「見渡せば花も紅葉もなかりけり浦の苫屋の秋の夕暮」の歌を挙げ、「此心を用、是則さひたる躰を専に用之也」としている。また、同書では、「茶湯さひたるハよし、さはしたるハあしき事」と題した条があり、作為的ではなく自然体を良しとし、*わびの本意を失っていない美的境地をさびという言葉で表している。『*長闇堂記』では、*千利休の茶の湯を「万事手かるく、さびたるを本とせらるゝ也」と表しており、軽やかでさびを基本としていた茶の湯であるとしている。*千宗旦の書状には、「茶の湯き(さ)びたる事、近様御好候てさび候事尤候」とあり、*近衛信尋がさびの茶の湯を好んでいたことがうかがえる。また「さひたる事はやらんとの事と申方候」とあるところから、宗旦は自身の茶の湯をさびを根本としたものと、とらえていたことがわかる。さらに*表千家四代江岑宗左も『*江岑夏書』の中で、「茶ノ湯根本、さひたを本ニして致候」と、茶の湯のあるべき姿は、さびを基本として行うとしている。

錆壁【さびかべ】

❶壁土に鉄粉を入れ、経年変化により壁表面に鉄錆を生じさせ、それを意匠とする壁。主に外壁の*水捏ね仕上げに施工される。古くなると鉄錆が壁表面から剝落するため、室内には不向きである。鉄錆を確実に出すために、梅雨時の施工や、*中塗と*上塗を同日に行うことが多い。❷土壁表面が、経年変化により茶褐色から黒色へ酸化変色をした壁をさす。錆が出た壁という意味で錆壁という。❸京錆土(赤褐色の土)で仕上げた土壁をさす。

錆皮【さびかわ】

杉の樹皮を剝いで屋根や外壁、塀などの材としたもの。「杉皮」「鬼皮」ともいう。野趣に富んだ素材のため、*腰掛や*中門などの屋根葺材、竹で押えた杉皮塀などに多く好まれる。

錆竹【さびだけ】
黒い斑点の現れた竹のこと。「胡麻竹」ともいう。マダケ（真竹）やハチク（淡竹）などの幹の先端と枝を伐採し水が溜まるようにして立ち枯れにし、菌を付着させ、錆のような胡麻状の斑点を生じさせて作る。床柱や袖柱、竿縁などに用いる。また硫酸などの薬品を使って錆色を付けた竹をさすこともある。

錆丸太【さびまるた】
丸太の一種。表面に錆（カビ）を付着させた丸太。胡麻紋様が特徴的で、主に梅雨時期に生産される。普通、伐採を控える五月末〜六月上旬にかけて伐採し、山で荒皮を剥ぎ、寝かせることで錆を付ける。その後、磨き上げて仕上げる。このカビの繁殖の程度によって風合いが大きく変わり、錆の付き方が均一で色合いの良いものが良品とされる。建築材としては檜丸太や档丸太の錆丸太が有名である。

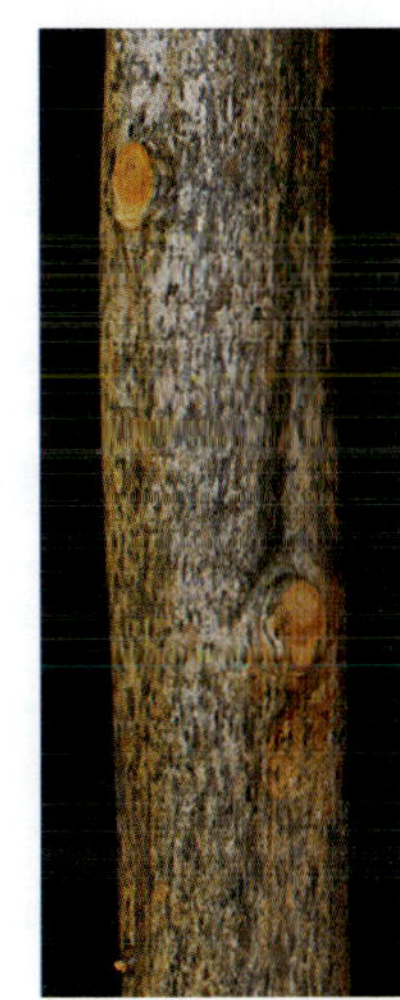
錆丸太（档）

左辺亭【さへんてい】
京都市東山区の建仁寺にある茶室。同寺の三百六十九世住持であった竹田黙雷に帰依していた実業家で、数寄者の中井三郎兵衛が黙雷の隠寮として寄進、建造したもの。庫裏の西方に建つ。完成は昭和五年（一九三〇）十月で、翌十一月に黙雷は入寂した。外観は入母屋造桟瓦葺、一部二階建。玄関や台所のほか、隠居生活に必要な諸室が並び、南東の一角に又隠写しの茶席四畳半と水屋がある。また後に南に突出して今日庵写しの茶席と水屋も増築されている。なお中井は左京区に別邸居然亭を営み、数寄屋風建築の聴松居を造営している。

坐忘【ざぼう】
新潟市中央区の北方文化博物館新潟分館にある茶室。西山油田掘削にかかわった新長岡の清水常作が明治二十八年（一八九五）に建てた二階建和風建築の主屋一階部分にある。八畳の花月座敷で、中央に床と客座側に琵琶床が並ぶ。次の間として六畳間、水屋が付設する。主屋は登録有形文化財。

座箒【ざぼうき】
茶事、茶会の折に、席中を清めるために使用する羽箒。鶴や白鳥、鷲などの片羽を用いる。初入りや中立、さらに炭手前の際などに使用し席中を掃き清める。掃き清めること、またそれに使う座箒を「座掃」ということもある。

坐忘亭【ざぼうてい】
三重県鈴鹿市の龍光寺にある茶室。もと伊勢国神戸藩の江戸藩邸にあったもので、神戸城内に移築されたが、その後も移築が繰り返され、現在は神戸氏の菩提寺である龍光寺境内に建つ。寄棟造銅板葺。八畳は、塗框を備え相手柱を省略した床を中央に構える。左右に平書院を付し、地板の敷き込まれた床脇と、床との境に柱を立てて透彫りのある袖板を付け、通棚を二重に配し天袋を備えた床脇が設けられている。また六畳の次の間と寄付が備わる。江戸藩邸に移る前には熊本城にあったが、細川家のお家取り潰し事件に絡み尽力した神戸城主・本多忠統が、細川家より贈られたとの伝承もある。

醒ヶ井【さめがい】
名水の一つ。京都醒ヶ井六条にあった。「佐女牛井」とも書かれる。わが国最古の茶の湯の水と伝えられ、珠光、武野紹鷗、千利休らが愛用したという。元和二年（一六一六）、織田有楽が再興し、井筒に刻銘をのこした。天明の大火（一七八八年）後、藪内家六代比老斎竹陰により補修され、寛政二年（一七九〇）、八代真々斎竹猗が井戸側に祖父・竹陰の撰文を刻んで石碑を建立した。第二次大戦の疎開で取り払われ、現在、堀川通の五条交差点近くに、昭和四十四年（一九六九）建立の碑がある。

砂紋【さもん】
箒目と同じ。⇒箒目【ははきめ】

紗綾形【さやがた】
文様の一種。卍の形をくずし、連続してつないだもの。「菱万字」「雷紋繋ぎ」ともいう。紗綾形の名は、紗綾の地紋にこの文様が多く用いられたことによる。紗綾とは、江戸時代に中国の明から輸入された地合いの薄い織物で、ポルトガル語の「saia」に漢字を当てたともいわれる。紗綾形は綸子の地文にひろく使われ、名物裂にも数多く見られるが、襖の唐紙や社寺建築の装飾としても用いられる。

紗綾形（紗綾形卍字つなぎ龍文緞子）

鞘の間【さやのま】

座敷に接して設けられた細長い部屋。入側もこれに属するが、外部に面することがないものも含まれる。表千家 松風楼には八畳の周囲に鞘の間がめぐっている。通路や縁としての機能のみならず、水屋や配膳の間として、あるいは建具を取り払って座敷の一部に組み込むことも可能となるなど、種々の役割を担う。

鞘欄間【さやらんま】

縁側の 鴨居あるいは 内法長押の上部小壁に設けられた 欄間。鞘欄間の室内側に建てた障子を雲障子という。

更紗【さらさ】

主に木綿の布に、手描きや木版、銅版による捺染などで模様を染めたもの。「皿紗」「佐良佐」「沙羅紗」とも書かれ、中国風に「印華布」「花布」などともいう。産地はインド、シャム（タイ）、ジャワ、ボルネオ、イギリス、オランダ、フランスなど。語源はインド西海岸の港町スラートや、ポルトガル語の「saraça」（木綿布の意）から出たとの説がある。模様は植物、人物、動物や抽象的なものと多種多様であるが、江戸時代に発行された『更紗図譜』には銀杏手、葡萄手、人形手、獅子手、栗鼠手などの分類が見られる。金彩を施したものは金更紗、金華布という。日本でも和更紗と呼ばれるものが、肥前国佐賀藩、長崎、京、堺などで制作された。

晒竹【さらしだけ】

手を加え、青から白色へと変化させた竹。晒竹の作り方には乾式と湿式があり、乾式は竹を火で焙って油分を抜き、曲がりをたわませて真っ直ぐにし、日光に晒したもの。湿式は竹を苛性ソーダの水溶液が入った釜で煮沸し、日光に晒したもので、これを 白竹と呼んで区別する場合もあるが、数寄屋建築に欠かせない京銘竹では逆に乾式のものを白竹という。化粧屋根裏の化粧垂木や押縁、竿縁、濡縁などに用いられる。

曝屋根【さらしやね】

天井を張らずに 屋根裏を室内側に見せたもの。「晒し屋根」とも書く。

猿【さる】

雨戸などの板戸に取り付ける木製や金属製の戸締り装置。建具の上下の桟、または竪框に細く短い棒状の材を取り付け、敷鴨居、柱などに小穴をあけ、建具から差し込むことにより固定する。桟に取り付け上下に移動するものを上猿、または下猿、框に取り付け左右に移動するものを横猿と呼ぶ。

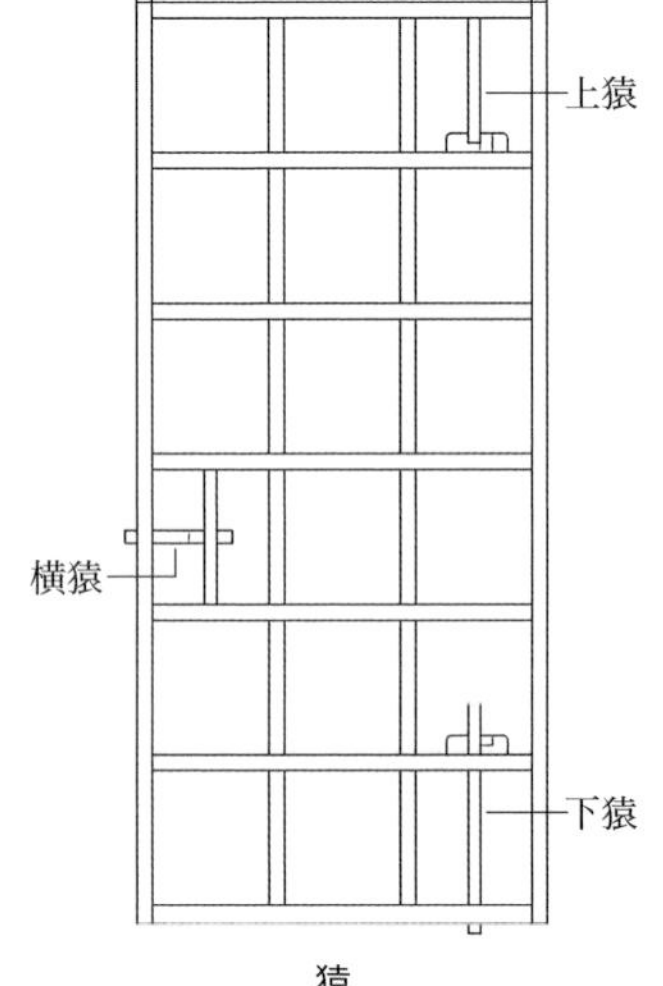

猿

猿頭【さるがしら】

❶横板の板庇や板屋根上に等間隔でのっている押えの部材で、上端を小返（角材の上面に勾配をつけること）としたもの。
❷木製の柵で、本柱に斜めに接する 控柱の上部を固定する小木片。
❸板製の橋の両端に設けられる簡単な低い縁木

の中で、地覆上に等間隔に取り付けられる小木片。

百日紅【さるすべり】

ミソハギ科サルスベリ属の落葉小高木。「猿滑り」とも書く。中国南部原産。樹高は三〜九メートルほど。樹皮が剝げ落ちた跡が白く特徴的で、木肌がなめらかで猿も滑り落ちるという意からの名。葉は長さ三〜八センチの倒卵状楕円形で、全縁。七〜九月、枝先の円錐花序に紅紫色または白色の花が咲く。『義演准后日記』によると、醍醐寺三宝院の南庭にこの木が植えられているため、少なくとも江戸時代初期には渡来していたようである。また明治六、七年（一八七三、四）頃煎茶が畿内及び関東で流行した際、青桐とも文人趣味の庭園において好まれ、植えられていた。露地に植えられることは少ないが、京町家の中庭において涼を演出するため白色の花をつける百日紅が植えられる例はある。園池の護岸際などに植えられることが多い。材は均質で重く、杭や橋桁、また床柱として利用される。

猿戸【さるど】

❶戸締りのために猿を取り付けた戸の総称。❷框や押縁を上下に打ちのばしにし、栓を仕付けた戸締り（猿）が付いた扉。またこれを掘立にした皮付丸太二本のあいだに釣った門のこと。庭園などの木戸、特に露地の中門に用いられる。横幅の広いものを横猿戸、縦長のものを立猿戸という。なおこの形式で、猿ではなく掛金によって戸締りするものは別に角戸、または角柄戸という。❸大戸に取り付けた小形の引き戸。

猿戸❷　藪内家

猿梯子【さるばしご】

梯子の一種。足を踏み掛ける踏子と両脇の長い木、または竹製の支柱のみで構成された簡単な梯子。踏板や蹴上板をもたない。

猿頰天井【さるぼおてんじょう】

竿縁天井の一種。猿頰面をとった竿縁を用いた天井。

猿頰面【さるぼおめん】

面取の一種。長方形の断面をもつ部材の二角のみを四十五度より急角度に削ったもの。その断面形状が頰のこけた猿の顔に見えることからこの名がついたという。天井の竿縁やガラス障子の桟に多く用いられる。

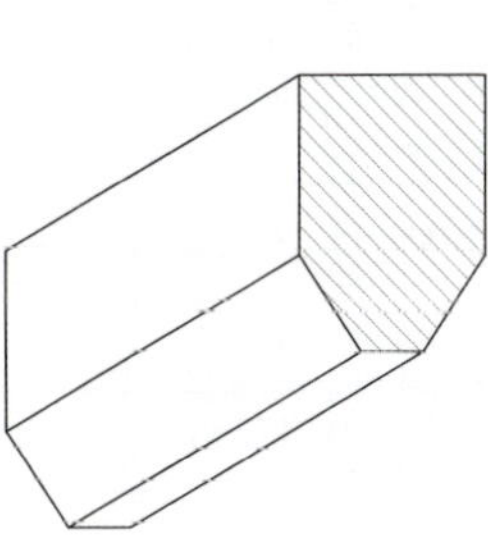

猿頰面

猿面茶室【さるめんちゃしつ】

江戸時代に名古屋城の二の丸にあった茶室。織田信長の次男・信雄が古田織部を招いて建築したという。『金城温古録』では、清洲城にあった茶室が慶長十五年（一六一〇）に名古屋城本丸に移され、元和六年（一六二〇）に二の丸に移築されたという。明治初年頃には刑部陶痴が払い受けて末森村に移築、同五年、東京四谷に移り、明治十三年（一八八〇）には名古屋博物館に移築され、同年ここで開催された第二回愛知県博覧会では一般に公開されていた。昭和時代初期には鶴舞公園に移築されたが、後に戦禍によって焼失した。猿面茶室は江戸時代には御数寄屋と呼ばれていたのだが、明治十三年の博覧会に際して「猿面茶席」などと称されるようになった。それは信長が豊臣秀吉をこの茶室に呼び、床柱に現れた双節の部分を猿の顔に見立て秀吉と戯れた、との巷談からきたものだが、博覧会の評判とともにこの噂が大きくひろがりをみせた。茶室は幾たびかの移築によって多くの改築を受けたが、基本的には四畳半台目の間取りには変化

猿面茶室（焼失前）　点前座側　『数寄屋聚成』1

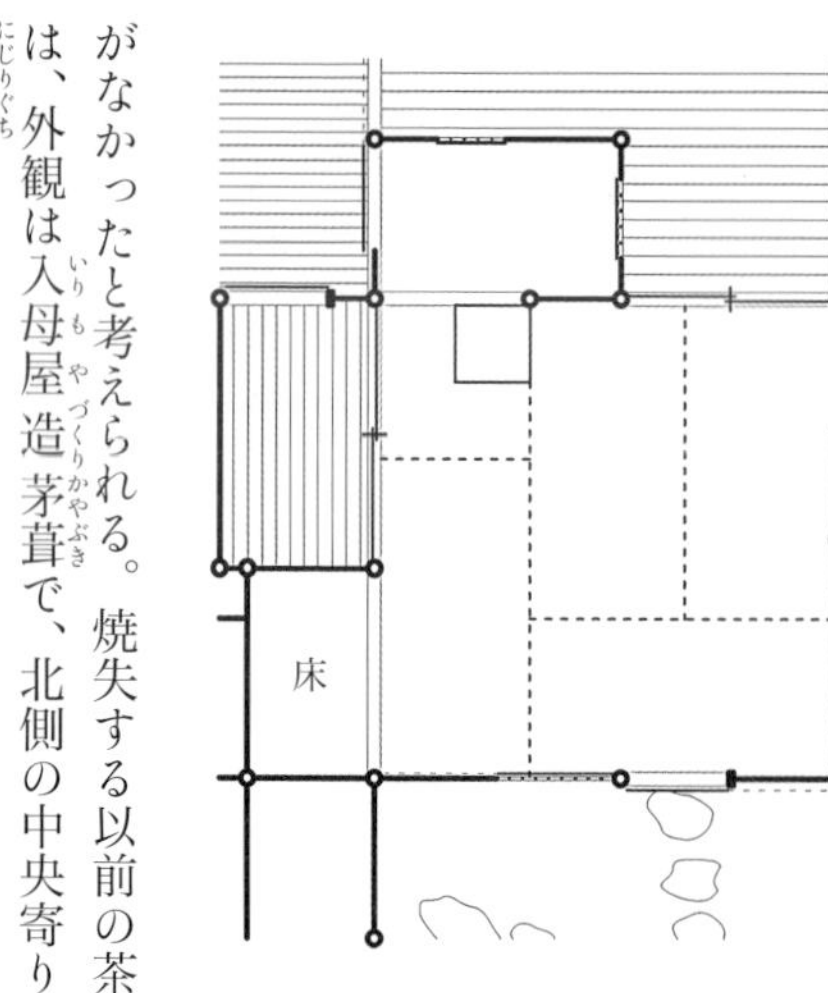

猿面茶室（焼失前）

がなかったと考えられる。焼失する以前の茶室は、外観は入母屋造茅葺で、北側の中央寄りに躙口をあけていた。その対面、南側の貴人口前には広い簀子縁を設けて、その上に付け下ろした柿葺の庇に突上窓をあける。内部は四畳半台目下座床。床を北東隅に構え、床の脇に引違いに襖二枚を建てた給仕口、さらにその並びに茶道口を火燈口形式にあけていた。点前座は歪みのある柱を立てた台目構えで、客付に一重棚を釣り、風炉先窓をあける。現在、名古屋城の茶苑に建つ猿面茶席は、昭和二十四年（一九四九）に森川勘一郎（如春庵）によって再興されたものである。再興された猿面茶席は、茶苑にある書院（名古屋城茶苑の書院の項を参照）、また望嶽庵と渡り廊下でつながる。外観は切妻造茅葺で、妻に銅板葺の庇を付け下ろし、躙口を隅に寄せてあけ、その矩折に杉皮葺の下屋庇を付けてその下に腰掛を設けている。焼失前と同じく四畳半台目で床は下座に構え、床柱は以前と同じく双節のある意匠。点前座は台目構えで真っ直ぐな中柱を立て、壁留に削り木を渡す。亭主の出入り口は火燈口形式の茶道口と床の脇に引違いの太鼓襖を建てて給仕口をあける。点前座風炉先側の壁面に貴人口を設け、外部には広縁が続く。躙口は床の対面にあり、その上に柱間いっぱいに連子窓をあけている。天井は躙口上部は化粧屋根裏で、突上窓をあける。床前の平天井は点前座部分まで続き、落天井を造らない。この形式は藪内家の燕庵に見られる手法である。

され木【されき】

しゃれ木と同じ。　⇩しゃれ木【しゃれき】

沢胡桃【さわぐるみ】

胡桃の項を参照。　⇩胡桃【くるみ】

沢渡石【さわたりいし】

池や流れの岸沿いにおいて園路が設けられない時に、岸沿いの水中に石を並べ据え、迂回の園路としたもの。「磯渡」ともいう。大振りの自然石や加工石を用いて、歩きやすいよう天端が平らな平石が用いられる。沢渡石と沢飛石を同じ意味で用いることもある。

沢飛石【さわとびいし】

池や流れの幅の狭い場所で、対岸に渡るために打たれた飛石。沢渡石と沢飛石を同じ意味で用いることもある。歩きやすいよう天端が平らで、大振りな自然石や加工石が用いられる。また臼石や石の橋杭を転用したものも知られる。

椹【さわら】

ヒノキ科ヒノキ属の常緑針葉高木。「ぬかび」「ぼやひ」ともいう。本州北部から四国、九州に分布する。日本の固有種。木曽（長野県）、飛驒（岐阜県）の中部山岳地帯に多く、木曽五木の一つに数えられる。ヒノキ科であるが檜独特の芳香とは異なる。庭園や露地の植栽として檜と同様にひろく用いられる。心材は黄褐色、紅色を帯びた黄褐色、辺材は淡い白色である。材質はやや柔軟で脂気も多い。水湿に耐え、割りやすく、薄く剝ぎ分けたへぎ板は天井材や柿葺の柿板などに用いるほか、造作材、建具材などとしても使用する。

桟【さん】

❶板が反ることや割れること、またあわせた板同士が分離することを防ぐ目的で、板に打ち付けたり、差し込んだり（吸付桟など）する横木。❷戸や障子、襖などの建具を固める枠のうち、横方向の部材のこと。最も上端にあるものを上桟、最下部にあるものを下桟、そのあいだに入れるものを中桟という。ちなみに縦（竪）方向を固める部材を框（竪框）という。（付録23頁参照）❸障子の骨の総称。組子（組子の項❶を参照）と同義で用いられる場合もある。

三阿弥【さんあみ】

足利将軍家に同朋衆として仕えていた能阿弥、芸阿弥、相阿弥の中尾家の三代をいう。『君台観左右帳記』の成立に深く関与した。また絵画史においては、この三代を中心とする画系を阿弥派と呼ぶ。

山宇亭【さんうてい】

石川県金沢市の金沢21世紀美術館にある茶室。昭和二十六年（一九五一）に富山県高岡市から金沢市の直山与二邸に移され、その後平成十四年（二〇〇二）に金沢市に寄贈された。現在地へは平成十七年に移築されている。四畳半の草庵風茶室で、切妻造桟瓦葺の屋根の二方に銅板葺の庇を低くめぐらす。その下、三和土の土間を豆砂利の洗い出しにし、ここに種々の色や形の飛石を据えて露地の一部としている。金沢では、近代の数寄者の茶室にこのような風流な土縁が散見され、山宇亭の場合もそうした例の一つ。土間の飛石伝いに建物の奥へ進むと雪隠へも行くことができ、雪国らしい屋内露地の構成をうかがわせる。内部は下座床四畳半切本勝手で、躙口から上ると正面に台目床を構える。床柱が赤松、床框が絞丸太で、入隅には塗立柱を立てる。床に隣接して太鼓襖の通い口と茶道口が矩折に続き、通い口の外は台目畳敷きの控えになっている。山宇亭のある一画には、加賀八家の一つ長家にあったという腰掛、加賀藩第十三代藩主前田斉泰の江戸の隠居所遺構、松涛庵も移築、併設されている。

山雲床【さんうんじょう】

京都市北区の大徳寺塔頭孤篷庵にある茶室。同庵内の書院直入軒の主室八畳の北側に接続する。席名は『碧巌録』の「話尽山雲海月情」に由来するという。孤篷庵は寛永二十年（一六四三）に現在地に移り、小堀遠州によって新しく建築物や庭園が造営されたが、寛政五年（一七九三）に焼失。その後まもなく近衛家と松平不昧の援助を得て、旧規に忠実に復元、再興され、書院は客殿（本堂）に遅れて寛政十二年に上棟した。古図や起し絵図によると、もとの書院（直入軒）では主室六畳の東に四畳半の次の間を続け、その北に三畳敷の茶室縄枢、その東にさらに勝手と考えられる三畳と水屋を造っていた。しかし再興にあたっては縄枢は全く新しい形になり、主室の北に移動された。これが山雲床である。山雲床は龍光院の茶室密庵席を範として造られている。また当初の密庵席の姿ではなく書院に接続されてから後の、現在の姿と同じ構成に基づいている。外観は書院の西側北部分に入母屋造桟瓦葺の妻を向けており、左端に袖壁を付け、上方に小壁を付けて軒内を囲い、刀掛を設けている。右端に二枚障子の入口があり、踏石が据えられ、ただちに座敷に上る形式になっている。内部は四畳半台目。中柱と袖壁との境の柱は面取の角柱となる。床は張付壁で、床柱を椎の丸太とし、見付に釿目を施す。また低いところに墨蹟窓をあけており、敷鴨居を取り付け、いっぱいに障子をはめ込んでいる。点前座は落天井とし、中柱も密庵席と同じく、直材の杉丸太で全体に釿目を付している。釣棚は雲雀棚形式、風炉先の壁面は下半分を張付壁とし、上半分には下地窓をあけている。袖壁には杉の中杢板をはめている。北側の四枚障子の出入り口の上の小壁に下地窓をあけており、室内に明るさと開放感を加えている。室内の二つの窓の下地は寒竹で、外に面する墨蹟窓のみ皮付葭を用いている。そして墨蹟窓のほかは障子を外に掛けて下地を室内に見せている。また腰高障子は、杉板張に吹寄桟を配したもので、腰の高さを密庵席のものよりも約六寸低くしている。こうした作風は、当時の時代的傾向を反映しており、同時に作者の好みも投影されていると考えられる。入口の

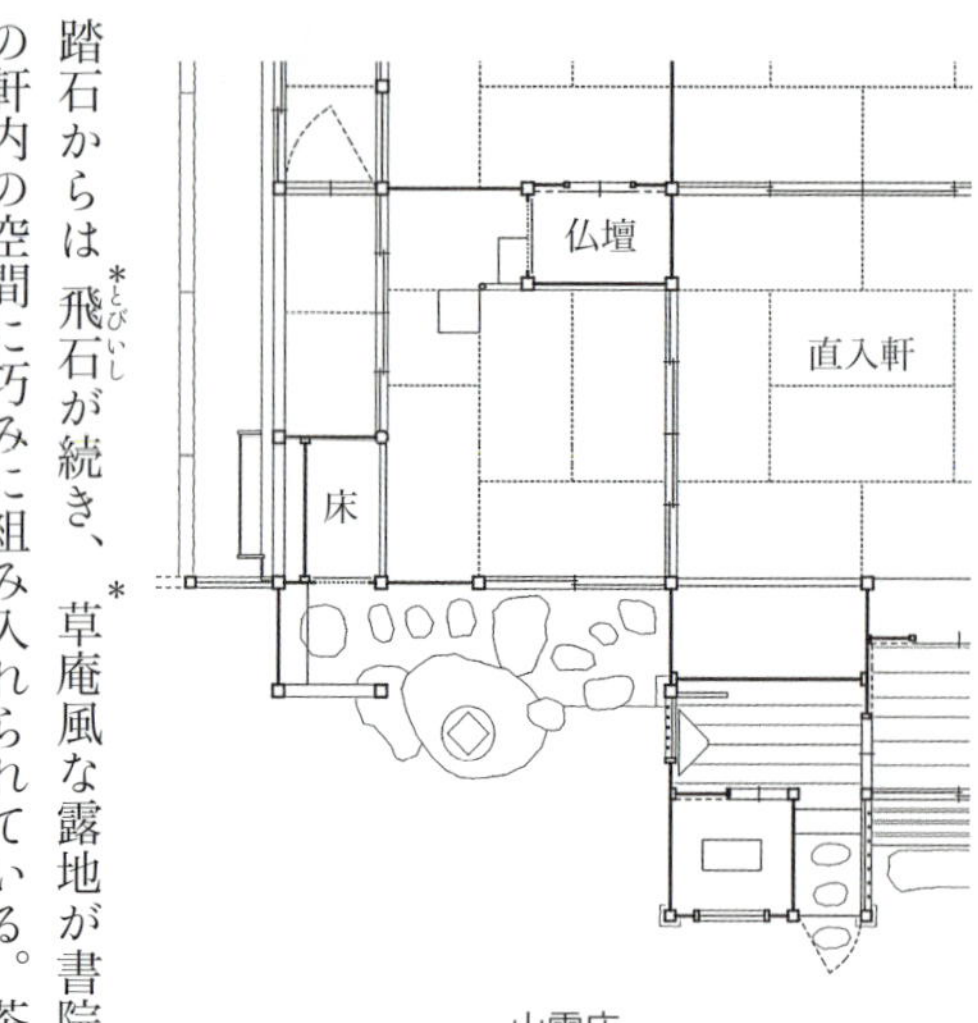

山雲床

山雲床　床側

踏石からは＊飛石が続き、＊草庵風な露地が書院の軒内の空間に巧みに組み入れられている。茶室の入口の南には便所が造られ、その南（直入軒の床、付書院の背後）に＊腰掛を設ける。この腰掛の前が＊外露地で、＊中門を潜ると＊内露地となる。＊蹲踞は、手水鉢の周囲を円形に掘り、大きな＊前石を据えてゆったりと形成する。やや離れたところには＊織部燈籠を立て、＊燈上げ石を配する。蹲踞の手水鉢は＊布泉の手水鉢で、遠州好みとも伝えられており、露地も茶室とともに不昧の指導でなったものと考えられている。山雲床では、密庵席のような＊押板形式の床は省略されて張付壁となり、入口の縁も省かれ、踏石から座敷へ上がる形式にあらためられているが、書院風な意匠は保持されている。密庵席の作風とはやや逸脱した手法が加わって、＊本歌に示された緊張感や端正な意匠をある程度崩している。重要文化財。

三猿舎【さんえんしゃ】

＊裏千家の茶室。＊抛筌斎の南側にあり、その次の間にあたる。内部は全体四畳半の座敷で、＊板畳に＊丸炉を切っていた時期もあったようである。天保十年（一八三九）、利休二百五十年忌に際して十一代玄々斎精中による増改築が行われた頃には「猿之間」と呼ばれていた。天井には＊千宗旦が東福門院（後水尾天皇中宮・和子）から拝領した裂地を張っていたと伝えられるが、現在は＊鳥の子紙を張る。重要文化財。

三猿堂【さんえんどう】

岡山市の少林寺にある茶室。＊伊木三猿斎を祀る堂として、昭和十二年（一九三七）頃、＊木津家三代宗泉の設計によって建てられた茶室。同寺の庭園を眺める客殿の奥に配され、茶室の前はその主庭と生垣で区画して燈籠を中心とした露地が整えられている。外観は入母屋造で鬼瓦がのるが、その赤楽の愛嬌ある顔や銅板葺の軒先と広い下屋により、趣深い印象を与える。茶室と水屋を含む主体部平面の骨格はシンプルな長方形としつつ、広い軒内を袖壁や飛石で適度に分節する。内部は二畳台目、炉は向切で中柱を立て、床左手に斜めの壁を設けて内陣を形成し、三猿斎の坐像を納めるなど、骨格の単純さを感じさせない構成で、設計が巧みである。また、茶室内の電気照明の工夫や引分けに見えて実は片引きの障子など、宗泉らしい工夫が随所に見られる。

三音【さんおん】

釜の蓋を切る音、茶筅通しの音、茶杓を茶碗の縁で打つ音をいう。あるいは釜の煮える音、湯水を汲み入れる音、のこりを釜に返す音、または釜の湯の煮える音、襖を閉じる時の音、蹲踞の手水の音をいうこともあり、様々な伝承がある。江戸時代中期の公卿・＊近衛家熈の言行を筆録した『＊槐記』には「茶の湯には三つの音というものがある。清閑の席であれば音をたてぬようにするのは勿論であるが、釜の蓋を引切に置く音、茶碗を畳に置く音、茶杓にて茶碗の縁を叩く音、これが三音である、と仰せられた」と記されている。

三角棚【さんかくだな】
室内の隅などを利用し、三角形の板を取り付けた棚。*桂離宮の新御殿、御寝の間の御剣棚などに見られる。

三角亭【さんかくてい】
大阪市天王寺区の四天王寺本坊庭園にある青龍亭のこと。⇒青龍亭【せいりゅうてい】

三角燈籠【さんかくどうろう】
石燈籠の一種。宝珠、笠、火袋、中台、竿、基礎のすべてが三角形で、清水寺の成就院(京都市東山区)にあるものが知られる。また*桂離宮などに見られる*三角雪見燈籠を単に「三角燈籠」ということもある。

三角雪見燈籠【さんかくゆきみどうろう】
石燈籠の一種。宝珠がなく、笠や火袋、中台が三角形で、脚が三本ある*雪見形燈籠のこと。単に「三角燈籠」と呼ぶ場合もある。*桂離宮や、北村謹次郎の邸宅*四君子苑にあるものなどが知られる。(付録12頁参照)

三月堂形燈籠【さんがつどうがたどうろう】
石燈籠の一種。名物燈籠の一つに挙げられ、奈良の東大寺法華堂(三月堂)前の建長六年(一二五四)の銘のあるもの(重要文化財)を本歌とする。笠、火袋、中台は六角形、竿は円形で、基礎は自然石に蓮華文様が刻まれている。

三華亭【さんかてい】
石川県金沢市の*兼六園にある煎茶室。三華亭は、加賀藩第十三代藩主前田斉泰により、嘉永年間(一八四八〜五四)に江戸本郷邸内に建てられた。その後、明治四年(一八七一)頃に東京根岸の別邸内へ、同三十年頃にはふたたび本郷へ、昭和三年(一九二八)には駒場邸内へと移築された。さらに戦後は米軍に接収、解体保存され、昭和二十四年に兼六園*成巽閣内の現在地に移築された。平面構成は、東西にのびる鞘の間の北側に、東から香煎席、煎茶席が並び、鞘の間と煎茶席の西側には水屋、及び控えの間が接する。室内意匠を見ると、大きな開口部、瓢箪の透壁、障子や欄間でのガラスの使用など、明るく開放的な空間構成である。煎茶席、及び香煎席には踏込床を設け、床柱、落掛や障子の組子などに竹材を多く用いている。また建具の種類が豊富で、周囲を螺鈿で縁取って四君子(梅、竹、蘭、菊)と中国・晋の王羲之が著した『蘭亭序』の一節が金蒔絵で記された黒漆塗の襖、琴棋書画の螺鈿細工の小襖など、中国風意匠の色濃いものや、引戸が湾曲した天袋や地袋、唐墨や染付の陶板をはめ込んだ袋棚、孔雀の羽根を張った地袋、一角鯨(海獣のイッカク)の角(牙)を柱間いっぱいにはめ込んだ欄間など、質の高い唐物、渡来物の珍品が贅沢に用いられている。

三華亭　煎茶席　床側

桟唐戸【さんからど】
*開き戸の一種。枠を組み、そのあいだに数通りの*桟を通して固め、竪框と桟のあいだに入子板などをはめ込む形式の戸。鎌倉時代以降、中国の宋から伝来した禅宗建築に用いられた。

桟瓦【さんがわら】
断面が波形で、右側(あるいは左側)に山形の桟がある瓦。現在の日本家屋で最も多く用いられる瓦で、*野地板の上に瓦桟を打ち、そのあいだに葺き土を置いて葺く。現在では、裏に瓦桟をひっかける突起が付く引掛桟瓦が一般的である。

山居の躰【さんきょのてい】
市中の山居の項を参照。⇒市中の山居【しちゅうのさんきょ】

算崩し【さんくずし】

文様の一種。算木崩しの略で、崩し縞のひとつ。算木とは木製の小さな角棒で、縦または横に置くことで、数を表し使用する中国伝来の計算用具である。「三崩し」とも書き、算木を三筋ずつ縦横と配して石畳の形にしたもので、「網代組」ともいう。織柄に多く使われ、名物裂の糸屋風通は、算崩しが地紋となっている。他に二崩し、四崩しなどがある。

算崩し（花鳥文金風通裂）

三溪園【さんけいえん】

神奈川県横浜市中区に所在の*原三溪によって造られた庭園。明治二十年（一八八七）頃、生糸の売込で成功した原善三郎が、東京湾に臨む、現在の三溪園の南部にある山上に、別荘松風閣を建てたことに始まる。明治二十四年、青木富太郎が善三郎の孫・屋寿と結婚、原家に入り（原富太郎、雅号は三溪）、同三十二年、善三郎の死去により家業を継ぐ。三溪は明治三十五年頃から土地を買い足し、自邸として現在の外苑にあたる場所に鶴翔閣を建て、本格的に造園を開始し、古建築の移築も始まった。三溪は画家をはじめとする多くの芸術家や美術に関する研究者らに、鶴翔閣において、収集した美術品を研究対象として披露。自邸には家族が生活しただけではなく、執事、家庭教師、使用人、書生らや料理人、車夫などの使用人も離れや付属屋に生活していた。大正九年（一九二〇）、夫婦のための住まいとして白雲邸を建て移り住んだ。白雲邸からは、*臨春閣を経て*月華殿、*金毛窟まで、建築群が渡り廊下でつながれていた。また三溪は、大正六年暮から、しばしば三溪園において茶会を催している。茶席として使われたのは、*蓮華院、寒月庵（現存せず）、月華殿、金毛窟、春草廬（春草廬の項❷を参照）、臨春閣、*聴秋閣、横笛庵などであった。庭園は、富太郎の雅号・三溪にちなんで、三溪園と名づけられた。現在の外苑部分は明治三十九年に開園、公開。三溪によって移築され、現在、重要文化財に指定されている建造物は、旧天瑞寺寿塔覆堂、臨春閣、春草廬、月華殿、天授院、聴秋閣、旧燈明寺三重塔、旧東慶寺仏殿の八棟。庭園は、第二次大戦中に荒廃。さらに、アメリカ軍の爆撃により、たとえば臨春閣は修復不可能ではないかとされるほどの被害を受けた。昭和二十八年（一九五三）、原家から現在の重要文化財建造物ほかが横浜市に寄贈され、保存管理のために三溪園保勝会が設立された。その後、庭園部分の土地を買収して現在に至る。戦後には、旧矢箆原家住宅、旧燈明寺本堂の二棟の重要文化財の建造物が移築され、さらに所蔵の木製多宝塔が重要文化財に指定された。昭和二十九年から、重要文化財建造物の修理が始まり、旧景を取り戻した。庭園は名勝。

三溪園

三逕亭【さんけいてい】

千葉県佐倉市の佐倉城址公園にある茶室。もとは昭和二十八年（一九五三）に銀座松屋で「大徳寺名寶展」が開かれた際に造られた孤篷庵*忘筌の写しで、東京都港区の乃木神社に移築、次の間などが加えられたもの。昭和五十八年、現在地に移される。席は十畳半の忘筌と八畳の千歳からなり、*広縁が付く。席名は中国、東晋末期の陶淵明の詩「帰去来辞」の「三逕就荒、松菊猶存」により、城内の三つの道が集まる位置にあることから名づけられた。

残月【ざんげつ】

❶東京都文京区の*椿山荘にある茶室。大正七年（一九一八）、箱根小涌谷の藤田伝三郎別邸に建てられたものを、昭和二十二年（一九四七）、現在地に移築。木造平家建の桟瓦葺で、表千家*残月亭の写し、水屋付の一構。付書院が一間半あり、

丸畳七枚、台目畳四枚、半畳一枚で広さ十畳半に二畳の上段の間が付く。上段の間の天井は高く、壁には開口がない。平書院がなく、四枚建ての猫間障子で、庭園を眺める趣向。登録有形文化財。

❷大阪市都島区の太閤園にある茶室。⇩太閤園【たいこうえん】

山月亭【さんげつてい】

山口市の山水園にある茶室。⇩山水園【さんすいえん】

残月亭【ざんげつてい】

❶表千家の茶室。慶長十三年（一六〇八）二月十五日、千家に招かれた松屋久重は、千宗旦の茶の後、また千少庵の茶の後も「書院」に通されていた。『松屋会記』に「書院へ出ル、上段二畳敷也」「右ノ座敷モ、利休へ　太閤様御成候時ノ座敷ノ図ト御語リ候也」と記していた。この書院が残月亭にほかならない。これは千利休が聚楽屋敷（千利休の屋敷の項を参照）に建てていた九間（十八畳敷）の色付書院（色付九間書院）を移したものと諸書に伝えられているが、松屋の記事も、移したものか、図面によって建てられたものか明確ではない。利休は聚楽屋敷に、九間の大書院とともに色付書院を建てていたことは確かである。その寸法書も、少庵筆の「座敷之本」（表千家蔵）に記されており、別に間取図も伝えられている。それによると色付書院は、二畳敷の上段に続いて四畳敷の中段があり、八畳敷に入側を矩折にめぐらした全体十八畳敷の書院であった。中段には付書院が設けられ、化粧屋根裏になっていて、そこに突上窓があけられていた。豊臣秀吉来臨の節、上段角の柱（太閤柱）にもたれて名残りの月を賞でたという伝えのある窓である。柱などには色付が施され、柱は面皮丸太であったかもしれない。長押をめぐらした天井の高い大書院とは異なり、数寄屋造の書院であった。再興の千家屋敷に少庵の建てた書院が残月亭に相違なく、そこには中段はなく、広さも九間でなかったことから、利休の色付書院をそのまま写したものではなく、中段や入側を省略して千家の屋敷にふさわしい広さに再構成したものと考えられる。中段は省いても、上段の構えと化粧屋根裏や付書院を設け、利休の色付書院の特色を継承した巧みな構成であった。少庵の時代には、残月亭の南に接して深三畳台目の茶室が建てられていたと推測される。寛永十年（一六三三）、宗旦が建てた一畳半（不審庵。千宗旦の茶室の項を参照）も同様で、さらに正保四年（一六四七）に表千家四代の江岑宗左が建て替えた平三畳台目の不審菴も同様、残月亭の南に接して建てられた。この状態が天明八年（一七八八）の大火に焼失するまで続いた。そのあいだに伝えられた残月亭は、南側に不審菴が建ち、切妻造の屋根の棟には楽焼の鬼瓦をのせ、妻に「残月亭」の扁額が掲げられた。初めは樂長次郎の鬼瓦がのっていて、江岑の頃は樂家五代宗入の鬼瓦であったという伝えも

残月亭（表千家）　上段と付書院側

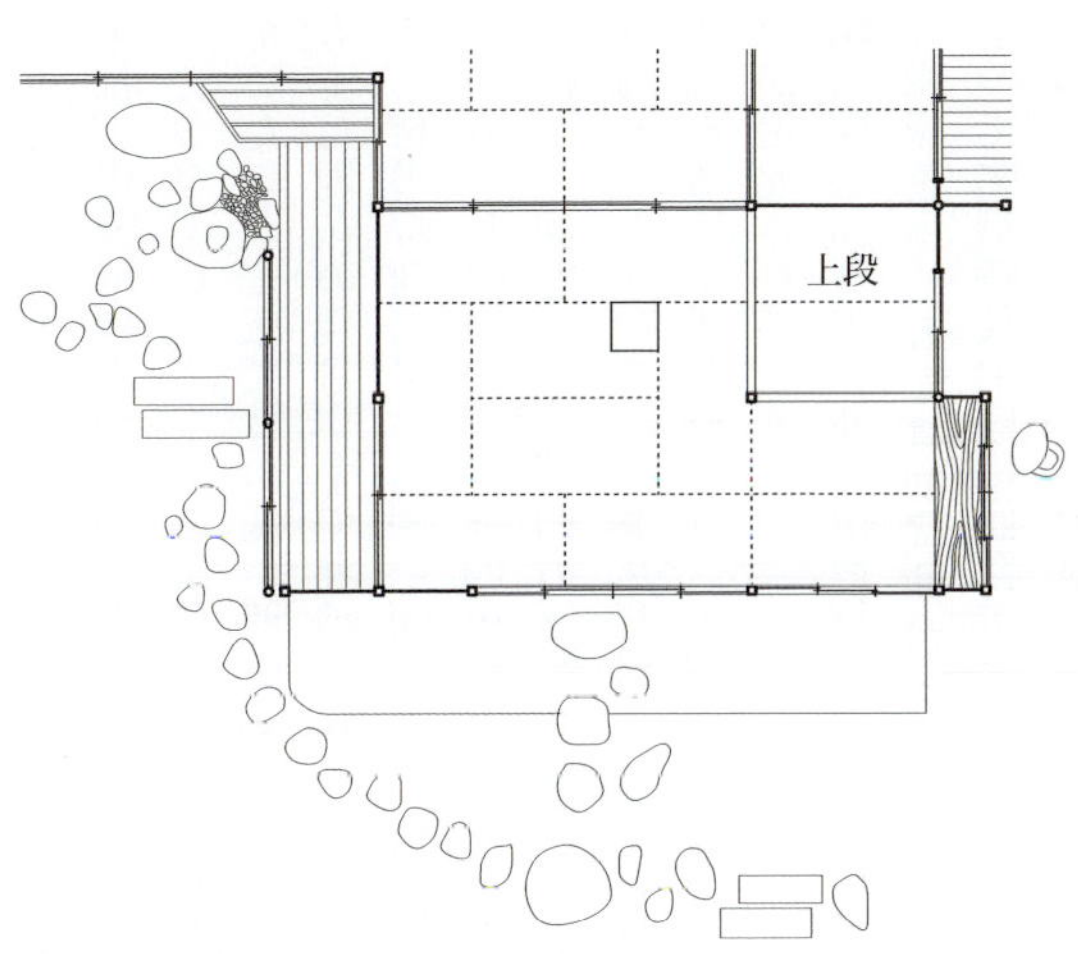

残月亭

ある(宗旦屋敷書院惣図)。残月亭の上り口は西側で、四畳の入側から入るようになっていた。正面左側に二畳の上段床、床前二畳の奥に付書院を設け、付書院の前は化粧屋根裏であった。上段は南向きで、北側は*張付壁、東側は三枚障子の*中敷居窓で、二方に丸太の*框をめぐらし、角には*五平の柱を立てていた。八畳敷の南側は壁であった。これは不審菴が接していたためである。上段の天井は中央に中縁を入れ、桐板が張られていた。上段の北の張付壁には掛物を掛け、床として使われるいわゆる上段床であった。八畳の北側、東の一畳を点前座として炉が切られ、北の座敷との境には襖が建てられていた。天明八年の大火に焼失後、残月亭が不審菴とともに十代吸江斎祥翁によって再建されたのは、利休二百五十回忌を迎えた天保十年(一八三九)であった。この時、不審菴は残月亭を離れて東方に南向きに建てられた。そして残月亭の南側は、*中潜りから不審菴の*内露地へ入る*梅見門とのあいだの露地に直接面するようになったのである。明治三十九年(一九〇六)に表千家はふたたび火災で焼失した。そして明治四十二年に旧規に忠実に再建されたのが現在の残月亭である。天明の大火前と大きく変わったのは、南側二間が開口部に変わり、露地からの上り口となったことである。西側は中央に柱が立ち、南一間が出入り口で、外に*濡縁が設けられて、北は*表千家七畳の入側につながった。縁先には、両端に柱を立て*明障子を建て上下を吹抜いた、西日除けの装置を施した。そして内部は、上段東側の三枚障子の窓が障子二枚建てに縮小された。これは天明の大火前とは著しく室内の採光が変わったことによる工夫かもしれない。あるいは北側の*壁留が床であることの配慮によるものかもしれない。天保十年の再建に至る計画の過程で、残月亭に注目すべき工夫があった。一つは上段の奥に床を付加する案であり、今一つは残月亭に入側、あるいは縁を付設する案であった。両者とも取り上げられなかった。床についてはやはり色付書院における上段床に対する利休の真意が尊重されたのである。また利休の色付書院にあった入側を付加しなかったことも、残月亭を茶の湯の広間として性格付ける決断であった。現在の残月亭は南面し、*入母屋造*桟瓦葺で、南面に*柿葺の庇を付す。軒の部分は柿葺で深く差し出し、わずかに起りを帯びた穏かな外観で、大きい妻に*清巌宗渭筆の「残月亭」の額を掲げ、棟に樂家十二代弘入の鬼瓦がのる。前面の深い*土間庇に*三和土を打ち、*沓脱石を据え、露地の*飛石がこれに連なる。*手水鉢はなく、手水を使う桶据えの石が置かれている。*腰高障子をあけ、*踏石から直接座敷に上る。草庵の上り口と変わりない。上段東側は二枚障子の窓で、*敷居は一間通して下は板壁、*鴨居と*方立は*角柄に組んでいる。北側一間は*桐置上唐紙の張付壁、床の天井は中縁を入れ桐板を張る。二方の框は杉の*磨丸太で*出隅に立つ柱(太閤柱)はやはり五平である。利休の色付書院におけるこの柱は、三寸に二寸三分で、およそこの寸法が踏襲されてきた。四方柾の松材である。利休の色付書院では、化粧屋根裏であった中段の桁が上段のほうにのびていて、上段の天井もそれに制限されていたのが、床天井の低い理由であった。これもまた現在の残月亭まで継承されてきたのである。付書院前二畳の南側一間は中敷居窓をあけている。八畳の北側は襖四枚建で九畳の次の間と接し、*欄間には*踊桐の透彫りを施した桐板がはめられている。なお広島県福山市の神勝禅寺にある茶室秀路軒には、天明の大火前の残月亭が復元されている。

❷宮城県仙台市の仙台市博物館にある茶室。旧姉歯家茶室。もとは初代仙台区長・松倉恂によって明治時代中期に仙台市土樋の屋敷内に建てられた。松倉は、仙台城ゆかりの茶室名である残月亭と同じ名称をこの茶室に命名するにあたり、伊達家当主に名称の使用と扁額の制作の許可を受けている。この扁額は、正徳四年(一七一四)に陸奥国仙台藩第五代藩主吉村が初代政宗の筆跡になる「残月亭」の扁額を模刻したものを、明治二十七年(一八九四)にさらに模刻したものである。寄棟造柿葺で、庇は杉皮葺とする。四畳半に三畳の次の間、水屋を設ける。四畳半は給仕口の踏込部分を板畳とし、床の正面、向かい側には地板を敷き雲雀棚を釣ることで飾棚のしつらいとする。また水屋より一旦縁に出て茶道口へ至る間取りとなる。松倉家から姉歯家へ譲られ、その後、二度の移築を経て同館へ移ったが、その際の調査で、部材の一部は江戸時代の古材を使用していることがわかった。

残月床【ざんげつどこ】
表千家の*残月亭に見られる*上段床の別称。残月亭の上段床は一畳敷で、框をめぐらし北側一間の*張付壁を床として用いる。また、このような形式の上段床全般をさして残月床とも呼んでいる。名称の由来は残月亭の原形である千利休聚楽屋敷の*色付九間書院の上段で、*豊臣秀吉が名残りの月を賞でたという伝えによる。

残月の茶事【ざんげつのちゃじ】
暁の茶事と同じ。⇒暁の茶事【あかつきのちゃじ】

残月の間【ざんげつのま】
京都市左京区の清流亭にある書院。⇒清流亭【せいりゅうてい】

三玄【さんげん】
京都市東山区の*青龍苑にある茶室。もとは東京の田安徳川家第三代斉匡（一七七九～一八四八）の邸内にあったものと伝えられる。明治三十七年（一九〇四）、現在の青龍苑の地を購入し、別邸霊鷲山荘を営んだ呉服商・平井仁兵衛が昭和五年（一九三〇）に邸内に移築した。平成十二年（二〇〇〇）、同苑の大規模な改変が行われた際に、敷地の東部最奥部から現在地に移築された。外観は入母屋造桟瓦葺。正面の土間庇下を壁で囲い、蹲踞を構えて内露地を形成している。このような屋内化された露地は真珠庵の*庭玉軒が知られる。内部は広間八畳と五畳半の水屋からなる。床は台目三畳分の間口で、太い床柱や床脇に大きな下地窓をあける構成は、*裏千家十一代玄々斎精中が増築した茶室*咄々斎に通じている。床柱の下部に黒漆銘があり、宝暦元年（一七五一）に裏千家八代又玄斎一燈が大徳寺に植えていた五葉松を、玄々斎が床柱と床框に用いたことが記されていて、造営に玄々斎がかかわっていたことがうかがえる。ちなみに咄々斎の床柱も一燈手植えの五葉松を用いている。竹の相手柱には黒漆で「利休堂後藪」の竹を用いたことが記されている。外観に見られる懸造の構造などにも玄々斎の作風が見て取れる。床まわりに古材を多用したり、大きな格狭間風の付書院の意匠を用いたりするなど、大胆で自由な意匠が印象的である。

三玄　床側

三玄院【さんげんいん】
京都市北区にある*大徳寺の塔頭。*春屋宗園を開山として、天正十四年（一五八六）に、石田三成、浅野幸長、森忠政などによって創建。現在地の西隣の土地を得て、客殿、庫裏、小書院などを建立した。明治十一年（一八七八）、現在地に移転する。*古田織部、*藪内家初代藪中斎剣仲、三成の墓がある。また*千宗旦が幼少の頃喝食としてこの院にあったことも知られる。明治時代末期には、西本願寺にあった茶室*篁庵を同院に移築している。

三光燈籠【さんこうどうろう】
石燈籠の一種。桂離宮の*笑意軒近くの池畔に

三光燈籠　桂離宮

あるものを本歌として、基礎や竿、さらに中台もなく、笠と火袋だけからなる形式のものをいう。火袋には日、月、星の三つの火口があることから、三つの光、すなわち三光燈籠と名づけられた。

三斎【さんさい】
細川三斎のこと。⇒細川三斎【ほそかわさんさい】

三斎井戸【さんさいいど】
名水の一つ。京都の北野天満宮境内にあり、天正十八年(一五九〇)、*北野大茶之湯において*細川三斎が松向軒を造り、この井戸の水で茶を点てたという。

三斎好み四畳台目【さんさいごのみよじょうだいめ】
❶京都市右京区の愛宕神社の里坊福寿院にあった茶室。⇒福寿院の茶室【ふくじゅいんのちゃしつ】
❷奈良市の東大寺四聖坊にあった茶室。明治時代に井上世外邸に移築され、八窓庵と呼ばれた。⇒八窓庵【はっそうあん】❸
❸京都市右京区の天龍寺塔頭真乗院にあった茶室。⇒天龍寺真乗院の茶室【てんりゅうじしんじょういんのちゃしつ】

三斎流【さんさいりゅう】
茶道流派の一つ。*利休七哲の一人、*細川三斎を開祖とし、三斎の門人であった一尾伊織が許しを得て興したと伝えられる。そのため「一尾流」などともいわれ、主に武家のあいだにひろまった。その後、*松平不昧と親交のあった荒井一掌により、江戸時代後期以降は松江(島根県)に三斎流が伝えられることとなった。三千家以前の*千利休の茶の面影をのこしていると伝えられる。

山紫水明処【さんしすいめいしょ】
京都市上京区にある頼山陽の書斎兼茶室。頼山陽が、鴨川西畔の風光明媚な地に設けた水西荘の庭に、文政十一年(一八二八)に建設した離れで、初期の煎茶室遺構として注目されるが、書斎、あるいは親交のあった文人たちの集うサロンでもあったのであろう。鴨川及びその向こうにそびえる東山の眺望を楽しむために、鴨川に面した東面のほとんど全面を腰障子とし、その外側に縁を設けて中国風意匠の勾欄が取り付けられる。主座敷の室内意匠は、西面に踏込床と床脇を南北に並べている。特に床脇の地袋は、引違いに建て込まれた網代張板戸をあけると、その奥の壁の代りに板戸が納まり、さらにこの板戸をあけることによって、室内から地袋越しに西側庭園内の下井戸周辺の景色を楽しむことができ、また外部からは給仕口として使用することもできる、他に例を見ない独創的なものである。この地袋から腰壁、さらに腰障子の腰板に、アンペラの網代が張られている。この山紫水明処に見られる川沿いの眺望の良さは、大分県日田市を流れる三隈川から庄手川沿いにのこる旧森家(現大河原家)の悠然亭(一七七九年建築、一八三五年修理改造)からの眺望と近似している。山陽は文政元年十一月に日田を訪れ、森五石宅や山田子襲宅に宿泊し、子襲の新亭を如斯亭と命名して、その意味を記した「如斯亭記」をのこしている。山紫水明処の建つ鴨川沿いへは、京都における六回目の転居で、文政五年に移っているので、山紫水明処の建設に際しては、この悠然亭や如斯亭からの影響も考えられる。

山紫水明処　床側

三秀園【さんしゅうえん】
福井市にあった福井藩家老・松平主馬の別荘。福井市内を流れる足羽川の北側、花月橋の周辺に位置し、現在の市営三秀プール跡地あたりにあった。藪内宗遠の設計と伝えられており、文

三秀園　外観　『数寄屋聚成』16

政九年(一八二六)頃に築造された。創建時を記したものに高野謙筆記の「三秀園記」がある。建物は木造二階建。外観は当初、柿葺(後に桟瓦葺)で一階には玄関、内玄関、寄付八畳、控えの間、茶室の*自適庵と*醒心斎、そして主座敷十七畳に次の間十畳からなる書院座敷、さらに十畳の龍之間と次の間の四畳半からなる広間、茶之間、膳所があった。二階は*裁錦楼と座敷などからなる。寄付八畳、控えの間の南側は露地で、腰掛待合が設けられ、一方、書院座敷、龍之間の北側、土縁越しに池庭となる。維新後は本宅として使用していたが、東京移住にともない片山平三郎の手に渡り、そして明治二十九年(一八九六)に福井市が譲り受け公園地となる。その後明治三十五年、橋北の大火で一部類焼し、荒廃した。明治四十三年、敷地の一郭を県に寄付し、福井県物産館が設けられたが、戦災と震災によって施設の全部が灰燼に帰した。

三重棚【さんじゅうだな】

❶釣棚の一種。点前座向こう*入隅に仕付けられた三重の棚。その好例は西本願寺の*澆花亭にある。
❷*棚物の一種。地板のほかに三枚の棚板が重なった棚。千利休好みといわれるものは桐木地四方四本柱、千宗旦好みは同形で一閑張としたもの、また表千家七代如心斎天然好みは桑木地である。

三重違棚【さんじゅうちがいだな】

*床脇に設けられる*飾棚の一種。「三違棚」とする雛形本もある。江戸時代に棚雛形として定型化される四十八棚の一つで、*天袋の下部に三組の*違棚を組み合わせる。『四十八棚 十分一のぢわり』(一六五八年刊)には「是ハ棚数多所ニ用、但下段なとニよ(余)の小たな(棚)なき所ニよし」とある。

三重違棚　『増補大匠雛形四 新板棚雛形』

三州土【さんしゅうつち】

愛知県岡崎市付近から産出する土の総称。三州とは三河国の異称。風化した花崗岩で、*三和土の原料として多く用いられる。

三秀亭【さんしゅうてい】

奈良市の依水園にある建物。東大寺の西南のこの地は、古くは興福寺の子院・摩尼珠院の別業があった付近で、延宝年間(一六七三〜八一)に奈良晒を業としていた清須美源四郎道清が別邸を設けた。三秀亭は現存しているその当時の建物。萬福寺二世の木庵性瑫がここから御蓋、高円、若草の三山の秀でた景色を望み、三秀亭と名づけた。園内の西側、前園の池に面して東向きに建ち、外観は入母屋造茅葺で、桟瓦葺の軒を付ける。内部は書院式の茶室となっている。茶席は四畳半に台目二畳を付けたもので、床を正面にし、左に床脇を設ける。床脇には三角形の天袋を設け、市松模様の小襖を建てている。天井は網代張で竹の竿縁天井。玄関の間は、棟木に栗を用いており、天井は煤竹を用いた舟底天井となっている。また付属する挺秀軒は待合に使われた建物で、屋根は茅葺、内部は床が高床式となり、室床を設けている。現在は喫茶、食事処になっている。

三州御影【さんしゅうみかげ】

石材の一種。愛知県岡崎市付近から産出する花崗岩で、三州石の一つである。色調は白色の中にやや青みを帯びる。雲母の粒子が大きく、錆が出にくく、石質はもろい。しかし数年で苔を生じ、かつ雅味を帯びるために庭園用の石材として重宝される。石燈籠や手水鉢などの加工品として用いられることが多く、切り出して使用される。また石質の優劣により使用方法が異なる。中でも特に白いものは薄石や白石とも呼ばれる。

三重露地【さんじゅうろじ】

*露地の一形式。*一重露地や*二重露地に対して、露地が*内露地、*中露地、*外露地の三つに区分されたものをいう。藪内家*燕庵の露地が三重露地の代表例で、この場合、外露地は*寄付付近となり、*腰掛待合は中露地に位置する。つまり二重露地の外露地が、さらに中露地と外露地の二つに分かれたものとみなすことができる。寛文六年（一六六六）の『*古田織部正殿聞書』には「外腰掛三重路次ニ相客ヲ待合候所」と記されていて、すでにこの頃には三重の露地がもたれていたことがわかる。

三種極真の飾【さんしゅごくしんのかざり】

永享年間（一四二九〜四一）、足利六代将軍義教に病気見舞いとして禁裏（後花園天皇）から御園の御茶に添えて、鎌倉茄子茶入、花山天目茶碗、青磁雲龍水指の三種の道具が下賜された。義教はその本復祝いの茶会にこの三種の道具を台子に荘り、十七、八歳の美男子の寵臣・赤松貞村に烏帽子、水干の礼装で点前させた。『*南方録』「墨引」に図解入りで利休の物語として、この点前作法を能阿弥の秘書に「三種極真ノカサリ」と題したとある。

山茱萸【さんしゅゆ】

ミズキ科サンシュユ属の落葉小高木。朝鮮半島、中国原産。薬用植物として江戸時代（一七二〇年頃）に渡来した。樹高は普通、三メートルほど。葉は長さ三〜一〇センチの卵状楕円形で、主脈の基部に褐色の毛のかたまりがある。三月頃に葉より先に黄色の花を多数つける。この姿が好まれ、庭園によく植えられ、春の茶花としても用いられる。

三畳【さんじょう】

茶室の広さを表し、*丸畳三枚分の広さからなる茶室。ただし*千利休の時代には、利休自身が試みた*深三畳半を*山上宗二が「細長イ三畳敷」と記したり（細長三畳の項を参照）、江戸時代でも、三畳のうちの*点前畳一畳を、*台目畳と*向板の組み合わせとした茶室（いわゆる二畳台目）を三畳と称することもあった。三畳の座敷では、*入炉にすると*一畳台目よりも客座にゆとりができ、*出炉にすると、客座のゆとりという点では二畳台目とあまり変わらない。その代り、*上げ台目切にすると、給仕のための動線にゆとりができる。また客座と点前座の境に*中板を入れてここに炉を切れば、出炉でありながら入炉と同じ客座のゆとりが生まれる。一方、歴史的に見ると、最も早い時期の三畳の例として確認できるのは、天文四年（一五三五）、戦国大名・大内義隆が九州攻めに勝利した際の三畳である（大内義隆記）。具体的な構成はわからないが、凱旋の歓びにわく山口で、みな我さきに「クサノ殿」（草の殿）を造り、「茶ノ湯座敷四畳半、三畳敷ニ次ノ間ヲツクラヌ人ハナカリケリ」であったという。当時はすでに、*宗珠が*六畳と*四畳半によって「下京茶湯」で評判を得てから十年ほど経ち、またやがては、*武野紹鷗によって四畳半が茶室の主流に押し上げられて行くような時期であるが、その一方で三畳は、紹鷗の代までは道具無しのわび数寄をもっぱらとする座敷で、*唐物を一つでも所持するなら四畳半を建てたという（山上宗二記）。ただ紹鷗自身は、*肩衝茶入所持の茶人のための三畳として、*向切の*長三畳と、今にいう上げ台目切の三畳の二種を考えて与四郎（利休）に示したという（茶湯秘抄）。そしてこれら二種の平面には、後の*深三畳と*平三畳の考え方の違いがすでに現れていた。深三畳は、点前座の向きも客の並びも、奥深い方向にそう深使いの平面であるが、類似した平面としては、『*南方録』に掲げる「深三畳古様」や『*茶伝集』の「深三畳」があり、どちらも「紹鷗居士ノ」とか「鷗休ノ好」の茶室で、書院の縁側や広座敷を囲ったものだとしていた。ただし点前畳の先は切り除いて*板畳を入れ、*隅炉に炉を切る点

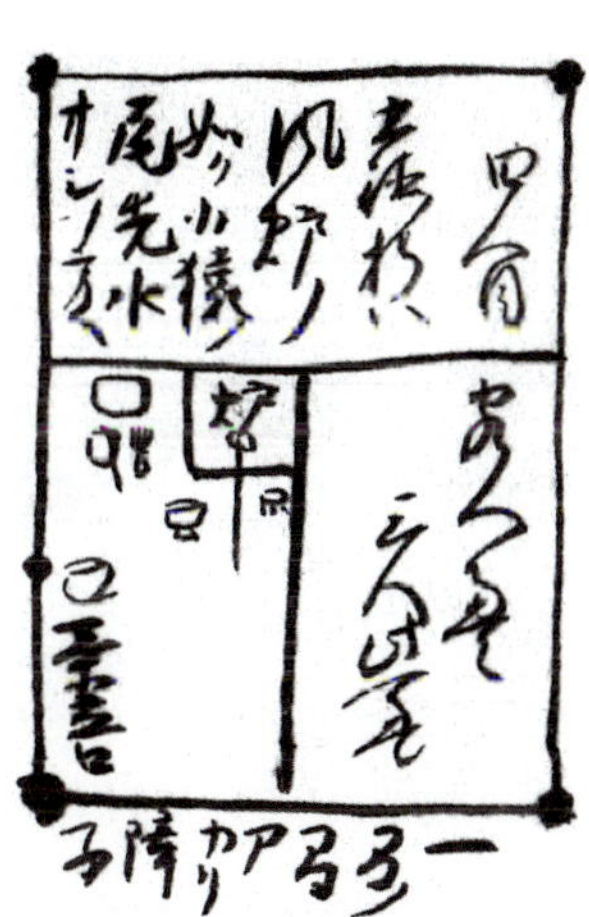
武野紹鷗長三畳の図
『茶湯秘抄』(石水博物館本)

が異なる。また『南方録』では、正客の座は点前座の横脇の畳で、奥の畳ではないことも説いていた。これに対し、平三畳と同類の平面としては、『山上宗二記』の「平三帖敷」や、『南方録』『茶伝集』両書ともに「深三畳」の後に現れたとする「平三畳」がある。『山上宗二記』のほうは、*一間床や*坪の内が図示されており、*囲いのような性格の茶室ではないように見えるが、基本構成は『茶湯秘抄』図のものと変わりはない。また『南方録』『茶伝集』の平三畳は、どちらも深三畳と一対で取り上げられており、やはり点前畳の先に板畳を入れ、炉は向切にしていた。ここでは、深三畳の後に平三畳ができたこと、また隅炉が最初であり、平三畳になって向切になったことなどが説かれている。以上のような座敷はみな、道具をもたない*わび数寄のための三畳という、基本的に三畳を傍流として見るとらえ方であったが、*天正十一年(一五八三)頃以降、*豊臣秀吉、利休、*津田宗及によって平三畳や深三畳半が世に披露されると事態は一変し、多くの茶人が小座敷を前向きにとらえ始めた。天正十三年あたりからの茶会記には、廃れていた深三畳、平三畳に加え、二畳半(二畳半の項❷を参照)もしばしば見られるようになり、深三畳半もこれらに加わっていた。この変革期に現れた新たな構成の三畳としては、現在、*道安囲とか*宗貞囲などとも呼ばれ、点前畳と客畳の境に*中柱と仕切り壁を設け、ここに*火燈口をあける二種類の三畳である。一つは堺の塗師空願の三畳で、懇意の利休が始めた*通い口を取り入れようと願ってできたものという。平三畳*下座床の席の点前座に向切の炉を構え、炉の前角に中柱を立て、中柱より先は吹放し、手前はすぐに火燈口をあけた壁にしたもので、面白い座敷だというので京の外まであまねくこの座敷になったという。『*数寄屋工法集』はこれと同じ平面構成の図を「宗貞囲」としてのせ、また利休の孫・*千宗旦が慶長十三年(一六〇八)、千家の再興にあたって設けた茶室も、床の位置は異なるが類似のものであった(千宗旦の茶室の項の図を参照)。この種の茶室の代表的な遺構としては、宗旦の高弟・*藤村庸軒が好んだ*澱看席がある。もう一種の三畳は、利休が医師・曲直瀬道三(一五〇七〜九四)のために好んだとするもので、こちらは炉を向切ではなく*出炉に切る。道安囲に近い構成で、これも一段面白い座敷だとして、「信長相国の御連枝たち」が京でも大坂でも造ったという(曲直瀬道三の茶室の項の図を参照)。利休以後は、三畳よりも広い*三畳台目、*四畳、*四畳台目なども様々に工夫され、小座敷の広さとしての選択の幅はひろがっていったので、相対的に三畳への注目度は天正年間の頃のような高まりを見せなくなったが、前述の澱看席や、*表千家七代如心斎天然による大徳寺塔頭聚光院*閑隠席や同じく塔頭玉林院の*蓑庵など、虚飾を排したわびの名席が生み出されてきたのも事実である。

檆松庵【さんしょうあん】

京都府宇治市の*松殿山荘にある茶室。*高谷宗範が昭和四年(一九二九)に、大阪で本宅としていた天王寺屋五兵衛の屋敷にあったものを移築したと伝えられる。施工は中川徳一。主屋の西側に位置する。切妻造の茶室棟に入母屋造の水屋を隣接し、切妻造の寄付とは渡り廊下でつながっている。茶室内部は三畳台目中板入で、床を下座に構える。中板が通常より少し幅広で、上座側が斜めの壁になる。茶道口を火燈口、給仕口を方立口の形式として、客の出入り口として躙口が床の対面にあけられている。天井は床前が舟底天井、躙口側が化粧屋根裏、中板上部が落天井、曲がり木の落掛を付けた垂れ壁を隔てて点前座上部は網代天井の、四段構成となる。移築とは伝えられるが、宗範が手を加えた部分も多いと見られている。

三畳台目【さんじょうだいめ】

茶室の広さを表し、客畳として*丸畳三枚、*点前畳として*台目畳一枚からなる茶室。三畳台目の始まりは、天正十一年(一五八三)九月の大坂城起工にともなって、*千利休が大坂に構えた屋敷の「細長イ三畳敷」（山上宗二記。深三畳半、細長三畳の項を参照）かと考えられる。三畳敷とあるが実は*深三畳台目の席で、この茶室の影響であろうか、天正十四、五年の茶会記には、「深三畳」「フカ三畳半」「深三畳大目」などと記された茶室が散見される（宗湛日記）。利休の「細長イ三畳敷」では、点前座の*中柱に付く袖壁の足元が、今のように*吹抜きではなく、下まで壁が続いていた。客から見ると点前座が次の間のように見えたため、二畳台目ではなく三畳敷と認識したものと考えられる。また同時に、客からは半畳分の点前座しか見えなかったので、三畳半ともとらえられたのだろう。その後、点前座の袖壁には吹抜きが造られ、客から点前座全体が見えるようになると、点前座が半畳より大きかったので「三畳大目」や「三畳大」の呼称がほかでひろく用いられるようになったが、後世でも千家を中心に三畳半、同様に二畳半や一畳半という呼称も存続していった。表千家*不審菴のように、*平三畳の側面に*台目構えが付く場合も三畳半ということになる。それ以降の三畳台目の変化として代表的なものを挙げると、まず文禄五年（一五九六）に松屋久好が訪れた古田織部伏見屋敷の*望覚庵がある。これは同じ深三畳台目ながら、床の位置が上座から下座に移ったものである。また織部は慶長四年（一五九九）から六年にかけて、これに襖を介した別畳一畳を付け加えるなどして、現在、藪内家にある*燕庵と同形式の茶室「三畳大目」を試みている。この形式は織部没後も、徳川二代将軍秀忠の数寄屋御成の茶室形式となるなど、武家のあいだで大いにひろまった。*織田有楽も三畳台目を造っており、天満屋敷にあったと考えられる三畳台目は、*深三畳の床と客畳のあいだに点前座を入れた奥深い構成をしている。*亭主床や側壁面の大*火燈口とともに独創性を感じさせる（これを復元したものとして有楽苑の*元庵がある）。有楽の伏見屋敷にあった茶室との伝えもある横浜三溪園の*春草廬も独創的で、深三畳台目の床を下座床の位置に設けるのではなく、客座を挟んで点前座の対面に配する構成をもつ。下座床の位置には、代りに襖を引違いに建てた*通い口があき、元庵の大火燈口ともども、隣接する書院での接待をも暗示するような構えである。このほか、中坊長兵衛や*片桐石州などが所持した「遠州三畳大」では、三畳の短辺に台目畳の点前座を付け、長辺には、各辺の中ほどに、床と躙口を設けて、両者がちょうど対面するような構成になる例もある（*向板が入るので長四畳と記されることもある）。この場合下座床になるが、正保四年（一六四七）に*表千家四代江岑宗左が造った不審菴のように、点前座で亭主が半回転し「戻り点前」を行うならば、上座床を保持することもできる。このほか、*金森宗和が京都の御所八幡町の屋敷に建てた「三畳大」（金森宗和の屋敷と茶室の項を参照）では、三畳敷の長辺に、台目床と台目畳の点前座を並べた三畳台目になっており、*小堀遠州による南禅寺*金地院八窓席もその例である。

三賞亭【さんしょうてい】

愛知県名古屋市千種区の*揚輝荘にある煎茶室。三賞亭はもとは同市茶屋町の伊藤本家内にあった煎茶室であるが、大正七年（一九一八）に揚輝荘北庭園の池端に移築された。南側に踏込土間があり、その北面の丸太を並べた上り縁より、八畳の主座敷へ上る。主座敷の西には押入付の三畳間があり、その西面から直接出入りすることもできる。主座敷東面北側に床を設け、その東側の壁には萩の茎を打ち詰めた下地窓があり、南端に茶道口をあける。床の北壁には大円窓をあけ、障子が二枚引違いに建て込まれる。その

三賞亭　主座敷　床側

西側一間半と三畳間北面の一間は窓で、主座敷には腰付の雪見障子が四枚、三畳間には腰障子二枚が、それぞれ引違いに建て込まれ、窓の外には勾欄付の縁が設けられている。踏込土間の東には勝手があり、その北に廊下がのびて水屋に至る。

残照亭【ざんしょうてい】

京都市左京区の栖賢寺にある茶室。栖賢寺は臨済宗大徳寺派の寺院で、古く応安、永和年間頃（一三六八〜七九）に摂津国尼崎（兵庫県）で創建され、織豊時代には豊臣秀吉との関係もあった古刹である。近代になり無住となったため、大阪の綿花商・*山口玄洞の支援により昭和三年（一九二八）頃から京都への移転、再興の計画が立てられ、同四年庫裏と本堂、観音堂などが、七年には本堂と観音堂の改築、同時に回廊、金鳳閣などが現在地に建設された。残照亭はこの時に建てられた茶室で、ともに柿葺の屋根をもつ四畳半台目と五畳の二つの席を中央の水屋でつないでいる。それぞれ天井の構成などに変化をもたせた茶室となっている。設計はすべての建物とも元京都府技手・安井楢次郎と考えられている。

三条西実隆【さんじょうにしさねたか】

享徳四年〜天文六年（一四五五〜一五三七）。室町時代後期の公家で和学者、また書家。三条西公保の次男。初め公世と名乗り、後に公延、さらに実隆とあらためる。後土御門天皇と後柏原天皇の義理の兄弟。耕隠、逍遙院、聴雪と号す。四歳で侍従に叙せられ、参議、権大納言、内大臣などを歴任。実隆は朝廷で重きをなす一方で、足利将軍家とも良好な関係を結び、また大内氏のような地方大名とも、本願寺の蓮如や実如のような仏教者とも交わりをもった。永正十三年（一五一六）、出家して堯空を名乗る。和歌集や物語などの古典の書写や講義をしばしば行い、藤原定家の和歌集などの校合も行うなどの業績ものこしている。和歌は飛鳥井雅親や飯尾宗祇に学び一万首以上の和歌を詠んだが、それは『雪玉集』『再昌草』などの歌集にのこされている。実隆は宗祇から古今伝授を受け、子の公条や徳大寺実淳などに伝えた。これはやがて*細川幽斎や*後水尾天皇などへ伝えられることになる。書家としては三条流の祖とされる。古典の筆写本のほか、「石山寺縁起絵巻」や「北野天神縁起絵巻」「桑実寺縁起絵巻」などの絵巻の詞書に実隆の書を見ることができる。日記の『実隆公記』は文明六年（一四七四）から天文五年（一五三六）までの六十三年に及ぶ記録で、実隆の個人生活だけでなく当時の社会を知ることのできる重要史料である。これにより、*武野紹鷗の実隆への入門や『詠歌大概』授与があったことを知ることができる。実隆は移設した六畳間を押板や棚の付いた四畳半の小座敷にあらため、和歌会や連歌会に使ったが、*四畳半茶室成立との関連を無視することはできない。

三畳半【さんじょうはん】

❶三畳台目と同じ。⇒三畳台目【さんじょうだいめ】

❷茶室の広さを表し、*丸畳三枚、*半畳一枚からなる茶室。*織田有楽の*如庵は、三畳半とも二畳半台目とも呼ばれるが、要は、*四畳半の広さの中に一畳分の床を設けた場合、のこりが三畳半になる。如庵の場合、床の奥行きが少し浅いので、結果的にどちらとも呼べる広さになる。正確に三畳半の広さをもつものとしては、一例として、*原叟床を創始したとされる*表千家六代覚々斎原叟の三畳半が挙げられる。また寛政七年（一七九五）になった飛雲閣の*憶昔の席も、*相伴席を除けば本席は三畳半である。

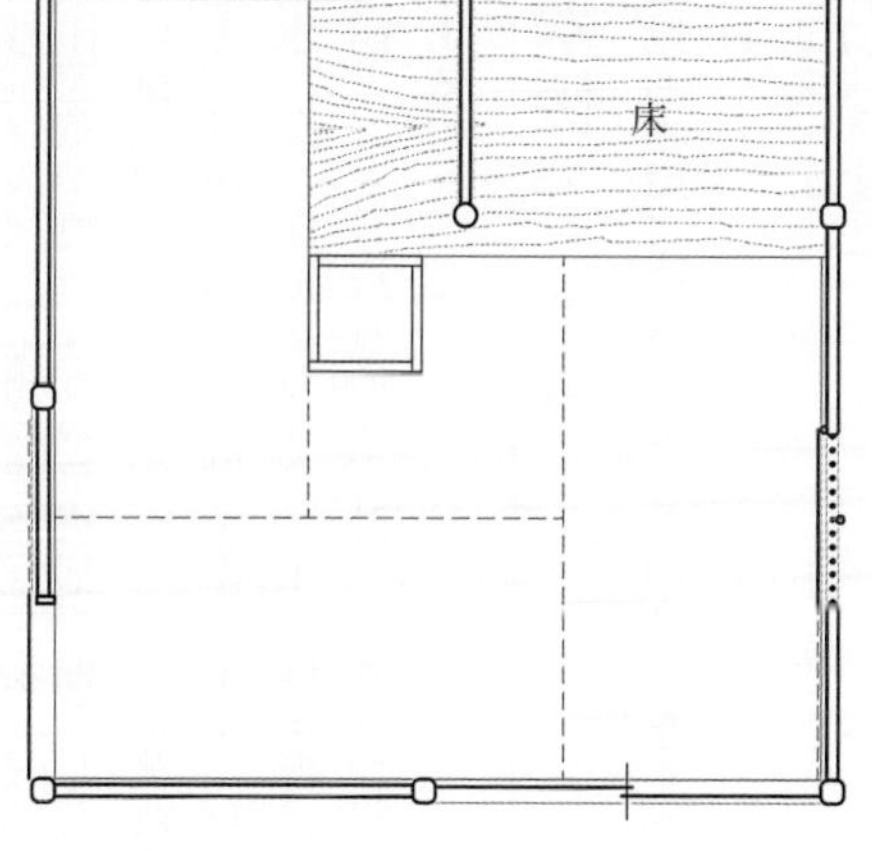

覚々斎原叟三畳半の図　「覃斎起し絵図」から作図

❸『*貞要集』にある「三畳半座敷」。続けて「但昔座敷」と書かれる。『*山上宗二記』に記載される「二畳半」図の、床と客畳のあいだに一畳を加えた茶室。

山水園【さんすいえん】

山口市にある旅館。大正時代に実業家の別荘として造営されたものを、昭和十一年（一九三六）に中野仁義が入手、増改築を施しながら現在に至ったもので、中でも昭和二十五年と同三十八年の大規模な工事は、京都の数寄屋師・*笛吹嘉一郎による。昭和三十一年の国土緑化大会（現在の全国植樹祭）と同三十八年の山口国体では、昭和天皇皇后の滞在先となる。大正時代のものは、主屋を構成する四棟とこの東にある行在閣であるが、いずれも昭和時代に増改築が施されている。行在閣は改修もあるが、檜と見られる柱を主体にした建築で、主室十二畳半は二間半の間口に設けられた座敷飾に加えて、蟻壁長押も備えられるなど、格式の高い空間となる。昭和十一年頃には臨水亭と翠山荘があった。それぞれ扁額がのこり、臨水亭は板垣征四郎（関東軍高級参謀、陸軍大将）、翠山荘は吉田善吾（連合艦隊司令長官、のち海軍大将）の揮毫である。昭和二十五年には、茶室棟と山水園棟が笛吹の設計で計画され、さらに大道の上田家より宴会場棟が移築された。茶室棟は表千家*残月亭写しの山月亭と、*不審菴の写し不嗔庵を中核とした部分、仁義の居間である宗仁居とに分けられる。山月亭は、残月亭が角柱を主体としているのに対して北山杉の磨丸太を用い、床柱を松から杉に変更し、庭園側へ欄間や入側を付けるなど、本歌からの変更点も見られる。仁義は*表千家十三代即中斎無盡を中心とした即中会で茶の湯を学んでおり、山月亭と宗仁居の扁額は即中斎の手になる。山水園棟はこれに並ぶ宴会場棟の移築一カ月後の上棟で、入母屋造桟瓦葺の二階建。宴会場棟と柱筋を揃えて計画され、配膳室や内玄関を設けて、宴会場棟と一体で使用できるように工夫されている。主室の床柱は北山絞丸太であるが、柱から客室の造作材まで松が主体として用いられている。「山水園」の扁額は寺内寿一（山口県出身の元内閣総理大臣・寺内正毅の長男、のち元帥陸軍大将）の揮毫。移築された宴会場棟は入母屋造桟瓦葺の平家。柱は栂とみられ、十二畳半二室が床側を揃えて並び、それぞれ床の正面側に七畳半の次の間が並ぶ。襖を開け放すと四十畳の大空間となり、床側以外の三方に縁を廻した開放的な構成である。昭和三十八年には、行幸に備えて三階建棟が建設されているが、面皮丸太には同三十年代頃に隆盛を迎えていた集成材が使用されている点に特徴がある。また二階の宴会場と行在閣に、金箔を押した共通の釘隠が見られるが、三階建棟建設の際に萩焼十三代坂田泥華が焼いたものを京都で細工したと伝える。庭園は、二カ所の滝から温泉が流れ込む池庭と、戦後に京都の庭師・後藤重栄が営んだ枯山水、及び露地からなる。主屋建物群は山水園本館として登録有形文化財、庭園は登録記念物である。

山水園　行在閣主室　付書院側

山翠楼【さんすいろう】

愛知県名古屋市中区にあった旧高松家本邸。暫遊荘のこと。⇒暫遊荘【さんゆうそう】

三石【さんせき】

『茶道旧聞録』にある語。「三石、刀掛石、にじり上りの石、中くぐり外の石これを三石といふ、大事にするものなり」とあり、露地の*役石のうち、特に重要な三つの石をいう。*刀掛石、*踏石（踏石の項❶を参照）、*客石のことをさす。

三千家【さんせんけ】

*千宗旦の子の代から分かれ、連綿と続いている茶家三家をいう。宗旦の長男・閑翁宗拙は、京都西賀茂の正伝寺で晩年を過ごし、その地で亡くなるが、次男、三男、四男はそれぞれ家を構えた。次男の似休斎一翁は*武者小路千家（官休

庵）、三男の江岑宗左は*表千家（不審菴）、四男の仙叟宗室は*裏千家（今日庵）の祖となる。

三尊石【さんぞんせき】

*石組の一種。「三尊石組」ともいう。大形の石を中央、その左右にやや小形の石を立てたもの。中央の中尊、両側の脇侍からなる三体の仏像、三尊仏を表現する。一般には中尊が如来、脇侍が菩薩である。平安時代から行われた手法。

桟棚【さんだな】

桟（横木）に薄板を架け渡した形式の棚をいう。主に四段の*水屋棚の形式に見られる。框の見付は八分五厘ほどとし、棚桟の数は五本ほどであるが、棚の長さによって一定ではない。この棚桟に二分ほどの薄い板がのる。上下二段ある桟棚には比較的軽い茶道具が置かれる。最上段にある一枚板の*通棚とは異なる。（付録26頁参照）

三段垣【さんだんがき】

重ね垣と同じ。⇒重ね垣【かさねがき】

三亭【さんてい】

*煎茶における茶亭、酒亭、飯亭のこと。「三店」（茶店、酒店、飯店）ともいう。これに関する煎茶書を探すと、現在のところ、売茶東牛著『煎茶綺言』（一八五七年刊）に、「（前略）元祖石川丈山居士ヨリ四代小川信庵ニ到マデノ煎茶式、酒飯茶三亭ノ応接ヲ記シ」とあるのが初見である。同書には引き続き、「五代売茶遊外居士古流ヲ一変シテ、自ラ仙窠ヲ擔ヒ、臨機応変出没自在、真味淡香ノ煎茶ニ有ヲ示サル丶（後略）」と記されている。すなわち、煎茶家系譜の元祖*石川丈山から四代小川信庵までの、酒亭、飯亭、茶亭の三亭による応接を古流とし、五代の売茶翁が、精神性の高い真味淡香の煎茶に一変したと説かれている。ところが、小川信庵撰、売茶東牛挍『煎茶会法式之書』（一八八二年刊）には、「（前略）元祖丈山居士ヨリ相伝ノ煎茶会ノ三亭ハ、酒店・飯店・茶店是ヲ三亭ト云ナリ」と記され、売茶翁が一変した三亭が復活している。そして酒店については、「酒店ハ四畳半、酒ヲ燗ムル囲爐アルナリ。膳立ノ間アリ。床板ナシノ床アリ。板棚、違棚等ヲ釣ラサル法ナリ。（後略）」と記されている。飯店については、「飯店ト云ハ、長四畳、主畳壹畳貳坪ハカリ折回シ、通ヒノ土間アリ。食ノ湯釜用意ノ囲爐アリ。勝手随所アリ。飯店ハ床ナシ。客畳四畳ノ壁附ニ、壹尺五寸ノ板棚・袋戸・違棚アリ」と記されている。茶店については、「茶店ハ、長五畳、外ニ主畳三尺四方ノ入側ニ茶ヲ煮涼爐ヲ出シ、灰爐水流シ、茶具ノ入袋戸棚アリ。床ハ九尺、壹間ハ畳、三尺ハ板床ノ張附、皆青土佐紙ナリ。懸花入ノ折釘高低三本打附ル。次ノ間長四畳、壹間土間ノ上リ口アリ。二本障子ナリ。床飾リニ、初坐立花、或ハ投入レ、如何ニモ美シキ風情ヲ好ムナリ」と記されている。以上二書、いずれもそのまま信ずるわけにはいかない。特に『煎茶会法式之書』の記述は、三店を規定し過ぎており、とても小川信庵撰、売茶東牛挍とは考えられない。しかしながら、売茶翁高遊外の百年忌と「青湾之碑」建立を記念して、文久二年（一八六二）四月二十三日に開催された青湾茶会と、同年七月十六日に開催された後青湾茶会以後、大煎茶会が開催されるにともなって、煎茶席のみならず、その前に設けられて床、床脇、付書院に書画や文房具が飾られた「前席」の二席以上で構成されるようになり、さらに明治時代初期になると「文房副席」、「外席」、「奏楽席」、「書画展観席」、「揮毫席」、「行厨席」、「酒飯席」、「盆栽席」、「酒席」など、新たな名称の席が多数出現する。このうち「書画展観席」、「揮毫席」、「陳列席」、「盆栽席」は、従来「前席」などに若干飾られていたものが、単独の席として設けられるまでに質、量とも増加、発展したものである。さらに「行厨席」、「酒飯席」など、席の種類が豊富になっていった。このような大煎茶会の流行にともなう席の多様化の中で、『煎茶綺言』に記された茶亭、酒亭、飯亭の三亭（三店）が、特に煎茶三店法として定着したものと考えられる。三店の実例としては、京都市の*渉成園が知られている。回遊式庭園の内に点在する煎茶趣味の建物のうち、*代笠席を茶店、*縮遠亭を飯店、*漱枕居を酒店に見立てている。渉成園の草創は、寛永十八年（一六四一）に徳川三代将軍家光から当地が寄進され、石川丈山の趣向を取り入れた作庭がなされたと伝わるが、安政五年（一八五八）と元治元年（一八六四）の二度にわたる火災で、園内の建物は焼失し、現在の建物は明治時代に再建

されたものである。したがって石川丈山と、明治時代の煎茶三店法の定着から、三店の代表例として知られるようになったと考えられる。

三店【さんてん】
三亭と同じ。⇒三亭【さんてい】

残燈【ざんとう】
暁の茶事と同じ。⇒暁の茶事【あかつきのちゃじ】

三徳庵【さんとくあん】
東京都新宿区に所在の大日本茶道学会本部の茶室。大正十二年（一九二三）、東京都文京区の鳥尾小弥太（得庵、初代会長）邸に建てられた。三徳庵とは、田中仙樵（創立者、第三代会長）の別号で、参禅の師で建仁寺管長の竹田黙雷より与えられたもの。昭和十三年（一九三八）、四谷左門町に本部が移るも戦災で焼失し、再建した本部に昭和二十六年、三徳庵を移築復元。四畳半本勝手の席で、点前座には洞庫を設け、水屋や雪隠が付属する。

三入庵【さんにゅうあん】
富山市の旧内山家住宅にある茶室。⇒内山家の茶室【うちやまけのちゃしつ】

三巴亭【さんぱてい】
京都市北区の*光悦寺にある茶室。大正十年（一九二一）に住宅として建設されたもの。外観は入母屋造桟瓦葺。内部は*本阿弥光悦の像を安置した八畳の光悦堂と踏込床をもつ八畳、三畳の水屋などからなる。光悦堂は光悦像を安置する祭壇が北側西寄りに設けられた座敷で、祭壇には火燈窓があけられている。床は南側、下座に構え、床正面の一間小間中が三枚腰障子建、矩折が一間の引違い腰障子の貴人口となり、その外に露地と腰掛が一体化する。天井は竿縁の平天井で、点前座側が網代の落天井となっている。もう一つの八畳座敷は踏込床形式の入床で、床柱が地板の内側に立つ。部屋は光悦堂の床が出っ張り、変則の八畳座敷となる。

三番石【さんばんいし】
乗石と同じ。⇒乗石【のりいし】

三宝院【さんぽういん】
京都市伏見区にある真言宗醍醐派総本山醍醐寺の子院。永久三年（一一一五）、醍醐寺第十四世座主勝覚が開創した。慶長三年（一五九八）、*豊臣秀吉の「醍醐の花見」に際し、殿堂の大修築が行われ、秀吉が基本設計した庭園（特別史跡、特別名勝）とともにその姿を伝える。奥宸殿（重要文化財）には*醍醐棚がある。茶室として*松月亭、秀吉好みと伝わる*枕流亭がある。表書院は唐門とともに国宝。

三方物【さんぽうもの】
三面が*柾目となっている柱材。または三面とも*無節のものをいう。

三名席【さんめいせき】
代表的な三つの茶室を総称していう。国宝に指定されている妙喜庵の*待庵、大徳寺塔頭龍光院の*密庵、建仁寺正伝院にかつてあり、現在は有楽苑にある*如庵の三席を国宝茶席三名席、また日本三名席などと称す。茶道文化史上の貴重な遺構である。この他に*大和三名席、京都三名席（*金地院八窓席、孤篷庵の*忘筌、曼殊院の*八窓軒）などがある。また名古屋城の*猿面茶室、一心寺（大阪市）の心窓の席、東京国立博物館の*六窓庵を三名席とすることもある。

三役【さんやく】
茶事、茶会において主要な役割をする人をさしていう。*亭主、*正客、*詰（末客）をいう。*七事式の員茶之式では亭主、札元、目付をいう。

暫遊荘【ざんゆうそう】
愛知県犬山市にある旧高松家本邸。もとは名古屋市中区にあったが、昭和二十三年（一九四八）、高松家の所有を離れた後、中華料理屋となり山翠楼と命名され、昭和六十一年の解体後、現在地に移築、復原された。高松家は、屋号が師崎屋で定一を襲名したことから師定と称し、初代定一が文久三年（一八六三）に本家師崎屋から分家した後、町奉行御用達格となり財をなした。二代定一は、明治十七年（一八八四）に家督を継ぎ、名古屋肥料米穀問屋組合の頭取などをつとめ、また不動産投資も行って家業を一層隆盛に導いた。旧高松家本邸は、この二代定一が改築、新築を重ねたもので、旧本邸の書院（現在の偕楽の間）の小屋裏にあった棟札には「大正四年（一九一五）卯八月十一日」と施主名及び工事監督、大工棟梁ら築造にかかわった人名が記される。そのうち工事監督の山田亀太郎は、明治時代末期から昭和時代に至るまで師定商店の支配人をつとめ、特に不動産部を統括して*武田五一の設計による師定北店（不動産部）の新築も担当した。大工棟梁は加藤伊助で、明治三十九年上棟の師定山三倉庫の棟札にもその名が記される。副棟梁の加藤森三郎は、後に三代定一の采配になる名古屋市昭和区の別荘八事山荘を担当する。三代定一は、名古屋商工会議所会頭までつとめたが、二代同様に茶の湯に造詣が深く、特に*益田鈍翁が関東大震災後に疎開で来名した折には初代定一の隠居所である香細舎（*洗心軒）を提供し、親交を結んだ。暫遊荘の室内構成は旧高松家本邸の旧状をよく踏襲し、部分的に後の改変部分を復している。玄関、及び二階建となっている萩の間あたりが古く、ここを中心にコの字形に建つ。東面に建つ平屋棟に、間口二間半、二十畳の座敷と十畳の次の間からなる大広間（偕楽の間）が設けられる。南面中央は入母屋造の玄関で格式ある外観を呈す。大広間は最も格式のある座敷で、大正九年の三代定一の婚礼の場となった。床は台目三畳敷の畳床で棚、付書院を構える。釘隠や引手は、*千家十職の金物師・中川浄益（九代）による。南北棟は、東側に一間幅で畳廊下を通し、西側に南から鍋島の間、高取の間、萩の間、六畳の間（寄付）、内玄関（旧玄関）が並ぶ。鍋島の間は八畳敷。高取の間は磨丸太の長押で、平書院の腰には無双窓を仕込む。高取の間は古図から仏間の構えであった。以上の諸室は奥から真行草の形で意匠に変化をもたせた一連の構成となっている。東北に取り付く平屋棟には八畳敷の丹波の間と次の間が設けられる。二階は中央に一間幅の畳廊下を矩折に通して南端に瀬戸の間、廊下を挟んで西に楽山の間、東に備前の間、東北角に朝日の間を配する。瀬戸の間に付属する半間幅の榑縁は、ガラス窓を横桟としたモダンな構えとなる。楽山の間は四畳半の茶室で、西側のガラス窓は組子を氷裂模様に組んだ意匠、向かいの備前の間、庭側床脇は円窓をあけて障子を掛ける。諸室の構成は旧高松家本邸の、書院座敷を設けた純然たる住宅の構えを保ち、多彩で上質な見立てにあふれる。本邸東側の内露地にはかつて高田太郎庵好みの茶室太郎庵（太郎庵の項❶を参照）があり、「漸隠」と呼ばれていたが、旧地（本邸）においてすでに別の地に移されていたため、現在地への移築にあたっては中潜りを設けるとともに、新たに茶室暫遊が新築された。

暫遊荘　大広間（偕楽の間）床側

三養荘【さんようそう】

❶静岡県伊豆の国市にある近代和風建築。もとは三菱財閥の創始者・岩崎彌太郎の長男・久彌が昭和四年（一九二九）、六十五歳の時に自らの好みで、伊豆長岡温泉の現在地に建てた別荘。昭和二十二年から旅館業を開始、今日に至る。温泉の丘陵地を背にして東向きにひらいた約三万坪の敷地の中には、*小川治兵衛によって造られた約五千坪の庭があり、その庭内に数寄屋造の建物をいくつか配している。借景を京都東山に見立てて、建物や庭を京風に仕上げている。「三養荘」とは、岩崎家の家訓とされていた蘇軾の「三養訓」に由来するもので、名づけたのは久彌自身と考えられる。太平洋戦争の開戦頃、久彌は夫人とともに別荘に移っており、そこから東京の会社へと通っていたことが知られる。現在の本館の建物が久彌の別荘であった建物で、設計は田島彌太郎と伝えられているが詳かではない。外観は入母屋造柿葺、東側の広々とした庭に面し、その南端に玄関を開く。玄関の東に老松（本間十二畳、次の間十畳、三の間六畳）、北に二階建の木曾（本間九畳、次の間六畳）の広間をつなぎ、木曾の二階部分に四畳半台目の茶室雨月を設ける。その奥には、東と南を庭に開放しながら、巴（八畳）、松風（十畳）、小督（八畳）の三室を

北東方向へ雁行形に配する。いずれの室も吟味され選び抜かれた材料をふんだんに用い、当時の状態をよくのこしており、格式を示した書院造の趣とともに数寄屋造の柔らかさを程よく混ぜた雰囲気にまとめられている。久彌の生い立ちや社会的地位、それに好みを彷彿とさせる上質の別荘建築である。

❷愛知県津島市の平山学園本町校舎にある町家、茶室。もと代々津島の庄屋をつとめた堀田徳右衛門家のものであったが、明治七年（一八七四）に肥料商・服部家の手にわたり、さらに平山学園が昭和六十年（一九八五）に服部政三家より入手した建物である。現在は清林館高等学校の施設として用いられている。建築年代は明確ではないが貞亨二年（一六八五）といわれている。この町家は表から店のある主屋と裏の書院部分、茶室＊一雨軒に分けられる。主屋の建物は木造二階建、桟瓦葺の平入、東向き。南側に通り庭があり、北側に二列四室の間取りとなっている。間口七間半、奥行九間半あったものを、服部家の所有になった時に間口八間にあらためたという。幅二間の通り庭にそってミセ、階段室、十畳の中の間、十二畳の台所となっているが、ミセ部分は現在洋間に、また階段室も手が加えられている。その奥の北側には通りに面して半間の廊下と八畳間が三間並び、露地に面した十畳の奥座敷が並ぶ。奥座敷十畳の床は平書院、琵琶台、本床、棚となる。この四間続きの座敷は三十四畳の広さになる。また、通り庭の南側部分は大正時代（一九一二〜二六）及び昭和四十二年の改造でかなり原型を失っている。二階には正面に十四畳と十畳の座敷、背面には茶室もある。裏の書院は、昭和四年頃に松尾流十世不染斎（松尾家の項を参照）がかかわったもので、茶室、次の間、座敷からなり、北山丸太の長押、筬欄間を入れ、指物師・戸屋清の建具を建てる。書院の座敷の床は付書院、本床、床脇となり、床脇の敷込袋棚の建具の絵は復古大和絵の絵師・浮田一蕙（斎）の筆である。この座敷から土間廊下で一雨軒とつながる。

三養荘（平山学園）　書院座敷　床側

三餘室【さんよしつ】

山形県鶴岡市の致道博物館にある庵。もとは幕末の出羽国庄内藩中老・菅実秀（一八三〇〜一九〇三）遺愛の庵。昭和二十六年（一九五一）に現在地へ移され、『三国志』の「魏志王粛伝」にある勉学に利用すべき三餘（冬、夜、雨）にちなみ命名された。入母屋造茅葺の簡素な外観とする。床は踏込床とし、床脇には円窓をあける。

三餘室　床側

三楽亭【さんらくてい】

新潟市江南区の＊北方文化博物館にある茶室。同館はもと越後の豪農・伊藤家の邸宅で、三楽亭は六代目当主・謙次郎が書斎として建てたものだが、水屋を設け、茶室としても使用できるようになっている。平面が三角形をした特徴的な建物で、本邸が完成した明治二十二年（一八八九）から手掛けられ、二年後に完成。当時、元浩房

三楽亭　主室　床側

と名づけられたが、一般には単に三角間と呼ばれていた。三角形の建物の中に平行四辺形（菱形）の主室の他、三角形の部屋が二つある。主室は十畳で、平行四辺形の畳が敷き詰められ、さらには平行四辺形の床と円窓を備えた床脇、違棚などが設けられている。柱も床柱三本、丸柱十本以外はすべて菱形の柱が用いられている。また曲がり木の使用や氷割文様の障子の桟など、各所に煎茶における文人趣味が見られ、中国趣味にも通ずる。後の昭和二十年（一九四五）頃には三楽亭と名づけられたが、三楽とは儒学をはじめとする中国の学問や仏教にみられる思想であり、本来の命名の経緯は不明だが、この亭がそのような思想につながることを象徴しているとも考えられる。登録有形文化財。

三連打【さんれんうち】

飛石の打ち方の一種。「三つ連れ」「三つ組」ともいう。二連打に、大または小の一石を加えたもの。（付録8頁参照）

三露【さんろ】

茶事、茶会の時に行う三度の打ち水のこと。客の席入り前、中立前、退席前に露地に水を打つ。またそれぞれの打ち水を一露、二露、三露ともいう。『南方録』には「露地に水うつ事、大凡に心得べからず、茶の湯の肝要、たゞこの三炭・三露にあり、能々巧者ならでハ、会ごとに思ふやうに成がたき也、大概をいはゞ、客露地入の前一度、中立の前一度、会すミて客たゝるゝ時分一度、都合三度也」とあり、茶の湯において大切にされるべき心得であることが記される。ちなみに、露地の三露のほか、席中の三露というものもあり、掛物の風帯の露、茶杓の露、花の露をいう。

し

四阿【しあ】

東屋と同じ。

⇩東屋【あずまや】

耳庵【じあん】

埼玉県所沢市の松永耳庵の旧別荘柳瀬荘にあった茶室。昭和十年（一九三五）に耳庵が建てたもので、外観は単層茅葺、燕庵写しで三畳台目に相伴席一畳を付け、躙口や刀掛なども古図によって写されている。寄付は四畳に丸炉を備え、水屋は三畳に一畳大の板の間がある。寄付と水屋は屋根裏をあらわした一棟に構成されており、勝手は別に渡り廊下によって連絡し、茶事に便利よく配置されている。

時庵【じあん】

新潟市江南区の北方文化博物館にある茶室。北方文化博物館はもと当地の豪農であった伊藤家の邸宅で、席名の時庵は、伊藤家の屋敷を博物館として改修した七代文吉の雅号による。四畳中板で下座床の席である。天井は舟底天井と化粧屋根裏からなり、境には下り壁が設けられている。点前座は中柱を立てた台目構えで、上部には客座との境に小板を入れ、点前座を小さく囲っている。

椎【しい】

ブナ科シイ属の常緑広葉高木で、スダジイ（イタジイ）、ツブラジイ（コジイ）などの総称。日本の暖帯照葉樹林を構成する重要樹種。本州から九州、沖縄などに分布する。生育が速く、病虫害、公害に対して比較的抵抗力があるので、防火や防風の屋敷林樹、公園樹などに、また茶庭でも常緑樹林のひとつとしてよく用いられる。また*杉木普斎は露地に好ましい植栽のひとつに挙げている（杉木普斎伝書）。その材は*心材は黄褐色、*辺材はくすんだ黄白色である。材質は堅硬で、弾力に富み、木理も美しいが、やや狂いやすい木材といえる。建築材として一般の構造材、*皮付丸太は床柱や中柱、*小丸太は廻縁などに用いる。なお椎の*磨丸太は、細かく少し捩れた紋が特徴であるが、捩れたところに割れが入りやすいため注意が必要である。

地板【じいた】

*板床の床板、床脇の*地袋の下に敷かれる板など、いわゆる地の板のこと。ひろくは床と同じ高さに敷かれる板や、その板敷きの部分をさす。*袋棚の下のものは*敷込板ともいう。用材には赤松や欅、樟、桑などを用いる。これらを厚さ一寸程度、裏に*吸付桟を付け、表面を艶磨きにした化粧板として仕上げることが多い。また*付書院の下の化粧板も地板という。

椎床柱【しいとこばしら】

*椎の材を用いた床柱。皮付のまま用いたり、またはチョウナではつり、*釿目を付けて用いる。椎の床柱は『*茶道筌蹄』に「松、杉、檜、椎は原叟好」とあり、*表千家六代覚々斎原叟の好みだという。

時雨亭【じうてい】

香川県坂出市の香風園にある茶室。⇨香風園

紫雲庵【しうんあん】

京都市左京区の金戒光明寺の塔頭西翁院にある茶室。澱看席のこと。⇨澱看席【よどみのせき】

紫雲軒【しうんけん】

愛知県豊田市の都築家にある茶室。もとは津島市にあり、平成十五年（二〇〇三）に現在地へ移築された。茶室の設計は松尾流十世不染斎（松尾家の項を参照）と伝わる。外観は大棟が切妻造桟瓦葺で、茶席客座側が銅板一文字葺となる。茶室名は不染斎の命名で、名古屋城の古材で作られた扁額を掲げる。本席は京間畳の全体四畳半の一隅を斜めに取り除いた広さで、点前座一畳、客座二畳に鱗板が付き、一間の原叟床を上座に設け、墨蹟窓をあける。炉は四畳半切の炉とするが、丸畳下げ炉の形式である。点前座には風炉先窓があき、蒲の落天井とする。茶道口は方立口のまわり茶道口とする。床正面角を躙口として、矩折に貴人口を設け、貴人口外側には濡縁と庇が付く。客座の天井は床前一畳分が竹竿縁の野根板天井で、躙口側を化粧屋根裏として突上窓をあける。水屋は点前座に接し、南面に水屋棚を設け、床は榑板張。北面は片開きの野根板戸で外部と接続し、東面の水屋棚に続く引違いの襖の奥には舟底天井の三畳の部屋がある。この三畳の東面は南側を押入とする。

紫烟荘【しえんそう】

埼玉県蕨市にあった茅葺の洋館。東京日本橋で呉服商を営んだ牧田清之助が馬場の休憩所として*堀口捨己に依頼、大正十五年（一九二六）に建造された。当時、堀口は世界の建築の新しい動向を求めてヨーロッパに出かけた。ここで注目したのがオランダのアムステルダム近郊の茅葺住宅であった。帰国後『現代オランダ建築』を出版するが、これには茅葺住宅が多数掲載されていた。これに注目した施主の牧田が堀口に住

紫烟荘　居間　『紫烟荘図集』

宅の設計を依頼して完成したのがこの建築である。堀口はヨーロッパの建築をめぐり、オランダのこれらの建築に日本建築に近しいものを感じ、さらに*田舎家の伝統は、日本においても古くからあったことを確認する。当時数寄者たちが盛んに民家を改修して田舎家の茶室を造っており、またさかのぼると織豊時代や江戸時代には、茶人たちが山居家風の茶室を市中に建築していたのである。これらを意識して造った建物が紫烟荘であった。四角い箱形の軀体に茅葺の屋根がのる。宝形造の屋根は*傘亭をイメージさせる。一方、四角い箱の壁面には丸や四角形の窓が並べられている。これは時雨亭(時雨亭の項❶を参照)のデザインと似通ったものである。これ以降堀口は、茶室研究に大きくかかわることになるが、紫烟荘はその契機になったものと考えられる。建造から二年後に焼失した。

ジェントルマン・アーキテクト【じぇんとるまん・あーきてくと】

日本において、実業界や政界などで活躍する一方、建築を得意とし、アマチュアで茶室や数寄屋建築の設計を行った者をさす。「ジェントルマン建築家」と呼ばれることもある。言葉としては以前からあったが、数寄者をさしたものとしては、建築史家の鈴木博之が昭和六十年(一九八五)頃から使用し始めた。世界的な視点からは、近世の様式建築において、その濃厚な様式意匠を求める富裕な施主のために建築設計を行う建築家のことをさす。また第三代アメリカ合衆国大統領トーマス・ジェファーソンは、職業としては政治家であるが、一方でアマチュア建築家としても名を馳せていた。彼をジェントルマン・アーキテクトと呼ぶことがある。日本の茶室や数寄屋に目を転じると、織豊時代から江戸時代初期においては、当時の茶人たちは様々な素養のうち、建築に対してもかなり高いレベルの知識をもっていた。*千利休は極限の二畳の茶室を考案し、*古田織部はいわゆる*台目構えのスタンダードともいえる*燕庵形式を造った。*小堀遠州は作事奉行などをつとめており、職業ともいえるので狭義にとらえると当てはまらないかもしれないが、空間における平等ともてなしのあり方に砕心した。また*山上宗二は六葉の茶室の正確な図をのこしている(山上宗二記)。彼らは茶匠とも呼ばれることもあるが、ジェントルマン・アーキテクトということもできる。近代の数寄者では渋沢栄一の茶室を手掛けた*益田鈍翁の弟・克徳、茶人であるが東京青山の大宮御所の*秋泉御茶室を設計した*木津家三代宗泉、自邸の*松殿山荘をはじめ、芝川家の茶室を手掛け「今遠州」と呼ばれた*高谷宗範らが挙げられる。*高橋箒庵や*小林逸翁らもかなり具体的に茶室を大工たちに指示し、雑誌などにおいて建築に対する私見を述べている。また*柏木貨一郎は江戸幕府の大工棟梁家に養子に入ったので厳密にはアマチュアといえないかもしれないが、明治時代以後は官吏となり数寄者として活躍した人物で、茶人たちの求めに応じ設計を行っていた。このように、知識が豊富であるが具体的な設計までは行わなかった者、直接図面を引くことまで行った者、あるいはほぼ職業人と同様に建築にたずさわった者などがいて、それぞれ程度の差があり、厳密に定義することはできない。だが、広義に解釈するなら昭和時代戦前頃までは多くのジェントルマン・アーキテクトの存在が認められ、近代の数寄屋建築において重要な位置を占めていた。

汐入式庭園【しおいりしきていえん】

海岸や河口付近の大規模な庭園で、水門を設け、海水を園池に導入したものの総称。潮の干満による水位の変動にともなって、池の護岸や岩島などの景観が変化する。江戸時代の*大名庭園に用いられた手法で、現存する庭園では、浜離宮恩賜庭園、*縮景園、*養翠園などがある。

塩釜の手水鉢【しおがまのちょうずばち】

手水鉢の一種。石造宝塔の塔身を利用したもので、広義の*袈裟形手水鉢のこと。本歌は東本願寺の*渉成園にある。渉成園の地には、平安時代に陸奥の塩釜の地を模して造営したというかつての源融の邸宅河原院があったという説が江戸時代より流布していた。この手水鉢は同園造営時に掘り出され、河原院の故地であるという伝承に基づき、園内に据えられる時に塩釜の手水鉢と名づけられたと伝わる。なお現在、河原院は渉成園より北にあったことが判明している。

紫織庵【しおりあん】

京都市中京区の川崎家住宅にある茶室。綿布商を営んだ井上利助が大正十二年（一九二三）にこの地を取得し、株式会社美濃利商店を創業。大正時代末までに土蔵二棟、主屋、便所浴室棟、洋館、茶室などが建てられた。その後、昭和四十四年（一九六九）に丸栄株式会社の経営者・川崎氏の住宅となり、現在は「京のじゅばん&町家の美術館」として利用されている。大工棟梁は、数寄屋大工・上坂浅次郎で、その他南禅寺の別邸群の開発に関わった塚本与三次や建築家・武田五一も設計に参画している。川崎家住宅は新町通に西面し、南隅に門を開く。茶室紫織庵は門を入ってすぐ北側にある洋館のさらに北、新町通を背にする形で配置されている。長四畳の東側北に台目幅の下座床を設け、床の脇に台形状の地板を入れ、平面をひろげ、給仕口をあける。給仕口の上には木目と節穴が独創的な欄間がはめ込まれている。北面には貴人口、南面には茶道口を設け、その南に三畳の水屋を構える。

枝折垣【しおりがき】

垣のうち、葉のついた樹枝や竹などを、生きたまま折り曲げて編んだ垣。『石組園生八重垣伝』には「大裏垣」の別名として掲載され、「大庭ものなり、しかし茶庭や亭の囲いなどにもこれをもちゆ」とある。桂垣（桂垣の項❶を参照）もこの一種。また古くは「折懸垣（折掛垣）」ともいい、菅原道真の私歌集『菅家御集』（鎌倉～室町時代）に「山里のをりかけ垣の梅の枝わひしらなからはなや咲らん」とある。

枝折垣　『石組園生八重垣伝』

枝折戸【しおりど】

枝折戸

青竹を枠として、割竹を菱目に組んで棕櫚縄で結んだ扉。揚簀戸の扉として釣ることもある。また、それを用い丸太柱に取り付けた片開き形式の門をいい、主に中門に用いる。

四角竹【しかくだけ】

四方竹と同じ。⇩四方竹【しほうちく】

仕掛棚【しかけだな】

水屋で、その日に使用する道具をもち出す順に並べ置く棚のこと。『草人木』には「古風に八、仕掛棚とて数寄屋の勝手にをし入をして、それに其日入道具、組合置也」とあり、水屋の押入に仕掛棚を設けて、茶会の当日、必要な道具を組み合わせ置いていたと記しているが、やがて廃れたという。いわゆる水屋棚の先駆と考えられる。

地固め【じがため】

建物などを建てる際、地面を平滑にし、締め固めること。現在では様々な機械を用いるが、明治時代以前の普請の際には、胴突きと呼ばれる工具などを用いて行った。

志賀直哉旧居の茶室【しがなおやきゅうきょのちゃしつ】

奈良市の志賀直哉旧居にある茶室。この邸宅は志賀自らの設計、京都の棟梁・下島松之助の施工により昭和四年（一九二九）に竣工した。志賀が昭和十三年に鎌倉へ移るまでの九年間居住した地で、個人所有、戦後の接収、宿泊所などを経て現在に至る。茶室は書斎に南接し、書斎や廊下から半間幅の水屋を介して入室できるが、正面は建物と塀に囲われた中庭露地側で、かたわらに外腰掛を備える。二枚障子の貴人口を上ると、内部は六畳本勝手の席で、炉を四畳半切に切り、上座に台目床と、地板を敷き連子窓をあけた床脇を構える。点前座勝手側には文人らしく書院を備える。天井は目透張の平天井と蒲の落天井からなる。床周辺の光を抑制しつつ、適度な開放性と縦長の平面は庭の気配を近くしており、邸宅全体同様、茶室一室も周到に設計されている。

志賀直哉旧居の茶室　床側

柵【しがらみ】

護岸工法の一種。略して「しがら」ともいう。丸太を一定間隔で土中に一列に打ち込み、一本置きにその前後に細竹、あるいは樹枝を編付けて柵にしたもの。傾斜地や池畔に設けられ、庭園では観賞を兼ねる。

止観亭【しかんてい】

神奈川県鎌倉市に所在の恵観山荘保存会が所有する茶屋。旧一条恵観山荘のこと。⇩旧一条恵観山荘【きゅういちじょうえかんさんそう】

敷居【しきい】

門や玄関、部屋の境、あるいは窓など開口部の下部に設けて建具を受ける横材。上部の*鴨居とのあいだ（内法）に*障子や*襖など引き戸が建て込まれる。敷居の上面には引き戸を開閉するために浅い溝が彫られたり、レールが取り付けられる。建具を入れない場合には、溝のない*無目敷居とする。また取り付ける位置や形状によって*中敷居や*指敷居、*薄敷居、*挟み敷居、一本溝で幅が狭く、敷居の外面に取り付けて雨戸の開閉に用いられる一筋敷居などがある。強度と滑りやすさが求められるため、素材には堅木の桜や欅などが用いられるほか、杉などの軟材を用いる場合には摩耗を防ぎ、建具の滑りを良くするために堅木や竹などで造った*埋樫を溝の底に入れることもある。門戸の内外を区画するため下に敷く横木の閾と同義で、空間を隔てる字義をもつことから、一般には「敷居をまたぐ」「敷居が高い」などの慣用句としても用いられる。

敷石【しきいし】

平らな地面に石を敷き詰めたもの。また、その敷き詰める石材をさす。庭園や公園などの園路の敷石は、「敷石道」「*延段」、あるいは「石段」などともいう。用いられる材料により、切石を用いた*切石敷、割石や煉瓦などを用いた*寄石敷、加工していない玉石などを用いた*玉石敷に大別される。

敷瓦【しきがわら】

❶*土間や軒内部分などに敷き込まれる瓦。普通、形状は二〇〜三〇センチ角で、厚さ二〜三センチの平板な瓦。禅宗建築の仏殿や法堂に多く見られる。大徳寺塔頭玉林院の*南明庵の外部、軒下の*土間廊下には、赤楽の敷瓦が用いられている。❷茶室で鉄*風炉の下に敷く陶磁器の板。通常、風炉には塗物の敷板を用いるが、鉄風炉では用いない。織部焼や楽焼などをはじめ、古瓦を応用したものもある。

敷桁【しきげた】

壁や柱の上部を連結している桁で、*小屋梁または*根太などの端部を受けて支えるもの。

敷込板【しきこみいた】

*床脇の*袋棚の下に敷かれた地板。用材には赤松や*欅、栃、楠、桑などを用い、化粧仕上げとする。

敷込床【しきこみどこ】

踏込床と同じ。⇨踏込床【ふみこみどこ】

色紙窓【しきしまど】

二つの窓を中心軸をずらして上下に重ねてあけたもので、伝統的な図柄である色紙散らしに似ているところからの命名とされる。*古田織部が創始したと伝えられ、「色紙窓明ノ為斗ニ非ス、座敷之景ニ成故也」（古田織部正殿聞書）と、室内に視覚的な景趣を作ることが意図されている。点前座勝手付の壁面にあけられることが多いが、必ずしも限定されているわけではない。

色紙窓　暫遊荘

直心庵【じきしんあん】

石川県金沢市の月心寺にある茶室。月心寺は慶安三年（一六五〇）に開かれた曹洞宗の寺。*裏千家の祖であり、また加賀藩の茶道茶具奉行でもあった四代仙叟宗室とその子・五代不休斎常叟の墓や、仙叟の金沢行きに同行した陶工・大樋長左衛門とその代々の墓もある。直心庵はもと、十一代玄々斎精中の高弟・湯川宗俊（一井庵）の屋敷にあった茶室で、玄々斎は明治八年（一八七五）から翌年にかけて金沢を訪れた際、湯川邸に逗留し茶会もたびたび催していた。昭和三年（一九二八）に現在地に移された。茶室の外観は切妻造銅板葺で、棟まわりのみ桟瓦葺である。南壁面に腰障子二枚建の貴人口をあけて上り口とし、これの左脇上方に扁額を掲げる。内部は四畳で、貴人口を入ると客畳三畳の奥、正面に一畳の点前座と踏込床が並ぶ。床は一部が外へ張り出した洞床形式で、点前座は炉を逆勝手向切に切る。移築を経ているために一部新材に取り替ってはいるが、江戸時代後期、金沢城下にあった茶室の図にしばしば見られた平面形式の特徴をよく伝えている。床と点前座境は、竹の歪み柱を立てて大きな下地窓をあけ、下部に吹抜きのある袖壁としているが、この竹の柱には、玄々斎が朱漆で「直なるを心に立つる中はしらなかく〳〵規矩はふしにこもれり」と和歌を書き付けている。この和歌からは激動期における、玄々斎の不動の心を読み取ることができる。

直心庵　床側

敷砂【しきずな】

庭園内に実用や観賞のために砂を敷くこと、または敷かれた砂。平安時代に貴族の邸宅の南庭（「だんてい」とも）に行われたことに始まり、時代とともに社寺や庭園、露地などにもひろがっていったものと考えられる。

式台【しきだい】

❶玄関前の、座敷より一段低く造られた板敷きの部分。「敷台」とも書く。客に対して送迎の挨拶を行う場所で、江戸時代の武家住宅に造られた。また輿から出る際、土間に下りずに室内に入ることができた。民家でも庄屋などの住宅に造られることもあるが、巡検する代官などの武家や重要な行事の時のみ利用されたものと考えられる。

❷表座敷と玄関などとのあいだに設け、客に対して送迎の挨拶をする部屋。「式台の間」ともい

う。式台とは色代（頭を垂れて礼をすること）に由来する。『*匠明』の書院造配置図に見られ、*遠侍と*対面所とのあいだに設けられている。遺構では*二条城二の丸御殿の式台は、二間×五間の規模をもつ。

直入軒【じきにゅうけん】

京都市北区の*大徳寺塔頭*孤篷庵にある*書院。*忘筌から矩折に東西に連なり、主室八畳、次の間六畳などからなる。孤篷庵は寛永二十年（一六四三）、現在地に*小堀遠州によって新しく建築物や庭園が造営されたが、寛政五年（一七九三）に焼失した。直入軒はその後まもなく近衛家と*松平不昧の援助を得て、寛政十二年に上棟、旧規に忠実に再建された。この書院は焼失前から同名であったが、それは寛永二十一年に没した遠州の子・喜人夫の法名にちなんだものと考えられている。古図や*起し絵図によれば、焼失前は主室は六畳で、西側には南寄りに一間の*付書院があり、北側には仏壇を中央に、左右に床が配置され、現在見る*山雲床は接していなかった。主室六畳の東に襖を隔てて次の間四畳半が続き、その北に三畳*向切の茶室*縄枢が接していた。孤篷庵は焼失後、近衛家の援助で六棟の建物を譲り受け、再建に資したとされる。客殿（本堂）には、大徳寺塔頭雲林院の客殿を移築したため、近衛家の建物は主として書院の再建にあてられたと想像されるだけで、現在の建物のどの部分がそれであるか、確定はできない。書院は客殿よりも遅れて上棟されたが、この計画にも不昧の助力、助言に負うものがあったと考えられる。現在、主室は八畳、西側に床と*火燈窓をあけた付書院を並立させている。東の次の間は六畳、*天袋と*地袋を備えた半間の*違棚を設けている。次の間北側東端の口は*茶道口となり、東北の一畳は点前座として使われ、棚は茶の湯に役立つように考えられている。かつて次の間の北に接続していた縄枢はなく、四畳半が付く。主室と次の間の部屋境には*筬欄間が建て込まれている。つまり次の間は*茶立所となり、主室は客座、*上段の間のごとく扱うことができ、直入軒は次の間とともに全体が書院の茶座敷となり得る仕組をもっている。南側の縁からは八景の庭が正面に見られる。また縁の西には*濡縁を設ける。重要文化財。

次の間
床

直入軒

直入軒　主室　床側

直入舎【じきにゅうしゃ】

*松平不昧が*大崎園に営んだ茶室の一つ。園庭の中程、*独楽庵の露地の西側にあった。『*大崎名園の記』には「其れより利休堂あり。直入舎に入り、一覧なす。此の茶屋は襖反古貼り仕立に

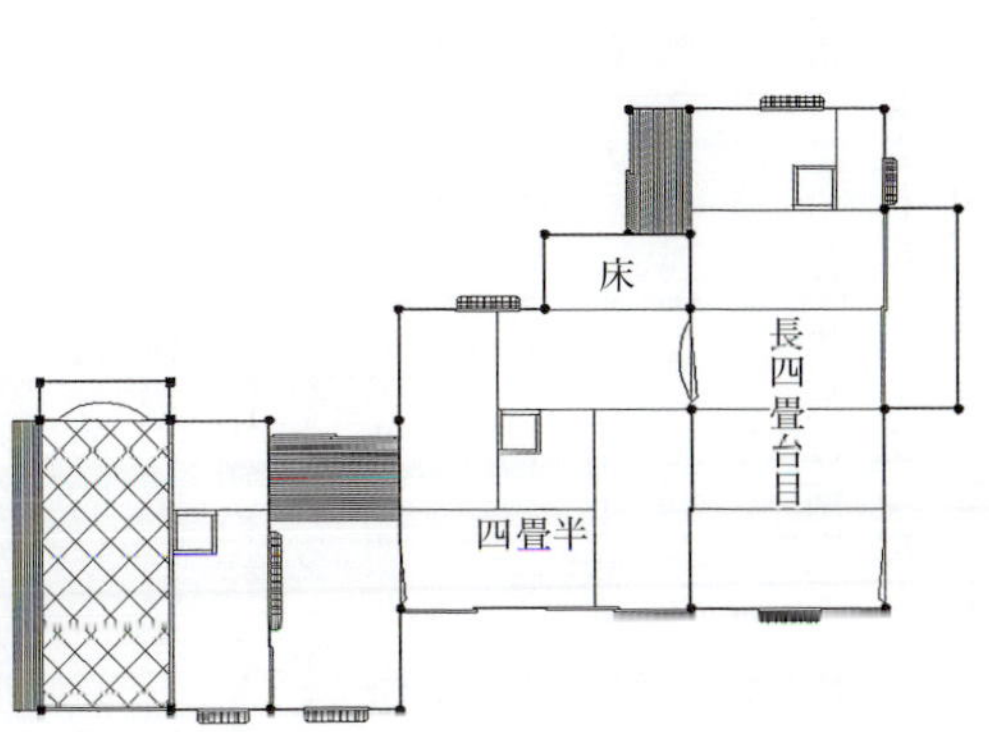

直入舎　「江戸大崎御屋鋪御茶屋之絵図面」から作図

して、世に珍しき文或は唐筆の切れなど貼り附けありて美し。竹の腰掛作り方、いといと面白し」とある。南北に長く、北から長四畳台目、四畳半、板の間、一畳半、利休像を安置する像堂が並び、「利休堂」とも称された。長四畳台目の席は向切で、四畳半の席は本勝手四畳半切、入口の上部には不昧筆の額「直入舎」が掲げられていた。床は台目幅で、「直入舎之図」には床柱は「皮ムキ丸太」、床框は「栗ナクリ」と記されている。長四畳台目の席は*向板を入れてあり、下手に水屋が設けられていた。像堂は四半敷で、南には竹縁を付け、千利休像の納まる仏壇の上には「不審」の額が掲げられていた。なお『大崎別業遊覧記』には「木々いとしけりたるなかに茶室ありて利休の像を安置し不審の文字をかけ帳などみもせぬ錦かけたりその次の間は直入舎とありて　茶たつるものこれにてそのわざをならふところと聞けり」とあり、主に茶の湯の稽古場にもなっていた茶室とみられる。

鴫の嘴【しぎのはし】

*突上窓や掛雨戸を開閉するための*突上木の先端に取り付ける和金物。形状が鴫のくちばしに似ていることからの名称。「鴫の端」とも書く。

敷葉【しきば】

敷松葉の項を参照。　⇨敷松葉【しきまつば】

敷梁【しきばり】

*小屋梁や床梁を受ける*桁行方向の大きな梁のこと。「中引梁」「中引」「牛引梁」「牛梁」「引梁」「枕梁」などともいう。梁の規模が長大な場合に、その途中で梁材を受けるために渡される。このため、梁よりも大きな断面の材を用いて、梁と直交方向に架けられる。荷重が大きくなるので、基本的には柱で支持される。

敷平瓦【しきひらがわら】

軒敷瓦と同じ。　⇨軒敷瓦【のきしきがわら】

敷松葉【しきまつば】

苔や芝生などの庭面に、松の枯葉を敷くこと。「松葉敷」ともいう。またその敷く松葉をいう。霜による苔や芝生の傷みを防ぎ、地表の乾燥をやわらげる効果や冬景を高める役割もある。現在、露地においては一般的に十二月の事始めの頃に敷き、三月の啓蟄の頃に引き上げる。敷かれる松葉も十一月の中旬に枝から払い落とした、油分の多いものを用いる。始まりは、『*槐記』に「庭ニ敷松葉アリ、加様ノ所ニテハ尤ナリ、総ジテ松葉ヲ敷クコトハ、織部ガ仕タルコトナリ、利休モ尤ナリトテ、習テ仕タルコトナリト仰ラル」とあり、*古田織部の考案とする。その敷き方は流儀などで異なり、『*茶譜』では、織部流の松葉敷は赤いものを一本ずつ揃えて均等に敷き詰め、遠州流は檜垣や網代模様などにデザインされたものもあったとあり、美しさを求めたことが記されている。また利休流では人工的な敷松葉を排し、自然な姿に敷き詰めたことも記載される。『*不白筆記』には「路次松葉敷様ハ飛石より一尺程明ケ樹木の内へ敷也、大キ成ル路次ハ如此して所々見合セ敷也、昔ハ飛石ノ間マテ一はいニ敷詰メ申候、今ハケ様ニ敷不申、一はいニ敷ハあくろ敷とて不審庵ノ庭ハ前方より飛石ヲヨケ所々へ敷申候」とあり、*飛石から一尺ほどあけて、樹木のまわりに敷く。昔は飛石のあいだまでいっぱいに敷いていたが、これは「あくろ敷」といい今はしない。*不審菴の露地では、飛石をよけて所々敷くことなどが書かれる。また『普斎伝書』では「松ノ葉、木口ヲソロエ、ロチニシクコトニアラス、朝ノ風、夕ノ嵐ナトニ、ヲノツカラチリシクテイハ、イト、モノサヒシキサマアリ、松ノ葉モアリ、栗ノ葉モ有、竹ノ葉モアリ、イツレモ木々ノ植

敷松葉　武者小路千家

し

込ニシナ〳〵ヲワカタス、フリシキタルハサモアランカシ、松ノ木モナキロチニ、松ノ葉ヲキレイニ木口ヲソロエシキタルサマ、コトサメテセンナキ事トミユル」とある。自然に散り積もったかのような姿にし、露地の植栽によって敷くものは変わり、松がない露地に松葉を敷くことをいさめているが、このように松葉以外にも櫟、小楢の葉を使うことがあり、この場合、単に「敷葉」という。

敷目板【しきめいた】
目板の項を参照。　⇒目板【めいた】

次客石【じきゃくいし】
腰掛の役石のひとつ。次客の座る位置の足元に据える石で、次客はこの石を目安に腰掛の席につく。一般的に正客石よりも小ぶりで高さの低いものを用いる。また中門の客石の次には次客以下が立つ延段を敷くことが多いが、まれに次客のみが立つ石が据えられることもあり、これを次客石とも呼ぶ。（付録5頁参照）

地業【じぎょう】
もともとの地盤に施される基礎工事。建築物を安定させるために行われる地盤改良のひとつ。「地形」とも書く。地盤面を掘り下げ（根切）、砂を敷き突き固める砂地業、割栗石を敷き突き固める割栗地業、軟弱な地盤で行われ、蠟燭石と呼ばれる切石を柱下に立てる蠟燭地業など多くの方法がある。

仕切り垣【しきりがき】
庭などの区画内を仕切る垣。「間垣」ともいう。場の境を示し、向こう側を見通すことができる簡素な造りとする。露地においては、このような仕切りのための垣を内垣ともいう。

仕切違棚【しきりちがいだな】
床脇に設けられる飾棚の一種。江戸時代に棚雛形として定型化される四十八棚の一つ。天袋の下に二組の違棚（違棚の項❶を参照）を上下に配し、それらを一本の雛束で貫き支えるように見せたもの。『増補大匠雛形四　新板棚雛形』（一八六六年刊）には「是ハたなかず（棚数）多き所、またハ御上かた（方）によし」とある。

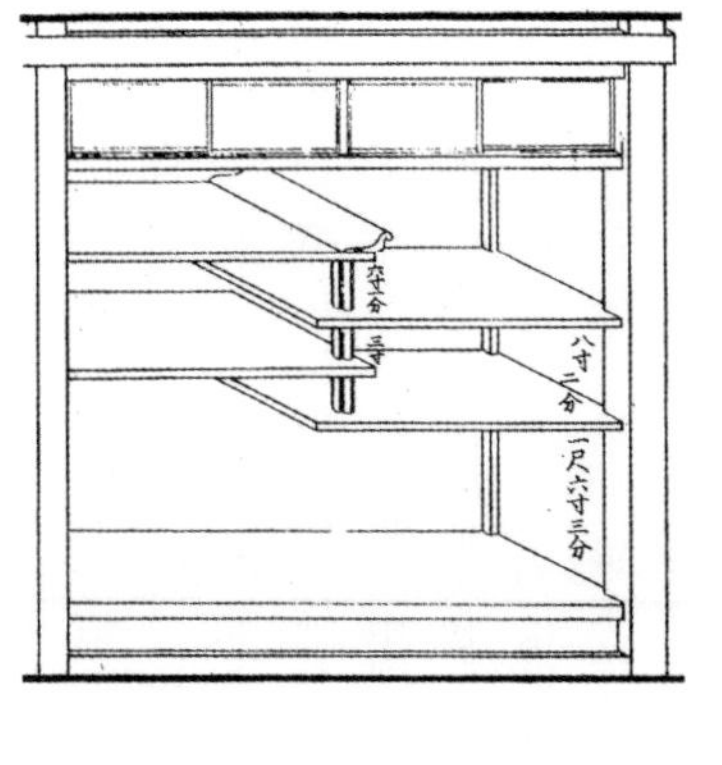
仕切違棚　『増補大匠雛形四 新板棚雛形』

軸掛釘【じくかけくぎ】
軸釘と同じ。　⇒軸釘【じくくぎ】

軸釘【じくくぎ】
床に掛物を掛けるために打たれる釘の総称。「軸掛釘」ともいう。一般に土壁の床で使われる竹釘、稲妻走り釘と二重折釘、雲板入りの織部床などで使われる走り釘と折釘の五種類がある。竹釘の場合は、掛物一幅のみを掛ける時に床の中央上部で、廻縁から九分下った位置に軸先がくるように釘先を下げ（釘が斜め上を向くように）、軸の出も九分として打ち込むが、流派によっては反対に皮目を上に打ち込むこともある。また面取して形を変えることもある。さらに三つ釘といって幅広の掛物を三つの竹釘で掛けることもある。（付録20頁参照）

軸組【じくぐみ】
木造建築の土台、柱、桁など、構造体を形成する上で中心となる部分のこと。軸組より下部は基礎、上部は小屋組である。日本の伝統建築に用いられる。これに属さない構造に校倉造がある。（付録28頁参照）

仕口【しぐち】
二つ以上の部材を直角や斜めに角度をつけて接合する方法。またはその部分。「しくち」とも読む。（付録29頁参照）

軸釣【じくづり】
開き戸の端部に設けた回転軸を、建具の枠や框、楣などの横材に設けた穴に差し込んで開閉させる装置。丁番（蝶番）を用いない作り方である。

時雨亭（高台寺） 上段より下段を見る

時雨亭（高台寺） 外観

時雨亭【しぐれてい】

❶京都市東山区の*高台寺にある*茶屋。境内東方の小高い地点に建ち、北に*傘亭、南に時雨亭が並び*土間廊下でつながる。傘亭にちなみ後世、時雨亭と名づけられたが、もともとは「安閑窟」という一つの呼称しかなかった。両亭ともに伏見城からの移築と伝えられる（移築、及び土間廊下の詳細については傘亭の項を参照）。間口二間半、奥行一間半の二階建、*入母屋造*茅葺の開放的な建物。土間廊下からはただちに二階に上がるように階段が設けられ、*間半の入口は*突上戸で雨風を防ぐようになっている。亭の二階は、西側の半分が一段高く*上段の間になっている。上下段ともに床は板敷きで、境には北半分だけ手摺を付け、南半分を昇降の口にしている。手摺は桜皮付の架木を一本の*束で支えただけの最も簡単な形式。手摺の上部には丸太の*梁が架かる。上段の三方は、低い腰壁が同じ高さで廻った*肘掛窓で、大きい掛戸を突き上げるようになっていて、*桁及び梁までいっぱいに開放できる。天井は*化粧屋根裏で、*垂木は竹と*皮付丸太を交互に配す。下段には正面に床と点前座（*茶立所）を設ける。床は*框床形式の*板床で、*入隅を*塗廻し、正面中央に*円窓をあけている。点前座には竹の*中柱を立て、竹を並べた*袖壁を造り、一重棚を釣り、*隅炉の位置に*竃土を置いている。傘亭とともに古式をのこす*竃土構えの実例としては唯一のものである。時雨亭と傘亭は、昭和九年（一九三四）の台風で倒壊し、*起し絵図をもとに細部に至るまで復原されたが、材料は多く取り替っている。重要文化財。

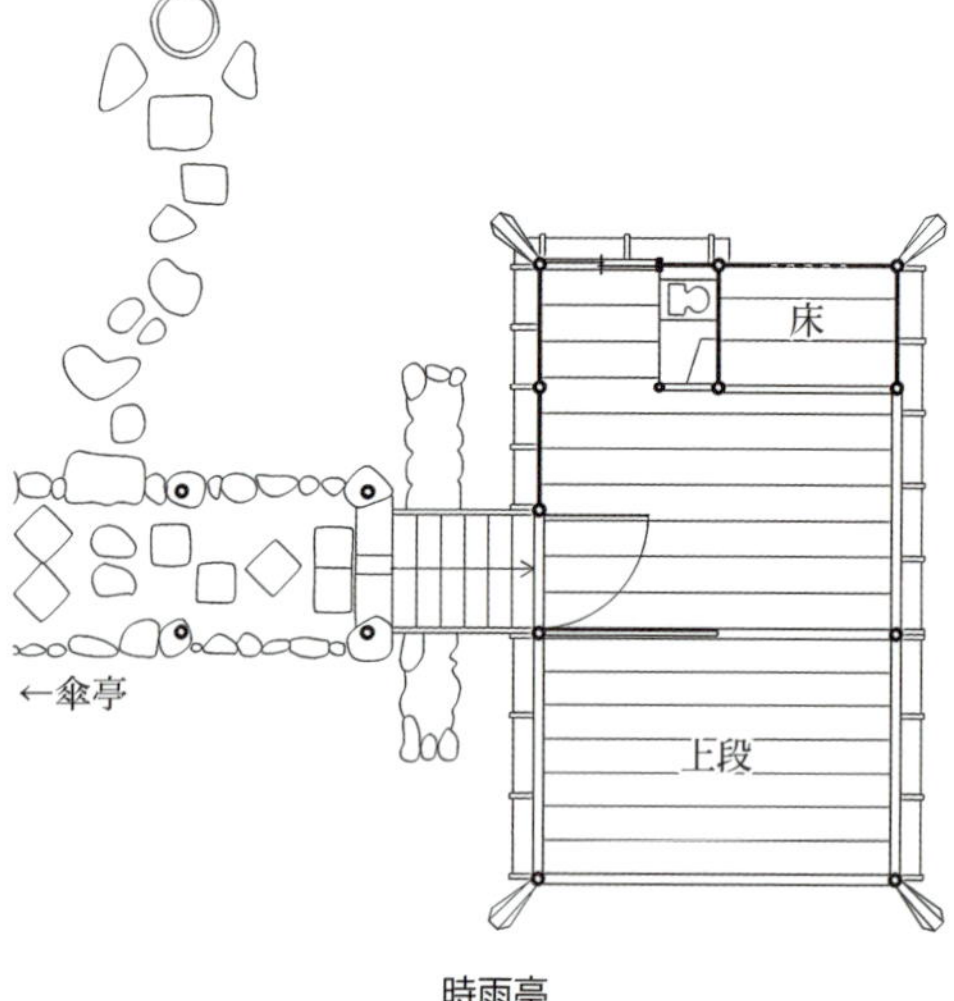

時雨亭

❷京都市右京区の厭離庵にある茶室。厭離庵は臨済宗天龍寺派の寺院で、もともと藤原定家が百人一首を撰したという小倉山荘時雨亭跡という。この茶室時雨亭は厭離庵庫裏の東北部に大正十二年（一九二三）、*岡田永斎によって増築されたもの。傾斜のある敷地に懸造で建てられた茅葺の建物で、四畳の本席に三畳大の吹放しの広縁と、水屋三畳で構成される。本席は一般的な四畳枡床の席の構成だが、床の間口を一尺六寸ほどひろげ、ひろがった床と同じ幅で、席側に高さ八寸の板を入れ、*桂離宮を模した櫛形の付書院としている。床柱は太めの杉丸太で、床框は溜塗。炉を向切に切り、勝手付きにあけた茶道口には引違いの太鼓襖を建てる。天井は客座三畳は急勾配の化粧屋根裏、点前座は丸竹を並べて編んだ平天井。広縁は板敷きで、幅広の松の板三枚が斜めに継がれている。

四君子苑【しくんしえん】

京都市上京区にある旧北村邸及びその庭園。数寄者の*北村謹次郎が鴨川のほとりに建てた数寄屋造の邸宅とその庭で、四君子とは菊、竹、梅、蘭を草木の中の君子として称えた言葉であり、それぞれの頭文字をつなげると「キタムラ」となるところからの命名である。建物は、大工棟梁・*北村捨次郎によって昭和十九年（一九四四）に竣工したが、戦後進駐軍に接収され、同三十八年、*吉田五十八によって改築された。玄関棟と茶室広間棟、新館などからなる。玄関棟は北村捨次郎が造った部分だが、一部に吉田五十八の改築が見られる。玄関土間、内玄関、寄付、応接室などからなる。土間には小石を敷き、飛石や沓脱石が据えられ、一画には榑板張の腰掛が設けられる。天井は化粧屋根裏。寄付は一畳分を板敷きとした三畳で、板敷きの中に丸炉が切られる。入口には三枚の障子が建てられ、小壁に櫛形の欄間を設ける。また躙口形式の板戸も設けられている。内玄関は、洗練された民家調で、吉田五十八が手を加えた部分である。応接室は二間四方の大きさで、床は寄木張、二方に敷瓦の土縁を廻す。天井は底目板張（板を透して張り、あいだの目地に目板を入れたもの）で金塗りの底目に銀塗の縁を通している。正面に一間半の床を構え、内に黒塗りの一重棚を釣り、下地窓をあける。この部分は金属も使用されている。応接室の脇より渡り廊下が茶室へのびる。床は瓦の四半敷で、天井は化粧屋根裏。途中の屈折部分には一枚板を取り付け腰掛を設ける。また切妻造の独立した腰掛は、貴人席と相伴席を分け、*燕庵の割腰掛とも共通する構成となっている。茶室棟は二畳台目の茶室*珍散蓮、広縁、内玄関、広間の主室八畳と次の間六畳などからなる。広間は*看大と呼ばれる。次の間との境の欄間には釣束を挟んで桑の一枚板を入れる。次の間六畳には床は設けず、座敷飾としては南側に付書院が設けられるのみである。茶室棟（離れ茶席）、玄関と寄付、渡り廊下と外腰掛、表門は登録有形文化財。また、その庭には石造美術品が数多く配置されており、特に鴻池家伝来で日本最古の紀年銘のある石燈籠や旧報恩寺石燈籠、鶴の塔と通称される宝篋印塔は重要文化財に指定されている。

四君子苑　茶室棟広間（看大）　次の間六畳付書院側

繁狭間欄間【しげさまらんま】

*欄間の一種。挟まれた部分、あるいは囲われた部分を狭間といい、そこに*組子を密な間隔で竪に入れた形式のもの。

繁垂木【しげだるき】

❶*垂木の間隔を詰めて並べる方法や、その垂木。

❷小間返しと同じ。⇒小間返し【こまがえし】❷

指月庵【しげつあん】

愛媛県新居浜市の広瀬歴史記念館旧広瀬家住宅の庭園内にある茶室。旧広瀬家住宅は住友家が経営した別子銅山の総支配人をつとめ、住友家の初代総理人（総理事）となった広瀬宰平の邸宅で、重要文化財に指定されている。指月庵は明治二十二年（一八八九）に新座敷などとともに建築された入母屋造茅葺の草庵。四畳半で中央に大炉を切る。南側に濡縁を備え、腰障子四枚を建てた貴人口をあけ、東側に大円窓、北側には地袋付きの棚を設ける。天井は傘状の化粧屋根裏。大工は二代*八木甚兵衛。

絓唐紙【しけどうし】

襖紙の一種。「しけとうし」とも読む。茶室や数寄屋建築の内部の襖に用いられ、茶家の好みの紋様が雲母などを用い押紋、刷紋などの技法で表される。

滋野家の茶室【しげのけのちゃしつ】

和歌山市の滋野家にあった茶室。昭和十年（一九三五）、*木津家三代宗泉の設計、*橋戸氏の施工とされる。四畳半の席で、床は台目床、床柱に椿丸太、床框に杉面皮を用いたとされるが、詳細は不明。滋野氏に関する木津の図面はいくつか確認されるが、その一つに立水屋の比較的詳細な図があり、それは木津の特徴的な創意を示す代表的な図面でもある。

重森三玲【しげもりみれい】

明治二十九年～昭和五十年（一八九六～一九七五）。作庭家、庭園研究家。岡山県に生まれる。日本美術学校で絵画技法や美術史を学び、画家を目指して上京するが、昭和四年に京都に移り、勅使河原蒼風らとともに前衛いけばなを提唱する。昭和七年に京都林泉協会の創立に加わり、のち長らく会長を務めた。それ以降は庭園に傾注し、作庭活動に積極的に取り組んだ。昭和十一年からは全国の庭園の実測調査を行い、その成果は『日本庭園史図鑑』全二十六巻として刊行された（後に増補改訂され『日本庭園史大系』全三十五巻が長男・重森完途との共著で刊行）。茶の湯にも親しみ、『日本茶道史』『茶室茶庭事典』などの著作がある。代表作として東福寺本坊庭園、岸和田城庭園（八陣の庭の項を参照）、大徳寺塔頭瑞峯院庭園、松尾大社庭園などがある。

重森三玲旧邸【しげもりみれいきゅうてい】

京都市左京区にある重森三玲の旧邸宅。作庭家で、日本庭園の研究者でもあった重森三玲（一八九六～一九七五）の邸宅で、現在、書院及びその前庭部は重森三玲庭園美術館として公開されている。吉田神社の社家として名高い鈴鹿家の屋敷を昭和十八年（一九四三）に譲り受けたもの。吉田神社の裏参道に面して長屋門と土塀が建ち、奥に主屋部分と書院及び茶室が建つ。長屋門は鈴鹿家が建てたもので、棟札によれば明治三十五年（一九〇二）の上棟である。主屋は享保年間（一七一六～三六）、また書院は寛政元年（一七八九）の建築との伝えがあるが、詳細は不明である。十五畳で、東から南にかけて板縁を廻した書院部分は、部材や意匠から十八世紀にさかのぼる可能性が高い。書院前庭は昭和四十五年に重森が作庭したもので、中央に蓬萊、東西に方丈、瀛州、壺梁の石組を配した枯山水庭園である。邸内の茶室無字庵と好刻庵は、重森によって増築されたもの。書院と無字庵は登録有形文化財である。

慈眼堂【じげんどう】

岡山市の後楽園にある堂。元禄十年（一六九七）、岡山藩二代藩主池田綱政が還暦を迎えた際、観世音菩薩二体を祀り、綱政自筆の絵馬が奉納されたと伝わる。沢の池の北岸、正面に岡山城天守を見渡す小山の上に仏殿を置き、山門の左右には仁王が祀られた。現在の仏堂は宝形造本瓦葺、右側に一間、切妻屋根として足したような非対称な外観をしている。明治十七年（一八八四）、池田家から譲渡された時、本尊は本家に返したため現在は空堂となっている。

自紅庵【じこうあん】

東京都文京区の西山宗居邸にあった茶室。昭和十年（一九三五）に竣工。寄付四畳半、本席八畳の広間の茶室であったが、戦災で焼失。西山宗居は英語、漢籍、和歌や能楽に通じ、裏千家茶道、志野流香道を修めた人物で、田中仙樵とも親交した。

慈光院茶室【じこういんちゃしつ】

奈良県大和郡山市の慈光院にある茶室。片桐石州好みの茶室としては最も確実なものとされる。石州は寛文三年（一六六三）、両親の菩提を弔うため、小泉の館の北方に慈光院を造立した。まず方丈、本堂が建てられ、寛文十一年に茶室が付け加えられた。本堂は建物も位置も変わっているが、書院（方丈）と茶室、そのまわりの庭園は石州の時代とほとんど変わりない姿でのこされている。書院は入母屋造茅葺の屋根に桟瓦葺の庇を廻した田舎家風な外観で、内部は東に一間床と付書院を備えた十三畳の主室（上の間）を配し、西へ中の間、下の間が続く。東から南へ幅一間の広縁を廻し、東方の風景が一望に掌握できるよう開放的に構成されている。柱は檜で面取の角柱であるが長押は打たず、平縁の天井で、目立たない簡素な造りの中に書院の風格を漂わせている。書院の東側広縁に二畳の間を隔てて、茶室（高林庵）が接続している。茶室は東面し、屋根は柿葺、前面に土間庇を形造る。躙口は右端に少し壁をのこして口をあけており、その上は正面いっぱいに連子窓をあけている。内部は二畳台目。下

し

慈光院茶室　床と点前座側

慈光院　書院　主室

地窓は*風炉先窓だけで、客座の二方、一間の幅いっぱいに*連子窓が入るため開放感にあふれている。躙口を潜ると正面に*中柱があり、その奥に床が見える。床を点前座*勝手付に配した*亭主床の形式で、客座を開放的にして、くつろぎを与えるように考えられている。床の*入隅を塗廻している点は石州の好みである。*床框は杉丸太に*面付、右寄りの面皮の部分に施された三つの*釿目が侵しがたい表情を添える。*落掛は少し面皮をのこした杉材、*床柱は*太鼓落、*見付にやや高く面を付けただけの*北山丸太。*相手柱は片蓋になった*五平の柱で、わびた床構えを見せる。炉は*台目切で、*袖壁が客座と点前座を軽く隔てる。中柱は櫟の皮付で、下からほぼ真っ直ぐに立ち上がり、天井に近いところで強い屈曲を見せる。天井に高低がなく、室内の構成が簡潔なため、この中柱は茶室に個性を与えるための主役になっている。点前座には二重棚を釣る。上下の棚とも同じ大きさの利休流の釣棚だが、*引竹より下へ下棚が見えるように釣った*雲雀棚の仕付け方で、石州独特の手法である。*茶道口は書院の北側の縁と直結されている。躙口の上から*野根板張の*平天井が点前座の上まで水平にのび、*竿縁が*床挿しになっており、さらに中柱と袖壁があいだにあるので床がいっそう奥深く見える。二畳台目の茶室と隣接する二畳の間との境には襖を*引違いに建ててあり、それを続けると全体で四畳台目の席になる。これは亭主床の構えとあわせて石州の京都屋敷の間取りとほぼ等しくなる(片桐石州の茶室の項を参照)。石州は晩年になっても京都屋敷の間取りに愛着をもっていたといわれる。茶室も書院も淡々として滞るところなく組立てられ、「所作とは少しもあらわさぬ様」とか、人作の*わびでなく「天作なる侘は誠の侘」とした石州の思想が、建築的に表現されている遺構である。書院前の庭は*刈込を主とした庭で、建物の近くにはほとんど何も置かず広く*前庭をとり、東側の刈込は低くして東方の見晴らしに配慮している。*中門から*延段が折れ曲がって書院南側の*沓脱石に達している。書院の東北、茶室前を仕切る*竹垣から露地に入る。東側は低い*築地で限られ、眺望が遮られた閉された空間となる。*飛石は*蹲踞を経て、躙口に向かって打たれている。また書院と茶室の周辺には「独坐」「女ノ字」「角バラズ」など数種の*手水鉢がある。庭園は史跡、名勝、また茶室、書院ともに重要文化財に指定されている。

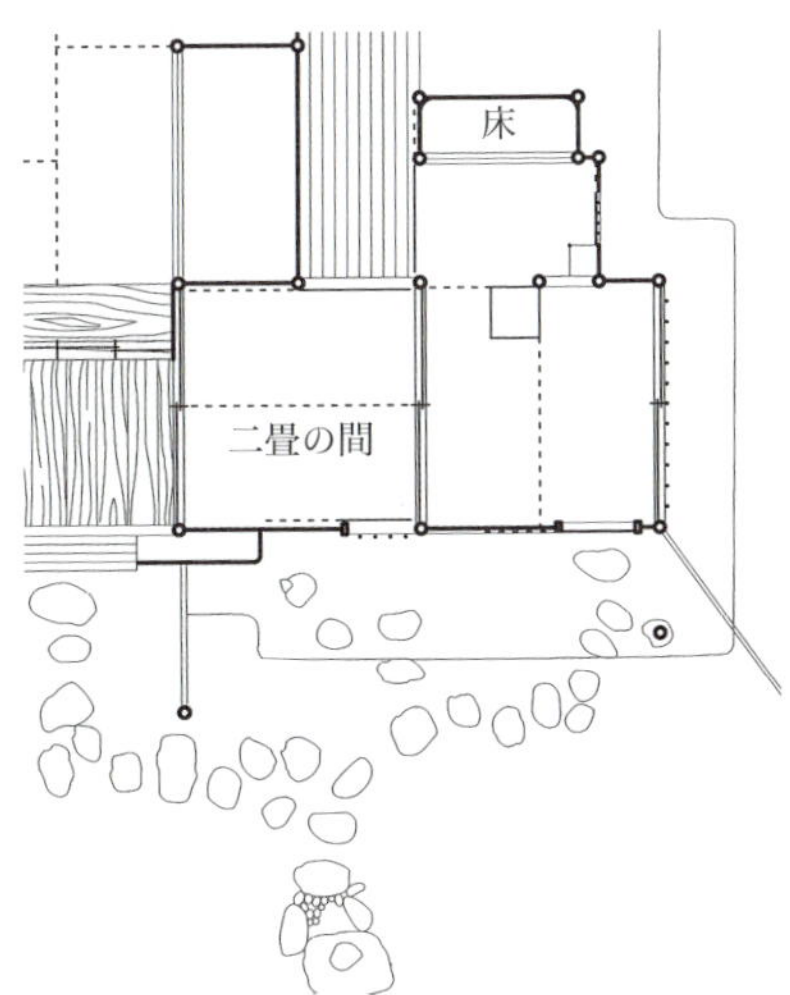

慈光院茶室

錣板【しころいた】

羽板と同じ。⇒羽板【はいた】

錣屋根【しころやね】

屋根の一形式。*棟から*軒先までが同一面ではなく、途中で区切りを付け、勾配を変える葺き方。（付録15頁参照）

自在【じざい】

釜を釣るための道具。上下自在になるところからの名称。上端に掛緒、下端に小猿と鉤を付け、小猿で上下を調節し、鉤に釜を釣り、掛緒を天井の*釜蛭釘に懸けて釣る。通常、小間の茶室で炉の季節に用いる。『分類草人木』に「竹自在ハ麁相ナル心、昔ヨリ有之」と書いてあり、竹自在には*麁相なる心が込められていると昔からいわれた。『*山上宗二記』では「自在ハ昔ヨリ在、但シ紹鷗宗易好ミ被出候、猶以当世ノカ数寄道具ニテ候」とあり、*武野紹鷗や*千利休が好んだ数寄道具であることを記す。自在は本来、*囲炉裏に鍋釜を吊す民家の炊事用具をわび茶の道具に見立てたものである。『*南方録』に「自在ハワビノ方ニ用ル、（中略）紹鷗田舎ニテ見タテテ、始ハ茶屋ニカケラレシヲ、宗易四畳半ニ然ル可キ由相談アリテ、四畳半ニカケラレシト」とあり、自在はわび茶にふさわしい道具として紹鷗が田舎で見出して、はじめ茶屋で用いていたが、利休が四畳半の席で用いるにふさわしいと、紹鷗と相談し用いたといわれる。

自在

四三打【しさんうち】

四三連と同じ。⇒四三連【しさんれん】

四三崩し【しさんくずし】

四三連と同じ。⇒四三連【しさんれん】

四三連れ【しさんづれ】

四三連と同じ。⇒四三連【しさんれん】

四三連【しさんれん】

*飛石の打ち方の一種。「四三打」「四三崩し」「四三連れ」ともいう。*三連打と*四連打を組み合わせて、三四、三四と雁行するように配石するもの。（付録8頁参照）

鹿おどし【ししおどし】

もとは鹿や猪を追い払うために農家で使われた、水を利用して音を出す装置で、後に庭園の景として設けられるようになった。「添水（僧都）」ともいう。竹筒の片方を斜め切りにし、杭で支えて支点とする。斜め切りした切口で水を受け、水の重みを利用して竹筒が傾くと、水が流れ出て竹筒の尻が急に下がり、その反動で筒が石に当って音を出す。素朴な音と、その間合いを楽しむ。京都の*詩仙堂のものが有名。

獅子垣窓【ししがきまど】

竹の縦桟と竹の貫で構成される床の脇の吹抜きの意匠。縦桟は中央を通し、左右は長短を付けて上部を切り縮める。枝付きの木や竹を粗く組んで柵とし、猪や鹿などの動物や敵の侵入を防ぐ鹿垣に想を得た意匠である。裏千家*寒雲亭に好例が見られる。

獅子垣窓　茶道会館心花の間　裏千家

地敷居窓【じしきいまど】

床面と同じ高さに敷居をもつ窓のこと。この構造をもつものに掃出窓がある。

止々軒【ししけん】

奈良市の蓮長寺にある茶室。奈良女子高等師範学校教授の佐藤小吉が設計、京都の宮大工による施工で、昭和二十八年（一九五三）に建てられたとされる。茶室棟は本堂の縁に接続しており、外観は切妻造瓦葺。土間庇は銅板葺。桁行三間半、梁行一間半の平面を、桁行で二間と一間半にシンプルに区分けし、五畳の茶室と三畳台目の水屋としている。内部も法隆寺の古材という太い床柱を中心とした明快な構成である。点前座は点前畳を台目畳とせず丸畳とし、中柱を立てて、炉を上げ台目切本勝手に切る。床も一間床、客座側をすべて引違いの腰障子とし、竹縁を矩折にめぐらすなど、決してわびきった席ではなく、四季折々の季節を楽しむことができる明るく開放的な茶室である。

止々斎【ししさい】

仙洞御所にあった茶室。はじめ修学院離宮の上御茶屋にあったが、宝永六年(一七〇九)、仙洞御所に移築された。しかし天明八年(一七八八)の大火によって焼失。天保十一年(一八四〇)には光格上皇の好みによって再興されたが、嘉永七年(一八五四)にふたたび焼失。以後、再建されることはなかったが、仙洞御所の同地には明治十七年(一八八四)、又新亭が移築され現在に至る。天保十年に書かれた平面図には、土間庇をもち、炉の切られた四畳半、入床の七畳、八畳が並び、別に八畳と六畳の続き間が見られる。

猪窓【ししまど】

猪や狼など凶暴性のある野生動物、また夜盗の侵入を防ぐために設けられた窓。ヒロマ(日常生活の中心となる部屋)の正面に格子を立て、内側に建具を引き込む。関東や中部地方の江戸時代中頃までの古民家に見られる。雨戸の普及にともない、十八世紀中頃には消滅した。

四十八棚【しじゅうはったな】

床脇の違棚(違棚の項❷を参照)、地袋、天袋などを種々に組み合わせた四十八種の飾棚のこと。江戸時代に棚雛形として定型化され、多くの雛形本で紹介された。四十八種の棚の形状や名称、また種類は雛形本により、若干の相異がある。

慈照寺【じしょうじ】

京都市左京区銀閣寺町にある臨済宗相国寺派の寺院。山号は東山。「銀閣寺」とも通称される。延徳二年(一四九〇)に没した足利義政の菩提寺として、その山荘である東山殿を寺にあらためたもの。義政の死の直後、遺言にしたがって夢窓疎石を追請開山、東求堂を持仏堂として創立された。永禄元年(一五五八)、戦乱により現存の観音殿、東求堂以外のすべてを失ったが、元和元年(一六一五)、宮城丹波守豊盛により庭園と建物が修復された。その後、江戸時代初期に方丈やその南庭の銀沙灘、向月台が造られた。観音殿(銀閣、国宝)は正面四間、側面三間、重層、檜皮葺宝形造で東面して建つ。初層の心空殿は書院造の住宅形式であり、観音菩薩坐像を安置する上層の潮音閣は禅宗様と和様の混在する仏堂形式である。銀閣の名称が現れるのは江戸時代に入ってからであり、『洛陽名所集』(一六五八年刊)に「銀薄にて彩しければ、銀閣寺とも云なり、北山は金閣にことならふとぞ」とあるのが早い例であるが、義政が観音堂に銀箔押しの装飾を意図していたかは明らかではない。書院同仁斎のある持仏堂の東求堂は方丈の東に南面して建つ。庭園(特別史跡及び特別名勝)は、錦鏡池を中心とする池庭で、西芳寺の庭園にならって義政の指導のもとに善阿弥の子・小四郎、孫・又四郎が作庭にあたった。現在、方丈の前庭となっている銀沙灘、向月台のある白砂の庭は、東求堂の移動した跡(方丈の南、観音堂の東付近)の整備の意味もあって、江戸時代初期に作庭されたものと考えられる。昭和四年(一九二九)には田中泰阿弥によって洗月泉の滝石組が発見され、同六年には泰阿弥と龍居松之助らにより、東求堂の東方から漱蘚亭の礎石などが発掘されている。平成六年(一九九四)には「古都京都の文化財」の一つとしてユネスコの世界遺産に登録されている。

四聖坊【ししょうぼう】

奈良東大寺にあった坊の一つ。東大寺の創建にあたった四聖(聖武天皇・婆羅門僧正・行基菩薩・良弁僧正)の御影図を祀る開山堂で、門跡、院家に次ぐ寺格を与えられていた。この四聖の御影は、聖武天皇の五百年忌にあたる正嘉元年(一二五七)五月二日に図絵供養が行われその後、四聖の命日ごとに報恩謝徳の仏事を営み、四聖講といわれた。御影図を安置した坊は文永元年(一二六四)頃には四聖院(坊)と呼ばれるようになった(東大寺続要録)。十五世紀末、大乗院の尋尊の註記によると、当初、四聖坊は三面僧坊の北室の東端第一房にあり、また有徳(富裕)な坊でもあった。永正五年(一五〇八)三月と、永禄十年(一五六七)十月の三面僧坊の炎上により、二度にわたり類焼したが、三面僧坊の有力な坊は適宜土地を求めて自坊を建立し、子院として独立した。四聖坊も旧地を離れ、正倉院(三倉)に接した北室西端に、広大な坊地を占め一院として再建された。その規模や配置は、天保五年(一八三四)に描かれた「東大寺四聖坊図」(東大寺図書館蔵)によってうかがうことができる。しかし明治維新にいたって退転し、明治十八年(一八八五)の正倉院敷地整備拡張により廃寺となった。『松屋会記』の天文二年(一五三三)三月二十日の条に、四聖坊の茶会が記されているが、この四聖坊とは四聖坊中興第一世と称される宗助である。客は松屋久政一人で、床に牧谿の「川ちさ一文字」の絵が掛けられ、石花香炉や平蜘蛛の釜といった名物の茶道具が用いられている。この後も、四聖坊の名は『松屋会記』や『天王寺屋会記』『宗湛日記』に頻出し、名器の数々が四聖坊に収集されていたことが知られ、四聖坊肩衝をはじめ、牧谿の瓜の絵、青磁管耳花入や夕陽天目など枚挙にいとまがないほどで、俗に四聖坊名物と称された。『宗湛日記』の天正十五年(一五八七)三月二十六日の条の神屋宗湛が客となった四聖坊の会では、床には銭選(銭舜挙)の芙蓉絵の掛物、茶入に四聖坊肩衝が用いられ、四畳半の茶室であった。また翌二十七日の四聖坊内における朝会では平三畳で茶が振舞われたことが記されており、四聖坊に千利休が試みたとされる逆勝手の四畳半(四聖坊利休四畳半の項を参照)や平三畳の茶室があったことが知られる。このことは「天保四年正倉院曝涼図」(東大寺図書館蔵)によってもその存在が確かめられる。そのほか「四聖坊利休四畳半起こし絵図」(東京国立博物館蔵)や「東大寺四聖坊数寄屋図」に四聖坊の茶室の図が伝えられている。また四聖坊には、江戸時代に大和三名席(大和三茶室)の一つに挙げられた八窓庵(隠岐録。八窓庵の項❸を参照)があり、明治三十六年(一九〇三)頃に東京の井上世外邸に移されたが、戦災で焼失している。そのほか『松屋会記』の永禄四年二月二十四日の条に「二階座敷ニ床ニ瓜ノ絵」と記され、二階建の茶室が存在していたこともわかる。なお、四聖坊持仏堂が正倉院構内に現存する。

四聖坊三畳台目【ししょうぼうさんじょうだいめ】

東大寺の四聖坊にあった茶室。『松屋会記』によれば、慶長十一年(一六〇六)三月十一日の四聖坊での茶会に招かれた松屋久重が「座敷三条(畳)大」と記している。

師性坊茶亭【ししょうぼうちゃてい】

四聖坊利休四畳半のこと。⇩四聖坊利休四畳半【ししょうぼうりきゅうよじょうはん】

四聖坊利休四畳半【ししょうぼうりきゅうよじょうはん】

東大寺の四聖坊にあったとされる千利休好みの茶室。「楽翁起し絵図」により知られる。又隠に代表される利休好みの四畳半茶室に至る途上の四畳半茶室として伝わる平面の一つ。このうち最も古い堺の利休屋敷の四畳半(松屋会記、永禄二年〈一五五九〉四月二十三日条など。千利休の茶室の項を参照)とよく似ている。そのため、平面しか伝わっていない堺利休屋敷の四畳半の構成を考える手掛りとされる。炉を逆勝手に切り、一間床で、客入口、勝手口ともに二枚障子で正面に不揃いの縁板からなる半間幅の榑縁が付く。まだ躙口や刀掛を用いる以前の茶室である。当時の堺でよく行われたように、『山上宗二記』や『茶湯秘抄』に見られる紹鷗四畳半(武野紹鷗の茶室の項を参照)を踏襲している。紹鷗

起し絵図「東大寺四聖坊茶室」　墨水書房版『茶室おこし絵図集』

の四畳半からの変更点は、入口の敷居、鴨居を二溝として舞良戸を四枚から二枚に減らしたこと、勝手口の襖が白張付から歌反故張になったこと、角柱が檜から松になったこと、榑縁、付鴨居の省略、天井高及び内法高を低くしたことなどである。本格的な草体化前の利休の茶室としても価値がある。建築時期は不明であるが、堺屋敷の四畳半と同時期、室町時代末期から天正年間（一五七三～九二）初めのものと考えられている。『*宗湛日記』天正十五年三月二十六日条には、四聖坊に四畳半の茶室があったことが記されている。しかし、四聖坊にはほかにも*珠光好みの四畳半、また*細川三斎好みの四畳台目（八窓庵の項❸を参照）があったため、珠光好みの茶室であった可能性もある。ほかにも「利休居士聚楽之宅図取」にも四聖坊右勝手四畳半の図があるが、これは珠光の四畳半を誤って伝えたものとされている。

四神相応【しじんそうおう】

四神とは青竜、朱雀（すざく）、白虎、玄武をさし、中華文明圏における風水において大地の四つの方位を掌るこれら四神の存在に最もふさわしいとされてきた地勢や地相をいう。「四地相応」ともいう。なお四神の中央に黄竜、あるいは麒麟を加えたものは五神と呼ばれる。現代の中国や韓国と日本では四神と実際の地形との対応が大きく異なっている。日本では平城京、平安京また土俵などは、*方位と四神相応を基本思想として造作され、宇宙や大自然の道理と照応する小宇宙として捉える。茶室の基本形である四畳半もこの思想に準じて造られている。また*台子は四本の柱に東（春）、南（夏）、西（秋）、北（冬）を、それに天板は天（乾）と地板は地（坤）を象徴して、小宇宙の茶室の中にさらに小宇宙としての台子がある。ちなみに風炉釜も五行が均しく整う小宇宙であり、照応関係にある。

賤機石【しずはたいし】

石材の一種。京都市左京区の静原川から産出する珪石の一種。「賤機糸掛石」ともいう。加茂七石の一つ。硬砂岩中に石英薄層が網状に入り、砂岩層に白い筋が入る独特の意匠である。

詩仙堂【しせんどう】

京都市左京区にある*石川丈山の旧住居。現在は寺院となり、詩仙堂丈山寺という。丈山が寛永十八年（一六四一）、京都東山山麓の一乗寺村に、隠棲のため建設したもので、本来は「凹凸窠」という。中国の詩人三十六人とその詩を選定し、肖像を狩野探幽に描かせ、詩を丈山自らが書いて、住居の一室（詩仙の間）の四方に掲げたことから、詩仙堂とも呼ばれる。詩仙の間の南側、四枚障子の上には丈山の書になる「詩仙堂」の扁額があり、寛永二十年には、林羅山がここを訪れ、『詩仙堂記』を作っているので、建設された初期から詩仙堂とも呼ばれていたことが確認できる。現状の外観は茅葺の大屋根に桟瓦葺の軒が付き、西南の六畳と八畳の屋根が瓦葺となる。平面構成は、床と棚を備えた四畳半の詩仙の間がほぼ中央に位置し、その西側に三階からなる小室嘯月楼（一階五畳、二階三畳、三階三畳、瓦葺）を挟んで、磚の四半敷の仏間があり、その南に床と棚を備えた八畳間と六畳間が東西に並ぶ。また詩仙の間の東は、床と棚を備えた六畳の読書の間が続き、その東から北にかけて座敷や台所などが続く。建設後、少なくとも寛政年間（一七八九～一八〇一）、文政年間（一八一八～三〇）の二度の増改築を経ているが、詩仙の間と嘯月楼は当時の状態をよく保っている。特に大屋根の上にのる嘯月楼の三階は、高所にあって開放的で眺望にすぐれ、後の煎茶室に通じるものがある。売茶東牛著『煎茶綺言』（一八五七年刊）において、

詩仙堂　詩仙の間　内部

丈山を煎茶家系譜の元祖とするのも、丈山の文人的性格とこの詩仙堂の建築的特徴に起因するものと考えられる。詩仙堂の南の平庭にある*鹿おどしは有名。史跡。

自然風景式庭園【しぜんふうけいしきていえん】

空間構成の観点から分類された庭園の一形式。幾何学的意匠構成をもつ整形式庭園に対し、曲線や非対称性を主体とする意匠構成をもち、自然の風景に範を取って造られる庭園をいう。日本の庭園は歴史的にほぼ一貫してこの形式であり、イギリスでは十八世紀頃に流行したイギリス風景式庭園がこの形式である。

羊歯【しだ】

維管束植物で、胞子によって増えるシダ植物の総称。深山の林内、日陰地でも生長する種が多いことから、露地において深山の景を演出するために用いられる*下草のひとつである。ウラジロ(裏白)、*クジャクシダ(鉄線蕨草)、ベニシダなどがよく見られる。

次第棚【しだいだな】

*床脇に設けられる*飾棚の一種。江戸時代に棚雛形として定型化される四十八棚の一つ。下方に*一文字棚を設け、上部に*天袋を組み合わせたものを基本とするが、『新撰棚雛形』(一八八二年刊)に見られるように、天袋を設けないものもある。『増補大匠雛形四 新板棚雛形』(一八六六年刊)には「是ハおし(押)板なき所に用、但し押板のだい(代)に用」とある。

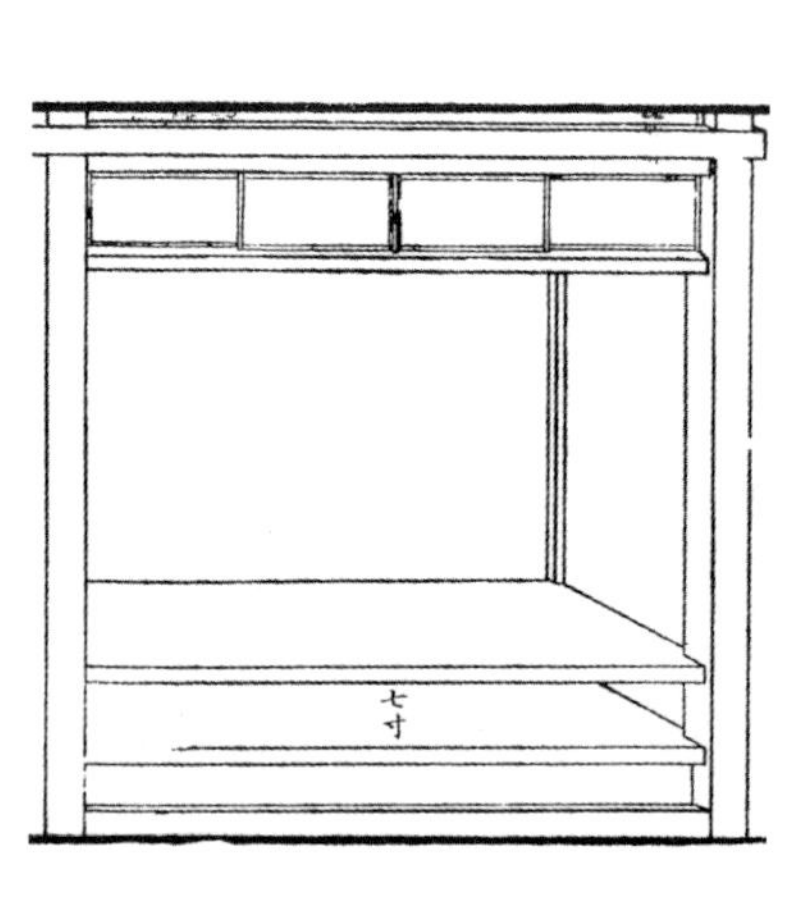

次第棚 『増補大匠雛形四 新板棚雛形』

下紙【したがみ】

縁紙と同じ。⇩縁紙【へりがみ】

下木【したぎ】

樹林の中で、下層を構成する大きくは生長しない樹木のこと。上層で林冠を成す樹木は*上木という。露地では石燈籠や中門、また高木の幹などがあらわに見えないようにするためや、深山の景を演出するために適所に植栽される。例えば*青木や*躑躅、*八手、*車輪梅、*錦木、*黄楊、馬酔木など。

下草【したくさ】

庭園や露地の植栽のうち、草本類のこと。時に灌木(樹高が三メートル以下の木のこと。低木)を含む場合がある。*羊歯や、*葉蘭、*万両、*千両、*槖吾などをさす。

下地小舞【したじこまい】

伝統的な和風の土壁である*小舞壁の下地に用いられる*小舞。竹や細割木が用いられ、これを竪横に組んで、柱間に通した*通貫(塗込貫)に*小舞縄(藁縄)で取り付ける。*草庵式茶室では、*下地窓として細い皮付の葭を藤蔓で組んだ下地小舞を用いてこれを露出させる。

下地窓【したじまど】

窓の一形式。「塗さし窓」「塗残窓」などとも称されるように、土壁の一部を塗りのこすことによって生じる窓。位置や形、大きさを自由に決めることができるので、室内の微妙な明暗を効果的に演出するのに適している。下地窓が茶室に導入されたことについて、*千利休が*風炉先窓に試みたのが最初であると伝える。普通には壁下地は割竹であるが、利休がヒントを得た和泉や河内(いずれも大阪府)のあたりは*葭が多い土地であったため、茶室は葭を葛でからめる形式が採用されたという。割竹ではあきも少なく、太すぎて目ざわりだと感じられたからであろう。*待庵の下地窓の間渡し(*栈竹)に平竹が混ぜられているのは、それが古風な手法であったことを示している。下地の葭は皮付の川葭を用い、外側を竪、内側を横とし、一〜五本を不揃いに配列して要所を藤蔓で掻く。周端は*蛤端に塗廻すが、平に塗廻すこともある。下地も葭だけでなく、矢竹や寒竹、煤竹などを混ぜて補強を図るとともに、風情を添える。内側には敷

下地窓

鴨居を取り付けて障子を建てるか、掛障子とする。壁を塗りのこすことでその分の強度が下がるため、補強する意味で外側に竹を添わす。これを力竹という。下地窓の形については「利休カ時、初ハ横窓、後ニ竪窓ニアケ候ヨシ」(細川三斎御伝受書)と伝えられるが、遺構や古図によって見ても竪横の寸法に大差はない。葭の本数については「葭の惣数ハ不定事也、竪横狭間ノ大サ不定、利休之代ニハ狭間ヲ細ニカキ候也、古織ヨリ荒クカク也」(古田織部正殿聞書)と伝えられる。利休流が下地窓の本来の素朴な姿を保っていたのに対して、古田織部は本数の変化にリズムを付け、葭と葭とのあいだを利休流に対して粗くした。そのほうが軽快瀟洒に見えるからという。下地窓は「かきさし窓」ともいわれた。『松屋会記』によれば、細川三斎の京都吉田屋敷の長四畳(細川三斎の茶室、長四畳の項を参照)に立つ中柱の壁留の引竹の上に「カキサシマド」があき、下地の組子は皮をむいた葭であった。また金森宗和の御所八幡町にあった長四畳(金森宗和の屋敷と茶室、四畳の項を参照)には「床ノ内勝手ノ方、見付ノ方ニカキサシマト」があき「ツノカタノ花入」が掛けられたから、花明窓の形式であった(付録22頁参照)。

下露【したつゆ】

❶露地において、三露の前に、たっぷりと植木の上まで水を打つこと。
❷下草に結んだ露や、草木から滴たる露をいう。

下腹雪隠【したばらせっちん】

露地内に設けられた雪隠の一種。砂雪隠が実際には使用しない飾りの雪隠なのに対して、下腹雪隠は実用のためのものである。砂雪隠は内露地に設けられることが多いが、下腹雪隠は外露地の寄付に近い場所に設けられることが多い。『茶伝集』には「下腹雪陰とて外露地の仕置事也、雪陰の内ノ壷はかめを居(す)へ申候。又桶にても吉、ふみ板を置、跡には小砂を置かけて、砂かき立掛て可置」と説明する。また『茶道早合点』には「大便所は下腹雪隠とて、中廬路の外にあり、佗人は下腹雪隠ばかりなり、石雪隠なりとも、砂を置ときは下腹雪隠としるべし、下腹雪隠は壺をふせをくなり、尤踏板なり」と記される。

下見板張【したみいたばり】

壁や塀などの板張りの一形式。横板張りで、各板の背面下端を薄くし、その削った部分を下の板に重ねて張ること。またはそのように張ったもの。この横板を下見板という。横板の押さえとして三〇センチから広いものでは九〇センチ間隔に板押の角材を取り付ける。種類に簓子下見などがある。板を平坦に張るものを羽目板張という。

紫檀【したん】

マメ科ツルサイカチ属の木本で、銘木として利用され、ローズウッドと総称されるいくつかの種をいう。タイ、カンボジア、ベトナムなど、熱帯アジア諸国に分布する。古くから唐木三大銘木の一つとして珍重された。主に輸入されているのは心材で、赤褐色から濃褐色、朱黒色で、これらが縞になって美しい模様を作ることが多い。材質は緻密で非常に堅く重いため、水に沈むものもある。かすかにバラの香りがあるためローズウッドという。木理は交錯するものもあり、加工後の仕上がりは滑らかで光沢がある。辺材は淡い黄白色である。本紫檀のほか、朱黒色のものを朱檀や紅木紫檀、白みがちのものを手違紫檀や白紫檀という。建築材として床柱などの柱材、床板、床框、落掛などに用いる。また棚材にも使用され、『君台観左右帳記』には「此ちかいたな(違棚)は、紫檀・花梨・象牙なとにてつくりたるたな也」とある。

紫竹【しちく】

竹の種類のひとつ。クロチクのこと。植物の分類学の学名上ではハチク(淡竹)の母種として扱われている。耐寒性が強く、青森県中部以南や標高二〇〇メートル程度の傾斜地に生育する。

特に和歌山県、高知県、京都府、山口県などで栽培される。ハチクに比べてやや小形で高さは三〜五メートル、直径は二〜三センチ程度となり、節は二輪となる。その他の形質はハチクと変わらない。発生初年度の稈は緑色だが、翌年から年々黒紫色の斑点が現れ、しだいに黒く変化し、三年目には稈全体が紫黒くなることからの名で「烏竹」ともいう。またこの一型で、全体が黒くならずに斑が出るものは園芸上、ニタグロチク（胡麻竹の項❶を参照）ともいう。建築意匠材として好まれ、庭園用としても用いられる。

七五三【しちごさん】

今、一般に七五三というと、子どもの無事成長を感謝し、祈願するために神社や寺などに詣でる習俗である。幼児の成長期における重要な儀礼のひとつで、日本の各地で行われている。普通、男児は三歳と五歳、女児は三歳、七歳で行う。この習俗は、日本の宮々の祭日が、十一月（霜月）の十五日が最も多いとされていることに加え、天和元年十一月十五日（一六八一年十二月二十四日）に館林城主である徳川徳松（徳川五代将軍・綱吉の長男）の健康を祈って始まったとされる。この七五三の数字は中国古来の『易経』の陰陽思想の影響も考えられる。それは七と五と三はともに奇数であり、奇数は陽、陽は吉であり、子供の成長を感謝し、祈願するにふさわしい年齢である。このように陽の数を尊ぶ思想は庭園の造作にも及び、たとえば石組の手法として七五三石組がある。ちなみに世界遺産の龍安寺方丈庭園に大小十五の石を五群に分けて配置した、その構図の背景となった思想は、いまだに明確ではない。しかし禅林における易学研究の盛況から考えれば、易経思想の影響で造られた「七五三の庭」だと推測することもできよう。一群の五石と二群の二石で七石。三群の三石と四群の二石で五石。五群で三石であり、「七五三」の奇数の陽＝吉の庭として、とらえる考え方がある。

七五三の飛石【しちごさんのとびいし】

*飛石の打ち方の一種。十五個の飛石を、七つ、五つ、三つを組として配列したもの。大徳寺塔頭真珠庵の表門から玄関に至る敷石道が「飛蝶形」と呼ばれ秀逸。（付録8頁参照）

七五三の庭【しちごさんのにわ】

陰陽道で奇数は吉とされ、その中から三つをとった*七五三は各種祝儀に用いられる。十五個の庭石を七、五、三の三群に分けて配し、全体に調和を取るとともに祝儀を表現する庭園で、主として*枯山水の庭園に見られる。実例として*龍安寺方丈庭園や*真珠庵の庭園などがある。

七五三の庭　真珠庵客殿東庭

七三の窓【しちさんのまど】

❶下地窓の*片引き障子を引き開けた時に、建具の幅いっぱいに開かず、開放部が七割で、のこりが三割ほどとなる窓をいう。特に*風炉先窓では構造上、このように全部開き切ることができないことが多い。

❷裏千家*今日庵の東側の壁、点前座勝手付上部にあけられた下地窓のこと。*片引き障子の開放部において、七割が勝手付に設けられた*洞庫の内部に面し、のこりの三割が外部に接して採

七三の窓❷　今日庵　裏千家

光が可能となる。夜明け前から行われる暁の茶事において、洞庫に燈火を釣ることで七割の部分から明りをとり、これが尽きる頃に夜が明け、今度は外部に接した三割から陽光で明りをとる意匠という。

七事式【しちじしき】

茶の湯の修練を目的として制定された七つの式作法。表千家七代如心斎天然と裏千家八代又玄斎一燈が、大徳寺の大龍宗丈と無学宗衍に教えを受けて、川上不白、速水宗達らとともに制定した。『碧巌録』の「七事随身」にちなんで命名したもので、花月、且座、廻り炭、廻り花、茶カブキ、一二三、員茶の七式からなる。如心斎は七事式に適するよう工夫した八畳の茶室を好み、不白は花月楼（花月楼の項❶を参照）を江戸神田に建てている。

七尺堂【しちしゃくどう】

久保権大輔が晩年、奈良の野田郷に建てた庵。長闇堂の項を参照。 ⇩長闇堂【ちょうあんどう】❶

支柱【しちゅう】

支えとなる柱（控柱）やつっかい棒（頬杖、方杖）、小屋組内の斜めの束（枝束）などの総称。

四注造【しちゅうづくり】

寄棟造と同じ。 ⇩寄棟造【よせむねづくり】

市中の隠【しちゅうのいん】

市中の山居の項を参照。 ⇩市中の山居【しちゅうのさんきょ】

市中の山居【しちゅうのさんきょ】

都市の中で閑寂の境地を楽しむこと。また、そのために市中に創り出された空間をさす。慶長八年（一六〇三）に刊行された『日葡辞書』には「広場や市場の中にいて隠者であること。すなわち人中にまじっていないながら僧侶や隠者であることをやめないこと」と説明される。山居とは山に住まうこと、またはその住居をいうが、市中や都市と、山居という対極的な組み合わせによる美意識で、山野の大自然の中への純粋な隠退ではなく、俗塵の中に閑寂の境地を楽しむ数寄者の美意識をもって創造された空間をさしている。茶の湯の美意識と精神性にかなった姿といえる。室町時代の公家である鷲尾隆康の日記『二水記』では、この賑わしい市中にあえて簡素な草庵を構え、隠退の境地に身を置き楽しむこと、あるいはその風躰について「山居之躰尤有感、誠可謂市中隠」と記している。草庵の茶の湯は四畳半を基準として発展したが、これは京、堺、奈良などの町衆が中心であり、町衆は草庵の茶の湯の空間を「市中の山居」と呼び、かつて西行や鴨長明らの遁世者や隠者たちが大自然の山里に営んだ草庵よりも、市中に営んだ草庵の方がすぐれるという考え方に立脚してなしたものであった。市中の喧騒の中で多忙な生活を余儀なくされる町衆のあいだに、新たに隠遁の美意識が生まれ、日常生活の狭間に存在するひと時の非日常性をよりどころとした美意識や精神性からの創造であった。これら茶の湯者の数寄の風躰を織豊時代に渡来した宣教師・ジョアン・ロドリゲスは『日本教会史』に「都市にある狭い小家で互いに茶に招待し合うことは、この都市周辺に欠けていた爽やかな隠退場所の補う役割をしていた。むしろ、ある点では都市そのものの中に隠退所を見出して楽しんでいたからこの様式が純粋な隠退よりもまさると考えていたという。よって市中の山居とは、街辻の中に見出された隠退の閑居という意味である」と述べている。またロドリゲスは「市中の山居」の印象をすべての構成が全体として目的に適応し、隠遁的孤独を保つために適するようにされており、その林の中を歩くと、自然が調和と優雅さを保ちながら無造作に造り出されており、僻地の山寺に行ったように一種隠遁気分を感じるとも述べている。

地鎮祭【じちんさい】

建築儀礼のひとつ。建築工事を開始する前に、土地の神を鎮め、工事の安全無事と建物が長く安泰であることを祈るために執り行われる儀式。この儀式の際に建物の下に埋められるものを地鎮具といい、簡単なものでは、小銭や穀物が用いられる。仏教では単に「地鎮」「鎮壇」と呼ばれ、正式な東密小野流の作法では中央に賢瓶が、入側八方に橛と法輪を埋める。賢瓶の中には、五宝（金、銀、水晶、珊瑚、瑠璃）、五香（龍脳、沈香、白檀、丁子、安息）、五薬（肉桂、甘草、遠志、白朮、人参）、五穀（稲、大麦、小麦、大豆、小豆）を納める。

十境【じっきょう】

禅宗寺院などにおいて、境内やその周辺の十の景勝を選定したもの。堂や塔、楼、橋といった建造物のほか、草木や岩、池なども選ばれる。十境の語は、中国・隋代の仏書『摩訶止観』に観察法の分類として見られるが、「十詠」「十題」といった詩や偈の形式の影響を受けて、南宋（一一二七〜一二七九）以降、五山をはじめ中国の禅院で選定された。日本でも*八景の受容とともに京都、鎌倉の五山や、十刹、諸山で選定された。天龍寺十境などが知られる。

漆喰【しっくい】

消石灰、*麻苆や*紙苆、糊材（*布海苔、銀杏草、角又など）を混合撹拌した壁材。白色、中強度で、水と反応せず、空気中の二酸化炭素と反応し、硬化する。その歴史は五千年前のエジプトに始まるといわれ、日本においては中国、朝鮮半島を経て、仏教とともに製法や使用法が伝わった。その後、壁画の下地、仏教建築、城郭建築と使用範囲がひろまり、江戸時代の中頃には一般庶民も漆喰を使った屋敷や土蔵を建てるようになった。これは火事の類焼を防ぐ意味合いや、また白亜の壁の美しさは権威、財力の象徴でもあり、寺院のみならず、武家や豪商も好んで漆喰仕上げを建物外壁に使用した。漆喰の主成分である消石灰は気硬性といって、製造時に放出した二酸化炭素を、硬化時に空気中より取り込み、もとの石灰岩に戻るという、二酸化炭素排出量の非常に少ない材料である。そのほか、糊材を添加せずに、*藁苆の分解醗酵を糊材の代りにした高知県の土佐漆喰や、沖縄県の珊瑚石を焼成し藁苆を入れたムチと呼ばれる漆喰もある。強アルカリ性で、抗ウイルスの効果も高い。またヨーロッパでは水と反応して初期強度の出る水硬性漆喰が一般的である。

漆喰磨き【しっくいみがき】

*漆喰仕上げの最上級の壁。漆喰塗の施工後、麻苆を取り除いた漆喰ノロを上掛けし、金鏝で光沢が出るまで充分に押え込み、手摺り、布拭きをして仕上げる。

仕付棚【しつけだな】

茶室の点前座の近くなどに仕付けられた棚の総称。*洞庫（*水屋洞庫、*置洞庫）、*炮烙棚、*釘箱棚などがある。*釣棚も、棚板の一端を、釣木や釣竹で上から釣り下げた形式の仕付棚である。

仕付水屋【しつけみずや】

いわゆる固定された*水屋棚、あるいは*水屋のこと。移動可能な*置水屋に対していう。

膝行【しっこう】

*正座の状態のまま膝で前進、後退すること。「膝行る」ともいう。また後退することを別して膝退という。茶の湯では相伝物や奥儀の点前の時、また貴人の前に進む場合などに行う。

実際庵【じっさいあん】

和歌山市の*養翠園にある茶室。同園は紀州徳川家十代治宝が営んだ別邸の水軒御用地で、文政四年（一八二一）に建てられたという茶屋*養翠亭の御座の間の西側に接続して建つ。二畳台目下座床の席で、和歌山県内最古のものともいわれる。柱が角柱の面なぐりで木柄が大きいのが特徴で、同一壁面にあけられた高さの違う窓において、建て込まれた障子の組子を揃えるといったこだわりも見せている。点前座は曲柱を中柱に立て、炉を台目切に切り、客付に二重棚を釣った台目構え。天井は床前が網代天井、躙口

実際庵　床側

前が掛込天井、点前座が樴を羽重に張った落天井で構成されている。掛込天井には杉皮に辛夷や竹の垂木を用いる。*表千家九代了々斎曠叔好みとされているが、『西浜御殿御額鈔』(一八三六年)によれば水軒御用地内の御数奇屋に無学宗衍(一七二一～九一、大徳寺三百七十八世住持)筆「実際庵」、八代啐啄斎件翁の板額が添っていたといい、無学の没年、さらに解体修理の調査などから茶室は、了々斎の時代より前に造られ、移築された可能性も指摘されている。

実相庵　点前座側

実相庵【じっそうあん】

大阪府堺市の*南宗寺にある茶室。もとは新在家町の塩穴寺塔頭実相院にあり、明治九年(一八七六)の堺博覧会に際して移築されていたが、昭和二十年(一九四五)の戦災で焼失、同三十六年に再建された。*笛吹嘉一郎が復元を手掛けた。*千利休好みと伝えられる二畳台目の席。下座床で茶道口と給仕口を備えるが、躙口が床の正面になく点前座寄りにあき、中柱袖壁の壁留に竹でなく削り木を用いるなど、利休流の通例とは異なる点が見られる。

室中の間【しっちゅうのま】

禅宗寺院の*方丈の室内で、正面側の中央間のこと。板の間であることが多く、畳は廻り敷きとする。方丈建築は主に正面側三室、背面側三室の六間の構成(六間取り)で建てられ、室中の間背面の部屋(仏間)には仏像や開山の像を置くことが多く、室中の間は礼拝のための中心となる部屋である。

七珍【しっちん】

七宝と同じ。　⇒七宝【しっぽう】❶

しづの舎【しづのや】

兵庫県姫路市の梶原家住宅にある茶室。*裏千家十三代圓能斎鉄中の設計により大正時代に建築されたと伝える。入母屋造茅葺の屋根が雁行し、二畳、四畳、四畳半の茶室が備わる。二畳の席には半板が点前座と客座のあいだにはめ込まれ、向切に炉が切られ、南側に壁床形式の下座床を設ける。点前座勝手付には釘箱棚を設け、北側には風炉先窓をあける。躙口は床の正面で、上部に連子窓を設ける。天井は化粧屋根裏。四畳の席は中柱と袖壁で囲われた丸畳の点前座を構え、上げ台目切に炉を切り、点前座上部は落天井である。風炉先には半間の枡床が設けられる。北面に貴人口、東面に躙口をひらく。四畳半席は北面東に档丸太を床柱とした台目床、西には大下地窓をあける。東面に腰障子を引違いに建てた貴人口、南面に躙口をあける。茶道口は西面に設け、外側に炮烙棚を設ける。厳密には写しとはいえないかもしれないが、二畳が*今日庵、四畳半が*又隠をイメージする構成となっている。登録有形文化財。梶原家住宅には北離座敷や南離座敷、新座敷北東に煎茶室などがある(梶原家の茶室の項を参照)。

しづの舎　外観

七宝【しっぽう】

❶仏教において貴重とされる七種の宝物。「七珍」ともいう。諸説あるが「金、銀、瑠璃、玻璃、硨磲、珊瑚、瑪瑙」をさす。❷七宝焼のこと。金属などにガラス質の釉を焼き付けて装飾する技法。七宝を散りばめたように美しい焼物の意である。模様の輪郭に針金を用いた有線七宝のほか無線七宝、省胎七宝などの種類がある。建築では襖の*引手や*釘隠などに用いることがある。

七宝❷　釘隠
西本願寺黒書院茶室

七宝文【しっぽうもん】

文様の一種。円周を円弧によって四等分し、同じ半径の円を重ねていくものが基本の形である。正式には花輪違と呼ばれ、*小堀遠州が小堀家の*定紋と定めている。四つの輪を上下左右の間隔を正しく組み合わせた形は四方襷または十方といい、この十方が転訛して七宝と呼ばれるようになったが、六方でつながっているものも七宝繋ぎと呼んでいる。七宝文は有職文様のひとつであり、青磁や白磁の透彫り、着物の柄など、ひろく茶道具や裂地の意匠として用いられている。さらに茶室や数寄屋においても*欄間や*釘隠、雲母刷りの唐紙などに幅広く見られる。遠州の破れ七宝は七宝繋ぎのうち七宝が部分的に欠けた意匠をいい、その他にも、中心に花や宝尽しを配した小花七宝、四季七宝、宝七宝などがある。ちなみに「無量寿経」では、金、銀、瑠璃、玻璃、硨磲、珊瑚、瑪瑙を七宝という。

七宝文（破れ七宝文唐紙）

自適庵【じてきあん】

福井市の*三秀園にあった茶室。玄関寄付八畳の西側に設けられていた。南向きに建ち、外観は寄付八畳の西側の*醒心斎とともに切妻造桟瓦葺の屋根を架ける。躙口の上は四枚障子引違いに連子窓を、躙口脇にも下地窓をあけるなど、小間であるにもかかわらず開放的な外観に造っていた。内部は二畳台目で、躙口の正面に床を構え、その脇の踏込板に斜めに茶道口をあけていた。点前座は炉を上げ台目切とし、客座との境に赤松皮付の曲がりのある中柱が立ち、壁留に杉の削り木を入れて吹抜きを造り、入隅には一重棚を釣る。袖壁には格狭間の透かしをあけている。床は地板が欅。赤松を矢並形になぐり仕上とした八角形の床柱に、松の丸鑿はつり仕上の床框、そして藤蔓絡みの黒竹の落掛を取りあわせる。天井は、客座二畳の上は杉杢板を市松に張り、床の脇から点前座側は藤茎を木賊張としていた。

自適庵　躙口側　『数寄屋聚成』16

蔀【しとみ】

❶*寝殿造の邸宅における障屏具の一種。「蔀戸」ともいう。格子組の裏に板を張り、日光を遮り、風雨を防ぐ戸。多くは上下二枚からなり、下一枚を立て、上一枚は金物で釣り上げて採光用とし、これを釣蔀または*半蔀ともいう。初

めは内裏の殿舎や寝殿に使われていたが、後に神社の社殿などにも使われるようになった。また屋外にあって垣の用をなし、室内にあって衝立の用をなすものを立蔀という。

蔀❶

❷民家、特に町家においてはめ込む二枚の横戸。昼は蔀梁の内側に設けた戸決に納め、夜は下ろして戸締りとする。❸築城で、城外から見え透くところを塞ぎ覆う塀、土居など。❹和船で舷側に立てる波しぶき除け。溝を切った柱と柱のあいだに板を落とし込んで立てる。

蔀戸【しとみど】

蔀と同じ。 ⇒蔀【しとみ】❶❷

品板【しないた】

目板葺など竪板張の屋根の*目板にあたるもので、特に端部の妻の*垂木形（*破風）の上に化粧として打ち付けたもの。寸法は目板と同じとする。

地長押【じながし】

*長押の一種。「地覆長押」、また単に「地覆」ともいう。柱間の壁の最下部に取り付けられた横材のこと。地面と壁との納まりを美しく見せるために取り付けられる。

時入庵【じにゅうあん】

愛知県名古屋市の*竜門園にあった茶室。園内、薫窠軒の*今日庵写しの茶室に対する五畳の広間で、*木津家初代宗詮の好みで造られた。席名は、所有者であった鈴木才造の嗣・鹿山が、漢詩人の川田甕江と相計って『孟子』梁恵王章の一句、「斧斤以時入山林」の中から時入の二字を採ったという。外観は切妻造茅葺の平入に軒を付け、右を貴人口、左手を躙口とし、貴人口は障子三枚建、躙口の上に連子窓をあけていた。床は一間の畳床で、向かって右に下地窓を上部にあけた脇壁を付け、壁留は竹。床柱は檜丸太、框は杉の研出し。点前座側の床壁下方に墨蹟窓をあけていた。点前座は床壁の面に一枚板の仕付棚を付ける。勝手口は方立口形式、床前の脇の給仕口は火燈口形式。天井は点前座の上が菰の落天井。他は野根板天井の白竹押えであった。戦災で焼失。

時入庵　点前座と床側　『数寄屋聚成』7

鎬彫【しのぎぼり】

❶ある一定幅の中央を尖らせることを鎬と呼び、この鎬を付けた彫り方のこと。❷溝を彫り、その溝の中央を尖らせる彫り方。

忍び垣【しのびがき】

小待垣の別名。 ⇒小待垣【こまちがき】

司馬温公形手水鉢【しばおんこうがたちょうずばち】

手水鉢の一種。等持院*清漣亭の露地にあるものを本歌とする。中国・北宋代の司馬光が大瓶にはまった子どもを救うため、石を投げて瓶を割って救ったという故事にちなんだもので、瓶や壺が割れたような形状のもの。なお、この手水鉢は、*鮟鱇形手水鉢として採り上げられることもある。（付録10頁参照）

柴垣【しばがき】

垣のうち、柴を集めて束にし、横材に結わえた素朴な垣。『源氏物語』帚木巻に「田舎家だつ柴垣」、夕霧巻に「はかなき小柴垣」とあり、古代より鄙びた簡素な垣と認識されていた。露地では*内垣として用いられる。『築山庭造伝前編』下に「柴垣の柴は十月より霜月極月に刈るべし、落葉の前ハ宜しからず」とある。

柴唐戸【しばからど】

上部は割竹などを菱目に組み、藤蔓で結んだ透かしとして、下部は萩を縦に一面に並べて竹の*押縁で押さえて作った扉のこと。*木戸などに用いられる。『*石組園生八重垣伝』には「柴唐戸、丈四尺、横壱尺四寸　竹は煤竹、さらし竹両方とも立　横のさんにもちゆ、但し菱は三ツ割壱分也」とある。

芝生【しばふ】

芝草が密に生えひろがった状態をいう。芝草はイネ科シバ属の植物のうち、刈込などを行い、地表面を覆うように管理、生育する植物の総称。シバ属以外の種を芝草に用いることもある。近現代では主に洋風庭園に見られるが、古くは『*作庭記』に「嶋姿の様々をいふ事」の杜島の項に「杜しまは、たゞ平地に樹をまバらにうゑみて、、こしげきに、したをすかして（中略）しバをもふせ、すなごをも、ちらすべきなり」と記述があり、平安時代にはすでに作庭における材として知られていたことがうかがえる。『*南方録』によれば千利休の*百舌鳥野の露地はすべて芝生であった。また、『*松屋会記』に「路地ハ檜・ヒハノ木一村、マキ一村、皆一村ツ、ウハル也、芝ナリ」と、慶長十四年（一六〇九）十二月十二日朝、大坂天満の織田有楽の会に参席した松屋久好が記していることから、当時露地にも芝が張られることがあったようである。『*古田織部正殿聞書』によると「内路地ニ芝ヲ敷事尤面白候故、古ク有之事也。秋ヨリ後枯レ候テ見分悪敷、掃除難成トテ古織以来不可鋪嫌也」としており、これは秋から早春にかけて色が変化する日本芝の性質によるものである。現代の露地が芝生であることはほとんどないが、広大な大名庭園や近代の広域にわたる庭園ではよく見かける。

縛貫【しばりぬき】

床下の*束（床束）をつなぐのに用いる*貫のこと。「水貫」ともいう。床束の最下部に取り付けるものは*根搦貫と呼んで区別する。

地盤【じばん】

地表表面、また基礎下の地質をさす。近年では建築に先立って地盤の状態を調査する重要性が以前にも増して高まっている。地盤が建物の荷重に対する耐力に乏しい時は地盤改良などが行われる。また建物を安定させる目的でもとの地盤に*地業という基礎工事が施される。古くから用いられている地業には砂を敷き突き固める（砂地業）や、*割栗石を敷き突き固める（割栗地業）、*蝋燭石を用いた蝋燭地業などがある。

四半敷【しはんじき】

*切石敷の一種。正方形の切石や*敷瓦を斜め四十五度に敷き詰めること。隅の部分は四分の一の、各辺は二分の一の三角形になることを標準とする。禅宗寺院の法堂や仏殿の床などに多く用いられる敷き方。また*延段にも見られる。（付録9頁参照）

四半敷　霞床席　玉林院

四盤敷【しばんじき】

*切石敷の一種。方形の切石（四盤石）を連続して敷いたもの。*目地を縦横に通した碁盤敷と、斜

行させる*四半敷に大別される。（付録9頁参照）

四分板【しぶいた】

板材の一種。杉材で、寸法が長さ一間、厚さが実寸二分五厘ほど、幅が一尺内外の板のこと。これを下見板（*下見板張に用いる板）、天井の裏板などに使う。

四分一【しぶいち】

❶室内壁面の*入隅などに取り付ける細長い木。本来は*張付壁などを留めるために、その周囲に取り付け、二分五厘から三分角程度に作って、黒漆塗とすることが多い。

❷銅三に銀一の割合で混ぜられた日本特有の合金。銀の比率が四分の一であることから。「朧銀」ともいい、長押の釘隠や襖の引手などの金具の装飾に用いられる。

渋紙【しぶがみ】

和紙を張り合わせ、柿渋を塗り重ね、乾燥させたもの。これによって水をはじくようになる。敷物や荷物の梱包などに用いられていたが、現在では型染の型紙や和傘の材料として用いられている。

地覆【じふく】

❶地覆長押の略称。地長押と同じ。⇨地長押【じなげし】

❷*勾欄の一番下に取り付けられた水平材。

❸門の開口部の下部に取り付けられた横材。取り外しのできるものを*蹴放しという。

地覆石【じふくいし】

❶建物の外部、柱間の*地長押の下に埋め込まれる延石。

❷出入り口の下部に据える石。

仕覆掛け【しふくかけ】

茶入を入れる仕覆を掛けておく釘（*袋釘）、またはその場所のこと。釘は*台目構えの小間の茶室、*中柱に打たれる。

地覆長押【じふくなげし】

地長押と同じ。⇨地長押【じなげし】

地袋【じぶくろ】

*床脇の下部に、地板に接して造り付けられた*袋棚を一般にいう。また床面に接して設けられた同形式の棚を総称してさすこともある。（付録19頁参照）

持仏堂【じぶつどう】

敷地内に建てられる主人専用の仏堂のこと。守り本尊としていつも身近に置いて信仰している仏像や特定の故人、祖先などを祀る。現存する持仏堂としては、*足利義政が建てた*東山殿（*慈照寺）の東求堂が有名である。

絞【しぼ】

杉、檜の丸太材や竹材に見られる材表面の細かく捩れた皺。「皺」と書いて「しぼ」と読むこともある。杉では北山杉の*北山絞丸太が代表的で、天然のものを最上とし、半人造絞丸太や人造絞丸太などもある。天然の檜丸太では絞の入り方、絞のあらわれ方によって瓢箪絞、笹絞、俵絞などが知られている。また竹材では竹稈に絞の特徴がある*絞竹などが知られている。茶室建築材としては、床柱や床框などに好まれる。

四方庵【しほうあん】

❶*山田宗徧が京都鳴滝の三宝寺に営んだ茶室。正保初年（一六四四）頃から*千宗旦に茶の湯を師事した宗徧が建てた。その折には、祝いに宗旦から古浄味の四方釜、参禅の師・翠巌宗珉（大徳寺百九十五世住持）から「四方庵」の扁額、楽道入から「四方庵」の文字が入った茶碗などが贈られたという。承応元年（一六五二）にはこの茶室に東本願寺十四代琢如を招き茶事を行っているが、この時には宗旦の後見を得るとともに、火箸（大事の火箸）を贈られている。

❷神奈川県鎌倉市に所在する茶道*宗徧流不審庵の茶室。十世成学宗囲（宗徧）の構想と指導により、昭和五十年（一九七五）から六年をかけて建てられた宗徧流道場及び茶苑内にある。流祖*山田宗徧の唯一の遺構である*淇菉庵を本歌とし、家元にのこる記録を参照、復元した小間の*茶室で、如箭子（宗徧）自筆の額を掲げる。淇菉庵は千宗旦の*今日庵の写しに近い茶室であることから、この四方庵も今日庵とほぼ同様となる。外観は片流れ柿葺で、内部は一畳台目向板入の

四方庵（茶道宗徧流不審庵） 内部

席。炉を向切に切り、洞庫を設け、下座の壁面を壁床とする。天井はすべて化粧屋根裏である。今日庵とは、中柱と袖壁がなく、躙口上の窓が連子窓でなく下地窓で、茶道口が塗廻しの火燈口形式ではなく方立口形式であることなどが違いである。外観においては風炉先窓の上へ一重の刀掛を釣ることも異なっている。一方で、躙口まわりの窓の敷鴨居の構成や各部の寸法などは、宗徧が著した『利休茶道具図絵』（一七〇二年刊）の「二畳敷」に準じたとも見られる。特徴的なのは、腰張りに旧一条恵観山荘の建具に用いられた反古が使用されたことである。なお四方庵の北には不審庵が、さらに東北には宝久堂が接続し、またそれらの露地を挟んだ西側には月心亭が建つ。

四方糸柾目【しほういとまさめ】
四面が糸柾目となっている柱材。糸柾目ほど緻密ではないが、柾目のものは四方柾という。柾目は樹の年輪に直角に挽いた材面に現れるもので、糸柾目を四方に得られるのは大径木の良材からでもわずかな部分でしかないため、大変貴重である。

四方差【しほうざし】
同じ高さに納まる水平材（足固材、内法材、貫など）を柱の四面から差し込んで組み立てる仕口。枘に工夫をこらし四方から固める。ただし柱にあけた枘穴による断面欠損が大きく構造的な弱点となることもある。

四方竹【しほうちく】
❶竹の種類のひとつ。「四角竹」「角竹」「方竹」などともいう。中国原産。観賞用として庭園にも用いられる。稈は丸みを帯びた四角形、表面は深灰緑色で、節のすぐ上には尖ったイボ状の突起（気根）がある。建築材としては、床柱などの柱材や天井材、壁留などに用いる。
❷人工的に稈を四角形にした竹材。角竹のこと。
⇒角竹【かくちく】❶

四方流れ【しほうながれ】
屋根の一形式。屋根面が四方に傾斜しているもの。方形造や寄棟造は四方流れとなる。

四方仏手水鉢【しほうぶつちょうずばち】
⇒四方仏手水鉢【よほうぶつちょうずばち】

皺竹【しぼちく】
竹の種類のひとつ。「絞竹」とも書く。マダケ（真竹）の変種。稈に縦の深い皺があり、節部がやや膨れているのが特徴。稈は堅硬で肉厚である。節間が半分ずつ交互に皺のあるものを片皺竹という。建築材として床柱などの柱材、天井材、廻縁、壁留などに用いる。また花入や茶杓の材としても好まれる。

縞柿【しまがき】
黒柿と同じ。
⇒黒柿【くろがき】

縞黒柿【しまくろがき】
黒柿と同じ。
⇒黒柿【くろがき】

島田藤吉【しまだとうきち】
嘉永元年～昭和七年（一八四八～一九三二）。近代の数寄屋大工。母の実家である島田家に入って、叔父の島田安左衛門に大工技術を学んだ。明治七年（一八七四）に独立し、その後、東京で近代建設業の島藤を興した。京都南禅寺辺の對龍山荘は藤吉が棟梁として手掛けた代表作である。書院の對龍台、道安囲の席や四畳半の茶室などに、その技を見ることができる。

嶋棚【しまだな】
床脇に設けられる飾棚の一種。江戸時代に棚雛形として定型化される四十八棚の一つ。『増補大匠雛形四 新板棚雛形』（一八六六年刊）には「是ハたなかす（棚数）おほ（多）き所、又上下ともに用てよし」とある。

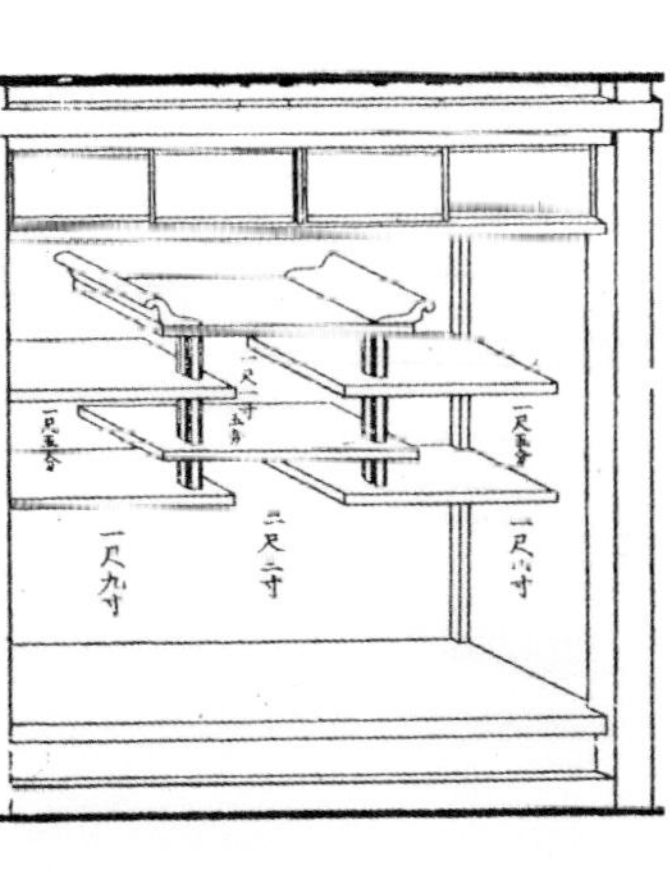
嶋棚　『増補大匠雛形四 新板棚雛形』

縞杢【しまもく】

*杢目の一種。他の杢と異なり、樹木の道管によって形成された模様ではなく、色素により縞模様が現れたもの。*黒柿や黒檀などに見られる。

締り金物【しまりかなもの】

戸や障子など、建具の戸締りをするための金具の総称。

清水園の茶室【しみずえんのちゃしつ】

新潟県新発田市の清水園にある茶室。清水園はもと清水谷御殿と呼ばれ、越後国新発田藩溝口家の旧下屋敷であった。新発田藩三代藩主溝口宣直の時に御用地となり、元禄六年(一六九三)の四代藩主重雄の時に下屋敷御殿が竣工した。庭園は江戸の遠州流茶人、*縣宗知の指南を受けて築造されたものである。明治二十四年(一八九一)より越後の豪農・伊藤家の所有となり、現在は*北方文化博物館が管理、清水園として整備されている。伊藤家の所有となった時、*田中泰阿弥によって庭園の修築と、古絵図や古地図を調べて五つの茶室が設計された。桐庵は舟底天井の八畳座敷に点前座の一畳が加えられた茶室である。点前座は隅炉に炉が切られ、中柱と袖壁が設けられ、広間であるが、天井の意匠とあわせ、草庵の雰囲気をつくり出している。夕佳亭は池に張り出す形で設けられた茶室で、かつて杉皮葺の東屋浮御堂が建てられていた場所である。一畳台目向切で向板として三角形のものが挿入され、風炉先の壁が斜めに立つ。また客座との境には中柱が立ち、大きな四分の一円の開口部をあけた壁を立て、点前座を囲う。翠濤庵は四畳半台目、台目切本勝手。風炉先床で、点前座は落天井となる。席名は十代藩主直諒の茶人としての号。同仁斎は宝形造の屋根をもつ十二畳の座敷。炉が切られた八畳の上座に無目敷居を挟んで四畳が敷き込まれている。無目の上部の壁には櫛形の下地窓を欄間として設ける。四畳には床と付書院が設けられている。松月亭は同仁斎の隅から小さな入母屋造の屋根を突出させた部分にある。三畳台目の平面で台目切本勝手の席。床は点前座下座に点前座と並んで設けられ、奥行きの浅い踏込床形式の袋床である。床の奥の明りとりは隣接する同仁斎の付書院の側面の板にあけられたものとなっている。なお庭園は旧新発田藩下屋敷(清水谷御殿)庭園および五十公野御茶屋庭園として名勝に指定されている。近江八景を模し、草書体の「水」をえがく大池泉を配した回遊式庭園で、園内中門は*藤村庸軒が*澱看席の入口に建てたものを移築したという。

清水垣【しみずがき】

清水竹(砂磨きした篠竹)を*立子として密に立て込んだ垣。構造的には*建仁寺垣に通じる。

清水の御茶屋【しみずのおちゃや】

*松平不昧が*大崎園に営んだ茶室の一つ。園庭の中程の西にあって、特に不昧の好みにかなった茶室であった。建屋は二間四方、屋根は宝形造茅葺である。席は二畳隅炉で、「閑雲」の額を掲げた二枚障子の入口から入ると、正面には幅四尺、奥行き二尺五寸の「ムロ床」があった。障子二枚で仕切られた次の間には流しが付き、その横の揚板を開けると清水が直接汲み取れる工夫がなされていたことから、清水の御茶屋といわれた。奥は長炉、流しを備える二畳の水屋である。『大円庵会記』を見ると文化五年(一八〇八)九月十七日の茶会に「名残　清水妙喜庵ニ而」と記されるが、二畳に次の間をあわせたその構成は妙喜庵*待庵にならったものと思われる。やや離れて建つ待合(袴付)は四畳敷であるが、二畳ずつの部屋が半間ずらして配置されていた。「閑雲」の額は『大崎名園の記』に、「閑雲の大字横一行、そのするに面白き句(拾レ薪汲レ澗煎レ茶外　倚レ杖閑看雲去留)あり。書は不昧公なり。樫板に彫りてふちなし、胡粉塗なり」とあり、この額をもって「閑雲の御茶屋」ともいわれていた。さらに「此席一枚障子竹骨にて、さ

びたる趣面白し。床の作りざまも同じ。勝手竹椽あり、藤蔓編みにて、侘びの作り方、いといとみやびたる事になん」と記され、その作風を伝えている。

紫明亭【しめいてい】

京都市東山区のウェスティン都ホテル京都にあった茶室。同ホテルの庭園に昭和十一年（一九三六）八月に造られた。当時の常務取締役が、茶道を国外の人々に紹介するため、裏千家の茶匠・田村宗園と図り、庭園内の山懐に昭和九年、*可楽庵を造営し、さらに同十一年、紫明亭を造営した。紫明亭は四畳半上座床の本席に、三畳の控え室（兼待合、壁床の席）、玄関（兼待合）と廊下（兼水屋）、手洗、洗面所、脱衣室及び浴室などから構成されていた。本席は西側に袋床を設け、東から北にかけて矩折に、下部に掃出窓のある明障子を建てる。北と西の周囲二面には瓦敷の土間を配し、ここに椅子を置けば本席を臨む立礼席になり、また土間の東隅にあけた躙口を経て、本席に席入りすることもできた。茶室としても宿泊室としても使えるように、様々な工夫がなされていた。現存せず。

紫明亭　土間『数寄屋聚成』13

下桟【しもざん】

戸や障子などの建具で、横に渡した桟のうち最も下端にあるもの。（付録23頁参照）

下野【しもつけ】

バラ科シモツケ属の落葉低木。本州から九州の日当りの良い草地や岩礫地に自生する。樹高は一メートルほど。葉は一～八センチで重鋸歯がある。五～八月に紅色、白色などの花をつける。下野（栃木県）で最初に発見されたためこの名がついたという。園芸種が多い。庭園内では護岸際をはじめ、*下草として多く植えられている。また茶花としてもよく用いられる。

左官【しゃかん】

⇩左官【さかん】

寂庵【じゃくあん】

京都府八幡市の円福寺にある茶室。円福寺は臨済宗妙心寺派の寺院で、天明年間（一七八一～八九）に開創され、明治時代には有栖川宮威仁親王の帰依を受けた。明治三十六年（一九〇三）に建設された有栖川家三年町本邸御座所を下賜され、寺の客殿として移築、伏虎窟と名づけられている。寂庵は大阪の染料商・山田市次郎の寄進により、昭和七年（一九三二）に建設された茶室で入母屋造桟瓦葺、銅板腰葺の外観。内部は四畳半の席と二畳向板の水屋からなる。室内は東側南に台目床を、南側東には書院を張り出し、さらに書院左脇には棚を設ける。天井は床前の方一間を縦横六等分する格天井とし、格間には花鳥画が描かれる。点前畳上部は蒲の落天井、のこりを掛込天井とする。全体として格式のある茶室に仕上がっている。

四役石【しやくいし】

露地に据えられる四つの*役石のこと。*蹲踞、*中門、*砂雪隠の各々に四役石が定められる。蹲踞の四役石は、前石、手燭石、湯桶石、鏡石のこと。このうち、鏡石は江戸時代中期頃に加わり、四役石が成立したとされる。中門の四役石は、客石、乗越石、亭主石、踏捨石をさす。雪隠の四役石は足掛石、前石、小用返し石、裏返し石。雪隠の四役石に加え、戸下石（戸摺石）と薬罐を置く石をあわせて六役石とも呼ぶ。

杓架【しゃくか】

*手水鉢の水穴が大きく柄杓が掛け難い場合、水穴に渡して柄杓を掛けるもの。青竹を使用し、丸竹や割竹を二、三本染縄で結んだものが一般

的であるが、手水鉢の大きさにより竹の太さや長さも異なる。

杓架

石楠花【しゃくなげ】

ツツジ科ツツジ属の常緑低木。一般にはホンシャクナゲのこと。本州（新潟県西部以西）、四国の山地に分布する。よく分枝し、地にそって枝がのびる。革質の葉が枝先に集まって輪生し、その頂部に紅紫色から白色の花が密生してつく。雪深い山地の斜面にも生え、寺院の庭などでよく見られる。

決り【しゃくり】

木材の傍（側面）を凹ませて刳ること。たとえば板と板をつなぐ時、板の厚さの半分を互いに欠き取って合わせる張り合せを合決りという。

斜月亭【しゃげつてい】

埼玉県所沢市の*松永耳庵の旧別荘*柳瀬荘にある書院座敷。昭和十四年（一九三九）に耳庵が建てた。八畳の上の間、六畳の次の間、縁座敷の表五畳で構成され、奈良の東大寺や*當麻寺などの古材を用いている。床柱を丸太ではなく丸柱とした数寄屋風の書院座敷でありながら、長押を廻し、わび、さびの通念を打ち破る琳派風の襖絵を取り合わせている。席名は近衛文麿が命名。渡り廊下で*黄林閣、*久木庵と接続する。

斜月亭　上の間　床側

且座喫茶【しゃざきっさ】

臨済宗の祖、臨済義玄の語録『臨済録』に出る一句で、訓読すると「且らく坐して茶を喫せよ」となり、「まあ座ってお茶をおあがりなさい」というほどの意味。中国・唐代には日常の挨拶の言葉として、民間でも使われていたらしい。趙*州従諗の「喫茶去」と、ほぼ同じ意味をもつ。

借景式庭園【しゃっけいしきていえん】

外部景観を利用した手法で造られた日本庭園の総称。庭園の敷地外にある山や建物などの眺望景観を、単なる背景としてではなく、庭園の構成要素の一部として意識的に取り入れるものをいう。「借景」の語は中国・明代末期の『園冶』（李計成著）に見られ、ここでは借景の技法を遠借、隣借、仰借、俯借などに分けている。京都の圓通寺庭園や清水寺成就院庭園（ともに名勝）などがその実例。*露地においては外部景観を意識的に遮ることを主とするが、『茶譜』によれば、*古田織部は手水鉢周辺では樹木を植えふさがず、遠山を見越すように指示していたという。

沙那庵【しゃなあん】

沙那庵　内部

東京都港区の*畠山記念館にある茶室。*畠山即翁が昭和十八年（一九四三）、私邸般若苑を建築した際、現場を監督するための休憩所として造られた。切妻造桟瓦葺の外観で、三畳に土間と水屋付一畳が設けられ、隣接して床と出書院、丸炉が並ぶ五畳の水屋がある。茶室は屋根裏を見せ、壁床で点前座向こうに洞庫をもち、鱗板の式台で引違いの茶道口と水屋をつなぐ。土間には腰掛が設けられていて、寄付や立礼席としても利用できる。扁額は*益田鈍翁の筆。

舎那院の茶室【しゃないんのちゃしつ】

滋賀県長浜市の舎那院にあった茶室。八窓庵のこと。⇒八窓庵【はっそうあん】❷

蛇の目引手【じゃのめひきて】

*引手の一種。蛇の目（同心円を基調とした文様）の形をした引手。現在でもひろく一般に用いられている。

砂紋【しゃもん】

箒目と同じ。⇒箒目【はきめ】

砂利【じゃり】

小石に砂の混じったもの、または小石のこと。露地に砂利を敷いたことに関して『茶窓閒話』（一八〇四年刊）には、「ある日宗旦語られけるは、利休たまたま山路にて雨にあハれしに、所々打流れてしやりの出たるを見て面白く思ひ、はじめて露地にじやりを置れし、それ故しやりを置といひて今もうつとハいはぬに」とあり、*千利休が初めて露地に砂利を置いたと述べ、またいつの頃からか砂利を堅く打つようになったために手水鉢の周辺では老人が滑りそうで危ないとも記している。

車輪梅【しゃりんばい】

バラ科シャリンバイ属の常緑低木〜小高木。「浜木斛」ともいう。本州（山口県）及び四国、九州などの海岸に自生する。樹高は一〜四メートルほどで、枝や葉が車輪状に出ることからの名。葉は縁に浅い鋸歯があり、厚く、表面に光沢がある。五月頃、白色五弁の花をつける。露地や庭園の植栽としてもよく見られる。樹皮や根が染料となり、奄美大島ではこれで染めた生糸を織ったものが大島紬と呼ばれ、特産品となっている。

しゃれ木【しゃれき】

しゃれ木（赤松）

自然の天日、風雨にさらされた木。「され木」ともいう。樹木の硬い部分や節がのこり、枯れた風合いになる。節のバランス、凹凸の調和が好まれる。建築材としては松や檜、檜の錆付、档、榁、栗などのシャレ木が知られる。

樹庵【じゅあん】

東京都中央区の日本橋三越本店の六階にあった茶室。昭和三十二年（一九五七）に建てられ、*木村清兵衛の関与が知られる。四畳中板入の席で、床は台目床。床柱は赤松、なぐり框を入れ、点前座の隅柱は檜の出節。天井は神代杉と赤杉の市松網代、点前座側は蒲の落天井。扁額は川合玉堂筆。露地には蹲踞と腰掛合がある。この茶室はその後、中柱を立て、風炉先窓が改造され、而今庵と名を変えて世田谷区の旧三越シルバーハウスに移築、現在は駒澤大学の所有となっている。

寿安席【じゅあんせき】

京都市北区の大徳寺塔頭*総見院にある茶室。客殿の北方、瓦敷の長い吹放し廊下でつながった隠寮寿安の内部にある広間で、大正時代の初め頃、*山口玄洞の寄進によって建てられた。隠寮は、大正十一年（一九二二）に僧堂が同院から龍翔寺に移されるまでは大徳寺管長の住まいであった。九畳の仏間の西に位置し、八畳敷で四畳半切に炉が切られ、西側には、南寄りに一間の床を、北寄りに幅が一間の床脇を設ける。床脇には幅いっぱいに四枚の襖を建てた地袋を備え、その上に四枚障子の窓をあける。北にある六畳の次の間とともに広間の席として使われる。仏間の北、六畳から東に続く廊下の一部に水屋がある。その東の八畳の座敷にも炉が切られ、その南側、仏間の東に接する五畳と三畳の玄関につながる。総見院には寿安席のほかに＊表千家十三代即中斎無盡の好みの茶室香雲軒（八畳、入側付）が建てられる。またその北方に移築された大広間の中に龐庵（三畳向切）があり、十四代而妙斎宗左の筆による扁額が掲げられる。なお庫裏の前庭に豊臣秀吉が愛した、樹齢約四百年と伝わる侘助椿（胡蝶侘助）がある。

十一のカネ【じゅういちのかね】

＊カネ割（曲尺割）とは、『＊南方録』に説かれる茶道具の数、置き合わせ、さらに点前の形を規定しようとした規式で、一定の長さを等分割して生じる分割線そのもの、＊台子なら天板と地板の横の長さ、畳なら短辺の両＊畳縁を除いたのこりの部分の長さを等分割して生じた分割線である。その基本は五陽六陰の十一のカネと、三陽四陰の七つのカネである。カネとは、一般的には物指、基準、理論の意味があるが、茶道においての思想的背景は易思想の天数、地数や五行思想である。『易経』「繋辞」に「天一地二、天三地四、天五地六、天七地八、天九地十。天数五、地数五、五位相い得て各々合うあり。天数は二十有五、地数三十。凡そ天地の数は五十有五。此れ変化を成して鬼神を行る所以なり」とあって、古代中国の人々にとっては、数とは天地生々の動きを象徴する神秘なるもので、この一から十まで天地を象徴する奇数偶数こそが宇宙のあらゆる変化を成し遂げ、変化の背後にある鬼神を駆使するためのものである。茶道のカネ割を表す五、六の数と二、四の数は、すなわちこの天地を表す数を取り入れたものだと考えられる。『南方録』「墨引」に「書院・台子・草庵ニ至ルマテ、カネワリノ数ヲ定ルコト、根本何ノカネニ本ヅキテ極メタルコトヲ人皆シラザルガユヘニ、事ニ依テ迷惑スルナリ」として、天地順行には決まりがあり、四季に土用を加えて五節とし、方角も東西南北に中央を加えて五つ、昼間は辰の刻から申の刻（午前七時～午後五時）までの五時、夜も初更（戌の刻）から五更（寅の刻）まで（午後七時～午前五時）、人体もまた五体からなっているといったことに基づいた上で五つカネを定規とすると述べ、「大モ小モ此カネ違フコトナシ、五ハ陽数ナリ、形ニアラハルルモノハ陽ナリ、此五ツガネノ間々六ヲ、陰ノカネトス」と、五陽六陰の十一のカネの根拠が示される。十一のカネは基本的には＊京間畳、大台子に使われるもので、すなわち台子なら天板と地板の横の長さ、畳なら短辺の両畳縁を除いたのこりの部分の長さにまず五線を画して六等分にし、そしてこの等しく六分割された空間の中にさらに六線を画し、このように生じてできた最初の五分割線を陽のカネと称することに対して、後の六分割線を陰のカネと称する。五陽と六陰をあわせてこれを十一のカネ、また「大カネ」ともいい、秘事とされてきた「大台子の本カネ」ともいわれている。さらに同書には「十一ノカネ、五ツは陽、コレヲ体ノカネト云、六ハ陰ニシテ用ノカネナリ」とあり、このカネ割に基づいて、一般的な茶会や台子の茶では道具は陽のカネ（吉）に道具を荘り（陽荘り）、仏事や懐旧、夜分の茶には陰のカネ（凶）に荘ることになる。陽のカネはまた体のカネともいう。一方で陰のカネを用のカネともいう。七つのカネはまず、三線を画して四等分し、この等しく四分割された空間の中にさらに四線を画し、このように生じてできた分割線の三と四を合わせて七つのカネ、また「小カネ」ともいう。基本的に小台子と京間畳より小さい＊田舎間畳の幅にあわせて使われているカネ割である。道具の大小、＊名物などの置き合わせについては「括りカネ」をはじめ、「続きカネ」「峯スリ」などのカネ割法によって、厳格に点前作法を規定している。数寄屋の大法である「初座は陰、後座は陽」もこの置き合わせに基づく。

集雲庵【しゅううんあん】

❶大阪府堺市の＊南宗寺にあった塔頭。＊一休宗純の弟子・岐翁紹禎が市之町に創建。その後、南宗寺に移り、＊南坊宗啓が二世住持となった。明治維新に際して滅失した。『＊南方録』「会」に「六月二日、朝、南宗寺へ茶持参、集雲庵ノ深三畳カリテ、一雪中上堂　一風炉ノ向板ニ香合・羽帚」とあり、また同書「棚」に「ある時、宗易を集雲庵へ申入しに、深三畳向炉、かぎ畳に卓を置て」とあることから、二畳台目向切で向板入りの茶室があったことが知られる。点前座勝手付に釣られた棚は＊集雲庵棚ともいわれる。さらに同書の「滅後」には集雲庵の露地には飛石がなく、苔地であったことも記されている。❷福岡市博多区の円覚寺にある茶室。昭和五十

年代（一九七五〜八四）代に建てられた三畳下座床の席で、畳敷き台目床の正面に貴人口を設け、点前座の風炉先に円窓、勝手付に腰窓と掃出窓をあける。引違い襖で茶道口と給仕口とを兼ねる。竿縁の平天井で、点前座側が網代の落天井。同寺には茶室無聲庵も建つ。

集雲庵棚【しゅううんあんだな】

堺の南宗寺にあった塔頭集雲庵の点前座に仕付けられていた釣棚。『茶式湖月抄』には「集雲庵棚　小棚又ク、リ棚ともいへり、柱有の台目につる、五つカネの二つにして九寸八分なり」とあり、「小棚」、また「括り棚」ともいい、台目構えの点前座入隅に釣る棚だという。集雲庵は古図によれば、点前座の前に円窓を割窓形式にあけ、そこに棚をしつらえていた。

聚遠亭【しゅうえんてい】

兵庫県たつの市の龍野公園にある茶室。寄棟造桟瓦葺の東西三間半、南北四間半ほどの建物が、池に張り出して建つ。池に浮かぶ南東部分には、洞庫を備えた主室の六畳が設けられている。主室の南東には入側が廻り、明障子を建てた中敷居窓を開け放つと城下が一望できる。主室の西に隣接して網代天井の四畳半が設けられ、その北側には大炉を設け、丸炉を備えた四畳半の勝手が配されている。その他、主室の北側に設けられた水屋、仏壇を備えた三畳丸炉の席（三畳台目向板入）などから構成されている。安政元年（一八五四）に御所が炎上した時、京都所司代であった播磨国龍野藩第九代藩主脇坂安宅（一八〇九〜七四）は天皇の護衛と禁裏の復興に尽力した。その功績をもって孝明天皇から拝領した茶室を脇坂家の上屋敷に移築したとの説もある。

聚遠亭　外観

酬恩庵【しゅうおんあん】

京都府京田辺市薪にある臨済宗大徳寺派の寺院。山号は霊瑞山。「一休寺」と通称される。一休宗純は康正二年（一四五六）、南浦紹明が創建し、戦乱によって荒廃していた妙勝寺を復興し、そのかたわらに自らの退隠所として一庵を建ててこれに住した。これが酬恩庵で、一休は諸寺に住した後に酬恩庵に帰り、ここで遷化した。酬恩庵は妙勝寺と統合され山号を引き継ぎ、伽藍の整備も行われた。大坂夏の陣に際して酬恩庵を訪れた前田利常は再び荒廃していたことを惜しみ、慶安三年（一六五〇）から方丈、玄関（いずれも重要文化財）、浴室、東司、鐘楼などを再興している。方丈の庭園は名勝に指定されている。また、一休が営んだという伝えをもつ虎丘庵や、そのかたわらに一休が生前より営んだという廟所がある。

酬恩庵の庭【しゅうおんあんのにわ】

京都府京田辺市の酬恩庵の庭園。虎丘庵、廟所の庭園と方丈庭園がある。南浦紹明が開いた妙勝寺を一休宗純が康正二年（一四五六）に復興し、その一画に自らの退隠所として庵を営んだ。これを「法祖の恩に酬いる」との意味を込めて、酬恩庵と命名した。現在は一休寺の通称で親しまれている。一休は応仁元年（一四六七）に京都東山で一時住まいした庵の虎丘をここに移築したという。文明七年（一四七五）、そのかたわらに慈楊という廟所を生前から営んだ。現在の虎丘庵は慶安三年から承応三年（一六五〇〜五四）にかけて前田利常が再営したものと考えられている。虎丘庵の庭園は平庭で飛石を打ちまわした簡素な造りで、かつては隣接する廟所と一体のものであったと考えられ、作者は一休に参禅していたというわび茶の祖・珠光と伝わる。廟所には須弥山石組による格調の高い庭園が営まれている。この庵や廟所が八代将軍足利義政の東求堂や西指庵はじめ、のちの草庵式茶室に影響を与えた可能性も指摘されている。なお、一休は後小松天皇の皇子であったため、廟所は宮内庁の管理となっている。方丈（重要文化財）の三方にある方丈庭園は、松花堂昭乗、佐川田喜六、石川丈山らの作庭と伝える。

の昭堂には一休が生前に作らせた木像が安置されており、髪や髭は自らの毛髪を植えたという。方丈南庭には白砂が敷き詰められ、裏山を主景として一休の御廟と虎丘庵を見上げる。虎丘の麓には力強い蘇鉄が植えられ、皐月が季節を彩る。東庭には＊三尊石組を中心とした十六羅漢の庭があり、＊大徳寺の方丈東庭や＊真珠庵の東庭との共通性をうかがわせる。北庭は＊蓬莱を思わせる巨石を組んだ迫力ある＊枯滝の石組で、かつては背後に巨椋池や比叡山、愛宕山、男山への眺望がひろがり、木津川と田園風景とがよく融合していたが、近年は道路開発や宅地化が進行している。名勝。

修学院離宮【しゅうがくいんりきゅう】

京都市左京区にある後水尾上皇（＊後水尾天皇）が営んだ離宮。比叡山西南麓の修学院赤山、林ノ脇、室町に位置する。現在は「しゅうがくいん」と読むが、古くから「しゅがくいん」と読まれる。雲母坂登山道の登り口近くで、音羽川の扇状域にあり、山の傾斜にそって下、中、上の三つの御茶屋が点在している。下御茶屋（下離宮）は海抜一一二～一一九メートルにあり、敷地面積約千三百坪（約四三〇〇平方メートル）、中御茶屋（中離宮）は海抜一二六～一三三メートルにあって、敷地面積約九百坪（約三〇〇〇平方メートル）、上御茶屋（上離宮）は海抜一三二～一五〇メートルにあって、敷地面積約一万九百坪（約三万六〇〇〇平方メートル）に及ぶが、それも表面的なだけのことであって、比叡山の山腹に続く付属地を含めると、およそ十三万八千坪（約四五万五〇〇〇平方メートル）の広大な敷地を占める。その中には田畑も含んでいて、かつてはそれぞれの茶屋も畦道で結ばれていたが、戦後の農地法の改正によって、田畑は払い下げられており、そこでの耕作は今日まで続いている。ところで後水尾天皇が女一宮を内親王に叙し、譲位したのは寛永六年（一六二九）。その後寛永十七年頃には、洛北の地に別業が設けられていた。岩倉中在地の、岩倉川の東に位置する東西七十間、南北六十二間ほどの敷地に構えられた岩倉御殿で、＊二条城二の丸にあった御幸御殿や台所、風呂屋などが移築され、東に後水尾上皇の御殿、西には東福門院（中宮和子）の御殿が建てられた。またそこから北へ十町（約一・一キロメートル）ばかり、山道を上がった万年岡の麓には御茶屋も設けられていた。さらには翌寛永十八年、鳳林承章や勧修寺経広などに命じて、衣笠山でも山荘の計画がなされたが、実現せず、正保四年（一六四七）に至って、岩倉の奥の長谷にあった聖護院の別荘地において山荘が造営された。御幸御殿のほか山中には、御殿から三町ほどのところに上御茶屋、そこから五町ほどのところに中御茶屋、さらにそこから五町ほどのところに北御茶屋と、三棟もの茶屋が営まれていた。そして「所々之御茶屋、種々御催也。（中略）山上之御茶屋、種々御飾道具、驚目者也。於山上、而良久移刻、而被遂遠見」（隔蓂記）などと使われており、さらには「方々処々之風景・山々谷々御穿鑿也」（同）と、ほかにも別業の地を探したいとの意向が示されていた。そして慶安二年（一六四九）頃までには、幡枝にも御茶屋が建てられている。こうした岩倉、長谷、幡枝の三つの別業は、尾根道筋で一体的につながり、いわば洛北の山稜地全体が、後水尾上皇の山荘でもあったのだろう。慶安四年四月に三代将軍＊徳川家光が薨ずると、五十六歳であった後水尾上皇は落飾する。法皇となった後水尾上皇にさらに打撃を与えたのが後光明天皇の崩御であった。承応四年（一六五五）三月、長谷への行幸の途中、修学院で出家して修学寺を営んでいた第一皇女梅宮（＊文智尼公）を東福門院とともに訪ね、朝粥が振舞われた。後水尾上皇もその頃には、今の上御茶屋の中核をなす茶屋＊隣雲亭を構えていたというが、

修学院離宮　上離宮　浴龍池と千歳橋

あらためてここに一大山荘の造営を思い立ったと考えられる。翌明暦二年（一六五六）、菊と葵のはざまから離れて、密やかな出家生活を望んでいた文智尼公は、大和古市の八嶋（奈良市八島町）に庵居を移して圓照寺をひらいており、山荘の工事にも支障はなくなっていた。まず下御茶屋において、渓流を取り込んだ泉水に臨んで、御座所となる寿月観が営まれ、その北には供奉してきた人たちの控えとなる蔵六庵（蔵六庵の項❶を参照）が建てられた。さらには御清所や奏者の間、乗物小屋なども建てられており、また庭の東南隅には二階屋の彎曲閣と称する楼閣も営まれ、それらがおよその完成をみたのが万治二年（一六五九）のことであった。「於修学院之内之御殿、而　仙洞御振舞内々被　仰出也」（隔蓂記）と、鳳林もその披露の席に招かれ、「御庭之瀧風景驚凡眼、徹肝膽者也。二階之御亭隣月（雲カ）亭・寿月観所々之御飾驚目者也」（同）と述べていた。そして後水尾上皇は鳳林を通じて五山の禅僧たちに、「修学院之内之御殿新八景之詩」を詠むことを命じ、瀟湘八景にならって撰ばれたのが、「修学晩鐘」「村路晴嵐」「遠岫帰樵」「松崎夕照」「茅檐秋月」「平田落雁」「隣雲夜雨」「叡峰暮雪」であった。そしてその一景ずつに*八条宮智忠親王をはじめとする公家、門跡衆が和歌を詠み、鳳林をはじめとする禅僧がそれぞれ七言絶句の漢詩を付していた。下御茶屋から田畑のあいだの畦道を東方へ登っていくと上御茶屋に至る。江戸時代中期頃までは松の並木もなかったと考えられる。寛文元年（一六六一）、比叡山を背にする四明山の、標高一二四メートルの山麓に、高さ一五メートルほどにもなる段々の大堰堤が築かれた。今はそれと気付かぬくらいに植栽が堰堤を覆っているが、そこへ音羽川の渓流を引いて、三千五百坪ほどにもなる大きな園池が造られた。これが浴龍池であり、北の舟着近くに*止々斎、対岸の東南の高みには先からあった隣雲亭とその北に新たに洗詩台などが設けられた。またその園池に築かれた三保島と万松塢とのあいだの中島には*窮邃亭を営んで、上御茶屋が竣工したのは二年後の、寛文三年のことであった。あらためて天龍寺の虎林中虔に命じて、修学院に十境を撰び、七言絶句の偈が付される。すなわち下御茶屋の寿月観、彎曲閣、蔵六庵、そして上御茶屋の窮邃亭、隣雲亭、洗詩台、止々斎、園池の菩提樹、浴龍池、万松塢で、これらが修学院離宮の境地のすべてであった。このうち寿月観はすでに幡枝の御殿に名づけていた庵号である。後水尾上皇はそれまでに洛北に設けた岩倉、長谷、幡枝の三つの山荘に試みてきた構想を、ここに総合化するべく心血を注いだと考えられる。それだけにここを法皇の御所にするのではないかという風聞も流れていたという。幕府にとっては聞き捨てならないことでもあったのだろう。しかし確かめに来た京都所司代の板倉重矩に対し、後水尾上皇は言下に否定し、「少シモ気遣スベカラス、左ヤウノコトハ努々ナキコトナリト、身ガ云ト申シキカセヨ、身ガ左イフニ、誰カイカヤウニ云トモ、ミナ虚説ナリト思フヘシ」（槐記）と仰せられたと、伝えられてもいた。七十五年ほど後のことであったが、*近衛家煕が聞き知るところでは「アレコソ御亭ヲハジメ、御庭ノ一艸一木ニ至ルマデ、尽ク後水尾院ノ御製ナリ」（同）と、作者は後水尾院とされており、「フトアノ山ヲ御手ニ入テヨリ、アノ地勢山水ヲ御考ニテ雛形カ出来テ、草木ヲハシメ踏石捨石ニ至ルマデ、ミナソレ〳〵ニ土ニテ石形ヲコシラヘ、ソノ処ニ置テ見テ恰好ヨキヤウニアソバシ、ソノ七八分モ出来タル時分ニ其傍ノ女中ニ、庭功者ノ人コレアル旨ニテ、ゴサツ、ミノ輿ニノセ、平松可心、非蔵人某ナドヲ付ラレテ、見分ニ遣ハサル、コト度々ナリ」（同）などと、庭の模型まで造って細部まで吟味し、庭功者の女中を現場に行かせ、実地見分までさせていた、との伝聞さえ生まれていた。また後水尾院は下御茶屋の普請に取りかかった明暦四年から、上御茶屋が竣工する寛文三年までに、桂山荘（桂離宮）を密かに三度も訪れており、桂山荘を参照としつつ修学院離宮の構想が練られていったと考えられる。しかし内に閉じる景をもった桂山荘に対し、修学院離宮では上御茶屋においては大きく外へのひろがりを見せ、王朝を復古する意識がより強く感じられる。そして寛文四年には後水尾上皇の命により修学院焼が造り始められ、できた品々は茶屋に飾られ、優劣を付けて人々に分配されている。後水尾上皇の構想は、ただ山荘の遊興に留まらない、文化活動までのひろがりをもって展開していた。ところで、修学院離宮は寛文年間（一六六一～七三）頃から、すでに一般の見学対象ともなっており、見学用の割符も出されていた。寛文二年、鳳林が案内してきたのは、相国寺衆はもちろん、北野社家の人々や鹿苑寺の寺侍、画家の父子や町の人々なども同道して、総勢八十名にも及んでいた。御殿や茶屋を見て廻った後に、浴龍池に浮かぶ三艘の船に分乗し、遊山を楽しんでいた。この修学院の一画において、出家を望んでいた第八皇女朱宮（光子内親王）のために御所が営まれたのは、およそ寛文十年頃までのことであった。寛文十一年、近衛基熙のもとへ嫁していた第十六皇女級宮（常子内親王）をともなって修学院へ行幸になった後水尾上皇は、下御茶屋から上御茶屋へと上り、止々斎で昼食をとった。浴龍池での舟遊びに興じ、晩春の息吹に満ちた一日を楽しんだ帰り、朱宮御所に立ち寄っている。今日いう中御茶屋の原形であるが、*楽只軒もその頃には建てられていた。そして延宝六年（一六七八）に東福門院が薨じ、その翌々八年に後水尾上皇が崩御して、朱宮は落飾。天和二年（一六八二）に東福門院の女院御所から、奥御対面所ほか四棟を移築して、林丘寺が開かれた。三名棚の一つに数えられる霞棚（霞棚の項❶を参照）をしつらえた客殿も、かつての女院御所の奥御対面所の遺構であり、ここが中御茶屋と呼ばれるようになったのも、林丘寺が明治十七年（一八八四）にその一部を宮内省に寄進してからのことである。後水尾上皇の崩御後、ここは禁裏付の石川成久の管理下に置かれた。そして宝永六年（一七〇九）に上御茶屋の止々斎は*仙洞御所に移され、また享保八年（一七二三）には下御茶屋の遣水が一部修理されている。あるいは彎曲閣のように取り壊されてしまったものもある。しかし修学院離宮の維持につとめてきたのは幕府であり、特に文政六年から十年（一八二三～二七）にかけて、十一代将軍徳川家斉によって上御茶屋の浴龍池と茶屋（寿月観、蔵六庵、隣雲亭など）の整備が行われ、浴龍池の西浜堰堤には園路が設けられたりもした。また京都所司代の内藤信敦から万松塢への石橋が寄進され、さらには京都所司代の水野忠邦がその上に明様式の上屋を架しており、それが今日いう千歳橋である。

緝熙堂【しゅうきどう】

京都市下京区に所在の*藪内家の茶室。同家を代表する広間。「緝熙」は儒教の古典である『詩経』の中の一文にちなみ、「光」の意味をもつ。もと*西本願寺にあった座敷で、十七代門主法如、あるいは十八代門主文如の居間であったが、元治元年（一八六四）の蛤御門の変で同家が類焼した後、明治二十一年（一八八八）に西本願寺から拝領、移築されたものと伝えられる。平面構成は十一畳半、全体十二畳半のうちの一畳分を*出床の形式としたもので、東に六畳敷の*学市軒が接し、南には*切目縁が付く。丸太の*長押がめぐらされ、長押には柏の葉を二つ折りにした図案の釘隠が打たれている。東側南寄りに構えた床は、床柱に太目の絞丸太を立てて、*床框は黒塗。床の北側の脇壁は下部を吹抜いて障子二枚を引違いに建て込み、点前座の*風炉先窓に見立てた構成になっている。床の脇の点前座は一畳で、*四畳半切に炉を切り、この点前畳を一角として、追い回しに四畳半の畳が敷かれている。これは四畳半の稽古ができるよう工夫されたものだともいわれている。北面から西面にかけて続く襖絵は、円山応挙門下の吉村孝敬の筆になる。孝敬は十九代門主本如の絵の師で、親鸞聖人五百五十年忌（一八一一年）に際して御影堂三之間の襖絵の新調を手掛けた人物。点前座壁面の*茶道口の襖絵もやはり孝敬によるもので、点前座らしい窓や茶道口の配置構成に対し、襖絵や丸太長押、文如による「緝熙堂」の額などを組み合わせることによって、*書院風の

緝熙堂　床と点前座側

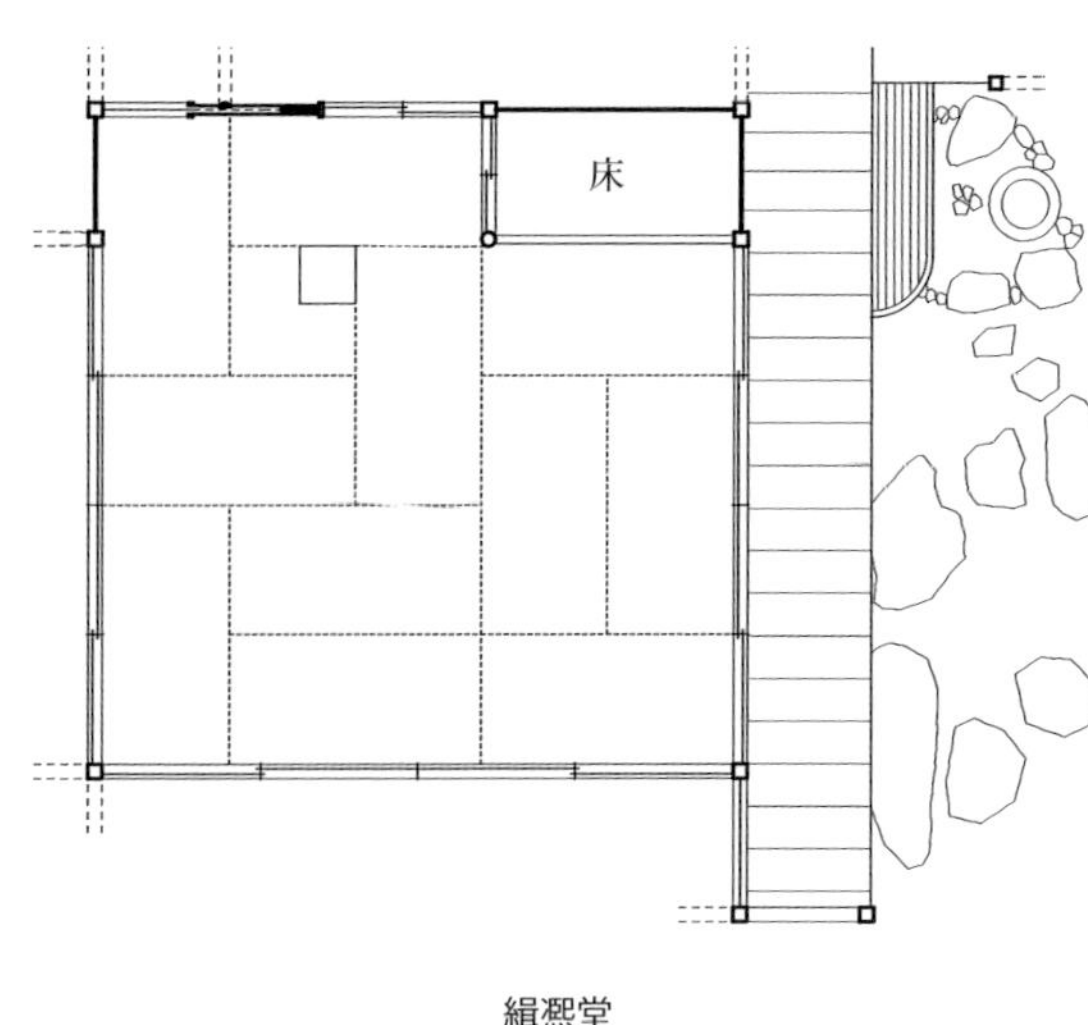

緝凞堂

格式の構成と*草庵式茶室風の点前座の構成とを違和感なく巧みに一体化させている。

十牛庵【じゅうぎゅうあん】

京都市東山区にある旧清水吉次郎別邸。吉次郎は明治時代の終わりから昭和時代初期にかけて活躍した大阪の実業家。清水家の過去帳によると、同家は近江国(滋賀県)高島出身の吉兵衛(一七八五年没)を初代とし、大阪市中央区平野町で代々「油屋」という両替商を営んでいた。吉次郎は明治八年(一八七五)生まれ。四代吉兵衛の後妻・岐美の後、六代目油屋吉兵衛を襲名し、昭和二十四年(一九四九)に没した。生前は家業のかたわら、先祖の蓄えをもとに、京都の東山地域一帯で次々と土地を購入、いくつかの普請を行い、また借家の経営も行っていた。吉次郎の京都における別邸造営は明治三十二年に左京区南禅寺福地町、現在の*對龍山荘の地を購入、そこに別邸を構えることに始まる。明治三十四年一月にその地を手放した後、今度は中京区木屋町二条下ル東側の地を所有する。ここは同二十四年七月に*山縣有朋が購入、第二次無鄰菴(高瀬川二条苑の項を参照)を営んでいたところであった。吉次郎が当地を所有していたのは、明治三十九年十二月までの三年四カ月間ほどであった。吉次郎は、翌四十年頃にかけて、高台寺に近い二年坂の東側斜面(東山区桝屋町)で別邸の建設を始めた。「清水家十牛庵文書」(清水家蔵)の記載によると、以後、吉次郎の別邸は「十牛庵」と呼ばれる。『京華林泉帖』(一九〇九年)によるとここには明治四十二年頃までに、「新宅」ができ、新しく「茶亭」の建設も終わっていたことがわかる。この時の工事は*上坂浅次郎が手掛け、庭園は七代目*小川治兵衛が作庭した(清水家十牛庵文書)。吉次郎は、さらに大正三年(一九一四)頃から建物の修繕を始め、庭にも改造を加える。この工事を行ったのがやはり上坂浅次郎と小川治兵衛であった。これは翌年行われる大正大礼での参列者宿舎選定を考慮した工事であったことが想像される。大正四年の大正大礼には貴族院議員の荒川義太郎が宿泊している。明治時代の終わりには、歌人の池辺義象や画家の谷口香嶠ほか津田青楓、*西川一草亭らが集まって光琳会を催すなど、十牛庵は文化人たちのサロン的役割も果たしていた。大正六年十月、吉次郎は、この桝屋町の十牛庵を上西亀之助に譲って、別に新たな別邸・十牛庵の建設に取りかかる。以後、桝屋町の土地と家屋の所有者は転々とするが、昭和十二年(一九三七)頃、津田某が所有していた時に、西川一草亭の指図で、庭は部分的に手が加えられ、建物も*北村捨次郎によって部分的に改修され現在に至る。大正六年、桝屋町の十牛庵を手放した吉次郎は、ほど近い同区の下河原町で新たな別邸の建設に取りかかる。これが下河原町別邸の十牛庵である。完成は昭和三年で、この時の大工は北村捨次郎が担当し、庭の造営は七代目小川治兵衛であった。桝屋町の十牛庵に比べると規模の点では及ばないが、細長い敷地を利用し長くとったアプローチや、玄関から座敷まわりの意匠など見るべき点が多い。また庭も狭いながら、枯流れに降り蹲踞が巧みに配されている。主座敷の東庭に据えられた巨大な伽藍石は橘寺(奈良県高市郡明日香村)の礎石と伝えられる。この別邸には昭和三年の昭和大礼に衆議院議員の田中隆三が宿泊している。下河原町の十牛庵も昭和大礼にあわせて工事を進めていたとも考えられる。

周魚庵【しゅうぎょあん】

富山県高岡市の森本家にある茶室。森本家は代々網元を営む。和洋折衷の主屋は、いつでも茶の湯を楽しめるようにと全室(二階も含む)に炉が切られており、周魚庵は昭和四十八年(一九七三)に増築された。周魚庵の名は網元であることから「鯛」の字を二つに分けて付けられ、天龍寺八代管長の関牧翁揮毫による扁額が妻に掲げられている。主屋の東に突き出すように建ち、二畳半ほどの水屋を介し主屋につながる。外観は切妻造の桟瓦葺、銅板腰葺で、三方に銅板葺の土間庇をめぐらせ、雨の口や冬季の席入りにも配慮されている。南側の躙口側袖壁入隅には刀掛、その下には段の付いた刀掛石が据えられている。露地には土間庇とは別に塀を兼ねた回廊があり、終端部に腰掛を、また茶室の東側には独立した腰掛をもう一つ設けて貴人座としている。内部は四畳半台目本勝手。床は、台目幅の踏込床を北側、点前座の風炉先に構える。床の地板と天井鏡板に同一木から取った台湾檜の一枚板を使用し、節を呼応させ景色として見せている。床の正面に躙口、その矩折の東側に、引違いに腰付障子を建てた貴人口をあける。点前座は、炉を台目切に切り、杉の絞丸太を中柱に立て、床柱までのびる袖壁に引竹を用いて下部を吹抜き、入隅には下棚が壁留から少し下げられた位置になるよう二重棚を釣る。また太鼓襖や引分けに建て込んだ洞庫が設けられているが、地板が畳から五寸ほど上げられ開口部が火燈形で、先代当主が観音像を納めていたことなどから持仏堂を強く意識して造られたものと考えられる。さらに台目切の炉のほか西側南寄り、給仕口を茶道口として利用した場合に、四畳半切本勝手の席として使用できるように炉を切り、釜蛭釘を打つ。窓は躙口脇と貴人口脇に下地窓を、点前座勝手付に竹の連子窓をあけ、風炉先と床との隔壁にも塗廻しの開口を設けている。天井は床前の三畳をへぎ板の網代に女竹竿縁の平天井、躙口前の一畳半を掛込天井、点前座は蒲天井に吹寄の煤竹の落天井とし、落天井の壁見切には辛夷を用いる。床柱の花入釘や躙口の丸打掛釘は席披きの際に加賀金沢の釜師・宮﨑寒雉が持参したもので、花入釘は曲がりのある独特の姿をもつ。

重々棚【じゅうじゅうだな】

*床脇に設けられる*飾棚の一種。「重棚」「重之棚」とする雛形本もある。江戸時代に棚雛形として定型化される四十八棚の一つで、床脇を二列五段に分割し、それぞれに袋戸を建てる。『増補大匠雛形四 新板棚雛形』（一八六六年刊）には「是ハ御ねま（寝間）又ハ御上かた（方）つほね（局）方によし、重々ふすませうじ（襖障子）なり」とある。

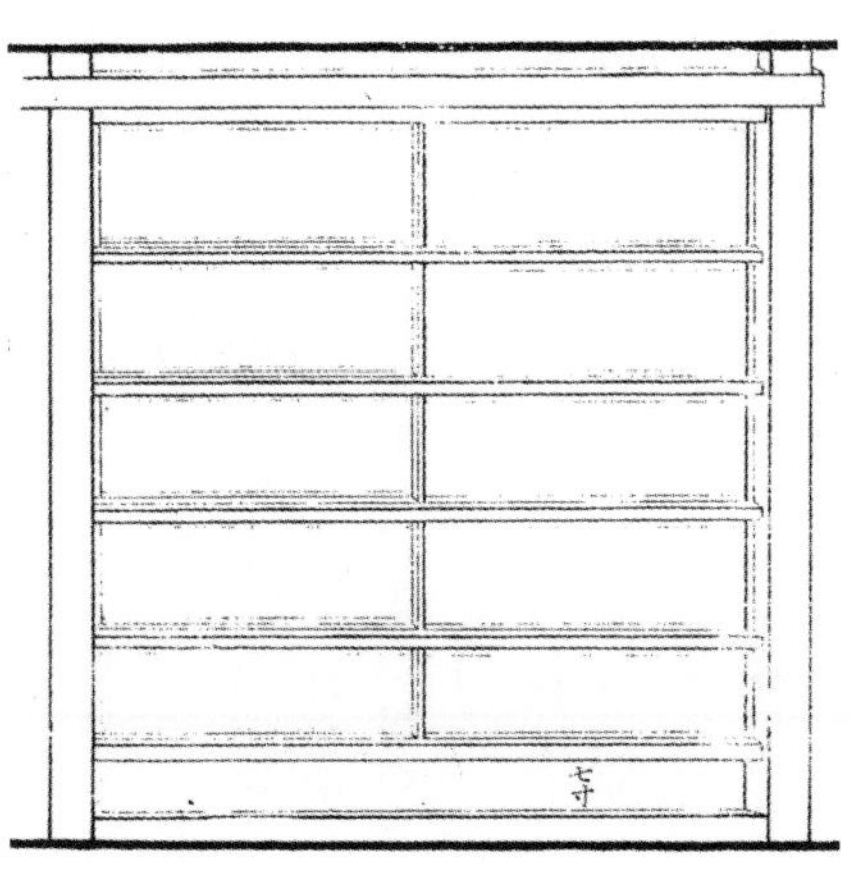

重々棚『増補大匠雛形四 新板棚雛形』

拾翠庵【しゅうすいあん】

愛媛県松山市にあった松山藩初代藩主松平定行が営んだ茶室。吟松亭のこと。⇒吟松亭【ぎんしょうてい】

拾翠園【しゅうすいえん】

石川県金沢市の石川県銭屋五兵衛記念館にある茶室。同館がある金石（旧宮腰）は北前船の湊町で、ここを本拠地とした豪商・銭屋五兵衛（一七七四～一八五二）の生涯と偉業の顕彰を目的としたのが本記念館であるが、拾翠園は、もと銭屋の本宅にあったのを同館に移築したもので、また本宅の一部も、同館に隣接する銭五の館に移されている。五兵衛の子・喜太郎は俳句を嗜み拾翠園とも号したらしく、五兵衛が著した『年々留』や喜太郎に贈られた和歌などからは、*裏千家十一代玄々斎精中との親交も知られる。こうしたことから、茶室は喜太郎ゆかりのものであったと考えられるが、いつ頃造られた茶室なのか明らかではない。なお家督を喜太郎に譲った五兵衛が、御塩蔵町に建てた隠居所の茶室*松帆榭も現存している。拾翠園は主屋の通り庭に設けられていた茶室で、三畳向切本勝手の席である。もとは主屋の本座敷や上縁、通り庭などを併用して、それらを待合や露地に利用していたと考えられるが、現在は茶室と水屋、通り庭の一部が再現されている。床は、一間の壁面いっぱいに地板が敷き込まれた浅い踏込床で、その床前二畳が平天井、点前座の上が掛込天井である。また茶室の上り口は障子二枚を建て込んだ貴人口で、この壁面には、貴人口の上にあく欄間、床の墨蹟窓、点前座の風炉先窓を通して、この壁面からのみの採光ができるだけ図られるようになっており、通り庭にある茶室という光量の制約をさりげなく解消している。

拾翠亭【しゅうすいてい】

京都市上京区の京都御苑にある茶屋。五摂家の一つ、九条家の屋敷の遺構。築造時期は明らかではないが、江戸時代中期と考えられる。外観は園池に面す二階建。二階の屋根は東西に棟を置く入母屋造桟瓦葺及び軒部は柿葺の屋根で、一階は桟瓦葺及び柿葺、杉皮葺の部分からなる。一階に広間十畳、次の間七畳半、広縁、三畳中板入の席、玄関、台所などがあり、二階には十一畳半の広間と縁をめぐらす。東に広縁を介して園池に臨む広間十畳は、西側に一間床があり、床柱は桜の皮付、床框は真塗、杉杢板の鏡天井である。床前畳の南隣一畳が点前座になり、方立口形式の茶道口をあける。三畳中板入の席は床を客座中央南に下座床として構え、曲がり木の床柱を立てる。床框は黒柿、落掛はヘゴ（暖地に生える木性のシダ）である。点前座は丸畳で上げ台目切に炉を切り、中柱の位置には真竹の釣束、杉磨丸太の曲がり木をその下部に取り付けて袖壁を造る。茶道口は引き幅が取れないため二枚折にしている。給仕口は床脇に引違いの太鼓襖が建てられる。天井は客座側が杉杢板の羽重、点前座側が網代張の化粧屋根裏となる。二階の十一畳半は、松杢板の踏込床を設け、床柱は桜の皮付丸太を立て、その手前に杉丸太の釣束を付ける。落掛は釣床状に湾曲した雑木の皮付丸太を用いる。床の脇壁には下部に曲がり木を配した狆潜りをあける。床脇には天袋が設けられ、その下部には平書院風の中敷居窓が設けられる。天井は杉杢板の竿縁天井である。

拾翠亭　外観

秋泉亭【しゅうせんてい】

東京都港区の旧大宮御所にあった茶室。秋泉御茶室のこと。

⇨秋泉御茶室【しゅうせんのおちゃしつ】

秋泉御茶室【しゅうせんのおちゃしつ】

東京都港区の旧大宮御所にあった茶室。「秋泉亭」ともいう。昭和四年（一九二九）、貞明皇后（大正天皇皇后）の住居である大宮御所内に建てられた茶室で、東久世秀雄内匠頭に造営の内命があり、設計と造営万端は*木津家三代宗泉に下命があった。大工棟梁は児嶋久兵衛。当時、赤坂離宮（現在の迎賓館）裏手の「廣芝」と呼ばれた空地に、貞明皇后の住居として大宮御所が建てられることとなった。その際、皇后が一人で書見などのできる小さい部屋が求められたが、広壮な建物の中へ小室を組み込むのは難しく、検討の末に茶室という形に落ち着いたらしい。位置は寝室のある御座所の裏手、建物と渡り廊下により囲われた一画で、茶室、水屋、廊下からの接続部である「御渡り」を収めた茶室棟と外腰掛

秋泉御茶室

を備えた露地という、一通りの茶事ができる施設が整えられた。材料は柱を北山杉磨丸太の「極選良材」を基本とし、造作材も赤杉を中心としたものであるが、足固や壁貫、小屋裏の材など見えない部分の構造上重要な材には、ほぼすべて檜が用いられている。施工体制は棟梁以下、副棟梁に藤原新三郎と眞田清三郎、左官頭梁・川崎藤吉、屋根頭梁・尾崎瀧治郎、庭園頭梁・木村長兵衛、表具頭梁・阿部清太郎と、いずれも宗泉の地元である大阪の職人たちであった。茶室の外観は入母屋造桟瓦葺で軒先は銅板葺。躙口はなく、露地から竹縁を上る三枚障子の「御寄上り」と榑縁を上る二枚障子という二つの貴人口を備え、それぞれに蹲踞も配されている。内部は四畳半本勝手下座床。突上窓をあけ、床脇の書院には書見用と見られる棚が添えられている。勝手側壁面に片引きの茶道口を、床右手に引違いの給仕口をあける。天井は床前を黒部杉の網代の平天井を真竹の吹寄で押さえる。点前座は落天井として境を皮付丸太で区画し、御寄上り前は掛込天井として、平天井から立ち上がる小壁には瀟洒な電気照明を配している。水屋の流しはやや上方に立ち上げ、下部と右手に引き出しを並べた三代宗泉独特のもので、水道を備えている。露地は芝庭と苔庭に区画されていたと考えられ、苔庭にのみ飛石を配しているが、芝庭からの入口付近のみ飛石を正方形の切石とし、他は大小の丸石としている。また苔庭には、瀧見形燈籠、切子形燈籠、松花堂形燈籠が、それぞれ外腰掛正面、御寄上り蹲踞向こう、及び書院先に配された。また榑縁と外腰掛の袖壁にもそれぞれにデザインされた電気照明が釣られている。茶室竣工に至っては、各流派の家元に茶道具の献上が命ぜられたが、三千家と*藪内家、それに三代宗泉が主だった道具を揃え、その他の水屋道具や消耗品などは道具商の阪田作治郎と今井貞治郎が納めている。昭和十六年に満州国皇帝の溥儀をもてなした時にはこれらの献上道具が使用された。竣工翌年、三代宗泉は茶室名である秋泉亭にちなんだ「宗泉」の号を一代限り許された。昭和二十年二月の空襲で焼失した。

集芳軒【しゅうほうけん】

京都市左京区の*慈照寺にある茶室。庫裏の再建とともに安政年間（一八五四～六〇）に、庫裏の東部に建てられたと伝えられている。平成五年（一九九三）、書院の東に移築された。内部は全体四畳半のうち、角の半畳を踏込床にした枡床の形式である。点前座は床柱に袖壁を付けて中柱を立て、台目構えとする。また躙口を広くとり、板戸を二枚建てるなど、平面は武者小路千家の*半宝庵の忠実な写しといえる。次の間との境に建つ欄間の意匠も武者小路千家の*環翠園のものと共通する。慈照寺には、現在の集芳軒とは別にもう一つの茶室集芳軒があったことが伝えられている。秋里籬島の『*都林泉名勝図会』に「銀閣慈照寺集芳軒」が掲載されており、それは切妻造桟瓦葺で妻側に濡縁を付して腰障子を建て、平側は土間庇にしてやや低い出入り口（貴人口か）を設けていた。露地に向かって開放的な茶室であったことがうかがえる。露地には延段と飛石が打たれ、石燈籠と手水鉢が据えられていた。解説文には「堂後にあり　近世の造立なり　維明和尚の梅　榑月渓の画みえたり」とあるから江戸時代に建設されたもので、本堂の背後に建っていたと考えられる。また近くには「茶水井」があったようで「東求堂の北にあり　沸泉の流れ東求堂へ通う」とある。

衆芳亭【しゅうほうてい】

東京都港区の赤坂離宮（迎賓館）にあった茶室。同地はかつて紀州徳川家の江戸中屋敷があったところで、この茶室ももともとここに建てられており、「萩の茶屋」とも呼ばれた。土間を上ると六畳で、四畳を介して、縁側をめぐらした十畳二間とつながっていた。さらに渡り廊下を介して、六畳間二室と四畳半室とが矩折に構成される離れにつながっていた。戦災で焼失。明治時代のはじめ、離宮庭園内には他に十畳と十二畳のまわりに縁が廻る洗心亭、寒香亭、丸山御茶屋などの茶亭が存在した。

宗峰妙超【しゅうほうみょうちょう】

弘安五年～建武四年（一二八二～一三三七）。鎌倉時代から室町時代初期にかけての臨済宗の僧。播磨国（兵庫県）の浦上掃部助の男として生まれる。十一歳の時、書写山圓教寺の戒信律師につき出家し、戒律を学んだ後、鎌倉万寿寺の高峰顕日に参禅した。さらに中国の宋から帰国した*南浦紹明のもとで修行を重ね、ついに大悟してその法を嗣いだ。その後、京都の雲居庵や大徳庵に住したが、後醍醐天皇や赤松円心などの帰依を得て、*大徳寺を開堂し開山となった。厳しい禅風は語録などによって知ることができる。興禅大燈、高照正燈、円満浄光などの国師号があり、「大燈国師」と呼ばれることが多い。その法は徹翁義亨、*関山慧玄などに受け継がれた。南浦紹明（大応国師）、宗峰妙超（大燈国師）、関山慧玄と続く法系は「応燈関」と呼ばれる。「看読真詮榜」などの書ものこる。

十万堂【じゅうまんどう】

大阪市浪速区にあった小西来山の住居。来山（一六五四～一七一六）は江戸時代中期の俳人で、十万堂の名は、来山が正徳四年（一七一四）頃に黄檗僧の悦山道宗から「十万堂」の額を賜ったことによる。建物は戦前まではのこっており、古写真などによると、内部は、「十万堂」の扁額が掲げられた十畳の広間を中心に次の間六畳と二畳及び三畳台目の茶室が連なる部分と、これらと結び付けられた四畳半を中心に次の間五畳と二畳及び四畳半枡床席の茶室が連なる部分とからなっていた。十畳の広間東側と、六畳及び四畳半から枡床席にかけての西側の東西二カ所に露地が造られ、西側の露地には待合も設けられていた。中柱に二重棚を備えた三畳台目の茶室は、通常であれば風炉先の向板とする箇所を踏込のまま半畳大にひろげて風炉先床としたために、この一小間分が室外側へ張り出した、類例の少ない構えであった。四畳半枡床席の茶室は、*聚光院枡床席とは異なり二面が庭に面し、枡床には墨蹟窓もあけられた明るい構えであった。聚光院で貴人口をあける部分には手摺付の窓があけられて、貴人口は床の正面側であった。平天井部分の竿縁も、聚光院とは向きが九十度異なり、化粧屋根裏の垂木と平行であった。十畳の広間は琵琶床を設け、付書院に円窓を並べた構成であった。戦災で失われ、現存せず。

十万堂　広間　床側　『数寄屋聚成』6

秀明【しゅうめい】

東京都港区のグランドプリンスホテル新高輪にある和室棟。建築家・*村野藤吾（村野・森建築事務所）の設計、竹中工務店の施工により、昭和五十七年（一九八二）、レストラン棟屋上に建てられた。八畳の次の間を備えた十畳の「舞の間」、六畳の次の間を備えた八畳の「扇の間」ほか、茶室「琴の間」、「鼓の間」と水屋、待合、厨房などから構成される。各室の天井ふところには照明器具を組込み光天井とするなど、明るさに満ちた空間となっている。

秀明　舞の間　床側

十文字目地【じゅうもんじめじ】

*目地が垂直に交差すること。一般的にはこれを嫌い、避ける。単に「十文字」ともいう。

周遊式庭園【しゅうゆうしきていえん】

観賞方法の観点から分類された庭園の一形式。建物から座して観賞する座観式（定視式）庭園に対し、園内を移動しつつ観賞する形式のものをいう。*露地は、*露地口から茶室へ歩みを進めつつ観賞する形式であることから周遊式庭園と見なし得るが、腰掛などで歩みをとめて庭の趣を味わう場面も見られることから座観式庭園の要素をも含むものといえる。江戸時代の*桂離宮や*小石川後楽園に代表されるような、*園池の周囲に茶室や亭を配して*露地や*枯山水を園路に組み込む構成をもつ庭園を特に*回遊式庭園と呼ぶが、広義には周遊式に包含される。また園路ではなく園池を舟で巡ることを主体とするものもこの形式に含まれ、舟遊式庭園と呼ばれることがある。古代から禁苑や公家邸宅の庭園において盛んであり、江戸時代以降も継続して行われた。後水尾上皇の*仙洞御所や*修学院離宮などでは、茶会において舟が用いられた記録も『隔蓂記』などにのこされている。

重来荘【じゅうらいそう】

京都府向日市にあった旧山本重次郎屋敷。山本は、大阪朝日新聞の紙面印刷などを行った山本インキ株式会社の社長で、*藪内家の茶を修めた数寄者であり、*北大路魯山人の美意識に薫陶を受け、愛好していたという。昭和五年（一九三〇）に着工し、主屋は同七年に、表門は同八年、土蔵や茶室は同十二年までに完成した。棟梁は*安井杢太郎。外観は民家風のデザインを基調としたもので、太い木割で虫籠窓をあけ、桟瓦葺の屋根の上部には煙出しを設ける。内部は玄関、広間、洋間などからなり、広間八畳は西側に約八尺幅の板床を備え、のこり五尺に地板を敷き込み、床脇とする。床柱には松の四方柾を用い、落掛では杢を見付に使っている。床の南側は付書院を設け、窓と欄間には障子を建てる。襖の引手は河合卯之助作の陶製のものが使用され、また照明器具の意匠など民芸運動に触発されたことが解される。なお、現在は北海道に移築されている。

修理【しゅうり】

経年劣化や災害などで傷んだ部分を繕うこと。建物を健全な状態に回復させること。特に文化財建造物の修理では、部材をことごとく解体し、補修を加えて再度、組上げる解体修理や、建物の歴史や変遷過程を調査した上で、その価値を最大限に引き出す意匠へと復する復原修理、さらには鉄などの現代的材料を使用して構造補強を施すなどの科学的な方法も用いられる。

十六羅漢石組【じゅうろくらかんいしぐみ】

*石組の一種。十六羅漢の遊行する姿を象徴的に表現したもの。いつの頃から行われるようになったかは判然としないが、寛政十一年（一七九九）に刊行された『*都林泉名勝図会』には妙心寺の塔頭雑華院の庭の石組が十六羅漢石組の庭として紹介されているので、江戸時代中頃には行われていたものと考えられる。

聚遠亭【じゅおんてい】

京都市左京区の*對龍山荘にある座敷。南北に長い主屋の中央部分から東にやや突き出た八畳台目の座敷をいう。外観は入母屋造桟瓦葺で柿葺の庇を付け下ろしている。畳廊下から襖をあけると踏込のための台目畳が敷かれ、東側には台目四畳の入側が設けられる。八尺の間口の床を西側に構え、琵琶台風の地袋を設ける。地袋の倹飩の引手には市女笠の金具を取り付けている。床柱には絞丸太を立てる。座敷の柱は面皮柱で、天井は低く猿頬天井となっており、古材が多用されていることなど、*對龍台や居間棟と趣きを異にしており、*伊集院兼常の建てた建物と考えられている。北には四畳半の茶室と、控えの間と水屋を挟んで道安囲の席が接続している。

樹間庵【じゅかんあん】

奈良市の奈良公園にあった茶室。飛火野の南、国家公務員共済組合の宿泊施設であるみかさ荘にあった茶室で、昭和九年（一九三四）に建てられた。戦前まで大和郡山市の和田徳呉服店の所有であったが、進駐軍に接収された後、共済組合の所有になり、昭和二十七年より宿泊施設として利用されていた。内部は四畳台目板入の席で、本勝手中柱付出炉で、下座床であった。八窓庵（八窓庵の項❶を参照）と同様の形式であるが、より共通性が高いのは京都高山寺の*遺香庵である。床まわりの構成、曲がり木で縁取った給仕口、火燈窓を備えるなど共通点が多いが、客の出入り口と窓の形式や位置を中心に違いが見られた。現存せず。

縮遠亭【しゅくえんてい】

京都市下京区の*渉成園にある茶室。渉成園の創立当時の建物は失われ、現在の建物は明治十七年(一八八四)の再建。西から東へと土間、水屋流しをもつ板の間、二畳台目向板入の席、さらに二本襖を隔てて長四畳が続く。その南端から斜めに吹放しの板廊で上段の間が連結されており、床を高く支えた懸造になっている。こうした構成は金閣寺*夕佳亭の写しとされる。土間は片流れの化粧屋根裏で、床を瓦敷とし、古瓦を塗り込んだ竈土を据える。二畳台目の席は、点前座に台目畳一枚、その先に向板を入れて踏込床とし、その上に落掛を設ける。客付側の向板隅には強い曲がりのある赤松の床柱を立てているが、この柱から引木を渡して袖壁を造り下部を吹抜くことで台目構えのように見せている。南側には障子二枚を建て、その外に榑板張の濡縁が付く。上段の間は、板廊から二段上がって造られた三畳敷。四方に障子を建てて、東西の二方には勾欄をともなう榑板張を設けている。縮遠亭そばには*塩釜の手水鉢が据えられる。縮遠亭は印月池に浮かぶ北大島の高所に建てられ、縮遠という茶室名のとおり、上段の間からは東山三十六峰の一つ、阿弥陀ヶ峰の遠景が縮図のように見晴らされたという。この茶室は同園の*代笠席(茶店)、*漱枕居(酒店)とともに、三店(三亭)の一つである飯店に見立てられる。

縮遠亭　上段の間側外観

上段の間
二畳台目
長四畳
床

縮遠亭

珠光【しゅこう】

応永三十年〜文亀二年(一四二三〜一五〇二)。室町時代の茶人。『*山上宗二記』で宗二は、珠光を「開山」と称している。「開山」は普通は一つの寺を創始した初代住職を意味する。しかし宗二がここでいう「開山」はその意味ではない。では宗二はどんな意味で珠光を「開山」といったのか。一言にしていえば「茶の湯の中のある特定の茶の湯」、のちに「茶道」、さらには「禅茶」とも呼ばれるようになる、心の深みをもった茶の湯の開山が珠光だというのである。では宗二が考えていた、珠光を開山とする茶の湯とはいかなる茶であったのか。それをうかがわせてくれるのは『心の文』(珠光古市播磨法師宛一紙)と、『おみなへしの文』(お尋ねの事)であろう。『心の文』での珠光の説の骨子は以下のごとくである。①茶道修行において第一に捨てるべきは「かまむかしやう」(従来、仏教用語の「我慢我執」の字が当てられてきたが、「かしやう」には、同じく仏教用語の「我相」の字を当てるのが良いであろうか)の心、すなわち自我主張である。②茶の道において最も肝要なのは、和漢の境をとり去ってしまうことである。③「枯れ」「冷え枯れ」のような風体は初心者の求むべきものではなく、良き道具をもち、使用してその味わいが十分にわかるようになった巧者が、下地となる心から闌けて出した風体であってこそ、面白いのだ。④だが良き道具をもち得ぬわび人などは、道具にはとらわれず、「かまむかしやう」の心を捨て、姿よりも心の修行を優先させるべきだ。⑤だがまた、この道には我慢もなければいけない。ここで、なければいけないしされる我慢は、①でいう我慢を打消したところに生まれる我慢で、「無我の我」などといい替えることができる。結局、この『心の文』では、茶の湯はこのような我慢、「無我の我」のはたらきであるべきだというのである。仏教用語では、我から無我へを向去（こうこ）といい、「無我の我」からのはたらきを却来（禅林での慣用読みは「きゃらい」）という。③に出た「闌ける」は、「秋闌けて冬来る」などの用例からわかるように、物事がその絶頂を通り過ぎて行くことを意味する語で、ここでいえば向去から却去へと移ることを意味する。冷え、枯れ、冷え枯れなどの風体はこのような却来の段階で初めて面白くなるというのである。世阿弥は「却来華」「却来風」という言葉を使っているが、それはこのような却来の段階で生まれてくる風体のことであろう。つまり珠光はここで、茶の湯は却来風を目指すべきだといっているのである。『心の文』では言及されていないが、よき風体が生まれるには、よき心すなわち却来の心のほかに、技の修練が不可欠であるのはいうまでもない。『おみなへしの文』の結びに引かれる「ここにしもなに匂ふらんおみなへし　人の物言いさがにくき世に」も、このような却来風としての茶の湯を示そうとしたものであろう。多分宗二は、『心の文』も『おみなへしの文』も見たことはなかったであろう。しかし彼は師の*千利休をはじめとする多くの人々との交流を通して珠光の茶がこのようなものであることを察知し、このような茶こそあるべき茶と考えて、珠光に「開山」の称を与えたのであろう。珠光の経歴にははっきりしないところが多いが、所伝を整理すると奈良の出身で、称名寺（しょうみょうじ）に入って出家し珠光の名を得た。「珠光」の名は『無量寿経』の「讃仏偈」の中の「日月摩尼珠光焰耀」から採られたとも推測される。二十四、五歳の頃より在京して三条に小庵を構え、茶を行うようになった。三十歳頃より禅僧となり大徳寺塔頭（たっちゅう）の*真珠庵に住み、*一休宗純の教えを受けた。それは確証できないが、昭和時代に発見されたいくつかの真珠庵文書は、珠光やその跡目の*宗珠が真珠庵とかかわりをもっていたことを裏付けている。珠光は一休から円悟克勤（えんごこくごん）の墨蹟を授けられたともいう。今日、畠山記念館に蔵せられる「開聖堂頭…」の一軸がそれであると伝える。応仁の乱に際しては、難を避けて奈良に帰った。その後また京都に戻ったらしい。没年は文亀二年、享年八十であった。跡目の宗珠に相伝した『珠光之一紙』『珠光一紙目録』などと呼ばれるものがあり、これが『山上宗二記』の原形になったらしい。珠光の言葉として、「月も雲まのなきはいやにて候」（禅鳳雑談）、「藁屋ニ名馬繋タルカヨシ（繋（つな）たるがよし）」（山上宗二記）が伝えられている。「珠光」の落款または印章のある絵として、山水図（野村美術館蔵）などがあるが、画人珠光と茶人珠光とが同じか否か不詳である。珠光は宗珠に、他の道具は売ってもよいが抛頭巾茶入（なげずきんちゃいれ）と松花（しょうか）茶壺のみはもち続けよと申しおいたという。また自分の忌日には、円悟の軸を掛け、抛頭巾にヒクツを入れて、茶の湯せよと遺言したという。この円悟墨蹟について、『*南方録』に「四畳半座敷ハ、珠光の作事也、真座敷して鳥子紙の白張付、杉板のふちなし天井、小板ぶき、宝形造、一間床也、秘蔵の円悟の墨蹟をかけ、台子をかざり給ふ」の記述がある。掛物の表具については、円悟墨蹟と徐熙（じょき）筆白鷺の絵の一文字抜きの表具は珠光の好みによるという。また『山上宗二記』では珠光の茶風を「極月冬木ノ雪ノ遠山ニ似タル歟」または「雪ノ山カ」と伝え、珠光を*引拙（いんせつ）、*武野紹鷗（たけのじょうおう）と並べて「古今ノ名人」に数えている。

珠光庵【しゅこうあん】

奈良市の称名寺（しょうみょうじ）にある茶室。珠光庵の称は俗称で、正式には「獨炉庵（どくろあん）」という。称名寺は鎌倉時代の創建で、*珠光（しゅこう）が出家して仏道を学んだ寺として知られる。また珠光が没し、大徳寺塔頭（たっちゅう）*真珠庵に葬られた時、当寺にも分骨されたという。境内には、珠光の墓碑や珠光が茶の湯の水を汲み上げた井戸、千植えの竹や椿がのこされている。寺伝によれば、珠光が京に定住した後、自らの法跡である当寺に庵を設けたのが獨炉庵の始まりであるという。しかし宝永の大火（一七〇四年）で焼失し、再建されたが宝暦年間（一七五一～六四）にも火災にあって、現存する茶室は享和二年（一八〇二）、堂宇再建の頃の建造と伝えられ珠光の好みと称されている。この茶室は母屋（おもや）の中に造り込まれており、外観は桟瓦葺（さんがわらぶき）の付庇（つけびさし）を東へ深く差し出し、右側に袖壁を付け、刀掛をしつらえている。正面に二枚障子（しょうじ）の

珠光庵　床側

珠光庵

貴人口を設け、上り口になる半分にだけ小縁を付けている。躙口はその矩折の南側、玄関とのあいだの土間庇を入ったところにあけられている。躙口を入ると、細長い一畳半の鞘の間がある。茶室内部は三畳であり、鞘の間との境は引違いに建てた襖と一枚の襖壁とで仕切られていて、鞘の間は相伴席として使えるよう計画されている。全体の四畳半のうち、鞘の間の一畳半を下座の相伴席とし、天井を化粧屋根裏として躙口をあけるのに対し、茶室の三畳には貴人口をあけて貴人座としている。また仕切りの襖と襖壁を外して、敷居を壁際に寄せると四畳半の茶室に転換することができる。床は上座床で、躙口の対面、北側に構えられる。蹴込床形式で、床柱に赤松皮付を立て、入隅を塗廻している。点前座は炉を上げ台目切に切り、中柱を立て、隅に二重棚を備えている。赤松皮付の中柱は端正な曲がりで立つ。二重棚は上下とも同じ大きさの棚板の利休流である。天井は客座二畳の上が平天井、点前座の上を落天井とする。竹竿縁が床挿しなのは古風である。珠光好みの面影はほとんど認められないとはいえ、四畳半と貴人待遇の装置を組み合わせたことに特色がある。誰の作意かは不明ではあるが、仕切りの着想など、他に例を見ない工夫であり興味深い。

聚光院【じゅこういん】

京都市北区にある大徳寺の塔頭。三好長慶の菩提を弔うため、永禄九年（一五六六）に養嗣子・義継が笑嶺宗訢を開基として創立。院号は長慶の法名にちなむ。*千利休は亡き父母と二童子、自身と妻の逆修のため、天正十七年（一五八九）に永代供養料を寄進し墓を建立、以来*三千家の菩提所となる。客殿（方丈、重要文化財）は室町時代末期の建立とみられ、客殿の*障壁画（国宝）は狩野松栄、永徳父子の筆による。本堂に続く書院に*閑隠席、*枡床席がある。

聚光院形燈籠【じゅこういんがたどうろう】

石燈籠の一種。大徳寺塔頭聚光院の*閑隠席の露地にあって、千利休好みと伝えられたものを本歌とする。笠、火袋、中台が六角形、竿が円形の形式のもの。

珠光形燈籠【しゅこうがたどうろう】

石燈籠の一種。火袋と竿が一体となり、竿を地面に埋め込む、生込み式の石燈籠のもの。ただし江戸時代の図では、笠や火袋（と竿）の形状が円形であったり、四角であったりと一定していない。（付録13頁参照）

珠光の茶室【しゅこうのちゃしつ】

*珠光が営んだ茶室には、*六畳と*四畳半の座敷があったと考えられる。珠光は応永三十年（一四二三）に生まれ、文亀二年（一五〇二）に八十歳で没する。『*山上宗二記』によると、十八、九歳まで奈良称名寺にいて、二十四、五歳より京都三条に小庵を構えたという。その後、経済力を増し、京、堺、奈良に屋敷を構えるようになったと考えられる。『禅鳳雑談』に、珠光の言葉として「月も雲まのなきはいやにて候」とあり、『山上宗二記』には「珠光ノ云レシハ、藁屋ニ名

馬（中略）鹿相ナル座敷ニ名物置タルカ好シ」とあり、茶室は、それまでの唐物荘厳に供する格式ある豪華な建物から簡素な建物への転換点となったものと位置づけられる。珠光時代の茶室は、『分類草人木』に「昔は、横六帖敷也、中比ヨリ四帖半ニナル也」とあり、『烏鼠集四巻書』には「珠光・松本・志野または六畳敷也」とあり、六畳が基本としてあって、道具を所持しない人のために四畳半を始めたと考えられる。珠光の六畳は詳細が不明だが、弟子の引拙や宗珠らの茶室からある程度想像される。『山上宗二記』によると引拙の茶室は「南向右勝手六畳敷」と記されている。『茶湯秘抄』には引拙のものと思われる右勝手六畳、宗珠が尊教院に営んだ左勝手六畳（尊教院の宗珠座敷の項を参照）の図が掲載されており、いずれも横六畳で一間床、床の反対側に四本の腰障子が入り、外に竹縁か板縁が備わり、勝手口及び床の脇に二本の腰障子が入る。おそらく珠光もこのような形式の六畳敷の茶室を設けたものと考えられる。一方、『山上宗二記』によると珠光四畳半は北向右勝手とある。また『茶湯次第書』には珠光の名が書き込まれた四畳半図が掲載され、一間床、栗の角材を使用した床框、一尺七寸の囲炉裏、勝手との境には二枚の腰障子、壁は鳥の子紙の白張付、蒲に竹の竿縁天井、内法の高さに付鴨居が廻る。床と反対側の北側には記載がないが、建具が入れられていたと考えられる。その北側には半間幅の切目縁とその外には大竹を二つ割りにして伏せた落縁が付く。さらに『山上宗二記』によると北の縁の外には塀で囲われた小庭があり、大きな柳の木が一本だけ植わっていたとあり、坪の内が形成されていたと考えられる。室内全体として草庵的要素で構成されているが、一方で白張付壁は書院的要素である。また先の六畳敷では確認されない坪の内が設けられていたことから、町家の裏庭に張り出した小さな茶の湯空間が想像され、『烏鼠集四巻書』に記載されている「堺の金た屋にて四畳半を仕切し、道具なきにハ六畳さひしきとて」と合致する。

守護石【しゅごせき】

役石のひとつ。『築山庭造伝前編』の「庭坪地形之図」では「守護石　三神石ともいふ、寺院には三尊石といふ下に蓮華座の心に石をくもあり此石の後に麗山木あるべし」とあり、滝口前の立石を図示している。『築山庭造伝後編』の「真の築山を造る法」では同じく滝口に添える立石をさし、「庭中模様する石、諸景の出初る石にして大極とも可謂石なり、一名不動石又滝副石」としている。庭園の滝口に据える庭の中心となる石をさしていたと考えられるが、現在は庭の中心をなす石の意のみでも用いられる。

主人石【しゅじんせき】

❶中門の役石のひとつ。亭主石と同じ。⇒亭主石【ていしゅいし】
❷庭園で、主人島がない場合に据える石。

縮景園【しゅっけいえん】

広島市中区に所在の大名庭園。安芸国広島藩主浅野長晟が、別邸の庭園として元和六年（一六二〇）より築成したもので、作庭者は家老の上田宗箇。中国浙江省の西湖の風景を模して縮景したとも伝えられる。汐入式庭園で、濯纓池と称される中央の池を跨虹橋によって二分し、池の周囲に茶室や東屋（四阿）、山、川、島などを巧妙に配置した回遊式庭園である。跨虹橋は、七代藩主重晟が京都の庭師に二度も築き直させたものといい、小石川後楽園の円月橋や修学院離宮の千歳橋にも似た大胆奇抜な手法が駆使されている。庭園のほぼ中央には本格的な数寄屋建築の清風館が建つ。原爆で焼失したが、昭和三十九年（一九六四）に復元された。清風の間

縮景園

のほかに老侯の間、次の間、玄関之間、控之間、茶室からなる*明月亭、*超然居、水上に浮んでいるような造りの悠々亭なども順次復元された。名勝。

朱壺【しゅつぼ】

大工道具の一種。*墨付けに用いる*墨壺の一つで、着色料に*弁柄を用いるもの。墨壺は加工の目安となる直線を引く道具で、通常は着色料に墨汁を用い、一日材に墨を付けると消えない。通常は仕上げの段階で削り取られたり、天井裏などに隠れるため問題ないが、北山丸太などの自然木をあらわしで用いる茶室の場合は問題があるため、拭き取ったり、水洗いすると消える弁柄を着色剤として用いる。茶室の場合は墨線のみならず*番付などもすべて弁柄を用いる。

主庭【しゅてい】

邸内や敷地内に複数の庭園がある場合、書院本座敷の前の庭園など、そのうちの最も主要な庭園をいう。

酒店【しゅてん】

「酒亭」ともいう。三亭の項を参照。⇩三亭【さんてい】

主殿【しゅでん】

室町時代に成立した住宅建築の様式である*主殿造の中心となる建物。南北二列に部屋を並べる平面で、南側は*寝殿造の母屋（身舎）や南庇の機能を受け継ぎ、対面のための機能を加える。北側は寝殿の北庇、北孫庇の私的な生活空間を受け継ぐ。南列の表側南端から南に短い突出部をもつ。室町時代に襖障子による間仕切りができ、南側中央の部屋を対面の主室、北側奥を居間、北側の中央を寝室とする主殿の典型平面が完成。平安時代末期に出入り口の機能をもつようになっていた中門廊の中門以北が、出入り口として定着し、中門及びその南の廊が消滅。車寄などの出入り口としての表側の突出部があらためて中門と呼ばれるようになり、主殿の基本形が完成した。外観は中門を南に突出する東、あるいは西を正面とする。すなわち、南に中門を突出する柿葺あるいは檜皮葺の大きな入母屋破風の屋根を特色とし、その下の軒に軒唐破風を設け、その下に両開きの両折（双折）唐戸に内側へ明障子を建てる車寄を設ける。車寄の南の横板張りの柱間に実検の窓と呼ばれる小さな横連子窓を設け、その次の中門の先端の柱間に両開きの板扉、さらにその南の落縁に妻戸を設ける。車寄の北側の柱間には上下に分かれる半蔀を釣り、その内側に引違いの明障子を建てる。主殿は寝殿造の中心建築である寝殿から変化したもので、寝殿は、平安時代末期には母屋と北庇を区画する並戸の南の母屋、南庇、東及び西の庇が公の機能、北庇に北孫庇が加わった北側が私的な機能、寝室であった塗籠も北に移っていた。江戸時代初期の木割書『*匠明』には、「昔六間七間、主殿ノ図」とあって、主殿は過去のものと考えられている。また同書では大きな主殿形式の建物には、「当世広間図」と記されていて、同書が書かれた江戸時代初期（慶長年間〈一五九六〜一六一五〉）には大きな主殿形式の建物は広間と呼ばれていたことがわかる。織豊時代の最末期に、寺院に末期の主殿形式の建物が造られたが、それらは「客殿」などと呼ばれ、主殿とは呼ばれていない。江戸幕府の御殿では、江戸城本丸及び最後を除く西の丸御殿の大広間に中門を備える主殿の形式をのこしている。元和六年（一六二〇）の徳川和子（東福門院、後水尾天皇中宮）入内の折の対面所が中門をもつ広間形式で建てられて、この形式は幕府を象徴する形式となった。

主殿造【しゅでんづくり】

室町時代に登場した住宅様式。初期の*書院造のこと。平安時代の*寝殿造、江戸時代の書院造とともに、日本住宅史における三大様式の一つともされる。この時期の住宅建築の主屋が*主殿と呼ばれることが多いため主殿造という。平安時代の寝殿造と同じく寝殿を中心とする構成だが、建物は機能に応じて分化し、主屋（寝殿、主殿）とは別に、武家の対面儀式のための*会所など、独立した建物が建てられた。建物は雁行型に配置される。建物内部は建具と天井で囲まれて小室化し、畳が敷き詰められ、柱は*角柱が用いられるようになった。室内の諸道具は造り付けになり、*座敷飾に発展していった。

主木【しゅぼく】

庭の景を構成する上で、中心的役割を担う*役木。他の木はこれに準じて配植される。

須弥山【しゅみせん】

仏教の世界観において、その中心に位置付けられる架空の山。この世界観では、須弥山を中心に八つの山と八つの海が交互にとりまく九山八海という構造となっている。日本庭園においては、古来これをモチーフにした石像や*石組（須弥山石組）を園内に配する。古いものでは『日本書紀』の推古天皇二十年（六一二）条に百済から来た*路子工が須弥山を宮殿の南庭に造ったことが記され、同時代の石神遺跡庭園遺構で確認される石像には、表面に九山八海を表したとされる彫刻が施されている。後世の寺社などの庭園の築山上の*立石や石組はこれによく見立てられる。

須弥山石組【しゅみせんいしぐみ】

*石組の一種。仏教の世界観において、その中心に位置する*須弥山、及びその周辺をめぐる九山八海に見立てたもの。中心に高さのある*立石を立て、周辺に低い*景石を配し、九山八海に囲まれた須弥山を表す。

須彌蔵【しゅみぞう】

京都市下京区に所在の*藪内家の茶室。五代不住斎竹心の作と伝える。もとは、*西本願寺十八代門主文如の所望により藪内家が西本願寺に納めた茶室であったが、元治元年（一八六四）、蛤御門の変の兵火によって藪内家が罹災したため、八代真々斎竹猗が拝領を願い出て（嘆願書控）、明治九年（一八七六）に漸く拝領が許され、まもなく再建がなったものである。文如の代にできた茶室であれば、それは六代比老斎竹陰の時期にあたる。文如は当時、西本願寺内の*飛雲閣がある庭園を整備するために*滴翠園と命名し、明和三年（一七六六）に泉（醒眠泉）を再掘修理、同五年には*澆花亭（*青蓮榭）とを新築していた。また少し後になるが、寛政七年（一七九五）には飛雲閣に*憶昔の席を増築し、竹陰も席披きに出席していたから、茶や文芸に強い関心をもったとされる文如が、創作力豊かな竹陰にこれらの茶室設計や須彌蔵のことを相談していたことは十分に考えられる。外観は、屋根が*切妻造*桟瓦葺で、東正面の軒先から*柿葺の*庇を付け下ろして*土間庇を形成する。壁は*弁柄壁で、ここに*躙口、*円窓の*掛障子、*下地窓、*刀掛などを配するが、躙口の*戸尻に*方立を用いず、敷鴨居を柱間いっぱいに通したり、刀掛も、竹を二本壁に並べ立て、五本ずつ釘を打った形式とするなどして、全体の配置や構成に独自の手法を見せる。なお、弁柄壁は外壁だけでなく内壁にも使われ、この茶室の特徴の一つとなっている。内部は三畳で、うち中央一畳が床前、南の一畳が*平書院、*中敷居窓、躙口をあける客座、北の一畳が点前座となる。点前座は炉を*向切に切り、*風炉先窓をあける。亭主背面の畳は

須彌蔵　点前座側

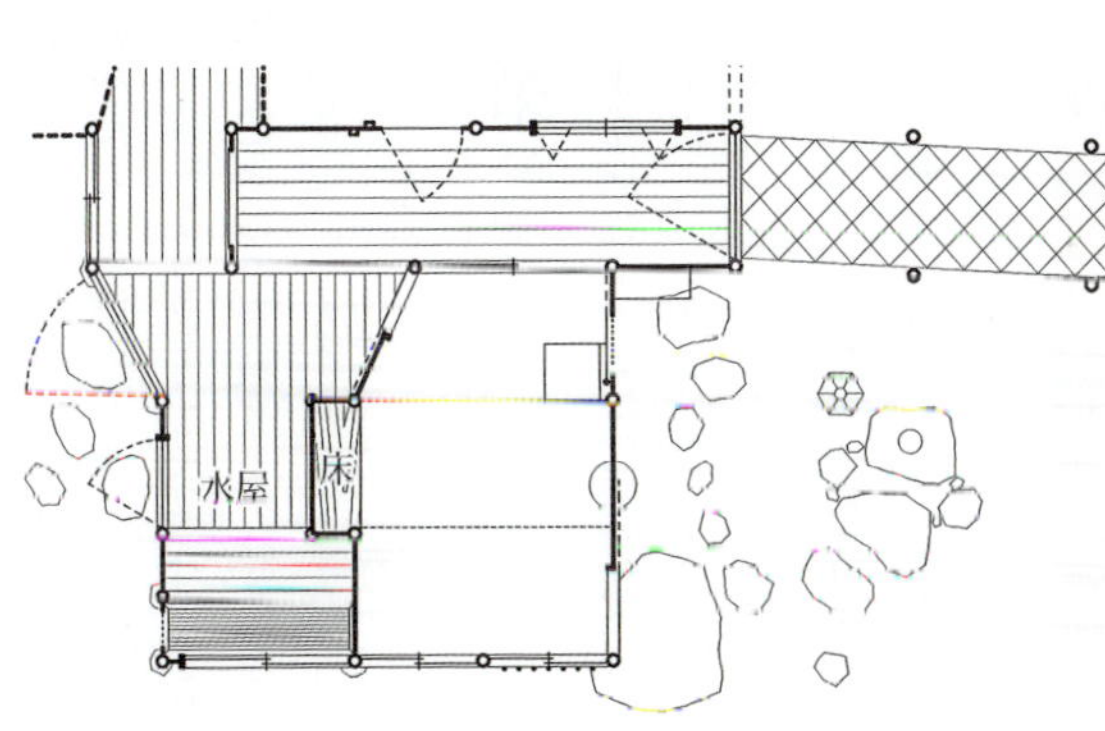

須彌蔵

斜めに切られて壁が立ち、ここに*洞庫が設けられ、異色な構成の茶室である。また西壁面の床は半間の奥行きの浅い*踏込床で、*二本柱を立て、天井小壁が*唐破風をかたどったものになっており、東の壁面にはこの床とほぼ対面するように円い下地窓があいている。天井全体は、*野根板天井で、竿縁は白竹。このような構成全体は、澆花亭（青蓮榭）と重なる点が多く、両者が同じ設計者であることを感じさせる。しかし、外部の躙口近くの柱面には、竹心の筆とされる「簷前養竹愛清節　軒外望松脱俗機」の一文が刻まれており、たしかに竹心の思想にかなった文意である。須彌蔵に関する別の伝えに、竹心が享保年間（一七一六〜三六）に十四代門主寂如の求めにこたえて本願寺園内に建てた、というものもあり前述の経緯と異なる。竹心が同家に建てたものを、竹陰が文如の求めに応じて本願寺に納め、明治時代になってふたたび同家に戻ったということも十分あり得るが、現在のところ、判断できる確証は得られていない。

須弥壇【しゅみだん】

仏堂などで内陣中央に設けられる仏像を安置するため、一段高く造られた壇。仏像を直接安置するものとさらに*厨子や*宮殿を置きその中に仏像を入れるものがある。中尊寺（岩手県）金色堂の須弥壇は、*螺鈿細工で美しく装飾され、壇下には藤原清衡、基衡、秀衡の棺が安置される。

撞木【しゅもく】

*喚鐘や*磬を打ち鳴らすための棒。その形状がT字型をしていることから、屋根の*棟が高さを変えてT字型に交わる建物を撞木造と称する。

撞木釘【しゅもくくぎ】

*床脇に*喚鐘を釣った場合、それを打ち鳴らす*撞木を掛けるための釘。一本だけ打つ場合と二本の場合がある。（付録20頁参照）

聚楽壁【じゅらくかべ】

京都の聚楽第跡付近で産出した*聚楽土を使って仕上げた壁。和風建築の壁の代名詞ともなっており、京壁の総称としても使われる。経年変化による錆の出現は景色と呼ばれ、京都においては好ましい現象とされる。比較的雨水に強い壁なので、茶室や京町家の内壁のみならず、外壁や土塀にも施工される。

聚楽土【じゅらくつち】

壁土の一種。もともとは京都の*聚楽第跡付近で産出されたものをいう。京都市上京区に分布し、地下二〜七メートル程度から出土する。現在ではその色調に似た土すべてが聚楽土と称され、流通している。他の土に比べ、水に対する抵抗力が強く、古くは塀や土塁の表面仕上げ土として使用された。*草庵式茶室の内外壁の仕上げ土として、その色合いや耐水力、経年変化による錆の出現などが好まれ、頻繁に使われた。さらに京町家の仕上げ土としても使用されるようになり、京壁の代表的な色土として全国へひろがった。一般的には薄い茶色を聚楽色と称するが、色が薄いと薄聚楽、黄色味がかっていると黄聚楽、黒味が強いと黒聚楽などと呼び、かなり幅広い色調の壁を聚楽土と呼称している。ただし濃い茶色になると錆土と呼び、聚楽土とは区別されている。

聚楽第【じゅらくてい】

京都市上京区にあった織豊時代の城郭風邸宅。「じゅらくだい」とも読む。天正十三年（一五八五）七月に関白に叙任された*豊臣秀吉は洛中に禁裏と併立して、それをも睥睨する居城を据え、京都を城下町として改造、再編する計画を図る。そして翌天正十四年二月から、平安宮大内裏旧

聚楽第図屏風　部分　三井記念美術館蔵

跡の内野に聚楽第の造営が始められた。「長生不老のたのしびをあつむるものか」（聚楽行幸記）と、その意が説かれ、理想郷の意識も強くあったと考えられる。天正十五年二月に秀吉は、廷臣の歳首の礼を聚楽第で受け、一月から三月にかけて諸家から名石、奇木を徴して作庭も進めた。そして同年八月、九州征討を終えての八朔の祝いはこの新第で行われ、九月十三日に秀吉の移徙が果たされた。本丸と、周囲の南二の丸、北の丸、西丸の各曲輪によって構成され、内郭を囲む堀の外側には諸大名の屋敷を配置、千利休の屋敷もあったと伝える。また本丸の山里の一郭には茶室が営まれた（聚楽第の茶室の項を参照）。天正十六年四月と同二十年一月の二度にわたり、後陽成天皇の行幸が盛大に行われたが文禄四年（一五九五）、関白となってこの第に入った豊臣秀次が自害させられるとただちに破却され、建物の多くは伏見城などに移築された。

聚楽第の茶室【じゅらくていのちゃしつ】

京都市上京区の聚楽第にあった茶室。本丸の南西部に、山里の一郭が築かれ、茶室が営まれていた。その一つが『山上宗二記』に「宗易京ニ一畳半ノ始テ作ラレ候、当時珎キ事也、是も宗易一人之外ハ如何」と記されている、千利休が初めて試みた一畳半（一畳台目）であったと考えられる。作庭の始まる天正十五年（一五八七）の初めにはすでに竣工していたと考えられ、同年十月九日、石田三成が神屋宗湛を招いた茶会が急に「茶ノハ御城ニテ被下」（宗湛日記）こととなり、その時に使われた茶室がこの一畳半であったと考えられる。『宗湛日記』天正十五年十月九日朝の条に「一畳半　床アリ」と記されており、上座床が鉄則であった時代にあって、初めて下座床を構えた茶室であった可能性もある。この茶室は豊臣秀吉の怒りをかって、秀吉自身が一度も使うことなく、すぐに改造されてしまったものと考えられる。改築後のものは、床を省いた二畳隅炉の茶室で、洞庫を備えていた。伝えによると、三日間の工事で仕上げたという。十月十四日、秀吉は宗湛を招いて席披きを行った。のちに表千家四代江岑宗左が『伝聞事』に「休、一畳半致シ被申候、大甲御意ニ不入候故、二畳敷ニ致シ、（中略）其時より少ツ、御意ニちかい被申候」と記していた。こうした一畳半の試みや、秀吉の茶室で唯一床のない二畳などが、その後の新たな茶の湯の展開を可能にしたと考えられる。聚楽第にあったもう一つの茶室が茅葺の四畳敷で、天正十六年七月二十八日、毛利輝元と吉川広家が、津田宗及とともに利休の点前で茶を賜った。『天正記』や吉川広家の「数寄屋指図」によると、その四畳敷は平型で、上座床が構えられ、下手の脇に勝手があったことが知られ、また茶室に付随して、垣で仕切られた「坪」があり、そこに入る経路に細長い、直線状の露地があった。

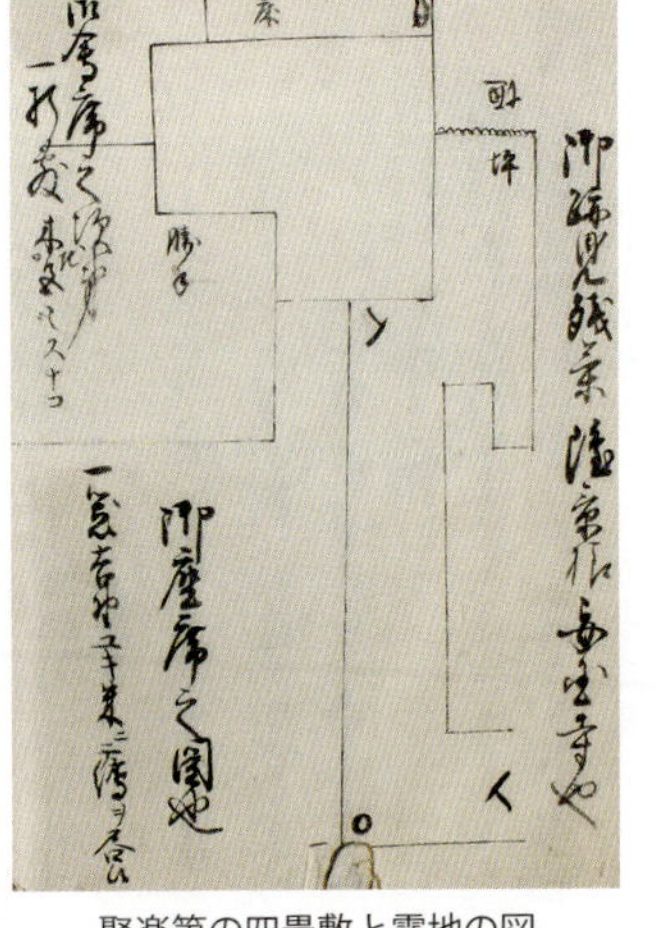
聚楽第の四畳敷と露地の図
『天正記』　山口県文書館蔵

首里城の茶室【しゅりじょうのちゃしつ】

沖縄県那覇市の首里城跡（史跡）にある茶室。琉球王国の王城であった首里城は、十五世紀前半の尚巴志王代には存在し、四回再建されている。大正十二年（一九二三）に大修理が行われて国宝（旧国宝）に指定されたが、昭和十九年（一九四四）、アメリカ軍の砲爆撃を受けて全壊した。現在の正殿は、平成四年（一九九二）に復元されたもの。この首里城にはいくつかの茶の湯に関連する部屋が確認できる。正殿の、下庫理（シチャグイ、主に国家儀式や政治を執り行った）と呼ばれる一階中央には御座である御差床（ウサスカ）があり、その北側に一間四方の空間「上御茶之間」がある。『図帳　当方』に描かれた「上御茶之間御飾之図」によると、板敷きで、台子が設置されており、天目台や茶入、風炉や杓立などが荘られている。首里城に展示のものは平成四年の正殿復元の際、前掲の史料をもとに再現されたものである。また書院には内炉之間と呼ばれる茶室がある。六畳と床脇に一畳の畳が敷かれ、七畳の大きさとなる部屋。床は一間床で、犬槙の床柱は太鼓落で正面に皮面を向け、落掛と床框には黒檀を使用している。炉は上げ台目切で、石炉を備える。天井は猿頬天井が床前と点前座側に矩折に配され、客座の下座側は化粧屋根裏となる。書院に付属する鎖之間（サスノマ）には、四畳半台目床の席と、床脇に台目畳を敷いた裏御座と呼ばれる席がある。太鼓落で正面に皮面を向けた床柱を含め、主要な柱は犬槙で、落掛と床框は黒檀を使用している。天井は猿頬天井。

澍露軒【じゅろけん】

滋賀県彦根市の*井伊直弼の屋敷*埋木舎にある茶室。澍露軒の名は、法華経の「澍甘露法雨滅除煩悩燄（甘露の法雨を澍て煩悩の燄を滅除す）」から取られた。四畳半本勝手で、床は壁床の形式をとり、点前座勝手付の壁の下部を吹抜いて洞庫風にしつらえ、隣接する水屋を取り込む。

澍露軒　内部

棕櫚縄【しゅろなわ】

ヤシ科の植物であるシュロの毛（葉鞘の繊維）を集めて綯った縄。耐水、耐久性にすぐれ、*小舞を掻くためや、これを黒く染めたもの（*染め縄）は垣の結束など、主に化粧の結束に用いる。和歌山県の野上谷（現紀美野町）が国内最大の棕櫚産地。また西隣の海南市東部に加工、販売業者が多くあった。

棕櫚箒【しゅろぼうき】

露地道具の一種。*露地箒のひとつで、棕櫚の葉を青竹の柄に五枚重ねて藤蔓で編みあげたもの。流儀によって異なるが、主に*外露地の*腰掛（外腰掛）の下座側柱に掛けられる。現代では実用ではなく、清浄の精神を表す飾箒として掛けられる。寸法などは流儀により異なるが、総長四尺七寸から九寸ほどの大きさで、表千家と武者小路千家は棕櫚の葉先を切り揃えるが、裏千家は手を入れない。また棕櫚箒は茶事のつど新調するものとされる。

棕櫚箒

準庵【じゅんあん】

徳島市の坂東宗稜邸にあった茶室。昭和十二年（一九三七）八月に竣工したが、戦災で焼失した。台目床をもつ二畳台目の構えで、建仁寺の*東陽坊の写しであったという。宗稜は『茶道年表』（一九三三年刊）や『茶杓乃話』（一九三五年刊）などの著作をのこしている。

春陰斎【しゅんいんさい】

兵庫県赤穂市の田淵氏庭園（名勝）にある茶室。製塩業などで財をなした田淵家の庭園は、三崎山の傾斜地を利用して造られており、平地部分には書院と池庭、山腹に春陰斎と露地、さらに上方に*明遠楼が展開する。春陰斎は田淵家の五代九兵衛（政武、一七九六年没）が明和元年（一七六四）頃に造立したと伝えられ、その露地から下方の書院庭園までは、九兵衛が師事した両替町久田家六代の宗参による作庭とされる。入母屋造茅葺で庇を柿葺とし、二畳台目に台目床を構え、板間、土間、水屋、勝手などから構成され

春陰斎　外観

る。席へは躙口からいったん板間に上り、板間と茶室の境に建てられた二枚引違いの障子から入る形式をしる。昭和六十三年（一九八八）から平成元年（一九八九）にかけて行われた解体修理では、当初は二畳台目ではなく、台目三畳の席であったことが確認されている。

春雨庵【しゅんうあん】

神奈川県小田原市の*益田鈍翁の別邸*掃雲台にあった茶室。もとは明治三十三年（一九〇〇）、東京都品川区御殿山の本邸*碧雲台に鈍翁の弟・克徳が設計して建てた幽月亭で、昭和十一年（一九三六）に掃雲台に移築された。三畳台目席に、四枚建の障子を隔て、一方を付書院風にしてある台目二畳の相伴席が付属していた。付書院の右横には連子窓と躙口をあけ、その正面が台目の畳床となる。床柱は皮付の筍面を施したもので、床框は檜丸太。床の脇は引違い襖で、茶道口と給仕口とを兼ねていた。勝手付に洞庫を設け、櫟の曲柱を立てて、袖壁には壁留に引木を入れ、吹抜きを造る。天井は床前がへぎの網代天井、点前座上部は菰の落天井、相伴席と躙口上部は掛込天井。現存せず。

春屋宗園【しゅんおくそうえん】

享禄二年～慶長十六年（一五二九～一六一一）。織豊時代から江戸時代前期にかけての臨済宗大徳寺派の僧。自号は一黙子。京都の園部氏に出生。*大徳寺の江隠宗顕に参じ、*古渓宗陳と兄弟弟子となる。江隠の没後は、笑嶺宗訢に参じてその法を嗣ぎ、永禄十二年（一五六九）、大徳寺百十一世住持となる。大徳寺塔頭*三玄院を創建、また石田三成との縁により佐和山（滋賀県彦根市）の瑞岳寺や、晩年には黒田長政の要請で大徳寺塔頭*龍光院の開山となり、同院で示寂。*今井宗久、*津田宗及、*千利休、*千道安らとも交わり、*小堀遠州に大有号、*古田織部に金甫号を与えている。利休が二層部分を寄進した大徳寺三門の落成供養導師をつとめ、幼くして大徳寺に入った*千宗旦を訓育したことでも知られる。語録の『円鑑国師一黙稿』は、当時の重要な史料。天正十四年（一五八六）正親町天皇から朗源天真禅師号、慶長五年、後陽成天皇からは大宝円鑑国師号を勅賜される。法嗣に玉室宗珀、*江月宗玩などがいる。

順勝手【じゅんがって】

本勝手の項を参照。⇩本勝手【ほんがって】

春慶塗【しゅんけいぬり】

漆塗の技法の一種。またはその技法で作られた漆器。檜、椹、栃などの木地に、渋や礬砂などを塗って目止めをし、漆が浸み込むのを防いで黄や紅の顔料で下塗して着色。その上に透漆の透明度を高めた春慶漆を塗る技法。木目を美しく見せる仕上りで、着色は下塗のほか、漆そのものに着色する場合もある。黄色の着色には梔子や雌黄、紅色には*弁柄や洋紅を用い、それぞれ黄春慶、紅春慶と称される。春慶塗の名称は、十四世紀後半に堺の漆工・春慶が発明したことが起源であるという説、瀬戸の陶工・加藤四郎左衛門景正作の茶壺飛春慶から命名したという説などがある。また各地に様々な春慶塗があるが、飛騨春慶の起源にも諸説あり、宮大工・高橋喜左衛門の盆に、城主お抱え塗師・成田三左衛門が透漆を塗り、*金森宗和に献上したところ、宗和がこれを好み、春慶塗の茶道具の指導にあたるようになったとするのが有力な説である。他に能代春慶、角館春慶、粟野（水戸）春慶、木曽（八沢）春慶、伊勢（山田）春慶などがある。

春秋亭【しゅんじゅうてい】

京都府宇治市の*松殿山荘にある茶室。昭和四年（一九二九）に建築。施工は中川徳一。主屋の西側に位置し、建物と庭園は太鼓塀で囲われている。屋根は入母屋造桟瓦葺。中心は八畳の茶室で、西から南、東にかけてガラス障子を建てて開放的な構成とする。天井は山荘主要部に共通する意匠で、色土を使用した方円の意匠である。土間庇は方円模様の塼敷きで、屋根を支える柱には椚、桜、紅葉などの曲がり木を使用し、内部の直線的な構成と対比を見せる。

順正書院【じゅんせいしょいん】

京都市左京区の料亭・順正にある書院建築。この建物は、江戸時代の蘭方医・新宮涼庭（一七八七～一八五四）が天保十年（一八三九）に南禅寺参道脇のこの地に開いた医学校・順正書院の遺構である。新宮は丹後由良（京都府宮津市）に生まれた。漢方医を学び、その後長崎で蘭学を学んで医師として働き、京都に戻り開業。多くの子弟を育てる一方で、名医としてなした財を活用するため、多くの典籍を収集して開いたのが順正書院であった。一般の市民の閲覧にも開放され、庭には薬草園を造るなど、医学の研究と啓蒙を中心とし、文化の交流もめざした斬新なサロンであった。その様相は『花洛名勝図会』(一八六四年)に「新宮氏順正書院」として紹介されており、往時をしのぶことができる。それによると、書院は懸魚を付けた切妻造の玄関を設けた切妻造桟瓦葺の平家で、その前面に庭がひろがっていた。庭は石塀で囲まれ、そこに石造の冠木門があき、その奥には土蔵風の文庫が建っていた。明治時代以降、施設の所有者が変遷し、典籍類は移動され、書庫も崩れるなど、しばらく荒廃した。昭和二十一年(一九四六)に数寄者で、*野仏庵を営んだ上田堪一郎(堪庵)の所有となり、同三十七年からは料亭となった。その後、庭内に新館が建てられたりし、往時の面影は一変したが、書院の主室には新宮涼庭が医学を講じたとされる上段の構えがあるなど、書院や庭の一部に新宮時代のものがのこされている。また書院の北側にある茶室は上田堪一郎が好んだもので、大徳寺塔頭真珠庵の*庭玉軒に見られるような内坪の形式を用いている。書院の建物と冠木門は登録有形文化財。

春草廬【しゅんそうろ】

❶東京都台東区の東京国立博物館にある茶室。もともと、江戸時代に河村瑞賢(一六一七〜九九)が摂津の淀川改修工事の際に建てた休憩所で、その後、大坂の春日出新田へ移築された。これが近代になって*原三溪により横浜の*三溪園に、さらに昭和十二年(一九三七)に埼玉県所沢市にある*松永耳庵の*柳瀬荘に移された。そして昭和二十三年、東京国立博物館に寄贈され、同三十四年に現在の位置に移された。入母屋造茅葺の屋根をもち、五畳と三畳の席などからなる。五畳は炉が切られていないが、床脇に茶道口が設けられ、下座床の形式となる。一方向に腰障子が建てられ濡縁をめぐらす。三畳は点前座と客座の畳をずらして配置し、向切に炉が切られている。客の出入り口は引違いの貴人口形式である。入母屋の妻に掲げられた「春草廬」の扁額は、曼殊院の*良尚法親王筆で、三溪が耳庵に贈ったもの。なお、この茶室が三溪園に移された時、同園に建てられることがないまま耳庵に贈られた。その後、三溪は別の茶室九窓亭に春草廬の名を冠している(❷の項を参照)。

春草廬(東京国立博物館) 五畳 床側

❷神奈川県横浜市中区の*三溪園にある茶室。同園の内苑に独立して建つ。外観は*切妻造*柿葺。南東に面する*躙口側に深い*土間庇を付ける。三畳台目の席で、炉は*台目切。点前座は*入隅に釣竹のない二重棚を仕付け、*勝手付側には*連子窓と*下地窓が*色紙窓となり、*風炉先窓をあける。点前座の天井は*化粧屋根裏。床は間口が四尺二寸八分、*床柱は杉丸太、*床框は黒塗。左脇壁に*墨蹟窓をあける。床に続く壁面には連子窓と下地窓を上下に配す。三畳部分の天井は*竿縁天井となる。この茶室の前身は、京都府宇治の三室戸寺金蔵院から*月華殿とともに移築し、大正十一年(一九二二)に園内に建てられた茶室九窓亭である。三溪園において最初に建てられた時は、*臨春閣の北側の木立の中にあり、*白雲邸に直結していた。この時、八畳の座敷を含む水屋部分が加えられた。第二次大戦中の昭和十八年(一九四三)に解体され、そのまま保管されていたが、水屋部分を除く春草廬本体の解体材は原家から同二十八年、臨春閣などとともに横浜市に寄贈。昭和三十二年、現在地に再現されるにあたり水屋部分の材も寄贈され、同じく再現された。春草廬は本来、臨春閣とともに大阪市の春日出新田から移された別の茶室の名称で、この茶室は、三溪園に建てられることがないまま、昭和十二年に*原三溪か

ら*松永耳庵に贈られた。その後三溪は、春草廬の名称を九窓亭に付けた。本来の春草廬は現在、東京国立博物館に移築、保存されている（❶の項を参照）。二室戸寺金蔵院の九窓亭は、*織田有楽が造ったと伝えられているが、創建は明らかではない。軒先の部材*広小舞にのこる釘穴から二度の建て替えが、昭和三十三年に行われた修理時に報告されている。建て替え三度に創建を含むと考えると四度目の姿ということになるが、三

床

春草廬

春草廬（三溪園） 床側

室戸寺金蔵院から移されたことだけが確実な歴史である。重要文化財。

順床【じゅんどこ】

「上座床」あるいは「高座床」とも、また「本床」ともいう。『*南方録』の墨引は「東山殿の御書院に、順の御書院を、南の御殿と云、逆のを北の御殿と云。御かざり物、香炉など、生（いき）もの、向やう違なり。（中略）たれ〳〵の書院も、床の付やう心得あるべし。順を以てよしとす。祝儀などことに順を用ゆ」と記し、*足利義政の*東山殿書院から始まったように述べて、これは東山殿の南の御殿の床が順床であって、これは正式の床であり、祝儀などを行うにも良いと述べ、また、「順床・逆床に違これ有り。高座、下座勿論なり」とも記されている。床に向かって左側が光の入る方向となり、上座となる。これに対して、逆床は向かって右側が光の入る方向となり、上座となる。これを茶室に援用すると、光が向かって左から入る床が順床になる。

春風萬里荘【しゅんぷうばんりそう】

茨城県笠間市の芸術の村にある*北大路魯山人の旧居。昭和四十年（一九六五）、同市に数多くの作家のアトリエを集めた芸術の村が構想された時、神奈川県の北鎌倉にあった魯山人の旧居を移築し、笠間日動美術館分館としたもの。魯山人が好んだ中国の李白の漢詩より命名された。もともとは神奈川県厚木市近郊にあった伊東家の母屋で、昭和時代初めに魯山人がひらいた星岡窯の母屋として移し、自らの住居としていた。江戸時代中期の建物で入母屋造茅葺の民家であった。本来は馬屋であった洋間の床には、欅の木目を見せた木レンガが敷き詰められ、チョウナ削りの梁を用いた棚とその棚受はインド風、また自作の陶板を用いた風呂場など魯山人の才をしのばせている。荘内には*又隠を手本とし、自身で設計した茶室*夢境庵もある。

春蘭【しゅんらん】

ラン科シュンラン属の多年草。北海道から本州、四国、九州各地の落葉樹林内に生える。三〜四月、高さ一〇〜二五センチの花茎の先に淡黄緑色の花をつける。春先の花を、花つけた姿が好まれ、露地にも植えられる。

如庵【じょあん】

愛知県犬山市の*有楽苑にある茶室。*織田有楽が大坂から京都へ退隠して建仁寺塔頭の正伝院を再興し、元和四年（一六一八）、隠居所（旧*正伝院書院）とともに造立したのがこの茶室である。明治五年（一八七二）、正伝院の地は上地を命ぜられ、移転して翌年に永源院と合併し、*正伝永源院となった。建物は売却され、祇園町有志などの所有となり、有楽館と称して庭園や建物は保存され、第一回京都博覧会の会場ともなった。しかし、間もなく維持困難となり明治四十一年、如庵、書院は露地とともに東京麻布今井町の三井家本邸に移築された。この移築を託されたのは、京都の数寄屋師・*平井竹次郎であっ

如庵　外観

た。昭和十三年（一九三八）、戦火の及ぶのを避けるため、神奈川県大磯の三井家別邸城山荘へ移築された。総指揮は三井高棟、大工棟梁は川原徳次郎、本田弥吉、総指揮相談役が*堀口捨己であった。さらに昭和四十七年、名古屋鉄道の所有となり、現在地に移築、これも堀口の指導で完成された。この移築の際には、書院と茶室の接続や露地が、『*都林泉名勝図会』に描かれた旧正伝院当時の状態に復された。如庵は書院をめぐる縁の東南側に接続して、南向きに建てられている。外観は*入母屋造*柿葺であるが、西方だけ*隅木をかけた片入母屋造で、前方に庇を深く付け下ろし、妻には*破風を取り付けて扁額を掲げ、端正な姿を形成している。西端には*土間を設け、左右非対称な外観に整えられている。それをさらに強調しているのが東寄り下部の*風窓である。建物の足元は*差石の上に*腰板が連なっているが、その一部に謹直な意匠で風窓を設けている。土間の正面は*腰*障子、*引違いの口で、台目ほどの畳一畳と*板畳入りの*扈従の間がある。前に*沓脱石を置く。土間に*刀掛は釣られていないが、昔はこの扈従の間に刀掛が置かれた。土間内、矩折の東側壁面の端に*躙口をあけ、踏石（踏石の項❶を参照）を据え、躙口に対する西側壁面には*袖壁を造り、*円窓（下地窓）をあける。この袖壁は正伝院以来保存されてきた壁であり、円形も幾何学的でなく手描きの妙味を伝えている。この円窓のある袖壁が、書院から望む如庵の外観に南面とは異なる風情を添えている。内部は*二畳半台目*地板入で、下座に床を構えて、点前座に*向切に炉を切っている。床の脇壁を矩折に廻せば、*給仕口を必要とする平面であるが、脇の壁を斜行させ三角の地板（*鱗板）を入れることによって、*茶道口だけで給仕口の機能を充たす工夫がこらされている。北側に構えた床は、一面

如庵　点前座側

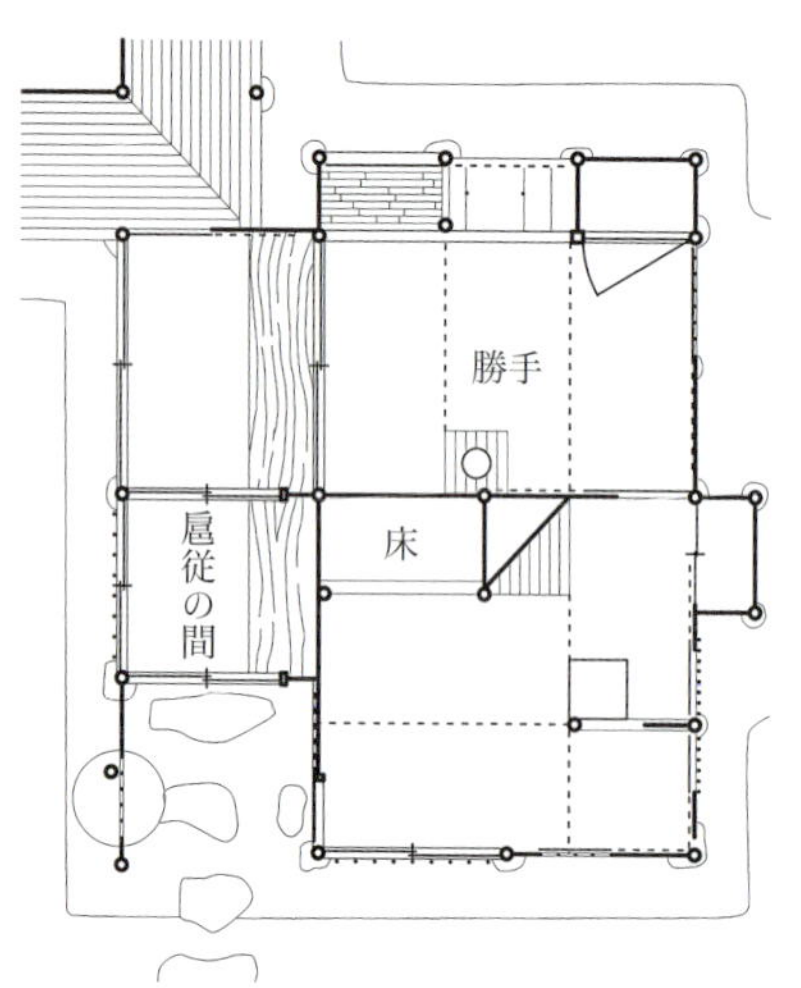

如庵

如庵　土間庇内部

に力強く*斜目を施した*床柱、*相手柱には皮付丸太、*床框には黒漆塗の框を取り合わせ、*落掛は古法を留め、しかも*見付の下端全体に美しく細い皮目をのこしている。また床天井中央に*花蛭釘が手前向こうに打たれているのは珍しい。点前座の*風炉先は、炉の前角に*中柱を立てて杉の一枚板をはめ、炉の先が*火燈形に刳り抜かれている。独創的な風炉先の構えである。中柱は変えられたという説もあるが、今のものも違和感はない。中柱の立つ*無目敷居と炉とのあいだに*小板はない。点前座の勝手付には*洞庫が設けられている。上部にあけられた*連子窓の*中敷居を*鴨居にして、敷居は一本溝で*太鼓襖を引違いに建てている。側板（側板の項❶を参照）に「かこひふくろたな」の墨書があり、外へ張り出した洞庫に、*片流れ柿葺の小屋根を架け、壁は*野根板を張る。内部は板張りで右に寄せて一重棚をしつらえている。茶道口は*方立口で、この壁面と床の脇の斜めの壁との境には柱を見せず塗廻し、地板のまわりを広く感じさせている。床前から中柱の通りまで、点前座へかけて*平天井が張られている。杉板を*羽重に張り、*廻縁も*竿縁も*紫竹が用いられている。竿縁は四通りで間隔がひろく、通例とは異なっている。竿縁を床の廻縁と、躙口側壁面の戸尻の竹に揃えようとした配慮によるのであろう。中柱の通りから南は、*竹垂木、竹小舞の*化粧屋根裏で、中央に*突上窓をあけている。南側は中央に柱を立て、西半は柱間いっぱいに連子窓、東に下地窓を一つあけ、西側躙口上に連子窓をあけ、それぞれ内側では障子を*片引きとする。これらの配置は、床と点前座に絶妙な明りの効果をつくり出している。さらに東側は、風炉先の半畳のところはやや高く、点前座は低く窓をあけている。そして外から竹を詰め打ちにして窓をふさいでいる。したがって障子には竹の節間から明暗の縦縞が映る。また窓を開ければ適度の通風換気を図ることもできる。これは有楽窓と呼ばれ、有楽は紫竹を打っていたと考えられる。有楽窓は*草庵式茶室に、*古田織部の*色紙窓とは異なる、新しい景色を加えた。*腰張りには古暦が張られている。しかも高く張られているので如庵は「*暦張席」とも呼ばれてきた。暦張りはすでに*豊臣秀吉が*大坂城山里の茶室で試みており、有楽も招かれたことがあった。しかし露地にも年号の刻まれた*井筒や*蹲踞の前石のあることからも、来し方を回想する有楽晩年の境地のあらわれであろうか。ただ現在使われている暦には建立当時にさかのぼるものはないという。畳と*板縁の併用や床の配置などにより、自由な間取りを展開し、竹の柱を立てたり、窓を多くあけるなど、多様な茶室を試みてきた有楽にとって、如庵は最晩年の作であった。*千利休の*台目構えや*千道安の*道安囲における中柱とは全く異なる中柱の構えが、如庵に創始されたのである。「有楽囲」の呼称が生まれたのもそのためである。また三角の地板や、斜行する壁面を工夫したところから「筋違（筋交い）の囲」とも呼ばれた。琳派の巨匠・*尾形光琳は自邸にも、京都御室の山荘にも、この写しを建てたという。御室の山荘の遺構は、現在仁和寺境内に移されている*遼廓亭である。如庵は今もなお斬新さを失っていない。如庵に添っている慶長四年（一五九九）大悔筆の額は、有楽の大坂天満屋敷の茶室（織田有楽の屋敷と茶室の項を参照）に掲げられていたものと考えられる。なお書院前から内露地にかけては『都林泉名勝図会』の図に見られるような状態を再現している。有楽は醒ヶ井（佐女牛井）を修復したことがあり、その時に制作された井筒と考えられるものが据えられており、「元和元年九月二日有楽」の文字が刻まれる。また蹲踞の手水鉢は、加藤清正が文禄の役の際に持ち帰り、秀吉から有楽へと与えられたと伝えられる*釜山海の手水鉢で、その前石には梵字及び「大正七紀四月廿五日」の刻銘がある。国宝。

助庵【じょあん】

富山市の佐藤記念美術館にある茶室。もとは裏千家十四代無限斎碩叟から茶名を受けた数寄者・十二代佐藤助九郎が、昭和二十年代前半（一九四五〜一九五〇頃）に柳瀬村（砺波市）の本邸に自らの好みで建てた茶室。一旦、富山市の別宅へ移築、その後、美術館の設立にともない*柳汀庵や大正九年（一九二〇）完成の*総檜造の書院座敷とともに昭和三十六年に館内に移された。平成五年（一九九三）の増改築工事の折に露地の再整備と水屋の充実を図り、館内一階の現在の場所へと三たび移築された。建物内部に建つが、飛石を配した露地や腰掛待合、蹲踞も整備され、その奥には立礼席も併設されている。助庵の名は空襲の難を逃れ一命をとりとめた祝いに助九郎が*松永耳庵から受けた号でもあり、茶室の妻に耳庵揮毫による扁額が掲げられている。外観は切妻造柿葺で、妻側に柿葺の庇を下ろし、躙口をあける。内部は久田宗全好みの半床庵（半床庵の項❷を参照）に範を取り考案された三畳半台目中板入の席。客座を三畳とし、中板で仕切られた点前座には長畳（半畳＋台目畳の長さ）を用いる。躙口正面、上座に構えた床は塗廻し床で、幅四尺三寸、奥行二尺三寸。薄縁を用い、床柱は杉の磨丸太、床框は上面と側面に釿目を施した杉の磨丸太、落掛には太い図面角竹を用いる。床の脇に給仕口をあける。点前座は炉を台目切に切り、中板の上に上部が二股に分かれる百日紅を中柱として立て、袖壁に引竹を用いて下部を吹抜く。客付には下棚の板が引竹から少し下げられた位置に二重棚を釣り、風炉先窓をあける。中板には釿目をのこした松の焼板を用いる。天井は床前が焼杉板の平天井で、銀杏面を施した廻縁を用い、躙口上部が杉皮の掛込天井、点前座が目の細かい網代の落天井とし、壁留には図面角竹を用いる。窓は躙口を設けた下座側と、その矩折の客座側に連子窓と下地窓がそれぞれあき、掛込天井に突上窓をあけている。

助庵　床側

初入り【しょいり】

茶事において、客が*寄付から腰掛待合を通り、*迎付を受け、最初の席、つまり*初座に入ること。客は初入りの前に*蹲踞で手と口を清め、席入りをする。一方、*後座に入ることを後入りという。

書院【しょいん】

❶室町時代から江戸時代の主として武家住宅を構成する部屋、あるいは建物の総称。中国大陸から伝来した禅宗とともに、中世に日本へもたらされた名称である。中国では学問のための場所や私塾をさしていたが、日本における中世の禅宗寺院の書院とは前者に属する部屋、あるいは建築をいい、たとえば文明十六年（一四八四）、応仁の乱後の相国寺鹿苑院に書院が新築されたことが記録され、その後、正月にはこの書院で賀を受け、会食の場となったことも記録されている。十六世紀に入った頃の相国寺では、*方丈の中に設けられ、方丈内の書院と呼ばれる部屋があり、訪れた者に湯が振舞われたことが記録されている。また*織田信長が相国寺に滞在した天正二年（一五七四）、*千利休らを茶会に招いた時、茶の後で書院において香炉を拝見したことが記録されている。一方、室町時代の将軍邸などにおいても「しょいん」の名称が現れるが、それらは建物、あるいは部屋をさすのではなく、部屋から張り出した*付書院を意味している。近世の例では、南禅寺金地院には、以心崇伝による寛永四年（一六二七）の改築前から独立した書院が存在していた。この書院には床が設けられただけでなく、付書院を備える*上段の間があった。この時代になると、南禅寺金地院の書院のほかにも、建仁寺正伝院書院、大徳寺大仙院書院（一六一四年）の遺構が現存している。武家住宅では、江戸時代初期には、江戸城本丸御殿、二条城二の丸御殿のように、中心となる御殿は広間であり、大広間と小広間で構成されていた。名古屋城本丸御殿でも、御殿の構成は広間と*対面所であったが、後に広間はその名称を*表書院とあらためている。江戸では明暦大火（一六五七年）以後に建て替えられた武家屋敷では、伝統的に広間の平面を受け継ぐことも多かったが、対面のための機能に特化した一列型の平面の書院を建てることがみられるようになる。江戸城本丸御殿でも、寛永年間（一六二四～四四）に新たに加わった小座敷や御休息は、一列型平面の*書院建築であった。これらのことは、寛永年間頃から、一列型平面の書院建築が、潜在的に武家屋敷を構成する御殿の基本形と考えられるようになっていたと考えることができる。このことが具体的になるのは、多くの大名の江戸屋敷で、

明暦大火によって焼失したり、火除け地とされて場所を変えて建て直さなければならなくなった時であった。それ以来、江戸時代の終わりまで、書院が武家屋敷はもちろん、寺院における住持の住房、神社における宮司の住居、上層町人の町家を構成する建物の基本となっている。また新たに建てられた大規模な御殿の中心となった建物は、大書院、小書院と呼ばれた。これらに続く御殿も広間書院などと書院を付けて呼ばれることも多くなった。一方、江戸時代になると、広間の名称は玄関の*式台から上った部屋の名称となった。

書院❶　旧正伝院書院七畳の間　有楽苑

❷付書院の略称。　⇨付書院【つけしょいん】

❸*書院建築の様式をもつ座敷のこと。「書院座敷」ともいう。

書院飾【しょいんかざり】

❶*座敷飾に掛軸、文房具、茶道具などを飾ること。またその形式。室町時代の将軍邸や典厩邸など上層階層の住宅の*会所や*常御所の主室に設けられた*押板、*付書院、*違棚には、掛軸、花、*三具足、文房具、茶道具などが飾られた。その具体的な姿は、足利将軍家の座敷飾に道具などを飾る式法を*相阿弥が記したとされる*『御飾書』や*『君台観左右帳記』に書き留められている。『御飾書』によると、押板床の壁面には、本尊を中心に、本尊の両側に脇と呼ぶ計三幅の掛軸を掛け、その前の押板床の地板の上には本尊の前に低い卓にのせた三具足、脇の前に卓にのせた花瓶の花が飾られた。掛軸が二幅あるいは四幅以上になると、押板床の地板の上の飾に変化が見られる。違棚の飾についても袋棚付きの形式について、茶にかかわる道具の飾を、複数の図を示して具体的に記述している。『御飾書』には付書院における飾についての記述はほとんどないが、『君台観左右帳記』には文房具を飾る具体的な図が示されている。これらが、近世の*書院造の書院の座敷飾においても、飾の基本となった。

❷書院の飾のこと。出文机として始まった付書院に飾られたのは、主として文房具である。『*君台観左右帳記』によると、中央に小さな*喚鐘を釣り、その*撞木を右の柱に掛ける。地板には、中央の硯、硯屏、その右に水入、筆、墨など、左には一対の卦算（文鎮）などを飾る。

書院建築【しょいんけんちく】

*書院造の中心となる御殿群を構成する個々の建物、あるいは書院造を構成する建物の建築様式。室町時代の将軍邸などの中心建築であった*主殿から発展し、織豊時代に武家住宅の中心建築となった広間を経て、江戸時代初期の武家住宅の中心建築に発展完成したのが書院建築である。その壁面の構成、床の材料や高低、天井のデザイン、外観構成などは中心建築である大書院、小書院だけでなく、玄関やそのほかの付属建物にまで、意匠の基本となっている。また、建築において建物ごとに方眼を引いて平面を作図する手法を、半間間隔の基準格子を敷地全体に及ぼすよう発展させ、江戸城本丸御殿や京都御所などの規模の大きな御殿にまで統制ある設計を可能にしたのも、書院建築の発展の成果である。明治維新前後から流入した欧米の建築の影響を受けるようになっても、住宅建築の基本は書院建築で、現在に及んでいる。書院建築の基本的平面は、梁間二間、二間半、あるいは三間の母屋（*身舎）に八畳から十八畳の部屋を二～三室一列に並べ、四周に幅一間、一間半あるいは二間の*広縁をめぐらし、外側に落縁を付ける。部屋と広縁は床に畳を敷き詰め、柱は*角柱、長押は*地長押、*内法長押、蟻壁長押、天井長押を用い、壁は*張付壁、部屋境には*襖障子、部屋と広縁の境には*腰障子を、広縁の仕切には*杉戸を、外まわりには*明障子を立て、そ

の外に引き通しの雨戸を設ける。母屋の二、三室のうち、奥の部屋を主室とし、主室には*座敷飾を設ける。主室は、床を一段上げて*上段の間とすることがある。主室を上段の間とした時、二室の場合、次の間を下段の間、三室の場合は床が三段になり、中段の間、下段の間となる。天井も上段の間ほど高く、あるいは二重折上格天井、*折上格天井、*格天井、*猿頬天井、*竿縁天井の順に部屋の格に応じて使い分け、*唐紙や模様を描いた紙を張る*鏡天井とすることもあった。別業や私的に使われる居間書院などでは、平安時代の国宝「山水図屏風」(京都国立博物館蔵)に描かれた草庵より、鴨長明の『方丈記』に記されている庵、鎌倉時代に描かれた「一遍上人絵伝」の大井太郎の屋敷に見られる*草葺の建物、室町時代初期の「慕帰絵詞」(西本願寺蔵)に描かれた竹杖庵など、伝統のある数寄屋風の意匠を取り入れる場合も見られる。

書院式露地【しょいんしきろじ】

*草庵式茶室にともなう*露地(茶庭)に対し、*書院茶室にともなうものをいい、「書院式茶庭」ともいう。機能面からいえば、草庵式露地と同様に*飛石や*延段などからなる園路を伝って席入りするもののほか、茶座敷内からもっぱら観賞するだけのものもある。なお後者を広義にとらえ、茶座敷ではなく書院の庭園であっても、飛石や延段をはじめ、燈籠や手水鉢といった草庵式茶室の露地の構成要素を取り込んだ庭を書院式茶庭と呼ぶ場合もある。配置上からみると、単独に設けられた書院茶室にともなうものと、二重露地や三重露地など広大な露地の一部とされるものとがあり、前者の例としては大徳寺孤篷庵の*忘筌や*山雲床の露地などが、後者の例としては表千家*残月亭の内露地、裏千家*寒雲亭の内露地、有澤山荘*向月亭の露地などがある。さらに*桂離宮*松琴亭や修学院離宮寿月観など*回遊式庭園に配置される茶屋の庭園をも、書院式露地に含むというとらえ方もある。

書院台子の茶【しょいんだいすのちゃ】

茶の湯の様式を表す言葉。「殿中の茶」ともいう。『*南方録』では*草庵小座敷の茶と対置して用いられている。*書院とは「書を集めて学をする場所」ということが原義で、中国・唐代の読書家で「李万巻」とあだ名された李渤の白鹿洞はその一例である。宋代以降、中国や朝鮮半島では、朱熹が白鹿洞に復活させた白鹿洞書院のような私学(教育機関)の呼称であることが多かった。日本では書院を、寺院や武家の邸宅兼居間の称にも、また平安時代の寝殿造に代わって室町時代中期から盛んになった*書院建築の座敷の称に用いるようになった。書院台子の茶の行われた書院は、多くこの意味である。その書院には普通、*床、*違棚、*付書院があり、そこに様々な名器や*名物が一定の法式に従って飾られた。ここに*台子を置き、選ばれた道具を用いて格式法儀の厳重を整えた点前で茶を点てる。これが書院台子の茶の基本形式であった。*真行草でいえば、真の茶の湯である。『南方録』によると、永享年間(一四二九〜四一)の頃、足利義教が病いに伏している時、禁裏より御園(苑)の茶を見舞いにつかわされ、あわせて鎌倉茄子茶入、花山天目、青磁雲龍の水指をつかわされた。病いから回復の後、祝いの饗応に台子の茶の湯があった。この時、赤松前司貞村に「御茶すべし」との仰せがあった。貞村はこの時の寵臣で、ことに才学ある人で、茶式も好み、同朋衆たちも及びがたいほどの茶人であって、しかもたぐいなき美男であった。十七、八歳の頃であったが、命に応じて折烏帽子に黒ゆるし(特に聴された黒色)の水干のいでたちで茶を点てた。時は六月二十五日で、炎暑のさなかであった。この点前を*能阿弥の秘書では「三種極真ノカザリ」と題を付けていたという。書院台子の茶の典型的な一例である。

書院茶室【しょいんちゃしつ】

*書院造の様式を加味した茶室のこと。単に「書院」と呼ぶこともある。もっとも茶室そのものが書院造と不可分の関係にあり、相対的なもので、民家の意匠などに大きく影響を受けた*草庵式茶室に相対してあるもの。なお、四畳半より大きな座敷として定義づけられる広間においては書院の茶が行われるものとされ、同様の意味で使用されることもあるが、この広間と書院茶室は厳密には同義ではない。すなわち広間はその座敷の大きさから定義されるもので、書院茶室はその格式や意匠によって定義されるものである。草庵式茶室が確立される以前は、*書院建

築の座敷に屛風などで囲いを設けてそこで茶を点てる、すなわち座敷をそのまま茶室に用いていたもの。具体的に茶の湯の場としての書院の言葉は、『*天王寺屋会記』「宗及自会記」の天正四年(一五七六)十二月十日の条に「書院ニ而　能天目　志野茶碗　二ツにて茶立」と記されているものが初出とみられる。この時、天王寺屋には書院以外に四畳半の茶室もあり、その後「振舞書院ニ而」(天正五年八月四日条)、「飯　書院ニ而」(天正六年六月十五日条)などと見え、書院が茶室と連携して使用される側面も見える。すなわち書院は広く茶の湯の施設と見られるが、いわゆる茶室そのものとしての役割と、座を替えての振舞いの場としての役割の二面性をもっていたとみられる。*古田織部や*小堀遠州の時代になると、*小座敷、*鎖の間、書院を用いた茶会が行われるようになった。さらに遠州は書院を茶の湯の空間に仕上げる工夫をこらした。たとえば大徳寺塔頭龍光院の*密庵席は、床、棚、付書院を備えた書院造の四畳半座敷に、中柱を立てた*台目構えの点前座を付加して構成されている。四畳半では、壁は張付壁で長押を廻して釘隠を打ち、腰の低い障子をはめている。これに対し点前座は落天井とし、境に杉丸太の中柱を立て、袖壁には杉の砂摺板を取り付けている。茶立所を念頭におきながら、書院建築の座敷に草庵式茶室の手法を導入したものである。一方、書院建築そのものを草庵式茶室の原理で組み立てたのは大徳寺塔頭孤篷庵の*忘筌である。遠州の武門としての立場から考案されたものである。すなわち太い角柱、張付壁、さらに床にも長押を廻すなど、草庵式茶室とは対極の意匠で構成されているが、一方で相伴席を付加したとも読める平面構成、縁先の工夫などによって、草庵の原理に基づいた茶室となる。さらに表千家*残月亭は*千利休の*色付九間書院の流れを汲むもので、上段形式の床をもち、付書院を構えるなど書院茶室であるが、天明の大火(一七八八年)以後のある時点で接続していた*不審菴と切り離され、縁を省いて露地から直接上がる形式にあらためられ、草庵の原理が組み込まれた書院茶室となった。近代になって一般には草庵式茶室に注目が集まる中、書院茶室の新たな展開を試みたのは、遠州流の茶道を修め、新たに山荘流を開いた*高谷宗範である。自邸の*松殿山荘では、近代らしく西洋建築や近代建築の意匠を組み込んだ茶室を作成した。ヴォールトや幾何学形態を書院茶室に持ち込むなど、書院茶室の近代化に意欲を見せたものとなった。その後、書院茶室の近代化は建築家によって試みられ、構造や設備の側面とともに、簡素で立体的な構成という*モダニズムにも通底する手法を強調することによって、*近代数寄屋という新たな地平が拓かれた。

書院造【しょいんづくり】

近世の住宅建築の基本となる住宅様式。*寝殿造とともに日本住宅史における二大様式(*主殿造を加え三大様式とも)の一つ。主として公的な生活のための空間である表と、私的な空間である奥からなる。表は、表門を設ける主道路側に、奥はその後方に配置される。表は、基本となる*対面のための大書院、小書院と呼ばれる二棟の書院建築を中心に、大書院の前庭に能舞台、小書院に数寄屋(茶室)が付属する。大書院の表側に門、玄関を、小書院の奥側に居間書院を、大書院の背後に台所や家臣たちの詰める場を設ける。奥には主人のための居間、寝所、夫人のための書院、居間、寝所などの建物を設けるのが基準。

書院造庭園【しょいんづくりていえん】

室町時代以降の武家の邸宅である*書院造にともなう庭園様式。「書院の庭」ともいう。接客や対面の儀礼の場である座敷(書院)から庭園を観賞する形式で、屋内から観賞するという座観式(定視式)庭園であるところに特徴がある。これらは*池庭であることもあれば*枯山水とされることもあった。たとえば*二条城二の丸庭園は池庭であるが、鶴亀の庭で有名な南禅寺の金地院庭園(特別名勝)は枯山水である。このように書院造庭園では、接客や対面の目的に応じて様々な意匠の庭園が生み出された。その後、茶の湯が武家社会における社交の場として発展、また展開してゆくと、*露地が書院造庭園の要素としても組み入れられ*書院式露地が生み出された。

書院窓【しょいんまど】

❶*付書院や*平書院において*小障子(明障子)を建て込んだ開口部。(付録19頁参照)

❷付書院の俗称。⇒付書院【つけしょいん】

少庵【しょうあん】

千少庵のこと。⇒千少庵【せんしょうあん】

笑庵【しょうあん】

愛知県名古屋市北区の懐石料理店・志ら玉にある茶室。もと愛知県春日井市にあった近藤友右衛門別邸からの移築で、昭和四十九年（一九七四）五月に竣工。作者は久田家の系統の茶人といわれ、京都から移されたと伝わるが、詳細は不明。切妻造桟瓦葺の外観で、席は四畳、上座に枡床を設け、赤松丸太の床柱とする。まわり茶道口で、台目構えの点前座に曲がりのある竹の中柱が立つ。中柱と床柱とのあいだは下部には壁を入れず開放として、上部は壁留と同一面となる。点前座が竿縁天井、客座が化粧屋根裏となる。床に対面して貴人口、矩折に躙口を設け、上部を連子窓とする。貴人口に続く壁には下地窓をあけ、片引き障子を建てる。本席東にある座敷は九畳、床は下座床で、奥行き二尺の前板を敷く。炉は広間切に切り、天井は竿縁天井。北面には掃出窓をあけ、東側に台目畳五畳の次の間が連なる。本席も座敷も中京間として計画されている。

少庵堂【しょうあんどう】

京都市西京区の*西芳寺にある茶室。*千少庵の「遺芳ヲ追懐」するため七人の有志によって大正九年（一九二〇）十一月に、*湘南亭北方に建てられた。棟梁は*上坂浅次郎。切妻造、妻入で、茶室は一畳台目向板。客座と点前座とのあいだに大きな節のある中板を入れている。躙口は引違いに戸を建てる。床は洞床の形式で、左端を三角に切っている。袖壁は大きく吹放し、黄金池側の壁面は三枚障子の連子窓とするなど、開放的な組立である。床の内部正面の壁面に引分けの障子を建てた円窓をあけ、その向こうに少庵像を祀っている。

笑意軒【しょういけん】

京都市西京区の*桂離宮にある茶屋。池庭の西南端に位置し、切石を並べた船着場を前にして建つ。貞享から元禄年間（一六八四～一七〇四）頃の様子を描く『桂別業図』に描かれた間取りは現在のものとほとんど変わらない。寄棟造茅葺の屋根に覆われた一の間、中の間、口の間、次の間を中心に、西に膳組の間と勝手口、東に納戸と厠を配している。口の間の東から北正面にかけて柿葺の深い土間庇をめぐらし、口の間の庇下の土壁に円形の下地窓を六つ並べあけている。一の間は三畳敷で火燈形の下り壁を付した付書院を設ける。天井は網代天井。中の間は四畳敷で、南面は眼前にひろがる水田の眺望を得るために窓をあけ、窓下の腰の左右には色違いのビロードを市松模様に張り、中間部は菱形に金箔を張る。現在見るような市松模様の意匠は八条宮七代家仁親王の創意になるとされる。それまでに張られていたビロードは「足利家より伝りし渡り初の品ト云」（桂御別業之記）と伝えられる。中の間と平四畳敷の口の間の西側に接続する次の間は七畳半で、北に竈土を備える。その上部に忘れ窓として知られる下地窓をあける。一の間、中の間、口の間の襖絵は*狩野尚信の作と伝えられている。「笑意軒」の額は、*八条宮智忠親王の叔父で、*曼殊院門跡の良恕法親王の筆と伝える。

笑意軒　外観

松隠亭【しょういんてい】

愛知県名古屋市東区に所在の*松尾家の茶室。同家を代表する茶室で、五世不俊斎が文化三年（一八〇六）頃、桜町にあった尾張藩の典医・林良益の別邸に松隠亭を好み建てたと伝わる。七世好古斎の時、蛤御門の変（一八六四年）の兵火で京都東洞院押小路の居宅が焼失すると名古屋へ移り、明治四年（一八七一）、林良益別邸を譲り受け、代々の居宅とした。当時松隠亭は、*深三畳

松隠亭　床側

台目の形だが、客畳二畳が*台目畳で、点前座も*丸畳であり、これに*中板を入れれば、久田宗全好みの半床庵（半床庵の項❷を参照）と同じ間取りであった。戦災で桜町の居宅が焼失すると、昭和二十四年（一九四九）、東区武平町の村瀬氏（十一屋）の邸宅を譲り受け、邸内に茶室や露地が興された。松隠亭は昭和二十八年、十世不染斎の好みで造立。その後、昭和四十年頃、前面道路拡幅のため主屋を後退、露地も改変された。現在の松隠亭は、主屋から細長い露地を隔てて西向きに建ち、外観は、*入母屋造*桟瓦葺の前面に*檜皮葺の庇を付け下ろして深い*土間庇を形成する。内部は*四畳*鱗板入の*下座床、西側*連子窓の下部南端に*躙口、南側に二枚障子の*貴人口をひらく。貴人口と相対して床があり、*床柱はやや細い*百日紅で、*床框は*錆丸太、*落掛は*黒部杉、*入隅を塗廻した*塗廻し床で、*大平に*織部板を入れ、板に*折釘、板の下、約六分下がりに竹の*軸釘を打つ。床前畳の隣に三角の鱗板を敷き込み、そこに*給仕口を設けており、給仕口は斜めにあけられる。床柱の脇の壁と、斜めになる壁との境は塗廻さずに柱を立てる。躙口の正面が*中柱を立てて*袖壁を設けた点前座で、*湊紙の*太鼓張の引違い襖の片方を*茶道口として、のこりをはめ殺しとしているのは、当麻寺の*中之坊茶室の手法を応用したものという。点前座は蒲の*落天井、床前は*野根板の*平天井で、竿縁は*猿頬、貴人口前が*化粧屋根裏の*掛込天井で、貴人口上部に引分け障子の*下地窓があるため、*軒桁の高さが高い。*松花堂昭乗筆「松隠」の扁額が、南側貴人口の横の壁に掛けられている。

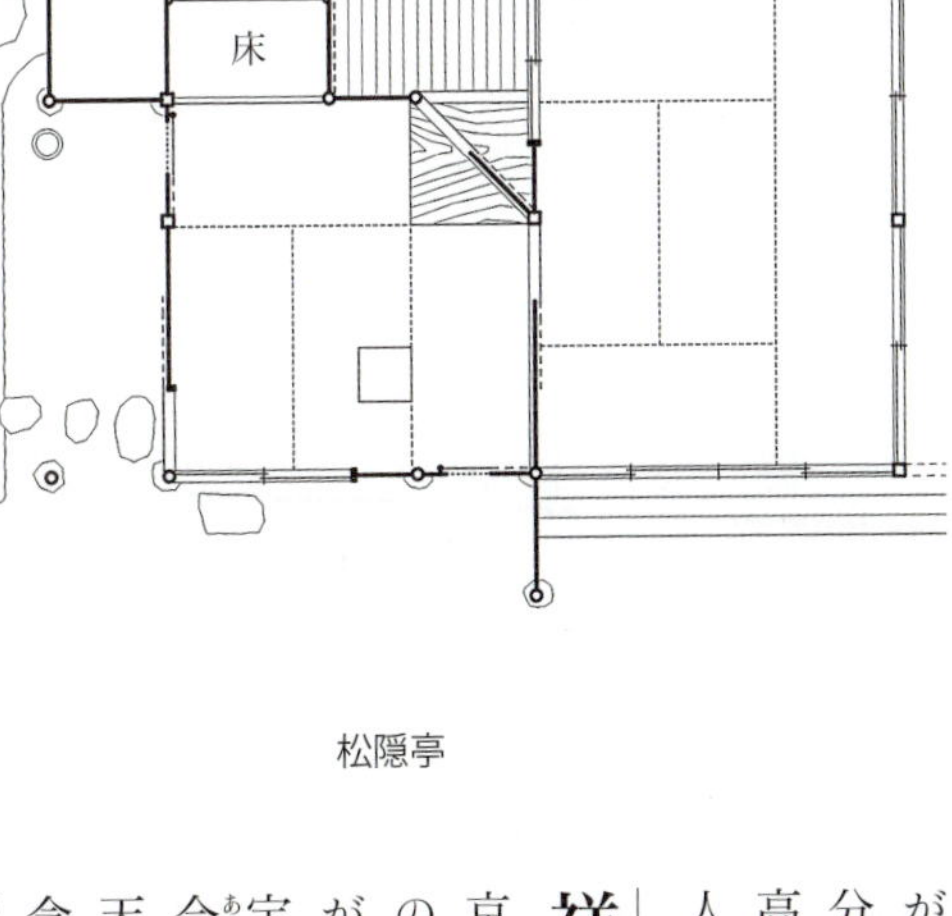

松隠亭

祥雲閣【しょううんかく】

京都市右京区の天龍寺にある茶室。創建時からのこる曹源池と庭園に面して、大方丈と小方丈が直交して配され、これらと少し離れて建つ多宝殿とのあいだに茶室祥雲閣と*甘雨亭、及び待合が設けられている。昭和九年（一九三四）十月、天龍寺七代管長の関精拙が建武中興六百年を記念して多宝殿を新しく建立したことにあわせて新築された。裏千家の茶人・田村宗園の設計で、数寄屋大工・*岡田永斎の手になるものと伝わる。命名は裏千家十四代無限斎碩叟。祥雲閣は*宝形造銅板葺、二重の主体部の正面に入母屋造を突出させ、その隅の入口部に円形の庇を架けた、複雑な外観を見せる。背面には入母屋造桟瓦葺の角屋を設ける。主室は二畳の上段をもつ十畳座敷という表千家*残月亭写しの形式であるが、書院前も一連の竿縁天井を張り、変化を見せる。待合は、皮付丸太の梁を斜めに架け、床も曲がり木の方立を用いるなど、田舎家風の意匠が自由に用いられている。

松雲亭【しょううんてい】

和歌山市の三尾邦三郎である松雲荘にあった茶室。三尾邦三は号を春峰といい、大阪の美術商春海商店の専務取締役をつとめた後、代議士となった。松雲亭は大正元年（一九一二）、*乍庵の西に位置して造られ、入母屋造茅葺、二畳中板入の台目構えであったとされるが、昭和四十年代（一九六五～七四）には、すでに廃屋となっていたという。『大正茶道記』には、大正十年五月二十三日に*高橋箒庵が同邸の茶会に招かれた記録が見える。

筱園庵【じょうえんあん】

大阪市中央区にあった篠園会の道場。明治四十一年（一九〇八）、*藪内節庵の提唱により大阪で結成された篠園会の道場として、高麗橋に節庵の好みで建てられた茶の湯のための施設。明治時代後半期、東京が先行して、和敬会や大師会といった近代数寄者たちの茶会と交流活動が盛んになっていたが、篠園会は関西でのそうした気運の表れの一つで、*藪内家九代宝林斎竹露の次男である節庵が、関西財界人の数寄者を募って結成したものである。建物は道に面する高塀に格子戸をあけた近代の町家の佇まいをもち、内部は、*千利休と初代藪中斎剣仲を祀る仏壇を付した三畳半台目の席、広間八畳、寄付六畳、玄関取次（一畳台目向板席）などからなった。三畳半台目の席は天井が三段構成で、客座上の化粧屋根裏が、隅木を境にして二方へ流れる構成であったり、また点前座の袖壁に入る曲げ木の壁留が火燈口のような形の吹抜きになっていたりするなど、異色な構成であった。広間の床まわりの構成は、京都の藪内家の*緝熙堂のものと、また寄付の床まわりの構成は*談古堂のそれと共通する手法をもっている。なおこの施設は、節庵の没後、藪内家の大阪稽古場として使われたが、平成十六年（二〇〇四）に閉鎖、後に解体保存されている。

筱園庵　八畳席　内部

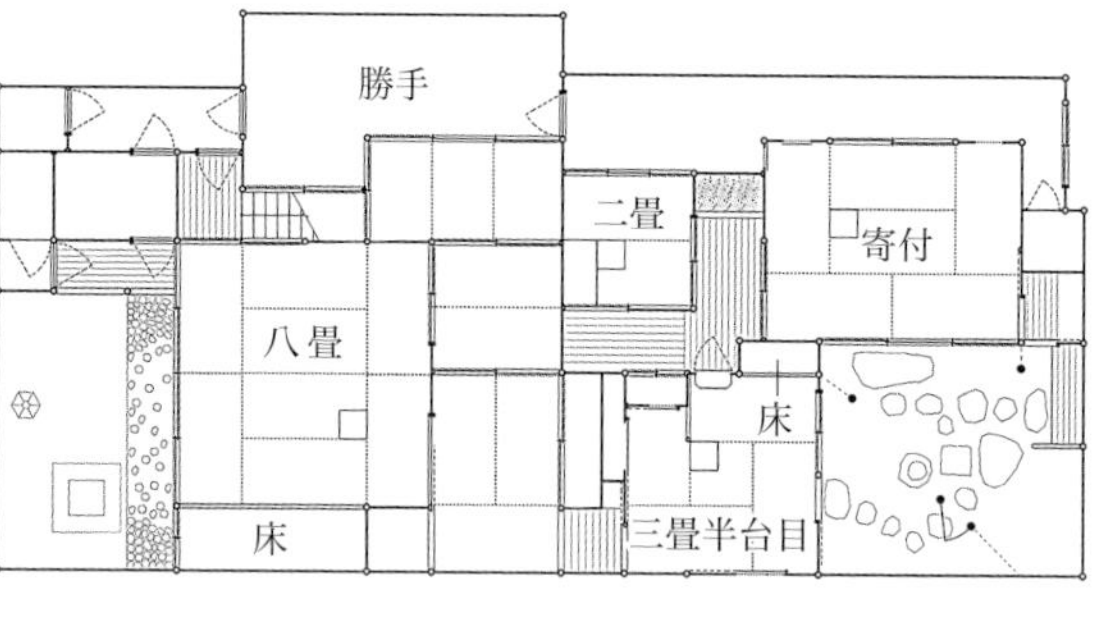

筱園庵

紹鷗【じょうおう】

武野紹鷗のこと。⇒武野紹鷗【たけのじょうおう】

紹鷗形燈籠【じょうおうがたどうろう】

石燈籠の一種。『築山庭造伝前編』によると、中台と竿が一つの石で作られ、笠、火袋、竿（と中台）が円形のものをいう。横浜の*三溪園にあるものが知られる。（付録13頁参照）

觴華庵【しょうかあん】

群馬県伊勢崎市の相川考古館にある茶室。文久元年（一八六一）に当地の名家・相川家の杪保が茶室兼隠居所として建てた。木造、銅板平葺（初期は杉皮葺）、一部二階建で、この茶室建築に関わる建築資材内容や建築年代を記した史料も現存する。県内最古の茶室。四畳半逆勝手の上座床で、矩折に縁が廻る。床は踏込床の形式で、床内の床板に*丸炉が切られているのが特徴である。また床内の壁面は塗廻しの手法を用い、床脇には扇形の地袋を付ける。水屋につながる次の間は、織部床を備えた六畳敷である。

城郭建築【じょうかくけんちく】

古代末期から中世、近世の城郭における建造物の総称。城郭は城と郭、また城の郭のこと。天守、櫓、塀、土蔵、御殿などからなる。古代は土塁や柵などで囲われた城だったが、中世には山や丘などの自然地形を利用した山城が造られた。近世に近付くと交通の要衝や経済の中心地に定められ、山城から平地の平城、あるいは小高い丘上の平山城へ変化した。天守は当初、居館の屋根の上に望楼をのせた形式であった。現在見られるような城郭建築は慶長年間（一五九六～一六一五）に完成したと考えられる。現存する天守は丸岡城、松本城、犬山城、彦根城、姫路城、松江城など十二カ所、御殿は二条城二の丸御殿のみ。

松下軒【しょうかけん】

愛知県名古屋市西区の関戸有彦邸にあった茶室。関戸家は尾張藩の御用達商人をつとめ、茶道具を多く収集した。松尾流二世翫古斎（松尾家の項を参照）の好みで、宝暦から明和年間（一七五一～七二）頃に造られた。ほぼ又隠を写した四畳半で、畳床の柱には松の皮付の古丸太を用い、框は檜のなぐり。水屋洞庫を備え、柳釘を打ち、床前が網代天井、躙口上が掛込天井となっていた。戦災で焼失。

賞花亭【しょうかてい】

京都市西京区の桂離宮にある茶屋。松琴亭から笑意軒に向かう途中の中島の頂上近くに位置し、「峠の茶屋」とも呼ばれる。八条宮家本邸に龍田屋という茶屋があったことが知られ、また『桂宮御別荘全図』には「賞花亭　龍田屋」の書き入れが見えるが、紺地に白く「龍田屋」「たつたや」と染め抜いた暖簾を掛けて風情を添えている。切妻造茅葺の屋根に覆われ、正面奥に竹の連子窓、左右の壁に縦長、横長の大きな下地窓を配した開放的な茶屋である。中央の一間四方の土間の周囲を三方から畳敷きの腰掛をめぐらして囲み、土間の一角に竈土を配し、奥の壁面にそって水屋棚を設ける。

賞花亭　外観

賞果亭【しょうかてい】

愛知県碧南市にある茶室。両替町久田家の七代耕甫（一七五二～一八二〇）の好みで、自筆の扁額を掲げる。昭和四十年（一九六五）頃に名古屋市中区聖徳寺より中村区の中村公園内へ移され、現在地に平成元年（一九八九）から五年にかけて再移築する。外観は正面が東面し、切妻造桟瓦葺、全体の中央の間に貴人口を設け、両脇の壁に下地窓を配する。貴人口に対面して奥行きが二尺弱の床があり、杉丸太の框、床柱を赤松丸太とする。床前には台目畳を二枚敷き、網代天井と突上窓のある化粧屋根裏となる。南側二枚の畳は長さが約四尺あり、他の畳より短い。南側の客座の天井は中央から化粧屋根裏が続き、西側を野根板の竿縁天井とする。点前座は長さが六尺五寸ほどの畳で、向切の炉に小板と向板を入れ、蒲天井となる。躙口は南面東隅とし、上部を連子窓とする。この茶室は、十一尺×八尺二寸の中に床や炉などを組込むため、畳の長さに変化をつくり、四種類の狭い天井を用いて工夫している。水屋は書院とのあいだの北側に付属し、外部とも出入りできる。

松花堂【しょうかどう】

❶京都府八幡市の松花堂庭園・美術館にある草庵。松花堂昭乗が晩年の寛永十四年（一六三七）に構えたもので、もしは昭乗の引退にともない滝本坊の南の泉坊に建てられていた。その佇まいは『都林泉名勝図会』にも庭の情景とともに描かれ、建物の構成を伝えた古図や起し絵図ものこされている。明治時代の神仏分離の際に、客殿とともに山麓の大谷家へ移され、さらに西村氏によって、明治二十四年（一八九

松花堂（八幡市立松花堂庭園・美術館）　床と丸炉側

一)、現在地に移築された。古図に照らしてみると改変を経た部分も少なくないが、全体として当初の姿がよく守られている。外観は*宝形造*茅葺で、*露盤、宝珠が屋頂を飾っている。一丈四方の*方丈の規模で、南側にあける正面一間の入口には、双折両開きの*桟唐戸を取り付けている。軒はあまり深くなく、低くもない。*小丸太の*垂木で、*小舞は並べず裏板をすぐに張っている。左側の柱には曲がり木を使って*袖壁を付している。内部は二畳の間と西側の勝手と南側の*土間からなる。桟唐戸の入口を入ると、一畳の広さで、*敷瓦を*四半敷とした土間があり、その左手に*竈土が設けられている。土間は正面の上り口は幅一間で襖が*引違い建てになっている。二畳の間は茶室としての機能をもっており、勝手の北西には水屋も付属している。また勝手と竈土とは直結できるよう、境の壁面の下方を吹抜き、上げ下ろしの板戸を備えている。二畳の間の北側、正面は中央に柱を立て、右に床、左に袋棚（袋棚の項❶を参照）、その*矩折の西側に仏壇をそれぞれ設けている。床は*蹴込板を入れた奥行きの浅い*押板の形式で、床の中は板張りである。こうした床構えは*小堀遠州もよく試みていた。*床脇の袋棚は高さを変え、三段に造られている。一番下には*野根板の戸が建てられており、その中に*丸炉が設けられ、右に一重の隅棚（隅棚の項❷を参照）が仕付けられている。現在は板と袋棚のあいだは約一尺五寸あいており、古図には一尺九寸一分と見える。また丸炉が袋棚の下ではなく、*隅炉の位置に切られていた図ものこされている。二畳の間の西の勝手は、隅が少し欠けた一畳の広さで、その斜辺には*火燈口があけられ、水屋の板の間に通じている。現在、水屋は一面に板の間で*置水屋が据えられているが、古図によると西側に流しや棚が造り付けられていたと考えられる。火燈口には*太鼓襖が釣られ、水屋を使用する時には、それを突き上げておく仕掛けになっている。二畳の間と勝手との境は襖二枚を建てるが、二枚とも仏壇側へ引き込まなければ勝手とは通じない。天井は*折上天井である。周囲は板張りであるが、中央には竹の*網代を張り、そこに大きく日輪を描き、鳳凰を配している。現在の天井は材料も絵も後補であるが、もともとこれに近い意匠であったことが知られている。露地の様子も名勝図会に記される状態をよく再現している。*蹲踞の*手水鉢は同一のものと考えられ、自然石に大きな水穴を穿った「太子の手水鉢」として知られたもので、昭乗遺愛の手水鉢として伝えられる。少し離れて立つ石燈籠も緩い起りの付いた屋根をもち、竿は大石の上にのせられたものであり、竿には慶安二年（一六四九）の年紀がある。この松花堂には通常の茶室や*茶屋の性格はなく、床と同じ比重で仏壇が組み入れられ、多分に求道的な性格を含んだ建物である。床、棚、炉、仏壇、水屋、竈土を備えたこの建物は、来客をもてなす茶室というよりも、生活をするための住居としての性格が強く、その象徴として竈土が存在しており、重要な構成要素をなしている。ここには小住宅としての機能が圧縮されており、茶事にもこと欠かない造りとなっている。多様な内容と複雑な仕組みが見事に方丈の空間に集約されており、豊富な書院の茶の湯を経験した昭乗が、これまでの茶室の形式にとらわれず、茶の湯の原点に立って追求した独自な茶境の所産といえ、昭乗の茶の湯の象徴であるといえる。松花堂および

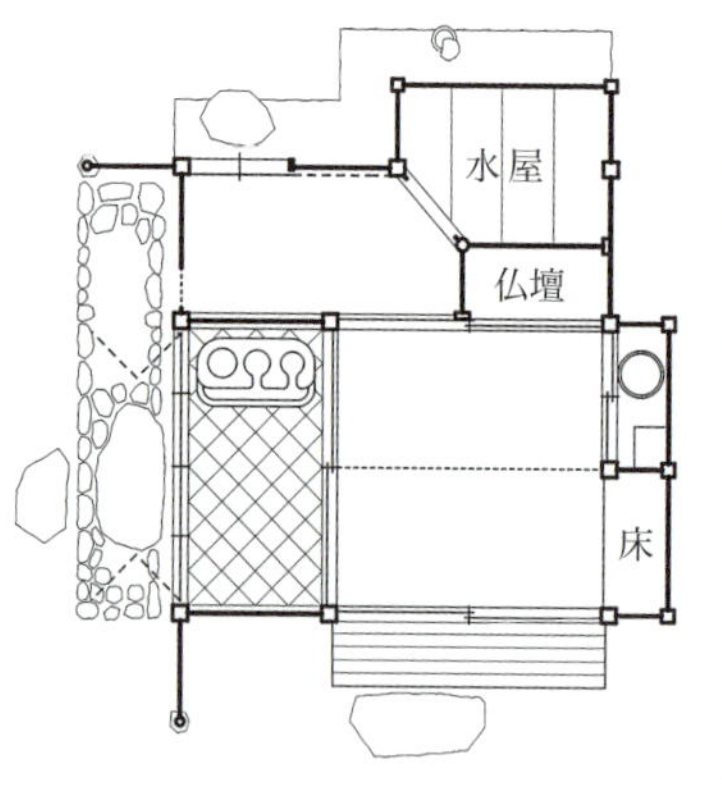

松花堂

その跡として史跡に指定されている。
❷石川県小松市にある茶室。もともとは大阪の豪商・芝川家の本邸（大阪市伏見町）にあったものを二代目芝川又右衛門が別邸甲東園（兵庫県西宮市）に移築した。八幡（京都府八幡市）の西村氏の邸内にあった松花堂（❶の項を参照）の写しと伝えられている。芝川家と懇意だった*高谷宗範の設計及び監督で、茶室の山舟亭や、*土足庵とともに移築工事が進められた。松花堂には接続する広間を建設、庭園には太鼓橋の架かった池などの整備が行われ、大正九年（一九二〇）に完成した。昭和五十年（一九七五）頃、宅地造成にともない甲東園の建築は解体されたが、松花堂は現在地に移築された。外観は宝形造銅板葺で、正面の入口には桟唐戸を取り付け、その上には宗範筆の扁額を掲げる。入口の扉を開けると四半敷の土間がある。内部は土間の奥に三畳の席が設けられる。点前座正面に三段の袋棚があり、炉を隅炉に切る。右に地袋を設けた床を構える。天井が紙張りとなっている。茶道口を出ると板敷きの間となり、躙口があけられる。奥には水屋が設けられる。この板敷きの間は甲東園にあった頃、広間につながる廊下であった。
❸大阪市都島区の太閤園にある茶室。⇩貴志家の茶室【きしけのちゃしつ】

松花堂昭乗【しょうかどうしょうじょう】

天正十年（一五八二）〜寛永十六年（一六三九）。織豊時代から江戸時代前期にかけての僧、茶人。本姓喜多川氏、幼名は辰之助、通称式部。滝本坊、惺々翁、南山隠士、空識などと号した。摂津国（大阪府、兵庫県の一部）に生まれ、幼時を奈良で過ごし、兄・中沼左京とともに近衛家に出仕した。やがて石清水八幡宮の*滝本坊に入り、大阿闍梨まで昇ったが、滝本坊は弟子の乗淳に譲り、自らは*泉坊に松花堂（松花堂の項❶を参照）を構えてそこに住したことから「松花堂」と称されるようになった。昭乗は書において藤原定家に私淑して、大師流をも学んで一家をなし、*近衛信尋（応山）、*本阿弥光悦と並んで寛永の三筆の一人として名が高い。また絵画は最初狩野派を、のちに大和絵や長崎派の絵画も学んで独自の画風を確立、その絵画作品は*茶掛（茶席の掛物）としても人気が高い。茶の湯は小堀遠州に学んだともいわれるが、遠州の室と昭乗の兄・中沼左京の室が姉妹であったことから遠州とは親交があり、両者が交わした書状も多く、両筆の百人一首ものこる。また滝本坊にあった茶室*閑雲軒は遠州の指図になるものとされ、空中茶室として異彩を放った。

松荷の茶亭【しょうかのちゃてい】

大崎園にあった松平不昧の茶室。眠雲のこと。
⇩眠雲【みんうん】

松関軒【しょうかんけん】

京都市左京区の南禅寺塔頭*天授庵にある茶室。明治三十五年（一九〇二）、檀家の福本超雲の寄付により建立された。*待庵写しの二畳隅炉の茶室。躙口や床の大きさなど各所の寸法をはじめ、落掛の床柱近くの皮目や、茶道口方立のはつり目など、待庵の姿をよく写しているが、炉の大きさを一尺四寸角に改め、一寸八分の小板が入れられる。また床の天井の高さが六寸ほど上げられたり、次の間には二枚引違いの板戸を建てて水張口とするなど、使いやすいように変更も加えられている。平成二十七年（二〇一五）には大屋根の瓦、庇の杮の葺き替え、壁の塗り替えなどの修復工事が行われ、内部も白蟻被害にあった床框が交換され、当初のはつり目のある錆丸太からなぐりに変更された。

浄願寺の茶室【じょうがんじのちゃしつ】

愛知県名古屋市千種区の浄願寺にある茶室。もと熱田区の某家にあり、新川町（清須市）の伊東家を経て、昭和二十五年（一九五〇）に当寺に移築されたという。裏千家十一代*玄々斎精中の好みと伝えられる。外観は貴人口を正面にして切妻造桟瓦葺に片流れ銅板葺の下屋庇を葺き下ろす。躙口側にも銅板葺下屋庇を付して腰掛待合を造り付ける。席は客座二畳を台目畳、点前座を丸畳とし、炉を上げ台目切に切った間取りである。点前座には風炉先窓をあけ、中柱は赤松の曲柱とし、二重棚を釣る。引竹は四つ節である。茶道口は方立口でまわり茶道口、床の脇に火燈口形式の給仕口をあける。貴人口の正面に床を構え、貴人口の矩折にやや大きめの躙口をあける。躙口上には色紙窓風にずらして二本引きの連子窓をあける。点前座上の天井は蒲の落天井、客座は床前が野根板張の平天井、中柱通りで化粧屋根裏として、突上窓をあける。次の間六畳は控えの間で、枡床に袖壁を付けて二本柱を立てた床構えである。向切に炉を切り、点前座の後に水屋と書院を並びに配置している。

正客【しょうきゃく】

茶事、茶会における最上位の客のこと。「上客」ともいう。元来、茶事は正客一人のために催すものとされ、ほかの客は相伴という考え方であり、茶会の進行は主に亭主と正客のやり取りによるものである。そのため、茶事の案内がされる時から正客は定まっている。

正客石【しょうきゃくいし】

腰掛の役石のひとつ。「貴人石」「上客石」ともいう。腰掛の正客が座る位置の足元に据える石で、連客石などの他の客前に据える石と比べ、高さのある自然石を用いる。正客の席の位置を示す。『石州三百ケ条』に「中腰掛の石ハ、縁の高さ一尺七八寸斗也、此ふみだんハ、上の方に上客腰懸る石をすゆる、高さ縁より石の面迄一尺三寸斗にすゆ、とかく腰かけよきやうに居る事第一也、寸法にかゝハるへからす」とあるように客の座りやすさを第一に据えられる。『古田織部正殿聞書』では「上客之踏石」と書かれる。（付録5頁参照）

上客石【じょうきゃくいし】

正客石と同じ。⇩正客石【しょうきゃくいし】

正客の座【しょうきゃくのざ】

茶事、茶会において、正客が座る位置のこと。普通、床に近い上座であるが、広間の場合は点前座に近い位置となる。正客の座には煙草盆を置いてその場所を示す。

松琴亭【しょうきんてい】

京都市西京区の桂離宮にある茶屋。池を挟んで古書院に相対した東方の池畔に位置する。入母屋造茅葺の主屋が西北に正面を向け、東側の妻に後陽成天皇筆と伝える「松琴」の扁額が掲げられている。東面南寄りに柿葺の茶室、背面に桟瓦葺（当初は柿葺）の水屋、勝手、次の間が付属している。正面は深い土間庇を形成し、鉤形になった十一畳敷の一の間のほぼ中央から土間庇に縁を突き出して、長炉と竈土、三角の小棚を造り付けている。一の間の一間幅の床の壁と、一の間と六畳敷の二の間との室境の襖には、白の奉書と藍染の漉返紙を市松（石畳）模様に張り合わせている。床の向かって右の半間に袋棚と厨子棚を上下に組み合わせ、折れ曲がりに一間幅の石炉を設けている。石炉は暖房と調理用を兼ね、上部の天袋には料理を入れて保温した。二の間の東には三畳台目の茶室が隣接している。桂離宮における唯一の草庵式茶室で、東側の躙口から一番奥に台目構えの点前座があり、「遠州好みの八ツ窓の囲い」ともいわれる。色紙窓と風炉先窓、突上窓の四つが点前座に集中しており、躙口の上に連子窓と下地窓を重ねた構成とともに小堀遠州好みの手法を認めることができる。茶室の外腰掛となる御腰掛が紅葉馬場の近くに、中立の際に使用する腰掛の四ツ腰掛が松琴亭の東側に設けられており、御腰掛から松琴亭までの苑路が露地となっている。

松琴亭　一の間　床側

上下棚【じょうげだな】

⇩上下棚【かみしもだな】

松月庵【しょうげつあん】

福岡市にあった東林寺の末庵。江戸時代前期、福岡藩第三代藩主黒田光之に仕えた立花実山（一六五五〜一七〇八）が、光之の没後に出家し、入ったという。松月庵の名は室町時代の歌人と

し

して名高い禅僧・正徹の号にちなむ。実山は『*南方録』の編者として知られる。遺構は戦災により焼失した。

松月斎【しょうげつさい】

名古屋城三の丸の御屋形にあった尾張徳川家十二代斉荘の書斎兼茶室。天保十一年(一八四〇)頃、*裏千家十一代玄々斎精中を招いて設計し、建てられた。明治時代初期に森本善七に払い下げられたが、古建築保存の趣旨によって明治十二年夏頃、愛知県博物館(後に愛知県商品陳列館と改称)に移建され、松尾流七世好古斎(松尾家の項を参照)がその配置、復原の指導にあたった。昭和四年(一九二九)四月、名古屋市に移管、解体され、鶴舞公園(名古屋市昭和区)に移築されたが戦災で焼失した。外観は寄棟造茅葺に桟瓦葺の庇が付いていた。九畳の書院上部を寄棟造として棟を南北にし、この屋根に東にのびた寄棟屋根が一段下がって差し込まれる形であった。愛知県商品陳列館時代の建物は池を取り込んでおり、二方に縁の付いた九畳の書院、四畳の控えの間、二畳と三畳の書斎を兼ねた茶室があり、縁の腰板には紅葉と桜花の透彫りがある。主室の床は塗框の書院床で、墨蹟窓を円窓にあけ、床脇に半間幅の棚を設け、矩折の出隅一間に天袋と三角形の地袋と釣棚を付す。最大の特色は、八畳部分の天井が十二支の動物を描いた円形の紙の張付絵で、周囲に緞子を張る。斉荘好みの茶道具に天保十四年箱書の「十二支丸陶板」があり、建物には斉荘の好みが多分に入っている。

松月斎　書院　床と床脇側　『数寄屋聚成』14

松月亭【しょうげつてい】

❶愛知県名古屋市千種区の城山八幡宮の献茶殿*洗心軒にある茶室。洗心軒はもと同市中区竪三蔵町の三代高松定一の別邸香細舎で、室名は同宮に移築前の香細舎当時からのもの。洗心軒の東棟一階にあり、七畳の書院式茶室である。❷京都市伏見区の醍醐寺の子院*三宝院にある茶室。茶室の入口に掲げられる「松月亭」の扁額が松濤庵道本の筆で、内部の杉戸の鴛鴦図は岸良(一七九二〜一八五二)の筆によるものであることから、この茶室は江戸時代末期に造られたと考えられる。奥宸殿の鞘の間に続いてその東側に造られており、東南の角柱が庭の池中の根石に支えられ、建物が池の上にのり出している。外観は切妻造柿葺の平入で、南面には柱を挟んで東側に貴人口と竹の簀子縁が、西側に躙口が設けられており、躙口の上に連子窓をあけ、庇を付け下している。内部は四畳半本勝手。東面には大きな円窓を切る。北面には点前座勝手側に床を設ける。畳床で、床柱は椎の磨丸太、床框は虫喰いの松丸太。西面には火燈口形式の茶道口、矩折に花明窓をあける。西面には火燈口形式の茶道口、矩折に襖二枚建の給仕口が並ぶ。天井は円窓側が掛込天井、その他が野根板張の竿縁天井となる。❸新潟県新発田市の清水園にある茶室。⇩清水園の茶室【しみずえんのちゃしつ】

照古庵【しょうこあん】

京都市左京区にある数寄屋建築。*堀口捨己の設計により、昭和四十三年(一九六八)頃に完成した。木造平家建であるが、主要な部分に鉄骨を組み込む。内部は西方に八畳広間の茶室と七畳の座敷が続き、南東部に三畳台目の茶室が備わる。座敷には土間庇と月見台として竹縁が設けられる。八畳の広間は面皮柱を用い、東方に七尺半幅の床を設けている。北山絞丸太の床柱は少し後退させて立ち、栗の床框を折り廻している。床脇は赤松の天板をもつ地袋が備わるが、空調の吸込み口としてルーバーがはめ込まれる。ここでは床前の一畳が点前座となり、四畳半切に炉が切られている。四本襖を隔てた七畳の座敷は一間の踏込床を北側に設け、床脇には書院を設けている。天井は二間が連続した構成で、中央に木製ルーバーに照明を組み込み、桐の竿縁天井、桐へぎ板を市松状にした網代天井、そして化粧屋根裏の部分からなる。三畳台目の茶室は、前板が添えられた蹴込床形式の板床と向切の点前座が並び、勝手付に洞庫を設け、連子窓をあけている。床柱は赤松皮付で、点前座との境の壁には釿潜りが設けられている。天井は杉杢板張に竹の竿縁の平天井、躙口側が化粧屋根裏となる。現存せず。

松向庵【しょうこうあん】

石川県金沢市の旧園家住宅にある茶室。大正十二年（一九二三）頃、羽二重商を営んでいた本郷長次郎がこの地に邸宅を新築した際、表千家十二代惺斎敬翁の指導により造ったもの。旧園家住宅は、平成四年（一九九二）に金沢市へ寄贈された。茶室の内部は床と台目畳を並べ、三畳の客座を付した三畳台目。床は杉磨丸太の床柱に杉磨丸太を面皮風にした床框を取り合わせる。点前座は赤松皮付小丸太の中柱を立て、炉を台目切に切った台目構え。天井は床前の蒲の竿縁天井、網代張の落天井、そして掛込天井からなる。その他に十畳の広間、仏間、水屋、待合などが坪庭を中心に構成される。

松好庵【しょうこうあん】

京都府宇治市の上林春松本店にある茶室。詳細な記録がなく築年数などは不明だが、昭和六十二年（一九八七）の修復工事時に発見された棟札により、寛政十一年（一七九九）に修理をしたことが判明しており、それ以前の建築となる。上林家は阿波国徳島藩藩主蜂須賀家の御用茶師であった関係から、この茶室は蜂須賀家の協力を得て建てられ、藩主が上洛した際にはこの茶室でもてなしたとされる。一畳台目出炉の席で、床は上座床、間口幅は間中ながら奥の壁は台目幅になるよう、間取りから飛び出すような洞床になっている。茶道口は方立口、給仕口は火燈口形式で、天井は点前座が落天井、客座が平天井と掛込天井。

松向軒【しょうこうけん】

京都市北区の大徳寺塔頭高桐院にある茶室。高桐院は慶長六年（一六〇一）、細川三斎が玉甫紹琮を開山として創建した。創建時の客殿や庫裏は現存せず、大正時代に再建されたものである。客殿の北に江戸時代の書院が位置し、その西北に松向軒が付属しており、三斎の好みと伝える。豊臣秀吉が開いた北野大茶之湯において、影向の松の傍に三斎が造った茶室を移築したという話が伝えられるし、高桐院三世となった清巌宗渭の板額によれば寛永五年（一六二八）以前に三斎が後園に小庵を構え、松向軒と称していたことがわかるが、現在の茶室との関係は詳らかではない。外観は片流れ柿葺の妻に庇を付け下ろし、北に袖壁を設けて土間庇を形成し、躙口をあける。内部は二畳台目、下座床で、躙口の正面となる東側が台目構えの点前座となる。利休流の典型的な構成である。北

松向軒　点前座側

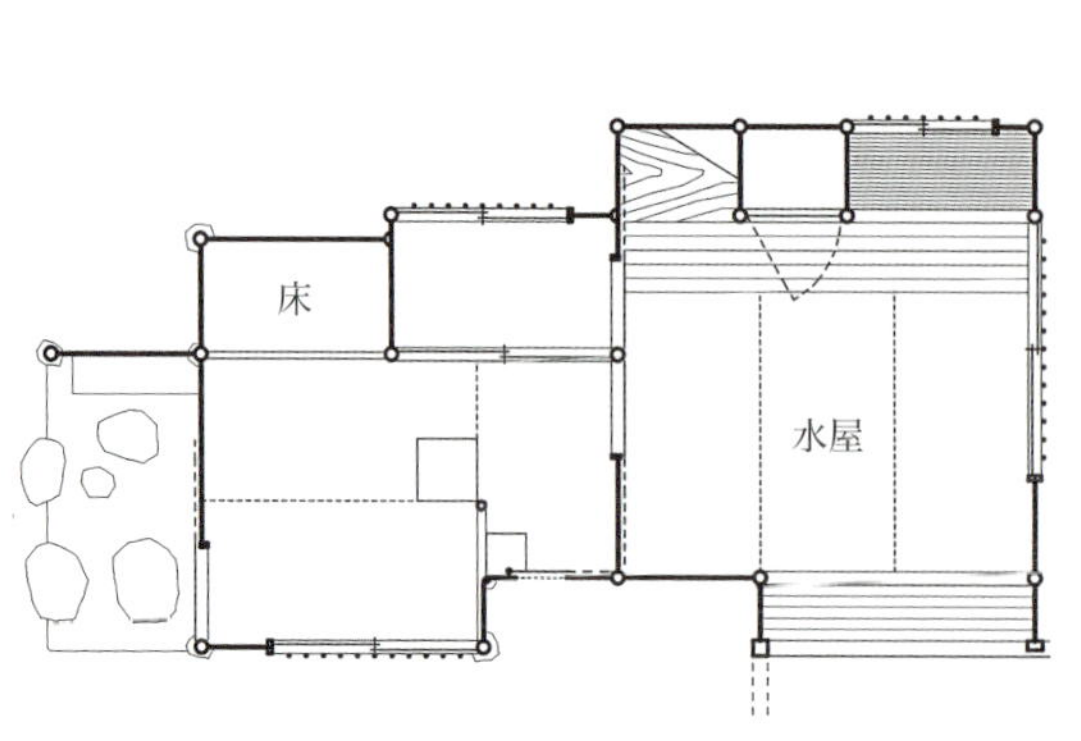

松向軒

側に構える床は台目床で、床框は磨丸太に、わずかにはつり目を施した控えめな姿である。床柱に続く、点前座の背後の面は現在、二枚襖を建てた給仕口となっているが、もとは床柱に付けて火燈口があけられていた。これは発見された棟札によると昭和六年（一九三一）の改築によるもので、大工は内藤源七であった。点前座の客付に二重棚を釣り、風炉先窓をあける。また客座の南西二方の壁には、連子窓と下地窓をあける。天井は床前が野根板の平天井、点前座は蒲の落天井、のこりが化粧屋根裏となる。全体に質素な姿を見せた草庵式茶室だが、材料はほとんど新材に取り替っていて、三斎の好みをどれだけ伝えているか不明な点が多い。だが全体に利休風の意匠を示しており、千利休の茶を忠実に受けとめた三斎らしさを表すものとも考えられる。三斎らしい意匠として、中柱まわりの特色が指摘される。中柱の曲がりがほのかで、四節の引竹が端正に仕込まれている。三斎流の茶書には、曲がりくねる異形な中柱は好ましくないと記されており、この中柱の端正な姿は三斎の好みに合致する。また客殿西側の蹲踞には、袈裟形手水鉢が据えられており、三斎遺愛と伝えられている。なお客殿西北の一室には、裏千家十三代圓能斎鉄中の好みの茶室鳳来席がある。

勝興寺の茶室【しょうこうじのちゃしつ】

富山県高岡市の勝興寺にあった茶室。勝興寺は、本願寺八代の蓮如が文明三年（一四七一）、越中国砺波郡蟹谷庄土山に一宇を建立したことに始まり、土山御坊と呼ばれた。茶室は天保九年（一八三八）の造立と伝えられ、黒書院の主室南西に、後から西面して建て増しされた。前田家から分家した直嗣の次男・廣済が十七代住職として入寺した頃のもので、西本願寺と深いつながりをもつ藪内家とのかかわりも伝えられる。当初は柿葺で、躙口に代って二枚障子の貴人口があけられ、右横に連子窓を設けていた。内部は床と台目畳の点前座を並べ、三畳の客座を付した台目構えの三畳台目。床は赤松の皮付丸太の床柱に真塗の床框を取り合わせていた。床脇の窓は墨蹟窓と客座の窓を一体にしたような窓であった。炉は台目切ながら中柱を立てず、その境に六角なぐりの壁留を斜めに入れて小壁を下げる。床前は平天井、客座は掛込天井、点前座は落天井であった。平成十七年（二〇〇五）から始まった同寺の保存修理事業にともない解体され、現存せず。

勝興寺の茶室　点前座と床側

正午の茶事【しょうごのちゃじ】

茶事七式の一つ。「午会」ともいう。最も正式な茶事と位置づけられ、四季を通じて行われる。十一時から十二時頃の案内とする。初座の床は掛物のみであり、各窓には簾を掛けておく。風炉の場合はまず懐石があり、初炭、菓子と続いて中立である。炉の場合はまず初炭があり、懐石、菓子、中立の順となる。中立のあいだに床は掛物から花に荘り替えられ、点前座には濃茶の準備がなされる。後入り後、各窓の簾を外す。後座では、濃茶、後炭、薄茶となる。

上小節【じょうこぶし】

木材の品質を定める等級の一つ。広い材面を含む一材面以上の材面において、直径約一〇ミリ以下ほどの節が、一メートル間隔に一個ぐらいずつ点在しているもの。JAS（日本農林規格）の造作用製材の材面の品質基準として定められた等級で小節、上小節、無節といった等級がある。見た目の良さを表しており、強度を表したものではない。

四葉座【しょうざ】

釘隠など突出した部材の根元の部分を座と呼び、この座の形が四つの葉からなるものを特に四葉座という。単に「四葉」ともいう。また金属製の*座金のものを四葉座金物という。

上座【じょうざ】

位置関係において、上位と下位とに位分けした時の上位を表す。上位（上の座）を上座といい、他方下位（下の座）を*下座という。茶室においては、*点前座と客座の関係、点前座と床の関係、客の着座位置、さらに床の内部にも上座と下座が当てはめられる。そもそも茶の湯は、亭主が客をもてなすことを前提に組立てられているため、基本的には点前座よりも客座のほうが上座であり、亭主も、およそ上座のほうを前に見て茶を点てることになっていた。そうであれば床も、客座の近くに構えられるのが道理であり、また同時に床は、茶室内に座の秩序を創り出すものでもあるので、おのずと床前が上座であるというとらえ方にもなっていた。*武野紹鷗から*千利休に至る頃の茶室では、それがごく自然なものであったと考えられる。しかし、敷地条件や茶室まわりの間取りなどとの関係から、そうした相互関係を保つことが難しい場合も出てくる。*茶道口が点前座の前方にあき、亭主は点前畳に入ってから半回転して着座するような例もあれば、床の位置が亭主の後方に位置するという*下座床の例も現れた。その頃の茶室の発展過程では、*初座と*後座とで座の位置を*居替わるという作法も検討され始めている。さらに床前が上座という通念にとらわれない、もっと自由な平面構成も試みられるようになり、点前座の勝手付に床を設けた、いわゆる*亭主床の形も現れる。そうなると、やがて床前が上座という従来の考え方とは別に、*勝手口（茶道口）のあるほうが下座とする考え方が生まれたこともあり、必ずしも床と上座が一体のものでなくともよいという考え方が一般化した。とはいえ現代でも、床前を上座とする考え方は基本としてあり、ここに時代をこえた道理がそなわっているといえる。

上座床【じょうざどこ】

床が*点前畳に着座した亭主から見て前方にある場合をいう。逆に後方の側にある場合を*下座床という。茶室は、茶の湯を通して亭主が客をもてなす場のため、その中での座の位という点では、点前座が下座、客座が上座というのが基本である。おのずと床は上座近くに設けられ、亭主はそちらを前方に見て茶を点てることが自明のこととして受け入れられていた。*武野紹鷗から*千利休に至る茶室の変遷過程においては、こうした床、上座と下座の相互関係が保たれ、それは現代の茶室においても、原則として受け継がれている。

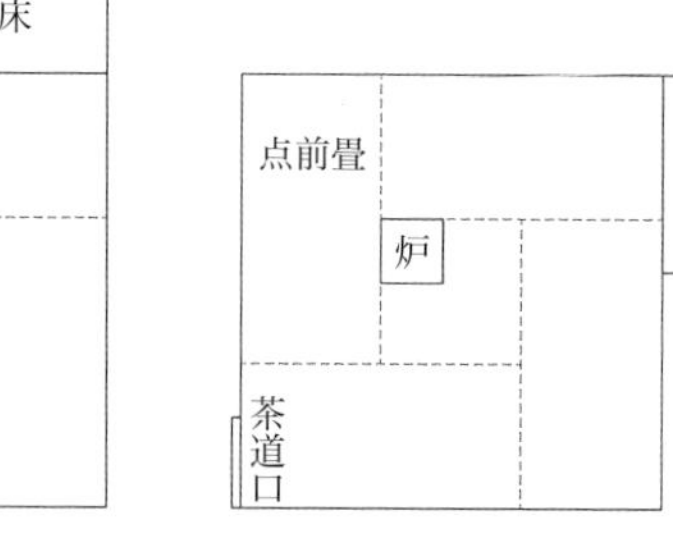

上座床

障子【しょうじ】

部屋と*縁側との境や*欄間、*付書院などに用いられる建具のこと。障子という語は「そうじ」とも呼ばれ、平安時代に発生したといわれる。もともとは木で組んだ骨の両面に幾重も紙を下張りし、その上に布あるいは紙で上張りをした*襖（衾）障子や衝立障子などを含む、仕切りや目隠しを目的とした障屛具を総称するものであった。現在見られるような、*上桟と*下桟、*竪框で構成される枠の中に格子に組んだ組子を配し、外側に障子紙を張った障子は明障子と呼ばれ、平安時代後半頃から文献史料に登場する。中世において、明障子は建物の外部に面した部分の建具として、*舞良戸と組み合わせてひろく用いられるようになる。この時代の明障子は、組子も太く、*腰板をもたない形式が一般的で、東福寺龍吟庵方丈（京都市）や慈照寺*東求堂（京都市）などに遺例を見ることができる。その後、高さ一尺二寸程度の腰板を設けた*腰障子や、腰板の高さが床面から二～三尺に及ぶ*腰高障子などが登場する。近世になると、外まわりには明障子のみを柱間に建て込み、その外側に一筋の敷鴨居(雨戸敷居)を取り付け、*戸袋に収められた*雨戸によって風雨を防ぐ形式が一般化する。また、数寄屋建築のもとで明障子の組子には様々な意匠がこらされ、竪横の組子を*吹寄にした吹寄障子、竪繁に組子を配した竪繁障子(柳障子)、組子を掛け合わせに配した*霞障子、組子がほぼ正方形になるよう組んだ枡組障子のほか、組子を斜めに配したもの、波形にしたものなどが造られた。日本建築においてひろく使われてきた建具であるがゆえに、このほか素材や目的、開閉方式などによって非常に多くの分類がなされている。素材や使用目的による分類では、竹を組子に用いた*竹障子、防雨のため油紙を張った*油障子(雨障子)、通風を目的として葭を用いた*葭障子(簀障子)、障子の一部に板ガラスをはめ込んだ*雪見障子や額入障子、障子の一部に*孫障子(小障子)を建て込んだ*猫間障子などがある。建て込み形式や開閉方式によっては、*引き障子、*開き障子、*掛障子、*摺上障子、*嵌殺し障子(造付障子)などに分類される。明障子に障子紙を張る場合、一般には継ぎ目を見せない張り方とするが、組子と組子のあいだで紙を継ぎ、継目が景色となるような規則性をもって紙を張る張り方があり、これを石垣張り(千鳥張り)という。(付録23頁参照)

庄司家の茶座敷【しょうじけのちゃざしき】

鳥取県境港市の庄司家にある茶座敷。庄司家は江戸時代後期の大地主で、この地方における代表的な屋敷構えを伝えている。天保四年(一八三三)に建てられた主屋は入母屋造桟瓦葺で西伯郡の門脇家(重要文化財)と似た九間取りである。元治元年(一八六四)因幡国鳥取藩主の浜の目巡見にあたり、休息所を命じられたため建てられたのが、この離れの茶座敷である。座敷は、主屋の東に園庭を挟み、廊橋で通じ、棟を南北にして建つ。本勝手四畳半切の茶室、二畳の次の間、湯殿、雪隠を一棟に構成し、田能村直入の「南薫室」(一八七九年)の額を掲げている。茶室四畳半の二方には土間庇がめぐり、東側、茶室入口には大きな沓脱石を据える。正面には壁幅いっぱいの一枚板が張られた踏込床を構える。次の間とのあいだは太鼓襖で仕切られており、真ん中に龕破風の勝手口が設けられる。また、この離れ座敷とは別に、主屋に付設して三畳の茶室もある。

松寿庵【しょうじゅあん】

東京都世田谷区の*五島美術館にある茶室。昭和十五年(一九四〇)、*五島慶太が*古経楼に増築したもので、仰木魯堂門下の蓑原善次郎の設計により、小堀遠州好みの席をもとにして建てられた。桟瓦葺の屋根に庇を廻した外観で、内部は四畳台目。点前座は曲柱を立てて、炉を台目切本勝手に切った台目構え。床は下座に袋床形式の台目床を設けて墨蹟窓をあけるが、袖壁に下地窓はあけていない。床柱と相手柱はともに赤松を用いている。また茶道口は方立口で、その矩折の壁面に火燈口形式の給仕口を設け、踏込には板を入れている。天井は床前が網代天井で、点前座は落天井となる。床正面の躙口上部に連子窓をあけるが、柱を挟んで二間続きとなっている。

松樹庵【しょうじゅあん】

千葉県野田市の野田市郷土博物館・市民会館にある茶室。市民会館は大正十三年(一九二四)に建てられた醤油醸造家・茂木佐平治の旧居で、その後、野田醤油株式会社(現キッコーマン株式会社)の所有であったが、昭和三十一年(一九五六)に同市に寄贈され、翌年に市民会館として開館した。約五〇〇〇平方メートルの敷地内に建つ茶室は

松樹庵　外観

明治時代初期に佐平治が建てたもので、昭和時代初期に別の地に移築され転々としていたが、寄贈された。内部は四畳半本勝手で台目床を構え、貴人口と躙口、火燈形の茶道口をもつ。また隣接する三畳も台目構えで、水屋に続く畳廊下と四枚建の襖で仕切られ、四畳半にもなる。母屋と茶室は登録有形文化財、また庭園は登録記念物。

成趣庵【じょうしゅあん】

❶*小堀遠州伏見奉行屋敷にあった茶室。『*松屋会記』などによると上段三畳、下段三畳からなり、下段には縁を付け、この縁から階段で高床の展望室と連結していたようである。また炉は上段に切られていた。

❷東京都新宿区若宮町に所在の遠州茶道宗家にある茶室。成趣庵の庵号は、遠州の手紙にしたためられた「成趣庵の紅梅半ひらき申候」という一文からとられたといい、遠州伏見奉行屋敷に営まれた成趣庵（❶の項を参照）に由来する。昭和時代初期に*木村清兵衛が某家に手掛けた茶室を戦後、信濃町（新宿区）に新築された小堀家の邸宅に、*藤森明豊斎が移築した。外観は入母屋造銅板一文字葺で、内部は躙口と貴人口を備える三畳台目下座床。点前座の後方に鱗板を入れて、火燈形の給仕口をあける。現在の成趣庵は平成八年（一九九六）、若宮町に移る際、十二世小堀宗慶の創意により新築されたもの。旧成趣庵と同じく、内部は三畳台目鱗板入りの席に、台目一畳と縁甲板張の相伴席が付く。点前座は中柱を豆柿の皮付丸太とし、天井は真菰天井である。床柱は稲穂掛けの栗、床框は栗のしゃれ木に拭漆塗をしたもの。天井は八寸幅の黒部杉のへぎ板を煤竹で打ち上げた平天井、躙上りと相伴席は掛込天井となる。相伴席との境の襖は床脇へ引込みとする。

成趣庵（遠州茶道宗家）　点前座より躙口側を見る

常修院宮の茶室【じょうしゅういんのみやのちゃしつ】

常修院宮は後陽成天皇の第十三皇子（*後水尾天皇の弟）で、梶井門跡（三千院）に入室した慈胤法親王の号。茶の湯に通じて*近衛家熈の師とされる。その茶室としては『*槐記』享保十三年（一七二八）二月十二日条に「四畳ニ台目ノ畳アルモノ」、また同十三年二月十四日条に「道具畳ノ向フニ床ノアル座敷」が記されている。前者は*起し絵図が作られており、下地窓の葭が隣の葭と誤って結ばれていて「常修院殿ノ忘レ葭」（忘れ窓の項を参照）といわれていたことが伝えられている。常修院宮の甥・真敬法親王（興福寺*一乗院門跡）の日記（天和元年〈一六八一〉二月十五日条）によると、この頃に新たな小座敷（茶室）が造られていたようである。日記所載の図によると、墨蹟窓をあけた床前に台目畳が横に二枚並び、その下に三枚の丸畳が縦に並んでいる。炉を台目切に切り、点前座向こうには窓をあけた壁があり、棚が仕付けられていた。壁で囲まれた露地に面して貴人口があき、刀掛が設けられていた。貴人口に並んで「マト三」、点前座後方に下地窓があるほか、「大窓れんし（連子）、下ニ下地窓アリ」の書き込みがあり、窓を多くあけた開放的

常修院様ノ御囲居ノ図
『槐記』（享保十三年二月十四日条）　陽明文庫蔵

な構成であったことが知られる。露地には遣り違いに延段が打たれていた。

清浄石【しょうじょうせき】

*縁先手水鉢の*役石のひとつ。「しょうじょういし」とも読み、「清め石」ともいう。手水鉢を中心に、*水汲石の反対側に据えられるもので、天端が平らな水汲石に対し、高さのある平らでないものが用いられ、*鉢前の景を整える意で、景色のある石が用いられる。『築山庭造伝後編』には「清浄石ハ後脇に立て、鉢前へ除きたる石なり」とあり、「覗石」とも呼ばれる。（付録7頁参照）

蕭々亭【しょうしょうてい】

兵庫県芦屋市の山本發次郎邸にあった茶室。發次郎（一八八七～一九五一）は大阪の実業家で、美術収集家としても名高い。*岡田永斎が設計指導にかかわり、大正十五年（一九二六）に完成した。四畳の小間の北側に六畳の水屋を設け、その西側に八畳の広間を配した構成をとり、小間は南側に貴人口、西側南寄りに躙口をあけ、躙口の正面に台目床を構える。また広間には裏千家*咄々斎写しの一崩しの天井を張り、櫛形欄間を設ける。南側には広縁を付し、その境の壁には円窓をあけ、広縁から続く広間の軒下南西には敷瓦を廻す。戦災で焼失。

正真木【しょうしんぼく】

庭園の景色の中心となる木として、『築山庭造伝後編』の「真の築山の図」に示される。同書には「松柏の二本を以て正とす、然し先松を上とす、一庭の草木の司たる木なれバ、随分大木をよしとすべし」とあり、松と柏を良しとするが、松を用いるのが真であるとしている。

蕉翠庵【しょうすいあん】

奈良県吉野郡吉野町の*白雲荘にある茶室。白雲荘は阪本仙次の別荘であり、棟札によると昭和三年（一九二八）五月に棟上げ、設計者は*木津家三代宗泉、設計技師は岩﨑平太郎、棟梁は京都の三和弥助、土工は上市の北岡組、大工は京都の藤本貞吉、手伝は京都の藤本五郎吉、左官は京都の野々口丑之助である。茶室棟は三畳台目と一畳二台目の二つの席と板敷きの水屋からなる。三畳台目の席は、点前座に中柱を立てて炉を台目切本勝手、待合とのあいだに形成された庭に向かって三枚障子の大きな中敷居窓をあける。なお畳廊下は、相伴席としての利用も想定されているとみられる。一畳二台目の席は向板に丸炉を切った逆勝手で、上座に踏込の板床を配し、三畳台目と同様の中敷居窓からは雄大な景色を眺めることができる。水屋には二カ所の流しと、一つの丸炉を備えている。そして、これら各室と畳廊下、板廊下を巧みに配し、客と亭主の動線計画を多様にした合理的な平面である。地元吉野の林業家で吉野鉄道社長でもあった施主の阪本、大阪の茶人の木津、奈良の建築家の岩﨑、京都と奈良の職人といった近代関西における多様な人々の手による結晶であり、恵まれた環境を生かし、かつ合理性の高い上質な数寄空間である。

縄枢【じょうすう】

京都市北区の大徳寺塔頭*孤篷庵にあった茶室。*小堀遠州の好みで、*忘筌から矩折に連なる書院*直入軒に造り込まれていて、次の間四畳半と接していた。東端の一畳を点前座とし、炉を向切に切った三畳の席で、北側の縁に面して建てた四枚障子から席入りした。床の脇壁は砂摺の杉板、床の落掛の上に鴨居の内法高と一線に長押を打ち廻すなど、忘筌と同様の遠州好みの手法が用いられていた。焼失後、時の住持寰海宗晙が*松平不昧の助力、助言を得て庵内の建物を再建、直入軒は本堂（方丈）より少し遅れて寛政十二年（一八〇〇）に再建されたが、その折、縄枢は割愛された。

松声庵【しょうせいあん】

石川県金沢市の中林家住宅にある茶室。もとは幕末から明治時代にかけて同市尾張町の数寄者・金谷三次郎の邸内にあったもので、大正時代（一九一二～二六）に常磐町の油谷邸に移築、さらに金沢市に寄贈された中林家住宅内に平成十三年（二〇〇一）、移築再建された。五畳上座床の席で炉は四畳半切とする。床は原叟床で、床柱は赤松の皮付丸太、杉磨面皮丸太の床框を取り合わせる。床正面右側に貴人口をあけ、土縁越しに露地となる。床の脇の引違いの太鼓襖より三畳の次の間に続く。

渉成園【しょうせいえん】

京都市下京区にある東本願寺の別邸。同寺の飛地境内地で、「枳殻邸」と通称される。十三代宣如の代、承応二年（一六五三）に*石川丈山の指導により庭園及び建築群が造営されたというが、安政五年（一八五八）及び元治元年（一八六四）の火災で焼失した。現存建築群は、焼失前の建物の形式を受け継ぎつつ元治火災直後より順次再建され、幕末から明治期らしい創意を加えたものとなっている。敷地西側に寄せて住居部を置き、東側に広大な印月池と小ぶりな北池をもつ池泉回遊式庭園がひろがる。住居部は南に大玄関、台所、大書院にあたる閬風亭（一八六五年建築）を、北側に住居棟の燕申堂（一八八七年建築）及び持仏堂の園林堂、二階建の茶室*蘆菴（ともに一九五七年建築）を設ける。閬風亭は、外観は緩勾配の寄棟造桟瓦葺、格調高い書院造の形式で、芝生広場越しに印月池を臨む、眺望を活かした座敷である。園林堂正面に立つ楼門の傍花閣（一八九二年建築）は、園林堂への門でありながら茶室としても使用できるようにしつらえられている。龍宮門形式であった前身建物の亀腹状の下層部を漆喰から木に置き換えつつ、内部に腰掛を設けることで待合に仕立てた特異な形式をもつ。住居部の北に、北池に面して数寄屋風座敷の臨池亭、及び滴翠軒（ともに一八八四年建築。臨池亭の項❹を参照）が直交して建つ。いずれも北池に差し掛けられた軽快な外観である。庭間には、煎茶室を主体とした茶室群が配される。北池の東に次の間付きの煎茶室*代笠席（一八八八年建築）がある。印月池に浮かぶ北大島には、屋形橋の回棹廊を架け、島内に鹿苑寺*夕佳亭写しの茶室*縮遠亭（一八八四年建築）が建つ。相伴席付きの二畳台目を納める棟から、角度を振って三畳上段の間が懸造で取り付く。また印月池南岸には開放的な煎茶室*漱枕居（一八六五年頃建築）が、池に張り出すように配される。いずれの茶室も庭園にひらかれた開放的な造りで、庭園と一体となった文人趣味的な空間を形づくっている。名勝。

渉成園　滴翠軒より臨池亭と園林堂を見る

松石園【しょうせきえん】

静岡県沼津市にある近代和風建築。ミツワ石鹼の創業者・二代目三輪善兵衛の別荘として、大正二年（一九一三）十一月に建てられた。狩野川河口から田子の浦港までひろがる景勝地千本松原の中に位置し、海岸と並行して走る街道に面して約三千坪の広大な敷地を構える。広大な松原の中に池泉庭園を築き、数寄屋建築を配しており、その名にふさわしい佇まいである。昭和二十年（一九四五）、沼津市街地は空襲を受けるが、海岸沿いの当地は焼失を免れ、戦後、陸軍省を経て大蔵省へ移管された。昭和二十一年に社団法人沼津倶楽部が設立されると、これを取得して、地域の復興と発展の協議の場となった。平成二十年（二〇〇八）に改修、整備を終えて、現在は千本松・沼津倶楽部となり、別荘の主要建築部分である「北棟」「南棟」と「長屋門」がのこされ、「北棟」はレストランとして活用されている。建物は江戸幕府小普請方大工棟梁・柏木家十代目の柏木祐三郎によって造られたもので、千人茶会が行えるように設計されたと伝える。美材をふんだんに用い、室内においては特に天井に工夫をこらし、変化に富んだ空間を造り上げている。長屋門は茅葺で中央を潜り抜けて通行する。北棟は現在椅子席の客席となり、南棟は端にサンルームを備え開放的である。善兵衛の好みを造り上げた建築であるといえる。長屋門、北棟、南棟は登録有形文化財。

上段【じょうだん】

元来は一段高い床をさした。一室中の床を一段高く造り、貴賓の座所とした。*寝殿造では身分の上下を畳の大きさ、厚さ、縁で表していたが、室町時代になり畳が一室に敷き詰められるようになると、床の高さの上下で身分を表すようになった。近世に入ると、上段には、床、*違棚、*付書院などの*書院飾が備えられるようになった。表千家*残月亭は十畳敷に二畳の上段を設け、付書院を備えている。この上段は床として用いられるため、この形式を上段床といい、「残月床」とも呼ばれる。

上段床【じょうだんどこ】

*上段をそのまま床として用いるもの。表千家の*残月亭の上段床が著名。

上段の間【じょうだんのま】

*書院建築の主要な部分の部屋数を二室あるいは三室とした時、その主室において、床面の高さを基本となる床面より一段もしくは二段高くし、*内法長押から*天井長押、あるいは蟻壁長押まで全体を同様に高く構成した場合、その主室を上段の間、または単に「上段」と呼ぶ。三室構成の場合は、上段の間と中段の間、及び中段の間と下段の間、二室構成の場合は、上段の間と下段の間の床高の差は、それぞれ七寸ほど。上段の間と中段の間、または上段の間と下段の間とのあいだに設ける敷居を、上段框と呼ぶ。上段の間と中段の間、あるいは下段の間とのあいだに襖障子を建てない場合は、内法長押と鴨居を設けず、鴨居より高い位置に落掛を入れて小壁の下端を留める場合と、上段框及び内法長押の位置の鴨居を*無目にする場合があり、襖障子を建てる場合は内法長押と鴨居を用い、上段框を敷居とする場合と、上段框を上段の間側に寄せて次の間の床高に合わせた幅の狭い敷居を入れて襖障子を建てる場合がある。*内法長押を用いる場合には、内法上の小壁部分を*欄間とする場合がある。欄間の形式には、丸彫彫刻欄間、*筬欄間、花狭間欄間あるいは透彫りの板欄間がある。上段の間には床の間を設け、必要に応じて*違棚、*付書院、*帳台構を加える。上段の間の天井は二重折上格天井、*折上格天井など、次の間より格の高い形式とする。上段の間の起源は、中世の住宅建築に発生した、部屋の隅に寄せて、あるいは部屋に付属して*広縁に、三畳程度の一段高く設けた畳敷きの場所をさした床にあるとされる。この床は、押板床、違棚、付書院のいくつかを備えている場合が多い。

上段の間　二条城二の丸御殿大広間

樵亭【しょうてい】

静岡県熱海市のMOA美術館にある茶室。備前国岡山藩の筆頭家老・*伊木三猿斎ゆかりの茶室といわれる。伊木氏の別邸*荒手屋敷にあった大炉の間を移築したものとされ、昭和十三年（一九三八）、岡山から東京へもたらされ、後に現在地に移築されたという。

樵亭　床側

正伝永源院【しょうでんえいげんいん】

京都市東山区にある臨済宗大本山*建仁寺の境

外塔頭。元は正伝院と永源庵の二つであった。文永年間（一二六四〜七五）に蘭渓道隆とともに来朝した建仁寺十二世の義翁紹仁が、建仁寺に住した後に正伝院を創建（祇園花見小路四条下ル）。その後、十六世紀後半に荒廃したが、元和三年（一六一七）に*織田有楽が再興、翌四年には隠居所として書院（*旧正伝院書院）、茶室*如庵などが造営された。有楽没後に隠居所は正伝院に寄進された。一方、永源庵は正平年間（一三四六〜七〇）、建仁寺三十九世の無涯仁浩を開山として当初、東山清水坂あたりに創建され、後に建仁寺塔頭となる。室町時代に永源庵は現在の地に移ったという。さらに廃仏毀釈後、堂宇のみをのこした永源庵は明治六年（一八七三）に正伝院と合併し、正伝永源院と称することになり、有楽、その夫人、娘、孫の墓が正伝院旧地から移されている。また茶室如庵、旧正伝院書院の建物などは東京三井邸、大磯三井邸を経て、現在、愛知県犬山市の*有楽苑に移築されている。なお正伝永源院には平成八年（一九九六）に如庵の写しが「正伝如庵」として復元、建築されている。

松殿山荘【しょうでんさんそう】

京都府宇治市に*高谷宗範が営んだ山荘。宗範は、小座敷の茶のみならず、広間における茶、つまり書院式の茶を復興する目的で、大正七年（一九一八）、もと平安時代末期の関白・藤原基房の別邸（松殿）跡のこの敷地を買い求め、漸次茶室を建築。また他の屋敷から移築してきた。これらの建築群は宗範の考えである方円の思想、すなわち「心は円なるを要す、行いは正なるを要す」に基づいて設計されている。一方、明治時代末頃から建築界においては、日本建築をいかに近代化するかということについて、様々に意見が交わされてきた。宗範も建築界のこの動向に関して敏感であった。松殿山荘の建築群は宗範の実験であり、その解答でもあった。西洋的な要素を組み合わせることによって*数寄屋の新しい可能性を試みたものでもある。ちなみに宗範は、*武田五一が洋館を建てた芝川又右衛門邸の茶室も手掛けており、直接あるいは間接に建築家とのかかわりが認められる。宗範は精巧な図面を描いたとともに模型も作成していた。屋敷には中央南北に主屋が建ち、その東西に茶室など諸建築が点在する。主屋は、北側より建築された。北端の九垓廬（方三間、一階建、地階付、桟瓦葺、設計高谷宗範、施工中川徳一、一九二四年建築）は入母屋造の屋根を円筒ヴォールトとした形式で、中央の両端にはヴォールト風の破風が取り付き、それらが直交した形態は交差ヴォールト状になる。内部は八畳敷で三方に縁を廻し、網干の勾欄を付す。天井は折上天井で正方形とし、その中央に板張りの円形部を設ける。床は円窓をあけた平書院を備え、竹の床柱、大きな円形の節を見せた床框をもつ。九垓廬の南に六畳の文房室と四畳半で本勝手の炉が切られた*好古庵、そして八畳の中々居と次の間（桁行四間半、梁行三間半、切妻造桟瓦葺、設計高谷宗範、施行中川徳一）が隣り合う。中書院（桁行六間、梁行五間半、二階建、宝形造銅板葺、一階は葺卸造四方桟瓦葺、設計高谷宗範、施工中川徳一、一九二六年建築）は、別名瑞凰軒ともいい、大正十五年（一九二六）にスウェーデンの皇太子妃が来荘の折、休息の室として使用されたという。十畳と八畳の次の間が連続し、方形と円形の折上天井が連続し、西洋の教会堂のヴォールト天井を想起させる構成となる。床は台目畳三畳を敷き込んだもので付書院を備え、床脇には修学院離宮中御茶屋客殿一ノ間の霞棚の写しを設ける。中書院より色ガラスをはめ込んだ階段を登ると、二階は眺望閣と呼ばれる十八畳である。四方に中敷居窓を設け、展望を楽しむ場となっている。その上が宝形造の屋根で、露盤を下から円、八角、六角、方形を重ね球形の宝珠をのせる。中書院から大書院のあいだに中玄関を備える。式台を設けた形式だが、ヴォールト屋根をもち、三色に塗り分けられ方円の形態の折上天井を備える。大書院（桁行七間、梁行七間、一階建、入母屋造錣葺桟瓦葺、設計高谷宗範、施工中川徳一、一九二七年建築）は

松殿山荘　大書院の前庭より眺望閣を見る

直線的な入母屋造の屋根をもつ三十畳敷の大広間と八畳の仏間、物入が隣り合う。天井は折上格天井で、北側に床を寄せ、中央に火燈窓を備えた床脇、南側は一枚が一間幅でほぼ正方形の引違い襖を建てる。南から東、北へと畳敷きの入側を廻す。大書院の西側には大玄関が位置する。車寄形式で円弧状の起り屋根に切妻屋根をのせた姿で、本瓦葺である。天井は茨垂木を組んだ形式で、組物として瓢箪をかたどった斗をのせた出三斗を備える。軸部は丸柱と角柱が使用され、それぞれ礎盤として角と丸のものが使用されている。天五楼（桁行七間、梁行四間半、一階建、切妻造桟瓦葺、一九二八年移築）は大阪の天王寺屋五兵衛の屋敷にあった一室を移築したものである。江戸時代に大坂の豪商・天王寺屋が営んだ屋敷は、幕末から明治時代初めにかけて所有者の変遷が見られ、明治二十七年（一八九四）、宗範が入手したが、その時に手を加え、続き間の隣室を一間幅の入側とした。それはガラス窓を腰窓として連続した形式で、当時流行のサンルームのような扱いであった。天王寺屋五兵衛宅から移築した茶室には＊楽只庵と＊不忘庵、＊杣松庵がある。さらに庭間には撫松庵（撫松庵の項❷を参照）、＊蓮斎、＊春秋亭、＊仙霊学舎をはじめとする茶室に加え、聖堂（円堂、八角宝形造鉄板葺、設計高谷宗範、施工中川徳一、一九二六年以前建築）、賢堂（方一間、入母屋造鉄板葺、設計高谷宗範、施工中川徳一、一九二六年以前建築）、講堂と事務所（木造、建築面積三九二・五平方メートル、一階建、桟瓦葺、一九三一年）、美術館（鉄筋コンクリート造、一階建、スペイン瓦葺、設計あめりか屋、一九三四年）などの建築がある。

松涛庵【しょうとうあん】

石川県金沢市の金沢21世紀美術館にある座敷。もとは加賀藩第十三代藩主前田斉泰が慶応二年（一八六六）に子・慶寧に藩主を譲った頃、江戸根岸の隠居所冨有園の居室として造ったものである。のち昭和十一年（一九三六）、前田利為が神奈川県鎌倉市長谷の別邸（一八九二年建築の聴涛山荘。一九一〇年に類焼し、洋風建築として再建されたが、一九二三年に関東大震災で倒壊。その後、長楽山荘としてふたたび建てられた）に独立棟として移築し、松涛庵と命名した。書院構えの八畳の広間と土間玄関、水屋からなる構成で、入母屋造桟瓦葺の軒まわりを腰葺とする端正な破風が並ぶ外観であった。さらに昭和五十四年、金沢市の料亭に移り、平成十三年（二〇〇一）には金沢市が取得して、同十七年に現在地に移された。移築の際には、八畳に付随する部分が六畳の次の間にあらためられ、ほかに立礼席、水屋などが新造付加されて現在のような姿になっている。移築や改築を重ねているため、現在の八畳間がどの程度当初の構成を保っているのかわからないが、床まわりの構成は、斉泰が同じく根岸に建てたものと伝える成巽閣の＊三華亭に通じるものがあり、特徴的である。床は縁から離れた位置に構えた一間床で、床框には黒塗角框を入れ、落掛は、床から左の床脇棚の端までいっぱいに二間通しの竹を入れる。床の内部は次の間のほうへ袋床状に張り出しており、その壁に書院窓のような開口部がある。また、この張り出しとは逆の側の床柱は通例の位置になく、大きく曲がった孟宗竹の竹柱が奥のほうに立ち、これに付く壁に複雑な床脇棚の端が納まっている。床脇棚は三段構成で、違棚と地袋を組み合わせた下段、しゃれ木を戸にした袋棚の中段、その上に直に三角形の袋棚を重ねた上段となっており、棚の要所には工芸的技法も施され、三華亭の香煎席を大型にしたような構成である。なお室内木部や天井には弁柄が塗られており、かつては「赤い間」と呼ばれていた。また横浜能楽堂にある本舞台も、根岸の屋敷の遺構である。長楽山荘は昭和六十年に鎌倉文学館として開館。登録有形文化財。

松涛庵　主室より次の間を見る

松濤庵【しょうとうあん】

名古屋市西区の慶栄寺にある茶室。⇨慶栄寺の茶室【けいえいじのちゃしつ】

上棟式【じょうとうしき】

建築儀礼のひとつ。「棟上げ式」ともいう。棟木を上げ、木組（木組の項❶を参照）ができあがった際に執り行われる儀式。棟に扇子車（三本の扇をひらき、円形にしたもの）、破魔弓と破魔矢を供え、屋根上ないし屋下に祭壇を設けて供物をし、祝詞をあげる。この際、施主や施工者の名、祈願文を記した棟札を打ち付けることもある。式の後には酒宴が行われ、一同が棟梁を送っていく棟梁送りなども行われる。正式な上棟式は神官が執り行うが、それ以外では大工棟梁が司祭者として行う場合が多い。

城東むかし町家茶室【じょうとうむかしまちやちゃしつ】

岡山県津山市の城東むかし町家（旧梶村家住宅）にある茶室。⇨千草舎【ちぐさのや】

生得の山水【しょうとくのさんすい】

山や川、海など自然の景をいう。これが転じて、自然風景を模す庭園をも「山水」と呼ぶようになった。『作庭記』には「地形により、池の姿にしたがひて、よりくる所々に風情をめぐらして、生得の山水をおもはへて、その所々は、さこそありしかと、おもひよせおもひよせたつべきなり」とあり、作庭においては自然の風景にならって工夫をこらすべきことを示している。

小豆島石【しょうどしまいし】

石材の一種。香川県の小豆島北東部から産出する花崗岩。約八千万年前にマグマが固結してできた岩石で、地殻変動により表出した。白石や赤味、黒色鉱物が混じった色調豊かなもので、荒目で強固である。天正十一年（一五八三）に豊臣秀吉が大坂城築城に際し、小豆郡小豆島町、土庄町付近より産出する石材を多く石垣などに使用したことが知られる。当時、小豆島は豊臣方の領地だったため、加藤清正らによって採石されていた。その後、元和六年（一六二〇）に徳川家が大坂城改築を行った際にも使用されている。また江戸城や江戸山王神社鳥居（笠井家文書）、皇居石橋などに使用されており、一級三角点標石は、設置当初の明治時代初期は小豆島産花崗岩が使用されていた。

浄土庭園【じょうどていえん】

阿弥陀堂と園池とで極楽浄土を表現した仏寺の庭園様式。史料上は「仏堂前池」と記される。藤原道長が造営した法成寺（無量寿院）の庭園を嚆矢とし、平等院庭園（京都府宇治市、史跡及び名勝）、法金剛院庭園（京都市右京区）、浄瑠璃寺庭園（京都府木津川市、特別名勝及び史跡）などが現存し、白河上皇や後白河法皇が院の御所として造営した鳥羽離宮や法勝寺をはじめとする六勝寺では、御所に御堂が併設され池庭が造られていたことが長年にわたる発掘調査によって明らかとなっている。浄土庭園は、奥州藤原氏の毛越寺庭園（岩手県西磐井郡、特別名勝）はじめ諸国の寺院庭園に波及し、鎌倉時代の庭園文化にも大きな影響を与えることとなる。称名寺庭園（神奈川県横浜市、境内は史跡）や永福寺跡庭園（神奈川県鎌倉市、史跡）は鎌倉時代の浄土庭園の代表例。

湘南亭【しょうなんてい】

京都市西京区の西芳寺にある建物。下段庭園南西部の池畔に建つ。現在の建物は慶長年間（一五九六～一六一五）に、千少庵が隠居するにあたり、この地を選び、再興されたと伝えられるが定かではない。また幕末期には岩倉具視が隠棲したとも伝える。湘南亭は暦応二年（一三三九）、夢窓疎石がこの寺を禅寺として中興し、作庭した当時から存在した庭園建築の一つであったが、現在とは異なる位置にあったとみられ、慶長年間に再建されたのであればその際に位置もあり方も一変したと考えられる。この茶室が少庵によって建てられたとする場合、少庵の没した慶長十九年（一六一四）以前の造立となる。南は土塀と並び、東西と南北の棟を矩折に接続している。北端に広縁を設け、南へ四畳台目の茶室と六畳の次の間を続けて主屋とし、そこから矩折に西へ長四畳の廊下の間と待合からなる付属棟を接続させている。外観は、東西の付属棟はわずかに起りを帯びた屋根の切妻造であるが、南北の主屋の棟は北側を入母屋造、南側を寄棟造として、全体を一つの建物としてまと

湘南亭　広縁と茶室部分外観

めている。北側の妻壁には*破風や*垂木形を使わず、*束と母屋（母屋の項❸を参照）だけをあらわし、軽快な表現を工夫している。地面は北側がやや低くなっており、広縁では舞台造のように床が高く造られる。*丸太柱に丸太の*垂木で、屋根には軒先に少し反りを付けて、軽快のうちに気品のある外観を形成しており、広縁はこの建物中、最大の特色となっている。三方とも*桁の下端までいっぱいに吹放され、開放感がある。縁前端の二本の柱はともに*皮付丸太、軒には竹を張り、垂木は*磨丸太と皮付丸太を取り交ぜる。天井は一面を土で塗りあげた*上天井となる。手摺は丸太の*架木と束を用いながら、三方とも高さと意匠を変えている。広縁の南側は、

湘南亭　茶室　点前座と床側

中央に柱を立てて二分され、その東は*腰障子を*引違いに建て込み茶室に接続し、西は皮付の曲がり木の*楣を入れ、下方を吹放して*土間庇に面している。土間庇は*側柱の並びの内側に納まり、完全に間取りの中に組み込まれている。床の*墨蹟窓にあたる*下地窓の上に一重の*刀掛を設け、下にやや高さのある*刀掛石を据える。廊下の間の横の待合から土間庇までは園路でつながれており、*蹲踞に近付いたところから*飛石が土間庇へと向かう。蹲踞は*手水鉢の左右に*手燭石と*湯桶石を置くだけで、石燈籠は添えられていない。茶室の入口は腰障子を建てた*貴人口で、前には幅狭い小縁が付いている。この縁の出は明り床（*付書院）の出っ張りを利用している。茶室の内部は四畳台目で、長四畳に*台目畳の点前座を付け、台目幅の床を勝手付に設けて*亭主床とする。*床柱は*なぐり、*北山丸太の*床框を取り合わせて*板床とし、わびた意匠にまとめ、墨蹟窓をあけている。点前座は炉を*台目切に切り、*風炉先窓があけられ

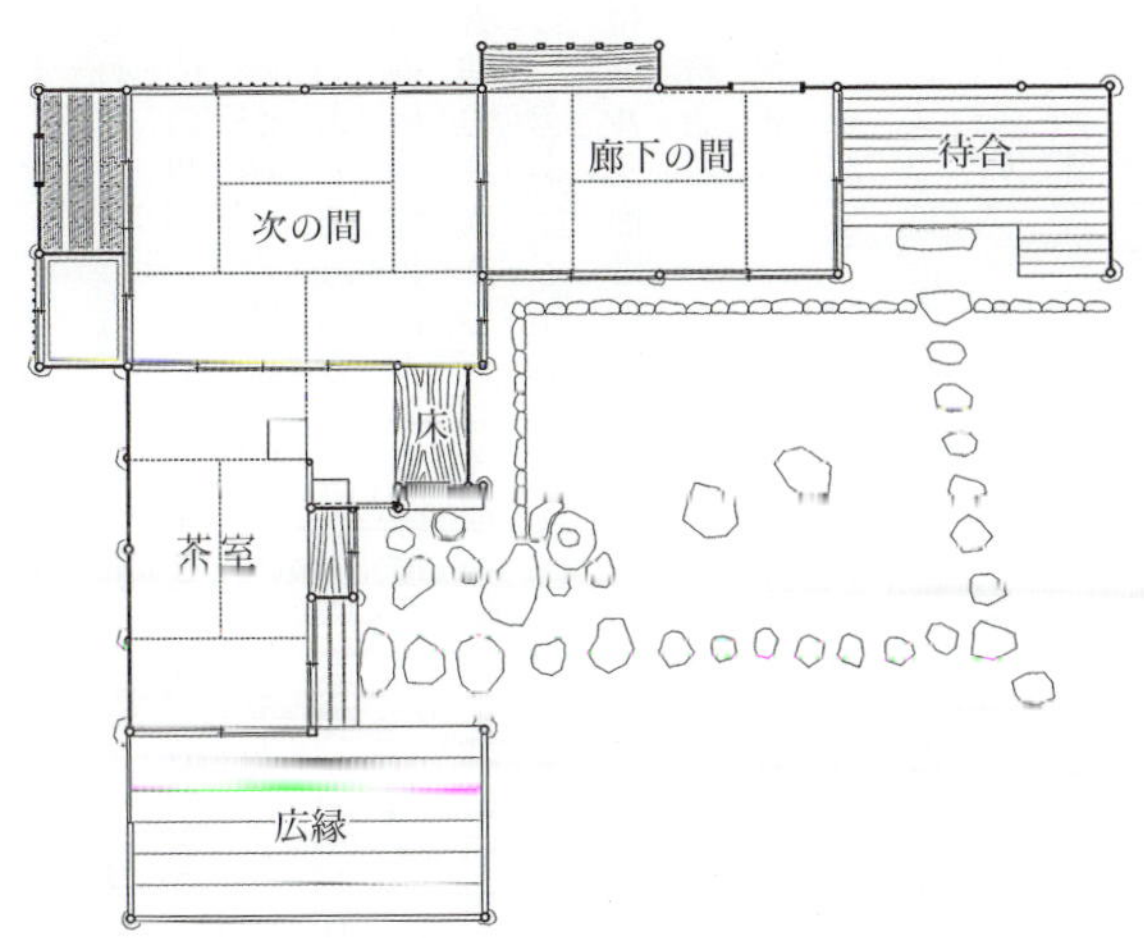

湘南亭

る。*中柱は栗丸太に鋸目を施して、ほどよく曲がりを与えている。袖壁には*引木を入れて下を吹抜き、*雲雀棚を釣るがこれは*古田織部らの武家の茶の湯の手法で、亭主床とあわせて利休流とは異なる構成を示している。客座四畳の北側は広縁と接し、茶室と同時に障子を開放し、庭園の眺めを楽しむ機能も有している。そのために茶の湯にとって欠かせない点前座や床までも南側へかためて配置したと考えられる。そして細長い四畳を無味にしない工夫として明り床が設けられた。客座四畳の四面中央にある明り床は、地板から三尺二寸五分の高さに*無目を入れ、下方に頂部が丸い*木瓜形に似た形の*火燈窓をあけ、その上には*明障子をはめ込んで

いる。*鏡天井の中央には*蛭釘を手前に向けて打つ。天井は一面に*竿縁天井としており、座敷にも茶室にも使える構成が企図されている。次の間六畳の東側には一間半の押入が付いており、その中は仕切られて向かって左に*長炉、右に水屋が備えられている。続く長四畳の廊下の間には南側に*出格子の窓が設けられる。この窓は室内では上、下段に分かれ、下段は板戸を建てて*地袋に利用できる。湘南亭はいわゆる利休流の茶室ではないが、史料を通じて知ることのできる少庵の作風は、必ずしも*千宗旦以後の利休流の作風と合致するものではなかったから、少庵の作を否定することも難しい。この建物は茶の湯と生活の両面の機能が備わった建築物であり、さらに庭園建築としての性格も有している。重要文化財。

相伴石【しょうばんいし】

連客石と同じ。⇒連客石【れんきゃくいし】

松帆榭【しょうはんしゃ】

石川県金沢市の専長寺にある茶室。同寺の建つ北前船の湊町、金石(旧宮腰)を本拠地とした豪商・銭屋五兵衛が、文政八年(一八二五)に家督を子の喜太郎に譲り、天保三年(一八三二)頃に御塩蔵町に建てた隠居所の茶室が松帆榭である。隠居後の記録『年々留』には、茶道具、露地の石や燈籠などを京で購入したり、天保七年に*裏千家十一代玄々斎精中から西山名所棗を贈られたりしたことも記されており、五兵衛が茶の湯で京との関係を深くしていたことが察せられる。茶室が専長寺に移ったのは、安政三年(一八五六)以後のことと考えられている。松帆榭は内部が四畳半で、炉は四畳半切本勝手。現状ではこの茶室の西に三畳の水屋、下座のほうに六畳茶室が続く。床は座敷の幅いっぱいに松の一枚板を敷き込んで、床柱の背後に壁を設けて二分した右半分を踏込床としている。ただ、背後の壁の下部は完全に吹抜かれているので、床と床の脇は地板を介して一続きに見え、一枚板の豪華さと構成の軽快さとをあわせもった床構えとなっている。茶室の東側は土縁、西側は三畳の水屋が接しているが、土縁と茶室の境の壁面は、大きな墨蹟窓、障子二枚建の貴人口、欄間、という三つの開口部を設けて光を十分にとり入れ、茶室内に暗がりや陰が生じないよう図られている。なお土縁は深さが五尺あり、上部はゆったりとした化粧屋根裏になっている。またこの土縁は南側に接続する六畳にも続いており、二つの土縁の境に建つ袖壁には、小さな潜りがあけられている。なお、松帆榭四畳半と六畳茶室それぞれの土縁の上り口に据えられた沓脱石は、南方座の樹木の化石と伝えられている。

相伴席【しょうばんせき】

茶室において相伴(正客に供した者。また正客以外の客)の人が同席できるように工夫した空間。「別畳」とも称される。歴史的にみた場合、正客以外の相伴のものは茶室に入れなかったこともあったが、その者たちを招じ入れるために造られた。一方では正客ではないという意味から、下位の空間としての意味もある。現在では客の人数が増えた時に空間の大きさを変えるためのものとして設置される。*藪内家の*燕庵が好例。引違いの建具によって区分された空間は、畳一畳強の大きさで、大きな勾配の化粧屋根裏をもつ。『宗箇様御聞書』には「三畳大目ニ通イ一畳付タルヲ織部格ト云也」とあり、また「通い」とも称されていた。一方この空間は給仕口からの通路ともなり、茶事における初座の時は着席することができない。この使い勝手は『*茶譜』に次のように記されている。「四人ニ及時ハ末座一人ハ一畳ノ所へ出テ居ル、炭ノ時ハ出テ見、炭過テハ本座へ帰、如此一人ハ、畳ノ所へ出テ居ルコト振舞ヲ出ス砌通仕カタシ、一人此所へ控居ユへ通ヨシ、尤火炉裏ノ方向テ居へシ」とある。四人の時は末座の人が相伴席に座るが、「振舞」すなわち初座の料理の時は、この部分から給仕を行うので相伴席に人がいると通りにくい。しかし炭の拝見のあと三畳の内側に炉のほうを向いて着席すれば給仕は可能だという。また後座において大勢の客が床の花を拝見し、床を上座として着席する時の方法について次のようにある。「大勢ノ時各床ノ置切ヲ見ル間、一両人モ又仮一畳ノ所へ出テ居、末座マテ不残置合ヲ見仕舞テ座ニ着時、右ノ一畳敷ニ控居ル人、敷居ヨリ内へ入テ床前ノ本座へ、居ナヲルヘシ、之ハ床ノ花ヲ見ル人へ座ヲ広シテ、緩々ト見スヘキタメナリ、之モ此座敷ノ習也」。すなわち床の花を見たあと、相伴席の一畳に着席し、最後の人が見終わったあと、本来の床前の上座に着席する。これは床拝見の時に席を広く見せる工夫で、この茶室の習慣であるという。また『茶譜』には「貴人招請ノ時此所ノ畳ヲ取テ円座ヲ敷、相伴ノ者ヲ可置タメ也、一畳ヲ取テ板敷ニスルユエニ、三畳ノ所則上壇ニ成、尤貴人招請ノ外常ハ畳ヲ敷」と記され、貴人を客に迎えた時はこの空間を板敷きにし、畳敷きとの格に差を付けたことが記されている。

松浜軒【しょうひんけん】

熊本県八代市にある松井家の邸宅及び庭園。肥後国熊本藩細川家の家老で、八代城代であった松井直之が元禄元年(一六八八)、その母・崇芳院尼のために造った。「浜の茶屋」とも呼ばれていた。茶室は主屋内に本席、庭内に林麓庵と綴玉軒がある。本席は、明治四年(一八七一)以前の建築。三畳台目で二方に縁が廻る。向切本勝手に炉を切り、床は風炉先床で椎の床柱が立ち、床框は真塗。天井は竿縁天井で、下端の面の部分だけ木地をのこし後は黒塗としている。縁側との境には黒塗の框の腰障子が建つ。縁は榑板張で天井が化粧屋根裏。この天井は杉皮張で垂木には小丸太と角物(断面が四角になる角材)を交互に入れ、間垂木には細い雑木の曲がり木が使用されている。縁先には手水鉢が設けられている。林麓庵は明治四年に、藩主の鷹狩りのための麓御茶屋から移築された建物。平面は六畳半で、正面中央に一間床を構え、床脇の半間には違棚と天袋を設ける。点前座は床脇の対面で、四畳半切に炉が切られ、風炉先に付書院を備える。綴玉軒は、明治四年頃の移築と考えられ、庭内で上げていた花火にちなんでの命名という。二階建の建築で、一階に四畳半を二つあわせた形式の九畳、三畳、四畳半上座床など、二階は七畳半に縁を設ける。九畳は薄茶席として使用されることが多く、四畳半切逆勝手に炉を切り、対面の壁面が壁床となり、通常は置床を設置する。中央の三畳が水屋、そして四畳半は濃茶席として考慮されたものである。旧熊本藩八代城主浜御茶屋(松浜軒)庭園の名称で名勝に指定されている。

松浜軒　外観

生風庵【しょうふうあん】

愛知県名古屋市中区の吉田家にある茶室。吉田家は初代紹和(一八一四〜九四)が*表千家十代吸江斎祥翁の門に入ってより、表千家の茶家として中部地方の茶の湯に重きをなしている。紹和は茶室や露地の設計に秀でており、長野県や静岡県などでも作事にあたっている。吉田家は代々「生風庵」を号しており、その名を継いだ茶室生風庵は初代紹和が二畳台目を、四代紹清が大正時代(一九一二〜二六)に三畳台目を好んでいるが戦災で焼失した。また現在の茶室は昭和二十年(一九四五)頃に五代堯文(紹村)が建てたもので、四畳半台目となっている。

松風庵【しょうふうあん】

❶鳥取県米子市の後藤家の離れ座敷である長楽軒にある茶室。文化年間(一八〇四〜一八)に後藤家六代市右衛門直満によって庭内に造られたもの。後藤家は六代直満以来「松風庵」とともに三斎流の茶の湯を伝えているが、ちなみに十三代市右衛門の夫人・李斎松風庵は、昭和八年(一九三三)に島根県安来市の清水寺塔頭蓮乗院にある古門堂(古門堂茶席の項を参照)の六世となり古門堂道統復興に尽力した。平三畳下座床で貴人口の正面に台目幅の洞床があり、床柱はまわり八寸一分の大南天で、高さ六尺あまり、上部は四筋に枝分かれしている。点前座には大きめの風炉先窓をあけ、脇の中柱には曲竹が用いられる。南天の床柱と曲竹の中柱が相対して空

間に変化をもたらしている。なお、長楽軒は後藤家十二代市右衛門快五郎が建てた数寄屋風の離れ座敷で、八畳の主室と六畳の次室からなる。主室には黒漆の床框を入れた一間床があり、窓側に琵琶床を設け、火燈窓が付く。次室には一間半の踏込床があり、中央の床柱は皮付丸太で、落掛は緩い曲がりのある女竹である。床脇壁に設けられた円窓を開くと庭の燈籠が見える。伝来の茶室松風庵もうまく取り込まれている。後藤家住宅主屋は重要文化財に指定されている。

❷神奈川県中郡大磯町の加藤正治の別荘にあった茶室。加藤正治（一八七一〜一九五二）は東京帝国大学教授や中央大学学長を歴任した人物で、和敬会の加藤正義の養子となって実業家茶人らと親交した。号は犀水。昭和二年（一九二七）に竣工した。大磯停車場に面する山手の一郭、崖の中腹に三畳寄付、登って背後に懸崖を背負って三畳台目の寸松庵（寸松庵の項❷を参照）写しの小間、さらに一段小高い丘に八畳広間を配し、植込みのあいだより相模湾の白砂青松を眺望した。現存せず。

❸佐賀県唐津市の高取家住宅にある茶室。⇩高取家住宅【たかとりけじゅうたく】

松風閣【しょうふうかく】

兵庫県神戸市須磨区の西尾家住宅にある離れ。⇩西尾家の茶室【にしおけのちゃしつ】❷

松風亭蘿月庵【しょうふうていらげつあん】

福島県白河市の南湖神社にある茶室。同社は陸奥国白河藩松平家の第三代定信が、享和元年（一八〇一）に築造した南湖公園（史跡、名勝）に鎮座する。もとは寛政年間（一七八九〜一八〇一）に白河藩士の三輪権右衛門が、茶人であった父・仙鼠のために九番町の別邸内に建立したといい、定信より拝領した茶室図面に基づいて建てられたと伝わる。文政六年（一八二三）の松平氏の桑名（三重県）への国替えに際して家臣・常盤惟親に譲渡され、道場小路の屋敷へ移された。大正十二年（一九二三）に南湖神社に寄贈、現在地に移築された。定信も訪れ、その筆による掛軸の「垂桜」や水盥の「蘿月」などものこされており、これが席名の由来となった。寄棟造茅葺の外観で、内部は二畳台目と四畳半の待合が水屋でつながっている。点前座と客座の境には仕切り壁を下げ、二枚の太鼓襖とした道安好みの席である。また南湖公園には定信が建てた*共楽亭がある。

松風亭蘿月庵　内部

松風楼【しょうふうろう】

*表千家の茶室。大正十年（一九二一）、十二代惺斎敬翁によって新しい稽古場として建てられた広間。玄関の西に続き、内部は八畳の座敷を中心に三方に*鞘の間（*入側）をめぐらし、西の鞘の間北端に水屋の間を設けている。座敷は、北側の正面中央に*一間床を構え、右に*琵琶台を設け、その脇を三枚障子の*平書院としている。琵琶台との境の床の*相手柱を省いて、桐の*束を立て、*落掛を右端まで一線に通し、新しい構成を取り入れている。床*框には、*見付一面に大きな*はつり目を施した*溜塗の丸太を用いる。琵琶床と琵琶台の境の壁付には丸太柱を立て、琵琶

松風楼　床側

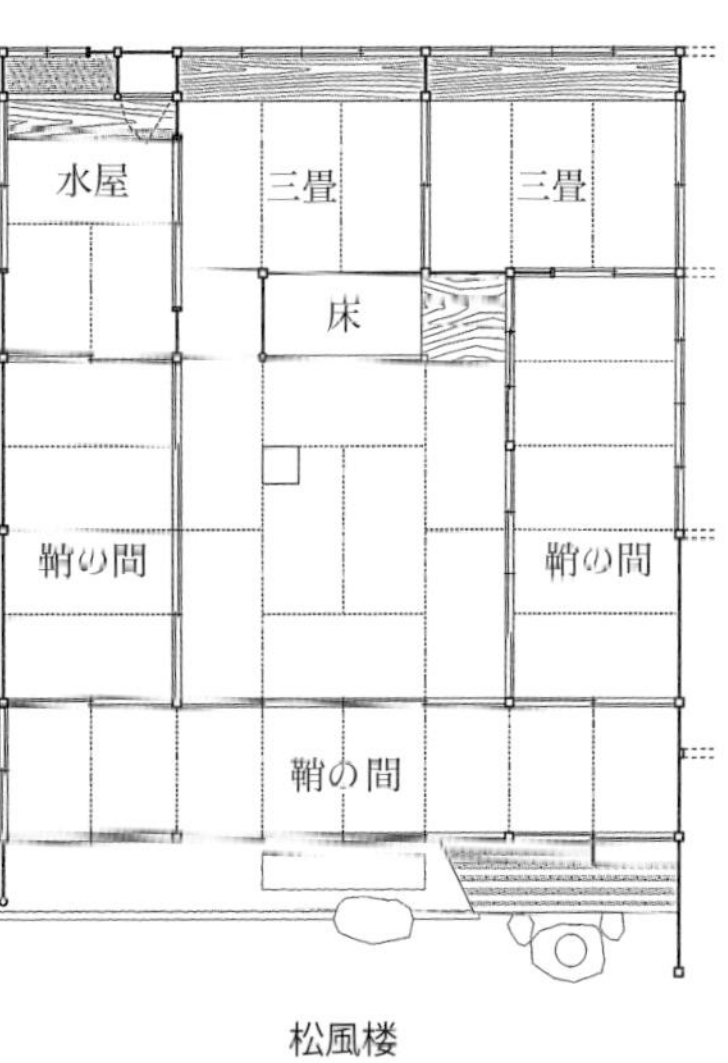

松風楼

台の上に釣られた*喚鐘用の*撞木を掛ける釘を打つ。座敷は*面皮丸太の柱、五尺七寸の高さに*鴨居をめぐらし、小壁には欄間窓をあけ、天井は一面に*竿縁天井をおよそ八尺の高さに張っている。*長押はなく、*付鴨居を取り付けている。このような八畳敷で入側を付した広間を、七代如心斎天然は*七事式のために考案したと伝えられる。松風楼はそうした如心斎の好みに基づいて、新時代の稽古場として惺斎が工夫した広間である。表千家の広間の手本として普及している。

障壁画【しょうへきが】

可動の障屏具に描かれた障屏画と、*張付壁に描かれた壁画の両者を含めて称する絵画。平安時代以来、室内装飾として重要であった。織豊時代には壮麗な金碧障壁画（金箔地に群青、緑青、白緑、朱などの濃彩色で絵を描く）も生まれた。これらは狩野派一門によって創造され、城郭や御所の御殿などに描かれた。有名なものに、二条城二の丸御殿、名古屋城本丸御殿、江戸城御殿（下絵現存）、南禅寺大方丈（旧正親町院御所寝殿と新上東門院御所対面所）、勧学院客殿などがある。障壁画の画題が部屋の名前になるなど、その存在は大きかった。

松瞑【しょうみん】

*松平不昧が*大崎園に営んだ茶室の一つ。園庭の南端、*東福寺の通天橋にちなんで沖天橋と名づけられた橋を渡ったところにあった。『大崎名園の記』には「渡りなせば松瞑の御茶屋なり。こゝも入口に額打ちて松瞑の文字、清巖の書にて名印もあり、古木に彫りて、胡粉塗なり。此御茶屋作りやう、特に面白く、叩きの所にて長段あり、骨石をねり、土に混ぜ磨き出したるなり。石は出雲国の産のよし。磨ぎざまつやつやしく光りて宜し。張出板椽の處より左を見れば、御殿山よく見渡さる」と記されている。「松瞑」の額を掲げる唐戸を開くと三和土で、左手に榑縁の腰掛があり待合となっている。縁の前には青石の長壇を敷き、向かいは竈土を備えた二畳で、茶室とは板縁でつなげられている。茶室は三畳向切枡床であるが、客座と点前座は半間ずらして配置されており、点前座と枡床のあいだの壁には下地窓があけられている。客座の南には二枚障子を建て、その外に張り出しの榑縁が付き、勾欄をめぐらしている。大崎下屋敷の南端は文化八年（一八一一）に拡張された部分であり、東館（不昧の正室・彰子の住い）はこの年に完成しているが、松瞑もこの頃に造られた茶室と考えられる。

匠明【しょうめい】

江戸時代初期の建築書。江戸幕府の大棟梁である平内吉政、政信父子の著。「殿屋集」「門記集」「堂記集」「塔記集」「社記集」の全五巻。巻末に慶長十三年（一六〇八）の政信、同十五年の吉政の奥書がある。近世初期の禁裏や諸寺社、城郭などの建築の形状や大きさ、構造、建築費用、工事仕様などを記している。木割書（建物の各部材の寸法を割合で示した書）で、完備したものとしては現存最古のもの。

正面茶道口【しょうめんさどうぐち】

⇩突込み茶道口【つっこみさどうぐち】

突込み茶道口と同じ。

定紋【じょうもん】

家々で決まっている紋。家紋や紋所と同じ。*三千家の家紋は独楽紋であるが、それぞれ形が異なる。独楽紋の由来は、千利休没後、再興を許された*千少庵が*豊臣秀吉に召し出され、独楽香合を拝領したことによる。ちなみに表千家の表門には、独楽紋を配した瓦が葺かれる。

城門【じょうもん】

*城郭建築における門の総称。形式及び規模を問わない。城郭内の門を設ける位置により大手門や搦手門、また形式により高麗門、渡り櫓

門、木戸門などがある。

小用返しの石【しょうようがえしのいし】

砂雪隠の役石のひとつ。「小便返し」ともいう。砂雪隠内、つぼを中心に、前方に据える石。後方の裏返し石と対するものである。『石州三百ヶ条』に図とともに「小用返し石、ねり土より六七寸高く、但、ふミまたぎ石より四寸斗高」とある。『茶道筌蹄』には「入口の石を戸下の石といふ。両方を踏石といふ。向を小便返しと云。後をウラ返し、此四ツの石の間より砂を撫込、勝手の方に積む」とあり、砂雪隠内に据えられる重要な役石である。また『古田織部正殿聞書』では「前石」とされ、この場合、裏返し石は「跡石」とされる。（付録5頁参照）

松籟庵【しょうらいあん】

❶京都市右京区にある近衛文麿の旧別荘と伝えられる建物。嵐山渡月橋の上流に保津川に面して建つ大正時代（一九一二〜二六）建設の邸宅で、離宮になぞらえた風雅な意匠でまとめられている。川沿いの斜面から懸造でせり出す主体部に次の間付きの十畳座敷を設け、さらに五畳半の茶室が川側に突出する。座敷は、琵琶台をもつ床、竹の節欄間、修学院離宮中御茶屋の写しである縁の網干の欄干などが目を引く。茶室は十字に梁を組み、天井は化粧屋根裏とし、川側には山道火燈の窓をあける。

❷新潟県新発田市の市島邸にある茶室。⇩市島家の茶室【いちじまけのちゃしつ】

浄楽亭【じょうらくてい】

東京都港区の畠山記念館にある茶室。昭和四十年（一九六五）頃、茶室毘沙門堂を現在の場所へ移動した際に増設したもの。当時病気療養中の畠山即翁に代り、東京美術倶楽部社長の山田瓢庵が同記念館の茶室明月軒に準じて構築した。外観は切妻造桟瓦葺で、正面に庇を付けている。広間十畳に水屋八畳を配し、水屋八畳から二畳の水屋を通じて毘沙門堂を連結する。広間の床脇には袋棚が設けられている。扁額は即翁米寿の筆。

小蘭亭【しょうらんてい】

滋賀県長浜市の安藤家にある煎茶室。安藤家は、長浜で織豊時代から十人衆と呼ばれる町年寄役をつとめ、明治時代以降も近江商人として東北地方を商圏に絹糸紡績の製造と呉服店の経営を行った。小蘭亭は、安藤家十二代当主によって、主屋西側の離れとして、大正二年（一九一三）に建てられ、庭園の古翠園を望む入母屋造桟瓦葺の高床建築である。新築当時、長浜に北大路魯山人が食客として逗留しており、小蘭亭の新築を機に安藤家の食客となって、小蘭亭の内装すべてを手掛けることとなった。主屋縁側から小蘭亭に続く渡り廊下がのび、南面二間に四枚のガラス戸が建て込まれ、古翠園に向かって全面が開放されている。ガラス戸の内側に取り付けられた勾欄は、籐が氷裂模様に組まれ、笠木には竹が用いられている。廊下の突き当たりに小蘭亭の入口があり、魯山人が「壽」の文字を透彫りした観音開きの扉が建て込まれる。座敷には、魯山人による意匠として、まず西面の襖は青で「長楽未央」（長い楽しみは未だなかば）「千秋萬歳」（長生きを祝う）と書かれている。その南側には地袋付きの床があり、地袋は天板の正面木口が金で塗られ、小襖は金地に「福壽」の文字を様々に図形化した文様が彫られ、そのまわりを取り囲むように朱と緑で着彩した雷文が彫り込まれている。北面東側に半円状の障子をはめ込んだ源氏襖が二枚建て込まれ、西側には廻縁下に織部床が設けられる。源氏襖、及び西面の襖の引手には反時計回りに、中国・晋の王羲之が著した「蘭亭序」の一節「是日也天朗気清」（是の日也、天朗らかに気は清み）が彫られている。東、南面の中国意匠のガラス窓の外側には、中国で靠背欄杆と呼ばれる欄干が廻る。天井意匠については、魯山人による意匠として、緑と黒で板目のようなものが描かれ、天井中央部には「喜」、もしくは「壽」を図形化した文様が青で描かれている。

青蓮院【しょうれんいん】

京都市東山区粟田口にある天台宗寺院。天台宗五箇室門跡の一つ。粟田口御所とも呼ばれる。比叡山の住坊の一つである青蓮坊が起源であるという。久安六年（一一五〇）、天台座主の行玄の時に門跡寺院となり、青蓮院と改称された。歴代の門跡には史論書『愚管抄』を著した三代慈円や能書家で知られた十七代尊円法親王がおり、尊円の書風は青蓮院流と呼ばれ、江戸時代に流布した「*御家流」の開祖となる。また尊鎮法親王の周辺には三条西実隆、*宗珠、池坊専応など、連歌、茶、花、香にかかわる人たちが集い、「数寄の要」となった。青不動明王二童子像（青不動、国宝）ほか文化財が多い。山内には豊臣秀吉の寄進と伝えられる*一文字手水鉢、後桜町上皇が学問所として使用した茶室*好文亭、*相阿弥や*小堀遠州の作と伝えられる庭園も知られる。

青蓮院の煎茶室【しょうれんいんのせんちゃしつ】

京都市東山区の青蓮院にあった煎茶室。現在はほとんどその存在が知られていないが、『煎茶室』（建築写真文庫六十、一九五七年刊）に、写真と平面図、及び若干の解説が収録されている。同書には、昭和五年（一九三〇）建設と記されている。平面構成は玄関、香煎席、水屋、煎茶室の四室からなる。北側に三畳大よりひと回り大きい土間の玄関があり、その南面西寄りに香煎席への上り縁がある。香煎席は四畳半で、玄関に接する北面西半（四分の三間）に玄関からの踏込、東半（四分の三間）に床がある。香煎席の西は、四畳半の水屋で、北面西側に間口一間の棚と流し、東側に間口半間の物入がある。香煎席から水屋にかけての南に、八畳の煎茶室が続く。煎茶室の西面南寄りには間口一間半の床、その北には間口半間の床脇がある。床脇の前方には一畳の点前座を設け、その南東隅に中柱を立て、そこから北に上部が湾曲した腰壁を設けて画す。また、南面東側には間口一間の付書院がある。煎茶室の外側南面から東面にかけては、矩折に土間庇が付く。また、水屋の西には、南北にのびる縁があり、その南端、すなわち煎茶室の床の裏側に、便所が設けられている。特徴的意匠を見ると、煎茶室の框床の上部、垂れ壁の両端が一段下って、落掛と一連の雷紋となっている。付書院の西端は手摺となって、上半に卍字の透かし模様を組む。その西側一間には腰障子を二枚引違いに建て込むが、その腰板にも卍字模様を施す。天井は、四周が斜めに折れ上り、中央部に網代、四周に緞子を張る。中国意匠を随所に配した煎茶室である。

松露庵【しょうろあん】

東京都武蔵野市の市立古瀬公園にある茶室。同園は宮内庁御用達の簞笥商・古瀬安次郎の別邸があった地を譲り受け、昭和四十九年（一九七四）、市立公園として開園した。松露庵は昭和時代初期に建てられた旧古瀬別邸の建物を茶室として改修したもの。水屋を兼ねた広間は一間半に琵琶床をもち、床脇は地袋を備え、長押を廻す。三畳台目下座床の小間は躙口をあけ、床と矩折に火燈口形式の給仕口をあける。庭は昭和十年から八年の歳月を費やして造られたものである。

初飾り【しょかざり】

*表千家の*棚物点前において、最初に点前を始める時の荘り付けをいう。点前が終われば初飾りに戻ることはなく、初飾りとは違った荘り付けにするものとされる。

燭石【しょくいし】

❶燈籠の役石のひとつ。燈上げ石と同じ。⇒燈上げ石【ひあげいし】
❷蹲踞の役石のひとつ。手燭石と同じ。⇒手燭石【てしょくいし】❶

植栽【しょくさい】

植物を植えること。また植えられる植物をさす。

触杖【しょくじょう】

乾屎橛と同じ。⇒乾屎橛【かんしけつ】

卓棚【しょくだな】

*床脇に設けられる*飾棚の一種。「たくだな」と読ませる雛形本もある。江戸時代に棚雛形として定型化される四十八棚の一つ。『増補大匠雛形

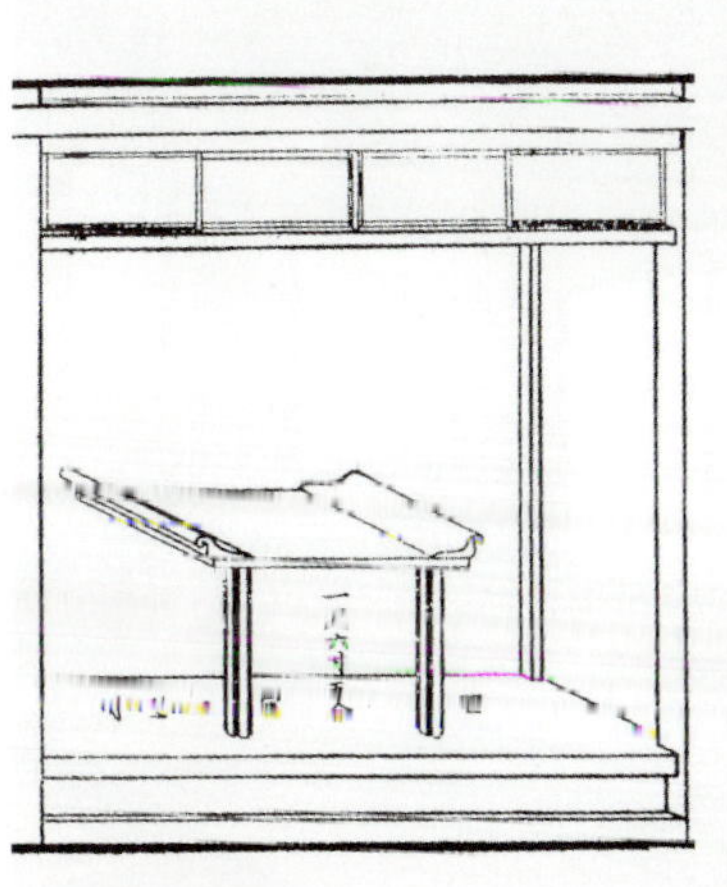

卓棚 『増補大匠雛形四 新板棚雛形』

四 新板棚雛形』(一八六六年刊)には「是ハ押板の上座なきに吉、此上にたくせん(謫仙。神仙にたとえられるような非凡な才能をもった人物の意。大詩人などを称える語で、特に李白をいうことが多い)をかけ、連歌哥なとにもち(用)ゆ」とある。また「古法ハ上に袋棚なし」と記し、古い形式では*天袋を設けないことを示す。『伊勢家用来荘飾門口伝書』(一七七一年写)には「卓棚冠棚なとも貴人を招請申程の座ならハ可用、左なくハ無用たるへし」とあり、その用法に規範があったことを記す。

初座【しょざ】

茶事において、*炭手前と*懐石のある*初入りの席のこと。茶事を*中立を挟んだ前半と後半とに分ける場合、初座は前半の席で、後半の席は*後座となる。初座は後座の陽に対して陰の席とされる。窓には*簾、床には掛物を掛ける。

初座床【しょざどこ】

茶事の*初座における床荘りをいう。基本とされる*正午の茶事では、初座床は掛物、後座床は花となるが、茶事の趣向によって多様である。時間帯によっては掛物と花が逆になることもあり、また掛物の前に茶道具が荘られることもある。

如春庵【じょしゅんあん】

愛知県名古屋市緑区の加藤家にある茶室。もと一宮市苅安賀の森川勘一郎(如春庵、一八八七〜一九八〇)邸にあったものを平成五年(一九九三)に現在地に移築した。『東都茶会記』大正五年(一九一六)十月十九日の条に*高橋箒庵を招いた席開きの記事が掲載されるが、それによると茶室名は*澤庵宗彭筆の二大字「如春」の掛軸から採られ、勘一郎の号ともなる、とある。勘一郎は代々刈安賀に住む富農家に生まれ、*益田鈍翁らと交流があった数寄者。『東都茶会記』では、本茶室は勘一郎が熱田(名古屋市)の某家から移築したもので百五十年ほど経っている茶室と記されるが、確証はない。森川邸では床が西面していたが現在は南面する。外観は切妻造桟瓦葺の屋根に出庇を付け下ろし、破風に扁額を掲げる。この破風と矩折にある躙口前には土間庇を付している。間取りは*庭玉軒に似ており、床を含め全体四畳半弱の大きさ。内部は二畳台目に踏込畳としての台目一畳を加え、床に五寸の前板を入れる。炉は台目切。点前座には二重棚を釣る。まわり茶道口で洞庫を設ける。天井は三段構成で、化粧屋根裏に突上窓をあけるが、垂木の間隔は変化を付けて配され広くとり、突上窓の障子も幅広で三つ割に組子を入れるなど独特である。風炉先窓の障子、躙口上部の片

後座床

初座床

如春庵　点前座より躙口側を見る

引き障子、貴人口の腰障子も同様に三つ割の組子を入れる。

舒嘯庵【じょしょうあん】

愛知県江南市の栗本家にある茶室。もと一宮市苅安賀の森川勘一郎（如春庵、一八八七〜一九八〇）邸に明治四十一年（一九〇八）、下村西行庵（実栗哉明、一八三三〜一九一六）の縄張によって造立された。建物は台目二畳と半畳前板入、向切台目床の本席と、三畳洞床で水屋棚を備え、丸炉をもつ控えの間、また控えの間に通じるL字形の板縁の三部構成で、板縁に接して腰掛がある。わずか七坪弱の規模の中に茶の湯のための工夫が最大限に発揮される。全体方形に近く、屋根は宝形造茅葺で頂きに素焼きの瓶がのる。本席は、切妻造桟瓦葺で棟瓦を北にして葺かれ、檜皮葺の庇が付く。なお当初の冠瓦は、樂家十二代弘入の作である。本席は東面して建ち、台目畳の点前座には洞庫を設け、炉を向切に切る。客座は台目畳と台目の切欠け畳で構成され、床前に一尺五寸幅の前板を敷き、その分、床が奥へと入る。斜行する壁にあけられた連子窓と下地窓は曲がりのよい桁と調和がとれ、奥行きを感じさせる。天井は点前座の蒲天井が前板上まで続き、床前が平天井、客座上は化粧屋根裏に突上窓をあける。窓は全部で八カ所あり、室内は明るい。控えの間は丸炉を備え、本席の水屋であるとともに二畳隅炉、洞庫（水屋棚）と相伴畳付の茶室ともなる。床は下座に台目幅の洞床があり、点前座正面に鱗板の入る踏込床が付く。腰掛待合は軒先が一・七五メートルと低い檜皮葺庇の差し下ろしで、入隅には一重棚を釣る。腰掛の背面東側の腰に二枚引違いの障子を建て、西側上方に連子竹を内法材内部に建て込む障子窓とする。なお扁額は小堀権十郎の筆跡と額裏に西行庵が書き記しており、水屋の天袋板戸にも「竹の絵并びに席とも之を好む　七十七翁哉明（花押）」と書きしるす。また棟札に「明治四十一年十一月一日　下村實栗好　主森川勘一郎　大工杉山銀治」とある。

舒嘯庵　外観

如箭庵【じょせんあん】

京都市上京区の長徳寺にある茶室。長徳寺は*山田宗徧の生家。宗徧好みと伝えられる明顧寺の茶室*淇菉庵を写したもので、*宗徧流八世外学宗有が建て、昭和二年（一九二七）に席抜きが行われた。庵号は宗徧の号である如箭子にちなむ。一畳台目向板入の茶室。天井は全面を化粧屋根裏とし、点前座の勝手付に洞庫を設け、向板と炉とのあいだには幅一寸八分の小板を入れる。

助炭【じょたん】

炉中の炭火を長く保つため、炉に覆い被せておく道具。「炉覆い」ともいう。席中に客がいないあいだに使う。桐枠に紙張りをしたもので、釜を懸けたまま*炉縁の上に被せる。*釣釜の場合は左右に二つに割れる割助炭を使う。なお*風炉に用いるものは*雪洞という。

助炭

書物棚【しょもつだな】

*床脇に設けられる*飾棚の一種。「御物（ぎょぶつ）棚」ともいう。江戸時代に*棚雛形として定型化される四十八棚の一つで、*天袋と*地袋から構成される。『増補大匠雛形四　新板棚雛形』（一八六六年刊）には「是ハ御ね（寝）間、がくもん（学問）所、又ハ棚数多き所によし」とある。

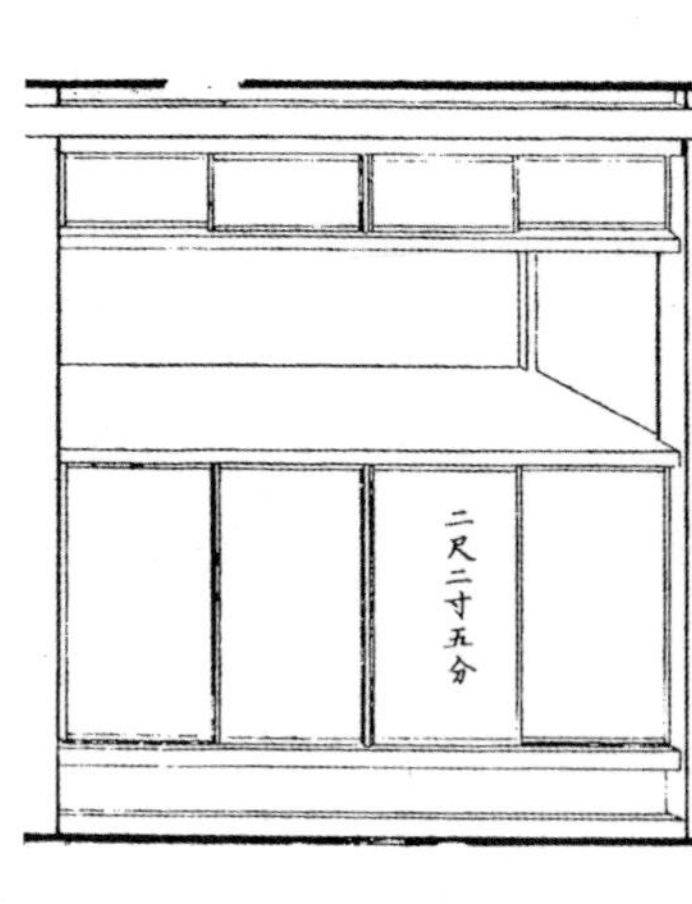

書物棚 『増補大匠雛形四 新板棚雛形』

如輪杢【じょりんもく】

*杢目の一種。「如鱗杢」とも書く。同心円が際立って整い、魚の鱗に似た模様のもの。建築材としては床板や棚板などの化粧材として好まれる。

白樫【しらかし】

ブナ科コナラ属の常緑高木。本州（福島県、新潟県以西）から九州の山地に生え、樹高は二〇メートルほどになる。葉は長さ四～一三センチの長楕円状披針形で、鋸歯がある。生垣や露地の植栽として関西で*粗樫が好まれるのに対して、関東では白樫がよく見られる。『杉木普斎伝書』には露地にふさわしい植木のひとつに挙げられている。

白樺【しらかば】

カバノキ科カバノキ属の落葉高木。北海道、本州（福井県、岐阜県以北）に分布し、深山の日当りの良い場所に群生する。樹皮が白色であることがその名の由来。葉は互生し、秋になると黄色く色付く。樹皮は蠟燭の代りに用いられ、盆の迎え火や送り火に樹皮を焚く地方が多い。白色の幹肌や整った樹姿が好まれ、避暑地として有名な甲信越では開拓地によく群植されるほか、近年は市街地においても公園をはじめ住宅の玄関先にシンボルツリーなどとしてよく植栽される。

白川石【しらかわいし】

石材の一種。京都市左京区の北白川から修学院地区にかけて産出した黒雲母花崗岩。京都における近世までの建造物建材のほとんどがこの白川石を加工し、*石燈籠や*手水鉢、墓石などに使用されている。黒雲母の風化にともない細粒化したものをボソと称する。昭和時代初期に石切り場が閉鎖されており、現在は採取されていない。『雍州府志』巻六に「石　凡山城国処々出者有二雑品一上粟田北白川山土中悉白石也村民農業之暇事二石工一故随二其周一而斫取大鑿採者至二長二三丈一　凡朝廷宮殿之柱礎市鄽溝渠之界石砭石壁石橋井欄礎石碑碣石塔等無レ不レ用レ之」と述べ、その採取について記している。『築山庭造伝前編』には「夫石燈籠より、手洗水鉢に至り、右は大和国御影石を以て第一の上品とし、丹波国の石を第二とし、山城国白川石を以て第三とし、近江国木戸石を以て第四とす」と、その材石としての等級を評する指標としている。

白河院【しらかわいん】

京都市左京区にある下村忠兵衛の旧岡崎別邸。現在は宿泊施設となっている。白河院の名は、平安時代にここが藤原氏の白河別業の地であり、続いて白河天皇が建てた法勝寺の境内地に位置することに由来する。大正七年（一九一八）、京都の呉服商・下村家が敷地を取得、翌八年に建物が竣工した。建築の設計は*武田五一、施工は山田工務店、敷地の東にある庭園は七代目*小川治兵衛が手掛けた。竣工当初は二階建の洋館と一部二階建の日本館からなる大規模な邸宅であった。西向きにあく日本館の玄関を入ると南に洋館があり、北から東にかけて和風の座敷が配されていた。洋館の一階はホールと居間、それに庭園に向かって客間が配された。東向きにポーチが取られ、庭園から洋館へ直接出入りする工夫もなされていた。二階は主人室と寝室で、主人室には庭園越しに東山が一望できるテラスも備えていた。昭和三十三年（一九五八）、下村家が当地を手放すと、宿泊施設としてしばらく洋館、日本館ともに使用されていたが、同五十七年に洋館及び玄関を中心とした日本館の一部が取り壊され、鉄筋コンクリート造二階建の新館が建設されて現在に至る。現在の白河院には二条通に面して建つ表門と二階建の書院座敷棟（かつての日本館の一部）、及び庭園が下村別邸の遺構として保存されている。書院座敷棟は入母屋造桟瓦葺で軒まわりを銅板葺とし、東側に妻を向ける。一階は主室となる書院十五畳と次の

白河院　書院座敷棟　外観

間十畳からなる。主室十五畳の北側正面に床と棚を備える。床脇の棚は日本の三名棚として名高い醍醐寺三宝院の奥宸殿にある醍醐棚を本歌としてデザインされたもの。座敷の東から南にかけて広縁が廻る。一間幅の広縁のうち、内側半間を畳敷の入側とし、のこりの半間を榑板張とする。二階の主室には残月床を本歌とする床を構えるが、床の奥に棚を設け、そこに窓をあけて東山の景色を風景画のように切り取る工夫がなされるなど、随所に武田の独創的なデザインを見ることができる。二階の主室には炉が切られ、茶室としての性格を有する部屋であることがわかる。現在は失われているが、かつて二階の廊下には立水屋があった。近代の要求にかなう茶の湯の施設を模索していた武田の意欲的なデザインとして貴重な構えであった。

白川堅石【しらかわかたいし】
石材の一種。京都市の鴨川流域から産出したもので、*白川石の中でも、雲母成分が比較的多く、黒色に寄った色調で、石質が非常に堅い石を区別して、白川堅石という。

白川砂【しらかわずな】
京都市の白川流域、左京区修学院地区で採取された砂。黒雲母花崗岩の*白川石が風化し、破砕したもの。敷砂に使用される。三ミリ内外の粒径で、雨に洗われると白く光り、古くから愛用されてきた。*枯山水や露地にも多用され、この白川砂に表現される*箒目などの意匠も発展している。慈照寺の*銀沙灘と向月台は白川砂を砂盛りしたものでひろく知られる。滋賀県の琵琶湖岸新舞子からも似た砂が採取される。現在は白川流域を含め採取が禁止されるが、南禅寺付近で白川が琵琶湖疏水と合流後、河床に堆積したものが造園業に流通することもある。一方で花崗岩を機械破砕した人工ものが流通している。硬度が高く、粉末状にならないことから好まれ、全国的に製造されている。

白川中石【しらかわなかいし】
石材の一種。京都市左京区の北白川地区から産出した石。*白川石の雲母がやや青味を帯びたもので、濡れ色が美しい。仁和寺*飛濤亭の寸松庵燈籠がこの石で作られている。

白川豆砂利【しらかわまめじゃり】
京都市左京区北白川周辺で採取されていた*白川石の豆砂利。大きさは二センチ程度で丸味があり、純白色。多少、雲母粒が混じる場合、これを「金米糖」とも称する。*白川砂とともに重要な庭材料のひとつである。

白木框【しらきがまち】
白木を用いた*床框。白木とは*木地のままの木材のことで、通常のように漆を塗らずに木地のままの框をいう。多くは檜の丸太を用いる。

白木床柱【しらきとこばしら】
*木地のままの*床柱のことで、四方角または丸太柱を用いたもの。四畳半やそれ以上の座敷では角柱、小間の茶室では丸太柱として、檜または杉を用いることが多い。

白太【しらた】
辺材と同じ。 ⇒辺材【へんざい】

白竹【しらたけ】
竹に加工を施し、青から白色へと変化させたもの。湿式の晒竹をいうが、数寄屋建築に用いられる京銘竹では乾式の晒竹をさす（晒竹の項を参照）。京銘竹の白竹は一本一本火で焙り油抜きをして手間を掛けて仕上げられ、茶室建築では*垂木、*壁留、*力竹など多くの化粧材に用いられている。

白太夫形燈籠【しらだゆうがたどうろう】

石燈籠の一種。京都の北野天満宮にあるものを本歌とし、笠、火袋、中台、基礎は六角形で、鎌倉時代の制作とみられている。（付録13頁参照）

城【しろ】

敵を防ぐために築いた軍事的構造物。日本では、古くは柵や石垣または濠、土塁をめぐらしたが、中世に至って、天険（自然につくられた険しい地形）を利用して防御を施す山城が発達し、もっぱら戦闘用であった。戦国時代以降は、領内統治、城内居住、権勢表示などをも兼ねた築城に進み、いわゆる城郭が完成。多く平野にのぞむ小丘上、または平地に築かれ、二重、三重に濠をめぐらし、本丸、二の丸、三の丸などに郭を区分した。石塁上に多数の櫓類を建てて偵察、射撃に利し、本丸には天守閣を設けて郭の中軸とし、表には大手門、裏には搦手の門を構え、住居用の殿舎をも備えた。城内にはほかに江戸城の吹上庭園、大坂城や姫路城、名護屋城の山里丸のように、広い庭園に茶室や数寄屋建築などを配した一画も設けられた。これらは遊興や茶の湯を楽しむ施設として、重要な存在であった。

白石【しろいし】

石材の一種。愛知県岡崎市付近から産出する花崗岩。「薄石」「臼石」ともいう。*三州御影のうち、特に黒雲母が少ない石質種のものをいい、表面に仕上げを施すとほとんど白色となるものがある。石燈籠や手水鉢などの加工品に多く利用される。

白書院【しろしょいん】

*書院建築の一つ。*書院造の中心となる書院が二棟の場合、大書院、小書院と対にして呼ばれることが多い。江戸城本丸御殿では、大書院、小書院ではなく、伝統として幕末まで白書院、*黒書院が設けられた。しかし、白書院があるのは江戸城本丸御殿だけで、その他の幕府の御殿には白書院はない。現在、*二条城二の丸御殿に白書院と呼ばれる建物があるが、この建物は本来「御座之間」と呼ばれていた建物で、黒書院が存在していたために後に白書院と呼ばれるようになったと考えられる。江戸城本丸御殿では、江戸時代初期には「白木書院」、「黒木書院」と呼ばれていた。江戸城本丸御殿の白書院は、江戸幕府の最も公式の接客の場合、対面の場となる大広間に対し、饗応の席となった。元日ほか節句の場合に、対面の場として使われ、豪華に飾られた。白書院の意匠として、以下の手法がみられる。主室の床を一段上げて*上段の間とし、床、*違棚、*付書院、*帳台構の*座敷飾を備える。壁面は*蟻壁を設け、*内法長押、蟻壁長押、*天井長押をもつ構成とする。天井は上段の間では*折上格天井、下段の間では*格天井、それ以下は*猿頬天井。間仕切りの襖障子、*張付壁には、絵師によって障壁画が描かれ、上段の間と下段の間境の小壁には彫刻欄間を入れる。寺院の白書院では、西本願寺の白書院がその例の一つ。白書院は、儀式の場である対面所（鴻の間）、門主の内向き御殿である黒書院のあいだにあり、門主の対面の場である。座敷飾を備える主室の床は、折れ上段、金碧の障壁画、金色の藤の彫刻欄間で飾られている。

白書院　西本願寺白書院　紫明の間

白張付壁【しろはりつけかべ】

*張付壁のうち、特に絵画などが描かれていない無地の白い紙を張ったもの。紙には*鳥の子紙などが用いられ、周囲は黒塗の*四分一で押さえる。『*山上宗二記』によると、*武野紹鷗の茶室は縁を付し一間床をしつらえた北向き四畳半に、檜の角柱で、「真ノハリツケ、クロフチ也」とあり、真の張付壁が用いられていた（武野紹鷗の茶室の項を参照）。ここでいう真の張付壁は白張付壁だと考えられる。この形式の茶室は四畳半の基本形となって、多くの写しが建てられたという。

伸庵【しんあん】

大阪府堺市堺区の大仙公園にある茶室。もとは昭和四年（一九二九）に川辺太郎が仰木魯堂に設計を依頼し、東京都港区芝の邸内に建てたものであった。建物はその後、福助株式会社の辻本氏に渡り、昭和五十五年に堺市の市制九十周年を記念して福助株式会社から寄贈され、現在地に移築された。一部二階建、桟瓦葺で、玄関棟と広間、茶室棟及び二階建の座敷棟が、中央の中庭を囲んで建ち並ぶ構成である。京間と中京間と田舎間を組み合わせて、面皮材や丸太材、栂の角材などを多様に用いたり、また平三畳台目の茶室に貴人口を併用することで客座に開放感を加えたりするなど、近代らしい工夫が随所に見られる。移築に際しては立礼席などが加えられた。同園には茶室黄梅庵も建っている。登録有形文化財。

伸庵　平三畳台目　点前座より貴人口側を見る

神苑【しんえん】

神社の境内。また平安神宮神苑など神社に付属する庭園。

真壁【しんかべ】

壁の一形式。柱などが外部に露出するよう、軸組材の面内に収めて仕上げた壁。大壁に対する語。伝統的な和風建築では、小舞下地を組んで荒壁、中塗、上塗などの工程を経て仕上げる土壁が一般的だが、板などの乾式材を用いることもある。

芯木【しんぎ】

芯材となる木の総称。たとえば屋根の垂木が小丸太ではなく竹垂木の場合、先端を竹の節で留める方法（節留）のほか、竹垂木の芯に杉などの芯木を入れて、広小舞を留めやすくする。

真行草【しんぎょうそう】

主として藝道に見られる三段階の格付け、また分類。真は正格であり、草はそれを崩し、行はその中間であるとする。中国の書体における真行草（楷書、行書、草書）から始まる。尊円入道親王が著した書道指導書『入木抄』（一三五二年）では「真行草の字の事」として「行の草」「行の真」といったさらなる細分化も見られる。これら書体の分類が各分野に取り込まれた。花道の分野では、『仙伝抄』（一四四五年）の中で序破急と真行草を照らし合わせ、『文阿弥花伝書』（一五五八年）では「真行草の瓶の次第」として詳しく分類している。能では『明宿集』（一四六五年前後）に「真相（草）行ノ位アリ」と、格付けの語として使っている。茶の湯においては『烏鼠集四巻書』に「真の茶」「草の茶の湯」、『山上宗二記』に「真の茶」などの記述があるものの、三段階の分類は見られない。初期の茶の湯においては真と草を対象にとらえた概念は早くから見られるものの、行について言及されることはなかった。似たような三段階の分類は『草人木』に見られるが、真行草ではなく上中下によって台子点前を分類したものである。時代を下り『和泉草』において台子点前の真行草による分類がなされた。その後『南方録』では茶室の真行草が説かれ（真の座敷の項などを参照）、後に江戸時代中期以降、台子以外の点前や花入、敷板、香、茶杓あるいは庭園などへとひろがりをみせ、近年になってさらにあらゆる事物について真行草が用いられるようになった。

心空庵【しんくうあん】

愛知県名古屋市東区の徳川美術館にある茶室。もとは尾張藩士・平尾家六世の数也（吉章、一七六九～一八三三）が好んだ茶室。内部は長四畳の席であったという。昭和初年に徳川美術館に移築され、松尾流十世不染斎（松尾家の項を参照）の指導で改築されたが、戦災で焼失した。平尾家の初祖は中国・明代の遺臣、曹数也で尾張徳川家初代義直の庇護を受けた。その子・兼弥は二代光友に召し出され御茶頭となり、平尾の姓を賜る。茶家として最も興隆したのは六世の数也の時である。現在の心空庵は大正三年(一九一四)、東京産業博覧会に出品後、昭和六年(一九三一)、東京の尾張徳川侯爵家麻布本邸に移築されていた茶室を、同三十七年、さらに同館に移し、心空庵と命名したもの。銘木や奇木を多用している。登録有形文化財。

神宮茶室【じんぐうちゃしつ】

三重県伊勢市の皇大神宮(伊勢神宮内宮)にある茶室。昭和四十九年(一九七四)に伊勢神宮崇敬会の会長に就任した松下幸之助(当時松下電器産業相談役)の発案により、同五十八年十一月に上棟し、同六十年四月に竣工した。建築設計は仙アートスタヂオ、施工は中村外二工務店、庭園設計は岩城造園による。敷地は五十鈴川畔のもみじ山と呼ばれた木立に囲まれた空間で、茶室の設計にあたっては周囲の自然との融合が試みられた。建物は上座間、一ノ間と二ノ間、四畳半茶室霽月ほか玄関の間や配膳の間などから構成され、それぞれが高低のある棟をもって連なる。入母屋造檜皮葺の上座間には上段が設けられ、その奥に幅二間の床を構える。霽月は切妻造柿葺で、まわりに土間庇を設け、床柱は赤松皮付、網代天井と掛込天井を組み合わせ、洞庫を備える。

神宮茶室　上座間　外観

新鞍馬呉呂太【しんくらまごろた】

甲州鞍馬石の項を参照　⇒甲州鞍馬石【こうしゅうくらまいし】

新鞍馬玉石【しんくらまたまいし】

甲州鞍馬石の項を参照　⇒甲州鞍馬石【こうしゅうくらまいし】

心月庵【しんげつあん】

東京都台東区の蓬莱園にあった茶室。蓬莱園は江戸時代初期に肥前国平戸(長崎県平戸市)藩主松浦隆信が、*小堀遠州、*江月宗玩と図り営んだ庭園と伝え、昭和時代初期まで松浦家が所有した。幕末から明治時代の当主である松浦詮(一八四〇～一九〇八)は明治十六年(一八八三)に四畳半の茶室大黒庵を設けたが、同二十六年に焼失。翌年竣工した茶室が心月庵である。三畳台目に貴人口と躙口とを備え、曲がりのある竹を中柱に用いた。六畳の皎潔軒、三畳中板入逆勝手向切の無物洞、長四畳逆勝手長炉の何之家が付属する。松浦詮は心月と号し、「十六羅漢」と呼ばれた近代数寄者で組織された和敬会の中心人物として明治時代の茶の湯復興期に活躍した。その子の厚も心月庵を中心に茶会を催したことが*高橋箒庵や*野崎幻庵の茶会記に記される。大正十二年(一九二三)の関東大震災により蓬莱園が被害を受けたため、巣鴨の松浦別邸に移築された。第二次大戦の戦災で焼失し、貴人口はあけていないが同じ平面で再建された。現在は神奈川県藤沢市の鎮信流宗家にある。なお蓬莱園の跡地は東京都立忍岡高等学校の敷地となっている。

神光院数寄屋【じんこういんすきや】

江戸時代初期、豊国神社(京都市)の社僧であった神龍院梵舜の日記『梵舜日記』に登場する茶室。当日記の元和八年(一六二二)十二月十三日条に「午刻神光院数寄屋始而振舞也、萩原、予、瑛蔵主、主殿座敷四人也」とある。神光院は京都市西賀茂にある真言宗の寺院で、門内には幕末の歌人、大田垣蓮月が晩年に隠棲した茶所があるが、『梵舜日記』の記述と結び付くものかどうかは不明である。

心材【しんざい】
樹木の横断面を見た時、樹心に近い色の濃い部分をいう。対して外周部の色の淡い部分を*辺材（へんざい）という。色は樹種によって異なるが、細胞の活動が停止した部分で、赤味を帯びることが多いため「赤身（あかみ）」、また単に「赤」ともいう。数寄屋建築などでは造作材として好まれ、強度があることから、構造にかかわる重要な場所にも用いることが多い。

心去材【しんさりざい】
樹の心を除き、*木取りを行った木材。逆に心をもつ場合は*心持材と呼ぶ。心持材では収縮による変形の力がかかり割れが生じやすいが、心去材であれば割れが少ない。そのため化粧材や造作材には主に心去材が用いられる。また表面に優秀な木目が得られるのもこの場合である。（付録29頁参照）

神祀棚【じんしだな】
床脇に設けられる*飾棚の一種。「神棚」ともいう。
❶江戸時代に棚雛形として定型化される四十八棚の一つだが、『増補大匠雛形四 新板棚雛形』（一八六六年刊）などでは「四十八棚之外」に位置づけられる。同書には「是ハ奥かた（方）御ね（寝）間、またハなんど（納戸）わきなどに用、うち神をくわんじやう（勧請）すべし」とある。猪目（いのめ）を施した棚の下部に*袋棚を組み合わせたもの。
❷寿恵広棚のこと。⇒寿恵広棚【すえひろだな】

神祀棚❶『増補大匠雛形四 新板棚雛形』

身舎【しんしゃ】
⇒身舎【もや】

神社建築【じんじゃけんちく】
神社の社殿、及び付属建築の総称。入口に鳥居を設け、周囲に玉垣（たまがき）をめぐらし、境内に本殿、拝殿があって、幣殿（へいでん）、神楽殿（かぐら）、舞殿、神饌所（しんせん）、手水屋（ちょうず）、社務所、神庫、宝物殿などの必要な付属建築を設ける。神社建築の祖形は神を迎えるための仮設の工作物であった。現在見るような神社建築に発展するのは、飛鳥時代の仏教伝来以降で、仏教建築に対抗して、それとは異なる形式の建築が完成した。本殿は様式によって、神明造（しんめいづくり）、大社造、住吉造、春日造、流造（ながれ）、日吉造（ひえ）、八幡造（はちまん）などに分けられる。

真珠庵【しんじゅあん】
京都市北区にある*大徳寺の塔頭（たっちゅう）。*一休宗純の塔所（たっしょ）。一休の庵居の瞎驢庵（かつろあん）が応仁の乱により焼失し、一休没後、塔所として延徳三年（一四九一）、堺の豪商・尾和宗臨により再建され、その後、寛永十五年（一六三八）には京の豪商・後藤益勝（ますかつ）の寄進により入母屋造（いりもやづくり）の客殿（重要文化財）が造営された。客殿の北には正親町（おおぎまち）天皇の女御の御化粧殿を移築したものといわれる*書院*通僊院（つうせんいん）があり、*金森宗和好みの茶室*庭玉軒（ていぎょくけん）が付属する。客殿には、一休和尚木像（重要文化財）が安置されており、*曽我蛇足（そがじゃそく）筆の襖絵（ふすまえ）商山四皓図（しょうざんしこう）、*長谷川等伯（とうはく）筆の襖絵山水図、花鳥図、蜆子猪頭図（けんすちょとう）（以上、重要文化財）が伝わる。客殿東庭（史跡、名勝）には、*七五三の庭がある。また大燈国師墨蹟一巻（国宝）、一休直筆の墨蹟や画像などが伝来している。

信州呉呂太【しんしゅうごろた】
長野県南安曇野市の穂高有明付近で採取される*呉呂太石。丸味のある川原石で、主に延段（のべだん）材料として用いられる。有明桜御影石（かげいし）が主で、花崗岩（かこうがん）の中でも淡いピンク色をした石として珍重される。

真珠亭【しんじゅてい】
兵庫県神戸市須磨区の西尾家住宅にある茶室。⇒西尾家の茶室【にしおけのちゃしつ】❷

真々庵【しんしんあん】
京都市左京区にある旧松下幸之助別邸。東山山麓、南禅寺の近くにある。昭和三十六年（一九六二)に松下電器産業(現パナソニック)の創業者である幸之助が社長職を退き、会長に就任したのを機に、同二十五年以降、休止していたPHP研究の道場とした。昭和五十五年に松下美術苑真々庵として、松下電器産業の迎賓施設となり、さらに平成二十年(二〇〇八)には「松下真々庵」と改称した。敷地は旧鐘淵紡績の重役で、佐竹本三十六歌仙絵巻を分割購入したことで知られる染谷寛治の別邸があったところで、そこには七代目*小川治兵衛の作庭になる庭園が存在していた。幸之助は自らの感性と哲学に基づき京都の庭師・川崎幸次郎とともにこの庭園を大改造し、現在に至っている。庭内には幸之助が瞑想に耽ったとされる白砂が敷き詰められた杉の群植などがある。庭園内にある真々茶室は、外観が檜皮葺の切妻屋根で、妻を西に向ける。西側には腰障子を引違いに建てた貴人口をあける。内部は一畳台目向板入の席に水屋を付したもの。床は奥行二尺の蹴込床で下座床となる。茶道口は勝手付、洞庫の隣りにあけられる。向板のまわり三方には腰張りが張られている。天井は竹垂木、竹小舞の総掛込天井で、切妻屋根の下に造り込まれている。裏千家*今日庵を意識し、それに作意を加えた構造となっている。

真々庵　真々茶室　外観

心墨【しんずみ】

木材加工における基準線のひとつ。「芯墨」「真墨」とも書く。茶室では凹凸をもった*丸太材で木組(木組の項❷を参照)を行うため、材の表面を基準に寸法計画ができない。そこで丸太のほぼ中心を通る基準線を心墨として設定し、それをもとに各部寸法を割り付けることになる。中でも柱の心墨は、多くの場合において垂直線となるため、平面計画において中心的役割を果たす。丸太に心墨を記す時には*墨壺を用いる。凹凸があっても糸の弾力でうまく線を打つことができる。ただし材の表面に打たれた線は心墨の投影線であって、実際は材の中央付近にあることに注意が必要である。また*貫材などで、本来の位置に線を打つことができない場合、木組の時の便を図り、本来打つべき心墨から一尺ほど逃げた(離れた)位置に打つこともあり、この時逃げた距離も記しておく。心墨は丸太のほぼ中央であるが、年輪の中心に設ければ良いというものではない。たとえば柱に*筍面を付ける場合、*元末の太さの落ち(減少)の割合と心墨の設定によって、筍面のできが微妙に異なってくる。*軒桁にしても、元末の落ちが大きな場合、中心に*天水を引くと左右で柱高さなどが若干異なってくる。心墨一本で意匠が決まってしまうため、数寄屋大工のあいだでは「どんなに忙しくても、墨は打ち直せ」とまでいわれる。

神仙思想【しんせんしそう】

古代中国に起った不老不死を願う、つまり仙人となることを希求した思想。道教は中国古来の宗教的諸観念、仏教、陰陽五行思想、儒教などの哲学的教理的な面から民間信仰など幅広い内容をもっているが、中でも神仙思想はその中核的なものである。古代中国において、天を飛んだり、水上を歩行したり、病気治癒の呪術などの超越的能力を獲得した神仙(仙人)が、南遠地や高山、現在の渤海湾の沖遠くに浮ぶ仙郷である*蓬萊、*方丈、*瀛州の三神山に長生不死の人として住み、また、その薬があるという思想ができあがった。神仙思想とは、このような不老長寿の仙人と俗界から離れた場所である仙郷の実在を信じて、丹薬の服用や仙術の修練などによって仙人たらんことを願った思想である。中国の秦の始皇帝の命により、不老不死の仙薬を求め、日本にやってきたとされる人物・徐福の伝説は、今なお日本各地にも伝わる。茶道においても『壺中炉談』(立花実山著、一七〇〇年成立)に「露地草庵は(中略)自然・天地の妙處也と云々、(中略)又大隠は市朝にかくるともいへり」とあり、神仙思想とのかかわりが見られる。

さらに日本庭園においても蓬莱、方丈、瀛州を園池に表現することが多く行われ、古くは奈良、平安時代にさかのぼるともいう。*石組によってそれらが表現されることもある。

真台子【しんだいす】

*台子のうち、最上位の格式にあるもの。筑前国（福岡県）崇福寺に*南浦紹明が伝えたとされる。唐物写しで大と小があり、大は利休形で、現在使われているものの基本となっている。檜材の黒漆塗で四本柱。寸法は、高さ二尺二寸、天板の長さ二尺二分、幅一尺四寸、厚さ六分、地板の長さ三尺、幅一尺四寸二分、厚さ一寸四分。柱八分四方。小の方は、*表千家七代如心斎が再興して、炉用として好んでいる。

神代杉【じんだいすぎ】

大昔に自生していた杉が、火山活動などで地中や海中、湖沼中に埋没し、長い年月を経て採掘されたもの。神の代（太古）から埋っていたということからの名称。「埋れ木」ということもある。酸素が遮断され土の成分を吸収するため、表面は黒灰色になる。*心材、*辺材ともに黒ずんだ色調で、青色を帯びているものもある。木理は細かく脂気がなく、枯淡で雅趣のあることから*銘木として珍重される。まれに*鶉杢のあるものもある。杉のほか神代檜や神代欅もある。主な産地は静岡県（天城山、箱根）、京都府、福井県など。建築材として床柱などの柱材、床框、落掛、天井材、建具材などに用いる。

真鍮【しんちゅう】

銅と亜鉛の合金。黄色で、展性及び延性に富むため細線、板、箔など精密な加工ができる。*引手や*釘隠などの建築金物を作る際の材料として用いられる。

沈丁花【じんちょうげ】

ジンチョウゲ科ジンチョウゲ属の常緑小低木。中国原産で、日本には室町時代に渡来したとされる。樹高は一メートルほどになり、基部から分枝し、球状の樹形になる。葉は互生し、全縁となる。三〜四月に枝先に十〜二十個の花をつけ、外側は紅紫色、内側は白色である。芳香が強く、『*南方録』には禁花の一つとしてその名が挙がる。庭木や公園樹としてよく用いられる。

心田庵【しんでんあん】

長崎市にある何兆晋の旧別荘。何兆晋は、長崎に来た中国福建省出身の貿易商・何高材の長男で、万治元年（一六五八）に唐小通事（貿易に際して通訳や事務にあたる職）となった人物。寛文から天和年間（一六六一〜八四）頃の建築と考えられるが、近代になって手を加えたと考えられる部分も見られる。日本庭園内に*寄棟造茅葺の主屋が建てられ、この建物は長崎の茶道において重視されてきた。平面は、玄関や三畳、八畳二間、四畳半、二畳などの席からなる。玄関脇の三畳は火燈口を備え、天井は網代の平天井と化粧屋根裏、境に下り壁を設けている。八畳二間は続き間で、欄間上部が吹抜けとなり、庭園に面したほうが主室である。中央正面に床を構え、床と一体化され袋床のように壁面で隠れた床脇は三角の平面をもつ。庭に面して四枚の障子を建てて貴人口とし、外には土間庇が付く。天井は平天井と貴人口側は化粧屋根裏となっている。四畳半は上座に一間半の地板が敷かれ、中央に床柱を立て、客座側を床とする。点前座側は床脇として奥に引違いの障子を建て、外には腰掛が設けられる。天井は竿縁の平天井。客の出入り口として、貴人口を設け四枚の腰障子を建て、庭に面して土間庇を設ける。二畳は壁床形式で、引違いの躙口を設ける。天井が平天井と化粧屋根裏の二段に分割される。

寝殿造【しんでんづくり】

平安時代の貴族住宅の住宅様式。*書院造とともに日本住宅史における二大様式（*主殿造を加え三大様式とも）の一つ。敷地は一町（約一〇九メートル×一〇九メートル）を標準とし、四方に築垣を設け、邸の東西に門を開く。中央に南面して主屋である寝殿を建て、その左右と背後に対屋を設ける。寝殿と対屋は*渡殿で連絡し、寝殿南の庭（南庭）を隔てて池を造り、中島を築いて、池に臨んで*釣殿を設ける。中庭と門とのあいだに中門を設けて出入りの用に供する。寝殿と対屋は、*入母屋造*檜皮葺で、構造的には母屋（身舎）や庇、広庇などからなり、柱は*丸柱とする。周囲には*蔀を釣り、*妻戸を設け、室内は板敷きとし、必要に応じて可動式の簾、壁代、几帳、上畳、帳台などを用いた。

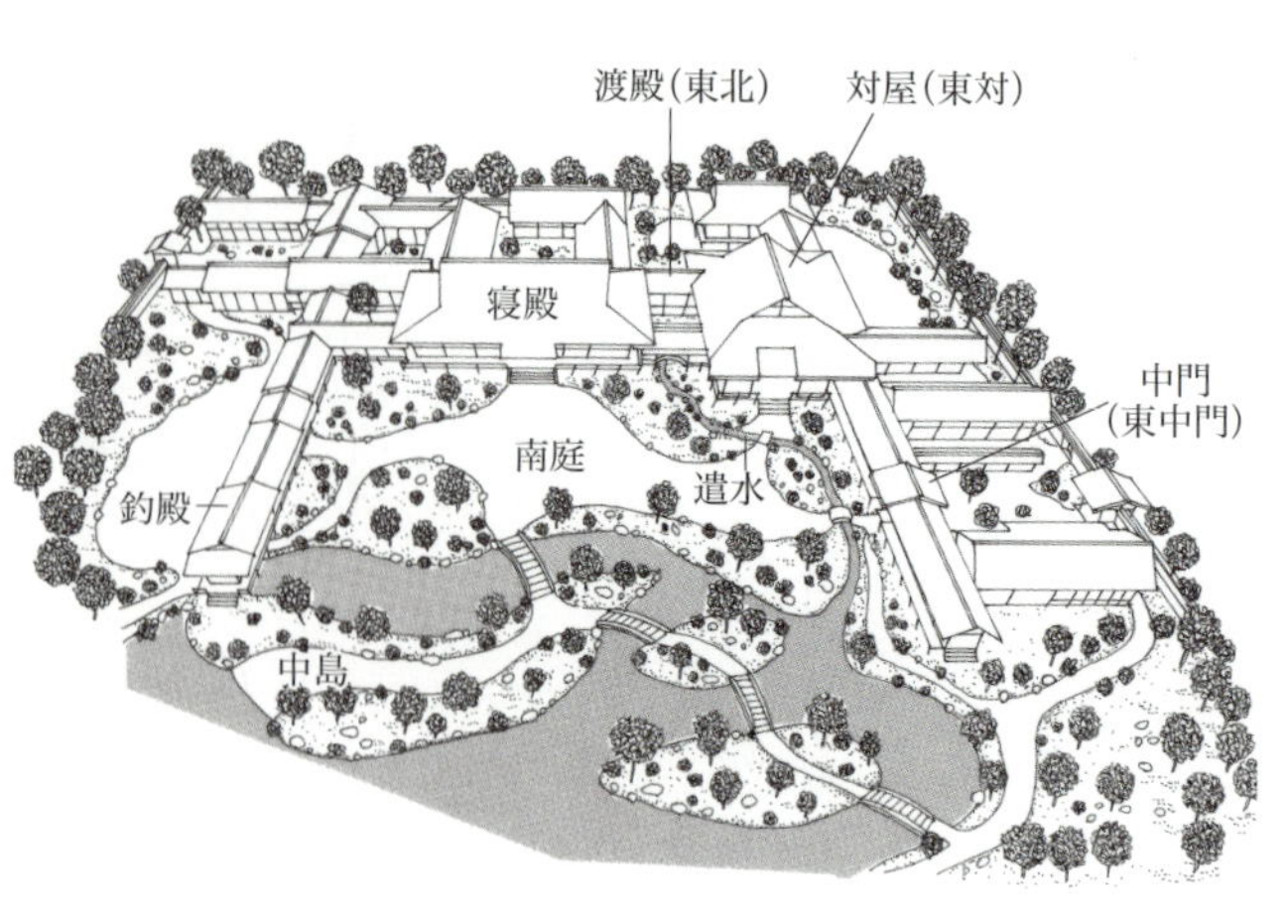

寝殿造　東三条殿の復元図

寝殿造庭園【しんでんづくりていえん】

平安時代の貴族邸宅様式である*寝殿造に造られた庭園。平安時代中期、特に藤原摂関家においては儀式、行事の制約から形式化され、南面する寝殿前面の広場(広庭、南庭)とそれに続く*池庭よりなる事例が典型とされる。藤原良房邸に始まり摂関家が伝領した東三条殿や、藤原基経が創建し、後に堀河天皇の里内裏ともなった堀川(河)院、藤原頼通の高陽院などが代表的事例である。堀河院や高陽院などの推定地で庭園の一部が発掘調査されているものの、現存する庭園はない。貴族邸宅を舞台とした文化の諸相は『源氏物語』などの文学や絵巻物にうかがうことができ、また『*作庭記』は、寝殿造庭園の作庭理念や技法を記した秘伝書である。これらの史資料によれば、およそ南庭は白砂敷きで、年中の諸行事や儀式の場とされた。その南の園池には一個から三個の中島を築き、*反橋、平橋が架けられる。*遣水は重要な給水源で、敷地の東北部から寝殿と東対とのあいだを潜って池へ注ぐ形式が順流とされる。しかしながら庭園は邸宅の規模や敷地の立地条件などによって種々の形態を取り、寝殿の東側や西側に園池を併用するもの、後ろにもあるもののほか、遣水だけのもの、あるいは池も遣水もなく*野筋、前栽(草花や灌木類を主とする庭)や立木のみの場合、園外の眺望を主体とする事例もあった。鎌倉時代以降の御所や公家住宅における庭園や、平等院庭園、毛越寺庭園などといった*浄土庭園をも含んで寝殿造系庭園と総称されることもある。

真塗【しんぬり】

漆塗の技法の一種。「総黒」ともいう。下地は漆下地をしっかり施す堅地技法を用いる。器物全体を黒蠟色漆などで上塗したもの。上塗は塗放し。茶の懐石では真の茶の際に真塗を用いる。建造物では格式を尊ぶ広間や書院の*床框などに真塗が用いられる。建造物の真塗は研ぎ磨きを施し、鏡面仕上げ(蠟色仕上げ)とすることが多い。

真塗の框【しんぬりのかまち】

*真塗とした*床框をいう。格式の高い書院座敷(いわゆる*真の座敷)の床に用いられてきたことから、見付の出隅に作る面は大きめに取られることが多い。これにならって、茶室や民家に用いられる場合でも、通常は*大面とする。

真塗の框　抛筌斎　裏千家

真の座敷【しんのざしき】

茶室が現れて一応の形式が定まり、その後変化し、やがて*わびの茶室に至るという建築様態の変遷過程を、真行草という三体の造形段階説にあてて見た時、草体化(ここではわび化をさす)のもとに位置づけられる最初の座敷、または草体化の手本となるべき格式が備わった段階の座敷を「真の座敷」という。一方、その草体化をきわめた一応の到達点が「草の座敷」と考えられた。江戸時代中期、真から草までのひろがりが安定した段階で、その体系化が試みられたと考えられる。真と草をそれぞれどこに定めるかについては諸説あり、*武野紹鷗の*四畳半（武野紹鷗の茶室の項を参照）を「真の座敷」、草体化した*千利休の四畳半を「略座敷」とする見方、*珠光の四畳半（珠光の茶室の項を参照）を「真の座敷」、紹鷗四畳半のうち、草体化の進んだものを「草の座敷」とする見方、あるいは珠光四畳半を真、利休の小座敷を草、紹鷗四畳半を両者のあいだ（行）とする見方などがあった。茶室は初期の頃から、畳を敷き詰めた*座敷の形態をもち、かつ*上段にあたる*床を備えていた点からすれば、*書院造の格式をしっかり保った建築であったといえるが、書院造にあるはずの*押板や*付書院、違棚（違棚の項❷を参照）といった飾りの場は床に吸収され、また*炉を座敷に切ることにより、元来客間の領域でない茶湯間にあった点茶の機能を座敷に取り込ませたりもしていたので、そもそも茶室という存在自体が、書院を草体化したものだといえる。しかし、書院にはない独自性を茶室がもち、それが一つの高みにまで至ることによって、茶室にも真の座敷が認識されるようになったのであろう。『山上宗二記』が最初の茶室図に紹鷗四畳半を掲げているのも、そうした認識があってのことなのかもしれない。この茶室は、アプローチから茶室内部に至るまで、茶の湯のための専用空間として構築し尽され、また書院の格調も漂わせていて、当時の有力茶人、京や堺の唐物もちまでもがことごとくこれを写し建てたという宗二の記述からも、その注目度がうかがわれる。こうした経緯を踏まえてか、*織田有楽の弟子であり茶頭役であった高橋玄旦の書がもとになった『*茶道正伝集』では、「紹鷗か座敷は四畳半也、柱は檜の四角柱也、天井は鏡天井也、客入の口一間半の所を四枚戸にして明り障子は二枚也、座中は鳥子紙の白張にして黒縁を打也、此座敷を真の座敷と言也」としていた。また利休四畳半については、「宗易か座敷は四畳半也但紹鷗か真の座敷とは作法変れり故に略座敷と云也」としていた。これに対して『*南方録』では、珠光四畳半が「真座敷」、紹鷗四畳半が「草の座敷」であるとし、「四畳半座敷ハ、珠光の作事也、真座敷とて鳥子紙の白張付、杉板のふちなし天井、小板ぶき、宝形造、一間床也、秘蔵の圓（圜）悟の墨跡をかけ、台子をかざり給ふ、其後、炉を切て、弓台を置合られし也、（中略）紹鷗に成て、四畳半座敷所々あらため、張付を土壁にし、木格子を竹格子にし、障子の腰板をのけ、床のぬりぶちを、うすぬり、又ハ白木にし、これを草の座敷と申されし也」とある。また、利休の草庵小座敷ができてからは、紹鷗四畳半が、珠光四畳半と利休小座敷のあいだの位置づけになったとする。これに従えば紹鷗四畳半は、いわば「行の座敷」の位置づけになったということになろう。ただ珠光の四畳半については、確かなことがよくわからない。天井が杉板の縁なし（*鏡天井）ではなく、蒲に竹竿縁の天井とする記録もあるし、床は塗縁（塗框）ではなく栗の角框とするものなどもあり、総体的に必ずしも珠光の真から、紹鷗の行へという流れだけではない。*川上不白はそうした不分明な点を捨て去って、「真ノカコイト云ハ四畳半ニして床カマチ真ヌリニシタル物也、替ル事なし、一切ニ張付ニ仕タると云、又云紹鷗真のカコイトテ惣張付ノ四畳半在之候由申ス、真ノ事ハ此説可然候」（不白筆記）とし、真の囲いとは四畳半で、真塗の床框、*惣張付壁のものをいい、紹鷗真の囲いも惣張付の四畳半で同様だと単純化していた。なお茶室という領域を離れて、座敷全般を真行草の視点から見れば、真の座敷は、やはり格式を示す書院、草の座敷はわびを旨とする*草庵式茶室、行の座敷は、わびを取り入れた書院としての*数寄屋造、というとらえ方も考えられ、行の座敷はさらに、きれいさび、雅、野趣といったさまざまな嗜好も加えられて、変化に富んだ和室構成へとつながっていった。

真の飛石【しんのとびいし】

*桂離宮の古書院御輿寄前に打たれた切石の*延段（畳石）と*飛石で構成される敷石道のこと。

真の踏段石【しんのふみだんいし】

切石を用いた*沓脱石のこと。「真の沓脱石」ともいう。

神拝石【じんぱいせき】

礼拝石と同じ。⇒礼拝石【らいはいせき】

信美庵【しんびあん】

愛知県田原市の内柴邸離れにある茶室。内柴邸は田原藩の御用商人であった広中家（屋号は和田屋）から、昭和二十四年（一九四九）、田原証券を創業した内柴氏に譲られた。屋敷は市の中心部にあり、内部には外門、内門、表座敷、お座敷（主屋）、茶室、洋館、土蔵、庭園などがあった。主屋は内柴氏の手によって建て替えられたが、現在はない。茶室信美庵は明治時代初期の田原藩廃止に際し、和田屋が藩主から譲り受け、移築したものと考えられる。丸畳二畳と台目畳二畳で水屋を設ける。

新日暮亭【しんひぐらしてい】

香川県高松市の栗林公園にある茶室。⇨日暮亭【ひぐらしてい】

心持材【しんもちざい】

樹の心をのこし、周囲を＊木取りして作った木材。逆に心を除いた場合は＊心去材と呼ぶ。心持材では収縮により割れが生じやすい。そのため、一般的に樹心まで切れ込みを入れて、変形の力を分散させる＊背割を行い、割れを防止する措置がとられる。（付録29頁参照）

針葉樹【しんようじゅ】

針形、もしくは線形、鱗形の葉をもつ樹木のこと（イチョウとナギは特殊な例だが針葉樹に属す）。ひろく裸子植物と同義とされることもある。その多くは常緑樹である。露地や庭園、また＊建築材としてよく見られるものに松類（＊赤松、＊黒松、＊五葉松など）、＊一位、＊椹、＊檜、＊杉、＊樅などがある。

す

睡庵【すいあん】

東京都文京区の山脇邸にある茶室。大正十二年（一九二三）に茶人・山脇善五郎の築地の邸宅が震災にあったため、現在地に移り、翌十三年末に着工、十四年夏に完成した。善五郎自ら設計指導にあたった。大工は＊笛吹嘉一郎。およそ＊表千家八代啐啄斎件翁好みの＊反故張席（一畳台目向板入）に真珠庵＊庭玉軒の内蹲踞を組み合わせたもの。壁床で、天井は野根板天井。給仕口を兼ねた火燈形の茶道口をあけ、土間から貴人口で席入する。邸内には他に、変形八畳の広間追遠や四畳半の楓亭がある。

翠庵【すいあん】

東京都港区の＊畠山記念館にある茶室。＊名月軒とつながり、棟を同じくして建つ。三畳台目の小間で躙口、貴人口、連子窓、突上窓をあけ、台目の点前座と塗框の床とのあいだには狆潜りを設ける。昭和四年（一九二九）、＊木村清兵衛が古材銘木を集めて構築し、白里庵と命名したが、戦時中は一時、解体保存。昭和二十三年、清兵衛の高弟・坂爪清松によって再建された。高松宮宣仁親王より現在の庵号を賜った。

水雲閣【すいうんかく】

水雲閣　外観

滋賀県愛知郡愛荘町の金剛輪寺にある茶室。湖東三山の一つである同寺は、天台宗寺院で山号は松峯山。その本坊明寿院庭園（名勝）内に造られ、茶室の南側には護摩堂（一七一一年上棟）が配され、二棟は水屋を兼ねた渡り廊下で連結される。水雲閣の建立年は不明であるが、比叡山の僧、羅渓慈本が天保二年（一八三一）に詠んだ「明寿院十勝」に名が見えることから、造営はそれ以前にさかのぼると考えられている。一部を懸造とし、外観は寄棟造檜皮葺で東面と北面に下屋を廻し、南面に土間庇を設ける。一畳大の板間から続く二畳半中板入の席の東側に四畳半の次の間を設け、次の間の東から北にかけて縁が廻る。二畳半の席は竿縁天井であるが、次の間は格天井とし、格間に四季の草花を描く。昭和五十二年（一九七七）の火災で一部損傷し、その修理にともなって書院とのあいだに設けられていた渡り廊下が撤去されていたが、平成二十四年（二〇一二）から二十五年にかけての修理によって旧に復された。

瑞凰軒【ずいおうけん】

京都府宇治市の松殿山荘にある中書院。⇒松殿山荘【しょうでんさんそう】

透垣【すいがい】

柱のあいだに通した横材に、細板または割竹をあいだを少しあけながら打ち付けた垣。「すきがき」「すいがき」とも読む。『源氏物語』や『枕草子』などに見られ、古代より貴人の邸宅などに使われていた。「源氏物語絵巻」の橋姫巻には、この垣の隙間から薫が中を垣間見る姿が描かれている。

瑞暉亭【ずいきてい】

スウェーデンの首都ストックホルムの国立民俗博物館にある茶室。もとは昭和十年（一九三五）に*藤原暁雲によって寄付されたもので、棟梁は深ヶ谷穂三郎だが、同四十四年、火災にあって失われた。現在のものは中村昌生により藤原暁雲の好みが分析された設計で、平成二年（一九九〇）に竣工した。広間六畳と三畳台目、水屋などからなる。当初の姿は明らかではないが、横井半三郎が『一亭二碑』に建設経緯を記している。それによると、「茶室四畳半は利休四畳半並に宗旦又隠の席に範を採り、山澄力蔵氏の独創的設計により、棟高を高くして瑞典（スウェーデン）建物との調和を計れる外、貴人口を設け、茶道口を高くし、天井及び屋根を高く、屋根勾配を急にした』とある。また六畳の待合は暁雲の考案によるもので、玄関にも寄付にもなる部屋で、露地口と玄関土間を前後に設けたという。窓は腰掛にも流用する工夫だったという。

瑞暉亭　外観　『一亭二碑』

水月庵【すいげつあん】

新潟県新発田市の市島邸にある茶室。⇒市島家の茶室【いちじまけのちゃしつ】

水月亭【すいげつてい】

❶京都市東山区の建仁寺塔頭両足院にある茶室。同寺塔頭の*正伝永源院にあった*如庵が明治四十二年（一九〇九）に移築されることにともない、翌年、百貨店・白木屋を開業した十代大村彦太郎（梅軒）が尽力し、その写しとして建てられた。外観は切妻造で妻に庇を付け下ろし、如庵とは異なる。内部も二畳半台目下座床で鱗板を入れた間取りや構成は如庵を踏襲するものの、用材や窓の配置は異なっている。たとえば点前座の洞庫や有楽窓など、如庵に特徴的な意匠が見られない。点前座の勝手付には低くあけられた下地窓のみ、また風炉先の火燈形に刳り

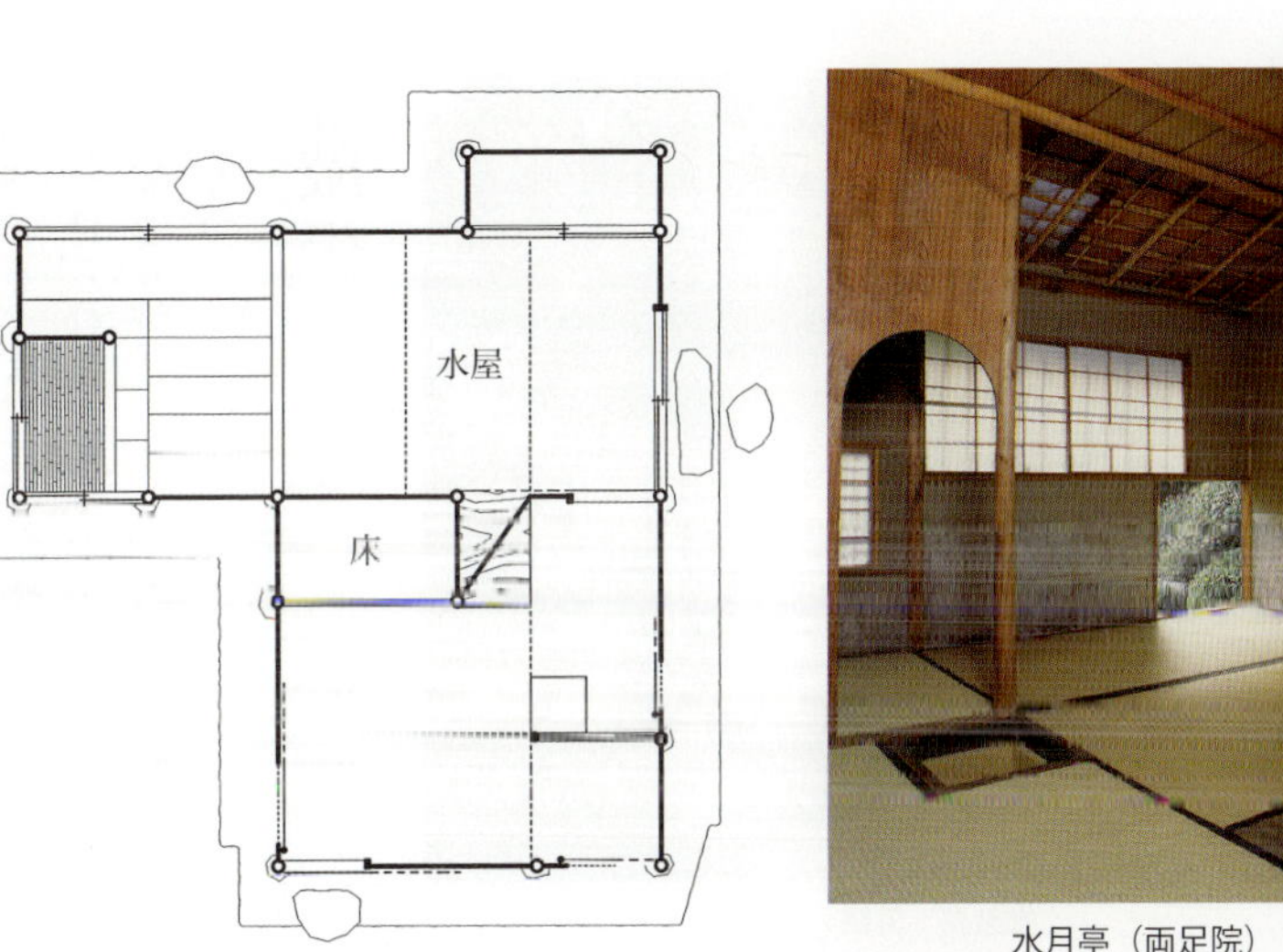

水月亭

水月亭（両足院）
点前座側より躙口側を見る

抜かれた板壁前の壁面には通例の風炉先窓をあける。用材の取り合わせは千家風である。水月亭の隣には同じく大村が寄贈した*臨池亭が建つ。

❷岐阜市の伊奈波神社にある茶室。もとは*裏千家十一代玄々斎精中によって幕末から明治初年(一八六八)頃に東本願寺(京都市)内に建てられていた。明治二十四年の濃尾地震で、岐阜別院(東別院)の御殿が倒壊した後、本山である東本願寺から岐阜別院に移築され、池に臨み石組の上に建てられた。さらに平成十五年(二〇〇三)、現地に移された。茶室は点前座を丸畳の上げ台目切として、客座の二畳を台目畳、床前を丸畳とし、点前座に隅切の棚を設けて下部を無双窓とする。廊下を隔てて八畳の書院が配される。床は落掛が二重になった蹴込床で、裏千家の*溜精軒に見られる柄杓の柄を用いた、いわゆる杓の柄窓を墨蹟窓としてあけ、玄々斎の好みがうかがえる。

水月亭（伊奈波神社） 書院 内部

❸京都市左京区の遊雲居にあった茶室。⇩遊雲居【ゆううんきょ】

翠紅庵【すいこうあん】

京都市東山区の翠紅館にある茶室。⇩翠紅館【すいこうかん】

翠紅館【すいこうかん】

京都市東山区にある西本願寺門主の旧別邸。現在は料亭として利用されている。この地は平安時代には旧正法寺の塔頭東光寺が建てられ、中世には京都盆地を見渡せる眺望の良い場所として公家の別荘地となった。その後、江戸時代後期に寄進を受け、西本願寺門主の別邸として利用され、東光寺時代の建物名を取って翠紅館と名づけられた。大正五年(一九一六)には神戸在住の藪内流の数寄者・澤野定良の所有となり、*藪内節庵の指導により大規模な改造が加えられている。現存する建物の多くはこの時のもの。昭和二十三年(一九四八)には坂口家の所有となり、料亭として利用されることとなる。敷地は、東側が高く東西に長い斜面地で、北面西よりに長屋門があり、庭園内を南に廻り込み一段高い位置にある主屋へと続く。主屋は、木造、一部二階建、桟瓦葺の建物で、南向きの玄関、主座敷の翠紅館、紅葉の間が北東方向に雁行形に配され、中庭を挟んで南側に台所が設けられる。さらに東側に奥二階、その最北端に外部廊下を経て茶室翠紅庵、胡廬庵が配されている。翠紅庵は三畳半台目に相伴席が付く*燕庵と類似した席で、藪内家との関係が見て取れる。胡廬庵は四畳半本勝手の席で、一部を土間に椅子を置いた立礼席となっている。立礼席としては初期のものである。また主屋紅葉の間の東隣に不白庵と名づけられた四畳半の茶室に二畳の次の間を持つ部屋も付属する。格調高く、洗練された意匠をもつ。

推敲亭【すいこうてい】

推敲亭 外観

三重県桑名市の諸戸氏庭園（初代諸戸清六邸・西諸戸屋敷、名勝）にある茶室。貞享三年（一六八六）、豪商・山田彦左衛門がこの地を入手し隠居所を構えていたが、明治十七年（一八八四）に諸戸清六の手に移る。その後、西側の隣接地を買い足して御殿や池庭を整備し完成したのが諸戸氏庭園である。推敲亭の建築年代は明らかではないが、享和二年（一八〇二）の『久波奈名所図会』に描かれ、*表千家六代覚々斎原叟の作と伝えられることから、十八世紀の建築と考えられている。寄棟造茅葺、三畳の席で、西面南端に半間の出床を設け、東面に簀子縁を付す。庭園の中央部の傾斜地に建てられ、眺望がきくよう周囲に障子を廻した開放的な構成をとる。主屋や表門など諸戸家住宅は重要文化財に指定されている。

吸込み【すいこみ】
海と同じ。⇒海【うみ】

翠松閣【すいしょうかく】
香川県坂出市の香風園にある旧鎌田家別邸。⇒香風園【こうふうえん】

瑞新軒【ずいしんけん】
宮城県仙台市の瑞鳳寺にある茶室。同寺は陸奥国仙台藩伊達家の墓所である経ケ峰に所在し、初代藩主政宗の霊廟である瑞鳳殿の香華所として創建された。昭和十年（一九三五）、政宗没後三百年を記念して*裏千家十四代無限斎碩叟が桑庵とともに隣り合わせで建てた茶室で、数寄屋大工の三代目*木村清兵衛が手掛けた。瑞新軒は裏千家*又隠写しの四畳半で、桑庵は二畳台目中板入。入母屋造桟瓦葺の屋根を別個に架け、廊下及び水屋でこれら二室を結ぶ。屋根の軒廻りと庇を銅板葺とする。普請に際し、京都から北山杉や聚楽土を用いたと伝わる。扁額「瑞新軒」は無限斎、「桑庵」は十五代鵬雲斎汎叟の筆になる。

水石【すいせき】
❶加茂川や瀬田川、揖斐川などの自然の渓流にある一塊の石を磨き、盆や水盤などに据えて鑑賞するもの。「盆石」「盆仮山」「盆山石」ともいわれる。❷平安時代の内裏や貴族邸宅において、*池庭とは別に*遣水と*立石と植栽で構成された内庭をいう。「水石庭」ともいう。承和年間（八三四〜四八）の仁寿殿西庭や、『北野天神縁起絵巻』に描かれる菅原道真の紅梅殿の庭などがこれにあたると考えられる。

水前寺成趣園【すいぜんじじょうじゅえん】
熊本市に所在の*大名庭園。細川忠利が豊前国から肥後国熊本藩主として移った寛永九年（一六三二）、同じく豊前から忠利が招いた僧・玄宅が、この地に水前寺を建立したことに始まる。寛永十三年に寺は移転したが、忠利は茶亭などを建てて別邸とした。三代藩主綱利が寛文十年（一六七〇）から翌年にかけて大規模な造営を行い、現在の姿に整えられ、この時に陶淵明の「帰去来辞」により成趣園と命名された。宝暦の改革で酔月亭のみを残して茶亭などが撤去、樹木も松のみになった。明治十一年（一八七八）には、成趣園を境内地として*細川幽斎（藤孝）、*細川三斎（忠興）はじめ歴代藩主を祀る出水神社が創建され、現在に至る。阿蘇山からの伏流水を利用した園池には、南北に中島が並び、それらと岸を*沢飛石でつなぎ、五十をこえる岩島が配される。また富士峰と呼ばれ、芝生で覆われたひときわ大きな*築山を中心にして、築山を幾重にも築き、そのまわりをめぐる回遊式庭園となっている。池の西岸には大正九年（一九二〇）に京都の長岡天満宮から移築された*古今伝授の間が建

水前寺成趣園

つ。名勝及び史跡。

睡足軒【すいそくけん】

埼玉県新座市の平林寺境内林（天然記念物）内睡足軒の森にある田舎家。この地はもと上野国（群馬県）高崎藩藩主の大河内松平家の陣屋があった場所で、*松永耳庵が購入し、屋敷地としていた。睡足軒は耳庵が昭和十三年（一九三八）、*原三溪の世話で飛驒高山付近の茅葺田舎家を現地に移築、草庵として茶の湯を楽しんでいる。その後、昭和四十七年に敷地と田舎家が松平家菩提寺の平林寺に譲られ、手直しを加えて、寮舎睡足軒とされた。大囲炉裏の板間を囲んで座敷が付く。

水竹居山荘【すいちくきょさんそう】

神奈川県三浦郡葉山町にある別荘建築。明治時代末頃に観音崎灯台長であった草間時光が建てたもので、大正八年（一九一九）に三菱地所の赤星陸治に譲渡され、平成五年（一九九三）より中畑氏に所有が移っている。この別荘建築は、赤星氏の俳号「水竹居」にちなみ「水竹居山荘」とも呼ばれている。寄棟造茅葺の屋根をもち、四間取り民家の平面形式を踏襲しているが、後の改築も見られる。主室八畳には次の間の八畳が並び、南側に畳敷きの縁が設けられている。主室八畳には、赤松皮付の床柱を立てた一間床、違棚、そして付書院が備わり、欄間には竹林をかたどった桐板の透彫りが見られるなど、数寄屋風の意匠でまとめられている。

吸付蟻【すいつきあり】

吸付桟と同じ。⇩吸付桟【すいつきざん】

吸付桟【すいつきざん】

桟の一種。「吸付」「吸付蟻」「蟻桟」ともいう。板の裏に取り付けて、反りや分離、割れを防ぐためのもの。地板や棚板などの厚い板同士をあわせる場合に用いる。片側を鳩尾状（蟻枘の形）に作った桟を、同じ形に溝を彫った板にはめ込んで、相互に固定する。

翠滴【すいてき】

栃木県鹿沼市の古峯神社の神苑古峯園にある茶室。昭和五十三年（一九七八）、石間工務店により愛知県名古屋市から移築された。それ以前にも三度の移築の履歴がある。明治時代に中京茶道界で活躍した裏千家の茶匠・村瀬玄中好みの席で、四畳下座床、三畳の水屋が付く。貴人口と躙口をあけ、金箔や釘跡ののこる古材が随所に使われている。庭園内には他に、*又隠写しの峯松庵、峯の茶屋、立礼席の静峯亭、中京の名家神野家から移築された待合、休憩所のもみじ亭などがある。

翠濤庵【すいとうあん】

新潟県新発田市の清水園にある茶室。⇩清水園の茶室【しみずえんのちゃしつ】

瑞峯院【ずいほういん】

京都市北区にある*大徳寺の塔頭。天文四年（一五三五）に豊後（大分県）の大友義鎮（宗麟）が徹岫宗九を開祖として創建。義鎮の瑞峯院殿号をもって寺号とする。客殿は創建当時の建物で広縁の東端に玄関（唐門）を付属し、表門とともに重要文化財に指定されている。山内には義鎮夫妻の墓所があり、茶室として*安勝軒、*餘慶庵、平成待庵がある。また昭和三十六年（一九六一）、*重森三玲によって作庭された独坐庭（客殿南側）と閑眠庭（客殿北側）がある。

瑞芳軒【ずいほうけん】

京都市伏見区の伏見稲荷大社にある茶室。本殿の南にあって、*伏見稲荷大社御茶屋や第一別館（旧松本家「松の下屋」）などが建つ庭園内の東寄りの高台に建つ。大正七年（一九一八）、中川利八ほか八名により茶室建設が企画され、翌八年四月に完成。宮本儀助が有志代表となって社に寄進した。設計には*藪内家十一代透月斎竹窓が指導にあたった。最初は社務所の裏庭に建設されたが、昭和十二年（一九三七）、現在地に移築された。外観は入母屋造檜皮葺、一部桟瓦葺。内部は、四畳半の小間と八畳の広間を板縁と畳廊下でつなぎ、そのあいだに水屋を造る。小間は北に躙口、その矩折、西に貴人口をあける。上座床を構えて、炉を四畳半切に切っている。玄関六畳の脇には露地からの使用も可能な雪隠を造っている。外観も瀟洒で、ゆったりとして機能性に富む茶室である。

水門【すいもん】
❶海と同じ。⇒海【うみ】
❷池や水路の水量を調節するもの。

水門石【すいもんいし】
❶手水鉢前の海に据える役石。「泡消石」ともいう。こぶし大の石を三つ、四つ置く。吸込穴にごみが入るのを防ぎ、また水の跳ね返りを防ぐために配される。石の代りに瓦を重ね置くこともある。この石の置き方については『茶話指月集』に「休、手水鉢の前の捨石ハ、下人が目を閉がせ、ごろたを物にいれてくハらりと捨させ、外へころひたるを、少し杖にてなをし、そこにまゝ置かよし、わさと捨れハ悪しといふ」とあり、千利休は自然な姿に置くことに苦心した様子が述べられている。（付録7頁参照）
❷池の流末に据え、排水の増減に利用する石。『築山庭造伝前編』に「河すその石の事　水除石、落水石、浪受石、塵流石、木葉返石、水門石等あり」とある。水門石とはこれの意か。
❸園池に架かる橋近くに縦に立てて据えられた立石。

随流垣【ずいりゅうがき】
四つ目垣の一種。表千家五代随流斎良休の意匠と伝えられ、胴縁に板を用い、細竹の立子を打ち付ける。表千家の梅見門、武者小路千家の編笠門の袖垣に見られる。

穂露【すいろ】
滋賀県大津市の蘆花浅水荘にある茶室。蘆花浅水荘は日本画家・山元春挙が営んだ別荘で、穂露は敷地内の主屋（一九一六年建築）や記恩堂（一九一九年建築）の建設からはやや遅れ、京都の大工・橋本嘉三郎によって昭和八年（一九三三）に竣工した。昭和三年十一月に行われた昭和天皇即位の大嘗祭にあたり、春挙は大饗の饗宴場を飾る「主基地方風俗歌御屏風」を製作した。この功によって御大典の主基斎田斎場に用いられた遺材が下賜され、それを棟木として造営されたものが本茶室である。大嘗祭において斎田の稲穂を神饌として抜き取る神事にちなんで穂露と名づけられた。台目床を構えた三畳台目の席と水屋からなり、東側に設けられた貴人口は下部を取り外し可能な腰壁として、貴人口として使用しない場合には上部を窓に変化させるような工夫が見られる。

透廊【すいろう】
壁を設けない吹放しの廊下。「すきろう」とも読む。

崧庵【すうあん】
兵庫県神戸市の白鶴美術館にある茶室。三畳中板入の席で、中央を桟瓦葺、その周囲を銅板葺とした入母屋造。連子窓の連子子に柄杓の柄が用いられている。昭和四年（一九二九）に造られ、同三十一年に白鶴山荘から移築された。嘉納鶴翁（治兵衛、鶴堂）はこの茶室について「古田織部の如庵のうつしです。京都の木村に造らせましたので、中柱は枳殻亭の桜の心です」と語っている。「京都の木村」は裏千家出入りの数寄屋師三代木村清兵衛であろう。登録有形文化財。

末口【すえくち】
丸太材や竹材で細い方の端（立木の状態の樹木で梢側、竹の稈の頂部側）をいう。逆に太い方（根元側）が元口。丸太材は元末での径が一定でないことから、その直径寸法の計測は、末口で行われる。

寿恵広棚【すえひろだな】
床脇に設けられる飾棚の一種。「神棚」ともいう。『雑工三編 大工棚雛形』（一八五〇年刊）ほか、江戸時代後期から明治時代にかけて公刊された

寿恵広棚　『雑工三編 大工棚雛形』

棚雛形本に収録される。上部の棚に格狭間を施した板をはめ、地袋を組み合わせたもの。

須賀川石【すかがわいし】
石材の一種。福島県の須賀川市付近から産出する石。新生代新第三紀の安山岩質凝灰岩である。色調は淡褐色、または淡灰色の軟石。斑晶が少なく均質で耐火性にもすぐれている。特に江持地区産出の硬いものは江持石という。主として積み石または階段石、壁体、墓標などに使用される。

透かし【すかし】
植栽の剪定手法のひとつ。枝先に鋏を入れ樹形を整形する刈込とは異なり、一枝ずつ枝元で剪定する方法。御所透かし、町家透かし、寺透かしなどがあり、場所によって異なった技法で剪定が行われる。露地においては、植栽が植えられる中を人が行き交うという性格上、きめ細やかな剪定方法が求められ、この透かしが用いられる。一本一本の樹形を整えるだけではなく、茶室やそこに至る飛石、蹲踞などを含む景を考慮した上で剪定が行われ、また深山の景趣が求められる露地において、日照や風の通りを調節する透かし剪定は欠かせないものである。

透かし垣【すかしがき】
垣のうち、立子や組子のあいだが遮蔽されておらず、垣を通して向こう側が見通せるものの総称。四つ目垣、矢来垣、光悦寺垣などがこれにあたる。

透張り【すかしばり】
目透張と同じ。⇨目透張【めすかしばり】

透彫り【すかしぼり】
彫刻技法の一種。木や石、金属などの板を表から裏まで彫り抜いて模様を表す技法。欄間などに見られる。

透彫欄間【すかしぼりらんま】
欄間の一種。透彫りの技法を用いた欄間の総称。

透門【すかしもん】
❶外側から内側が見えるように扉を造った門。露地口や中門などとして設けられ、竹や木格子を透かして打ち付けた扉をもつ門。表千家の梅見門などが好例。
❷門の扉下半分を板張り、その上半分を格子にした門。「すきもん」とも読む。城門などに設けられた。

菅田庵【すがたあん】
⇨菅田庵【かんでんあん】

姿図【すがたず】
建物の立面を製図した図面。「立面図」「建図」「建絵図」ともいう。屋根の形や勾配、窓や入口などの開口部、外壁や庇などの意匠や各種材料が表される。一般的な図面では五十分の一や百分の一の縮尺が多く用いられるが、数寄屋の姿図は二十分の一の縮尺で製図されることが多い。

縋破風【すがるはふ】
破風の一種。建物のある面に庇や向拝が取り付く際、その側面にあらわれる本屋根の軒先から突出した破風。たとえば宇治上神社拝殿（国宝）では、両翼の庇部分と前面の向拝部分に縋破風が見られる。

数寄【すき】
「数奇」とも書く。「好き」から出た語であるが、後に風流韻事の意味にも用いられ、さらに茶の湯の代名詞にもなり、数寄者（数奇者）といえばほとんど「茶の湯を嗜む人」の意味になってきた。すでに、十七世紀初めに刊行された『日葡辞書』で、「suqi（スキ）」は「茶の湯の道、またその修業」と説明され、「suqixia（スキシャ）」は「茶の湯の道とその修業に打ち込んでいる人」と説明されている。数寄はこのように「茶の湯」と同義に用いられることもあったが、また茶の湯の中のある特定の茶の湯を意味するようにもなり、数寄者も、その特定の茶の湯にいそしむ人の意味にもなった。そのことをジョアン・ロドリゲスの『日本教会史』と山上宗二の茶書において見れば、ロドリゲスは、「数寄」と呼ばれる新しい茶の湯が「東山殿茶の湯」から生まれたという。東山殿とは、将軍でありながら政務を疎んじて、東山山荘（東山殿）を拠点として風流（その意味での「数寄」）に沈淪した足利義政であり、「東山殿茶の湯」とは、彼を補佐する能阿弥などによって形成されていった、いわゆる「書院台子の茶」である。この茶の湯が、時代の移りにあわせて、古い風習に新しい様式を取り入れるなどして、富裕な商人や市民たちにも受け入れられるようになり、やがて京都や堺にもひろまると、この道に丹精を込めその習練に専心する人も多く出てきて「数寄」と呼ばれる新しい様式の茶の湯をつくり上げた。それに専心する人は「数寄者」、用いられる道具は「数寄道具」と呼ばれた。このようにロドリゲスは「数寄」の茶の湯の誕生を語り、それをうながした内面的推進力は禅であったとし、数寄茶の湯は「禅宗という宗派に属する孤独な哲人たちにならって、この藝道において最もすぐれた人々によって作り出された、孤独な宗教の一様式」と記している。また山上宗二の茶書では、特に茶道具に関する記事の中に「数寄」の語が頻出する。諸本によって異なってはいるが、『茶器名物集』（山上宗二記の項を参照）によってそのいくつかを引いてみると、「（ソラシバ）数寄ノ方ニハ天下一」「（ナラシバ、ナゲヅキン）数寄方ニハ数寄ノ眼」「（円座カタツキ）宗易ニ在、目開ノ一種ナレバ一段数寄道具」「（文字屋カタツキ）当世諸人面白ガリ候、数寄道具」「（シギカタツキ）名物ト申、一段之数寄道具」「（高山円座）名物ニテハナシ、数寄道具」「（打曇ノ大海）代物千貫ノ名物也、但当世ノ数寄方ニハ如何」「（カブラナシ数十計）数寄ニ不入ヌルキ物也」「（ツノキ）人シレヌ数寄道具」「（玉澗煙寺晩鐘）八幅ノ内頂上ノ名物、数寄道具」「（虚堂墨跡）天下無双数寄道具」「（墨跡）第一ハ祖師、第二ハ語、其外ハ様子次第ニ数寄ニ入」「（紅竜台）貴人御為ニハ可然歟数寄方ニハ如何」「唐茶碗ハ捨リタル也、当世ハ高麗茶碗今焼茶碗以下迄也、比サヘ能候ヘバ、数寄道具」などである。このように、名物であるか否かや値段の高下は数寄道具であるかどうかには関係ない、利休の目聞（目利き）で選ばれたものならば一段数寄道具である、高麗茶碗、今焼茶碗（樂長次郎作の茶碗か）は比（バランスか）さえ良ければ数寄道具になる、など道具の選別の基準が大きく変わり、数寄道具でなければ良き道具とはいえない時代に入ったと主張しているのである。ところが山上宗二の茶書では、この重要な語である「数寄」の意味は全く説明されていない。ということは、宗二が普段交わっている人々のあいだでは、「数寄」について、説明を必要としないほどの共通理解があったことを示す。ではそれはどんな理解であったのか。「茶の湯は禅宗ヨリ出タル…」「道陳、宗易ハ禅法ヲ数寄ノ師匠ニス、拙子式モ右三老（武野紹鷗、千利休、北向道陳）ノ跡続」、「禅宗之眼可専用也」などの語がその答えを示しているであろう。宗二とその周辺の人々においては、ジョアン・ロドリゲスがいみじくも看取したごとく、数寄茶の湯の根底は禅であり、それはあらためて説明するまでもない、当然のことだったのである。

杉【すぎ】

ヒノキ科スギ属の針葉樹。日本の代表的な樹種で、本州、四国、九州地方に分布するが、天然林は減少し、ほとんどが人工林となっている。建築材のための樹種として最も重要なもののひとつ。エンコウスギやヨレスギなどの園芸品種は庭木としても用いられる。心材と辺材の色の差は明らかで、心材は桃色から濃褐色までと幅広く、辺材は淡黄白色である。独特の芳香をもち、年輪は明らかで肌目は粗く、木理は通直である。材質は日本産の針葉樹としてはやや軽軟で、心材の保存性は中程度である。高級杉材としては秋田杉、屋久杉、霧島杉、春日杉、土佐杉、神代杉などが、古くからの造林地としては吉野、尾鷲、天竜、日田、飫肥、智頭などの各地が有名である。また数寄屋建築で柱材として欠かすことのできない北山杉などもある。建築材として天井板や造作材、柱材、床柱、落掛など幅広く使用される。さらに杉皮は腰掛や中門の屋根葺材や杉皮塀などの仕上材として用いられる。

杉板垣【すぎいたがき】

板垣の一種。杉の薄板を張ったもの。

杉皮垣【すぎかわがき】

杉皮を張り、割竹の押縁で押さえた垣。

杉皮葺【すぎかわぶき】

杉の皮で屋根を葺くこと、または杉の皮で葺いた屋根をいう。民家、茶室、庭間の門などに見られる。春皮は虫が付きやすく、秋皮が良いとされる。

杉皮塀【すぎかわべい】

塀のうち、柱間に杉の樹皮を両面から張り、竹の*押縁で留め、上部は*笠木や*雁振瓦をのせたもの。露地や庭園の仕切囲いとして用いられる。

杉皮門【すぎかわもん】

屋根に杉の樹皮を重ねて葺き、竹の押縁で留め、*笠木として丸竹をのせて飾る門。露地の*中門などに用いられる。

杉木普斎【すぎきふさい】

寛永五年～宝永三年（一六二八～一七〇六）。江戸時代前期の茶人。*千宗旦の門弟。伊勢御師・吉大夫光貞の子で名を光敬という。号は宗喜。寛永十九年に宗旦のもとに入門するが、普斎が三十歳あまりの時に宗旦が没したため、その後は次男・武者小路千家四代似休斎一翁、三男・*表千家四代江岑宗左に教えを受ける。利休正風の茶の湯の伝播につとめ、書物による伝授形式をとったことに普斎の特徴があり、『利休流掛物伝』『利休流茶湯習法』『茶湯之華生様』『普斎書入茶道便蒙抄』『杉木普斎伝書』など多くの伝書がのこされる。『普斎書入茶道便蒙抄』は、*山田宗徧の『*茶道便蒙抄』に普斎が朱書を加えたもので、同じ宗旦の弟子でありながら、茶の湯の解釈には大きな隔たりが認められる。また『普公茶話』には自身の茶論が見られる。宗旦逝去の折には、宗旦作達磨花入が、形見の品として譲られた。『杉木普斎伝書』の「利休家之図」は、千利休の聚楽屋敷（千利休の屋敷の項を参照）の建物の寸法書と認められるものである。また同書の「聞書寄」には突上窓、洞庫や飛石、手水鉢、雪隠などの、茶室や露地に関する師友からの聞書きが、数多く記されている。

杉苔【すぎごけ】

蘚苔類スギゴケ属の総称。「杉蘚」とも書く。茎が長く、時に枝分かれし、長さ三～一〇センチほどになる。特に京都市内の庭園でよく見られるもので、植栽される苔の代表格である。『築山庭造伝前編』「杉苔植やうの事」に「杉苔を植るにハ下地の土をかきならし、和らげをき、其上へ杉苔をふせて、よくよく踏付、其上へ土をふるひかけて日かげの時折々水をそそげバよくつくなり」とある。

数寄者【すきしゃ】

*数寄に専心に携る人。「数奇者」とも書く。数寄は元来「好き」に発した語であったが、やがて和歌や連歌をはじめ、いわゆる風流韻事の意味になり、さらには*茶の湯の代名詞にもなった。それに応じて数寄者も今日では、茶の湯にいそしむ人の意味に用いることが多い。

杉釣刀掛【すぎつりかたなかけ】

茶室に設けられる*刀掛の一種。杉材を用いた通常の形式の刀掛。利休好みといわれる。

杉戸【すぎと】

*竪框と*上桟、*下桟で枠を作り、中央の鏡板部分に杉板を用いた建具。框は黒漆が塗られ、鏡板には花鳥などの絵画が描かれることが多い。これを*杉戸絵という。方丈建築の*広縁に設けられることが多い。

数寄道次第【すきどうしだい】

茶の湯伝書の集成。三巻が合綴された一冊本。国立国会図書館蔵。巻一は承応三年（一六五四）書写の*古田織部の伝書、巻二は慶長十七年（一六一二）書写の伝書、巻三は曲直瀬道三所持の伝書を慶長七年に書写したものという。巻二、巻三では、*武野紹鷗に至るまでの茶の湯についての理念、作法、歴史などが述べられており、*千利休以後の人物の名は見えない。利休についても巻二の末尾の条文で触れるのみである。奥書には問題もあり、承応三年以前の転写のつど、条文の追加や削除が行われたことをうかがわせるが、慶長年間（一五九六～一六一五）前後に巻二と巻三の祖型が成立したと考えられている。巻一の内題に「数寄道次第、最初」と記されているところから、巻一の織部伝書を書写した承応三年頃、当時流布していた茶書を書写の上、三巻の形に集成し、三巻の通名として『数寄道次第』の書名が付されたらしい。巻二と巻三の類本には、『烏鼠集四巻書』『数寄道大意』『相阿弥茶湯書』などがある。国会図書館蔵本は、三巻とも一筆で書写されており転写本と考えられるが、書風から承応二年のほぼ同時代であるといえる。巻一は『古田織部茶書』二(茶湯古典叢書)に、巻二は『茶道古典全集』第十一巻に『僊林』の書名で翻刻されている。なお『僊林』の書名は、巻二の第一紙の前葉に「僊林、草人木トモ」と記されていることに由来し、『茶道古典全集』所収時に付された。

杉戸絵【すぎとえ】

杉戸に花鳥絵などを描いたもの。養源院(京都市)の杉戸絵(重要文化財)は伝俵屋宗達として有名。また茶屋では旧一条恵観山荘にある杉戸絵が知られ、「人形廻し」「伏籠」「立花」「椿」などが描かれている。

杉原家の茶室【すぎはらけのちゃしつ】

滋賀県近江八幡市の杉原氏邸庭園にある茶室。秋錦亭と呼ぶ。杉原家は、寛政七年(一七九五)に五個荘(東近江市)の久保七左衛門より現主屋を購入し、現在地の安土町東老蘇に屋敷を構えた。主屋のほか離れ座敷と茶室が建つ。茶室は柿葺屋根の煎茶室である。内部は一部屋で、三方には建具がなく雨戸仕舞いとした開放的な構成である。奥行きの浅い床は台目幅で、床柱に杉の面皮柱を用いる。天井は猿頬天井で、欄間に下地窓をあけている。庭園は回遊式枯山水庭園で、江戸時代に近江で活躍した勝元宗益(鈍穴)の作。主屋の客間からは滝石組が見え、そこから白い玉石で表現された流れは、蛇行し、自然石の石橋を渡り池に至る。一方、「紅遊」の額のかかる小門を潜ると奥庭に至る。ここからはドウダンツツジ(満天星)やアカマツ(赤松)などの植栽が主題の庭園となる。

杉柾天井【すぎまさてんじょう】

柾目の杉板を張った天井。板目材に比べ、柾目の木取りでは板幅が制約されるため、幅広の材ほど高価になる。

杉丸太垣【すぎまるたがき】

杉丸太を用いた丸太垣。杉丸太は皮を剥いだものと、皮付のものとがある。

杉丸太床柱【すぎまるたとこばしら】

杉丸太を用いた床柱のこと。草庵式茶室や数寄屋風書院造などの座敷の床に用いられる。『茶譜』に「千宗易曰、古ヨリ歴々茶湯ヲ玩来トモ、茶ノ道ハ侘度コト也ト云テ、昔ノ松角柱ヲ立シヲ、松ノ皮付柱ニ仕替、又ハ杉丸太ノ柱ヲ立」と記されるように、かつての格式の高い書院座敷では床に角柱が使われたところを、わびた表現を求めるため、近世以降の数寄屋風の座敷では丸太柱が用いられるようになってきたと考えられる。製材せずに用いるため、元末の直径の差が少なくなるように育成された丸太が好まれ、そのような良材を産出した京都の北山丸太や奈良の吉野丸太、東京・埼玉の四谷丸太などの名が高い。また丸太材の自然さを重んじるため、塗りを施さない白木の磨丸太(洗丸太)とすることが多い。幹のまわりに縦に波状の絞り目が出た絞丸太も使われる。

数寄屋【すきや】

茶室の呼称の一つ。呼称としてはほかに、小座敷、囲い、単に畳数のみで表すもの、茶湯座敷などがある。「数奇屋」の表記もある。数寄屋の語の早い使用例は、天文十九年(一五五〇)正月の、「重テ御振舞於御数寄屋ノ座御茶御酒御太刀被下」(高白斎記)というくだりに見られる。六畳とか四畳半に炉を切った座敷だったのであろうか、「御数寄屋」と呼ばれるところで使者に茶と酒が振舞われ、太刀もそこで与えられた。これ以降、数寄屋(または数奇屋)の語は稀にしか使われなかったが、比較的頻出するようになるのは、『宗湛日記』の天正十五年(一五八七)から後の茶会記においてである。そこでの表記は「数寄屋」または「スキヤ」で、用法の傾向としては、書院や広間での振舞いと数寄屋での茶とが併記されているものや、大坂城山里、聚楽第、箱崎の陣、名護屋城など、どちらかといえば比較的広い敷地に独立して建っているような茶室に使われている。特に天正十八年三月、小早川隆景が大名衆を労うために「箱崎座主坊屋敷ノ内ニ、御カコイヲ被成、ソノ次ニ二畳半ノ数寄屋、カヘハ杉ノ青葉ニテシトメ、風炉ニテノ茶湯也、御振舞ハ広間也」とした記述からは、筆録者の神屋宗湛が、屋敷内に造った囲い、壁が杉の青葉のおそらく独立した数寄屋、振舞いのための広間、というふうに囲いと数寄屋を使い分けているのがうかがえる。天正二十年十一月二十五日、豊臣秀吉はこのような饗応の常態化に対して「秀吉書院振舞沙汰書」(浅野家文書)を示した。その内容は、急用あれば「すきや」から直接の還御もあり得るので書院での振舞いの用意は必要なしとの主旨であったので、そのような沙汰書を出すほど「数寄屋」の呼称の認知度が上がっていたと見てよい。そうした中、逆に数寄屋とそのような茶会のあり方を権威づけたのは古田織部である。織部は、独自の三畳台目(いわゆる燕庵形式の茶室)を慶長六年(一六〇一)頃までには創り出し、この茶室に対し織部は、同七年から十七年にかけての問答録(茶道長問織答抄)で「数寄屋」の語を常用し、また実際、数寄屋、鎖の間、書院を併用した茶会を工夫、推進した。これが武家のあいだでひろがり、慶長十三年に著された『匠明』の「当代屋敷図」ではその三種の座敷を明示した屋敷構成になっていたし、また慶長十年に二代将軍徳川秀忠が将軍宣下を受けて以来、大名家への御成は、数寄屋での茶事が組込まれる「数寄の御成」が式正の次第となる。その次第や施設の構成について、織部が大名家を指導したのは疑いないが、織部没後の御成では、さらに数寄屋での茶事が中心となり、露地口から入御し露地口から還御する「数寄屋御成」へと変わっていった。数寄屋にまつわるこうした推移を受け、やや時代は下るが貞享三年(一六八六)に板行された『数寄屋工法集』では上中下三巻のうち、中巻に千利休や織部、織田有楽ら主な茶人たちの茶室図を種々掲げるが、上巻での茶室は「数寄屋之事」として掲げる一席(織部の名を冠しない燕庵形式の茶室図)のみで、これに付随した細かな寸法や仕様が詳述されている。一方、複数の座敷を使って飾りの場を増やしたり饗応を派手に行うことは、利休以来のわびの思想から逸脱することになるためか、それを象徴する「数寄屋」の呼称について千家では、「数寄屋と申事、きゝにくしとて小座敷と古ハ申候、数寄事をよけ申也」(江岑夏書)とした。またこれと同時期、寛文五年から十二年(一六六五～七二)頃に書かれた『茶譜』によると、「利休流ニ数寄屋ト云事無之、小座敷ト云、此小座敷ハ棟ヲ別ニ上テ、路地ヨリクヽリヲ付テ、客ノ出入スルヲ云ナリ、又囲ト云ハ、書院ヨリ襖障子ナト立テ、茶ヲ立ル座敷ヲ囲イト云ナリ」とあって、利休流では数寄屋と呼ばず小座敷と呼び、また独立した茶室を小座敷、書院の内を囲ったものを囲いと理解していたことがわかる。そもそも、数寄屋の「数寄(数奇)」は「好き」から生じた語で、執心あるいは風流を尽くすといった意味を含み、その風流という面での「数寄」から見れば、利休の求道的な茶室のあり方は、数寄屋からやや外れるのかもしれない。なお、数寄の対象が茶の湯である以前は、歌道、音曲、連歌などが対象で、茶の湯への移り変わりの時期は、室町時代の十五世紀後半から十六世紀前半にかけてと見られる。その頃の数寄にかかわる座敷や建築として、「数寄之座敷」とか「数寄座敷」などの例も見られるが、当時の茶屋なども含め、どちらの数寄のためのものか、あるいは両用の数寄のためのものなのか、にわかには断じがたい。また現代における数寄屋の語としては、茶室を表す以外に、数寄屋造(数寄屋風書院)の建築を表す場合も多い。

数寄屋工法集【すきやこうほうしゅう】

数寄屋建築書。山城国(京都府)山崎の伊藤景治著。上、中、下三巻、後に春、夏、秋、冬四巻。貞享二年(一六八五)九月の自序、翌三年に版行。上(春夏)巻には三畳台目の数寄屋とその露地施設(腰掛、猿戸、柴垣、高塀など)の細部にわたる詳細な寸法書を示すとともに、折釘から炉縁、行燈、薄板、竹花入に至るまで、数寄屋に付属する道具類の仕様をのせている。中(秋)巻は、利休囲として待庵の寸法書きを記すとともに、数寄屋あるいは囲の典型例として、織田有楽、古田織部、千利休、千道安など茶人好みの二十二種の茶室平面図を掲出している。下(冬)巻は、書院造の木割が記されている。数寄屋建築書の最初の公刊本であり、数寄屋技術の実用書としてひろく普及し、明治時代に至るまでたびたび改版された。

数寄屋聚成【すきやしゅうせい】

数寄屋や茶室の写真、資料集。高橋箒庵及び正木直彦顧問、北尾春道編集。昭和十年(一九三

五)十月から同十二年六月にかけて洪洋社で刊行。数寄屋建築史図聚四巻、数寄屋名席聚三巻、数寄屋名園聚三巻、近代数寄屋名席聚三巻、数寄屋住宅聚二巻、数寄屋構造聚四巻の全二十巻。日本全国に分布する室町時代から昭和十二年頃までの古今の数寄屋、茶室を、二年六カ月をかけて実測図と写真によって編集したもの。本書は、設計者のみならず一般、外国人も読者対象としており、英訳も記載されている。湛浩庵をはじめ、空襲などで失われ現存していない数寄屋建築の様相をうかがい知ることができ、貴重。

数寄屋大工【すきやだいく】

住宅の普請を担った家大工、あるいは寺社建築を得意とする堂宮大工に対して、数寄屋を得意とする大工のこと。また「数寄屋師」ともいう。数寄屋では丸太材や竹材などの独特な銘木や銘竹の加工、組立が必要であり、その技術は江戸時代からすでに一般の大工から専門分化していた。たとえば、その早期の事例として、大徳寺塔頭玉林院の茶室南明庵の棟札(一七四二年)に記された数寄屋の工匠「遠藤庄右衛門隆明」などがいる。

数寄屋造【すきやづくり】

書院造の格式的な建築表現を排除した、軽快で瀟洒な意匠を示す建築。室町時代後期にわび茶を示す言葉として数寄が用いられるようになり、茶の湯を行うところを数寄屋と称するようになる。永禄七年(一五六四)の『分類草人木』に「数寄座敷」と出てくるのが早い例である。徳川幕府大棟梁平内家の木割書『匠明』(一六〇八年)に「茶ノ湯座敷ヲ数寄屋ト名付ク事ハ、右同比、堺ノ宗易伝始ル也」とあり、千利休が命名したと伝えられているが、利休時代には「茶湯座敷」「小座敷」、あるいは単に「座敷」などと呼ばれていた。現在の建築史学界では、数寄屋造を書院造の中に茶室の意匠が取り入れられた建築であるとみるとらえ方と、茶室との関係を重視せず、書院造を真とした時、その行体あるいは草体の洗練された自由な形式とみるとらえ方が示されている。千利休の屋敷構えについて、佐久間不干斎によって「寺ともなく武家とも見へさる家あり(中略)うちの住家よし有けにして高くもなくひき(低)くもなくこうはい(勾配)そらす、こうはいはやくもぬるくもなく(中略)他家にかはり様子しほらしき事絶言語」(明記集)と伝えられているが、数寄屋造の本質がよくとらえられている。遺構としての数寄屋造にみられる一般的な建築的特色として、次のような特色を挙げることができる。①起り屋根とし、柿葺や茅葺、檜皮葺など植物性の材料で葺かれることが多い。②柱に丸太や面皮、長押に半丸太や面皮を用いる。長押を省略することもある。③床、違棚、付書院の配置に定型がない。④違棚、欄間、釘隠、襖の引手に自由な意匠、七宝や象嵌の技法を用いる。⑤檜以外に松、杉、竹など多種多様な材料が用いられる。⑥化粧となる木部に色付が施されることがある。⑦壁は全部が土壁であったり、張付であっても濃彩を避けて水墨画としたり唐紙を張る。⑧壁は苆や錆の浮き出た荒壁であるより、鮮やかな赤褐色の色調をもつ大坂壁(大坂土を塗った壁)であることが多い。⑨襖や張付の四分一も春慶塗で仕上げられることが多い。代表的な遺構に、桂離宮の御殿、西本願寺の黒書院、伏見稲荷大社御茶屋、曼殊院小書院などがある。

数寄屋の向き方【すきやのむきかた】

数寄屋を建てる向きに一定の方向があるということはない。しかし光線の具合が、かつては問題にされた。『茶道旧聞録』には「数寄屋はもと北向にするものなり。日差入らず、目明りの加減よし」とあり、北向きに造ることができれば光線の具合が適度である、とのことが記されている。これは出入り口が貴人口形式で内法高が高く、そこから大きな光量が入ってくることを考えると、他の方角に比べて、抑制され安定した光が入る北向きが好まれた、ということである。一方、躙口が設けられ、下地窓が自由にあけられることが一般的になると、おのずと直射日光を抑制することができ、方位はあまり関係がなくなった。

苆【すさ】

壁の補強や亀裂防止に壁材料に混入される繊維状の補助材。関東では「つた」ともいう。その歴史は古く、奈良の法隆寺金堂の壁画(飛鳥時代の白土仕上げでは、紙苆が使われていたことが知られる。主として藁苆系統と麻苆系統があり、土壁は主に藁苆、漆喰壁（漆喰の項を参照）やプラスター壁は麻苆を使用する。

苆　養庵の床　玉林院

厨子【ずし】

仏像、仏舎利、経典などを安置する収納具。一般に正面に両開きの扉を付ける。室内の一部に単独で置かれる場合や*須弥壇上に配置されることもある。法隆寺（奈良県生駒郡）の玉虫厨子（国宝）は特に有名である。本来は厨房において食品や食器を納めた置棚をいった。

筋違格子【すじかいごうし】

*格子の形状の一種。柱間に斜めに組子（組子の項❶を参照）を組んだもの。障子や格子窓などに見られる。

筋違の囲【すじかいのかこい】

茶室如庵の別称。　⇨如庵【じょあん】

厨子棚【ずしだな】

文房具類や書籍などをのせる棚が三段付き、正面の中、下段の一部に*両開きの扉を付けた置き棚。「三棚」ともいう。室町時代以降、武家調度のひとつ。

筋塀築地【すじべいついじ】

*築地のひとつ。塀の柱間壁面に定規筋と呼ばれる横筋が入るもの。御所や寺院など、格式ある敷地の囲いとして用いることが多い。筋の数により格式が異なり、五本が最上とされた。

筋彫【すじぼり】

毛彫と同じ。　⇨毛彫【けぼり】

煤竹【すすだけ】

銘竹の一種。*囲炉裏の煙で燻され、独特の赤黒い色を帯びた竹。*茅葺の民家で、屋根の下地として用いられた竹が長年のあいだ、屋内の囲炉裏の煙により煤け、できる。本来八十年から百五十年経過したものが優良とされ、これを磨いて用いた。現代では非常に希少なものとなり、人工的に燻し、煤けさせて作ることもある。油を抜いて日光に当てた竹を、苛性ソーダ溶液で煮て、水洗乾燥し、硫黄で燻し作られる。数寄屋の床柱や竿縁、連子竹などに用いる。

鈴屋【すずのや】

三重県松阪市の本居宣長旧宅（松阪公園内、特別史跡）にある書斎。宣長は十二歳から七十二歳（一七四一～一八〇一）までをこの居宅で過し、『古事記伝』や『玉勝間』などを著した。当初、元禄四年（一六九一）に松阪職人町に建てられたが、後に魚町に移築された。もともと平家であったが、天明二年（一七八二）に二階書斎を増築、この書斎が鈴屋である。四畳半、床は踏込床で三枚張り合わせの板敷き。床の脇壁に長方形の板を入れてこれに鈴を掛け、宣長は少憩の時にこの鈴を振り鳴らしていたので、「鈴屋」の称が出たという。天井は野根板張、竹の竿縁の平天井。全体が数寄屋風の建物である。特別史跡。

煤払いの茶室【すすはらいのちゃしつ】

長門国（山口県）萩藩では、年末の城内大掃除に際して藩主は城を出て重臣の屋敷に避ける慣例があった。このような時に藩主を迎える茶室を煤払いの茶室（茶座敷）と称した。現在、萩城跡指月公園に移築され、煤払いの茶室の名称で知られるものは、藩寄組旧梨羽家下屋敷にあったもので、明治時代に移されたという。入母屋造桟瓦葺、室内は花月座敷で、主室は八畳で二方に入側（畳縁）が廻り、一間の畳床を中央に、左右に半間の棚と地袋を備えている。

裾垣【すそがき】

建物、垣や塀などに接して一列に植えた高さの低い生垣や竹垣のこと。三〇～五〇センチ程度の高さのもの。裾風が吹き込むのを防止したり、庭の修景を図る役割がある。

裾を張る【すそをはる】
*庭石の据え付けにおいて、根本が裾広がりに長くのびている形状に据えることをいう。

簀竹【すだけ】
❶*茅葺の茅を取り付けるため、下地として垂木状に渡された三寸まわりほどの細竹。❷*茅葺の棟飾りに用いられる簀子状に編まれた細竹。

簾【すだれ】
葭や細かく割いた竹などを糸で編み連ねて作られる障屏具。風通しにすぐれ、日除けや外部からの目隠し、室内の仕切りのために掛け垂らして用いる。茶席においては、*連子窓や*下地窓の外側に簾を掛けることで、窓の保護や夏の暑さを和らげる。また茶事の時、*初座では簾を掛けて暗さを演出し、*後座では簾を外して席中に明るさをもたらすといった趣向がこらされるなど、室内の明るさを調節する役割も果たす。簾の名称の由来は、簀垂れ、あるいは住処として「巣」の出入り口に垂れ下げ、風雨や湿気を避けたことから、という説がある。内裏などで用いられた上質のものを御簾といい、簾の周囲に萌黄色の絹に黒い窠文（木瓜文）を染め付けた縁を四方に廻す。巻き上げられた御簾は鉤という鉤形の金物に掛けられる。

簾

簾垣【すだれがき】
御簾垣と同じ。⇒御簾垣【みすがき】

簾掛釘【すだれかけくぎ】
茶室の外壁、窓の上部に打たれる折釘。席中の明るさを調節したり、茶事の*初座の際に*簾を掛けるために打たれる。雨戸を掛けるための釘を兼ねることもあり、釘の大きさは様々である。また簾を掛ける釣木を使う場合には*二重折釘を用いることもある。さらに簡易な釘として*鴨居などの上部に打たれる蛍釘などもある。（付録22頁参照）

簾障子【すだれしょうじ】
障子の一種。「夏障子」「葭障子」「簀戸」などともいう。蒸し暑い夏季の通風を目的として、障子紙の代りに*簾を張った障子のこと。糸編みした竹や篠、*葭、*茅、*真菰などを枠内に取り付け、横桟と*押縁で固定したもので、夏に*明障子や襖と入れ替えて使用する。

簾張天井【すだればりてんじょう】
葭や萩、寒竹、木賊などを簾編みしたものを天井面に張った天井。草庵式茶室や数寄屋建築などに用いられる。

捨石【すていし】
❶庭園や露地に、無造作に捨てたように置かれる*景石のこと。『石州三百ケ条』には「世間に捨石とて、路次の内に景にわざと置候物ハ、捨石にてハなくて、態と置候石也、捨石と云物ハ、根本、路次なと作り候石の餘り候を捨石といふ也」とあり、露地の景色にわざと置いたものを捨石といっているが、本来は露地を造った際に余った石のことであると述べている。しかし現在ではもっぱら前者の意味で使われている。❷控石と同じ。⇒控石【ひかえいし】❶❸ ❸*蹲踞の役石のひとつ。*前石とは別に手水鉢の周囲に据える石。「手水鉢のさきの石を捨石と云ふ也。（中略）据る様に心を留めてよく見る物也」（川崎梅千代殿宛利休伝書）とあり、*千利休は心を留めるべき重要な役石としていたようだ。古田織部は一つ、もしくは三つの捨石を手水鉢の右か左に据えるものとしている（古田織部正殿聞書）。手水鉢の左右に*手燭石、*湯桶石を据える形式が定まったとされる江戸時代中期より前の時代の役石。

捨柱【すてばしら】
土間庇など、張り出した庇を支えて、直接地面に達する柱。柱脚が土台などにのらずに、礎石などを介して直接地面に達するのが特徴。茶室や数寄屋風書院では、礎石を自然石として、凹凸のある表面に、柱の下面を削り合わせ、ひかり付けをして据える。「楈柱」「助柱」の古語が支柱や控柱のことなので、ここから転じた呼称と考えられている。

捨庇【すてびさし】
土間庇と同じ。⇒土間庇【どまびさし】

簀戸【すど】
❶中門などに用いる扉のこと。割竹を菱目や籠目に編んだものや、細丸竹を四つ目や格子に組んだものなどがあり、編み方や打ち方の疎密により様々な意匠がある。『家屋雑考』には「簀戸は扉へ竹簀を打ち付けて、外をすかし見るなり」とある。
❷簀戸門の略。⇒簀戸門【すどもん】
❸簾障子をさすこともある。⇒簾障子【すだれしょうじ】

簀戸門【すどもん】
竹を編んで造った簀戸を扉とした門の総称。楣を設けて簀戸を釣り上げる揚簀戸や表千家の梅見門など両開きの形式、枝折戸など片開きの形式がある。

簀戸門

砂【すな】
海浜、河床、山などで採取される砕屑物の集合体のこと。礫とシルトの中間の大きさで、粒径が二ミリ以下、一六分の一ミリ以上の粒子のものをいう。砕屑物（砕屑性堆積物）とは、岩石が風化、浸食、運搬した際に生じた岩片や鉱物片などが集積したもの。海浜においては、砂に生息する珊瑚や貝殻などの死骸が残存し、石灰質の化石片を含むこともある。粒径に応じて使用方法も変わるが、庭園では主に、石材や敷瓦の固定、水はけの促進などに使用される。建築では左官材料に使用されるほか、コンクリートなどの現代建築では骨材として重要な役割を果たす。粒径が大きいものでも豆砂利の大きさを下回る場合には砂と称されることも多く、白川砂などはその例である。

沙囲炉裏【すないろり】
『茶具備討集』（一八〇二年刊）に記される囲炉裏の別称。「囲炉裏昔或ハ沙囲炉裏」とあり、昔は茶室の囲炉裏を沙囲炉裏といったという。

砂掻き【すなかき】
乾屎橛と同じ。⇒乾屎橛【かんしけつ】

砂摺天井【すなずりてんじょう】
砂で磨き（砂摺り）、胡粉を擦り込んだ天井板を張った天井。杉板などを砂で磨くことにより柔らかい部分を摺り落し、胡粉で木目を一層浮かび上がらせる。天井板に外光が反射し、室内に明るさをもたらす効果がある。例として孤篷庵の忘筌がある。

砂雪隠【すなせっちん】
露地内に設けられた雪隠の一種。「荘（飾り）雪隠」ともいう。内露地の内腰掛付近に設けられることが一般である。実際には使用しない便所であるが、清浄を第一にする茶の湯の考え方の象徴として造ることがある。いつの頃から造られるようになったのかは不明であるが、『南方録』に「休ノ露地セツチンノ内、沙ヲタテヲカル、コト、他ノトハ違タリ、客アリテ帰ルト其マヽ、沙ヲ取ノケ、掃除シチ、客来前トクト水ヲウチ、掃除仕廻テ、其後カハキ沙ヲ手桶ニ取ヨセ、山ナリニ立、其上ニ触杖ヲサヽレタリ、夫故、常ニ不図見廻テ、雪隠ヲ見ルニ沙ナシ、不時其マヽ露地入シタルトキ、初ニ沙ナク、中立前ニ沙入テアルコトモアリシナリ」とあり、元禄年間（一六八八～一七〇三）の頃には雪隠を拝見することが行われていたことがわかる。その形態は*片流れの屋根で、妻のほうから入り、入口に石を敷く。内部は大小四個の石を配し、左右のものはやや長い形態で*足掛石、*前石といい、前方のものを*小用返しの石、後方のものを*裏返し石という。後部に手燭を置くための石を据える。また隅には塵穴を設け、砂を山のように盛り上げ、*乾屎橛を差し入れておく。『*茶道筌蹄』には「砂雪隠　堀込柱内に踏石丸き塵穴、蕨箒、觸杖、箒子あり、御影石か白川石かの屑を真中と隅とに盛る、入口の石を戸下の石といふ、両方を踏石といふ、向を小便返しと云、後をウラ返し、此四ツの石の間より砂を撫込ミ勝手の方に積む、砂雪隠ある庭にハ、外に蕨箒不用なり」とあり、*掘立柱を使用したわびた風情であることが記されている。（付録5頁参照）

砂雪隠の役石【すなせっちんのやくいし】

*砂雪隠の*役石には左右の足をのせる踏石として*前石と*足掛石を据え、前方に*小用返しの石と後方に*裏返し石、入口の戸の下に戸摺石などが据えられる。（付録5頁参照）

砂研ぎ【すなとぎ】

材を古びて見せるため、わざと荒砂を使って磨く加工方法。天井板などに用いられる。

素縄【すなわ】

藁縄のこと。麻縄に対して呼ばれる。足場の結束や*縄張、*小舞を掻く際などに使用する。

簀子【すのこ】

水切りを良くするために竹や板を目透にして張ったもの。丸竹のみの簀子や竹と板を組み合わせたもの、細幅の板を用いたものなどがある。*水屋流しに入れられるほか、*水屋棚では簀子状にした棚、*簀子棚がある。また簀子状に張った縁を*簀子縁ともいう。

簀子縁【すのこえん】

水切りのために板や竹を、あいだを透かして*簀子状に張り並べた*縁側。数寄屋では*貴人口や書院の*明障子を建てた外側などに設けられ、材料は主に竹が使われる。本来、竹を編んだものを簀子と称していたが、転じて板を目透しに並べて造る床もいうようになった。また材の並べ方には様々な意匠がある。たとえば竹を詰め打ちにしたもの、幅の狭い板と竹を交互に組み合わせたり、板を目透しに張ったものなどがある。*桂離宮古書院の*月見台は、屋根をもたずにただ床が観月のために張り出た構成で、簀子縁を数寄屋に取り入れた名作として名高い。

簀子縁

簀子棚【すのこだな】

*水屋棚の最も下にある棚。「茶碗棚」「水切棚」ともいう。三枚の板が張られ、板と板のあいだに*女竹などを二本揃えて入れて簀子状にする。この棚には茶碗や蓋置など水にかかわる道具が置かれる。（付録26頁参照）

簀子流し【すのこながし】

水屋流しと同じ。　⇒水屋流し【みずやながし】

簀子張【すのこばり】

目透張と同じ。　⇒目透張【めすかしばり】

洲浜形【すはまがた】

洲が曲線を描きながら出入りする浜を洲浜（州浜）といい、この洲浜を上から見下ろしたように、あるものの輪郭が曲線をなし、出入りのある形のこと。茶碗や台などに見られる。また*園池や*敷砂などにもこの形を景として取り込んだものがある。

洲浜形

洲浜敷【すはまじき】海岸や河口で見られる洲や浜の形を模して、池や*流れの岸に砂礫や玉石などを敷き詰めたもの。

炭櫃【すびつ】茶室の炉で、*炉壇の外まわりの木枠。主に檜で作る。

辷木【すべりぎ】埋樫と同じ。⇩埋樫【うめがし】

辷車【すべりぐるま】*引き戸の開閉にともなう摩擦を防ぎ、動かしやすくするために、建具下端に取り付けられた車輪。「戸車」ともいう。

須磨簾【すますだれ】兵庫県神戸市の須磨付近で採取された*女竹で作られた*簾。特にわび茶で用いられた。*泰山荘にある高風居の一畳敷を構えた松浦武四郎は、須磨簾に関心があったようで、それを知った煎茶道花月庵家元・田中楢治郎は一畳敷のためにと奈良法隆寺の古材とともに、須磨簾を贈っている。

炭【すみ】薪材を蒸し焼きにして作った燃料。奈良時代頃より使われており、公家の生活の中で多用され、茶の湯の中でも釜の湯を沸かすために用いられるようになった。*千利休以前はつぎ方や寸法など、炭に関する一定の決まりはなかったが、わび茶が完成するにつれ、炭のつぎ方や*炭道具への関心が生まれ、用いる炭の種類や寸法なども次第に定まっていった。現在、茶の湯の炭には炉用と風炉用の別があり、寸法や種類も各流派ごとに決まりがある。また茶事における初炭、後炭で組み方や*炭手前（点前）も異なる。茶の湯のための炭としては摂津国能勢（大阪府）で焼かれた池田炭が最上品とされ、皮目が付き、断面が菊の花のようなことから菊炭と呼ばれる。

隅【すみ】いわゆる角のことをいい、二つの面が出会った内側を*入隅といい、その反対の外側を*出隅という。*隅炉や*隅棚、*隅棟、*隅木、*隅瓦、*隅切窓など、何かの前に付けて場所を表す言葉として用いられる。また中央からはずれた端の方をさす語でもある。

炭入【すみいれ】*水屋に設けられた炭を保管する所。*水屋流しの手前側、*前板の床下に設けられる。前板の部分で、蓋に造られた*揚板をもち上げると、内に取り外し可能な炭箱を備え付ける。奥行き一尺、幅二尺、深さ一尺ほどの大きさが一般的だが、茶室の数や広さ、水屋の役割などを考慮して大きさが決定される。

隅縁葛【すみえんかずら】縁隅木と同じ。⇩縁隅木【えんすみぎ】

隅瓦【すみがわら】瓦葺の隅の*軒先に使われる瓦の総称。いくつかの部分に分かれた切隅、一体になった廻隅などがある。

隅木【すみぎ】*入母屋、*寄棟、*宝形造などの屋根において、四方に出た*隅棟を支える材。隅棟を構成するため、一種の*棟木のような役割であるが、『倭名類聚鈔』では「桷」として大きな*桔木との説明があるので、古くは*垂木のひとつと考えられていたようである。通常は建物の隅から四十五度方向に出るので、これを真隅というが、四十五度でない場合は振隅という。建物平面が六角形や八角形の場合は、六角隅や八角隅ともいう。

隅切【すみきり】隅炉と同じ。⇩隅炉【すみろ】

す

隅切窓【すみきりまど】
方形の窓の隅部分を斜めに切り落とした窓をいうことがある。例えば六角形や八角形の窓などをさす。

隅扠首【すみさす】
縁隅木と同じ。⇒縁隅木【えんすみぎ】

隅棚【すみだな】
❶釣棚の一種。腰掛の隅などに設けられ、小形の硯箱に巻き紙、短冊などを添えて飾る。❷点前座や水屋などの入隅に設けられた棚全般をさす。釣棚の形式が通常だが、様々な形のものがある。

墨付け【すみつけ】
大工仕事のひとつで、材木に加工の目安となる線や印を付ける作業のこと。板図などに描かれた設計図をもとに、墨壺や曲尺、墨サシ、型板などを用いて行う。原則として、図面を作成した者、あるいは全体の納まりを把握している者が担う。茶室は天然の丸太を主に用いるため、墨付けの作業が特殊になる。すなわち、丸太は凹凸をもつため、材の表面を基準に寸法を追うことができない。そのため丸太のほぼ中心を通る心墨、あるいは高さの基準となる天水(水平線)を設定し、墨付けする必要がある。平面や断面の寸法はすべてこの心墨あるいは天水をもとに計画されるため、この基準線をどのように設定するかが、腕の見せ所である。また丸太に入節やエクボ(凹み)がある場合、どの向きを正面に据えるか、高さはどこで切るのかなど、最初の墨付けの段階ですでに仕上がりを想定しながら進めて行かなくてはならない。墨一本で意匠が決まってしまう。「どんなに忙しくても、墨は打ち直せ」といわれる理由もここにある。

墨壺【すみつぼ】
大工道具の一種。材の表面に長い直線を正確に引くための道具。壺糸の一端をカルコに結び付け、他方を糸口から墨汁をたくわえた池に通し、糸巻車に巻き取るようになっている。使用法は、まず左手に墨壺をもち、材にカルコの針を刺して壺糸の一方を固定する。必要な長さの糸を繰り出したところで、親指で車の回転をとめ、人差指で糸を必要な位置に押えて緊張させ、右手で糸を真っ直ぐつまみ上げて放す。糸の弾力性によって、材料の起状にかかわらず墨がのり、正確な直線を引くことができる。とりわけ凹凸の多い丸太材の墨付けに有効である。一旦材に墨を付けると消えないが、仕上げの段階で削り取られたり、隠れてしまう。しかし北山丸太などの自然木を用いる場合はその墨付けが見えてしまうために、拭き取ったり、水洗いすると消える弁柄を着色料に使う朱壺を用いる。(付録27頁参照)

炭手前【すみでまえ】
炉や風炉に客の前で炭を組み入れる際の手前作法のこと。茶の湯においては適度な湯加減のための火相は重要な課題であり、茶事では初座で下火を入れて最初に行う初炭手前と、後座で濃茶が終わってから炭をあらため薄茶の火相を整える後炭手前を行う。炉の場合、八炉すべてにそれぞれの炭手前があり、その他、炭所望や盆香合の手前もある。『南方録』では三炭の心得を説く。三炭とは最初の下火、初炭、後炭の所作、もしくは初炭、後炭、止炭をさす。止炭は夜咄の茶事の場合、最後の薄茶の後、亭主が箱炭斗をもって出て、しばらく閑談する余裕をもたせる所作である。

炭道具【すみどうぐ】
炭手前に必要な道具一式をいう。炭斗、羽箒、火箸、鐶、釜敷、香合、灰器、灰匙など。

住友活機園の茶室【すみともかっきえんのちゃしつ】
滋賀県大津市の住友活機園にある茶室。同園は、住友家の二代総理事をつとめた伊庭貞剛が、引退後の明治三十七年(一九〇四)に造った別荘で、現在は伊庭貞剛記念館となる。「活機」とは禅の思想で「俗世を離れながらも人情の機微に通じる」という意味をもつという。茶室は大正十一年(一九二二)、庭園の西側に建てられた。現在は、屋根は宝形造鉄板葺、平面は三畳に踏込みの一畳が付加された四畳敷で、四畳半切本勝手に炉を切る。床は奥行きが浅く台目幅のものが風炉先に設けられ、踏込床の形式である。

住友活機園の茶室　床側

客の出入り口として躙口を床の脇に設けるが、躙戸に障子を組み込んだ形式である。躙口の外側には、竹の簀子縁があり壁面に低い火燈形の刳り抜きが見られる。また点前座勝手付には貴人口形式の腰障子三枚が建てられているが、開け広げることによる中庭の眺望を意図したものと考えられる。亭主の出入り口として幅広の火燈口が設けられている。天井は矢羽根網代の天井、客座側半間が化粧屋根裏で、境に竹の壁留を備えた下り壁が取り付いている。既存の規矩にとらわれない自由な発想の茶室である。活機園の建物、旧伊庭家住宅は洋館が建築家・野口孫一、和館が大工棟梁・二代*八木甚兵衛によるもので、庭園なども含め重要文化財に、また茶室は附指定を受けている。

隅棟【すみむね】

*棟のうち、*寄棟造や*宝形造などで、*流れの異なる屋根面が出会う部分にでき、四方へと下る勾配のある棟。（付録15頁参照）

角面【すみめん】

*面取の一種。柱や板などの部材の角を四十五度に切り落としたもの。

角屋【すみや】

京都市下京区にある揚屋の遺構。置屋から太夫や芸妓を招き饗宴をした施設で、茶会や句会なども行われ、文化サロンとしての役割も果した。現在の料亭にあたる。京の島原は江戸時代の花街で、もとは洛中の六条三筋町にあったが、官命によって寛永十八年（一六四一）に現在地に移された。角屋は通りに面して格子の連なる入口部分とその南が天明七年（一七八七）の増築、それ以外の部分は延宝年間（一六七三～八一）頃の完成で、一部は寛永の移転間もなくの頃まで遡る。当時台頭しつつあった町人が歌舞音曲、茶会、句会などを楽しんだ。一階に網代の間、二階に緞子の間、翠簾の間、扇の間、青貝の間などの部屋を備える。網代の間は網代天井から、扇の間は天井に張り散らされた五十八枚の扇面絵から、翠簾の間は襖に描かれた翠簾の絵から名づけられた。いずれの部屋も、座敷飾から障子の組子に至るまで、凝った意匠を施したすぐれた建築遺構である。また茶室*清隠斎や曲木亭が建つ。現在は角屋もてなしの文化美術館として公開。揚屋の現存唯一の遺構として重要文化財に指定されている。

角屋　緞子の間　床側

隅炉【すみろ】

茶室における炉の切り方のひとつ。*入炉の一種で、*点前畳内、勝手付側に切った炉をいう。「隅切」ともいう。対して客付側に切った炉を*向切という。他の炉の切り方の呼称に対して隅切ではなく隅炉の語が一般的だが、これは隅炉の特殊性を考えてのことか慣例的に用いられている。炉の先に*小板を入れる時と入れない時とがあり、勝手付側に小板の代りに*柳板を入れてい

隅炉

たこともある。丸畳、台目畳のどちらでも切られるが台目畳の場合、畳の向こうへ向板を入れることもある。『南方録』「滅後」には「紹鷗四畳半ニ炉アリトイヘドモ、イマダ炉ノ広狭定ラズ、釜ノ大小ニ随テ切シ也、休公ト相談アリテ二畳敷出来、向炉隅切ニ台子ノカネヲ取テ、一尺四寸ノ炉ヲ始ラレ」とあり、草庵式茶室の炉の大きさは武野紹鷗が千利休と相談し、隅炉に台子のカネ割を用いて定めたという話が記される。隅炉で有名な茶室には待庵（炉畳は丸畳）や菅田庵（炉畳は台目畳、向板は入れず）がある。（付録18頁参照）

摺上障子【すりあげしょうじ】

❶雪見障子のうち、下方幅いっぱいにガラスを入れ、内側に上げ下げできる孫障子（小障子）を組み入れたもの。（付録23頁参照）
❷茶室などに設けられた突上窓に、突上戸（覆戸）とともに取り付けられた、摺上げて開ける形式の障子。（付録22頁参照）

摺漆【すりうるし】

漆塗工程や漆塗技法の一種。「擦漆」とも書く。生漆などを漆刷毛や脱脂綿、または布片に少量付けて薄く摺り付け、和紙などで適度に拭き取り、ごく薄い漆膜を作る工程。水分などの浸透を抑制する。漆塗工程や鏡面仕上げの蠟色工程で施す。また蒔絵では、微細な金粉の時に粉を固めるために用いたり、仕上げの艶を上げるためにも用いる。漆塗の技法としては、拭漆（拭漆仕上げ）を工程名の摺漆をとって摺漆（摺漆仕上げ）と称することがある。

駿州呉呂太【すんしゅうごろた】

静岡県田方郡、賀茂郡付近で採取される呉呂太石で、伊豆石系の川原石である。扁平な上端部であるため、延段用材料として好まれる。錆による茶色で、中には青色を含んだものもある。

寸松庵【すんしょうあん】

❶京都市北区の大徳寺にあった佐久間真勝の菩提所。寸松庵の庵号は真勝の法名による。元和七年（一六二一）に龍光院の中に造立され、その後、寛永十九年（一六四二）に大徳寺の西北に寺地を移したが、竣工は真勝が没した三年後であった。『都林泉名勝図会』（一七九九年刊）に寸松庵の庭と建物の一部が描かれ、書院、待合かと考えられる建物が見える。寸松庵の建物は天保五年（一八三四）の火災で失われたが、客殿と小座敷、待合は松平定信（一七五九～一八二九）の「楽翁起し絵図」によって知ることができる。待合の闊遠亭（濶遠亭）は焼失を免れ、明治十二年（一八七九）に東京に移され、最終的に高橋箒庵邸に移されたが、大正十二年（一九二三）に焼失している（東都茶会記）。客殿玄関に設けられた唐破風は通例の曲線でなく直線で構成され、妻の木連格子には松花堂昭乗筆と見られる「蜂房蟻穴」の額が掲げられていた。小座敷は主室十畳と次の間八畳が並び、茶室が主室の北に襖四枚を建てて接していた。主室は西面に間口一間の床と個性的な輪郭の火燈窓をあけた付書院が並び、北東角に違棚が配されていた。襖絵は狩野探幽筆。茶室は小座敷の庇の下を囲った総掛込天井の四畳で、炉は台目切。西面に躙口をあ

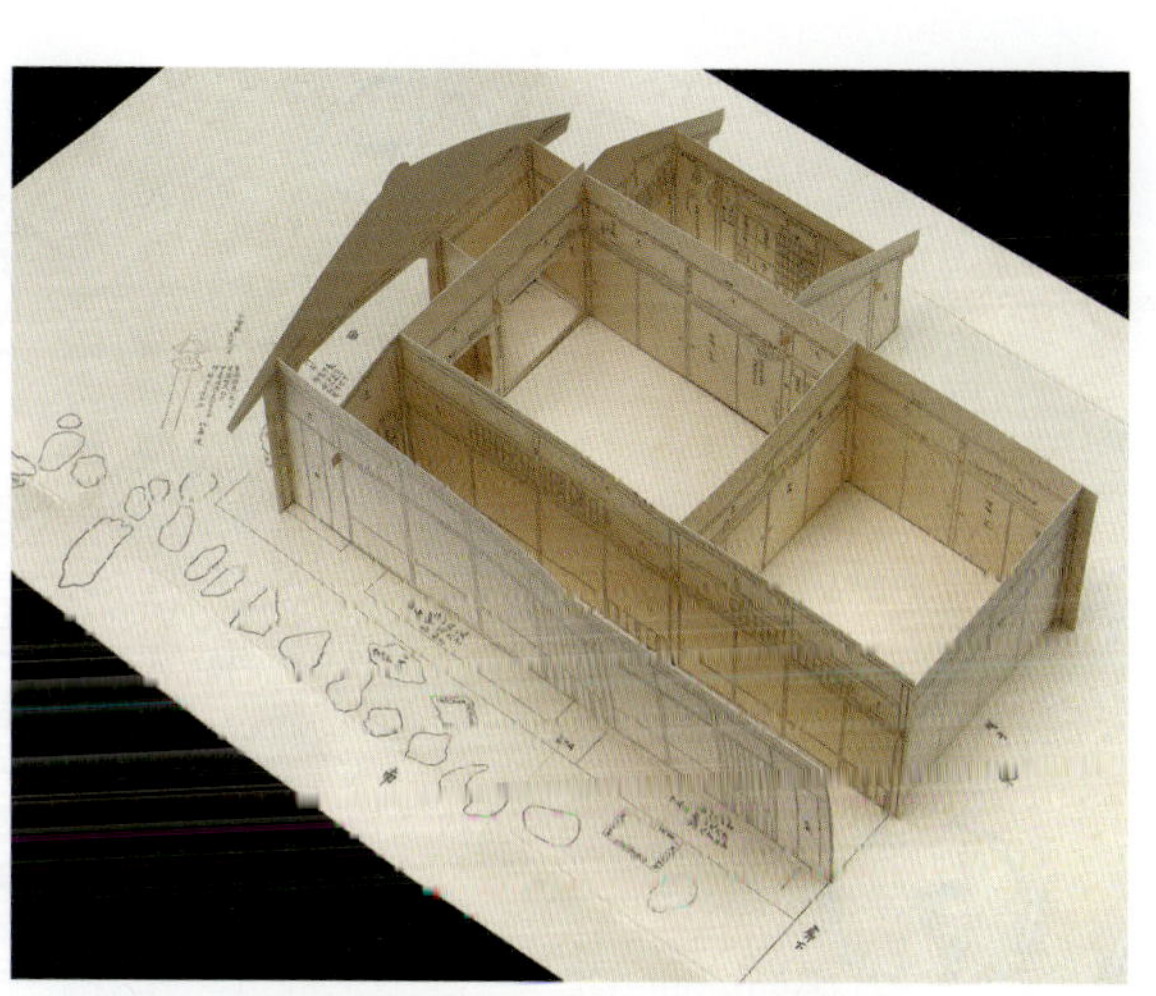

起し絵図「佐久間将監好寸松庵小座敷」
墨水書房版『茶室おこし絵図集』

け、躙口の上に連子窓を配していた。西北角の半間を床として置床を構え、大平の中ほどに色を違えた土で瓢箪形を塗り描き、その中に花入釘が打たれていた。床の隣の北面中央には内法高四尺八寸の二枚の腰障子と板戸が建てられていたが、それらは「掛ハズシ」であったから、客の出入り口としては使用しない扱いであったらしい。

❷東京麴町の*高橋箒庵自邸にあった茶室。もとは*佐久間真勝の寸松庵にあった茶室という。明治十二年(一八七九)、待合の*闊遠亭とともに石山基文により東京に移された後、由利公正が入手。明治三十一年には箒庵の自邸に移築されたが、大正十二年(一九二三)に焼失している。移築に際しては、*益田鈍翁の弟・克徳に茶室と露地の運営を依頼している。ただし箒庵の寸松庵は三畳台目であって、真勝が寸松庵に営んでいた小座敷(茶室。❶の項を参照)は四畳であり、また天保五年(一八三四)に闊遠亭以外の寸松庵の建物は焼失している。これについて箒庵自身は『東都茶会記』中に、「待合は槐記所載の通り完全に残存すれども、茶室は三畳大目にして槐記所載とは同じからず。蓋し寸松庵中の茶室は固より一棟のみに非ざりしが故なる可し」と述べている。

瀬【せ】

*流れにおいて、浅く、水が早く流れるところ。*庭滝を造り、流れを設ける場合に造られる。

是庵【ぜあん】

石川県金沢市の料亭・つば甚にある茶室。同市片町で町年寄をつとめた数寄者・亀田是庵が明治五年(一八七二)に自邸に好んだ席と伝えられる。当時は「吟風亭」と称したが、昭和三十二年(一九五七)につば甚に移され、この時に席名も是庵と改められた。外観は切妻造で、「是庵」の丸額を掲げ、躙口には引違いに板戸二枚を建て、その上部に連子窓をあける。風炉先側に茶道口をあけ、脇に板畳を入れ洞庫を備えた台目畳の点前座や、床の脇に設けられた火燈口形式の給仕口、天井、用材などは表千家の*不審菴と類似した構成、手法が採られる。ただし不審菴が三畳台目であるのに対して、この茶室は客座が一畳少なく平二畳の、二畳台目の席となっている。点前座中柱の袖壁には龕をあけて神農を祀る。

是庵　床側

清隠斎【せいいんさい】

京都市下京区の*角屋にある茶室。江戸時代中期の茶人・安富常通が創建したとされ、棟札によると天保九年(一八三八)に現在地に移築された。常通は*藪内家五代不住斎竹心に学んで茶の湯を極め、その娘婿となり、竹心門下四天王とも呼ばれた人物であった。清隠斎とは常通の号でもあり、京都に住んで屋号を天満屋、野々屋などと称した。茶室清隠斎は角屋の庭の南西隅に南向きに建つ。外観は入母屋造茅葺で前面に桟瓦葺の庇を付け下ろし、その下を土間庇として躙口をあけている。内部は一畳台目で風炉先に向板を入れているが、この向板が通常の矩形ではなく対角線で切り取った三角形となっている点が異色である。点前座には一重棚を釣り、客座側の斜めの壁面に風炉先窓をあけている。

躙口正面に間中の踏込床を構えている。床框だけでなく落掛も省略して壁をアーチ状に塗廻し、そのまま両脇に下ろして袖壁を形成する龕破床の形式である。三角形の向板や垂れ壁をアーチ状に塗廻してそのまま袖壁を造る手法は藪内家の*雲脚にも共通しており、また竹心が西本願寺内に建てたという藪内家の*須彌蔵の床にも似た形式を見ることができる。角屋の建物と宅地は重要文化財に指定され、茶室は附指定を受ける。

清隠斎　内部

青海波文【せいがいはもん】

文様の一種。同心円の弧を交互に鱗形に並べた幾何学文様。名の由来は舞楽「青海波」の装束に使われた文様による説や、江戸時代中期の塗師・青海勘七が、漆器にこの波文を描いたことによる説などがある。日本では古代から吉祥文様のひとつとされ、吉事に用いられることが多い。また能装束や小袖、建築では欄間や透彫り、襖の意匠などに水を表す柄として喜ばれて、用いられる。

青海波文　御影堂　東本願寺

栖霞園【せいかえん】

富山県南砺市の福光城趾にある茶室。寛政年間(一七八九～一八〇一)、前村普言らによって建てられた栖霞園は詩人や俳人など風流人のサロンとなっていたが、やがて荒廃の途をたどる。慶応年間(一八六五～六八)に至って前村謹堂、松村松宇らが図り、加賀藩の家老職・奥村家の茶頭であった桑原宗宜の指導のもとに再建された。大正時代(一九一二～二六)、さらに福光焼を興した陶芸家の松居淳一がその離れに四畳半の茶室を設けている。茶室は二畳側板入の小間、主室七畳と次の間三畳の広間、水屋からなる。小間は亭主床の席で、置洞庫を備え、炉を逆勝手向切に切る。広間は踏込の一間床で、床と並べて点前座を配し、炉を向切に切る。庭にそって幅一間の土縁を広間、次の間、そして後部の小間に矩折にめぐらす。

井華水【せいかすい】

早朝に汲む水のこと。「精華水」とも書く。茶の湯の水は、暁に汲む水に清気があると重んじられ、特に寅の刻(午前三時から五時のあいだ)に水を汲み、その水で一日、釜を懸けるようにした。『*山上宗二記』に「朝起、夜放し会、朝ハ寅一天より茶湯仕懸ル也」とあり、『*南方録』「覚書」には「総而朝・昼・夜トモ一、茶ノ水ハ暁汲タルヲ用ル也。コレ茶ノ湯者ノ心ガケニテ、(中略)、暁景半夜マデハ陰分ニテ、水気沈ミテ毒アリ、暁ノ水ハ陽分ノ初ニテ清気ウカブ。井華水也」とある。特に新年、立春の早朝に汲む井華水は邪気を除くとされ、「若水」と呼ばれる。

醒花亭【せいかてい】

京都市上京区の*仙洞御所にある茶屋。庭園の南部、南池泉の南のほとりに建つ。玄関三畳、入側五畳、四畳、広間六畳台目、書院四畳半、台所などからなり、煎茶の座敷として組み立てられたものと考えられる。外観は柿葺。軒の出が深く、濡縁を廻し、障子を柱間いっぱいに建てている。煎茶の座敷として見た場合、四畳半が酒店、四畳が飯店、そして入側五畳が茶店となり、三亭の間取りと考えられる。四畳半には付書院が設けられ、下部には地袋が付き、上部の欄間の部分は、松皮菱形に切った壁に違棚を設ける。そして壁の隣に同形の障子をはめている。天井は網代に竹の押縁。隣室の入側五畳との境には建具を入れず、無目の敷居と鴨居が取り付く。入側は竿縁天井、玄関と四畳、広間は化粧屋根裏となっている。また玄関三畳は古図には記載されておらず、土間であったことが知られている。玄関三畳と四畳の北側は式台と土間となる。また建物の北側にある黒鉄黐の木の下に、織部燈籠と蹲踞がある。

醒花亭　書院四畳半　内部

清閑寺石【せいかんじいし】

石材の一種。京都市東山区の清閑寺山付近から産出した石。清閑寺山は清水山の南、東山三十六峰の一つ。盆石としても有名。『雍州府志』巻六に「洛東清閑寺山石高低磊落自有二峰巒之体勢一」とあり、また『日本山海名産図会』巻二には「又城刕にては鞍馬石加茂川石清閑寺石等是を庭中の飛石捨石に置く水を保たせ濡色を賞し凡て貴人茶客の翫物に備ふ」と記され、茶人に好んで用いられたことがわかる。主に飛石や捨石などに使用されていた。

誓願寺竹林院の茶室【せいがんじちくりんいんのちゃしつ】

京都市中京区の誓願寺塔頭竹林院にあった茶室。誓願寺は浄土宗西山深草派の総本山。天智六年(六六七)、天智天皇の勅願により奈良に創建された。平安遷都後に、山城国(京都府)乙訓郡、後に一条小川に移転、その後証空の弟子・円空が入寺した。法然、証空、円空と続く浄土門の聖地として、また「女人往生の寺」とも称され、ひろく信仰を集めてきた。天正十九年(一五九一)に、豊臣秀吉の命を受けて現在地へ移転し、諸堂が興されたが、江戸時代に相続いて火災に遭い、明治時代の廃仏毀釈で寺地を公収され境内は縮小した。慶長十八年(一六一三)に誓願寺を継いだ*安楽庵策伝(一五五四～一六四二)は元和九年(一六二三)、竹林院が創建された年に退隠したが、その竹林院にあった*古田織部好みの茶室が、「*楽翁起し絵図」に収載されている。寛永六年(一六二九)六月五日、策伝の茶に呼ばれた松屋久重の会記に「座敷、古織部殿時ノ三畳大也」(松屋会記)と記され、織部好みの三畳台目茶室が当時の誓願寺にあったことがわかる。「楽翁起し絵図」からその構成は、三畳台目に*相伴席を付した*燕庵形式で、床が南面し、躙口は西向きに設けられていたことがわかる。現存せず。なお、愛知県名古屋市の岡谷邸(笹屋惣助家)にあった*一笑庵は、竹林院にあった織部好みの茶室で、加藤朴斎や高田太郎庵の所有を経たという伝えもある。

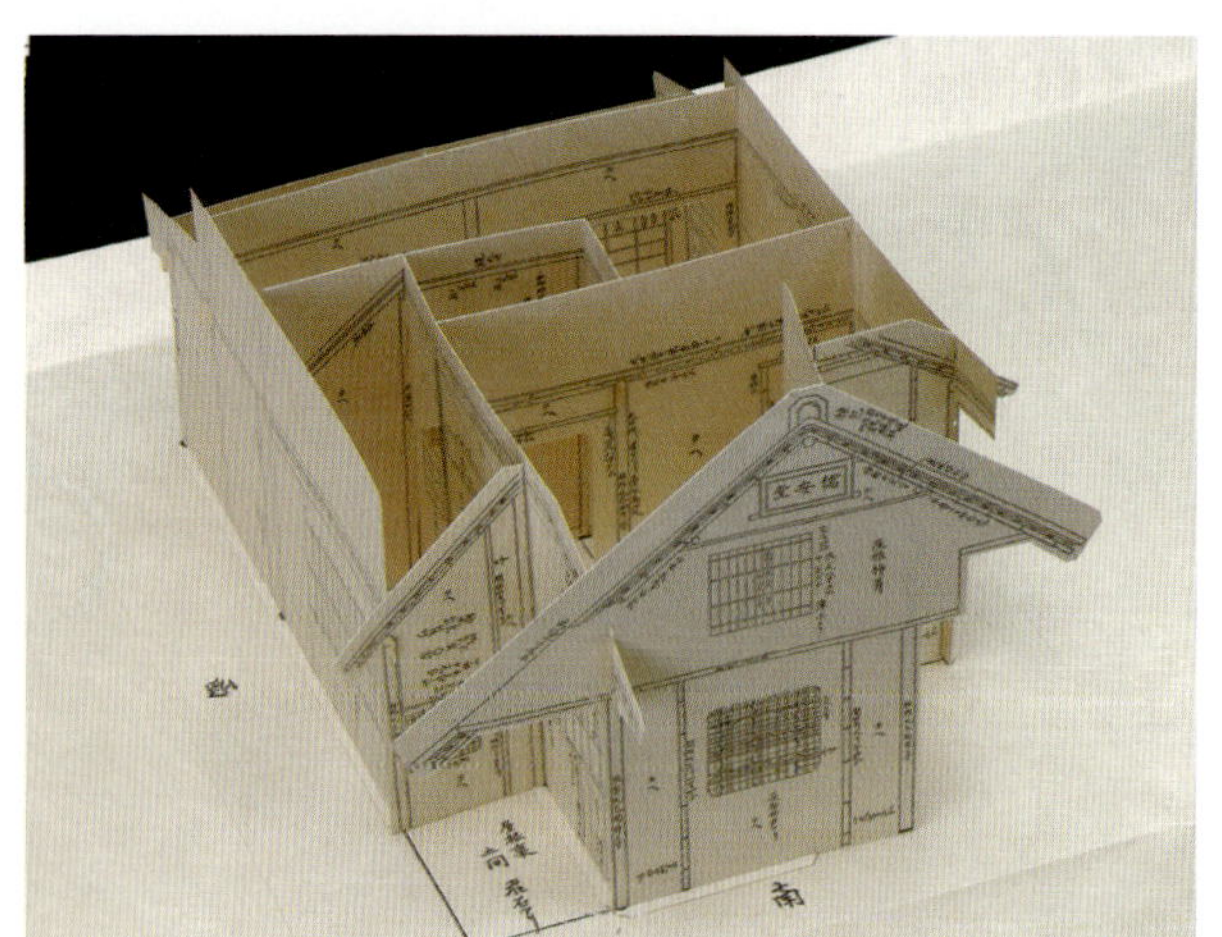

起し絵図「古田織部好誓願寺竹林院茶室」
墨水書房版『茶室おこし絵図集』

清巖宗渭【せいがんそうい】

天正十六年～寛文元年(一五八八～一六六一)。江戸時代前期の臨済宗大徳寺派の僧。近江国(滋賀県)佐々木氏に出生。自号は自笑子、孤陋子。*大

徳寺（京都市）の玉甫紹琮に参禅、次いで賢谷宗良に師事し、大徳寺百七十世住持となった。大徳寺塔頭高桐院の三世となるほか、多くの寺を開創、中興し、晩年には東海寺（東京都品川区）の住持となる。＊千宗旦の参禅の師であり、茶友でもある。『元伯宗旦文書』には、「清岩ハ去七日ニ口切より候」（〈承応三年〉八月晦日付）など、清巌と茶の湯を楽しむ宗旦の姿が随所に見られる。茶室＊今日庵は、清巌の「今日」に対する着語「懈怠比丘不期明日」と、それに対する宗旦の「邂逅比丘不期明日」のやり取りからの命名という。その墨蹟は、大徳寺物の典型として数多く伝世している。

清閑亭【せいかんてい】
神奈川県小田原市にある旧黒田長成別邸。長成は筑前国福岡藩主黒田長知の子で、貴族院議員、後に枢密顧問官をつとめた。大正時代初期頃に建てられ、主屋は入母屋造桟瓦葺、木造二階建で同じく入母屋造桟瓦葺の東棟が接続する。主屋一階には十畳が東西に二間並ぶが、続き間とはなっていない。西の十畳には北側に八畳の次の間が取り付くが、床などの座敷飾は設けられていない。東の十畳は床、違棚、付書院が備わり、北に台目幅の床を備えた六畳の次の間が取り付く。また東側の二部屋は長押に丸太の面皮材を用いる。南には畳敷きの入側が付くが、東西の部屋境には杉戸が建てられ、西が主人の寝室、東が客座敷であったと考えられる。登録有形文化財。

静閑亭【せいかんてい】
京都市左京区の吉田山荘にある茶室。旧立礼席。⇒吉田山荘【よしださんそう】

静観寮【せいかんりょう】
奈良市の興福寺にある茶室。同寺の南客殿から南西に渡り廊下でつながれる。設計は＊木津家三代宗泉、建設は昭和六年（一九三一）、あるいは七年とされる。四畳半、七畳板入の二室と二畳台目の寄付、板間約七畳大の水屋などからなる。四畳半の席は炉を四畳半切本勝手とし、下座床で、引違いの茶道口、躙口、貴人口をあける。七畳板入の席は開口部を一間とした袋床に並んで、点前座を配し、本勝手四畳半切としている。二畳台目向板入の寄付は洞床と袋床を備え、袖壁に縦長の下地窓をあけ、落掛を用いず左官仕事で仕上げている。

清閑楼【せいかんろう】
三重県名張市の名張陣屋跡にある茶室。もとは藤堂高虎の養子・高吉が構えた屋敷だが、現在のものは宝永七年（一七一〇）の名張大火の後、建築されたもの。もとの広大な屋敷のうち、当主が日常的に使用する中奥を中心とした祝間、次、囲（茶室清閑楼）、湯殿などが保存されている。茶室は六畳敷。四畳半切に炉が切られ、奥行きの浅い蹴込床を設け、床脇には天袋と違棚を備える。桟瓦葺屋根で、天井は竿縁天井である。

清行庵【せいぎょうあん】
新潟市中央区の＊北方文化博物館新潟分館にある茶室。分館の建物は油田掘削によって富を得た清水常作の別宅として明治二十八年（一八九五）に営まれ、その後、明治時代末に伊藤文吉が新潟別邸として購入したものである。清行庵は別邸の整備が行われた大正時代末の建築と伝えられる。庵号は、当邸で晩年を過ごした歌人・會津八一によって命名され、八一の手になる扁額が掲げられている。三畳台目の茶室で、外観は現在、桟瓦葺屋根に銅板葺の庇を廻すが、もとは急勾配の茅葺であった。登録有形文化財。

清恵庵【せいけいあん】
佐賀市の佐賀城公園にある茶室。佐賀県立博物館の付属施設で、理研感光紙（現在のリコー）創業者の市村清の遺志により、昭和四十八年（一九七三）に建てられた。設計は晩年の＊堀口捨己と早川正夫による。茶室の南側は濠に面し、舟着場から階段で寄付に上るようになった舟入形式で、七畳半の広間と四畳半の二室を中心に構成される。主室である広間は一間半ほどの床に琵琶床と付書院が矩折に取り付く。平天井と化粧屋根裏の取り合い部分に照明を設け、平天井の一部は木製ルーバーとする。入側との境に建てられた明障子を開け放ち、この部分を広間に取り込むことで、華道や句会といった多様な利用目的に対応できるようになっている。さらに、この広間の襖を開けると水屋流しし棚が組み込まれ、茶事や茶会を行う場合、四畳半を本席とし、広間が水屋として機能するように設計されている。四畳半は*又隠を踏襲した平面構成だが、踏込床で床板は松、また入隅は塗廻しである。

清香軒【せいこうけん】

石川県金沢市の*兼六園にある*成巽閣内の茶室。成巽閣は兼六園に、加賀藩第十三代藩主前田斉泰がその母・真龍院の隠居所として建てた巽御殿で、文久三年(一八六三)に造営され、一階には対面所をはじめ書院造の座敷が並び、階上は群青の間などの座敷が配される。清香軒は成巽閣の対面所の背後、飛鶴庭に面して建ち、御殿の東北側に付け下ろした杮葺の屋根下にさらに別の屋根(庇)を設けて、造り込まれる。書院八畳、次いで水屋が接続する。北東の二方に深い土間庇を廻して兼六園から引かれた辰巳用水が庇下を横切り、飛石と延段、沓脱石が据えられる。露地が使えない雪深い季節における工夫が施されたものである。内部は三畳台目向切で、南西側にある点前座の風炉先側、台目一畳の広さに地板を敷き、その上に床柱を立てた原叟床とする。床柱には角竹を立て、入隅を塗立柱とし墨蹟窓をあける。東側の土間庇に面した床正面に躙口を、その矩折の北側に貴人口を設ける。貴人口前に据えられた沓脱石は赤や黒の小石を散らし、漆喰で寄せ固めた切石状のもの。躙口は板戸二枚を引き違いに建てて、開放的な幅広い口が特徴である。南に続く書院は中央に一間床、左側に地袋と天袋、右側に地板を敷き込んで低く天井を張る床脇を構える。七事式のできる如心斎天然好みの広間と共通した構成が見られる。書院前の土間庇の軒先近くに据えられた手水鉢は後藤程乗作と伝えられる六地蔵の手水鉢である。水屋は長四畳。重要文化財。

清香軒　土間庇下の露地

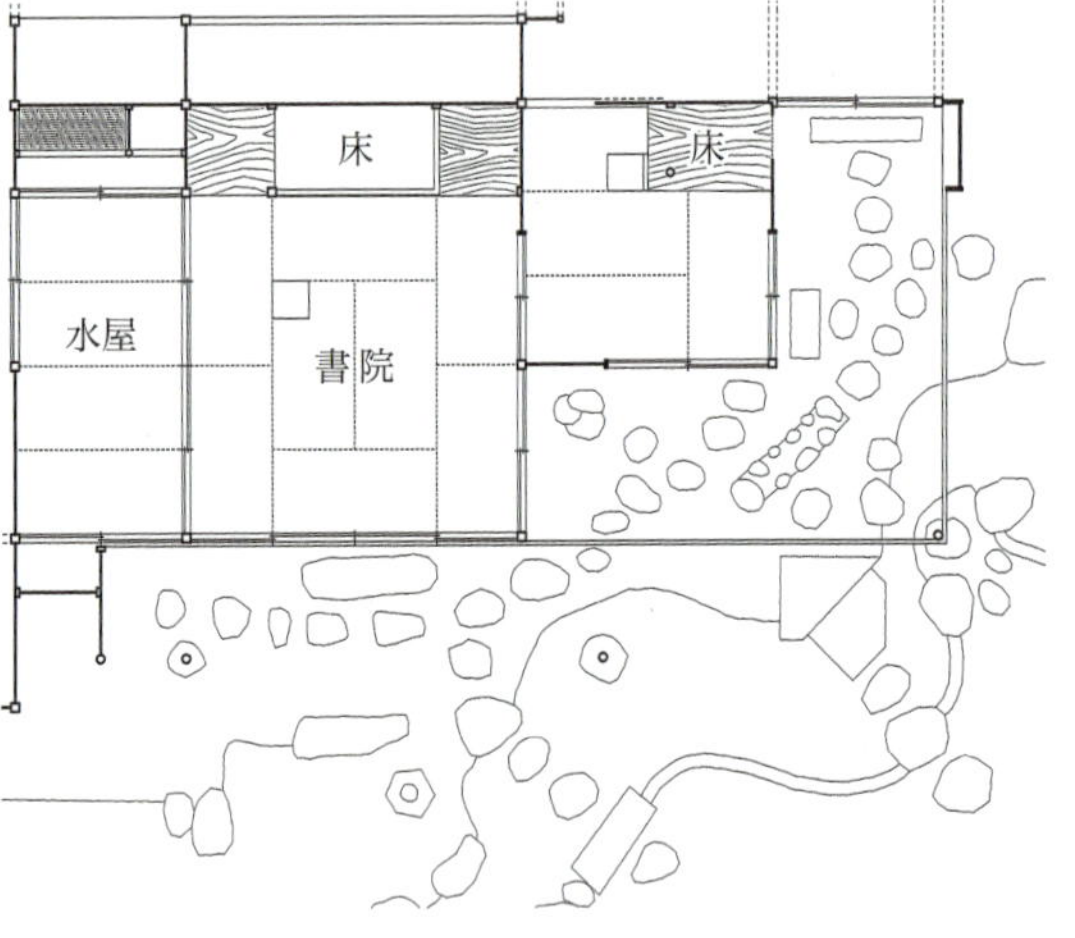

清香軒

正座【せいざ】

礼儀正しく、姿勢良くきちんと座ること。現代では膝を折り曲げ、足の指先を伸ばし、脛から足の甲までを床や畳に密着させ、臀部を踵に着ける姿勢をいう。正座の坐法は縄文時代の土偶に、すでにその姿が見られるという説もあり、かなり古くから行われていたことがわかる。一般に普及したのは、元禄から享保年間(一六八八〜一七三六)とされている。畏まって感謝の意を表したり、敬意の表現として認識されてきた。言葉としての正座は明治時代以降に使用されるようになった。

静思館【せいしかん】

兵庫県川辺郡猪名川町にある旧冨田家住宅。山中商会のロンドン支店長をつとめた後、京都で美術商を営んだ冨田熊作の住宅として建てられ、現在は町の文化施設として公開されている。建築は昭和七年(一九三二)から九年、大工は京都の斎藤宗太郎。茅葺屋根の主屋のほか、長屋門、書斎蔵など、多くの付属屋が主屋を囲むように配されている。茶室は主屋の南東に張り出した形で設けられている。入母屋造桟瓦葺で軒先を銅板の一文字葺とする。内部は四畳半で、北側すなわち点前座勝手付に小間中幅の板畳をはめ込み、南側上間に立礼席を付属している。東側に設けた床は釣床形式で墨蹟窓をあける。南側には腰障子を建て、一間弱の幅の立礼席に連なる。立礼席には椅子と机が設置され、ガラス窓を設ける。客の出入り口は西側に建てられた腰障子の貴人口、茶道口は引違いに襖が建てられている。天井は平天井、立礼席から客座側半間は化粧屋根裏となり、境に下り壁を付ける。登録有形文化財。

静寿庵【せいじゅあん】

鳥取県西伯郡大山町の門脇家住宅にある茶室。門脇家は江戸時代、大庄屋をつとめた家で、主屋（重要文化財）は明和六年（一七六九）に建てられ、その後、文政年間（一八一八～三〇）頃に主屋の東南隅に茶室が増築された。天明から寛政年間（一七八一～一八〇一）の頃、五代の宗観が三斎流の茶人・荒井一掌などと交流があり、この茶室が造られた。平三畳隅炉で、台目床を付けているが、興味深いのは、躙口が北側と南側の二カ所に設けられている点である。北側の躙口は通常の大きさだが、これに対して南側の躙口は大躙で、障子二枚を建てている。床は框を入れた板敷きで、洞床の形式となっており、床柱は皮付丸太である。点前座には風炉先窓があけられ、中柱は松の荒皮付の曲柱、引竹は煤竹、一重棚が取り付く。天井は北側が掛込天井、南側が野根板の平天井となっている。

清秀庵【せいしゅうあん】

奈良市の依水園にある茶室。

⇨依水園の茶室【いすいえんのちゃしつ】

青嶂軒【せいしょうけん】

京都市中京区の天龍寺塔頭宝厳院にある茶室。

⇨宝厳院の茶室【ほうごんいんのちゃしつ】

青松寺の茶室【せいしょうじのちゃしつ】

東京都港区の青松寺にあった茶室。青松寺は、山号は万年山、もともと武蔵国貝塚（千代田区麹町平河町付近）にあったが、大永年間（一五二一～二八）に荒廃、天文年間（一五三二～五五）に徳陽禅師が再興し、曹洞宗として重きをなした。慶長五年（一六〇〇）に現在地に移転した。江戸時代初期の茶室で、三畳台目の、一畳は榑縁で台目床をもつ席があったという。戦災により焼失したが、現在は愛宕グリーンヒルズ開発により、板の間の広間と近代的な四畳半下座床の席からなる智正庵が建てられている。

醒心斎【せいしんさい】

福井市の*三秀園にあった茶室。玄関寄付八畳の西側、水屋の北側に設けられていた。寄付の西側で、水屋南側の*自適庵とともに、外観は切妻造桟瓦葺の屋根を架ける。内部は四畳半で、本勝手四畳半切、上座床の席となる。西側、正面右寄りに床を構える。床は表面を小波状に凹凸加工を施した松板を敷く踏込式の台目床で、床柱は椋丸太。床の右側に大きく腰障子の貴人口をあける。一方、点前座には風炉先窓をあけ、下座側に茶道口、給仕口を矩折に設ける。天井は杉野根板張、竹竿縁の平天井となる。

生生庵【せいせいあん】

愛知県名古屋市昭和区の吉田家（現在は中区）にあった茶室。吉田家は*表千家茶家の一つで代々生風庵を号し、またその名を冠した茶室*生風庵を営んでいる。生生庵は吉田家四代の紹清（一八八四～一九六六）が、戦災後稽古場を設けた菊園町に営んだ三畳台目の茶室であった。紹清没後、この茶室は名古屋市に寄贈され、さらに名古屋市と米国ロサンゼルス市との姉妹都市提携十周年に際して同市に寄贈されたという。

静清庵【せいせいあん】

石川県加賀市の無限庵（公益財団法人）にある茶室。大聖寺川の川岸に面する無限庵庭園の下部庭園に建つ。昭和十三年（一九三八）、東京美術倶楽部が現在の場所に移築された時、中庭に茶室が建てられたが、海軍に徴収接収され取り壊される。戦後、返還され復旧すると茶室が切望され、東京の中川清寿が解体所有した茶室が寄贈された。安芸国広島藩主の浅野家江戸屋敷にあった茶室と伝えられている。再建は、*木村清兵衛が手掛け、昭和二十三年十一月、中川が席名を円覚寺の朝比奈宗源に請い、静清庵と命名された。その後、ふたたび東京美術倶楽部が建て替えられる折、無限庵主の前端雅峯がこれを譲り受け、現在地に移築した。外観は東向きに建ち、軽快な銅板葺、切妻屋根の前面に庇を一段と深く付け下ろす。内部は三畳台目下座床。床は、床柱がしゃれ木、床框は黒漆塗。点前座の後ろに鱗板を入れる。点前座は中柱を立てた台目構えで、客座の中央あたりに位置する。中柱はほっそりとした赤松の皮付丸太で、壁留に三節の竹を入れ、千家流の二重棚を釣る。鱗板によって生じる斜めの壁面に床前に向かって給仕口、点前座に向かって茶道口をあける。茶道口の方立には竹を立てる。床前、客座二畳の上は野根板張の竿縁天井で、下座一畳の上は、竹垂木、竹小舞の化粧屋根裏、そして点前座を蒲の落天井とする。

静清庵　床側

清雪庵【せいせつあん】

愛知県名古屋市熱田区の熱田神宮にある茶室。もと綿糸商の伊東信一が瑞穂区に営んだ別荘*東山荘に建てた茶室で、昭和二十三年（一九四八）に熱田神宮神苑に移築された。建物は南面して建ち、東側に本席を設け、本席の南を土間庇として本席に対面する腰掛を造る。本席は全体四畳半の大きさだが、隅の半畳を斜めに半分取り除いた広さで、畳は点前座が台目二畳、客座が丸畳二畳に丸畳の欠畳である。点前座は向板を入れ、炉を向切にし、まわり茶道口である。床は台目床で、床柱は桜の丸太、相手柱は档丸太とする。南東が壁を斜行させた面で、躙口を設け、その上部を柱間いっぱいに連子窓とする。南面には、大小の下地窓が色紙窓風になり、片引き障子を建て外部に力竹を添える。

井泉【せいせん】

井泉とは*井戸、または井戸水のことをさすが、庭園においては湧出する井のことをいう。「いせん」とも読む。『*作庭記』に「人家ニ泉ハかならずあらまほしき事也」とあり、平安時代から庭園の景の一つで、このまわりに*石組がなされる（*井泉石組）。露地では、泉が湧かない場合でも*井筒を設けたりし、井泉の景を造る。また岩の隙間から湧き出る石清水は深山の景の表現でもあり、*蹲踞や*流れとともに露地の景とされる場合も多い。

井泉石組【せいせんいしぐみ】

井戸まわり、あるいは湧泉まわりの*石組。園城寺（滋賀県大津市）には年代不明ながら*閼伽井まわりの石組が見られる。室町時代には喫茶のための施設として重要となった。井泉石組としては*西芳寺の龍淵水、*鹿苑寺の銀河泉、*慈照寺の湧泉石組などが代表的な実例で、単に井戸枠を設けるだけではなく、泉を清冽に保つためその周囲に石組がなされたものである。

成巽閣【せいそんかく】

石川県金沢市の*兼六園にある邸宅。園内の東南端に建つ、第十二代藩主前田斉広の正室・真龍院の隠居所。文久三年（一八六三）に第十三代斉泰が母のために営んだもので、ここは文政五年（一八二二）に斉広が隠居所として精魂を傾けて好んだ竹沢御殿の故地であった。金沢城の辰巳の方角にあたり、竹沢御殿にあった辰巳長屋の一部を長屋門として再利用したこと、さらには辰巳用水の流れを庭園に引き込み、辰巳の卦が瑞兆であったことから、辰巳殿と命名しようとしたが、それが真龍院の生家である鷹司家にあった御殿の名称と重なることから、巽殿にしたという。東南向きに構えられた長屋門を入ると、前庭を挟んで、もとは式台をはじめ供人溜や詰所、御客座鋪、老女詰所、祐筆間など、表の役所向きの一棟が建っていたが今はない。現存する御殿はその背後に廊下続きにあったもので、その楼閣風の二階屋が真龍院の居所であった。一階

せ

成巽閣　群青の間　内部

は幅三間、奥行き五間半の広間三十二畳を中にして、北半の西には謁見の間と次の間の、九間（十八畳敷）二室からなる対面所がある。こうした格式的なハレ（晴）の座敷に対して、廊下を挟んだ東には、休息の間（松の間）九畳と御座之間（蝶の間）十二畳半、次の間十五畳からなる日常的な居間が並び、意匠性豊かな構成を見せる。また南半の西に化粧の間（中の間）十二畳半と納戸の間十一畳、その東に御寝所（亀の間）十二畳半、次の間十五畳といった、ケ（褻）の生活空間が設けられている。そして対面所の裏手、北西隅で、北庭の曲水の遣水に面した座敷が、清香書院（八畳）と＊清香軒（三畳台目）である。先の竹沢御殿の書院、小座敷あたりの雰囲気を彷彿とさせる構成で、老後の数寄の場として整えられたものである。南北八間、東西五間半の二階、北半の西には一畳の上段を構えた群青書見の間（三畳）と群青の間（九畳）を並べ、東には網代の間（八畳）と越中の間（七畳）を配する。一階は清香書院、清香軒以外は角柱を用い、木部は加賀地方独特の朱漆による拭漆塗にして、壁面は障子絵や唐紙の張付にしているのに対し、二階はすべての柱が面皮柱や皮付丸太であり、また壁面や天井に鮮やかな色彩の色土壁を塗り上げている。たとえば群青の間の天井にはラピスラズリに代わる顔料としてフランスやドイツで製造され始めていたウルトラマリンを輸入して塗っており、壁は弁柄壁である。また書見の間の天井にはウルトラマリンと白土を混ぜて薄縹色にした土壁を塗り、壁はウルトラマリンと日華朱を混ぜて京紫色にするなど、サイケデリックなまでの色彩構成をして、地上高く俗界から乖離した「浮世」の一境が拓かれている。成巽閣の玄関の東北に＊三華亭がある。重要文化財。

清冲軒【せいちゅうけん】

京都市北区に所在の茶道速水流家元住宅滌源居の茶室。⇩滌源居【てきげんきょ】

清風館【せいふうかん】

広島市中区の＊縮景園にある数寄屋。藩主の休憩所として庭園のほぼ中央に建てられ、頼山陽の叔父・頼杏坪は、『縮景園仮名記』に「園の正南にあたりて御館ひとつ有。かやが軒端高からず、芦垣のまぢかく結わたしたるさまいと素朴にして、けうしやの風露おはさず、時の名匠の詩歌すこしばかり、将び鹿ひとつふたつゑがかせて壁にをしたまふ。門梁に清風というもじの、から人のかけるをかゝげ給へり」と記している。原爆で焼失したが、昭和三十九年（一九六四）に創建工業の施工で復元されている。

清風居【せいふうきょ】

神奈川県横浜市中区の三溪園にある旧原三溪自邸。白雲邸のこと。⇩白雲邸【はくうんてい】

清風軒【せいふうけん】

愛知県名古屋市の＊竜門園にあった茶室。外観は入母屋造茅葺。内部は八畳の広間で、床は二畳の大床、床の脇は奥に袖壁を見せるだけで板を敷いた脇床に続く。脇床の壁が火燈口で、脇床から火燈口にかけて、上部に波の彫刻がある欄間が続いていた。

清風荘【せいふうそう】

京都市左京区にある旧西園寺公望別邸。明治時代末に二回内閣総理大臣をつとめた公望の京都における別邸として大正元年（一九一二）に建てられた。もともと江戸時代には徳大寺家の清風館と呼ばれていた下屋敷であった。昭和十九年（一九四四）、京都帝国大学（京都大学）に寄贈され、現在、迎賓施設として利用されている。敷地は西側に門をひらき、中央の池の北西に木造二階建、寄棟造桟瓦葺で庇の一部を柿葺とした主屋と離れを建てている。主屋の南には茶室と袴付及び待合などがある。大工は住友家お抱えの二代目*八木甚兵衛が主屋、離れなどを、*上坂浅次郎が茶室や供待の曳家修理、袴付及び待合などの新築を手掛け、作庭は七代目*小川治兵衛である。主屋、離れとも長押は用いず、格式張ったところは全くない、きわめて穏やかな空間で構成されている。瀟洒な造りでありながら、今日でも全く狂いのない構造は、八木の高い技術を証明している。茶室は保眞斎と名づけられる木造平家建、切妻造檜皮葺の外観で、室内は四畳半の本席と水屋、玄関で構成され、供待が接続している。主屋や離れ、茶室など十二棟が重要文化財に、庭園は名勝に指定されている。非公開。

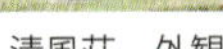
清風荘　外観

栖鳳楼【せいほうろう】

大分県玖珠郡玖珠町の末廣神社にある建物。森藩第八代藩主来留島通嘉の代に建築されたと伝えられる。真言宗の僧・不退堂により栖鳳楼と名づけられたといい、『御記録書抜』の天保三年(一八三二)九月晦日条に「御山御茶屋」の棟上のことが記されており、この建物のことと考えられる。寄棟造の二階建だが通し柱はない。一階は桟瓦葺で茶屋風の造り。二階は杉皮葺で、城の天守閣の趣があり、十二畳半の二室を東西に並べ、東の部屋は「書院」と呼ばれる。二室の東、西、南の三方には手摺付の縁が廻る。屋根裏には断熱のため籾殻を入れている。森藩の記録には「紅葉の御茶屋」とも記されており、藩主の御成や月見、花見の宴、茶の湯などに使われたという。庭園は九重連山や城下町の遠景を取り入れたもので、豪華な飛石が配置されている。

栖鳳楼　外観

青龍苑【せいりゅうえん】

京都市東山区にある旧平井仁兵衛別邸跡。産寧坂の石段下に位置し、明治三十七年(一九〇四)、呉服町の実業家・平井仁兵衛が霊鷲山荘と名づけた別邸をもとに、昭和三十五年(一九六〇)、坂口家がこの地に料亭を営んだ。庭園内には主屋のほか、*三玄、長嘯庵、清涼の三棟の茶室、待合がある。平成十二年(二〇〇〇)には全面的な改修が行われ、現在、複合商業施設となる。庭園は*小川治兵衛の作庭で、平成十二年の全面改修時に東側の敷地が縮小されたが、三棟の茶室と待合は移築され、現在も園内にのこる。主屋は木造二階建、入母屋造桟瓦葺で、一階は十畳の主室に八畳の続間が接続する部分を中心とし、二階には六畳間をはじめ他に二室が接続する。三玄は田安徳川家から移築された茶室で、八畳と水屋五畳半からなる。また長嘯庵は、この地がかつて織豊時代の武将で、歌人の木下勝俊(号は長嘯子)が庵を構えたことから名づけられたという。外観は寄棟造茅葺、内部は七畳の席に畳床と付書院を設けた書院風な造りで、背面に水屋がある。清涼は池泉にせり出した草庵風の茶室で、外観は入母屋造茅葺。内部は二畳と小さいが、天井はその東面と南面半間分を囲う四畳半分の空間で、高台寺の＊傘亭を思わせる化粧屋根裏の構造を見せる。

青龍亭【せいりゅうてい】

大阪市天王寺区の四天王寺本坊庭園にある茶室。昭和七年（一九三二）からの庭園の大改修とともに設けられた。庭園及び茶室＊払塵亭の改修が＊木津家三代宗泉によるものであるため、本茶室も木津によるものとみられるが、確証はない。平面は、三角形を二つ組み合わせたものである。古くは「三角亭」と呼ばれていたが、四天王寺の守り神・青龍権現にちなみ、高円宮憲仁親王によって名づけられた。なお、位置は近年の改修により東南方向へ移動している。

清流亭【せいりゅうてい】

京都市左京区にある塚本与三次の旧山荘。大正初年（一九一二）頃、実業家で数寄者の塚本与三次が、南禅寺三門北方の広さ約千百余坪の地に山荘を築き、大正四年の御大礼の時に宿泊した東郷平八郎によって名づけられた。書院屋根の妻にその額が掲げられている。所有者は変遷を遂げるが、現在も創建当初の姿がよく受け継がれている。昭和時代初期には実業家・下郷久成の隠棲の居となり、各界の名士、文人墨客が来遊するサロンとして知られていた。南禅寺周辺の山荘群の中でも、清流亭は早い時期の建設にかかる。棟梁は数寄屋大工の＊上坂浅次郎が担ったといわれる。隣接する野村得庵別邸＊碧雲荘の

上段

清流亭　残月の間

清流亭　残月の間　上段側

棟梁・＊北村捨次郎も、上坂のもとで清流亭の普請に参加したといわれる。また造園は＊小川白楊が手掛けた。邸内には深三畳台目の茶室＊白鷺、表千家＊残月亭写しの書院である残月の間、広間の七畳の間を構えている。残月の間は入母屋造桟瓦葺、軒まわりは銅板葺を深く差し出すが、緩やかな屋根勾配で、軽快な外観を呈する。南側の軒内には奥行きの浅い濡縁を設け、大きな沓脱石が据えられる。室内は十畳敷に二畳の上段を北東角に設けて、表千家残月亭の構成を写している。ただし上段は蹴込式でなく塗框を用い、＊太閤柱の位置には杉四方柾目の角柱を立てる。また天井は竿縁天井の連続など、残月亭にはない独自な意匠が随所に施されている。北側、次室との境に四枚の襖を建て込むが、その上部には扇つなぎの欄間を設け、十六名の著名画家がそれぞれに扇絵を描いている。七畳の間は、内玄関の取次四畳の北にある。六畳敷の西側南寄りに一間床を設け、床の脇は踏込一畳を加えた七畳敷となる。床の脇踏込畳には二枚襖を引違いに建てた茶道口をあける。床は、床柱にあま皮付の杉丸太、框はつり目のある栗。天井には床柱の通りに六角なぐりの壁留を入れた小壁を東西に造り、座敷を南北に二分する。南の床前が竿縁天井で、杉中杢板を底目張とし、目地には杉柾を入れる。竿縁は杉の削り木となる。もう一方、北側の天井は舟底天井で、棟木は赤松皮付、垂木に杉の磨小丸太を用い、萩の簀子張とする。北側中央の一畳が点前座で、四畳半切に炉を切り、東寄りに一間の付書院を

構える。地板の下は地袋とし、小襖を引違い建てとする。書院窓は障子の四本建、欄間はない。その矩折、東側は中央に柱を立て、南寄りの一間を腰障子引違い建ての上がり口とする。北寄りの一間は中敷居窓とし、左に小壁を見せ、方立と敷鴨居は角柄に組む。茶道口を出た向こうは水屋に接続し、水屋は長四畳の板間に、水屋棚などが設けられる。重要文化財。

清涼【せいりょう】

京都市東山区の青龍苑にある茶室。⇩青龍苑

青蓮榭【せいれんしゃ】

京都市下京区の*西本願寺にある茶室。境内東南隅の*滴翠園に建ち、青蓮榭の北東には*澆花亭や台所などが接続して一つの建物をなしている。滴翠園の築造時期は定かではないが、西本願寺十七代門主法如の時代に、次期門主の文如が中心となり整備されている。明和五年（一七六八）十月には文如が澆花亭を訪問しているから、その頃にはほぼ完成していたとみられる。そして文如の手によって「青蓮社（榭）」の額が掛けられている。明和七年、尾張（愛知県）の真広寺住職が滴翠園十勝の詩を文如に献じているが、その中に「青蓮榭」が挙げられており、『都名勝図会』では十勝の説明の中で「青蓮榭は茶亭にして、又澆花亭ともなづく」と記されている。外観は*入母屋造*柿葺の*田舎家風で、壁は*弁柄壁。西側の*躙口から入ると、*入側（鞘の間）を隔てて四畳半の席があり、床と正対して*上段の間が設けられた異色の席である。*相伴席ともいえる入側と、貴人席ともいえる上段の間を特設した茶室といえる。床は*下座床で*龕破床の形式に造る。東側に構えられた点前座は一畳で、*勝手付に*連子窓と*洞庫が設けられている。洞庫の*小襖は片引きでなく、*引違いに二枚を建て込む。床の正面、席の南側には間口一間の上段の間を設ける。一畳敷の奥に一尺三寸幅の*板畳を入れている。相伴席は*方立口を隔てて南に四尺ほどのびて、上段の向かって右側、障子、*腰障子を引違いに建てて接している。向かって左側には*円窓をあけている。壁は白*張付壁で上段に高貴な気分を漂わせている。茶道口は二枚の襖を建て、斜めにあけられている。茶道口を隔てて、亭主が直接*正客の座に向かうことができるよう工夫したものである。この席は下座床で正客がそこに座すことはなく、また相伴席も付くので相客が座る必要もないため丸畳一畳を確保する必要がない。床寄りの襖を引けば*給仕口となり、斜めに切り取られた部分が踏込となるので便利である。そこに*半東が座すにも適している。壁は上段の間を除き弁柄壁である。天井は、四畳半の部分は一面に*蒲天井で、点前座は*落天井にせず、相伴席のみを*化粧屋根裏とした構成は*憶昔の席と同じである。それはさらに*燕庵の構成にも通じる。外観は*草庵風に見せながら、室内では格式的な要素を備えていることにこの茶室の特色がある。文如は歴代の中でも特に茶道に積極的であった。*藪内家は二代月心軒真翁以来、西本願寺

青蓮榭　上段の間側

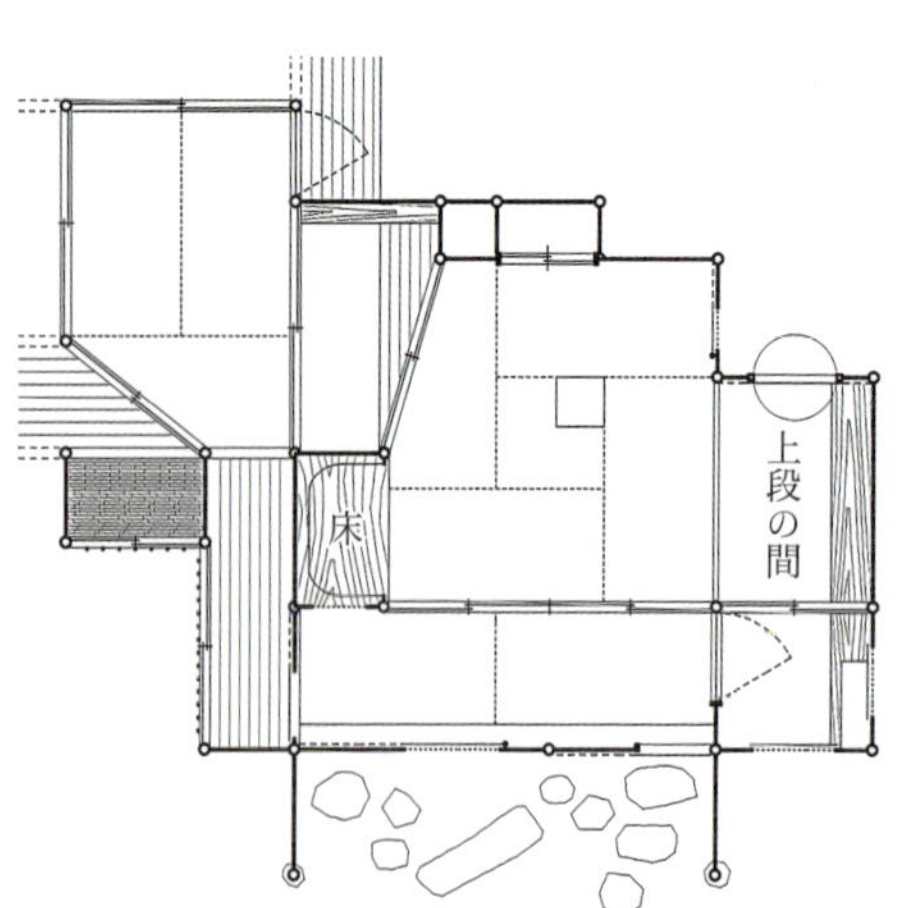

青蓮榭

とのつながりが深いため、この茶室計画にもその関与が推測される。文如は特に六代比老斎竹陰との親交をもつが、二人は茶室造立後の天明七年（一七八七）にはじめて対面している。

清漣亭【せいれんてい】

京都市北区の*等持院にある茶室。同寺の西の庭、*刈込越しに池を見下ろす小高い地点に、*衣笠山を背負って建つ。*足利義政の好みと伝えられ、『*都林泉名勝図会』に掲載の図には「義政公好　清漣亭」と記されて、小亭が現在と同じ場所に描かれている。現在、水屋を挟んで東に亭（*長四畳）、西に茶室四畳半を構えるが、西の四畳半は明らかに新しいもので、同図でも亭の西に現在のように四畳半や水屋は付属しておらず、もとは亭だけであったと考えられる。また亭も*草庵式茶室の考え方や手法が反映された遺構で、江戸時代のものであり、義政の好みと伝えられたのは、義政が当寺を修復したことによると考えられる。亭の外観は*寄棟造*茅葺、二間×一間で、南と東の二方を開放し、*縁を廻している。この小縁にそうような形で*飛石が配され、露地を形造っている。東北部には*蹲踞が設けられ、*司馬温公形手水鉢が据えられる。東は*腰障子を*引違い、南は二枚建として、外に雨戸を建てている。縁は丸太*框を取り付け、あいだに一、二、一本の*白竹を挟んでいる。軒は*一軒、*小丸太垂木に削り木の*小舞、裏板にはひしぎ竹（平らになるよう叩いたもの）を張っている。内部は長四畳、奥の東の一畳が上段で、上段の西には*板床を付し、のこりの*台目畳を点前座にあてている。義政の時代までさかのぼるとは思えないが古い形式を伝える長四畳の間取りで、『*南方録』の「長四畳古様」の図と間取りが共通しており、掛物を掛ける壁の前の一畳が、この亭では上段になっている。上段の*框は、正面が*絞丸太の*面付き、*矩折に廻った東側は黒塗の框で異なっており、上段そのものが後補であることも考えられる。正面には*中敷居窓をあけ、アーチ状をなす*档丸太を上方に入れ、二枚障子が建てられ、*平書院と見なすこともできる。床は正面を上段に向けて奥行きの浅い*踏込床形式の板床を構える。*床柱には赤松皮付の曲がり木を立てる。脇壁は、*壁留に竹を入れて下方を吹抜き、その上に*下地窓をあけている。そのために*台目構えのような構成になっている。床の内部、北側の*入隅は塗廻しで*塗立柱とし、*花入釘を打つ。点前座は床の背後にあたり、*火燈口形式の*茶道口があけられている。炉は*向切、*出隅に立つ柱は*辛夷で、少々曲がっている。*勝手付に*色紙窓を配している。天井は、上段の上を*網代天井、上段の前を*竿縁天井とする。点前座と床との境にそって小丸太を通し、竿縁天井の西から点前座にかけて*落天井にしている。亭の西端、四畳半の茶室との取り合いの部分は板の間となり、兼用の水屋が設けられる。板の間の南端には*土間が付けられ、*沓脱石が据えられる。その入口の上には「清漣亭」の額が掲げられる。「*栗翁起し絵図」あるいは中井家所蔵の起し絵図に現在の清漣亭と同様の建物が描かれている。ただし、今と同じ位置に床はあるが上段がなく、畳の敷き

床
四畳半
水屋
床
上段

清漣亭

清漣亭　外観

方も床と平行になっている。現在の点前座にあたるところは*土間となっており、その南の一畳は台目畳と*丸炉を備えた板間である。したがって現在の点前座の不自然な意匠は後世の改造とみることができ、改造前にどのように使われたのか明らかではない。しかし茶室風ではない代りにかえって現在よりいっそう、庭中の茶屋というにふさわしいあり方を示している。

西楼棚【せいろうだな】

*床脇に設けられる*飾棚の一種。『新撰棚雛形』（一八八二年刊）では「にしにかいだな」と読ませる。江戸時代に棚雛形として定型化される四十八棚の一つ。園城寺光浄院客殿（滋賀県大津市、国宝）ほか、実例は多い。『増補大匠雛形四 新板棚雛形』（一八六六年刊）には「是ハおし（押）板わき、書院わき何れも上座ニ用」とある。また『伊勢家用来荘飾門口伝書』（一七七一年写）には「四十八棚の中にも西楼棚をハ平人の居所にハ決して難用棚なれは、其心得あるへし」とあり、上位の身分に限り用いられる棚であることを記す。

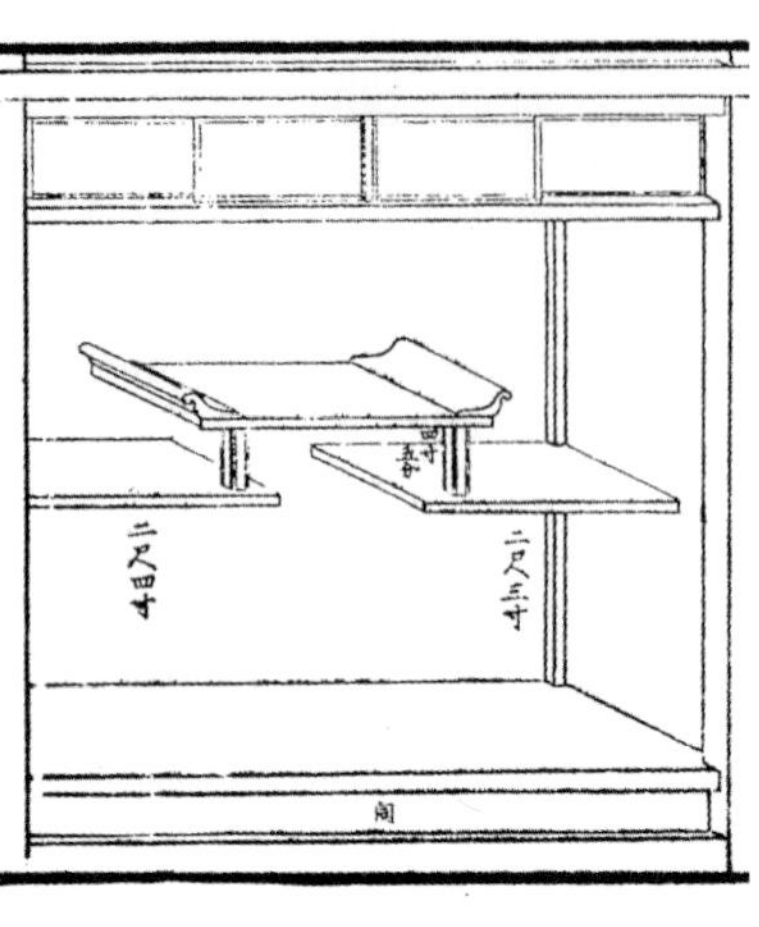

西楼棚 『増補大匠雛形四 新板棚雛形』

青湾茶会図録【せいわんちゃかいずろく】

*売茶翁の百年忌と「青湾之碑」建立を記念して、文久二年（一八六二）四月二十三日に開催された青湾茶会と、同年七月十六日に開催された後青湾茶会の煎茶会の図録。いずれも青湾（大阪市都島区網島）で開催され、特に青湾茶会は、奉仕側約百名、来客約一千二百名にも及ぶ大茶会であった。また後青湾茶会は、参加者約百五十名と前会の十分の一ながら、内容は十倍も楽しい茶会であったと、図録の序文に記されている。天、地、人の三巻構成で、浪花田能邨氏蔵梓、執事煙嵐社、白頭社、随意社により、文久三年春に発行された。田能邨氏とは田能村竹田の弟子で南画家の田能村直入（一八一四～一九〇七）のことである。天、地巻には青湾茶会第一席から第七席まで副席をあわせて十一席が、大長精舎を首席、桜祠（桜宮）を大尾とし、そのあいだに別業、仮屋、舟船など、複数の場所に趣向をこらして設けられ、人巻には後青湾茶会第一席から第七席までが、同様に船房、桜亭、桜祠神楽場、個人邸などに設けられた。そして、それらの多くの席は、書画文房具などが飾られた席（後の史料では同様の席を前席と称している）と、茶事を行う茶席からなり、さらに青湾茶会第四席には小室、同第六席には次席、後青湾茶会第五席には小室も加わり、総席数は三十一席にも及んだ。

青湾茗醼図誌【せいわんめいえんずし】

明治七年（一八七四）十一月八日、箺篁堂主人山中吉郎兵衛が亡父追薦（追善）のために、青湾（大阪市都島区網島）で開催した煎茶会の図録。瑞、羊、魁及び青湾茗醼書画展観録の全四巻構成で、山中吉郎兵衛の編輯、蔵梓により、同九年一月十一日に刊行された。箺篁堂は大阪の骨董商で、『*直入翁寿筵図録』（一八八〇年）、『清賞余録』（一八九八年）、『*雨竹居士薦筵図録』（一九一三年）、『*亦復一楽茶会図録』（一九一九年）などにその名が記載されており、大阪のみならず全国に大きな影響力をもっていた。全四巻のうち瑞、羊、魁の三巻に、鮒宇亭（楼）、白山氏別業、青湾茶寮など十三カ所に設けられた席の様子が記されている。このうち第五、七、九、十、十三席は茶席一席のみであるが、第一、二、六席は書画文房具などが飾られた前席と茶事を行う茶席、茶寮あるいは茶室の二席で構成され、さらに第三席は文房副席、外席を加えた四席、第四席は外席を加えた三席で構成されている。また第八席は酒席で、第十一、十二席は船内に設けられた茶席、すなわち船房である。以上、総席数は二十一席にも及び、このうち第四席外席を除くすべての席の挿図が掲載されている。

瀬尾家の茶室【せおけのちゃしつ】

香川県高松市の旧瀬尾家住宅にある茶室。この住宅は浜ノ丁に瀬尾家の別荘として建てられたもので、建築時期は明治時代後期と推定される。

昭和二十年(一九四五)の高松空襲では焼失を免れ、戦後は料亭・可川として開業、平成五年(一九九三)まで使用された。屋敷は主屋、離れ、そして茶室からなる。茶室は切妻造桟瓦葺で、南の貴人口側に庇を設ける。庇は杉皮葺で、竹を四つ目に組んで蕨縄で押さえた大和葺の手法。庇の上に「香松」の扁額が掲げられるが、元県知事の金子正則の命名という。主屋とは渡り廊下で接続されている。内部は四畳半本勝手。床は台目幅の室床で、下座に構え、赤松皮付の床柱、栗のなぐりの上面を真塗にした床框、桐の落掛からなる。床正面に貴人口が設けられ、矩折に躙口をあける。天井は杉の柾目で竿縁に赤松の小丸太を使用し、貴人口側は化粧屋根裏とする。

背返し【せがえし】

垂木の配し方(垂木割)の一種。垂木の成(高さ)とあきを同じ寸法に配したもの。

瀬川家の茶室【せがわけのちゃしつ】

東京都文京区の瀬川家住宅(旧古市家住宅)にある茶室。主屋に付属する一指庵と離れの苔庵とがある。瀬川家住宅はもとは明治二十年(一八八七年)に建てられた古市公威(帝国大学工科大学初代学長、土木学会初代会長)邸を震災後、小児科医で茶の湯にも造詣の深い瀬川昌世が譲り受けたもの。昭和四年(一九二九)、仏間を兼ねた茶室一指庵が造られた。命名は久邇宮。三畳台目向切で、南面に障子二枚を建てた貴人口。その正面が台目床で、点前座側下方に吹抜きの風炉先窓をあける。床柱は櫟の皮付丸太で、床框は档丸太。東面南寄りに躙口、少し北にずれて連子窓があり、方立口形式の勝手口と火燈口形式の茶道口とがある。茶室の北側には二畳の水屋が付属する。天井は客座が杉野根板天井、点前座が蒲の落天井、床が杉の鏡天井である。西側には四畳の相の間を境に花月床(八畳中央正面に一間の床を配した形式。花月座敷の床形式)八畳の広間がある。また苔庵は昭和三十四年、昌世の婿養子・功が、田中泰阿弥の指導で苔庭とともに造った茶室である。一畳台目中板入の席、踏込床で赤松の床柱が立つ。一指庵を含めた主屋は登録有形文化財。

席【せき】

茶席の略称。また茶室の意味でも使われる。茶席に入ることを示す「席入り」の「席」は茶席の略称である。何畳の「席」、何々庵の「席」、何々好みの「席」などと使用する。

席入り【せきいり】

茶事や茶会に招かれた客が茶席に入ることをいう。正式な茶事においては、初座と後座が中立をはさんであり、初座の席に入ることを初入り、また後座の席に入ることを後入りという。露地を伝い、蹲踞で手、口をすすぎ清めた客は、茶席への出入り口(躙口や貴人口)から席中へ入り、床などを拝見する。また近年盛んに行われる大寄せの茶会などにおいても、亭主側の案内により茶会の行われる会場に進み入ることを席入りという。

石材【せきざい】

庭園、土木構造物や建築材料、石造品(墓石や石碑、美術工芸品)の材料として利用される岩石の総称。用途に応じた性質の岩石が用いられる。日本における主な石材種としては、花崗岩類、蛇紋岩類、安山岩類、凝灰岩類、砂岩、石灰岩、結晶質石灰岩類、結晶片岩類などがある。世界中で古代から利用され、加工技術や組石方法などが各国で発展し、文化圏を形成するに至っている。また建築では木造と石造の構法が基礎となり、様々な意匠が展開された。

石州【せきしゅう】

片桐石州のこと。⇩片桐石州【かたぎりせきしゅう】

石州三百ケ条【せきしゅうさんびゃくかじょう】

石州流の茶書。片桐石州が徳川四代将軍家綱に対して懐紙三十九葉に三百の条目を記して奉授したという伝承がある。写本が数多くのこるが、箇条書き部分は内容、順序ともほぼ共通するものの、注釈部分には相違が見られる。石州が書きのこした箇条書きをもとに、石州流各派において解説が施され、あらためて『石州三百ケ条』の書名が与えられて流布したものと考えられる。このうち江戸時代中期に成立した、怡渓宗悦の高弟・小泉了阿の注釈書『無住抄』が比較的整ったものであり、『茶道古典全集』第十一巻に『石州三百ケ条』として収録されている。上、中、下三巻に各々百条が記され、内容は茶の湯の精神、点前、道具、茶室、茶庭など広範囲に及んでいる。

積翠庵【せきすいあん】

❶新潟市江南区の＊北方文化博物館にある茶室。天保年間（一八三〇～四四）初めに＊松村宗悦によって柏崎（新潟県）に造られ、その後、与板（新潟県長岡市）、さらに＊田中泰阿弥によって現在地に移築された。茅葺で表千家＊不審菴を模したものであるが、点前座の勝手側の壁に片引き障子を建て、掛込天井には突上窓をあけない。蹲踞は京の羅城門の礎石を利用したものと伝える。矩折になった棟には庭園側が積翠庵、東には桟瓦葺の＊是空軒が付属している。登録有形文化財。

❷大阪府吹田市にある西尾家の茶室。⇩西尾家の茶室【にしおけのちゃしつ】❶

石泉荘の茶室【せきせんそうのちゃしつ】

新潟県新発田市の石崎家住宅にある茶室。明治二十八年（一八九五）の建築。もとは別の場所にあった新発田藩藩医の隠居屋敷で、日清戦争の際に石崎家住宅（石泉荘）へ移されたといわれている。屋敷地の西南部に位置し、屋敷地内を流れる新発田川の左岸に建つ。切妻造桟瓦葺の平家で、桁行二間半、梁行一間半で東西棟、東面に下屋を付けて玄関とする。内部は四畳半の席と水屋二畳で構成される。茶室は点前座風炉先側の壁面を三等分し、点前座正面に地袋のある棚を設け、その右には板を入れた踏込床を設け、さらにその右を壁床とした構成となっている。登録有形文化財。

石村亭【せきそんてい】

京都市左京区にある旧谷崎潤一郎邸。明治時代末から大正時代にかけて、度量衡店を営み貿易で財をなした塚本儀助が建てた別邸東林庵を基とする。昭和二十四年（一九四九）に文豪・谷崎潤一郎が居住し、潺湲亭と呼んだ。昭和三十一年、京都を離れることになった谷崎より日新電機が譲り受け、石村亭の名を贈られ、以後、同社の迎賓館として、そのままの形で保存されている。敷地は下鴨神社の東、糺の森に面し、六百坪の面積に母屋、書斎、茶室、洋館が点在する。母屋は玄関と次の間、主室を中心とする長押を廻した正統的な書院造で、屋根は複雑に棟を通し、変化に富んでいる。平家建、桟瓦葺で、南側には池を配する。明治時代末頃に大工棟梁・田中梅次郎、手伝方・宮崎安次郎などによって建てられたと考えられる。茶室は池の南西側に位置し、切妻造桟瓦葺で銅板の腰葺を廻し、各面に下屋を付ける。室内は四畳半に点前畳一畳を加えた席と水屋が付属する。この五畳半の茶室は裏千家の＊桐蔭席との類似性が指摘されている。庭園は、母屋の南に雲形の池を配し、山を造る築山泉水庭を主体としている。建築と庭とが、適切な調和を取り、多くの要素をバランスよく配置している点など、明治時代末から昭和時代初期にかけての別邸建築の中で独自な存在価値を示している。

石村亭　茶室　外観

関竹【せきたけ】

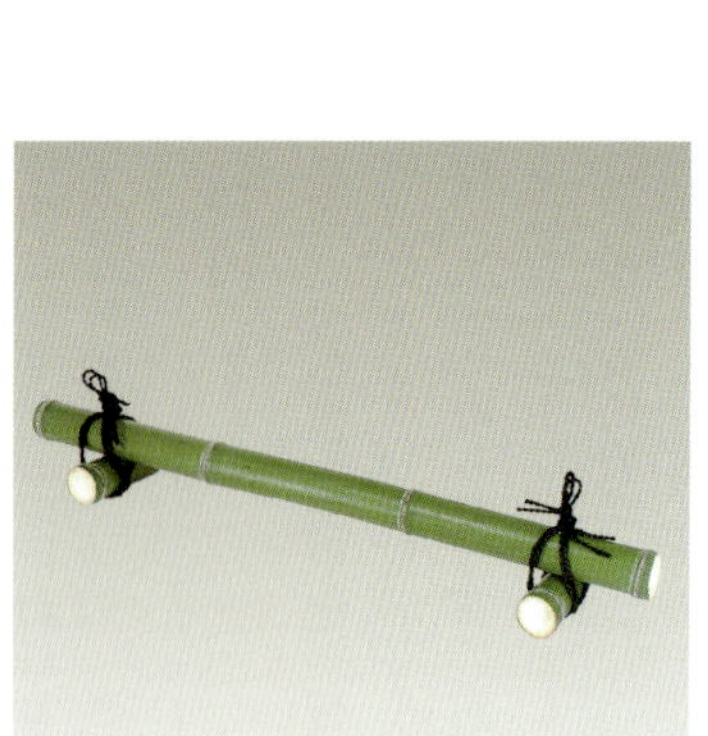

関竹

青竹に脚を十字に組み付けて、縄で結んだもの。園内の*飛石の上に置き、これより先の立ち入りを禁止する際に用いる。*関守石と同じ役目を担う。

石竹【せきちく】

ナデシコ科ナデシコ属の多年草。「唐撫子」「瞿麦」ともいう。中国原産で、日本には平安時代に渡来した。『花壇地錦抄』によると、少なくとも八種の園芸種が江戸時代中期には栽培されていたことがうかがえる。『*江岑夏書』には「せきちくは花入ニいれ申候、少たくさんニ入候てよく候」と書かれる。

石庭【せきてい】

石や岩を配置して造られた*枯山水様式の庭園。「いしにわ」とも読む。苔や*下草を補助的に用い、原則的には庭木を用いないものをいう。*龍安寺方丈庭園や大徳寺大仙院庭園がその代表例。露地においては通常、庭石は積極的には配置されないが、茶の湯の初期において『*茶湯秘抄』には興福寺尊教院の茶座敷の庭に「遥拝石」と「大亀石」が据えられていたことを記す（堀庭、尊教院の宗珠座敷の項を参照）。

石鼎【せきてい】

石で作ったかなえのこと。石を三足に組み、釜を懸けて湯を沸かす。『太平記』貞治五年（一三六六）三月四日条に「将軍ノ御所ニテ、花下ノ遊宴アルベシト被催。殊更道誉ニゾ相触ケル…（中略）…遥ニ風磴ヲ登レバ竹筧ニ甘泉ヲ分テ、石鼎ニ茶ノ湯ヲ立置タリ。松籟声ヲ譲テ芳甘春濃ナレバ、一椀ノ中ニ天仙ヲモ得ツベシ」とあり、現在の*野点のように、石鼎を用いて、屋外で茶を楽しんだ様子が記される。また石鼎は、中国の唐代より文人の風流な生活の表現として、茶詩にもあらわれる。

石塔【せきとう】

仏教の本尊を祀るために作られる石造品の総称。多くは像容や梵字で本尊が表される。宝塔や*五輪塔、*宝篋印塔、層塔などがこれにあたる。また、これらを用いて手水鉢に転用されることもあり、*四方仏手水鉢、*袈裟形手水鉢などがある。

石幢【せきどう】

仏堂内に、六角や八角柱の形に布を垂れる幢という旗の形にならって作られた石造品のこと。笠と竿（幢身）だけのものと、笠、龕部、*中台、幢身、基礎からなる、石燈籠に似た形状のものの二種類ある。幢身は多く六角形または八角形で、経文が彫られたものもある。鎌倉時代に制作されたものが現存していることから、その頃から用いられるようになったものと考えられる。庭園に据える場合、龕部を彫り抜いて*火袋として燈籠に改造したり、あるいは石幢を改造したように見えるような形態のものを新造することもある。

席披き【せきびらき】

茶室を新築、または由緒ある茶室を復元して、その披露のために客を招き茶会を催すこと。茶事（茶事の項❸を参照）で行うのが本来であるが、現在では大寄せ茶会で行う場合もある。祝い事であり、慶事の趣向の取り合わせとなる。また懐石に膾を付け、床の前に熨斗飾りを置く。時には扁額披きの序幕式も行う。客としては新席であるので、茶会が済んだ後に*水屋拝見を請うことがあるため、亭主方はそれを心得ておく。

関守石【せきもりいし】

関守石

露地の*飛石などの岐路に置き、それより先には進めないことを示す石。関守の役に見立てた名称。「留め石」「置石」「止め石」「関石」「極石」「踏止石」などともいう。径一〇〜一五センチ程度の比較的底の安定のよい小石に、棕櫚縄か*蕨縄で十字に結び、握りを付けて持ち運びできるようにする。

石炉【せきろ】
茶室の炉に入れる*炉壇内部が石で作られたものをいう。土で囲いを作ったのが炉壇の始まりで炉壇は通常内部を土で塗るが、現在では鉄製、銅製、陶製などもあり、これらのうち石で作ったものを石炉という。石質は火熱に耐える硬質の石材を用いるが、*伊豆石や日光小豆石などの炉壇が知られている。小豆石のものでは五島美術館の*冨士見亭のものが知られる。なお、桂離宮*松琴亭一の間には袋戸棚の下に暖房用の長炉として「石炉」が設けてある。

石炉（小豆石）

是空軒【ぜくうけん】
新潟市江南区の*北方文化博物館にある茶室。茅葺の*積翠庵に付属した桟瓦葺の茶室である。設計は*田中泰阿弥。内部は広間六畳で、積翠庵の寄付としての役割をもつ。積翠庵を寄贈した新津の石崎氏の雅号より命名された。登録有形文化財。

背口【せぐち】
突込み茶道口と同じ。⇒突込み茶道口【つっこみさどうぐち】

雪隠【せついん】
⇒雪隠【せっちん】

夕佳亭【せっかてい】
京都市北区の*鹿苑寺にある*茶屋。金閣の北東の高所にあり、もとの建物は明治初年（一八六八）に焼失、同七年に再建された。平成九年（一九九七）には解体修理が行われている。江戸時代から*金森宗和の好みになると伝えられていたが、その確証はない。同寺の住職であった*鳳林承章の日記『隔蓂記』には茶室の造立について明確な記述がないが、茶屋を用いたという記述は多く見られ、それは現在の夕佳亭と同じ位置にあったと考えられる。江戸時代中期になると各種の文献や絵図にこの茶屋が紹介され、文献によっては「桂月亭」とも書かれている。現在の建物は明治時代の再建であるが、大体において旧姿を再現したものと考えられる。外観は*寄棟造*茅葺の*田舎家風で、正面の右手斜め前方に*切妻造茅葺の*上段の間が懸造になって突き出している。正面には開放的な入口を設け、板戸を建てる。その上にあけられた窓は竹の*連子窓である。入口を入ると*土間となり、大きな一枚の*根府川石を据え、次に三段の細長い切石を*沓脱石に置いている。上り口には小縁を付け、縁は*榑板のあいだに竹を挟む。縁の左端には古瓦を張り込んだ*竈土を設けており、水屋に

夕佳亭　外観

夕佳亭

通じる廊下からこの竈土の前に進み出るようになっている。入口の上には清韓筆の「即休」の額を掲げ、天井は屋根勾配が急な化粧屋根裏となる。室内は三畳敷、入口正面に板床を設け、床柱には南天の曲がり木を用いる。起し絵図によるとかつては鉄刀木を用いていた。他の古図には「南天」とあり、焼失以前から南天に変えられていたらしい。点前座は炉を四畳半切に切り、勝手付に下地窓をあけるが、かつてはここに窓はあけられていなかった。また勝手付にあけられた火燈口形式の茶道口は高さが極めて低い。さらに点前座の背後、土間との境には絵様刳り抜き窓があけられ、珍しい意匠となっている。天井は、現在は野根板天井だが、かつては真菰天井であった。竹縁から踏段を一段経ると二畳の上段の間に至る。三方とも中敷居窓で、板戸四本と明障子二本ずつが建てられている。天井は一面の網代天井、中敷居下の腰壁は土壁で、腰張りとする。主屋に不規則な取り付き方をしたのは、立地場所の地形の関係と考えられる。竹縁に設けられた窓際の三角の棚は、腰に萩を張り、萩の棚と呼ばれ、南天の床柱とともに見所の一つとなっている。この棚は単なる飾りではなく、貴人のもち物を置くためや、上段へ奉仕の際の仮置棚として工夫されたものと考えられる。低い三畳に、竈土を設けて高く造られた土間の空間を開放的な出入り口で連結することにより、寛大な空間を形成しており、そこに夕佳亭がもつ、茶室とは異なる茶屋の柔軟な特性をみることができよう。

雪月花【せつげっか】

❶裏千家十一代玄々斎精中が七事式の追加として創案した点前、雪月花之式のこと。花月之式を基本にして五人以上で行うことを想定し、八畳で行うことを原則とするが、十二畳半でも行うことができる。折据に入れた雪、月、花の札と数字の札を席中で取り回し、雪は菓子を食べ、月は茶を飲み、花は薄茶点前を行う。十二畳半で行う場合は、迎付で八畳に座を移し、後ろを通い畳とする。
❷裏千家十一代玄々斎精中が創案した茶箱点前。雪は冬に寄せて掛子を用い、月は秋に寄せて器据を使い、花は春に寄せて盆を使っての点前となる。

雪月花引手【せつげっかひきて】

引手の一種。四季折々の情趣ある風物を象徴する雪月花を図案として取り入れた引手の総称。

雪駄【せった】

露地道具の一種。竹皮製の草履の裏に革を張った履物。「雪踏」とも書き、「せっだ」と読むこともある。雪駄は席駄の音が変化した語で、席はむしろ、駄は履物の意であり、雪駄は当て字。『日葡辞書』には「席駄(セキダ)」とあり、竹の皮で作った草履とある。『南方録』にも「セキダ」と記載されている。『南方録』によれば、露地を下駄で歩くことは武野紹鷗が定めたことだが、音を響かせずに穏やかに歩くことはよほどの巧者でなければ難しく、満足に歩ける者はわずかであった。そのため、千利休は草履の裏に革を張ったものを考案し、堺の今市町で作らせて露地で用いた、とある。また表千家五代随流斎良休の覚書には「利休時代、へちくわんと云侘、皮そうりニ牛皮ニテ裏付、路治(地)へはきたるなり、其時分ハへちくわんと中なり、今ハせきだと云」とあり、ノ貫が雪駄を用いたこと、当時、雪駄を「へちくわん」と呼んだことが記されている。

雪隠【せっちん】

いわゆる便所のこと。禅寺で便所のことを示す西浄が転じて雪隠となったとみられる。茶室においては普通、露地に設けられ、下腹雪隠、砂雪隠などがある。『南方録』には、「露地ノ雪隠ハ、禅林ノ清規、百丈ノ法式ツマビラカナリ、総而茶堂コシカケナドハ、ワビ一偏ニテ、イカニモ古柱・古竹等ヲモ用ル也、便所ノ道具ハ、ワビニテモ新シク清浄ナルヲ用ルコト下要也、会ノ時客、雪隠ノ内ヲ見ルコトモ」とあり、雪隠の道具はわびていても新しく清浄であることが大切で、茶会の時には拝見することが行われていたことを記している。また『茶道筌蹄』には「露地口より外にあるが下腹(雪隠)」「露地口の内にあるがクレ板雪隠」「内露地は砂雪隠なり」とある。しかし『宗春翁茶湯聞書』には「外露地の下腹雪隠ニハ、小石かき砂計置也」とあり、混乱が見られる。現在一般的には、外露地あるいは中露地に設けられた実用的な雪隠を下腹雪隠と呼んでいる。ちなみに『茶道筌蹄』に記された「クレ板雪隠」とは「クレ板八枚セツインの広さ内四尺或は外四尺是よりせまきは庭の勝手による也」また「クレ板八枚の内二枚切ヌキ、左右六枚也」とある。

雪隠（砂雪隠）　不審菴　表千家

雪隠柄杓【せっちんびしゃく】

雪隠の手水に用いる柄杓のこと。手水鉢の柄杓の項を参照。⇨手水鉢の柄杓【ちょうずばちのひしゃく】

雪洞【せっとう】

*風炉中の炭火を長く保つため、釜を懸けたままの風炉に覆い被せておく道具。「せつどう」とも読み、「風炉覆い」ともいう。席中に客がいないあいだに使う。六角形の厚紙製で火気抜きの窓があく。炉に用いるものは*助炭という。

雪洞

是道軒【ぜどうけん】

大阪市中央区の茶道*宗徧流不審庵の大阪道場柏樹庵にあった茶室。⇨柏樹庵【はくじゅあん】

銭形手水鉢【ぜにがたちょうずばち】

手水鉢の一種。円形で外周部に縁取りがあり、中央に四角い水穴をあけて、やはり周囲に縁取りがある形状のもの。貨幣の「銭」の形に似ていることから命名されたと考えられる。龍安寺（京都市右京区）のものは、中央の水穴を「口」の字に見立て、四方に彫られた字とあわせることで「吾唯足知」と読むことができ、知足の手水鉢、あるいは*龍安寺形手水鉢として知られる。

蝉丸形燈籠【せみまるがたどうろう】

石燈籠の一種。名物燈籠の一つに挙げられ、関蝉丸神社（滋賀県大津市）の鎌倉時代のものを本歌とする。本歌は「時雨燈籠」ともいい、重要文化財に指定される。笠、火袋、中台が六角形、竿と基礎が円形の形式のもの。

芹川家の茶室【せりかわけのちゃしつ】

福井県越前市の芹川家にある茶室。芹川作治（善左衛門）が昭和三年（一九二八）、日野川の河畔に位置するこの地を入手して煎茶室の群雀荘を営んだことに始まる。昭和二十三年にはこれに広間と小間を増築して隠居所とし、湧水を引き込んで自ら池庭の作庭を図り、奥に茶室去庵を好むなど、森閑とした一画に茶苑が形成された。群雀荘は広間六畳と二畳台目中板入の小間、そして勝手水屋からなる。外部は大壁塗で、軒裏をすべて塗籠造とした中国の田舎家風な外観で、六畳の席の付書院の窓には擬竹で氷裂文様をあしらう文人趣味の意匠が試みられる。一方、

芹川家の茶室　群雀荘広間　床側

苑池の北方に建つ夫庵は二畳中板入と四畳半の席、それに勝手水屋からなる。四畳半の席は*又隠写しで、南向きに立ち、切妻造茅葺の屋根に柿葺の庇を付け下ろし、左側に切妻造の屋根が連なり、その南側に下屋を葺き下ろしたわびた外観を呈する。

背割【せわり】

柱などに使用する*心持材の一辺に、あらかじめ樹心まで鋸目を入れておくこと。木材の乾燥による収縮を鋸目の部分に吸収させ、他の表面に割れが生じることを防ぐために行う。背割した面は壁などが取り付く側に用いるが、*見え隠れのない場合は割れ目を鑿で彫り揃え、*埋木して仕上げる。

背割

宣庵【せんあん】

秋田市の千秋公園にある茶室。千秋公園はもと出羽国秋田藩佐竹氏の久保田城跡。昭和二十八年（一九五三）に築城三百五十年を記念し、秋田県内の茶人、有識者により建設された。昭和三十三年に秋田市へ寄贈されている。設計は*裏千家十四代無限斎碩叟。席名は、初代藩主佐竹義宣に由来する。露地に設置された舟形手水鉢は、文禄の役の際に加藤清正が朝鮮から持ち帰り豊臣秀吉へ献上して大坂城にあったが、石田三成のはからいで佐竹義久に下賜されたものと伝えられる。八畳の広間、三畳台目中板入下座床の小間、玄関を兼ねた水屋二畳からなる。外観は切妻造桟瓦葺で、小間の部分のみ軒まわりを銅板葺とする。小間には躙口と貴人口を矩折にあける。赤松皮付丸太を床柱に立て、床框が杉の蠟引塗。天井は客座上部が竿縁天井、踏込の上部が化粧屋根裏、その境に煤竹の垂れ壁を下ろす。また点前座上は落天井で、客座との境に皮付赤松の垂れ壁を付けている。広間は床は畳床で、床柱が杉絞丸太、床框は黒漆塗。床脇は棚などを設けず、杉の一枚板を地板に敷いただけである。天井は杉の源平（一つの材で心材と辺材が混在しているもの）と女竹を交互に配し、竿縁を吹寄せとして変化を見せる。

禅院式茶庭【ぜんいんしきちゃにわ】

*草庵式露地の成立以前、鎌倉時代から室町時代において喫茶が行われた禅宗寺院の庭園のことをさした用語。なお、この用語は茶庭の分類のひとつとの誤解を与えかねないことから、近年においては使用されない。*重森三玲は『茶室茶庭事典』において、室町時代末期に下京茶湯と称された*宗珠の茶屋を事例に挙げ、「山居の躰もっとも感有り」と『二水記』に評されたありようが当時の禅僧の好みと同一であること、また西芳寺上段庭園に見られる龍淵水の*井泉石組が後の蹲踞に連なるものであることなどを例に挙げ、茶庭は「漸次禅院庭園というものが茶事に便なるように潤色されるにいたった」ものとし、「禅院庭園が茶庭化しつつあるもの」を総称して禅院式茶庭と定義していた。

洗雲亭【せんうんてい】

奈良市の田中家にある茶室。三条通りの油問屋・島田平左衛門宅に江戸時代末期頃建てられた茶室が、昭和四十三年（一九六八）に現在地へ移築されたという。建物は切妻造、桟瓦及び軒先銅板葺、正面の広い妻壁には大きな「洗雲亭」の扁額を掲げ、その下に付庇と両側の袖壁によって躙口前の空間を形成し、露地の飛石を引き入れ、右隅に塵穴、左に沓脱石を配している。内部には四畳台目と四畳半の二席がある。四畳台目の席は、炉は本勝手台目切で、床柱は赤松皮付、床框は黒柿。中柱はなぎで、点前座に雲雀棚を釣る。八窓庵（八窓庵の項❶を参照）と同様の平面だが、興福院の*龍松庵に酷似している。龍松庵も数度の移築を経ているため、この茶室が伝える情報は龍松庵のオリジナル解明のためにも貴重なものであろう。四畳半の席は、炉を本勝手四畳半切とし、下座に落掛を用いず左官仕事で仕上げた釣床が配されている。網代の平天井と掛込天井との境には竹を壁留とした垂れ壁が設けられている。

潜渕館【せんえんかん】愛媛県宇和島市の*天赦園にある茶室。宇和島藩第七代藩主伊達宗紀の隠居所として建てられ、宗紀自身が命名したとされる。桟瓦葺の書院式茶室。天赦園内には当初、明心楼、潜渕館、*春雨亭、月見亭の四つの建物があり、宗紀は潜渕館に起居したと伝えられている。平成四年（一九九二）の解体修理工事の際、潜渕館はもともと茅葺であったこと、明心楼及び他の建物と連結していた痕跡があること、現在配されている東南の便所、北東の茶室は後世に取り付けられたことなどが明らかとなっており、何度か改造が行われていたことがうかがえる。しかし明心楼、潜渕館に関する資料は乏しく、建築経緯などの詳細は明らかではない。大正十一年（一九二二）、皇太子だった昭和天皇の天赦園御成の際には、当館が御座所にあてられた。

潺湲亭【せんかんてい】京都市左京区にある旧谷崎潤一郎邸。石村亭のこと。⇒石村亭【せきそんてい】

膳組棚【ぜんぐみだな】*懐石を組むための棚。膳組を作る時に使い、「膳棚」ともいう。持ち運びが可能な棚である。

膳組所【ぜんぐみどころ】数寄屋などに付随する施設で、水屋や控えの間に*長炉や竈（竈土）、釣戸棚などを整えたところ。いわゆる台所にあたる施設。桂離宮*月波楼の膳組所は、膳組の板間に長炉が設けられ、竈や釣戸棚、水屋が整っている。

膳組所　月波楼　桂離宮

千家十職【せんけじっしょく】茶道具の職家の中でも特に千家が指定した十人十種の家系をいう。職家と呼ばれる家では、道具を各家が分担して調製し、歴代家元の好みに応じた形や色も各家で守る。明治時代中期から称されるようになった。永樂善五郎（土風炉・焼物師）、大西清右衛門（釜師）、奥村吉兵衛（表具師）、黒田正玄（竹細工・柄杓師）、駒澤利斎（指物師）、土田友湖（袋師）、中川浄益（金もの師）、中村宗哲（塗師）、飛来一閑（一閑張細工師）、樂吉左衛門（茶碗師）の十家をいう。

洗月亭【せんげつてい】*松平不昧が江戸赤坂の松江藩上屋敷に造営した*谷の茶屋の茶室の一つ。詳細は不明。なお『松平不昧伝』には「掛物　伏見貞建親王筆瀧ノ歌」「釜　手取　下間庄兵衛作　炉　鉄クサリ」など、享和二年（一八〇二）に行われた谷の茶屋落成披露茶会におけるこの茶室での道具組が記されている。

前後軒【ぜんごけん】*表千家の茶室。もとは京都新町の三井邸にあり、*千宗旦の好みと伝えられる。宗旦筆の「前後軒」の額が添っているだけで確証はない。*如庵のあった神奈川県大磯の三井家別邸城山荘に移されていたが、さらに昭和三十年（一九五五）、麻布笄町の三井家本邸に移され、同年四月に席披きの茶事が催された。平成二年（一九九〇）、表千家に寄贈され、*平井滋造父子の手によって解体、保管された。のちに表千家茶道会館の露地に再建、露地には千利休所持と伝え、その姿にちなんで宗旦が布袋と命名したという蹲踞も移された。茶室は北向きに建つ。外観は、緩い勾配の切妻造の屋根の妻に庇を付け下ろし、東向きに躙口をあけている。躙口の正面に床があるが、三井家にあった当時は躙口の右に床が位置していた。内部は二畳台目、上座床を構える。床柱は赤松皮付、太鼓落しにした磨丸太、入節やはつ

り目のある珍しい落掛を取り付けた板敷きの踏込床である。点前座は台目畳で、中柱を立て、

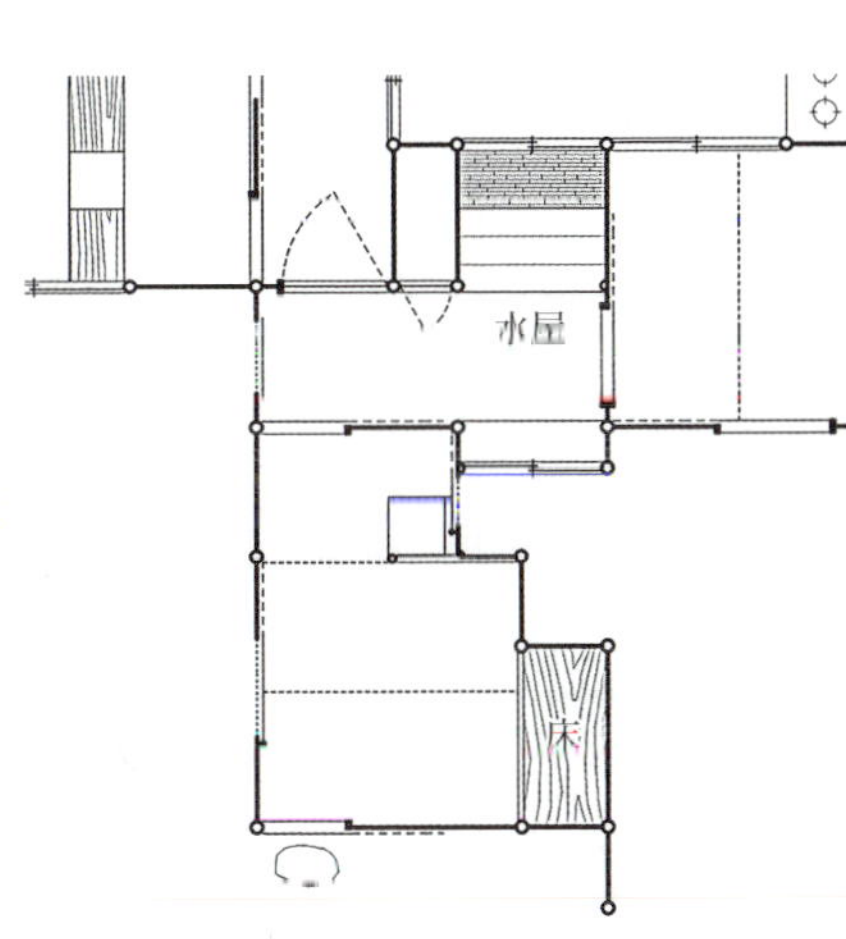

前後軒（三井家時代）

前後軒　床側

袖壁に四節の竹を壁留に入れた台目構えであるが、炉は向切、左隅に一重棚を釣っている。天井は躙口側の半間が竹垂木、竹小舞の化粧屋根裏で、その奥、点前座へかけて野根板張の平天井を張っている。この茶室は給仕口のない不自由な間取りだが、宗旦の弟子・後藤少斎の茶室に、給仕口のない二畳台目があり（江岑茶書）、前後軒も宗旦らしい好みの茶室である。表千家の再建に際し、床に対する側の中央に柱を立て、点前座の背後に高さ四尺四寸の二枚襖の口を開き、台目ほどの広さの相伴席が付設された。再建工事で三井家当時の貴重な古材が十分再利用されなかったことが惜しまれる。

千秋閣【せんしゅうかく】

愛知県名古屋市熱田区の熱田神宮にある茶室。竣工は昭和二十五年（一九五〇）六月で、同神宮の大宮司であった千秋家の松材を用いて建造、名づけられた。数寄屋造の建物で屋根は入母屋造。主室の八畳と次の間六畳があり、縁廊下が廻る。水屋や縁側、玄関が付く。

千少庵【せんしょうあん】

天文十五年～慶長十九年（一五四六～一六一四）。千家第二代。*千利休の養嗣子。幼名猪之助、号宗淳。利休の後妻・*千宗恩の子で、実父は宮王三郎鑑氏（三入）。観世元信の記した『四座役者目録』には「茶湯者ノセウアンハ、三入ノ子也」とある。天正五年（一五七七）に利休の先妻、宝心妙樹が亡くなり、母宗恩が利休と再婚したのに従い千家に入る。利休の娘を娶ったという。天正八年頃、堺より京に出て大徳寺門前の屋敷に住む。この頃には「堺よりせんよの数寄者上り申と京衆申候て、茶を皆望申候」（逢源斎書）とあり、茶の湯者としての評判は高いものであった。同十三年頃に二条釜座に移ったが、豊臣秀吉の区画整理により同十九年替地に移住。『千利休由緒書』に「少庵ハ、旧宅本誓願寺下町、葭屋町の宅ハ、公儀へ被召上候、帰洛ノ時ニ、旧宅ヲ払ヒ、本法寺前ニ宅ヲ引テ、構ヘ罷有候」とあるところから、二条釜座から元誓願寺葭屋町の利休の聚楽屋敷内に移り住んだと思われる。利休自刃後は会津若松（福島県）に流謫され、*蒲生氏郷に預けられるが、*徳川家康や氏郷らの取りなしにより赦免され、帰洛後の文禄四年（一五九五）に現在の表千家、裏千家の屋敷地である本法寺前屋敷に移り住み、千家を再興した。少庵はその消息から*古田織部や*藪内家二代月心軒真翁との交流、また勧修寺晴豊や日野輝資、烏丸光宣、*織田有楽らと交誼を重ねている様子もうかがえる（晴豊記、鹿苑日録、木下延俊慶長日記、有楽亭茶湯日記など）。さらに蘭叔宗秀（参禅の師）、玉室宗珀ら大徳寺僧、宇治茶師・上林味卜、画師・俵屋宗達らとの交流も認められる。利休の時代に培われた人脈が、そのまま引き継がれる形も見受けられるが、積極的な人的交流により、京都における千家の地歩を着実に固めている。少庵所縁の茶室としては、会津若松に流寓したおりにかかわったという*麟閣、西芳寺（苔寺）の*湘南亭などが知られるが、最も確かなもの

は再興された千家に建てた深三畳台目の席である。

千松庵【せんしょうあん】

奈良県五條市の礒田家にある茶室。昭和三十七年(一九六二)に、生駒の大工・溝口寿雄によって建てられた。内部は四畳半、北に台目床を設ける。又隠が基本にある平面とみられるが、本席は東側に、床脇と台目畳二畳からなる次の間を備え、境の襖を取り払えば、平面を半間分東に拡大させ六畳の席となる。次の間の床脇には地袋を設け、低めの図面竹による落掛の上には空調装置を収める。また平面拡大時に敷居を東端に移動させるなど、現代的な利便性とともに茶の湯空間のための細かい配慮がなされている。

千紹安【せんじょうあん】

千道安のこと。⇒千道安【せんどうあん】

千少庵の屋敷と茶室【せんしょうあんのやしきとちゃしつ】

千利休の後妻・宗恩の子として利休の養嗣子となった千少庵が、茶会記に初めて登場するのは天正六年(一五七八)十一月二十一日昼、津田宗及の会においてである。子の千宗旦が生まれた年で、まだ堺において利休や同い年の兄・道安と同居していた頃であろう。床には備前の筒花入に梅が生けられ、少庵ただ一人の会であった。その少庵が堺から京都へ上ったのは、『天王寺屋会記』の宗及自会記によると天正八年十二月二十八日。「帰洛之てたち也」と、京都へ帰るという少庵のための惜別の茶会が開かれたから、その時までには京都に住み着いていたことが知られる。そこが大徳寺門前の、利休が買い求めた屋敷で、利休に先立って一庵を構えていたと考えられる。京都に住み着いた当初から、少庵の茶の湯は「めんよ」(逢源斎書)、すなわち名高き茶人が堺から京都へきたと、京町衆の評判になり、高い評価を得て皆が茶を所望したという。大徳寺門前屋敷は、「門前北ノ方うら門前へにしかとやしき也」(江岑夏書)と、大徳寺境内の裏手、北門前町の一画にあたり、後に宗旦の弟子の一人に数えられる大徳寺の山田元立の住む塔頭の裏の角屋敷であった。天正十三、四年頃、利休も少庵の裏手に住み、四畳半の茶室不審庵を構えていたが、少庵も茶室を構えていたと考えられる。詳細は不明であるが、天正十年正月二十六日朝、京都に立ち寄った津田宗及を迎えて茶会を開いている。天正十二年十二月頃までは少庵が一人、あるいは子の宗旦と二人で大徳寺門前屋敷に住んでいたことが知られる。しかし天正十四年、豊臣秀吉が聚楽第の築営を始めた頃でもあろうか。利休が京都に滞在することが多くなるにしたがって、少庵も独立を考えたのであろう。あるいは子の宗旦が大徳寺へ入って自立したのにともなっての転居であったのかもしれない。移り住むこととなったのは、上京と下京に二極化していた室町時代以来の京都の、境界であり市街部の周縁でもあった二条通、新町通と西洞院通の中ほどあたりで、二条通に面した場所であったと考えられる。これまでこの屋敷については二条衣棚とされてきたが、「逢源斎書」において「かまの座のつきぬけ」とあることから、屋敷は二条釜座あたりに位置していたと考えられる。ここにおいて少庵が最初に好んだ茶室は、「少、二条ニ而屋敷初ニ二畳半床無ノ座敷」(伝聞事)と、二畳台目床無しの座敷であった。そこへ利休を招く。利休からやっとのことで手に入れた楽阿弥の壺の披露をするためで、この座敷に床がなかったこともあって、その大壺を「横竹ノ角」(伝聞事)、すなわち点前座の風炉先の横手、炉脇に建つ中柱続きの袖壁の先に置いた。それを利休は賞讃し、少庵の母でもある妻の宗恩に「少茶之湯今日はいてかし」(江岑咄之覚)と物語っていた。またこれによりこの二畳半は、『山上宗二記』が掲出する二畳半のように、三畳敷にして点前座の風炉先半間に袖壁を建て、客座二畳とを仕切った茶室とは異なり、明らかに中柱袖壁の下半を吹抜いた、二畳台目の茶室であったことが知られる。この二畳台目の茶室にやがて床が構えられたのであろう。「徳善院(京都奉行前田玄以)之時、其二条之屋敷ニ二畳半之小座敷被致、床は四尺床」(逢源斎書)にしたという。「ふるい〱」(同)利休を席披きに招いたところ、利休は上機嫌で、大徳寺門前屋敷に帰るなり大工を呼んで、不審庵四畳半の五尺床を間口四尺三寸に切り縮めたことが伝えられている。二条釜座屋敷には「少、二条ニ而屋敷初ニ二畳半床無ノ座敷、後ニ四畳半床有、炭なおし被申候ハ四畳半也」(伝聞事)と、あの楽阿弥の茶壺披露に利休を招いた時には、二畳半とは別に四畳半の茶室もあったことが伝えられるが、その詳細については不明である。二条釜座屋敷を秀吉の町割替えによって立ち退かざるを得なくなり、替地として現在の*表千家、*裏千家の屋敷地、いわゆる本法寺前屋敷に移り住んだのは天正十九年正月である。「南北四十一間、東西十六間、南二而十四間」(元伯宗旦文書)の敷地規模があったと考えられる。しかしその直後、利休賜死の責めが一族にも及んで出京を余儀なくされた。少庵は会津若松(福島県)の*蒲生氏郷の預かりとなったが、それが氏郷や*徳川家康の取りなしをもって赦免され、帰洛したのは文禄三年(一五九四)十一月で、少庵はふたたびもとの本法寺前屋敷に戻り、千家再興の基盤づくりにつとめるのである。当時まだ大徳寺の*春屋宗園のもとにいた宗旦が、本法寺前屋敷において父・少庵と同居するようになったのは文禄四年末から五年、すなわち慶長元年(一五九六)の初めであったのだろう。しかしまだ秀吉が在世中でもあり、しばらくは利休の茶に専念しての蟄伏の生活であったろうことは想像に難くない。その頃の春屋の「少庵」の偈に「洛之韵人扁庵少日　少有多種　一鼎松風　一啜仙雲　物物欠少　什麽楽在其中高著眼看」(一黙稿)と詠まれており、庵居には「少」の扁額が掛けられていたという。少庵が利休の道統を継承して、利休が大坂城の利休大坂屋敷に営んだ深三畳台目の茶室(深三畳半、細長三畳の項を参照)を復興したのは、やはり慶長二年、秀吉没後のことであったと考えられる。本法寺前屋敷での少庵の茶会が初見されるのは、慶長八年二月五日朝、松屋久好一人を招いた会からである。ただこの茶会記には茶室に関する記述はない。少庵の深三畳台目が指図をもって茶会記に記録されたのは、慶長十三年二月二十五日。そこに招かれた久好の子、久重の図によると、『山上宗二記』に掲出された利休大坂屋敷の深三畳台目において角柱として描かれた床柱は、「杉ケタ柱也」(松屋会記)と、やはり角柱を用いていたし、床框は真塗である。そして床の大平壁にはやはり間口幅の中心から左手、勝手側に寄せて、床畳から三尺六寸九分の高さに、「カンネン」の花入を掛ける中釘が一本打たれていたことが知られる。また「通口」、すなわち給仕口は『山上宗二記』と同じであるが、それには記載されていない、勝手から点前座へ入る「勝手口」と記す茶道口が、点前座風炉先の左寄りにあけられている。利休大坂屋敷において、それはまだ、床での器物賞翫を重視して、床を正面側にして点前する、いわゆる上座床の構えを鉄則とした時代のことで、茶道口から入ると途中で百八十度向きを替えて着座して点前をすることをそのまま踏襲する茶室であった。台目畳を敷き込んだ点前座は、炉の片隅に中柱を建てた台目構えで、その中柱から続く袖壁は「下マテヌリツメ」と、のちの台目構えのように下半が吹抜かれてはおらず、客座からは風炉先の道具を見通すことができない。利休時代、そうした構成が点前座を「次ノ間」とみなして、この座敷を三畳と認識させたり、客座から見える点前座の、下手半畳分だけを取り込んで「三畳半」といわれることもあったのだろう。点前座まわりの脇壁及び背後の壁の腰には「横ニ一枚ノハタイタ也」とし、表千家にある*不審菴平三畳台目の点前座まわりと同様に、「鰭板」という腰板がそれぞれに一枚横張りになっていた。そして西側外部境の半間の開口には「シウシニコシイタ打テ、ソトヲ引」と、腰障子が外片引きにして建て込まれている。さらにその開口の外側が「間半の坪の内」であったと記されており、また慶長十四年五月十三日八ツ時、この茶室に久重や京座坊主、後藤らの三人を招いた茶会記の付図においても、茶室の西外部に付随して「ツホノ内土間」(松屋会記)が記されている。これは利休の深三畳台目を掲出する『山上宗二記』の指図において、茶室の外部、下方には一間四方の面坪の内が付設され、また右手にもう一つの坪の内、いわゆる脇坪

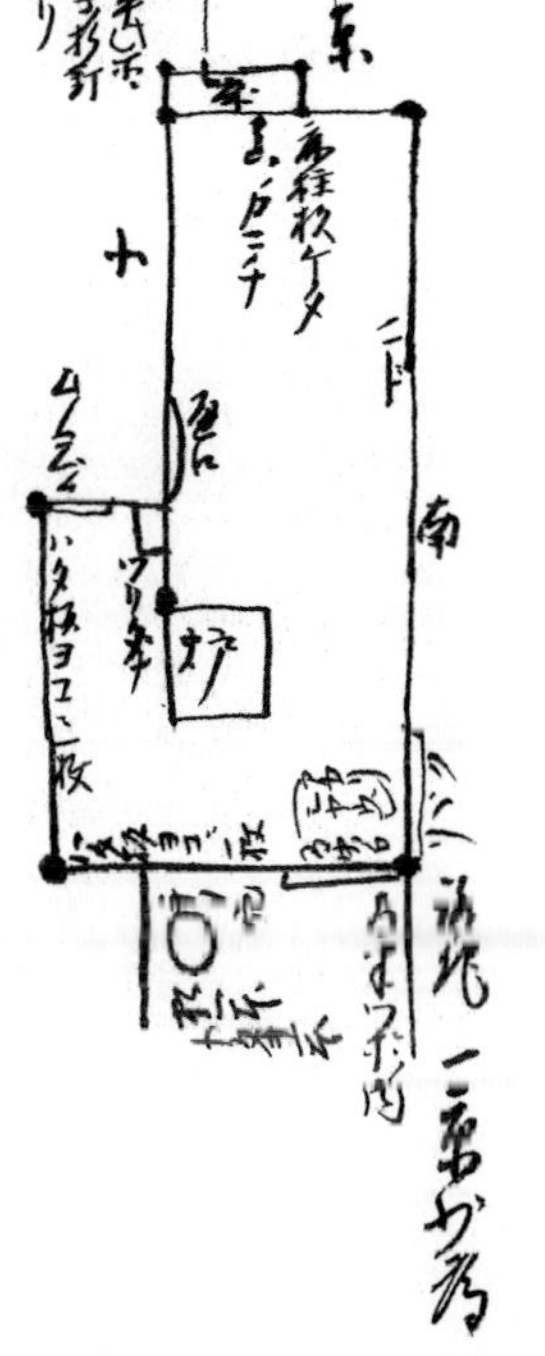

千少庵本法寺前屋敷　深三畳台目の図　『茶湯秘抄』(石水博物館本)

の内が付随する姿と同様であり、これらによっても少庵の写した深三畳台目が、初めての台目構えである利休大坂屋敷の茶室をきわめて忠実に写したものであったことが知られよう。そしてこれが少庵の孫の、表千家四代江岑宗左によって再構成され、平三畳台目の不審菴として表千家に継承されている。慶長十三年二月二十五日、茶事の後、少庵は書院において久重とともに語り合っていた。そしてこの書院が「右ノ座敷モ、利休ヘ太閤様御成候時ノ座敷ノ図ト御語リ候也」(松屋会記)と、利休聚楽屋敷の色付九間書院にならって中段部分を略した、現在の表千家にある残月亭に連なるものであったのだろう。しかしこれとは別に、聚楽屋敷の茶室を少庵が継承したという伝承がある。それは赦免されて本法寺屋敷に戻り、ふたたび住み始めた頃でもあろうか、「利休聚楽の二畳敷を従秀吉公少庵ニ被下候」(茶道四祖伝書)と、少庵が秀吉から聚楽屋敷の二畳敷を賜ったとの言い伝えである。ただこれについては傍証もなく、さらに豊臣秀次事件で聚楽第さえ破却してしまった秀吉の性格を考えると、にわかには信じがたいものがある。また少庵とのかかわりが深いとされる茶室遺構としては、利休自刃後に氏郷のもとに預けられていた時代の、会津若松城の茶室麟閣や、少庵の隠居が伝えられる京都西芳寺の湘南亭がある。しかし麟閣は燕庵形式の茶室であり、やはり「数寄の御成」や「数寄屋御成」に対して、武家たる蒲生家がもたなければならなかった式正格式の茶室であると考えられ、それは前田家が金沢城の外苑「蓮池庭」(現在の兼六園)に、同じく燕庵形式の茶室夕顔亭を営んだのと軌を一にする。麟閣については、そこに少庵がどのようにかかわっていたのか、さらに検討を要するし、湘南亭に関しても少庵の晩年を検証しなければならない。ともあれ『江岑宗左茶書』「弟子衆控」において、「少庵弟子衆」とするのは平岩主計、山口但馬、紅屋妙寿の三人であるが、加えて「京町人歴々大形弟子也」と、京都の町人の多くが少庵の弟子であったという。それは少庵が上洛した時、京町衆から茶の湯名人として羨望のまなざしをもって迎えられた様相が、晩年に至るまで衰えなかったのでもあろう。そこに少庵が異端の美学をもった利休を継承しつつも、それを一般化してさらに止揚していた実像がうかがわれ、次代を切り拓く基盤を盤石にしたという意味において、少庵の果たした功績は大きい。(千利休の屋敷については、千利休の各屋敷の項を参照)

洗心庵【せんしんあん】

京都市下京区の鈴木宗康邸にあった茶室。現在は京都市北区に移築されている。鈴木は菓子研究家としても知られた裏千家の茶人で、洗心庵も裏千家の又隠を写した四畳半であるが、突上窓はあけられていない。また、扁額は裏千家十三代圓能斎鉄中によるもの。

洗心園【せんしんえん】

愛知県名古屋市の竜門園にあった茶室。園内、邀月堂の内部、清風軒の背後に続く茶室で、外観は切妻造柿葺に妻入の庇が付き、破風には網代を取り付けていた。内部は八畳、壁床を設け、天井はすべて野根板天井の白竹押えであった。

洗心軒【せんしんけん】

愛知県名古屋市千種区の城山八幡宮にある旧三代高松定一別邸。もと中区竪三蔵町にあったこの別邸は、明治二十四年(一八九一)頃に初代高松定一の隠居所として建てられ、香細舎と名づけられていた。設計は松尾流八世汲古斎(松尾家の項を参照)、北野浜治郎の築造と伝える。この建物には益田鈍翁が関東大震災後に一時期滞在した。昭和四十三年(一九六八)、城山八幡宮に移築。現在は献茶殿として献茶会や月釜茶会などに使われる。建物は南面して東西に二棟がつながる。外観は西側に一部二階建と東側に平家の構成で、飛雲閣と詩仙堂を模したという。屋根は二階が宝形造銅板葺で、金色の陶製宝珠を掲げる。一階は切妻造桟瓦葺で、片流れが複雑に付属する。庇は銅板の一文字葺とする。内部は一階に歓喜庵、招月庵、披茶庵、松月亭、二階に八畳と六畳の座敷がある。移築前は現在より広く、松風亭、緑水亭、聴鷺亭、三露庵などの茶室が他にあった。

洗心亭【せんしんてい】

福島県二本松市の二本松城跡(霞ケ城、史跡)にある茶室。明治時代の『洗心亭記』によれば、もとは城内にあった茶亭の一つで、「墨絵の御茶屋」と称されていたが、天保八年(一八三七)に崖崩れのため阿武隈川河畔に移され、藩主の釣茶屋として利用されていたという。明治四十年(一九〇七)、現在地へ再移築された。寄棟造茅葺の外観。六畳の書院座敷のほか二室を配置する。東側と北側に濡縁を廻す。延宝七年(一六七九)頃には当該茶屋の記録がのこるが、度々の移築により部材が変えられ、また増改築も見られる。

洗心洞【せんしんどう】

大阪府堺市堺区にあった茶室。大正時代(一九一二~二六)の初め頃、堺今市町の利休屋敷(千利休の屋敷の項を参照)跡地(現在の宿院町西)と伝えられる場所に辻本豊三郎が営んだ。この地にあった利休屋敷は荒廃し、椿の井戸のみがのこっていたが、弘化二年(一八四五)に加賀太郎兵衛が井戸を取り込み自邸と茶室を再興。その後、幾人かの手を渡り、豊三郎の父・福松がこの地を入手しており、豊三郎が千利休を追憶記念するために建てたという。戦前の古写真などによると、「椿の井戸」を中心とした露地に面して造られ、近隣の利休ゆかりの南宗寺実相庵にならった二畳台目向切の茶室であった。外観は切妻造桟瓦葺、平入で、西側正面の屋根に破風をのせて「洗心洞」の扁額を掲げていた。内部は、点前座は中柱を立てて、袖壁の下部を吹抜き、二重棚を釣っていた。床は、台目床を下座に構えた畳床で、床柱は赤松皮付、床の脇に給仕口が設けられていた。天井は、点前座は蒲天井、床前は黒塗の竿縁に杉へぎ板の網代張、躙口附近は掛込天井として突上窓をあけていた。昭和二十年(一九四五)の空襲で焼失し、現在は井戸だけがのこる。

扇子【せんす】

茶席で使用する扇子は一般の扇子よりは小型で、客として席入りする時、四季を通じて必ず携帯し、開いて扇ぐことは禁じられている。床や点前座の拝見、挨拶の際などに、膝の前に出して(立礼では右手にもって)使用する。これは主客や自他との結界を意味し、謙虚な心構えを表す所作とされる。

千宗恩【せんそうおん】

?~慶長五年(?~一六〇〇)。千利休の後妻。千少庵の実母。前夫は能楽の小鼓方、宮王三郎鑑氏(三入)。天文二十二年(一五五三)に前夫と死別し、その後利休と再婚したと考えられる(利休の先妻・宝心妙樹は一五七七年七月に没)。天正十七年(一五八九)一月の利休自筆「聚光院常住宛米寄進状」からは、利休と宗恩とのあいだに生まれ、夭折した宗林童子と宗幻童子(いずれも法名)の存在が認められる。

千宗旦【せんそうたん】

天正六年~万治元年(一五七八~一六五八)。千家第三代。元伯宗旦と称す。道号は元叔、咄々斎、咄斎。父は千少庵、母は法名喜室宗桂。弟に山科宗甫、妹にねいがいる。はじめ祖父・利休の意により大徳寺において僧として修行するが、古溪宗陳の「渓雲軒、賀公知蔵宛の書状」の追而書によると、八歳頃には大徳寺に入山したと推測される。法の師は、初め春屋宗園で、春屋の語録『一黙稿』には、宗旦の将来に大きな期待を寄せている。禅の修行は終生続けており、春屋の入寂後は玉室宗珀のもとに参禅し、長年にわたる交流が続く。また、玉室入寂後は清巌宗渭を師としており、このような長年の修行により、「茶禅一味」の茶の湯が大成した。文禄三年(一五九四)、「少庵召出状」により、少庵は京に戻ることを許され、翌四年、豊臣秀吉が没収していた利休の茶道具が宗旦に戻された。この頃還俗し、少庵とともに千家の再興に力を注ぎ、少庵が没した二十七歳頃に千家の当主となる。また表千家四代江岑宗左の聞書きからは、利休との直接の交流が数多く確認できる。先妻の日安妙宗とのあいだに閑翁宗拙と似休斎一翁、後妻の真巌宗見とのあいだに江岑宗左、仙叟宗室をもうけている。元和四年(一六一八)頃、不審庵一畳半座敷(千宗旦の茶室の項を参照)を構築し(寛永十年〈一六三三〉説もあり)、わび茶の湯の宣揚を図ったらしい。正保二年(一六四五)、四男の宗室が帰家した際に隠居を志し、翌年、隠居所の今日庵ができると家督を三男の宗左に譲り今日庵に移った。生涯仕官をせず手許不如意の時期もあったが(元伯宗旦文書)、息子たちには積極的に仕官を勧め、並々ならぬ努力が実を結び、似休斎一翁は高松松平家、江岑宗左は紀州徳川家、仙叟宗室は加賀前田家に仕官している。息子や弟子たちの仕官先が定まった後、八十一歳の生涯を終えた。宗旦は茶禅一味の茶の湯を宣揚し、世に「わび宗旦」とも称されるが、一方でその交流は幅広く、*後水尾天皇の中宮・東福門院や、*近衛信尋・尚嗣親子、*鳳林承章らとの親しい交流がうかがえる（茶湯聞塵、尚嗣公記、隔蓂記）。また*山田宗徧、*杉木普斎、*藤村庸軒、古市宗也、兼常徳庵らをはじめ多くの門弟を育てている。その茶の特徴として第一に挙げられるのは、菓子の茶の湯（飯後の茶の湯）である。菓子の茶の湯は、食事に重きを置かない分、茶の湯に専念することができ、より精神性の高い茶の湯となる。弟子たちにもこの菓子の茶の湯を奨励して、「飯後軒」の軒号を与えている。宗旦好みの代表的な茶道具の一閑張を創始した飛来家には「飯後軒」の掛軸が残され、同じく土田家の師匠筋に当たる二得にも、「飯後軒」の軒号を贈っている。宗旦の造立した茶室としては、慶長十三年に松屋久重が会記に書き留めた三畳上座床、寛永十年の宗左宛の手紙に記された一畳半（不審庵）、寛永二十年から二十一年の手紙に見られる四畳半、隠居屋敷の今日庵、再隠居して造立した*又隠がある。その他、大徳寺塔頭芳春院の一畳半（一畳台目の項の図を参照）、同じく大源庵の三畳台目なども挙げられる。

千宗旦の茶室【せんそうたんのちゃしつ】

*千宗旦が大徳寺での喝食、蔵主の生活を終え、父の*千少庵とともに住むようになったのは、文禄三年（一五九四）。少庵が会津（福島県）の蒲生氏郷のもとから京都本法寺前屋敷に戻った時の、翌四年末ないしは五年からで、その宗旦が茶会記に登場するのは、松屋久重が宗旦を訪ねた慶長十三年（一六〇八）二月二十五日である。菓子麩一種の会であったが、茶室は南向きの*平三畳で、二畳の客座と一畳の点前座の境に仕切壁を建てた、いわゆる*宗貞囲であった（松屋会記）。大石の蹲踞を据えた広い露地の飛石を渡り、躙口をあけると向こう斜め正面に大休和尚の文を掛けた台目床が構えられている。すなわち床は二畳の客座の、点前座側に寄せて中央にあり、床柱の手前角に向切の炉を切る上座床の構えである。そして客座、点前座境の仕切壁は、床柱に続く炉の脇だけを吹抜いて中柱を建て、その際から火燈口をあけて太鼓襖を片引きに建て込んでいる。またその仕切壁は天井までは立ち上がってはおらず、杉桁（ナケシ＝長押と記す）が床柱まで一直線に架け渡されて壁留になっており、その上は吹抜けていて、平の板天井が客座から点前座へと一面に張り込まれていた。利休と昵懇だった堺の空願が最初に好んだと伝えられる宗貞囲が、茶会記で初見されるのがこの宗旦の茶室であった。少庵が亡くなったのは慶長十九年、宗旦三十七歳の時である。その宗旦が不審庵を名乗るようになったのは、数年後のことでもあると考えられる。正保四年（一六四七）に*表千家四代江岑宗左が記した「一畳半指図」（不審菴蔵）によると「右一畳半小座敷指図三十年已前ニ不審庵作ニ而候所」とあり、元和四年（一六一八）頃、宗旦によって「一畳半」が好まれた。その「一畳半」は南面し、葺き下ろし屋根に覆われた床無し、壁床の*一畳台目であった。炉を向切にして中柱を建て、下半を吹抜いた袖壁を付し、炉の上部に一重棚が釣られている。しかし宗旦は寛永十年（一六三三）にも床無しの「一畳半」を造っていることが「元伯宗旦文書」によって知られ、はたしてわずか十五年ほどのあいだに同様の茶室をふたたび好んだのか疑問である。ところが「速見師蔵書写　数奇家之図」（一八〇九年写）には、間口幅四尺一寸四分（内法）の床を構えた一畳台目が「不審庵」として掲出されている。床以外の構成、細部の寸法等は先の「一畳半指図」と同じであり、またこれと同様の図が元禄十六年（一七〇三）の『宗全指図帳』などにも、単に「一畳半」として記されていて、今までそれは利休の聚楽屋敷（千利休の屋敷の項を参照）の一畳半であると考えられていた。しかしそこには「不審庵」とあり、それが少庵

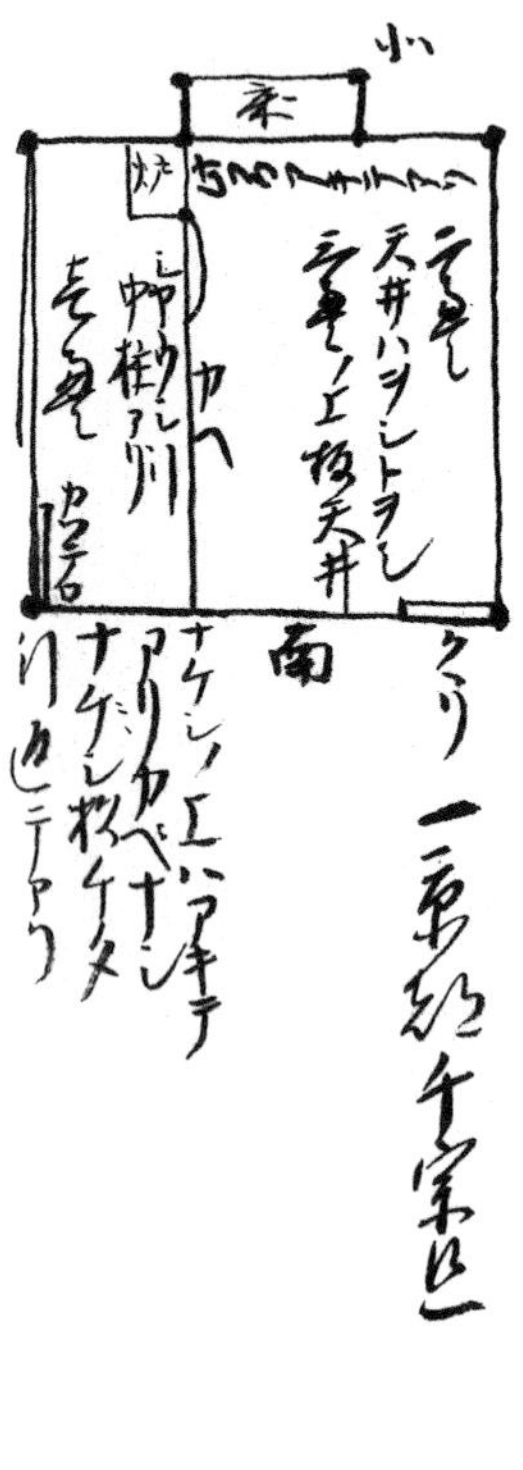

千宗旦本法寺前屋敷　平三畳の図　『茶湯秘抄』（石水博物館本）

の「不審庵」深三畳台目（細長三畳の項を参照）に替えて、元和四年頃に宗旦が好んだ一畳半で、その一畳台目には床が構えられていたとも考えられよう。それが寛永十年に、澤庵宗彭の軸を売って資金を捻出して改修され、床を取り除いて壁床にあらためられたと考えられる。「一畳半出来、かへいにさ、路次石すへ、ふるたゝミをしき候て、夜前、任、甫呼、一服申候、殊外一畳半気相ニ慰申候、一入心よく候」と、寛永十年八月十六日付の宗受宛書状に認めていた。江岑は「一畳半」を二十年以前の造立と記録はしたが、指図及び寸法書きは改修後のものでもあったと考えられる。そしてその一畳台目が元和年間の草創時から「不審庵」と号され、宗旦にとっても幼き頃、父の少庵とともに過ごした大徳寺門前屋敷の思い出深いものであったため、終生「不審庵」を名乗ることとなったのだろう。宗旦は寛永二十年に、所持していた三幅一対を手放して*四畳半の造立を計画する。「小座敷ハ一畳半と四畳半と、利、少へ被申候」（江岑咄之覚）と伝えられるように、小座敷は一畳台目だけでは機能せず、四畳半をあわせもち、二つを使い分けていく中にわび茶が初めて成就されると考えてのことであった。三畳台目であれば両者を兼用できるのとは異なることで、それは利休聚楽屋敷での茶室構成を見ても認められる。翌正保元年二月にはそれもできたようで、三月二十八日には親交していた鹿苑寺の鳳林承章と本法寺の知存を招いて茶会を催しており、「四畳半之座敷初見之」（隔蓂記）と記されていた。その四畳半とは『宗全指図帳』や「数奇家之図」などが「今日庵四畳半」として掲げる、下座床にして土床を構えた四畳半であったと考えられる。「土、ムロ床の通りにして、畳の所も土にて塗其上を紙にて張也。左官土斎へ元伯好み遣す也」（茶道筌蹄）とか、「土床宗旦好　是ハ土斎へ御好被遣候床也」（不白筆記）とする記録も多い。入口は高四尺五分に明障子二枚の貴人口で、その外部には利休の大坂屋敷深三畳台目に付随していた「脇ノ坪ノ内」と同様の、蹲踞を据えた内坪が付設されていた。貴人口の上には欄間の下地窓もあけられ、その脇の連子窓も柱間いっぱいにあけられているなど、時代の流れに沿った明るさの漂う茶室であった。その四畳半こそが「今日庵」と号されていたのであり、それは*古渓宗陳の「不審花開今日春」にいう「不審庵」一畳台目と一対になる庵号であったと考えられる。正保三年に宗旦は、江岑へ敷地の南半分を譲り、裏へ隠居をする。五月十八日付の江岑宛書状には「うら作事可仕と存候、一メ目ニ而と存候、（中略）四畳半、一畳半出来候」（元伯宗旦文書）とあり、また六月十二日には「うらの作事はやうけとらせ候て、大工所もこしらへ申候、盆前ニ出来様ニ候、四間ニ三間ノ家ニ候、小座敷ハ二畳敷候、来春茶可申候、口切を先面白可申候、満足候」（元伯宗旦文書）と報せていた。それでも工事はそれから六十日ばかりもかかり、移徙を祝う菓子での口切が行われたのは九月一日。四間に三間のわび住まいといえども四畳半と二畳の、二つの茶室を配した構成は、利休聚楽屋敷そのものでもあった。あるいは四畳半は先の「今日庵」を移築したのかもしれないが、「不審庵」一畳台目は取り壊され、また新たに建てられたのが二畳敷である。とはいってもそれは一畳台目向板の、床無しの茶室で、現在裏千家にのこる*今日庵に近似したものであった。「数奇家之図」でも「宗旦之二畳敷　今日庵」として掲出されているが、当初から「今日庵」といわれていたわけではなく、やはり四畳半が「今日庵」であったのだろう。慶安元年（一六四八）五月二十八日に、彦蔵主と同道して初めて宗旦の隠居屋敷を訪れた鳳林は「座敷一畳半也、掛物者利休居士之影［大徳寺春屋之讃］、花入白初、有之、杜若一輪・蓮葉二枚、茶入利久之小棗［入袋也］、茶碗宗四郎焼也」（隔蓂記）と記していたし、また翌二年四月五日に招かれた松屋久重は「隠居ノ二畳敷、但、一畳半敷ヲ、残リハ板畳也、中柱有之、但しヌキハ無之候、二重筒、板畳の先に懸けて、花多く、道籠之所に二枚戸、昔の雲龍釜の風炉、細き釜、竹ノ文、取手竹節、小棗、聚楽茶碗、信楽、口広し、土引切」（松屋会記）と記録していた。それらを考えあわせると、現在の裏千家の今日庵とは少し異なり、向板に花入が置かれたり、風炉先の壁面に花入を掛けることができたのであり、*『茶湯秘抄』の指図でも風炉先の壁に花入を掛ける折釘が打たれていた。そうすると、現在の今日庵で躙口上から風炉先に続いて開けられている連子窓も当時はなく、もとは「不審庵」一畳台目と同じように、躙口上は下地窓で、風炉先にも低く下地窓があいていたと考えられる。季節には露地の紅葉が見事に色付き、また柚が百あまりもなった時があった。そして「今日庵」四畳半で宗旦は「独ほうしのことく四畳半ニ而くらし候」(元伯宗旦文書)と述べ、「とかく一身にて茶湯を仕くらし」する日々を送っていた。あるいは慰めに露地の飛石を打ったり、蹲踞を据えたりもし、また大徳寺へ茶の湯に出かけるのが楽しみでもあった。そうした生活の中で四畳半と二畳は使い分けられており、「二畳敷にて茶湯出し候、四畳半ニハ客時計候、紹鷗のふくろ棚にて、紹鷗なつめにて、しゅ光茶杓にて、うりのかまつり、てふくへの大なるにて慰候」(元伯宗旦文書)という。すでに七十四歳になった宗旦が、慶安四年二月九日、江岑を招いた会では、天祐紹杲に讃を付してもらった小町の墨蹟を掛け、紹鷗袋棚を立て、紹鷗棗を使った茶の湯であったから、おそらくは「今日庵」四畳半でのことであったのだろう。一番の気掛かりであった末子の*裏千家四代仙叟宗室が加賀藩に出仕し、承応二年(一六五三)裏の屋敷を仙叟に譲って、宗旦は「うらのわらや三間二間」(元伯宗旦文書)を営んでふたたび隠居する。そして同十二月十八日、鳳林らを招いて新築の四畳半の席披きが行われた。すでに先の「今日庵」四畳半は畳まれたのであろう。新席は*又隠と号され、利休聚楽屋敷の四畳半にならうものであった。ただ利休の四畳半にあった洞庫先の方立柱は省かれ、真菰天井は野根板の網代竿縁にあらためられてはいたが、利休のわび茶の理想性を抽出し、書院の茶とは対照的な世界にこそ茶の正系があることを明示する意識の表現であったと考えられる。一生仕官を断って、わび数寄としての姿勢を貫いた宗旦。それは決して利休の踏襲ではなく、宗旦自らが拓いてきた世界であり、宗旦なくしては利休の茶も語り得ないのではないだろうか。十八世紀中頃から、茶の湯の教育化が進むにつれ、茶室の基本形としてこの又隠がモデルになり、数寄屋書の巻頭を飾るようになっていった。万治元年(一六五八)十二月十九日、宗旦は八十一歳でこの世を去り、その後、正保四年に江岑が、利休、少庵の「不審庵」深三畳台目をもとにしつつも、当時代的で一般性をもった平三畳台目にあらためて造っていた茶室が不審庵(不審菴の項を参照)と称されるようになった。それとともに晩成の住まいにのこされた一畳台目向板の茶室が「不審庵」と一対の「今日庵」を号したと考えられる。

仙叟屋敷【せんそうやしき】

加賀藩に仕官した*裏千家四代仙叟宗室が、加賀の地で賜わった屋敷。仙叟が最初に茶道茶具奉行として仕えたのは小松城(石川県小松市)の前田利常(加賀藩第三代藩主)で、承応元年(一六五二)、三十一歳のことである。同年七月、仙叟は小松城三の丸に屋敷を賜わり、仕官直後から、二畳の茶室を建て、利常から様々な修理も仰せつかるなど、重用されていた。また万治元年(一六五八)の利常没後は、第五代藩主綱紀にも茶道茶具奉行として仕えることになり、金沢の味噌蔵町(金沢市)に二百坪の屋敷地を与えられた。現在、小松の仙叟屋敷は、平成八年(一九九六)、仙叟没後三百年を記念して小松市の芦城公園にあらたな仙叟屋敷が建てられている。もとの間取りは不明であるが、十二畳半の広間、五畳半の玄庵(玄庵の項❶を参照)を中心にした数寄屋造の建物である。金沢味噌蔵町の仙叟屋敷は、その屋敷跡に説明板が掲げられている。

仙台石【せんだいいし】

稲井石のこと。⇨稲井石【いないいし】

堧地【ぜんち】

*築地で、外側の溝と築地下との境の幅が広いもの。この幅が狭いと「犬走り」という。

煎茶【せんちゃ】

❶覆いをせずに育てた茶の若芽に熱を加え、揉んで作った上質の茶。覆いをした茶の若芽によるものは玉露、短期間覆いをした茶の若芽によるものはかぶせ茶と呼ぶ。❷茶葉を熱湯で煎じて飲むこと。茶葉に湯を注いで飲むことは淹茶というが、煎茶の中に含めることが多い。簡易な飲用法であるので、かなり古くからひろく行われていたと考えられる。のちに式法が整えられ*煎茶道ができあがった。

煎茶三亭【せんちゃさんてい】

三亭と同じ。⇨三亭【さんてい】

煎茶室【せんちゃしつ】

煎茶（煎茶の項❷を参照）を楽しむための茶室。日本の煎茶書の嚆矢である『梅山種茶譜略』（一七五五年）は、茶の由来に関する記載のみで、いまだ煎茶室に関する記述は全くない。しかし『青湾茶話』（一七五六年）には、「茶所」の項目が立てられ、次のように記される。「茶所ハ、ここに云数寄屋囲の類なり。茶疏に見へたり。又ハ茶房・茶舎などハ、茶店をも云なり。茶洞とも云り。遵生八牋には、茶寮と云り。以供長日清談寒宵兀坐と云り。古人の題詠あり。しかれとも、茶ハ、必屋舎にかゝハらず、いつくにても膝を容る所あらば、煮るべし。今日、常住の事を、古人も茶飯にたとふ。一日もかくべからず。山野に遊び、対花、江湖の扁舟、駅路の旅宿、水火あらば茶を烹るへし。何ぞ居所にかゝハらんや。風雅の君子、この弊に縛せらる事なかれ」。煎茶の数寄屋囲あるいは茶店の呼称について、中国の茶書『茶疏』や『遵生八牋』では、「茶房」「茶舎」「茶洞」「茶寮」といっていることを述べ、しかし決して屋舎にとらわれる必要のないことを説いている。また「器具の銘」の項では、水注銘として『提梁銅器、貯恵山泉、数碗酒処、冷徹茶莚』と記されるが、この「茶莚」も茶所と同様の意味と考えられる。加えて、「論客」の項には、「（前略）中茶投果出自内局茶疏」と記されており、『茶疏』では勝手を「内局」と称していることがわかる。茶店については『売茶翁偈語』（一七六三年）の中にも「通天橋設茶舗」「法住寺前林間開茶亭」「舎那殿前松下開茶店」などと題する詩が記されており、また「白雲為蓋設茶筵（後略）」とも記されており、「茶舗」「茶亭」「茶店」「茶筵」のいずれも同じ意味で用いられていることがわかる。しかし茶店であれ、茶室であれ、これらの煎茶書が著された宝暦年間（一七五一〜六四）頃の煎茶空間を具体的に記した史料はなく、また遺構ものこっていないので、建築的実態は不明であるが、少なくとも*売茶翁が設けた多数の茶店は、後の煎茶室のようなものではなく、ずっと簡素なものであったと思われる。このほか、いわゆる煎茶の席の名称に関して、初出用語を煎茶書の中に探すと、『石山斎茶具図譜』（一八三〇年）に「茶堂」、『木石居煎茶訣』（一八四九年）に「煎茶寮」「水厨」が見え、さらに『南宗茶具名牋』（一八六一年）には、煎茶用語の一覧表が掲載され、「茶洞 一曰茶寮・カコイ」「水厨 一曰水廬・ミツヤ」「内局 一曰内廳・カツテ」「饗堂 一曰廳堂・ザシキ」「会寮 一曰寮舎・マチアヒ」と、用途の異なる部屋あるいは建物の中国名と和名が記されている。江戸時代後期になると、中津万象園*観潮楼（一七八一年以前建築）、閑谷学校*黄葉亭（一八一三年建築）、*山紫水明処（一八二八年建築）、玄宮楽々園*楽々間（一八四二年建築）、兼六園*三華亭（一八四八〜五四年頃建築）、*無可有荘大醒榭（一八五六年建築）など、少ないながらも建築遺構がのこっているので、程度の差はあろうが、当時の煎茶空間を類推することができる。初期の煎茶空間は、必ずしも煎茶専用の空間ではなく、書斎や文人たちのサロンのような性格もあわせもっていたと考えられる。その立地は、湖沼河川に面した景勝地あるいは庭園内の池に臨んで建てられる場合が多い。これらに共通している煎茶室の外観の特徴は、室内からの眺望を楽しむために床の高さが高く、外部に縁と勾欄が設けられていることである。また内部空間は、抹茶の茶室が敢えて閉鎖的な小空間に独自の世界を創造しているのと対照的に、煎茶室は、室内からの眺望を重視しているので、複数の面に広い開口部を設け、明るく開放的である。細部意匠としては、窓、建具、勾欄などへの中国意匠の導入、竹材、唐木、奇木及び唐物、渡来物を多用した、明るく華やかな意匠が挙げられる。これは、煎茶を愛好した文人などが、中国文化に憧れをもって積極的に招来したもので、西洋における中国趣味（シノワズリー）の流行と同じく、江戸時代末期から明治時代にかけて全盛を迎え、煎茶室の意匠として確立する。さらに、この中国意匠は当時の多くの『座敷雛形』（室内意匠に関する図案集）にも記載され、煎茶室のみならず、幕末から明治、大正、昭和時代初期にかけての和風住宅にもひろく普及することとなる。

煎茶道【せんちゃどう】

煎茶（煎茶の項❷を参照）による茶道。中国・明代文化の影響下、煎茶の点前、作法に精神性を加えて式法を整え、さらにこの式法を受け伝える流派が形成されることで、煎茶道として認識されるようになった。煎茶は、江戸時代前期に中国から日本に入った禅宗・黄檗宗と関係が深く、黄檗宗僧侶出身の柴山元昭（高遊外）が煎茶道の祖であると考えられている。元昭は還俗して煎茶を売り歩き*売茶翁と呼ばれたが、その行為は宗教界への批判、社会批判を意味した。売茶翁が掲げた「清」の希求は、その後の煎茶人にも受け継がれていく。十九世紀に入ると、大坂に田中鶴翁が、京都に小川可進が出て、花月庵流と小川流とを形成した。一方では学者、漢詩人、画家などによる文人茶もひろがった。明治時代になると経済人にも煎茶がひろまり、多くの流派が生まれたが、煎茶のための中国意匠を加えた*煎茶室も造られた。

禅茶録【ぜんちゃろく】

茶禅一味、いわゆる禅茶を主張した茶道論。寂庵宗澤著。一巻。文政十一年(一八二八)に須原屋茂兵衛により刊行。*千宗旦著とされる『茶禅同一味』がもとになっているとの説もあるが、詳細は不明である。筆者の寂庵宗澤に関しても、大徳寺系の禅僧という説もあるが、詳しいことはわかっていない。十章で構成され、「茶事は禅道を宗とする事」「茶事修行の事」「茶の意の事」「禅茶器の事」「侘の事」「茶事変化の事」「数奇の事」「露地の事」「体用の事」「無賓主の茶の事」である。『新修茶道全集』巻九、『茶道古典全集』第十巻などに所収。

剪定【せんてい】

樹木の形を整える、また健全な生育を促すために、枝葉あるいは幹を一部切り除くこと。大きく生長し他の樹木と絡まったり、建造物や工作物の障害となる場合にこれを解消するため、また園内の景を整える、借景を回復するなどの目的で行われる。枝透かし、枝おろし、*切戻しなど、その目的によって切り方が異なる。また切る所により、手鋏、突鋏、刈込鋏などを使い分ける。

前庭【ぜんてい】

建物の前面にあたる場所に造られた庭園。「まえにわ」とも読み、「庭先」ともいう。玄関前や、書院前の庭園などをいう。また、敷地の前方の広い場所をさすこともある。

泉殿【せんでん】

⇒泉殿【いずみどの】

千道安【せんどうあん】

天文十五年～慶長十二年(一五四六～一六〇七)。織豊時代の茶匠。*千利休と先妻・宝心妙樹の子。初名紹安。可休斎、眠翁と号した。若年の頃から茶会の正客をつとめたり、*津田宗及らを招き茶会を催したりしている。『山上宗二記』の「関白様へ被召置当代ノ茶湯者」には、豊臣秀吉の茶堂八人衆の一人として名が挙げられ、天正十五年(一五八七)に催された*北野大茶之湯の記録にも道安の名前が見える。このように、利休が自刃するまでは、道安が利休とともに茶の湯者として活躍する姿が見られる。また、利休の「財産処分状」には道安(紹安)の花押があり、そのほかの親族には、各々に断書が書かれているため、断書のない財産はすべて道安に譲られたと考えられる。利休自刃後、飛騨国(岐阜県)高山城主の金森法印を頼る(千利休由緒書)など、京都を離れたが、『宗湛日記』慶長二年(一五九七)の記述には、「千紹安　伏見ニテ御会」とあり、帰洛後は伏見城下に居を構えている。秀吉が亡くなった後は、『松屋会記』に「一、堺千道安へ　久好一人」とあるように、堺に戻って茶の湯を行っている。利休の十三回忌直後の慶長十年には、*春屋宗園に利休号の由来を尋ねており、利休の茶の湯を受け継ぐものとしての自負が見られる。茶風は*千少庵の柔(静)に対して剛(動)といわれ、その作意を伝える逸話も多い。弟子には*桑山宗仙がいるが、宗仙は*片桐石州の師でもあり、道安の茶の湯は宗仙を通じて、石州流の茶の湯に受け継がれた。茶室や露地に関する道安の工夫、美意識を追求した逸話などものこされている。点前座の構えとして*道安囲にその名がのこり、『石州三百ケ条』には、昔は*雪隠に据える石は同じ大きさの石二つであったが、道安は脇に大きい石を一つ、その他は小石を並べて変化を付けたという話や、雪隠の屋根に中桁を入れた話などがある。また『細川三斎公御物語』には、茶会の前日、完成直前の茶室に不備が発覚し、前日にもかかわらず茶室を壊して造り直し、約束通り茶会を行った話などものこる。

仙洞御所【せんとうごしょ】

天皇が譲位後に居住する御所。現在、仙洞御所といえば、京都市上京区の京都御苑内にあり、京都御所の南東に位置するものをさす。隣接する大宮御所は皇太后の居住する御所であって、両御所はかつて長い廊下で連結されていた。もとの殿舎は敷地の南西に位置し、御車寄、公卿の間、諸大夫の間、殿上の間、摂関侯所、弘御所、*小御所、常御殿などがあった。応仁の乱以降、仙洞御所の設置が中断したこともあり、江戸時代には再興するが、これもたびたびの火災で焼失し、そのつど、再建が繰り返されている。しかし嘉永七年（一八五四）の大火以後、御殿としての建物は再建されなかった。現在は、庭園内に*醒花亭と明治十七年（一八八四）に近衛家から移築された*又新亭がのこる。庭園は、*後水尾天皇在位中の寛永四年（一六二七）、*小堀遠州が作事奉行となって造営され、上皇となった寛永十一年から十三年には遠州が泉水作事奉行として書院、数寄屋を造り、庭園を完成させた。しかし後に大幅な改修が行われた。敷地の東寄りには池泉が設けられ、三つのブロックに便宜的に分けられ、北池泉を真の庭、中池泉を行の庭、南池泉を草の庭と説明される。中池泉と南池泉との境には中島があり、八橋が架けられる。八橋はもとは木造であったが、明治三十七年（一九〇四）に石橋に架け替えられた。橋上には藤棚が設けられている。南池泉の西岸から南岸の池畔には玉石が並べられて、*洲浜（石浜）が表現されており、この玉石は一升石として知られる。醒花亭はその南の汀に建つ。北池泉の北には御田跡がある。かつては稲田で、江戸時代初期の庭園で流行した形式である。

善導寺形燈籠【ぜんどうじがたどうろう】

石燈籠の一種。笠、火袋、中台は六角形で、竿に節がなく、基礎上部の厚い蓮弁が目立つ形式のもの。火袋に茶碗や炭取、茶釜、五徳などの茶道具が彫られている点が大きな特徴である。なお、善導寺（京都市中京区）には石幢を石燈籠に改めた善導寺六角石幢（室町時代前期）がある。（付録13頁参照）

泉庵【せんなん】

東京都大田区の小西繁尾邸長寿園にあった茶室。小西氏は実業家で、尾道の地で速水流の茶の振興につとめた茶人でもあった。号は松溪。この茶室は*燕庵を写したとされる広島県尾道市浄土寺にある*露滴庵の写し。*八窓の茶席で、三畳台目、躙口を入った左手に台目の畳床、床柱は赤松丸太、中柱は樒の曲柱とされ、茶道口は方立口形式、控えの間に太鼓張襖を引違いに建てていたという。現存せず。

泉涌寺形燈籠【せんにゅうじがたどうろう】

*石燈籠（雪見形燈籠）の一種。泉涌寺（京都市東山区）の御座所の庭園にあるものを本歌とし、笠、火袋、中台は八角形で、四本の脚からなる形式のもの。

船瓶形手水鉢【せんびんがたちょうずばち】

舟形手水鉢と同じ。⇨舟形手水鉢【ふながたちょうずばち】

線彫【せんぼり】

毛彫と同じ。⇨毛彫【けぼり】

扇葉荘【せんようそう】

京都市上京区にあった中田与兵衛の邸宅。*藤井厚二の設計で、昭和十二年（一九三七）に竣工した。藤井の最後の作品とされ、家具は病床で図を引き、指図したという。建物は十二畳敷の大広間（主室）を主として、それに茶室と居住部分が付属している。玄関の六畳の間から動線が二分され、一方は居間へ、一方はホールを経て大広間（主室）へ向かう。ホールから入側へ通ると、六畳の次の間があり、大広間に続く。入側はさ

扇葉荘　大広間　上段床と付書院側

らに南側へ廻り、大広間で半間幅の榑縁に変わり、南から東へも折れ廻っている。主室部分の外観は、切妻造桟瓦葺の妻を南に向け、縁の部分は銅板葺の庇を廻す。西側の屋根は寄棟に造られる。主室の大広間には三畳敷の上段床を設け、出隅には杉四方柾で角柱面取の床柱を立てる。床の隣りに地袋を設けて、東側の壁に円窓をあけた*残月亭と似通った床構えをもつ。床と地袋との境には柱を立て、袖壁を大きく吹抜く。西側の床の脇には天袋の下にチーク材の一枚棚を取り付けている。その下には障子二枚を建て込む。板敷きの前の一畳は点前座として使用可能で、広間の茶ができるよう考案したものと考えられる。床框もチーク材で、面は黒蠟色塗にしている。また框だけでなく畳寄まで一木造で、面決り（角を四角に欠き取る）を施している。これは藤井好みともいうべき手法で他の住宅にも試みられている。天井は竿縁天井となる。主室の西方は四畳部分だけ部屋幅が半間狭まっており、次の間のような感じを与える。六畳の次の間との境には、欄間として遠山形の桐板を入れる。付属する茶室は藤井の設計ではない。メートル法で設計を行っていた藤井の手法は茶道具の寸法とあわない可能性があるとして、施主の要望から*武者小路千家十二代愈好斎聴松好みになった。室内は三畳台目で、床と点前座を並べた構成であったというが、主人の作意で五畳半洞床付に改造された。扇葉荘は平成十四年（二〇〇二）に解体され、現存しない。

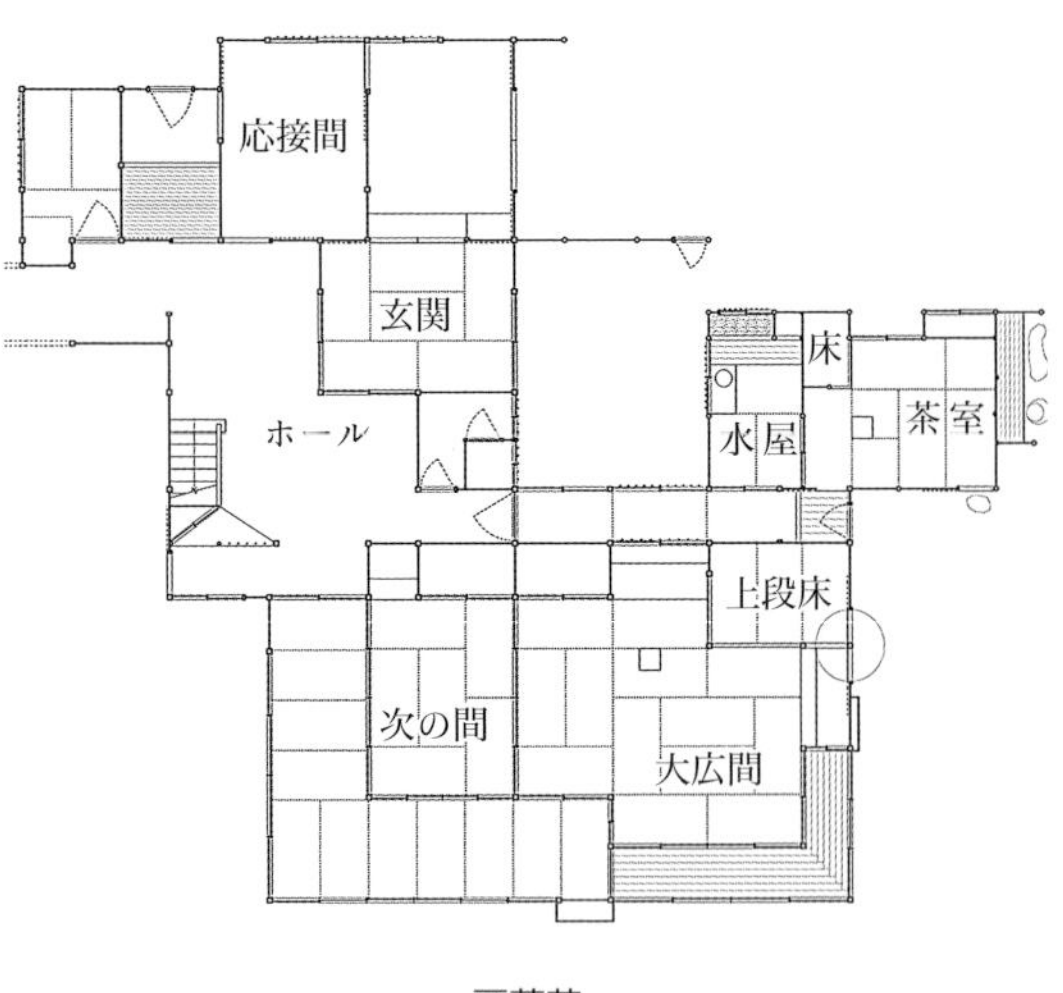

扇葉荘

禅余小記【ぜんよしょうき】

文人画家・田能村直入（一八一四～一九〇七）が堺滞在中に見聞した事物を筆録した書。一冊。天保十年（一八三九）成立。明治三十八年（一九〇五）に記された跋文によると、洛東岡崎の隠者・百拙の談話を筆録したという。*千利休やその一族の話、堺の実相院に伝来した利休遺愛の茶道具、石燈籠、手水鉢などが図入りで紹介される。『堺市史』所収。

千利休【せんりきゅう】

［生涯］

大永二年～天正十九年（一五二二～九一）。織豊時代の町人、茶人。堺（大阪府）今市町で魚問屋を営む田中与兵衛と妻・月岑妙珎の子として生まれ、与四郎と称した。十四歳の時、開口神社神宮寺の念仏寺の築地修理のため一貫文を寄進したことが「念仏差帳日記」に見え、十代後半に*北向道陳につき、さらに*武野紹鷗に師事したとされる。ただし道陳にしろ紹鷗にしろ、現在の茶の湯における師弟関係のような深い結び付きではなく、もう少し緩い結び付きで、道陳や紹鷗以外にも利休が茶の湯を学んだ人物がおり、それらの中で紹鷗が利休に対して最も強い影響力をもっていたと考えるべきであろう。また二十歳になるまでに父や祖父と死別した利休は、二十一歳の頃に結婚し、*千道安と幾人かの女子をもうけた。また二十三歳の時、奈良の松屋久政と恵遵坊を招いて茶会を行ったことが『松屋会記』天文十三年（一五四四）二月二十七日条に記録されており、これが現存する茶会記で利休（この当時は宗易）の名を見ることのできる最初の茶会記である。これ以後しばしば『*松屋会記』や『天王寺屋会記』などに利休（宗易）の名が記され、茶人として次第に地歩を固めつつあったことがわかる。天文十一年、松江隆仙とのあいだのトラブルから冬に「逼塞」したことがあったらしい。しかし翌年十二月十八日天王寺屋道叱のとりなしで両者は和解したことを『*天王寺屋会記』から知ることができる。永禄十一年（一五六八）九月、*織田信長は足利義昭を奉じて入洛し、早速、尼崎（兵庫県）などとともに堺の町にも矢銭の支払いを要求した。上洛以前から信長に意を通じていた*今井宗久と、堺の町の無血接収の功を認められた*津田宗及の二人が、これ以後、信長に近侍することとなったものの、利休が信長に仕えるのは二人よりやや遅れたらしい。天正元年(一五七三)九月、古溪宗陳が大徳寺百十七世住持として入寺し、利休はこの時、百貫文を奉加し、また同年、利休は古溪より抛筌斎の号を授かっている。同五年、妻の宝心妙樹が没し、やがて宮王三郎三入の妻であった千宗恩と再婚した。宗恩には亡夫とのあいだに生まれた千少庵がおり、ともに千家へ入ったとされる。同十年六月二日の未明、信長は明智光秀に本能寺へ攻められ自刃し、跡を継いだ豊臣秀吉(この当時は羽柴藤吉郎)は宗久、宗及、利休の三人をそのまま茶堂として迎えたが、宗久はやがて退けられ、代って利休が重用されるようになる。その後の利休の活躍は目覚ましいものがあり、同十三年十月に行われた禁中茶会に奉仕し、この時「利休居士」号を勅賜されたという。ただし、利休居士号はもっと早くに得ていたとする説もある。同十四年、窮状打開を秀吉に訴えるために畿内に入った大友宗麟は「内々の儀は宗易、公儀の事は宰相存じ候」と利休の秀吉政権内における権勢に目を見張っている。秀吉は同十五年夏に九州を平定、同年十月に北野大茶之湯を催し、同十八年には北条氏および関東一円を平定してほぼ天下統一の大事業を成し遂げたが、常に利休は秀吉に従い、その意を汲んではたらいていた。同十九年二月、利休は罪を得て堺へ蟄居を命じられ、やがて京都へ呼び戻されて二月二十八日、聚楽屋敷において切腹した。罪名は自分の木像を大徳寺金毛閣上に上げた不敬の振舞い、茶器の売買に不正があったとの二点。しかし実際にはほかの理由があったと考えられ、権力者秀吉の征服欲と芸術家利休の不屈の精神との対立説や、豊臣政権の東国政策における強硬路線と中央集権派、宥和路線と地方分権派の対立説など、多くの説が出されているが、いずれの説も決定的とはいいがたく定説となるには至っていない。

[茶の湯]

今のところ記録にのこる利休の最も早い茶会は『松屋会記』に記された天文十三年(一五四四)二月二十七日の恵遵坊と松屋久政を招いた二十三歳の時の茶会である。この時利休は、釣釜を懸け、懐石を済まして、四方盆に袋に入れた善幸香炉をのせて床に荘り、板に釣瓶の水指を据え、珠光茶碗を使って茶を点てた。『松屋会記』と『天王寺屋会記』による限り、利休の二十歳代から三十歳代後半にかけては善幸香炉と珠光茶碗を使う茶会ばかりを行っていたように見える。利休はこの頃、名物道具として、まだこの二点しか所持していなかったのであろう。それが永禄三年(一五六〇)になると細口の「鶴のはし」と呼ばれる無紋の紫銅製の花入と建盞を使った茶会へと変化する。利休はこの花入をおそらくこの時期に手に入れたのであろう。利休にとって永禄三〜四年は一つの転機であったようである。『天王寺屋会記』を見ても、利休の茶会の開催や参加は永禄五年から増え始めるのがわかる。新しく茶室を造った天正五年(一五七七)などは十三回茶会に参加し、自らも二回茶会を開いている。その後も積極的に茶会に参加はするものの自ら茶会を開くことは少なくなる。この転機の時期は天正六〜七年頃であったらしい。そのあいだの茶会では、円悟墨蹟、細口花入、姥口平釜、手桶水指、高麗茶碗、灰被天目、備前水こぼし、建盞、笠釜、棒の先建水、経筒、霰釜、只天目、伊勢天目、大壷、飯銅水指、小鳥天目などを組み合わせて使った。かなりの唐物を含む名物道具を使った茶会を開くようになったのである。ただし姥口の平釜と手桶水指を使うことが多く、細口の花入に水ばかり入れて荘っていること、建盞を白台に乗せていることに注意すべきであろう。天正七年一月二十六日の茶会では利休は、定張釜と尻ふくら茶入を使い、細口の花入に柳を生けた。細口花入の扱いが変わり、道具の組み合わせも変わってくる。天正八年十二月九日には「ハタノソリタル茶碗」を使ったし、同十年十二月十八日の茶会では古溪宗陳の墨蹟を使った。道具の組み合わせに自由さが増してきたといえよう。その自由さの極みは、天正十八年九月十日に珠首座と神屋宗湛を招き、聚楽屋敷の書院で行った茶会である。上段の押板に薩摩(鹿児島県)の若者が書いた天神の名号を掛け、その前に曲輪の燭台を置き、青磁の角香炉と古銅の花入を荘り、さらに脇に台子を置いて霰釜を掛けた風炉と黒茶碗などを荘り、壁に大徳寺の春浦宗熙の墨蹟を掛け、棗と黒茶碗を使って茶を点てた(宗湛日記)。一方、同年十月二十日のやはり宗湛を招いた茶会では、二畳の茶室で橋立茶壷を荘り、雲龍釜と中次、黒茶碗、土水指、瀬戸建水を使って茶を点てた（宗湛日記）。同じ客を招き、しかも二カ月のあいだにこのあまりに対照的な茶会を行い得たのは利休だけであろう。それを＊山上宗二は「宗易ハ名人ナレハ、山ヲ谷、西ヲ東ト、茶湯ノ法ヲ破リ、自由セラレテモ、面白シ」（山上宗二記）と記したのであろう。しかし、九月十日のような破格の茶会は晩年に、しかもまれに行ったものであって、多くの場合は『利休百会記』に記されるような四畳半もしくは二畳の茶室で床に茶壺や古渓宗陳の墨蹟を荘り、木守茶碗や尻ふくら茶入、信楽水指などを使い、一汁一菜もしくは一汁二菜の懐石を出す茶会であったと考えられる。二畳や一畳半（一畳台目）の茶室は天正十五年には他の茶人も造っており、利休の茶会が他の茶会と比較して特にわびた茶会とはいえない。利休の特にすぐれていた点は、茶道具の制作にかかわり、特色のある物を選び出し、また生み出し得たことであろう。天正十四年十月十三日の中坊源吾の茶会において宗易形の茶碗が使われている（松屋会記）が、すでに利休の指導により焼成された茶碗（楽茶碗か）の存在がひろまっていたことがわかる。竹花入の制作が初めて利休により行われたとの説は否定されるものの、小豆鎖などにも宗易の名が付されていた（山上宗二記）。また床の落掛や紙表具が利休により始められたと『茶道四祖伝書』は伝えているし、桑火箸や柄杓は利休の好みによって作られたと『松屋会記』は伝えている。以上のように利休が茶道具の多くの創作にかかわり得たのは、茶道具、さらには茶の湯についての深い理解があったからである。それは利休が宗湛に語った数寄雑談（宗湛日記）がよく示している。

［思想］

利休が自身の茶の思想を語った文献はほとんどない。代りに利休の最も忠実な弟子であった山上宗二が様々な角度からこれを語っている。宗二が強調しているのは、利休の茶の根底は禅である、ということである。そしてそれは利休に始まるものではなく、利休の師の武野紹鷗、さらにさかのぼれば＊珠光の流れを汲むものである、と宗二は述べる。そしてその根拠としてはたとえば、紹鷗が末期に「茶味と禅味が同じであることを知量した」と語っていたことが挙げられ、また珠光が一休から与えられた円悟克勤の墨蹟を抛（投）頭巾茶入とともに最も大切な道具としていたことなどが挙げられる。禅を根底にする茶を目指す利休の思想が、最も端的に激しく表れたのは、彼の辞世においてである。四句の偈と、それに続く短歌一首よりなっている。その最初の一句「人世七十」において、普通、「人生」と書くところを「人世」としたのはただの書き誤りではないであろう。利休は禅を深く極めた人であったが、出家することはなく、終生、世間の人、人間の人、在家の居士として過した。そこには、人生の根底に禅を置きつつも出家はせず、維摩居士や龐蘊居士のごとき居士として、「居士の禅茶」を実現しようという覚悟があったであろう。おそらく、利休がそういう覚悟をもったことについては、師の古渓宗陳の誘引があった。古渓は利休に公案として、龐蘊居士と馬祖道一との問答の話を課し、利休が居士の号を朝廷より受けた時には讃偈の中で、利休を「龐老の神通老作家」と讃えている。辞世の署名は「利休宗易居士」となっているが、ここで「利休宗易」に付けられた居士の字には、居士禅茶人として生き、また死ぬという利休の覚悟をうかがい得るであろう。辞世の第二句「力囲希咄」は「乾坤一擲、前後際断、全機現の一声」（久松真一）、「無生死の端的を提示した、絶言絶慮の一叫」（柴山全慶）と解かれる。第三、四句「吾這宝剣、祖仏共殺」は「仏に逢うては仏を殺し、祖に逢うては祖を殺し、（中略）始めて解脱し、物と拘わらず、透脱自在なるを得ん」（臨済録）と同趣意と解し得る。これに続く短歌「提ル我得具足の一太刀今此時ぞ天に抛」は、偈への付け足しの如きものと軽視されがちであるが、実は重い意味をもっている。禅の大悟の境地とは、あらゆるとらわれを断ち切った境地と言表できるが、修行者にとっての最後最大のとらわれは、仏祖へのとらわれである。それを断ち切ることを偈では「祖仏共殺」といい、それを行わせる修行者の内的力を「吾這宝剣」といい表した。短歌ではこれを「我得具足の一太刀」の語で受け、これを天に抛ってしまうという。ここで利休が言わんとするのは、いわゆる「守・破・離」における「破」から「離」への転位であっただろう。彼が目指したのは離の境での無礙自在、遊戯三昧の茶であった。

千利休大坂屋敷【せんりきゅうおおさかやしき】
千利休の屋敷の項を参照。⇒千利休の屋敷【せんりきゅうのやしき】

千利休堺屋敷【せんりきゅうさかいやしき】
千利休の屋敷の項を参照。⇒千利休の屋敷【せんりきゅうのやしき】

千利休醒ヶ井屋敷【せんりきゅうさめがいやしき】
千利休の屋敷の項を参照。⇒千利休の屋敷【せんりきゅうのやしき】

千利休聚楽屋敷【せんりきゅうじゅらくやしき】
千利休の屋敷の項を参照。⇒千利休の屋敷【せんりきゅうのやしき】

千利休の茶室【せんりきゅうのちゃしつ】
*千利休の茶室の姿が、ある程度わかるようになるのは、天文十三年（一五四四）以降、宗易の名で堺屋敷において茶会を催すようになってからである。それ以前の、与四郎の名での茶室記録となると、茶の師*武野紹鷗から*長三畳の炉の切り方について教えを受けたという程度である（茶湯秘抄）。その後、死を賜る天正十九年（一五九一）までの半世紀、利休は*四畳半から始まり、*細長三畳、*二畳、*一畳半（一畳台目）などの茶室を造ったが、『*山上宗二記』によれば、利休は「六十一ノ年迄ハ紹鷗四畳半ノ写也、六十一ノ年ヨリ替ル分別」だったという。また紹鷗四畳半（武野紹鷗の茶室の項を参照）の当時、「唐物一種成共所持候者ハ四帖半ニ座敷ヲ立ル」（山上宗二記）という通念が支配していた。利休晩年の到達点が、極小の一畳半の草庵式茶室だったことを見れば、利休にとっての半世紀は、いかにして唐物持ち（唐物を所持する者）のための紹鷗四畳半から脱皮し、わび数寄を本流とするにふさわしい茶室へと転換できるかという道程であったといえる。そこでまず四畳半の変遷から見てみたい。

最初期にあたる堺屋敷の四畳半は、不審庵と称され、当時の断片的記述を総合すると、床付きの四畳半で南向き、炉は一尺四寸四方で左構え（今の本勝手）であった。のちの会記から縁の存在も推定でき、そうであれば、「紹鷗四畳半ノ写」で「宗易計ハ南向左勝手ヲスク」（山上宗二記）という記述とも合う。柱は松の角柱で色付せず、一間半幅の上り口は四枚障子、勝手口は二枚障子が建ち、点前座の洞庫の上部は葭の「へい」、一間床の壁は白の鳥の子紙張を黒塗縁で留めたものであったともいう（細川三斎御伝受書）。同じ頃の他の四畳半としては、東大寺の*四聖坊利休四畳半の起し絵図が知られる（楽翁起し絵図）。基本構成は紹鷗四畳半だが逆勝手で、内部は土壁、柱は松の角柱、付鴨居を略し、縁の板幅が不揃いであるなど、わびた手法が散見される。四聖坊にあったという確証はないが、あったとすれば、土壁である点は「紹鷗より宗易へ相伝の座敷」（茶湯秘抄）と共通する。次に、時期や由緒は不明ながら、紹鷗四畳半と草庵四畳半とのあいだをつなぐような例として、土間付きの利休四畳半図（片桐貞昌大工方之書）が伝わる。本勝手四畳半に一間床（ただし下座床）、角柱という伝統を受け継いではいるが、二枚障子の上り口の外に屋内土間を付し、外から土間へは潜りから入る。*金森宗和の*庭玉軒のような構成である。従来の縁と障子の入口が、躙口と土間庇に変わる一歩手前ともいえる。なおこの茶室や土間の各所には、下地窓、風炉先窓、火燈口、太鼓張障子といった草庵式茶室特有の手法もすでに見られる。次に、天正十三、四年頃から利休が住した大徳寺門前屋敷の不審庵四畳半では、一間床自体のわび化が注目される。床の間口は五尺になり、床壁の張付は薄黒色の紙（おそらく漉返しの紙、再生紙）になった。さらに、子の*千少庵が当時二条釜座屋敷（千少庵の屋敷と茶室の項を参照）で初披露した二畳台目の四尺床を見て、利休はすぐに不審庵の床も四尺三寸にあらためたという（逢源斎書）。これは、利休による二畳でのわび茶が受け入れられつつあることの反映であり、また従来の四畳半一間床がもつ名物飾り一辺倒の権威が崩れつつあることも意味していた。そして利休晩年の四畳半の到達点としては、天正十五年十月の北野大茶之湯で披露した四畳半（北野大茶之湯の四畳半の項を参照）と、これをさらに調整した聚楽屋敷四畳半がある。現在の裏千家*又隠はこの両四畳半の構成をあわせもっており、いずれの四畳半も又隠の姿を想定すれば大きな隔たりはない。すなわち、四畳半に間口四尺三寸の床を備え、柱は丸太、壁は四面とも土壁で囲われ、縁はない。床も張付壁でなく土壁である。入口は躙口があるのみで、天井は躙口上が化粧屋根裏、それ以外は菰の平天井である。客座の窓は、北野大茶之湯と聚楽屋敷とで数や位置など調整が図られたが、概して光量は抑えられていた。点前座は洞庫を備え、その左手には茶道口があくが、北野大茶之湯では火燈口、聚楽屋敷は方立口である。また北野大茶之湯の点前座の前壁の左隅には楊子柱の手法も見られた。こうして、待庵の構成を四畳半に敷衍したようなほの暗い四畳半が完成し、当初からの目的を利休は果たした。ただ、『細川三斎御伝受書』には「利休ハ四畳半ニ中柱立へきとたくミ候中に相果候」とあり、たしかに依然、棚物による茶を容認する点前座の構えであった。*如庵や道安座敷（道安囲の項を参照）のような四畳半を模索していたのかもしれない。次に細長三畳についてであるが、これは『山上宗二記』に平面図を掲げる「細長三畳」のことで、利休の大坂屋敷の茶室である。三畳とはいえ、さらに台目畳ほどの点前座が加わっており、実際には三畳台目の広さであった。天正十一年頃できたと考えられているが、茶会記で確認できるのは同十五年一月で、「深三畳半」と記されている（宗湛日記）。千少庵によれば、*豊臣秀吉の御成を得た茶室でもあった（松屋会記）。この茶室の画期的な点は、*台目構えの先駆的な試みが見られることであり、袖壁は下部がまだ吹抜かれず下までであったが、台目畳の広さの点前座に台目切りの炉と釣棚とで、棚物を排したわび茶のあり方を強く打ち出した点前座であった。また縁はなく、外部に面坪の内と脇坪の内（坪の内の項を参照）を設けるが、脇坪の内にあたる「脇ノ手水かまへ」という一画から、潜り木戸（躙口）を経て直接座敷に上がるようになっており、紹鷗四畳半以来の、縁での席入り作法を排した形になっている。ただ、『山上宗二記』ではこの茶室を、「道具持茶湯ノ巧者ハ仕也」とし、わび数寄初心の茶の湯には無用だとしていて、唐物を所持する者のための四畳半という従来の考え方に重なる性格もあわせもっていた。五尺床の床柱が角柱であったり、躙口とは別に、「坪ノ内」のある側に貴人口風に一枚障子の入口があったり、床前の給仕用に火燈口をあけたりするのは、その表れであったと考えられる。利休の三畳としては他に、天正十五年八月の九州箱崎の深三畳が知られる。茅葺屋根で壁も青茅だったこと以外わからないが、同じく秀吉の茶堂だった*津田宗及は*平三畳を好み、対する利休は一間床を排するために深三畳にこだわった。また、利休が曲直瀬道三（一五〇七〜九四）のために好んだ三畳（曲直瀬道三の茶室の項を参照）も知られ（茶湯秘抄）、いわゆる道安囲の点前座構成をとった三畳であった。最後に二畳と一畳半である。単に極小の茶室というだけでなく、わびの構成手法の徹底や主客の濃密な関係性など、極小の広さでこそ生まれる統一的な充実感を提示し得たことで、草庵式茶室主流の時代へとつながっていった。二畳では、まず*待庵二畳が挙げられる。天正十年の山崎の合戦後まもなく当地に建てられた、利休唯一の遺構とされる茶室で、利休自身にとっても、その後の草庵式茶室化推進の指標になったと考えられる。四畳半のわび化はいったん脇に置き、山崎では客畳一枚、点前畳一枚のみの二畳隅炉から始めた。四尺床と次の間一畳（控え）を備え、用材は丸太や竹。荒壁で四方が囲われ、縁は設けない。入口は腰障子ではなく躙口となり、その外は土間庇。窓は下地窓と連子窓、天井は床前と点前座にだけ張り、のこりは化粧屋根裏である。不十分な条件の中、あり合わせの材料を駆使するという、まさにわびの見立てを徹底させた茶室である。ただし現遺構には移築された形跡が見られ、いつ、どこに、どのような形で建てられたのか正確にはわからない。諸説あるが、『利休の茶』と『利休の茶室』とで茶室の核心部分の研究手法を拓いた*堀口捨己の説は、現状の待庵に近いものが利休の山崎屋敷に建てられ、利休没後の屋敷取壊しにより現地の*妙喜庵に移築されたのでは、というものである。待庵を契機とする秀吉の二畳の記録

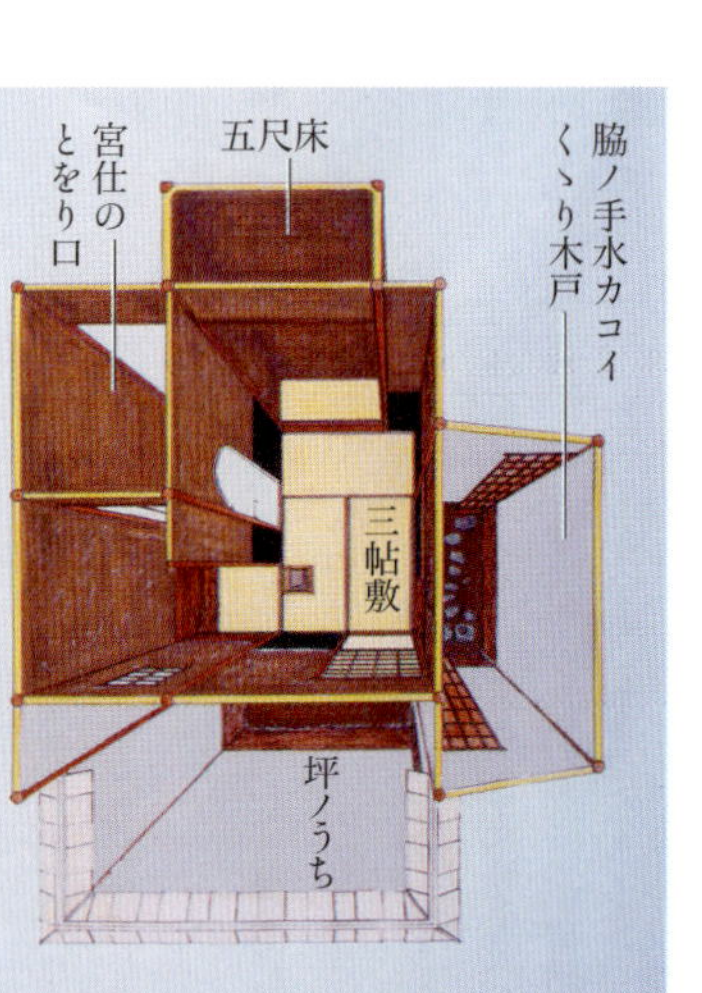

千利休大坂屋敷深三畳台目の復元図

もいくつか知られ、おそらくこれらも利休の手によるものなのであろう。待庵と同じく次の間一畳をもった「関白様御座敷」二畳隅炉の図（山上宗二記）、『宗湛日記』天正十五年二月の会記の大坂城山里二畳隅炉（四尺五寸床、洞庫付き、壁暦張。大坂城山里の茶室の項を参照）、『宗湛日記』天正十五年十月の聚楽第二畳隅炉（床無し、洞庫付き。聚楽第の茶室の項を参照）がある。「関白様御座敷」は堀口が大坂城の山里にあった茶室とするほか、それとは別の二畳とする説、秀吉が利休に命じた山崎城の二畳で待庵の原形だったとする説などがある。また聚楽第の二畳は、秀吉が突然命じて三日でできた二畳に神屋宗湛が訪れたもので、宗湛はその五日前に、同じ聚楽第で床付き一畳半（一尺四寸炉で真塗の炉縁）に招かれていた（宗湛日記）。一畳半は、「宗易京ニ一畳半ノ始テ作ラレ候」（山上宗二記）とあって、聚楽第・畳半のほか、これとおよそ近い時期に造られたと見られる利休聚楽屋敷の一畳半がある。その構成はある程度推測されている（利休居士聚楽之宅図取、利休家之図。利休居士聚楽之宅図取については、一畳台目の項の図を参照）。北向きの一畳台目向切下座床の席で、躙口の対面が室床、床の右に火燈口（勝手口）、これと矩折続きに洞庫があった。点前座にはおそらく中柱が立ち、これに付く袖壁に引竹が入って下部が吹抜かれ、また二重釣棚もあったと考えられている。中柱について細川三斎は、利休が一畳半で曲柱を始めたといっていた（細川三斎御伝受書）。窓は、躙口上、風炉先、東壁面にあり、突上窓も躙口の上部にあって、天井は総化粧屋根裏だったと見られる。しかしその後利休はこれを二畳隅炉の席に直したらしく、天正十八年八月の茶会では二畳であった（松屋会記）。基本構成は一畳半を踏襲したが、炉の位置が変わったため洞庫の位置も変わり、また中柱と袖壁の構えもなくなったと見られる（利休家之図）。この二畳は後年、秀吉が少庵に与えたと伝える（茶湯秘抄）。その他、二畳、一畳半の例としては、利休の百舌鳥野屋敷の二畳及び一畳半、長柄橋の橋杭三本を使って宇治田原に造った独楽庵二畳（一畳台目向板。独楽庵の項❶を参照）などがあった。生前、利休は少庵に「小座敷ハ一畳半と四畳半」と説いていたが（江岑咄之覚）、その言葉どおり、その後の千家の象徴的な存在であり続けた茶室であった（千利休の各屋敷については、千利休の屋敷の項を参照）。

千利休の屋敷【せんりきゅうのやしき】

千利休の屋敷は堺の市中、及び郊外の百舌鳥野、山崎、大坂城下、京都の大徳寺門前、聚楽や醒ケ井などにあったことが知られる。そのうち京都の聚楽屋敷については『杉木普斎伝書』の「利休家之図」という寸法書きがあり、具体的なことが知られているが、他のものについては不明な部分も多い。堺の利休屋敷は「念仏差帳日記」の今市町の人名の中に「与四郎殿せん」とあり、また『松屋会記』永禄十年（一五六七）十二月二十六日朝の条に「今市堺千宗易へ」とあることから、今市町（現在の堺市堺区宿院町西一丁）にあったことが知られ、現在は椿の井戸という利休が産湯を使ったという伝えもある井戸が保存されている。また元禄七年（一六九四）刊行の『古今茶道全書』には「町市之住居利休指図路地之事」の一文と「堺町市住居露地数寄屋之図」が掲げられ、玄冠（玄関）、二之間、数寄屋書院、鎖間、三畳台目の囲があり、内露地と外露地が記され、利休屋敷の図と見られることもある。しかし本文中に「利休指図」とあり、利休が他の人の求めに応じて設計した可能性が高く、また大坂夏の陣には堺の市街の大部分が焼失し、元禄年間に大坂の陣以前の屋敷の姿を知ることは極めて困難だと考えられることから、創作の図ではないかとも考えられる。一方、当時の茶会記から茶室の姿は知ることができる。『松屋会記』永禄二年卯月二十三日朝の条には「左カマヘ四畳半、南向、トヒン　五徳　床ニ、方盆ニ善光手炉、香ハタカス」とあり、『天王寺屋会記』「宗及他会記」永禄十二年十一月二十三日朝の条には「炉一尺四寸、うは口平釜、とたんニすへて」、『荒木道薫会記留書』には「座敷四でう半床あり縁あり」とあり、四畳半南向、左構え（現在の本勝手）で一尺四寸の炉が切られ、縁が付いていたことが知られる。また『天王寺屋会記』「宗及他会記」天正六年（一五七八）六月二十七日朝の条には「古座敷ニ而」とあり、新旧の茶室があったことが知られる。堺の郊外、百舌鳥野にも屋敷の存在が知られる。利休の遺言状に「田地ハ今渡候分、もず、深井にて候」とあり、『南方録』「滅後」に「休ノモズ野ノ二畳シキニ、向炉客付ニ切　左ニ道古棚アリ　二尺八寸ニテ」また「モズ野ハ露地スベテ芝生」とあり、二畳向切の茶室をともなう屋敷があったと考えられる。天正十一年の山崎の合戦後、*豊臣秀吉は*山崎城を築くが、この時、利休も山崎に屋敷を構えたようである。『宝積寺絵図』には「利休」と記された入母屋造の屋根をもつ建築が書き込まれており、利休屋敷があったことが知られる。十一月十四日付藪中斎剣仲宛の利休の書状に「山崎より　宗易」とあり、建築中かあるいは完成した利休屋敷からの書状と見られる。諸説あるが、この屋敷にのちに*妙喜庵に移築される二畳隅炉の茶室（待庵の項を参照）を造ったと考えられる。秀吉は天正十一年より大坂城の築城に取りかかるが、それにともない利休も大坂に住居をもった。『*山上宗二記』には「細長イ三畳敷宗易大坂之座敷ノ移也」として深三畳台目の図を掲載する（深三畳半、細長三畳の項及び図を参照）。天正十一年六月二十日に利休が島井宗室宛に記した書状に「従大坂　宗易」とあって、この頃に大坂屋敷が建築されたものと推測される。また利休は京都の大徳寺門前に居住する。一般に大徳寺門前屋敷と呼ばれるものは、天正八年頃に*千少庵が住み始めた屋敷に、同十三年頃、利休が少庵に代って住んだ屋敷だと考えられている。『*江岑夏書』に「大徳寺門前ニ利休屋敷取被申候　先少庵堺ヨリ登り被申候　屋敷取て茶之湯少庵被致申候」とあり、『随流斎延紙ノ書』には「少庵初大徳寺門前へ居住シテ後宗易御越」とある。一方、利休は天正四年頃、大徳寺門前に仮住まいしていたことが市勘兵衛尉に宛てた手紙より知ることができる。仮住まいした後、屋敷を構えたことと考えられるが、しばらくして少庵の屋敷と併存していたのではないかとみられ、やがて少庵に代って利休がその屋敷に住むことになった。この時、利休は四畳半の茶室を造り、不審庵と命名している。秀吉が京都に*聚楽第を築くのは、天正十四年からで、翌年には完成している。この時、千利休も聚楽に屋敷を構える。天正十五年と推定される利休の手紙には、聚楽屋敷の作事の模様が記されており、同十六年には茶会が行われた記録があることから、完成していたとみられる。茶室は一畳半（一畳台目）と四畳半。このうち一畳半はのちに秀吉によって二畳に改築したと伝えられる。他に広間大書院、*色付九間書院があったと記録される。京都醒ヶ井に屋敷が建てられていたという記述も見られる。『今井宗久茶湯書抜』の天正十五年六月十三日朝の条には「於サメカイ屋敷　宗易会」とあり、『*南方録』「宗易茶湯日記」には「醒ヶ井屋敷六畳敷」「御茶ノ後　書院へ出御薄茶召上ラレ」と記される。六畳と書院があったこの屋敷の場所は、京都市下京区醒ヶ井五条下ル付近と考えられているが、裏付ける史料は疑問点も多いため、確実なものとはいえない。また『*雪間草』には「居士始衣棚住居丸太町西角家今こほり屋屋敷ナル　其後川西よしや町元誓願寺利休本宅（略）」とあるが、衣棚丸太町の屋敷は他の史料には見られないもので、葭屋町元誓願寺の屋敷は聚楽屋敷のことである。聚楽屋敷の外観については佐久間不干斎の『明記集』に「近代太閤の御世　聚楽盛の時節　大名小名の屋形数百軒何も金銀いらかをミかく　其中に　寺ともなく　武家とも見えさる家あり　其門二重屋根に作　瓦をならへ　うちの住家よし有けにして　高くもなくひきくもなく　こうはいそらす　こうはいはやくもなく　ぬるくもなく　はふ口狐戸に至まで　他家にかはり様子しほらしき事絶言語」とあり、利休屋敷のしおらしき造形が記されている。後に大きく展開する*数寄屋造の造形の特色がここに見られる。

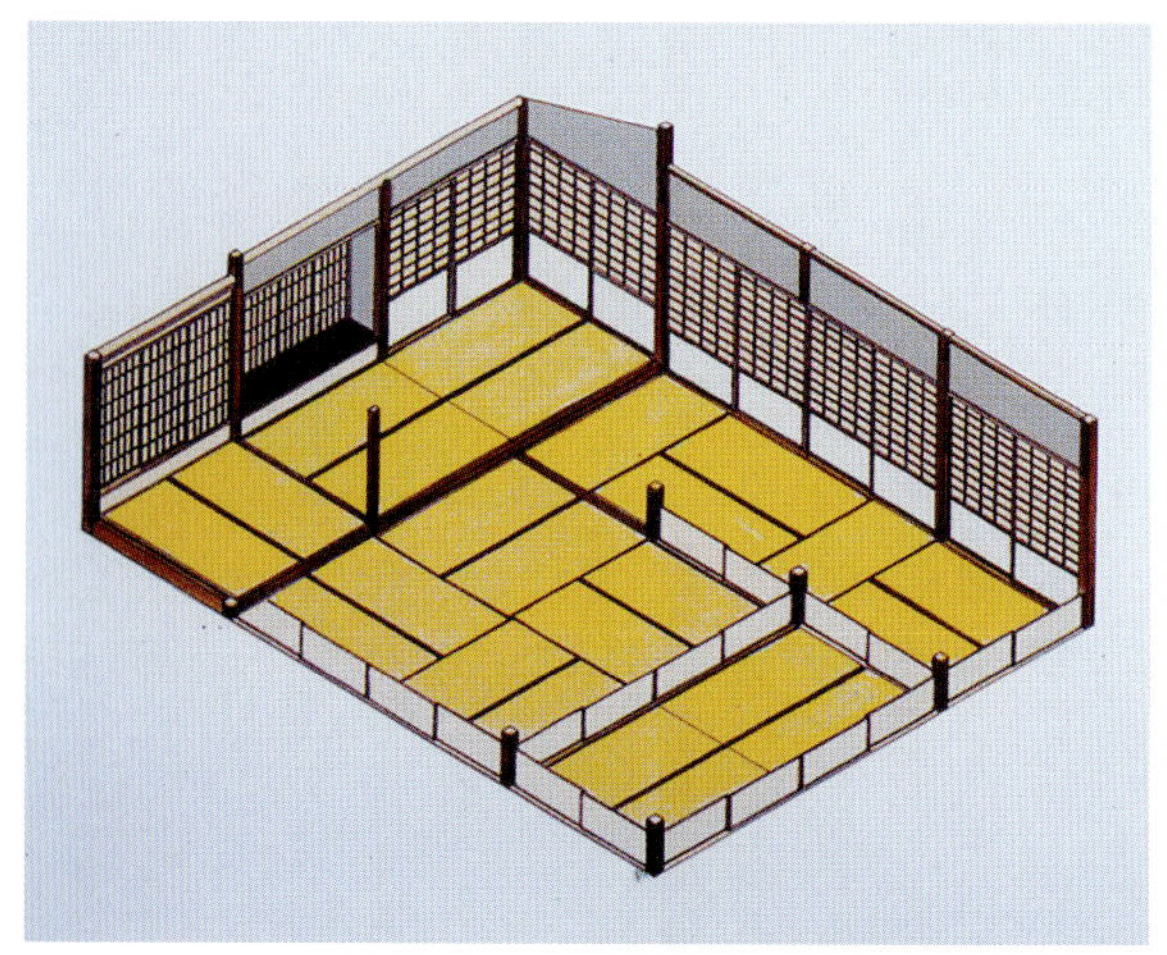

千利休聚楽屋敷　色付九間書院の復元図

千利休山崎屋敷【せんりきゅうやまざきやしき】

千利休の屋敷の項を参照。⇨千利休の屋敷【せんりきゅうのやしき】

僊竜軒【せんりゅうけん】

東京都千代田区の亀山宗月邸にあった茶室。昭和二年（一九二七）に着工、同三年十一月に完成した。*重森三玲の『茶室茶庭事典』によれば「京間の二畳台目の構えで、別に向う板が蹴込み床となり、点前座の台目に庸軒の淀看の席写しといった宗貞囲いの形式をとり入れている」とあり、天井は床前が野根板の平天井で、他は掛込天井となり突上窓をあけ、連子窓と、下地窓を四カ所にあけていたという。亀山邸は戦災で焼失。亀山宗月（一八七八〜一九五三）は本名松太郎。また吟松庵、明庵と号した茶人。*裏千家十二代又妙斎直叟に師事した。昭和二年にかけて、東京中央放送局から十八回にわたり「茶の湯作法」を放送し翌年出版されている。*益田鈍翁や式守蝸牛とも親交があった。設計にかかわった茶室の遺構も知られている。埼玉県比企郡川島町の遠山記念館（遠山家住宅の項を参照）の庭園には、宗月設計の茶室があり、東京帝大出身の室岡惣七、大工・中村清次郎の下、昭和八年から二年七カ月を費やして本席と待合と二棟が造られている。また国際基督教大学の*泰山荘、鎌倉山のらい亭（旧清香庵）寄付（施工は数寄屋師の金子寿慶）なども手掛けている。

千両【せんりょう】

センリョウ科センリョウ属の常緑小低木。本州の東海地方、紀伊半島及び四国、九州、沖縄の林内に自生する。葉には粗い鋸歯があり、互生する。冬期に茎頂に赤色の果実をつける。*寄植えをし、縁起物として正月飾りに用いられる。露地、また庭園内に*万両とともによく植えられる。

前礼【ぜんれい】

亭主より茶事の案内を受けた客が、承諾の挨拶を手紙、または先方に出向いて行うこと。出向く時は、亭主の茶事の準備を邪魔しないように玄関先ですませることが肝要である。『*茶湯一会集』には「茶の湯約束は、大抵七八日又は五六日以前に日限を極め、扨、定日いよいよと申約束、主客互ニ参を以挨拶ニ及ぶ事、是を前礼と云」などと記されており、詳しくその心得を述べている。

仙霊学舎【せんれいがくしゃ】

京都府宇治市の*松殿山荘にある稽古用の茶室。木造平家建で、桟瓦葺。昭和六年（一九三一）の建築である。内部は八畳に次の間八畳を付加した広間席、三畳台目で木製のヴォールト風の天井をもつ小座敷、四畳半で上座床の席と、それぞれの水屋などからなる。八畳の広間の床柱には檳榔が立てられるが、大変珍しいものである。*高谷宗範が茶室建築にかかわり、*武田五一が設計した芝川邸洋館二階の床柱と同様のものである。三畳台目は向切、風炉先床の形式で、点前座上部はヴォールト天井から垂れ壁を隔てて落天井となる。四畳半は上座床で、畳敷きと同じように天井を竿縁で割り付けている。客の出入り口として躙口と貴人口を矩折に設ける。

仙霊学舎　床側

そ

狙庵【そあん】

神奈川県小田原市の*益田鈍翁の別邸*掃雲台にあった茶室。もともと東京都富士見台の三井松籟（一八四九～一九一九。八郎次郎、三井物産社長）邸にあったものを、その遺品として大正九年（一九二〇）に鈍翁が譲り受けて移築した。二畳中板入の席で、庵室に続いて腰掛待合も建てられていた。真中古窯野田手茶入銘猿若（中興名物）の茶入抜きの席として新築を考えていたところに縁があり、またこの年が申年であったことから命名したという。昭和三十年代、東京オリンピック前の宅地造成によって失われ、現存せず。

相阿弥【そうあみ】

?～大永五年（?～一五二五）。足利将軍家の*同朋衆。姓は中尾氏、名を真相、鑑岳及び松雪斎と号した。祖父は*能阿弥、父は*芸阿弥。文明十七年（一四八五）、*足利義政の*東山殿に出仕し、以降唐物奉行として将軍家に近侍し、*唐物の鑑定、管理、座敷道具飾などにあたった。景徐周麟の『翰林葫蘆集』にある「国工相阿」という記述から、牧谿に学んだその水墨画がきわめて高く評価されていたことがうかがえる。代表作に瀟湘八景図（重要文化財、大仙院蔵）がある。絵画の弟子には単庵智伝がいる。後に、その幅広い活躍から数寄の宗匠として仰がれ、『*君台観左右帳記』や『*御飾書』などの著者に仮託されている。また作庭にも長じたとされ、その作と伝えられるものは、*青蓮院、長楽寺、願泉寺（大阪市）など数多いが、事実ではない。

草庵【そうあん】

屋根を藁や茅などで葺いた粗末な家屋をいう。中世以前の文芸作品の中で、「疲羸絶粒僧、草庵結石稜」（菅家文草）とか、「賢人は栄花に誇らす、草庵に卜居す」（源平盛衰記）などと使われており、*寝殿造や*書院造の建築を真とするのに対する、*田舎家風の草の建築であった。茶の湯において草庵を取り込むのは室町時代、十六世紀の初めからで、わび茶が台頭する頃からであるといわれている。しかし茶の湯の興隆とともに、「山茶屋」（大乗院寺社雑事記）や「於茶屋　近日黒木造周備也」（二水記）などと、すでに黒木造などの*茶屋の中に*草庵式茶室の先駆的なものは取り込まれていたと考えられる。「山居之躰尤有感、誠可謂市中隠」（二水記）と「山居」、すなわち俗塵を離れ、山中に住まうがごとき市中での生活が共感を呼び、それこそ隠とする小世界が茶の湯に求められていた。「*古田織部大坂の二の丸にて、俄に草庵を造り、秀頼公に御茶上られたり、その時ハ七月三日也」（草人木）ともある。

草庵小座敷の茶【そうあんこざしきのちゃ】

茶の湯の様式を表す言葉。*書院台子の茶に対置して用いられる。*草庵とは草葺の粗末な小屋のことで、貧しさの象徴であり、普通は忌避されるが、自然への帰一を求める東洋思想においてはしばしば憧れの対象となり、さらに積極的に求められるものになる。そのことは、廬山に草庵を営んで、孤独な雨の夜に、「蘭省花時錦帳下　廬山雨夜草庵中」と詠じた白楽天においても見られる（わびの項を参照）。一説に、藤原定家の和歌「見渡せば花も紅葉もなかりけり浦のとまやの秋の夕暮」は、白楽天の右の詩の翻案であるという。もしそうだとすれば、「浦のとまやの秋の夕暮」はただの淋しさの詠嘆ではなくて、「廬山雨夜草庵中」と同じく、その淋しさを積極的に肯定する心が込められていると解される。*武野紹鷗がこの和歌にわびの茶の湯の心を見たのはけだし当然であった。茶の湯においては、草庵の茶は小座敷の茶と同義と解され、「草庵小座敷の茶」とも呼ばれる。『*南方録』の冒頭に、「小座敷の茶の湯は、第一仏法を以て修行得道する事也」（小座敷の茶の湯は、第一に、仏法を修行し、得道することである）という一文がある。「得道」は重要な仏教用語で「悟りを開く」「真の自己に覚める」と同じ意味である。それならば、茶の修行者は、書院台子の茶と草庵小座敷の茶の関係をどのように把握したらよいのか。『南方録』には「カヘス〴〵茶ノ湯ノ深味ハ草庵ニアリ、真ノ書院台子ハ格式法儀ノ厳重ヲトトノヘ、世間法ナリ、草ノ小座敷、露地ノ一風ハ、本式ノカネヲモト、スルトイヘドモ、終ニカネヲハナレ、ワザヲ忘レ、心味ノ無味ニ帰スル出世間法ナリ」という。そして草庵小座敷の茶を「理」、書院台子の茶を「事」にあてはめて、事理双修すべきことを説き、しかし、修行の順序としては、老人、世務ノ人（仕事に忙しい人）は、「草」より、すなわち草庵小座敷の茶より取りかかることを勧めている。

草庵式茶室【そうあんしきちゃしつ】

*草庵の様式をもった茶室で、主として一畳台目や二畳、二畳半、二畳台目、平三畳、平三畳台目、深三畳台目、長四畳、四畳半などの、*小間の茶室であり、幽邃な庭間に独立して建てられた茶室をいう。

草庵式露地【そうあんしきろじ】

*草庵式茶室にともなう*露地（茶庭）のことをいう。これに対し、広間である*書院茶室にともなう露地を*書院式露地（書院式茶庭）と呼ぶ。

掃雲台【そううんだい】

神奈川県小田原市にあった*益田鈍翁別邸。明治三十九年（一九〇六）、造営を開始。大正三年（一九一四）、鈍翁が三井物産を退くとともに、東京品川の御殿山にあった本邸*碧雲台から居を移し、茶の湯三昧の晩年を過ごした。二万五千坪の広大な土地に、本館や茶室、田舎家のほか、独立した撞球場、図書室、美術品宝庫や美術品陳列庫、ガラス葺の温室があり、下段の一帯には使用人の住宅や缶詰、毛織物の工場、鶏舎、牛舎など家畜飼育舎が置かれていた。掃雲台に隣接して山縣有朋の古稀庵、大倉喜八郎の共寿亭、*松永耳庵の*老欅荘なども営まれた。邸内の建築は*柏木貨一郎、庭園は一色七五郎、洋館は平野勇造が手掛けた。邸内の茶室には、本館の右手に復興庵（藪蛇庵）、田舎家（*観濤荘）、*蝸殻庵、持仏堂、双松庵、左手に為楽庵（為楽庵の項❸を参照）、心曠亭、*幽月亭、*狙庵、又百庵、奥に進めば寒松堂、*春雨庵などの茶室が散在したことが知られ、その多くは実弟・紅艶（英作）の設計で*木村清兵衛が普請したという。別邸の建築物及び茶室は現存しないが、小田原市郷土資料館分館松永記念館には掃雲台に置かれていた九重塔、石製炉など石造物の一部がのこる。

掃雲台での益田鈍翁

宗易【そうえき】

千利休のこと。⇨千利休【せんりきゅう】

宗恩【そうおん】

千宗恩のこと。⇨千宗恩【せんそうおん】

総掛込天井【そうかけこみてんじょう】

掛込天井とは、*平天井と化粧屋根裏（化粧屋根裏の項❶を参照）をあわせた形式、あるいは化粧屋根裏そのものをいう場合があるが、ここでは後者の意味で使用され、室内全体の天井が化粧屋根裏のものをいう。「総屋根裏」ともいい、このように呼ばれることが多い。裏千家の*今日庵や西翁院の*澱看席などが、総掛込天井である。天井面が全体に斜めになり、一般には低いほうの壁面に躙口をあけ、高いほうの壁面に床を設ける。すべてが屋根裏というわびの表現の極致としてある。

総荘【そうかざり】

❶点前道具を水屋から運び出すことなく、すべて席中に荘り付けること。「総飾り」とも書く。*台子、*長板の場合、風炉、釜、水指、杓立、柄杓、火箸、建水、蓋置を荘る。❷*棚物の薄茶点前で、茶碗、薄茶器、柄杓、蓋置、水指の塗蓋の上や棚の上に帛紗も荘りのこすこと。

宗家【そうけ】

一門、一族の中心となる家柄。茶道、華道、香道、能楽など、日本の伝統的な芸能、芸道において、流派の主となる家筋。家元。

草結庵【そうけつあん】

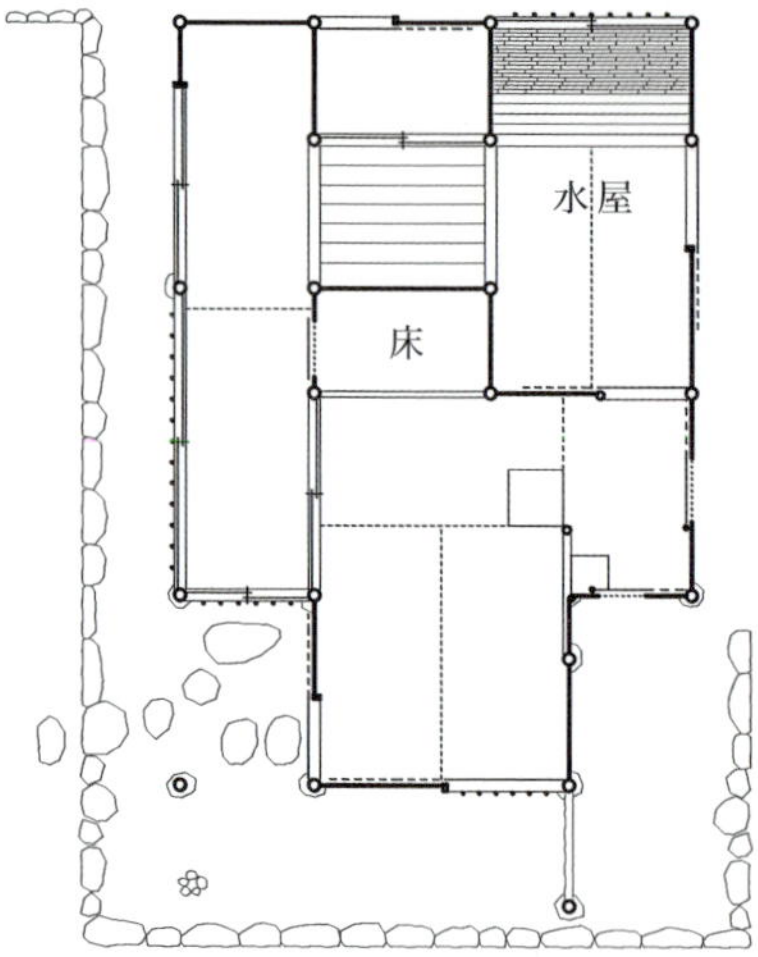

草結庵

草結庵　床側

愛知県名古屋市千種区の日泰寺にある茶室。江戸時代中期、名古屋で活躍した数寄者・高田太郎庵（一六八三～一七六三）好みと伝える。富商であった太郎庵ははじめ、宗和流を学んだが、後に*表千家六代覚々斎原叟に入門した。草結庵のほか、茶室太郎庵（太郎庵の項❶を参照）も高田太郎庵の好みと目されている。草結庵は長栄寺から昭和三十七年（一九六二）に移築されたもので、三畳の客座を中央にして、台目の点前座、相対して襖一枚を建てて相伴席を設ける。この間取りは燕庵形式に基づく。ただし点前座を落天井とし、台目構えを導入しているのが特徴である。現在のところ、この茶室を高田太郎庵の作とする確証は見出されていない。長栄寺では「貴人席」と称され、天明年間（一七八一～八九）に造られたと伝えられていた。一方、戦災で焼失した*一笑庵は高田太郎庵が古渡橋の邸宅に建てたと伝わる燕庵形式の茶室であったため、これを後世に作意を加えて写し、太郎庵好みとして伝えているのがこの草結庵とも考えられている。

送月舎【そうげつしゃ】

奈良市の三松禅寺にある茶室。書院の北、本堂の東に建つ。同寺は大和郡山城主で、近世奈良の代表的な茶人であった柳沢堯山（保光）による創建で、建設年は明和七年（一七七〇）とされている。内部は三畳台目向切、下座床で、出入り口に茶道口、給仕口、貴人口、躙口をあける。コンパクトな平面に水屋と火燈口の外の控えの間を収め、捨柱を廻して広い軒下を確保している点など、設計は巧みかつ特徴的である。茶室が寺の建設年と同じ頃のものかは分かっておらず、詳細は不明である。

総見院【そうけんいん】

京都市北区にある*大徳寺の塔頭。天正十年（一五八二）、*豊臣秀吉が本能寺の変で斃れた*織田信長の菩提を弔うために*古溪宗陳を開祖として創建。同年十月十一日より十七日にかけて大徳寺本坊で行われた信長の葬儀の様子は『*天王寺屋会記』にも記録されている。その際に秀吉が総見院に寄進した伝牧谿筆で千利休の球首座宛ての文が添う芙蓉図（重要文化財、大徳寺蔵）は有名。明治時代の廃仏毀釈で堂宇などが破却される。その後、大徳寺の僧堂（修禅道場）となったが、大正十一年（一九二二）に僧堂を龍翔寺に移し、開祖及び織田氏を祀る旧態に復した。また寺内には、*山口玄洞の寄進にかかる茶室*寿安席や、*表千家十三代即中斎無盡の好みの茶室香雲軒（八畳、入側付）と龐庵（三畳向切）がある。なお安土城跡に現存する信長創建の総見寺は、臨済宗妙心寺派に属し、直接の関係はない。

草言亭【そうごんてい】

奈良県御所市の南家にある茶室。南溢、徳子夫妻の設計、京都の宮大工・橋戸氏の親子による仕事で、命名は建築史家の藤島亥治郎による。外観は入母屋造茅葺、桁行四間、梁行三間半の正方形に近い平面に、十二畳の立礼席、四畳半の小間席、四畳半の水屋を構える。立礼席は一間半の大床、平書院を備え、長押を廻して、意匠を抑制し、簡素に仕上げつつも格調高い空間を実現している。小間席は炉を本勝手四畳半切とし、西面南隅に躙口、その上に連子窓、その北側中ほどに下地窓をあける。東面は躙口に相対して台目床を設ける。床柱は辛夷、壁は塗廻して室床とする。天井は落天井、平天井と掛込天井からなる。出入り口は躙口と火燈口形式の茶道口のみで、床の脇には二枚引違いの太鼓襖で押入を設けている。

造作【ぞうさく】 木工事のうち、建築の*骨組を組立てる建前(柱や梁など構造材の組立作業)以降に行われる仕上げのこと。また仕上げに用いる材のことを造作、ないし造作材ともいう。造作には天井や床、棚、敷居や鴨居、設置する畳や建具などが含まれる。茶室の場合、床、違棚、付書院、釣棚、天井、建具、縁側などの材料や寸法、形態がとりわけ吟味されるため、造作が一般の建築以上に重要視される。

惣地業【そうじぎょう】 べた地業と同じ。⇒べた地業【べたじぎょう】

草紙棚【そうしだな】 ❶*床脇に設けられる*飾棚の一種。「双袋棚」ともいい、「双紙棚」とする雛形本もある。江戸時代に棚雛形として定型化される四十八棚の一つ。『増補大匠雛形四 新板棚雛形』(一八六六年刊)には「是ハ御ね(寝)間によし、御上かた(方)、またハつほねかた(局方)によし」とある。

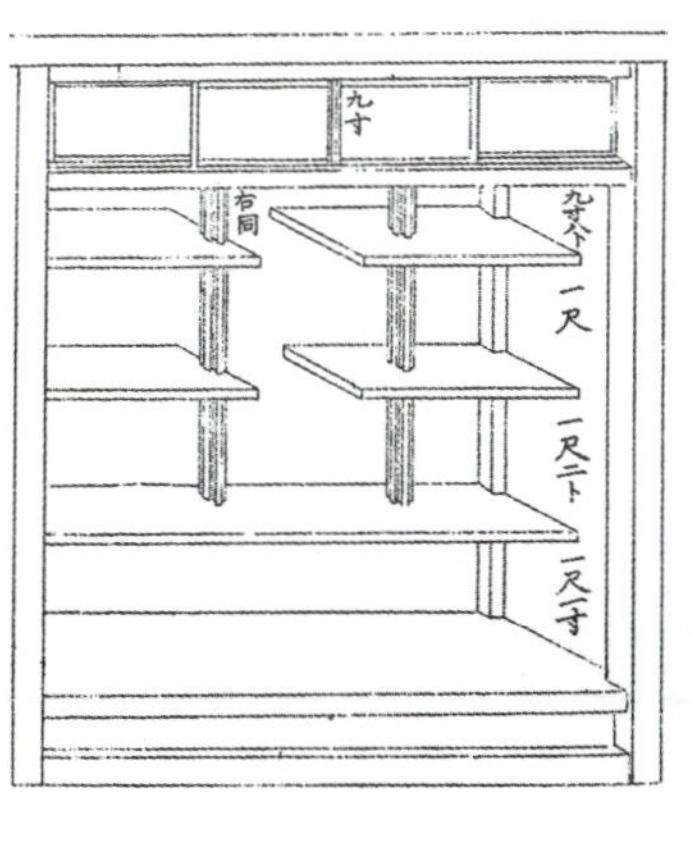
草紙棚❶『明治新選棚雛形』

❷草紙類をのせておくための棚。書棚。『梵舜日記』の慶長十九年(一六一四)十月十日条には「西洞院へ双紙棚二合、源氏物語箱入、已上預申了」とある。

宗珠【そうしゅ】 生没年不詳。室町時代後期の僧、茶人。道号は明窓。奈良尊教院の寺男であったが、*珠光に引き取られ養子となったとも、珠光の子であったともされる。その後僧となったが、大徳寺塔頭*真珠庵と関係があったことや妙心寺の大休宗休が宗珠の肖像画に着賛していることなどから、禅宗と関係をもっていたと考えられる。しかし僧とはいえ鷲尾隆康の日記『二水記』に「地下入道」と記されることから、寺持ちの僧ではなく自由に活動の行える僧であったらしい。永正七年(一五一〇)には京都下京に居を構え、珠光流の茶の湯を行っていたと考えられるが、宗珠の茶の湯が「下京茶湯」として評判を得るようになるのは少し後のことで、連歌師の*宗長がその日記『宗長日記』に「下京茶湯」について触れるのは大永六年(一五二六)八月のことであるし、隆康が『二水記』において「数寄宗珠」に触れるのも同じく大永六年八月のことであった。『二水記』によると隆康は八月二十三日、万里小路秀房、阿野季時、高倉範久とともに青蓮院での茶会に招かれた。池の中島で茶会が行われ、様々な趣向がこらされたものであったらしいが、世話にあたったのが宗珠であった。宗珠について隆康は「数寄之上手也」と記している。一方で宗長は『宗長日記』に「下京茶湯とて。此ころ数寄などいひて。四畳半敷六畳舗。をのをの興行。宗珠さし入門に大なる松あり杉あり。垣のうち清く。蔦落葉五葉六葉。いろこき」と記している。これにより、宗珠が四畳半や六畳の部屋を使ってしばしば茶会を開いていたこと、また門内には大きな松や杉の植えられた整えられた空間がひろがっていたことがわかる。この屋は午松庵と呼ばれ、後に甥の奈良屋村田三郎右衛門に引き継がれた。『*天王寺屋会記』によれば、宗珠の跡を継いだのは又七で、孫に宗次がいたことがわかる。珠光から宗珠へは投頭巾茶入と円悟の墨蹟が譲られたが、忌日にはこの軸を掛け投頭巾にいれた挽屑の茶で点てるよう珠光が遺言したと『山上宗二記』は伝える。宗珠所持の名物道具としては他に茶壺「しか」だけしか山上宗二は取り上げていない。珠光の一の弟子は古市播磨としており、宗二の宗珠に対する評価はあまり高くない。

相州呉呂太【そうしゅうごろた】
神奈川県小田原市早川、根府川、米神、静岡県沼津市江浦の各地区で採取される*呉呂太石で、根府川石などの輝石安山岩の川原石。青黒から黒の色調で、濡れ色も美しく露地でも珍重される貴重な石材。

宗春翁茶湯聞書【そうしゅんおうちゃのゆききがき】
茶の湯伝書。針屋宗春からの聞書きとされる。慶長五年（一六〇〇）三月十三日の奥書がある。宗春は『源流茶話』『南方録』などに逸話が見られ、*千利休門下と伝えられる京都の茶人。茶会の心得、花の入れ方、露地の造り方をはじめ、茶入、花入、茶碗、釜などの道具の特徴、見所、扱いなどが記述される。慶長の奥書をもつが、それ以後のものと推測される記事も含む。翻刻は『新修茶道全集』第九巻、及び『茶道全集』巻十二には「宗春翁茶道聞書」として収録。

双鐘居【そうしょうきょ】
東京都文京区（当時は小石川区）にあった呉服商・牧田清之助の住居。*堀口捨己が大正十五年（一九二六）に起工、翌年に竣工した。敷地面積約九百坪、延床面積一五三・三坪の、木造二階建で切妻屋根のモダンな外観。居間には長押が廻り、床があり障子が建てられていたが、絨毯が敷かれ、椅子式の生活が主であったとされる。家具や照明、絨毯に至るまで改築した際の設計図ものこされている。現存せず。

草人木【そうじんぼく】
総合的茶の湯書。三巻。寛永三年（一六二六）、京都寺町誓願寺前の源太郎により、茶書としては最初に版行された。内容は*千利休や*小堀遠州の茶書を編集したものとされる。『茶道全集』巻十二所収本と『茶道古典全集』第三巻所収本には内容に若干の相異のあることが『茶道古典全集』の解題で指摘されている。内容は一巻が「行用」と題して茶事における主客の心得、二巻は座敷と天目台の点前、三巻は台子の沙汰、あわせて百三十一条が箇条書きされている。そのほか、*堀内家には「正保三丙戌年仲春　新刊」の奥書をもつ三冊本（そのうちの一冊を欠く）があることも前記解題で紹介されている。書名は「茶」の文字を「草」と「人」と「木」に析字したことに基づき、これより早く永禄七年（一五六四）の奥書をもつ『分類草人木』の存在も知られている（『茶道全集』巻十二に収載）。

添水【そうず】
「僧都」とも書く。鹿おどしと同じ。⇩鹿おどし【ししおどし】

漱清【そうせい】
*足利義満が造営した山荘*北山殿（義満の死後*鹿苑寺となる）の金閣と呼ばれる三層の仏殿（舎利殿）の初層西方、池に突出した部分。北から西にかけて腰掛を設け、四面吹放しになっている。義満の孫が訪ねた時には、ここに手洗い（手水）が置かれていた。

漱蘚亭【そうせんてい】
*足利義政が京都東山・浄土寺の跡に営んだ山荘*東山殿内に設けられた亭。「竹亭」とも呼ばれたのは、竹を主体として組立てられていたことによるのであろう。昭和六年（一九三一）、*田中泰阿弥と龍居松之助らによって、慈照寺*東求堂の東方から、約二間四方の漱蘚亭の礎石などが発掘されている。

草々庵【そうそうあん】
岡山県倉敷市の山崎定太郎邸にあった茶室。昭和六年（一九三一）、*木津家三代宗泉による設計で、庭園及び十畳、六畳の両広間席からなっていたという。山崎の岡山の茶道界への影響は大きく、木津と岡山の茶道界を結び付けたのは山崎の力ともいわれる。いつざう「岡山と父」（『武者の小路』昭和十四年十一月）によると、木津が「やんごとなき御下命を奉した時その御内命の漏洩を惧れて同氏邸の新築したばかりの茶室に籠居してご設計申し上げた」との記述がある。その御下命とは木津の代表作となる*秋泉御茶室の設計を示すと考えられるが、もしそうであれば茶室の建設時期は昭和二年まで遡ることになる。本茶室は戦災で焼失した。

簇々閣【そうそうかく】

松平不昧が大崎園に営んだ建物の一つ。宝形造、柿葺の二層建築で、頂部には唐銅の瓢箪を宝珠としてのせていた。園庭の南、東館の西方にあることから、為楽庵、冲天橋、松瞑などとともに文化八年（一八一一）以降に建てられたと考えられる。上層は四方に勾欄付の縁をめぐらし、上下層とも、四方に火燈窓を備えた外観であった。下層は二間半四方の平面で、その二辺に七畳敷と矩折の階段を取り、のこりを瓦四半敷の土間とし、竈と棚付き流しを据える。上層は杉小丸太の格天井で、鏡板には杉赤身の砂摺に狩野伊川院の波の絵が描かれていた。西面を入口とし、ここには唐破風の庇が付き、扉も唐風だった。白河翁（松平定信）の『大崎別業遊覧記』には「こゝに閣あり簇（族）々閣の文字たてざまに掛けられたり　かの金閣をうつしまへ（ゐ）りしとぞ聞く　閣上の眺望いはんかたなし」と記されるが、大徳寺塔頭芳春院の呑湖閣に形、規模ともによく似た楼閣であった。なお、北面の上層に掲げられていた「簇々閣」の額は、現在、東京国立博物館に所蔵されている。

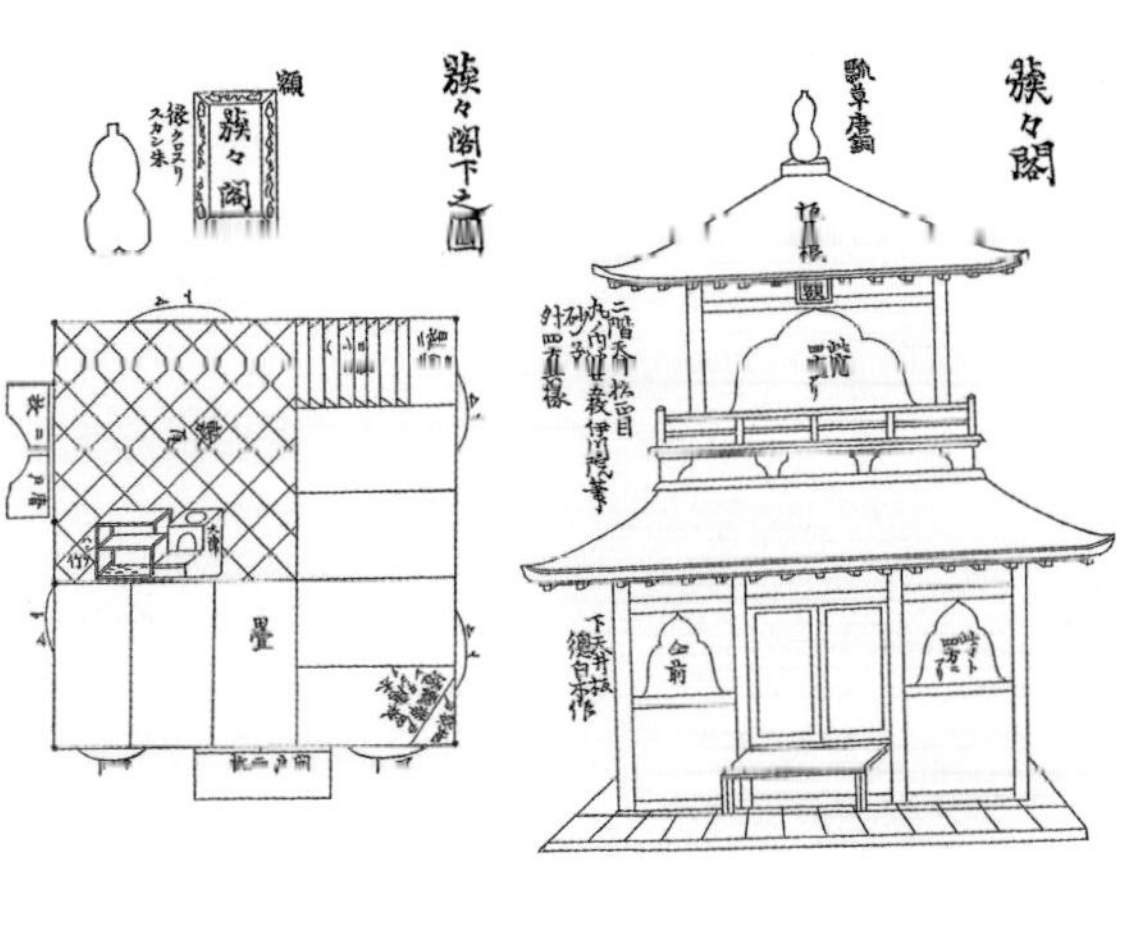

簇々閣　『茶道宝鑑』　国立国会図書館蔵

宗旦【そうたん】

千宗旦のこと。⇒千宗旦【せんそうたん】

宗湛庵【そうたんあん】

福岡市の崇福寺にある茶室。湛浩庵を復元したもの。⇒湛浩庵【たんこうあん】

宗湛日記【そうたんにっき】

神屋宗湛の茶会記。天正十四年（一五八六）十月二十八日に宗湛が唐津を出発した時から、慶長十八年（一六一三）十二月九日までが記録される。もとは三冊であったらしいが原本は伝わらず、また料理の記述は分離されて『献立日記』として別にまとめられている。明治四十二年（一九〇九）に茶会記と献立日記の二冊として刊行。昭和三十三年（一九五八）に『茶道古典全集』第六巻にあらためて茶会記のみが収録されて、多くの論文に引用されるようになった。その記述内容には精粗があるとはいえ、畿内の茶人を歴訪した記録や、大坂城での豊臣秀吉の茶会、また秀吉が九州出陣の帰途、博多に滞在して催した茶会などの記録は詳しい。また名物道具拝見の記録は詳細で、『天王寺屋会記』『松屋会記』とともに、織豊時代の茶の湯の状況を如実に伝える茶会記として貴重である。

宗長【そうちょう】

文安五年～享禄五年（一四四八～一五三二）。室町時代後期の連歌師。駿河国（静岡県）島田の刀鍛冶・五条義助の子に生まれる。十八歳で駿河守護の今川義忠に仕える。文正元年（一四六六）、宗祇に出会い、その後京都に上り、一休宗純のもとで修行。宗祇の門弟となり、ともに各地を巡り、連歌会などを通して、公家や幕府の上級武士、上杉氏ら地方の大名などと親交を結ぶ。明応五年（一四九六）、駿河に戻り、今川氏親の庇護を受ける。宗長は連歌のみならず、氏親の命により武田信虎（信玄の父）との講和を成立させるなど外交面でも手腕を発揮した。また応仁の乱後、宗長らは大徳寺三門（山門）の一階部分を寄進。後に千利休が上層部分を完成させて金毛閣と名づけられた。宗長の著『宗祇終焉記』は文亀二年（一五〇二）、宗祇とともに関東経由で駿河に向かう途中、宗祇が箱根の湯本で没したことに対する記録である。また『宗長手記』には、大徳寺三門の造営や宗珠との交流が記録され、『宗長日記』には草庵の柴屋軒で過ごした最晩年の日々が記されている。

宗澄庵【そうちょうあん】

東京都文京区の護国寺にある茶室。同寺茶苑の整備に尽力した高橋箒庵の茶友であった四代山澄力蔵（静斎）が、亡父（宗澄）の菩提を弔うため、大正末年頃に寄付した。全体を切妻造桟瓦葺として、南流れの軒の部分が鉄板葺で少し葺き下ろされ、西端に袖垣を付した簡素な外観。内部は三畳台目下座床で、総掛込天井とする。点前座は台目切本勝手に炉を切り、客付入隅に一重棚を釣る。中柱は百日紅の曲柱である。北側に構えた床は、床柱は絞丸太、床框は磨丸太で、床柱付に茶道口と給仕口を兼ね二枚襖を建てる。躙口から入ると左側に付書院が設けられており、地板の下には地袋が付くが、これは会記や道具の箱書きを荘るための工夫と考えられる。躙口上部には横長の下地窓を設けて、障子二枚を引分けとする。この形式は護国寺の茶室群に共通する形式で、高橋箒庵好みの手法とみられる。さらに躙口の東側に下地窓をもう一カ所あけるが、外側壁面に立てられた力竹は通常のように上から下まで通して添えられず、窓の部分のみに設けられている。腰掛は踏石に一枚の大きな切石を据え、腰掛の左をやや高くすることで貴人の席を表現している。

宗澄庵

宗澄庵　腰掛

漱枕居【そうちんきょ】

京都市下京区の渉成園にある煎茶室。元治元年（一八六四）の火災により焼失した後、慶応元年（一八六五）頃に再建された。園内の南側、印月池南岸に張り出すように建つ。入母屋造柿葺、下屋付きで、主体部の主室四畳半及び三畳、下屋の土間と一畳の水屋からなる。主室は池に面する二面を窓で開放し、天井は四方を扇垂木の化粧屋根裏とし、中央を井桁に組んで中に雲鶴文様の裂を張る。三畳の池側には縁台を張り出す。この茶室は、同園の縮遠亭（飯店）、代笠席（茶店）とともに三店（三亭）の一つである酒店に見立てられている。

漱枕居　外観

宗貞囲【そうていがこい】

『数寄屋工法集』（一六八六年）にのる茶室形式の一つ。同書の図によれば、平三畳下座床の席で、炉を向切に切り、中柱を立て、中柱から下座側、点前畳と客畳の境に仕切壁を造り、中柱ぎわに火燈口をあけて襖を建て込む。この構成をもつ遺構としては、西翁院にある澱看席がある。これは千宗旦の高弟・藤村庸軒が造った茶室で、庸軒の門人が著したと考えられる『小座敷寸法抄』にも「黒谷寺中西翁院小座敷　宗貞座敷也　反古庵好」とある。また、織田有楽の茶堂をつとめた高橋玄旦から、弟子の桑原伝左衛門が聞書きした『*茶道正伝集』には「宗貞か座敷」が平面図とともに記されており、仕切壁の上部五尺二寸五分の高さに横木が渡されていること、堺の平野屋宗貞が*古田織部の指図を得て建てたこと、指図に床はなく後に付加したことなどが記されている。「宗貞囲」という名称は『数寄屋工法集』が初見でそれ以前には今のところ確認できない。『*小座敷寸法抄』以降でも、たとえば*川上不白の『*不白筆記』に「道安カコイハ四畳大目切也、炉右ニ中柱有リ、尤火灯口有り、此座敷ニシテ向切り有り、是ハ宗貞座敷ト云ナリ」として「宗貞座敷」の語を用い、宗貞囲とよく比較される*道安囲との違いを、炉の切り方で区別していたようである。ただ、『数寄屋工法集』より以前でも、同様の構成をもちつつも宗貞とは関係のない茶室はあり、『*草人木』では、*千利休が大変目をかけていた堺の塗師・空願が、利休の始めた*通い口を自身の三畳茶室にも設けたいと思ったが堺の屋敷地は狭いので、あれこれ考えるまでもなくこのような形になったものだという。また宗旦も父・少庵が千家を再興するにあたり、少庵が設けた茶室とは別に、宗旦自身の茶室として宗貞囲の構成の三畳を設けている。ただし下座床でなく上座床で、澱看席と同様、境の壁が上部であけられていた。この茶室の場合は、敷地の狭さが理由ではなく、賜死した利休の境遇を考えての、世間に対するへりくだった姿勢を表すのが目的であったと考えられる（千宗旦の茶室の項を参照）。一方、『数寄屋工法集』以後においては、『不白筆記』と同じ頃、*酒井宗雅が松平不昧に茶の湯の教えを乞うた『酒井宗雅茶湯聞書』では、壁の代りに二枚障子を建て、そこに向切の炉を切った点前座の図を「道安住居」と呼んだり、文政七年（一八二四）に覃斎儀卿が作った「圍おこし圖」（宗貞座敷の立体構成がわかる図）では「古織三畳舗在平野屋宗貞」などとしていた。元来、利休とのかかわりで出現したと考えられる宗貞囲の構成は「宗貞」の名を冠する根拠が確かでなく、また特殊な構成で事例に乏しかったがゆえに、名称が収斂、定着するまでに至らなかった。研究熱心な不昧や宗雅でさえ道安の名を使っていたことからすれば、茶人たちにとっては、点前畳と客畳のあいだに障壁を設け、部分的にあけたり、開閉できたりする主客の仕切り方法が、宗貞囲や道安囲の認識対象であったと考えられる。

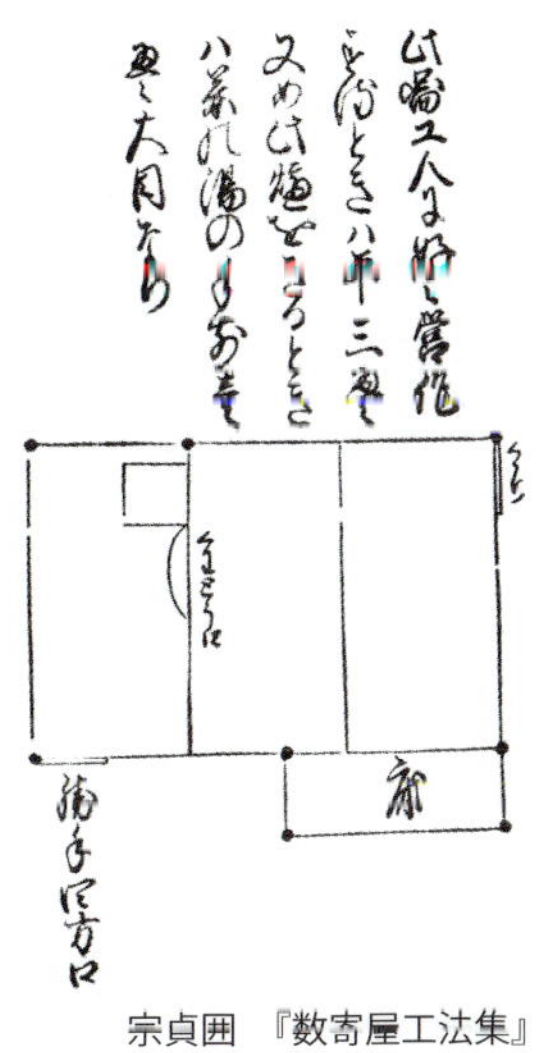

宗貞囲　『数寄屋工法集』

双塔庵【そうとうあん】

奈良県葛城市の當麻寺塔頭中之坊にある茶室。⇒中之坊茶室【なかのぼうちゃしつ】

草の座敷【そうのざしき】

真の座敷の項を参照。⇒真の座敷【しんのざしき】

惣張り【そうばり】

❶紙や布などの仕上げ材料を壁や天井に化粧張する時、あるいは下地材に張り詰める時の方法の一種で、裏面全体に糊を付けて張る方法。「*べた張り」ともいう。❷*腰張りで、窓下や敷居の下端から床までのあいだをすべて張る場合をいう。*如庵などに見られる。

惣張り❷　如庵　有楽苑

宗徧流【そうへんりゅう】

茶道流派の一つ。*山田宗徧を祖とする。神奈川県鎌倉市に所在。宗徧は師の*千宗旦の推挙により三河国(愛知県)吉田藩小笠原家に茶頭として仕え、元禄十年(一六九七)に職を辞して江戸本所に居を構え、利休正伝の茶の湯をひろめた。宗徧の後、山田家代々は江戸時代を通じて小笠原家の茶頭をつとめた。一方、宗徧流は山田家以外にもいくつかの系統に分かれて伝わる。宗徧門下の岡村宗伯(一六七三～一七三四)は時習軒と号し、その系統は越後国(新潟県)長岡や東海地方などの各地に宗徧流を伝播する中心的な役割を果たす。明治時代前期には時習軒の教えを受けた播磨国(兵庫県)龍野藩主の脇坂安斐が出て、東京の上層階級のあいだに茶の湯をひろめた。大正十二年(一九二三)に山田家八世の外学宗有は、各地の宗徧流の大同団結を実現し、現在の宗徧流家元が成立する。ただし現在でも時習軒、四方庵、正伝庵などの宗徧流がそれぞれ存続する。山田家の歴代は以下の通り。二世留学宗引(一六六八～一七二四)は宗徧の次男・宗屋の娘婿。酣酬斎と号する。三世江学宗円(一七一〇～五七)は宗徧の三男・生駒宗健の子。力囗斎と号する。四世漸学宗也(一七四三～一八〇四)は三世江学宗円の子。陸安斎と号する。時習軒三代の神谷松見から伝授を受ける。江戸八丁堀に茶室を構え、宗徧流を中興する。五世靖学宗俊(一七九〇～一八三五)は四世漸学宗也の子。力囗斎と号する。六世義明宗学(一八〇九～六三)は時習軒六代の吉田宗意の子。小笠原家の君命により六世を継ぐ。七世宗寿(一八二〇～八三)は六世義明宗学の妻。小笠原家の封地である肥前国(佐賀県)唐津から明治時代に東京へ出て茶の湯を教授した。八世外学宗有(一八六六～一九五七)は、上野国(群馬県)沼田藩家老・中村莞爾の次男、名は寅次郎。七世宗寿の養子となる。トルコに長年滞在した後、大阪において主に製紙業に従事する。大正十二年(一九二三)に八世を継ぐ。昭和三年(一九二八)に機関誌『知音』を発行、同十九年に全国組織の明道会を結成し、流勢の拡大を図る。九世幽香宗白(一九〇一～七一)は八世外学宗有の長女。母・宗珉に茶を学び、九世を継ぐ。昭和三十七年、庵老となる。十世宗徧(成学宗囲、一九〇八～八七)は八世外学宗有の長男。名は長守。四方斎、中抱子と号する。昭和三十四年に*旧一条恵観山荘を鎌倉に移築し同三十八年、十世継承を披露する。同五十四年、宗徧に改名する。昭和六十年に恵観山荘を再移築して整備した。当代(十一世)宗徧(一九六六～)は十世宗徧の長男。名は長光。幽々斎と号する。昭和六十二年に十一世を襲名。

漱芳【そうほう】

京都市東山区の住友吉左衛門友純の旧別邸有芳園にある茶室。友純(一八六五～一九二六)は住友本家十五代で、春翠を号した。その収集した中国古青銅器は世界的にも知られる。有芳園は大正二年(一九一三)から京都鹿ケ谷の地に造営が始められ、同九年頃に一応の完成をみた。敷地の南東隅に露地が形成されており、広間棟と廊下で結ばれた茶室棟が建ち、*空庵と漱芳が造られている。外観は切妻造柿葺で妻側に深い庇を付け下ろして、その下に土間を形成し、躙口をあける。内部は三畳で、下座に台目床を構える。炉を上げ台目切に切り、点前座の勝手付には洞庫を設ける。水屋を隔てて西側に茶室空庵がある。

宗朴亭【そうぼくてい】

大阪市西区にあった茶室。明治時代初期に建てられたとされ、江戸時代中期から代々続いた裏千家の茶匠・狩野宗朴旧邸の遺構を復旧したものという。内部は四畳半へ半間一小間ほどの幅の下屋を付したもので、この一部屋のみを一宇として、飛石の配された庭園内に建っていた。飛石伝いに縁側のある貴人口を入ると、正面に踏込床と平書院風の引分けの障子窓が左右に並ぶ構成であった。貴人口は間口一間一小間に建具を三枚建てたもので、踏込床は間口が台目幅で奥行きが半間、床柱と落掛には竹が用いられ、中でも床柱は角竹であった。また引分けの障子の窓へ矩折に、下屋部分へと設けられた地袋は、香炉棚として櫛形の落掛で構えられていた。この香炉棚は下屋側の脇壁面へ、櫛形の火燈窓を墨蹟窓のようにもあけており、二方から棚上が眺められた。天井は、貴人口付近の三畳分が辛夷の化粧垂木を放射状に配して葭張としたもので、床前と香炉棚の脇を竹垂木の掛込天井としたものであった。室内には、床の脇の引分け障子の窓のほか、貴人口脇に円窓、のこりの二方の壁面にもそれぞれ障子窓と、すべての壁面に窓が設けられていた。開放的な、庭間の亭の趣のある茶室であった。

総掘り【そうぼり】
べた掘りと同じ。⇒べた掘り【べたぼり】

総屋根裏【そうやねうら】
総掛込天井と同じ。⇒総掛込天井【そうかけこみてんじょう】

艸雷庵【そうらいあん】
東京都文京区の*護国寺にある茶室。昭和十一年（一九三六）、裏千家の茶人で、女性としてはじめて今日庵老分となった堀越宗圓（一八九二〜一九七八）から常会創立十周年を記念し、茶室を寄付したいとの申し出があった。これを受けた*高橋箒庵が多人数の茶会を前提とした茶室を構想、造営したのが艸雷庵である。*月光殿の縁から廊下伝いに接続された茶室で、四畳半台目の本席に、控えの間、水屋と勝手が付属する。多人数の茶会という構想に基づき、箒庵は古田織部好みの*猿面茶室に着目し、四畳半台目下座床という猿面茶室の間取りを艸雷庵に用いている。茶道口と並んで、二木襖の給仕口が設けられて、開放的な構成をもつ点も、猿面茶室と共通する。外観は入母屋造桟瓦葺、軒廻りは鉄板葺の妻を正面に見て、左寄りの躙口上部に連子窓を設けるが、軒高が高いため連子窓の上にさらに霧除庇を付ける。さらに屋根は本席の床がある辺りから控えの間にかけて一段高く寄棟造となる。点前座は、赤松皮付の曲柱を立てて袖壁に三節の引竹を入れ、客付入隅に棚を釣る。西側、下座に構えた床は床柱が档丸太で、床の脇に給仕口と茶道口が続く。上座側の躙口と矩折に腰の低い障子を建てて貴人口があけられている。給仕口から台目畳を経て、鞘の間に相当する控えの間へと至る。全体六畳の広さで、本席の床の背後にあたる東側に出床を設けるが床柱は立てず、溜塗の框を廻し、上段のような構成となる。炉を床脇の台目畳に隅炉に切る。また、この控えの間から北側の入側を隔てて茶堂が建つ。三間×四間の広さで、立礼席としても使えるよう造られ、天井は格天井。茶堂正面には箒庵像が祀られている。内露地に設けられた蹲踞の手水鉢は箒庵が明治三十一年（一八九八）に東京へと移した「奈良法華寺の古伽藍石七個」のうちの一つという。

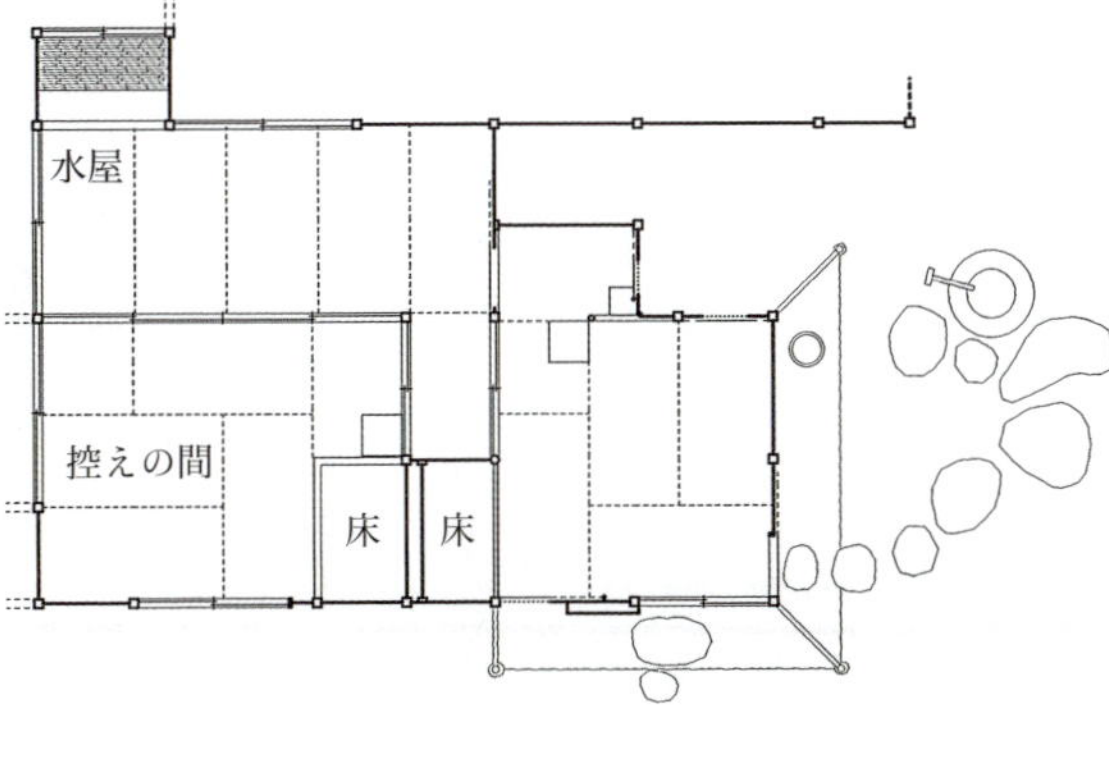

艸雷庵

蔵六庵【ぞうろくあん】
❶京都市左京区の*修学院離宮にある茶室。下御茶屋（下離宮）の池に望んだ石垣の上に建つ。もとは単独の建物であったが、文政年間（一八一八〜三〇）及び明治十七年（一八八四）の改修によって形態を変え、現在では寿月観と一つの建物にまとめられている。室内は五畳で、北側には台目畳二畳の水屋が設けられる。一間幅で奥行きが小間中の床が構えられ、この床の背中合わせに水屋の物入が、同じく小間中の奥行きで造られている。水屋と席との境には間仕切りがない。❷京都市右京区の龍安寺にある茶室。同寺は臨済宗妙心寺派の寺院で、宝徳二年（一四五〇）に細川勝元が義天玄詔を請じて創建された。応仁の乱で焼失したが、細川政元の援助により特芳禅傑が再興。現在の本堂は、慶長十一年（一六〇六）に建立された塔頭西源院旧本堂である。蔵六庵は書院の北に位置し、もともと西源院にあったものを明治時代中頃に移築、昭和四年（一九二九）に火災にあったが、後に忠実に復元されている。僖首座（吉首座、一六〇六〜九六）の好みの席と伝えられている。僖首座は*千宗旦の門下の茶人で、塔頭本光院、また大珠院に住して不遠庵と号し、茶杓削りを能くしたことで知られる。書院脇の

縁側に続き庇を張り出して構成する外観で、建物の西側、庇内の土間の腰障子二枚を建てた貴人口より席入りとなる。さらに雨天などのために、書院の西側を廻る縁の北端、貴人口の矩折に火燈口形式の出入り口をあけ、客は露地に降りることなく、また亭主方と交差することもなく席入りすることもできるように工夫されている。この出入り口には板戸が建てられ、建物内部からの席入りにもかかわらず、外部から席入りするような緊張感を醸し出している。内部は丸畳二枚に台目畳二枚、中板を備え、全体四畳の広さになる珍しい平面構成。南側一畳が点前座で、西側一畳は出入り口の座となり貴人口と

蔵六庵（龍安寺） 床側

火燈口形式の口があけられ、それに続けて並べた二枚の台目畳が客座になり、中板を入れて亭主と客座にゆとりをもたせながらも、客座を亭主のほうに引き寄せる平面構成になっている。中板に切られた炉は上げ台目切で、この平面構成とよく似たものに久田家の半床庵（半床庵の項❷を参照）が挙げられる。点前座勝手付に洞庫を備え、その上部に掛障子の小窓があり、裏千家*今日庵と同様の働きが創り上げられていて、宗旦の影響を感じさせる。また風炉先壁面には下地窓を色紙窓形式にあけている。床は台目床で、貴人口の正面となる東側、下座に構える。床の脇には二枚襖を引違いに建てて茶道口と給仕口を兼ね、その上部に裏千家*寒雲亭の櫛形欄間に似た形式の欄間が入れられている。貴人口前の露地に据えられている*龍安寺形手水鉢は「知足の手水鉢」として知られる。

宗和【そうわ】

金森宗和のこと。 ⇒金森宗和【かなもりそうわ】

宗和形燈籠【そうわがたどうろう】

石燈籠の一種。笠、火袋、中台、竿、基礎すべてが方形の形式のもの。*金森宗和の好みと伝えられる。鹿苑寺*夕佳亭にあるものなどが知られる。

添え木【そえぎ】

会釈の木と同じ。 ⇒会釈の木【あしらいのき】❶

添え柱【そえばしら】

柱の脇に添えて立てられる柱。本来の柱を安定させるために付け加える構造補強的な場合のほか、意匠的に付ける場合もある。*袋床などの床柱脇、袖壁に用いられる短い小柱も添え柱の一種である。

麁閑亭【そかんてい】

京都市上京区の樂家にある茶室。 ⇒樂家の茶室【らくけのちゃしつ】

枌板【そぎいた】

へぎ板と同じ。 ⇒へぎ板【へぎいた】

即庵【そくあん】

大阪府池田市の小林一三記念館にある茶室。同館の*小林逸翁の旧邸宅*雅俗山荘に接続して建てられる。昭和十二年（一九三七）、数寄屋師・*笛吹嘉一郎によって建てられた。外観は入母屋造桟瓦葺で、庇部分は銅板葺。三畳台目の南西の二方向に瓦敷きの土間をめぐらす間取り。客は真黒石を敷き詰めた三和土を通り、この土間より席入りする。この土間には椅子を並べ、客席のみを立礼席として用いることができるように工夫される。北東に台目の点前座を、その風炉先側に床を並べ、点前座勝手付に一重棚を釣り、下地窓と連子窓を重ねあけるが、これらの構成は邸内の茶室*大小庵と類似する。天井は点前座も客座も区別なく一面の網代張とす

る。三畳台目の二方向、土間との境に障子を建てて、小間としての利用も可能となっている。

即庵　床と点前座側

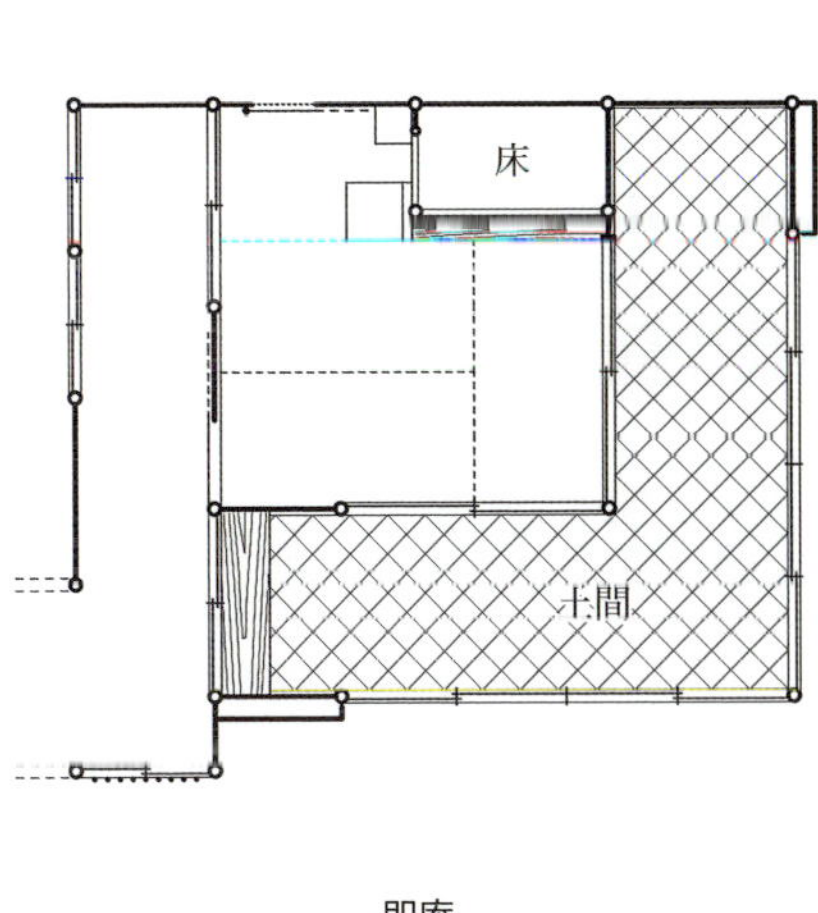

即庵

立礼と座礼を融合させた形式が試みられており、新茶道を提唱していた逸翁の茶の湯への姿勢を見ることができる。登録有形文化財。

触杖【そくじょう】
乾屎橛と同じ。⇒乾屎橛【かんしけつ】

そごう心斎橋本店の茶室【そごうしんさいばしほんてんのちゃしつ】
大阪市中央区のそごう心斎橋本店にあった茶室。設計は＊村野藤吾。村野はこの百貨店ビルの設計も手掛けており、図面によると百貨店ビルの五階の一画に茶室が造り込まれている。その一画には洋室、日本間、茶室が連続的に設けられていて、その裏の水屋からどの室へも直接アクセスできるように工夫されていた。一方、露地も外側窓にそって矩折に設けられ、各客室をつなぐ。日本間と茶室がちょうど広間と小間の茶室の関係を意識して計画されたものと考えられる。前者は十一畳台目中板入で、同じ村野作品の＊伯泉亭と共通する特徴的な構成である。後者は五畳半向切逆勝手の席と見られるが、詳細は不明である。

底埋め【そこうめ】
斑直しの項を参照。⇒斑直し【むらなおし】

底目板【そこめいた】
目板の項を参照。⇒目板【めいた】

蘇山荘【そざんそう】
愛知県名古屋市東区の徳川園にある近代和風建築。昭和十二年（一九三七）の名古屋汎太平洋平和博覧会の開催時、迎賓館の和館として会場内に建てられた。閉会後、同市に寄贈され徳川園（旧尾張徳川家大曽根別邸）に一部増築して移築された。木造平家建、入母屋造桟瓦葺（一部寄棟造）。建築面積は四十八坪、平面は間口五間、奥行十間でコの字形、車寄と便所が突出している。書院造の大広間十畳二室と次の間六畳の客座敷部分、茶の間五畳、台所、風呂場の居住部分からなり、玄関に続き四畳半と八畳和室、ならびに応接間の洋間が付く。玄関破風の懸魚や大広間の床、付書院、長押、釘隠、廻縁、襖など格式高い造りとなっている。主要材は木曽檜で、客間、居間の天井は椹、風呂場は高野槙、小屋組や床組には杜松を使用し、あたかも木曽材の展示を表したような造作となっている。庭園石組も建物と同時期に移築されたが、ここでは園池は造られていない。石材は佐久島、篠島、日間賀島（いずれも愛知県）、伊勢の桃取石、木曽川産出の石を中心に本州、四国、九州の石を使用して八州（日本の古称）を、大海（太平洋）を高麗芝で表現している。平成十六年（二〇〇四）、後館の増築分を取り外して修復し、店舗として再活用している。登録有形文化財。

祖師堂【そしどう】
各宗の宗祖、開山などを祀る堂。たとえば禅宗では菩提達磨、日蓮宗では日蓮上人などを祀る。さらに禅宗では法堂や仏殿の一角に祖師像を安置する脇壇を設け、その空間を祖師堂と呼ぶところもある。「祖堂」とも呼ぶ。

礎石【そせき】

柱の下に置かれる石。茶室の場合、用いられる石は自然石である場合が多い。そのため礎石と柱が取り付く箇所を隙間なく納める*ひかり付けと呼ばれる加工を施す。

礎石形手水鉢【そせきがたちょうずばち】

伽藍石手水鉢と同じ。⇒伽藍石手水鉢【がらんいしちょうずばち】

麁相【そそう】

「数寄茶の湯」が目指す茶のあり様、風体を表す言葉、及びその境地。「粗相」とも書く。山上宗二は著書『*山上宗二記』の中で、茶人のあり様をはじめ、亭主のもてなし、懐石、茶室、灰形、道具の取り合わせのあり様に至るまで、茶の湯を成立させる重要な要素に、麁相を唱えている。茶人のあり様として「上をそさうに、下を律儀ニ」、亭主のもてなしのあり様として「貴人茶湯ノ上手ノ事ハ不及申、不断、寄合衆ヲモ名人ノコトク、底ニハ可思。将又、上ヲハそさうに可仕」、懐石のあり様として「物ヲ入テソサウニミユル様にスルカ専也」、茶室造りのあり様として「准会席、物ヲ入テソサウニスルカ数寄之作事也」、灰形のあり様として「角々手きはを真ニ入て、そさうにミゆる様ニ灰をいるゝ也」、道具の取り合わせのあり様として「名物之道具ヲそさうなる座敷ニ置キタルハ、当世の風体、猶以面白歟」と伝えた。ここでいう「そそうなる座敷」は*小間の草庵をさす。中村昌生は「初期の茶人たちは、(中略)、茶の湯の根本的な約束があり、『麁相』であることが茶の湯におけるすべての表現の基調となった。茶室が、丸太柱に土壁の『草庵』風な造りをあらわしたのもそのためである」(茶室百選)と説明する。『山上宗二記』でいう「そそう」は、一般的にいう、してはいけない悪い意味での「そそう」ではなく、自然体という善き意味合いでとらえられる。この自然体という意味は、自然界にあるままという意味ではなく、人の手が加わった、いわゆる文化的なものでありながら、しかも自然のことわりに適ったものでなければならないという意味での自然体をさしている。いわゆる文化と自然が一体になった自然体ととらえられる。このような「麁相」の背景には、第一に、思想的には禅を基本とした茶禅一味の茶道観があり、第二に、日本伝統芸術における風体論の伝統を受け継ぎ、第三に、東アジア三国(日本・朝鮮半島・中国)における自然観がみられる。そして修行の三段階論である「守破離」でいえば「離」の境地と考えられる。

柴橋【そだばし】

アーチ状に造った欄干のない橋で、橋面は橋台上に粗朶を横たえ、これに厚く土を盛り、表面は砂利道状に仕上げたもの。「柴太橋」と書くこともある。断面に丸太切口を見せ、その上に粗朶束などをかまぼこ状にのせて、草類を植え込むこともある。

柴橋　玄宮楽々園

袖ヶ香【そでがか】

*垣留の木の一種。庭園内の袖垣に木を添えて植えることがあるが、梅を添えた場合のみ、このように呼ばれる。梅の枝数は少ないものが好まれる。

袖垣【そでがき】

*垣のうち、茶室や書院の縁先近くの柱や壁面から、庭に向かって直角に突き出すように設けた

短い垣。建物側からの目隠し、庭の区画などの用をなすほか、手水鉢前、その他の添景ともなり、装飾性にすぐれる。『*石組園生八重垣伝』において、初めに「種々の垣根をおもしろく寄せて八重垣といふ」と紹介されるのが、八重垣之袖垣であるように、透かし、格子、菱目など、様々な意匠も組み合わせた袖垣が多数考案された。

袖垣　官休庵　武者小路千家

袖形手水鉢【そでがたちょうずばち】

手水鉢の一種。「誰が袖形手水鉢」ともいう。着物の袖のような形をした石に水穴をあけた形状のもの。智積院や清水寺成就院（ともに京都市東山区）、栗林公園の*掬月亭のものなどが知られる。（付録10頁参照）

袖形燈籠【そでがたどうろう】

袖形燈籠　修学院離宮

石燈籠の一種。笠と基礎のあいだに、中途を矩形に切り込み、「コ」の字のようにした形の四角い石を置き、火袋と中台、竿を兼ねさせた形式のもの。「鰐口燈籠」ともいう。切り込んだ「コ」の字の凹部の天井に釘を打ち、燈火を入れた籠や*釣燈籠を掛けて用いる。*修学院離宮の下御茶屋（下離宮）、西本願寺の*滴翠園にあるものなどが知られる。

袖壁【そでかべ】

脇にある幅の狭い壁の総称。たとえば茶室外部の本来の外壁から外側に向かって張り出した幅の狭い壁。半間程度の幅をもつものが多く、高さも本来の壁より低くおさえられる。また床の*落掛の下に小柱を立てて囲った*袋床の壁や、*中柱に取り付いて点前座を囲う壁も袖壁と呼ぶ。いずれも、奥側への視線を遮る、場所を区切るなどの役割をもつことから、視覚的効果が吟味される。壁留を入れて下部を開放（吹抜き）とする、あるいは下地窓や透窓をあけるなどして、奥側の場所の気配を感じさせるなど、様々な工夫をこらす。（付録14、16頁参照）

袖摺の木【そですりのき】

露地の園路近くに植えられた樹木のこと。客が*飛石を伝って歩く際、袖に触れるほどの距離に植わるものをさす。比較的大ぶりの高木が好まれる。*袖摺松はこの一種で、*古田織部は松を好んだと伝承される。それに対し、*小堀遠州は「松ノミニ限ヌ物ソ姿ヒ了　姿妙ナル物は袖スリ」とし（伏見奉行屋敷数寄屋露地指図留書）、松以外の樹木であっても樹形によっては用いるとした。この他にも『*茶湯秘抄』に「袖すり木（中略）松にかぎりたるにあらず」とあるなど、松に限らず露地内に大木を一本植えることは好まれていた。その際、移植に限らず、敷地内にもともと自生する樹木が生かされることもある。現在も露地において欠かせないものである。

袖摺松【そですりまつ】

露地の園路近くに植えられた松のこと。『*古田織部正殿聞書』には「袖摺ノ松ノ事。内路次ニ無之テハ不叶也」とあり、*古田織部が内露地になくてはならない木としていたと伝えられる。『*都林泉名勝図会』には、*待庵の露地に植わる松の古木が描かれ、豊臣秀吉がここに千利休

待庵の袖摺松　『都林泉名勝図会』

を訪ねた際、その袖を摺ったとの伝承を伝えている。

蘇鉄【そてつ】

ソテツ科ソテツ属の常緑低木。九州南部や沖縄の沿海地に自生する。樹高は一〜五メートル程度。円柱形の茎の先に、光沢のある葉が叢生する。関東以南において栽培され、寺院や武家邸宅の庭園などにおいてよく植栽される。冬期は越冬のため茎の部分に藁巻きが施され、冬期の風物詩となっている。古くは室町時代より庭園植栽として利用されており、『*蔭涼軒日録』寛正元年（一四六〇）九月十七日の条に、足利義政の*室町殿築造の際、松や梅とともに蘇鉄が植栽されたことが記される。また長享二年（一四八八）九月十六日の条に「大内の庭にそてつという草あり。高麗より来る。かぶより葉出でて、一間にはばかるほどなり。ぜんまいの大なるような者なり」とあり、茎の頂部より葉が出る異形が物珍しがられた様子がうかがえる。その後、蘇鉄は武家邸宅をはじめ、庭園植栽として多く植えられ、『古田織部正殿聞書』には「内外之路地ニ棕櫚・蘇鉄可植也」とあり、露地にもそのひろがりを見せていった。『*宗湛日記』慶長二年（一五九七）二月二十四日の条には「御座敷　五畳敷　此入ノ次第ハ、先クヽリヲハイ入テ松原有、御スキヤトノ中ノ間ニ、ス戸ノハネキト有、是ヲ通テソテツ斗ノ路地アリ、是ヨリ御数寄屋ニハイ入候也」とあり、*伏見城内に蘇鉄ばかりを植えた露地が存在していたことがうかがえる。蘇鉄の群生としてよく知られるのが*桂離宮の外腰掛正面の蘇鉄山や岡山の*後楽園、阿波国分寺の石組上のもので、その他、*西本願寺虎渓の庭をはじめ庭園内に部分的に植栽される例もある。

祖堂【そどう】

流祖を祀る建物をいう。*三千家では、*千利休を祀る利休堂のことである。［表千家］八代啐啄斎件翁によって建てられた四畳半の茶室を天保十年（一八三九）、十代吸江斎祥翁が現在の位置に祖堂として造立したもの。「点雪堂」とも呼ばれる。（表千家祖堂の項を参照）。［裏千家］四代仙叟宗室が元禄三年（一六九〇）、利休百年忌を期して営んだと伝える。三千家の中で最初に建てられた利休堂だが、天明八年（一七八八）の大火で失われ、九代不見斎石翁によって仮堂（現在の*奥待合）が建てられた。現在の利休堂は天保九年（一八三八）、十一代玄々斎精中によって再興されたもの。「御祖堂」と呼ばれる。（利休堂の項を参照）。［武者小路千家］明治十四年（一八八一）頃、十一代一指斎一叟の指図で建てられたのが現在の祖堂で、*弘道庵に相対して東向きに建つ。外観は切妻造銅板葺の屋根の妻側前面に銅板葺の庇を付けて土間庇とする。土間庇は袖壁によって囲われた構成で、弘道庵の西側から続く飛石が、この土間庇へと誘導する。土間庇の飛石を南へ進むと外に蹲踞が組まれている。土間庇から二枚障子の貴人口を経て室内に入る。内部は四畳半で、*行舟亭から北へ廊下で連結している。天井は貴人口の半間通りを竹垂木、竹小舞の化粧屋根裏とし、のこりを野根板張の平天井とする。北側の正面中央に

祖堂　武者小路千家

床柱を立て、右を仏壇として円窓をあけ、その内部に利休像を祀る。床柱は大徳寺の塔頭総見院にあったといわれる太い沙羅（ナツツバキ）が用いられる。床柱の左手は板床として、大平を斜めに付けて床板は三角形とする。通常の茶室では見られない要素を巧みに組み合わせてまとめあげられている。登録有形文化財。［藪内家］茶室須彌蔵の北側にあり、明治九年（一八七六）に須彌蔵とともに再建された源霊閣のこと。［松尾家］邸内の一番奥に位置する茶室嘉隠堂の内部、貴人口の正面に円窓をあけて祖堂を設ける。流祖の初代楽只斎の像を祀る。全体に裏千家の利休堂と共通する構成を見せるが、この祖堂の形式がいつの時代までさかのぼるかはわからない。

外垣【そとがき】

露地全体を囲う垣。外露地と内露地の境に設ける内垣に対する称。内垣より高くし、目隠しの役割をもたせる場合が多く、生垣、板垣、竹垣などを用いる。一般には囲い垣という。

外腰掛【そとこしかけ】

外露地に設けられた腰掛のこと。茶事の時、客が寄付より露地口を経由して外露地に入り、亭主の迎付を待つための施設。独立して設けた腰掛のほか、寄付の縁を利用した形式のものもある。（付録4頁参照）

外塀【そとべい】

敷地の外周にめぐらす、囲いの塀。

外露地【そとろじ】

二重露地において、茶室が建つ側の露地を内露地というのに対し、中門より外側の露地をいう。外露地がさらに二つに区画されたものを三重露地といい、内露地に接する側を中露地と呼ぶ。通常、客は露地口から外露地に入る。外露地には、初入りにおいて使用される寄付（袴付）や腰掛待合（外腰掛）を設けるほか、内露地では飾り雪隠である砂雪隠に対して実用に供する下腹雪隠や蹲踞などが設けられる。内露地を引き立たせるため、やや明るい風情にすることが良いとされる。三重露地においては、枯流れや中潜りが中露地との区画とされることがある。（付録4頁参照）

外露地門【そとろじもん】

二重露地あるいは三重露地の場合に、露地口に設ける露地門。寄付から露地に入る露地口には門を設けずに、塀の一部に戸を設けた木戸口の形式のものもあるが、門を構えた場合、外露地門と呼ぶことがある。腕木門の形式が多く、屋根葺材には柿板、茅、檜皮、銅板などが用いられ、扉には網代戸、唐戸、板扉などが用いられる。（付録4頁参照）

傍軒【そばのき】

螻羽と同じ。　⇨螻羽【けらば】

礎盤形手水鉢【そばんがたちょうずばち】

基礎形手水鉢と同じ。　⇨基礎形手水鉢【きそがたちょうずばち】

杣角【そまがく】

山林から伐採した原木を山で一方あるいは四方を荒く削り、角材のように仕立てた材。太さにしたがって大角、中角、小角の二種に分けられる。運搬の時の便のため、また乾燥させるために、かつては杣（樵）と呼ばれる職人が鉞などを用いて樹皮を削り取る作業を行っていたが、現在では原木を製材所で加工することが多く、一般建築材で杣角を見ることは少ない。

杣取り【そまどり】

チョウナ（手斧）や鉞を用いて、原木を荒く削り取った材。通常はのぞむことができない小屋梁などでは、製材されていない杣取の丸太を組み合わせることがある。角材のように仕立てた場合、杣角と呼ばれることもある。

杣なぐり【そまなぐり】

マサカリ（鉞）ではつり（表面を削り取る）、はつり目を見せて仕上げとすること。または仕上げられた材のこと。マサカリは刃幅の広い斧の一種で、一般的には伐木した原木の樹皮を削り取るために用いられる道具。本来は荒加工であるはずの削り痕を意匠化し、仕上げの技法としたものである。

染井吉野【そめいよしの】

バラ科サクラ属の落葉高木。オオシマザクラとエドヒガンの雑種と考えられている。高さは一〇～一五メートルになり、葉は広卵状長楕円形で長さ八～一〇センチ。縁には鋸歯があり、互生する。三月下旬～四月に薄紅色の花が散房状につく。ヤマザクラと比べ葉が出るのが遅く、花より後である。江戸時代末に江戸染井村の植木屋からひろまったことからの名。桜の名所である奈良の吉野山から「吉野」と最初名づけられたが、混同するため明治五年（一八七二）にこの名がついた。サクラの園芸品種の中でも最も栽培され、堤防や公園などにひろく植栽され、名所となっている所も多い。

染め縄【そめなわ】

黒く染めた*棕櫚縄のこと。素材のままの棕櫚縄は茶色で、主として支柱の結束や幹巻に使われるが、染め縄は垣根の結束をはじめ、*玉縁、*杓架、霜除、松飾りなど主として化粧結束に使用される。

空返し石【そらがえしいし】

裏返し石と同じ。⇒裏返し石【うらがえしいし】

反橋【そりはし】

床板に反りを付けた橋。弓なりに中央を高く造る美しい形状と、舟の通行の関係から、古代より好まれ、『宇津保物語』『枕草子』（十世紀）、『*作庭記』（十一世紀初頭）などにも記載される。対して床板が平らな橋を平橋という。

反り屋根【そりやね】

照り屋根と同じ。⇒照り屋根【てりやね】

尊教院の宗珠座敷【そんきょういんのそうしゅざしき】

奈良市興福寺の子院・尊教院にあったとされる*書院造の座敷。『*茶湯秘抄』四巻に見られる。『茶湯秘抄』は川喜田半泥子旧蔵本（石水博物館本）と東大寺図書館所蔵本がある。東大寺本には指図に続けて「四聖坊四畳半右構也　木具ハ悉焼杉ナリ　大仙（仏か）火焼之時　右尊教院小座敷宗珠指図　小茄子所持也」とある。このことから、この図は永禄十年（一五六七）の指図と推定されている。一方、川喜田半泥子旧蔵本には指図に続けて「右尊教院小座敷宗珠指図小茄所持也」とのみあり、次の条に「四所（聖）坊四畳半右構也、木具ハ悉焼杉也、大仏之時炎上」と記されている。そのため、東大寺本と川喜田半泥子旧蔵本を比較した時、東大寺本は「座敷之事」冒頭にも欠落があるようで、宗珠座敷についても錯簡があるとすれば、この指図をただちに永禄十年の指図とすることはできなくなる。なお、「諸家座舗之図」冒頭にも右勝手の六畳敷の指図があり、左勝手も同様として*宗珠好みの尊教院の座敷の名前が挙げられているのみとなっている。これらの指図によれば、尊教院の宗珠座敷は、六畳敷の座敷で正面の縁から入る。躙口はなく、腰障子四本が建てられている。座敷を入って右手は張付壁、左手は襖二本の茶道口、その奥に洞庫があり、座敷奥右側には一間の張付壁の床、その左側に襖二本が建ち、内半分を道具飾りの袋棚とする。座敷奥の右手を点前座とする。この指図には外構も記されている。そこには、縁先の坪の内に相当する堀庭があり、*礼拝石に相当する遥拝石、のちに*鶴石、*亀石へ発展する大亀石がある。指図からは不明であるが、これらの石のあいだは深く掘ることになっていたという記述も『茶湯秘抄』に記されている。

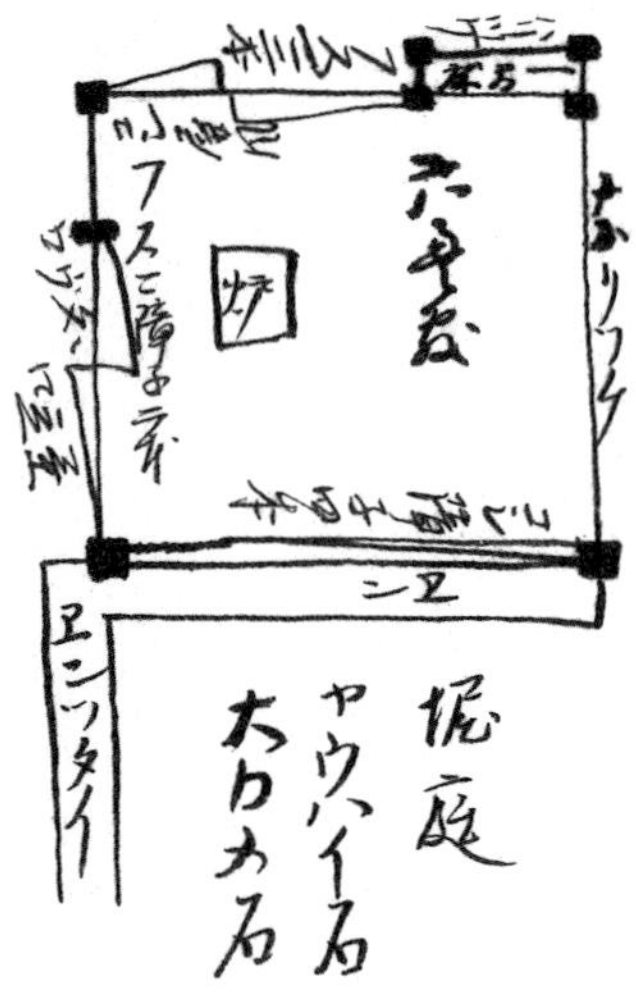

尊教院の宗珠座敷の図　『茶湯秘抄』（石水博物館本）

た

待庵【たいあん】

京都府乙訓郡大山崎町の*妙喜庵にある茶室。江戸時代以来*千利休が造ったと伝えられる。妙喜庵は、明応年間（一四九二〜一五〇一）頃に東福寺の春嶽士芳を開山として創建された禅刹である。待庵は現存する最古の*小間の茶室であり、多数の茶室遺構の中でも他に見られない古い手法や部材を留めている。天正十年（一五八二）に*豊臣秀吉が明智光秀と戦った山崎合戦の時、秀吉が利休に命じて造らせた茶室であるとも伝えられる。利休の作とする確証や成立の事情を明らかにする史料は知られていないが、作風などからみて、利休好みと認めうる唯一の遺構である。南に石垣を高く築いた敷地には、文明年間（一四六九〜八七）頃の造立と伝えられる方丈書院（重要文化財）を中核として、東に鞘の間を挟んで八畳の座敷（*明月堂の旧規を踏襲して再建された書院）があり、方丈の後方に宝暦十三年（一七六三）に建てられた庫裏が接続する。待庵は鞘の間の南端に突出して構えられている。妙喜庵で創建されたとする説もあるが、大正十年前後に妙喜庵で開かれた二、三の茶会の記録には待庵らしい茶室は見られない。東西の*桁の高さが異なることや、勝手一畳の東側に設けられている*三重棚の取り付け方、書院との接続の状態などからみて、現地で造立されたものではなく、別の場所で造られていたものが、後に移築されたと考えるのが自然である。方丈書院の落縁の東端から、待庵の西壁にそう*延段が待庵に向かう露地である。延段を左折して*竹垂木、*竹木舞による*化粧屋根裏の*土間庇の下に打たれた*飛石を伝うと*躙口に至る。東壁の脇には*袖摺松の株がのこっている。外観は、*切妻造*柿葺

待庵　床側

待庵　土間庇側

待庵　次の間

待庵　躙口側

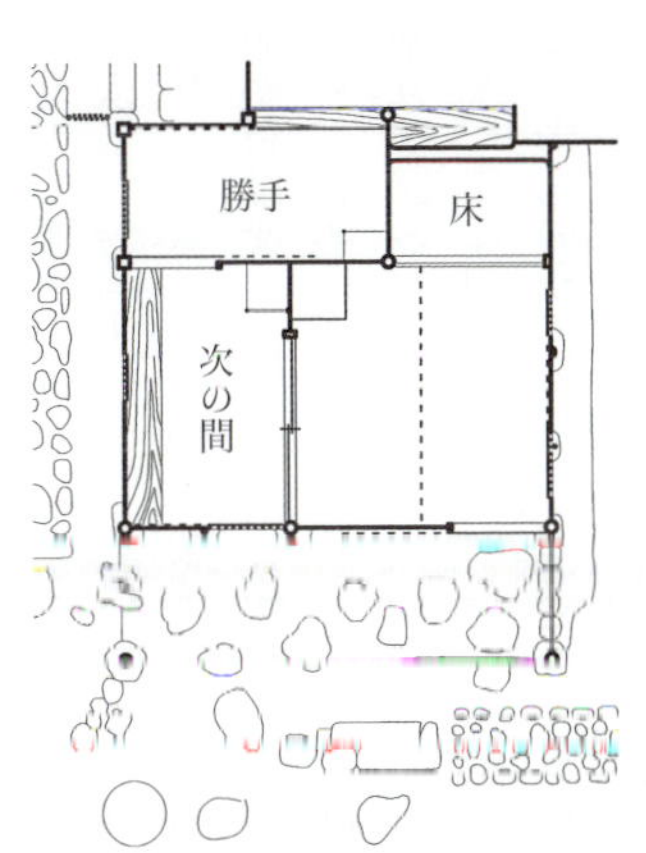

待庵

の屋根を架け、妻側の正面に庇を付け下ろした妻入りの形をとる。東寄りに躙口が設けられ、上部に*連子窓、西寄りに*下地窓があく。東側面には下地窓が二つ設けられ、南側の下地窓には*力竹が添えられている。西側にも二つの下地窓があくが、この部分は後世の改変を受けている。内部は、客座一畳に点前座一畳の極小の座敷に*隅炉を切る。点前座の西に*引違いの*太鼓襖で隔てられた次の間一畳、そして北の勝手一畳からなる。次の間北側東隅に*一重棚が低く設けられ、西寄りに一本引きの出入り口があく。そのため左に幅八寸の板畳を入れてひろげられている。水屋がどこにあったのかは定かでないが、勝手の隅に仮置棚(三重棚)がしつらえていることから、あまり近くではなかったと考えられる。天井は、床前と点前座は同じ高さと仕上げの*竿縁天井で、躙口の上は化粧屋根裏の*掛込天井。下り壁の「待庵」の額は芳叔和尚(一七二七年示寂)の筆になる。躙口の幅、高さがともに通例と比べると二回りほど大きいことは、それが初期の試みであったことを示唆する。躙口正面の床は、間口四尺六分、*入隅の柱を隠して*土壁を塗廻し、床天井も高さを五尺三寸一分と異常に低くおさえて土壁を塗り上げた*室床である。床天井を低くし、床の間口を縮めたのは、掛物はわび茶にかなう小幅なものだけに限るという利休の思想の建築表現にほかならない。床柱は径二寸六分ほどの細い杉丸太で、正面に*落掛付近まで*面を付けている。『*茶湯秘抄』に、もとは「桐ノ太キ木、丸味アリ」とあり、途中で替えられたことも指摘されるが、調査によると切り取りや抜き替えられた形跡は見当たらず、当初からの床柱である可能性が高い。床框は見付に大きな節が三つある桐の丸太で、『茶湯秘抄』には「常ノ雑木、ツラ(面)付ル」とある。式正の*床構えとされる*真塗の框と全く対極的な自然木をえらび、*名物と等価に位置づけられた*わびに対する心入れを表わしている。落掛は杉の*削り木であるが、左端から中ほどにかけての下端に丸みを帯びた坊主面が取られている。北野大茶之湯の利休四畳半(北野大茶之湯の四畳半の項を参照)の落掛が「杉丸太目通り角ニして面の所ニ丸ミを残す」(細川三斎茶書)とあるのを想起させる。南妻の壁の下地には*割竹でなく*葭が縦横に組まれていたことが、近年の修理工事に際して判明している。薄い壁を支える最も古い実例である。障子の骨には竹を削った*組子が使われ、下地窓には*栈竹が貫状に用いられている。*炉は定尺の一尺四寸より小さい一尺三寸四分四方で、*炉壇の隅を丸く塗廻している。自然な丸太材や*面皮材、床框の切節や長い*藁苆を表面に散らした*荒壁の表情とともに、力強く緊張した空間は完全な*草庵の様式を示している。このことから、利休四畳半の草庵化が達成された天正十五年前後に造立の時期を置くことができるが、大きい躙口や*平天井を組み合わせた天井の構成など、草庵式茶室の先駆としての古態が多くのこされており、*わびの表現の深化に照らしてみた時、天正十年頃の造立とみるのが妥当であり、天正十年の山崎合戦以降の早い時期に山崎の利休屋敷(千利休の屋敷の項を参照)に建てられていた可能性が高いと考えられる。*台子や名物の茶につながり、種々の約束が付随する*四畳半の草庵化は困難であったから、利休はまず最も狭い二畳でわびの空間の確立を試みたのであろう。なお移建の経緯について、主な説として次の二説を付記する。一つは、山崎の利休屋敷にあった茶室を利休の死後に移し建てたとする説。もう一つは、秀吉が利休に命じて*山崎城内に造らせていたものを移築したとする説であるが、いずれも決定的な裏付けはない。秀吉が*大坂城山里に四畳半でなくまず二畳の茶室を造ったのは、山崎で利休の二畳を見て新鮮な魅力を感じたからかもしれない。慶長十一年(一六〇六)に作られた「宝積寺絵図」には、妙喜庵に「かこひ、袖すり松」という書き入れがあることから、その頃までには利休と親交があった功叔士紡が住職をつとめていたことがある妙喜庵に移築、再建されていたと考えられる。二畳の本席と次の間境の襖を取り外して拡張して使うことも可能で、待庵では次の間を含めて客に対する特別な接遇方法が考慮されている。このような構えは、*不審菴や*道安囲の源流になるのではないかという説もあり、移建に際しては*千少庵の作意が加えられた可能性があるのではないかという推論が示されているが、これについても確証はない。国宝。

對依軒【たいいけん】

愛知県犬山市の宮田家にある茶室。宮田家は犬山城主の成瀬家に仕えて勘定方をつとめた家。京都の数寄屋大工・高橋為吉が*久田家十一代宗也の指導で手掛けた茶室。伊勢神宮第五十八回遷宮の余材を用いて造られた。昭和六年(一九三一)に工事を開始、次代の正治が作事を引き継いで庭を整え、同十九年に完成した。室名は犬山城と木曽川を眺める立地から「青山に対し、緑水に依る」の語をもとに命名された。主屋は南北棟とし、座敷は書院の間十二畳半を北に、次の間十畳を南に置く。書院の間、次の間の東北側に矩折に入側を廻す。南側には玄関に取り付く廊下、西側には茶室に至る廊下を通す。座敷の西北には三畳の水屋を介して京間四畳半の茶室を設ける。外観は座敷の身舎部分を高く構えた入母屋造、東、北、西に下屋庇を下ろす。南側は棟をずらしながら入母屋造の屋根が重なる外観となる。茶室は切妻造で掛込天井の部分に土間庇を下ろす。書院の間は、七尺床を構え、付書院は棚板前面に宝珠形の火燈窓を刳り抜く。次の間は西面に一間幅の床、南面の待合側には中敷居を入れる。玄関は鶉杢や笹杢状の杢目が美しい格天井で、長押を廻した構え、取次(玄関で客人を迎えに立つところ)は面皮を見せた竿縁天井とする。茶室は四畳半で、入隅に楊子柱のある*又隠の写しである。登録有形文化財。

台石【だいいし】

縁先や蹲踞の*手水鉢の高さを調整するために据える石。手水鉢自身が低いときに、下に一石入れて台にすることがある。自然石を用いる場合や石造品を用いる場合もある。上にのる手水鉢の形式によって、台石の意匠も様々である。(付録7頁参照)

大円庵【だいえんあん】

❶京都市北区の大徳寺塔頭*孤篷庵にあった茶室。寛政五年(一七九三)の孤篷庵焼失後、その復興に尽した*松平不昧は文化十三年(一八一六)に孤篷庵に自らの廟舎と寿塔を建て、あわせて大円庵も設けた。ちなみに大円庵とは不昧の号でもある。この茶室の存在や間取りは「京都紫野大徳寺孤蓬(篷)庵地差図」「京都紫野大徳寺孤蓬(篷)庵御茶室庭相之図」、ならびに「大円庵図面」(孤篷庵蔵)などによって確認できる。これらによると、不昧の位牌堂の北西にあり、*直入軒とは廊下でつながっていた。また、茶室は二畳と八畳の席からなり、二畳の席は二重露地を備え、外露地の入口近くには腰掛待合と雪隠が設けられている。外露地と内露地は「ホカキ」(穂垣)で仕切られ、中門は「竹門」であった。二畳の席は、炉は向切、点前座隅には「タナ」(棚)が付き、下地窓があけられていた。床は幅が四尺六寸、奥行きが二尺四寸と間口のやや広い袋床で、炉の正面が床の袖壁となっている。天井は「コモ天井」と記される。「大円庵会記」によると、文化十四年正月二十五日、孤篷庵七世の寰海宗晙を正客に席披きを行い、その二日後の二十七日には不昧が客、寰海が亭主をつとめて茶事が行われている。嘉永五年(一八五二)に火災で失われた。

❷島根県松江市の月照寺にある茶室。同寺は松平家の菩提寺。昭和二十九年(一九五四)に造られた四畳半本勝手の茶室で、露地には織部燈籠と棗形手水鉢が据えられる。

大円窓【だいえんそう】

*円窓の一種。その特に大きいものをいう。たとえば高台寺にある茶室*遺芳庵は、一つの壁面を占める大きな円窓をあけ、特に*吉野窓と呼ばれる。また當麻寺*中之坊茶室四畳半では次の間との境に大円窓をあけ、障子を建てて出入り口としている。大坂建国寺に*織田有楽が好んだ三畳台目の茶室(建国寺の茶室の項を参照)には大きな円窓があったことが知られ、大円窓は有楽の創案になるものであったことも考えられる。

対鷗荘【たいおうそう】

東京都多摩市の旧多摩聖蹟記念館にあった三条実美の旧別荘。もとは隅田川畔の橋場にあり、茶室は岩倉具視の所有であった。白髭橋架橋工事にともない、昭和四年(一九二九)、田中光顕の尽力で同館に移築されたが、現存せず。茶室は四畳半の席に三畳の水屋が付属し、露地には腰掛待合を設けていた。

大工【だいく】

❶建築技術者、木工の職人をさす。
❷令制で、木工寮、または大宰府に属した工人の長のこと。すなわち職名のひとつで、他に権大工、小工、権小工などがあった。

❸建築工事における工匠の長のこと。木工だけでなく、後には壁大工、檜皮大工、瓦大工などもできた。❹近世においては、幕府における作事方の長と、町方の大工に関する職人という二つの意味があった。前者は御大工、御大工頭と呼ばれた。

泰慶堂【たいけいどう】

大阪市浪速区の願泉寺にあった茶室。大坂夏の陣の折に伊達政宗が陣中に建造していたもので、政宗が奥州へ帰城の際、茶の師であった願泉寺住職の定龍に寄贈したものとされる。その後、寛永二年（一六二五）の火災で焼失を免れ、正徳年間（一七一一〜一六）に紀州徳川家第三代綱教が*表千家六代覚々斎原叟に命じて補修させ、さらに文政五年（一八二二）、紀州徳川家第十代治宝が修繕したとされる。この文政五年の補修には*木津家初代宗詮が露地に手を入れたと伝えられる。なお政宗が寄贈したものは、書院、茶室、手水鉢、石燈籠などとされるが、そのうち書院は*蔽芾堂と称され、茶室も含めて「蔽芾堂」と称されることもある。泰慶堂は三畳台目本勝手出炉の席で、下座に構えた床は赤松皮付の床柱、黒漆塗の床框、墨蹟窓を備え、入隅を塗廻して鏡天井としている。その他の天井は葭張を竹の竿縁で押さえて、貴人口側を掛込天井としている。貴人口は網代の片引きとし、出入り口は他に躙口、方立の茶道口、袴腰の給仕口をあける。点前座は中柱と桁にあわせた磨丸太の水平材で区画し、雲雀棚を設け、風炉先窓をあけている。どこまで政宗当時の状況を伝え、原叟がどの程度改修したのか不明な部分が多い。戦前、書院及び茶室は国宝に指定されていたが、戦災で焼失した。

泰慶堂　内部　『数寄屋聚成』2

待月軒【たいげつけん】

京都市左京区の*野村得庵の旧別邸*碧雲荘にある小亭。敷地の西寄りにあって、東には広大な池越しに東山を望む位置にあり、東山の稜線をのぼり池に映る月を待つにふさわしい施設である。平面は東西柱間二間、南北柱間一間、内部に柱はなく、床は石敷の土間で、四隅の柱から真の延段を交錯させたような目地が施されている。入母屋造檜皮葺の屋根を六本の細い档丸太で支えており、天井は一面に化粧屋根裏とする。屋根の勾配は緩く、軒の出は深い。いたって簡素で軽快な構えである。正面奥、西側の壁面は、中央の柱を隔てて右に円窓をあけて障子を建て、左は一面の壁を床に見立てて軸釘と中釘を打つ。北側と南側の壁面には中敷居窓をあけて障子を建てる。池を望む東側の壁面は、中央の柱を挟んで北寄りを出入りのための口とし、南寄りは腰壁（腰の高さほどの壁）でその上方は常に開放されている。庭中に建つ東屋的な施設であり、茶事の時には寄付や椅子席としても使用される。造営の時期は明確ではないが、大正十二年（一九二三）十二月に行われた得庵の南遊記念茶会では、待月軒で箱書付の陳列が行われていることから、碧雲荘造営の初期から存在していたことは明らかである。また、得庵以前のこの土地の所有者であり、碧雲荘造営当初は西隣に住していた塚本与三次が昭和九年（一九三四）に亡くなった時の得庵の手記に、碧雲荘の西部の一帯は与三次が朝夕足を運んで建築、造庭を指示した旨が記されていることから、待月軒付近の建築と庭は与三次の指示によって造営されたものである可能性もある。重要文化財。

大虚庵【たいこあん】

❶*本阿弥光悦が洛北の鷹峯（京都市北区）に営んだ住居。全体の構成はわからないが、『*茶道筌蹄』の「小座舗　天井」の項に「光悦大虚庵は八畳の内六畳は出天井あり」とある。ここで「出天井」とあるのは「土天井」と読む可能性があるが、いずれにしても、異色な手法である。❷京都市北区の*光悦寺にある茶室。かつての*本阿弥光悦の住まい大虚庵（❶の項を参照）をしのんで、大正四年（一九一五）に速水流四代の宗汲によって建てられた。昭和二十七年（一九五二）以降、光悦会によって二度にわたって改造の手

が加えられ、現在に至っている。外観は切妻造柿葺で、一文字に庇を付ける。正面中央の柱の右に躙口、左に大きな下地窓をあけるが、当初、柱の右方には縁を付し、腰障子三枚建ての貴人口であった。内部は平三畳台目で、床を点前座のほうに寄せ、床と点前座のあいだの壁に給仕口をあけている。点前座の風炉先と給仕口をあけた壁面の角を塗廻しにして、中柱は立てない。床天井を土天井にしているのは、かつての大虚庵の名残りを示していると考えられる。

太湖石【たいこいし】

石材の一種。国内では岐阜県に主産する石灰岩のひとつ。奇形に富んだものが多く、庭石として愛好される。中国の蘇州の太湖に産出される穴の多い奇石の太湖石に似ることから、同様の名称で呼ばれる。中国ではこの太湖石を珍重し、白楽天が初めて庭に用いたという。中国の明代以後に盛んに使用されており、日本へは太湖堤などの庭園意匠とともに伝承され、これにともなって奇石による意匠も移入された経緯をもつ。*鹿苑寺の九山八海石が足利義満により大陸からもたらされた太湖石として知られる。

太閤石【たいこういし】

石材の一種。京都市左京区の北白川から修学院地区にかけて産出した黒雲母花崗岩。*白川石のひとつだが、気泡を多く含み、白川石よりもや風化が進んでいるものをさし、特に*豊臣秀吉の時代に多く切り出されたことからの称。表情が豊かで独特のひびや傷が入り、風情があることで珍重された。産出した地層が限られており、もろく弱いボソと似るが、石英分布が細かく、品があるとされる。現在は採取されていない。

太閤園【たいこうえん】

大阪市都島区にある旧藤田伝三郎邸東邸を中心とした複合施設。東邸は藤田財閥を創立した伝三郎の邸宅のうち、次男・徳次郎のために明治四十三年（一九一〇）から大正三年（一九一四）にかけて建てられたもの。藤田邸の建築は、広大な敷地へ明治二十九年頃に本邸が建てられたのに続いて、東邸が営まれた時期には新本邸や西別邸も営まれ、大規模な邸宅群を形成していた。これらは京都で主に仕事をした大工で、明治二十年頃には皇宮明治宮殿の造営にもかかわった今井平七が棟梁となって造営したものであったが、昭和二十年（一九四五）の戦火で大半を焼失した。戦後に分割された敷地のうち、焼失を免れた東邸を「淀川邸」と改称して、これを中心に周辺施設を新築し、高級宴会場及び国際的社交場として開業したのが太閤園である。開業する際にのこされた藤田邸の遺構は、中庭を西、北、東と囲んだ三棟と、これらから少し離れて北西側へ廊下で接続した茶室棟である。中庭の西側に位置する玄関棟は、入母屋造桟瓦葺に唐破風の車寄を設けた外観。この玄関棟から中庭へ張り出すように、旧撞球室として独立した棟が造られている。玄関棟の鶴の間と撞球室の藤の間は、ともに洋室である。さらに中庭の北側に、洋室広間の紹鷗の間と書院造の大広間の羽衣の間が並んで造られた棟が並ぶ。中庭の東側には二階建ての棟が位置し、こちらには松の間、竹の間、桐の間などの諸室が造られている。茶室棟は三つの茶室と、これらと廊下で互いに連結する水屋から構成される。東端の茶室萩は、宝形造茅葺の草庵で、床無しの二畳中板入の席となっている。水屋からの廊下で続く、洞庫を備えた点前座は逆勝手向切、畳の大きさは丸畳大であるが、一尺ほど背面の茶道口側へずらすことで、客座からは台目畳大に見えるようになっている。この工夫によって、一畳分の点前座であるにもかかわらず、台目畳にふさわしい構えの、火燈口へ太鼓襖を建てた宗貞囲と

太閤園　玄関棟外観

なっている。室内は風炉先窓のほかに、躙口上と宗貞囲向かい側にも窓があけられた、窓の多い席であるが、躙口向かいの壁面には窓があけられていない。おそらくこの壁面を大平として、下座の壁床にしたものと考えられる。中央の茶室残月は、床まわりが表千家の*残月亭と同様の構成で、二畳の上段床に床の脇へ付書院と化粧屋根裏を備えた席である。また付書院と上段境の柱が北山丸太、床框も丸太であるところも残月亭同様である。しかし、残月亭は十畳であるが当席は八畳であるため、床の正面側にあたる土間庇側が半間分短くなっている。このため、土間庇境へ建てる四枚引きの腰障子が、付書院側へ半間分食い込む。残月亭ではこの四枚障子へ続く付書院側への一間分の柱間に、三枚引きの中敷居窓があるが、当席は半間幅での壁のみとなっている。このように柱位置が半間分ずれたため、上段の床柱からの落掛を柱で受けることができず、食い込んだ四枚障子の鴨居上の小壁で落掛を納めている。ほかにも残月亭では上段内にも中敷居窓があるが、こちらは壁のみとなっているなどの相違点がある。また、残月亭で榑縁となる付書院正面側は、当席では土間庇であるため、土間庇が矩折に廻る外観である。この縁先の丸桁の交点には柱を立てていない。西端の茶室大炉は、裏千家の*大炉の間同様の、六畳逆勝手の席である。しかし大炉の間が*咄々斎の次の間であるのに対して、こちらは庭園内の池に柱を張り出して立つ独立した席となっている。水屋からの渡り廊下から室内へ入ると、二間に半間の大きさの、松の一枚板の踏込となっている。この二間の中央へ斜めに立てた、下地窓のある脇壁によって、出入り口と並んで踏込床を造っている。この脇壁を納める床柱は節の多い丸太で、その他の柱は面皮柱となっている。床の脇に続く、池に臨む側の面は、中敷居を通した上下へ障子を、また床正面に向かう側の面へは、土間庇からの貴人口として四枚障子を建てる。踏込の上が網代の平天井とする以外、室内六畳分すべてが、床挿しに棟を向けた竹垂木の舟底天井となっている。渡り廊下を経て入室し、舟の手摺のような中敷居の窓から、池を臨み、室内全体が舟底天井である当席は、冬を思わせる大炉の名でありながらも、風と親しむ屋形船を思わせる空間となっている。太閤園のもととなった藤田邸の造営には、先述した棟梁・今井のほかに、佐藤欽三郎、高木平次郎なる者がかかわっている。また藤田伝三郎と徳次郎も、それぞれ香雪、耕雪と号した数寄者であった。これらいずれかの人物が茶室の普請にかかわっていたと考えられる。なお園内には、同区桜宮の貴志弥右衛門邸内にあった茶室松花堂がある（貴志家の茶室の項を参照）。

太閤柱【たいこうばしら】

表千家の茶室*残月亭の上段（残月床）に立つ床柱のこと。上段の南西出隅に立つ。千利休*聚楽屋敷の*色付九間書院の上段において、*豊臣秀吉が柱にもたれかかり、*突上窓から名残りの月を愛でたという伝えからの名称。

太鼓落【たいこおとし】

丸太の加工方法の一種。*丸太の両側を平行に削り取って、そのほかは丸太の形状をのこす加工方法。*小屋梁などの太い構造材では、*墨付けや*仕口の加工がしやすいように太鼓落に削られた丸太材を組み合わせる。*竿縁で*見付だけを自然の面に見せるためなど、意匠的に用いられることもある。

大黒庵【だいこくあん】

❶*武野紹鷗が京都の四条室町に構えた住居。『*南方録』に「京四條、夷堂の隣に住居也、ゑびす大黒ハならびのもの也とて、大黒菴と自筆にて額をかきてかけられしと也」とある。上洛して*三条西実隆に師事していた大永五年（一五二五）から天文二年（一五三三）頃の住居であったかもしれない。また*今井宗久、*津田宗達の堺における天文末年の茶会記にも大黒庵での茶会が書き留められており、堺にも大黒庵があった

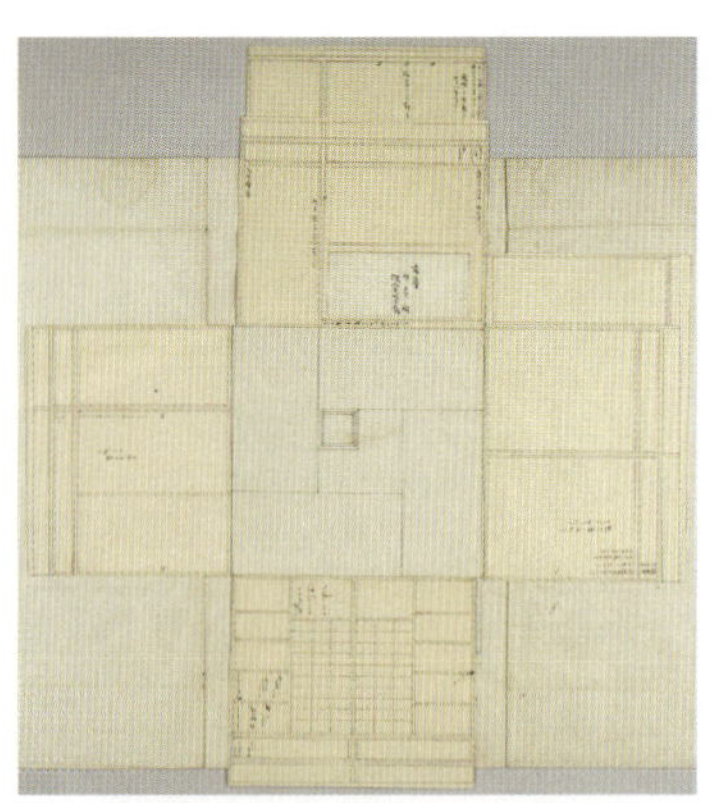

大黒庵四畳半の起し絵図（覃斎信立作図）
東京藝術大学附属図書館蔵

と考えられる。「武野紹鷗四畳半　号大黒庵」と題された起し絵図（草斎信立作図）の茶室は、幅二尺八寸の榑縁が付いた四畳半で一間床が設けられていた。檜の角柱、床框は真塗、室内の壁は全面白張付壁、杉板の鏡天井で、内法五尺五寸の高さに長押、または付鴨居がめぐらされていた。この高さは通例よりいくぶん低い。『*山上宗二記』の紹鷗四畳半図に見られる葭棚は備えていない。全体として『南方録』が「真座敷」とする*珠光の座敷の趣を伝える内容である。❷大阪府堺市の*南宗寺境内の天慶院にある茶室。四畳半の構えで一畳分を床とする。床には前板を入れ仏壇を設け、円窓をあける。*武野紹鷗好みと伝えられるが、紹鷗時代の建築的特色は見出せず、享保三年（一七一八）に高志七衛門の屋敷から移築されたものともいう。平成十四年（二〇〇二）に解体された。

大黒柱【だいこくばしら】
建物の中で最も荷重がかかる部分に建てられる太い柱をいう。「大極柱」とも書き、「斎柱」「立初柱」と呼ばれることもある。建物を維持していく上での象徴として扱われ、建設の際にはこの柱から建て、建築儀礼のひとつである*立柱式を行う。

醍醐家旧邸茶席【だいごけきゅうていちゃせき】
神奈川県鎌倉市に所在の恵観山荘保存会が所有する茶屋。旧一条恵観山荘のこと。⇨旧一条恵観山荘【きゅういちじょうえかんさんそう】

醍醐棚【だいごだな】
*違棚の一種。醍醐寺*三宝院奥宸殿（京都市伏見区、重要文化財）の上座の間の床脇にある違棚。欅材で造られた二段の棚板それぞれに*小堀遠州好みの透彫りを施した幕板を取り付け、*雛束にも透彫りの板をはめて下棚を束で支える形式で、上部には*天袋を設ける。

醍醐棚　三宝院奥宸殿　醍醐寺

太鼓張【たいこばり】
*襖などの紙の張り方の一種。単に「太鼓」ともいう。皮を張って内部を空洞にした太鼓のように、下地となる*骨の両面に紙を張り、*襖縁を取り付けずに仕上げられたもの。一般には楮紙などで下張りをしてから、上張りに奉書紙などを張り、上下に摺り桟を付けて仕上げられる。太鼓張とした場合、引手は*切引手とすることが多い。骨が透けて見えるように張ったものを透張太鼓という。また骨の両面に板を張った形式の戸を太鼓戸という。

太鼓張

太鼓張障子【たいこばりしょうじ】
❶太鼓襖と同じ。⇨太鼓襖【たいこぶすま】
❷障子の一種。*組子の両面に障子紙を張り、*襖縁を付けた障子をいう。

太鼓襖【たいこぶすま】
*襖の一種。いわゆる*太鼓張の襖をいう。「太鼓張襖」「坊主襖」「*太鼓張障子」「*袋障子」ともいう。茶室の*茶道口や*給仕口、*洞庫などに用いられる。一般に引手は*切引手とする。

太鼓塀【たいこべい】
土塀の一種。土壁を表側と裏側に分けて内部を中空にし、小石を詰め込む。この構造が太鼓に似ていることから名づけられた。また、土塀の断面が胴張りの太鼓のような形をしたものを示すこともあり、宇治市の＊松殿山荘の露地にこの形式を見ることができる。

泰山荘【たいざんそう】

東京都三鷹市の国際基督教大学にある山田敬亮の旧別荘。日産財閥の重役であった山田が、大沢の野川沿いの崖の上に、昭和九年から十四年（一九三四〜三九）にかけて拓いたもので、亀山宗月の関与が知られる。荘内には由緒のある多くの建物が移築された。翌昭和十五年には中島飛行機会社の中島知久平に、二十五年には同大学に譲渡され、二十七年の大学の開校にともない広大なキャンパスの一部となった。荘内には南多摩地区から移築された江戸時代の農家（田舎屋）もあったが、昭和四十一年に焼失し、現在は江戸城幸橋御門の古材を一部に使用した表門、車庫（新築）、蔵（新築）、備前国（岡山県）池田家下屋敷の池亭を移築したと伝えられる待合、書院（新築）、高風居の六棟がのこる（すべて登録有形文化財）。荘内で最も注目すべきは一畳敷の書斎、及び茶室六畳と水屋三畳からなる高風居である。一畳敷は、蝦夷地を探査し、北海道と名づけたことで有名な松浦武四郎が、明治十九年（一八八六）に東京神田五軒町の自邸の片隅に、全国の社寺などの古材を譲り受けて造った書斎である。その後、日本最初の私設図書館・南葵文庫を麻布に設立した徳川頼倫が、明治四十一年に同文庫の新館開館にあわせて、同敷地内に移築した。しかし、大正十二年（一九二三）の関東大震災で全焼した東京帝国大学附属図書館に、頼倫は文庫のほぼ全資料を寄贈。翌年、南葵文庫は閉鎖され、一畳敷は、代々木上原に移転していた紀州徳川家の新邸内に移築された。この移築にともなって頼倫は、一畳敷にならって有名社寺の古材を用いて茶室と水屋と土間を増築し、高風居と名づけた。それを山田が泰山荘を造営するに際して、移築したのである。一畳敷は、一畳の四周に幅約一五センチの額縁と呼ばれる板を廻し、その短辺である東面（方位は現状）に間口半間の床と間口四分の一間の床脇が南北に並ぶ。床と床脇の境には上方に勾欄の親柱が天地逆に用いられて釣束となり、その南側には、虹梁が落掛として用いられている。長辺である南面西端に書棚を設け、その東は腰障子を二枚引違いに建て込んで、土間庇からの上り口とする。西面は窓で、外側に両開き板戸、その内側に障子を二枚引違いに、北面は東側一間に襖を二枚引違いに建て込み、その北側が幅半間の廊下となる。また、襖の西側半間は上半が板壁、下半が障子はめ込みとなっている。用材は、すべて由緒ある歴史的建造物の古材で、明治十二年から十九年にかけて、松浦武四郎によって収集された。そして彼は、一畳敷の完成にあわせて、古材の目録である『木片勧進』を刊行した。第一から第九十一まで用材に番号を付し、寄贈者の住所、氏名、もとの建物の名称とその使用部位や部材名、及び由緒が簡潔に記され、それが一畳敷のどこに使用されたかが記されている。たとえば独特の意匠となっている釣束は、静岡県久能寺の勾欄親柱で、落掛は、滋賀県園城寺（三井寺）日御子神社正面の虹梁である。この『木片勧進』によって古材の来歴が確認できることが、一畳敷の価値をさらに高めている。一畳敷の北側に茶室六畳と水屋三畳が増築されて高風居となったが、その平面は、一畳敷の北側の廊下が、西端で北側に矩折に曲がり、その廊下を挟んで西側が茶室、東側が水屋となっている。茶室は東西二間、南北一間半で、西面は中央に床柱を立てて二分し、南半を床、北半を床脇とする。南面は東端半間に杉戸をはめ込み、その西側一間半に腰障子四枚を引違いに建て込んで、土間庇からの上り口としている。北面は中央に柱を立てて、西側を土壁、東側は土壁に窓をあけて腰障子二枚を引違いに建て込む。東面は、中央に柱を立てて、南半を土壁、北半は襖を二枚引違いに建て込んで廊下への出入り口とする。水屋は南北一間半、東西一間で、東面

泰山荘　高風居書斎　床側

に下屋を付けて中央一間弱を流しとする。北面は腰障子一枚を引違いに建て込み、土間庇への上り口とする。西面は、中央に柱を立てて、南半を土壁、北半は襖を二枚引違いに建て込んで廊下への出入り口とする。南面は土壁である。用いられた用材は頼倫が『木片勧進』にならって『泰山荘之記』に収録しており、『高風居用材種目』に、一から三十四まで用材に番号を付し、もとの建物の所在地や名称とその使用部位、部材名、及び時代が簡潔に記され、それが高風居のどこに使用されたかが記されている。

対字斎【たいじさい】

神奈川県足柄下郡箱根町の*白雲洞茶苑にある茶室。大正十一年（一九二二）、*益田鈍翁より田舎家風の*白雲洞を譲り受けた*原三溪が増築した茶室。白鹿湯が隣接する変形四畳半の寄付から渡り廊下を上ると白雲洞、下ると対字斎に接続する配置で、巨岩の上に懸造でせり出し、柿葺の屋根に庇が廻り、下部三面は杉皮で覆われる。地袋のある床をもつ主室八畳、水屋四畳、畳と板敷きの広縁で構成され、水屋は立水屋、広縁の壁には釘が打たれ壁床となっている。遠く離れた明星ヶ岳の山肌の大文字を正面に見据え、「字」に「対」することから命名された。

対字斎　床側

太子堂【たいしどう】

名古屋市西区の慶栄寺にある茶室。⇨慶栄寺の茶室【けいえいじのちゃしつ】

待春軒【たいしゅんけん】

神奈川県横浜市の*三溪園にあった建物。もと栃木県河内郡石井村（宇都宮市）にあった大嶋製糸場内の建物で、製糸場の創業者・川村伝左衛門（迂叟）が住居として所有していた。付近の豪農の住居を移築したものともいわれる。明治十二年（一八七九）七月二十九日、アメリカのグラント将軍一行が訪日の際、日光遊覧からの帰途に、大嶋製糸場を訪問し、昼食の饗応を受けた建物がこの待春軒であろうと伝えられる。明治三十五年、*原三溪が大嶋製糸場の譲渡を受けた際にこの建物も譲渡され、同四十三年三月、三溪園へ移して、来園者の休憩所また茶会や歌会、句会などに用いられていた。外観は寄棟造の母屋と、母屋からL字形に曲がった入母屋の突出部をもつ曲屋形式（突出部は馬屋にしており東北地方によく見られる民家の形式）。その突出部分の壁を取り払っており、待合として用いられたと考えられる。第二次世界大戦中に焼失。

滞春亭【たいしゅんてい】

静岡県熱海市にある*藤原暁雲の旧別邸。現在は三井物産の保養所となっている。滞春亭の敷地内には、かつて本館（洋館）、*倶忘軒、離れ家、外腰掛があったが、本館と離れ家は建て替えられ、現在は倶忘軒と腰掛がのこる。

大小庵【だいしょうあん】

大阪府池田市の*池田文庫にある茶室。はじめ、*小林逸翁の本邸に数寄屋師・*笛吹嘉一郎によって造られたというが、この大小庵は譲られて、昭和十六年（一九四一）に新しく建てられたのが今の大小庵である。逸翁没後の昭和三十五年に現在地へ移築された。逸翁が田舎家と呼んで愛用したといわれる。外観は切妻造桟瓦葺、内部は四畳半台目。南側西寄りにある点前座は炉を台目切に切り、勝手付側に一重棚を釣って、下地窓に連子窓を重ねあける。その風炉先側に床を設け、床柱には一面に杣なぐりの曲がりのある丸太を立てる。点前座側の壁には竹を入れて下部を吹抜き、脇に少し壁を付し竹を立てている。上座側、客の入口は三枚障子で、小壁中央に下地窓をあけた開放的な構成となっている。庵名は逸翁の座右の銘ともいうべき「胆大

「心小」から名づけられたもので、扁額は三井高保の筆による。

大小庵

大小庵　床と点前座側

大乗院【だいじょういん】

奈良市高畑町にあった興福寺の門跡寺院。*一乗院と並び称される。現在の奈良ホテルの南側の地に寛治元年（一〇八七）、藤原政兼の子・隆禅が創建。その庭園は一時移設されて荒廃したが、十五世紀末の院主・尋尊が*足利義政の*東山殿の庭園を造った善阿弥父子を招き改修させ現存、名勝指定を受けている。また尋尊、政覚、経尋の三代にわたる院主の記録『大乗院寺社雑事記』には奈良で行われた茶に関する記述が少なからず見られる。なお奈良国立博物館の茶室*八窓庵は、もと大乗院庭園内にあった茶室含翠亭で、明治二十五年（一八九二）に移築された。

台子【だいす】

*棚物の一種。*書院や*広間で行われる茶の湯に用いられ、風炉、釜、水指、杓立などを荘る。『草人木』や『南方録』などに記載される伝承によれば、文永四年（一二六七）に中国の宋から帰朝した*南浦紹明が台子と皆具一式を持ち帰り、筑前国（福岡県）の崇福寺の什物とした。後に大徳寺、天龍寺を経て、室町将軍家に伝えられ、*能阿弥ら*同朋衆と*珠光によって台子荘の法式が定められ、その後、*武野紹鷗、*千利休によって台子による茶の湯の法式が定まり、台子が根本となって*カネ割や点茶の規矩作法が定められたとされる。ただし、室町将軍家で台子の茶会が行われた形跡がないことなどから、現在、台子は茶の湯成立期になって点前座に置かれた日本独自のものだと考えられている。利休の時代以降、茶会で台子が使われることは少なくなり、台子の点前が秘伝化していくこととなる。台子には、*真塗の真台子をはじめ、竹台子、及台子、高麗台子、爪紅台子の五つ台子などがあり、台子から各種の*大棚や小棚、*長板などが派生し生まれた。また台目畳は、台子や棚物の使用を許さない点前畳の規格として工夫されたものともいう。

台子　真台子

台杉【だいすぎ】

枝打ちなどにより仕立てられた杉。根元付近で萌芽した複数の幹を垂直に生育させたもの。通常、*北山杉で行われ、生産地である北山高雄の狭い森林において、生産量を増やすために古くから行われてきた。その始まりは室町時代中期ともいわれる。観賞用にも好まれ、寺社をはじめ民家の庭園植栽としてよく用いられる。

台子所【だいすどころ】

書院式の広間で*台子の茶事を行う時、台子を置くところをいう。室町時代の御殿における茶の湯では、客座敷とは別に台子を備えた台子所が設けられ、ここが点茶所として使用されると同時に、茶の湯の場としても使われた。点茶所と客座が一つに結合する主客同座の茶の湯へ進展する姿といえる。『*南方録』では「東山殿ノ御台子所ハ、御書院ゴトニ在之トイヘドモ、就中、南面御書院ノ台子所ヲ以テ相伝ノコトトモ、能・相モ記シヲカレシナリ、宗啓カ用ニノキコトナガラ、後代ノモノガタリニモナリ、寺院・客殿等ノ好ニモ面影ヲウツスコトアルマジキニアラス、左ニ図ヲ記シトヾム」として図を記すが、入側広座敷で、幅一間半、奥行四間の十二畳敷の御上畳に向かい合うところとなっている。

台子の座【だいすのざ】

*点前座における*カネ割のことで、*点前畳のうち*台子を据える場所をいう。点前畳一畳を二等分すると半畳の*道具座部分と半畳の*居座部分に分けられる。その道具座上に台子を据えるが、およそ半分の面積を占める。居座と台子の座のあいだには、道具を扱う場所である*道具扱いの座が設定される。道具扱いの座の広さは時代による若干の変動があって、それによって台子の座の広さも移動する。なお『*南方録』では、*台目畳を*丸畳から台子の大きさと*風炉先屏風の幅を除いた長さだと説明する。もっともこれは後付けされた説との見方が強いが、同書では台子を基準にした合理的な説明が行われている。

台子の間【だいすのま】

*書院などで大茶会が行われる時、それに接する次の間を膳立の間と呼び、控えの間という意味をもつが、それを古くは台子の間と呼ぶことがあった。

待清庵【たいせいあん】

奈良県生駒郡斑鳩町の蒲生家にある茶室。文化から文政年間（一八〇四～三〇）の頃、法隆寺の善住院大僧正・覚賢が建てたと考えられる。明治時代に善住院より樋口しょうすけが現在地に移築し、近年の改修時には農澤宗也の助言を受け、逆勝手の席に変更した。扁額は葉室山鶴峯禅師の書で彫刻は覚賢。内部は四畳半。現在は北西に点前座を構えるが、南側、床の下部を板戸を入れた地袋として、左側が竹の簀子棚を設けた洞庫となっているので、以前は床前が点前座だったと考えられる。ただし、節のある赤松皮付の床柱には埋木が所々に見られ、不明な部分が多い。西側、北側はすべて壁面とするが、それぞれ中央に端正な面皮柱、曲がりのある櫟の柱を立て、長押に相当する位置に煤竹を廻す。東面は南側半間を壁面として半月窓をあけ、のこり一間に三枚障子を建て、茶道口及び給仕口としているが、こちらが本来は客の出入り口だったのであろう。点前座付近に洞庫が付く茶室は、天理市の*足達家の茶室のうち、斑鳩から移築された正門脇の三畳茶室とも共通しており、斑鳩地方の茶室、あるいは近世法隆寺僧侶の茶のあり方を見る上で貴重な遺構である。

大仙院【だいせんいん】

京都市北区にある*大徳寺の塔頭。大徳寺北派の本庵。「大僊院」とも書く。開祖は古嶽宗亘（一四六五～一五四八）で、近江（滋賀県）の六角政頼が子の古嶽のために創建した。堺（大阪府）の*南宗寺の本寺であったため、歴代院主が堺の豪商の帰依を受け、茶の湯との関係も深い。本堂（国宝）は永正十年（一五一三）の建築。障壁画として伝相阿弥筆瀟湘八景図、狩野元信筆花鳥図、狩野之信筆四季耕作図（ともに重要文化財）などが伝わる。大燈国師墨蹟（国宝）はじめ、書蹟類も多く所蔵される。本堂の北東には、古嶽の作庭といわれる枯山水庭園（本堂東庭、史跡・特別名勝）があり、慶長十九年（一六一四）に造営された書院（重要文化財）の南側の庭園も名勝。

退蔵院【たいぞういん】

京都市右京区にある*妙心寺の塔頭。応永十一年（一四〇四）、波多野重通が無因宗因を開山として創建。寺宝として如拙筆の瓢鮎図（国宝）が有名。方丈は重要文化財で、方丈西の庭園は史跡、名勝に指定されている。書院裏には、千山和尚によって造られた二畳台目向板入の茶室がある。この茶室は、江戸時代の妙心寺では茶の湯は修行の妨げになるとして禁じられたため、それに対処して工夫した作例であるという。

大徳寺【だいとくじ】

京都市北区紫野大徳寺町にある臨済宗大徳寺派の大本山。山号は龍宝山。開山は宗峰妙超。師の南浦紹明の入寂後、京都東山の雲居庵で修行、正和四年（一三一五）に赤松則村の帰依を受け、紫野に小庵を設けたことが始まり。正中二年（一三二五）二月に花園上皇の院宣、七月に後醍醐天皇の綸旨が下され、両皇統の祈願所になる。嘉暦元年（一三二六）に法堂が落成、祝国開堂を挙行、寺観が整った。元弘三年（一三三三）には後醍醐天皇から「本朝無双之禅苑」の勅額を賜り、南禅寺と同格の「五山之上」と寺格が定められ、建武四年（一三三七）、花園上皇から、住持は宗峰の門派一流の相承と定められた。永享三年（一四三一）大徳寺は五山の制を脱し、五山派に対して林下（山林派、山隣派）の宗風を興している。また徳禅寺、龍翔寺ほか、別院や塔頭も増えている。応仁の乱前後、一休宗純が人気を上げ、新興の小、大名や町人らの帰依を受けて乱後焼失した大徳寺を再興。以後、一休の真珠派、陽峰宗韶の龍泉派、東溪宗牧の南派、古嶽宗亘の北派の四派が形成される。特に北派は茶の湯を好む町人らの帰依を受けるようになり、千利休は天正十三、四年（一五八五、六）頃、大徳寺門前の屋敷に住んでいる（千利休の屋敷の項を参照）。天正十年に豊臣秀吉は山内で織田信長の葬儀をし、古溪宗陳を開山に信長の位牌所として総見院を創建。その後、有力武将によって塔頭が続々と新設された。天正十七年、大徳寺三門の上層、金毛閣を造営寄進したが、そこに自身の木像を上げたことが原因で、秀吉の怒りに触れる事件も生じた。江戸時代になると、幕府は大徳寺法度を制定し圧力を高めたため、寛永四年（一六二七）澤庵宗彭、玉室宗珀、江月宗玩らが抗弁書を提出、寛永六年に澤庵、玉室は流罪の刑に処せられた（紫衣事件）。しかし寛永十三年の開山国師三百年忌にあたり、三代将軍徳川家光の寄進を受け、法堂の造営など、復興が進められた。その後「茶禅一味」を宣揚、「大徳寺もの」の茶掛物の流布など、大徳寺の茶の湯本山観が確立した。現在、別院と塔頭は二十四カ寺で、それぞれ絵画、墨蹟、茶室、庭園など、文化財を多く伝えている。

大徳寺垣【だいとくじがき】

竹穂垣の一種。横方向に並べた竹穂を下地とし、その表面に縦方向に揃えた竹穂を張るが、その際、竹穂の節位置及び、枝穂の左右を美しく揃えて化粧とし、割竹の押縁で押さえる。『石組園生八重垣伝』に記載され、「骨組は建仁寺垣の仕立てにて竹の枝にてするなり、小枝左右へさばき針かねにてしめ蕨縄をもって化粧をゆうべし」とある。

大徳寺垣

大徳寺門前屋敷【だいとくじもんぜんやしき】

千利休の屋敷の項を参照。⇒千利休の屋敷【せんりきゅうのやしき】

台所【だいどころ】

食物を調理し、配膳を行う室。食事をする空間を含むこともある。「炊事場」「勝手」「厨房」「厨」なども同義語である。

大日本茶道学会【だいにほんちゃどうがっかい】

田中仙樵（一八七五～一九六〇）が創始した茶道流派。創設者の仙樵は明治八年（一八七五）、京都府の生まれ。二十歳の時、裏千家十一代玄々斎精中門下の前田瑞雪の居宅に住み込み修行をし、裏千家十三代圓能斎鉄中より皆伝を受けた。さらに建仁寺の竹田默雷に参禅。後に石州流の野崎兎園に入門し、奥秘皆伝を得る。明治三十一年、鳥尾小弥太（得庵）を初代会長に迎え、京都の高台寺塔頭玉雲院に本部を置き、大日本茶道学会を設立。大日本茶道学会という名称は伝承されてきた数々の先人の茶道の精神性と技を、近代的な環境に照らし合わせて研究、公開していくことで、後世に伝えていくことを目指した仙樵の理念に基づいている。明治四十三年に東京に移り、大正四年(一九一五)、夏期講習会を開いた。間もなく、音羽の鳥尾邸に茶室三徳庵を建て、昭和十三年(一九三八)、現在の本部がある新宿区左門町に移ったが、戦災で焼失。昭和二十八年、三徳庵を移建し、如鶴軒を造立。同三十五年には書院槐南軒を営む。四代会長の仙翁は昭和四十五年、本部内に前田瑞雪ゆかりの茶室知水亭を再建した。現在会長は五代仙堂。

体のカネ【たいのかね】

十一のカネの項を参照。⇩十一のカネ【じゅういちのかね】

松明垣【たいまつがき】

細い割竹を松明状に束ねたものを立て並べて、胴縁に結った垣。割竹の代りに、竹穂、萩、黒文字の枝などを束にして用いる場合もある。束をすべて表に結うものと、表裏に交互に結うものがある。

當麻寺【たいまでら】

奈良県葛城市當麻にある真言宗、浄土宗兼帯の寺院。山号は二上山。江戸時代までは法相宗であった。春に行われる聖衆来迎練供養会式や牡丹で有名である。創建については、用明天皇の皇子麻呂古(子)王が創建した禅林寺を當麻国見が氏寺として現在地に移したことに始まるという説などがあるが、東西両塔を備えた伽藍配置や金堂本尊の弥勒菩薩坐像の存在から見て白鳳時代に始まると考えられる。藤原豊成の娘・中将姫が蓮糸で一日で織り上げたとされる中将姫伝説による當麻曼荼羅が有名で、本尊として長らく礼拝されてきた。松室院、不動院、奥院、来迎院など十三の塔頭があり、そのうち中之坊は、片桐石州が後西天皇を迎えるために建てたと伝えられる書院(重要文化財)や、石州の作庭と伝える庭園(史跡、名勝)をのこす。書院の茶室として四畳半に大きな円窓をあけた双塔庵(中之坊茶室の項を参照)と二畳中板入の知足庵がある。

當麻寺形燈籠【たいまでらがたどうろう】

石燈籠の一種。當麻寺にある奈良時代のもの(重要文化財)を本歌とする。本歌は現存する日本最古の石燈籠ともされ、同寺そばの二上山から産する凝灰岩(穴虫石)で作られていることから「穴虫石の石燈籠」ともいわれる。磨耗や破損が激しく以前の姿をはっきりとすることはできないが、中台が八角形を呈することから八角形燈籠と考えられる。竿には中央に二節、下部に一節あり、中央の節の部分がやや膨らんだ形状をしている。火袋はすでに失われており、木製になっている。(付録13頁参照)

大名庭園【だいみょうていえん】

江戸時代に大名が江戸屋敷、または領地内に造った庭園。一般的には回遊式庭園の形式で、特にその初期は将軍の御成を迎えるため、広大な庭を競って造った。茶の湯をはじめとする教養や接遇の場としての要素が庭園構成に反映された。江戸に営まれた水戸藩の小石川後楽園など徳川御三家の庭園は、江戸市中への火災や洪水の被害を防止する都市装置という機能も期待されていた。やがて大名は江戸屋敷のみならず、国許の屋敷にも領地の治山治水の施策と連動させつつ、それぞれ立地を巧みに生かした特徴ある庭園を造営していく。栗林公園や後楽園、兼六園、養翠園などがその例である。

台目構え【だいめがまえ】

炉を台目切とした茶室の形式。点前座は台目畳である場合が多いが、丸畳のこともある。もとは「大目構え」と書いた。特に中柱と袖壁で点前座を曖昧に囲い、内側に釣棚を設けた点前座の形式をいうことが多い。天井は落天井であることが多い。千利休が大坂屋敷で試みた三畳台目がその嚆矢とされる(深三畳半、細長三畳、三畳台目の項を参照)。袖壁が下まで塗り詰められていたが、のちの茶人たちはこの部分を吹抜き、客座から亭主の手元を見やすくした。これは同じ室内でありながら、客座に対して別室の小さな茶立所という意味をもたせたもので、亭主の謙虚さを表現したものとなる。一方で、中柱や袖壁など、様々な要素が点前座に集中し、客から見た座敷の景としての意味もある。

台目切【だいめぎり】

茶室における炉の切り方の一つ。点前畳が台目畳の時に、出炉に切った炉をいう。出炉には、*丸畳の横に切る*四畳半切と、台目畳の横に切る台目切がある。丸畳の場合だと、これを二分した半畳ずつを*居座と*道具座とに割り当て、両者の境界線に接して居座側に炉を切ると四畳半切になる。道具座はさらに二分して考え、奥の四分の一が台子など棚物を置く*台子の座、手前ののこり四分の一が茶を点てる*道具扱いの座となる。これに対し台目畳の場合、居座から見た炉の位置は変わらないので、道具座が結果的に約四分の一畳しかのこらないことになる。それゆえ、台目切ではもう台子は置けず、あらかじめ台子に道具を荘り付けておく*書院での茶のようなことはできない。台目切が目指すのは、客前に水屋から点前道具を運び出し、畳の上にじかに置き合わせて点前をするような(*運び点前)、わび茶のための炉である。客の座敷が常に確保され、そこに完備された道具でいつでも客をもてなすことができるという前提ではなく、普段は自らの生活や修養の場として使っている座敷を、客が訪ね来れば拒まず招き入れ、有りあわせの道具をもち出してもてなすという見立てであり、わび茶の精神を表した炉の構えといえる。ただし、この炉の切り方は丸畳でも可能であり、道具座と居座の境界線から、道具座側のほうに炉を切る(「上げて切る」という)と、やはり道具座ののこりは約四分の一畳になる。このような炉の切り方を*上げ台目切という。(付録18頁参照)

台目畳【だいめだたみ】

*丸畳の長辺を、その約四分の三の長さにした畳。「大目畳」とも書く。『*南方録』ではこの寸法の意味を、丸畳から*台子の座を切り除いた大きさと定義した。このような大きさが、そもそもどのような意図で生まれたのか、それを明確に説いたものは『南方録』以前には今のところ見当たらないが、もとをたどると『*山上宗二記』や『*茶湯秘抄』に掲げられた*二畳半の点前座に至る。この二畳半は、半とはしているものの三畳分の広さがあり、かつ客座二畳とのあいだに半間の長さの*袖壁を設けるために、亭主の座る居座先の半畳分が袖壁で隠れて、客座からは見えない。それゆえ半という呼び方がなされたと考えられるが、隠れた部分には*茶道口があくほか、亭主はそこから入って客から見えないように手桶を置き、そのあと他の道具も運び入れて、半回転して着座したようである。したがって亭主は、壁で隠れた手近のところも点前座の一部として使っていた。つまり、半畳よりも大きめの広さを点前座として使っていたことになる。また、その後まもなくの天正十二年(一五八四)頃に現れた、*千利休の大坂屋敷の「細長イ三畳敷」(細長三畳、深三畳半の項を参照)の点前座になると、明らかに丸畳と*半畳とのあいだの大きさの畳を点前畳として敷き、これに中柱、袖壁、釣棚(釣棚の項❶を参照)、*台目切の炉を組み合わせた構えを創り出していた。したがってこの茶室が、*台目構え(大目構え)の構成の初見例と考えられている。ただ、ここでも袖壁は、今の台目構えのように下部を吹抜いたものではなく、下まで壁が続いて半畳分しか見えなかったため、やはり「深三畳半」とも呼ばれていた。しかし同時に、この平面形式を「深三畳大目」と呼んでいる例も見られ、「大目」と呼ぶべき、新たな大きさの畳の使用が始まっていることも認識されていた。「大目」という語自体は室町時代にも使われていたらしいが、慶長八年(一六〇三)刊行の『日葡辞書』によると、「Daime」の意味が「半分以上、または三分の二」であったことも知られ、半畳より「大き目」の畳という理解で使われていたことが察せられる。またこれについて、『*細川三斎御伝受書』では、利休の「三畳大目」図を掲げながら、「大目ト云ハ六尺三寸ノ畳四分一、一尺五寸七分半切除残而四尺七寸二分半ヲ云也　但四分ノ中大目残ル故ニ大目ト名ク」とあり、有楽流の茶書『*茶道正伝集』も同様の寸法をのせている。一方では『*古田織部正殿聞書』に「大目畳ノ長サノ事、常ノ六尺三寸

台目畳　奥の点前座が台目畳。その手前は半畳

ノ畳ヲ一尺八寸切リタル者也、是ニテ道具置合スルニ先ノ方不延、手前モツマラヌ恰好能ト定也」ともあった。その後、台目構えをもつ茶室がひろく浸透したこともあって、「三畳大目」とか「二畳大」などといった表現が一般的となった。台目構えが普及した前提には、もちろん、利休によるわび茶のあり方が急速にひろく受け入れられるようになったことがある。それは、あらかじめ台子を置いて名物の道具を茶室に荘っておくということをせず、客の席入り後に道具を運び入れ、畳の上に置き合わせるという点前（運び点前）こそ、わび茶にふさわしいあり方だとして共感を得たのであろう。またその意味で、台目構えの構成も、台子の座を設けないことを視覚的に表明したものとして、わび茶にふさわしいと認識されたからと考えられる。一方、台目構えとは別ながら、同様の趣旨から、台目畳と向板を組み合わせた裏千家今日庵のような点前座もしばしば見られるようになった。また元禄年間（一六八八～一七〇四）頃には、久田宗全（久田家の項を参照）の茶室のように、客畳に台目畳を活用する例も試みられるようになった（宗全指図帳）。このように、台目畳の汎用が進む中、元禄二年成立の『南方録』では、それまでの「四分の一を切り除く」とか、「点前の恰好がよいとして一尺六寸切る」という考え方に道理を感じなかったのか、およそ以下のような考え方を示している。すなわち、台目切の炉は元来、一尺四寸四方の風炉の座を右の畳に出して炉を切ったもので、それは六尺三寸の畳のうち、台子の幅一尺四寸と、風炉先屏風の厚み一寸の、計一尺五寸を欠き取った分にあたる。台子の置き目の分を切り除けるので、「台目切ノ畳、台目カキノ畳ト云也、台目畳ノ尺ワリ如左」「六尺三寸ノ内、向一尺五寸右ノツモリニテ除之、残テ四尺八寸ノ畳也」と定義していた。それまで、「大目」というやや曖昧な名で呼び習わしてきた畳の大きさに対して、「台子の座を切り取った、わび茶にかなう畳の大きさ」という明確な定義を与えたので、茶人も納得したのであろう、その後「台目」という用字がひろがり定着していった。

台目棚【だいめだな】

葭棚と同じ。⇒葭棚【よしだな】❶

台目床【だいめどこ】

間口がほぼ台目、つまり畳の長辺の四分の一を切り取った寸法の床。一間床で張付壁という形式は、珠光、武野紹鷗以来守られてきた伝統であった。千利休も先例にならって一間床を構えていたが、天正十一、二年（一五八三、四）頃、大坂屋敷に造っていた三畳台目の茶室で初めて五尺床を試みた。天正十二、三年頃には大徳寺門前屋敷の四畳半（不審庵）にも五尺床を造っていたが（江岑夏書）、四畳半ではそれが初めての試みであった。また室内の壁は張付壁から土壁にあらためられていたが、床の中の壁はまだ土壁でなく薄墨色の張付壁であった。そして聚楽屋敷（利休の屋敷については、千利休の屋敷の項を参照）の四畳半において、「荒壁ニ掛モノ面白」いとして（利休伝書）、床の中の壁を土壁として、さらには室床を創出するに至る。天正十三、四年頃、千少庵が二条屋敷の二畳半（千少庵の屋敷と茶室の項を参照）に四尺という狭い間口の床を構えているのを見た利休は、ただちに大徳寺門前屋敷の四畳半の五尺床を間口四尺三寸にまで狭めたという（江岑夏書）。ここに台目床が創出されたのである。床は、本来は貴人の座であり、名物を荘る場であったことから、四畳半だけでなく四畳半以下の茶室にも一間床を設ける風潮が強かったことを考えると、ここから利休の試みの進歩性を読みとることができる。床の間口を狭めることによって一層のわびの進展を図ったのであり、名物の呪縛から解き放たれた床は自由な造形の対象となった。

台目柱【だいめばしら】

中柱と同じ。⇒中柱【なかばしら】

台面【だいめん】

床脇の一形式。畳と同一面に地板を敷き込んだもの。このような形式でも、地板の上に道具を荘り付けることができるため、棚の一形式とみることができる。

対面所【たいめんじょ】

室町時代から江戸時代の大、小名の屋敷や大寺院において、来客の応接に用いた表座敷。主に年始、五節句、朔日、十五日、その他武家、寺家礼法の行事の際に使われた。対面は、鎌倉幕府では侍で、室町幕府では*会所で行われていたが、*足利義政が花御所を新造した時に、会所とは別に対面所を設置したのが最初とされる。戦国時代から江戸時代にかけて主従関係を基本とした武家の身分秩序が重要視されると、武家屋敷の中心施設の一つとして存在が大きくなった。江戸時代以降は、対面所を広間、もしくは書院と呼ぶことが多い。西本願寺*白書院にある対面所は、九間×十一間半もの広さがあり、下段、*上段、上々段で構成される。*押板床、*違棚、*帳台構の座敷飾に加え、前庭に能舞台まで備えている。

大理石【だいりせき】

石灰岩のうち、その石質が精緻で美しいもの。岩石学上では結晶質石灰岩に分類され、石灰岩が熱による接触変性し再結晶した変成岩であるが、石材としては変成せずに色や縞状の模様に特色のあるものもさす。中国雲南省大理から産出するものが著名であったことからの呼称。世界各国で産出し、建築や石造品、彫刻に使用されている。日本の庭園や数寄屋建築では使用されることはまれであるが、手水鉢や石燈籠に使用される。建材としては樹脂由来の人工大理石やセメントに大理石粒子を混ぜた人造大理石が近年多く製造され、造作や内装材として発展している。

代笠席【たいりつせき】

京都市下京区の*渉成園にある煎茶室。渉成園の創立当時の建物は失われ、現在の建物は園内北側に、明治二十一年（一八八八）に再建された。寄棟造桟瓦葺の東西棟で、四畳半二室を並べて、南面に縁を設ける。東室には妻側に躙口をあけ、抹茶席としての利用にも対応する。西室には床まわりに凝った意匠が施され、間口いっぱいに入れた地板の中央に赤松の床柱を立て、落掛を捻って架けて床とし、床脇には円弧状の地袋と二重の棚を設ける。また西壁の下地窓は、右下隅を外側のみ塗りのこし、障子隅に三角形の影を落とす。天井は両室とも網代天井を張る。小規模ながら煎茶趣味が濃厚に現れている。席の東には茶畑が設けられている。この茶室は同園の*漱枕居（酒店）、*縮遠亭（飯店）とともに、三店（*三亭）の一つである茶店に見立てられる。

代笠席　西室　床側

対流軒【たいりゅうけん】

*裏千家の茶室。十三代圓能斎鉄中により大正十二年（一九二三）に建てられた、裏千家家元内で最大の広間。*咄々斎北側の*入側の東端に接続する。内部は面皮柱に*丸太長押を打ち廻した十四畳の座敷。東、西、南の三方に腰の低い*腰障

対流軒

対流軒　床側

子を建て、入側が廻る。南の入側は幅が一間あり、建具を取り外して三方の入側まで含めると二十八畳にひろがる。北側の正面に間口七尺の床と*地袋が並び、*付書院は東の入側に設けられている。地袋の裂地は九条家から寄進された*利休堂の戸張裂ののこりを用いる。太い皮付の床柱は*又隠の前庭にあったという赤松。*床框は面皮で面の部分は赤溜塗。南側の*欄間は遠山霞の彫刻のあるものを入れる。

對龍山荘

對龍山荘【たいりゅうさんそう】

京都市左京区にある市田弥一郎の旧山荘。弥一郎は天保十四年（一八四三）に近江国（滋賀県）に生まれ、呉服商として京都や東京に店を開いている。この地が瑞龍山南禅寺に対することから、對龍山荘と名づけられた。かつてこの地は南禅寺の境内地であったが、明治維新後の上知令の後、*伊集院兼常が明治二十九年から三十二年（一八九六〜九九）にかけて別邸を造った。それを清水吉次郎（十牛庵の項を参照）、次いで、明治三十四年には弥一郎が入手、*島田藤吉を棟梁、七代目*小川治兵衛を作庭者として改修が行われ、同三十八年には現在の山荘が形造られている。ちなみに兼常はここへ移る前、二条木屋町の*廣誠院に住んでいる。東山を借景とし、敷地の東側に琵琶湖疏水の豊富な水を用いた造園がなされ、西側に南北に長く建物を配置する。北から*對龍台（書院）、*聚遠亭、居間棟が連続する。主屋の東に突出した聚遠亭の北側にさらに茶室四畳半が続き、控えの間と水屋を挟んで道安囲の席が建つ。四畳半は、外観は切妻造桟瓦葺で、軒端は柿葺。この席の西が三畳の控えの間に、南は襖を建て込んで、聚遠亭と接している。床は北側に構え、赤松皮付の床柱、節目の目立つ档丸太を相手柱に立て、磨丸太を框に入れる。奥行きが深く、大平際に板畳を敷き込んでいる。西側に構えた点前座風炉先には、利休流では一般的には避けられる手法であるが、水屋との境の壁に大きな下地窓をあける。東側の面には障子三枚を引違いに建て込んだ中敷居窓をあけ、南寄り下座側には二枚障子の貴人口を設ける。この席では煎茶が行われていた古写真がのこっている。道安囲の席は、外観は東側へ棟を一段低く葺き下した切妻造柿葺。内部は四畳向板入の席で、炉を向切に切る（この形式は宗貞囲とも）。西側の点前座は丸畳一畳で勝手付に蛤棚を釣る。通常、道安囲では点前座と客座の境には中柱を立てて壁を設け、火燈口をあけるが、ここでは引違いに太鼓襖を建てている。南側下座に構える床は、室床形式で、松の杢板を敷き込む。床柱は入節のある絞丸太、框はところどころに釿目を施した档丸太。現在は株式会社ニトリが保有している。對龍山荘庭園は名勝に指定されている。

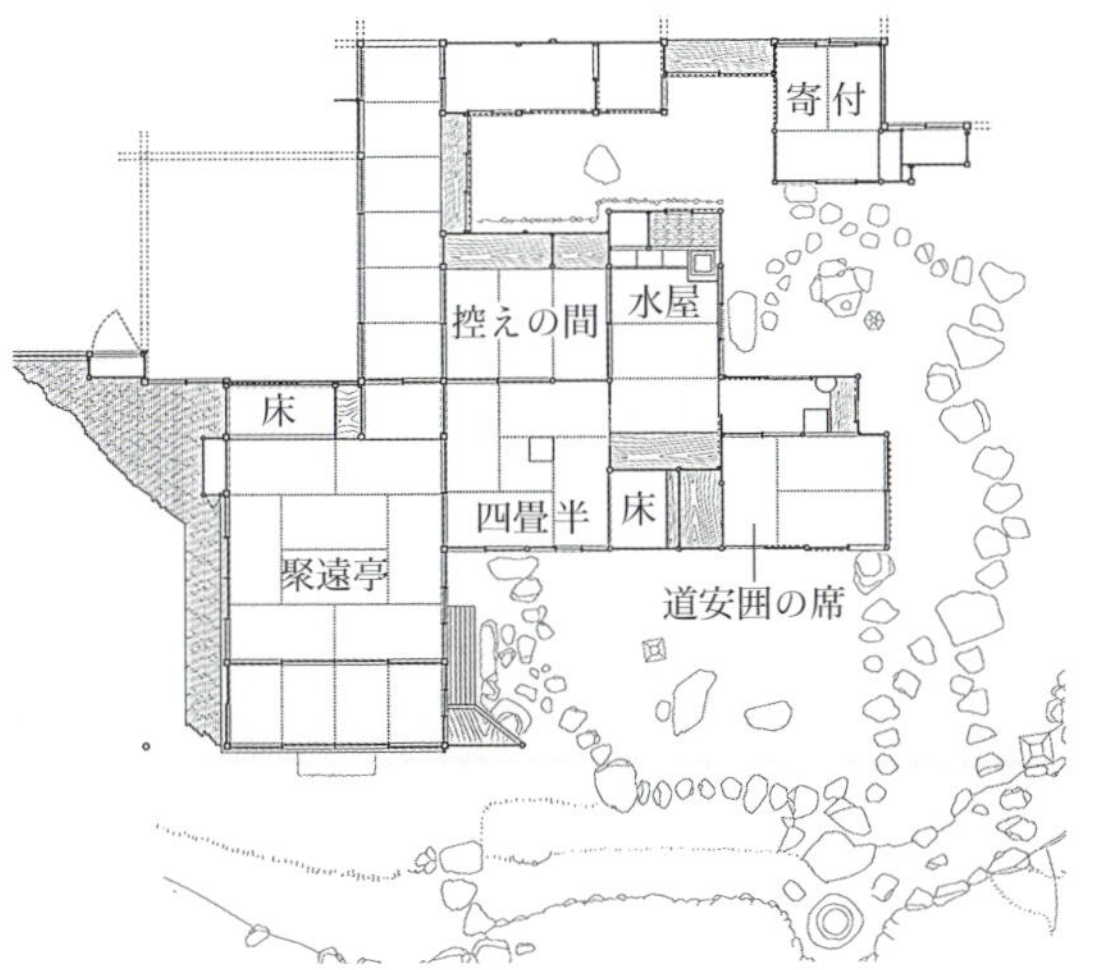

對龍山荘　茶室と露地付近

對龍台【たいりゅうだい】

京都市左京区の*對龍山荘にある書院。大工棟梁は東京の*島田藤吉。十二畳と次の間八畳からなる。西は半間幅の畳廊下が通り、南と、庭に面している東から北にかけて入側が廻り、庭に向かいガラス戸を建てて濡縁をめぐらし、勾欄を設けている。縁先には橋脚を利用した手水鉢が、また次の間とのあいだには伽藍石を利用した沓脱石が据えられる。主室は北側に台目二畳を上段のようにした床を構え、出隅に栂四方柾目の床柱を立てて、真塗の床框、桐の落掛、天井は和紙の張付天井。床の脇には一畳の書院を、さらにその東側には四枚障子、筬欄間を建てた平書院を備える。主室と次の間境には襖を建て込むが、連続した座敷として、襖、敷居を外すことができる工夫が施されている。鴨居上には菊と桐の欄間が入れられる。藤吉が大阪で良材を大量に購入して行われたという栂普請が特徴。

大輪棚【たいりんだな】

床脇に設けられる飾棚の一種。江戸時代に棚雛形として定型化される四十八棚の一つで、下方に寄せて二段の通棚を配し、上部に天袋を組み合わせたもの。『増補大匠雛形四 新板棚雛形』（一八六六年刊）には「是ハ押板なき所に用、おしいた（押板）によし」とある。

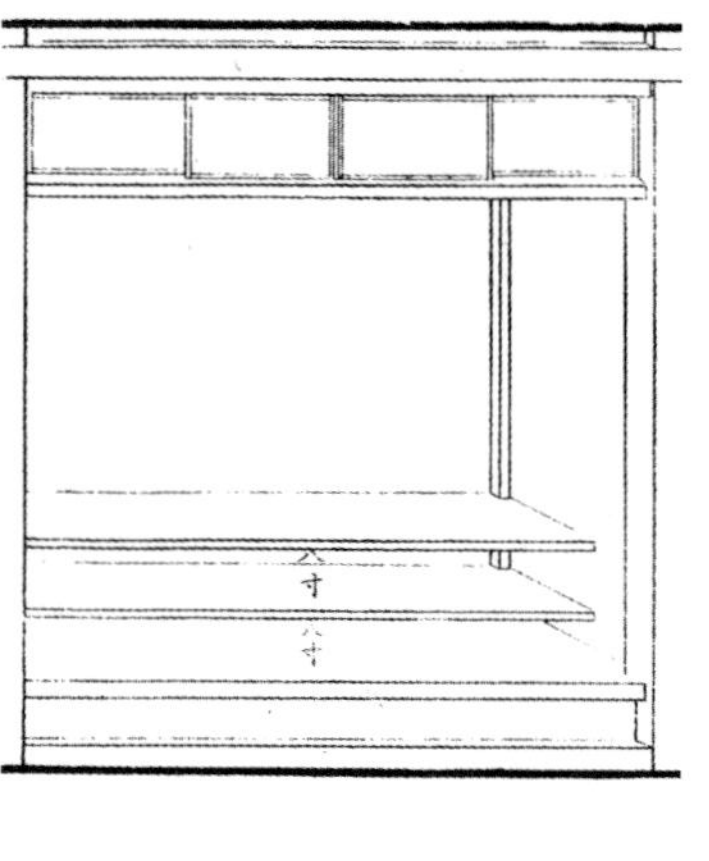

大輪棚 『増補大匠雛形四 新板棚雛形』

大炉【だいろ】

❶一般の炉の大きさは一尺四寸四方であるが、それより大きな炉をいう。よく知られたものとして裏千家の大炉の間のものがあり、六畳の座敷に一尺八寸四方の炉が四畳半切逆勝手に切られている。『宗湛日記』には一尺五寸から一尺七寸五分のものが大炉として記録されている。なお近代には、田舎家の茶室において半畳分ほどの囲炉裏をそのまま使用することがあり、それも大炉であるが、一般的には囲炉裏と呼ばれることが多い。

❷大阪市都島区の太閤園の茶室棟にある茶室。

⇒太閤園【たいこうえん】

大炉の間【だいろのま】

裏千家の茶室。咄々斎の西側に接続し、その次の間にあたる。六畳敷で、大炉が切られている。「大炉は一尺八寸四方、四畳半左切りが本法なり。但し六帖の席よし」と十一代玄々斎精中が規定するように一尺八寸四方の炉を逆勝手で切っている。炉壇は鼠土で仕上げられており、一尺四寸の炉壇と異なった仕上がりで、厳寒の時季にのみ開炉され、暖を取りながらの裏千家特有の点前が行われる。咄々斎八畳との部屋境だけに丸太長押を付け、鴨居は付けず、この長押に直接溝を突いている。敷居は移動式で、建てられた四枚の襖を外せば一間になる工夫がされている。この襖は反古襖としても知られ、引手は壺々引手。北側の鴨居上には、小松宮彰仁親王が玄々斎のために晩翠の名を用いて書いた「咄〻斎」の額が掲げられる。重要文化財。

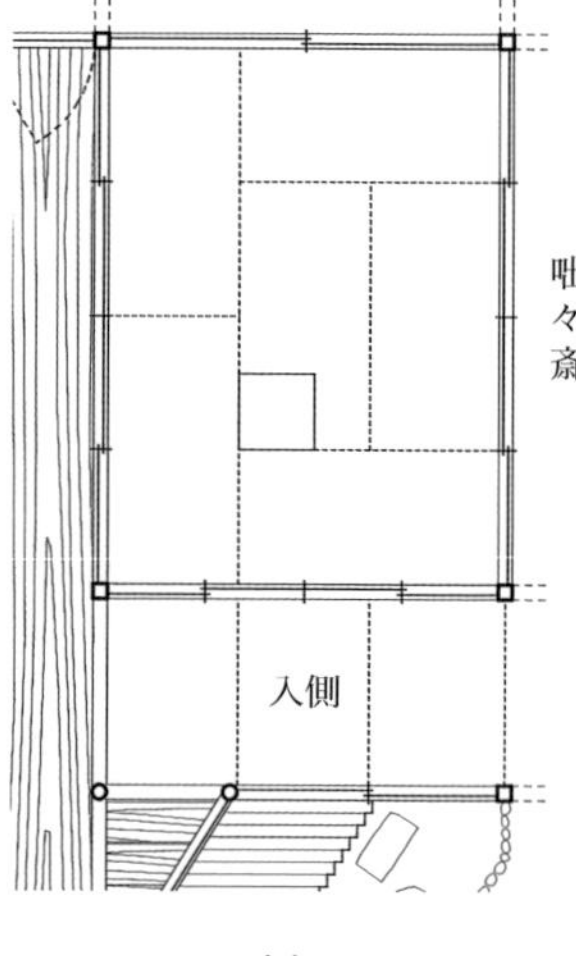

大炉の間

鷹頭筆返し【たかがしらふでがえし】

筆返しの一種。断面の形状が鷹の頭に似た形をしているもの。（付録19頁参照）

高木家の茶室【たかぎけのちゃしつ】

愛知県犬山市の高木家住宅にある茶室。高木家は昭和十年（一九三五）まで「ワタゼン」の屋号をもつ酒造業の家であった。主屋は大正二年（一九一三）の建造で、鍛冶屋町の大工・市橋清次郎による。外観は、西側を正面とした切妻造桟瓦葺、平入、前面は二階を塗籠（壁を塗廻した部屋）とする。二階の開口は虫籠窓。平面は間口六間、奥行九間で、南側二間に通り庭を通す片土間の平面である。吹抜け上部は指物で軸部を固めた上で、何段にも小屋束に貫を通した工法で、清次郎が手掛けた建築の特徴である。座敷は上座に一間半幅の床を設け、書院は一畳大の上々段の構えで書院床を設ける。一階の座敷背後に、渡り廊下を介して四畳半台目の茶室と露地がある。茶室外観は片流れ桟瓦葺で、南と西側に濡縁が矩折に廻り、西南隅に貴人口、矩折に躙口をあける。内部は東側に点前座と床を並べて設ける。東側に給仕口をあけ、向切の炉の先に床柱が立ち、斜めの前板を風炉先部分に入れる。床は台目幅の板床を構え、床柱は赤松。点前座の天井は網代の落天井で、客座は野根板張り。点前座の東側には三畳の水屋を配する。登録有形文化財。

高木捨次郎【たかぎすてじろう】

明治三十二年～昭和四十六年（一八九九～一九七一）。京都を中心に活躍した近現代の数寄屋大工。捨次郎の父・兼吉も明治時代を代表する名工であった。高木家は十一代透月斎竹窓の頃から*藪内家に出入りしていて、兼吉の没後は兼吉の弟子である*西川富太郎が出入りとなり、捨次郎は富太郎のもとで主な仕事をした。そごう大阪店和室改修などを手掛けている。

高瀬川二条苑【たかせがわにじょうえん】

京都市中京区にある旧山縣有朋別邸。山縣が営んだ*無鄰菴の名称をもつ三つの別邸のうち、現在、一般に無鄰菴と称される第三次の別邸の前に営まれた、第二次のもの。二条木屋町の高瀬川取水口に位置する。この地はもと高瀬川を開削した豪商・角倉了以一族が別邸を構えた地で、その一角には*小堀遠州が作庭したという茶庭ものこる。明治二十四年（一八九一）に山縣が取得して建物を造営した後、川田小一郎、清水吉次郎（十牛庵の項を参照）ら数人の手を経るあいだの明治時代中期から大正時代にかけて、建物の増改築と七代目*小川治兵衛による庭園整備がなされた。現在は高瀬川二条苑として日本料理店となる。高瀬川の流れにそって、洋館、主座敷、増築座敷、茶座敷が雁行形に並び、主座敷背後に別座敷、及び蔵が建つ。邸内で最も古い明治時代中期の建物は主座敷と別座敷で、いずれも栂普請の端正な意匠をもつ書院造である。大正時代に増築された増築座敷と茶座敷は数寄屋風の軽やかな意匠をもつ。増築座敷脇には入母屋造桟瓦葺、三畳中板入の独立した茶室が付属する。鴨川に面する一段高まった位置に建つ茶座敷は、杉の磨丸太を用いた数寄屋普請の建物。鴨川への眺望が開ける次の間付き十畳座敷の脇に、三畳半向板入、原叟床の茶室が設けられる。

誰が袖形手水鉢【たがそでがたちょうずばち】

袖形手水鉢と同じ。⇨袖形手水鉢【そでがたちょうずばち】

高取家住宅【たかとりけじゅうたく】

佐賀県唐津市にある高取伊好の旧住宅。唐津城の西の浜に約二千三百坪の敷地を有して所在する。伊好（一八五〇～一九二七）は、佐賀県多久の生まれで、多久藩郷校や佐賀藩校で学んだ後、慶應義塾を経て、工部省鉱山寮で近代採炭技術を学んだ。長崎や佐賀の炭鉱の第一線に立ち、晩年は「肥前の石炭王」と呼ばれた。唐津に居を構えたのは、唐津港が炭鉱の積出港だったことによる。主屋は東西に細長い敷地の中央に位置し、中庭を囲んで東側に木造二階建の大広間棟を、西側に木造平家建の居室棟を配す。茶室松風庵は大広間棟の北西隅に営まれる。待合を大玄関の中庭側に設け、いずれも中庭に張り出すように造られている。平成十四年から十七年（二〇〇二～〇五）の修理工事によって、大広間棟は明治三十七年（一九〇四、棟札）、居室棟は大正七年（一九一八、墨書）の建設で、茶室と待合は大広間棟から一時期遅れて明治時代末頃の完成であることが確認された。松風庵の名は、唐津湾に臨むこの立地にちなんで付けられたと推測される。扁額は*宗徧流八世の外学宗有の揮毫による。広さは四畳半で、天井は網代組天井、屋根は銅板葺。東側に畳床、南側に貴人口と円い下地窓を設け、西に躙口をあける。南面と西面の外まわりにはなぐり仕上げの濡縁をめぐらし、庇を差し出す。躙口は濡縁に一度上ってから潜る。茶室のまわりには四つ目垣をめぐらし、杉皮葺の中門を開く。大広間棟一階の畳を上げると能舞台に転換する座敷、大玄関、伊好の書斎、夫人の居間などの中庭を囲む諸室から庭に下ることができ、飛石によって中門へ導かれる。中庭全体が露地であり、要所に石燈籠、蹲踞、虎と達磨の陶製置物を置いて、中門の内外で内露地と外露地を演出する。居室棟にある夫人の居間（四畳）も木香庵と名づけられた茶室である。重要文化財。

鷹の御茶屋【たかのおんちゃや】

東京都中央区の浜離宮（*浜離宮恩賜庭園）にあった茶屋。徳川十一代将軍家斉が、寛政七年（一七九五）、浜離宮で鷹狩りを行う時の休憩所として建てた茶屋。外観は茅葺の田舎家風建物で、土間に三カ所の石炉を配し、鷹狩りの後、料理などをして宴を催し、浴室なども設置されていた。この茶屋の特徴は、鷹狩りの装束のまま休息するために、土間を広くとり、用材も松、杉を用いていた。土間の中央には囲炉裏があり、自在鉤には茶釜が懸けられるようにしてあったという。この田舎屋の風情から「藁葺の茶屋」ともいわれた。昭和十九年（一九四四）、戦災で焼失した。

高野川呉呂太【たかのがわごろた】

京都市左京区の高野川流域から産出した*呉呂太石。石質は結晶片岩で石英質を含む。白色の中に淡黒色の斑紋をもつ石で、美しい丸石である。差石などに珍重されるが、現在では採取されていない。

高野川畳石【たかのがわたたみいし】

京都市左京区の高野川流域、及び鴨東地区から産出した*呉呂太石。石質はホルンフェルスで石英質を含む。*白川石に見えるが淡黒色を帯び、中には褐色が混じるものもある。延段などに珍重されるが、現在では採取されていない。

高野川真黒石【たかのがわまぐろいし】

京都市左京区の高野川河床で採取された*真黒石。賀茂川の真黒石よりも黒く、青みを欠くもの。近代に入り採取されず、珍重される。軒内や露地に使われることが多い。

高野家離れ座敷【たかのけはなれざしき】

埼玉県さいたま市緑区の高野隆仙の屋敷内にあった離れ座敷。隆仙は江戸時代末期の蘭方医。寄棟造茅葺の外観で、四畳半と三畳とが襖で仕切られ、縁が廻る。四畳半は逆勝手で、畳床と天袋のある床脇とのあいだに狆潜りがあり、平書院となる壁に隅切の大きな下地窓があけられている。平成十七年（二〇〇五）に復原修理が行われた。

高橋箒庵【たかはしそうあん】

文久元年～昭和十二年（一八六一～一九三七）。近代の実業家、茶道研究家。水戸藩士高橋常房の四男として生まれる。名は義雄。慶應義塾卒業後、時事新報社の記者となり、製紙輸出業の調査にアメリカ、イギリス、フランスに行き、帰国後、明治二十三年（一八九〇）から翌年二月初めまで横浜貿易商組合の顧問となる。明治二十四年には三井銀行大阪支店長となり、その後三井呉服店（現三越伊勢丹）理事に就任、商品を陳列販売にしたり、大福帳から西洋式帳簿にあらためるなど様々な経営改革に取り組んだ。三井鉱山理事や王子製紙の社長などを歴任。茶道をはじめたのは*益田鈍翁の弟・克徳がきっかけといわれ、川部宗無、藤田宗仁に学び、茶室、露地の設計にも着手。箒庵の名は、二畳台目の好みの茶室を「箒庵」と名づけたことからその号があるという。明治三十一年には麹町一番町の邸内に三畳台目の茶室寸松庵（寸松庵の項❷を参照）を移築し、数年後に藤村庸軒好みの*澱看席を模した三畳敷の箒庵を建築。四谷伝馬町に転居後は、収集品の白紙で茶室全体を張り巡らす*白紙庵や広間の天馬軒などを造った。大正三年（一九一四）、箒庵は東京*護国寺に阿倍仲麿塚の古石碑とともに、一ツ木町の邸内に建てていた小堂を移築し、*仲麿堂とした。以降、同寺を茶道の本山とするべく、*月光殿をはじめ、*月窓軒、*化生庵、*艸雷庵、*不昧軒、*宗澄庵などの茶室を移築、及び建設した。大師会、和敬会で重きをなし、鈍翁、*原三溪らとともに財界数寄者の中心となる。著書は、『東都茶会記』『大正茶道記』などの執筆、『大正名器鑑』の編纂、日記『万象録』『箒のあと』など多数。また、昭和十年（一九三五）から刊行された『*数寄屋聚成』全二十巻では、正木直彦とともに顧問として名を列ねている。*高谷宗範と茶湯の理念をめぐり論争した。

高畠石【たかはたいし】

石材の一種。山形県東置賜郡高畠町から産出する石英粗面岩質の凝灰岩。同じ高畠石でも丁場により「瓜割石」「羽山石」「高安石」「味噌根石」「大笹生石」「西沢石」「海上石」「細越石」「沢福楽石」などと呼称が変わる。*大谷石などと同じ岩質で気泡や火山弾の粘土化した茶褐色のミソと呼ばれる窪みが多少あり、風化しやすいが、瓜割石は黄色を帯びた色調でミソが少なく、特に風合いが重宝されている。

高峰家の茶室【たかみねけのちゃしつ】

石川県金沢市の旧高峰家住宅離れにある茶室。もとは藩政期の加賀藩御典医・高峰精一が、明治五年（一八七二）、金沢城北の梅本町（大手町）に建てた住宅の離れにあった。この住宅は、昭和三十九年（一九六四）に解体され、そのうちの離れ部分が金沢湯涌江戸村に移り、さらに平成十三年（二〇〇一）、もとの住まいの地に近い黒門前緑地に移築された。この緑地は、もとは検事正官舎で、明治四十三年建築の官舎の建物が現存し、高峰家の建物とは渡り廊下でつなげられて、一般公開されている。高峰家離れの部分は、田舎間の九畳と四畳半の二席、及び三畳の水屋からなり、二席それぞれに切妻造銅板葺の屋根をのせ、上り口には庇も付けている。両席とも、上り口の丸太柱一本を除き、すべて角柱を立ててまとめた簡素な構成である。九畳の席は、全体十畳の広さのうち一畳分を板床と前板との構えとし、床柱は杉の角柱、床框は杉の磨丸太である。この床の位置と、室内の対角にある畳を点前座とする。また四畳半の席は、天井も鴨居も九畳より低く造った茶室風の寸法を採っているが、床はなく、台目畳の点前座の風炉先に板畳（深さ一尺一寸五分で通例の向板より浅い）を入れ、ここの壁を床に見立てている。したがって四畳半の席は、厳密にいうと三畳半台目の席ということになる。両席で最も特徴的なのは天井で、一面が、エキゾチックな意匠の小紋を型摺りした紙の張付天井になっている。この張付天井は水屋にも及び、こちらは、緩い台錐形の化粧天井と平天井とを組み合わせたものになっているが、天井以外にも、地袋や楕円形の窓、二種類の欄間など、様々な要素が組込まれ、三室の中で最も意匠がこらされている。なお精一の長男・譲吉（一八五四～一九二二）は、タカジアスターゼやアドレナリンの発明、発見などで世界的に知られた化学者、実業家で、梅本町の住まいは譲吉が育った場所でもあった。

鉄刀木【たがやさん】

マメ科センナ属の広葉高木。インド、東南アジアに広く分布する。*唐木として珍重され、*銘木の代表的なもののひとつ。薪炭材採取を目的として造林されていることもある。*心材を主として利用し、濃褐色から黒褐色でそれに加え淡色の細かい縞がある。重く堅硬であることから「鉄刀木」の字をあてる。*辺材は白色ないし淡黄白色。建築材として床柱などの柱材、床框、棚板などに用いる。

高谷宗範【たかやそうはん】

嘉永四年～昭和八年（一八五一～一九三三）。近代の茶人。名は恒太郎、桂堂と号した。豊前国中津（大分県）の出身。父・龍州はもと中津藩士で儒学者。福沢諭吉の勧めで東京に出て検事となり、明治十九年（一八八六）、ドイツへ留学。同二十六年に東京控訴院判事を最後に検事を辞し、弁護士を開業した。茶の湯は、初め宗鳳流の平井貯月庵に師事し、後に小堀宗舟（政休）門下となり遠州流茶道保存会を結成、茶道の興隆に尽力した。大正八年（一九一九）、京都府の木幡（宇治市）に*松殿山荘を造りはじめ、新たに山荘流を興した。この時に示した「茶道之定義」は、儒教を柱として儀礼、道徳に厳格な内容だった。さらに茶道経国として「茶道を以て国家経綸の機関となす」と説き、当時、茶道趣味至上主義を唱える*高橋箒庵と『茶道月報』上で論争が起った。この論争は『高谷宗範高橋箒庵両先生茶道論戦公開状』に収められている。伝記に『高谷宗範伝』がある。

高山右近【たかやまうこん】

天文二十一年～元和元年（一五五二～一六一五）。織豊時代から江戸時代前期の大名、茶人。幼名彦五郎、後に友祥、長房と称す。右近は通称。洗礼名ジュスト（義の人の意）。*利休七哲の一人に数えられる。摂津国高山（大阪府豊能郡豊能町）の土豪、高山飛騨守（図書）の子として生まれる。永禄六年（一五六三）、キリスト教の教義に共感し受洗した飛騨守は、翌五年に右近ら妻子と家臣を受洗させる。元亀四年（一五七三）、高山親子は荒木村重配下の高槻城主となるが、同年、村重が*織田信長に服従した後、高山親子も信長軍の一角となる。信長のもとで高槻城主となった右近は、領内に天主堂やセミナリヨを建立し、領民にも入信を勧める。茶の湯を始めた経緯は明らかではないが、天正五年（一五七七）に*千利休、*津田宗及を客として茶会を開いた記録がのこっており（天王寺屋会記）、若年の頃より右近の根幹にキリスト教と茶の湯があったことが知られる。天正十年の本能寺の変により、右近は*豊臣秀吉に属し戦果を挙げる。天正十三年には、秀吉から播磨国（兵庫県）明石に新たに領地六万石を与えられる。この頃、キリシタン大名だった右近の勧めにより*蒲生氏郷、黒田孝高（如水）、瀬田掃部、*牧村兵部らが入信する。天正十五年、秀吉はバテレン追放令を出し、右近には棄教を命じるが、右近はそれを拒絶し、領地没収と追放が命ぜられる。追放となった右近は、一時、小西行長に庇護され、天正十六年には、*前田利家に招かれて金沢（石川県）に下向、利家の客将となる。金沢城や高岡城（富山県）を修築する。天正十八年の小田原征伐では戦功を挙げ、利家から約二万石の知行を得る。文禄元年（一五九二）の朝鮮出兵の際には、肥前*名護屋城にて秀吉に謁見し茶会にも招かれている。金沢での右近は南坊と称し、茶の湯三昧の日々を過したといわれ、また北陸各地におけるキリスト教の布教につとめ、慶長六年（一六〇一）には金沢に南蛮寺（教会）を建立している。慶長十八年十二月の*徳川家康の禁教令によって、金沢から長崎に下る。慶長十九年十月七日、国外追放によりルソン島（フィリピン）に渡る。翌元和元年（一六一五）二月五日、病にてマニラで死去。

滝石組【たきいしぐみ】

庭園において滝（庭滝）を表現する*石組。「滝組」「滝口組」ともいう。滝石組を構成する主要な石は*水落石とその両側に立てる滝副石であり、水は水落石の上を流れて落ちる。水落石は「鏡石」とも呼ばれ、滝副石は「不動石」、「守護石」とも呼ばれる。そのほか、滝上部に据える波分石、流れる水を受ける*水受石、流れを左右に分ける*水分石、流れに変化を付ける木の葉返しの石、滝を目近で観賞するための滝見石などが用いられることもある。滝の水の落し方については、早くも『*作庭記』に記述があり、向落、片落、*伝落、離落、稜落、布落、*糸落、重落、左右落、横落など、自然の滝（*生得の山水）を観察し、様々な意匠の滝石組が平安時代において行われていたことを示している。このような自然の滝の姿を庭園に取り入れるものに対し、*天龍寺庭園や鹿苑寺（金閣寺）の庭園に見られる*龍門瀑は中国の龍門説話に取材したもので、三段に構成された滝を鯉が登り、龍に変化しようとする姿を表している。そのほか、*西本願寺の書院庭園の滝石組は、虎渓三笑の説話を表現すると伝えている。大徳寺塔頭*大仙院の庭園に見られるように、実際に水を落とさない*枯山水においても滝石組は用いられ、これを枯滝石組（枯滝の項を参照）ともいう。

滝口【たきぐち】

滝の水の落ち口のこと。*滝壺に対する語。*滝石組では、滝口に*水落石が据えられ重要な役石となる。また庭滝自身をさすことや、『築山庭造伝後編』では滝壺をさしている。

滝壺【たきつぼ】

滝の水が流れ落ち込むところ。*滝口に対する語。*滝石組では、滝壺に*水分石や*水受石などが据えられる。

滝本坊【たきのもとぼう】

京都府八幡市の石清水八幡宮にあった僧坊の一つ。僧坊とは長官や重職をつとめる僧侶が居住するところで、明治時代の神仏分離まで八幡大菩薩を祀る神仏習合の宮寺であった石清水八幡宮には多くの僧坊が存在していた。江戸時代には「男山四十八坊」と称されるほどで、同社が鎮座する男山の北、東、南にかけての斜面周辺に坊舎が建ち並ぶ様子はいくつかの絵図で確認できる。滝本坊は本殿の東側斜面中腹にあった坊で、その存在は長禄二年（一四五八）の八代将軍*足利義政参詣の記事（男山考古録）から現れる。江戸時代前期には、寛永の三筆の一人として知られる*松花堂昭乗の住房であったことで知られる。昭乗は慶長三年（一五九八）、十七歳の時に滝本坊実乗のもとで社僧となり、寛永四年（一六二七）には実乗の死去にともない住職となった。十年後の寛永十四年、昭乗は滝本坊を出て*泉坊に草庵の松花堂（松花堂の項❶を参照）を建てて隠居することになるが、それまでのあいだ、滝本坊に茶室*閑雲軒を建てた。それは「松花堂昭乗と小堀政一相語らひて好み営れし室」（男山考古録）とあるように、*小堀遠州の好みも取り入れた茶室であった。昭乗の滝本坊での茶会の様子は『松花堂茶会記』に詳しい。安永二年（一七七三）に滝本坊は隣の栗本坊とともに焼失し、その後、小書院などは再建されたが、閑雲軒は再建されなかった。神仏分離令のもと、明治初年（一八六八）頃破却された。

澤庵和尚茶亭之記【たくあんおしょうさていのき】

茶論書。*澤庵宗彭が柳生宗矩の茶亭で*小堀遠州と茶談を行った折に書いたと伝えられ、茶の湯は天地中和の気を楽しむことと説く。澤庵の撰で、弟子によって刊行された『結縄集』に収録されているほか、大徳寺四百三十世住持の大徹宗斗による写本などが伝わる。

澤庵宗彭【たくあんそうほう】

天正元年～正保二年（一五七三～一六四五）。江戸時代前期の臨済宗大徳寺派の僧。但馬国（兵庫県）出石の人。俗姓秋庭氏。冥之、無名子、十竹叟、東海暮翁、旦過了などと号した。十四歳の時に出石の宗鏡寺で得度。その後、同寺に来住した董甫宗仲（大徳寺百三十八世住持）に随侍して文禄三年（一五九四）に上洛し、*大徳寺の*春屋宗園に参じた。慶長六年（一六〇一）、董甫の示寂を機に堺（大阪府）に下り、大安寺の文西洞仁に師事して文墨を修めた。慶長九年、*南宗寺陽春庵の一凍紹滴の法を嗣いで澤庵の道号を授かった。次いで南宗寺十三世住持となり、同十四年には大徳寺百五十三世住持に出世した。しかし住山三日にして南宗寺へ退き、以後は同寺を本拠とし、大徳寺塔頭大仙院にも閑居、文雅風流の生活を送った。そのあいだ、近衛信尹のために『詠歌大概音義』一巻を述作し、『大燈国師年譜』を編集する。また、出石城主小出吉英との親交も知られ、大坂の陣後は吉英らの援助を得て、罹災した南宗寺の復興に尽力した。元和五年（一六一九）、南宗寺の伽藍竣工後、奈良の芳林庵や*酬恩庵に閑居したが、寛永四年（一六二七）、紫衣事件が起ると、玉室宗珀、*江月宗玩とともに幕府に抗弁、同六年、出羽国上山（山形県上山市）に配流となり、以後三年間、この地で謫居生活を送った。寛永九年、江戸に戻り、同十一年に帰京。三代将軍*徳川家光の帰依が厚く、寛永十五年、江戸品川の東海寺が創建されると澤庵を開山として住わせ、柳生宗矩とともに側近に召されて江戸に止住した。この間、江月を助けて大徳寺の復興を推進した。澤庵は烏丸光広、*松花堂昭乗ら多くの文化人たちと茶の湯、和歌、連歌などを介して親交を結んだ。また*近衛信尋には応山、細川忠利には台雲など、道号を授けた事例も多く、*千宗旦を物心両面にわたって援助した。茶の湯を*小堀遠州に学んだといわれ、一行物や書画の揮毫を盛んに行い、その書は茶の湯の掛物として高く評価されている。著書に『東海百首』『謫居千首』などの歌集、武道関係では宗矩に与えた『不動智神妙録』、茶の湯では『茶具詩歌』や『茶禅同一味』がある。『大猷院殿御実記』によると、東海寺では寛永十三年五月に遠州が茶室を造り、家光に茶を献じたこと、澤庵が開山として迎えられた同十五年には別に新しい庭園と茶亭が遠州によって造られたことが記される。また山形県上山市にある茶室*春雨庵は、昭和三十年（一九五五）に東海寺から一部の資材を譲り受けて再建したものである。

卓棚【たくだな】

⇒卓棚【しょくだな】

柝板【たくばん】

時刻や集会を知らせるために叩く板。「板木」「木版」ともいう。禅宗寺院に起原し、魚板、*鳴子形などがある。茶の湯においては玄関脇や*腰掛待合などに釣り下げ、客が来意を告げるためや*茶事で連客が揃ったことを知らせるために叩く。打ち鳴らす木槌を柝といい、打ち方には約束がある。

竹【たけ】

イネ科タケ亜科に属するタケ類の総称。タケ亜科にはタケやササ類があるが、竹と笹は古くより明確な区別があったわけではなく、大形のものを竹、小形のものを笹と一般的に呼んでいた。植物の分類上では筍の外皮が早く落ちるものをタケ類に、長く腐るまで付いているものをササ類とする。茎は横に生長する地下茎の節や先端から真っ直ぐ上へとのびる。円筒形の茎にも節があり、節と節の間は中空である。開花すると枯死する。庭園にもよく用いられ、地下茎から生じる若芽は筍として食用になる。稈は建築材、工芸品、楽器などにひろく用いられる。マダケ（真竹）、ハチク（淡竹）、モウソウチク（孟宗竹）を始め種類が多い。建築材としては、柱材、落掛、垂木、小舞、壁留、廻縁など幅広く用いられる。また角竹（角竹の項❶を参照）や図面竹（表面に薬品を用いて班紋を作り出したもの）などの人工竹、いわゆる銘竹の製品化も行われ、その全国的な流通は、京都の西山で生産加工されたものが昭和二十年代からひろがった。

竹　左から図面角竹、白竹、本煤竹、絞竹、黒竹、胡麻竹、皺竹

竹五腰刀掛【たけいつつごしかたなかけ】

茶室に設けられる刀掛の一種。竹柱を二本用い、これに竹釘を五本打って、五腰まで刀を掛けることができる。表千家七代如心斎天然の好みとも。

竹落掛【たけおとしがけ】

落掛の一種。床の落掛に竹を用いたもの。落掛には通常は杉を用いて、柾目を見付にして取り付けるが、白竹や煤竹などの竹を用いることがある。蘆花浅水荘では一畳あまりの小室である無尽蔵の床や、竹をふんだんに用いた六畳の竹の間に見られる（蘆花浅水荘の煎茶室の項を参照）。

竹垣【たけがき】

垣のうち、竹を用いたものの総称。竹垣の基本的な構造は、両端に親柱（留柱）、あいだに間柱を立て、高さに応じて横架材の胴縁を数段渡して骨格とする。この胴縁に丸竹、割竹、樹枝などの立子や組子を取り付け、表面を胴縁と挟むように押縁で固定し、上部に雨除けの玉縁をのせる。竹の結束には黒色の縄を用いる。透かし垣と遮蔽垣に大別され、前者には四つ目垣、鉄砲垣、光悦寺垣、金閣寺垣などがあり、後者には建仁寺垣、銀閣寺垣などがある。

竹掛燈台【たけかけとうだい】

竹製で、小間の茶室や水屋、廊下などの狭い場所において、折釘に掛けて使う掛燈台。利休形は丈が五寸三分、後ろ板とするため幅三寸に背を取り、下部の節間を筒状にのこし、それを火受に利用する。また桐木地の木掛燈台にも利休形がある。いずれも簡易な照明具として使われる。

竹刀掛【たけかたなかけ】

茶室に設けられる刀掛の一種。普通の刀掛の形式であるが、これを竹で作ったもので、千宗旦の好みといわれる。

竹框【たけがまち】

床框など、框に竹を用いたもの。天正十五年（一五八七）に豊臣秀吉が九州に滞在した時、神屋宗湛が箱崎（福岡市東区）の陣所で急造の茶室を造ったが、この席に大竹の框が使われていたことが、『宗湛日記』天正十五年六月二十五日朝の条に「二畳半青かやふきにかべくゝりの戸まで青かや也床一でう　かまち大竹也」と記されている。二畳半の小間で、しかも青茅で造られた非常に仮設的な茶室での例である。近世の遺構では例が少なく、蹴込床で蹴込板の代りに竹を用いたものを、大徳寺玉林院　霞床席や、當麻寺中之坊の双塔庵（中之坊茶室の項を参照）などにわずかに見ることができる。

竹釘【たけくぎ】

竹を材とした釘の総称。茶室や水屋、露地の様々な箇所に打たれ、用途に応じて大きさや打ち方が異なる。茶室内部では*軸釘、*袋釘(鉄製もある)など、水屋では水屋道具や手拭を掛けるため(*水屋竹釘)などに打たれる。また露地では箒掛釘や傘掛釘などに竹釘を用いる。

竹釘（軸釘）

竹格子【たけごうし】

細竹を組み合わせて造った*格子の総称。これに対して、木で造った格子のことを木格子という。窓や格子戸などで竹格子を用い、数寄屋の意匠とすることがある。『*南方録』には「紹鷗に成て、四畳半座敷所々にあらため、張付を土壁にし、木格子を竹格子にし」とあるが、ここでいう木格子や竹格子は*連子窓の意味と考えられる。

竹小舞【たけこまい】

伝統的な土壁を構成する*小舞のうち、竹を用いたもの。柱間に通した通貫(塗込貫)へ組まれた*栈竹に、一寸内外の間隔で小舞縄(藁縄)によって取り付けられる。

竹竿縁【たけさおぶち】

*竿縁の一種。竿縁に竹を用いたもの。『*茶譜』で、わびの茶室について「天井ノ鏡板ヲ取テ蒲ヲ編テ張、青竹ノフチヲ打、天井ニ用ユ、又ハ杉カ弱檜木ノ長片板ヲ、其幅一寸ハカリニシテ、少黒ク色ヲ付網代ニ組テ天井ニ張、女竹ノ皮ヲ取、二本宛ナラヘテフチニモ打、又青竹一本宛モフチニ打」とあるように、現在でも草庵式茶室の*野根(長片)板天井や*網代天井、*真菰天井、*蒲天井に、*女竹などの細いものを、*白竹や*煤竹として用いることが多い。

竹障子【たけしょうじ】

障子の一種。*組子に割竹を用いた障子のこと。現在ではあまり用いられないが、裏千家*利休堂、*待庵の*小障子などに例を見ることができる。『*茶道筌蹄』に「昔は下ざまの障子は竹を骨にせし故、小座敷に佗て竹骨を用ゆ」とあるように、竹を組子とした民家の粗末な障子のわびた風情を、小間の茶室に取り入れたものである。また同書には続けて「竹障子の骨は、横は皮付を上へ、竪は一本ならば皮を見付、三本は中の皮を見付、左右の二本は向ひ合せ、二本とも向ふへ合す、尤竹障子は小障子に限る、木にて作るは貴人方なり」と、組子の配列によって竹皮部分の向きに定法があることや、*貴人口などの障子には木の組子を用いることが記される。

武田儀右衛門【たけだぎえもん】

明和九年(一七七二)〜天保六年(一八三五)。江戸時代後期の数寄者。*藪内家の門人。摂津国有馬郡結場村(兵庫県神戸市)の大庄屋で、孫々庵紹翁と号す。『武田儀右衛門家文書』によれば、「有馬神社神主、官名宮内光甫改め出雲光徳。寛政六年(一七九四)二月、家督を継ぎ儀右衛門光富と改める。先代より諸大名方の金銀日付取引を成す」とある。茶を藪内家七代桂隠斎竹翁に学び、文政十二年(一八二九)に台子皆伝を受ける。元治元年(一八六四)の蛤御門の変により藪内家が焼失した際は、天保二年に儀右衛門が建てた*燕庵の写しが、慶応三年(一八六七)に藪内家に移築され、今の燕庵として伝わる。

竹田家住宅【たけだけじゅうたく】

愛知県名古屋市緑区にある竹田家の邸宅。竹田家は有松絞を扱う紋問屋、呉服商。天明の大火(一七八四年)の後に再建された主屋と、それに続き、明治時代から大正時代(一八六八〜一九二六)にかけて整備された書院棟などからなる。主屋は平家から二階建に改造されていて、二階の壁は黒漆喰の塗籠造、庇には明治時代のガス燈がのる。書院棟は、大正八年(一九一九)、名古屋の茶家・吉田紹清の好みで作成し、安藤惣兵衛を棟梁として建てられた。紹清の比較的初期の頃の作品で、玄関(四畳板入)、茶室(七畳)、書院(十三畳半)及び次の間(十畳)、洋室一室を備えている。外観は桟瓦葺の屋根で、南面は入母屋造、入側部分は銅板葺の庇がめぐらされている。南北に主室の広間、次の間を設けており、主室の広さは十三畳半でほぼ中央に上段床を設け、左の床柱は薩摩杉、右の床柱は栂、框は真塗、左右に床脇を設ける。左の床脇に付書院、右の床脇は天袋、その下に一重棚を設けている。また右の床脇は天井を落として網代天井を張り、壁には火燈縁を入れて吹抜きを造っている。七畳の茶室は玄関脇にあり、床柱は杉磨絞丸太を用い、床框は杉面皮付の春慶塗となっている。西側に露地が造られ、床脇に二枚障子の中敷居窓を設けている。床の右に床と並んで点前座があり、炉は向切、風炉先に框の上に竹を五本立て、中央に横貫を通して吹抜きを造っている。書院棟の南方の奥庭には離れがあり、ここには天明の大火に焼けのこったと伝えられる茶室がある。離れは主室八畳、次の間六畳と深三畳の茶室で構成されている。主室八畳は床と押入を備えており、次の間六畳は地袋を備えている。その東に板間の水屋を隔てて、深三畳の茶室と勝手三畳が設けられている。茶室は下座の一畳を点前座とし、炉は向切。床は踏込床で、床壁の左側上段に下地窓を付している。床前畳と点前座の境に、辛夷丸太の中柱を立てて袖壁を付け、下方を吹き抜き、上に下地窓をあけている。天井は床前は野根板の平天井、点前座は杉皮網代の落天井、客座の上は化粧屋根裏と三つに分かれている。茶室にとどまらず、居宅として全体に紹清の好みをよく伝えており、惣兵衛のすぐれた建築手腕を伝える遺構といえる。

武田五一【たけだごいち】

明治五年〜昭和十三年（一八七二〜一九三八）。建築家。広島県福山の出身。「関西建築界の父」とも呼ばれる。アール・ヌーヴォーやセセッションなど十九世紀末から二十世紀初頭の建築の新しいデザインを日本に紹介した。京都高等工芸学校（京都工芸繊維大学）図案科や京都帝国大学建築学科の基礎を築いた。設計した建物は社寺建築、和風建築から商業ビルまで多岐にわたる。代表的な作品に博物館明治村（愛知県犬山市）に移築された芝川邸（一九一一年）や京都府立図書館（一九〇九年）、山口県庁舎（一九一六年）、関西電力京都支店（一九三七年）などがあり、また平等院や法隆寺などの修理工事にも深くたずさわった。東京帝国大学の卒業研究では茶室建築についての研究を行い、のちに『茶室建築について』という著書にまとめられる。この研究において、*千利休の茶室の無駄を省いた造形などに近代的視点を見出していた。実作としての茶室はほとんどないが、和風意匠を新しい建築に応用することを試みた。

竹垂木【たけだるき】

*垂木に竹を用いたもの。草庵式茶室の*軒や掛込天井の*化粧垂木として用いられる。*白竹を用いることが通例で、軒先に上を向けて用いるため、芽付の竹の場合は芽が下を向く。軒に用いる場合は、*広小舞は節の先端で留めたり、あるいは芯木を入れてこれに留める場合などがある。

竹樋【たけどい】

孟宗竹または真竹を用いた*樋。軒樋には二つ割にして節を抜いて用いる。竹にあわせて刳り抜いた受木が*垂木に打ち付けられて、この竹樋を釣る。竹樋は本来、毎年一回*口切の茶事に際して新しく取り替えることになっている。

竹樋受け【たけどいうけ】

*竹樋を取り付けるために*垂木に打ち付ける板のこと。これに竹樋がのり、銅線で結束される。竹樋受けは竹樋を釣る実用的な役割を担うが、先端部に意匠をこらすなど、意匠材としても扱われる。

竹木賊張【たけとくさばり】

竹を天井や壁面、*簀子縁などに張る手法の一種。竹を並べて張り合わせること。節が不揃いに並び、その節の見え方が*木賊が生えている様子に似ることからの称。

竹床柱【たけとこばしら】

竹を用いた*床柱のこと。通常の丸竹のほか、*角竹、表面に薬品をふりかけて斑模様を作り出した図面竹などが用いられる。いずれにしても、太さのある*孟宗竹を使うことが多い。*成巽閣の*清香軒では*原叟床に角竹の床柱を用いて、わびた構えとし、同じ成巽閣の*三華亭では地板に太い竹を立て、*落掛を省いた一間床としている。また煎茶室の構えを見ることができる蘆花浅水荘の竹の間でも竹の床柱が立てられている（蘆花浅水荘の黒茶室の項を参照）。

竹中大工道具館の茶室【たけなかだいくどうぐかんのちゃしつ】

兵庫県神戸市中央区の竹中大工道具館にある茶室。同館は、もとの竹中家邸宅の敷地を利用したものである。その屋敷内には、実業家で竹中工務店前社長・竹中錬一夫妻によって建てられた茶室棟、及びその露地がのこされている。茶室棟は、昭和三十三年（一九五八）の建築、棟梁は*笛吹嘉一郎である。桟瓦葺に銅板の腰葺、小間の座敷上部などには庇を付け下ろした形式の外観で、内部は仏間としての広間八畳、*表千家八代啐啄斎件翁好みの七畳、三畳中板入の*一滴庵などからなる。広間八畳は畳と板が敷かれた入側を西と東に廻し、炉は四畳半切で、下座に一間床を構え、平書院を付ける。床柱は絞丸太、床框はなぐりに溜塗で仕上げられている。七畳は正確には六畳台目であるが、炉を四畳半切本勝手に切り、南側中央に上座床を構える。床は、赤松皮付の床柱、档丸太の相手柱と床框の構成で、前板を備える。

竹中柱【たけなかばしら】

*中柱に竹を用いたもの。*千利休は「竹柱ハ目キカズノ立ルナラン」（細川三斎御伝受書）と戒めていたが、早い例では、*織田有楽が大坂天満屋敷の平三畳台目の茶室で試みている。また、*古田織部は竹を草庵的な素材として用いることが多かったが、織部の伏見屋敷にあった茶室*望覚庵に使用した例が「中柱大竹」と『*茶湯秘抄』に記されている。ほかにも、織部に影響を受けた松屋久好の一畳半や、*小堀遠州が好んだともいう*滝本坊の茶立所などにも使われていたと伝わる。西本願寺の*澆花亭に見られるほか、有楽苑には竹中柱を立てた茶室*元庵が復元されている。

竹長押茶屋【たけなげしのちゃや】

愛知県弥富市にある茶屋。もと名古屋城の北、下御深井御庭にあった竹長押御茶屋を、明治五年（一八七二）、現在地に移築したものと伝えられる。下御深井御庭は寛永十一年（一六三四）、徳川三代将軍家光の上洛時に整備され、その後、尾張徳川家十代斉朝（一七九三〜一八五〇）から十一代斉温（一八一九〜三九）の時代にかけて大改造され、この時に竹長押御茶屋が造られたとされる。建物は寄棟造桟瓦葺で下屋庇を付け、大きく南北筋で東西に分けられ、東西それぞれ三室を並べた六室からなる。西面は南から御上の間、八畳の間、四畳半の板の間と続き、東面は次の間、六畳の間、茶の間と続く。御上の間と次の間は三方に榑縁が廻り、次の間の東には榑縁を挟んで浴室と便所を設ける。明治九年の皇后京都行啓、翌十年の英照皇太后京都行啓に御休憩所とされ、同十三年、明治天皇の山梨県、三重県、ならびに京都府巡幸に際しては三重県桑名への渡海時の御休憩所とされた。行幸時の御座所は現在、御上の間と呼ばれる部屋であった。ここは畳床を含めて六畳の広さで、網代天井、建物名称の由来ともなった晒竹の内法長押を廻す。八畳の間も竹長押を廻すが、天井は杉杢目の竿縁天井で、西面に腰窓をあける。北側の柱は鴨居を大入（追入）としている。北の板の間との境には一間半幅で引違いの襖を建てる。北に続く四畳の板の間は、西面に一間半の押入を設け、竿縁天井で長押は廻さない。次の間は三畳で、東面に蹴込床と並びに違棚と地袋を設ける。天井は一段低くして、蒲天井で竿縁は桜と松を交互に配する。床柱は栗、床の入隅は塗廻してある。六畳の間は踏込床で、床脇まで一枚板を通す。床柱は湾曲した楓で、床脇は天袋のみを配し、床との境は土壁で円弧に刳り抜く。天井は赤松丸太の竿縁天井で長押は杉の磨丸太の半割を廻す。北面は引違い襖と間中壁に下地窓をあける。茶の間は四畳半の広さで丸竹の竿縁天井、長押は杉皮付丸太の半割を廻している。西北隅に松の地板を入れて丸炉を設け、洞庫を付ける。このような現在の平面は、古絵図などによって知ることができる平面と全く異なっており、「竹長押御茶屋」の構えは踏襲されていないことがわかる。茶屋の襖絵は、谷文晁や紫岡宗琳らが描いたとされる。

筍面【たけのこめん】

*丸太の*床柱下部の仕上げ方法。「筍つら」とも読まれる。*畳寄の前面と丸太の床柱の前面が揃うように、床柱の下部をある高さまで削り落し、筍の姿のような木目を表すこと。妙喜庵の*待庵

は非常に高い筍面が施されるが、後世に筍面の高さは定式化し、柱幅の二倍から二・五倍程度とされるようになった。

筍面

武野紹鷗【たけのじょうおう】

文亀二年～弘治元年（一五〇二～五五）。室町時代後期の堺の商人、茶人。通称新五郎、名は仲材。武野家は若狭国（福井県）の武田家の末で、父・信久の代に姓を武野にあらため堺に移り、商人となったと伝えられている。紹鷗が堺の舳松町で革屋を営んでいたことは『開口神社文書』により明らかであるが、信久の商いを引き継いだのであろう。信久が商人になったとはいえ軍事に無関係ではいられなかったように、紹鷗においても本願寺の武力の一部を担うことがあった。革屋として武器生産と流通にかかわったと考えられているが、このことと無関係ではないであろう。紹鷗が当時の最高の文化人であった*三条西実隆と交わりをもったのは大永八年（一五二八）、紹鷗二十七歳の時のことである。紹介者は連歌師と思われる印政であることから、紹鷗は商いを営む一方で、連歌界とかなりの関係をもっていた可能性がある。それがために『*山上宗二記』に三十歳まで連歌師であったとか、初めは歌道者であったとか記されることになったのであろう。実隆には歌道について学び和歌の添削なども受け、藤原定家の『詠歌大概』や題詠の和歌を与えられた。紹鷗は一方で実隆の所領の年貢取り立てについて周旋するようなこともしており、これにより実隆のより大きな信頼を得ることになった。享禄五年（一五三二）、大徳寺の古嶽宗亘のもとで出家し紹鷗と名乗った。紹鷗が茶の湯を何時、誰から学んだかは明確ではないが、珠光の跡目を継いだ*宗珠を師とすることが多い。宗珠は京都下京の茶人とされるので、紹鷗が京都に滞在することの多かった若年から壮年にかけて学んだことになるであろう。『山上宗二記』には紹鷗は*名物を六十ほども所持した名人と記されており、その茶の湯は正風体の盛りであったとする。実際に紹鷗の茶道具としては、馬麟筆朝山図、善好茶碗、紹鷗茄子、円座肩衝、虚堂墨蹟など三十ほどが同書に挙げられている。また袋棚や釣瓶、面桶、竹蓋置、自在などは紹鷗の好みとする。茶の湯道具の評価において紹鷗の影響がきわめて大きかったことは、紹鷗の名前を冠する道具が多いことが示している。紹鷗好みの茶室の図は『山上宗二記』に示され、四畳半左勝手（本勝手）で北向きであったこともわかる（武野紹鷗の茶室の項を参照）。紹鷗の死後その道具は、娘婿の*今井宗久が預かり、実子・宗瓦が成人して後はその多くが宗瓦に返された。なお*千利休が紹鷗の弟子であったかどうかについては近年議論がある。

武野紹鷗の茶室【たけのじょうおうのちゃしつ】

*珠光の茶の湯を継承し、わび茶の樹立を促した*武野紹鷗は、文亀二年（一五〇二）、堺で武具の皮革商を営んでいた豪商の家に生まれた。その富をもって*三条西実隆に親近して小間使いをつとめるなど、知遇を得て和歌を学び、やがて『詠歌大概』の序を授かって数寄に開悟したという。その紹鷗が堺屋敷に構えていたと考えられる茶室が、*千利休の弟子の一人である*山上宗二が筆録した、『*山上宗二記』に掲出されている紹鷗四畳半である。「北向、坪ノ内又ハ見越ニ、松大小数多し、天井ノネ板、柱檜、真ノハリツケ、黒フチ有り、カツテフスマ障子黄引手、書院二間トモニ四帖半也」と、二部屋の*四畳半からなる書院（居間）とは勝手一畳半を隔てた、独立した茶の湯の専用空間であった。檜の*角柱を用いた紹鷗四畳半は、左勝手（*本勝手）にして深さ二尺三寸の一間床を構えており、床柱も角である。また壁面は鳥の子紙の*白張付にして、黒漆の*四分一を廻しており、勝手境の半間の一枚襖も引手を付けた縁付きの襖であるなど、まだ*書院造の様式性を色濃くのこすものであった。ただ、それまでの書院造の座敷に比して、*鴨居内法高さは「常ノヨリヒキシ」と

少し低くされ、*長押も付けられておらず、簡略化している様相が認められよう。また天井高も七尺一寸と低く、わびた素材の野根(枌)板が張られており、杉板を鏡板張にする床の天井も高さは六尺四寸と低い。さらにはこの茶室は床を構えるだけで、書院造の座敷に装置化していた付書院や違棚などのしつらいが省かれているなど、「やつす」姿の中にわびの茶室として草体化していく過程の第一歩が示されており、さらには栗材の*床框は「カキアワセニ、クロク十返斗ヌル」と、松煙と丹(あるいは弁柄)を掻合塗にして栗の木の目を美しく引き出してくる、黒い色付が施されていた。点前座の左脇には勝手一畳半に張り出して「ヨシタナ」(葭棚)があり、いわゆる*洞庫と考えられる。『山上宗二記』の斎田記念館本には、類本では唯一、その勝手一畳半の南側に出入り口をあけており、おそらくは主屋との接続口であったと考えられる。そして勝手の北には、書院次の間四畳半に隣接して「縁水コス所」があり、さらにその北の、次の間の北にある幅一間の「竹ノスノコエン」の北西の一画には「ハシリ」が付設されている。四畳半茶室の北側前面には簀子縁を付して、奥行き四尺ほどの「面ノ坪ノ内」(坪の内の項を参照)に面し、初座を終えての中立はこの簀子縁でしていたとみられる。また側面にも幅四、五尺ほどで、奥行き二間の路次としての「脇ノ坪ノ内」が付随して茶室を厳重に囲い込んでおり、ここにはすでに閉鎖的な茶室の前兆をうかがうことができる。ところで、紹鷗四畳半については、当時代性をもった唯一の資料といえるのが先の『山上宗二記』の所載図であった。しかし初めて版行された茶室書である『*数寄屋工法集』にこそ記載はないが、茶室平面図集としての茶室書の中には紹鷗四畳半の略平面を掲出するものがいくつかある。「古席図」(一七六〇年写、彦根城博物館蔵)や「諸家数寄屋之図」(一八一三年、京都府立総合資料館蔵)、「数寄屋囲之図」(柳沢文庫蔵)、「数寄屋囲之図」(東京都立中央図書館蔵)などで、また『池永宗作への書』や『*懐蔵集』『*茶道正伝集』などにも略平面図が添えられている。そうした中で特異なのが、大工技術書の一つ、「無題―三てうたいの事」で、寛永末年(一六四三)頃に記されたと考えられもので、その後半部に「ちやうおんのしんの座敷覚」として、紹鷗の四畳半茶室の詳細な寸法書きが指図とともに記されている。またほかに紹鷗が好んだという別の四畳半があり、「紹鷗は京四条、夷堂の隣に住居也、ゑびす大黒ハならびのもの也とて、大黒菴と自筆にて額をかきてかけられしと也」(南方録)といわれる京都、あるいは後年の堺屋敷の、いずれかは不明であるが、大黒庵(大黒庵の項❶を参照)として知られるものである。それが「覃斎信立起こし絵図集」の中の「武野紹鷗四畳半　号大黒庵」であり、『山上宗二記』の所載図とは近似するものの、内法長押(付鴨居)を廻して、葭棚はなく、茶道口が襖二枚立てになっていた。ほかの一つが「大徳寺塔頭高林庵囲」として、『*和泉草』や『中井主水扣所々数寄屋絵図』に収録されている茶室である。床無しの左勝手で、東向きに縁が付されており、茶道口は襖一枚建てになっている。しかしそれとてもその多くが後世の伝承に基づいていて確証をつかみ得ず、またその詳細を知る資料は少ない。ところで紹鷗四畳半は北向きに構えられていて、初期の茶室は「茶湯ノ座敷ハ北向ヲ本トス」(池永宗作への書)と、茶室は北向きを原則としていた。その理由として「ナセニナレハ強フアカルウ無キ程ニ、茶具真ニミユルジヤウ明リナリ、東西南北の明リハ変アリ、アカルキ時ハ茶湯具早々ニミユルナリ」(同)と、明るすぎれば道具が「早々＝麁相」に見えると説いていた。そして東、西、南の向きでは、陽の刻々の移ろいが室内に反映して、心を乱して茶には没入できないなどの理由も付けられていた。そのために向きが吟味され、道具を真に見せるよう、明かり過ぎず、明りの変化の少ない北向きに茶室を構えるのだとい

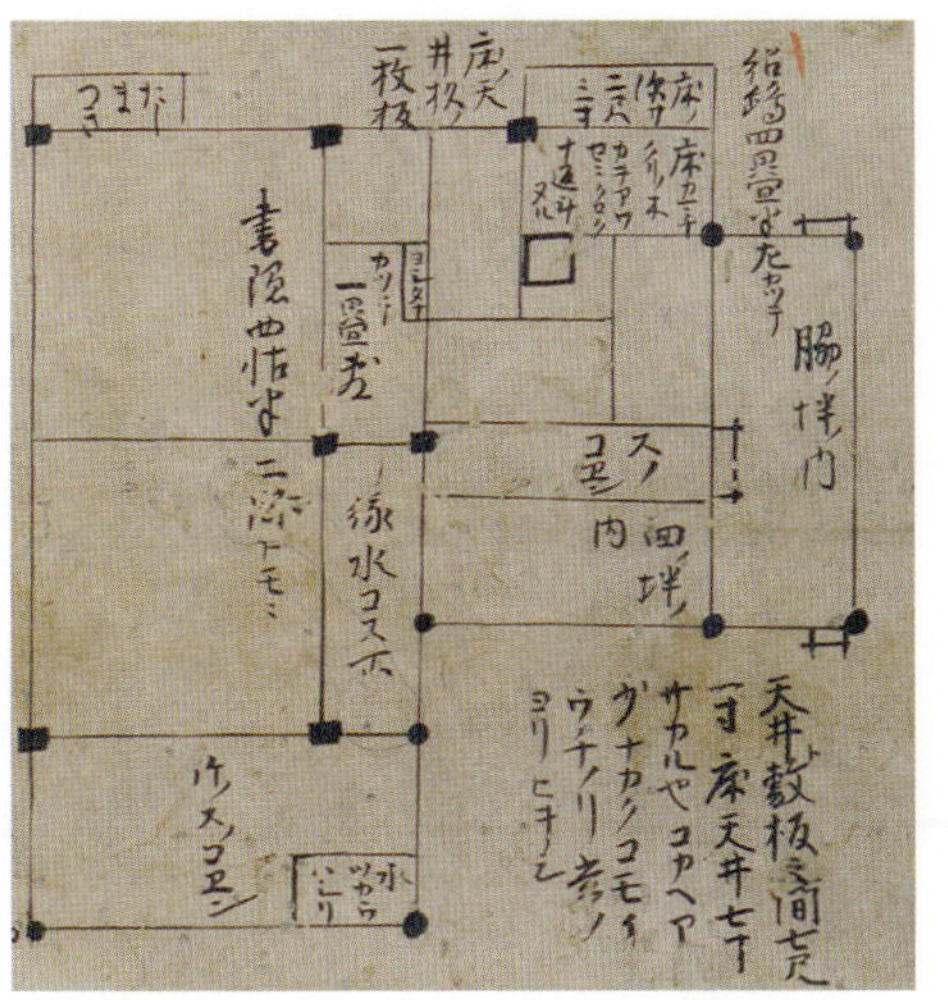
紹鷗四畳半の図　『山上宗二記』(不審菴本)

う。紹鷗四畳半にも「右此座敷、紹鷗ノ移シ也。但シ北向」（山上宗二記）とあり、また「紹鷗之流ハ悉ク左勝手、北向」（同）とも記されているように、紹鷗時代の茶室は北向きであったことが知られる。そして「珠光カヽリハ北向、右勝手」（同）と、珠光好みも紹鷗とは勝手を逆にしながらも北向きの構えは同じであり、永禄年間（一五五八〜七〇）の諸茶会記に記録されている茶室の向きも、十七例中、十三例までが北向きであった。一方、中世の茶の湯において、囲炉裏の茶はケ（褻）の茶であったため、ケの領域である北向きの座敷を属性としていたことによるとの説もある。そしてそれを南向きに替えたのは利休であった。これまでわび茶草創期の茶室については、「四畳半座敷ハ、珠光の作事也、真座敷とて鳥子紙の白張付、杉板のふちなし天井、小板ぶき、宝形造、一間床也、（中略）紹鷗に成て、四畳半座敷所々あらため、張付を土壁にし、木格子を竹格子にし、障子の腰板をのけ、床のぬりぶちを、うすぬり、又ハ白木にし、これを草の座敷と申されし也、鷗ハ此座に台子ハかざられず、弓台をかざられたる時は、かけ物・置物、珠光同然、袋棚の時は、床に墨跡、花入の外ハ不被置、宗易ハ又草茨の小座敷を専にし、わびを致されし故、紹鷗の座敷も、書院と小座敷の間の物ニ成し也、しかる故、袋棚の時も少々ゆるして、右に書付る珠光の餝のしなぐ〱の内、卓の一具、小花瓶の立華なとを除て、其外ハ置るゝもの多し」（南方録）などと、その草体化の過程が語られ、紹鷗が茶室の草体化を促した先駆者として考えられてきた（真の座敷の項を参照）。しかしこれまでの資料に見られる紹鷗の茶室は、いまだ書院造の様態を色濃くのこしており、草の小座敷に変化してくるのは、やはり利休時代の茶室あたりからではないかと考えられる。

竹の節引手【たけのふしひきて】

*引手の一種。竹を輪切りにし、節の部分を引手の底に用いたもの。『*茶道筌蹄』に「竹にて節の所を用るは如心斎好」とあり、*表千家七代如心斎天然の好みと伝える。

竹の節欄間【たけのふしらんま】

*欄間の一種。竹の節を意匠とするもの。ここでいう「竹の節」とは、節または篠と呼ばれる繰形を施した束（親柱）のあいだに横木（*玉縁）を上下二段に渡し、そこに襷と称する交差した筋違を入れたものである。（付録23頁参照）

竹葺門【たけふきもん】

竹葺門　裏千家

二つ割にした竹で葺いた屋根の門。裏千家の*中門にも見られ、二つ割の竹を輪違いに並べ、棟は太竹で押さえている。

竹穂垣【たけほがき】

竹穂垣　八幡市立松花堂庭園・美術館

広義には、竹垣のうち*立子、*組子に竹の枝穂を用いたものの総称で、桂垣（桂垣の項❷を参照）、*蓑垣、*松明垣などを含む。「穂垣」ともいう。狭義には、竹穂を立て並べて*押縁を架けたものをさす。穂先を上向きとして造るものは、自然に開かせるか切り揃えるかして、*玉縁を架けない場合が多い。*淡竹、*真竹、*孟宗竹などの枝は白穂、黒竹（*紫竹）の枝は「黒穂」と呼ばれる。『築山庭造伝前編』下に、「竹の穂垣の穂ハ旬きりの竹匆論也、穂は湯を通すべし」と記されている。

竹穂葺門【たけほぶきもん】

竹穂（竹の茎から分岐している小枝）で葺いた屋根の門。竹穂は*竹穂垣の材料としても用いる。

武見家の茶室【たけみけのちゃしつ】

千葉市稲毛区の旧武見家住宅にある茶室。同市稲毛区のこの地は、もとは浅間神社の一部であった。明治四十二年（一九〇九）に払い下げられ、大正二年（一九一三）に奥山氏が入手し、この時住居が建築されたと考えられる。大正十五年には鈴木氏の所有となり、昭和十二年（一九三七）には愛新覚羅溥傑（一九〇七～九四、中国清朝最後の皇帝・溥儀の弟）が半年ほど住んだという。後に武見家の所有となって、現在は千葉市が管理する「千葉ゆかりの家・いなげ」として公開されている。屋敷の東端に離れとして六畳の茶室がある。北側に蹴込床が西に寄せて設けられ、地袋を備え木瓜形の窓をあけた床脇が中央に、そして地袋を備えた半間の床脇がさらに東に配されている。南にガラスがはめ込まれたいわゆる雪見障子が四枚建てられ、上り口に幅の短い切目縁が取り付けられている。

竹門【たけもん】

竹を用いて造った門の総称。特に*竹葺門や*竹穂葺門など、屋根材に竹を用いたものは簡素でわびた風情をもち、露地の*中門に設けられる。

竹連子【たけれんじ】

*連子窓の*連子子が竹のもの（*連子竹）をいう。

出し梁【だしばり】

*小屋梁に続いて*軒桁より先へ差し出した梁のこと。

出文机【だしふづくえ】

付書院と同じ。⇨付書院【つけしょいん】

三和土【たたき】

土に石灰と少量の水を混合したものを、強く叩き固めたもの。「叩き」とも書く。コンクリートで舗装されたものも含む。池、*流れの下地、*軒内や*土間の仕上げによく施される。

三和土

叩土【たたきつち】

*三和土に使用される材料の土をいう。花崗岩風化土など、有機分の少なく可溶性珪酸に富む土が適している。「敲土」とも書く。三和土は、土に石灰、苦汁、水などを加えて練り、叩き締めて硬化させたもの。原料の土により、*深草土を使うと深草三和土、*三州土を使うと三州三和土などと呼ばれる。

畳【たたみ】

一般的に畳床（畳床の項❷を参照）、*畳表、*畳縁からなる、和室の床材。茶室においては、作法や茶道具の置き合わせなどとも密接に結び付いており、単なる床材として以上の意味をもつ。畳を歴史的に見ると、『古事記』にすでに「須賀多多美」（菅畳）の語が見られ、寝具としての敷物を畳と称していたようであるし、正倉院宝物には「御床」という木製の低い寝台に敷く畳が伝来している。真菰の莚三枚を二つ折りに畳んで六重にし、これを表側から藺莚で包んで小口を錦で調えたもので、文字通り畳んで作った敷物である。その後、平安貴族の寝殿造では、板張りの床に座る際の座具として、現在と変わらぬ姿の畳が現れるが、大勢の貴族が一堂に会する時は、官位の違いによって着座位置が序列化し、畳の大きさ、厚み、縁の紋様や色によっても違いが表された。こうした格式の表現は、現代の広間の茶室の、*床畳や床前の*貴人畳の縁に*高麗縁が見られることにも通じるであろう。中世になると、座具としての畳の敷き詰めが進み、室町時代後半には、室内全体を畳敷きとした、いわゆる座敷が現れ、この時点で畳は、座具から床材になったことになる。また、従来のように畳の違いで身分を表せなくなったため、床（上段）が設けられるようにもなった。こうした流れの中で、六畳や四畳半の茶室も生まれる。茶の湯を介して貴人とも交わることがあるため、茶室は当初から座敷の形態をとり、また貴人の座としての床も導入され、やがてここが荘りの場として定着する。また、当時の足利将軍邸では、部屋の広さを表すのに九間（柱間が三間×三間）とか六間（同じく二間×三間）とか、柱間数に応じた呼び方をしていたが、茶室の場合は当初から畳数で表していた。このように茶室と畳とは、不即不離の関係にあった。また千利休が登場してからは、大目畳（台目畳）という、一畳（丸畳）と半畳のあいだの大きさの畳も新たに生まれ、二畳大目とか三畳大などといった呼び方もされるようになった。こうして茶室の平面は、丸畳、台目畳、半畳に加え、炉の大きさ（一尺四寸四方）を切り欠いたかぎ畳、畳の代りに板を敷く板畳などを組み合わせて様々に試みられるようになった。茶室の平面が定まると、各畳に機能上の役割が与えられ、床畳、貴人畳、客畳、点前畳、炉畳、通い畳、踏込畳などと呼び分けられたりするし、床畳の代りに薄縁が敷かれることもある。また一畳の大きさは、地方によって京間、田舎間、中京間などの違いがあるが、茶室の場合、各茶道具の大きさやそれと炉の大きさとの関係、あるいは畳の目数によって茶道具を置き合わせたりすることなどが、京間畳を前提にしているので、やはり京間畳を使うのが原則である。他の大きさの畳を使うにしても、点前畳だけは京間畳にすることが望ましい。京間畳の場合、その目数は本来六十四目となっている。これは縦糸の本数で決まり、横糸に藺草を使うが、畳表はその藺草の産地によって、備後表、備前表、高知表、八代表、琉球表（大分県）、諸目表（静岡県）、小松表（石川県）などの名がある。ただし現在では生産が激減し、国産では熊本県八代の畳表が主流になっている。近年は機械編みがほとんどで、目数は六十三目半となり、両縁のうち一方は、縁で畳目が一部隠れた状態（半目）になる。点前畳として使う場合は、丸目の側が客付に、半目のほうが勝手付になるようにして敷く。畳縁は、幅が九分から一寸で、茶室では色を黒や紺とするのが一般的であるが、広間の床や貴人畳に使われる高麗縁は、白の綾地に黒色の糸で雲や菊の大紋、小紋を織り出した縁で、幅は一寸二分くらいである。また近代以降、畳縁のない畳も茶室に使われるようになった。

畳石【たたみいし】

❶延段の古称。⇨延段【のべだん】
❷平坦な石をさしていう。

畳表【たたみおもて】

藺草を麻糸や綿糸で編んだもの。一般的には芯となる畳床（畳床の項❷を参照）に畳表、畳縁を付けて畳ができあがる。高級品として知られる備後表や国内産のほとんどを占める肥後畳、現在では中国産のものや化学表も多い。藺の茎を麻糸と木綿糸を縦として織ったもので、織り方に中継と引通しがあり、前者は手織りの高級品である。

畳替え【たたみがえ】

畳を新しく敷き替えたり、また入れ替えたりすること。正月の準備として十二月十三日の事始の時や、炉から風炉、また風炉から炉へとかわる頃などに行われる。井伊直弼は『茶湯一会集』で、「都而（すべて）、改りたる交会ニハ、太鼓張障子はりかへ、畳表かへすへし、侘ニハ、床畳と道具畳をかへ、又、道具畳はかりかゆるも、極侘（ごくわび）の一格なり、是ハ交会一両日以前ニいたし可置ケ條なり、但シ、道具畳はかり表かへ致ハ、大切の茶を仕立る場所なれハ也」と述べ、口切や初釜などのようなあらたまった茶会を行う時には畳を新しく替えるべきで、わび茶では床畳と道具畳を替え、道具畳のみを替えるのは極めてわびた茶の湯だという。現在では一枚のみ新しく替えることは、そこだけ色が替わることもあり、あまり見られない。

畳床【たたみどこ】

❶床框を入れ、その上面と同じ高さに畳を入れた床。板床に対する語。初期の茶室の床は、押板、違棚、付書院の付いた一段高い貴人の座である上段の機能を一つに集約した

ものとみることができる。したがって畳一畳分に相当する畳床を基本としていた。和風建築では畳床は本床として扱われる。❷藁などで作った畳の芯。これに畳表と畳縁を付けて畳を作る。

畳縁【たたみべり】

畳の長手に付けられる布。またはその布の部分。単に「縁」といい、布は縁布ともいう。幅は九分から一寸程度が普通だが、室内の印象を軽快にするため、より細くする場合もある。逆に高麗縁などの格式高い紋縁を用いる場合は、一寸二分から一寸五分の太い縁となる。無地縁と紋縁があり、室内の格式や用途によって使い分けられる。茶室の場合は無地の紺縁で、広間の床は紋縁とすることも多い。

畳寄【たたみよせ】

畳寄

畳敷の床において、壁の下部と畳の端部のあいだへ、隙間ができないようにするために、敷居と同じ高さに取り付けられた細い横木。「寄縁」や「寄敷」、単に「寄」ともいう。

畳廊下【たたみろうか】

畳が敷かれた廊下のこと。たとえば書院風の広間を囲む入側を畳敷きとすることで、格式をもたせ、利便性も高めることが行われる。

畳割【たたみわり】

建築物の間取りを決定する際、畳の大きさを基準として各室の大きさを定める方法のこと。対して柱の心々距離で決定するのが柱割である。「内法柱間制」ともいう。畳の大きさが各室で揃い、建具、床、違棚などの柱間装置や天井などが規格化される利便がある。ただし、柱の心々距離は柱の太さに影響を受けるため、一定ではない。織豊時代に始まり、茶室や数寄屋建築の発達とともに近畿地方を中心に行われた。畳割の技法は、遺構から、室町時代後期に発生を見、織豊時代の過渡期を経て、寛永年間(一六二四～四四)に一般化したとみられる。畳割は柱割に対して設計の上で複雑で手間がかかり、高度の技術を必要とするため、寛永年間に技術的にも完成の域に達したといえる。畳割は京間畳によって平面寸法が決定されているものが多数を占め、確認できる最初の遺構は、大徳寺黄梅院方丈(一五八八年)である。数寄屋建築では桂離宮の古書院、中書院、新御殿(一六一五～六二年)、曼殊院小書院(一六五六年)、大徳寺孤篷庵忘筌(一七九七年)などが代表である。

立がくれ垣【たちがくれがき】

袖垣の一種。西山垣の上部に小屋根を葺いたもの。上段に蓑垣を造らず、小屋根のみとする場合もある。

立違棚【たちちがいだな】

床脇に設けられる飾棚の一種。「たてちがいだな」と読ませる雛形本もある。江戸時代に棚雛形として定型化される四十八棚の一つ。『増補大匠雛形四 新板棚雛形』(一八六六年刊)には「是ハたな(棚)数多き御上方、おつぼねがた(御局方)によし」とある。

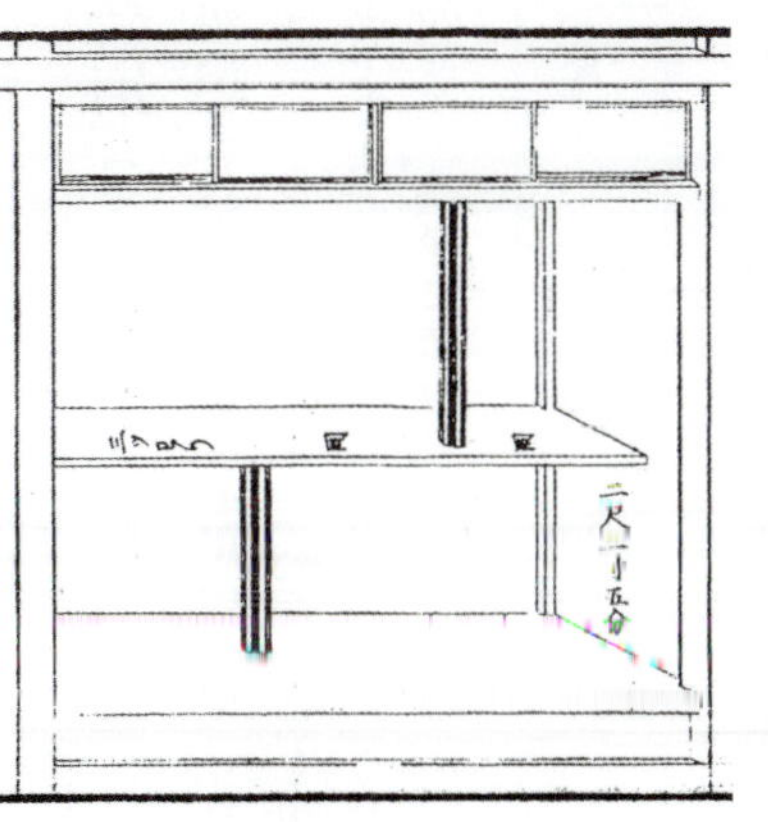
立違棚 『増補大匠雛形四 新板棚雛形』

橘寺形燈籠【たちばなでらがたどうろう】

石燈籠の一種。名物燈籠の一つに挙げられ、橘寺(奈良県高市郡明日香村)のものを本歌とする。

笠、火袋、中台、基礎とも六角形で、火袋には火口のほかに円窓をあけた形式のもの。（付録13頁参照）

立水【たちみず】

茶事、茶会時に行う*打ち水のうち、客の退席前に露地に水を打つこと。「立露」ともいう。*三露の一つで、『*南方録』に「露地ニ水うつ事、大凡に心得べからず、茶の湯の肝要、たゞこの三炭・三露にあり、（中略）客露地入の前一度、中立の前一度、会すミて客たゝるゝ時分一度、都合三度也、（中略）後の水を立水といふ」とある。同書では続けて、*津田宗及が、立水は客に帰ることをうながしているようで納得できないといい、これを伝聞した*千利休が、わび茶では長々と居座るのは無作法で、客の帰る時分であるから亭主は粗相のないように露地をあらため、手水鉢に水を満たし、草木にも水を打つべきであり、客もそれを考えて席を立つものであるとの内容が記されている。

立水屋【たちみずや】

*水屋の一形式。一般的な座式で*水屋棚のある形式に対して、*立礼席の水屋として考案された立ち使いで扱う形式のもの。座して水屋仕事をすることがなく、*水屋流しや棚、*丸炉なども立ち使いで扱える工夫がされる。茶室によっては使い勝手から座式の水屋の奥に立水屋を設けているところや、また座敷の水屋と立礼席の立水屋を分けて設けている場合もある。立水屋は*碧雲荘中書院の座敷水屋や、*白雲洞茶苑の*対字斎、五島美術館の*冨士見亭、東京都庭園美術館の*光華などにその例がある。

立水屋　対字斎　白雲洞茶苑

立涌文【たちわくもん】

⇒立涌文【たてわくもん】

塔頭【たっちゅう】

禅宗寺院の山内にある小院。「塔中」と書くこともある。鎌倉時代から室町時代、大寺の禅僧たちは退居後も住持した寺の山内やその近傍に、塔処（墓所）を定めて住居した。その僧の没後、弟子たちがこれを相伝え守っていったことに始まる。元来、独立寺院ではなく院、庵、軒号で呼ばれ、山号や寺号はもたなかったが、後には彼らの中から、本寺の住持や役僧となる者が多く現れ、塔頭が相寄って一寺一山を構成する形になった。

立浪筆返し【たつなみふでがえし】

*筆返しの一種。断面の形状が浪の形にかたどられた、繰形のもの。（付録19頁参照）

立合垣【たてあいがき】

『*石組園生八重垣伝』にのる垣の一種。「たちあいがき」とも読む。*立子に、竹穂や萩を束ねた松明巻と二つ割の割竹とを用い、これらを交互に隙間なく*胴縁に結ったもの。

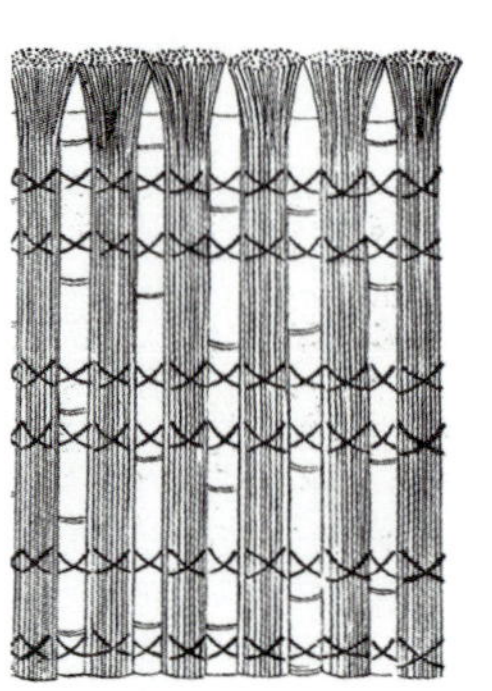

立合垣　『石組園生八重垣伝』

立石【たていし】

*庭石の形態の一種。「りっせき」とも読む。石の縦方向の形状を強調して据えたもの。*蓬莱石組や*須弥山石組、枯滝石組の頂部に据えられるものや、*三尊石、庭園の中心に据えられる*守護石などのほか、*石組において石を立てて据えられるものをいう。立石に対し、地に臥すように据える庭石を伏石という。『*作庭記』には「石

をたてんにハ、先大小石をはこびよせて、立べき石をばかしらをかミにし、ふすべきいしをばおもてをうへにして、庭のおもにとりならべて、かれこれかかどをみあハせ〳〵、えうしにしたがひて、ひきよせ〳〵たつべき也」とあり、作庭材料として庭石を現地に搬入したならばまず立てるべき石と伏せるべき石を選別して並べ置き、それぞれの特徴をよく観察して配石を計画せよ、と石の据え方について述べている。なお、『作庭記』では、庭園に石を配置することや、作庭そのものを「石を立てる」（*石立）と表現している。

縦石【たていし】
*飛石は一般的には進行方向に対してやや横長に据えるが、これを縦長に据えたものをいう。節理のある石や縞状の模様のある石を用いることで、園路に変化を付けることができる。

縦ガネ【たてがね】
畳の上に茶道具を置き合わせる時に使われる畳の*カネ割において、縦方向の等分割線のこと。「縦曲尺」「縦曲」とも書かれる。逆に横方向を横ガネという。

竪框【たてがまち】
戸や障子、襖などの建具周囲を固める枠の内、縦（竪）方向の部材。単に「框」ともいう。横方向の部材は桟といい、取り付く位置によって上桟、下桟、また補強としてそのあいだに入れた中桟などがある。（付録23頁参照）

竪瓦【たてがわら】
壁の腰や海鼠壁などに張り付ける平たい形の瓦。目地は漆喰塗とする。

立子【たてこ】
垣の*胴縁に対し縦を固定し、面を構成する細長い縦材。「竪子」とも書く。丸竹、割竹、竹穂、萩、黒文字などを用いる。

竪子【たてこ】
❶格子や障子などに用いる*組子のうち、縦（竪）方向に配したものをいう。
❷⇒立子【たてこ】

竪繁【たてしげ】
障子や格子、欄間などの縦（竪）の*組子が、通常の間隔よりも狭く組まれたもの。これに対して、横の間隔が密な場合は横繁という。

竪繁障子【たてしげしょうじ】
障子の一種。*組子を竪繁（縦方向に密に配すること）にしたものをいう。これに対して、横の組子の間隔を狭く密に配したものを横繁障子と呼ぶ。（付録23頁参照）

立蔀【たてじとみ】
室内では衝立、室外では結界や庭先の袖塀などの用をなすようにした*蔀のこと。

建図【たてず】
姿図と同じ。　⇒姿図【すがたず】

建付【たてつけ】
*鴨居、*敷居に設置された障子や襖などの建具の開閉具合をいう。

建坪【たてつぼ】
敷地の中で建物が占める坪数のこと。法規上は建築面積と呼ばれる。坪とは尺貫法の面積単位で約三・三〇五平方メートル、これは一間四方（畳二枚）にあたるが、畳は中京間畳を基準としている。

竪樋【たてどい】
*軒先から地面へ垂直に取り付けしある*樋。円筒、方筒、鎖などの形式がある。材料は銅や鉄のほか、小間の茶室では竹や*棕櫚縄を束ねて竪樋とすることもある。

立柱【たてばしら】
柱を礎石などにのせて垂直に立てること。建物の組上げを行う建前（柱や梁など構造材の組立作業）における最初の場面であり、*立柱式という建築儀礼を行うこともある。

立柱の式【たてばしらのしき】
立柱式と同じ。　⇒立柱式【りっちゅうしき】

竪羽目【たてばめ】
熨斗羽目と同じ。⇨熨斗羽目【のしばめ】

立涌文【たてわくもん】
文様の一種。有職文様のひとつで、膨らみと狭まりを縦方向に交互に繰り返す、相対する二本の線の連続が並列した文様。「たちわき」「たてわき」「たちわく」とも読む。雲気や水蒸気が立ちのぼる状態を文様にしたとされる。膨らんだ枠内に唐花、忍冬、雲、波などを配したものがあり、その配された文様により菊立涌、雲立涌、波立涌などと呼ばれる。古くから袍や指貫、能装束など織物、染織物ともに多様に用いられ、正倉院には立涌花文暈繝風通がのこる。また襖の唐紙の地紋などにも使用される。

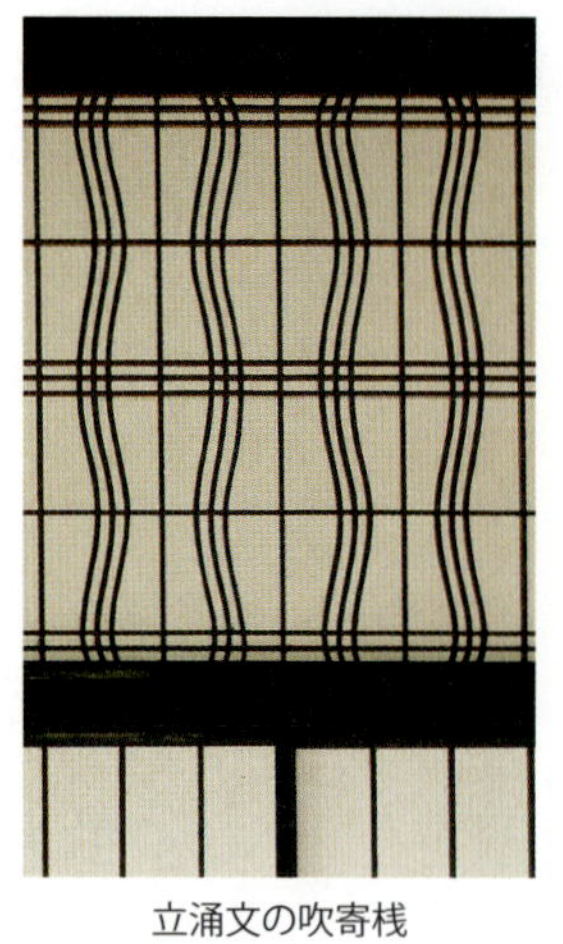

立涌文の吹寄桟
臨春閣住之江の間　三溪園

棚【たな】
板を平らに架け渡し、物をのせたり、しまったりできる装置。造り方の形式としては、移動することのできる置棚と、建築に取り付けられた造り付けの棚に大別される。また用途によって、書棚や茶棚などとも呼ばれる。茶室では、たとえば*台目構えの点前座に付ける*釣棚、*水屋などに設ける*仮置棚、座敷の床脇に設ける*飾棚などがある。飾棚は*違棚、*袋棚など各種の形式を組み合わせて様々な意匠がある。

棚板【たないた】
棚の段にするための板。茶室で発達した棚には大きく*飾棚と*台子棚があり、飾棚が建物に造り付けとなって*違棚へ発達し、台子棚は持ち運び可能な*棚物へ派生した。

田中家の茶室【たなかけのちゃしつ】
滋賀県愛知郡愛荘町の旧田中家住宅にある茶室。住宅は現在、料亭・近江商人亭として活用されている。田中家は、もとは麻織物商を営んでおり、その別邸として建てられた。敷地内には明治二十五年(一八九二)建築の南土蔵をはじめとして、大正八年(一九一九)建築の主屋、茶室、北蔵、大広間などの建物がある。茶室は入母屋造桟瓦葺で、主屋西北に雁行形に位置し、八畳の座敷に落縁を付す。北側中央に設けられた床の両脇が床脇となり、天袋と地袋などを備える。床前には前板が敷かれ、上部には二間幅の竹の落掛を備える。天井は竿縁天井で、東側半間が落天井となる。登録有形文化財。

田中家別邸の茶室【たなかけべっていのちゃしつ】
京都市左京区の田中源太郎別邸にあった茶室。清水組の施工により大正十一年(一九二二)六月頃、黒谷の金戒光明寺門前付近にあった邸内に竣工、昭和二十一年(一九四六)に岩城家の所有となった。茶室は緩い勾配の入母屋造桟瓦葺、背面は切妻造、軒まわりは銅板葺の外観で、躙口、二枚障子の貴人口をあけた三畳台目床の席であった。床は床柱に赤松皮付、床框に絞丸太を用い、入隅を塗立柱とした上座床。点前座は丸畳、令法の中柱を立てて炉を向切に切り、勝手付きに地敷居窓をあける。天井は猿頬の竿縁を配した菰の落天井で、また客座は径五分の白竹の竿縁を配した杉野根板の網代天井であった。田中源太郎は旧京都鉄道(国鉄山陰線、現嵯峨野観光鉄道)を建設した人物で、その生家は*楽々荘として知られる。また『田中源太郎翁伝』によれば、別邸の建設には源太郎自身が設計や施工管理にかかわったという。洋館を併設した書院風の和風邸宅で、広大な回遊式庭園にはかつての金戒光明寺の塔頭の庭も含まれていた。室町時代のものと伝える書院や一部が三階建てとなり、市域を一望できるように三方が開放された座敷をもつ主屋があった。また下部庭園内の茶室は大覚寺に寄贈されたという。さらに表門の左方に、京都の新町にあった別邸から長男・一馬が移築した、大正四年頃に建てられた茶室があった。

田中泰阿弥【たなかたいあみ】
明治三十一年〜昭和五十三年(一八九八〜一九七八)。近現代の作庭家、庭師。新潟県柏崎市の出

身で、名は泰治。昭和四年に*慈照寺（銀閣寺）洗月泉の滝の石組を発見し、以降、銀閣寺の庭師となり、同八年には龍居松之助らと相君泉（お茶の井）の石組、紅葉御殿と西指庵に通じる路や、*足利義政の築造とされる二間四方規模の*漱蘚亭の礎石と、石階、暗渠などを発掘することで、その名が高まる。京都の天龍寺、相国寺、金地院、智積院、新潟県柏崎市の*貞観園などの庭の修復、補修にたずさわるのみならず、全国各地の茶室露地の設計作庭を行っている。出生地の新潟では越後国新発田藩溝口家下屋敷を整備し、園内に五つの茶室を建てている（清水園の茶室の項を参照）。

田中藩下屋敷の茶室【たなかはんしもやしきのちゃしつ】

静岡県藤枝市の田中城下屋敷にある茶室。城域の南東隅、田中藩主本多氏の庭園であった下屋敷跡が公園として整備され、田中城ゆかりの建築物が移築・復原される。この茶室は明治三十八年（一九〇五）頃、千歳の村松家にあったものを、上伝馬町の奥野氏が譲り受けて屋敷内に移築、さらに現在地に移したもの。もとは藩家老の茶室であったと伝えられるが、下屋敷にあった茶屋とみられている。外観は木造平家建、寄棟造桟瓦葺、西側が四畳半の茶室で東側に六畳の待合が接続している。待合の南から東の外側には濡縁を廻している。茶室の南側、入口前方は土間となっており、その上方の南から西にかけて小壁を付けている。茶室入口と矩折の東側横に待合に入る給仕口を、また西側下には地窓をあける。床は蹴込床、東側の床脇とのあいだの袖壁には氷裂の意匠のある窓をあけ、床脇には地袋を設ける。待合は北東に一間の板床、その西側に半間の床脇を構える。床柱は途中を落して釣束とし、床脇には天袋を設ける。東側には肘掛窓をあける。

棚田家住宅の茶室【たなだけじゅうたくのちゃしつ】

富山県高岡市の棚田家住宅にある茶室。棚田家は代々廻船問屋を営んできた商家。主屋は一度大火にあい焼失したが、明治二十三年（一八九〇）より順次再建が始まり、茶室が設けられた。主屋の北西に突き出すように建ち、長四畳の水屋を介し主屋につながる。外観は切妻造桟瓦葺で、妻側に銅板の庇を下ろし、現当主が先代当主の功績を讃えて名づけた薫風庵の扁額が掲げられている。主屋にある九畳の寄付から腰掛を兼ねる板縁、池泉を配した露地を渡り、席入りする。内部は三畳台目下座床の床前に貴人畳一畳を加えたL字形間取りの四畳台目で、床の矩折に給仕口をあけ、踏込に一尺七寸幅の板畳を敷く。近代に好まれた形式で、高山寺*遺香庵などと同様の構成である。床の正面に引違いに腰付障子を建てた貴人口、その矩折に片引き障子の躙口を設ける。床は薄縁の畳床で、幅四尺三寸、奥行二尺四寸。落掛の高さは五尺と低く抑えられ、床の二本柱は給仕口側に杉の節入磨丸太、躙口側に色味の濃い節入絞丸太を用い対比を見せる。点前座は、台目切に炉を切り、曲がりのある赤松皮付丸太を中柱に立てる。袖壁には下地窓をあけて、壁留に引竹を用いて下部を吹抜く。客付入隅には釣竹を省略した雲雀棚形式の棚を仕付ける。窓は貴人口の脇に竹の連子窓、その上部の掛込天井に突上窓が、躙口上部、床の矩折、点前座勝手付、風炉先窓の四カ所にはそれぞれ目の細かく詰んだ下地窓があく。天井は床前の二畳半が杉皮に晒竹の竿縁の平天井、貴人口前の一畳半が野根板の掛込天井、点前座が網代の落天井とし、落天井の壁見切には晒竹を用いる。主屋や道具蔵などは登録有形文化財。

棚物【たなもの】

点茶のために*道具畳に据えて、水指や柄杓、薄茶器などの道具を荘り置くための棚。一般に天板、地板、柱で構成され、*台子、*袋棚、*四方棚などの様々な形式があり、一枚板である*長板を棚物に含めることもある。*小間では勝手から直接道具を運び付ける（*運び点前）ため使用しない。とりわけ点前座を*台目畳とする場合には、台子やそれに準ずる棚物の使用を許さない構えとなる。また点前座近くに造り付けられた*仕付棚を含んでいうこともある。

谷板【たにいた】

屋根の二つの*流れが出会い、谷状になった部分の瓦の下に敷き、*樋として用いる板。谷の部分からの雨水の浸透を防ぐためのもの。主に銅板などが用いられる。

谷川茂庵【たにがわもあん】

文久二年(一八六二～一九四〇)。近代の実業家、数寄者。名は茂次郎。京都の大原に生まれる。若い頃からいくつかの事業を経験した後、明治三十四年(一九〇一)、大阪で新聞用紙を扱う谷川運送店を開業、一代で財をなした。*村山香雪や*藤原暁雲(ぎょううん)ら数寄者との交流がひろく、*裏千家に入門して本格的に茶道に親しみ、後に今日庵老分もつとめた。谷川は、昭和二年(一九二七)に京都市吉田山に*吉田山荘を完成させ、その中に茂庵など多くの茶室や建物を造営した。また昭和三年には、吉田山山頂に造営した明治閣で献茶式を催している。その他、大原の別邸には茶室*南坊庵(なんぼうあん)も造っている。

谷口吉郎【たにぐちよしろう】

明治三十七年～昭和五十四年(一九〇四～一九七九)。建築家。石川県金沢市の出身。東京帝国大学卒業、昭和十八年(一九四三)に東京工業大学教授となる。昭和四十年、博物館明治村(愛知県犬山市)の開館に深くかかわり、初代館長をつとめる。昭和四十八年、文化勲章受章。日本芸術院会員。主要作品に藤村記念堂(一九四七年)、東宮御所(一九六〇年)、帝国劇場(一九六六年)、東京国立博物館東洋館(一九六八年)、東京国立近代美術館(一九六九年)など。鉄筋コンクリートなどの新しい構造における伝統のデザインについて考察を重ねた。意匠が構造から分離されるため、より軽快な大胆な組立てが可能となり、数寄屋のもつ近代的側面、すなわち天井や床周辺の幾何学的な組立てをより研ぎ澄ました形で表現することに成功した。茶室や数寄屋建築では出光美術館茶室(一九六六年)や*河文水かがみの間(一九七二年)などがある。

谷の茶屋【たにのちゃや】

*松平不昧(ふまい)が江戸赤坂の松江藩上屋敷に造営した茶苑。赤坂山王社の丘陵地にあって、一万二千七百坪の広大な敷地の景勝地に、*憶春(いくしゅん)の席(せき)、*看雲軒(かんうんけん)、*洗月亭(せんげつてい)、*無心斎(むしんさい)、*蝸庵(かあん)、利休堂、達磨堂などの茶室が設けられていた。享和二年(一八〇二)の落成で、松江藩上屋敷ではこの頃「御屋形」(藩邸)の修復が大がかりに行われていた。『松平不昧伝』には「享和二年即ち藩邸玉川の瀧の修繕成りたる秋の七月二十一日、谷の茶屋抜きの茶会」、また「(同日)江府屋敷谷ノ茶屋悉皆出来に付、披露の節御客飾付」とあり、谷の茶屋落成を祝う披露の大茶会での各茶室の道具組や懐石(かいせき)の様子が記される。

玉石【たまいし】

河床で洗磨滅し、角が取れて丸味を帯びた河原石や海岸砂利(じゃり)のこと。また山石でも同形のものを総称していう。およそ玉石というのは直径一五～三〇センチのものをいい、三〇センチをこえるものは大玉ということがある。また産地によって相州(そうしゅう)もの、駿州(すんしゅう)もの、甲州もの、多摩川もの、伊勢もの、桂川ものなどの称がある。仙洞(せんとう)御所の*一升石は特に有名。

玉石敷【たまいしじき】

*敷石のうち、玉石と呼ばれる丸味を帯びた石を用いて、敷いたもの。「*霰(あられ)敷石」ともいう。石灰を配合した粘土などで目地を形成する。京都では石の表面より三～五センチ下の深目地が好まれる。一〇センチ以上の玉石を敷くものを霰崩し(大零し)(おおこぼし)などといい、それ以下の小さな玉石を敷くものは霰零し(小零し)などという。露地をはじめ、庭園の園路によく見かける。(付録9頁参照)

卵大津【たまごおおつ】

黄大津と同じ。⇩黄大津【きおおつ】

玉子引手【たまごひきて】

*引手の一種。玉子形(楕円(だえん)形)をした引手。引手の正面となる鏡板の部分を底といい、底に菊模様をあしらう真鍮(しんちゅう)製のものなどもある。『*茶道筌蹄(せんてい)』には「玉子は利休形」「煮黒み大小あり」とある。

玉砂利【たまじゃり】

砂利の一種。三～五センチ前後の直径で荒粒のもの。庭園の園路や飛石(とびいし)周辺、広場に敷設する。コンクリートなどの骨材や*洗出しの素材などの建築材料としても使用されるほか、*雨落(あまおち)にも充填される。

玉砂利敷【たまじゃりじき】
*玉砂利を軒内(のきうち)や*雨落(あまおち)、園路脇や*延段(のべだん)脇などに敷き詰めること。またはそのようにした場所。屋内の板廊下沿いや階段下などにも敷設される。那智(なち)砂利などの艶のある石が好まれる。

玉すさ【たますさ】
紙苆と同じ。⇨紙苆【かみすさ】

玉簾【たますだれ】
❶一般に、*簾の美称、または玉で飾った簾をいう。
❷極暑の折に簾を水に浸し、そのまま掛けて雫(しずく)を見せること。『*茶湯一会集』に記され、「玉すたれと云ハ、是も極暑の節、すたれを水ニひたし、そのまゝ懸て、雫を見るやうニ致す働也、古へより玉すたれとて伝へあれとも、ケ様のはたらき致すへき場所も、先つはなき様なり、心得まてニ記し置く」とある。

玉砂【たますな】
砂利の一種。ふるいに掛けて三ミリ内外に粒径を揃え選別されたもの。「玉沙」とも書く。茶庭などで露地に敷くことがある。材質は色目の明るいものが好まれ、表面に*箒目(はきめ)が描かれることもある。『*喫茶往来』に「前大庭鋪ニ玉沙一、軒牽レ幕、窓垂レ帷、好士漸来」とあり、古くから用いられている。

玉袖垣【たまそでがき】
*袖垣のうち、*玉縁(たまぶち)を上部から外部にかけて、角に丸味をもたせて渡したものの総称。高腰垣や、上段のみ*高麗(こうらい)垣の仕様とする腰高麗袖垣などがその代表。

玉縁【たまぶち】
❶*脇障子(しょうじ)や*内法長押(うちのりなげし)上に設けられる*竹の節欄間(らんま)の上下に取り付ける横木のこと。両端の束(つか)に刻まれた節の高さに取り付けられる。主に竹が用いられる。
❷*押縁などで使われる半円形断面の部材。
❸垣の上部、あるいは周縁(しゅうえん)を覆うように架けられる部材で、*立子(たてこ)や*組子が雨水で傷むのを防ぐ機能がある。「玉」という美称が示すように、結束の縄を飾り結びとする場合も多く、装飾的な役割も大きい。*割竹による割竹玉縁と、萩などの樹枝を束ねたものを用いる巻玉縁に大別される。

玉杢【たまもく】
*杢目の一種。「珠杢」とも書く。杢目が連環状や渦巻状で、同心円形の模様のもの。樟(くす)、欅(けやき)、楓、桑などに現れる。樹木にできた瘤(こぶ)のような部分により形成され、杢目の中では最も知られたもののひとつ。

溜の間【たまりのま】
江戸城の*黒書院内に設けられた大名詰所(つめしょ)の一つ。「松溜」と通称した。ここから派生し、他の城郭や施設などで、ひろく人々が集合する部屋のことをさす。

濃絵【だみえ】
日本絵画において、金銀、緑青(ろくしょう)、群青(ぐんじょう)などの濃い彩色を施し、色彩の強い効果を狙ったもの。織豊時代を中心に流行し、殿舎に用いる襖(ふすま)や屏風などの大画面に使われることが多い。

溜塗【ためぬり】
漆塗の技法の一種。*上塗(うわぬり)に透漆(すきうるし)を用いたもの。*弁柄(べんがら)や朱色や赤色の下塗や中塗の上に、透漆で上塗を施したものが多い。半透明の美しさがある。朱漆を中塗したものは朱溜(しゅだめ)、あるいは紅溜塗という。弁柄漆を中塗したものは、そのまま溜塗、あるいは弁柄溜塗。木地を見せたまま透漆を上塗したものは木地溜塗といい、石黄(きおう)漆に透漆を上塗したものを特に黄溜と称することがある。

袂石【たもといし】
橋挟石と同じ。⇨橋挟石【はしばさみいし】

多羅葉【たらよう】
モチノキ科モチノキ属の常緑高木。本州(静岡県以西)から九州の山地に自生する。樹高は二〇メートルほどになる。葉は長さ一〇〜一八センチの長楕円形で厚く、表面に光沢がある。葉の裏に傷を付けるとそこが黒く変色し、文字を書くことができる性質があり、「字書柴」の別称もある。樹皮からは鳥もちを作ることができ、材は轆轤に適する。庭園内によく植えられ、露地の植栽にも用いられる。

垂木【たるき】

屋根面を構成するために、棟木から桁へ架け渡された、屋根の下地材を支持する部材。下屋庇などでは、垂木掛で上部を受けて桁へ渡す。断面が方形のものは寺社建築や書院、住宅建築などにひろく用いる。円形に製材されたものは寺院建築の地垂木に用いられて、地円飛角と呼ばれる地垂木を円形、飛檐垂木を角形とした形式が奈良時代から平安時代にひろく行われていた(鎌倉時代前期の平等院観音堂、室町時代の喜光寺本堂では楕円に近い地垂木である。また十三世紀頃の興福寺北円堂では六角形の地垂木となっている。飛檐垂木、地垂木については一軒の項を参照)。茶室や数寄屋風書院では、丸太材が好まれ、室内の掛込天井には丸太と竹を交えて用いることがある。垂木の配し方(垂木割)にはいくつかの方法があり、垂木の間隔が狭いものから、本繁垂木、半繁垂木、疎垂木とよび、数本ずつ密に寄せたものを組として、他とはひろげて配したものを吹寄垂木と呼ぶ。(付録28頁参照)

垂木掛【たるきがけ】

下屋などの垂木の、壁側(上側)の端部を受けるために水平に取り付ける部材。茶室の掛込天井では竹を使うことが多いが、垂木に竹を用いている場合は、垂木よりも細い材を用いた垂木掛とする。(付録28頁参照)

垂木形【たるきがた】

主に切妻造の螻羽に、垂木と平行に取り付けられる板材。破風の一種であるが、より簡略で幅の狭いものを特にいう。破風は格式により自由に用いることができなかったため、破風の名を避けてこの称が生まれたという。茶室や数寄屋などではさらに簡略化し、破風も垂木形も付けずに切放して切断面をそのまま見せる手法(小舞螻羽など)もある。

垂木割【たるきわり】

垂木の配し方(並べ方)をいう。大きくは垂木を平行に配する平行垂木と、軒先へ放射状にひろがる扇垂木がある。平行垂木には、垂木を配した時のあき間隔によっていくつかの種類がある。小間返しは垂木の幅とあきが同じで、繁垂木(繁割)ともいう。背返しは垂木の成(高さ)とあきが同じで、本繁垂木(本繁割)ともいう。半繁割は垂木の成と幅の和があきと同じで、五寸一枝割ともいうが、幅の二倍とあきを等しくした配し方を半繁割ということもある。他にも吹寄垂木(吹寄割)や疎垂木(疎割)などもある。本繁垂木の垂木のあきは垂木の幅と成の和に等しくなるが、この場合の垂木間の心々距離を枝と呼び、十四世紀初め頃には、枝を基準とした建築の設計手法が成立していった。茶室や数寄屋風書院では、垂木の断面や素材に意匠をこらすものが多く、角垂木の面を大きく取ったものを大面、下面両端の角を大きく落としたものを猿頰面と呼ぶ。小丸太の垂木には北山杉が用いられることが多いが、わびた表現とするために様々な材種を使うこともある。

太郎庵【たろうあん】

❶愛知県名古屋市中区の翠芳園にあった茶室。高田太郎庵の好みと伝えられる。高田太郎庵(一六八三〜一七六三)は名古屋の数寄者で、名は栄治、通称を藪下屋三郎左衛門、のちに多兵衛といい、叢結庵などと号した。はじめ中島正員に宗和流の茶の湯を学び、のち表千家六代覚々斎原叟の門に入った。享保六年(一七二一)、江岑五十年忌の際に覚々斎手造茶碗銘鈍太郎を鬮で引き当てて以降、太郎庵と号した。画事を能くし、狩野常信に従って紫宸殿賢聖の障屏を描き、また尾張藩江戸屋敷の障屏をも描いた。愛好した椿は太郎庵椿として茶人に愛されている。茶室太郎庵は明治時代に同市納屋町の高松定一本邸に移され、「漸隠」と呼ばれていた。戦後に翠芳

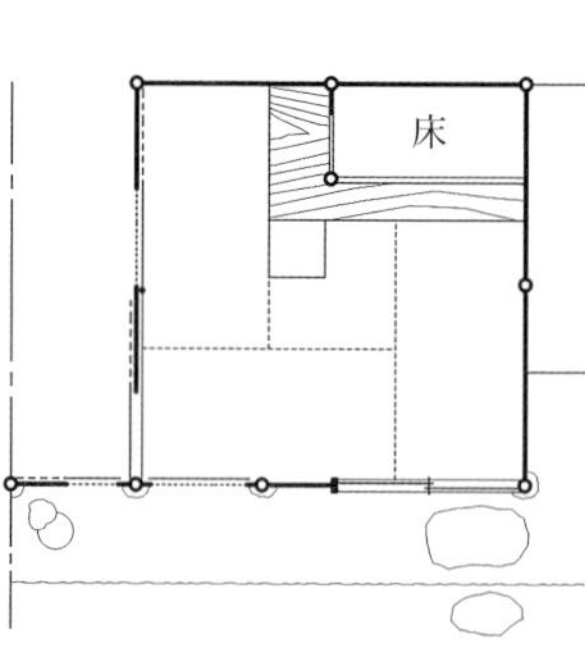

太郎庵❶

園に移され、再度、某家へ譲渡されたという。納屋町以前の経緯は明らかでない。片流れ柿葺でわびた外観を呈する。全体四畳半の広さで、その一角に台目床を設けて、前板と脇板を入れることで一畳分を占めており、板敷きの上に床柱を立てる原叟床形式とみることができる。ちなみに原叟床は太郎庵が入門した覚々斎が考案した形式である。床脇は高く、また細長く吹抜き、床を明るくつろいだ雰囲気に見せる。床柱は赤松皮付、框は北山丸太とする。躙口は二枚戸として、その上部には柱間いっぱいに連子窓をあけ、開放的な構えとなる。なお同市千種区の日泰寺にある*草結庵も太郎庵好みの茶室と伝えられている。

❷東京都品川区の*益田鈍翁の本邸*碧雲台にあった茶室。明治四十一年（一九〇八）に完成。のち神奈川県小田原市の別邸*掃雲台に移された。名古屋で*表千家六代覚々斎原叟手造り茶碗銘鈍太郎を得た益田は「鈍翁」と名乗り、太郎庵を築いて茶碗披きの茶会を催した。茶室は、鈍翁の弟・克徳の設計で、外観は入母屋造柿葺、西向きの妻のほうに躙口が付く三畳台目長炉の席で、台目床が付き、床と鉤の手に給仕口が火燈口形式となってあけられている。点前座は襖二枚の引違いで茶道口とされ、天井は床前が野根板天井、点前座の上が真菰天井となっている。南面の連子窓は、大正十二年（一九二三）頃、貴人口に改造された。*応挙館の奥八畳から、廊下伝いに接続し、寄付と茶室南手には腰掛があった。鈍翁八十寿茶会を催すにあたり、*仰木魯堂の普請の下、庭を改築して「大時代十三重石塔」を築山に安置し、椎の大木の下に伽藍蹲踞を据えて、庭前一面に白砂が敷かれた。

❸愛知県名古屋市の岡谷邸にあった茶室。一笑庵のこと。⇒一笑庵【いっしょうあん】

タワフル　堀内家蔵

タワフル【たわふる】

*椅子点前に用いる*棚物の一種。*堀内家七代至慎斎宗晋と八代松翁宗完が明治六年（一八七三）頃に好んだ。タワフルはオランダ語で食卓（テーブル）を意味する「Tafel」の転訛。棚の面板中央に*丸炉が備えられ、炉の季節にはここに釜を懸ける。風炉の季節は丸炉をふさぎ小風炉をしつらえ、点前をする。十一代飛来一閑（*千家十職）の作で、面板は黒塗爪紅、両側の脚板は夕顔透とし、その葉には銀蒔絵が施されている。

堪庵【たんあん】

❶京都市左京区の旧上田堪一郎邸野仏庵にある茶室。⇒野仏庵【のぼとけあん】

❷京都市東山区の京都国立博物館の東の庭園内に建つ。昭和三十三年（一九五八）に美術愛好家で数寄者としても知られた上田堪一郎（堪庵）より寄贈されたもので、はじめは明治古都館の南に建設されたが、同四十一年に現在地に移築された。大徳寺塔頭真珠庵の*庭玉軒を写したとされる。広間八畳と小間三畳からなり、土間付の玄関一畳と更衣室四畳、それに水屋が付属する。外観は桟瓦葺、一部銅板葺で、中央の広間部分の屋根を入母屋造、小間及び玄関、更衣室を切妻造とする。小間は内坪（手水鉢を備えた土間）から踏込畳を経て席入りする形式で、この内坪部分は小間の妻面に片流れの屋根を葺き下ろしている。踏込畳の南の壁面に火燈窓をあけるのは、仏教美術に深い関心を寄せていた上田の趣向かもしれない。

短檠【たんけい】

燈具の一種。下部に油注を入れる箱があり、その背面に柱が立ち、柱の上部に火皿受けの金輪を付ける。この金輪に楽焼の雀土器をのせて中に菜種油を注ぐ。燈心は長燈心を使用し、柱の上部にあけられた丸穴から後ろに垂らして、一本で結んで他の燈心を束ねて置く。燈心は席の大小、月夜や闇夜の別により数を増減する。短檠の位置は、四畳半本勝手の場合では貴人畳に置き、炉の五徳の繋爪と向かい合うように据える。

短檠

湛浩庵【たんこうあん】

福岡市にあった博多の豪商・*神屋宗湛の好みと伝えられた茶室。文禄元年(一五九二)十月晦日に造立したという。玄洋社の初代社長・平岡浩太郎邸にあった。外観は入母屋造茅葺。内部は三畳半で、床には墨蹟窓をあけ、黒塗の框、床柱は赤松のハツリを用いる。床脇には宗湛が豊臣秀吉を招いた際、文琳の茶入を荘ったという文琳棚があり、この茶室の特徴となっている。入口は二枚障子を建てた貴人口で、貴人口脇の土間に竹簀子の低い縁を付け、刀掛石の脇に腰掛を設けていた。また貴人口の上部には櫛形欄間の下地窓があった。昭和二十年(一九四五)、空襲で焼失。昭和三十八年に福岡市の崇福寺に宗湛庵として復元されている。

湛浩庵　床と文琳棚　『数寄屋聚成』1

談古堂【だんこどう】

京都市下京区に所在の*藪内家の茶室。現在の談古堂は、元治元年(一八六四)の蛤御門の変で同家が罹災して後、翌年すぐに再建に着手してできたものである。表門や塀、壁などが続く表構えの南端に貴人門と呼ばれる数寄屋門があり、談古堂はこれを潜った瓦四半敷土間の右手(北側)にある。談古堂の前から西へ園路を進むと、談古堂の続きに*雲脚が、また正面奥の塀に*燕庵の露地口(潜りを入った内側に割腰掛と雪隠がある)があり、茶事の際には、これらのための*寄付、*袴付の機能をもつ座敷でもある。内部は*六畳、天井全体が*竹垂木、竹小舞の*舟底天井で、数寄屋門の屋根裏の続きをそのまま天井にしたような、わびた造りが特徴的である。また床も簡素な*壁床で、舟底天井の*軒桁が壁に当たる位置から、同じ高さで壁に*煤竹を取り付けただけのものである。この煤竹を*織部板風

談古堂　床側

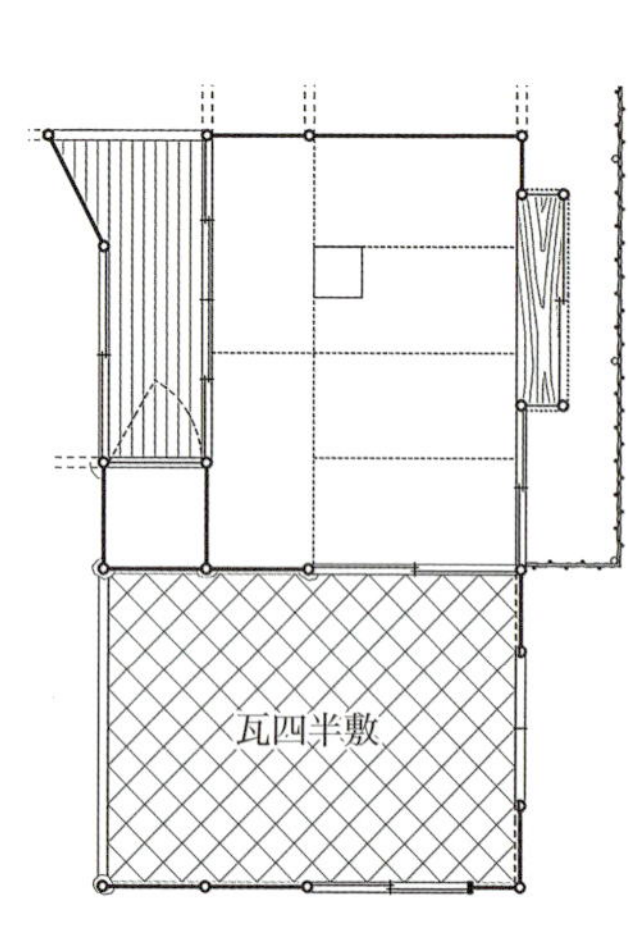

談古堂

に見立てて、すぐ下の壁に*軸釘、畳までの中ほどの高さに中釘を打ち、壁の足元の*腰張りもこの壁床のところだけ張らない。ごく自然に天井の造りと調和するようなさりげない床で、寄付や袴付という役割にもかなう構成である。なお東壁面は表通りに面する側で、*付書院の造りをした*出格子と障子窓が設けられ、西壁面は雲脚とのあいだの廊下に面する側で、朝鮮唐紙による*太鼓襖四枚を建てた出入り口がある。点前座はこの襖の前の一畳で、炉を*四畳半切に切る。焼失以前の談古堂を確認できる古い史料としては、天明七年(一七八七)刊の『拾遺都名所図会』があり、建物の連なりは現状とやや異なるが、「談古堂」と明記された建物は今とほぼ同じ位置に描かれている。焼失前の表門や塀は*古田織部の堀川屋敷から移築されたものと伝えられるが、談古堂もそれに含まれていたのかどうかは詳らかでない。

短冊石【たんざくいし】

長方形に切った切石材。*敷石などに使用する。長さと幅の割合は様々である。

短冊打【たんざくうち】

*寄石敷の一種。*短冊石とそのほかの石を混ぜて用いているもの。短冊石のみを二本ずらして平行に据えたものは*短冊敷という。(付録9頁参照)

短冊敷【たんざくじき】

*切石敷の一種。*短冊石を二本ずらして平行に据えるもの。『*石組園生八重垣伝』では「短冊石やりちがひは、先長さ五尺ならば五ツ割弐ツ弐尺、これをうち違へる寸法と知るべし」とあり、二石が隣り合う部分の長さは総長の五分の二を基準としている。二列以上に敷き並べたものもいう。(付録9頁参照)

短冊窓【たんざくまど】

短冊のように縦長の形にした窓のこと。主に幅の狭い壁にあけられ、下地窓の形式になることが多い。裏千家*今日庵の*七三の窓は外部からは短冊窓に見え、短冊形の簾が掛けられる。

団雪庵【だんせつあん】

山形県長井市の海老名家にある煎茶室。初代の姓は井上で、江戸時代中期、小間物雑貨を商っていた。いつから海老名姓に変わったかは不詳であるが、六代久松(一九一一年没)の代には、最上川の水運を利用して関西、京都との交易も盛んで、ザクリ糸、宇治茶、蠟燭、行燈などを商うとともに、頼山陽、頼支峯など文人墨客とも交流があった。明治七年(一八七四)に支峯が来訪した折、「新築居清舎」を「団雪園」と命名し、これにちなんで、明治三十六年頃に建設の煎茶室を「団雪庵」、六代久松の法名を「団雪院」と命名した。海老名家の屋敷構えは、門を入ると南側に前蔵、北側に主屋がある。広大な邸内には要所に土蔵が建てられ、庭園には樹木も豊富で、その中を不断に水が流れる水路が通っている。主屋の北方、水路に架かった石橋を渡り、さらに奥に進むと団雪庵がある。外観は寄棟造銅板葺の屋根の三方に庇をめぐらす。八畳の主室と六畳の次の間が東西に並び、その南から東へ矩折に土間庇がめぐらされる。一方、北側は廊下とし、その東端に水屋などの付属棟が接続する。主座敷の西面北半に間口一間の床、南半に間口一間の床脇を並べ、床前北側に矩折に付書院が付く。床框に黒檀、落掛に紫檀を用いている。床脇の天袋には水墨画が描かれた小襖四枚、付書院には竪繁腰障子四枚がそれぞれ建て込まれ、付書院の欄間板には、龍の透彫りが施されている。雪国にありながら、座敷飾を除く三面は開口部で、建具を外すと極めて開放的な空間となる。

団雪庵　主室　床側

丹波石【たんばいし】

石材の一種。主に兵庫県篠山市から丹波市にかけて産出する石。大きく、輝石安山岩で*丹波鞍馬石といわれるものと、流紋岩質溶結凝灰岩の*丹波鉄平石に大別される。また朝来市や西脇市、京都府の亀岡市や南丹市からも産出し、それらと区別するために篠山市、丹波市から産出のものを本丹波石と呼ぶ。

丹波鞍馬石【たんばくらまいし】

石材の一種。主に兵庫県篠山市及び丹波市、京都府亀岡市の南西部にかけて産出する丹波石のひとつ。赤褐色の輝石安山岩で、丹波石のうち、*丹波鉄平石以外をさす。有馬層群から産出し、色や質が*鞍馬石(本鞍馬石)と似ることからの呼称で、「丹鞍」と通称される。本鞍馬石に比べ錆色が劣る。また篠山市、丹波市から産出されるものを本丹波石といい、それ以外のものと区別する。崩れ石積や野面石積に適し、*景石をはじめ、*飛石、*踏石、*沓石、*敷石に用いられる。特に玉石状の丹波石は、露地材料として好まれる。

丹波鉄平石【たんばてっぺいせき】

石材の一種。兵庫県丹波市山南町石龕寺、及び石戸山付近から産出する流紋岩質溶結凝灰岩で、丹波石のひとつ。板状節理があり、「割丹波石」ともいう。色目は赤褐色から茶褐色で厚みは三センチ内外のものが多い。丹波鉄平石の中でも泥丹波石と呼ばれるものは色調が一様で白味の多い畳石として知られる。いずれも*鉄平石で最も知られる諏訪鉄平石とは異なり、黄灰色で表情が豊かである。表面の渋さが好まれ敷石や飛石に重宝される。小端は建築化粧材としても使用される。丹波石のうち、丹波鉄平石以外のものを*丹波鞍馬石という。

段葺【だんぶき】

金属板葺の一種。銅板などの金属板を、段を付けながら*棟に平行に配す葺き方。

潭北亭【たんほくてい】

京都市西京区の*西芳寺にある茶室。陶芸家・二代真清水蔵六によって昭和三年(一九二八)に寄進された立礼席。この茶室は暦応二年(一三三九)、*夢窓疎石がこの寺を禅寺として中興し、作庭した当時から存在した庭園建築の一つ、潭北軒にちなんだもので、下段庭園の東側、潭北軒北庭跡の石組の南側に立つ。切妻造で前面に庇を付け下ろした外観で、同寺にある*少庵堂と相似形である。内部は瓦の四半敷で、入口を西側、南面から東面に腰掛が設けられている。北側には腰掛の高さに畳床が設けられ、大平にはしゃれ木と竹を組み合わせた仏龕が造られ阿弥陀如来像が安置される。床から東側の壁面には席名の出典『碧巌録』第十八則を記した十五枚の陶板がはめ込まれる。床柱は絞丸太、床脇部分は琵琶床風に一段上げた板敷きとなり、その西側に円窓をあける。天井はひしぎ竹(丸竹を割り開いて板状にしたもの)を張り詰め、杉と辛夷の小丸太で押さえている。

潭北亭　床側

段窓【だんまど】

縦に複数並んだ窓をいう。狭義には形式を揃えたものに限る。「だんそう」とも読む。一つの窓枠の中に無目を入れて縦に分割したものをさす場合もある。引違い窓を上下二段に並べたものが木造校舎などに多く用いられている。

ち

違棚【ちがいだな】

❶床脇に設けられる飾棚の一種。江戸時代に棚雛形として定形化される四十八棚の一つ。天袋の下部の、向かって左上に筆返しの付いた棚板、右下に何も付かない棚板を段違いにし、雛束でつなげる。『増補大匠雛形四　新板棚雛形』（一八六六年刊）には「是ハおしいたわきあるひハ納戸わきによし」とある。

違棚❶　桂離宮御殿中書院一の間

❷何枚かの棚板を左右から、上下に段違いに造り付けた棚の総称。特に座敷飾を構成する床脇棚で、そのような形状に仕付けた棚全般をさすことがある。（付録19頁参照）

違棚の飾り【ちがいだなのかざり】

平安時代までは、厨子棚や二階棚（二階棚の項❷を参照）など、移動可能な棚が用いられ、そこには櫛箱や香壺箱、造紙箱などが置かれる実用的なものであった。鎌倉時代から室町時代になると、中国から建盞、食籠、香炉、花瓶、盆などの工芸品が舶来され、棚はこれら舶来の工芸品を飾るための設備となった。『君台観左右帳記』や『御飾書』には室町将軍家の小川殿や東山殿に設けられ、香炉や肩衝茶入、油滴天目などの茶道具や文房具が飾られた様々な棚の図をのせている。また『御飾書』には東山殿の狩の間の北の牆尽しの間に移動棚が置かれていたことも記している。室町時代には掛軸の絵画を鑑賞する押板や床が生まれた。それとともに棚も、主に床脇に設けられて位置も定まり、座敷飾の設備の一つとして、後に定形化した。

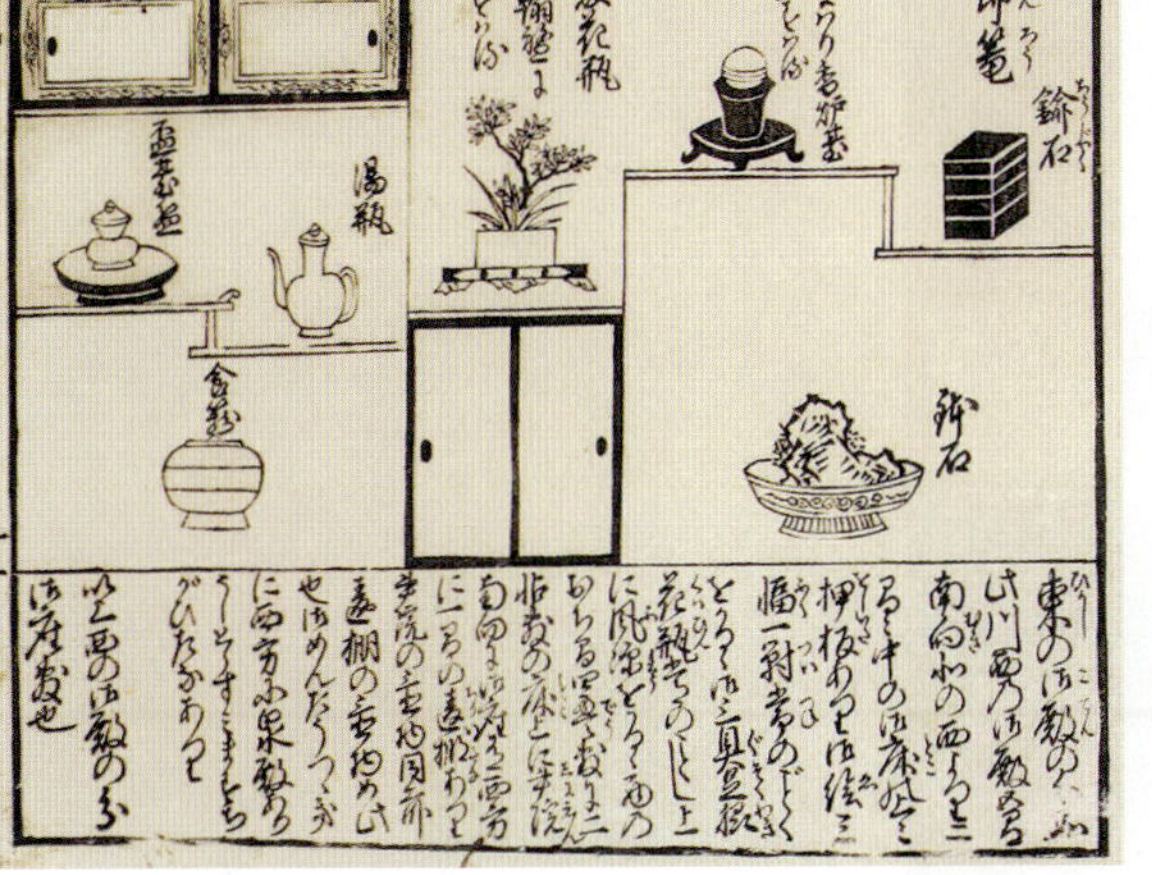

違棚の飾り　『御飾書』　部分　早稲田大学図書館蔵

力板【ちからいた】

❶骨組のあいだに張り詰めることで、骨組の変形を防ぐようにする板。襖などの骨の四隅や引手部分に取り付けて、構造を補強するのに用いる。引手を補強する場合は「引手板」という。

❷壁面に額を釣る際、壁面を補強する目的で、壁の下地に板を入れることがあるが、その板をいう。

力杭【ちからぐい】

飾棚の地板から棚板までのあいだに立てられた束をいう。

力竹【ちからだけ】

茶室の下地窓の外側に、壁へ接して立てる竹の柱。「間柱」ともいう。下地窓をあけたために切断された壁下地の竪貫の代りに、壁面と下地窓部分とを構造的に補強するために立てる柱であるが、視覚的な役割も強く、窓から左右のどちらかに離して立てられていることもある。白竹を用いることが多い。（付録22頁参照）

力垂木【ちからだるき】

構造的に軒を支える力に乏しい垂木の補強の

ために、要所に使われる材。高さを高く造ることが多いが、*枯木と違い、*化粧としてもあらわれるので、下面からは他の垂木と同様に見えるように仕上げることが多い。また興福寺北円堂（国宝）のように、垂木よりも大きく造る場合もある。力垂木は建物の中心に向かって長くのばして、梃子の原理で軒先を上げるように造られる。

力貫【ちからぬき】

❶*鴨居のすぐ上や、*長押の裏、あるいは開口部の上端にある貫を*内法貫というが、薄い鴨居を補強するために、特に厚く作った内法貫のことをいう。三寸四分×八分ほどの断面寸法のものを用いる。❷床脇で*違棚の板や、*袋棚の天板あるいは底板を壁際で留める際に、それらの棚板をはめ込みにして受ける下地材のこと。この場合は壁面内に納まるような大きさとする。

竹陰【ちくいん】

大阪府岸和田市の五風荘にある茶室。⇩五風荘【ごふうそう】

千草舎【ちぐさのや】

岡山県津山市の旧梶村家住宅にある茶室。梶村家は豪商で、藩札の札元をつとめた家。現在この旧宅は城東むかし町家として津山市が管理している。江戸時代末期の建築で、大正時代に大改造された主屋、明治時代初期の付属屋、大正時代の座敷、洋館と裏座敷、東蔵、表門、昭和時代初期の西蔵、茶室千草舎がある。千草舎は入母屋造で二方に庇を付け下ろし、捨柱を立て、土間庇とする。内部は四畳半で、上座に構えた床は奥行きが浅く、蹴込床の形式で床柱や落掛に曲がり木を使用している。客の出入り口として貴人口と躙口をあける。天井は網代天井で、床の対面の躙口側半間は化粧屋根裏となり、境は下り壁となる。城東むかし町家茶室として登録有形文化財である。

筑芳庵【ちくほうあん】

筑芳庵　点前座

福岡市博多区のホテルクリオコート博多の聚美苑にある茶室。東大寺の*四聖坊にあった*細川三斎好みの茶室を復元したもので、設計は中村昌生。四聖坊の茶室は井上世外邸に移されて八窓庵として知られていたが、戦災で失われた（八窓庵の項❸を参照）。L字形の四畳台目で、前面に囲われた土間庇が付いている。左端に高さ四尺二寸、幅二尺二寸の潜りをあけて舞良戸を釣る。茶室への出入り口は二枚障子で、その正面に床を構えている。床柱は赤松皮付で、はつり目が付き、床框は真塗。天井は、客座が蒲の平天井、点前座は化粧屋根裏で、給仕口の出隅に太い竹の柱が立つ。

竹林院の茶室【ちくりんいんのちゃしつ】

滋賀県大津市の旧竹林院にある茶室。主屋と広間の茶室、小間の茶室、東屋が庭園（名勝）内に点在する。竹林院はもとは比叡山延暦寺の里坊のあった場所で、明治時代には藪田氏の別荘となった。その後、渡辺氏が譲り受け、昭和五十四年（一九七九）から村上氏の所有となり、平成五

竹林院の茶室　小間棟　内部

ち

年（一九九二）に大津市が購入して現在に至る。広間棟は庭の北西隅にあり、四畳半の茶室と水屋、六畳半、三畳半、四畳半などの座敷がある。四畳半の茶室は、踏込の台目床を点前座脇に構える亭主床。松の地板に辛夷の床柱を立てる。茶道口は引違いの太鼓襖、躙口はなく、四枚の腰障子が建てられた貴人口をあける。天井は野根板天井である。六畳半は中央に一間床を構えるが、床柱の代りに釣束を下げて落掛をわたす。床框は蠟色塗。相手柱には杉の面皮柱を立てる。小間棟は茅葺屋根で、もとは柿葺の庇が、現在は銅板葺になっている。台目畳二畳と丸畳一畳が敷き込まれ、中央の台目畳が点前座となって向板を敷き、炉を向切逆勝手に切る。いわゆる天の川席で、両側に客座が設けられる。躙口と引違いの貴人口が並び、床は貴人口正面に位置する。床柱は赤松皮付丸太、床框は杉の磨丸太の面付とする。天井は躙口側の台目畳上が化粧屋根裏。他の部分は網代張の平天井である。

茅山荘【ちざんそう】

神奈川県三浦郡葉山町にある*畠山即翁の旧別邸。昭和初年（一九二六）頃の築造である。主屋は入母屋造茅葺の民家風で、十二畳の座敷と八畳の次の間、そして水屋からなる。八畳間には古材を用いた床を備え、煤竹を詰め張りした天井に煙出窓をあけ、自在鉤が釣られている。また離れとして観音堂と呼ばれる一屋があり、こちらも入母屋造茅葺の屋根である。板敷きの玄関広間、座敷、控えの間などからなり、座敷には民家の古材が床柱として使用された幅二間半の大床を構える。座敷に面して矩形に土間が設けられているが、塼を敷いて中央に炉を備え、立礼の茶会ができるようになっている。

知止荘【ちしそう】

奈良県宇陀市の森野旧薬園にある建物。同園は吉野葛で知られる葛粉の製造を十六世紀頃より行う森野家の十一代藤助が、享保十四年（一七二九）、薬草園を創設したのに始まる。知止荘は昭和五年（一九三〇）、その敷地に建てられ、宝物庫と参観者の休憩室として造られた茶室部分からなる。設計は*木津家三代宗泉、全体計画を岩崎平太郎が行った。茶室部分は立礼席と三畳台目の席、水屋から構成される。立礼席は敷瓦を模したコンクリートの土間で、天井は割竹を詰め打ちして竿縁で押さえた形式である。三畳台目の席は壁面が斜めになった変形平面で、向切に炉が切られ、風炉先床である。

知水庵【ちすいあん】

奈良県宇陀市の室生寺にある茶室。昭和二十七年（一九五二）に建設された。池田谷建築事務所の設計、農澤工務店の施工によるもので、四畳半の席、三畳と板間による控えの間、台目三畳板入の水屋、便所からなる。四畳半は外観が入母屋造桟瓦葺、軒先を檜皮葺とし、さらに檜皮葺の出庇を四周にめぐらせている。内部は四畳半切本勝手で、*又隠に範を取ったと見られるが、明るさの確保や天井構成を中心に手を入れている。控えの間にあけられた木瓜窓は外観を特徴づけている。

知水亭【ちすいてい】

東京都新宿区に所在の*大日本茶道学会の茶室。京都木屋町にあった*裏千家十一代玄々斎精中の高弟・前田瑞雪の茶室と伝えられ、解体保存されていたものを、四代会長の田中仙翁が入手。昭和四十五年（一九七〇）、同学会の霞地に、旧規に忠実に再建された。平成十三年（二〇〇一）、徳友会館の建造にともない、会館内に移設された。書院入側の東に付け下ろされた片流れの屋根に覆われ、*今日庵と同様のわびた外観である。東側の土間庇に躙口をあけるが、床は大変低く一尺二寸ほどである。内部は一畳台目向板入、竹垂木、竹小舞の総掛込天井で、躙口に対する奥の高い壁面を壁床とし、軸釘を打つ。右端に火燈口（茶道口）をあける。点前座は水屋洞庫を備え、炉を向切に切って、向板の前端には中柱

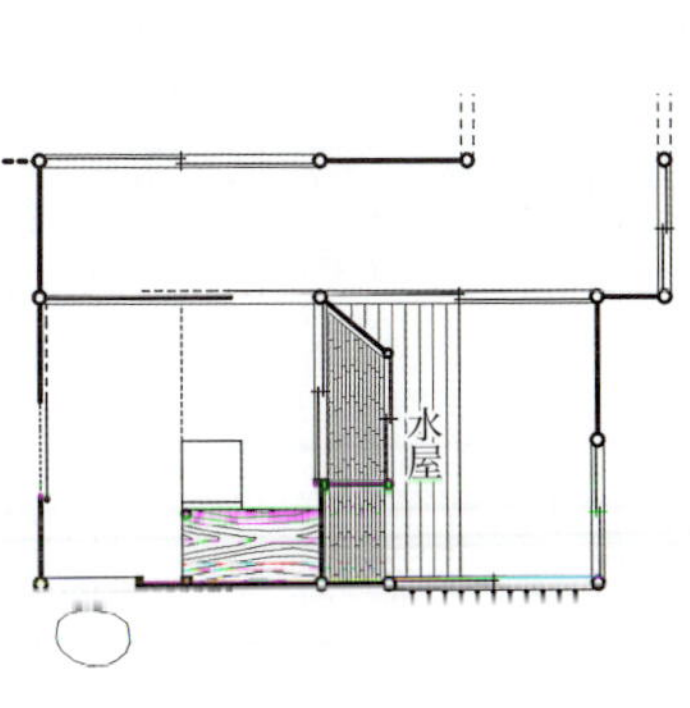

知水亭

を立てる。風炉先窓と、その上に連子窓、客座に一つ下地窓をあけて、腰張りを反古張としているのも、今日庵と同じ手法である。ただし中柱には大きく湾曲した丸太を立て、袖壁の下部が吹抜かれている。中柱の見付には三尺六寸三分の高さに花入釘を打つ。この中柱と袖壁の珍しい工夫は、瑞雪の師・玄々斎が勧修寺宮のために好んだ茶室*任有にも見られ、そこから着想したと考えられる。

池泉【ちせん】
庭園における泉や井戸、滝、*流れ、池（園池）などを総称していう。池をもつ庭園は*池庭と総称し、「池泉式庭園」ともいう。池庭はさらに、池泉の周囲や橋、樹林などを歩いて観賞できるように園路を設定した*回遊式庭園（池泉回遊式庭園）と、池に舟を浮かべて観賞する池泉舟遊式庭園に分けることもあるが、両者をあわせもつ事例も多い。

池泉回遊式庭園【ちせんかいゆうしきていえん】
回遊式庭園と同じ。⇨回遊式庭園【かいゆうしきていえん】

池泉式庭園【ちせんしきていえん】
池庭と同じ。⇨池庭【いけにわ】

知足庵【ちそくあん】
❶奈良県葛城市の*當麻寺塔頭中之坊にある茶室。明治時代に入ってから移築されてきたという。内部は二畳中板入の席で、炉を本勝手上げ台目切に切る。貴人口をあけ、下座寄りに洞床を構える。移築を経ているため、不明な部分が多いが、小さい席ながら窓を各所に配し、天井にも変化を付けており、作者の吟味のほどがうかがわれる。
❷愛知県名古屋市北区の長栄寺にあった茶室。宝暦から明和年間（一七五一～七二）に松尾流二世翫古斎（松尾家の項を参照）の好みで建造されたと伝える。四畳半の席で、床に続く風炉先の壁面に、窓を色紙窓風に重ねてあけていた。戦災で焼失。

知足の手水鉢【ちそくのちょうずばち】
龍安寺形手水鉢と同じ。⇨龍安寺形手水鉢【りょうあんじがたちょうずばち】

秩父青石【ちちぶあおいし】
埼玉県の荒川流域一帯から産出される*青石の一種。岩質は緑泥角閃片岩質で、同じ三波川変成帯に位置する*伊予青石と相違はないが、伊予青石が海石であるのに対し、これは沢石である。色調は伊予青石ほど冴え味がなく、かつ打ち水に対して照りが出ない。また縦縞が細く、一部には退色するものもある。水辺近くで採取され角の取れたものほど良質とされる。橋石など庭園用石材としても好まれる。

縮杢【ちぢみもく】
*杢目の一種。「縮緬杢」とも。繊維が不規則に縮れるように現れた模様のもので、栃などが有名。

千歳軒【ちとせけん】
京都市上京区の北野天満宮にある茶室。明治初年（一八六八）、当時の渡辺清宮司が中川宗甫に依頼して造立。明治三十五年の北野天満宮千年祭に際して移築され、吉見某宮司により千歳軒と命名された。その後、田中尚房宮司の時、付属広間として*明月舎が接続された。外観は切妻造の妻に柿葺庇を付け下ろし土間庇とする。内部は三畳半中板入で、道安囲風に二本引き襖で点前座を仕切る。炉は本勝手四畳半切で、炉先に中柱が立ち、炉の向こうに半畳がある。道安囲のように、台目構えの袖壁分のあき空間

千歳軒　内部

でなく、ほぼ台目分が開放空間となる。方立口形式のまわり茶道口をあけ、勝手付に置洞庫を備える。床は七尺八寸の床板を直径一尺一寸ほどの太い床柱で仕切り、台目幅の踏込床とする。この床柱は宇治橋の橋杭と伝わるもので所々に魚がつついたという穴跡がある。落掛は北野天満宮にちなみ紅梅。天井は点前座上が蒲の落天井、床前は網代の平天井、躙口側は掛込天井。三段構えの天井、炉先に立つ中柱で点前座を二分する構成、中板と中柱で点前座と客座を仕切り、二本襖の上部、板欄間の天井際を透かせることで天井の一体感を保つなどの工夫がある。

千歳橋【ちとせはし】
京都市左京区の*修学院離宮にある橋。上御茶屋(上離宮)にあり、浴龍池の中島と万松塢をつなぐ屋根付きの屋形橋。文政七年(一八二四)、京都所司代・内藤信敦によって橋台が、文政十年には水野忠邦によって屋形が寄進された。*宝形造の屋根の頂部には金銅製の鳳凰がのる。

千鳥打【ちどりうち】
千鳥がけと同じ。⇒千鳥がけ【ちどりがけ】

千鳥がけ【ちどりがけ】
*飛石の打ち方の一種。「千鳥打」ともいう。*二連打の応用とみられ、飛石を一石ずつまたは二、三石ずつ左右に配置する。小曲りを繰り返す形に配石するもの。千鳥の足跡の様に似ていることからいう。(付録8頁参照)

千鳥棚【ちどりだな】
*床脇に設けられる*飾棚の一種。江戸時代に棚雛形として定型化される四十八棚の一つ。大通寺広間(滋賀県長浜市、重要文化財)などに実例がある。『増補大匠雛形四 新板棚雛形』(一八六六年刊)には「是ハなんど(納戸)わき、つぼねかた(局方)、何れも中座」とある。

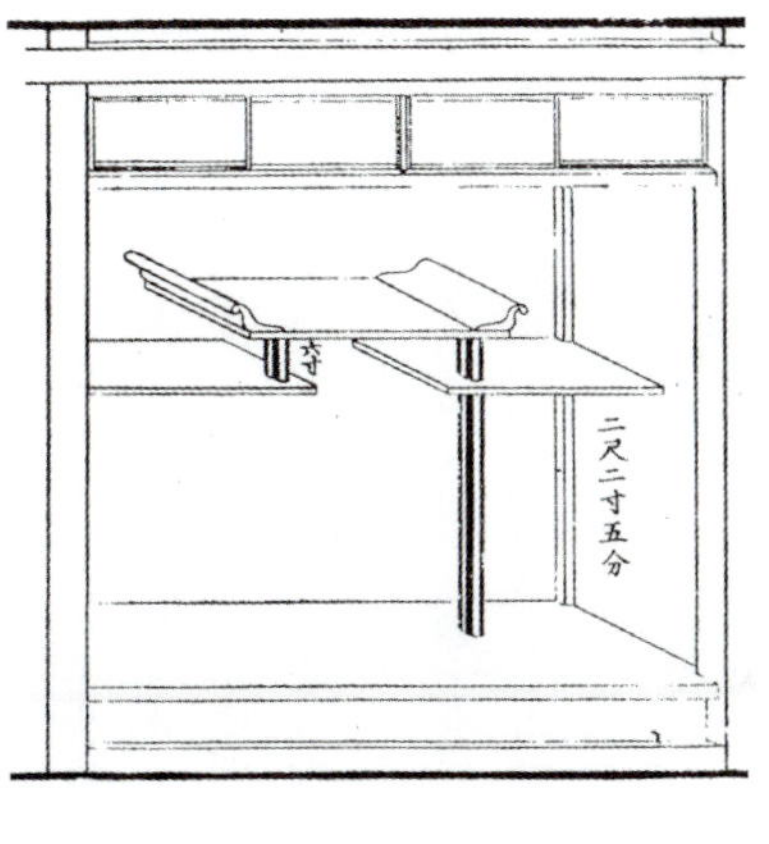

千鳥棚 『増補大匠雛形四 新板棚雛形』

千鳥破風【ちどりはふ】
*破風の一種。屋根面の流れの中央に三角形の妻面を見せ取り付けられた破風。室町時代中期に建てられた大阪府富田林市の錦織神社(重要文化財)が比較的古い例とされる。神社本殿の正面性を強調する意匠として、軒に取り付く*唐破風とともに、近世には盛んに用いられた。

地被【ちひ】
庭園や露地の植栽のうち、地面を覆うササ類や蘚苔類(コケ植物)、芝などをさす。現在、露地では蘚苔類が好まれるが、十六世紀頃には*芝生を地被に用いた露地も存在していたと考えられている。

茶入【ちゃいれ】
*抹茶を入れるための陶磁器製の小形の茶器。金箔を張った象牙の蓋(牙蓋)がともない、名物裂などで作られた仕覆を着せる。古くは「抹茶壺」ともいい(君台観左右帳記)、「大壺」と呼ばれた茶壺に対し「小壺」とも呼ばれた。濃茶の点前に用いられることから「濃茶器」ともいう。産地により、中国で焼造された唐物と日本で焼造された和物、東南アジアなどで焼造された島物に大きく分類される。これらの唐物茶入はもともと中国では茶器ではなく、薬種や香などを入れる雑器として制作されたものであった。和物茶入は瀬戸窯(愛知県)が中心となり、室町時代から織豊時代にかけて、古瀬戸に始まり後窯に至る窯分け名で分別される数多くの茶入を焼造した。その後に国焼が各地で焼造されるようになる。国焼茶入の代表的な窯としては備前(岡山県)、高取(福岡県)、薩摩(鹿児島県)、膳所(滋賀県)などが挙げられる。特殊なものとしては京焼の*野々村仁清、また*楽焼でも茶入が制作された。*東山時代までに評価の定められた漢作及び唐物、古瀬戸の一部を大名物、*千利休の時代に新たに選ばれたものを名物、唐物から国焼に至る諸窯から*小堀遠州によって選ばれたものを中興名物と呼ぶ。こうした名物茶入は室町時代

以降、歴代の為政者や権力者の力の象徴とみなされ、軍功の褒賞とされるなど政治的に重要な役割を果たした。形状には肩衝、茄子、文琳、鶴首、瓢箪、丸壺、大海など多くの種類がある。*神屋宗湛が邸内に建てたと伝える茶室*湛浩庵の床脇には、宗湛が愛蔵した文琳茶入を荘ったことに由来する文琳棚があった。

茶臼【ちゃうす】

碾茶（茶葉を蒸し、揉まずに乾燥させて葉肉部だけにしたもの）を挽き、*抹茶とするための石臼。優良な石臼は、石質と接合面の目立てが重要である。和物の石臼としては一条室町の祇陀院門前の名工のものや、大和生駒の*生駒石を使用したもの、山城宇治朝日山の宇治石のものなどが知られている。茶臼は草庵式茶室の水屋に常備されていたもので、西翁院*澱看席の水屋などにのこされている。

茶大津【ちゃおおつ】

*大津壁のうち、黄色い埴土（水底にたまった粘土を多く含んだ黒っぽい土）に消石灰と麻苆を加えたもの。茶色の大津壁。近年では白土に茶色の色粉を入れて造ることが多い。

茶会【ちゃかい】

茶を目的として、あるいは茶をなかだちとして人々が集まること、また集まってできた集団、またその集団での催し。茶会の「会」は、ある共通の目的をもって複数の人が集まることを意味し、また集まった結果としてできた集団を意味する。動詞化させて「会する」ともいう。「会」はまた呉音では「え」と読まれる。「法会」「祇園会」などのように、宗教関係の会の場合に「え」の読みがよく行われるが、宗教関係に限られているわけではなく、*一期一会の「一会」などは「いちえ」と読まれる。室町時代以降、茶会が盛んに行われるようになると、「会」だけで茶会の意味になることもあった。『日葡辞書』はその用例として「ミョウチョウ　クヮイヲ　マウサウズ」を挙げている。江戸時代に入ると、茶会の中で初炭、懐石、中立、濃茶、後炭、薄茶をセットとして行うような規格化された茶会は特に茶事（茶事の項❸を参照）とも呼ばれるようになった。なお茶会には主と客があるのが原則であるが、主客の区別が特にないというような場合にはこれを茶会とはいわず、「茶事（ちゃじ、ちゃごと）」ということがある（茶事の項❷を参照）。しかしこのあたりの用法の区別は必ずしも厳密ではない。

茶会漫録【ちゃかいまんろく】

近代の茶会記。*野崎幻庵著。中外商業新報社刊、全十三冊のうち、十二冊が茶会記。明治三十八年（一九〇五）三月の第十回大師会記から、大正十五年（一九二六）十一月までの関係した茶会の記録と批評を順次まとめて収録する。*井上世外、*益田鈍翁、三井華精、*高橋箒庵などのいわゆる近代数寄者による、名物道具を用いた茶会の状況がうかがえる。

茶カブキ【ちゃかぶき】

*七事式の一つ。味覚の修練として*闘茶をもとに考案された式。客は試茶を二種飲み、その後、飲んでいないもう一種の茶を含めた本茶三種を飲んで、どの茶を飲んだのかを聞き分ける。

茶器名物集【ちゃきめいぶつしゅう】

山上宗二記を参照。⇨山上宗二記【やまのうえそうじき】

茶事【ちゃじ】

❶茶樹の栽培や摘葉、製茶、飲茶、茶会、茶学など、茶に関するもろもろのことの総称。❷人々が集まって茶を飲むこと。この意味の場合には「ちゃごと」ともいう。たとえば葬儀などで、「茶事（ちゃじ、ちゃごと）を済ませて仏事に移る」などという。『日本国語大辞典』（一九七五年刊）の「ちゃごと　茶事」の項に「集まり合って茶を飲むこと。（中略）ちゃじ」と説明があり、伊藤左千夫『野菊の墓』（一九〇六年）の一文「いく度もより会っていろいろなものを拵へて茶ごとをやり」を掲げる。また『太平記』巻三十三に見える佐々木道誉の茶の会についての記述中の「此茶事過テ後又博奕ヲシテ遊ビケル」の茶事は、平仮名本では「ちゃこと」となっている。❸*茶会の中の、特に規格化されたものをさしていう。江戸時代のある時期から行われるようになった言葉で、今日、*茶事七式と呼ばれている七つの形式の茶会、すなわち*暁の茶事、*朝

茶事、*正午の茶事、*夜咄の茶事、*不時の茶事、*飯後の茶事、*跡見の茶事がこれにあたる。このうち暁の茶事は夜込の茶事とも呼ばれ、飯後の茶事は菓子の茶事とも呼ばれる。このほかにも*口切の茶事、名残の茶事などがある。なお、❸の意味での茶事は茶会の一種であり、茶会は❷の意味での茶事の一種ともいえよう。

茶事七式【ちゃじしちしき】

*暁の茶事、*朝茶事、*正午の茶事、*夜咄の茶事、*飯後(菓子)の茶事、*跡見の茶事、*不時(臨時)の茶事の七種をいう。いつ誰が定めたかはっきりしない。江戸時代初期には「五時の茶の湯」として朝、昼、菓子(飯後)、夜咄、跡見の五種の茶事が挙げられている(茶道要録)。ここでは暁の茶事は朝に、不時の茶事は飯後に含まれている。後に、暁と朝、不時と飯後が分離し、現在の七式に至る。

茶室【ちゃしつ】

茶事、茶会を行うために営まれる茶の湯専一の空間。狭義には茶事において主客が同座する空間をさすが、付随する*水屋などの空間を含んでいうこともある。茶の湯では茶碗を始めとして道具類の選びが茶人の茶に対する思いの表白として重要な意味をもつが、空間としての茶室のありようは何にもまして重い存在であり、それゆえに高名な茶人の営んだ茶室が護り伝えられ、*写しが造られ、さらに平面はもちろん、空間の立体的な組立てが、この風土が開発したユニークな紙模型、*起し絵図により伝えられ学習された。茶室という言葉自体は元和六年(一六二〇)寂の臨済僧、南浦文之の『南浦文集』を初出とするが、ひろく一般に用いられるのは近代に入ってであり、それまでは*座敷、*小座敷、*茶湯座敷、*囲い、*数寄屋などの称が用いられた。座敷は畳敷詰めの室をさす称で、囲いは屏風などで囲った室の一角を茶の湯の場にあてたことから生まれた謂であろう。古い茶会記などの記載には、座敷の称か、さもなくば広さを示す四畳半、三畳台目といった表現が用いられている。明治三十年(一八九七)、*武田五一が東京帝国大学に提出した卒業論文「茶室建築に就て」は、茶室の名を挙げて建築の一ジャンルとして扱った最初の研究であった。

［茶室の成立］茶の湯の前史ともいうべき*闘茶や*淋汗茶湯の時代にあっては、後のような茶の湯専一の空間が造られることはなかった。*室町殿や*小川殿などの室町将軍邸においては茶湯棚を備えた茶湯の間が設けられ、*同朋衆がそこで点てた茶を運び供するようになっていた。これとは異なり、主が客前で自ら茶を点て客に勧めることで主客同座の席が成立するが、これは町家における町衆の茶、あるいは禅院での茶礼の世界につながるものであろう。しかし茶の湯が*唐物などの格式を意識して展開したことを考えれば、これには同朋衆が深くかかわっていたと考えられる。その上で禅を背景とする草庵の茶の新境地を拓いた人物として*山上宗二が挙げるのが、十五世紀後半の*珠光である。しかし珠光については資料が少なく、彼が営んだ茶室の様子は、北向き、右勝手(現在の逆勝手。左勝手の項を参照)の*四畳半以外、わからない(珠光の茶室の項を参照)。最初期の茶室としてはおそらく*六畳と四畳半が考えられ、わびの茶室として最終的に選ばれたのは四畳半のようである。それは*一間床で柱は*檜、*張付壁に*塗框と、*書院造の作法に従うものであったと考えられるが、一部、草の趣向が取り入れられていたかもしれない。四畳半は方形で静的な完成度に象徴性をもつ空間であり、*足利義政が営んだ*東山殿の遺構、*東求堂*同仁斎に見るごとく書斎にも適した空間である。それは*方丈の大きさに近く、数名の親しい客を招き歓談するに格好の広さである。四畳半の茶室はひろく受け入れられ、その後、さらに小さな*小間が追求されて様々な平面の茶室が造られた後も、なお特別な格をもつ室として扱われた。

［茶室の草体化］ここに誕生した畳敷詰めの茶の湯専一の空間の特徴は*床と*炉の存在である。室町将軍邸の*会所の空間にあっては同朋衆によって*書院飾が定式化され、*上段(床と呼ばれた)まわりの*押板、*違棚、*付書院に飾りのありようが定められていた。この上段の空間を框一本分高い畳一畳で象徴的に表現し、そこに書院飾のいずれかを飾るとしたのが新しく現れた床である。この床の発明と茶室の成立とのあいだには密接な関係があると考えられる。この床が床の間として普及、ひろく座敷一般に用いられるようになる。また茶室には炉が切られた。

を茶の湯専一のものとする重要なしるしとなった。さらに*天井の低さがこれに加わる。床と炉の配りによって方形の空間に動きが生まれ、主客の位置関係が定まる。珠光の四畳半の座敷を受け継ぎ、そのさらなる草体化を示唆して堺や京の茶人に大きな影響を与えたのが*武野紹鷗であった。山上宗二によれば、堺の主だった茶人が皆、それにならった四畳半を造ったという。北向きで左勝手（現在の*本勝手）、柱は檜、一間床は*白張付壁に框は黒漆塗の一間床で、見た感じはまだ硬いが、床の天井、入口の*鴨居の高さなどが低く取られていたし、天井は*野根板張であった。*千利休も紹鷗のそれにならって四畳半を造るが、彼はそれを南向きにした。わびの境地を茶室空間に具体化することに腐心した利休は、松材や土壁を用いるなどの実験も試みたようだが、格式をもつ四畳半に対しては慎重で、天正十五年（一五八七）に造った*北野大茶之湯の四畳半で一応の草庵化を達成したものの、その完成は最晩年の聚楽屋敷においてであった（千利休の茶室の項を参照）。［**小間の追求**］四畳半の流行ののち、天正十二、三年頃から一般にさらに狭い小間に平面の工夫を求める動きがひろまるが、*二畳という極小の空間の創造がまずもって行われた可能性がある。すなわち決定的な証拠がなく、また利休作としても完成度の高さゆえに早い建造年代の設定に迷いがあった*待庵について、中村昌生は天正十一年、わびの茶室を完成させんとする利休が満を持して実現させた実験的作品とする説を最近提示している。そうとすれば、二畳という極限の小間の追求と、*躙口や土壁に*下地窓、選び抜いた丸太材の意識的な使用などの*草庵式茶室の重要なボキャブラリーのすべてが、ここで一気にまとめ上げられたことになる。中村はいま*掛込天井に造るものも、天井を張らず屋根裏をじかに見せた最初期の試みからとする。*塗廻しの*室床も極小の空間ゆえの新しい趣向である。小間を主と客の二人が対座するぎりぎりの広さに追い詰めた。利休はのちに聚楽屋敷で一畳半（一畳台目）に挑戦するが、まずこの極小の空間をいち早く提示したことになる。この二畳の座敷もまた方形の空間であることを忘れてはならない。こうした新しい空間を求めての小間の探究は平面を三尺単位のモデュールから解き放つ。当初一間だった床の間口は五尺、四尺三寸、四尺などと狭められ、深さにもまた寸法が選ばれる。それにこれは平面のことに限らない。小間においては一切の寸法、材料が眼前にあるゆえ、そこに「一畳半横竹の節は四つ見候が好」（細川三斎御伝受書）といった判断も生まれるのである。［**閉じた空間の成立**］わびの草庵式茶室は、これまでこの風土になかった新しい空間の構成法を導き出した。日常から切り離し特殊化した空間を造り出すには閉鎖性を強めることが必要だった。まず入口を狭めて躙口とした。潜りと呼ばれたこの種の出入り口はすでに町家の一部に存在したが、それを茶室の正式の入口としたのである（こののちも従来通りの*明障子の入口も用いられ*貴人口と呼ばれた）。これは不要の板戸の一部を切り出して用いた形をとったが、この結界は客に俗世界と隔絶した思いを抱かせるのに効果的な装置であった。躙口は後に寸法を縮めるが、待庵のそれは大ぶりで創始期のものであることを示している。こうして小間の空間は壁によって完全に閉じた空間として捉えられ、その上で穏やかな採光に適切な開口が切り込まれることになった。待庵の三つの窓は実に細かな計算によって位置と大きさが定められている。［**台目畳の創意**］さらにわびの徹底化を図るもう一つ重要な作為がある。*台目畳の出現である。利休が大坂屋敷に営んだ深三畳台目の茶室（深三畳半、細長三畳の項などを参照）がその最初期のものと考えられている。紹鷗は*平三畳の茶室の点前畳の前半、半間分に*袖壁を入れる工夫をしたようだが、利休はそれを徹底し、袖壁端部に立てた*中柱の脇に炉を切り、その上で点前畳の先端四分の一ほどを切り落としたのである。この台目畳の出現は茶室の平面構成に画期をもたらした。のちに袖壁下部に*引竹が入ってその下が吹抜かれ、中柱にも曲がった材が用いられるようになるが、この構え（台目構え）は*台子や棚類の使用を拒否する点で、*書院台子の茶の伝統から完全に離脱する茶室草体化の最終到達点であった。またこの構えは袖壁の向こう側にへりくだった主が客をもてなす形であり、点前を一つの景としてまとめる舞台装置の成立でもあった。この構えは好まれてひろく普及することになる。やや遅れて出現する*道安囲や*宗貞囲も、基本的に類似したはたらきを考えての装置だが、より強く点前座を切り分けて、次の間とも見える形にする造りである。考案された当初、流行したと伝えるが、それほどに普及することはなかった。

[**露地の成立**]利休が自らの課題とした茶室のわび化、草体化はこうして彼の在世中に達成された。その外観については、*市中の山居などと呼ばれた連歌の宗匠や文人公家の隠遁者の建物のありようが引き継がれた。また紹鷗時代の四畳半茶室は、多く既存の町家の奥に建てられたから、奥に向かって長細い町家の敷地と敷地のあいだの小路がアプローチとなり、その木戸を入ったところに「脇ノ坪ノ内」と呼ばれる茶室への導入部である小庭が造られた。ここから茶室前方の縁に上り、明障子を開けて席に入るようになっていた。縁に面しては明りとりにもなる小庭がとられ、「面ノ坪ノ内」と呼ばれた。当初の*坪の内は面積もさほどではなく、植込みも抑制されたものであったが、茶室の室内空間が完結度を高め、閉鎖性を帯びるまでに展開するのにあわせて、そこに到達する過程が室内の緊張を準備する場として重視されるようになる。こうして坪の内を基盤にして庭の空間が意識的に構築され、*待合や*腰掛、*雪隠、*蹲踞など、作法の展開にあわせて必要なしつらいが配されるようになる。天正年間(一五七三〜九二)の末までにはこうした形が生まれつつあったと見える。さらに*飛石や*石燈籠などが導入され樹木や草も植込まれて*露地(茶庭)が成立し、空間に余裕があるところでは、*外露地と*内露地からなる*二重露地が構築されるまでになる。

[**聚楽屋敷の茶室**]利休最後の茶室構築は聚楽屋敷においてであり、わび化が徹底した四畳半(裏千家の*又隠がその面影を伝える)と室床をもつ一畳台目であった。利休はほかに書院も造っており、そのうちの*色付九間書院が注目される。九間、すなわち十八畳の室で、二畳の上段、四畳の中段を備えていたが、*長押はなく框に丸太を用い、*化粧屋根裏などの工夫がこらされていた。これを原型としてのちに*千少庵が巧んだのが*表千家に伝わる*残月亭である。上段まわりのしつらいを圧縮して生まれた床は内側に引込んだアルコーブの形を取ったが、ここでは上段本来の形に戻って茶室空間の中に突出する。この入れ子になった空間構成の面白さが多くの人に迎えられ、近代の建築家も含めて、残月亭の書き換えの空間がいくつも試みられている。一方、空間全体の思いがけない構成によって床の引込み感を消す大胆な試みに成功したのが*織田有楽の*如庵である。

[**武家茶人の時代**]利休没後の茶室にあっては、武家茶人の活躍ということもあずかって草庵化、わび化への反動が見られた。客である貴人と相伴者の座を空間的に区別する扱いもその表れで、三畳台目に襖二本を建てて相伴席を加える*古田織部の*燕庵形式が流行したし、*小堀遠州は躙口を*四畳台目の細長い空間の中央寄りに設けて席の上下をおのずと示す方法を取ったりした。こうして茶室の空間はまた広さを取り戻すこととなり、窓の数も増え、さらに点前座に*色紙窓を配し、床に*墨蹟窓を設けそこに花入を掛けるなど、華やかな演出も試みられた。利休は座を変えての茶会を戒めたが、小間と書院でのもてなしのあいだに*鎖の間というつなぎの空間を用いる形式も、武家の好みとして織部や遠州が試みている。さらに書院の世界に草庵式茶室で開発された要素を導入する試みも行われ、特に遠州はそれに才能を発揮した。彼が協力したと思われる*密庵席は、四畳半の書院に中柱を立てた台目構えを加える試みに成功しているし、*忘筌では、本来の書院自体を草庵のボキャブラリーを用いて書き換え、草庵露地の空間を書院からの景としてまとめている。こうした趨勢の中でわびの世界を強く主張して利休由来のデザインの独自性を確立したのが*千宗旦であり、それは今に伝えられている。また十八世紀、茶道学習の一形式として多人数で行う*七事式が開発され、以来、*八畳以上の広間での茶にも眼が向けられるようになった。

[**煎茶系の茶室**]文人たちの世界で好まれた*煎茶が文化から文政年間(一八〇四〜三〇)頃より全国的に流行する。煎茶は中国的なもの一般の好みとつながっていたが、それ専一の特殊な空間の追求ということはなかった。ただ抹茶の茶室が*畳床を基本としたのに対して、*煎茶室は卓を思わせる板床を好み、それも往々にして*踏込床を選んだ。また中国風の文様も多用され、概して開放的な室が好まれたことも特質として挙げられよう。煎茶は炉を切り込まないため、特にそれ専一の室を求めることがないが、幕末から明治時代にかけて煎茶室としてデザインされた遺構が各地にの

こっており、その中にはきわめて高い質の空間も存在する。また大がかりな茶会などでは、座敷以外に草屋根の亭、河岸につながれた小舟といったものも茶席として用いられた。［**近代の茶室**］明治時代に入って衰微していた茶の湯の世界を再度牽引、その力を取り戻させたのは、新興の財界有力者の茶人、数寄者たちであった。煎茶的な世界を背景として育った彼らは、やがて*松平不昧にならって流派にこだわらない茶を目標とし、自らの眼のみによって掛物や器、道具を自由に選び、茶室にあっては田園風の世界をもって良しとした。*白雲洞や*護国寺の茶苑など、近代のすぐれた数寄者の営んだ遺構の数々が今にのこって彼らの自在な心の動きをうかがわせる。原三渓の*三溪園のように、すぐれた古建築を集めて茶苑を営んだ例もある。こうして復興した茶の湯は第二次大戦後、その人口を大きく増やし、その希望を容れるために公共施設としての広間の茶室が求められるようになった。いわゆる公共茶室である。また明治時代初期以来、椅子による生活の普及を受けて*立礼席の追求が行われ、さまざまな実験が重ねられてきた。相応の成果を挙げた試みもあるが、かといってそれほど広汎に普及する様子もない。主客ともに畳に同座し、茶碗や道具もすべて畳に置くという草庵式茶室が開発し展開してきた作法の魅力が人々を強く捉えているからであろう。［**新しい空間の試み**］茶の湯の空間は作法と密接な関係をもって展開してきた。掛物や花なども含め茶の湯にかかわる一切が互いに連関するシステムとして編み込まれ展開してきた歴史がある。それゆえ伝統的な茶の湯の世界ではこれを無視した茶室を造ることが難しい。しかし過去の茶人たちの探求（千宗旦が初めと伝える*中板の導入もその一例である）に見るように、その中でも新しい世界を切り拓く可能性は存在し、茶人や建築家による追求が今も行われている。また一方で、茶室空間の特殊性に注目し、集まった人々がともに床に座して自由に茶を娯しむ小ぶりの空間の創造を求める動きもある。そこでは*畳割や躙口、床、土壁などといった伝統的なボキャブラリーに捉われることもない。これはある意味で茶の湯の原点に回帰しようとする試みであり、幕末期に煎茶の世界を求めた文人たちの当初の目標にも似たところがあったと考えられる。ここでは伝統的な茶室を基本に記述したが、将来においてはそうした試みを踏まえた新しい茶室の世界がそれに加わることになろう。また*茶屋と呼ばれる茶室とは対照的な開放性をもった空間の存在にも触れずにきたが、茶屋は茶の湯に限らぬ自由な遊びの空間として庭苑内に設けられ、利休や遠州の屋敷にもあったとする伝えがある。今日の新しい茶室空間への試みは、おのずとこの流れにかかわってくる部分もあろうと思われる。

茶舎【ちゃしゃ】

煎茶室の別称。 ⇒煎茶室【せんちゃしつ】

茶所【ちゃしょ】

煎茶室の別称。 ⇒煎茶室【せんちゃしつ】

茶筅【ちゃせん】

茶を攪拌するために用いる竹製の道具。点前道具のひとつで、「茶筌」とも書く。抹茶法の発展、特に茶を微細な粉末にする技術の進歩とともに精巧なものに変化した。中国・宋代の攪拌用具について十二世紀初期の『大観茶論』には竹製の「筅」が記され、南宋末期の『茶具図賛』（一二六九年）には「竺副帥」の図が見えるが、現在の茶筅とは大いに異なるものである。日本では鎌倉時代後期に茶筅の存在を確認できるが、現在のような内穂と外穂との二重構造の茶筅は十六世紀中頃に現れる。その後、茶人の好みや流儀により差異が生じる。*近衛家凞は『槐記』の中で穂の数、穂の形状、節の位置を挙げて七通りあると述べている。現在では流儀や点前の種類により、*煤竹、*白竹、紫竹、青竹などの材質が使い分けられ、穂の数（百二十本立、百本立、八十本立、数穂、常穂、荒穂など）、編糸の色（黒、白）、柄の形状（中節、止節）、穂先の形状、穂の長さ（標準型、筒茶碗用、天目用）などの違いもある。生産地として奈良県生駒市高山町が知られている。

茶禅一味【ちゃぜんいちみ】

茶と禅とは根本的には同じであるということ。一味とは、元来仏教用語で、同一、無差別平等といった意味である。ここでの「茶」は、飲茶文化の総称である「茶の湯」の意味にとっておこう。しかし茶の湯には様々あり、すべての茶の湯が禅と根本的に同じとは考えられない。ではどのような茶の湯であれば禅と同じといえるのかという答えを出すために、まず禅とは何かを規定しておかなければならない。禅とは何かという問いに対して、対象的、客観的にではなく、実践的、主体的に端的に答えれば「禅とは本来の自己に覚め、本来の自己として生きることである」となる。禅林の用語では本来の自己に覚めるための修行の道を向去といい、覚めた人、すなわち覚者として生きる道を却来という。ここから考えれば、禅と一味の茶の湯とは向去と却来の二道をそなえた茶の湯ということになる。このような茶の湯は、茶道と呼ぶのがふさわしいであろう。だが禅と茶道は、右の意味で根本的に同じといえても、全体としては同じでない。禅が向去の道の修行として最も重んじるのが坐禅であるのに対して、茶道は飲茶に関する諸事の修行を主とする。そして却来の道においては茶の文化の実践が基本となる。このような茶禅一味の茶道は、中国においては唐代にすでに行われていたと思われる。*陸羽の師にして友であり、史上初めて「茶道」の語を使った皎然は「飲茶歌」(全唐詩)で、飲茶による三段階の精神の浄化をうたって「三飲便ち得道す」といい、「茶道全爾真」(茶道においてはすべてが真である)といっていた。日本においては、*珠光の「心の文」が、冒頭に「此道、第一わろき事ハ、心のかまむかしやう(我慢我相)也」といい、末尾近くで「又ハ、かまむなくてもならぬ道也」といっているのは、向去、却来を含む茶禅一味観を述べたものにほかならない。

茶筅垣【ちゃせんがき】

❶造りは*松明垣と同様で、竹穂や萩などを束ねたものを*胴縁に結うが、束の穂先を、茶筅のようにひろげた形に仕上げる。❷*枝穂垣の一種。*立子に竹穂や萩などを立て並べて*押縁で留め、力杭も同じ枝穂で巻いて上端の穂先を茶筅のように造ったもの。

茶筅菱袖垣【ちゃせんびしそでがき】

『*石組園生八重垣伝』にのる*袖垣の一種。「萩にて結ふ上品とす」とあり、樹枝の束を下半分は菱格子に、上半分は隙間をあけながら立て並べて、結う。また左右の縁も樹枝で包む。「此垣置所手水ばちの先、また雪隠などの見隠或は路地口の目隠し其他見はからひにて置べし」とある。

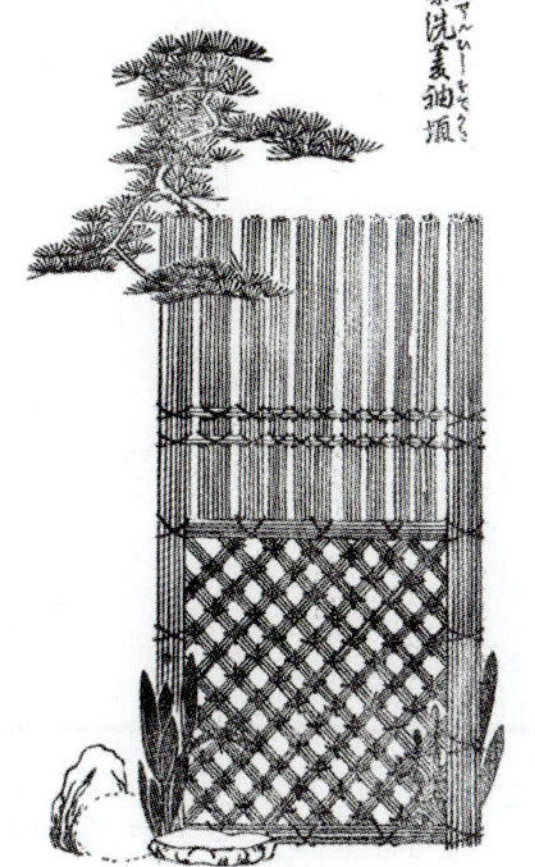

茶筅菱袖垣
『石組園生八重垣伝』

茶立口【ちゃたてぐち】

茶道口と同じ。⇒茶道口【さどうぐち】

茶立所【ちゃたてじょ】

茶の点てられる空間(部屋)のことをいう。室町時代頃の*書院台子の茶においては、主座敷ではない別空間(別室)で茶が点てられたと考えられ、その格式の低い点茶の場所をさす。*足利義教の*室町殿では常御所の御湯殿の上、*足利義政の*小川殿では対面所の次の間である「東の落間」、*東山殿では*会所の石山の間の「にし御茶湯の間」が茶立所とみられ、そこには茶の湯棚が設置され、*同朋衆が茶を点て、主座敷へ運んだと考えられている。このような茶立所を使う事例は織豊時代から江戸時代にも見られる。*曼殊院小書院の黄昏の間脇の一畳は、出炉となっており、客を迎えての茶室ではなく、茶立所として役割を担っていたとみられる。ただこの二畳は、当時「茶立所」と呼んでいたか否かは不明であり、後世に呼ばれるようになった可能性がある。一方、織豊時代末期になると書院座敷に茶の湯の*道具畳(点前座)を添えた形式の茶室全体のことを茶立所と呼んでいた。ここでは仮に「ちゃたてじょ」としたが、当時の読み方として「ちゃたてところ」と読むかは不明であると*堀口捨己は述べる(茶室研究)。この例としては、*松花堂昭乗の*滝本坊の九畳の書院座敷が挙げられる。八畳座敷に*中柱を立て袖壁によって狭く区切られた一畳の点前座を付加した形態をもつ。また近年では、点茶を行う別室の意味として使われ、*台目構えや一畳で中柱を立て袖壁をもつ狭く曖昧に区切られた点前座をさして謙譲の意味で使われることもある。

茶亭【ちゃてい】

茶室の別称。『雍州府志』（一六八四年成立）には「凡茶亭多茅屋而万事之経営仮為貧窶不遇者故謂和微数奇又称数奇」とあり、茶亭は茅葺の草庵風な茶室をさしていたことがうかがえる。また『南方録』には「残火会ト云コトアリ、アル時、休ノモズ野ノ茶亭ニ、客アルヲ聞テ」とあり、千利休の百舌鳥野の屋敷（千利休の屋敷の項を参照）の茶室を茶亭と記している。

茶店【ちゃてん】

「茶亭」ともいう。三亭の項を参照。 ⇒三亭【さんてい】

茶堂【ちゃどう】

❶四国や瀬戸内に面する中国地方の旧道にそう集落の境などに建つ小堂。「さどう」とも読み、「辻堂」「祠堂」、あるいは地域によっては「茶屋」「茶庵」「茶小屋」とも称されていた。地域によって異なりはあるが、建物としては、鎌倉時代の絵巻物の「一遍上人絵伝」などに描かれているような、吹抜けの簡素な草庵風の小堂で、正面には弘法大師像、薬師如来像などを祀っている例が多い。そこでは村人たちによって虫除け祈禱や般若経転読、茶振舞いなどが行われ、あるいは遍路や旅商人が休息できるような茶の接待も行われており、人々の重要な文化交流の場となっていた。茶堂の意義は、これらの地域における信仰や風習を知る上で重要な存在となっている。かつては顕著に分布していたが、社会情勢の変化にともなって、滅失したものも少なくない。

❷織豊時代から江戸時代にかけ、武将や将軍家に仕えた茶匠のこと。 ⇒茶堂【さどう】❹

茶道【ちゃどう】

「ちゃどう」とも「さどう」とも読まれる。

❶茶道の語は今日、茶の湯と同義に解され、用いられることも多い。

❷❶の項とは別に、この両語を区別して用いることも行われている。それは茶の湯の中で、特に精神性に重きを置く「茶の湯」を、そうでない茶の湯と区別して「茶道」と称するものである。したがって、茶道は茶の湯の一種ということになる。茶の湯には時代や場所、人により、様々な様態があるが、茶道はこれら様々な茶の湯の中の一つの類型を表す語と考えることができる。「道」の語は、中国での三教、すなわち儒教、仏教、道教においてはそれぞれの教えが求めるべき究極の目標をさす重要な語であった。しかし日本では、特に芸の世界では、たとえば「歌の道」などという時の道は、求めるべき究極というよりは、究極に至り、またそこからはたらき出る道、道程の意で用いられることが多かった。このような背景から、茶の湯においても、茶の湯を行うことを通して究極のところに至る道、そしてそこから茶の湯へとはたらき出る道、という二つの道が考えられることになる。茶道とはこの二つの道にほかならない。それは仏教用語を借りていえば、「往相」と「還相」、「向去」と「却来」の道ということであり、究極のところとは無や空といわれるものに当たる。「禅茶」（禅を茶として行い、茶を禅として行う）を標榜する茶の湯、あるいは「わび茶」を標榜する茶の湯の中のあるものは、内実においてこのような茶道なのであった。そして究極のところから茶の湯へとはたらき出るという時の茶の湯が、茶の枠をこえ、生活の全体に拡散浸透する時、茶道は茶の湯というひとつの芸の道であることをこえて、人の道となる。端的にいえば茶道は宗教のひとつのありかたとなる。来日したポルトガル人イエズス会宣教師のジョアン・ロドリゲス（一五六一～一六三四）も、「数奇茶の湯」は宗教の一様式であると述べている（日本教会史）。

❸織豊時代から江戸時代にかけて大名などに仕えて、茶の湯に関することを掌る役、またはその役職にある人のこと。 ⇒茶堂【さどう】❹

茶道会館【ちゃどうかいかん】

裏千家の総合研修道場。十四代無限斎碩叟夫妻の設計により、昭和三十一年（一九五六）五月十一日、新築披露が高松宮夫妻を迎え行われた。木造二階建、二階は舞台付の大広間、一階は高松宮命名による心花の間や鵬雲の間、佳松の間、立礼席などからなる。実践修道の場であり、各講習会や行事などの際に使用される。

茶道旧聞録【ちゃどうきゅうぶんろく】

庸軒流の茶法書。藤村庸軒の茶法を次男の藤村正員が編集したもの。一冊。正員による正徳二年(一七一二)の跋文がある。内容は点前、茶道具、客の作法、茶室、露地などに及ぶが、体系的にまとめられたものではない。千利休、古田織部、千宗旦、小堀遠州などの教えを記す条も見られる。不審菴、残月亭、燕庵などの茶室平面図が記載されている。昭和五年(一九三〇)に翻刻、刊行。

茶道具【ちゃどうぐ】

茶事、茶会を催す時に必要となる道具の総称。まず床に荘られる道具として、掛物、花入、香炉、文具などがある。次に点前にかかわるものとして釜、風炉をはじめ、台子、棚物、水指、茶入、棗、茶杓、茶碗などの点前道具が挙げられる。また炭手前に使用される香合、炭斗、羽箒、灰器などは、炭道具として一括されることもある。懐石をともなう茶事においては折敷、飯椀、汁椀、向付、煮物椀、鉢や皿類の懐石道具が必要となる。露地には、腰掛に出す煙草盆、火入、円座のほか、蹲踞柄杓、手水桶、塵箸、また蕨箒、棕櫚箒などの道具が用いられる。水屋には、茶掃箱、茶巾盥、釜据などの水屋道具を備える。夜咄の茶事などには、短檠、手燭、膳燭や露地行燈などの燈火具が用いられる。これらの道具を正しく使用することによって、茶事、茶会の一座建立が図られるのである。

茶道四祖伝書【ちゃどうしそでんしょ】

千利休、古田織部、細川三斎、小堀遠州の四人の著名な茶人について述べた茶書。奈良の塗師(漆器商)・松屋久重によって江戸時代初期にまとめられたと考えられる。四巻四冊。松屋には久重の祖父から始まる厖大な茶会記がのこされ、また伝書類も集まっていたと考えられ、茶会記を中心に四人にかかわる記述をまとめたもの。したがって『松屋会記』と重複する内容も多いが、そこに見られない記事も多く、久重自身が直接交わった三斎や遠州の記録は詳細であり信頼度が高い。久重が編纂した原本は失われており、『松屋日記』や『松屋筆記』などの書名を与えられたいくつかの写本が残存する中、松山吟松庵により、小堀宗中(一七八六〜一八六七)の手になる写本を底本として昭和八年(一九三三)に翻刻された。その後、昭和四十九年には『茶湯古典叢書』一として補訂を加えて再刊されている。四人の茶匠に関する基本史料の一つとして貴重である。

茶道正伝集【ちゃどうせいでんしゅう】

織田有楽の茶法書。堺・妙国寺の僧で千利休門下の高橋(祇園)玄旦から玄旦の弟子・桑原伝左衛門が聞書きしたもの。十一巻。玄旦は有楽の茶頭であり、有楽の幼い嫡子に代り有楽から作法を伝授された。形式を重視する当時の状況に対して、定法をなしとする姿勢が貫かれている。内容は、作法、茶室と露地、茶器に分かれている。特に台子の記述は、有楽が利休に直接相伝を受けたことから、利休直伝の内容となっている。茶室と露地は「下之四」巻に収められており、『細川三斎御伝受書』『貞要集』と共通、類似する記述や指図が含まれる。有楽の茶室を紹介することを目的にしたものではなく、珠光、武野紹鷗、利休、古田織部、千道安、千宗旦の茶室も紹介されている。「下之四」巻は『数寄屋古典集成四』に翻刻されている。

茶道筌蹄【ちゃどうせんてい】

総合的茶書。文化十三年(一八一六)、大坂の町人・稲垣休叟(一七七〇〜一八一九)著。弘化四年(一八四七)に五冊の版本として大坂の敦賀屋のほか、京の吉野屋、江戸の須原屋などからも刊行され、人気を博した。『茶道全集』巻十五、『茶道大鑑』上巻に翻刻収録されている。なお本書巻之一「小座舗之部」「床之部」「釣棚之部」「柱類」「庭之部」の各項目で、比較的詳しく茶室や露地について解説がなされている。

茶道便蒙抄【ちゃどうべんもうしょう】

千家の茶法書。山田宗徧著。板本五巻五冊。延宝八年(一六八〇)に完成し、元禄三年(一六九〇)に板行。貞享三年(一六八六)、及び同一年の序文がある。茶事の手順にしたがい、その作法や留意点について亭主側を第一巻に、客側を第二巻にそれぞれ述べる。第三巻に風炉、盆点、台天目などの各種点前、第四巻に菓子、夜咄、不時、跡見などの各種茶事などをまとめ、第五巻に茶室に応じた道具の置き合わせを図解している。千家茶道では最初の公刊本。この内容に対して*杉木普斎が見解の異にするところを朱筆で書き入れた『普斎書入茶道便蒙抄』が伝わる。『茶道全集』巻十二、『山田宗徧全集』に翻刻されている。

茶道宝鑑【ちゃどうほうかん】 総合的茶書。明治四十年（一九〇七）から同四十二年にかけて宮崎幸麿により編纂された。全八冊。その構成は、茶道具、茶室庭園、石燈籠、名物茶入、名物香合、名物茶碗の上、名物茶碗の下、日本喫茶史料からなる。多くは名物記、寸法書であるが、*石燈籠を一冊にまとめているのが珍しく、他書に見られない茶室の紹介もあり、史料をもとに独特の茶の湯史論を展開していることも注目される。

茶道要録【ちゃどうようろく】 茶史、茶法書。*山田宗徧著。本編二巻と付録の利休伝（一巻）からなる。延宝三年（一六七五）に著し、千利休の百回忌にあたり利休回帰の傾向が強くなった元禄三年（一六九〇）の翌年に版行された。師の*千宗旦から伝授された茶史や利休の茶法を著した書。茶法は主法、客法に分けて解説される。利休伝は利休居士肖像、元伯宗旦肖像、利休居士素性、居士号などの条からなる。徳川光圀が西山樵夫と署名して、序文を記す。『山田宗徧全集』所収。

ち

茶庭【ちゃにわ】 露地と同じ。 ⇒露地【ろじ】

茶の湯【ちゃのゆ】 飲茶に関わるもろもろのことの総称。すなわち、茶を点じたり、煎じたり、淹じたりすることや、それを飲むこと、及びそれらにともなう一連の営みと、その場を構成する事、物、人の全体。今日は「茶の湯」という表記が一般的になってきているが、少し前までは「茶湯」と表記して「ちゃのゆ」と読むのが一般的であった。さらにさかのぼれば「茶湯」と表記して「ちゃのゆ」とは読まず、「ちゃとう」「さとう」と読んでいた時期が長らくあった。そしてその意味は現代の茶の湯の意味ではなく、茶を用いた湯薬（煎じぐすり）や仏前に供える茶などの意味であった。それが「ちゃのゆ」と読まれるようになり、意味も現今の茶の湯と同じになるのは室町時代中期頃からである。文献としては、いわゆる『文明本節用集』に「ちやのゆ」の読みが見られる。現今はまた、茶の湯はしばしば*茶道と同義に用いられている。

茶湯一会集【ちゃのゆいちえしゅう】 茶法書。*井伊直弼（宗観）著。茶の湯の一会の始終と主客の心得を、朝会（*朝茶事）、*正午会（正午の茶事）などの正風体の茶会の進行にそって詳述。直弼の茶道に関する多くの著述の集大成ともいうべきもので、完成したのは大老に就任する前年の安政四年（一八五七）頃と推察されている。この書の「一会集」という標題については直弼の深い思い入れがあった。そのことを直弼は序文の中で以下のように述べている。この書は茶の湯の一つの会の始終、その間の主客の心得を述べたものであるから「一会集」という題をつけた。しかしここでの一会にはもっと深い意味も込められている。それは「一期一会」ということである。たとえば同じ主客が幾度交会しても、一回一回の会はふたたび返らないのであるから実は一世一度の会である。それ故、主人は万事に心を配り、いささかも麁末ないように深切実意を尽し、客もこの会にまた逢うことはできないことをわきまえて、亭主の趣向が何一つおろそかでないことを感心して、実意をもって交わるべきである。これを一期一会という。これを等閑にしたままで、一服をも催すことは決してしない。これが「一会集」の極意である、という。本書では、このようにこの書の、ひいて直弼の茶道の根本が一期一会であることを述べた後、「茶湯約束之事　前礼」から「客より贈り物之事」までの二十二項について詳述する。本書には、茶室や露地に関する約束や心得についても多く記されている。

茶湯座敷【ちゃのゆざしき】 茶の湯のための施設（*茶室）を表す語の一つ。室町時代から江戸時代を通じていわゆる茶室に対して様々な呼称が使われており、茶湯座敷もその一つである。室町時代には畳が敷き詰められた部屋は座敷と呼ばれており、茶の湯は当初から畳敷きの部屋で行われていたことから、このように呼ばれた。『看聞御記』の永享十年（一四三八）九月八日の条に「常御所廂（庇）間、茶湯座敷令作」と見えるのが早い例である。

茶湯所【ちゃのゆどころ】

室町時代の殿中において点茶が行われた部屋のこと。現在のように主客が同座し、亭主が客の前で点前をし、客が喫するという草庵の茶の方式が定まるまでは、茶道具を並べた茶の湯棚を置いた部屋で同朋衆や御茶湯坊主が点茶を担当し、それを御座所や対面の間に運び出すことが行われた。このように主客が集う喫茶の場と点茶の場が空間的に分離していたことが殿中の茶の湯（書院台子の茶）の特質であった。六代将軍足利義教の室町殿の会所にあったことが知られる（室町殿行幸御飾記）。また永享四年（一四三二）、義教が仁和寺に花見に訪れた時の状況を記す「常瑜伽院指図」に見られる「御茶湯所」は古い実例である。八代将軍義政の東山殿では「茶湯間」とされていた（御飾書）。曼殊院小書院の丸炉の間は、このような部屋の流れを汲むものという指摘もある。

茶湯秘抄【ちゃのゆひしょう】

総合的茶の湯書。奈良の塗師（漆器商）土門元亮著。五巻五冊。『松屋会記』、『茶道四祖伝書』、『松屋名物集』（『茶道古典全集』第十二巻）とともに松屋にかかわる茶の湯の基本史料の一つ。第一巻に元文三年（一七三八）の日付をもつ元亮の序文を掲げ、次いで全五巻の内容を目録としてのせる。一巻は風炉の四畳半などのこと、二巻は炉の四畳半などのこと、三巻は客人や亭主の作法などのこと、また茶入や天目など茶道具のこと、四巻は三巻に引き続き茶道具のことと露地や座敷のことなど、五巻は絵や大壺など茶道具のことに加えて、千利休伝、細川三斎伝、茶の湯百首など。これらの内容は土門松屋家に伝来した秘伝書をまとめたものと思われ、その中には『草人木』や『烏鼠集四巻書』とほぼ同文の箇所も見られる。かつては天保年間（一八三〇〜四四）に写された東大寺本（東大寺図書館蔵）のみが知られていたが、元亮筆の原本と考えられる川喜田半泥子旧蔵の石水博物館本が見出され、『茶の湯文化学』の第四〜七号において翻刻されている。本書にはまとまって茶室や露地について述べる箇所はないものの、千宗旦、古田織部、小堀遠州、金森宗和などに関しては、時折茶室や露地について触れることがあり、参考となる。

茶湯六宗匠伝記【ちゃのゆろくそうしょうでんき】

茶人の伝記。遠州流の茶人である遠藤元閑著。版本、六巻六冊。元禄十五年（一七〇二）刊。珠光、引拙、武野紹鷗、千利休、古田織部、小堀遠州の各々の肖像を掲載し、伝記や言行、茶法などを付載している。『茶道大鑑』下巻に所収。

茶花【ちゃばな】

茶席の床などに荘る花。また、それらに用いる花材のこと。茶花の呼称は、茶席の花と、立花や生花（活花、挿花）、抛入花とを区別したもので、「茶花」という言葉自体はすでに元禄年間（一六八八〜一七〇四）から見られるが、近代以降に一般化したものとされる。歴史的に茶席の花は、織豊時代における草庵の茶の成立とともに、書院の花としての立花の対極に位置するものとして発展した。茶席の花は当時「なげいれ」と呼ばれた花に相当し、立花の制作に「たてる」という言葉が用いられたのに対して「いける」という言葉が用いられ、また立花が一定の形式をもつものであったのに対し、茶席の花は、形式にとらわれず自然の姿のままにいけられた。珠光の『お尋ねの事』の一文に、「花の事、座敷のよきほとかろ〳〵と有べし」とあるように、茶席の花は座敷にあわせ軽々といけることが強調された。また『南方録』「覚書」に「小座敷の花は、かならず一色を一枝か二枝かろ〳〵といけたるがよし、勿論花によりてふわ〳〵といけたるもよけれど、本意は景気をのミ好む心いや也」とあるように、そこでは茶席の花として自然で目立たない美しさを表現することが望まれた。こうして茶花は、江戸時代初期の茶の湯の盛行にともないひろく普及し、茶の湯者の花を集めた『雫流生花書』などの花書が版行された。元禄年間以降、形式化した立花に代る自由な花が求められるようになると、茶花は茶の湯から離れ、自立した抛入花として江戸の町人階層にもてはやされるようになった。

茶譜【ちゃふ】

総合的茶の湯書。著者は不明ながら*千宗旦周辺の人物により、寛文十年（一六七〇）前後にまとめられたと考えられる。原本は伝わらず、国立国会図書館、西尾市立図書館岩瀬文庫、国立公文書館内閣文庫に比較的良本が所蔵されている。それらの流布本はいずれも全十八巻からなるが、国会図書館本と公文書館本には欠落している部分があるため、岩瀬本を底本として校訂を加えた全文翻刻が『茶湯古典叢書』五に収録されている。内容は茶室と露地、点前、茶道具全般にわたるが、茶の湯論と茶の湯の歴史に関する記述は乏しい。また千家流茶の湯を中心に叙述しており、*古田織部、*小堀遠州、*金森宗和の茶の湯や好み物へも客観的な目配りをしながら、遠州や宗和の茶の湯に対しては手厳しい批判をしているのが特徴といえる。

茶屋【ちゃや】

茶屋は様々な意味をもって使われている。①葉茶屋などと、製茶販売店。②掛け茶屋などと、道端で湯茶などを供する休憩所。③御茶屋といわれ、上方の花街で遊女、芸妓を揚げて遊ぶ家。ただし揚屋より格は低く、大夫を呼ぶことはできなかった。④江戸吉原で、客を揚屋や遊女屋へ案内する店。⑤茶屋女の略。⑥芝居茶屋や相撲茶屋などと、芝居小屋や相撲場にあって観覧券の斡旋や案内、休憩や食事の世話をする。⑦料理茶屋などと、料理を食べさせる店。⑧染物屋をいい、かつては茶色を多く集めていたことによる。こうした商業施設のほかに、盆の施餓鬼などの時、寺院で「石井念仏拍物今夜有風流、茶屋を立、其屋ニ人形喝食、金打あやつりて金を打舞、其外異形風流等有之、密々見物之」（看聞御記）などと、座敷飾りをして茶の接待などをする臨時的な建築であったりもする。また藩主の参勤交代や領内視察の際の休憩に使われる施設でもある。しかしそのほかに、わびの茶室に先駆して、住生活空間の庭間に設けられた茶屋がある。「今日山茶屋柱立云々」（大乗院寺社雑事記）などと*山茶屋と呼ばれることもあり、「裏庭に茶屋を調候て、定衆之一家夫婦に見せ候、（中略）今日之経覧者、藤・躑躅・山款等植え之儀計也」（証如上人日記）と、植栽された庭に独立して建つ。そして万里小路第の茶屋は「於茶屋、近日黒木造周備也、雑談移刻、（中略）於茶屋有一飲」（二水記）と黒木造であるといい、茶屋はおおむね丸太や面皮材を使って、*数寄屋造の様態をもっていたと考えられる。そこでは酒が出されており、また笙の名家で、歌人としても知られる*豊原統秋が「山にても憂からむときの隠家や都のうちの松の下庵」と詠んだ山里庵では、*三条西実隆を招いて茶が行われてもいた。こうした茶屋が茶室と異なるのは、茶室はおおむね閉鎖的で茶のみに使われる専用空間であるのに対し、茶屋は茶に使うこともあるが、竈土を構えるなど、開放的で日常的な生活機能を備えていることに特質される。桂離宮の*松琴亭や*月波楼、*賞花亭などが茶屋を代表する。

茶寮【ちゃりょう】

❶茶室の別称。「さりょう」とも読む。『雍州府志』（一六八四年成立）には、了頓（廣野）の茶室について「凡倭俗多嗜茶或雖貧窶間有設茶寮者是謂和微数奇」と記して、茶寮という語を用いている。なお*星岡茶寮は当初は「ちゃりょう」と呼んでいたが、昭和時代に入り、*北大路魯山人が所有した時代には「さりょう」と呼ばれたという。

❷煎茶室の別称。⇒煎茶室【せんちゃしつ】

❸料理屋の別称として用いることもある。

茶礼の間【ちゃれいのま】

禅宗寺院で茶礼が行われた部屋のこと。茶礼は、*建仁寺などで行われている四頭茶礼に見られるように、禅宗の規範である清規にも定められており、禅宗寺院の重要な行事に行われていた。『*蔭涼軒日録』の延徳二年（一四九〇）十一月二日の条には、茶礼の間に炉が切られたことについて記されており、相国寺塔頭雲頂院の松泉軒に茶礼の間があったことがうかがえる。松泉軒では、院主の個人的居住空間として連歌会、酒宴なども行われており、この記録から茶礼が行われたものと推測される。室内の構造やしつらいについては明らかではないが、茶礼の間の存在は、後世の茶室、茶の間への展開を考察する上でも興味深い。

茶話指月集【ちゃわしげつしゅう】
茶話、茶史書。*藤村庸軒が、師である*千宗旦から聞書きしたことを中心に、女婿の久須見疎安（一六三六～一七二八）が編纂。上、下二巻。元禄十四年（一七〇一）版行。「自序」は河東散人鶴巣（久須見疎安）が記し、文中に元禄丁丑（十年）の年記がある。また「藤村庸軒先生略伝」は、周防国（山口県）岩国藩の儒者・宇都宮遯庵的由が元禄十三年に記している。主に*千利休の茶事に関する逸話などが記される。さらに「但、雑話後ニ附ス」とあるように各逸話の後に、疎安による関連した記述が付加される。本編中には、茶室や露地にかかわる逸話も数多く収録している。江戸時代を通じて数度の版行を重ねるが、そのうち疎安の「名物記」があるものと、本編のみのものがあり、名物記には他の名物記であまり注目されていない道具に着目し、珍しいものや、京都周辺で話題にのぼったものなどを記述している。『茶道古典全集』第十巻に所収。

茶碗棚【ちゃわんだな】
簀子棚と同じ。⇒簀子棚【すのこだな】

茶碗止【ちゃわんどめ】
❶*縁側や*肘掛窓の手摺の足元をつなぐ、最下部にある*貫のこと。
❷*違棚などの飾棚や、*地袋の上に置かれた道具が落下しないように、板の上面に渡す装飾的な板。

中京間【ちゅうきょうま】
名古屋を中心とする地方で用いられる六尺×三尺という畳の大きさの基準。なお主に京都を中心として用いられてきたのが*京間、主に関東地方で用いられてきたのが*田舎間である。

中敷居【ちゅうじきい】
⇒中敷居【なかじきい】

中敷居窓【ちゅうじきいまど】
⇒中敷居窓【なかじきいまど】

中心石【ちゅうしんせき】
❶中尊石と同じ。⇒中尊石【ちゅうそんせき】
❷*石組の中心にあたる石。

中尊石【ちゅうそんせき】
*三尊石の中心の石。「中心石」ともいう。三尊を表した石組（*三尊石）のうち、その中心にあたる釈迦如来や薬師如来、阿弥陀如来に見立てた*立石をさす。

中台【ちゅうだい】
*燈籠の部分名称で、*火袋を受け、竿の上に立つ部分。燈籠の他、*石幢や無縫塔の同様の部分もいう。（付録12頁参照）

中門【ちゅうもん】
*二重露地、*三重露地などの複数構成の露地で露地間の出入り口に設けられた門。二重露地の場合は、外露地と内露地の境に設けられ、茶事においてはここで亭主の*迎付が行われる。門の種類としては、簡素なものとして、出入り口の脇に柱を立てて扉を付けたもので、扉の種類や付け方によって*枝折戸、*猿戸（猿戸の項❷を参照）、*角柄戸（角柄戸の項❷を参照）、*揚簀戸がある。屋根を付けたものでは*梅見門、*竹葺門、*編笠門などが、また二本の主柱の前後に*控柱を立てて茅葺屋根をのせた*茅葺門などもある。一般に中門の足元には、亭主側に*亭主石、客側に客石、そして境には*戸摺石や*乗越石などの役石が据えられる。また塀の中に潜りを設けた*中潜りが使用されることもある。（付録4頁参照）

中門の役石【ちゅうもんのやくいし】
*中門の役石は主に茶事の*迎付の際に用いられ、亭主が立つ*亭主石、客が立つ*客石、そのあいだの*乗越石などがある。またこの他、*夜会で*手燭を置くため亭主石に添えて据えられる*踏捨石や、*枝折戸など敷居がない場合に戸の下に打たれる*戸摺石もある。（付録6頁参照）

長闇堂【ちょうあんどう】
❶奈良市の*興福院にある小堂。江戸時代前期の茶人・*久保権大輔（長闇堂）は慶長十一年（一六〇六）に奈良奉行より野田に先祖の旧地を賜った。晩年、俊乗坊重源の御影堂（現在の行基堂）が改築された際、権大輔がその古堂を譲り受け、居宅に移したのが七尺堂である。方七尺で、炉を

切り、床や水屋、仏壇を設け、阿弥陀仏を安置して持仏堂を兼ねた茶亭とした。長闇堂と交遊をもった*松花堂昭乗もまた晩年、持仏堂と茶室を含めた庵の松花堂（松花堂の項❶を参照）を営んでおり、七尺堂が松花堂へ影響を与えたと考えられている。*小堀遠州が鴨長明の「長明」に対して、七尺堂を「長闇堂」と名づけ、額を与えたという。権大輔の死後、七尺堂は移転を繰り返し、東大寺の公慶（一六四八～一七〇五）に贈られたが、公慶がその材を納屋に保管していたところ、下男が薪として使ってしまったという。現在の茶室長闇堂は大正十四年（一九二五）、発見された長闇堂の墓碑のかたわらに古図をもとに七尺堂を再現したものである。外観は反りのある宝形造薄板葺で、二畳の東と南二方に板畳を入れ、方七尺にする。天井には短冊などがちりばめて張られ、かつて権大輔邸で七尺堂に隣接して建てられていた草庵・野田の山庄にあった屏風の意匠に通じるものとなっている。長闇堂が復元されるにあたり*龍松庵、*雲笑亭（現存せず）が移築されており、長闇堂から二間の畳廊下で西側にある龍松庵の水屋六畳と接続している。

❷久保権大輔のこと。⇨久保権大輔【くぼごんだゆう】

仏壇　床

長闇堂

長闇堂　仏壇と床側

長闇堂記【ちょうあんどうき】

*久保権大輔が最晩年に記した回想録。写本一巻。「長闇堂記及家伝遺誡」と題される。*北野大茶之湯の記事をはじめ、*珠光、*古市播磨、*千利休、*古田織部、*小堀遠州などの茶人の事績を記し、茶室、茶道具の変遷にも触れている。織豊時代から江戸時代初期にかけての茶の湯の史料として貴重なもの。原本の所在は不明であり、権大輔自身の著述であることに懐疑的な見方もあるが、写本作成の段階において加筆改変されたものであろう。『茶道全集』巻五、『茶道古典全集』第三巻などに翻刻されている。

釣耕園【ちょうこうえん】

熊本市にある煎茶趣味の建物。金峰山東麓にある島崎の地は、湧水にも恵まれた山渓の美を観賞でき、しかも城下からの距離もそれほど遠くなく、詩文を楽しむ藩士たちの清遊の地であった。まず、元禄元年（一六八八）、肥後国熊本藩第三代藩主の細川綱利により、ここに庭園、亭榭が設けられた。それを現在の所有者である續家の先祖・弾右ヱ門英常が、国政参議の功により、綱利より拝領したと伝わる。ただし、續家がこの土地に移住したのは明治十年（一八七七）で、煎茶に精通していた関係から、西日本きっての煎

釣耕園　外観

茶家として知られた大久保三笑の協力を得て、昭和三年(一九二八)から現在の建物の建設にかかり、同十三年に完成させた。また、釣耕園は、明治時代から昭和時代にかけて活躍した言論者の徳富蘇峰(一八六三～一九五七)ゆかりの名席でもある。園内には中国風の石門があり、鮮やかな朱色の両開き扉には表面に李白の漢詩が、裏面に蘇峰の漢詩が彫られている。主屋は、南側に東西二室続きの座敷二組が雁行して並ぶ。このうち東側の二室が煎茶室で、西側の座敷には間口一間半の原叟床が設けられ、また東側の座敷には大円窓をあけて、帳が掛けられる。その意匠はいかにも中国的である。加えて、西側の二室の南面の縁には中国意匠の勾欄があり、ここにも煎茶趣味が現れている。

聴秋閣【ちょうしゅうかく】

神奈川県横浜市中区の*三溪園にある数寄屋風楼閣。*柿葺、二階建で、二階は*寄棟造、一階は*入母屋造である。一階は床を備える変形七畳ほどの畳敷きの上の間と八畳の次の間のほかに、三畳の広さの木板を*四半敷にした板敷きの入口の部分などからなり、二階は階段室と二畳敷の望楼がある。二階に上る階段は、その下を点前のために亭主が潜る必要があり、そのために上向きの円弧状曲面をなしている。一階上の間の床に向かって左側は中柱を介して袋棚を備える台目畳の点前座。床の右脇の窓は、*付書院状で、建物の軸線に対して四十五度に造られている。そのため、建物の隅が三角に切れていて、建設当初、この窓からの眺望が良いところに建っていたのではないかと想像される。次の間の外側の窓部分も付書院のように*地板を設け、竪格子を付けている。二階に登ると、二畳の部屋の右手の*火燈窓からは、三重塔を望むことができる。江戸時代初期の江戸の様子を描いた江戸図屏風(歴博本)には、大名屋敷に、同様な望楼風の上層階をもつ庭園建築がいくつか描かれている。この建物は、*原三溪によって大正十一年(一九二二)に三溪園に移築された。三溪が書いた由来によれば、元和九年(一六二三)、三代将軍*徳川家光の上洛に際して、*佐久間真勝(将監)によって二条城内に建てられ、春日局に下賜されて江戸の稲葉邸に移築、次いで明治十四年(一八八一)に二条邸に移築、さらに二条邸から三溪園に移されたという。移築にあたり、名称は三笠閣から聴秋閣とあらためられた。これらの由来のうち、確かめられたのは写真がのこる東京の旧稲葉邸にあった時の状況だけで、直接移されたという二条邸における存在も今のところ確認できていない。春日局は稲葉氏であることから、春日局が乳母をつとめた家光から賜ったということは、信頼できないことではない。

聴秋閣　上の間　内部

聴秋閣　外観

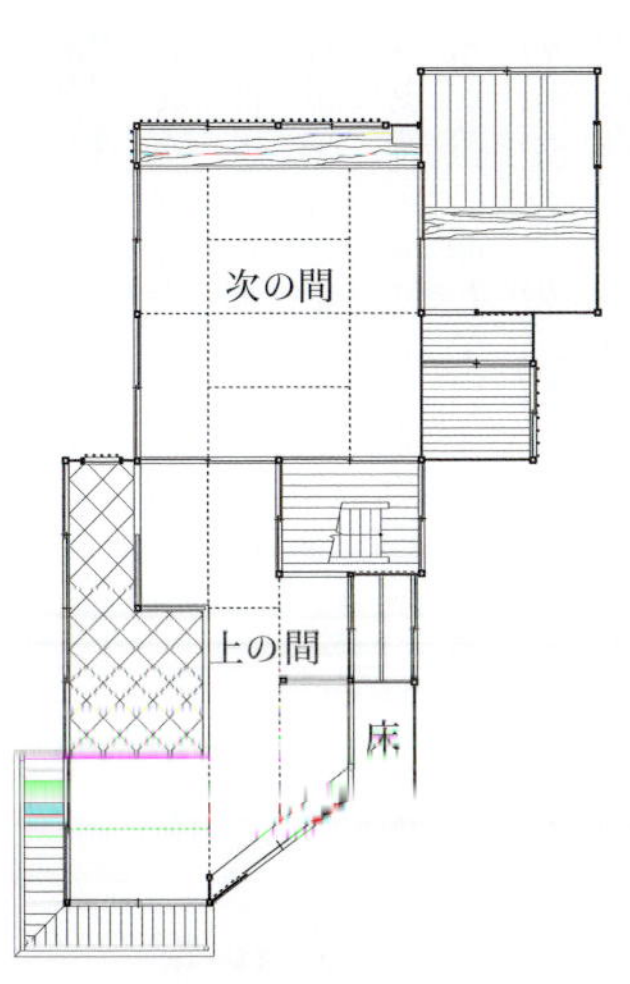

聴秋閣　一階

しかし元和九年の二条城についての史料は、洛中洛外図屏風しかなく、寛永三年（一六二六）の後水尾天皇の行幸に際して大改造されていて、二条城内に存在したかは確認できていない。これに対して*堀口捨己は、前身建物が江戸城内吹上にあったとする史料を提示した上で、京都から舟運により江戸に運ぶより江戸の中での移築のほうが容易という理由を加えて、江戸城からの移築に現実性があるとしたが、伝承に江戸城説は全くみられず、示された史料も推定を助ける程度で、また舟運による長距離の運搬もその例がいくつもあるため、二条城説を否定はできない。重要文化財。

長嘯庵【ちょうしょうあん】

京都市東山区の青龍苑にある茶室。⇒青龍苑

聴松庵【ちょうしょうあん】

東京都港区のホテルオークラ東京本館七階にあった茶室。設立者・大倉喜七郎の長唄の名である聴松（閑座して松風を聴く）に因んで命名され、扁額は*松永耳庵。*谷口吉郎の監修、大工は*中村外二。四畳半の席で、台目床には墨蹟窓をあけ、下座側に塗立柱を見せている。躙口を設けず、貴人口を客の出入り口とする。小丸太の格天井に葭や竹、蒲葉、へぎ板などがはめられ、貴人口側の掛込天井には突上窓を模した照明があく。隣接する立礼席は、床に桐の床柱を立て、塗りの一文字板入れる。天井は床側が掛込天井で、六角形の垂木でへぎ板を押える。他は市松の網代天井となっている。平成二十七年（二〇一五）、本館の建替えとともに解体された。

聴松居【ちょうしょうきょ】

京都市左京区の旧中井三郎兵衛別邸である*居然亭にある数寄屋風建築。明治三十五年（一九〇二）に中井が、かつて文人画家・*世継寂窓が造った居然亭を引き継ぎ、「居然亭」と呼ばれる旧書院をのこしつつ新たに敷地を拡張し、敷地内に広大な庭と数寄屋風の聴松居を造営した。工事は「藪内宗匠」の指導のもと、*上坂浅次郎が手掛けた。聴松居は旧書院の南に接してあり、東にひろがる庭に面して濡縁を設けていた。その縁先には*梅ケ枝の手水鉢があったことなどが伝えられている。回遊式庭園で、川崎熊太郎が作庭し、その後、七代目*小川治兵衛も改修を行った。

長松亭【ちょうしょうてい】

東京都文京区の*椿山荘にある茶室。*松永耳庵の設計で、昭和二十九年（一九五四）、雲錦池の池畔に建てられた。宝形造茅葺に杉皮葺の庇が廻る外観で、当初は四畳枡床向切逆勝手に二畳ほどの水屋が配されていたが、現在は一畳の掘り炬燵が設けられ床も小さくなり、六畳向切逆勝手の席となっている。池側に矩折に雪見障子と明障子とが建てられ、月見のための板縁が廻る。

聴松亭【ちょうしょうてい】

東京都新宿区の水稲荷神社にある茶室。隣接する甘泉園より昭和三十年代後半に移築された。甘泉園はもともと徳川御三卿の一つ、清水家の下屋敷にあった大名庭園で、この地からの湧き水が茶に適しているとの評判があったという。聴松亭もその遺構という。以前は茅葺であったが現在は銅板葺となる。水屋など茶の湯の設備は備えていないが、現在では玄関や給湯室が付属している。南側西寄りに床が設けられ、天井は網代である。十八畳の一室からなり、炉は切られておらず、東北西の三面が全面開口となっており、中間に柱を立てていない開放的な空間である。

手水桶【ちょうずおけ】

露地道具の一種。*手水鉢の代用として使われる桶。*蹲踞のない露地や、にわかの雨、雪などで*中立ができない時に、縁先、軒下の*塵穴付近に出して使う。赤杉、椹などで作られ、直径一尺五分、高さ八寸二分、厚み三分で、竹の箍が四段にかけてある。蓋は松や赤杉の一枚板で、一尺一寸五分角、厚み三分となっている。手水柄杓を添えておく。

手水鉢【ちょうずばち】

手を清め、口をすすぐための水を入れておく鉢のことをいう。「水鉢」ともいう。衛生的な目的だけではなく、心を清め、煩悩を払拭するといっ

た精神的な意味合いも含め、古くより用いられていたと考えられ、木製、陶磁製、金属製、石製などのものがある。必要に応じて桶などで水を入れるのが一般的だが、*筧(かけひ)などを用いて水を流し、水を溜める場合もある。現在でも見られるように、社寺の境内に置かれるようになったのが最初と考えられ、石製のものでは、*當麻(たいま)寺(でら)の元徳三年(一三三一)の銘のあるもの、若宮八幡宮(京都市東山区)の至徳三年(一三八六)の銘のあるものがのこされている。また鎌倉時代に描かれた「一遍上人絵伝」や「春日権現験記絵」に、住居の縁先(えんさき)に木製の桶が置かれていた様子が確認されることから、居宅などにおいてもひろく用いられていたと推測される。初期の茶の湯においては、*中立(なかだち)の時に手水の桶が縁先などに出されていたことが「長歌茶湯物語」に、さらに中立を「手水ノ問」と称し、手水で手を清める行いが茶の湯に組み込まれていたことが『*松屋会記』天文十一年(一五四二)四月四日の津田宗達会の記録に記されている。やがて*露地(茶庭)が成立し、手水が露地の施設として組み込まれていく過程で水鉢が用いられるようになったと思われ、『*宗湛(そうたん)日記』天正十四年(一五八六)十二月十九日の津田宗及(そうぎゅう)会の記述では、石造の手水鉢が用いられたことが確認される。茶の湯の発達とともに手水鉢の周りに*役石も据えられるようになり、手水構えとして縁先に組まれる場合は*縁先(えんさき)手水鉢(*鉢前)と、露地や庭園に組まれる場合は*蹲踞(つくばい)と呼ばれるようになった。茶の湯では、手水鉢の水で身を清めることで俗世とのかかわりを断ち、清浄な世界に立ち入るという意味合いが大きいため、露地において最も重要なものの一つである。(付録7、10頁参照)

手水鉢の柄杓【ちょうずばちのひしゃく】

露地において、手水に用いられる柄杓。点前において釜から湯を汲む柄杓には真竹が用いられるが、露地で使用する柄杓は一般的には杉木地の曲(まげ)で作られ、桜皮で留める。*手水鉢の大きさにより合(ごう)(水を入れる部分)の大小や柄の長短を使い分けるが、合の指渡し(さしわたし)が二寸五分〜三寸ほど、深さが二寸〜二寸七分、柄の長さは合の差込から一尺三寸〜一尺六寸ほどのものが使用される。また檜(ひのき)で作られるものもあり、概して杉の柄杓は合が深く、柄の中まで差し通しになっているのに対して、檜の柄杓は合が浅い。なお現代では流儀によって異なるが、前者は*蹲踞(つくばい)の手水鉢(蹲踞柄杓)に、後者は*縁先(えんさき)手水鉢や*雪隠(せっちん)の手水鉢(雪隠柄杓。不浄柄杓とも)に使われることも多い。かつては『細川茶湯之書』では「調子柄酌の寸法、大なるハひの木也、杉のハちいさき也」や「ひの木のひさくハ、ひらき大きなる石はちに置也、杉のハちいさき丸石はちに、細長き石鉢には杉の木なり」、『*茶湯一会集』では「蹲踞手水鉢二カ所にもあらは、大形に檜の杓、小形に杉柄取合わすべし」とあるなど、手水鉢の大きさによって材質を変えていたようである。柄杓の合を伏せて置くか、横向きあるいは斜(なな)めに置くかなどについても、時代や流派によって様々である。

手水鉢の柄杓

長生庵【ちょうせいあん】

❶京都市中京区に所在の*堀内(ほりのうち)家の茶室。堀内家を代表する茶室で、初代仙鶴の好みを伝える。元治元年(一八六四)、蛤(はまぐり)御門(ごもん)の変の兵火で焼失後、明治二年(一八六九)、旧規に忠実に再建された。南向きに建てられ、外観は軽快な*切妻(きりづま)造(づくり)*柿葺(こけらぶき)で、前面に庇(ひさし)を深く付け下ろしている。棟(むね)には牡丹(ぼたん)の花の意匠を付した陶製の*鬼瓦

長生庵(堀内家) 点前座より躙口を見る

長生庵（堀内家）　水屋

長生庵

を上げている。その背面に「明治己巳（二）年初秋五阪亭祥雲六兵衛」の銘が見られ、三代清水六兵衛の作である。前面の庇は特に深く差し出され、西端躙口脇に半間の袖壁を造り、東部は台目の点前座によって屈折する空間を巧みに利用しつつ、刀掛、塵穴を配し、土間庇の中へ飛石を導入して、蹲踞そして躙口へと、軒内いっぱいに内露地を展開している。内部は二畳台目、躙口の正面に下座床を構える。利休好み二畳台目の典型的な間取りである。天井は床前が平天井、躙口側が掛込天井、点前座は落天井の三段構成。点前座は、炉を台目切に切り、曲がりのある赤松皮付丸太の中柱を立てて袖壁を造り、引竹を入れ、二重棚を釣って千家流の台目構えを構成する。勝手付側に茶道口、背後に給仕口をあける。床柱には赤松皮付を立てて、床框にはおとなしい入節の磨丸太、相手柱には档丸太を取り合わせている。床の右脇壁にも軸釘を打つ。中釘に花入を掛け、同時に掛物を掛けることのできる趣向である。天井及び出入り口の高さの均衡は極限にまで詰められ、いささかの揺るぎも感じさせない空間構成である。躙口の上部に、両脇に壁をのこした連子窓や、客座側躙口寄りの下地窓の配置、正面土間庇の構成などに作者の独創的な工夫があらわれている。

❷大阪市天王寺区の慶沢園にある茶室。昭和三十五年（一九六〇）に住友家の寄贈を受けて移築されたもの。設計は木津家三代宗泉と伝えられるが、移築前の状況は不明である。長生庵は棟を分けた八畳と二畳台目の席からなる。八畳の席は炉を四畳半切本勝手に切り、上座二間を床と床脇としてすべて飾りスペースとしているが、茶室らしい落ち着いた構成である。点前座勝手側の壁面は方立の茶道口、割竹で意匠化された下地窓、通い口鴨居上の自然木の吹抜きなど、木津らしい構成で組み立てている。二畳台目は茶室名から知られるように、堀内家の長生庵（❶の項を参照）の写しであり、曲がりのある中柱、二重棚、出炉、方立の茶道口、火燈口形式の給仕口、躙口の配置も本歌と変わらない。違いは窓の構成に大きく見られ、本歌にはない墨蹟窓を設け、適宜、他の窓の大きさや配置を調整している。また、点前座の落天井を実際にはほとんど落とさず、境界に垂れ壁を設けるなど、近代によく見られる手法が使用されている。また躙口の敷居が挟み敷居になっていないことや、墨蹟窓や風炉先窓の下地が通常とは内外逆になっていることなどの点から、茶室専門の大工の仕事でなかった可能性もある。

長成庵【ちょうせいあん】

京都市北区にある漆器業者・葛川助三郎の旧別邸。現在は長嶋成織物の所有。邸内には二つの茶室が構えられている。昭和十一年（一九三六）上棟、下伊豆繁治棟梁により建てられた主屋内の茶室は、主室と並べて配される四畳半で、内部の天井は網代天井、入側を舟底天井とする。また庭には百万遍近辺（左京区）から移築したという八角形の茶室が建つ。宝形屋根を架けた八角の平面に、二畳中板向板付き、向切逆勝手の席と水屋、腰掛が巧みに配される。

聴雪【ちょうせつ】

京都市上京区の京都御所にある茶屋。御涼所から渡り廊下で連結される。外観は入母屋造柿葺で、捨柱を立てない深い軒は桔木でもたせている。内部は、南側に東から西へと四畳半の上の間、四畳半の中の間、三畳の下の間が並び、北側には水屋や板間などが並ぶ。縁側が東から南、西側へと廻り、南西角には濡縁が張り出す。

また縁側の南東角はその下を遣水が流れる。上の間には東側に小さな釣床が設けられ、捩れた珍木が釣束と落掛に使用されている。室中の襖絵は原在照の筆となる。中の間の襖絵は小田海僊筆。柱には面皮柱を用いている。北側には台目床を構え、海僊筆の青梅の絵が描かれた張付壁となっている。その西隣は天袋と地袋を備えた床脇となる。地袋には呉春筆の鸚鵡と果物籠の絵の戸を建て、また天袋と地袋のあいだには幾何学的な組子の障子を入れている。天井は猿頬天井。

聴雪　中の間　床側

超然居【ちょうぜんきょ】

広島市中区の*縮景園にある東屋。観瀾、洗心の両橋によって結ばれた島に建つ。東方に*清風館を望み、跨虹橋に向かい合う。昭和二十年（一九四五）の原爆によって焼失したが、同四十五年に復元される。寄棟造茅葺の平家建で四面吹放しだが、戦前は雨戸が設けられていた。幕末に著されたとされる「縮景園銘細記」には、天明年間（一七八一～八九）、京都の庭師・清水七郎衛門を招き大改修をさせた際、超然居のあたりは*上田宗箇の作意を伝えるものとして以前のままの姿をのこすように命じたと記している。しかし、縮景園の最古の資料とされる堀南湖の『縮景園記』（一七一三年）には、超然居の記述はない。

聴泉亭【ちょうせんてい】

大阪府和泉市の和泉市久保惣記念美術館にある茶室。館内、松尾川のたもとに建つ。二代目久保惣太郎夫妻によって、昭和十二年（一九三七）に建てられたといわれる。この美術館は、泉州屈指の綿業企業であった「久保惣」（久保惣株式会社）を営んでいた、歴代惣太郎の邸宅及び所蔵品の寄付により、昭和五十七年に久保家旧本宅跡地に開館したもの。外観は切妻造桟瓦葺、東面妻側に銅板葺の庇を付ける。内部は表千家*残月亭の写しである十畳の残月の間と*不審菴写しの三畳台目の惣庵を主室として、これに九畳と水屋などを備えた主要部が、六畳と九畳を連結した廊下で、竹縁の踏込を構えた六畳の玄関とつながるという、広大な建物配置である。外構も広くなっているが、庭園部は中潜りと梅見門を構えることで三つに分節され、さらに外露地と内露地のそれぞれへ腰掛が備えられることで、露地にふさわしい庭が創出されている。材料から寸法に至るまで残月亭及び不審菴が写されたこの茶室は、表千家出入りの数寄屋大工*平井儀三郎の手によるもので、同館には同じく平井の手によるといわれる*楠陰庵も建つ。美術館開設時には平井工務店により修復された。登録有形文化財。

聴泉亭　残月の間　上段側

朝鮮馬行【ちょうせんやらい】

*『石組園生八重垣伝』に掲載される垣で、*胴縁を数段設け、大竹を四つ割にした*立子を表裏に交互に組んだ荒い垣。同書では大津垣はこの垣

の別称とされる。『守貞謾稿』（一八三七～五三年）に「宝暦中朝鮮人来聘に始めて製之故に名くと云へり」とある。

帳台構【ちょうだいがまえ】

❶*書院造の*上段の間などにある構造。「納戸構」ともいう。鴨居を低く入れ、敷居を一段高くし、襖は中央から左右に引き開けられる。引手には緋房を付ける。多くは漆塗で装飾金具を打ち、襖には*障壁画を描く。元来は帳台（寝室）の入口形式であるが、近世において装飾化し、*座敷飾のひとつとなった。二条城二の丸御殿、円満院宸殿（前身は慶長女御〈東福門院〉御殿御局）が例として知られる。❷民家において、納戸または帳台と呼ばれる部屋の入口に取り付けられた柱間装置。敷居は床面より一段高く、成（高さ）の低い一枚引戸または二枚引戸を入れる。この引戸には落し猿（*猿の一種）を付け、内側から閉ざす。町家では、少なくとも中世以来使われ、江戸時代初期まで見られ、奈良県橿原市の今西家住宅に現存する。農家では江戸時代末期に至るまで見られた。

聴竹居【ちょうちくきょ】

京都府乙訓郡大山崎町にある建築家・*藤井厚二の実験住宅のうち、五回目となった最終のもの。日本の気候や風土に合い、日本人の身体に適した住宅を追求した藤井の研究と実践の集大成。昭和三年（一九二八）の竣工。主屋、*閑室、下閑室などからなる。和洋の生活様式の統合を考え、畳敷きと板敷きを融合した空間構成となるが、床の高さを調整し、椅子式の空間にも床や数寄屋の意匠を組込むなど日本の伝統を取り入れる工夫が見られる。屋根や外壁に日本の環境に配慮した構法や素材を使用し、通風を考えた平面構成や天井と床下を結ぶクールチューブ（通気筒）の採用など、夏の暑さへの対応を重視する。また南側に縁側を設け、大きく明りをとり込むサンルームとして扱い、夏は部屋を閉め切り、暑さの緩衝帯として、冬には居室と一続きにすることで日射を呼び込む役割をもたせる。日本の自然との調和を目指した、近代住宅建築の代表作。重要文化財。

チョウナ【ちょうな】

大工道具の一種。「釿」「手斧」とも書く。鍬に似た形状の斧。通常は材木の荒加工に用いるが、数寄屋の場合は、柱や盤の*なぐり仕上げにも用いられる。強い湾曲をもった柄が特徴的で、使用者の体格や好みによってその形状が決まる。柄には槐の木を用いることが多い。蛤刃（丸刃）と平刃があり、前者は亀甲の、後者は矢羽根の模様を生み出すのに適している。柱や盤に全面的に装飾模様を刻む仕事は、今日では、はつりの専門職が手掛けるが、床柱の景色を生み出す*釿目は数寄屋大工自らが手掛けることも多い。はつりの仕事はやり直しが効かない。一振りで、景色が決まってしまうため真剣勝負である。細かく落とすか、大胆に大きくはつるか、えぐる角度はどの程度にするのか、そのできを見れば数寄屋大工の腕前がわかるとまでいわれる。（付録27頁参照）

釿目【ちょうなめ】

*チョウナ（釿）を用いて材木に付けた加工痕。チョウナは材木に刃を勢いよく打ち込み、繊維にそって薄く剝ぎ取るように用いる。この作業は「はつり」と呼ばれ、本来の大工仕事では、材木の荒加工に用いる。*鉋削りによる平滑な加工面を好まない*草庵式茶室では、わざと釿目を付け、野趣に富んだ景色として来客の目を楽しませるように用いる。「床柱赤松の皮つき　木どり其上をてうのふ（手斧）にてさくる也」（*茶之湯評林大成）とあるように、*床柱や*床框、*落掛などに効果的に用いる。よく知られているのは*如庵の床柱で、上から下まで一面に*杣なぐりのようにはつりを施し、荒々しさを演出している。はつり仕事はやり直しが効かないため、職人の技術力が問われる。慎重に施しても勢いが失われ、乱暴に施せば粗野になる。名作と呼ばれる茶室にはさり気なく、また大胆に釿目がのこされていることが多い。

釿目　如庵の床柱

ち

丁掘り【ちょうぼり】
布掘りと同じ。⇩布掘り【ぬのぼり】

長楽軒【ちょうらくけん】
鳥取県米子市の後藤家にある離れ座敷。⇩松風庵【しょうふうあん】❶

長流亭【ちょうりゅうてい】
石川県加賀市の江沼神社にある亭。現在、長流亭がある地は、もし加賀国大聖寺藩の藩邸屋敷地の北端にあたり、第三代藩主前田利直が宝永六年（一七〇九）に建てたもの。大聖寺川の畔に張り出して建つため、当時は「川端御亭」と呼ばれ、またすぐ近くには、同時期の作庭とされる回遊式庭園も現存する。川岸に石垣を高く積んだ上に建つ寄棟造 柿葺の建物で、川に面する二方の壁面は、すべて障子建の肘掛窓をあける。七畳半の広さをもつ座敷二室を、互いの側面同士であわせた続き間で、その周囲に一間幅の入側をめぐらした構成である。これに桟唐戸を建て込んだ式台と、長さ二間半の榑縁が付く。七畳半は二室とも、一畳分を出床とした実質六畳半で、川側の主座敷六畳半は、黒塗の床框を入れた一間床のほかに、透彫りを多用した付書院と、壁に小ぶりの棚板を造り付けただけの軽妙な違棚を備え、水辺の眺望を優先した風流な床構えとなっている。また主座敷の床と次の間六畳半の床とが、遣り違いの位置関係にあるのも特徴で、単なる続き間とは異なる一体感がある。両座敷には続き間らしい共通点もあり、鴨居より下が張付壁で上が土壁、網代張と塗縁を組み合わせた天井、腰障子の鼓形の溜塗彫刻などがそうである。*小堀遠州好みとする伝えもあり、遠州の没後六十二年の建築とはいうものの、前述したような室内意匠のほか、入側を途中で仕切る帯戸の紋様や竹の節欄間、式台の桟唐戸にはまる円窓の透彫りの意匠などに、遠州を思わせるような手法が見られる。重要文化財。

長流亭　主座敷　床と付書院

直打【ちょくうち】
*飛石の打ち方の一種。石の中心線を一直線にし、長く打ったもの。（付録8頁参照）

直入翁寿筵図録【ちょくにゅうおうじゅえんずろく】
明治十年（一八七七）三月十一日、大阪の広岡氏別荘他において文人画家・田能村直入（一八一四～一九〇七）の長寿を祝うために開かれた煎茶会の図録。田能村小斎の編集、直入山房蔵梓で、明治十三年十一月に刊行された。直入は煎茶図録の先駆『*青湾茶会図録』の編者としても知られている。また小斎（順）は直入の養子で、やはり文人画家である。天、地、人の三巻構成で、天巻には玄関、玄関副席（以上二席とも書画文具などの展観席）、及び点（抹）茶席、同外堂の四席が、地巻には和漢古人や竹田居士（田能村竹田）、及び明清古人などの書画展観席、揮毫席、行厨席（酒席）、池亭、煎茶席、外堂の一席が、人巻には前席、煎茶席（喫茶席）、小室、外堂、酒飯席の六席が記されている。これらのうち玄関副席、外堂、書画展観席、揮毫席、行厨席、煎茶席、喫茶席、酒飯席などは、本書において初見の席の名称である。

散【ちり】
二つの面がわずかに不揃いに置かれた場合のずれている部分、あるいはその距離のこと。たとえば*真壁で、柱が壁から少し出るように仕上げられた所。真壁で丸太を使う場合には、柱を適切な太さに見せるために散を特に適切に確保する必要がある。

塵穴【ちりあな】
茶室の*軒内、*躙口付近に設けられた、露地内の落ち葉や塵などを入れるための穴。*二重露地の場合は*外露地の外腰掛付近や*雪隠にも設け

塵穴　方形　　塵穴　円形

られる。本来は実用的なものであったと考えられるが、現在では清浄感を表す意味合いが強く、露地の点景の一つである。*漆喰で造られることが多く、底は塗らずに土のままで仕上げる。形は円形、正方形、長方形などがあり、大きさは円形の場合、直径七寸内外、深さ九寸内外であるが定まった規格はない。円形の塵穴は主に*小間の茶室にともなう草庵式の露地で用いられ、角形は広間にともなう書院式の露地に用いられることが多いとされる。塵穴の縁に*覗石という小形の自然石を据える。茶事、茶会の際には*塵箸を添え、青葉などが入れられる。（付録14頁参照）

塵受け【ちりうけ】

塵落しの項を参照。⇒塵落し【ちりおとし】

塵落し【ちりおとし】

*太鼓襖などに用いる切引手のうち、上のほうを切り込んだ引手をいう。引手の下面に塵がたまらないように紙を斜めに張り、下端に平らな部分を作らない。太鼓襖は通常、内側と外側の高さを違えて切引手を作るが、内外の引手の位置を同じ高さにする時は、一方だけしか塵落しとすることができない。そのために一方を、下のほうを切り込んで下端に平らな部分を作った塵受けとすることがある。なお現在、裏千家では、内外で高さを違えて切引手を作る場合でも、茶席側（室内側）を塵落しに、水屋側（室外側）を塵受けにする。

塵落し（上）と塵受け（下）

散際【ちりぎわ】

*真壁において、柱や*桁と壁の接する部分、*散の近くをいう。真壁を塗壁で仕上げる場合、乾燥によりこの部分に隙間ができやすいため、柱などの木部に*髭子や*のれんを打って塗り込めたり、*散決りを設けることで、部材と壁をなじませる。また、部材の*元末の太さの差や凹凸などがある場合には、*面付をしたり、壁の塗り方を調整することで、散際のラインをうまく整える必要が生じる。

散漆喰【ちりしっくい】

*荒壁、*裏返し塗の乾燥後、柱際などの*散に隙間が生じないよう、糊の濃い*漆喰を二寸幅ほどで塗り付ける作業。施工後、鏝を使って表面に刻みを入れておく。散廻り塗の下塗として行うこともある。貫板の上に貫幅より二寸ずつ広く漆喰を塗り、麻の寒冷紗などを伏せ込む作業は貫漆喰という。

散決り【ちりじゃくり】

*真壁の柱や出入り口、窓の額縁などで、塗壁との取り合い部分に設ける溝状の切込み。塗壁では乾燥収縮によって、木部と接する部分に隙間ができ、外光や雨水が侵入しやすいので、木部に散決りを設けて、その中まで壁材料を塗り込むことで、それを防ぐ。幅は三分程度、深さは二分程度にする。

塵溜り【ちりだまり】
露地に*塵穴がない場合、その代りに小石を円形に囲い、*塵箸を置いたもの。

塵取【ちりとり】
掃き集めたごみなどをすくい容れて、捨てるために使う清掃道具。露地で使用する塵取では利休好みが知られる。桐材で、おおよその寸法は厚み三分、長さ八寸五分、横幅は上側(持ち手側)が六寸四分、下側が七寸、持ち手の長さが約三寸四分、持ち手の上の幅一寸五分、下の幅一寸三分ほどで、掛けられるように穴があいている。さらに一寸ほどの高さの縁が三方に付く。先のほうは縁も底板も丸く削られており、各所に細かい面取が施され、露地において、目に優しい配慮がなされている。

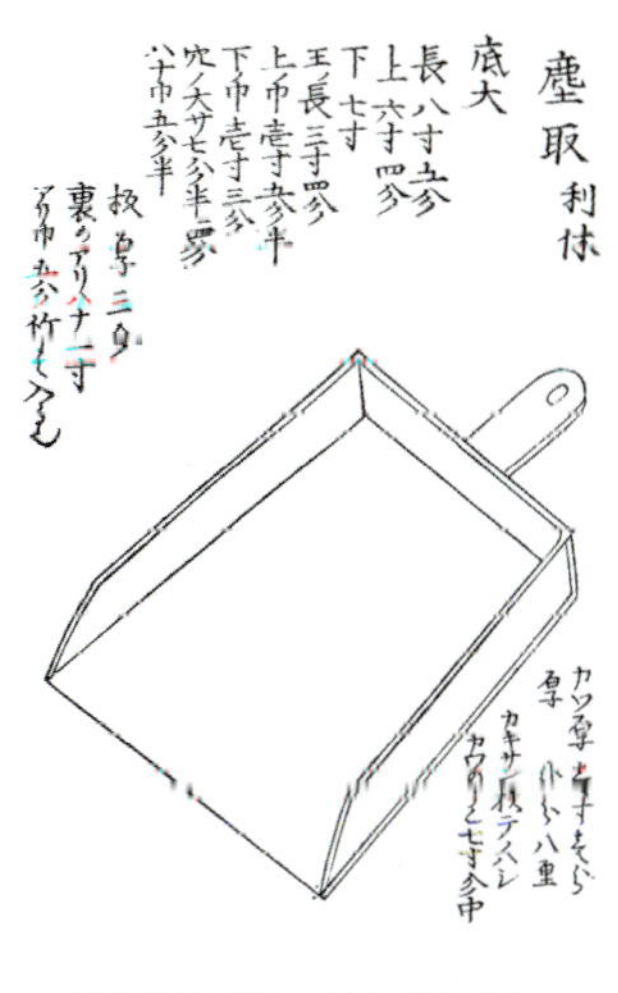

利休好み塵取　『茶式湖月抄』

塵箸【ちりばし】
*塵穴に入れる箸。一般的には茶会ごとに青竹で新調し、「青竹箸」ともいう。*覗石にもたせかけるようにして添えられ、長さ一尺から一尺五寸程度で、箸先を剣先となるように切り落とし、上端三分の一前後に節をあわせる。上端の形は流儀により異なる。*表千家は平坦に、*裏千家は斜めに、*武者小路千家では二本をあわせた時に矢筈になるように切り落とされる。『*茶道要録』に「塵箸ハ青竹ヲ割テ節一ツ入テ節ヨリ上四寸下六寸ニシテ末細削ル也、穴ノ内片脇ニ斜メニ可立、直ニ立ルハ凶シ」とあり、*山田宗徧の頃にはすでに同様の形式であったことが知られる。

縮緬杢【ちりめんもく】
縮杢と同じ。⇨縮杢【ちぢみもく】

狆潜り【ちんくぐり】
床とその脇を仕切る壁の下方にあけられた吹抜きのこと。「犬潜り」ともいう。床と脇の部分を一体化させ、奥まで明りが届くように工夫したもの。内法に無目の鴨居を入れる、あるいは壁の三方向を塗廻してそのあいだを吹抜きとするなどの方法がある。(付録19頁参照)

沈香亭【ちんこうてい】
長野市の善光寺本坊大勧進の庭園にある茶室。外観は宝形造 柿葺。内部は四畳半で、北側西の隅に釣束のある三尺幅の釣床を設ける。北側にある床の東部には懸出しを造って点前座とし、上部に違棚を付け、下部には下地窓をあける。天井は板張りで、床前の西側には日ノ出霞窓をあける。東部から南部には濡縁が廻り、各々に腰障子四枚を建てる。明治天皇行幸に際して献茶を行った折、明治天皇が茶室を囲む牡丹の香りにちなみ、沈香亭と命名したといい、『信濃御巡幸録』には、明治十一年(一八七八)九月八日の午後四時ごろに大勧進に着御、奥書院を玉座とし、庭内の一小亭に足を運び、記念の亭とした、と記されている。なお扁額は北白川宮房子筆になる。

椿山荘【ちんざんそう】
東京都文京区にある*山縣有朋の庭園及びその旧居。もとは目白の芭蕉庵五月雨塚の旧跡で、椿が自生するこの景勝の地を明治十一年(一八七八)、山縣が購入、命名した。庭園全体の計画や細部の意匠は山縣自身が行い、庭師には岩本勝五郎が起用された。大正七年(一九一八)、藤田組の二代目・藤田平太郎の所有となり、旧書院を記念館として移したり、従来の西洋館や日本座敷を取り払い新築を行ったり、庭内東北隅などに茶席を建てたりしている。*木村清兵衛による六畳広間や大正十五年に開席した二畳台目などが伝わるが、昭和二十年(一九四五)の戦災で、記念館や一千坪の邸宅、樹木の大半を焼失。昭和二十三年、藤田鉱業(旧藤田組)から藤田興業の所有となり、創業者の小川栄一が樹木を移植して復興させた。昭和二十七年にガーデンレストランとして椿山荘をオープン。平成に入りフォーシーズンズホテルが統合し、現在はホテル椿山荘東京の所管となっている。庭園内には、*織田有楽由縁の十三重の石塔があるほか、大正十三年には下鴨神社の社殿(白玉稲荷神社)、大正十四年には三重塔圓通閣(登録有形文化財)、昭和二十二年には箱根の藤田家の別荘にあった*残月(表千家*残月亭の写し、登録有形文化財)、同二十八年には*五島慶太が所有していた田舎家の木春堂、二十九年には二条城前の三井邸(五慶庵)、紅葉旅館の離れ(無茶庵)が順次移築された。また昭和二十九年には*松永耳庵設計の*長松亭が建てられている。

椿壽庵【ちんじゅあん】

奈良市の東大寺塔頭龍松院にある茶室。昭和三十六年(一九六一)に建てられた。内部は六畳の茶席、三畳の水屋、便所などからなる。六畳は本勝手四畳半切、下座の一間床で躙口、貴人口、茶道口を備え、天井を緩やかな舟底の網代天井とした簡素な茶室である。

珍散蓮【ちんちりれん】

京都市上京区の*四君子苑にある茶室。大工棟梁・*北村捨次郎によって昭和十九年(一九四四)に竣工した。二畳台目で相伴席を設け、中立にも使用される広縁、内玄関、水屋を付設する。主体は檜皮葺の葺き下ろし屋根で、内部は中板を入れ、炉は台目切本勝手、床は下座に構える。床の脇には太鼓襖で隔てて、別畳を置く。襖を外し、敷居も移動させ、一体化した相伴席として使用することも考慮した設計である。別畳の横には火燈口があけられている。別畳を使用しない時は、境の襖が、白紙の茶道口、湊紙が張られた幅の広い太鼓襖が給仕口となる。点前座中柱は真っ直ぐなしゃれ木で、三節の横竹を入れ、勝手付には反古の襖を建てた洞庫を備える。床は、床柱と框に入節のある北山丸太が使用される。天井は床前の平天井と、躙口側の化粧屋根裏、点前座の蒲の落天井の三段構成である。躙口に矩折に設けられた貴人口の外は広縁となっており、池に張り出した複雑な構成である。縁先は孤篷庵の*忘筌を思わせる構成で、中敷居上部に障子が建てられ、下部は水面まで吹放たれている。内玄関は珍散蓮の北側に位置し、現在の新館より沢渡石を伝ってのアプローチが構成される。檜皮葺の付卸庇で、突上窓を設ける。庭内の流れを土間内に取り込み、細い档丸太を流れの上に立てる。袖壁は上下を吹抜いた軽快な組み立てとなる。登録有形文化財。

珍散蓮　床と点前座側

枕流亭【ちんりゅうてい】

京都市伏見区の醍醐寺の子院*三宝院にある茶室。同院庭園の東南にある築山に建つ。*豊臣秀吉の好みで、*聚楽第にあった織豊時代の建物と伝えられているが詳らかではなく、江戸時代中期頃のものともされる。なお現在の建物は昭和九年(一九三四)の台風被害の後に新材で修復されている。外観は柿葺で、入母屋と切妻造からなる。内部は最も南に上段の間、その北へ水屋の間、さらに控えの間が続く。上段の間は二畳敷で、東側に縁が付き、引違いに腰障子を建て込む。西側には中窓、南側に連子窓と下地窓をあける。北側の西寄りに半間幅の奥行きの浅い板床を構える。水屋の間との境には二枚襖を建て、杉の磨小丸太を格子に組んだ欄間が入る。上段の間より三寸ほど床面が下がった三畳敷で、北側に一尺三寸幅の板畳が入れられる。東側には出入りの口と水屋流しが備えられ、出入り口上には丸形の下地窓があけられ、その下に二枚の板戸を建て込み、落縁を設ける。また北側西寄りにも水屋流しが備えられている。控えの間は二畳敷に板畳が北側から東側へと鉤の手に入れられ、西側は板の間と勝手口の土間となっている。北側には上部に天井まで窓をあけ、中敷居から屋根を葺き下ろして下部に物入を造り付けている。

築垣【ついがき】
築地と同じ。⇒築地【ついじ】

築地【ついじ】
土で造った塀の一種。版築という技法によって粘土を突き固めながら積み上げて構築する。およそ一間ごとに柱を入れる木骨土造のものと、柱のないものがある。上部には瓦や板の屋根を架ける。御所や寺院では格式を表す*筋塀築地とする場合が多い。

築地塀【ついじべい】
築地と同じ。⇒築地【ついじ】

通圓茶屋【つうえんちゃや】
京都府宇治市の宇治橋東詰にある茶店。通圓は宇治橋の通行人に茶をふるまったとされる伝説上の人物で、狂言の「通円」などでも知られる。江戸時代前期頃、その子孫とされる古川某が橋のたもとに通圓茶屋を開いて宇治橋の橋守を兼ねた。宇治橋とともにこの茶屋も改修の際は公費でまかなわれたという（宇治川両岸一覧）。現在の建物は、寛文十二年（一六七二）の大破後に建てられたものとされ、青蓮院宮尊朝法親王の筆と伝えられる「御茶屋」の額が掲げられている。

通僊院【つうせんいん】
京都市北区の大徳寺塔頭*真珠庵に付属した寮舎の一つ。京都の医家・半井瑞策（号は通仙院）が檀越であったことで知られており、その建物は真珠庵方丈の北方に位置する。「在真珠庵北今之東福門院之旧殿」（大徳寺世譜）とあるように、瑞策が東福門院（後水尾天皇中宮・和子）の旧殿を拝領して移築したものと伝えられており、また「今ノ院ハ正親町女御粧殿」（宝山誌鈔）として、もとは正親町天皇の女御の化粧殿であったともされる。いずれにしても御所から移築した建物であったことはまちがいない。この通僊院の建物（書院）に接して茶室*庭玉軒が建つ。重要文化財。

通楽庵【つうらくあん】
石川県金沢市の旧山川家住宅にある茶室。⇒山川家の茶室【やまかわけのちゃしつ】

束【つか】
短い柱のこと。本来は長さの単位であり、指四本分を並べた幅を表した。奈良時代には明確に束柱の用語が見られる。現代の建築では床束、*小屋束、*棟束、*扠首束など利用する場所によって様々な名称がある。

栂【つが】
マツ科ツガ属の常緑高木。本州（福島県以南）から九州、屋久島などに分布する。「トガ」ともいう。モミとともに比較的低地でも、ツガ林を形成することが多い。*心材は淡黄褐色でやや紫色を帯び、*辺材はやや淡色である。天然栂の生長は遅いため年輪の幅が狭く、希少性が高い。木理ははっきりとしており、材質は緻密、堅硬で光沢がある。材の保存性は中程度で乾燥は容易である。建築材として床柱を含む柱材、床框、床板、造作材などに用いる。また栂の*蟹杢はその特徴がよく出ていて珍重される。

束石【つかいし】
床や縁を支える*束の下に据える石。

突上木【つきあげぎ】
*突上窓の板戸を開閉するための木製の棒。一般に杉の角材で、長さ二尺六寸と一尺九寸の二種類がある。両端に*鴫の嘴という金物が打ち込まれており、この金物を掛けて戸を固定する。また簡易の竹製の*突上竹もある。

突上木

突上竹【つきあげだけ】
*突上窓の板戸を開閉するための竹製の棒。一般

に丸竹で、長さ一尺と四寸七分の二種類がある。木製の*突上木に比べ、簡易に突上窓の板戸を開閉する時に使用する。

突上戸【つきあげど】

内側または外側に跳ね上げて開け、支持棒や釣り金物などで固定して用いられる形式の戸。建具上端の丁番（蝶番）や*壺金によって*鴨居や*楣に取り付ける。

突上の竿【つきあげのさお】

突上竹と同じ。⇨突上竹【つきあげだけ】

突上棒【つきあげぼう】

突上木と同じ。⇨突上木【つきあげぎ】

突上窓【つきあげまど】

窓の一形式。茶室の*掛込天井に設けられる。一般的な構造は、中に*垂木一本を挟んで垂木一小間分を切り開き、枠を造り付けて*油障子と屋根地に葺いた*突上戸（覆戸）を備えている。覆戸を突き上げて支える竿を*突上木という。「北向道陳より始る。障子を掛け外しするは古風なり。近代は上へ引く」（茶道旧聞録）、「左海（堺）草部屋道設しそむる」（利休居士伝書）、「小座敷につき上窓切初候事ハ、牧村か書院に切候を利休か見て、小座敷に切初候と御かたり候」（細川三斎御伝受書）、「道安好也、後に利休も用ゆ」（不白筆記）などと記され、*北向道陳、*草部屋道設、*千利休、*千道安らが創始したと伝えられるが、確かなことはわからない。また古い形式は摺上げではなく*掛障子であったらしいことが知られる。突上窓は*天窓であるだけに、側窓と比べて強い照度を得ることができる。このことに着目したのが*小堀遠州で、「遠州は大目の上に突上窓あり」（茶道旧聞録）と伝えられるように、遠州は突上窓を点前座にあけるという作意を見せている。亭主を茶室という舞台における主役と見、舞台上の主役を照らすスポットライトのような役割を突上窓に負わせたのである。*夜咄の茶事や*暁の茶事では、突上窓を操作することによって、移ろいゆく空の景気を取り入れて風情を添えるべく、*朝茶事の時には「突上げは、夜明けぬとても、よき程に開け置き、軈て夜明けたる時に、突上げより白くみる。面白きものなり」（茶道旧聞録）と、突上窓のはたらきが語られている。茶室の窓は外の景色を眺める機能はもたないが、*古田織部は堀川屋敷の三畳台目において愛宕山を見るために*土間庇に突上窓をあけたと伝えられる。また表千家*残月亭は利休聚楽屋敷（千利休の屋敷の項を参照）の色付*九間書院の写しと伝えられる。残月亭という席名は、ここに来臨した*豊臣秀吉が上段前の化粧屋根裏にあけられた突上窓から残りの月を愛でたことに由来するとされる。（付録14、22頁参照）

突上窓　又隠　裏千家

月形引手【つきがたひきて】

*引手の一種。「月」の文字をかたどった引手。*桂離宮の新御殿や*旧一条恵観山荘の長四畳の主室*襖などに見られる。桂離宮の引手は江戸時代前期の歌人・鳥山若狭守輔忠（一六七九年没）、また恵観山荘の引手は京極高広の娘の字形と伝えられる。

月形窓【つきがたまど】

月を思わせる形をした窓の総称。*半月窓、三日月窓などがある。

月形欄間【つきがたらんま】

月の字崩し欄間と同じ。⇨月の字崩し欄間【つきのじくずしらんま】

継手【つぎて】

一般には物と物とを継ぎ合わせた接合部をいうが、木造建築では、部材を真っ直ぐに継ぐ接合部を継手といい、ある角度をもって接合する*仕口と区別する。長大な材が必要な場面で、短い材を継いで代用する場合、あるいは歴史的建造物の修理などで古材の朽損部のみを取り換える場合などに使われる。強度や意匠から様々な種類が考案され、比較的強度の出るものとしては追掛大栓継ぎや金輪継ぎなどがある。（付録29頁参照）

月の字崩し欄間【つきのじくずしらんま】
*文字欄間のうち、「月」の字を図案化した意匠のもの。*桂離宮新御殿のものがその代表例。

月の字の欄間【つきのじのらんま】
月の字崩し欄間と同じ。⇒月の字崩し欄間【つきのじくずしらんま】

月見形手水鉢【つきみがたちょうずばち】
手水鉢の一種。宝塔や層塔の笠石を利用し、円形の水穴を二つ重ねあけた形状のもの。水穴の一方を浅く、もう一方を深く彫り重ねるため、浅いほうが円形、深いほうが三日月状となることからの命名と考えられる。よく知られている聖衆来迎寺（滋賀県大津市）のものは水穴の浅い部分が三日月形となっており、「硯の手水鉢」と呼ばれることもある。（付録11頁参照）

月見台【つきみだい】
*広縁から庭の一部に張り出して造った縁台で、月見のためのもの。中でも舞台風にしたものは特に観月台といわれる。*桂離宮古書院の月見台は著名で、竹を詰め打ちにした露台となっている。

月見台　出羽遊心館

月見亭【つきみてい】
❶庭園の一部に設けられ、月見をするために営まれた亭のこと。「観月亭」などともいう。通常、月の出を愛でることが多いので、東から南に窓をあけるなどした開放的な構成となる。屋敷に組み込まれた一部屋をさす場合、御月見の間などと呼ばれることもある。❷愛媛県大洲市の池田家にある数寄屋建築。明治三十五年（一九〇二）の建築で、屋敷の南西角に建つ。入母屋造桟瓦葺の屋根、六畳の座敷と三畳の茶室などからなる。六畳の天井は萩天井、一段下げて網代天井、下り壁で仕切られて化粧屋根裏で構成されている。茶室は深三畳で、向切本勝手に炉が切られる。上座に一間床が設けられ、下座の外壁には円窓があけられる。

築山【つきやま】
庭園の中に設ける人工の山。自然の風景を模して造る。*自然風景式庭園ともいわれる日本庭園の様式が確立していく中で設けられるようになったと考えられる。平安時代の作庭書である『*作庭記』にも築山を築く際の心得や禁忌が記されている。時代を経るにしたがって、様々な様式の庭園が造られるようになるが、築山は庭園には欠かせない重要な要素で、江戸時代の*回遊式庭園と呼ばれる規模の大きな庭園では、廬山や富士山など中国や国内の名山の名がつけられることもしばしばであった。こうした観賞というよりは遊覧の地ともなった大庭園とは、その規模や目的を異にする*露地（茶庭）であるが、*千利休が大成した茶の湯において求められた露地のあり様は、*市中の山居という言葉に代表される風景であり、それを表象するために低い築山が設けられ、さらに樹木や草木を植えたり、燈籠を据えたりして趣きが添えられることも行われた。

築山庭造伝【つきやまていぞうでん】
作庭書。享保二十年（一七三五）、北村援琴が相阿弥流の作庭書として著した。上中下三巻。上巻では造園全般と役石、役木、石燈籠や手水鉢、植栽について、中、下巻では庭園の形式や配石、施工の手順を図説する。文政十一年（一八二八）、秋里籬島は、この書に加筆修正し、書名に「前編」を加え、自身が著した『築山庭造伝後編』とあわせ六巻書として刊行した。「後編」は上中下三巻。上巻では真行草の格に分類した築山と平庭の庭園、及び茶庭（露地）について図説し、中巻では露地の作法や石燈籠、手水鉢について、下巻では各地の庭園について解説する。両書とも江戸時代後期から明治時代に至るまで作庭の手引き書として普及した。

蹲踞【つくばい】

役石とともに手水鉢を据える構えのひとつ。露地（茶庭）や庭園の中に組まれるもののことをいう。背の低い手水鉢が用いられ、蹲って（しゃがみ）手水を使うことからその名がある。園路の脇に設けるもののほか、流れの中に設ける流れ蹲踞や、一段低い所に設けて、そこまで降りて行って利用する降り蹲踞などがある。手水鉢のまわりには、前石、手燭石、湯桶石といった役石とともに、脇に燈籠が据えられる。あわせて、側に井筒が設けられることもある。役石で囲まれた部分を海（水門）といい、漆喰で塗り固めるが、排水孔を隠すため、水門石を置いたり、底に呉呂太石を敷いたりする。手を洗うという実用に供するものであるため、役石の配置についてはいくつかの形式が定められているものの、手水鉢や燈籠の意匠、役石などの石材についてはは様々な工夫がこらされ、江戸時代の作庭書や地誌などにも、多くの実例が紹介されている。（付録7頁参照）

蹲踞　半桂席　堀内家

筑波石【つくばいし】

石材の一種。茨城県つくば市の筑波山やその山麓、またつくばみらい市から産出する黒雲母花崗岩質の石で、御影石のひとつ。山錆が強く、色調は暗褐色を呈し、やや生駒石と似た表情である。ガマ肌とも呼ばれ、粒状の黒雲母からそう呼ばれる。景石、敷石、石燈籠などの加工品として使用されるほか、礎石や延段などにも使われる。庭園材料として使用されるようになったことは近代のことで、大正時代（一九一二〜二六）、明治神宮神苑築造の際に始まった。福島県の双葉町、浪江町から産出される新筑波石は、本石と似ていることからの呼称。現在は産量が減っている。

蹲踞の役石【つくばいのやくいし】

蹲踞の役石には手水鉢前の前石、手燭石、湯桶石がある。手燭石、湯桶石の配置は手水鉢の形状、また流儀によって異なる。（付録7頁参照）

蹲踞柄杓【つくばいびしゃく】

蹲踞の手水に用いる柄杓のこと。手水鉢の柄杓の項を参照。⇨手水鉢の柄杓【ちょうずばちのひしゃく】

筑波呉呂太【つくばごろた】

茨城県つくば市の筑波山やその山麓、またつくばみらい市から産出する呉呂太石で、筑波石の一種。色調は青黒味、または灰色を帯びた黒雲母花崗岩質で、一〇センチ内外の粒径のものが多い。苔付きも良く、かつ雅致に富むため、茶庭材料としては珍重される。洋風庭園や建築資材としても多く使用される。特に差石や縁石に使用される。

作り泉【つくりいずみ】

自然の泉に、その水を使いやすく、また水が汚れないように手を加えたもの。井筒や井桁を組み、筧で水を引いたり、井筒に蓋をする、井戸屋形を組むなどをする。またあふれた水を利用して、庭園内に流すこともある。『作庭記』には、自然の湧水地点から離れた場所に泉を設ける時には伏樋（埋土管）で作り泉に水を導く手法が述べられている。

造付障子【つくりつけしょうじ】
嵌殺し障子と同じ。⇒嵌殺し障子【はめごろししょうじ】

作り庭【つくりにわ】
屋前、あるいは堂下の地面をさす広義の*庭に対し、風情のあるように造った庭のこと。現在、一般的にいうところの*庭園の意。

黄楊【つげ】
ツゲ科ツゲ属の常緑低木~小高木。本州(山形県、佐渡以西)から九州の山地に生え、天然記念物や特別天然記念物に指定されるところもある。特に石灰岩地や蛇紋岩地に多く見られる。樹高は大きいもので九メートルほどになる。葉は革質で光沢があり、長さ一~三センチで対生する。材は堅く、測量器具、楽器、櫛、版木、印鑑に使われている。露地では生垣や根締めなど、*下木としてひろく用いられている。

付鴨居【つけがもい】
座敷などの壁面に設けられた横材で、開口部に入れられた*鴨居と取り付け高さや見付寸法を揃えて配される。「化粧鴨居」ともいう。補強材の役を果たすこともあるが、省略されることも多い。

付書院【つけしょいん】
*書院造における*座敷飾の一つ。「出文机」「書院窓」「出書院」「明り書院」「明り床」、また単に「書院」ともいう。書院飾では通常、文房具などを飾る。最初に具体例が見られるのは、鎌倉時代末期に成立した絵巻「法然上人絵伝」の、法然の居室と考えられる部屋に設けられた出文机で、部屋の外の縁に張り出し、正面に板戸を立てる小窓を設けている。その内で法然が造り付けの地板を机として書き物をしている光景である。この出文机は、間口が半間ほどに見えるが、形式化した付書院では、一間が普通である。押板床と同様に奥行き一尺から二尺ほどの地板を、机とするために敷居から一尺程度高く入れ、部屋の外に張り出す。柱間の開口部上部を*落掛で留めるのが普通。内法と同様の納まりとし、*内法長押と*無目鴨居を設けることもある。張り出した部分の外側の柱は本体の柱より細く、その柱の内側を本体の柱の内側にあわせる。張り出し部分の外側は、柱の太さにあわせた長押、鴨居を設け、地板に敷居の溝を彫る。正面は、内法長押下に桟の細かい*小障子四本を建て、内法長押上を*花狭間とする。花狭間の中央部を大きく*格狭間で区画し、中を丸彫彫刻とすることもある。両側壁は板壁、天井は*鏡天井とする。江戸城本丸御殿大広間の場合は、側壁と天井に絵、あるいは模様を描いている。地板の下を小壁とするのが普通であるが、初期には机としていたために、その名残りから、地板の下を開放して膝が入るようにした例や、引違いの小さな戸を設ける例がある。(付録10頁参照)

付書院　弘庵　有楽苑

付床【つけどこ】
床の一種。取り外し可能な*置床のこと。本格的な床ではなく、略式の書院または茶室に用いられる。

付貫【つけぬき】
竹の*連子窓で、連子の振れ止めとして、窓の中ほどへ水平に取り付ける*貫。貫として竹に差し通すもののほか、貫かないで竹の側面に添えるものもある。添える場合は藤などで連子竹と絡めることもある。*草庵式茶室の連子窓では、連子竹を鴨居と*中敷居に*頭巻釘で打ち付けることが多い。このため、付貫は連子竹を貫通することなく、窓枠の左右に差し込まれて取り付けられており、室内側に見えながら室外側の連子竹へ添えられたような納まりになる。連子竹と絡まないこのような付貫を、*数寄屋普請ではあふち貫と呼び、古い遺構では厚いが、近代では厚さ二分半、高さ七分ほどに取付けられることが多い。(付録22頁参照)

付柱【つけばしら】

❶壁面に取り付けられ、断面が本来の半分程度の矩形の柱。「片蓋柱」ともいう。意匠上の必要などから用いられるもので、構造的な役割は果たさない。❷付書院の外側に立てられた柱。

伝石【つたいいし】

飛石と同じ。⇒飛石【とびいし】

伝落【つたいおち】

庭滝の水の落とし方の一種。石にそって水が伝い落ちるもの。

津田宗及【つだそうぎゅう】

?〜天正十九年(?〜一五九一)。室町時代後期から織豊時代にかけての堺の商人、茶人。通称は助五郎、後に隼人。道号として天信があり、法眼の僧位をもつ。津田宗達の嫡子で、堺の大商家・天王寺屋の総領。『天王寺屋会記』の筆者の一人。永禄九年(一五六六)、父・宗達の死にともない、家業を受け継ぐとともに茶の湯も活発に行うようになった。織田信長が堺を支配下においた時には主として対応し、次第に信長の信頼を得るようになる。信長の茶会に何度も招かれる一方で、信長配下の松井友閑、羽柴(豊臣)秀吉、佐久間不干斎を茶会に招き交誼を深めた。本能寺の変後は秀吉も宗及を重用し、千宗易(千利休)と同様に茶堂としてしばしば用いた。北野大茶之湯では秀吉、利休に次ぐ第三の茶屋を担当しているし、秀吉による小田原攻めにも利休などとともに従っている。商人としては九州での商いにも力を入れ、天王寺屋の商圏の維持に大いに力があった。そのためか天正十四年(一五八六)の神屋宗湛の上坂時に接待にあたったのは宗及であったし、同十六年の安芸国(広島県)の毛利輝元上洛時に接待にあたったのも宗及であった。宗及は茶を父の宗達に学んだと考えられ、宗達と同様に台子を使った茶会を行うことが比較的多かった。名物の道具も宗達のものを引き継いだが、新たに収集も行った。平釜、牧谿筆船子絵、神事翁天目、定家色紙、志野茶碗、珠徳茶杓などは宗達から受け継いだものであり、兀庵墨蹟、蕪無花入、鬼桶水指などは宗及の収集したものである。宗及は堺の屋敷では書院や左勝手の茶室(四畳半か)を使って茶会を開いた。大坂屋敷にも茶室があった。津田宗凡と大徳寺の僧江月宗玩はその子である。

津田宗達【つだそうたつ】

永正元年〜永禄九年(一五〇四〜六六)。室町時代後期の堺の商人、茶人。屋号は天王寺屋。宗達は大徳寺の古嶽宗亘から与えられた法号である。津田宗及の父で、『天王寺屋会記』の筆者の一人。阿波国(徳島県)の三好氏とよしみを結ぶなどして天王寺屋を堺屈指の商家に育て上げたのは宗達であると考えられている。宗達はまた甥の道叱を九州に送って天王寺屋の商圏を拡大してもいる。茶人としては、武野紹鷗の同時代人として堺の茶の湯の発展に大いに貢献した。所持道具としては、船子絵、志野茶碗、珠徳茶杓、神事翁天目などがあり、宗達がしばしば使った平釜など台子の四つ組みも名物として知られていた。『山上宗二記』には台子の荘りを生涯楽しんだと記される。『天王寺屋会記』によって、宗達は茶屋、小座敷、大座敷、書院で茶の湯を行ったことがわかるが、茶屋と座敷との関係などは明確ではない。晩年、大徳寺の大林宗套から大通の号が与えられた。

津田宗凡【つだそうぼん】

生没年不詳。織豊時代から江戸時代前期にかけての堺の商人、茶人。津田宗及の嫡子で、大徳寺の僧江月宗玩の俗兄。幼名は吉松。通称は隼人。『天王寺屋会記』の筆者の一人。若くして宗及の茶会を手伝い、天正十二年(一五八四)には豊臣秀吉の茶堂をつとめている。毛利家との関係は深く、一時毛利家から禄を与えられていた可能性もある。宗及の他界の前年、天正十八年の宗凡の他会記がのこる。これによって毛利輝元のほか、豊臣秀長、石田三成、藤堂高虎などの茶会に招かれたことがわかり、茶人として活躍したと考えられるが、宗凡のその後はほとんど知られていない。宗凡の茶室としては次のものが知られる。『宗湛日記』によれば、天正十五年二月二十二日に神屋宗湛が招かれた堺の茶室は「二テウ半」(二畳台目)、秀吉の茶堂として従軍中の肥前(佐賀県)名護屋城の陣所にも「二テウ半」を構えていた(天正二十年五月二十六日、同十二月二十五日条)。名護屋城の茶室には釣棚があったから、中柱が立っていたのであろう。また*伏見城下の屋敷には長四畳(慶長二年〈一五九七〉三月八日昼条)、三畳台目の茶室を構えており、これらも釣棚を備えていた。

蔦棚【つただな】

烏棚と同じ。⇩烏棚【からすだな】

土壁【つちかべ】

土を用いて造られた壁の総称。主に関西での呼称で、関東では「泥壁」と称することが多い。一般には水分の少ない砂質粘土を土と呼び、水を多く含み柔らかくなった場合を泥と呼ぶ。通常、小舞(*下地小舞)と呼ばれる細い竹や木を、*栈竹と呼ばれる少し幅広の竹に、格子状に縄で編み掻いて下地とし、土(粘土)に*藁苆を入れ水で練った材料を塗り付けた*真壁工法の壁。その歴史は古く、飛鳥時代の法隆寺(奈良県生駒郡)金堂の壁画の下地が、木小舞下地の土壁塗である。現在の一般的な施工法は、竹小舞下地に*荒壁、*裏返し塗、貫伏せ(板貫に壁土を塗り付けること)、*大斑直し(斑直しの項を参照)、散廻り塗、底埋め、*中塗、*上塗の手順となる。*塗厚は表裏合わせて二~三寸で、柱の径と柱の散の寸法から割り出して決定する。散寸法は京都では七分~八分、関東では五分程度が標準となる。材料は下層から*荒壁土、*斑直し土、*中塗土、*上塗土の四層となる。また荒壁仕上げ、中塗仕上げのように、次の施工工程へ進まず、粗い肌合いの仕上げを採用する場合もある。切返し苆(飛出し苆の項を参照)を使った切返し仕上げは、色の点を除けば、ほとんど上塗と遜色はない壁である。土壁は地震や風水害により損傷することがままあるが、傷んだ箇所をこそげ落とし、適度に補強して新しい壁土を塗ると、もとの通りに再生できる。また古くなった土壁は表面を削り落とし、その土に同質の新土を混ぜて練り直すと、ふたたび壁土として塗ることができる。法隆寺金堂ほどではないが、湿度にさえ気を付ければ、荒壁は数百年の寿命をもつともいわれている。京都においては、上塗は二十~三十年の間隔で塗り重ねによる塗替えが行われ、散幅が少なくなると、もとの中塗が見えるところまでこそげ落とし、下地処理をした後、新規の上塗を施工する。その時点で散寸法は最初の状態に戻ることになる。

土極【つちぎめ】

樹木の移植の際に、植穴に水を入れず、土だけを突き入れること。フジ類やマツ類で行われる。「空極」ともいう。

土天井【つちてんじょう】

天井板を張らず、代りに壁土塗とした天井。「どてんじょう」とも読む。*草庵式茶室の床や客座の天井などに見られ、西芳寺*湘南亭のように、広縁の天井を土で塗ったものもある。古くは天井に竹の簀子を張り、その上から柔らかい壁土を敷き詰め、竹の隙間から壁土が垂れ下ったようになったものを土天井と呼んだようである。

土床【つちどこ】

*千宗旦の好みで、左官の*土斎が工夫したと伝えられる床。「土座床」ともいう。床内部の*入隅、天井などを*塗廻した*室床の形式で、さらに畳を敷く床の座の部分をも土塗とし、その上に紙を張った床。『*不白筆記』には「下に廻り縁もなき様に塗也、カマチの所に面を取も其面の角のなきように塗、ヌンメリと成程にする也」とある。室床以上にわびの表現を強めた試みであった。土床の復元例として、京都府八幡市の松花堂庭園・美術館にある茶室*梅隠がある。

土庇【つちびさし】

土間庇と同じ。⇩土間庇【どまびさし】

都築弥厚の茶室【つづきやこうのちゃしつ】

愛知県安城市の西蓮寺にある茶室。都築弥厚(一七六五~一八三三)は、三河国碧海郡和泉村(安城市)の豪商の家に生まれる。雅号を和楽といい、*石山丈山の顕彰を手掛けた文人で、のちに明治用水開発の先駆けをなした。弥厚のもとには俳人、画家、茶人が訪れ、また従兄弟の三郎兵衛を介して宗偏流の不蔵庵龍渓に弟子入り、自邸に龍渓の茶室を造らせた。この茶室を東端村の大橋新五郎が天保四年(一八三三)に譲り受け、檀那寺である西蓮寺に同十年以降に寄付した。二畳台目下座床で炉は向切。茶道口は方立口で突込み茶道口となり、給仕口はない。

点前座には勝手付に一重棚を設け、風炉先窓をあける。中柱は皮付の曲柱、袖壁の壁留は四つ節の竹で、入隅は塗廻している。点前座上の天井は野根板の落天井で竹三本押え、客座上は竿縁の平天井とする。台目幅の床は四分一をわずかにのこし、勝手付の隅に花釘を打ち、赤松の床柱には花釘を打っていない。相手柱を戸当りとして下地窓があけられ、片引き障子で墨蹟窓風に床に光をとり入れている。入口は床正面の貴人口のみである。茶道口の脇に水屋がある。建物は二畳台目の茶室と壁を隔てて四畳半座敷と四畳の控えの間が三列に並び、勝手側で廊下とつながっている。四畳半座敷から飛石伝いに茶席に入るようになっており、風炉先窓のある外壁に二重の刀掛を配する。

突込み茶道口【つっこみさどうぐち】

*茶道口の一形式。*点前座に対して、茶道口をあける位置が正面となるもの。「正面茶道口」または「背口」ともいう。亭主が茶道口から茶室に入り、そのまま真っ直ぐに点前座に進む形となる。対して、亭主が左(逆勝手であれば右)に曲がってから点前座に進む形となるのが、*まわり茶道口である。これらは、茶室と*水屋との位置関係によっていずれかが選ばれ、設計されることになる。

恒岡家の茶室【つねおかけのちゃしつ】

奈良県橿原市の恒岡家にある茶室。明治二十三年(一八九〇)の橿原神宮造営に関係して、岩倉具綱が同家へ宿泊することとなり、座敷に続けて増築されたもので、明治二十年頃の建設とされる。内部は四畳半本勝手、上座床は台目幅で奥行きが狭いが、中央に赤松皮付の床柱を立て、床框に絞丸太を入れた板床とし、左を金色の襖を入れた天袋と、銀色の襖を入れた地袋を備えた雅な床脇としている。点前座の勝手付には円窓、床前東面には竹連子を備えた中敷居窓をあける。六畳座敷との接続部は三枚障子とし、十二畳座敷からは板縁を介して接続されるが、板縁にはなぐりの濡縁とその先に蹲踞が設けられている。縁先には、橋の勾欄に用いる宝珠柱の意匠をとり石製の明燈籠として据えている。また、六畳西の板縁廊下の突き当たりに水屋を設けており、ちょうど点前座の円窓の向こう側にあたる。

角柄【つのがら】

窓や出入り口の枠を構成する縦材(*方立など)、もしくは横材(*鴨居や*敷居など)が、枠の隅部分で外に突き出しているところをいう。たとえば角柄窓では鴨居を左右の方立より外に突き出す、あるいは左右の方立を敷居の下に突き出す例が多い。茶室の*茶道口や*通い口では方立の外に鴨居を突き出して方立口を造る。また*建具の*竪框や*桟を突き出して角柄とした角柄障子(*掛障子)や*角柄戸などがある。

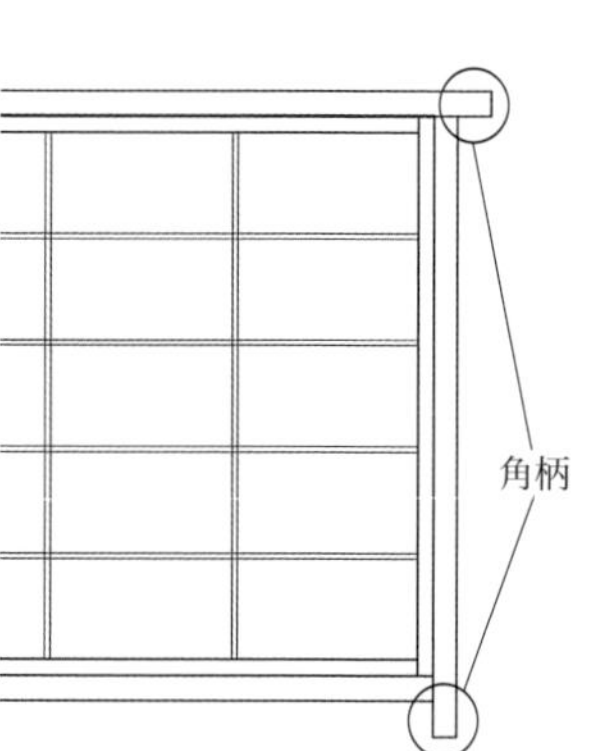

角柄戸【つのがらど】

❶上部両端が*角柄になっている*板戸。茶室の*連子窓や*下地窓の外側に掛けておく*掛戸として用いられる。❷露地の*中門などに用いられる板戸のうち、框や押縁を上下にややのばして打ち付けたもの。「角戸」ともいう。これを猿戸と呼ぶことがあるが、本来、猿戸は戸締りに*猿を用いたものをいい、戸締りには掛金を使用する。『茶伝集』にも「角戸、誤て猿戸ト云」と述べられている。

角柄窓【つのがらまど】

窓枠を構成する縦横の材が*角柄になっている窓のこと。

鍔形手水鉢【つばがたちょうずばち】

手水鉢の一種。外形が刀剣の鍔の形状に似るものをいい、奈良の*興福院にあるものが知られる。

椿【つばき】

ツバキ科ツバキ属に属する植物の総称。「山茶」とも書く。園芸品種が非常に多く、様々な種を庭園内に植える寺社も多い。四月八日の花祭りの際は各地で椿の花が仏前に供えられる。三～四月に熟した果実を絞って採った油は整髪用や食用として利用されていた。材は堅いため杵などが作られ、木は薪として利用、また灰は陶器の灰釉に用いるなど生活に多く利用されていた。平安時代から邸宅の庭園内に植えられており、その後、二代将軍*徳川秀忠が椿を好んだこともあり、元和から寛永年間（一六一五～四四）には椿が流行する。『隔蓂記』には*仙洞御所の花壇に百合や牡丹とともに椿が植えられていたことが記される。江戸時代を通して園芸品種が盛んに作られており、『花壇地錦抄』には二百六種の椿が記されている。茶花としてはもちろん、露地においても山野で普通に生える*藪椿や、比較的小ぶりの花がつく*侘助椿が好まれる。

椿の井戸【つばきのいど】

大阪府堺市の千利休の堺屋敷（千利休の屋敷の項を参照）跡にある井戸。*屋形は*大徳寺の三門の古材を用いたものとも伝えられる。利休遺愛の井戸で、椿の炭を底に沈めて水を浄化したことから、あるいは井戸のかたわらに椿の木が植栽されていたことからの称という。利休屋敷は荒廃し、椿の井戸のみがのこっていたが、弘化二年（一八四五）に加賀太郎兵衛が邸宅と茶室を再興、さらに大正時代の初め頃に辻本豊三郎が入手し茶室を建てていたが、戦災で焼失。現在は裏千家淡交会が所有し、平成二十七年（二〇一五）から公開されている。

燕の御茶屋【つばめのおちゃや】

東京都中央区の浜離宮（*浜離宮恩賜庭園）にあった茶屋。徳川十一代将軍家斉の時代、園池（汐入の池）に面して建てられたが、昭和二十年（一九四五）の戦災で焼失した。その名は燕形の釘隠金具が使われていたこと、もしくは燕子花形の「燕」の一字を採ったことに由来するとされる。外観は宝形造柿葺の平家で、漆喰壁に下見板の腰張り。内壁は大坂土の色壁。四畳半の上段の三方に二十四畳半の広間をめぐらし、園池に面して縁、鷹の御茶屋側には二間にわたる三段の棚板が設けられていた。上段四畳半の隅には白磁の陶板を小襖とした三角地袋と円形の棚板、背面張出しの地袋が付く。平成二十七年（二〇一五）、*松の御茶屋に続き、復元整備事業で復元された。

壺金【つぼがね】

*開き戸や*釣戸を回転可能なように柱などに固定する金具。「壺金物」ともいう。軸穴が縦に重なるように壺金を二個を用いる場合には、一方を戸に、もう一方を柱などに打ち、穴に鉄棒を差す。また一方を肘金として、その突起を壺金の軸穴で受ける場合もある。

壺々【つぼつぼ】

*三千家家元の替紋。*千宗旦が伏見稲荷を信仰しており、初午の土産物であった田宝を模して紋にしたという。三千家それぞれに組み方が異なる。田宝は、もともとは神饌に用いた土器の一種で、種などを入れて祈念したもの。後に形が変化して子供の玩具にもなり「つぼつぼ」と呼称されていた。茶道具の意匠にも多く用いられ、代表的なものに、*裏千家八代又玄斎一燈好みの壺々透煙草盆などがある。建築においては襖の唐紙の地紋や引手金具の意匠に用いられる。

壺々引手【つぼつぼひきて】

*引手の一種。主に茶室に用いられる襖の引手で、三千家家元の替紋である*壺々をかたどり、意匠としたもの。*咄々斎と大炉の間の仕切りに建てられる*反古襖の引手などに見られる。

壺々引手　反故襖　裏千家

壺々模様襖【つぼつぼもようふすま】

*三千家家元の替紋である*壺々を唐紙の模様に用いた襖。*裏千家好みとされる。また壺々に青海波の波文を組み合わせたものなどもあり、これは*無色軒などに見られ、久田家の好みともいう。

坪庭【つぼにわ】

建物や廊で囲まれた庭園、敷地内の小さな庭園のこと。「中庭」「坪所」ともいう。平安時代の*寝殿造では「壺庭」とされるが、これも同様に中庭を意味する。『*山上宗二記』の紹鷗四畳半の図（武野紹鷗の茶室の項の図を参照）には、茶室の正面に「面ノ坪ノ内」、脇に「脇ノ坪ノ内」が描かれる（坪の内の項を参照）。面の坪の内は一種の坪庭で、脇坪の内は通路を兼ねた坪庭であるとみられる。江戸時代以降の町家では、採光や通風のため中庭が、また座敷に面して奥庭が設けられるが、これらを坪庭と呼ぶことがある。

局棚【つぼねだな】

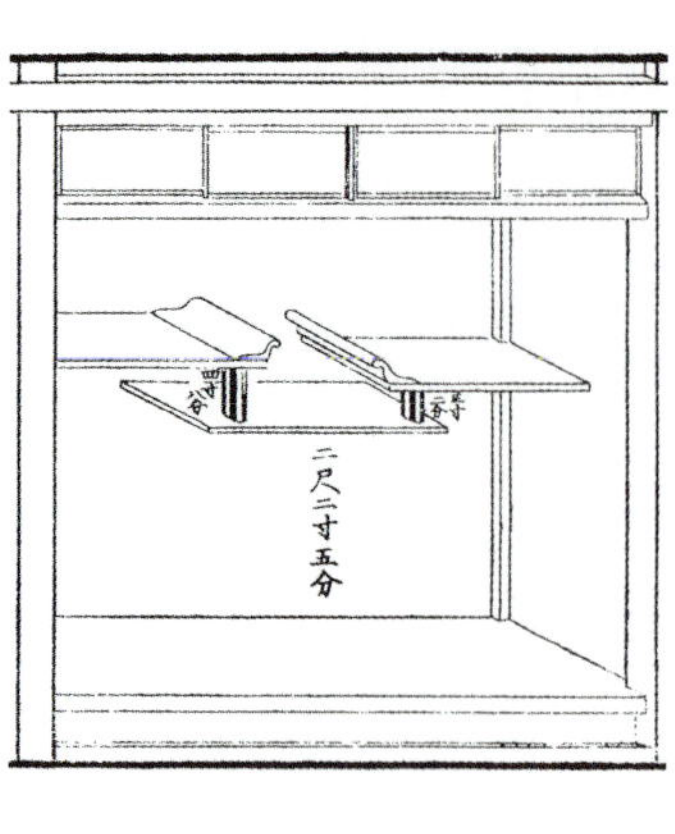

局棚　『増補大匠雛形四 新板棚雛形』

*床脇に設けられる*飾棚の一種。江戸時代に棚雛形として定型化される四十八棚の一つ。『増補大匠雛形四 新板棚雛形』（一八六六年刊）には「是ハ御うへかた（上方）、つぼねかた（局方）によし」とある。『雑工三編 大工棚雛形』などでは、この形式に*地袋を付けたものを二見棚とする。

坪の内【つぼのうち】

塀あるいは垣などで区切られた一種の*中庭、坪庭。茶庭として、現在の*露地の形式が発生する以前に設けられていたもの。町家の脇に奥の茶室へ至る狭い通路としての路地が設けられることがあり、その最奥、つまり茶室の周辺に囲われた空間とも考えられる。『*山上宗二記』には「紹鷗四畳半」（武野紹鷗の茶室の項の図を参照）や「宗易大坂座敷三畳敷」（深三畳半の項の図を参照）、「宗二大坂座敷三畳敷」など六つの茶室の図が掲載されているが、うち五つの図に「坪ノ（之）内」の書き込みがあり、またのこりの「関白様御座敷二帖敷」にも、文字での書き込みこそないが同様の空間が描かれている。同書に記された「坪ノ内」には、「面ノ坪ノ内」と「脇ノ坪ノ内」とがあり、すべての茶室に「面ノ坪ノ内」が描かれる。紹鷗四畳半には「脇ノ坪ノ内」が、そしてその進化したものとみられる「脇ノ手水かまへ」が宗易大坂座敷三畳敷に記されている。「面ノ坪ノ内」には、現在でいう*貴人口形式の建具があったことが知られ、その場合「くくりきと」（潜り木戸）と記された*躙口は「面ノ坪ノ内」ではない壁面に設けられている。一般には「面ノ坪ノ内」から貴人口を通って座敷に上り込む形式であったとみられるが、この中で一番古いとされる紹鷗四畳半では「脇ノ坪ノ内」から「すのこえん」を通って座敷に入る形式で、新しい部類の宗易大坂座敷三畳敷では*蹲踞の設置された「脇ノ手水かまへ」から「くくりきと」を通って座敷に上る形式へと変化をみせた。また同書には「右此座敷、紹鷗ノ移也。但北向。坪ノ内又ハ見越ニ松大小数多シ」、あるいは「珠光ハ北向キ、右勝手、坪ノ内ニ大ナル柳一本在後ニ松原広シ」などとあり、いずれも茶室が北向きであることから、北側に坪の内が設けられ、その背面に松林があったことが知られる。

山上宗二大坂座敷細長三畳の図
『山上宗二記』（不審菴本）

壺の内【つぼのうち】

*砂雪隠の内部、役石（前石、足掛石、小用返しの石、裏返し石。各項を参照）に囲われた部分。

壺掘り【つぼぼり】

基礎工事をするために地盤面を掘り下げる根切の一種で、柱や束などの下のみを点状に根切すること。「角掘り」ともいう。独立基礎を設ける時に行われ、*掘立柱や石場建ての伝統的な木造建築では一般的な工法であった。

妻【つま】

建物の*梁行正面のこと。*棟と直角で、屋根の勾配が見える両側面。*平に対する語。（付録15頁参照）

妻入【つまいり】
建築様式の一種。*妻のほうを正面とし、妻側に入口があるもの。*平入に対する語。茶室では妻の壁面に扁額を掲げ、妻入の形式とすることが多い。（付録15頁参照）

抓格子【つまごうし】
木連格子と同じ。　⇒木連格子【きづれごうし】

妻戸【つまど】
❶端（つま）に設けられた戸のこと。『家屋雑考』には「妻戸、抓戸等の字を用ふるは、いづれも訓を借り用ひたるにて、端戸の義なり、ツマとは、すべて物のはしをいふ名なればなり」（古事類苑）と、その名の由来を記す。❷*寝殿造において、殿舎の妻側出入り口などに設けられた両開きの板扉をいう。扉は外開きで、開けた時にはあおり止めとして「猿つなぎ」という掛金で固定される。

妻軒【つまのき】
螻羽と同じ。　⇒螻羽【けらば】

摘心【つみしん】
⇒摘心【てきしん】

詰【つめ】
❶茶事、茶会において最後に席入りする客のこと。「*末客」「お詰め」ともいう。茶事、茶会の進行中、席中では客であると同時に、亭主側への連絡係、湯盆などの始末の役のほか、亭主の留守の間は、*正客やほかの客の世話も担う。❷製茶を行う茶師のこと。茶壺に*碾茶（抹茶の前段階の葉茶）を詰めるという意味からの名称。茶事、茶会で正客は亭主に「お詰めは」とたずね、茶師の姓や茶舗名などを聞く。

詰石【つめいし】
❶石を据える時、根元に差し込む石。「噛せ石」ともいう。*庭石などを安定させる、もしくは高さを調節するために用い、小石であることが多い。『築山庭造伝前編』「石居様の事」では「小詰石」によって石を据える方法が記される。❷『*作庭記』に*遣水の石を立てる際に用いる石として書かれるが、詳細は不明。❸石垣などで積石の裏に詰める裏込め石。

詰め打ち【つめうち】
材と材の間隔をあけずに詰めて打つこと。たとえば縁（*簀子縁）や天井などに竹を詰め打ちにすることがある。特に*連子の隙間をあけずに詰め打ちとした*如庵の窓は著名で、*有楽窓と称される。この場合、採光としての役割はわずかであるが、障子に光と影の縦縞の景色を描き、炉辺の近くでは通気や換気の役割も果たす。

面【つら】
部材の平らな表面のこと。*見付も同様の意をさすことがある。

面付【つらつけ】
*丸太を他の木や部材に取り付けるために、接する部分を鉋などで削り取り、平らにすること。

釣釜【つりがま】
炉の上、天井に打った*釜蛭釘から釣り下ろした*鎖、または*自在に懸けて使う釜。弦付の釜は鎖や自在の鉤にそのまま懸けるが、普通は釜に鐶を通し、それに弦を懸けて鉤に釣る。釣釜は広間の場合、鎖で釣り、*小間の場合、自在で釣る。流儀によって用いる時期が異なるが、*裏千家では、三月中旬から四月上旬に用いる。古田織部の*鎖の間では四季を通じて釣釜をするのを原則としていたという。

釣釜

釣木【つりぎ】
造作のある部分を、上方から釣り支える部材の総称。「吊木」とも書く。*釣棚や天井板などを釣るのに用いる。材は木または竹を当てるが、竹の場合には釣竹ともいう。

釣太鼓張襖【つりたいこばりぶすま】

釣襖と同じ。⇒釣襖【つりぶすま】

釣棚【つりだな】

❶棚板の一端を木（*釣木）、または竹（釣竹）で天井から釣り下げた形式の棚。*待庵の次の間にある一重棚が現存最古の実例。*台目構えの点前座の*入隅に釣るものが代表的な釣棚である。*一重棚、*二重棚、*三重棚などの形式があり、台目構えの点前座では普通、二重棚とし、*千利休は上下とも同じ大きさの棚板、*古田織部や*小堀遠州は下棚よりも上棚の大きい、いわゆる*雲雀棚の形式を用いた。（付録16頁参照）

❷床脇に設けられる*飾棚の一種。江戸時代に*棚雛形として定型化される四十八棚の一つ。*天袋の下部に通棚を中央やや上部に一枚入れ、その下に左右から棚を出し、さらにその中央上に小棚を付けたもの。『増補大匠雛形四　新板棚雛形』（一八六六年刊）には「是ハつぼねかた、御うへ方つねのいへにもよし」とある。

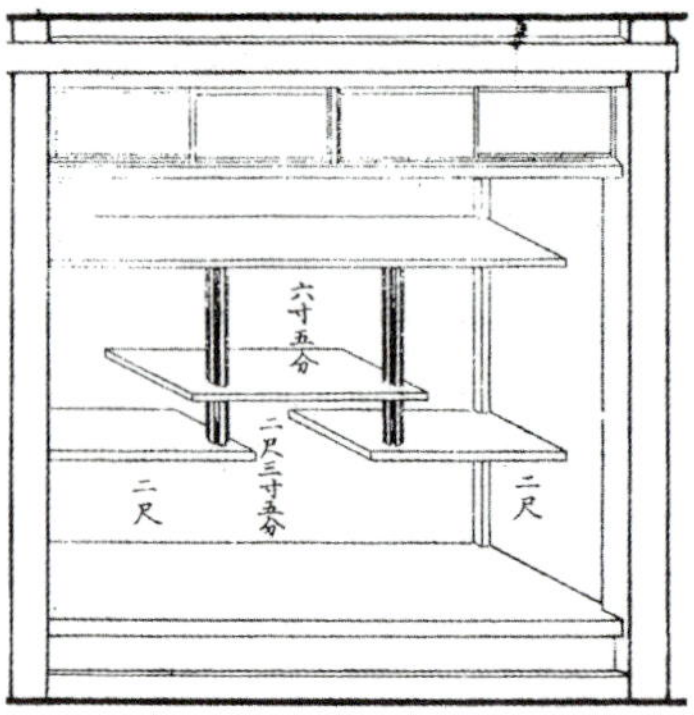

釣棚❷『増補大匠雛形四 新板棚雛形』

釣束【つりづか】

❶柱間の*内法が開放される時、*鴨居が下らないように、内法壁全体を支えるために小屋裏から釣り下げた*束。多くは一間ごとに配置し、鴨居の上面に送り蟻（*仕口の一種）で取り付ける。

❷床の小壁や床脇の*天袋の戸当り部分に設ける短い束（垂直材）。「下げ束」ともいう。（付録19頁参照）

釣戸【つりど】

上端に丁番（蝶番）や*壺金を取り付け、跳ね上げて開き、釣り金物などで固定する形式の戸。*蔀などに見られる。

釣燈籠【つりどうろう】

釣燈籠　三玄

建物の軒端などに釣り下げる形式の燈籠のこと。金属製や木製、陶製のものがあり、現在は神社に多く見られるが、*露地や*庭園にも用いられる。藪内家*燕庵の*熱田の金燈籠も釣燈籠の一つである。

釣床【つりどこ】

床の一形式。*床框と座の部分による下部の構造を省略し、*床柱は下部を切り取って釣束とし、上部の小壁によって床の領域を表す床構え。釣束、さらに落掛も省略されることもある。床を構成するのは上方だけなので、室内を有効に使うことができる。町家の玄関、寄付など、小スペースによく見かけるもので、客を迎える場としての格式がさりげなく示される。

釣床

釣戸棚【つりとだな】

*入隅の角を利用して、下から支える材をもたず

天井から吊るした戸棚のこと。*引違いの小襖や板戸を入れる。最上部に設けられたものは天袋という。

釣殿【つりどの】
*寝殿造において寝殿の両脇の対屋から南へのばした*渡殿を通じて、庭園内の水辺に設けられた建物のこと。詩歌や歌合、月見などの遊興の会場となった。

釣花入【つりはないれ】
*花入の一種。床の天井に打った*花釘や、*落掛に打った落掛花釘に釣り下げて用いる。鎖あるいは藤蔓で釣り下げる。形状は舟形が多数を占めるが、ほかにも月形、鰐口、三徳、釣瓶、瓢、鐙などがあり、素材には砂張、竹、陶器などの種類がある。

釣襖【つりぶすま】
草庵式茶室の*茶道口に設けられた*開き戸形式の襖。表千家の*不審菴における茶道口の釣襖がその代表例。これは勝手側に開くよう丁番（蝶番）で釣られた*太鼓襖で、茶道具を点前座に運び終わり、手を放すと自然に閉まるよう工夫されている。

釣襖　不審菴　表千家

釣元【つりもと】
*開き戸で回転の軸に近い側。回転可能な状態で保持されるように丁番（蝶番）や*壺金が取り付けられる。その反対を手先という。

鶴石【つるいし】
*石組の一種。鶴をかたどって造られたもので、護岸際に配されることが多い。*亀石と一対になって園内に据えられることが一般的。瑞祥の意を含む。

蔓梅擬【つるうめもどき】
ニシキギ科ツルウメモドキ属の落葉つる性木本。日本全土の山野に、普通に自生する。葉は倒卵形または楕円形で、ウメモドキに似ていることからこの名がついた。初冬に赤色に熟す果実が美しく、生け花などでよく使われる。露地に植えられることもある。

鶴島【つるじま】
日本庭園の島の一形式。*池庭や*枯山水に造られる鶴を象徴する*石組、または鶴状の島のこと。織豊時代以降に盛んに造られたもので、瑞祥を願い、*亀島と対比して庭園内に配される。細長い鶴首石と、平立石である羽石を据える。

釣瓶【つるべ】
井戸の水を汲み上げるために縄や竹の先に付ける桶。茶の湯においては*武野紹鴎がこれを水屋用の水桶としたのに始まるという釣瓶水指がある。

槖吾【つわぶき】
キク科ツワブキ属の常緑多年草。「石蕗」とも書く。太平洋側では福島県以西、日本海側では石川県以西の本州から沖縄に分布し、海岸や海辺の山に生える。葉は厚く、表面に光沢がある。十～十二月に黄色の頭花を散房状につける。この姿が好まれ、庭園では*下草としてよく用いられる。

て

邸【てい】

屋敷のこと。一般に、人名の下に付けて、やや敬意を込めてその人の家をさしていう。中国では諸侯官吏の宿舎を意味した。邸宅、邸内、邸閣、邸舎、邸第、あるいは何々氏邸などと使用される。

亭【てい】

眺望、休息のため、庭園内に建てられた四方を吹抜きとしたような風雅で開放的な建物、*東屋。「亭」とも読む。鮑君徽の漢詩「東亭茶宴」に詠じられているように、中国・唐代の宮廷においても文人が集い宴を催す場として用いられていたことがうかがえる。明代の画家、仇英筆の松亭試泉図（故宮博物院蔵）には、風光明媚な自然空間に囲まれた中で、*宝形造の屋根をもつ開放的な亭が描かれている。また、織豊時代の画家、狩野永徳筆の琴棋書画図（聚光院蔵）にも同様の亭が描かれている。しかし『和漢三才図会』（一七一二年）では「あばらや」と記し、道中の人が集まり休憩するところとしている。茶室、数寄屋の席名に亭の文字を用いるものは多い。

庭【てい】

❶堂の前の平らな広場。転じて家の庭。また家庭、中庭などのこと。❷宮中や役所の平らな中庭。❸裁判をする平らな白洲。また転じて、官庁のこと。さらに物事を行う広い場所や祭りの庭などもいう。

出居【でい】

*寝殿造において設けられた居間兼接客用の部屋。平安時代には「いでい」と呼ばれた。後に「でい」となり、単に座敷を表す語となった。

庭園【ていえん】

大地の上に植物や水、岩石を配置するなど、意匠をこらして観賞的要素を高め、享楽や接遇などの用に供する施設。庭園は和製の熟語で、園（その）は草花、野菜、果樹を栽培するための一区画をさす。古代において現在の庭園とほぼ同じ意味をもつ語は「シマ」（島、嶋）であった。そのほか、文献上は「仮山」「築山」「山水」「林泉」「泉石」などと記された。庭園という呼称が定着するのは小澤圭次郎「明治庭園記」（一八七三年）以後のこととされ、英語の「garden」や仏語の「jardin」、独語の「Garten」、中国語の「園林」などの訳語にも当てられた。日本の庭園は、歴史的に見ると一貫して石や水、植物など自然の素材を用い、大地の上に自然の風景を造り出してきた点に特徴がある。このような庭園は*自然風景式庭園と呼ばれる。これに対し、ヨーロッパでは一時期の流行は除き、その長い歴史においては左右対称形の幾何学的な造形の整形式庭園が主流であった。『日本書紀』には飛鳥時代に蘇我馬子が中島のある池を設けたことが記されており、これが日本庭園の始まりであると考えられているが、日本においては古来、山岳や湧水点（泉）、大岩や大木などが神聖な場所として祀られた。これらを庭園の起源の一つとみることもできよう。祭祀の場は「磐座」や「斎庭」などと呼ばれ、京都市の上賀茂神社や下鴨神社、松尾大社といった神社境内の巨石や白砂敷の庭などにこの系譜を見ることができる。飛鳥時代のシマは、文字通り海中に浮かぶ島を意味することから、馬子の庭園は海の風景を表現した*池庭であったといえる。飛鳥京跡苑池遺構は、*曲池でありながら石積みの直線的な護岸をもつなど、新羅の王宮月城の庭園（雁鴨池）との共通性が見られる。しかし、その後の奈良時代の庭園遺跡である平城宮東院庭園では緩やかな傾斜をもつ洲浜護岸の要所に*石組が配される姿となり、日本の海岸風景を髣髴とさせる姿となっている。さらに*蓬莱、*方丈、*瀛州といった神仙島や*須弥山をかたどる中島や石組が見られ、海洋風景を描写しつつそこに神仙世界の表現を盛り込む表現となった。平安時代初期には、桓武天皇の神泉苑や嵯峨天皇の*嵯峨御所（現在の大覚寺）など天皇の離宮や退位後の御所が多く造営されたが、これらもまた中国の唐の禁苑に範をとったもので、文芸活動の舞台ともなっていた。平安時代中期には藤原氏を中心とする貴族の邸宅に数多く庭園が営まれた。これらは*寝殿造庭園と呼ばれ、儀式空間であると同時に、名所の風景を写し込んだ風情ある庭園である。なお『*作庭記』は、当時の作庭理念や技法を記した秘伝書である。平安時代中期から末期になると末法思想がひろまり、仏殿を荘厳する*浄土庭園が造営された。続いて鎌倉時代になると禅宗が興隆し、禅宗寺院における庭園文化は室町時代に活発となる。たとえば天龍寺の開山となった*夢窓疎石は作庭によって禅の境地を表現した。自然風景や名所の情景をモチーフとした平安時代の池庭に対し、中国（宋、元代）の画論から「残山剰水」という考え方を作庭に導入し、風景を自身の感性で組立て直した心象風景を石組によって表現した。疎石の石組は*枯山水や園池護岸の発達を大きく促し、さらに枯山水の技法は、庭園において自然の表現の自由度を格段にひろめ、小面積での作庭を可能とした。このような禅宗寺院における庭園の影響を受け、室町幕府の将軍邸にはすぐれた庭園が営まれた。三代将軍*足利義満が営んだ*北山殿は鹿苑寺（金閣寺）庭園として、八代将軍*足利義政が営んだ*東山殿は慈照寺（銀閣寺）庭園として現在に伝わる（鹿苑寺、慈照寺の各項を参照。ただし両者とも後世に改修が加えられている）。室町時代末期から織豊時代にかけて、簡素を旨とする*草庵が文化人のあいだで流行し、わび茶が生まれた。わび茶のための空間として生み出された庭園は*露地、あるいは茶庭と呼ばれ、*市中の山居という、都市にありながら山中にあるかのような場であることが求められた。江戸時代初期頃の武家の邸宅は、平安時代の寝殿造に対し*書院造と呼ばれる。そして接客や対面の儀礼の場である座敷（書院）から観賞する形式の庭園を、書院の庭あるいは*書院造庭園と呼ぶ。さらに茶の湯が武家社会における社交の場として発展、展開してゆくと、露地と書院造庭園の融合が図られ*書院式露地が登場する。一方で禁中、公家の社会では、江戸時代初期から中期にかけて、*桂離宮や*修学院離宮などに見られるように平安時代の風流を受け継いだ池庭が復興され、詩歌や茶の湯を楽しむ場としてその周囲にいくつもの*茶屋や茶室が配置された。このような形式は*回遊式庭園と呼ばれ、各時代の様式を集大成したかのような庭園といえる。武家においても大名は、多くは回遊式庭園の形式の広大な庭園を営んだ。これらは*大名庭園と呼ばれる。西本願寺*滴翠園、東本願寺*渉成園など、寺院の庭園にも回遊式庭園の形式が採用されている。ところで室町時代後期の京都や堺の町では町家と呼ばれる都市型住宅が密集していた。初期茶人の住まいもこのような都市住宅において生まれた。町家の間口は狭く奥に長い。そこに採光や通風の機能をともなう中庭（*坪庭）がもたれ、江戸時代には町人が豊かな経済力と文化のもとでこのような空間に自然の息吹を取り込もうとしたことがうかがえ、枯山水や露地で培われた自然の表現手法、とりわけ*飛石、*石燈籠、*手水鉢を構成要素とする庭園が多く造られた。江戸時代中期には、当時の造園技法を説明した作庭書としてひろく普及した北村援琴の『*築山庭造伝』や秋里籬島の『築山庭造伝後編』、また庭園をはじめとした名所を紹介した『*都林泉名勝図会』などが出版されている。明治維新後、東京では眺望のよい高台に主屋を建て、山腹から山麓に湧水を利用して池庭を設けるものなど、新たなスタイルの庭園が生み出された。京都でも、明治時代末期から昭和時代初期にかけて、*山縣有朋の無鄰菴（無鄰菴の項❸を参照）庭園を嚆矢に南禅寺界隈に琵琶湖疏水を利用した*別荘庭園群が営まれ、施主層の多くが茶の湯や*煎茶を嗜む近代数寄者であることから、新たな社交の場を生み出した。このような京都の近代庭園界において中心的役割を果たしたのが七代目*小川治兵衛（植治）である。また煎茶を愛好する文人や画家による作庭活動も盛んとなり、橋本関雪が営んだ白沙村荘庭園（白沙村荘の項を参照）や竹内栖鳳の*霞中庵が知られている。

樫園寮【ていえんりょう】

岡山市にある旧西大寺鉄道創業者・松田与三郎の生家。建築は明治時代前期と考えられ、与三郎の終生のすまいでもあった。町家形式の主屋は厨子二階の形式で、間口は約一七メートルある。主屋から渡り廊下を進むと、納戸や浴室があり、さらに奥に茶室が位置する。茶室は四畳半で、土間庇を南と西に矩折に設け、それぞれ引違い障子の貴人口と引違いの躙口をあける。床は前板を備えた框床で、落掛部分が緩やかな曲線を描いている。

定家葛【ていかかずら】
キョウチクトウ科テイカカズラ属の常緑つる性木本。本州から九州の林内で普通に見られる。付着根を出して木や岩に絡み、のびる。葉は対生し、長さ三～七センチの楕円形、もしくは狭楕円形。五～六月に白い花をつける。庭園で竹柵や袖垣に絡ませるなどして用いられる。

貞観園【ていかんえん】
新潟県柏崎市にある村山家の庭園。村山家は江戸時代の大庄屋。天明四年（一七八四）、園内に貞観堂が建ち、のち村山家八代の亀石、九代の哲斎の時、幕府の庭師であった九段仁右衛門、*藤井友之進を招いて作庭を行ったという。亀石は松村宗悦と交友があり、造園の趣味が深まったとされ、裏千家十一代*玄々斎精中とも交流があった。天保十四年（一八四三）には儒者の藍澤南城によって貞観と命名された。*小堀遠州の手法を用いた*回遊式庭園で、作庭の手法は京都風ながら、*佐渡の赤玉石を多く使用し、地方色をも有している。同市出身の*田中泰阿弥もこの庭園の修復などにあたっている。園内には貞観堂前の池を隔てて抱月楼、月華亭、環翠軒などが設けられている。抱月楼は二階建、切妻造で、一階部分に庇を付ける。月華亭は片流れの屋根の前面に庇を付ける。環翠軒は切妻屋根の前面に大きな庇を付けた三畳一間。また六角形の宝形造の東屋である観瀑亭も建つ。名勝。

貞観園

貞恭庵【ていきょうあん】
東京都港区の浄土宗大本山増上寺にある茶室。徳川十四代将軍家茂の正室・和宮（一八四六～七七）ゆかりの茶室と伝わる。和宮の死後、霊廟前に仮置きされていたが、昭和五十五年（一九八〇）に現在地に移築、改修された。現在の外観は入母屋造銅板葺で、四畳半二間からなる。本席は、四畳半本勝手に台目の板床が付き、墨蹟窓や風炉先窓、点前座脇には掃出窓をあける。四枚建の貴人口が開く開放的な席。名前の由来は、和宮の戒名「静寛院宮贈一品内親王好誉和順貞恭大姉」による。

庭玉軒【ていぎょくけん】
京都市北区の大徳寺塔頭*真珠庵にある茶室。客殿の北にある*通僊院の東北に付属する。*金森宗和の好みとされる。庭玉軒は、もとは真珠庵にあった寮舎の一つであったが、現在は、茶室に額を掲げ、その名がのこっているだけで、もとの寮舎の建物は通僊院移築の際に取り除かれた。この茶室は江戸時代後期の大徳寺の記録にも宗和好みと記録されているが、その建造の経緯については明らかでない。*松平不昧が収集した*起し絵図に記載されている記事によると、宗和の祖父・金森長近が創建した大徳寺の塔頭金龍院（現存せず）に宗和好みの茶室が存在したが、金森家の沽却後、某氏に買い取られ、天明の大火（一七八八年）で焼失した。幸い宗和好みの茶室の写しが真珠庵にあり、それは金龍院にあった宗和好みと同じであると記述する。この記述にしたがえば現在の庭玉軒は金龍院にあった宗和好み茶室の写しとなる。なお昭和三十七年（一九六二）、屋根の葺き替え修理時に、前身建物の存在が確かめられ、この宗和好み写しの茶室を建造する際に、既設の建物を利用した可能性が指摘されている。庭玉軒は客殿の東側に設けられた庭園から進入する。この庭は*珠光あるいは*宗長の作とも伝える*七五三の庭で、この北端、客殿と通僊院の一角を隔てる高塀に*露地口があけられている。露地には小ぶりの*飛石が苔地のあいだに打たれ、途中、通僊院の縁に導き、そこからまた茶室へと向かっており、縁

庭玉軒　点前座側

が*腰掛に当てられている。外観は通僊院の屋根から東へ突出する*切妻造*柿葺の妻に庇を付け下ろし、その南側にもさらに庇を付け下ろす複雑な構成となる。南側の潜りを入ると内部は一坪半ほどの広さの*土間で、飛石が打たれた内坪となる。その中に*蹲踞を設け（内蹲踞）、潜りは*鴨居と*方立が*角柄になり、板戸は内側で引くようになっていて露地の*中潜りと同じ形式である。つまり*内露地が屋内化されている。天井は*化粧屋根裏で、*手水鉢の前には低く*下地窓があけられ、蹲踞付近にわずかながら開放感を与えている。西北隅には二重の*刀掛を釣り、その下に二段の*刀掛石を置く。上り口には*腰障子二枚建、室内と内坪が直結する。室内は広さが*二畳台目で、炉を*台目切に切るが、出炉を切り得る茶室としては最小の規模である。西側に構える床は*下座床で、奥行二尺四寸、*入隅の柱を消して*塗廻している。*床柱は*なぐり、*相手柱は皮付丸太。*床框は*磨丸太に*はつり目を全体にわたって施し、景色をつくっている。*落掛は杉の*削り木で、ここでも*見付の下端にわずかながら皮目をのこしている。床の右側壁面には*墨蹟窓をあけ*花入釘を打つが、採光の不能な勝手側にあけるのは宗和の作意とされる。点前座には*風炉先窓と*勝手付に*色紙窓をあけ、中柱と*壁留を入れて*袖壁とし、*雲雀棚を設ける。中柱は赤松皮付。曲がりの少ない端正な形で*曲柱の模範例とされる。また二枚*襖の口をあけて*茶道口と*給仕口を兼ね、*内法高四尺五分と低め*落天井とのあいだの小壁を長く見せ、ゆとりある茶室空間をつくり出している。天井は床前が*平天井、点前座は四寸下がりの落天井で、ともに白竹による*竿縁の*蒲天井である。客座の一畳分は*掛込天井で、小丸太の*垂木に竹の*小舞で*野根板を*透張りにしている。狭い空間の中に三つの形式の天井と中柱を立てた複雑な構成ながら、卓抜した構成力で、煩わしさを感じさせない安定した室内にまとめあげている。細部の意匠は袖壁の壁留が*引木であったり、点前座の棚が雲雀棚であったりして*古田織部の好み特有の手法が多い。こうした特徴から庭玉軒には「金森宗和ハ古田織部流ヲ根本ニシテ、小堀遠州流指シ加エ、自分ノ物数寄少宛仕替」（茶譜）と伝えられる宗和好みの特色がよく現れている。勝手は三畳敷で、北側に*榑縁が付き、そこに水屋が設けられる。古図や起し絵図にも記されており、庭玉軒が成立した当時にさかのぼる形式と考えら

庭玉軒　茶室より内坪を通して露地を見る

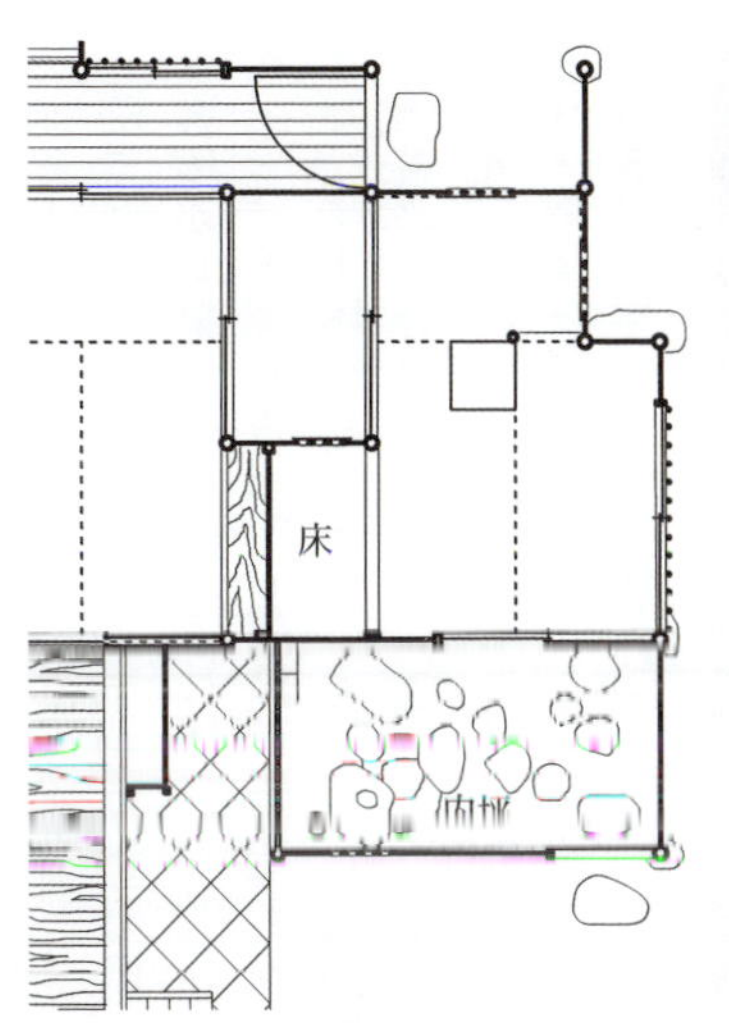

庭玉軒

れる。重要文化財。

綴玉軒【ていぎょくけん】

熊本県八代市の松浜軒にある茶室。⇒松浜軒【しょうひんけん】

亭式天井【ていしきてんじょう】

*東屋など*宝形造の屋根の裏側の天井をいう。すべてが*化粧屋根裏となるものや、化粧屋根裏のうち、四面が集まる中央部を*鏡天井としたものなどもある。

亭榭【ていしゃ】

*東屋、見晴らし台のこと。榭とは盛土の上に建てた屋根と柱のある建物のことで、亭と同じ意味をもつ。

亭主【ていしゅ】

茶事や茶会の主催者。「東」ともいう。古くは*茶立所で点てられていた茶が、客の目の前で点前をして点てられるようになり、徐々に主客同等の関係となる。『山上宗二記』に「亭主振之事」として、「心ニ成程客人ヲ敬ヘシ」とある。これは亭主のなすべき振る舞いは客の心になってするということである。

亭主石【ていしゅいし】

*中門の*役石のひとつ。「ていしゅせき」と読み、「主人石」ともいう。*迎付の際、*亭主がこの石に立ち、客と挨拶を交わす。中門を境に*内露地側、二石目に打たれ、*外露地側に*客石、中門及び*乗越石を挟んで、内露地側に亭主石という配置になる(枝折戸など敷居がない場合は戸の下に戸摺石が打たれる)。一般的には客石と比べて小さい石を用い、低めに打つ。『無住抄』(*石州三百ヶ条の注釈書)に*中潜りの石の据え方について「又のりこへ石と亭主石に石壹つ下て仕廻候時ハ、少大石を用申候」とあり、少し大ぶりの石を用いて、乗越石と亭主石を兼ねることも書かれる。また中潜り以外の場合でも乗越石と亭主石を兼ねて一石とすることもある。亭主石の脇に添えて*踏捨石が打たれる。*藪内家*燕庵の露地では、中門に敷居がない木戸などでは亭主が*戸摺石の上に立ち*迎付をするため、亭主石が戸摺石を兼ねることになる。(付録6頁参照)

亭主口【ていしゅぐち】

茶道口と同じ。⇒茶道口【さどうぐち】

亭主畳【ていしゅだたみ】

点前畳と同じ。⇒点前畳【てまえだたみ】

亭主床【ていしゅどこ】

床を点前座の*勝手付側に構えたもの。普通には床前が*上座とされるから、床は客座の側に設けられることが多いが、点前座の側に配されることもある。このような位置に配された床をいう。*織田有楽が大坂天満にあった屋敷の平三畳台目の茶室(織田有楽の屋敷と茶室、元庵の項を参照)で、床を点前座の勝手付に配置したのが初めての試みとみられる。*片桐石州が大和郡山の慈光院に好んだ二畳台目(慈光院茶室の項を参照)では客座から最も遠いところに床が配されており、これを「うしろ床」と書いた記録もあった。また、亭主床は「勝手床」ともいい、井伊直弼の『*茶湯一会集』には、「他流ニ、床を以て上座を定むるハ、大成僻事也、床ニハ上座床・下座床・勝手床之三床ありて、床ニ付上座とハ成し難き事を知へし」と記されている。

亭主床　元庵　有楽苑

庭造家【ていぞうか】

作庭家をさす、やや古風な呼称。「庭匠」「庭師」ともいう。庭を造ることを和語では「庭造り」ともいい、江戸時代中期の享保二十年(一七三五)に北村援琴が『築山庭造伝』を、文政十二年（一八二九）に秋里籬島が『築山庭造伝後編』を著し、これらが昭和時代初期までひろく読まれていたこともあって、作庭の専門的技能を有する者や作庭を職業とする者のことを庭造家と呼んでいた。江戸時代末には植木屋にも作庭に従事する者があった。

弟也斎【ていやさい】

愛知県岡崎市の明願寺にある茶室。この地域に宗徧流の茶の湯をひろめた不蔵庵龍溪（一七六一～一八四二）により、明願寺十四世の慈玄（号は弟也斎）のために造られたという。淇菉庵と同じ建物内に納まり、龍溪が淇菉庵での茶事に便利なように改築したのではないかと考えられる。内部は四畳半上座床で、点前座勝手付に一重棚を釣る。天井は白の鳥の子紙を張る。

貞要集【ていようしゅう】

有楽流の茶法書。松本見休著。写本四巻。宝永七年（一七一〇）成立。織田貞置が伝えた織田有楽の教えを体系的にまとめたもの。冒頭に台子の起源、宇治茶園の歴史を述べ、第一巻では台子、長板、各種棚などに応じた点前、第二巻では風炉、炉の運び点前、炉を切る位置、朝会、夜会、一客一亭などの茶会、第三巻では茶道具の教えとその寸法、第四巻では露地と茶室での主客の作法、茶室の詳細と寸法など、絵や図を交えながら説明する。『茶湯―研究と資料』第二十一～二十二号に翻刻されている。

手掛穴【てかけあな】

揚板の取り外しのために彫り込まれた指掛け用の穴。水屋の炭入を揚板にする場合などに用いる。また箱や戸棚などの運搬用にあけられた指掛け用の穴もいう。

滌源居【てきげんきょ】

京都市北区に所在の茶道速水流家元の住宅。昭和二十七年（一九五二）に六代速水宗仁の設計指導、堀内工務店の施工により建設された。背後に紙屋川が流れる奥深い敷地の正面側に居宅が、奥に茶室が配される。余地は露地となり、冠木門形式の露地門、西園寺邸から移築された外腰掛が配される。茶室は六畳大の土間、広間の滌源居、小間の清沖軒からなり、速水家流祖・宗達の茶室の復興を意図しつつ、裏千家の茶室の意匠にも通じている。土間はなぐりの梁を架けた化粧屋根裏の空間で、寄付と立礼席を兼ねる。広間滌源居は八畳で、裏千家咄々斎を思わせる意匠構成となり、床脇の大下地窓に紙屋川の景をあしらう。清沖軒は流祖好みの茶室古図に基づき、貴人口に創作を加えたもので、古材を用いて建てられている。三畳中板の逆勝手の席で、点前座の先に板を入れ、下座に枡床を設けた複雑な構成をもつ。

滌源居　床側

摘心【てきしん】

樹木の剪定方法のひとつ。「摘芯」とも書き、また「つみしん」とも読む。枝先の頂芽を摘み取り、枝の伸長を抑制し、脇芽の生長を促すもの。

滴翠園【てきすいえん】

京都市下京区の西本願寺にある庭園。同寺の境内、東南隅に建つ飛雲閣の北から西にかけてひろがる庭。およそ千五百坪の広さで、木橋や石橋を架けた滄浪池を穿ち、園路には茶亭や待合、東屋などが建つ。飛雲閣の建築に関しては、聚楽第からの移築説、豊臣秀吉の京都新城、後の高台院屋敷からの移築説、初めから現地で建設されたとする説など様々あり、いずれも確証を欠く。現地での建設時期も慶長十六年（一六一一）から元和三年（一六一七）十二月の本願寺火災までのあいだに建てられたとする説や寛永五年から六年（一六二八〜二九）とする説など一定でないが、いずれにしてもこの頃、飛雲閣の周辺に庭ができていたと考えられる。ただしこの頃の庭は、現在よりも池が西にひろがっていた。池が現状のように狭くなり、西寄りに茶室*澆花亭（*青蓮榭）ができて、その周辺に露地が造られたのは明和五年（一七六八）のことである。これは西本願寺十七代門主法如の時代で、次期門主である文如が中心となり、上田織部と川那部勘之丞が滴翠園奉行となって行われた庭整備によるものであった。滴翠園の名はこれを初出とする。同時に「滴翠園十勝」と呼ばれる庭の景観が整えられていったのであろう。明和七年には尾張（愛知県）の真広寺住職が滴翠園十勝の詩を文如に献じている。十勝とは飛雲閣、滄浪池、龍背橋、踏花塢、胡蝶亭、嘯月坡、黄鶴台、艶雪林、醒眠泉、青蓮榭で、これらは「滴翠園十勝絵」（作者等不明）や『大谷本願寺通記』『都名所図会』などにも描写されている。これらのうち、飛雲閣、滄浪池、龍背橋、黄鶴台はもともと存在していたものであり、醒眠泉は明和三年に枯渇していた井戸を再掘して復活したものであった。踏花塢、嘯月坡、艶雪林は庭整備の結果生まれた景観であり、茶室澆花亭（青蓮榭）と胡蝶亭はこの時に新たに新築されたものである。現在も、滴翠園の西にひらく衡閣門を入り、園路を進むと左手に澆花亭（青蓮榭）が建ち、かつては梅林であった艶雪林の跡が認められ、その右手には醒眠泉の*石組と石碑がのこる。滄浪池には観月の岸辺である嘯月坡があり、対岸に建つ飛雲閣に向かって龍背橋（反りのある石橋）が架かっている。飛雲閣の右手には擲盃橋と呼ばれる唐破風屋根付きの橋を隔てて黄鶴台が建つ。北岸の小高いところに胡蝶亭（傘形の東屋）が建ち、踏花塢にかかる木橋を渡って東岸にまわると飛雲閣の東に付属する*憶昔の席の露地に至る。ただし、明和五年の整備以降、幾度も修理の手は加えられており、飛雲閣前に架かる龍背橋の石は後の時代に取り替えられたものである可能性が高いし、踏花塢に架かる木橋は取り替えられている。飛雲閣から黄鶴台に渡る擲盃橋も「滴翠園十勝絵」には屋根のない橋が描かれており、現状と異なっている。ちなみに、黄鶴台には唐破風付きの*蒸風呂があり、その浴室から「寛永五年三月から寛永六年八月迄」の墨書が発見されており、これが黄鶴台建立の下限とみなされている。飛雲閣に付属する憶昔の席は寛政七年（一七九五）に文如によって付加された茶室である。滴翠園は西本願寺にあって、門主たちの文芸活動の場であったとともに、宮廷貴族たちの遊芸の場として機能していたと考えられる。現在は茶事など様々な行事のほか、門徒方の見学などに供せられている。名勝。

滴翠園

滴翠軒【てきすいけん】

京都市下京区の渉成園にある数寄屋風座敷。⇒臨池亭【りんちてい】❹

出格子【でごうし】

壁面より外に出窓状に張り出して造った格子。民家などに多く用いられる。格子の両端の柱を格子柱といい、建具は格子柱間ではなく、*側柱間に建てられる。

出書院【でしょいん】

付書院と同じ。⇒付書院【つけしょいん】

手燭【てしょく】

燈具の一種。手で持ち歩けるように、蠟燭立てに柄を付けたもの。利休好みは鉄製で黒漆が塗られ、持ち手には長柄が付く。宗旦好みに朱塗りがある。*夜咄の茶事や*暁の茶事などで用い、露地では、正客が足元を照らしながら連客を導き雁行し、*迎付では、無言で手燭を交換し主客の挨拶とする。また蹲踞で手を清める際に手燭を置く*手燭石が手水鉢横に据えられる。席中では、点前をする亭主の手元を照らし、客は床の諸道具を手燭で照らして拝見する。蠟燭は、和蠟に蠟涙の垂れない工夫をした数寄屋蠟燭を使用する。

手燭

手燭石【ししょくいし】

❶*蹲踞の*役石のひとつ。「燭石」「控石」「除け石」ともいう。*夜会の際に蹲踞で手などを清める時、*手燭を置くための石で、天端が平らな石が用いられる。手水鉢の左右に手燭石と*湯桶石が据えられるが、流儀によって異なり、表千家では向かって左が手燭石、右が湯桶石、裏千家では向かって右が手燭石、左が湯桶石となる。反対側の湯桶石よりやや高めに据えられる。（付録7頁参照）
❷中門の役石のひとつ。踏捨石と同じ。⇩踏捨石【ふみすていし】

出隅【でずみ】

壁などの二つの面が交わった外側、出っ張った凸部。逆に内側の隅、凹部を*入隅という。

出隅

手高棚【てだかだな】

*床脇に設けられる*飾棚の一種。江戸時代に棚雛形として定型化される四十八棚の一つ。*二条城二の丸御殿黒書院（国宝）などに実例がある。『増補大匠雛形四 新板棚雛形』（一八六六年刊）には「是ハなんど（納戸）わき、又ハ間の長き所によし」とある。

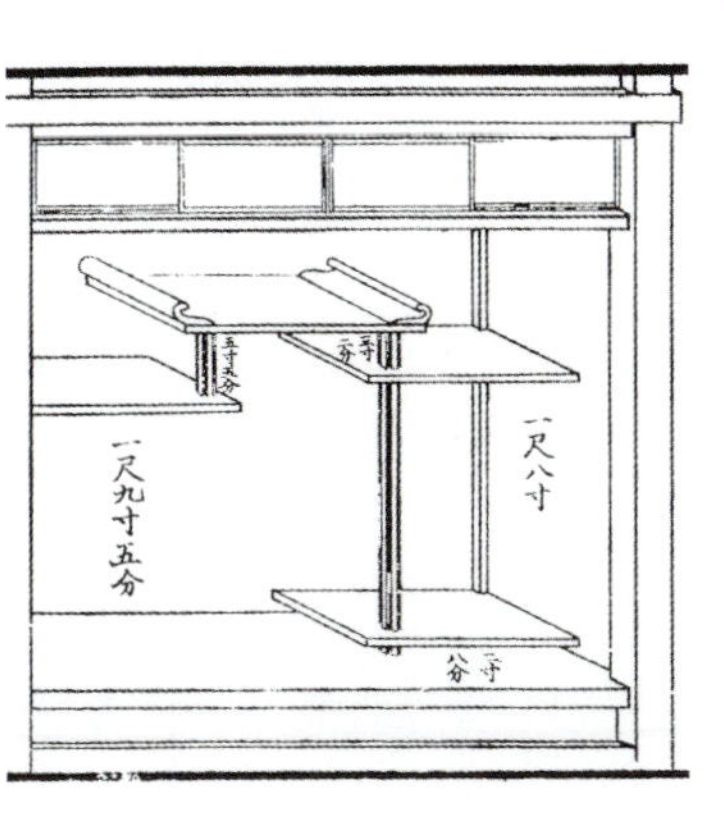

手高棚 『増補大匠雛形四 新板棚雛形』

手違組【てちがいぐみ】

*格子などの組み方の一種。格子の組み合わせ部分の*仕口を表裏交互に付け、網代状に組んだもの。天井や寄木細工などに用いられ、またこの意匠が襖の文様に用いられることもある。

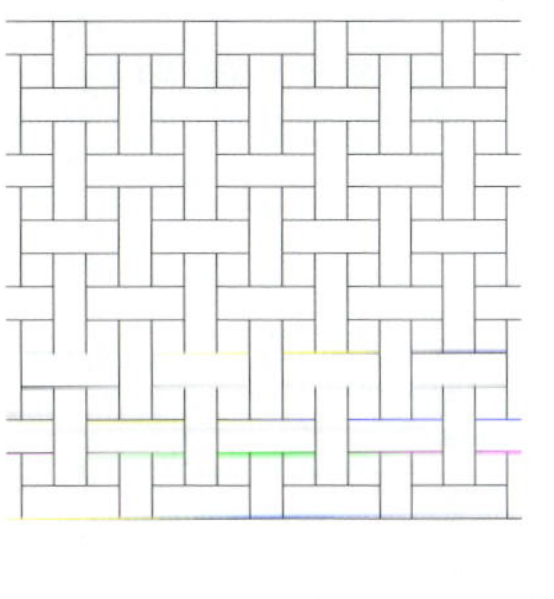
手違組

手違いの襖【てちがいのふすま】

裏千家の*寒雲亭に建てられた襖。中国・唐代の詩人・杜甫の「飲中八仙歌」に詠まれた八人の酒仙を描く。若き日の狩野探幽が*千宗旦の留守中にこの絵を描いていたが、宗旦の帰宅に気付いて、あわてたため一人の左右の指を描き間違えたことからこの名があるという逸話で有名。

鉄鉢形手水鉢【てっぱつがたちょうずばち】

手水鉢の一種。ほぼ球形の石に水穴をあけた形状のもので、その形が禅僧の使う鉄鉢に似ていることから名づけられたと考えられる。*五輪塔の水輪部分を転用したものもある。*桂離宮の龍田の茶屋や醍醐寺の*三宝院にあるものが知られる。（付録11頁参照）

鉄平石【てっぺいせき】

安山岩の一種。複輝石安山岩で、カンラン石複輝石安山岩と呼ばれる石質に分類される。板状節理が多く、小端積や*敷石、貼石として使用され、特に乱張(乱張の項❷を参照)に用いられることでも知られる。主に長野県諏訪市、佐久市から産出する諏訪鉄平石が有名。

鉄砲垣【てっぽうがき】

竹垣の一種。太い丸竹を*立子とし、*胴縁の表裏から結った垣。これが鉄砲を立て並べた様子に似ることからの名称という。結い付け方は*四つ目垣と同様であるが、それより立子のあいだを密にする。立子の上端は、揃えることも、揃えずに変化を付けることもある。下端は*生込みとする場合がある。『*石組園生八重垣伝』には鉄砲袖垣として掲載され、立子に焼丸太、大竹、矢柄竹などを吹寄にして用いている。

鉄砲垣

出床【でどこ】

床を座敷の外側ではなく、室内に張り出して構えたもの。大徳寺塔頭孤篷庵の*忘筌の床がその例。なおこの時、大きさが一畳より小さい床を構えた場合、*前板や*脇板などの板畳が入れられることが一般的。

出庇【でびさし】

主屋根から別に差し出された深い軒をもつ屋根。「出廂」とも書き、「廡」「付下屋」ともいう。

点前【てまえ】

茶を点てること、またはその所作の手順のことをいう。茶の湯を単なる喫茶風習と区別する上で、茶室、茶道具とともに重要な要素の一つである。別室で点茶して運び出していた茶を、客の面前で亭主が点茶するように変化したことから、喫茶を媒介として主客が交流する茶の湯という文化が生まれたといえる。客に見られるものとして、点前は洗練され様式化されてきた。喫茶内容は*濃茶と薄茶との二種に分化し、*風炉と*炉とが区別され、客前で炭をつぎ足す*炭手前(炭点前)が成立し、茶道具の種類や茶室の広さ、形状による点前の差異が体系化されている。現在では簡単な点前から複雑な点前へと学んでいくが、歴史的に点前は簡略化されてきた過程があり、奥伝とされる点前にかえって茶の湯の成立期の形態がのこされている。古くは点前のことを「立様」と呼んだが、十六世紀末頃には「てまへ」と称するようになり「手前」の字が当てられた。中国の文献に見られる「点茶」の用例から「茶を点てる」という表現が生まれ、「点前」の字が使用されるようになる。明治時代以降には「点前」の表記が一般化したが、「手前」の字を用いる場合もある。*千利休が茶の湯を大成したといわれるが、その時代に点前が完成して今日まで変わらずに受け継がれているわけではない。江戸時代前期には独創的な武家茶人が輩出し、それぞれの考えにより点前を改良した。千家においても、江戸時代中期には多人数の稽古に適した*七事式が開発され、江戸時代後期には平点前、小習、相伝、*台子などの学習段階が整備された。この結果、茶会を実地体験しながら茶の湯を習得するという学習方法は大きく変化し、点前の稽古自体を茶の湯の実践とみなすような認識がひろまった。明治時代初期には*椅子点前である*立礼式が考察され、部屋の形状に制約されないためにひろく用いられるに至っている。点前の所作及び手順はその流派の考え方を反映しているものであり、そこに流派による点前の違いを生じる余地がある。点前を繰り返し稽古することには、洗練された所作をおのずと体得する意義がある。

点前座【てまえざ】

茶室において、亭主が茶を点てる場所。点前のための道具類を置く場所でもある。畳は、丸畳と台目畳のいずれかである。丸畳の点前座から、わび茶の大成によって台目畳を取り入れた台目構えが生まれ、点前座と客座のあいだに変化が生じた。

点前畳【てまえだたみ】
茶室内の畳の呼び名のひとつ。亭主が点前をする畳のこと。「亭主畳」「居畳」ともいい、また茶道具を置くので道具畳ともいう。原則、丸畳あるいは台目畳に限られる。

手毬燈籠【てまりどうろう】
石燈籠の一種。広義の置燈籠に分類され、円形の笠、火袋、中台からなる形式のもの。形が手毬に似ていることから名づけられたと考えられる。清水寺の成就院（京都市東山区）にあるものが知られる。（付録12頁参照）

寺島蔵人邸の茶室【てらしまくらんどていのちゃしつ】
石川県金沢市の寺島蔵人邸跡にある茶室。
⇒乾泉亭【けんせんてい】

寺田寅彦の茶室【てらだとらひこのちゃしつ】
高知市の寺田寅彦記念館にある茶室。同館は物理学者の寺田寅彦が幼年期を過した旧寺田邸を保存、公開する。屋敷は寅彦の父・利正が明治十三年（一八八〇）に購入したもので、茶室は同二十四年に建築された。昭和二十年（一九四五）の高知大空襲で茶室を含む屋敷の大部分を焼失した。現在、敷地内には、焼けのこった寅彦の勉強部屋や、昭和五十一年に復元された茶室、同五十八年に復元された主屋がある。茶室は寄棟造桟瓦葺で、銅板葺の庇を前面に付す。平面は四畳半で、床は板床、床柱は釣束形式である。床の脇には背の低い引違いの障子が建て込まれている。

寺田寅彦の茶室　床側

照り降り石【てりふりいし】
吸水量が多く、大気中の湿気に呼応し色調が変化する石。敷石または石段中に用いられる石材のひとつ。雨降り前、大気の湿気のためにその石色を変じ、雨を予告するという所からこの名があり、天気予報のような使用がされる。景観に変化を与える一方、神秘性をもち、数寄者にも喜ばれた。日光東照宮の石鳥居下には古くから知られた照り降り石があり、敷石の目立つ箇所に設置され、茶褐色と青色の境界が強まると翌日、降雨があるという。

照り起り屋根【てりむくりやね】
屋根の形状の一種。照り屋根と起り屋根をあわせた形の屋根で、棟近くが起り屋根、軒近くが照り屋根のようになる。（付録15頁参照）

照り屋根【てりやね】
屋根の形状の一種。「反り屋根」ともいう。屋根の流れが凹形に湾曲し、反り返っている屋根。社寺の屋根に多く見られる。逆に流れが凸形になるものを起り屋根という。（付録15頁参照）

出炉【でろ】
茶室における炉の切り方のひとつ。点前畳の外側の畳（本勝手では右側、逆勝手では左側となる。本勝手、逆勝手については本勝手の項を参照）に切った炉をいう。出炉には四畳半切（広間切を含む）と台目切がある。また台目切には上げ台目切もある。対して点前畳に切った炉を入炉という。（付録18頁参照）

点火石【てんかいし】
燈上げ石と同じ。
⇒燈上げ石【ひあげいし】

転合庵【てんごうあん】

東京都台東区の東京国立博物館にある茶室。*小堀遠州の好みと伝えられる。遠州は*八条宮智仁親王から*茶入の於大名（瀬戸真中古窯面取手茶入銘転合庵、中興名物）を賜った際に、その披露のために京都の伏見屋敷に転合庵を建てている。後にそれを京都寂光寺の住僧が請うと遠州は快諾し、自筆自刻の木額、*豊臣秀吉遺愛の石燈籠、*手水鉢などを添えて贈ったという。そして明治二十年（一八八七）、寂光寺より政治家・渡辺清が譲り受け、東京霞町に移築。その後、日本郵船の重役で於大名を入手した三原繁吉へと譲られた。さらに昭和五年（一九三〇）、塩原又策の所有となり、同三十八年に茶入とともに東京国立博物館に収められ、現在地に移築される。*松屋久重は正保三年（一六四六）八月二日昼に転合庵での茶会に呼ばれたことを『*松屋会記』に間取りとともに書き留めているし、「伏見転合庵之記」にも示されている。しかしその間取りは現在のような*二畳台目ではなかった。そのため伏見屋敷の転合庵と現在のものが一致するかどうかについては検討の余地がのこる。外観は*切妻造*杉皮葺、妻前面に庇を付け下ろし、板戸を引違いに建てた*躙口をあけ、左手に*袖壁を付ける。また躙口の矩折に二枚障子の*貴人口をあける。この二つの口が、八条宮の招きに役立った話が伝えられる。内部は二畳台目*下座床で、貴人口正面に構える床は、床柱は*档丸太、*床框は入節のある*磨丸太、向かって右側の壁に*墨蹟窓をあけている。点前座は*炉を向切に切る。*中柱は曲がりは少なく、上部にのびてはなはだ端正で、袖壁の壁留には*引竹を入れる。勝手付には地敷居に付けて竹の*連子窓が一つあけられているのも珍しい構えである。天井は床前が*網代天井、点前座が萩の*落天井、そして*化粧屋根裏の三段の構成をなし、それらの交わるところに中柱が立つ。水屋、また四畳半の席が付属する。

転合庵　外観

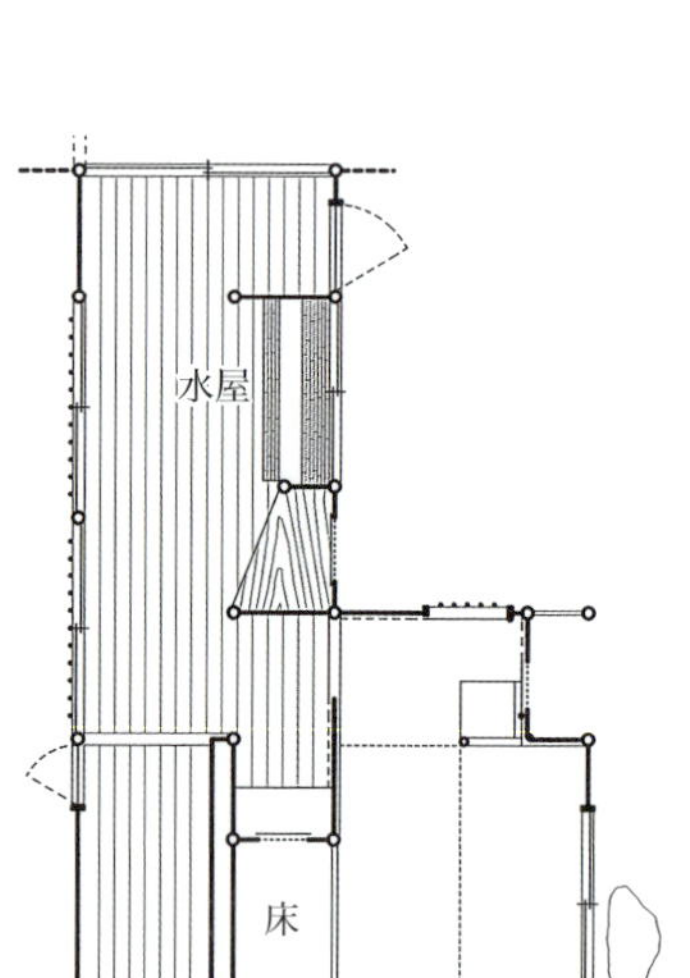

転合庵

天五楼【てんごろう】

京都府宇治市の松殿山荘にある大広間。⇒松殿山荘【しょうでんさんそう】

天赦園【てんしゃえん】

愛媛県宇和島市に所在の*大名庭園。宇和島藩第二代藩主伊達宗利が当地を埋め立て造成した浜御殿の南東部を、文久二年（一八六二）末より、七

天赦園　春雨亭　外観

代藩主宗紀（春山）の隠居所として改修、造営した回遊式庭園。*潜淵館、*春雨亭、月見亭を建設、作庭の采配は同藩勘定方与力の五郎左衛門という。園内には伊達家の家紋に由来し、約二十種の竹や笹が植栽されている。園名は伊達政宗が詠じた「馬上少年過　世平白髪多　残軀天所赦　不楽是如何」による。名勝。

天授庵【てんじゅあん】

京都市左京区にある*南禅寺の塔頭。虎関師錬が南禅寺山内に開山・無関普門の塔所建立を願い、暦応二年（一三三九）、光厳上皇より勅許を得、翌年に建立された。慶長七年（一六〇二）、*細川幽斎が再興、以後幽斎の菩提所として細川家が援助した。幽斎が再建した方丈、嘉永年間（一八四八〜五四）改築の庫裏と書院、幽斎の作庭とされる林泉庭がある。また同庵には茶室*松関軒が建つ。

天井【てんじょう】

*小屋組や上階の床組などを隠すために室内の上部を構成する仕切り面。茶室の天井の形式には、*平天井、*落天井、*化粧屋根裏（*掛込天井）の三種類がある。平天井、落天井もともに平らな天井で、落天井は平天井より一段低く張ったものをいう。平天井と落天井を組み合わせる場合、天井が高いほうの空間は*上座として客の空間に、一方低いほうは下座として亭主の謙虚な姿勢を表すことから*点前座を落天井とすることが多い。化粧屋根裏は天井を張らない姿であり、軒の側、客座の出入り口の側に多く造られる。室内全面を化粧屋根裏にする形式を総屋根裏（*総掛込天井）といい、最もわびた形式である。化粧屋根裏では傾斜面によって室内に一部高いところが造り出されるので低圧感を緩和する効果がある。また化粧屋根裏には*突上窓をあけることができるが、突上窓を手で操作するために高さが制限されるので、平天井と組み合わせる場合、平天井もあまり高く張ることができない。『*山上宗二記』が伝える*武野紹鷗の四畳半（武野紹鷗の茶室の項を参照）の天井は「ノネ板」（*野根板）張りで高さは七尺一寸、「従紹鷗宗易へ相伝」の四畳半は六尺九寸であったが、*千利休の土間付四畳半（千利休の茶室の項を参照）では六尺五寸とかなり低く張られていた。四畳半に化粧屋根裏が組み合わされるようになると、天井はさらに低く張られるようになり、利休の*北野大茶之湯の四畳半では、高さ五尺九寸二分の*真菰天井、利休の聚楽屋敷四畳半（千利休の茶室の項を参照）では高さ五尺九寸の真菰天井であった。茶室の平天井は*竿縁天井を通例とし、薄く剝いだ野根板を*羽重とする。*杉、*椹などで*網代とすることもあり、蒲や真菰を張ることもある。また*麁相に見せる表現として、板幅を不揃いにして張ることもある（*乱張）。孤篷庵の*忘筌では天井板を砂摺りにして杢目を浮き立たせる*砂摺天井が採用されている。『*茶譜』が伝える大徳寺門前屋敷にあった利休の四畳半（不審庵）の天井は、*色付をした幅一寸ほどの野根板を網代に組んでいた（千利休の各屋敷については、千利休の屋敷の項を参照）。また土間付四畳半の天井板は「しましま板」であったが、これは*柾板（柾目の板）であったと見られている。落天井には蒲や真菰を用いることが多いが、*葭、*萩なども使われる。化粧屋根裏は*垂木を一小間（一間の四分の一）間隔に配し、垂木のあいだに*掻蔓の竹（*間垂木）と竹の*小舞を並べて野根板を張る。*小舞は間垂木に藤蔓で掻いて留める。*廻縁には削り木を用いるのが一般的であるが、*茶室では四方あるいは三方を同じ材料とせず、*小丸太や竹を取り混ぜて用いることを通例としている。掛込天井の場合は、化粧屋根裏の*垂木掛の下に付く小壁の*壁留の材が、そのまま平天井の廻縁となる。*竿縁には*白竹を一本ずつ打ち上げるのを通例とするが、少し細めの*女竹（大和竹）を二本とすることもある。（付録24頁参照）

天井長押【てんじょうなげし】

*長押の一種。天井の*廻縁のすぐ下に接して取り付く長押のこと。*書院建築などでの、格式を表す時の二重廻縁で、上の廻縁よりも背を高く、室内の*内法長押などの他の長押よりは背を低く扱ったものである。また*蟻壁の下に取り付く蟻壁長押を天井長押と呼ぶこともあるが、この時は前述の天井長押を廻縁長押と呼ぶ。

天井の真行草【てんじょうのしんぎょうそう】

茶室の天井を三形式で構成する場合、*床前の平天井を真、点前座の*落天井を行、天井を張らず屋根裏を見え掛りとして仕上げた*化粧屋根裏

（*掛込天井）を草の格に分けること。真行草の天井の構成は、床前の正客の座、相伴者の座、亭主の座という席中の座の位分けを表現するものではなく、あくまでも天井の形式に基づいたものである。（付録24頁参照）

天井縁【てんじょうぶち】

廻縁と同じ。　⇩廻縁【まわりぶち】

天井廻縁【てんじょうまわりぶち】

廻縁と同じ。　⇩廻縁【まわりぶち】

点心【てんしん】

正規の食事時以外に簡単な食事をすること。また、その軽食そのものをいう。空心（すきはら）に食を点ずることを意味し（禅林象器箋）、転じて間食、茶請け、菓子などをもさすようになる。点心の語は、中国・唐代に始まり、当初は早朝に摂る小食のことをさしたが（能改斎漫録）、後には食間の小食はすべて点心というようになる。点心の食習慣は、日本には鎌倉時代に禅宗とともに伝来し、第一が羹類、第二が麺類、第三が饅頭類とされた。茶の湯では、喫茶の後に、別室で軽食をもてなすことをいい、「あしらい」ともいう。

点心席【てんしんせき】

*茶事や*茶会において、茶を喫する場から移動して、別に*点心を供する場が用意されることがある。これを点心席という。一般的には広間が用意される。

点雪堂【てんせつどう】

表千家祖堂の別称。　⇩表千家祖堂【おもてせんけそどう】

点茶盤【てんちゃばん】

*立礼式に用いる点茶用の卓子（テーブル）。*裏千家十一代玄々斎精中が考案し、明治五年（一八七二）の京都博覧会の際に*喫架、*円椅とともに使用された。以降、机と椅子を用いた立礼が一般に普及することになる。黒漆塗の板に白竹の四本柱、山道形の杉木地の腰板が四方にはまり、杉木地の中棚を備える。板の上に風炉、釜、水指、杓立、建水、蓋置が、中棚には炭斗を荘り置き、*茶事にも用いることができる。

点茶盤　裏千家蔵

殿中の茶【でんちゅうのちゃ】

書院台子の茶と同じ。　⇩書院台子の茶【しょいんだいすのちゃ】

天然図畫亭【てんねんずえてい】

滋賀県大津市の居初家住宅にある茶室。地元の郷士・北村幽庵と*藤村庸軒の合作と伝えられる。居初家のある堅田は琵琶湖の湖上交通の要衝であり、居初家はこの地の地侍で、近世に入ると船頭郷士を組織し、湖上交通の特権を守ることにつとめ、村の指導的地位にあった。『庸軒詩集』の中に、天和元年（一六八一）に作られた「題居初氏茶店」という詩があり、その頃には茶室はできていたと考えられる。また幽庵と庸軒が互いに交わした手紙ものこり、交流があったことは確かである。建物は梁行二間半、桁行五間半で東西に長く、外観は*入母屋造葭葺、*妻を東に向ける。北側に玄関を付し、東に主室八畳を配している。玄関は建物の平側の西寄りに構えられ、正面に*腰高障子を二枚建てて、間口いっぱいに縁を設ける。玄関の間は三畳敷で、その南に四畳半の間がある。部屋の境には*鴨居から天井の*廻縁までのあいだをいっぱいに小丸太を組んだ*欄間を取り付けている。余白の多い意匠により、二室を続きのように感じさせる。袋棚の下部、向こういっぱいに*連子窓をあ

天然図書亭　主室八畳より庭を見る

け、板敷きとなっている。さらに四畳半の西にもう一室の四畳半を設け、その北側、玄関の西にあたるところが仏間となる。主室八畳には、東から北へ縁を廻し、庭に向かって開放的で、庭越しに湖や対岸の遠景を楽しむことができる。また縁先には高さが調節できる板蔀を建て、雨天でも外の景色が眺められるように工夫されている。東側の縁の南端には*鉢前があり、*袈裟形手水鉢を据える。床と点前座はこの眺望を配慮して、ともに西寄りに向かい合わせで配置され、座敷と庭が続きになるよう工夫されている。床は主室の北西隅に構える。*一間床で、床柱は*磨丸太、*床框には*面取状に*面を付けている。向かって右の*袖壁には*墨蹟窓をあけている。点前座は、床と向かい合った南西側に一畳分設けられる。炉を*逆勝手*向切に切り、*風炉先窓をあけ、その上に三重棚を釣る。*勝手付には連子窓をあけている。点前座の天井は、*竹垂木、竹小舞の*化粧屋根裏となる。室内の天井は*竿縁天井の竿縁がやや細く配られ、幅狭い*野根板が張られる。注目されるのは、客座の境に内法五尺三寸の高さに*無目を入れ、その上に粗く配した*連子に三条の*貫を*吹寄に通した*欄間を設け、その下に細い入節のある*磨丸太を立て、下方には高さ約四寸の低い結界を設けていることである。このような点前座の構えは*小堀遠州の作例にも見られ、*道安囲に通じるところがある。点前座の構えや眺望に対する配慮など、この茶室の構想は庸軒の代表作である*澱看席と似通うものがあり、簡素な用材からも庸軒の指導を得てでき上がったものと考えられる。庭は玄関から*延段で東側にある*露地門と結ばれ、さらに真っ直ぐに主室の北から東へ延段が直交して廻る。その交点付近からさらに一つの延段が東の湖畔の堤へ向かう。こうした直線状の延段を主軸に庭が形成されている。明治時代初期の図によると庭の北方に大きな老松があったことがわかる。庭は名勝。

天然図書亭　主室八畳　点前座

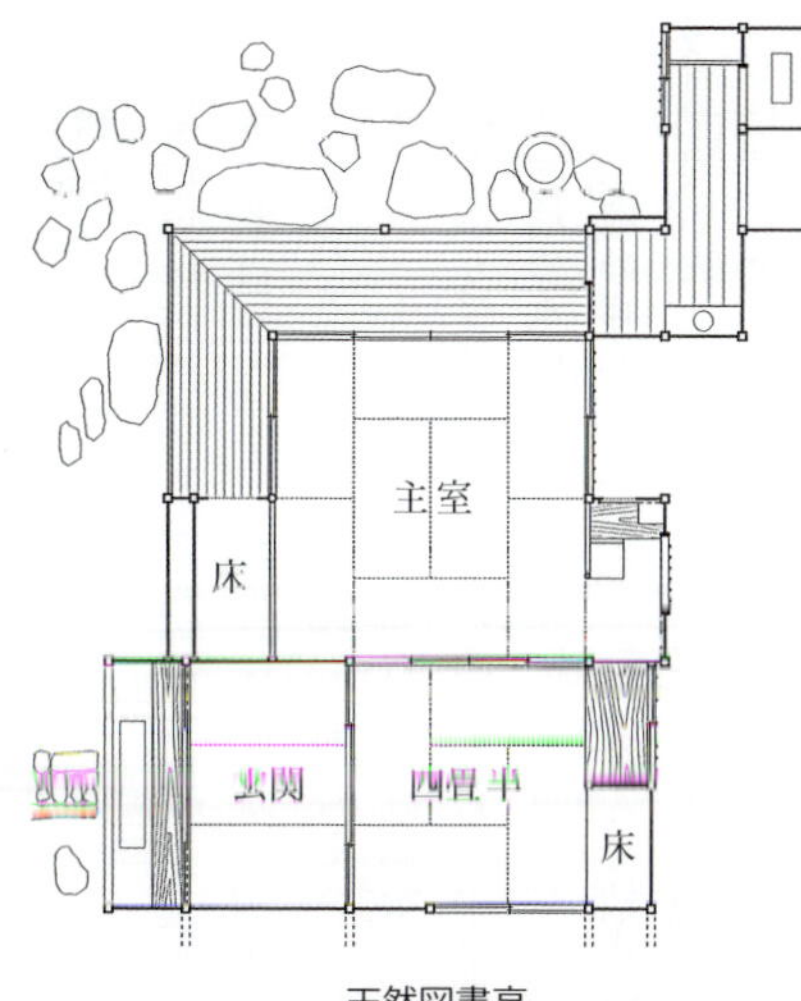

天然図書亭

天王寺屋【てんのうじや】

室町時代後期から江戸時代前期にかけての堺の豪商・津田氏の屋号。室町時代中期に堺に天王寺屋の名は古記録に見出されるが、その後の系譜は明確でない。豪商となる天王寺屋の一族としてまず見出されるのが津田宗伯である。宗伯の次の世代に宗達が出て、商圏を九州にまでひろげ天王寺屋を堺で一、二を争う豪商に育てた。一族に宗閑、了専がおり商人としても茶人としても活躍した。宗達を継いだのは宗及で、有力大名と結び付いてさらに家業を発展させた。宗及とともに活躍したのは道叱、了雲である。宗及を継いだのは宗凡である。時代の変革期にあってか家業は衰退したようで、宗凡の死により天王寺屋はその名を消すが、天王寺屋一族の商人は*名物の茶道具を多く所持して茶の湯を楽しみ、織豊時代の茶の湯の歴史に大きな足跡をのこした（津田宗達、宗及、宗凡の各項を参照）。

天王寺屋会記【てんのうじやかいき】

天王寺屋津田宗達、その子・宗及、その子・宗凡（津田宗達、宗及、宗凡の各項を参照）と*江月宗玩の茶会記。天文十七年（一五四八）から永禄九年（一五六六）までの宗達自会記と他会記各二巻、永禄八年から天正十五年（一五八七）までの宗及他会記四巻、永禄九年から天正十三年までの宗及自会記六巻、天正十八年の宗凡他会記、それに元和元年（一六一五）と同二年の江月の覚書一巻の計十六巻からなる。原表紙には「茶湯拝見之事」「茶の湯拝見」「他所茶湯留」「茶の湯客来之事」「客人之留日記」などの表題がある。十四巻は茶会に使用した茶道具の一覧に覚えを加えた茶会記であるが、第六巻の一巻のみは茶会の時に宗及が目にした特別な道具について詳述した道具拝見記となっている。宗及が晩年まで茶会を開いたのは間違いないので天正十三年以降の茶会記があったはずであるし、宗凡の多くの茶会記もあったと考えられるが、それを示す記録はのこっていない。津田家に伝えられた本書は、宗凡の死後茶道具とともに津田家を離れ、宗凡の弟で、大徳寺塔頭*龍光院にあった江月に預けられた。江月による覚書の一巻はこの時期に混入したと考えられる。江月の遷化後は相模国（神奈川県）小田原藩第二代藩主稲葉正則の求めにより正則に譲られ、幕末まで稲葉家に保管されてきたが、明治時代に入って松浦家に贈られた。ただし一巻だけは江戸時代に稲葉家から流出し、明治時代に*馬越化生の所蔵となった。道具組に加えて重要な道具については特徴などが補記されているし、第六巻の道具拝見記では図も加えられており、茶道具研究に資するところが多い。自筆の巻が多く含まれていると考えられており、内容に対する信頼度も高く、近世茶の湯史における第一級史料である。なお紙背文書があり、それには*千利休や*春屋宗園などの書状が含まれる。

天端【てんば】

❶上端と同じ。⇒上端【うわば】
❷*庭石の部分名称で、上面をいう。

天袋【てんぶくろ】

*床脇の最上部に造り付けられた*袋棚を一般にいう。下部に設けられたものは*地袋という。また押入や水屋棚の上部に設けられた袋棚をさすこともある。（付録19頁参照）

天窓【てんまど】

屋根にあけられた窓の総称。草庵式茶室に設けられる天窓が*突上窓である。

天水【てんみず】

建築工事における基準線のひとつ。高さの基準となる水平線。伝統建築では多くの場合、*桁の*上端（天端）に設定される（桁天）。桁の上端は*垂木と桁が交差する場所であり、屋根まわりの寸法を決定する上で最も便利な箇所だからである。*丸太を桁に用いる建物の場合、天水の設定にも十分な注意が必要となる。天然の丸太は、*元末で太さの違いがあるが、その違いが大きな丸太は、天水の設定次第では、桁の下端における柱高の違いが目立つことになる。また同時に桁の上端では*垂木掛の欠き込みの深さの違いも表面化してくるため、互いを考慮しながら絶妙な位置に設定する必要がある。

天祐庵【てんゆうあん】

東京都台東区の浅草寺本坊伝法院にある茶室。もともと名古屋の茶人・牧野作兵衛が天明年間（一七八一〜八九）に表千家*不審菴を写したものと伝えられ、大正五年（一九一六）、*高橋箒庵がこの席を譲り受け、*木村清兵衛に命じて東京都墨田区向島の水戸徳川家の屋敷に移築していたもの。土地の呼称「嬉の森」にちなんで嬉森庵と命名された。その後、向島付近が工業地帯になったことを受け、嬉森庵は東京都目黒区青葉台の津村重舎邸に移築されたが、これにより関東大震災を免れたことで天祐庵と改名された。やがて津村邸が東急電鉄の車庫用地となったため、*五島慶太と浅草寺婦人会の尽力により昭和三十三年（一九五八）、藤森工務店の施工で現在地に移った。入母屋造茅葺から切妻造柿葺にあらためられていたが、平成三年(一九九一)、文化財工学研究所により復原修理工事がなされた。

天祐庵　外観

天籟庵【てんらいあん】

岡山県加賀郡吉備中央町にある茶室。大正三年(一九一四)に完成。*重森三玲の処女作といい、当初三玲の家にあったものを昭和四十四年(一九六九)、吉川八幡宮西側の現在地へ移築した。桟瓦葺平家、四畳半の茶室と水屋三畳からなる。南側は東部分に貴人口を設け、袖壁、円窓をあける。西側は脇床と給仕口、北側の中央にはまた床(真の床)、東側には茶道口と袖壁を設け、室内に真行草の三つの床を配す。天井は中央を枡形にし、四方に楕円形の桟を入れる。庭は海と陸を抽象化した意匠をセメントに赤砂と白砂の洗出しで表現している。登録有形文化財。

伝利休茶室【でんりきゅうちゃしつ】

島根県松江市の松江歴史館にある茶室。江戸時代には出雲国松江藩家老の大橋家にあり、明治元年(一八六八)に「大橋様利休茶室」として、同五年、木幡家の奥座敷に接して建てられた。しかし明治四十年の皇太子(大正天皇)の山陰行啓に際し、行在所飛雲閣を新築するために解体、以後その部材が保管されていたが、松江歴史館建築に際して、これら部材を用いて再建された。この茶室の伝来には*千利休―福島正則―大橋茂右衛門と、利休―堀尾吉晴―大橋茂右衛門という二つの系譜が伝えられているがどちらも確証はない。外観は片流れ柿葺、内部は三畳台目下座床の席に待合、水屋などを設けるが、それぞれ一間半四方に造作され、さらにそれらが一列に並びまとめられることで、全体として梁行一間半、桁行四間半となっていることが大きな特徴である。このほか、土間庇の下に蹲踞を据え、露地の一部を屋内に引き込んだようになっている。躙口の室外側が板縁となり、板縁より躙って席入りすることになる。躙口の向かいに一枚襖(貴人口)がある。点前座上が落天井になる。天井が床挿しであるといった特色も挙げられる。なお『松平不味伝』には、不味の好みの茶室として「八東郡宍道町の富豪木幡氏は、旧家にして、父天隆院曾てこれに臨みしこと、年譜に見ゆ、こゝに存する茶室は、もと千利休の作れるものにして、八ツ窓の茶室と称す。公いたくこれを悦びて、一旦松江城下に移したるが、其後国老大橋氏に授け、維新の際、大橋氏より木幡氏に譲りたるものとす」とこの茶室について記している。

伝利休茶室　床と点前座側

天龍寺真乗院の茶室【てんりゅうじしんじょういんのちゃしつ】

京都市右京区の天龍寺塔頭真乗院にあった*細川三斎好みの茶室。『*都林泉名勝図会』や「*楽翁起し絵図」などに収められている。真乗院は足利幕府管領をつとめた細川頼之(一三二九～九二)が創建したという。茶室は南向きに建ち、茅葺屋根の前面に柿葺の庇を付し、土間に面して二方に上り口をあけ、東の口を入ると三畳の客座で北に洞床を構え、正面の北の口を入ると一畳の炉畳と台目構えの点前座があるという間取りである。炉畳に面して給仕口があいて客座への通路となるため、一畳と入口とのあいだに幅七尺八分の板畳を入れている。この特異な間取りについては、広間と小間の使い方を一つの茶室の中にまとめようとした三斎の意図が推測される。すなわち、土間から右手の三畳に客を通した時には、点前座は中間の一畳を介して客座から隔てられ、書院台子の茶における茶立所のような構えとなる。また正面の一畳を上った時には一畳台目の小間として完結する。真乗院は元治元年（一八六四）に焼失するが、茶室はこの頃まで存続していたようである。なお、この茶室の絵図をもとに熊本市立田自然公園に*仰松軒が復元されている。

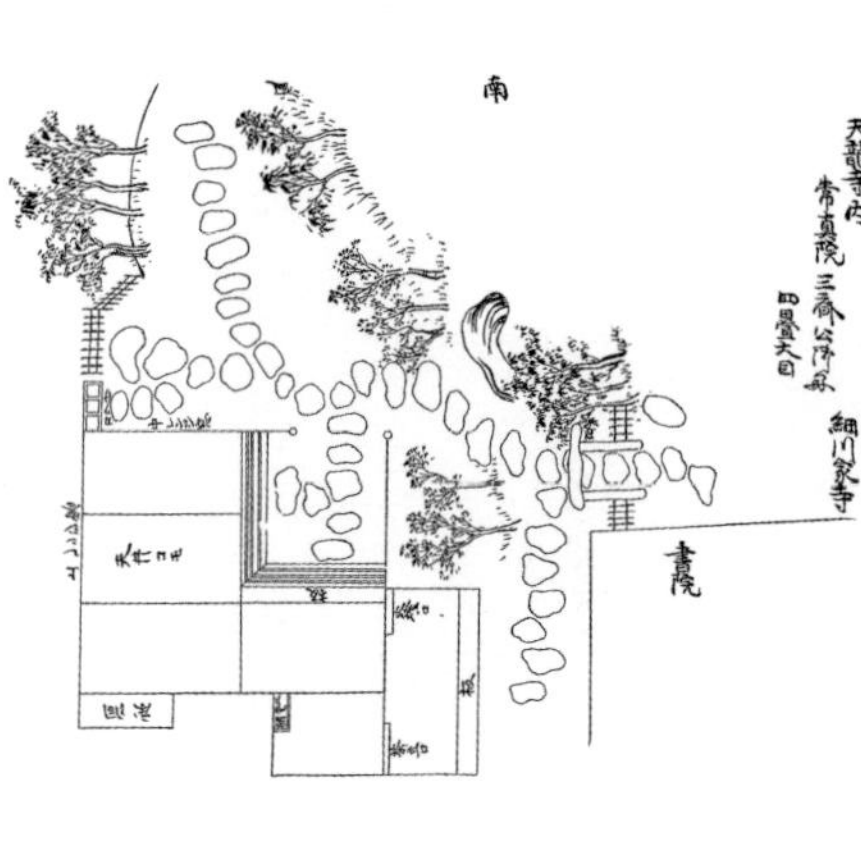

天龍寺真乗院の茶室の図
『茶道宝鑑』 国立国会図書館蔵

天龍寺庭園【てんりゅうじていえん】

京都市右京区の天龍寺の庭園。天龍寺は大堰川の左岸、嵐山に対する亀山山麓に位置する臨済宗天龍寺派の大本山である。この地には平安時代には檀林寺が、鎌倉時代には亀山上皇の離宮である亀山殿が営まれていた。亀山殿は後醍醐天皇に伝えられたが、暦応二年（延元四年、一三三九）に天皇が吉野に没すると、光厳上皇の院宣を受け、足利尊氏、直義兄弟はその冥福を祈ってここに広大な寺院の建立に着手し、康永四年（興国六年、一三四五）に落慶した。造営費調達のため中国・元に出された貿易船は天龍寺船として知られている。同寺の造営には約五年を要しており、貞和元年（興国六年、一三四五）に後醍醐天皇七年忌仏事と天龍寺の開堂法会が行われている。名称は当初「暦応資聖禅寺」とされていたが、直義が大堰川から金龍が現れた夢を見たことによりあらためられたと伝える。天龍寺の伽藍配置は、宋から来朝した蘭溪道隆によって建長五年（一二五三）に創建された鎌倉の建長寺を規範としている。「建長寺伽藍古図」（一三三一年）には、南を正面として山門、仏殿、法堂、方丈が縦長に並び、方丈の背後に庭園を設けるという構成が描かれている。天龍寺は東を正面とする配置であり、方丈の背後に設けられる庭園は西側となり、曹源池と名付けられた園池の背後には嵐山を眺望する。嵐山には後醍醐天皇が没した吉野の行在所から蔵王権現が移され、また吉野の桜が植えられている。西は阿弥陀仏の浄土があるとされる方角であることから、天龍寺は後醍醐天皇の鎮魂のために、禅宗寺院の伽藍配置の中に*浄土庭園を巧みに組込んだ構成と捉えることができよう。開山の*夢窓疎石が貞和二年に選んだ「天龍寺十境」には普明閣（現在の山門の雅名）、絶唱谿（大堰川の清流）、霊庇廟（鎮守八幡宮、現在は移転）、曹源池、拈華嶺（嵐山）、渡月橋、三級巌（嵐山から大堰川に落ちる戸無瀬の滝）、万松洞（総門から渡月橋までの松並木）、龍門亭（亀の尾山から大堰川を望んで建てられた茶亭）、亀頂塔（眺望絶景の地である亀山の頂上に位置した）が挙げられていることから、渡月橋や嵐山まで境内に含まれていたと考えられている。蘭溪は建長寺の方丈に庭園を造り、*龍門瀑という滝を築いている。これは滝を登り切った鯉は天に昇って龍になるという中国の登龍門伝説に基づくもので、悟りをひらいて仏となることの比喩である。天龍寺庭園にもこの龍門瀑が造られており、曹源池の景の中心を構成している。その前面の石橋と池中の荒磯風立石の手法は卓越した技法を見せ、疎石作庭の面影を伝えている。現在、滝の水は涸れているが、背後の山ふところにはかつての水源であった曹源一滴の湧泉がある。このあたりは現在参観者のための回遊路とされている。数次の火災で往時の建築物はのこされていないが、現在は山門（勅使門）、泮池、法堂、方丈などが再建されている。山門より法堂までの前庭と方丈庭園が史跡、特別名勝に指定されている。

と

戸【と】
風雨寒冷や侵入者を防ぎ、空間を区切るため出入り口や窓に設けられる建具の総称。開閉の方法により開き戸、引き戸、蔀などがある。さらに部材やその構成によって、開き戸の中には板戸、桟唐戸などが、また引き戸の中には襖、障子、舞良戸などがある。その他、設置場所や役割の違いによっても様々な名称がある。

戸当り【とあたり】
❶開き戸を閉じた際に扉が定位置より行き過ぎないよう、また気密性や水密性を高めるため、枠に突出して取り付けられた細木。別木とせず、枠から作り出す場合もある。
❷「戸当り金物」の略。扉が壁に当たって損傷するのを防ぐため、幅木や床などに取り付けられる金物。
❸引き戸を閉じた際に戸が接触する柱などの見込み面。

樋【とい】
屋根を流れる雨水を受けて地上に流す溝状あるいは管状の装置。金属の薄板や竹などを用い、取り付ける位置や形状により様々な種類がある。軒先にそって横に渡される軒樋、軒樋などを流れる水を地上に流す竪樋などがある。

土居桁【どいげた】
和小屋で、桔木、または出し梁を支える水平材。「土居梁」、また単に「土居」ともいう。桔木や出し梁は、梃子の原理で軒先を支えるが、土居桁はこの作用での支点となる部材。

土居塗【どいぬり】
瓦葺の時、瓦の下を粘着力の強い荒木田土で塗る工法。

土居梁【どいばり】
土居桁と同じ。　⇩土居桁【どいげた】

桐庵【とうあん】
新潟県新発田市の清水園にある茶室。　⇩清水園の茶室【しみずえんのちゃしつ】

陶庵【とうあん】
京都市左京区の旧上田堪一郎の庵、野仏庵にある茶室。　⇩野仏庵【のぼとけあん】

道安【どうあん】
千道安のこと。　⇩千道安【せんどうあん】

道安板【どうあんいた】
雪隠の壁面、腰上に用いられる内側の板。『茶道旧聞録』には「雪隠の内、屋根勾配の間に入るる板を道安板といふ。千道安の好れしとなり」とあり、千道安好みと伝えている。

道安囲【どうあんがこい】
一般的には点前座の構成において、炉を出炉に切り、亭主から見て炉の下座側に中柱を立て、これに続けて点前畳と客畳の境に仕切り壁を建て、さらにこの仕切り壁の中柱脇に火燈口をあけて障子を建てたものをいう。また、このような点前座を備えた四畳または四畳半の、いわゆる道安座敷をさしていうこともある。歴史的には、史料によって呼称や構成が一定でなく、またそれが現在まで一つに収斂しなかったため、今でも解釈に幅がある。しかしいずれにせよいえることは、台目構えの点前座が、中柱から先のほうへ袖壁を付けるのに対し、道安囲ではその反対に、中柱から後ろ側へ、すなわち亭主を隠すように壁を建てることになるため、客に対し亭主がかなりへりくだった構えとして位置づけることができる。以下、何種類か呼称や構成の違いを見てみると、一つ目は道安が試みたとする四畳茶室である。織田有楽の弟子・高橋玄旦の書写した有楽流茶書がもととなっている『茶道正伝集』（一六九四年書写）には、「道安が囲ひ座敷」とする図が掲げられており、四畳敷に四分の一畳ほどの板畳を加えた座敷がある。炉は上げ台目切で、炉の角に中柱を立て、傍に火燈口（「通口　瓦灯口也」と書かれる）と記載があるので、壁も建っていた。「通口」には太鼓張障子も一枚建てられ、また壁の上部は五尺二、三寸の高さに*無目が入り、それより上は吹放しで天井が一続きになっていた。これと同様の構成をもつ座敷に、『*数寄屋工法集』（一六八六年）の「道安数寄屋平三畳」、『宗全指図二帳　酉年本』（一七〇五年か）の「道安座敷」、『建仁寺派家伝書・数寄屋』（一七一〇年）の「道安囲座鋪」などがあり、同じ平面ながら、座敷名に「囲」を入れたり入れなかったりする。なお、『宗全指図二帳　酉年本』の「道安座敷」だけは、縁と障子の出入り口ではなく、躙口になっている。二つ目は『*不白筆記』（一七五七年以降の成立）に見られる「道安カコイ」の例である。前者と同様の点前座の構成をもちながらも、四畳半下座床の席の隅の半畳分を*板畳にして、これを踏込としたものである。*川上不白は「道安カコイハ四畳大目切也」と説明している。ただ一尾伊織が編んだ『茶伝集』（一六八一年、国立国会図書館蔵）の「道庵か常住」では、炉を*四畳半切とし、床を上座床とした座敷を掲げている。この系統の茶室としては、*表千家祖堂が挙げられる。不白はまた「此座敷ニシテ向切り有り　是ハ宗貞座敷ト云ナリ」とも記していた。三つ目は『*酒井宗雅茶湯聞書』（一七八二〜九〇年頃の酒井宗雅と*松平不昧の手紙の問答）に見られる「道安住居」で、ここでは丸畳一畳の点前座のみを示した図を二図掲げ、どちらも中柱は立てているが、一つは*向切の炉で、仕切り壁の代りに障子二枚を引違いに建てたもの、もう一つは上げ台目切の炉で、中柱のところに火燈口をあけたものである。前述の二例と異なる点を考えてみると、これの場合、座敷全体ではなく点前座のみを取り上げて「道安住居」と記していること、いわゆる*宗貞囲や宗貞座敷といったものにあたる向切の例も「道安住居」として扱っていることである。つまりは座敷全体の構成がどうかということよりも、仕切り壁による、亭主の客へのへりくだった点前座表現を総称して、「道安住居」の語を用いていたと見ることができよう。「道安住居」の語は「道安囲」に取って代わられ、定着はしなかったが、点前座だけに注目してその構えの意義を知らしめるという考え方自体は、近現代まで受け入れられてきた部分もある。なお道安の語が、千利休の子・*千道安をさすことは疑いなかろうが、点前座のみに注目するのであれば、利休が曲直瀬道三のために造った三畳敷（曲直瀬道三の茶室の項を参照）の点前座も同様の構成をとっている。半間の壁に火燈口をあけているので、そこに障子は建てないだろうと考えられる

「道安カコイ」の図　『不白筆記』（堀内家本）

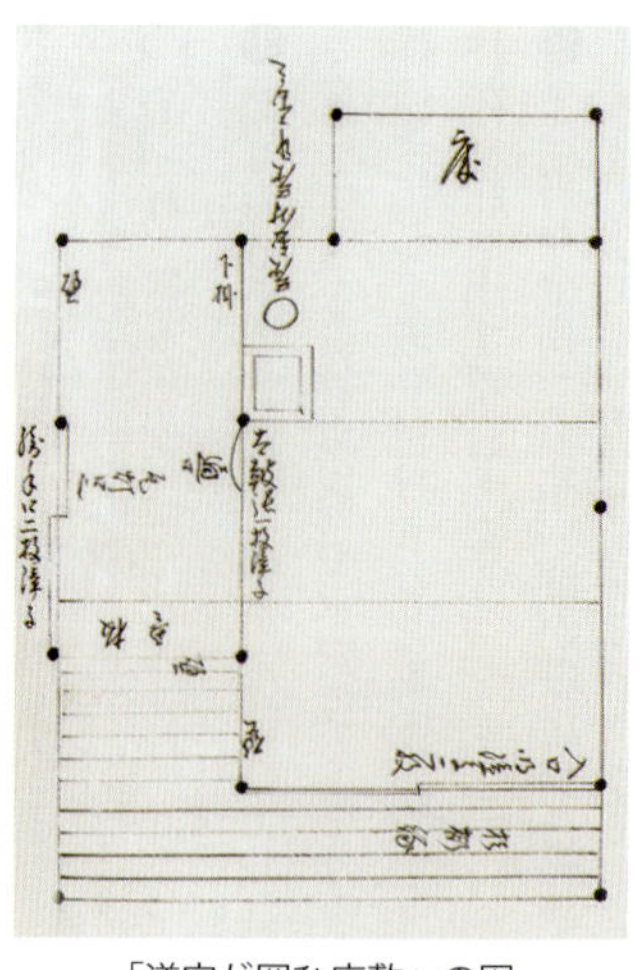

「道安が囲ひ座敷」の図
『茶道正伝集』（正伝永源院本）

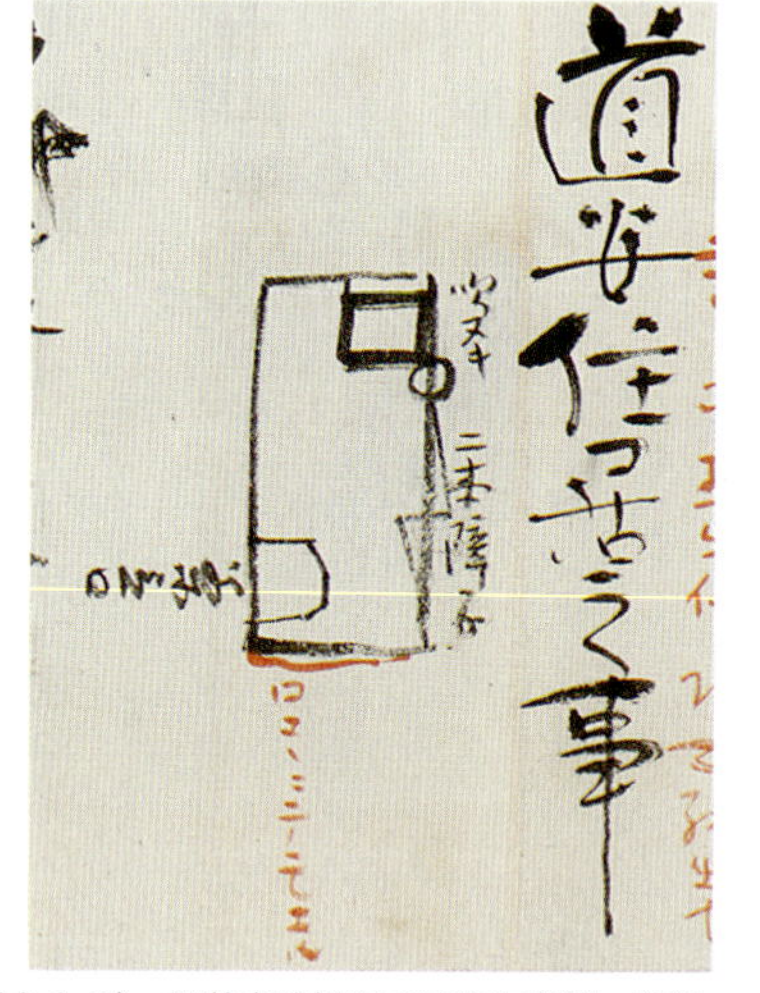

道安住居の図（左右とも。左は火燈口をあけたもの）　酒井宗雅松平不昧往復書簡　部分

点は異なるが、客に対する亭主の考え方としては、「道安住居」と同じである。これに利休の名が冠されても良さそうだが、そうならなかったということは、やはり元来、点前座を囲う手法として道安囲が認識されたのではなく、道安が試みた特殊な茶室全体が、種々の名前とともに記憶されていたと見るべきであろう。

銅板葺【どういたぶき】

⇒銅板葺【どうばんぶき】

桐蔭席【とういんせき】

京都市東山区にある茶室。昭和四年（一九二九）、太閤坦に裏千家社中によって建てられた。設計指導は*裏千家十四代無限斎碩叟、大工棟梁は三代*木村清兵衛であった。露地は植熊が担当した。七畳の寄付、八畳の広間、四畳半台目の茶室などからなる。七畳の寄付は、台目四畳の玄関の隣に設けられ、八畳の広さのうち、一畳分が出床となり、松杢板が敷かれた踏込床の形式である。北側には腰障子四枚が建てられ、それが露地口となる。腰障子の外側に設けられた松の縁甲板、及び白竹の竹縁が外腰掛の役目を担う。八畳の広間は約八尺の床を設け、床脇を板敷きの台面とし、北側に付書院を設ける。床柱は六寸あまりの杉の絞丸太、床框は杉面皮の溜塗である。東に六畳の次の間を接続し、北から東にかけて入側を廻す。次の間との境部分には無限斎によって瓢が描かれた桐の柾板の欄間が備わる。四畳半台目の茶室は*猿面茶室写しで、切妻屋根の前面に土間庇を付け下ろす。下座に構えた床に赤松皮付の床柱が立つが、本歌のようにその上部の双節をチョウナではつり、猿の面のように表現している。炉は台目切本勝手に切る。桜皮付小丸太の歪みのある柱が中柱として使用され、吹抜けの壁留に白竹を用いる。点前座勝手付には色紙窓を設ける。亭主の出入り口として方立口形式の茶道口、床柱脇には火燈口形式の給仕口があけられる。客の出入り口としては、床の対面に中央の柱に寄せて躙口をあけ、風炉先側の壁面に腰障子を建てて貴人口とする。天井は躙口側の化粧屋根裏、床前の客座上部が平天井、点前座が真菰の落天井となる。またそれぞれの境には垂れ壁を用い、空間の分節を意識した構成となっている。

桐蔭席　広間　床側

洞雲庵【どううんあん】

京都市北区の大徳寺塔頭*玉林院にある茶室。もともと*桑山宗仙が月岑宗印の隠居所として建てた洞雲庵があったが、明治初年頃に取り壊されていた。昭和十六年（一九四一）、*南明庵が重要文化財に指定されたのを機に茶室の建設が提案された。桑山宗仙を顕彰する趣旨で、仏間を主とする施設の建設が計画された。そこにはかつての洞雲庵の隠居所の隅にあった三畳の茶室を復元することも含まれた。昭和十九年、桑山宗仙当時のままではないが、新しい洞雲庵が建築された。小間三畳は、切妻造の前面に庇を付け下ろして、北の半間部分の屋根を片流れで突出させている。点前座は丸畳で赤松の中柱を立て、炉は上げ台目切本勝手。下座に構えた床は赤松皮付の床柱、档丸太の相手柱、框は釿目を見せた杉丸太の組み合わせ。床正面には躙口を設け、上部に連子窓をあける。茶道口は方立口形式、床の脇にあけた給仕口は火燈口形式。天井は床前の平天井と躙口上部の化粧屋根裏、点前座は落天井の三段構成である。全体の構成は*蓑庵から中板を取り除いた形式である。広間八畳は床の脇に台目畳を敷く。一間強の幅をもつ床は、半間の袖壁をもつ袋床形式。床柱は赤松の皮付、相手柱は絞丸太、框は入節の磨丸太を使用する。床の脇の台目畳の奥には円窓をあけた*仏壇を設ける。建築は*笛吹嘉一郎、露地は*田中泰阿弥、*表千家十二代即中斎無盡が監修した。

東海庵庭園【とうかいあんていえん】

京都市右京区の*妙心寺塔頭東海庵の書院庭園。応仁の乱によって荒廃した妙心寺は、雪江宗深によって中興され、龍泉庵、東海庵、霊雲院、聖沢院の四派、四本庵が成立した。文明十六年(一四八四)に創建された東海庵に当時どのような庭園が営まれたかは定かではないが、現在の東海庵には方丈南庭、中庭、書院庭園の三カ所に庭園が造られる。名勝、史跡に指定されている書院庭園は書院の西面に造られた*枯山水の庭園で、文化十一年(一八一四)に東睦によって作庭された。東海庵に伝わる東睦自筆、自刻とされる版画「花園東海庵書院儀山図」には「紀州　海蔵寺東睦奉命之造　東海一連庭」と記されている。これは庭園の設計図であると見られ、現在の庭園の構成はほぼこの図と合致する。なお東睦和尚はかつて豊後国(大分県)の東睦庵に住しており、ここを訪れた江戸の庭師・石竜の指南を受け、寛政九年(一七九七)に作庭書『築山指染録』をまとめている。庭園の正面右手に設けられた三つの*築山は、*蓬萊、方丈(方丈の項❷を参照)、*瀛州と命名され、東海のかなたにあって仙人が住むという神仙島を表現している。庭園の左手には守護石、影向石、*龍門石の三石からなる*石組がある。これらは*三尊石であると同時に、その手前に*水分石を配置することによって*枯滝の石組ともなっている。なお、方丈から書院に取り付く渡り廊下には*橋杭形手水鉢がある。方丈の南庭は、一面の白砂の庭であり、ただ東南隅に棗形手水鉢を配する。これを清浄無垢の無一物を表現する白露地であると解する説もある。書院と方丈とのあいだの中庭には、白砂敷きの中央軸線上に石を配した枯山水がある。中央の石を中心として左右対称に各三石が配置されているが、白砂には同心円の*箒目が描かれ、神秘的な雰囲気を醸し出している。この庭は東睦の版画には描かれておらず、作者も作庭年代も不明である。

東海庵庭園　中庭

東海一連の庭【とうかいいちれんのにわ】

妙心寺塔頭東海庵の書院庭園のこと。⇨東海庵庭園

東海寺の茶室【とうかいじのちゃしつ】

東京都品川区の東海寺にあった茶室。同寺は臨済宗大徳寺派の寺院で、山号は万松山。寛永十五年(一六三八)、徳川三代将軍家光が*澤庵宗彭を開山に迎え、この地にあった長徳寺を移築して創建された。『大猷院殿御実記』の寛永十三年五月二十一日に「さて東海寺にならせ給へば、小堀遠江守政一林中に新亭を構造して茶を奉る。御けしきうるはしく、清拙の墨跡をたまふ」とあり、*小堀遠州が同寺の林中に茶室を造営し、家光の来臨を得て茶を献じたことが記されている。また寛永十五年には別の新しい庭園と茶亭が遠州によって建設された。同書の寛永十五年是歳の記に「伏見奉行小堀遠江守政一をめして、品川東海寺中に園林泉石を経営せしめられ、茶亭坊舎を構造せしめらる」とあり、遠州が伏見奉行である時に茶亭を造っていることがわかる。また寛永二十年三月十四日には、家光より池辺の石について賞せられ、「万年石」の名を賜っている。しかし正保三年(一六四六)、浴室からの出火で寛永十五年造営の茶亭は焼失してしまったことが同書に記されている。東海寺はその後、たびたびの火災や東海道線の敷設によって塔頭春雨寺がのこるだけで、現在、遠州好みと伝わる茶室があるが詳細は不明。

桃岳庵【とうがくあん】

奈良県宇陀郡大宇陀町の森野旧薬園(史跡)にある茶室。森野家初代の森野藤助によるもので、建築年も開園と同じ享保十四年（一七二九）とされる。建物はL字形の平面であるが、西側短手端を入母屋造桟瓦葺の広間とし、南側長手部分は切妻造桟瓦葺として土間や板間を納め、両者の接合部を棟の高い切妻造茅葺として東を正面とした茶室棟としている。茶室内部は四畳半で、炉を本勝手四畳半切とする。北側に台目の板床を設け、太いしゃれ木の床柱を立て、杉磨丸太の床框をあわせている。西側の点前座脇には半間幅の飾棚があり、下部を地袋とするが、中を洞庫として使うことができる。出入り口は東側を四枚障子の貴人口とし、南側を火燈口形式の茶道口、他に北側の床の脇、西側の飾棚の脇にもそれぞれ二枚障子があけられている。この茶室は不明な部分が多くあるが、同時代の茶室を解明していくためにも貴重な遺構である。

道家思想【どうかしそう】

中国・戦国時代の諸子百家の一つである道家の思想。老子、荘子が中心であることから「老荘思想」ともいう。『老子』『荘子』は道家思想の経典である。道家思想は道教に影響を与えただけではなく、禅宗などにも大きな影響を及ぼした。禅の何にもとらわれない自由な発想は、仏教版道家思想とも呼べるものである。老子は、恣意的な行動や欲望、さらに知識をもしりぞけ、自然（道）にしたがって国を治めるという無為の政治学を説いた。荘子は『老子』の政治理論を純粋な思想、哲学として発展させた。また、この自然の道理としての「道」は中国や日本の文化全般にわたる重要な概念であり続けている。なお道家思想は、もともとその中に、厳しい現状を宿命として諦めさせたり、あるいは自己の快楽の追求に走らせたりする可能性をもっていた。

燈具【とうぐ】

茶室や露地で使用する燈火具。座敷で用いるもの、露地で用いるもの、座敷と露地の両用のものなどがある。座敷で用いるものには*短檠、竹檠、*行燈、膳燭、*木燈台、*掛燈台などがあり、露地で用いるものには*露地行燈、*足元行燈など、両用としては*手燭などがある。

道具扱いの座【どうぐあつかいのざ】

*点前座における*カネ割のことで、*点前畳のうち*亭主が道具を扱う場所をいう。点前畳を四等分し、一番向こうが*台子の座で、次ぐ二番目が道具扱いの座となる。第三、第四は*居座となる。

道具座【どうぐざ】

*点前座における*カネ割のことで、*点前畳のうち道具を置き扱う場所をいう。点前畳を二つに分けた時、向こう半分が道具座、のこり半分が*居座となる。さらに道具座を二等分し、*台子の座と*道具扱いの座が設定される。

道具畳【どうぐだたみ】

茶室内の畳の呼び名のひとつ。*点前のための道具を置く畳のこと。*亭主が茶を点てる畳なので、「亭主畳」「*点前畳」または「居畳」ともいう。『茶道早合点』には「客の居畳を客畳といふ、道具をなをし置畳を、道具畳と云」とある。

東求堂【とうぐどう】

京都市東山区の*慈照寺にある持仏堂。*足利義政が文明十四年（一四八二）に造営を始めた*東山殿内の建物で、同十八年には完成していたとされる。後世の改変もあったが、昭和三十九年（一九六四）の修理により復原が行われた。東山殿は*西芳寺の庭を範として計画され、かつ、その庭の主建築であった瑠璃殿と西来堂が、ここでは観音殿（銀閣）とこの持仏堂に擬せられたのである。西来堂は西芳寺の本堂で、阿弥陀仏立像が祀られる。東山殿の持仏堂も西来堂と同じく蓮池を前にして建ち、仏間には阿弥陀三尊が安置され、障子には十僧図が狩野正信によって描かれており、阿弥陀堂の性格を示していた。堂の額名も横川景三に命じて選ばれた「東方の人、念じて西方に生ずるを求む」（六祖壇経）から「東求堂」と決定している。外観は*檜皮葺の一重*入母屋造。妻に小さな*木連格子を入れる。*桁行、*梁行とも三間半で四方に縁を廻す。現在は*方丈の東に、池に南面して建つ。『山州名跡巡行志』には「此堂元ト方丈ノ南閣ノ東ニ在リ、後ニ此所ニ移ス」とあり、もとは方丈の南、向月台の付近にあったことがわかる。また修理前には、柱が*根継ぎされていたり、堂を曳いたと考えられる形跡が認められた。室内は仏間を含む四室からなり、正面の西寄りは八畳大の仏間で、床を板敷き、天井を＊折上小組格天井とする。＊内法長押、＊天井長押をめぐらし、正面中央に＊須弥壇を置く。その東は＊長四畳の室とする。奥となる北側には、西に広間＊六畳を設け、西と北に出入り口をあけていて、仏間との境の壁の中央に＊夢窓疎石の墨蹟を掛けたという。『＊蔭涼軒日録』にある「御床間」はこの六畳をさすと考えられる。東に四畳半の＊同仁斎がある。北面左側に半間の＊違棚、右に＊付書院を設けており、＊書院造の初期の遺構として重要である。仏間以外の三室は畳敷きで、天井は＊竿縁天井とし、室境はいずれも襖とする。東側の外観は、柱間が二間及び一間半が持放しで、あいだに柱を立てない軽快な造りを見せ、近世の＊数寄屋造に通じる技法の工夫が示されている。また方丈とのあいだにある中坪の一隅には＊銀閣寺形手水鉢が据えられる。東求堂は持仏堂（阿弥陀堂）として建立された建物であるが、機能的には義政が日常生活を送る住宅としての要素が強い。義政は東山殿の中でもとりわけ東求堂の建築に情熱を注いだ。同寺の観音殿とともに室町時代後期の＊東山時代を代表する遺構である。国宝。

東求堂　外観

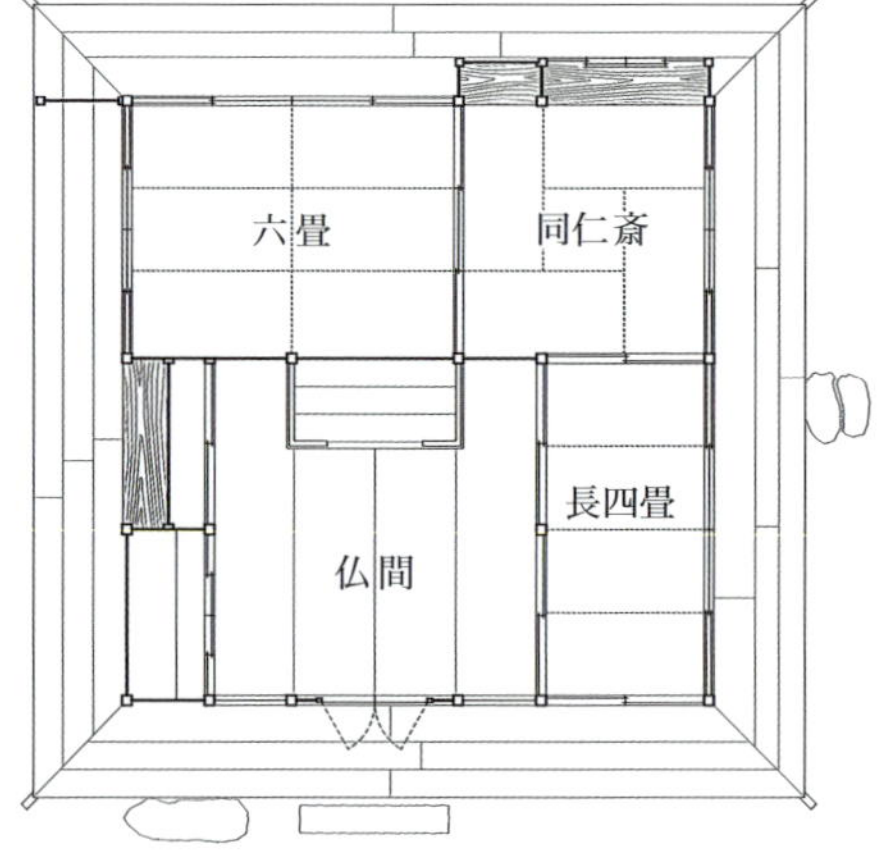

東求堂

洞庫【どうこ】

茶室の内部、点前座脇に設けられる水屋の一種。「道籠」「道幸」「洞戸」「堂庫」などとも書く。押入式に取り付けられた洞庫のほか、取り外しのできる＊置洞庫、水を流せるようにした＊水屋洞庫などがある。現在一般には、内部に柄杓掛釘、中棚、流し、簀子が設けられている。点前座に座ったまま使用できるもので、立ち居振舞いの不自由な人の点前に用いるとされる。『＊茶道要録』に「堂庫之事壮年ノ者ハ不ㇾ用五十歳以後ノ者ノ用法也」と記され、『＊茶道旧聞録』には「一堂庫、眉風炉、自在等にて表立ちたる茶の湯は、四十歳内なる者は致さゞる法なり」とあり、いずれも年配の者が使用する旨が記載されている。古い例としては、『＊天王寺屋会記』「宗達他会記」天文二十二年（一五五三）二月二十九日の条に「千宗休会　一てとり　たうかう茶湯」とあり、「たうかう」すなわち洞庫が用いられた茶会であった。『＊松屋会記』「久政茶会記」天正十七年（一五八九）十月三日の条に「一中坊源五殿へ　等旧　久政二人　二畳敷　四寸炉　コトク　高ライ茶ワン　棗、袋入、セト水指、タウコノ内ニ」、天正十九年十二月二十一日の条には「一中坊源五殿へ　道か　常勘　久政三人　コトウ龍耳、梅入、ツリ物　ヤキ茶ワン　タウコニ肩ツキ、盆ナシ、メンツ　引切　セト水サシ」とあり、洞庫内にある道具を拝見している。つまり＊運び点前が行われるようになると＊棚物を用いなくなったが、その過渡期の設備として、半ば隠された荘りの場として洞庫が用いられたのではないかということが考えられる。『＊細川三斎御伝受書』の四月八日朝の「風炉ひらき」の茶会では、「一床に利休か表具くせん道幸の真中に尻膨良の茶入薬黒く土薬なだ二ツ一ツハ先キゑ候也」とあり、床の荘りと同列に道幸（洞庫）の荘りを記している。一方、初期の頃の洞庫の形式は『＊貞要集』に「道幸とは紹鷗作意也、古ハ葭架と云有之也」とあり、『山上宗二記』（不審庵本）の紹鷗四畳半の図（武野紹鷗の茶室の項の図を参照）に描かれている、点前座の勝手付の「ヨシタナ」（葭棚）だと考えられる。なお、現在の茶の湯で使用される葭棚は台目構えの一部を切り取った形式に仕立てた棚で、武野紹鷗の時代には存在しなかった。この「ヨシタナ」は葭を簀子状にした棚だと考えると、水を流せる水屋洞庫であった可能性もある。『不白筆記』には「道幸ノ事利休好。四畳半一畳半堂庫有り。是ハクワイライ（傀儡）師ノ箱也。此棚ニ御用被成候。ウツムケニ遣イ候ゆへ底なし。何方へ付テモよし。本式ハ四畳半也。道幸坊ト云名クワイライ師ノ名ナリ。戸ハ奉書ニテ太コ（鼓）張り也。又下ノ敷居ノ高キハ他派也。此方ニ而ハ畳ト同シ様ニスル也。勝手板畳ノ時ハ堂庫ノ内板也。又畳ノ時ハ堂庫ノ内畳也。是底ヌケノ故也。又後ロニ忍ヒノ戸ト云物有リ。小サキ戸也。是ハ入事ナシ。サリナカラ昔ハクワイライ師ノ箱ヲ其儘遣イ候故有リ。古流ニ有ル故付候共不苦。併何ニも入事なし。サルニ依テ今ハ付不申共よし。クワイライ師ノ山猫ヲ出ス穴也。此堂庫不用時ハ別ニフサグ戸有リ。是ハノ子板ニテ一枚ニ作リタル戸也。尤戸尻共ニフサグ也。板ノ四分一ニテ押縁打ツ也」とあり、傀儡師の使用する箱を逆さに向けて使用するので、底がないといい、使用しない時には板でふさぐことが記されている。同様の物は表千家祖堂の道安囲の席や裏千家又隠に付設されている。取り外し可能なもので棚の底板がない。使用する時は太鼓襖が入り、使用しない時には杉の野根板の戸が入っている。つまり客は太鼓襖があれば拝見できることになる。

洞庫（置洞庫） 又隠 裏千家

水屋側より見た洞庫

東光庵【とうこうあん】

東京都千代田区の帝国ホテル東京にある茶室。昭和四十五年（一九七〇）、建築家・村野藤吾の設計により竣工された茶室で、百坪ほどの屋上日本庭園に面して建てられた。近代的なホテルに組み込まれた数寄屋建築の中の茶室である。四畳半の席で、天井全体が竹で編まれた意匠となっているのが特徴的。そこからのやわらかい光の演出が工夫されている。他にも、鱗板を配した三畳台目の席である松濤や、表千家残月亭を基本にし、原叟床の内部上座に龕破床の上段を設け、天井には竿縁と交差させたスリットを切る十畳の席、月歩なども付設している。また露地から茶室へと導く空間の天井には白竹が張られ、閑雅な雰囲気を醸し出している。いずれにしても天井からの光を上手くとり込んだ造りは、村野独特の意匠である。各席とも大徳寺塔頭瑞峯院の吉口桂堂による命名である。

韜光庵【とうこうあん】

京都市北区の大徳寺山内にある龍翔寺の茶室。龍翔寺は初め山城国（京都府）葛野郡太秦安井村にあった。南浦紹明を開山として、一時は十刹の一つに列したこともある。応仁の乱の後に荒廃し、天文年間（一五三二〜五五）に大徳寺山内へ移されたが、明治維新後に廃絶し、建物を取り壊して養徳院へ合併されていたという。大正十一年（一九二二）、山口玄洞が巨費を投じて、大徳寺山内の旧天瑞寺跡の五千坪の地に客殿、庫裏、書院、茶室など一切の建物を新築し、同十四年に龍翔寺を再興した。また、別に雲水の修行する僧堂の建物も造っており、大徳僧堂（大徳寺山内専門道場）として現在に至っている。韜光庵は境内の北西部に離れて建つ数寄屋の一棟で、本堂からは瓦敷の伝い廊下で連絡される。韜光庵の庵名は開山である南浦紹明の室名より採ったものである。瓦敷の土間の西側に、南から北へ五畳の寄付、七畳の広間と韜光庵が並び、広間と韜光庵を囲むように東から北、西へと広い板の間がめぐる。水屋三畳は板の間の北にある。外観は切妻造の前面に庇を付け下ろし、土間庇を形成する。躙口は西南の隅にある。内部は五畳敷、点前座には赤松皮付の中柱を立てて釣棚を設け、炉は上げ台目切に切る。床は台目床で、赤松皮付の床柱と档丸太の床框、向かって左に地袋を備える。床と矩折に琵琶床があり、琵琶床の上に下地窓をあけている。わびた中にも雅びな風情が醸し出されている。天井は、床前が網代の平天井、西側は突上窓のある掛込天井、点前座は落天井となる。茶道口は火燈口形式で、給仕口は席の西にのびた廊下に設けた引違いの口となり、南側の四枚建の襖をあければ、七畳の広間とつながる。

堂腰掛【どうこしかけ】

腰掛の一形式。平面が方形、屋根は*宝形造の腰掛で、『*茶道筌蹄』に「利休形外露地にあり、畳はクレを用ふ、元来辻堂にかたどりたる故堂腰掛といふ」とあり、辻堂（路傍の仏堂）をかたどったものであることからの名という。実例に桂離宮の*四ツ腰掛や、さらにそれを写した大阪府吹田市の旧西尾家住宅（西尾家の茶室の項❶を参照）のもの、また護国寺の*艸雷庵のものなどがある。

堂腰掛　艸雷庵　護国寺

洞庫棚【どうこだな】

*洞庫内部に設けられる棚、あるいは洞庫そのものをさすこともある。『書言字考節用集』一には「道幸棚」として「茶室所言。蓋道幸者泉南人嗜茶。老後便起居設之座右以貯茶器故名」とある。『*南方録』には「道古棚」として記述され、「休ノモズ野ノ二畳シキニ、向炉客付ニ切、左ニ道古棚アリ、三尺ニテ、前一枚障子、内ノ棚一段云ニ不及、下段ヲ竹スノコニシテ、水桶ノチイサキヲ置」とあり、棚は一段が基本であった。また「他ノ道古棚ヲ見ルニ、違棚ノヤウニ段ヲカヘテ棚アリ、利口ノ物ズキ無益ノコト也、紹鷗・利休ノ棚ハ、一段ノ透棚也」ともあり、*武野紹鷗と*千利休の洞庫棚は一段の透かし棚で、*違棚のように二段の棚を備えるものもあったが、ここでは無益だといっている。

燈障りの木【とうざわりのき】

灯障りの木と同じ。⇩灯障りの木【ひざわりのき】

東山荘【とうざんそう】

愛知県名古屋市瑞穂区にある伊東信一の旧別荘。伊東は名古屋市中区の綿布商で、大正時代初期から末期（一九一二〜二六）にかけて順次整備されていったと伝えられる。東山荘の名は「伊東氏の山荘」の意味で、伊東自身の命名によるという。昭和十一年（一九三六）に伊東氏から名古屋市に遺贈され、同十四年から公園として開放されていたが、同十八年には市長公舎として管理されるようになった。その後、修復工事が行われ、昭和四十三年にはふたたび市民に開放されている。建物は、山崎川の東丘陵地の頂部に位置するところに東から西に向かって雁行形に造られている。東に向いて造られる玄関は三方を開け放つことができ、天井は格天井。舞良戸を引いて中に入ると、すぐに茶室東丘庵がある。六畳の中に床を組込み、逆勝手に炉が切られており、水屋が付属する。さらに進むと書院に至る。十二畳の主室と十畳の次の間の二室からなり、周囲三方に縁をめぐらせる。主室の天井は二七六センチと高く、吹寄格天井とし、正面中央に一間床、右に違棚、左に琵琶台と付書院を設ける。次の間境の欄間は菊花絵付の桐板で、上下を曲線のある漆塗縁としている。奥に茶室*仰西庵がある。なお現在、熱田神宮(熱田区)にある茶室*清雪庵は、東山荘から昭和二十三年に移築されたものである。東山荘の庭園は、玄関前庭、書院の庭、仰西庵の露地、東丘庵の露地の四庭と自然樹林からなる。面積は一万二千平方メートル、広大な建物を中心に、広間と露地を配し、自然の地形と樹林を利用して渓谷と大滝を表し、これに橋を架けて園路をめぐらせる回遊式庭園である。登録有形文化財。

等持院【とうじいん】

京都市北区等持院北町にある臨済宗天龍寺派の寺院。暦応二年(一三三九)、足利尊氏によって建立された洛中の等持寺(のち等持院と改称)に対し、同四年、等持寺別院として創建された。北等持寺とも称したが、延文三年(一三五八)に尊氏が亡くなり等持院殿と称されることによって、足利将軍家の菩提寺としての地位を確立する。開山は*夢窓疎石。長禄元年(一四五七)、*足利義政が尊氏の百年忌を行い、衰微していた同院を修復、復興したが、応仁の乱で焼失。その後、復興されたが、文化五年(一八〇八)にふたたび火災にあった。山内には尊氏の墓があり、霊光殿には歴代将軍の木像も安置されている。また尊氏の墓を境にして二つの庭があり、西側の庭は衣笠山を背景とし、飛石、築山を配した草庵風な造形の庭で、義政好みと伝えられる*清漣亭がある。たびたびの災禍を受けたため、創建当時の建物はのこされていないが、東側の庭園には、夢窓が造った池の面影がのこされているとの説がある。

堂式茶室【どうしきちゃしつ】

*丸炉を用い、自由な形式の茶を行う茶室をいう。「茶堂式」ともいう。独立して建てられたもののほか、書院建築の一部に丸炉が切られたものもある。松花堂(松花堂の項❶を参照)はその一つ。

等澍庵【とうじゅあん】

愛知県岡崎市の東公園にある茶室。天保二年(一八三一)、同市伝馬町の商家・大黒屋に不蔵庵龍溪(一七六一～一八四二)によって建てられたと伝えられ、扁額には「天保十己亥年龍溪七十九歳」とある。昭和五十八年(一九八三)、岡崎市に寄付されて当園に移築。建物は広間六畳と二畳隅炉の席、三畳の水屋からなる。玄関は移築の際に新設されて、座敷の縁側が矩折に廻って玄関につながる。二畳の茶室は躙口、また六畳の広間からも入席でき、貴人口が点前座の脇にあけられ、縁からも入室できる。天井は片流れの総掛込天井で、松の小丸太を用いた垂木で野趣に富む。広間六畳には下座床の脇に飾棚を備えていて、地袋が付く。

燈心【とうしん】

燈具に用いる心(芯)で「燈芯」とも書く。普通は燈心草という別名のある藺の中心の白い部分を用いる。燈心の数はその太さを考慮し、席の大小、月夜の折、また*暁の茶事、*夜咄の茶事の折など、茶会の風体によっても増減する。

同仁斎【どうじんさい】

❶京都市左京区の慈照寺*東求堂にある*書院。*足利義政が*東山殿に営んだ持仏堂の東求堂東北に設けた一室。東山殿は文明十四年(一四八二)に造営を始め、うち東求堂は同十八年頃には完成していたとみられる。後世の改変もあったが、昭和三十九年(一九六四)の修理により復原が行われた。修理の際、見出された部材の墨書によると同仁斎は「ちやう間」(丁間)、もしくは「いるりの間」「文の間」とも記されていた。広さは*四畳半で、東側は縁に接し、南側は長四畳の間に続いている。西側は三本引きの*襖を隔てて、六畳の間がある。室内北には一間の*付書院と半間の*違棚を備える。*面取*角柱に*内法長押と*天井長押を廻し、*六葉の*釘隠を打つ。*猿頬天井を一面に張るが、*蟻壁を挟むため軽快に感じられ、圧迫感がなく、各部材の比例関係も繊細かつ洗練されており、極めて端正な書院となっている。北側に廻る縁には付書院と違棚の部分が張り出しており、付書院上方の壁には「同仁斎」の額が掲げられる。付書院の外側は*舞良戸、内側には*明障子を建て、*欄間を*釣戸とする。『*御飾書』には同仁斎の座敷道具飾について書き記されており、違棚の上重には建盞や小壺、茶筅などを盆にのせて置き、下重には食籠が置かれていた。また炉が切られ、釜が南蛮の鎖で釣られ、*水指や*杓立、水覆(建水)が置かれていたことが記される。この座敷は

初期*書院造の重要な遺構であり、四畳半茶室の濫觴と江戸時代から伝えられてきた。一方で付書院には硯や筆などの文具と書籍が飾られて、また違棚に置く書物を義政が撰ばせていたこともあった（蔭凉軒日録）。このような事実から、この座敷は書斎であるとも主張される。また同仁斎は*上段形式の床を備えていない。義政は*夢窓疎石を深く崇拝していたとされ、同仁斎の西隣りの六畳の間には夢窓の墨蹟二幅が掛けられていたという。このことから同仁斎は国師に仕える弟子の庵室であると解釈することもできる。以上のことから同仁斎は、持仏堂である東求堂に付いた書院ないしは庵室であり、そうした世俗と隔離された精神生活の場としての性格が、*市中の山居の思想に根ざした後の*草庵式茶室の精神と通じ合うものがある。そうした性格から茶室の濫觴という説が生み出されたのであろう。国宝。

❷新潟県新発田市の清水園にある茶室。⇩清水園の茶室【しみずえんのちゃしつ】

違棚
書院

同仁斎

同仁斎（慈照寺東求堂） 違棚と書院側

燈心亭【とうしんてい】

大阪府三島郡島本町の*水無瀬神宮にある茶室。もともと水無瀬神宮の地は後鳥羽上皇が離宮水無瀬殿を営んだ地で、上皇が隠岐に流されてからは水無瀬家が御影堂を建ててこの地を守っていた。明治時代に入り同地が神社となると、水無瀬家の建物の多くが移管されている。この中に現在の燈心亭も含まれていた。燈心亭は、寛永年間（一六二四〜四四）に後鳥羽上皇に深い思慕を寄せ、折々水無瀬にも御幸あったという*後水尾天皇より下賜されたと伝えられる。このことを裏付ける史料は発見されていないが、住居部分には改造が加えられても、茶室と庭園は拝領の遺構であったため特別な配慮のもとに守られてきたと考えられる。外観は*寄棟造*茅葺の*田舎家風な姿で、*入側の畳縁が三方を廻り、北側の背面は*土間庇としており、*身舎に*庇を四周に廻した*寝殿造の平面形式を根底にもっているともいえる。庇の上部の*化粧屋根裏には*垂木に竹、丸太、*削り木を併用したり、葭を張るなど*草庵風な意匠にも変化をもたせている。内部は*三畳台目の席と水屋、勝手からなる。三畳台目は、*台目の点前座を三畳の客座長手側ほぼ中央に付加した平面で、*茶道口と*給仕口を直角に配す。おそらく*小堀遠州の好みの形式によったと考えられるが、細部意匠には貴族独特の創意や感覚を通わせた作風が展

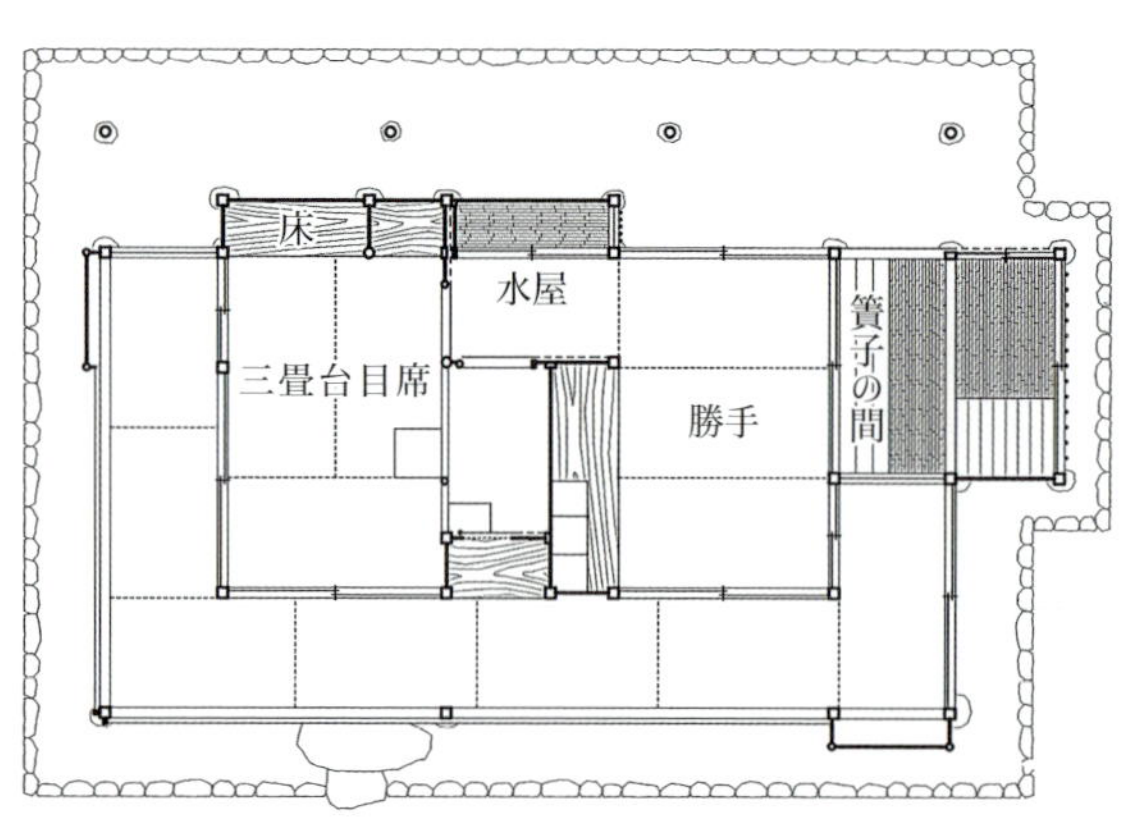

燈心亭

開している。下座に床と棚が設けられ、床の脇壁には*平書院のような*中敷居窓があけられており、*書院造の構えが導入されているといえる。床は間口四尺、欅の地板を畳から少し離して取り付けた*蹴込床で、奥行きが浅く*押板に近い。*床柱は赤松。*床脇は、棚が二重で、後ろの壁からやや離して仕付けられ、下段は通棚（通棚の項❶を参照）、上二段を*違棚とし、通棚の背後には精巧な網目文を透かした幕板を取り付けている。違棚の上に*天袋を二段に造り、上段には銀箔押しの*小襖に蜘蛛の形の*引手を付し、下段は板戸で皮引手を付けている。棚の下は床と同様に欅の地板を置く。また床脇の空間だけ*張付壁で、他は*土壁である。天井は*吹寄

燈心亭　三畳台目席　床側

格天井で、格間に葭、寒竹、苧柄、萩、九十九草、木賊、山吹、竹、柿、桐、桑の十一種に及ぶ材を並べ、それぞれ変化に富む模様を形作っている。それらが燈心の材料になるものが多いということで燈心亭の名があるが、これは昭和時代になってから生まれた名称である。客座と入側との境に建てられた*腰障子の*竪框や*桟は*春慶塗で、竪横ともに*組子を吹寄にし、*腰板には内外ともに籐の水引飾りを付けている。水引飾りは、修学院離宮の*窮邃亭に掲げられる後水尾天皇宸筆の額にも見ることができるから、天皇の好みの意匠であったと考えられる。点前座は*台目構えで*草庵式茶室の点前座の形を取ってはいるが、客座との境を*無目敷

燈心亭　勝手の仮置棚

居で画して、点前座を一段低める意図を表している。天井は蒲の*落天井で、*中柱を立て*袖壁を付けるのも客座に対して次の間のように見せるためであり、この点前座は客座に対する*茶立所として添えられたと解釈できる。炉を*台目切に切り、中柱は真っ直ぐな椎丸太である。*釣棚は*雲雀棚の形式であるが釣竹はない。*給仕口は*塗廻しの*火燈口でなく、梅の曲がり木を枠に用いる。その上に*付鴨居を入れているが、これは曲がり木と対照的な、格式張った棚との折り合いを付ける手立てと考えられる*出隅には赤松の*皮付丸太を立て、わずかな板壁を経て竹の*方立を立てて茶道口をあけている。ここで松竹梅という素材の取り合わせが行われているの

燈心亭　簀子の間

も、貴族らしい遊興の着想といえる。茶道口を出ると水屋が設けられる。水屋は上下二段になり、上に*袋棚、下は*引違いに襖を建てて竹の*水屋流しを備える。*簀子の上に違棚を仕付け、中央を細長い皮付丸太で釣り支えている。通例の*水屋棚とは大きく異なり、水屋棚の初期の姿を伝えているとみられる。水屋に続いて三畳の*勝手がある。西面にはちょうど点前座の背後一間分にあたる位置に大きな*仮置棚が設けられている。上下二つに分けて、下段を開け放ち、上段に襖二枚を建てる。下は三段の棚が高さを違えて左方に取り付けられている。上段は間口いっぱいに長短が異なる四枚の棚板が*束や*釣木を使って取り付けられている。その構成は修学院離宮中御茶屋（中離宮）の客殿に見る霞棚（霞棚の項❶を参照）と同じく意匠的効果を意図したもので、貴族趣味にあふれている。さらに勝手の東には簀子の間が付設される。用途は明らかにされていないが、水屋施設のひとつであったと考えられる。なおこの簀子の間は、茶事の前に身を清めるための施設であったという説もある。この茶室は畳縁をともない、*小間でありながら飾棚を備えるなど、書院に茶立所を付加したような構成の茶室であり、いわば*書院台子の茶のミニチュアともいえ、貴族の茶の湯のあり方を伝えている。重要文化財。

動線【どうせん】

建築物の内外で、人や物が時間の経過とともに移動する経路のこと。一般に頻度の高い動線は短く明快であることが求められ、建築の計画、設計において種々の設備を適切に配置するための重要な判断材料となる。茶事、茶会では喫客が通る玄関から*寄付、*待合、*露地、*茶室という大きな動線を考える必要があり、さらに露地においても、たとえば二重露地では*外腰掛、*中門、*内腰掛、*蹲踞などの配置と動線、また茶室においても亭主側の動線を考えて出入り口や水屋などの配置を定めていくことになる。

唐船形手水鉢【とうせんがたちょうずばち】

舟形手水鉢と同じ。⇒舟形手水鉢【ふながたちょうずばち】

満天星【どうだんつつじ】

ツツジ科ドウダンツツジ属の落葉低木。「燈台躑躅」とも書く。本州（房総半島南部の天城山以西）から九州に分布し、山地、特に蛇紋岩地に自生する。葉は長さ二〜四センチの倒卵形で、枝先に輪生状に互生する。春期に壺形の白い花を釣り下げる。秋に赤色に紅葉する姿が好まれ、庭園によく植えられ、露地の植栽に用いられることも。枝炭の材としても利用される。

闘茶【とうちゃ】

何種類かの茶を飲み比べて、その産地を識別する、遊芸性の強い茶会。闘茶が始まったのは中国・宋代であり、蔡襄（一〇一二〜六七）の著『茶録』に「闘試」とあるのが文献における初見とされる。中国では茶の色と水の質を重視した判断がなされたようであるが、日本ではもっぱら産地を重視し、京都栂尾産を本茶と称し、それ以外の産地の茶を非茶として、茶の産地による本非の判断がなされた。当初は本非二種の判断をする遊びが流行したが、やがて本非二種の判別だけでなく、いくつかの茶の種別を判別する遊びへと変化し、その遊び方もいろいろと工夫されていった。やがて四種の茶を用いて十服の茶を喫し、その種別を当てる四種十服茶が主流を占めるようになった。こうした茶の飲み比べの集まりを茶寄合と称するようになり、それが十四世紀初頭には非常に流行したことが「二条河原の落首（落書き）」や室町幕府の基本法である「建武式目」の条文から知ることができる。茶寄合は往々にして酒食や管弦をともなう猥雑なものであったことが*『喫茶往来』の記述からうかがい知ることができる。しかしながら十五世紀になると酒食や管弦を排して、趣味的、精神的な傾向が強い集まりに変化し、十六世紀初頭には茶の湯が成立するに至ったと考えられる。

胴突き【どうつき】

基礎工事において*地固めをすること。またそれが転じて地固めをする道具のことも胴突きというようになった。

胴貫【どうぬき】

建物や門、垣などで、腰の高さあたりに通る*貫。「腰貫」ともいう。*桁行方向を上木に、*梁行方向を下木に用いることが多い。また中世以降は、隅柱を抜き通して木鼻(貫の先端が柱の外側に突出する部分)を出すことが多い。

胴抜畳【どうぬきだたみ】

点前座に接して半畳二枚を敷き、炉を出炉として、その二枚を分ける線の上か下に切った場合の畳のこと。武人のあいだではこの形式は忌まれた。

銅板葺【どうばんぶき】

金属板葺の一種。銅板で屋根を葺くこと、または銅板で葺いた屋根をいう。その葺き方には瓦棒葺、一文字葺、段葺などがある。

同風軒【どうふうけん】

滋賀県長浜市の柴田家にある中国様式の建築物。柴田家は古くから縮緬を扱う問屋であり、同風軒は同家十代の源七によって建てられた。柴田家の屋敷北端の一画に、明治四十年(一九〇七)に建築され、設計は東京帝国大学教授の塚本靖。彼が建築の計画意匠、装飾ならびに工芸の調査のため、同三十九年に中国に赴いた、その調査の直後に造られた。施主の柴田源七は趣味人で漢籍に造詣深く、内藤湖南らとも親交があった。建物は「支那館」とも呼ばれ、北大路魯山人筆の「同風軒」の額が掲げられている。同風軒は、寄棟造桟瓦葺の木造平家建で、主室の東面から南面に廻って前室が配置され、室内から建物東の奥庭、南の中庭を望むことができる。主室、前室はともに床を板張りとするなど、中国様式がそのまま取り込まれ、前室の南には主屋につながる渡り廊下が続く。主室は西面の南側が壁床になっている。北面、東面、南面の建具には「宮式万字」と呼ばれる組子のほか、雷文や「寿」の文字の彫刻などの中国意匠が見られる。また蝙蝠を模した金具や彫刻が随所に取り付けられ、開口部にも蝙蝠と「寿」の文字の刺繍を施した帳が配される。天井は折上格天井で、各格間の格子は套方と呼ばれる中国模様に組まれている。前室は、北面に円窓があり、魯山人による模様入摺りガラス窓が建て込まれている。東面、南面の建具には燈籠框、歩歩錦、方勝などの中国意匠の組子が入り、渡り廊下と面する南面の板戸は木瓜火燈の形をしている。また東面には中国の靠背欄杆と呼ばれる、腰を掛けることができる欄干、南面には籐を氷裂模様に組んだ欄干も設けられている。天井は化粧屋根裏で、垂木は六角形断面の木材と竹材が交互に等間隔に配され、野地には網代が組まれる。渡り廊下には、梅花と十字の形の嵌殺し窓が建て込まれ、中央の柱間は庭に向かって大きくあけており、籐を氷裂模様に組んだ欄干が設けられている。

堂葺【どうぶき】

外腰掛に接続して造られる待合の一種。六畳敷、または八畳敷の瓦葺四方棟(四方流)の建物。『茶譜』に「右堂葺ハ古田織部時代ヨリ外腰掛ノ続ニ造、相客来ルヲ待合所ナリ、又遠方ヨリ来ル者ハ、於此堂葺装束仕替所ナリ、堂葺無之所ハ、於腰掛ニ装束シテモ不苦、然トモ僕ハ路地口ヨリ内へ不可入」「右堂葺ト云ハ、六畳敷或ハ八畳敷ニシテ四方棟ノ瓦葺ニ造」とあり、相客を待つため、あるいは遠方よりの客が衣装をあらためるところとして織部流で用いられたという。続けて「織部此所ヲ造シハ、織部流ノ路地深山ノコトクニシテ、樅・松ノ大木ヲ植テ、其奥ニ侘タ茅葺ノ庵室有ト思ノ心底ノ仕様也、依之瓦葺ノ四方、棟モ小キ堂ノ有様ニ含テ造ト見ヘタリ、之ヲ大工ノ言葉ニ名ヲ堂葺ト云」とあり、大工の言葉だという。さらに同書では寒さの厳しい時、老人が腰掛で連客を待つのも大変なためこれを造ったとも書かれる。

東福寺【とうふくじ】

京都市東山区本町にある臨済宗東福寺派の大本山。京都五山の一つ。九条道家によって嘉禎二年(一二三六)より十九年を費やして創建されたが、落慶供養は道家没後の建長七年(一二五五)、一条実経によって挙行された。円爾(聖一国師)の開山。山号は慧日山。寺号は南都の東大寺と興福寺から一字ずつ採って、つけられた。足利歴代将軍、豊臣秀吉、徳川家康、家光らが保護し、伽藍の維持、修復の援助を行った。応永年間(一三九四〜一四二八)に建造の三門が国宝、禅堂、浴室、東司、月下門などが重要文化財に指定。方丈の東西南北に配された東福寺本坊庭園は、重森三玲の作庭で、八相の庭と称され、名勝に指定される。その他、山内には常楽庵(開山堂、重要文化財）の西に接する普門院の前庭も兼ねた池庭と枯山水庭園がある。また塔頭寺院の庭園として芬陀院の雪舟作と伝わる枯山水庭園（室町時代）、天得院の書院前庭（織豊時代）、霊雲院の書院前庭の枯山水庭園（九山八海の庭、江戸時代中期、一九七〇年に重森三玲復元）などがある。

東福寺本坊庭園【とうふくじほんぼうていえん】
京都市東山区の東福寺方丈の庭園。*重森三玲が昭和十四年（一九三九）に作庭した*枯山水。方丈を中心に四方の東庭、南庭、西庭、北庭からなる。東庭は苔地と白砂で作庭され、砂敷きには山内の東司（便所）で使用されていた礎石七本を北斗七星の姿に並べる。これは庭園と関係が深い*四神相応と、北斗七星がつながりをもっていることからという。南庭は*神仙思想に基づいて四つの神仙島である*蓬萊、方丈（方丈の項❷参照）、*瀛洲、*壺梁を*石組で、さらに苔地の*築山で京都五山、*須弥山が表現される。西庭は皐月の刈込と本坊に用いられていた*葛石で大市松模様をなし、井田（中国古代に行われたという土地制度。一里四方の田を井の字に九分割する）にたとえて「井田の庭」とも称される。また南西角には*三尊石がある。北庭は苔地と花崗岩の方形切石が小市松模様を構成することで「市松の庭」とも称される。西庭の市松紋様を受けての構成で、西側は規則正しい市松紋様を描くが、東側へと少しずつ切石が減って不規則になっていく。北斗七星、四神仙島、京都五山、須弥山、市松の八つの意匠を四庭に盛り込むことで、これを釈迦の入滅を表す釈迦八相成道になぞらえて「八相の庭」と名づけられた。名勝。

胴縁【どうぶち】
垣の親柱間に渡した横材。これに*立子を取り付け固定する。通常、丸竹を用いる。

同朋衆【どうぼうしゅう】
室町時代、将軍やその夫人の近辺で、雑事や茶の湯、立花などの技芸にたずさわった出家者。幕府の職掌のひとつ。同朋とは元来、浄土宗の中で同僚、朋輩を意味し、そこから近侍の遁世者をもさすようになった。同朋衆には阿弥号をもつ者が多くみられたが、すべてが時宗の信仰者であったとはいえない。職制としての同朋衆の成立時期については諸説あるが、最も確実な初見は『新撰長禄寛正記』中の寛正四年（一四六三）九月十八日条の「御同朋寿阿、本阿弥」の記述である。同朋衆の活躍は八代将軍*足利義政の時に顕著となり、その中から、美術工芸品の鑑定や水墨画に長じた*能阿弥、*芸阿弥、*相阿弥の三代がよく知られているほか、立花の立阿弥、香合の千阿弥などが輩出した。「足利将軍若宮八幡宮参詣絵巻」（京都市若宮八幡宮所蔵）に描かれた同朋衆は絵画で確認できる数少ない彼らの姿である。なお江戸時代には、同朋は若年寄の配下として殿中の雑事に従った。

唐木【とうぼく】
⇒唐木【からき】

東松家住宅【とうまつけじゅうたく】
愛知県犬山市の明治村にある東松家の旧邸宅。東松家はもと名古屋市中村区の船入町にあり、明治二十年代（一八八七〜九六）後半まで油屋を生業とし、また昭和時代初期まで堀川貯蓄銀行を営んでいた。この住宅は建設当初、つし（厨子）二階平家建であったものを、明治二十八年（一八九五）、後方へ曳家（建築物を解体しないで移動すること）の上、二階建にし、同三十四年、三階建に増改築した。その後、名古屋市の区画整理を機に昭和四十年（一九六五）に明治村に移築。外観は切妻造桟瓦葺、黒漆喰塗屋造、平入で前面は格子窓をひろくとる。間口四間、奥行きは八間半の深い間取りである。一階は左手に大戸（入口）があり、裏までの通り庭（土間）で、通り庭にそって表側二室がミセ、一番奥が八畳の座敷でそのあいだに仏間以下三室が並ぶ。仏間と座敷の前は通り庭に面して榑縁が付く。通り庭は三階まで吹抜きにして、高窓から明りを入れているので、内部は明るさが保たれている。また座敷は裏庭に面して濡縁が付く。二階は階段を挟んで四畳の鞘の間と六畳の部屋を並べ、さらに壁を隔てて四畳の女中部屋を配する。階段の反対側は六畳弱の部屋と廊下付き十畳の座敷を配し、北側に裏階段、西側は通り庭上に張り出して、階段を上るとまず二畳中板入の席があり、さらに渡り廊下を通り、三畳の待合に続いて全体四畳半の茶室がある。床は原叟床風に一畳の中に組込まれる。二畳中板入の席からは十畳の座敷にも入ることができ、また六畳弱の次の間の斜行した壁の連子窓は通り庭から見ることができる。三階には正面側の十畳と入側境に、裏千家十一代玄々斎精中が好んだ、咄々斎に見られる格狭間桐透しの欄間が取り付けられている。重要文化財。

燈明寺形燈籠【とうみょうじがたどうろう】

石燈籠の一種。名物燈籠の一つに挙げられる。燈明寺(京都府木津川市)にあったものを本歌とし、笠、火袋、中台、基礎ともに六角形の形式のもの。本歌は江戸時代中頃に三井家に譲渡された後、現在は真如堂にあり、燈明寺にあるものはその写しである。(付録13頁参照)

東陽坊【とうようぼう】

京都市東山区の建仁寺にある茶室。方丈の背後の庭に建つ。東陽坊長盛が天正十五年(一五八七)、北野大茶之湯の時に紙屋川の土手に造った茶室と伝えられる。かつては真如堂の塔頭東陽坊の末寺で、北野(京都市上京区)にあった高林寺の境内に所在していたという。明治二十七、八年(一八九四、五)頃、廃仏毀釈の際に鳴滝(京都市右京区)の医師・太田某がその材を買い求め、建仁寺の塔頭護国院に建て、さらに大正七、八年(一九一八、九)頃に現在地に移築したと伝えられる。外観は桟瓦葺で、軒廻りを柿葺とする。屋根は床の後壁の側に棟を置き、南へ緩やかに流れて茶室を覆っている。その西側の妻面には軽やかに曲面を帯びた庇を付け下ろして、躙口をあける。外からは切妻造の屋根に庇を付けた形に見えるが、庇の隅を見上げると屋根裏では螻羽の部分が隅木を用いて納められている。内部は二畳台目下座床。北側に構えられた床は、床柱が赤松皮付、相手柱が雑木の皮付、床框は真塗で、丸く面を取っている。落掛は杉の削り木、見付寸法は一寸一分で古調をとどめている。墨蹟窓をあけていないことは注目される。点前座は中柱を立て、炉を台目切に切った台目構えで、勝手付の壁面には色紙窓をあける。中柱はわずかに曲がりをもつ赤松皮付。袖壁は三尺あり、壁留は引木で、古田織部や小堀遠州らの系統の手法である。床前の平天井はそのまま点前座の上までのびており、織部流の構成である。点前座の袖壁の入隅に釣られた棚はいわゆる雲雀棚であるが、棚板が杉であるのは異例である。躙口の側は角の柱に寄せて横長の下地窓を設けている。床とのあいだに小壁をあけて戸尻に竹を取り付けており、床とのあいだを広く見せている。床と対する客座の窓は連子窓である。この茶室の大きな特色は茶道口と給仕口が一つの口として、太鼓襖の引違い立てとなり、襖の外には勝手一畳(台目畳)を置いていることである。この部分の天井は籐の網代を張り、白竹一本宛三通りで押さえている。「楽翁起し絵図」によると、かつてはこの勝手の北に面して水屋棚が設けられていた。また茶室より床が一段落ちており、水屋であると同時に、相伴席を兼ねたと考えられる。現在、水屋は奥(勝手の間の東)に設けられている。ここから北にさらに襖を二枚建てて勝手の間が設けられる。もとはこの勝手の間は存在しなかったと考えられる。三畳向板入の間で、向板には丸炉を切り、その先に風炉先窓をあけて点前ができるようにしている。

東陽坊　点前座側

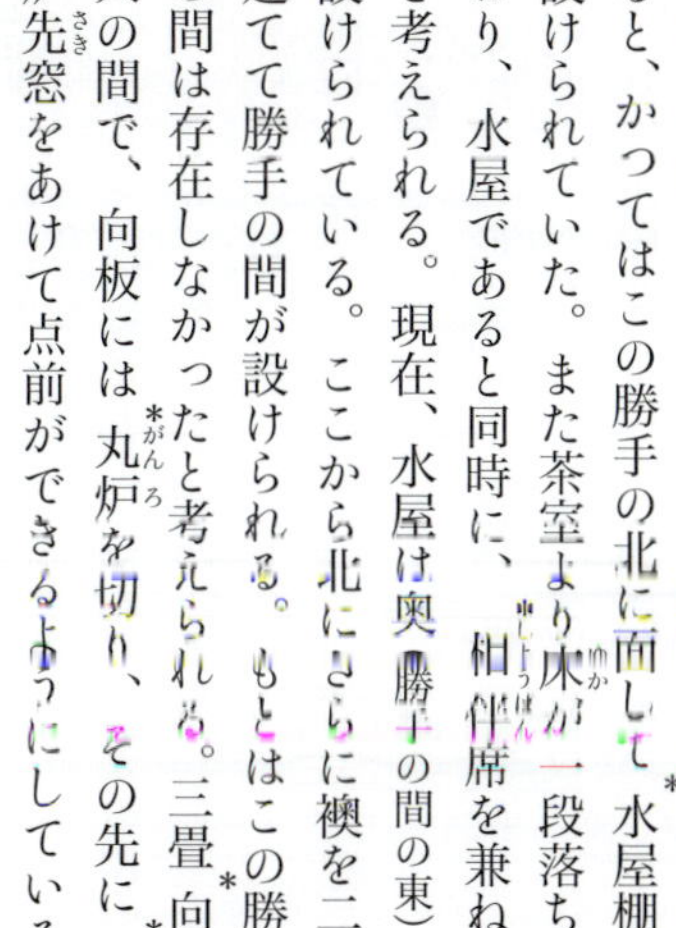

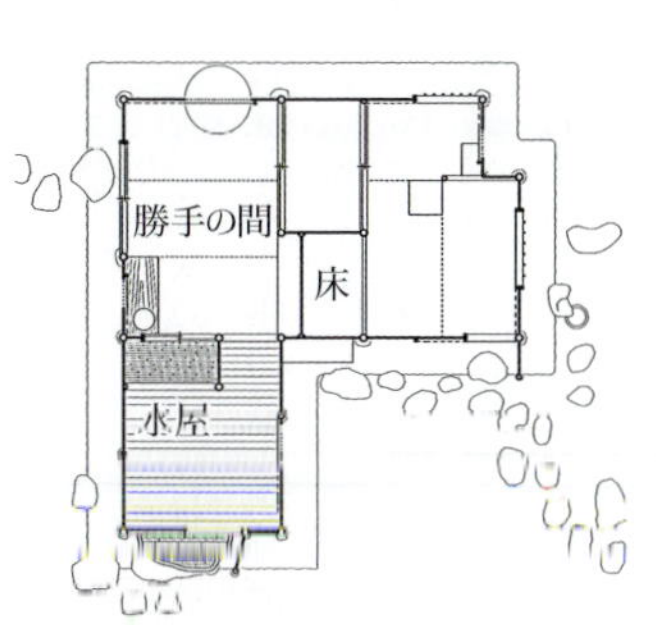

東陽坊

この点前座の後ろは、掛物が掛けられるようになっている。水屋棚は両側から使えるように工夫している。特に下段の*簀子の部分は、点前座から*水屋洞庫として使えるように上二段を除き、戸を建てない。この茶室は、利休風を基調としていた東陽坊長盛の茶室を後年、遠州系統の茶人が改修を加え、現在の形に至ったのではないかと考えられる。

東陽坊長盛【とうようぼうちょうせい】

永正十二年〜慶長三年（一五一五〜九八）。織豊時代の天台宗の僧。*千利休の門人。京都真如堂（真正極楽寺）東陽坊の住職で、号は宗珍。利休から長次郎作の黒楽茶碗銘東陽坊（重要文化財）を贈られた。『茶湯古事談』によれば、急いでいた豊臣秀次の近臣に、長盛が薄茶を大服に点て、飲み回しを勧めたところ、利休がその作意を褒めた。その後、世間で薄茶の飲み回しが流行り、大服に点てることを「東陽に仕る」といったという。現在、建仁寺本坊にある茶室*東陽坊でその名が知られる。

棟梁【とうりょう】

大工を統率する職人。*棟木と*梁は建物を支える重要な骨格をなすことから、集団の長をさす言葉となった。道具を扱う大工仕事にとどまらず、設計や積算、施主や職人間の調整にあたるのも棟梁の役割である。日本建築は始終、木造を主体として発達したため、おのずと木工事が建物全体の拠りどころとなる。そのため大工の頭である棟梁が、*左官や瓦師、建具屋といった諸職を束ねる存在ともなった。

燈籠【とうろう】

戸外に明りをともすための照明具。「燈龕」「夜燈」「燈明」ともいう。木製、陶磁製、金属製、石製などがあり、金属製や鍍金製のものは金燈籠、石製のものは*石燈籠と呼ばれる。また*軒先などから釣り下げる釣燈籠や、竿や基礎をともなわない置燈籠などの形式もある。元来は仏前の献燈具であり、飛鳥時代には朝鮮半島から日本に伝えられ、やがて神社や宮中、貴族の邸宅にも用いられるようになった。織豊時代になると、*手水鉢を使用する際に火をともして所作を助けるため、また、あわせて露地（茶庭）に景色を添えるために用いられるようになった。

燈籠堂【とうろうどう】

福岡市東区の筥崎宮にあった建物。もと同宮の座主坊であった慈眼院にあり、明治時代の廃仏毀釈により恵光院に移された。天正十五年（一五八七）六月十四日に燈籠堂の近くで*千利休が催した茶会に、島井宗室らと招かれた*神屋宗湛が、利休と千紹安（*千道安）の茶室について『宗湛日記』に書き留めている。それによれば、利休の茶室は深三畳で茅葺、壁も「青カヤ」であった。また紹安の茶室は「二テウ半」（二畳台目）で「青松葉ニテカヘ（壁）ヲシトミ」、屋根は「苫」（とま。すげや茅を菰のように編んだもの）で葺かれていたという。

遠侍【とおざむらい】

鎌倉時代以後、武家の住宅において表向きの取次や警備に任じた当番の武士の詰所。「とおさむらい」とも読む。*主殿（寝殿）に接した室の場合も独立の建物の場合もある。*二条城二の丸御殿の遠侍は後者の例。中門や玄関の近くなどに配される。

通棚【とおしだな】

❶両端まで一直線に棚板を通した形式の棚の総称。「とおりだな」とも読み、また「一文字棚」ともいう。

❷飾棚の一種である通棚と同じ。⇒通棚【とおりだな】❷

❸*水屋棚の最上部にある棚。四段、二段、どちらの形式においても主に最上部に一枚板で仕付けられ、*水屋荘では水に関係しない、あるいは火に関係する道具を置く。構造上重い道具を荘り付けることができる。（付録26頁参照）

通貫【とおしぬき】

三本以上の柱または*束を水平に貫通する*貫。（付録28頁参照）

遠山家住宅【とおやまけじゅうたく】

埼玉県比企郡川島町の遠山記念館にある旧遠山元一邸。昭和十一年（一九三六）、日興証券創業者の遠山元一が、生家の土地を買い戻し、母のために建てた。建築を主導したのは弟・遠山芳雄、建築家・室岡惣七、大工棟梁・中村清次郎で、二年半の歳月をかけて完成した。農家風の東棟、書院風の中棟、数寄屋風の西棟の三棟が、渡り廊下で接続する。総欅造の長屋門を潜ると、正面向こうに東棟の茅葺妻入の表玄関が佇む。東棟は、欅板の格天井と式台付きの表玄関に控えの間が接続し、囲炉裏のある縁なしの畳を敷いた座敷十八畳と、セメントに石を混ぜて磨いた人造研ぎ出しの内玄関土間とで構成され、複雑な屋根形状となっている。中棟は、二階建、桟瓦葺の構で、一階は長押を廻した十八畳大広間と次の間十畳を、アメリカから輸入した透明ガラスの建具が並ぶ畳廊下がめぐる。大広間の床は、北山杉の絞丸太の床柱に塗框、付書院を設け、床脇は欅の地板に地袋を備える。二階には十四畳の和室に隣接して、割の大きな格天井と蟻壁長押が廻る応接室と寝室が続く洋間があり、欄間にはオパールガラス、肘掛窓の外を勾欄が廻る。西棟は、中庭をコの字に囲んで八畳半、七畳、十四畳の座敷などが連続して配される。七畳の間は、周囲に瓦敷きの土間が廻り、室内の壁は、赤味を帯びた土壁に黒い錆文様が浮かぶ墨差天王寺となる。踏込床形式の板床で、床柱が赤松、床板が黒松で、点前座には竹の中柱を立てて、袖壁を火燈形に刳り抜いた茶室となる。西棟西南部に位置する仏間には指物師・前田南斎の主導のもと、精緻な須弥壇が据えられる。各地の銘木や庭石を買いまわった逸話がのこり、欄間や小窓など、建物の各所に精緻な細工をこらす。また敷地西南隅には、亀山宗月の指図による四畳中板入の茶室も設けられている。外観は急勾配の茅葺に桟瓦葺の庇を廻し、躙口上部には銅板葺の庇を付け下ろす。室内全体にわたって壁は墨差天王寺で、床は下座に構え、墨蹟窓をあける。点前座は勝手付に一重棚を釣り、風炉先窓をあけて、中板に上げ台目切に炉を切る。床の脇に火燈口形式の給仕口、方立口とした茶道口を設ける。天井は、床前は野根板の平天井、躙口上部は掛込天井、点前座は舟底天井となっている。遠山記念館(旧遠山家住宅)東棟、中棟、西棟、及び茶室や寄付待合などは登録有形文化財。

通棚【とおりだな】

❶床脇に設けられる飾棚の一種。一文字棚と同じ。⇒一文字棚【いちもんじだな】❶

❷床脇に設けられる飾棚の一種。江戸時代に棚雛形として定型化される四十八棚の一つ。四枚の小襖を建てた天袋と、両壁の端から端まで水平に取り付けられた一枚の棚板(一文字棚)から構成される。『増補大匠雛形四 新板棚雛形』(一八六六年刊)には天袋の内法高さを九寸、棚板の厚さを一寸二分と記し、「此棚ハ何れの所ニも吉、たな(棚)数多キところも、そそう(粗相)なる所ニもよし」とある。

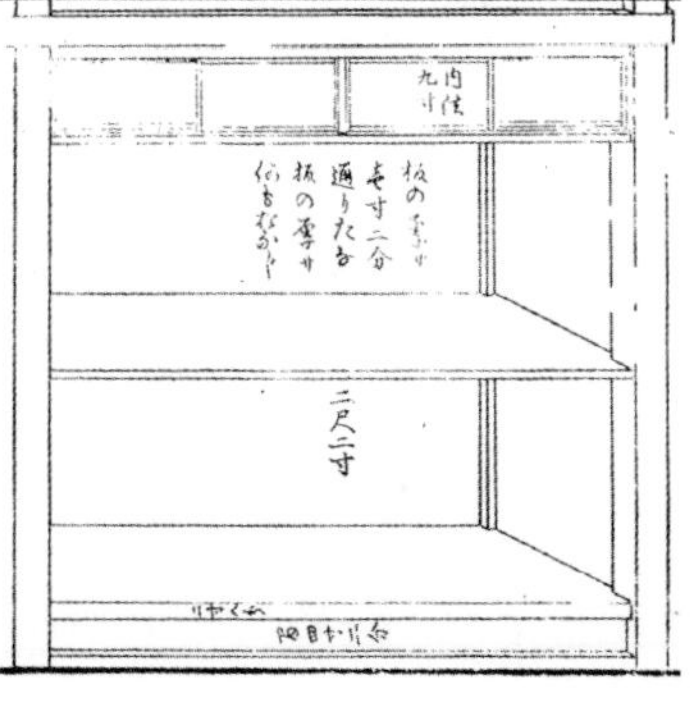

通棚❷『増補大匠雛形四 新板棚雛形』

通違棚【とおりちがいだな】

床脇に設けられる飾棚の一種。江戸時代に棚雛形として定型化される四十八棚の一つ。一文字棚の上部に一組の違棚と天袋を設けた形式。『増補大匠雛形四 新板棚雛形』(一八六六年刊)には「是ハ書院わき、又ハ押板脇によし」とあり、棚板の厚さを一寸二分とする。

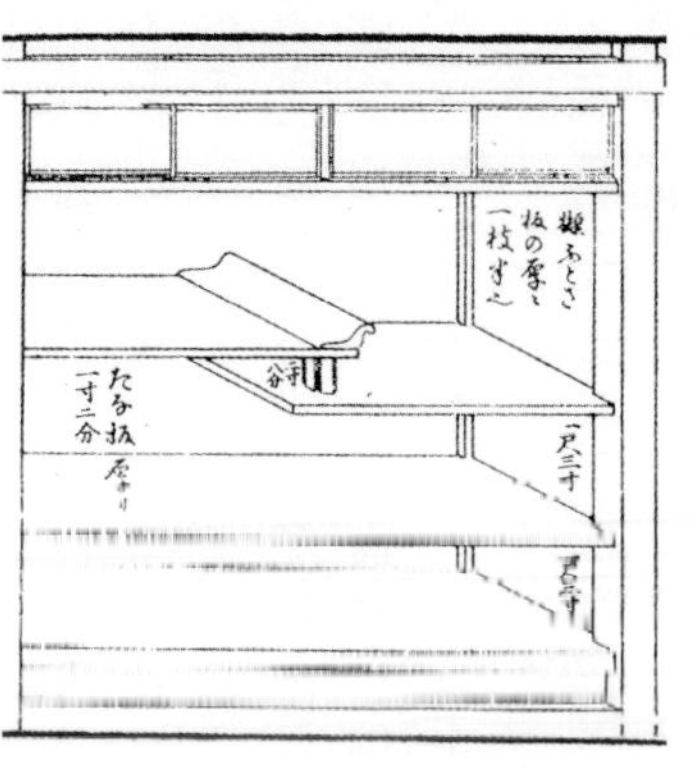

通違棚『増補大匠雛形四 新板棚雛形』

通向棚【とおりむかいだな】

床脇に設けられる飾棚の一種。江戸時代に棚雛形として定型化される四十八棚の一つ。一文字棚の上に雛束を二本立て、向かい合わせに配した二枚の棚板を支持する形式で、上部に天袋を設ける。『増補大匠雛形四 新板棚雛形』(一八六六年刊）には「是ハ御上方、つぼねかた（局方）によし」とある。

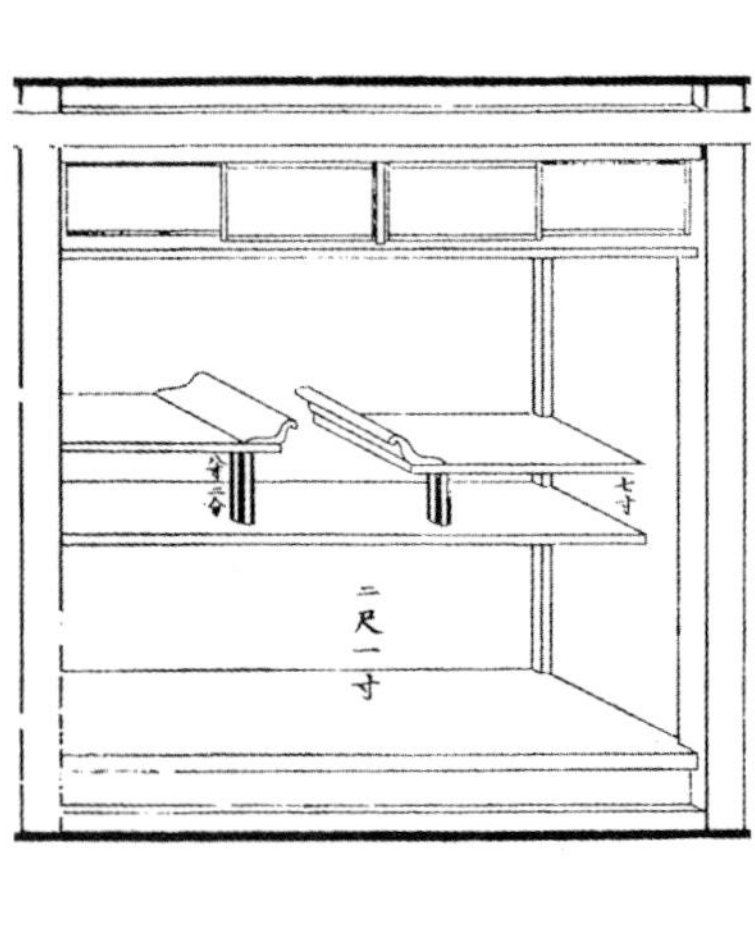

通向棚　『増補大匠雛形四 新板棚雛形』

土岐二三【ときじさん】

寛永十六年～享保十七年（一六三九～一七三二）。江戸時代前期の武士、茶人。名は豊隆、通称は孫兵衛。号は自在軒。三河国（愛知県）吉田藩士であったが元禄元年（一六八八）に致仕。京都岡崎に隠遁し、琵琶、茶の湯、香などの趣味三昧の生活に入った。織田貞置に有楽流の茶の湯を学び、鷹司輔信や*近衛家熈に厚遇された。家熈の言行を記した『*槐記』にも茶の湯についての豊富な知識を披瀝する姿が記されている。一方『近世畸人伝』に登載されるなど、奇人としても知られていた。姓を土肥とする説もある。ゆかりの茶室として、柳瀬荘の*久木庵がある。

時はずれの茶事【ときはずれのちゃじ】

飯後の茶事と同じ。⇒飯後の茶事【はんごのちゃじ】

兜巾【ときん】

柱の頂部で、修験者の被る角錐状の小さい頭巾のような形にした部分。「頭巾」とも書く。*冠木門や*塀重門の柱の上端などに見られる。この部分を包む金物を兜巾金物という。

徳川家光【とくがわいえみつ】

慶長九年～慶安四年（一六〇四～五一）。徳川三代将軍。二代将軍秀忠の次男として生まれ、元和九年（一六二三）、将軍職につくが、実権は大御所となった秀忠が握り続けた。寛永九年（一六三二）、秀忠が亡くなると、紫衣事件で流罪となっていた大徳寺の*澤庵宗彭を赦免し、厚く帰依した。祖父の*徳川家康を敬愛し、寛永十一年、日光東照宮の造営に着手。朝幕、幕藩関係を安定させ、政治機構の制度化、法令の整備など、支配体制の確立を推進した。また、海外との交流や貿易を制限する、いわゆる「鎖国」政策を行った。*小堀遠州を茶道指南役に起用し、江戸城西の丸の山里に新山里と呼ばれる園地茶室を造営させた（江戸城の茶室の項を参照）。家康以来、徳川将軍家に伝わる*名物茶道具（柳営御物）の充実を図り、整理、分類を行った。

徳川家康【とくがわいえやす】

天文十一年～元和二年（一五四二～一六一六）。徳川初代将軍。三河国（愛知県）岡崎城主・松平広忠の子として生まれ、幼名は竹千代。六歳から織田信秀、八歳から十九歳まで*今川義元の人質となる。*豊臣秀吉の死後、五大老の筆頭となり、慶長五年（一六〇〇）に関ヶ原の戦いで石田三成を破り、同八年征夷大将軍に任ぜられて江戸幕府を開いた。将軍職を子の*徳川秀忠に譲った後も、駿府（静岡県）で大御所政治を行い、元和元年（一六一五）、豊臣氏を滅ぼして天下統一した。翌年没すると久能山（静岡市）に葬られたが、後、日光山（栃木県日光市）に改葬された。*千利休の自刃後、*蒲生氏郷とともに、*千少庵の赦免に尽力している。秀忠の茶道指南役に*古田織部を起用するが、大坂夏の陣で謀反の疑いをかけて自刃を命じた。家康が収集した諸道具は徳川御三家への遺産分与目録「駿府御分物御道具帳」に詳しく、*名物の茶道具も多く含まれ、茶壺の所蔵も多かったことが自筆の茶壺目録からわかる。また、徳川将軍家に伝わった名物茶道具は、柳営御物の基礎となった。

徳川秀忠【とくがわひでただ】

天正七年～寛永九年（一五七九～一六三二）。徳川二代将軍。家康の三男で、幼名長松、後に竹千代。豊臣秀吉の一字を与えられて秀忠を名乗る。天正十八年（一五九〇）、上洛にあたっては*細川三斎より作法の指導を受けた。元和元年（一六一五）、豊臣秀頼を大坂で滅ぼした後、「武家諸法度」「禁中并公家諸法度」などの法令を発布し、幕藩体制の確立につとめたが、その政策は駿府（静岡県）の大御所家康の影響下にあった。娘の和子（東福門院）を入内させて朝廷との関係を強め、紫衣事件によって*後水尾天皇を退位に追い込み、幼少の孫娘を明正天皇として即位させた。元和九年、将軍職を次男の家光に譲り、江戸城西の丸に隠居するが、大御所として政権を握り続けた。秀忠の茶の湯は「二代三代将軍御会記」に詳しく、*古田織部を茶道指南役に用い、数寄屋での茶事を組込んだ式正数寄御成を完成させた。

篤其慶庵【とくきけいあん】

岡山県笠岡市の増成家にあった茶室。もとは慶応二年（一八六六）、同町の伏見屋紋三郎邸内に速水流三代の宗筧が設計、建築した。七坪の武野紹鷗好みといわれている長板の席。扁額は頼山陽筆。庭内に趣向が多く、備中第一の名席と評された。佐藤清明『名席図会』巻一に、昭和十一年（一九三六）十一月二十日の茶庭、茶室、室内の実測図がある。外観は入母屋造茅葺で妻側に貴人口、矩折に躙口をあける。貴人口、躙口を入ったところは細板張りの縁となる。内部は四畳半で、床は台目床、角框で向かって右の壁に墨蹟窓をあけている。天井は床前が網代天井、貴人口上が掛込天井となっている。

得月亭【とくげつてい】

茨城県水戸市の徳川ミュージアムにある茶室。かつて水戸徳川家二代光圀が家臣の忍穂利重邸を訪れた際に休憩した小亭が得月亭であった。寛政三年（一七九一）、伊藤左一衛門徳明の所有になり、六代治保がここで茶事を楽しみ、「得月」の二字を濡額に揮毫をしたという。その後この得月亭は失われたが、昭和二十四年（一九四九）、常陽銀行の初代頭取・亀山甚が忍穂利重邸の跡地を住まいとした際に新たに建てたのが現在の得月亭である。十三代圀順が故事にならい濡額に「得月」の二字を揮毫した。平成二十一年（二〇〇九）、水府明徳会に寄贈され、光圀の茶室高枕亭の跡地である現在地に移築された。四畳半に台目の畳床が付き、躙口と貴人口をあける。

木賊【とくさ】

トクサ科トクサ属の常緑性多年草。北半球にひろく分布するが、日本では中部地方以北の山間の川や河原に生える。茎にケイ酸を含み、表面は硬くざらつくため、木や竹などを磨くのに、また束ねたものは鍋や釜を磨くのに使われた。水を好む性質のため露地では蹲踞や井戸の周囲に植えられることが多い。建築においても*木賊張や*木賊垣などその名を冠したものがある。

木賊板【とくさいた】

屋根葺材の一種。*柿板より厚く、栩板より薄い板材で、厚さは一分半以上、二分未満ほどとし、それぞれ一分半木賊、二分木賊と呼ぶ。*通常、長さは一尺一～二寸、幅は三寸四～五分、*葺足は一寸五分程度とする。板の両面と*木口は鉋で、両側面は正直鉋（長さ三～四尺の鉋）で仕上げる。

木賊垣【とくさがき】

二つ割の割竹、または丸竹を*立子とし、隙間なく立て並べ、*皆折釘で貫板に留めるか、もしくは*胴縁に結い付けたもの。*押縁は用いず、立子が木賊のように美しく立ち並ぶ様を意匠として見せる。本来は、割竹や丸竹の側面を薄く削って仕口を作り、密着させて隠し釘で留め、竹の表面には釘を見せない方法をとり、これを本木賊張という。

木賊垣

木賊張【とくさばり】

塀または腰壁に、太さの揃った磨き竹や栗の厚板、あるいは小径の丸木を隙間なく張り並べる方法。*桂離宮や*修学院離宮の表門の扉、及びその両側の塀に見られる。

徳禅寺【とくぜんじ】 京都市北区にある*大徳寺の別院。山内総門の南に所在する。山号は霊山。大徳寺一世住持徹翁義亨の塔所として暦応三年(一三四〇)頃に尊胤法親王が寄進した船岡山麓に創建された。応仁の乱で焼失後、文明年間(一四六九～八七)に*一休宗純が大徳寺山内に復興した。慶長十九年(一六一四)に再々建の客殿には、狩野探幽筆の襖絵が現存する。また立花大亀(大徳寺五百十一世住持)好みの茶室向東庵(四畳半)や骨清庵(一畳台目中板)がある。

徳友庵【とくゆうあん】 京都市北区の*光悦寺にある茶室。昭和十一年(一九三六)の*本阿弥光悦三百年遠忌を記念して*高橋箒庵が設計、寄贈した。席名は光悦の号の徳友斎から。もとは三畳台目中板入の席と四畳半大炉の席に水屋、玄関、腰掛が備えられていたが、後に改築され、縁付七畳半と四畳半、水屋からなる構成にあらためられた。七畳半の席は磨丸太を柱に用い、一間床を東側に構え、琵琶床を備える。また矩折の南側に平書院を設けて、外に縁が廻る。点前座は向切に炉を切り、風炉先窓をあけ、天井は落天井としている。四畳半の席は南側に貴人口、西側に躙口をあける。炉を通常の四畳半切ではなく向切に切っていることが特徴的である。

独楽庵【どくらくあん】

❶*松平不昧が*大崎園に営んだ茶室の一つ。園庭の中ほど、御殿の西南にあった。大崎園内の茶室、茶亭群の中でも要となる存在で、近火の折に不昧はこれを鞣革で覆い、厳重な保護をしたと伝えられる。*千利休が*豊臣秀吉に請うて入手した大坂の長柄の橋の橋杭三本を用いて、山城国(京都府)宇治田原に造立したと伝える茶室で、後に*尾形光琳が銀座の中村内蔵助に勧めて京に移したが、年を経て荒廃し、大坂の阿波屋の所持するところとなった。その後、ふたたび荒廃に向かうのを、京都の竹屋忠兵衛の紹介で、文化初年(一八〇四)に不昧の所有に帰したと伝えられる。ただしこの茶室には、独楽庵の*二畳だけでなく、*船越伊予守(船越永景)好みの*三畳台目の席と、*裏千家六代六閑斎泰叟好みの、三畳台目*向板入*逆勝手で*枡床形式の床を構えた全体四畳半の席が付属していた。これらはおそらく不昧入手以前からこのような形であったと考えられる。阿波屋が所持した当時の姿を描いたと思われる古図にはすでに三席が複合した姿が見られる。しかし三席のつながりはきわめて不合理で、独楽庵を使う時、亭主は*勝手から泰叟好みの席を通らなくてはならない。ここを*寄付に使うとしても不自然である。また伊予守好みの席の*茶道口の襖は泰叟席の*風炉先に引き込まなくてはならないし、*給仕口の襖は引き開けると*勝手の地袋を妨げてしまう。使用できるとしても当初からこのような設計であったとは考えられない。不昧はこのような形で守り伝えられてきた歴史を尊重し、三席がつながったことによる使い勝手や構成の矛盾など不問に付したのだと考えられる。「独楽庵御囲建所絵図」によれば露地は北から南へ*前庭と*外露地、*中露地、*内露地からなっていて、外と中の露地は高塀で囲われるという珍しい構成であった。外露地の中央を直進する園路の右奥に「御袴脱」があり、反対側に*雪隠が設けられている。中露地正面の高塀右寄りに*中潜りがあけられ、それを抜けると広々と内露地が展開され、東寄りに独楽庵が望まれるという構成であった。内露地の西方から南へは「唐堀(空堀)」がめぐらされ、内露地の結界の役割をしている。『*大崎名園の記』には「一畳半長柄の橋柱の御席に至る。是は柱太く丸く削りたるなり、天井格子にて、やり違の鏡板にて、いと〳〵面白し」と記される。また独楽庵の門について「扉は古作黒塗にて朱塗の處も剝げ、聊かづゝ残りたるが、古色ありて面白く、譬ふるに物なし。これなん彼の世にもいみじき豊太閤より千利休へ賜ひしものとかや」とある。大崎園は幕末、幕府に没収され取り壊された。その際、松平家は独楽庵を深川の下屋敷に移築してのこしたが、津波により一部を除き流失した。なお近代数寄者の*平瀬露香はこの茶室に掲げられていたという扁額を入手し、同名の茶室を造ったという。

❷島根県出雲市の出雲文化伝承館にある茶室。江戸の*大崎園にあった*松平不昧の独楽庵(❶の項を参照)を復元したもの。復元設計は中村昌生。出雲地方を代表する地主で、代々数寄者でもあった江角家の邸宅が出雲市に寄贈されたこと

独楽庵（出雲文化伝承館）　外観

から、それを移築し、「出雲屋敷」として整備がなされた。その一環として出雲屋敷に隣接して茶苑を設け、不昧の茶室を復元する計画がなされた。復元にあたっては独楽庵とともに、それに付属する船越伊予守（船越永景）好みの席、裏千家六代六閑斎泰叟好みの席など、古図（独楽庵御囲建所絵図）に記された大部分が復元された。外観は宝形造茅葺で、長柄橋の橋杭を使った三本の太柱を立てた伝承にそって、太柱に松のしゃれ木が用いられた。北面と東面の二方に腰高障子が引違いに建てられている。その下には竹を並べ打ちとし、脇の壁には竹製の刀掛をしつらえる。内部は一畳台目。点前座には向板を入れ、炉は向切としている。茶道口の隣の壁面を床に見立て、その入隅を塗廻している。そして客座側にやや大きい躙口をあけ、板戸を引違いに建てる。天井は鏡天井で、小丸太の縁を十文字に組み、四区に分けた格天井とする。泰叟好み席は、三畳台目向板入で隅の半畳を床とする。床は龕破床である。床に並ぶ一畳が点前座となる。天井は平天井で、竿縁をやや細かく配っている。正面露地からの上り口は腰障子四枚建。下座の一間半の壁面は半分に大きな中敷居窓をあけ、その障子をのこりの壁面に全部引き開ける造りになっている。この窓の目的は判然としないが、外に開けば手水鉢が据えられており、座敷内部から手水を使うことを意図したとしか考えようがない構えである。この座敷にはもとは「小煮庵」という額が掲げられていた。復元された座敷には裏千家十五代鵬雲斎汎叟命名の「吉香庵」の額が掲げられている。船越伊予守好み席は、三畳台目に下座床を構えるL字形の間取りで、茶道口と給仕口を矩折にあけ、給仕口を入ると床前の貴人座がある。織部好み系の間取りであることと、船越伊予守が古田織部に学んだことから、細部は古図の記載に従いながら織部好みを基調として復元されている。露地も「独楽庵御囲建所絵図」に描かれた全域の復元を試みている。東から西へ前庭、外露地、中露地、内露地からなっている。俗に三関三露といわれ、外と中の露地は高塀で囲われる構成となってい

独楽庵（出雲文化伝承館）　中露地

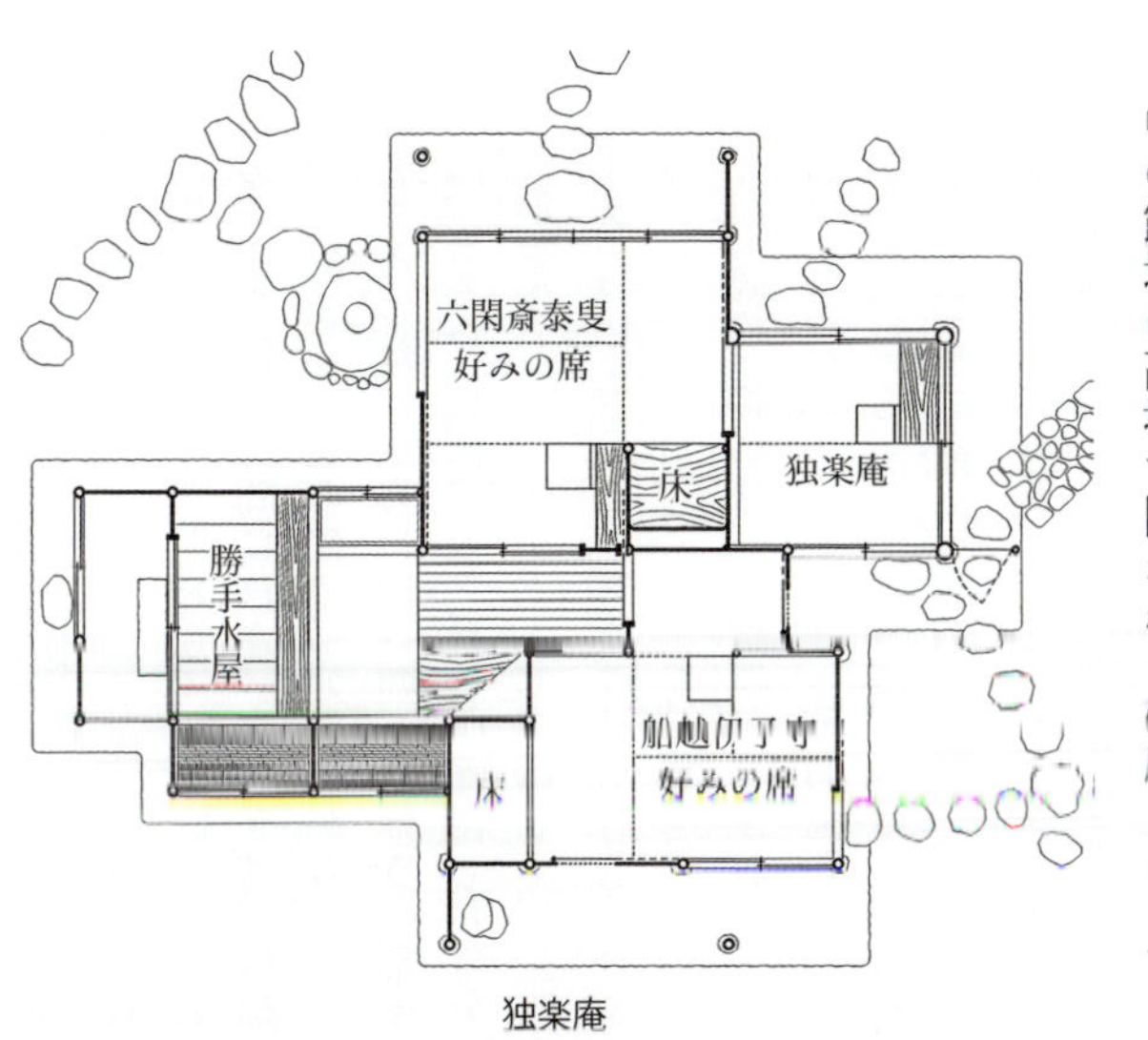

独楽庵

る。*中門から外露地に入ると北側に*寄付が設けられる。中露地に入ると北側に*外腰掛があり、その北隣りには一連の付卸屋根で覆われた*砂雪隠がある。*飛石を北に進むと*中潜りがあけられ、そこを入ると内露地となる。入って南側に*内腰掛が設けられ、西へ進むと*蹲踞がある。内露地では絵図に基づき唐堀(空堀)も復元している。

❸東京都八王子市の料亭美ささ苑にある茶室。昭和十年(一九三五)頃、*高橋箒庵指導の下、武藤山治が鎌倉市山ノ内の自邸に松平不昧の*大崎園にあった独楽庵(❶の項を参照)を復元し、戦後、東京都港区芝白金の黒川家を経て、昭和五十七年、現在地に移築された。施工は藤井喜三郎。利休好み一畳台目下座床の席で、床は壁床、その足元には幅の狭い板が入れられ、点前座には向板が敷かれる。三方には明障子を建てる。別に*船越伊予守(船越永景)好みの三畳台目席と、*泰叟宗安(裏千家六代六閑斎泰叟)好みの三畳台目向板入逆勝手席には、尺二寸の興福寺の古材の柱が使われ、水屋が付属している。

独楽庵(美ささ苑)に付属する三畳台目向板入逆勝手席　床側

獨炉庵【どくろあん】

奈良市の称名寺にある茶室。珠光庵のこと。

⇒珠光庵【しゅこうあん】

床【とこ】

床の語源は、中国大陸における座るため、寝るために用いる敷物あるいは座具である牀にある。中国大陸から牀が日本に入ってきた奈良時代、日本ではすでに部屋に板張りを設けて「板敷」と呼び、座るため寝るための場所としていた。そこで、その後平安時代に至る時期に、板敷に牀と同義の漢字「床」を当てるようになり、「ゆか」と読むようになった。また、床を「とこ」と読み、本来の意味である寝るための場所を示すのにも使われている。一方、室町時代には、壁に掛けた仏画の前に*三具足を並べるために低い机を置き、*押板と呼んでいた。仏画を掛ける場所が固定されるようになると、押板が柱間に造り付けになり、押板分だけ部屋の外に張り出したニッチである押板床が生まれた。この過程には、同じ頃に固定化した*付書院の構造の影響があったと考えられるが、定かではない。押板床の間口は、本体の柱の間隔にあわせて半間の倍数であるが、通常は小規模な*書院建築では一間、規模の大きな書院建築では二間、さらに部屋の一辺全体の三間に及ぶ。奥行きは、板幅によって決まり、畳の幅の二分の一から三分の二ほどであった。さらに同じ頃、畳敷きの部屋の一隅、あるいは部屋から*縁に張り出した部分に、*框を廻して、床を三〜七寸ほど上げ畳敷きとした「床」を設ける例が、上層住宅の常御所あるいは*会所に見られるようになる。この床には、付書院、押板床、*違棚のいずれか、あるいはそれらを組み合わせて、設けられることが多かった。一方、「床間」の名称は、室町時代の足利六代将軍義教の御所である*室町殿の記述の中にいくつか見ることができる。そのひとつ「赤漆御床間」における飾りを見ると、真っ先に「御衾二帖　一、縫物　一、綾」(室町殿行幸御餝記)と書かれている。また西の御所の飾りには、「御枕　ぬい物、御衾二帖(一帖、唐錦御えりむらさきの金襴　一帖、段子鳥の子色御えり赤)」(同右)とあって、どのように飾られていたかはわからないが、夜具を飾っていたことがわかる。これにより、部屋としての「床間」には、寝るための部屋の意味をもつ使われ方もあったと考えられる。室町時代初期の絵巻「慕帰絵詞」の連歌の場面では、壁に柿本人麻呂像を中心とした三幅の掛軸を掛け、人麻呂像の前に敷物の上に置いた香炉、両脇の前に花を飾り、さらにその前の低い机の上に歌が記されたと思われる巻いた紙が数本置かれている。また、造り付けになた押板に、一幅の仏画以外の絵画を掛け、その前に低い台に乗せた花瓶だけを飾る光景も「慕帰絵詞」に描かれている。室町時代には、中国大陸との交流によって、宋代から元代の絵画が多く輸入された。宋や元の絵画は大きく、軸装されていて、本堂などの仏堂に何幅も並べて掛けていたが、将軍など上層階級では、それらを押板床に掛けるのにふさわしい大きさに切り取って、あらためて軸装し鑑賞したことも、押板床がひろまることになった原因のひとつと考えられる。書院建築の場合、床の間の背面及び側面の壁面は*張付壁で、絵を描く。江戸時代後期には、張付壁に金雲を細かい金箔で撒いたり、*唐紙を用いる場合も現れる。床の間が違棚、付書院、*帳台構と組み合わされ、その配置にひとつの形式が認められるようになり、*座敷飾としての定型が形成されるのは、江戸時代に入った慶長年間（一五九六～一六一五）の終わり頃と考えられる。定形化した座敷飾では、中心となるのが床の間で、これに違棚が加わり、さらに付書院が加わるようになって、座敷飾が定型化したことが、遺構や古図によって確かめられる。定形となった座敷飾では、常に床の間が中心的な存在で、主室に次の間に向かって座る主人の背面の壁面庭側に床の間、その脇の庭から遠い方に違棚が並び、床の間の庭側の柱から矩折に庭に面して付書院を、違棚の脇柱から矩折に帳台構を配置する。略式の場合には、帳台構、付書院、違棚の順に省略され、最も簡略な場合には床の間だけとなる。室町時代に生まれた部屋の一隅に造られた「床」は、*上段の間に発展する一方、床に付属した押板床が組み合わされて、畳床（畳床の項❶を参照）に発展する。初期の畳床が、実際の畳を敷いていたかはわからないが、江戸時代の畳床は、*敷居の上に四寸に五寸角ほどの黒漆塗の框を入れ、板張りの床の上に*畳表を張る構造である。畳を入れる関係から、奥行きは半間となり、部屋の外へ張り出さず、奥の柱も平面の基準となる半間間隔の基準格子に乗ることになった。押板床は、その後「床」あるいは「床の間」と呼ばれるようになり、「とこ」あるいは「とこのま」と呼ばれた畳床とのあいだに名称の区分がなくなる。その時期は、『日葡辞書』や元和三年（一六一七）の*伏見城に関する作事文書から、十七世紀初期と考えられている。江戸時代末期の*江戸城本丸御殿では、大広間と*白書院では押板床形式、*黒書院、御休息、御小座敷では畳床形式の床の間が用いられている。表向きの格式の高い御殿で押板床形式、それらより奥の黒書院や御休息、御小座敷では畳床形式という傾向が認められる。*数寄屋、*囲いなど茶のための建築や、数寄屋風の書院では、畳床が一般的である。畳床の上に飾られるのは、三具足のような形式化された飾りではなく、花だけを飾るなど簡略化されているが、場にふさわしい配慮が求められている。数寄屋、囲いや数寄屋風の書院では、周囲の壁を土の色壁あるいは唐紙張りにし、通常の書院建築では目の揃った*柾目の*檜の角材とする*床柱に、下部を削いだ*丸太、角に皮をのこした*面皮の柱や、自然のままの恰好の面白い小材を使う。*落掛も通常の書院建築の場合と違い、丸太や面皮材あるいは特別に加工した材を使うことが見られる。また床框にも、色むらの面白い黒柿の角材や、*チョウナではつって変化を付けた材を用いるなど、工夫をこらしている。そのほか、天井から垂れる小壁の下端に材を入れることなく、壁の土を*塗廻して見切ることもある。このような時には、奥及び左右の壁にも同様に土を塗廻した壁を付けた*洞床とすることがある。八畳の間の一隅に二畳の*上段を造り、一段に付書院と床の間を設け、床の間の脇に違棚を並べる例も知られている。このような例を、曼殊院小書院の黄昏の間に見ることができる。最も簡略化された床の間に、天井の*廻縁から下がり壁状に化粧板を下げ、*折釘を打って、掛軸を掛けるように造った*古田織部好みの織部床や、床の間の床だけを造って、必要な場所に置く*置床もある。

床板【とこいた】

*床に張る地板のこと。松や桑、欅などがよく用いられ、これらを様々な技法で漆塗にしたものも多い。また*杢目の美しさや色調、肌なども吟味される。

床框【とこがまち】

*床の前端（床前）に取り付く化粧の横木。「床縁」、また単に「框」ともいう。座敷の床面から床を一段高く設けた時、*床板、または床の畳の端を

隠すために用いる。この床框が入った形式の床を框床と呼んでいる。仕上げや材料の組み合わせにより形式や格式を表現することができる。黒や朱の漆塗を施した*塗框から、欅や紫檀、黒檀などの銘木を用い、木地を生かしたもの、竹を用いたものまで多様である。初期の茶室では『*烏鼠集四巻書』に「床のかまち御物或ハ名物所持の人は必ぬるよし」とあるように黒塗とすることが本式とされていた。『*山上宗二記』の紹鷗四畳半(武野紹鷗の茶室の項を参照)では「クリノ木カキアワセニクロク十反斗ヌル」、また『細川三斎茶書』では*千利休の*北野大茶之湯の四畳半が「ぬりふち」であったことを伝える。茶室の草体化にともなう床の草体化においても床框は重要な対象であり、利休は*待庵において*丸太を用いることとなる。(付録16、19頁参照)

床挿し【とこざし】

天井の*竿縁が床の方向に向けて配されていること。あるいは畳の短辺が床の正面に接して敷かれている(畳の縁、つまり長辺が床へ向く)ことをいう。「床指し」「床刺し」などとも書かれる。また、このような状態を指床ともいう。床柱と竿縁の交点がずれたり、刺すという言葉の響きのためにこれを忌み嫌うこともあるが、歴史的には何の根拠もない。園城寺(三井寺)光浄院や勧学院の客殿、教王護国寺(東寺)の観智院客殿など、書院造の多くが竿縁を指床の形式としている。また畳の短辺が床に接することは、茶室の場合では*待庵、*不審菴など、ごく一般的に見られる。

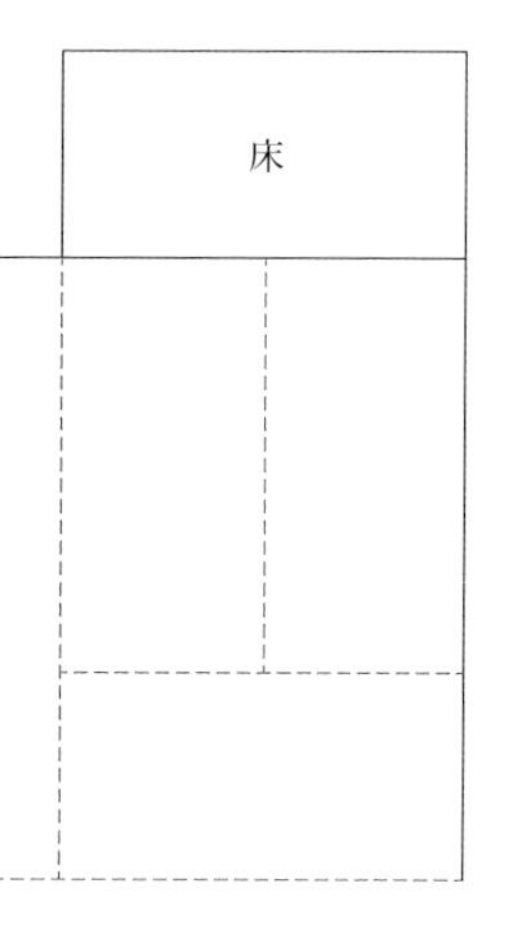

床挿し(畳の場合)

床畳【とこだたみ】

*床に敷く畳のこと。畳を敷き込んだ床を*畳床といい、板を敷き込んだものを*板床という。

床付【とこつき】

茶席で*床に近いほうをいう。客が床に近いほうに座ることを「床付に座る」という。対して釜に近いほうを釜付といい、釜に近いほうに座ることを「釜付に座る」という。

床の三体【とこのさんたい】

*床を三分し、中央を真、向かって右を行、左を草と格付けすること。また床の構えを大きく真、行、草に分けていうこともある。*書院造の*本床は真の床、本床でも*床柱に絞丸太を使うと行の床、皮付の自然木を使って表現すると草の床となる。

床の天井【とこのてんじょう】

*床には普通、それ以外の部分とは別の天井を張る。その場合、*平天井とし、一枚の*鏡天井とすることが多い。高さはおよそ六尺あまりとし、その他より高くする。千利休の聚楽屋敷の四畳半(千利休の茶室の項を参照)は*落掛の下端より一尺三寸上った位置であった。壁際には墨蹟や書画などを掛ける釘を打ち、また、天井の中ほどには釣花入を釣る*花蛭釘を打つこともある。

床の間【とこのま】

❶*床のある部屋をさす名称。「山科教言持仏堂景総庵作事記録」(一四〇五年)の「床間」(教言卿記、一四〇五~一三年)、元和造営女御御里御殿御化粧間(一六二〇年造立)の「張付検地帳・塗物検地帳」の「床ノ間」、*桂離宮新御殿(一六六二年造立)墨書の「御床之間」などから、時代は中世から近世にかけて用いられている(床の項を参照)。
❷床(牀、寝る台)のある部屋をさす名称。足利六代将軍義教の*室町殿の会所泉殿にあった「赤漆御床間」(室町殿行幸御餝記、一四三七年)や、八代将軍義政の東山殿東求堂の「床間(三間)」(蔭涼軒日録、一四八五年)などから、中世に用いられている(床の項を参照)。
❸*床のこと。床の現在の一般的な呼称。床の間を床の意とするのは、江戸時代末期から明治時代後期にかけて定着した。

床の窓【とこのまど】

茶室では*床の側壁に窓(*下地窓)をあけることがある。これは床の内側に光をとり入れて、掛物に光を当てることを本来の目的とする(*墨蹟窓）とともに、花入を掛けるところでもある（花明窓）。後者の場合では窓の下地が内側に現れ、障子は床の外側に掛けられる。また床の正面の壁（大平）に円窓をあけたものを円窓床といい、西行庵の皆如庵や高台寺の時雨亭などにあけられたものが特に知られる。

床の役釘【とこのやくくぎ】
茶室の床において特定の役割を担って打たれる釘には、軸釘や中釘（無双釘）、花入釘、花蛭釘、落掛花釘、朝顔釘、柳釘などがある。茶の湯のしつらいを支え、一会の進行や趣向に不可欠な役割をなす。また床脇には喚鐘釘（稲妻釘）や撞木釘などが打たれる。（付録20頁参照）

床柱【とこばしら】
床の前面にあり、床を構成する中心的な部材。はじめは左右の柱をともに床柱といい、『細川三斎御伝受書』には、「床柱ノ杉ト栗ハ何ヲ左右ニ立テモサシ合ナシ、其中世間ニ多ク立サル方ニ立留ハ少面白ト被仰候」と記され、常に二本を組みにした対の柱として考えられ「二本柱」と称されていた。柱として一本だけに重きをおくようになるのは、江戸時代中期過ぎからと考えられ、片方の柱は相手柱と呼ばれるようになる。広間及び書院では面取角柱、草庵及び数寄屋では面皮や丸太などが多く用いられるが、草庵や数寄屋で床柱が他の柱の材と替えて見立てられるようになったのは、皮付や丸太の柱を用いるようになってからのことと考えられる。そのきっかけは『茶道旧聞録』に「床柱は皮付きに取りかへられしは、古織の物数奇なり」とあるように、古田織部の思い付きであったと伝えられている。用材としてはじめ赤松の皮付丸太が好んで用いられる傾向があったが、やがて杉、栗、椎、楓など種々の樹木の材が見立てられようになり、錆丸太、皮付丸太、なぐり丸太及び、珍木、奇木、曲柱なども用いられるようになった。現存する茶席では憶昔の席の蛇の目木、夕佳亭の南天、東京国立博物館六窓庵の棕櫚、咄々斎の五葉松などが珍木を用いたものとして知られる。また猿面茶室のように床柱に施されたなぐりと二つの節の表情から席名とされたものもある。しかし本来、床柱には端正な姿の柱材が好ましく、曲がったものや珍奇な材種、異風な表情の丸太などが茶の湯の空間に使用されるのはきわめてまれであり、適さない。（付録16頁参照）

床縁【とこぶち】
床框と同じ。　⇩床框【とこがまち】

床前【とこまえ】
❶床のすぐ前をさし、ここが貴人座となる。❷床の中心、すなわち掛物の正面という意。❸床の前部分（床框）をさす。

床前畳【とこまえだたみ】
貴人畳と同じ。　⇩貴人畳【きにんだたみ】

床脇【とこわき】
床の横に棚などをしつらえた装飾的な空間で、床、付書院とともに、床構えを構成する。棚の付け方、天袋や地袋の形や組み合わせによって意匠の変化は無数にある。

床脇棚【とこわきだな】
飾棚のうち、床脇にしつらえられたものをいう。用途や意匠、材料などにより極めて多くの種類に分類される。

土斎【どさい】
寛永十五年～正徳五年（一六三八～一七一五）。江戸時代前期から中期にかけての千家出入りの左官。姓は岸本、名は市助。土斎床と呼ばれる千宗旦好みの土床を創始したといわれる。『茶道望月集』にはわび数寄者であったことが記される。また表千家四代江岑宗左の記した「弟子衆控」に宗旦の弟子として名を連ねており、宗左の茶会記「巳ノ閏六月より茶之湯之覚」には宗旦と同席する記載が数多く見受けられる。土床の四畳半の茶室には、松花堂庭園・美術館に復元された梅隠がある。

土座床【どざどこ】
土床と同じ。　⇩土床【つちどこ】

土佐水木【とさみずき】
マンサク科トサミズキ属の落葉低木。高知県にのみ自生することから名がついた。蛇紋岩地や石灰岩地に見られ、樹高は二～四メートルほどになる。三～四月頃、葉より先に淡黄色の花を咲かせる。茶花として好まれ、正月から早春にかけて、枝先の花穂も充分に伸長していないものや、赤みを帯びた雄しべがのぞいたものがよく用いられる。江戸時代中期より鑑賞のために栽培され、庭木としてもよく用いられる。

戸下石【としたいし】

戸摺石と同じ。⇩戸摺石【とずりいし】

戸島家の煎茶室【としまけのせんちゃしつ】

福岡県柳川市の旧戸島家住宅にある煎茶室。本住宅の主屋は、筑後国柳河藩中老の吉田兼儔が、隠居後の住宅として、文政十一年（一八二八）に建設した。後に藩主の立花家に献上され、藩の茶室として使用されていたが、明治維新の頃に由布氏に下賜され、明治十五年（一八八二）頃に由布氏の転居にともなって、戸島氏の所有となった。以後、戸島家の住宅として使用されたが、平成十三年（二〇〇一）に、戸島家から柳川市に譲渡された。主屋は寄棟造茅葺、二階建で、座敷棟、仏間棟、茶の間棟からなるが、煎茶室は座敷棟にある。煎茶室は三畳で、東面北半に構える床は床柱と落掛に竹、床框に檳榔を用い、その南側の床脇は、二枚の棚板により上下三段に分割され、中段奥の壁には三日月形の下地窓があけられる。そして、その前方には障子が建て込まれ、障子を閉めるとそこに三日月形のシルエットが浮かび上るという独創的なものである。また仏間棟の「なかのま」西面の引違い板戸には李白の漢詩「独酌」、その裏面には杜甫の「古柏行」が彫り込まれ、仏間東面床脇の扉には張謂の「湖中対酒作」の一節が彫り込まれている。このように建具に漢詩を彫り込むのも、文人趣味、煎茶趣味の現れである。

戸島家の煎茶室　床側

戸決り【とじゃくり】

風雨の侵入を防ぐため、*引き戸が当たる部分の柱や竪枠などに浅い溝や*決りを入れること。

戸尻【とじり】

❶*片引きの戸において、*戸袋に近い側をいう。❷*雨戸を閉めた際、最も戸袋に近い最後の一枚。

戸摺石【とずりいし】

❶*中門の*役石のひとつ。「戸下石」ともいう。中門が*枝折戸や*猿戸など敷居がない場合に戸の下に打たれる。茶事においてはこの石の上にのり、扉を開閉するため、扉で二分された内、外ともに足をかける広さが必要となる。内六分、外四分、またはその反対になるよう打たれることが多い。藪内家*燕庵の露地では木戸の場合、戸摺石の上に*亭主が立ち*迎付をするため、*乗越石はなく戸摺石が*亭主石を兼ねる。上下二段になった石で上段側が内に下段側が外になるよう打たれる。亭主は下段に下り立ち*迎付をする。（付録6頁参照）❷*砂雪隠の*役石のひとつ。雪隠の戸の下に打たれ、「戸下石」ともいう。『*石州三百ケ条』に「戸摺の石ハ、眞中にならぬやうにするなり、雪隠の中へ半分多く入候か、又ハ外へ多く出し候か、内外へふりわけにならぬやうにする物なり、石より戸迄の明壹寸七八分・貳寸斗りもあけてよきなり」とあり、現在でもこの石を据える際、中心は戸の真下を避ける。

土蔵【どぞう】

中世以降、人口が集中した都市部において、火災や盗賊から財産を保持するために建設された土壁で覆われた倉庫。単に「蔵」ともいう。またこの様式で造られた建物を土蔵造という。扉口や窓も分厚く土を塗ったほか、屋根はいったん土で覆ったのち、その上に別の屋根をのせ、土の流失を防ぐように工夫されていた（置き屋根）。鎌倉時代の「春日権現験記絵」巻十四には、木造の建物がすべて焼け落ちている中で土蔵のみが残っている様子が描かれる。

土足庵【どそくあん】

❶兵庫県西宮市の二代目芝川又右衛門の甲東園の別邸にあった茶室。芝川家は大阪の豪商。立礼式の茶室であったといい、竣工年や内部の構造は不詳。現存せず。須磨（兵庫県神戸市）にあった芝川家の別邸から甲東園へ移築された。甲東園には*武田五一設計の洋館とともに、*高谷宗範の設計及び監督による、大正二年（一九一三）に落成の山舟亭と、同九年に大阪市伏見町の芝川家本邸から移築した松花堂（松花堂の項❷を参照）などの茶室があったが、昭和五十年（一九七五）頃、園内の茶室は解体された。
❷東京都品川区の*益田鈍翁の本邸*碧雲台にあった茶室。同邸内にあった為楽庵（為楽庵の項❷を参照）の寄付として建てられた。高橋箒庵の『東都茶会記』によると、*仰木魯堂の意匠になる大わびの土間造で、片隅に土造腰掛、中央に土炉がある。竈土に釜を懸けて湯を沸かし、縄暖簾より出入りする田舎家風な造りだったという。

土台【どだい】

木造建築の*軸組の最下部にあって、上の柱からの荷重を支える水平材。白蟻や湿気による害を受けやすいため、檜や栗、翌檜など耐久性の高い材が用いられる。

土壇【どだん】

*炉壇の内側、土を厚く塗廻した部分をいう。また塗壁仕上げの炉壇をいう。茶の湯の炉では、檜で作られた箱形の木枠の内部に稲荷土に*微塵莇を混ぜたものを塗り、上部の角には典具帖（天具帖）という薄い紙を張り、その上に薄く土を塗って仕上げる。

十津川石【とつかわいし】

石材の一種。奈良県吉野郡十津川村の十津川流域から産出した石材で、「高野石」ともいう。吉野石のひとつ。石質は堆積岩で火山砕屑岩質輝緑凝灰岩。グレーから緑、赤系や黄系も見られる。別称は「チャリ石」。主に川石で、大きなものは景石などに使用されるほか、石積みや石張りにも使用される。特に貼石では平面の美しいものが多く、加茂真黒石の代用としてもひろく使用された。十津川石の砂利もひろく流通していた。近年採取が禁止された。

独客の茶事【どっきゃくのちゃじ】

一客一亭と同じ。⇨一客一亭【いっきゃくいってい】

取手【とって】

戸の開閉、家具や器物を手でもつ時に、手が掛るように取り付けられた摘や握りをいう。襖や建具の場合は*引手という。

咄々斎【とつとつさい】

*裏千家の茶室。八畳の広間で、席名は*千宗旦の斎号による。古図や古会記には「稽古之間」「稽古所」と見える。九代不見斎石翁の最晩年である享和元年（一八〇一）に、*寒雲亭と同じ棟梁・田口善七、善兵衛によって建てられていたが、現在の咄々斎は十一代玄々斎精中の好みになり、初代*木村清兵衛、幸次郎父子を棟梁として安政三年（一八五六）に上棟した。*又隠の北に中坪を挟んで建ち、西に*大炉の間が続き、南と北に*入側が廻る。大炉の間との室境に、*格狭間状の桐紋を透かした杉板の*欄間をはめる。*長押は省かれているが、大炉の間との室境だけ、鴨居を兼ねて溝を切った*丸太長押を取り付けている。二室境の敷居を外して畳を寄せると咄々斎と一続きの十四畳大にひろがる。室境には*反古襖を建てる。南の入側は*台目幅で、東の利

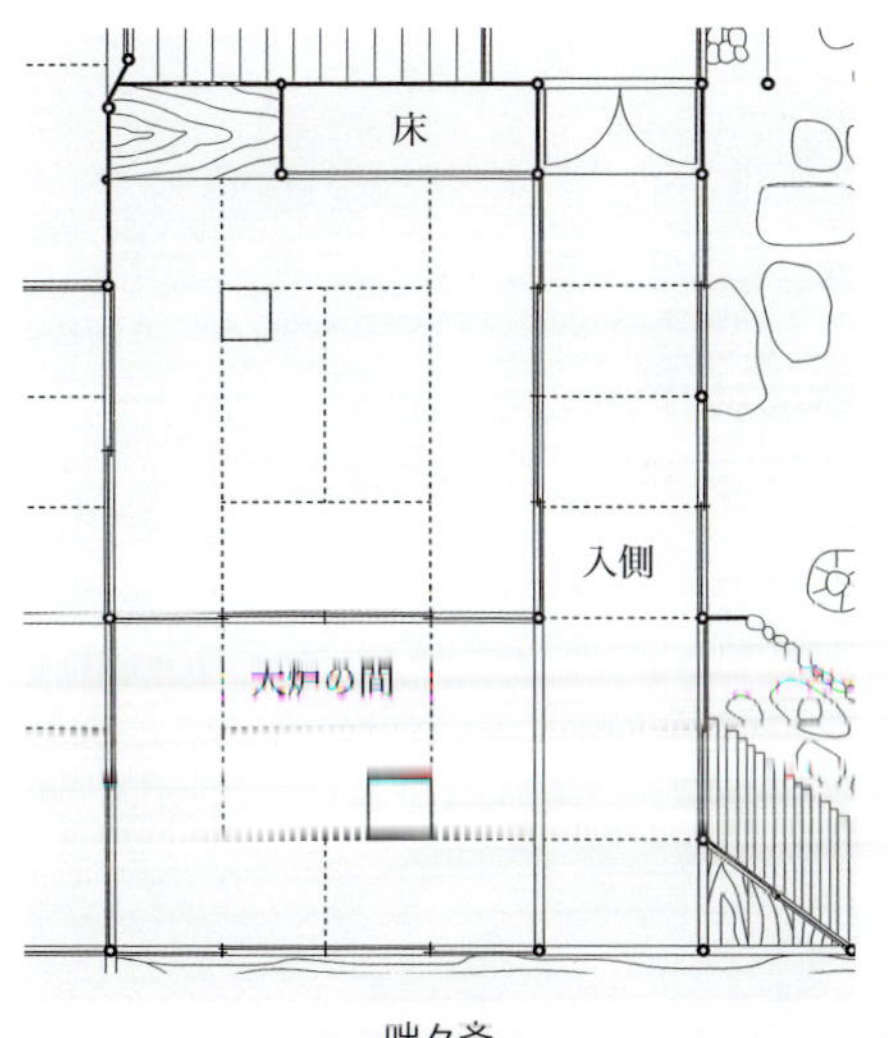

咄々斎

咄々斎　床側

休堂に連なる。正面に間口七尺六寸の床を構える。床柱は大徳寺にあったという径六寸ほどの太い五葉松で、八代又玄斎一燈手植えの松とも伝わり、この柱を代々柱と称する。落掛は下部に皮をのこした蔦で、伊予国(愛媛県)松山藩主の久松侯から拝領したものと伝えられる。床天井は網代張。床の脇は、地板を敷いた台面で、壁の正面には縦長の大きな下地窓をあけ、無骨な床構えによく調和している。上部の無目がとまる柱は釣束となり、入隅は塗廻す。床の脇の天井は床同様網代で、一段低く張る。炉は本勝手四畳半切。天井は北山小丸太を格縁とする格天井。格間に二枚ずつ松板を目違いに配した一崩しの天井である。襖の壺々引手は玄々斎好み。重要文化財。

土天井【どてんじょう】

⇒土天井【つちてんじょう】

土橋【どばし】

木橋の軸組に、小丸太を横たえて基礎とし、その上に土を盛って仕上げた橋。「つちはし」とも読む。欄干はなく、両側に芝や苔、笹などを植えて土留めとする。土の荷重を受けるため、構造は反橋となることが多い。

帳【とばり】

室内や高御座(天皇の御座)など、空間を仕切るため、または覆い隠すために垂らした布。煎茶室では帳と読んで、襖や障子の代りに仕切としても用いた。

飛石【とびいし】

上面の平らかな自然石あるいは切石を、間隔を置いて配列し、園路としたもの。「伝石」「踏石」ともいう。または配列された個々の石をいう。山道やぬかるみなど悪路に石を敷き並べ通行の便としたものは古くからあったと考えられるが、これを庭園の園路として取り入れた最初は織豊時代に成立した露地においてであったとされる。露地に飛石を据えるようになった始まりについては、東山殿(足利義政)が石黒道提というわび茶人を訪ねた時、露地に雑紙を敷かせその上を歩き、義政が通った跡(敷いた紙の跡)に石を据えたのが始まりだという逸話もある(長闇堂記)。始めは茶室への出入り口や門の付近で部分的に用いられるに過ぎなかったが、やがて露地門から外腰掛、中門、内腰掛、茶室へと至る園路のほとんどにおいて用いられるに至った。この時、飛石とともに延段(畳石)が工夫され、江戸時代には観賞主体の書院造庭園においても園路が設けられるようになり、飛石や延段が用いられることとなった。また、園池の周囲に茶室や亭を配置し、これらを園路で結ぶ回遊式庭園においても飛石や延段が用いられ、明治時代以降も庭園をはじめ公園などの様々な園路、通路に用いられている。「飛石は利休はわたりを六分、景気を四分に居申候由、織部はわたりを四分、景気を六分に居申候」(露地聴書)と評されるように、飛石の配置は歩きやすさとともに景色をつくり出すものであり、この両者の兼ね合いは「用と景」と呼ばれる。渡り

飛石　裏千家腰掛待合前

は、飛石を伝い歩くという所作（動き）と飛石の配置（間隔）をさし、景気とは、飛石の石材としての美しさや配置の妙を示すものである。飛石の配置は、通常は一間（約二メートル）を四、五歩で伝うものと考え、一歩に飛石一石をあてる一足ものの飛石（一足もの二足ものの項を参照）の場合は四、五石を配置する。個々の飛石の間隔は一〇～一五センチを標準とする。据えられる石の種類や据え方についても、「飛石ナト、色々ノ海・河・山ノ石ヲ集テ、トリツクラノモヨシナキコトナルヘシ、モノサヒタルテイニイタシタキモノナリ、広キロチニハ飛石、間近ク置ナスココロアルヘシ、セハキロチニハ少人ナルトヒイシナト、トリマセ、間トヲキヤウニスヘシ、トカク足ノハコヒノヨキヤウ専タルヘシ、飛石ノ高キハミコトニテサヒス、カヤウノ事、筆ニハツクシカタシ、其人々ノ住ヰヲミハカルヘキモノ也」（杉木普斎伝書）などとあり、古来、考慮されたことがうかがえる。地表面から飛石の天端までの高さをちりといい、これは飛石の大きさによっても左右されるが、通常二～六センチとする。石と石とが向かい合う面を調和させて据えることを*合端のなじみをとるという。飛石の配列については、数多くの露地が造られる中で様々な工夫が凝らされ、たとえば二連打、三連打、四連打、四三連、二三連、千鳥がけ、雁打、七五三の飛石など、定石とされる型式が生み出されてきた（各項、付録8頁を参照）。これらが延段などと組み合わされることで、趣ある園路を構成することとなる。また露地においては茶事の用に供されるため、*役石という重要な機能を果たすための飛石があり、特にそれぞれ名称が付されている。すなわち茶室の躙口付近の踏石（躙上りの石）、落石、乗石、刀掛付近の刀掛石、腰掛や腰掛の貴人石や次客石、砂雪隠の前石、足掛石、小用返しの石、裏返し石、戸摺石、庭門（*中門や木戸）の亭主石、乗越石、戸摺石、茶室の額を拝見する額見石（物見石）などがあるが（各項を参照）、一つの露地にこれらすべてが必要というわけではない。また園路の終始点には踏止め石、分岐点には比較的大きな*踏分石、途中に*控石が配置されることも多い。なお茶事において使用しない園路には、客が誤って歩み入らないよう、その始点となる飛石の上に*関守石を置く場合がある。

土庇【どびさし】

土間庇と同じ。⇩土間庇【どまびさし】

戸袋【とぶくろ】

*雨戸を収納するために縁側や窓の敷居の端に設ける造作物。雨戸が柱間ごとに建てられる時には不要で、十七世紀以降、一本の敷鴨居に連続して建てる場合に設けられるようになった。戸袋を用いた早い時期の遺構としては、*二条城二の丸御殿などがある。外側は板張りを基本とするが、網代張や塗壁などとすることもある。

土風炉【どぶろ】

土で作った*風炉。奈良西の京で春日社興福寺の神器を作る土器師が、火鉢や茶の湯に合う風炉を作ったのが始まりとされる。これら初期の土風炉や、奈良方面で作られた土風炉を奈良風炉と総称する。元来、素焼きを磨き上げて黒漆の光沢をもたせるものであるが、他、雲華や交趾でも焼かれるようになった。現在では漆塗料で仕上げたものが普及している。

土塀【どべい】

土で造った塀の総称。粘土を版築によって突き固め、積み上げて構築するものや、柱と貫を心にして、粘土や泥土を塗って築くもの、また基礎の上に石や煉瓦を積んだ後、表面を真砂土や*漆喰を塗って仕上げるものなどがある。

海桐花【とべら】

トベラ科トベラ属の常緑低木。本州（岩手県、新潟県以南）から九州、沖縄の暖地の海岸に自生する。よく分枝し、樹高は二～三メートルほどとなる。葉は枝の上部で互生し、革質で表面に光沢があり、全縁で時に裏面に巻く。枝、葉、根に臭気があり、厄除けとして節分に枝を扉に挟んだことからこの名がついた。露地の植栽として用いられることもある。

土間【どま】

一般には、家の中において、床を張らず地面のまま、あるいは*三和土、敷瓦（敷瓦の項❶を参照）などになったところをいう。広義では、柱や屋根などで曖昧に区切られた屋外空間において、床を張っていないところも含む。玄関や勝手口、露地の腰掛など。『長闇堂記』には「昔ハ、四畳半えん上口にして、六畳・四畳・土間屋ねの下有、手水それにすわり」と記されている。大徳寺塔頭真珠庵の庭玉軒では、潜りを入ったところに土間を設け、そこに手水鉢などを据えている。手法には三和土のほか、三和土と玉石の混用、玉砂利敷、畳石（畳石の項❷を参照）、乱石張、敷瓦などがある。

土間　松花堂　八幡市立松花堂庭園・美術館

土間庇【どまびさし】

屋外の土間の上の庇の意味で、「土庇」、また「捨庇」ともいう。茶室の入口に設けられ、主屋から軒の深い庇を捨柱などで支えて付け下ろしたもの。軒下には刀掛を付け、据えられた乗石、落石、踏石、または沓脱石などの役石を伝って躙口や貴人口から席入りすることとなる。武野紹鷗の時代の茶室では、坪の内から縁を経て入室した。やがて千利休の時代に露地が発達し、そこに腰掛などが設けられるとともに、茶室入口に土間庇が付加され、露地を通って躙口から座敷へ上がるようになった。

土間庇

土間廊下【どまろうか】

板張りの廊下（板廊）に対して、土間になった廊下のこと。古代の宮殿や寺社などにおいても単廊（梁間一間、つまり柱が梁行二本の廊）または複廊（梁間二間、つまり柱が梁行三本の廊）の回廊が設けられたが、これらは基壇上に造られたものであった。法隆寺（奈良県生駒郡）金堂周囲の回廊は単廊、春日大社（奈良市）の回廊は複廊である。

富岡鉄斎旧宅【とみおかてっさいきゅうたく】

京都市上京区にある旧富岡鉄斎邸。小川流煎茶家元邸を明治十四年（一八八一）に文人画家の富岡鉄斎が購入し、一部をのこして改築したものである。室町通りに面し、敷地北寄りに二階建の主屋である曼荼羅窟、そして雁行形に接続された平家の煎茶室と、画室の無量寿仏堂が建つ。また南側の庭を介して二階建の旧書庫である賜楓書楼と鉄筋コンクリート造三階建の書籍庫である魁星閣が並ぶ。最も古い建物が、主屋に接する煎茶室である。七畳出床の煎茶室と六畳座敷を納めた切妻造桟瓦葺の南北棟で、両室間で棟高を切り違え、南妻に下屋を付け下ろす。七畳の煎茶室部分は小川家時代にさかのぼる建物で、もとは藁葺瓦敷の東屋風離屋であったものを、鉄斎が床張りの煎茶室に改造した。八畳大の室の隅に一畳の原叟床を構え、主屋側に火燈口を、庭側に貴人口をあけ、一面に竿縁天井を張る。平明な空間構成ながら、床、火燈口、窓に意匠をこらしている。床柱は釣束で、印象的な瘤付きの材を用いる。袖壁には円弧状の刳り抜きを設け、床の脇壁には糸巻型の墨蹟窓をあける。無量寿仏堂は鉄斎が大正十一年（一九二二）に建設したものである。入母屋造桟瓦葺で、南庭に面する十畳の座敷兼画室を主室とし、北側に二畳の旧水屋と前畳台目二畳敷の仏間が並ぶ。主室は床構えの構成と意匠に特徴がある。床は左手の縁部分までのびて袋床形式となり、妻壁に八角の墨蹟窓を、床脇には地袋上に円窓をあける。床構えの右手には上端が円弧状をなす火燈口を設ける。いずれの開口部も幾何学的な形状で、煎茶趣味をよく示す。主屋は鉄斎最晩年の大正十二年に建てられたもので、中廊下式の平面をもつ。洋間や和洋折衷の応接室、和室が意図的に併置され、曼荼羅窟と命名された。小川家と富岡鉄斎という煎茶に造詣の深い人物が続けて所有し、形成された建物には、明治時代から大正時代にかけての煎茶趣味の建築表現が重層的に造形化されている。

富田左近【とみたさこん】

富田知信のこと。⇒富田知信【とみたとものぶ】

富田知信【とみたとものぶ】

?～慶長四年(?～一五九九)。織豊時代の武士、茶人。通称は平右衛門。左近将監に任じられたために「左近」と呼ばれる。近江国(滋賀県)の生まれ。織田信長、さらに豊臣秀吉に仕え側近として重要な役割を果たした。隠居後は秀吉の御伽衆として、千利休とも親交を深めた。茶の湯を能くし、津田宗及と山上宗二を招いた茶会を催したことが知られ、わびた茶室を設けたという伝えもある。霊芝雲と宝尽し文様を表した名物裂・富田金襴の名は、知信が秀吉から与えられたことによるとされる。

留め石【とめいし】

関守石と同じ。⇒関守石【せきもりいし】

留蓋【とめぶた】

屋根の隅棟または降棟の軒近くにある半球形の瓦。「巴蓋瓦」「雨蓋瓦」ともいう。上に動物や花、波などの飾りを付けるものが多い。

巴瓦【ともえがわら】

軒丸瓦と同じ。⇒軒丸瓦【のきまるがわら】

巴の庭【ともえのにわ】

京都市上京区の本法寺の書院東及び南側に面する庭園。本阿弥光悦作と伝えられ、東南隅部の巴状の築山を中心に北と西側にも同様の築山があることから「三巴の庭」とも称される。東南隅の築山には石を立て、その下方に青石の筋目を滝落ちの水と見立てた枯滝が組み、その前に自然石の反橋を渡す。枯滝や十個の切石で囲み造られた小面積の池(八橋形の池)などが『都林泉名所図会』と合致しているが、天明の大火により大部分の建築は焼失し、江戸時代後期に再建されている。本法寺庭園として名勝に指定されている。

巴の庭　八橋形の池

供待【ともまち】

主人が訪問した家で、随行した供人が主人の所用が済むまで控え待つための場所。門の横に設けられた腰掛や玄関横の小部屋などが当てられた。

豊臣秀吉【とよとみひでよし】

天文五年～慶長三年(一五三六～九八)。天下統一を完成した織豊時代の武将。尾張国愛知郡中村(愛知県名古屋市)の木下弥右衛門の子という。織田信長に仕え、丹羽長秀らとともに奉行衆として活躍。木下藤吉郎と名乗ったが、天正元年(一五七三)には姓を木下から羽柴にあらためた。また、受領名の筑前守もこの頃から名乗ったと考えられる。同年九月、浅井氏滅亡後の北近江に大名として封ぜられ、長浜城を築城。信長入京後は京都の民政にあたる。天正五年十月、信長の命を受けて中国攻めに従事。三木城攻略の褒賞として信長より但州金山、茶道具を賜り、制禁の御茶湯を免許された。天正十年、本能寺の変で信長が斃れると、山崎の戦いで明智光秀を破り、大徳寺に信長の菩提所として*総見院を創設して大葬礼を行った。また翌十一年には柴田勝家を賤ヶ岳の合戦に破り、信長の後継者としての地位を固め、*大坂城を築城した。秀吉は山崎の合戦の折に*宝積寺本堂裏に構えた杉の庵を先駆として、大坂城山里の一角に茶室を造り(大坂城山里の茶室の項を参照)、*今井宗久、*津田宗及、*千利休を茶堂として登用した。天正十三年には従一位関白となり、豊臣姓を賜った。関白拝賀として禅宗天正寺を創建、禁中茶会で利休の茶の湯と組立て式の*黄金の茶室を披露。天正十五年、九州を平定し、キリスト教の禁教令を発令。九州征討の戦勝祝賀として*北野大茶之湯を催し、黄金の茶室や四畳半の茶席を設けた。また*聚楽第にも山里に茶室が造られている。秀吉の茶の湯は、利休のわび茶の影響を受けつつ、北野大茶之湯や黄金の茶室に見られるように豪壮でもあり、両者が共存しているという特徴がある。大友宗麟書状に「内々の儀は宗易(利休)、公儀の事は宰相(秀長)存じ候」とあるように、側近の役割をも果たしていた利休を、天正十九年、秀長の死を契機に処罰した。同年、関白の職を甥・秀次に譲ったが、その後も太閤として実権を握った。文禄元年(一五九二)、肥前(佐賀県)名護屋城に本陣を構え、朝鮮に出兵したが(文禄慶長の役)、秀吉が居住地とした山里丸には茶室が、また城周辺に築かれた諸大名の陣屋にも茶室が設られていたことが近年の発掘調査で明らかとなった(名護屋城の茶室の項を参照)。文禄五年の慶長伏見地震により倒壊した*伏見城を慶長二年(一五九七)、伏見木幡山に新たに築城、設けられた学問所には茶会を催す高堂があった。翌三年、秀吉はこの伏見城において没した。高台寺*傘亭や*時雨亭など、伏見城の遺構と伝えられるものがのこる。

豊原統秋【とよはらむねあき】

宝徳二年~大永四年(一四五〇~一五二四)。室町時代後期の楽人。「すみあき」とも。雅楽(主に笙)を家芸とする京都方に属する楽家に生まれる。後柏原天皇、足利十代将軍義稙の笙の師範。永正六年(一五〇九)、『舞曲口伝』を編纂。永正九年には、応仁の乱によって衰退した楽道の伝承を願い、楽書『体源鈔』十三巻を著す。永正十五年、雅楽頭に任じられ、同十六年正四位を叙された。統秋は和歌を*三条西実隆に師事し、家集『松下抄』などがある。*連歌は、宗長に学んだ。書を能くし、また茶の湯にも通じ、自邸に山里庵と名づけた小座敷を構え、「山にても憂からむときの隠家や都のうちの松の下庵」と詠じ、市中の隠居を楽しんだ。*草庵への関心のさきがけをなしたものといえ、*武野紹鷗がその風を慕い、二畳の座敷を営み、山里と称したと伝える。法華経への篤い帰依が知られる。

銅鑼【どら】

中国伝来の打楽器。日本では仏教音楽や民俗芸能、歌舞伎などで用いられる。銅製の円盆形で中央に大きなこぶ状の隆起があり、手にもつか、枠に垂直に釣り下げるなどして、棒の先端が球状に布で包まれた桴で打ち鳴らす。茶の湯では、茶事で*中立の後、*腰掛にいる客を迎え付けるために打たれるが、その起りは、*古田織部が*後座の用意が整ったことを鉦を打って知らせたことに始まると伝承される(茶道便蒙抄)。用い方、また打つ点数や打ち方は、流儀によって異同がある。

虎石【とらいし】

縞状の模様をもつ石の総称。全国各地で産出する。特に黄色系統のチャート質と黒色系統の粘板岩質が交互に重なり、その縞模様が虎の皮に見えることからの呼称。滋賀県の*守山石や瀬田川から産出する瀬田の虎石は特に黄色があでやかで有名である。チャート部分が硬い一方で、粘板岩質部分が浸食に弱い石質のため、川で磨耗すると黒い部分が削られて凹凸ができ、また硬いチャート部分が丸く盛り上がった形状になるのが虎の模様として見られる特徴である。石質は異なるが、*小豆島石や徳島県つるぎ町から産出のろう石(*大理石)にも虎石と呼ばれるものがあり、後者は国会議事堂に用いられたものとして知られている。

銅鑼釘【どらくぎ】

稲妻釘と同じ。⇒稲妻釘【いなずまくぎ】

虎斑【とらふ】

銀杏と同じ。⇒銀杏【ぎんもく】

鳥居引拙【とりいいんせつ】

引拙のこと。⇒引拙【いんせつ】

鳥居垣【とりいがき】

＊『石組園生八重垣伝』にのる垣の一種。京都の「元糺の森（木嶋坐天照御魂神社）」に一組三枠の三輪鳥居があり、これを垣根に趣向したものという。その形状から空間を三区画に区分する場合に用いたと考えられる。

鳥居垣　『石組園生八重垣伝』

鳥居書院【とりいしょいん】

福井県敦賀市にある書院建築。近世敦賀の有力農民であった柴田家にある数寄屋風の書院建築で、妻裏にのこされていた由緒書によると「正徳年中初建立」とあり、正徳年間（一七一一〜一六）に築造され、また「再興文化二年」ともあることから、文化二年（一八〇五）に再建されたと考えられる。外観は寄棟造銅板葺、千鳥破風付の屋根を見せる。以前は檜皮葺であった。内部は上段の間（鶴の間）と下段の間からなる。上段の間は七畳と床及び付書院、下段の間は十畳（松の間）と十二畳（亀の間）で構成されており、周囲に廻縁をめぐらす。上段の間と松の間のあいだにある欄間には、小浜藩主酒井家の家紋が彫刻されている。上段の付書院は通例の火燈窓などとは異なり、鳥居形で黒く塗り大面取が施されている。これは氏神をこの書院から遙拝することを示しているといわれる。柴田氏庭園は名勝に指定されている。

鳥居棚【とりいだな】

＊床脇に設けられる＊飾棚の一種。江戸時代に棚雛形として定型化される四十八棚の一つ。『増補大匠雛形四　新板棚雛形』（一八六六年刊）には「是ハ押板上座なき所、又ハ御上かた（方）、おつほね（御局）方によし」とある。

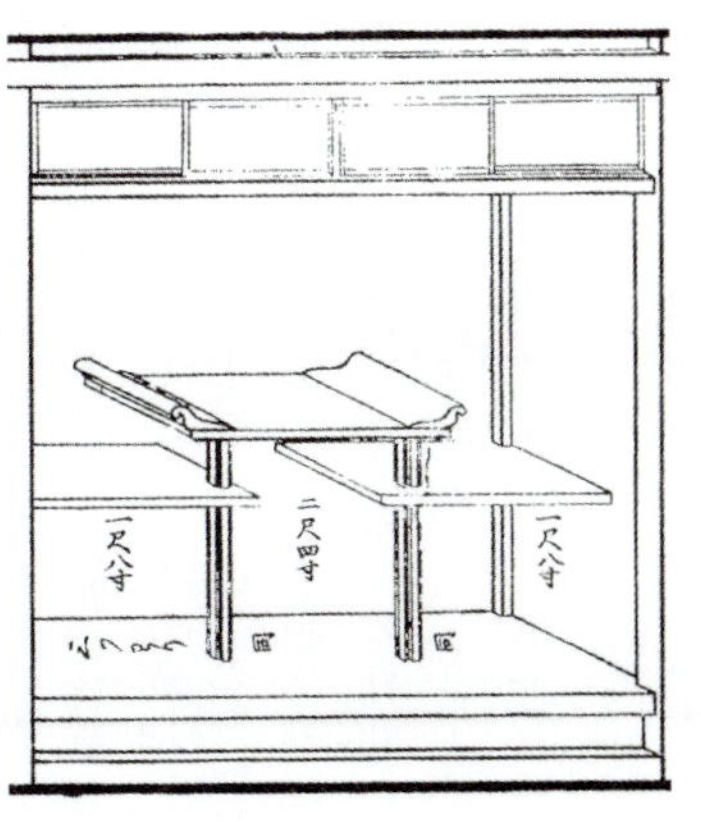

鳥居棚　『増補大匠雛形四 新板棚雛形』

鳥潟家の茶室【とりがたけのちゃしつ】

秋田県大館市の大館市立鳥潟会館にある茶室。同館はもと慶長年間（一五九六〜一六一五）頃から続く鳥潟家の屋敷（旧鳥潟家住宅）で、花岡村の肝煎（庄屋）を代々つとめてきた鳥潟家十七代の鳥潟隆三（一八七七〜一九五二、医学博士）が、昭和十一年（一九三六）に庭の拡張と邸宅の増築のために、宝暦年間（一七五一〜六四）に建てられたとする旧主屋を曳家した後、増改築が行われたものである。屋敷は昭和二十六年に旧花岡村に寄贈され、現在に至る。茶室は庭内に一屋、そして主屋二階にも一室ある。庭内の茶室は入母屋造茅葺。一畳中板入向切逆勝手の席で、風炉先に床を設ける。躙口と貴人口が矩折に付く。主屋二階の茶室は八畳で、一間床の床脇は地板を敷き込み、袖壁を付け、下地窓をあける形式で、天袋や棚のほか、曲面をもった地袋を備える。天井は平天井と化粧屋根裏を組み合わせ、境に下り壁を付ける。また火燈口形式の茶道口を設ける。主屋一階の八畳には、桂離宮松琴亭を思い起こさせる紺と白の市松模様の襖を建て、網代の舟底天井を離れへの長い廊下に使用するなど、全体に数寄屋の意匠でまとめた屋敷である。庭園は京都から庭師を招いて整備され、主屋の東縁には長さ三メートルを超える鞍馬石を用いた沓脱石が据えられる。また待合や東屋などを設ける。

鳥の子紙【とりのこがみ】

和紙の一種。雁皮と楮に三椏を混ぜて漉いた良質の手漉和紙。厚手の和紙で色は美しく光沢があり、その色が鳥の子、つまり鶏卵の殻の淡黄色に似ているところに名の由来があるという。紙面はなめらかで書きやすく、紙質は緻密で耐久力に富む。*襖紙としては古来最上とされる。茶室内の*腰張りにも使用される。

泥壁【どろかべ】

土壁の別称。⇒土壁【つちかべ】

頓庵【とんあん】

京都市北区の大徳寺塔頭大慈院にある茶室。同院は天正十三年（一五八五）、大友宗麟の女（姉とも）・見性院や織田信長の姉・安養院らにより、大徳寺百二十九世住持天叔宗眼を開祖として創建された。茶室名の頓庵は大慈院の旧名である。

頓庵　本席　床側

本堂の後方に渡り廊下でつながり、広間六畳、さらに北側に本席四畳半と水屋が接続する。もとは兵庫県芦屋市にあった*裏千家十三代*圓能斎鉄中好みの茶室で、昭和三年（一九二八）に、山口玄洞が腰掛待合を含めて同院に移築した。移築に際しての指図、またあらたな露地は*表千家十二代惺斎敬翁が手掛けた。切妻造桟瓦葺の主屋根に庇を付け下ろす。東側の妻に玄洞筆「頓庵」の扁額を掲げ、北寄りの柱間いっぱいに、引違いに戸を建てた躙口、その上部に連子窓をあける。四畳半の内部は、北側の一間半の向かって右に琵琶台、左に袋床が一体として構えられている。床柱は釿目を付けた档丸太、琵琶台との境には下り壁が付き、奥の柱は途中で塗り込められた塗立柱。またその矩折、東側には大下地窓があけられ、引分けに障子が建てられることで、書院的な雰囲気が醸し出されている。四畳半切に炉を切り、点前座勝手付には置洞庫を備える。茶道口は方立口形式。天井は野根板の平天井、廻縁には赤松皮付などを用い、さらにその上に竹をめぐらす重ね縁の手法となる。雨天には六畳の押入脇に襖二枚を建てた口から四畳半に席入りする動線も工夫されている。

鈍庵【どんあん】

東京都大田区の日蓮宗大本山池上本門寺にある大野鈍阿の茶室。鈍阿（一八八五～一九五一）は岐阜県出身の陶芸家で、*益田鈍翁に見出され、鈍翁所持の茶道具の写しを数多く作っている。鈍阿の旧居*根庵とともに、平成二年（一九九〇）、同寺の*小堀遠州作と伝える庭園、松涛園内に裏千家が寄贈。入母屋造桟瓦葺で、四畳中板入の席に水屋が付属した構えである。台目床の磨丸太の床柱と中板以外、下地窓の下地から連子子、障子の組子、竿縁に至るまで、すべて栗材で造られている。躙口と貴人口があけられ、また引違いの太鼓襖を建て給仕口と茶道口を兼ねる。点前座には円形の釣棚と、洞庫を設ける。

蜻蛉燈籠【とんぼどうろう】

石燈籠の一種。「かげろうどうろう」と読むこともある。清水寺の成就院（京都市東山区）にあるものを本歌とし、笠や火袋、中台、基礎は六角形で、竿に節がない形式のもの。名称の由来については不明である。

な

内藤源七【ないとうげんしち】

明治二十七年~昭和四十三年(一八九四~一九六八)。数寄屋大工。福井県遠敷郡野木村杉山(若狭町杉山)に生まれる。十三歳の時、*上坂浅次郎に弟子入りし、町家や数寄屋の普請などにたずさわる。その頃の仕事には、大正二年(一九一三)の高台寺*時雨亭、*傘亭の改築や同八年の*妙喜庵の修築などが挙げられる。昭和九年(一九三四)、棟梁としてはじめての仕事となる京都市北区の十橋嘉兵衛邸と玄庵(玄庵の項❸を参照)の普請にあたり、地位を築く。その後、昭和十六年に表千家の普請にもたずさわっているが、同二十年に故郷の若狭(遠敷郡野木村堤)へ帰る。以後、昭和二十一年に自宅を新築し、若狭を拠点に岡山市*後楽園内茶室の修復、岡山県倉敷市大原邸の普請、福井震災の復興工事(同二十三年)、*光悦寺の修復(同三十年)などに従事した。

中板【なかいた】

*板畳の一種。点前畳と客畳のあいだに入れる幅一尺四寸の板畳。炉と幅が同じ寸法であるため、この板に炉を切ることができる。席にゆとりをつくるほか、点前座の空間とそれ以外の空間を視覚的にはっきり分けることによって特定の意味をもたせることもできる。たとえば裏千家*利休堂のように、流祖を拝する厳粛な場に対して、へりくだって茶を点て、供えるような点前座の構えを表現できる。一畳台目や三畳の席が*出炉の場合、*入炉の二畳や一畳台目に匹敵するような極小茶室としての性格が備わるが、中板に炉を切った場合は、二畳分の客座が確保されるため、そうした意味合いは薄れることになる。中板がいつ頃から試みられるようになったのか確かなことは分からない。文化十三年(一八一六)著の『*茶道筌蹄』では、大徳寺の行者山田氏が所持する宗旦好み中板席が「中板の始也」だとするが、実態は不明である。一方で宝永二年(一七〇五)作と考えられる『宗全指図二帳　酉年本』には一畳台目中板席向切の図が掲げられているので、一七〇〇年前後には確かに試みられていたといえる。よく知られる中板の遺構としては、前述の利休堂のほか、*表千家七代如心斎天然の好みとされ、寛保二年(一七四二)になった玉林院の*蓑庵がある。中板という呼称の始まりも定かではないが、遅くとも『不白筆記』には「宗全中板ノ座敷」の語が見られる。これを著した*川上不白は、如心斎の高弟であった。

中板　蓑庵　玉林院

長板【ながいた】

*棚物の一種。原則、真塗の一枚板で、初期茶の湯では「一枚板」とも呼ばれていた。炉、風炉の時季や点前の違いもあるが、風炉と釜、水指などを板の上に荘る。千家では風炉用のほうが大きく、長さ二尺八寸、幅一尺一寸、厚さ六分。炉用は長さ二尺四寸、幅一尺、厚さ四分。流儀によっては炉、風炉の区別がない。*台子の地板をかたどったもの、または天板を下ろしたものといわれるが、台子よりも古い時代にその起源

長板(炉)

を求める説もある。

長板天井【ながいたてんじょう】
一崩しの天井と同じ。⇩一崩しの天井【いちくずしのてんじょう】

中井正清【なかいまさきよ】
永禄八年～元和五年（一五六五～一六一九）。織豊時代から江戸時代前期にかけての大工頭。京都大工頭中井家初代当主。法隆寺西里村（奈良県生駒郡斑鳩町）に誕生。初名を藤右衛門、また名は正次とも称した。慶長七年（一六〇二）、上方六か国大工支配を徳川家康から仰せつかる。慶長十一年、従五位下大和守となり、法隆寺大修理大工棟梁をつとめ、修理棟札に「番匠大工一朝惣棟梁」とのこす。慶長十四年、大和国添下郡にて知行高千石。慶長十七年、従四位下に。徳川家の御大工としても活躍し、*伏見城、*二条城（慶長度）、*江戸城（慶長度）、*名古屋城などの城郭、*後陽成院仙洞御所、女院（新上東門院）御所、慶長度内裏などの内裏、知恩院御影堂、春日社、久能山東照宮、日光東照宮などの建築にたずさわる。中井家と茶の湯のつながりは深く、慶長九年に伏見城本丸小座敷（数寄屋）の作事に関して、*古田織部と*小堀遠州から二通の書状が正清のもとに届いており、数寄屋作事の高度な技術をもっていたことがうかがえる。『*松屋会記』によると、弟の正純（五郎助、一五九四～一六五四）は遠州や柳生宗矩の茶会に招かれる茶人であった。中井家三代目を継いだ正知（一六三一～一七一五）は、茶人としても名をのこし、万治三年（一六六〇）に上梓された『玩貨名物記』には大名物の「本能寺文琳」を所有したと記されている。現在「大工頭中井家関係資料」として重要文化財に指定されている中井家の伝来史料の中には、高台寺*時雨亭や妙喜庵*待庵など多くの茶室の*起し絵図が含まれている。

長囲炉裏【ながいろり】
長炉と同じ。⇩長炉【ながろ】

中埋め【なかうめ】
斑直しと同じ。⇩斑直し【むらなおし】

長岡休夢の茶室【ながおかきゅうむのちゃしつ】
*細川三斎の長男・長岡休夢（一五八〇～一六四六）が営んだ茶室。休夢は「休無」とも書き、与一郎忠隆と称した。関ヶ原の戦いで戦功があったが、のち隠遁し出家。茶の湯を嗜み、*千利休の聚楽屋敷（千利休の屋敷の項を参照）の一部を三斎の斡旋で求め、居住したという。『*茶湯秘抄』巻四や、『*松屋会記』寛永十五年（一六三八）十月二十日の条には三斎が休夢の聚楽屋敷に建てたという茶室図がのせられている。それらによると長四畳と二畳をあわせた六畳敷で、方立口に障子二枚を建て、点前座には二重棚を釣る。南向きの一間床で塗廻し、床脇は、畳で湊紙を張っている。風炉先窓には掛障子が掛かり、刀掛は「二重」である。露地もまた三斎の作とし、「惣皆クリ石」であったという。

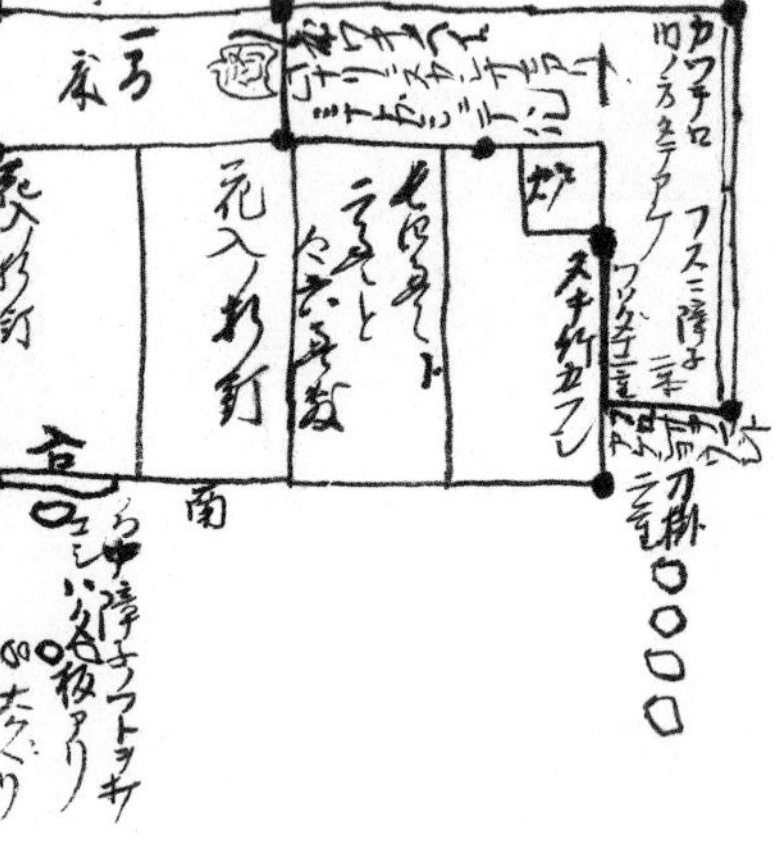
長岡休無（休夢）聚楽屋敷六畳の図
『茶湯秘抄』（石水博物館本）

中川の井【なかがわのい】
名水の一つ。京都中京寺町二条の妙満寺にあった。『*都名所図会』に記される洛陽七井の一つ。*能阿弥が発見した名水であり、古くは中川という川筋にあったことからこの名がついた。妙満寺が左京区岩倉に移転したのにともない、その遺構も移された。

中釘【なかくぎ】
*花入釘の一種。*後座で床に花入を掛けるため、床正面の壁（大平）の中央に打ち込む釘。高さは、花を入れた花入が掛かることを考慮し、床の間口に応じてその高さが決められる。釘の軸先側、折釘の部分が出入りする*無双釘が多く使われるが、そのほか座付きの中釘用折釘を使用することもあり、『*茶道筌蹄』には、床柱に打つ場合は「平座」を、床の中央壁面には「丸座」の釘

を使うと記されている。(付録20頁参照)

中潜り【なかくぐり】

外露地と内露地との境に設けられる中門の一種。千利休の時代には見られず、『翁草』には古田織部が、また『茶道朱紫』にも「利休は路地に猿戸をかまへ、織部は中くぐり、遠州は中門なり」と述べられ、織部の創始を伝えている。一説には金森宗和の作意とも伝えられる。独立した土塀に屋根の付いたような形式で、地面より一尺三寸ほど上がったところに潜りをあける。多くは引き戸形式の戸を入れるが、入れない場合もある。敷居をまたいで潜るため、一段高く外露地側に客石、内露地側には乗越石を置く。表千家の露地にある中潜りが代表的なもので、『不白筆記』によれば、六代覚々斎原叟の頃に茅葺門が中潜りに改められたという。

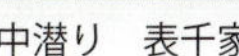

中潜り　表千家

中家の茶室【なかけのちゃしつ】

奈良県生駒郡安堵町の中家住宅主屋(重要文化財)新座敷の南西隅にある茶室。安永二年(一七七三)、平群郡笠目村の大工・森伝兵衛伸続、森伊八伸正によって建てられたもの。内部は三畳、炉を本勝手四畳半切とし、下座に半間で奥行きの浅い室床を構える。床に相対する位置に半間幅で茶室側に障子を建て込んだ引違いの板戸があり、座敷の板縁に続いている。他の室との境は、二方とも引違いに襖を建て、特に主座敷側からは点前座が視野に入りやすい位置であり、一体的に計画されたと考えられる。別室として茶立所的な使用も想定されるが、一室で完結した茶室としても丁寧に造られており、江戸時代の茶室を考える上で貴重な遺構の一つである。

中桟【なかざん】

戸や障子などの建具で、上下の桟(上桟と下桟)のあいだにある横桟。また中桟が縦(竪)の場合は中竪桟という。(付録23頁参照)

長三畳【ながさんじょう】

武野紹鷗が、千利休と夜咄をしていた時に考えた床無し三畳敷の茶室。『茶湯秘抄』に記されている(三畳の項の図を参照)。西小路に住んでいたある僧が、三畳の寝間に肩衝茶入を荘っていたのを紹鷗が珍しく思い、当時まだ一尺四寸の炉は一般的でなかったが、一畳を奥に深い方向に使い(畳を縦にして左右二枚並べ、その向こうに横向きに一枚を敷いた形)、手前の左右一畳を点前畳と客畳に定めて向切の炉(おそらく一尺四寸炉)を切ったものであった。当時、四間の三畳敷に対する受けとめ方は、「床に荘る物がなければ床無しの座敷がふさわしく、とりわけ、わびの場合は三畳が似合う」(分類草人木)というものであったので、紹鷗は肩衝茶入を荘るための三畳のあり方に興味をそそられたのであろう。この茶室は、その後の深三畳につながるような茶室であるし、江戸時代でも「古織」などとして、点前畳の先の一部を板畳に替えた例なども伝えられていた。

中敷居【なかじきい】

「ちゅうじきい」とも読む。

❶普通の敷居の位置より高く、壁面の中ほどに取り付く敷居をいう。この中敷居と鴨居に建具を建て込んだ窓を中敷居窓という。(付録17頁参照)

❷上下二段の押入を設けるため建具が分割される場合などに、敷居と鴨居のあいだ(内法)に入れられる敷居。

中敷居窓【なかじきいまど】

床から立ち上った壁に敷居を取り付けてあける窓のこと。「ちゅうじきいまど」とも読む。押入の中央に敷居を設け、上下に襖を建てることがあるが、中央の敷居を中敷居という。

中島の茶室【なかじまのちゃしつ】

*園池の中に設けられる島を中島といい、ここに建てられる茶室の総称。著名な事例として、鷲尾隆康の日記『二水記』大永六年(一五二六)七月二十二日の条に*青蓮院の庭園の中島で催された茶会の記録があり、室町時代後期に京都で勃興しつつあった「下京茶湯」の名人と評された*宗珠が世話をしていたことから、この茶会は茶道史上で重要な位置をもつ。しかし、このような中島の茶室は、これ以降に発展する*草庵式露地では園池が設けられることはほぼ見られないこともあって、事例が確認できない。江戸時代初期以降になると園池を中心に茶室を配置する*回遊式庭園が盛んとなり、八条宮家の桂離宮*松琴亭や後水尾院*仙洞御所などの事例が見られる。ただし、前者においても開放的な広間に小間の茶座敷がともなうもので、後者も茶室というよりも連歌や和歌、管弦などの御会や酒宴などに供される御茶屋であったことから、庭園の観賞の場としての性格が強かったものと考えられ、*修学院離宮においては中島に*腰掛が設けられている。こうした中島の茶室(茶屋)の延長線上には、*小堀遠州伏見奉行屋敷の園池に設けられた茶屋(亭)のように、中島ではなく池中に建てられた事例もある。実例には*浜離宮恩賜庭園の中島の御茶屋などがある。

中障子襖【なかしょうじぶすま】

源氏襖と同じ。⇒源氏襖【げんじぶすま】

長苆【ながすさ】

藁苆のうち、稲藁を五寸、もしくはそれ以上の長さに裁断したもの。壁土に入れてつなぎにするというより、その苆を土壁上塗表面に現し、壁の表情として意匠に用いる。水に二、三日浸け、さらに醤油に一日浸けてから取り出し、水分を切り、土壁の中に塗り込める。玉林院の*蓑庵の長苆壁が有名。

中筋家住宅の茶室【なかすじけじゅうたくのちゃしつ】

和歌山市の旧中筋家住宅にある茶室。中筋家は五代良重より十代良恭まで、六代にわたり大庄屋をつとめた家。熊野街道沿いに屋敷地を構え、現在のこる主屋は嘉永五年(一八五二)に八代良秘(一七八一～一八五七)が建てたもので、三階建の望楼や二十畳敷の書院座敷など接客空間を備える。和歌山県会議員などをつとめた十代良恭(一八三二～一九〇六)の時に現在の屋敷構えが整った。大広間の庭園を露地として、主屋背面の北西側に位置する茶室は和釘と洋釘が併用されたり、明治の家相図に現れていたりすることから、明治時代中期の良恭の頃の茶室と考えられている。寄棟造桟瓦葺、梁行二間、桁行三間の平家で、東側が土間庇となり、引違いの障子を建てた貴人口をあける。貴人口まわりの外壁は黄土塗、それ以外は杉皮腰付の鼠漆喰塗。四畳半の席は本勝手四畳半切に炉を切り、下座床となる南面西側に台目幅の間口で薄縁の床を設ける。床柱は下部に筍面を施した赤松で、床框は杉面皮材の磨き、落掛は杉柾。床の向かい壁面に竹の連子窓、貴人口の脇に下地窓をあける。柱は面皮杉柱、室内は一面の竿縁天井で、赤松に桜や椿を交互に配した黒木の竿縁に杉の野根板を張る。土間庇の化粧屋根裏にも赤松と椿の小丸太垂木を交互に打ち、身舎の庇は杉角材を平使いにした垂木。室内壁面は砂壁塗である。茶室西側には二枚引違い襖を介して三畳の水屋が付属し、西面に物入と流しを設け、南面に踏込土間の出入り口を設ける。柱や壁面は四畳半と同様だが、竿縁天井は杉皮張に、晒した丸竹の竿縁を配している。平成二十年(二〇〇八)に行われた修理まで、昭和戦前期頃と思われる屋根の小修理を除けばほとんど手が入っておらず、当初材がよくのこる。主屋を含む五棟は重要文化財に指定されている。

中立【なかだち】

茶事において、*初座と*後座のあいだに、客が露地に一旦出ること。「中起ち」とも書く。中立は普通、亭主より請われる。中立のあいだ、亭主は初座の席中をあらためて後座の用意を行い、客は露地に出て*腰掛において、*後入りの用意をして待つ。

中棚【なかだな】

物入などで何段かに内部を仕切る場合の棚。棚板は可動式のものと固定された形式のものがある。

中付け【なかつけ】

斑直しと同じ。⇒斑直し【むらなおし】

中津万象園【なかつばんしょうえん】

中津万象園　観潮楼外観

香川県丸亀市に所在の*大名庭園。讃岐国丸亀藩第二代藩主の京極高豊（一六五五～九四）が、貞享五年（一六八八）、城下に近い金倉川河口左岸の海浜に造営した*回遊式庭園で、当時は「中洲の御茶所」と呼ばれていた。庭園中央の琵琶湖をかたどった池には、近江八景になぞらえた帆、雁、雪、雨、鐘、晴嵐、月、夕映と銘した八つの島を配し、それぞれを橋で結ぶ。高豊は京極家ゆかりの近江の風景を、瀬戸内海に面する丸亀に重ね、この庭園を造営したという。園内には安永十年（一七八一）までに建設されたと考えられる*観潮楼などがある。

中戸【なかど】

民家の土間を仕切る建具。ミセニワと奥の居室部分とを区切る位置などに設けられる。*格子戸とすることが多い。

中庭【なかにわ】

周囲を建物や廊下などで囲まれた庭園の総称。町家の坪庭はこの形式である。必ずしも庭石や植栽をともなうものではなく、通風や採光のために設けられることも多い。

中塗【なかぬり】

*真壁などの工法の中で、*上塗をするための下地を造る工程。塗厚の薄い上塗の精度を良くするには、この中塗の平滑さが求められる。また*荒壁とともに土壁の強度を受けもっているので、材料の選定と配合に留意する必要がある。中塗で終わる場合は中塗仕上げ、後に上塗を行う場合は中塗仕舞と呼び分けている。（付録28頁参照）

中塗苆【なかぬりすさ】

藁苆のうち、*中塗土に使用するもの。使い古しの縄や莚などを一～二寸の長さに裁断し、水をかけて軽度に醗酵させ揉みほぐす。「二分苆」ともいう。関東では「揉み苆」、中でも特に精製したものは「上揉み」という。*中塗に使用する以外に、鉈で切って切返し苆とし、切返し仕上げに用いられるが、現在では*飛出し苆が流通しているため、中塗苆をわざわざ鉈切りすることはなくなった。

中塗土【なかぬりつち】

*中塗に用いる土。*深草土や*荒木田土に*中塗苆や砂を混ぜ練りし、粘度を調整した土壁材料。乾燥後の収縮による表面のひび割れを防ぐため、中塗苆や砂を適度に入れた材料。

中根金作【なかねきんさく】

大正六年～平成七年（一九一七～九五）。近現代の作庭家、造園家。静岡県磐田市出身。国内外に三百カ所ほどの作品をのこし、「昭和の小堀遠州」と称される。昭和十八年（一九四三）に京都府の園芸技師に任用になり、文化財保護課課長補佐をつとめた後に退職。その後は裏千家学園講師などをつとめるかたわら、昭和四十一年に中根庭園研究所設立。その他、大阪芸術大学学長や浪速短期大学学長などを歴任した。主な作品には足立美術館庭園、大仙公園日本庭園、退蔵院余香苑、城南宮楽水苑などがあり、日本万国博覧会の日本庭園の設計にも参加している。『日本の庭』『茶庭の話』『名庭の見方』など著書も多数のこす。

中埜家の煎茶室【なかのけのせんちゃしつ】

愛知県半田市の旧中埜家住宅にある煎茶室。この地は古くから醸造業の発展したところで、中埜家もまた製酢業を営み、当代で八代を数える。酒造と廻船問屋を営んでいた本家より初代が独立したのは文化元年（一八〇四）で、三代又左衛門在世の安政二年（一八五五）に、広大な園池とともに、主屋の招鶴亭が造られた。また煎茶室である水亭は主屋に続き三代又左衛門が、慶応四年（一八六八）に隠居所として池の畔に建てた。その風光明媚な様子は、中埜家が刊行した煎茶会図録の『招鶴亭茗醼図録』（一八八六年刊）、及び『淇水翁薦事図録』（一八九五年刊）にも描写されている。新座敷は四代又左衛門によって、主屋の北西角に明治十八年（一八八五）頃建てられた。水亭の平面構成は、池に面した南側に九畳の主座敷と六畳間を二室配し、その北側に六畳間一室と入口、及び台所がある。主座敷に接する六畳間は、池に臨んで露台が張り出し、そこから主座敷のほうに中国風意匠の勾欄が廻されている。主座敷北面には三畳敷の上段床が設けられ、その東面前方の窓には木瓜形に刳り抜かれた桐材の幅広板が柱を中に挟んではめ込まれ、内側に障子が建て込まれている。新座敷は主屋の西側に接して建つ。二階建で、一階の九畳主座敷には西面北半に床柱に白檀を用いた框床がある。二階の六畳主座敷には座敷飾として北面西半に踏込床、その西端南側の床脇に地袋が配され、それらに向かい合う南面、東面には矩折に縁が設けられて中国風意匠の勾欄が付く。一、二階とも主座敷の天井は精緻な網代天井で、一階主座敷は六角形の籠目模様、二階主座敷は、周囲に雷文と「福壽」の文字を二重にめぐらし、その内側を紗綾形文様で埋め尽くした中国趣味あふれる意匠となっている。旧中埜家住宅は重要文化財に指定されている。

中之坊茶室【なかのぼうちゃしつ】

奈良県葛城市の*當麻寺塔頭中之坊にある茶室。中之坊は仁王門を入った左手にある真言宗の塔頭で、もと中院と呼ばれた。中将姫の剃髪の地として伝えられ、ひろく信仰を集めたが、開創については不明な点が多い。境内には表門、江戸時代前期に建てられた書院（重要文化財）、庫裏、庭園香藕園（史跡、名勝）、中将姫剃髪堂などがある。茶室には書院の中央南側、庭園に突き出した四畳半の席（丸窓席）と五畳の席からなる双塔庵と、書院の東南に*知足庵がある。双塔庵と庭園は慶安年間（一六四八～五二）に後西天皇の行幸に備え、*片桐石州の指導のもとで造営されたとの伝えもあるが、詳らかではない。双塔庵の丸窓席は、北に隣接する書院との境の一間の壁に、直径五尺二寸にも及ぶ大きな円窓をあけて明障子を建てており、茶室としては異例である。また円窓に並んで北西隅に三角形の蹴込床を造る。相手柱を少し室内側にずらして立てていることから、床の平面が正方形ではなく台形になっているのも珍しい。書院が床の裏に隣接しており、床の奥行きがあまりとれないことから工夫されたものである。床柱だけでなく蹴込や壁留などに竹を多用しているところもこの

中之坊茶室　四畳半の席　床と円窓側

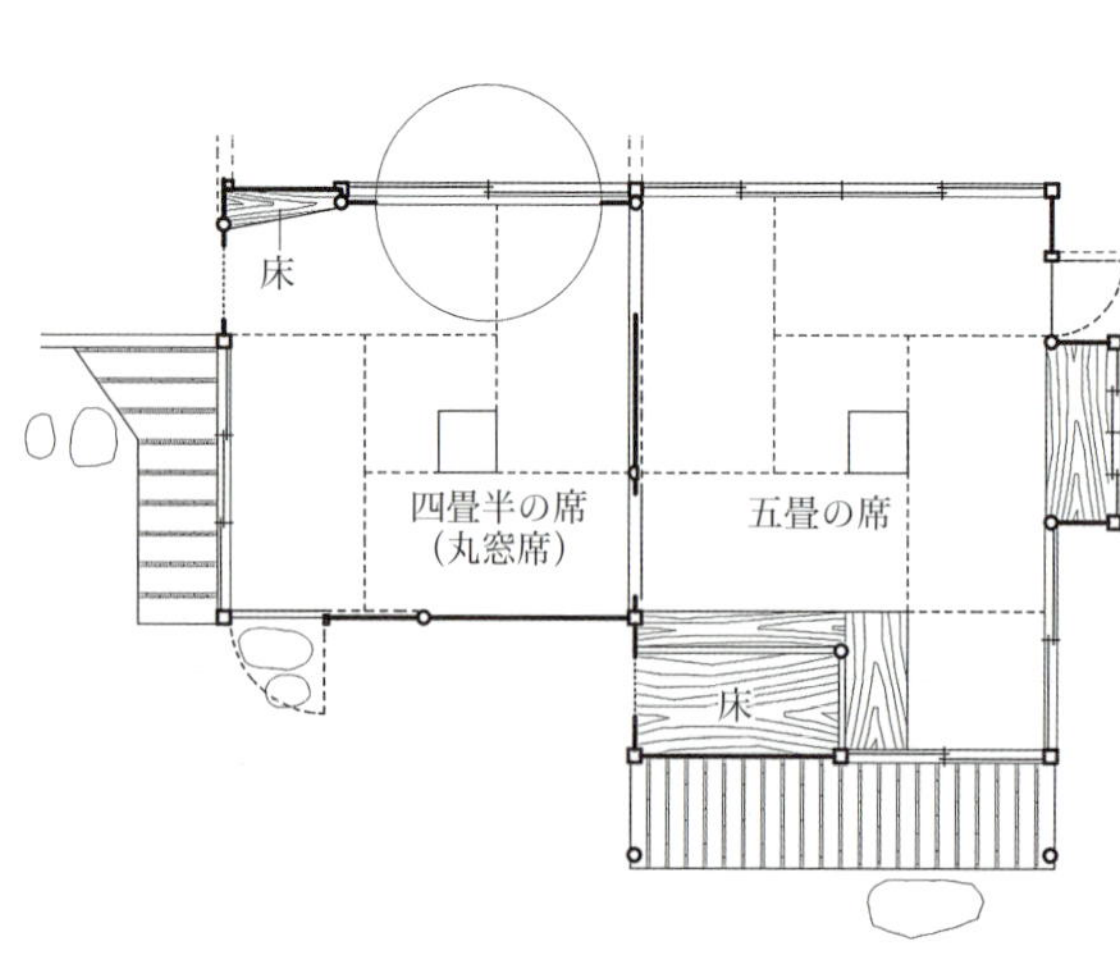

中之坊茶室

茶室の特徴の一つである。西側に三枚障子の貴人口をあけ、南西隅の躙口には障子と板戸を取り付ける。五畳の席は丸窓席と並んで東にあり、茶道口と給仕口でつながっている。床のほかに付書院をしつらえる。丸窓席は貴人を迎える本席とした場合、五畳席はその控えの席であったとも解することができる。双塔庵は「中之坊書院」として、重要文化財に指定されている。

中柱【なかばしら】

点前座を*台目構えとした時の構成要素の一つで、客座と点前座の境、炉の角のすぐ脇に立てる柱のこと。「台目柱」ともいう。中柱には、亭主から見て中柱より先のほうに*袖壁を付け、下から二尺二寸ほどの高さに*壁留を入れて下部を吹抜くのが通例である。また中柱は点前畳を切り欠いて立てるが、袖壁の下の畳も切り欠いて、中柱の太さと同じ幅の*無目敷居を入れる。中柱が曲がりのある丸太の場合、「*曲柱」「歪み柱」ともいう。台目構え以外の場合では、*織田有楽の*如庵、*表千家祖堂の*道安囲、裏千家*今日庵など、周囲の壁から離れて炉の近くに立つ柱も中柱と呼んでいる。台目構え(大目構え)の出現にともなって中柱が現れたとすれば、その初見は、*山上宗二も図で伝えた*千利休の大坂屋敷「細長イ三畳敷」(深三畳半、細長三畳の項を参照)ということになろう。『*細川三斎御伝受書』も「此座敷ヨリ始而大目構出来ル」と記していた。しかしこの茶室では、台目構えの袖壁が下まで続き、*神屋宗湛がこの点前座を「次ノ間」と記したように、中柱や袖壁は、周囲の柱や壁と同じような姿で見えていたと考えられる。今一般的に見られるような姿の中柱と袖壁ではなかったがゆえに、宗二も三畳敷と認識したのであろう。その後、利休は天正十五年(一五八七)に、京に一畳半(*一畳台目)を造り、中柱として「ゆがみ柱を一畳半に利休か立初候」と細川三斎は語ったという。また、中柱の向こうの塗廻しのところに厚い紙を張り廻すと屏風を立てたようだといって利休は嫌い、塗廻しより向こうの*引竹の下は張らないのが良い、との記述もあり(細川三斎御伝受書)、引竹やその下の吹抜きもすでに試みられていた。その後まもなくの文禄五年(一五九六)三月、*古田織部の伏見屋敷での茶会の「三条大」*望覚庵では、太い竹の中柱を立てていた(松屋会記)。竹の壁留を入れて袖壁の下部を吹抜き、下の壁は塗廻してもいたらしい。織田有楽が天満屋敷に造った三畳台目(*元庵として復元)も竹の中柱であった。ただし竹を使うのは異色であって、後には赤松、辛夷、椎、桜、櫟、栗、杉などの小丸太が一般的となり、太さは元(根元のほう)で一寸八分ほどのものが多い。また袖壁は、下部を吹抜くために引竹や*引木を壁留として入れるが、利休流であれば必ず竹とし、*千宗旦が説くごとく、竹の長さが半間あれば四節見せるようにする(茶譜)。また、竹の元が中柱側になるように入れる(細川三斎御伝受書)。また引木で古田織部が試みていたのは、厚さ一寸くらいの*削り木を使って袖壁に入れ、これを続きの壁までのばして、離れたところにあく下地窓の敷居としても使っていた。このほか袖壁に下地窓をあけることもある。前述した有楽の天満屋敷の茶室や、*小堀遠州の作とされる*金地院八窓席などが例として挙げられる。中柱には、茶入の仕覆を掛けるための*袋釘を打つこともある。(付録17頁参照)

中柱　桐蔭席四畳半台目

中引【なかびき】

敷梁と同じ。⇨敷梁【しきばり】

中部邸書院【なかべていしょいん】

山口県下関市の長府庭園にある旧中部邸の書院。旧中部邸は大洋漁業の中部幾次郎が営んだ別邸で、その敷地は長府毛利藩家老格の西運長(一八二六〜七五)が営んだ邸宅跡。庭園は山を背にした回遊式庭園で、主屋と小屋で連結された茶室久歳庵と、さらに池畔に東屋がある。またかつては庭の一画に離れと並ぶようにして、伊藤博文を招じるために設営された洋館があった。離れは大正十年(一九二一)に造立。池を挟んで主屋と対する位置にある。書院は入母屋造桟瓦葺の三方に、鉄板葺の庇を付け下ろした端正な外観となっている。濡縁がなく束の配列をそのまま見せている。外周は腰付のガラス戸、その外に雨戸を建てる。主室、次の間は東西に並び、東西北の三方に広縁、後方に半間の廊下が廻る。室内は主座敷(十五畳)、次の間(十五畳)、八畳の間、二階座敷(八畳)からなる。主座敷は猿頬天井、正面中央に床を構え、左の床脇には天袋と一重棚を配す。床柱は左に杉紋丸太、右は檜の角柱、框は黒漆塗に蒔絵及び螺鈿で蝶を散らした意匠をこらしている。床の右側の脇半間には台目二畳の小室があり、別室扱いの付書院が設けられている。次の間は、正面南側の中央に床柱を立てて二分し、左は床、右の床脇は一重棚を組み合せている。床は踏込床、床柱は赤松皮付、東側入側との境には左の脇壁に縦長の下地窓をあけている。床天井は竿縁天井。座敷を廻る広縁は中央に無目敷居を入れ、内側は畳敷きとなっている。天井は化粧角垂木木舞裏、桁は磨丸太、それぞれにガラス障子を引違い建てとしている。二階は、東側後方に付属屋として設けられている。八畳の座敷は縁側で周囲を囲み、床は薄縁敷となる。この座敷は煎茶用の座敷として造られたと考えられている。

仲磨堂【なかまろどう】

東京都文京区の護国寺にある小堂。数寄者・高橋箒庵により、大正十四年(一九二五)に竣工した。古美術を収集し、古典の復活へ向かった近代数寄者たちは、松平不昧の茶を手本としていた。箒庵はその代表的人物であり、松平家の江戸菩提寺である天徳寺から墓門や蹲踞石、石燈籠を移し、護国寺に茶道本山としての茶苑を整えていくことになる。仲磨堂はその端緒となった。大正三年頃、箒庵は奈良で自然石に阿倍仲磨塚と彫り付けている古碑を入手、自らの邸内に置いていた。これを護国寺に移し、そのかたわらに、かつて一ツ木町邸内の大松を一本柱として用い建てた約二坪の小堂を移築して仲磨堂とした。外観は宝形造で、瓦四半敷の内部一隅に畳を敷いて板床を設け、その脇に壁龕を造り、円窓の中に阿倍仲麻呂(麿)像が安置される。また丸炉が設けられる。さらにはその横にもとあった茶見世式の建物に六畳を付け加えた三笠亭を建てた。この三笠亭のみでは茶会に不足を感じた箒庵はこれ以降、三畳台目の茶室、箒庵をはじめ多くの茶室を建て、また移築し、護国寺茶苑の姿を整えていくことになる。

中村外二【なかむらそとじ】

明治三十九年〜平成九年(一九〇六〜九七)。数寄屋大工。富山県石動に生まれる。十六歳で地元の大工・水田常次郎に弟子入りして修業を積み、後に京都に出て、昭和十二年(一九三七)頃に武田五一の知遇を得、何有荘の改造を手掛けた。また村野藤吾の仕事にも携わる。戦後まもなく裏千家に出入りし、松下幸之助が寄贈した茶室も多く手掛けた。代表作に、都ホテル佳水園、京都国際会館茶室宝松庵、神宮茶室霽月などがある。著書に『数寄屋建築施工集』『匠技　大工・中村外二の仕事』などがある。

中杢【なかもく】

木材の表面に現れる木目の一種。細い柾目の中心に、板目の幅が狭くなり、木目の山が現れているもの。またそのような木目の材をいう。特に希少で、落ちつきのある姿から数寄屋建築の高級材である。樹心のほぼ中央、心から少しだけはずれた位置で、年輪に対して平行に木取りした時に現れる。天井板として、吉野杉の中杢などが有名である。

長屋門【ながやもん】

門の一形式。武家屋敷で道路に面して建つ平家の長屋の一部を門としたもの。門の両側は使用人の居室や物置、馬屋などに利用された。江戸時代には庄屋など豪農の屋敷にも設けられるようになり、明治時代以降になると農家の門としてひろく普及した。

長四畳【ながよじょう】

四畳のうち、丸畳四枚を、一間×二間の矩形になるよう敷いた茶室。大別して長四畳古様と、後の長四畳の類とがある。長四畳古様は『南方録』が掲げるもので、『普翁自筆之書』にも少し違いはあるものの同様の座敷が挙げられる。どちらの史料も元禄年間(一六八八〜一七〇四)初め頃の書であるが、深四畳と平四畳、とでもいうべき二種類の平面を掲げていた。深四畳のほうは、『南方録』で「古様」と明記したもので、後に平四畳の平面にもなった。点前座も客座も座敷の長手方向にそって畳を敷いた座敷で、『南方録』によると、*深三畳より後に現れたものだという。点前座の風炉先に五寸幅の板畳を入れ、板畳手前に*向切の炉を切った点前座で、正客はこの脇の畳に着座し、連客はのこり二畳の方向へと適宜流れて座を連ねる。掛物は、点前座勝手付から続く一間の壁に掛けたらしいが、『普翁白筆之書』ではそこに床が付く。また平四畳のほうは、畳の敷き方を変えて、客座、点前座とも座敷の短手方向にそった使い方にし、両者の中央に掛物を掛けるようになっている。『南方録』によれば、これらはみな建物の縁などを一部囲って茶室とした*囲いの類で、不自由な点が多く、次第に廃れたとする。長四畳古様にあたる遺構は見当たらないが、改築を経て現状のようになったと考えられる等持院*清漣亭などは、開放的な茶屋ながらも長四畳古様を想起させる平面構成である。古様ではない長四畳のほうは、たとえば*細川三斎の作例として、寛永十四年（一六三七）に奈良の塗師・松屋久重が呼ばれた三斎の京都吉田屋敷長四畳（細川三斎の茶室の項を参照）があり、書院の一部を囲ったものであったと考えられる。寛永十四年正月、やはり久重が招かれた*金森宗和の長四畳（四畳の項の図を参照）でも、二階の縁から入る囲いのような茶室であった。また遺構の一例としては、神奈川県鎌倉市の恵観山荘保存会が管理する*旧一条恵観山荘の長四畳が挙げられる。幅一間の入側（畳縁）の一部を囲ったような茶室で、庇での遊芸を重んじてきた公家の伝統を、*一条昭良がこの山荘で表現したものと見ることができる。

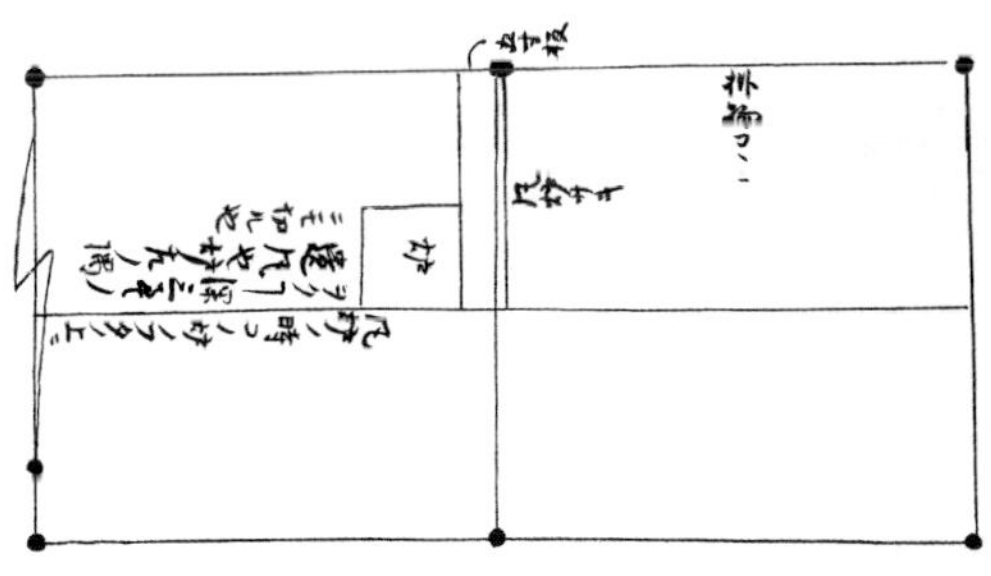

長四畳古様の図　『南方録』滅後（立花家本）

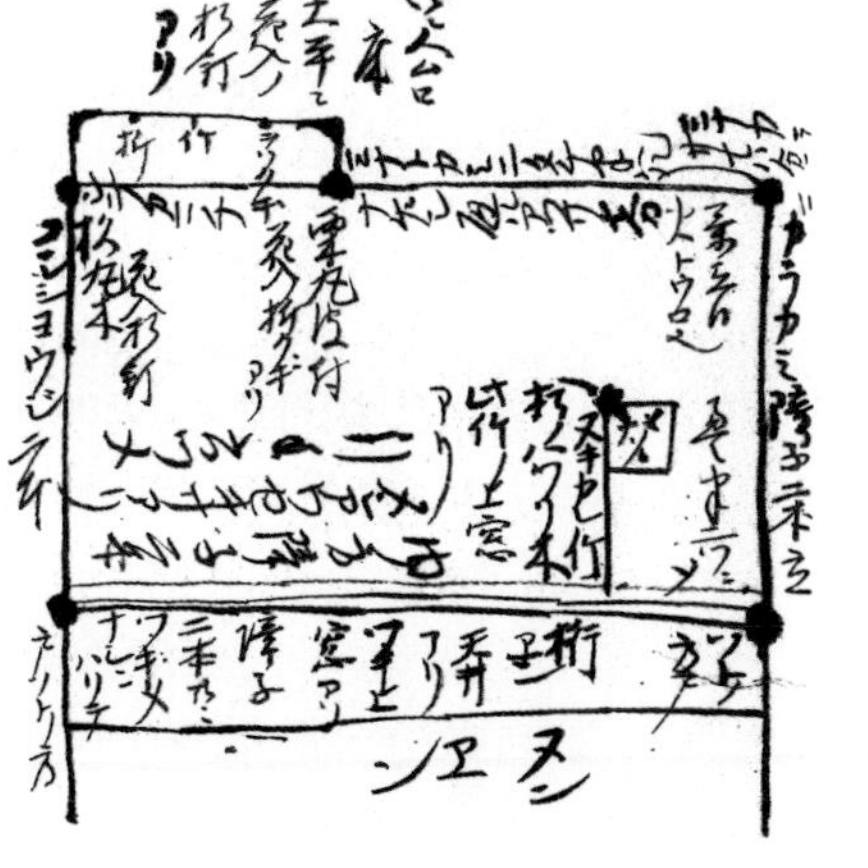

細川三斎吉田屋敷の長四畳の図
『茶湯秘抄』（石水博物館本）

乍庵【ながらあん】

和歌山市の三尾邦三邸松雲荘にあった茶室。独楽庵（独楽庵の項❶を参照）同様、大坂の長柄橋の橋杭を用いた茶室として知られていた。入母屋造瓦葺、内部は一畳台目で板床。床に向かって右手が三角に切られて袴腰の茶道口があり、踏込の板座に杉の太柱が立てられた。点前座は台目畳で炉は向切、洞庫が設けられていた。躙口を入るとその左に方立口形式の給仕口があった。もと大坂の薬種問屋・吉野五運邸内の茶室を和歌山の三尾邸に移築したもので、*表千家十代吸江斎祥翁の弟子、吉田微斎が養父の玉成（庸斎）が所持していた橋杭を用い、吸江斎の指導のもとに建てたと伝えるが、現存せず。

流れ【ながれ】

❶屋根の*棟から*軒先までの勾配のこと。またその面のこともいう。流れを片方にのみ付けるものは*片流れ、四方に付けるものは*四方流れとなる。
❷庭園内に造られる小川の総称。池への導水路、または排水路としての機能をもつ。水を流すことのない*枯流れもある。*寝殿造庭園の流れは、特に*遣水という。

流れ手水【ながれちょうず】

池や浅い*流れを手水の水として用い、あるいは見立て、*前石、*湯桶石、*手燭石などの役石のみを池の中に据え、*手水鉢を置かないもの。

実例が桂離宮の*松琴亭にある。

流れ蹲踞【ながれつくばい】

庭の*流れ、または園池の中に*手水鉢を配置して*蹲踞としたもの。醍醐寺三宝院*松月亭、栗林公園*掬月亭、*對龍山荘の庭園など、江戸時代から明治時代の*書院造庭園や*回遊式庭園に多く見られる。なお流れや池の中に*前石、*湯桶石、*手燭石などの役石を配置し、手水鉢を置かずに池水で手水を使う場合は特に*流れ手水といい、桂離宮*松琴亭の例が著名である。

流れ蹲踞　碧雲荘

流れの石組【ながれのいしぐみ】

*護岸石組の一種。*遣水などの細流の石組。『*作庭記』には「遣水の石を立る事は、ひたおもてにしげくたてくだす事あるべからず。或透廊のしたより出る所、或山鼻をめぐる所、或池へいるゝ所、或水のおれかへる所也」「遣水ニ石をたてはしめむ事ハ、先水のおれかへりたわみゆく所也」とあり、護岸全面に石を立てるのではなく、建物と関係するところや*築山の鼻をめぐるところ、池に入るところなど、また水が当たって折り返す地点に石を組むことが述べられている。また底に敷かれる底石や水流を分ける水切の石、横石、水を盛り上げて流す水越の石などは根入れを深くすべきことを注意している。露地においては実際には水を流さず、*枯流れを設けることがある。

流れの庭【ながれのにわ】

*流れを主題とした庭園。平城京左京三条二坊宮跡庭園（特別史跡、特別名勝）などがある。また、広大な*池庭の一画にある流れの部分をさしていうこともあり、近代において七代目*小川治兵衛が作庭した無鄰菴庭園（無鄰菴の項❸を参照）や對龍山荘庭園（對龍山荘の項を参照）などがある。

長炉【ながろ】

*炉の一種。長方形の炉のこと。普通の炉を二つあわせた程度の大きさで「長囲炉裏」ともいう。主として水屋に設けて、茶の湯の時、*控釜を懸けたり、懐石の調理のために使用する。

中露地【なかろじ】

内露地と外露地から構成される*二重露地のうち、外露地がさらに二つに区画されたものを*三重露地と呼び、この時、内露地に接する側の外露地を中露地という。たとえば*藪内家の露地は、茶室*燕庵が建つ内露地は*猿戸で外露地と区切られているが、外露地はさらに二つに区画されている。すなわち、*寄付である*雲脚が建つ露地があり、*露地口を入ると*外腰掛や*雪隠が建つ露地がある。ここから*中潜りを入ると内露地となる。この両者が外露地であるが、内露地とは猿戸で接する側である外腰掛を備えた部分が中露地に相当する。また*武者小路千家の露地の場合、露地口を入ると外腰掛の建つ外露地があり、*編笠門と呼ばれる中門の内側が内露地となる。外露地は空堀及び土間廊下によって二分される構成となっていることから、官休庵の露地は三重露地の構成をとるとみることができ、空堀から中門までの部分が中露地に相当する。

薙面【なぎづら】

柱などの部材を*チョウナ（釿、手斧）ではつった（表面を削り取る）ままを化粧とした仕上げ。または、はつった材面。はつった痕が趣のある表情をもつ。縁側の濡縁、床柱や落掛、門柱などの数寄屋の材として多用される。

なぐり

栗の材を*チョウナ（釿、手斧）やマサカリ（鉞）で意匠的にはつる（少しずつ削る）こと。または、はつった材。「名栗」とも書く。本来、チョウナは原木の荒加工のために用いられていたが、この削り痕を装飾的に扱うようになった。なぐりのはつり方には波形や亀甲形などがあり、角材にも板材にも用いる。茶室では*床柱や化粧垂木、窓格子、縁板、袖柱、竿縁などに用いる。

なぐり

長押【なげし】

日本建築の構造において、柱をつなぎ留める役割をもった水平材。柱の両面から挟み付け、大釘で打ち留めて固定する。初めは構造材として水平方向を固める役割を担っていたが、やがて*貫が多用されるに至って、その役割は減じ、装飾としての意味合いが強くなった。鎌倉時代以降の禅宗様や大仏様、及びその影響の受けた建築においては貫が主として用いられるが、和様建築（禅宗様や大仏様に対して、それ以前に用いられた寺院建築の様式）においては長押が用いられることが多い。使用する場所によって、地面に接する*地長押、縁の上にある*切目長押、窓の下の腰長押、開口部の上の*内法長押、内法長押と天井とのあいだで*蟻壁の下部にある蟻壁長押、天井*廻縁の下端に接している*天井長押などの種類がある。近世以降の*書院造においては、室内に内法長押を装飾として取り付けることが多くなり、室の格式を示す指標となった。茶の湯空間では、慈照寺*東求堂のように初期のものは長押を付けていたが、わび茶の隆盛とともに付けないものが一般化、あるいは丸太を割った形式（*丸太長押）のものなど、格式を廃したものが好まれる傾向となる。逆に、柱や天井の形状などとともに、長押の有無やその形状は、室の格式を表現する手段として大きな役割をもつ。（付録19頁参照）

長押（内法長押）

名古屋城【なごやじょう】

愛知県名古屋市中区にある室町時代から江戸時代の城。「金鯱城」ともいう。大永年間（一五二一～二八）に今川氏親が築いた那古屋城がその初めという。その後、織田家の手に渡り、*織田信長が清洲に城を移した際に廃城。慶長十五年（一六一〇）、*徳川家康は多数の大名に命じて那古屋城と同じ所に名古屋城の普請を進めた。天守の作事奉行には*小堀遠州が、棟梁には*中井正清があたった。平城で、本丸を中心に二の丸、三の丸、西の丸、御深井丸に分かれ、高い石垣と幅の広い空堀や水堀で守られている。幕末まで尾張徳川家の本拠となり、明治時代以降も大小の天守と本丸御殿はのこされたが、昭和二十年（一九四五）の空襲で焼失した。昭和三四年、現在の天守閣が鉄筋コンクリートによって復元された。もとの本丸御殿には表書院、対面所、黒木書院、上洛御殿（御成書院）などが設けられ、表書院と対面所は*書院造を代表する建築であった。また寛永十一年（一六三四）に建てられた上洛御殿は室内に豪華な意匠の欄間彫刻や小壁、襖などが見られた。一方、黒木書院では水墨淡彩の山水が描かれた襖絵などが見られ、奥向きの書院であった。城内の三の丸庭園には尾張徳川家十二代斉荘の好みによる書斎兼茶室の*松月斎が、下御深井御庭には*竹長押茶屋があった。現在、城内には*織部堂、猿面茶席（猿面茶室の項を参照）、書院（名古屋城茶苑の書院の項を参照）、*又隠茶席、*望嶽庵などの茶室がある。城跡は特別史跡、二の丸庭園は*玉澗流庭園の様式で名勝。

名護屋城【なごやじょう】

佐賀県唐津市にあった織豊時代の城。*唐入のため朝鮮国へ侵攻した文禄・慶長の役の際、*豊臣秀吉が本拠地として築城。文禄元年（一五九二）から慶長三年（一五九八）までのわずか七年のあいだ、辺境の一漁村が突如戦略的拠点となり、十数万人の人口を有する大城下町に変貌、役の終了とともにふたたび一漁村に戻った。現在、地上の建造物などこそ失われたものの、石垣は残存し、石垣に囲まれた区画の地表面下には当時の生活の痕跡が良好な状態でのこる。当時としては*大坂城に次ぐ規模を誇った本格的な近世城郭で、役に勝利した後も継続して活用できるよう築城されていた。天正十九年（一五九一）八月頃に築城が決定され、同年十月には九州諸大名を中心とする割普請（一つの普請を分割してもつこと）が開始、秀吉が着陣するまでのわずか五カ月でほぼ完成したと考えられているが、城内から「天正十八年五月」銘の瓦が見つかったことなどから、この時期から築城が開始されていたとも考えられる。肥前名護屋城図屏風には、城内に御殿、門、櫓、茶室（名護屋城の茶室の項を参照）、能舞台などの建物約九十七棟、また陣屋、武家屋敷が約七十カ所、町家、民家などが約二百六十軒と、多くの建造物が建ち並ぶ様子、さらに武士、商人、町人、明使節団、ポルトガル人などをあわせて約二百八十人もの人物が描かれており、当時の状況をうかがい知ることのできる数少ない史料となっている。特別史跡。

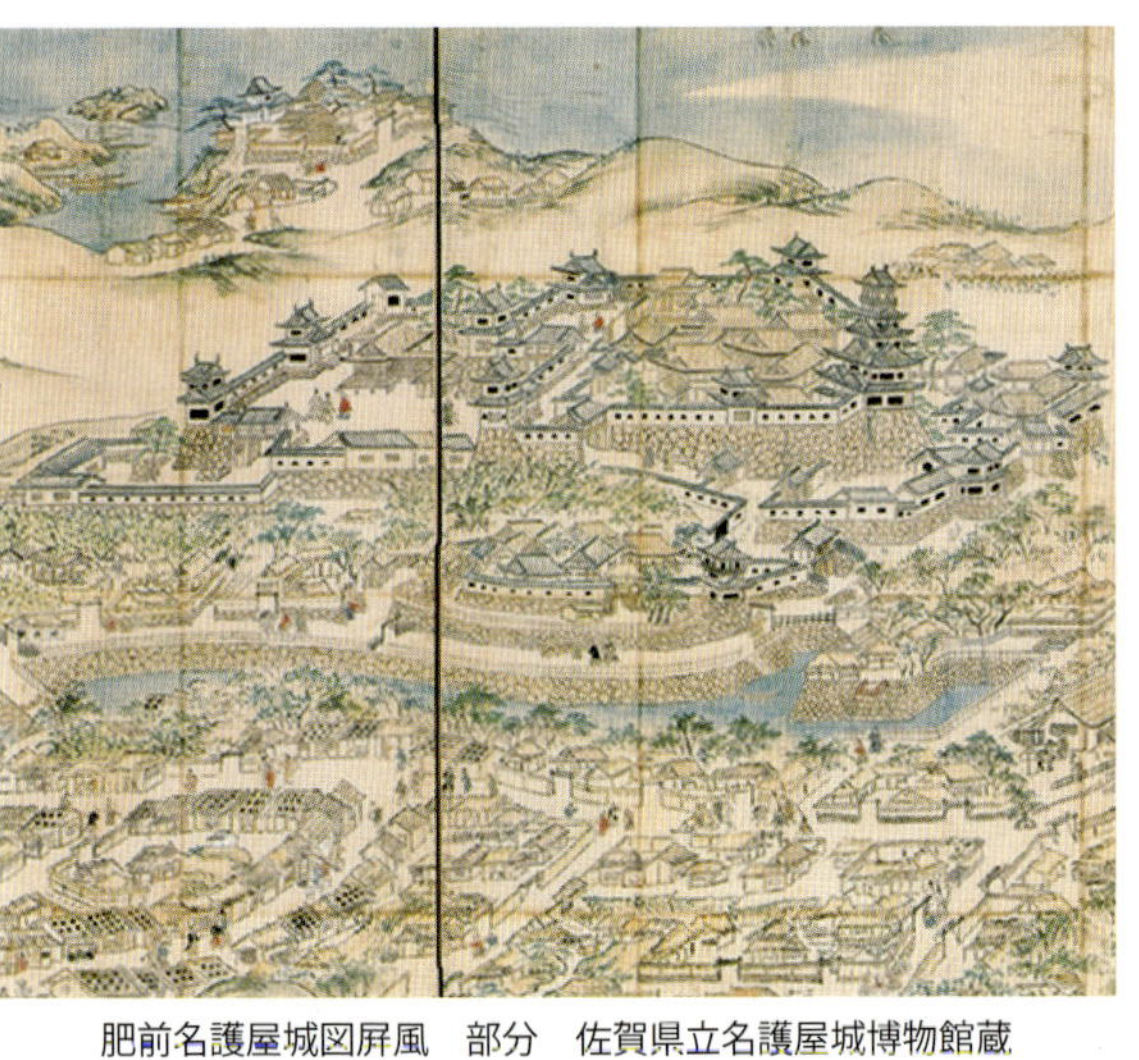

肥前名護屋城図屏風　部分　佐賀県立名護屋城博物館蔵

名古屋城茶苑の書院【なごやじょうちゃえんのしょいん】

愛知県名古屋市中区の*名古屋城の茶苑にある書院。この書院は、渡り廊下で猿面茶席（猿面茶室の項を参照）と*望嶽庵の建物とつながる。昭和二十四年（一九四九）に森川勘一郎（如春庵）の指導で完成。外観は東側を正面にした切妻造桟瓦葺。内部は式台、四畳敷の控えの間、八畳敷の次の間、十畳敷の書院座敷がそれぞれ襖を隔てて続く。書院座敷の床は下座に構え、七尺の畳床で台面の床脇に地袋が付く。床と矩折に付書院を構える。八畳、十畳の南側、西側に畳廊下と板縁が廻る。境の欄間は、一宮市苅安賀の森川邸にある書院の欄間と同じデザインで、桐材に透しで吉祥文の蝙蝠文の形が施されている。また書院座敷の北側にある五畳敷は東側に六畳ほどの板間の水屋を配し、上げ台目切に炉を切った点前座の正面に一畳の床を台目上座床とし、のこりに前板を配する。北と西側は腰障子を建て、切目板縁が矩折に廻る。昭和二十三年秋、名古屋城内にあった加藤清正手植えの老松が枯れたので、永く記念とするために書院座敷の台面、付書院、袋棚、次の間八畳の床板、五畳座敷の床の前板に使用された。

名護屋城の茶室【なごやじょうのちゃしつ】

佐賀県唐津市の*名護屋城にあった茶室。城内には本丸、二ノ丸などとともに、山里丸と呼称される*豊臣秀吉の私的空間が造られており、これまでの発掘調査で、その一部には茶室を中心とする空間が設けられていたと推定される遺構群が見つかっている。肥前名護屋城図屏風によると、この茶室空間が位置するのは山里丸北西端にある小曲輪で、秀吉居館部の西側にあたる。そこには「くの木作御門」と呼ぶ草葺の二階門や、「月見櫓」と呼ぶ勾欄付望楼をもつ三階櫓、そして敷地奥には茶室と見られる方形造草葺の建物が描かれ、本丸などの他曲輪の様相とは明らかに異なることがわかる。ここを対象とする発掘調査では、一直線にのびる飛石の列や石段、石組の井戸、手水を使った水を受ける石組の溜め桝、排水のための木樋の跡、通路のために敷かれた玉砂利、さらに垣根や門、茶室の痕跡と見られる掘立柱の穴の跡など、多数の遺構が見つかった。また、この茶室空間から本丸方面に向かう緩やかな斜面地には、石段や石橋、飛石列など、露地を構成した遺構も見つかっている。主体となる茶室については、周囲に多くの痕跡がのこるにもかかわらず、明瞭な痕跡がなかった。その理由は『*宗湛日記』の天正二十年（一五九二）十一月十七日の条に「一　太閤様ニ　ナコヤニテ、御會　山里ノ御座敷ヒラキナ

な

リ(中略)、御座敷四テウ半、柱モ其外ミナ竹ナリ、(以下略)」とあり、この四畳半の座敷は主要な構造材をすべて竹で造る仮設的な茶室であったためと推定される。これまでの発掘調査では、山里丸の他に城内において茶室と見られる建物跡は見つかっていないが、『宗湛日記』天正二十年五月二十八日の条に「金ノ御座敷ニテ、諸大名衆ニ御茶被遣次第」「金ノ御座敷ノ事、平三畳也、柱ハ金ヲ延ア包ミ、敷モ鴨居モ同前也、壁ハ金ヲ長サ六尺ホト、広五寸ホトツヽニ延テ、ガンギニシトミ候、縁ノ口ニ四枚ノ腰障子ニシテ、骨ト腰ノ板ハ金ニシテ、赤キモンシャニテハリテ、畳表ハシヤウ〳〵ヒ、ヘリニハ金ラン、モエキコモン、中ヽミニハ越前綿、三尺ノエン、是ハ竹ツヽラニテカキ候、同カマチ皮ムキノ木也」と記されており、平三畳で柱や壁、鴨居、敷居、障子なども金が用いられていたことがわかる。さらに同年九月十日付の『加藤重次書状』にも「殊金の御さしき」と名護屋城内に「黄金の茶室」があったことが推察される記述が見られる(黄金の茶室の項を参照)。各地の武将が名護屋城の周囲に築いた陣屋においても、これまでの発掘調査でいくつかの茶室関係の遺構が見つかっている。大和郡山(奈良県)を城地とする豊臣秀保(三畳相当)、越前(福井県)北の庄の堀秀治(四畳半相当)の各陣屋跡、武蔵江戸の徳川家康の別陣跡(四畳半相当)に茶室と考えられる礎石建物跡が見つかっている。家康については『宗湛日記』文禄二年(一五九三)正月二十一日の条にも「四畳半」での茶会の記録がのこる。また茶室空間の存在を想定させる飛石や雪隠などの遺構については、発掘調査を行った多くの陣屋跡で見つかっており、武将たちに茶の湯の文化がひろがっていたことが発掘遺構からも裏付けられている。『宗湛日記』には、それ以外にも名護屋で茶会を行っていたことが記されており、主なものでは、施薬院全宗が天正二十年十一月九日、文禄二年正月十六日に「四畳半」、石田正澄が天正二十年十一月十日に「平三畳」、文禄二年正月二十二日に「二畳半」、小寺休夢が天正二十年十一月十二日に「深三畳」、前田利家が天正二十年十一月十五日に「四畳、四尺床」、浅野長政が天正二十年十一月二十日に「平三畳」、佐久間不干斎が天正二十年十二月十九日に「長四畳、床無」、文禄二年正月十九日に「長四畳」、津田宗凡が天正二十年十二月二十五日に「二畳半」、高山右近が天正二十年十二月二十六日に「二畳、床無」、織田有楽が文禄二年正月十七日に「長四畳」、住吉屋(山岡)宗無が文禄二年正月十七日に「三畳半、大平のほうに一畳の上段」などと記されている。

名護屋城山里丸の草庵式茶室跡　第146調査区中央部(北から)

名護屋城山里丸草庵式茶室跡の復元想定図

菜種庵【なたねあん】

大阪市北区にあった寒山寺の茶室。同寺は、豊臣秀吉が建てた菜種御殿の遺跡で、秀吉遺愛の席もあったが、九代正方の時に災火により焼失したという。それを昭和四年(一九二九)に木津家三代宗泉の設計によって復興したもの。寒山寺住職の記述によると、茶室は三畳台目に鞘の間二畳が付属、点前座中柱には木津が多年秘蔵していた曲がりのある竹が用いられた。さらに同寺には木津の設計によって、昭和五年に五畳書院付下座床の「榧陰室」、同六年春に四畳半書院付下座床の「爐陰室」、同年秋に一畳台目中板下座壁床の「不二庵」が竣工していたという。

那智黒【なちぐろ】
石材の一種。那智真黒の項を参照。⇩那智真黒【なちまぐろ】

那智砂利【なちじゃり】
和歌山県東牟婁郡那智勝浦町付近の近海で採取される砂利。那智石が熊野川を流下する中で磨滅して形成されたもの。黒色で、真黒砂利としてすぐれている。三～六センチ内外の薄い楕円形で、光沢のある緻密な肌をもつ。近年では、中国産の黒龍石の人工加工品と区別するために、那智のものを本那智砂利、また中国産のものを新那智砂利として区別する。

那智真黒【なちまぐろ】
石材の一種。三重県熊野市から産出する石。紀州真黒のひとつで、北山川の支流である神川周辺で産出されるものだけをいう。黒色で硬い珪質頁岩(粘板岩)である。この石材が磨かれて光沢を有した砂利を那智黒と呼ぶ。水石や景石のほか、碁石や硯などの加工品にも用いる。

夏障子【なつしょうじ】
夏季に、*明障子や襖に替えて建てられる*簾障子や*葭障子の別称。

棗【なつめ】
*抹茶を入れる容器である茶器の一種。ナツメの実にその形が似ていることからの名称といわれる。現在の千家流茶の湯では、主に薄茶に用いる茶器の代表的存在となっている。ただし現存する茶会記には当初棗の名はなく、その初見は『*天王寺屋会記』「宗達茶会記」の永禄五年(一五六二)正月十日のことであり、それまでは肩衝や茄子、文琳などの唐物茶入のほかには、頭切、薬籠、金輪寺、茶桶の名が見られるのみである。それが永禄年間後半以降には棗が多く使われるようになり、やがては頭切、薬籠、金輪寺、茶桶などをはるかに凌駕するようになる。現在、紹鷗棗や利休棗と称する棗類が知られるが、茶会記の記録でも*武野紹鷗没後(一五五五年)まもなく棗が多く使われるようになったことを示している。家元制度が確立してから千家では特に棗を重視し、歴代家元の*好みになるものも多く、さらに紹鷗形棗や利休形棗という認識がひろまり、薄茶器の中心となっていった。

棗形手水鉢【なつめがたちょうずばち】
手水鉢の一種。茶道具の*棗に似た、卵形の形状のもの。*縁先手水鉢に用いられることも多く、妙心寺の塔頭玉鳳院のものなどが知られる。(付録11頁参照)

七草の天井【ななくさのてんじょう】
水無瀬神宮*燈心亭の天井の古称。*吹寄格天井に組まれ、その格間に、萩、木賊、山吹、寒竹、葭など多様な植物の細い茎や枝を材料として使用し、交互に張り合わせている。その種類は現在では十一種ともいわれるが、かつては七種と考えられ、そこから七草の天井と呼ばれるようになった。麻糸で編み付け簾状にしたものを裏板に張る。

七つ石【ななついし】
露地の七つ石のこと。⇩露地の七つ石【ろじのななついし】

七つカネ【ななつかね】
「七つ曲尺」とも書く。十一のカネの項を参照。⇩十一のカネ【じゅういちのかね】

鯰棚【なまずだな】

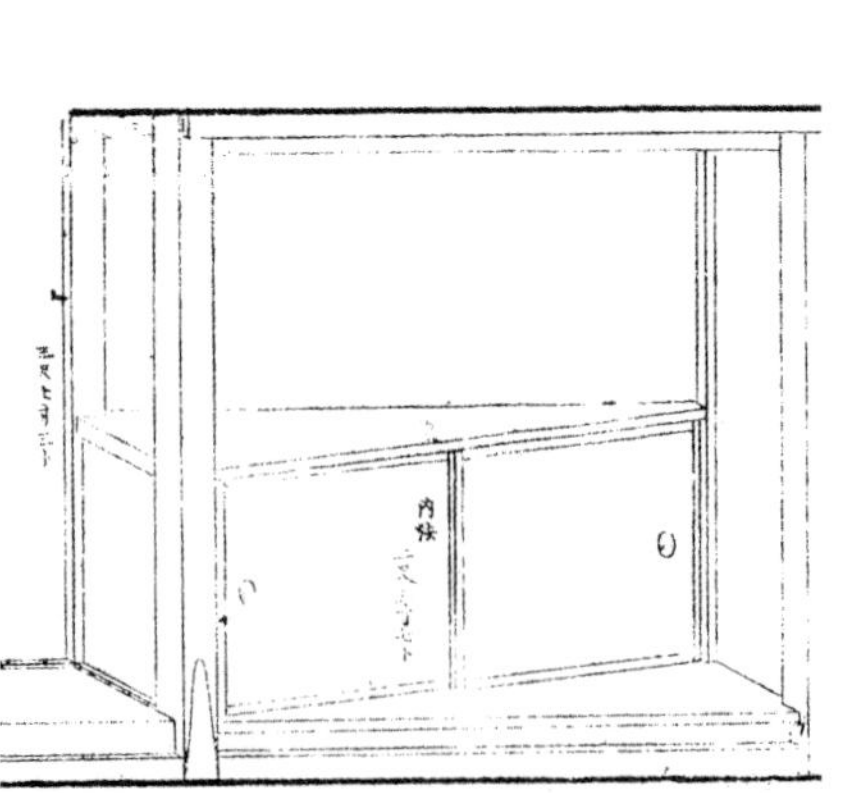

鯰棚　『雑工三編 大工棚雛形』

な

床脇に設けられる*飾棚の一種。『雑工三編 大工棚雛形』（一八五〇年刊）ほか、江戸時代後期から明治時代にかけて公刊された棚雛形本に収録される。天板を三角形とし、袋戸一枚を建てた*地袋のみで構成される。

並大津【なみおおつ】
*大津壁のうち、一般的な施工法で仕上げたものをいう。麻苆入の上塗材料を塗り付けた後、大津通し鏝で押え、仕上げる。*磨き大津と比べて表面のざらつき感が大きい。光沢はない。

浪返し筆返し【なみがえしふでがえし】
返浪筆返しと同じ。⇒返浪筆返し【かえしなみふでがえし】

波形壁【なみがたかべ】
壁の仕上げ方の一種。小間の茶室における塗壁手法のひとつで、鏝を使い塗壁仕上げ表面に、波紋のような鏝跡を軽くのこす手法。鼠土を用いることが多い。

波刈込【なみかりこみ】
*刈込の一種。躑躅をはじめとした低木を群植し、全体として波の形を表すよう剪定したもの。山麓に位置する寺院庭園などでは土留めの意味で斜面地に低木が群植されることがあり、昭和時代に流行した刈込の手法で、作庭当初からであるかは未詳。維持管理の過程においてこういった形に整形されたとも考えられる。岡山の*頼久寺庭園、滋賀の大池寺や奈良の慈光院の庭のものなどが有名。波刈込は比較的背が高く仕立てられるため、庭園背後の住宅など近景を遮蔽する意味もある。

波刈込　頼久寺

波連子欄間【なみれんじらんま】
*欄間の一種。「弓欄間」ともいう。主に禅宗様の建築で用いられる形式で、波形に造られた*組子（波連子）を竪に並べたもの。

弱竹【なよたけ】
細くてしなやかな竹を総称していう。またメダケ（*女竹）の別名としても知られている。茶室では*化粧屋根裏の*小舞や*間垂木に用いるが、強度や風合いは*矢竹と比べて劣る。

鳴子戸【なるこど】
*木戸の一種。*真竹を*竪框とし、鳴子形の板に九本の細竹を縦に打ち付けた形状の戸を、二本の丸太柱のあいだに取り付けたもの。

縄打【なわうち】
縄張と同じ。⇒縄張【なわばり】

縄簾【なわすだれ】
一本の横竹に*棕櫚縄や麻縄などを幾筋も垂らして*簾としたもの。「縄暖簾」ともいう。*寄付や雪隠の入口などに用いて、*田舎家のようなわびた風情を表す。

縄暖簾【なわのれん】
縄簾と同じ。⇒縄簾【なわすだれ】

縄張【なわばり】
敷地の境界や新しく建てる建物の配置を定めるために、配置図にしたがって実際の敷地に短い杭を打ち、縄を張って平面や配置を確かめること。「縄打」ともいう。また庭園の地割を設計する際にも用いられる。

縄巻き【なわまき】
虫籠窓の格子など、木材や竹に壁土や*漆喰を塗る場合に、付着を良くするために縄を巻き付けること。

楠蔭庵【なんいんあん】

大阪府和泉市の和泉市久保惣記念美術館にある茶室。*聴泉亭とともに、二代目久保惣太郎夫妻によって、数寄屋師*平井儀三郎の手で、昭和十二年(一九三七)に建てられたものといわれる。館内、松尾川のたもとに建つ。三畳半の席に二畳の水屋を付した茶室。外観は切妻造桟瓦葺、西面妻側を落ち棟とし、銅板葺の土間庇を出す。席へは土間庇に連結する貴人口で出入りする。内部は本勝手四畳半切で、上座に原叟床を構える、*表千家六代覚々斎原叟好みの席である。登録有形文化財。

南光席【なんこうせき】

京都市左京区の*野村得庵の旧別邸*碧雲荘にある茶室。広大な庭の南寄りの一角に茶室*花泛亭と*又織を有する建物(花泛亭)があり、周辺には垣に囲まれて草庵風の露地が形成され、深く掘り込んだ降り蹲踞が造られている。これらは碧雲荘で行われた茶会では本席として使われることの多い主要な施設である。大正十二年(一九二三)にはでき上がっていたが、昭和二年(一九二七)に焼失。その後ただちに焼失前と変わらない姿で再建された。南光席はこの主要な建物の中に造られている茶室で、これも焼失後に再建された。寄付の左方にある又織と水屋を挟んで南寄りにある。外観は、複雑に重なり合う又織の屋根の南に付属して、軽快な切妻屋根の妻面に柿葺の深い庇を付け下ろし、その下に土間庇を形成して躙口をあけている。内部は二畳中板入で、炉は向切に切る。阿波(徳島県)の谷田宗円より道具ならびに燈籠などとともに譲り受けたものと伝えられている。重要文化財。

南山寿荘【なんざんじゅそう】

愛知県名古屋市昭和区の昭和美術館にある*渡辺規綱の尾頭坂(新尾頭)別邸にあった茶室。昭和十年(一九三五)頃、現在地に移築された。かつて規綱別邸は西に堀川があり、そのためこの建物の二階座敷からは、船が建物の中へ入ってくるように見え、「入船の席」ともいった。斜面を利用して舞台造のように床を高くして造られ、階下には当初は寄付となる部屋があり、寄付から飛石伝いに蹲踞をまわって階段を上がり、席入りした。規綱は*裏千家十一代玄々斎精中の実兄にあたり、玄々斎も建築に関与している。棟札から天保三年(一八三二)、規綱四十一歳、玄々斎二十三歳の時の造立とされる。現在は池畔に棟を東西にし、南面して建つ階段(木階)を上がると*捻駕籠席前の榑縁となり、一段上に腰掛がある。二階座敷に通じる廊下は反対側にあって中潜り的な仕切り口で腰掛とつながっている。二階座敷は主室と次の間、そして四畳半の水屋からなり、南側に縁が付く。北側にも主室と次の間をつなぐ縁がある。主室は床の脇一畳を入れて九畳敷。床と矩折に一間の棚と一間の袋棚が並ぶ。次の間との境に扇面透しの欄間がある。この欄間は玄々斎好みとして同市中区にある神谷家広間の柏蔭斎にも入れられ、玄々斎がこの建物に深くかかわったことの証左となる。また縁側の明障子は下まで格子状の桟となり、これも玄々斎の好みとして、ほかの遺構に見られる。なお同館には茶室*有合庵も建つ。

南宗寺【なんしゅうじ】

大阪府堺市堺区南旅篭町東にある臨済宗大徳寺派の寺院。山号は龍興山。弘治三年(一五五七)、三好長慶(一五二二〜六四)が父・元長の菩提を弔うために、大林宗套(大徳寺九十世住持)を開山に迎えて創建。大永六年(一五二六)に古嶽宗亘(大徳寺七十六世住持)が堺南庄舳松(現堺区協和町)の一庵に住いし、南宗庵と命名したことに始まる。南宗庵三世住持であった大林に帰依した長慶を開基として、地を宿院南(現堺区中之町東)に移し、庵を南宗寺とあらため、東西八町、南北三十町の広大な境内に七堂伽藍、七重大塔、三好神廟などおびただしい堂塔が建立された。長慶より以前、同じく大林に帰依し尊崇していた*武野紹鷗が、南宗庵の建て直しを企図したが果たせず、没している。弘治十一年に大林が示寂し、笑嶺宗訢(大徳寺百七世住持)が南宗寺の二世住持となる。南宗寺の規模が最も整ったのは笑嶺の代といわれ、元亀四年(一五七三)、足利義昭によって五山に次ぐ禅院十刹に加えられた。その後も*春屋宗園、*古溪宗陳と、古嶽の法系によって相承されている。南宗寺の創建は、堺における茶の湯の隆盛期と重なり、大林、笑嶺、春屋、古溪の南宗寺歴代住持に、紹鷗をはじめとして*北向道陳、*津田宗達、*津田宗及、*千利休らが帰依しており、このような堺衆によって、南宗寺は大徳寺北派の経済的な拠点となっていく。慶長二十年（一六一五）、大坂夏の陣により、堺は灰燼に帰し南宗寺も類焼、その時、十二世住持であった*澤庵宗彭によって、寺地を現在地に移して再興された。明治維新後、廃仏毀釈により荒廃するが、明治九年（一八七六）、南宗寺にて堺博覧会が開催され、塩穴寺から利休好みとも伝えられる茶室*実相庵が移築された。昭和二十年（一九四五）、戦災により主要伽藍が焼失し、再興当時より現存する堂宇は、甘露門（山門）、承応元年（一六五二）建立の大雄宝殿（仏殿）、唐門が重要文化財。ほかに山内最古の建物で下層部が茶室の坐雲亭、影堂（夢界堂）がある。境内には三好一族、紹鷗、千家一門の墓や供養塔があり、方丈前庭の枯山水（名勝）は*古田織部好みと伝えられ、茶室前庭には利休遺愛という*袈裟形手水鉢や紹鷗遺愛という六地蔵燈籠がある。

南禅寺【なんぜんじ】

京都市左京区南禅寺福地町にある臨済宗南禅寺派の大本山。京都五山の一つ。文永元年（一二六四）、亀山天皇が福地に営んだ離宮を、正応四年（一二九一）に禅寺にあらため、東福寺三世の無関玄悟（大明国師）を開山としたのが起源である。当初、龍安山禅林禅寺と号したが、主要伽藍が整った永仁七年（一二九九）に寺名もあらためて瑞龍山太平興国南禅禅寺とした。二度の大火の後、さらに応仁の乱の兵火により荒廃していたが、慶長十年（一六〇五）、以心崇伝（円照本光国師、一五六九〜一六三三）が住持となると、同十一年には豊臣秀頼の寄進で法堂が再興され、同十六年には御所の御殿の下賜によって方丈（国宝）が建立されるなど、主要伽藍が復興された。方丈の南側には*小堀遠州作と伝わる庭園（名勝）があり、「虎の子渡しの庭」と呼ばれている。亀山上皇が営んだ離宮の御堂は、弘安九年（一二八六）に火災にあった後、再建されて南禅院と名をあらため、南禅寺の別院として現存する。亀山上皇作と伝わる庭園は史跡及び名勝に指定される。塔頭の金地院には、以心崇伝の依頼により遠州が設計した*金地院八窓席、同じく遠州作庭の庭園（鶴亀の庭、特別名勝）がある。

南禅寺垣

南禅寺垣【なんぜんじがき】

南禅寺に*不識庵が建てられた折（一九五四年）に、露地を作庭した造園家・*中根金作が考案した垣。割竹の*立子を*胴縁に編み、約一間ごとに萩の穂を小幅に挟み入れ、割竹の*押縁と*玉縁を架けたもの。作庭秘伝書『築山染指録』には「南禅寺牆（竹）」とあるが、それ以上の解説がなく、詳細は不明である。

南天【なんてん】

メギ科ナンテン属の常緑低木。本州（茨城県以西）から九州の山地に自生する。十一〜十二月に果実が赤く熟す。ナンテンの読みが「難転」に通じることから縁起の木とされ、災難除けや不浄除け、火災除けともされて、庭木として植えられることが多く、正月飾りとしても用いられる。日本には古くは『明月記』（鎌倉時代）に現われ、織豊時代には生け花の花材ともなった。『*古田織部正殿聞書』には「内外路次ニ南天植候也。多植ハ悪シ。下草之心得ニ少々用可植也」、また『築山庭造伝後編』「路地庭造りの図解」の項に「植樹ハ松、槇、南天、棒樫、もっこく等よし」とあり、露地にもよく植えられる木である。材は床柱などに用いられることもある。

南天床柱【なんてんとこばしら】

*南天を用いた*床柱のこと。皮付のまま用い、太いものを珍重する。鹿苑寺（金閣寺）の*夕佳亭のものがよく知られている。また奈良市*吉城園の茶室や米子市後藤家住宅の*松風庵などにも用いられる。

納戸構【なんどがまえ】
帳台構と同じ。⇨帳台構【ちょうだいがまえ】❶

難波寺形手水鉢【なんばじがたちょうずばち】
手水鉢の一種。「なんばでらがた」とも読む。八角形の平たい石を立てて、八角形の面を側面にして「難波寺」と彫り、上部に水穴をあけたもの。

南坊庵【なんぼうあん】
京都市左京区大原の*谷川茂庵の別邸にあった茶室。外観は茅葺の民家風で、内部は三畳中板入の小間と四畳半台目の席からなる。小間は、天井に民家風の屋根裏をそのままあらわし、栗の化粧梁をも露出した野趣豊かなもの。中板に四畳半切で炉が収められている。火燈口形式の茶道口は、給仕口を兼ねている。三畳だが、客座の二畳は中板の幅の分だけ短い台目畳二枚を敷く。四畳半台目の席は、孤篷庵の*山雲床の構成を模したもので、西側に切目縁を付け、縁先に勾欄を配している。三枚引きの腰障子を開け放つと、老杉の繁る山深い露地の景色を席中より眺めることができる。中柱はなぐり、下座床には丸い墨蹟窓が付き、床柱は赤松。天井は板張りの竿縁天井と蒲の落天井である。二つの茶室のあいだに台目畳三枚の畳廊下(相の間)があり、北にある四畳半の水屋や三畳の控え室、一間半四方の土間との動線を円滑につないでいる。

南坊庵　外観　『数寄屋聚成』4

南芳軒【なんぽうけん】
神奈川県鎌倉市の瑞泉寺にある茶室。同寺は臨済宗円覚寺派の寺院で、嘉暦二年(一三二七)に*夢窓疎石が創建した。もとは東京都世田谷区にあった茶室を昭和三十年代(一九五五～六四)、東京オリンピックの道路建設にともない移築。切妻造桟瓦葺の建物で、三畳台目の席に懐石まで対応できる広い水屋、軒下の露地と腰掛待合が付属する。床柱は栗の皮付、床框は杉の磨丸太、柱面はすべてなぐり仕上げとなっている。露地は庭師の*田中泰阿弥による。同じ頃、隣接して建てられた保寿庵は、四畳半台目向切で、一重棚と洞庫が付く。どちらも瑞泉寺にあった塔頭の名を冠した席名で、扁額は書家・田山方南(一九〇三～八〇)による。方南は、文部省の文化財調査官で墨蹟研究家。退職後は松永記念館(現在の小田原市郷土文化館分館)館長をつとめ、明治村茶会の創設にもつくしている。平成二十三年(二〇一一)、半解体修理を行っている。

南坊宗啓【なんぼうそうけい】
『*南方録』の筆者とされる人物。『南方録』は*千利休の高弟で堺(大阪府)の南宗寺の塔頭*集雲庵の二世住持の南坊が、利休からの教えを聞書きし、それに利休が証明を加えたものとされているが、その経緯は筑前国(福岡県)黒田藩家老で、元禄三年(一六九〇)に『南方録』を編著した立花実山の証言にのみ知られる。南坊は堺の富商・淡路屋の出身ともいわれ、文禄二年(一五九三)二月二十八日、利休三回忌の霊前に香華、茶菓を供え、誦経、回向をし終えた後、立ち去ったという。また茶道流派の南坊流の祖ともされている。しかしながら、南坊宗啓の存在は同時代の史料からは確認できていない。なお『*山上宗二記』に茶杓削りの名手として名が挙げられる*慶首座を、かつて同一人とすることもあった。

南方録【なんぽうろく】
*千利休の言行と教えを弟子の*南坊宗啓が筆録したとされる書。その卓抜な内容により、長く茶道の聖典と仰がれてきた。しかし宗啓の自筆本は伝世せず、今日目にすることのできる『南方録』の祖本は立花実山の筆写本である。筑前

国（福岡県）黒田藩の藩士であった実山は、参勤交代の途次、京都の某家に「利休秘伝茶湯書」五巻のあるのを知り、人に請うてその写本を作ってもらった。それは「覚書」「会」「棚」「書院」「台子」の五巻であった。その後また参勤交代の途次、かねて便を通じていた宗啓の遠孫、納屋宗雪に会い、その家に伝来した秘書二巻を借用して書写した。それは「墨引」と「滅後」の巻であった。なお実山は、右の写本を作成する際、特に秘奥なること八カ条を別巻付録として、筐底に蔵することにした。それは清書されないままであったが、実山の没後、弟の寧拙が見出して清書した。「秘伝」の巻がこれである。実山はこれとは別になお数十カ条を七巻の中から外して書き出し、一巻としていた。これも寧拙によって清書され「追加」の巻となった。以上の経過よりして、『南方録』は本録七巻に「秘伝」「追加」の二巻をあわせて、全九巻よりなることになる。書名の『南方録』は、福岡崇福寺の古外和尚が『喫茶南方録』と命名したことに由来するという。「霧海の南針」の発想によるものと考えられる。『南方録』の成立については近年様々な疑義が提出されている。それを踏まえて、歴史的事実を実証的に研究する史料としては、『南方録』を第二次的なものに留めるのは正しい選択である。しかし茶道のあるべき普遍的真実を探求するための資料としては、『南方録』はやはり第一等の資料とされるべきであろう。本書には茶室や*露地に関する記述も数多く、茶の湯の「*深味」を草庵小座敷の茶にあるとしている。冒頭の「小座敷の茶の湯は、第一仏法を以て修行得道する事也」（小座敷の茶の湯は、第一に、仏法を修行し、得道することである）に示される、本書の茶道仏道一如観は後世の茶の湯のあり方に大きな影響を与えた。

南北亭【なんぼくてい】

愛知県岡崎市の東公園にある茶室。岡崎出身の地理学者・志賀重昂が世界各地で収集した木、竹、石を用いて、明治四十四年（一九一一）に東京代々木の自邸に建てられた。当時は四松庵と称していたが、昭和四年（一九二九）、*等澍庵の隣の高台に南北亭と改名し、移築した。建物の建築材料は、沖縄県南大東島産の檳榔、天井にサハリン（樺太）産のトドマツを使用し、その中央部には日露樺太境界画定委員会本部にあった「グロデコオ村」名を浮き彫りした板がはめ込まれている。床柱は台湾産孟宗竹の太竹、壁砂の上部にサハラ砂漠の砂、その下部にはエジプト砂漠の砂を用いて、砂礫はスエズ運河産の砂、土間には世界各地の小石が散りばめられているなど、席名の如く世界各地の材料を用いている。

南浦紹明【なんぽじょうみょう】

嘉禎元年～延慶元年（一二三五～一三〇八）。鎌倉時代の臨済宗の僧。建長寺の蘭溪道隆のもとで修行の後、正元元年（一二五九）、入宋。諸刹を遍歴後、径山（浙江省）の虚堂智愚のもとで大悟し印可を得た。文永四年（一二六七）に帰国し筑前国（福岡県）の興徳寺や崇福寺の住持をつとめた。五山の万寿寺に住し、また嘉元寺の開山となるが、教化の地を鎌倉に求め正観寺へ移り、さらには執権・北条貞時の要請により建長寺の住持となった。法嗣に*宗峰妙超、通翁鏡円などがいる。後宇多法皇から円通大応国師号を勅諡された。これは国師号の最初とされる。

南明庵【なんめいあん】

京都市北区の大徳寺塔頭*玉林院にある牌堂。寛保二年（一七四二）、大坂の豪商・鴻池了瑛（四代目善右衛門）が玉林院八世大龍宗丈の時、鴻池の祖とされる山中鹿之助の牌堂として造営した。また数寄者であった了瑛は茶事の形式で法要を営むことができるように、南明庵の西には*小間の*蓑庵を、その東側には書院の*霞床席を設けた。南明庵を中心とする一連の施設は、寛保二年四月二十二日に落成したことが*棟札によって明らかである。棟札には施主に加え「本堂工匠　林重右衛門宗友」「数寄屋鎌之間　工匠遠藤庄右衛門隆明」と工匠の名も明記されている。本堂とは南明庵のことをさすと考えられ、それと茶室部分は別々の工匠が手掛けたことになる。林重右衛門は大徳寺出入りの大工であり、本堂は堂宮大工が、茶室部分は数寄屋大工が造ったと考えられる。外観は一重の*入母屋造、*母屋は*柿葺とし、蠟燭桟瓦（桟の部分が蠟燭状に作られた桟瓦）で葺いた庇を三方に付け下ろし、樂家七代長入の作と伝える*敷瓦を*四半敷にした*土間廊下をめぐらせている。屋根の勾配は少し急で、建ちを高く見せ、妻には*木連格子と*懸魚を、*棟には*鬼瓦を飾る。正面から見ると壁面に*火燈窓を配し、縁と基壇を備えているから仏堂としての性格が現れているが、本来の仏堂と比べると火燈窓も入口の左側にしかなく、縁も正面から東側へ廻っているだけで西側にはない。基壇も低く、屋根は照り屋根ではなく*起り屋根で、左右対称を崩した非様式的な造形手法で、仏堂的な外観を形成しようとしている。三方を廻る土間庇の丸太桁を受ける支柱も*杣なぐりを立てる。内部は六畳敷、南側の入口奥に四枚*襖を隔てて仏壇が造られる。仏壇は正面に*腰障子を建て、下は*小襖を建てて*地袋としている。腰障子は*組子を密にして格子を造り、その組子と腰の吹寄*舞良子を金塗り、ほかをすべて黒く塗り、簡潔で上品な意匠とする。六畳の西に半間幅の板間二間が付いている。これは蓑庵の水屋、及び仏壇背後の廊下へと続くが、仏間の*鞘の間のような性格をもっている。*竿縁天井が六畳から一続きに張られて一室の扱いが示され、板間と畳敷きの境の上方には、二間にわたり赤松皮付の*無目を入れている。*鴨居でもあり、*欄間でもあるこの一本の無目が、畳敷きに対して板間を*入側か鞘の間のように区別する役割をしている。板間の南端に火燈窓があく。土間庇の床に楽焼の敷瓦を用いたのも、いかにも数寄者らしい趣向である。こうした小堂の佇まいに、この位牌堂の特殊な性格や、施主の教養がよく現れている。また、二人の大工がかかわったのは、仏堂と茶室という建物の性質の違いによるのであろうが、ここでは建物が一体のものとして建築的な落差を感じさせない。重要文化財。

南明庵　外観

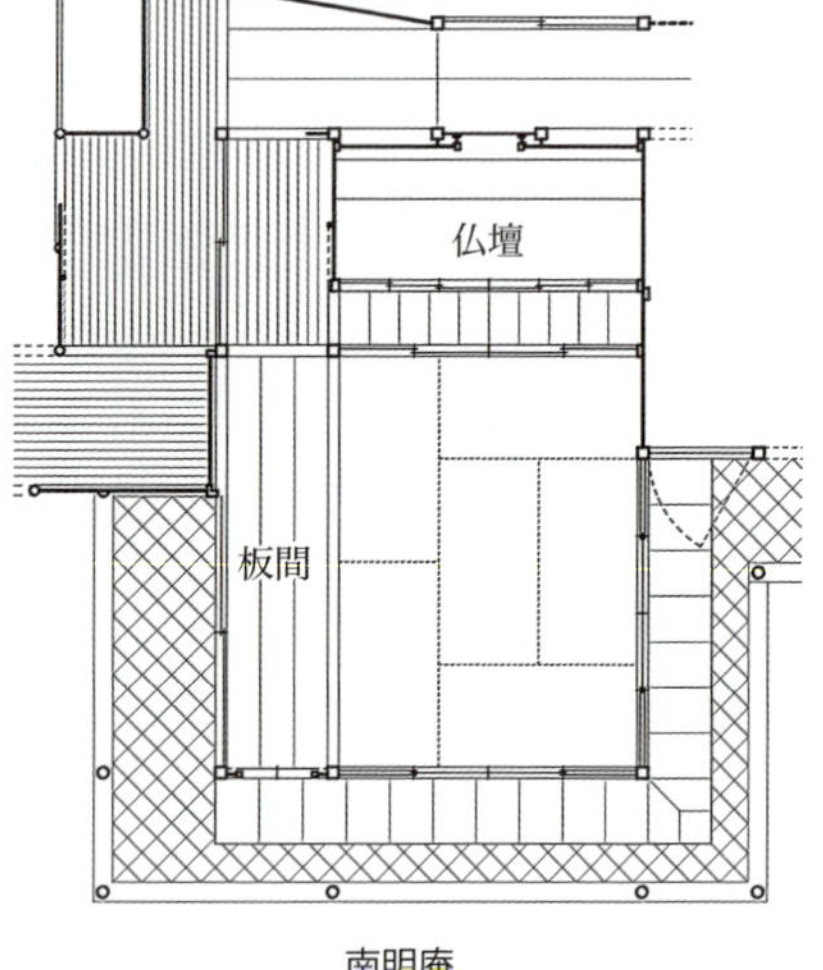

南明庵

な

に

煮売り茶屋【にうりぢゃや】

*茶屋とは、建造物をさす場合と、営業形態をさす場合があり、路傍で休息する人に湯茶を出したり、客に飲食、遊興させたりする店舗のこともいう。煮売り茶屋は、江戸時代、宿場などにあって煮売り、つまり魚や野菜などを料理して売るのを兼業する茶店で、「菜屋」「水屋」とも称された。

二階建の茶室【にかいだてのちゃしつ】

二層（重層）構造の茶室。日本では中世、禅宗建築の普及によって二階建の建物が現れてくるが、*足利義満の別業*北山殿には、二階建の*会所である天鏡閣が設けられ、舎利殿とのあいだに高廊が架せられていたと伝えられる。室町時代の茶会や喫茶の知識を記す『喫茶往来』では「喫茶之亭」について「桟敷を二階にたかく峙てて、眺望が良いように四方が開いた」奇殿と記し、この記述から二階建の施設で茶の湯が行われていたことが推測され、その中国楼閣風な様相がうかがえる。『*松屋会記』には永禄四年（一五六一）一月二十四日の東大寺*四聖坊の茶室を「二階座敷ニ床ニ瓜ノ絵」と記し、同年十月十八日には同所で「茶ハ二階ニテ、飯ハ新造ニテ」と二階座敷で茶の湯が行われていたことが記されている。また同会記では寛永十五年（一六三八）一月二十八日、京都の御所八幡町にあった金森宗和の屋敷に「二カイ座敷、長四畳也、ウシロ床ナリ、カマチハ丸木也」と長四畳の二階座敷があったことを記している（金森宗和の屋敷と茶室の項を参照）。これらのほか、京都の半井驢庵の住居や興福寺塔頭金蔵院などにも二階建の茶室があったことが文献から見出せる。なお現存する二階建茶室の作例として、高台寺の時雨亭、三溪園の聴秋閣、偕楽園の好文亭などが挙げられる。

二階棚【にかいだな】

❶床脇に設けられる飾棚の一種。江戸時代に棚雛形として定型化される四十八棚の一つ。『増補大匠雛形四 新板棚雛形』（一八六六年刊）には「是ハ書院わき、またハ御うへかた（上方）御ねま（寝間）にもよし」とある。『雑工三編 大工棚雛形』（一八五〇年刊）は、同じ形式の飾棚を「錦棚」として収録する。

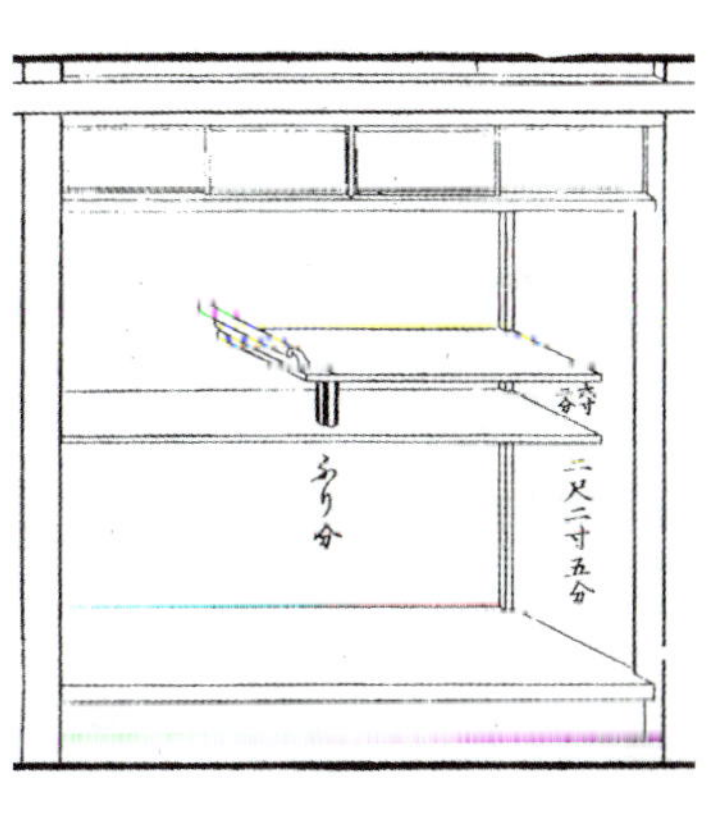

二階棚❶ 『増補大匠雛形四 新板棚雛形』

❷寝殿造で用いられる調度の一種。二重の棚で、身のまわりの道具などをのせておく。

❸旧一条恵観山荘の三畳の間に備えられた棚を称していうことがある。金森宗和の好みとされ、二段になった袋棚の上部に一重の棚を配した構成で、「三重棚」や「二階袋棚」などとも称されることがある。

苦竹【にがたけ】

女竹のこと。⇒女竹【めだけ】

握り蓮【にぎりばす】

勾欄の円形の架木を支えるため、束の上の斗の部分に設ける、蓮の葉をかたどった彫刻装飾。主に禅宗様の建築に見られる。

煮黒味引手【にぐろみひきて】

引手の一種。煮黒味で作られた引手。煮黒味とは、銅と白鑞（錫と鉛の合金）の合金（煮黒目）で、普通の銅よりも黒みを帯びたものをいう。またその色に着色したものや着色するための塗料をさすこともある。『茶道筌蹄』には玉子、桐、木瓜、菊などの引手を挙げて、「いずれも煮黒み、大小あり」とある

煮黒目【にぐろめ】

銅の合金。銅百匁に対して白鑞（錫四、鉛一の合金）三匁を加えたもの。銅よりも黒みを帯びる。また、その色に似せるように胆礬（含水硫酸銅からなる鉱物）、緑青、梅酢などを混合して作った塗料を銅に塗って色付することもある。釘隠や襖の引手などの飾金具に用いられる。

二三打【にさんうち】

二三連と同じ。⇒二三連【にさんれん】

二三連【にさんれん】

飛石の打ち方の一種。これを「ふみくずし」と読む場合もあり、「踏み崩し」とも書く。また「二三打」「踏み打」ともいう。一連打と三連打を組み合わせ、二三、二三と雁行するように配石するもの。（付録8頁参照）

西尾家の茶室【にしおけのちゃしつ】

❶大阪府吹田市の旧西尾家住宅（重要文化財）にある茶室。西尾家は市の南部にあり、近世末には仙洞御料の庄屋をつとめた。現存する建物は、十一代與右衛門義成とその子十二代與右衛門義雄によって、明治二十六年（一八九三）から大正時代にかけて建築された。主屋（同二十八年上棟）の西に、燕庵写しの三畳台目の茶室と雲脚写しの二畳台目の茶室が鞘の間を介して結合されて建ち、積翠庵と命名されている。茶室と露地は、藪内家十代休々斎竹翠に師事していた義成が、休々斎の指導と藪内家出入りの職方によって明治二十六年に造立された。燕庵写しは茅葺、雲脚写しは柿葺であったが、昭和五十九年（一九八四）の修理に際して銅板葺にあらためられた。露地に配された四ツ腰掛は桂離宮の四ツ腰掛の写しで、藪内節庵の設計になる。積翠

庵は重要文化財、庭園は登録記念物。
❷兵庫県神戸市須磨区の西尾家住宅（旧西尾類蔵邸）にある茶室。西尾類蔵は貿易商として神戸を中心に活躍した人物。この西尾家住宅には、ヴィクトリアンスタイルの洋館とともに、和館主屋、離れの松風閣、茶室真珠亭などが和風庭園内に点在している。松風閣は大正八年（一九一九）の建築と推定され、敷地の北隅に建てられ、かつては山から渓流を引き込み、その流れの上に建てられていた懸造の建築である。入母屋造桟瓦葺で、銅板の腰葺屋根で北と東に銅板葺の棟を突出させている。内部は八畳の座敷と四畳半の茶室、水屋、付属室などからなる。八畳座敷は二間床を構え、付書院を付し、格天井を張る。四畳半は踏込床に棚を組み込み、天井は畳割同様に区画し、中央を網代天井とする。真珠亭は池の東岸に張り出して建つ。方二間、入母屋造銅板葺で真反りの屋根をもち、八畳の座敷の四面すべてに窓をあける開放的な構成である。天井は中央が鏡天井、四方を化粧屋根裏とし、扇垂木とする。軸部は歪みの大きい档丸太を使用し、外壁は漆喰仕上げの上に赤色土を塗る。東面の入口には半円形の開口に方形の引違い戸を建て込む。

西川一草亭【にしかわいっそうてい】

明治十一年（一八七八～一九三八）。近代の花道家。花道去風流七世。生花商及び花道教授の西川源兵衛（去風流六世一葉）の長男として京都に生まれる。本名は源次郎。弟に画家の津田青楓がいる。隣家の土田友湖に薫陶を受ける。若い頃より文学と美術を好み、明治三十七年（一九〇四）に杉林古香、青楓と図案雑誌『小美術』を発刊する。青楓を通じて浅井忠や夏目漱石との交友をもつ。大正六年（一九一七）より発刊の『去風洞社報』を、昭和五年（一九三〇）に『瓶史』と改題、翌六年には挿花、茶の湯、庭園、建築などの日本文化研究を主眼とする総合誌とする。『瓶史』によって数寄を中心とするサロンが形成され、西田直二郎、秋山光夫、*堀口捨己、松岡譲、室生犀星、志賀直哉など多彩な人物が集った。また『瓶史』誌上の正木直彦を中心とした『*宗湛日記』や『*槐記』を読む会などが、すぐれた若手研究家たちの育成に寄与した。著作に『日本の生花』『落花掃記』『風流生活』『茶心花語』など多数。作事、作庭も行った。

西川富太郎【にしかわとみたろう】

明治三十三年～昭和四十七年（一九〇〇～七二）。近現代の数寄屋大工。町家大工の棟梁筋・西川家に生まれる。父の音二郎は京都の六角堂にも出入りした。高木兼吉に学び、高木家の縁をもって*藪内家に出入りし、十二代猗々斎竹風の厚い信任を得た。後に丸富工務店の社長となる。代表作に神奈川県中郡大磯町の吉田茂邸、大阪府堺市の橋場邸、京都市左京区の辻本氏別邸などがある。特に京都市嵐山の吉兆は円熟期の作品であり、施主の湯木貞一とともども、意匠を凝らしたことがうかがえる。

錦木【にしきぎ】

ニシキギ科ニシキギ属の落葉低木。北海道、本州から九州の山野に自生し、樹高は一～三メートルになる。紅葉が美しく庭園にもよく植えられる。枝に板状の翼が発達する。『杉木普斎伝書』には露地にふさわしい樹木のひとつとして挙げられている。

錦棚【にしきだな】

二階棚と同じ。⇒二階棚【にかいだな】❶

西ノ屋形燈籠【にしのやがたどうろう】

石燈籠の一種。名物燈籠の一つに挙げられており、奈良の春日大社西ノ屋の前に据えてあったものを本歌とする。現在は春日大社宝物館に収められている。基礎、竿、火袋、中台、笠はいずれも方形で、*御間形燈籠と同じ形式である。（付録13頁参照）

西本願寺【にしほんがんじ】

京都市下京区にある浄土真宗本願寺派本山。山号は龍谷山。親鸞の末女・覚信尼の造営した東山大谷の大谷廟堂を起源とし、天正十九年（一五九一）、*豊臣秀吉の寄進を受けて烏丸六条の現在地に移る。現在見られる堂宇は元和三年（一六一七）の焼失後に建立された。御影堂（一六三六年、国宝）の他、書院（対面所、白書院雁の間、菊の間、雀の間など、一六一八～三三年、それぞれ国宝）、黒書院（一六五七年、国宝）、*飛雲閣（十七世紀、国宝）、北能舞台（一五八一年、国宝）などの建物がある。書院は、広大な対面所とその背後の白書院からなる。対面所は元和四年の上棟で、現在より東に位置したが、寛永十年（一六三三）に現在地に移した。この時に白書院や菊の間などを一体化させ、障壁画も整えたと考えられる。広さは九間×十一間半で、正面に広く上段を取り、その奥に床、違棚、帳台構を一列に並べ、下段は二列に並んだ柱によって三間ずつ三列に分けられる。このような構成は本願寺独特で、宗主をはじめとする西本願寺の人々の仏事や食事などに使われた。上段脇には、軍配形の火燈窓をあけた上々段を備える。白書院は対面所上段の後ろに、納戸を挟んで位置する。一の間（紫明の間）、二の間、三の間（孔雀の間）からなり、一の間は床、違棚、付書院、帳台構を完備し、室内の半分ほどを一段高くして上段とする。書院の南縁と北縁の外にはそれぞれ能舞台が備えられ、対面所の下段南端中央部と白書院三の間には畳をあげて使う室内能舞台がある。黒書院は表向きの書院に対して内向きの建物として建てられた。主室は一の間（十一畳）と二の間（二十畳）で、面皮の柱、面皮付竿縁を用い、違棚や欄間には精巧な透彫りを入れて、書院造の気品を保ちながら数寄屋の瀟洒な雰囲気を加味する。境内東南隅の*滴翠園にある飛雲閣は、三層の楼閣建築で舟にのって水上を渡り、建物に入る演出が独特である。一階は招賢殿（柳の間）、八景の間、舟入りの間などからなり、東に*憶昔の席が付属する。二階は歌仙の間、三階は摘星楼からなる。また滴翠園には*青蓮榭（*澆花亭）がある。北能舞台は、墨書から天正九年の建立で、現存最古の能舞台である。書院の庭園「虎渓の庭」は、枯山水様式で、特別名勝に指定されている。また西本願寺は「古都京都の文化財」の一つとして世界遺産に登録されている。

西村家の茶室【にしむらけのちゃしつ】

滋賀県東近江市の西村家にある茶室。旧八日市市に位置し、茶室は主屋などとともに大正五年（一九一六）に建築された。設計は宮崎卯之助、大工は大沢岩一ほか三名。茶室は主屋上手の前面に取り付く。屋根は切妻造銅板葺に柿葺の下屋が付き、平面は二畳台目の茶室のほか、水屋や三畳の前室、二畳の玄関などで構成されている。二畳台目席は下座床を構え、なぐりの床柱を立てる。床の脇には引違いの太鼓襖が建てられ、片方が茶道口、片方が給仕口となっている。点前座は台目構えで、台目切の炉を設け、歪みのある中柱を立てる。風炉先窓と勝手付には色紙窓をあける。客の出入り口は腰障子を引違いに建てる。天井は床前の平天井、反対側の化粧屋根裏、点前座が落天井の三段構成である。

西村家別邸【にしむらけべってい】

京都市北区にある錦部家旧宅。錦部家は上賀茂神社社家（世襲の神職家）の一つで、その地を購入した西陣織織元・西村清三郎が、明治時代末頃に主屋などを建てて別邸とした。庭園は、現存する社家の庭園の中で最も古い姿をとどめているとされ、同社神主・藤木重保が養和元年（一一八一）に作庭したという。明神川から流れを引き込んだ表庭に面して主座敷と茶室を配し、奥の池庭に面して四畳半の池の間を置く。主座敷は端正な意匠をもつ十畳の書院造である。庭側の二面に土間庇を廻して深い陰影を作りつつ、隅の捨柱を省略し、庭にひらかれた造りとする。茶室は三畳台目隅炉で、風炉先に構えた床は原叟床。床正面の壁には間口いっぱいに窓をあけ、四枚引き障子を建て込む。庭側に縁を設けて貴人口を開き、その雨戸の戸袋を回転式にして墨蹟窓の採光を確保する。

西山垣【にしやまがき】

*袖垣の一種。中段を透かし窓とし、その上段を*蓑垣、下段を*枝穂垣などとしたもの。親柱、控柱に銘竹や銘木を用いることも多い。

二重折上小組格天井【にじゅうおりあげこぐみごうてんじょう】

*折上天井の一種で、折上小組格天井（小組格天井を廻縁から支輪で一段折り上げた天井）の一部をさらにもう一段折り上げたもので、きわめて格の高い表現を示す。

二重折釘【にじゅうおれくぎ】

軸先が二重に折れ曲がった釘の総称。*廻縁の下端に打ち込み、掛物などを掛けるために用いられる。そのほか簾を掛けるためなど、部材の下端に打ち込み、様々な用途に使用する。

二重棚【にじゅうだな】

❶釣棚の一種。点前座の向こう入隅に仕付けられた二重の棚。*千利休好みのものは桐木地で上下の棚板が同じ大きさである。通常、下の棚を袖壁の壁留（*引木や*引竹）より下に位置するように仕付け、客座から棗など荘られた道具が見えるようにする。また上の棚は*風炉先窓の鴨居上にのるように壁に取り付くことが多く、上下の棚板の正面左端を天井から細い竹（釣竹）で釣り、下の棚は短い*釣木で上の棚から釣る。上下の棚の大きさが違う*雲雀棚形式のものもある。

二重棚❶　桐蔭席四畳半台目

❷*棚物の一種。天板と中板の二重構造をなす棚の総称。地板があるものとないものがあるが、基本は四本柱の二重棚。表千家には二重棚の語を冠する歴代家元による好みの棚がある。

二重違棚【にじゅうちがいだな】

*床脇に設けられる*飾棚の一種。「二違棚」とする雛形本もある。江戸時代に棚雛形として定型化される四十八棚の一つで、*天袋の下部に二組の*違棚を上下に配したもの。『増補大匠雛形四新板棚雛形』（一八六六年刊）には「是ハ棚かず（数）多キ所ニ用フ、但し書院わきによし」とある。

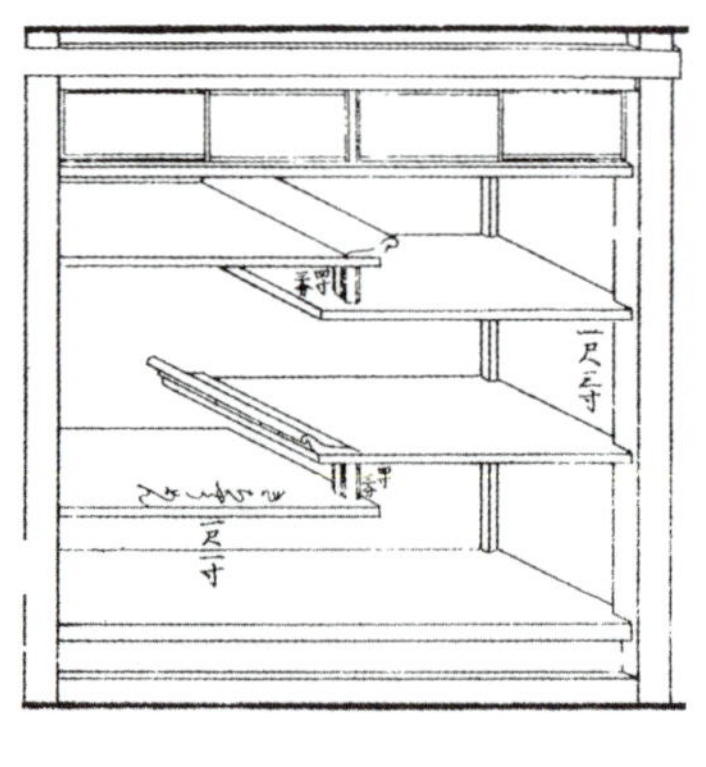
二重違棚　『増補大匠雛形四 新板棚雛形』

二重天井【にじゅうてんじょう】

防音、断熱などを目的として、天井板を二重張りにした天井。

二重縁【にじゅうぶち】

天井の*廻縁を二重とする手法。「二重廻縁」ともいう。二材を用いて廻すが、二段に見える一材を廻すこともある。廻縁に接してすぐ下に*天井長押を廻すのに比べ、二重縁とするほうが簡略な手法となる。茶室では、書院式のものでも天井長押を用いることはまずないが、二重縁は用いられることがある。

二重廻縁【にじゅうまわりぶち】

二重縁と同じ。⇒二重縁【にじゅうぶち】

二重露地【にじゅうろじ】

*露地の一形式。内部に区切りのない露地を*一重露地と呼ぶのに対し、露地を垣などで*外露地と*内露地とに区切り、木戸や*中門などによって連結させて構成されているものをいう。『*茶湯秘抄』は二重露地について「慶長八九之比二重路地ニ織部殿仕初給也」とあり、慶長八、九年（一六〇三、四）頃に*古田織部が創始したものと記すが、それ以前からあったものとみられる。なお、文献上の初出は現在のところ寛永三年（一六二六）の『*草人木』である。一般的に外露地には*外腰掛や実用にも用いられる*下腹雪隠が配され、茶室のある内露地には*内腰掛や*蹲踞、*砂雪隠などが設けられる。外露地がさらに区画されると*三重露地、さらに多重露地となる。（付録4頁参照）

二畳【にじょう】

茶室の広さを表し、*丸畳二枚からなる茶室。*千利休の推進したわび茶が、自身の創始による*草庵二畳をもって完成の域に到達したと考えられることから、二畳茶室はわび茶にとっての象徴的な存在として長く受けとめられている。また、*山上宗二によれば、二畳は貴人か名人、あるいは名物を一つもたないわび数寄者に限る座敷で、平人には無用と説く（*山上宗二記）茶室でもあった。ただ、いつどこでその二畳が始まったのか、*待庵の成立過程に不確かな点があることも絡んで判然としない。古い時期の二畳としてまず挙げられるのは、*武野紹鷗による二畳の伝えである。『*南方録』に、紹鷗が「休公（利休）ト相談アリテ二畳敷出来、向炉隅切ニ台子ノカネヲ取テ、一尺四寸ノ炉ヲ始ラレ」たとする二畳*隅炉であるが、傍証史料がなく信を欠いている。次に、*豊臣秀吉が山崎の合戦に際して、利休に命じて造らせたという伝えをもつ待庵がある。ただ、建設経緯を示す確証に乏しく、いつどこに建てられたのか結論は見えていない。待庵について現在知られる主な説は次の三つである。一つ目は利休が山崎屋敷に、時代を先取りした待庵を建て、利休没後にそれは解体され、その後に待庵だけが妙喜庵に再建されたという説である。二つ目は、天正十年の山崎の合戦の後、同年十月から翌年三月頃にかけて、秀吉の命により利休が*山崎城内に造っていた茶室が、天正十二年三月末からの山崎廃城にともなって解体され、慶長初年頃に妙喜庵に現在の待庵として再建されたとする説である。三つ目は、利休の二畳を本歌として*千少庵が自分の好みを加えて建てたのではないかとする説である。また『山上宗二記』に*関白様御座敷として二畳が記載されている。これは*大坂城山里にあった茶室、あるいは山崎城にあった茶室ではないかとされるが、いずれも確証はない。こうした待庵や関白様御座敷二畳の諸説とは別に、秀吉は*大坂城では、天正十三年四月に使っていた茅葺の茶屋が三畳であったし、同年十二月に造った組立式の*黄金の茶室も*平三畳、天正十五年六月の箱崎陣所に造った「数奇屋」も三畳で、秀吉のもう一人の茶堂・*津田宗及が推進する平三畳にも秀吉は心を傾けていた。巷でも、天正十四年から十五年にかけては平三畳が流行を見せ、利休が推した*深三畳にはそれほどの勢いが見られなかった。天正十五年二月、秀吉が九州出陣の前に、博多の*神屋宗湛を大坂城山里に招いた時の二畳はやはり隅炉だったが、点前座脇に*洞庫を備え、床は四尺五寸床、壁は暦張であった。一般の茶会記にしばしば二畳が見られるようになるのは同年の終わり頃からで、少し前の十月一日には、秀吉は*北野大茶之湯を催して、誰でもどのような二畳でも苦しからずと参加を呼びかけた。奈良の松屋久政、久好親子も、それぞれ薄縁二畳に、*竈土をもち込んだ簡便な茶屋を設けて参加したらしく（茶湯秘抄）、二畳がひろがる契機となったことは間違いない。また秀吉が九月に移ったばかりの*聚楽第にも、洞庫を備えた二畳隅炉で床無しの茶室が設けられていた（ただしこれは、一畳半だったのを秀吉が急遽、二畳にあらためさせた可能性もある）。こうしてみると天正十五年は、利休が先鞭を付けた二畳、また山上宗二が「平人ニハ無用」と説いた二畳が、大いに世間にひろまった年であったということができる。利休によるほかの二畳としては、堺郊外の百舌鳥野屋敷にもあったらしい。『茶伝集』の図によると、それは二畳*向切で、床は、炉の先に二畳敷の幅いっぱいにとった浅い*榑板張の地板で、点前座の勝手付には三尺幅の*水屋洞庫も備えていた。『南方録』も「休ノモズ野ノ二畳シキニ、向炉客付ニ切、左ニ違棚アリ、三尺ニテ、前一枚障子、内ノ棚一段ニ不及、下段ヲ竹スノコニシテ、水桶ノチイサキヲ置、コボシナシニ手前ハタラキ玉ヘリ、サビテ面白キシツラヰ也」と述べ、両者の内容は矛盾しない。また窓のあけ方や障子の配りなどが「面白ク」思えたともあった。孫の*千宗旦が慶安元年（一六四八）に建てた「隠居ノ二畳敷」（一畳半とも。今の*今日庵にあたる）は、百舌鳥野屋敷の二畳と同様、水屋洞庫を備えた向切の席なので、床と*向板という違いはあるものの、二畳でのわび住まいを理想とする点で共通するものがある。また*松花堂昭乗が寛永十四年（一六三七）に隠居して建てた松花堂（松花堂の項❶を参照）も二畳である。畳に炉は切られていないが、床や丸炉、仏壇などが壁面や戸棚の中に設けられ、付属の土間には竈土も据えられるなど、宗教的な隠居生活がここですべて可能な二畳である。異色な構成としては、*織田有楽の二畳がある。晩年、京都祇園近くに建てた正伝院（現在の正伝永源院）の隠居所に二畳を造ったようで、「二畳祇園座敷」とか「正伝院有楽公座敷」などとも呼ばれ、二枚の畳を遣り違いに配し、そのずれを利用して*洞床を設けた独特の構成である。点前座には向切の炉と洞庫が備えられている。正伝院には茶室*如庵や、これと接続していた書院もあったが（旧正伝院書院の項を参照）、遣り違い二畳

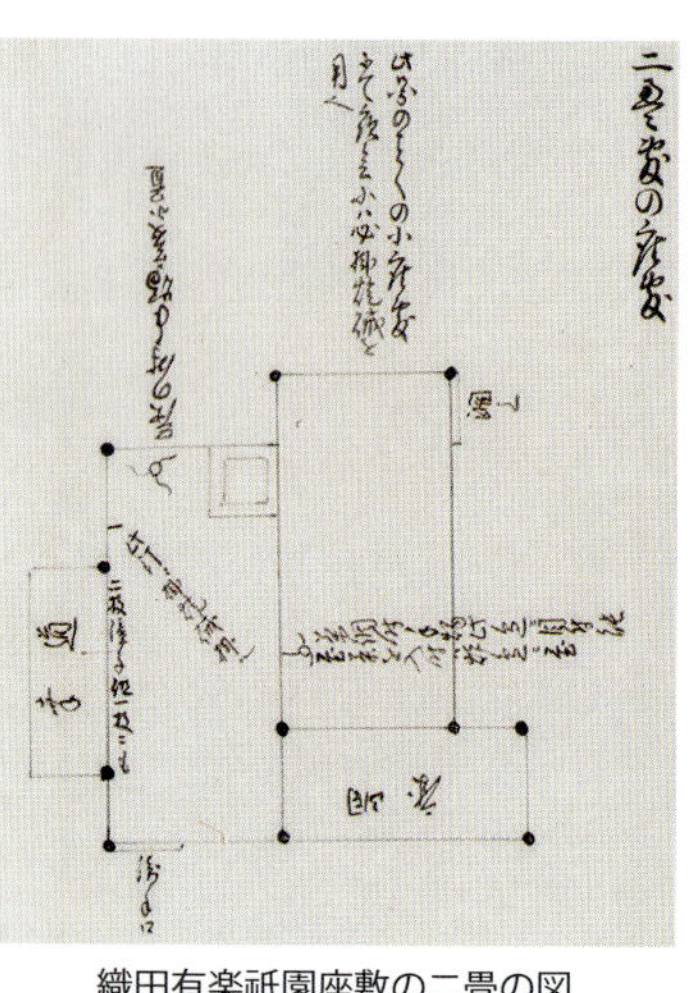
織田有楽祇園座敷の二畳の図
『茶道正伝集』（正伝永源院本）

がこれらとどのようにかかわっていたのか明らかではない。宗旦の高弟・*藤村庸軒も、この遣り違い二畳に似た茶室を自邸反古庵に建てており、床は洞床でなく半間幅の*室床とし、もう一方のずれの部分には洞庫を設けていた。

二松庵【にしょうあん】

神奈川県横浜市金沢区にあった日本画家・川合玉堂の旧別邸。大正六年（一九一七）から十二年にかけて建築された。土地は丘陵地の高低差を取り込んだ変化のある地形で、主屋は丘陵の裾に建てられていた。主屋は木造平家、寄棟造茅葺で桟瓦葺の下屋をもち、一部入母屋造。玄関、控室、茶室、画室などの前面諸室と台所、浴室などの背面諸室、西側に付属する書生部屋などからなる。南面して建てられ、画室部分が庭に突出し、雁行した間取りであった。茶室は八畳で、半畳大の囲炉裏を備え、自在鉤を下げる。壁は弁柄を混ぜた赤色。天井は舟底天井と平天井二段の三段構成。縁との境の欄間には円形の下地窓をあける。画室は十畳。北側に袋床形式の床、東側は背の高い地袋と上部が下地窓になった付書院を設け、南側の欄間には円弧を利用した下地窓をあけていた。平成二十五年（二〇一三）、不審火により焼失。

二松庵　外観

二条城【にじょうじょう】

京都市中京区にある江戸時代の城。*徳川家康が、京都を警護し、将軍上洛時の居館とするため造営した。畿内の大名に命じて築城させ、慶長六年（一六〇一）五月頃に着工、家康がはじめて入城した同八年三月までに二の丸御殿（国宝）を中心とする一郭がほぼ完成した。元和六年（一六二〇）には二代将軍秀忠の女・和子（のちの東福門院）の入内に備えて女御御殿などが造営される。寛永元年（一六二四）には*小堀遠州を*作事奉行として*後水尾天皇と東福門院の行幸を迎えるべく（行幸は寛永三年）、慶長年間創建の二条城は拡張の上、大改造された。二の丸御殿には新築では生じない埋木や当て木、釘穴などが多数のこされていることから、寛永年間の工事は慶長期の建物を一部使った新築に近い改築ではなかったかと推測されている。行幸施設は寛永五年に解体され、*仙洞御所をはじめ各所に移築された。西北の本丸に建てられた五層五重の天守は寛延三年（一七五〇）に落雷により焼失し、本丸御殿は天明八年（一七八八）の京都大火に類焼して失われたが、二の丸御殿は行幸時に改造された姿をほぼ今に伝えている。屋根は当初は杮葺であったが、貞享年間（一六八四～八八）に本瓦葺にあらためられ、外周まわりに柱を増やして補強されている。二の丸御殿は車寄、遠侍、大広間、黒書院（小広間）、白書院（御座の間）などからなり、それらが雁行形に並ぶ。唐門、台所、東大手門、北大手門、東南隅櫓、西南隅櫓（以上、重要文化財）、二の丸庭園（二条城二の丸庭園の項を参照）などものこる。現在の本丸御殿は明治二十六年（一八九三）から二十七年にかけて桂宮家の御殿を移築したものである。全域が史跡。「古都京都の文化財」の一つとして世界遺産に登録されている。

二条城二の丸庭園【にじょうじょうにのまるていえん】

京都市中京区に所在の*二条城にある庭園。慶長

に

六年から八年（一六〇一〜〇三）にかけて、徳川家康が京都の警護と上洛時の居館とすることを目的として造営した二条城の二の丸に設けられた。寛永三年（一六二六）の後水尾天皇行幸に向けて、当初は二の丸部分のみであった二条城は拡張され、大守と本丸御殿の新造、二の丸御殿の改修、行幸御殿の造営などが行われ、ほぼ現在の規模となった。この時に作事奉行であった小堀遠州によって二の丸庭園も改修整備されたとみられる。現在の二の丸御殿には、南の唐門から入ると車寄、遠侍、式台（式台の項❷を参照）、大広間、蘇鉄の間、黒書院、白書院の各殿舎が雁行形に建ち並び、大広間の西側、黒書院の南に池庭の二の丸庭園がひろがる。後水尾天皇の行幸御殿は池の南に建てられていた。遠州による改修は池の南から見ることに対応した庭園にすることが目的であったと考えられ、その結果として二の丸庭園は、東の大広間、北の黒書院、南の行幸御殿の三方から観賞する庭園となった。鴨川から引き込まれ滔々と落ちる滝（現在は地下水を利用）、重量感ある石組、神仙世界を表す中島、隆々たる黒松が描かれた障壁画と相まって、屋外に展開する庭園は将軍の権威を象徴するものであった。一方、黒書院から南に望む庭園も寝殿造庭園を思わせる優美さを感じさせ、おだやかな曲線を見せる中島には落ち着いた護岸石組がなされている。後水尾天皇の行幸御殿は解体されたため、跡地は芝庭とされている。南向きに据えられている庭石は、後水尾天皇の行幸にあたって遠州が庭石の方向を変えた（あるいは追加した）改修の痕跡であると推定されている。行幸時には池庭に釣殿が設けられていたようで、近年その礎石が池中で確認されている。なお『東武実録』によると寛永三年五月三日、肥前国佐賀藩初代藩主鍋島勝重が後水尾天皇の行幸を奉迎するために「二条城御庭」に蘇鉄を献上している。これが現存する黒書院前の蘇鉄であるかは不明である。明治時代以降は太政官代、京都府庁、陸軍省、宮内省の所管となり、明治十七年（一八八四）に二条離宮とされた。現在は京都市の所管となり、維持管理されている。特別名勝。

二畳台目【にじょうだいめ】

茶室の広さを表し、客畳として丸畳二枚、点前畳として台目畳一枚からなる茶室。江戸時代には、二畳大目、二畳大などといわれたが、主に千家を中心に二畳半とも呼ばれていた。台目畳を、台目構えの点前座とするのが一般的で、その場合、炉は台目切で出炉になることから、二畳台目は出炉の茶室における極小の座敷ということになる。この点、一畳台目向切に客畳一畳を加えて二畳台目の席としたり、客畳と点前畳のあいだに中板を入れて炉を切った二畳台目中板入の席としたりするのとでは意味合いが変わり、わびを突き詰めるのか、ゆとりを尊重するのか、という考え方の違いがあらわれる。二畳台目の早い例としては、千利休が堺の時宗僧・福阿弥のために、客殿の縁を囲って造ったものや（草人木、茶湯秘抄）、利休の子・千少庵が京都の二条釜座屋敷（千少庵の屋敷と茶室の項を参照）に設けた床無し二畳半の例が知られる（江岑咄之覚）。少庵のものは、点前座の壁に引竹が入っていたことが記述されており、おそらく袖壁の下が吹抜きになっていたと考えられる。また、その後まもなくして少庵はこの座敷に四尺床を加えており、これを利休に見せたところ、利休は機嫌良く大徳寺門前屋敷（千利休の屋敷の項を参照）に帰ると、すぐに不審庵四畳半の五尺床を四尺三寸に縮めたという（江岑夏書）。利休、少庵、どちらの二畳台目が時期的に早いのかはわからないが、少庵が二条釜座屋敷を使っていたのは天正十四年から同十八年（一五八六〜九〇）頃までと考えられており、世上でも「二畳半」と記された茶会が天正十三年後半から十六年にかけてしばしば見られることから、利休が示した小座敷の魅力が急速に受け入れられ、それ以前からあった二畳半や三畳も注目されるようになったものと考えられる。ただし、この当時使

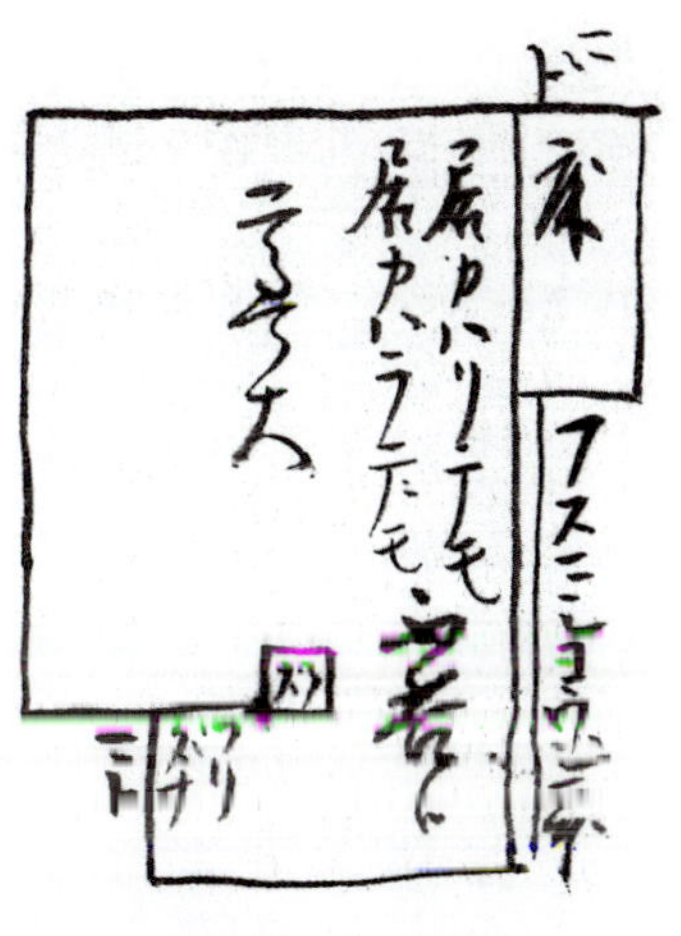

福阿弥二畳台目の図
『茶湯秘抄』（石水博物館本）

われていた二畳半が、かつて*武野紹鷗が山本助五郎のために造った古風な二畳半(二畳半の項❷を参照)の構成をどの程度踏襲し、また利休や少庵の試みをどの程度取り入れていたのか、具体的な姿はよくわからない。その後の二畳台目の遺構例としては、*細川三斎の作とも伝える高桐院の*松向軒、片桐石州の*慈光院茶室などがある。異色なものとしては、『*数寄屋工法集』に掲げる「有楽座敷」や「有楽囲」のように、板間や板縁を茶室内に組み込んだ二畳台目もある。

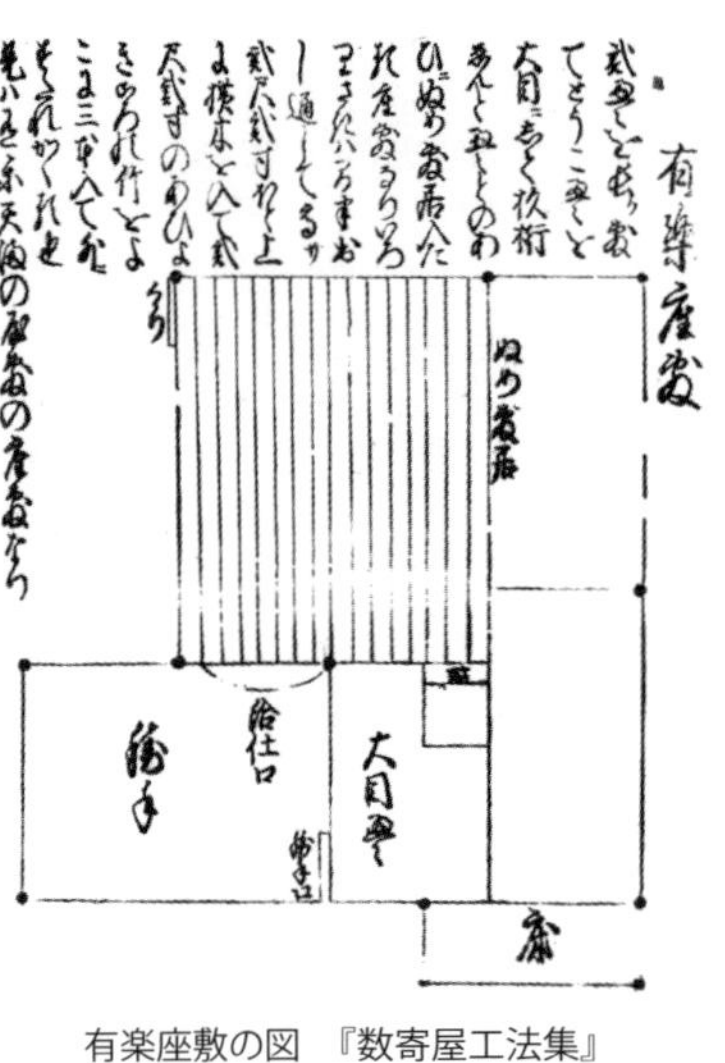
有楽座敷の図 『数寄屋工法集』

二畳半【にじょうはん】

❶二畳台目と同じ。⇨二畳台目【にじょうだいめ】
❷*武野紹鷗が、その弟子・山本助五郎(山本道勺の項を参照)のために好んだという茶室。天正十六年(一五八八)成立の『*山上宗二記』の記述によれば、紹鷗の頃、二畳半は天下にこれ一つだけで、紹鷗がこの茶室でわび数寄を行わせていたという。『山上宗二記』には、この一文とともに平面図も掲げられ、三畳の広さの座敷に、*五尺床と約一間四方の*坪の内が付いていた。齋田記念館本『山上宗二記』では点前座と客座とのあいだに半間の袖壁が建っていて、この壁があることにより客からは点前座が半畳しか見えず、それが二畳半という捉え方になったのであろう(台目畳の項を参照)。図には*中柱は描かれていないが、おそらくこれも立っていたと考えられる。亭主は、壁で隠れた茶道口から道具をもち入り、また点前をする時は*居座まで進んでから半回転し、着座して点て始めるのであろう。図では、炉の時に半畳を三枚敷くよう書かれており、であれば茶道口を入ったところの半畳分は板敷きだったとも考えられる。*千利休が大坂屋敷に造った「細長イ三畳敷」(深三畳半、細長三畳の項を参照)の点前座でも、同様の所作が想像されるが、二畳半の居座の半畳を前方に少しのばし、のこりの板敷きの部分を取り除いて、袖壁の隅に小棚を備えれば、「細長イ三畳敷」の点前座になることになる。「細長イ三畳敷」成立の前提になるのがこの二畳半といえるかもしれない。なお名物を一種も所持しない者のためなのか、『*茶湯秘抄』には二畳半と題する同種の茶室図が掲載され、床は設けられていない。『山上宗二記』のような半畳を三枚敷くような線もなく、代りに道具の置き合わせが示されている。*丸畳を三枚敷いただけの形になっているので、畳敷きの部分が二畳半であれ三畳であれ、客が視認できる範囲でもって二畳半と呼んでいたのであろう。紹鷗以後の時代には、こうしたひろがりもあったのかもしれない。天正十四年から十六年にかけての記録においても、二畳半は少なからず使われていたことが確認でき、所在地も堺、大坂、京、筑前箱崎(福岡市)など様々である。やがて千家を中心に、*二畳台目のことを二畳半と呼び習わすようになるが、天正年間の頃の二畳半が、助五郎からの二畳半の姿を継ぐものなのか、それとも*台目構えをともなった、いわゆる二畳台目の形式なのか、時期的には移行期にあたり、にわかには断じ難い。

二畳半の図
『山上宗二記』(齋田記念館本)

二畳半の図 『茶湯秘抄』(石水博物館本)

二畳半台目【にじょうはんだいめ】

茶室の広さを表し、丸畳二枚、半畳一枚、台目畳一枚からなる茶室。これに板畳や板間を組み合わせれば、独創的な平面構成の茶室も成り立つが、最もよく知られた二畳半台目の茶室は、織田有楽が晩年に好み建てた如庵である。ただし如庵の台目畳の長さは、通例の台目畳と丸畳とのほぼ中間くらいの寸法なので、三畳半の席ともいえる。これを概略寸法で考えてみると、如庵の外形をほぼ四畳半の大きさと見、その中に、床と板畳とあわせて約一畳分をとれば、のこりが三畳半となる。四畳半をどのように組み立てれば、台子の座をはずした四畳半になるかという課題への試みが、この二畳半台目または三畳半の平面構成ということになろう。

躙上り【にじりあがり】

躙口の古称。⇒躙口【にじりぐち】

躙上りの石【にじりあがりのいし】

躙口前の役石のひとつ。踏石と同じ。⇒踏石【ふみいし】❶

躙口【にじりぐち】

茶室における出入り口のひとつ。草庵式茶室に特有の、客のための小さな出入り口で、茶室と露地とをつなぐ。「躙上り」「潜り口」、また単に「躙り」「潜り」ともいう。客が体を大きく曲げ伏して、踏石から露地草履を脱いで、躙って(座った姿勢で膝を押しつけるようにして少しずつ進んで)出入りするためこの名がある。『茶譜』に「利休流ニ小座敷へ入口ヲクグリト云、右宗旦曰、クグリト云能名ノ有之ニ、当代之ヲ蹐アガリト云、賤言葉ト云々、右蹐上ト云コト、古田織部時代ニ大工ノ云初シヲ、其以後之ヲ云触テ、歴々ノ仁モ蹐上ト云、誤也」とある。これによれば、古くは「潜り」と呼ばれていたが大工の言葉から「躙上り」というようになったとある。「潜り」は露地口や中門の中潜りなどもさす呼称であり、それらとの混同を避けるためか、茶室の小さな出入り口のほうは「躙上り」「躙口」と一般に呼ばれるようになった。大きさは一定しないが、高さ二尺二寸、幅二尺一寸程度のものが多い。千利休作と伝える待庵は、高さ二尺六寸、幅二尺四寸で、通例よりやや大きい。躙口には挟み敷居と挟み鴨居を取り付けて片引きの板戸(躙戸)を建て込むのが一般的である。その創始について『茶道四祖伝書』及び『松屋会記』に「大坂ひらかたノ舟付ニ、くぐりにて出を侘て面白とて小座をくぐりニ易仕始るなり」と記されていることや、『茶道筌蹄』の「クグリ口　至て大なるは妙喜庵にあり、枚方の漁人の家の小き戸口より出入するのを見て、居士始て好む」などの記事もあり、枚方(大阪府)の漁夫の家の小さな潜りを身をかがめて出入りする様子を利休が見て、これを茶室に採り入れたとする説がある。また別に、能の桟敷や歌舞伎の囲いの出入り口をヒントにしたとの説もある。いずれにしても、俗世を超えた非日常の茶の湯の空間へ入るにふさわしく、日常的な住居の出入り口の高さよりも低く狭い寸法を極めた形が躙口である。(付録14、21頁参照)

躙口　今日庵　裏千家

躙口の役石【にじりぐちのやくいし】

躙口前の役石には踏石(一番石)、落石(二番石)、乗石(三番石)などがあり、また躙口付近には刀掛の足元に刀掛石や塵穴に覗石などの役石も据えられる。(付録14頁参照)

躙戸【にじりど】

躙口に建てられた板戸のこと。「細戸」ということもある。杉板張で、茶室内側に竪框と桟(桟の項❷を参照)を見せ、ただし上桟はなく板を打ちのばしのままにし、板は二枚半張りとする。これはあり合わせの古い雨戸の一部を切り取って活用した態であり、わびの風情を表している。*挟み敷居と*挟み鴨居を取り付けて、そのあいだに挟み、片引きの板戸として建て込むのが一般的である。躙口より最後に席入りした客（*詰）は躙戸を軽く音をたてて閉め、*丸打掛釘（躙釘）を掛けて戸締りをする。この音の気配で亭主は客の席入りの済んだことを知る。

二尊院【にそんいん】

京都市右京区嵯峨野にある天台宗の寺院。小倉山二尊教院華台寺が正式な名称で、山号は小倉山。平安時代に嵯峨天皇の勅願によって円仁（慈覚大師）が創建したと伝える。後に衰退したが、法然が再興。境内の背後にある小倉山の山腹は、藤原定家が百人一首を撰定した小倉山荘時雨亭があったとされる伝承の地で、その遺跡がある。なお小倉山荘の正確な場所はわかっていないため、近隣の常寂光寺や厭離庵も伝承の地として名が挙がっている。

二尊院垣【にそんいんがき】

*竹垣の一種。*二尊院の本堂前庭にあるものを本歌とする。*透かし垣のひとつで、背が低く、*立子の丸竹を縦と斜めに使い、下端を割竹の*押縁で押え、割竹*玉縁を架けたもの。

二段石【にだんいし】

階段状に、一石で上下二段の天端が平らな面をもつ自然石。*刀掛石に用いる。このほか、趣向をこらした露地において戸摺石（戸摺石の項❶を参照）や*落石などとして使われることもある。

に

二段張り【にだんばり】

茶室の*腰張りの張り方。腰張りには一段張りと二段張りがあるが、一般的に小間席では亭主側が、*鳥の子紙一段張り、客側は*湊紙二段張り（高さ一尺八寸）とする。二段の腰張りは石垣張に張り、重ねしろは二〜三分で、上座を起点に右上手重ねに張りめぐらす。小間席客側の腰張りを二段に張るということは、客の帯が壁にすれないように保護するためと、壁面のデザインとの両方が考えられる。

二番石【にばんいし】

落石と同じ。⇒落石【おとしいし】

二分莇【にぶすさ】

中塗莇と同じ。⇒中塗莇【なかぬりすさ】

二本柱【にほんばしら】

*千利休の頃は床の前面、左右の柱をともに*床柱といい、一対の柱として扱ってこれを二本柱と称していた。江戸時代中頃から、片方の柱が重要視されるようになったことで、主となる一方が床柱、他方が相手柱と区別されるようになった。現在、床は多くの場合で部屋の一方に寄せて構えられるため、相手柱は壁付となり床柱との主従関係が明確となるが、床が部屋の中央に位置する場合は相手柱が壁付とならず床柱と対等に近い関係となる。このような場合の床柱と相手柱をあわせて二本柱と呼ぶ。たとえば西本願寺*憶昔の席がその例である。また南禅寺*金地院八窓席では、床をほぼ壁付に設けてはいるが、相手柱と、部屋境の襖とのあいだに小幅の板を入れて小壁を造ることで、二本柱として表現している。

二枚矧【にまいはぎ】

❶二枚の板を*矧合せて必要な幅の板とする方法。またはそのように継いだ板。❷二枚で一間幅のある大きな板。

如是庵【にょぜあん】

石川県小松市の那谷寺にある茶室。同寺の書院庭園（名勝）に建つ。書院庭園は*小堀遠州の指導により、加賀藩作庭奉行・分部卜斎が造ったと伝わる。書院（重要文化財）が昭和三十四年（一九五九）から翌年にかけて解体修理されたのにともない、当時書院と接続していた如是庵も一時的に取り払われ、その後の修理・改築で水屋が併設され、廊下を挟んで南側に四畳半台目の茶室と三畳の次の間が加えられた。周囲にひろがる露地は書院前の庭の一郭を共有する配置になっている。如是庵は*裏千家四代仙叟宗室の好みで加賀藩第三代藩主前田利常のために建てたと伝えられているが、明らかでない。内部は台目床の正面半間に台目畳と丸畳の客座を矩折に配置し、丸畳の客座に杉の中板（幅七寸）を挟んで台目畳の点前座を置き、炉を向切とした変則的な間取りをとる。床は松の無目板を二辺に入れた踏込床で、床柱は赤松の皮付丸太。床の脇は袖壁が竹の壁留で吹抜かれ、点前座の風炉先窓となっている。床の矩折、右側に貴人口をあける。床前は竹竿縁の平天井、それと同じ高さで点前座も竹竿縁の煤竹、黒文字などを交ぜた平天井とし、客座を化粧屋根裏としている。

如箭庵【にょぜんあん】
京都市上京区の長徳寺にある茶室。昭和二年（一九二七）、長徳寺のもと僧侶であった*山田宗徧を偲んで建てられた。宗徧が*千宗旦の弟子であったこと、宗徧による*淇菉庵が裏千家*今日庵の写しであったことから、如箭庵も今日庵が写されることになった。内部は一畳敷で、床は壁床。

二連打【にれんうち】
*飛石の打ち方の一種。「二つ連れ」「一つ組」ともいう。大きさや形状などの異なる二つの石を一つの単位として配石するもの。*二連打、*四連打などの飛石の基本形式である。（付録8頁参照）

二連窓【にれんそう】
横に二つ並んだ窓をいう。狭義には形式や意匠も揃えたものに限る。一つの窓を方立で区切った形式の窓のことをさす場合もある。*連双窓や夫婦窓がある。

庭【にわ】
*庭園をさす用語の一つ。原義は屋前あるいは堂下の地面をさす。『万葉集』では、神事（祭りの庭・斎庭）、狩猟（猟場）、農作業などを行う平坦な広場の意味などで用いられ、海面の意味で用いられることもあった。十世紀の『和名類聚抄』では広場の意味で記されるが、十一世紀初頭の『源氏物語』では、草木が植えられ池が設けられた、現在とほぼ同じ庭園の意味でも用いられている。中世以降も泉石、泉水、*林泉などの漢語由来の語とともに用いられ、近代以降は庭園とほぼ同義で用いられることが多い。

庭池【にわいけ】
園池と同じ。⇨園池【えんち】

庭石【にわいし】
庭園に用いられる自然石の総称。一般に岩石の種類や、形、大きさ、色沢、性質、雅味などにおいてすぐれているものが好まれる。石質は問わず、チャート、花崗岩、安山岩、珪質頁岩（粘板岩）、凝灰岩、石灰岩、砂岩、結晶片岩など多くの種類が用いられる。庭石の名称は採集環境別に山石、沢石、川石、海石と、また*貴船石や*生駒石などと産地で呼ばれるほか、色彩や形状、形態、用途別で呼ぶ場合もある。色彩別では*青石や*赤石など、形態別では*立石、伏石、横石など、用途別では*役石、組石、飾石、*景石、捨石（捨石の項❶を参照）などがあり、*飛石、*沓脱石などを含んでいうこともある。庭石の部分名称は、正面を見付、側面を見込、上面を天端、天端と正面、側面の境を肩、凹部はしゃくり、出っ張りは鼻、側方に突き出した部分をあごという。

庭木【にわき】
庭園に用いる樹木の総称。「ていぼく」とも読む。主に中高木や低木をさし、*下草や*地被類は含まない。小規模な町家の坪庭から、広大な大名庭園まで、庭園には欠かすことのできない重要な要素の一つ。植木屋が苗から育て、庭園内に移植するものや、山で採取したもの、庭園の敷地内にもともと自生するものを仕立てたものなどがある。樹形として幹が垂直に伸び、枝葉の均整がとれたものは公園や街路樹でよく用いられ、庭園では山の斜面地に自生するような幹や枝が周辺環境の影響によって自然と曲がったものなどが好まれて庭園の主要な箇所に植えられる。日本最古の造園書『作庭記』では「樹事」と項目が立てられ、「樹は青龍白虎朱雀玄武のほかハ、いづれの木をいずれの方にうへむとも、こころにまかすべし。但古人云、東ニハ花の木をうへ、西ニはもみぢの木をうふべし。若いけあらば、嶋ニハ、松柳」として、方位によって植える樹木を示し、それ以外は心に任せて植えること、また嶋（中島）に植えるのに松と柳を挙げている。マツ（*黒松）とヤナギ（柳）は本来、それぞれ海岸沿いと水辺に自生するもので、これら樹木を用いることで、庭園内に嶋を中心とした海岸風景を再現しようとしたとされる。この手法は、現代に至るまで引き継がれており、たとえば庭園の池や*遣水の周辺に柳、紅葉（*伊呂波紅葉など）、*下野、金糸梅など、もともと渓谷などの水辺に生育する植物が植えられたり、*櫟や楢が熊笹などとともに園内に植えられるのは里山の景を再現するためである。露地に使われた樹種に関しては『*細川三斎御伝受書』に「樹ニ桃　枇杷ヲ利休ハ嫌ヒ候　盧路ニハ松　樫　山グミヲ植申すト被仰候」とあり、*千利休が松、*樫、茱萸を好み、果樹として人里によく植えられる*枇杷や*桃を避けたと伝わる。さらに『*江岑夏書』に「古の路地ニハ松・かしの木・かなめ・ひさゝ木・すゝき、か様ノ木のたぐひ、竹・もミハ織部より植申候、路地のつくり様、各別つくり庭のことくニいたし候」とあり、*古田織部より古い時代に松、樫のほかに*要黐、*柃、薄が露地に植えられたとある。これらの樹種は京の盆地や周囲の山のアカマツ林、シイ、カシ林の主要構成種であり、利休時代は関西地方に自生する樹木を生かしつつ、周囲の山にならって庭木を選別し露地を形造っていたと考えられている。露地が目指した景趣については『*茶譜』に「路地ノ躰深山ノコトシ」と記されることは有名で、織部の時代には深山の景を露地に表現していたとされる。さらに織部は「樹木ハ大松　大樅　木穀　加様ノ類ヲ深植込」とし、松、*樅、*木斛といった庭木を好んだと伝えられる。また『*古田織部正殿聞書』に「常磐木之分ハ大形植ル」「内外ノ路地ニ花之咲木惣テ不可植也」とあり、*内露地に常緑樹を植え、さらに内外露地ともに花木を植えるのを好まなかった。これも深山の景を表現するためだったのであろう。一方で*棕櫚や*蘇鉄、竹を植え始めたのも織部と伝えられており、利休時代からの変化が見てとれる。*小堀遠州に至っては、利休が嫌ったとされる落葉樹であるモミジを常緑樹と取り合わせ露地に植えている（小室数寄屋容養保庵露地指図）。現代でも施主の意向によっては、落葉樹や花木を露地に配すなどし、明るい景趣の露地が造られることもあるが、多くの露地は松、樫、椎、要黐、木斛、柃など、日本の山に自生する常緑樹が植えられることが多い。

庭先【にわさき】
❶縁側近くの庭の部分。
❷前庭と同じ。⇒前庭【ぜんてい】

庭師【にわし】
「庭匠」「山師」ともいう。庭園工事の施工や樹木の手入れなどの管理、庭園の設計にたずさわることを職業とする技能者。

庭滝【にわたき】
庭園の中に造られた滝。山間に見られる自然の滝の在り方を模して造られた人工の滝。大きくは水の落ち口である*滝口と、水が落ちて淵になった*滝壺からなる。庭滝を構成する石組が*滝石組で、*水落石や波分石、*水分石、*水受石などの役石からなる。水の落とし方には幾種類かがあり、『*作庭記』では向落、片落、*伝落、離落、稜落、布落、糸落、重落、左右落、横落に分類し、それぞれの特徴を記している。滝口には石組の背後に滝囲いの木、滝口に枝をさしかける飛泉障りの木などの役木が添えられる。

庭燈籠【にわどうろう】
照明や景の一部として庭園に用いられる燈籠のこと。多くは*石燈籠である。*平等院（京都府宇治市）の鳳凰堂前の*平等院形燈籠のように、献燈されて庭園内に据えられたものを別にすると、織豊時代から江戸時代初頭にかけて、露地（茶庭）に用いられるようになったのが庭燈籠の最初と推測される。

庭門【にわもん】
建物の*前庭、または側庭から主庭に入るために設けられた門の総称。簡素な造りで、屋根をもつもののほか、*木戸を用いる場合も多い。*一重露地では露地口の*露地門をさすが、たとえば*二重露地では内露地と外露地のあいだに設けられた*中門を含めることもある。周囲の庭園や建築との調和を図りながらも、柱や屋根に素朴な材が用いられ、意匠がこらされる。

人我亭【にんがてい】
大阪府池田市の小林一三記念館にある茶室。もとは近隣の家を買い取った際、その邸内にあった茶室を譲り受けたもので、昭和三十九年（一九六四）、*武田五一の弟子・岡田孝男の指導により、移築されたと伝える。四畳半に六畳の次の間が付く茶室。*小林逸翁は生前、同名の茶室を使用しており、『小林一三日記』には「俄に考えついた意味」から命名した席名とし、「十八名が入ってもゆったりできる」と記される。扁額は*松永耳庵の筆である。

仁清【にんせい】

野々村仁清のこと。⇩野々村仁清【ののむらにんせい】

仁和寺【にんなじ】

京都市右京区御室にある真言宗御室派の総本山。門跡寺院で、山号は大内山。仁和四年（八八八）、宇多天皇が、父の光孝天皇の遺志を継いで創建。宇多天皇は出家し法皇となって、仁和寺に僧房を造り住したが、これを御室と称した。平安時代末期から鎌倉時代にかけて多くの子院などを抱える最盛期を迎えたが、次第に衰退した。その後、寛永十四年（一六三七）、徳川三代将軍家光の援助などにより御所の旧殿舎などを移築整備して再建が行われ、偉容を復するまでになった。しかし明治二十年（一八八七）の火災により多くの建造物を失い、再建は大正時代（一九一一～二六）を待たなければならなかった。それでも御所から移築された織豊時代の紫宸殿であった金堂（国宝）がのこり、寺宝も多い。茶室としては、尾形光琳好みとも伝えられる*遼廓亭及び光格天皇遺愛と伝えられる*飛濤亭がある。「古都京都の文化財」の一つとして世界遺産に登録されている。

任無亭【にんむてい】

京都府長岡京市の田村家住宅にある茶室。江戸時代末期の建造。外観は宝形造茅葺で、南正面に貴人口と濡縁を設け、桟瓦葺の庇を付け下ろす。躙口を西面中央にあけて、内側に障子を建て込み、上部に下地窓があけられている。内部は四畳半で、北側東寄りに奥行きの浅い半間幅の床が、隅部の柱が塗廻された踏込床形式で設けられ、引違いの茶道口が並ぶ。軸部は檜材で壁は九条土系の濃色荒土壁塗り。天井は竹竿縁で押えた平天井。東面は障子を建てて眺望を得る。室内に掲げられた「任無亭　八景」の額には弘化四年（一八四七）の年紀がある。また水屋は天井がヴォールト状になっている。任無亭、また離れて設けられている井戸屋形は登録有形文化財。

任有【にんゆう】

京都市東山区の圓光寺にある茶室。三条京阪駅の東に位置する同寺は三条道場とも呼ばれる浄土真宗の寺。任有は、*裏千家十一代玄々斎精中が山科の勧修寺宮のために好んだ茶室を移築したもので、大綱宗彦筆「任有」の扁額によれば、大綱八十二歳の嘉永六年（一八五三）、玄々斎四十四歳の頃の作と推定される。床柱の内側には「依命好　利休十一世玄々斎宗室　花押」と記した書付が刻まれている。外観は切妻造桟瓦葺で、前面に庇を付け下ろしている。席は、台目畳に向板を入れた点前座、丸畳一枚と台目畳二枚の客座からなる。点前座は炉を向切に切り、洞庫を設け、床は下座に構える。この茶室には、それまでの千家の茶室にはなかった新しい工夫が試みられている。たとえば躙口は隅に寄せてあけるのではなく、武家風の茶室に多く見られるように客座の中央にあけられている。天井は、床前が網代の平天井、躙口側が化粧屋根裏、点前座が蒲天井と三つに区分されているが、網代の竿縁は略されている。向板入で、炉を向切に切り、中柱を立てる点前座の構成は*今日庵と同じながら、中柱の下方は切り取られて床面まで達せず、それを持送式に壁から突き出た曲がり木が支えていて、壁留も曲がり木である。また中柱の上方、袖壁のほうにのびた丸太は垂木まで達しないで、少し手前で壁の中に消えている。

任有　点前座より躙口側を見る

ぬ

貫【ぬき】
立ち並ぶ柱や*束などの垂直材を、水平に貫いて相互につなぐ構造材。古くは桜町遺跡（富山県小矢部市）から出土した、縄文時代後期頃の高床建物の部材と思われる栗の柱に貫穴が確認できる。古代の寺院建築では、貫は柱頭を結ぶ頭貫しか使われず、これを「柱貫」とも呼んだ。鎌倉時代になると、大仏様や禅宗様の建築の導入とともに貫がひろく用いられるようになった。建築部材の標準化が進んだ近世以後は『*匠明』（一六〇八年成立）の社記集に「貫幅は七分算。厚さは柱三分算」とあるように、基準材をもとにした寸法で造られて、四つ割にしたり、薄い矩形断面に製材したりしたものが使用された。貫の位置により、天井貫、頭貫、飛貫、*内法貫、*胴貫（腰貫）、*足元貫、*縛貫（水貫）などがある。また構造材であると同時に、壁の*下地材を構成することもある。

貫穴【ぬきあな】
*貫を通すため、柱や*束などに穿たれた穴。

抜井筒【ぬきいづつ】
*井筒の一種。一個の石を刳り抜いて作った井筒のこと。円形または方形のものがある。

貫打戸【ぬきうちど】
*貫を打って作った簡素な扉。露地の*木戸などに用いる。

拭板張【ぬぐいいたばり】
床や縁などにおける板の張り方の一種。表面を平滑に仕上げた比較的幅の広い板を拭板といい、それを床面に張る仕上げをいう。板が反らないよう裏面には*吸付桟が付けられる。板敷きの床の仕上げとして、特に台鉋の普及以降、ひろく用いられた。縁を拭板張としたものを拭縁という。

拭縁【ぬぐいえん】
*拭板張にした縁のこと。

抜け石【ぬけいし】
石材の呼称のひとつ。河川の底から採集する*玉石をいう。京都では鴨の抜け石、高野の抜け石などと採集地を冠して呼称され、飛石をはじめ、犬走りなどに用いられる。

塗師屋【ぬしや】
一般的に漆塗を専門とする工人を塗師と称し、広義には漆の工人全体をさす。また漆器屋をさす呼称でもある。漆器全体の企画、製造、卸、直販を生業とする。現在、漆器産地である輪島地方で使われている。ちなみに漆塗に使用する篦を削る時に使う塗師刀を塗師屋包丁と呼ぶ地域がある。

布石【ぬのいし】
❶土台の下に連続して据える細長い切石。*見え掛りを揃え、さらに*三和土とのバランスを取りながら設置する。❷土台下の礎石のうち、五〜一〇センチ内外の玉石を用い、土台を支えること。石質は花崗岩や安山岩が多く、特に錆を有する浄土寺呉呂太などが用いられる。

布板張【ぬのいたばり】
床や縁などにおける板の張り方の一種。床板を長手方向に張ること。

布落【ぬのおち】
*庭滝の水の落とし方の一種。*滝口が水平になるような*水落石を使い、滝の上部によどみを造ってゆっくりと導水し、布を掛けたような姿で水を落とす。

布地【ぬのじ】
漆塗の技法の一種。主に建造物の漆塗に使う表現。建造物に施す漆塗のひとつ。麻布などを張って仕上げる漆塗をいう。布目の凹凸を生かした風合で、キズの付きにくい仕上がりとなる。漆工芸品で用いる*布目塗とは異なる。

布竹【ぬのだけ】
竹垣の*押縁にあたるが、押縁として十分に利いていない軽いものをいう。あるいは最下部の押縁のことをいう。

布羽目【ぬのばめ】

*羽目板張における板の張り方の一種。「横羽目」ともいう。板の長手を水平方向に用いて張った羽目。板の合わせ目は合決り、もしくは実矧（付録29頁参照）として、仕上がった面が平坦になるように張る。垂直方向に張ったものは*熨斗羽目（竪羽目）という。

布伏【ぬのぶせ】

主に建造物の漆塗に使う表現。木部に漆塗を施す時、下地工程で麻布や寒冷紗などを木部に張ること。または、その工程。漆工芸品では一般的に「布着」という。

布掘り【ぬのぼり】

基礎工事をするために地盤面を掘り下げる根切の一種。壁下を連続的に、その長さにそって溝状に根切することをいう。「丁掘り」ともいう。伝統的な木造建築では*壺掘りが一般的であったが、土蔵は布掘りとする。現在では在来軸組工法の住宅をはじめ、多くの建物で布掘りが用いられている。

布目塗【ぬのめぬり】

❶漆塗の技法の一種。変塗のひとつで、吸い上げ法を利用して塗面に布目を隆起させるもの。まず蠟色漆か彩漆で上塗し、研ぎと胴摺磨き（砥の粉を種油で練ったもので磨く工程）を行っておく。そして*生漆、あるいは少量の*弁柄を混合したものを一回濾してから加熱し、不乾性にする。これを焼漆という。この焼漆を常盤（漆塗の作業台）上に薄く塗ってから、織目の整然とした絹紗をのせ、箆で軽く撫でて全面に塗布させる。付着した漆を均一にした後、先ほどの胴摺した漆塗面にのせ、紙を当てて上から箆でこすって漆の布目を転写する。そのまま一、二日放置した後、転写した焼漆を拭い去ると、布目の隆起ができている。その後すぐに*摺漆をして蠟色磨きを行い、仕上げとする。❷変塗のひとつ。厳密には「布張布目塗」という。下地工程で紗か麻布を糊漆で貼着させる。繊維の目に適度に下地を摺り込み乾燥させた後、上塗工程を施して仕上げる。使用した布目がかすかに現れる仕上げとする。塗面の布目の凹凸感をわずかにのこす塗放しと、鏡面仕上げを施し、漆が締まってきてうっすらと現れる表現がある。現在、布目塗というと後者をさすことが多い。

沼津垣【ぬまづがき】

*網代垣のひとつ。力杭を立て、篠竹または割竹を用いて杉綾模様に編んだ*組子を*胴縁に張り、*押縁で留めたもの。歌川広重の浮世絵「東海道五十三次之内　沼津」に描かれるなど、駿河湾に面した静岡県沼津地方において、強い西風と海岸からの砂を防ぐために多く造られていた。『*石組園生八重垣伝』に「箱根丸竹の矢柄竹にて組むを正銘とするなり」とあるように、沼津では箱根篠竹を用いる。

沼津垣

滑鴨居【ぬめがもい】

無目鴨居と同じ。

⇒無目鴨居【むめがもい】

滑敷居【ぬめしきい】

無目敷居と同じ。

⇒無目敷居【むめしきい】

塗壁【ぬりかべ】

*左官材料で塗り上げる壁の一般総称。土、*漆喰、セメントモルタル、石膏プラスター、ドロマイトプラスターなどの素材がある。また糊や樹脂に骨材を入れた材料も左官の塗壁と呼んでいる。以前は左官が現場調合をしていたが、現在では土壁を除いて多くの材料が、工場生産の既調合材料となっている。

塗框【ぬりがまち】
*床框の一種。漆で塗り仕上げをした床框のこと。「塗縁」ともいう。*大面取りの角框に、黒塗、*蠟色塗、*溜塗、*木地塗、*布目塗、*春慶塗などで仕上げる。床框には、初期の茶の湯の頃は塗框が主とされていたが、わび茶の展開とともに*丸太框などが用いられるようになった。なお近世中頃までの茶室で塗框が用いられているものを見ると、*小間でも三畳以上の広さのものであることや、貴人や*名物もちの場合は塗框を用いるものとの茶書などでの伝えもあるように、わび過ぎた表現には塗框はふさわしくない、すなわち塗框は伝統的な格式のある造作とされていたと考えられる。中でも、黒塗としたものが最も格が高いとされる。

塗込貫【ぬりこみぬき】
*壁下地の*貫で、*小舞竹を取り付けるとともに、壁の補強のために柱間に差し通すもの。壁の中に塗り隠され、水平に渡す小幅板や柱間に竪に差し込む小幅木である。薄壁の数寄屋では、特に竪の貫をさす場合が多い。鉋削りの後に鋸で相互に切目を付けた貫を用いて、横貫と竪貫で枠に組み込み、柱際は栓で留める。（付録28頁参照）

塗込柱【ぬりこみばしら】
*室床や*洞床の*入隅の柱のように壁に完全に塗り込められた柱。古くは*待庵に切られた*隅炉の入隅に立つ柱や室床の例が著名であり、狭い室内にひろがりを感じさせるような効果がある。また柱の一部を塗り込み、一部を外に現して見せた柱をいうこともある。後者は*千利休が*北野大茶之湯で構えた茶室（北野大茶之湯の四畳半の項を参照）に用いたのが初例とみられ、*塗立柱や*楊子柱とも呼ばれる。

塗さし窓【ぬりさしまど】
下地窓と同じ。⇩下地窓【したじまど】

塗下地【ぬりしたじ】
壁土や*漆喰などを塗るための下地。細く割った竹や木を縦横に編んだ小舞下地（小舞壁の項を参照）や、薄く細長い板を目透に張った木摺下地などの種類がある。

塗出柱【ぬりだしばしら】
塗立柱と同じ。⇩塗立柱【ぬりたてばしら】

塗立柱【ぬりたてばしら】
茶室の隅柱に曲がりのある材を用い、上部四分の一ほどを室内に現し、その下を壁土で塗り隠したもの。「楊子柱」「塗込柱」「筆軸柱」「筆先柱」「塗出柱」などともいう。*千利休が天正十五年（一五八七）の*北野大茶之湯で構えた茶室（北野大茶之湯の四畳半の項を参照）で初めて試みたものとみられる。*千宗旦が利休四畳半を再現した裏千家*又隠でも用いられており、この柱に*柳釘を打ち、柳柱とも称される。その後、小間の点前座の*入隅にしばしば用いられるようになった。たまたま曲がりのある柱を用いたために一部が壁に塗り込められたという、わびた風情を表すものであるが、『細川三斎茶書』には、柱を二尺五、六寸かき取って下を丸く塗り廻し、そぎくちに皮を付けてゆがみ木にして塗り廻す、というように作為的に仕上げる手法が記されている。材料としては杉丸太や*なぐり材が用いられる。

塗残窓【ぬりのこしまど】
下地窓と同じ。⇩下地窓【したじまど】

塗縁【ぬりぶち】
❶塗框と同じ。⇩塗框【ぬりがまち】
❷*襖縁のうち、漆塗などを施したもの。黒*蠟色塗や*溜塗などがある。対して木地のままの襖縁は木地縁という。

塗骨【ぬりぼね】
漆塗にした扇などの骨をいう。骨（*組子）を漆塗にした障子は塗骨障子という。

塗廻し【ぬりまわし】
壁の仕上げ方の一種。土壁の*出隅や*入隅などで、柱を見せないで壁を丸く塗る手法。「塗回し」とも書く。*室床や*洞床の壁、*塗立柱の下の壁入隅、*台目構えの席の袖壁下部の吹抜きの出隅などに見られる。小間の茶室を広く見せる効果があるが、茶室では*待庵二畳の入隅や室床に見られるものが最も古い。

塗廻し床【ぬりまわしどこ】

床の内部入隅の柱を壁土で丸く塗廻して見せない床。「塗回し床」とも書く。主に*草庵式茶室で行われ、わびた姿を強調し、床の内部空間を広く見せる効果も考えられる。天井板まですべてを塗廻した床は*室床と呼ばれる。

塗面戸【ぬりめんど】

*面戸部分を塗壁仕上げとしたもの。「壁面戸」ともいう。*掛込天井と*平天井の境の小壁にある*垂木掛の上は一般的に塗面戸とする。一方、*軒桁側の面戸は塗面戸とすることがあるが、板を見せる板面戸とすることが多い。

塗面戸（軒桁側）

塗り屋【ぬりや】

❶左官と同じ。⇒左官【さかん】

❷外面を土壁で厚く塗った土蔵造の建物。

濡縁【ぬれえん】

*雨戸の*敷居外側に設けられる縁のこと。雨に濡れても水はけが良くなるように、板と板のあいだに隙間を入れる。また水切れを良くするために竹材も使用する。*切目縁、*榑縁、*簀子縁などの種類がある。

濡額【ぬれがく】

建物の内外や門などに掲げる額を一般には*扁額というが、このうち、茶室の外、屋根の切妻や庇下の壁面などに掲げる木製のものをいう。家屋の外側に設ける雨晒の縁を*濡縁というのと通じる。室名や庵号などにちなんだ文字の字形を、松や欅材に彫り付け、胡粉などで着彩したものが多い。（付録14頁参照）

濡額　又隠　裏千家

根石【ねいし】

❶基礎に用いる石の総称をいう。（付録14、28、30頁参照）

❷玉石基礎などを使った時に、玉石の下になって表面に現れない石。地業に相当する部分だが、*割栗石よりも少し大きい。

根入れ【ねいれ】

*掘立柱などの時に、地中に柱を入れる深さをいう。「根入り」ともいう。柱は地中での腐食に耐える栗材などを選び用い、また根入部分を*根焼などにする。

根械【ねかせ】

門柱、旗竿、*掘立柱などが倒れたり沈下したりしないようにするため、地中で一文字または十文字に渡してある横木。挟械ともいう。二本以上の柱を連結する根械を通械、これと直角に渡してあるのを梁間械という。

根搦貫【ねがらみぬき】

❶柱や*束の根元を緊結するために、これらの下部に通された*貫。「根緘貫」とも書き、また「根貫」ともいう。床高が大きい時は斜めに取り付けることもあり、この場合は筋かい根搦という。

床束を固めるもので、下部でない箇所に取り付ける貫は＊縛貫（水貫）などと呼んで区別する。（付録28頁参照）❷足場の建地の下方に取り付ける貫。❸地中に埋没して、柵子部分をつなぐ貫。「埋械」ともいう。

根岸土【ねぎしつち】

壁土の一種。江戸の下谷根岸町付近（東京都台東区北部）で産出した。色は緑がかった茶色で、砂の割合が多く、砂壁として使用された上質の壁材。

根岸照彦【ねぎしてるひこ】

昭和二十二年（一九四七）～平成十六年（二〇〇四）。建築家。私立東京工業高等学校建築科を卒業、同校の助手を経て真瀬工務店に入社。その後、数寄屋建築の世界に魅了され、昭和四十四年（一九六九）、財団法人今日庵に入庵し、裏千家の茶室を含めた建造物や露地の保存及び管理を行う。今日庵営繕部部長として国内外の茶室建築設計に数多く携わった。『自慢できる茶室をつくるために』『茶室の解明　平面データ集成』などの著書がある。

根切【ねぎり】

建物の＊基礎を造るために、地盤面以下の土を掘り、空間を造ること。「根伐」とも書く。その掘り方により、建物の下全面を掘る＊べた掘り、柱などの下のみを掘る＊壺掘り、壁下のみを溝状に掘る＊布掘りなどに分けられる。

猫石【ねこいし】

板塀などの柱の真下、土台と＊布石（あるいは基礎）のあいだに、風抜きと土台を雨水から護るために割据え付ける石をいう。単に「猫」ということもある。

猫間障子【ねこましょうじ】

＊明障子の一種。障子の一部に＊孫障子（小障子）と呼ばれる開閉可能な小さな障子が組み込まれたもの。孫障子の開閉方式によって、上げ下げ猫間障子や引分け猫間障子、片引き猫間障子などがある。

根来塗【ねごろぬり】

和歌山県岩出市の根来寺において製造したとされる漆器。寺院用に作られたものを赤根来（朱根来）、一般用に作られたものを黒根来と称する。一般用の黒根来が黒漆のままであったのに対し、寺院では朱漆を一度塗りの塗立てとしたものが用いられ、長年の使用による朱漆の磨滅で、下地の黒漆が斑紋となって現れる。後世、京都などでこの雅味を写そうと意図的に斑紋を研ぎ出したものも盛んに作られるようになり、その技法を根来塗と呼ぶこともある。

捻梅文【ねじうめもん】

文様の一種。梅花文のひとつで、花びらに捻りを加えた文様。梅は『万葉集』にも数多く読まれ、最も多く用いられる文様のひとつに挙げられる。梅花文には、捻梅文のほかにも向う梅、利休梅、軒端梅、梅輪、重ね梅や、剣梅鉢などの梅鉢文もある。玉林院の＊霞床席にある違棚には、表千家七代如心斎天然好みとされる捻梅文が透彫りされる。

捻梅文（捻梅唐草純子）

捻駕籠席【ねじかごのせき】

愛知県名古屋市昭和区の昭和美術館にある＊南山寿荘内の茶室。＊渡辺規綱好み。南山寿荘は舞台造のように床を高くし、階段（木階）を上がり席入りするように造られている。この席は建物の平面に対して少し角度を付けて配置され、三方に縁が廻っていて、ちょうど駕籠を少し捻った恰好となることが席名の由来となっている。棟札から天保三年（一八三二）の造立とされる。棟を東西にして南面して建つ。南山寿荘の木階を上がるとまず捻駕籠席前の榑縁となり、一段上に腰掛がある。二階座敷に通じる廊下は反対側にある。榑縁が露地の一部となり、躙口に至る。吹放しの中敷居窓から外を眺望できる。内部は四畳中板入の席で、三畳の客座と中板を入れた点前座を遣り違いとし、床前の貴人座に重心をおく間取りである。中板が席中にゆとりをもたせると同時に貴人座への結界となる。また

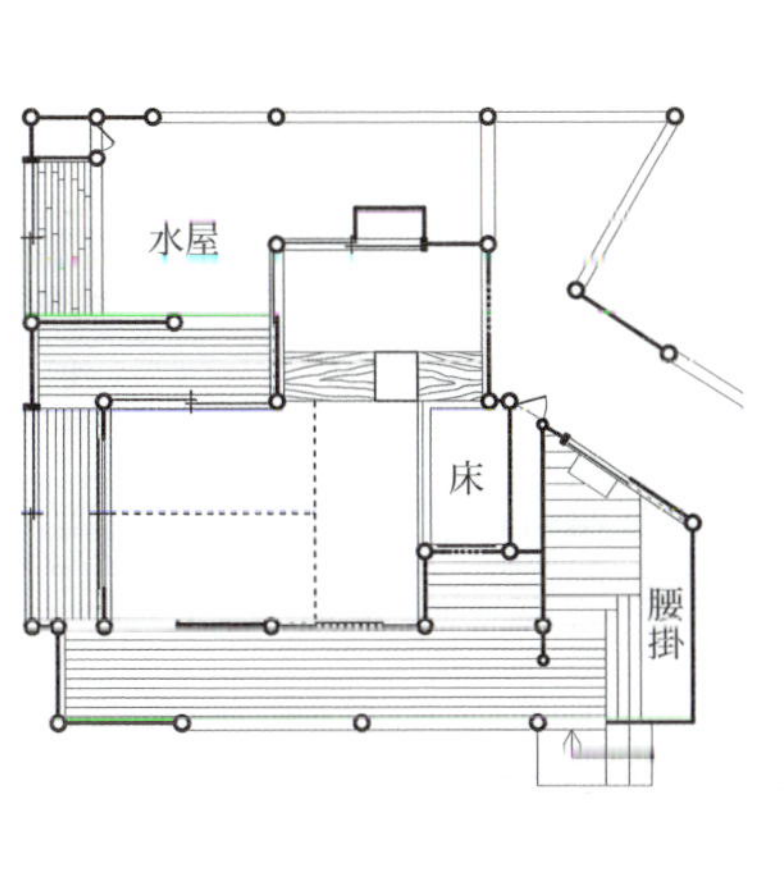

捻駕籠席

捻駕籠席　床側

正客と亭主が向かい合い、下座二畳が相伴席ともとらえられる。床柱の位置の柱を切って釣束として省略した手法は、南山寿荘の二階座敷の床構成と似る。また点前座正面右には塗立柱を見せる。天井は床前を網代天井で一段高くし、中板の上は点前座の落天井と区別して板を張っている。相伴席の天井は隅木をおいた化粧屋根裏とする。下座の壁面は、隅を丸めた吹抜きの横長窓があけられ、中央に力竹を立てる斬新な意匠で、茶室にくつろいだ明るさを取り込むように考えられている。

捻組【ねじくみ】
木組（木組の項❷を参照）の一種。*軒桁を隅において井桁に組む時に用いられ、上木（男桁）と下木（女桁）の接ぎ肌が水平でないものをいう。接ぎ肌の傾斜は、両材にかかる荷重を平均させるため、組手の上に架かる*隅木の勾配（落掛り墨）と下端との距離を二等分する線にある。

根締【ねじめ】
植栽方法のひとつ。*景石や高木、工作物などの足元に低木や草本を添え植えること。またその植物をさす。たとえば*柃、*黄楊、躑躅、*羊歯、*万両、*千両、*藪柑子など。

鼠子【ねずこ】
黒部杉と同じ。⇩黒部杉【くろべすぎ】

鼠木戸【ねずみきど】
❶*木戸門の扉の一部に設けられた小さな*潜り戸。「鼠戸」ともいう。❷劇場や芝居小屋における観客の出入り口。

鼠土【ねずみつち】
❶*漆喰の一種。漆喰に灰墨を入れて撹拌したもの。灰色を呈し、鼠の毛の色に似ることからの称。❷鼠色の土の総称。少し青みがかった灰色で、京都産の*九条土に似ている。

根太【ねだ】
床板を支える構造材のひとつで、木造住宅では一般に*大引（一階の床の場合）、あるいは床梁（二階以上の床の場合）の上に直角方向に架け渡す水平材。檜、松などの五〜六センチ角を用い、四〇〜五〇センチ間に割り当て、大引には渡腮（材を直交させて接ぐ工法のひとつ）や大入で接続する。*炉を設置する場合には、大引と根太の位置の間隔を炉壇に合わせてひろげることとなる。なお一階の天井を張らずに、二階根太をそのまま見せる天井を根太天井という。（付録28頁参照）

根津嘉一郎【ねづかいちろう】
根津青山のこと。⇩根津青山【ねづせいざん】

根接ぎ【ねつぎ】
植栽の繁殖方法のひとつ。樹勢の衰えた樹木の根を掘り取り、枯死した部分を外し、同種の若樹の根を継ぐこと。

根継ぎ【ねつぎ】

古建築などを修理する際、柱などの脚部の腐食している部分を取り除き、新しい同種の材を用いて大きさも同じように工作して、差し替えること。*継手としては金輪継ぎや追掛大栓継ぎなどが好ましい。

根津青山【ねづせいざん】

万延元年～昭和十五年（一八六〇～一九四〇）。近代の実業家、数寄者。名は嘉一郎、青山のほか無事庵とも号した。山梨県の豪農・根津嘉右衛門の次男として生まれ、村会議員や県会議員を経て国会議員に四期当選、後に貴族院議員もつとめた。そのかたわら実業界でも活躍し、渡辺信、小田切謙明、佐竹作太郎らとともに鉄道期成同盟会を結成し、中央線の敷設運動を行ったのをはじめ、東京市街鉄道、房総鉄道、南海鉄道、東武鉄道、東京地下鉄などの経営にあたり、その他にも経営に行き詰まった企業を多く買収し、再建を図ったことから「火中の栗を拾う男」「ボロ買い一郎」などと揶揄されることもあった。特に資本関係をもった鉄道会社は二十四社に及び「鉄道王」の異名を奉られた。明治末年頃から茶の湯に関心を向けるとともに茶道具をはじめとする古美術品を収集し、厖大なコレクションは現在、根津美術館に受け継がれている。なお同館の敷地内の庭園には、*斑鳩庵、*閑中庵、*弘仁亭、清溪亭、*無事庵などの茶室が構えられ、現在これらの茶室を使い大師会が開催されている。

根包【ねづつみ】

柱の地面と接する足元を包む材料、及び包むことをいう。「根巻き」ともいう。木、石、金物などが使われる。柱の腐食を防ぐために行う。

根津美術館【ねづびじゅつかん】

東京都港区に開館する美術館。*根津青山が収集した日本、東洋の美術品を中心として、昭和十六年（一九四一）に開館した。収蔵品の種類は多岐にわたるが、中でも仏教美術、茶道具、中国古代青銅器のコレクションが充実している。伝牧谿筆漁村夕照図、那智瀧図、尾形光琳筆燕子花図屏風などの国宝七点をはじめ、円山応挙筆藤花図屏風、松屋肩衝茶入などの重要文化財を多数収蔵する。都心に位置するも、自然の傾斜を生かした情趣あふれる広大な庭園には、*斑鳩庵、*一樹庵、*閑中庵、*弘仁亭、*披錦斎、*無事庵などの茶室が配されている。

根貫【ねぬき】

根搦貫と同じ。⇨根搦貫【ねがらみぬき】❶

根張【ねばり】

樹木の根が隆起している状態をさす。大木や老木でよく見られる。

根府川石【ねぶかわいし】

石材の一種。神奈川県小田原市根府川から米神に分布する箱根溶岩の安山岩。伊豆石のひとつ。板状節理が発達した複輝石安山岩に属する。かつては根府川で採取されていたが、現在では米神の谷から産出する。石質は湾曲した面で、板状に割れる特徴がある。薄い茶系色のきめ細かい石肌で、板石、飛石、敷石、碑石などに利用される。藪内家*燕庵の露地に据えられる*三つ小袖石が有名。板状節理から割れやすく、「へげ石」ともいわれる。

根巻き【ねまき】

❶根包と同じ。⇨根包【ねづつみ】

❷植栽を移植するための方法のひとつ。樹木を移植する際、地面より掘り取った後、根を藁や菰で巻き、縄で締める作業をいう。根を乾燥させないことと、細根の保護、根と土の剥離を防ぐ目的で行われる。

根回し【ねまわし】

植栽を移植するための方法のひとつ。根の周囲を掘り上げ、露出した細い根を切り、太い根には環状剥皮（発根させたい部分の皮を剥ぐ方法）を行ったりし、ふたたび土を覆うこと。通常、移植する半年から一年前、数年前に行う場合もある。これによって細根が発生し、移植後、樹木が生育しやすい状態となる。大木や老木などは根が広範囲に張り渡り、掘り取りが困難となることから、移植の前にこれを行い、また、特に移植が難しい木や発根力の弱い老木などにも必要となる。

根焼【ねやき】
掘立柱などの地中に埋まる部分の表層を、あらかじめ焼いて炭化させること。柱の腐食を防ぐために行う。

練土【ねりつち】
練塀や築地などを造る時に用いる土で、粘土に石灰や小砂利、苦汁を混ぜ合わせたもの。

練塀【ねりべい】
土塀の一種。瓦と、粘土に石灰、小砂利、苦汁を混ぜた練土を交互に積み重ねて造ったもの。「瓦塀」ともいう。

野【の】
❶建築において、内部に隠れ外側から見えない部分のこと。野屋根、野垂木、野天井、野母屋、野桁、野縁などと用いる。見え隠れも同様の意である。化粧に対する語。❷仕上げ加工が施されていないという意味。野板、野石、野面石などと用いる。

野薊【のあざみ】
キク科アザミ属の多年草。各地の山野に普通に自生している。高さは六〇～一〇〇センチ、五～八月に枝の先端に紅紫色の頭花をつける。葉には鋭い刺が多い。江戸時代には多くの品種が作られ、現在では茶花としても好まれる。

野石積み【のいしづみ】
石積みのうち、切石を積んだ切石積み以外をいう。野石（野面石ともいい、山野にある自然の石）を積んだ石積みという意味ではなく、たとえば不揃いな切石を積んだものもさし、自然の風情を出すために調整された石積みの総称である。

野板【のいた】
楔で挽き割ったり、あるいは鋸で挽いたりしたままで、鉋がけ仕上げを施していない板。鉋がけをして仕上げ、見え掛りに用いる化粧板に対する語。

能阿弥【のうあみ】
応永四年～文明三年（一三九七～一四七一）。足利将軍家の同朋衆。姓は中尾氏、名は真能。春鷗斎、秀峰と号した。芸阿弥の父。唐物奉行として将軍家の唐物の鑑定、管理、座敷道具飾の指導にあたったほか、連歌師、香の上手（名手のこと）、水墨画家と幅広い活躍をみせた。記録の上では、父・毎阿弥の没後の永享八年（一四三六）十一月から絵画の表装や鑑定、管理などを行っていることが知られる。水墨画を能くし、応仁二年（一四六八）六月に子・周健の冥福のために描いた「白衣観音図」（重要文化財、文化庁蔵）や同三年三月の年紀をもつ「花鳥図屏風」（重要文化財、出光美術館蔵）が基準作とされる。また連歌も能くし、北野連歌会奉行をつとめたほか、その句が『新撰菟玖波集』などに収録されている。宗祇の『竹林抄』における連歌七賢の一人でもある。撰述したと伝えられるものに『御物御画目録』『室町殿行幸御餝記』があり、『君台観左右帳記』の原形を作ったとされる。自筆巻子として「集百句之連歌巻」（天理大学附属天理図書館蔵）がある。『山上宗二記』では、将軍家の絵画に付された外題に関し、父である毎阿弥や子の芸阿弥、孫の相阿弥に比して能阿弥の鑑識が特にすぐれていると記されている。また同書では能阿弥が足利義政に珠光を紹介し、茶の湯の楽しみを勧めたとされているが、能阿弥と茶の湯との関係を示す同時代の記録はほとんどのこされていない。没年について一説に明応三年（一四九四）ともいう。

能改庵【のうかいあん】

*片桐石州が家老・*藤林宗源のために好んだ茶室。藤林家が断絶した後、安永七年（一七七八）に大和国（奈良県）小泉の片桐家に移された。松平定信が収集した「*楽翁起し絵図」によれば、茶室の西に水屋付きの鎖の間（八畳）、鎖の間の南に書院が接続していた。茶室は四畳台目。東に貴人口があき、点前座は茶室の北、客座から見て奥まった位置に配されている。床前の一畳北側に給仕口があき、茶道口は点前座の背後にあく。石州は点前座に洞庫を設けていたが、宗源は主君に対して洞庫点前ばかりでは憚られるとして洞庫を取り払って壁に造り替えた。それを見た石州が「よく改めた」と賞めて「能改」という額を与えたという話が伝えられている。「楽翁起し絵図」では壁になっている。

起し絵図「片桐石州好能改庵茶室」
墨水書房版『茶室おこし絵図集』

軒【のき】

屋根の葺き下ろしの端部で、壁や柱から外に張り出した部分。雨や雪の侵入を防ぎ、日照を調節する役割をもつ。日本建築を特徴付ける要素。茶室や数寄屋の軒は、軽快に見せることに工夫をこらし、*桟瓦葺の屋根でも、軒廻りだけは*杮葺や*銅板葺にしたり、*小丸太垂木を用いたりする。妻側の軒先も、*小舞螻羽の手法を用いて軒を軽く見せる。

軒板【のきいた】

*軒裏に張られる板。「裏板」ともいう。通常、*垂木の上部に*小舞が組まれ、その上部に軒板を張り、あわせて軒裏の化粧として見せる。数寄屋建築ではへぎ板など薄い板を用いることが多い。

軒内【のきうち】

建物の*軒の下。建物の土台下の*差石から*雨落石までの空間のこと。建物と庭の中間部分で、地面は*三和土、砂利敷、石敷などとされる。茶室においてはこの軒内に躙口に向けて*乗石や*落石、*踏石を据え、*塵穴を設けるなどする。また*腰掛を設けることもある。

軒裏【のきうら】

*軒の下面。数寄屋建築では、*小丸太垂木、*間垂木、女竹の*小舞、*へぎ板の*野地板を化粧として見せることが多い。小舞を入れず、間垂木の位置に割った煤竹などで軒板を押さえたものを、庚申張という。

軒裏

軒瓦【のきがわら】

瓦屋根の*軒先を葺くための瓦。水切りが良いように垂れが付く。前面に*唐草文が多く施されるので「唐草瓦」とも呼ばれる。

軒桁【のきげた】

*軒の下に渡される*桁のこと。縁側の屋根庇

の垂木を受ける場合は縁桁、最も軒先に近いものは丸桁、出し梁や桔木の支点となるものは土居桁などと用いられる場所、使われ方によって名称が異なる。構造的には母屋桁のひとつで、垂木を受けるとともに、柱や小屋梁を桁行方向につなぐものである。和小屋では柱と軒桁の組み合わせ方に、梁の上に桁をのせる折置組と桁の上に梁をのせる京呂組がある。京呂組での軒桁を「地廻り」「地廻り桁」ともいったが、現在では京呂組でない場合にも用いる。数寄屋では丸太が用いられ、野の場合には松、化粧材の場合には北山や吉野の杉などが使われる。（付録28頁参照）

軒先【のきさき】 軒の先端部分のこと。「軒端」ともいう。軒先を美しく見せるために、軒反を施すことがある。軒先全体が反っているものを総反、軒先が水平で隅木近くで反り上がるものを長刀反と呼ぶ。また瓦葺の軒先だけを柿葺や檜皮葺などにする軒葺も行われる。

軒先面戸【のきさきめんど】 面戸の項を参照。⇒面戸【めんど】

軒敷瓦【のきしきがわら】 軒瓦の下に敷く平瓦。「敷平瓦」ともいう。

軒忍【のきしのぶ】 ウラボシ科ノキシノブ属のシダ植物。北海道南部以南の山地や陽地で普通に見られる。根茎が長く横走し、斜上する葉身は革質で、線形をなす。露地では飛石の際や景石の上などでよく見られる。

軒付【のきづけ】 茅葺、檜皮葺、柿葺などの屋根で、軒先を特に厚く積み重ねて葺く部分。中でも長さ一尺、幅一寸五分、厚さ三分ほどの板をやや斜めに並べ、裏甲の上に打ち付けた蛇腹または裏板の上に屋根葺材を葺く。

軒樋【のきどい】 屋根面を流れる雨を軒先で受ける横樋。銅製のものが多いが、小間の茶室や待合では竹製がよく用いられ、口切の茶事や初釜に際しては新しい青竹のものに取り替えたりする。

軒樋

軒端【のきば】 軒先と同じ。⇒軒先【のきさき】

軒葺【のきぶき】 瓦葺の屋根の軒先だけを柿葺や檜皮葺、銅板葺にする方法、またはそのような形式の屋根。「腰葺」ともいう。桁から外へ跳ね出す部分の荷重を軽減すると同時に、外観を軽やかに見せる効果もある。軒先と接する部分に一文字瓦を用いる。

軒丸瓦【のきまるがわら】 本瓦葺の時、軒先にあって、先端部（瓦当）に紋様や文字が入った丸瓦。巴文を多く用いるところから「巴瓦」、馬具の鐙の形状と似るところから「鐙瓦」ともいう。

野桁【のげた】 見え隠れになっている桁の総称。小屋裏の中で野物として使われるもの。土居桁や、出し梁の上に立てた束に渡して、小屋内で野垂木を受ける旅桁、桔木の上にのって軒桁よりも外の位置で野垂木を受ける洞桁などがある。

野崎家の茶室【のざきけのちゃしつ】 岡山県倉敷市の旧野崎家住宅にある茶室。旧野崎家住宅は、当地において大規模な製塩業と新田開発で財をなした野崎武左衛門が天保から嘉永年間（一八三〇〜五四）に次々と築いていった屋敷で、重要文化財に指定されている。中央に表書院と主屋があり、周囲には長屋門、桃座敷、南座敷、御成門、内蔵、大蔵、書類蔵、道具蔵、岡蔵、夜具蔵、味噌蔵など、そして茶室としては*観曙亭、容膝亭、臨池亭（臨池亭の項❸を参照）の三席と腰掛が庭内に造られている。建築は主屋が天保三年（一八三二）頃、表書院が嘉永五年（一八五二）頃で、茶室もその頃と伝えられ、速水流三代宗筧によるという。観曙亭は築山の上に建つ二畳台目向板入の席。容膝亭は切妻造茅葺で躙口の前面に土間庇が付く。平面は四畳半、*又隠写しといわれるが、躙口が茶道口の対面に設けられ、平天井と化粧屋根裏の境に下り壁が設けられるなどの違いも見られる。臨池亭は台目三畳に向板が敷かれ、炉は向切本勝手に切られる。また隣接する敷地に、野崎家の迎賓館として別邸の迨暇堂があるが、この庭園の中に茶室清恬（登録有形文化財）が建つ。明治四十一年（一九〇八）、武左衛門の孫・武吉郎の還暦を記念して造られ、切妻造葭葺の屋根をもつ。平面は三畳台目中板入。

野崎家の茶室　臨池亭　外観

野崎幻庵【のざきげんあん】

安政六年～昭和十六年（一八五九～一九四一）。近代の実業家、数寄者。名は広太、汲古庵と号した。備中国（岡山県）の庭瀬藩士の長男として生まれる。慶應義塾に学び、中外商業新報社（日本経済新聞社の前身）、三越呉服店（現三越伊勢丹）の社長を歴任する。茶の湯に親しみ、二十余年にわたって茶会の記事を新聞に連載し、『*茶会漫録』として出版。このほかの著作に『らくがき』がある。引退後は神奈川県小田原に住み、*益田鈍翁、*松永耳庵とともに小田原三大茶人の一人に数えられている。ゆかりの茶室として、東京の幻庵自邸には*空心庵、*汲古庵、小田原の別邸・自怡荘には空心庵が営まれた。また関東大震災で倒壊した空心庵の跡地に建てられた、幻庵設計による*葉雨庵がある。

野地板【のじいた】

屋根葺材の下地板として、通常は*垂木の上に張った板をさす。単に「野地」ともいう。鉋削りをしたものを削り野地または裏板、化粧野地仕上げをしないものを荒野地という。軒先や縁側などでは*見え掛りとなるため、化粧野地とすることも多い。桟瓦、本瓦などの下に葺く土居葺の野地を葺野地や葺地といい、反り屋根の野地を撓野地、これに対して平面の野地を直野地という。（付録24頁参照）

熨斗瓦【のしがわら】

*棟積に用いる瓦。「棟平瓦」ともいう。幾枚かを重ね積んで用い、三段積み、五段積みなどという。凸面を表として用いる。接合部に紐のあるものを特に紐付熨斗瓦といい、また用いる位置や形状により数種類がある。

熨斗羽目【のしばめ】

*羽目板張における板の張り方の一種。「竪羽目」ともいう。板の長手を垂直方向に用いて張った羽目。板の合わせ目は合決りや実矧（付録29頁参照）として、平坦な面に仕上げる。水平方向に張ったものは*布羽目（横羽目）という。

熨斗葺【のしぶき】

❶*檜皮葺の一種。*葺足を小さく、短くして屋根を葺く方法。
❷*柿板で葺足を小さくして葺いた屋根。

野筋【のすじ】

庭園内で土を低く盛り、緩やかな起伏を付けた丘、あるいは*築山の裾の緩い斜面のこと。『*山水並野形図』には「山ノ風情也、是ニハ石ヲサシテ不立、只、木草ヲ植テ野山ノ風情ヲ旨トスベシ」「野筋カクハアレドモ風情アリテ面白ク石ヲ立ベシ、シゲクハナク所々ニ見合テ立也」

とあるように、野の風景を表現する技法である。園路をこれに含めていう場合もある。

載せ竹【のせだけ】
*『茶道旧聞録』に見られる語。「数寄屋天井載せ竹の事。床の際へ竹を一本入れ、床さしとてそれへ竹をさすなり。竹ほど床の方の天井の縁は下るなり。故に載せ竹という」とある。天井の*廻縁のうち、床の際で*竹竿縁などを納めてある竹の廻縁をさすか。床の天井のほうが低くなるとあるので、*小間の茶室にふさわしい構成をさすと考えられる。

覗石【のぞきいし】
❶*役石のひとつ。*塵穴の縁に据えられた石。「箸もたせ石」「相手石」ともいう。客のほうに向けて据える。小ぶりの自然石を用い、この石に*塵箸をもたせかける。（付録14頁参照）
❷清浄石と同じ。⇒清浄石【しょうじょうせき】

覗垣【のぞきがき】
*袖垣の一種。*立子に葭、または萩を用い、中ほど以下に透かし窓を造る。力杭、*押縁にも葭、萩を巻く。『*石組園生八重垣伝』では、「葭を上品とす、有職ものの内也、茶方にもらゆ」とある。

覗窓【のぞきまど】
内側から外側の様子をうかがうための窓。「物見窓」ともいう。能舞台の鏡の間にありられた覗窓は奉行窓とも呼ばれる。御所清涼殿に柱を挟んであけられた半月形の横連子窓があり、これを「櫛形の穴」というが、この窓には採光や換気の機能はなく、鬼の間から殿上の間を覗き見ることを唯一の機能とする。採光、換気と「覗く」という機能をあわせもつ窓としては*与力窓や*武者窓などがある。

野点【のだて】
野外で茶を点てること、またはその茶会。古くは「野がけ」「ふすべ茶」「柴火の会」と称した。『南方録』では屋外における野点について述べているが、*豊臣秀吉の箱崎の茶会や*北野大茶之湯では仮設の茶室を新造するなど、囲いの中で行われたことが多いと考えられる。その後、屋外での茶会がひろまったのであろう。現在では空間を仕切るにしても幔幕によるなどして、野外の自然に触れることを楽しむ。旅箪笥や茶箱、立礼棚などを使用することも多い。季節や場所などに趣向をこらすところが面白みである。

野垂木【のだるき】
見えない部分（*野）にある*垂木のこと。鉋で仕上げられないことが多い。見える部分にあるものは*化粧垂木という。（付録24頁参照）

野面【のづら】
自然の表面のままの材をいう。挽き割ったままで、鉋削りを施していない板や、表面が自然のままに風化した状態の石などをさす。

野面積み【のづらづみ】
*玉石よりやや大きな自然石を野面といい、これを用いた*石垣や*石積みをいう。通常は加工されていないものをさすが、多少の*玄能払いがされているものも含む。風化によってのこされた自然石の堅い部分が醸し出す風味が特徴であり、石質や形状が不揃いであることからも力強さを感じさせる。

野天井【のてんじょう】
*二重天井において、下からは見えない上側の天井をいう。

野根板【のねいた】
板材の一種。「長片板」とも書く。へぎ板の幅の広いものをいい、厚さ一分弱、幅五〜七寸ほどである。天井板などに用いられる。また板戸や*網代を組む材料としても使われる。

野根板天井【のねいたてんじょう】
天井面に*野根板を張った天井の総称。「野根天井」ともいい、これを「長片天井」と書くこともある。*化粧屋根裏によく見られ、また網代に組んで張ったものもある。『*山上宗二記』は、武野紹鷗の四畳半（武野紹鷗の茶室の項を参照）が「天井ノ子（のね）板」であったと記す。また『*茶道筌蹄』には「天井　小座敷ハ網代、蒲、長片、此三通也」とある。

野根天井【のねてんじょう】

野根板天井と同じ。⇒野根板天井【のねいたてんじょう】

のの字引手【ののじひきて】

*引手の一種。「の」の文字をかたどった引手。京極高広の娘の筆跡と伝えられるものが、*旧一条恵観山荘の次の間六畳の襖に用いられている。

野々村仁清【ののむらにんせい】

生没年不詳。江戸時代前期の京焼の陶工。初期京焼の大成者といわれる。京都御室（右京区）にある*仁和寺の門前に御室焼の窯を開いた。名は清右衛門。姓の野々村は丹波国野々村（京都府南丹市）の出身であったことに由来するといわれる。仁和寺の「仁」と清右衛門の「清」を用いて「仁清」と称し、陶器の印銘にも用いた。姫宗和と称された*金森宗和の依頼により、色絵や金銀彩を用いた宗和好みの優雅な作品を多く作った。また『雍州府志』によると、狩野探幽（一六〇二〜七四）や狩野永真（一六一三〜八五）ら、狩野派の絵師が絵付に関与した可能性も考えられる。作品には香炉、茶碗、茶壺、水指などの茶道具のほか、仁清作として伝わる*釘隠もある。

野縁【のぶち】

板張りや塗り壁の下地骨となって、*見え隠れとなる細長い材。一般的には天井野縁をさす。天井野縁は天井面を構成する平面材（*網代や*蒲筵など）の裏側に取り付けられるもので、これを*釣木などで*小屋組や上階の床の構造材に取り付けることで、天井を支持する。壁面に用いられる場合は胴縁ともいう。

延段【のべだん】

*敷石のひとつ。庭園などにおいて自然石、あるいは切石を敷いて舗装された園路をいう。古くは「畳石」や「石段」などと呼ばれた。慶長五年（一六〇〇）奥書の『*宗春翁茶道聞書』に「同路地存様、昔ハ雪ヲふませ候申此ハたゝミ石飛石湯ニテ洗候テ通シ候」とあり、*飛石と並んで畳石が露地の園路として用いられていたことが示される。また*千利休が不審庵を造る時、「其時初而たゝミ石被致候、さがのてん龍寺ニ西方寺ニ在之、宗易上被申候てノ事也」と『*江岑夏書』にあり、利休が*西芳寺の例を参考に畳石を露地に用いたという。意匠の上からは、切石のみを用いる真の延段、切石と自然石をあわせ用いる行の延段、自然石を用いる草の延段に大別されるが、それ以外にも臼石や瓦を混ぜるものもある。（付録9頁参照）

延段　武者小路千家官休庵横

野仏庵【のぼとけあん】

京都市左京区にあるもと上田堪一郎の庵。墨蹟、陶芸などの古美術の収集で知られ、また仏教にも深い関心を寄せていた近代数寄者の上田が同区一乗寺に営んだもの。方々から由緒ある建物を移築し、また収集していた古材などを利用して、昭和五十年（一九七五）頃から建設をはじめ、順次建物が建てられた。東山山麓の斜面地を利用して、住居機能をもつ主屋や仏教の講話などが行われる講堂のほか、四つの茶室が点在している。主屋は敷地東寄りの高台に建つ。伏見区羽束師にあった金谷家の主屋を移築したもので、昭和五十一年に完成した。式台付六畳の玄関の左手に囲炉裏の間があり、右手には七畳半の次の間と十畳の広間がある。広間には仏壇が置かれ、その左には床が備わり、床脇は地袋を据えて上に櫛形の火燈窓をあけている。床の周辺には埋木が多く確認でき、移築に際しては上田の好みで改造が行われていると考えられる。次の間の西に茶室の雨月が付属しているのもまた上田の趣味が端的に表れているところであろう。これは南禅寺近くにあった、『雨月物語』の著者である上田秋成の居宅の一部を移築したものと伝えられる。曲がりの目立つ竹材を多用し、西面に大きな開口をあけて眼下にひろがる景色を存分に室内に取り込むなど、文人趣味にかなった茶室である。主屋の西寄りの一段低いところに表門があり、その奥に茶室の陶庵が建つ。表門とともに西園寺公望が隠棲していた丹波須知（京都府船井郡京丹波町）の森家から譲り受け移築したものである。寄棟造茅葺のひなびた外観で、内部は二畳中板入、踏込床の席で、小さな水屋が付属する。陶庵は西園寺の号でもある。陶庵よりもさらに石段を下りた低いところに、もう一つ別の露地が形成されており、茶室の堪庵と幽扉席が一つの建物の中に取り込まれている。切妻造桟瓦葺の一方に銅板葺の庇を付して、その下には低い濡縁が造られている。この建物は大阪で粟おこしの「あみだ池大黒」を創業した小林氏の、兵庫県芦屋の邸宅にあった茶亭を移築したもので、*木津家三代宗泉、ないしは四代宗詮の好みと伝えられる。堪庵は四畳敷の畳の一部を切り取って台形の板畳を敷き、その中に竹の床柱を立てて踏込床とし、のこりの板の部分に丸炉を切っている。客畳のほうにも板畳を入れる。大きく湾曲した木の枝で欄間を造るなど、斬新な意匠の目立つ茶室である。なお「堪庵」は上田の号でもある。幽扉席は六畳の広間で、三畳敷の上段形式の床を備え、その脇には半間ほど後退して仏壇がしつらえられる。堪庵、幽扉席ともに移築に際し、構造や意匠は上田の好みによって再構成されていると考えられる。現在は寺院として運営されている。

野仏庵　雨月　床側

登勾欄【のぼりこうらん】

傾斜のある*勾欄。社寺建築などで、階段の両脇など段差のある部分に設けられた水平でない勾欄のこと。

登り軒【のぼりのき】

螻羽と同じ。⇒螻羽【けらば】

鑿【のみ】

人工道具の一種。木を刻み、穴を掘り、表面を削るなど幅広い用途の道具。叩鑿など用途別に様々な種類があるが、茶室造りにおいて重要となるのは丸鑿である。刃先が湾曲しており、*ひかり付けなどの茶室独特の曲面加工に欠かすことができない。丸鑿は刃先が湾曲しているので研ぎが難しい。また茶室で用いる*北山丸太は、杉材のため加工が容易に見えるが、ゆっくりと生長したため年輪が詰まっており、冬目と夏目の差が激しく鑿切れが悪い。そのため丸鑿のさばきは数寄屋大工の腕を知る一つの要素だとされる。（付録27頁参照）

野村家住宅の茶室【のむらけじゅうたくのちゃしつ】

京都府乙訓郡大山崎町の野村家住宅にある茶室。建築家・*藤井厚二の設計。もとは藤井の実験住宅・*聴竹居に隣接し、藤井が母のために建てた建物に付随していたものを現在地に移築したという。昭和五年（一九三〇）頃に建設されたもので、移築の時期は不明。外観は切妻造桟瓦葺で、軒まわりのみ銅板で葺く。躙口を東に向け、平入とする。茶室の東側に露地がひろがり、延段と飛石が躙口に向かって軒下にも打たれ、土間庇が形成されている。南の妻面に庇を付け下ろし、沓脱石を据えて水屋への入口とする。北の妻壁の屋根下には換気孔をあけている。内部は全体四畳半の席と水屋三畳からなる。茶席は四畳半の広さのうち一畳分を出床とし、床柱を畳の角より少し奥に立てて、床の奥行きと間口を縮め、前板と脇板を入れる。いわゆる原叟床の形式であるが、框を入れて框床とし、床の内部には薄縁を敷く。点前座は炉を四畳半切に切り、風炉先に大きな円窓をあけ、客座北面に上下二段の下地窓を左右に少しずらして配するなど、採光に対する配慮がうかがえる。また床の上の落天井と小壁を利用して客座と床の内部の両方を照らす照明を仕込み、さらに床の内部の小壁に換気のための口をあけるなど、室内環境に配慮した藤井の得意とする工夫が施されている。南面の東隅に茶道口をあけ、南に隣接する水屋に連絡している。水屋は全体三畳の広さで、そのうち西寄りに竹簀子の流し及び棚を構え、流しの前板には炭入を設ける。南寄りの中央に板を敷きこみ、丸炉を切る。

野村得庵【のむらとくあん】

明治十一年〜昭和二十年(一八七八〜一九四五)。近代の実業家、数寄者。名は徳七(二代)。二十七歳で家業の両替商を譲られ、間もなく証券業に進出。三十代にして財をなし、野村銀行(現りそな銀行)、野村総本店(後に現在の野村證券に発展)を設立するなど金融界に重きをなした。海外事業にも熱心でボルネオにゴム園、ブラジルにコーヒー園なども経営し、多くの企業を傘下に収めて一代で財閥を形成した。貴族院議員をつとめ、勲三等瑞宝章を受章、またフランス政府よりレジョンドヌール勲章を授与されている。三十代半ばで藪内流の茶の湯を学び、得庵の号を*藪内家十代休々斎竹翠から授かった。また同じ頃、能楽も始め、観世左近やその弟片山博通などに学んだ。神戸市住吉に本邸棲宜荘を設けたほか、別荘として京都に*碧雲荘、静岡県熱海に塵外荘を造り、それぞれに茶室を付属させたが、特に碧雲荘には多くの茶室や能舞台を配し、自身の文化活動の拠点とした。収集した美術品は茶の湯と能楽を二本柱として形成され、現在、野村美術館に引き継がれて公開されている。

野物【のもの】

*小屋裏や壁の中などで、*見え隠れとなる*野の部分に使われる材。「見え隠れ材」ともいう。

野母屋【のもや】

*小屋組内部に設けられる屋根を形成するために入れられた*母屋。*見え隠れであるので、野の字を冠している。対する語は化粧母屋。

野屋根【のやね】

天井裏における屋根の架構の一種。「野小屋」ともいう。化粧としてあらわさない屋根の架構。天井と一体である化粧屋根に対する語。平安時代に日本で開発され、社寺建築にはじまり、のちあらゆる建築で行われるようになる。

乗石【のりいし】

*躙口前の*役石のひとつ。*踏石、*落石に続き三番目に据えられる石で、「三番石」また「*踏分石」ということもある。露地内の*飛石につながるもので、飛石よりは高く据える。(付録14頁参照)

乗越石【のりこえいし】

*中門の*役石のひとつ。「踏越石」ともいう。中門を境にして*内露地側、一石目に打たれる。『*石州三百ケ条』には「客石・乗越石ハ常の石より高くすへ候」とあり、*外露地側の客石とともに、他の飛石よりも高く据えることが記される。また「又ハのりこへ石・亭主石、右此石共同しやうに無之石をすへ申候、客石みかけなれは、のりこへ石はそう石にても、又外四角の石なれハ内ハ丸き石成とも取合申候」ともあり、それぞれ景色の異なる石を用いるのが良いとしている。『*露地聴書』には「又乗越石ト亭主石ニ石一ツニテ仕廻候時ハ少シ大石ヲ用申候」と、*中潜りの時に乗越石と亭主石を一石とする例も述べている。枝折戸や猿戸など敷居のない場合は、*戸摺石より内露地側一石目、亭主石の手前に打たれるが、この場合でも乗越石と*亭主石を一つの石とすることなどがある。(付録6頁参照)

のれん

土壁材料の一種。「和蓮」と書くこともある。細い*割竹に*寒冷紗や麻布を張り付けて、釘で留めたもの。*荒壁を付けた後、壁の中塗を始める際に柱や桁にのれんを隙間なく打つことを、のれん打ちという。乾燥、収縮により木部との接触部に間隙ができるのを防ぐための処理として行う。土塗り時に塗り込んで使用する*髭子と同じ役割をする。

は

梅隠【ばいいん】

京都府八幡市の八幡市立松花堂庭園・美術館にある茶室。*千宗旦好みの貴人口付四畳半を復元したもの。昭和四十五年（一九七〇）の建造で、設計は中村昌生。古図には四畳半内部しか伝えられていない。*千利休の茶室に土間付四畳半の図が伝えられているので、それをこの宗旦四畳半に取り入れ、切妻造茅葺屋根で外観が形成されている。正面の南東にあけられた潜りを入ると、内蹲踞となっている。ここから貴人口を通って茶室に入る。内部は四畳半。床は土床となっており、床柱はなぐり。天井は平天井と化粧屋根裏で構成される。

梅隠　床側

梅見門【ばいけんもん】

露地に設けられる門の一種で、内露地と外露地のあいだの*中門として用いられることが多い。「梅軒門」と書くこともある。丸太柱を掘立にした*腕木門の形式で、切妻造の檜皮葺、杉皮葺あるいは茅葺屋根で、開き戸形式の竹格子簀子の扉を入れる。『*茶道筌蹄』に「檜の掘込柱、杉皮屋根、竹簀戸の両ひらきなり、広庭の見切に用ゆ、所によりてこれより客をむかふもくるしからず」とある。表千家*不審菴と*残月亭の露地を結ぶものが特に知られる。

梅見門　表千家

売茶翁【ばいさおう】

延宝三年～宝暦十三年（一六七五～一七六三）。*煎茶道の祖。俗名は柴山菊泉で、後に元昭。若くして黄檗僧の化霖道龍について得度したが、後に禅の世界を批判し、還俗して売茶活動に入った。そのために売茶翁とも呼ばれるようになった。居所は通仙亭という。その後に名を高遊外とあらため、「清風」と書かれた茶旗を掲げるなど、煎茶に「清」の精神を求めた。交際のあった伊藤若冲によって市中にあって超俗の姿が描きのこされている。自らの茶が権威化するのをおそれて使用の煎茶器を処分したが、のこった煎茶器が『売茶翁茶器図』に描かれている。著書に『梅山種茶譜略』がある。

売茶堂【ばいさどう】

京都府宇治市の萬福寺にある小堂。大正時代末期、関西を中心とする煎茶愛好家が、一時衰退していた煎茶の復興を目指して高遊会を結成した。そして煎茶復興には、まず*売茶翁の顕彰からという趣旨で、昭和三年（一九二八）、萬福寺内に、売茶翁をまつる売茶堂を建立し、あわせて煎茶室の*有声軒を建設した。その落慶記念煎茶会が開催され、『売茶堂落慶茶筵記』も刊行された。現在の売茶堂は、昭和四十六年に旧来通りに再建されたもので、扁額と扉は旧売茶堂のものを使用しているといわれている。正面三間、側面二間、宝形造本瓦葺で、正面中央に蝙蝠型の狭間のある両開き扉を構え、その上に萬福寺四十七代住持星野直翁の書になる「茶禅」の扁額を掲げる。両側面前方にも片開き扉が付く。内部は磚の四半敷の土間で、奥に仏壇を設けて、中央に加納鉄哉作の売茶翁像を安置する。天井は珍しい籠目模様の格天井である。

拝石【はいせき】

礼拝石と同じ。⇨礼拝石【らいはいせき】

梅荘【ばいそう】

岡山県倉敷市にある旧野崎家の別荘。塩田王として知られた野崎武左衛門の孫・武吉郎が明治三十八年（一九〇五）に建築、当初は野崎家の海水浴用の休憩所として計画された。後に所有者の変遷があるが、現在は店舗として使用されている。養真堂と名づけられた本館を中心に、その北側に裏座敷の清暉閣、西側に離れの石斎が取り付き、そのほか屋敷内には待合や蔵などが点在する。本館は入母屋造茅葺。離れは寄棟造桟瓦葺で、裏座敷は明治時代前期に建てられた入母屋造茅葺の建物を明治三十八年、武吉郎の妻の実家から移築したものである。本館には主室として八畳台目の座敷がある。長押に丸太の上下を太鼓に落とした材を使用し、床には平書院として円窓があけられる。また松軒と名づけられた煎茶室などがある。離れは七畳。床には杉の四方柾の床柱を立て、床脇と梅形の窓をあけた書院が矩折に組み合わされている。本館と離れは登録有形文化財。ちなみに野崎武左衛門の屋敷である旧野崎家住宅は重要文化財に指定され、数棟の茶室も建てられている（野崎家の茶室の項を参照）。

羽板【はいた】

一定の間隔で平行に取り付けられた、幅の小さな薄い板。「羽根板」「鎧板」「羽根鎧板」「錣板」などともいう。日光の直射や雨を遮りながら、採光や通風を確保するように取り付けるもの。水平型、竪型、可動式、固定式などがある。「がらり」という呼称は、もとは可動式のものを指したといわれるが、現在は固定式のものにも用いる。

配付垂木【はいつけだるき】

*隅木の側面に取り付けられた*垂木のこと。「指垂木」ともいう。垂木尻の木口面が隅木の側面に取り付けられた状態となる。木を他の木の側面に取り付けることを「配付ける」ということからの称。垂木尻が隅木に付くため、*桁にのせられないので、中ほどの位置で*軒桁にのせるようにする。しかし隅木の先端に近く軒桁よりも先にある配付垂木では、軒桁にのるところがなく、隅木と接する垂木尻だけで支持される状態となる。このように、隅木先端部分の配付垂木は、屋根面を支えるという垂木本来の構造的役割が果たせないのであるが、これを省略することはない。

這樋【はいどい】

二階建の場合、上階の*竪樋の雨水を屋根に伝えて流す時、その屋根面上にそって下階の*軒樋に導く樋。

灰屋紹益【はいやじょうえき】

慶長十五年～元禄四年（一六一〇～九一）。江戸時代前期の商人。姓は佐野で、灰屋は屋号。通称は三郎左衛門また三郎兵衛で、紹益は号。本阿弥光益の子。灰屋紹由の養子。和歌は烏丸光広、飛鳥井雅章に、俳諧は松永貞徳に学ぶ。また茶の湯は*藤林宗源について学んだ。そのほか蹴鞠や書も能くする文化人で、*八条宮智仁親王の知遇を得て、*桂離宮の造営にも参加したと伝えられる。明暦二年（一六五六）、法橋に任じられる。島原の吉野太夫を*近衛信尋と争い、身請けして妻としたことはよく知られている。高台寺の*鬼瓦席は紹益の遺愛の茶室と伝えられる。著書に『にぎはひ草』『五色糸』『桂光院輓詩』がある。

羽打張【はうちばり】

*羽目板張における板の張り方の一種。板傍（板の側面）を斜めに削って刃のよう（滑り刃）にして、仕上りに段差がなく同一の平面になるように張ることをいう。略して「羽打ち」ともいう。

羽重【はがさね】

壁や天井などに板を張る方法の一種。板傍（板の側面）を少しずつ重なり合わせて張る工法。この板の重なり合う部分を「羽掛り」という。

袴腰【はかまごし】

台形状のものを示す呼称で、袴の腰板のような形をしているのでこの名がある。また＊茶道口、＊給仕口の頂部をこのような台形状の形に切ることをいう。直線的な場合もあるが、丸みを帯びて、＊火燈形との中間とも見られる形もある。実例として、＊菅田庵の茶道口、桂離宮＊松琴亭の給仕口などがある。

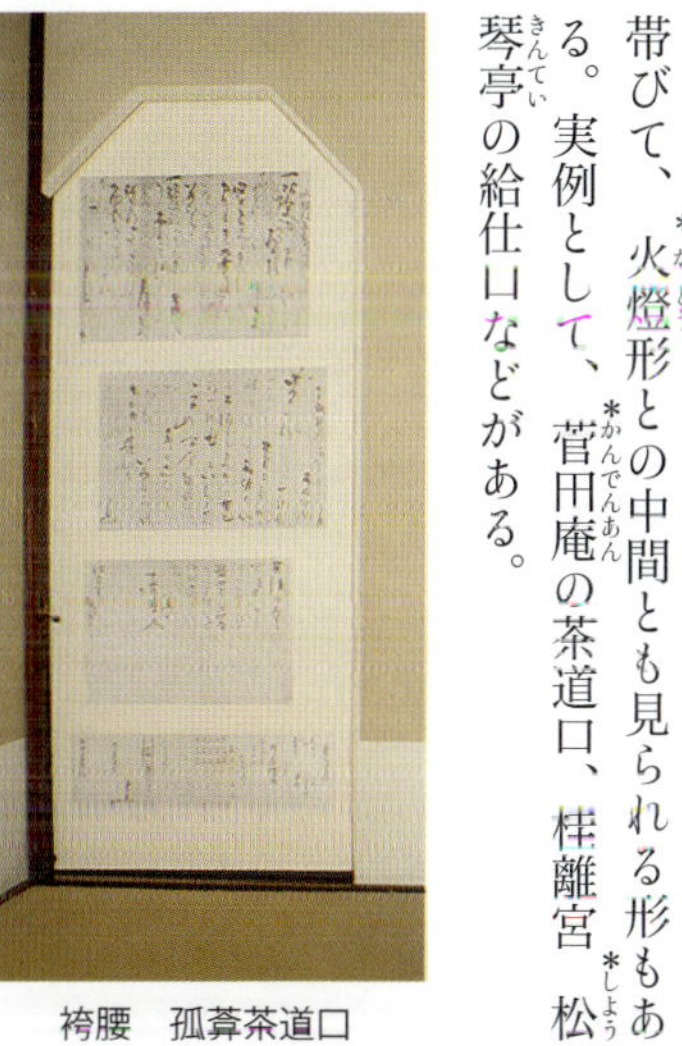

袴腰　孤蓬茶道口

袴擦り石【はかまずりいし】
蹲踞の役石のひとつ。前石のこと。　⇒前石【まえいし】❶

袴付【はかまつけ】
茶事、茶会の時、客が茶室に入る前に＊連客を待ち合わせ、準備する場所として＊寄付があるが、その近くに設けられ、袴を着けるなど、衣服を整えて準備する場所。「袴着」とも書く。一室で寄付と袴付を兼ねる場合もあり、この時この一室を一般に「寄付」と呼ぶが、「＊待合」あるいは「袴付」と呼ぶこともある。

矧【はぎ】
幅の広い板を作るため、板傍(板の側面)で板材を接合するための継手の総称。＊実矧、本実矧、＊雇実矧、合決り矧、樋部倉矧、殺矧、合決り実矧、滑り刃矧、目板矧など多くの工法がある。(付録29頁参照)

萩【はぎ】
大阪市都島区の太閤園の茶室棟にある茶室。
⇒太閤園【たいこうえん】

矧合せ【はぎあわせ】
幅の広い板を作るために、他の板材を板幅方向に付着させる技法。長さ方向に増す場合は「継ぐ」という。その接合のための継手を＊矧といい、実矧、矢筈矧など多くの工法がある。(付録29頁参照)

矧板【はぎいた】
建築用材として板の幅を増すために、＊矧合せをした板材。長さを増すために継合したものは継板という。用いた枚数により二枚矧、三枚矧という。

萩垣【はぎがき】
❶材料に萩を用いた垣の総称。＊袖垣として使用される場合が多い。『築山庭造伝前編』巻下に「萩垣の萩は、七月、八月に刈るべし、落ち葉の後は宜しからず」とある。❷＊生垣の一種。萩を植え並べて造ったもの。

掃出口【はきだしぐち】
掃出窓と同じ。　⇒掃出窓【はきだしまど】

萩垣❶

掃出窓【はきだしまど】
床面と同じ高さで外壁にあけられた窓のこと。構造的には＊地敷居窓の一種。ゴミを掃き出したことに由来し「掃出口」ともいうが、実際にゴミを掃き出さない場合でも、このような箇所にあけられた窓のことをいう。障子の外に連子を付ける場合が多く、さらに障子と連子のあいだに雨戸を設けることもある。もとは背の低い窓に限られた呼称であったが、現在では床面まである窓の形式をすべて「掃出」という。茶室での実例には、東京護国寺の＊箒庵の点前座背後や、＊扇葉荘の主室の床脇などにあるものが挙げられる。

萩の櫛窓【はぎのくしまど】
上部を半月状にした*櫛形窓の*竪子に萩を入れたもの。

萩の茶屋【はぎのちゃや】
東京都港区の赤坂離宮にあった茶室。衆芳亭のこと。⇒衆芳亭【しゅうほうてい】

萩の天井【はぎのてんじょう】
萩材を張った天井。とりわけ*格天井で格間に萩の茎を簾にして張った天井をいう。本来、格天井は格式の高い天井であるが、萩のような自然素材をその中に組み込むことで、わびた風情を表現する。

箒目【はきめ】
庭の砂敷部分に箒や木製の掻き板(大型の熊手のようなもの)などを用いて付ける、掃いた跡のこと。「ほうきめ」とも読み、また「砂紋(しゃもんとも)」ともいう。*枯山水においては一般的に敷砂が水面の表現として用いられるため、渦巻など、水紋をかたどったものを付けることが多い。

白雲居【はくうんきょ】
京都市東山区の清水寺南庭園にある茶室。大正三年(一九一四)、杉村甚兵衛が*藪内家十代休々斎竹翠に図り、建築された。四畳半本勝手の席と水屋、控え室四畳半などからなる。四畳半の席は、床脇に地袋を設け、天井は黒部杉の野根板張で、竿縁として白竹と赤松皮付の小丸太で交互に押さえる。茶道口は通い口形式で、湊紙張の引違い襖、客の出入り口として躙口と貴人口を矩折に設ける。

白雲荘【はくうんそう】
奈良県吉野郡吉野町にある吉野鉄道社長・阪本仙次の旧別荘。主屋、茶室、管理人の家の三棟からなり、棟札によると、設計は*木津家三代宗泉、設計技師は奈良の建築家・岩崎平太郎、棟梁は京都の三和弥助、土工は上市の北岡組、大工は京都の藤本貞吉、手伝は京都の藤本五郎吉、左官は京都の野々口丑之助である。茶室を除く二棟は*武田五一の設計指導で、昭和三年(一九二八)に棟上げした。主屋と管理人の家は、斜面に建てられたいわゆる吉野造で、正面からは平家建に見えるが、背面からは主屋が二階建、管理人の家は三階建となる。茶室は平家建で、*蕉翠庵と呼ばれ、三畳台目と一畳二台目の席、そして水屋からなる。主屋一階は木造で、地階は鉄筋コンクリート造。一階には居間としての九畳の座敷と六畳の書斎があり、地階には、台所、食堂、風呂、女中室などが設けられている。一階の九畳は、三方に入側が廻る開放的な構成で、出床形式の床は付書院を備え、狆潜りの部分は、孤篷庵の*忘筌に似せた幾何学的な意匠を用いる。

白雲邸【はくうんてい】
神奈川県横浜市中区の*三溪園にある旧*原三溪自邸。大正九年(一九二〇)に建築され、旧称は清風居。大正六年に*臨春閣の移築を終了した後、建物に接するように新築した。三溪自らの設計で、同郷の岐阜県出身の大工・山田源市に建てさせ、玄関棟と座敷棟を談話室棟がつなぐ平面構成で、雁行形の臨春閣と呼応した形式である。全体の意匠は控えめであるが、書院部の書院、一の間、二の間と談話室には臨春閣の意匠を採り入れるなど凝ったものとなる。書院の天井は細い丸太の格天井、入側が丸太の化粧屋根裏、奥書院は漆塗の格天井、衣装の間の一部は網代天井、談話室は折上天井とする。書院には一間半の造り付けの机を設け、奥書院には造り付けの机と棚を組み合わせ、各種の銘木や螺鈿、七宝の引手金具、金銀の箔を散らした小襖などに凝った意匠が見られる。

白雲洞【はくうんどう】
神奈川県足柄下郡箱根町の*白雲洞茶苑にある田舎家風の建物。大正五年(一九一六)頃、*益田鈍翁が、近くの民家数棟を買い取り、その古材を用いて造った。寄棟造茅葺で、六畳台目の座敷と次の間四畳、仏間一畳からなる。六畳台目は縁なしの畳を敷き、半畳の大きさの囲炉裏を炉として用い、天井から自在鉤が下がり、逆勝手の構えとなる。点前座は台目畳を敷き、向板を加える。床は風炉先床で壁床形式とし、床柱として切欠のある角柱の転用材を使用している。天井は塗り上げの化粧屋根裏で、煤竹の垂木や扠首、そして縦横に渡された丸太の小屋梁を化粧として見せている。仏間は壁床の裏面に備わる。外部に面して濡縁を廻すが、板と小丸太が組み合わされた意匠となる。民家風の素朴さと数寄屋の繊細さの両面を備えた建築である。登録有形文化財。

白雲洞　床と点前座側

白雲洞茶苑【はくうんどうちゃえん】

神奈川県足柄下郡箱根町の箱根強羅公園（登録記念物）にある茶苑。明治末年頃より小田原電気鉄道（現箱根登山鉄道）により強羅地区の別荘地開発が行われたが、それに深くかかわっていた*益田鈍翁がひらいた別荘である。大正五年（一九一六）頃に創設し、同十一年に*原三溪に譲渡され、さらに昭和十五年（一九四〇）に*松永耳庵の所有となった。当初は民家数件を買い取って再構築した寄棟造茅葺の*白雲洞、そして柿葺の白鹿湯（浴室。登録有形文化財）が設けられた。それから程なくして*仰木魯堂設計による不染庵（不染庵の項❶を参照）と柿葺の寄付（登録有形文化財）が建てられ、大正十一年には寄棟造柿葺の*対字斎が造られている。

白雲洞茶苑

博淵亭【はくえんてい】

島根県出雲市の康国寺にある茶室。同寺は臨済宗妙心寺派の寺院で、池（錦鏡池）と背後の旅伏山を借景した枯山水で知られる。博淵亭は二畳隅炉で、天保年間（一八三〇〜四四）、拙庵が普門院（松江市）の*観月庵を写したもの。庇内の土間、躙口、風炉先窓、床など、観月庵によく似るが、土間庇は浅く、観月庵と比べて明るく感じる。現在の茶室は改修、再建されており、水屋まわりにも少し手が加えられている。

白沙荘【はくさそう】

兵庫県明石市にある日本画家・橋本関雪の旧別荘。大正三年（一九一四）に建てられ、関雪はこの建物を「蟹江鱸白荘」と呼んでいたが、昭和三十二年（一九五七）、丸尾カルシウム株式会社が取得し、厚生施設として使用されている。主屋は木造平家建、平入で屋根は寄棟造桟瓦葺、主屋の一角に六畳の茶室が設置される。平天井と客座側半間を化粧屋根裏とした構成である。

白沙村荘【はくさそんそう】

京都市左京区にある橋本関雪の邸宅。大正から昭和時代の日本画壇に異彩を放った画家・関雪が、京都銀閣寺近くに営んだ邸宅で、大正三年（一九一四）に現在の敷地北半分を入手、自ら指揮して作庭と普請を行った。さらに昭和五年（一九三〇）には南続きの敷地を入手して、池をひろげるなど庭園を拡張した。画業を中心として詩文や書道に及ぶ関雪の深い造詣が、この邸宅に表現されている。東に面して正門をひらき、北に台所門を設ける。庭の中心に大池を造り、その北から西部にかけて建物が配置され、名勝に指定されている回遊式庭園には数多くの石造の名品が据えられている。建物は主家のほか、画室、持仏堂、茶室、亭などからなる。中でも画室存古楼は庭のほぼ中心、主屋の南方に渡り廊下で接続され、二階には展望を重視した座敷をもつ楼閣建築である。またこの背後に宝形造の持仏堂が連なる。画室の南方池畔に四畳台目の*憩寂庵と六畳広間の*倚翠亭、水屋からなる茶座敷が建つ。この茶座敷は平成二十一年(二〇〇九)に火災で焼失したが、同二十四年に旧規の通りに再建された。

白沙村荘　倚翠亭外観

白紙庵【はくしあん】

東京都新宿区四谷伝馬町の*高橋箒庵の自邸にあった茶室。大正三年(一九一四)に竣工。箒庵がこれより以前に譲り受けた寸松庵(寸松庵の項❷を参照)と同様の形式で三畳台目、台目柱の袖壁には破れ窓をあけていた。十数年をかけて収集した様々な古い白紙を、床から天井まで、室内すべてに張りめぐらしたが、これは日本美術研究家・田中親美の考案で、西本願寺所蔵の三十六人家集の地紙の意匠を参考にした張り方であった。床前の平天井は一の字繋ぎの意匠で、躙口上部の掛込天井には突上窓をあけ、炉の上には自在鉤が設置される。二畳の寄付から三間半の渡り廊下が続き、水屋へとつながる。白紙庵の扁額は*井上世外、隣接する八畳天馬軒の扁額は西園寺公望の揮毫。法隆寺で見立てた蹲踞と飛石で露地を造り、中庭には雲卜作石燈籠と奈良法華寺伝来の鶴亀二石を据えた。茶室内の柱上部に壁掛電灯を設置するなど、当時、独創的な工夫であったことがうかがえる。後に実業家の斎藤浩介に譲渡、戦災で焼失した。

白紙庵　外観『数寄屋聚成』4

白寿庵【はくじゅあん】

京都市東山区の知恩院にある茶室。昭和五年(一九三〇)に知恩院七十九世門主山下現有の白寿を記念して建てられ、白寿庵と名づけられた。平成十七年(二〇〇五)、境内北端から境内南端の庭園友禅苑に移築された。四畳半の小間と八畳の広間からなり、東側の入口から水屋部分を介して小間と広間に分岐する。小間は切妻造銅板葺、妻入。档丸太の柱を用い、躙口を北に設ける。裏千家の*又隠を本歌としたもので、洞庫から窓への変更、刀掛の省略、円窓と貴人口の付加が行われている。広間は寄棟造銅板葺。裏千家*咄々斎を本歌としたもので、床の脇の大下地窓などが共通している。なお友禅苑には、ほかにも裏千家ゆかりの茶室華麓庵もある。

柏樹庵【はくじゅあん】

大阪市中央区にあった茶道*宗偏流不審庵の大阪道場。八世宗有の念願を受けて、宗有の他界した昭和三十二年(一九五七)に造立された。戦後の復興期の不自由な条件の下で建造されたもので、町なかの住まいと、茶の道場を兼ねた実際的な工夫に見るべきものがある。玄関から二階へ客を通し、二階を寄付としているのも、そのような工夫のひとつの表れである。敷地の西南に露地が造られ、広間の是道軒と小間の義心亭があった。是道軒は南禅寺八代管長嶋田菊僊が

「白居易問　鳥窠和尚　如何是道　鳥窠曰　諸悪莫作　衆善奉行」の書を添え命名した。内部は六畳、面皮柱で東側北寄りに一間床を構え、その右に押入を備えていた。床と押入の奥行きを浅くし、前板を入れ、畳と前板境上方には壁留のない小壁を付ける。客の入口は床に対面した中央一間で　その南半間は風炉先とし、北半間の壁には火燈窓をあけていた。茶道口南側の廊下に水屋を設けている。義心亭は西向きで、是道軒の廊下を挟んだ南側に位置した。外観は是道軒の屋根から一段低く棟がのび、その西の流れに切妻を立てて前方に庇を付け、土間庇を形成していた。また北西の庇下には刀掛が釣られていた。内部は全体が四畳半の席で、躙口正面に間中四方の踏込床形式の枡床を構えていた。床柱はしゃれ木、左の入隅の柱に柳釘を打つ。点前座は丸畳で、檜錆の曲がり木の中柱を立て、炉は向切。風炉先にあたる床の脇壁下方を吹抜き、勝手付に火燈口形式の茶道口をあけ、是道軒前の廊下の突き当りに方立口の給仕口をあけていた。天井は床前が平天井、躙口側が掛込天井、点前座は落天井。現存せず。

柏樹庵　義心亭　床と点前座側

柏樹庵　義心亭

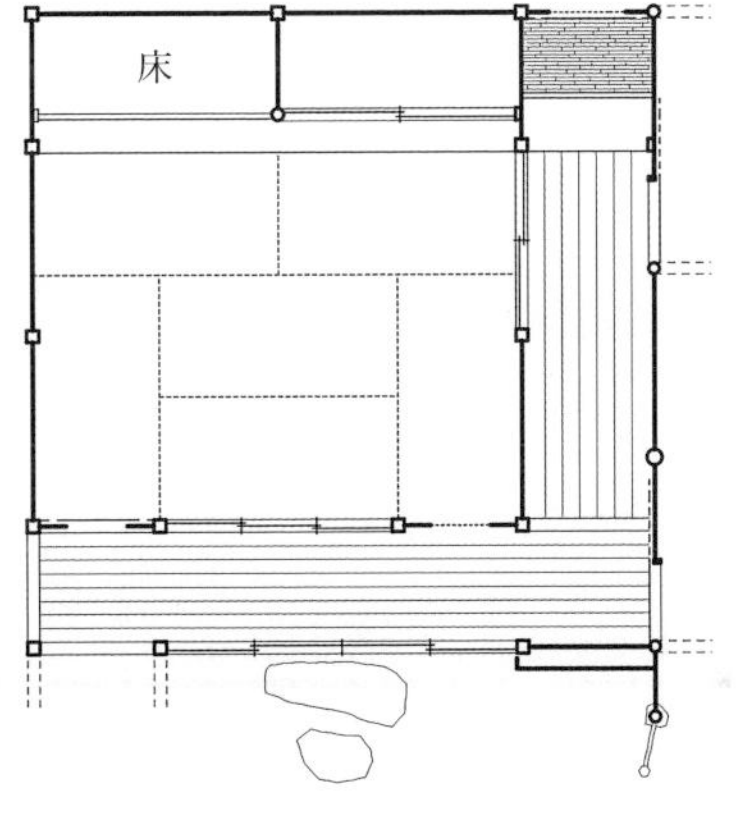

柏樹庵　是道軒

白水庵【はくすいあん】

奈良市の安田家にある茶室。建設時期、由来は不明。昭和二十年(一九四五)に現在地へ移築された。池に張り出した半間幅の縁が廻る八畳の主座敷に、四畳半と一畳台目中板入の二つの席が付属する。四畳半の席は炉を本勝手四畳半切とし、床は南天の床柱に黒漆塗の床框、墨蹟窓がやや下方にあけられ、掛障子の組子が格子状で密に組まれている。出入り口は躙口を板戸二枚の引違い、矩折に貴人口をあけ、腰高障子二枚の引違いとし、茶道口は太鼓襖一枚の引違いとする。躙口の上には連子窓があけられているが、竹連子には二本の貫が通っている。天井は床前を網代天井、貴人口側を掛込天井、点前座を落天井とするが、変わっているのは、この三種の実際の天井高はわずかの差として全体的に高さを確保し、それぞれの境界に垂れ壁を設けている。一畳台目の席は向切本勝手に石炉を据え、一重棚を釣り、方立の茶道口の脇にごく小さい洞庫口を備える。床は下座床で、天然絞の杉磨丸太を床柱とし、面皮杉の床框を入れ、ほんのわずかな奥行きを設けて板床としている。また躙口上の大きな下地窓風の窓には下地がなく、吹抜けとなっているのは珍しい。両茶室ともそれぞれ個性がありつつも、その空間及び施工の質は高く、相当の茶人及び数寄屋大工がかかわっていたと考えられる。

白石山房の茶室【はくせきさんぼうのちゃしつ】

栃木県足利市の草雲美術館にある茶室。白石山房は幕末から明治時代に活躍した文人画家・田崎草雲の旧居で、明治十一年(一八七八)、蓮台寺跡の敷地に建てられた茅葺二階建の建物。草雲は晩年、この白石山房に隣接して瓦葺の平家を建てて茶室と画室として利用した。茶室は六畳で、一間半の袋床に辛夷の柱を立て、花明窓をあけている。腰板障子を建てた貴人口と、点前座側に掃出窓がある。

伯泉亭【はくせんてい】

奈良市の松伯美術館にある茶室。昭和四十年(一九六五)に*村野藤吾の設計、大林組の施工、小島佐一の造園によって建てられた、近畿日本鉄道名誉会長をつとめた佐伯勇の旧自邸内にある。八畳半台目中板入の広間と四畳半の小間からなり、そのあいだに外腰掛が造り込まれているが、それらが雁行状に配され、捨柱によって支えられた広い軒下がそれぞれの空間をつなぐとともに落ち着きを与えている。四畳半は炉を本勝手四畳半切に切り、下座床を構える。躙口と貴人口を備え、茶道口と給仕口は引違い襖としているが、席中から水屋があまり見えないように、板壁を添えるなど細かい配慮が見られる。八畳半台目は台目畳二枚と板からなる広い床を備えるが、村野がよく好んだ*残月床のバリエーションのひとつとみることができる。この広間で特徴的なことは、台目の寸法を平面計画上に巧みに使用して中板を挿入し、点前座を本勝手四畳半切としつつ、茶道口と給仕口からの動線を区別していることである。近現代の日本を代表する建築家で、和風建築にも深い理解を示した村野の代表的な茶室作品である。

白芳庵【はくほうあん】

❶岩手県盛岡市の盛岡中央公民館庭園(旧盛岡藩御薬園、南部氏別邸)にある茶室。もとは大正七年(一九一八)に建築された原敬別邸の介寿荘(通称・一山荘)にあった。原敬は田舎家と称していたが、養嗣子の原貢が、原敬の別邸に掲げられていた額の一部「遠山芳草外」から「芳」を、原敬の美しかった白髪にちなんで「白」をとり、白芳庵と名づけた。内部は四畳半と八畳、水屋などからなる。四畳半は下座床で、火燈口形式の茶道口、床正面に躙口、矩折に引違い障子の貴人口をあける。八畳は釣床を設けた座敷で、四畳半との境には引違いの建具を建てている。

❷富山県高岡市の工藤家にある茶室。北陸有数の廻船問屋で、加賀藩御用商人の宮林彦九郎が、第十四代藩主前田慶寧の四女・慰子姫の養育のために放生津(射水市)の自宅に造った建物の一つである。*裏千家十一代玄々斎精中の指導により建てられた*又隠写しで、昭和七年(一九三二)頃に現在地へと移築された。この茶室には玄々斎の門弟・真野宗古が好み建てたとされる三畳台目の茶室が併設されていたが、移築時に分割されている。主屋の西南、庭内に独立して建てられる。外観は切妻造銅板葺で、妻側に銅板の庇を付け下ろして土間庇を形成し、その庇を水屋までのばして水屋の屋根を構成している。水屋脇には雪隠を備える。妻には国泰寺管長・稲葉心田揮毫の扁額を掲げる。内部は、窓の大きさや位置、天井の構成など、焼失前の又隠として享保十二年(一七二七)に中井主水によって書かれたとされる「今日庵指図寸問帳」に記載の図とほぼ同じであるが、移築時に接続されていた三畳台目の茶室の影響を受けてか、床の奥行きが約二尺と浅く、天井も簡略で、屋根も他とは架かり方が異なる。写しという制約の中で玄々斎が取り入れた工夫と見られる部分は、焼失前の又隠では相手柱側に打たれている花入釘が点前座側の床柱に打たれている点や、楊子柱以外の入隅の柱は、上部を塗廻している点である。水屋は三畳で、茶室との関係や、流しと水張口の位置、天井を躙口上部の掛込天井の延長とし、舟底の化粧天井とする意匠なども又隠と同じくしている。なお分割された三畳台目の茶室は、四畳半へと大幅な改変が加えられ別の場所へ移築されているという。

白鳳庵【はくほうあん】

奈良市の薬師寺地蔵院にある茶室。昭和時代初期に建設されたと考えられる。内部は四畳半本勝手ながら点前座を掛込天井としている点は珍しい。また東側、貴人口の外には竹縁を備え、広い軒下を確保しており、そこに古瓦三枚で塵穴を構成する。

白里庵【はくりあん】

東京都港区の畠山記念館にある茶室。翠庵のこと。⇒翠庵【すいあん】

白鷺【はくろ】

白鷺　外観

京都市左京区の*清流亭にある茶室。大正初年(一九一二)頃に実業家の塚本与三次が営んだ。棟梁は*上坂浅次郎といわれ、*北村捨次郎も普請に参加したといわれる。外観は切妻造桟瓦葺で、軒まわりは柿葺、建物南の平側に躙口をあける。深三畳台目で、千利休が大坂屋敷(千利休の屋敷、深三畳半の項を参照)に建てたものと同系の間取りである。点前座は台目切に炉を切って、客付に二重棚を釣り、小間中の中柱袖壁には引竹を入れる。躙口正面、上座に床を構え、床柱は赤松の皮付、床框は絞丸太、落掛は杉の糸柾目。客座二畳は笹杢杉板の竿縁天井、点前座は竹垂木、竹小舞の化粧屋根裏とする。また東の客座側壁面にあけられた二つの下地窓の特徴的な配置は江戸時代に流布した利休三畳台目と同じ構成である。茶道口を出ると水屋があり、西北に水屋棚と北側にある丸炉の間への出入り口がある。水屋の西北の背後は坪庭となる。露地に設けられた蹲踞の手水鉢は京都大仏の礎石といわれ、竹内栖鳳下絵の芦絵と大谷句仏筆白露の文字が彫られている。重要文化財。

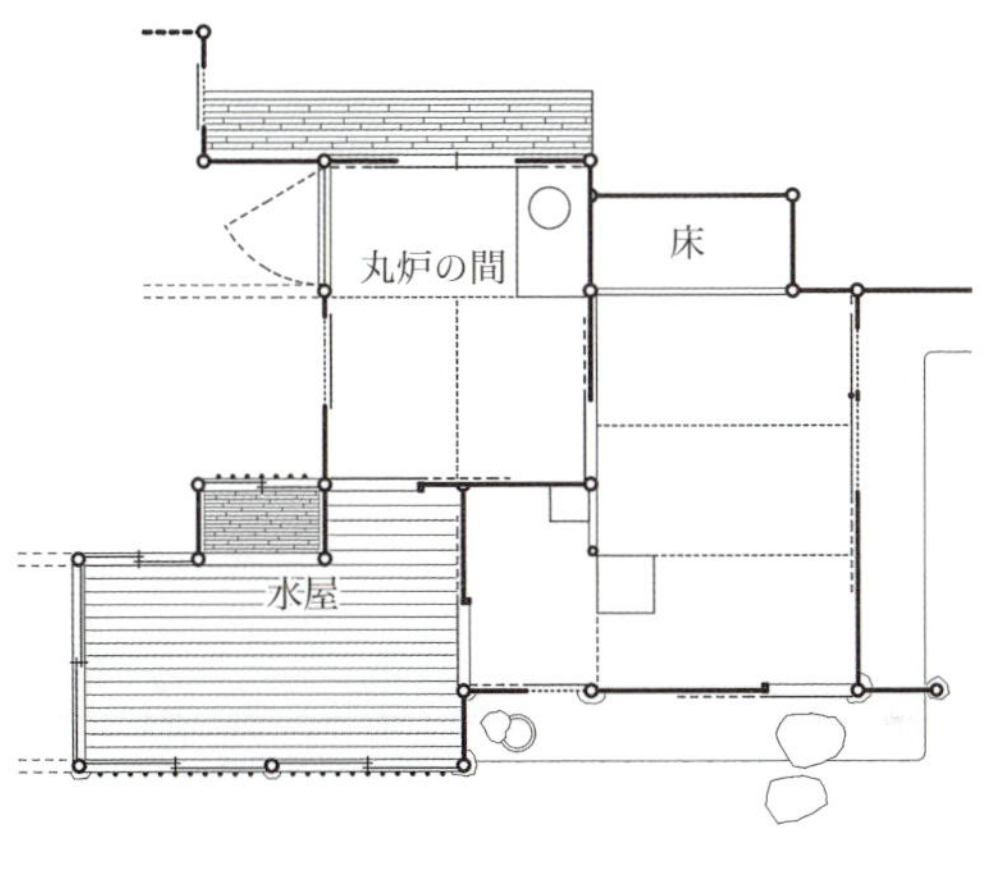

白鷺

白露地の庭【はくろじのにわ】

妙心寺塔頭東海庵の方丈南庭の別称。⇩東海庵庭園【とうかいあんていえん】

化け燈籠【ばけどうろう】

山燈籠と同じ。⇩山燈籠【やまどうろう】

刷毛目塗【はけめぬり】

壁の仕上げ方の一種。漆喰壁などで、壁表面に面白い味を出すために、刷毛目風に仕上げた壁。類似の手法として、刷毛引き仕上げ、*引き摺り壁、*波形壁などがある。現在ではパターン付けといい、各種の模様を付ける道具が考案され、施工されている。

運び点前【はこびてまえ】

風炉、釜を除いた点前道具を水屋から点前座に運び出して行う点前。「運び点」「平点前」ともいう。水指、棗、茶碗(茶巾、茶筅、茶杓を仕組む)、建水(蓋置、柄杓を仕組む)などを運ぶ。

箱棟【はこむね】

*切妻造や*入母屋造の屋根に設けられる木製箱状の棟。最上部から雨水が侵入することを防ぐために設ける。*檜皮葺や*柿葺など植物性の屋根材の際に用いられることが多い。

挟み鴨居【はさみがもい】

*鴨居の一種。*躙口に設けられる鴨居で、*挟み敷居とのあいだに*躙戸を建てる。壁からやや離して釘打ちで取り付け、壁と小隙間を鴨居の溝

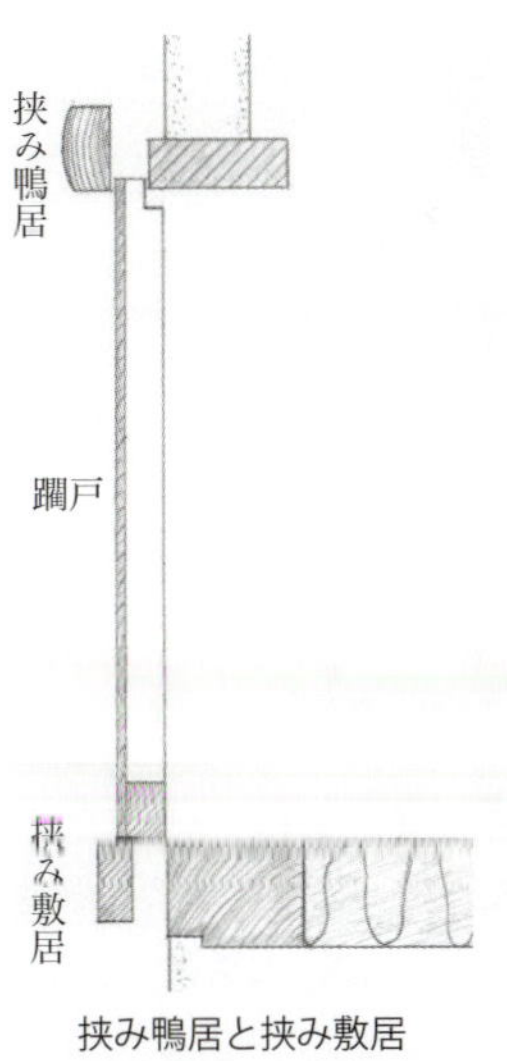

挟み鴨居と挟み敷居

として用いる。好みで雑木や古材が使われることもある。（付録14頁参照）

挟み敷居【はさみじきい】
*敷居の一種。*躙口に設けられる敷居で、*挟み鴨居とのあいだに*躙戸を建てる。壁からやや離して釘打ちで取り付け、壁との隙間を敷居の溝として用いる。好みで雑木や古材が使われることもある。（付録14頁参照）

挟み敷居

橋杭形石燈籠【はしぐいがたいしどうろう】
石燈籠の一種。石橋の橋脚（橋杭）を転用、または橋脚を模造した石材に火袋を彫って仕立てたもの。同様に、橋脚を利用したものに*橋杭形手水鉢がある。

橋杭形手水鉢【はしぐいがたちょうずばち】
手水鉢の一種。石橋の橋脚（橋杭）を転用、あるいは橋脚を模造した石材を手水鉢に仕立てたもの。円筒形の長い石の天端に水穴をあけた形状で、橋杭に貫を通すための角穴があるものが特に好まれ、*控柱をともなうことも多い。『道閑流茶書』によると*古田織部が「橋杭ノ手水鉢」を初めて用いた時、穴を掘って排水管を埋設して排水を工夫し、泥水が溜まらないようにしたという。『築山庭造伝後編』に*縁先手水鉢として用いる例が示される。*東海庵庭園や*對龍山荘の庭園にあるものが知られる。（付録11頁参照）

は

橋添石【はしぞえいし】
橋挟石と同じ。⇒橋挟石【はしはさみいし】

半蔀【はじとみ】
❶上下二枚からなる*蔀。開口時、上部のものは軒裏、または室内側の場合は天井に釣り下げ、下半分は取り外し、別途保管する形式のもの。「年中行事絵巻」などの古代を描いた絵画史料にも登場している。❷揚簀戸をさすこともある。⇒揚簀戸【あげすど】

橋挟石【はしはさみいし】
園池に架かる橋の袂に、橋を挟むようにして据えられる石。「橋添石」「袂石」ともいう。『築山庭造伝前編』に「橋挟の石の事」として「石橋に必橋挟の石四ツあるべし、但所に依て三ツも一つもあるべきなり、大概山水にある立石の名かくのごとし」とあるように、普通、橋の四隅に一石ずつ、計四石が据えられるが、場所によって二、三石とするところもある。

端喰【はしばみ】
板の*木口に取り付けた幅の狭い木。「端嵌」ともいう。棚板などの木口を隠すためと反りを防ぐため、あるいは*矧合せた板が離れないようにするために取り付ける。違棚、板唐戸、製図板、家具類の*倹飩板などに用いる。板の縁を継ぎ足した形式のものを棒端喰、木口側を台形に切り落とし、端喰をその形に造って継いだものを留端喰（本端喰）という。板唐戸や点前座の二重釣棚などはこの留端喰にすることも多い。

端喰　二重棚

柱【はしら】
建造物の構造材で、最も重要な部材のひとつ。垂直に立ち、建物の荷重の大部分を支え、地盤面に伝える。社寺建築においては*丸柱が用いられることが多く、一方、*書院造の住宅などでは、*角柱が用いられることが多い。角柱の面は時代がさかのぼると、*面取の幅が大きく取られ、時代が下がるとともに細くなる。*数寄屋建築においては、細く繊細なものが多く、樹皮をのこすもの、丸太のまま用いられるものなどがある。

柱釘【はしらくぎ】
主に*床柱に打たれる*花入釘のことをいう。床柱以外の柱に打たれた釘をさすこともある。「花入の折釘」(松屋会記)、「柱の折釘」(鳥鼠集四巻書)、「掛け花生折釘」(貞要集)などと茶書に散見されるのも同様である。

柱割【はしらわり】 建築物の間取りを決定する際、柱の心々(二本の柱の中心から中心まで)距離を、つまり一間を基準長として各室の大きさを決める方法。「心々柱間制」ともいう。柱と柱の内側の長さは柱の太さによって影響を受けるので一定ではなく、よって*畳割と異なり、畳の大きさは各室によって異なることになる。織豊時代までは全国的に行われていたが、近世になってからは主として東日本で行われた。基準長は地方、時代により異なり、五尺六寸から十尺ぐらいまで様々である。

走り【はしり】 ❶住宅の台所にある食器や食器の「洗い場」に対する関西方面での呼称。「流し場」ともいう。忙しく走りながら炊事するために起った方言という。『*山上宗二記』(不審菴本)の紹鷗四畳半の図(武野紹鷗の茶室の項の図を参照)の*勝手(水屋)部分には「水ツカウ　ハシリ」と記されている。❷同一物をまとめたものの単位である一把または一束(十把)などの物が、どれほどの長さに用いることができるかを表す語。たとえば「柿板一把二十五間走り」とあれば柿板一把で二十五間の長さに使用できるということになる。

走り井【はしりい】 湧水を利用し*細流、*蹲踞などへ利用するもの。

走井の手水鉢【はしりいのちょうずばち】 手水鉢の一種。大津市大谷町にあった走井茶屋で用いられていた臼を手水鉢に見立てたもの。東海道に面したこの地では、江戸時代中期より湧水「走井」を用いて初代井口市郎右衛門正勝が作った餅が名物であった。走井茶屋跡は大正四年(一九一五)、日本画家・橋本関雪が別荘とし、関雪没後は臨済宗系単立寺院の月心寺となっている。なお京都画壇の重鎮・山元春挙が造営した別邸*蘆花浅水荘に据えられた手水鉢は、この初代が餅を搗くのに用いていたという臼を手水鉢に見立てたものと伝えられ、走井の文字が彫られている。

走り釘【はしりくぎ】 *軸釘の一種。織部床などの*織部板(幕板)に仕込まれ、二幅対や三幅対、広幅の横物などを掛ける場合に用いる。釘が左右に動くように工夫されている。一般的には、天井の*廻縁から九分下がった位置に、*稲妻走り釘と同様の間隔で、床の左右中央に*折釘か*竹釘を打ち、その両側のそれぞれ中央に走り釘がくるようにする。

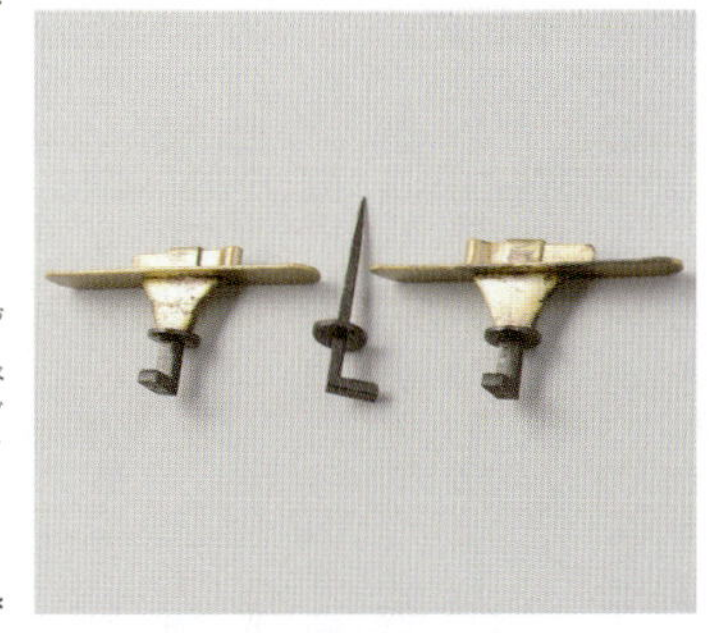

走り釘（中央は折釘）

橋廊【はしろう】 「橋楼」とも書く。廊橋と同じ。 ⇒廊橋【ろうきょう】

長谷川等伯【はせがわとうはく】 天文八年～慶長十五年(一五三九～一六一〇)。織豊時代の画家。幼名は又四郎。後に信春と称した。能登国(石川県)に奥村文之丞の子として生まれたと伝えられる。養父は染物商の長谷川宗清。初め絵を父の宗清に学び能登で仏画を描いていたが、元亀二年(一五七一)、上洛。まず日蓮宗寺院関係の絵画制作に、続いて大徳寺や南禅寺の塔頭寺院の障屏画制作にたずさわり、京都で最大の画家集団である狩野派に対抗するまでの高い評価を得るまでになった。等伯の代表的な仕事は祥雲寺の障壁画制作で、現在も智積院障壁画(国宝)としてのこっている。慶長九年に法橋叙任。宋元水墨画の学習の上に描いた松林図屏風(国宝、東京国立博物館蔵)は日本独自の水墨画と評価されている。千利休像(重要文化財、表千家蔵)は利休肖像画を代表する名品で、利休と等伯との交友関係をも示す。

黄櫨【はぜのき】 ウルシ科ウルシ属の落葉高木。本州(関東地方南部以西)から九州、沖縄の山野に生え、樹高は一〇メートルほどになる。葉は奇数羽状複葉で、秋に赤色に紅葉する。果実から蠟が採れるため、琉球からひろまり各地で栽培されたとされる。このように実利があるとして、享保三年(一七一八)には徳川八代将軍吉宗が江戸城内の吹上の庭園に植えて繁殖させ、品川御殿山や芝の堀のほとりに移植している(有徳院巻十七)。紅葉の美しさから、大名庭園によく群植される。

葉掃除【はそうじ】

古い葉を落とすこと。「摘葉」ともいう。露地においては茶事、茶会の前に庭木の葉をぬぐうことなども行われる。

畠山一清【はたけやまいっせい】

畠山即翁のこと。⇒畠山即翁【はたけやまそくおう】

畠山記念館【はたけやまきねんかん】

東京都港区に開館する美術館。畠山即翁が、白金猿町の旧寺島宗則伯爵邸跡地に造営した私邸般若苑の一角に、昭和三十九年(一九六四)、開設された。収蔵品は、即翁が長年にわたって収集した国宝の伝牧谿筆煙寺晩鐘図、伝趙昌筆林檎花図をはじめとする松平不昧伝来の茶道具や、加賀前田家伝来の能装束などが中心。苑庭内には数寄屋風書院の明月軒、毘沙門堂や浄楽亭、翠庵、沙那庵などの茶室が点在する。

畠山即翁【はたけやまそくおう】

明治十四年〜昭和四十六年(一八八一〜一九七一)。近現代の実業家、数寄者。名は一清。石川県金沢の生まれ。東京帝国大学工科大学を卒業後、技術者としてポンプの開発に取り組み、荏原製作所を創立した。貴族院議員、発明協会会長などを歴任する。一方、宝生流の能楽、裏千家の茶の湯を愛好し、大師会、光悦会にも重きをなした。東京白金猿町の旧寺島宗則伯爵邸の跡地に、奈良般若寺の遺構や加賀前田家の重臣・横山家の能舞台などを移築し、私邸般若苑を造営する。昭和三十九年、苑内の一角に畠山記念館を開設、長年にわたって収集した茶道具や能装束などが展観される。同館内には毘沙門堂、浄楽亭、沙那庵などの茶室が点在する。

淡竹【はちく】

竹の種類のひとつ。「あわだけ」とも読み、また「オオタケ」「ミズタケ」「クレタケ(呉竹)」「カラタケ(唐竹)」ともいう。中国原産とも日本原産ともいわれる。北海道から沖縄まで日本各地で栽培される。生育の良いものでは高さ一五メートル、直径は一〇センチほどにもなる。工芸的な性質ではマダケ(真竹)に劣る。竹釘に利用されるほか、竿縁や小舞、垂木、押縁、連子竹、竹垣など茶室各部に幅広く使用する。

八畳【はちじょう】

茶室の広さを表し、丸畳八枚分の広さからなる茶室。畳の敷き方は種々考えられるが、単に八畳といえば、一般的に二間四方の座敷をさす。茶書の中には、茶室図の最初に「慈照院殿座敷」として八代将軍足利義政の八畳を挙げ、八畳敷に一間床(奥行半間)と切目縁を備えた四畳半切の座敷を掲げるものもあるが(茶道正伝集)、信ずるに足る傍証が得られない。珠光、武野紹鷗の時代では、茶室は六畳、四畳半が多用され、千利休の頃には四畳半以下の小座敷が主流となる。古田織部以降になると、小座敷とは別に設ける鎖の間として八畳が用いられたり、あるいは個々には、八畳のうちの六畳が土天井だったと伝える本阿弥光悦の大虚庵、寛永九年(一六三二)頃に小堀遠州の設計で営まれたと考えられている松花堂昭乗の滝本坊茶立所(八畳に台目構えを加えたもので、厳密には八畳台目)、細川三斎吉田屋敷の八畳、千宗旦の好みと伝える裏千家寒雲亭、天和元年(一六八一)頃に藤村庸軒がかかわったと考えられている天然図畫亭(厳密には八畳に台目畳を加えたもの)などといった伝えや遺構も少なからずあり、名作も見出される。とはいえ、八畳がひとつの流れと

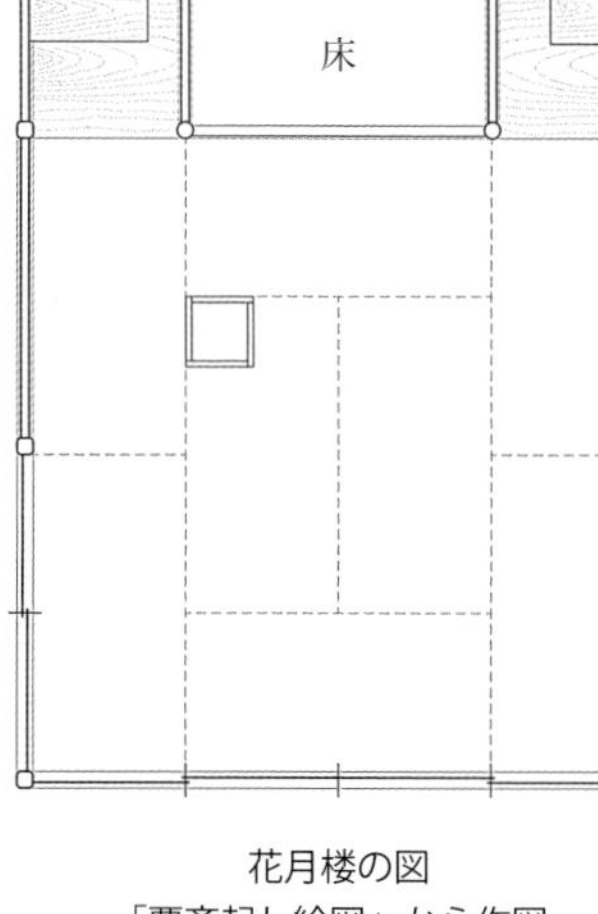

花月楼の図
「覃斎起し絵図」から作図

して積極的に使われるようになるのは十八世紀中頃で、表千家七代如心斎天然、裏千家八代又玄斎一燈、如心斎の高弟・川上不白らが制定した七事式の流布と、これにかなう座敷として花月楼（花月楼の項❶を参照）八畳が考案されてからである。これがいつしか、七事式から離れた正式な茶室として受け入れられ、八畳はいうに及ばず、十畳、十二畳などといった広間の茶室が普及していった。

八条宮智忠親王【はちじょうのみやとしただしんのう】

元和五年～寛文二年（一六一九～六二）。江戸時代前期の親王。八条宮智仁親王の第一王子。教養豊かで茶の湯のほか文化の多方面での活動が知られる。父・智仁親王の造営した下桂の別業（今の桂離宮）に増築するなどの整備を加えた。

八条宮智仁親王【はちじょうのみやとしひとしんのう】

天正七年～寛永六年（一五七九～一六二九）。織豊時代から江戸時代前期にかけての親王。誠仁親王の第六王子で、後陽成天皇の弟。豊臣秀吉の猶子となるが、秀吉に子・鶴松が生まれたために、八条宮家を創設した。教養人として知られ、細川幽斎から受けた古今伝授を後水尾天皇に伝えた。下桂に別業（今の桂離宮）を造営した。

八陣の庭【はちじんのにわ】

大阪府岸和田市に所在の岸和田城本丸跡の庭園。重森三玲により昭和二十八年（一九五三）に設計、作庭された。中世の城郭縄張図を参考とした平面構成で、諸葛孔明の八陣法を主題とし、それを立石や伏石などを用いた石組や白砂地、苔地、黒松などを用いて表現する。天守閣からの俯瞰や庭園の四周からの多様な視点から観賞することが意図された。「岸和田城庭園（八陣の庭）」として名勝に指定されている。

鉢前【はちまえ】

手水鉢を据える一形式で、縁先に組まれるもののことをいう。手水鉢のまわりには清浄石や水汲石、水揚石、蟄石といった役石が据えられる。あわせて脇に燈籠が据えられることもある。役石で囲まれた部分を海といい、一般に漆喰で塗り固めるが、その上を砂利で化粧することもある。また排水口の上には呉呂太石などを重ね置くこともある（水門石の項❶を参照）。特に手水鉢については、露地（茶庭）や庭園の近景として室内から眺められることになるため、実用だけではなく鑑賞にも重点を置いた様々な意匠のものが創案された。

八幡形燈籠【はちまんがたどうろう】

石燈籠の一種。手向山八幡宮（奈良市）にあるものを本歌とし、笠、火袋、中台、基礎が四角形の形式のもの。

八炉【はちろ】

茶室における八通りの炉の切り方の総称。諸説あるが基本的には以下の八通り。四畳半切（広間切を含む）、台目切、向切、隅炉（隅切）の四通りに、それぞれ本勝手（亭主の右側に客）、逆勝手（亭主の左側に客）があり（本勝手の項を参照）、八通りとなる。（付録18頁参照）

八景【はっけい】

ある地域で選ばれたすぐれた八カ所の景色。中国・北宋代に湖南地方の瀟湘八景に始まり、これを模範に中国、韓国、台湾、日本の各地でも選定された。日本では禅僧鉄庵道生の詩文集『鈍鉄集』所収の博多八景が最古とされ、近江八景や金沢八景などが選定されて、江戸時代には日本各地でも選定された。

八勝館【はっしょうかん】

愛知県名古屋市昭和区にある和風建築。八勝館は大正十四年（一九二五）、旅館兼料理店として開業。創業当時の敷地内には、すでに数寄屋造が主体の何棟かの建物が存在しており、明治十年（一八七七）から二十年の建造と伝わる「白菊・蘭・竹・桜」「菊」「もみじ」「桐」「梅・松」の客間があり、大小の改修を受けながらも現存する。その後、昭和十二年（一九三七）には大広間が、同二十五年、日本建築学会賞の作品賞を受賞した堀口捨己設計の御幸の間が新築される。御幸の間は東南が池と瀬に面しており、床を高く張り出した月見台を造る。内部は主座敷十八畳、次の間十畳の二間続きの京間の座敷で、東と南に一間幅の入側を廻す。書院と入側との境は太鼓張

八勝館　御幸の間　床側

襖の茶道口として、その上と書院下段側の障子の上には、桂離宮の*笑意軒の意匠を模した円窓の下地窓が五個あけられる。天井は、杉丸太の竿縁を卍字組に通し、大きな格子状の照明を組込む。入側との境の小壁は天井まで切られ、明障子を入れている。御幸の間の北に隣接する残月の間も、堀口の設計で、同時期に完成した。表千家*残月亭の写しで京間で造られる十畳の間に二畳の上段床、次の間四畳などで構成される。大広間と桐の間は、もと敷地の東方にあったが、敷地縮小にともない現在の場所に移動した。七十七畳あまりの大広間の東側と北側には一間幅の入側を廻し、西方には、三畳の上段床を中心に、左に四畳の床脇に違棚、右手に地袋を矩折に配した書院を設ける。南方には、奥行きを縮小して舞台を付ける。大広間の天井は、蟻壁を廻した上を折上格天井とし、東の入側の天井は化粧屋根裏とする。桐の間は十五畳の主座敷に、次の間と入側を配し、床柱に杉の絞丸太、床脇の地板に栃、琵琶台の天板に桐、長押に杉など種々の用材を使用し、欄間は焼杉板に鉛板と螺鈿で桐文様を大ぶりにあしらい、釘隠にも桐文様を用いるなど、室名どおり、桐尽しの意匠で構成される。

八窓庵【はっそうあん】

❶奈良市の奈良国立博物館にある茶室。同館の中庭に建つが、もとは興福寺*大乗院の庭内にあった茶室で含翠亭と称されていた。明治二十五年（一八九二）、奈良在住の篤志家数名により帝国奈良博物館に移設された。*古田織部の好みと伝えられるが確証はない。*大和三名席の一つ。外観は*入母屋造*茅葺の前面に*柿葺の庇を付し、深い*土間庇を形成している。*袖壁を設けて土間庇を南北に二分し、向かって右、北側の*躙口に向かい*飛石が打たれている。躙口の左壁面には*下地窓をあけるが、*力竹は通常と異なり窓から離して立てられている。袖壁には*刀掛が釣られ、足元に*二段石の*刀掛石が据えられている。内部は四畳台目、*下座床。*平三畳台目に一畳の*貴人座を付けた構成である。躙口は壁に寄せてあけるのを通例とするが、こ

八窓庵（奈良国立博物館）　外観

八窓庵（奈良国立博物館）　点前座側

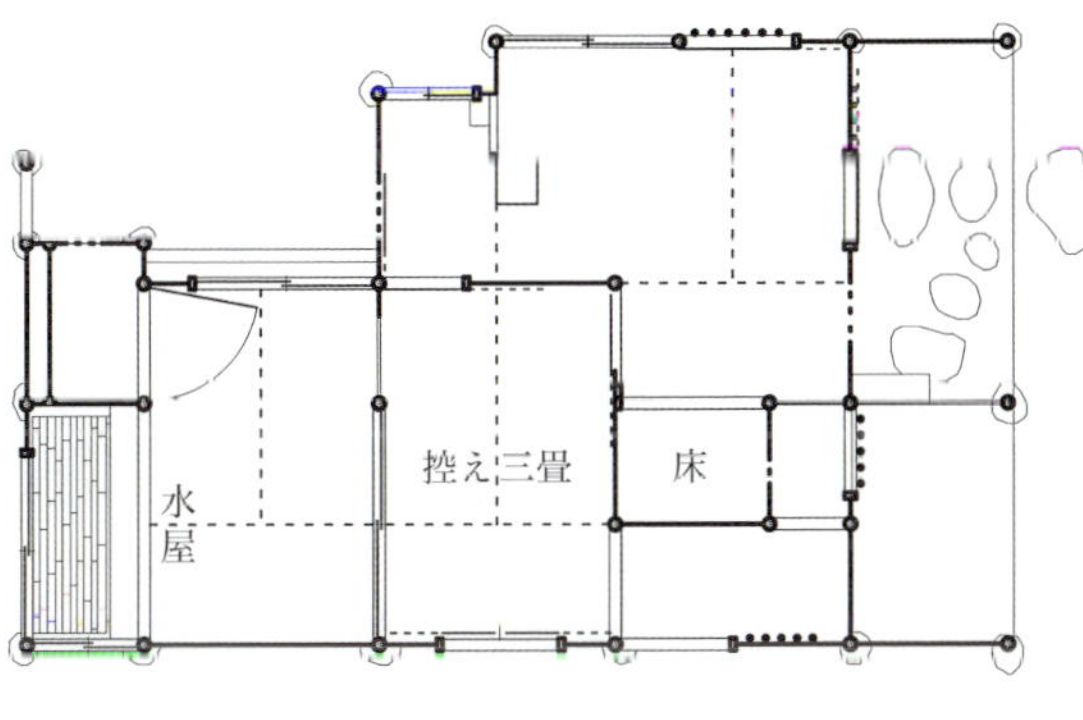

八窓庵

こでは中央に配している。躙口を入ると左に床があって貴人座とわかり、右を見れば＊相伴席とわかるよう、作法の便宜を考えたのであろう。躙口の上は桁間いっぱいに＊連子窓をあけ、開放感をつくっている。床は＊台目床で、入り込んだ貴人座一畳の正面に、右へ寄せて構えられている。床の右側、矩折に＊火燈口形式の＊給仕口をあけ、床前の一畳を＊上段の間のような場所に見せている。床柱は赤松の＊釿目付きで、黒塗の＊床框を取り合わせている。向かって左の壁には＊花明窓をあけ、＊花入釘を打っている。点前座は炉を台目切に切り、＊風炉先窓をあけ、勝手付の壁面には、連子窓と下地窓が＊色紙窓の形式にあけられている。＊中柱は赤松丸太で、袖壁の＊壁留は＊引木を使用し、客付＊入隅には＊雲雀棚を設けている。＊茶道口の＊方立には竹を用いる。天井は床前から点前座まで＊蒲天井を張り、中柱の通りで打ち切られ、のこりの＊間半通りを＊掛込天井としている。＊垂木は竹と皮付丸太を、また＊小舞は＊削り木と＊女竹を交互に配って視覚的な変化を与えている。この形式の茶室は江戸時代初期に随分流行していたようで、織部の作とすればかなり初期のものになるが、同様の形式は＊小堀遠州の作例にも多く、手法からだけでは作者は判然としないが、どちらにせよ織部好みの茶室であることは間違いない。茶道口は三畳の控えに続き、さらにその西側に水屋が接続している。＊水屋流しに＊隅棚（隅棚の項❷を参照）と＊二重棚、＊天袋からなり、押入を設ける。

八窓庵（中島公園） 外観

❷北海道札幌市の中島公園にある茶室。旧舎那院忘筌。建築年は不詳だが、もともとは＊小堀遠州が居城の小室城（滋賀県長浜市）内に建てたものと伝えられる。後に長浜八幡神社境内に移築、明治時代には舎那院に移された。その後、大正八年（一九一九）に札幌市の持田家へ移築された際、水屋を介して四畳半茶室一分庵が接続する現状の形となった。昭和二十五年（一九五〇）には長沢家が譲り受け、同四十六年に現在地に移って札幌市の所有となる。度々の移築を経ているため原形どおりではないが、一畳台目下座床で点前座は赤松の中柱、＊雲雀棚を設ける。八窓庵の名のとおり、連子窓、下地窓、突上窓を合わせ計八つの窓があけられる。平成十七年（二〇〇五）に積雪による事故で全壊、同二十年に修復された。重要文化財。

八窓庵（井上世外邸） 床側 『数寄屋聚成』1

❸東京の＊井上世外邸にあった茶室。もし東大寺の＊四聖坊にあって＊珠光好みと伝え、明治時代

に入り正倉院に移されたという。これを世外が引き取って東京鳥居坂の邸内に移し、その後の一時期は赤星弥之助の所有となったが、赤星の死後ふたたび世外に返されて明治四十三年（一九一〇）に内田山の邸内に移築された。奈良から東京に運ばれた時の移築は二代*木村清兵衛がたずさわった。間取りは奈良国立博物館の八窓庵（❶の項を参照）と共通する四畳台目で、窓が八つあき、屋根と壁で囲まれた土間に面していた。土間には潜りから入り、壁には窓があき、刀掛が設けられていた。上り口は高さ四尺の二枚障子であった。この茶室には四畳半の茶室が接していた。八窓庵とは本来、*細川三斎好みの四畳台目の席で、隣接していたこの四畳半が珠光好みの写しであった。隠岐産の緑青石を粉末にして壁に塗っていたことから「隠岐庵」「おきろく」（隠岐録）とも称され、*大和三名席の一つであった。戦災で焼失した。

八双金物【はっそうかなもの】

装飾金物の一種。一端が二股（八の字形）、*火燈形に突出した形状のもの。門扉の場合、*肘金物の肘壺に取り付いて軸側を挟み、水平に取り付けられる。また、破風板の飾り金具として、木口や*拝に用いられるものをさしてもいう。八双金物の称は大工用語で、指物師の用語では逆輪金物という。その形の二葉が相巻き付いていることから「発草」と名づけられたとの説もあるが、先端が大きく開くのは江戸時代中期以後とされ、その頃に名づけられたとされる。出八双と入八双がある。

八窓軒【はっそうけん】

京都市左京区の*曼殊院小書院の北に建て添えられた茶室。席名は、化粧屋根裏の突上窓と壁面の七窓をあわせて八窓を数えることによる。曼殊院は明暦二年（一六五六）、*良尚法親王の時、女院御所東北の地から現地に移ったが、三畳台目の茶室はこの時に造営された小書院と同時に造立されたとみられる。東面する躙口の正面に床が位置し、茶道口と給仕口が床の脇の壁面に並ぶ。天井は床前が蒲の平天井、躙口側が化粧屋根裏と、中柱の通りで二分される。平天井はそのまま点前座の上までのびる。中柱は桜の皮付で、袖壁の壁留には削り木を入れている。点前座の勝手付には色紙窓をあけ、袖壁の内側には雲雀棚を釣る。客座の南の壁面は半ばを小書院の黄昏の間でふさがれているので、縦長の下地窓が躙口のほうに片寄せてあけられている。この茶室は*小堀遠州の作であると伝えられているが、遠州は曼殊院が現地に移る九年前に亡くなっている。良尚法親王が*藪内家二代月心軒真翁と協議してこの茶室を造ったとも伝えられているが、確証はない。

八窓軒　点前座側

八窓の席【はっそうのせき】

京都市左京区の南禅寺塔頭金地院にある茶室。⇒金地院八窓席【こんちいんはっそうせき】

八窓の茶席【はっそうのちゃせき】

文字通り八つの窓をあけた茶室の総称であるが、「八」の字は数の多いことを意味しており、必ずしも窓の数が八つでなくても、多くの窓（あるいは開口部）をあけることをもって「八窓」をその名に冠した茶室も多い。また「八」は末広を意味し、繁栄、繁盛といった願いが込められている場合もある。八窓あるいは八窓席、八窓庵といった名をもつ茶室はいくつか知られている。たとえば奈良国立博物館にある八窓庵（八窓庵の項❶を参照）は*古田織部及び、*小堀遠州の好みが反映されており、南禅寺塔頭金地院にある八窓席（金地院八窓席の項を参照）は既存の茶室に遠州が手を加えてでき上がった茶室である。

曼殊院にある*八窓軒には、床框を黒漆塗にするなど、門跡寺院の茶室にふさわしい貴族的な品格が見られる。一概にはいえないが、多窓で明るい茶室は織部や遠州、あるいは貴族たちの好みと伝えられるものが多い。

八相の庭【はっそうのにわ】

東福寺本坊庭園の別称。⇩東福寺本坊庭園【とうふくじほんぼうていえん】

はつり目【はつりめ】

一般的に柱や框など木材を*チョウナなどではつった（少しずつ削った）、その部分のこと。チョウナではつった場合は*釿目という。はつり目は数寄屋大工の腕の見せ所であり、部材の鑑賞ポイントとして重要な要素である。*無節の材にはつり目を入れ、新たな表情を加えたり、木材の欠点である節の部分にはつり目を入れ、逆に活かしたりする工夫なども見られる。

鼻【はな】

*庭石の部分名称で、出っ張り部分をいう。

花明窓【はなあかりまど】

床の側壁にあけられた、*下地窓の形式の*墨蹟窓。花入釘を打つために下地に細い竹を添える。障子は室外に掛けるため、下地は室内に現れる。*古田織部は「床ノ中ノ窓、是ハ床江明入候程トノ為明ル、又花ヲ可生為也」（古田織部正殿聞書）と述べており、本来は床の内側への採光を目的とするとともに、座敷に景趣を添える効果が意図されていた。武家や貴族の茶室で好まれ、採光不能な側にあけられることも行われるようになった。

花生け【はないけ】

花入と同じ。⇩花入【はないれ】

花入【はないれ】

花を入れるための器。「花生け」とも。素材には金属、陶磁、竹（籠を含む）や木（漆器を含む）などがあり、茶の湯においては、扱いにより掛花入、置花入、*釣花入に分けられる。また材質から真行草に位付けされることがある。花は茶事、茶会の目的や季節に応じて用意し、その上で調和する花入を決めることが重視される。置花入を*畳床の上に荘る場合、各種の*薄板を用いるが、*板床の場合は原則用いない。掛花入は、柱や壁に打たれた*花入釘によって掛けられる。

花入釘【はないれくぎ】

花入を掛けるための釘の総称。「花釘」「掛花入釘」などともいう。*中釘や*柱釘、*朝顔釘、*落掛花釘、*柳釘などがあるが、普通、花入釘というと*床柱に打たれる釘をさすことが多い。掛物よりも下座に花入が掛かるように床柱に打つ。その時、床柱に向かって真横から打つのが一般的で、流儀によっては斜めに打つこともある。釘を打つ高さに関しては中釘と同様、床の間口や*落掛の高さによって決定されるが、花を入れた花入が掛かることを考慮する必要がある。座の付いた折釘を用いるが、『*茶道筌蹄』には「柱に打は平座、壁へは丸」とあり、柱に打つ花入釘は平座、床の中央の壁面に打つ中釘には丸座の釘を使うことが記されている。（付録20頁参照）

鼻隠【はなかくし】

*軒先において*垂木の端部を隠すために取り付けられた横板。また、板屋根の軒下に打ち付けて屋根板の軒端を連ねる貫。「鼻絡」「鼻搦み」「風返し」ともいう。

鼻絡【はながらみ】

鼻隠と同じ。⇩鼻隠【はなかくし】

花釘【はなくぎ】

花入釘と同じ。⇩花入釘【はないれくぎ】

花狭間【はなざま】

扉や戸、欄間、障子などに、花文様の*透彫りを施したもの。室町時代から桃山時代に多く用いられた装飾彫刻。内部に見られる花弁状の組子を花組子という。京都御所迎春門の銀杏葉文様扉、醍醐寺*三宝院の奥宸殿（奥書院）の欄間、*慈照寺東求堂の仏間の扉、滋賀県野洲市の大笹原神社本殿外陣格子戸などに見ることができる。（付録23頁参照）

花塗【はなぬり】

漆塗の技法の一種。塗放し、または「塗立」「立塗」、あるいは略して「立て」ともいう。上塗で漆を塗り、乾燥させるだけで研ぎ磨きを施さないもの。研ぎ磨き上げた蠟色塗と異なり、漆特有の味わい深い光沢となる。また京都ではこれを溜塗と通称することがあった。工程は単純だが漆を均等の厚さに塗り、かつ刷毛目も塵埃もないようにするには熟練を要し、漆濾しを下塗や中塗より回数を多くするほか、刷毛なども上塗専用のものを使うようにする。

花江茶亭【はなのえちゃてい】

山口県萩市の指月公園にある茶室。安政年間（一八五四〜六〇）の初め頃、萩藩第十三代藩主毛利敬親が三の丸内の橋本川沿いにあった花江御殿の敷地内に造った茶室。茶室から橋本川の眺望はきわめて風光明媚なもので、幕末の多事多難の折、ここで敬親は当時の有力者たちと茶事に託して時勢を論じ、国事を画策したといわれている。明治維新後、花江御殿は長屋氏に譲渡されたが、明治二十二年（一八八九）頃、品川弥二郎らが主唱して御殿に付属する茶室自在庵を買い取り、萩城内へ移築した。移築後は花江茶亭と呼ばれている。花江御殿の主座敷六畳の東面には、中央に径五寸五分の丸柱を二本配置した壁床があり、その両脇には障子をはめ込んだ窓をあける。橋本川に面した十六畳の南面には中央にガラスが入った障子八枚を建て込んだ窓があり、明るく開放的な空間になっている。また部屋の境には、櫛形の開口をもった垂れ壁がある。主座敷六畳の天井は、壁床以外の三方を、起り天井で折り上げ、その中に六尺四方の龍の天井絵がはめ込まれている。花江茶亭は茶室、鞘の間と水屋からなり、茶室南面には床と違棚、地袋をもった床脇があり、床柱に赤松の皮付丸太が、床框に唐木の檳榔樹が使用されている。庭に面した西面は間口いっぱいに落縁を設け腰障子が三枚建て込まれている。土間廊下北側入り口には火燈曲線を用い、扉は上部に網代がはめ込まれた桟唐戸で、きわめて中国的な意匠である。また廊下の側面には中国造園書『園冶』に掲載された「劔環式」の門窓を応用した形の窓があり、これも中国的意匠の特徴が顕著に現れているといえる。

花菱引手【はなびしひきて】

*引手の一種。花菱（四弁の唐花を菱状に配した文様）を意匠とした引手。

花蛭釘【はなひるくぎ】

*釣花入を釣るための鎖を掛けるため、床の天井に打たれる釘。後付け可能な捻じ込み式のものと、工事中に仕込む栓差し式のものがある。床の天井下座側に打ち、*台目床では間口の三分の一のところ、*一間床以上の間口の床では、間口の四分の一のところに打つことが多い。鉤先を下座に向けて打つ場合（表千家）と、鉤先を床の中心に向けて打つ場合（裏千家）などがあり、流儀によって異なる。『*茶道筌蹄』には、蛭釘の鉤先は床に向かって「花クサリを左の手にて懸るやうにする也、但し上座床下座床にも」とある。（付録20頁参照）

花蛭釘

羽根板【はねいた】

羽板と同じ。⇒羽板【はいた】

桔木【はねぎ】

*小屋組の構成部材のひとつ。梃子の原理を利用して、長く突き出ている軒先を支えるために軒裏から小屋組内に取り付けられる材。*軒桁（*丸桁）上の*土居桁、あるいは*出し梁上の桔木枕を支点とし、上端は桔木押えという水平材で*小屋束に固定する。

桔木戸【はねきど】

二本の丸太柱を立て、その上部に渡した*楣（水平材）に*簀戸などの扉を釣り、通る時は、竹の竿で突き上げておく門。主に*中門に用い、構造上、*楣木戸ともいわれる。露地内に二つ以上の茶室があり、園路に桔木戸が用いられている場合、戸が下ろされていれば、これより先の茶室は使わないことを客に示すことになる。『*宗湛日記』天正十五年（一五八七）二月二十五日には「宗湛ハ七ツ時分コリ参上ソロテ、ハネキドノ本ニ罷居候得ハ、宗及老御出候テ、是ニ對馬トノ俄ニ被成」、また同年六月十九日には「數奇屋ノ前ニ古竹ニテ腰垣アリ、ソコニス戸ノハネキト有、夜ホノ〳〵明方ニ、ハコ松ヲ通リ、ハネ戸マテ参候ヘバ、内ヨリ關白様シヤウジ御アケナサレテ、ハイレヤト御コエタカ也御定候也」とある。

跳勾欄【はねこうらん】

*勾欄の一形式。「刎勾欄」とも書く。*架木と*平桁の先端が突き出し、跳ね上がっている姿のもの。場所によっては、架木に反りを付けていないものもあるが、古い時代ほど反りが少なく直線的で、時代が下るにしたがい跳ね上がりが強くなるため、時代の鑑別に役立つ。

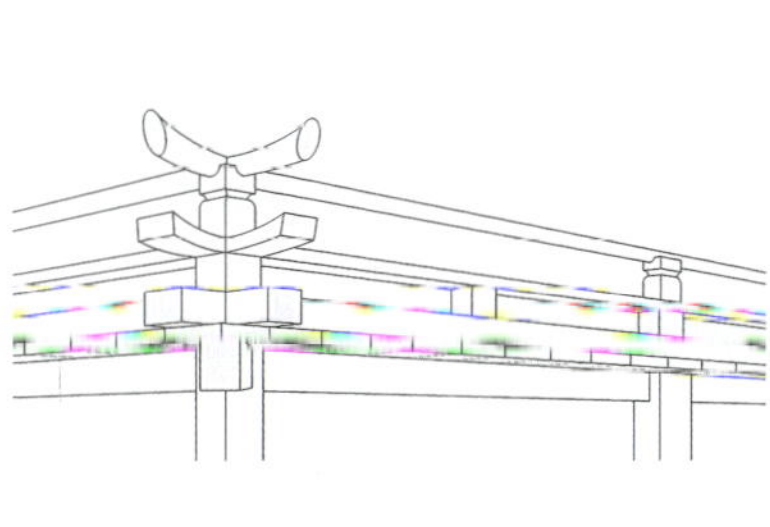

跳勾欄

桔出縁【はねだしえん】

*縁の一形式。「張出縁」ともいう。壁面から突き出して造られた形状のもの。支柱なしで桔木や持送で、縁面あるいは通路を支持する。バルコニーなどはこれにあたる。

幅木【はばき】

壁面の最下部で床面に接する位置に設ける水平材。壁面と床面の接触部分を納めるとともに、壁面の損傷や汚染を防ぐ役割も果たす。壁と床を造った後に取り付けるものを後付け幅木、両者の仕上げの前に設けるものを先付け幅木という。壁面よりも出すものや、反対に引き込ませるものもある。木製に限らず、石や人造石、タイル、金属板など様々な素材のものがある。同様に壁の下部と畳の端部のあいだを納める部材として、*畳寄や、床で*地板を用いる場合の雑巾摺がある。茶室の外壁面下部にも見られる。（付録22頁参照）

破風【はふ】

*切妻造や*入母屋造の屋根の*妻側に、山形に打たれた板のこと。*棟木、*母屋、*桁の木口を保護し、妻部分の形を整える役割がある。元来は神明造の妻側の垂木の一部で、千木と同一のものであった。その種類として*唐破風、*縋破風などがある。一般に数寄屋建築では破風を簡略化し、垂木よりやや背の高い材で代用する。さらに草庵式茶室になると*小舞螻羽の手法を用いることが多い。

羽箒【はぼうき】

鳥の羽を用いて作られ、*炭手前の際、あるいは席中などを掃き清めるために用いる道具。三つ羽、一つ羽、摑み羽、飾り羽、*座箒などがある。三つ羽は羽三枚を重ね合わせたもので、炭手前に際し*風炉、*炉縁、*炉壇、釜の蓋、火箸、畳などを掃き清めるのに用いる。一つ羽は一枚で作られ、暑中あるいは装飾用。摑み羽は「摑み羽箒」「束ね羽箒」を略したもので、手元を竹皮で包んで撚糸で巻き、一般に左右のない鶴のつぼ羽が用いられる。飾り羽は装飾的に用いることが多い。座箒は鶴や白鳥、鷺などの片羽を用い、席中などを清めるのに用いる。

蛤棚【はまぐりだな】

釣棚の一種。*裏千家四代仙叟宗室好みで、*利休堂の点前座の向壁に仕付けられる。天井から長さ一尺四寸、幅九寸の桐木地蛤形の一重棚を白竹で釣る。

蛤棚　利休堂　裏千家

蛤塗【はまぐりぬり】
壁の仕上げ方の一種。単に「蛤」ともいう。*下地窓など壁の内外の出合いの縁を、蛤の貝殻のあわさった状態のように半円形に塗り廻す手法。また、そのように仕上げたもの（*蛤端）。

蛤端【はまぐりば】
❶器物の口や縁などを、あたかも蛤の貝の合わせ口のような形に仕上げたものをいう。「蛤歯」「蛤刃」とも書かれ、また「貝の口」ともいう。茶室では*下地窓や*火燈口の縁の仕上げに見られる。
❷床に*花入を荘る時に用いる*薄板の一種。

蛤端❶　下地窓の縁

浜苆【はますさ】
*麻苆のうち、船具に用いられた古ロープや古網などを原料に、それを裁断、晒して作られたもの。品質や漂泊の度合いにより、並浜、中浜、上浜の区別がある。千葉県の九十九里浜で使用された地引網用の廃網を切り解いて製造したことからの称という。また下駄の鼻緒で作ったものは生浜苆と呼ばれ、最も高級な苆として流通していた。

浜の茶屋【はまのちゃや】
熊本県八代市にある松浜軒のこと。⇒松浜軒【しょうひんけん】

浜木斛【はまもっこく】
車輪梅のこと。⇒車輪梅【しゃりんばい】

浜離宮恩賜庭園【はまりきゅうおんしていえん】
東京都中央区に所在の*大名庭園。池泉に海水を引き込んだ*汐入式庭園としても知られる。もと徳川幕府の鷹狩の場であり、承応三年（一六五四）に松平綱重が埋め立てて別邸とした。その後、徳川六代将軍家宣が大改修を加えて御浜御殿と称し、十一代将軍家斉の時代には現在の姿となった。明治時代以降は皇室の離宮となり、名称も浜離宮と改められた。昭和二十年（一九四五）の戦災によって御茶屋などの建築すべてが焼失し、その後、東京都に下賜された。東京湾に臨み、房総の山々や遠くに富士山を望む*回遊式庭園で、広々とした汐入式の池泉を中心として地形の起伏が連なり、橋などが添景物となった江戸大名庭園の特色をもつ。近年、*松の御茶屋や*燕の御茶屋が復元された。「旧浜離宮庭園」として特別名勝、特別史跡に指定されている。

浜離宮恩賜庭園

羽目板【はめいた】
板を幅の方向へつないで張ったもの。あるいはそのように作られた板。板の合わせ目を実矧や合決り矧（付録29頁参照）などとすることで、全体が平坦に仕上げられる。これを垂直方向に張る*熨斗羽目（竪羽目）、水平方向に張る*布羽目（横羽目）などの種類がある。また羽目板を取り付ける位置により、腰の高さに張る*腰羽目、腰より高い高羽目などもある。

羽目板張【はめいたばり】
壁や塀などの板張りの一形式。単に「羽目」ともいう。板を同一平面に張ること、または張ったものをいい、各板を少し重なり合うように取り付ける*下見板張に対して使われる。張り方には*布羽目（横羽目）、*熨斗羽目（竪羽目）、目板羽目、太鼓羽目などがあり、また板（羽目板）の合わせ目により合決り板張、実矧板張、羽打張などがある。羽目板張で仕上げたものを板羽目という。

嵌殺し障子【はめごろししょうじ】
枠に固定されて開閉のできない障子のことをいう。「造付障子」ともいう。*付書院や*欄間などに、主として採光のために建てられる。

葉本家の茶室【はもとけのちゃしつ】
奈良県大和郡山市の葉本家にある茶室。同家は明治時代には両替商などを営んだ商家で、その主屋に付属して建つ。明治十三年（一八八〇）、法華寺出入りの宮大工・戸尾長七の仕事である。内部は長押を廻した二畳で、一間幅の床空間を、地板と室内に設けた柿葺の付庇によって区画している。中ほど下方を欠いた床柱と、それにあわせて円弧に欠いた袖壁を中央に配し、左を平書院を備えた板床、右を違棚と天袋としている。なお葉本家住宅主屋は登録有形文化財。

早川邸【はやかわてい】
岐阜県海津市にある早川家の邸宅。貴族院議員をつとめた早川周造が*武者小路千家十一代一指斎一叟の指導で建てた邸宅。明治二十四年（一八九一）の濃尾地震で甚大な被害を受けた邸宅を再建したもので、翌年に完成した。座敷は、はじめ名古屋の茶匠・吉田紹和の計画で進められ、後に一指斎を招いてまとめたという。十六畳敷の広間で残月床と付書院を備える。残月床の東側、床框の右端に「好之」として一指斎の花押が彫られる。六畳の茶室は、京都の樂家の茶室を写し、また兜門が明治二十九年に裏千家のものを模して造られた。明治三十二年には茶室の奥に嵯峨の間と七畳の御室の間が増築されている。

林家の茶室【はやしけのちゃしつ】
長野県岡谷市の旧林家住宅にある茶室。旧林家住宅は製糸家であり実業家であった林国蔵の居宅で、主屋のほかに離れとして洋館と茶室が一つの棟に造られている。離れの座敷には金唐革紙が壁や天井、襖に張りめぐらされている。茶室は四畳半で、赤松皮付の床柱、琵琶台の釣束に竹、落掛に梅を用い、松竹梅をあしらっている。前室として八畳座敷が取り付く。重要文化財。

速水家の茶室【はやみけのちゃしつ】
京都市北区に所在の茶道速水流家元の茶室。
⇒滌源居【てきげんきょ】

祓戸形燈籠【はらえどがたどうろう】
石燈籠の一種。室町時代初期の作とされる六角形石燈籠。奈良の春日大社の境内、祓戸社に据えられる。六面ある火袋のうち二面が火口、二面が円窓で、他の二面に春日大社の神鹿である牡鹿と牝鹿を彫り付けている。*春日（形）燈籠はこの石燈籠を原型として作られたと考えられる。高さ約一八〇センチと比較的小型であることからも特に茶人に尊ばれ、これを本歌として数多くの写しが作られた。（付録13頁参照）

腹切畳【はらきりだたみ】
茶室の畳の敷き方で、*点前座の亭主の膝前に畳の縁があり、炉畳の畳目が横になる敷き方をいう。また、畳の中途に炉を切った場合もいう。ともに避けたほうが良いとされる。

腹口【はらぐち】
まわり茶道口と同じ。
⇒まわり茶道口【まわりさどうぐち】

原三溪【はらさんけい】
慶応四年～昭和十四年（一八六八～一九三九）。近代の実業家、数寄者。名は富太郎。三溪は号。美濃国（岐阜県）厚見郡佐波村に生まれる。家は代々庄屋をつとめ、父の青木久衛は佐波村の村長、母方の祖父は南画家の高橋杏村。東京専門学校（現早稲田大学）で政治や法律などを学んだ。跡見学校で漢文と歴史の助教師をしていた際、原善三郎の孫・屋寿子と出会い、結婚。原家へ婿入りした。三溪はその後、原商店の近代化を図り合名会社として、帝国蚕糸の社長、横浜興信銀行（現横浜銀行）の頭取となる。大正十二年（一九二三）の関東大震災後は、壊滅的な被害を受けた横浜のために横浜復興会会長に就任して奔走し、横浜市の復興と蚕糸貿易の復興に力を注いでいく。茶道とのつながりは、*益田鈍翁の導きが大きく、鈍翁、*高橋箒庵、*松永耳庵、森川如春庵らと交流を深めた。三溪は横浜本牧三之谷の自邸に、広大な庭園の造成をはじめ、各地より多種多様な建築物を移築。明治三十九年（一九〇六）、*三溪園として、無料で一般に公開した。同園内には、大正六年に*臨春閣、同七年に*月華殿、その後茶室春草廬（春草廬の項❷を参照）、*聴秋閣などを移築した。大正六年に鈍翁、箒庵などを招き、臨春閣の移築と*蓮華院の完成を祝う茶会を行い、その記録が箒庵の著『東都茶会記』に掲載される。また二十代から文人画や煎茶道具、仏画、古画、茶道具など古美術の収集をはじめ、生涯でその数は五千点以上に及んでいる。四十代には*岡倉天心を通じて近代日本画家の育成にも力を入れ、下村観山、今村紫紅、小林古径、前田青邨、安田靫彦、速水御舟らを援助した。また、関東大震災の時には被災者のために園を開放して炊き出しを行うなど救済に尽力した。

バラ軒【ばらのき】

小舞蔞羽と同じ。　⇩小舞蔞羽【こまいけらば】

葉蘭【はらん】

キジカクシ科ハラン属の多年草。日本各地で観賞用にひろく栽培され、斑入の品種などもある。地下茎が横に這い、群生する。葉は長楕円形で大きく、直立する。両面無毛で、革質なため、葉の上に料理を飾り付けることもある。日陰でもよく育ち、露地の*下草として用いられる。

梁【はり】

*柱の上に渡して屋根構造材などを支えるための横木。上部の荷重を支持するとともに、柱を強固にするはたらきをもつ。構造的に最も重要な部材のひとつ。元来は*桁と区別して、*棟木と直交するものをさしたが、規模が大きく構造が複雑になった建物では、*敷梁のように、*桁行方向のものにも用いることがある。柱とは上面で枘差にすることが多いが、まれに柱上部の側面に取り付けることもある。また、水平でなく斜めに架けられることもある。使用する場所や形態に応じて*出し梁、*小屋梁、繋梁、二重梁、*虹梁などの種類がある。

張紙【はりがみ】

茶席または座敷の壁の下部に張る紙のことをいう。「貼紙」とも書く。張紙には*美濃紙、*鳥の子紙、*湊紙、西ノ内紙、反古紙、古暦紙など多くの種類がある。『茶譜』には「利休不審庵ノ座敷腰張紙、常ノ湊ナリ」「利休ハ侘テ面白ト云テ常(公)ノ反古(ニ)テ張シナリ」、また「織部ハ美濃紙ノ色継ニテ吟味シテ文ヲ好ミ、様子マテ好テ其反古テ張、当代何レモ織部流ノコトシ」と書かれ、『石州三百ケ条』には「紙ハ美濃ナトノ堅紙反古之書タル方ヲ壁ニ裏返張也」と、張紙についての茶人の好みが記されている。

張出縁【はりだしえん】

桔出縁と同じ。　⇩桔出縁【はねだしえん】

張出窓【はりだしまど】

壁面から突出した窓のこと。出窓。壁面から持送、腕木を出し、その上に方立柱を立て、出桁を架ける。格子を組んだものを出格子窓という。

張違天井【はりちがいてんじょう】

格縁を組まず、天井板を*市松模様に張り違えた天井。それぞれの板を引き立たせるため、欅や栃など*杢目の美しい材を用いることもある。

張付壁【はりつけかべ】

襖のように骨を組んでその上に紙を張り、周囲を*四分一で押さえた壁のこと。*書院造の座敷では、紙の上に極彩色の絵、あるいは水墨画が描かれることもある。『*山上宗二記』には、武野紹鷗の四畳半（武野紹鷗の茶室の項を参照）は「真ノハリツケ、クロフチ也」とあり、茶の湯の初期の茶室は、無地で白の張付壁、黒塗の四分一で押さえられていたと考えられる。その後、*草庵式茶室が現れると*土壁が一般的となる。千利休は大徳寺門前屋敷の四畳半茶室（不審庵。千利休の屋敷、千利休の茶室の項を参照）では床の中に薄墨色の紙を張ったが、やがて土壁にあらためたという。

張付天井【はりつけてんじょう】

紙や絹などの布類を天井下地に張り付けて仕上げた天井。張(貼)天井ともいう。*臥龍山荘の主屋、臥龍院霞月の間などに実例が見られる。

張付の*格天井では、格間に彩色画などが施されることが多い。

張付床【はりつけどこ】

張付とは、室内の壁や戸、天井に紙、布などを張り付けて仕上げることで、床に白紙などを張ったり、また、そこに水墨画などを描いた床をいう。大徳寺塔頭孤篷庵にある*忘筌の床がその例。茶の湯の初期の茶室は、床を貴人の座、また*名物を荘る場とし、*一間床で張付壁という考え方が支配的であり、武野紹鷗の四畳半（武野紹鷗の茶室の項を参照）では深さ二尺三寸、張付壁の一間床であった。その後、草庵式茶室が現れると土壁の床が一般的となった。千利休も大徳寺門前屋敷の四畳半（千利休の屋敷、千利休の茶室の項を参照）では、床の壁に薄墨色の紙を張っていたが、その後、土壁にあらためており、さらに床内すべてを土壁とした*室床を試みている。

張付床　桂離宮御殿中書院三の間

梁間【はりま】

❶梁行と同じ。⇒梁行【はりゆき】

❷迫持、梁、桁などの支点間距離のこと。他分野では径間と呼ばれる。

針目押え【はりめおさえ】

*茅葺や*杮葺の屋根などの*棟を押さえるため、蕨縄で所々結束し、一カ所につき数条の縄端を立てた飾り。「烏踊り」ともいう。

梁行【はりゆき】

*小屋梁が架かる向きに平行する方向のこと。「梁間」ともいう。*桁行に対する語。

春雨庵【はるさめあん】

山形県上山市にある茶室。*澤庵宗彭が紫衣事件で上山に配流された時に、出羽国上山藩の初代藩主土岐頼行が仮住まいとして寄進したのが春雨庵である。澤庵はここで三年を過ごした後、許されて江戸に戻り、東海寺（東京都品川区）を開山した。現在の春雨庵は昭和三十年（一九五五）に東海寺から一部の資材を譲り受けて再建したもの。茶室はその時、日本茶道院を創設した画家の石山太柏によって設計され、三畳の望岳軒、四畳半と二畳の聴雨亭が造られた。望岳軒は現在、寄付として使用されているが、丸太の梁を見せ、しゃれ木を使用した板床で向切に炉を切る。四畳半席は上座床で点前座風炉先には下地窓をあけ、入隅の柱は楊子柱、勝手付に洞庫を設ける。客の出入り口として床の対面に躙口、矩折に貴人口をあける。二畳は正式には一畳台目の席。向板を備え、点前座と客座のあいだに中板を敷き、向切逆勝手に炉を切る。床は下座に構え、壁床形式。茶道口と給仕口は引違いの太鼓襖が建てられた通い口形式となる。

春雨亭【はるさめてい】

愛媛県宇和島市の*天赦園にある建物。伊予国宇和島藩第七代藩主伊達宗紀が隠居所として慶応二年（一八六六）に天赦園を完成、その園内に書道の研鑽などに用いる書屋として建てたもの。宗紀は号を春山といい、愛書家として知られる。入母屋造桟瓦葺の簡素な外観で、三方に土間庇をめぐらし、池泉側にはせり出すように濡縁を設ける。眺望を重視した開放的な造りである。

半板【はんいた】

半板　官休庵　武者小路千家

*板畳の一種。点前畳と客畳のあいだに入れる小幅の板畳。武者小路千家の*官休庵の半板がよく知られ、幅は五寸一分である。*中板と同様、席にゆとりをもたせることができる。稲垣休叟が著わした『*茶道筌蹄』には、「一畳半中板一翁好、江岑一翁両人相談の上好、尤風炉先ヌリ廻し、板巾八寸」とあり、半板の呼称は使っていないものの、官休庵と同様の構成が見られる。

半円窓【はんえんまど】

半月窓と同じ。⇨半月窓【はんげつまど】

盤桓廊【ばんかんろう】

京都市北区の大徳寺*塔頭*龍光院にある廊下。本堂と書院のあいだにあり、本堂と同じく慶安二年（一六四九）に建てられた。盤桓とは立ち去り難いさま、また広いさまを意味する語。重要文化財。

半切目【はんぎりめ】

半目と同じ。⇨半目【はんめ】

半桂席【はんけいのせき】

京都市中京区に所在の*堀内家の茶室。五代不識斎宗完が晩年、*長生庵の背後に建てたと伝えられ、明治二十五年（一八九二）に再建された。*腰掛から*中門（*梅見門）に至る部分が半桂席の露地で、*延段の脇の*蹲踞から、仕切竹の内側に*真黒石を撒き、*飛石が*躙口に導く。長生庵の北側に付け下ろされた*柿葺の屋根に覆われ、西向きに躙口をあけ、庇を付加して*土間庇を形成する。内部は*一畳台目*向板入、*総掛込天井の*わびの小座敷である。*腰張りは*反古張で、本来は琉球表（琉球畳の項を参照）が敷かれ、わびに徹した小座敷である。化粧屋根裏は横小舞に竹を使い、杉皮を張る。点前座は、炉を*向切逆勝手とし、*風炉先に*下地窓をあけ、*入隅の柱を途中から塗廻して*塗立柱とし、*柳釘を打つ。*勝手付の壁には風炉先寄りに*花入釘、その右に高く掛物を掛けるための*竹釘、さらに右下に柄杓掛けの竹釘を打つ。*下座側壁面の左端に*火燈口形式の*茶道口をあけ、*太鼓襖も反古張とする。風炉先の壁面の中央に*档丸太を立て、丸太桁を支える。材の取り合わせにも枯淡な味わいが滲み出ている。

半桂席　内部

半桂席

半月形手水鉢【はんげつがたちょうずばち】

貝形手水鉢と同じ。⇨貝形手水鉢【かいがたちょうずばち】

半月窓【はんげつまど】

*月形窓の一種。「半円窓」ともいい、*櫛形窓を含めることもある。窓枠がある場合は、一方の側からは半月状の窓枠が見え、窓が外壁に付いている場合、他方の側からは方形の障子越しに半月状の光が射し込む。福井市*養浩館にあった「御月見ノ間」のように内外ともに繰形を施した窓枠が付いているものもあり、窓枠をもたず窓縁を塗廻しとするものもある。半円の弦部分は上下左右いずれにもとられる。弦を下にとったものでは京都御所の清涼殿石灰壇の「櫛形の穴」が有名。

反古庵【はんこあん】

京都市左京区の金戒光明寺の塔頭西翁院にある茶室。澱看席のこと。⇨澱看席【よどみのせき】

飯後の茶事【はんごのちゃじ】

*茶事七式の一つ。「菓子の茶事」「時はずれの茶事」ともいう。食事後の時間帯に行う茶事で、季節は問わない。*懐石を省いて*中立をなしとするか、または吸物と八寸程度に簡略化した食事を出して中立をする。濃茶、続き薄茶となるが、時間帯により融通する。

半繁割【はんしげわり】

垂木割の項を参照。⇒垂木割【たるきわり】

半床庵【はんしょうあん】

❶東京都文京区の官休庵東京稽古場にある茶室。もと名古屋の某家にあったものを、久田流の茶人・福地宗実の勧めで久米良作が所有。大正十年(一九二一)に現在地(旧久米邸)に移築した。その後、昭和三十四年(一九五九)に半床庵を含む旧久米邸の一画を*武者小路千家が譲り受けて、現在の官休庵東京稽古場とした。*久田家三代宗全の好みと伝えられ、宗全の手紙も添っている。南向きに建ち、外観は、*切妻造*桟瓦葺の前面に庇を付け下ろし、正面中央に柱が立ち、右は*腰障子二枚建ての口、左に*躙口をあけている。この腰障子の口には*沓脱石は据えられておらず貴人口ではない。十二代愈好斎聴松は、客は向板の上を通って床前に着座する、と説いていた。内部は*台目畳*向板入の点前座を中央に、一畳と台目の客畳をその両側に配し、炉は*逆勝手*向切に切る。北側下座に床を構えている。床の脇の*茶道口より席に入ると、すぐ右脇、席中に竹の*簀子を入れた水屋を設けている。下座の点前座との境には松の曲がり柱を立て、四節の*引竹を入れて下部を吹抜いて二重棚を釣り、*台目構えの袖壁と同じ構成を組立てている。水屋は勝手にもあることから、これは*洞庫に代わる工夫と考えられる。天井は床前から水屋へかけて*平天井、他は*掛込天井である。一畳の客座壁面の*色紙窓風な二つの*下地窓は宗全が得意の好みであった。*点前座の左右に客座を配した間取りは*天の川席とも呼ばれる。このような間取りは『宗全指図帳』にも見られ、宗全好みを伝える貴重な遺構である。

❷京都市中京区に所在の*久田家の茶室。久田家を代表する茶室で、三代宗全の好みになる。元治元年(一八六四)の*蛤御門の変の兵火に焼失後、明治十九年(一八八六)に再興された。*表千家出入りの大工・庄五郎に学んだ大工・上坂久七の手になった。押小路通りに面した高塀の内側の露地に東面して建つ。主屋から突出する*切妻造*桟瓦葺、軒まわりを*柿葺とした屋根の前面に深く庇を付け下ろして軽快な外観を形成している。北寄りにあけた*躙口の正面に床を構え、内部は二畳台目*中板入の間取りのように見えるが、床前の一畳の前に*台目畳が縦に二畳敷かれ、点前座も台目でなく丸畳で、二畳台目より広い間取りとなる。二畳台目を拡大するのに中板を入れるだけでなく、客畳に縦に台目畳を敷くことで、天井の構成にも変化を付ける。躙口側からの*化粧屋根裏がのび、床前の*平天井の端で高くなり、点前座を*落天井とした三段の構成でありながら、草庵の小座敷の圧迫感を

半床庵（官休庵東京稽古場） 床側

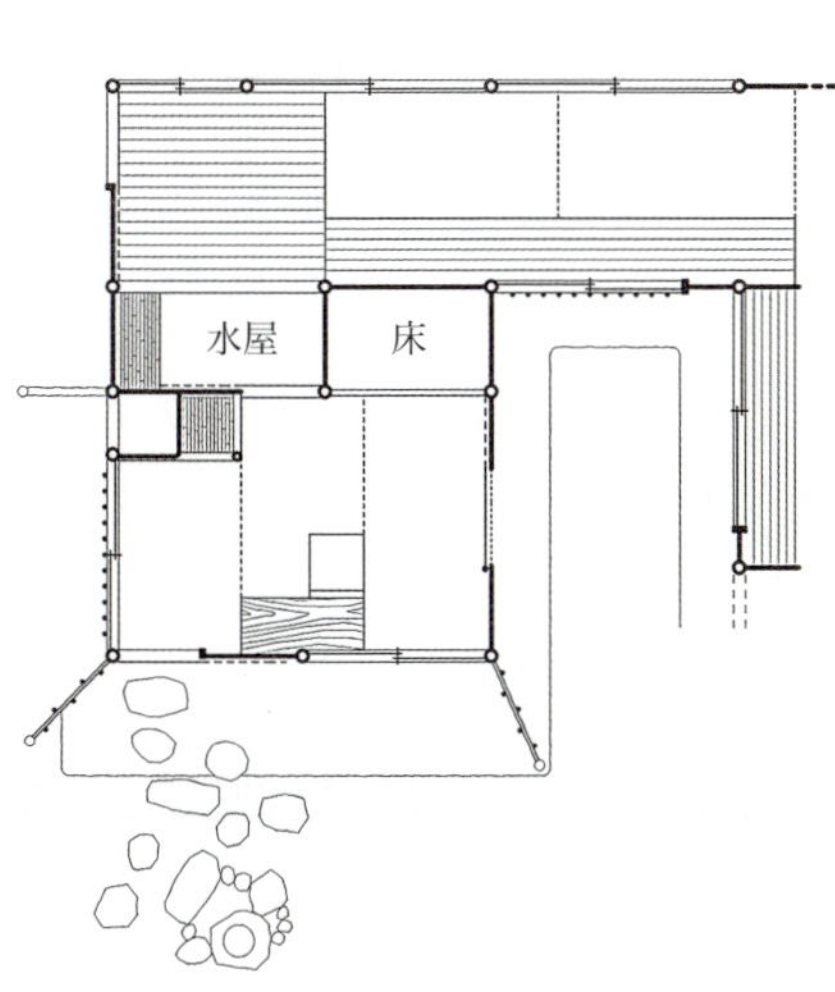

半床庵

半床庵（久田家） 床と点前座側

半床庵（久田家） 外観

やわらげた巧みな工夫である。点前座は丸畳であるから、必ずしも*給仕口を必要としない。しかし床の脇には*火燈口があき、はたらきの良い間取りとなっている。躙口の上に*連子窓、点前座の背後にやや高めに*下地窓をあけている。そして客座には、やや大きい二つの下地窓を上下に*色紙窓風にあけ、下の窓の*鴨居を*柱間いっぱいに通している。利休流の小座敷には珍しい大胆な窓のあけ方である。『宗全指図帳』には、ほかにも同様の窓を試みた作例を見ることができる。宗全の斬新な工夫であった。一方、点前座は、真っ直ぐの赤松皮付の*中柱を立て、三尺の*袖壁に四節の竹の*壁留を入れた*台目構えで、*千宗旦の好みを伝える*不審菴と変わらない構成を堅持している。利休流の伝統を継承しながら、求道的な空間に感じられる窮屈さやほの暗さを忘れさせるような工夫が盛り込まれていて、宗旦以来の千家の茶風に新風を吹き込んだ宗全の作風を伝える遺構である。半床庵と半間の廊下を挟んで広間が建てられている。半床庵と同じく明治十九年に、明治三十九年に焼失する以前の、表千家八代啐啄斎造立時の*表千家七畳にならって建てられた。床の脇の意匠や点前座の勝手付の壁面に相違があるものの、間取りや構成はほとんど共通している。半床庵及び腰掛は登録有形文化財。

半床庵

❸愛知県稲沢市の尾張大國霊神社にある茶室。幕末の尾張藩士・尾崎藤兵衛の屋敷にあったものを、名古屋市の初代土井国丸が譲り受け移築、二代国丸の時に名古屋美術倶楽部として運営していたが、後に解体され、昭和四十七年（一九七二）に現在地へ移された。この席はもと*揚輝荘内にあった*暮雪庵と同形の間取りであることから暁雲庵と呼ばれていた。藤兵衛の師であった両替町久田家六代宗参の好みという。外観は、切妻造桟瓦葺の主屋の妻前面に柿葺の庇を付け下ろし、南面して建つ。貴人口の脇壁上方に下地窓をあけ、力竹を添え、二段の刀掛を設ける。内部は台目三畳、炉は向切、客座に台目幅を取るために床前に一尺五寸幅の板畳を入れる。床はほぼ半畳の枡床形式である。点前座の勝手付に一重棚を釣る。躙口はなく、台目幅で貴人口をあける。天井は点前座上が野根板を竹三本で押えた落天井で、客座は化粧屋根裏に突上窓をあける。点前座背後の壁に二つの下地窓をあけ、竹の戸当りを共通にして片引き障子を少しずらして建て込む。貴人口脇の下地窓は掛障子として、貴人口の矩折にも鴨居の高さを貴人口と揃え、左右を竹の戸当りとした片引き障子の下地窓があく。付設する三畳の水屋には台目幅の水屋棚を付け、その前に一間半の一枚板をはめて、丸炉を設ける。この半床庵は*久田家三代宗全が自邸に営んだ半床庵に通じるところ

が多く、宗参が宗全の考えにそって建てたものと思われる。

半畳【はんだたみ】

❶丸畳の半分の大きさの畳のこと。
❷畳縁が目の途中にかかっている畳をいった語句。「半目畳」ともいった。『石州三百ヶ条』に「畳に丸畳・半畳目も同し様に縁を付る也、半畳といふハ目の間へかゝりへり付る也(中略)小切目といふハ、半畳にても、畳の表の目通りの方にてうねを丸目に見るを云、丸め畳と云也、半ハミるを半め畳と云」とあり、畳縁が目の途中にかかっている畳を半畳とし、その半畳のうち、畳表の側で丸目になっているのを小切目と称していたと解されるが、詳細は不明である。この条文に対し、川上不白は『孤峰翁答書三百ヶ条』の中で、「利休にて丸畳ハ一畳の事　半ハ半畳之事　表目の切目に名なし　両方とも丸に有を好」と述べており、切目に関する呼称の区別はないと断じていた。

番付【ばんづけ】

建物を新築、または移築する時、部材の位置や組み合わせがわかるように各部材に付けておく符号のこと。建物の美観を損なわないように組み合わせると隠れてしまう各部材の接合面に記すため、完成すると見ることはできない。地域や時代によって方法が異なり、廻り番付や方位番付などがあるが、一般的なのは平面図上で縦軸と横軸に一連の記号を振り、これを組み合わせて座標として用いる組み合わせ番付である。通常は平面図の右上を起点として、横軸にいろは、縦軸に漢数字順で仮名を振り、「ほ五」のように表記する。

飯店【はんてん】

「飯亭」ともいう。三亭の項を参照。⇨三亭

半東【はんとう】

茶事、茶会において、亭主(東)を補助する役のこと。「通い」「給仕」とも称される。場合によっては亭主の代理をすることもあり、水屋に詰めており、席中に出て取り次ぎなどを行う。語源については、往古、中国においては主客の居する位置は、主が「東」で客は「西」とされており、そこから主人を「東」と呼ぶことがあった。「半東」の「東」はこの東とかかわりがあると考えられる。

半長押【はんなげし】

普通の長押(本長押)よりも、高さ(成)の低い長押。本長押の高さは柱の八分取り程度とすることが多いが、半長押は六分前後の高さとする。この半長押は、腰長押(壁の中ほど、窓の下などにある長押)や地長押、切目長押などに用いることがある。

般若寺形燈籠【はんにゃじがたどうろう】

石燈籠の一種。般若寺(奈良市)の本堂前にあったもの(室町時代前期)を本歌とし、笠、火袋、中台、基礎が六角形の形式のもの。名物燈籠の一つ。本歌は現在、椿山荘にあり、火袋の一面に孔雀、一面には獅子の模様が薄肉彫りされている。名物燈籠の中でも特に模造が盛んであった。

半方庵【はんぽうあん】

京都市北区の大徳寺塔頭聚光院にある茶室。枡床席のこと。⇨枡床席【ますどこのせき】

半宝庵【はんぽうあん】

武者小路千家の茶室。七代直斎堅叟は安永元年(一七七二)に焼失した官休庵を再建するに際し、新たに一方庵(一方庵の項❶を参照)を好んだ。この茶室は天明の大火(一七八八年)に失われたが、その後、八代一啜斎休翁が一方庵に作意を加えて造立したのが半宝庵である。この半宝庵も嘉永七年(一八五四)に焼失、現在の建物は明治十四年(一八八一)に十一代一指斎一叟が再建したものである。一啜斎の半宝庵も現在と同様に全体四畳半の一隅を板床にした四畳枡床の席であった。四畳半の隅の半畳を板床とする枡床の席は、表千家九代了々斎曠叔作とされる聚光院枡床席が知られるが、半宝庵はそれとはかなり異なる特色を備える。広間環翠園の西に、半間幅の廊下を挟んで同じ棟に南面して建つ。竹垂木、竹小舞の庇を深く付け下ろし、一面に三和土を打った広々とした土間庇を形成する。躙口は板戸を引違い建てにした横に長い入口で、上に連子窓をあける。内部は四畳

枡床の席で、*床柱は赤松皮付。客座三畳は、一面に*網代張の*平天井とし、点前座は赤松皮付の*中柱を立てた*台目構えである。天井は蒲の*落天井をやや高く張り、客座との境に竹の*壁留を入れて垂れ壁を付けている。床との境の壁に*風炉先窓をあけ、二重棚を釣る。*勝手付に*茶道口、その矩折、点前座の背後に引違いに襖二枚を建てて*給仕口をあける。床柱や中柱の赤松皮付をはじめ、*丸太柱はいずれも、ほのかな歪みや節が景色となってわびた風情を漂わせながら、全体の端正さを崩していない。西側、客座側の一間は腰障子二枚建で、もとは三畳の*寄付から*土間へ下りて、ここから*席入りするようになっていた。登録有形文化財。

半宝庵

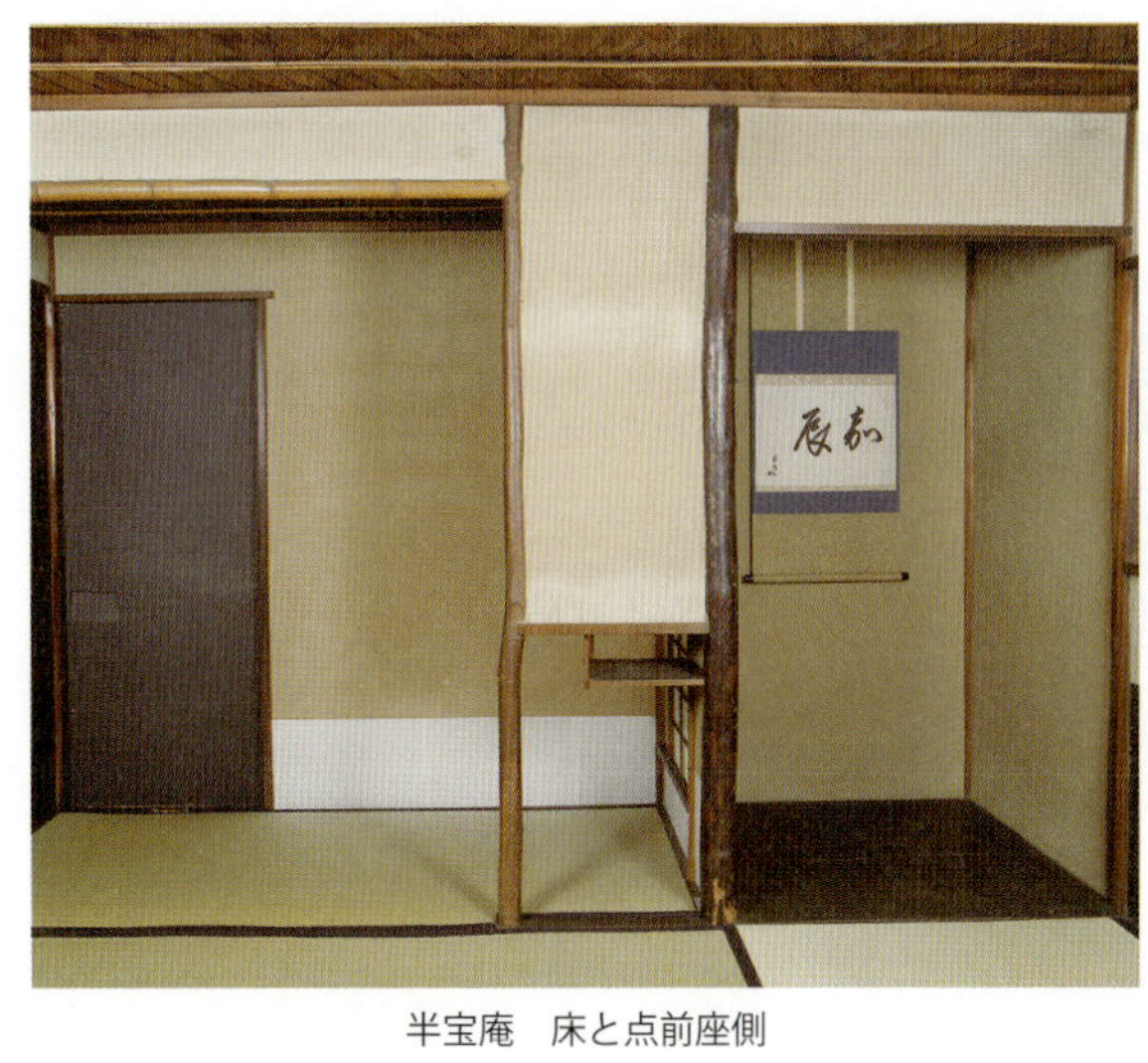
半宝庵　床と点前座側

半目【はんめ】

畳の目と縁の納め方を表す語。*畳縁に接する*畳表の目の幅の一部が、畳縁の下に隠れた場合をいう。「半切目」「小切目」ともいう。全部現れている場合は*丸目という。茶室においては、畳の両方の縁が丸目であれば良いが、一方が丸目で他方が半目である時は、敷き方に留意しなければならない。たとえば*点前畳は勝手側を半目に、*炉畳であれば、道具の出される側を丸目、*貴人畳、*客畳なども道具の置かれる場所を意識して丸目を客の手前側に敷く。

半目

ひ

燈上げ石【ひあげいし】

燈籠の*役石のひとつ。「燭石」「点火石」ともいう。石燈籠に火を入れる際に用いる踏み台用の石で、燈籠の正面足元に打たれる。現在は実用よりも意匠的な要素が強く、背の低い石燈籠には据えない。また『*石組園生八重垣伝』の「燈籠前石図」には「一名火燈石といふ」と図示され、「前石、飾石共いふ」とある。

檜網代【ひあじろ】

*網代の一種。檜の*野根板で編まれた網代。

ビードロの茶屋【びーどろのちゃや】

元来、ビードロとはポルトガル語でガラスを意味する。幕末から明治時代初期、*明障子の紙や布の代りに板ガラスをはめ込んだ障子をビードロ障子といい茶室にも愛用されており、これを建具に用いた茶室をビードロの茶屋などと称した。小石川後楽園の*涵徳亭も当初はガラスをめぐらしたことで「ビードロの茶屋」と呼ばれていた。

柊【ひいらぎ】

モクセイ科モクセイ属の常緑小高木。本州（関東地方以西）から九州、沖縄に分布する。山地に自生し、樹高は四～八メートルになる。葉は四～七センチで、棘状の鋸歯がある。オニオドシ（静岡県）という名で呼ぶ地域があるように、節分に戸口へ枝葉を差す風習があり、厄除けに玄関先に植える地方もある。寺社の庭園や露地に生垣などとしてよく植えられる。

柊南天【ひいらぎなんてん】

メギ科メギ属の常緑低木。天和から貞享年間（一六八一～八八）に渡来したといわれる。樹高は一～三メートルほどになる。葉は奇数羽状複葉で、粗い鋸歯があり、針状に尖る。庭木、また露地の*下木として蹲踞周辺に植えられるなど、よく用いられる。

費隠【ひいん】

大阪府池田市の小林一三記念館にある茶室。もともと京都の寺院にあったとされる茶室を、昭和十九年（一九四四）に*小林逸翁の邸宅*雅俗山荘に移築、近衛文麿が命名した。昭和二十一年五月、雅俗山荘は米軍に徴用されることになったため、逸翁は山荘の隣の南邸へ移転することになった。費隠は昭和二十二年、南邸に移築され、同じく南邸に新築された棋泉亭とともに同年十二月一日に席披きが行われた。東西棟の切妻造銅板葺の平家で、南邸の南東隅に建つ。東面に庇を下ろす。二畳の席で、奥行きの浅い室床を構えている。柱は直径約三寸の丸材で、淡黄色の土壁とし、北面西端に躙口を設け、西面に火燈窓をあけて、その上部に扁額を掲げる。火燈窓のほかにも、風炉先窓をはじめとしてあけられた窓は多く、腰張りには、郷民の連判状と思われる古文書が用いられている。『小林一三日記』の昭和二十年一月十七日には、この茶室において同月十五日に死去した*野村得庵追悼のための茶を点てていることが記されている。登録有形文化財。

燧【ひうち】

直交する二本の構造材を補強し、建物の*軸組を固めるために取り付けられた斜め材、または板のこと。「火打」と書くこともある。土台、*梁、*貫、繋ぎなど、それぞれの力を分散させる役目をもち、隅の角度の変形を防止するのに役立つ。喫煙用具の火打金が三角形だったことに由来した名称である。

飛雲閣【ひうんかく】

京都市下京区の*西本願寺にある楼閣建築。境内東南隅の*滴翠園に建つ。*豊臣秀吉が造営した*聚楽第からの移築が伝えられるが、確実な資料はのこっていない。のこされた寛永五年（一六二八）の墨書から同寺の対面所が改築された寛永年間（一六二四～四四）頃に西本願寺が建造したと考えられている。外観は三層の柿葺、屋根や軒に変化をもたせ、唐破風や軍配形の窓を用いた軽快な意匠をもつ。一層は上段をもつ柳の間（招賢殿）と八景の間、池から船を出入りするための階段をもった舟入の間と茶室*憶昔の席で構成される。二層は扉や杉戸板面に三十六歌仙を描いた歌仙の間、三層は宝形造で八畳の摘星楼をそれぞれ有している。国宝。なお廊下で接続する黄鶴台（重要文化財）は、*蒸風呂の入浴施設までものこす日本最古の例と考えられている。

飛雲閣　外観

控石【ひかえいし】

❶*飛石の脇へ離して据えられる石。「捨石」ともいう。
❷中門、躙口、蹲踞の役石で、*手燭を置くために据えられる石。中門の控石は「踏捨石」といい（踏捨石の項を参照）、また蹲踞の控石は「除け石」ともいう（手燭石の項❶を参照）。
❸庭園内の主たる石に添えて据えられる石。「捨石」ともいう。

控釜【ひかえがま】
水屋に控えとして用意しておく釜。茶事の時、水屋の丸炉などに懸けて本席の釜の湯を補ったり、場合によっては湯を入れ替えたりするのに使われる。また本席に持ち出す茶碗を温めるためにも使う。

控木【ひかえぎ】
❶控柱と同じ。⇩控柱【ひかえばしら】
❷役木のひとつ。燈籠の背景に植える樹木。『築山庭造伝前編』巻下には、「燈籠の後或は脇、燈籠に添て樹を植るをいふなり、かならず植べし」と記されている。
❸和船の矢倉の控の梁の呼称。両端は控立で支えられる。

控柱【ひかえばしら】
主に木構造の壁、門、塀などが傾くのを防ぐために、これらを構成する本柱に添えられた支柱。「突支い柱」「控え取り」「措柱」「助け柱」、また「控木」などともいう。本柱と平行に直立させたり、本柱に向かって上方を傾斜させたりして立てる。本柱とは控え貫(通常、上下に各一本ずつあり、特に上方を控え貫、下方を足元貫と称する)や土台などでつながる。(付録30頁参照)

檜垣【ひがき】
❶檜の薄板を網代に組んだものを張った垣。「菱垣」とも書く。古代より家の簡便な外構えとした。
❷檜を材料に用いた垣の総称。

檜垣の手水鉢【ひがきのちょうずばち】
手水鉢の一種。層塔の笠石を加工し、水穴の両脇に柱が立つような姿となったもの。高台寺塔頭円徳院(京都市東山区)にあるものが知られる。名称の由来については檜垣船の形に似ているからとも、垣根の檜垣に似ているからともいわれるが、定かでない。(付録11頁参照)

檜垣の塔【ひがきのとう】
京都市左京区の林丘寺にある三重石塔。高さは約九尺で、凝灰岩で作られ、もともと葉山観音の入口にあったものを明治時代中期に移した。

東山時代【ひがしやまじだい】
日本文化史での区分。広義の意味では、室町時代を三期(北山時代、東山時代、戦国時代)に分けた時の、室町時代中期をさす。狭義の意味では、「東山殿」と称された八代将軍足利義政が東山殿(東山山荘)に移り住んだ文明十五年(一四八三)から亡くなるまでの七年間、もしくは将軍職を継いでから没するまでをさす。いずれの場合も、「東山文化」と称される武家や公家による個性的な生活文化が、東山殿を中心に展開された時代といえる。その特徴は禅宗の影響を受け、わび、さびに象徴される美意識に基づいた文化であり、伝統的な公家文化と武家文化の融合、町衆や地方への伝播など、ひろい階層によって支えられた文化ともいえる。代表的な建築では東求堂同仁斎の書院造が挙げられ、大仙院の庭園(本堂東庭)、龍安寺方丈庭園など枯山水の庭園造営や、また茶の湯、立花、能、連歌、水墨画などの芸能がこの時代に流行したが、これらの多くはその後の日本文化に大きな影響を与え続けてきた。

東山荘【ひがしやまそう】
京都市東山区にある山中松治郎の旧別荘(旧山中別邸)。世界的な美術商・山中商会の山中松治郎により昭和四年(一九二九)頃、京都の粟田口に建築された。戦後まもなく譲渡され、割烹旅館、そして国家公務員共済組合連合会の宿舎「東山荘」として使用されていた。敷地は東西に長く、表門は東向、門の正面に茶室棟がある。小さな玄関には三畳の寄付があり、その外には腰掛を付ける。腰掛から中門を経て内露地が設けられる。茶室は、寄付とは廊下を挟んで位置するもので、平三畳台目下座床。炉は台目切本勝手で、天井は床側が平天井、躙口側が化粧屋根裏、点前座上部が落天井の三段構成となる。内露地を挟んで西に建つ主屋は、玄関と洋館を備え、十二畳半の広さをもつ書院に七畳半の次の間が続き、入側が廻る。玄関から畳廊下を挟んで四畳半の茶室がある。四畳半切上座床の席で、東側に腰障子を三枚建てて貴人口が設けられる。平天井と貴人口側は化粧屋根裏となる。床は赤松の床柱、入節を多く見せた磨丸太の框を取り合わせる。四畳半の西には二階建の奥座敷が続く。六畳の火の間をともなった八畳の座敷、二階には九畳と六畳の座敷が設けられていた。

東山茶会図録【ひがしやまちゃかいずろく】

明治四十年(一九〇七)秋、岩田秋竹堂主人が亡父の修薦(修善)のため、京都東山で開催した煎茶会の図録。岩田嘉兵衛の著作兼発行により、同四十一年十一月三日に出版された。岩田秋竹堂は煎茶会図録にかなり関係が深く、『清賞余録』(一八九八年)や『*雨竹居士薦筵図誌』(一九一三年)などに発売所としてその名が記載されている。この茶会は円山の左阿彌や祇園の中郁楼などに全二十席が設けられ、参会者千数百人を数える盛大な茶会であった。東、山、茶、会の四巻構成で、東巻には第一席から第五席、山巻には第六席から第九席、茶巻には第十席から第十四席、会巻には第十五席から第二十席が収録されている。このうち、第四、六、七、九、十、十一、十二、十三は前席と茶席など複数の席からなり、これらをあわせた席の総数は三十席にも及ぶ。その内訳は、茶席十一席、前席六席、展観席七席、酒席(屋外)二席、神祭席一席、玄関一席、及び抹茶席とその待合一席ずつで、盛大かつ多彩な煎茶会であったといえる。

東山殿【ひがしやまどの】

*足利義政が最晩年に京都東山・浄土寺の跡に営んだ山荘のこと。文明十四年(一四八二)二月に着工された東山殿の建築と庭園は、*西芳寺を範として構成することが意図された。同十五年六月に常御所(日常生活の場)が完成するとともに、義政はここに移り住んだ。同十七年に西指庵、超然亭、同十八年に*持仏堂(*東求堂)、長享元年(一四八七)に*会所、*泉殿、同三年に*漱蘚亭、釣秋亭がそれぞれ完成し、観音殿(銀閣)が上棟されたが、延徳二年(一四九〇)に世を去った義政は観音殿の完成を見ることはできなかった。寝殿は完成をみることはなく、会所と庭間建築という奥向きの施設を中心とする邸宅が形成されたことは、公家邸宅からの模倣から全く脱却し、武家独自の生活文化を純粋に育成していく場が形成されたことを物語っている。会所の主室は三間四方で「九間」(十八畳敷)と呼ばれ、間口二間の*押板を備えていた。会所の書院飾(書院飾の項❶を参照)は『*君台観左右帳記』や『*御飾書』などによって知ることができる。義政の死後、*慈照寺となった。東求堂と観音殿は現存しており、ともに国宝に指定されている。

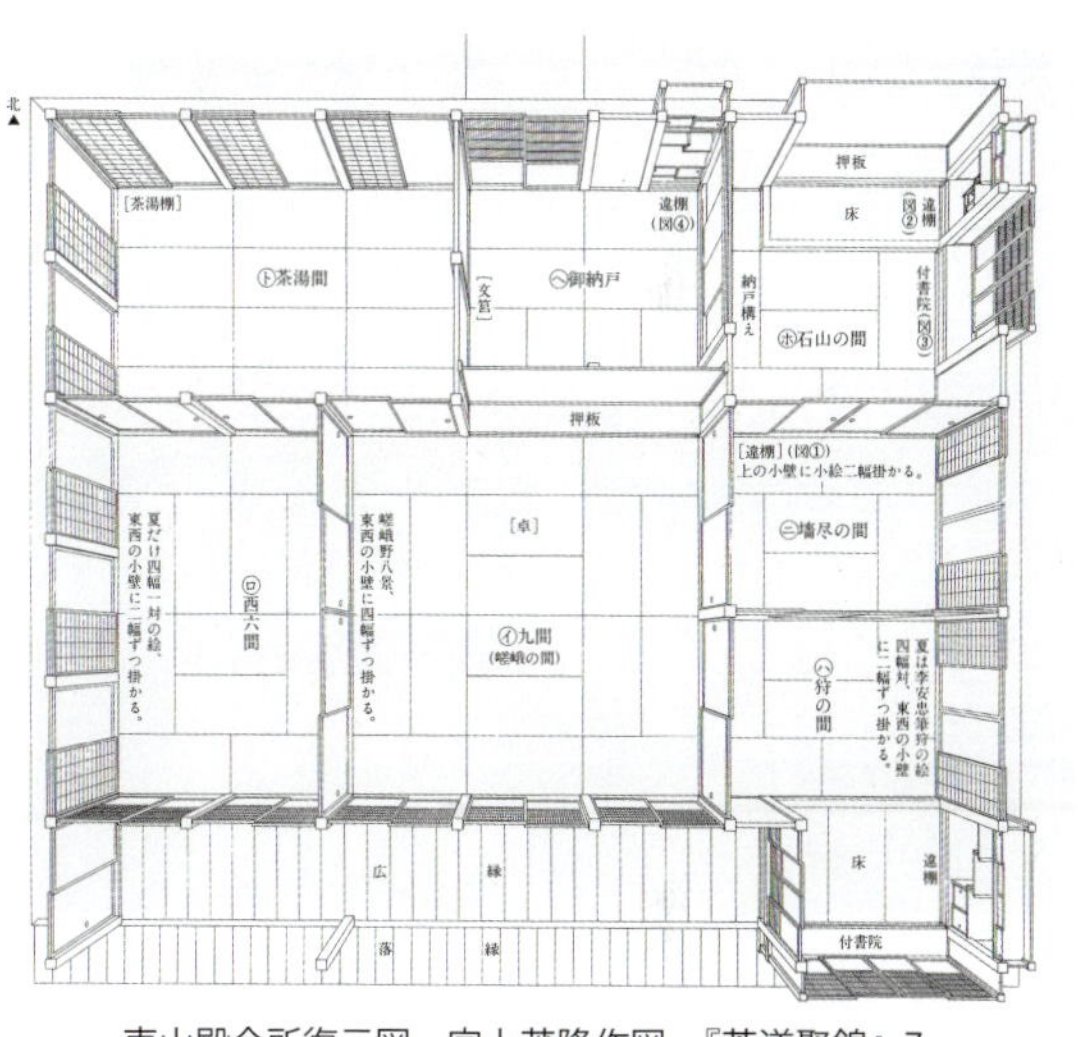

東山殿会所復元図　宮上茂隆作図　『茶道聚錦』7

干潟様【ひがたよう】

『*作庭記』に記載される*園池の一形式。潮の干上がった後のように、水面に石の島が半ば現れ、半ば水に浸るようにし、石は少し見えるように置き、樹木は用いないとされる。

ひかり付け【ひかりつけ】

*継手や*仕口を加工するため墨で線を引く時、取り合いの部分について、相手材の形状、寸法をもう一方の材に正しく写し取ること。指矩、ひかり板、*墨壺、墨指といった道具を用いて行う。数寄屋では主に、沓石(沓石の項❶を参照)と柱との取り合い部分の加工について用いられる。

ひかり付け

挽臼石【ひきうすいし】
臼石と同じ。⇨臼石【うすいし】❶

引木【ひきぎ】
*台目構えの茶室の*中柱まわりで、*袖壁の下方を吹抜くために中柱に刳り付ける横材（*壁留）に、木が用いられたもののこと。「横木」ともいう。*千利休以後に台目構えが流行した頃には、袖壁の吹抜けの高さを二尺二寸ほどとして、高さ一寸ほどの*削り木が用いられた。また、*表千家四代江岑宗左は袖壁の幅が小間中（一尺五寸ほど）の時は削り木が良いとした。袖壁を板壁とする遺構では、大徳寺塔頭龍光院の*密庵席などのように削り木が用いられる例が多い。削り木の代りに竹材を用いた時は*引竹という。

引き障子【ひきしょうじ】
*敷居と*鴨居のあいだに建て込まれ、水平方向に引き動かして開閉させる障子の総称。敷鴨居を一筋溝とする場合には片引き障子、あるいは引分け障子となり、二筋溝以上では引違い障子となる。

引き摺り壁【ひきずりかべ】
壁の仕上げ方の一種。表面に細い筋状の凹凸を付けた壁。*水捏ね、大津（大津壁の項を参照）、*漆喰などの材料を塗り付けた後、裏面が丸みを帯びた引き摺り鏝を使って、上塗壁表面を擦り撫でて模様を付ける。用いられる鏝には円弧形と船底形の二種が流通している。

引き摺り壁

引竹【ひきだけ】
*台目構えの茶室の*中柱まわりで、*袖壁の下方を吹抜くために中柱に刳り付ける横材（*壁留）に、竹が用いられたもの。「横竹」ともいう。『*茶譜』に千宗旦は、利休流の台目構えに壁留へ竹を用いることを挙げているが、その際には竹の本を中柱のほうへ向け、*間中の袖壁に四節の竹が好ましいと伝えたといい、また利休流では竹を用いることとして、節は四つ。もし木を用いても横竹というとある。現在では、*白竹の三節か五節のものを用いることが多い。竹の代りに木材を用いた時は*引木という。（付録16頁参照）

引竹

引違い【ひきちがい】
建具の開閉形式のひとつ。二枚以上の建具を二筋以上の溝やレールに建て込み、それぞれを水平方向に動かして開閉する形式。

引違い（上・平面図）

引手【ひきて】
*障子や*襖などの建具において、開閉の際に手

を掛けて引くところ。あるいはそこに付けられた金物などの総称。素材や仕上げ、形状には様々なものがあり、特に数寄屋建築では凝った意匠のものが多く見られる。障子に用いる引手は縦長の角形が一般的だが、隅を落とした角丸形や舟形などもある。襖の引手は角形、丸形、玉子形などを基本形としながら、*木瓜形や菱形、そのほか四季折々の自然の造形をモチーフとして千鳥や折松葉、瓢箪など動植物をかたどったもの、「月」や「の」の字といった文字を図案化したもの、吉祥文に由来するもの、茶家好みの*壺々などがある。引手の素材には、木製や金属製、陶製、樹脂製などがあり、木製の場合は桑などを素材として、質感を生かした木地仕上げと漆などの塗物仕上げがある。金属製には鉄や銅、真鍮、ステンレスなどがあり、煮込みや燻べ、漆塗りといった方法で色付けがされるほか、鍍金（メッキ）や*七宝が施されたものもある。また*太鼓襖には、紙を張り回して作り出した*切引手が用いられる。

引手
上段左より銀渕笹、緋銅梅、裏千家壺々紋、瓢箪、下段左より赤銅月文字桂離宮写、赤銅櫂引手桂離宮写、ウルミ渕金梅丸、赤銅折松葉

引き戸【ひきど】

溝やレールにそって水平方向に引き動かし開閉する建具の総称。引き戸の形式には、*引違い、*片引き、*引分け、また開けた時に建具を*戸袋や壁の中に収納できるようにした引込みなどがある。

引分け【ひきわけ】

建具の開閉形式のひとつ。「両引き」ともいう。二枚の建具を一筋の溝やレールに建て込み、それぞれを左右に開閉する形式。

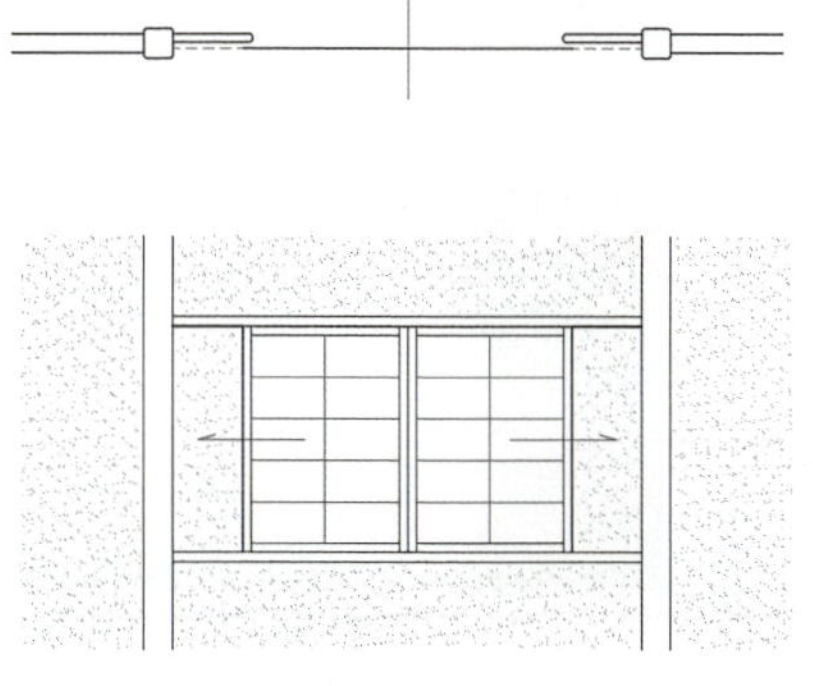
引分け（上・平面図）

披錦斎【ひきんさい】

東京都港区の*根津美術館にある茶室。昭和四十八年（一九七三）、同館庭内の高台、紅葉台に*一樹庵が移築された際、増築された。一代目根津嘉一郎が揮毫した扁額がのこる。十畳の広間で、天井は総竿縁天井である。床は一畳敷と半畳板敷からなる一間半床で、床柱は赤松、床脇に半畳の地袋を設ける。床から一間離して炉が切られ、炉を囲んだ客が、平書院と障子四枚建の掃出窓から、紅葉の景色を見晴らせるように造られている。

火口【ひぐち】

石燈籠の*火袋側面にある明りをともすための開口部のことをいう。「燈口」と書くこともある。燈火をともした場合は、障子を建てて風を防ぐ。

日暮亭【ひぐらしてい】

香川県高松市の*栗林公園にある茶室。現在、旧日暮亭と日暮亭という二棟の建物がある。旧日暮亭はもと十八世紀初頭に、南湖の東南隅にあった考槃亭と呼ばれる茶室で、半世紀後に築山の会僊巌の東方に移築し、名を日暮亭と改めたものである。明治時代の初期に払い下げられ、昭和二十年（一九四五）にふたたび園内に移し戻された。讃岐国高松平家二代松平頼常の時代に建てられたもので、*武者小路千家による茶室。同家は四代似休斎一翁が、高松松平家初代頼重の茶頭として仕えて以来、高松藩の茶道指南をつとめた。旧日暮亭が払い下げられた後の明治三十一年（一八九八）に、旧日暮亭が所在した場所に新たに日暮亭が建てられた。この二代目の建物を現在は日暮亭と呼ぶため、もとの日暮亭を旧日暮亭と呼ぶ。日暮亭は石州流の茶室で、茅葺屋根に五つの席を設け、その中央に水屋を構えるなどの工夫が施されている。また東と西側に露地が造られている。

日暮亭（旧日暮亭） 外観

髭子【ひげこ】

土壁材料の一種。苧や麻などの繊維を束ねて二つ折りにし、短釘に結び付けたものを下げ苧といい、散際に使用して、壁土が、柱との隙間や下地から剥落することを防ぐために行う。中でも繊維が短い紐状になっているものを髭子、布状になっているものをのれんと呼ぶ。髭子には芯となる木摺（塗壁の下地に用いる小幅板）がない場合もあり、これは、のれんは角材や平壁に使用するのに対して髭子は丸柱などに用いることによる。（付録28頁参照）

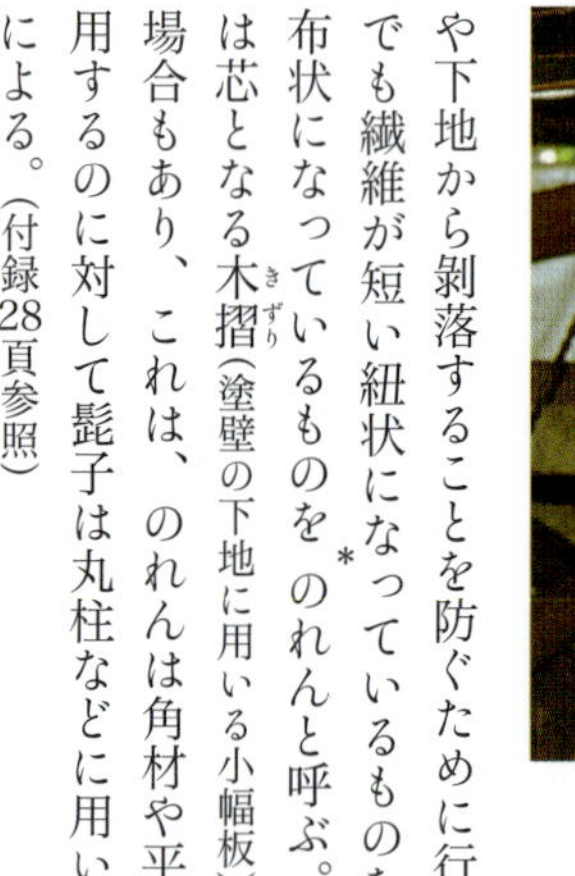
髭子

柃【ひさかき】

ペンタフィラクス科ヒサカキ属の常緑小高木。青森県を除く本州から九州、沖縄の山地に普通に生え、樹高は四～八メートルになる。葉は長さ三～八センチの楕円形で、鋸歯があり、互生する。十～十二月に黒紫色の果実をつける。榊のない地域では神事に用いられることがある。『江岑夏書』の寛文三年（一六六三）七月八日の条に「古の路地ニハ松・かしの木・かなめ・ひさゝ木・すゝき、か様ノ木のたぐひ、竹・もミハ織部より植申候、路地のつくり様、各別つくり庭のことくニいたし候」と記され、古田織部より前の露地に松や樫、要黐、芒とともに柃が植えられていたとの記述がある。これらはアカマツの下層に全国的に見られる常緑樹林の植物をさしており、柃もそのひとつで、露地によく植えられ、深山の景趣を演出するのに用いられる。

庇【ひさし】

❶壁から窓や出入り口の上部に片流れの形式で取り付けた軒状の屋根。「廂」とも書く。開口部や壁面を雨から保護すると同時に、室内の光量を加減する役目ももつ。取り付く場所や庇の出の大きさなどにより土間庇や切妻出庇、楣庇などがある。（付録15頁参照）❷身舎の周囲に付加された空間。民家などでは下屋という。

久田家【ひさだけ】

表千家の茶家。表千家の縁戚。堀内家とともに、表千家内で重要な位置を占める。近江国（滋賀県）蒲生郡久田村を本拠としたことから久田を名乗った。家祖は佐々木義実の家臣・久田刑部少輔実房であるとする。実房には千利休の妹を妻としたという伝えがある。

［初代宗栄］弘治三年～寛永元年（一五五七～一六二四）。実房の子。通称は新八、名は房政。道号は宗栄。北野大茶之湯への参加や名物道具の無準墨蹟所持の伝えもあるが、明確ではない。

［二代宗利］慶長十一年～貞享二年（一六〇六～八五）。宗栄の子。名は利兵衛。本間家に養子に入り、千宗旦の娘・くれを妻とした。弟は宗旦四

天王のひとり藤村庸軒。斎号は受得斎。宗利と茶の湯との関係を示す遺品や伝えは見当たらないが、道号や斎号の存在から見ても茶の湯をかなり学んでいたと考えられる。［三代宗全］正保四年～宝永四年（一六四七～一七〇七）。宗利の長男。通称は勘兵衛。屋号は雛屋。宗全、徳誉斎、半床庵と号した。宗利には四人の子があり、次男は市三郎、三男は表千家を継いだ五代随流斎良休である。宗全は姓を久田にあらため、茶家としての久田家は宗全によって確立したといえよう。好み道具も多く、特に手付きの籠花入は宗全籠としてよく知られている。現在、久田家にある茶室半床庵（半床庵の項❷を参照）は宗全好みと伝えられている。［四代宗也］天和元年～延享元年（一六八一～一七四四）。宗利の次男・市三郎の子。名は弥二郎。斎号は不及斎。宗全の子に勘太郎があったが、随流斎の養子となった（六代覚々斎原叟）ため、弥二郎に跡を継がせた。従兄の覚々斎に茶の湯を学び、弟子の多くは町人であったと考えられるが、近衛家熈との茶の湯の上での交流も知られている。［五代宗玄］宝永六年～明和二年（一七〇九～六五）。四代宗也の長男。斎号は厚比斎。分家して京都の両替町竹屋町に移り、両替町久田家を創設した。両替町久田家の茶の湯は久田流を名乗り、五代宗玄の後、六代宗参、七代耕甫、八代宗隆、九代東籬慶三、十代石翁宗員、十一代無尽宗有、十二代無隅宗円、十三代宗栄、十四代宗栄と続き、現在は十五代宗豊。［五代宗悦］正徳五年～明和五年（一七一五～六八）。四代宗也の次男。名は弥四郎。斎号は涼滴斎、海音楼と号した。京都の高倉二条に住んだことから、高倉久田家を立てて五代となった。高倉久田家は代々、半床庵を庵号とする。［六代宗溪］寛保二年～天明五年（一七四二～八五）。五代宗悦の長男。名は弥次郎。揖泉斎宗溪（宗慶）また皤翁と号す。［七代宗也］明和四年～文政二年（一七六七～一八一九）。六代宗溪の次男。斎号は皓々斎、維妙とも号した。長男・貞蔵は表千家八代啐啄斎件翁の娘婿となり、表千家を継いで九代了々斎曠叔となったため、次男の宗也が家を継いだ。［八代宗利］?～天保十五年（?～一八四四）。本名は関宗厳。七代宗也には長男勘太郎、次男達蔵がいたが、勘太郎は早世し、達蔵（後の表千家十代吸江斎祥翁）は七代宗也の他界時に幼少であったために、宗厳が跡を継ぎ、宗利とあらためた。宗利没後、久田家は中絶状態にあった。［九代宗与］天保七年～文久二年（一八三六～六二）。住山楊甫の孫。名は岩之介。八代宗利の没後しばらくして久田家に入る。宗与を名乗り久田家を再興したが、若くして他界した。［十代宗悦］安政三年～明治二十八年（一八五六～九五）。表千家十代吸江斎祥翁の子。斎号は玄乗斎。明治十九年（一八八六）、蛤御門の変（一八六四年）で焼失した半床庵を復興した。［十一代宗也］明治十七年～昭和二十一年（一八八四～一九四六）。十代宗悦の長男。名は重。表千家で育てられた後に宗也として久田家を再興。斎号は無適斎。［十二代宗也］大正十二年～平成二十二年（一九二五～二〇一〇）。十一代宗也の長男。名は和彦。やはり宗也を名乗った。斎号は尋牛斎。表千家十三代即中斎無盡に師事し、不審菴理事をつとめた。著書に『茶の道具』『茶の湯用語集』などがある。［十三代和正］昭和三十三年～平成二十三年（一九五八～二〇一一）。十二代宗也の長男。得流斎と号し、父と同じく不審菴理事となったが、五十二歳で他界した。

久田家の露地【ひさだけのろじ】

京都市中京区の久田家に所在。現在の茶室半床庵は三代宗全の好みで、十代宗悦が明治十九年（一八八六）に復興した。高倉通りに面した京高塀に南寄りに開かれた門を入ると切石の通路が

久田家の露地　半床庵内露地の蹲踞

あり、玄関の前から最奥部となる水屋の前まで、東から西へとのび、南側の塀にそって樹木が植えられている。玄関の向かって左側には*腰掛が設けられる。かつて改修前にはこの通路に*蹲踞や井戸が配され、植栽には*樫や*柃が植えられていた。玄関の間から北側の庭に降り立つと七畳敷の広間の露地であり、これが半床庵の*外露地となる。広間の東側北寄りには*濡縁が付けられ、縁先には*手水鉢が低く据えられる。*沓脱石から続く*飛石と合流して進むと*片流れ*柿葺の腰掛に至る。*猿戸の*中門を介して*内露地に入ると、狭い内露地に対して、茶室の躙口正面にあるきわめて大ぶりの手水鉢を配した蹲踞が目を引く。手水鉢は横長の大きな石に左に寄せて水穴を掘っている。*前石も大ぶりで、両者ともに近代において特に流行した*鞍馬石が用いられている。

灯障りの木【ひざわりのき】

*役木のひとつ。「燈障りの木」ともいう。*燈籠の前に植える樹木のことで、燈籠があらわに見えないよう配される。『築山庭造伝前編』には「夜分ハ燈籠の明り斗にて前庭に景色迚も委しく見えがたきが故に役木を植て夜分のながめとなしけるものなり」と記されていて、夜分に暗くなった*前庭の代りに、ほのかな燈火にゆれるこの木の枝葉の景色が好まれた内容が見える。樹種はモミジなど、枝先のしなやかなものがよく用いられる。

肘掛窓【ひじかけまど】

座った時に窓の膳板（窓の室内側の下枠に取り付く板状の部材）が肘がかかるほどの高さに設定された窓のこと。

菱形手水鉢【ひしがたちょうずばち】

手水鉢の一種。上部の平面が菱形の形状のもの。相国寺塔頭慈照院（京都市上京区）にあるものが知られる。

肘金物【ひじかなもの】

扉や戸板などを開閉するために取り付ける軸釣り金物。「肘鉄物」ともいう。肘金と肘壺よりなり、肘金は戸の枠、または柱に取り付け、肘壺は戸に取り付ける。猿戸や角柄戸などの簡単な木戸の他、城や寺などに設けられた大きな門でも用いる。

ひしぎ垣【ひしぎがき】

竹垣の一種。丸竹を押しつぶしたり、割ったりして平板にしたひしぎ竹（ひしゃぎ竹）を*立子とした垣。立子のひしぎ竹は、皮の面を表に向けて節の位置を意匠的に配置する。建物の壁体、塀の腰張りとして用いることも多い。

美似居【びじきょ】

昭和二十六年（一九五一）、東京上野松坂屋で開催された新日本茶道展覧会に*堀口捨己が設計、出品した*立礼席。数寄屋としてこれまでなかった色彩を選び、まとめられている。えんじ色の絨毯を敷き、壁は薄い鶯色、点茶卓などは錆朱色、障子はビニール製で青磁色であった。またコンクリートの柱を大谷石で隠す。客座は板敷きの腰掛で、対面に開き戸形式の茶道口を設け、点茶卓を置く。床は畳が敷かれた腰掛状の形式で、矩折に地袋を備えた床脇が付く。客の多い時には円座を置いて客座として使用したという。ちなみに席名は当時、新しい素材であったビニールを使用していたことから「美似居（る）」と語呂をあわせたものという。

美似居　内部

菱組子【ひしぐみこ】

組子（組子の項❶を参照）を菱目状に組んだも

の。*間越欄間や窓の組子、書院欄間戸などに見られ、吹抜きのもの、また紙張、ガラス入にしたものなどがある。

菱子【ひしこ】

横断面が菱形になっている*連子子。縦（竪）または横連子窓などに用い、主に透格子の形式として取り付ける場合が多い。また組子を菱目状に組んだ*菱組子をいうこともある。

菱格子【ひしごうし】

*格子の形状の一種。菱形に組子（組子の項❶を参照）を組んだ格子。戸や欄間に使われ、それぞれ菱格子戸、菱格子欄間などと呼ばれる。

菱格子欄間【ひしごうしらんま】

*格子欄間のうち、菱形に*組子を配したもの。

菱棚【ひしだな】

*床脇に設けられる*飾棚の一種。「よもぎ棚」ともいう。江戸時代に棚雛形として定型化される四十八棚の一つ。『増補大匠雛形四 新板棚雛形』（一八六六年刊）には「是ハたな（棚）数多き所よし、中座下座に用、上段ハわる（悪）し」とある。

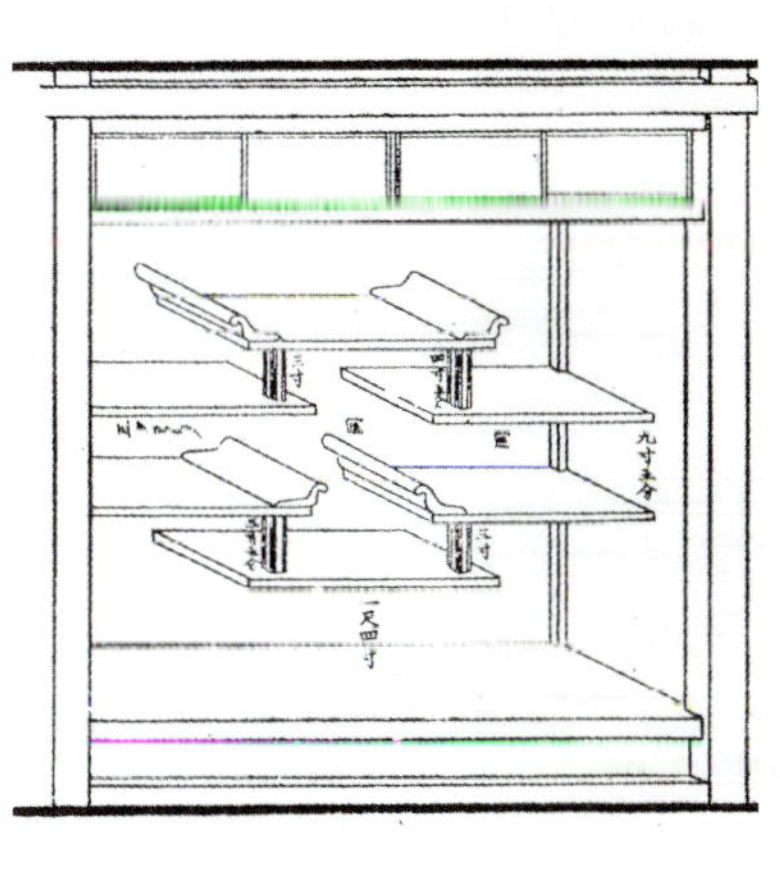

菱棚 『増補大匠雛形四 新板棚雛形』

菱蜻蛉【ひしとんぼ】

障子や欄間の*組子の一種。*菱組子において組子が交差したところに十字形の小組子を入れたもの。付書院や平書院などに見られる。

菱蜻蛉

菱文【ひしもん】

文様の一種。有職文様のひとつで、菱形を基本形とした幾何学的な線文様。種類も豊富で、内側に入れ込んだ入子菱、四つ組み合わせた四つ菱、組み合わせて花に見立てた花菱、花菱を四つ組み合わせた幸菱などがある。また紋章として使われることも多く、四つに割った武田菱や、三階菱文を変形させた松皮菱が有名である。ヒシの実に形が似ているところから、この名前がついたとの説もある。

菱紋透彫欄間【ひしもんすかしぼりらんま】

*透彫欄間のうち、菱紋（菱型を図案化したもの）を透彫りにしたもの。

柄杓【ひしゃく】

湯水を汲むために用いる道具。茶の湯では点前道具のひとつで、*真竹を油抜きして作る。合と柄の二つの部分からなり、その接合の仕方の違いにより、差通しと月形に分けられる。月形には炉用と風炉用がある。炉用は合が大きく、柄杓の柄の皮目の切止が斜めに切り落とされており、風炉用は合が小ぶりで、柄の身の方が斜めに切り落とされる。点前用以外にも手水鉢の柄杓（蹲踞柄杓や雪隠柄杓）などもある。また裏千家*溜精軒点前座には柄杓の柄を組み込んだ意匠の窓がある。

毘沙門堂【びしゃもんどう】

東京都港区の*畠山記念館にある茶室。もともと*畠山即翁の私邸である般若苑構築の際、屋敷に備えられ、即翁自ら設計監督のもと、*木村清兵衛の高弟・坂爪清松が手掛けた。外観は切妻造桟瓦葺。内部は三畳台目下座床の席。床は中央寄りに配され、床柱は赤松皮付、框は真塗で、七寸あまりの前板を入れる。天井は垂れ壁で二分され、客座上の平天井は丸太の廻縁で野根板張、点前座上は化粧屋根裏となる。中柱の先が垂木の途中に取り付く。庵号は即翁が柿の蔕茶碗銘毘沙門堂（重要文化財）を入手したことにちなみ、益田鈍翁が揮毫したもの。昭和二十二年（一九四七）に現在の場所に移された際、広間十畳に八畳の水屋が付設する浄楽亭が増設された。

毘沙門堂　床と茶道口側

尾州檜【びしゅうひのき】

長野県南西部、木曽川上流の木曽谷に生育する天然檜で、樹齢三百年以上のものを一般に尾州檜という。木曽五木の一つで、「木曽檜」ともいう。生育が遅く、長い年月をかけて育つため、年輪の幅が細かく、木理が緻密で、滑らかな光沢のある木肌が特徴。伊勢神宮の社殿にも使用されることで知られる。明治時代には木曽官林の全域が御料林（皇室の所有林、国有財産に移管）に編入。

飛出し苆【ひだしすさ】

藁苆のうち、散廻り材料や貫伏せ（板貫に壁土を塗り付けること）材料に入れるもの。また飛出し苆をもう一度、篩い直し、さらに細かくしたものを切返し苆と呼び、その苆で上塗した壁を切返し壁と呼ぶ。これは中塗土を上塗土のように使った、中塗の最上級の仕上げである。以前は中塗苆をもう一度鉈で切返し、切返し苆として使用していたが、最近の中塗苆は、幅の広い節に近い部分が揉みほぐされずに多量に含まれていることが多いため、よりほぐされ細くなっている飛出し苆を篩い直すのが良い。

飛騨工【ひだのたくみ】

古代の律令制のもとで、飛騨国（岐阜県）から毎年交代で上京し、朝廷の建築工事にたずさわった木工集団。また『今昔物語』に登場する伝説的な工匠のことをいう。さらにこれらが転じて、飛騨地方の大工のことをいう場合もある。

左勝手【ひだりがって】

現在、一般的には点前座の（点前をする人の）左手側に客座が配置される構え（右手側は壁など、逆勝手のこと）をさす。逆に右手側が客座の構えは右勝手（本勝手のこと）という。本来、勝手は水屋を意味し、点前座の左手側に勝手が位置し、右手側に客座が配置される構えを左勝手、また点前座の右手側に勝手が位置し、左手側に客座が配置される構えを右勝手といい、これらは「左構え」「右構え」と同義語として使用されていた。元亀三年（一五七二）の『烏鼠集四巻書』には左勝手や右勝手に関する記述も多く、「左勝手の徳三あり、釜一ツ置時好、中に不可置、水指の上に見えて吉、壺とりて茶調よし、其外わひすきによし、見くたしよし」と左勝手の良い点が述べられている。しかし、十七世紀中頃の表千家四代江岑宗左（一六一三～七二）の頃には本来の、古くからいわれた茶室と勝手の位置関係からの捉え方と、今、一般にいう点前を中心とした使い勝手からの捉え方、右勝手（右使い勝手）が本勝手、左勝手（左使い勝手）が逆勝手という考え方も流布し、諸説解説が繰り返し行われることとなった。宝暦七年（一七五七）以降に成立した『不白筆記』では「昔ハ左勝手の右手前、右勝手の左手前と云中頃より又左手前右手前という今是を用申候」と、茶室と勝手の構えからの左勝手、右勝手は昔で、今は点前の使い勝手からの右手前、左手前という語が用いられていると伝え、さらに右点前、左点前という表現も加わっており、より煩雑になっている。古くからの右勝手（逆勝手）の茶室は、『山上宗二記』によれば珠光をはじめ、引拙や北向道陳などが好んでおり、左勝手（本勝手）の茶室は武野紹鷗や千利休などが好んでいる。茶室が北向きに建てられ、板壁で点前座の手元がうす暗く、ひっそりと行われた右勝手（逆勝手）から、草庵式茶室の成立過程にともない、塗壁の茶室に下地窓などが自由にあけられるようになったことで手元を明るくするという演出の左勝手（本勝手）へと転換が図られ、やがて「左勝手」が「本勝手」、「右勝手」が「逆勝手」ということが一般化した。

左構え【ひだりがまえ】

左勝手の項を参照。 ⇒左勝手【ひだりがって】

筆虹席【ひっこうせき】

愛知県名古屋市東山区に所在の松尾家の茶室。戦災前の松尾家（名古屋市桜町）にあった茶室を、現在地（東区武平町。もと十一屋村瀬氏邸）で既設の四畳半を改造することにより復元したもので、十世不染斎の還暦記念に建てられた。外観は東面し、切妻造桟瓦葺の正面に檜皮葺の庇を付し、土間庇を形成する。庇下に腰障子を四枚建て込み、左端の障子前に踏石を据えて出入り口とし、庇右端の矩折には土間廊下へと続く潜りを設けている。また雨落の溝を流れに見立てて、その中に手水鉢を据えて蹲踞を構えている。内部は四畳半台目、北東隅に構えた床は出床で、床柱は赤松皮付、前面に曲がり木を利用した袖壁を設けて袋床とし、東側の壁に片引き障子の墨蹟窓をあける。床の西脇の台目畳が点前座で、炉は向切、風炉先にあたる床の脇壁には竹の壁留を入れて狆潜りとし、勝手付に横長の片引き障子の下地窓をあける。西側は、点前座背後の方立口形式の茶道口と、南寄りに火燈口形式の給仕口とをあけ、そのあいだの引分け障子を開けると、當麻寺中之坊茶室の意匠を導入したという、四尺四寸の大円窓が設けられている。床の正面には板の間が付属し、掛込天井としている。全体は平天井、点前座は蒲の落天井。給仕口を茶道口として使うことで、四畳半切の点前も可能となるように炉がもう一つ切られている。

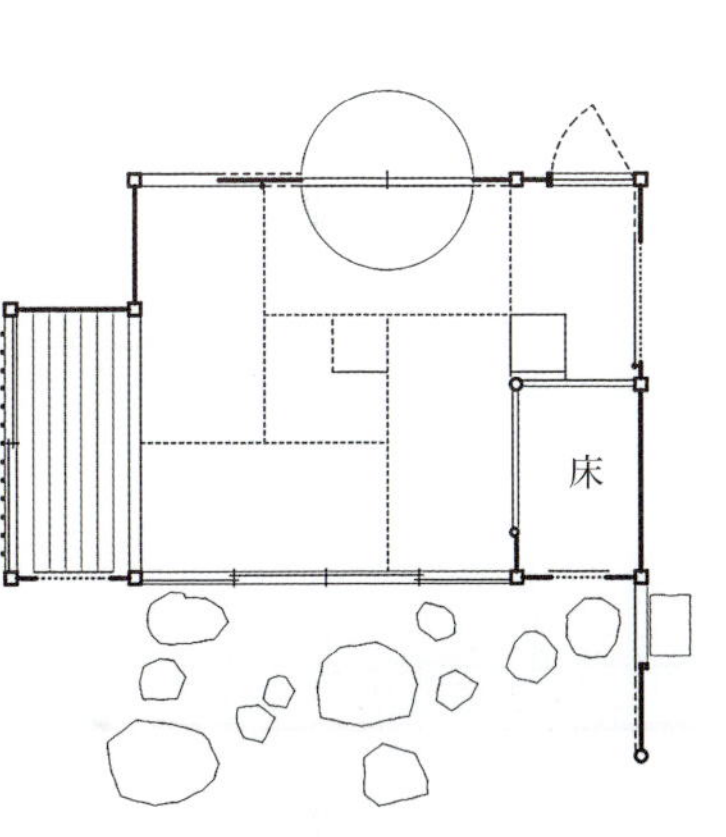

筆虹席

樋爪家の茶室【ひづめけのちゃしつ】

石川県七尾市の七尾城史資料館にある茶室。大正から昭和時代前期にかけて海運業で成功した樋爪譲太郎が、同市中心部に構えていた大規模な自邸の庭（自足園）に建てたもの。大正時代（一九一二〜二六）に、池に臨んで設けられた東屋風の茶屋で、後に現在地に移築された。高台寺の傘亭を範としたと伝えられ、宝形造の化粧屋根裏の土間席に、勝手付に洞庫を備えた竹簀子と板の間の半畳大ほどの点前座がある下屋が取り付く。

樋爪家の茶室　外観

飛濤亭【ひとうてい】

京都市右京区の仁和寺にある茶屋。寛政年間（一七八九〜一八〇一）頃の建造。光格天皇遺愛の席と伝えられ、光格天皇の弟・深仁法親王が当寺の門跡であった関係から御幸もあり、天皇自らの好みで造立されたものであるともいう。境内の宸殿から東北方の庭内に建つ。この茶屋は宸殿前の庭の景観上、重要な要素をなしており、庭園建築であるともいえる。また南に建つ宸殿を俯瞰し得る眺めの良い高所の地点を選んで設けたところに、修学院離宮の隣雲亭などに共通する貴族的な発想が認められる。外観は、全体を棟を南北にした入母屋造茅葺の屋根で覆い、茶屋部分には柿葺の庇を二方に廻している。土間庇下の三和土には、赤と黒の小石を散らし、これも隣雲亭に通じる意匠である。内部は南から北へ四畳半、板の間（水屋）と勝手二畳が並ぶ。四畳半は南側を正面にし、壁面中央に柱を立て、左側にあけた入口は腰障子二枚を引違いに建てた貴人口で、柱の右側に円形の下地窓があけられる。また右端に袖壁を造り、その入隅、円形の下地窓に重なるように

飛濤亭　外観

飛濤亭　四畳半席　床側

二重の刀掛を備えるが、棚を霞に見立て、日輪に霞がかかる様とした意匠という。土間庇の西側にはもう一つ二枚障子の口をあけるが、沓脱石はなく、窓の効果を出入り口の形式で得る手法となる。さらに茶道口も引違いに太鼓襖を建て、開放的な内部空間となる。床は床框を省略した踏込床形式の洞床で、床柱は六角のなぐりとし、わびた手法を取り入れている。天井は床前を網代天井、点前座上を蒲の落天井、のこりは隅木をかけた竹垂木、竹小舞の化粧屋根裏としている。平天井と落天井を極力低くすることによって、扇をひろげたような化粧屋根裏の上昇感を演出している。板の間に続く勝手二畳には長炉が設けられている。武家が格式的な表現を草庵の中にも付加することを好んだのに対し、貴族はむしろ草庵的な鄙びたわびの表現を楽しむ傾向があった。この茶室に見る草庵の意匠への大胆な傾斜も、そうした貴族好みの伝統を受け継いだものと考えられる。重要文化財。

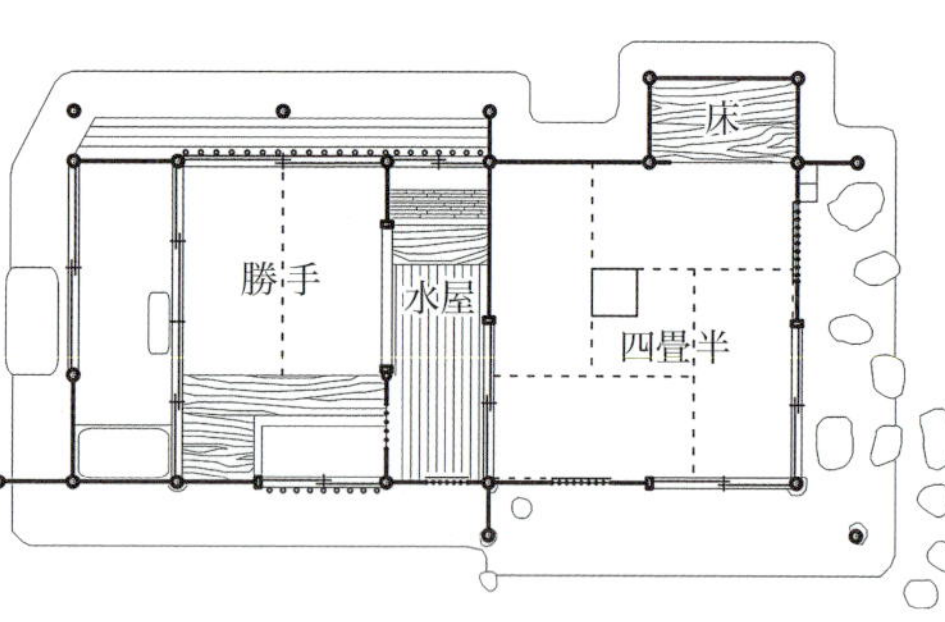

飛濤亭

一軒【ひとのき】

軒の一形式。地垂木、または化粧垂木で、軒先や軒裏が造られたもの。地垂木から飛檐垂木がのびて、軒が二段になったものは二軒と呼び、寺院建築などで多く見られる。この二段になった軒の下側の垂木が地垂木、上側に配された垂木が飛檐垂木である。

雛束【ひなづか】

飾棚の上下の棚板のあいだに立てられた小さな束をいう。「蝦束」「海老束」ともいう。材は棚板と同材とし、四隅に几帳面など各種の面取を施すこともある。（付録19頁参照）

捻子【ひねりこ】

断面が正方形の連子子や格子子で、その稜を見付の正面に向けて置いた形式のもの。

檜【ひのき】

ヒノキ科ヒノキ属の常緑高木。本州（福島県東南部以南）、四国、九州に分布する。日本の代表的な木材。天然生は木曽、高野山、また造林木では吉野、天竜、和歌山などのものが知られる。木曽地方のものは木曽五木の一つ（尾州檜）として有名。心材は淡紅色で、辺材はほとんど

淡黄色から白色。木理は通直で、材質は緻密で狂いが少なく、耐久性に富み、長期の水湿に耐える。光沢と特有の芳香がある。建築材として土台などの構造材のほか、錆丸太やしゃれ木などの丸太の類、柱材、床板、造作材などに好まれる。また檜の立木の生木から剝ぎ取った檜皮は、屋根葺材に用いられる。

日出棚【ひのでだな】

床脇に設けられる飾棚の一種。『雑工三編 大工棚雛形』（一八五〇年刊）ほか、江戸時代後期から明治時代にかけて公刊された棚雛形本に収録される。正面の壁に円窓を設けて障子二枚を建て、下部に地袋を組み合わせたもの。

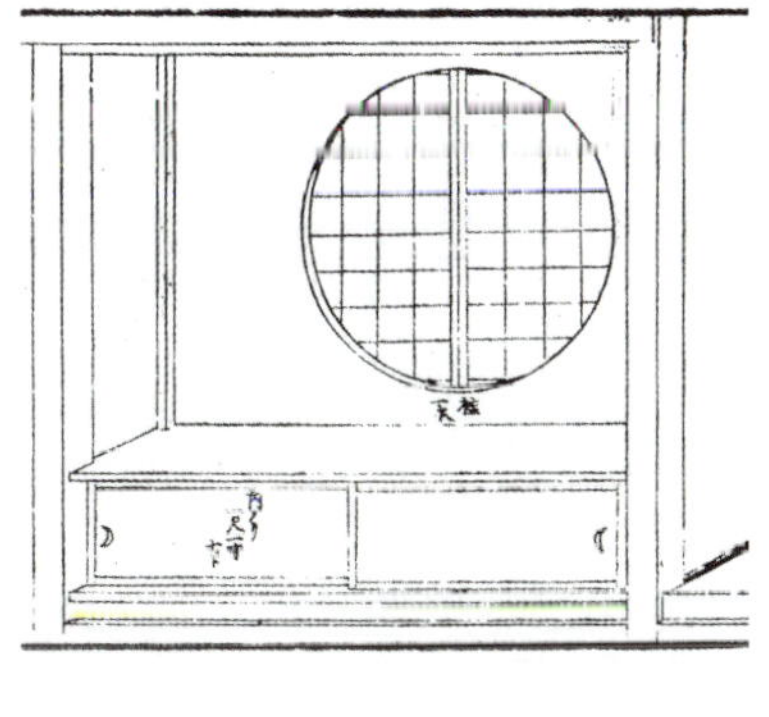

日出棚 『雑工三編 大工棚雛形』

檜葉【ひば】

翌檜と同じ。⇨翌檜【あすなろ】

樋端【ひばん】

敷居や鴨居などの溝の縁、溝を付けたのこりの部分。溝の外側を外樋端といい、溝と溝のあいだの中央部は中樋端、もしくは畦と呼ばれる。溝を彫らず、逆に別材を取り付けて造った樋端を付樋端といい、古風な形式とされ、東求堂同仁斎などに見られる。

雲雀棚【ひばりだな】

釣棚の一種。台目構えの点前座入隅に取り付けられ、上棚が大きく下棚が小さい二重の棚をいう。古田織部の創始と伝える。茶道具の置き合わせや添え置きなどの関係によって工夫されたものと思われる。上棚を一尺四寸×一尺五分、下棚を一尺×九寸を標準寸法とし、上下は短い釣木でつなぎ、上棚の出隅を天井から釣竹で釣る。藪内家燕庵、西芳寺湘南亭、龍光院密庵などのものが知られる。

雲雀棚　燕庵　藪内家

火袋【ひぶくろ】

燈籠の部分名称で、一般的な形状の燈籠の場合、笠と中台のあいだに位置し、燈火を入れる部分をさす。平面形は笠や中台にならい、四角や六角、八角が多いが、円形や三角形、不定形のものもある（不定形の燈籠については山燈籠の項を参照）。明りをともすためにあける火口以外の壁面には様々な彫刻を施すのが一般的である。（付録12頁参照）

氷室棚【ひむろだな】

床脇に設けられる飾棚の一種。『雑工三編 大工棚雛形』（一八五〇年刊）ほか、江戸時代後期から明治時代にかけて公刊された棚雛形本に収録される。袋戸二枚を建てた天袋と棚板から構成され、同書には「此裏水屋」とある。

氷室棚 『雑工三編 大工棚雛形』

姫小松【ひめこまつ】

五葉松のこと。⇨五葉松【ごようまつ】

氷紋敷【ひもんじき】

敷石の一種。不正形の切石を組み合わせ、目地を氷紋状にして氷が割れた様子に見せる。また、このような目地を「氷紋目地」という。かつては三角形の割石を主として用いた。実例として*表千家家元の表門付近の石敷がある。（付録9頁参照）

白檀【びゃくだん】

ビャクダン科ビャクダン属の常緑高木。同属に二十種ほどがある。*唐木のひとつで、インド、インドネシアで栽培され、香料植物として知られる。*心材は帯黄白色で香気が強く、*辺材は白色。古くから薫物、仏像、仏具として日本へ渡来。貴重な材であるため、特別な意匠として床周辺の造作に用いられることもある。茶の湯では風炉の季節などに炷く香として使用されている。

白檀塗【びゃくだんぬり】

漆塗の技法の一種。金泥ないし銀泥を全面に塗り、乾燥後その上に透漆を上塗したもの。現代では、金銀泥の代りに金箔や銀箔を押す場合が多い。平安時代の遺品に多く見られる技法で、中国漆器の影響によるものと考えられる。

百楽荘【ひゃくらくそう】

奈良市にある料理旅館。昭和八年（一九三三）から同十七年にかけて建設されたもの。設計は実業家である施主の泉岡宗助自らによるものであるが、その質は高く、*村野藤吾は本荘を自らの和風建築の原点とみなしていたという。建物は現在、長寿門、大広間、姫百合、さつき、すみれ、なでしこ、千草、鈴蘭、白菊と黄菊、本館の計十棟からなるが、建設当時は敷地内に十五棟の建物があった。これら数寄屋を主体としつつ、中国風、洋風の要素も取り入れた建築群が八万坪の起伏のある敷地にそって配される。吉野造の建物や、建物内に段差を付けるなど、地形を有効に使っており、庭園と一体となった数寄空間が形成されている。荘内の建物のうち、姫百合は山の斜面を利用して建てられた建物で、内部は螺鈿を用いた透し欄間をもつ書院や、七宝焼の金具を使った前室の換気口など、和洋の特徴を組み合わせ、細部まで凝った造りとなっている。長寿門は中国・福建省にあったと伝えられる門を再現したものという。平面は八角形、なぐりの柱の楼門とし、屋根を茅葺とする。

百楽荘　姫百合　外観

百華庵【ひゃっかあん】

愛知県名古屋市昭和区の鶴舞公園にある茶室。もとは同区の川名駅西に建っていたが、平成十一年（一九九九）に解体、その材を利用して名古屋市によって移築された。外観は本席と水屋境を棟とする切妻造で、黄釉小瓦の桟瓦を葺き、銅板一文字葺の土間庇を南東角に隅木を入れて矩折に廻す。この茶室の来歴など詳細はわからないが、以前の所有者は名古屋美術倶楽部に大正時代から昭和時代初期にかけて所属し、文人趣味の道具を主に扱った山田百華堂と称した美術商で、明治五年（一八七二）の建造と伝わる。しかし黄釉の瓦は、大正時代末期（一九二〇～二

百華庵　内部

ひ

六）に瀬戸市品野の谷口仲太郎が製造したものであることから、建造年代は大正時代末期と推定される。内部は六畳で、躙口や貴人口をあけ、天井を真行草の三段構成として、開放的な雰囲気である。躙口は板戸の引違いで、その上部には割竹を用いた下地窓をあける。天井は点前座が蒲の落天井で、南と東の二方を化粧屋根裏として土間庇へのばし、床前は網代の平天井となる。点前座はまわり茶道口で、炉を広間切として勝手付に下地窓をやや左右にずらして上下に設ける。北面西に一間幅、奥行き三尺五分の床を構え、辛夷の床柱を立て、框を矩折に設け、左手に框上より柱を立て袖壁として袋床の形式とする。床の脇背面の壁は斜めになり、鱗板を入れる。水屋は五畳に水屋棚を備え、定型の簀子棚、通棚と隅棚や天袋を設ける。天井は斜めで丸太垂木に板を張る。西面中窓の北側の柱は椿を用いる。北面西には地袋を造り、壁に竹の節をのこして竪に割り、節をバランスよく配置して掛障子とする。

瓢形引手【ひょうがたひきて】
*引手の一種。瓢箪を図案化した引手。*曼殊院大書院の*杉戸に見られるものなどが代表例である。

表具【ひょうぐ】
表装と同じ。⇨表装【ひょうそう】

氷心亭【ひょうしんてい】
奈良市の依水園にある茶室。⇨依水園の茶室【いすいえんのちゃしつ】

表装【ひょうそう】
紙に書かれた書跡や絵画の保存、鑑賞、装飾のために、掛軸や額、屏風、襖、衝立、巻物、冊子、帖など各種の形式に仕立てること。「表具」ともいう。奈良、平安時代には主に経巻の表装が行われ、鎌倉時代に入ると褾褙という言葉とともに、書画の表装を専門に行う褾褙師が登場し、経巻の表装を行うのは経師と呼ばれた。織豊時代に表具という言葉が用いられるようになり、表具師が現れた。とりわけ床の成立とともに掛物の表装は複雑に発展し、裱褙（真）、幢褙（行）、輪褙（草）の三種に分類される（現在では裱補・幢補・輪補と称している）。裱褙は仏画や題目、神像、神号に、幢褙は宸翰や古筆、絵画などに用いられ、輪褙は茶掛表具とも称される。

平等院形燈籠【びょうどういんがたどうろう】
石燈籠の一種。名物燈籠の一つに挙げられ、平等院（京都府宇治市）の鳳凰堂前にあるものを本歌とし、笠と中台は六角、基礎は円形で、火袋は二枚の板状の石で作られた形式のもの。大江親通の『七大寺日記』に藤原頼通が興福寺南円堂前の銅燈籠を模して奉納したとあることや、基礎の形状から、頼通が奉納したのは金燈籠であり、現在の基礎部分がその台石となっていたとも考えられる。これらのことより基礎以外の部分は後補であり、今見る形状となったのは鎌倉時代以降になってからのことと考えられる。（付録13頁参照）

飄飄庵【ひょうひょうあん】
滋賀県彦根市の龍潭寺にある茶室。同寺は近江国彦根藩井伊家の菩提寺である。龍潭寺にはかつて学僧百五十名を抱える大学寮があり、造園を行う僧を養成する園頭科が設けられていた。開祖昊天禅師と*小堀遠州が指導したと伝わる書院東庭や、ふだらくの庭と称される枯山水の方丈南庭をはじめ、露地庭と呼ばれる書院北庭があり、茶室飄飄庵、石田三成を祀る果然室が建つ。茶室内部は四畳半。果然室は石田三成の居城であった佐和山城の城門を利用して建てられたとする伝承をもつ。幕末に幕府大老をつとめた*井伊直弼もここで度々茶会を催したという。非公開。

屏風【びょうぶ】
風除け、仕切、装飾のために室内に立てて用いる家具。木製のものや紙、布を張ったものなどがあり、二枚、四枚、六枚、八枚をつなぎ合わせ、折り畳むことができるように作る。一対になるのが一般的でこれを一双という。日本には奈良時代に伝来している。また屏風には屏風絵が描かれ、狩野永徳をはじめ著名な絵師の作品も多くのこる。茶室では*待合や小間の茶道口付近をはじめ、様々な場所で用いられるが、いずれも簡易な二枚折の屏風が多い。

屏風棚【びょうぶだな】

*床脇に設けられる*飾棚の一種。江戸時代に棚雛形として定型化される四十八棚の一つ。『増補大匠雛形四 新板棚雛形』(一八六六年刊)には「是ハたなかす(棚数)多き所、壱間半など有所ニよし、但し上段の間ハもち八寸下のたん、是ハ所によりてよし」とある。

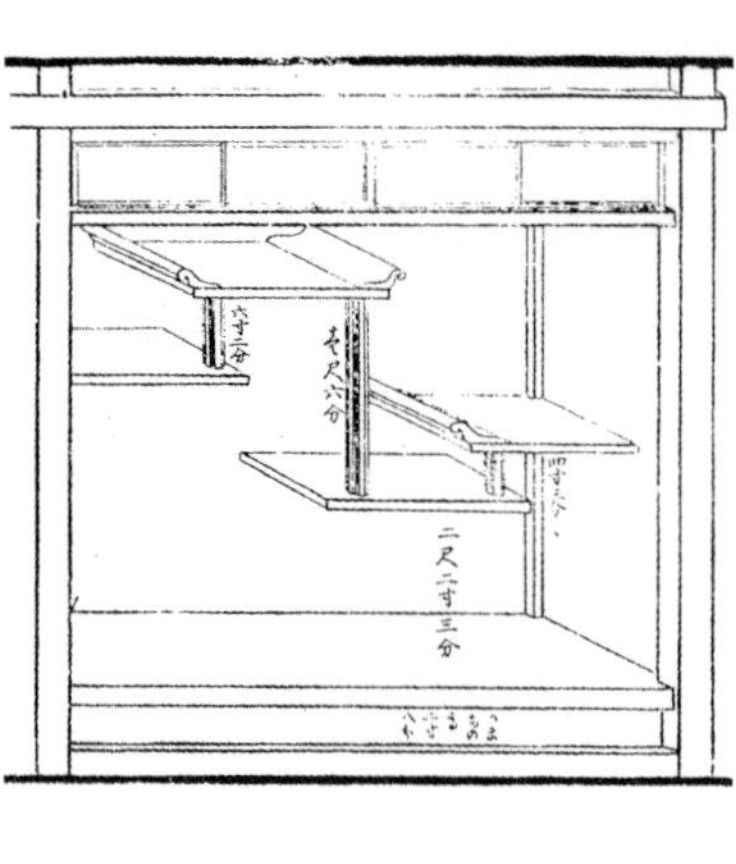

屏風棚 『増補大匠雛形四 新板棚雛形』

平【ひら】

❶平らになっている部分。たとえば天井の面が水平なものを平天井、屋根が平らになっている部分を平軒という。❷建物の*桁行正面のこと。また、この面に入口があるものを平入という。対して*梁行側の面が*妻である。(付録15頁参照)

平井儀三郎【ひらいぎさぶろう】

?～昭和二十五年(?～一九五〇)。京都で活躍した数寄屋大工平井家の五代目。平井家は亀之助を初代とし、三代儀助が*武者小路千家と*表千家に出入りしたことで、裏千家出入りの*木村清兵衛と並び、千家の作風をもつ家柄である。儀三郎の時代、平井家を支えた*笛吹嘉一郎が独立し、表千家出入りの大工は笛吹が担うようになった。大正時代から昭和時代の儀三郎の時代は茶道興隆期であり、数々の数寄屋をのこしている。たとえば大阪の久保惣別邸では、表千家*不審菴を写した惣庵や*残月亭の写しとなる*聴泉亭を試みている。その他、法観寺(京都市)の聴鐸庵や愛染院(伊賀市)の瓢竹庵などを手掛けている。

平井儀助【ひらいぎすけ】

?～明治十八年(?～一八八五)。京都で活躍した数寄屋大工平井家の三代目。初代亀之助(?～一八三七)は江戸時代後期、某藩の作事奉行をつとめていたが、後に堂宮、数寄屋を手掛けるようになった。二代目(?～一八五六)は数寄屋師亀屋儀助を名乗っている。幕末から明治時代に活躍した三代目儀助が記した「*数寄家寸法控帳」や「諸家茶室寸法」には*表千家と*武者小路千家の詳細な実測図面が掲載されており、三代目の時代には両家に出入りしていたと考えられ、嘉永七年(一八五四)の焼失後の*官休庵の明治再建を手掛けた。

ひら石【ひらいし】

板石と同じ。⇒板石【いたいし】

平井滋造【ひらいしげぞう】

大正八年～?(一九一九～?)。京都で活躍した数寄屋大工平井家の六代目。平井家は亀之助を初代とし、三代儀助が*武者小路千家と*表千家に出入りした。その家柄から千家の作風をもつ。滋造は京丹波の和知(京都府船井郡京丹波町)に生まれる。昭和八年(一九三三)に京都西陣の町家大工・山本伊之助のもとに入門、同二十二年に数寄屋大工・*平井儀三郎の婿養子となり、平井家六代目を継いだ。昭和五十三年に開館した樂美術館の建設にともない造られた「特別鑑賞室」と呼ばれる茶室(樂家の茶室の項を参照)などを手掛けている。

平井竹次郎【ひらいたけじろう】

?～大正九年(?～一九二〇)。京都で活躍した数寄屋大工平井家の四代目。平井家は亀之助を初代とし、三代儀助が*武者小路千家と*表千家に出入りしたことから、その作風も千家風のものである。山縣有朋の*無鄰菴、福井家の*亦楽庵などを手掛けた。*何有荘の上部庭園にある草堂の棟札には、画家・神坂雪佳の考案、平井竹次郎の設計、大工・市元常一の施工で大正六年(一九一七)になったとある。

平入【ひらいり】

建築様式の一種。平(平の項❷を参照)のほうを正面とし、平側に入口があるもの。*妻入に対する語。(付録15頁参照)

平唐門【ひらからもん】

*唐門の一種。一本の親柱上に*棟を通し、屋根の両妻に*唐破風を取り付けた門。対して正面と背面に唐破風を付けた門を*向唐門という。

平瓦【ひらがわら】

*本瓦葺の時、*丸瓦とともに用いる瓦。「牝瓦」「女瓦」ともいう。平面の形は長方形だが、横断面を彎曲させて水流れをよくするようになっている。

開き障子【ひらきしょうじ】

*竪框に丁番（蝶番）などを取り付け、鉛直方向（水平面に対して垂直な方向）を回転軸として開閉させる障子。一枚の障子の端部を回転軸とした片開き障子、左右二枚の開き障子を組み合わせた両開き障子などがある。

開き戸【ひらきど】

左右いずれかの端部を釣元として、丁番（蝶番）、または*壺金を取り付け、鉛直方向（水平面に対して垂直な方向）を回転軸として開閉する建具の総称。開き戸の種類として、一枚の建具による*片開き戸、左右二枚の建具が中央で合わさるように開閉させる形式（観音開き）をとる両開き戸などがある。

平桁【ひらげた】

*勾欄の中央ほどの高さ、*架木と*地覆のあいだに取り付けられる水平材。断面が平らな長方形であることからの名称。

平三畳【ひらさんじょう】

*三畳において、*丸畳三枚を、一間×一間半の矩形になるように敷き、点前座の向きも客座の並びも短手方向にそって使う、いわば平使いの茶室のこと。天正年間（一五七三〜九二）後半には*深三畳に相対する平面形式でもあった。『*茶湯秘抄』は、*武野紹鷗の頃の平三畳と、利休時代の頃のものと思われる平三畳との二図を掲げるが、どちらも床無しであり、『分類草人木』（一五六四年の書とされる）には、「床ニ置ベキ物モ不持人ハ、床ナシノ座敷相応タルベシ、殊ニ詫ハ三帖敷モ可似合」とあって、三畳敷という座敷自体に、そうした属性が織り込まれていた。また天正十六年（一五八八）頃成立の『*山上宗二記』には、床の付いた平三畳図も掲げられていて、その添え文によれば、やはり紹鷗の代までは、三畳敷は道具をもたない*わび数寄をもっぱらとする座敷で、*唐物を一種でももつ者は四畳半だったが、*千利休は異なる意見をもっていたという。*一間床の明示があったり、「床無しの座敷相応」という解釈が省かれたりしていて、平三畳の性格はやや変化したように見えるが、それでも『山上宗二記』の記述によれば、*豊臣秀吉の世になるまでの二十五年間は、紹鷗の時と変わらなかったという。このように、当時の茶室の本流はあくまでも四畳半であったが、秀吉が大坂城山里で御座敷披き（二畳の茶室であったと考えられている。大坂城山里の茶室の項を参照）をした天正十二年正月頃から状況は変わる。当時、千利休と*津田宗及は秀吉の茶堂をつとめていたが、利休は時期不詳ながら、この頃までには大坂屋敷に*細長三畳（深三畳半）を所持していたと考えられているし、また宗及も、すでに天正十一年十月に、やはり自身の大坂屋敷で座敷披きを行っており、四年後の記録ながらその座敷は、床と縁を備えた平三畳であったらしい（宗湛日記）。山里の座敷披き後では、天正十二年六月に、宗及は堺屋敷に窓付きの床と竹縁を備えた平三畳の茶屋を開いている。翌十三年になると大坂城内では、四月の時点で茅葺二畳の茶屋があり（宇野主水日記）、十二月には平三畳の*黄金の

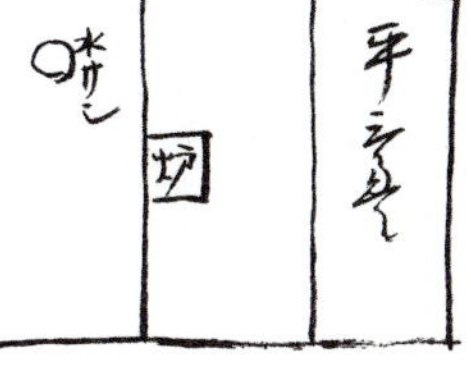

千利休時代頃の平三畳の図
『茶湯秘抄』（石水博物館本）

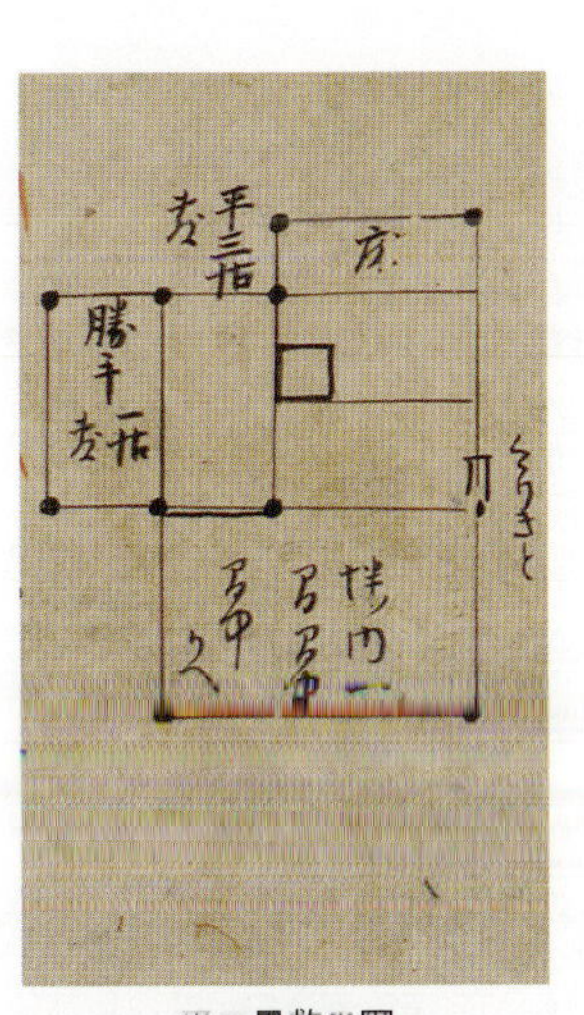

平三畳敷の図
『山上宗二記』（不審菴本）

茶室が組立てられ、年が明けた同十四年正月に、秀吉はこれを禁中小御所で組立てて披露している。こうした動きを受けてか、天正十四年から十五年にかけての茶会記でも、巷間では*二畳半、深三畳、*深三畳台目、平三畳といった茶室が、四畳半に代って頻出し、特に平三畳が最も多く見られるようになった。ただ、平三畳の床の間口をみると、紹鷗以来の慣例を受け継ぐ床無しの平三畳や、四尺五寸床、五尺床が見られるものの、五尺五寸床、さらには六尺床も少なからずあり、座敷の縮小化が、必ずしも床の縮小につながる訳ではないという現象も現れていた。一方深三畳のほうは、茶会記では、床については何も触れないか、床無しと明記するかであって、単に床と記すものもわずかにあった。利休が平三畳に対し異なる意見をもっていたというのは、結局、こういう不徹底さを平三畳に感じていたということが推察される。しかし天正十五年、秀吉の九州征伐の際の箱崎陣では、利休は屋根が茅葺、壁も青萱という深三畳を造ったのに対し、宗及は茅葺「塩屋」の佇まいの、*押板を備えた平三畳を建て、また秀吉も、六尺の押板を付した縁無しの三畳を建てて、宗及の平三畳のほうに褒美を与えた。天下人としては深三畳よりも平三畳を好んだということになる。総じて見れば、深三畳では床無しか、あるいは床を設けたとしても、おのずと一間より小さい間口の床になるのに対し、平三畳では一間床も構えることができ、さらには書院的な性格をもつ一間の押板までも導入できる。従来の、名物荘りと結び付いた一間床を排し、茶室のわび化を進めるという利休的な流れから見れば、深三畳のほうがより重要な意味をもっていたといえよう。また床以外では、炉の切り方についても、ある程度の変遷があり、紹鷗の時代のような、道具をもたぬ人のための平三畳図では上げて切り（山上宗二記）、その後平三畳が流行してくると、わび数寄者や台子荘りの道具をもたぬ人は上げて切り、所持する人は下げて切ってもよい（茶道正伝集）という解釈が見られるようになる。その曖昧さを排するため、点前畳の先を幅一尺五寸の*板畳に置き替え（のちの*向板に相当する）、その手前に*向切の炉を切る平三畳図（茶伝集）の例もある。また*草庵式茶室が世に定着して以後の江戸時代前期の千家では、いつも上げて切るのがよいとした（江岑夏書）。なお、平三畳の形からは、二畳台目向板、点前座と客座のあいだに仕切り壁を建てて火燈口をあける*道安囲や*宗貞囲などいった三畳、三畳*中板、平三畳台目、*長四畳などへの変化形態が考えられる。

平三畳台目【ひらさんじょうだいめ】

*平三畳に*点前座として*台目畳一枚を加え、さらに横長にした茶室。点前座の向きや客座の並びを、座敷の深い方向にそって使う*深三畳台目とは対照的に、座敷の浅い方向にそって使う平使いとなる座敷である。千家などでは三畳半とも呼んでいた。平三畳は、炉の切り方に*入炉も*出炉もあるが、出炉の場合、平面によっては給仕のための動線に余裕がないこともある。*上げ台目切にするか、あるいはもう一畳増やすことによってゆとりができるので、平三畳台目にすれば、*台目構えを導入したり、*給仕口や*通い口を設けたりすることも容易になる。*藪内家*燕庵に見るような、*古田織部による*三畳台目の形式がひろまると、やがて寛永年間（一六二四〜一六四四）には*小堀遠州や*細川三斎なども*四畳台目、*長四畳、三畳台目といった広さの茶室を造り始め、*金森宗和、中坊長兵衛、*片桐石州などもこれを追った。この中で平三畳台目は、書院の縁を一部囲ったような*囲いの性格をもつ平三畳や長四畳に、台目構えを付加したり、*丸畳の点前座の先を*向板に替えたりするような考え方で形成されたようにみえる。また正保四年（一六四七）に*表千家四代江岑宗左が造った三畳半（今の*不審菴にあたる）も平三畳台目であるが、これの場合は、前述のような囲いを元としたというよりは、*千利休の*待庵一畳（次の間も含めた範囲）の構成や大坂屋敷の*深三畳半を、拡張、または再編したものとみることができる。

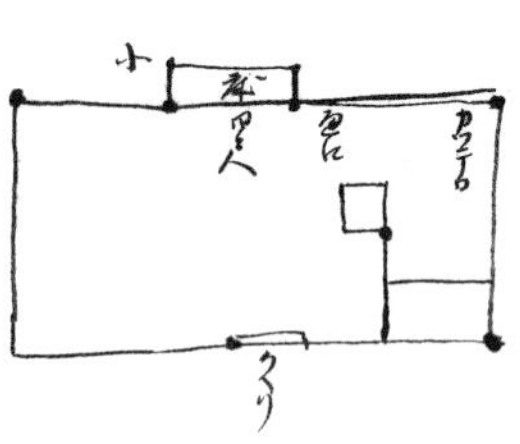

小堀遠州三畳台目の図
『茶湯秘抄』（石水博物館本）

平書院【ひらしょいん】

*付書院の簡略化されたもの。「略書院」ともいう。付書院のように部屋の外に張り出さず、地板を入れないで、柱間の内に地板を入れた時と同じ高さになるように敷居を入れる。敷居下を塗壁とし、上には小障子と欄間を建て込む。数寄屋風の書院に用いられる。桂離宮新御殿では地板を室内側に付け、平書院の地板下を倹飩形式の板戸とした例がある。

平書院　旧勝田銀次郎邸雪の間　天理教兵庫教務支庁

平瀬露香【ひらせろこう】

天保十年～明治四十一年（一八三九～一九〇八）。近代の数寄者。大坂の両替商・千草屋平瀬春温の子。幼名羯鼓次郎、名は亀之輔、また春愛（春見とも）とも称した。別に同学斎、一方庵、宗十、独楽庵、宗超などと号す。明治九年（一八七六）に第三十二銀行を設立、大阪貯蓄銀行取締役、日本火災保険会社社長、大阪博物場長などを歴任したが、自身は経営にはたずさわらず、博覧強記で、神道、儒学、仏教に通じ、詩文、和歌、俳諧、書道、茶道、絵画、華道、有職故実、蹴鞠、能楽、舞踊、武芸など三十一にものぼる趣味に没頭したという。露香は、夕刻になると寝床から出て、文人、茶人、華道師、能楽師たちを一方庵（一方庵の項❶を参照）に招き、諸芸の話に花を咲かせ、収集した品々を見せて楽しみ、夜が明けるとふたたび床につくことから蝙蝠大尽とあだ名された。茶の湯には最も熱を入れ、*木津家二代宗詮から*武者小路千家の茶を学び奥義に達し、十一代一指斎一叟の没後、明治三十一年に武者小路千家の家元預となっている。*松平不昧に私淑し、*大崎園にあった*独楽庵の扁額を手に入れ、同名の茶室を造り、また多くの名器の収集で名をなし、今日「平瀬家伝来」として珍重されている。日清戦争（一八九四～九五年）後の不況での平瀬家の零落による道具売立ての際には、戸田弥七、春海藤次郎、山中吉郎兵衛が札元となり、*益田鈍翁、*根津青山、藤田香雪（伝三郎）らが参加し、一万円をこえる道具が三点も出て財政危機を乗りきったとの逸話がある。

平田雅哉【ひらたまさや】

明治三十三年～昭和五十五年（一九〇〇～八〇）。近現代の数寄屋大工。はじめ*木津家三代宗泉の出入り大工であった藤原新三郎に師事し、その後、昭和五年（一九三〇）に独立、武者小路千家の茶人・中川砂村が平田の活躍を支えた。大規模かつ自在な意匠が可能な料亭の建築を得意とし、吉兆やなだ万（いずれも大阪市）などを手掛けた。彫物の技術に長けた大工であり、建築彫物だけでなく、施主に記念品として、自作の華麗な彫刻を贈っている。また製図も得意とし、透視画法を駆使した精巧な図面の数々がのこされる。自身の人生を『大工一代』（一九六一年刊）にも著している。主な仕事として、旧朝香宮邸（現東京都庭園美術館）にのこる茶室*光華（中川砂村設計）や吉兆高麗橋店容膝軒（大阪市）など。

平点前【ひらでまえ】

基本的な薄茶点前。*裏千家では棗、茶杓の清め方、茶筅通し、茶巾による茶碗の清め方など割稽古を習得して、盆略点前を習う。その次に習得する薄茶の運び点前などの点前をいう。小習事や相伝物の点前に対しての呼び方。

平天井【ひらてんじょう】

天井面が平らな天井のこと。茶室の天井には、平天井、*落天井、化粧屋根裏（*掛込天井）の三形式がある。落天井は平天井に対して天井高を一段低くして造られたものだが、天井面は同じく平らである。茶室の平天井の高さは床面から六尺前後を標準とし、*野根板張（*野根板天井）で白竹か女竹（大和竹）の竿縁を打ち上げる（*竿縁天井）のを標準的な仕様とする。野根板の網代張（*網代天井）とすることもあ

る。＊廻縁には丸太、竹、＊削り木などを単独、あるいは混ぜて使う。（付録24頁参照）

平庭【ひらにわ】
著しい起伏をもつ庭園に対し、地形の起伏が少ない平坦な庭園の総称。主に江戸時代に用いられた用語であり、『築山庭造伝後編』（一八二八年刊）では庭園を＊築山、平庭、茶庭（露地の項を参照）の三種に大別している。

平野宗貞【ひらのそうてい】
生没年不詳。織豊時代、あるいは江戸時代前期の町人とされる。堺の湯屋町に住み、「平野屋宗貞」とも。茶の湯を＊古田織部に学び、＊宗貞囲の茶室を考案したと伝えられるが、＊藤村庸軒の門人・笹屋宗貞とする書物もある。有楽流の茶法書である『＊茶道正伝集』ではその茶室について詳しく記述している。

平橋【ひらはし】
床板が平らな橋。＊反橋に対する語で、反橋とあわせて架けることで対照的な意匠を見せる場合がある。

平縁【ひらぶち】
❶断面が長方形になる平たい＊押縁のこと。天井板や下見板などを張る時に用いる。たとえば天井竿縁では、断面の形状は正方形の角縁が一般的である。これに対して、数寄屋では高さを押えた平縁が好まれる。縦長の断面形状であれば成縁と呼ばれる。❷垣の＊立子や＊組子を押える押縁のうち、板を使用したもの。

平家【ひらや】
単層の床、天井、屋根で構成された、二層以上の構造をもたない建物。「平屋」とも書く。茶室はそのほとんどが平家だが、高台寺＊時雨亭のように上階をもった例外もある。

蛭鉤【ひるかぎ】
蛭釘と同じ。⇨蛭釘【ひるくぎ】

蛭釻【ひるかん】
蛭釘と同じ。⇨蛭釘【ひるくぎ】

蛭釘【ひるくぎ】
ものを釣るために軸先がフックのように、鉤を作る形の釘。「蛭鉤」「蛭釻」ともいう。蛭の形状に似ていることからの名称。花入を釣るための＊花蛭釘と＊釣釜をする際に使用する＊釜蛭釘が一般的である。後付け可能な捻じ込み式のものと、工事中に仕込む栓差し式のものがある。

檳榔【びろう】
ヤシ科ビロウ属の常緑高木。四国南部、九州、沖縄の南部に分布する。小笠原原産のオガサワラビロウ、日本南部原産のワビロウがある。「あじまさ」「びろうじゅ」ということもある。海岸近くに自生し、葉は直径一〜二メートルで掌状に深裂する。幹は波状の環状紋があり、全体の高さは一〇〜一五メートルにもなる。街路樹や庭木として用いられるほか、沖縄の御嶽では神木とされるものもある。幹は床柱に使われる。

広縁【ひろえん】
畳敷きの座敷の外側に設けられた広い板縁をいう。中世から近世にかけて＊書院造の住宅が発達する中で見られるようになった。幅が一間以上の場合を広縁と呼ぶのに対して、幅一間半で畳敷きの場合は広座敷ということもある。広座敷の場合は別に外側に＊簀子縁を設ける。

広兼家の茶室【ひろかねけのちゃしつ】
岡山県高梁市の広兼邸にある茶室。広兼家は享和から文化年間（一八〇一〜一八）頃、二代目元治が小泉銅山とローハ（弁柄の原料）の製造で富を築いた。二階建主屋、土蔵三棟、楼門、長屋、石垣は文化七年（一八一〇）、離れ座敷は大正三年（一九一四）の建築である。茶室は離れ座敷にあり、四畳半の平面。南に内側に障子を備えた躙口、東に貴人口として四枚の障子を建てる。躙口上部には吹寄の連子窓をあける。北に位置する床は框床で、東の壁面には外部に掛障子を設けた荒組の下地窓をあける。床脇には地板が敷かれ、掃出しの地窓をあけている。

広小舞【ひろこまい】
＊軒先で、＊垂木の先端上面に取り付ける幅の広い水平材。＊小舞よりも幅が広いことからの呼称。

垂木のぶれどめ、裏板を納める、*見え掛りとしての化粧などの役割を果たす。主に住宅建築で用いられ、寺社建築での*茅負に相当する。また広小舞の上部に*淀を取り付けて、これらと*野垂木を結合することで、*野屋根が構成されるが、このような場合に広小舞と淀を一体として造ることもある。一体となった部材は広小舞とも淀ともいう。（付録24頁参照）

広敷【ひろしき】

現在では一般的に広い座敷、広間をさす。江戸時代には大名屋敷などで婦人が用いる奥向きの部屋、台所や台所に通じる部屋のこと、または町家で台所から上った板敷きの部分をさした。

広瀬家新座敷の茶室【ひろせけしんざしきのちゃしつ】

愛媛県新居浜市の広瀬歴史記念館旧広瀬家住宅（重要文化財）にある茶室。住友家が経営した別子銅山の総支配人をつとめ、住友家の初代総理人（総理事）となった広瀬宰平が、明治二十二年（一八八九）の別子銅山開坑二百年祭の迎賓館として自邸に新座敷を建設した。この新座敷に付属して、床を含めて全体四畳半の大きさの茶室が設けられている。三畳台目で風炉先床。床は東側に位置し、原叟床の形式。北側の点前座との境には火燈口状の釿潜り、南側には大ぶりな墨蹟窓を設ける。西側は一間半の貴人口をあけ、南側には次の間の台目三畳があり、襖で仕切られる。北側には連子窓を二つあける。人工は二代*八木甚兵衛。

広間【ひろま】

小間の項を参照。⇒小間【こま】

広間切【ひろまぎり】

広間の茶室における炉の切り方の一つ。*四畳半切と同様の炉の切り方をするものであり、*点前畳が、*茶道口から*踏込畳に入って一畳分以上先の位置になるよう炉を切ることを広間切という。これに対し、茶道口から点前畳までの踏込畳が半畳分だけの場合は四畳半切ということになる。

枇杷【びわ】

バラ科ビワ属の常緑高木。中国から渡来したとされるが、大分県や山口、福井県などの石灰岩地帯の自生が見られ、奈良時代には記録にのこることから古くから日本にあったのは確かである。果樹として本州の東海地方以西でひろく栽培されている。樹高は一〇メートルほどにもなる。葉は鋸歯のある革質で、枝先に集まって互生する。十一～十二月に白色の花が枝先に密になって咲く。果実は六月頃に熟す。『細川三斎御伝受書』には「樹に桃・枇杷、利休は嫌ひ候」との記述が見え、現代でも露地に枇杷のように、深山というよりは里山によく植わる果実のなる木を植えることはほとんどない。露地以外の例としては、九世紀に大内裏の柿、松、桜などとともに植えられたことが『日本紀略』に見えるほか、室町時代には山科言継（一五〇七～七九）邸に梅、棕櫚、栗とともに主屋周辺に植えられていた記録がのこる（言継卿記）。繁殖力が強く、住宅の庭園内に栽培されることが少ない。

檜皮【ひわだ】

屋根葺材の一種。*檜の樹皮。「ひはだ」ともいう。檜皮は生木の立木から剥ぎ取るのが一般的。

琵琶台【びわだい】

床の一方の脇に、床框の上端より五寸ほどの高さに方形の板を張った台。ここに琵琶を置いたのでこの名がついた。「琵琶棚」ともいう。台の前面部分は壁にしたり、襖戸や板戸を倹飩形式に建て込んだり、引違いなどにする。棚板の木口は切放しとし、面を取らないのが通例。

琵琶台　松風楼　表千家

檜皮葺【ひわだぶき】

*檜皮で屋根を葺くこと、または檜皮で葺いた屋根をいう。檜皮を*軒先から順に葺き、竹釘を打って留める。*屋根勾配は四寸から五寸ほどが数寄屋建築では一般的である。

檜皮葺　上賀茂神社橋殿

檜皮葺門【ひわだぶきもん】

*檜皮葺の門の総称。檜皮を*軒付と平葺に適するように切って使用する。軒付用に約五〇ミリの竹釘を用いる。檜皮葺の屋根は、反りなどの曲線を比較的自由に造ることができるのが特徴で、神社建築や貴族住宅に用いられてきた。簡素な露地の*中門に設けられることもあり、武者小路千家の*編笠門などがその例である。

琵琶床【びわどこ】

床の一方の脇に*琵琶台がある床をいう。

備後表【びんごおもて】

*畳表の一種。備後地方（広島県東部）で生産されたもの。畳表の最高級のものとされる。

ふ

斑【ふ】

ぶち、まだらのこと。たとえば*杢目などで平行な目の線を横切っている模様で、虎斑（*銀杏）や鶉斑などがある。また竹で表面に斑紋があるものを斑竹と称する。

風月軒【ふうげつけん】

❶長崎県平戸市の梅ヶ谷津偕楽園（名勝）にある建物。同園は平戸瀬戸を望む高台に位置し、肥前国平戸藩第十代藩主松浦熈の別邸として、天保十年（一八三九）に造られた。風月軒はその主屋の中の御成の間のことをさす。主屋は木造、桟瓦葺で東側中央に玄関を設け、外装は竪板張とする。山の高低差を利用して南向きの二階建とし、海側は開放的な造りで、風月軒は山側に位置する。広間の茶室は御座所とも呼ばれ、二畳の上段があり、床を備える。また上段の脇には火燈窓の開口部をもった仏壇が設けられている。張付壁には牡丹や瑞鳥の墨画が描かれている。主屋は登録有形文化財。

❷岡山県津山市の衆楽園（名勝）にある茶室。衆楽園は正しくは旧津山藩別邸庭園といい、江戸時代初期、美作国津山藩第二代藩主森長継によって築造された回遊式の大名庭園で、明治三年（一八七〇）に「衆楽園」と命名された。元禄十一年（一六九八）に松平家が入封すると、御対面所や隠居所の庭園として使用された。風月軒は庭園内の池の東岸に位置し、明治時代から大正初年にかけて建てられたとみられる。池に張り出した形式で、茅葺屋根をもつ。外壁は漆喰塗真壁仕上げで、北面東面は内法高まで熨斗羽目板張となっている。内部は開き戸形式の玄関、そして檜の縁甲板張と八畳の一室である。天井は竹網代張で、黒竹の竿縁で押さえる。池に面した南と西面には雨戸で全開できる手摺付の中連窓（腰壁の上にあけられた窓のこと）が設けられている。

風信亭【ふうしんてい】

愛知県名古屋市西区の大矢家にある茶室。もと名古屋城二之丸庭園にあった茶屋の一つで、明治維新による廃園の際、明治二年（一八六九）に大矢氏本邸に移された。また明治二十五年には大矢氏別業に余芳亭が移築される。二之丸庭園は「中御座間北御庭」、別名「御居間前御庭」「長廊下御庭」ともいい、尾張藩主の観賞用のみならず、非常時には重要な役割を担っていた。この庭園には藩祖の初代徳川義直の時代に儒教的色彩が濃い建物が配されていたが、十代斉朝（一七九三〜一八五〇）の代になって大改造されている。大山の頂上に熊野権現と愛宕権現を祀って権現山として、築山を各所に配し、庭の処々に多くの亭舎を配して回遊式庭園となった。風信亭、余芳亭ともにこの折に配されたと考えられる。文政五年（一八二二）頃に作成された「御城御庭絵図」（蓬左文庫蔵）には両亭とも描かれている。風信亭は、主座の斜め後方、邸内の北西隅に建ち、小高く石組がされ、前に枯池が配される。切妻造桟瓦葺の三面に檜皮葺の庇を廻し、入母屋風な外観で、三畳の主室に二畳の次の間を配す。主室には一間の違棚を設け、大平の間口いっぱいに中敷居窓があけられる。違棚の筆返しに丸竹を使い、床框の付いた板床として、床、違棚、付書院を融合した構えは特異な意匠である。ただし古図には床は描かれていない。天井は主室も次の間も野根板張り、丸竹の竿縁で、縁は主室の妻側を入口として沓脱石を配して他の二方に勾欄を廻す。縁板は榑板張として板に竹を挟み、竹を二、一、三、一、二と吹寄にし、変化を付ける。

深草土【ふかくさつち】

壁土の一種。京都市伏見区深草の大亀谷付近で産出する。各種の色土を含み、それらを混ぜ合わせ、荒壁土、中塗土を製造している。粘土、シルト（微細砂）、砂の粒度分布が壁土に適しており、土壁に施工されたものは、耐震強度、耐火性能、吸放湿性能など、多くの機能をもつ。植栽や表土を取り除き、色土が層になった場所を掘り起こし、半乾燥粉砕した後、篩にかけて壁土とする。砂や砂利が多い部分は土間の三和土仕上げに使われる。

深三畳【ふかさんじょう】

三畳において、丸畳三枚をT字に敷いた一間×一間半の平面とし、このうち並列する二畳を使って、点前座の向きも客座の並びも、座敷の長手方向にそうよう深使いにした茶室。平三畳に対する平面形式でもある。深三畳は、天文年間（一五三二～五五）中頃の、武野紹鷗による長三畳が早い例と見られ、『茶湯秘抄』での、西小路の僧の三畳敷の寝間に紹鷗が炉を切った例がそれにあたる。『南方録』の深三畳の記述では、この座敷をさすのかどうかわからないが、「紹鷗居士ノ縁カハナルユヘ、一方アカリ也」とし、また『茶伝集』では深三畳が囲いの始まりで、「書院ノ畳縁類、又広座敷之内ニ、あしろ屏風等ニて囲ひ、夫より内法ものなし、如図仕切、名目をかこひと云也、鷗休ノ如くいふ」として、『南方録』の図とほぼ同じ構成の深三畳図を掲げている。『茶湯秘抄』の「長三畳」が寺の客殿などの一部を囲ったものだったのかどうか不明だが、当初の深三畳は、囲いの茶座敷として記憶されていたようである。その後、深三畳は炉の位置が良くないとされて、何となく廃れていたらしいが、千利休が点前畳の先端を切り除いて、一尺五寸七分半の板畳（本畳の四分の一）を入れ、それまで亭主の後ろがあきすぎていたのを解消してから、世間では利休の作意に従うようになったという（茶道正伝集）。ただし『茶伝集』や『南方録』では板幅を一尺五寸と伝え、加えて『南方録』では、利休の言として、幅一尺八寸までは思うままに決めればよいともある。また同二書では、風炉先に壁や板を建てることにも触れている。すなわち『茶伝集』では、この板畳の先の出隅に皮付丸太の柱を立て、これに釜が見えぬほどの高さの板（一尺四寸ほど）を取り付けて上に無目をのせる。他方『南方録』では、中段が格子になった壁を建てるか、あるいは高さは中段までにして柱をなしにするか、または釜が見え隠れするくらいの高さの板を建てるかにするという。炉に関する説にも解釈に幅があり、『茶道正伝集』では、最初、向切で（原文では「一畳構の炉」）、その後、利休が板畳を入れて亭主の位置を見立て良くしたという。また風炉の時は畳を替えて風炉を引き出して使う。『南

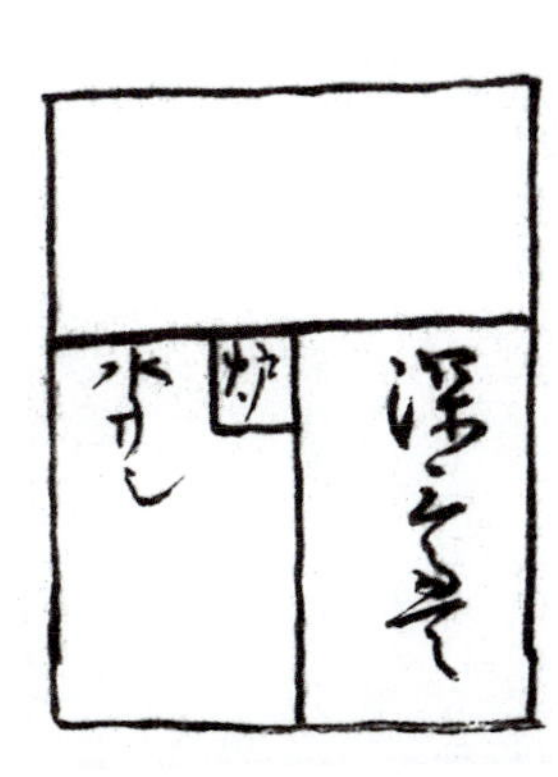

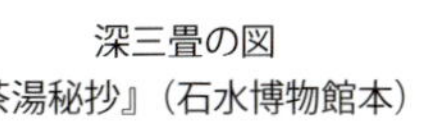

深三畳の図
『茶湯秘抄』（石水博物館本）

深三畳古様の図
『南方録』滅後（立花家本）

方録』では、深三畳が始まった昔、板畳の上に風炉、水指、杓立、水こぼし(建水)などを置き、茶入や茶碗は運び出していたが、その後一尺四寸炉を板の手前隅に切ったとし、それは利休が二畳敷を造って炉の方寸が定まって以後のことだとする。また『茶伝集』では、板畳を入れることと炉を切ることとの時間的な経緯については言及がなく、板畳があることを前提にして、この深三畳が三畳の始まりであり、隅炉の最初であるとしている。このほか炉以外のことで言及しているのは『茶湯秘抄』と『南方録』で、客の着座位置は、正客の座が勝手口に近い位置になり、連客はそこから奥へ順次進んだ位置に着座するという点である。その理由について『南方録』では、亭主が給仕できる通路はなく、正客にじかに給仕できる位置関係を考えるとそうなり、連客への給仕は正客が取り次ぐという。採光も含め、囲いという性格上、諸事不自由なため廃れたというのである。以上、記述に違いはあるものの、これらから深三畳の推移の大略を想定してみると、まず紹鷗が、囲いの性格をもつ向切の深三畳(長三畳とも)を試みたが廃れた。利休が二畳を試みてから小座敷が注目され始め、さらに利休が従来の深三畳に板畳を入れて亭主の座の位置を変え、隅炉にし、風炉先に結界としての仕切りの板を加味することによって、天正十四、五年(一五八六、八七)頃の茶会記にふたたび深三畳が散見されるようになった、と考えられる。江戸時代には「古様」とか「昔座敷」として扱われ、ふたたび顧られなくなるが、このような深使いの座敷は、天正十一、二年頃にはあったと考えられる利休大坂屋敷の「細長イ三畳敷」(深三畳半、細長三畳の項を参照)のそれと共通する点が多く、また奥の壁面に床を設けるとすると、おのずと床の間口は一間よりも狭くなる。利休による、四畳半のわび化へのプロセスとして、「細長イ三畳敷」が無視できないものであるとするならば、この深三畳も軽視はできない座敷と考えられる。

深三畳台目【ふかさんじょうだいめ】

深三畳の平面の長辺側に、点前畳として台目畳一枚を付加した茶室。表千家不審菴のような横長の平三畳台目とは対照的な形式である。この茶室形式が茶会記に初めて登場するのは、天正十四年(一五八六)十二月二十一日、神屋宗湛が招かれた堺の草部屋道設の「フカ三テウ」である。宗湛は翌年一月にこの茶室を訪れた時には「深三畳大目」と記録していた。道設に先行して、千利休は天正十一、十二年頃、すでに大坂屋敷に同じ平面形式の「細長イ三畳敷」(山上宗二記)を構えていたと考えられ、宗湛も天正十五年一月十二日にこの茶室を訪れ、「フカ三畳半」と記していた(深三畳半、細長三畳の項を参照)。その後、寛文五年(一六六五)までの記録をいくつかまとめた『茶湯之書』に「フカ三畳敷之事　宗易時分ハハヤリ候座敷也　近代ハハタトスタリ候也」ともあるように、利休の深三畳台目の形式は「昔座敷」として位置づけられ、見られなくなる。それに代って、古田織部以降の三畳台目やほかの広さの茶室がひろまっていった。なお深三畳台目の形式が、深三畳の長辺側に台目畳を付加するという点だけに着目すれば、織部の三畳台目もそれに含まれるが、『茶湯之書』では利休の茶室のことしか触れていないので、点前座の前方に床やその機能があるもの、という条件も入っていることになる。

深三畳半【ふかさんじょうはん】

博多の豪商・神屋宗湛が天正十五年(一五八七)正月十二日に、千利休の大坂屋敷(千利休の屋敷の項を参照)での茶に招かれた時に通された「フカ三畳半」茶室のこと(宗湛日記)。これは、同じ頃に書かれた『山上宗二記』に、「宗易大坂之座敷移也」と説明のある「細長イ三畳敷」(細長三畳の項を参照)のことをさしている。この茶室は、点前座に台目構えの原形ともいえる構成が見られることから、茶室史の点から見て注目すべき事例と考えられる。深三畳半という称は、現在でいう深三畳台目にあたるが、利休の深三畳半は、点前座の中柱に付く袖壁が吹抜きにならず畳のところまで下りていたらしく、それが当時の一畳半と同様、客座から半畳分しか見えないために深三畳半というとらえ方になったものと考えられる(台目畳の項も参照)。また宗湛は、そのような点前座の姿が、別室の茶立所のように見えたためか、点前座を「次ノ間」とも記していたので、前述の山上宗二の場合は、この茶室を三畳敷と解して「細長イ三畳敷」としたのであろう。利休は、豊臣秀吉が天正十一年に大坂城の築城を開始するにともない、自身も大坂に屋敷を構えることになり、深三畳半もそれにあわせて設けたものと考えられるが、いつ建てられたのか、その正確な時期はわからない。また同じ頃、利休の茶室以外にも、深三畳半はいくつか記録に見られ、宗湛が天正十四年十二月に堺の*草部屋道設の深三畳を訪れた時には、勝手のうちに一尺ほどの小棚がしつらえてあったことを記していた（翌年二月に宗湛が再度訪れた時には「深三畳大目」と記録している）ので、おそらく利休の深三畳半とおよそ同じ構成であったと考えられるし、その四日後には具足屋ソ安の深三畳大目、年明けて、利休の茶会の前日には、大和郡山の羽柴美濃守（豊臣秀長）の深三畳大目を訪れている。また利休の「細長イ三畳敷」を自書に取り上げた宗二自身も、点前座の位置を上座のほうへ半間上げた細長三畳敷を造っている。これらの深三畳大目について、個々に宗湛は目を引く点を記録しており、それによれば、必ずしも利休の茶室をそのまま写したのではないものもあったようであるが、当時、宗湛が訪れた他の多くの茶室では、*平三畳の比率がかなり高く、深三畳半は異色であった。そうした風潮を利休はあえて顧みなかったわけであるが、この利休深三畳半の特徴としては、まず貴人に対しへりくだるような点前座の構えであること、床を設ける壁面が一間なので、床はおのずとそれより間口の狭いものになり、一間床と結び付いた名物荘りからわびの荘りへと移行しやすいと思われること、また、明るさの点で、*坪の内に面する開口部が平三畳の半分しか開いていないにもかかわらず、床までの奥行きは平三畳よりも深いことから、上座の明るさはかなり抑えられていたと思われること、などが挙げられる。なお宗湛が、深三畳半から三畳大目へと記述表現を変えていることについては、それが点前座の構成の違い（たとえば中柱の袖壁下が吹抜かれているか否か）と関連があるのかどうか明らかではない。

千利休大坂座敷細長三畳の図
『山上宗二記』（不審菴本）

深四畳【ふかよじょう】

長四畳の項を参照。⇩長四畳【ながよじょう】

葺足【ふきあし】

*屋根葺材の、上の材料の下端より、その下になる材料の下端までの長さ、つまり屋根の表面に現れている部分の長さのこと

葺卸造【ふきおろしづくり】

*母屋より*野垂木をのばし、降らせて造る屋根。「葺下造」とも書く。

吹抜き【ふきぬき】

壁面あるいは床面の一部など、建物のある部分を開放とする形式のこと。「吹貫き」とも書き、また「吹放し」「明け放し」ともいう。閉鎖的な空間が和らぎ、部屋にひろがりをもたせる効果がある。たとえば茶室では、*中柱袖壁の下部の壁留に*引竹や*引木を入れてその下を吹抜きとしたり、床の脇壁の下を吹抜きとしたりする。

吹放し【ふきはなし】

吹抜きと同じ。⇩吹抜き【ふきぬき】

俯仰庵【ふぎょうあん】

富山県氷見市の光久寺にある茶室。⇩俯仰園【ふぎょうえん】

俯仰園【ふぎょうえん】

富山県氷見市にある光久寺の庭園。光久寺は真宗大谷派の寺院で、天平十二年（七四〇）頃の創設と伝えられ、当時は玄巣院と称する真言宗の寺院であった。嘉元元年（一三〇三）、現在地へ移り浄土真宗に改宗し現在に至る。その庭園は宝永年間（一七〇四〜一一）の築造で加賀藩御用庭師、能登の駒造の作と伝わる。本堂と書院座敷を柿葺の回廊でつなぎ、中庭には大きな園池を配し、回廊の奥には自然の丘陵を利用した奥庭がひろがる*回遊式庭園。俯して池を眺めるのも良く、仰いで山を眺めるのも良いという造りから俯仰園と名づけられた。以前は奥庭にいっぷ

く小屋と呼ばれた休憩所や近雲楼と呼ばれた茅葺の小屋が存在したが、老朽化により取り壊され現存しない。書院座敷から回廊を通り本堂へ渡ると、山側に突き出して茶室俯仰庵が建つ。当初の建築年代は不詳であるが、昭和二年（一九二七）に三畳の茶室を四畳半へと改築しており、また、その後の老朽化や樹木の生長による痛みが激しく、平成三年（一九九一）に山から離すように三尺ほど本堂に寄せて建て替えられた。昭和二年の改築時の茶室は四畳半本勝手の席で、引違いに戸を建てた躙口正面に台目幅の板床と踏込の床脇を構える。床柱は杉の面皮柱、相手柱は設けず平書院のような引違い障子の肘掛窓をあけ、障子の組子も書院障子のように装飾的なものとなっている。天井は二重廻縁の竿縁天井で、竿縁を卍字形に廻り組みとしている。現存する茶室は、基本的に昭和二年の改築時の姿を受け継ぐが、すべて新材を使用して造られ、床柱に出節の変木を用いるなど多少の改変が加えられている。

吹寄【ふきよせ】

❶二本、またはそれ以上の本数の材を一組としてまとめ、配列する方法や配列されたものをいう。吹寄竿縁、吹寄格縁、吹寄垂木、吹寄格子、吹寄柱などの手法がある。また障子や欄間の組子などを竪、または横に吹寄組子とすることがある。（付録23頁参照）
❷落ち葉が風などにより一カ所に吹き溜まる様子をいう。露地においては、十一月頃に落葉を苔のない所や植栽の根元、景石のまわりに蒔き、手箒で掃き集めて姿を整えること。落葉の黄、赤色が苔の緑に対し、露地に風情を加える。

吹寄格子欄間【ふきよせごうしらんま】

格子欄間のうち、格子を吹寄にしたもの。

吹寄格天井【ふきよせごうてんじょう】

格天井の一種で、縦横に配した格縁の一方、または両方を吹寄にしたものをいう。大小の格間にそれぞれ木賊、葭、薄といった十一種の素材を張った水無瀬神宮燈心亭をはじめ、様々に意匠をこらしたものがある。

吹寄格天井　燈心亭　水無瀬神宮

吹寄桟【ふきよせざん】

建具や窓、あるいは欄干などの桟で、二本または数本の間隔を詰めて一組とし、その組と組との間隔をあけて配置したもの。

吹寄垂木【ふきよせだるき】

垂木の配し方（垂木割）の一種。二本一組にまとめた垂木をその組同士の間隔をひろく配したもの（吹寄割）。またはそのように配した垂木。この場合の垂木の配列は、もとは本繁垂木から三本目ごとに一本を抜き取ったものであった。現在では、垂木の高さだけでなく、幅を配列の基準として、組の間隔をその二倍とすることもある。小丸太の垂木では、直径の二倍とする。

吹寄柱【ふきよせばしら】

柱を二本ずつまとめて立てたもの。土間庇などの捨柱に用いられることがある。

福井卯三郎【ふくいうさぶろう】

明治三十五年～昭和六十一年（一九〇二～八六）。町家、数寄屋大工。福井家は京都の伊勢屋町に居を構えていた代々の大工家で、元禄年間（一六八八～一七〇四）には創業していたといい、安政度の京都御所造営（一八五五年完成）にも参加したと伝わる。卯三郎は大正四年（一九一五）に京都市中京区の磯村家へ弟子入りし、十人ほどの兄弟弟子とともに修業し、独立後に福井家十六代となった。磯村のもとで町家大工としての伝統技術を習得し、数寄屋一辺倒ではなく、町家や別荘建築に至るまでを手掛けた。

福島家の茶室【ふくしまけのちゃしつ】

奈良県橿原市の福島家にある茶室。幕末頃には建っていたと見られている。寛政十二年（一八〇〇）頃に六間取りの主屋が建てられ、以後西に座敷や離れを増築、最後に茶室棟が建てられたと考えられる。茶室は通用門に隣接し、土塀と一体に建てられている。内部は三畳。炉を向切逆勝手に切る。北面西隅の躙口を入ってすぐ右手に袋床を構える。躙口の上に連子窓をあける。床と反対側の東面北端の壁面で、風炉先の上方にあけられた小ぶりの丸い下地窓が点前座の景色を印象深いものにしている。天井は、杉板の竿縁天井で、床挿しとなる。福島邸は平成十二年（二〇〇〇）に今井町町並保存整備事務所の設計により、復原工事が行われている。

福寿院の茶室【ふくじゅいんのちゃしつ】

愛宕神社（京都市右京区）里坊の福寿院にあった細川三斎好みの茶室。この茶室は『*松屋会記』「*久重茶会記」の寛永十五年（一六三八）十月二十八日の条に露地とともに「長四畳」として図入りで記載される。福寿院には三斎の子・立孝が元和九年（一六二三）に入寺しており、この茶室と露地の作事はそれ以降に三斎が行ったと考えられている。長四畳に台目の点前座を添えた台目構えで、二重棚を釣っていた。また床は点前座勝手付、亭主床に構えていた。襖二枚を建て込んだ出入り口をあけ、その隣、躙口に対した一間の壁面は杉板張。「広間ノハシナ御カコイ候也」と書かれ、同院客殿の一角をしつらえたものと考えられている。露地の潜りの両脇には雪隠と二畳敷の「休所」（待合）が設けられ、竹を用いた透垣により内露地が仕切られる。三斎の父・幽斎が*千利休から贈られたという石鉢が茶室に向かい据えられていた。

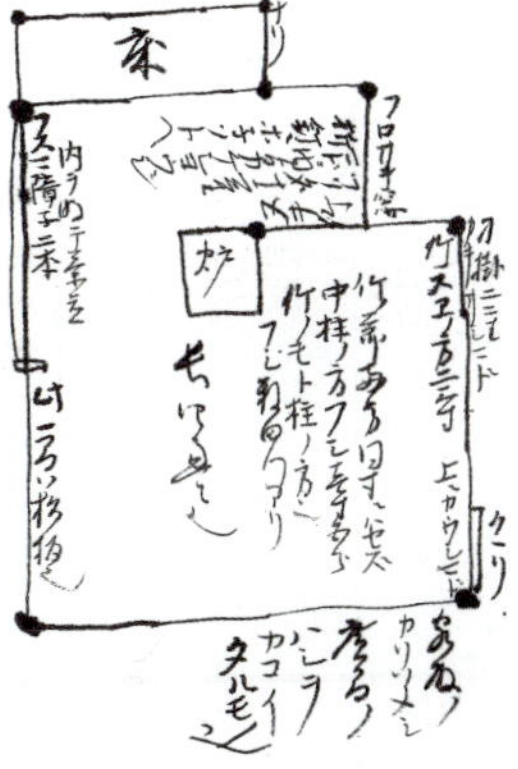

愛宕下ノ坊（福寿院）の茶室の図　『茶湯秘抄』（石水博物館本）

福寿会館の茶室【ふくじゅかいかんのちゃしつ】

広島県福山市の福寿会館にある二棟の茶室。福寿会館は、福山城旧二ノ丸下段の北側一帯を、昭和時代初期、海産物商・安部和助が買い取り、別荘を建てたことに始まる。戦災により公共施設の多くを失った福山市の意向もあり、寄贈を受けて現在は同市が管理する。二千坪あまりの敷地に、回遊式庭園を囲むように和風の本館、西茶室、南茶室、西蔵、東蔵、洋館が建つ。本館は入母屋造で桟瓦及び檜皮葺、正面に唐破風造檜皮葺の玄関を構える。二十一畳主室と次の間に縁を廻し、庭園越しの天守眺望を意図した近代和風住宅である。西茶室（一九四〇年建築）と南茶室（一九四二年建築）は、ともに京都の数寄屋棟梁・*笛吹嘉一郎が手掛けたもの。本館と渡廊下でつながる西茶室は寄棟造の桟瓦及び檜皮葺で、天守を望む主室十畳に三畳台目と二畳中板入の席を配し、水屋を舟底天井とする。望城亭と命名された南茶室は桟瓦及び檜皮葺で、池を挟んで本館の南側に建つ。袋床を備えた八畳の広間と三畳台目下座床の一席があり、二重露地となっている。両茶室ともに登録有形文化財。

福寿荘【ふくじゅそう】

大阪市北区の阪急百貨店にあった茶室。初代から三代まであった。初代は昭和七年（一九三二）の阪急ビルディング第三期増築時に設けられたもので、坂田柏樹庵の設計、*蓑庵写しの三畳中板入の席であったが、二代目への更新にあたり、宝塚植物園内に移築された。二代目は昭和十一年の第四期増築の際、その増築部分に規模を拡大して建てられたもの。設計及び施工は*笛吹嘉一郎で、*忘筌写しの十畳半と五畳半、他に十一畳の寄付、十畳と板間からなる水屋、そしてビル内ながら本格的な露地を備えていた。二代目は昭和四十七年、阪急グランドビル建設の際に取り壊され、三代目がふたたび場所を移し、規模を縮小して竹中工務店によって建てられたが、平成十五年（二〇〇三）に取り壊された。

袋板【ふくろいた】

*戸袋に用いられる*羽目板のこと。横張りにする通常の並べ方のほか、矢羽根形に張り付けて意匠をこらす場合もある。

梟の手水鉢【ふくろうのちょうずばち】

手水鉢の一種。*宝篋印塔の塔身を利用したもので、四方に梟の形の浮き彫りがあることからの名称。浮き彫りは梟ではなく鶴との伝承もあるが、梟の手水鉢の名称が一般化している。松尾家の嘉隠堂西側の蹲踞に据えられたものや尾山神社(石川県金沢市)のものなどが知られるが、曼殊院にあるもののように他の石造品を利用したものでなくとも、同形のものであればこの名で呼ぶ。(付録11頁参照)

袋掛釘【ふくろかけくぎ】

袋釘と同じ。⇒袋釘【ふくろくぎ】

袋釘【ふくろくぎ】

茶入の仕覆を掛けるための釘のこと。「袋掛釘」ともいう。普通、台目構えの中柱、点前座側に打たれ、鉄製のものと竹製のものがある。流儀によっては、小さな折釘が用いられることもある。

袋釘

袋障子【ふくろしょうじ】

太鼓襖と同じ。⇒太鼓襖【たいこぶすま】

ふ

袋棚【ふくろだな】

❶床脇に設けられる造り付けの戸棚で、袋戸と呼ばれる小襖を建てる。「袋戸棚」ともいう。一般には違棚の上下に設けられた天袋、地袋などをさす。(付録19頁参照)

❷床脇に設けられる飾棚の一種。江戸時代に棚雛形として定型化される四十八棚の一つ。『増補大匠雛形四 新板棚雛形』(一八六六刊)には「是ハなんど(納戸)脇、またハ御上方つぼね(局)方、何れも中座によし」とある。

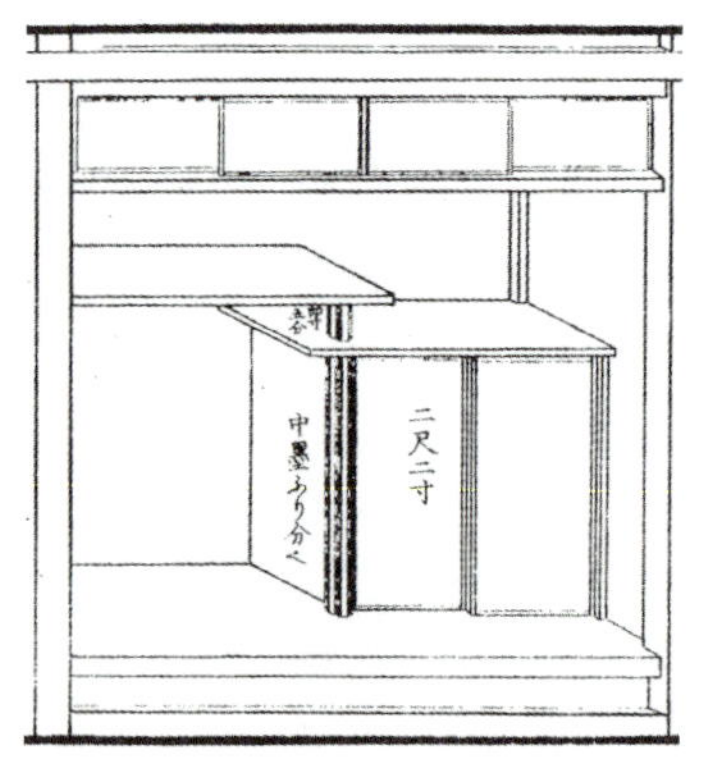

袋棚❷『増補大匠雛形四 新板棚雛形』

❸棚物の一種。志野棚のこと。また「利休袋棚」ともいう。杉木地で、四本の柱が天板を支え、倹飩蓋の地袋と棚板が組み込まれる形式。

袋床【ふくろどこ】

床の一形式。床の左右いずれかの落掛の下に竹や丸太の柱を立てて袖壁を造り、床の一端が三方に壁があって袋状に囲まれている床。床の間口は床中の壁面より短く、差の分だけ壁がある。軸釘は袖壁を意識せず、内壁面の中央上部に打つ。代表例として廣誠院の広間八畳の床がある。

袋戸棚【ふくろとだな】

袋棚と同じ。⇒袋棚【ふくろだな】❶

袋張【ふくろばり】

壁紙や襖の下張り工法の一種。紙の周辺にだけ糊を付け、中央を浮かせて張る方法。

武家門【ぶけもん】

武家屋敷に用いられた門の総称。特定の門の形式をさすものではない。棟門や薬医門の形式に造ることが多い。

不言庵【ふげんあん】

愛知県西尾市の西尾市歴史公園にある尚古荘の茶室。尚古荘は西尾城の濠跡を活用した庭園で、昭和六年(一九三一)に米穀商の岩崎明三郎が作庭に着手。名古屋の庭師・足立代三郎が造園にあたり、昭和十二年に完成した。茶室不言庵と大広間(三十畳)、待合、東屋などの建物が配される。不言庵は、もとは金物商の辻利八の別邸にあった茶室を移築したもの。七畳半壁床の席で、壁床の横に大円窓をあける。皮付丸太を中心に用いて建てられ、天井も張らず、垂木も枝を用いるなど、山家風の意匠となっている。国学者の佐々木弘綱もここを訪れたという。平成八年(一九九六)から一般公開されている。

不顧庵【ふこあん】

神奈川県鎌倉市の円覚寺塔頭佛日庵にあった茶室。昭和九年（一九三四）に建てられた書院に通じる六畳台目下座床の席で、矩折に廻る一間の鞘の間から入るよう配置されていた。床は獅子垣窓をあけた台目床で、床前には六寸幅の長板を敷き込む。床柱は赤松、框は磨丸太であった。平成十九年（二〇〇七）に現本堂が建設された際に解体された。佛日庵は、川端康成の『千羽鶴』や立原正秋の『やぶつばき』の舞台として知られている。

畚下石【ふごおろしいし】

石材の一種。京都市左京区の鞍馬近くに存在した畚下不動尊近辺に産出した。加茂七石の一つ。このあたりは江戸時代から火打石の産地で、火打石を断崖の上から下の石受け場まで畚に入れて下ろしたことから地名となり、さらにこうした石の中に景色を見出し、畚下石として水石や景石として使用した。石質は石灰岩随伴チャートで、特に灰竜岩と称する、石英化した白に茶褐色の部分が食い込んだものは石味が冴え、希少価値が高い。

部材【ぶざい】

建築を構成する要素となる材の総称。構造材、仕上材、造作材、化粧材、あるいは直線部材、曲線部材など、役割や形状などの様々な視点からの呼称がある。

房引手【ふさひきて】

*引手の一種。「総引手」とも書く。房（総）を引手としたものをいう。京都御所の清涼殿の襖などに見られる。

釜山海の手水鉢【ふざんかいのちょうずばち】

愛知県犬山市の*有楽苑にある手水鉢。もとは京都建仁寺の塔頭正伝院（正伝永源院の項を参照）にあったが、明治時代に正伝院が廃されて以降、*茶室如庵とともに移転を繰り返し、現在地に移る。加藤清正が朝鮮出兵に際し、釜山よりもち帰った海石を豊臣秀吉に献上し、それを下賜された*織田有楽が如庵の露地に用いたとの伝承がある。側面に「釜山海」と彫られている。

節【ふし】

樹木の枝の付け根、また枝が生え出るところ。製材した場合、この枝の組織の跡が現れた部位を節という。節の状況にしたがって*無節、*上小節、小節と等級付けがなされる。意匠材としては節無しの材が好まれることが多い。ただし節の多い材でも、節のもつ強度を生かして構造材に活用されることもある。竹や葭などの茎にある一定の間隔でふくらみ区切となった部分もいう。

無事庵【ぶじあん】

東京都港区の*根津美術館にある茶室。大正時代初期、実業家・村井吉兵衛が永田町の私邸山王荘に*弘仁亭とともに建てた茶室で、昭和六年（一九三一）、赤坂の大倉男爵邸への移築を経て、同三十一年、同館に移された。席は四畳半台目、点前座には洞庫を設け、天井は網代張の平天井と煤竹を敷き並べた掛込天井で構成される。平書院には竹を詰め打ちにした書院欄間を取り付け、畳床の脇には獅子垣窓をあける。床脇の台目幅の地板から引違いの太鼓襖を経て、茶道口に続く水屋とは別の水屋に続く。

藤井厚二【ふじいこうじ】

明治二十一年～昭和十三年（一八八八～一九三八）。建築家。建築環境工学の先駆者の一人。広島県福山の出身。東京帝国大学を卒業後、竹中工務店に入社し、*村山香雪の居宅の書院棟（旧村山家住宅の項を参照）などを手掛ける。大正九年（一九二〇）に同郷の*武田五一が創設した京都帝国大学建築学科に招かれ、同十五年に教授に就任する。大正九年より京都府乙訓郡大山崎に約一万坪の土地を購入し、実験的に自邸を次々に建て、それを知人に譲ることを繰り返した。第五回目の住宅は昭和三年に竣工し*聴竹居と命名され、この実験住宅の集大成となった。数寄屋を基本としつつ、環境工学の考えを取り入れたものである。その後、京都を中心に多くの住宅建築を設計するが、安易な住宅の近代化ではなく、「人情風俗習慣等及び気候風土」が建築の形を決定すると考え、日本人の生活文化から生まれ、日本の気候に適合し、また一方で立体的な幾何学的構成をもった数寄屋建築を基本に、椅子式の生活や環境工学的視点を取り入れた住宅設計に取り組んだ。趣味人としても名を馳せ、茶道や花道はもとより、ボートや焼きものなども好んだという。著書に『日本の住宅』など。

富士形手水鉢【ふじがたちょうずばち】

手水鉢の一種。山の形をした自然石の天端に水穴をあけた形状のもの。山の形を富士山に見立てての命名と考えられる。鹿苑寺（金閣寺）の夕佳亭にあるものが知られる。（付録10頁参照）

富士火燈窓【ふじかとうまど】

火燈窓の一種。火燈窓の上部を台形、すなわち富士山の姿のように整形したものをいう。大徳寺塔頭孤篷庵の方丈の玄関に用いられていて、小堀遠州好みといわれる。いかにも遠州らしい明晰な意匠感覚による造形といえる。

不識庵【ふしきあん】

京都市左京区の南禅寺本坊にある茶室。昭和二十九年（一九五四）、開基亀山法皇の六百五十年御忌の際、茶道宗徧流不審庵の八世外学宗有の米寿の祝に全国の門弟が拠金して寄進した茶室で、宗有の好みにより岡田永斎が造った。席名は、達磨が中国・梁の武帝と対面した時、「私の前にいるのは誰か」と問われて「不識（識らず）」と答えた門答にちなむ。内部は四畳半の本席に広間六畳が添えられて構成される。四畳半本勝手の本席は上座床で、床の正面、南側東寄りに躙口をあけ、矩折の東側南寄りに貴人口をあける。点前座の先には風炉先窓をあける。天井は床前の三畳分が竹の竿縁で押した野根板の平天井で、のこりは躙口に向かって竹垂木の掛込天井である。広間は下座床で、北の水屋に面する襖戸が茶道口で、床の脇の襖戸が給仕口と見立てられる。点前座の向こうの東側には付書院と縁側付きの障子戸があき、南側も障子戸で、どちらからでも席入りができる。天井は竿縁の平天井と掛込天井と舟底天井が組み合わされている。二つの席に接続する三畳の水屋には、調理室が添えられ、様々な茶事に便利なように工夫されている。なお不識庵の露地にあたる庭園の茶室窮心亭は昭和四十三年、やはり茶道宗徧流不審庵の一門によって寄進された。修学院離宮にある窮邃亭の趣を慕って命名された。露地を囲む竹垣は南禅寺垣である。

富士黒朴【ふじくろぼく】

静岡県御殿場市付近から産出する黒朴石の一種。黒朴石の中では伊豆黒朴に次いで良質とされる。富士山の溶岩塊で玄武岩質。黒色多孔質で、溶岩流によりクリンカー（急冷凝結による破砕面）が表面に多く見られ、表情が豊かである。茶系色よりも黒色が好まれる。石積やロックガーデン、景石に用いられる。

藤棚【ふじだな】

床脇に設けられる飾棚の一種。「前棚」ともいう。江戸時代に棚雛形として定型化される四十八棚の一つ。『増補大匠雛形四 新板棚雛形』（一八六六年刊）には「是ハたな（棚）数多き所ニ用、上座にもくる（苦）しからす」とある。

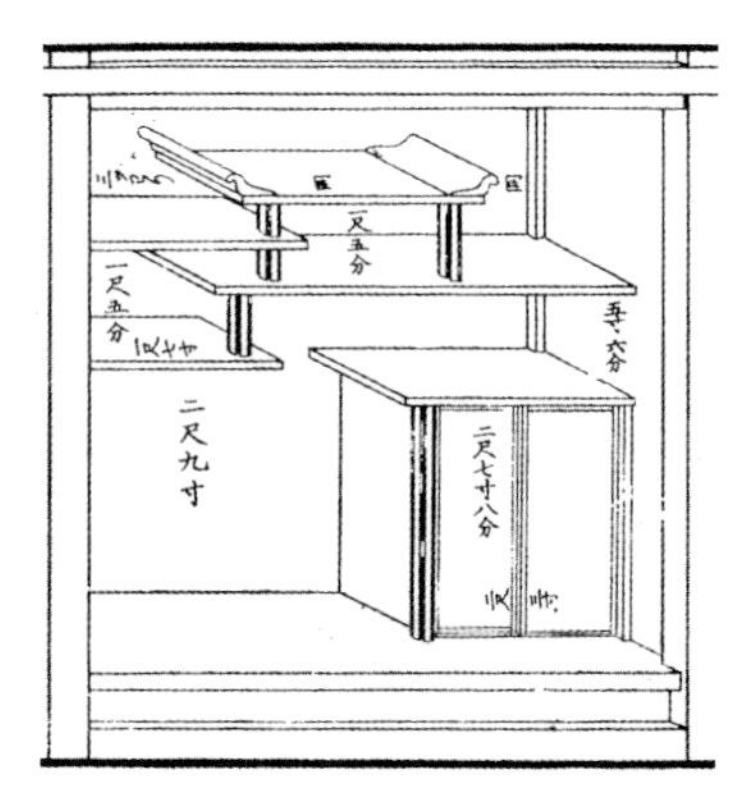

藤棚 『増補大匠雛形四 新板棚雛形』

藤蔓【ふじつる】

藤の蔓。茶室建築では下地窓に使われる。下地窓は皮付の葭を縦横に組み合わせて、これを藤蔓で絡ませる。葭を束ねる本数、間隔、藤蔓を絡ませる位置のバランスが考慮される（付録22頁参照）。また化粧屋根裏の化粧小舞を掻く時にも使われる。

藤戸石【ふじといし】

名石の一つ。京都市伏見区の醍醐寺三宝院にあり、三尊石の中尊石として据えられている。産地は謡曲「藤戸」で知られる備前国児島（岡山県倉敷市藤戸町）とされるが不詳。織田信長が細川氏の邸宅にあったものを足利義昭の二条城に用い、この時石は綾錦に包まれ、花で飾られ、笛や太鼓ではやしたてながら三千人の人夫で運ばれたと伝える。その後、豊臣秀吉が聚楽第に移し、さらに移って三宝院庭園に用いられた。

不時の茶事【ふじのちゃじ】

*茶事七式の一つ。「臨時の茶事」ともいう。不意の来客を迎えた際に行う。内容に定則はなく、臨機応変に対応する。

藤林宗源【ふじばやしそうげん】

慶長十三年〜元禄八年（一六〇八〜九五）。江戸時代前期の茶人。*片桐石州の家臣で、後に家老となる。名は直員、通称助之丞。能改庵と号する。茶の湯は石州と同じく*桑山宗仙に学び、後に石州に師事。石州の信頼は厚く、石州の茶の湯を補佐して、その伝播に大きな役割を果たす。石州没後も石州流の中心として清水動閑、*松浦鎮信、*怡溪宗悦などの多くの石州門下を指導する。遺構として大阪府和泉市に茶室枯草庵が伝わる。著作に『和泉草』『*藻塩草』などがある。この系統の石州流は片桐家中を経て後、本庄家代々により伝えられ、古石州流と呼ばれる。

伏見稲荷大社【ふしみいなりたいしゃ】

京都市伏見区深草に鎮座する旧官幣大社。全国に約三万ある稲荷神社の総本宮。稲荷山の麓に本殿があり、稲荷山全体を神域とする。和銅四年（七一一）、秦伊呂具が三柱の神を稲荷山三カ峰に祀ったのが創始とされる。また伊呂具が的にして射た餅が白鳥と化して飛び去り、そのとどまった山の峰に稲が生じた奇瑞によって「イナリ」という社名になったと伝える。本殿（重要文化財）には、宇迦之御魂大神・佐田彦大神・大宮能売大神を主神とし、田中大神・四大神を合祀、五柱が祀られている。境内南方には*伏見稲荷大社御茶屋がある。三千家家元の替紋である*壺々は、*千宗旦が伏見稲荷を信仰していたことから、その初午の土産物であった田宝を模したものであるという。

伏見稲荷大社御茶屋【ふしみいなりたいしゃおちゃや】

京都市伏見区の*伏見稲荷大社にある茶屋。社伝によれば、同社の祠官で、禁中非蔵人として出仕していた羽倉延次が江戸時代初期、後水尾上皇（後水尾天皇の項を参照）より拝領したと伝えられる。一説によれば寛永十八年（一六四一）、禁中古御殿から移築されたとされ、また他方で後水尾上皇の*仙洞御所の遺構ともいわれる。外観は*入母屋造*檜皮葺の屋根に*木連格子と*懸魚を付けている。内部は一の間と次の間からなり、北側に*広縁と*縁座敷が、南側に半間幅の*榑縁が付いている。一の間は全体八畳で、七畳敷に一間の*出床を設け、一間の*付書院と、一畳の床の脇奥に*違棚を備えている。次の間八畳との境には*襖四枚を建て、*欄間には吹寄*菱格子を入れており、数寄屋の雰囲気を漂わせている。一の間では、柱に*面皮、丸太、角材が用いられ多様な構成であるが、*長押は角材で廻し、*釘隠を打つ。床は*床柱に*面付きの端正な丸太を用い、向かって左の壁は*無目を入れて吹抜いている。床の脇一畳は*落天井で、その奥、違棚は

伏見稲荷大社御茶屋　一の間　床と付書院

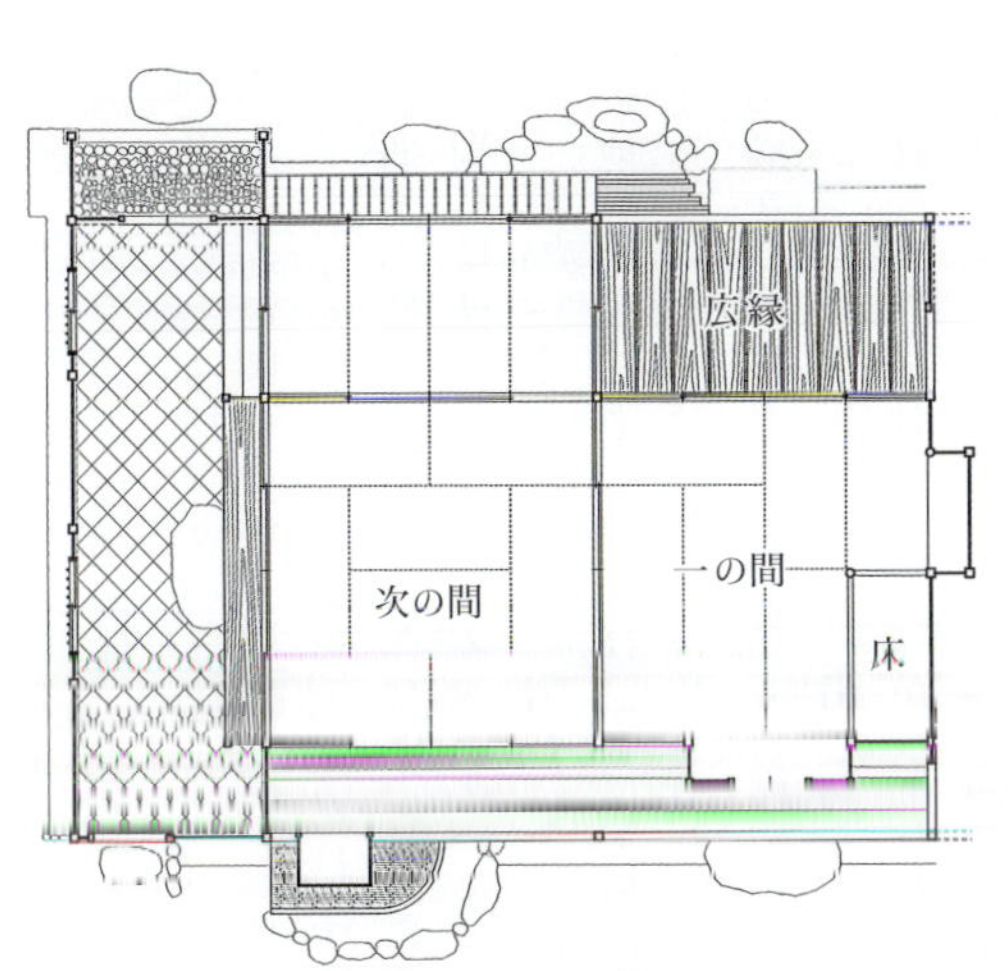

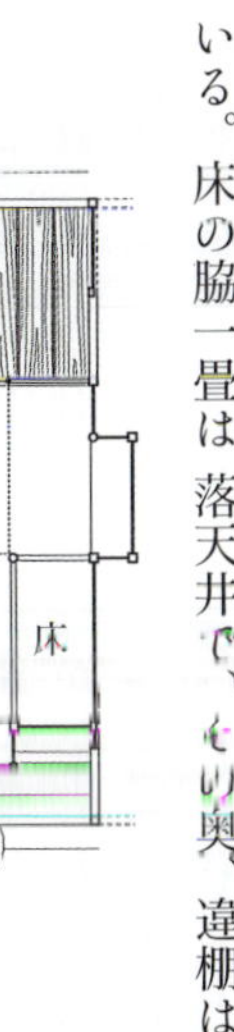

伏見稲荷大社御茶屋

通常よりやや低く設けられ、上部は*天袋を備え、下部は*蹴込板を入れて*地板を敷く。違棚の左の*方立は丸太で、天井のとまりも丸太とする。「御茶屋」という呼称が当初からのものとすれば、ここが*茶立所として機能したと考えられる。付書院は端正な輪郭の*火燈窓の上に二枚障子の欄間を設け、地板の下は*地袋にする。その右端の柱は*角柱で、のこりの*間半は*中敷居窓として一枚の*腰障子を嵌殺しで用いている。その障子は*組子と腰の*舞良子とも*吹寄にしている。床の*吹抜きからこの窓までの意匠は西本願寺の*黒書院の一の間のそれと共通している。一の間の北側は戸襖と*明障子で構成された開放的な造りである。長押の上は*蟻壁を設けない数寄屋調であり、欄間窓を*廻縁までいっぱいにとってある。この明障子をぬけると広縁に出る。縁先には切石の*沓脱石を据えている。戸襖の意匠は外側では吹寄の竪舞良戸、欄間窓は横貫を二条通した*格子戸となる。丸太や面皮材を取り交え、菱格子や吹寄舞良子の用いる手法で*書院造の格調をやわらげる効果を発揮している。また違棚の意匠や火燈窓の輪郭などには慶長年間(一五九六～一六一五)頃の名残りがあり、江戸時代初期の遺構として貴重である。なお床の脇について、もし違棚が奥に後退していなかったとすれば「後水尾院御所御茶屋」と同じ六畳になるとする説も出されており、現在の御茶屋は後世に手が加わったとするもので、それらの構成も後世の手による可能性もある。重要文化財。

伏見城【ふしみじょう】

京都市伏見区にあった*豊臣秀吉が築いた城。通称は「桃山城」。その濫觴は天正二十年(一五九二)から伏見指月に営まれた秀吉の伏見屋敷である。指月は現在の伏見区観月橋畔の台地で、前は舟の行き来も面白い宇治川の流れに臨み、南は渺々たる巨椋池を望む景勝の地で、殊に月の名所として知られ、古くから貴顕の別荘がここに多く造られていた。指月の名は空、川、池、盃に四つの月を見るからという。秀吉は公的生活本位の*大坂城に対する私的生活本位の生活の場としてこの屋敷を構想したのである。『多聞院日記』の「伏見隠居の普請」などの語がその推測を裏付ける。秀吉はまた前田玄以宛ての消息で「ふしみのふしんの事りきうにこのませてねんごろに申しつけたく候」とも述べている。秀吉はここで、能や茶の湯を存分に楽しむことにしたのである。記録にのこる茶会としては文禄二年(一五九三)閏九月二十一、三、四日の四十石茶壺口切茶会、文禄三年二月二十一日の関白秀次を招いての茶会などがある。だが秀吉は拾丸、すなわち後の秀頼の誕生(文禄二年八月)を機に、この屋敷をもっと大規模なものに拡張することにした。この新しい大城の構想はただちに実行に移され、翌文禄三年秋、秀吉は伏見に移徙した。こうして伏見城は秀吉の公私にわたる本拠地となり、彼の権勢を結集した大城は、洛南随一のこの景勝地に着々と威容を整えていった。この指月伏見城にも数多くの茶亭があり、茶会もしばしば催されたであろうが、記録にのこるものとしては、文禄三年九月十八日に「滝の座敷」で催された茶会(益田家文書)、同年十一月三日の関白秀次を招いての茶会(言経卿記)などわずかしかない。文禄五年六月、中国の明の冊封副使沈惟敬が伏見に来て秀吉に謁した。翌月には冊封正使を迎えることになっていたが、実現に至らなかった。閏七月十三日の畿内大地震のためである。これによって指月伏見城はあえなく倒壊してしまったのである。しかし地震が収まると秀吉はただちに城の再建に取りかかった。その際、本丸は指月から木幡山へ移された。翌年五月には天守が竣工した。この木幡伏見城においても、多くの茶会が催されたが、それがいかなるものであったかを最もよく伝えるのは『宗湛日記』慶長二年(一五九七)二月二十四日の条である。秀吉はまた、城内の東南、舟入の近くに「学問所」を構えた。それは広大な庭園と、その中に点在するいくつかの建物とからなっていた。その建物群の中心をなしていたのは高堂で、茶亭は『南陽稿』所収の「学問所記」によれば、高堂の四周の四つの数寄屋、及び松杉林中の草堂付属の茶店などであった。この木幡伏見城は関ヶ原合戦前の攻防の中で焼失、後に再建され一時徳川家の居城となったが、元和五年(一六一九)に廃城が決定し、同九年に廃棄された。城のあった木幡山には桃が多く植えられ、春には洛中洛外から貴賤群衆して桃見を楽しんだ。いつか人々はこの山を「桃山」と呼ぶようになり、かつてここにあった伏見城を桃山城と呼ぶようになった。なお高台寺の*時雨亭と*傘亭は、ともに伏見城から移築されたと伝えられており、「学問所記」の記述は、時雨亭、傘亭を髣髴とさせるものがある。また*観瀾亭（宮城県松島）や*春林庵書院（京都府宇治市、平等院）なども伏見城遺構の伝承があるし、*月華殿（神奈川県横浜市、三渓園）も徳川氏伏見城にあったという伝えがある。

富士見台の茶室【ふじみだいのちゃしつ】

*松平不昧が*大崎園に営んだ茶室の一つ。園庭の中ほどの小高い丘の上にあったこの茶室は二畳中板と台目一畳が遣り違いに配置され、正面と左の畳のまわりは三角形の板敷きで、壁面に角度が付いており、『大崎別業遊覧記』によると「柱ことにみなむかひあふことなく作られし」とある。天井は「屋根裏を見せ、下り天井二段にこれあり」（大崎名園の記）とあり、壁には蒲葉を入れて塗り、幾百年を経た壁のように塗るなど、内部は変化に富んだ造りであった。『雲州不昧公大崎別業真景』に描かれている茶席は、切妻造柿葺の前面に土間庇を付けた、すっきりした姿で描かれている。席名は富士山が見えるところからつき、また「向峰」とも称され、入口の上には、不昧筆の赤杉柾の丸額「向峰」（現存、東京国立博物館蔵）が掲げられていた。

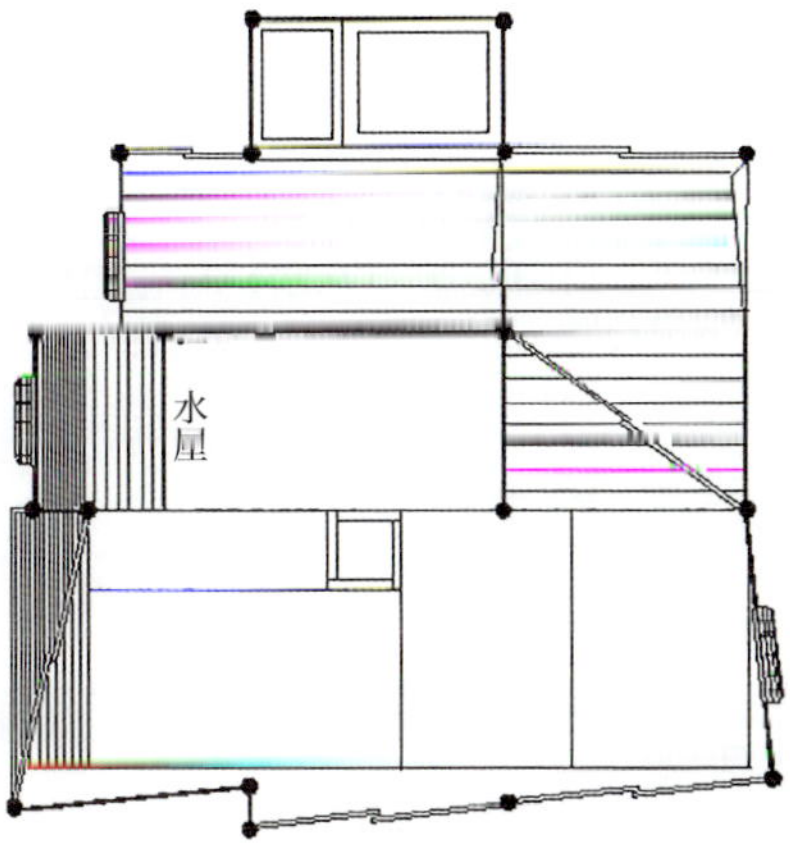

富士見台の茶室
「江戸大崎御屋鋪御茶屋之絵図面」から作図

富士見亭【ふじみてい】

東京都世田谷区の*五島美術館にある茶室。昭和三十二年（一九五七）、*五島慶太が建てたもので、設計施工は*藤森明豊斎と中村雄造。炉を隅炉に切った点前座の長四畳と、その周囲を土間で囲んだ一室で、立礼席としても使用できる。水屋は立水屋となっている。床柱に立てられたしゃれ木の古材や、また西大寺旧山門古材を用いたり、隅切の下地窓、小豆石の石炉など随所に意をこらした席となっている。南面の幅十五尺五寸の肘掛窓からは、富士山を眺められる。また五島自筆「富士見亭」の額が掲げられている。

富士見の庵【ふじみのあん】

東京都目黒区の津村重舎邸にあった茶室。昭和五年（一九三〇）、津村順天堂（ツムラ及びバスクリンの前身）創業者の津村重舎（初代）によって建てられた。玄関土間と小間が接続し、縁側が廻る構成であるが、瀬戸製の織部瓦葺の切妻を二段に構え、さらに棟を垂直に腰葺の切妻屋根を架けて谷樋とする複雑な屋根をしていた。両開きの板戸の脇に竹の無双窓、半円の格子窓や斜め下地の円窓などが配され、外観は民家調だが変化に富んでいた。古代瓦や紋様のある敷石を並べた土間には炉を設け、大木の柱が立てられる。また式台と矩折に腰掛が付き、待合としても使われた。小間は三畳。床は一間半の蹴込板を入れた洞床で、一間の位置に床柱を立て、右手袖壁には猪目窓があけられ、床脇には地袋が付されていた。土間と小間とのあいだには二枚障子を建て、その脇には破れ窓をあける。小間と縁とのあいだには明障子を建てる。縁の外側にはガラス障子が建てられていた。二十五勝と称せられた敷地内庭園には他に現在、浅草寺に移築されている*天佑庵もあった。

藤村庸軒【ふじむらようけん】

慶長十八年～元禄十二年（一六一三～一六九九）。江戸時代前期の茶匠。*千宗旦の弟子。名は政直、後に当直とあらためる。号は庸軒、反古庵、通称は十二屋源兵衛。長じて藤堂家出入りの呉服商・十二屋藤村家に養子に入る。父は*久田家の初代久田宗栄で、庸軒は、宗旦の娘くれの夫・久田宗利（本間利兵衛）の弟である。若年の頃は*藪内家の二代月心軒真翁に、次に*小堀遠州に茶の湯を学んだが、後に宗旦の門に参じ高弟となった。常に陸鴻漸（陸羽）、*玉川子（盧仝）の風を慕い喫茶を嗜んだとされ、書院併用の茶の湯ながら簡素な部分もみられる。また山崎闇斎に儒学、三宅亡羊に漢学を学んで、四書や漢詩に関する造詣が深く、自作の漢詩集『庸軒詩集』

がのこされる。禅は大徳寺の雪庵宗圭に参じた。好みの道具には、標有梅香合や、回也香合、凡鳥棗がある。庸軒の茶会記録「反古庵茶之湯留書」には、客として庸軒の門人や家族、表千家六代覚々斎原叟の名前が見られる。「正保二年十月二十一日朝小堀遠江殿御茶被下候留書」は、遠州の茶会に参会した時の記録である。また師の宗旦から庸軒が聞書きし、娘婿の久須見疎安が編纂した『*茶話指月集』には、千利休の逸話も多くのこされ、その中には茶室や露地に関するものも含まれる。庸軒ゆかりの茶室には、金戒光明寺西翁院の*澱看席、京都西洞院下立売の自邸にあった反古庵、堅田(滋賀県大津市)居初邸の*天然図畫亭などが挙げられる。庸軒の茶の湯は息子や弟子たちにより、*庸軒流として伝えられる。

藤森明豊斎【ふじもりめいほうさい】

明治四十四年(一九一一)～平成八年(一九九六)。数寄屋大工。長野県上諏訪に生まれる。十六歳で上京。岡崎正吉に弟子入りして修業し、宮内庁関係の建築修理などにたずさわった後、昭和二十一年(一九四六)に独立。関東を代表する数寄屋大工として、美術館、*護国寺や遠州茶道宗家などの、多くの数寄屋建築を手掛けた。作品に大徳寺塔頭孤篷庵の*其心庵や五島美術館の*冨士見亭などがあり、遠州茶道宗家の*成趣庵の移築にもかかわっている。

撫松庵【ぶしょうあん】

❶東京都品川区の岡崎国臣邸に建てられた茶室。岡崎国臣は明治時代から昭和時代初期にかけての官僚で、東京株式取引所の理事長となった人物。昭和十年(一九三五)に建てられ、三畳台目の小間と三畳次の間、四畳半、勝手、水屋などを一構としていた。*裏千家十一代玄々斎精中、十二代又妙斎直叟、十三代圓能斎鉄中と親交した人で、明治時代末に東京へ移り、茶道指南にあたった石川宗寂の晩年の設計。小間の外観は入母屋造で、小瓦及び銅板葺、庇は杮葺、内部は深三畳台目向板入。上部に連子窓をあけた躙口を潜ると、右手が枡床で、辛夷丸太の床柱となっている。点前座は、炉を向切に切って、物入れの上部高い位置に窓をあける。天井は床前が野根板天井で竿縁は煤竹、点前座は市松網代組の落天井。四畳半席の外観は二重庇のある入母屋造桟瓦葺。躙口と同じ壁側に円窓をあける。床は台目床。天井は床前が野根板天井、点前座が菰の落天井、躙口側が掛込天井となっていた。露地は燈籠が除外され、植樹と自然石のみで構成されており、南側の椎の巨木を回って二席に入る趣向であった。❷京都府宇治市の*松殿山荘にある茶室。*高谷宗範が大正十三年(一九二四)以前に御影の別荘から移築したものと伝える。主屋の東の庭園内に位置する。施工は中川徳一。屋根は入母屋造茅葺(現状は鉄板葺)で三方に付庇を廻し、東に水屋、北に寄付、西に土間庇と腰掛を配している。南には切妻造の上段部分が軸を振って取り付く。床下には湧泉があり、そこから遣水が流れ出す。中心の茶室は、鹿苑寺(金閣寺)の*夕佳亭写しで、二畳の上段をもつ四畳の茶室で、上げ台目切に炉を切り、本歌にはない躙口や中柱を付加している。❸愛知県名古屋市東区の文化のみち橦木館にある茶室。同館は陶磁器輸出業の井元商店を営み、名古屋陶磁器輸出組合の理事長などをつとめた井元為三郎(一八七四～一九四五)の旧邸宅。茶室のほかに主屋や洋館、土蔵が二棟ある。主屋は木造平家建で大正十五年(一九二六)に竣工し、一部接続する洋館が木造二階建で、翌昭和二年(一九二七)に完成した。撫松庵は敷地の南西にある庭園の西に建つ。京都からの移築と伝えられているが、中京間で建てられ、主屋と洋館などが竣工した後に、庭園整備と一緒に新築されたことが考えられる。周囲が銅板葺、中央部が桟瓦葺の南北を棟とする切妻造の平家で、北面を片流れ、東面北側のみ庇を付属させる。内部は点前座が丸畳、客座が台目畳二畳で、中板を敷く。炉を向切に切り、点前座左手隅に二重棚を釣り、方立口形式の茶道口をあけて、天井は蒲の平天井である。床は枡床を上座に構え、床柱が赤松丸太で相手柱を档丸太として、丸太の框を矩折に廻し、竹の壁留で風炉先に狆潜りを造る。客座は全面化粧屋根裏で突上窓をほぼ中央にあけ、床に続く西面の柱間に連子窓を、床と対面して下地窓をあけ、片引き障子で外部に力竹を添える。水屋の西面は水屋棚を設け、南面には丸窓をあけ、東面に片引きの腰板障子を建てる。

不浄柄杓【ふじょうびしゃく】

雪隠柄杓と同じ。手水鉢の柄杓の項を参照。⇒手水鉢の柄杓【ちょうずばちのひしゃく】

藤原暁雲【ふじわらぎょううん】

明治二年〜昭和三十五年(一八六九〜一九六〇)。近代の実業家、数寄者。名を亀彦ともいい、暁雲と号した。長野県出身。医者になることを目指して上京、慶應義塾に入学したが医学の道には進まず、卒業後は松江日報社へ入り、主筆となる。会社が行き詰まり東京へ戻り、慶應の先輩の鈴木梅四郎の紹介で三井銀行に入り、後に富岡製糸場、三井物産を経て王子製紙を再建し、国内シェア八五パーセントを握る巨大製紙企業に成長させ、「製紙王」と称されるようになった。商工大臣、産業設備営団総裁、海軍軍政顧問などを歴任して東条内閣の国務大臣に就任。戦後はA級戦犯として出頭命令を受けるも不起訴となった。晩年には私財を投じて藤原工業大学、藤原科学財団を設立して教育界にも貢献した。*益田鈍翁の勧めで*表千家に入門し『私のお茶』『回顧八十年』『宴会常道論』などの書物を著し、多くの茶道具の名品を集めたほか、スウェーデンに茶室*瑞暉亭を寄贈し、茶の湯の国際交流にもつとめた。

藤原銀次郎【ふじわらぎんじろう】

藤原暁雲のこと。⇒藤原暁雲【ふじわらぎょううん】

普請【ふしん】

元来は、禅寺で大衆(衆僧、多数の僧)を集めること、また大衆に堂塔の建築などの労役に従事してもらうことをいった。室町時代以降、幕府の役職において、土木工事をいい、建築工事に対しては*作事といった。江戸時代、幕府や各藩では、土木を掌るところを普請方、建築を掌るところを作事方、破損方、寺社修理方などと称し、それぞれ普請奉行、作事奉行がおかれた。元禄年間(一六八八〜一七〇四)頃以降は、武家住宅や民家などの建築工事をさしていい、現在ではそれが転じて土木、建築の工事の意として用いられている。

不審菴【ふしんあん】

*表千家の茶室。表千家を代表する茶室。表千家四代江岑宗左の書状(表千家蔵)に「不審庵額堺に而古渓和尚ニ利休居士頼四畳半之座敷ニ打候て」とあり、*千利休の堺屋敷の四畳半が不審庵と称されていた。また『*江岑夏書』に「門前之不審庵之四畳半座敷」とあり、利休は大徳寺門前屋敷(千利休の屋敷の項を参照)に設けた四畳半をも不審庵と称していた。聚楽屋敷には一畳半と四畳半の茶室を建て、一畳半には「松風楼」の扁額が掲げられていたと江岑が伝えているから、ここでも四畳半を不審庵と称していたと推測される。千家を再興した*千少庵は、京都本法寺前の屋敷に*深三畳台目の茶室を建てた(千少庵の屋敷と茶室の項を参照)。それは利休が大坂屋敷に設けた茶室を再現したものであった。これが不審庵と称されていたかどうかは不明である。寛永十年(一六三三)*千宗旦が床無しの一畳半を造立し、不審庵と称した。これは利休が聚楽屋敷に造立した一畳半の古材が再用されたと推測される(千宗旦の茶室の項を参照)。正保三年(一六四六)、宗旦隠居の翌年、江岑は不審庵一畳半を畳み、新しく*平三畳台目に建て替えた。それは*残月亭の南側に接して南向きに建てられた。少庵の深三畳台目では、*台目構えの袖壁が*小間中であったが、不審庵は二尺の袖壁で四節の竹の*壁留が入れられていた。これこそ宗旦の主張する千家流の台目構えであった。もし深三畳台目にこの台目構えを導入するならば、*給仕口はあけられなくなる。千家流の台目構えで給仕口をあけるためには、平三畳台目にしなければならなかったのである。また残月亭とのあいだの狭いところに水屋が設けられたため、深三畳台目の時と同様、*茶道口は点前座の*風炉先側にあけざるを得なかった。当初は引き襖であったが、宗旦の助言で*釣襖になったという。外観は*切妻造*柿葺、前面に庇を付け下ろし、点前座の上は西へ*片流れの屋根を架け、その*棟木を支える丸太は掘立であった。掘立柱の袖壁の*入隅に*刀掛をしつらえていた。屋根は*大和葺であった。背後は残月亭の壁で、棟は楽焼の*鬼瓦で飾られていた。内部は平三畳台目、*躙口の正面に床を構え、床柱の左に*火燈形の給仕口をあける。中柱には真っ直ぐに立ち上がる赤松の皮付を立て、炉を台目切とし、*間

中の袖壁に四節の竹を入れ、二重棚を釣る。点前座の勝手付には*板畳を入れて、二重棚の左に茶道口を開く。勝手付から点前座の背後へ矩折（かねおり）に*腰板を入れる。入隅の柱に羽箒掛（はぼうきかけ）の釘を打つ。天井は客座の床側は蒲（がま）の平天井、躙口側は*竹垂木（だるき）、竹小舞（こまい）の*化粧屋根裏、中央に*突上（つきあげ）窓をあける。そして点前座も同様の化粧屋根裏である。窓は、東側客座の壁面に横長の*連子窓（れんじ）をあけ、南側は躙口の上と、点前座との境に立つ柱寄りに低く、そして点前座の背後の壁の高いところに*下地窓をあけている。おそらく利休の深三畳台目における明るさの加減を再現するよう工夫されたのであろう。この江岑の建てた不審庵は、天明八年（一七八八）の大火まで存続した。この間の不審庵を伝える史料は少ないが、多少の方法の変化が認められるものの、目立つ変化はなかった。ただ赤松の中柱に多少曲りのあったという伝えがあり、あるいは取り替えられたことがあったのかもしれない。天明の大火には屋根とともに焼失した。八代啐啄斎（そったくさい）件翁は、寛政元年（一七八九）秋から利休二百回忌をつとめたが、不審庵も残月亭も再建されなかった。続く九代了々斎曠叔（りょうりょうさいこうしゅく）は残月亭、不審庵を含む再建計画の図をのこしていたが、実現されなかった。天保十年（一八三九）、利休二百五十回忌

不審菴　点前座側

不審菴　外観

不審菴　水屋

不審菴　客座側

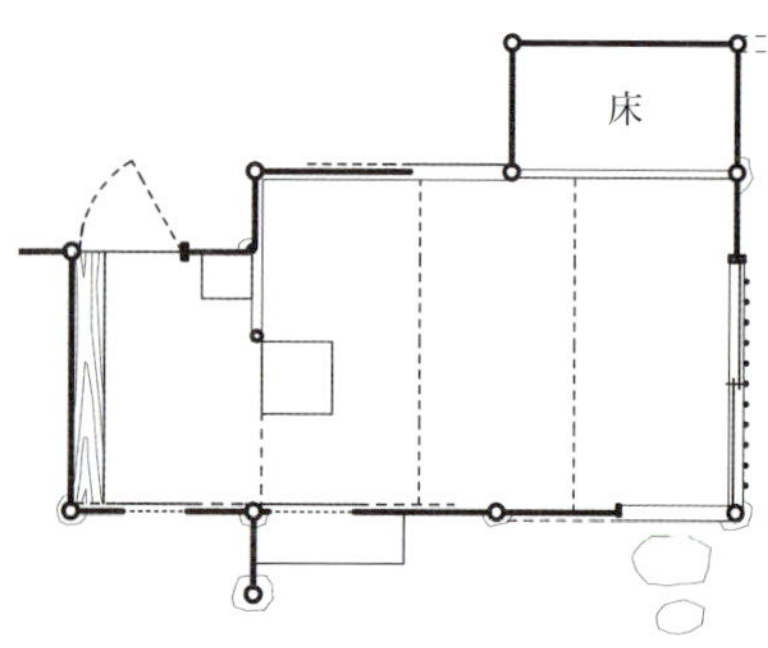

不審菴

ふ

に際し、十代吸江斎祥翁によって不審庵が残月亭とともに再興された。これを機に不審庵は残月亭の南から離れ、東方に独立して南向きに建てられ、梅見門を境に内露地が形成され、腰掛と砂雪隠が設けられた。水屋は茶道口を出たすぐ西側に造られた。この不審庵は明治三十九年(一九〇六)の火災で焼け、大正二年(一九一三)に再建された。これが現在の不審菴である。水屋の位置が不審菴背後の廊下の北に移動したが、不審菴には変化はなかった。屋根の大和葺が前面の庇だけになり、刀掛の袖壁先端の柱が掘立でなくなっているが、総体に江岑以来の不審庵をよく伝えている。現在は庇の左端、袖壁の入隅に二重の刀掛を釣り、下に刀掛石を据える。外まわりの足元は差石の上を少し透かして竹の壁留を入れている。三和土は打たず、苔が土間庇の中、差石まで続いている。床柱は端正な赤松皮付丸太、相手柱は档丸太、床框にはおとなしい磨丸太をあわせている。床柱には框から三尺七寸三分の高さに花入釘を、大平には三尺六寸に中釘を、天井には左へ寄せて花蛭釘を、落掛の見付中央に落掛花釘を打つ。点前座には赤松皮付丸太が、真っ直ぐに立ち上がり、半間の袖壁が付き、壁留に四節の竹を入れる。中柱の頂部は化粧屋根裏の垂木を支え、途中、客座の平天井の掛込丸太、点前座と客座の境の小壁を受ける壁留が中柱に取り付いている。細い丸太柱ながら、中柱は大黒柱のように、複雑な構造を整然と組立てており、数寄屋の絶妙な技を見せている。点前座の入隅は塗廻され、二重の桐板の棚を天井から竹で釣っている。中柱には袋釘を打つ。釘の頭は兜巾形で利休の好みを伝える。点前座の勝手付に板畳を入れ、矩折に腰板を廻し、茶道口が釣襖であることも江岑以来変わりない。客座と点前座の境の小壁には、古溪宗陳筆の「不審菴」の扁額が掲げられている。利休流の茶人は古田織部の茶室に窓の多いことを批判した。利休の茶室の抑制された明るさ、茶の湯の求道性を継承しようとしたからである。不審菴は表千家の茶室の典型として、数多くの写しが造られてきた。

不審庵【ふしんあん】

神奈川県鎌倉市に所在する茶道宗徧流不審庵の茶室。十世成学宗囲(宗徧)の構想と指導により、昭和五十年(一九七五)から六年をかけて営まれた宗徧流道場及び茶苑内に建つ。外観は入母屋造桟瓦葺、軒まわりは銅板葺で、西向きに建つ。前面には深い庇を付け下ろし、妻に古溪宗陳の額「不審庵」を掲げている。山田宗徧は明暦元年(一六五五)に三河国吉田(愛知県豊橋市)城主の小笠原忠知の茶頭となり、京都を離れる時、千宗旦から千利休伝来の古溪筆「不審庵」の額、玉舟宗璠筆「不審」の二字へ宗旦が春屋妙葩の偈を書した軸を、宗旦自筆の「今日庵」とともに贈られたという。内部は三畳台目中板入の席で、躙口正面、下座に床を構える。床柱は黒柿、丹波栗入皮摺漆塗の框を入れる。床の脇に宗徧の好みと伝えられる、富士形(袴腰形)の給仕口を設ける。台目の点前座は客座三畳に対して中央に配される。中柱は真っ直ぐな赤松の皮付、袖壁は四節の白竹を引竹として下部を吹抜く。この点前座には窓が多く、桐ではなく栗の柾板を用いた棚を釣る風炉先と、勝手付に窓をあける。勝手付は色紙窓の形式にあけた竹連子窓である。また客付に下地窓、躙口上に連子窓と突上窓をあける。躙口の構成は、間口いっぱいの敷居に対して、同じ右の際から通した鴨居を竹の方立で角柄に納める珍しいものである。柱は錆丸太が多く用いられる。天井は点前座と躙口上が化粧屋根裏で、床前が神代杉の野根板張、廻縁は床付が辛夷丸太、客付が青梅松丸太、点前座の壁留には煤竹を用いている。なお不審庵の北には宝久堂が、南には四方庵が接続し、またそれらの露地を挟んだ西側には月心亭が建つ。

襖【ふすま】

間仕切り建具のひとつ。日本建築でひろく用いられ、平安時代に発生したといわれる。古くは「襖障子」といわれ、「衾」とも書く。伝統的な襖では、下地となる木製の格子組(骨、下地骨)を造り、その両面に何枚も下張りの紙を張り重ねていく。下張りには骨縛りをはじめとしていくつもの工程があり、それらを経て上張りに唐紙や鳥の子紙、織布を張り、補強のために襖縁と手掛りとなる引手が取り付けられる。茶室では襖縁のない太鼓襖を用いる場合もある。また採光のために襖の一部に障子を組み込んだものもあり、源氏襖、あるいは中障子襖という。

襖垣【ふすまがき】『*石組園生八重垣伝』にのる垣の一種。襖に似た形で、*玉縁、*胴縁ともに木製で*立子に葭を用いるという。

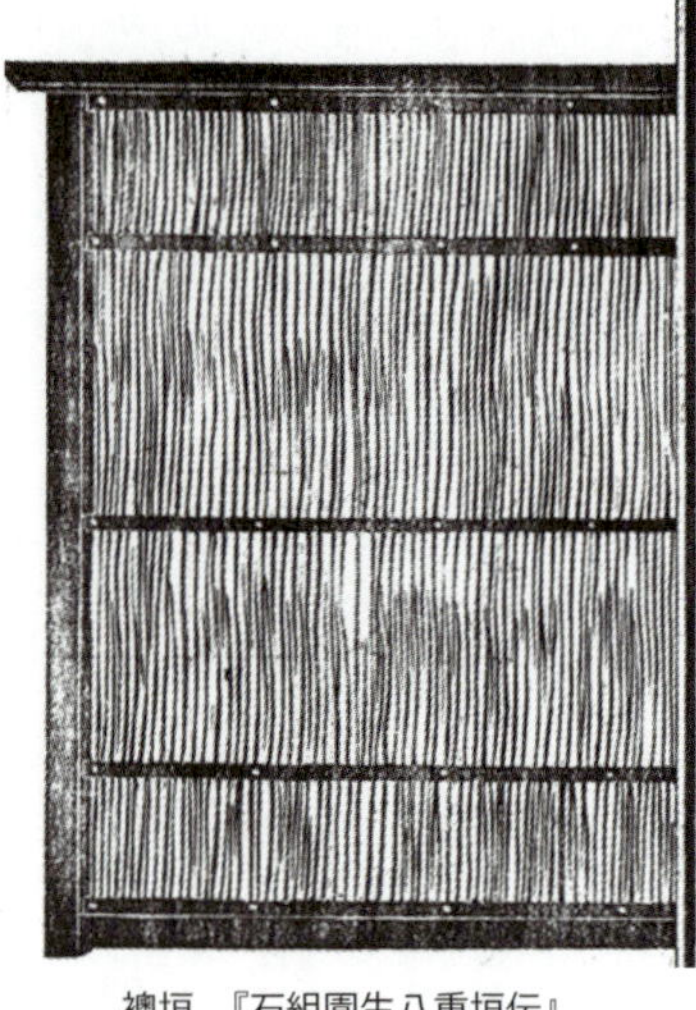
襖垣 『石組園生八重垣伝』

襖壁【ふすまかべ】*太鼓襖を内法壁と同じように柱と柱のあいだに建て付けて間仕切壁としたもの。主として小壁の内法から下部にはめ込みとする場合が多い。

襖紙【ふすまがみ】襖に張られる紙の総称。下張り用と上張り用に分けられる。美濃紙や細川紙、反古紙などを重ねて下張りとし、上張りには越前和紙や*鳥の子紙、それに版木で模様を摺り出した*唐紙などを用いる。

衾瓦【ふすまがわら】雁振瓦と同じ。⇩雁振瓦【がんぶりがわら】

襖縁【ふすまぶち】襖の周囲に回された細い木製の枠材。表面の仕上げから*塗縁と木地縁に分けられる。襖の補強や保護を目的とするが、襖全体の印象を引き締める意匠のひとつともなる。取り付ける位置によって竪縁、上縁、下縁と呼ばれ、引き分け形式などの襖で閉じた時に隙間ができないよう、召し合わせ（閉じた時に接する部分）に用いられるものを定規縁という。襖縁をもたない襖として、草庵式茶室などで用いる*太鼓襖がある。

襖紋様【ふすまもんよう】襖の上張りに用いられる*唐紙に施された紋様。版木による型押のほか、型紙を用いるもの、揉み紙による技法などがある。襖が建てられる場所などにより様々な紋様が用いられ、書院風の茶室や広間などでは細かく不規則な点を一面に施した霰小紋模様襖などが見られる。また公家や武家、寺社などにも好みが多く、茶家においても千家の千家桐、*壺々、渦、松唐草や、松尾家の菊唐草などがある。

伏瓦【ふせがわら】*本瓦葺の丸瓦のように、伏せて用いる瓦をいう。

不染庵【ふせんあん】❶神奈川県足柄下郡箱根町の*白雲洞茶苑にある茶室。*益田鈍翁が大正五年（一九一六）に*白雲洞、浴室白鹿湯とともに営んだ。古材を活かした田舎家風の茶室で、*仰木魯堂の手になる。本席と四畳半、水屋からなり、四畳半と水屋は本席から一段低く構えられ、その境には引き違いに低く太鼓襖二枚を建て込む。本席の屋根は寄棟造茅葺、天井は竿縁天井。四畳半は片流れの柿葺、天井は栗のへぎ板を用いた化粧屋根裏である。本席は二畳台目向板入の席で、炉を向切に切る。床は下座床で、床柱は埋木のある档丸太。下段の四畳半は壁床で、接続した水屋との境に仕切りを設けず、席と一体になっている。登録有形文化財。❷富山市の富山城趾公園内碌々亭にある三畳台

不染庵❶ 下段四畳半 水屋側

目の席。 ⇩碌々亭【ろくろくてい】

不羨庵【ふせんあん】
藤井笑甫（吉兵衛、生没年不詳）が在京中に京都錦小路室町あたりに営んだという茶室。笑甫は広島で呉服商を営み、屋号を富士屋という。表千家六代覚々斎原叟に、またその子呉祐（嘉右衛門）は延享元年（一七四四）に七代如心斎天然の門に入っている。如心斎は川上不白に左転斎、呉祐に右転斎の号を与えている。呉祐は後に八代啐啄斎件翁に師事、安永元年（一七七二）には不羨庵の号を許された。この茶室には啐啄斎筆「不羨庵」の額が掛かっていたといい、後に広島の大手町の富士屋内に移されたが、明治維新の際に焼失した。

不染亭【ふせんてい】
埼玉県川越市の天台宗別格本山中院にある茶室。昭和四年（一九二九）、詩人、小説家の島崎藤村が妻・加藤静子の母（みき）のため、新富町の加藤家敷地に建て、贈ったもの。平成四年（一九九二）、マンション建設により、加藤家の菩提寺である中院の境内に移築された。四畳半と一畳半からなる。四畳半は台目床で、床脇に違棚を設け、貴人口と方立口形式の茶道口をあける。

布泉の手水鉢【ふせんのちょうずばち】
手水鉢の一種。広義の銭形手水鉢に分類される。円形平面で、方形の水穴をあけ、その両脇に「布」と「泉」の字が彫られていることからその名がある。大徳寺塔頭孤篷庵のものを本歌とし、小堀遠州の創案という。夏季には円形面にも水を張るのがならわしという。この手水鉢は、中国・南北朝時代の北周で発行された硬貨（銭）「布泉」の名称にちなんだとも伝えられる。

布泉の手水鉢　孤篷庵

二つ組【ふたつぐみ】
二連打と同じ。 ⇩二連打【にれんうち】

二違棚【ふたつちがいだな】
二重違棚と同じ。 ⇩二重違棚【にじゅうちがいだな】

二つ連れ【ふたつづれ】
二連打と同じ。 ⇩二連打【にれんうち】

二股竹【ふたまただけ】
稈の途中、あるいは根際で二股に分かれて生長している竹のこと。マダケ属のマダケ（真竹）、ハチク（淡竹）、キッコウチク（亀甲竹）、クロチク（黒竹、紫竹とも）などに見られ、希少性の高い竹材として珍重される。茶室建築では二股になった特異な形状を生かし、意匠として取り込み用いることもある。大阪の天王寺（四天王寺）にあったものが縁結びの竹として知られていた。

符牒【ふちょう】
木材の値段や数量、等級などの数字を表す時に大工が用いる隠語。たとえば一、二、三、四、五、六、七、八、九は「本、[illegible]、つ、そ、れ、た、よ、山、き」となる。また墨付けをする時に、墨の意味を正確に伝えるために用いる記号や符号も一種の符牒である。

物外軒【ぶつがいけん】
栃木県足利市にある茶室。もとは江戸時代から回漕問屋を営む萬屋の三代目主人であり、不白流の茶人でもあった長四郎三によって、明治時代初め頃、渡良瀬川畔の猿田河岸に建てられたもの。明治三十四年（一九〇一）に柳田家へと所有が移り、現在地に移築された。昭和時代に入って鈴木家の所有となり、昭和四十八年（一九七三）に足利市に寄贈された。屋根は切妻造銅板葺で、庇を付け下ろす。平面は三畳台目。風炉先床を構え、炉は台目切に切る。方立口形式の茶道口を点前座勝手付側にあけ、火燈口形式の給仕口を別に設ける。また給仕口に並んで引違いの太鼓襖が建てられ三畳の次の間につながる。点前座の対面には引違いの腰障子を建てた貴人口があり、その外部に一間半の腰掛を備える。躙口は上座側に設けられており、上部に連子窓をあける。天井は、床前が平天井、貴人口から躙口にかけてが化粧屋根裏、点前座は落天井である。四郎三はこの茶室をこよなく愛し、自らの雅号「物外」にちなみ物外軒と名づけ、床前の小壁に自筆の扁額「物外」を掲げる。東京護国寺の*化生庵はこの物外軒にならって建てたといわれている。庭園は登録記念物。

物外軒　外観

仏守棚【ぶっしゅだな】

*床脇に設けられる*飾棚の一種。「仏棚（ぶつだなと読ませる雛形本もある）」「経檀棚」ともいう。江戸時代に棚雛形として定型化される四十八棚の一つであるが、『増補大匠雛形四　新板棚雛形』（一八六六年刊）などでは「四十八棚之外」に位置づけられる。同書には「是ハ御上かた（方）御ねま（寝間）、けしやう（化粧）の間なとに、まもり（守）仏をさ（納）めたてまつ（奉）るへし」とある。*地袋の上部に*火燈窓を組み合わせたもの。

仏守棚　『増補大匠雛形四 新板棚雛形』

払塵亭【ふつじんてい】

大阪市天王寺区の四天王寺本坊庭園にある茶室。大正七年（一九一八）に建築、昭和八年（一九三三）に大改修が行われた。庭園が昭和七年から*木津家三代宗泉の設計、監督により大規模改修が進められていたが、同八年の本茶室改修も木津によるものである。建物は桁行五間、梁行一間半の単純な長方形平面を、西から三畳台目、板間水屋、四畳半、台目三畳書院に分割している。三畳台目の席は古材と新材の継ぎを一つの意匠とした遊び心のあるもので、四畳半の席は水屋の位置と書院との接続を計算して点前座を設け、亭主床の壁床としている。

仏間【ぶつま】

仏壇を置いて仏像や位牌を安置してある部屋のこと。重要文化財に指定される裏千家の*利休堂には隣接して仏間が設けられ、歴代家元の位牌が安置される。

筆返し【ふでがえし】

*飾棚の上棚の端部に付けた化粧の縁。本来、棚板から巻物などが転落するのを防ぐために付けられるもので、棚の意匠によっては付けない場合もある。断面の形状によって都鳥、立浪、浪返し、若葉、鷹頭などの種類がある。出寸法は、棚板の厚み一枚分、高さは棚板の厚みの一〜一・五倍ほどが通例である。棚板に吸付桟を施し、下端を蟻枘に加工した筆返しを壁面から差し込んで取り付ける。（付録19頁参照）

筆軸柱【ふでじくばしら】

楊子柱と同じ。⇒楊子柱【ようじばしら】

葡萄杢【ぶどうもく】

*杢目の一種。小さな球状の模様が連なり、葡萄の房が下がっているように見えるもの。樟などの根瘤にまれに現れる珍しい杢。希少性の高い材であり、床柱や床框、床板など、床周辺の仕上材として使用する。

太柱の席【ふとばしらのせき】

太い柱を用いた茶室。寺社や橋の古材などを、通常茶室へ使用するには大きい寸法であるが、その由来を伝えるものとして、あえて用いた茶室をいう。このように古材を象徴的に転用することは、明治から大正時代の建築に見られる特徴の一つとしてとらえることができる。発端は、明治の廃仏毀釈により寺社の部材が市中に出回ったことによる。また明治三十年（一八九七）の古社寺保存法公布後に社寺建築の本格的な修理工事が行われるようになるが、この頃は修理によって取り替えられた部材が他に転用されることもあったという。三溪園の大正六年（一九一七）建造の蓮華院では、六畳の茶室の床柱に古材を転用したり、土間席に平等院鳳凰堂の太柱を独立柱として用いたりしている。他に、大正五年に建造された白沙村荘の憩寂庵などにも見られる。明治時代以前の例としては、松平不昧の大崎園にあった独楽庵や、清水寺（島根県安来市）の蓮乗院古門堂茶席では、文化年間（一八〇四～一八）の建設の際に境内の大門の古材を転用している。

橅【ぶな】

ブナ科ブナ属の落葉高木。北海道、本州から九州までひろく冷温帯に分布する。山地に自生し、標高一四〇〇メートルより上部には純林があり、秋田県、青森県では広域にわたるブナ林がのこる。樹高は三〇メートルにもなり、樹皮の灰白色が特徴的で美しく、庭園や露地に植栽される。材は軽く素直なため、漆器の木地や杓子、また縁甲板などにも用いられる。

舟石【ふないし】

園池、もしくは枯山水の敷砂利の中に据える、舟に見立てた景石のこと。「浮船石」ともいう。船首を上げたような形状で宝舟を象徴した表現ともされる。大仙院の書院庭園に好例がある。

舟入【ふないり】

中敷居などを用いて、上に障子など建具を入れ、建具の下方が吹抜きとなる出入り口の形式。舟を建物に着け、出入りするために設けた舟入を模したもの。孤篷庵の忘筌の入口が代表例。

舟形手水鉢【ふながたちょうずばち】

手水鉢の一種。舟の形状をした石に水穴をあけたもの。「唐船形手水鉢」（「とうせんがた」とも読む）と呼ぶこともあり、「船瓶形手水鉢」の別称もある。（付録10頁参照）

船越伊予守【ふなこしいよのかみ】

船越永景のこと。

⇒船越永景【ふなこしながかげ】

船越永景【ふなこしながかげ】

慶長二年～寛文十年（一五九七～一六七〇）。江戸時代前期の武士、茶人。景直の子。慶長十六年に父の跡を継ぎ、徳川家康から家綱までの四代の将軍に仕え、六千二百六十石を知行、従五位下伊予守に叙任された。作事奉行として日光大猷院宝塔造営などに従事した。茶の湯は小堀遠州に学び、片桐石州とともに将軍家の道具奉行をつとめた。なお松平不昧の大崎園にあった茶室独楽庵には、船越伊予守好みの三畳台目の席が付属していた。

舟底天井【ふなぞこてんじょう】

舟底を逆さにしたように中央が高く両下りになった、山形の勾配をもつ天井。棟木や垂木を見せた形式のものもある。このうち、特に勾配の急なものを「屋形天井」ともいう。京都市三千院の往生極楽院や高山寺石水院に見られるほか、茶室では裏千家の寒雲亭や武者小路千家の行舟亭に見られる。

舟着石【ふなつきいし】

役石のひとつ。舟より乗降する際に踏み台とされる石で、園池を周遊する舟がある場合、これが据えられることが多い。比較的大ぶりで天端の平らなものが多く、護岸際に置かれる。

舟肘木【ふなひじき】

肘木の一種。肘木は柱上にあり軒を支える枡組を構成する部材のひとつで、桁など横架材の荷重を分散する目的で設けられる。この枡組の中で最も簡略な形式で用いる肘木が舟肘木で、柱頂部に桁行方向に下端を円弧状に細くしていくもの。舟を横から見たような形をしていることからの名称。社寺の建築に多用されている。

舟屋形茶室【ふなやかたちゃしつ】

香川県綾歌郡宇多津町の西光寺にある舟屋形の

茶室。由来は確かではないが、讃岐国多度津藩第六代藩主京極高典が文久四年（一八六四）に造らせた御座船（天皇や公家、大名が乗る豪華な船）の日吉丸を、西光寺十七代住職の進藤専凱が明治二年（一八六九）、数両で払い下げを受け、寺の敷地内に船を上げ、その屋形（上部構造物）部分を茶室に改修したと伝えられる。このほか六十二艘立の「順風丸」であったとの説もある。幅は一間、長さは三間半あり、総二階の楼閣で、切妻造の屋根をのせる。木部は黒と朱の漆が塗られ、外部に面して一階が吹寄の舞良戸、二階は跳ね上げ式の雨戸の内側に明障子を建てる。二階には勾欄を廻し、飾り金具で装飾する。一階には奥行きの浅い押板と床脇には天袋と地袋を備えた違棚が設けられる。このほか、神戸市中央区の神戸市立相楽園に移築されている舟屋形は、姫路藩主が河川遊覧に用いた川御座船のもので、江戸時代前期に建造された。木造二階建、切妻造檜皮葺。重要文化財に指定されている。また、熊本市の熊本城天守閣に納まる舟屋形は、肥後藩主細川氏の御座船・波奈之丸のもの。波奈之丸ははじめ*細川三斎が豊前国中津（大分県中津市）に在城した頃に造られ、以降、幾度かの造り替えを経て、現存のものは天保十年（一八三九）に建造された。明治四年の廃船後、昭和三十八年（一九六三）に天守閣に納まった。一重二階建、一階は畳敷きの主室と次の間からなり、天井が装飾画の格天井、二階は板敷きで、重要文化財に指定されている。

舟屋形茶室　外観　西光寺

不燃庵【ふねんあん】

東京都港区の東京美術倶楽部にあった茶室。両国の社屋（旧中村楼）が関東大震災で倒壊し、現在地（旧柳生但馬守上屋敷跡）に移ったが、この時、震災の禍を免れた三畳台目の茶室も移築され、不燃庵と名づけられた。別に「静清庵」とも呼ばれていた。昭和十二年（一九三七）に、コンクリート三階建の社屋となった時にも存在していたが、平成三年（一九九一）の建替えに際して解体され、現在は四畳半台目の茶室済美庵が建てられている。

布海苔【ふのり】

フノリ科フノリ属の海藻の総称。「布糊」「海蘿」とも書く。日本全国の海岸にひろく見られるが、長崎県の五島列島近海や対馬などが良質の産地とされる。食用にされるが、古くからこれを煮て溶かしたものを糊として用いた。染織品の糊付けや洗い張りに使用され、これらが布に関連することが、名前の由来になったといわれている。木造家屋工事において、柱の養生紙の張り付けや、*漆喰の糊料として使用される。

不白【ふはく】

川上不白のこと。⇩川上不白【かわかみふはく】

不白庵【ふはくあん】

京都市東山区の翠紅館にある茶室。⇩翠紅館【すいこうかん】

不白堂【ふはくどう】

東京都文京区弥生に所在の江戸千家宗家蓮華庵の茶室。もとは天明元年（一七八一）、*川上不白が菩提寺である谷中の安立寺（台東区）に、日親堂とともに寄進したもので、二代自得斎宗幸が不白に代って設計し、内部は三畳*出炉で床の脇に仏壇を備えていたとされる。明治維新以降、老朽化のため取り壊され、十代閑雪の手により*三畳台目に拡張、復元された。現在は、花月楼（花月楼の項❸を参照）と*畳廊下を介して棟を同じにし、軒下に不白自筆の*扁額を掲げる。外観は、*切妻造*桟瓦葺の妻側に庇を付け下ろし、*仏壇（不白堂）の部分だけ一段高くしている。床は*台目床を下座に構える。*床柱は末細りのしゃれ木、床框は磨丸太。床の右手に火燈口形式の給仕口、左手に引分け障子を建てて仏壇を設け、火燈形に塗廻された壁龕に不白の像を祀る。点前座は木村清兵衛から贈られたという桜の曲柱を立て、二重棚を釣る。茶道口は方立口形式。天井は床前二畳が野根板の平天井、躙口側半間通りを化粧屋根裏、点前座は落天井とする。

不白堂　点前座側

床
仏壇
不白堂

不白筆記【ふはくひっき】

茶の湯論書、茶法書。自筆本一巻。宝暦七年（一七五七）以降の成立で、『啐啄斎に与ふる書』との別名もあるように、表千家七代如心斎天然の弟子・川上不白が如心斎の後嗣・八代啐啄斎件翁のために書き著したとされる。いくつかの流布本があり、堀内家に所蔵されるものが不白自筆と考えられている。江戸千家茶の湯研究会により私家版として翻刻され（一九七九年）、また寺本界雄編の『川上不白　茶中茶外』（一九七五年）に二冊本が翻刻収載されている。内容は茶の湯万般に及ぶが、注目されるのは茶の湯論として禅だけでなく多くの考え方を取り入れていることで、これは不白が熱心な日蓮宗徒であったことによると考えられ、茶の湯論書としても評価が高い。特に茶の湯における「常」の考え方を主張し、また「体用」についても随所に言及しているのが注目される。茶室についての記述も少なからずあり、「高麗カコイ」の項を立て、妙喜庵の待庵も「高麗カコイより出タル物也」と述べていることなどが注目される。

不忘庵【ふぼうあん】

京都府宇治市の松殿山荘にある茶室。主屋にあり、六畳台目の楽只庵、及び水屋とともに切妻造柿葺の屋根の下に納まる。内部は、変則の三畳向切下座床の席。踏込床で赤松皮付の床柱。東側の土間庇からは、四尺弱の高さの引違い障子の貴人口があけられ、茶道口は火燈口だが、上部が半円ではなく円弧状に刳り抜かれた形式に太鼓襖が建て込まれている。天井は平天井で点前座上部が落天井、客座との境には垂れ壁が下がる。

不昧軒【ふまいけん】

東京都文京区の護国寺にある茶室。高橋箒庵は、近代数寄者たちに大きな影響を及ぼした松平不昧を記念する茶室を護国寺に建造することを考え、井上侯爵家の道具入札の札元であった二十八人の道具商から一万円の寄進を得て、小間の圓成庵と広間の不昧軒からなる茶室の建設を行った。普請は数寄屋建築家の仰木魯堂が手掛けている。不昧軒は水屋、長五畳をはさんで北の圓成庵につながる十畳の席。外観は入母屋造桟瓦葺、平入で、小壁には櫛形の欄間窓

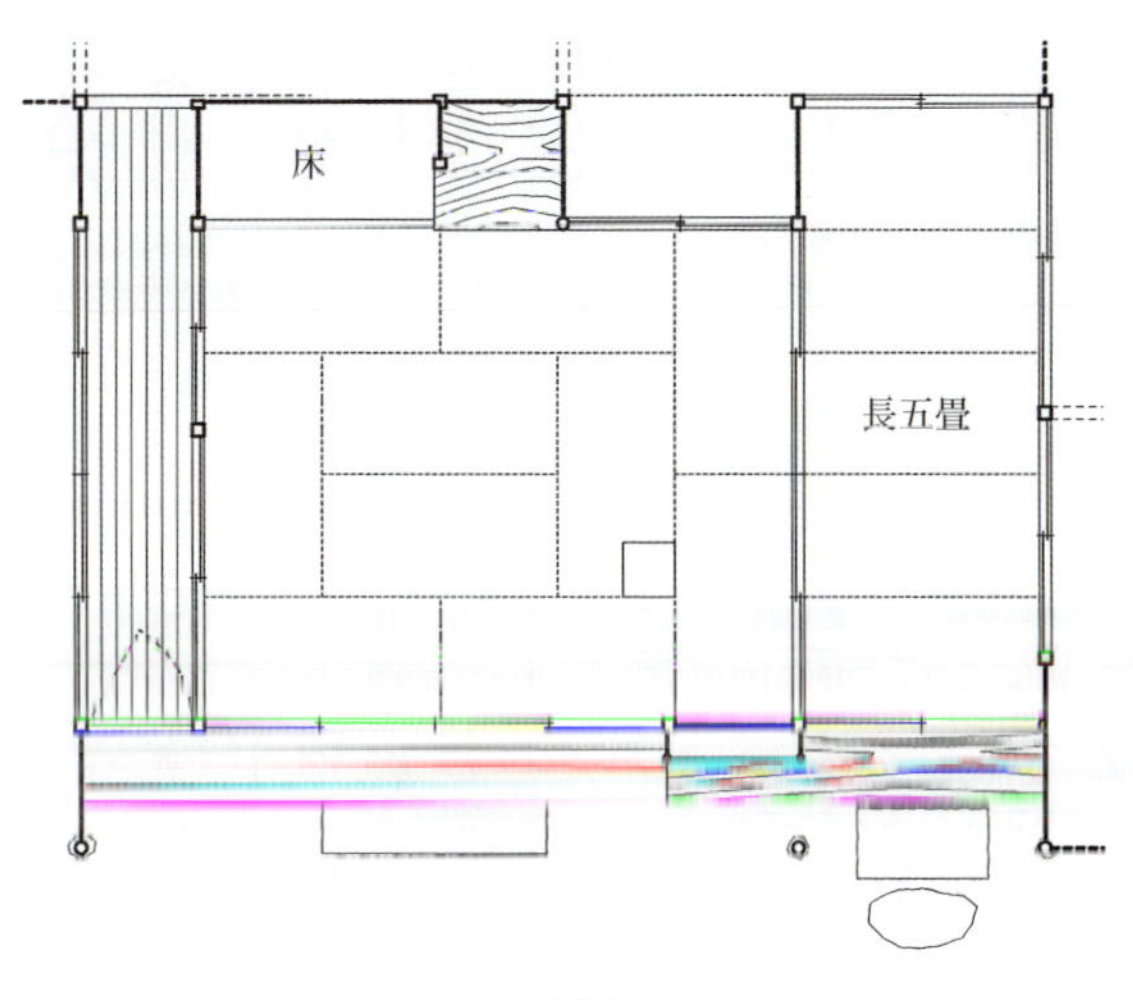

不昧軒

をあけ、低く設けた小縁を付す。内部は入口をあける西側の正面一間半のところに柱を立て、一間床と琵琶床を設ける。床の左側、矩折に建て込まれた二枚障子の中敷居窓が平書院の役割を果す。

踏石【ふみいし】
❶躙口前の役石のひとつ。「一番石」「一の石」「初の石」「潜りの石」「躙上りの石」「踏壇石」「踏脱（ふみぬぎ）石」「潜り口の石」などともいう。躙口の最も近くに据えられ、躙口から席入りする際に両足を揃えて露地草履を脱ぎ、茶室へにじって入るための石。蹲踞から飛石を伝い躙口へ向かって乗石、落石、踏石と階段状に高くなるよう順に据えられる。『石州三百ケ条』には「にしり上りの石ハ、両足ふミそろへてよるほとの、上の平らか成恰好よき石を可居、尤大ふり成石よし、にしり上りはさみ、敷居の上ハより石の面まて一尺二寸斗りに居へし、とかく上り下り自由なるを本意にして高下の寸尺にかゝわらす、はハき板よりハ石の間六七寸斗あけて、そうり立かけよき程にする也」、また『茶道筌蹄』には「一番石は石の上にあがりて坐敷の敷居へひざのかゝる高サをよしとす。壁より六寸明キ」などとあり、大きめの表面が平らかな景色の良い石を席入りしやすい高さで、躙口との適度なあきをとって据えることが重要視される。なお貴人口に据えられる踏石は「貴人石」ともいわれる。（付録14頁参照）
❷飛石と同じ。⇩飛石【とびいし】
❸蹲踞の役石のひとつ。前石のこと。⇩前石【まえいし】❶
❹砂雪隠の役石で、足をのせる左右二石（右は前石、左は足掛石）の総称。『古田織部正殿聞書』に「踏石二ツ同シ大サ悪シ。大小長短有之テ吉、壱ツ長ク一ツハ丸クナト猶面白シ。石之色ナトモ替タル吉」とあり、左右で大きさや形、色を変えるのが良いとしている。

踏板【ふみいた】
ある物の上に架け渡し置き、その上を踏むための板。例えば階段で足をかける板。露地では下腹雪隠などにある。ちなみに下腹雪隠の踏板は『茶湯一会集』に「踏板ハ水をそゝき、能く拭ひて置へし、戸ニ水流す事も同前。踏板ニ水流し置と云事、不宜、水流し、拭ひ可置」とある。

踏み打【ふみうち】
二三連と同じ。⇩二三連【にさんれん】

踏掛板【ふみかけいた】
階段の最上段で、階段の上階の床面と同一面となっているもの。

踏み崩し【ふみくずし】
二三連と同じ。⇩二三連【にさんれん】

踏越石【ふみこえいし】
「ふみこしいし」とも読む。乗越石と同じ。⇩乗越石【のりこえいし】

踏込畳【ふみこみだたみ】
茶室内の畳の呼び名のひとつ。茶道口から入ったところの畳をいう。亭主が室内に入る時、最初に踏み込む畳であることからの名。四畳半の席では、通常、炉の場合は丸畳一畳、風炉の場合は半畳が踏込畳となるように畳が敷かれる。

踏込床【ふみこみどこ】
床の一形式。板床のうち、床框を入れずに床板を敷き込み、床板の上面と座敷の畳を同じ高さにしたもの。「敷込床」「踏床」ともいう。この形式は洞床などにも利用される。床板を一〇ミリほど少し上げ気味に納めることもある。『松屋会記』「久重茶会記」の寛永十一年（一六三四）三月二十二日条に「京都三宅奇齋へ、源右衛門、久重二人、二畳敷、フンコミ床ヨコ四尺、フカサ半間」とあるのが史料上の初出とみられる。

踏捨石【ふみすていし】
中門の役石のひとつ。中門を境にして内露地側の亭主石に添えて打たれる。夜会の迎付の際、亭主が手燭を置くための石で「手燭石」ともいう。『石州三百ケ条』の「中くゝり」には「乗越と亭主石との脇に有をふミ捨て石といふ」として、「ふみ捨石」の位置が図示され、その横には「手燭あんとんおくなり」と記される。比較的小ぶりな石を用いることが多い。また「控石」ともいう。（付録6頁参照）

踏床【ふみどこ】

踏込床と同じ。⇩踏込床【ふみこみどこ】

踏脱石【ふみぬぎいし】

躙口前の役石のひとつ。踏石と同じ。⇩踏石【ふみいし】❶

踏分石【ふみわけいし】

❶庭園内における園路の分岐点に据えられる役石。露地の場合、蹲踞や腰掛付近などで、飛石が二、三の方向に分かれる箇所に打たれる。このため比較的大ぶりの石が用いられ、分岐する飛石との関係からも色や形などが充分考慮されたものが配される。藪内家燕庵の露地の三つ小袖石が有名。

❷躙口前の役石のひとつ。乗石と同じ。⇩乗石【のりいし】

踏分石❶　武者小路千家編笠門前

古田織部【ふるたおりべ】

天文十二年～慶長二十年（一五四三～一六一五）。織豊時代の武将、茶人。美濃国（岐阜県）で古田重貞（勘阿弥）の男として生まれ、父とともに織田信長に従って上洛した。名は重然。「しげなり」と呼ぶことが一般的。また織部という通称名は、従五位下織部正という位官に叙任されたと伝えられることからきている。摂津国茨木城（大阪府）の城主であった中川清秀の妹を娶って（娘との説もある）、以後は清秀と行動をともにすることが多く、ともに武功を挙げていた。また織部の妹が藪内家の初代藪中斎剣仲に嫁いだとされる。織部の領地は山城国（京都府）西ヶ岡に三万五千石を与えられたとの話も伝わるが、山城南部の加茂や、大和国（奈良県）の井戸堂などにも領地を持っていたらしい。天正十年（一五八二）、信長が本能寺の変で没し、代って豊臣秀吉が天下を取った後は秀吉に属し、翌年義兄の中川清秀が賤ヶ岳の戦いで討死すると、清秀の長男・秀政の後見となっている。この頃までは武将としての活躍が目覚しい織部であるが、やがては茶人としての活躍が目立つようになり、千利休が罪を得て堺に戻る舟の中から、岸辺に轡を並べた織部と細川三斎が見送っているのを見つけて感激したとの話は有名。そして利休没後は、織部が天下一宗匠と呼ばれ、茶の湯のリーダーとして認められるようになった。しかし慶長二十年（一六一五）の大坂夏の陣に際して家臣・木村宗喜が徳川家への謀反を図ったとして捕縛されるに及び、主人の織部も二人の子供ともども切腹を命じられた。織部がいつ頃から茶の湯に親しんだのかよくわからないが、父親が相当の茶人であったとする書物もあり、あるいは縁戚関係にあった中川清秀に勧められたとも伝えられる。いずれにしても茶の湯関係の資料に織部の名を見ることができるのは、『天王寺屋会記』の天正十二年十月十五日条に、秀吉がまだ建築途上にあった大坂城で茶会を催した際、利休、今井宗久、津田宗及らとともに織部も名を連ねている箇所。この時織部は四十二歳で「古田左介」と記されている。またこれより二年早い天正十年と考えられる八月二十七日付の利休書状にも古田左介の名が見えることから、この頃までには利休とかなり親しい間柄になっていたと考えられる。織部の茶会記は百四十会ほど知られているが、そのうち『宗湛日記』慶長四年二月二十八日の会に、薄茶茶碗として「セト茶碗、ヒヅミ候也、ヘウゲモノ也」とある箇所が注目される。神屋宗湛が「ヘウゲモノ也」と評したことから、織部の茶の湯そのものが「ひょうげた」ものであったかに語られるようになり、さらには奇矯で型破りな茶の湯を好んだ人物との評価が定着している。しかしながら千宗旦周辺の人物が編集したと考えられる『茶譜』は、小堀遠州や金森宗和の茶の湯は舌鋒鋭く批判しても、織部に対してはさほどの批判をしないばかりか、利休茶の湯の継承者として認めているようにも見受けられる。また別の茶書に、利休は茶の湯を大胆に変革したのだから、利休茶の湯を守るだけではその継承者とはいえない。むしろ変革を加える人を継承者というべきであり、それゆえに織部こそ利休茶の湯の継承者である、といった意味のことも書かれている。また織部焼はいろいろなタイプに分類されているが、それらのほとんどは織部が指導して焼かせたやきものとの理解が一般的ではあっても、織部と織部焼との関係を具体的に示す文献史料は見当たらない。その一方で『宗湛日記』にも出てきたような沓形茶碗が、織部焼や志野焼が作られた美濃だけでなく、備前や唐津、あるいは萩などでもほぼ同じような時期に作られており、これらを「織部様式」として把握すべきであるとの主張もあり、さらには高麗茶碗の一種である御所丸茶碗にも織部焼の影響が見られるとの主張もなされている。織部焼が取り入れている大胆な文様は、織部焼独自のものもあるにしろ、着物や蒔絵の箱などに描かれるなど当時流行していた文様を取り込んでいることは、よく知られている。また織部が漆製品を産地に一括注文して、それを茶会で配っていたことを記録した茶会記があるので、織部が自分好みのやきものを唐物屋を通じて注文したり、時には直接産地や陶工に注文したこともあったのではないかと考えられる。

古田織部正殿聞書

【ふるたおりべのかみどのききがき】

織部流の茶法書。十巻。「古織伝」とも題される。江戸時代中期の写本が伝わる。古田織部の伝授を相承したとされるが、後世に集大成されたものであろう。遠州流の桜山一有による寛文六年（一六六六）の奥書がある。茶室、露地、茶道具、茶会の種類と作法、懐石、点前の詳細など、広範な内容を整理して述べる。『古田織部茶書一』に翻刻されている。

古田織部の屋敷と茶室

【ふるたおりべのやしきとちゃしつ】

古田織部の屋敷は、存在が不確かなものも含め、数カ所についての伝えや史料が知られる。天正十一年（一五八三）に織部が娶ったせん（摂津国茨木城主中川清秀の妹）との関係からと考えられる茨木屋敷（茨木村絵図）、天正二十年以降の伏見城築城にともない建てられた伏見屋敷（松屋会記）、慶長五年（一六〇〇）に大坂の「長三畳大」で茶会を催した屋敷（今井宗久茶湯書抜）、慶長六年に領地の大和国（奈良県）井戸堂に逗留し茶会を行った屋敷（松屋会記）、慶長十六年に三畳台目が工事中であった京の堀川屋敷（松屋会記）、慶長十七年に二代将軍徳川秀忠の御成があった江戸屋敷（旁求茶会記）である。このうち茨木以外の各屋敷では茶会の記録が存するが、おもに伏見屋敷での会記が中心である。どの屋敷も全体構成はわからないが、どこの屋敷か不明ながら古図が幾点か伝えられ、茶会施設付近の構成がかなりわかる。これらの図はおそらく二つの屋敷のものに分けられる。一つは、北方に茶会用の建物、南方に露地があり、露地はさらに外露地と内露地に分かれ、外露地は六間半（東西）×三間（南北）ほどの矩形状に高塀で囲ったものである（島崎家蔵古図）。外露地の内部には、外腰掛や雪隠が塀に接して設けられ、内露地へ入る潜りが北塀にあけられる。潜りを入ったところは内腰掛の中にあたり、潜りの両脇に腰掛縁が備えられたいわゆる割腰掛の構成になっている。またこの腰掛の西側には雪隠が隣接していた。内腰掛から茶室までは、長さ三間五尺の切石の延段が斜めに長く延び、茶室に対し斜めからアプローチする。建物部分は南から、三畳台目に一畳の別畳を付した茶室、勝手、八畳と見られる座敷の中に上段（櫛形窓の付書院付き）を備えた鎖の間及び次の間（六畳ほど）、五尺縁を三方にめぐらし、一畳の出床の脇の点前座に向切の炉と洞庫を備えた九畳ほどの座敷、その東に廊下を挟んで七畳ほどの座敷（ここを「ちん二かい」と記す図もある）などが続いた。これらのうち建物部分だけを描いた「古田織部正　数奇屋之図」と明記する図が昭和六年（一九三一）、大熊喜邦によって建築学会パンフレット第四輯に発表されている。もう一つは、「古田織部屋敷　慶長十三戊申年数奇屋地形」という屋敷図（方位は不明。前掲パンフレット）で、やはり塀で囲われた矩形の外露地と、ここから潜りを入った内露地の割腰掛から、延段を斜めに進んで茶室に至るという構成は前述の例と変わらない。ただし、外露地と茶室相互の位置や向きの関係は異なっており、かつ外露地はかなり大型で、その中に二つの外腰掛、外雪隠があるほか、勝手や縁が付いた「御待あい所」も描かれている。また内露地には延段以外に、茅門、井戸、茅雪隠、垣などが描かれている。一方、建物部分は、先の図と同じ平面の茶室、勝手、水屋あたりまでだけが記されており、勝手や水屋の部分の間取りは、先の平面図とは異なっている。これら二種の屋敷図のほか、堀川屋敷の寸法書に比定される文書「織部座敷寸法」があり、ここには「三帖大目」「四帖半大目」「くさり」「八帖敷道幸」「ひのきしょゐん」「三かいの事」の各項目に関する寸法や、「外の腰かけ」「外西のさる戸」「東猿戸」といった外露地の施設、「内腰かけ」「かや門」「柴垣猿戸」など内露地の施設の寸法などが列挙されている。これら諸史料から見た茶会施設全体の顕著な特徴としては、①露地が二重露地で外露地は高塀で矩形に囲われた独立性の高い一画である、②外露地、内露地とも腰掛や雪隠を塀に付けて設ける、③内露地へは塀にあいた潜りから入り、入ったところが腰掛(割腰掛)になっている、④茶室は三畳台目に一畳の別畳を添えた*藪内家の*燕庵と同形式の間取り(*燕庵形式)であること、⑤茶室の勝手や水屋の奥に鎖の間、洞庫付きの八畳ほどの座敷、眺望もきいたと思われる二階ないし三階の座敷などがあり、これら複数の座敷を使って茶会を催していたこと、などの点が挙げられる。また茶室については、今見た図や寸法書以外に、茶会記に具体的に記録された例もいくつかある。まず伏見屋敷では、文禄五年(一五九六)にあった、別畳なしで三畳台目茅葺の*望覚庵(松屋会記、茶湯秘抄)、慶長二年から六年にかけて茶会記に描写される燕庵形式の三畳台目らしき凝碧亭(松屋会記、宗湛日記、今井宗久茶湯書抜)、慶長十一年の茶会記がある吸香亭(宗湛日記)が知られる。吸香亭は席名しかわからないが、凝碧亭の構成はかなりの程度わかり、燕庵形式の大きな特徴である二枚障子が建てられ、すでに別畳が付加されていたことが察せられるほか、床柱や中柱はいずれも栗材で、床の脇壁には花入の掛けられる下地窓(のちにいう花明窓)があき、点前座の中柱の貫(袖壁の壁留)は竹ではなく桁(削り木)であった。また点前座の勝手付の窓は東に面し、ここの窓は上下二段で、慶長九年の会記に下窓は地敷居窓とあることから(今井宗久茶湯書抜)、*色紙窓の形式も試みられていたことになる。こうした燕庵形式の諸要素は段階を経て調えられたかもしれないが、慶長六年九月に織部が松屋久好に贈った指図には別畳を付した燕庵形式の茶室図が含まれていたので(茶道四祖伝書、茶湯秘抄)、この時には燕庵形式の構成がほぼでき上がっていたと考えられる。他方、織部晩年の堀川屋敷では、松屋久好が慶長十六年九月に招かれた時、工事中の茶室があったが、『*茶湯秘抄』にはその茶室の平面図が二図のっており、それによれば、やはり茶室は三畳台目で、二枚障子を介した別畳一畳の付く燕庵形式の間取りであった。床は荒壁の床で脇壁に窓があり、点前座は中柱が皮付丸太、これに付く袖壁の壁留が削り木で、ここの二重釣棚は*棚板に長短があったことから、現在の燕庵と同じ雲雀棚の形式になっていたこともわかる。またこの会での織部の発言によれば、床框が真塗になったのは名物飾りへの対応という意図ではなく、茶道口を通る時に建水が当たらぬよう竹の方立にしたため、これとの取り合いという点から床框を真塗にしたこと、躙口の外の屋根に初めて突上窓をあけたのは愛宕山の景色を見るためだということが明かされており、加えて、図中に詳細に書き込まれた和紙の張り分け方(白紙、湊紙、反古紙)や、おそらくこの茶室の床も花明窓になっていたであろうこと、大小様々に窓をあけていたであろうことなどもあわせ、織部が景(景色)をかなり重視していたことがわかる。なお堀川屋敷は、織部が慶長二十年に自刃したのち藤堂高虎に与えられ、後代に藤堂家の所領である伊賀(三重県)に移されたらしい。他方、織部が慶長十九から二十年の大坂の陣を前に、藪内家初代藪中斎剣仲に贈ったとされる燕庵については、床框が真塗で茶道口の方立が竹であるなど、堀川屋敷の茶室と仕様が共通する点もあるが、どこの屋敷の茶室なのかは明らかではない。堀川屋敷の、燕庵形式三畳台目以外の茶会施設としては、先の「織部座敷寸法」が堀川屋敷を伝えるものとすれば、「四畳半大目」以下、前掲の諸座敷があったことになるが、そこに記された寸法や仕様は断片的である。おそらく*台目構えを付加したり(四畳半台目)、上段のそばに躙口をあけ炉を切って鎖や自在で釜を釣ったり(鎖の間)、一間の出床横に炉や洞庫を備えたりして(八畳敷道幸)、草庵式茶室から檜書院までの意匠の自然な流れを演出したものと考えられる。織部屋敷以外で織部がかかわった茶室としては、前述の、織部が松屋久好に贈った茶室図五種があり（茶湯秘抄）、燕庵形式と同じく別畳一畳が付いた二畳台目や三畳台目、別畳なしの二畳台目（または三畳台目）、別畳なしの深三畳にいわゆる*宗貞囲の点前座を付加したもの、鎖の間（八畳敷の中に上段と炉を設けた主室と六畳敷の次の間からなる）の各座敷である。鎖の間以外の茶室はすべて、茶道口（勝手口）以外に火燈形の通い口も設けられていた。また、宇治の御茶師・長井貞甫宅の燕庵形式三畳台目と五畳の鎖の間（十八囲之図）、あるいは寛永六年（一六二九）に松屋久重が誓願寺の*安楽庵策伝を同寺塔頭竹林院に訪れた時の茶室が「古織部殿時ノ三畳大也」（松屋会記）であった（誓願寺竹林院の茶室の項を参照）。茶室は燕庵形式で（楽翁起し絵図ほか）、当日は鎖の間と居間にも飾りがなされた。以上のような屋敷構成や茶室の全体を通して、織部がつくり出した新たな点として大きくは二つあり、一つは、武家あるいは大名の立場にかなう茶会施設のあり方を創出したことである。すなわち、露地は大名屋敷の広さを踏まえた二重露地構成で、外露地と内露地を全く異なる性格のものにして、段階と変化を踏んだ構成とし、割腰掛は、貴人用と相伴者用に座を分けた礼節の作法の尊重を促したものとみられる。それは茶室においても、本席に別畳を加えることで同様の作法を可能にしている。また趣の異なる複数の座敷を連ねて場を増やし、やはり段階的な飾りともてなしを推進した。もう一点は、景あるいは景色という視点を重視したことである。露地では、切石の延段の大胆な形と配置、広い内露地での存在感ある茅葺の茶室、図では触れていないが、飛石の色や形の取り合わせ、*織部燈籠の工夫、高木と低木の配置法など、景の効果追究に余念がなかった。また茶室においても、前述したように窓の配置、紙の張り分け、部材の取り合わせ、花明窓の工夫、愛宕山を見るための突上窓などに景を重視した姿勢が認められる。なお慶長十年に秀忠が将軍になって以降、やがて大名屋敷への将軍の御成に際して、茶室（数寄屋）での茶事も取り入れられるようになり、すでに「数寄者の随一」とされた織部が施設の構成や飾り付けに大きく関与していたとみられる。また織部の没後は、数寄屋への御成が主眼となり、「数寄屋御成」へと再構成された。そこでは別畳の一畳は、給仕のための通いや相伴席としての機能以上に、鎖の間や書院への「御通」のための一畳へと純化させたともいえ、織部を師とする*上田宗箇は、「三畳大目ニ通イ一畳付タルヲ織部格ト云也」としていた（宗箇様御聞書）。

風炉【ふろ】

茶室で釜を懸け、湯を沸かすための道具。灰形を切り、炭を置き火をおこす道具。季節によって風炉と*炉を使い分ける。通常、風炉は五月の初風炉から十月の名残にかけて用いる。*陸羽の『茶経』に「風炉」が出ているが、その形態は鼎形であった。はじめは台子皆具のひとつとして、唐銅の切合風炉（切掛風炉とも。釜の羽が風炉の口に添う大きさになった形）が用いられた。後にわび茶の発展とともに釜の形状が増え、五徳などの使用が創案されるようになると、*土風炉が誕生し、眉、四方、道安など様々な形状の風炉が作られるようになる。また銅製、鉄製など、金属性の様々な風炉も釜師によって作られた。風炉の分類として、土風炉を真、唐銅風炉を行、鉄風炉、板風炉、*丸炉、陶磁製の風炉を草に使い分けることもある。

不老庵【ふろうあん】

愛媛県大洲市の*臥龍山荘にある煎茶室。明治三十四年（一九〇一）の建設で、肱川に臨んで急な斜面に、寄棟造茅葺の平家建、懸造で建つ。南西隅の捨柱に槙の自然木を用いる。室内は八畳で、西面いっぱいに二間の踏込床が設けられ、床板は仙台松といわれている。上方には天井に合わせて曲竹の落掛が付く。他の三面には引違いの腰障子が建てられるが、これを開けると眼下に肱川と対岸の冨士山の絶景がひろがる。天井は曲面を描いた網代張の舟底天井である。北面の壁や欄間に、隅丸形や隅切形の窓を多用しているのも独特である。重要文化財。

不老の間【ふろうのま】

京都市中京区に所在の*堀内家の茶室。堀内家の門は二階建、*長屋門形式で、釜座通りに面して建ち、不老の間はこの門の二階にある。八代松翁宗完が明治三十年（一八九七）、階上を改造してできた。これは嵐山の屋形船の風情を偲んでの趣向と伝え、松浦詮から与えられた「不老」

不老の間　主室より次の間を見る

の額から不老の間と呼ばれるようになった。門の前面北寄りに庇を付し、その下中央寄りに入口の通路を設けている。通路の北に供待、南に三畳敷の寄付がある。寄付の西北の階段を上がると、不老の間の次の間である。次の間の西南入隅には三角の袋棚が取り付られている。桐の板戸を引違い建てにし、捻梅文の意匠の引手が取り付られている。主室は四畳半。次の間境には襖四枚を建て、二室通しに丸太垂木の化粧屋根裏である。なぐりの梁に北山丸太の束など、門を組み立てている骨組をそのまま見せる素朴な構成の天井だが、正面の北側は梁が消され、棟木を支えて丸太柱が立ち、間口いっぱいに幅九寸二分の前板を入れる。柱の右側の壁面に、桁上端の高さに竹を水平に入れ、その中央下に軸釘を打って、壁床を形成する。中央に立つ床柱はほっそりとしており、花入釘を打つ。西端の入隅は塗廻されている。東側には中敷居窓をあけ、見晴しを楽しむことができる。野趣に富む丸太を多く使い、数寄屋普請の妙味があふれた座敷である。

風炉覆い【ふろおおい】

雪洞と同じ。⇩雪洞【せっとう】

風炉先【ふろさき】

❶点前座の前方をさす。たとえば点前座前方の壁にあけられた窓は風炉先窓と呼ばれ、同じく点前座前方に床を構えた場合、風炉先床と称される。❷風炉先屏風の略称。⇩風炉先屏風【ふろさきびょうぶ】

風炉先床【ふろさきどこ】

風炉先床

床を点前座の前方向こう側、風炉先側に構えたもの。小間だけでなく、広間の茶室にもこの構えは用いられる。

風炉先屏風【ふろさきびょうぶ】

広間などの道具畳の向こうに立てる二枚折りの屏風。普通「風炉先」と略して称する。広い茶席での点前畳を他の畳から区切り、引き締めるために用いる。『南方録』の「墨引」には、「台ニノリタル天目ノカクル、ホド、又二尺六・七寸タルベシ」とあり天目台にのせた茶碗が隠れるほどの高さが記されている。しかし風炉用と炉用、歴代宗匠の好みによって高さは様々である。幅は畳半畳分となる。小間や壁を塗廻した席、風炉先窓のある席には用いない。『南方録』にはまた「台子サキノ屏風」として、東山殿での二通りの屏風の様子が記され、『茶道筌蹄』では利休形の風炉先屏風として「白張黒塗縁、鳥の子紙、炉、風呂(炉)と通用」と記す。このほか歴代宗匠の好み物が多数作られる。

風炉先窓【ふろさきまど】

点前座道具畳の採光と換気のために風炉先にあける窓。千利休が創始したと伝える。下地窓の形式で、畳より六、七寸上った中柱の袖壁の壁留(引竹、引木)あたりまでの低い位置にあける場合と、風炉先屏風の高さより上にあける場合があるが、前者が多い。室内側に片引き障子を建てる場合が多い。障子はあけきらないで半開きほどにする。風炉先窓が低い位置に設けら

れることが多いのは、点前座が客座に対して一段低いという座の空間特性を投影している。(付録16頁参照)

風呂と茶室【ふろとちゃしつ】

風呂をともなった茶湯として、室町時代に行われた*淋汗茶湯が代表的である。淋汗茶湯は、夏に入浴することをいう仏教用語「淋汗」に由来するが、入浴、茶湯を含む遊興の時期を示す言葉「林間」とも考えられている。禅院儀礼の仏事は室礼、拈香、諷経、斎、茶礼、風呂からなっており、全部または一部が仏事として行われた。仏事が禅院から離れ大衆化する中で、風呂、酒宴、茶湯、室礼で来訪者をもてなす慣行として共同体の結び付きを強化するために用いられ、*闘茶などの遊興も行われるようになった。大乗院別当安位寺経覚の日記『経覚私要鈔』によれば、夏から秋にかけておよそ三日に一度の割合で風呂が焚かれ、茶湯などが催されていた。当時の風呂は、*蒸風呂であり、脱衣を行う湯屋の前室で法要や集会なども行われ、淋汗茶湯も前室で行われたと考えられている。『*長闇堂記』には、*武野紹鷗が風呂上がりに「あかりやにて、数奇を」したという記述がある。淋汗の茶湯で用いられた茶屋が公家の邸宅に取り入れられるようになり、自由な会遊性の回復を目指した茶湯に採用されていったと考えられている。茶湯とかかわりのある湯殿の遺構として、西本願寺*飛雲閣の黄鶴台、福井藩主松平家の別邸*養浩館の御茶屋内の御湯殿、島根県松江市*有澤山荘内の茶室*菅田庵に付属し寄付を兼ねる御風呂屋などがある。

風炉の座【ふろのざ】

*台子を用いる時の、台子上での*風炉を置く場所、あるいは*点前畳に台子があるものと仮定した時の畳上での風炉が占める場所をいう。茶室とのかかわりでは、たとえば一尾伊織の『茶伝集』(一六八一年、国立国会図書館蔵)に、「炉ノ㝡(最)初ハ四畳半切より角ミ炉ノ方古し　台子の風炉を始めて其座へ囲炉裏ニしたる也」といった記述があり、炉を切る位置が検討された初期において、風炉の座を拠りどころにして決めることもあったことが記される。ただし同書では、*隅炉の最初の例として、風炉先に一尺五寸の*向板を入れた*深三畳隅炉の茶室も挙げ、「風炉の座へ炉を切事なしと三斎翁被給しハ此深三畳囲の事也」とし、向板上に設定された風炉の座の前の畳に隅炉を切ったことにも言及していた。このほか『*南方録』のように、茶道具を*カネ割の手法によって配置するために、最初に風炉の座の考え方を使って炉の位置や寸法をさらに厳密に定めるという事例もある。これは『南方録』によれば*東山殿の書院における*書院台子の茶の厳重な作法に基づき、*台子所での大台子の寸法や位置、風炉の座などから、炉の一尺四寸四方という大きさや、隅炉、*向切、*台目切の炉の位置を定めるというものであった。

文道棚【ぶんどうだな】

*床脇に設けられる*飾棚の一種。『雑工三編 大工棚雛形』(一八五〇年刊)ほか、江戸時代後期から明治時代にかけて公刊された棚雛形本に収録される。袋戸を四枚建てた*地袋のみで構成される。

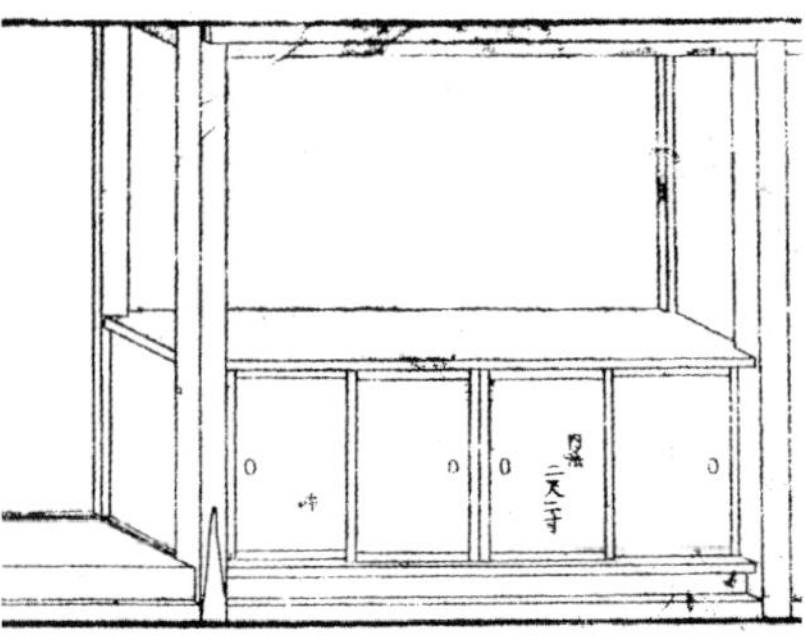

文道棚　『雑工三編 大工棚雛形』

踏床【ふんどこ】

踏込床と同じ。

⇒踏込床【ふみこみどこ】

文琳棚【ぶんりんだな】

*神屋宗湛が営んだ茶室*湛浩庵の床脇に設けられていた棚。*豊臣秀吉を迎えた茶会で、この棚に名物唐物茶入の博多文琳を荘ったことに由来する名称。

へ

塀【へい】

屋敷などの敷地の外側を囲ったり、敷地内を区分する連続した壁。強固に侵入を防ぐ役割があり、簡易な構造をとる*垣とは異なる。*板塀などの架構造のものと、*土塀、石塀などの組積造のものに大別される。高さを確保するため、基礎をしっかりと築き、*控柱や控壁を要所に設けるなどして、頑強な造りとする。庭園では区画のほかに、*石組や植栽の背景としての役割も果たす。

平安神宮神苑【へいあんじんぐうしんえん】

京都市左京区に所在の平安神宮の庭園。社殿を囲むように造られた四つの庭からなる*池庭。同宮は平安遷都千百年を記念して、明治二十八年（一八九五）に平安宮大極殿などを模して建設され、その庭園は、神社創建にあわせて同二十七～二十八年にかけて、本殿の西に西神苑、東に東神苑（現在の中神苑）が造られた。明治三十年には西神苑と東神苑をつなぐ*流れが竣工した。明治四十年には東神苑を改修し、同四十四～大正五年（一九一六）にかけて東神苑の南方に新しい神苑が造られたことで、旧来の東神苑を中神苑とし、新たな神苑を東神苑とした。一連の作庭は七代目*小川治兵衛によるものである。西神苑、中神苑、東神苑にはそれぞれ白虎池、蒼龍池、栖鳳池と呼ばれる園池が造られ、東苑には琵琶湖疏水から水が引き込まれ、それぞれの池が流れでつながっている。西神苑と中神苑には琵琶湖疏水を利用した舟運で滋賀県大津市志賀で産出する*守山石を大量に運び入れた。中神苑の蒼龍池では、京都の鴨川に架かる五条大橋と三条大橋の古い橋脚を用いた臥竜橋と呼ばれる沢飛石や、池の形を三角にすることで遠近感を強調した手法が見られる。東神苑には栖鳳池を横断して泰平閣（橋殿）が架けられ、また池畔東側には尚美館（貴賓館）が建つ。ともに大正元年に京都御所から移築された。名勝。

平安神宮神苑　臥竜橋

蔽芾堂【へいしどう】

大阪市浪速区の願泉寺にあった書院。大坂夏の陣の折に伊達政宗が陣中に建造していたもので、政宗が奥州へ帰城の際、茶の師であった願泉寺住職の定龍に寄贈したものとされる。その後、寛永二年（一六二五）の火災では焼失を免れ、正徳年間（一七一一～一六）には紀州徳川家第三代綱教が*表千家六代覚々斎原叟に命じて補修させ、さらに文政五年（一八二二）には紀州徳川家第十代治宝によって修繕されたとされる。なお政宗が寄贈したものは、書院、茶室、*手水鉢、石燈籠などとされ、そのうち茶室は泰慶堂と称されるが、茶室も含めて蔽芾堂と称されることもある。なお、本書院内上段と次の間のあいだの欄間に掲げられた「蔽芾堂」の扁額は西本願寺十八代門主文如の筆によるものであったという。書院は上段の間四畳に八畳が付属し、さらに続きの八畳間が付属する。上段には床、棚、付書院、帳台構が例のごとく設けられるが、帳台構は両開きの扉となっており、右側の扉から縁を経て茶室泰慶堂の貴人口へと通じていた。上段に続く八畳間には床の脇に棚と台目畳があり、正確には八畳台目と呼ぶべきであるが、この台目畳には隅に炉が切られ、書院に対する茶立所になっていたと考えられる。このような茶立所的な例は*曼殊院小書院が知られるが、本書院はより時代が古く古式を示すものであり、貴重な遺構であった。戦前、書院及び茶室は国宝（旧国宝）に指定されていたが、戦災で焼失した。

塀重門【へいじゅうもん】

門の一形式。両脇に角柱を建て、中央に*両開き戸を釣った門。*冠木や屋根を設けず、周囲の塀と高さや意匠を揃えることができる点から、名づけられたものと考えられる。開き戸は枠に*中桟を入れ、*羽目板を入れる。さらに意匠として井桁や襷状に化粧桟を取り付けることもある。

丙申堂【へいしんどう】

山形県鶴岡市にある風間家住宅の主屋。⇩風間家住宅【かざまけじゅうたく】

へぎ板【へぎいた】

板材の一種。木の繊維にそって、割って作られた薄い板。「片木板」「剝板」、また「枌板（そぎいたと読むことも）」とも書く。材料は杉や椹、黒部杉（ネズコ）などの木目の詰った材を用いる。削らずに、木槌と小割り鉈で切れ込みを入れて、手で二つに割る作業を繰り返し、厚さを薄くしていくが、一ミリ以下まで薄くできる。刃物で削らないため木目が独特な艶を保ち、天井や壁、建具など数寄屋材として幅広く使われる。へぎ板の幅の広い材を野根板と呼ぶ。

碧雲荘【へきうんそう】

京都市左京区にある旧野村得庵別邸。*野村得庵は藪内流の茶の湯を修めた近代数寄者で、大正五年（一九一六）頃から造園及び建物群の建設を開始し、昭和三年（一九二八）に完成した。得庵の指導のもと、造園は七代目*小川治兵衛及び*小川白楊、大工棟梁は*北村捨次郎。京都東山を借景とする雄大な園池に数寄屋建築群が配されたもので、約七千坪の広大な敷地を有する。池の西岸の*待月軒からこの園池の悠然たる景色を観賞することができ、池には屋形舟の室内に茶室を設けた*蘆葉が景趣を添える。その他、茶事、茶会の本席となる三畳台目の*又織を中心に、二畳中板入の*南光席、広間*花泛亭を構える。また園内には昭和三年、久邇宮邦彦王の宿所のために建てられた大書院や、能舞台付き大玄関も現存する。不老門や東門、大書院、中書院、大玄関及び能舞台など多くの建築物が重要文化財に指定されている。

碧雲荘

碧雲台【へきうんだい】

東京都品川区にあった*益田鈍翁本邸。品川御殿山に位置した。明治十年（一八七七）に政府から土地が払い下げられ、以後順次、諸建築の造営が行われた。明治十二年には本邸が完成、同十三年、*柏木貨一郎による茶室、同十八年、柏木による新座敷の禅居庵が竣工。同二十一年、鈍翁の弟・克徳の改修になる*応挙館が移築され、同三十三年、克徳による幽月亭（春雨庵の項を参照）、同三十九年、ジョサイア・コンドルによる洋館、及び真葛庵が完成。明治四十一年に太郎庵（太郎庵の項❷を参照）、大正二年（一九一三）に為楽庵（為楽庵の項❷を参照）が完成する。このうち応挙館は愛知県の明眼院から移築されたもので、昭和八年（一九三三）に宮内省に献納され、東京国立博物館に移築されることになる。また幽月亭は、昭和十一年（一九三六）に、神奈川県小田原市の別邸*掃雲台に移築され、春雨庵と命名された。それ以外にも、妙喜庵と名付けられた席、田舎家の無為庵などがあり、バンガロー風の洋館撫松庵が存在していた。この屋敷では、明治二十九年、鈍翁が入手した弘法大師筆座右銘を披露する茶会が行われ、以後、東京を代表する近代の茶会・大師会の主要会場として使用されてきた。

壁龕【へきがん】

壁を凹状にえぐった部分。西洋建築では「ニッチ」と呼び、アーチや半ドームで覆われ、しばしば彫像が飾られる。日本建築においては床のことをさす場合がある。

壁泉【へきせん】

噴水の一種。建物の壁にある蛇口から、水の落ちるもの。その下には小さな泉があり、落ちてくる水を受ける。

へぎ戸【へぎど】
竪框に胴縁を渡し、そこにへぎ板を張り、押縁竹で押さえて作った扉。木戸などに用いる。『石組園生八重垣伝』は「片木戸法　一曰、大長五尺巾弐尺五寸、小長四尺巾弐尺」とし、大きさの定法を記す。

へげ石【へげいし】
根府川石のこと。⇩根府川石【ねぶかわいし】

べた地業【べたじぎょう】
地業の一種。壁下を掘る（布掘り）だけでなく、床下の全面を掘って（べた掘り）地業をすること。「総掘地業」や「惣地業」ともいう。比較的湿地や地盤の不良な環境に数寄屋を造営する場合、この手法が取られる。

べた張り【べたばり】
惣張りと同じ。⇩惣張り【そうばり】❶

べた掘り【べたぼり】
基礎工事をするために地盤面を掘り下げる根切の一種で、建物下全面を根切すること。「総掘り」ともいう。基壇の下全体を版築で固める場合などに行う。

ノ観【へちかん】
生没年不詳。千利休と同時代の茶人。『老人雑話』には、京都上京の坂本屋の出身で茶を好み、初め号を如夢観といったが、後にノ観と称したとあり、ノの字は人の字の偏から採り、人に及ばないところから名づけたという。『茶話指月集』では、山科の辺に住み、常に手取釜一つで雑炊を食べ、茶の湯も楽しんだとされる。また同書には千利休がノ観の茶事を楽しんだ話もある。さらに北野大茶之湯の際に、一間半の大傘を朱塗りに、柄を七尺計りにして人々を驚かせ、諸役御免となった話が『長闇堂記』にのる。このように独創的な茶の湯を行ったわび茶人として様々な逸話がのこされ、『源流茶話』には、茶法にもこだわらず道具ももたないが、潔いわび数寄であるので、時の茶人たちは交わりを許したとある。『随流斎延紙ノ書』にも、ノ観が皮草履に牛皮の裏を付けて露地で履き、今は雪駄といわれるが、この当時「へちかん」と呼ばれていたという話が紹介される。

別業【べつぎょう】
別荘のこと。「べつごう」とも読み、「別墅」ともいう。業とは屋敷の意。古くは『続日本記』の天平十二年（七四〇）五月の条に、「天皇幸二右大臣相楽別業一、宴飲酣暢」などとある。平安時代には多くの別業が造られた。嵯峨院別業、東京別業、西京別業、河原院別業、宇治院別業、粟田別業、桂別業などがあり、亭舎などの建築が建てられている。江戸時代には、大名の多くが別業に茶室を造っており、松平不昧の大崎園などが特に知られる。

別座敷【べつざしき】
書院建築の離れ座敷、または二棟以上ある茶室の離れの別茶室をさす。寄付をいうこともある。

別墅【べっしょ】
別業と同じ。⇩別業【べつぎょう】

別畳【べつだたみ】
❶「べつじょう」とも読み、いわゆる燕庵形式の茶室に見られる相伴席のこと。⇩相伴席【しょうばんせき】
❷広義に点前畳に対して、それ以外の畳を客畳というが、『南方録』「滅後」に「休、常にの玉ふ、二畳向炉、これ草庵第一のすまゐなるべし、柱を立、右の別だゝみに炉をなをしたること後悔也」とあり、ここでは点前畳に対して、客畳を別畳と表現している。

へっつい
竈土と同じ。⇩竈土【くど】

へっぺけ
丸太の加工方法の一種。年輪にそって、丸太の辺材部分を取り除き、心材部分のみをのこし、表面の裂け目をヘラなどでそいで、皮付丸太のような表情を施したもの。辺材を除いた心材部分を用いるために、耐久性が高くなる。

紅壁【べにかべ】
弁柄壁と同じ。⇒弁柄壁【べんがらかべ】

紅加茂石【べにかもいし】
石材の一種。加茂七石の一つで、雲ケ畑石のうち特に鮮烈な赤色のものを雲ケ畑石と区別し紅加茂石と呼んでいる。鮮紅色を呈する潜晶質石英の一種で、この中に白い石英が筋状に入る。景石や、敷石にアクセントとして使用されたり、三和土に散らして景色を作ったりする場合に使用される。

縁【へり】
畳縁と同じ。⇒畳縁【たたみべり】

縁石【へりいし】
建物の軒内を三和土仕上げとする際、雨落際の線にそって庭との境界に敷き並べる石のこと。一般には「えんせき」とも読み、車道と歩道の境に並べられる石をさす。また葛石（葛石の項❷を参照）を縁石ともいう。

縁石　春草廬　三溪園

縁内【へりうち】
縁は畳縁のことで、自分が座っている畳の前にある縁の内側、すなわち自分側の場をいう。縁より外側、すなわち向こう側の場を縁外という。

縁紙【へりがみ】
畳縁を縫い付ける時に下に敷く紙。現在では「下紙」や「縁下紙」が一般的な呼称。かつては烏紙と呼ばれる両面紺黒色の和紙を使用していたが、現在は片面のみ黒色のハトロン紙が主流で、用途によって紙幅や防虫成分の有無が使い分けられる。寺院などで紋縁畳を使う場合、色移りや縁幅の関係から両面茶色の薄口ハトロン紙が用いられる。また、両面紺黒色のものも現存するが、近年ではほとんど使用されなくなっている。

縁外【へりそと】
自分が座っている畳の前にある畳縁の外側をいう。対して自分が座っている畳の前にある縁の内側、すなわち自分側の場を縁内という。

縁土【へりつち】
下地窓の縁の塗廻し部分。室内側に敷鴨居、方立を設けて、下地窓よりも少し大きい障子を取り付ける場合、下地窓の縁から、敷居の上端、鴨居の下端、あるいは方立の戸当りまでの部分について特にいう。

縁布【へりぬの】
畳の縁を保護する布。装飾も兼ねる。古くはすべて生麻布であったが、後に紋染、無地染で、麻、絹、木綿、人絹、交織などの布が用いられる。松江田縁（麻布の正紺染）、光輝縁（木綿と光沢糸による色染）、高宮縁（細口の麻糸による色染）、高麗縁（白地に黒糸による紋縁）繧繝縁（同色の濃淡三色による紋縁）などの種類がある。数寄屋では松江田縁など濃紺色の無地縁が多く用いられ、床を畳敷きとする場合は高麗縁など紋縁を用いることが多い。

扁額【へんがく】
門戸、あるいは室内外に掲げる額面のこと。横長の形態よりこの名がある。一般に、茶室の屋根、躙口上部付近の妻側に、席名を記して掲げられる。名僧、茶匠、名士、高士などの筆跡を、板額に彫刻したものが多い。板額の材料には杉、檜、欅、松、桂などが用いられるが、木製ではなく陶製のものもある。またその名より基本的な形は横長の長方形であるが、円形や猪目形などもある。『蔭涼軒日録』文明十七年（一四八五）十二月八日の条には「御持仏堂額事。横川曰。西芳方字者西指庵有之。然者可略否。相公曰。西芳寺有指東庵。又有西来堂。然者方宇亦不妨。本尊弥陀三尊堂前。可有蓮池。即弥陀可撰額之由有命」とあり、*東求堂の扁額について協議している様子が描写されているが、後世においても、亭の命名、文字や筆者などに砕心する。この額を拝見するため、露地の飛石には、扁額を見やすい少しそれた位置に役石として*額見石が据えられる。扁額のうち、茶室の外部に掲げるものを濡額という。（付録14頁参照）

弁柄【べんがら】

赤色顔料の一種。「紅柄」「紅殻」や「鉄丹」ともいう。酸化第二鉄が成分の八〇パーセントを占め、最も古い顔料のひとつで、有史以前から使用された。江戸時代にインドのベンガル地方産のものを輸入したことから「べんがら」の呼称がある。岡山県高梁市の吹屋地区で、銅鉱山で精錬の時の副産物として産出する硫化鉄を原料に製造された弁柄が有名である。壁土に混ぜて*弁柄壁としたり、建造物の色付などに利用される。

弁柄壁【べんがらかべ】

黄土や*聚楽土、白土などの壁土に*弁柄を入れて施工した壁。「紅壁」ともいう。派手好みの気風があった織豊時代、京都では*草庵式茶室の壁や商家の壁の仕上げとして好まれた。弁柄の産地であった岡山県高梁市吹屋地区の弁柄壁が有名。茶室に用いた例としては藪内家の*須彌蔵、西本願寺の*憶昔の席や*青蓮榭が知られる。

辺材【へんざい】

樹木の横断面を見た時、樹皮に近い、色の淡い部分をいう。対して心に近い、色の濃い部分を*心材といい、この心材の外周部分にある。白色に近い色のものが多く、「白太」ともいう。細胞活動が行われる樹木の生きた部分なので、含水率が高いため収縮率も大きくなる。軟弱で耐久性も劣る。

変千木庵【へんちきあん】

東京都港区の根津美術館にあった茶室。変木庵のこと。 ⇒変木庵【へんぼくあん】

変木庵【へんぼくあん】

東京都港区の*根津美術館にあった茶室。「変千木庵」ともいう。*根津青山が、高松市の松平邸にあった民家風の建物を譲り受けて移築。十二畳半の部屋は、円錐形の化粧屋根裏に大きな炉を切り、その隣には四畳半枡床の席が付属していた。床柱から長押、天井にいたるまでの一切を、集めた珍しい材木で造ったため、根津が「へんちき庵」と呼んだという。戦災で焼失。

ほ

蒲庵【ほあん】

京都市北区の*大徳寺塔頭大光院にある茶室。大光院は文禄元年（一五九二）、豊臣秀吉の弟・秀長の菩提寺として大和郡山（奈良県）に創建され、慶長年間（一五九六～一六一五）の初めに、*藤堂高虎が大徳寺山内に移転している。開祖は*古溪宗陳。蒲庵は寺伝によれば、もとは「三つ石の席」と呼ばれた黒田如水（長政）好みの席で、そのいわれは加藤清正、福島正則と長政の三人が露地に据える名石を一つずつ寄進したことによるという。初めは仁和寺街道の三軒寺にあったが、明治時代の廃寺の際に、数寄屋師・平井某の祖父がこれを譲り受けて解体保存していたものを、大光院が購入して添えられた図面のとおりに、現在の客殿と書院のあいだの位置に組み立てた。席名は開祖の古溪の庵号から名づけられた。茶室は南向きに建ち、外観は切妻造桟瓦葺、柿葺の庇を長く出す。南東に躙口をあけ、その上に連子窓をあける。躙口の西横の壁には下地窓をあけ、左上部に刀掛を設ける。内部は二畳台目の席で、炉を台目切に切る。点前座には赤松皮付の中柱を立てて袖壁を設け、一重棚を釣る。床は台目幅の上座床を構え、杉丸太の床柱、なぐりの床框で、墨蹟窓があけられている。点前座の脇は幅五寸七分の板畳が入れられ、幾許かの余裕を与えている。この茶室には亭主側の出入り口として茶道口が一つあるのみで、本来あるべき給仕口の位置には下地窓と連子窓、躙口が付き、給仕口はない。天井は、床前を平天井、躙口側を掛込天井、点前座を落天井とする。

蓬庵【ほうあん】

愛知県名古屋市熱田区の熱田神宮にある茶室。明治二十五年から三十二年（一八九二～九九）にかけて、高橋彦次郎が同市西区の自邸内に造立した茶室を、昭和四十一年（一九六六）に彦次郎の息・彦二郎が移築したもの。設計は名古屋の茶家・吉田家の二代紹敬（一八四九～一九〇三）と考えられる。彦次郎は名古屋株式取引所理事長などをつとめた人物。外観は切妻造桟瓦葺、東面と南面には銅板葺の土間庇を付ける。本席は三畳台目に台目床を点前座正面に配し前板を入れる。床柱は赤松丸太、床柱から竹の壁留を通し、床框を矩折に廻す。床の脇には方立を框の角ではなくほぼ中央に用いて床柱側を開放する。床の右手の壁には下地窓をあけ、竹の戸当りを付けた片引き障子を建てる。点前座は、炉を向切に切り、蒲の落天井で左隅に一重棚を釣る。茶道口は上側が直線で曲線部分が少ない火燈形で、茶道口に対面して引違いの腰障子を建てて貴人口とし、下座側にある引違い板戸を躙口として扱い、上部には袖壁を付けて連子窓とする。他にも下地窓が二カ所にあり開放感がある。客座の天井は躙口側が杉板を裏板とした化粧屋根裏で、床前が野根板張に竹竿縁の平天井である。本席の南に六畳の寄付があり、炉を切らず、床は二間幅で奥行きが浅い踏込床とし、中央に床柱を立て、右手に地袋と丸窓を設ける。また水屋は本席の西にあり北隣を玄関とする。

篷庵【ほうあん】

京都市右京区の*妙心寺塔頭天球院にある茶室。天球院は池田信輝の息女・天球院殿の菩提所として寛永八年（一六三一）に創立されたと伝えられる。この茶室は同院住職の蘆門が*藪内家八代真々斎竹猗の指導によって建てたという。藪内家の『門人姓名記録』に「嘉永六年　極月十四日　愚中　天球院和尚　蘆門　庭中に燕庵写出来　安政六年ナリ」と記されており、この「燕庵写」が現在の篷庵と考えられる。この茶室が建てられるのは藪内家の*燕庵が焼失した元治元年（一八六四）以前であったから、慶応三年（一八六七）に移築再建された現在の燕庵を手本としたものではなく、焼失前の燕庵と比較する上でも重要な遺構である。しかし篷庵は完全な燕庵写しではなく、三畳台目の茶室の後方となる西側に、水屋と四畳半の勝手（棲雲庵）が付属して一棟をなしている。外観は切妻造柿葺で、東に庇を付け下ろしている。躙口のあく北側壁面、点前座風炉先側の壁面との入隅に刀掛を設け、その下に二段石を据える。また東側壁面の下地窓の左右には力竹を配する。内部は燕庵と同じ構成となるが、南側が本堂に接して

篷庵　外観

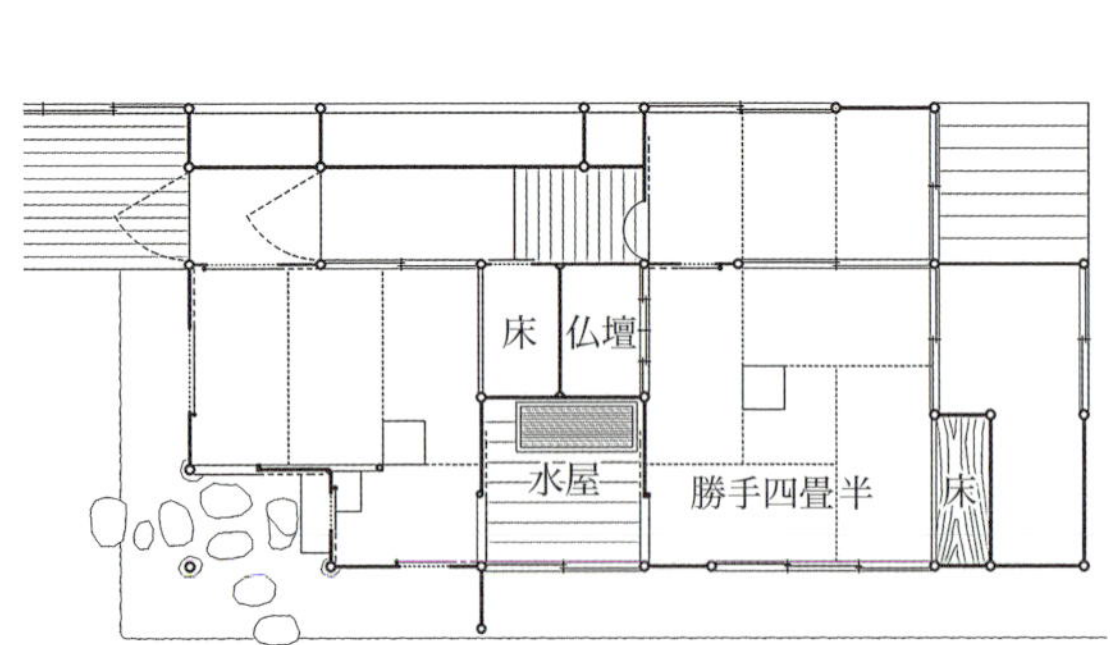

篷庵

建てられたために、相伴席は本堂に続く廊下の一部になっているが、畳を一畳敷き、相伴席と通路を兼ねる。また躙口は点前座側の土間庇に面してあけられている。その他、平天井の竿縁は現在の燕庵では白竹だが篷庵では煤竹になっているなどの違いはあるが、こうした異同を除けば三畳台目部分の構成は燕庵を忠実に踏襲している。この茶室では屋根の納まりを忠実に踏襲したため窮屈になっている。しかし相伴席を廊下に納め、躙口の位置を移すなど、水屋の付け方や四畳半の勝手の接続などとともに工夫が見られ、単なる模倣ではない、創作的意義を含んでいる。

方位【ほうい】

ある地点における水平面内の方向を、基準となる一定の方向との関係で表したもの。または基準となるべきいくつかの方向につけた名称である。方角もほぼ同義である。平面上において基礎となる四面は東、南、西、北（絶対的方向）、あるいは左、右、前、後（相対的方向）の四種類をさし、八方は東、南、西、北に北東、南東、南西、北西を足したものをさす。さらに四方に中央を加えたものを五方という。この五方位の発想は、特に古代中国の五行思想に由来するといわれる。後天八卦図はこの四面、五方と八方をすべて含む方位図である。建物や庭園を造る時、地勢などを考慮してそれらを造る方向、位置を決定するのはもちろんだが、方位とそれを掌る四神とを結び付けた*四神相応の思想なども造園、もっと大きくは都造りの計画に影響を与えた。

望雲亭【ぼううんてい】

京都市右京区の大覚寺にある茶室。大沢池の畔に建ち、高野山に帰山する弘法大師（空海）へ嵯峨天皇から贈られた詩の一節「稽首して離れを傷み雲煙を望む」より望雲の二字を採って命名された。明治時代に裏千家が図り建設されたが、昭和四十八年（一九七三）、焼失。現在の建物はふたたび裏千家の設計で、昭和五十年の寺号勅許一一〇〇年記念事業として再建された。平成二十七年（二〇一五）には三年後の戊戌開封法会に向けて露地が整備された。池に臨む小間は二畳台目。床は枡床で地板は松。床柱は絞丸太で相手柱は錆丸太、その他の柱は档丸太。床の正面に躙口、また池側に貴人口をあけ、一間三枚引違い、内法五尺の紙張障子が入り、開け放つと大沢池及びその先に心経宝塔を望む。天井は舟底天井、垂木は竹で野地板は黒部杉のへぎ板。本席奥には二畳の相伴席があり、本席とのあいだの襖を取り外せば、池に向かって深四畳の客座となる。

方圓庵【ほうえんあん】

京都市下京区の金澤家にある茶室。金澤家は*裏千家の業躰をつとめる茶家で、この茶室は主屋とともに昭和十年（一九三五）の火災後、翌十一年に上棟した。大工は*岡田永斎であった。*金澤邸は高塀造の京町家の構えをなし、主屋の中庭を利用して二重露地が造られ、その西奥に茶室が離れて建つ。外観は切妻造桟瓦葺、内部は四畳半で、裏千家の*又隠の構成を基本にしながら、中庭に向けて躙口と矩折に貴人口をあけ、床の脇の大きな下地窓を床の内部にまで進入させて墨蹟窓の役ももたせるなど、採光が制限される町家の茶室ならではの工夫も見られる。

望覚庵【ぼうかくあん】

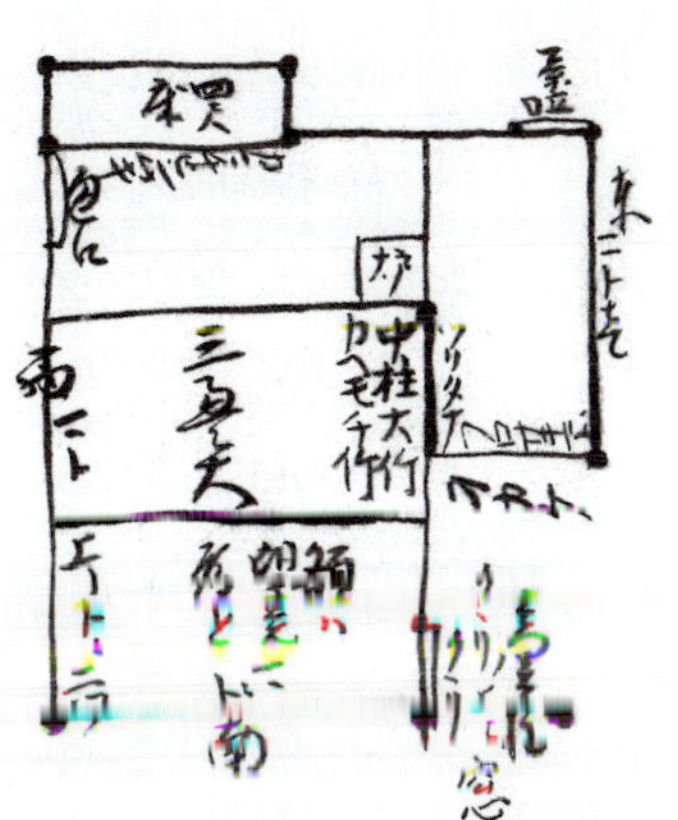

望覚庵の図　『茶湯秘抄』（石水博物館本）

*古田織部が伏見屋敷（古田織部の屋敷と茶室の項を参照）に営んだ茶室。『*茶道四祖伝書』の文禄五年（一五九六）三月九日条、『*茶湯秘抄』巻四に見える。茅葺で三畳台目、間口四尺の床は南向きで下座に構え、床框は丸太（ヤンムキ）で、床に窓はない。躙口は東南隅にあき、給仕口は客座の床に寄せて設けられていた。中柱は太い竹（大竹）、壁留も竹で一重棚を釣り、勝手付の壁面の窓は色紙窓でなく、「マト　ツ」があいていた。窓は点前座上の突上窓のほか、合計七窓を数える。露地は一重であった。材料の取り合わせや

意匠など、燕庵に至る前の織部の好みを伝えている。

望嶽庵【ぼうがくあん】

愛知県名古屋市中区の名古屋城の茶苑にある茶室。昭和二十四年（一九四九）、森川勘一郎（如春庵）の指導によって城内に猿面茶室を復興した折、その一角に澱看席の写しとして造られた。席名はこの位置から御嶽の山々を望むことができたため命名された。

箒庵【ほうきあん】

東京都文京区の護国寺にある茶室。大正十四年（一九二五）に同寺に仲麿堂を建て、茶会を開催した高橋箒庵が、さらに茶室の増設を計画し、建てたもの。深三畳台目下座床の席に、一畳板入の相伴席が付く。南側に構えた床は、床柱が赤松皮付、框は磨丸太で、点前座の背後にあたる床に続く壁面には、下に連子窓、上に引分けに障子二枚を建てた窓をあける。点前座の客付入隅には杉の棚板の二重棚を釣り、中柱に袋釘を打って、風炉先窓をあける。中柱袖壁に続く壁面には、襖二枚を建てて、水屋からの給仕口となる。その矩折の北側、床正面に建て込んだ明障子二枚を隔てて、向こうに相伴席が設けられる。天井は点前座上が萩を並べた落天井、また客座上が竿縁天井。廻縁は床付が杉丸太、点前座側が白竹、他二方が削木となっている。相伴席は仲麿堂の土間に面した西側に躙口をあけており、堂から相伴席を経て箒庵に入る構成となる。

箒庵

箒庵　床側

法貴御影【ほうきみかげ】

石材の一種。京都府亀岡市曽我部町付近から産出した花崗閃緑岩。石英と両輝石の粒状結晶を含む上品な意匠をもち、硬く詰まった石質が特徴で、表面の風化に味わいがある。石造品や石積みなどに使用される。現在は流通していないが、京都近郊で使用される花崗岩として珍重された。

箒目【ほうきめ】

⇒箒目【はきめ】

宝久堂【ほうきゅうどう】

神奈川県鎌倉市に所在の茶道宗徧流不審庵の茶室。十世成学宗囲の構想と指導により、昭和五十年（一九七五）から六年の歳月をかけて造られた宗徧流道場に建つ。外観は切妻造桟瓦葺、妻に庇を付け下ろして、深い土間庇を造る。内部は四畳半で、躙口正面に床を構える。床は蹴込床形式の板床、床柱には辛夷丸太を立て、右脇壁に墨蹟窓をあける。床に向かって左側壁面には、下部に板を入れ、その上を火燈形に刳り、塗廻す。ここには千利休の木像が安置されており、祖堂の構えをもつ。宝久堂の西南には不審庵が、さらにその南には四方庵が接続し、またそれらの露地を挟んで西側には月心亭が建つ。

宝篋印塔【ほうきょういんとう】

石塔の一種。平面が各部とも四角形の一重の石造の塔で、本来は「宝篋印心咒経」を中に納めていたことからその名がある。鎌倉時代中期頃に密教系寺院で作られ始めたが、以降、宗派を問わず用いるようになった。また、塔身を用いて手水鉢とすることもあり、例えば＊四方仏手水鉢などがある。

宝形造【ほうぎょうづくり】

屋根の一形式。屋根中央部から隅に＊棟を下した角錐の屋根。『方形造』とも書く。六角や八角の多角形も宝形といい、頂部に宝珠を飾ることもある。古くは「東屋(四阿)」ともいわれた。例としては＊松花堂、兼六園の＊夕顔亭、修学院離宮の＊窮邃亭などがある。(付録15頁参照)

反古庵【ほうぐあん】

京都市左京区の金戒光明寺の塔頭西翁院にある茶室。澱看席のこと。⇒澱看席【よどみのせき】

反古張【ほうぐばり】

⇒反古張【ほごばり】

反古張席【ほうぐばりのせき】

⇒反古張席【ほごばりのせき】❶

望景亭【ぼうけいてい】

兵庫県姫路市の姫路文学館にある旧濱本家住宅。大正五年(一九一六)から昭和四年(一九二九)頃、姫路城西側の男山南麓に実業家・濱本八治郎によって建設された別荘男山御殿の一部。昭和十七年に須鎗家の別邸となり、戦後は進駐軍が接収、同三十三年に姫路市が買収し、平成三年(一九九一)より姫路文学館の付属施設として開館した。十八畳の広間と十二畳の次の間をもつ和室棟、八畳の座敷と三畳の水屋をもつ茶室＊雄徳庵などからなる。和室、茶室、棟門などは登録有形文化財。

望景亭　和室棟　広間　床側

暮雨巷【ぼうこう】

愛知県名古屋市瑞穂区の暮雨巷会館にある旧久村暁台邸の主室。尾張国(愛知県)の俳人であった暁台(一七三二～九二)がその晩年に住んだ建物で、はじめ名古屋前津の＊竜門園内にあり、暁台の没後も同園は名園として親しまれていたが、大正十年(一九二一)の道路拡張により暮雨巷は現在地へと移築された。東に妻を向けた切妻造桟瓦葺で、同じく桟瓦葺の庇を付け下ろしている。ただし今の外観は竜門園から移築された時に改められたもので、以前、大屋根は寄棟造茅葺であったことが知られている。また暮雨巷の東側と西側に二つの茶室が付属している。もともと暮雨巷に付いていたものではなかったらしいが、建物のつながりをうまく扱って接続されている。主室は八畳で、北側正面の東寄りに一間床を構え、床脇は棚を設けず、板ではなく畳を敷き込んでいる。無目を入れて天井を低くし、中敷居窓をあけたその上に、透彫りのある板をはめ、付書院の構えを構成する。入側を二方に廻し、簡素な意匠の勾欄を設けて東側と南側を開放的な構成とす

暮雨巷　主室　床側

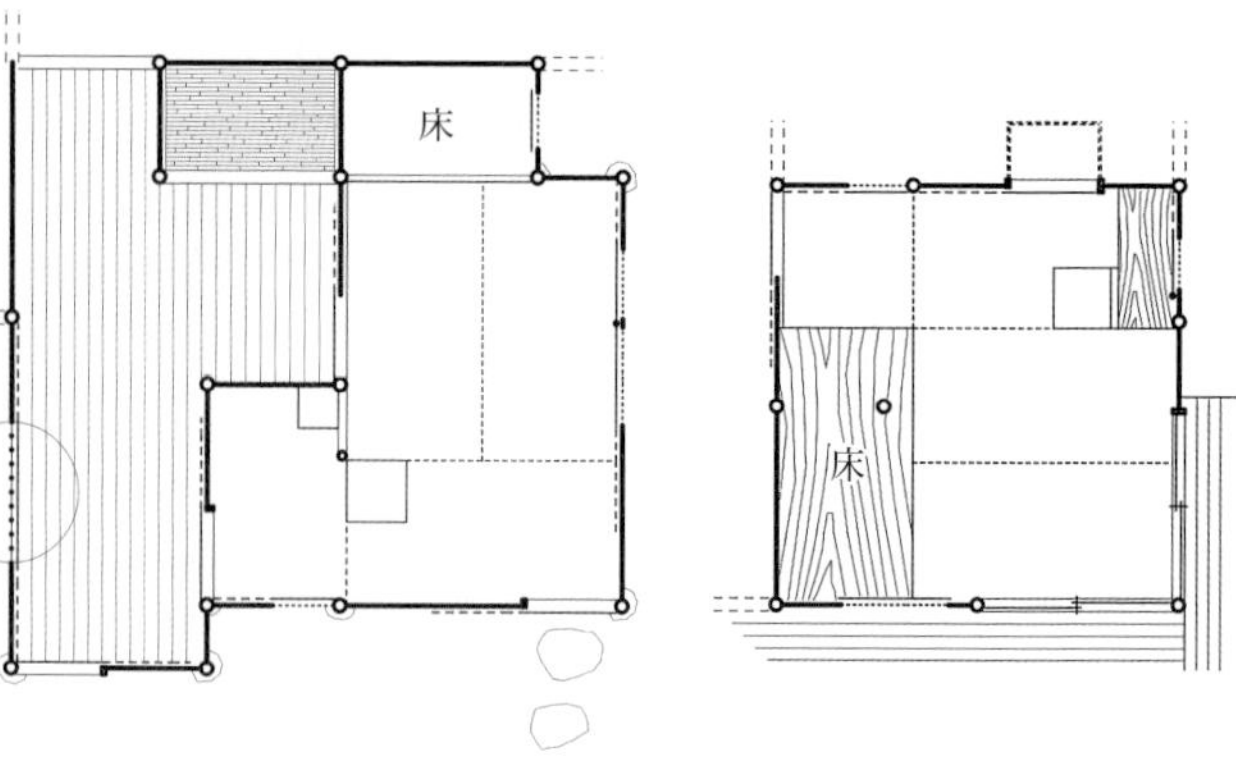

暮雨巷　三畳半席

暮雨巷　深三畳台目席

る。東の入側の先には、榑板張で前方を竹簀子とした濡縁が張り出し、方形の手水鉢を据える。東に接続する茶室は三畳半で、床は下座に原叟床を構える。点前座は向板を入れ、炉を向切に切って、天井は蒲の落天井とする。勝手付には洞庫と二つの窓が配される。西に接続した茶室は深三畳台目。この形の茶室は千利休が大坂屋敷(千利休の屋敷、深三畳半の項を参照)に造り、後に*千少庵が本法寺前に再興したもので、利休の台目構えの最初の間取りといわれるものである。後に*不審菴平三畳台目のもとになった。

図や起し絵図をもとに、千家流の茶人が建てたと考えられている。床は、床柱に赤松皮付を立て、框は北山丸太の面付き。向かって右の脇壁に墨蹟窓をあける。点前座の中柱は曲がりも緩く、壁留には引竹を用いる。客付に釣られた二重棚は、上下の棚をつなぐ釣木だけで、普通、上の棚を天井から釣る釣竹が見られない。これは日泰寺の*草結庵と同じ手法である。中柱袖壁に続く壁の柱付に給仕口をあける。

宝厳院の茶室【ほうごんいんのちゃしつ】

京都市右京区の天龍寺塔頭宝厳院にある茶室。現在、宝厳院が建立される地は、もともと同じく天龍寺塔頭の妙智院の故地であった。室町時代に中国に二度渡った禅僧・策彦周良が作庭したという借景式枯山水庭園の獅子吼の庭がある。一時荒廃していたが、大正八年(一九一九)、この地を手にした日本郵船専務・林民雄が別邸を営み整備、さらに平成十四年(二〇〇二)に宝厳院が移転してきた。茶室は、庭園内にのこされた林別邸時代の主屋(宝厳院大書院)に広間と小間が、さらに独立した無為庵、青嶂軒がある。敷地北端にある主屋は、棟札から技師が上阪友次郎、棟梁が小野寺未太郎であったことがわかる。雁行形に並んだ三棟が網代組舟底天井の廊下で貫かれ、廊下の屈曲ごとに意匠が大胆に変化する。中央の茶室棟には、広間八畳、小間四畳半、水屋四畳半を配する。各室は、各種天井の張り分けや、棚と書院の組み合わせなど、変化に富んだ意匠が施される。また西の書院棟は、成(高さ)の低い磨丸太の長押や、十畳大に十二畳を敷き込むなどの寸法感覚を狂わせる工夫により、端正な中に伸びやかさを感じさせる意匠である。無為庵は切妻造茅葺に角屋が付属するもので、土間の立礼席とオンドル付き広間を配する。青嶂軒は、雁行する茅葺棟と瓦葺棟が下屋でつながれ、六畳の席と立礼席、水屋、外腰掛からなる。外光が透過する杉薄板の円窓など、特に技巧的な細部意匠が詰め込まれている。

宝積寺【ほうしゃくじ】

京都府乙訓郡大山崎町にある真言宗智山派の寺院。天王山と号す。寺名は聖武天皇が龍神から授かったという打出の小槌を祀ることに由来。別名宝寺ともいい、商売繁盛の寺として知られる。神亀年間(七二四〜二九)、聖武天皇の勅願で行基が開き、七間四面の本堂に十一面観音を安置したと伝えられる。*豊臣秀吉と明智光秀の山崎の合戦の後に*山崎城が築城され、天王山から宝積寺一帯を城郭として形成したとされる。慶長十一年(一六〇六)に描かれたとみられる「宝積寺絵図」(同寺蔵)には、*妙喜庵の一画に「かこひ」の記入があり、茶室*待庵の位置が、また「宗鑑やしき」「利休」の記入から*山崎宗鑑や*千利休の屋敷の位置が書き留められ、史料として注目される。

豊秀舎【ほうしゅうしゃ】

京都市東山区の豊国神社にある茶室。同社は*豊臣秀吉を祀る。大正十三年(一九二四)、*藪内家十一代透月斎竹窓の好みで、*野村得庵の寄進により建築された。大工棟梁は*北村捨次郎。外観は桟瓦葺で、軒まわりは柿葺。二畳台目の茶室、上段を付けた書院と次の間、小屋、勝手などからなる。三畳台目の席は風炉先床の形式で、台目切本勝手。床は南側に設けられ、はつり目を連続的にあらわした磨丸太の床柱、絞丸太の床框、墨蹟窓は花明窓の形式で、花入釘を打った下地窓の外側に障子を建てる。反対側の脇壁、点前座の風炉先部分には格狭間形の窓をあける。点前座は台目構えで、はつり目を数カ所施した中柱を立てる。引竹は二節の白竹。勝手付には火燈口形式の茶道口が設けられる。北側に躙口、東側に引違いの太鼓襖を隔てて一畳の相伴席を備える。太鼓襖は相伴席を使用しない時は給仕口となる。天井は平天井で、躙口側が化粧屋根裏、点前座上部が落天井、相伴席も落天井だが点前座よりわずかに高くしている。建物の東側には上段付きの書院がある。四畳の上段には床と付書院が矩折に取り付く。*飛雲閣の招賢殿を意識したものとなるが、飛雲閣は藪内家と深くかかわりのある西本願寺にあり、また*聚楽第の遺構とも伝えられてきた。上段の天井は格天井、上々段には付書院を設け火燈窓をあける。床は壁面を三分割し下部には地窓が設けられ、中央が低く、両側がやや高く設定されている。中央部は野根板をはめ込むこともある。点前座は上段とは対面、西側に四畳半切の炉を備える。点前座勝手付、次の間との境の襖には瓢が描かれ、引手も瓢形となる。もとは得庵の描いた橋柳の襖であったという。欄間には透彫りを施した桐板が使用されている。次の間は四畳半台目に畳を敷き、出床形式に台目床が付き、あわせて六畳の大きさである。

房州石【ぼうしゅうせき】

石材の一種。千葉県の房総半島から産出する砂質凝灰岩。千葉県富津市、及び安房郡鋸南町付近から産出し、特に鋸山産のものが著名である。石質は加工しやすく、耐火力があるが、凍害に弱い。礎石、敷石、板石、壁体、その他の加工品に使用され、*大谷石採掘の盛時以前は、多く使用された。江戸時代には船便でひろく流通した。大谷石に似ているが性質は劣ることから、近年では需要が減っている。

芳春院【ほうしゅんいん】

京都市北区にある大徳寺の塔頭。慶長十三年(一六〇八)に前田利家の夫人である松子(芳春院)が前田家の菩提所として創建。開山は玉室宗珀。元和三年(一六一七)、横井等怡と*小堀遠州の作と伝える庭園や二重楼閣建築の呑湖閣(再建)を整備。堂宇は寛政八年(一七九六)に焼失し前田治脩が再建。かつて寮舎として高林庵、松月軒、通玄庵、貞岳庵、大源庵などがあった。近年には高林庵が再興されている。茶室に*落葉亭、迷雲亭、如是庵、悠心軒があるが、いずれも昭和時代以降の建造または移築である。『*隔蓂記』の慶安二年(一六四九)十二月十九日条に新築の畳半茶室の記事があり、後にそれが*千宗旦作と伝えられていたことは『*槐記』の享保十二年(一七二七)三月十三日条に見える。

方丈【ほうじょう】

❶僧侶や隠遁者の住まい、または僧侶自身のことをさす。もともと「方」とは正方形、「丈」とは長さの単位であり一丈は十尺で、方丈とは約三メートル四方(約四畳半)の空間のことをさす。その後、禅宗建築と結び付き、大きさにかかわらず住職の住む建物を方丈と呼んだ。多くの場合、前側三室、後側三室の六間で構成され、前の中央間を室中の間、後の中央間は開山などを祀る仏間とすることが多い。現存では、東福寺塔頭の龍吟庵方丈(国宝)が嘉慶元年(一三八七)の建立とされ、日本で最も古い。さらに近世になると前側三室の*内法上の壁を撤去し、そこに*竹の節欄間を取り付けて開放とし、部屋境の襖を撤去すると開放的な一室として利用できる工夫もなされるようになり、独自の発展を見せた。
❷中国の*神仙思想において、東海にあって神仙が住むとされる架空の島の一つ。*蓬莱、*瀛州とあわせて三神仙島と呼ばれる。日本庭園の園池においては、中島(池中の島)や浮石(池中に単独で据えられた石)として表現される。この浮石は方丈石といい、形は不定形とされる。

豊頌軒【ほうしょうけん】

愛知県名古屋市中村区の中村公園にある茶室。もとは稲沢市の渡辺家に、茶人・田中稲美の橋渡しにより建てられていた*表千家十一代碌々

豊頌軒　外観

斎瑞翁の好みの茶室で、当時の席名は松林庵であった。昭和三十二年(一九五七)に現在地に移築された。本席は切妻造桟瓦葺、平家建で、軒先、螻羽を銅板葺とし、東面から南面は土間庇をめぐらす。本席の北側に玄関、北東には寄付、西側には水屋を配する。本席は四畳半台目で、炉を台目切本勝手に切る。点前座には赤松の曲柱を立て、下を吹抜きとした袖壁とし、二重棚を釣る。床は上座床に構え、床柱ははつり目のある藤、床框には栗を用いる。北側に下地窓、南側に連子窓をあけ、躙口を設ける。東側は貴人口とし、西面の北端には火燈口形式の茶道口をあける。点前座は網代を竹で押さえた落天井で、はつり目のある杉が壁留として取り付く。客座の南側は化粧屋根裏で突上窓をあける。北側は平天井で五本の細い赤松丸太で押さえる。水屋は北側が板間で、南西隅に丸炉を備え、幅約一間の水屋棚を設ける。南側は、幅約二尺五寸の細長い畳三枚と丸畳大の板敷きである。寄付は移築時に増設したと伝えられ、切妻屋根で、室内は二畳台目。天井は舟底天井で、東側半間に織部床を設ける。東面は円窓に両引きの障子を建てる。玄関は寄付と水屋の間に位置し、鉄平石を張った土間より約三尺の縁を南と東の矩折に設ける。

方寸庵【ほうすんあん】

愛知県名古屋市昭和区の南山大学にある茶室。*也有の席と同じく昭和四十年(一九六五)に移築。もと名古屋市東区の土井国丸邸にあった。切妻造桟瓦葺、妻に下屋庇を付ける。内部は四畳で、三本引きの腰障子のうち、一本を貴人口としてのこりに榑縁を付設する。貴人口の正面に床を構え、袋床形式として袖壁に下地窓をあける。矩折に付書院を設け、中敷居窓を火燈窓として根来塗の額縁とする。天井は杉板の平天井で、点前座は廊下側からまわり茶道口とし、炉は本勝手四畳半切に切る。床の背後には台目畳三畳敷で中板を入れた小間がある。炉を向切に切り、点前座脇に下地窓をあける。入口は躙口と貴人口を矩折に配し、躙口の上は連子窓をあける。天井は点前座が蒲の落天井、客座は化粧屋根裏として突上窓をあける。

方星宿手水鉢【ほうせいしゅくちょうずばち】

手水鉢の一種。角柱形の石の天端に水穴をあけ、側面に「星」の字が刻まれたもの。

忘筌【ぼうせん】

京都市北区の大徳寺塔頭*孤篷庵にある茶室。客殿(本堂)*室中の間の西、十二畳の北側に造り込まれている。席名は『荘子』の「得魚而忘筌、得兎而忘蹄」を出典にしているという。孤篷庵は寛永二十年(一六四三)、現在地に*小堀遠州によって新しく建築物や庭園が造営されたが、寛政五年(一七九三)に火災によって失われた。客殿はその後、近衛家や*松平不昧の援助を得て、寛

忘筌　床側

政九年六月に上棟。のこった図面や*起し絵図をもとに忠実に復元、再建された。復元にあたっては、不昧の指導があったと考えられている。

忘筌の入口は客殿の西側にある。客殿は*切妻造*桟瓦葺で、屋根の葺き下ろしが緩やかに長く流れる。その下、客殿室中西十二畳の間の*広縁の下り口あたりから、軒内の*三和土に、南から北へと*飛石が一直線に打たれており、これが忘筌への露地となる。その終点に*露結の手水鉢が、また*落縁下に大きな*沓脱石が据えられる。この手水鉢は*縁先手水鉢ではあるが、低く構えられており、縁の上でも屈まなければ使えず、*蹲踞に迎った形式となる。また縁先手水鉢の西向こうには*生垣を設け、書院庭と露地とを区切り、露地にあたる部分には軒の*葛石まで一面に小石を敷いて石燈籠と*燈上げ石が据えられる。入口は*舟入の形式である。*中敷居が*土間部分から四尺八分の高さにあり、潜って落縁、さらに広縁へと上がることとなる。室内側からは露地の景色を限る役割をする中敷居が、同時に潜りの形成を果している。内部は八畳の東側へ点前座一畳、西側へ*相伴席三畳を付けた十二畳敷で、点前座の*風炉先に一間床を構える。*角柱に*長押を打ち、*漆喰の小壁、*張付壁、*勾欄付の広縁と落縁を備えるなど*書院造の意匠を示している。また長押を床まわりにも付けている点は注目される。*落掛を一段高くすることなく、*鴨居の*内法高と一線になるよう床の上にも長押を取り付けるが、このように室内に一線に長押を廻す手法は*直入軒でも試みられている。一方で客殿よりも天井を低くおさえ、*貫や*天井長押を省略して威圧感をやわらげている。天井は*砂摺天井となる。点前座は、現在*四畳半切に炉を切るが、当初は*台目切で、遠州は*小間でも*書院でも*中柱を立てた*台目構えを採用しており、ここでも台目切としたが、中柱は立てなかった。そこに*書院茶室として完成された姿を見ることができよう。*茶道口を出て、次の間の突き当たりに*間口半間の水屋棚がある。水屋棚の上には最上部に*違棚、その下に*袋棚を設ける。水屋棚は上を*通棚、下を*簀子棚とし、*水屋流しを設ける。通常、水屋棚には戸を建てないが、ここでは双折片開きの*襖を釣り、これを閉じれば水屋棚には見えない。書院座敷の棚構えの姿であり、書院にふさわしい水屋棚として工夫されたと考えられる。舟入とした入口は中敷居の上に*明障子を建てて下方を吹抜き、そこから手水鉢と石燈籠の見える露地の風景を室内に取り込む。景色を限り、それを室内につなぐことによって書院風の座敷に茶の湯の雰囲気が醸し出される。また露地と内部空間との明暗の差をやわらげ、適切な

忘筌　軒先の飛石

忘筌　室内より露地側を見る

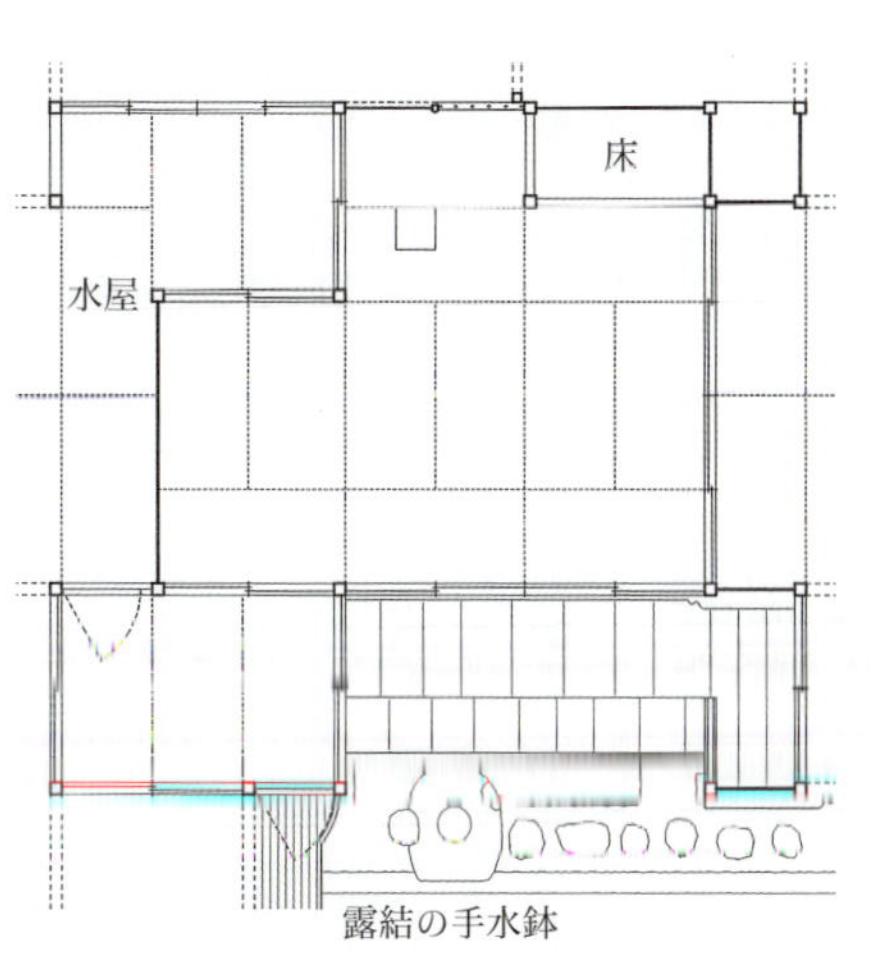

忘筌

光量を室内にもたらしている。このように完全な書院の要素をもちながらも、茶の湯に適した機能と雰囲気をもつ空間を巧みに作りあげ、茶の湯にとって大切な*席入りのために、縁先に特殊な工夫を組み込んだ独創性が高く評価される。重要文化財。

宝扇庵【ほうせんあん】

鳥取市の宝隆院庭園にある茶座敷。旧扇御殿の一部で、庭園の南隅に建つ。宝隆院庭園は久松山の山裾に設けられた池庭で、文久三年（一八六三）、因幡国鳥取藩第十二代藩主池田慶徳が、若くして未亡人となった先代慶栄夫人・宝隆院を慰めるために造営したものである。この時、宝隆院の住いとして建てられた扇御殿は、完成後ほどなく取り壊されたが、離れとして建てられた化粧の間だけはのこり、茶座敷宝扇庵として市民に利用されている。桁行六間、梁行三間の入母屋造桟瓦葺、床と床脇のある八畳、四畳の続き間と六畳からなる。後世に修復の手が入っており、修復、改変の時期や箇所、程度も明らかでないが、鳥取城にのこる唯一の建造物である。なお宝隆院庭園は現在、明治四十年（一九〇七）に鳥取城跡に建てられた仁風閣（重要文化財）の後庭となっている。

抛筌斎【ほうせんさい】

*裏千家の茶室。席名は*千利休の斎号による。利休二百五十年忌にあたって行われた十一代玄々斎精中による増改築の一つで、天保十年（一八三九）九月の会記に「新席抛筌斎」と記されている。*咄々斎の西北に接続し、北から東に縁が廻り、南は*三猿舎に接する。縁先の北寄りには曲がり木に丸太の*束を立て竹の*貫を三条通した手摺が設けられる。室内は十二畳の広間で、*長押は省かれ、天井の高さも低くおさえられている。西側に床と棚を並べ、床前二畳だけに*高麗縁の畳を敷いて*貴人座に見立てている。床は間口約七尺、絞丸太の床柱に*真塗の框を取り合わせている。床脇の棚は*地袋を主体とし、隅に一枚の棚を取り付けただけの簡素な形式である。玄々斎が好んだものであることを示す「天保十亥年好之玄々（花押）」の朱書が棚板の下面にある。大きく開放された床脇が座敷をいっそう広く見せ、真塗の床框と高麗縁によって尊貴の座が表現されているところに、茶匠らしい作意が認められる。重要文化財。

床　三猿舎

抛筌斎

抛筌斎　床側

方竹【ほうだけ】

四方竹と同じ。⇒四方竹【しほうちく】

方立【ほうだて】

❶円柱の柱間に建具を建てる際、柱と建具を納めるために柱に添えて打ち付ける竪長の隅木。「柱寄せ」ともいう。❷門や出入り口などの開口部の左右に、扉を建てて納めるために立てる小柱、あるいは板のこと。「ほこだち」「ほたて」「ほだて」とも読み、「帆立」とも書く。間柱や桟に相当するもので、*構造材としての柱よりも*見付を薄く造る。茶室の*茶道口や*給仕口などの出入り口では、方立を立て、上部に角柄を出し、鴨居や敷居を取り付けて、*方立口を造る。方立は柱と同材を使う

が、草庵風茶室では*面皮柱や竹などを用いることもある。（付録17頁参照）

❸勾欄の端に突き出ている反り木。

方立口【ほうだてぐち】

*敷居、*鴨居と方立（方立の項❷を参照）で形造られる形式の出入り口。「ほたてぐち」とも読む。茶室においては、主に*給仕口または*茶道口にこの形式が用いられる。一般的には方立の外へ鴨居をのばして角柄に組む。*古田織部は方立に竹を用いた。建具には太鼓襖を片引きに建て込む。なお給仕口及び茶道口の形式を*火燈口にするか、方立口にするかは、茶人によるその茶室の意匠の整え方次第である。

方立口

宝殿赤龍石【ほうでんせきりゅうせき】

石材の一種。兵庫県高砂市の龍山から産出される龍山石のひとつ。流紋岩質溶結凝灰岩で、龍山石のうち、特に鮮やかな赤色のものを赤龍石と呼び、地名の宝殿を冠して呼称される。耐火性に優れ、風化にも強いことから、主に炉や石棺、石燈籠などに使用される。黄色系や青緑系が多い龍山石の中で、赤系は山頂付近でしか採れず、古くから珍重された。黄色系などの龍山石は風化しやすく、赤龍石と同様の使用ができない。

鳳鳴亭【ほうめいてい】

大阪市住之江区の加賀屋新田会所跡にある茶室。会所は年貢米の徴収、貯蔵や新田の維持管理、役人への応対などを行う場である。加賀屋新田会所は、延享二年（一七四五）より周辺の干拓、新田開発を行った加賀屋甚兵衛が、宝暦四年（一七五四）に創建したもの。会所の建築群は、南端の玄関から書院、居宅、鳳鳴亭と、南から北へ連続して配置されて、これら建物群の西側に広大な回遊式庭園（大正時代に愉園と名づけられた）が造られている。鳳鳴亭は建物群の最北部、庭池に臨んだ石垣の上へ懸造で建てられている。外観は入母屋造桟瓦葺で、内部は西面の池側へ一間幅と広い榑縁を設ける広間八畳と、広間の東へ続き居宅部とつながる次の間、及び広間の北側へ、広い榑縁から続く前室三畳、前室から貴人口でつながる三畳台目の小間と、その水屋からなる。西側の榑縁へ腰障子を建て、琵琶床を構えた広間は、榑縁へ面する琵琶棚の脇壁まで平書院風の障子窓をあける。また西面だけでなく南面へも矩折に広い榑縁を配する。この折れ曲がりの縁側の深い軒庇は、丸桁の交差部以外には柱を立てない。開放的な室内から、かつては西側の庭園越しにひろがる干拓地や大阪湾を望んだのであろう。床は、赤松丸太の床柱に相手柱はなぐりを付けた杉で、檜丸太の框を入れた畳床。狆潜りを設け隣接する琵琶床は、落掛を丸竹とする。また、床に向かって右手の脇には水屋への通い口があるが、この通い口前の二畳分の天井のみ網代の落天井として、ほか六畳分は竿縁天井とする。床前には下座床となるように炉が切られているので、落天井部分は点前座として用いることができたと考えられる。室内には、大徳寺四百十八世住持の宙宝宗宇の揮毫による「鳳鳴亭」の扁額が掲げられている。小間の三畳台目は、下座に台目床を構える。床柱は赤松丸太、角框の畳床である。点前座の中柱は辛夷の曲柱で、吹抜きに引竹を渡し、二重棚を釣る。二重棚の下部は引竹より下に出る。風炉先窓は、間取りから屋外でなく貴人口のある前室へあく。貴人口の脇には躙口が設けられる。茶道口は火燈口形式で、白の鳥の子紙を張った太鼓張襖で表千家*不審菴のように釣襖とする。また床の脇に設けた給仕口は、台目幅で白の鳥の子紙太鼓張の引違いとする。天井は、点前座のみ蒲の落天井とするほかは、すべて竹垂木折板張の化粧屋根裏とする。窓は、風炉先窓のほかに、化粧屋根裏の突上窓と、躙口の上の床の手前の四カ所のみにあけられる。加賀屋新田会所の建築年代は明らかでないが、宝暦四年の会所創建時に完成したとされている。また、鳳鳴亭の小屋組の後補材からは文化十二年（一八一五）の墨書が発見されている。小間の部材は広間のものより新しいことから、鳳鳴亭広間は会所の主要部とともに文化十二年以前、あるいは創建時までさかのぼり、下って文化十二年に茶室部分を中心に建物全体を整備した可能性が考えられる。江戸時代の新田会所を伝える貴重な遺構である。

蓬莱*【ほうらい】

中国の*神仙思想において、東海にあって神仙が住むとされる架空の島の一つ。*方丈、*瀛州とあわせて三神仙島と呼ばれる。奈良、平安時代にはすでに蓬莱を表した園池が造成されていたとされ、飛鳥京跡苑池遺構の南池の島は蓬莱をモチーフとしていた可能性が指摘されている。『築山山水伝』に「山水の中央に島を作る、是蓬莱山を表する也、其形亀のごとし、云々」と記される。蓬莱が亀の形をしているというのは、この島が巨大な亀の背にのっているとされることからで、*亀島と同義とされた時期がある。『夢想流治庭』の「三島一連の庭の事」には「三島一連とは蓬莱島、方丈島、瀛州、此三島を庭の正面に作り」とあるように、三神仙島を配した庭園が江戸時代には多数造成された。その多くは園池の中島に表現され、『築山庭造伝前編』に「中央の島、蓬莱の形ならバ橋を懸べからず、海中にある島にて仙人のすめる所なるが故なり」と記されるように、岸から島に橋を架けないことが常であった。

蓬莱石組【ほうらいいしぐみ】

*石組の一種。中国の*神仙思想における*蓬莱に見立てて造られたもの。この島が亀の背にのっているとされることから、*亀島と同義とされた時期もある。

蓬莱石組　曼殊院書院庭園

鳳来席【ほうらいのせき】

京都市北区の大徳寺塔頭*高桐院にある茶室。この席は大正時代（一九一二〜二六）に再建された客殿の西北の一室に造られた。広間八畳で、*裏千家十三代圓能斎鉄中の好みによる。北側に構える太い床柱を立てた床と矩折に、西側へ付書院を配し、天井は*咄々斎に見られる*一崩しの天井となる。西側にあけられた躙口は板戸を引違いに建てる。広間と躙口とのあいだは一段低い榑縁とし、広間の座敷に躙口を組み入れる創意が見られる。高桐院には、細川三斎好みと伝えられる*松向軒もある。

床

鳳来席

鳳来席　床と付書院側

炮烙棚【ほうらくだな】

*仕付棚の一種。二重棚の形式になった仮置棚のひとつ。*千宗旦の好みと伝えられ、裏千家*又隠の水屋に設けられたものが本歌とされる。上棚が斜めの角切りで長く、下棚が短い。あいだには脇板が支えとして入り、*格狭間の透かしがある。上棚は炭斗、下棚は灰器をのせる。

炮烙棚　又隠水屋　裏千家

鳳林承章【ほうりんじょうしょう】

文禄二年～寛文八年（一五九三～一六六八）。江戸時代前期の臨済宗の僧。勧修寺晴豊の第六子として生まれ、幼時に出家して京都相国寺の西笑承兌の膝下に入る。西笑の跡を継いで*鹿苑寺の住持となり僧俗の枠を越えて多くの人物と親しく交わった。寛永十二年（一六三五）から没する寛文八年まで記録された日記『隔蓂記』は、宗教的な事柄ばかりでなく、当時の社会、文化を知る絶好の史料で、*千宗旦や*小堀遠州、*金森宗和らの茶人も多く登場する。原本が鹿苑寺にのこり、昭和三十三年（一九五八）、同寺から翻刻本が発行されている。

朴の木【ほおのき】

モクレン科モクレン属の落葉高木。北海道、本州から九州の山地に生え、樹高は大きいもので三〇メートルになる。葉は長さ二〇～四〇センチの倒卵状長楕円形で、厚みがある。枝先に集まって互生する。五～六月頃、白色の直径一五センチほどの花をつける。小正月の飾りや盆棚に飾る地方が多い。葉に飯や味噌を盛って食べる風習が飛騨高山をはじめ、全国にのこっている。*杉木普斎は露地に好ましい樹木のひとつに厚朴（朴の木）を挙げている（杉木普斎伝書）。

穂垣【ほがき】

枝穂垣と同じ。　⇨枝穂垣【えだほがき】

木石舎【ぼくせきしゃ】

昭和二十六年（一九五一）、東京都台東区上野の松坂屋で行われた新日本茶道展において、*谷口吉郎が設計した茶室。「新しい茶室」というテーマで造られた。焼過ぎ煉瓦と大谷石の壁、杉赤柾の天井板が主要な構成要素となる。*立礼席の形式で、点前を行う立礼卓と客座の客卓が同一面を構成する。点前座の向こう正面の壁龕部分は床がしつらえられる。現存せず。

木石舎　内部

墨蹟窓【ぼくせきまど】

床の側壁にあけられた*下地窓。床の掛物に光をあてることを第一義とするところからの称。この窓は*古田織部の創意工夫になると一般には考えられていた。「床ニ下地窓ヲ明ル」（利休居士伝書）とか、「利休座敷に、床の内に窓は無之」（茶道旧聞録）などと伝えられるように、*千利休はあまり好んでいなかったが、「床の窓」をあけた利休座敷（草人木）や、床に「大下地窓」をあけた座敷（片桐貞昌大工方之図）も伝えられているように、織部以前に利休も墨蹟窓を試みていた。天正十五年（一五八七）の*北野大茶之湯における利休四畳半の床の側壁にあいた下地窓(墨蹟窓)は、入隅に寄せられていた(北野大茶之湯の四畳半の項を参照)。利休は座敷の中心的存在である床の尊厳を損ない、構成上の安定感を欠くことを懸念して墨蹟窓の乱用をいましめたため、以後の千家では若干の例外を除いて試みられることはなかった。一方、武家や公家の茶室では好まれ、普及を見ることになった。墨蹟窓を織部の着想とする所伝はこのような事情によるのであろう。

北面垣【ほくめんがき】

*『石組園生八重垣伝』にのる垣の一種。焼杉の杢目板と細い丸竹を交互に立てて張るとある。

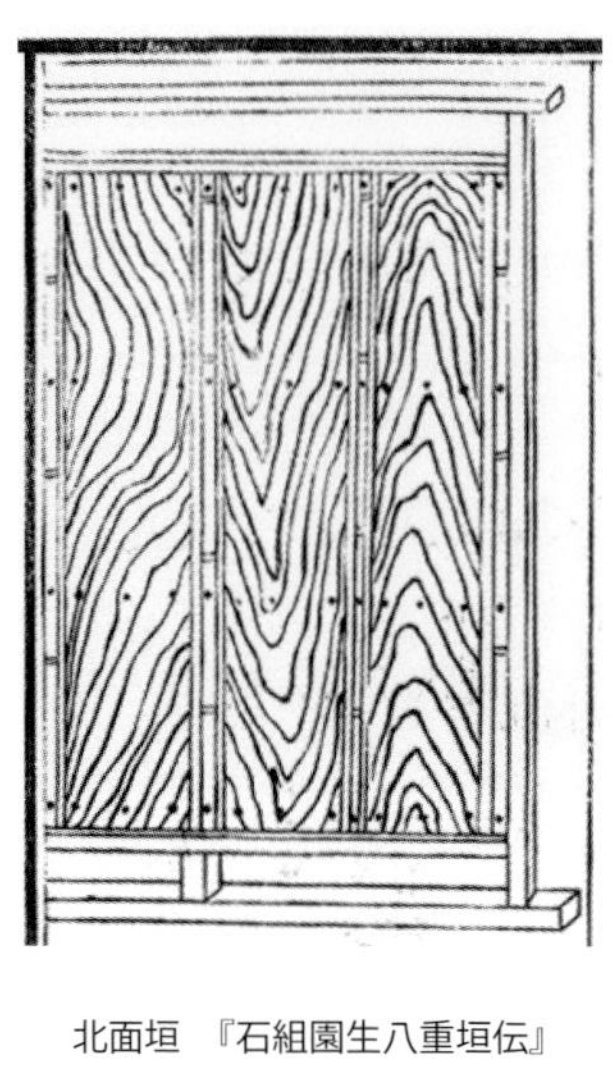

北面垣 『石組園生八重垣伝』

反古庵【ほごあん】

腰張りに反古を用いた茶室の通称。⇩反古張席【ほごばりのせき】❶

架木【ほこぎ】

*勾欄の一番上に取り付けられる水平材。断面は円形や六角形、八角形、六角形を半分にしたもの、半円のものなどがある。末端を親柱で納めずに突き出したものでは、*跳勾欄とすることが多い。

鉾竹【ほこだけ】

*茅葺の葺茅を押さえる丸竹。*小舞や野小舞などと縄で結わえて、あいだの葺茅を固定する。強く締め付けるために生竹を使用することが多い。埼玉、東京、神奈川、長野、島根、熊本、長崎、大分などの民家で使われた呼称。

反古張【ほごばり】

反古紙とは手紙や古い書物、暦また、書き損じた不用の紙などをいうが、これら反古紙を壁の*腰張りに用いること。「ほうぐばり」と読むこともある。『細川三斎御伝受書』には「反故ノ一枚張、利休いたし候ハ終に見ぬと被仰候、四畳半ハ奉書紙、一畳半ハ美濃紙にて張候」とあり、また堺の利休四畳半(千利休の茶室の項を参照)では「右の座敷勝手口の障子を歌書の面を面に張、其上をうすき美濃紙にて張候由」とあるが、『茶譜』では、利休一畳半座敷や木地丸太の小座敷などでは「加様ノ所腰張ハ常ノ以反古張之、利休ハ侘テ面白ト云テ、常ノ反古(ニ)テ張シナリ」と述べられている。古くは豊臣秀吉の大坂城山里の二畳(大坂城山里の茶室の項を参照)には暦張があった。織田有楽の*如庵は暦張の意匠が特徴的で、暦張席とも称される。表千家の*反古張席は壁の腰張りも茶道口の*太鼓襖も反古紙が張られる。この他、裏千家の*今日庵や堀内家の*半桂席などが反古張の茶室として知られる。

反古張席【ほごばりのせき】

❶茶室内部の*腰張りに手紙や暦、古書物などの不要になった紙、すなわち反古を用いた茶室の通称。あるいは「反古庵」ということもある。*『宗湛日記』に豊臣秀吉の*大坂城山里の茶室が「御座敷二畳、床四尺五寸、カベ暦ハリ」であったことが記されている。座敷にわびた雰囲気を演出するために用いられた手法と考えられる。*如庵や表千家祖堂の北に付属する反古張席(❷の項を参照)、裏千家の*今日庵、金戒光明寺の塔頭西翁院にある*澱看席などが反古張席として名高い。

❷*表千家の茶室。*表千家祖堂の北に半間の廊下を隔てて付属する茶室。入口の前に庇を深く付け下ろし、*袖壁が北から西へ矩折に囲って、*土間庇を形成する。一面の砂利敷きの中に*飛石を打つ。入口は西側、*腰高障子を引違いに建てた*貴人口である。内部は*一畳台目向板入、炉は*向切、*勝手付に柄杓掛けの*竹釘を打つ。窓は客座側の壁に、上下に下地窓をやや大きくあけ、後の採光は貴人口の障子だけである。貴人口は高さ三尺五寸三分で低く、障子の腰は高く、採光は抑制されている。天井は竹*垂木、竹小舞の*総掛込天井、一番高い下座の*大平に軸釘を打ち、右端に*火燈口をあける。*腰張り及び火燈口の*太鼓襖はすべて*反古張で、極わびの小座敷である。この席は、八代啐啄斎件翁が建てた四畳半、つまり現在の祖堂に付属

反古張席

反古張席（表千家）　内部

して建てられていた。十代吸江斎祥翁が、四畳半を現在の位置に独立した祖堂として造立した時、そのままの形で移築し、背後に総水屋を整えたのであった。総水屋は三畳敷、板の間、十間からなり、東南隅の利休堂の背後には竹の*簀子縁が設けられた。板の間の西に設けられた*長炉には鎖を釣ったり、折り畳み式の*仮置棚などが工夫された。重要文化財。

反古襖【ほごぶすま】

*襖の上張りに反古紙を用いたもの。裏千家*咄々斎と*大炉の間の境に建てられた襖がその代表例。大正十四年（一九二五）に十三代圓能斎鉄中の命により写されたと推定される『法護普須磨』（裏千家十一代玄々斎精中序）が張られている。茶道具や点前の作法、利休道歌（千利休の教えを和歌の形式にしたもの。利休百首ともいう）がしたためられている。

反古襖　裏千家

星岡茶寮【ほしがおかちゃりょう】

明治十七年（一八八四）に東京市麴町（東京都千代田区）の麴町公園にあった茶の湯のための社交施設。三井組の*三野村利助、小野組の小野善右衛門、禁裏御用商人の奥八郎兵衛が中心となって設立した。この地は江戸時代には日枝神社の境内地であったが、明治時代以後公園となった場所である。昭和時代になると*北大路魯山人と中村竹四郎の所有するところとなり、料理店として使用される。当初は「ちゃりょう」と呼んでいたが、魯山人の時代には「さりょう」と呼ばれた。戦災によって焼失。二階建て、一階には、茶室として十二畳半の広間、一畳台目下座床、一畳中板、四畳半の利休堂などがあり、ほかに水屋、調理場、事務所、宿直室などを設けていた。二階は十二畳半の座敷二部屋が連続していた。一階の広間十二畳半は四畳半切に炉が切られ、五畳の鞘の間を挟んで、炉のない十二畳半が連続する。二畳台目の席は台目切に炉が切られ、床を下座に構える。点前座は中柱に歪みのある柱を立て、方立口形式の茶道口をあけ、床の脇に火燈口形式の給仕口をあけていた。躙口は点前座の対面に位置する。天井は客座側床前の一畳の上部が網代の平天井、もう一枚の客座上部が突上窓を備えた化粧屋根裏、点前座上部は蒲の落天井。なお近代の建築ではあるが垂れ壁はない。一畳中板の席は向切で向板を備え、躙口はなく、貴人口として引違いの腰障子が客座の上座に建てられていた。客座下座の壁面は壁床、天井は総化粧屋根裏で、炉の上部に釜蛭釘を打っていた。四畳半の利休堂は、上座床の床脇に利休棚と称する千利休の木像を安置する空間を備える。客座下座の外部には縁形式の腰掛が取り付き、引違いの腰障子が建てられ、また客座背面にも引違いの腰障子が建てられた。星岡茶寮は近代における茶の湯がいまだ十分に復興していなかった時期に建てられたもので、公の場所に設けられ、誰でもが一定の会費を払えば会員になれ、また会員外の見学も認めていた施設であった。それは開放的という面において、それまでの茶の湯に一石を投じる役割をもち、従来の数寄者と新興の者たちとの交流の場ともなった。

鋪首【ほしゅ】

装飾金物の一種。門扉の*釘隠に主に用いる。野獣の面に銜環（環状の取手）が付く形状のもの。

保真斎【ほしんさい】

京都市左京区の清風荘にある茶室。　⇨清風荘

暮雪庵【ぼせつあん】

岐阜県土岐市の織部の里公園にある茶室。建築年代は不詳だが、昭和五年（一九三〇）に名古屋市千種区の伊藤次郎左衛門祐民の旧別荘*揚輝荘に移築され、その後、平成十六年（二〇〇四）現在地に移された。外観は切妻造桟瓦葺の主屋の妻前面に銅板葺の庇を付ける。屋根には布袋を意匠した拝み瓦を掲げる。扁額は両替町久田家七代の耕甫（春斎、一七五一～一八二〇）の揮毫によるもの。内部は台目畳の三畳敷で、炉は向切、点前座勝手付に一重棚を釣る。床前には一尺五寸幅の板畳を入れ、床は枡床。床柱の脇壁を大きく長方形に刳り抜いて、床柱を際立たせる。*躙口と矩折に貴人口をあける。点前座上が網代の落天井で、客座上は化粧屋根裏として突上窓をあける。窓は点前座後ろの壁に二つの下地窓をあけ、竹の戸当りを共通にして片引き障子を少しずらして建てる。貴人口脇の下地窓は掛障子とする。

枘【ほぞ】

木材や石、金物などの二部材を接合するために、片材の端に造られた突起。他材にはこの突起を受ける穴（*枘穴）が作られる。形状によって平枘、長枘、短枘、さらに重ね、大根、小根、扇、蟻、輪薙、流し、舟、四枚、二枚、筏、蝿頭、扱き、抱き、杓子、雇い、目違い、独鈷、両、駄竿など、非常に多くの種類がある。また*木口における位置によっても四方胴付、三方胴付、両胴付、片胴付などの区別がある。（付録29頁参照）

枘穴【ほぞあな】

*枘を差し込むための穴。枘の形によってそれぞれ適当な枘穴を彫り、枘と枘穴がしっかりとはめ込まれるが、「四角の枘と丸い穴でくい違う」ということから転じ、互いにくい違ってあわないことを「枘鑿相容れず」という。中国では枘穴を榫眼といい、枘を榫頭と呼ぶ。

細川三斎【ほそかわさんさい】

永禄六年～正保二年（一五六三～一六四五）。織豊時代から江戸時代前期にかけての大名、茶人。幼名熊千代、通称与一郎。*細川幽斎の長男。京都に生まれる。天正五年（一五七七）、*織田信長の紀伊国（和歌山県）雑賀一揆征伐に、父とともに従軍し、その戦功を認めた信長が小姓とした。翌六年、信長の嫡子・信忠より一字を与えられて忠興と称し、越中守に任ぜられ、長岡氏を名乗る。明智光秀の娘・玉（ガラシャ夫人）を娶った。天正八年、丹後国（京都府）に十二万石を与えられ、父とともに入部、宮津城を築いた。天正十年六月の本能寺の変には、光秀の誘いに応ぜず、*豊臣秀吉に属し、賤ヶ岳の戦い、小牧の戦いなどに従軍、天正十三年には羽柴の姓を許される。また小田原征伐に従い、文禄二年（一五九三）の文禄の役では朝鮮に渡っている。秀吉没後は*徳川家康に臣従し、慶長五年（一六〇〇）二月、豊後国（大分県）速見郡、次いで同年九月の関ヶ原の戦いの後には豊前国（福岡県と大分県の一部）を与えられ三十九万九千余石を領し、豊前中津城（大分県中津市）、翌七年には小倉城（福岡県北九州市）に入っている。元和七年（一六二一）、致仕を許されて隠居、三斎宗立と号し、小倉城を三男の忠利に譲り、翌年、中津城に退いている。寛永九年（一六三二）、忠利が肥後国（熊本県）熊本に移封された

のを機に、八代城（熊本県八代市）に移り、ここで没した。三斎は父・幽斎の教養を受け継ぎ、和歌、連歌、絵画、能楽などの文芸や芸能はもとより有職故実にも通じた。茶の湯は『天王寺屋会記』「宗及茶会記」の天正九年四月朝会に明智光秀父子や連歌師の紹巴、津田宗及、山上宗二らを招いているのが最初の記事として見え、その後千利休に親近し、利休七哲の一人に数えられる。特に天正十九年、堺に蟄居を命ぜられた利休を、古田織部とともに淀の舟本で見送ったことは有名である。利休亡き後、自分の創意を加えていった織部に対して、三斎は利休の茶の湯を忠実に守り伝えたことで知られる。致仕後は京都に出て、吉田屋敷や烏丸屋敷で茶事を楽しんだ。細川家の家督を継いだ熊本城の忠利と八代城の三斎とは、親子でしばしば茶をともにした。孫の光尚とも茶を通した交流があり、茶の湯を伝えようと、利休、織部、織田有楽などの茶法や茶書を引用し、道具の取り扱いや茶の湯の実技を図入りで解説し、自ら作った茶書『数寄聞書』を贈っている。また三斎は細川井戸、山井肩衝などの名物を多数所持した。三斎の茶会での数寄雑談は書き留められ、『細川三斎茶書』などにまとめられている。また松屋久重は利休、織部、小堀遠州とともに三斎を挙げ、三斎の茶会記と茶話を「三斎公説」（茶道四祖伝書の一つ）として編んだ。三斎ゆかりの茶室には、大徳寺塔頭高桐院の松向軒がある。古会記に見る三斎の茶室としては『松屋会記』の寛永十四年十月五日の条に、京の吉田屋敷にあった長四畳の茶室、同十五年十月二十日朝の条には、三斎が長岡（細川）休夢の聚楽屋敷に建てた茶室（長岡休夢の茶室の項を参照）、同年十月二十八日昼の条には、三斎が福寿院（愛宕山下ノ坊）に建てた茶室（福寿院の茶室の項を参照）が図とともに掲載される。さらに三斎が奈良東大寺の四聖坊に造った四畳台目の茶室（八窓庵の項❸を参照）は、福岡市に筑芳庵として古図に基づいて復元され、京都天龍寺の塔頭真乗院に造った茶室（天龍寺真乗院の茶室の項を参照）は、熊本市立田自然公園に仰松軒として復元される。そのほか慶長七年に三斎が移った豊前国小倉城の大書院には、縁で囲った七畳半台目の茶室を設けたことが知られている。

細川三斎御伝受書【ほそかわさんさいごでんじゅしょ】

細川三斎の茶道論の聞書き。聞き手は不詳であるが、織田有楽の茶の流れを汲む人物であったと推測され、いくつかの写本が伝来する。千利休の茶についても語られている。茶室、露地に関する記述は必ずしも多くはないが、「紹鷗四畳半図」「宗易四畳半図」「宗易三畳大目図」などの図も収められている。「宗易三畳大目図」は『山上宗二記』で「宗易大坂座敷」とする三畳台目図と床、躙口、給仕口の位置が異なるが、利休大坂屋敷の三畳台目（千利休の屋敷、深三畳半の項を参照）に基づいているとみられる。この図に「此座敷ヨリ始而大目構出来ル」の書き込みがあり、台目構えが初めて試みられたことが知られる。また利休が四畳半にも中柱を導入しようとしていたが果たせないまま没したことなど、注目すべき内容が伝えられている。『数寄屋古典集成二』に翻刻されている。

細川三斎の茶室【ほそかわさんさいのちゃしつ】

細川三斎が元和七年（一六二一）致仕後に茶を楽しんだ京都の吉田屋敷には、長四畳の茶室が、書院の一部を囲って北向きに設けられていた。寛永十四年（一六三七）十月五日、松屋久重が吉田屋敷に招かれた時の会記によると、縁伝いが露地になり、濡縁の先に手水鉢を据え、縁（榑縁）の天井には突上窓があけられていた。茶室との境は外側に戸を二枚、内側に障子を一枚建て、通常は両脇を板戸とし、後炭の時は東へ寄せて採光を変えていた。床は南側西に間口四尺の室床を構えた。床柱は栗皮付、相手柱には杉丸太を立て、床框は真塗であった。左右の床柱に花入釘を打ち、軸釘は中央に折釘、脇右に竹釘を打っていた。点前座は一畳、客座との境中央に中柱を立て、炉を向切にしている。利休が一畳半で試みた構えと同じである。『細川茶湯之書』にもこれと同じ構えの置き合わせが示されていた。中柱は松のはつり目を施したもので、「殊之外」太かった。中柱には袋釘が打たれていた。袖壁には四節の白竹を入れ、下部を吹抜き、壁には下地窓があけられていた。勝手口は襖二枚を引違いに建て、茶道口は火燈口、小襖には歌書を用いその上に薄い紙を張っていた。客座側の壁面は腰障子二枚建であった（松屋会記ほか。長四畳の項の図を参照）。その他『松屋会記』には、寛永十五年十月二十日朝の条に、三斎が長男の長岡休夢の聚楽屋敷に建てた茶室（長岡休夢の茶室の項を参照）、同年十月二十八日昼の条に、三斎が京都愛宕山の福寿院に建てた長四畳台目の茶室（福寿院の茶室の項を参照）について、図とともに掲載されている。また三斎は慶長七年（一六〇二）に入った豊前小倉城（福岡県北九州市）内の大書院にも大書院の縁を囲って茶室を設けた。入口を入ると長六畳で、奥の三畳に台目床と台目の床脇、そして台目構えの点前座を付加した全体七畳半台目の細長い茶室である。下座の三畳ももとは縁で化粧屋根裏のままになっており、相伴席に使われたのであろう。下座の端に躙口をあけ、縁から躙り入る形式になっていた。上座は丸太色付の柱で、大書院の縁の屋根裏が高かったので六尺六寸三分に真菰天井が張られた。点前座を客座のほぼ中央になるように配置し、風炉先窓はなく、勝手付には歌書張りの襖が建てられた。中柱は特に吟味された沢栗で袖壁には四節の芽付の竹を入れていた（細川三斎茶書ほか）。書院の縁を囲って造る茶室にも、千利休の考えを尊重した三斎の作風が貫かれている。三斎にゆかりの茶室として、大徳寺塔頭高桐院の松向軒がある。また三斎は東大寺四聖坊に好みの四畳台目の席を造り、のちに東京の井上世外邸に移されて八窓席として知られたが戦災で失われた（八窓庵の項❸を参照）。この茶室は福岡市のホテルクリオコート博多に筑芳庵として復元されている。その他、京都天龍寺塔頭の真乗院に造った茶室（天龍寺真乗院の茶室の項を参照）は熊本市立田自然公園に仰松軒として復元されている。三斎は利休の茶風を踏襲し、その言動を忠実に伝えようとつとめた。そのため、同じ利休門下で改革的作風の古田織部やその弟子の小堀遠州の作風とは異なる茶室を、特に小間を中心に創出している。

細川幽斎【ほそかわゆうさい】

天文三年～慶長十五年（一五三四～一六一〇）。織豊時代の武将。父は三淵晴員であるが、足利十二代将軍義晴の庶子ともいわれる。母は清原宣賢の娘。六歳の時、義晴の命で細川元常の養子となる。天文十五年（一五四六）、元服して細川与一藤孝と称した。義晴に仕え、その死後、将軍家老職となる。天正元年（一五七三）、織田信長より長岡（京都府）の地を与えられ、一時、細川をあらため長岡を姓とした。天正十年の本能寺の変では長男・忠興（細川三斎）と明智光秀の娘・玉との婚姻関係により微妙な立場に置かれたが、忠興とともに剃髪して静観し、山崎合戦の後、豊臣秀吉に通じて丹波国（京都府と兵庫県の一部）、丹後（京都府）の地を得、田辺城（京都府舞鶴市）に入った。天正十三年には法印に叙せられ玄旨法印と通称される。天正十五年、九州征伐に従軍、歌入り紀行『九州道の記』を記している。関ヶ原の戦い（一六〇〇年）以後は忠興とともに徳川家康に仕え、豊前国（福岡県と大分県の一部）に入国するがふたたび上洛して吉田に隠居している。幽斎は和漢の学を修め、中でも歌学と有職故実、典礼に長じ、和歌では、天正二年に三条西実枝から古今伝授を受けており、歌道の権威と称される。関ヶ原の戦いで石田三成によって居城・田辺城が包囲された時、歌道の廃絶を憂えた後陽成天皇の勅命により、急遽、烏丸光広に古今伝授を行った。また茶の湯にも習熟しており、津田宗及、千利休などとの親交が知られる。有職故実の面でもその評価は高く、織豊政権の典礼に貢献し、慶長十二年（一六〇七）には家康の要望で武家儀礼書の『室町家式』三巻を撰進しており、徳川幕府の典礼確立の参考書となった。著書に『詠歌大概抄』などが、歌集に『衆妙集』がある。熊本市の水前寺成趣園に所在の古今伝授の間は、幽斎が八条宮智仁親王に古今伝授を行った茶室と伝え、明治時代初期に細川家へ譲られ、大正元年（一九一二）に現在地に移築された。

細長三畳【ほそながさんじょう】

『山上宗二記』（不審菴本）に掲げられる「細長イ三畳敷」と題された茶室。同書に「宗易大坂之座敷移也」とあるように、利休大坂屋敷の三畳台目の写しであり、また、博多の豪商・神屋宗湛が、天正十五年（一五八七）正月十二日の「利休大坂ニテ御会」に招かれた時の「フカ三畳半」の茶室でもある（宗湛日記。深三畳半の項を参照）。この「細長イ三畳敷」は千利休が自刃して後、子の千少庵が京に千家を再興した際にも「三畳大」として再現され、少庵は松屋久重を、慶長十三年（一六〇八）と同十四年に招いている（松屋会記）。これらの記録を総合すると、茶室は、五尺床を備えた深三畳半（深三畳台目）で、床は勝手のほうに寄せて構えられていた。床柱は角柱（杉）で、床框は真塗、相手柱には花入釘、床前の勝手側の壁には給仕のための火燈口が設けられるなど、客を貴人とした場合の配慮がうかがわれた。また同様に点前座も、位置は最も下座に設けられ、中柱を立てた袖壁は下まであり、宗湛はここを「次ノ間」と記したように、客座に対する謙譲の姿勢が強くあらわれていた。少庵はこの茶室に、豊臣秀吉の御成があったようにも語っていたので、利休はおそらく、秀吉の来臨を想定して創り出した構成だったと考えられる。ただ、この茶室には、そうした格調高い表現がある一方で、わびの表現としても注目すべき点があった。当時は、津田宗及を筆頭に、平三畳がかなり使われていたが、利休は格式に配慮する茶室でありながらあえて深三畳を採用し、一間の壁に五尺床という間口の狭い床を構えて、間床の名物荘りとは異なる方向性を見せた。また点前座は、丸畳よりも短い畳を用い、袖壁には釣棚がしつらえてあり、ここにすでに台目構えの基本構成の始まりが見られた。これらの点は茶室史上の特筆すべき点として挙げられる。

細流【ほそながれ】

水の流れを緩やかにした流路。「さいりゅう」とも読む。滝、池泉とともに庭園の水景の一つとされる。遣水も細流の一種であり、また水を用いない枯流れもある。京都御所の小御所の庭や無鄰菴（無鄰菴の項❸を参照）の庭園に好例がある。

方立【ほたて】

⇒方立【ほうだて】

方立口【ほたてぐち】

⇒方立口【ほうだてぐち】

牡丹庵【ぼたんあん】

愛媛県西条市の越智邸にある茶室。重森三玲がこの茶室で、茶室の造り方をイサム・ノグチに指導した。昭和三十二年（一九五七）に、重森が当地で酒造業を営む越智家の旧家を改築、あわせて二畳台目の牡丹庵を新築し、露地を作庭した。牡丹庵の名は席の軒内の三和土を牡丹色に塗ったことから名づけられたもので、上部は土間庇が差し掛けられ、軒内で手水を使うようになった構成である。少し幅広にあけられた躙口上部には連子窓、そして欄間部分には桂離宮 笑意軒を想起させる小さな円窓が三つ連なっている。躙口の正面は、奥の四畳半の席へつながるが、一段高くなっており、桂離宮の 松琴亭からヒントを得たと思われる市松模様を使用した襖が建て込まれている。躙口左手には台目床があり、大平に円窓を設け、花入釘を取り付けた板を円窓の中央に立てる。掛物の時には白太鼓張の屏風を床の中に入れるという。躙口右手に点前座があり、中柱と袖壁で囲われた台目構えで、茶道口の側面に水屋の半円窓の一部が入り込んでいる。露地には石鎚連山や平市島、瀬戸内の海岸線を象徴する石組が造られる。蹲踞には鎌倉時代の宝篋印塔の笠部を逆さにして用いる。

保津川石【ほづがわいし】

石材の一種。京都市右京区の保津川流域から産出した川石。チャートに分類され、色調は種々あるが、青灰色をしているものが多い。貴船蓬石（貴船石の項を参照）と似るが、[illegible]がない。石英質が縦横に走り、凹凸が多く、古くから愛好された。『雍州府志』巻六に、「西山嵯峨大井川石其状有二大者一其色純青而間有二白条一宜レ置二仮山一」とあるように、「大井川石」の名でひろく使用されていた。大きなものは景石や露地の役石などに用いられる。

保津川豆砂利【ほづがわまめじゃり】

京都府の保津川で採取されていた豆砂利。保津川石の小粒のもの。

堀田家住宅【ほったけじゅうたく】

千葉県佐倉市にある旧堀田正倫邸。明治二十三年（一八九〇）にほぼ完成した。堀田正倫（一八五一～一九一一）は最後の下総国佐倉藩主で、明治三十年に堀田家農事試験場を造り、その敷地を含めて旧堀田邸は約三万坪の広さがあった。当初、主屋は玄関棟と座敷棟、居間棟、書斎棟、台所棟の五棟からなり、明治四十四年に湯殿が増築されたが、台所棟は大部分が解体されている。居間棟は木造二階建、桟瓦葺。一階は八畳居間と次の間、台笥、役女詰所、寝の間、二階は上の間と次の間三間を含めた田の字の間取りで、一階西側に雪隠、北面廊下で書斎棟に接続する。居間床脇に設けられた地袋の襖戸には、書画を能くし、明治を代表する教育者として知られる跡見花蹊の絵が用いられる。書斎棟は、十畳上の間と次の間、雪隠からなり、内外とも瀟洒な数寄屋風意匠で、上の間は一間の踏込形式の琵琶床に、一間の書院、半間の床脇とが設けられ、天井に印度更紗が張られている。接客に用いられた玄関棟や座敷棟は、重厚な造りで、玄関棟には応接の間八畳、次の間、中の口の他、詰所、対面所がある。座敷棟は、十二畳半の客座敷と次の間に入側と縁側が付き、祠堂を設ける。身分や格式を意識した造りで、家の出入り口は現在三カ所（往時は五カ所）あり、時期や人の違いによって使い分けられていた。壁土の色も、廊下部分は浅葱の大津壁、居室は黄大津と大坂土、詰所は漆喰、湯殿の化粧の間は桃山土と使い分けられている。土蔵、門番所をあわせた七棟が重要文化財に指定されている。また庭園を含む一帯は、「旧堀田正倫庭園」として、名勝に指定。設計は東京巣鴨の伊藤彦右衛門。鹿島台地縁辺部に位置し、広い芝生地を中心とし、対岸の台地を借景とした意匠及び構成で、明治時代の庭園の特質をよく表している。

掘立柱【ほったてばしら】

土台を用いず、直接土中に埋めて自立させた柱。「掘込柱」ともいう。伊勢神宮が代表的な例であるが、一般的には、簡単で粗雑な建物や仮設物などに用いる。また掘立柱を用いた塀を掘立板塀という。

北方文化博物館【ほっぽうぶんかはくぶつかん】

新潟市江南区に開館する博物館。もとは同地で越後随一といわれた豪農・伊藤家の邸宅で、昭和二十年（一九四五）の終戦を機に、伊藤家七代文吉が博物館とすべく改修を始め、昭和二十八年から三十三年にかけては*田中泰阿弥が手掛け、庭園が整備された。歴代当主により収集された書画や陶磁器など六千点以上を所蔵、展示する。園内に建つ主屋、大広間をはじめ、茶室*三楽亭、*佐度看亭、*積翠庵、*是空軒などの主要建造物二十六棟は登録有形文化財である。また中央区には新潟分館があるが、これは西山油田の掘削で富を得た清水常作旧別宅で、書家として知られる會津八一がその晩年を過ごした洋館や茶室*清行庵、待合をはじめ七棟が登録有形文化財である。さらに新発田市には清水園を管理している。清水園はもと新発田藩溝口家の下屋敷で、その庭園は遠州流の茶人で幕府御庭方であった*縣宗知が手掛けたという。明治二十四年（一八九一）、伊藤家の所有となり、昭和二十一年、北方文化博物館の管理に入ると、それにともない田中泰阿弥が庭園を修復、五棟の茶室を建てた（清水園の茶室の項を参照）。名勝に指定されている。

仏棚【ほとけだな】

仏守棚と同じ。⇒仏守棚【ぶっしゅだな】

骨【ほね】

❶*竪框と上下の*桟からなる枠組と、格子になった中骨によって構成される襖の下地。「下地骨」ともいう。材料には一般に杉材が多く用いられる。
❷障子の*組子をいうこともある。「障子骨」ともいう。

骨組【ほねぐみ】

骨格、ひろく物事の主要な部分の組立をさすが、建築では線材の組み合わせによって造られて、荷重を支持し、外力に抵抗する構造要素をいう。木造建築の場合は柱や梁、桁の*軸組と、*小屋組をさし、これに壁や床、土台や基礎を含めることがある。

骨縛【ほねしばり】

*襖の下張り工程のひとつ。「骨じめ」ともいう。下地となる*骨に最初に行う紙張りをいう。骨組を固めるためのもので、糊を付けた骨に繊維の強い楮紙などを張り付ける。

洞火燈口【ほらかとうぐち】

*火燈口のうち、*火燈形の輪郭が、丸いアーチではなく、やや扁平な曲線と縦の直線の組み合わせとなっているものをいう。

ほ

洞口【ほらぐち】

床とその脇を仕切る壁にあける*吹抜きのうち、上部を*火燈形、または櫛形に壁土を塗廻したもの。床の脇部分を明るく軽快に見せるための手法。

洞床【ほらどこ】

床の一形式。*床框が省略された*踏込床の形式で、床の前に袖壁が造られた床。*落掛を省いた上部の小壁から袖壁まで土壁を塗廻し、また床の内部の壁も塗廻しにする。袖壁の部分で床の内部に洞が造られ、床の前面の間口より内部の幅のほうが広くなる。床框、落掛、場合によっては*床柱も消滅するので、板敷きの座を除くと、床を構成するのは土の壁面だけという、わびた床構えとなる。『片桐貞昌大工方之書』などによると、*室床を洞床と称することもあった。代表例として仁和寺*飛濤亭の床が挙げられる。

洞床　中之坊二畳中板入席（知足庵）

洞窓【ほらまど】

枠を設けず窓の縁を塗廻した窓のこと。

堀口捨己【ほりぐちすてみ】

明治二十八年～昭和五十九年（一八九五～一九八四）。建築家。岐阜県生まれ。大正九年（一九二〇）に、東京帝国大学の同級生らとともに従来の様式建築を否定する分離派建築会を結成。*モダニズムの建築を手掛けるとともに、『利休の茶室』『茶室研究』などを著し、現在の茶室研究の基礎を築いた。初期の作品の*紫烟荘（一九二六年。現存せず）は、オランダのアムステルダム派の影響が見られる茅葺屋根をもつ箱形の住宅である。当時、*田舎家風の住宅が流行していたが、堀口は非都市的な建築は日本にすぐれたものが多く、その代表として茶室があると主張していた。この紫烟荘は、高台寺*傘亭の屋根や*時雨亭の窓などの形態を意識した意匠であった。戦後、昭和二十五年、堀口は名古屋市の*八勝館御幸の間を設計するが、床まわりの組み立てなど、従来の数寄屋をさらに進展させた形態で、近代的側面をもつ立体的な構成とした。御幸の間は、明治大学和泉キャンパス第二校舎（一九六〇年）、愛知県の常滑市立陶芸研究所本館（一九六一年）などとともに、DOCOMOMO（近代建築運動に関する建築、敷地、周辺環境の資料化と保存を目的とする国際学術組織）によって日本を代表する近代建築として選定されている。また*旧一条恵観山荘や*如庵の移築も手掛けた。堀口は茶室や数寄屋の研究を通して、その近代建築的性格を見出しており、『利休の茶室』には「今ここに現代建築の立場で利休をとり上げる」と記している。

堀庭【ほりにわ】

『*茶湯秘抄』に記される庭園の一種。永禄十年（一五六七）と推定される興福寺尊教院の茶座敷（尊教院の宗珠座敷の項を参照）の庭に「ヤウハイ石」（遥拝石）と「大カメ石」（大亀石）が据えられていたことを記し、「昔ハ堀庭ト云テ大石を二三程寄、間を深く堀たる也、別ニ日移る事ハ之無」としている。茶の湯の成立期、露地の成立以前の茶座敷の庭をうかがわせる事例として注目される。

堀内家【ほりのうちけ】

*表千家の茶家。*久田家とともに、表千家内で重要な位置を占める。京都市中京区に所在。家祖は浄佐（一六一二～九九）で、俳諧などの文学研究にたずさわっていたらしい。茶の湯は*山田宗徧門であったと伝えられる。

［初代仙鶴］延宝三年～寛延元年（一六七五～一七四八）。浄佐の養子で長生庵、鶴翁、化笛斎などと号した。水間沾徳を師として俳諧を能くし、『十二月箱』などの俳諧集ものこる。茶の湯は初

め宗徧流を学んだと考えられるが、後に京都に出て表千家六代覚々斎原叟につき奥義をきわめた。仙鶴は七代如心斎天然の俳諧の師であるが、茶の湯においても補佐的な役割を果たしたようである。仙鶴好みの茶室として二畳台目の*長生庵がある。　[二代不寂斎宗心]享保四年〜明和四年(一七一九〜六七)。本名は三好弥五郎。仙鶴は弥五郎を養子として跡を継がせた。後に宗閑、さらに宗心とあらため、無着軒と号した。如心斎天然の信頼が厚く交流も密で、茶室長生庵に接する八畳の*無着軒も如心斎好みである。[三代宗啄]延享元年〜明和五年(一七四四〜六八)。二代不寂斎の長男。若くして没した。　[四代方合斎宗心]寛保三年〜文化十三年(一七四三〜一八一六)。三代宗啄の早世のため、摂津国高槻藩(大阪府高槻市)の藩士、小林家から養子として迎え、跡を継がせた。はじめ宗幽と名乗り、後に宗心とあらためる。宜翁と号した。方合斎の代からは高槻藩主永井家の茶頭をつとめることになる。天明の大火(一七八八年)で土蔵をのこし、家屋が全焼したが、すべて復旧した。　[五代不識斎宗完]安永九年〜嘉永七年(一七八〇〜一八五四)。四代方合斎の長男。名は他次郎。宗閑、さらには宗完と名乗った。鶴叟とも称した。茶の湯を表千家八代啐啄斎件翁、九代了々斎曠叔に学び、十代吸江斎祥翁を補佐した。書画を能くし、好み物も多い。好みの茶室に一畳台目逆勝手の*半桂席がある。なお、不識斎が描いた「天明大火前千家露地之図」と題する詳細な鳥瞰図は、天明の大火以前の表千家を知る上で貴重な史料である。　[六代如是斎宗瑛]文化四年〜天保十一年(一八〇七〜四〇)。五代不識斎の長男。三十三歳で他界する。　[七代至慎斎宗晋]文政十年〜明治二十九年(一八二七〜九六)。高槻藩士であった上田氏の出身。六代如是斎が他界のため、五代不識斎の養子となり跡を継いだ。はじめ宗幽を名乗り、後に宗晋とあらためた。元治の大火(一八六四年)によって、土蔵をのこし、ふたたび家屋が全焼したが、商家などの後援を受けて再興した。家督を八代の松翁に譲った後は鶴叟と号した。　[八代松翁宗完]天保十四年〜明治三十一年(一八四三〜九八)。五代不識斎の三男。斎号は長春斎。松翁、秀嶺軒と号した。茶の湯の近代化に対応する*タワフルによる椅子点前の茶の湯を行った。また表門二階を改造して四畳半の茶室を含む*不老の間を造っている。　[九代的斎宗完]慶応二年〜明治二十二年(一八六六〜九〇)。八代松翁の長男。名は吉太郎。はじめ宗虎と名乗り、さらには的斎宗完とあらためた。二十五歳で他界。和歌に長じた。　[十代不仙斎宗完]明治二十二年〜昭和二十年(一八八九〜一九四五)。八代松翁の三男。名は國彦。十一歳で跡を継ぐ。宗完と名乗り、石川若水の補佐を得て家業を守った。「茶道せゝらぎ」の編纂、「同門会」の設立に参画した。[十一代幽峯斎宗完]大正三年〜昭和二十一年(一九一四〜四六)。十代不仙斎の長男。名は他次郎。不仙斎没後、宗完とあらためて跡を継いだ。茶道史研究者としても期待されたが、史料調査出張中に病没した。　[十二代兼中斎宗完]大正八年〜平成二十七年(一九一九〜二〇一五)。十一代幽峯斎の弟。名は吉彦。昭和五十三年(一九七八)、十二代を継ぐ。平成九年(一九九七)に家督を譲り、宗心とあらためた。著書に『茶の湯聚話』『茶花』などがある。　[十三代分明斎宗完]昭和十八年〜(一九四三〜)。十一代幽峯斎の長男。名は國彦。

堀内家の露地【ほりのうちけのろじ】

京都市中京区の*堀内家に所在。初代仙鶴は二畳台目の茶室*長生庵を、中興の祖とされる五代不識斎宗完はその北に一畳台目の*半桂席を営んだ。両席とも元治元年(一八六四)の大火で焼失したが、七代至慎斎宗晋、八代松翁宗完によって再建された。釜座通に面した二階建、長屋門形式の表門から入ると左手に*供待があり、*樫に覆われ東西にのびる*氷紋目地の敷石が右折して玄関に続く。*露地口はこの敷石の南側に建つ塀にあけられ、これを潜ると長生庵の外露地となる。*霰崩しの*延段から続く*飛石を伝うと*寄付に至る。この寄付は表門の二階部分であり、南側には向かって左端を竹簀子張とし、のこりを榑板張とした*腰掛が設けられている。ここから南へ向かうと広間である*無着軒の露地となる。樫や*隠れ蓑、*八手、*青木など簡素な植栽と苔や羊歯の*地被植物はゆったりした広さを感じさせ、井戸のまわりを飛石がめぐる。腰掛から南へ向かう飛石を伝うと*中門である*梅見門を境に長生庵の*内露地となる。梅見門の手前を左に進むと半桂席がある。つまり長生庵の外露地は半柱席の露地を兼ねているのである。梅見門は檜丸太の掘立柱に杉皮葺竹押えの屋根がのり、扉は竹格子で両開きである。梅見門の手前には花弁形の手水鉢を据えた蹲踞があり、鉢明かりの石燈籠が配されている。長生庵の内露地は広くはないが、井戸と袖摺松を大きく迂回するように飛石が打たれており、奥深いものとなっている。また長生庵の土間庇は深く、軒内に打たれた小ぶりの飛石は蹲踞、刀掛と巧みに配され、塵穴とも相まって古風な佇まいを見せている。

歩廊【ほろう】

三和土、または瓦敷や石敷などにした廊下。屋外にあって、片側または両側を開放的に造ることが多い。現代では煉瓦やコンクリート敷としたものもある。

歩廊　高台寺

本阿弥庵【ほんあみあん】

京都市北区の光悦寺にある茶室。本阿弥光悦の遺徳をしのぶことを目的に、関西の財界人によって結成された光悦会のための茶室として大正五年（一九一六）、高橋箒庵の好みで建設された。建設当初は茶室に腰掛と雪隠が付属していたが、今は改築され、腰掛は別棟になっている。外観は現在、切妻造妻入だが、改築以前は藁葺で、土間の上に杉皮葺の大きな下屋を付けている。内部は六畳のうち一畳を出床とし、床の脇を点前座とする。左の隅に一重棚を造り付け、天井は落天井で、壁留には竹を用いる。床の矩折には付書院を備える。

本阿弥光悦【ほんあみこうえつ】

永禄元年～寛永十四年（一五五八～一六三七）。織豊時代から江戸時代前期にかけての書家、工芸家。通称は六左衛門もしくは六郎左衛門。大虚庵などと号す。刀剣の研磨、浄拭、鑑定を職とする本阿弥家分家七代光二の長男として京都に生まれる。俵屋宗達は従姉妹の夫に、灰屋紹益は甥の子にあたる。幼くして父に家職の教育を受けるとともに和漢の学問をも学んだと伝えられる。父が加賀藩主前田家から扶持を与えられていたこともあって、前田家とは長く関係を続けたようである。現存する光悦の書や工芸の作品は江戸幕府が成立して以降に作られたものであり、光悦が壮年期を迎えてからのものである。社会が安定し始めるとともに刀剣に関する仕事が減少し、他の芸術分野での活動が増えたとも考えられる。光悦は二十八歳にして書を青蓮院の尊朝法親王に学び始めたと伝えられるが、光悦流が生まれるにはそれ相応の年月が必要だったのである。光悦と俵屋宗達の合作で角倉素庵が出版にかかわったとされる嵯峨本の刊行もこの時期より後のことである。なお嵯峨本については、光悦作を否定する意見がある。元和元年（一六一五）、徳川家康に洛北鷹峯の地を与えられ、職人を引き連れ移った。位牌所や住まいを建て、茶立所を設け、そのまわりには職人たちの住まいと常照寺、妙秀寺などを配し、宗教と芸術の融合した理想郷を作ろうとした。光悦の作品として評価の高い茶碗の造型、焼成もこの鷹峯で行われていたと考えられてきた。しかし、樂家との関係や文献の考察により洛中の屋敷で焼かれた可能性が指摘されている。書作品としては宗達筆の下絵をもつ和歌集巻や色紙などかなりの点数がのこる。法華宗信者らしく仏教書の書写も少なからず行っている。光悦の本領はやはり書において発揮されたのであり、近衛信尹、松花堂昭乗とともに寛永の三筆と呼ばれるほど評価が高い。なお舟橋蒔絵硯箱を代表とする光悦蒔絵と呼ばれる漆工品があるが、光悦が制作にどれほど関与したかについては明確になっていない。光悦の跡は従姉妹の子である光瑳が継いだ。その子は本阿弥光甫である。光甫は空中斎と号し、陶芸や書画に才能を発揮した。

本歌【ほんか】

もともとは歌学用語で、古歌を自作の歌に採り入れて、歌を作る場合の出典となった歌をいう。茶の湯ではこれを転用し、茶道具、茶室などで、一群の基準となる原型の作品をさしていう。*小堀遠州は窯元や系統を同じくする*茶入の中から、最もすぐれたものを本歌と選定し、瀬戸茶入の窯分を行った。これを「手分け」といい、本歌の名前をつけて何々手とした。たとえば瀬戸金華山窯に属している茶入飛鳥川は、飛鳥川手の本歌であり、飛鳥川手の茶入には、三笠山、木枯などがある。これらの*銘の多くは和歌から採られている。また本歌の作品に対して、本歌を写して作られたものを*写し、写し物という。

本覚坊暹好【ほんがくぼうせんこう】

生没年不詳。織豊時代の三井寺の僧で、勧修寺家の出とも伝えられる。『利休百会記』にその名が見られ、春屋宗園や千利休の本覚坊宛書状が伝存する。井上靖の小説『本覚坊遺文』によりひろく存在を知られるようになった。

本勝手【ほんがって】

*点前座の（点前をする人の）右手側に*客座が配置される構えのこと（現在の右勝手）。逆に左手側が客座の構えは逆勝手となる（現在の*左勝手）。寛文二年（一六六二）の『*江岑夏書』では、「左勝手、右勝手の事、常のいろりハ本勝手ニ而候、これハ左勝手也、右かつてハそのうらニ而候」と書かれ、左勝手が通常で、本勝手と称され、右勝手はそのうら（逆勝手）であることを記している。しかし続いて「世上とかわり申事候」と、世間で称されていることと異なっていると述べている。これは*表千家四代江岑宗左の頃、左勝手、右勝手の意味が正反対になったためで、元来の茶室と*勝手（水屋）の構えからの左勝手（客座が右手）、右勝手（客座が左手）という考え方から、今一般にいわれる点前を中心として、使い勝手からの右勝手（客座が右手）と左勝手（客座が左側）という考え方が一般的となったこととのあいだで煩雑さを招いている。元禄三年（一六九〇）の『*南方録』の「大板の扱い図中」では「本勝手」と同義語として「順勝手」、それに対して「逆勝手」という用語が現れている。その後、宝永七年（一七一〇）の『貞要集』では「左勝手ハ順、右勝手ハ逆」と順勝手、逆勝手という語が、また享保十四年（一七二九）の『*槐記』では「左勝手右勝手ノアシラヒアリ」とあり、この頃には左勝手と右勝手、本勝手と逆勝手、順勝手と逆勝手などの語が流布していたことがわかる。

本瓦葺【ほんがわらぶき】

瓦葺の一種。*丸瓦と*平瓦を交互に用いて屋根を葺く方法、またはその方法で葺いた屋根をいう。「本葺」ともいう。寺院建築の代表的な屋根の葺き方。

本圀寺小座敷【ほんこくじこざしき】

京都市下京区の本圀寺にあった茶室。*古田織部の好みと伝える。同寺は現在は山科区に所在するが、もとは本国寺と書き、建長五年（一二五三）八月に日蓮が鎌倉の松葉ヶ谷に創建した法華堂が前身で、弘長三年（一二六三）五月には大光山本国土妙寺として創立された。光厳天皇の勅諚を受けた四世日静により、貞和元年（一三四五）三月に京都六条へ移遷され、天文五年（一五三六）、天文法華の乱で焼失したが、後に復興。徳川光圀の帰依を得て、本圀寺の現寺号にあらためた。その後、昭和四十六年（一九七一）に現在地へ移された。この茶室は「*楽翁起し絵図」に「古田織部好本圀寺茶室」として収載されており、天明七年（一七八七）刊の『都名所図会拾遺』には、織部好みの茶亭が方丈の奥にあったと紹介していたが、翌八年一月の大火で類焼し、その後復興されることはなかった。内部は、四畳半に一畳半の広さの上段と一間幅の上座床を加えた座敷で、北に八畳の広さの勝手を備えている。

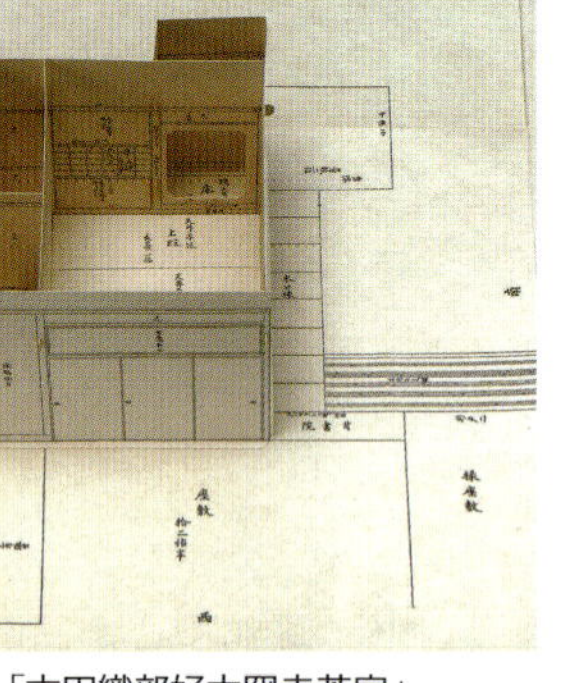

起し絵図「古田織部好本圀寺茶室」
墨水書房版『茶室おこし絵図集』

また西には、床と付書院を備えた十二畳半の座敷と、その南北に縁座敷を付していた。本圀寺には公家、大名の訪問もしばしばあったであろうから、この起し絵図の一画も、それにふさわしい構成がしられたものと考えられる。茶室に上段があることもその理由からであろう。一方で茶道口や洞庫は草庵の茶室と同じ取り方をし、床柱や上下段の天井境に杉丸太を使うことなどによって、格調の中にも茶の湯のやわらいだ雰囲気を加味した独特の座敷になっている。八畳の勝手では茶道口横の一畳分を板敷きにして四角の炉を切り、炉の脇壁に樫の皮付の引木を入れて吹抜き、上部を袋棚にしている。この構成は、曼殊院の丸炉の間(御座の間の控室の水屋)や松花堂(松花堂の項❶を参照)にも同様のしつらえがあり、公家風の好みといえる。もし本茶室が織部の作であるならば、小堀遠州に先立つ茶室の書院化の重要な作例となる。現存せず。

本繁垂木【ほんしげだるき】
垂木割の項を参照。⇒垂木割【たるきわり】

本仕舞【ほんじまい】
点前用語。仕舞い付け方のひとつ。点前の最初に茶碗を持ち出して水指の前に茶器と置き合わせたように、仕舞う時も、水指の前に茶碗と茶入、または薄茶器を並べて置き合わせ、仕舞い付けることをいう。

本畳【ほんだたみ】
❶長さ六尺三寸、幅三尺一寸五分の京間畳のこと。『南方録』には「小台子ノカネワリイナカ畳、四畳半ハ凡イナカ也」「大台子ノカネワリ本畳、休ハ本畳ヲ四畳半ニモ被用シ也」とあり、四畳半の茶室はほとんどが田舎間畳であったが、千利休は本畳を用いたことが述べられる。❷畳床(畳床の項❷を参照)が天然素材の稲藁で作られた畳。

本茶【ほんちゃ】
京都の栂尾で産した茶。鎌倉時代末期に茶の生産が各地にひろがり、それにともない茶の品質の差に関心が生じるようになった。明恵が植栽したと伝える京都栂尾の茶を本茶、ほかの地で生産された茶を非茶として、茶の種類の飲み分けを競い合う闘茶が流行した。後には、品質の向上した宇治茶も本茶と称されるようになる。

本つぎ【ほんつぎ】
飛石を打つ時、相接する石の中心線を一致させて配列すること。中心線をずらして打つことを「脇つぎ」という。

本床【ほんどこ】
正式な床構えのこと。とらえ方にいくらかの違いはあるが、床柱は角柱を立てて落掛を取り付け、床框は塗框、紋縁の畳敷きの畳床で張付壁とするのを基本とする。茶室の場合、用材をある程度簡略なものに変え、土壁にした畳床も本床として扱う。

本葺【ほんぶき】
本瓦葺と同じ。⇒本瓦葺【ほんがわらぶき】

本法寺【ほんぽうじ】
京都市上京区本法寺前町にある日蓮宗の本山。室町時代に日親(一四〇七～八八)によって開創され、天正十五年(一五八七)頃に現在の小川通寺之内の地に移った。天正十八年頃に、不審庵も二条釜座屋敷から本法寺前に移って庵を構えており、千家との交流がみられる。同寺は本阿弥家の菩提寺で、十世の日通(一五五一～一六〇八)は本阿弥光二、光悦親子の支援を受けて堂塔伽藍を整備した。巴の庭とも呼ばれる本法寺庭園(名勝)は光悦の作ともいわれる。また、長谷川等伯も本法寺塔頭の教行院に身を寄せて制作活動を行っていたことが知られる。

本丸亭【ほんまるてい】
富山市の富山城址公園にある茶室。碌々亭と、それに隣接して造られた増築棟をあわせて付けられた名称。⇒碌々亭【ろくろくてい】

本御影【ほんみかげ】
兵庫県神戸市東灘区の御影地区から産出する御影石。本来、御影石とはこの地区から産出した良質の花崗岩からの称だが、さらに他で産出した御影石と区別するためにこの名が出た。石燈籠などに加工されると、薄い紅色の長石が錆を生みだすことから一級品とされた。

ま

間【ま】

❶物と物のあいだにある空間。
❷一定の場所、部屋をさす。例えば次の間、化粧の間など。
❸中世以前、部屋の広さを表す単位として用いた。当時の建物は部屋境に一間(間の項を参照)ごとの柱が並んでいた。そのため縦と横方向の柱間を数え、たとえば縦三間に横二間であればこれを六間と呼んだ。

舞良子【まいらこ】

*舞良戸の板を押さえるために一定の間隔で平行に取り付けられた細い桟。見付の形状には*面取したものや、半円、かまぼこ形などがあり、疎、繁、吹寄などの配列方法がある。

舞良戸【まいらど】

*板戸の一種。*竪框と*上桟、*下桟による枠組に板を入れ、片面または両面に*舞良子を一定の間隔で平行に取り付けた戸。舞良子を横に奇数本入れた横舞良戸が一般的であるが、縦に取り付けた竪舞良戸もある。その他、舞良子の配列によって疎舞良戸、繁舞良戸、吹寄舞良戸などがある。

舞良戸　聚光院方丈

舞良羽目【まいらばめ】

*舞良子を取り付けた*羽目板のこと。壁の腰板などに用いられる。

前石【まえいし】

❶*蹲踞の*役石のひとつ。「袴擦り石」ともいい、『*細川三斎御伝受書』では「踏石」とも書かれる。蹲踞の*手水鉢前に据え、手を清める際に踏みのるための石で、他の*飛石よりもやや高く据えられる。『*石州三百ケ条』では、手水鉢と前石とのあいだのあきについて二尺五寸という大方の寸法を示した上で、鉢によってその据える位置は変わり、使い勝手の良いように置くこと。また鉢が円形であれば角のある前石を、景のない鉢であれば景のある前石を用いるようにと、その据える位置や形状について説明しているように手水鉢との調和が大切にされる。『*築山庭造伝後編』には「茶庭第一の細工処にして肝要の所なり、道具ハ湯桶石、手燭石、前石と三ツなり、蹲踞手水鉢に向ひて右を湯桶石と云、左りを手燭石と云、夫に向ハんとする石を前石と云也」とある。(付録7頁参照)
❷*砂雪隠の*役石のひとつ。右足をのせる石で、左足をのせる足掛石と反対側に据える。『石州三百ケ条』には「前石、高一寸五六分より三寸まて」と書かれる。前石と足掛石とをまとめて「*踏石」ともいう。(付録5頁参照)
❸『古田織部正殿聞書』に記される砂雪隠の役石のひとつ。小用返しの石と同じ。⇒小用返しの石【しょうようがえしのいし】
❹燈上げ石と同じ。⇒燈上げ石【ひあげいし】

前板【まえいた】

❶*板畳の一種。座敷内に一畳より小さい床(台目床など)を構えた時、一畳より小さくなった分、畳敷き部分と、床の前と脇に隙間が生じる。この隙間に敷く板畳のうち、床の前に敷くものをいう。一方、脇に敷くものを*脇板という。
❷*水屋で流しの手前など、畳とのあいだに敷いてある板をさしていうことがある。流しの水が畳にかかるのを防ぐために敷かれるもので、幅を一尺ほどとする。(付録26頁参照)
❸引出しの前側の板。ここに引手や取っ手を取り付ける。
❹北陸地方の民家で、雨や雪を除けるために、正面の庇先に垂らす高さの低い板。「軒板」「暖簾板」「吊り雁木」「垂れ雁木」「下げ尾垂れ」「あうち」「水切」ともいう。

前框【まえがまち】

押入の内部に中棚を設ける場合、棚板の前方に取り付ける框。「中棚框」ともいう。壁側の根太掛とともに中棚の根太を受け、また棚板と根太の木口を隠す。柱の半割程度の大きさとすることが多く、磨丸太の半割を用いることもある。

前田家駒場本邸の茶室【まえだけこまばほんていのちゃしつ】

東京都目黒区の駒場公園にある旧前田家本邸和館の茶室。前田家本邸は、旧加賀藩（石川県）の十六代前田家当主・利為が建てた。はじめ前田家の江戸上屋敷があった文京区本郷にその自邸があったが、関東大震災（一九二三年）後に東京帝国大学と土地を交換する形で駒場へ移った。当初は洋館のみの屋敷計画であったが、外賓に供するものとして和館が計画され、昭和五年（一九三〇）に竣工した。この和館主屋の東端に十畳の茶室が設けられている。四畳半切本勝手に炉が切られている。部屋の南側には広縁が設けられ、濡縁が取り付き、蹲踞を備える。東側には一間半の床に一間の違棚や袋棚を備えた床脇が並ぶ。床柱は床の角からやや後退させた位置に立てられている。また主屋から張り出して四畳半の茶室と水屋が取り付いている。炉が四畳半切に切られ、点前座脇に洞庫を設ける。東側に設けられた床は台目床、風炉先部分の隅角の柱は塗立柱となる。客の出入り口は西側に躙口があけられ、南面に腰障子を引違いに建てた貴人口が設けられる。工匠は三代＊木村清兵衛と考えられている。なお加賀藩第十三代藩主前田斉泰が嘉永年間（一八四八～五四）に本郷の藩邸内に造り、明治四年（一八七一）頃、根岸の別邸に移築し、同三十年頃に本郷邸、そして駒場へ移築された煎茶室＊三華亭は、昭和二十四年に金沢市の＊成巽閣に移築された。待合とともに重要文化財に指定されている。

前田家の茶室【まえだけのちゃしつ】

佐賀県伊万里市の前田家住宅にある茶室。前田家は江戸時代より当地の大庄屋をつとめた家で、その住宅主屋は江戸時代後期に建てられ、佐賀県の民家に特徴的なくど造（草葺屋根の棟がコの字形に連なる形式の民家）の建築として知られている。明治時代以降の改修の折、もとの玄関部分を改修したのが現在の茶室である。六畳で床と床脇を備え、二方に縁を廻す。床には地板が敷かれ、低い地袋を備えた形式。床脇には畳が敷かれ、天袋は斜めに架けられ、戸襖には中国から長崎に来ていた画家・王冶梅の筆で太湖石が描かれている。前田家住宅は登録有形文化財。

前田利家【まえだとしいえ】

天文七年～慶長四年（一五三八～九九）。織豊時代の武将。通称を又左衛門。幼少より＊織田信長に仕え、天正九年（一五八一）能登国（石川県）を与えられる。後に＊豊臣秀吉に仕え、天正十三年の北国攻めでは越中国（富山県）に出陣し、秀吉が名乗っていた筑前守と羽柴姓を拝領した。茶会、能会、花見などを通して、秀吉との関係が濃密であったことが知られている。茶の湯を＊千利休、＊織田有楽に学び、＊神屋宗湛らとの交友も知られる。富士茄子、加賀井戸などの名物を所持した。秀吉没後は、五大老の一人として＊大坂城に入って豊臣秀頼を支えた。秀吉没後の体制固めを行うため徳川家康と協力するが、ほどなく大坂で没した。

前包【まえづつみ】

＊入母屋造の＊破風や＊千鳥破風の＊妻側、＊木連格子などの最下端で、屋根の直上にあたる箇所へ設ける水平材。この上には雨押さえとして須覆いという水平材をのせる。

籬【まがき】

竹や柴などで目を粗く編んだ背の低い垣。『万葉集』にも記載され、古代から使用がある。「ませ」「ませ垣」ともいい、「ませ」は馬塞、馬柵、間狭などから由来するという説がある。

曲り【まがり】

＊飛石道が弧を描いて曲がることをいう。（付録8頁参照）

曲がり茶道口【まがりさどうぐち】

まわり茶道口と同じ。⇨まわり茶道口【まわりさどうぐち】

曲柱【まがりばしら】

一部が曲がっている柱。茶室の*中柱や脇柱などに用いられ、「歪み柱」とも呼ばれる。歴史的には「曲柱」と書いて「ゆがみばしら」と読むのが正しい。土間庇を支える*捨柱や、水屋の脇壁の見切りに用いられることもある。杉、栗や、雑木の*皮付丸太が用いられることが多いが、竹が用いられることもある。*台目構えの茶室に用いられる中柱は「ゆがみ柱」として曲がった柱とすることが多いが、これは*細川三斎が「ゆがミ柱を一畳半に利休が立初候と被仰候」（細川三斎御伝受書）と記すように、*千利休が試み始めたと伝えられる。三斎自身も「ゆかみ柱」を試みたが、材種は沢栗で反りが一寸七分ほど（利休居士細川江来書）の曲がりの少ないもので、「曲リクネリテ異形ナルハアシ」（秘蔵伝心）とした三斎の考えが反映されたものであった。『織部座敷寸法』にも「ゆかミ柱」の記載があるので、台目構えには曲柱を用いていたことがうかがえる。『*茶譜』には「利休流ニ、一畳半ノ火炉裏脇ニ立ル柱ヲ中柱ト云、右宗旦曰、中柱ト云能名ノ有ニ、当代之ヲ曲柱ト云、賤言葉ナリト云云」とあり、「曲柱」の呼称は宗旦の頃からひろまったと伝えている。また、『*不白筆記』では「中柱ハ間中ニ見ル所ハユガミタルヲ用　尤横竹也　小間中ニ見ル所ハスグ柱ヲ用ゆ横木也　何レモ柱松ノ木皮付　云々」とあって、中柱が*間中（半間）に立つ場合は曲柱で*引竹の壁留、小間中（半間の半分）では直柱で*引木の壁留を用い、材種は松の皮付とするというように、十八世紀の終わり頃には中柱の曲柱と直柱の使い分けへの配慮が意識されていたことをうかがうことができる。『*茶道筌蹄』では「中柱　松の皮付　樒大工方にてはコフシといふ　いにしへは直木を用ゆ　近来原叟時代よりユガミ柱を用ゆ」とあり、*表千家六代覚々斎原叟の頃に曲柱が用いられたとされていることから、同書の成立した十九世紀初め頃には曲柱がひろく用いられており、それより百年程前の覚々斎の頃から曲柱が始まったものと考えられていたことがうかがえる。

槙【まき】

犬槙のこと。

⇒犬槙【いぬまき】

蒔絵【まきえ】

漆芸の技法の一種。漆工芸加飾法の代表的なもので、漆で模様を描いて、漆の乾かないうちに金銀粉などを蒔き付け、その模様を表したもの。金銀などの金属の粉末の種類から、消し粉蒔絵、平極蒔絵（磨き粉蒔絵）、本蒔絵（丸粉蒔絵、研出粉蒔絵あるいは仕立粉蒔絵）に分類され、工程の上からは、平蒔絵、高蒔絵、研出蒔絵に分類される。別に高上げ工程をもち、総研出とする肉合蒔絵がある。これらの技法が複合して施されたり、*螺鈿、平文、切金、彩漆などが併用されたりする。漆器工芸品のほか、高台寺霊屋（京都市）の内陣や都久夫須麻神社（滋賀県長浜市）の柱や長押、框の作例に見られるように、建築装飾として用いられることもある。

蒔絵　高台寺霊屋内部

巻頭釘【まきがしらくぎ】

頭の部分を丸く巻き込んで成形した釘。*連子竹や天井の押え竹を押さえるためなどに用いる。頭の巻き込みがこの巻頭釘より小さなものを*頭巻釘という。

巻竹【まきだけ】

塗壁の壁下地に用いる竹。塗土がよく絡むようにするため、縄を巻き付ける（縄巻き）ことからの称。

牧村兵部【まきむらひょうぶ】

天文十四年〜文禄二年（一五四五〜九三）。織豊時

代の武将、茶人。名は政治、利貞、通称長兵衛とも号した。稲葉政通(重通とも)の子。稲葉一鉄に養われ、その孫娘を妻に迎えた。*織田信長に仕え、本能寺の変で信長が没した後は*豊臣秀吉に仕えて、天正十三年(一五八五)従五位下兵部大輔に叙任される。馬廻衆をつとめ、同十六年四月の*聚楽第行幸には前駆をつとめた。天正十八年伊勢国(三重県)多気、度会で二万石を領し岩手城主となる。小牧長久手の戦い、四国や九州征討に従軍、朝鮮侵攻に際しては船奉行として出征したが現地で病没した。『天王寺屋会記』の天正六年四月二十日の村井専次会が茶会記における初見。天正八年正月十四日には佐久間甚九郎と*津田宗及の二人を招いており、この時兵部は「ユカミ茶碗」を使用しているが、これは高麗茶碗と考えられる。*北野大茶之湯には秀吉の座敷の右側末席にその名を見ることができ、千利休と同席した茶会が四会知られる。*利休七哲の一人に挙げられ、*高山右近の勧めで入信し、キリシタン人名としても知られる。

巻物引手【まきものひきて】

*引手の一種。書画などを表装して軸に巻いた、いわゆる巻物の形状を図案化した引手。加賀藩第五代藩主前田綱紀が収集した「百工比照」(前田育徳会蔵)には、「小松葭嶋寺作御書院」で用いられた「フスマヒウシ」の引手として、梅折枝に群蝶の文様を施したこの形状のものが収められている。

楣【まぐさ】

窓、出入り口、門などの開口部の上へ架け渡した水平材。普通、両端は柱の頂部、または側面に枘差にして、上部の壁を受ける。正倉院文書には天平宝字六年(七六二)正月十五日の「雑材并檜皮和炭等納帳」をはじめ、同三十日の「山作所正月告朔解」などに「目草」と記される。

楣木戸【まぐさきど】

門の一形式。「*桔木戸」ともいう。二本の柱と*楣、扉によって構成される形式の門。*簀戸を跳ね上げて使用する*揚簀戸などもこれに含まれる。

楣木戸（揚簀戸）

間口【まぐち】

主要な方向から見た建物や敷地などの前方に面する部分の幅。表口。対義語は、表から奥までの距離となる奥行き。

枕捌【まくらさばき】

床柱に*内法長押を取り付ける際の納め方の一種。長押を床柱の裏側の壁まで廻したもので、床柱の三方が長押で取り巻かれた形となる。長押の隅は千切留(両端が広く中央がくびれた形状の木片である千切を鎹として用いて、材の合わせ目を留めること)とする。「巻裏捌」「枕挟み」「枕袴」ともいう。このほかに、床柱の二方のみに長押を回した方捌と、床柱の正面のみに長押を取り付けて木口を雛留(長押の木口を小材で隠す技法で、材相互を二〜四個の蟻枘で納める。*見え掛りは上面を留めとするが、下部は留めが現れないように継目を長押の稜線にあわせて納める)とした方法がある。

枕竹【まくらだけ】

草庵式茶室などの竹の*竿縁天井において、*廻縁の上にのる最も外側の竿縁。竿縁と同様の竹を用いることが多い。

枕梁【まくらばり】

敷梁と同じ。⇒敷梁【しきばり】

枕縁【まくらぶち】

床の天井*廻縁のこと。*竿縁天井の竿縁の枕となることからの名称。

真黒石【まぐろいし】

黒色をした石の総称。加茂真黒石など、光沢がなく艶消しのものが上質とされる。このほか紀州真黒石（和歌山県）、江州真黒石（滋賀県）などが有名であり、新潟県魚野川支流の水無川河床にある八海山石は、加茂真黒石に次ぐ良品とされる。主として栗石（栗石の項❶を参照）状のものを軒内やその他の*敷石として珍重し、大形のものは*沓脱石としても使用される。

馬越化生【まこしけしょう】
天保十五年〜昭和八年（一八四四〜一九三三）。近代の実業家、数寄者。名は恭平。備中国（岡山県）に医者の次男として生まれる。幼少の頃に大坂へ出て、鴻池新十郎家へ奉公し、文久元年（一八六一）には公事宿・播磨屋の養子となる。明治六年（一八七三）に上京、*益田鈍翁の推薦で*井上世外の先収会社に入社する。その後、三井物産の重役、さらには大日本麦酒の社長となり「ビール王」と称された。鈍翁の影響により茶の湯を川上宗順に学び、田村文琳などの名物道具を多数所持して、特に道具数寄として知られた。東京麻布の自邸には、*仰木魯堂の設計による小間の茶室*化生庵と広間の*月窓軒を営んだ。

孫障子【まごしょうじ】
*雪見障子などの障子の内側に組み込まれた小型の障子のこと。「小障子」ともいう。その開閉方法には上げ下げ、*引分け、*片引きなどがある。

間越欄間【まこしらんま】
座敷と座敷が隣接する場合の室境の小壁に設けた*欄間の総称。「まごしらんま」とも読む。*筬欄間や*竹の節欄間、*透彫欄間、*格子欄間など様々な形状のものがある。取り付け方には、欄間敷居と欄間鴨居を入れ、そのあいだに障子や透彫りの板をはめ込む形式や、*小壁に木瓜形や櫛形の開口をとり欄間とする形式（塗廻し欄間）などがある。

孫庇【まごびさし】
*庇の一種。庇の外側に別に付けた小庇。「又庇」ともいう。*寝殿造の建築や神社建築に見られる。

真菰【まこも】
イネ科マコモ属の大形多年草。沼地や河口などに群生する。葉は線形、高さ一〜二メートルほどになり、秋には茎頂から穂を出す。神事などにも用いられるが、*草庵式茶室では草物の天井材として、蒲や萩などとともに好まれる。

真菰天井【まこもてんじょう】
*真菰を編み、天井面に張った天井。単に「菰天井」ということが多い。*草庵式茶室の*落天井には真菰や蒲を編み、竹の竿縁を配した天井を造ることが多い。

柾目【まさめ】
木材の表面に現れる木目の一種。木目が直線状の筋をなす模様で、年輪を放射状に挽いた時に現れる。対して接線方向に挽いた時に現れるのが*板目である。柾目の板や柱を製材する場合は*木取りが重要となる。この柾目木取りは、一般に板目木取りより作業能率、歩留りが悪く、幅の広い材を取ることが難しいという欠点がある。木材の樹齢や木質によって柾目の精粗に違いがあり、*糸柾目、並柾目、*粗柾目などの区別がある。（付録29頁参照）

柾割【まさわり】
❶*柾目に*木取りすること。一般に建具では、ほとんどが柾割された材を使用している。❷竹の両面を縦引し、意匠化する加工方法。両面を切り落すことで節間部は中空となり、節目が規則的に現れる。天井材や仕切などに用いられることがある。

間仕切【まじきり】
建物の内部を区画すること。室と室とのあいだに境界を設けること。またその役割をするもの。間仕切壁の略称として壁を意味する場合と、空間を仕切る家具やカーテンなどをひろくさす場合があるが、大きくは移動するか否かによって分類される。固定の間仕切壁には、構造や素材から塗壁、襖壁、板壁などがあり、開閉または移動できる間仕切としては襖や障子、板戸など、建具によるものが代表的である。

枡形手水鉢【ますがたちょうずばち】
手水鉢の一種。背の低い四角形の石に水穴をあけ、枡のような形状になるもので、台石の上に据えて使う。*桂離宮の待合前や仁和寺の*飛濤亭にあるものなどが知られる。桂離宮にあるものは、方形の水穴が二段にあけられているため「二重枡形手水鉢」ともいう。（付録11頁参照）

枡組【ますぐみ】

❶柱上部で軒を支える斗栱（斗と肘木とを組み合わせたもの）のこと。「斗組」とも書き、「組物」ともいう。また特殊なものに、柱と柱の直上だけでなく、そのあいだにも枡組を置く詰組や縁の下を支える腰組などがある。中国で成立し、仏教建築の技術とともに日本に伝わってきて、寺社建築に多く用いられる。❷障子や欄間などの組子を四角い形で組み合わせること。

枡組棚【ますぐみだな】

正面から見て枡、すなわち方形に仕切りを付けて組み込まれた棚。水屋の棚内など、諸道具の整理のため用いられる。

益田鈍翁【ますだどんおう】

嘉永元年～昭和十三年（一八四八～一九三八）。近代の実業家、数寄者。佐渡奉行所役人であった父・鷹之助の長男として佐渡相川（新潟県佐渡市）に生まれる。幼名徳之進、名は孝、別号に観濤、雲外、宗利。号の「鈍翁」は「どんのう」とも読む。弟にはともに実業家、数寄者である克徳（非黙）と英作（紅艶）。妹に米国留学の後、女子教育に寄与した永井繁子がいる。幕臣に取りたてられた父の出世にともない、一家は安政元年（一八五四）に箱館（函館）へ移り、同六年には江戸へのぼった。英語を箱館時代より学び、江戸ではヘボン塾や、文久元年（一八六一）には、江戸麻布の善福寺に置かれた米国公使館に外国方通弁御用として出仕し、米国公使のハリスからも習う機会を得た。文久三年、遣欧使節・池田筑後守長発に随行した父の従者として、フランスに渡航。帰国後は、幕府が新たに編制した陸軍に入隊し騎兵頭並をつとめた。明治維新後は商人として出直し、横浜で外国貿易にたずさわる。その時、岡田平蔵の紹介で*井上世外の知遇を得て、明治五年（一八七二）、大蔵省造幣権頭に大抜擢されたが、翌年、政府との意見の相違で大蔵大輔を辞任した井上の後を追い辞任し、井上が設立した先収会社の副社長となる。明治九年、三井家に招かれ、解散した先収会社の後継組織として発足した三井物産の社長に就任する。同年には、私財を投じて「中外物価新報」（現日本経済新聞）を創刊している。明治二十二年には、官営であった福岡県の三池炭坑の払い下げに奏功し、三池炭鉱社（後の三井鉱山株式会社、現日本コークス工業）を設立するなど、三井物産は彼の才覚によって発展、三井財閥の中核となっていく。この間の僚友には、後の茶友、*野崎幻庵や*高橋箒庵らがいる。大正七年（一九一八）に男爵に叙せられた。数寄者としても高名であったが、早くから日本の古美術収集に着手しており、明治二十二年頃に、克徳の勧めにより茶の湯を始める。居を構えた東京品川御殿山の邸宅*碧雲台には、愛知県海部郡の明眼院から移築された、円山応挙の障壁画が描かれた書院*応挙館、*不動堂をはじめ、*太郎庵、為楽庵（為楽庵の項❷参照）、*蝸殻庵、*土足庵、無為庵、*幽月亭などの茶室が建てられていた。晩年は神奈川県小田原の別邸*掃雲台に居を移して隠棲、多くの茶室を構えている。また大正五年には同じく箱根に白雲洞茶苑を設けている。

枡樋【ますどい】

*竪樋や呼樋（*軒樋と竪樋をつなぐ樋）の頂部に設ける、箱形の雨水受口部分。少し大きめに作ることで、漏斗のような効果に加えて装飾的な役目も果たす。

枡床【ますどこ】

茶室の隅に設けられた半間四方の*踏込床のこと。「桝床」とも書く。床板が枡のように方形であるところからの呼称。床と並び畳が点前座で、床の脇壁の下方を吹抜き、炉は*向切にされる。したがって床の脇は風炉先にあたり、床柱は*中柱も兼ねることになる。構成の原理や席中のはたらきなどに*原叟床と共通する要素がある。『*不白筆記』に「間中（半間）の床有、覚々斎抔多遺」とあり、*表千家六代覚々斎原叟の考案になると伝えられるが、確かなことはわからない。

枡床席【ますどこのせき】

京都市北区の大徳寺塔頭*聚光院にある茶室。

「平方庵」とも呼ばれる。*閑隠席の東側に、二畳の水屋を挟んで位置する。水屋の物入の襖にある*表千家九代了々斎曠叔の墨書から、水屋が造られた文化七年(一八一〇)頃の建造とみられている。露地は*書院の北側に造られている。付庇を大きく出し、奥行きのある*土間を

枡床席

枡床席　床側

構成する。*飛石は*土間庇の左奥の入口に向かって打たれている。入口は高さの低い*貴人口で、*腰障子二枚を建てる。雨戸は*野根板を張った一枚戸を引くようになっている。内部は全体が四畳半の広さで、点前座の*風炉先にあたる半畳を*枡床にし、一枚の松の*地板を敷き、五尺一寸二分の高さに*落掛を取り付ける。その*見付中央には*釣花入を掛けるための釘を打つ。*床柱は赤松皮付、わずかに曲がるが、素直な姿の材で、高さ四尺のところに*花入釘を打つ。点前座は一畳、床と並びに配置されており、*勝手付に*茶道口をあける。炉は*向切、床柱は点前座からは*中柱にも相当する。床の脇壁が点前座の風炉先にあたり、壁の下方を吹抜いて*無目を入れ、その上に*下地窓をあけている。この構えは千家流で好まれたもので、床と点前座を結び付ける巧妙な工夫である。天井は点前座から客座へかけての三畳が*平天井形式の野根板天井、のこりの貴人口側の一畳が*化粧屋根裏である。化粧屋根裏は*竹垂木だけで竹の*小舞を省略し、その代りに野根板を横張りして*煤竹で打ち留めるが、簡略化された仕様を庚申張と呼ぶ。水屋は閑隠席とのあいだにある。両方の席に茶道口がひらかれており兼用できる。北側に*水屋棚と物入、南側に一尺五寸の板を入れ*丸炉を切っている。水屋棚は流しと*簀子棚、*通棚、二重の*隅棚という典型的な構成である。流しの向こうに設けられた潜りは*水張口であるが、現在は水道が取り付けられている。重要文化財。

ませ垣【ませがき】

❶籬と同じ。⇒籬【まがき】
❷*黒文字、柴などを*胴縁の両側から隙間なく当てて結った垣。『*石組園生八重垣伝』では「真背垣」「間瀬垣」と書かれ、花壇などに用いると記される。

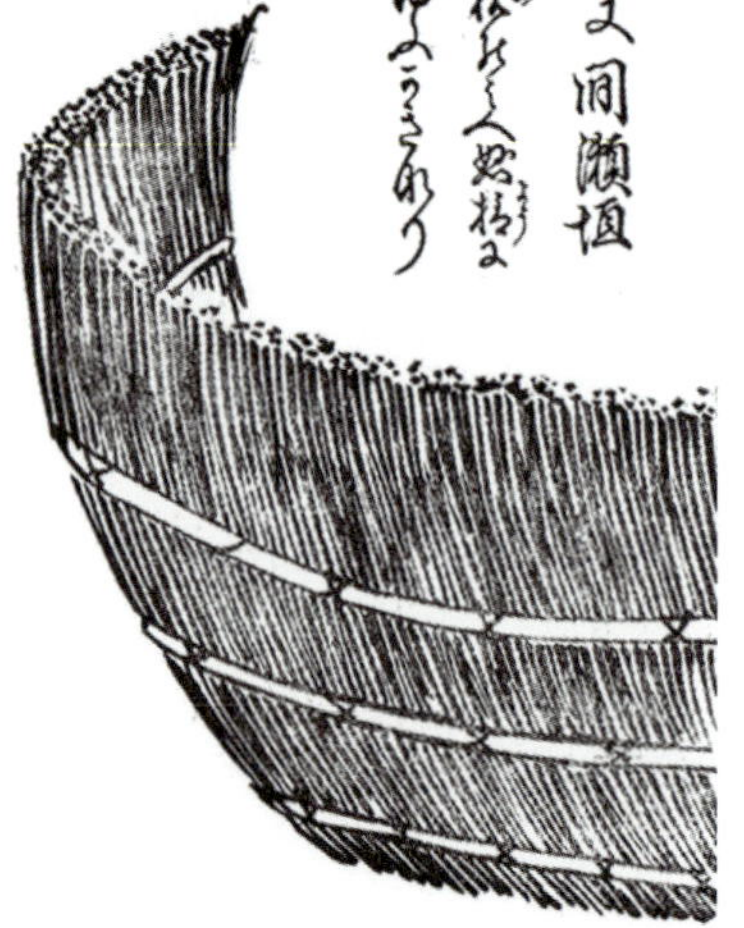

ませ垣❷『石組園生八重垣伝』

混ぜ垣【まぜがき】

*生垣の一種。多種類の植物を用いて造ったもの。「交ぜ垣」とも書く。

真竹【まだけ】

竹の種類のひとつ。「男竹」「雄竹」などともいう。最も一般的な竹で、北海道以外の各地でひろく栽培されるが、特に近畿圏は多い。*モウソウチク(孟宗竹)林と比べて林内が明るく、葉の重なり具合がまばらである。稈の先端部は直立し、通直で稈長は一五～二〇メートル、径は一

〇センチ以上にもなり、節は二輪状で下側が鋭く、上側は少し膨張している。稈長の中央部辺りの各節から大小二本の枝が分岐する。材質は弾力性と屈曲性が大きいこと、縦方向の伸縮が少ないことから加工しやすく、用途は幅広い。建築材として化粧垂木、栈竹や小舞、竹垣や竹樋、竹釘などに用いる。

又庇【またびさし】

孫庇と同じ。⇨孫庇【まごびさし】

又兵衛【またべえ】

愛知県名古屋市熱田区の熱田神宮にある茶室。十七世紀中頃に岐阜県吉城郡末真にあった合掌造の民家を、昭和十一年（一九三六）に神野金之助が坂上又兵衛から入手、同市昭和区川名山町の神野氏の屋敷三渓荘内に移築し、茶室として使用していたもの。昭和三十二年に熱田神宮神苑に寄贈された。建物は入母屋造の平入、平家建、茅葺の上を鉄板で覆う。間取りは広間を一室にする広間型の形式で、広間の下手に「ロージ」「マヤ」「ニハ」、上手は三室からなり「ブツマ」を挟んで「デイ」「チョウダ」を前後に配する。飛驒（岐阜県）北東部に見られる合掌造の典型例で、柱、梁、差物にのこる蛤刃のチョウナ痕や、柱などの構造形式から建築年代は十七世紀中頃までさかのぼり、合掌造としては最古に属する建築と思われる。この又兵衛には、坂上氏の祖先が数河高原（岐阜県飛驒市）から、数百年前に移築したものだとの伝説もある。登録有形文化財。

亦復一楽茶会図録【またまたいちらくちゃかいずろく】

大正七年（一九一八）五月六日、竹邨桑者（田近竹邨）による田能村竹田筆の「亦復一楽帖」（重要文化財）の臨画成就を記念して、京都市公会堂、個人邸、平安神宮を会場として開催された煎茶会の図録。越智武一の編輯、発行により、同年九月二十日に刊行された。第一席から第二十席までが記され、このうち室内の描写があるのは、第一〜十一、十三、十四席で、第六席は前席と本席からなるので、合計十四席となっている。その内訳は第一、三、七席が「亦復一楽帖」及び竹邨桑者によるその臨画や竹田翁遺印の展観席、第二、四〜六、八、十、十一席が煎茶席、第九席が前席、第十三席が抹茶席、第十四席が酒席である。のこる第十五席から二十席までは、客種道具の目録と、一部の席の外観の挿図が掲載されるのみである。また第十二席は記載が全く欠落している。

待合【まちあい】

茶の湯における待合の言葉には二つの意味がある。一つは*寄付や*袴付を意味するもので「寄付待合」ともいい、もう一つは*腰掛を意味するもので「腰掛待合」ともいう。いずれも客が待ち合わせる場所であることからの名称であり、現在、一般的に露地の外にある寄付や袴付と露地の内にある腰掛とは別の建物を示しているが、両者とも「待合」と呼ぶことがあるのは、かつては露地内に現在の寄付に相当する施設があったことからの混乱と考えられる。すなわち『*茶湯秘抄』によると奈良の松屋久行の屋敷には「路地ニ五畳敷ノキヌヌギ有之」とあり、「今更之様ニ申セ共、昔ヨリモアリシ也」と記されている。五畳の大きさそして「キヌヌギ（衣脱）」の言葉より、これは現在の寄付に相当するものとみられる。つまり露地内、たとえば現在の*外腰掛に相当する場所に衣服、すなわち袴付があったと見られ、同様の施設は以前からあったということである。現在、一般的には露地内には腰を掛ける設備のみのものが多く、着衣を調えるような場所が露地内に設けられることはまれである。現在の寄付としての待合は、独立したものとして別に設けられることもあるが、住居内の一部屋がそれにあてられることも多い。そこから露地内へと進むことになる。一方、露地の内、すなわち現在の腰掛としての待合は、*二重露地と*一重露地で違う。二重露地の時、待合は*外露地の外腰掛を示す言葉であり、*内露地の*内腰掛は、客が待ち合わせるという意味がないことから、単に腰掛と称す。一重露地の場合は、両者を兼ねることから腰掛待合、あるいは単に腰掛もしくは待合と呼ばれる。露地内における腰掛としての待合は、独立したものと主屋や茶室に併設したものがある。独立したものには貴人座と一般の客座を一体化したものと、分離して一つの屋根に納めたもの（*割腰掛）がある。併設したものとしては、板敷きの*縁側や廊下をそれにあてたもの、また主屋や茶室の外壁を利用し庇をかけたものなどがある。

町田久成【まちだひさなり】

天保九年〜明治三十年（一八三八〜九七）。江戸時代末期の薩摩藩士、明治時代の官僚。通称は民部。号は石谷。維新後、文部大丞などを歴任し、のち内務省に入り、「博物館」（現在の東京国立博物館）創設に参画、初代館長となった。古美術研究のかたわら茶の湯に親しみ、*平瀬露香らと交流した。内務省博物局に勤務の頃、奈良の興福寺にあった六窓庵（六窓庵の項❶を参照）を博物館に移築している。

松【まつ】

マツ科マツ属の常緑針葉高木。マツ属は北半球の温帯を中心に約百種が分布。日本にはクロマツ（黒松）、*アカマツ（赤松）、*ゴヨウマツ（五葉松）、ハイマツ（這松）など七種が自生する。古くから露地を構成する重要な植栽のひとつで、『*細川三斎御伝受書』に「樹ニ桃　枇杷ヲ利休ハ嫌ヒ候　盧路ニハ松　樫　山グミヲ植申すト被仰候」と記されるように、*千利休が果実のなる樹木よりも、松をはじめとした常緑樹を露地に植えることを好んでいたことが、『*茶譜』には「右古キ森ノ陰ニ隠遁者ノ住ヤウニ見ルト云ハ、利休常ニ藪大松ノ類ヲ好テ、植木其外雑木ヲ植、木下ハ篠芝ナト自然ニ生茂　其奥ニ侘ノ茅屋ノ小座敷有テ、静ニ絜体ヲ隠遁者ノ庵室トモ見ヘシ」と、利休が種は不明だが松を露地内に植えたことが伝えられる。続いて同書には「路地ノ体深山ノコトシ、大路地也、樹木ハ大松・大樅木穀、加様ノ類ヲ深植込　其奥ニ茅屋有ヤウニシテ成ホト静ニ人音遠体也」と*古田織部好みの露地についても記述があり、樅や木斛とともに大木の松を植える、とある。さらに『築山庭造伝後編』「路地庭造の図解」の項に「植樹ハ松、槇、南天、棒樫、もつこく等よし」とあり、江戸時代後期にも引き続き露地内に植えられていたことがわかる。現在でも*袖摺松などとして用いられる。松材は一般に樹脂分が多く耐久性にすぐれ、粘り強い。建築材としては製材されたもののほか、丸太、*皮付丸太として用いる。*梁などの構造材、*床柱や*床板、*中柱、棚板、*壁留、縁甲板、*幅木などに幅広く使用される。

松井家の茶室【まついけのちゃしつ】

奈良市の松井家にある茶室。同家の主屋二階にあり、昭和十三年（一九三八）に建てられたという。内部は六畳で、炉を本勝手四畳半切とし、東西に長い平面である。床は、東側一面を巨大な松の地板と煤竹を壁留とした垂れ壁で空間を区画している。中央にしゃれ木の磨丸太を床柱に立て、右側を床、左側を床脇とする。床は春日杉を壁留とした垂れ壁を設けてさらに区画し、床の天井は市松の網代張、床脇は掛込天井としている。また、南の板縁側には床の墨蹟窓として半分ほど氷裂の竹の組子を入れた円窓を備え、貴人口となる四枚引違いの明障子の上には縦割竹の欄間を備えるが、いずれも障子を介した影として室内から見られるもので、控えめな朱漆塗の引手の草花絵とともに、抑制された繊細な空間を演出している。

松江田縁【まつえだべり】

*縁布の一種。「松井田縁」ともいう。麻で織られた濃紺色のもの。太地と細地は普通品、極細地は上等品とされる。数寄屋建築の座敷に用いられることが多い。

松尾家【まつおけ】

茶家。愛知県名古屋市東区に所在。松尾家は*武野紹鷗の弟子である辻玄哉を家祖とする。松尾家三世の宗二（一五七九〜一六五八）は*千宗旦に学び、宗旦から「楽只軒」の書、「楽只」銘の茶杓及び竹花入（楽只三種）を与えられる。これにより松尾家は代々「楽只軒」と称する。松尾家六世の宗二（一六七七〜一七五二）は、通称治兵衛、名は重賢といい、楽只斎を号した。*表千家六代覚々斎原叟に師事して、松尾流をなし、一世（流祖）となる。覚々斎により名古屋へ派遣され、京都と往復しながら、名古屋における千家茶道の普及に尽力した。『敝帚記』を著す。宗二以降、茶道松尾流歴代は次のとおり。二世宗五（一七〇一〜七一）は翫古斎と号する。尾張徳川家に召され、以後松尾家は代々茶道方をつとめる。寛延三年（一七五〇）、尾張徳川家江戸屋敷の数寄屋を造るに際し、「雛形の御用」を仰せ付けられる。ゆかりの茶室として*松下軒、知足庵（知足庵の項❷を参照）などがあった。三世宗政（一七四一〜一八〇二）は二世宗五の子。幼名は秀之助、一等斎と号する。父の宗五とともに東本願寺に出入りした。『独秘鑑』を著す。四世宗俊（一七八一～一八〇五）は三世宗政の子。不管斎と号する。和歌を好み、香川景樹に学んだ。五世宗五（一七九一～一八三〇）は幼名を弁治郎といい、四世宗俊の早世のため宗俊の妹・智静の婿として松尾家を継ぐ。名は重貫、不俊斎と号する。松尾流を中興し、建築、造園、作陶などにすぐれ、名古屋の藩医・林良益の別邸に茶室、松隠亭を好み建てた。また天明の大火（一七八八年）で焼失した嘉隠堂を再興した。六世宗古（一八二〇～五六）はもとの名を松本慶次郎といい、文政十三年（一八三〇）、五世宗五没後に養子として松尾家に入る。仰止斎と号する。七世宗五（一八四七～八八）は六世宗古の長男。幼名は五百太郎、名は重遠、好古斎と号する。蛤御門の変（一八六四年）で京都東洞院押小路の屋敷を焼失。その後、名古屋桜町の林良益邸を譲り受けて居を移した。建築と作庭にすぐれ、明治十三年（一八八〇）、名古屋博物館に移築した猿面茶室及び松月斎の配置と復原の指導にあたる。八世宗幽（一八七二～一九一六）は七世宗五の二男。幼名は釈吉、名は重光、汲古斎と号する。八世を継ぐが、台湾に渡り同地で没した。ゆかりの茶室として洗心軒がある。九世宗見（一八六六～一九一七）は七世宗五の長男。幼名は五百太郎、名は重治、半古斎と号する。建築と造園に長じ、多くの好みをのこした。ゆかりの茶室として猪飼家の茶室、玉竜軒など、庭園として総持寺（神奈川県横浜市）、徳源寺、鶴舞公園聞天閣（以上、名古屋市）の庭園などがある。十世宗吾（一八九九～一九八〇）は九世宗見の長男。幼名は五百太郎、名は重俊、不染斎と号する。大徳寺に参禅し、表千家十二代惺斎敬翁に師事。昭和三年（一九二八）に十世を継ぐ。第二次世界大戦のために七世宗五以来の屋敷を焼失し、昭和二十四年に現在の地に移り茶亭として整備する。ゆかりの茶室として一雨軒、閑雲、三養荘（三養荘の項❷を参照）の書院、また紫雲軒などがある。十一世宗倫（一九二六～八四）は十世宗吾の子。葆光斎と号する。昭和四十七年に十一世を継ぐ。当世（十二世）宗典（一九六二～）は十一世宗倫の子。妙玄斎と号する。

松尾家の露地【まつおけのろじ】

愛知県名古屋市東区の松尾家に所在。松尾流五世不俊斎（一七九一～一八三〇）は作陶や建築、造園にすぐれ、京都の東洞院押小路に居を構えて天明の大火（一七八八年）後に焼失した嘉隠堂を再建し、露地を営んだとみられるが、蛤御門の変（一八六四年）で焼失。七世好古斎の代には名古屋桜町に転居し、尾張藩藩医・林良益の邸宅を譲り受けて代々の居宅とした。しかしこれも十世不染斎の時に第二次世界大戦で焼失し、昭和二十四年（一九四九）に現在地に移ることになり、松隠亭と筆虹席、嘉隠堂を営んだ。主屋の南庭が露地となり、八畳の座敷から縁を介して庭に降り立つと、大ぶりの前石を据えた蹲踞を構え、座敷からの主景ともなっている。主屋には深い土間庇があり、その下の延段を伝うと枝折戸を介して内露地となる。松隠亭は西向きに建ち、躙口前の踏石は低く据えられている。内露地には袖摺松があり、蹲踞の手水鉢には五輪塔の笠石（風輪）が見立てられている。細長い土間廊下を伝い、中潜りから入ると東向きに建つ筆虹席の内露地となる。雨落の溝を流れに見立て、その中に手水鉢を配して蹲踞としている。嘉隠堂は邸内の最奥部に位置し、主屋座敷から瓦四半敷の土間廊下を伝うと内露地に至る。嘉隠堂西側の降り蹲踞の手水鉢は、鎌倉時代の宝篋印塔を用いた四方仏手水鉢で四隅に彫り出しがあり、その本歌は利休遺愛の梟の手水鉢とされる。

松尾家の露地　松隠亭八畳より見る

松皮漆喰【まつかわしっくい】

*雁振瓦の下に*熨斗瓦が幅広く積まれる時、この間隔を結合させるために埋める*漆喰のこと。

松平春嶽の茶室【まつだいらしゅんがくのちゃしつ】

東京都文京区の実業家・西脇済三郎邸にあった茶室。建物は文久年間（一八六一～六四）、越前国福井藩主の松平春嶽（一八二八～九〇）が隠居後に居住した住宅と伝えられる。規模は四畳、玄関を入って右手には西洋間、用務から風流の事まで行ったという六畳広間の居間、八畳広間などがあった。茶室は関東大震災で失われた。露地の腰掛待合からは品川沖までが見渡せる丘の上の立地であったという。

松平不昧【まつだいらふまい】

寛延四年（一七五一～一八一八）。江戸時代後期の大名、茶人。出雲国（島根県）松江藩主松平宗衍の次男として生まれる。幼名は鶴太郎、名は治好、後に治郷。明和四年（一七六七）に家督を継ぎ、十七歳で松江藩主となる。未央庵、一閑子、一々子、一々斎、独楽、宗納、大円庵とも号した。家老の朝日丹波とともに藩財政の再建につとめ、殖産興業を推し進めた。十代より遠州流の正井道有らに茶道を習い、のちに荒井一掌から細川三斎門下の一尾伊織を開祖とする一尾流、そして伊佐幸琢（半寸庵）を師として石州流を習い、二十歳には真台子皆伝を得ている。江戸麻布の天真寺寺主・大巓宗碩に参禅し、不昧の号を授かる。安永三年（一七七四）、江戸の道具商の伏見屋から伯庵茶碗を購入し、以後、数々の茶道具を収集して分類、還暦を期して嫡子の斉恒（月潭）に譲ることとして「道具譲帳」を記しているが、これが『雲州蔵帳』（雲州名物帳）と現在称せられている。そこに収められた茶道具には、油屋肩付（重要文化財）、円悟克勤墨蹟（流れ円悟、国宝）、赤楽茶碗銘無一物（重要文化財）などがある。『贅言』を著して茶事の奢侈を戒め、『瀬戸陶器濫觴』や『古今名物類聚』に茶の湯の名器をまとめた。また御用窯として楽山焼、布志名焼を庇護し、塗師、蒔絵師の小島漆壺斎、原羊遊斎、松枝不入などに好み道具を作らせた。千利休が宇治田原に造ったと伝わる茶室*独楽庵を文化年間（一八〇四～一八）に江戸品川の*大崎園に移築、この大崎園には十一の茶室があったという。さらに寰海宗晙の依願に応じて寛政五年（一七九三）に火災で焼失した大徳寺塔頭*孤篷庵の再建に協力。茶室*忘筌を再建したほか、同寺龍光院にある*密庵席をもとに茶室*山雲床を造った。また大井戸茶碗銘喜左衛門（国宝）を所持し、後に妻の彭楽院が孤篷庵に寄贈した。

松平不昧の茶室【まつだいらふまいのちゃしつ】

『松平不昧伝』には不昧の茶道について記されているが、この中で「好みの茶室」として、*菅田庵、*明々庵、勝部氏の茶室（不審庵）、八ツ窓の茶室（*伝利休茶室）、*観月庵などの松江の茶室が取り上げられている。そして、その最後は「茶室の如きも、別に不昧好みの茶室といふべき物なく、すべて何流を問はず、その能く茶道の本旨に適ひ、清楚質朴にして、侘びの体十分に備り、露地の風情、その地勢に適応して、雅趣を具ふるものは、すべて皆公の好みと称すべきものなり、又新に営む所の茶室の如きも、無用のものを有用に使ひ、廃物を利用せるが如きものは、最も公の意に適ひたるなり、（中略）もしそれを強ひて公の好みの茶室を具体的に示すものありとせば、大崎名園内の為楽庵を始め、その他園内にありし茶屋なりとす」と結ばれているが、その一方で、同書「大崎名園」では、「独楽庵は当時茶界に名声嘖々たりしものにて、公も亦頗るこれを愛玩し、近火の折は、この茶室を全部滑革にて覆ひ、厳重に保護せりといふ」とあり、「大崎園中に在る利休好二畳囲は、即ちこれなり」とも記されている。ところで不昧は文化三年（一八〇六）に家督を譲ると、江戸品川の大崎下屋敷に移り、同地に*大崎園を営み、茶三昧の生活を送ることになるが、隠居後の不昧の茶会の様子は『大円庵会記』（慶應義塾図書館蔵）によっておよそ確認できる。この茶会記を見る限り、不昧が好んで用いた茶室は*独楽庵であり、次いで*船越（船越永景好みの三畳台目の席）である。この二席のほかには、*清水の御茶屋、*幽月軒、常住（幽月軒の別称、以上大崎園内）であり、妙喜庵（妙喜庵の項❷を参照）、大円庵（大円庵の項❶を参照）が記されているだけである。そして船越を除けば、いずれも二畳（一畳台目）の囲である。独楽庵はいうまでもなく千利休伝来の茶室であり、清水の御茶屋と松江城内の妙喜庵は*待庵写しの「利休好二畳囲」そのものである。不昧は、「露地数奇は宗旦、物数奇好之物は宗甫どの、茶の湯の法は宗関どの。其心にて修行すべし」で始まる『茶事覚書』の最後に「茶の湯とは只湯をわかし茶を立て丶呑むばかりなる本を知るべし」と利休の歌を記し、「此の歌は茶の眼也」と結んでいる。不昧は「利休のわび茶に帰る」ことを茶の湯の本意としていたのであるが、茶室自体も利休の待庵にならい、独楽庵、清水の御茶屋、幽月軒、大円庵、妙喜庵といずれも二畳の囲を好んで指図していた。その作意は不昧が四十二歳の頃に「有澤家山屋敷」（*有澤山荘）に指図する一畳台目中板入の菅田庵にすでに表れていたと考えられる。

松棚【まつだな】

*床脇に設けられる*飾棚の一種。江戸時代に棚雛形として定型化される四十八棚の一つ。『増補大匠雛形四 新板棚雛形』（一八六六年刊）には「是ハおし（押）板わき、書院わきによし」とある。

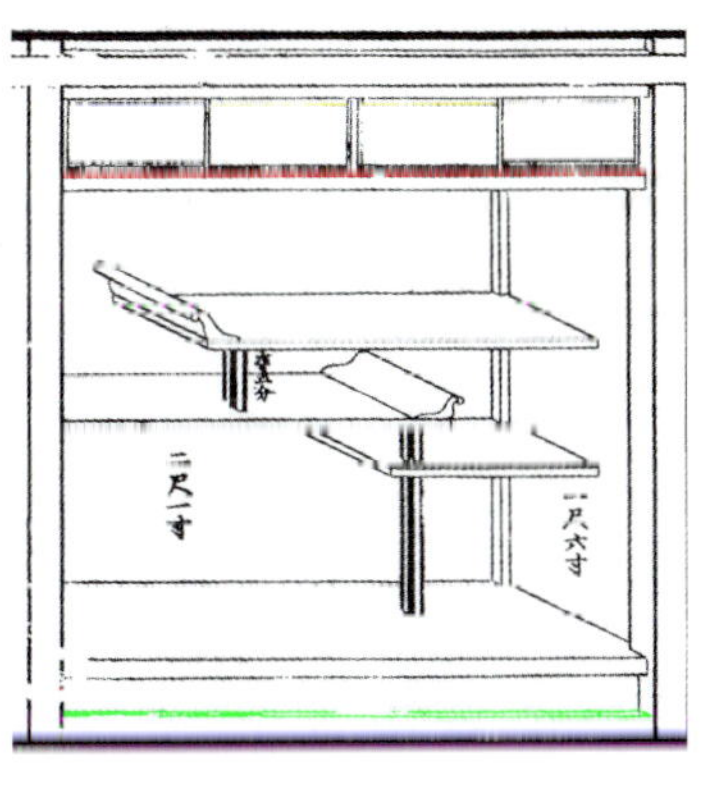

松棚 『増補大匠雛形四 新板棚雛形』

抹茶【まっちゃ】

茶の生葉を摘み、蒸した後に冷まして焙炉で乾燥させて荒茶とし、その荒茶を篩にかけ、さらに軸を分かち、葉脈を取り除いて切り離した葉肉片（碾茶）を*茶臼で挽いて粉末にしたもの。「挽茶」ともいう。碾茶のうち、苦味が少なく甘味が強い葉先の軽い部分を最良とし、*濃茶に用いる。碾茶はもともと宇治（京都府）の特産で、十七世紀初め頃までには葭簀や藁の覆いを用いる覆下栽培が始まり、風味豊かな茶を栽培できるようになった。

抹茶席【まっちゃせき】

いわゆる茶道といわれるものには*抹茶を旨とするものと*煎茶を旨とするものがあり、抹茶を旨として*茶の湯を楽しむための茶室をさす。また、抹茶による茶会の席をいう。

松永記念館【まつながきねんかん】

神奈川県小田原市に開館する美術館。*松永耳庵が、自ら収集した古美術品を公開するために、昭和三十四年（一九五九）、自邸内（小田原市板橋）に財団法人として開設した。松永の没後、昭和五十四年に財団は解散となり、釈迦金棺出現図（国宝）は京都国立博物館へ寄贈されたが、野々村仁清作色絵吉野山図茶壺、尾形乾山筆花籠図をはじめとする収蔵品の多くは福岡市美術館に寄贈され、松永記念館室にて収蔵、展観されている。また、敷地と建物は小田原市に寄付され、昭和五十五年に小田原市郷土文化館分館松永記念館として再開。松永の居宅*老欅荘、昭和六十一年に移設された野崎幻庵の茶室*葉雨庵、*益田鈍翁の別邸*掃雲台に設置されていた石造物などが公開されている。

松永耳庵【まつながじあん】

明治八年～昭和四十六年（一八七五～一九七一）。近代の実業家、数寄者。長崎県壱岐出身。幼名亀之助、後に父の名を襲い安左衛門と名乗った。耳庵、また一州と号した。上京して慶應義塾で学び、父の死で故郷に戻り家業を継ぐも、二十一歳の時に慶應義塾に戻り、福沢諭吉に近侍して、その娘婿の福沢桃介の知遇を得た。慶應義塾を中退し、桃介の紹介で日本銀行に入ったがまもなく辞職。その後は桃介とともに神戸に福松商会を立ち上げ、材木や石炭などの燃料を扱った。明治四十二年、福博電気軌道の設立にかかわり、さらに電力事業に進出して、後に「電力の鬼」と称されるようになる基礎を築いた。民間主導の電力会社再編を主張したが、第二次大戦が始まり電気事業を国家管理下におく政策がとられると電力事業から引退し、埼玉県所沢市の柳瀬山荘（*柳瀬荘）で茶の湯を楽しみ、桑田忠親、肥後和男、芳賀幸四郎などを招いて彼らの研究を援助した。戦後ふたたび電力事業に駆り出され、電気事業再編成事業会長をつとめた。晩年にはトインビーの『歴史の研究』の翻訳、刊行に尽力している。茶の湯に熱心に取り組むようになったのは六十歳頃からで、号の「耳庵」も六十歳の別称「耳順」からきている。『茶道三年』『茶道春秋』『桑楡録』『わが茶日夕』など多くの著書があり、作法や稽古事としてとらえるのではなく、日常生活に根ざした実践的茶の湯を主張し、*小林逸翁などとともに茶道文化研究会を組織し、現代人にも納得できる点前とテキストの作成を目指したが果たせなかった。金棺出現図(国宝)や有楽井戸など多くの美術品、茶道具を収集しており、それらは一時、神奈川県小田原市の松永記念館に移されたが、後に東京国立博物館、京都国立博物館、福岡市博物館に分譲された。

松永安左衛門【まつながやすざえもん】

松永耳庵のこと。 ⇒松永耳庵【まつながじあん】

松の御茶屋【まつのおちゃや】

東京都中央区の浜離宮(*浜離宮恩賜庭園)にあった茶屋。浜離宮は、徳川将軍家の鷹狩場に建てられた屋敷が六代将軍家宣の時代に浜御殿と呼ばれ、十一代家斉の時代に、ほぼ現在の姿の庭園が完成した。庭内には汐見茶屋、鷹の御茶屋、*燕の御茶屋など、多数の茶屋があったがそのうちの一つ。木造平家、入母屋造、椹の杮葺に銅板葺の庇が三方に廻る外観で、坪数は二十坪弱。満月に霞の円窓と付書院をもつ十畳に、次の間十三畳が接続し、次の間には二間に六枚の檜板が違棚を構成していた。壁は張付壁で、天井板は屋久杉。三方に縁をめぐらしていた。次の間には、三畳の二室が付属。戦災で焼失したが、平成二十二年(二〇一〇)、整備事業で復元された。

松葉敷【まつばじき】

敷松葉と同じ。 ⇒敷松葉【しきまつば】

松村宗悦【まつむらそうえつ】

寛政三年〜安政二年(一七九一〜一八五五)。江戸時代後期の商人、茶人。名は規右衛門(喜左衛門)、号は積翠庵。越後国(新潟県)柏崎の大庄屋である奈良屋に生まれ、大坂に出て佐渡国貢税をつかさどる両替商を営んだ。天保八年(一八三七)、京都紫野に移り住み、仁和寺の良助大僧都のもとで剃髪して名を宗悦とあらためた。*裏千家十一代玄々斎精中に茶道を学び、茶室の普請、露地の作事に秀でたことから、利休二百五十年忌を前に普請中であった裏千家茶室の造営にも尽力した。天保十一年には奥秘の真台子を伝授され、玄々斎の名代として*仙洞御所で献茶を行い、光格天皇より玉杖を賜った。また和歌にも秀で、公家の千種有功に和歌を師事する一方で有功、有文親子に茶道を教授し、有功の茶室乃楽菴を設計した。天保十五年には柏崎に帰郷した。宗悦が故郷柏崎に造営した茶室*積翠庵は現在、新潟市の北方文化博物館に、また新発田市の市島邸にも宗悦設計の茶室松籟庵が移築されている(市島家の茶室の項を参照)。

松本家住宅【まつもとけじゅうたく】

福岡県北九州市にある旧松本健次郎の住宅及び明治専門学校の迎賓館。松本健次郎(一八七〇〜一九六三)は、安川敬一郎の次男として福岡市に生まれ、二十歳の時に伯父・松本潜の養子となり、米国で財政経済学を学んだ後、敬一郎の炭鉱業に参画し、紡績、電気、製鋼、窯業などの事業を興した。明治四十年(一九〇七)には敬一郎と私財を通じて明治専門学校(現九州工業大学)を設立し、技術者の養成を目指した(開校は一九〇九年)。昭和時代初期からは活躍の場を東京に移した。松本家住宅は学校隣地に建設され、日本館(和館、一九〇九年建築)と洋館(一九一〇年建築)からなる。設計は棟礼から、日本館が久保田小三郎、洋館が辰野金吾(監督は久保田)である。久保田は、学校建設に際して設置された安川松本商店臨時建築部の主任として大阪から招かれ、明治四十年から大正二年(一九一三)まで在籍した。学校建設は、久保田の在籍中に五十棟あまりの校舎や寮などが計画され、戸畑渡船場に荷揚場を設け、校内に至る二キロあまりの軌条を敷き、材料を運搬して進められた。木材は北海道、木曽、鹿児島などの大林区署から払い受け、労力以外は直営として構造施工の堅牢につとめた。住宅も同様に建設が進められた。日本館の玄関を入り廊下を挟んだ中央書院(八畳二間)の主室西側には茶室も営まれる。広さは四畳半で、天井は竿縁天井、長押をめぐらし、釘隠は打たず、装飾的な意匠は抑えられている。中央書院との部屋境にはめられた相原雲楽による月に紅葉の彫刻欄間に存在感がある。元来は中央書院北奥の大座敷北東隅に、渡り廊下で結ばれた茶室が独立して存在した。戦後接収中の昭和二十一年（一九四六）に焼失したが、茶室跡地から眺める庭園から往時がしのばれる。同二十七年に松本健次郎から敷地と建物が譲渡されて西日本工業倶楽部となった現在は、日本館の大座敷（十二畳半と十畳）、中央書院、一階座敷（八畳二室）でも茶会を催すことができ、建物の活用が図られる。重要文化財。

松本家の茶室【まつもとけのちゃしつ】

福島県いわき市の松本家住宅にある茶室。昭和二十年（一九四五）、離れとして洋室などとともに茶室が造られた。屋根は切妻造瓦葺で、扁額には一太郎庵と記される。八畳と六畳の席がある。八畳は中央に一間床を備え、右側には地袋を設けた半間の床脇を造り、左側には付書院を設ける。六畳は一間床と半間の床脇が一体化し、地板を敷いて、竹の落掛を通す。床脇側には背の低い窓が平書院状に組み込まれている。天井は平天井に、点前座上部が勾配のある天井で、境には下り壁が設けられる。棟梁は東京八王子の大塚桃太郎と伝える。登録有形文化財。

松屋会記【まつやかいき】

奈良の塗師（漆屋）・松屋久政（一五二一～九八）、久好（?～一六三三）、久重（一五六五～一六五二）の三代にわたり書き継がれた茶会記。「久政茶会記」が天文二年（一五三三）から文禄五年（一五九六）の四百三会、「久好茶会記」が天正十四年（一五八六）から寛永三年（一六二六）の百八十四会、「久重茶会記」が慶長九年（一六〇四）から慶安三年（一六五〇）の二百六十九会、延べ百十七年間にわたる合計八百五十六会の三巻からなる。『茶道古典全集』第九巻所収翻刻。そのうち久政の茶会記は天文二年から文禄五年までの六十三年間記録され、奈良だけでなく堺や京都の茶人を歴訪した記録もあり、茶の湯の確立期の様相を垣間見ることができる。久好の茶会記は天正十四年から寛永三年までの四十年間記録されており、久政や久重と比べるとやや精彩を欠くとはいうものの、北野大茶之湯に参加した記録があり参考となる。久重の茶会記は慶長九年から慶安三年までの四十六年間で祖父の記録よりは短いとはいえ、その内容ははるかに詳しく、十七世紀前半の畿内における茶の湯の様相を詳細に伝えている。ただし久政茶会記の冒頭の三会は、後に松屋から離れたと推定されている久政の兄・久行の茶会記とする説もある。いずれも久重の代に編纂されたらしいが、久重筆の原本は失われ流布本のみが伝わる。なお現存するのはいずれも他会記であるが、それらとは別に三人の自会記が存在していたであろうと推定されているが、滅失した可能性が高い。久重は茶会記のほか『茶道四祖伝書』、『松屋名物集』（『茶道古典全集』第十二巻所収翻刻）、『北野大茶湯之記』（『茶道古典全集』第六巻所収翻刻、ただし底本は群書類従本を使用）も編集した。また久重没後八十六年を経た元文三年（一七三八）にその末裔の土門元亮（生没年不詳）が松屋に伝来した他伝書を集成した『茶湯秘抄』を編纂している。『松屋会記』は茶の湯が成立して間もない十六世紀前半から茶の湯が盛行する十七世紀前半までの百余年間にわたり、奈良ばかりでなく京都や堺の茶人による茶会も記録して、初期茶の湯史に資するところが大きい。また久重の記録には、細川三斎、長岡休夢、福寿院、千宗旦、小堀遠州、金森宗和などの茶室や露地について、図面を交えて詳細に記録している。『茶道四祖伝書』は『松屋会記』から千利休、古田織部、細川三斎、小堀遠州の四人に関する記事を抜き出して編纂されているが、『松屋会記』に見られない記述も一部に収められている。

松屋日記【まつやにっき】

茶道四祖伝書のこと。⇒茶道四祖伝書【ちゃどうしそでんしょ】

松屋の茶室【まつやのちゃしつ】

松屋は奈良転害郷の塗師土門家の屋号で、分家筋の三代久政（一五二一～九八）、四代久好（?～一六三三）、五代久重（一五六五～一六五二）の、天文二年（一五三三）から慶安三年（一六五〇）に至る、三代にわたる茶会記『松屋会記』がのこされている。ただこれには自会記はのせられていないので、自邸で使われた茶室については不明であるが、土門元亮が元文三年（一七三八）に編述した分家茶書『茶湯秘抄』には、今小路町にあった分家久行（?〜一四九八）の茶室のほか、久栄や久政、久好の茶室が記録されている。まず今小路町の久行の屋敷には、露地に五畳敷の衣脱と称する客の寄付があり、六畳敷と四畳半の二つの茶室があったという。そして久栄の茶室も四畳半であり、久政は永禄十年（一五六七）の大仏の乱の折に類焼をおそれて、それを椿井町へ移したという。表の大道とは川筋で隔てられた北向きの屋敷で、橋を渡った内の露地は奥行きが四六メートルほど。折れ廻しにした小屋根の下には床几が立てられ、腰掛とも考えられる。その内の幅一間半、奥行き一間半ほどの面の坪の内には、一本の松の大木が植えられており、それに面する縁が付された北向きの四畳半は、右勝手（逆勝手）で、一間床を構え、洞庫を備えている。また松屋本家筋の久盛、久信の手搔屋敷の茶室も一間床を構えた右勝手四畳半で、柱とその他が栗の木で造られていたという。そして城戸町西側にあった久家の茶室は、一間床を構えた左勝手の三畳敷で、当時は道具なしのわび数寄の茶室とされたものであった。最初に久好が椿井町に建てた茶室の、苔むした露地にはただ一本の楓が植えられ、蹲踞が据えられており、躙口を上った縁から茶室へ入る。茶室は一間床を構えた、左勝手の平三畳敷で、洞庫を備えた茶室であった。そして二度目の茶室は、露地は前のままで、縁も付さない上座床に構えた二畳台目であり、四尺の室床として、ぐっとわびたものであった。久好三度目の茶室は手貝（転害）屋敷でのことで、露地は東西八間、南北三間。下座床に構えた一畳台目向切の茶室で、鷺の絵の大軸をもっていたため、躊躇していた一畳半を、*古田織部と相談の上、造っている。さらに手貝大路に面した東向きの屋敷で好んだ四度目の茶室は、下座床に構える三畳台目で、台目床の脇に通い口をあける。そして慶長五年（一六〇〇）、久好は織部に依頼して、先の三畳台目を改造し、*燕庵形式の、三畳台目通い一畳付きの、五度目の茶室を造る。床柱、中柱などが墨付けをして送られてきたという。『茶湯秘抄』には、ほかに天正十五年（一五八七）の*北野大茶之湯の時、久政が石の鳥居の松原に構えた二畳敷の茶屋と、久好が経堂の前に構えた二畳敷の茶屋を掲出している。ともに薄縁を二畳敷いているが、久政の茶屋では屏風を立てて床がしつらえられ、鷺の絵とともに松屋肩衝が荘られている。

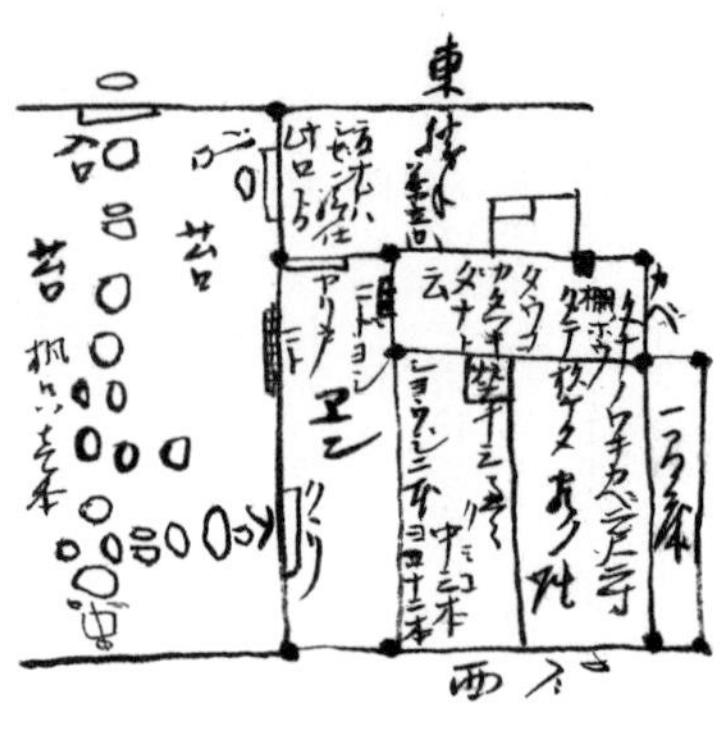
久好一度目の座敷の図
（以下４点とも『茶湯秘抄』石水博物館本）

久好二度目の座敷の図

久好三度目の座敷の図

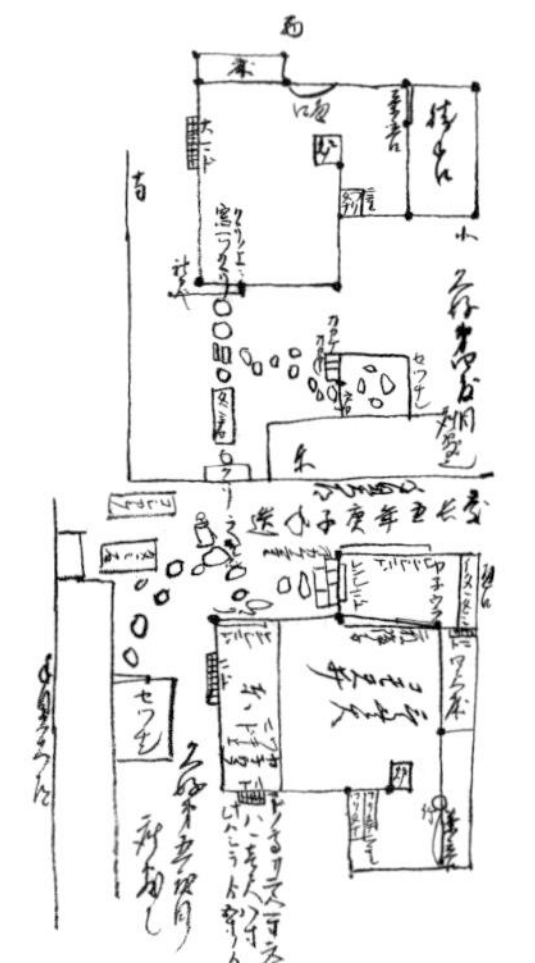
久好四度目（上）、五度目（下）の座敷の図

そして下座床にして竈土を構えており、茶道口には暖簾を掛けていたのに対し、久好の茶屋には一品も荘られず、藤蔓で釜が釣られており、周壁として葭簀を立て、茶道口には縄簾が掛けられていたという。このように一族の、歴代の茶室が明確に記録されているのも貴重である。

松屋筆記【まつやひっき】

茶道四祖伝書のこと。⇒茶道四祖伝書【ちゃどうしそでんしょ】

松浦鎮信【まつらしげのぶ】

元和八年～元禄十六年（一六二二～一七〇三）。江戸時代前期の大名、茶人。肥前国（長崎県）平戸藩第四代藩主。名は重信。致仕後、鎮信とあらためる。天祥、徳祐、円恵と号する。オランダ商館の長崎移転により貿易の利を失い、藩政の改革と経済の振興につとめる。武技兵法を修め、和漢の学に通じた。特に*山鹿素行や盤珪永琢との交流が知られる。茶の湯は、片桐石州に師事し、その没後は*藤林宗源から伝授を受けている。各流の教えを聴き、石州流鎮信派（後に鎮信流と称する）をひらく。鎮信の茶の湯は国老の豊田家が伝え、明治時代の当主・松浦詮（心月庵）から松浦家が家元となる。松浦家の江戸屋敷は蓬萊園と呼ばれ、明治から大正時代の東京における上層階級の茶の湯の舞台となった。なお、姓は「まつら」と読み、名は三代前の当主・鎮信と区別するために「ちんしん」と音読することがある。

窓【まど】

茶の湯空間において、窓の機能や意匠の及ぼす効果が意識されるのは、*草庵式茶室の登場とともに始まる。初期の茶室、すなわち*珠光や*武野紹鷗の時代の茶室には窓はなく、縁に面した入口に建てた*明障子を通してのみ採光されていたから、光による明暗の演出は単調にならざるを得なかった。せいぜい座敷の向きに留意するほかはなかった。*千利休の時代になり、縁が除去され、広さも*四畳半より狭められ、土壁で囲まれた閉鎖的な構造になる。そして、その空間で行われる茶の湯に最適な窓がデザインされ、立体的で妙味に富む明暗の演出が可能となった。茶人たちは独創的な窓を創出し、それぞれ窓論を展開している。利休が窓を極力少なくして閉鎖性の強い、精神性の深い求道的な空間の創出を目指したのに対し、*古田織部は窓の多い開放的な茶室を好んだ。織部は「数奇屋之窓ヲ多ク明ル心得之事、何レモ明リ可取トノ事也、色紙窓明ノ為斗ニ非ス、座敷之景ニ成故也」（古田織部正殿聞書）と、多くの窓を配置することによって室内の意匠に視覚的な変化を導入することを企図していた。その結果、利休の茶室に見られる空間の緊張感は弱められたが、くつろいだ雰囲気の漂う、変化に富んだ茶室が創成された。茶室の窓の形式には、*連子窓、*下地窓、*突上窓がある。

間取り【まどり】

建物内の部屋の取り方。すなわち各所要室の配置は平面図などを用いて計画されるが、その計画や配置された各室のこともいう。生活形態や文化的背景、生産、自然、社会の各条件などが複雑に影響し合いながら形成されたものであり、その建物の基本的な特徴を決定する。計画する際には、構造、採光や通風などの環境、動線、用途や機能など、様々な側面から検討される。なお日本の伝統的な住居では、各室の機能は必ずしも限定されたものではなく、行事や儀式に応じて臨時の機能が与えられることも多い。

窓脇柱【まどわきばしら】

窓の脇に立つ柱。茶室では、枠で組まれる窓である*連子窓の竪枠の一つを窓脇柱とし、これに*鴨居と*敷居を取り付け、他方の竪枠を*戸当りの*方立とすることが多い。

窓枠【まどわく】

窓の周囲に取り付けられた材。「窓框」ともいう。木、竹などが用いられる。*突上窓、*火燈窓などに見られる。突上窓のように建具を支持、固定するためのものであるが、*円窓や火燈窓のように窓を自由な形に縁取るためのものもある。障子、板などによる建具の場合、上下の枠として*鴨居、*敷居を入れ、左右の枠として方立を立てるか、柱で代用する。*色紙窓など上下に窓が接する場合は、上側の窓の敷居と下側の窓の鴨居が同一材となる。*上下窓の場合に用いるおもり入りのものを箱枠という。*下地窓には窓枠がない。

間中【まなか】
一間（間の項❶を参照）の長さの半分。すなわち半間のこと。「間半」とも書く。また間中のさらに半分の長さを小間中という。

間中柱【まなかばしら】
一間（間の項❶を参照）の長さの半分、つまり半間を間中というが、この半間ごとに立てられられる柱。また柱の長さが半間のものをいう。

曲直瀬道三の茶室【まなせどうさんのちゃしつ】
織豊時代の医師・曲直瀬道三（一五〇七～九四）が*千利休と相談して造ったという茶室。『*草人木』や『*茶湯秘抄』に間取り図とともに取り上げられている。広さは三畳で、真っ直ぐな男松（黒松）の中柱を立てて客座と点前座とのあいだに設けた仕切壁に火燈口をあけ、炉は出炉として客畳のほうにあけている。床は室床で墨蹟窓があき、点前座の正面には風炉先窓があいて入隅に棚を設けている。同じ構えの茶室を前田玄以が造り、三度にわたり招いた*豊臣秀吉から点前がしにくいことを指摘されたため、利休が工夫して点前の仕方を改善したという話も紹介されている。

曲直瀬道三の茶室の図
『茶湯秘抄』（石水博物館本）

間似合紙【まにあいがみ】
襖紙に用いる*鳥の子紙のひとつで、雁皮の繊維に多量の色土を混ぜて漉いた和紙。現在では三椏も用いられる。柔らかい紙質のため、壁紙や屏風、書画にも用いられる。縦一尺二寸、横三尺の大きさで、襖の幅である三尺に継ぎ目なく張れるため、「襖に間に合う」ということからの称。古来、摂津国名塩（兵庫県西宮市）の雁皮間似合が有名で、名塩紙ともいわれた。越前紙を産出する福井県越前市の特産でもある。

招き屋根【まねきやね】
屋根の一形式。*片流れのように棟から一方に流れを付け、その逆方向に招き軒という*眉庇のような、流れの短い屋根を付けたもの。（付録15頁参照）

間柱【まばしら】
力竹と同じ。本来は「あいばしら」と読む。
⇒力竹【ちからだけ】

疎垂木【まばらだるき】
*垂木の配し方（*垂木割）の一種。「あばらだるき」とも読む。垂木の間隔をひろく配したもの（疎割）。またはそのように配した垂木。本繁割（垂木の高さと幅の和を垂木間隔とする）や半繁割（垂木の高さを垂木間隔とする）に比べて、これら以上に間隔をひろげて垂木を配列する。柱上に垂木を打った上で、その柱間に四、五本程度の垂木が配列される。住宅や茶室では一尺から一尺五寸程度の間隔となることが多い。また、一間を五つ程度の間隔に割った垂木を大疎（割）、柱と垂木の中心を揃えてその間を六つほどに割ったのを中疎（割）、寺社建築の三斗組での斗の中心ごとの間隔に配したものを小疎（割）ともいう。

眉庇【まびさし】
*庇の一種。窓の上部に取り付ける狭い庇のこと。

間広【まびろ】
襖や障子、板戸などの建具において、幅が半間よりも大きいもの。例えば一間半二枚建の場合では、一間半の間口に二枚の建具を入れるため、建具一枚の幅は半間よりも大きくなる。同様に二間半四枚建、三間四枚建などの場合に用いられることとなる。間広障子といわれるものでは、幅が四～四尺半ほどにもなる。

豆砂利【まめじゃり】
*砂利の一種。砂利のうち、特に五～一五ミリ内

外の大きさに揃えられたものをいう。

豆撒石【まめまきいし】

裏千家の*又隠の露地、躙口前から蹲踞周辺に打たれた*飛石のこと。「乱れ飛石」ともいう。*千宗旦の考案と伝わる。豆を撒いたように一見、無造作に配置されたかのような動線の飛石。片足がかろうじてのる程度の小ぶりの丸石を用いて打たれる。

豆撒石　又隠　裏千家

真屋【まや】

切妻造の古称。

⇩切妻造【きりづまづくり】

真弓【まゆみ】

ニシキギ科ニシキギ属の落葉小高木。「檀」とも書く。北海道から九州の屋久島までひろく分布する。山野に普通に生え、樹高は三～五メートルほどで、大きいものは一五メートルにもなる。秋につける果実は四稜の蒴果で、熟すと四つに深く裂け、赤色の種子が現れる。この姿が愛らしく、落葉樹ではあるが場所によっては露地に植えられることもある。紅葉の時期と落葉後の蒴果のつく時期には茶花としても用いられる。

丸石【まるいし】

*庭石の一種。自然の状態で角がなく、全体に丸みのある石。あまり大きくない川石をいう。

丸打掛釘【まるうちかけくぎ】

戸締り用金物の一種。*躙口の*躙戸や片開き戸、両開き戸の召合（両方から引きあわせるように扉などを閉じた時に接合する部分）などに取り付け、戸締りするための金具。丸棒状の線材の先端を矩折にして、受け金物へ固定するように作られることが多い。長さが五寸程度の大きなものは門扉を*控柱や壁に仮止めにしたり、*折戸の煽止にしたりするのに、また三寸以下の小さなものは躙口の戸締りなどに用いる。

丸打掛釘

丸刈込【まるかりこみ】

*刈込の一種。「玉作り」ともいう。樹形が円形、もしくは楕円形になるよう刈り込まれたもの。江戸時代後期以後、昭和時代まで流行した刈込手法で、現在もそれを引き継ぎ、庭園でよく見られるものである。躑躅や柃などの常緑低木に施されることが多い。

丸瓦【まるがわら】

*本瓦葺の時、*平瓦とともに用いる瓦。「牡瓦」「男瓦」ともいう。平瓦の合わせ目に被せる瓦で、半円筒形をなす。*軒先に用いるものは*軒丸瓦という。

丸太【まるた】

一般に上皮を剝いだだけの木を総称していう。太さにより大丸太や中丸太、*小丸太などがあり、また仕上げなどの違いによって*北山丸太で有名な*磨丸太や、*面皮丸太、檜や档材で知られる*錆丸太などの種類がある。さらに樹皮をのこしたままの*皮付丸太などもある。丸太の太さや樹木の種類によって様々に用いられる。

丸太垣【まるたがき】

*丸太を立て並べた垣。隙間なく立て並べるものと、隙間をあけて細い丸太や板材などの横材を打つものとがある。

丸太框【まるたがまち】
*丸太を用いた*框のこと。主に*床框などに用いる。床は*塗框を正式とするため、丸太のような自然の素地をあらわしたままの材は、数寄屋や草庵式茶室などでわびた表現として使われることが多い。丸太をそのまま用いた場合だけでなく、上面のみを平らに削り仕上げたものも丸太框と呼ぶ。

丸竹框【まるたけがまち】
*竹框のうち、伐採したままで割ったり削ったりしていない丸竹を用いたもの。主に*床框などに用いる。

丸竹張付戸【まるだけはりつけど】
*中門などに用いる扉。竪子に丸竹を張り付けたもの。代表的なものに、両開きの*簀戸の表側に竹を詰め打ちにし、内側は板張りとした裏千家の中門の扉などがある。

丸畳【まるだたみ】
一畳全体の大きさをもつ畳。*台目畳や*半畳という畳の大きさの規格に対していう。台目（当初は大目の字を当てていた）という大きさの概念が定着することによって、この丸畳という呼称も生まれたものと考えられる。

丸太長押【まるたなげし】
*丸太を用いた*長押のこと。半割丸太とした上で、上下面を平らに削り、納まりよく仕上げたものを用いる。*元末に差が少ない杉の*磨丸太が好まれる。丸太のように木地をあらわしたままの自然さをのこした材は、製材された角材に対してわびた表現として使用される。長押は、本来は部屋の格式を示すものであるため、数寄屋などの格式を好まない座敷では、その表現として丸太長押とすることがある。また、そのような場合は*内法長押以外の長押は造らない。

丸太柱【まるたばしら】
*丸太の柱。*珠光や*武野紹鷗時代の初期茶室建築において、柱は*角柱が採用されていた。しかし紹鷗から*千利休の時代にかけて茶室の*草庵化が深化し、わび茶の追求により、角柱から丸太柱へと移行していった。数寄屋建築などに見られる丸太柱は一般に、杉、檜、栬、赤松、桜、辛夷、令法、椿、百日紅、梅、栗、櫟などの材で、床柱や*中柱をはじめとする、様々な柱材に用いる。

丸太普請【まるたぶしん】
*丸太の材を用いて行う*普請、建築工事のこと。主に数寄屋建築などに見られる。*磨丸太や*皮付丸太を用いるため、丸太と丸太の*仕口は特に重要で、高い技術を要する。また磨丸太の色調や風合いの統一、丸太の取り合わせ、*面取など様々な知識と経験、細かな意匠技術が必要となる。

丸太縁【まるたぶち】
*炉縁の一種。*北山丸太や皮付の*小丸太などで作られた、*木地のもの。

丸柱【まるばしら】
断面が円形の柱。正方形に製材した後、八角形、十六角形と角を多くしてゆき、その後に円形断面に仕上げるもので、上皮だけを剥いで仕上げた*丸太柱とは区別される。製材に手が込む部材であり、また*角柱よりも格が上とされてきた。このため、寺社建築や*寝殿造では、丸柱は*身舎や本殿などの主要な部分に、角柱は庇や裳階（仏堂や塔などで、軒下の壁面に取り付いた庇状の構造物）などの副次的な部分にと使い分けられてきた。中世に*書院造などの住宅建築が進展すると、室内空間の展開や*引違い建具の普及などにより、丸柱よりも納りが良く生産性も高い角柱が、次第に住宅建築から多く使われるようになった。

丸引手【まるひきて】
*引手の一種。丸い形状をした引手。ひろく一般に見られる。

丸窓【まるまど】
円窓と同じ。⇒円窓【えんそう】

丸窓席【まるまどのせき】
奈良県葛城市の當麻寺塔頭中之坊にある四畳

半の席のこと。　⇒中之坊茶室【なかのぼうちゃしつ】

丸目【まるめ】
畳の目と縁の納め方を表す語。*畳縁に接する*畳表の目の幅が、全部現れている場合をいう。「大切目」ともいう。通常は丸目で仕上げるが、目の幅の一部が縁下に隠れている場合は*半目または半切目という。また『細川三斎御伝受書』には、「茶たて候畳は客の方縁際必丸目也、中柱立て縁際の目欠候共半目より多く見へ候者にかす(数)の中へよミ入、半目から八すて(捨て)にしてよし」ともある。

丸目

円面【まるめん】
*面取の一種。円面鉋を使い*角柱などの鎬を円く仕上げたもの。

円面

円山勝会図録【まるやましょうかいずろく】
明治八年(一八七五)十一月六、七の両日、京都円山で、香商の鳩居堂主人・熊谷酔香翁(直孝)の追薦(追善)のため、その嗣子・直行が開催した煎茶会の図録。直行の編輯、蔵梓により、明治九年五月に出版された。上、下、余巻の三巻構成で、上巻には端寮、多福庵、藤架亭、雙林寺文阿彌、正阿彌において展観された五百余の書画の目録が記載される。下巻は巻頭に左阿彌の楼上に設けられた奏楽席が記され、引き続き正阿彌別亭、同楼上、長楽寺梅枝亭(二カ所)、雙林寺文阿彌、高台寺松林院、高台寺北の某氏別業、牡丹園別亭、左阿彌小亭、同幽室、以上十カ所に設けられた茗莚(茶席)が記され、巻末に左阿彌の楼上に飾られた酔香翁遺愛の器の目録が記されている。茗莚のうち四カ所は、前席と本席あるいは本室の二席からなる。余巻は鴨川畔の小楼十四カ所に設けられた茗莚が記され、このうち七カ所は前席と本席、本室あるいは茶室の二席からなる。

回し戸【まわしど】
*廻縁において、*出隅部分で九十度回転させて開閉する*雨戸などをさす呼称。廻縁の一方にしか*戸袋が取れない場合などに用いる。

回戸溝【まわしどみぞ】
*廻縁の*出隅などで、*回し戸を回転させて方向を変えられるように、*敷居や*鴨居の溝脇の一部が削り取られている箇所のこと。

間渡竹【まわたしだけ】
桟竹と同じ。　⇒桟竹【えつりだけ】③

廻縁【まわりえん】
*縁のうち、座敷の外側や建物の外部の二方、あるいは三方など、周囲にめぐったものをいう。

まわり茶道口【まわりさどうぐち】
*茶道口の一形式。*点前座に対して、茶道口をあける位置が横となるもの。「曲がり茶道口」または「腹口」ともいう。*本勝手の茶室であれば左(逆勝手であれば右)に曲がってから点前座に進む形となる。対して、*亭主が真っ直ぐに点前座に進む形となるのが突込み茶道口である。これらは、茶室と*水屋との位置関係によっていずれかが選ばれ、設計されることになる。

廻縁【まわりぶち】
天井と壁の接するところに取り付ける*見切材。「回縁」とも書く。二つの直交する面を納めるために取り付ける部材。天井の周囲に回すように取り付けるので「天井縁」「天井廻縁」ともいう。*書院などの本式の座敷では基本的に檜や杉の角材が用いられ、部屋の格式などに応じて二重縁としたり、*天井長押を下端にめぐらせたりする。数寄屋や*草庵茶室などでは意匠的な工夫として、杉の削り木だけでなく*皮付丸太や竹を用いることがあり、また、三方あるいは四方とも同じ材とするのではなく、様々な材種を取りあわせたり、隅を留めで納めず、時計回りの差し回しに納めたりすることがある。(付録16、24頁参照)

廻縁

廻縁長押【まわりぶちなげし】
長押の一種。天井長押の項を参照。⇩天井長押【てんじょうなげし】

廻棟【まわりむね】
*入母屋造の*破風や*千鳥破風において、*前包の下の熨斗瓦部分をいう。「回棟」とも書く。

満月棚【まんげつだな】
*床脇に設けられる*飾棚の一種。『雑工三編 大工棚雛形』(一八五〇年刊)ほか、江戸時代後期から明治時代にかけて公刊された棚雛形本に収録される。正面壁中央に節竹一本を縦に通した大きな円窓を設け、その前方に段違いの棚板を組み合わせたもの。

満月棚　『雑工三編 大工棚雛形』

満作【まんさく】
マンサク科マンサク属の落葉小高木。「万作」「金縷梅」とも書く。本州から九州の山地に自生する。樹高は二〜五メートルほどになる。春に葉に先立って黄色の糸状花を咲かせ、露地の植栽や茶花としても好まれる。

卍字亭【まんじてい】
四ツ腰掛の別称。⇩四ツ腰掛【よつこしかけ】

曼殊院【まんしゅいん】
京都市左京区一乗寺にある天台宗の門跡寺院。「竹内門跡」ともいう。延暦四年(七八五)、最澄(七六七〜八二二)により比叡山に創建されたが、北野天満宮の別当寺として葛野郡北山(鹿苑寺付近)に別院を設け、後にここに寺基を移転。さらに二度の移転を経て、明暦二年(一六五六)に*良尚法親王により現在地に移された。移された当時の書院(重要文化財。曼殊院大書院、曼殊院小書院の項を参照)や平三畳台目の茶室*八窓軒がのこる。

曼殊院大書院【まんしゅいんおしょいん】
京都市左京区の*曼殊院にある書院の一つ。明暦二年(一六五六)に御所北から現在地へ寺地を移した際に小書院(書院)、庫裏などとともに建てられた。仏間に阿弥陀如来像を安置し、本堂とも呼ばれているが、解体修理の際に見つかった

曼殊院大書院　十雪の間　床側

墨書などから建設当時は大書院と称されていた。規模は桁行七間、梁行五間。屋根は寄棟造柿葺の正統的な書院造である。主室は、南の庭に面した東側の十雪の間（十畳）と、西側の滝の間（十五畳）である。十雪の間の北側、上段であった部分は明治時代以降仏間として使われている。主室二室の障壁画は伝狩野探幽筆。杉戸の引手には瓢箪や扇子形が使われ、釘隠は十弁の菊花に短冊形の組み合わせで、部屋境の欄間は卍字崩しの意匠を施す。造営当時の門主*良尚法親王は桂離宮を造った八条宮家の出身で、欄間や引手に共通する意匠が見られるのはそのためと考えられる。重要文化財。

曼殊院形燈籠【まんしゅいんがたどうろう】

石燈籠の一種。京都の*曼殊院にあるものを本歌とし、笠、火袋、中台、竿とも四角形で、上部の四方に丸い突起が付けられた竿が地面に生け込まれた形式のもの。

曼殊院小書院【まんしゅいんこしょいん】

京都市左京区の*曼殊院にある書院の一つ。明暦二年（一六五六）に御所北から現在地へ寺地を移した際に大書院（本堂）、庫裏などとともに建てられた。門主が日常を過ごす内向きの建物で、大書院と廊下でつながり、寄棟造柿葺の穏やかな外観をもつ。主室は上段（二畳）の付く一の間（黄昏の間）と次の間（富士の間）からなり、一の間正面の上段奥に床、左に違棚（通称*曼殊院棚）、床の右手に書院を備える。富士山をかたどった七宝焼の釘隠を打ち、次の間との部屋境に菊尽しの欄間を入れ、面皮柱や長押など、軽妙ながら濃密な空間を演出する。造営当時の門主*良尚法親王は*桂離宮を造った八条宮家の出身で意匠に共通する要素が多いのはそのためと考えられる。一の間の裏手に三畳台目の茶室*八窓軒と水屋（丸炉の間）、次の間西に一畳台目の茶室無窓の席を配する。後者は茶立所とみなすことができる。重要文化財。

曼殊院小書院　一の間（黄昏の間）床と曼殊院棚

曼殊院棚【まんしゅいんだな】

*違棚の一種。*曼殊院小書院の主室である一の間（黄昏の間）にある違棚。中央上部に*厨子を、右下に*地袋を組み込み、両脇に三段の棚を構成する。棚板は、高さも形も異なり、十種の寄木で造られている。右中央の棚は瓢箪形とする。棚の右手は二畳の上段で、正面に床と、脇に*付書院を備えて、一層の変化を付ける。棚と相まって、門主が日常生活を過ごす空間を華やかに演出する。

万成石【まんなりいし】

石材の一種。岡山市の万成、矢坂地区から産出する花崗岩。天保年間（一八三〇～四四）から採石されている。淡紅色系のカリ長石と白系の斜長石や石英、黒雲母が混ざる*桜御影の代表的なもの。特に赤色系の強いものは龍王石と呼ばれる。耐久性に富み、加工品や切石、石碑材料として、また玉石も産出し野積みなどの石積みにも多用される。

万両【まんりょう】

サクラソウ科ヤブコウジ属の常緑小低木。本州（関東以西）から九州、沖縄の林内に自生する。樹高は〇・三～一メートルで、茎は直立し、葉が枝先に集まり互生する。冬期に赤色の実をつけ、鑑賞用として好まれ、露地や庭園によく植えられる。「千両万両有り通し」との言葉があるように縁起物として、正月飾りによく用いられる。

見合いの茶室【みあいのちゃしつ】

一つの屋敷、または露地内において、二つの茶室が向き合って建っていること。例えば高台寺の*時雨亭と*傘亭、また*鬼瓦席と*遺芳庵など。

見上板【みあげいた】

化粧裏板と同じ。⇒化粧裏板【けしょううらいた】

見え掛り【みえがかり】

部材が露出して人目に触れる部分をいう。逆に、見えない部分を見え隠れという。同一の部材でもその見え掛りは、特に他の面よりも仕上げを吟味して行う。

見え隠れ【みえがくれ】

部材が露出せず内部に隠れて人目に触れない部分。逆に、部材の見える部分を見え掛りという。

磨き大津【みがきおおつ】

*大津壁のうち、特殊な施工法で仕上げたものをいう。下塗の灰土を地金鏝で十分に押え込んだ後、引土と呼ばれる紙苆入の上塗材料を薄く塗り付け、磨き鏝を使って表面に光沢が出るまで押え込む。その後、雲母粉(雲母の粉)を振りかけて手摺りを行い、ビロードなどの柔らかい布で表面を拭き込み仕上げる。かざした手が壁に映るほどの光沢が出る。

磨丸太【みがきまるた】

*丸太の一種。無節になるよう枝打ちし、育成した杉を伐採。その後、外皮(*荒皮)を剝ぎ(荒皮むき)、薄皮(しぶ皮)を取り除き(小むき)、*背割をして乾燥させたものに、細かい砂を付けて水磨きをして、美麗な姿の丸太に仕上げられたもの。主に床柱を含む柱材や床框、長押などに用いる。産地によって北山、吉野、四谷(高井戸)などの磨丸太が知られる。

磨丸太

見隠塀【みかくしべい】

外側から内側が見えないようにした塀で、風が通るように透かしを設けたもの。前後に板を交互に打ち並べるなどして隙間を作るもので、*切掛がこのひとつ。

御影石【みかげいし】

良質の*花崗岩のこと。兵庫県神戸市東灘区の御影地区から良品とされる花崗岩を産出したことからの称。さらに、特にこの地区産出のものを他の御影石と区別する意味で本御影と呼んだ。

御影石　十牛庵の敷石

三上吉兵衛【みかみきちべえ】

江戸時代後期から近代にかけて、京都を中心に活躍した大工。初代吉兵衛(?〜一八〇九)は、多くの大工が集住していた地域の近江国上大木村(滋賀県大津市)出身で、屋号は出身地に音の通じる「扇屋」を称している。中京区猪熊通三条南に居住し、以後代々、吉兵衛の名を襲名した。近代以降に活躍したのは四代、五代の吉兵衛である。四代吉兵衛(吉右衛門、一八四六〜一九〇五)は、幅広い領域の建物を手掛けており、代表的な作品として社寺建築では、西本願寺文学寮(一八七八年)、平安神宮白虎楼、蒼龍楼(一八九三〜九四年)など、町家、別荘建築では外村宇兵衛邸書院（一八八七年）、毛利侯邸（一八九一年）など、公共建築では、七条停車場（一八七六年）など多数挙げられる。明治三十五年（一九〇二）には、京都府土木建築請負業組合の初代組合長となる。五代吉兵衛（伊之助、一八七五～一九二八）は四代吉兵衛の三男。京都岡崎の前川弥助邸など数寄屋造をともなう高級普請の居宅を数多く手掛ける一方、桂離宮の月波楼、御幸門や京都御苑の拾翠亭の修繕を行っている。

右勝手【みぎがって】
左勝手の項を参照。 ⇒左勝手【ひだりがって】

右構え【みぎがまえ】
左勝手の項を参照。 ⇒左勝手【ひだりがって】

幹巻【みきまき】
樹木を移植する際、樹皮を外傷や日焼けから防ぐため、また冬期に防寒や害虫駆除のため、幹に菰や藁を巻くこと（菰巻、藁巻）。

見切【みきり】
仕上げの終わる部分、すなわち建築部材の端部や取り合い部分、また、その納まりをいう。壁と壁や、天井と壁などが接する部分など、異なる面や仕上げが接する部分のこと。この見切部分の納まりが、建築が完成した時の美しさにも直結してくるため、非常に大切となる。

砌【みぎり】
雨落と同じ。 ⇒雨落【あまおち】

見切縁【みきりぶち】
見切を納める細い部材。特に壁の出隅などを納める材をさす場合が多く、そのような箇所に用いられた小角材や丸太、あるいは玉縁のことをいう。

水分石【みくまりいし】
⇒水分石【みずわけいし】

見込【みこみ】
❶表に現れている部材のうち、奥行き部分や側面をいう。対して部材の正面から見た時の前面に該当する面の幅を見付という。❷庭石の部分名称で、側面をいう。

微塵苆【みじんすさ】
藁苆のうち、土物水捏ね仕上に用いる、繊維長が六ミリ以下のもの。微塵苆として市販されているが、飛出し苆を一ミリの篩で篩い分けると、通り抜けたものが、微塵苆に相当する。

水揚石【みずあげいし】
縁先手水鉢の役石のひとつ。「水上石」とも書き、「桶石」「桶揚石」ともいう。踏みのって、鉢に水を流し込むための石で、天端が平らなものが用いられる。『築山庭造伝後編』には「水揚石ハ手水鉢より先へ半隠れに置なり」また「手水鉢の水を入替るにふまへの石」と記され、鉢の後方に据えられた石が図示される。水汲石よりも高く据えられる。（付録7頁参照）

水受石【みずうけいし】
滝石組の役石のひとつ。滝壺に据えられ、滝口から落ちてくる水を受けるために置くもの。「水叩石」「水被石」「滝壺石」などともいう。水の跳ね返りや、水音などに注意を払いながら据えられる。

水打ち【みずうち】
打ち水と同じ。 ⇒打ち水【うちみず】

水桶【みずおけ】
❶水屋に置き、水を貯えておく桶。「水屋桶」ともいう。『茶道筌蹄』に利休形は「杉に檜の割蓋」とある。桶の代りに陶器製の壺（水屋壺）を置く場合もある。❷露地の打ち水や水屋壺、手水鉢に水を入れる時に用いる桶。「手桶」ともいう。赤杉、椹材などで作られ、提げ手が付く。

水落石【みずおちいし】
滝石組の役石のひとつ。「鏡石」ともいう。滝口に据えて、水の流れを左右する重要な石。『作庭記』では滝水の落とし方について、伝落、稜落、布落、糸落、重落などを挙げ、その水落石の形状や据え方を説明している。また枯滝においては、水が落ちる様を表すように、縦縞の青石が多く用いられる。代表的な例としては*大徳寺の方丈庭園がある。

御簾垣【みすがき】竹垣の一種。「簾垣」ともいう。太さの揃った細竹を、水平に積み重ねるように並べ、縦方向の*押縁で押さえたもの。その姿が御簾に似ることからの名。

御簾垣

水瓶形手水鉢【みずがめがたちょうずばち】水壺形手水鉢と同じ。⇒水壺形手水鉢【みずつぼがたちょうずばち】

美豆木【みずき】ミズキ科サンシュユ属の落葉高木。「水木」とも書く。北海道、本州から九州の山地に自生し、樹高は一〇～二〇メートルになる。葉は長さ六～一五センチで全縁、枝先に集まって互生する。五～六月に白色の小さな花を密につける。伐ると水が多く滲出することためこの名がついた。庭園樹や露地にも用いられ、茶花にも好まれる。

水切【みずきり】❶雨水が回り込んで室内に浸入したり、外壁が汚れることを防ぐため、窓の下枠や庇の下面先端近くなどに設けられた小さな溝。❷外部に面した*敷居の溝に溜まる雨水を排出するため、敷居上面の短辺方向に設けられた溝。❶❷は「水切溝」ともいう。❸雨風を除けるため正面の庇先に垂らす板。⇒前板【まえいた】❹

水切勾配【みずきりこうばい】窓建具の下枠や笠石（塀や手摺の頂部にのせる石）などの上面に水が溜まらないよう付けられた傾斜。「水垂れ勾配」ともいう。

水切棚【みずきりだな】簀子棚と同じ。⇒簀子棚【すのこだな】

水口窓【みずぐちまど】水道設備の整っていない場所などで、台所や水屋に水を取り入れるため外壁に設けられた小さな開口部。

水汲石【みずくみいし】*縁先手水鉢の*役石のひとつ。「足洗石」ともいう。天端が平らな石を用い、『築山庭造伝後編』には「水汲石といふハ表に上の真平なる長き石を云、是ハ貴人手水する時、臣此石に立て杓に水を汲むと云石也、故に水汲石の名を呼」とあり、主人のために従者がこの石に立ち、水を汲むためのものとある。手水鉢を挟んで*清浄石の反対側に据える。（付録7頁参照）

水勾配【みずこうばい】雨水や汚水の排水のため、屋根や床、樋などに付けられた傾斜。

水漉【みずこし】水を漉すために用いる道具。普通は、檜製の曲物の底に晒布や麻布を張り、それに二本の横棒を差し通して、甕や桶に差し渡すようになっている。また柄杓形のものを漉柄杓という。

水捏ね【みずごね】壁土を作る方法の一種。また、その土を用いた土壁の工法。糊を混ぜて調合する糊捏ねに対して、糊を加えずに捏ね合わせる方法。水と、三厘以下の粒子の細かい色土、微塵砂、*微塵苆を混ぜて作る。粘土が固結材となるため、乾くと粒子が密着して硬化し、時間の経過とともに堅牢になってゆく。仕上げ後にも自然の変化が生じるため、茶室では特に好まれる工法である。糊捏ねに比べて耐久性があり、仕上面は硬い。施工は糊捏ねよりも難しく、撫鏝という厚手の鏝を用いて、押さえるのではなく撫でるように作業をする必要がある。この土で仕上げる水捏ね仕上げは、京壁の最上級の仕上げとなる。

水指【みずさし】

茶道具の一種。点前中、釜に補給する水や、茶碗、茶筅などをすすぐ水を入れておくための器。「水器」ともいい、「水差し」とも書く。材質によって金属製、陶磁器製、木製などに大別できる。金属製の水指には古銅（胡銅）と呼ばれる唐銅や砂張、モールなどがあり、唐銅水指は台子や長板に用いる皆具のひとつである。陶磁器製の水指は産地で中国方面の唐物、東南アジア方面の島物、日本産の和物などに分けられ、唐物には青磁、白磁、染付（祥瑞）など、島物には南蛮、ハンネラ、安南などがある。和物には瀬戸や高取などの施釉のものと、珠光の時代から登場する備前、信楽など無釉のものに分けられる。木製の水指としては、真塗の手桶水指や木地の釣瓶水指、曲の水指が古くから用いられ、千利休所持のものも伝存する。

水澤文次郎【みずさわぶんじろう】

明治二十三年～昭和四十八年（一八九〇～一九七三）。近現代の数寄屋大工。新潟県長岡市に生まれ、十九歳で上京、明治神宮の造営工事などで修業の日々を送った。大正三年（一九一四）には水澤工務店を創業し、大工職人という枠にとどまらず、企業経営者としても腕を振るった。とりわけ、近代数寄屋と呼ばれる分野を確立した吉田五十八の住宅施工を手掛けたことを機に、数々の建築家と協働で仕事を行うようになり、後に谷口吉郎、村野藤吾といった和風建築の第一人者の作品にかかわる。大正時代から昭和時代にかけて東京の数寄屋建築の名作を手掛け、また和風住宅をはじめ、料亭や美術館などの施工も多い。

御厨子所【みずしどころ】

古代や中世の皇室や貴族、僧侶などが住む建築の中で、煮炊きといった調理や配膳などを行う建物または部屋のこと。いわゆる調理室、台所のことである。

水叩石【みずたたきいし】

水受石と同じ。 ⇒水受石【みずうけいし】

水壺形手水鉢【みずつぼがたちょうずばち】

手水鉢の一種。石造で銅器や陶器の水壺や水瓶の形状を模して作られたもの。「水瓶形手水鉢」ともいうが、『築山庭造伝前編』では「石水壺」と、また側面に耳が付いたものを「石水瓶」としている。

水貫【みずぬき】

縛貫と同じ。 ⇒縛貫【しばりぬき】

水吐【みずはき】

❶庭園の池の、排水口に近いところ。「水下」ともいう。
❷水門と同じ。 ⇒水門【すいもん】❷
❸園池のたまった水や桶、蹲踞のあまった水などを流しやること。またその所。

水鉢【みずばち】

手水鉢と同じ。 ⇒手水鉢【ちょうずばち】

水張口【みずはりぐち】

茶室の出入り口のひとつ。露地に続く出入り口。亭主が露地に水を打ったり、蹲踞に水を張ったり、あるいは簾を掛け外しする時などに都合が良いように水屋、または軒下などにあけられるもので、客は使用しない。初期の例としては、千少庵の復興と伝える西芳寺湘南亭の六畳（次の間）で、押入のように設けられた簀子流しの向う正面に、小さく設けられた水張口が見られる。

水引貫【みずひきぬき】

式台の前方の柱間上方に架かる小平材。背を高くして、柱に枘差で納める。『数寄屋工法集』（一六八六年）などの大工書では、[illegible]師的垂幕である水引（幕）を掛けた舞台の柱間上方の頭貫を水引貫とする記述が見られる。『日本家屋構造』（一九〇四年）では式台前方の柱と向拝柱と図示し、それをつなぐ横架材を虹梁と挙げた上で、「水引に異ならず」と説明している。

簾襖【みすぶすま】

襖の一種。襖の一部に簾を組み込んだもの。主に夏の建具として用いる。

水掘石の手水鉢【みずぼれいしのちょうずばち】

手水鉢の一種。海の波や川の流れの力で浸食され、複雑な形状となった自然石をそのまま手水鉢としたもの。

水盛【みずもり】

建物を建てる際の基準となる水平を定めること。かつては長細い檜の角材に溝を彫り、溝の両端と中央に方形の水溜まりを作る水盛台、あるいは水石、水秤などと呼ばれる器具を用いて水平を定めた。現在では水準器やレベルと呼ばれる測量器械が用いられる。

水屋【みずや】

一般的には茶室に隣接して設けられ、茶事、茶会のために主に茶道具を清め整え、炭や花、茶、*懐石、菓子などを準備し、清水や湯水を取り扱う場所、部屋のこと。そのため水屋には*水屋棚、*水屋流しが備えられ、*丸炉や*長炉の設備、物入や勝手口、さらには台所を設けているところもある。水屋の広さは、茶室の広さや用途に応じて決められる。水屋の語は様々な意味合いを含んで使われ、ひろくは先に挙げたように茶の湯の準備をする水屋の間全体（*勝手と同様）、もう少し狭く捉えて水屋棚と水屋流し、さらに狭く水屋流しのみをさして水屋と解釈することもある。また茶会などで裏方の人を水屋と呼ぶことがあり、幅広い意味で使用される。「水屋」は、「水遣」「水谷」とも記されることがある。十六世紀の茶の湯では「勝手」（松屋久政茶会記、天文六年〈一五三七〉）という用語が裏方の空間を意味して使われ始める。『*山上宗二記』の「紹鷗四畳半の図」（不審菴本、天正十六年〈一五八八〉）には、勝手の空間に「水ツカウ　ハシリ」と図示される（武野紹鷗の茶室の項の図を参照）。「水ツカウ」は「水遣」、「ハシリ」（走り）は「流し」という意味から「水を遣う流し」という意から「水遣」の字が当てられたと考えられる。その後十七世紀中頃に「水屋」「水ヤ」（長闇堂記〈一六四〇年〉、茶道四祖伝書〈一六四八～五二年〉、東海道名所記〈一六五九年頃〉）という用語が使用されはじめ、「水遣」「水屋」が茶の湯の準備する空間を表す用語となった。また春日大社の水谷川にそって摂社の水谷神社があるが、文化から文政年間（一八〇四～三〇）以前は「水屋神社」と記載されており、江戸時代中期には「水屋社、素盞嗚命以此水神云水屋」（神名帳考証）とあり「水の神」を祀る社としての「水屋」が認識されていた。「水遣」が水を遣うという実用的な側面に対し、神聖さと水を重んじる茶の湯の性格から、飲料水をつかさどる「水の神」の御座します「水屋」の語が後世に伝えられ、現在まで使用されてきたとも考えられる。さらに文化から文政年間以後には「水谷道幸」や「水家荘」などの表記も散見され、この頃から「水谷」「水家」などの文字も書き留められるようになったといえる。「水谷」という用語に関して*北尾春道は『茶室建築』（一九四一年）で「亭主小座敷に入る度水谷にて水を浴びる事也。客も亦右の度毎に水を浴す。此の水を浴る事は近世水洗の事也。又水谷と言うは、亭主の水浴みて清むる場所也。水扁に谷と書いて浴と訓ず（茶道秘要集）」とし、この水浴みという記述を「水谷」の説明に引用することがあるが、詳らかではない。現存する古い水屋の遺構としては、西芳寺*湘南亭（一五九六～一六一五年頃）の四畳半台目の水屋（六畳敷）が挙げられる。間口一間半、襖四枚で仕切られ、右側に水屋流しと*水張口と簡易な棚が釣られ、左側には長炉が備えられている。また茶道口脇の壁面に二重の仮置棚がしつらえられ、その構成から成立過程にある水屋の形態を確認できる。今日のような水屋の形態は、十七世紀の中頃までにほぼ成立したと考えられ、元禄十四年（一七〇一）に刊行された『利休茶道具図絵』には、すでに「水遣棚の寸法」として棚板の長さや幅、框、竹釘の打ち方などが詳細に記されている。このような水屋棚を備えた実例としては、大徳寺玉林院の*蓑庵（一七四二年）の水屋が挙げられる。

水屋荘【みずやかざり】

*水屋における道具の荘り付け方。「水屋飾り」とも。それぞれの道具が整頓された状態のこと。裏千家の*大水屋には十三代圓能斎鉄中の「水屋訓と水屋飾りの図」が掲られ、「此所ハ則茶室ノ道場ナリ　水谷ノ後片付近来取乱居甚見苦敷候ニ付　左記略図ヲ以示シタル如稽古済ノ人々ハ　必元アリシ所ヘ諸器ヲ片付ラレタシ　水谷荘リヲ以テ茶室第一ノ心得トシルベシ堅可守者也」と水屋は茶道修錬の第一の場であり、整理

み

整頓が肝要だと示して、荘り方を図示している。四段の棚がある形式（裏千家など）では、下から*簀子棚には蓋置、釜の蓋、茶碗を、下の*桟棚には水指の蓋、茶掃箱、茶杓、茶入、薄茶器を、上の桟棚には炭斗（炭を組み、羽箒、火箸、鐶）、紙釜敷に香合、灰器と灰匙、香盆（重香合、香箸、銀葉挟、香炉）、四方盆、天目、天目台を、最上段の*通棚には箱炭斗、半田（底取、長火箸）、七事の小道具、花台（水次、小刀）が荘り置かれる。また二段の棚がある形式（表千家など）では、簀子棚には、柄杓と蓋置、茶碗、その上部の通棚には炭斗（炭を組み、羽箒、火箸、鐶）、香合、三つ入茶通箱とその上に帛紗、茶杓の筒、茶杓、茶器、菓子器を置く。その上部の隅棚には上段に水次、薬罐（使用しない時に置く）、下段には灰器と灰匙を置き、灰器を使わない時は香合を置き荘ることもある。（付録26頁参照）

水屋竹釘【みずやたけくぎ】

*水屋棚の最下層、*水屋流しの周囲三方を取り囲むようにして配置された腰板などに打つ*竹釘のこと。腰板に水屋道具（釜据や水漉、掻器など）や茶巾、茶筅などを、また柱に手拭などの布巾類を掛けるために打つ。流儀によって打たれる位置と数が異なる。（付録26頁参照）

水屋棚【みずやだな】

*水屋に仕付けられる棚のこと。この棚に*水屋荘に基づいて道具を整頓し、置き並べる。一般に水屋棚には、大きく分けて二種類の形式がある。一つは*水屋流しを囲む三方に腰板を構え、その上に三種類四段の棚がある形式（裏千家など）と、もう一つは水屋流しを囲む腰板を低く構え、二種類二段の棚と二段の隅棚を備えた形式（表千家など）のもので、流儀によって異なる。四段の棚のある形式は、水屋流しを囲む三方の腰板が、柄杓を掛けて余裕のある高さに造られるのが一般的である。水屋棚の最も下にある棚が*簀子棚、その上に下の*桟棚、その上部に上の桟棚、一番上にある棚が一枚板の*通棚となっている。また二段の棚と隅棚がある形式は、柄杓を棚に置くため、腰板の高さは四段の棚の形式より低く造られるのが一般的である。最も下にある棚が簀子棚で、その上には通棚、また通棚の上には二段の隅棚を設け、水屋棚の左右いずれかに物入が備えられる。水屋棚の最下層には水屋流しが設けられるため、その手前側は板張り（縁甲板）とし、その床下には*炭入が設けられる。また水屋棚の設備で、給排水を設けることのできない場合には移動可能な*置水屋を使うことがある。（付録26頁参照）

水屋箪笥【みずやだんす】

*水屋棚の一種。*置水屋の中でも箪笥形式に工夫された最も簡易なもの。*倹飩式の前蓋が入る。また*水屋流し、棚を備え、*水屋竹釘が打たれ、最下層には流した湯水を溜めるための引出しも付く。上部に物入を備えているものもある。

水屋洞庫【みずやどうこ】

*洞庫の一種。点前座の*勝手付に仕付けられる。点前座脇の建具をあけると棚下が簀子になり、点前座から湯水を流すことができるようになっている。建具は*へぎ戸を建てることが多い。『*松屋会記』には*千宗旦の隠居の一畳敷（*今日庵）の水屋道庫について「タウコノ所ヲ、二枚戸ニシテ、一方ニハ、茶入・茶ワン棚ニ置テ、又スエノ方、一方ニハ、ハントウニ水アリ。水モ何モ居ナカラノ仕舞也」とあり、宗旦が「是モ利休云、年寄テノ仕舞也」と語ったと著している。今日庵のものは横四尺六寸五分、高さ二尺一寸、深さ一尺九寸五分で、下は一面に竹簀子とし、横三尺二分、深さ一尺二寸、厚さ四分の棚を、右端を壁に付け、左端を釣木で一尺二寸九分の高さに取り付ける。

水屋洞庫　今日庵　裏千家

水屋流し【みずやながし】

*水屋棚の最下層にある湯水を流すための設備。いわゆる流しのこと。「簀子流し」「水皿」、単に「簀子」「流し」ともいう。またこの水屋流しを狭義では水屋ともいう。*簀子を入れ、その下には*水屋の舟を備えている。水屋流しで用いられる簀子は、大きさ四分ほどの白竹の元末を交互に並べて、向う側から斜めに*頭巻釘を打って留める。これは見た目の良さだけではなく、道具を傷付けないように配慮してのことである。(付録26頁参照)

水屋の舟【みずやのふね】

*水屋流しの簀子を取り外したその下部に備えられた、木製枠に銅板が張られたもの。流した湯水の音を和らげるように、緩やかな勾配で湯水を中心に集める工夫がされている。木製の舟底型の枠に銅板の本体と水切を収め、中央に排水口が一カ所設けられる。

水屋拝見【みずやはいけん】

客が*水屋、*水屋荘の拝見を請うこと、また拝見すること。「水屋荘拝見」ともいう。*席披きの茶会や、その茶室に初めて招かれた客が所望することがある。一例としては、薄茶が終わった後、*正客からの所望があれば、亭主は*茶道口を閉め、水屋の水こぼれを拭き、水屋荘を改め、*座箒で掃き清め、茶道口か*給仕口から案内をする。正客より一同水屋に入り勝手の動線や水屋荘、水屋瓶、*銅鑼など席中に出されない道具類を拝見し、伝来などを尋ね茶席に戻り、退席することとなる。ただし水屋拝見はいつでも所望すれば良いというものではなく、一般的に客として、所望をすることで迷惑をかけることは避けなければならない。

水分石【みずわけいし】

*滝石組の*役石のひとつ。「みくまりいし」とも読む。*滝壺に据えられ、滝水を二分して変化を与える役割をもつ。水を美しく見せるために、*水受石の下流に置く。また*流れや*滝口に置いて水流を分ける波分石と同じ意味で使われることもある。

溝樫【みぞかし】

埋樫と同じ。⇩埋樫【うめがし】

未足軒【みそくけん】

京都市北区の土橋邸にある茶室。土橋邸は美術商・土橋嘉兵衛の邸宅で、この茶室は、もとは上京区河原町今出川の南にあった梶井宮家にあった。大正十年(一九二一)頃に土橋家が譲り受け、その頃、土橋が入手した清巌宗渭の掛軸にあった「砕身未足酬」の語から命名された。その後数回にわたって敷地内を移動した後、昭和五十年(一九七五)前後に現在地に建てられたという。外観は切妻造で二方に庇を付け、土間庇を形成している。内部は三畳台目下座床、客座の中央寄りに点前座を配し、茶道口と給仕口を矩折にあけている。なお邸内には、茶室*玄庵もある。

三田尻御茶屋【みたじりのおちゃや】

山口県防府市にある萩藩の元公館。萩藩第二代藩主毛利綱広が、参勤交代や領内視察の際に利用する施設(「御茶屋」)として承応三年(一六五四)に建設した。第七代藩主重就は隠居した翌天明三年(一七八三)に主棟や大観楼などを増築してここに移り住み、塩田開発や港湾整備などの事業を進めた。大正五年(一九一六)に多々良本邸(現在は毛利博物館として開館している)ができるまで、公爵毛利家の本邸とされた時期があり、明治三十一年(一八九八)に奥座敷棟が建てられた。昭和十四年(一九三九)に敷地と建物が防府市に寄贈され、重就の法名にちなんで英雲荘と名づけられた。敷地は「萩往還関連施設三田尻御茶屋旧構内英雲荘」として国史跡に指定されている。現在の本館は、玄関棟、大観楼棟、奥座敷棟などから成る。大観楼棟は二階建で寄棟造檜皮葺。一階は幅一間の畳廊下に接して「御書院一ノ間」「同二ノ間」「同三ノ間」が並び、二階は「東ノ間」「西ノ間」が東西に並ぶ。奥座敷棟は大観楼棟「御書院一ノ間」の西側に接し、「奥一ノ間」「奥二ノ間」が東西に並ぶ。敷地内には茶室花月楼がある。はじめ*川上不白の弟子であった重就が、不白の指図をもとに安永五年(一七七六)に建てたが、重就没後に萩に移築された(花月楼の項❷を参照)。現在のものは明治二十一年に周防国分寺から移築されたものである。

乱れ桐引手【みだれぎりひきて】
＊引手の一種。桐文のひとつである乱れ桐（踊＊桐）をかたどった引手

乱れ桐欄間【みだれぎりらんま】
＊透彫欄間のうち、桐紋の一種である乱れ桐（踊＊桐）を透彫りにしたもの。表千家九代了々斎＊曠叔好みという。代表例に表千家の残月亭の北面、九畳との境にはめ込まれた欄間がある。

乱れ飛石【みだれとびいし】
豆撒石と同じ。　⇒豆撒石【まめまきいし】

路子工【みちのこのたくみ】
生没年不詳。飛鳥時代、百済からの渡来人。本名は芝耆麻呂。『日本書紀』の推古天皇二十年（六一二）の条に、小墾田宮の南庭に呉橋と須弥＊山を築いたことから路地工の名が与えられたとの記述がある。作庭に関する記事はこれが初見とされる。

三井家下鴨別邸【みついけしもがもべってい】
京都市左京区にある旧三井家別邸。下鴨神社の南、賀茂川と高野川の合流地点の北岸に位置する。明治四十二年（一九〇九）に三井家の祖霊社である顕名霊社が置かれ、大正十一年（一九二二）の造替にともない、総領家である北家の十代当主三井高棟が、同十四年に完成させた。昭和二十四年（一九四九）に国有化され、京都家庭裁判所が置かれ、所長宿舎として長く用いられていた。平成二十五年（二〇一三）一月からは文部科学省が所管、京都市が管理を行っている。主屋、玄関棟、茶室の三棟が現存している。主屋は明治十三年、鴨川西岸の木屋町三条に建てられた木屋町別邸を移築改造したもので、木造三階建、入母屋造及び宝形造、桟瓦葺及び銅板葺である。木屋町別邸当時は東西に長い建物で西側に玄関を向け、東側を鴨川ごしに東山を望む座敷を一、二階とも配置し、三階部分に四方を見渡せる四畳半の広さの望楼を設けていた。これを下鴨に移し、九十度回転させ、座敷部分を南に向けている。明治時代初期の建物であり、質素で落ち着いた造りである。玄関棟は大正十四年に新築された木造平家建、入母屋造桟瓦葺の建物で、西側に式台玄関を付属する。北より広間、表玄関、応接室の三室を配し、東に廊下を通し、中庭を挟んで二棟の渡り廊下で主屋とつないでいる。良質の米国産檜材を用い、内外とも和風の意匠でまとめているが、天井を高く張り、椅子式の空間となる。茶室は三井家がこの地を購入する以前から存在していたと考えられ、木造平家建、入母屋造、桟瓦葺及び銅板葺の建物で、西側の渡り廊下を介して主屋南の座敷とつながる。平面は南に次の間三畳が付設した四畳半と、その北に一畳台目の小間、一畳大の水屋を、さらに北に雪隠を配している。二棟の異なる歴史を持つ和風建築を一つにまとめ、南側にひろがる苑池も大正時代の創建時からの庭がのこるなど、京都を代表する近代和風建築の一つである。さらに設計当初、屋敷内に自生している糺の森の樹木に配慮して建物配置を検討した図面や木屋町別邸当時の平面図など多くの設計図書がのこされ、その歴史的な価値を一層高めている。敷地も含め重要文化財に指定されている。

三井家下鴨別邸　主屋　外観

三つ石【みついし】
❶＊蹲踞の＊役石である三つの石の総称。手水鉢前の＊前石、＊湯桶石、＊手燭石をさす。
❷三石と同じ。　⇒三石【さんせき】

三井八郎右衛門邸【みついはちろうえもんてい】
東京都小金井市の江戸東京たてもの園にある旧

三井八郎右衛門高公の邸宅。高公（一八九五〜一九九二）は三井総領家の十一代。第二次世界大戦以前に三井家は東京の今井町に広大な敷地を占めていたが、戦災により焼失した。戦後、東京麻布笄町に本邸を再興し、三井家京都邸から主屋を移築、昭和二十七年（一九五二）に竣工した。これは二条城前の新町に明治二十四年（一八九一）に建てられていた建物であった。その後、平成八年（一九九六）に現在地に移築され、一般公開されている。書院棟は八畳半の主室に十畳の次の間が付き、これを入側が囲む。主室は正面に床、その左右に檜角の床柱を配置し、内法長押に釘隠が打たれており、端正な左右対称の床構えを見せる。付書院や草花絵の描かれた格天井など、格式の高い書院造を伝えている。また邸内には昭和三十九年、大磯別邸城山荘から麻布本邸に移築した六畳広間の茶室望海床がある。城山荘当時、十代高棟はこの望海床を画室として、また移築された本邸では*前後軒の待合として用いていた。床の右手に並ぶように地袋を設けて、その上部は障子四枚を建てて書院の構えとする。床の左手は矩折に床脇とし、地袋と厨子棚などを配す。

三井八郎右衛門邸　望海床　床と床脇側

見付【みつき】

⇒見付【みつけ】

三つ釘【みつくぎ】

幅広の掛物を掛けるために打たれた三本の*竹釘。一本を床の中央上部、軸先が*廻縁から九分下った位置にくるように打ち、その両脇にさらに竹釘を打ち込む。*台目床ならば床の間口の四等分に打ち、*一間床であれば真ん中の釘から両方へ、一尺一寸ほどいったところに打つ。釘の出は真ん中が九分で、両脇は八分とし、太さも若干真ん中より細くする。『*南方録』には「三ツ釘ニカカル大横物ハ、東山殿ニテモ五仏祖ノ大横物、二間ノ押板ニ三幅対ノ法ノゴトク、押板ノカサリトモニ御賞翫アリシナリ、コレ三ツ釘ノ始也」と三つ釘の始まりが記されている。続けて、その後、小座敷に大横物や*珠光所持の円悟克勤の墨蹟、利休所持の了庵清欲の大幅も三つ釘で掛けられていたが、平凡な掛物を三つ釘で掛けるのは間違いで、秘蔵の掛物だけを三つ釘で掛ける。ただし*夜会に限っては、平凡な掛物でも三つ釘を使うことがあるとも述べられている。『*石州三百ケ条』には「三ツ釘皆竹にも両脇折釘にもすへし」とあり、この頃、両脇の釘は*折釘でも良いとされていたようだ。

三具足【みつぐそく】

仏前に式正（正式）の飾りとして置かれる香炉、燭台、花瓶の三種の仏具の総称。本尊に対して向かって左に花瓶、中央に香炉、右に燭台を置く。本来は禅宗寺院の供養具として用いられたものであったが、後に式正の*書院飾に用いられるようになった。『*君台観左右帳記』の「餝次第」には「おしいたに三幅一対・五幅一つゐかゝる時は、かならす三具足をくへし」とあり、香炉、燭台、花瓶の三器のほか、香合や盆、卓な

三具足　「文阿弥花伝書」部分　鹿王院蔵

どの規式が詳述されている。現在では仏前での供茶の時にも飾られる。

三つ組【みつぐみ】

三連打と同じ。→三連打【さんれんうち】

見付【みつけ】

❶表に見えて現れている部材のうち、正面から見た時の前面に該当する面。側面は見込という。かつては「みつき」と読むことが多く、『建築大辞典』（第二版、一九九三年）では両方の読み方を掲載しながらも、「みつけ」は「みつき」のこととしている。さらにさかのぼる『日本建築辞彙』（一九〇六年）でも「みつき」と読んでいたが、新訂版（二〇一一年）で、頭註として「今日では『みつけ』と呼ぶ方が多い」と追記している。❷庭石の部分名称で、正面をいう。

密語菴【みつごあん】

京都市左京区にある旧古郷時待邸。原三溪の大番頭であった古郷が京都東山の若王子神社境内に隣接して、大正七年（一九一八）に営み、後に哲学者・和辻哲郎や画家・岡崎桃乞が、現在は哲学者・梅原猛が居宅とする。湧水を引き込んだ池庭の脇に、古家を移築しつつ、収集古材を用いて東西二棟に分けて建設された。内向きの西棟に対し、東棟には四畳半の茶室、田舎家風のアトリエ、二階の四畳半などが配されるほか、玄関脇に一畳大で床を構える座禅室が設けられる。各室は格式張らず、多様な材を用いて軽やかな意匠でまとめられる。登録有形文化財。

三つ小袖石【みつこそでいし】

藪内家の露地にある飛石で、名石のひとつ。かつては千利休の屋敷にあったとされるもので、初代藪中斎剣仲が所望し、小袖三枚と換えたとの伝承がある。燕庵の中露地の腰掛前に据えられ、踏分石として用いられている。石材種は根府川石。

三つ小袖石

密庵席【みったんせき】

京都市北区の大徳寺塔頭龍光院にある茶室。小堀遠州の好みと伝えられる。龍光院は慶長十一年（一六〇六）に江月宗玩の勧請により、春屋宗園を開祖として創建、同十三年には諸堂が完成していた。現在、密庵席は書院の北西隅に組み込まれているが、当初は独立した建物であったとみられている。寛永十八年（一六四一）六月二十九日に松屋久重が江月に招かれた時の会記に書き留めた図（松屋会記・茶湯秘抄。四畳半台目の項の図を参照）によれば、茶室は書院に接続しておらず、西から南にかけて腰障子が入り、その外側に縁が廻っていて、南の縁から席へと上るようになっていた。現在はこの南側に襖四枚が建てられ、書院に接する。このことは、西側の茶室部分の軒は、垂木が松で二重（二軒）になり、桁が杉丸太であるのに対して、書院部分は垂木が檜で一軒、桁も檜の角材で、双方が異なることからも明らかである。寛永五年九月、江月が松花堂昭乗らとともに遠州の京都三条六角屋敷での茶会に招かれた時の遠州の茶室は四畳半台目であった。その四畳半台目に関心をもった江月の求めに応じて、寛永五年からあまり隔たらない時期に、当時、龍光院内に寮舎の孤篷庵を構えていた遠州が密庵席の造立にかかわった可能性が推測される。違棚の地袋に建てる小襖の絵が昭乗の筆になることから、昭乗が没する寛永十六年以前であったことは確かなこととしてよい。そして方丈が建てられた慶安二年（一六四九）頃に書院と一体化されたと推測される。内部は四畳半台目で、西北角に床と違棚を矩折に配し、東側の北寄りが点前座、その風炉先側の東南隅に密庵床を設けた構成である。床、違棚、付書院（密庵床）を備え、面皮の柱も混じるが角柱を立て、張付壁に長押を打ち廻すことなど、書院造を骨格とした席である。床は台目床で、床柱が釿目を付けた档丸太、床框は真塗。床の東脇

密庵席　床と違棚

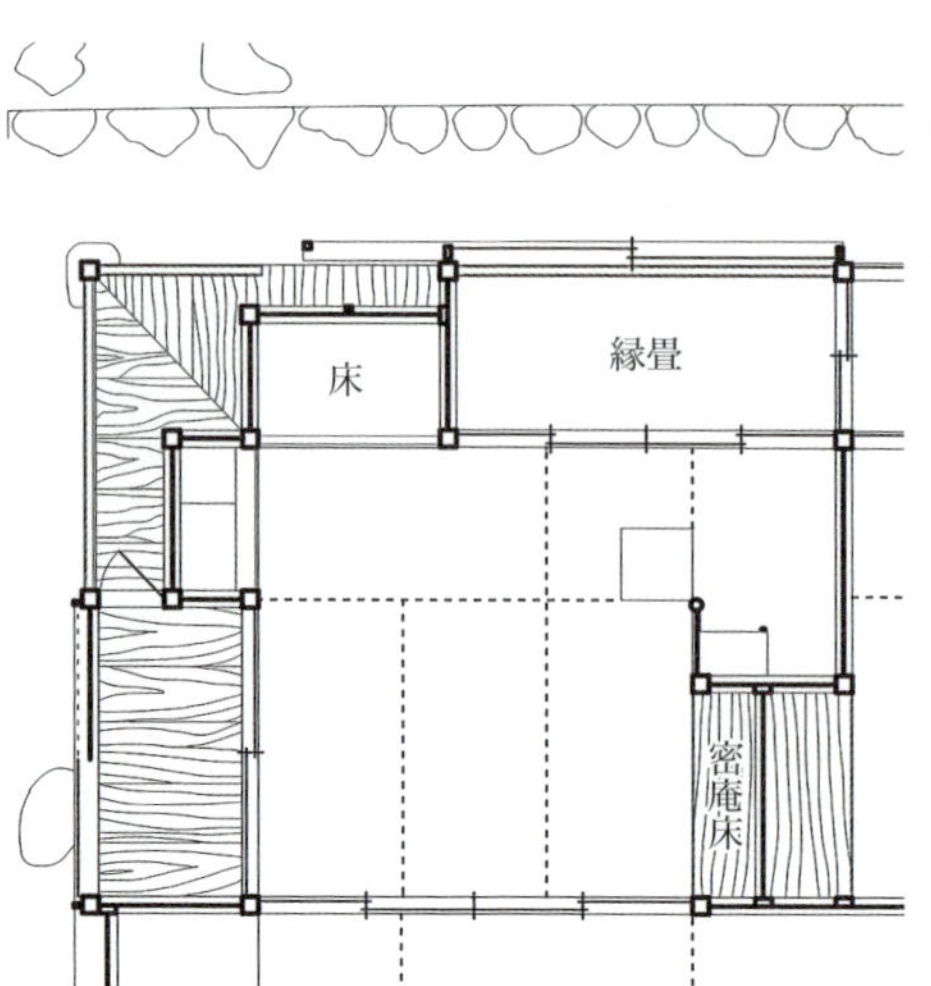

密庵席

には四枚の腰障子が建て込まれているが、松屋の図によれば、当初は*方立口形式の*給仕口と、その並びの点前座後方は*火燈口形式の*茶道口であった。書院と密庵席が接続された際に南側に襖が建てられたため、採光のために北側が四枚障子にあらためられたと考えられる。建て込まれた腰障子は、腰に遠州好みと伝えられる銀地に七宝繋文の雲母摺の唐紙（唐紙の項❶を参照）を張り、框や舞良桟が赤の*溜塗である。違棚は、左右に面皮の柱を立て、*天袋と地袋、三段の棚を設けており、上棚と中棚のあいだには松皮菱、中棚と下棚のあいだには*木瓜形に七宝文を透かした板をはめ込み、棚板の角には飾金具を取り付けている。この違棚の南寄りには、床の脇に建て込まれたものと同じ意匠の障子を二枚入れて出入り口としており、その外側に縁が付く。縁に備えられた*勾欄は当初からのものと考えられるが、南寄りの半分が切り取られ、そこに*沓脱石を据えている。書院と密庵席が接続された時にも西側の勾欄は切られず、席への入口は南側の襖四枚のみであったが、孤篷庵の寰海宗晙が現在のように改造したことが伝えられている。点前座は、炉を*台目切に切り、*中柱に杉丸太の直材を立てて杉の*中杢板を入れた*袖壁を設けるが、これは遠州の好んだ手法である。*入隅の釣棚は*雲雀棚形式。天井は*落天井で、窓はあけられず張付壁に囲われており、狩野探幽筆の山水図が描かれる書院における*茶立所のような構えを造り出している。密庵床は現在、席名の由来ともなった中国の南宋代の僧・密庵咸傑の墨蹟（国宝）のみを掛けることからの称だが、かつてはこの部分は付書院で、松屋の会記によれば「硯、筆掛、筆、墨、水入、羽帚」が飾られており、密庵の墨蹟は床に掛けられていた。奥行一尺二寸、厚さ一寸二分五厘の*地板を畳面から七尺九寸あけて取り付ける。点前座を除いた四畳半の天井は、*竿縁天井とし、天井板は杉の中杢板である。密庵席を含む龍光院書院は国宝に指定されている。

密庵床【みったんどこ】

大徳寺塔頭龍光院にある*密庵席に構えられた床のこと。同院伝来の密庵咸傑墨蹟（法語、国宝）を掛けるための床であることから呼ばれた名称だが、古くは「書院」と呼ばれ、*付書院として使われていた。床は室内の東側、中央に立てた角柱の向かって右にある。壁はすべて*張付壁で山水の絵を描く。奥行一尺二寸、厚さ一寸二分五厘の床板を高さ約八寸ほどに張った*押板の形式である。なお、左右の柱には三尺二寸

密庵床

み

七分の高さに一寸八分の埋木があり、これを*鴨居の痕跡と認める場合、通例の窓がある付書院の姿であったことが考えられる。

三重違棚【みつちがいだな】
三重違棚と同じ。⇒三重違棚【さんじゅうちがいだな】

三つ連れ【みつづれ】
三連打と同じ。⇒三連打【さんれんうち】

三巴の庭【みつともえのにわ】
巴の庭の別称。⇒巴の庭【ともえのにわ】

見通し【みとおし】
建築において、部材が一直線上にあること、または同一平面内にあることをいう。

みとろ苑庭園【みとろえんていえん】
兵庫県加古川市の料亭・みとろ苑にある庭園
⇒安閑庵【あんかんあん】

水無瀬神宮【みなせじんぐう】
大阪府三島郡島本町に鎮座する旧官幣大社。祭神は後鳥羽、土御門、順徳天皇。この地は後鳥羽上皇造営の水無瀬離宮のあった所で、淀川右岸に位置する。後鳥羽上皇は承久三年(一二二一)五月、北条氏討伐のため挙兵するが(承久の乱)敗れ、隠岐に、土御門上皇は土佐(後に阿波)に、順徳上皇は佐渡に流された。その後、水無瀬離宮を管理していた水無瀬信成、親成父子がこの地を拝領、水無瀬御影堂を建てたのが始まり。明治六年(一八七三)、御影堂をあらため神社とした。*豊臣秀吉が福島正則に命じて造営、寄進したという客殿は重要文化財に指定。境内には後水尾上皇好みと伝える茶室*燈心亭がある。

湊紙【みなとがみ】
和紙の一種。もと和泉国湊村(大阪府堺市)で作られていたことからの名称。漉き返し(反古紙を漉き直すいわゆる再生紙)の紙であったため、染料を混ぜて色付が施される。薄墨色、濃墨色もあるが、通常、濃紺色である。やや粗く、丈夫な紙で*腰張りや襖の下張りなどに用いられる。

湊紙

峯スリ【みねすり】
*『南方録』に見える*カネ割に基づく茶道具の置き方についての秘伝。*名物などの秘蔵の道具は、中央のカネに「峯スリ」に荘るのが重大な法規であり、スリとは、カネの中心と道具の中心とを、目には見えないほどに少し、心持ち外すこととされ、雅楽の秘伝書には、峯すりの足というのがあり、拍子にあうのは良いが、当るのは下手な楽であると、音楽の拍子を例に説明がなされている。空間的ズレのみならず、時間的、心理的なズレをも表現する用語。

蓑垣【みのがき】
*枝穂垣の一種。蓑のように穂先を下に垂らした材料を、三~四段に渡し、表面にあらわれないように*押縁で留めたもの。*玉縁には割竹、細丸竹、束ねた樹枝などを用いる。

蓑垣

美濃紙【みのがみ】
美濃国(岐阜県)の旧武儀郡一帯で産出される手漉和紙。楮を原料に作られ、紙質は強くて一般に厚く、障子、襖、壁下地張などに用いられる。「書院紙」「直紙」ともいう。本美濃紙の技法は重要無形文化財に指定、また「和紙：日本の手漉和紙技術」としてユネスコの無形文化遺産に登録されている。

箕甲【みのこう】
*切妻造や*入母屋造の屋根で、破風の登り軒付の上端と、平流れのあいだ部分の曲面。「簑甲」とも書く。

箕甲納め【みのこうおさめ】
*切妻造の屋根の妻側、*螻羽において、野屋根と化粧屋根の二重軒となる部分を、円弧状に丸みを付けて端部の曲線を形造り、*破風で意匠を整えること。

蓑束【みのづか】
*軒の荷重を支える*枡組と枡組のあいだにある間斗束のうち、上部に装飾的な意匠を用いているもの。

蓑作り【みのづくり】
蘇鉄や牡丹など温暖地原産の植物を、冬季の霜や寒さから保護するために、藁などで覆うこと。

蓑張【みのばり】
襖の下張り工程のひとつ。組んだ*骨へ骨組を強固にするために*骨縛を行い、次に、より頑丈にするとともに襖骨が透けないようにするために、さらに厚手の紙を張る打付張(胴張)を行う。この上から、巻紙を作る時のように横へ継ぎ合わせた薄手の楮紙などを、上下にずらしながら重ねて張る工程を蓑張という。紙の重なりの数に応じて何遍張(何遍蓑、何枚掛)という。たとえば、三枚張る場合、三遍張などという。蓑張は下地工程であるため、反古紙が用いられることもある。施工時には、糊を骨縛で張った紙全面ではなく*竪框や紙の上部にだけ付けて、紙の中央や下部を浮かせるようにする。これによって、緩衝性を高めるとともに、上紙の伸縮の影響を骨組みへ伝えにくいようにしている。このように紙の中央部が浮いて膨らんで上下に重なっている状態が蓑のように見えることが、名前の由来と考えられる。

三野村利助【みのむらりすけ】
天保十四年~明治三十四年(一八四三~一九〇一)。明治時代の財界人。京都の商家・大文字屋に生まれる。明治四年(一八七一)、西京御用所組頭役に登用され、東京為替座(為替座三井組)に転任。三野村利左衛門家の婿養子となり、同九年三井銀行創立にともない監事に抜擢、同十年同行総長代理副長、同十五年には日本銀行の理事に転じた。東京・芝公園に開設された*紅葉館や麴町公園に設置された*星岡茶寮など、和風の社交施設の設立に関与している。

見廻し【みまわし】
正面から側面へと続く部分をいう。同じ仕上げ、あるいは形式で、正面から側面へ連続している状態をさす時に多く用いられる語。

耳板【みみいた】
外側の端部にある板。特に*榑縁において、縁板のうちで最も外側にある板をさす。耳は端部の意味。

水毛生家の茶室【みもうけのちゃしつ】
石川県野々市市の水毛生家住宅にある茶室。水毛生家は、もと加賀の守護大名・富樫氏の家臣と伝えられる。天正十五年(一五八七)に野々市に住み、代々伊右衛門(伊余門)を名乗る。現在の住宅は江戸時代末期の建物を明治十年(一八七七)頃に大きく改造し、さらに十五代伊余門の代に茶の間、下の間より後部を数寄屋造に建て替えた。その折に造られた当家の茶室が、下の間、上の四畳半、そして大正時代(一九一二~二六)初期に増築された八畳の茶室と、もと住宅の後ろにあった離れ茶室を移動して造り込んだ可夕亭である。八畳の茶室は北側から東側に突き出しており、南側へと設けられた土縁にそって庇が廻り、露地に続く。

都鳥筆返し【みやこどりふでがえし】
*筆返しの一種。断面の形状が都鳥のような形をしているもの。(付録19頁参照)

都林泉名勝図会【みやこりんせんめいしょうずえ】
地誌。秋里籬島が、享保二十年(一七三五)に北村援琴が著した『*築山庭造伝』を参考にして、寛政十一年（一七九九）に著し、刊行。挿絵は法橋佐久間草偃、法橋西村中和、奥文鳴良草の三名が担当した。版本五巻、六冊。第一巻（乾坤）三十八丁、第二巻五十八丁、第三巻二十九丁、第四巻五十四丁、第五巻三十一丁、合計二百二十丁。約九十カ所の京都の庭園、名勝地を百四十点以上の挿絵と様々な古典の引用や故事来歴の取材によって紹介する案内記。魚游、蹴鞠、若菜つみ、花見などの当時の風俗も記載される。掲載される庭園は大徳寺とその塔頭、東・西本願寺、智積院といった著名なものをほぼ網羅し、妙喜庵などでは茶室の紹介をしているものもあるが、桂離宮をはじめ皇室関連の庭園は含まれない。この図会に描かれた庭園の中には荒廃して現存しないものもあり、また現存する庭園と比較するための史料としても貴重。

深山透かし【みやますかし】

樹木の剪定方法のひとつ。枝抜き（混みすぎた枝をある程度の間隔で間引くこと）や、枯葉の揉み落としなどを行う。主に椹、檜に対して行うもので、自然の樹形にそった姿にすることを目的とする。

妙庵【みょうあん】

奈良市の河瀬家にある茶室。同家には複数の茶室があるが、妙庵はその一つで、昭和十六年（一九四一）に当時の当主・河瀬無窮亭の設計によって建てられた。内部は三畳台目向切本勝手で下座床。床は赤松皮付の床柱に花梨の床框、落掛には風化によって金具の跡が浮彫りになった古材が使用されている。出入り口は躙口と引違い太鼓襖の茶道口。窓は点前座と躙口付近に集中し、他は墨蹟窓のみで、ポイントを絞った採光計画がなされている。また点前座左手の下地窓が縦長である点や、点前座の風炉先窓上の下地窓も縦長で、さらに引分け障子となっている点、躙口上の連子窓に付貫がなく、それと矩折の位置にあけられた連子窓は連子が竹でなく木製で、二本の貫が通っている点などが特徴である。*松永耳庵もよく訪れたといわれる。

明恵【みょうえ】

承安三年～寛喜四年（一一七三～一二三二）。鎌倉時代前期の華厳宗の僧。南都仏教を中興した。住した明恵房にちなみ、明恵上人と称される。法諱は高弁。紀伊国（和歌山県）有田郡安田に生まれ、京都神護寺の文覚の弟子となる。のち出家して東大寺で顕密諸学を学んだ。建永元年（一二〇六）、後鳥羽上皇より栂尾山を賜り高山寺を開創し、華厳の道場として戒律、禅の振興につとめ、近衛家や執権北条家の帰依を受けた。『摧邪輪』のほか、多数の著書がある。春日信仰の教学を樹立し、また和歌を好み、書を能くした。*栄西が中国、宋よりもち帰った茶種を明恵に贈り、明恵が栂尾に植えたのが、茶の栽培の起りであるという説は有名である。しかし近年の研究で、栄西と明恵の接点は明確ではなく、また平安時代より茶が存在することなどから、事実と異なる伝承であることが明らかにされている。江戸時代中期頃までは、明恵自身が茶種をもち帰ったとの説もひろく流布していた（南方録、不白筆記）。茶の将来については諸説あるが、栂尾に日本最古と伝承される茶園が存在し、その茶が上質であったことは、栂尾の茶を本茶、他所産の茶を非茶として区別したことより確かであるといえよう。

妙喜庵【みょうきあん】

❶京都府乙訓郡大山崎町にある臨済宗東福寺派の寺院。江戸時代から*千利休の作と伝える茶室*待庵のあることで有名。明応年間（一四九二～一五〇一）、春嶽士芳を開山として創建。連歌師の山崎宗鑑がこの地に対月庵と号する草庵を結んだ隠棲の地と伝える。茶室待庵とともに、室町時代の書院座敷（重要文化財）、書院風茶室*明月堂、庫裏が現存する。

❷*松平不昧が松江城（島根県松江市）三之丸に営んだ茶室。不昧の茶会を記す『大円庵会記』には、「文化五年辰四月八日御在所妙喜庵ニて（中略）右ハ御在所出立大坂ニて御待請中上候ニ付　御餞別之御茶被下置候会記也」、また「（文化十三年）十一月五日　口切　御在所妙喜庵」と、妙喜庵での茶会について書かれている。いずれも「御在所」と付してある。隠居して大崎下屋敷（東京都品川区）でもっぱら茶の湯に親しんでいた不昧が、文化三年（一八〇六）と同五年に国元に帰った折、茶の湯を楽しんだのが妙喜庵である。その所在地は『御花畑之内南御亭所替妙喜庵待合共御建直積』（島根県立図書館所蔵）により、松江

城内の御花畑（島根県立図書館付近）であることがわかる。間取りは、ともに所蔵されている「妙喜庵絵図」に「御床」「二畳隅炉」「一畳」が描かれ、床は塗廻しで、躙口や下地窓の配置からも千利休の*待庵の写しであることがわかる。異なるのは、利休の待庵が南向きであるのに対して、不昧の妙喜庵は躙口が西面にあけられていることである。古典を重んじた不昧の一側面をみる。江戸時代、利休の待庵は名席として知られ、これにならった茶室も各地に造られたが、不昧もまた待庵写しを松江城内に設けて、利休の茶の湯に近付こうとしたことがわかる。

明喜庵【みょうきあん】

広島県尾道市の爽籟軒庭園にある茶室。爽籟軒は、江戸時代の豪商・橋本家（加登灰屋）の別荘で、その庭園築庭時期は江戸時代と推定され、築庭者は真宗僧の木翁、あるいは*小堀遠州とも伝えられる。広さ八五八平方メートルの園内には四つの築山、園池、茶室などが配置される。明喜庵は、嘉永三年（一八五〇）に時の当主・橋本竹下が建造したもので、入母屋造桟瓦葺、銅板葺の庇が付く。二畳隅炉で、床は室床、次の間は板畳付一畳に一重棚が付いた*待庵の写しの席と、水屋付六畳、四畳半の三席からなる。入母屋破風に*裏千家十六代坐忘斎宗室揮毫の額が掲げられる。

妙心寺【みょうしんじ】

京都市右京区花園妙心寺町にある臨済宗妙心寺派の大本山。山号は正法山。花園上皇が、*関山慧玄を開山として、花園御所を禅寺にあらためたことに始まる。応永六年（一三九九）、住持の拙堂宗朴と師檀関係にあった大内義弘が乱を起こしたことから三代将軍*足利義満が末寺、寺領を没収している。永享四年（一四三二）、南禅寺の延器宗春が開山堂にした微笑庵の敷地を返還して以来、日峰宗舜によって復興が進められた。応仁の乱で焼失したが、細川勝元、政元らの外護と、戦国大名、民衆の帰依も受け、雪江宗深によって再興が進む。諸堂の造営とともに塔頭も創建され、龍泉庵、東海庵、霊雲院、聖沢院の四派・四本庵が成立、教団の運営組織を確立した。室町時代末期から江戸時代初期には、織田、豊臣、徳川ほか諸大名の外護によって寺観が整備され、*大徳寺と同様に林下（山林派、山隣派）の禅風で各地に教線を拡大した。元和元年（一六一五）徳川幕府は「妙心寺諸法度」を制定し、寛永六年（一六二九）の紫衣事件では、幕府に抗議した罪で、大徳寺の*澤庵宗彭らとともに、妙心寺の単伝士印、東源慧等が配流された。その後、正法の復興を目指し、愚堂東寔、雲居希膺ら近世関山派の僧が現れ、江戸時代後期には古月禅材や白隠慧鶴らの傑僧が輩出、臨済宗の主流となった。山内は堂舎二十数宇と塔頭四十余宇からなり、玉鳳院、退蔵院などの史跡名勝指定の庭園ほか、多くの文化財が伝えられている。

妙立寺の茶室【みょうりゅうじのちゃしつ】

石川県金沢市の妙立寺にある茶室。妙立寺は、日蓮宗の寺院で、寛永二十年（一六四三）、すでに小松に隠居していた前田利常が、金沢城内にあった祈願所を運上町に移したのに始まる。その後、二度場所を変え、万治年間（一六五八〜六一）頃に現在地に移ったと伝える。歴代藩主や重臣たちが祈願に訪れた寺として知られるほか、内部構造がきわめて複雑なことから、現在では忍者寺の異名ももつ。茶の湯の機能をもつ座敷は階上に二席あり、一つは五畳半、もう一つは八畳隅切と十二畳半との続き間である。五畳半の席は、床と琵琶台を備えた四畳半の下座に、一畳の点前座を付した茶室で、周囲には四畳水屋、縁、十一畳書院が接する。点前座の先に向板が入り、ここに中柱、袖壁、釣棚が設けられ、台目構え風の点前座構成をもつが、出炉に切られた炉の位置は点前畳の前端まで上がっていて道具畳がなく、変則的である。これにより亭主の背後が半畳あいて通りやすくなることから、十一畳書院との行き来を優先させたものとも考えられる。また、四畳半部分と点前座との境は、中柱の袖壁と天井小壁が切れ目なく面を構成しており、四畳半側から見ると、別室風に仕切られた茶立所のように見える。茶を貴人に献ずることを想定した構成ともいえる。もう一方の席は二室続きであるが、どちらにも炉は切られていない。五畳半のさらに上の階にあり、両座敷とも床、棚を備え、特に八畳隅切の座敷は、床脇壁が大円の吹抜きになり、その中に違棚と富士山形の大きな透しを入れた壁が見える。両座敷の境には階段があって、これを一段下りた踊り場に小さな水屋があり、ここから両座敷に茶を点て出すことができる。これも茶立所のような位置づけとしてとらえることができる。これらの茶座敷がいつ頃造られたのか明らかではないが、江戸時代後期以後のものかと思われる意匠構成が散見される。

眠雲【みんうん】

*松平不昧が*大崎園に営んだ茶室の一つ。園庭の中ほどやや南にあったが、この部分は文化五年（一八〇八）に拝領した地所に当たるところから、それ以後に造られたと考えられる。周囲は広々とした田畑で、茶室は板塀で囲まれ、唐戸の門を入ると正面に*千利休所持の石燈籠し*澤庵宗彭所有といわれる手水鉢があり、大徳寺塔頭の砂の敷き方を写した露地に飛石と延段が配置されている。破風に「臥月眠雲」の額（東京国立博物館蔵）を掲げた四畳半と、軒下に「松荷」の額を掲げた二畳、また次の間台目四畳などからなる。茶室の屋根は「惣してこけら葺」（江戸大崎屋敷茶室詳細図）。四畳半の席は天井が赤松の竿縁、床は一間半幅の板床で、隅に釣棚を設ける。『大崎別業遊覧記』には「此亭の板さうじ（障子）花鳥など畫けり　こは高臺寺のものとかや聞く　棚は政一朝臣の作られしにて　畫は相阿彌がかきしとなり」とある。二畳の席は地袋を設けた半間の床に、上部に天袋と棚があり丸炉を設けた半間の地板が並び、*『大崎名園の記』に「之なん松花堂の御うつしとかや。丸爐切やういといとわびて面白し」と記される。なお、この二畳の南は槫板敷の水屋で、次の二畳とのあいだには小林如泥（不昧の大工方として活躍した指物師）の桐透彫り袖障子（東京国立博物館蔵）が建ててあった。

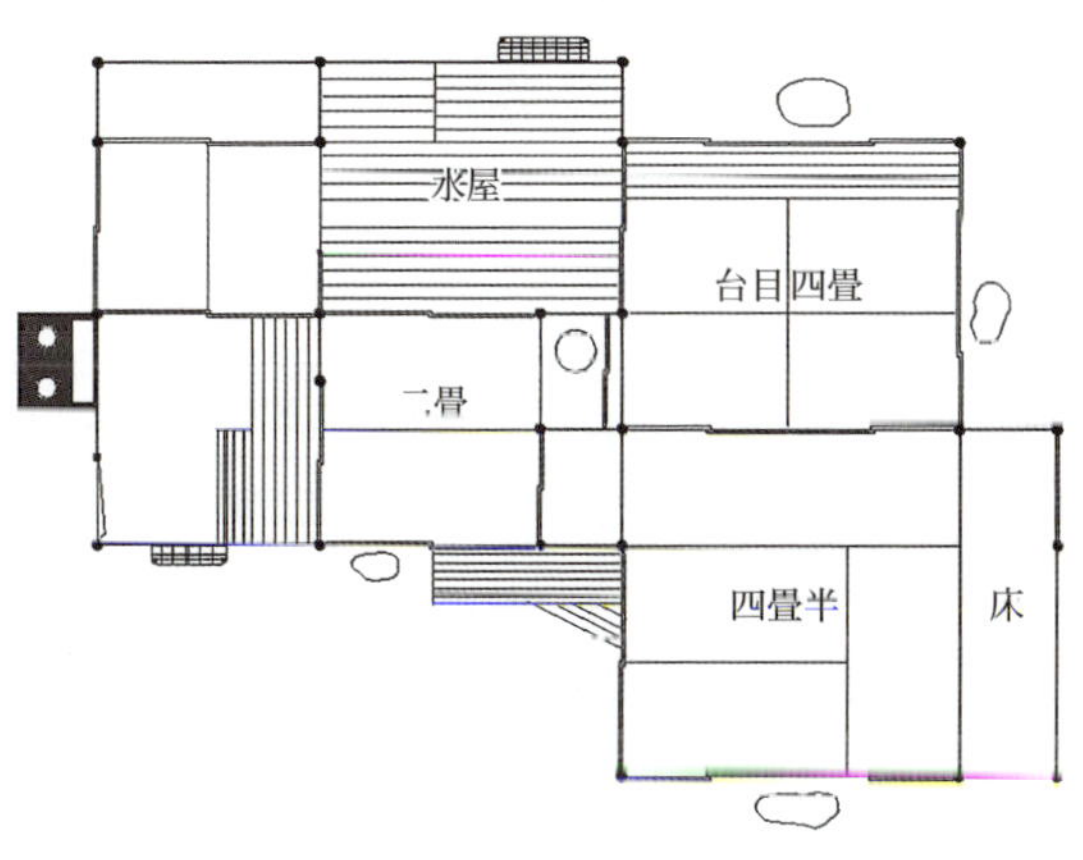

眠雲　「江戸大崎御屋鋪御茶屋之絵図面」から作図

む

無為庵【むいあん】

京都市中京区の天龍寺塔頭宝厳院にある茶室。⇒宝厳院の茶室【ほうごんいんのちゃしつ】

無一物【むいちぶつ】

*表千家の茶室。*表千家七畳の西側、二畳の水屋の南に続く二畳敷と、七畳南側*入側西端の台目二畳からなる小座敷。十一代碌々斎瑞翁によって設けられた。水屋との境は台目幅の口をあけ、障子二枚を建てて茶道口とした一畳が点前座で、炉を*逆勝手*向切とし、*風炉先の壁を床としている。点前座の上は*落天井で、*野根板天井とし、入側の*化粧屋根裏が、落天井境の小壁まで張り上げられている。小壁には七代如心

無一物　内部

斎天然筆「無一物」の大きな扁額が掲げられている。台目二畳の向こう、露地に面して二枚障子の口があくが、*沓脱石は据えられていない。七畳の入側の一部を囲って造られた茶室で、当初は玄関に続く応接間を兼ねたような工夫であったと考えられる。

向唐門【むかいからもん】

*唐門の一種。二本の親柱をつなぐ横架材の中央、直角方向に*棟を通し、屋根の正面と背面に*唐破風を取り付けた門。親柱の背面側に*控柱を立て、桁を受ける。対して妻側両面に唐破風を付けた門を*平唐門という。

向棚【むかいだな】

*床脇に設けられる*飾棚の一種。江戸時代に棚雛形として定型化される四十八棚の一つ。『増補大匠雛形四 新板棚雛形』(一八六六年刊)には「是ハたなかず(棚数)多き所、但し中座よし」とある。

向棚　『増補大匠雛形四 新板棚雛形』

迎付【むかえつけ】

❶茶事において亭主が、*露地入りし*腰掛で待つ客を、*中門あたりまで出向き迎えることをいう。この時、互いに無言の礼をする。❷*七事式の花月之式において、亭主が*踏込畳に出て、連客に対して挨拶の礼をすること。

昔畳【むかしだたみ】

中世の上流住宅で使われたともいわれる畳のひとつで長さ六尺五寸、幅三尺二寸五分の大きさのものをいう。近世における呼び名。長さ六尺三寸、幅三尺一寸五分の*京間畳の成立は慶長年間(一五九六～一六一四)の成立であることが知られているので、昔畳はそれ以前のものということになる。

無何有荘大醒榭【むかゆうそうたいせいしゃ】

岐阜県大垣市にある煎茶室。美濃国大垣藩士・小原鉄心は、藩政改革の成功で名高いが、文人との交わりも多く、風流文雅を好み、詩文を能くし、かたわら書画を作った。安政三年(一八五六)に、城北の林村、水門川畔に別荘を設けて無何有荘と名づけた。荘中に水門川から水を引いて池を設け、大醒榭、小夢窩、蓬宇の三亭を造り、公務の余暇に文人墨客を招いて、詩酒を楽しんだという。小夢窩、蓬宇の二亭は現存しないが、大醒榭は、昭和三十六年(一九六一)に大垣市に寄付され、同三十八年に常葉神社境内、同四十八年に全昌寺境内、さらに平成二十四年(二〇一二)に、大垣市奥の細道むすびの地記念館に移築された。池にせり出して建ち、池側の北面から西面にかけて勾欄付の縁が矩折に付く。茶室、湯殿、水屋、厠の四室から構成されており、外壁は弁柄漆喰壁となっている。茶室の西面中央は壁床で、その南側の床脇は、下半を浅くくぼませて、その上を火燈曲線で縁取り、扇面が描かれた漆塗観音扉の天袋を設けた珍しい意匠である。南面は雨戸を開けると開放で、その両脇に中国風の衝立が備え付けられる。特に西側の衝立には、小原鉄心と親交のあった佐久間象山、中林竹洞、山本梅逸、安積艮斎、齋藤拙堂、藤森弘庵、高島秋帆の書画詩文が浮き彫りにされ、その上方に紫、赤、橙、青、透明

無何有荘大醒榭　床側

む

のギヤマン（ガラス）がはめ込まれている。きわめて中国趣味、文人趣味の色濃い煎茶室である。

夢境庵【むきょうあん】

茨城県笠間市の*春風萬里荘にある茶室。もとは*北大路魯山人が大正十五年（一九二六）、神奈川県の北鎌倉に営んだ星岡窯に、自身の手で設計したもの。星岡窯には邸宅として江戸時代中期の民家が移築されたほか、研究所や工場なども造られていた。旧居とこの茶室は昭和四十年（一九六五）に笠間市へ移築され、現在は笠間日動美術館分館となっている。夢境庵はもとは、入母屋造茅葺の独立した茶室であったが、移築に際して旧居の田舎家と接続され、切妻造桟瓦葺の外観にあらためられた。内部は四畳半で、裏千家*又隠写しの席と三畳の水屋からなる。床柱には南天、床框には黒柿が用いられており、野趣あふれる意匠をもつ。

夢境庵　外観

無垢板【むくいた】

原木から直接切り出した板。また、そのような材を無垢材という。合板や集成材に対する語。

椋の木【むくのき】

アサ科ムクノキ属の落葉高木。単に「椋」、また「椋榎」などともいう。主に本州（関東地方以西）から九州、中国や東南アジアにまでひろく分布する。雑木林などに見られ、庭園や露地の植栽として用いることもある。材質は強靭で昔はてんびん棒や野球のバットに利用された。建築材としては、天然の*皮付丸太が床柱などに好まれる。この皮付丸太の色調は黒褐色で、細かい筋目の風合いが特徴的である。

起り屋根【むくりやね】

屋根の形状の一種。屋根の*流れが凸形になった曲線形の屋根。直線の屋根よりも優しい印象で、古民家などにしばしば見られる。逆に凹形になるものを*照り屋根という。（付録15頁参照）

無限庵書院【むげんあんしょいん】

石川県加賀市の旧新家別邸にある書院。もとは大正時代（一九一二〜二六）の初期、加賀藩の家老職八家の一つ、横山家の分家にあたる横山章が、子息の婚儀に際し金沢市高岡町に建てたもので、山中塗の木地挽きを生業として成功した新家熊吉が移築し、別邸に営んでいた。この別邸を昭和五十八年（一九八三）、財団法人無限庵が譲り受け、書院は無限庵書院と称されることとなった。間口四間、奥行四間半の主室と次の間からなる堂々たる檜（尾州檜）造の座敷で、壁面は一面に金泥で連山と雲を描く障壁画の張付壁。中央に二間の床を備え、付書院は構えず、左右に一間ずつ床脇を配し、格式とともに豪華な意匠がこらされる。向かって左には天袋と地袋を設け、右にある琵琶台の束は黒柿の摺漆塗とし、正面の羽目板には優美な加賀蒔絵が施される。天井は竿縁天井。別邸の建物は書院のほか、

無限庵書院　床側

玄関、応接室、茶室、二階建の座敷、内玄関からなる。なお現在、無限庵庭園の下部庭園には広島藩主浅野家ゆかりと伝わる*静清庵が建つ。

向板【むこういた】

*板畳の一種。*台目畳の点前座先（向こう側）に入れた板畳。幅は畳幅と同じで、奥行きは約一尺五寸（丸畳の四分の一ほど）である。*千宗旦が隠居屋敷に造った一畳台目（現在の裏千家*今日庵）が向板の初見と考えられる。宗旦はこの茶室を造る以前に、床無し一畳半（一畳台目）を試みたが、晩年、これに向板を加えて*中柱を立てて、床のような構えを創り出した。点前座の背面にある壁床の機能を補うようなはたらきがある。また、こうした向板の機能と壁床とを一体化し応用したものとして、藪内家*雲脚などの例も挙げられる。

向板　今日庵　裏千家

向切【むこうぎり】

茶室における炉の切り方の一つ。「向炉」ということもある。*入炉の一種で、亭主から見て点前畳の前角、*客付側に切った炉をいう。逆に*勝手付に切るのが*隅炉である。本勝手では右前角に切るのが向切、左前角に切るのが隅炉になる。向切の場合、*炉縁とその先の壁の*畳寄とのあいだに*小板を入れるが、点前座が*台目畳でその先に*向板が入る場合、小板を入れないこともある。歴史的には*武野紹鷗の時代からあった切り方のようで、『*茶湯秘抄』の「長三畳敷」図にそれを見ることができる（三畳の項の図を参照）。無論その頃は、あくまでも特殊例としての炉の切り方であって、「向切」と命名されるほどの定着も認知度もなかったが、*千利休の二畳、*深三畳半、*一畳半（一畳台目）が注目を集め、評価され始めると、それに付随する隅炉、*台目切、向切も、炉の切り方の定法として受容されていった。また*台子における*風炉の座の位置に炉を切るという考え方もいわれるようになり、隅炉が先に生まれ、後に客付に移動して向切ができたとされた（茶伝集、南方録）。なお『*南方録』では「向炉」を、点前座の先に切る炉という意味で用い、隅炉も向切も含んでおり、用語や用法において区別されていなかったようである。（付録18頁参照）

向造【むこうづくり】

神社建築の様式の一種。屋根の*切妻*破風が正面に向くもの。

向炉【むこうろ】

❶向切と同じ。⇒向切【むこうぎり】
❷『*南方録』で、点前座の先に切る炉（*入炉）をいう。*向切と*隅炉を含んで用いられ、区別はされていない。

無字庵【むじあん】

京都市左京区の*重森三玲旧邸にある茶室。邸内書院の北に接続して建つ。なお旧邸の書院及びその前庭は重森三玲庭園美術館として公開されている。この茶室は、扁額裏の書付から昭和二十八年（一九五三）五月二日に完成し、設計は重森三玲、大工棟梁は亀村辰之助であったことがわかる。内部は三畳台目で点前座の対面に躙口をあける。下座に明障子を建てて水屋に通じる板廊下を設けている。給仕にも便利で、また相伴席として、あるいは貴人口にもなる機能性に富んだ廊下である。室内は苆の目立つ荒々しい土壁とし、床柱や床框、中柱など床まわりには古材を随所に用いる。中柱の袖壁に斜めに大

無字庵　床側

きな下地窓をあけるなど、奇抜で大胆な意匠は三玲の造形に対する思想の表れとみることができる。登録有形文化財。

無色軒【むしきけん】

*裏千家の茶室。四代仙叟宗室の好みと伝える。家元内の西部、*腰掛に近く、*寄付や袴付としての位置を占める。外観は*切妻造*桟瓦葺の前面に*柿葺の庇を付け、妻には七代最々斎竺叟筆「松無古今色」の板額を掛ける。中央に上り口を設けて*貴人口をあけている。内部は全体六畳敷。西側の客座四畳と、東側の点前座一畳及び一畳分の*榑板張（板間）からなる。点前座*風炉先の下部は*吹抜き、上部に*下地窓を大きくあけている。点前座勝手付の*仕付棚は*釘箱棚である。客座の天井はやや太い*小丸太の竿縁天井。東側の天井は客座と区画された*化粧屋根裏で、座敷に付加された庇のような空間となっている。西の*一間の*白張付壁の壁面を壁床とする。北側、次の間との境は鴨居を通し、鴨居の上は少し湾曲した*なぐりの*壁留を間口いっぱいに入れて鴨居とのあいだは透かしている。現在、無色軒は*寒雲亭の西に庭を挟んで離れているが、おそくとも天保年間（一八三〇～四四）以前には寒雲亭の西に無色軒の前身となる座敷が接続していた。文化三年（一八〇六）九月二十日の会記にみえる、仙叟の一行物を掛け、九代不見斎石翁の好み物を数多く取り合わせた座敷は「寒雲亭続間、六畳敷於新席」であった。この座敷が無色軒の前身であったと推測される。二つの茶室が接続していた時、無色軒には寒雲亭の床が入り込んで床の脇の吹抜きが室内に現れていた。間取りも現在のような整形でなく、寒雲亭の「柳の間」を取り込んで七畳の広さがあった。天保十年（一八三九）の利休二百五十年忌茶事で袴付とされた「玄関ノ次」の「袴着休息所、五畳敷」が現在の無色軒であり、天保九年から十年にかけて行われた十一代玄々斎精中による一連の増改築によって現状の姿になったものと考えられる。重要文化財。

無色軒　茶道口側

無色軒

虫籠窓【むしこまど】

土塗りの竪子を並べた二階部分の窓のことで、「蒸子」とも書く。「細かに（格子を）打たる窓なるべし、今も窓の出格子を虫籠と呼ものあり」（嬉遊笑覧）とあるように、細い格子を密に組んだ木格子の呼称であったことが知られる。虫籠からの連想であろうか。耐火建築として塗籠造（土蔵造）が瓦葺とともに奨励されたことによって、木製の虫籠窓をあけることよりも土塗りの格子を用いることが優勢となり、「ぬり窓」とか、「土ぬり窓」「土むし子」などと呼ばれていた土塗りの格子が「むしこ窓」と呼ばれるようになったのではないかと考えられる。

蒸風呂【むしぶろ】

浴場の四方を密閉して、蒸気で身体を温める風呂。板で囲った板風呂、岩穴を用いる石風呂（穴風呂、空風呂とも）、古くから京都市左京区八瀬の名所として知られる釜風呂などがある。石風呂や釜風呂は海藻や生木を蒸して用い、保健や薬用の効果を期待するものでもあることから、江戸時代の京都や江戸には、釜風呂を模した塩風呂を貴族や寺院が造ったり、疾病の治癒を謳って、町風呂として営業したりしていたものがあったことが確認される。これに対して湯水を浴びる湯風呂は、沐浴すなわち禊ぎや祓いと同起源と考えられ、その浴室は湯殿などと呼ばれた。たとえば宮中の御湯殿で行われた天皇の沐浴は、重要な日中儀式として、次第や調度が委細に整えられていた。この宮中の御湯殿には、飲食をはじめ諸事用の湯を沸かしたり食膳を整えたりする場所である御湯殿上が併設され、これに奉仕する女官等の詰所ともなっていた。蒸風呂や湯風呂には、ともに身を清めるという精神性を本質的な特徴としてみることができる。『浴仏功徳経』や『仏説温室洗浴衆僧経』などの仏典にも、その精神性が入浴を重要視するかたちで表されており、この精神性を背景として、仏教の鎌倉時代頃からの民間布教にともない、慈善事業として入浴を施す施浴が、寺院でひろく行われた。現存最古の湯屋は寺院にのこる。奈良東大寺の延応元年（一二三九）再建の大湯屋で、建久八年（一一九七）の銘の鉄湯船が据えられた風呂屋形には唐破風が設けられる。風呂屋形の唐破風は、禅寺の浴室やのちに銭湯にも用いられた、浴室の象徴的な意匠である。下って室町時代には、「慕帰絵詞」の第二巻第二段や「東大寺縁起」下巻などの絵画史料に、蒸風呂を確認することができる。蒸風呂の遺構としては、京都東福寺の浴室が長禄三年（一四五九）と最古であるが、内部の入浴施設はのこされていない。入浴施設までものこす蒸風呂の最古の例と考えられるのは、西本願寺境内の*飛雲閣に廊下で接続する黄鶴台（重要文化財）である。飛雲閣の建設時期については諸説があるが、十七世紀前半頃と考えられている。また黄鶴台の浴室からは「寛永五年三月から寛永六年八月迄」の墨書が発見されている。寛永五年（一六二八）から六年のこの頃は宮廷を中心とした古典復興が隆盛する時期であり、西本願寺も皇族や公家衆との関係が深かったことから、黄鶴台も宮廷貴族との社交や遊興の場として使われたと考えられる。黄鶴台は寄棟造柿葺で、これに切妻造桟瓦葺の浴場が接続している。入浴後の休憩室ともなる黄鶴台は中二階の高さで、滄浪池を跨いで建つ。三方を縁とした開放的な六畳敷からは園内を一望でき、室内は狩野永徳の筆と伝わる障壁画のほかは、部屋隅に二段の棚があるだけの簡素な造りである。この六畳の背後の階段を降りると四畳敷の脱衣所があり、脱衣所に浴場が接続している。浴場は中央へ向けて水勾配のある十畳ほどの広さの板敷きで、さらにその奥には、唐破風を構えた蒸風呂屋形と湯釜と水槽が並ぶ。一畳半ほどの広さの蒸風呂の内部は簀子張で、その下には湯釜が据えられている。これは明暦二年（一六五六）の京都妙心寺の浴室（明智風呂、重要文化財）と同じ構成の蒸風呂屋形である。庭園の景観とも一体となる黄鶴台は、風呂のもつ医療や宗教といった性質へ遊興という面を加えることで、風呂の精神性を拡張した特徴をみることができる。さらに下って江戸時代中期の蒸風呂の遺構として、茶室の待合を兼ねた蒸風呂の遺構の御風呂屋が島根県松江市の*有澤山荘にのこる。寛政四年（一七九二）頃に建てられたとされる、入母屋造茅葺に柿葺の土間庇をもつ御風呂屋は、蒸風呂と二畳大の板敷きの洗い場、二室の二畳敷などからなる。二畳敷はともに肘掛窓で露地に開いており、蒸風呂を用いた後の小休憩所及び待合の場としての役割があった。茶と風呂との組み合わせは、わび茶の成立以前の中世の*淋汗茶湯の流行に見られ、戦国時代にも風呂による饗応は特殊なことではなかった。近世には水無瀬神宮の*燈心亭にも勝手の奥に一畳台の簀子の間が備えられていたり、*旧一条恵観山荘の茶屋にも湯殿が近接して設けられたりしていた。有澤山荘が営まれた頃には風呂屋が普及し、風呂上りに茶と駄菓子を楽しむ庶民の姿が見られた時期でもあった。*松平不昧により草庵式茶室の構成を用いて山荘として組み立てられた有澤山荘は、中世以来姿を変えて息付く

蒸風呂　黄鶴台　西本願寺

む

風呂の饗応が、山荘での茶の空間として露地へ再生された例とみることができる。

武者隠し【むしゃがくし】

*書院造の*対面所上段などの*帳台構の背後にある部屋のこと。または帳台構をさす場合も。俗説では、この部屋に警固の武士を控えさせたといわれる。

武者小路千家【むしゃこうじせんけ】

茶道流派の一つ。*千利休を祖とする三千家のうち、三代*千宗旦の次男・似休斎一翁より始まる。京都市上京区に所在。歴代の名乗りは宗守。**[四代似休斎一翁]**慶長十年～延宝四年（一六〇五～七六）。宗旦の先妻（壽松院日安妙宗）の子で、塗師・吉文字屋吉岡与三右衛門の養子になったという。玉舟宗璠（大徳寺百八十五世住持）に参禅し、一翁宗守の号を授けられている。後に一翁はその業を娘婿の初代中村宗哲に譲り、千家に復した。斎号は「休に似る」という意で、利休の風を慕うとともに、自身の風を打ち立てるという思いが反映していると考えられる。晩年は讃岐国（香川県）高松藩松平侯に茶頭として出仕している。茶室*官休庵は吉岡甚右衛門時代に父・宗旦と相談して建てられている。門下に松平頼重、早川教意らがいる。**[五代許由斎文叔]**万治元年～宝永五年（一六五八～一七〇八）。一翁晩年の子で、幼名は甚四郎。古器の鑑識にすぐれ、*近衛家煕所蔵の茶杓をはじめ、多くの茶道具の極めを行った一方で、「文叔宗守ハ一時の上手にてありけるよし」（茶話抄）とあり、その点前も高く評価されていた。門下に西村道也、溝口玄哉、奥谷宗源、藤木桃渓がいる。**[六代静々斎真伯]**元禄六年～延享二年（一六九三～一七四五）。名は重次郎。当時、中国から入ったばかりの書体である明朝体で記した作品がのこるほか、利休以来同家に伝来した長次郎作の赤茶碗木守を自ら写し、本歌を高松侯に献上するなど手造り茶道具も多く、歴代中随一の名手として知られる。門人に安田是誰、*売茶翁、伊藤道幽、宇治屋有我らがいる。**[七代直斎堅叟]**享保十年～天明二年（一七二五～八二）。六代静々斎の養子となった。久右衛門。この時代、社中が飛躍的に増加したこともあり、相伝の形式を定めて、家元制度を整えた。安永元年（一七七二）、火災により焼失した官休庵を一翁の百回忌にあたって再建、あわせて家元邸内に*一方庵や*弘道庵を好んでいる。武者小路千家中興の祖とされる。門下に九条輔家、竹田紹清、川村宗順、樋口道立、平瀬半仙、矢倉安蔵らがいる。**[八代一啜斎休翁]**宝暦十三年～天保九年（一七六三～一八三八）。川越兵庫頭の子で、勝次郎、以孝、方昌を名乗る。七代直斎の養子となり圓明、溪潤などと号した。天明二年（一七八二）に家督を相続、天明の大火（一七八八年）に焼失した同家を再興、直斎好みの一方庵の構えをあらため、新たに*半宝庵を建てた。*独楽庵の茶事に招かれている。*松平不昧との交流があり、門下に*木津家初代の松斎宗詮をはじめ、平瀬士瀾、奥谷宗悦、北風六右衛門らがいる。**[九代好々斎仁翁]**寛政七年～天保六年（一七九五～一八三五）。*裏千家九代不見斎石翁の三男。はじめ宗什、玄室、宗屋といったが、一啜斎の末娘・宗栄（智昌）の婿養子となり、宗守を襲名するが、文政六年（一八二三）、一啜斎に先立ち没した。門下に中川自休、市川助寿郎らがいる。**[十代以心斎全道]**天保元年～明治二十四年（一八三〇～九一）。*表千家十代吸江斎祥翁の弟で、武者小路千家に入る。はじめ義一郎のち尚方。天保六年（一八三五）に宗守を襲名する。幼い時に天然痘を患い失明、隠居後は宗安を名乗った。利休二百五十回忌を先代好々斎夫人宗栄、また門人筆頭の木津家初代宗詮の後見によりつとめた。門下に茂山忠三郎、赤沢宗四、玉楮象谷らがいる。**[十一代一指斎一叟]**嘉永元年～明治三十一年（一八四八～九八）。表千家十代吸江斎祥翁の次男で、辰之助を名乗る。以心斎の養子となり宗屋と改名、木津家二代宗詮が後見する。明治十四年（一八八一）、嘉永年間（一八四八～五四）の大火に類焼した官休庵や半宝庵の茶室と露地の一部を再興、新たに祖堂の*濤々軒を指図している。他にも慈照寺（銀閣寺）の*集芳軒、*早川邸の茶室和敬室などの好みの茶室もある。明治十四年には北野天満宮で流儀最初の献茶を奉仕している。歴代中最も能筆であったとされる。門下に松平確堂、*平瀬露香、藤田香雪、西川松齢、戸田露吟、春海痴漸らがいる。**[十二代愈好斎聴松]**明治二十二年～昭和二十八年（一八八九～一九五三）。久田宗悦（表千家十代吸江斎祥翁三男）の次男。名は嘉次。十一代一指斎の養子とな

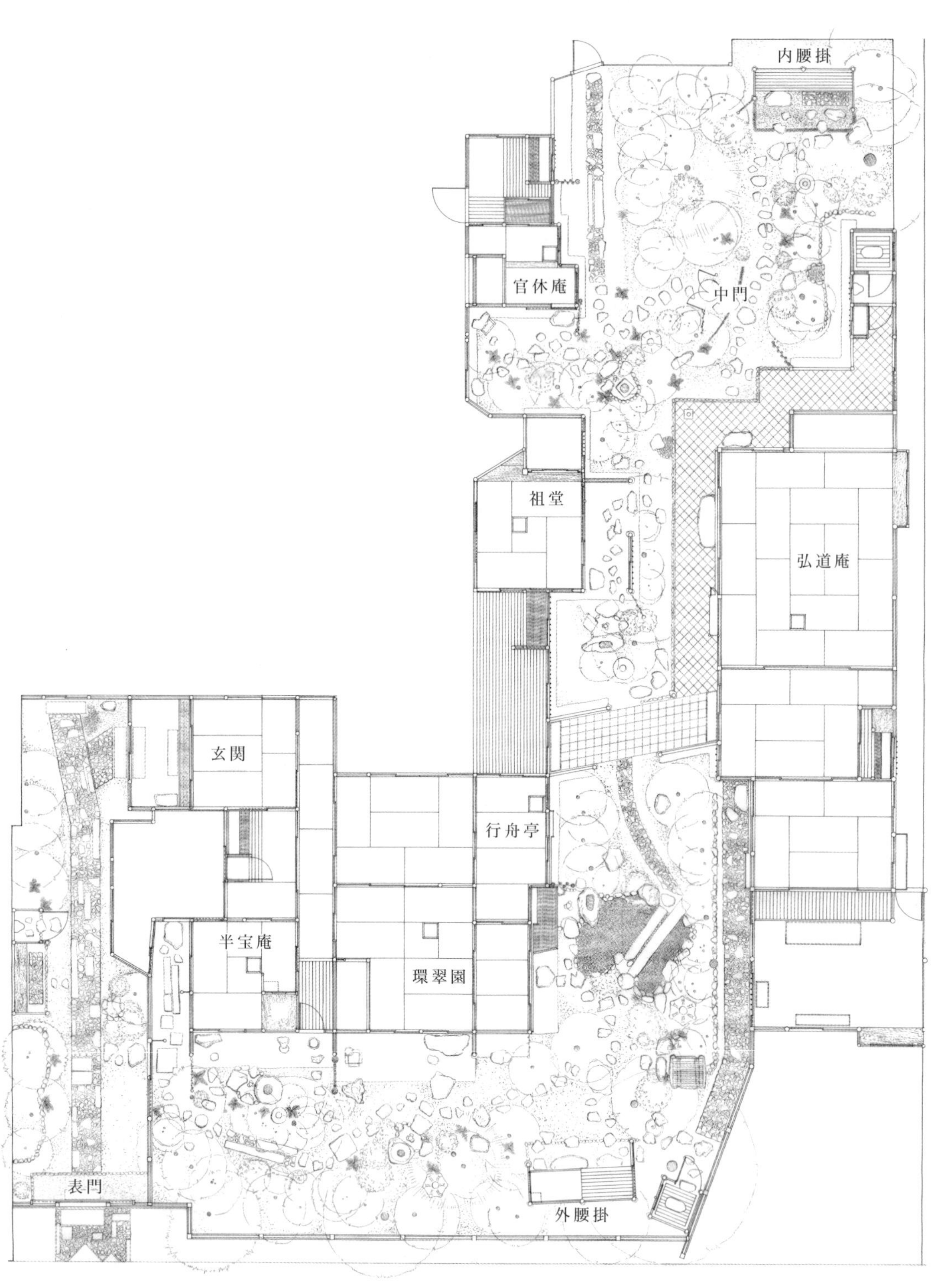

武者小路千家　茶室と露地詳細図

るも、十歳の時に一指斎が没したため、表千家で養われた。そのあいだ門人の平瀬露香、露秀、木津家三代宗泉が家元預をつとめている。東京帝国大学を卒業し、大正七年（一九一八）家元を継承すると、武者小路千家を復興した。茶の湯の世界を初めて論理的な観点で分析し、新風を打ち立てた。著述も多く『茶道妙境』『茶道風與思記』や、機関誌『武者の小路』を創刊している。利休三百五十回忌には弘道庵を再建、近衛文麿の虎山荘の茶室滴庵の設計にもたずさわる。門下に水谷川忠麿、小曽根凌雪、近重直澄、清海泰堂、関精拙、多川乗俊、立花大亀、岡田よ志、戸田露朝・露綏らがいる。［十三代有隣斎徳翁］大正二年～平成十一年（一九一三～一九九九）。神戸市の島家に生まれる。京都帝国大学で国史学を専攻、同大学院に進むと同時に京都市市史編纂委員をつとめた。昭和十六年（一九四一）愈好斎の娘・澄子と結婚。のち宗守を襲名。わが国最初の試みとなった茶道専門学校である千茶道文化学院を開校し、また財団法人官休庵を組織して流儀の近代化を図った。［十四代不徹斎宗守］昭和二十年～（一九四五～）。十三代有隣斎の長男。慶應義塾大学法学部を卒業、同大学院で美学美術史を専攻し、平成元年（一九八九）宗守を襲名する。機関誌『起風』を創刊、海外への茶道紹介、文化交流に尽力している。家元邸内に茶室棟起風軒や総漆塗の茶室仰文閣を造る。

武者小路千家の露地【むしゃこうじせんけのろじ】

京都市上京区の武者小路千家に所在。千利休の孫である千宗旦の三男・江岑宗左は不審菴（表千家）を継ぎ、四男・仙叟宗室は宗旦が隠居した今日庵（裏千家）を継いだ。次男の似休斎一翁は塗師の吉文字屋の養子となっていたが、やがてこれを中村宗哲に譲って茶匠となり、武者小路小川東の地に官休庵を営み、武者小路千家を興したと伝える。武者小路千家は、安永年間（一七七二～八一）、天明八年（一七八八）、嘉永七年（一八五四）と三度の火災にあったがその度に再興され、明治十四年（一八八一）にほぼ現在の姿となった。武者小路通に面して北にひろがる敷地内には、西側に半宝庵、環翠園、行舟亭、祖堂、官休庵が南から北に向かって配置され、その外側を南から西に向かって露地がのび、これら茶室、茶座敷を巧みに結んでいる。敷地南西端にある表門から敷石が真っ直ぐ北に玄関へと向かっている。その途中、中ほどの西側に腰掛があり、その斜め向かいにある露地口を潜ると半宝庵の露地である。自然石の手水鉢にやや角ばった前石を配した蹲踞は植込みで囲われるように配され、竿を生け込んだ鉢明りの燈籠が立つ。小ぶりの飛石と延段を伝ってさらに東へ進むと環翠園の露地となる。外腰掛近くには井戸が構えられる。花崗岩の井筒の正面には水汲石、左手に桶石が据えられ、八手や羊歯で風趣が添えられている。井筒の左右になぐりの釣瓶柱が掘立てられ、笠木の上に杉皮葺の屋形をのせ、車を下げる姿は秀逸である。この風情ある井戸のかたわらを過ぎると空堀が横たわる。空堀には花崗岩の二枚の石橋が架けられ、これを挟んで迎付が行われる。空堀を渡ると右手が弘道庵（十五畳）である。ここから土間廊下が東西にのびていることによって、露地が南北に二分された感がある。裏千家十一代玄々斎精中による嘉永の焼失以前の屋敷古図「千宗守方小座敷露地ノ図」（一八三九年）によると当時は敷地の東側に建物があり、その南から西、北に露地があった。つまり嘉永の火災後、露地に順次建物、茶室が再興されていったことで、建物と露地との位置関係が逆転してしまったのである。しかし弘道庵の新築によって、露地を西に見る姿がふたたび甦ったといえよう。土間廊下の北側は官休庵の露地となる。現在の官休庵は大正十五年（一九二六）に十二代愈好斎聴松によって改築されたものであるが、一畳台目半板の席という形式は一翁の形式を踏襲していると伝える。外露地の最北端、官休庵の東側にある内腰掛は官休庵や利休像を祀る祖堂の茶事に用いら

武者小路千家の露地　祖堂前

れ、土間の仕上げが*三和土ではなく小石とされており、向かって左手に*貴人石が据えられ、右手の敷石が*連客石に当てられる。柔らかな雰囲気を醸し出している。内露地と外露地を結ぶ*中門は屋根の曲面が独創的な*編笠門で、七代直斎堅叟の創案と伝える。*梁は*なぐり、桁は赤松皮付、*垂木と*棟木は*削り木で丸く削り出しており、その上に大和竹の小舞を並べ*野根板張とする。*磨丸太の本柱に「く」の字形に曲がった*控柱を添わせ、*簀戸を付ける。*雨落に埋め込まれた桜炭の意匠も味わい深い。官休庵は南向きで、*入母屋造の*妻には千宗旦筆「官休」の額が掲げられる。*土間庇が深く、*狭い内露地には飛石が巧みに打たれている。*内露地の*蹲踞は一翁遺愛と伝え、その手水鉢は層塔の*塔身を用いた四方仏手水鉢である。

武者窓【むしゃまど】

大名屋敷の長屋や民家の*長屋門などに用いられる木柄の太い竪格子の付いた窓。連子を横に並べた場合は*与力窓という。

無聲庵【むしょうあん】

福岡市博多区の円覚寺にある茶室。大正時代のはじめ、同寺第十七世の龍淵鄭山が*『南方録』を伝授された折に建てた。四畳半本勝手で、点前座勝手付に洞庫を備え、風炉先に下地窓をあける。床は畳敷きの台目床で、床の右側の壁にガラス戸を建てた貴人口と連子窓、正面の壁に躙口と給仕口を設ける。天井は竿縁の平天井で、点前座側が網代の落天井。同寺には三畳下座床の*集雲庵も建つ。平成七年(一九九五)には同じ形のまま建替工事が行われている。

筵【むしろ】

藺や蒲、藁、菅、竹などで編んだ敷物の総称。茶の湯では夏季に涼しさを表現するために、建具を*簾障子に替え、筵を敷物として使用することがある。

無心斎【むしんさい】

*松平不昧が江戸赤坂の松江藩上屋敷に造営した*谷の茶屋の茶室の一つ。四畳半であったこと以外の詳細は不明。なお『松平不昧伝』には「掛物　梅舜擧　表具古金襴」「硯箱　東山時代鹿蒔絵　宗甫所持」「茶杓　象牙蟲喰」など、享和二年(一八〇二)に行われた谷の茶屋落成披露茶会におけるこの茶室での道具組が記されている。

結び文引手【むすびぶみひきて】

*引手の一種。結び文とは、書状を巻き畳んで両端をひねり結んだものをいい、それを図案化した引手。

無声庵【むせいあん】

昭和十二年(一九三七)に愛知県名古屋市で開催された名古屋汎太平洋平和博覧会に際し、*武田五一の設計、魚津弘吉の施工によって造られた茶室。翌年、鳥取県東伯郡の三朝温泉にある万翠楼に移築された。万翠楼の元本館も五一の案に基づき、弘吉が施工した木造三階建の旅館建築であった。四畳と控え八畳が矩折に配され、茶室四畳は北側に向切の点前座と半間幅の床が並び、百日紅の中柱が立つ。控え八畳は北側に茶道口と床を並べ、床柱は八角なぐり仕上げ。控え八畳の天井は南半分を母屋と垂木を竹で組む掛込天井、北半分を松の網代天井とし、四畳は八畳より一段落して、小舞を編んだ簀子天井、点前座はさらに天井を低くして網代を組んでいた。元本館は惜しまれながらも解体され、新本館は元本館のイメージを継承してデザインされたが、無声庵は、この時の改築にあわせて、建物内に取り込まれてのこされていた。しかし近年の改築により茶室としての役目を終え、床まわりや天井まわり、躙口のある壁などだけが建物内に取り込まれ、のこされている。

無染庵【むせんあん】

奈良市の薬師寺法輪院にある茶室。天明五年(一七八五)の建設とされる。内部は、炉を本勝手向切に切った二畳台目向板入の席、一畳隅切の鞘の間と水屋で構成される。床は奥行きが浅く、床柱はシデ、中柱には南天皮付と景色の多い材を使用し、客座側の壁一面に大きな円窓をあけているのは文人趣味の影響を感じさせる。

無想庵【むそうあん】

奈良県吉野郡大淀町の住谷家にある茶室。昭和二十三年(一九四八)頃に京都の数寄屋大工によって建てられたという。入母屋造桟瓦葺で、

む

内部は三畳台目下座床に相伴席が付く燕庵形式の茶室であるが、床柱を杉の天然絞とし、入隅を塗廻している。茶道口は火燈口形式とし、天井を三段構成にして、点前座の棚も雲雀棚でなく、上下同じ大きさの二重棚を釣る。この席を最も特徴付けているのは、南に大きくあけられた吉野窓である。本歌とは異なり下地は取り除かれ、障子の開きを大きくして庭の景色を直接的に取り入れられるようにしている。また床柱以外には、ほぼすべて档丸太を使用している。以上の手法により、燕庵形式の茶室を、わび茶の茶室に仕上げており、数寄屋大工の仕事による質の高い茶室である。

無双釘【むそうくぎ】

*中釘のひとつ。*後座で床に花入を掛けるために床正面の壁（大平）の中央に打ち込む。花入を支えるため下地処理が必要となる。釘の軸先側、折釘の部分が出し入れできるように工夫されたもので、*初座などで床に掛物を掛ける場合は、掛物に当たらないよう先を収納し、花入を掛ける場合は軸先を引き出して使用する。釘を打つ高さは、花を入れた花入が掛かることを前提とし、床の間口に応じてその高さを決める。平沈（裏千家に多い）と丸浮（表千家に多い）が主に使われる。（付録20頁参照）

無双釘
上・収めた姿、下・出した姿

無双四分一【むそうしぶいち】

掛物を掛けるために、床正面の壁上、*廻縁下に取り付ける細い水平材。単に「無双」、または「印籠四分一」ともいう。*溝をあけ、その溝にそって左右に移動できる*稲妻走り釘が取り付けられる。無双とは自由に移動できるものを意味し、四分一とは壁の*入隅を納める細い木のことをさす。

無双四分一

夢窓疎石【むそうそせき】

建治元年～正平六年、観応二年（一二七五～一三五一）。鎌倉時代後期から室町時代前期にかけての臨済宗の僧。僧名は智曤、道号は夢窓、法諱は疎石。京都の天龍寺と相国寺の開山。生前に三つの国師号を、示寂後には四つの国師号を贈られており、七帝による諡を受けたことから「七朝帝師」とも称された。父は源氏、母は平氏で、伊勢国（三重県）に生まれ、甲斐国（山梨県）に育つ。来朝僧の一山一寧に学び、後に高峰顕日の印可を受ける。正中二年（一三二五）、後醍醐天皇の勅命で*南禅寺の住持となり、朝野を問わず多くの帰依を受けたが、晩年は*西芳寺に隠棲した。春屋妙葩、義堂周信、絶海中津などの弟子を育てた。造園に巧みで、西芳寺及び天龍寺（天龍寺庭園の項を参照）のほか瑞泉寺（鎌倉市）、恵林寺（山梨県）、永保寺（岐阜県）などの庭園が知られており、庭園の発達に多大な足跡をのこしている。著に『西山夜話』『夢中問答集』『谷響集』などがあり、書や和歌にもすぐれた。『夢中問答集』には、山水の愛好は禅の修行のためになるべく行うことなどを説いており、夢窓の庭園観や造園と禅の関係を知ることができる。

無双窓【むそうまど】

無双窓　水月亭　伊奈波神社

窓の一形式。一組の*連子子を造り付けとし、もう一組の連子子を溝にそって左右に引くことによって*連子の幅の分が開閉できる仕組みの窓。連子子の動かし方によって採光の加減の微妙な操作ができ、閉じると一面の板張りのように見える。「無双」という字を当てているが、語義的には「夢想」で、夢想は器具類の名に冠すると、不思議な、あるいは巧妙な工作であることを表すとされる。「無双連子窓」ともいう。

無双連子窓【むそうれんじまど】

無双窓と同じ。⇒無双窓【むそうまど】

無足庵【むそくあん】

奈良県生駒市の谷村家にある茶室。昭和三十年（一九五五）に建てられた茶室を、同五十二年に移築したもので、地元の大工の仕事である。当初、室内は三畳で炉は切られておらず、風炉を置いていたという。現在は四畳半で本勝手四畳半切、中央に半間の床がくるのは床右手の半間分を増築したためと考えられる。半間部分は見た目にも材が新しく、全て掛込天井とし、縦角の躙口を備えている。旧三畳部分と見られるのは杉板に猿頬の竿縁天井で、勝手側壁面に梅の細工意匠が瀟洒な円窓をあけ、点前座後方上部に景色を添えている。

無着軒【むちゃくけん】

京都市中京区に所在の*堀内家の茶室。*表千家七代如心斎天然の好みと伝えられる。元治元年（一八六四）、蛤御門の変の兵火で焼失後、明治二年（一八六九）、旧規によって再建された。無着軒は堀内家二代不寂斎宗心の号であった。八畳敷の広間で、北側に台目幅の*入側を付し、東側にも北の水屋から続く半間幅の畳廊下（*鞘の間）が四枚建ての襖を隔てて接している。入側の東端には*縁先手水鉢が設けられている。大きな台石の上に陶製の水鉢を置いただけで、*濡縁もないわびた趣向である。西側に*一間床と一間の*付書院が設けられ、中央の*床柱には端正な赤松皮付を立て、入節の多い*磨丸太の*框を取り合わせ、草庵風を基調に、広間として構成が工夫されている。*軸釘の下、一尺一寸下りにも軸釘を打ち、短い掛物に備え、床柱*見付には、*結柳を入れた花入を掛けるため、*落掛より三寸下りに*柳釘を打っているのは珍しい工夫である。明治八年に、無着軒において、「南京人・梁文玩」を迎え*タワフルによる*椅子点前が行われている。

無着軒　床側

無着軒

棟瓦【むながわら】

瓦葺の*大棟、または*降棟、*隅棟に用いられる瓦の総称。

棟木【むなぎ】

*小屋組の構成部材のひとつ。小屋組の最頂部を構成する水平材。*母屋などとともに*垂木を支持する一方で、小屋組を*桁行方向に固める役割をもつ。屋根を構成する上で最も重要な部材であるため、棟木を上げる*上棟式は建築儀礼の

中でも特に重要視される。棟は建物自体を表すものとしてもとらえられ、建物を数える時の単位としても用いる。数寄屋や茶室など和風建築で、棟木が化粧屋根裏としてあらわれる場合は化粧棟木として扱い、見え掛りとして鉋削りの角材や磨丸太、皮付丸太などを用いる。（付録28頁参照）

棟束【むなづか】

棟木を支える束。妻壁など化粧棟木を支えるものや、小屋内部の野棟木の下のものも同様に呼ばれる。（付録28頁参照）

棟包【むなづつみ】

「むねつつみ」「むねづつみ」とも読む。❶宝形造などの屋根で、棟部分の浸水防止のために、棟束の周囲を包む瓦などの部材。❷檜皮葺など植物性の屋根葺材を用いた屋根で棟を箱棟にした場合、金属板で包むこと。

棟積【むなづみ】

屋根の棟（稜線部）に瓦を積んだ部分、または積むこと。一般には数枚の熨斗瓦と頂上部に積む雁振瓦からなる。茶室の場合、一般には低く積むことがふさわしいとされ、熨斗瓦は二、三段程度までに留め、雁振瓦も紐なしのものが好まれる。

棟札【むなふだ】

建物の造営や修復に際して作成される板札。建物名や新築、修理、屋根替えといった工事内容、また上棟時などの年月日、施主や大工をはじめとする工事関係者の名前、願文などを記し、棟木や梁、束に打ち付ける。縦長で尖頭形（駒形）のものが多く、頭部が平らなものや横長のものもまれにある。伝存する最古の棟札は保安三年（一一二二）の中尊寺経蔵のものである。

棟札　對龍山荘土蔵屋根裏

棟門【むなもん】

⇒棟門【むねかど】

棟【むね】

❶屋根の流れと流れが交差する部分、棟の位置や構造の違いにより大棟や降棟、隅棟などの種類がある。（付録15頁参照）❷建物そのものを表し、建物を数える単位として用いる。

棟上げ式【むねあげしき】

上棟式と同じ。⇒上棟式【じょうとうしき】

棟門【むねかど】

門の一形式。「むねもん」「むなもん」と読むこともある。通常は柱二本で構成され、その柱心を結ぶ線上に棟木をのせ、切妻造の屋根を造ったもの。邸宅や寺院などの門として一般的な形式である。

棟門【むねもん】

⇒棟門【むねかど】

無節【むぶし】

木材の品質を定める等級の一つ。広い材面を含む一材面以上の材面において、節が全くないもの。材の四面に節のないものを四方無節といい、以下、三方、二方、一方となる。JAS（日本農林規格）の造作用製材の材面の品質基準として定められた等級で小節、上小節、無節といった等級がある。見た目の良さを表しており、強度を表したものではない。

郁子【むべ】

アケビ科ムベ属の常緑つる性木本。本州（関東地方南部以西）の山地に生える。葉は全縁、掌状複葉で、小葉が普通、三、五、七枚と増えることから、七五三にちなみ縁起物とされた。果実は長さ五～八センチで暗紫色に熟し食用にされた。庭園で竹柵や袖垣に絡ませるほか、藤棚のように棚作りにして用いられる。

無目【むめ】「ぬめ（滑）」ともいう。*無目敷居、*無目鴨居のこと。

無目鴨居【むめがもい】*鴨居の一種。溝の彫られていない鴨居。「滑鴨居」ともいう。釣壁の下端に納めたり、小壁などの下端を吹放しとする場合に使用する。平角のもののほか、小丸太、竹なども用いる。*見付を一センチほどにして、壁の中に部材の大半を塗り込め、軽快に見せる刀刃もある。（付録19頁参照）

無目敷居【むめしきい】*敷居の一種。溝の彫られていない敷居のこと。「滑敷居」ともいう。

村上家の茶室【むらかみけのちゃしつ】神奈川県鎌倉市の村上邸にある茶室。鎌倉の住友家にあった茶室を移築したもの。住友本家十五代の住友吉左衛門友純の長男・寛一が分家し、大正十四年（一九二五）に入手したものであるが、茶室はそれ以前にあったものか、住友家によって建てられたものかは不明である。後に上野氏に所有が移り、昭和三十五年（一九六〇）に村上家に移築された。茶室は上座床の四畳半席と下座床二畳中板入の席、及び水屋などからなる。四畳半席には腰障子を引違いに建てた貴人口と躙口が矩折に配置され、点前座は落天井。二畳中板席は袖壁及び下り壁で点前座を囲った構えで、炉は上げ台目切に切られ、客座下座側は化粧屋根裏となる。

村田珠光【むらたしゅこう】珠光のこと。⇒珠光【しゅこう】

村田宗珠【むらたそうしゅ】宗珠のこと。⇒宗珠【そうしゅ】

斑取り【むらとり】斑直しと同じ。⇒斑直し【むらなおし】

斑直し【むらなおし】土壁の下塗の凹んだ部分に材料を塗り付け、不陸（凹凸があり、平らでない状態）を直す作業。「斑取り」「中付け」「中埋め」ともいう。次に施工する*中塗の塗厚を一定にし、中塗の水引き具合や乾燥収縮による壁表面の微細な凹凸を防ぐために、重要な作業である。散廻り塗り施工前は「斑直し」、施工後は「底埋め」と呼び分けることもある。柱際を斜めに塗る散廻り終了後の壁を船底に見立てて、その底を塗り埋めるという意味合いで底埋めと称する。壁施工の早い段階で直す時は大斑直し、また、ほんの少し直すときは小（子）斑直しなどと区別して呼ぶことがある。

斑直し土【むらなおしつち】*斑直しに用いる土。*深草土や*荒木田土に*中塗莇や砂を混ぜ練りし、粘度を調整した土壁材料。*中塗土よりも中塗莇や砂の量を少なくし、下塗材料への接着力を高めている。

村野藤吾【むらのとうご】明治二十四年～昭和五十九年（一八九一～一九八四）。建築家。佐賀県生まれ。八幡製鉄所での勤務を経て早稲田大学理工学部を卒業し、大阪で商業建築を多く手掛けていた渡辺節事務所に入社。昭和四年（一九二九）に独立。渡辺事務所時代の大正八年（一九一九）、論文「様式の上にあれ」を執筆し、従来の様式建築からの離脱を表明した。しかし他の建築家と違い、村野は、様式を近代的解釈の中で使用している。つまり様式を従来の型にはまった使用ではなく、自由な視点、近代の視点で再構築している。たとえば、薬医門の控柱を表に立てたり、唐破風を連結して並べることによって幾何学的で同質のものを連続させる近代的性格に変換するなどした。代表作に森五商店東京支店（近三ビル、一九三一年）、宇部市渡辺翁記念会館（宇部市民館、一九三七年）、世界平和記念聖堂（一九五四年）、日本生命日比谷ビル・日生劇場（一九六三年）、シトー会西宮の聖母修道院（一九六九年）などがある。また和風の建築としてはウェスティン都ホテル京都の*佳水園（一九五九年）がある。数寄屋のデザインを基本にしたものだが、ロシア構成主義の造形作家（建築家、画家、彫刻家、舞台芸術家など）タトリンの飛翔感ある線の構成を意識した障子、壁面に穿たれた幾何学的な狭間の意匠などが見られる。また橿原神宮駅（近鉄橿原神宮前駅、一九四〇年）では、奈良県に多く見られる民家の形式の大和棟をもとにしたデザインとなっている。このように、古今東西の意匠を自由に駆使した建築を多く手掛けていた。とりわけ兵庫県宝塚市の旧邸のほか、いくつかの建物に、近代的視点から如庵の写しを設計していた。昭和四十二年、文化勲章受章。

村山香雪【むらやまこうせつ】

嘉永三年～昭和八年（一八五〇～一九三三）。近代の実業家、数寄者。伊勢国（三重県）田丸に田丸藩士の長男として生まれる。幼名直輔、名は真木太、後に龍平。香雪、玄庵と号した。明治十二年（一八七九）、朝日新聞の創刊に参加。同十四年、上野理一とともに同社の所有権を獲得、自ら社長となり、文化事業にも多大な貢献をした。衆議院議員、貴族院議員などを歴任。藪内節庵に茶の湯を学び、篠園会の会員として家元を支え、光悦会や大阪の実業家たちによる浪速風流十八会にも所属した。また美術へも深い関心を寄せ、日本や東洋の古美術を多く収集した。その収蔵をもって香雪美術館が開設される。同館内旧村山家住宅に、茶室玄庵（玄庵の項❷を参照）と香雪がある。

村山龍平【むらやまりょうへい】

村山香雪のこと。⇨村山香雪【むらやまこうせつ】

無鄰菴【むりんあん】

明治、大正時代の元勲・山縣有朋が営んだ別邸の名称。山縣は生涯に無鄰菴と呼ばれる邸宅を、場所を変えて三度にわたって造営している。

❶山縣有朋の無鄰菴のうち、郷里の長州吉田清水山山麓（山口県下関市）に営んだ、第一次のもの。慶応年間（一八六五～六八）、山縣が水清き渓流の辺に小庵を結び、無鄰菴と称した。明治時代初年（一八六八）、この庵は人手にわたり、その後もしばらくは存在していたが、明治三十三年の吉田町の大火で焼失したと伝えられる。

❷山縣有朋の無鄰菴のうち、京都市中京区にある第二次となるもの。現在は高瀬川二条苑となる。⇨高瀬川二条苑【たかせがわにじょうえん】

❸山縣有朋の無鄰菴のうち、京都市左京区にある第三次となるもの。現在、無鄰菴と称されるのはこれである。南禅寺畔、琵琶湖疏水のほとりに営まれた。第三次無鄰菴の造営がいつ始まったのか必ずしも明確でないが、およそ明治二十五年（一八九二）頃造営（あるいは造営の準備）が始まり、実業家の久原庄三郎などの協力を得て同二十八年八月頃には山縣の邸として一応の体裁が整い、山縣の滞在や賓客の訪問を迎えることが可能な状態になっていた。その後も庭園の拡張工事は続けられ、翌二十九年十二月に完成をみた。ただし工事中の土地の大半は久原や京都市の所有のままで、それが山縣の所有に帰すのは明治三十五年のことである。第三次無鄰菴には政界、実業界の有力者が頻繁に訪問しており、ここは単に山縣の保養の場であるばかりでなく、政界や実業界の有力者との交流の場であり、いわば中央から離れた政治の場でもあったともいえる。明治三十六年四月二十一日、日露開戦への方針を決定したとされる、いわゆる「無鄰菴会議」が開催されたのはこの第三次無鄰菴の洋館であった。現在の無鄰菴の敷地西部に建つ主屋は、木造一部二階建、桟瓦葺。古写真から第三次無鄰菴がほぼ完成した明治二十八年には存在していたと思われるが、二階屋根裏から同三十一年七月二十四日の上棟御幣が発見されており、この年に大きな改造が行われた可能性を示す。この時の大工は奥郁竹次郎であった。その後、大正時代（一九一二～二六）にも玄関周辺が改造されるなどして現在に至っている。主屋の南に建つ洋館は煉瓦造、桟瓦葺の二階建。設計は新家孝正、施工（棟梁）は清水満之助で、明

無鄰菴❸

治三十年十一月七日の上棟であった（二階屋根裏上棟札）。庭園内に建つ茶室は木造、桟瓦葺の平家。主座敷は三畳台目で、古田織部が好んだ*燕庵の写しである。ほか二畳中板入と三畳の席があり、広い水屋が付属し、北東の角に広縁がある。茶室の大工や建築年代は不詳であるが、国学に造詣深く、茶人でもあった岡本某の所有であった茶室を移築した、との伝えがある。移築に際し、*千利休像を祀っていたところを解体して、比叡山を望む広縁に改造したとされる。琵琶湖疏水の水を利用して造られた庭は七代目*小川治兵衛の出世作とされる。作庭には久原や山縣の意図が深くはたらいていたと考えられ、治兵衛はここで近代の作庭家としての作庭術を身に付けたことがその後の活躍につながったと考えられる。第三次無鄰菴は昭和十六年（一九四一）京都市に寄贈された。なお主屋主室に掲げられた長三洲の「無鄰菴記」は「無鄰菴」と表記し、現在ひろく無鄰菴と記されるが、山縣自身は書簡などで「無隣庵」を用いることが多い。庭園は名勝に指定されている。

室床【むろどこ】

床の一形式。床の三方の壁と天井の*入隅の部材が見えないように丸みを付けて壁土で*塗廻した床で、*千利休が初めて試みたと考えられる。妙喜庵の茶室*待庵の床が代表例で、わびの極致ともいうべき造形として具現されている。初期の茶室は*一間床で*張付壁という考えが支配的であった。その後、床の間口も一間から五尺、四尺と狭められ、天井も低くなり、利休の*聚楽屋敷の四畳半では床の中の壁が張付壁から*土壁になり（千利休の茶室の項を参照）、ついに天井まで塗り上げた室床に到達した。堺の利休屋敷にあった四畳半（新茶室）の床は「とこ天井ほら（洞）、すみ（隅）ぬりまわし」（和泉草）であり、大徳寺門前屋敷の二畳の床は「ぬり天しやう（塗天井）のたかさおとしかけ（落掛）したは（下端）より一尺のほら（洞）」（座敷之本）とあるから、いずれも室床であったことが分かる（千利休の各屋敷については、千利休の屋敷の項を参照）。

室町殿【むろまちどの】

*足利義満、義教、*義政が営んだ邸宅。三代将軍義満が永和四年（一三七八）に北小路室町に営んだ邸宅は「室町殿」「花御所」と呼ばれ、室町小路に西面して正門（四足門）を構えていた。北御所と南御所の両御所からなり、寝殿を中心に、西方に公卿座、中門廊、中門などの晴向き施設、東方の*池庭の周辺に小御所、観音殿、*泉殿、*会所などの奥向き施設、寝殿の北方に対屋などの付属屋が配されていたと考えられる。会所は将軍邸内で初めて造られている。義満の室町殿は以後の将軍邸の先例となった。六代将軍を継いだ義教は父・義満の室町殿跡に移ることとし、永享三年（一四三一）に造営を始めて同九年まで続けられた。泉殿を兼ねる会所を含む、三棟の会所があったことが特色で、座敷はいずれも美麗に荘厳されていた。義教の死後は解体された室町殿であったが、八代を継いだ義政は義教の室町殿から寝殿以下の建物を移して烏丸殿を御所とし、長禄二年（一四五八）に室町殿の旧地（上御所）への移転を命じた。翌年中に寝殿など晴向きの施設が完成、長禄四年には観音殿、会所など奥向きの施設も完成した。邸内には多くの殿舎が*渡殿や廊下で結ばれ、南庭の池には舟を浮かべて水鳥を放つなど、華やかな山水の境地が展開していた。泉殿のまわりに作庭し「泉石妙手」と称された善阿弥は、のち義政の*東山殿の作庭にも従事することになる。文明六年（一四七四）、義政は九代を継いだ義尚に譲り、*小川殿に移った。応仁、文明の乱中は仮皇居となり、寝殿は清涼殿の代りにあてられていたが、文明八年（一四七六）、近くの土倉酒屋に放たれた火にかかり類焼した。

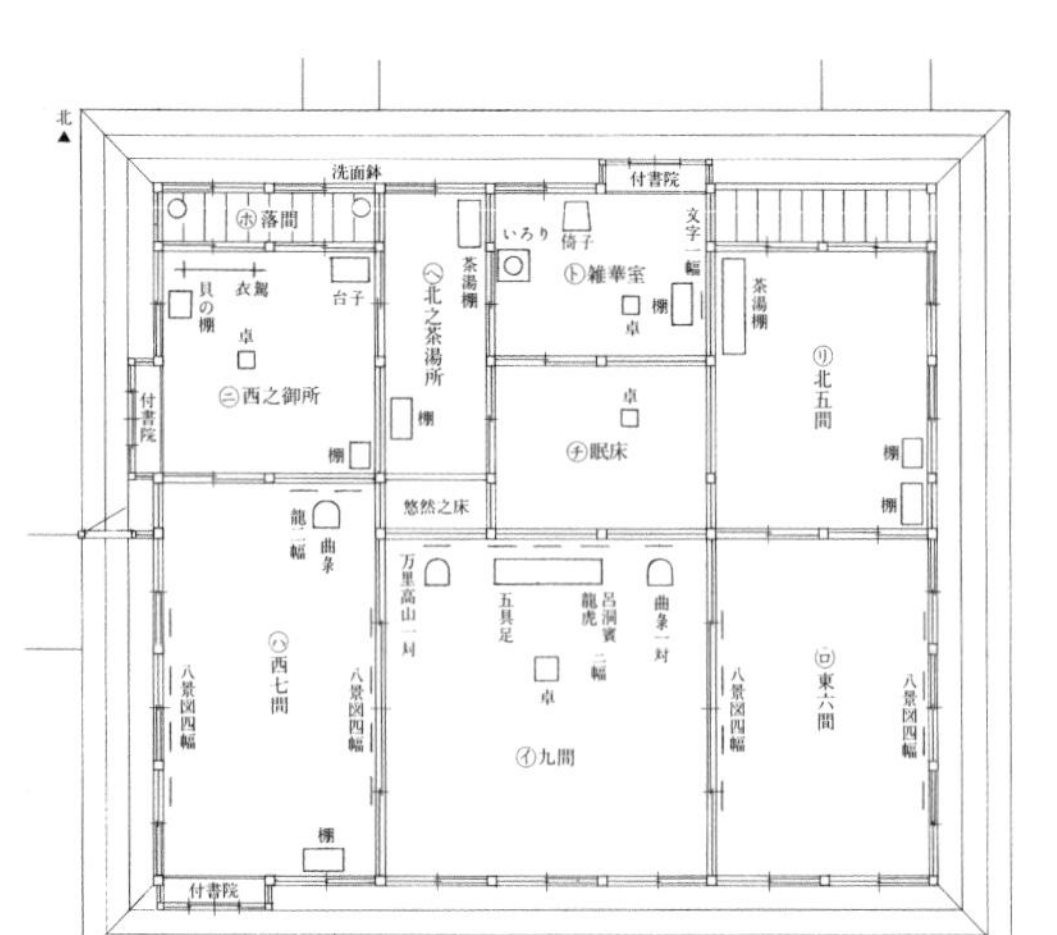

室町殿南向会所復元図　宮上茂隆作図　『茶道聚錦』7

め

銘【めい】

器物や茶、酒、菓子などにつける特定の名。銘とは元来、金石や器物に書いたり刻んだりすることで、その文を銘文と呼ぶ。後に器物の特徴などを手掛りにして固有の名称をつけるようになり、これをも銘と呼ぶようになった。特に茶道具に銘をつけることが多く、和歌に基づく歌銘、俳句による句銘などのほか、所有者による銘や制作地による銘、器形や色による銘がある。やや特殊な銘としては付属品に基づく銘がある。茶銘も茶の湯独特のもので、茶の販売者が抹茶にそれぞれ固有の銘をつけている。

名園【めいえん】

名高い庭園。秀でた庭園。「名庭」ともいう。特に基準があるもではない。いわゆる日本三名園は石川県金沢市の*兼六園、岡山市の*後楽園、茨城県水戸市の*偕楽園をさす。これらは明治時代以降に公園として公開された近世大名の庭園の代表例として「日本三公園」といわれたものが、いつしか「日本三名園」と評されるようになったものである。

明遠楼【めいえんろう】

兵庫県赤穂市の田淵氏庭園（名勝）にある数寄屋建築。田淵家は製塩業を中心に財をなした家で、その四代目市兵衛が宝暦年間（一七五一～六四）、播磨国赤穂藩主森忠洪の御成にあわせて建てたとされる二階建の建物がこの明遠楼である。もとは赤松滄州が嘯風楼と命名したが、明治六年（一八七三）に伊藤東涯の扁額を入手したことから「明遠楼」と改称した。入母屋造茅葺で、桟瓦葺の庇を葺き下ろす。階上から突上戸をあけることで、塩田の眺望がひらける。一階は四畳半、洞庫付の寄付、二階は炮烙棚のある三畳、三畳台目、四畳半などがある。また庭園内には茶室*春陰斎が建つ。

鳴月居【めいげっきょ】

島根県大田市の岡田家にあった茶室。岡田家は茶室研究で知られた岡田孝男の生家で、廻船問屋を営んでいた。鳴月居は町田流茶道を学んだ久次郎（孝男の祖父）が明治十年（一八七七）に建てた三畳中板入の茶室。床は洞床で地板が松、点前座には桐の一重棚が設けられ、中柱は樫の皮付丸太。天井は床前が竿縁天井、点前座が蒲の落天井、勝手口は方立、給仕口は火燈口形式であった。なお町田流は、初め久田宗全、後に表千家六代覚々斎原叟に学んだ町田秋波（一六五九～一七二三）を祖とする茶道の流派。町田家四代の正波とその妻・貞心が江戸時代後期に大田に来住し、恒松家を中心に石見地方の茶の湯普及につとめた。恒松家の茶室座隠亭（三畳向切）は正波が設計したと伝わる。

明月軒【めいげつけん】

東京都港区の*畠山記念館にある数寄屋風書院。入母屋造桟瓦葺で、面皮の長押を廻した書院風の十畳の広間に八畳半の水屋を備え、二方面に入側が廻る。また六畳と八畳の控えの間、さらに*翠庵などが続く。七尺半の本床に平書院、本床と脇床との間に明りとりがあり、脇床は地袋の上に火燈窓をあける。庵号は大徳寺開山・大燈国師の墨蹟に見える国師の居室の名を冠したもので、その筆跡を扁額に刻している。

明月軒　広間　床側

明月舎【めいげつしゃ】

京都市上京区の北野天満宮にある茶室。明治三

明月舎　外観

十五年（一九〇二）に行われた北野天満宮千年祭の折に移築された*千歳軒の付属広間。千歳軒移築後、田中尚房宮司の時に、八島家の御供所が北野明月祭の祭典場として常に用いられていたものを改造、増築したのがこの明月舎で、席名はこの所以である。外観は切妻造桟瓦葺の平側に柿葺庇を付け下ろす。主室の八畳、次の間八畳、水屋六畳が南から北に一列に並び、水屋の西に千歳軒を配する。長四畳敷の玄関は東面し、向かって左手二本引き襖から八畳敷控えの間に入り、さらにその西側、四本引きの襖を隔てて主室となる。主室の床構えは裏千家*咄々斎と似た構成となる。本勝手上座床の七尺あまりの大床で、赤松の皮付床柱に檜の丸太框を取りあわせる。床の脇は地板を敷いただけの台面で、その正面に縦長の大下地窓をあけて掛障子を取り付ける。床の脇も竹の無目とするのは咄々斎同様で、無目は釣束とせず、丸太柱でとめ、四本引きの襖で控えの間とつながる。床の入隅は隅切の形に塗廻す。主室八畳の天井は竿縁平天井となる。

明月亭【めいげつてい】

広島市中区の*縮景園にある茶室。園内の北西に建ち、昭和二十年（一九四五）の原爆投下により焼失するが、昭和四十九年に復元される。入母屋造茅葺で庇部分は柿葺とする。内部は玄関の間、控えの間、茶室六畳、水屋からなる。水屋の窓に牛車の車輪を用いた意匠が見られる。

明月堂【めいげつどう】

京都府乙訓郡大山崎町の*妙喜庵にある書院風茶室。*待庵の北東に位置し、「対月庵」と呼ばれる室町時代の書院座敷（重要文化財）の東方に鞘の間を隔てて接している。妙喜庵は連歌俳諧の始祖といわれる山崎宗鑑の隠棲地と伝えられており、明月堂は宗鑑が山崎の竹林の中に建てた屋敷対月庵の一部で、のちに妙喜庵が譲り受けて移築したとされる。内部は八畳で間口一間半の床と付書院を備え、東から南にかけて縁が廻っている。現在の明月堂は昭和十五年（一九四〇）に旧規にしたがって再建されたものであるが、古写真と比較すると内法長押や天井長押を打って蟻壁を廻すなど、再建の際にいっそう書院造風の意匠が加えられた。明月堂の名は、正面の男山からのぼる月が名物であったことから命名されたとされる。

明月堂　床側

明治神宮の茶室【めいじじんぐうのちゃしつ】

東京都渋谷区の明治神宮にある茶室。内苑の桃林荘内に華山亭、御苑に隔雲亭、外苑の聖徳記念絵画館内に延寿軒と仰徳庵などがある。桃林荘は明治時代初め、建宮敬仁親王の御殿として建てられた木造平家建で、明治十四年（一八八一）、昭憲皇太后の生家一條家に下賜。国の所有を経て、昭和三十四年（一九五九）に明治神宮が譲り受けて明治記念館に移築。その後、昭和五十三年に現地に移築された。付属の華山亭は、元一条家にあったもの。隔雲亭は、明治二十三年、明治天皇が昭憲皇太后のために建てた木造平家建で、戦災で焼失するも昭和三十三年、篤志の寄付と社殿造営の残材とで、一部増築して再建したものである。

名石【めいせき】

*庭石のうち、特に趣きのすぐれた石のこと。名を付けて賞美されるものもある。例えば古語で「かどある石」と評されたチャートは、京都市郊外の古生層などから産出する。また変成岩である結晶片岩(へんがん)のうち緑泥片岩(りょくでい)系統のいわゆる*青石は、京都では産出されないこともあり、名石として珍重された。形状の特徴や由緒、伝説、信仰などに基づいて命名された庭石として著名なものに、醍醐寺三宝院庭園の*藤戸石がある。露地においては、その成立当初の*坪(つぼ)の内(うち)では『*烏鼠集四巻書(うそしゅう)』に「庭の様躰、四畳半敷に八、草木不植、石たてす、砂まかす、栗石ならへす」とあるように、書院の庭園のような積極的な作庭は戒められており、*二重露地や*三重露地が造られるようになった時期においてもたとえば、*古田織部(おりべ)は、「内外ノ路地ニ石ナド立掛置事無之儀也」と述べて露地への*立石(たていし)を戒めていたが、「但、名石ナトニテ客ニ見セ度候ハ内路地手水鉢ノ近所ナトニ立掛テ置可有之」(古田織部正殿聞書)とし、名石を露地に据えることは例外である、と述べている。さらに「飛石は利休はわたりを六分、景気を四分に居申候由、織部はわたりを四分、景気を六分に居申候」(露地聴書)と評されるように織部は*飛石(とびいし)の景色に工夫をこらしており、躙口(にじりぐち)前の踏石(ふみいし)、刀掛石、手水鉢(ちょうず)の前石、雪隠(せっちん)の踏石、中潜り(なかくぐ)の前石(亭主石、客石)、戸摺(とずり)石(乗越石)など(各項を参照)には吟味して景の良い石を選ぶべきだとし、「飛石ハ大形御影石多、其外、根府川石ナト取交テ、或ハ四五尺ホトノ大石モ有」(茶譜)とも述べている。織部の好みを伝えるとされる藪内(やぶのうち)家*燕庵(えんなん)の露地にある*三つ小袖石は*根府川(ねぶかわ)石の名石である。このような織部の名石を尊重する姿勢は「飛石、役に立たぬ処へは、一つも据えぬものなり。模様にとて、役に立たぬ石を据えるは悪し」(*茶道旧聞録)などと批判を浴びたが、*小堀遠州(えんしゅう)や*金森宗和などの露地にも継承されていった。

名席【めいせき】

傑出した茶室という意味だが、何をもって名席というかなど、特定の基準があるわけではない。名席とされる茶室はいくつか知られるが、例えば*待庵(たいあん)、*如庵(じょあん)、*密庵席(みったんせき)は国宝に指定され、*三名席と称される。

目板【めいた】

意匠的に間隔をあけて張った板の継ぎ目に打ち付けられる幅の狭い板。下や裏に打つ場合、「敷目板」「敷目」「底目板」「底目」などという。板と板のつなぎ目の透きを隠す役割がある。*羽目(はめ)板、塀板、天井板などに見られる。

銘竹【めいちく】

趣きがあり、景色が豊かな竹材の総称。*煤竹、黒竹(くろちく)、紋竹などがあるが、特に京都産の竹を使い、伝統的な加工を施した*白竹、図面角竹(かくちく)、胡麻竹(錆竹の項を参照)、*亀甲竹の四種は京銘竹として京都府の伝統工芸品に指定される。

名庭【めいてい】

名園と同じ。⇒名園【めいえん】

名物【めいぶつ】

茶道具のうち古来、由緒や伝来をもち、いわれのあるすぐれた器をいう。*千利休以前、*足利(あしかが)義政(よしまさ)までのものを大名物(おおめいぶつ)、利休時代に名の通ったものを名物、*小堀遠州(えんしゅう)が選定したものを中興(ちゅうこう)名物と称している。また足利将軍家所蔵の東山御物(ぎょぶつ)(東山名物)、徳川将軍家所蔵の柳営(りゅうえい)御物のほか、*松花堂昭乗の八幡(やわた)名物など諸家や茶人の名を冠した様々な名物があらわれ、それら名物を記し編集した名物記ものこされている。名物を用いる茶席では主客ともに名物の扱いが行われる。

名物燈籠【めいぶつどうろう】

*石燈籠の中でも、由緒があることや意匠がすぐれていることなどにより高い評価を受けているものをいう。*川上不白(ふはく)が文化七年(一八一〇)に記した『茶道聞書集』には名物燈籠として、*高桐院(とういん)形、*太秦(うずまさ)形、わらび堂、*元興寺(がんごうじ)形、*般若(はんにゃ)寺(じ)形、*柚木(ゆのき)形を挙げているが、他にも*蟬丸形、*小町寺形(小町形)、*三月堂形、*橘寺形、*燈明(とうみょう)

寺形、*平等院形、*西ノ屋形、*祓戸形なども名物燈籠として扱われている。

銘木【めいぼく】

形状、色艶、*杢目、材質が珍稀で、特異的な風趣を醸し出し、観賞価値、希少価値の高い木材の総称。屋久杉、霧島杉、秋田杉をはじめ、*神代杉や変木などは希少性の高さから銘木として扱われる。また天井や床、棚、建具などの化粧材として用いるもので、杢板、柾目板、一枚大板、無節材や、さらに節の入り方によっては節有材などの中にも数寄屋建築に好まれる景色のものがあり、これらも銘木として扱われている。

明々庵【めいめいあん】

島根県松江市にある茶室。もともと安永八年（一七七九）に殿町の有澤家上屋敷に、*松平不昧の指図によって建てられ、不昧もしばしば訪れていた。明治維新後、東京に移され、大正四年（一九一五）の不昧公百年忌大茶会に際して松平家に再興されたが、同十一年、不昧の流れを汲む一々会の設立にあたり松平家より下付された。さらに昭和三年（一九二八）に、有澤山荘の*向月亭に隣接する萩の台に移築されるなど転々としていたが、同四十一年、不昧没後百五十年の記念事業として現在地に移築、再建された。厚い茅葺の入母屋造で、妻に不昧筆明々庵の額を掲げ、深い柿葺の土間庇を付ける。二畳台目下座床と四畳半の席からなり、それぞれ水屋を備える。点前座が台目の場合多くが中柱を立て、炉を台目切とするが、この二畳台目の席は、中柱を立てず、炉は向切。また床は五枚半の杉柾の小幅板を張り合わせ、奥行き一尺六寸二分の浅い床である。定石に頓着しない不昧の好みの一端をうかがうことができる。移築、再建に際して、床まわりが新材に代えられたりしているが、「有澤権五郎屋敷絵図」（一八二六年）に描かれている二畳台目と四畳半の茶室は方位も同じで、忠実に再現されていることがわかる。

明々庵　外観

夫婦窓【めおとまど】

上下、または左右に並んだ大小二つの窓のこと。二つの窓の大きさが同じである時は連双窓という。

夫婦窓

目鎹【めかすがい】

*幅木や縁板を取り付けるための鎹。一端が帯状で平たく釘穴があり、もう一端を尖らせて折り曲げた形。縁板を固定したものは歳月でゆるみ、その板上を歩くと音が鳴り、いわゆる*鶯張となる。

牝瓦【めがわら】

「女瓦」とも書く。平瓦と同じ。⇒平瓦【ひらがわら】

目地【めじ】

❶*敷石の継ぎ目のこと。目地の形には多くの種類があるが、十文字となることを避ける。❷煉瓦やブロック、石などを積む時の接続部分の継ぎ目。接合部には練り土やモルタルが使用される。

召合【めしあわせ】

*引分け、あるいは*両開きの襖などの建具にお

め

いて、閉めた際に同一平面内において出合い、相接すること。あるいはその部分。召合部分の框（縁）を「召合框」あるいは「召合縁」という。一般に襖の召合部分には気密性を高めるため細い木でできた定規縁を付けることが多い。

目透張【めすかしばり】

板などの張り方の一種。材と材のあいだを透かして張る方法。「簀子張」「透張り」ともいう。塀や天井などで行われることがある。

目透戸【めすきど】

*板戸の一種。桟板を目透し（隙間をあけること）に並べて*竪框に取り付けた板戸。

女竹【めだけ】

イネ科メダケ属の植物で、ササの仲間。「カワタケ（河竹）」「ニガタケ（苦竹）」「シノダケ（篠竹）」などともいう。主に関東地方以西の河岸や海辺に生息するが、特に関西以西に多く分布する。防風のための間垣、庭園の植栽としても用いられる。稈の長さは三～四メートルで、直径は二～三センチ、通常は無毛。稈には粘りがあり、団扇の骨や、建築材としては塗壁竹小舞の小舞、天井材、間垂木、押縁、袖垣など幅広い用途に用いる。

女竹竿縁【めだけさおぶち】

*竿縁の一種。*女竹を用いた竿縁のこと。またそれを用いた*竿縁天井をいう。竿縁天井に用いる時は、竹の*元末を交互に配置することで、全体の見栄えを整えるようにする。

女竹竿縁

目違【めちがい】

木材の継手や仕口の一種。接合部分を堅固にしたり、捩れを防いだりするため、一方の材に幅のある突起部を設け、もう一方にそれを受ける溝状の穴を設けることがあり、その凸と凹の部分。前者を目違枘、後者を目違枘穴と呼ぶ。形状は一直線のもの、L字形のもの、U字形のものなどがある。また二材を継ぎ合わせる時、同一の平面とはならず、ずれが生じたものをいう。（付録29頁参照）

目違直し【めちがいなおし】

清削りと同じ。

⇒清削り【きよけずり】

馬道【めどう】

*寝殿造などにおいて、殿舎のあいだをつないだ屋根付きの*土間廊下において、馬を中庭に引き入れるようにした部分。常には厚板が敷かれていて、必要な時に取りはずした。「めど」や「めんどう」とも読み、「切り馬道」ともいう。転じて後世には長廊下の別称ともなる。

目通【めどおり】

目の高さという意味。特に立木や丸太材の直径や周囲の長さの計測において、立った人間の目の高さから見た部分の寸法のこと。目通径、目通周囲などと使う。

瑪瑙砂利【めのうじゃり】

青森県の青森湾一帯で主に採取される砂利。小粒、中粒の二種ある。両者とも、赤、青、緑、白、黄、黒、茶色などが混ざり、非常に美しく、珍重されるが、庭園に使用されることはまれである。近年では研磨した人工材料が多い。

瑪瑙の手水鉢【めのうのちょうずばち】

手水鉢の一種。表面が、縞瑪瑙のように波打つ

瑪瑙の手水鉢　光雲寺

かのような紋様となっていることから名づけられたものと考えられる。京都の南禅寺塔頭光雲寺にあるものなどが知られる。瑪瑙とはあくまで紋様のことであり、光雲寺にあるものも結晶質石灰岩（*大理石）製である。

目はじき塗【めはじきぬり】

⇩掻合塗【かきあわせぬり】

掻合塗と同じ。

雌松【めまつ】

⇩赤松【あかまつ】

「めんまつ」とも読む。赤松と同じ。

面内【めんうち】

*面取した部材の面を除いた表面部分の幅のこと。またこの部分に他方の部材を納めて接合すること。

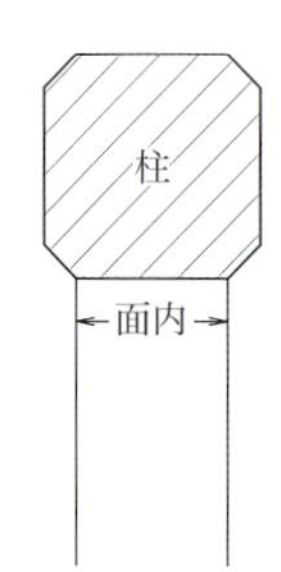

面皮【めんかわ】

四隅に樹皮をのこした材。この*面の取り方と樹皮ののこし方によって風合いが大きく左右される。茶室の柱などに使用する場合は統一された風合いの面皮が好まれる。特に*長押に用いる場合は面の幅や木目、樹皮の色艶や風合いに至るまで注意を要する。

面皮丸太【めんかわまるた】

*丸太の一種。*面皮にした丸太。多くは杉の四隅に樹皮をのこして作る。*北山丸太や*吉野丸太の*磨丸太で、樹皮を四隅にのこし、そのあいだの四面を*面付したものが代表的である。数寄屋建築の化粧柱や*長押などに用い、細材は天井材に好まれることもある。風合いの良い面の付け方、樹径に応じた樹皮ののこし方に注意が必要となる。

面皮丸太

面腰【めんこし】

直交する二つの部材の接合部分で、斜めに組み合わせた、その接触する部分。あるいはその仕口のこと。「面押し」「面押し留」などともいう。障子の組子や、床柱を後退させた時の床框、あるいは炉縁の内側で使われる納め方。

面腰（炉縁）

毛受庵【めんじゅあん】

愛知県豊田市の豊田地域文化広場にある茶室。明治時代中頃、平井村（豊田市）出身の今井磯一郎によって建てられた。昭和五十八年（一九八三）に毛受氏より市に寄贈され、現地に移築。露地、書院と小間からなるけやき亭とともに整備された。外観は切妻造桟瓦葺。南面に貴人口と連子窓、風炉先窓を、西面には下地窓が二つあけられている。内部は二畳台目下座床で、点前座は向板を入れ、炉は向切、落天井となっている。床は袋床で、奥行きの浅い踏込床となる。貴人口の正面が床となり、床前は平天井、貴人口に向かって化粧屋根裏となる。

面戸【めんど】

面戸（面戸板）

め

*軒桁（垂木掛）上の*垂木と垂木とのあいだのように、物と物のあいだのことをいう。またそのあいだをふさぐ部材をいうこともあるが、垂木と垂木のあいだに入れて隙間をふさぐ板を面戸板といい、裏甲と軒瓦との隙間を防ぐために張る板を軒先面戸という。*熨斗瓦と熨斗瓦のあいだは築地面戸という。

面戸瓦【めんどがわら】

瓦と*棟、または他の瓦との隙間をふさぐための瓦の総称。その使用箇所によって名称を異にし、たとえば*本瓦葺の時、棟と平瓦とのあいだに生ずる隙間をふさぐ瓦は、蟹の甲羅に似ていることから蟹面戸瓦と称し、略して蟹面戸ともいう。

面取【めんとり】

一般に角断面をもつ建築部材の*出隅を削り取り、面を作り出す工法。角を削り取りできたところを「面」という。建築部材の角にあたる部分を平面または他の形に削り取るもので、意匠的なものと材の角の保護のためのものがある。通常は面が平面となる面取（角取）であるが、面取幅を細く、また広くしたり、*蟹面、*唐戸面、*几帳面、*胡麻殻面、*匙面、*猿頬面など多くの種類があり、部材の用途によって様々な面取方法が使い分けられている。数寄屋建築では仕上材の多くに用いる。

面取柱【めんとりばしら】

*面取した柱。つまり化粧柱（壁に隠れず、表に見える柱）の*出隅を削り取り、面を作り出した柱で、*角柱を用いる場合に意匠的、あるいは柱の角を保護する目的で面取がされる。古い時代ほど面取の幅が大きく、時代が下るにつれ幅が小さくなる。面取された化粧柱は全体的に優しく見え、また面取の大きさによって柱の風合いが変化する。

面中【めんなか】

*面取した部材へ、他部材を接合する時の納め方。面取することでできた両側の面の中央に、他方の部材を納めることをいう。たとえば面取柱に敷鴨居を接合する場合などに用いる工法。また、*面内などの納め方もある。

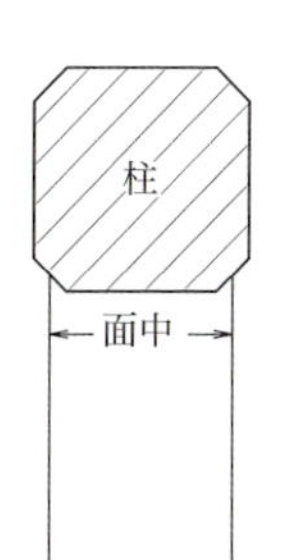

も

茂庵【もあん】

京都市左京区の*吉田山荘にあった茶室の一つ。現在は、現存する吉田山荘の施設全体をさして茂庵と称している。

毛氈【もうせん】

繊維に湿気や熱、圧力、摩擦などを加え、各繊維を密着させて製する布。多く敷物として用いられ、畳一畳分の大きさで仕立てられた紺毛氈や緋毛氈が一般的。待合や広間などに敷き、客の座る位置を示したり、大寄せの茶会などで立礼席の床机の敷物としても使用される。

孟宗竹【もうそうちく】

竹の種類のひとつ。「江南竹」「毛竹」などともいう。北海道南部、本州、四国、九州など日本各地で栽培される。日本国内では最大の竹で、稈の長さは二〇メートル前後、胸高の平均直径は一二センチほどになり、先端部は湾曲している。節は一輪で鋭く、その下側は白くなり、枝が稈の中央部辺りから二本出るのが特徴である。葉数が多く日光の透過が妨げられる。孟宗竹は竹類の中では竹鞘が厚く、建築材の代替材としても用いられるが、曲折性、弾力性に乏しい。床柱、雨樋、*竹穂垣、枝箒、竹花入などに用いる。

木材【もくざい】
様々な用途の材料、あるいは原料として用いる木のこと。「材木」も同じ意味。樹種による性質の違い（堅い、軟らかい、樹液や色艶や香りなど）や*杢目、木材等級（*上小節や*無節など）により様々な用途があるのはもちろん、丸太からの材の切り出し方（*板目や*柾目）、樹木の部分による差（*心材や*辺材）など用途に合わせた造材や製材が行われる。

杢目【もくめ】
木材の断面に現れる模様。年輪、繊維、導管、髄線などの配列が様々な模様をなす。*鶉杢、*蟹杢、*玉杢、*如輪杢、*縮杢、*葡萄杢などがある。

杢目板【もくめいた】
*板の中でも、美しい年輪模様の*杢目が見られるもの。*如鱗杢、*鶉杢などの特殊な杢目が見られる高級材では、その杢目の呼称を材の名称として用いる。

杢目塗【もくめぬり】
漆塗の技法の一種。木地に木目を錐先で彫り、その上に漆を塗ったもの。または黒漆を塗り、その上に朱漆で木目を描いたもの、もしくは金属の上に刷毛を使って木目調の模様を描いたもの。

黙雷庵【もくらいあん】
*川上不白が宝暦年間（一七五一～六四）、江戸に帰任した際に、最初に建てたとされる茶室。二畳台目下座床の席で、点前座勝手付に茶道口、床の脇に給仕口と、正面に*躙口をあけていた。「黙雷」の額は*表千家七代如心斎天然の筆であった。残存せず。

木蓮【もくれん】
モクレン科モクレン属の落葉小高木。中国原産。樹高は一五メートルほどになる。公園内や街路樹としてよく植えられる。四～五月に葉より早く暗紫紅色の花を咲かせる。少なくとも江戸時代後期には渡来し、住宅の庭園内に植えられていたようである。露地に植えられることもある。

藻塩草【もしおぐさ】
茶法書。『品川物語』ともいう。茶室における道具の置き合わせ、床や洞庫の心得のほか、諸道具についての解説など、点前や茶会における詳細な教えが箇条書きされている。奥書には江戸品川における*片桐石州の話を*藤林宗源が書き記したとある。内容には*細川三斎の茶書『数寄聞書』との共通性がみられる。『茶道大鑑』上巻には『藻志穂草』と題して翻刻されている。一方、国立国会図書館には『もしほ草　品川物語トモ云』がある。内容は『*山上宗二記』の「又十体」の注釈であり、『茶道大鑑』本とは異なる。成立の経緯や書写の過程は不明である。

文字欄間【もじらんま】
*欄間の一種。図案化した文字を意匠として用いたもの。桂離宮新御殿の*月の字崩し欄間が代表例。

百舌鳥野の茶室【もずののちゃしつ】
千利休の屋敷及び二畳の項を参照。⇒千利休の屋敷【せんりきゅうのやしき】　⇒二畳【にじょう】

百舌鳥野の露地【もずののろじ】
千利休の百舌鳥野の屋敷（千利休の屋敷の項を参照）にあった露地。『*南方録』には、「休ノ露地ニ、トビ石ナキ露地アリ、其時ハ玄関ノ外ニ、ヒキク竹スノコニテモ、板バリニテモ、小エンヲ付テ、ゲタニテモセキダニテモ、フンヌキテ小エンニアガリ、ソレヨリクヾリニテモ、セウジニテモ、アケテ入ナリ、コノ時ハ勿論、クツヲ手ニテアツカウマジキトテノコト也、コノ集雲菴ノゴトシ、中立前ニ人ヲヤリテクツナヲシ、客衆其マヽハクヤウニシタルガヨキ也、モズ野ハ露地スベテ芝生ナリ、トビ石ナキコト相應也」と記され、すべて*芝生で覆われ*飛石は打たれていなかったという。

モダニズム【もだにずむ】
過去の様式を否定する一九二〇年代頃からの建築の様式。一方で数寄屋建築とのかかわりも深い。産業革命以降、鉄、ガラス、コンクリートが大量生産され、また市民革命などによって、それまでの様式建築に変って、新しい建築形態を求める動きが、十九世紀末頃から盛んになってくる。ウィーン分離派、ロシア構成主義、デ・スティルなどの近代建築の新しい動向が見られ、やがてそれらはモダニズムに収斂する。機能的で無装飾なこの傾向はしばらく続くが、一九六〇年代頃から、それに対する反動としてポストモダンがあらわれる。しかし一方で、その後もモダニズム建築は造り続けられている。ル・コルビュジエ、ミース・ファン・デル・ローエ、フランク・ロイド・ライトが世界近代建築の三巨匠と呼ばれ、日本では前川國男や丹下(たんげ)健三らがその代表的な建築家として知られている。十九世紀末の近代建築の新しい方向性の模索の時代、欧米で注目されていたものの一つは、日本文化、日本建築であった。アール・ヌーヴォーは「新芸術」という意味だが、日本美術を扱う店の名でもあった。実際アール・ヌーヴォーには浮世絵が大きく影響している。当時の欧米の建築家たちは日本建築のもつ、彼らの伝統になかった新しいものを見出した。無駄を省いた簡素な表現や自然との一体化、また可変性の高い空間などである。それまで石造建築が主であった欧米の建築から一転し、軽みを日本建築に見出し、それを次々と新しい建築に応用してきた。また一方、日本の建築家たちも、彼ら自身が日本建築の新しさを発見し、あるいは世界の潮流としての日本建築を再認識し、それぞれの作品に活かしてきた。この欧米に影響を与え、日本人が再認識した建築の中心にあったのは数寄屋建築である。早くは明治時代に*武田五一(ごいち)が認識し、次いで*藤井厚二(こうじ)、そして昭和時代になって*堀口捨己(すてみ)が本格的に数寄屋に取り組んだ。また*谷口吉郎は数寄屋建築に着目してモダニズム建築に取り組んだ。堀口は*千利休の研究成果をまとめた『利休の茶室』に、「今ここに現代建築の立場で利休をとり上げる」と記している。

持送【もちおくり】

屋根や庇(ひさし)、梁(はり)、棚、手摺(てすり)など水平に張り出した部分を支えるため、柱や壁から突出させた部材、またはその構法。

黐躑躅【もちつつじ】

ツツジ科ツツジ属の半常緑低木。「岩躑躅」ともいう。本州の一部、四国などに分布し、低山や丘陵地の林などに自生する。樹高は一〜二メートルで、新芽や若い枝、花などに腺毛が多く粘ることからモチツツジという。平安時代から栽培され、『万葉集』にも詠まれる。露地の植栽としては少ないが、庭園や生垣(いけがき)などに用いられる。

黐の木【もちのき】

モチノキ科モチノキ属の常緑高木。本州(宮城県、山梨県以南)から九州、沖縄までの山地に普通に生える。葉は長さ四〜九センチで革質、全縁(ぜんえん)で互生する。果実は直径約一センチで赤く熟す。庭園によく植えられ、常緑であることから遮蔽(しゃへい)木(ぼく)として外周林に植えられることも多い。露地では、市中において深山の景趣を演出するために好まれ、よく植えられる。樹皮から小鳥や虫などを採る鳥もちを作ることができる。屋敷に植えると金持ちになるといわれる地方もあり、金木犀(きんもくせい)、銀木犀とともに植えられることがある。

木瓜形【もっこうがた】

楕円(だえん)または撫四方(なでよほう)の四隅が内側に凹んで、切り取った断面が木瓜文のようになっているものをいうが、この木瓜文は雲雀(ひばり)などの鳥の巣を上から見た形にかたどった図柄とされ、中国から伝来し、有職(ゆうそく)文様にも取り入れられた。木瓜文はやがて器物の形としても取り入れられ、香合や水指(みずさし)などにも見られるようになった。

木瓜引手【もっこうひきて】

*引手の一種。*木瓜形をした引手の総称。

木斛【もっこく】

ペンタフィラクス科モッコク属の常緑高木。本州(千葉県以西)から九州、沖縄の海岸に近い山地に自生し、樹高は一〇〜一五メートルになる。葉は長さ三〜七センチで厚く、光沢がある。*『茶譜』には「路地ノ体深山ノコトシ、大路地也、樹木ハ大松・大樅・木斛、加様ノ類ヲ深植込、其奥ニ茅屋有ヤウニシテ、成ホト静ニ人音遠体也」と*古田織部(おりべ)の露地についても記述があり、大木の松や樅(もみ)とともに木斛を植え深山のごとくするとある。また『築山庭造伝(つきやまていぞうでん)後編』の「路地庭造の図解」の項に「植樹ハ松、槇、南天、棒樫、もつこく等よし」とあり、江戸時代には木斛が露地の樹林を構成する主要な植栽のひとつであったことがわかる。現在でも露地内に比較的よく用いられる。

本岡家の茶室【もとおかけのちゃしつ】

石川県金沢市の本岡家住宅にある茶室。主屋はもと金沢市窪にあった農家で、明治十八年（一八八五）に竣工したものである。明治三十五年に現在地に移り、種々手が加えられて現在に至っている。外観は木造二階建、切妻造桟瓦葺。その主屋内にある十二畳の書院茶室は「鍵の間」と呼ばれ、その床構えは、間口が一間半の框床を中心に、右手は付書院、左手は天袋と違棚を備えた床脇棚となっている。点前座は、床脇棚が風炉先の位置になる一畳で、炉は四畳半切、勝手付の襖の背後は鞘の間になっている。角材の長押を打ち廻し、要所に漆塗を施すなど、格調高い書院になっているが、赤土壁、曲がりの多い黒檀の床柱、櫛形に大きくあいた縁境の欄間など、茶室という性格にかなう、瀟洒な仕上げや意匠も組み込んでいる。鍵の間に続く仏間十二畳半や次の間十二畳半は寄付としても使われ、これらの周囲を矩折にめぐる土縁を伝って、冬季や雨天の際の露地とすることもできる。登録有形文化財。

元口【もとくち】

丸太材や竹材で根元に近い、径の太い方。逆に径の細い頂部側を*末口という。

元末【もとすえ】

樹木として立っていた状態で、上にのびた梢側を末ないし末口、根元側を元ないし元口と呼ぶ。元は末よりも強度的にすぐれて節も少ないなど、元と末では材としての特性が異なる。そのため柱では、立木と同じく元を下に使い、梁組では強度の強い元口を下木へ、末を上木にするなど元末を判断して木組を行う。また数寄屋の*廻縁では差し回しで元末を組み合わせるなど、丸太を組む場合にも元末が吟味される。竹の場合にも同様に元末があり、垣の*立子に竹材を用いる時は元口を下として使う。

物見石【ものみいし】

額見石と同じ。⇒額見石【がくみいし】

物見の窓【ものみのまど】

外の様子を見るための窓のこと。茶室関係では、主人用に水屋や*中潜りの脇壁に設けられる。水屋では、中立後の席入りにあたり、内露地をうかがい客の都合を知る。中潜りでは、最初の席入りにあたり、外露地をうかがって客の揃い具合を知る。形式としては、水屋のものに*連子窓、*下地窓があり、中潜りのものに下地窓がある。「物見の窓」「物見窓」と呼ばれるものとして、他に能や歌舞伎の舞台をのぞく覗窓、奉行窓がある。

裳引の大戸【もひきのおおど】

*東山殿の*台子所へ至る出入り口に設けられた戸。『*南方録』に見える語。*茶道口の源流ともいわれる。「大シケフチノ戸二枚」からなり、この戸の一枚を開けておき、括袴の裾を下ろして手水を使い、台子所へ向かうことからこの名がある。裳引の大戸から台子までの距離は三間余とされ、その所作は「裳ノ引ヤウ、足ノハコビ、大戸へ入時ノ足、吉凶ノ心得等、ミナ作法厳重也」「台子ニ裳引ノ大戸ヨリフミ込ム足陰陽ノ別アリ」と、厳格な規範が定められていた。

樅【もみ】

マツ科モミ属の常緑高木。本州から九州の山地に自生し、樹高は大きいもので四〇メートル近くになる。露地の植栽として用いられ、『*茶話指月集』には「織部ハ僧正か谷にて、樅の木のものふりたるをみて面白ク思ひ、はしめて庭にうつす」とあり、*古田織部がその古びた風情を興じ、初めて露地に植えたと伝えられる。建築では桁や垂木、建具などに用いられることがある。

揉み紙【もみがみ】

揉んで皺を作り、独特の表情を出した和紙。襖や表具などに用いられる。金銀の揉み紙などがある。

紅葉台の茶室【もみじだいのちゃしつ】

*松平不昧が*大崎園に営んだ茶室の一つ。園庭の一番北にあり、茅葺の屋根に庇を廻し、「四散

の御茶屋」とも称される。四畳下座床で、点前座の角に「ユカミ柱」(曲柱)を立て、半畳の水屋を添えているが、茶室の南には土間を配した本来の水屋が設けてある。北には狩野永徳筆といわれる白桃に鳥の図が描かれた襖二枚を隔てて、一坪半あまりの腰掛を備えた「タ、き」(土間)があり、入口には両開きの唐戸が建てられていた。「習いにかかはり道理にからまれたかたくるしさ」を嫌った不味らしく、通型を打破し、斬新な表現を試みた茶室である。

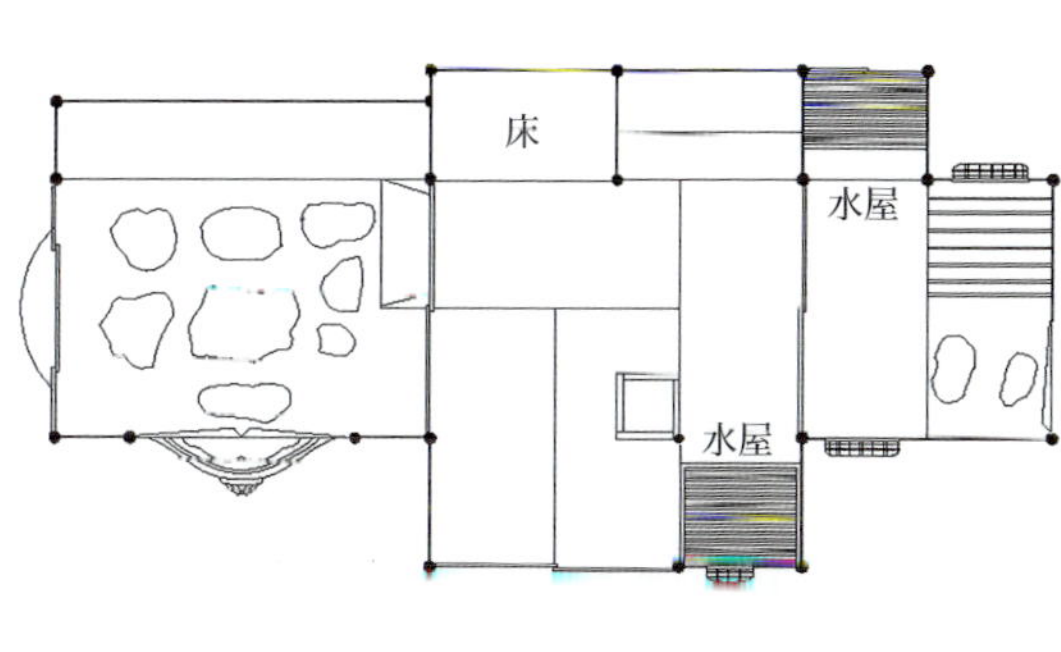

紅葉台の茶室　「江戸大崎御屋鋪御茶屋之絵図面」から作図

紅葉御茶屋【もみじのおちゃや】

江戸城西丸西側の吹上にあった御茶屋。宝永三年(一七〇六)に普請された。吹上には、天正年間(一五七三〜九二)以前は十六の寺院があり、明暦の大火(一六五七年)までは徳川御三家の屋敷があったが、大火後に防火上の配慮から、これらは郭外に移転し、吹上御庭となった。紅葉御茶屋は御庭となった吹上での最初の普請で、数寄屋とともに建てられた。中島をもつ泉水の畔に建ち、十九畳、十二畳、九畳の座敷を備えていた。文化二年(一八〇五)頃の吹上には、この御茶屋の他に御茶屋二カ所、腰掛四カ所、馬見所二カ所、亭、吹上稲荷があった。

揉み莇【もみすさ】

中塗莇の別称。　⇨中塗莇【なかぬりすさ】

桃【もも】

バラ科モモ属の落葉低木〜小高木。七〜八月、大形の果実をつける。縄文時代には大陸から伝来され、果樹として栽培されていた。奈良時代造営の飛鳥京苑池、平城宮東院庭園の園池においても、植栽されていた可能性が指摘されており、その後も庭園内に植栽されているものである。しかし茶庭においては『細川三斎御伝受書』に「樹に桃、枇杷、利休は嫌ひ候」と記され、千利休はモモをはじめ果樹を露地内に植えることを好まなかったことが後世に伝えられる。実際、露地内に植えられた例は少ない。

母屋【もや】

❶身舎と同じ。　⇨身舎【もや】
❷⇨母屋【おもや】
❸*小屋組の構成部材のひとつ。棟木や*軒桁と平行に配置され、*垂木を支える水平材。「母屋桁」ともいう。*和小屋では*小屋梁などの上に立てた*小屋束の上に渡され、洋小屋では合掌材の上に直行して架け渡される。軒に近い母屋を端母屋(「鼻母屋」とも書く)といい、これは軒桁に相当することもある。また数寄屋や茶室などで、屋根の妻側の*螻羽を受ける母屋を丸太で造り出す場合があり、これを化粧母屋と呼ぶこともある。(付録28頁参照)

身舎【もや】

建物の中心部分で大梁が架かる空間のこと。「しんしゃ」とも読み、また「母屋」「本屋」などと書くこともある。通常は*梁行二間、*桁行三間以上の中心部を構成し、規模の大きな建物ではこの身舎の周囲に付属構造部分が*下屋として付加されることで、建築が構成される。下屋部分を庇というのに対しての呼称。古代の建築においては、この身舎と庇の関係がはっきりしていたため、間面記法と呼ばれる方法で建物の大きさを表した。例えば三間四面といえば、身舎の桁行が三間であり、その四方に庇が取り付き、全体で桁行五間の建物となる。中世以降は本来複数となる建物を一つの大きな屋根で覆うことが多くなり、身舎と庇の関係が希薄になった。構造的に主要であるだけでなく、空間的にも建築の中心として扱われ、庇とのあいだに間仕切りがなくても、空間的には格差が存在した。例えば、寺院建築では本尊が置かれる空間、*寝殿造では主人の空間とすることが必須となっていた。

母屋配り【もやくばり】 母屋割と同じ。⇒母屋割【もやわり】

母屋違【もやちがい】 屋根の形状において軒桁の高さを異にする時や、棟の高さの違う時などで、小屋組の構成部材のひとつである母屋の高さにずれが生じた状態のこと。

母屋割【もやわり】 小屋組における母屋（母屋の項❸を参照）の配置をいう。「母屋配り」ともいう。通常、母屋は棟木と軒桁のあいだを等間隔にして配置する。

森川家の茶室【もりかわけのちゃしつ】 広島県竹原市の森川家住宅にある茶室。森川家住宅には、主屋や離れ座敷、隠居部屋、土蔵など八棟の建物があり、大正時代に建てられた頃の姿をよく保存している。茶室は江戸時代末期から明治時代初期にかけて竹原を中心に活躍した不二庵が造ったもので、当初、同市の野島家にあったが、大正時代に、森川家に移築された。外観は矩形の寄棟造柿葺、内部は四畳半切本勝手、南に一間半幅で奥行き一尺二寸の大床を設ける。また東面は一間半幅に障子四枚を建てて貴人口とし、西面に格子窓と下地窓を上下二段に、北面に茶道口と給仕口をあけ、水屋などを配置する。文化人として名が知られる不二庵は、遠州流の茶人でもあり数寄屋建築の設計も手掛け、春風館頼家、復古館頼家もその作と伝えられているが、独立した茶室は本例が現存唯一のものとされている。

森家住宅の茶室【もりけじゅうたくのちゃしつ】 富山市の旧森家住宅にある茶室。森家は幕末から明治時代にかけて繁栄した岩瀬湊の北前船回船問屋の一つで、現存する主屋は明治十一年（一八七八）頃の建築と伝える。太い登り梁構造の大屋根、柿葺起り屋根の庇、細い割竹を編んだ簀戸の出格子などが特徴的な二階建の大型町家である。「チャシツ」と呼ばれた座敷は、道に面する一階二室のうちの一つで、「チャシツ」の北側には、縁を介して坪庭のような露地も続く。道に面して建つ高塀に露地口があき、道から直接この露地に入ることができる。「チャシツ」は田舎間の六畳敷で壁は赤土壁、全面竿縁天井、東壁面は北（縁のある側）から、床（畳床）、床脇棚（地袋）、倹飩蓋の漆喰塗棚が並ぶ。「チャシツ」も含め、主屋全体が角柱でできているが、床脇棚と漆喰塗棚とのあいだの柱だけ赤松皮付丸太が使われている。主屋と土蔵は重要文化財に指定されている。

守山石【もりやまいし】 石材の一種。滋賀県大津市志賀の守山地区や木戸地区の、蓬莱山麓のみで産出する。褶曲した層理の顕著なチャートや菫青石ホルンフェルス、砂岩ホルンフェルスの三種の石質をもつ。接触変成を受けたチャートであり、層状の模様が浮き出たもので、「縞石」「虎石」とも呼ばれる。産出地では、「純守山」あるいは「縞石」と呼んでいる。瀬田の虎石に比して、層理の幅が比較的狭く褶曲しているため区別しやすい。主に景石や護岸石組に使用される。明治時代に入り琵琶湖疏水や鉄道網が発展したことから、小川治兵衛らにより起用され、当時安価なもので敬遠されがちであったが、次第に重用された。特に治兵衛が手掛けた無鄰菴（無鄰菴の項❸を参照）や平安神宮神苑などでの使用が知られる。

両折戸【もろおりど】 丁番（蝶番）などで連結され、二枚に折り畳むことのできる両開き形式の扉。「双折戸」とも書く。

諸飾り【もろかざり】 ❶床の荘り方のひとつ。茶事において、初座の床に掛物と花入を荘ること。普通、初座に掛物、後座に花を荘るが、中立を略する場合などに行う。❷座敷道具飾のひとつ。三幅一対の前に卓（床に置かれる棚物）を据え、その上に燭台と花瓶を一対ずつ左右に置き合わせること。『君台観左右帳記』に「諸飾は燭台一対・花瓶一対あるへし。香爐・香合は同前たるへし」とある。❸表千家における台子、長板の荘り方のひとつ。風炉の場合、風炉、釜、水指、杓立、建水を荘り、台子の時は、天板に茶器を荘る。炉の場合、台子の地板や長板に水指、杓立、建水を荘り、台子の天板に茶器を荘る。

諸戸家の茶室【もろとけのちゃしつ】

三重県桑名市の旧諸戸家住宅及び旧諸戸氏庭園にある茶室。諸戸家住宅は、江戸時代にはこの地の豪商の山田彦左衛門が所有していた豪邸であった。初代の諸戸清六は明治十七年（一八八四）にこれを購入し、次々と整備を行い、現在に至っている。茶室は、主屋に隣接した伴松軒、庭園中央にある*推敲亭、庭園の東の*扇の間（藤茶屋）がある。伴松軒は主屋の北側に、庭園に張り出すように渡り廊下で接続したものである。設計は松尾流十世不染斎（松尾家の項を参照）。大正時代末から昭和時代初期に建築されたと考えられる。四畳半に一間の床をもつ。また、主屋の北側には*六華苑があり和館が接続している。旧諸戸家住宅は重要文化財、旧諸戸氏庭園は名勝に指定されている。

門【もん】

外界と内部の敷地との境に設け、両方からの出入りを可能、または遮断する機能をもつ建物のこと。中央間には扉口を設け、出入りを制限する。屋根の有無や形状、棟の方向や取り付く位置などにより様々な種類がある。

文覚の手水鉢【もんがくのちょうずばち】

藪内家*燕庵の内露地にある手水鉢。*五輪塔の水輪を利用して作られるが、その水輪が文覚上人の五輪塔のものを用いているとの伝承から、この名称がある。

文覚の手水鉢

門冠りの木【もんかぶりのき】

*役木のひとつ。門の脇に添えて植えられ、枝葉が門を覆うように仕立てられる樹木。主に住宅の玄関先でよく見られる。常緑針葉樹、特に下枝を大きく伸ばし、門に被さる樹形をした*黒松が好まれる。このほかに槇や赤松、五葉松などが植えられる。

問魚亭【もんぎょてい】

京都市左京区の*白沙村荘にある建物。「如舫亭」とも呼ばれる。荘内南東に、池にせり出して建っている。「問魚」と「如舫」の扁額が掛けられ、池にせり出す佇まいは、まさに池に浮かぶ一艘の船のようである。「問魚」の扁額に「甲子桃月／夕坡□□／為／関雪先生題」と書かれていることから、大正十三年（一九二四）甲子二月頃に建てられたと考えられる。外観は宝形造茅葺で、室内は四畳半、主室北面は太い黒竹を床柱に用いた原叟床と、その東側に床脇が配されている。西面は左右から上部にかけて小壁の付いた洞口風の開口で、その外側には*勾欄付きの縁が設けられている。

紋縁畳【もんべりだたみ】

*畳縁に紋が入った（紋縁）畳。寺院や御殿でよく用いられる。文様には*七宝文（紋）など円形を基調としたものが多く、紋縁のひとつである*高麗縁には大紋、中紋、小紋などの区別がある。それ以外には*立涌文（紋）、桐紋などもある。室内の格式や用途によって使い分けられ、また畳を敷いた時に文様が揃うように特殊な技術が求められる。茶室では主に床に用いられる。

夜雨荘【やうそう】

和歌山市の岡公園にある茶室。もともと紀州徳川家の家老・三浦長門守の下屋敷跡に保存されていた幕末頃の茶室で、昭和六十二年（一九八七）、同園に移築された。四畳半席、二畳の小間、三畳の寄付、そして水屋からなる。扁額の「夜雨荘」は中国・唐代の詩人である白居易の詩「廬山の雨の夜草庵の中、終身膠漆の心応に在るべし」から名づけられたという。四畳半は床を下座に構え、火燈口形式の茶道口を勝手付に設け、引違いの太鼓襖を給仕口とする。点前座には片引き障子を建てた風炉先窓、勝手付にやや大きめの下地窓をあける。躙口は設けず、四枚の腰障子の貴人口を設け、濡縁と土間庇が外部に取り付く。小間は二畳と呼ばれているが、一畳台目で向板を入れた逆勝手の席である。

夜雨廳【やうちょう】

富山市の旧内山家住宅にある茶室。⇨内山家の茶室【うちやまけのちゃしつ】

八重垣【やえがき】

❶幾重にも造った垣のこと。「八つ垣」ともいう。古代より用いられる。

❷様々な種類の*立子を組み合わせた垣。『*石組園生八重垣伝』では袖垣としたものを、「八重垣之袖垣」として掲載する。

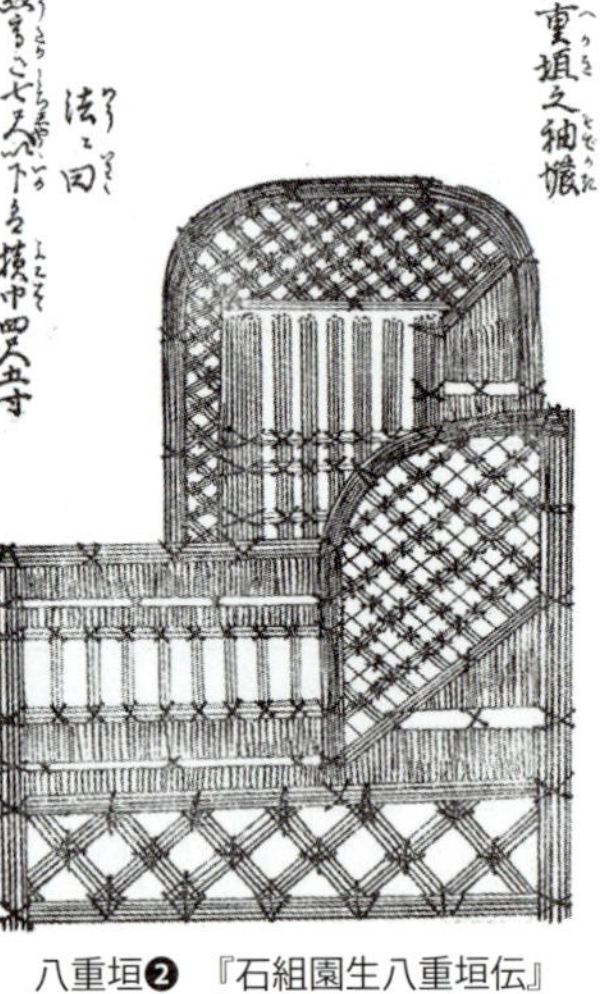

八重垣❷『石組園生八重垣伝』

夜会【やかい】

夜間、日没後から催す茶会。*夜咄の茶事が代表的。現在では冬季に好んで行われる。ただし、幕末期に*渡辺規綱が著した『喫茶送迎記』には夏季に行わない旨の注記があり、また近世前期の茶会記には冬季のみに限られていないことから、その行う時季の教えには変遷がある。*短檠、竹檠、*手燭などの燈火の趣に風情があり、最も難しい茶会とされる。これら燈火の道具の形状や扱いについて、古くから茶書に記されており、夜会に対する関心の高さを示している。

屋形【やかた】

❶*縁先手水鉢の水穴の上や井戸の上方に架けた装飾用の屋根のこと。「屋形枠」ともいう。*唐破風、切妻破風、*片流れなどがある。一般的には船や牛車などに造られた屋根の形状をしたものをさす。

❷屋形（船屋形）を設けた船、屋形船の略。

屋形天井【やかたてんじょう】

*舟底天井で、特に勾配が強いものをいうことがある。

屋形枠【やかたわく】

屋形と同じ。⇨屋形【やかた】❶

焼板垣【やきいたがき】

*板垣の一種。焼いた板を張った垣。

八木甚兵衛【やぎじんべえ】

明治時代から昭和時代まで、三代にわたる住友家お抱えの大工棟梁。八木家は、大阪四天王寺大工・岡野一統十二軒のうちの古妻家を出自とする。［初代甚兵衛］文化九年～？（一八一二～？）。住友家総理人であった広瀬家の大阪鰻谷別邸の建築にかかわったことを契機として明治時代、大阪や京都を中心に、特に住友財閥関連の仕事に携わったことで知られる。［二代甚兵衛］名は安次郎。安政元年～大正四年（一八五四～一九一五）。愛媛県新居浜市の旧広瀬邸（広瀬家新座敷の茶室の項を参照）のほか、京都市左京区の*清風荘、*何有荘、また滋賀県大津市の*住友活機園の和館、旧住友家茶臼山本邸の建物（一部は京都市右京区の清涼寺へ移築され、澄泉閣と名づけられる。慶沢園の項を参照）などを手掛けた。［三代甚兵衛］名は元蔵。明治十五年～？（一八八二

〜?）。十九歳で住友本店臨時建築部に入社し、大正四年の二代甚兵衛の逝去にともない、三十四歳で八木甚兵衛を襲名し、住友家鹿ケ谷別邸有芳園を竣工させる。

屋欏【やぎり】
防犯のために外塀に設けられる、尖った木や竹で作られた忍返の古称。

役石【やくいし】
庭園内の要所に据えられた、特定の役割を担う石のことをいう。据える位置が重要視され、石の形もふさわしいものを用いる。*露地においては特に約束どおりに役石を据えることが大切にされ、『*茶道旧聞録』には「先ず役石を据えてさて飛石を付るなり、これ心得べき秘術なり」と記される。腰掛（腰掛の役石の項を参照）、躙口（躙口の役石の項を参照）、蹲踞（蹲踞の役石の項を参照）などに欠かさず据えられる。

役木【やくぎ】
庭園内の要所に植えられた特定の役割を担う木のこと。「やくぼく」とも読む。植える場所により樹種や高さ、枝ぶりの決まり事が定められる。多くは江戸時代の作庭書である『築山庭造伝前編』『築山庭造伝後編』に掲載されており、この頃に定められ、現代に伝承されている。庭の構成や美観に応じて、また、涼を演出するためなどに配される。

薬師寺形燈籠【やくしじがたどうろう】
石燈籠の一種。奈良の薬師寺聚寶館の前にある一基が本歌とされ、笠、火袋、中台、基礎とも六角形の形式のもの。

屋久杉【やくすぎ】
*杉のうち、南限の鹿児島県屋久島に自生するもの。狭義にはその中でも樹齢千年以上のものをさし、千年未満のものは小杉と呼ばれている。最大級の屋久杉の個体は特に縄文杉として知られる。樹高は二〇メートルほど、直径約一〜二メートルに達する。*心材、*辺材ともに淡紅色で、脂分が多く、良質で、木理が細かく美しいのが特徴である。希少性が高い銘木のひとつである。床柱、落掛などに好まれるが、特に屋久杉の*杢目板は最高級の天井板として知られる。

役柱【やくばしら】
柱の中でも特別な意味をもつものをさす。現代では拡大解釈され、室内の*見え掛りの柱をさす場合もある。「役物柱」ともいう。茶室においては、*床柱や*相手柱、*中柱のことをいう。また古民家においては*大黒柱や小黒柱をさす。

役木【やくぼく】
役木と同じ。　⇒役木【やくぎ】

役物柱【やくものばしら】
役柱と同じ。　⇒役柱【やくばしら】

櫓棚【やぐらだな】
*床脇に設けられる*飾棚の一種。江戸時代に棚雛形として定型化される四十八棚の一つ。『増補大匠雛形四　新板棚雛形』（一八六六年刊）には「是ハしよゐん（書院）おし（押）板わき、御くつろき（寛ぎ）の間など、とかく上座によし」とある。

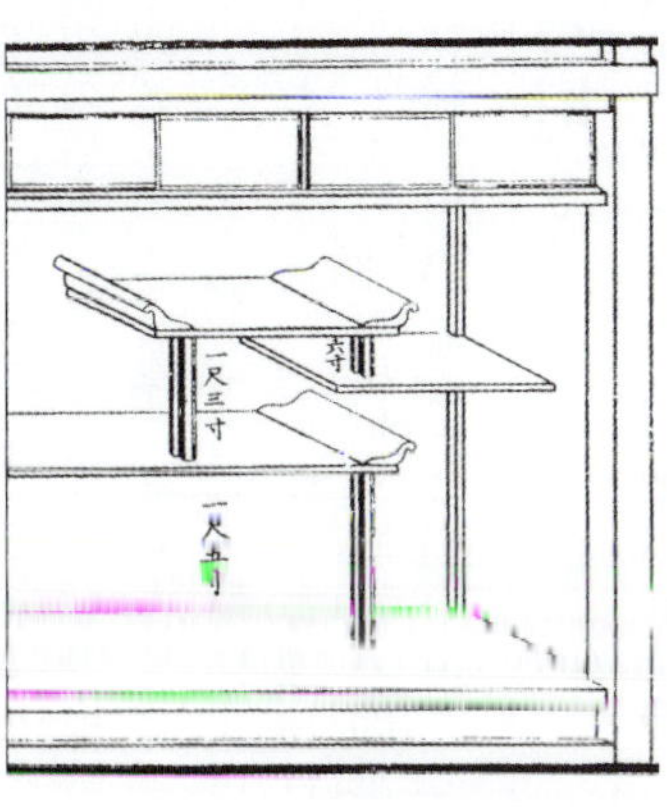
櫓棚　『増補大匠雛形四 新板棚雛形』

櫓燈籠【やぐらどうろう】
石燈籠の一種。笠、*火袋、*中台が四角形で、

櫓燈籠　修学院離宮

笠の屋根の形が入母屋造となり、城の櫓に似ていることから命名されたと考えられる。修学院離宮の下御茶屋にあるものが知られる。

薬研引手【やげんひきて】

引手の一種。薬研の形をかたどった引手のこと。

薬研彫【やげんぼり】

彫り込んだ底が三角形の頂点のように尖った形状になる彫り方。木造建築では、入隅の隅木の上面に施される。宝塔や五輪塔などの石造美術品では、彫られた文字の形状をさす。

安井杢太郎【やすいもくたろう】

明治二十六年～昭和五十九年（一八九三～一九八四）。近現代の数寄屋大工。京都府向日市に生まれる。元禄年間（一六八八～一七〇四）から続く宮大工の家系で、向日神社、松尾神社など各社寺に奉仕してきた安井家の長男に生まれ、幼少期から祖父、父のもとで修業を積む。また京都工学校に学び、ここで武田五一に出会い、新知識を身につけたという。昭和二十二年に安井杢工務店を設立。伝統的な技術で社寺、住宅の建築を行い、如庵、京都御所、桂離宮などの修理も手掛けた。代表作に重来荘などがある。

安田松翁【やすだしょうおう】

天保九年～大正十年（一八三八～一九二一）。近代の実業家、数寄者。父は安田善悦といい、富山藩五人扶持十両取の下士であった。富山に生まれ、当初は岩次郎と称し、後に善次郎とあらためた。松翁は号。若い頃、玩具屋の手代奉公をした後、両替商へ奉公し、元治元年（一八六四）、江戸日本橋新乗物町に両替商安田屋を開いた。後にこれが安田銀行（後に富士銀行、現みずほフィナンシャルグループ）に発展したばかりでなく、事業を拡大し安田財閥の基礎を築いた。日本電気鉄道や、帝国ホテルの設立発起人、東京電燈会社や南満州鉄道への参画、日本銀行の監事など、この時代の国家運営にも深くかかわった。また東京大学の安田講堂や、日比谷公会堂、千代田区立麹町中学校校地は松翁の寄贈による。大正十年九月二十七日、大磯町にあった別邸寿楽庵で凶刃に斃れた。明治十三年（一八八〇）頃より茶の湯を表千家十一代碌々斎瑞翁や大久保北隠らに学び、能楽や絵画も能くした。明治三年一月より大正十年九月までのあいだに自会記二十八会、他会記三百六十五会を記録し、昭和二年（一九二七）九月に『松翁茶会記』として出版された。松翁は五百会をこえる茶会記を書きのこしているが、そのほとんどは他会記で、わずかに見られる自会記にも茶室のことは記されていない。ただ高橋箒庵の『昭和茶会記』の「安田松翁と茶」の項に、松翁は田安徳川家から東京の本所横網にあった邸宅を買い込み、そこにあった又隠写しの茶室で茶会を催したとの記述があることから、もと田安徳川家にあった又隠写しの茶室へ人を招いていたことが知られる。

八瀬真黒石【やせまぐろいし】

京都市左京区の大原から高野川流域に産出する真黒石のうち、八瀬から産出したものをいい、特に八瀬天満宮社近くの川床が著名な産出地。加茂七石の一つ。石質は雲母ホルンフェルスである。中でも石面に蜂の巣状の小穴のある石は巣立真黒といわれ、珍重された。大原地区の高野川に流れ込む各支流からも真黒石系統の石が採れるが、艶が異なり、それらと区別するために八瀬のものを本場物ともいう。

矢竹【やだけ】

イネ科ヤダケ属の植物。ササの仲間。「シノベ」「ヤジノ」などともいう。本州、四国、九州にひろく分布する。矢の材料となることからの名称。庭園用の植栽としても用いられる。稈の長さは三～四メートル、直径一センチほどで、節間は長く三〇センチ程度である。通直、正円で、節は低くおとなしい。葉は枝の上端部に付く。建築材として、化粧屋根裏の小舞や間垂木、竿縁、押縁、垣根、塀などに幅広く用いる。

八つ垣【やつがき】

八重垣と同じ。⇒八重垣【やえがき】❶

八手【やつで】

ウコギ科ヤツデ属の常緑低木。本州（茨城県以南）から九州、沖縄に分布し、沿海地の林内などに自生する。葉は長さ、幅ともに二〇～四〇センチで、掌状に七～九裂する。比較的日陰に耐性があり、高木の下層や住宅の北側によく植えられる。葉の形状から、住宅に植えると魔除けになるといわれる地方もある。露地では低木としてよく用いられる。

八橋【やつはし】
浅瀬に幅の狭い板を数枚、折れ折れに継いで架け渡した板橋。『伊勢物語』に登場し、古くから杜若(かきつばた)の名所として知られた歌枕の三河国八橋にちなんだものとして、江戸時代に考案され、庭園の景として杜若とともに用いられる。『*石組園生八重垣伝(いしぐみそのうやえがきでん)』にも、杜若とともに描かれ、「橋板長さ一間半、板幅一尺二寸を先宗法とするべし」とある。岡山の*後楽園のものが有名。

八橋形の池【やつはしがたのいけ】
京都市上京区の本法寺の庭園(*巴の庭(ともえ))にある池の呼称。*八橋で用いられる幅の狭い橋板は一般に木製だが、ここでは切石が用いられ、囲み形にして池の護岸とし、杜若(かきつばた)を植えている。

八ツ窓の茶室【やつまどのちゃしつ】
*松平不昧(ふまい)好みの茶室の一つ。『松平不昧伝』には「八束郡宍道町の富豪木幡氏は、旧家にして、父天隆院曾てこれに臨みしこと、年譜に見ゆ。こゝに存する茶室は、もと千利休の作れるものにして、八ツ窓の茶室と称す。公いたくこれを悦びて、一旦松江城下に移したるが、其後国老大橋氏に授け、維新の際、大橋氏より木幡氏に譲りたるものとす」とある。なお、島根県松江市の八雲本陣・木幡家には明治五年(一八七二)に松江藩代々家老の大橋家より譲り受けた三畳台目の*伝利休茶室が建てられていたので、この茶室のことをさしていると考えられる。

雇実矧【やといざねはぎ】
板材を*矧合せる(はぎあわせる)(接合する)*矧の一種。両側の板(いた)傍(そば)(板の側面)に水平の溝(みぞ)を掘り、そこに雇実を挿入して矧合せる技法。床板(ゆかいた)や縁(えん)板を張る際に用いられる。これにより板が痩せても傍に隙間が生じることを防ぐ。さらに一方を凸(とつ)状に削り出す*実(さね)矧と異なり、板幅すべてを有効に利用することができる。(付録29頁参照)

柳【やなぎ】
ヤナギ科ヤナギ属の植物の総称。川辺や庭園内でよく見られるシダレヤナギは中国原産で、樹高は一〇～二五メートルほどになり、枝が大きく枝垂(しだ)れることが特徴。三～五月に葉に先立って黄色の花をつけ、水の流れや橋などとともに描かれる柳橋水車図は画題として有名。庭園や公園においても、水際によく植栽される。その他にも枝を利用して柳行李(ごうり)を制作したコリヤナギや、茶花として用いることがあるネコヤナギ、アカメヤナギなど非常に種類が多い。

柳板【やなぎいた】
*板畳の一種。炉を*隅炉に切った場合、*勝手付側の*畳寄と炉とのあいだに入れる小幅の板。風(ふ)炉(ろ)先(さき)側に入れる*小板と区別しないこともある。*待庵(たいあん)の隅炉には入れられていないが、点前のしやすさ、壁の火照りの緩和といった理由から、板が入れられるようになった。また火を忌むためか、水辺の樹木と認識されていた柳の板が用いられ、柳板と称されるようになったといわれるが、これがいつの頃からのことか詳らかでない。

柳釘【やなぎくぎ】
*花入釘の一種。正月飾として、結び柳を入れる青竹を掛けるための釘。座付と座のない釘があり、打つ場所によって使い分ける。一般に床(とこ)の*入隅(いりすみ)や四畳半の点前座先の入隅に花入釘と同様に下座(げざ)側に打つ。高さは柳が天井に当たらないよう考慮して打つが、その場合では天井の*廻縁(まわりぶち)の下端(したば)より一尺前後下げて斜(なな)めに打つ。『*茶道筌蹄(せんてい)』には「すみの塗出し楊枝柱の釘は元伯、此釘を柳釘といふは非也、花釘というべし」とあり、千宗旦が打たれ、柳釘ではなくて花釘というべきと述べている。実際に、裏千家の*又隠(ゆういん)では点前座入隅の*楊子柱に打たれており、この柱を柳柱ともいう。(付録20頁参照)

柳釘

柳棚【やなぎだな】

*床脇に設けられる*飾棚の一種。江戸時代に棚雛形として定型化される四十八棚の一つ。三枚の棚板を釣木と束によって支え、上部に*天袋を設けたもの。『増補大匠雛形四 新板棚雛形』(一八六六年刊)には「是ハおしいた(押板)書院わきによし」「棚のつり(釣)木立木、何れも一寸五分と心得べし」とある。

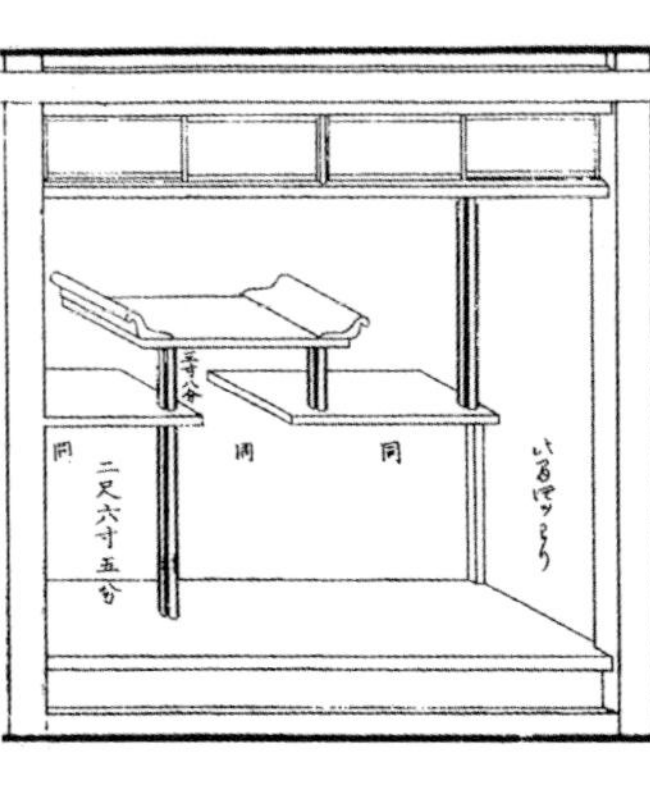

柳棚 『増補大匠雛形四 新板棚雛形』

柳水【やなぎのみず】

名水の一つ。京都市中京区の西洞院通三条下ル柳水町にある。『雍州府志』によれば織田信雄の屋敷にあった井戸で、水は清く冷たく、茶人に愛用された。*千利休ももっぱらこの水で茶を点てたという。日光を避けるために柳が植えられていたことからの称だという。*松花堂昭乗は、江戸城に書道師範として召された際にこの水を持参し、名水を誇った。これを疑った人が柳水であることを隠して昭乗に使用させたところ、「軽い水で柳水と同様である」と言い当て、一同感嘆したという逸話ものこる。

柳柱【やなぎばしら】

楊子柱と同じ。⇩楊子柱【ようじばしら】

柳宗悦【やなぎむねよし】

明治二十二年〜昭和三十六年(一八八九〜一九六一)。大正時代から昭和時代にかけての哲学者、民芸運動の提唱者。東京に生まれる。学習院初等科に入学、高等学科時代に志賀直哉、武者小路実篤らと『白樺』の創刊に参加。バーナード・リーチと交友が始まる。東京帝国大学を卒業後、東洋大学や同志社大学で宗教学を講じる。大正五年(一九一六)、朝鮮を旅行し、朝鮮の陶磁器の美しさに出会い、西洋、朝鮮、日本の美術や宗教を研究。大正十三年、京城(現在のソウル)に朝鮮民族美術館を開設。その後、濱田庄司、河井寛次郎らと交友を深め、民衆の用いる日常品の美に着目。無名の工人(職人)から生み出された民衆的工芸を「民芸」と名づけ、民芸運動を提唱、推進し、日本の近代工芸界に大きな流れをつくっていった。昭和八年、京都から東京へ移転し、同十一年に東京駒場に民芸運動の本拠地として日本民藝館を設立し、初代館長に就任。著書は多く、『美の法門』をはじめ、茶道改革への提言を著した『茶道を想ふ』『茶と美』などがある。*玄庵のある京都市北区の土橋邸は、昭和九年に美術商・土橋嘉兵衛が、親交のあった河井に図り、室内の意匠など柳らの協力を得てまとめ、完成した建築である。

柳瀬荘【やなせそう】

埼玉県所沢市にある*松永耳庵の旧別荘。武蔵野の雑木生い茂る小丘を開拓し、老松樹林を自然の風景にのこして柳瀬川の清流を遠望するように、耳庵自らが指図した。昭和六年(一九三一)に完成して以降、数々の茶会が催された。荘内には長屋門、正門、*黄林閣、*斜月亭、*久木庵、*耳庵、春草廬(春草廬の項❶を参照)などの建物、美術品収蔵の土蔵が設けられ、観音堂、古塔、練塀、枯滝組、枯流れなどが配された。この山荘は戦後、一時期「柳瀬文化館」と称していたが、昭和二十三年、収集した美術工芸品とともに東京国立博物館に寄贈され、その所管となった。敷地面積は一万七二三五平方メートル。黄林閣、斜月亭と久木庵、長屋門が当地に現存し、春草廬は東京国立博物館の庭園に移築されている。

屋根【やね】

建物の上部を覆う構造物。建築を覆い、雨露や雪を防ぎ、日光や熱を遮るもので、建築の意匠を決定する重要な要素である。屋根の形式には*切妻造、*入母屋造、*寄棟造、*宝形造などがあり、また屋根葺材により*草葺(茅葺など)、*板葺(杮葺など)、*檜皮葺、*瓦葺、金属板葺(銅板葺など)、スレート葺などがあり、建物の性格や環境によって屋根の形式とともに使い分けられる。屋根を支える架構の総称を*小屋組といい、日本の伝統的な小屋組工法を*和小屋という。

屋根裏【やねうら】屋根の裏側のこと。また屋根と天井とのあいだにできる空間をさす。屋根裏の*小屋組を、材や構成を美しく整え、天井を張らずに見せるものを*化粧屋根裏という。

屋根勾配【やねこうばい】屋根を仕上げる時の角度のこと。屋根の傾斜の度合いを示す。たとえば*草葺では素早く雨水を流す必要から急勾配に葺かれ、一尺に対して一尺上る矩勾配に仕上げられる。また*檜皮葺では四寸五分勾配から五寸勾配、*瓦葺や*杮葺では四寸勾配から四寸五分勾配、*銅板葺では三寸勾配から三寸五分勾配に葺かれる。

屋根葺材【やねふきざい】建物の屋根を葺く材料のこと。*草葺の場合には*茅、*葭や麦藁などが、*瓦葺の場合には*丸瓦、*平瓦、*桟瓦などが葺き方に応じて使い分けられる。また*杮葺に用いる*杮板や*檜皮、杉皮などの樹皮、銅板などの金属板もある。

夜泊石【やはくせき】*園池にある岩島の一種。「よどまりいし」とも読む。池の水面に、ほぼ同大同形の石を数石、直線状に浮かんでいるように並べたもの。*蓬萊へ宝を求めて渡海する宝船が港に停泊している様を表した吉祥の象徴。当初は橋の橋脚か池にのり出した*釣殿風の建物、もしくは廊や縁の柱の基礎石であったものが、後に船に見立てられたものもある。*西芳寺や*鹿苑寺の庭園に見られる。鹿苑寺金閣の傍のものに夜泊石の呼称があったことは、『*都林泉名勝図会』及び幕末の絵図に記されているが、それ以前にはこの名が見当たらない。

矢橋家の茶室【やばしけのちゃしつ】岐阜県大垣市の矢橋家住宅にある茶室。矢橋家住宅は中山道赤坂宿のほぼ中央に位置し、中山道に北面する平入の大型町家である。屋敷内には、表門、主屋、書院紅於亭、隠居竹雪廬、東蔵、中蔵、西蔵、茶室などがあり、それぞれ登録有形文化財。茶室は書院の南東端に接続し、二畳の席と水屋部分からなる。明治初年（一八六八）頃の建物と考えられるが、当時流行していた煎茶趣味の影響は控えめで、節のある細い柱を立て、軒の出を深く造るなど、軽やかで上品な意匠でまとめられている。

矢羽根網代【やばねあじろ】*網代の編み方の一種。「矢筈網代」ともいう。へぎ板を矢の上端の矢筈のように、少し角度を振って編んだもの。（付録25頁参照）

藪柑子【やぶこうじ】サクラソウ科ヤブコウジ属の常緑小低木。北海道の一部、本州から九州に分布し、山地の木陰でよく見られる。地下茎をのばして増え、群生する。十月頃、直径五～七ミリの球形の赤い果実をつけ、正月飾りとして好まれる。『*築山庭造伝後編』「路地庭造の図解」の項に「物の陰又建物の間杯に便所など造作て下水瓶（中略）を置、万年草、くちなし、葉蘭、一ツ葉、藪柑子、さつき等の根じめを遣ふ」とある。露地の*下草としてよく植えられる。

矢羽根網代

藪蘇鉄【やぶそてつ】オシダ科ヤブソテツ属のシダ植物。本州から九州地方（屋久島、種子島を除く）の山地に自生する。葉は頂羽片のはっきりした単羽状複葉で、披針形。大きいもので長さ八〇センチほどになるものもある。露地では*蹲踞付近をはじめ、園路沿いなどによく植えられる。

藪椿【やぶつばき】ツバキ科ツバキ属の常緑高木。「山椿」ともいう。今多くあるツバキ（*椿）の園芸品種の親となった原種のひとつ。本州（青森県以南）、四国、九州、沖縄の山地、沿海地に普通に自生し、樹高は大きいもので一〇～一五メートルになる。葉は長さ五～一二センチで厚く、表面に光沢がある。縁に細かい鋸歯があり、互生する。開花期は個体や地域により差が大きく十月から翌五月に及ぶ。赤色の花をつけるが、まれに白花もでる。茶花としてはもちろん、露地で花木が好んで植えられない中、山野で普通に自生する本種は深山の景を演出する常緑樹林の構成種として比較的よく用いられる。

藪内家【やぶのうちけ】

茶道流派の一つ。藪宗把を遠祖、藪内剣仲紹智を初代として今日に続く。代々*西本願寺の庇護を受け、京都の上京に住した三千家の茶道を上流と称するのに対して、下京に住した藪内家は下流と称された。歴代の名乗りは紹智。

［初代藪中斎剣仲］天文五年～寛永四年（一五三六～一六二七）。宗把の養嗣子で、幼名九助、名は宗、字名は子的。燕庵、隠斎などとも号す。茶を宗把に学び、次いで*武野紹鷗に師事したと伝えられ、紹鷗最晩年の弟子で、「紹」の一字をもらい紹智と名乗ったとされる。また天正八年（一五八〇）、大徳寺の*春屋宗園に参禅するため上洛し、洛北の紫竹村に居を定め、文禄四年（一五九五）、春屋より剣仲の道号を授かった。同じく文禄四年頃に下長者町新町西入、鷹司殿の西隣へ居を移す。*千利休及び*古田織部との親交が深く、剣仲の妻は織部の妹で、その媒酌人は利休と伝えられている。天正九年に利休から相伝の祝いを受けて茶室*雲脚と板額、風炉と炉の茶道具一式を贈られており、道具や板額は今も伝来している。また織部からは茶室*燕庵と露地、表門などを賜っている。**［二代月心軒真翁］**天正五年～承応四年（一五七七～一六五五）。初代藪中斎剣仲の子。名は宗実、字は世篤。文禄四年頃に鷹司殿の西隣に居を移した時期に、二代を継承したと考えられる。江戸時代初期から西本願寺内の各建物が整備され、門主への茶道指南や来賓の接待もあり、西本願寺十三代門主良如に招かれ、寺領の一部を与えられて寛永十七年（一六四〇）二月に現在地に移転。正保元年（一六四四）、真翁は初めて門主に茶菓を供し、以来、門主への献茶菓は嘉例となって現在に至る。また真翁の代で世襲の師家相続となり、藪内流と称するようになった。次男・紹拙は陸奥国南部（岩手県盛岡市）の相馬家へ、三男・紹春は阿波国（徳島県）の蜂須賀家へ出仕、四男・紹節も肥後国熊本の細川家へ出仕したという。*千少庵と親交が深く、少庵ゆかりの品々が伝来している。**［三代雲脚亭剣翁］**慶長八年～延宝二年（一六〇三～七四）。二代月心軒真翁の長男。名は宗利、字は休甫。剣翁の道号は、承応四年（一六五五）に大徳寺の僧・天祐紹杲より与えられる。五十四歳で師家を相続。香を嗜み、入手した名香を良如に献上し、龍蘭営と名づけられたという。息子の了智は肥前国（佐賀県）鍋島藩に茶頭として出仕している。**［四代蕉雪斎剣渓］**承応三年～正徳二年（一六五四～一七一二）。三代雲脚亭剣翁の子。名は宗億、字は子兆。分家した地方からの弟子の指導に力を注ぎ、鍋島藩に仕える了智と交わり、加賀国（石川県）大聖寺藩前田家とも親交があった。さらには西本願寺への出仕に力を注ぎ、宗祖四百五十年をつとめるなど藪内家の保持に尽力した。門下には島村紹億らがいる。**［五代不住斎竹心］**延宝六年～延享二年（一六七八～一七四五）。名は宗直、字は仲正、而空、逍遥子など。禅門での呼称は祥巌。剣渓の妻が西本願寺門主の御典医・南條玄斎の娘で、竹心はその末弟と伝えられ、四代蕉雪斎剣渓の女婿として藪内家に迎えられた。藪内家中興の祖と称され、*『源流茶話』『朱紫』『茶道霧の海』『茶友絶交論』など多くの著述をのこした。竹心は茶の湯における倫理観を利休に求め、利休が大成した茶道を模範とし、そこに普遍的価値を置き、家元としての倫理観を貫き通した。正徳六年（一七一六）に織部百回忌、享保十一年（一七二六）に剣仲百回忌、元文五年（一七四〇）には利休百五十回忌をつとめている。また建仁寺の雲外東竺に参禅している。西本願寺十八代門主文如の所望（十四代寂如との説もあり）によって、同寺の奥庭に茶室*須彌蔵を造ったという。門下には北尾春倫や安富常通がいる。**［六代比老斎竹陰］**享保十二年～寛政十二年（一七二七～一八〇〇）。名は宗堅、字は子冰、雲脚子、雲嶹道人と号す。竹心四天王の一人である北尾春倫の甥で、五代不住斎竹心の養子となり六代を継ぐ。書を池大雅に学び、円山応挙とも親交があった。謡曲や和歌、作陶にも長じていた。寛政二年に利休二百回忌を大徳寺で営み、同年、六条堀川

にあった*珠光ゆかりの*醒ケ井の碑を再興する。また西本願寺十八代門主文如に『茶法口義』二巻を呈上しており、文如は比老斎に深く傾倒して、比老斎の画像に賛を与えている。以来、歴代家元の肖像には代々門主より賛が与えられることになった。実子の珍牛斎紹庵は、文政元年（一八一八）に江戸千石橋に住居を構え、藪内流の発展につとめた。　［七代桂隠斎竹翁］安永三年～弘化三年（一七七四～一八四六）。名は宗逸、字は西洞、公翰、号は竹逸、竹翁。大和郡山藩（奈良県）の藩士・来田家の出身。文如の側近として上洛。六代比老斎竹陰の没後、後見人として迎えられて七代を継ぐ。家の修理や土蔵の新築など、内的な仕事につとめるかたわら、*妙喜庵の修理、剣仲と織部の二百回忌、利休二百五十回忌を営んだ。　［八代真々斎竹猗］寛政四年～明治二年（一七九二～一八六九）。名は宗淵、字は世絹。六代比老斎竹陰の養子・通玄斎竽翁紹豫（松永貞徳の後裔）の実子。七代桂隠斎竹翁の養子となり、師家を継承した。竹猗の生きた時代は幕末から明治時代に移る物情騒然とした時期で、もっぱら流派の護持につとめ、相伝書の検討や流儀作法の確立を心掛けた。安政五年（一八五八）の秋より皇女・和宮の茶道指南役をつとめ、徳川十四代将軍家茂への降嫁の際には、調度品として茶道具一式を用命により謹製している。元治元年（一八六四）、蛤御門の*変に家屋は焼失したが、慶応三年（一八六七）には武田儀右衛門の建てた燕庵写しの茶室（現在の燕庵）が藪内家に移築され、また西本願寺二十代門主広如により茶室*緝熙堂と五代不住斎竹心がかかわったという須彌蔵が下賜、移築された。［九代宝林斎竹露］文化八年～明治七年（一八一一～七四）。名は宗俊、字は子傑。六代比老斎竹陰の実子・珍牛斎紹庵の実子。明治維新直後の時期に家を継いだが、継承して五年で没した。宝尽蒔絵棗など好み物がのこる。　［十代休々斎竹翠］天保十一年～大正六年（一八四〇～一九一七）。名は宗恭、字は公剣、謙斎、致恭、瓢庵などとも号した。もと大聖寺藩の御典医で茶堂でもあった福田氏の出身。八代真々斎竹猗のもとに仕えていたが、九代宝林斎竹露の早逝により、遺児の常弥（後の十一代透月斎竹窓）、乙弥（後の*藪内節庵）の後見人として迎えられた。明治十一年（一八七八）、北野天満宮神前で献茶をし、今日、同天満宮の献茶は藪内家と三千家、堀内家、久田家の輪番制で執り行われている。竹翠は晩年大阪府吹田に隠棲し、福田姓に復している。［十一代透月斎竹窓］慶応元年～昭和十七年（一八六五～一九四二）。名は宗栄、幼名は常弥。竹香、竹操、竹窓とも号し、還暦後は輝翁と号した。九代宝林斎竹露の長男。岡山曹源寺の笠仙（枕流軒）に参禅、漢籍と書を山本愚渓に学び、画は森寛斎に師事した。　［十二代猗々斎竹風］明治三十七年～昭和五十四年（一九〇四～七九）。名は宗圓、字は紹秋、若宗匠時代は紹光と号す。十一代透月斎竹窓の長男。昭和四十三年（一九六八）には東京稽古場を開設し、同四十五年の万国博覧会には五家元とともに日本庭園の茶席を担当。また著述や放送を通じての普及にも熱心で、「茶道入門」や藪内流機関誌などに健筆をふるった。昭和四十九年には全国組織の古儀茶道藪内流竹風会、同五十二年には財団法人藪内燕庵を設立した。　［十三代青々斎竹仲］昭和十一年～（一九三六年～）。幼名尚弥、若宗匠時代は紹春と号し、還暦後は竹仲と号す。十二代猗々斎竹風の長男。昭和五十四年に家元を継承する。同六十三年から平成元年（一九八九）にかけて、アメリカ・ワシントンの茶道美術展において茶室を設け、茶道の普及につとめる。平成二十三年より燕庵の保存修理、緝熙堂などの修復工事を行った。平成二十七年、家元を長男の紹由に譲り、隠居、穆室と名のる。著書に『藪内家の茶』がある。　［十四代允猶斎竹卿］昭和四十二年～（一九六七～）。十三代青々斎竹仲の長男。平成二十七年五月、織部四百回忌法要茶会を大徳寺三玄院で開催した際には、献香・献茶を行った。平成六年、允猶斎竹卿紹由の斎号を授けられ、同二十七年六月七日に家元を継承。

藪内家の露地【やぶのうちけのろじ】

京都市下京区の*藪内家に所在。*利休より台子皆伝を受けた初代藪中斎剣仲は、利休自刃後、*聚楽第に茶堂として召され、段屋町に居住していたが間もなくこれを辞し、文禄四年（一五九五）頃、下長者町（藪内町）新町西入、鷹司殿の西隣に屋敷を構えたという。現在、藪内家は西本願寺の門前町にあたる下京区西洞院通正面下ルに位置する。寛永十七年（一六四〇）に二代月心軒真翁は西本願寺の茶道師家に迎えられたことから、現在地に屋敷地を移したのであろう。移転に際しては、下長者町の屋敷にあって剣仲が相伝の賀に利休から贈られたと伝える*雲脚、*古田織部の堀川屋敷から移築されたと伝える表門や高塀などとともに、茶室*燕庵とその露地がそのまま運ばれたという。天明の大火(一七八八年)では類焼を免れた藪内家の茶室だが、蛤御門の変によって焼失している。しかし、天明の大火以前に描かれた『拾遺都名所図会』所載の図を参照すると、現在の露地は当時と大きく変わらないと考えられる。藪内家には燕庵をはじめ雲脚、*緝凞堂、*須彌蔵など複数の茶室があり、露地はいわゆる多重露地で、茶室燕庵の露地は*三重露地を形成している。敷地の南東部、通りに面した露地口から入り、*談古堂前の*四半敷の土間を通って*霰零しの*延段を西へ進むと雲脚の露地である。露地中に構えられた*蹲踞の手水鉢は八坂法観寺(京都市)の礎石を利用したものと伝え、その脇には*白太夫形燈籠を据える。この露地は燕庵の外露地でもあり、*中潜りを潜ると茶室燕庵の*中露地となり、塀の内側、中露地側に腰掛を設ける。これは*割腰掛と呼ばれ、潜りの両脇に貴人の席と*連客の席が分かれて配置されている。向かって右側が貴人の席、矩折の左が連客の席のL字形の平面である。貴人席には後ろに衣桁が釣られ、左方には垂れ莚蓙を掛けている。前にはやや高い*正客石を据え、右手の袖壁には*火燈窓をあける。北側には*下腹雪隠を設ける。さらに*飛石を伝うとひときわ大きな*踏分石の*三つ小袖石が打たれ、ここからは三筋に飛石が分かれる。北へのびる飛石は母屋側につながり、南へのびる飛石の先には*砂雪隠がある。砂雪隠は*片流れ*柿葺で、入口そばに薬罐を置くためのやや高い石を据える。中央の飛石は内露地へと続く。右手に*雪の朝石燈籠を見て、飛石をさらに伝うと、*四つ目垣に付けた*猿戸があり、そこに据えられた*戸摺石は*千少庵が利休の遺物として藪内家に譲ったものと伝える。猿戸を潜ると内露地となり、長さ約十四尺の延段が目を引く。切石に大小の石を取り混ぜた意匠には、「自然石ニ切石遺交テ居ル事不苦」(古田織部正殿聞書)などと述べていた織部の好みがうかがえる。飛石は延段から北へと折れ曲がり、燕庵へと続く。内露地の蹲踞の手水鉢が*文覚の手水鉢である。鉢明りの燈籠は、竿を地面に直接生け込む形式で、織部が露地にふさわしい姿として考案したともいう*織部燈籠である。このほか、*棕櫚の植栽が見られるなど、織部の好みが随所にうかがえることは興味深い。なお藪内家露地は「燕庵庭園」として名勝に指定されている。

藪内家の露地　戸摺石と延段

藪内節庵【やぶのうちせつあん】

明治元年～昭和十五年(一八六八～一九四〇)。*近代の茶人。名は乙弥、字は宗延、別号市隠斎。藪内家九代宝林斎竹露の次男。十代休々斎竹翠の養子となり、福田家を継ぎ四代随竹庵となった。兄は十一代透月斎竹窓。節庵ははじめ好雲庵と号し、二十歳で東京に遊学するが、明治二十九年(一八九六)頃から大阪に移り、井上平兵衛(壺庵)、太田宇兵衛(蘆庵)、植村平兵衛(以文堂)などの世話により、淡路町へ居住。その後、浪花橋筋安土町心斎橋東に転じ、明治三十六年、伏見町二丁目中橋筋に稽古場を新築し、移った。茶道具の目利きとして知られ、茶室建築、作庭にも精通し、大正二年(一九一三)、三井総領家十代当主三井高棟に招かれ、東京の綱町三井倶楽部本館の約六千坪の庭園を、江戸時代より著名な名園を下地として本設計し、また箱根別邸の茶室庭園にもたずさわった。その他に明治四十一年に三井家の所有となった茶室*如庵を昭和十三年(一九三八)に神奈川県大磯の三井家別荘に移築した際にも関与。また*大徳寺塔頭真珠庵の*庭玉軒、水無瀬神宮の*燈心亭の修復にも尽力した。明治四十一年一月に篠園会を設立し、流派を越えて数寄者との交流を深めた。門下に井上谷翠、*野村得庵、*村山香雪、山口滴翠らがいる。

破れ窓【やぶれまど】

下地窓の下地の一部をわざと除いた手法のもので、特に佐久間真勝が大徳寺寸松庵内に造った茶室の袖壁に設けられた窓のことをいうとされる。

山縣有朋【やまがたありとも】

天保九年～大正十一年（一八三八～一九二二）。幕末期の長門国（山口県）萩藩士で、明治、大正時代の政治家、軍人。松下村塾で学び、尊皇攘夷運動にたずさわる。明治二十二年（一八八九）、総理大臣に任ぜられ第一次内閣を組織、教育勅語の発布にも関与した。明治三十一年、再度内閣を組織。元老として政治の表舞台から身を引いた後も、桂太郎ら山縣閥と呼ばれる官僚、軍人らを通して影響力をもち続けた。有朋は築庭に長じ、明治十一年には東京椿山（文京区）にあった久留米藩下屋敷を購入して自らの屋敷として椿山荘と命名、作庭を行っている。また明治二十四年、京都市木屋町の旧角倉家跡地に別邸を構え、故郷の草庵と同名の無鄰菴としたが、同二十九年に南禅寺のかたわら、琵琶湖疏水に隣接した地に新たに別邸無鄰菴を造営、庭園は有朋自らが設計、監督して庭師・小川治兵衛に造らせた。明治四十年には古稀にちなんで小田原に別邸古稀庵を造営し、晩年を過ごした。

山川家の茶室【やまかわけのちゃしつ】

石川県金沢市の金沢湯涌江戸村にある旧山川家住宅の茶室。山川家は初代甚兵衛が天保年間（一八三〇～四四）に金沢城下の竪町で蔵宿を興したのが始まりで、野々村仁清作色絵雉香炉（国宝）を所持していたことでよく知られる。また甚兵衛は、裏千家十一代玄々斎精中との親交もあった。玄々斎は明治八年（一八七五）から翌年にかけて金沢を訪れ、高弟の湯川宗俊家に滞在している。主屋は安政年間（一八五四～六〇）に建てられたとされ、昭和四十二年（一九六七）に現在地に移築された。木造二階建、屋根は切妻造小羽葺（板葺）石置で、下屋庇は桟瓦葺。その主屋には湯川宗俊（一八八二年没）が指導したとされる茶室通楽庵がある。外観は、柿葺の屋根を主屋の壁から付け下ろした片流れ屋根。その下の壁面構成は、左右の中央あたりが、躙口や下地窓、力竹などからなる。左手は奥まってある雪隠、右手は連子窓と水張口からなる水屋である。内部は二畳台目下座床の席で、躙口を入った正面に床、右手に点前座がある。床は床柱、床框とも杉丸太を用いた台目床で、床内部、左奥の柱は塗立柱になっている。他方、点前座は赤松皮付の中柱を立てた台目構えの構成で、袖壁の壁留は竹、釣棚は二重棚である。茶道口は勝手付の壁にあく方立口で、これに加えて床の右隣りに給仕口（火燈口形式）もあく。また天井は、躙口まわりが化粧屋根裏、床前が平天井という掛込天井の構成で、点前座が落天井である。こうした全体構成は、いわゆる利休流二畳台目の手法におよそのっとったものであり、湯川宗俊の指導のほどがうかがわれる。なお、通楽庵は京間の畳であるが、主屋のほかの部分は田舎間である。席名は大徳寺四百六十一世住持の観宗義諦の命名による。このほか旧山川家には、原叟床を備えた五畳敷の茶室（一八九七年頃の新築か）、洞床や洞庫、仏壇などを備えた八畳の茶室、廊下の一部を囲った水屋兼二畳隅炉の席、土縁の露地を備えた十二畳半の書院茶室など、近代数寄者の活動が活発であった金沢の茶の一端を垣間見ることができる。

山口家の茶室【やまぐちけのちゃしつ】

愛知県名古屋市緑区の山口家にある茶室。この茶室の設計は両替町久田家七代の耕甫（一七五二～一八二〇）で、大工は京都から来て施工したと伝わり、主屋の西に連なる付属の建物の中に組込まれる。主屋は街路に面する町家で、茶室とは平行でなく三十度程度振れている。このため、本席外部や水屋などで壁が斜めになり、視覚的に変化がもたらされる。本席のほかに水屋と六畳の二室が設けられ、茶室の下座に土間を造り、出入り口となる。大屋根は切妻造桟瓦葺で外部に庇を付ける。内部は台目畳一畳に枡床を上座に設ける。茶道口は方立口形式、点前座は炉を向切として、勝手付に一重棚を釣る。赤松の床柱を地板角の位置ではなく点前座正面のほぼ中間に立てて壁を造り、下地窓をあける。落掛が床柱の通りに入り、網代天井が点前座から板床上部まである。床の背後は六畳となる。太鼓襖の片引きでつながり、内側に木材を二段の火燈形にほどよく切り抜きはめ込む。床の対面は貴人口とし、その上部に下地窓をあけ、掛障子とする。柱を隔てて続く壁側は中敷居を入れて板戸の引違いを躙口として扱い、上部を連子窓とする。矩折の壁は塗立柱を立てて塗廻す。客座の天井は御簾の再使用と考えられ、彩色がわずかにのこる。下座側は化粧屋根裏に突上窓をあけ、外部の庇へと続く。

山口玄洞【やまぐちげんどう】

文久三年～昭和十二年(一八六三～一九三七)。近代の実業家、数寄者。幼名謙一郎。広島県尾道の医者の子として生まれる。父の急死により大阪に奉公に出るが、二十歳で独立して毛布、服地、金巾、モスリンなどを扱う洋反物商・山口綿花商店を開く。巨額の財をなし、第三十四銀行取締役、大阪織物同業組合長などに就任し、貴族院議員となる。一方、幼少の頃よりの篤い仏教への信仰心から教育機関、医療機関、公共事業、社寺へ多額の寄付、寄進を繰り返した。そのうち大徳寺(京都市北区)山内の龍翔寺に*韜光庵、総見院に*寿安席、大慈院に*頓庵、正受院に瑞応軒を、また勧修寺(山科区)に舞鶴亭、神護寺(右京区)に*了々軒など多くの茶室を寄進している。玄洞は茶の湯を表千家の生形貴一に学び、京都市に山荘*遊雲居を開き、*蛙吹庵ほか数棟の茶室を建てている。

山崎家の茶室【やまざきけのちゃしつ】

東京都中野区の山崎記念中野区立歴史民俗資料館にある茶室。もともと天保十二年(一八四一)、江古田村丸山組名主だった山崎家の離れとして建築された。後に主屋は取り壊され、住まい部分をつなげて増築。一軒の家とし、六畳茶室と八畳書院、六畳座敷で構成されている。茶室は書院よりも全体が一段高く、上席であることがわかる。水屋の形跡はなく、室内に炉を切られた形跡もない。もとは茅葺屋根だったが、後に瓦葺、平成十七年(二〇〇五)に鉄板葺となった。

山崎家別邸の茶室【やまざきけべっていのちゃしつ】

埼玉県川越市の旧山崎家別邸にある茶室。この別邸は大正十三年(一九二四)、建築家・保岡勝也(元三菱建築事務所、*涼亭を設計)の設計で、川越の菓子店・亀屋五代目嘉七の隠居所として建てられた。茶室や庭園も保岡の設計。我前庵(遼廓亭の項を参照)写しの数寄屋と図面に書かれており(遼廓亭は織田有楽の*如庵写し)、二畳半台目向切に、水屋が接続する。遼廓亭と異なる点は、床柱が*なぐり仕上げ、掛込天井の垂木がすべて白竹、躙口上部が連子竹のない腰窓の障子などである。庭園は登録記念物。

山崎家別邸の茶室　外観

山崎城【やまざきじょう】

京都府乙訓郡大山崎町の天王山から宝積寺の一帯にあった城。「天王山宝寺城」「天王山城」ともいう。山城と摂津との国境、京都の喉元といえる地に位置し、軍事、経済、交通の要衝であった。そのため城の記録は古く、室町時代前期までさかのぼる。また*豊臣秀吉が、天正十年(一五八二)の山崎の合戦の時にこの地で明智光秀を討ち、その後行われた清洲会議直後に同地に築城したことで知られる。この時、山麓の宝積寺を含めた一帯が城郭として形成されたといわれる。妙喜庵の*待庵は山崎城に*千利休が構えていた茶室が、後に現在地に移築されたとの説もある。

山崎種二別邸の茶室【やまざきたねじべっていのちゃしつ】

静岡県熱海市にある山種グループの創設者・山崎種二の別邸にある茶室。昭和十一年(一九三六)に建造され、現在は嶽心荘山種寮となっている。二階建の主屋とその南西に建つ平家の離れから構成される。離れの建造年代は設計図によると、昭和十一～十二年頃に建てられたと考えられる。主屋は二階建で、屋根は現在は桟瓦葺で一部銅板葺であるが、銅板部分はもとは柿葺であった。外壁は白漆喰。階下には十畳の座敷に六畳の次の間を西東に配し、十畳には、北側に床と下地窓を大きくあけた床脇、付書院が設けられている。南側には畳を敷き、榑板を付した縁が設けられ、外は土間庇となる。座敷西側には敷瓦の土間があり、天井は葭を張った舟底天井で、皮付丸太と煤竹を竿縁としている。座敷東側の玄関には磨丸太の棟木、皮付丸太を化粧垂木とした舟底天井、応接間は中央に葭を張った折上天井とする。二階は十畳の座敷と六畳の次の間からなり、十畳の北側には、床を配し、赤松皮付の床柱、春慶塗の床框が備わる。主屋の西に離れが建つ。現在は銅板一文字葺の屋根であるが、勾配が大きく、当初は茅葺であった可能性も指摘される。八畳の座敷と四畳半台目の茶室、水屋などからなる。四畳半台目席は風炉先床形式の踏込床を構え、脇には中柱を備え、向切に炉が切られた点前座が並ぶ。点前座の天井は落天井で、勝手付に片引きの障子をあける。いずれの部屋も柱には辛夷が使われている。

山桜【やまざくら】

バラ科サクラ属の落葉高木。本州（宮城県、新潟県以西）から九州の山地に自生する。樹高は一五～二五メートルになり、葉は長楕円形、または卵形で長さ八～一二センチ。縁には鋸歯がある。三月下旬～四月に白色または薄紅白色の花が散房状につく。古く桜というとこのヤマザクラをさし、奈良県吉野の桜もヤマザクラである。各地で農作業の目安とされている木が多く、麻を播く目安の「麻播き桜」や田仕事を始める目安の「田打ち桜」、稲の種播きの時期を見る「すじ播き桜」などがある。材は江戸時代では浮世絵の版木の多くが山桜で作られていたことが知られるほか、家具や楽器に利用されてきた。また建築材としても皮付の床柱や敷鴨居に用いられたが、茶庭では花樹を避けることが多いため植えられる例は少ない。

山里【やまざと】

山の中にある人里のことを山里と呼ぶが、転じて山里に建てた貴族の別荘や山荘をさした。近世になると城郭の縄張として、本丸のまわりに、二ノ丸、三ノ丸などとともに、山村の風情を模した曲輪として山里丸が造られることがあり、これを単に「山里」とも呼んだ。*大坂城や*名護屋城、*聚楽第などのものがよく知られ、わび茶を志向する茶室が設置された。聚楽第の山里の跡は、現在、京都市上京区智恵光院通中立売下ルに山里町としてのこる。『山州名跡志』には「山里町　至二同街下長者町一三町云二上山里一。下山里町一　是則彼城内ノ遊観亭地ニシテ。像二丘谷一。田圃。萱軒。柴扉。山賤半伏ヲ所ナリ」とあり、山村の景観を造営した場所を山里と称していたことがわかる。町衆が市中の住居の中につくり上げた「山居の躰」（市中の山居の項を参照）を大規模な城郭の中に導入しようとする風流な試みは、*豊臣秀吉が山崎の合戦の後築いた*山崎城の「杉の庵」がそのはしりであると考えられている。『天王寺屋会記』天正十年（一五八二）十一月七日の「於山崎羽築様御会」に「床ホシイレ、ツチノ花入一ツ薄板ニ、一爐四寸、アラレ釜、紹鷗ノ細くさりにて、一手水間ニ、手桶与天目茶碗、カサネノ置合、切目ノ茶桶　備前水下　一手水間ニ床ニキクヲウノ墨跡、生嶋所持之也」とあり、天下の名物の虚堂智愚の墨蹟や、真の花入などを使用するなど格式の高い形式を取りつつ、一方で釜を釣るというわびた形式が用いられた茶会となっており、これが「杉の庵」だと考えられる。天正十一年九月から本格的に築造が進められた大坂城では、本丸の北石垣の下段、内堀とのあいだの一郭に山里丸が設けられ、天正十二年正月三日に席披きが行われた。『天王寺屋会記』天正十二年十二月一日の条には「十二月一日朝　大坂山里ノ御座敷にて始而御会也　四国ノ御壺、松花御壺、二ツ之御茶被下候」とあり、「始而」というところから、山里内に新しく茶室が設けられたか、あるいは正月に席披きが行われたものが改修された可能性が考えられる。そして『宗湛日記』天正十五年二月二十五日の条には「御座敷二畳、床四尺五寸、カベ暦ハリ、左ノスミニイロリ有、ソノ脇ニ道籠アリ」とあり、二畳隅炉で四尺五寸幅の床を構え、洞庫を設けた形式であった。諸説あるが、この大坂城の山里丸に設けられた茶室は『*山上宗二記』に掲載の*関白様御座敷ではないかとの説もある。

山科山荘【やましなさんそう】

京都市山科区にあった*北村伝兵衛の別荘。昭和時代初期に建てられた。玄関、広間十畳、四畳枡床の茶室、水屋、台所、居間などからなった。土間から玄関を見ると、栗の曲がり木を六角にはつった梁が正面の小壁に架けられている。茶室の外観は、切妻造桟瓦葺で、四畳枡床の席は上げ台目切に炉が切られ、東側南寄りの角に貴人口と、その矩折に躙口を設ける。枡床は踏込床の形式で、床柱に入節の北山丸太が立つ。北側の点前座の正面、床との境の壁には大きな下地窓をあけ、一重棚を釣っている。天井は平天井と点前座上部が葭簀張の落天井。広間は西側に八尺床を設ける。赤松皮付の床柱、北山面皮丸太に蠟色を施した床框が備わる。床脇は松杢板の地板が敷かれている。広間の柱には档丸太が使用され、八尺五寸とやや高い天井は杉中杢板を羽重張とした竿縁天井。東側には腰掛を付ける。便所、浴室へと続く土間廊下は曲面の壁に曲がり木の壁留を使用するなど、技巧に富んだ造りとなっていた。現存せず。

山科道安【やましなどうあん】

延宝五年(一六七七)〜延享三年(一七四六)。江戸時代中期の医師。保寿院理安の子。名は元直。法眼に任じられる。*近衛家凞の知遇を得て、家凞から諸芸の分野で影響を受ける。家凞の言行を記録することを思い立ち、享保九年(一七二四)から記し始めたのが、『槐下与聞』すなわち『*槐記』である。遠州流の茶の湯を学んだようであるが、『槐記』によって茶の湯の上でも家凞から大きな影響を受けたことがわかる。医師としての職を離れてからも、家凞近くにあって伽をつとめた。

山田宗徧【やまだそうへん】

寛永四年〜宝永五年(一六二七〜一七〇八)。江戸時代前期の茶匠。*宗徧流の祖。*千宗旦の弟子。京都の東本願寺末寺である長徳寺の明覚の子として生まれ、はじめは周覚、後に周学と名乗るが、茶の湯に深く傾倒して寺を離れる。母方の姓により山田宗円と号し、後に宗徧とあらためる。宗旦への入門は正保元年(一六四四)、十八歳の頃で、二十六歳頃に皆伝を受け、鳴瀧の三宝寺(京都市右京区)内に四方庵(四方庵の項❶を参照)を結び大徳寺の翠巌宗珉より四方庵の扁額が贈られている。庵を結んで間もない承応元年(一六五二)には、東本願寺十四代琢如が四方庵を訪れるが、この時、宗旦は千利休伝来の桑柄火箸と四方釜、南蛮雷盆の水壺などを宗徧に贈り、当日の点茶の道具に使用させ、また宗旦自身も水屋に詰めて宗徧を見守ったという。明暦元年(一六五五)、宗旦の推挙により、三河国吉田(愛知県豊橋市)城主・小笠原忠知の茶頭となるが、その際、宗旦から不審庵、今日庵の号を用いることを許され、利休の辞世の偈にちなむ力囲斎の号も与えられる。吉田では三十石五人扶持、百石格として薙刀帯同を許され、忠知、長矩、長祐、長重と小笠原家四代にわたり奉公し、四十三年を吉田で過ごした。元禄十年(一六九七)小笠原家の転封を機に致仕、江戸に出て本所に居を構え、没するまでの十余年間を過ごす。江戸では吉良義央(上野介)、小林平八郎らとの交流も認められる。『*茶道便蒙抄』『*茶道要録』『利休茶道具図絵』など、利休正伝の茶法を著わした茶書を刊行している。茶杓や花入、茶碗などを数多く制作したが、琵琶の愛好家で、琵琶作りの名手であったため、作品が多数伝わる。八十一歳の時に記した自画像には、利休が*古溪宗陳から与えられた偈「不審花開今日春」が記される。

山田文庫の茶室【やまだぶんこのちゃしつ】

群馬県高崎市の山田文庫にある茶室。山田文庫は高崎の渋沢栄一と呼ばれた山田勝治郎と妻・とくが邸内に創立した施設(和風図書館)である。茶室は勝治郎の義祖父・永五郎が信州(長野県)の呉服問屋から居抜きで買い取り、明治十六年(一八八三)に移築したと伝えるもので、八畳と四畳半の座敷からなる。この建築は畳割ではなく柱割で設計されたもので、八畳の座敷は心々十二尺、四畳半は心々九尺の寸法で造られている。屋根は寄棟造桟瓦葺で、扇垂木の土間庇を付けている。八畳は正面中央に一間幅の床を構え、向かって左に曲がり木の落掛と曲面に造った袋棚をもち、右側には地袋と通棚を備える。また右の平書院部分は他と壁の色を変えている。八畳の座敷と源氏襖で隣あって四畳半の茶室が設けられている。床と棚が設けられ、平天井で、板張りと布張りの仕上げとなっている。

山茶屋【やまぢゃや】

古記録に見られる茶亭。一種の*茶屋。『尋尊大僧正日記』延徳三年（一四九一）二月二十二日の条には、「一　山茶屋昨日・今日引地也。自明日番匠云々」とあり、特に室町時代において風流を旨とした茶亭が造られた記録として知られる。

山椿【やまつばき】

藪椿のこと。⇒藪椿【やぶつばき】

大和打【やまとうち】

戸や板塀などで、横貫の表と裏から板を交互に打ち付ける構法のこと。

山燈籠【やまどうろう】

自然石を積み上げて宝珠や笠、*火袋、竿、基礎とした石燈籠のこと。石は基本的に加工しないが、穴をあけて火袋とすることもある。特異な形の石を組み上げるため「化け燈籠」と呼ばれることもある。

大和掻【やまとがき】

*下地窓において、下地の葭や竹に*藤蔓を掻くこと。手法には本大和と片大和の二種があり、本大和は両方、片大和は片方から巻き付かせる。

大和三名席【やまとさんめいせき】

奈良の著名な三つの茶室の総称。「大和三茶室」ともいう。興福寺大乗院の八窓庵（八窓庵の項❶を参照）、東大寺四聖坊の隠岐録（八窓庵の項❸を参照）、興福寺慈眼院の六窓庵（六窓庵の項❶を参照）の三茶室をいう。

大和葺【やまとぶき】

❶*板葺の一種。*棟と直角に、厚い長板を左右相互に端を重ねて葺いたもの。

❷杉皮葺の一種。杉皮で葺き、杉皮を押さえるために丸竹を並べて打ち、さらに上から蕨縄で丸竹を結わえたもの。腰掛、露地門などに用いられる。

大和塀【やまとべい】

❶板塀の一種。笠木から地長押までのあいだを杉皮張とし、両面から竹の*押縁を打ち付ける。数寄屋などに用いる。

❷横木の内側と外側に板を交互に少し重なり合うように張った塀のこと。またこの板の張り方を大和張、あるいは大和打という。

大和窓【やまとまど】

屋根面にあけられた開口部、すなわち*天窓のこと。囲炉裏や竈の煙を出し、明りをとり入れるための窓であるところから、「火（日）のもと↓日の本↓日本↓大和↓大和窓」となったという。茶室の*突上窓も、大和窓を精巧に、かつ洗練させたものといえる。天窓の窓面から天井までの四方を板で囲んだ形式を時計窓というが、これは袴腰の付いた時計と形態が類似することによる呼称であろう。

山上宗二【やまのうえそうじ】

天文十三年～天正十八年（一五四四～九〇）。織豊時代の堺の町人、茶人。号は瓢庵、屋号は薩摩屋。十五歳頃から*津田宗及をはじめ、*今井宗久、後に*千利休について茶を学び影響を受け、利休の高弟となった。宗二が茶会記に初めて登場するのは、『今井宗久茶湯書抜』永禄八年（一五六五）五月七日朝の条においてであり、宗二は茶会の亭主をつとめている。天正元年（一五七三）には、*織田信長の妙覚寺での茶会に参加する。信長の死後、*豊臣秀吉の政権下でも宗及、宗久、利休らとともに秀吉の茶堂として活躍した。しかし天正十六年、秀吉の茶堂を辞め、高野山をはじめ他郷を流浪し、翌十七年、北条家の茶堂役になった。翌十八年四月十一日、秀吉の小田原攻めの最中、秀吉の意にさからったため、惨殺された。宗二の死と人物については『*長闇堂記』に、「かの山の上の宗二、さつまやとも云し、堺にての上手にて、物をもしり、人におさるゝ事なき人也、いかにしても、つらくせ悪く、口あしき者にて、人のにくミしもの也。小田原御陣の時、秀吉公にさへ、御耳にあたる事申て、その罪に、耳鼻そかせ玉ひし」とあり、立派な茶人でしかも卓越した知識人であったが、直言することを憚らなかったため人に嫌われやすかったことがわかる。真実のためには権力の前でも信念を曲げず貫く茶人であったと考えられる。宗二の茶道論は著書『*山上宗二記』に集約される。特に茶のあり方について*麁相を強調したことが注目され、宗二のこの「そそう」論は、茶人のあり様を始め、亭主のもてなし、茶室、懐石、灰形、道具の取りあわせなど、茶道全般に及んでいる。

山上宗二記【やまのうえそうじき】

名物記、茶の湯論書。*山上宗二著。一巻。天正十六年（一五八八）成立。流布本が多く、その内容により正月本（Ⅰ型本）と二月本（Ⅱ型本）に分類される。Ⅰ型本の旧松瀬家所蔵本が裏千家に（『茶道文化研究』第六輯所収）、Ⅱ型本の岩屋寺宛本が表千家に（岩波文庫所収）所蔵される。このほか、Ⅰ型本には息子の伊勢屋道七、安養院、成就院宛のもの、Ⅱ型本には福寿院、医乗院、三沢宗程、林阿弥、板部岡江雪斎、皆川山城守宛などの流布本が知られている。内容は基本的には名物記であり、宗二が実際に見た名物茶道具について詳しく書かれている。執筆時の所有者やそれ以前の所有者についても言及があるが、本能寺の変で焼失したとする名物が多すぎるのではないかとの指摘もある。また本書は名物についてだけでなく、茶室図や茶人伝なども収録される。さらに本書の特徴の一つとして挙げられるのが茶の湯論に関する記述が多いことである。特に茶の湯と禅とのかかわりを強調するほか、「侘数寄」（*わび数寄）という理念について述べ、それまで名物と称されていた茶道具がわび数寄の成立により、かつて名物であっても数寄道具でないもの、かつての名物であり今は数寄道具であるものに分け、さらにかつては名物ではなかったが今は数寄道具として認められるものを具体的に説明しているのが注目される。いわばその時期、茶道具に対して再評価がなされたことを示唆していて、その記述は当時の茶会記に現れる茶道具の大きな変化とよく対応しており、名物記としてだけでなく、すぐれた茶の湯論書としても重要である。茶室についても*武野紹鷗の茶室や、その後に流行した二畳、二畳半、三畳の茶室について図示して解説しており、遺構の全くない十六世紀の茶室について知る手掛りを与えている。なお本書は近世、「茶器名物集」「珠光一紙目録」などの書名が付けられており、『続群書類従』「飲食部」（一九一二年）には「茶器名物集」の書名で収録されている。

山の茶屋【やまのちゃや】

愛知県名古屋市東区の徳川美術館にある数寄屋建築。明治十六年（一八八三）に江戸浅草瓦町屋敷（もと松平伊賀守屋敷）に築造、同二十七年に現在地（もと尾張徳川家大曽根別邸）に移された。大工棟梁は宇津木徳兵衛。外観は寄棟造桟瓦葺で、内部は東西に八畳敷の上段の間、六畳と台目畳二畳の中段の間が床の壁で接しており、矩折に六畳と台目一畳の下段の間がつながる。さらに南側には三角形の床壁に接して台形の床をもつ四畳半に一畳の点前座を付した茶室が連続する。建築材には上段と中段の間に面皮柱が、下段の間と茶室に杉の四方柾の柱が多用される。この建物の特徴は上中下段と建物を三つに区分し、各部屋の床高に段差を付ける点で、美術館所蔵の起し絵図によると、下段と茶室は現在と同じく床の壁で接しており、中段の間はなく、茶室で上段の間とつながる配置である。そのため、中段の間は移築の際、別に追加されたと考えられる。登録有形文化財。

山の茶屋　外観

山道火燈【やまみちかとう】

*火燈形の一種。竪の窓框が下にのびず、上部の繰形をなす曲線だけからなる。曹洞宗寺院の仏堂や回廊などに多く採用されている。

山本道句【やまもとどうく】

元亀二年～承応二年（一五七一～一六五三）。江戸時代初期の茶人。将軍家御庭師。名は政勝。*古田織部の門弟で、徳川二代将軍秀忠の茶頭をつとめた。寛永六年（一六二九）六月、永井尚政が奉行した三代将軍家光の*江戸城西の丸山里の茶屋作事において露地の改造を行い、この時、江

や

戸と京都の織部旧邸にのこされていた手水鉢や飛石が藤堂高虎、坂部廣利からそれぞれ献上されている。なお山本道句は山本道勺しもされるが詳細は不明。道勺は道句の父であるとの説もある。

山本道勺【やまもとどうしゃく】
生没年不詳。山本道句の父・助五郎のこととされる。『山上宗二記』によれば助五郎は堺の茶人で、武野紹鷗の一の弟子であり、「開山」銘の五徳蓋置を所持し、一畳半の茶座敷を営んだ。

也有の席【やゆうのせき】
愛知県名古屋市昭和区の南山大学にある茶室。江戸時代中期の尾張（愛知県）の俳人・横井也有（一七〇二～八三）ゆかりの茶室で、昭和四十年（一九六五）に移築。同時に東区の土井国丸邸にあった方寸庵も移築されている。切妻造桟瓦葺の妻に下屋庇を付ける。内部は六畳の座敷、小間三畳と水屋一畳からなる。六畳の席は下座に台目幅の欅の板床、上り口には縁があり、四本引きの腰障子を建てる。天井は杉板の平天井で、客側に下地窓をあける。茶道口は床の脇にあり、二枚襖の突込み茶道口で、炉は四畳半切本勝手に切る。小間は水屋から火燈口形式のまわり茶道口となる。点前座に一尺ほどの向板を入れて正面に風炉先窓、柱を立てた二畳分には上下二段に障子戸が建つ。上は連子窓、下は縁から躙口としても使用できる。水屋を含めて小間の外には縁が付く。奥に地袋棚と半間の仏間を設ける。水屋は台目畳の二畳敷、前板を入れて丸炉を切り、奥に水屋棚と棚を設ける。

矢来垣【やらいがき】
竹垣の一種。竹を斜めに組んだ簡単なもの。「竹矢来」ともいい、この組子を矢来子ともいう。矢来子には丸竹を用いる場合が多く、上端は斜めに切り、下段は地面に生け込む。矢来とは、追い払うという意味の「遣い」の当て字で、古くは竹や丸太を縦横に組んだだけの囲いのことであった。また馬除けに用いられたことから「馬行」の字を当てることもある。

遣返【やりかえし】
二本の柱のあいだに横木を組み込む時、一方の柱にやや深く穴をあけ、これに材を入れ込み、もう一方の穴に少しずらして取り付けること。床の落掛を取り付ける時の構法。

槍懸け【やりかけ】
書院造などにおいて、その内玄関に設けられた槍を掛けるための棚。

遣方【やりかた】
建築物の基礎工事を行う前に、壁や柱の中心、高さ、水平面などを標示するために設ける仮設物。遣方杭（水杭、見当杭）を立て、縛貫を水平に打ち付け、遣方杭の頭を矢筈または鶍に切る。

遣違目地【やりちがいめじ】
煉瓦または切石などを積んだ時の目地の一種。煉瓦、切石の長い側面（長手）と短い側面（短手）を交互に一列に置き、それを数段重ねる方法。交差しすれ違った目地ができる。

遣戸【やりど】
板戸の一種。平安時代後期の寝殿造において使われはじめた引き戸形式の板戸。

遣水【やりみず】
庭園内の曲がりが多く、幅が狭い流路。寝殿造庭園で、主に導水路として用いられた。『作庭記』では「遣水事」の項目を挙げ詳細に記している。水路の形は、谷川のように造り、東から南へ迎え、西へ流すのを順流としている。勾配は三パーセント程度とし、水が滞りなく流れるようにし、水路の幅は敷地の広さや水量によって六〇～二〇〇センチとする。石を護岸全面に置かず、水路の屈曲点に配置し、石の形や底石、横石、水越の石などを工夫することで、渓流の姿を見せる。下流のほうは野辺の流れを表現し、起伏のある丘を造ったり、水際にはあまり丈が高くならない草木を植える。

破井桁【やれいげた】
障子や欄間などの組子の一種。井桁組（井桁の項を参照）のひとつで、吹寄桟を不連続に組むので、そのところどころを欠いたようにしたものもある。

ゆ

唯庵【ゆいあん】

京都市左京区の料亭・菊水にある茶室。南禅寺に近いこの地は、もとは寺村家十代助右衛門雅彌（唯庵、一八七六〜一九四九）の屋敷で、昭和十一年（一九三六）に河原町四条から当地に移り住んだ際に茶室もともに移築された。寺村家は近江（滋賀県）出身で初代から京都で糸問屋を営んだ。七代助右衛門雅晁は*藪内家で茶の湯を学び、以後、寺村家は「藪内流三村」とも称された茶家となる。雅晁以来、歴代助右衛門は茶の湯で唯庵と号している。唯庵は以前、菊水の玄関付近にあったが昭和時代末頃に現在地に移動した。庭のやや高い場所に建ち、後に建てられた建物に取り込まれるように一体となっている。唯庵の部分は、外観は切妻造銅板葺で、前面に庇を付し、その下は池に張り出すようにして手摺付きの縁を付す。内部は三畳台目下座床で、*燕庵に似た平面であるが、相伴席が台目の広さで点前座の風炉先に位置している。大正十年（一九二一）十月十五日の寺村唯庵茶事に招かれた*野村得庵の茶会記には、現在の唯庵に相当する平面のスケッチがあり、その茶室には「閑柳亭」（藪内家初代藪中斎剣仲筆）の扁額がかかっていた。また、そこには「比老斎時代」の茶室であることが記されており、藪内家六代比老斎竹陰の時代、すなわち十八世紀後半に建てられた茶室である可能性がある。現在はスケッチにみえる躙口が失われているが、柱や天井などに古様がうかがえる。菊水では燕庵に似た平面のこの茶室を唯庵とし、庭内に建つ別の茶室（四畳半）を閑柳亭と呼んでいる。

結込垣【ゆいこみがき】

*立子のあいだに植物を挟み植えした垣。『*石組園生八重垣伝』では、*四つ目垣を結込垣とした例が掲載される。

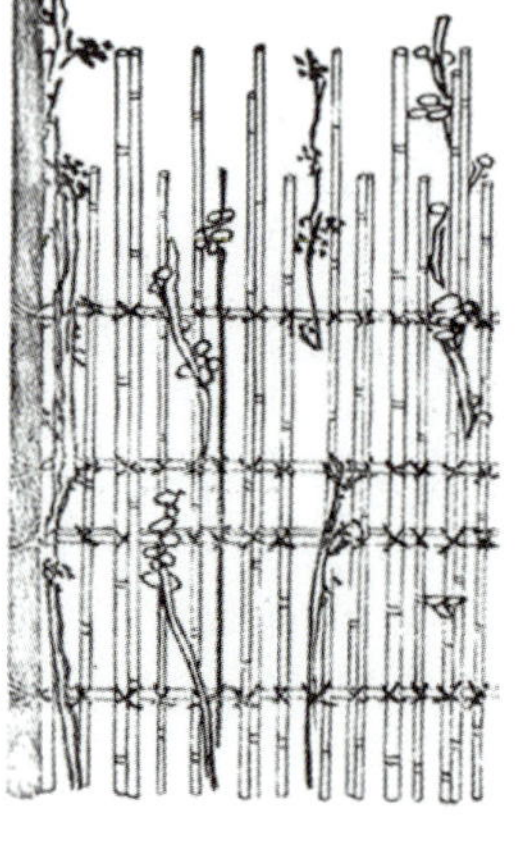

結込垣　『石組園生八重垣伝』

唯識庵【ゆいしきあん】

❶東京都品川区の*益田鈍翁の本邸*碧雲台にあった茶室。土間に三畳敷の台所が接続しただけの建物で、もともと一色七五郎の旧居だったもの。『萬象録』には大正九年（一九二〇）頃に、神奈川県足柄下郡箱根町仙石原水土野に五千坪ほどの土地を購入し、この茶室を移築して茶会を催したとある。❷東京都港区の黒川紀章自邸ビル内にあった茶室。昭和六十年（一九八五）、建築家であった自身の設計で造られた茶室。施工は石間工務店、造園は宇田川園。コンクリートの建物の一階内部に、石清水八幡宮（京都府八幡市）の茶室*閑雲軒を復元したという。相伴席をもつ四畳台目下座床の席で、縁側から躙口を入る。台目床は暦張となる。黒川の死後、ビル売却にともない解体された。

唯真閣【ゆいしんかく】

千葉県山武市の山武市歴史民俗資料館にある茶室。歌人、小説家の伊藤左千夫が東京本所茅場町の自宅に明治四十三年（一九一〇）に建てた茶室である。後に亀戸に、さらに昭和十六年（一九四一）、山武市の生家敷地内に移築され、現在は生家とともに資料館として整備されている。この地で産する山武杉を、同郷の歌友である蕨真、蕨桐軒、寺田憲から提供を受けて、建築材料とした。唯真閣の名は、蕨真の一字をとって名づけられたという。茶室は入母屋造銅板葺で、四畳半の座敷に炉を四畳半切本勝手に切り、上座に一間床を構えた構成である。床柱は角柱で、床脇を持仏堂として小さな火燈窓をあける。この形式は*星岡茶寮の利休堂四畳半にも見られたもので、近代には注目された形式である。床の対面には通常の躙口や貴人口とは違った背の低い板戸が引違いで建てられ、客の入り口となっている。茶道口は木製の枠を付けた変形の火燈口で、上部に山形の木製枠を付け、鳥や樹木をあしらった欄間が設けられている。大正二年（一九一三）十一月から翌一月までの亀戸への移築にともなう大工などへの手間賃や菓子代などを書き留めた「唯真閣移転帳」がのこる。

又隠【ゆういん】

*裏千家の茶室。慶安五年（一六五二）、*千宗旦の四男・玄室（裏千家四代仙叟宗室）の有付が決まり、加賀（石川県）の前田家へ仕官することになった。宗旦は同年七月廿四日付の*表千家四代江岑宗左宛の手紙の中に、「玄有付仕合候ハヽ 我等ノ家わたし候て うらわらや三間二間ニ 候て弥引こみすまし 可申と存候」と再隠居の決意を書いていた。*鳳林承章は承応二年（一六五三）十二月十八日、宗旦に招かれ、『隔蓂記』に「午時千宗旦被招予、四畳半之新築之座敷開也」と記していた。宗旦再隠居の家の茶室は*四畳半であった。これが又隠である。『茶道望月集』にも、「利休作の竹の引切ふた置を宗旦所持して秘蔵せしを 加賀の肥前守殿所望有て代りに金子被下 其金子にて古法宗易好みの通りに本式の四畳半座敷を立しと也」と見える。この蓋置は江岑も「其ふた置ハ少より旦へ参候を、古肥前守殿へ旦より被進候」（江岑夏書）と伝えられたものである。これらの伝えにある「古法宗易の好み」の本式四畳半とは、千利休の聚楽屋敷に建てられた利休好みの完成した四畳半（千利休の茶室の項を参照）をさしていると考えられる。それは*千少庵も「座敷之本」の中に寸法書を書き留めた四畳半である。*躙口の正面に設けられた*上座床、躙口の上と客座側の*下地窓の配置も変わりなく、聚楽屋敷の四畳半の再現を基本にしたことは疑いない。しかし宗旦の作意も加えられた。利休は四畳半で必ず洞庫先に柱を立てていた。宗旦はこれを除き、躙口側に柱をあらわした。また点前座の*入隅に*楊子柱を取り入れた。これは利休が*北野大茶之湯の四畳半に試みたと伝えられ、丸太の曲がりで柱の途中から壁の中へ塗り込んだ手法（*塗立柱）である。柱の見える部分を短くし、ここに「釘を打ち花入れを掛くるなり 柳を入れるためなりと宗旦説」（茶道旧聞録）と伝えられるように*柳釘を打ち、柳柱とも称された柱で、この四畳半で宗旦が工夫した。利休の聚楽屋敷の四畳半では、床は黒塗の*床框が使われていたらしいが、宗旦は丸太を用いた。総体に聚楽屋敷の四畳半よりわびの趣が加わったと想像される。*中井主水の「享保十二年未 今日庵指図寸法聞書帳」には、躙口の上の下地窓が*連子窓になった又隠の図が伝えられている。やはり享保年間（一七一六～三六）頃の又隠を伝えたと思われる茂呂家の「今日庵又隠亭仕様」に添った*起し絵図も連子窓であった。「古図ノ四畳半ニハクヽリノ上ハ下地窓也今又隠ノクヽリノ上ハ竹連子也 是モ昔ハ下地窓テ有タヲ仙叟ノ直サレタル由 波老申サレキ」（敝帚記追加）という伝えによると、仙叟が竹連子窓にあらためたのであった。いずれも仙叟（一六九七年没）の死後、あまり時を隔てていない頃の図や伝である。又隠は、壁面には二つの下地窓しかない。極度に明りを抑制した求道性の強い空間であった。宗旦の後、千家のわび茶は古風と見られ、あまり世間に歓迎されなくなって、表千家でも六代覚々斎原叟の茶が新風として世に迎えられてゆく時勢であった。そうした時流の中で仙叟も、又隠や*今日庵の求道的な厳しさを緩和する方法として、正面を連子窓にあらためたものと考えられる。*江戸時代に又隠の写しが造られる時はしばしば*貴人口があけられるか、*茶道口を二本襖にすることが多かった。下地窓を連子窓に変えることに留めたところに、仙叟の工夫の深さがあった。天明八年（一七八八）の大火に焼失、寛政元年（一七八九）には再建がなり、利休二百年忌の茶事が行われている。再建にあたっては宗旦当時の又隠に復され、現在に至っている。流布している連子窓の又隠古図は大火以前の状態を伝えたものである。*中門（*竹葺門）を潜り左へ*飛石を踏むと今日庵、奥へと伝い、やがて左へ廻り*延段を経ると利休遺愛の*四方仏手水鉢へ至り、宗旦の*豆撒石と呼ばれる小ぶりの飛石群の前に又隠が南向きに建つ。*入母屋造、茅葺の鄙びた外

又隠　外観

観を組立て、厚い茅葺の屋根が深い*土間庇を形造っている。中央に立つ柱に*蕨箒が掛けられている。その左に*袖壁を設け、入隅に*刀掛をしつらえている。躙口の正面に床を構える。床柱は野趣に富む*档丸太、それにおとなしい杉

又隠　躙口側

又隠　床側

の*磨丸太の床框を取り合わせる。*花入釘は*相手柱に打たれている。仙叟が茶を点てる亭主から花が見えるように、相手柱に打たせたと*川上不白が伝えていた。また両方の柱に釘を打った江戸時代の伝えもあった。床天井は高く、茅葺屋根の背後に床の部分だけ切妻屋根の棟が付加されている。点前座側は南端に茶道口、高さ五尺一寸五分、横二尺一寸二分の*方立口で、*鴨居は*化粧屋根裏の桁いっぱいに取り付き、*草庵式茶室を組立てる緊張感がみなぎっている。方立に*洞庫の鴨居が取り付いている。洞庫は*太鼓張の小襖を*片引きとする。点前座の入隅は楊子柱で、上部一尺三寸六分だけが現れ、それに柳釘が打たれている。点前座は矩折に壁が塗廻されることで広々とした感じをつくり出している。点前座に対する客座の側は、壁面の中央あたりに下地窓が一つあけられ、付敷鴨居の右端は化粧屋根裏の*竹垂木に取り付く釣竹に支えられている。躙口の側は中央あたりに柱

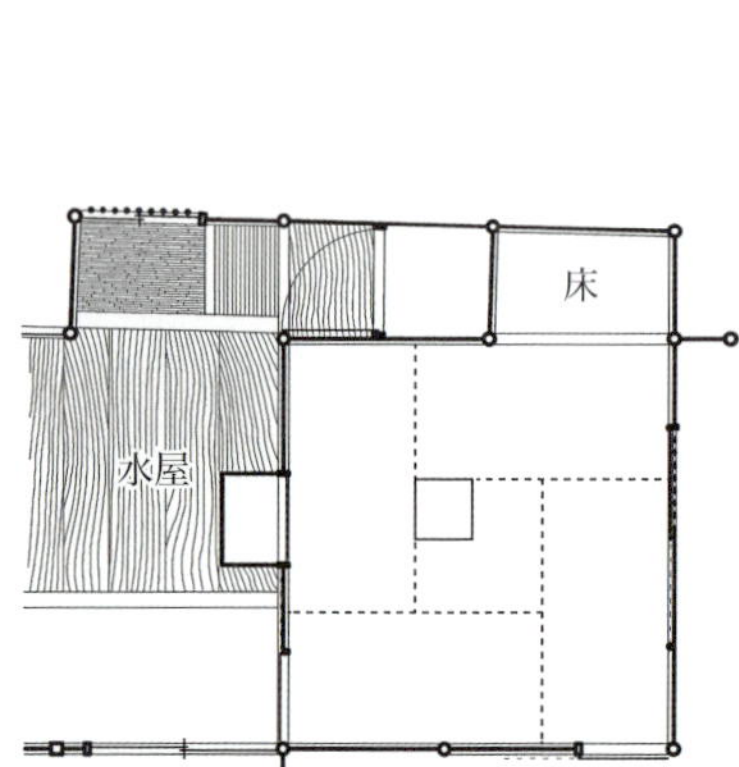

又隠

が立ち、右は壁で、左は躙口の上に下地窓が柱のほうへ寄せてあけられている。天井は客座から点前座へかけて三畳分を一面に*網代張の*平天井、躙口側の半間通りを竹垂木、竹小舞の化粧屋根裏とし、その中央に*突上窓をあけている。*軒桁の高さは五尺一寸ほど、平天井をここまで広げることはできない。化粧屋根裏は庇の延長なのである。庇をも室内に取り入れて辛うじて四畳半の座敷が形成できた。利休の完成した四畳半にはわびの構造の典型が示されたのである。それを今日に伝来しているのが又隠である。茶道口を出ると正面の壁面の隅には*炮烙棚と呼ぶ、二重の*仮置棚が取り付けられている。上棚は長く三尺一寸五分、幅一尺五分、衽状に右辺を斜めに切り、下棚は奥行一尺五分、幅一尺三寸六分、上下をつなぐ脇板には大きく*格狭間を透している。棚の厚さは三分半。『*茶道筌蹄』に「炮烙棚　元伯好　杉　又隠の勝手に用ゆ　是濫觴也」と記されている。東端に位置する又隠だけが、西に続く今日庵、*寒雲亭の棟と、少し角度が振れているのは、宗旦が再隠居して建てた「うらわらや三間二間」の位置がそのまま継承されてきたためとも推測される。重要文化財。

又隠茶席【ゆういんちゃせき】

愛知県名古屋市中区の*名古屋城にある茶室。裏千家*又隠を写した茶室で、同城茶苑の南側に配置される。四畳半の寄付(控えの間)と三畳の水屋(板間)の建物を棟続きにした外観で、切妻造の

ゆ

屋根は黄色の瓦で葺かれ、妻に杉皮葺の土間庇を付け下ろしている。内部は四畳半本勝手上座床の又隠写しであるが、躙口の矩折に貴人口があり、点前座の正面に風炉先窓があく。躙口の上部は二本引違いの連子窓、化粧屋根裏には突上窓をあける。この茶室は初め、安永年間（一七七二〜八一）に両替町久田家六代の宗参が知多郡大野（常滑市大野町）の浜田邸に造立したもので、のち海部郡佐屋村（愛西市佐屋町）の黒宮家が譲り受け、明治時代の初め頃、宗参の弟子・栄甫の指導で中島郡祖父江（稲沢市祖父江町）の山内抱霜軒邸に移築された。その時、露地も栄甫に依頼する。さらに昭和二十四年（一九四九）、名古屋城の猿面茶席（猿面茶室の項を参照）の再建にあたり、現在地に移された。蹲踞、井筒、飛石、刀掛石なども山内邸よりその配置も旧態のまま移築されている。黄色の屋根瓦は宗参の好みである。

遊雲居【ゆううんきょ】

京都市左京区にあった＊山口玄洞の別邸。松ヶ崎の高野川畔にあり、昭和初年頃から造営がはじめられ、比叡山を借景にした約四千坪の広大な敷地であった。敷地には主屋のほか、笠庵、水月亭、椅子席の＊呼鶏、＊田舎家（＊蛙吹庵）などがあった。笠庵は表千家＊残月亭写しの席で、七畳半の次の間を付す。本歌との違いは屋根が桟瓦葺で、床天井の高さが框より、本歌が五尺七寸半に対して七尺四寸と高く設定され、次の間との境の襖が桐文様となっていることくらいである。棟梁は明治時代に表千家の復興を手掛けた磯村伊太郎であった。水月亭は入母屋造桟瓦葺で、土間と十五畳の座敷、勝手、便所などからなる。十五畳の座敷は一間床を構え、天井は網代天井、柱が床柱を含め档丸太であった。壁面二方には中敷居窓を連ね、小壁の欄間には下地窓をあける。椅子席は入母屋造桟瓦葺の建物で、煎茶室、あるいは抹茶の寄付に使うことができる。柱など木部には古材を用い、また古色付けしている。水屋と地袋を設け、床は瓦の四半敷。入口には腰障子三枚が建て込まれ、他の三方に板敷きの腰掛がめぐる。亭主の座には長炉と棚が設けられていた。

夕顔【ゆうがお】

ウリ科ヒョウタン属のつる性一年草。熱帯原産で夏期、夕方に花を咲かせ、翌日朝にしぼむことから、この名がついたとされる。『源氏物語』に登場するなど、古くから栽培、愛好され、果実はかんぴょうとして利用するほか、炭斗や花入に用いられる。

夕顔亭【ゆうがおてい】

石川県金沢市の＊兼六園にある茶屋。建造の年代は不明だが、加賀藩第十一代藩主前田治脩の手記には安永三年（一七七四）に園内に亭を築造した記録があり、この「亭」を夕顔亭に比定する試みもある。少なくとも文政五年（一八二二）に完成した竹沢御殿の図に描かれる平面図から、建造は文政五年まではさかのぼると考えられる。控えの間の床の脇壁に夕顔（瓢箪）の透彫りがあることから瓢亭と呼んだり、後世になって夕顔亭と名付けられたとされる。外観は宝形造茅葺の屋根を二つ、斜めにつないで、二方に杮葺の庇を矩折に付け廻して深い土間庇を形成している。南側は西側より一段低く全体に庇が付いており、入口の上部にだけ一段高くのこっている庇のみが当初材で、下のものは後補とみられる。北から西へ榑縁を廻し、西側のやや南寄りに沓脱石を据え、入口には腰障子を引違いに建てる。また南側にも入口をあけ、腰無しの障子二枚を建て、鴨居内法が低く、縁を設けていない。西側の入口を貴人口とすれば、南側の入口が躙口に相当する。さらに北側の縁の突き当りは相伴席に続くが、二枚の切石を並べた沓脱が置かれ、合計三カ所の上り口をもつ。土間庇

夕顔亭　床側

の西北隅には大きな円形の縁先手水鉢が据えられている。水鉢は、伯牙断琴の手水鉢として名高く、後藤程乗の作と伝えられる。この手水鉢は深い土間庇に覆われており、建物と密接な関係をもっている。この庭には腰掛はなく、縁がそれに当てられたとみられる。室内は三畳台目、点前座に対した北側に一畳板畳付き相伴席を付加した*燕庵形式の間取りで、この茶屋の造立について*藪内家の関与があったことが想像できる。床は下座床で、床柱は節のある絞丸太、框は杉の面皮で、向かって左側に墨蹟窓をあけるが、花入釘は打たない。床前に八寸幅の板畳(前板)を入れて室内にゆとりと働きを加えている。板畳は同じ八寸幅で、相伴席にも入れられ、相伴席と床前との境には、板畳と同じ幅で小壁を設けている。相伴席と客座境には襖二枚を建てるが、上部に欄間はあけられていない。点前座は床前の板畳分、台目幅より長い畳を入れ、中柱は赤松皮付で、天井の小壁の竹の壁留に留まる。袖壁には壁留を入れて吹抜き、雲雀棚を釣る。現在、点前座の勝手付には連子窓をあけるが、もとは燕庵と同じく色紙窓であった。また点前座と板畳との境に柱が立ち、その柱のほうに寄せて茶道口をあけ、柱と床柱のあいだ、床の脇壁に茶道口の鴨居と同じ高さに付鴨居を入れている。天井は竹を用いた竿縁天井を客座より低く張る。客座の上は平天井にして、点前座の方を化粧屋根裏に造る。燕庵形式の間取りを基本にしながらくつろいだ数寄屋造の調子に転じ、ゆとりと開放感に富む茶室空間に仕上げている。夕顔亭の東には水屋と四畳の控えの間が並ぶ。

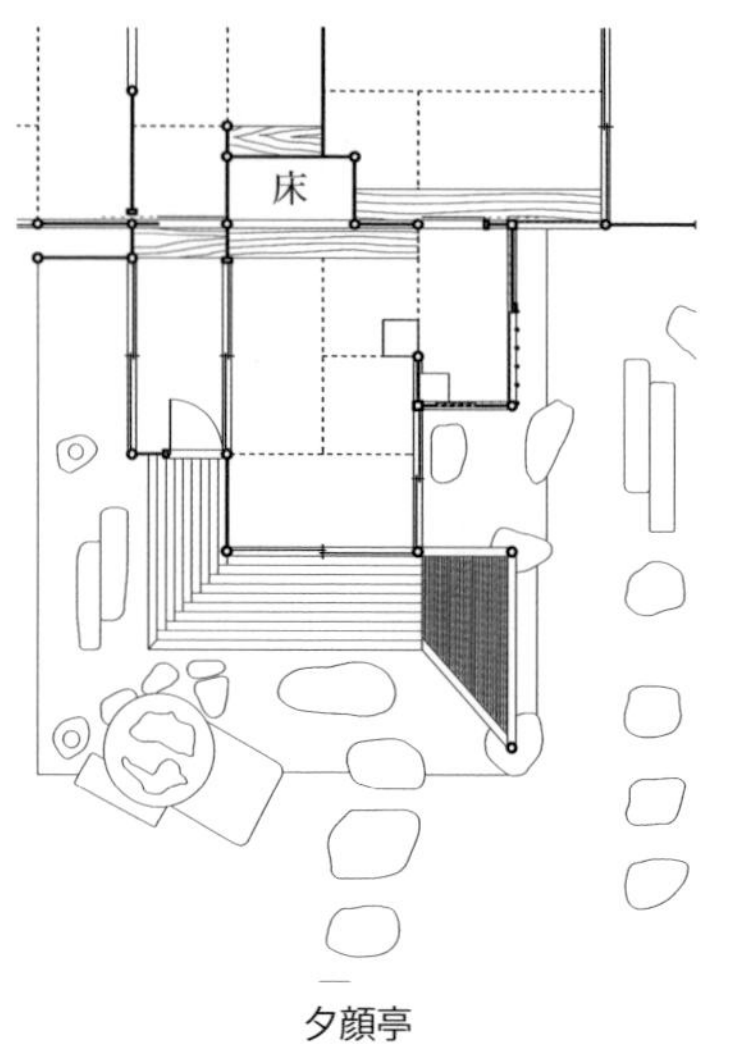

夕顔亭

夕佳亭【ゆうかてい】

新潟県新発田市の清水園にある茶室。⇩清水園の茶室【しみずえんのちゃしつ】

幽闃庵【ゆうげきあん】

東京都台東区の石州流の茶人・大住清白邸内にあった茶室。明治二十年(一八八七)に当時、堺の塩穴寺にあった*実相庵を写したもの。席名の由来は、松花堂昭乗筆「幽闃」の扁額を所持していたことによるという。外観は切妻造杉皮葺。内部は基本的に実相庵と同様で、点前座は曲柱に小壁を付け、吹抜きに引竹、勝手付には下地窓をあけていた。床柱は档丸太、床框は黒塗面取で畳敷き。出入り口は床の脇に火燈口形式の給仕口、その脇に方立の勝手口を設けていた。天井は、床前が野根板天井、点前座の上は真菰の落天井、他は掛込天井となっていた。その後、大正六年(一九一七)、同区根岸の吉田円左衛門邸に移築され松雨亭と改名されるが、戦災で焼失。

幽月軒【ゆうげつけん】

*松平不昧が*大崎園に営んだ茶室の一つ。不昧の茶会を記す『大円庵会記』に「(文化十年)十一月廿九日夜会　幽月軒席披」とあり、文化十年(一八一三)に完成し、席披きが行われたことがわかる。『*茶道宝鑑』の図によれば、床無しの一畳台目向切で、点前座に向板を入れ、洞庫を設ける。躙口が付き、客畳上の天井は屋根裏であった。明らかに*今日庵の写しであることがわかる。続く一畳あまりの次の間には「炭クラ」「二重戸棚」などがあり、縁の外は敷瓦となっていた。大崎園の西館を記した「大崎御屋敷明屋敷御住居絵図面」にはこの幽月軒と同じ間取が「御常汁」と記し描かれる。この絵図では、「御居間」の続き「次の間」西に「御敷瓦」が矩折に描かれ、一方は「御常汁」に、一方は*独楽庵の「御会席所」に通じている。とすれば幽月軒は、不昧が茶の湯三昧の生活を送った最晩年、独楽庵とともに好んで茶会を催した今日庵写しの茶室ということになる。

幽月亭【ゆうげつてい】

❶神奈川県小田原市の*益田鈍翁の別邸*掃雲台にあった茶室。設計は鈍翁の弟・克徳。大正四年(一九一五)の建設当初は閑雲亭という庵名で、翌年、鈍翁の七十歳の賀を兼ねて席披きの茶事が催された。昭和八年(一九三三)頃、門は同邸内

ゆ

の蝸殻庵へ移され、茶室は幽月亭と改称された。松花堂昭乗筆「幽月」の円額を掲げた冠木門を潜ると、切妻造茅葺の茶室妻面に、松花堂筆「聾」の円額を見る。庇は杉皮葺、勝手は瓦葺の佇まいで、南面して躙口をあけた。席は長三畳台目に台目の相伴席を設けた燕庵形式。床は台目床で絞丸太による床柱に春慶塗にしたなぐりの床框を入れ、墨蹟窓があけられていた。床の右側に引違いの太鼓襖を建てて通い口とし、向切の点前座角、相伴席に接する柱は桜皮付丸太。小壁に火燈口をあけ、片引きの小障子を風炉先とし、勝手側には鈍翁好みとされる桑の二重棚を設けた。天井は床前二畳が菰を吹寄の竹五本で押えた竿縁天井、点前座の上は寒竹十二本と八本を格天井風に組み、これに萩を張る。躙口前が杉皮と竹垂木の掛込天井であった。腰高障子二枚の貴人口を出ると、脇に腰掛が軒下に設けられていた。また相伴席には襖二枚を建て、天井は野根板の落天井で、外側に下地窓があけられていた。現存せず。

❷東京都品川区の碧雲台に益田鈍翁が営んだ茶室。⇒春雨庵【しゅんうあん】

又織【ゆうしき】

京都市左京区の野村得庵の旧別邸碧雲荘にある茶室。又織以前に大工棟梁を北村捨次郎として、大正十二年（一九二三）に竣工した古田織部形の茶室があった。これが昭和二年（一九二七）に焼失し、再度、同様の織部形を写し建てたことから又織の名がつけられたという。藪内流の茶の湯を修めて相伝を受けた数寄者は、燕庵を写すことが許され、多くは燕庵写しを自邸や別邸の茶室本席として建てたが、得庵が碧雲荘の本席として建てた又織は、燕庵写しではなかった。又織は起し絵図に伝えられた織部好みの三畳半によって構想されたと考えられる。外観は、南北棟とした切妻造の妻と平に柿葺の庇を付け下ろし、主屋根は桟瓦葺で、軒まわりを柿葺とする。平側に躙口をひらく。間取りは深三畳台目、北側にあけた貴人口の正面下座に床が構えられる。点前座は客座の中央寄りに配置され、客座から見やすい位置を占める。小間中に赤松皮付の中柱を立て、袖壁を短く造る。客付に杉材の雲雀棚形式の棚を釣り、勝手付の腰張は燕庵風に反古紙を張る。また風炉先と躙口上に下地窓をあけるが、ともに引分けに障子を建て込んでいる。又織の南には水屋を挟んで二畳中板入の小間南光席が接続する。その西北に寄付三畳台目が続き、北側には広い十四畳を設けて二方へ上り口があけられ、花泛亭の玄関にもなっている。重要文化財。

又織　貴人口側

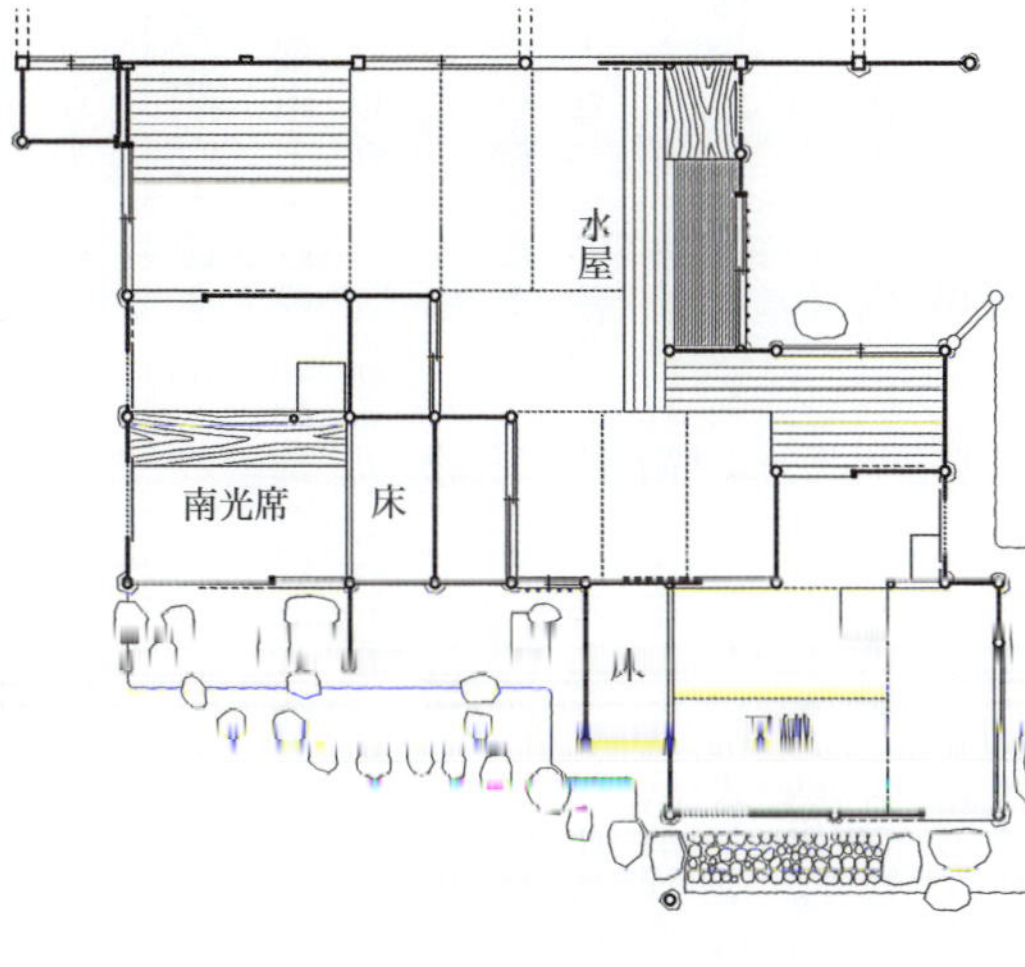

又織

優日庵【ゆうじつあん】

広島県尾道市の福島家にある茶室。昭和三年（一九二八）に竣工。設計は後藤宗興、大工は中村時次郎。室内は三畳台目向切で、水屋二畳を付属する。床の正面に貴人口、その横に躙口をあける。床は台目の上座床で、床柱は櫟の磨丸太、框は赤松皮付を用いる。点前座は、中柱に百日紅を用いる。天井は、床前が網代天井、点前座が蒲の落天井、躙口上が掛込天井となっている。現在は解体、部材が同家に保管されている。

又日亭【ゆうじつてい】

愛知県豊田市の七州城址公園にある茶室。明治二十五年(一八九二)頃に、尾張藩の家老で寺部領主の渡辺家居城内から同市の竜寿院に移築され、さらに昭和五十二年(一九七七)、現在地に移築された。設計は*渡辺規綱(又日庵)と考えられ、又日亭と名づけられる。南向きに建ち、外観は寄棟造茅葺に銅板を被せ、周囲の下屋を桟瓦葺とする。規模は東西が五間半、南北が三間半。内部は南側に玄関を設け、右手に本席待合、左手を書院次の間とし、玄関を入ると、正面に本席の躙口をあける。書院は九畳、南側には束を天板から上に出した高めの地袋を鎧飾台とする。炉は広間切で、一間床を上座に設ける。本席は台目畳の点前座に向板が付き、一間の床が続く。床は琵琶台が縁側までのびた状態で、外部と接する最深部の東壁面は三日月形に塗りのこし、障子が掛かる。客座は五畳半の広さで、床挿しの竿縁天井である。

又新【ゆうしん】

*裏千家の茶室。昭和二十八年(一九五三)の十四代無限斎碩叟の還暦を記念して、翌二十九年十月、*抛筌斎の北方に増築された席。*立礼席と六畳、三畳の席からなる。*千利休以来の歴史的な遺構を伝える千家の道場に、椅子式による新しい茶室が初めて登場した意義は大きい。立礼席は約十畳ほどの瓦敷きの土間席で、古材を活用した千家風の草庵調と、民芸調を複合した意匠を展開し、一角に工夫をこらした立礼式の*棚物である御園棚を据え、客用の卓と椅子を配している。その南に床を設け、炉を切った六畳の座敷が結合されている。単なる椅子席でなく、座礼の茶も椅子席につなぎ得る両用の構成である。座礼と立礼の結合がこの頃から流行した。立礼席と座敷の外側、北から東にかけて矩折に*土間廊下をめぐらしている。座敷の外に縁をめぐらす座敷の伝統も生かされている。

三畳
六畳
床
立礼席
床

又新

又新　立礼席と六畳

又新亭【ゆうしんてい】

京都市上京区の*仙洞御所にある茶室。この場所には以前、修学院離宮から移した*止々斎が建っていた。止々斎の焼失後、その跡に今出川御門内の近衛家にあった茶室を、同家の東京移転にともなって明治十七年(一八八四)に現在地に移した。初代*木村清兵衛が手掛け、二代清兵衛が移したと考えられる。*裏千家十一代玄々斎精中の好みといわれ、*又隠を本歌とした四畳半の席で、次の間二畳、広間六畳、水屋、寄付などが接続する。本席は又隠とほとんどが同じであるが、東側の北池に面する客座側の壁面に大きく円窓をあけ、又隠の求道的な雰囲気を、くつろいだ明朗な雰囲気に転じているところに公家らしい好みが現れている。

遊心亭【ゆうしんてい】

愛知県名古屋市緑区の成海神社にある茶室。境内の南西に位置し、茶室の東には腰掛を設ける。昭和二十五年(一九五〇)に同区花井の中島家から移築したもので、建てられた時期は不明だが、下村西行庵（実栗、哉明、一八三二〜一九〇六）によって設計されたと伝わる。西行庵は茶を松尾流六世仰止斎（松尾家の項を参照）に師事し、*糟屋家の茶室の設計者として伝わる両替町久田家の六代宗参の弟子・久田栄甫に入門。西行庵の後裔は尾州久田流を創設している。茶室棟は正面を東とした切妻造桟瓦葺で、本席の東側のみ銅板一文字葺の下屋とする。本席は二畳台目中板入、下座床で、西面中央には火燈形の給仕口、茶道口は方立口形式とする。点前座には風炉先窓をあけ、中柱は真っ直ぐな赤松で、竹の壁留が二尺二寸の高さに通り、上部の袖壁には下地窓があき、釣木のない一重の仕付棚を設ける。床は畳敷きの框床で、档丸太の床柱を立て、織部板を入れ、墨蹟窓をあける。床向かいの東面南端を躙口として上部は柱間いっぱいの連子窓となる。続く北側の壁には二つの大きな下地窓を上下でずらす。躙口の矩折を貴人口として腰障子を建てる。天井は客座の床側が網代の平天井で、もう一方の化粧屋根裏に突上窓をあける。点前座は落天井で杉の網代を女竹で打ち上げる。畳は京間畳の寸法である。水屋三畳は本席の北にあり、天井を野根板として白竹で押える。茶道口近くの南面東寄りに丸炉がある。南側に水屋棚を設け、北側が物入となる。

有声軒【ゆうせいけん】

京都府宇治市の萬福寺にある煎茶室。昭和二年（一九二七）、関西を中心とする煎茶愛好家が、一時衰退していた煎茶の復興を目指して高遊会を結成。翌三年にその拠点として、萬福寺内に、*売茶翁を祀る*売茶堂と、あわせてこの有声軒を建てた。有声軒の平面構成は、待合席と本席に大きく分かれ、待合席の東、北、西の三方には、鞘の間と広縁、及び廊下がめぐらされる。待合席は六畳台目で、南面東側に台目畳三畳敷の框床があり、その前方に踏込板、西側には琵琶台状の地袋が付く。本席は六畳で、北面と西面には矩折に土間庇が付く。南面西側に台目畳の框床を設け、その東側に地板のみの床脇、西側に付書院がある。また北面東側の壁には、氷裂文様の大きい下地窓があけられ、煎茶室としての意匠的特徴を強調している。

有声軒　土間より本席を見る

有職故実【ゆうそくこじつ】

有職と故実の二語からなる。有職とは本来、博学の人をさす有識を意味し、朝廷や公家、武家の儀礼、行事、官職、儀式作法などの先例や典故の知識、あるいはそれに精通している指導者をいう。また故実とは儀式、法制、作法、服飾などに関する先例典故をいう。平安時代中期の摂関政治以来、有職を家業とする公家では年中行事を中心に日記が記され、これを代々子孫が有職故実の記録として引き継いでいた。先例の増加は小野宮流や九条家流という家流を生み、他家の日記も借用、書写して多数の日記が収蔵された。やがて有職書として編集され、引用しやすいように類別に抄出編集された。行事を施行する識者としての有職本来の研究に加え、物語類をはじめとする古文献にみえる有職故実の用語を研究し、解釈を行うようになった。また武家政治の進展につれて武家の間でも有職が重んぜられ、室町時代には伊勢流、小笠原流など武家の有職家が成立した。

雄徳庵【ゆうとくあん】

兵庫県姫路市の姫路文学館*望景亭にある茶室。望景亭は実業家・濱本八治郎の別邸である男山御殿の一部。大正七年（一九一八）頃に建てられた茶室は切妻造桟瓦葺で、西から南にかけて霰零しの土間庇が廻り、外部との境にはガラス障子を建てる。内部は八畳、天井は垂れ壁で三つに区画される。一間幅の舟底天井、床脇の大下地窓など、裏千家の*寒雲亭、*咄々斎の特徴的な要素が引用されている。登録有形文化財。

幽扉席【ゆうひせき】

京都市左京区の旧上田堪一郎の庵、野仏庵にある茶室。⇒野仏庵【のぼとけあん】

有隣荘【ゆうりんそう】

鳥取市にある旧西尾邸。昭和三十六年（一九六一）に政財界で活躍した米原章三の手に移り、有隣荘と呼ばれる。西尾家は因幡でも屈指の大庄屋であった。二千坪の敷地には、伝統的な農家型の間取りの主屋に、離れ二棟が雁行して配置される。主屋は大正時代に西尾家が移転する際に建てられたものだが、離れ二棟は入母屋造及び切妻造の桟瓦葺。もとは一棟で西尾家が因幡国鳥取藩主池田家から拝領したと伝わり、移築の時に二棟に分けられたという。主屋に接続する離れは十畳間に厠、浴室が付く。もう一棟の離れには六畳、三畳、茶室が並び、主室の六畳は柱や長押、鴨居などのほとんどに栂（とが）の柾目の良材が使用され、「栂の間」と称される。床脇の地袋の上には火燈窓をあける。茶室は二畳中板入の下座床で、床は踏込床、床柱は赤松の皮付丸太で、点前座には洞庫が設けられる。なお有隣荘には、明治時代末に*裏千家十三代圓能斎鉄中がしばしば来庵した。登録有形文化財。

有隣荘

湯桶【ゆおけ】

露地道具の一種。利休形は、杉の木地曲、手付きで割蓋である。底には四つ足が付いている。極寒期、湯を入れて*蹲踞の*湯桶石の上に置き、手、口を清めるために使う。

湯桶石【ゆおけいし】

*蹲踞の*役石のひとつ。「ゆとうせき」とも読み、「桶石」ともいう。冬季に*湯桶をのせるための石。『茶道旧聞録』に「湯桶石前の方に必ず据えるものなり、右にても左にても苦しからず候、湯桶石は前石よりも下げて据える也」とある他、『築山庭造伝後編』に「蹲踞手水鉢に向ひて右を湯桶石と云、左りを手燭石と云、（中略）手燭石ハ低く湯桶石ハ少し高く置なり」とある。左右に湯桶石と*手燭石が据えられるが、現在では流儀により異なり、表千家では向かって右に湯桶石、左に手燭石が、裏千家では左に湯桶石、右に手燭石が据えられる。また*前石より高く、手水鉢よりは低く据えられることが多い。（付録7頁参照）

床板【ゆかいた】

建物の床に張る板。下地として畳下に張るものと、板の間に用いるものがある。畳下の場合、杉などの一般材が多く用いられるが、板の間の場合、松や檜など見映えの良い樹種の材が用いられる。

歪み柱【ゆがみばしら】

曲柱と同じ。⇒曲柱【まがりばしら】

雪吊り【ゆきつり】

雪の多い地方で、積雪の重みによる枝折れや樹形の崩れを防ぐために、庭木に施す処置。主に、松や槙に行われる。実用面だけでなく、冬景としての効果も高い。金沢の*兼六園で行われるものなどがよく知られる。

雪の朝石燈籠【ゆきのあしたいしどうろう】

藪内家*燕庵の中露地にある石燈籠。笠と火袋は六角形、中台と基礎は円形をしており、火袋には四角形の火口の他に、三日月形、円形、「三」字形の窓があけられている。江戸時代より東山殿（*足利義政）遺愛の品と伝えられている。

雪間草【ゆきまぐさ】

茶史書。京都の糸割符商で茶人の坂本周斎（一六六六～一七四九）著。写本一冊。茶の歴史、茶人、茶道具などについて述べた書物。東京国立博物館蔵の流布本『雪間草茶道惑解』には、延享四年（一七四七）周斎八十二歳の自筆であるとの奥書を写している。他に今日庵文庫、京都大学付属図書館などに写本が所蔵される。

雪見形燈籠【ゆきみがたどうろう】

石燈籠の一種。「雪見燈籠」ということもある。基礎、竿を用いず、三本ないしは四本の足で中台以上を支える形式のもの。平面形や形状は様々あるが、笠の勾配が緩く、大きいものが多い。実例に泉涌寺（京都市東山区）のものが知られる。（付録12頁参照）

雪見障子【ゆきみしょうじ】

明障子の一部に透明ガラスを入れ、外部の雪景色などをうかがえるようにしたもの。このうち障子の下方幅いっぱいにガラスを入れ、内側に上げ下げできる孫障子（小障子）を組み入れたものを摺上障子、あるいは大阪猫間障子ともいう。（付録23頁参照）

雪見窓【ゆきみまど】

裏千家の利休堂にある下地窓。利休堂の項を参照。

⇒利休堂【りきゅうどう】

雪柳【ゆきやなぎ】

バラ科シモツケ属の落葉低木。本州（関東地方以西）から九州に分布し、暖地の川岸に自生する。庭木や公園樹としてよく植えられる。茎は弓状に曲がり、四月頃、白色の小さい花を咲かせ、茶花にもよく用いられる。

譲葉【ゆずりは】

ユズリハ科ユズリハ属の常緑高木。「交譲木」とも書く。本州（東北地方南部以南）から九州、沖縄に分布し、山地に自生する。葉は長さ八～二〇センチの狭長楕円形で、全縁。枝先に集まって互生する。新しい葉が育ってから古い葉が落ちる性質から、この名がついた。子孫繁栄の吉兆の木として宮中では諸儀式に使われていた。民間でも正月飾りに各地で使用されている。露地や庭園の植栽によく用いられる。

湯桶石【ゆとうせき】

⇒湯桶石【ゆおけいし】

柚木形燈籠【ゆのきがたどうろう】

石燈籠の一種。名物燈籠の一つに挙げられ、奈良の春日大社にあるものを本歌とする。もと同社の若宮社南の柚子の木の下にあったことから命名されたと伝えられる。笠、火袋、中台は八角形、基礎は六角形の形式のもの。本歌の燈籠は火袋と基礎は後補と考えられているが、藤原忠通が保延三年（一一三七）に寄進したと伝えられ、平安時代制作の貴重な石造美術品として、重要文化財に指定される名品で、後世の模作も多い。

よ

葉雨庵【ようあん】

神奈川県小田原市の郷土文化館分館松永記念館にある茶室。もとは大正十二年（一九二三）の震災後、小田原市十字町にあった野崎幻庵の別邸自怡荘に建てられたもので、震災で倒壊した空心庵の跡地に、幻庵が自ら設計し造られた。昭和六十一年（一九八六）、建物はもとより露地、庭石、植木などもあわせて、現在地に移築された。平家建桟瓦葺で、内部は三畳台目中板入、二間

葉雨庵　内部

四方の水屋が付属する。点前座は中柱を立て、炉を出炉に切る。床は畳敷きの台目床。床の脇に背の低い火燈口形式の茶道口、点前畳の対面に明障子を建てた貴人口、床正面に連子窓と躙口をあける。中柱をはじめいたる所に変木が用いられている。登録有形文化財。

揚亀庵【ようきあん】

青森県弘前市の津軽藩ねぷた村内揚亀園にある茶室。もとは明治十六年（一八八三）に弘前市内百石町に建てられた角三宮本呉服店の離れ座敷であった。一方、揚亀園は弘前の実業家であった中村三次郎の求めに応じて、明治時代後期に小幡亭樹が作庭を開始し、後に池田亭月が手を加えたとされる庭園。江戸時代末期から近代にかけて津軽地方で盛んに造られた大石武学流という流派の作風を伝えるもので、登録記念物である。この揚亀園の一郭に大正八年（一九一九）、先の離れ座敷が移築され、揚亀庵と名づけられた。寄棟造銅板葺の書院形式の座敷で、濡縁と土縁が二方に廻る。天井は網代天井で、板床を挟んで床脇に曲面地袋、付書院の脇飾りの中棚に曲面小襖を配す。

揚亀庵　外観

揚輝荘【ようきそう】

愛知県名古屋市千種区にある十五代伊藤次郎左衛門祐民の旧別荘。伊藤（一八七八～一九四〇）は松坂屋の初代社長で、経済界や国際交流などの社会事業で活躍するかたわら漢学、茶道、絵画、狂言、弓道などを嗜んだ。そのため別荘内には園遊会や茶会に用いる迎賓館的施設や留学生の寄宿舎などが設けられ、造営にあたっては数寄者でもあった伊藤の趣味が反映された。大正時代から昭和時代初期にかけて造られ、起伏に富む約一万坪の敷地に池泉をめぐらし、地形を生かして最盛期には三十数棟にわたる建物が建てられ、その中には*暮雪庵、峠の茶屋などの茶室もあった。戦災や開発の影響を受け、敷地や建物の多くが失われたが、のこった主要部分が平成十九年（二〇〇七）、市に寄付されている。現在、荘内の北庭園（回遊式庭園）には伴華楼（一九二九年建築）、白雲橋、*三賞亭が、南庭園（回遊式石庭）には揚輝荘座敷（一九一九年建築）、聴松閣（一九三七年建築）がある。

庸軒流【ようけんりゅう】

茶道流派の一つ。*藤村庸軒の茶法を受け継ぐ茶道の流派。庸軒の長男・恕堅（？～一六九九）、弟子の北村幽庵、山本退庵、横井等甫の茶系は途絶える。次男・正員（一六五〇～一七三三）の正員派、弟子で伊勢（三重県）藤堂家茶頭となった近藤柳可（生没年不詳）の柳可派、庸軒の親戚筋にあたる大文字屋比喜田宗積の系統が存続する。なお宗積派の系統は、七代桂春院月山の門弟である石河中軒、長谷川諦観、幽玄庵道契によって三系統に分かれた。

養浩館【ようこうかん】

養浩館　御月見ノ間　内部

福井市にある旧福井藩主松平家別邸。福井城本丸の北方外濠に接する位置にあり、江戸時代には「御泉水屋敷」と呼ばれていた。史料上の初見は明暦二年（一六五六）であるが、現在見るような姿に整備されたのは七代藩主吉品の時で、元禄年間（一六八八～一七〇四）末から宝永年間（一七〇四～一一）にかけての頃と見られる。御座ノ間、御月見ノ間、御湯殿などからなる数寄屋造の建物や臼ノ茶屋（臼の御茶屋の項を参照）、清廉と呼ばれる茶屋が、回遊式の庭園にそって配されていた。建物や庭園は山田宗徧の好みになると伝えられる。建物は昭和二十年（一九四五）七月の空襲によって焼失したが、寄棟造柿葺の軽快な屋根に覆われた御殿と清廉は、文政六年（一八二三）の「御泉水指図」などにより、平成五年（一九九三）に復元されている。庭園は名勝に指定されている。

栄西【ようさい】

⇒栄西【えいさい】

様式【ようしき】

ある時代、民族、地域、流派などの中に見られる一定の特徴的、類型的な構成や表現の形式。たとえば日本の建築様式で代表的なものとして、神社建築には大社造、春日造、神明造、八幡造、祇園造など、寺院建築には和様、大仏様、禅宗様などがあり、そのほかには校倉造、寝殿造、書院造、数寄屋造などが挙げられる。特に数寄屋造は今にも息づく様式で、現代でも数多くの作品が生み出されている。

楊子柱【ようじばしら】

塗立柱の別称。『茶道筌蹄』に「塗出し柱、俗にヤウジ柱と云。杉丸太　元伯好又隠の隅にあり、いづれの席に用ゆるとも又隠の寸法を用ゆ」とあり、裏千家又隠の北西入隅の柱をいう。この柱に柳釘を打ち、「柳柱」ともいわれる。別に「筆立柱」「筆軸柱」「筆先柱」などともいう。

楊子柱　又隠　裏千家

養翠園【ようすいえん】

和歌山市に所在の大名庭園。もと紀州徳川家第十代治宝（一七七一～一八五二）が文政元年から九年（一八一八～二六）に、藩士・山本理左衛門の下屋敷を改修し、西浜御殿の別墅・水軒御用地として造営した回遊式庭園。作庭の経緯は明らかでないが、作庭を指揮したのは、作事奉行支配下にあった山本道勺の子孫との伝えもある。天保二年（一八三一）の「水軒御用地絵図」には、概ね完成した状況が描かれるものの、最終的な完成は、中島の石燈籠の刻銘にある同四年頃と見られる。池泉は大浦湾に面し立地を生かして海水を取り入れており、汐入の庭園となっている。また池泉の南岸は随所に巨石を配して穏やかに屈曲した護岸と、築山の起伏による岸辺をなすのに対し、北岸及び東岸は直線の石積護岸からなる。中国の西湖堤を模して、石造の三ツ橋が架けられた土堤も中ほどで直角に折れ曲がるなど、直線と曲線からなる護岸や土堤の景観にも特質が見られる。池泉西岸の茶室養翠亭の軒先からは、松などの植林と池泉の水面を前景として、南東方向の庭外に天神山及び章魚頭姿山を望む広々とした借景構成も時代的な特徴

養翠園

が見られる。また養翠亭には茶室*実際庵が接続する。名勝。

養翠亭【ようすいてい】

和歌山市の*養翠園にある茶屋。同園はもと紀州徳川家第十代治宝が造営した西浜御殿（一八一八～二六年に造営）からの清遊及び接客の場として造られた水軒御用地（もと山本理左衛門家下屋敷）。養翠亭の造営は鬼瓦に「文政四年（一八二一）瓦屋久八」の線刻があることからこの頃とされる。前方は潮の干満を利用して海水を取り組む汐入の池となっている。御座の間を上段のように最も高く配置し、御次座敷、御膳所、御湯殿などで構成され、二畳台目の茶室*実際庵が御座の間の西に接続する。御次座敷と御座の間を結ぶ渡り廊下（左斜め登り廊下）は左斜め上にふった構造で畳や障子などがすべて菱形になる。これは山本家下屋敷にあった建物に御座の間などを増築し、その取り付き部分に廊下を付したためと想定されているが明らかではない。

擁翠亭【ようすいてい】

京都市北区にある茶室。京都の数寄屋師・平井家に保存されていた擁翠亭の古材と伝える材を再用し、古図を照合して復元したもの。装剣金工の後藤長乗が、*徳川家康から京都の岩栖院の地（現在の京都市上京区に所在の擁翠園付近）を賜り、広大幽邃な林泉を築いた。それを与えられた後藤覚乗（勘兵衛家二代）が*小堀遠州に茶室を依頼してできたもので、後藤家の家伝に「茶室ハ擁翠亭ト号ス　三畳台目ニテ窓数十三有リ俗ニ十三窓ノ席ト云」とある。「洗解庵写十八囲之図」や「*楽翁起し絵図」などに図が伝えられている。屋根は柿葺、勾配七寸であった。遠州好みの代表的な伏見奉行屋敷の四畳台目の茶室（小堀遠州の茶室の項を参照）から一畳を除いた間取りであるが、窓の数は伏見奉行屋敷の十一窓より二窓多い。窓には障子だけでなく小襖も建てられ、採光のためのみならず、茶室をめぐる林泉の趣きと調べをあわせて多様なはたらきが工夫されたと考えられる。現在の外観は入母屋造柿葺で、正面の土間庇は右に吹抜かれ、左に刀掛を設ける。躙口は正面中央にあけられ、足元には巨大な沓脱石を据える。内部は三畳台目下座床。茶道口と矩折に給仕口をあけ、床は給仕口のほうに寄せて構える。右の床柱は赤松皮付で給仕口の壁付に立つ。左の床柱は松しゃれ木、床框は杉丸太。墨蹟窓を手前に寄せてあけ、床の脇上部に横長の下地窓、下部には矩折に連子窓をあけ、太鼓襖を倹飩式にはめている。客座中央寄りに配置する点前座は台目構えで、雲雀棚を釣り、風炉先窓、勝手付に連子窓のほか色紙窓をあける。客座側の壁には中央に柱を立てて、向かって左の躙口上に連子窓、そのさらに上に下地窓をあける。右には下に連子窓、上に下地窓をあける。床に対した壁には中敷居を間口いっぱいに通し、上のほぼ中央に下地窓、その下に竹連子窓をあける。合計十三の窓の珍しい配置が茶室の内外に特色ある景趣をつくっている。

陽のカネ【ようのかね】

「陽の曲尺」とも書く。十一のカネの項を参照。

⇨十一のカネ【じゅういちのかね】

養林庵書院【ようりんあんしょいん】

京都府宇治市の平等院子院・浄土院にある書院。平等院は天台宗を本流とするが、中世には浄土宗が勢力を拡大し、十七世紀初頭には境内外に十余の浄土宗寺院が造立されていた。明治維新時に浄土院を除いて廃されたが、平等院の後方に建つ浄土院書院は、子院の一つ、旧養林庵の書院であったという。養林庵は慶長六年（一六〇一）の開創で、書院は*伏見城から移築されたと伝えられている。入母屋造檜皮葺で、東側に妻を向けて広縁を配し、広縁中央の欄間上に*松花堂昭乗筆になる養林庵の額を掲げ、庭は*細川三斎の作と伝えられる。広縁にそって、南から北に、一の間、二の間、三の間と並び、一の間の背後に四畳半の茶室が付属する。一の間は六畳で、広縁側に一間の付書院と半間の違棚を配し、それらと矩折に一間の框床を配している。一の間と二の間、二の間と三の間の室境上部にはそれぞれ七宝透と藤の透を入れた欄間をはめている。雄大華麗な桃山風を伝え、違棚の筆返しの形などに古形をのこす一方、内法柱間制を用い、床の形式には数寄屋風の影響が見られるところから、建設の時期は慶長年間まではさかのぼり得ず、元和年間（一六一五～二四）末から寛永年間（一六二四～四四）にかけて養林庵の客殿

（書院）として造立されたと推測される。重要文化財。

餘慶庵【よけいあん】

京都市北区の大徳寺塔頭*瑞峯院にある茶室。昭和四年（一九二九）、数寄者の小島弥七によって寄進され、客殿の西に建てられる。外観は入母屋造桟瓦葺で、銅板葺の庇を廻す。東側の破風を打った大きい妻の前方南寄りに銅板庇で小さい妻を造り出し、そこに扁額を掲げる。また客殿の北側とつながる廊下の南には、庇を付け下ろした腰掛が設けられている。内部は八畳、六畳台目、四畳半の三席に水屋、台所を備える。八畳は表千家の*松風楼の写しだが、炉は床が下座になるように切られている。西側に床を構え、床柱は絞丸太、框は真塗で、大平に織部板を入れる。また、琵琶台を構え、南から東にかけて入側が廻る。その北には六畳台目が接続する。この席は表千家八代啐啄斎件翁好みの*表千家七畳の写しである。さらに北に長四畳の水屋を設け、その西に四畳半下座床向切の席を接続している。客殿の南にひろがる*重森三玲作庭の独坐庭が客殿西側へもまわり、餘慶庵の露地を兼ねる。同院北側に作庭され*安勝軒の露地としても機能する閑眠庭とともに、昭和三十六年にわずか四十日間という期間で、無償で造られたという。

除け石【よけいし】

❶*蹲踞、*躙口の周辺など露地の各所に据えられ、貴人が御成の時、かたわらに従者が寄り添うための石。『*源流茶話』巻上には「よけ石も常ハ無用ニ候得とも、貴人御成の節ニ相伴役、露地すきやまハりの様子を見分し、扨、御手水をまいらせ、にじり上りの戸を開き、内に刀掛かさられ候へば、其御案内申入、かたハらへよけ居申石にて、手水はち、内露地にしり上りの辺にする候、役石にて常の跡石より少シ高ク、よけ石ハ少ひきくすわる法にて候」とある。*桂離宮の古書院東に位置する沓脱石から続く飛石脇にその例が見られる。❷蹲踞の役石の一つ。手燭石のこと。⇩手燭石【てしょくいし】❶

横石【よこいし】

*庭石の形態の一種。*流れの瀬落ちなど、横方向に長く据えられた石のこと。

横木【よこぎ】

❶引木と同じ。⇩引木【ひきぎ】❷建築の部材で、水平材のことを広く横木という。❸建築の水平材において、木材の背を横向きにして用いることをいう。背を下側に向ける用い方とともに、適切でないとされる。背を上側に、腹を下側にする、本木と呼ばれる用い方が適切である。

横差し【よこさし】

玉石などの横の直径をいう。

横桟【よこざん】

戸や障子などの建具で、枠を作る上桟、下桟のあいだに入れられる桟のこと。

横繁【よこしげ】

障子や格子、欄間などの横の組子（組子の項❶を参照）が、通常の間隔より狭く組まれたもの。対して、縦（竪）の間隔が密な場合を竪繁という。

横繁障子【よこしげしょうじ】

障子の一種。組子を*横繁にしたものをいう。これに対して、縦（竪）の組子（竪子）の間隔を狭く密に配したものを竪繁障子と呼ぶ。

横竹【よこだけ】

引竹と同じ。⇩引竹【ひきだけ】

横羽目【よこばめ】

布羽目と同じ。⇩布羽目【ぬのばめ】

横目板【よこめいた】

*熨斗羽目板の、横の継目に取り付ける細長い板。「押縁」ともいう。熨斗羽目板の縦（竪）の継目は、*目板、または敷目板を用いたり、合决りや、本実矧としたりする。

夜込の茶事【よごめのちゃじ】

暁の茶事と同じ。⇩暁の茶事【あかつきのちゃじ】

横連子【よこれんじ】

*連子を、横に一定の間隔ではめ込んだ*連子のこと。連子子には竹もあるが、木の角材（菱子）を用いることが多い。

葭【よし】

植物学上ではイネ科の多年草でアシのこと。「芦」「葦」「蘆」とも書く。アシが「悪し」に通じるのを嫌いヨシと別名する。ただしヨシ業者は同じ種でも生育地や色の違いなどの個体差でいくつかに分類をしたり、また葭生産地ではヨシとアシを選別し、ヨシのみを使用している。数種が知られる。各地の水辺に自生し、高さは二～三メートルほどで、茎は中空で節があり、葉は笹の葉形を成し、秋に穂を出す。滋賀県の琵琶湖は葭で特に知られ、近江八幡市の丸山では良質の葭が産出される。十二月から一月に刈り取りを行い、ヨシの中から使用できないアシを取り除き、天日干しで乾燥させる。根元に近い三分の一が屋根材など、その上の三分の一が葭戸材など、その先の部分は火祭りや茅の輪の下地など、すべて無駄なく利用される。建築材としては屋根葺材のほか、天井、下地窓、建具、簾の材として好まれる。

葭垣【よしがき】

葭を用いて造った垣。一般に、丸太の柱を立て、*胴縁の上に葭簀を張り、割竹の*押縁で留めたもの。『築山庭造伝前編』下には、「葭垣の葭ハ其穂出て後吉なり」とある。古くは「葦垣」といい、『催馬楽』や『万葉集』に記され、この垣が古びて乱れやすいことから「古る」「乱る」に、外と内を区切ることで「外」に、詰めて編まれることから「間ぢかし」にかかる枕詞ともなっている。後世には葦の音が「悪し」に通じるのを忌み、「善し」にちなみ「よし」と呼ばれるようになり、葦垣も葦垣と読まれるようになる。

吉城園【よしきえん】

奈良市にある正法院寛之の旧邸宅。正法院は東大寺僧から実業家に転じた人物。棟札によると大正八年（一九一九）の建設、大工棟梁は竹山仙吉である。かつてこの地には興福寺の小院・摩尼珠院があったという。建物は主屋と離れに分かれるが、それぞれ広間と小間の茶室を備える。主屋の茶室は、二畳台目と六畳の席が、ともに各棟の主座敷に付属するような位置にあるが、両席の露地を介した接続も計算されている。離れは茅葺で、北から玄関棟、座敷棟、茶室棟が接続されているが、東の眺望のひらけた平庭とのあいだに広い軒下を設け、そこに板縁と敷瓦によって二重の動線が各棟を接続している。離れには、座敷棟の九畳と茶室棟の三畳台目の茶室があるが、九畳に当初から炉が切られていたかどうかは不明である。しかし、いずれも目を引く場所に古材を使用しているのが特徴的である。当園は隣接する*依水園と同様、近代奈良における数寄空間の展開を語るのに重要な物件である。現在、奈良県の所有となって、公開され、茶室は一般にも活用されている。

吉城園　茶室棟　外観

吉島家住宅【よしじまけじゅうたく】

岐阜県高山市にある町家建築。高山の町家を代表する建築で、吉島家は当時、酒造のほか、金融関係の事業にもたずさわった。緩やかな勾配の屋根、深い軒の出に低い軒高、前面に下屋庇を付けず、柱から腕木を出し箱庇を付ける意匠である。明治八年（一八七五）四月の大火で北隣の日下部家とともに焼失したが、同九年に吉島家が再建。明治三十八年にも再び火災で半壊したが、同四十年に再々建する。棟梁は西田伊三郎、当主は四代目休兵衛・斐之であった。大正十一年（一九二二）に五代目休兵衛・千船によって大改修が、坂下甚吉を棟梁として行われる。建物は南北に長い道路にそって間口九間の南側に大戸を設け、入口ドージ、ドージ、中ドージ、裏の勝手場と南寄りに奥行きの深い*土間が裏側まで続く。土間にそってミセ、オーエ、中オーエ、台所、茶の間、小座敷、風呂場と続く。中ドージの南には使用人の向かい台所がある。上部の梁組は天井を張らず吹抜けとなり、化粧小屋組の空間は圧巻である。北側前面道路にそって前庭を配し、木戸から茶室（四畳半）、カズキ（八畳、主人の間）、仏間（十畳）、離れ（六畳、文庫蔵の控え）に入ることができる。仏間、本座敷（十畳）、次の間（六畳）、カズキは田の字形の間取り、仏間とカズキは前庭に、本座敷と次の間は奥庭に、それぞれ縁を付す。日下部家住宅とともに重要文化財に指定されている。

葭障子【よししょうじ】

葭障子

建具の一種。葭を糸で編み、簾状にしたものを框の中に組み入れ、横桟で固定して作られたもの。夏の強い日射を和らげ、通風を確保することを目的として、*明障子や襖に替えて用いる。「簾障子」「夏障子」「葭戸」「葦戸」などともいう。

葭簀張天井【よしずばりてんじょう】

*葭を編み、天井面に張った天井。素朴で野趣に富んだ表情となる。茶室の点前座の*落天井などに使われる。

葭簀塀【よしずべい】

板塀の一種。土台に栗、柱には*なぐりなどを用い、*胴縁の両側から葭簀を立て掛け、割竹の*押縁で固定して棕櫚縄で結束するもの。板屋根の小屋根をのせ、葭簀の上部を透かす。

吉田五十八【よしだいそや】

明治二十七年～昭和四十九年（一八九四～一九七四）。建築家。東京日本橋に太田信義（太田胃散創業者）の子として生まれ、母方の吉田家に養子に入った。大正十二年（一九二三）、東京美術学校を卒業、同時に吉田建築事務所を開設している。大正十四年から一年間、欧米を周遊。目的は新しい建築の見学であったが、歴史的なゴシックやルネサンスなどの建築に強い感銘を受けた。その長い伝統に対して日本人は到底太刀打ちできるものではないと考え、日本人は日本独自の伝統からくる新しい形を見出さなければならないと考えた。そこで着目したのが*数寄屋建築であった。吉田にとっての数寄屋とは、日本の伝統建築の「くずし」の作業であった。それはそもそもの数寄屋や書院造はもちろんのこと、*寝殿造であり、民家であり、寺院建築の様式であった。作品の特徴として、大壁造の採用、*釣束と欄間の省略、荒組障子（組子を粗くした障子）の採用、アルミパイプなどの工業生産材料の採用、座式と椅子式の融合などが挙げられる。代表作に小林古径邸（登録有形文化財、一九三四年）、惜櫟荘（一九四〇年）、山口蓬春画室（一九五四年）、日本芸術院会館（一九五八年）、*五島美術館（一九六〇年）、大和文華館（一九六〇年）、玉堂美術館（一九六一年）、吉屋信子邸（一九六二年）、岡崎つる家（一九六五年）、北村謹次郎邸（四君子苑、登録有形文化財、一九六五年）、中宮寺本堂（一九六八年）などがある。昭和三十九年、文化勲章受章。数寄屋建築を近代化した建築家として、近代数寄屋の創始者とも評される。

吉田家の茶室【よしだけのちゃしつ】

滋賀県近江八幡市の吉田悦蔵家住宅にある茶室。悦蔵はヴォーリズと行動をともにした彼の教え子。その屋敷本館は大正二年（一九一三）、ヴォーリズによって設計されたアメリカンコロニアルスタイルの三階建住宅である。屋敷内には大正四年に移築された離れと、昭和五年（一九三〇）に建築の茶室がある。離れは洋式生活になじめない吉田の母のために、ヴォーリズが日牟礼八幡宮に所在した茶室を移築し、居室としたもの。また茶室は八畳の床付き座敷を中核として、北に土間、西に四畳の席、南に水屋を張り出すもので、悦蔵自身の設計と伝えられる。離れは登録有形文化財。

吉田山荘【よしださんそう】

京都市左京区の吉田山山中にあった*谷川茂庵の別邸。左京区田中大堰町に住んでいた谷川が同区の吉田山山中に土地を購入して営んだもの。『茶道月報』大正十五年（一九二六）八月号に「六月二十三日、谷川茂庵氏は洛東神楽ケ岡吉田山荘において正午の茶事を催された、山の中腹に新しく築かれたその寄り附床には、（中略）山上の茶室、本席と床には（後略）」と記されており、それまで大堰町の自邸で頻繁に茶会を開いていた谷川にとって、吉田山でのはじめての茶会であったと考えられる。その後掲載された茶会記から判断すると、大正十年頃から吉田山で土地の購入などの準備がはじまって、同十五年頃には茶室や寄付などいくつかの施設が整った後、さらに工事を進めて、昭和二年（一九二七）末頃までには、茶会を催すことを主な目的とした茶苑としての性格をもつ別邸が完成したと考えられる。初期の茶会の記事で確認できる施設は「銀閣寺街道に面した瀟洒な表門」「四畳半台目の寄付」「腰掛」「三畳台目向切の本席」「八畳入側付の広間」「立礼席」である。また、昭和三年十二月三日に「吉田山山頂に造営されし明治記念閣」で記念の献茶式が催されており、この時「田舎家の席」が新しく築かれている。その後、茶会記では昭和六年までに「土足庵」「松雲亭」「大食堂」と呼ばれる施設の存在も確認できる。昭和時代初期に大工・前田巧が描いたとされる吉田山荘付近の図によると、現在の今出川通りに面して①茂庵、中腹に②舞台席や③友待（ママ）、④便所、山頂付近に⑤本席、⑥倉庫、⑦食堂、⑧便所が示され、それらの周辺に⑨友待、⑩二号席、⑪立礼席、⑫便所、⑬土間席、⑭田舎席などがある。また山頂北寄りには⑮明治閣の存在も確認できる。大正十五年に山荘で最初に開かれた茶会で使われた「寄り附」と「山上の茶室」とは①茂庵と⑤本席であろう。なお、吉田山荘の建築を手掛けた大工として『茶道月報』の記事に、*岡田永斎の名が挙げられている。昭和十五年に谷川が没すると、吉田山荘も荒廃しはじめ、やがて閉鎖されるに至った。平成八年（一九九六）に京都市による公園化計画によって、かつて山荘であった部分の北寄り半分が買収され、⑤本席や⑮明治閣などの施設が取り壊され、公園として整備された。現在は旧点心席、待合、静閑亭、田舎席の施設が現存しており、前述の前田巧の図に従えば、旧点心席は⑦食堂、待合は⑨友待、静閑亭は⑪立礼席、田舎席は⑭田舎席に相当する。現在は施設全体を茂庵と称して、喫茶店のほか、臨時の茶会の施設に利用されている。旧点心席（⑦食堂）は木造二階建、寄棟造銅板葺。屋根は全体にわたって反りを有し、棟の両端に鴟尾状の鬼瓦をのせる。一階部分の東面は側柱より板壁を後退させ、露出した側柱を二段の貫が連結する。奥行きの浅いピロティー状の構造をなし、あたかも山腹の斜面に建てられた懸造のような外観を呈する。一階の室内が比較的閉鎖的なのに対して、二階は全体にわたって中敷居窓があけられ、東山や京都市内を眺望する、きわめて開放的な室内である。待合（⑨友待）は木造平家建、寄棟造銅板葺。窓の高さに変化を付けて室内からの東山方向の眺望に考慮するなど、明るく開放的な待合である。床はモルタルに四半敷状の目地を入れる。天井は全体に化粧屋根裏とし、曲がりのある自然木の柱と梁が支える。静閑亭（⑪立礼席）は木造平家建、入母屋造銅板葺。北と西面に庇を付し、南側は主屋の屋

吉田山荘　立礼席内部　『数寄屋聚成』11

よ

根を葺き下ろしている。山腹の斜面に面した東側は花崗岩を乱積みした基礎の上に根石を置き、束を立てて床を支える懸造の構造である。現在は主室に八畳の畳を敷き、西面に間口の大きな床を設け、その背後に便所、南には水屋を設ける。水屋の床下には階段室があり、地下室に通じる。玄関には切石の沓脱石を配し、低い床を張る。床の痕跡や、床面より三五センチほどの高さに設えられた床の位置から、当所は畳がなく、本来は立礼席であったことがうかがえる。柱内法寸法は京間の畳の寸法（六尺三寸）にのっとっており、茶室としての規矩を踏襲している。天井は入母屋屋根の形をそのまま内部にあらわした舟底形で、東西の面に小さな三角形の小壁を見せる。四方の側通りから半間ほど内側に桁、梁を渡して交点を井桁状に組み、大きく湾曲した自然木が天井を支えるという、極めて自由で野趣に富む構成である。水屋の天井は低い化粧屋根裏とする。なお、静閑亭に関しては『*数寄屋聚成』十一「近代数寄屋名席聚」（一九三五年）に「京都吉田山　貴喜亭」として紹介されている。それは谷川茂庵の好みになる立礼席で、昭和二年の建築とされている。掲載されている写真には現状と同じ建築構造に立礼式のしつらいがなされている。また所載の平面図から、全体の建築構造に大きな変更はなく、旧状をよく伝えていることがわかる。田舎席（⑭田舎席）は木造平家建、切妻造銅板葺。四畳半と六畳の茶室、及び三畳の水屋、ほか台所と便所からなり、六畳の東には濡縁を介して板張りの広いテラスが付属する。これら吉田山荘の施設は、茂庵（旧谷川茂次郎茶苑）として、それぞれ登録有形文化財である。

葭棚【よしだな】

❶*棚物の一種。*広間切や*四畳半切の*台目構えではない席であっても、この棚を用いることで、台目構えの点前座を表すことができる。ためにこの棚を「台目棚」ともいう。利休好み。二枚折りの屏風のような形をしていて、杉木地で、客付側に*中柱に見立て一寸五分の赤松小丸太が用いられている。葭簀が矩折に張られ、三分半の*煤竹で押える。勝手付側に一尺八分、八寸四分の一重の隅棚が付く。炉、風炉、また*出炉、*入炉ともに用い、扱うことができる。❷『*山上宗二記』（不審菴本）の紹鷗四畳半の図（武野紹鷗の茶室の項の図を参照）の点前座勝手付に描かれる棚。初期の頃の*洞庫の形式とも考えられている。

葭戸【よしど】

葭障子と同じ。⇒葭障子【よししょうじ】

吉野石【よしのいし】

❶石材の一種。奈良県の吉野川（紀の川）から産出した石。石質は堆積岩で火山砕屑岩質輝緑凝灰岩。中には砂岩質のものやチャート質のものもあり石英が紐状に入るものもある。京都の*貴船石が採取禁止になった後に代用石材として採取され始めた。吉野石には、十津川流域から産出する*十津川石（高野石）や黒滝川水系から産出する黒滝石などがあり、吉野川流域のものは大和吉野石と称される。特に大和吉野石の紫系は貴船石に似ているが、発色は異なる。緑系、黒系もある。吉野石は流通量が多く、京都では長年好まれてきたが、近年採取が禁止された。❷石材の一種。高知県及び徳島県の吉野川流域から産出する石材。花崗岩の一種で、マンガンを含む紫雲石と呼ばれるもの、景石や敷石、玉石のほかに、加工品としても使用される。

吉野杉【よしのすぎ】

奈良県中東部の吉野川の上流に位置し（川上村など）、日本最古の人工林地帯に産する*杉。恵まれた自然条件で、一般の人工林に比べ、四、五倍の密植林であることが特徴。一五世紀初頭に奈良の三輪山、春日山の杉の苗木を植えたのが始まりといい、江戸時代中頃には屋久杉種を移入して改良を図ったとされる。固有の芳香を有し、通直木理で比較的*心材が多く、年輪幅が適度に細かく均一である。また色艶が良く、光沢があり無節、優良な大径木を産出している。大径材は*柾目板材などに*木取りされ、高級な天井材、造作材や建具材などとして扱われる。そのほか*吉野丸太として床柱や化粧柱、桁、長押などに用いられる。吉野杉は立地が良く、吉野川から和歌山港に運ばれて海路で大坂市場に送られ、畿内の酒造地などで酒樽材としても需要が多かった。数寄者・*北村謹次郎の生家は吉野で代々山林業を営む旧家であった。

吉野棚【よしのだな】

床脇に設けられる飾棚の一種。『雑工三編 大工棚雛形』(一八五〇年刊)ほか、江戸時代後期から明治時代にかけて公刊された棚雛形本に収録される。中央に通棚(通棚の項❶を参照)を配し、上部に段違いの釣棚、下部に小襖二枚建とした地袋を組み合わせたもの。

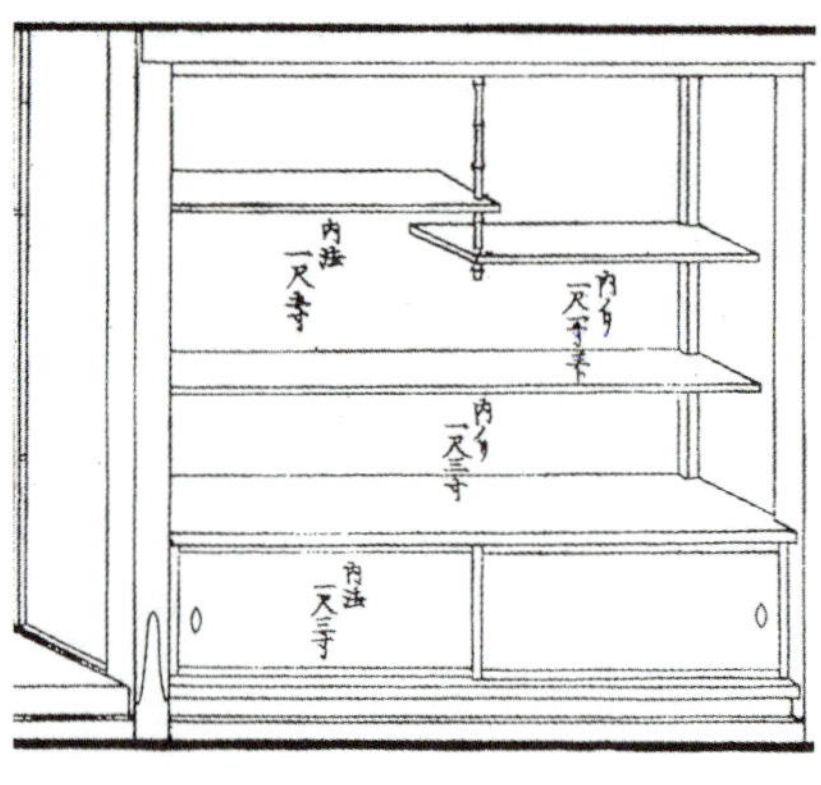

吉野棚 『雑工三編 大工棚雛形』

吉野窓【よしのまど】

高台寺境内にある茶室遺芳庵に設けられた大円窓。一つの壁面を占める円窓の特異な意匠によって知られる。円窓の両脇には少し小壁を見るだけなので、障子は引分けに一尺ほどしか開かない。下地窓の形式であるが、下地の葭の間隔はまばらで開放的である。瀟洒で女性的な雰囲気をつくり出しており、茶室も吉野窓の席としてのほうが通りがよい。

吉野窓の席【よしのまどのせき】

京都市東山区の高台寺にある茶室。遺芳庵のこと。

⇒遺芳庵【いほうあん】

吉野丸太【よしのまるた】

一般に奈良県中東部、吉野川上流域の川上村、北山村を中心に、磯城郡、宇陀郡の一部からも産出する吉野杉の磨丸太をいう。柱材、桁や長押の化粧材として用いられる。また垂木として使用される海布丸太は、本来は海潮流に流されぬように丸太を海中の砂地に立て網を張り、海苔の養殖などに用いていたものを始まりとし、この名称がつけられたという。

葭屏風【よしびょうぶ】

屏風の一種。利休好みで、杉木地の枠に葭が張られ、煤竹で押さえる。花寄之式などで用いられ、複数の花入がこれに掛けられる。

葭屏風

四畳【よじょう】

茶室の広さを表し、丸畳四枚分の広さからなる茶室。四枚の丸畳を整然と連ねて一間×二間の座敷とした長四畳、深三畳の横脇(一間半の側)に一畳を付加した四畳、四畳半の半畳分を板間

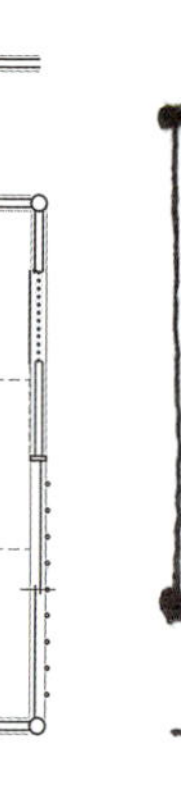

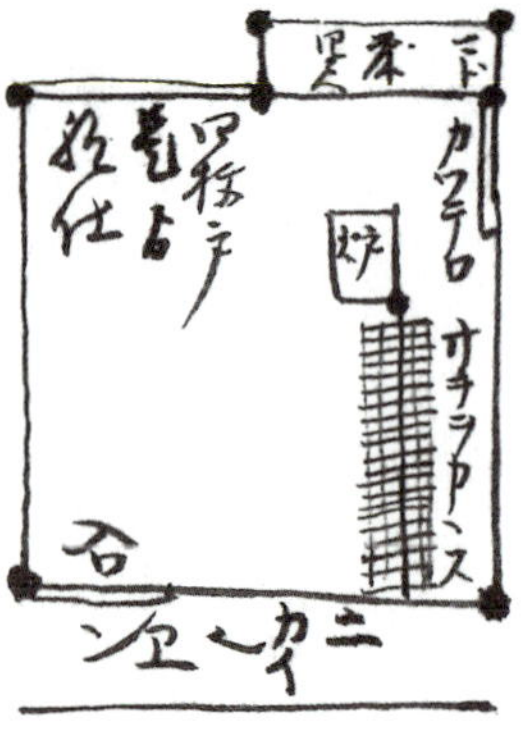

金森宗和長四畳の図 『茶湯秘抄』(石水博物館本)

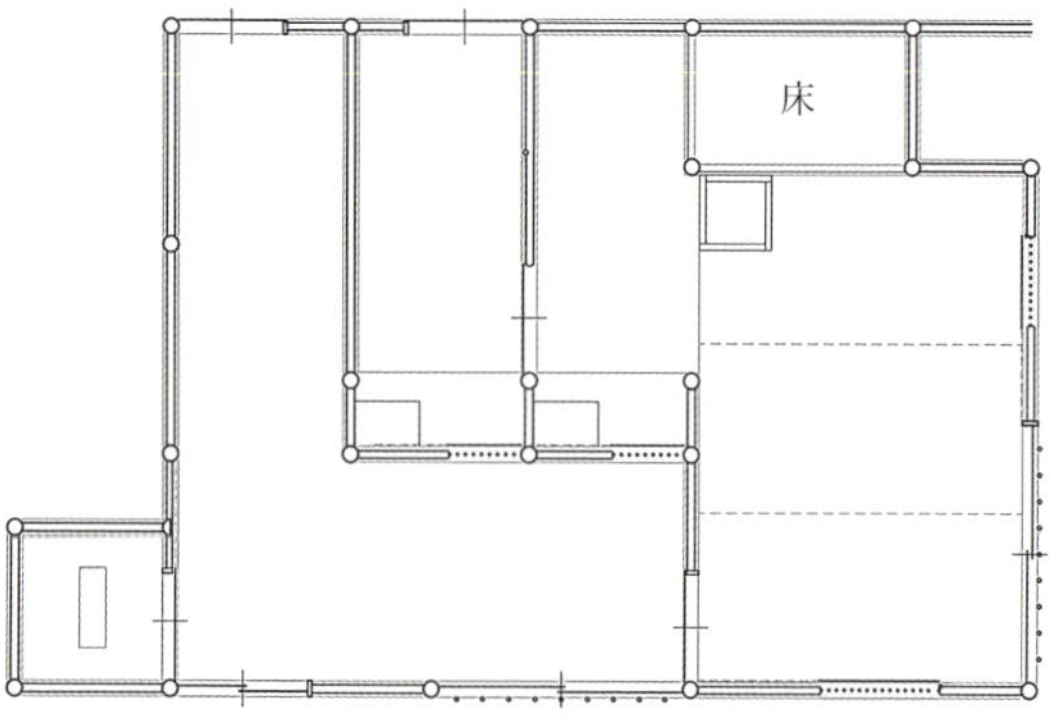

四畳 「本丸囲金森法印老御作之図」から作図

に置き換えた四畳などの形式がある。一つ目の長四畳は、広間の一部を囲って造った囲いの性格が強い茶室で、細川三斎や金森宗和の長四畳が好例である。このタイプは点前座が丸畳なので、炉を上げ台目切に切り、中柱を立てることが多いが、点前座が台目畳で、これに向板を加えた構成(畳数の上では三畳台目)であっても、長四畳と呼ばれることが少なくない。二つ目の深三畳の脇に一畳を加える形式では、金森長近の茶室と伝える四畳、千道安の作とされる「道安座敷」(道安囲)などがある。あるいは少し異色ではあるが、脇一畳を前へいっぱいまで上げて点前座とし、炉を上げ台目切に切り、中柱、袖壁を付し、床をその点前座の勝手付に構えて亭主床にした、片桐石州の京都綾小路屋敷四畳の例もある。三つ目の、四畳半の半畳分を板間にした例としては、二種類ある道安座敷のうちの一つ、表千家祖堂や、大徳寺塔頭聚光院の枡床席などが挙げられる。前者は、点前座背後の半畳分を板間にして踏込としたもの、後者は、座敷隅の半畳分を踏込床にしたものである。

四畳台目【よじょうだいめ】

茶室の広さを表し、客畳として丸畳四枚、点前座として台目畳一枚からなる茶室。これに床や板畳、板間などを組み合わせることで様々な平面構成が考えられるが、基本的な考え方としては、客畳として四畳をどう並べるか、そしてこれらと、台目畳の点前座、床とをどう組み合わせるかによって、その席の性格が決まることになる。比較的よく知られた類例をいくつか見てみると、まず一つ目は、四畳を単純に並べて長四畳にした場合、この一間×二間の矩形の長辺側に点前畳を付けた形のものが挙げられる。千少庵の作と伝える西芳寺湘南亭、織田有楽の四畳台目、小堀遠州伏見奉行屋敷の四畳台目などがこれにあたる。それぞれ床の組み合わせ方が異なっており、湘南亭では点前座の勝手付に床を設けた亭主床の形で、有楽の四畳台目では床と点前座を左右に並べた配置。遠州伏見奉行屋敷のものでは点前座を壁面のほぼ中ほどに、そして床を短辺側壁面に配置し、両者のあいだに茶道口と給仕口を組込んだ構成になっている。遠州はこの平面形式を気に入っていたらしく滝本坊の閑雲軒など、しばしば他所でも試みていた。二つ目は、一間×二間の長辺側ではなく短辺側に点前座を付けたもので、長四畳台目という細長い平面構成になる。広間の縁などを一部囲った茶室によく見られ、金森宗和が京に来てから二度目の屋敷に造った茶室もこれにあたる。以上二つの類型以外では、奈良国立博物館八窓庵(八窓庵の項❶を参照)の平面形式に類するものがある。床から点前座に向けて、座敷全体がL字形の平面構成をもっている。平三畳台目下座床の席の床前に、さらに貴人畳を一畳加えたような形で、曲り角の壁が座敷に張り出し、ここに給仕口と茶道口があく。貴人座から点前がよく見えるようにするため、給仕口のあく壁を少し後退させて、その壁と畳とのあいだに板畳を加えたものも見られる。L字形四畳台目のタイプは古田織部や遠州の好みとして知られ、この四畳台目の形式も遠州は好んで各所に造っていたほか、細川三斎も東大寺四聖坊に建てたらしい(八窓庵の項❸を参

中坊長兵衛の遠州四畳台目の図
『茶湯秘抄』(石水博物館本)

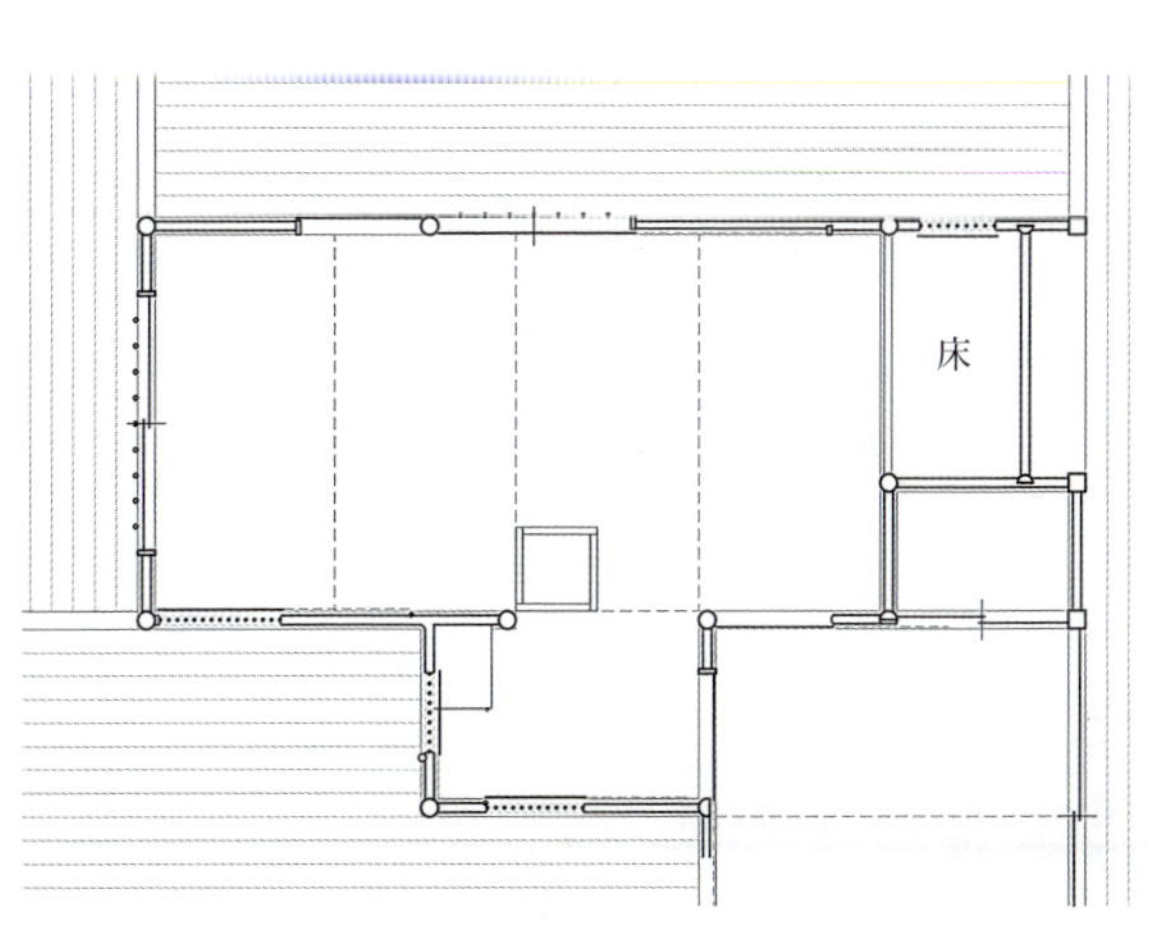

小堀遠州伏見奉行屋敷の四畳台目(閑雲軒)復元図

照)。以上、三つの平面形式のほか、異色な構成としては、三斎が天龍寺真乗院に造った四畳台目もある(天龍寺真乗院の茶室の項を参照)。

四畳半【よじょうはん】

茶室の広さを表し、*丸畳四枚と*半畳一枚からなる広さの茶室。*板畳を加えたりすれば様々な平面構成が考えられるが、単に四畳半といえば一間半四方の正方形平面をさすのが一般的で、茶室においてはとりわけ特別な意味をもつ座敷である。それは江戸時代より前の、*草庵式茶室が登場する頃までであれば、正式な茶室の定型として位置づけられていたし、草庵式茶室以後では、四畳半でも草庵化が達成され、座敷の造り方や使い方次第で、わび茶にも書院の茶にも属し得る境界線上の茶室となった。したがって江戸時代には、両方の性格をあわせもった四畳半に対しては鎖の間と呼ぶこともあった。また江戸時代後半になると、千家による*七事式の普及によって、四畳半より広い座敷もわび茶にかなう茶室として受け入れられるようになり、広間の茶室と*小間の茶室の境目という認識に変わっていった。こうした絶え間ない四畳半の伝統があることから、現在でも四畳半は茶室の基準であり続けている。四畳半茶室の始まりがいつ頃なのか確かなことはわからないが、茶室が登場する最初期からあったのではないかと考えられる。以前は、*東山殿の東求堂*同仁斎(一四八六年竣工)が四畳半茶室の始まりとされ、確かに「御いるりの間」とも呼ばれて炉が切られていたが、東求堂自体の元来の主旨は、阿弥陀仏信仰と*夢窓疎石への敬慕を主とした*足利義政個人の精神生活の場であるため、同仁斎はそのための居間、書斎であり、客を招いて茶をもてなす意味での茶室とは趣意が違うものと考えられる。ただ、他の説として、隣室での連歌の後、同仁斎で義政自ら茶を点てて、「同仁」の意のごとく平等に客と茶を飲んだというのもある。他方、大永三年(一五二三)の記載がある東山殿の同朋衆・*相阿弥の『茶伝書』は、年代などに疑問のこる書だが、四畳半に一間弱幅の床を付した図を下敷きにし(ほぼ同じ内容をもつ『烏鼠集四巻書』では一間床)、道具の置き合わせ方を種々示した図集で、もし当時の茶室の広さが流動的なものであれば、こうした発想の書は作られなかったであろうし、そうであれば標準型の一つとして、四畳半と床、点前座という組み合わせがすでにできていたと考えられる。『*南方録』が*真の座敷とする*珠光の四畳半も、およそ義政の生きた年代と重なる時期のものだが、いつどこに建てられたものなのかはわからない。*宝形造*柿葺で一間床を備え、壁は白の鳥の子紙の*張付壁、天井は杉板の鏡天井であった(南方録)とか、座敷は北向き(北面に縁が付いている)で*炉は右勝手(今の逆勝手。左勝手の項を参照)、*坪の内に大きな柳が一本あるなど(山上宗二記)、部分的に伝えられる。そのほか若干の図も知られ、四畳半逆勝手に一間床と縁を付けた構成は一致していたが、伝えによっては珠光が*六畳を使っていたとするものもあるし、同じ頃の茶人・*引拙は六畳、珠光の跡を継いだ*宗珠は大永六年頃、「下京茶湯」と称して六畳と四畳半を使っていた。あるいは天文四年(一五三五)の周防国山口では、我さきに「クサノ殿」(草の殿)を造って、四畳半や三畳に次の間を造らない人はいなかったという記録もある。当時の受けとめ方は、貴人を招くなら六畳、*名物をもたぬわび数寄なら三畳、一般は総じて四畳半というものであったが、*武野紹鷗の四畳半(武野紹鷗の茶室の項を参照)ができると、四畳半は一気に注目される存在となり、ここから四畳半の特別な地位が固まったように考えられる。注目された理由の第一は、茶室へのアプローチの最初から最後の茶室内部に至るまで、全体を通して茶の湯専用空間としての組立が徹底して行われたこと、第二は、黒縁を廻した真の張付壁による格調が備わったこと、第三は、器物鑑賞にかなう光環境と求心性があきらかな形で調えられたこと、などである。唐物もちの茶人は悉くこれを写したというから、よほどの衝撃があったのであろう。そしてこれの建築構成にあうように諸作法も随時決まっていったと推定される。しかしそのことが逆に、四畳半のわび化を妨げる要因にもなったと考えられ、紹鷗から*千利休へ相伝された四畳半では(茶湯秘抄)、壁が土壁と腰張りになったものの、基本的には紹鷗四畳半の構成を踏襲したものであった。その後、四畳半の姿が大きく変わるのは、天正十五年(一五八七)十月に利休が造った*北野大茶之湯の四畳半と、これに相前後してできた利休聚楽屋敷の四畳半(千利休の茶室

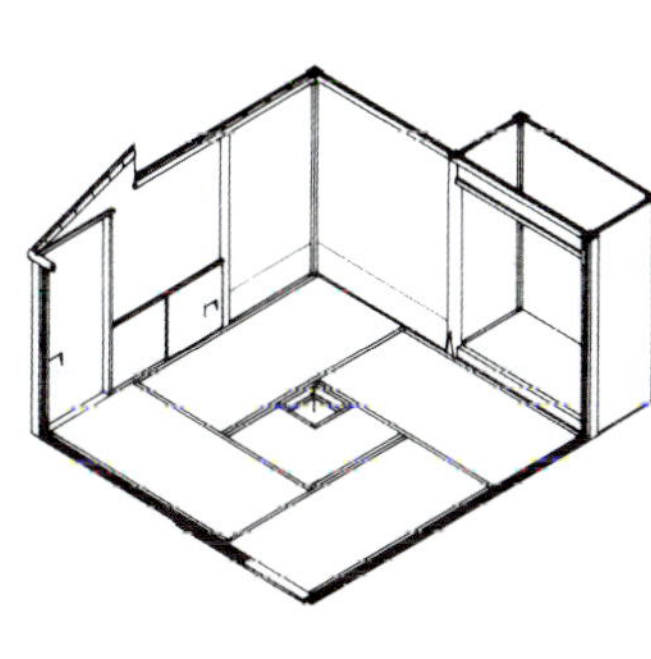
千利休聚楽屋敷の四畳半復元図

の項を参照）である。利休がわび茶のための茶室として見せた草庵の小座敷の手法を四畳半にも適用し、提示して見せたのである。縁など取り払い、すべて土壁で囲って躙口や下地窓をあけ、床の間口は四尺三寸とし、天井には掛込天井、点前座には洞庫を導入するなど、待庵に見る構成そのものである。これによって、縁から席入りする従来の四畳半の作法とは全く異なった、小座敷に準じる所作が四畳半でも行われるようになった。これら二つの四畳半のあいだには、茶道口の形式や窓の配置など、構成に若干の違いがあり、千宗旦が承応二年（一六五三）に建てた四畳半は、両方の手法を取捨選択してできた宗旦流の四畳半で、現在の裏千家又隠として見ることができる。その後の四畳半で「鎖の間」とも呼ばれていたのは大徳寺塔頭玉林院にある霞床席である。寛保二年（一七四二）に竣工したもので、表千家七代如心斎天然が指導したものと考えられる。格天井や違棚、張付壁といった書院的な構成を用いながらも、草庵式茶室のような竹の使用や簡略化の手法で、書院と草庵の融合が巧妙に図られており、古田織部の頃の鎖の間とは異なる新たな昇華が見られる。

四畳半切【よじょうはんぎり】

茶室における炉の切り方の一つ。丸畳の点前座に炉を出炉に切る場合、点前畳の長手を二分する中心線の、亭主から見て手前側（下手側）に接する位置に炉を切ること。ただし広間の茶室では、四畳半切と区別した広間切という炉の切り方もある。どちらも点前畳に対する位置関係は同じであるが、四畳半切は、点前畳が茶道口から踏込畳に入って半畳分先の位置になるよう炉を切るのに対し、広間切では、一畳分以上先になるように切ることをいう。（付録18頁参照）

四畳半台目【よじょうはんだいめ】

四畳半に点前座として台目畳一枚を加えた茶室。古田織部の、おそらく京堀川屋敷かと考えられる屋敷に四畳半台目の茶室があったことが知られ、四畳半台目が織部にちなむ茶室平面であることは他の資料にも散見される。四畳半台目は、四畳半という、茶室としての伝統的な格を保持したまま、これに茶立所のような扱いにも見える台目構えの点前座を付け加えて、草庵小座敷でのわび茶と同様の茶を行えるというものである。この平面構成は小堀遠州も使っており、大徳寺塔頭龍光院に密庵席として現存している。また遠州を敬愛していた松平不昧が、寛政五年（一七九三）に焼失した大徳寺塔頭孤篷庵の再興に際し、不昧が忘筌席をもとにしつつ、不昧自身の考えも入れて計画したと思われる山雲床も四畳半台目構成である。

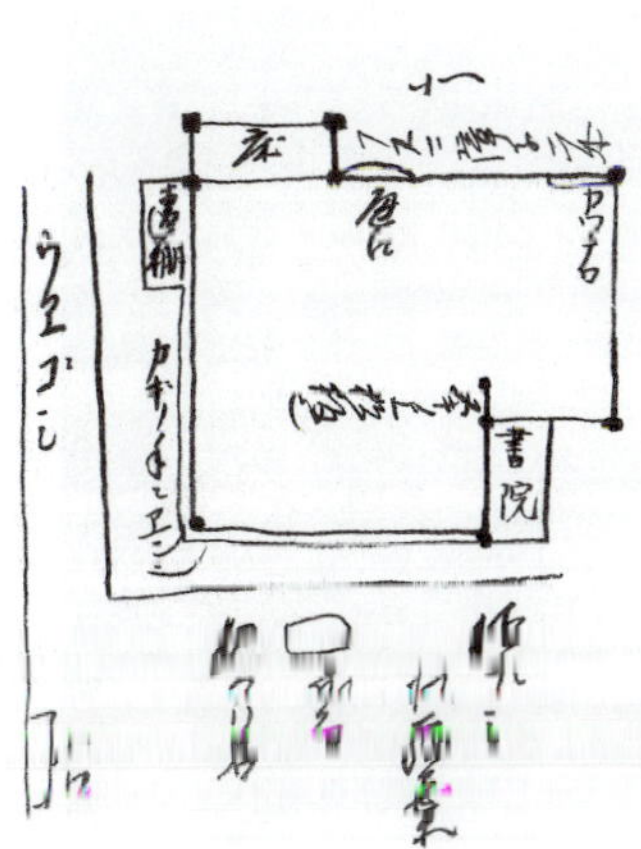

「龍光院江月和尚」（密庵席）の図
『茶湯秘抄』（石水博物館本）

寄石敷【よせいしじき】

敷石のうち、自然石や加工石、瓦などを組み合わせて敷いたもの。

寄植え【よせうえ】

植栽方法のひとつ。一カ所に同数の木や草などを植えること。同一種である場合と、多種である場合がある。

寄木【よせぎ】

色や木目などが異なる種々の木片を集めて、市松などの模様図案に組み合せたもの。建築においては床、または壁の腰などに張ることがある。

寄猿【よせざる】

雨戸に取り付ける猿のうち、上猿の木栓を上げた時に落ちないようにする横木のこと。また横猿の、双方の雨戸が外れないようにする横木のことをいうこともある。

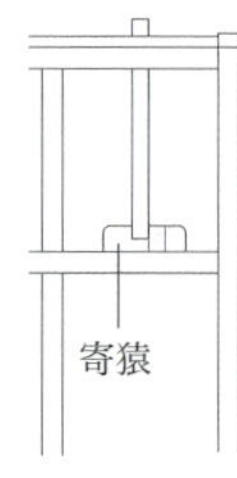

寄燈籠【よせどうろう】 石燈籠や*宝篋印塔、*五輪塔などの石造品の部分をそのまま、あるいは加工し、集めて一つとした石燈籠のこと。様々な形状のものがあり、定型化された様式といえるものはない。大徳寺塔頭*孤篷庵や仁和寺の*遼廓亭にあるものなどが知られる。

寄縁【よせぶち】 畳寄と同じ。⇩畳寄【たたみよせ】

寄棟造【よせむねづくり】 屋根の一形式。四つの*流れを組み合せ、*大棟の両端から四隅に*降棟を下ろした屋根。「四注造」ともいう。古くは*宝形造も含めて「東屋(四阿)」ともいわれた。(付録15頁参照)

世継寂窓【よつぎじゃくそう】 ?～天保十四年(?～一八四三)。江戸時代後期の商人、画家、茶人。名は直員。字は伯周。号は希僊、寂窓。京都三条高倉で糸商を営んだ。画を月僊に学び、和歌、連歌に通じた。上田秋成、与謝蕪村、円山応挙、呉春らと交わり、相国寺の大典顕常の寿像を描いている。また文化年間(一八〇四～一八)に岡崎(京都市)に広大な別荘*居然亭を設けて茶の湯、煎茶にも精進した。

四つ組【よつぐみ】 四連打と同じ。⇩四連打【よれんうち】

四ツ腰掛【よつこしかけ】 京都市西京区の*桂離宮にある*腰掛。*松琴亭の東、外山の頂にある。方形造茅葺、*東屋形式の*堂腰掛で、四隅に板敷きの腰掛を方向を違えて設ける。その様子が卍に似ることによって「卍字亭」ともいわれる。手摺には*羽目板と吹寄竪格子が使われる。またこのように造った形式の腰掛をいうこともある。

四ツ腰掛

四辻敷【よつつじじき】 畳を敷く際、四枚の畳同士の境の線が十字に交差する敷き方をいう。四辻敷にした場合、交差する十字の線は、ずれが目立ちやすいので、通常、茶室においては、四辻敷にならないように敷く。ただし*四畳半で*風炉の場合には、半畳を*茶道口の前に敷いて*踏込畳とし、この畳と*点前畳、*客畳二枚との四枚で、四辻敷になることもある。

四つ連れ【よつづれ】 四連打と同じ。⇩四連打【よれんうち】

四留【よつどめ】 上面に鎬を付けた材を、十文字に交差して組み合わす*仕口。この時、四個の留が発生するところからいう。勾欄、手摺の*笠木を組み合わせる場合などに用いられる。

四つ目垣【よつめがき】

四つ目垣

垣のうち、*掘立柱を立て、そのあいだに丸竹を縦横に組んだもので、*透かし垣のひとつ。その透間が方形であることからいう。約一間間隔の親柱と間柱のあいだに、約一〇～三〇センチ間隔で丸竹の*立子を配置する。立子の上端を揃えるのを基本とし、高低を付けて二段にするもの、立子を細竹二本、三本と吹寄とするものなどがある。

四谷丸太【よつやまるた】

明暦三年（一六五七）の明暦の大火以降、四谷（東京都新宿区）の全勝寺周辺の杉林で産出していた丸太。その後、高井戸（杉並区）周辺において杉の植林が始められたが、大正十二年（一九二三）の関東大震災以降は衰退した。これら四谷丸太は、かつて甲州街道、青梅街道および五日市街道沿いに生産地が散在し、四谷に集積されて市場に出された。優良材は床柱などで使う*磨丸太として高値で取引され、また河舟の舟竿や足場丸太としても幅広く使われた。

淀【よど】

*軒先で*広小舞にのる平らな材のこと。「淀貫」「淀木」ともいう。*切妻造や*入母屋造の屋根で*螻羽側垂木に平行に取り付けるものを登淀という。（付録24頁参照）

夜泊石【よどまりいし】

⇒夜泊石【やはくせき】

澱看席【よどみのせき】

京都市左京区の*金戒光明寺の塔頭*西翁院にある茶室。*藤村庸軒の作と伝えられ、本堂の西北に接続して建つ。造立時期は明らかではないが、寺伝では貞享二～三年（一六八五～八六）頃とされる。明和五年（一七六八）、庸軒七十回忌に小野庸山が書いた「庸軒翁追悼記」には、この茶室が山号より「紫雲庵」と称されたとある。また『都林泉名勝図会』（一七九九年）には「反古庵」と書かれており、現在の「澱看席」が席名になるのは明治時代をさかのぼらないとみられる。外観は片流れ*柿葺の屋根で、西に向かって建つ。茶室の正面一間半のうち、左から一間のところに柱を立て、その柱に丸太桁をさして、一間を梁間（梁間の項❷を参照）とする*切妻造杉皮葺の差掛け屋根を設けている。*蹲踞もこの屋根の下に構えている。またこの茶室は本堂と同じ床高にするために、*亀腹状に盛土して、その上に*差石を並べて建てられている。*躙口前には高さのある*踏石を盛土の斜面に据え、続く*落石、*乗石にも高さのある石を配して、床

澱看席　点前座側

澱看席　床側

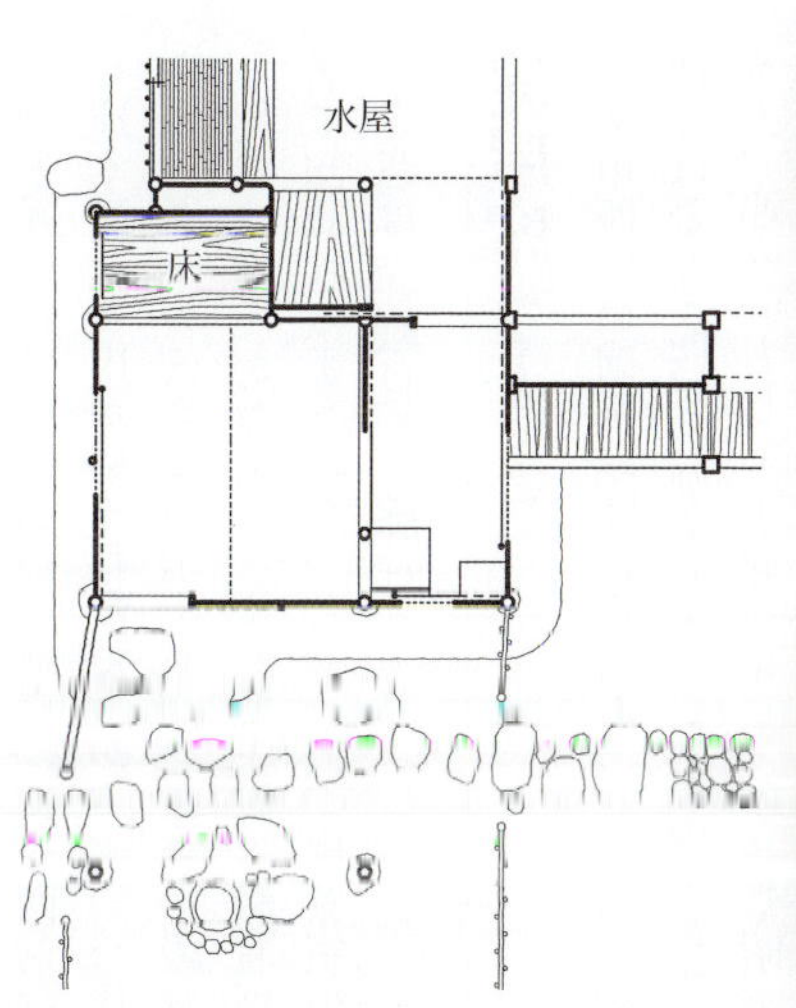

澱看席

と露地とのあいだの高低差を調節している。右手に*二段石を据えているが、*刀掛は備えていない。茶室の正面は、やや大きくあけた躙口、柱から柱へ直線に渡された*挟み鴨居、躙口上の*連子窓と、右方の*下地窓（*風炉先窓にあたる）で構成され、差掛け屋根の棟の下には、建仁寺管長・竹田黙雷筆の「澱看」の板額を掲げる。内部は*平三畳。大きな特色は*道安囲（*宗貞囲とも）と呼ばれる*火燈口をあけた仕切壁によって点前座と客座を隔てる構成にある。水平に通す*無目を絶妙な高さに設け、仕切壁を軽快に組み込んでいる。火燈口をあけた仕切壁には*敷居から五尺一寸の高さに*付鴨居が取り付けられる。点前座は炉を*向切に切り、*勝手付に*下地窓をあけ、かつてはここから淀川が望まれたことから「澱看窓」と呼ばれた。また風炉先にあけられた下地窓は、嵯峨方面が望まれたところから「嵯峨見窓」と呼ばれる。勝手付*入隅には一重棚を釣っている。床は東側、躙口の対面に構える。入隅は*塗廻して柱を見せず、天井まで土を塗り上げた*室床の手法である。床は板を三枚張った*板床の形式で、*墨蹟窓があけられている。*床柱、*床框、*落掛はいずれも杉材で、床柱は*見付にやや高く*面を付けている。框は丸太二つ割の面付きで、所々に入節を見せており、形式的にも用材的にもわびた床構えを形成する。天井は*総掛込天井のため、床前では落掛上の小壁が高くなり、その余白に「粗茶淡飯飽即休」と刻まれる華蔓形の板額を掲げている。躙口の上には南側に四寸の壁をのこして低く横長の連子窓をあけている。*茶道口を出ると水屋の間があり、その北西角に*地板を敷き*出隅に竹柱を立てて、上に*袋棚を設け、下に通棚（通棚の項❶を参照）と隅棚を取り付けた棚を構える。庸軒は地板に*茶臼を置き、茶をよく挽いていたという。また北側には水屋棚を設けている。水屋の間は後世に手が入っているようだが、茶道口から竹柱までは上部の天井も含め、原形をのこしていると考えられる。本堂南側の前庭を横切って坂を下ると太い柱を用いた矩折状の*腰掛があり、軽微な*雪隠を備えている。腰掛から北東へ坂道を上ると、本堂西側に一直線に走る*延段の途中に出て、*平庭に達する。延段は全長にわたり、小ぶりの*栗石ばかりを並べた利休流の形式で、庸軒当時の手法をよく伝える。*外露地と本堂の庭を兼ねるこの平庭は縁から*刈込越しに遠く西山の山並みが望まれる。平庭の延段から*飛石に移ると、茶室の前面には、竹垣で仕切られた約四坪の*内露地となり、差掛け屋根の下に蹲踞が組まれる。庸軒好みと伝える*袈裟形手水鉢に、*湯桶石と*手燭石を配する。庸軒の卓越した構成力と、旧趣をよく保存した貴重な茶室である。西翁院茶室として重要文化財に指定されている。

澱看窓【よどみまど】

金戒光明寺の塔頭西翁院にある茶室*澱看席の点前座勝手付にあけられた窓（下地窓）のこと。澱看席は当初、金戒光明寺の山号にちなんで紫雲庵と呼ばれていたが、吉田山南麓のかつて栗原岡と呼ばれていた小高い地点に建つ西翁院から遠く*澱（淀）川が望まれたためか、明治時代もあまりさかのぼらない頃より、この窓を澱看窓と称することがおこり、また紫雲庵も澱看席の名で知られるようになった。一方、同茶室の風炉先窓は*嵯峨見窓と呼ばれる。

淀屋席【よどやせき】

大阪市西区の阿弥陀池付近にあった茶室。この地には豪商・淀屋の別業があったとの伝えから、茶人、連歌師として*小堀遠州や*松花堂昭乗とも交流のあった二代の个庵（三郎右衛門）が好んだ席といわれていた。外観は切妻造瓦葺で、

淀屋席　床と躙口側　『数寄屋聚成』6

妻側へ露地の中門と躙口を設け、平側に貴人口をあけていた。内部は平三畳に水屋、畳を長手へ連結した、細長いものであった。貴人口は縁側を設けて、いっぱいに四本引きに建具を建てていた。貴人口から席入りすると、床柱に赤松丸太を立てた奥行きの浅い塗廻しの台目床が、躙口側へ寄せて設けられていた。これは踏込床形式で、地板は三角形に近い台形として、大平が点前座側へ向けられていた。また、躙口の上へ、一間幅で竹の連子窓があけられていた。天井は、棟木を中央に配した舟底天井であった。塗廻しの台目床、間隔の疎らな竹連子子の窓、梁をあらわした舟底天井など、簡素な趣の席であった。茶室から火燈口で連結する水屋も、露地側に竹の簀子流しと円窓を設けるだけで、棚のない簡素なものであった。

夜咄の席【よばなしのせき】

京都市東山区の円山公園にある茶室。皆如庵のこと。

⇒皆如庵【かいにょあん】

夜咄の茶事【よばなしのちゃじ】

茶事七式の一つ。冬季に日没から催す茶事。初座では、まず水屋道具にて前茶を出すのが特徴の一つである。続いて初炭、懐石、菓子、中立となる。後座では濃茶、後炭、薄茶、または濃茶、続き薄茶となる。流儀により最後に立ち炭(止め炭とも)として炭手前をする。露地行燈や席中の短檠、手燭など、燈火の風情を楽しむことができる。

呼び塗【よびぬり】

裏返し塗と同じ。

⇒裏返し塗【うらがえしぬり】

餘芳軒【よほうけん】

愛知県名古屋市東区の徳川美術館にある茶室。もと同市千種区堀割町にあったが、昭和四十八年(一九七三)に現在地に移築。移築時、美術館に近衛忠煕(一八〇八～九八)の筆になる「餘芳」の扁額があることから命名された。建物は切妻造桟瓦葺で、下屋庇が付き、妻側に玄関がある。座敷(客間)は十畳。床は下座に構えた七尺の畳床で、床脇には地袋を設ける。南側に一間幅の角材の簀子縁が付く。床の反対側の四畳の控えの間とは四本引きの障子戸で接する。勝手側も五畳の次の間があり、玄関とつながる。次の間から廊下を経て矩折に茶室心空庵につながる。茶室の近くに建つ東屋は、宝形造の屋根を架け、天井は皮付小丸太を放射状に配した化粧屋根裏となっている。内部は東側面に腰掛を置く。腰掛待合として用いられた。茶室、東屋ともに登録有形文化財。

四方卓【よほうじょく】

棚物の一種。裏千家十二代又妙斎直叟の好み。赤杉材、四本柱の一重棚で、三方に竹の横桟を入れ、向こう正面の横桟から地板に腰板が入る。地板の下の四隅には足が付いている。向こう正面横桟の勝手側に、柄杓の合を伏せて荘ることができる。

四方棚【よほうだな】

棚物の一種。千利休と表千家四代江岑宗左の好みがある。桐木地二本柱の一重棚。地板よりも天板の方が大きく、地板の一尺二寸×一尺二寸一分に対し、天板は一尺五寸×一尺四寸である。利休好みは天板と地板が角隅、江岑好みは丸隅である。

四方仏手水鉢【よほうぶつちょうずばち】

手水鉢の一種。「しほうぶつちょうずばち」とも読む。層塔や宝篋印塔の塔身を利用して作られ、側面四方に仏像を彫ったもの。仏像の代りに梵字を彫ったものもある。裏千家又隠や武者小路千家官休庵、仁和寺遼廓亭、三溪園の梟の手水鉢もこのひとつ。

四方仏手水鉢　又隠　裏千家

余楽庵【よらくあん】

岡山県倉敷市の山崎定太郎邸にあった茶室。岡山では速水流の茶が明治初年以来隆盛をきわめており、山崎邸内の露地や茶室も速水宗汲の設計指導によった。四畳の席で、命名は表千家九代了々斎曠叔という。二畳台目向板入の寄付が付属していた。戦災で焼失。邸内には*木津家三代宗泉の設計による*草々庵もあったという。

与力窓【よりきまど】

太い*連子を横に並べた外壁の窓のこと。連子の断面は菱形をした菱連子、上枠が左右に、左右の枠が下にのびた*角柄窓の形式であることが多い。連子を縦に並べたものを*武者窓（武家窓、奉行窓）という。与力窓は武者窓より格が低いとされることもあるが、与力窓を含めて武者窓ということもある。大名屋敷の長屋や庄屋層の長屋門、土蔵、納屋などに見られる。平安時代末期に描かれた「年中行事絵巻」の闘鶏の場面などに見られる*寝殿造の中門廊や室町時代後期に描かれた「上杉本洛中洛外図」の細川管領第など、*書院造の中門に見られる連子窓も連子を横に並べており、社会的地位を示すものであったのかもしれない。

寄付【よりつき】

茶会に招かれた客が*連客と待ち合わせ、*席入りの準備のため身支度を調えるための施設。「*待合」あるいは「寄付待合」ともいう。また部屋としては区別される場合もあるが、*袴付と一体化したものもある。これを「袴付」と呼ぶこともある。現在、寄付として住居の一部をあてる場合もあるが、*外露地に独立した建物を設ける場合や、*外腰掛がこれを兼ねる場合もある。『*茶湯秘抄』の記述などから、露地にはこのような施設がかなり早い時期に造られていたことが推測される。

四連打【よれんうち】

*飛石の打ち方の一種。「四つ連れ」「四つ組」ともいう。*二連打を二種つなげるもの。または*三連打に一石を加えて配石するもの。（付録8頁参照）

鎧板【よろいいた】

羽板と同じ。⇩羽板【はいた】

鎧形袖垣【よろいがたそでがき】

『*石組園生八重垣伝』にのる*袖垣の一種。中段に藤蔓で作った大小の輪を組み合わせた開口部を設け、その上下に*立子を取り付けた後、*玉縁を巻くという。掲載の図では、鎧の胴状に、玉縁を左右対称に回す。

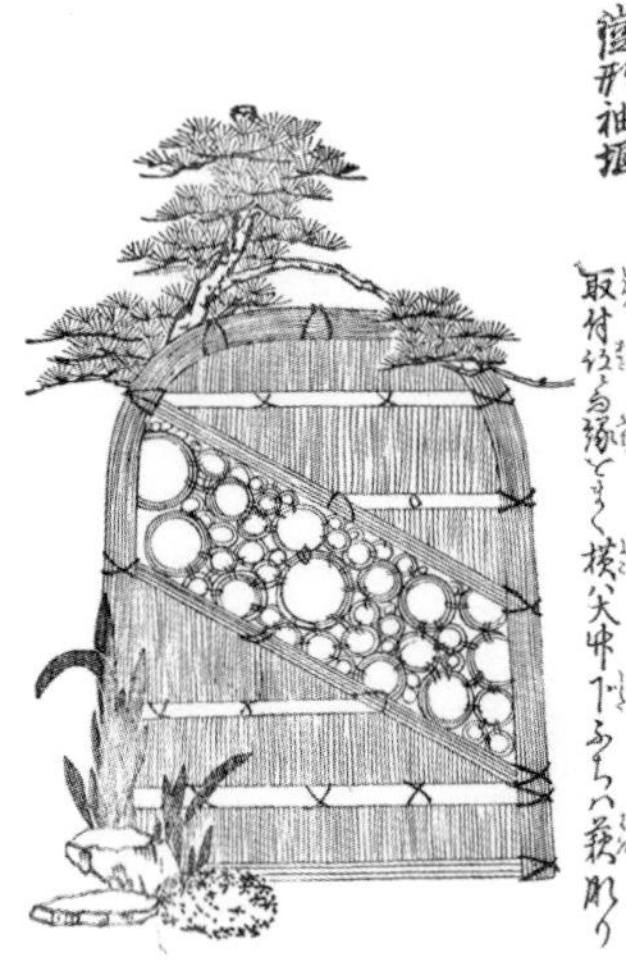

鎧形袖垣　『石組園生八重垣伝』

四尺床【よんしゃくどこ】

間口が四尺の寸法の床。*千少庵が天正十三年（一五八五）、京都の二条釜座屋敷に造った二畳半（二畳台目）の座敷に設けられたことが知られる。この座敷ははじめ床無しであったが、間もなくして少庵は四尺床を加えた。そして*千利休を席披きに招いてこの座敷を見せると、上機嫌で、利休は大徳寺門前屋敷に帰ると、すぐに*四畳半の茶室（不審庵。千利休の屋敷の項を参照）の五尺床を四尺三寸に縮めたという（千少庵の屋敷と茶室、台目床の項を参照）。また、妙喜庵*待庵の床は四尺床である。

ら

頼久寺庭園【らいきゅうじていえん】

岡山県高梁市の頼久寺の庭園。臨済宗永源寺派の同寺書院南面に造園された*枯山水。慶長九年(一六〇四)、備中国松山城を預かった*小堀遠州が、松山城の小根小屋書院の作事中に頼久寺に仮寓した際、作庭したと伝えられる。庭園は、白砂敷の中に*立石を主景として石を組んだ二つの島、山畔を波打つように覆う皐月の大刈込、その奥の愛宕山を借景にしている。名勝。

頼久寺庭園

頼家の茶室【らいけのちゃしつ】

京都市東山区の頼家邸宅にある茶室。頼家は江戸時代後期に活躍した歴史家、思想家の頼山陽(一七八四～一八三二)に連なる家。その邸宅には明治時代に建築されたと見られる二つの茶室が構えられている。主屋に増築された茶室は、六畳の座敷と四畳半の席からなる。四畳半は室内側に円窓をあけ、天井竿縁に六角なぐりの材を用い、中央に六角の座卓を置くなど、自由な発想の意匠をもつ。また別棟に構える茶室は、上棟御幣より明治二十五年(一八九二)に上棟、棟梁は大谷庄七であることがわかる。一畳台目向板入と二畳台目、さらに四畳半の三室と水屋からなる。四畳半の二方に廻る土間庇は、踏柱が省略され、技巧的で開放的な構えとなる。ちなみに頼山陽の書斎兼茶室が*山紫水明処である。

頼家の茶室　一畳台目向板入席　内部

礼拝石【らいはいせき】

庭園内に据える、神仏を遥拝するための石。「れいはいせき」「おがみいし」とも読み、「拝石」「神拝石」ともいう。『築山庭造伝後編』に「是ハ庭中第一の石也、此石上ハ禁帝より万民に至るまで本朝の神祇八百万神及諸仏菩薩を遥拝するに此石上にて拝する故に拝石と云なり」とあり、庭の中央部に位置する中島の石が図示される。『*石組園生八重垣伝』にも、切石や自然石の礼拝石が図示される。天端の平らで、大ぶりの石がよく用いられ、この石の上に立ち礼拝する場合や、石上に供物をのせると伝わるものもある。庭園全体を見渡せる位置に据えられ、建物の正面、園池護岸の一部として据えられるものが多い。

雷文【らいもん】

文様の一種。雷光を方形の旋回状にした文様。中国で殷、周時代(紀元前約一一〇〇～前二五六)から続く代表的な文様。古代ギリシャにもほぼ同じ文様があり、マイアンドロス川の名に由来してメアンドロス模様と呼ばれている。わが国では陶磁器、織物、染織などに幅広い使用が見られ、建築では欄干や欄間などに用いられる。

雷文垣【らいもんがき】

*重森三玲が東福寺塔頭龍吟庵の西庭に造った

創作竹垣。西庭(龍門の庭)は重森が昭和三十九年(一九六四)、龍吟庵の寺号にちなみ、龍が昇天する姿を石組によって表現、作庭した庭で、その庭の竹垣のデザインとして、稲妻の文様を竹垣の表面に竹をそのまま張り込んで表している。

雷文垣　龍吟庵西庭

楽翁起し絵図【らくおうおこしえず】

茶室の*起し絵図集。東京国立博物館が所蔵する「数寄屋絵図」のこと。庭を含む全五十九点の起し絵図のほか、建物不明の一枚物の図などを含み、これらを収めていた木箱に「松平家蔵」の墨書がある。陸奥国白河藩第三代藩主松平定信(楽翁、一七五八〜一八二九)が収集したという確証はないが、楽翁は各地名所の樹木や植物を集めて自身の構想による庭園をいくつも造営したり、武器、肖像、扁額、工芸品などの模写図を集めた『集古十種』を編んだりしていること、その庭園に茶室や茶屋を建てたり、自らの茶論書を著したりしていたこと、またその後、子孫は白河藩から伊勢国(三重県)の桑名藩に転封され、明治時代になって子爵となった松平家から、東京国立博物館が昭和二十二年(一九四七)に入手していることなどから、「数寄屋絵図」は、やはり楽翁が収集したものと推定される。集められた起し絵図には、武家(*古田織部、*細川三斎、*織田有楽、*小堀遠州、*佐久間実勝、*片桐石州)を中心に、千家(*千利休、*千宗旦ほか)、*金森宗和と公家、町衆など、独自の作風を創り出した代表的な茶匠の名席が網羅されている。最近の研究によれば、これらの図の中には、京都大工頭・中井家が作成した詳細図の系統のものと、それ以外の簡略な図の系統のものとがあり、前者の起し絵図の中には、幕閣などから依頼されて作成したものも含まれていることが明らかになっているから、楽翁が、起し絵図作成担当者の意見も参考にしながら取捨選択、収集したのであろう。起し絵図には、織部好みの本圀寺方丈の茶室(本圀寺小座敷の項を参照)、遠州好みの高台寺小方丈や養源院の茶室など、この起し絵図からしか得られない情報を含むものも多く、現代の茶室研究資料としても貴重である。これらの起し絵図がどのような目的と基準で収集されたのかは不明であるが、名席のデータを一所に集め比較することで、名席がもつ普遍的価値を探ることも目的の一つではなかったかと考えられる。なおこの「数寄屋絵図」は、昭和三十八年から四十二年にかけて『茶室おこし絵図集』(全十二巻)として、解説付きで複製刊行されている。

樂家の茶室【らくけのちゃしつ】

京都市上京区の樂家にある茶室。嘉永七年(一八五四)の大火で焼失、元治元年(一八六四)に再建された主屋にある翫土軒、その北側に麁閑亭、そして昭和五十三年(一九七八)の樂美術館建設にともない併設され、まだ軒号が付けられておらず「特別鑑賞室」と呼ばれる茶室がある。明治時代の作事は二代*木村清兵衛によるものと伝えられている。翫土軒は*表千家八代啐啄斎件翁好みの七畳の座敷(表千家七畳の項を参照)で、床は袋床形式。一般に袋床には袖壁に下地窓が設けられるが、ここではそれを省いた形式である。また表千家七畳では床の脇に台目畳が敷かれ、厳密には六畳台目になるが、ここではその部分が板敷きとなり、実質六畳の茶室である。軒号は樂家九代了入が表千家九代了々斎曠叔より贈られたもの。麁閑亭は主屋の北隣に建てられた茶室で、切妻造桟瓦葺の屋根を架け、東側に柿葺の庇をのばし、露地側に壁が付けられ、庇内に蹲踞が据えられる。茶室は三畳の平面で、床は台目幅の板床を構え、床前に前板を斜めに入れ、床も同様に斜めに切られている。茶室の西には仏間が続く。小間ではあるが躙口ではなく障子が三枚建てられる。妻側に掲げられた扁額は、五代宗入が六代覚々斎原叟より贈られたものである。樂美術館の建設にともない造られた特別鑑賞室は、広間七畳と四畳半台目の茶室からなる。十四代覚入の設計で、棟梁は*平井滋造である。広間は翫土軒と同じく表千

樂家の茶室　麁閑亭　内部

家七畳写し。東側中央に床を構え、前板を入れる。床柱は絞丸太、相手柱は档丸太。台目畳四畳の入側が西に取り付き、貴人口となる。北側の三枚襖の西側が茶道口となる。四畳半台目の茶室は東側に台目構えの点前座と床を並べる。床は、檜のしゃれ木の床柱、入節の北山丸太の床框、入隅は塗廻されている。点前座は蒲の落天井で、百日紅の曲がり木の中柱が立てられる。茶道口と給仕口は北側にあけられ、水屋から畳廊下でつながる。躙口は西側、客座の上座にあけられ、上部を化粧屋根裏とする。水屋は五畳で、通常の水屋棚とガスレンジと流し台をもつ台所を併設する。翫土軒を含む主屋、麁閑亭は登録有形文化財。

楽山荘【らくざんそう】

鳥取市の奥田家住宅にある近代和風建築。大正八年（一九一九）頃、衆議院議員であった奥田柳蔵が、山陰線開通記念式に出席の総理大臣来鳥にあわせてその宿泊所として計画した離れ座敷。各地の銘木や地元の神代杉をふんだんに用い、施工の質の高さからも鳥取県を代表する近代和風建築である。木造総二階建、桟瓦葺で、一階四周に檜皮葺の下屋を下ろし、背面には階段室が突出する。一、二階とも二室の座敷を配し、階背面には廊下を通して茶室、水屋、浴室、便所を並べる。茶室は踏込床のある三畳隅炉で、炉は逆勝手。床まわりには松、竹、梅の銘木をあしらい、床の脇の壁に窓をあける。楽山荘の名は、奥田と親しい間柄であった画家・北村李軒によると伝わる。なお楽山荘の北に、主屋と同様に江戸時代末期の建築と考えられる台目三畳の水屋を備えた四畳半の茶室がある。柱は面皮としながらも、長押を廻し格調を持たせる。

楽山荘　三畳隅炉席　床側

楽只庵【らくしあん】

京都府宇治市の*松殿山荘にある茶室。もとは大坂今橋の天王寺屋五兵衛宅にあった茶室と伝えられるもので、明治時代になって高谷宗範が入手し、昭和三年（一九二八）に山荘内に移築した。棟梁は中川徳一。主屋とあり、二畳の*不忘庵、及び水屋とともに切妻造柿葺の屋根の

楽只庵　床と点前座側

下に納まる。不忘庵とは隣り合う位置に構えられる。内部は六畳台目で、炉は四畳半切、本勝手、上座に構えた袋床には、もとは五兵衛宅の蔵にあったという轆轤が床柱として使用されている。点前座の風炉先にあたる、袋床の袋部分に方形の下地窓、また庭園に近い床の脇壁には円窓があけられている。客の出入り口には東側に腰障子四枚を引違いに建てて貴人口をあける。天井は平天井と貴人口側が化粧屋根裏で、あいだに垂れ壁を下げている。

楽只軒【らくしけん】

京都市左京区の*修学院離宮にある茶屋。後水尾上皇（後水尾天皇の項を参照）が山荘（修学院離宮）を創建して間もなく、皇女光子内親王が現在の中離宮の地を賜り、寛文八年（一六六八）頃、建築された。延宝八年（一六八〇）に後水尾上皇が崩御すると、光子内親王が薙髪し、門跡寺院・林丘寺として独立した。そして禅宗の尼寺として受け継がれたが、明治十七年（一八八四）、上御茶屋（上離宮）と下御茶屋（下離宮）が宮内省所管の修学院離宮となるに際して、この場所も離宮の一部に加えられた。外観は平家建、寄棟造桟瓦葺で、南側、五尺幅の広縁の上部を柿葺とする。室内は六畳の主室と八畳の次の間、南、西側に縁座敷が廻り、かつては林丘寺の方丈として使用されていた。主室の北側にある一間床とその横の張付壁には、狩野探信により大和絵風の吉野の桜が描かれている。次の間境の鴨居の上には、後水尾上皇筆の「楽只軒」の額が掲げられる。次の間には、張付壁に紅葉の絵が描かれ、「龍田の間」といわれる。広縁の東寄りの階段を登ると客殿につながる。

楽寿館【らくじゅかん】

静岡県三島市にある旧小松宮彰仁親王別邸。明治二十四年（一八九一）に上棟。その後、明治四十四年に李王家の別邸となり、さらに昭和二年（一九二七）に資産家の緒明氏へ売却。昭和二十七年に建物と敷地が三島市の所有となって市立公園となり、現在は楽寿園と称している。彰仁親王（一八四六〜一九〇三）は、伏見宮邦家親王の第八王子で、王政復古（一八六七年）にあたり還俗、仁和寺宮嘉彰と号し、後に小松宮彰仁に改称した。軍務に従事し、西南の役や日清戦争に参加。明治二十三年に陸軍大将、同三十一年に元帥となった。楽寿館は、池に望んだ楽寿の間を中心とする御殿とそれに付属する不老の間部分が南側に配置され、北側の中庭を囲って渡り廊下でつながれた柏葉の間棟、ホール棟そして玄関棟からなる。また現在は別の敷地となっているが、北側に離れて梅御殿や桜御殿などが建てられていた。御殿は、入母屋造桟瓦葺に銅板葺の下屋を付した屋根形式で、十五畳の楽寿の間が十五畳の次の間をともない、一間幅の畳廊下が四周を取り巻き、南と東の池に面した二面に榑縁を配する。楽寿の間は西側中央に一間半の床を構える。杉の絞丸太を二本柱として両側に立て、蠟色塗の床框を配している。北側の床脇には袋戸棚が立体的に組立てられ、南側の床脇には天袋と四段の違棚を構える。天井は格天井で格間に植物の彩画が描かれた格調高い形式であるが、一方で、長押には丸太を割ったものを使用し、花筏の釘隠を打ち、座敷の格の上下を融合させた形式である。榑縁には低い手摺が取り付くが、修学院離宮の網干の勾欄の写しである。楽寿の間の畳廊下を隔てた西側に、八畳の不老の間が位置し、畳廊下、水屋、縁などが取り付く。屋根は入母屋造桟瓦葺で、銅板葺の下屋を葺き下ろす。東側に一間床を構え、床柱は梛の皮付丸太、その床脇に天袋と違棚を備える。一方、西面には床と相対する位置に付書院が設けられている。畳廊下には、桂離宮*松琴亭に見られる濃紺と白の市松模様の襖が建つ。柏葉の間は寄棟造桟瓦葺で、銅板の下屋を付け下ろ

楽寿館　楽寿の間　床側

す。九畳の柏葉の間に六畳の次の間が南北に並び、西と南に榑縁を配す。柏葉の間の東面には一間床が風炉先床形式で位置する。曲がり木の床柱は山躑躅。床に並ぶ点前座は向切の炉が切られ、茶道口の襖には銀箔が張られている。平面寸法は楽寿の間と次の間が京間の内法制をとり、そのまわりの畳廊下、不老の間や柏葉の間が一間を六尺五寸とする心々制（柱割）、ホール部分は一間を六尺とする心々制でそれぞれ計画されている。庭園は天然記念物及び名勝に指定されている。

楽寿亭【らくじゅてい】

福島県会津若松市の会津松平氏庭園（御薬園、名勝）にある亭。御薬園は陸奥国会津藩第二代藩主松平正容が元禄九年（一六九六）に造った大名庭園で、この楽寿亭は園内中央の心字の池に浮かぶ中島に建てられる。入母屋造茅葺の数寄屋風意匠の外観で、八畳一間からなる。周囲に濡縁を廻す簡素な建物である。

楽寿亭　外観

楽焼【らくやき】

低火度釉を用いて焼成した軟質施釉陶のこと。主に茶の湯で用いられ、千家十職の樂家と、樂家以外の各地の脇窯で作られた焼きものをいう。天正七年（一五七九）頃、千利休の指導によって初代の長次郎が創始したとされる。聚楽第近くに居を構えていたことや、聚楽第に屋敷をもつ利休の手を経て長次郎の茶碗が世に出されたという理由などにより「聚楽焼」とも呼ばれた。また豊臣秀吉から「樂」の印字を賜わったとされている。そのルーツは中国・明代、河南地方で作られた三彩陶にあり、長次郎の父にあたる帰化人の阿米也が中国から三彩陶の技法を伝えたとされている。はじめ、黒楽と赤楽の二種類であったが、後に白楽、青楽など多くの色釉を用いたものが現れる。表千家残月亭の鬼瓦は、当初は初代長次郎の作であったと伝え、その後、樂家歴代によって焼き変えられて、現在は十二代弘入作の鬼瓦が据えられる。また高台寺の鬼瓦席にはかつて、妻に樂家四代一入作の鬼瓦が掲げてあったことが席名の由来となっている。その他、大徳寺玉林院の南明庵及び霞床席前の土間廊下には樂家七代長入作の赤楽の敷瓦が四半敷に敷かれている。楽焼による襖の引手も作られ、表千家六代覚々斎原叟に好み物があることが『茶道筌蹄』に紹介されている。

楽焼敷瓦【らくやきしきがわら】

楽焼製の敷瓦。大徳寺塔頭玉林院の南明庵及び霞床席前の土間廊下には、樂家七代長入の作と伝えられている赤楽の敷瓦が、四半敷に敷き詰められている。

楽焼引手【らくやきひきて】

引手の一種。楽焼で作られた引手。『茶道筌蹄』は表千家六代覚々斎原叟の好みであることを伝えている。

落葉樹【らくようじゅ】

冬期に落葉する樹木のこと。代表的なサクラ（桜）などは、常緑樹であるマツ（松）と対にして、日本庭園内に植えられることがある。ほかにもモミジ類（伊呂波紅葉）やケヤキ（欅）、ハゼノキ（黄櫨）などが落葉樹である。『茶譜』に「利休ハ冬枯ノ木ヲ嫌フ、右宗旦曰、宗易冬枯ヲ嫌フコト不審ナリ、冬枯ハ一段面白キナリ、然トモ何トソ心持有ユヘカト云云」とあり、千利休が落葉樹を好まなかったが、その理由については千宗旦もわからなかったという。現在でも露地の植栽においては常緑樹を主としており、内露地に落葉樹が植栽されることは少ないが、落葉する前の秋期に紅葉する姿が愛でられ、外露地には植えられることもある。

落葉亭【らくようてい】

京都市北区の大徳寺塔頭*芳春院にある茶室。書院の北東に位置した数寄屋の中に、七畳の広間迷雲亭(松月軒)、四畳半の水屋の間などとともに造り込まれ、昭和初年(一九二六)、数寄屋大工・*岡田永斎が手掛けたと伝えられる。また平成になって台所などが改築されている。内部は丸畳二畳と台目畳二畳からなり、北側、下座に床を構える。点前畳と貴人畳に丸畳を敷き、客畳と炉畳に台目畳を並べて敷く。これにより給仕口に近い貴人畳と点前畳が直角に位置し、そのあいだを台目畳がつないで無駄なく空間がまとめられている。さらに点前座と給仕口に近い貴人畳に一畳の丸畳を敷くことで、点前と給仕は余裕をもって行うことができ、使い勝手の良い構成となっている。一般には点前座に台目畳を使用することが多い中、客座に台目畳を使い、変化をもたせている。点前座は、炉を上げ台目切に切り、やや太目の曲柱を立てている。南側に躙口を、その矩折、西側に貴人口をあける。天井は全体を化粧屋根裏としている。桁や棟木などに天然木を上手に組み合わせた印象的な席である。落葉亭の東、茶道口の向こうに四畳半の水屋の間が、さらにその南に迷雲亭が接続している。

楽々園【らくらくえん】

玄宮楽々園を参照。⇨玄宮楽々園【げんきゅうらくらくえん】

楽々荘【らくらくそう】

京都府亀岡市にある旧田中源太郎邸。源太郎は同市出身で、旧京都鉄道(国鉄山陰線、現嵯峨野観光鉄道)の敷設などに功があった。現在は料亭などとして活用されている。庭に面して洋館と和館が建つ。いずれも明治三十一年(一八九八)の建築で、清水組の設計施工になる。洋館は煉瓦造二階建で寄棟造桟瓦葺。東と南にベランダをもつ外観に特徴があり、二階にはガラス戸を建てている。内部では部屋ごとに床や暖炉の仕様を替えるなど、手の込んだ造りとなっている。和館は木造平家で寄棟造桟瓦葺。当初は主人室と夫人室として使用されており、両室で柱の寸法や室内意匠に変化をもたせている。床まわりなどにすぐれた技術が発揮されている。なお源太郎の別邸は、かつて京都市左京区の金戒光明寺門前にもあり、その設計や施工管理には源太郎自身がかかわったという(田中家別邸の茶室の項を参照)。洋館、和館、玄関は登録有形文化財である。

楽々間【らくらくのま】

滋賀県彦根市の*玄宮楽々園にある煎茶室。楽々園は、彦根城の北東隣に藩主の下屋敷として、延宝五年(一六七七)に彦根藩第四代藩主井伊直興によって、造営が始まったという。以後、部分的増改築や取り壊しを繰り返し、煎茶室の楽々間は、天保十三年(一八四二)、十二代藩主直亮により、園内北東端(御書院棟の奥)に、池に臨んで高床建築として建てられたことが棟木墨書からわかる。外観は寄棟造銅板葺。内部は十三畳の主室に二畳二台目の上段が付く。室内意匠でとりわけ注目されるのは、茶室東面の踏込床から上段にかけてである。踏込床は、床板内寄りに奇木の床柱を立て、正面上部には扁平アーチ状の塗廻しの垂れ壁が付き、床脇壁には墨蹟窓と上部に竹を架け渡した狆潜りを配している。床の南側は、上段へ続く開口部で、上部に「楽楽」の二文字を透彫りした板小壁がある。上段には、各壁面にそれぞれ異なる形状の窓があけられ、変化に富む。すなわち東壁南半は大胆な欠円窓と下地窓のある付書院、同北半は中国造園書『園冶』に見られる繊細な幾何学模様の組子の障子窓、北壁は火燈窓、南壁は引違いの腰障子窓となっている。以上のほか、茶室南、北面は全柱間とも引違いの障子窓とするなど、開口部の多い開放的な室内意匠となっている。

羅月【らげつ】

京都市左京区の野村得庵の旧別邸碧雲荘にある蘆葉に造られた露台。⇨蘆葉【ろよう】

蘿月庵【らげつあん】

福島県白河市の南湖神社にある茶室。松風亭蘿月庵のこと。⇨松風亭蘿月庵【しょうふうていらげつあん】

螺鈿【らでん】

漆芸技法の一種。貝殻の美しい光沢の部分を

ら

切って、木地や漆器の面にはめ込むか、張り付けて飾りとする加飾法。室町時代頃から「青貝」とも呼称され、『日葡辞書』に「Auogai」の項目が立てられている。原材料には夜光貝、白蝶貝、黒蝶貝、鮑貝などのほか、象牙、玳瑁、金属類、水晶、琥珀、玉などを用いる場合もある。螺鈿の技法は紀元前三〇〇〇年ごろのメソポタミアにすでに存在し、日本には奈良時代、中国の唐代に発展した精緻な技法がもたらされ、正倉院御物の中にすぐれた作例が見られる。平安時代には*蒔絵と螺鈿が併用されるようになり、平泉(岩手県)の中尊寺金色堂の内陣はその遺例として知られる。

欄干【らんかん】

書院建築その他の縁側や橋に付けられる手摺のこと。

欄干　月華殿　三溪園

乱杭【らんぐい】

護岸工法の一種。*流れや池の水辺に護岸の目的で木製、または石製の杭を打ち、岸の崩れを防ぐもの。杭の高さを不揃いにして、水辺に変化をもたせることも多い。また単に装飾用としても使用される。

蘭渓燈籠【らんけいどうろう】

石燈籠の一種。広義の*雪見形燈籠に分類されると考えられ、一本の湾曲する細長い足の上に中台より上の部分をのせた形式のもの。江戸時代後期に京都で名所図会類を多数刊行した秋里籬島が自ら創案したと、その著書である『*石組園生八重垣伝』(一八二七年刊)や『築山庭造伝後編』(一八二八年刊)で述べている。(付録12頁参照)

蘭奢待【らんじゃたい】

香木の名。正倉院が所蔵する宝物の黄熟香のこと。十種名香の一つ。「東大寺」ともいう。木所は伽羅で、古来天下第一の名香として知られ、『名香目録』(一六〇一年刊)には蘭奢待の香りの高雅さを述べた後、「是すなはち香のもと也。他は是にならふべし」とある。寛正六年(一四六五)九月に*足利義政、天正二年(一五七四)三月に*織田信長が切り取った記録がのこされている。信長は蘭奢待切り取り後の四月三日に、京都相国寺において不時の茶会をもち、その際、*津田宗及と*千利休に蘭奢待を一包ずつ与えている。

乱継【らんつぎ】

床や縁などにおける板の張り方の一種。各列または各段の*継手が同じところに集まらないように分散して不揃いに割付けること。

蘭亭【らんてい】

滋賀県長浜市の大通寺にある書院。大通寺は東本願寺(真宗大谷派)の別院。蘭亭は宝暦五年(一七五五)の建築で、桁行四間、梁行四間の切妻造桟瓦葺。*含山軒の背面、西側に上室及び仏間となる相の間を挟んで続き、二室を一列に並べた両側に、鞘の間と濡縁を配する。一の間、二の間にかけては、円山応挙と伝わる蘭亭曲水図の障壁画が、襖や障子の腰、床などに描かれている。重要文化財。また蘭亭の庭園は含山軒庭園とともに名勝に指定されている。

蘭亭　床側

乱張【らんばり】
❶*野根板天井の天井板や床などにおける板の張り方の一種。「乱尺張」、また「屑張」ともいう。不揃いの寸法の材を張ること。❷壁や床に石を自然に見えるよう張ること。「乱形石張」ともいう。大きさの異なる石を不規則に敷く。*鉄平石の乱張がよく知られている。方形乱張は大きさの異なる方形石を用いたものである。

欄間【らんま】
採光や通風を兼ねた装飾として、天井と*鴨居とのあいだに設けられた開口部とそこに取り付けられた部材をさし、障子や彫物、組子、透彫りの板などがはめ込まれる。その意匠や取り付け方により彫刻欄間、組子欄間、*格子欄間、*繁狭間欄間、*筬欄間、*櫛形欄間、*朽木欄間、*文字欄間、*竹の節欄間、板欄間など非常に多くの種類がある。また設けられる場所により*間越欄間、*鞘欄間などの名称もある。（付録23頁参照）

欄間式霞【らんましきかすみ】
竹垣の一種。上部または下部に透かしを作り、そこに竹などを横に入れ、*欄間のようにした垣。

欄間障子【らんましょうじ】
欄間に建てた障子のこと。*鞘欄間の室内側に建てたものを*雲障子という。

利休【りきゅう】
千利休のこと。⇒千利休【せんりきゅう】

利休色付九間書院【りきゅういろつけここのましょいん】
色付九間書院と同じ。⇒色付九間書院【いろつけここのましょいん】

利休形燈籠【りきゅうがたどうろう】
石燈籠の一種。『築山庭造伝前編』の「石燈篭の図」に示されるものの一つ。笠は長く六角形で起りをもち、竿は円筒形の姿に描かれている。「中興石燈篭之図」として遠州形、珠光形、雪見、宗易形、紹鷗形、有楽形、宗和形と並んで描かれるが、本文に由来などに関する記述は見られない。（付録13頁参照）

利休客之次第【りきゅうきゃくのしだい】
伝書。一巻。天正十五年（一五八七）に*千利休が川崎梅千代に伝授したとの体裁をとるが存疑。内容は茶会の順序について述べる。『続群書類聚』（飲食部）、『茶道全集』巻二、『茶道大鑑』上巻、『新修茶道全集』巻八などに翻刻されている。

利休七則【りきゅうしちそく】
茶の湯の教則。「利休七ヶ条」ともいう。『*南方録』「覚書」にいう「夏ハイカニモ涼シキヤウニ、冬ハイカニモアタ、カナルヤウニ、（中略）コレニテ秘事ハスミ候」を基本とし、江戸時代中期に至って利休七ヶ条として定められたものとされる。その内容は、茶の服加減（茶は服のよきように点て）、炭の火加減（炭は湯の沸くように置き）、寒暖への配慮（夏は涼しく冬は暖かに）、花の入れ方（花は野にあるように）、時間厳守（刻限は早めに）、応急の備え（降らずとも雨の用意）、客同士の気遣い（相客に心せよ）の七条と伝えられるが、わずかに文言が異なったものや、新たに条が加えられたものなど諸説がある。

利休七哲【りきゅうしちてつ】
*千利休の弟子の七人を示す呼称で、「利休七人衆」ともいう。後世呼称されたもので、文献により七人の構成は異なる。『*茶道四祖伝書』では「七人衆」として、前田利長（加賀ノ肥前）、*蒲生氏郷、*細川三斎（忠興）、*古田織部、*牧村兵部、*高山右近（南坊）、芝山監物の七人を挙げている。『*江岑夏書』では「利休弟子衆七人衆」として、前田利長と瀬田掃部が入れ替わる。また『茶話真向翁』には「居士の門人七人衆」として、織田常真、*織田有楽、細川三斎、古田織部、蒲生氏郷、瀬田掃部、多賀左近などが挙げられている。他に荒木村重、*千道安、佐久間不干斎などを挙げる茶書もある。

ら

利休台子かざり様之記【りきゅうだいすかざりようのき】

*台子の荘りなどに関する秘伝書。一冊。万貫屋新四郎宛で天正十五年（一五八七）二月十日の*千利休の署名がある。「台子しきじやうの時かざり様の事」「袋棚のかざり様之事」「夜会之様子」「台天目の習」からなる。『続群書類従』飲食部、『茶道大鑑』上巻、『新修茶道全集』巻八などに収録。

利休堂【りきゅうどう】

*裏千家にある*祖堂。*千利休を祀り、「御祖堂」ともいう。四代仙叟宗室が元禄三年（一六九〇）の利休百年忌を期して営んだのが最初であると伝えられ、十一代玄々斎精中口述の『喫茶敲門瓦子』によれば、仙叟が加賀国（石川県）前田家の茶道茶具奉行として往復の道中で目にした民家の姿を思い起して建てたという。この利休堂は天明八年（一七八八）の大火で失われたが、利休像は無事であったため、寛政二年（一七九〇）の利休二百年忌を控えた九代不見斎石翁によって*今日庵、*又隠の奥にある宗旦銀杏の下に再建され、前年十二月二十八日に修理が完成していた利休像の開眼供養が行われた。不見斎が再建した利休堂は仮堂であったらしく、現在の利休堂は天保九年（一八三八）から始まる利休二百五十年忌にあわせた玄々斎による一連の増改築工事によって建立されたものである。これを受けて不見斎の利休堂は奥待合（内腰掛）として使われることになった。奥待合の特徴的な*円窓は、本来は利休堂であったことを示している。現在の利休堂は、*咄々斎南側の*入側東端に接続している。屋根は*茅葺で、屋根の正面に軒唐破風が造られているのは、尊像を拝するという気持ちを表現する造形と考えられる。南向きに立ち、正面東寄りの*腰障子三枚建の口を上がると三畳*中板入の茶室となる。点前座は一畳、炉は*台目切。客座二畳の奥に一間の板敷きの*上段、さらに円窓の奥が利休像を安置する壇になっている。円窓は完全な円ではなく、下部に少し弦を見せている。三千家の祖堂に用いられている下部に弦をもつ円窓は、*火燈窓がわび茶の家祖を祀るにふさわしく造形されたとみることができる。円窓上部の横長の*下地窓は利休像の目の高さにあり、雪見窓と呼ばれる。上段の西脇に奥行きの浅い*踏込床形式の板床が添い、境に太い柱が立つ。*風炉先の壁面は、中板の前が床の袖壁にあたり、下部を吹抜いた*壁留の*引竹をのばして、引竹にのるように*蛤棚を釣る。現在は咄々斎からの入側と接続されているが、玄々斎時代には独立していたと推測される。「利休堂千宗室宅ニアリ」と記された図（木口絵図、彦根城博物館蔵）によれば平面は方形で、西面は下地窓と腰障子があき、北面には軒を支える独立柱が立っていた。重要文化財。

利休堂

利休堂　内部

利休百首【りきゅうひゃくしゅ】

*千利休の茶道の教えを和歌にして百首集めたもの。「利休教歌」ともいう。*裏千家十一代玄々斎精中による『茶道教諭百首詠』が広く知られている。「其道にいらむとおもふ心こそわが身ながらの師匠なりけれ」から始まり、茶道の心得、点前、濃茶、薄茶、炭、釜、花などの実践的作法や精神などを和歌で説いている。この

ような教歌の早い例は『茶湯百首歌』(一六四二年)があり、その後『紹鷗茶湯百首』『遠州百首』『南坊百首』『利休三百首』などが見られる。

陸羽【りくう】

七三三～八〇四。中国・唐代の人。茶についての世界最初の体系的著作『茶経』の著者。中国では「茶祖」「茶神」としてあがめられ、日本では盧仝と合わせて「陸盧」と並称され親しまれている。陸羽は竟陵(湖北省天門)のある橋畔に置き去りにされていたという。彼を拾い育てたのは竜蓋寺の禅僧智積。智積は陸羽に僧の道を歩ませようとしたが、陸羽は儒教を学ぶことを望んで反抗、寺を出てしまった。そのような陸羽を師はさらにいとおしんだ(陸文学自伝)。後年、他所にあって智積の逝去を知った陸羽は激しく哭いて、思いを一首の詩に託した。その詩は「六羨歌」として名高い。陸羽は左遷によって当地に赴任してきた李斉物、次いで崔国輔の知遇を得て教養を高めていった。天宝十四年(七五五)、安史の乱が起こり、陸羽は難を避けて太湖の南の呉興(浙江省湖州市)の苕渓に落ち着き、ここに廬を結んだ。この地で生涯の師にして友である僧皎然に出会う。「緇素忘年之交」をしたと陸羽は記している(陸文学自伝)。大暦八年(七七三)、顔真卿が湖州刺史として着任し、辞典『韻海鏡源』の編纂協力者の一員となることを陸羽に求めた。これを受けた陸羽は多くの学者、文人と知己となり、彼等の聯句の会に参加するなど、詩人としても活躍した。書にも秀でていたという。顔真卿は皎然の住していた杼山の妙喜寺に、陸羽のために三癸亭を建てた。『茶経』の主要部の著作はこの湖州においてなされた。その時期は七五八年から七六一年のあいだと布目潮風は推定している。陸羽と同時代の人である封演の著『封氏聞見記』に、陸羽の茶に関して「茶道」の語が見られる。この語は今日知られている限りでは皎然の「飲茶歌」に始めて現れたもので、当時は一般には使われていない特殊用語であった。してみれば、封演の「茶道」の語は皎然の用いた「茶道」の語の意味を受けたものと考えられるであろう。その皎然は「飲茶歌」の中で、飲茶の三段階を示して最後は「得道」するとうたい、「茶道全爾真」(茶道においてはすべてが真である)とうたっていた。これは小座敷の茶の湯は、第一に、仏法を修行し得道することであるとする『*南方録』の思想と深く通底する。

六義園【りくぎえん】

東京都文京区に所在の*大名庭園。武蔵国川越藩(埼玉県)の藩主であった柳沢吉保(一六五八～一七一四)が、元禄八年(一六九五)、徳川五代将軍綱吉より下屋敷として賜与された約三万余坪の駒込の地に築造した*回遊式庭園。吉保自らが設計、指揮し、平坦な武蔵野の一隅に園池を掘って山を築き、七年の歳月をかけて造り上げた。庭園の名称は、中国の古い漢詩集である『毛詩』の詩の六義を、紀貫之が転用した和歌の六体に由来する。創建当初は玉川上水の分流千川上水を引いて池出水を配し、中島、*築山、洲浜、入江、園路、橋など巧みに配置して園中に景勝八十八境を選んだ。また六義館や、数寄屋の吟花亭、芦辺亭、放鶴亭、竜華庵などを営み、その他、甘露味堂、毘沙門堂などの堂舎もあった。吉保が正徳四年にこの園で没した後、一時荒廃したが、明治時代初期、三菱財閥の創業者・岩崎彌太郎の別荘となり明治三十年、桃の茶屋、吟花亭、*熱海茶屋を修築、その後、昭和十三年(一九三八)に東京市に寄付され一般公開された。戦災で焼けた桃の茶屋のあった位置に、昭和二十五年には広間の心泉亭を建築。さらに本格的な茶庭をもつ茶室がなかったために昭和三十八年には*宜春亭を移築した。特別名勝。

六義園

り

立石【りっせき】

⇨立石【たていし】

立柱式【りっちゅうしき】

建築儀礼のひとつ。「立柱の式」ともいう。建築工事で最初に柱を立てる儀式。住宅などでは大黒柱のような最も主要な柱を立て、これに御幣を付してまつる。司祭者は工匠。振幣、発声、槌打からなる。祭神は上棟式と同じ屋船久々能神、屋船豊受姫神、手置帆負神、彦狭知神、及び当地の産土神である。

栗林公園【りつりんこうえん】

香川県高松市に所在の*大名庭園。十六世紀後半、豪族・佐藤志摩介により築庭が開始され、讃岐国高松藩主・生駒高俊によって現在の原型ができ上がった。その後、高松松平家初代頼重の別邸となり、延享二年（一七四五）、五代頼恭の時に、園内六十景の命名をもって庭園は完成。藩政時代には栗林荘と呼ばれていたが、明治八年（一八七五）に栗林公園に名をあらため一般公開された。紫雲山を借景に、六つの池と十三の*築山を配した*回遊式庭園で、江戸城の吹上を模したといわれている。北庭と南庭に分かれ、南庭には南湖や北湖などの池泉と、飛来峰や芙蓉峰などの築山が複雑に配され、特に飛来峰から偃月橋や*掬月亭を望む南湖の眺めは圧巻である。また園内には茶室*日暮亭がある。特別名勝。

栗林公園

笠庵【りゅうあん】

京都市左京区の遊雲居にあった茶室。⇨遊雲居【ゆううんきょ】

柳陰亭【りゅういんてい】

紀州徳川家十代治宝が西浜御殿（和歌山市）の偕楽園に造った茶室。西浜御殿は治宝の隠居所（一八一八～二六年造営）。紀州第一の茶人といわれた治宝が、西浜御殿中で最も好んだ茶亭といわれ、竣工は文政二年（一八一九）、*表千家九代了々斎曠叔が治宝に招かれた頃と伝わる。この亭の名は、西浜御殿内の二本の柳の大木のもとにあったため、あるいは初めて御成した治宝が「濡れ燕柳の陰に二つ三つ」と詠んだことに由来するという。当時、陶工として有名であった永樂家十一代保全（一七九五～一八五四）は、たびたび京都からこの席に宿泊を命じられ、園内で偕楽園焼の制作を行った。安政元年（一八五四）頃に西浜御殿の取り払いにより家老・久野丹波守の邸内へ移され、さらにその後、今町家から明治維新後に森部家に移築されたという。床は台目床とし、床柱の上に了々斎の花押があり、茶庭も表千家の好みで造られたという。点前座左に襖二枚を建て込み、勝手口としていた。床に向かって右手には出書院が付けられていた。文政十一年、家督を継いで間もない十一歳の表千家十代吸江斎祥翁は、後見役の住山楊甫、樂家十代旦入、保全たちにともなわれ、治宝に初めて出仕した。この際、吸江斎は柳陰亭で茶点前を披露している。

龍淵窟【りゅうえんくつ】

京都市左京区の*南禅寺別院南禅院にある茶室。*岡田永斎の作。広縁の付いた仏間七畳に、控えの間六畳、三畳の物入、廊下、水屋を設けた書院式の建物で、本堂の東に渡り廊下でつながり、さらに北には庫裏が続く。上段の広間は六畳敷の東に一畳と一間床を並べた構成で、天井高が高く、六葉の釘隠の打たれた長押、真塗の床框、火燈窓をあける出書院など全体に書院風であるが、柱には面皮及び丸太を立てて、床の脇の一畳は落天井で、壁留及び竿縁には小丸太が使われている。また書院横の倹飩障子は、吹寄の組子、腰は矢羽根網代となっており、数寄屋の雰囲気も加味される。床の脇の一畳は勝手付の壁に違棚と天袋を設け、ここを点前座としても使うこともできるが、炉は一間床に対して八畳間の四畳半切と同じ位置に切られ、客が大勢の場合は床前から下座まで炉を囲むように並ぶことで主客の一体感が生じる。

琉球畳【りゅうきゅうだたみ】

畳の一種。琉球藺を二つ割りにして織った琉球表を用いた縁なしの畳。半畳の大きさのものが多く、柔道場や普段部屋の畳として使われる。琉球表は「七島表」、「琉球ござ」ともいい、藺が太く、目幅が広く、外見は劣るが、丈夫で耐久性がある。中継ぎのない引通し表で、独特な感触と香りがある。

龍吟庵【りゅうぎんあん】

京都市左京区にある何有荘にある茶室。明治二十八年（一八九五）、同区岡崎で開催された第四回内国勧業博覧会に出展された茶室で、その後現在地に移築されたと伝えられる。大工は平井竹次郎。外観は桟瓦葺で軒先を柿葺とした軽快な屋根を重ねる。内部は四畳半出床の席と三畳の席及び、六畳の広間からなり、勝手水屋と相の間が付属する。六畳の広間は移築後の増築とされる。裏手には雪隠が備わる。現在は宿泊もできるように内部の一部が改造されたが、外観や構造は旧規をのこす。

龍華居【りゅうげきょ】

奈良県生駒市の宝山寺にある茶室。藪内流の茶人・渡辺常庵の指導により、昭和二十八年（一九五三）に建てられたもので、広間と小間からなる。広間は八畳敷。南側に構えた点前座は炉を本勝手四畳半切に切り、その対面、北側に床が設けられている。床側壁面には中央右寄りに仏間を備え、その左を一間床とし、格狭間形の窓をあけた付書院を矩折に設けている。付書院の南は三枚障子の貴人口で、その対面に引違いの茶道口をあける。小間は燕庵を模したといわれ、本歌と同様に中柱を備え、炉は台目切に切られているが、点前座を丸畳とし、中板を一間半通して四畳中板入の席になっているのが大きな違いである。また相伴席も備えないが、その分、明るさとゆとり、使い勝手が考えられている。

龍興寺客殿【りゅうこうじきゃくでん】

愛知県名古屋市昭和区の龍興寺にある客殿。もとは昭和七年（一九三二）、東京都港区に藤山雷太の自邸として建てられたもの。藤山は大日本製糖社長となり、日本商工会議所会頭などをつとめた実業家。藤山邸は木造の日本家と鉄筋コンクリート造の洋館が併設された邸宅であったが、このうち日本家を戦後に龍興寺が購入し、昭和五十三年に現在地に移築した。当初の設計は武田五一、施工は名古屋の棟梁・魚津弘吉。平家建の書院と宝庫として建てられた楼閣からなる。書院は入母屋造桟瓦葺で、西南部に月見台を張り出す。楼閣は三層宝形造で、一層から二層目を鉄筋コンクリート、三層目を木造とし、勾欄を廻す。武田は古建築の造詣が深く、設計にあたり、書院は醍醐寺三宝院、楼閣は慈照寺銀閣をはじめとする古建築が参照されたという。

龍松庵【りゅうしょうあん】

奈良市の興福院にある茶室。境内にある長闇堂に連なって建ち、露地が造られている。東大寺の僧で、宝永年間（一七〇四〜一一）の大仏殿再建の功労者であった公慶が、居宅の龍松庵の中に古田織部の茶室の写しを造った。その茶室の本歌は、大乗院の門主が織部に命じて造らせた八窓庵（八窓庵の項❶を参照）であったという。この公慶の写した茶室は明治時代の初めに民間に流れ、明治三十年（一八九七）に関藤次郎の所有に帰し、臨谿庵の席名で依水園の中にあった。昭和三年（一九二八）、久保権大輔（長闇堂）の墓碑のかたわらに長闇堂を復元することになり、それを機に当寺に寄贈され、龍松庵と改名した。平面は四畳台目下座床で、八窓庵と共通しているが、室内外に相違点がある。外観は入母屋造桟瓦葺の前面に庇を付け下ろし、左右に袖壁を付けて土間庇を形成している。躙口の上には連子窓をあけ、右方には刀掛を設ける。躙口の位置が床側にあって、しかも隅にあけられていることが八窓庵とは異なる。点前座には風炉先窓と、勝手付に連子窓と下地窓をあけるが、色紙窓の形式ではない。中柱は皮付丸太、袖壁の壁留は引竹で、雲雀棚を設ける。床の位置が客座のほうへ寄っている点も異なっている。床は台

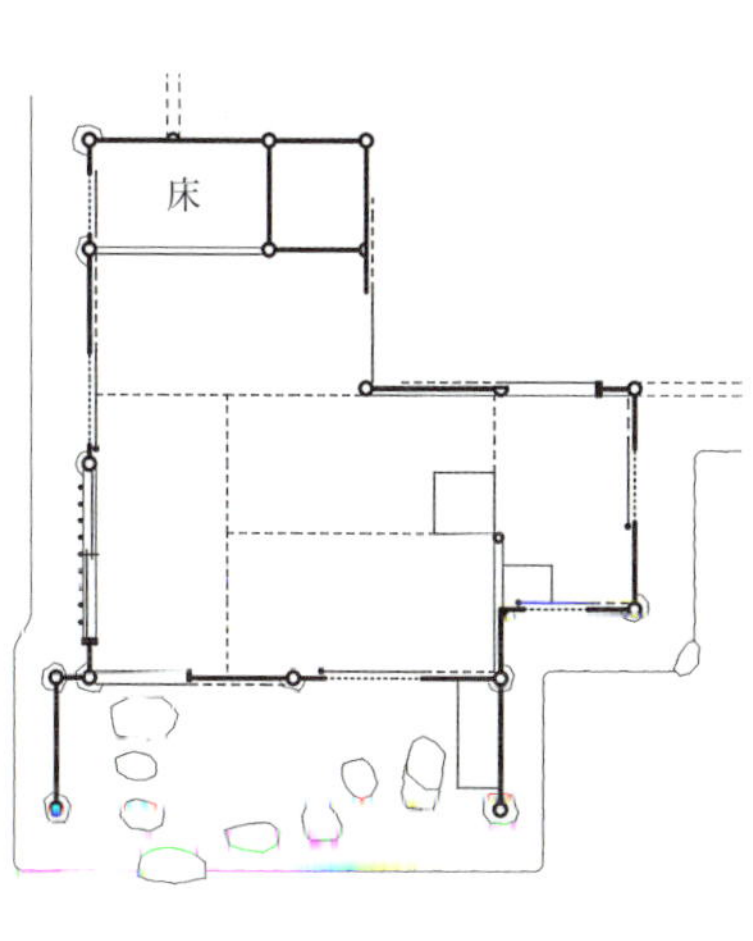

龍松庵

龍松庵　床と給仕口側

目幅、床柱は太い赤松皮付で面は付けず、框は木地である。床前の貴人畳に向かって火燈口形式の給仕口をあける。給仕口の出隅の柱には太い胡麻竹を立てている。さらに天井は、客座側は一面に蒲の平天井で、煤竹の五本の竿縁を粗く配っている。点前座上は辛夷の小丸太垂木、竹小舞の化粧屋根裏にしている。水屋は六畳敷でゆったりと設けられ、丸炉を切る。この水屋六畳から二間の畳廊下で長闇堂と接続している。この茶室は東大寺*四聖坊に存在した*細川三斎好みの茶室（八窓庵の項❸を参照）との共通点も指摘されている。再三の移築により部材や構成が混乱していると考えられ、その本歌を断定することは難しいが、本歌の特徴を見極める上で重要な遺構である。

溜精軒【りゅうせいけん】

*裏千家の茶室。十一代玄々斎精中の好み。*寒雲亭の北に続く座敷で、玄関から*今日庵や*又隠のほうに通じる廊下にもあたり、その一部を囲ったような六畳の座敷である。通行の妨げにならない北側東の一畳を点前座とし、*出隅に椎の丸太を立てて壁を下まで付けている。炉を*逆勝手*台目切に切り、天井は蒲を張り、竹の*廻縁を付けた*落天井となる。点前座正面に桑の一枚板の棚（大釣棚）を取り付け、その下に*下地窓をあけている。この*風炉先窓は特に「杓の柄窓」と呼ばれる。これは下地に古柄杓の柄が使われていることによる命名である。この窓の位置は低く、*無目敷居に直に取り付いている。*入隅

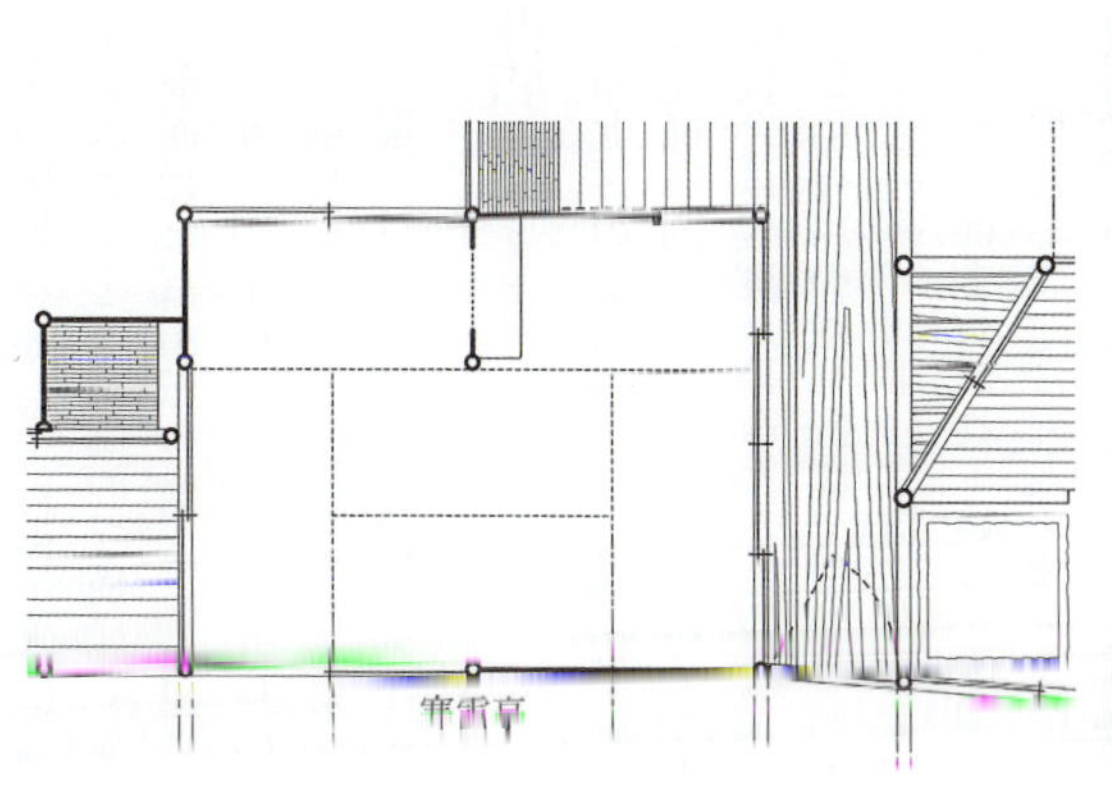

溜精軒

溜精軒　内部

は棚の下だけ*四分一を見せ、上は塗廻す。玄々斎当時は五畳敷で、『裏千家惣絵図』には「溜ノ間五畳」と記されており、北側西の一畳は瓦*四半敷の土間床が入り込んだ*土間庇であった。重要文化財。

柳汀庵【りゅうていあん】

富山市の佐藤記念美術館にある茶室。もとは寛文年間（一六六一～七三）頃、加賀藩家老横山家に建てられた*金森宗和とその子・七之助との合作と伝わる茶室で、明治初年（一八六八）、十代佐藤助九郎が譲り受け、柳瀬村（砺波市）の自宅に移築、その後、美術館の設立にともない*助庵や大正九年（一九二〇）完成の総檜造の書院座敷とともに昭和三十六年（一九六一）に館内二階に移された。館内に移されたため屋根は軒先のみがのこり、切妻造柿葺であったとみられる屋根の妻側に、柿葺の長い土間庇を隣接する寄付までのばして設け、大井蕉園揮毫の扁額を掲げ、引違いに板戸を建てた躙口をあける。またその矩折には四尺と深い銅板庇をもつ濡縁を幅二間半、奥行二尺五寸に配し、躙口横に曲がりのある桜で袖を付け仕切る。内部は広さ三畳で、全体として非常に華奢な材を用いて構成され、宗和の好みを呈する。床は踏込床形式の台目床で、畳幅で奥行八寸の前板から続く一枚板を床板とし、台目に杉面皮の床柱を立て、袖壁には墨蹟窓をあける。点前座は、炉を上げ台目切に切り、緩やかな曲がりの赤松皮付丸太を中柱に立てて、袖壁に引竹を用いて下部を吹抜く。引竹は中柱から床の大平までのばされ、省略された相手柱のあるべき場所には花入釘として無双釘を壁面に打つ。窓は躙口上部に竹連子窓、床の対面となる濡縁側に幅四尺三寸、高さ二尺三寸五分の大きな下地窓、床の袖壁には墨蹟窓をあける。天井は客座を桜の廻縁を用いた野根板の平天井、点前座は網代の落天井とし、壁見切に釿目のある栗を用いるが、これは移築時に加えられたという。隣接する寄付は七畳半の広さで、幅一間、奥行半間の床と、その向かいに幅二尺八寸、奥行九寸ほどの地袋付きの棚を設ける。床は踏込床だが、幅三尺七寸、奥行一尺六寸五分の蹴込床と、竹で釣られた天袋や棚をその内部に組み込み、天袋側の入隅を塗廻している。蹴込床の床板は欅の一枚板、蹴込には割竹を立てて並べるなど、装飾的な構成となっている。茶室前面には富山城の櫓跡を利用した屋上庭園があり、国東塔、蹲踞まわりに名石を据え、柳汀庵前には船板の腰掛を配すなど、十二代助九郎（助庵）自身の好みで露地が構成される。

柳汀庵　床と点前座側

流店【りゅうてん】

岡山市北区の*後楽園にある建物。古絵図から創建は元禄年間（一六八八～一七〇四）とされるが、江戸時代には幾度かの改築があった。昭和九年（一九三四）の室戸台風の影響で全壊し、翌年再建された。その後、同園の建物は戦災で焼失しているが、流店はまぬがれている。木造二階建。寄棟造柿葺で周囲に丸太十本を立てて大屋根を構成し、その上に東に寄せて二階部分がのる。一階は四面が開放されており、そのほぼ中央、

流店　外観

西から東へと庭園の流れが取り込まれ、流れの中に色彩に富んだ石が六石据えられている。また流れの北と南側には板間が設けられているが、建築からしばらくは畳敷きであったと伝える。一階の板張りの竿縁天井にあけられた口から階段を下ろすことで階上へ上れるようになっている。

龍頭軒【りゅうとうけん】
京都市左京区の*野村得庵の旧別邸、*碧雲荘にある建物。西にあけられた不老門を入ってすぐ右手に建つ茶会のための施設。得庵が碧雲荘で茶会を開催する場合、使い方は必ずしも一定ではなかったが、多くの場合、不老門から客を迎える時に龍頭軒を寄付として使用した。入母屋造桟瓦葺、平家の建物であるが、道路から見える北西側と庭園に面した南東側とではその外観は全く異にしている。すなわち、北から西にかけては入母屋造桟瓦葺の屋根の下にもう一段、桟瓦葺の庇を取り付け、さらにその下に出格子窓を造ることで、やや重厚な趣を出しているのに対して、庭に面した東から南にかけては軒先を檜皮で葺いて深く出し、妻を三つ重ねて軽快な外観を造っている。東面にあけられた腰高障子を開けて入ると、内部は砂利敷きの広い土間で、土間の東側南寄りには腰掛が造られ、北西部に長四畳の座敷が張り出している。長四畳と土間との境に建具は建てずに開放されている。土間と長四畳の境に直径二尺二寸にも及ぶ太い欅の丸太が立つ。これは東山区にある豊国神社の一の鳥居の古材と伝えられ、その上部に大阪四天王寺の五重塔に付いていたとされる龍頭の木鼻が飛び出している。龍頭軒の名の由来もここにある。天井はこの太柱から垂木が放射状に配される。長四畳の北西に板戸を隔てて十一畳の座敷があり、全体十二畳のうち一畳分を出床にした形式である。その南に水屋や板間がある。重要文化財。

龍頭軒　長四畳より土間を見る

竜門園【りゅうもんえん】
名古屋の前津（名古屋市中区大須周辺）にあった庭園。当初は武家の野崎氏の別業として造られたが、明和年間（一七六四〜七二）、俳人の久村暁台が入手して修理を加えた。後に水口屋伝兵衛、鈴木才造と所有者が交替、幽邃な園池に数寄屋造の建物が配された名園として知られていたが、戦災で焼失した。園内の建物には*時入庵や今日庵写しの席を包含した[illegible]軒と、*不審庵や*洗心園、*清風軒を包含した[illegible]月堂があり、*木津家初代宗詮の好みで建てられた。また*暮雨巷、椎の木茶屋などがあり、このうち暮雨巷は大正十年（一九二一）、同市瑞穂区に移築され現存する。

龍門瀑【りゅうもんばく】
*庭滝の一種。「龍門の滝」ともいう。龍門とは中国の黄河中流にある急流で、ここを鯉が登り切れば竜になるという、登竜門伝説に基づいて造られた滝をいう。三段に落ちる*滝石組の中に、鯉に似せた鯉魚石を立てる。実例は京都市の*天龍寺庭園や*鹿苑寺、山口市の常栄寺の庭園などにある。

立礼【りゅうれい】
❶立礼式の略称。⇒立礼式【りゅうれいしき】
❷一般に、茶事の形式を採らない卓子と椅子を用いた点前全般をさす言葉。

立礼式【りゅうれいしき】
従来、伝統的に行われてきた座式の点前に対し、新しく考え出された*椅子点前。*裏千家十一代玄々斎精中が創案した。明治元年（一八六八）に書かれた『芳名記聞』に「立礼点茶法略誌」の条項があり、この頃には考案されていた。立礼式は、茶事を行うことができる点前で、*点茶盤の上に風炉、釜、皆具を荘り、円座を敷いた*円椅に腰を掛けて点前を行う。客の前には一人一脚の*喫架を置き、円椅に腰を掛けて茶を飲む。立礼式を略して「立礼」ともいうが、現在では、一般に卓子と椅子を用いた点前全般を立礼と呼ぶことも多い。

立礼式のしつらい（点茶盤）

立礼席【りゅうれいせき】

椅子式の茶室のこと。茶の湯以前の茶は、中国から伝えられたこともあり、椅子（曲彔など）に腰掛ける形式があった。また江戸時代には椅子式の*煎茶の形式もあった。しかし抹茶、煎茶ともに織豊時代から江戸時代にかけての大多数は座式であった。近代になり*裏千家十一代玄々斎精中が、明治五年（一八七二）に行われた京都博覧会に際して椅子点前による*立礼式を考案した。外国人を考慮してのことであった。台子を二つあわせた形態の*点茶盤に風炉釜を据え、皆具を荘り、椅子に腰掛けて点前を行った。これに客用の卓（*喫架）や椅子（*円椅）を自らスケッチし、出入りの大工棟梁*木村清兵衛に作成依頼した。この構想は明治元年からあったという。『芳名記聞』には「八畳敷点茶盤喫架配」の図が描かれ、書院に点茶盤を据えての点茶法を考案していた。それが少し形を変え、具体的になるのが京都博覧会であった。また明治八年、*堀内家に中国からの賓客が訪れた時、七代至慎斎宗晋と八代松翁宗完が好んだ椅子式の点茶卓・*タワフルが用いられた。明治二十六年には、土間席をもつ*西行庵が宮田小文によって建築され、売茶の荷いを二つあわせた形式の点茶卓を設置した。日本人の生活スタイルの変化にともない、建築家たちは大正時代頃から座式と椅子式を組み合わせた形式の空間を工夫してきた。昭和三年（一九二八）に京都府乙訓郡大山崎町に造られた*藤井厚二の*聴竹居では、座式と椅子式の融合が試みられている。立礼席の種類には、客と亭主ともに椅子式で点茶卓を用いる形式、点前座が一畳程度の座敷で、客が椅子に腰掛ける形式、座敷形式の茶室があり、その横あるいは周囲に客用の椅子席が設けられる形式の、主に三つがある。現在、多くの立礼席が作成されるが、一方で座敷の茶室を席巻することはなく、立礼単独での茶室はまれである。公の施設などで手軽に茶を楽しめる空間として、広間や小座敷の茶室とともに設置されることが多い。

龍安寺垣【りょうあんじがき】

竹垣の一種。龍安寺（京都市右京区）の参道石段の両側に設けられたものが本歌。*透かし垣のひとつで、*組子に割竹を用いて、斜めに交差させて菱格子を作る。高さは五〇センチほどと低い。

龍安寺垣

龍安寺形手水鉢【りょうあんじがたちょうずばち】

手水鉢の一種。龍安寺の茶室*蔵六庵にあるものを本歌とする。*銭形手水鉢のひとつで、円柱形の上部に方形の水穴をあけ、その四周に「五」「隹」「疋」「矢」に見える文字を掘り込み、水穴を「口」の字に見立てることで、「吾唯足知」（吾、唯足るを知る）と読めるようにしている。このことから「知足の手水鉢」ともいわれ、常陸国（茨城県）水戸藩第二代藩主徳川光圀の寄進とも伝わる。（付録11頁参照）

龍安寺庭園【りょうあんじていえん】

京都市右京区の龍安寺の境内にある、鏡容池を中心としてひろがる池庭。石庭として知られる龍安寺方丈庭園とは別に名勝に指定されている。龍安寺方丈庭園の項を参照。

⇒龍安寺方丈庭園【りょうあんじほうじょうていえん】

龍安寺方丈庭園【りょうあんじほうじょうていえん】

京都市右京区の龍安寺方丈の庭園。衣笠山の西南麓に位置し、*石庭として知られる。この地には天元六年（九八三）、円融天皇が発願した円融寺が営まれ、七仏薬師が安置されるとともに池の東には法華堂が建てられていたという。久安三年（一一四七）には左大臣・藤原（徳大寺）実能の別業である徳大寺が建立された。現在も山麓部にある広大な鏡容池は、作庭にも秀でていた実能が整備した名残りを伝え、かつてはオシドリが群れ遊んでいたということから鴛鴦池とも呼ばれ、別に龍安寺庭園として名勝に指定されている。宝徳二年（一四五〇）に徳大寺家十二代公有からこの地を譲り受けた管領・細川勝元は、妙心寺八世義天玄承を招いて龍安寺を創建した。応仁の乱で焼失後、勝元の子政元により再興されたが寛政九年（一七九七）、再び方丈、仏殿、開山堂などが焼失した。現在の方丈（本堂）は西源院の方丈（一六〇六年建築）を移したものである。方丈の南、約二百五十平方メートルの矩形の白砂敷の中に五群十五個の石を配石する石庭の構成は、他に追随するもののない独創性をもつが、成立に関する根本史料に欠けるため、作庭者や作庭年代、作庭意図などについて様々な解釈がなされている。作者については一つの庭石の裏に刻まれた小太郎、清次郎（あるいは彦二郎）を作庭者とする説、*相阿弥説、子建説、*金森宗和説などがあり、庭園の意匠については七五三の石組であるとの説、雲海と山々を表現しているという説、大海と島嶼を表現しているという説などがある。大正十三年（一九二四）に龍安寺方丈庭園が文化財指定を受けた際の指定理由では、勝元が真相に命じて方丈前に築造させた砂庭であって、寛政九年の火災にあっても存続した室町時代の名園である、との説が採用されている。火災二年後の寛政十一年に版行された『*都林泉名勝図会』にはほぼ現況の石庭の姿が描かれている。この書では作庭者は相阿弥であり「庭中に一株も無く、海面の体相にして中に奇巖十種ありて島嶼になぞらえ、真の風流にして他に比類なし、是を世に虎の子渡しと云う」と説明されている。虎の子渡しとは、かつて漢の江陵においては太守を慕って人々はもとより虎までもがわが仔を咥えて大江を渡った、という中国の故事の一つである。さらに同書には「書院に坐して遥に八幡神廟を毎時拝せん為に、庭中には樹木を植えさせずとなん」とあり、細川勝元がその祖先源氏の氏神である石清水八幡宮を遥拝していたことを伝えている。現在は庭園背後の樹林によって遮られているが、かつては庭の背後に八幡宮を望むことは可能であった。史跡、特別名勝。

凌雲亭【りょううんてい】

大阪市の三越百貨店にあった茶室。*木津家三代宗泉の設計により、明治四十年（一九〇七）に建てられた茶室を昭和十二年（一九三七）に同店の屋上へ移築したもの。*重森三玲の『茶室茶庭事典』によると、二畳台目本勝手向切、下座に踏込床を設け、床柱は百貨店建設の際に地下から掘り出された大坂城の石引轆轤の軸と思われる古材を用いているという。また六畳の広間は昭和十二年、*武者小路千家十二代愈好斎聴松の千宗守の好みで改造されたものである。つまり小間、広間とも移築時に相当の改造がなされていたようである。現存せず。

遼廓亭【りょうかくてい】

京都市右京区の*仁和寺にある茶室。*尾形光琳の好みとして知られている。境内の宸殿から西北方の庭に建つが、天保末年（一八四四）までは仁和寺門前堅町の何似宅にあり、それを寺内に移築した。四畳半座敷の主室、その隣、南へ間仕切りを設けずに次の間（鎖の間）四畳半をつなげ、さらに次の間の東南へ*二畳半台目の茶室を接続する構成で、二畳半台目は如庵席と呼ばれる。次の間の西側には控えの間三畳と厨子が設けられる。遼廓亭の名は明治二十年（一八八七）の宸殿の火災以後に付けられたものらしい。何似宅は、もとは光琳の弟・乾山の住居で、習静堂と称していた。乾山の後は桑原空洞が住んだことが、『続近世畸人伝』の桑原為渓の条からわかる。また中井主水扣の「所々数寄屋絵図」の中に同宅の平面図（何似宅庭廻絵図）が写し取られており、*式台が失われていること以外は、現在の遼廓亭の間取りと大差ないことがわかっている。この住居が光琳自身による作かは判然とせず、乾山の作とする説、あるいは二畳半台目の茶室

遼廓亭　二畳半台目　床と点前座側

遼廓亭　主室より次の間を見る

のみ乾山の師である*藤村庸軒の指図とする説もある。外観は*柿葺で、座敷の*寄棟造の屋根を中心に三棟の屋根を巧みに接続している。

主室四畳半座敷の二方には*濡縁が廻り、軒が軽く深く差し出される。床高は低くおさえられ、軒高、*内法高とのバランスが温和で、洗練された独特の風格を備える。主室内部は、西側に向かって右から四尺床、*床脇、*板間が並んでいる。*床柱は栗に*釿目を付けた*なぐり仕上げで、当初材と見られる。奥行きが浅く、*蹴込床形式の*板床で古風に見えるが、中は*苆壁の*塗廻し仕上げで、工夫をこらしてある。床脇は地袋の上に、長さの異なる厚さ四分の桐の棚板を二枚取り付けている。主室と次の間の部屋境には*敷居や*鴨居を入れず、細い丸太を一本通し、天井とのあいだに板欄間を入れ、床の奥行き分をずらして接続する。ずらすことで生じた主室との境、東側の壁面には下方に障子をはめ込んでいる。この扱いから二室は一体として使用されたことがわかる。次の間は炉が切られ、前面にはめ外しができる障子を建て込んで隠すことができる水屋を設けており、両室を上段と下段として見立てることもできるし、次の間を*茶立所あるいは勝手としても使うことができるよう工夫している。東南に張り出して造られている二畳半台目の茶室は*如庵の写しで、室内の主な構成は如庵と大差ないが全体の*木割が如庵に比べやや細い。また如庵と比較した場合、*土間庇の*袖壁の窓が円形でなく方形で、下地に細い丸竹を用いられており、土間庇の奥の小室（*扈従の間）が省略された代りに*刀掛を備えている。室内を比較すると如庵の場合、*床框は塗りではなく、木地縁であり、*茶道口が*方立口でなく、*火燈口形式となる。また勝手付の二つの窓が、竹を詰め打ちにした*有楽窓ではなく、通常の*連子窓であるなど、意匠の相違がある。このような細かな変更を加えた写しができることは、この茶室の作者に有楽の遺構についての相当な理解があることを示している。それは何の矛盾なく、如庵写しの茶室が座敷と接合していることにも現れている。重要文化財。

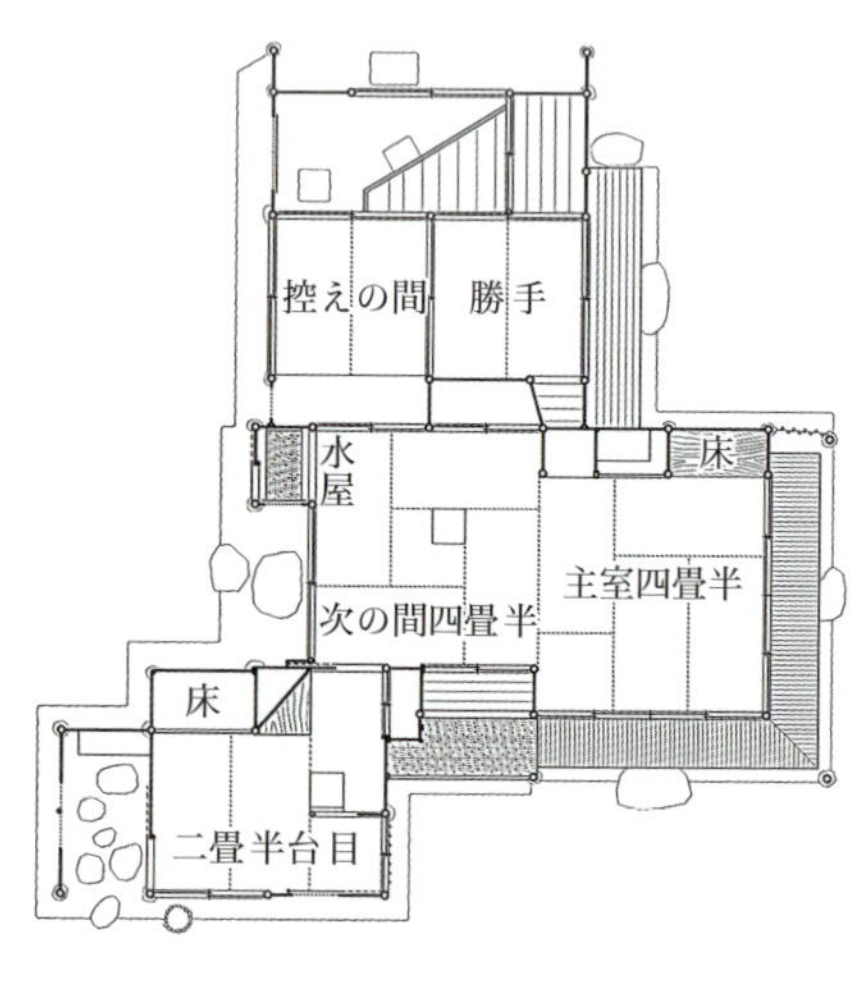

遼廓亭

両楔【りょうくさび】

*仕口を固めるために両方向からそれぞれ一本ずつ打ち込む*楔。柱と*貫の仕口に使われる。貫穴に両方から楔をきっちり打ち込むことにより柱と貫が一体になる。

龍光院【りょうこういん】

京都市北区にある大徳寺の塔頭。江月宗玩（一五七四〜一六四三）の勧請により、*春屋宗園を開祖として創建。慶長十一年(一六〇六)、筑前国福岡藩主黒田長政が父・官兵衛(如水)の三回忌に菩提寺として建立した。父の号を採って龍光院と名づけられた。祖師堂・昭堂(重要文化財)、書院(国宝)、小庫裡、*兜門(重要文化財)は創建当初の建築。慶長十七年には、*小堀遠州が自らの菩提所として*孤篷庵を同院内に建立。寛永二十年(一六四三)に独立して現在地に移るまで院内にあった。また元和七年(一六二一)には、*佐久間真勝の*寸松庵も同院内に建立された。江月は堺の豪商天王寺屋*津田宗及の子で、同院には宗及ゆかりの茶入切型や曜変天目(国宝)、油滴天目(重要文化財)などが伝わる。また、茶室*密庵席は寺宝の密庵咸傑墨蹟(国宝)を掛けるための床を備えることからその名を得た。このほか、寺宝には大覚禅師筆金剛経(国宝)、伝牧谿筆柿栗図(重要文化財)などがある。

龍光院形石燈籠【りょうこういんがたいしどうろう】

石燈籠の一種。大徳寺塔頭龍光院の*密庵席の露地にあるものを本歌とし、笠と火袋、中台、基礎が六角形で、竿が円形の形式のもの。

了寂軒【りょうじゃくけん】

京都市北区の*光悦寺にある茶室。昭和二十年(一九四五)代の後半に光悦会の会長であった乾豊彦の寄付で造立されたという。武者小路千家の茶人・中川砂村の設計で建てられ、かつては二畳台目の席と腰掛からなっていたが、その後の改造で、現在は四畳敷に水屋や勝手口、土間が備えられ、*大虚庵の待合として利用されている。席名は本阿弥光悦の法諡である了寂院光悦山豫居士に由来する。妻を重ね、棟や庇の高低が組み合わされた外観で、変化に富んだ納まりとなっている。内部は南側一間に書院を、北側一間に地袋を備え、建物の東側からL字形に腰掛を設けている。その屈折する柿葺の屋根が外観に変化を与えている。西側の南に寄せて台目床を構え、出節のしゃれ木の床柱を立てて、床框や相手柱には出節の档丸太が用いられる。天井は杉板を張った平天井、化粧屋根裏、落天井で構成されている。

良尚法親王【りょうしょうほうしんのう】

元和八年～元禄六年(一六二二～九三)。江戸時代前期の親王。百七十五世天台座主。*八条宮智仁親王の第二王子。良恕法親王のもとで得度。和歌や書だけでなく、茶の湯、立花、香道などにも才能を発揮した。天台座主を離れてからは京都*曼殊院に移り、趣味に多くの時間を費やす生活を送った。曼殊院の*八窓軒や*曼殊院棚はその好みと伝えられている。

両足院【りょうそくいん】

京都市東山区にある臨済宗*建仁寺の塔頭。開山は龍山徳見で、創建当時は知足院と号した。両足院は、知足院の別院、または徒弟院として建仁寺開山堂・護国院の中にあったが、天文年間(一五三二～五五)の火災後、知足院と両足院を併せて両足院と称した。室町時代中期まで霊源院とともに、五山文学の最高峰の寺院であり、貴重な典籍などを多数所蔵。十世住持の雲外東竺らは朝鮮との通交の役割をした以酊庵(長崎県対馬)に輪住した。本堂は、二重格天井を備え、内陣に本尊の阿弥陀如来立像を安置。回遊式の庭園内には、茶室*水月亭と臨池亭がある。

涼亭【りょうてい】

❶庭園内に設けた涼を取るための施設。庭園内の*東屋をさしたり、縁側から張り出して造ったもの、また池畔や河岸から水面に突き出して造ったものもある。*月見台などもその一種。❷東京都江東区の清澄庭園にある数寄屋。清澄

涼亭（清澄庭園） 外観

庭園は三菱財閥の創業者である岩崎彌太郎が豪商・紀伊国屋文左衛門の屋敷跡を深川親睦園としたことに始まる*回遊式庭園。この庭園内の池に突き出るようにして設けられたのが涼亭で、明治四十二年（一九〇九）、国賓として来日した英国のキッチナー元帥を迎えるため、敷地所有者の岩崎家が三菱建築事務所の保岡勝也に設計させた。入母屋造銅板葺に庇が廻る。二十七畳の座敷のまわり、池に臨んだ面にガラス戸を建て、勾欄付きの板縁を廻す開放的な構造となっている。昭和六十年（一九八五）、全面改築工事が行われている。

両引き【りょうびき】

引分けと同じ。⇒引分け【ひきわけ】

両開き【りょうびらき】

建具の開閉形式のひとつ。鉛直方向（水平面に対して垂直な方向）の回転軸を端部にもつ左右の扉が、開口部の中央で合わさるような開閉形式。この形式が、観音菩薩像を収める厨子の扉などに用いられるところから、「観音開き」ともいう。この形式をとる戸を両開き戸といい、両開きで、左右の扉を*折戸とした場合には*両折戸という。

両面垣【りょうめんがき】

表面、裏面のない垣の総称。*建仁寺垣や*鉄砲垣がこれにあたる。

了々軒【りょうりょうけん】

京都市右京区の神護寺にある茶室。方丈の西北に、昭和九年（一九三四）、*山口玄洞の寄進によって建てられた。広間八畳と水屋五畳のほか、四畳半と三畳の控え室が付く。八畳の広間は、部屋中央に構えた台目床、赤松の床柱と档丸太の相手柱、床框、狆潜りの意匠など*表千家七畳とよく似ているが、床の奥行きが、表千家七畳では浅く、前板を入れているのに対し、了々軒では半間そのままの深い床になっている。ただし狆潜りは奥に小壁を付け奥行きを浅くしている。床脇は松の地板で、天井は掛込天井になっている。客の出入り口は二間に、引違いに障子四枚を建てる。

緑水庵【りょくすいあん】

宮城県仙台市の良覚院丁公園にある茶室。明治三十二年（一八九九）に建てられた。昭和三十六年（一九六一）に仙台市に寄贈され、現在は一般にも公開されている。外観は木造平家建、寄棟造桟瓦葺で、土間庇部分はスレート葺とする。六畳と八畳の二室ともに四畳半切に炉を切り、茶室として利用されている。三畳の玄関を兼ねた次の間及び水屋が接続する。六畳と八畳は太鼓襖四枚を介した続き間とし、庭側二面に引違いに障子を建て、庭への眺めを考慮した開放的な造りとする。

隣雲亭【りんうんてい】

京都市左京区の*修学院離宮にある建物。明暦元年（一六五五）の山荘当初からの建物と考えられ、延宝五年（一六七七）に野火により焼失するが、後に再建される。文政七年（一八二四）にも再建の記録があるが、これは先の再建の後、荒廃したものが整備されたと考えられる。上御茶屋（上離宮）の中核をなし、御幸門から刈込まれた生垣の中の坂道を登ると、やがて展望がひらけ、隣雲亭のある丘の上に到達する。この名は、比叡山の登山路である雲母坂からきているとも、高台にあって雲に隣する意味からつけられたともいう。外観は緩い勾配の柿葺で、北から南へと仙詩台と呼ばれる板の間、一の間六畳、次の間三畳が並ぶ。西側から南側へは、深い土間庇がめぐり、その内側に縁を廻らせる。土間の三和土には、色石を使用した一二三石が埋め込まれている。その矩折に、臣下の控えの間として八畳と六畳二間が西から東へと続く。一の間と次の間は、東側にある壁以外は西、北、南側とも柱間いっぱいに障子を建てる。一の間、次の間境にも障子を建て、その上に松皮菱に花菱の透しのある欄間をはめている。仙詩台は二坪の吹放しの板の間で、東側と北側に手摺を廻す。かつて御幸の時の御座所となった。もとは池に面した別の場所にあったと考えられるが、現在地に移されたのち、北東にある滝を見て詩を推敲したところからの命名である。

麟閣【りんかく】

福島県会津若松市の鶴ヶ城（若松城）公園にある

麟閣　点前座側

麟閣　外観

茶室。*千利休賜死後、*蒲生氏郷を頼って会津若松に流謫中の*千少庵が若松城内に好み、建てたと伝えられる。慶応四年（一八六八）の戊辰戦争後、若松城は陸軍省の所管となり、明治五年（一八七二）、城下で代々薬種商を営む森川家八代善兵衛（指月庵宗久）によって自邸に移築された。平成二年（一九九〇）の氏郷入部四百年と若松城天守閣再建二十五周年にあたり、ふたたび本丸内の故地に移された。本丸内の発掘調査の結果、天守南東に配された大・小書院に接続する「金之間」「数寄屋」などの礎石が確認され、塀で囲繞された*山里に茶室も営まれていたことが明らかになった。明治五年の移築時に松の床柱以外の旧材は取り替えられている。茶室（麟閣）と鎖の間がL字形の棟を造る茅葺屋根に覆われている。南西隅に土間庇を造り、躙口があく。茶室は三畳台目。客座を挟んで点前座と反対側（躙口側）に二本襖で隔てられて相伴席を配し、相伴席の奥に給仕口があく。床は下座床で、客座の最も奥に位置する。床の脇壁の内側に下地窓があけられているが、花入釘は打たれていない。床柱は松、相手柱は桜。床框は真塗。点前座の位置は床から一尺六寸ほど前、客座の中央寄りに配されている。炉は台目切とし、中柱（楢）を立て袖壁を設け、下方を吹放した台目構えで、風炉先窓と勝手付に色紙窓があく。二重の釣棚は、雲雀棚の形式である。鎖の間は六畳。北面に奥行きの浅い一間床と床脇を設けている。*古田織部の燕庵形式を備えているが、燕庵形式が成立するのは慶長年間（一五九六～一六一五）に入ってからと推測されることから、少庵がこの茶室を造ったとする所伝の当否については検討を要する。

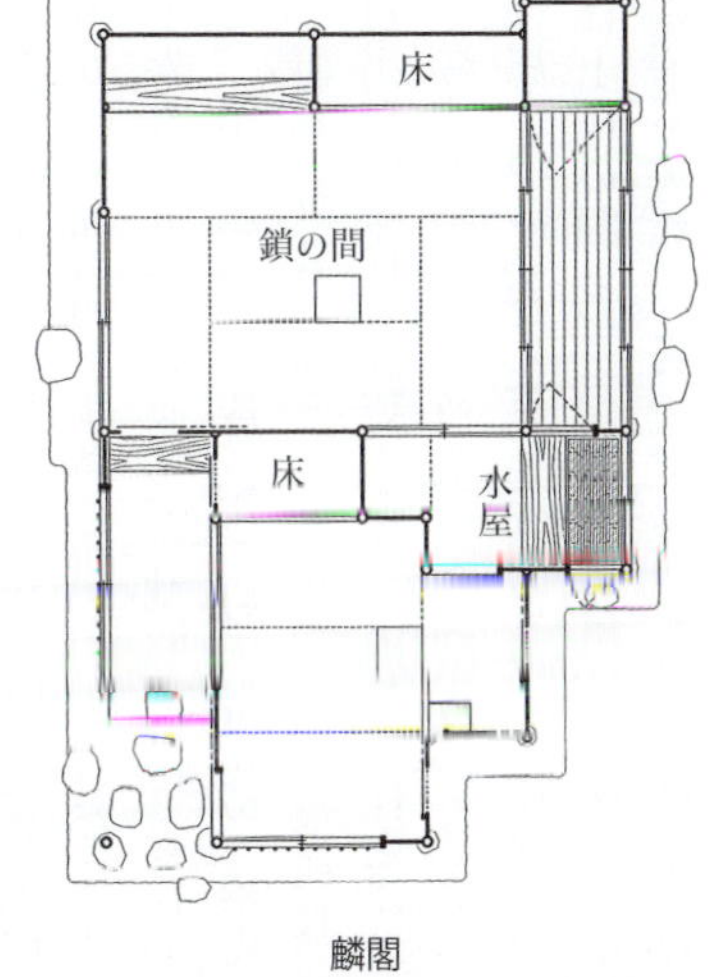

麟閣

淋汗茶湯【りんかんちゃのゆ】

淋汗は禅宗寺院において夏期に入浴することをいい、室町時代の百科辞典である『下学集』には「夏風呂也」とある。室町時代中期、特に文明年間（一四六九～八七）に奈良で行われた茶を「淋汗茶湯」と称した。そのありさまは、かつて興福寺別当であった*大乗院の経覚が綴った『経覚私要抄』に詳しく、夏期の入浴時に懸字、懸絵、立花などを行い、香炉や香合、盆などを荘り、また山や滝、あるいは谷の景を造り、松や竹を立てたりなどしてそこで茶を飲んだという。これらはいわゆる功徳風呂にその当時流行した風流と茶会が合体した催しとも見ることができる。当時奈良に住んでいたと考えられる*珠光もこの淋汗茶湯を目にした可能性もあるが、それが十六世紀初頭に成立する茶の湯に発展したとは考えがたい。淋汗茶湯は十五世紀後半に、奈良近郊の古市郷を中心に現れた一時的、局所的な風俗とみなすべきであろう。

林丘亭【りんきゅうてい】

東京都杉並区の柏の宮公園にある茶室。寛永年間(一六二四～四四)、新宿区矢来町の若狭国(福井県)小浜藩主酒井忠勝の江戸下屋敷の池畔には、*小堀遠州が造営した茶室があったという。その後、下屋敷の一部が旧日本興業銀行の寮となったため、昭和三十四年(一九五九)、現在地に茶室を移築復元し、命名したと伝えられる。長押のある八畳広間の三方に廊下と広縁が廻る。次の間一畳に水屋、十畳の和室から玄関に至る一構。

臨江閣【りんこうかく】

群馬県前橋市にある近代和風建築。本館と別館、そして茶室棟からなり、当地の迎賓館として県令・楫取素彦の提言で、地元有志、企業の協力で造られた。本館は明治十七年(一八八四)に設けられ、主屋は二階建、入母屋造桟瓦葺で、屋根には緩やかな起りが施され、軒先に銅板が葺かれている。一階には十四畳で床と矩折に違棚が設けられた一の間、十畳の次の間、十畳の三の間、七畳半の控えの間、そして八畳で床と違棚が矩折に取り付く奥座敷と六畳の次の間が付属する。奥座敷は寄棟造桟瓦葺であり、主屋に接続している。二階には明治天皇行幸の折、御座所として使用された十二畳半、そして二十五畳の座敷が隣接する。別館は木造二階建、入母屋造桟瓦葺で、明治四十三年の竣工である。一階には西洋室と称し、吹寄の格天井をもつ大広間、十五畳の座敷と十五畳の次の間、十畳の北座敷と十畳の次の間、六畳の北座敷と六畳の次の間、二階には吹寄格天井をもつ百五十畳の大広間が板張りの舞台とともに設けられている。茶室は本館と同じ明治十七年に竣工した。棟梁は京都の大工・今井源兵衛である。入母屋造桟瓦葺で四畳半と書院座敷からなる。四畳半本勝手下座床の形式で、客の出入り口として障子と板戸が建てられた躙口、そして引違いの腰障子を建てた貴人口が設けられ、亭主の出入り口として引違いの襖が建てられた茶道口と火燈口形式の給仕口があけられている。天井は竹竿縁の平天井に、貴人口側が化粧屋根裏、点前座上部が蒲の落天井となっている。平成二十年(二〇〇八)に楫取の号により畊堂庵と名づけられている。書院座敷は八畳敷で、床と床脇が設けられ、木瓜形とも火燈形とも見える窓をあけた書院が付けられている。天井は竿縁の平天井で、棚の上部は網代天井、床は鏡張りとなっている。

臨江閣　茶室四畳半　床と点前座側

臨時の茶事【りんじのちゃじ】

不時の茶事と同じ。⇒不時の茶事【ふじのちゃじ】

臨春閣【りんしゅんかく】

神奈川県横浜市中区の*三溪園にある数寄屋風書院造の住宅建築。*原三溪によって大阪市の春日出新田から移築され、大正六年(一九一七)に完成した。現在、臨春閣は三屋で構成される。第一屋は、外観は*入母屋造*檜皮葺、内部は鶴の間、瀟湘の間、花鳥の間、台子の間及び縁からなる。台子の間には、一隅に蓮の茎で作られた戸をもつ*袋棚を備え、下に流しを設けた水屋があり、瀟湘の間と花鳥の間とのあいだには、波をかたどり銀箔を張った*欄間が用いられている。第二屋は、外観は矩折の入母屋造、檜皮葺、軒は*柿葺。西面が池に張り出す構成は、春日出新田時代と同様である。内部は住之江の間、琴棋書画の間、浪華の間及び縁からなり、第一屋とのあいだに繋ぎの間がある。住之江の間は上段の間で、上段*框は黒柿、床は黒塗の*床框を入れた*畳床、*落掛は三つに割った

臨春閣　外観

臨春閣　第三屋一階次の間　内部

すり丸太をあわせて*元末が同じ太さになるようにしている。天井は同様に太さを加工した杉の矧ぎ丸太の*竿縁天井。竿縁は、床前は床に平行に、*違棚前は棚に直角に、全体を卍形に天井を区画している。また*平書院の欄間に*立涌文の意匠の格子を用い、違棚の地袋には左右似通う中国・清代の*螺鈿の戸を転用し、住之江の間と浪華の間、浪華の間と琴棋書画の間とのあいだには、色紙額を透彫りの菊の花と桐の葉で支える欄間を入れている。欄間の間の色紙の一部には公家により和歌が記されている。縁の第二屋への突き当たりには他から移された木彫の観音開きの扉が使われている。第二屋床裏には廊下を挟んで*雪隠及び浴室が設けられ、第三屋へのつなぎの廊下の壁面には干支の動物を描いた板絵がはめ込まれている。第三屋は二階建、上層は檜皮葺矩折*寄棟造、下層は柿葺で、一階は天楽の間、次の間、三の間及び縁からなる。主室の天楽の間には、床框が朱塗の畳床、天袋の部分と袋棚の脇を*通棚とした違棚があり、次の間とのあいだには、朱塗の*勾欄に笙など雅楽の楽器を配した欄間を入れている。次の間の黒漆塗の*火燈口の内から二階に通じている。二階の村雨の間は八畳の主室と六畳の次の間からなり、三方に縁がめぐる。縁には雨戸が付くが、縁の戸袋は見えないよう配置され、縁の隅に柱もない開放的な造りである。伝承ではこの建物は豊臣秀吉の*聚楽第から移された桃山御殿とのことであるが、藤岡通夫によって前身は紀州家の巌出御殿とされ、かつて建っていた場所、三屋からなる建物のつながりなどが考証されている。しかし伝来が確実なのは、春日出新田から移築された点のみである。春日出新田は元禄十五年（一七〇二）に開発され、西和夫の調査によると、移築建物はその会所の建築が前身で、食家、紙屋お亀を経て移築当時は[illegible]海家の所有であった。移築前の図面と比較すると、三溪は三屋の配置を変え、玄関を付け加えた。外観では、屋根を瓦葺から現状のように一段上げた檜皮葺に変え、柿葺の軒を廻した意匠にあらため、内部では襖絵を変えるなどして、現状の美しい建築を創造している。重要文化財。

綸子敷【りんずじき】

*切石敷の一種。綸子（繻子織の地織物の一種、綾）のように板石を並べたもの。書院庭園に多く見られるが、露地ではあまり使用されない。

林泉【りんせん】

*池庭の呼称の一つ。日本では『懐風藻』の巨勢多益須の漢詩「春日、応詔」にこの語が見え、飛鳥時代には使用されていたことがわかる。江戸時代にはひろく庭園全般をさす語として用いられ、『*都林泉名勝図会』には池庭に限らず*枯山水や露地も含んだ庭園が描かれている。

臨池亭【りんちてい】

❶京都市東山区の建仁寺塔頭両足院にある茶室。百貨店・白木屋を開業した十代大村彦太郎（梅軒）が、高台寺の家に建てていたものを、大正末年（一九二六）に菩提寺である当院へ移築したという。園池の畔に、*水月亭と隣り合うように建つ。入母屋造桟瓦葺で、銅板葺の庇を付

け下ろす。内部は六畳で、池に向かって一間半の広い開口をあけて出入り口とする。その矩折、点前座勝手付側には円窓をあけた開放的な構えとなる。

❷大阪市天王寺区の四天王寺本坊庭園にある茶室。昭和八年（一九三三）の建設。昭和七年からの庭園、及び同八年の茶室 *払塵亭の改修が *木津家三代宗泉による設計であるが、*重森三玲の『茶室茶庭事典』によると、臨池亭も木津による設計であるらしい。なお四天王寺の資料によると、この茶室の寄進者は岡橋家である。重森の『日本庭園史図鑑』図によると、八畳下座床の席で四畳半切本勝手の席、三畳の水屋を備えている。

❸岡山県倉敷市の旧野崎家住宅（重要文化財）にある茶室。野崎家住宅は、製塩業と新田開発で財を成した野崎武左衛門が天保から嘉永年間（一八三〇～五四）に築いた。臨池亭は広大な敷地の庭園内に立地する。この茶室は、速水流三代宗筧の指導により建てられたといわれ、寄棟造茅葺、躙口のある南面に杉皮葺の土間庇を付けた草庵風の外観。室内から東を臨み、苔むす庭を池と見立てて臨池亭と名づけられた。台目三畳に向板を入れ、炉は向切本勝手に切られる。床は風炉先に、客座に向けて枡床が設けられ、その前面、すなわち客座の上座には三角に板が敷かれ、壁面に円窓をあける。庭園内にはこのほか、*観曙亭、容膝亭という草庵式茶室が構えられる。

❹京都市下京区の *渉成園にある数寄屋風座敷。渉成園創立時の建物は失われ、現在の建物は園内北西部にある池に面して明治十七年（一八八四）に再建された。ともに桁行五間半の滴翠軒と臨池亭が、池の北と西の二辺（北側に滴翠軒、西側に臨池亭）を囲みつつ池に張り出して配され、渡り廊下でつながれる。かつては二棟をあわせて臨池亭といい、今の臨池亭の建物は喫茶居と呼ばれていた。両棟は、外観や内部の基本構成が共通しつつ、細部意匠で変化が付けられている。いずれも寄棟造桟瓦葺、柿腰葺である。主室八畳と六畳及び四畳の次の間が一列に配され、池側には全面にガラス戸を建てている。さらに池に張り出した濡縁を設け、池との関係を強く意識した構成をとる。軸部には面皮柱を用い、長押は打たない。いずれも吹寄の竿縁天井を張るが、室ごとに割り付けを変える。内部意匠は、臨池亭は室境の欄間と墨蹟窓に雷文をかたどった中国志向、滴翠軒は火燈形の書院窓や竹を用いた半月形の吹抜きがある床脇壁などに見られる数寄屋風の自由な意匠と、好みが明瞭に分けられている。

林麓庵【りんろくあん】

熊本県八代市の松浜軒にある茶室。⇩松浜軒【しょうひんけん】

る

瑠璃棚【るりだな】

*床脇に設けられる *飾棚の一種。『雑工三編 大工棚雛形』（一八五〇年刊）ほか、江戸時代後期から明治時代にかけて公刊された棚雛形本に収録される。中央に一組の *違棚を配し、上部に *天袋の底板を上棚とした違棚、下部に *地袋を組み合わせたもので、袋戸に瑠璃色の緞子の裂を張るという。

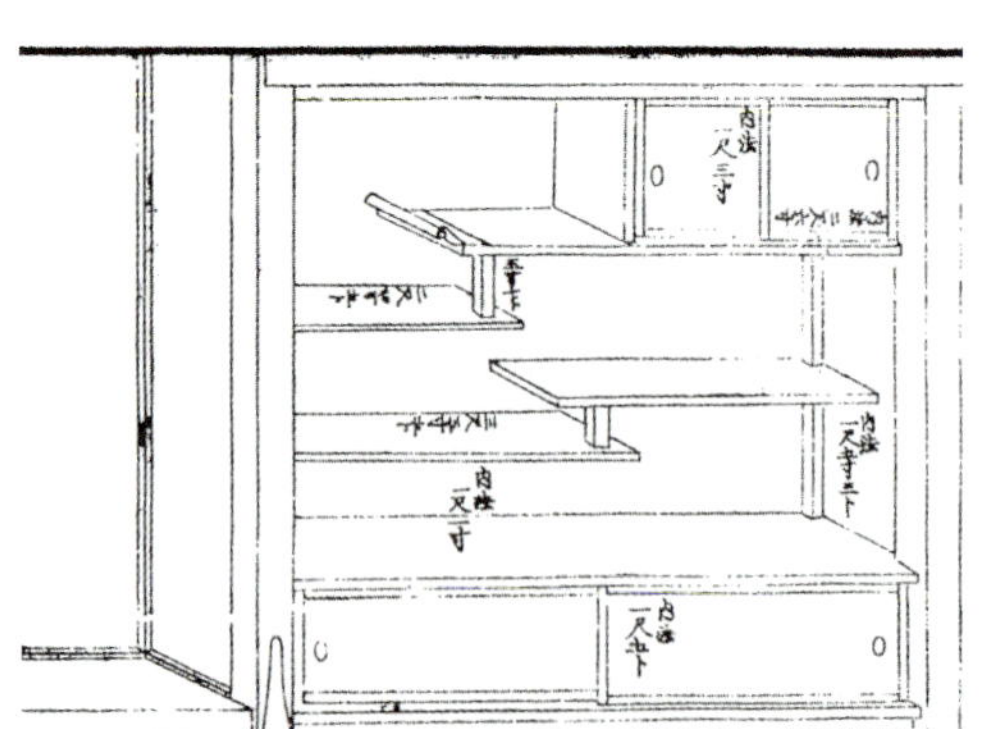

瑠璃棚『雑工三編 大工棚雛形』

瑠璃殿【るりでん】

京都市西京区の *西芳寺にあった二層の楼閣。名称は、中国・宋代の臨済僧の円悟克勤が著した『碧巌録』第十八則に見られる粛宗皇帝と耽源禅師の問答の一節「無影樹下の合同船、瑠璃殿上に知識無し」にちなむという。夢窓疎石が再興した西芳寺の下段庭園に建てられていた。今、黄金池の北側、観音堂横の池中に南北二列に連なる夜泊石は、瑠璃殿と西来堂（仏堂）を結ぶ廻廊の礎石であったとも伝えられている。足利義政は東山殿を造るに際し、瑠璃殿を範として観音殿（銀閣）を造営している。

れ

靈柱庵【れいちゅうあん】
奈良市の霊山寺にある茶室。京都の数寄屋大工・西川某による昭和二十九年から三十年（一九五四〜五五）の改築によるものらしい。内部は四畳半で、炉は本勝手四畳半切に切る。床は前板を入れ、天平時代の古材を使用した太い床柱が目を引く。茶室名の由来であろうこの床柱の圧倒的な存在感を緩和するため、天井や窓の構成に工夫が見られる。天井は床前が網代天井、点前座が蒲の落天井、ほかは飛濤亭と同様の隅木を用いた掛込天井として空間のゆとりを演出しており、窓は床前に大きな下地窓をあけている。

礼拝石【れいはいせき】
→礼拝石【らいはいせき】

煉瓦敷【れんがじき】
❶切石敷の一種。煉瓦を積んだように切石を並べるもの。（付録9頁参照）❷道路や建物の床などに煉瓦を敷き詰めること。または敷き詰めてある場所。

連歌の茶の湯【れんがのちゃのゆ】
連歌会と結び付いた茶会。連歌と茶の湯は、室町時代に発展期を迎え、多人数によって構成される一座により行われるなど共通する点が多く、容易に結び付いた。「猿草紙絵巻」（室町時代末期、大英博物館蔵）に描かれているように、連歌会の前後、あるいは途中に茶が供された。

煉瓦塀【れんがべい】
煉瓦を積み重ねて構築した塀。

連客【れんきゃく】
茶事、茶会の一座において、正客の連れの客、すなわち相伴の客のことで「相客」ともいう。また客になった時、自分以外の客一同をいう場合や、一座の客のすべてをいう時もある。

連客石【れんきゃくいし】
腰掛の役石のひとつ。「相伴石」ともいう。次客もしくは三客以降の客が座する位置の足元に据える石で、客に対し一石ずつ据える場合と、まとめて葛石（切石）や長さのある自然石を据える時がある。一石ずつ打つ場合は正客石（もしくは貴人石）よりも小ぶりの石を用い、特に次客の前に打つ石を次客石という。また長い石を打つ場合は正客石（もしくは貴人石）とやや離して打つ。（付録5頁参照）

蓮華庵【れんげあん】
川上不白が鎌倉建長寺の山門の古材を用いて、江戸の神田明神の境内に宝暦五年（一七五五）に建てた茶室。後に失われ、現在は起し絵図によってほとんど忠実に復元したものが、東京都文京区弥生に所在する江戸千家宗家蓮華庵の江戸千家会館（一九七五年建設）にある。三畳下座床の席だが、茶道口の踏込に半畳の板を敷き、その正面に利休堂を設け、床と前板をあわせ、全体は一間半四方となる。点前座を道安囲に構え、炉を上げ台目切に切る。中柱は赤松の皮付。風炉先窓の脇、勝手付に二重棚を釣る。床柱は径一尺六寸の檜の柱が用いられている。床の右側裏手が利休堂にあたる。天井は床前から床正面の躙口に向かって、片流れの化粧屋根裏となっており、全体にわびた手法で、不白の茶境が反映されていると考えられる。（川上不白の茶室の項を参照）

蓮華院【れんげいん】

神奈川県横浜市中区の*三溪園にある茶室。大正六年（一九一七）、*原三溪の好みにより建てられた。土間席、広間六畳、二畳中板入の小間からなる。土間席と六畳に切妻造柿葺の屋根を架け、さらにその北の妻側を一段低く柿葺切妻造の屋根として、ここに小間を設ける。広さ二間四方の土間席には独特な太い円柱が立つが、これは平等院鳳凰堂（京都府宇治市）の明治時代の修理の際に発生した古材を転用したもの、また円柱の横にあけられた窓格子も鳳凰堂の古材という。さらに塔の石造露盤を転用した石炉を備えるなど、席中の意匠は野趣に富む。広間は南の土間席側を貴人口として、東側の正面中央に床を設ける。半間の床脇は低い地袋と天袋を付ける。正面に向かって左隅の一畳を点前座として、炉を四畳半切に切る。北に続く二畳の小間は点前座と中板の境に節のある皮付柱を立て、これが壁床の床柱に見立てられる。風炉先窓の障子は両引きだが、窓全体を開けることができる珍しい形式である。茶道口を出た東は勝手となる。三溪が茶会の際に広間の琵琶台に東大寺三月堂にあった不空羂索観音がもっていた蓮華を飾ったことが席名の由来。

蓮華院

蓮華院　土間席　内部

蓮華寺形置燈籠【れんげじがたおきどうろう】

石燈籠の一種。蓮華寺（京都市左京区）にあるものを本歌とする*置燈籠のひとつ。半球形の台石の上に円形の笠と火袋を置いた形式のもの。（付録12頁参照）

蓮華寺形燈籠【れんげじがたどうろう】

石燈籠の一種。蓮華寺（京都市左京区）にあるものが本歌とされる。笠、火袋、中台、基礎は六角形だが、背が高い笠に九段の横縞を入れ、*軒丸瓦の形状に彫り込むなど、*瓦葺の屋根を模したのが特徴。

蓮華寺形燈籠　蓮華寺

蓮斎　床側

蓮斎【れんさい】

京都府宇治市の*松殿山荘にある茶室。昭和四年（一九二九）に木幡（宇治市）在住の堀内某という大工の手によるもの。主屋の南東側に位置し、宝形造の建物が円形の池の四分の[illegible]を覆う形である。池は水面下を扇状にコンクリートで区分し、かつては色違いの蓮を植えていた。屋根は桟瓦葺で銅板の腰葺。主体部の柱や束は水面まで立ち上がったコンクリートの束の上に玉石をのせた上に立てられる。内部は十畳台目の茶室、三畳の玄関、五畳の水屋などを配す。十畳台目の天井は折上格天井で、格間を色上で五色に塗り分け、支輪部分には網代をはめ込む。床は踏込の板床に中国風に彫刻された座卓が常設されている。床柱は檜の春慶塗。座敷まわりの北側、東側には縁を廻す。

連子【れんじ】

窓、扉、*欄間、あるいは*勾欄や*須弥壇などで、細い材を縦（竪）または横に間隔をおいて並べたもの。またはそのような連子を構成する細い材（細い材を区別して連子子ともいう）。寺院建築では、方形もしくは菱形断面の材を、稜角を正面に向けて枠内に並べる。数寄屋建築や茶室では、角木のほかに竹や小丸太などを用いる場合もある。横向きの連子は横連子ともいう。細い材を縦横に組むものは*格子である。古くは「櫺子」といった。連子と格子という語は明確には使い分けられていないが、『近世風俗志』（守貞謾稿）は「竪横トモ同寸ニ組タルヲ格子ト云、今俗ハ是ヲ狐格子ト云、又竪多ク横少ク、大略竪寸横尺ニ子ヲ用ヒタルヲ連子ト云」と説明している。

連子子【れんじこ】

*連子を構成する縦（竪）または横に並べられた細い材。

連子竹【れんじだけ】

*連子に竹を用いたもの。多くは茶室の*連子窓に用いられるものをいい、通常は径が六分から七分くらいの白竹を、三寸くらいの間隔で、奇数本並べる。*吹寄に並べたり、*如庵に見られるように詰め打ちにするものもある（*有楽窓）。連子竹は、*敷居と*鴨居あるいは枠に、通常は掘り込まず、外側から*巻頭釘で打ち付けて取り付ける。一枚片引きの障子と敷居や鴨居を共有する場合、敷居と鴨居の内法面に掘り込んだり、*躙口の上にある場合は敷居に掘り込んだりして、取り付けることもある。連子竹を縦（竪）に用いた場合、中ほどの高さに*付貫（あふち貫）を通すことが多い。付貫は貫といっても、通常、連子竹を貫通させない。（付録[illegible]頁参照）

連子棚【れんじだな】

*床脇に設けられる*飾棚の一種。「竹連子棚」とする雛形本もある。『雑工三編 大工棚雛形』（一八五〇年刊）ほか、江戸時代後期から明治時代にかけて公刊された棚雛形本に収録される。正面の壁中央に*連子窓を設け、上部に*天袋、下部に*地袋を組み合わせたもの。

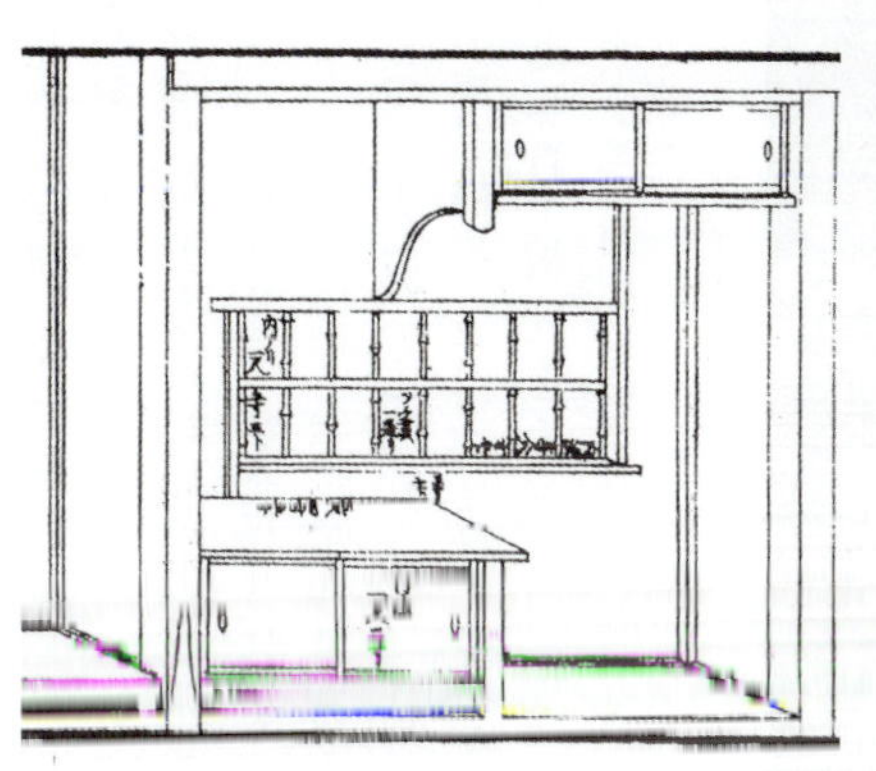

連子棚　『雑工三編 大工棚雛形』

連子窓【れんじまど】

窓の一形式。*連子子を竪、または横に並べ打ち付けた窓。連子窓は七世紀中期に造営された奈良県の山田寺趾の回廊から完全な姿で発掘されたことから確かなように、飛鳥時代の仏寺に用いられていた。また聖武天皇（七〇一～七五六）が営んだ紫香楽宮の辺にあった藤原豊成邸の一殿舎（板殿）に二カ所の連子窓があけられていて、奈良時代には住宅建築にも導入されていたようである。織豊時代には茶室に竹製の連子窓が採用される。「紹鷗に成て、四畳半座敷所々あらため、張付を土壁にし、木格子を竹格子にし」（南方録）とある「木格子」「竹格子」は連子窓のことをさしていると解釈される。茶室の連子窓は、*敷鴨居の外側に白竹の*連子竹を三寸位の間隔に*巻頭釘で打ちとめ、中ほど内側に*付貫を添える。内側に障子を引違い建てとする。構造上あまり大きく開口できない*下地窓と併用して、茶室に開放性が与えられる。連子竹は竹の節を並べないこと、竹を逆さに打たないこと、打ち付けとすることが通例である。*待庵の躙口上の連子窓は、上は釘打ちで下は掘り込みになっている。掘り込みは台格子に用いられる手法であることから、連子窓は台格子の系譜を物語る痕跡であるのかもしれない。現在、茶室を使用しない時には外に、窓の保護のため*掛戸を掛けることになっている。しかし、かつては「窓毎ニ外ニ掛戸有之」（古田織部正殿聞書）とあるように、室内の微妙な明暗を調節するために用いられた。連子窓の形式で、連子竹を詰めて打ったものが*有楽窓である。（付録22頁参照）

連子窓

連双窓【れんそうまど】

上下や左右に同じ大きさの窓が二つ並んだもの。窓の大きさが異なるものは夫婦窓という。

蓮池【れんち】

❶蓮が植えられた池の総称。
❷正倉院宝物の一つで、朴の木を刳り抜いて池の形を作り、金銅や金銀の箔で蓮をかたどった造花。

廉池軒【れんちけん】

岡山市の*後楽園にある建物。園内南部にあり、古絵図から創建は元禄年間（一六八八～一七〇四）とされる。築庭を指示した岡山藩二代藩主池田綱政が、庭に点在する御茶屋では最も好んで利用したといい、園内で戦災を免れた数少ない建物の一つ。十七畳の広間の一隅に、池に向けて一畳の床を構え、平書院には火燈窓をあける。寄棟造茅葺で板庇をめぐらし、現在は隣接する茶屋とを、円窓のある漣波の間でつないでいる。

廉池軒　外観

れ

ろ

炉【ろ】

茶室において湯を沸かすための設備。炉は*囲炉裏の略で、当初は必ずしも正方形ではなく、また大きさも定まってはいなかった。『掃墨物語絵巻』の北山私僧坊の*会所に切られた囲炉裏は、中央の半間四方のうち、指筵の座から見て右脇に板簀子状の部分を組込んでいて、長方形であり、また『不動利益縁起』に描出された僧院「炉間」の囲炉裏も、脇に板簀子状の部分を組込んでいる。また*足利義政の*東山殿、東求堂*同仁斎でも、天井竿縁にのこる鎖で釣物していた蛭釘の跡が、南北は四畳半の中心線上にありながらも、東西は中心から西へ二寸五分ほどずれていて、中央に想定される囲炉裏は、半間四方ではなく、東西を五寸ばかり小さくした、絵画資料にも描かれている脇に簀子を入れた長方形の囲炉裏であったと考えられる。こうしたケ(褻)の領域での、茶道具を置き合わせた囲炉裏の茶を基底として展開するわび茶の草創期には、炉の釣物も鑵子から風炉にも使われていたような釜にあらためられてきたと考えられ、炉の大きさはまだ定まってはいないものの、形状的には正方形化している。「炉ノ縁ハ一尺六寸四方ナリ、広一寸六分、厚一寸八分或ハ二寸ナリ」(池永宗作への書〈一五五五年〉)とか、「いろりの縁面一寸、下へハ二寸、四方の大小ハ座敷によるへし、四帖半敷ハ一尺八九寸、六帖敷ハ二尺一寸もよし」(古伝書〈一五六六年〉)とある。天文から慶長年間(一五三二～一六一五)にかけての諸茶会記に記された諸家の茶室の炉の大きさを見ると、二尺角の炉は永禄十年(一五六七)に一例あるのみで、やや小さい一尺九寸角の炉は元亀二年(一五七一)、天正五年(一五七七)、天正十年の三例がある。また「大イロリ」と記すものが天正十二年から十三年に三例あり、それも一尺八～九寸角ほどの大きさであったと考えられる。しかしそうした大囲炉裏も天正十三年を最後に、会記には記されてはいない。次に大きい囲炉裏は豊臣秀長の郡山城四畳半の一尺八寸角の炉(天正十四年)で、一尺八寸角の炉は現在*大炉として継承されているが、当時はこの一例のみであった。次いで一尺七寸五分角の炉が天正十年から十五年にかけて八例あり、また一尺七寸角の炉が天正十二年から十四年に三例あり、同十五年以降にはそうした大きさの炉は記録されていない。そして『池永宗作への書』で「常翁(紹鷗)ガカリ」として記されたり、「古囲炉方一尺六寸」(和漢茶誌)とか、「紹鷗時代よりは、炉の広さ一尺五寸七分五厘四方也」(喫茶指掌編)と記されていた一尺六寸角の炉は天正十六年に一例あるばかりで、また一尺五寸角の炉も天正十五年に二例あるのみであり、一尺六寸角の炉が諸誌に伝えられるほど一般性をもっていたかは疑問視されよう。「紹鷗利休と談合して、一尺四寸四方と定しとなり」(喫茶指掌編)とある、一尺四寸角の炉が現在定尺となっているが、一尺四寸角の炉が茶会記に見えるのは永禄十一年からである。そして永禄年間(一五五八～七〇)中に炉の大きさが知られる茶室七例のうち六例までが一尺四寸角で、また元亀年間(一五七〇～七三)の二例中一例、天正年間(一五七三～九二)の五十三例中三十七例が一尺四寸角である。とはいえ、永禄十一年に「小イロリ」と記す意識には、その頃はまだ大囲炉裏が一般的であったことを潜在させており、それに対して天正十年には逆に「大イロリ」とする意識に変化していて、小さな囲炉裏が一般化していることが明白である。そして天正十六年を限りに一尺四寸以外の炉は記録されておらず、すでに炉は定尺化したと考えられる。茶室の点前座で使う炉には、通常壁土を塗った塗炉が用いられているが、ほかに鉄炉や*石炉、陶器、銅製などの炉もあり、場合によっては電熱を熱源とした電気炉が使われることもある。一尺四寸角の塗炉の炉壇の壁の厚さは二寸から二寸二分あり、また炉壇の深さは内

炉

法で一尺一寸ほど。幅一寸二分、高さ二寸二分の炉縁が付される。旧暦十月の亥の日に炉開きする習慣もできてきたが、開炉にあたり炉壇も塗り替えることが多い。そして座敷によっては炉が切れない時、高さ七、八寸の置炉で代用することもある。炉の切り方は点前畳の外に切る出炉と、点前畳の内に炉を切る入炉に大別され、また出炉としては四畳半切と台目切があり、また入炉としては向炉隅切（隅炉）と向炉向切（向切）の、あわせて四態がある。さらにはそれぞれに本勝手（古くは左勝手、左構え、江戸時代中期以降は右勝手）と逆勝手（古くは右勝手、右構え、江戸時代中期以降は左勝手）があり、それらを八炉ともいっている。とはいえ、逆勝手の隅炉など、その例を全くといって良いほど見ないものもある。また水屋の控釜用に、鉄製の丸炉を備えることもあり、また水屋に調理用の長炉を仕付けることもある。

蘆庵【ろあん】

京都市下京区の渉成園にある煎茶室。昭和三十二年（一九五七）に建てられた寄棟造桟瓦葺、二階建の茶室。一階は七畳、二階は主室四畳半と台目三畳の次の間からなる。一階七畳の席は西側に床を設け、東、南二面に縁を廻す。二階主室は北面に構えた床の脇に二重棚を設けつつ丸窓を切り、東、南二面に肘掛窓をあけた開放的な煎茶席である。

蠟色塗【ろいろぬり】

漆塗の技法の一種。「蠟色研出」「蠟色仕上」ともいう。漆塗のきわめて上等な仕上げ法で、生漆に油類を加えず水酸化鉄などを着色剤として加え、精製した黒漆、または彩漆を塗り、乾燥後その表面を木炭で平らに研ぎ、炭粉や砥粉で研磨し、さらに生漆を薄く摺り付け、乾燥後、少量の種子油と鹿の角粉を使って磨く。この摺漆と角粉磨きの工程は数回繰り返される。一般に黒漆塗が多いが朱、溜、緑などの蠟色塗がある。茶室建築では床框や床脇の棚、付書院、襖縁などに用いられる。また黒漆塗の真塗は、蠟色塗と比べて工程が少なく、漆の塗厚も薄いため、埃などの影響を受けやすく、黒漆の色艶や質感が異なる。

廊【ろう】

建物と建物のあいだに設け、移動の際、雨風を避けるための建築物、あるいは建物の一部に突出して取り付く細長い建築物の総称。透廊や歩廊、渡廊、渡殿などがこれに含まれる。

廊下【ろうか】

建物内の部屋と部屋、または建物と建物をつなぐ細長い通路。

琅玕席【ろうかんせき】

秋田県湯沢市の高久酒造にある茶室。建築家・白井晟一の設計、岡野福松の施工で、昭和二十八年（一九五三）に酒蔵二階に建てられた。一間半幅の床は、およそ一畳と半畳の畳で構成され、框をもたず、座敷から連続し、床柱は二枚の畳の境に多くの節を見せた太い丸太を建てる。落掛は床柱から客座側に五寸ずれている。掛物は一畳の部分に掛けられ、半畳の奥には火燈窓を半割にしたものを設ける。天井は杉柾目板に径一寸五分の杉の心材を用いた竿縁天井。畳は目の粗いものを使用し、その縁にも工夫を施している。つまり長辺に付けられた縁が二本に重なる部分ができるのが本来だが、その片方を省略し、一本として表現している。一般的な茶室の仕様にしたがわない、自由な発想から生みだされた作品である。

琅玕席　床側

廊橋【ろうきょう】

ろ

*池庭などに架けられている木橋の一種。「橋廊」「橋楼」ともいう。橋上に柱を立て、屋根を設けたもので、廊下の床構造が橋の形をしている場合をさす。*東福寺の通天橋をはじめ、永保寺の無際橋、平安神宮、高台寺などにも見られる。

老欅荘【ろうきょそう】 神奈川県小田原市の郷土文化館分館松永記念館にある*松永耳庵の旧居。耳庵が、昭和二十一年（一九四六）から二十九年にかけて造ったもので、一線を退き過していた埼玉県所沢市の*柳瀬荘から同二十一年に移り住み、晩年の二十五年間、ここで「日々是茶」の生活を送った。建物への登り口にある欅の古木に由来して命名され、普請は柳瀬から招いた大工・古谷善造と孝太郎の父子が行った。増築が重ねられているが、桟瓦腰葺で、三畳の上段床に付書院を設けて縁座敷をめぐらした広間十畳と、その次の間となる六畳を中心に、水屋の併設された八畳（鎖の間）、十畳、台所、東北隅には腰掛待合のある玄関、及び三畳の寄付茶室などからなる。昭和二十八年には、西南隅に、付書院風の肘掛窓の付いた四畳半台目の茶室松下亭が増築された。登録有形文化財。

老欅荘　広間　縁座敷側

弄清亭【ろうせいてい】 *足利義政の山荘*東山殿に営まれた*泉殿。会所と同じ頃に完成していたとみられ、長享元年（一四八七）十一月に移徙が行われた。現在、*慈照寺内、*東求堂の背後に建つ弄清亭は、明治二十二年（一八八九）に建てられ、平成八年（一九九六）に改築されたものである。

蠟燭石【ろうそくいし】 基礎石の一種。縦長の形状をした蠟燭状の切石。*土蔵の基礎にも用いられる。蠟燭石を使用した*地業を蠟燭地業といい、悪い地盤を改良する時に用いられたが、松杭に代ってコンクリートの既成杭や鋼管杭が普及したように、蠟燭地業も最近はほとんど見られなくなった。

老梅院【ろうばいいん】 岩手県盛岡市の庭園老梅園にある茶室。老梅園は第七代藩主南部利幹が享保七年（一七二二）に営んだが、同十四年の大火で焼失した。その後再建され明治維新を迎えるが、加野屋庄兵衛が入手し、昭和六年（一九三一）頃、山口宗樹の所有となった。園内には*川上不白の好みと伝えられる一屋があり、残月写し（表千家残月亭の写し）の広間と三畳逆勝手向切の二畳の茶室がある。残月写しの席は十畳敷で二畳の上段が設けられ、二方に幅一間の入側が廻る。その外側には土間庇が付く。上段出隅の柱は赤松皮付で、中敷居窓に三枚の障子を建て、壁は張付壁。付書院は、欅の竿材で四枚の障子を建て、その前畳二畳分は化粧屋根裏とする。入側との境に櫛形の下地窓をあけるのは、不白が特に好んだ意匠である。三畳の点前座は道安囲の形式だが、通常の道安囲では仕切り壁を付けて火灯口をあけるところを、ここでは壁を付けずに中柱を立て、太鼓襖を引違いに建てる手法を見せる。床は下座に構え、細い杉の丸太を床柱にして欅の床框を組み合わせている。天井は床前を平天井、躙口側を化粧屋根裏として、竹の垂木を入れた下り壁で仕切っている。

蠟引塗【ろうびきぬり】 家具調度品や室内意匠材の表面に蠟をひいて仕上げること。材を保護して汚れを防ぐとともに、光沢のある仕上げになる。数寄屋では床の地板に蠟引塗の板を用いることがある。

炉覆い【ろおおい】 助炭と同じ。⇒助炭【じょたん】

蘆花浅水荘【ろかせんすいそう】

滋賀県大津市にある日本画家・山元春挙の旧別荘。現在は記恩寺という。春挙夫人記述の「別荘入費及祝品控」によると、大正三年(一九一四)、琵琶湖西岸に屋敷地を購入し、同五年に主屋、八年に記恩堂を建て、十年までにすべての庭園と建築が整えられた。蘆花浅水荘の名は、中国・唐代の詩人である司空曙の漢詩「罷釣帰来不繫船　江村月落正堪眠　縦然一夜風吹去　只在蘆花浅水辺」にちなんでいる。造園は本位政五郎、大工は京都の橋本嘉三郎。広大な屋敷地の西半部に中庭を取り囲むように配された主屋と離れが建ち、その南には露地風の前庭を挟んで表門を構え、主屋に隣接して土蔵が建つ。屋敷地東半には蛇行する流れを有する庭園を設け、園内に記恩堂のほか、腰掛待合、砂雪隠、東屋、及び茶室 *穂露などを配する。重要文化財。

蘆花浅水荘の煎茶室【ろかせんすいそうのせんちゃしつ】

滋賀県大津市の *蘆花浅水荘にある煎茶室。主屋の北西隅に接続する竹の間は六畳で、西面の蹴込床は北端が一段上った琵琶床となっている。床柱に四角い竹を用い、側面の狆潜り、床奥の付柱、正面の落掛にも竹を用いる。床の南方には太鼓襖の茶道口がある。東面北側の付書院の窓は丸く刳り抜かれ、内側に障子を建て込み、その外側には竹の枝をうまくひろげて、満月に芒を表現している。その南側には上下二段に十の袋棚があり、それぞれに禅宗の古典「十牛図」の十段階を二字熟語にした名が記されている。南面から西面南側の茶道口にかけての襖には、山元春挙が竹林を描いている。莎香亭は、主屋の広間北東に位置する一室で、琵琶湖に面した庭園にせり出し、南面には勾欄付きの縁が設けられている。内部は六畳で北面の東側には墨蹟窓を備えた踏込床がある。その西側は、曲がり竹を張り付けた付鴨居の下に円窓をあけ、さらにその下部には地袋が設けられる。東面北側には付書院が設けられ、明障子、障子欄間が納まる。無尽蔵は莎香亭の西に接続する台目二畳の一室で、北面に曲竹の落掛、その下には段違いの地袋が設けられている。西面には棚付き地袋、文机が設けられ、文机上部には火燈窓があり、明障子を建てる。

蘆花浅水荘の煎茶室　竹の間　床側

鹿苑寺【ろくおんじ】

京都市北区金閣寺町にある臨済宗相国寺派の寺院。山号は北山。金閣を有するために、金閣寺とも通称される。西園寺公経の創始した北山第を、三代将軍 *足利義満が別邸として譲り受け、*北山殿として会所や*舎利殿(金閣)を建てて整備し、住んだことに始まる。義満没後は日野康子が主となり、さらに康子の没後は足利四代将軍義持が大きく改変し、*夢窓疎石を勧請開山とし禅宗寺院として開いた。寺号は義満の法号鹿苑院殿による。応仁の乱(一四六七〜七七年)により荒廃したが、室町時代末期、江戸時代前期と修理をくり返し、方丈や書院なども復興した。茶室 *夕佳亭は*鳳林承章が、*金森宗和に造らせたと伝えられるが、当初の建物は焼失し、明治七年(一八七四)に再建された。鎌倉時代に創建された北山第の不動明王像や足利義満画像(ともに重要文化財)など寺宝も多く、大書院の伊藤若冲の筆になる障壁画(重要文化財、承天閣美術館に保管)の存在も知られている。庭園は池泉回遊式で、一部に安民沢と呼ばれる池などの鎌倉時代と伝えられる遺跡もある。「古都京都の文化財」の一つとして世界遺産に登録される。

緑寿庵【ろくじゅあん】

富山市の円山荘にあった茶室。円山庵のこと。

⇨円山庵【えんざんあん】

六畳【ろくじょう】

茶室の広さを表し、丸畳六枚分の広さからなる茶室。六畳の茶室は、今では特別な存在としての意味をもたなくなったが、初期の茶室の時代には、四畳半と並んで尊重されていた。当時の六畳所持の様子は『茶湯秘抄』に「珠光・古播州・松本・志野迄ハ六畳敷也」だったとあるし、奈良の商人・松屋久行も六畳と四畳半をもっていた。また大永五年（一五二五）に「下京茶湯」として評判となった宗珠の午松庵にも四畳半と六畳の席があった。あるいは北向道陳、引拙らの名も伝えられている。六畳に対する当時の評価は「座席のひろさ・せはさ、貴人の御茶湯の座は六てう敷相応す、そのいはれは、いかに茶湯と申共、ひさつめ（膝詰）にはこのましきにあらさる物也、御相伴も少間を置、おそるく風情あつて着座す、惣なミは四てう半よし」（僊林）というもので、貴人に対して、座にゆとりと謙譲の意を表わすことができ、これが六畳の良さとして認められていたようである。『茶湯秘抄』の図によれば、当時の六畳は一間床を備えた右勝手（今でいう逆勝手。左勝手の項を参照）の席で（同書は宗珠好みの興福寺尊教院の六畳左勝手も掲げる）、壁は張付壁、縁の腰障子から席入りした。床脇の押入に袋棚を置くとの記載もある。蒲天井や真菰天井なども試みられ、その際は必ず竹竿縁が良いとした。炉の大きさは当時まだ定まっておらず、永禄九年（一五六六）になった『古伝書』では、六畳なら二尺一寸も良いとしている。こうした古風な六畳は、千利休の草庵式茶室がひろまると、以後はあまり顧みられなくなったが、それでも、たとえば長岡休夢（細川三斎の長男）の聚楽屋敷六畳（長岡休夢の茶室の項を参照）や裏千家溜精軒などのように、興味深いものも工夫された。

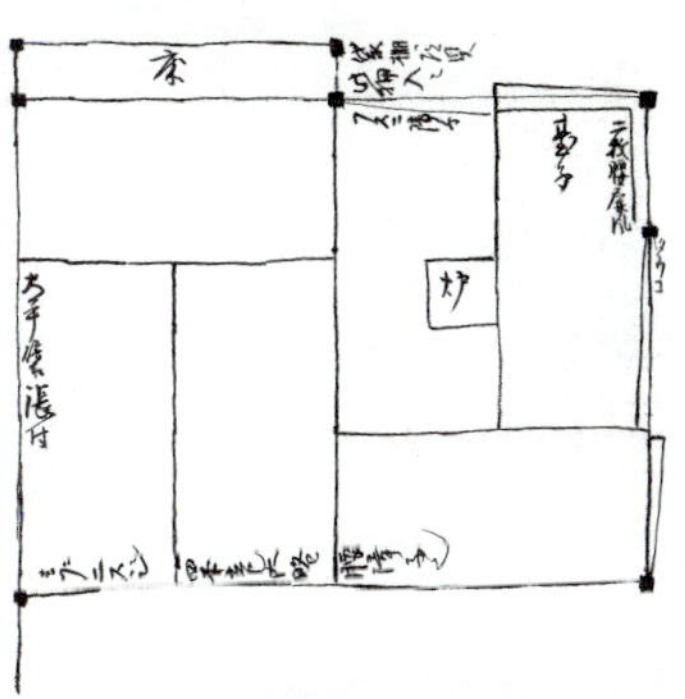

右勝手六畳敷の図
『茶湯秘抄』（石水博物館本）

六窓庵【ろくそうあん】

❶東京都台東区の東京国立博物館にある茶室。この茶室は慶安年間（一六四八〜五二）、奈良興福寺の慈眼院に金森宗和の好みで建てられたと伝え、興福寺大乗院にあった奈良国立博物館の八窓庵、東大寺の四聖坊にあった八窓庵（八窓庵の項❶❸を参照）とともに大和三名席の一つとして知られていた。明治初年（一八六八）に画家・高階在晴が荒廃したこの茶室に修理を加えて居住していたが、高階没後の明治八年、博物館が購入することになった。その際、解体輸送中に静岡県伊豆の長津呂港内に停泊中、船が難破。港内の材を回収し、明治十年に移築。水屋、寄付、腰掛、中潜り、雪隠などは、明治十四年に古筆了仲によって設計、増築され、露地が整えられた。第二次大戦中、ふたたび解体され疎開、昭和二十二年（一九四七）、木村清兵衛により現在の位置に再建された。外観は入母屋造、茅葺、妻に柿葺の庇を付け下ろし、土間庇を造る。向かって左側に躙口をあけ、その脇に袖壁を設けるが、そのあいだにわずかに小壁を付している。内部は三畳台目で、客座三畳の長辺側、中央の畳に付けて台目の点前座を配置する。これは宗和が作風の基調として取り入れた古田織部、または小堀遠州の好んだ形である。この間取りでは茶道口と給仕口が矩折に配置される点にも特色がある。床柱は棕櫚の皮付だが新しい取替材とみられ、床框は黒塗である。床が勝手に接しているとは宗和の好みだが、墨蹟窓をあけておらず、当初の形は失われている可能性がある。点前座は落天井形式の野根板天井で、中柱はやや太めでくせの強い曲柱である。上方で落天井のとまりの横材に当たるが、この横材は壁の途中で消えており、この点も当初の形を伝えていない可能性がある。客座二畳の天井は二分され、床寄り二畳の上が平天井、躙口寄り一畳は掛込天井である。床寄り二畳側の壁には横長の下地窓をあけ、障子を二本引きあけにし、付鴨居と戸当りをほぼ対称に付けている。引きあけの手法は関東地方でしばしば見られる手法から、これも移築後の作意と考えられている。躙口寄り一畳側にはやや高めに柱に寄せて下地窓を一つあ

六窓庵（東京国立博物館） 外観

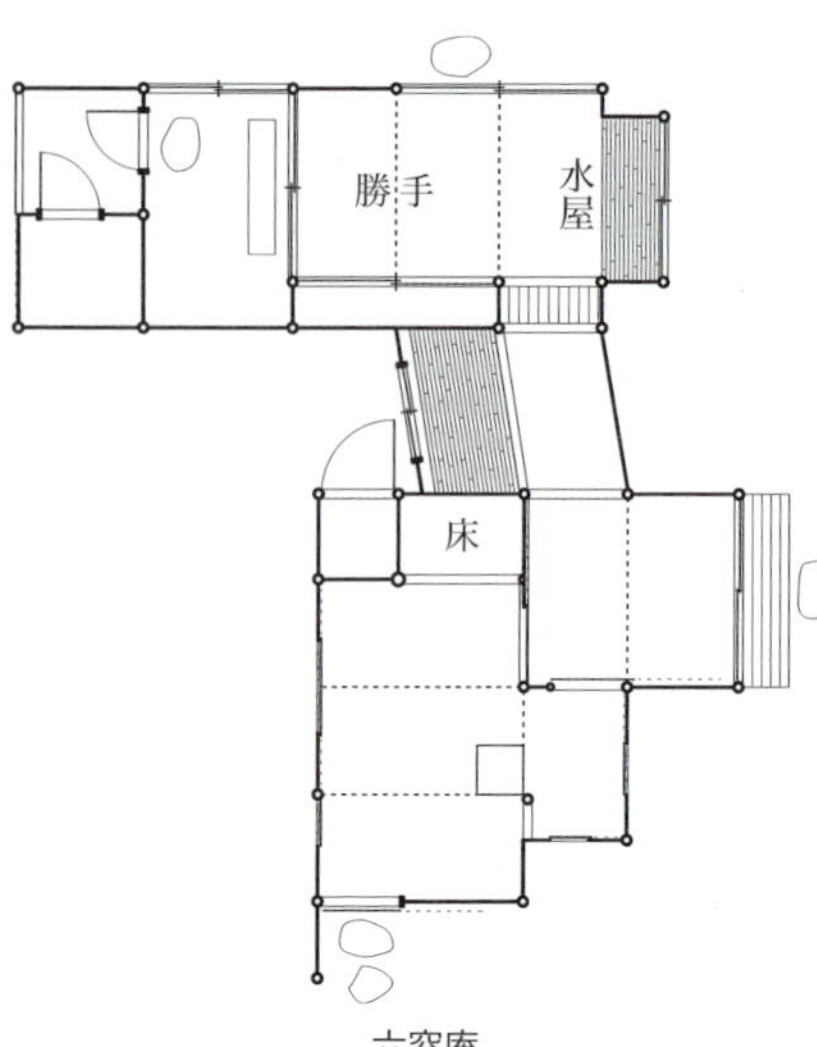

六窓庵

けている。茶室の背後には了仲によって付加された水屋などへつながる斜めの渡り廊下が続く。露地に設けられた中潜りと腰掛は、*燕庵の露地に見る*割腰掛の形式である。また躙口付近に据える*手水鉢は、平安時代に建立された京都法性寺の石造宝塔の台石を転用したもので、*相阿弥が*東山殿の*東求堂の前に据え、様々な茶人に賞賛されたと伝えられている。天保年間（一八三〇〜四四）に京都の武部了幽がもらい受け、所持していたものが、明治十八年に博物館の所有となり、六窓庵の露地に置かれたと伝えられる。

❷奈良市の西大寺にある茶室。昭和三十六年（一九六一）に現在地に移築されてきたという。外観は切妻造瓦葺、軒先及び付庇を銅板葺とする。躙口前は捨柱により深い軒下を確保し、室内の風炉先の窪みに刀掛を配している。内部は二畳台目で、点前座には中柱を立てて炉を台目切とし、勝手付に板畳を入れる。床は下座床。出入り口は引違いの茶道口と躙口、窓は茶室名の通り六つの窓をあけるが、床前、北面の柱間いっぱいにあけられたガラスの中敷居窓が特徴的で、その外側には窓先棚を設けている。天井も凝っており、客座一面を煤竹の上に土をのせた大和天井とし、点前座は柳を編んで張っている。水屋は一畳台目中板入で向板に丸炉を備える。移築前の状況など、不明な部分が多いが、小規模ながら各所に工夫が見られる。

六友軒【ろくゆうけん】

愛知県名古屋市熱田区の熱田神宮にある茶室。同市東区の徳川園にあった茶室豊庵の寄付として、当時の美術商の集まりである六友会が造立した。豊庵は猿面茶室写しで、戦災で焼失したが、六友軒はのこり、昭和二十二年（一九四七）の熱田神宮献茶会設立時に献納された。六畳上座床の席で、床は台目床とし、墨蹟窓をあける。炉は広間切。縁側を北及び東に廻す。

六葉【ろくよう】

装飾金物の一種。*懸魚、扉の*框、*長押の*釘隠などに用いられるもので、六出(雪)の花弁形のもの。花弁形の曲線は、室町時代までは緩やかであったが、近世以降より鋭くなった。また中央に突出している部分「樽の口」は初め、太く短かったが、近世に入ると細く長くなった。

碌々亭【ろくろくてい】

富山市の富山城址公園にある茶室。四畳半の臥雲居、三畳台目の不染庵の二室と、それらをつなぐ水屋と腰掛により構成される。これらは明治三十年（一八九七）頃、飛騨高山の素封家・永田家が*武者小路千家十一代一指斎に依頼、計画したが、一指斎は同十九年に臥雲居を完成させ、二期目にあたる不染庵の完成を待たず病を得たため、実兄である*表千家十一代碌々斎瑞翁が継承して完成させたという。永田家では五本の大きな松の畔に建てられたことから五松庵と名づけられたが、現在は完成させた碌々斎にちなみ碌々亭と呼ばれる。昭和二十三年（一九四八）に数寄者の佐藤助九郎が譲り受け、同二十五年に本邸内へ移築、さらに佐藤家別邸、佐藤工業ビル内へと二度の移築を経て、平成十七年（二〇〇五）に富山市へ寄付され、同二十八年、現在地へと移された。移築を重ねているため創建時の姿から改変された部分もあったが、明治時代の千家の、二家合作という貴重な遺構のため、現在地への移築の際に解体された部材の痕跡を調査し、のこされていた古図と照らし合わせながら創建時の姿に可能な限り復原された。一指斎が完成させたと伝わる臥雲居は四畳半本勝手、下座床の席。床は台目床で、床の対角にあたる点前座入隅に柳釘を打った楊子柱、点前座下座側に洞庫を備えるなど*又隠の要素を取り込みながら、躙口をあけずに引違い明り障子の貴人口や片引き太鼓襖の給仕口を用いることで茶室の雰囲気をやわらげ、使い勝手良くまとめられている。不染庵は三畳台目本勝手の席で、炉を向切とする。点前座風炉先側に台目幅の踏込床を構え、あいだの袖壁は下方を吹抜き、上に大きな下地窓をあける。天井は三段に構成され、床前一畳半が平天井、躙口側一畳半が掛込天井、点前座が落天井となる。窓が少なく縦の空間が大きいことなどから臥雲居に比べ厳しい表情を見せ、一棟の建物内での対比を巧みに造り上げている。現在は掲げられていないが、一指斎の揮毫による臥雲居の扁額と、大乗寺刀山の揮毫による不染庵の扁額がのこされている。平成二十八年には、県内の茶道有志からの寄付により、碌々亭に増築する形で渡り廊下及び広間が造られ、碌々亭とあわせて本丸亭と名づけられた。この増築棟は主に六畳と八畳、及び四畳の鞘の間からなる。六畳には本勝手に炉が切られ、点前座の正面に壁床を構える。また炉の対角にあたる場所には大炉も備え、大炉の逆勝手の席としても使用できる。八畳は一間半の床をもつ本勝手の席。床柱や天井板に佐藤家より譲られた部材を用いて構成される。取次の天井板や玄関の式台も同様に佐藤家にあった部材が用いられる。八畳と鞘の間、六畳の三室は間仕切りの襖だけでなく敷居も外せるよう造られており、三室が一体となり十八畳の大広間としても使用できるよう配慮されている。

露結の手水鉢【ろけつのちょうずばち】

大徳寺塔頭孤篷庵の*忘筌にある手水鉢。棗形の前面に「露結」の文字が彫られていることから、その名がある。忘筌の席名は『荘子』の「筌者所以在魚、得魚忘筌、得兎忘蹄」によるが、「露結耳」とは兎のことで、この手水鉢も茶室忘筌にちなみ、同句から彫られたものと考えられる。なお同形の手水鉢が近江（滋賀県）の小室城内から発掘され、京都の某家を経て名古屋市の伊藤家に復元された小堀遠州の茶室転合庵の縁先に据えられたが、庵の解体後は行方不明。

露結の手水鉢

露地【ろじ】

日本庭園様式のひとつ。*枯山水、*池庭に対して、*茶室とともに茶の湯のための場を構成する庭園をいう。「茶庭」とも称され、「路次」「路地」「廬路」などとも書かれる。基本的には庭門から茶室までの*飛石や*延段で構成された園路を主体とし、松や常緑樹、羊歯や苔などの植栽によって*市中の山居と評されるような山里のわびた風情を演出する。*茶事を行う場であることから、そのための施設として*腰掛、*雪隠などの設備のほか、手水構え（*蹲踞や*縁先手水鉢）、*燈籠などを備える。室町時代後期以降、茶人は茶室や茶道具とともに露地の構成に自らの茶のあり様を表現することに工夫をこらし、様々な形式を生み出してきた。露地を*中門で*内露地、*外露地に区画したものを*二重露地、区画のないものを*一重露地という。二重露地の外露地がさらに区画されて中露地をもつものを*三重露地というほか、多くの区画をもつものは多重露地という。本来はわび茶のための専用の庭を意味していたが、後に*書院の庭園と一体となったものや*回遊式庭園の一画を構成するものも現れたことから、これらを総称して茶庭とも呼ぶようになった。前者を*草庵式露地（草庵式茶庭）、後者を*書院式露地（書院式茶庭）として区別することがある。喫茶の風習は、平安時代初期に最澄や空海など入唐帰朝僧によって日本にもたらされたとされる。『日本後紀』の弘仁六年(八一五)四月二十二日条には嵯峨天皇の近江国滋賀韓崎(唐崎)行幸の記事があり、琵琶湖での舟上歌舞、梵釈寺での君臣奉和の詩宴にともなって、嵯峨天皇に対し入唐帰朝僧であった大僧都・永忠が自ら茶を煎じ奉った。嵯峨天皇は、平安宮の一画に茶園を設けるとともに諸国に茶の栽培を命じ、また喫茶の詩宴を催すなど喫茶を重んじた。この当時、喫茶のための専用の庭園はないが、周遊や詩宴をともない、あたかも盧仝(中国・唐代の詩人)の「茶歌」に示されるような仙境になぞらえられる庭園の様相は、*後水尾天皇など後世の禁中、公家の茶の湯において憧憬されるものともなった。鎌倉時代に*栄西によって中国・宋より抹茶法が伝来し、茶儀礼が盛んとなっていく。宮廷や武家における茶合わせ、*闘茶の流行は、茶の産地の増加や、茶味を飲み分ける文化が成熟したことを示している。やがて室町時代の将軍邸などにおいても*台子の茶を中心とする茶儀礼が行われるようになった。しかし、*足利義満の*北山殿や足利義教の*室町殿においても、喫茶のための施設は*会所や*泉殿であり、喫茶専用の座敷や庭園が構えられていたわけではなかった。当時の茶会の様子とその環境が描写された史料の一つとして、室町時代初期の陰暦六月のある喫茶の様子を記したとされる『*喫茶往来』がある。これによると、まず会所の客殿において酒三献の儀礼があり、食事と茶や果物が供される。その後、しばしば席を離れた参会者は北窓の*築山に向かい、あるいは緑陰に暑さを避け、滝水に涼をとる。そして月見の座敷で四方の眺望にすぐれた二階建の会所が喫茶の亭にあてられ、*唐物で飾り立てられた一階において茶を喫した後、酒宴が行われた。ここでは*初座、*中立、*後座という現在の茶事と同様の構成が見られるが、庭園はまだ露地として特別に設けられたものはなく、築山や滝を構えた築山林泉庭であった。この記事は実際の茶会の様子を記したものではないとされるが、このような喫茶の環境としての室町時代の会所や庭園は、後の茶室と露地の成立に少なからず影響を及ぼしたものと考えられる。*足利義政の*東山殿は、*夢窓疎石が再興した*西芳寺に範をとった邸宅であり、会所や*常御所、観音殿、*東求堂などが*園池をめぐって配置され、会所の座敷では唐物荘厳の茶の湯が行われていた。それに加え、東側の山腹に構えられた西指庵では*囲炉裏の茶が行われ、竹を主体に造られた亭である*漱蘚亭が構えられていた。その周辺には石敷きの園路や*井泉石組があり、往時は見事な梅の木があったという。この西指庵は西芳寺の指東庵にならったものであり、現在「お茶の井」と呼ばれる井泉石組は西芳寺の龍淵水にならったものと考えられる。なお、これらが後に露地の手水構えとして発展すると考えられることから、*草庵式露地の成立以前の喫茶の環境としての禅宗寺院の庭園を*禅院式茶庭と呼ぶことが一時行われたが、茶庭の形式として規定することには疑問があり、現在はほとんど用いられない。応仁文明の乱前後から戦国時代にかけて、*三条西実隆が文亀元年(一五〇一)に営んだ四畳半の小座敷「角屋」のように和歌会や連歌会に用いられる小座敷が流行する。実隆は庭者を召して石を立て庭樹を植えたが、その庭の趣は*豊原統秋が永正年間(一五〇四~二一)に自邸の庭奥にある松の大木の下に営んだ山里庵や、下京茶の湯の中心人物の一人として『宗長手記』に「数寄の張本也」と評された*宗珠の午松庵に通じるものであったろう。午松庵は門内に「大いなる松有、杉あり」「垣のうち」は清く、濃く色付いた蔦の落葉がえもいわれぬ風情をつくり出していた。*一休宗純がその晩年、*酬恩庵に営んだ*虎丘庵もこのような小座敷の一つであり、かつては一体であった隣接する廟所の庭園とともに*珠光の作庭と伝える。こうして茶の湯専用の茶座敷が成立する時期を迎える。記録にのこされるこの時期の事例の一つに永禄十年(一五六七)と推定される興福寺尊教院の茶座敷(尊教院の宗珠座敷の項を参照)がある。『*茶湯秘抄』によれば一間の張付床で茶立口、*洞庫を備え、正面に四枚の腰障子を建て、その外には縁があった。縁先には*堀庭があり、遥拝石と大亀石が据えられていた。このような座敷、あるいは縁伝いに歩みつつ観賞する庭園はやがて姿を消すことになる。『*烏鼠集四巻書』(一五七二年)に「庭の様躰、四畳半敷ニハ、草木不植、石たてす、砂まかす、栗石ならへす」「客のめ不移良、御茶に精を入、名物に心をつけしめんため也」とあるように、茶座敷四畳半の庭園には茶の湯に集中するため、植栽や配石を行わないことが良い、とされたのである。『山上宗二記』が伝える紹鷗四畳半の図（武野紹鷗の茶室の項の図を参照）はまさしくこのような初期の露地の姿を示すものであり、書院に隣接する茶座敷四畳半は北向きに建てられ、正面には障子が建てられ簀子縁が付き、低い垣で囲われた庭園は「面ノ坪ノ内」と呼ばれた。茶座敷には簀子縁の端から入り、これは通路とみられる「脇ノ坪ノ内」と潜りで連結されていた。「面ノ坪ノ内」は採光のための庭であり、動線は及んでいない。「見越しに松多し」とあるように、茶座敷は午松庵のように山里の趣で満たされていたと考えられる。この時期、露地は文字通り「路地」であった。『山上宗二記』によれば紹鷗四畳半は京都や堺の衆はことごとくこの席にならったという。千利休も例外ではなかったが、やがて独自の創意をこらす。大坂深三畳台目の席（深三畳半、細長三畳の項を参照）には「面ノ坪ノ内」、「脇ノ坪ノ内」を備えるが、茶座敷正面に縁はなく、「脇ノ坪ノ内」から潜り木戸を介して直接席入りする形をとっている。注目される点は「脇ノ坪ノ内」を「脇ノ手水かまえ」と呼んでいる点である。紹鷗四畳半では中立は縁で行われ、手水もここで行っていたものとみられるが、大坂深三畳台目では「脇ノ坪ノ内」で中立や手水が行われるようになったのである（坪の内の項を参照）。これまでは単なる通路であった露地に、茶事における機能が付与されたのである。これを画期として、やがて「面ノ坪ノ内」は姿を消し、「脇ノ坪ノ内」に蹲踞や腰掛さらに雪隠が配され、飛石、延段が打たれ、植栽が行われることとなった。露地に石燈籠を用いたのは利休の晩年である。こうした素朴ないわゆる一重露地が、二重露地、さらに三重露地へと進んでゆくのは、坪の内が広くなってきた天正十五、十六年（一五八七、八八）頃からとされ、利休の時代に二重露地のおよその形が整ったとみられる。それをさらに発展させたのは古田織部や小堀遠州であった。利休や織部、さらに遠州の頃までは「路地」の文字を用いているが、江戸時代の中頃から「露地」の文字が多く用いられるようになる。立花実山は元禄十三年（一七〇〇）の『壺中炉談』において「露地は草庵寂寞の境をすべたる名なり」とし、法華経譬喩品にある説話に基づく一境である、としている。そして「又露地の白きと云ひ、白露地ともいへり、一身清浄の無一物底也」とし、禅宗寺院の白砂敷の庭のような精神的な面を強調している。このように茶室を仏世界ととらえてそこに至る庭を、世俗を洗い流す清浄な空間として位置付ける考え方は、わび茶の理念のありようにおいて大きな影響を与えた。さらに茶の湯が武家社会における社交の場として発展、展開してゆくと、露地が書院造庭園の要素としても組み入れられることとなる。武家が禅宗寺院の檀越となったこともあって、大徳寺や妙心寺などの塔頭に多くの庭園が営まれ、そこには茶室と露地をともなうものも多い。大名茶人として知られる遠州が大徳寺山内に営んだ孤篷庵の茶室忘筌、直入軒、山雲床は、書院に草庵式茶室を融合させるという新機軸を打ち出したもので、露地も書院造庭園との融合が図られた書院式露地である。禁中や公家の社会では、江戸時代初期から中期にかけて、桂離宮や修学院離宮などに見られるように平安時代の風流を受け継いだ池庭が復興された。その空間構成を見ると、池庭の周囲にいくつもの茶屋や茶室が配置され、詩歌や茶の湯を楽しむ場となっていた。舟遊やそぞろ歩きを楽しむこのような形式は回遊式庭園と呼ばれ、池庭や枯山水をも包み込む広大な露地ともいえよう。武家においても大名は自邸に将軍の御成を迎えるため、競って広大な庭園を営んだ。これらは大名庭園と呼ばれる。東京の小石川後楽園や金沢の兼六園、岡山の後楽園、高松の栗林公園、熊本の水前寺成趣園など現存する事例も多い。また、江戸時代には町人が豊かな経済力と文化のもとで稠密な都市住宅の中に自然の息吹を取り込もうとしたことがうかがえ、枯山水や露地で培われた自然の表現手法、とりわけ飛石、石燈籠、手水鉢を構成要素とする中庭（坪庭、奥庭）が多く造られた。江戸時代中期には北村援琴の『築山庭造伝』（一七三五年）や秋里籬島の『築山庭造伝後編』（一八二八年）など作庭書が出版された。後者は茶庭に関して定式、極淋寂、野外の三つを図示するとともに「玉川庭園」としていわゆる文人煎茶の庭を取り上げていることから、様々な茶庭が営まれていたことをうかがわせる。明治維新後、東京では眺望の良い高台に主屋を建て、山腹から山麓に湧水を利用して池庭を設けるものなど、新たなスタイルの庭園が生み出された。京都でも明治時代末期から昭和時代初期にかけて、*碧雲荘など近代数寄者でもある政財界の要人たちの別荘庭園群が営まれた。これらの作庭にかかわった七代目*小川治兵衛は、東山を背景に取り込み、身近な里山の風景をモチーフとした五感で味わう自然としての庭園を創出した。このような中、露地もまた眺望をともない、明るく開放的なものが好まれている。また、*煎茶を愛好する文人や画家による作庭活動も盛んとなり、橋本関雪が営んだ*白沙村荘や竹内栖鳳の*霞中庵の露地などが知られている。茶事における露地での流れをみると、露地の形式や設備の有無により異なることもあるが、現代における一般的な二重露地では、まず*寄付で連客が待ち合わせ、亭主の案内により客は露地口から外露地に入り、外腰掛で亭主の迎付を待つ。亭主は中門の近くまで来て客と礼を交わす。中門から内露地に入り、正客を先頭に客は飛石や延段を伝って茶室に向かう。そして蹲踞で口や手を清めた後、茶室へと席入りをすることとなる。(付録4頁参照)

露地行燈【ろじあんどん】

*夜咄の茶事などの夜会に、露地で用いられる行燈。*腰掛の下座のほうに置く。形状は底が檜材の溜塗四方の台で、上部の覆板が黒塗である。対して座敷用では区別をするため一般的に木地となる。竹の提手が対角線状に付く。油皿には*燈心を使う。客の*席入りや*中立の助けとするほか、露地の風情を添えるものとして、『茶之湯六宗匠伝記』などにその扱いが伝えられている。

露地行燈

露地入り【ろじいり】

*露地口を通り*露地に入ることを露地入りという。一般的には、*待合に客が揃い亭主からの案内を受けると*外露地の*腰掛(外腰掛)へ通る。さらに腰掛に通った後、亭主が本席から露地へ出て*迎付をし、正客から順に*中門を抜け、*内露地に入り、蹲踞を使って本席に*席入りするが、この内外の露地を伝う一連の動作を総じていうこともある。露地入りでの心構え、*露地草履、*露地下駄での歩き方などには、その人の力量があらわれるとされる。

露地笠【ろじがさ】

露地道具の一種。雨天や雪の時などの席入り、退席の際に露地での雨や雪をしのぐための笠。数本の竹の骨組に*真竹の皮を被せて竹籤で渦巻状に押さえ、これを糸で留め、手掛りの掛緒が内側の一端に付けられている。このことから、「竹皮の押さえ笠」ともいわれている。掛緒に右手首を通し、手のひらを上向きにして支えて扱い、蹲踞で手水を使う時には、次の客が上客の笠を後ろから左手で受けとってさしかける。笠を用いての席入りは、雁が渡るように一列に並んで露地を進むことから、雁行と呼ばれる。『石州三百ケ条』には笠を腰掛に掛けるための釘についての詳細な記述が見られる。江戸時代には主に京、大坂で「ばっちょう笠」、江戸で「駕籠屋笠」と呼ばれていた。利休好みの寸法は直径約二尺三寸、深さ三寸五分ほどで妻折形となっている。

露地笠

露地聴書【ろじききがき】

*露地に関する作庭書。作者不明。江戸時代に『*石

州三百ケ条』をはじめとする茶書の、露地に関する記述を抜粋、引用しながらまとめたものと考えられる。露地の構成や役石、石燈籠、手水鉢など二十一の項目について詳述し、特に飛石や延段、中潜りの石については図解がある。簡潔ながら実用的な内容で、露地に関する史料としても評価が高い。

露地口【ろじぐち】

*露地への出入り口をいう。単なる出入り口にとどまらず、俗世と露地(*市中の山居)との精神的な結界を表す。*外露地が板塀で囲われている場合は、一般には*引き戸を建てるが、*露地門を構えることもあり、その場合、内露地や中露地との境に設けられる*中門よりは格式が高い門とすることも多い。

露地下駄【ろじげた】

露地道具の一種。「駒下駄」ともいう。露地専用の履物で、雨天、雪の日に足袋を汚さないために用いる。対して、主に天候の良い時には*露地草履を用いる。赤杉の柾目を用材とし、真竹の皮に心を入れ、丸く綯った鼻緒が付いている。寸法は長さ八寸三分、幅三寸二分、高さ一寸二分、鼻緒が八寸ほど。一般の下駄と比べて、高さが低く、下駄の歯面を広くする。『*南方録』によれば*武野紹鷗の時代には下駄が主流であったが、静かに履きこなせる人はまれであったという。

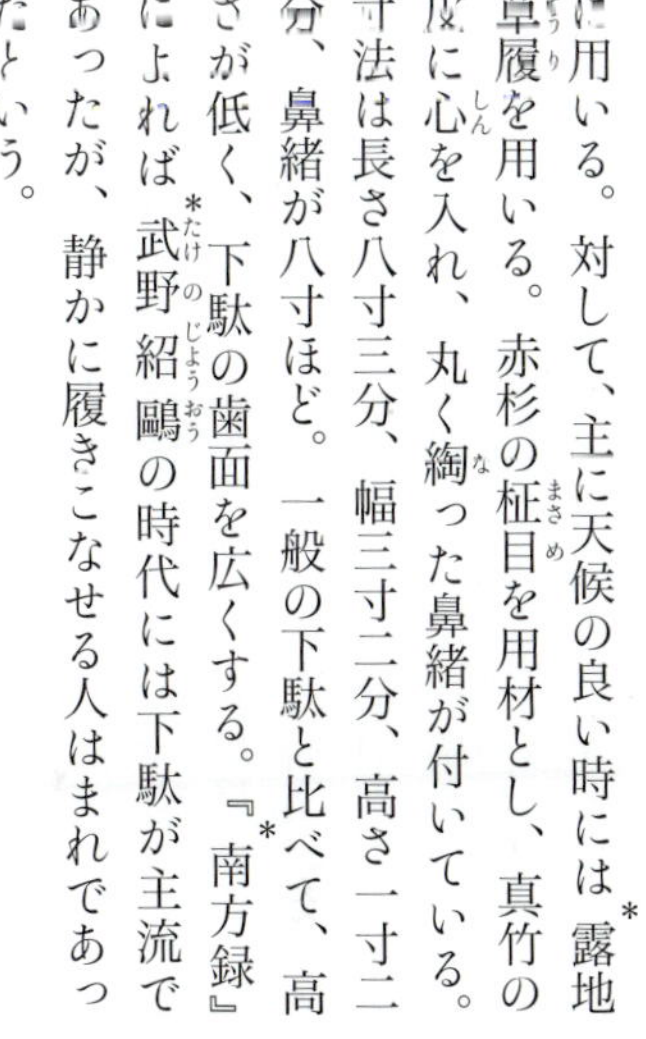
露地下駄

露地草履【ろじぞうり】

露地道具の一種。露地専用の履物で、主に天候の良い時に用い、雨天の時などは*露地下駄を用いる。竹皮などを編んだ草履で、長さが八寸、幅が三寸二分ほど。これに革を張ったのが*雪駄である。

露地草履

露地の七つ石【ろじのななついし】

露地で特に必要とされる七つの*役石。「露地の七石」ともいう。手水石、前石、手燭石、踏石、刀掛石、待石、捨石のこととされるが、手燭石のかわりに小口台の石または腰掛石を入れることもある。『熊田与玄茶書』には「七ツ石居様」として「手水石」「前石」「小口台ノ石」「フミ壇ノ石」「刀掛フミ石」「待石」「捨石」の据える際の寸法が記される。

露地箒【ろじぼうき】

露地で用いられる箒。流儀によって異なるが。例えば*裏千家では*棕櫚箒と*蕨箒のこと。棕櫚箒は*外露地、蕨箒は*内露地に主に掛けられる。

露地門【ろじもん】

*露地の入口に設けた門。*一重露地では*露地口に設けられた門をさすが、*二重露地や*三重露地になると、外露地、中露地、内露地のそれぞれの境に設けられた*中門をさすこともある。なお、この場合、露地口に設けられた門を*外露地門ともいう。屋根をもつものでは、その屋根葺材によって、茅葺門(萱門とも)、瓦葺門、竹葺門、檜皮葺門、杉皮葺門、*柿葺門などがある。またその様式によって、*梅見門、*編笠門などがある。木戸形式の簡便なものとしては、*揚簀戸、猿戸(猿戸の項❷を参照)、*枝折戸、角柄戸(角柄戸の項❷を参照)などがある。壁面に躙口形式の開口をあけた*中潜りもある。

露台【ろだい】

❶建物から庭面に張り出して造られた屋根のない台をいう。「露壇」「張出縁」ともいう。*簀子

縁、竹縁などとする。*桂離宮古書院の*月見台はその代表である。❷禁裏の紫宸殿と仁寿殿、仁寿殿と承香殿のあいだにある簀子。屋根がなく、ここから雨露が入り込むのでこの称がある。

炉畳【ろだたみ】

茶室の畳のひとつ。*炉を切る畳のことをいい、炉の部分が欠いてある。*四畳半切では、半畳を中央に敷き、床前一畳から順次廻り敷きにする場合、この中央に敷かれた半畳が炉畳となるが、*向切や*隅炉の場合では点前畳を兼ねることとなる。

炉壇【ろだん】

*炉の内側を土で厚く塗廻した部分。炉櫃（炭櫃）といわれる箱形の木枠により保護される。これを床下に納め、その部分の畳を欠き取る（*炉畳）。この中に灰を入れ、炭の火をおこして釜を据えることとなる。塗壁仕上げの炉壇を「本炉壇」、また「土壇」ともいい、他に小豆石などで作られた*石炉や銅板、陶板のものもある。炉櫃は一般的に枠部分が檜、箱部分が杉で作られ、その上に*漆喰、さらに*微塵苆を混ぜた荒土を塗る。その後、内側の角に極薄い和紙を張り、上塗りをして仕上げる。仕上げには黄土が用いられるが、本炉壇の上塗り土は耐火性の強い京都稲荷山の土が良いとされる。炉壇の土の色に関しては*古田織部と*上田宗箇の問答をまとめた『茶道長問織答抄』に、*千利休は紫色に赤味が混じった焦色が良いといったことが記されており、当時は黄土ではなかったようだし、現在でも流儀によっては*聚楽土で仕上げる場合もある。外枠全体は一尺六寸四分四方、高さは一尺三寸、内部は深さが一尺一寸ほど、炉中は下ひろがりとなる。畳が敷かれ、*炉縁をはめた時、畳と炉縁の上面を揃える必要があることから、畳の厚みにより適切な炉壇の選択と納め方が重要である。大きな釜を据えるために炉壇の一部を欠き取った*欠き炉、定型寸法よりも大きい*大炉などもある。

炉壇

露竹【ろちく】

愛知県安城市の對馬家にある茶室。もと碧南市にあり、昭和六十年（一九八五）頃に移築された洋々医館の中にある。洋々医館は碧南出身の医師で県議会副議長をつとめた近藤担平（一八四四～一九二九）が明治五年（一八七二）に始めた洋式の診療所で、昭和五十五年まで続いた。建物は敷地のほぼ中央に建ち、東西に長く、三つに区切られる。東面には玄関があり、廊下を挟んで六畳となる。北面に床と三角形の地袋と鱗板がある。次の中間部に本席と水屋を配し、西側は四畳半として炉を切り、下座に台目床を構え、脇を地袋とする。屋根は切妻造桟瓦葺で、庇の一部が杉皮である。本席の露竹は二畳台目で、炉は向切、点前座には風炉先窓をあけ、左手の隅に一重棚を釣る。床は框床で墨蹟窓を六畳側にあけ、床柱と床框が档丸太、西側の茶道口は火燈口形式で、北面の給仕口が袴腰形である。東面は袖壁を付け六畳間とは引違い襖で、矩折に躙口を造り、上部を連子窓とする。続く西側は引違い腰障子の貴人口がある。天井は点前座が網代天井、二畳の客座は野根板に丸太の竿縁で打ち上げる。本席の南面には土間庇が付属し、扁額を掲げる。水屋は本席の北にあり、水屋棚は二段の通棚と二重隅棚、南面の風炉先窓裏には丸炉や棚が付く。

六華苑【ろっかえん】

三重県桑名市にある旧諸戸清六邸。諸戸家二代の清六が結婚の際、新居として初代の屋敷（諸戸家住宅、重要文化財）の北側に新築したもので、ヴィクトリア朝様式の洋館と和館が接続している。和館部は棟梁・伊藤末次郎によるもので、大正元年（一九一二）の上棟である。和館西側に設けられた一の間は、十八畳敷で西側中央に一間半の床と南に琵琶床と付書院、北に地袋を備え、四畳半切に炉が切られ、北側に点前座を設けた下座床の形式となる。次の間として十五畳、そして長六畳の鞘の間が続く。和館東側の二の間は、十畳で西端には南に寄せた一間半の床と北に天袋を備えた床脇が並ぶ。ここにも四畳半切に炉が切られ、北側に点前座を設けた卜座床の形式となる。次の間も十畳敷である。

六華苑　一の間　床側

露滴庵【ろてきあん】

広島県尾道市の浄土寺にある茶室。浄土寺は聖徳太子が推古二十四年（六一六）に開創したと伝える古刹で、鎌倉時代の本堂（国宝）と多宝塔（国宝）、室町時代前期の阿弥陀堂（重要文化財）、江戸時代の方丈（重要文化財）などが建つ。露滴庵は*燕庵写しで、方丈と書院に囲まれた平庭を隔てて、小高い丘の上にある。燕庵写しの本席と勝手が少し屈折して接続し、勝手は下方の書院と渡り廊下でつながっている。また丘の一角に中門が建ち、その内側の両側に腰掛が設けられて貴人席と相伴席に分けられる形式で、これも燕庵露地の写しである。もとは向島の富豪で浄土寺の檀家・富島家にあった茶室と伝えられる。その後、文化十一年（一八一四）、五代目三右衛門の時に当寺へ移築された。伝承ではあるが、最初、*伏見城内にあった豊臣秀吉ゆかりの茶室が本願寺へ移築され、それが富島家へ移されたという。ただし度重なる移築により当初材はほとんど失われており、富島家において燕庵を写した可能性が高いと考えられている。外観は入母屋造茅葺だが、妻側から入口へ銅板葺の庇を廻す点は本歌である燕庵と異なる。内部は三畳を挟んで北側に台目の点前座と南側に相伴席

露滴庵　外観

露滴庵

露滴庵　床側

が付く構成で燕庵と同じであるが、異なる意匠も散見される。たとえば燕庵では床前の平天井がそのまま点前座の上までのびるが、露滴庵では壁面に釣束を見せて、点前座を落天井としている。真塗の框を入れた床の上、廻縁の下に太い煤竹を添えた意匠も本歌との相違である。相伴席との境、引違いに建てた二本襖の上は、燕庵では一枚の板をはめ外しできるようにするが、ここでは板戸を引違いに建て込む。また相伴席から勝手へと続く火燈口は板畳を斜めに切ってあけられる。これは移築に際して勝手との接続から改造されたものである。重要文化財。

露盤【ろばん】

塔の最上層の屋根にある相輪の最下部や、*宝形造の屋根の頂点にある方形の台。屋根面にのり、覆鉢を受け、その上に相輪、宝形造の場合は宝珠をのせる。

炉開き【ろびらき】

冬季を迎え、茶室の炉をあけ、使い始めること。「開炉」ともいう。一般的に旧暦十月の亥の日に炉をあけるのを習わしとしており、現代では十一月上旬にあける。千利休の時代は柚子の色づく頃に行うという言い習わしもある。炉開きは「茶人の正月」ともいい、新年のごとく扱われ、*炉壇を塗り替え、また畳、建具を張り替え、露地の垣根も結い替えて、一陽来復の心あらたまったしつらいとして、やがて*口切の茶事となる。

炉蓋【ろぶた】

*炉の時期など、都合に応じて炉に蓋をするために用いる板。桐や杉、松などで作られる。寸法は一尺四寸角、板厚は六分ほどで桟を付ける。また手掛りとするために中心に丸い穴をあける場合や、あけずに化粧板とする場合もある。

炉縁【ろぶち】

茶室の畳と*炉のあいだを隔てる木の枠。*炉壇の上にはめ、火気が畳に伝わることを防ぐ。一尺四寸四方の差し回しで、高さは二寸二分、天端は一寸二分の広さ、幅三分の面取とし、*大炉では一尺八寸四方となる。小間では木地、広間では塗物か*蒔絵などを用いることを原則とする。木地は千利休の時代の久以や半入作の沢栗のものを最上とし、*小丸太などで作られた丸太縁がある。他に檜、欅、鉄刀木、黒柿、桑、紅梅、桜、松、桐、杉などの材でも作られる。塗物では各種蒔絵、黒塗、*溜塗、*潤塗、*イジイジ塗など、様々な技法のものがある。社寺をはじめとする古材を用いたものも好まれる。

蘆葉【ろよう】

京都市左京区の*野村得庵の旧別邸*碧雲荘にある施設。いわゆる屋形舟の類で、池の南岸に檜皮葺の軽快な舟屋が建ち、その屋根の下に繋留されて浮かんでいる。屋形の部分は切妻造檜皮葺で、内部は茶室と水屋からなる。茶室へは舟の舳先から三枚障子を開けて入る。細長い三畳台目で、奥の台目の点前座の風炉先に三角形の向板を入れて斜めの壁面を壁床にしている。この構成は藪内家の*雲脚と共通する。炉は向切。点前座の勝手付に太鼓襖を二枚引違いに建てて茶道口とし、その向こうを水屋とする。蘆葉の名は大正十一年(一九二二)に碧雲荘を初めて訪れた*高橋箒庵がここで薄茶を供された際に請われて命名した名であったといい、さらに箒庵は蘆葉をかたどった茶杓を削り、これに小唄一篇を添えて得庵に送ったことが『大正茶道記』に記されている。舟の後方に、池に張り出して板敷きの露台が造られている。これを羅月と呼んでいる。観月台として、あるいは舞台としても使用されるものであるが、蘆葉を覆う舟屋と並んで、庭の点景としての役割を果たしている。現在、蘆葉は護岸に繋留されたままであるが、池に漕ぎ出して舟遊びに興じた前例もある。なお蘆葉は「羅月及び蘆葉舟」の棟名で重要文化財に指定されている。

わ

和歌之棚【わかのたな】

*床脇に設けられる*飾棚の一種。『雑工三編 大工棚雛形』(一八五〇年刊)ほか、江戸時代後期から明治時代にかけて公刊された棚雛形本に収録されている。色紙箱や料紙箱、短冊箱などを荘る棚といわれる。

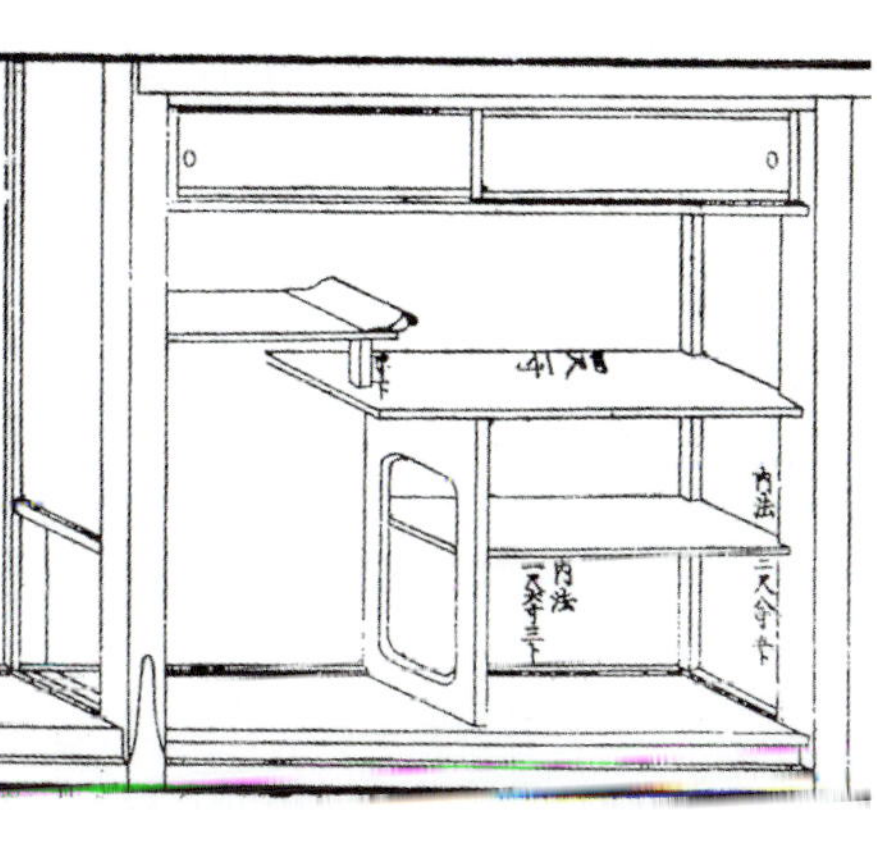

和歌之棚 『雑工三編 大工棚雛形』

若葉【わかば】

文様の一種。葉を図案化したもの。渦若葉、返り若葉、巻上り蔓若葉などの変化があり、*虹梁、木鼻などのほか、*欄間の透彫りなどにも用いられる。

和漢茶誌【わかんちゃし】

茶史書。*表千家六代覚々斎原叟の門人・三谷宗鎮(良朴)著。版本三冊。享保十三年(一七二八)刊。日本と中国の茶の歴史、*陸羽、*珠光の伝記などを漢文体で記し、茶室、露地、茶道具などにも言及する。

脇板【わきいた】

*板畳の一種。床に接して入れる板畳。通例のように、座敷から外へ張り出して床を設けるのではなく、座敷内隅の一畳分を床にして構える場合、それを台目床にするのであれば、床は一畳より一回り小さくなるために、おのずと床の前と脇の部分に隙間ができる。この隙間に敷く板畳のうち、脇の側に敷く板畳のこと。床の前側に敷く板畳を前板という。さらに、ここでの台目床を*踏込床にした場合、床の地板、前板と脇板が同じ高さで一続きになるので、いわゆる*原叟床の形式となる。

脇障子【わきしょうじ】

神社建築や*書院造などの縁を仕切る装置で、片開きとした扉、あるいは板壁を設け、上部を笠木と竹の節欄間で構成することが一般的。縁の端部や前方と後方を隔てる位置に配される。

脇つぎ【わきつぎ】

*飛石を打つ時、相接する石の中心線をずらして配列すること。中心線を一致させて打つことを「本つぎ」という。

脇門【わきもん】

親柱と親柱のあいだの公式な扉口に対して、その横に取り付く小さい入口のこと。「披門」とも書く。門の機能により、通用口や夜間の出入口に用いられるなど、用途にも違いがある。

和釘【わくぎ】

日本において鍛造によって作られた釘で、用途により頭の形は様々であるが、軸はほとんどが角形。明治時代以降に導入され、現在、一般的に見られる頭が平らで軸が丸い洋釘に対していう。洋釘は線材を用いて作られる。和釘は洋釘に比べ、腐食しにくく、耐久性にすぐれ、社寺や数寄屋、茶室建築には欠かせない。法隆寺金堂に飛鳥時代の和釘が用いられており、これが使用が確認できる最も古い例である。高温になった石炭炉に針金状の地金(鉄)を入れ、真っ赤に熱したところを手早く打ち上げ成形して作られるが、成形の段階で和釘の断面が四角形のものを良質とし、少しでも菱形になったものは不良品として除外される。数寄屋建築、茶室で用いられる和釘は油焼(絹糸を使用)や松葉燻しで色艶を極力おさえ、自然な仕上がりにされ、露地で使用するものも含め八十を超える様々な種類がある。

湧玉形手水鉢【わくたまがたちょうずばち】

手水鉢の一種。球形の鉢の側面に仏像が彫られているもの。「湧玉」の文字が彫られていることもあるという。

和敬清寂【わけいせいじゃく】

茶道において守らねばならないとされる四つの法則、理念。*利休七則と合わせて「四規七則」と称し、また仏教で苦集滅道を四諦と呼ぶのにならって「茶道の四諦」とも呼ばれる。*珠光がいい始めたとされているが定かではない。*奥田正造はその意をあらまし次のように説明する。礼の用は「和」を貴しとなす。人相我相に役せられ、知るにおごり、知らざるを辱かしめるような人は、人として人に交わる資格がない。しかし如何に和が貴しといっても、和だけでは狎れるということに移りやすいので、これを摂するに「敬」をもってせねばならぬ。敬とは自己に対して慎み他に対して敬うという心持ちで、いわゆる主一無適、すなわち専念である。「清」は清潔清廉、物と心との清である。以上に加えて心の落着き、すなわち「寂」が具わるようにする。時間を超越した悠久の自己に悟入すべく、一挙手一投足にも心の落着きを要求する。これが寂である(茶味)。また久松真一は次のように説く。和敬清寂は、一般に人間のあいだの心がけ、すなわち倫理法則として理解されている。しかしそこにとどまるべきではない。それは十全な意味においては「事物人境」における和敬清寂でなければならない。「事」とは花を生けるとか茶を点てるというようなことがら、「物」とは茶道具など、「人」は主と客など、「境」とは露地、茶室の環境とか境地。和敬清寂は事物人境をして茶道の事物人境たらしめるゆえんの法則であり、かかるものとしてはじめて、茶道の全体にわたっての基本法則となるのである。そして「寂」は、四諦の一つであると同時に、仏教で涅槃とか静寂とかいわれている、いわば高次の寂として、四諦を四諦たらしめているものでもある(茶道の哲学)。

和小屋【わごや】

軸組(柱と*軒桁)の上に*小屋梁を架け渡し、これに*小屋束を立て*棟木、母屋(母屋の項❸を参照)、*垂木をのせて屋根を支える日本古来の伝統的な小屋組の構法をいう。部材を三画形状の骨組(トラス)に組立てる洋小屋に比べて斜材がほとんどないため、水平力に弱く、また、大張間には不適当であるが、構法が簡単であり、丸太のように不整形の材も使用可能なので経済的である。軸組と小屋梁の取合いにより、*折置組と*京呂組に分けられる。

忘れ窓【わすれまど】

*下地窓の下地の葭が故意に二、三本外されている窓をいう。「忘れ葭」ともいう。桂離宮の茶屋*笑意軒次の間の大きな*連子窓の上部、軒桁に近い高い位置にあけられている。『桂御別業記』に「連子上ニ窓一ツ有之、忘窓ト云。藤カラミワスル、ニ依テ忘窓ト云」と見えるように、不完全なるものを美とする貴族的な作意になる遊びの意匠である。同様の趣向の窓が造られていたことを『*槐記』が伝えている。すなわち*近衛家煕の茶道の師である*常修院宮の茶室の窓の下地葭が一本、隣の葭と誤って結ばれていて趣向とされていた。ところがその手法をすべての窓に適用した人が現れたが、それではわざとらしさが濃厚すぎて興趣をそいでしまい、「忘レ葭」ならぬ「覚エ葭」になったといって大笑いをしたという。

忘れ窓　笑意軒　桂離宮

忘れ葭【わすれよし】

忘れ窓の項を参照。

⇒忘れ窓【わすれまど】

渡殿【わたどの】

*寝殿造において寝殿と対屋など建物のあいだに設けられる板敷きの渡り廊下。単廊(梁間一間、つまり柱が二本の廊)形式で柱間に建具を入れるものや、吹放しにした透廊と呼ばれるものもある。さらに複廊(梁間二間、つまり柱が三本の廊)形

式のものもあり、その時、半分を廊下とし、他を部屋として利用する二棟廊と呼ばれるものもあった。

渡辺規綱【わたなべのりつな】

寛政四年（一七九二）〜明治四年（一八七一）。江戸時代後期の大名、茶人。大給松平乗友の次男。享和二年（一八〇二）、叔父・渡辺半蔵綱光の養嗣子となり三河国（愛知県）寺部第十代の領主となり、半蔵規綱と称す。文化五年（一八〇八）八月江戸へ下り、初めて尾張徳川家十代斉朝に拝謁し、続いて徳川十一代将軍家斉にも拝謁する。文化十四年十月、加判の職につくが、一年後の文政元年（一八一八）十二月十二日、突然加判の職を免ぜられて、二十七歳で尾張国（愛知県）へ戻る。その後、天保四年（一八三三）に隠居し、茶道や本草学に親しんだ。隠居後は兵庫入道又日庵と号す。ほかに宗一、宗玄、龍艸、玄斎、一楽園、一楽軒、楽々軒、芸山荘主人とも号した。茶陶にも長じて大曽根別邸に宗玄焼を開窯したほか、尾頭坂（新尾頭）別邸に茶室南山寿荘、捻駕籠席を造っている。十八歳年下の弟に裏千家十一代玄々斎精中がいる。

渡辺又日庵【わたなべゆうじつあん】

渡辺規綱のこと。⇒渡辺規綱【わたなべのりつな】

移徙【わたまし】

中世や近世において、公家や武家が新築した住いに移ることをさす言葉。また、その時に行われる祝いの儀式のこともさす。「屋形移り」ともいった。

渡り【わたり】

隣り合う飛石の中心間の距離のこと。また飛石から次の飛石へと歩みを進めることや、歩きやすさのこともいう。『露地聴書』に「飛石は利休はわたりを六分、景気を四分に居申候由、織部はわたりを四分、景気を六分に居申候」とあり、千利休が歩きやすさを重視していたのに対し、古田織部は見た目の美しさ（景気）に重きを置いていたことがわかる。飛石の歩きやすい配置と美しさとの調和は茶人にとって工夫のしどころであった。

輪垂木【わだるき】

一般的な直線状の垂木に対して、曲線状に湾曲した垂木のこと。木材を曲げて作るのではなく削り出して曲線を作るため、大材が必要となる。唐破風に用いられることが多く、この場合、唐破風と同じ形のS字形のような反転曲線に作られて、反転する箇所に茨を持つことから、茨垂木ともいう。また黄檗宗の寺院では、京都府宇治市の萬福寺大雄宝殿の前面吹放し部分の天井などに見られるように、半円状の輪垂木を蛇腹状に並べて用いることがあり、これを黄檗天井と呼ぶ。

渡廊【わたろう】

建物と建物のあいだの渡り廊下のこと。例として日光輪王寺の常行堂と法華堂のあいだの渡り廊下は渡廊と呼ばれている。

輪違文【わちがいもん】

文様の一種。円形の輪を組み合わせたもの。輪が鎖のようにつながる文様で、二つ輪違、三つ輪違、五つ輪違などがある。輪違文を基本に変化させた家紋も数多い。また陶磁器や染織、建築関係の意匠にも数多く使われる。輪違瓦は、屋根の棟積で側面が輪違に見えるように、半丸瓦を上、下向きというように、交互に重ねて並べたものである。

輪違文

和中庵【わちゅうあん】

京都市左京区のノートルダム女学院にある旧藤井彦四郎邸。彦四郎は日本の化学繊維市場の礎を築いた一人で、大正十五年（一九二六）に鹿ケ谷に建設した邸宅が和中庵である。その後、ノートルダム教育修道女会に譲られ、修道院として利用、現在は学校施設として保存、活用される。東山の裾の傾斜地を利用した庭園内に二階建の主屋、二階建の洋館、平屋の客殿を並べて渡り廊下でつなぎ、主屋裏手に茶室を置く。スパニッシュ様式の洋館は、庭園側に半円形の玄関ポーチを張り出し、二階を一室のホールとして庭園に眺望をひらくなど、庭園との関係を強く意識する。庭園の最奥、斜面の一段高い所に建つ客殿は、能登川（滋賀県東近江市）からの移築と伝わる。外観は入母屋造桟瓦葺。軸部に良質の松を用いた書院造で、十二畳半座敷に十畳の次の間二室を一列に並べ、下手に数寄屋風意匠の一室を突出させる。この突出部が懸造となるとともに、主体部の縁を片持ちで突出させ、傾斜地への立地という条件を造形に活かしている。茶室は主屋などより遅れて建てられ、入母屋造桟瓦葺の外観で、広間十畳、六畳、四畳半の水屋が雁行形に並ぶ。六畳には格天井を張った上段が設けられ、その奥に仏壇が置かれる。

和中庵　次の間より十二畳半座敷を見る

鰐口燈籠【わにぐちどうろう】

袖形燈籠と同じ。⇒袖形燈籠【そでがたどうろう】

わび

*茶の湯の根本理念を示す言葉。多義に用いられるが、茶の湯用語としての根本義を端的に説明すれば「外見よりも内なる心の深さ、清らかさを重んじる」となろう。漢字には「侘」または「佗」が当てられるが、印刷の便からは侘が、字義からは佗が、採られることがある（佗には志を失って立ちつくす意があり、侘には徳や容姿の美しいことをいう意がある）。文語の「わぶ」「わびし」を名詞化したのが「わび」で、何か満ち足りないものがあって、それを嘆き悲しむというのが原義と考えられる。『*禅茶録』に「夫佗トハ物不足シテ一切我意ニ任セズ蹉跎スル意ナリ」とあるのがこれにあたる。日本や中国にわびに触れた作品などをたずねると、次の①から③のような例を挙げることができる。①在原行平の和歌「わくらばに問ふ人あらば須磨の浦に藻塩垂れつつわぶと答へよ」。都を遠く離れた須磨の浦で、藻塩を垂らし、涙を流し、袖を濡らしている我が身、都の人たちからはもう忘れられかけているかもしれぬ我が身を嘆く、その気持ちを「わぶ」といっている。②『源氏物語』によれば光源氏は、行平と同様、都を離れ、須磨にわび住まいすることになるが、ある時、近くの明石に出かけて海原を眺めている時、ふと目に留った小さな木叢に、都で見慣れていた春秋の花紅葉よりも、もっと「なまめかしき」（艶な）趣きを見出した。そして心の中に、わびの境遇を否むばかりでなく、消極的、部分的であれ、それを受け入れる動きが出てきた。③白楽天は、杭州に刺史として滞在した時、廬山に草庵を営み、「わびしい草庵の孤独な夜の趣きは、中央省庁の錦の帳の下での、はなやかな花見に少しも劣らぬ（蘭省花時錦帳下　廬山夜雨草庵中）」と詠じ、また「名利を追い求めるような俗世から離れ、身も心もやすらかなここにこそ、自分の帰るべき場所がある。故郷は長安ばかりではない（心泰身寧是帰処　故郷何独在長安）」と詠じていた。明石における光源氏は、明石の海辺の茂みに、都の花紅葉に勝る「なまめかしさ」を見出し、わびを消極的に部分的に肯定できるようになったのであるが、白楽天はわびを全面的に積極的に肯定している。白楽天の実際の心境には、なお俗世への未練を断ち切れぬ思いがあったかもしれないが、この詩に詠じられた心境は、『禅茶録』にいう「其不自由なるも、不自由なりとおもふ念を生せず、（中略）調はざるも調はざるの念を抱かぬを、佗なりと心得べきなり」というわびの境地そのものである。以上見てきた①から③のようなわびを、それぞれわびの第一段階、第二段階、第三段階と名づけて考えてみると、この三段階において、わびに対置されていたのは、都での栄華な生活ぶりであった。それをけっこう（結構）という言葉で表現してみると、①はけっこうを全面的に肯定し、わびを否定しようとするわび人の立場、②はけっこうを望ましき

姿としつつも、わびを部分的に認めるわび人の立場、③はわびを積極的に肯定しつつも、けっこうも否定はしないわび人の立場である。これら①から③に対して、わびをさらに強調し、けっこうを望ましからぬものとして否定し、積極的に純粋に、わびに徹しようとするわび人の立場がある。たとえば、中国の古伝説に登場する隠者で、天子の堯が位を譲ろうとしたが辞退した許由やその友人の巣父、中唐の頃、天台山で、様々な奇行で知られた寒山、拾得がこれにあたる。これをわびの第四段階として、この四つの段階を茶人にあてはめた場合、*珠光、*武野紹鷗、*千利休、*千宗旦などが第三段階のわび茶人に、粟田口善法や一路庵禅海などが第四段階のわび茶人に該当するといえる。第一段階、第二段階に属するわび人たちにも、時に一碗の茶を点じて心を慰めることがあったであろう。なお「わび茶」は「わび数寄茶」と同義に用いられることがある(わび数寄の項を参照)。また珠光、紹鷗、利休などの*茶禅一味思想の流れの中で、「侘ノ本意ハ、清浄無垢ノ仏世界ヲ表シテ、(中略)コレ則仏心ノ露出スル所也」(南方録)のように、「禅茶」を「わび茶」と同義に用いることも行われるようになった。そして、わび茶は禅を禅院から在家の露地草庵に移し、禅僧を居士としての茶人に脱化して、これまでの禅宗や禅僧にはできなかった庶民的禅文化を創造したととらえて、わび茶の成立は禅の宗教改革の役割を果たしているとする、久松真一のような見方も出てきた。

わび数寄【わびすき】

*茶の湯の理念を示す言葉。*数寄は「好き」から出た語であるから、わび数寄は「*わびが好き」が原義であるが、今日ではもっぱら茶の湯用語として、「わび」「わび茶」「わび茶人」と同義に用いられることが多い。この語は室町時代の文明年間(一四六九〜八七)から延徳三年(一四九一)頃にかけて成立したと推定されている辞書『文明本節用集』に載せられていることから、*足利義政や*珠光の頃にすでに用いられていたとみられる。この語の意味を明確に規定している文献の一つは、ジョアン・ロドリゲスの『日本教会史』である。これによれば、「わび数寄茶の湯」は、義政を中心とする、文化性に重きを置く「東山殿茶の湯」に対して、救霊(サルヴァサン)や精神の浄化のような宗教性に重きを置く茶の湯として成立した「数寄茶の湯」の一種である。ロドリゲスによれば、この「数寄茶の湯」には、「本数寄茶の湯」と「侘数寄茶の湯」の二種がある。「数寄茶の湯」は「東山殿茶の湯」のように豊富に名器を揃えなくてよいが、清浄さを失って文化的香気がすっかり無くなることを防ぐため、いくつかの良き道具はもつべきだとし、それのできている数寄茶の湯を「本数寄茶の湯」、それのできていない数寄茶の湯を「侘数寄茶の湯」と呼んだというのである。あたかもこれに歩調を合わせるごとく、*山上宗二の茶書(山上宗二記の項を参照)には「侘数寄ト云ハ、一物モ不持者、胸の覚悟一ツ、作分一ツ、手柄一ツ、此三ヶ条ヲ調ル者ヲ云也」(珠光之一紙)とある。しかし宗二の茶書にはまた「茶湯名人ニ成テノ果ハ、道具一種サヘ楽バ、弥侘数寄が専也」(茶器名物集)「山本助五郎ト云(中略)侘数寄也 開山ト云蓋置ノ五徳を一種持ツ」(同)というように、*名物道具一種をもつ数寄者が「侘数寄」の中に入れられている。また『日葡辞書』では「侘数寄」(Vabizuki)を「少しばかりのこびた道具を使ったり、または質素な仕切りの中でしたりする茶の湯を愛好すること」と説明し、「こびた」については「ある物事が、それ自体の中に、何か人を喜ばせるような趣とか特異性とかをもっている」と説明される。ここではわび数寄のもつ名器の数は「少しばかり」となっている。以上を総合して考えると、わび数寄たることの要件は、名物道具の有無や数ではなくて、名物道具に「こだわらないこと」というのが妥当、ということになるであろう。宗二の茶書の「茶湯名人ニ成テノ果ハ、道具一種サヘ楽バ、弥侘数寄が専也」もそのような見地から読まれるべきであろう。宗二はまた「茶湯ハ禅宗ヨリ出タルニ依テ禅宗ノ学ヲ専ニス、第一侘数寄専也」(茶器名物集)ともいう。「侘数寄茶の湯」は、次第に「わび茶」とも呼ばれるようになってゆく。それは、一つには『日葡辞書』に「数寄」を釈して「茶の湯の道、またはその趣味」というごとく、数寄を茶の湯と同義に解したことであり、今一つには『*禅茶録』に「抑、数寄とは、(中略)上条の侘に等しく」とあるごとく、数寄をわびと同義に解したことによると考えられる。

侘助椿【わびすけつばき】

*ツバキ（椿）の園芸品種の中で、太郎冠者の実生やその後代に出た系統のツバキ。開花が早まり、小さい花をつけることが多いため茶人のあいだでは特に好まれる。太郎冠者は有楽の名でも知られる。大徳寺塔頭総見院にある千利休遺愛と伝わる胡蝶侘助や白侘助、数寄屋侘助など多くの品種がある。

和風堂【わふうどう】

*上田宗箇が、安芸国広島藩初代藩主となった浅野長晟より広島城内に拝領した上屋敷に造った茶寮。のこされた絵図や記録によると、数寄屋御成にかなう構成で、表から直接外露地に入り数寄屋（*遠鐘）で茶事、通い口から*鎖の間へ移り、廊橋から御成書院、広間へ移動することができる構成である。遠鐘はもともと三畳台目に通い畳の一畳を付加した織部格（燕庵形式の項を参照）であったが、長晟の意向を汲んで一畳を加え、四畳台目通い一畳付と『宗箇様御聞書』は伝える。その結果躙口が中央寄りにあけられ、上座と下座を加味した間取りとなった。外露地は高塀に囲まれ露地口があけられ、中に腰掛と雪隠が設けられる。そして中潜りを出ると、すぐ左右に内腰掛があり、脇に砂雪隠がある。宗箇の和風堂は失われているが、現在、広島市西区に所在の茶道上田宗箇流家元に、新たに昭和五十七年（一九八二）に建てられている。

笑い【わらい】

石積みなどにおいて、*目地が外側に向かって開いたようになっているものをいう。「笑い目地」のこと。

和楽庵【わらくあん】

❶岐阜市の料亭・潜龍にある茶室。この茶室の原形となる建物は京都の龍安寺にあったもので、百人一首に収載される後徳大寺左大臣の和歌「ほととぎす鳴きつる方をながむればただ有明の月ぞ残れる」が詠まれた庵であるという。また西行がかつてこの庵に住したとも、細川勝元が龍安寺在陣の折にこの庵を愛したとも伝えられ、様々な伝説をもつ。後に龍安寺から岐阜に移築されて「ほととぎすの席」と呼ばれ、明治時代初期には三条実美がこの庵を「詠歌亭」と名づけたともいわれる。「ほととぎすの席」は明治二十四年（一八九一）の濃尾地震の際に焼失したが、当時、岐阜政財界の重鎮であった加藤與三郎がこの名席を惜しむ声にこたえて、翌二十五年、*町田久成の斡旋や大野木訥庵の助力を得て、奈良の元興寺の古材などを集めて、矢島町の自邸の庭に再建したものが現在の和楽庵である。席名は、*金森宗和の「和」と*織田有楽の「楽」にちなんで「和楽庵」と名づけ、加藤自らの庵号ともした。明治から大正時代にかけて、和楽庵には*井上世外をはじめ、名だたる数寄者の来訪が絶えなかったと伝えられる。『東都茶会記』には、大正元年（一九一二）十一月十三日午前に*高橋箒庵と八田円斎が前触れなく訪ねた時の與三郎の見事な茶人ぶりや和楽庵の由来、伝承とともに、「床脇の龍透し彫りは、正しく鎌倉以前の物と覚しく、本来寺中の亭なりしを後人が茶室に改造したる由にて、明治二十五年故町田久成氏の斡旋にて翁の手に帰したる者なりとぞ」と記録されている。與三郎の没後、道具商の野々村元成が譲り受け、昭和二十八年（一九五三）に改修を行い、この時に屋根を茅葺から瓦葺に変え、逆勝手隅炉であった炉を本勝手向切に直し、西行の歌反古と伝わる腰張りを剥がして別に保管した。昭和三十六年に庵町へ移築、さらに同六十二年に金子澤児が譲り受け、現在の長良川畔、料亭庭園の北東隅に移築した。和楽

和楽庵（潜龍）　床側

庵へは庭池に打たれた沢飛石を伝って貴人口より席入りする。切妻屋根の妻には江月宗玩の筆と伝えられる扁額「禅悦」が掲げられている。内部は二畳台目向板入で、床柱は太く、大きな釿目があり、床脇との境の壁には瓢の透彫り、床脇の地袋の天板には表面に凸凹のある板を用いる。点前座は床脇の正面に構え、炉を向切に切る。天井は総掛込天井、太鼓襖の向こうに約一畳の板敷きの水屋が付属する。
❷京都市左京区にある旧稲畑勝太郎別邸。何有荘のこと。⇨何有荘【かいうそう】

藁苆【わらすさ】

苆の一種。古縄、古筵、稲藁などを裁断し、水を含ませ醗酵させたもの。主に土壁のつなぎ材料として使用される。荒壁に入れる荒苆、中塗に入れる中塗苆、散まわり材料や貫伏せ材料に入れる飛出し苆、上塗に入れる微塵苆の四種がある。

蕨火燈窓【わらびかとうまど】

火燈窓の一種。火燈形の上部の窓框が蕨手（先端が拳状に巻く）に巻き込んだ形のもの。大徳寺塔頭孤篷庵の書院直入軒の付書院などに実例がある。

蕨縄【わらびなわ】

蕨の根茎から蕨粉を取り去り、まだ澱粉がいくらかのこっている繊維を水に浸して柔らかくし、綯った縄。棕櫚縄より耐久性はあるが、結び目が大きくなるため、立子の太い鉄砲垣や黒文字垣などに用いる。また関守石に結び付ける縄や、蕨箒などにも使用する。かつては草葺屋根の棟包に使われた。使用前に水に浸して柔らかくして結ぶと、乾燥した時に引き締まる。

蕨箒【わらびぼうき】

露地道具の一種。露地箒のひとつで、主に露地の腰掛、雪隠、茶室の塵穴周辺に掛けられる。蕨縄をほぐして作られる。あらかじめ蕨縄を水に濡らして生乾きにし、よりを戻して束ねたものを一束として、八束作る。これを白竹の柄に三寸ほどの笄竹を差し通して栓にし、蕨がずれないように青苧（麻）で留めて作る。流儀により若干異なるが総長四尺一寸五分ほどである。『杉木普斎伝書』では小座敷の外壁に掛けるのが良いと書かれている。

蕨箒

藁葺【わらぶき】

草葺の一種。麦や稲などの藁で屋根を葺くこと、または藁で葺いた屋根をいう。

藁屋【わらや】

住宅や茶室などの屋根を茅、葭、麦藁などで葺くものを総称していう。「草屋」「茅屋」ともいう。『山上宗二記』にある「珠光ノ云レシハ、藁屋ニ名馬繋タルカヨシト也」は、珠光が草庵の風体をこの一句に表した言葉である。

藁屋に名馬【わらやにめいば】

珠光がいったと伝えられる言葉。山上宗二の茶書で、三畳敷の茶室の図を掲げた後に、およそ次のように述べられている。「三畳敷茶室は、武野紹鷗の代までは、名物道具を一つももっていないわび数寄茶人がもっぱら使った。唐物道具を一つでももっている人は四畳半茶室を建てていた。これについて宗易（千利休）は異見をもっていた。豊臣秀吉が政権を握ってから十年間ほどは、身分の上下にかかわらずたくさんの人たちがこぞって二畳敷、二畳半敷などの茶室を使い、そこで名器を使うようになった。むかし珠光が『藁屋に名馬を繋いであるのが良い』（藁屋ニ名馬繋タルカヨシ）といっていたということから考えると、麁相なる小座敷に名物を置く当世のこの風体は、なおさら面白く感じられる」（茶器名物集〈山上宗二記の項を参照〉）。つまり「麁相なる小座敷に名物」の組み合わせを、珠光の「藁屋に名馬」を引き合いに出して面白いといっているのである。ここでは麁相の語意に注意する必要がある。金春禅竹が「無上の位」に「しずかなる位」と「ふれたる位」とがあるといい、この「あれたる位」は「ただあらき」ではなくて、「幽なる所よりわざとあれたる」「麁妙」の風体であるとしている（歌舞髄脳記）。名物と対置される麁相なる小座敷、ひいて名馬と対置される藁屋は、「ただあらき」風体なのか、それとも「麁妙」の風体なのか。「ただあらき」風体と見るのは、「麁相なる小座敷、藁屋」と「名物、名馬」を異質のものとして反対の極に置いて見る考え方であり、一方、「麁妙」の風体と見るのは、その二極を根底において本質的に深く通じ合うもの、その意味で同質のものとして見る考え方である。宗易の「異見」とは三畳や二畳半以下の茶室でも名物を用いて差し支えないとするものであるが、その場合、茶室は「ただあらき」ものではなく「麁妙」の風体であること、そしてそこで用いられる名物は宗二のいう「数寄道具」であることが条件だということになろう。「藁屋に名馬」という珠光の言葉も、小座敷と名物の組み合わせの観点からすれば、藁屋はただ粗末な藁屋ではなく、名馬にふさわしい麁妙な藁屋であることが条件だということになろう。

割楔【わりくさび】 *枘がゆるんだり抜けたりしないように、打ち込んで固めるための楔、またはその工法をいう。「地獄楔」ともいう。接合する二つの材が直角に取り付く時、たとえば窓や出入り口の枠、建具の框と桟、土台の*出隅などの仕口において、枘の木口に一、二条の鋸目を入れておき、枘を貫通させた後、打ち込む。

割栗石【わりぐりいし】 地盤に施される*地業などに使用する小塊状の石材。単に「割栗」「栗石」、また「ぐり」ともいう。基礎工事で地盤を固めるために用いられ、二〇〜三〇センチくらいの*玉石、または岩石を打ち割って作る。割栗石を敷き、突き固める地業を割栗地業という。

割腰掛【わりこしかけ】 *腰掛の一形式。貴人と*連客の腰掛を分けて設けた形式のもので、*古田織部好みと伝えられている。*燕庵では外露地と内露地の境、*中潜りを潜った左右に腰掛が配されているが、敷地の関係か、L字形の割腰掛になり、向かって右が貴人席となる。

割腰掛　燕庵　藪内家

割竹【わりだけ】 適当な形に割った竹。*建仁寺垣などの垣に用いられるほか、竹瓦として露地の*竹葺門の葺材などとしても使われる。

割丹波石【わりたんばいし】 丹波鉄平石のこと。⇩丹波鉄平石【たんばてっぺいせき】

割熨斗瓦【わりのしがわら】 屋根の*棟積に用いる短冊形の瓦。単に「割熨斗」ともいう。*熨斗瓦を半分に割ったもので、そうでないものを完熨斗という。

割窓【わりまど】 ある一つの窓が柱で二つにされているものをいうことがある。また柱を中心にして、その左右に窓があけられた形式を称することもある。

付録

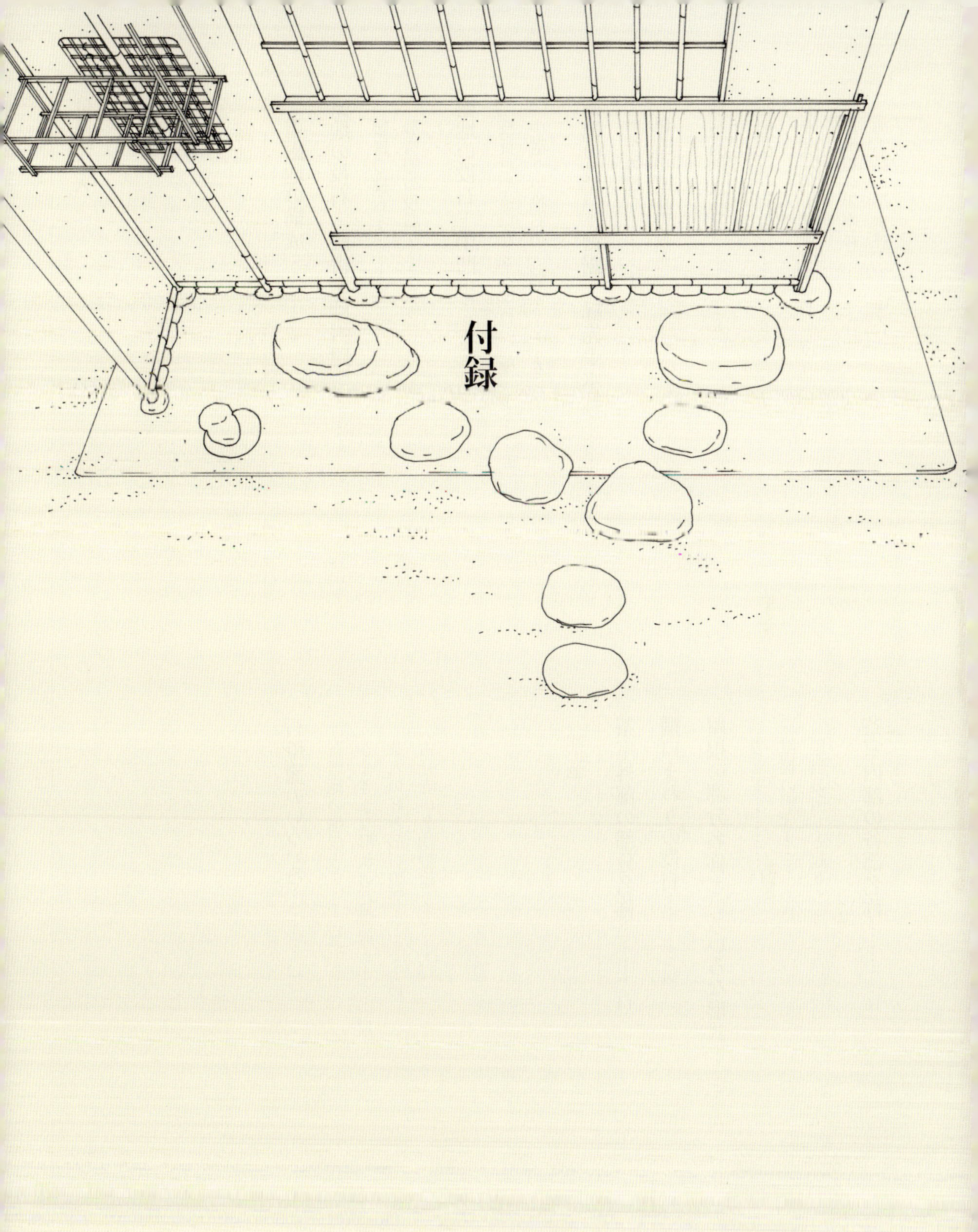

付録　目次

露地

茶室

二重露地の構成

露地は茶室とともに茶の湯のための場を構成する庭園であり、基本的には露地口から茶室までを飛石や延段などの園路で結び、そのあいだに腰掛や雪隠、蹲踞、燈籠などの各種施設を備える。露地を中門で内露地と外露地に区画した形式を二重露地という。なお区画のない一重露地や二重露地の外露地をさらに区画した三重露地などもある。

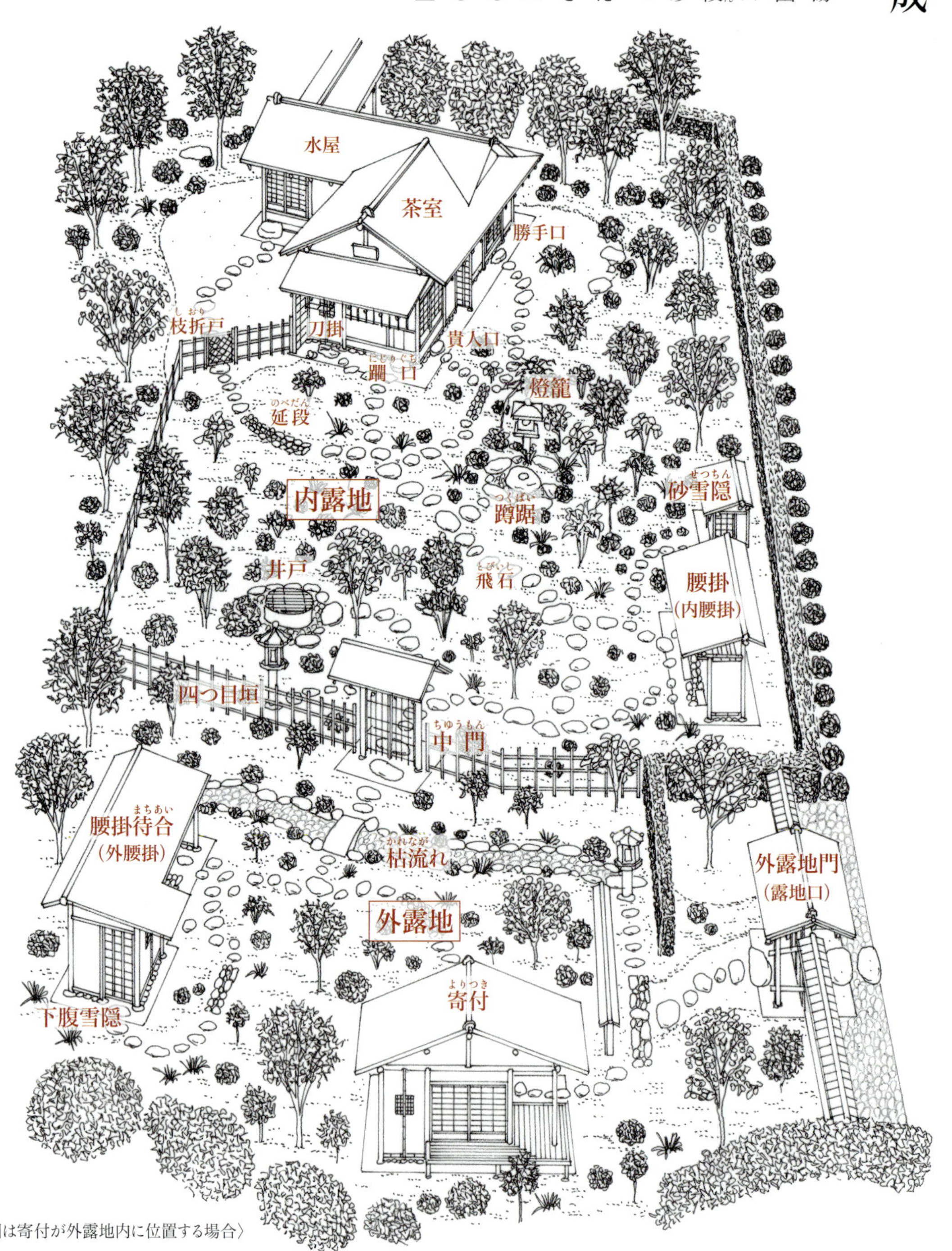

〈本図は寄付が外露地内に位置する場合〉

露地の役石―腰掛・砂雪隠

【腰掛の役石】

現在、一般的には露地内に設けられた腰掛を腰掛待合と称する。その足元には客が座る位置の目安となるよう、正客石や次客石、連客石などの役石を据え、周辺には鐘聞石を打つ。

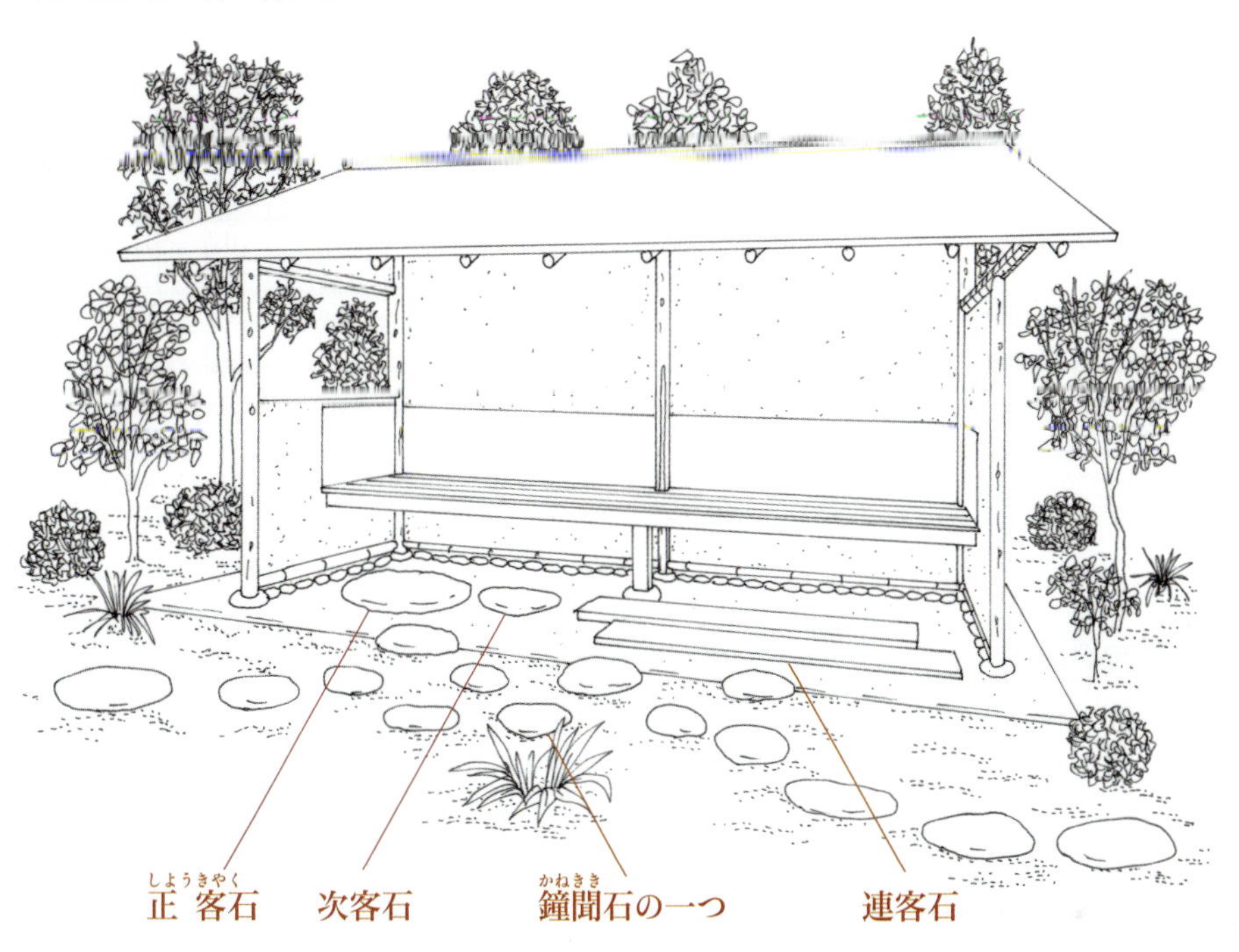

【砂雪隠の役石】

砂雪隠は荘雪隠ともいい、清浄を旨とする茶の湯の象徴として内腰掛付近に設けられることが一般的である。左右の足をのせる前石と足掛石、前方に小用返しの石、後方に裏返し石、また入口の戸の下に戸摺石などの役石が据えられる。

裏返し石
前石
足掛石
戸摺石
小用返しの石
塵穴

露地の役石—中門

内露地と外露地など、露地間の出入り口に設けられるのが中門である。脇に柱を立てて扉を付けた軽微な枝折戸や猿戸のほか、梅見門や編笠門などのように屋根を架けたものもある。さらに独立した土塀に潜りを設けた形式の中潜りもあり、地面よりやや上げたところに敷居を付け、戸を建て込む。

【枝折戸や猿戸などの役石の一例（敷居がない場合）】

一般的には、扉の下に戸摺石を据え、内露地側に乗越石、亭主石、また外露地側に客石などの役石が打たれる。乗越石と亭主石を兼ねて一石とすることや、上下二段になった大きな石を用い、戸摺石が亭主石を兼ねて乗越石がないこともある。

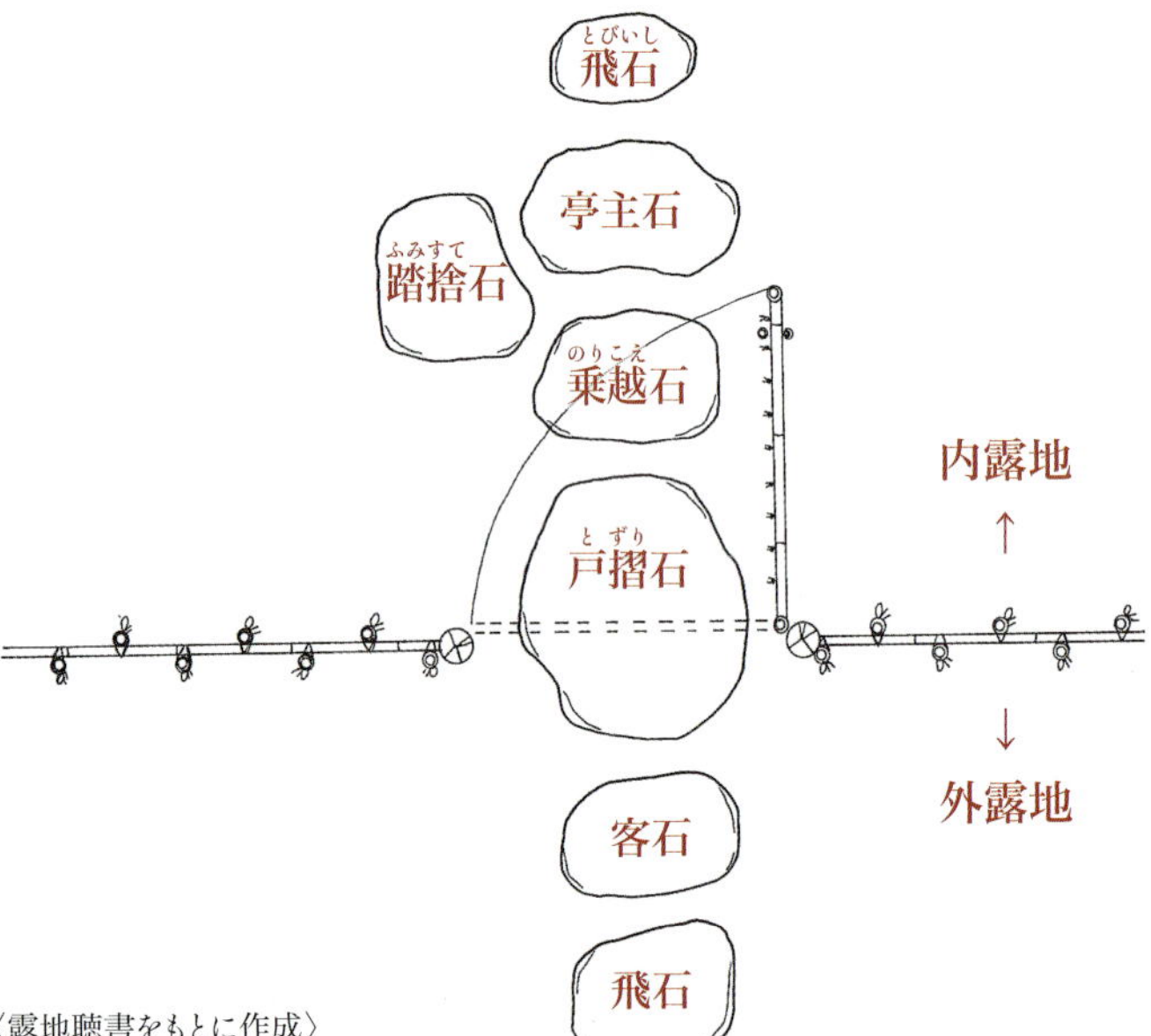

〈露地聴書をもとに作成〉

【中潜りの役石の一例（敷居がある場合）】

一般的には、内露地側に乗越石を、また敷居を跨ぐために外露地側に客石を一段高く据える。

飛石
亭主石
踏捨石
乗越石
内露地
外露地
客石
潜り口
飛石

〈露地聴書をもとに作成〉

露地の役石―蹲踞・縁先手水鉢

手や口中を清める水を入れておく鉢が手水鉢で、茶の湯の発展とともに手水鉢の周りには役石が据えられるようになった。露地や庭園に組まれる場合は蹲踞、また手水構えとして縁先に組まれる場合は縁先手水鉢（鉢前）と呼ばれる。茶の湯では露地を伝い、身を清めて清浄な世界（茶室）に立ち入るという意味合いが大きいため、最も重要な施設の一つである。

【蹲踞の役石】

露地や庭園などにおいて蹲って（しゃがんで）使用する背の低い手水鉢を中心に、そのまわりに前石、手燭石、湯桶石といった役石を配置し、脇に燈籠が据えられる。役石で囲まれた排水のための部分を海といい、排水孔を隠すために水門石を置いたり、底に呉呂太石を敷いたりする。

手水鉢
手燭石（流儀によっては湯桶石となる）
海（水門）
前石
水門石
湯桶石（流儀によっては手燭石となる）
飛石

断面図
手水鉢
水門石
前石
飛石

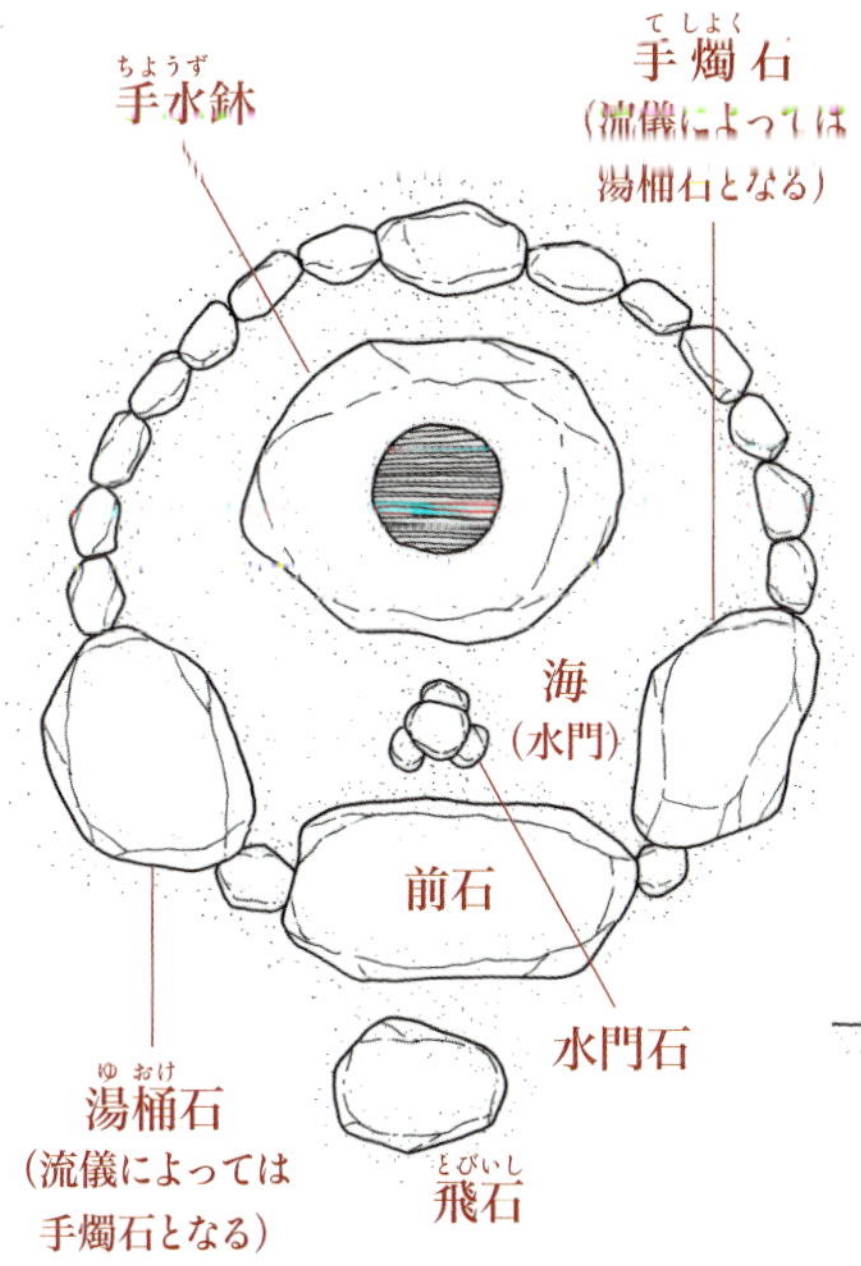

【縁先手水鉢の役石】

縁などに接して露地や庭園に据えられた縁先手水鉢は、縁から水を汲む柄杓が届くよう、背の高いものを用いる場合と、高い石を台にしてその上に水鉢を置く場合とがある。現在、その周囲には清浄石、水汲石、水揚石、蟄石などといった役石を配して組み、鉢前を構成することが定式となっている。

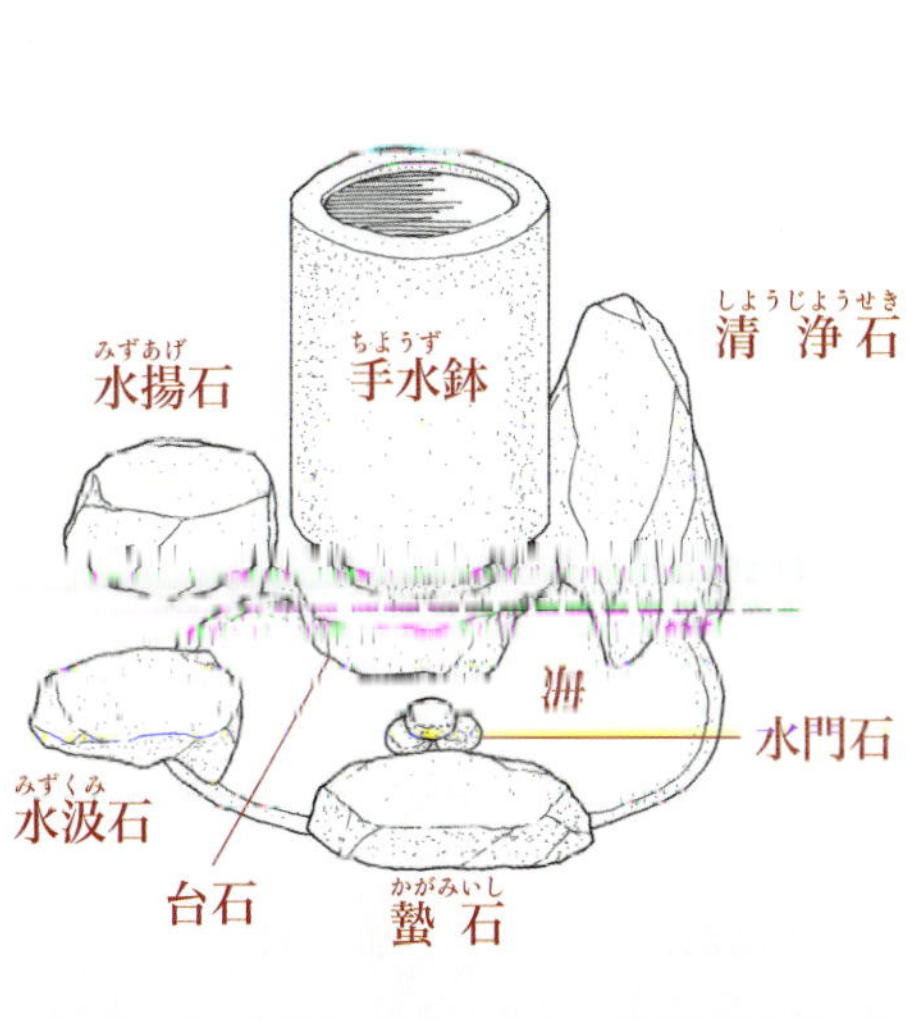

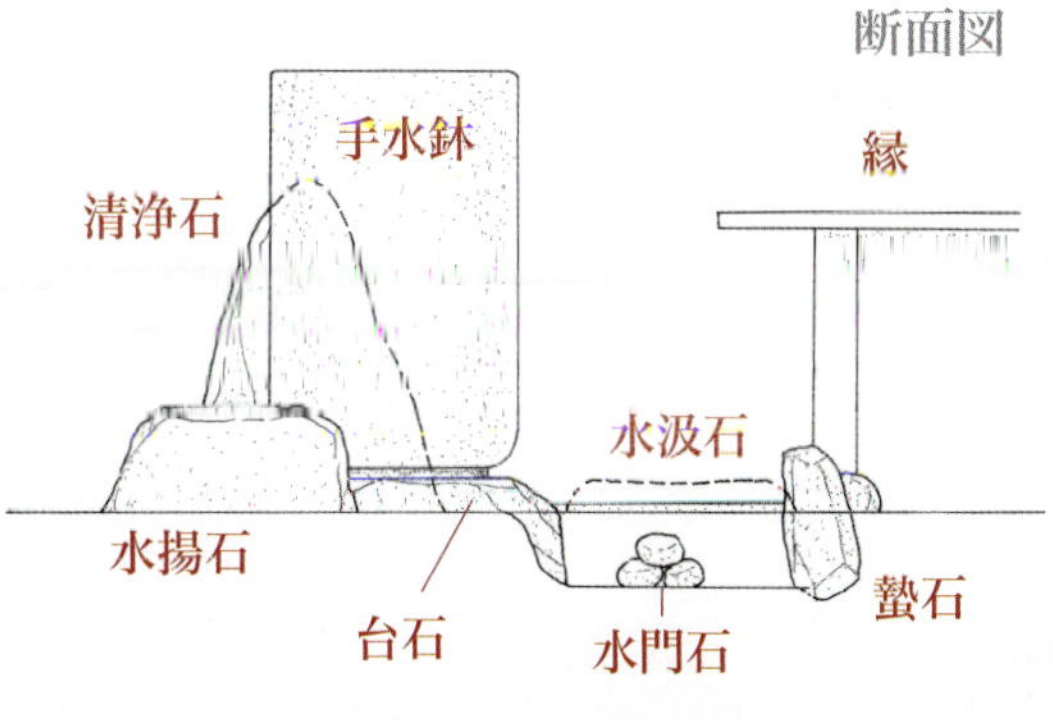

水揚石
手水鉢
清浄石
海
水門石
水汲石
台石
蟄石

断面図
手水鉢
縁
清浄石
水汲石
水揚石
台石
水門石
蟄石

飛石のいろいろ

上面の平らかな自然石あるいは切石を、間隔を置いて配列し、園路としたものが飛石（とびいし）で、現在の露地では、露地門から茶室へと至る園路のほとんどにおいて用いられる。その石の配置は歩きやすさとともに景色をつくり出すもので、この用と美の兼ね合いから配列については様々な工夫がこらされる。

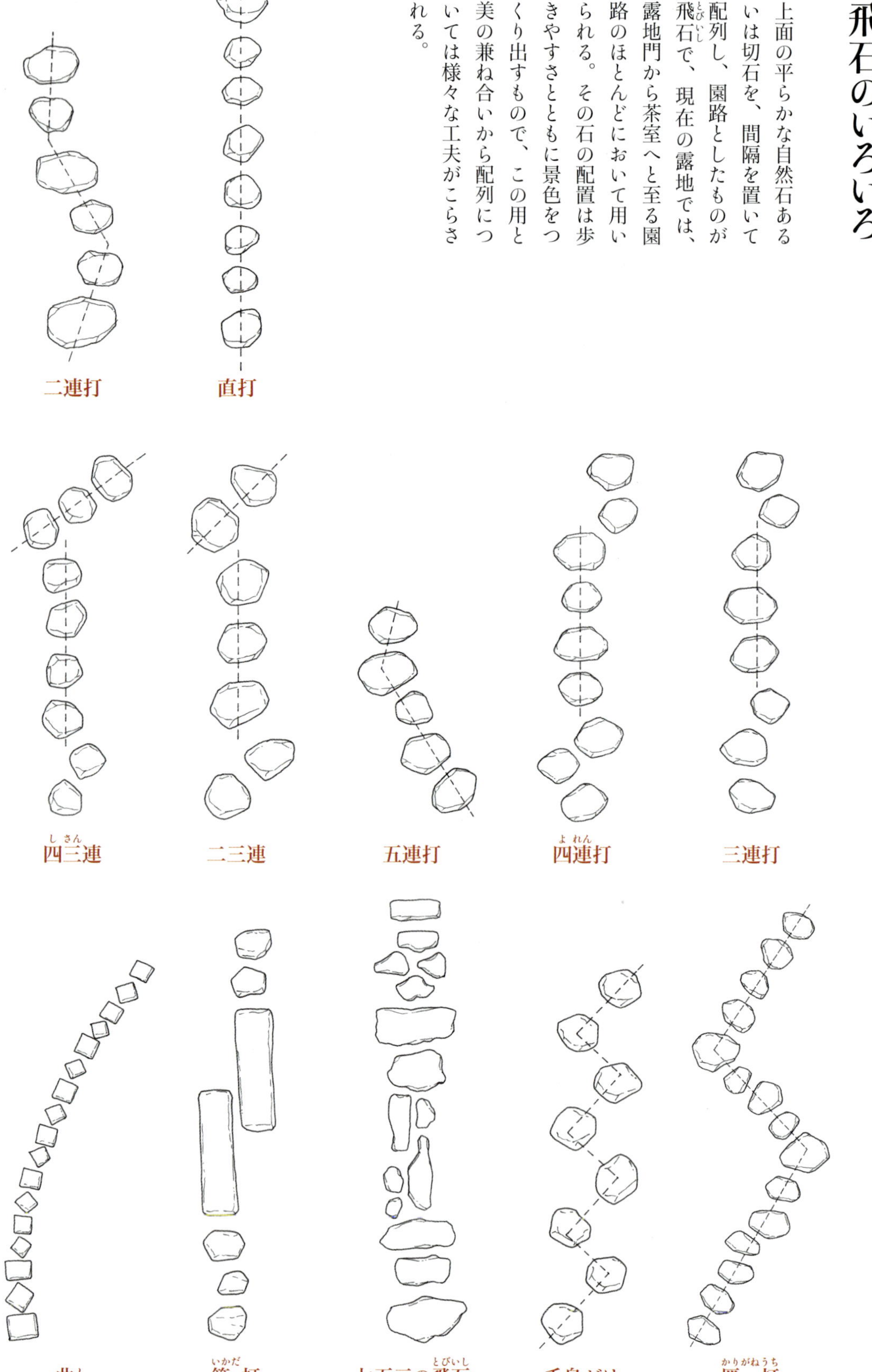

延段のいろいろ

露地や庭園などにおいて自然石、あるいは切石を敷いて舗装された園路を延段という。切石のみを用いる場合や切石と自然石をあわせ用いる場合があり、それらの石の敷き方で様々な違いをつくり出している。

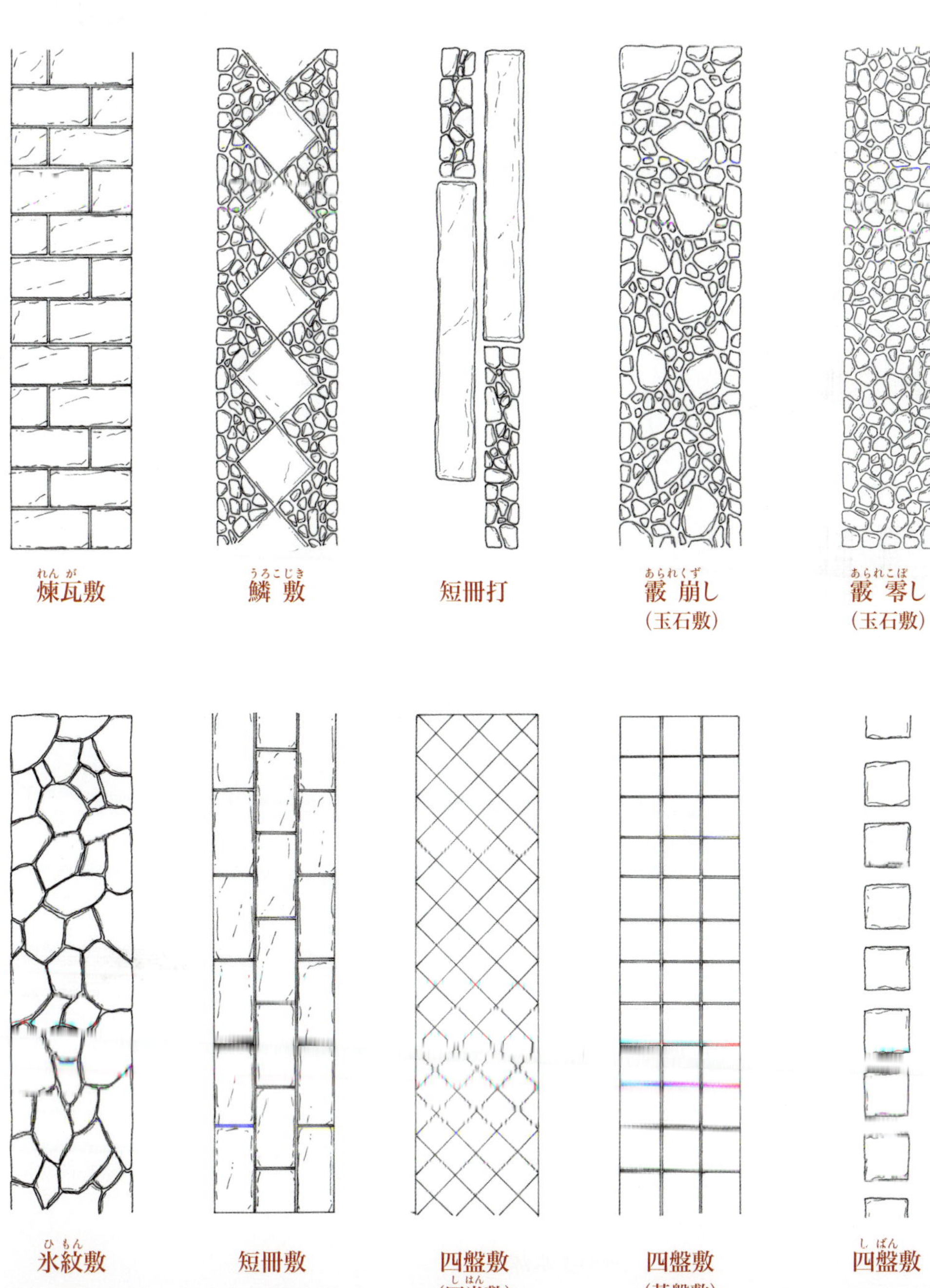

煉瓦敷(れんが)

鱗敷(うろこじき)

短冊打

霰崩し(あられくず)
(玉石敷)

霰零し(あられこぼ)
(玉石敷)

氷紋敷(ひもん)

短冊敷

四盤敷
(四半敷)(しはん)

四盤敷
(碁盤敷)

四盤敷(しばん)

手水鉢のいろいろ

手水鉢は手を清め、口をすすぐための水を入れておく鉢で、石製のものがほとんどである。石製のものでは自然石に水穴を穿ったもののほか、当初より手水鉢として加工されたもの、また他の石造物を利用したものもある。

【自然石の手水鉢】

司馬温公形手水鉢

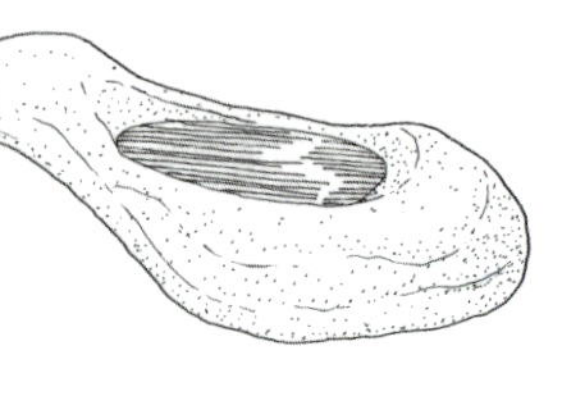

鮟鱇形手水鉢

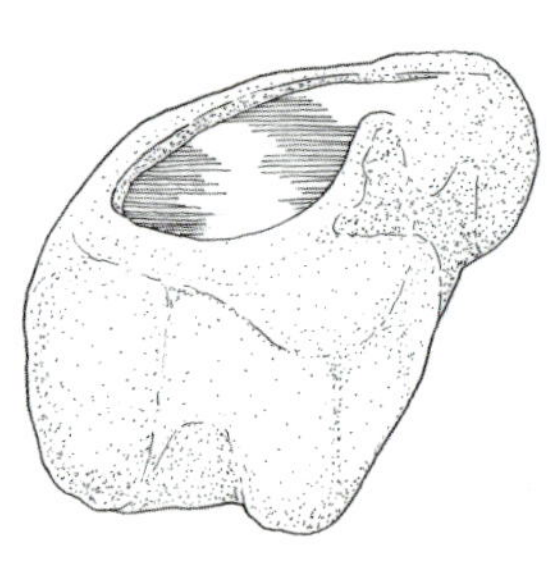

袖形手水鉢

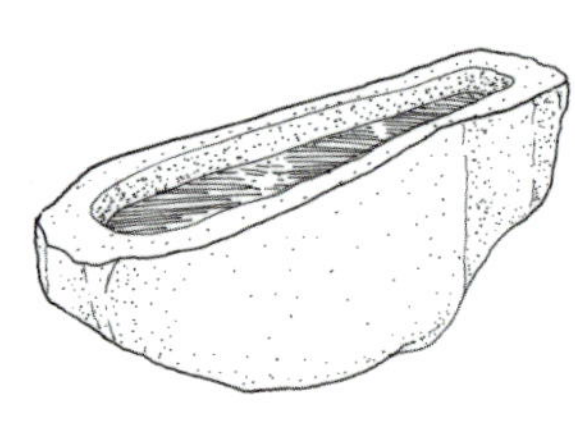

一文字手水鉢

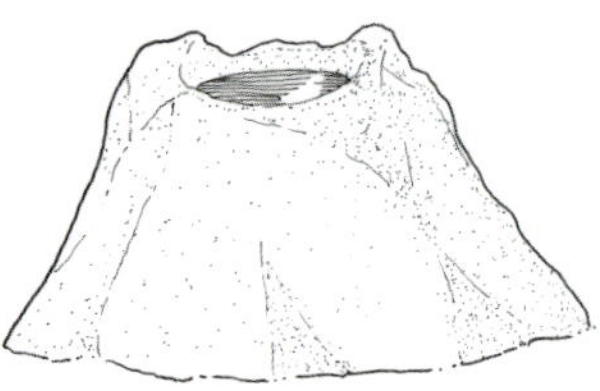

富士形手水鉢

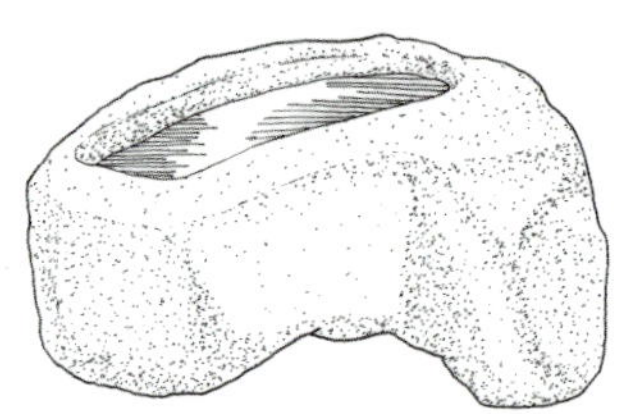

鎌形手水鉢

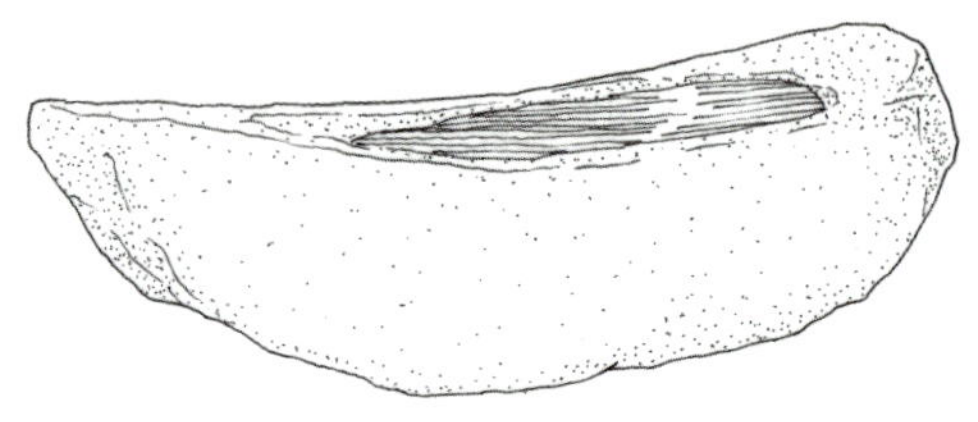

舟形手水鉢

【加工品の手水鉢】

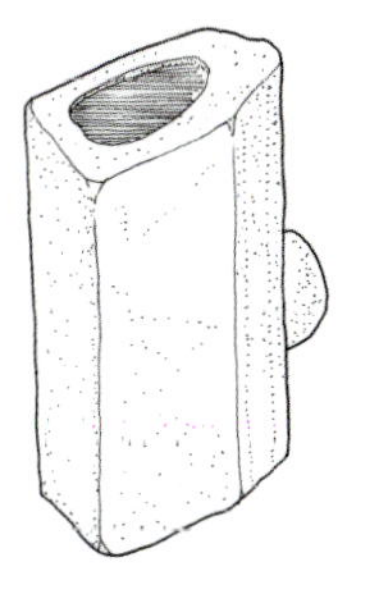

梅ヶ枝（うめがえ）の手水鉢

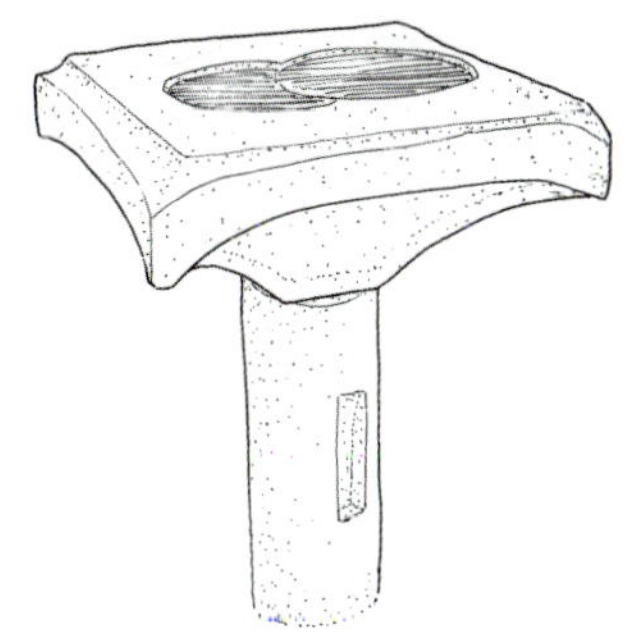

月見形手水鉢

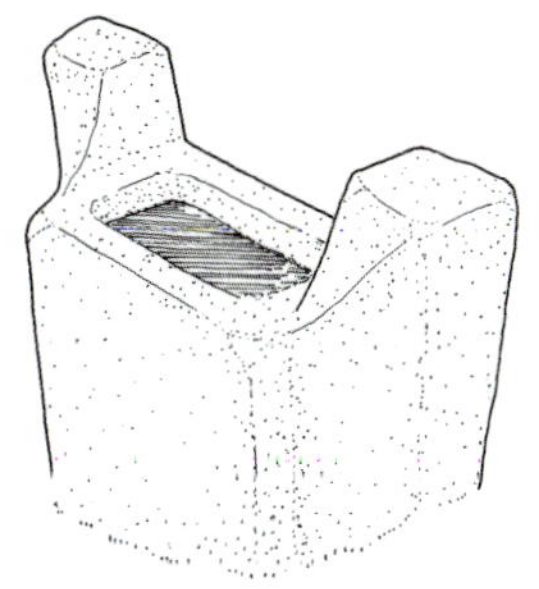

檜垣（ひがき）の手水鉢

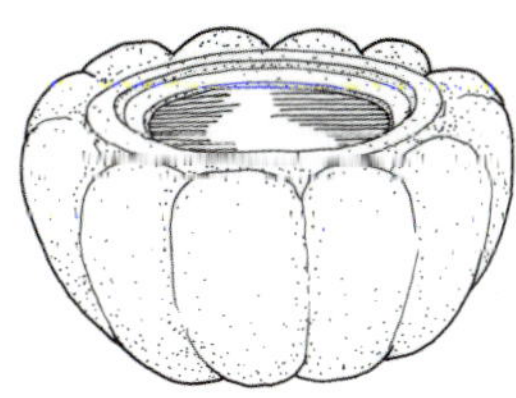

菊鉢形手水鉢

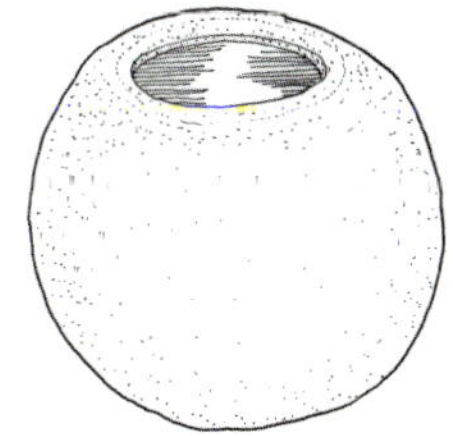

鉄鉢（てつばつ）形手水鉢

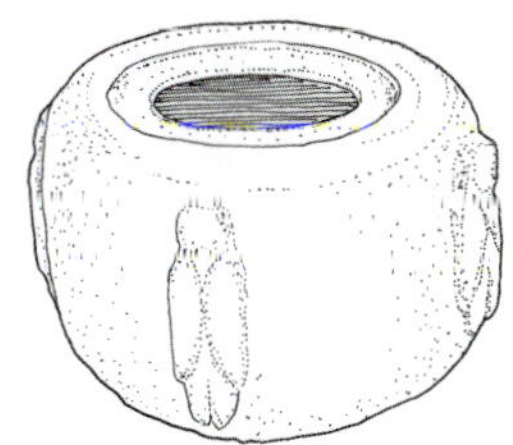

梟（ふくろう）の手水鉢

銀閣寺形手水鉢

棗（なつめ）形手水鉢

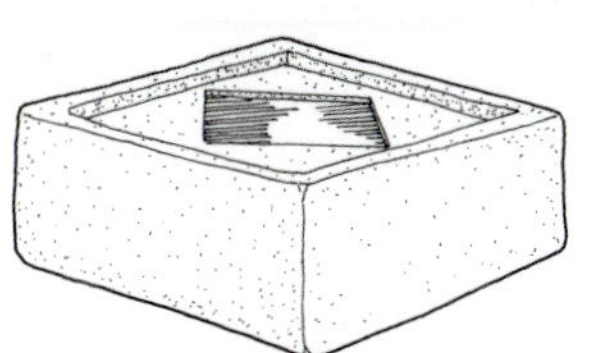

桝（ます）形手水鉢

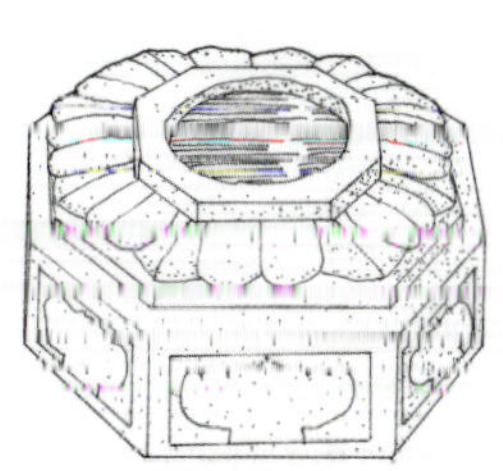

基礎形手水鉢

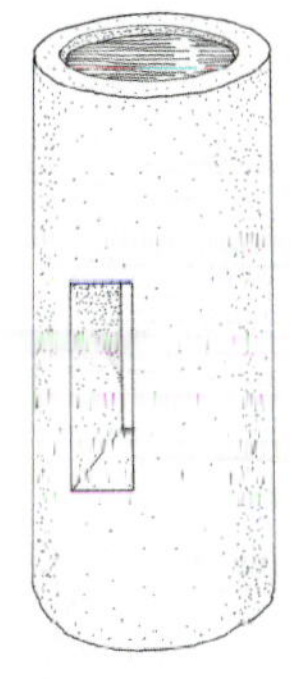

橋杭形手水鉢

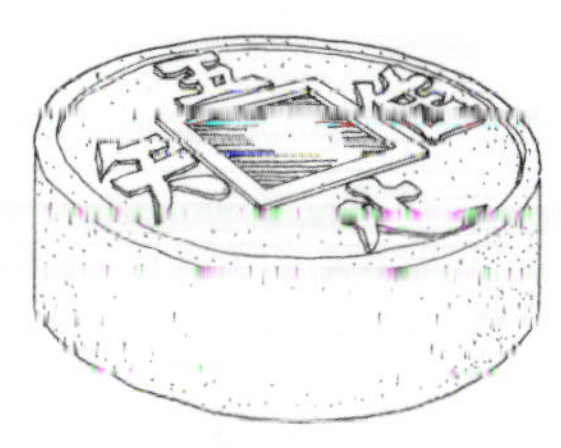

龍安寺（りょうあんじ）形手水鉢

石燈籠のいろいろ

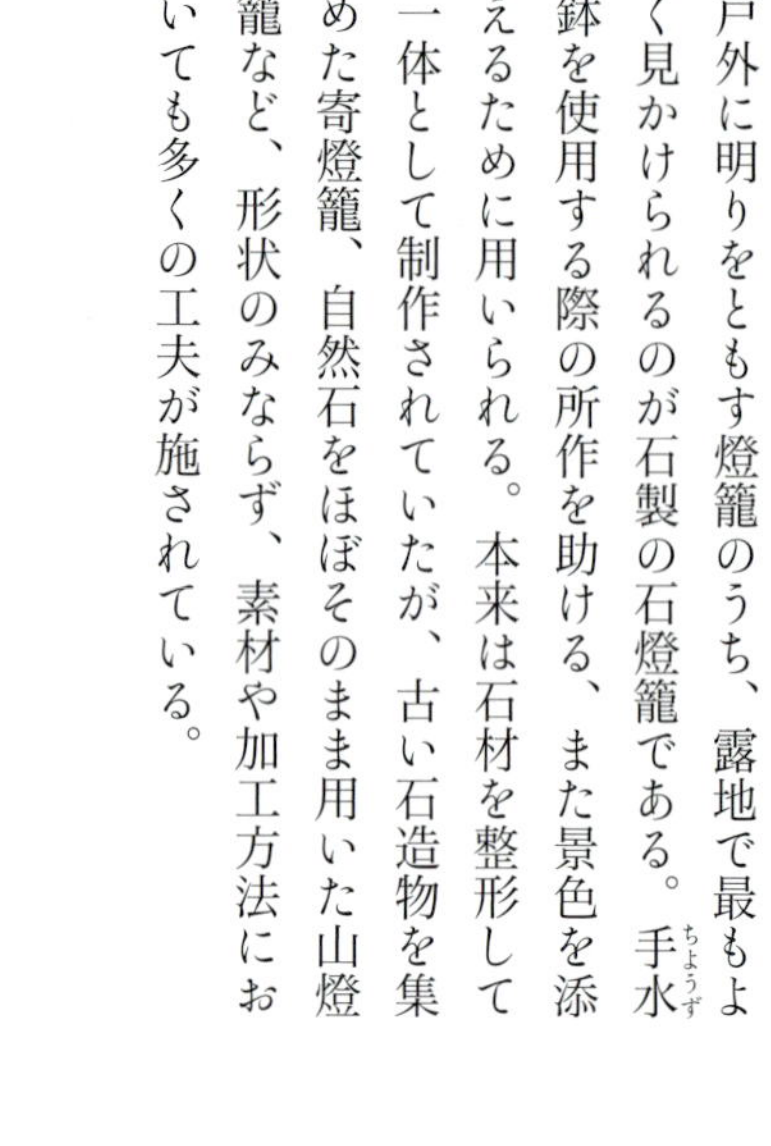

戸外に明りをともす燈籠のうち、露地で最もよく見かけられるのが石製の石燈籠である。手水（ちょうず）鉢を使用する際の所作を助ける、また景色を添えるために用いられる。本来は石材を整形して一体として制作されていたが、古い石造物を集めた寄燈籠、自然石をほぼそのまま用いた山燈籠など、形状のみならず、素材や加工方法においても多くの工夫が施されている。

【石燈籠の構成】

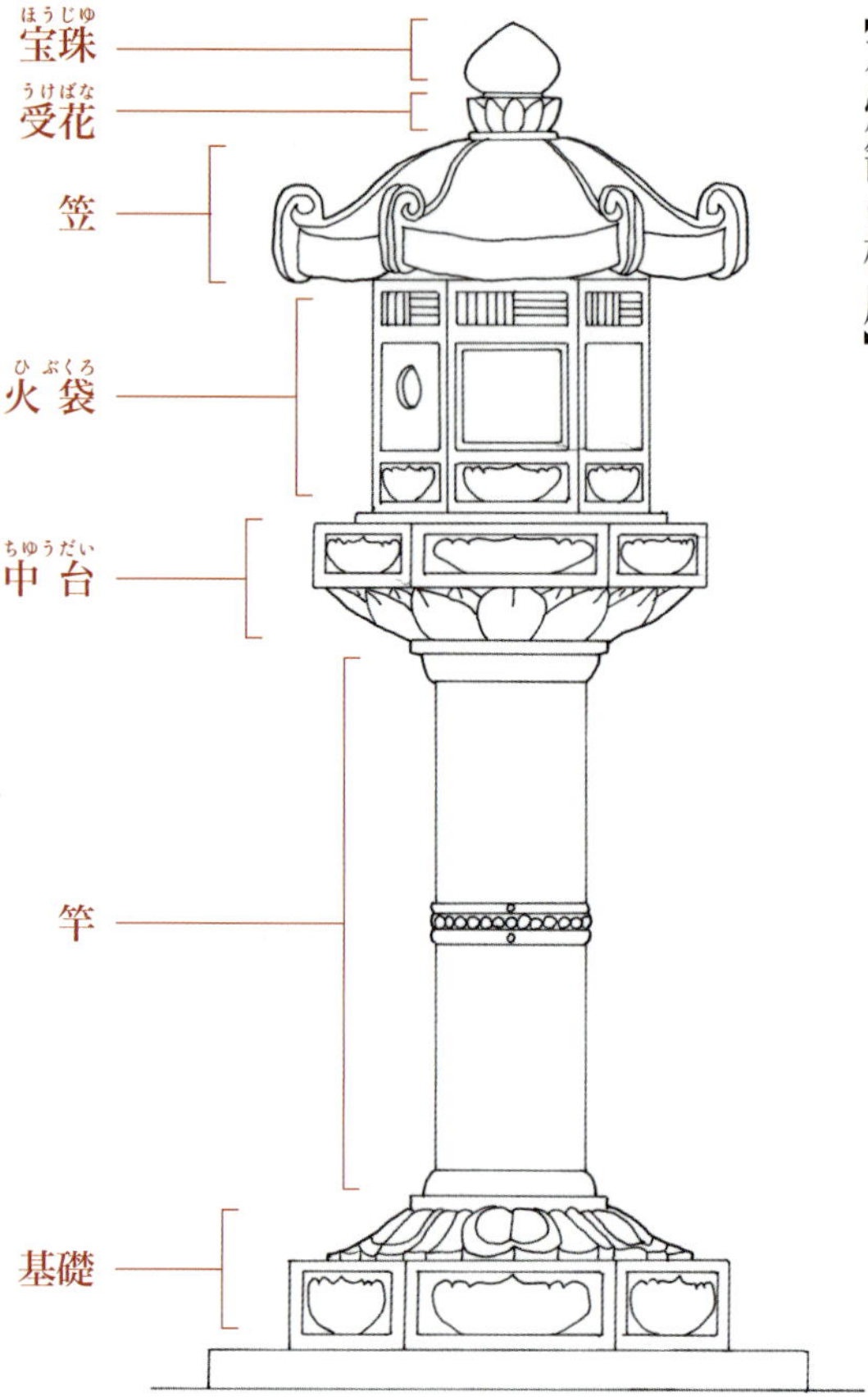

宝珠（ほうじゅ）
受花（うけばな）
笠
火袋（ひぶくろ）
中台（ちゅうだい）
竿
基礎

【さまざまな形状の石燈籠】

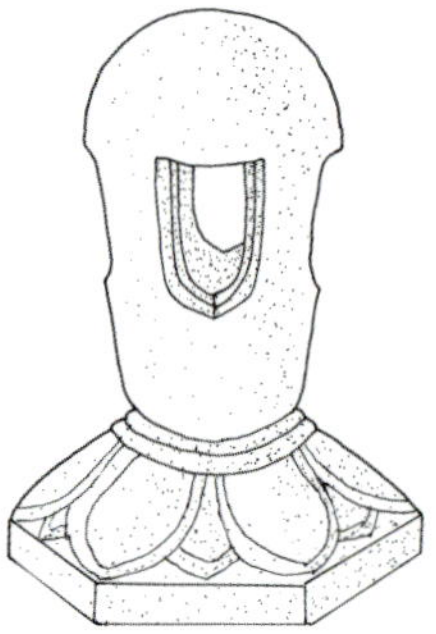

瓜実（うりざね）燈籠
葛屋（くずや）形燈籠 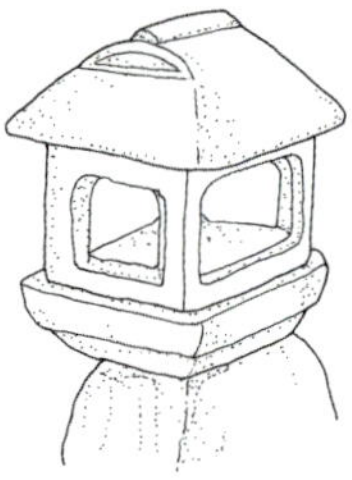
三角雪見燈籠 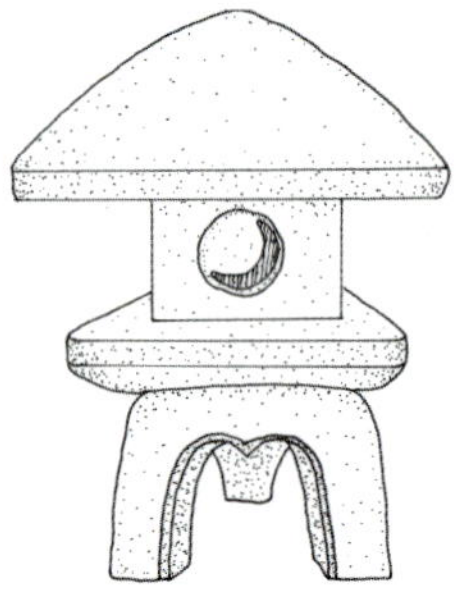
手毬（てまり）燈籠 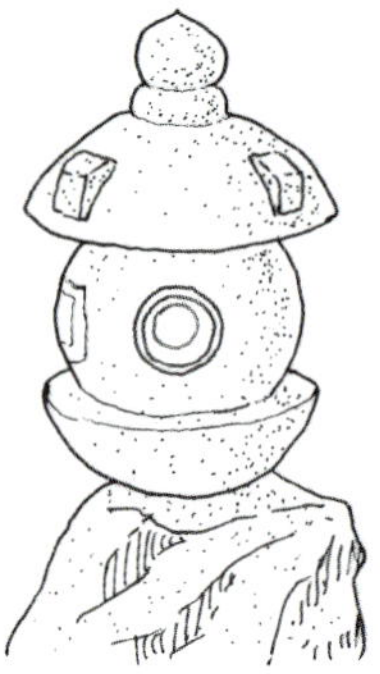
雪見形燈籠 
蘭渓（らんけい）燈籠 
蓮華寺形置燈籠

【茶人の好み形石燈籠】

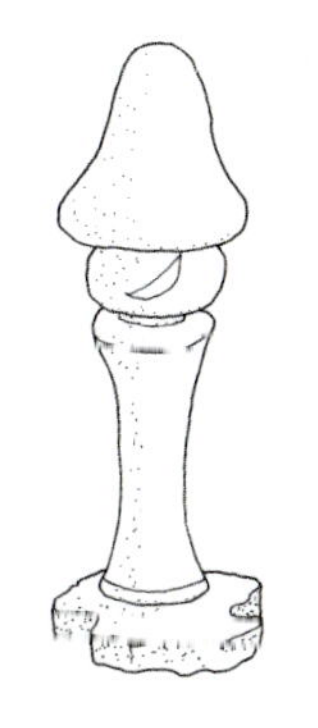
有楽形燈籠
（数寄屋名園聚より）

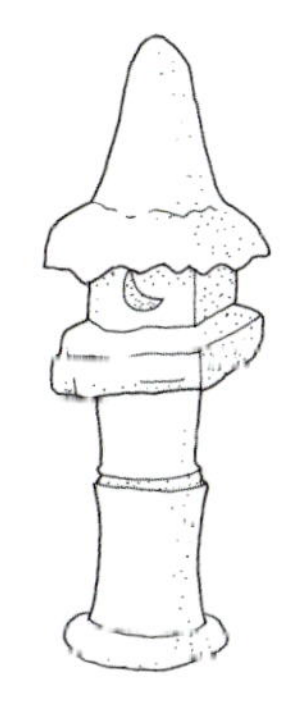
遠州形燈籠
（築山庭造伝前編より）

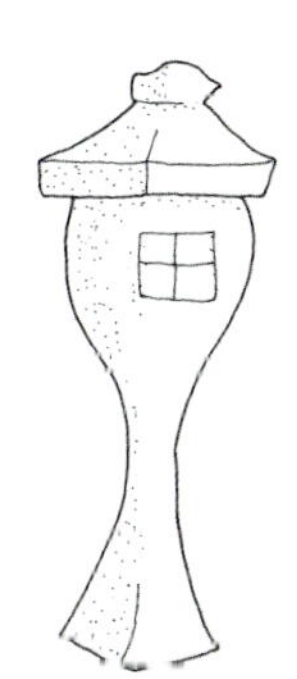
珠光（しゅこう）形燈籠
（築山庭造伝前編より）

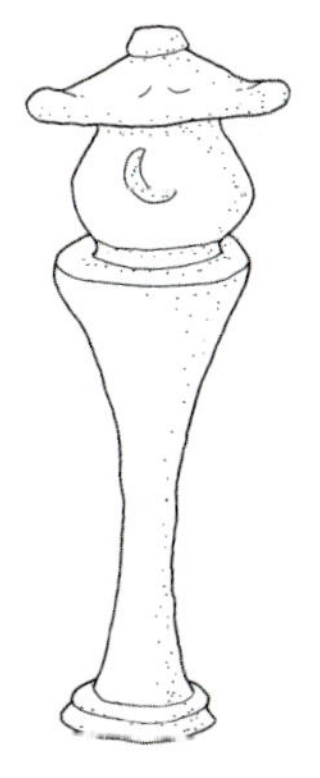
紹鷗（じょうおう）形燈籠
（築山庭造伝前編より）

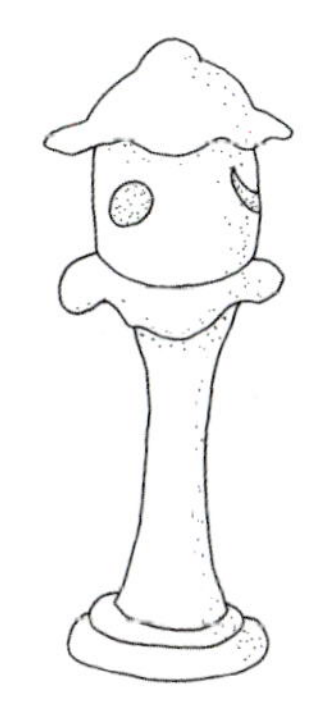
利休形燈籠
（築山庭造伝前編より）

【古社寺の名物燈籠】

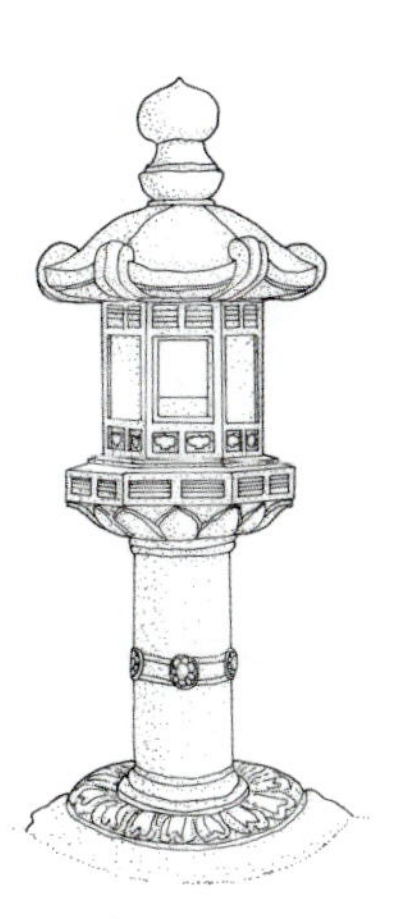
太秦（うずまさ）形燈籠

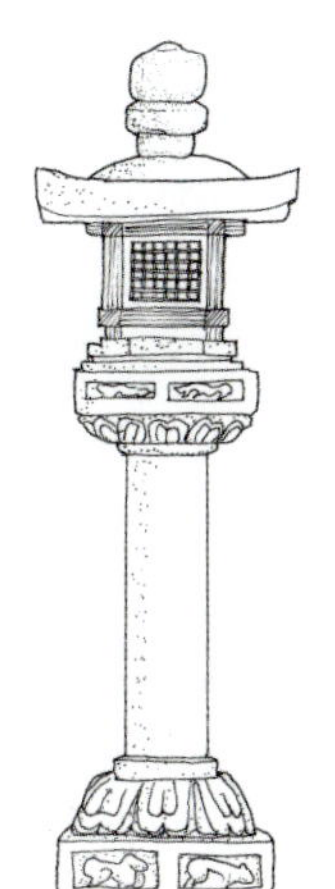
御間（おあい）形燈籠

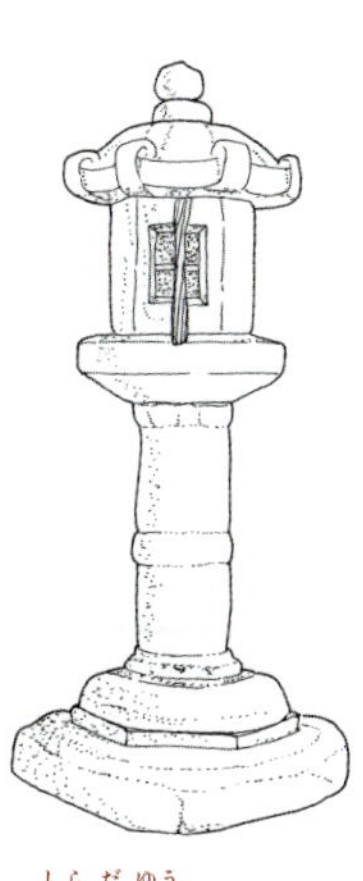
白太夫（しらだゆう）形燈籠

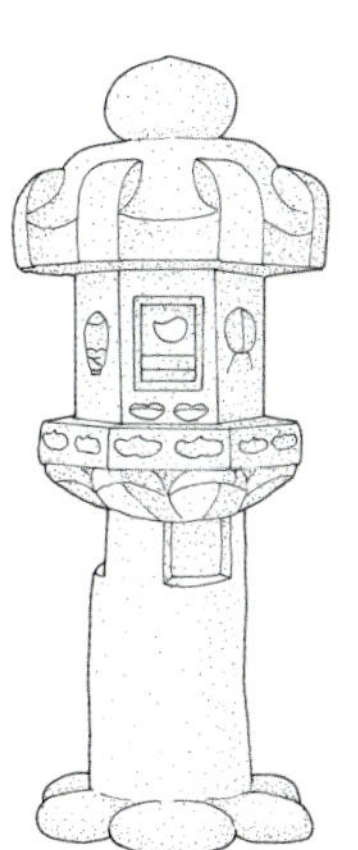
善導寺形燈籠

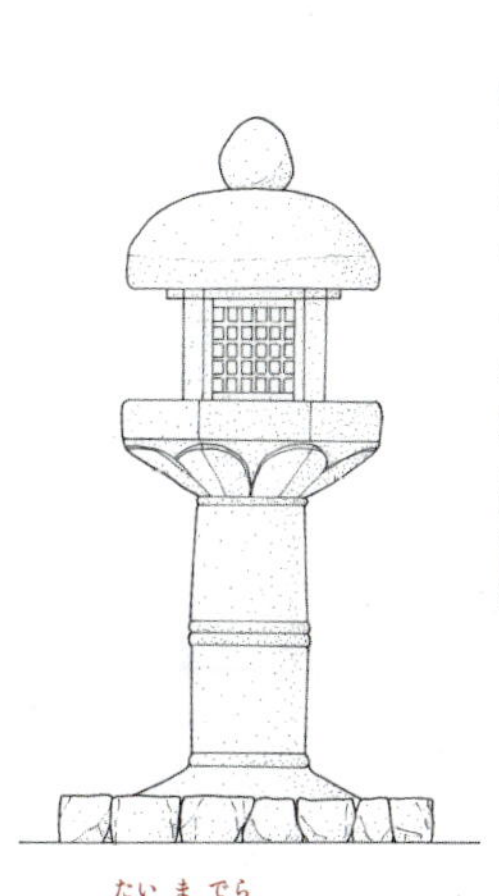
當麻寺（たいまでら）形燈籠

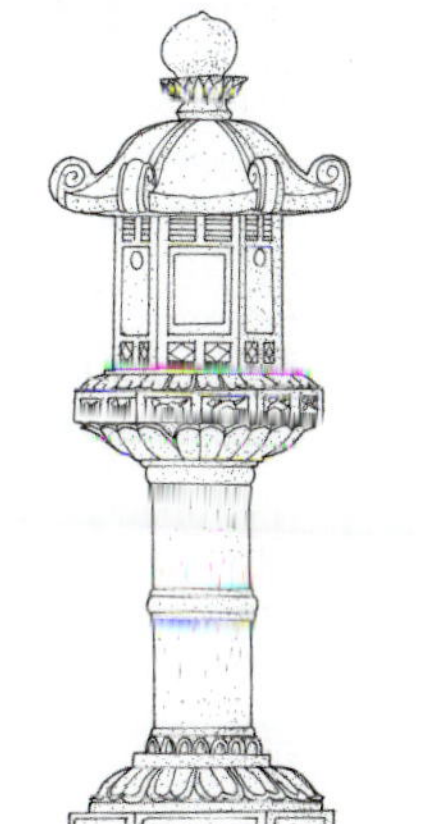
橘寺形燈籠

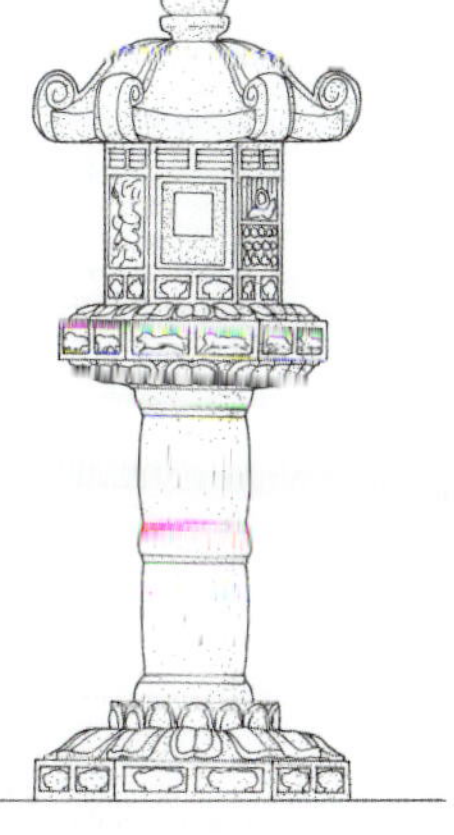
燈明寺形燈籠

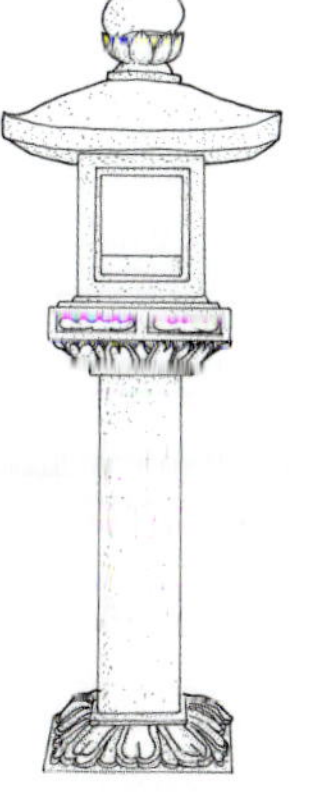
西ノ屋形燈籠

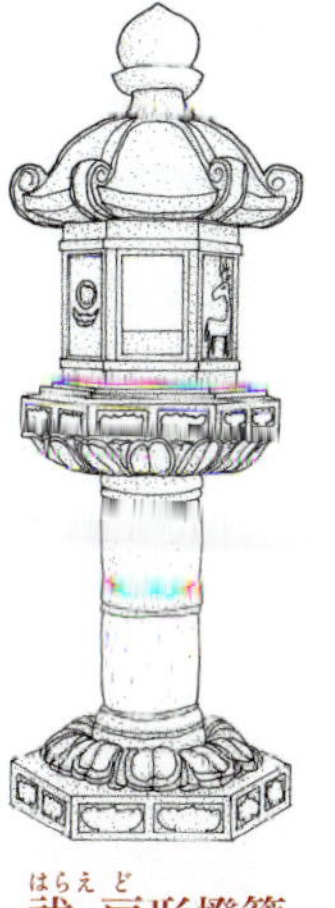
祓戸（はらえど）形燈籠

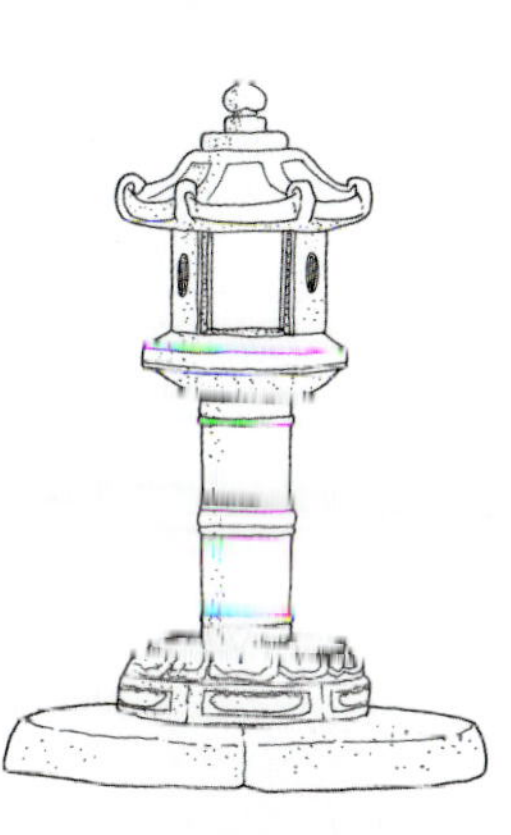
平等院形燈籠

茶室外部の部分名称

茶室の屋根は、主体となる屋根に庇が組み合わされ、茅、柿、瓦などで葺き上げられる。前面には土間庇が設けられ、露地の飛石から踏石などの役石を経て、客の出入り口（躙口や貴人口）に至る。土間庇の下には刀掛がしつらえられる。また壁は土壁で、壁面には下地窓や連子窓をあけ、軽快でつつましく、ひなびた外観を形成する。

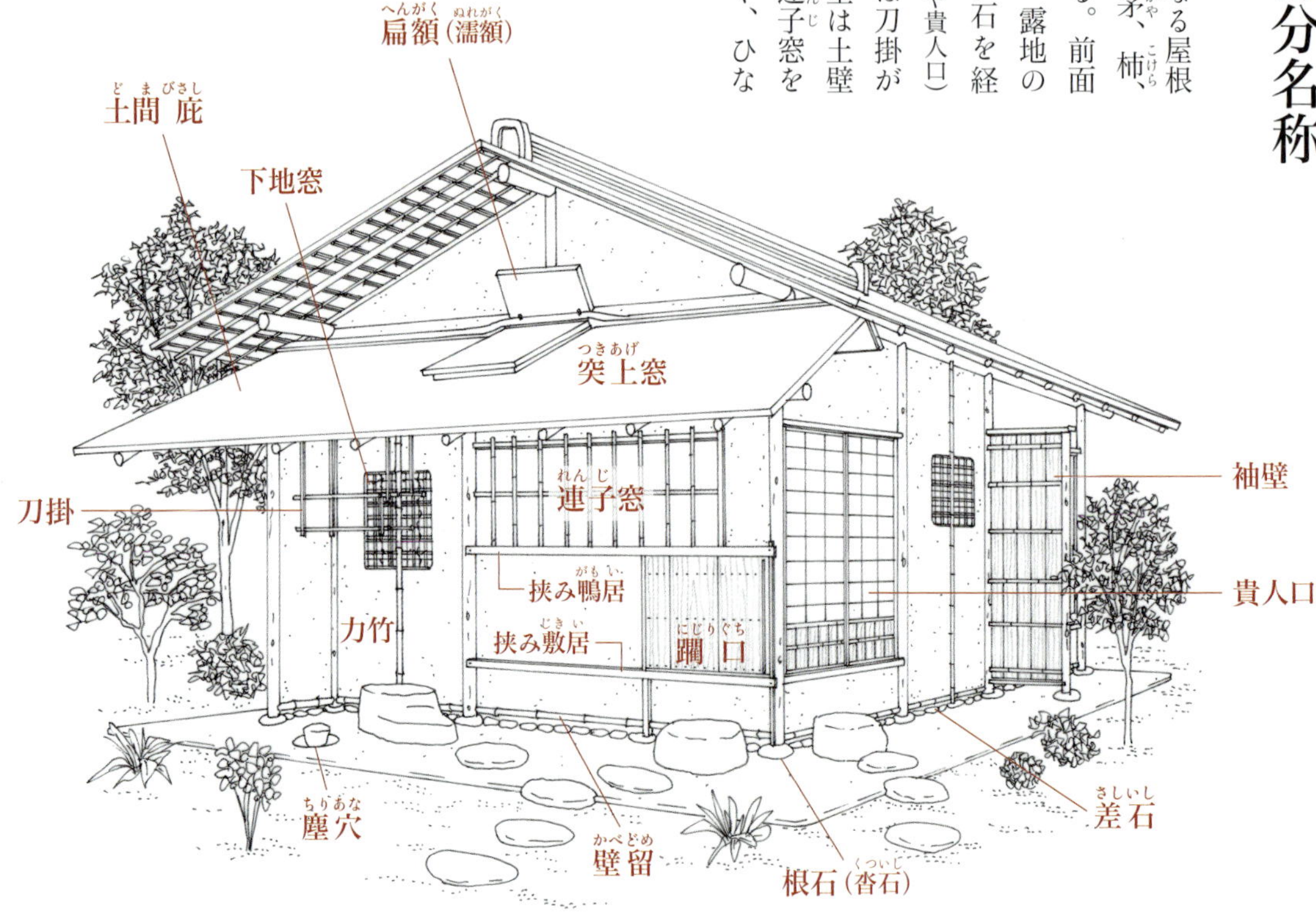

躙口まわりの役石

露地の蹲踞から飛石を伝い、躙口に向かって乗石（三番石）、落石（二番石）、踏石（一番石）が階段状に高くなるように据えられる。刀掛の足元には刀掛石が、塵穴の縁には覗石が据えられる。

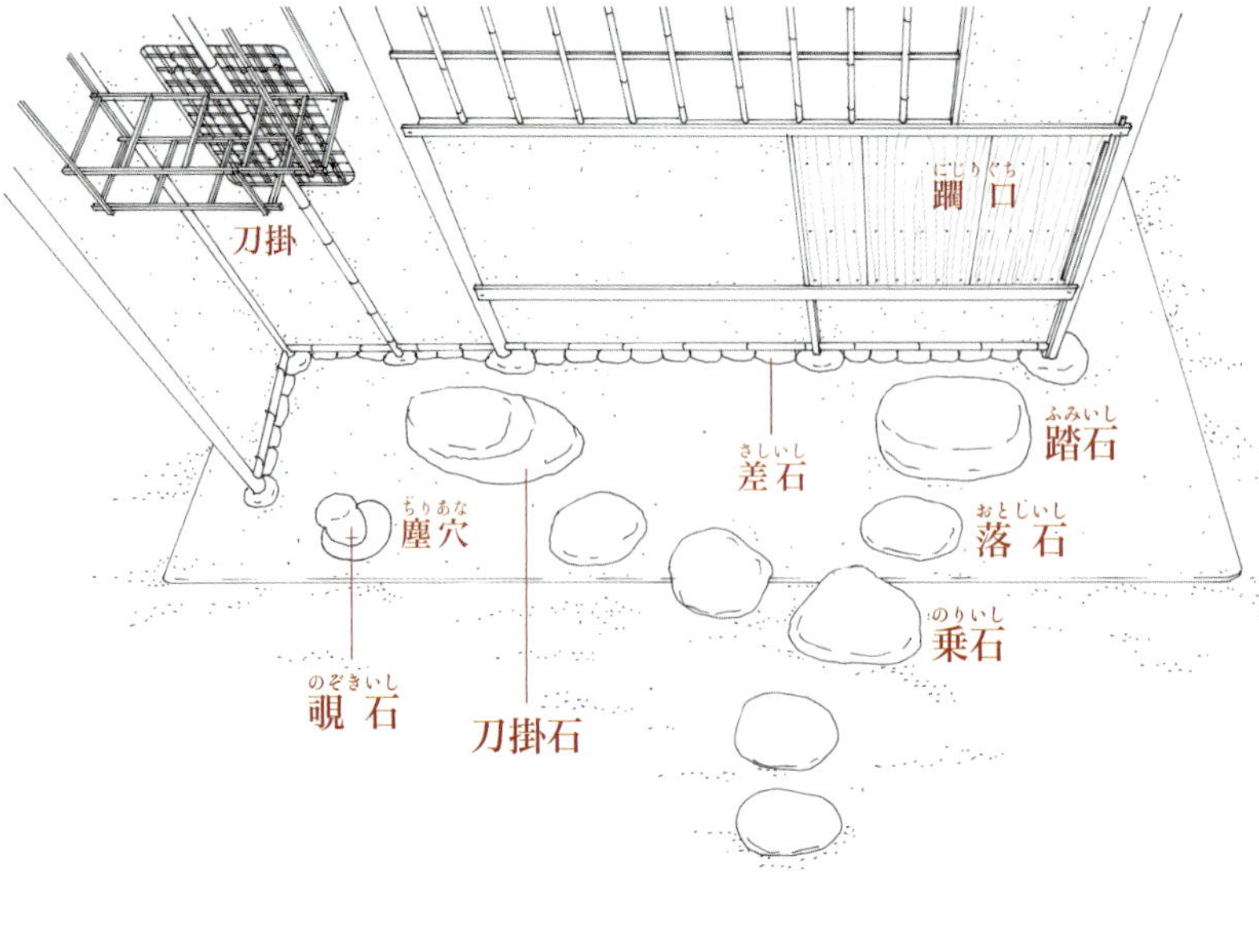

刀掛
躙口
踏石
差石
塵穴
落石
乗石
覗石
刀掛石

屋根の部分名称といろいろな形式

屋根には切妻造、入母屋造、寄棟造などのいろいろな形式があり、屋根を葺く素材には茅、柿、檜皮、瓦などが挙げられる。屋根の向きと出入り口の関係や流れ（棟から軒先までの勾配）など、建築の意匠を決定する重要な要素である。

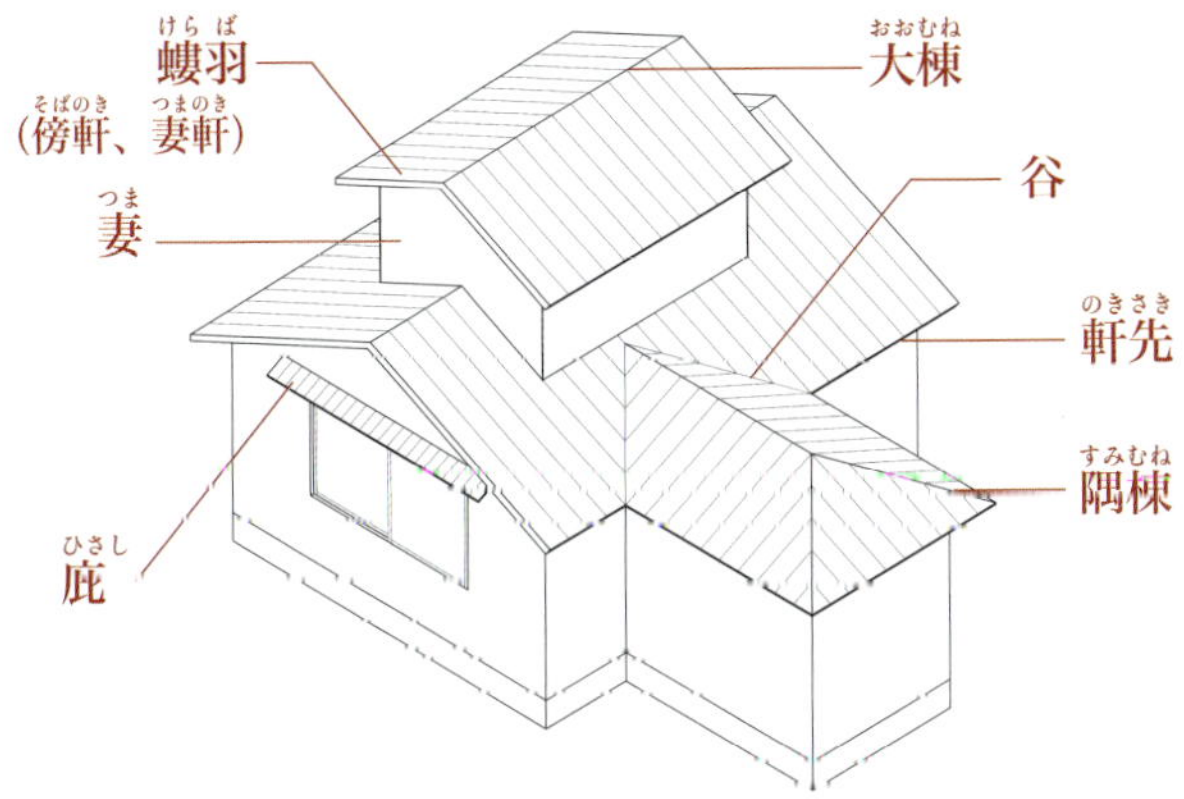

螻羽
（傍軒、妻軒）
大棟
谷
妻
軒先
隅棟
庇

【妻と平】

建物の桁行正面が平、梁行正面が妻で、平側に出入り口があることを平入、妻側に出入り口があることを妻入という。

平入
妻側
平側

妻入
妻側
平側

【屋根の形式】

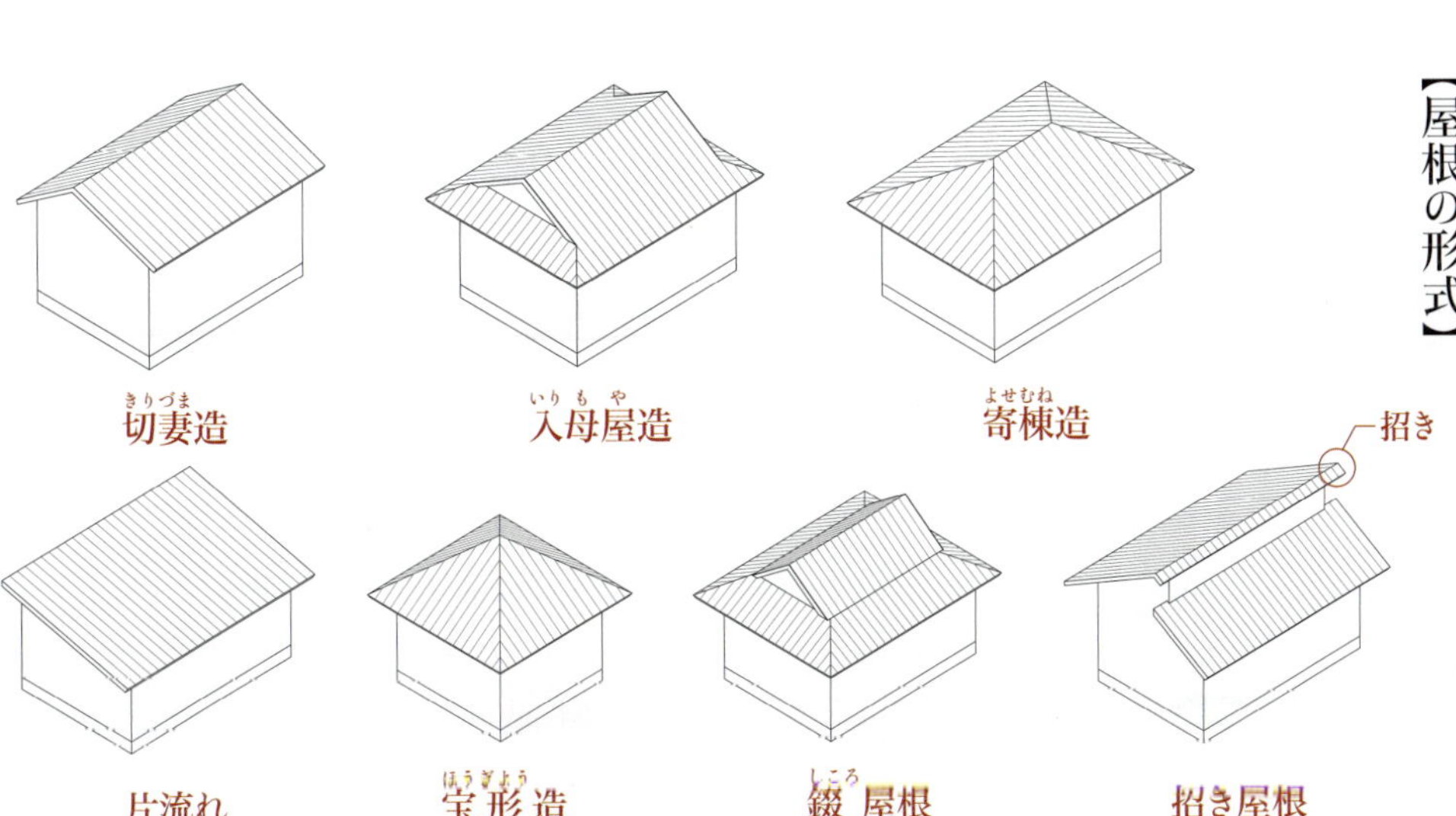

【屋根の照りと起り】

屋根の流れの形状が、凹形に湾曲したものを照り屋根、凸形のものを起り屋根という。

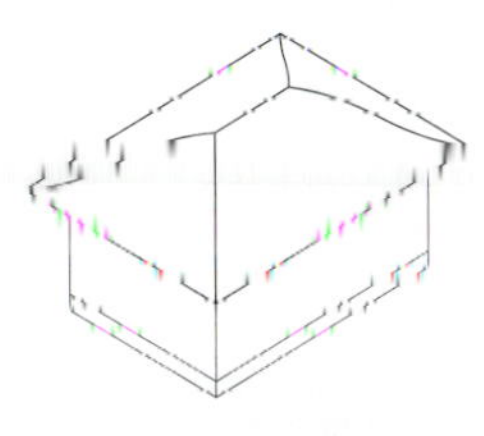
照り起り屋根

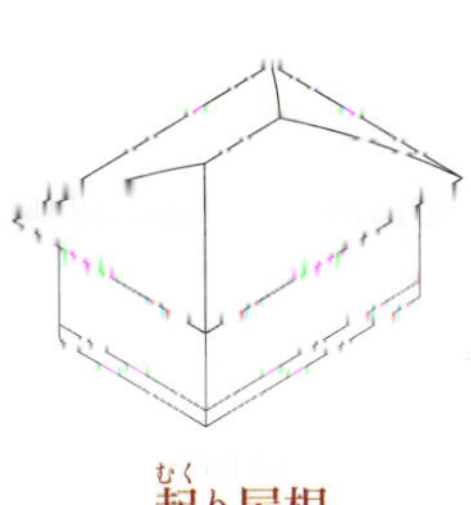
起り屋根

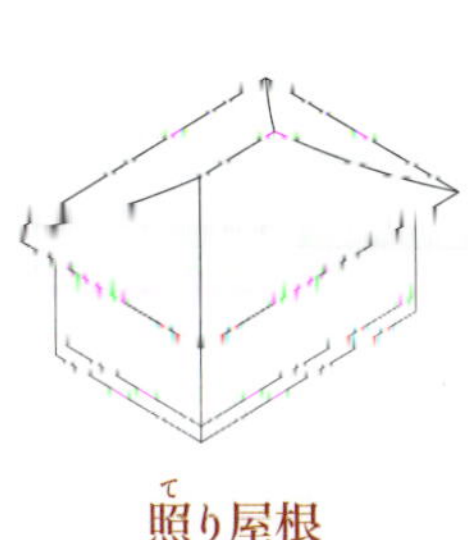
照り屋根

茶室内部の各部名称

茶室の内部は、床の形式と配置、点前座まわりの意匠や炉の切り方、客座の広さと畳の敷き方などが組み合わされて構成されている。さらに天井の形式や窓のあけ方、出入り口のなども茶室内部を構成する重要な要素となる。

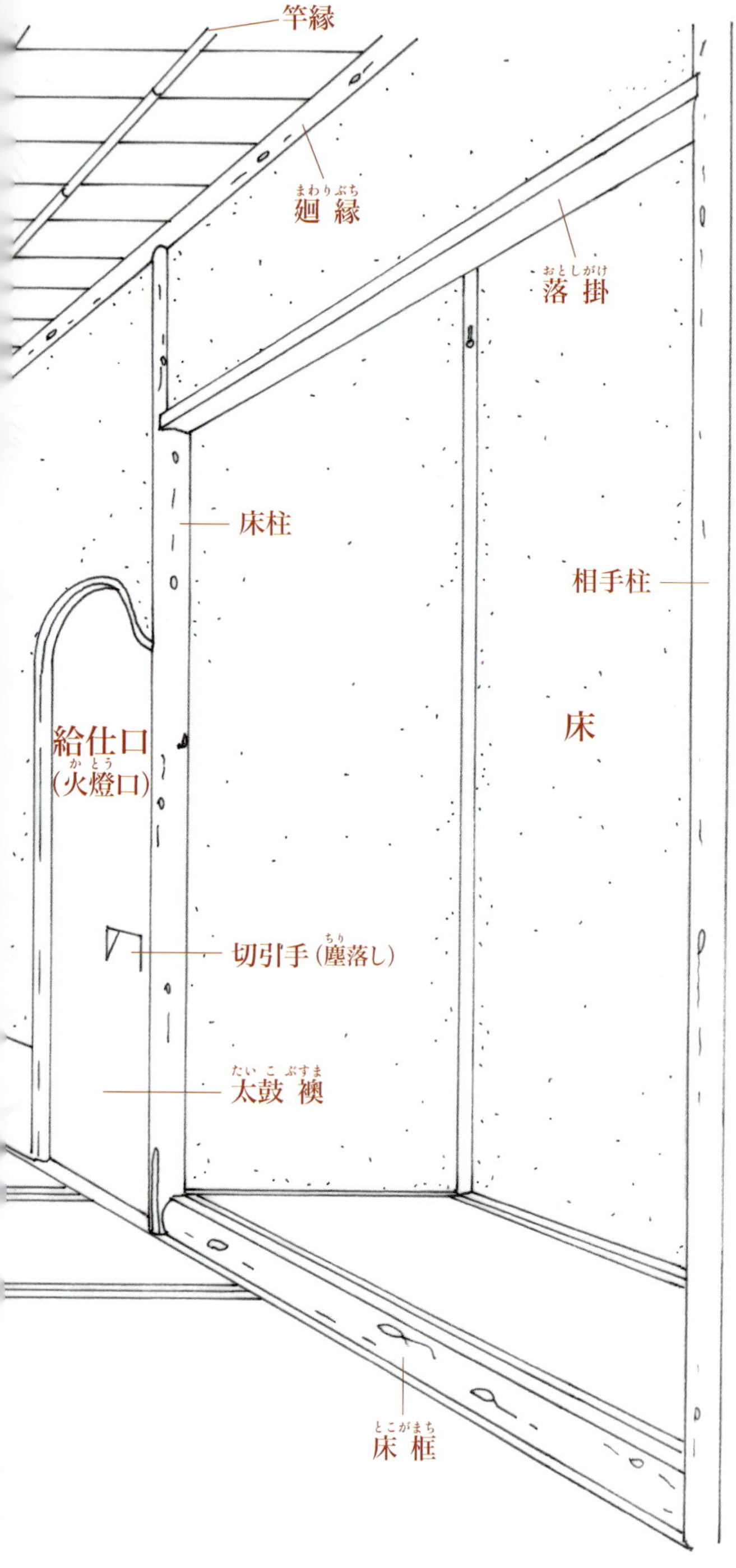

竿縁
廻縁（まわりぶち）
落掛（おとしがけ）
床柱
相手柱
床
給仕口（火燈口）
切引手（塵落し）
太鼓襖（たいこぶすま）
床框（とこがまち）

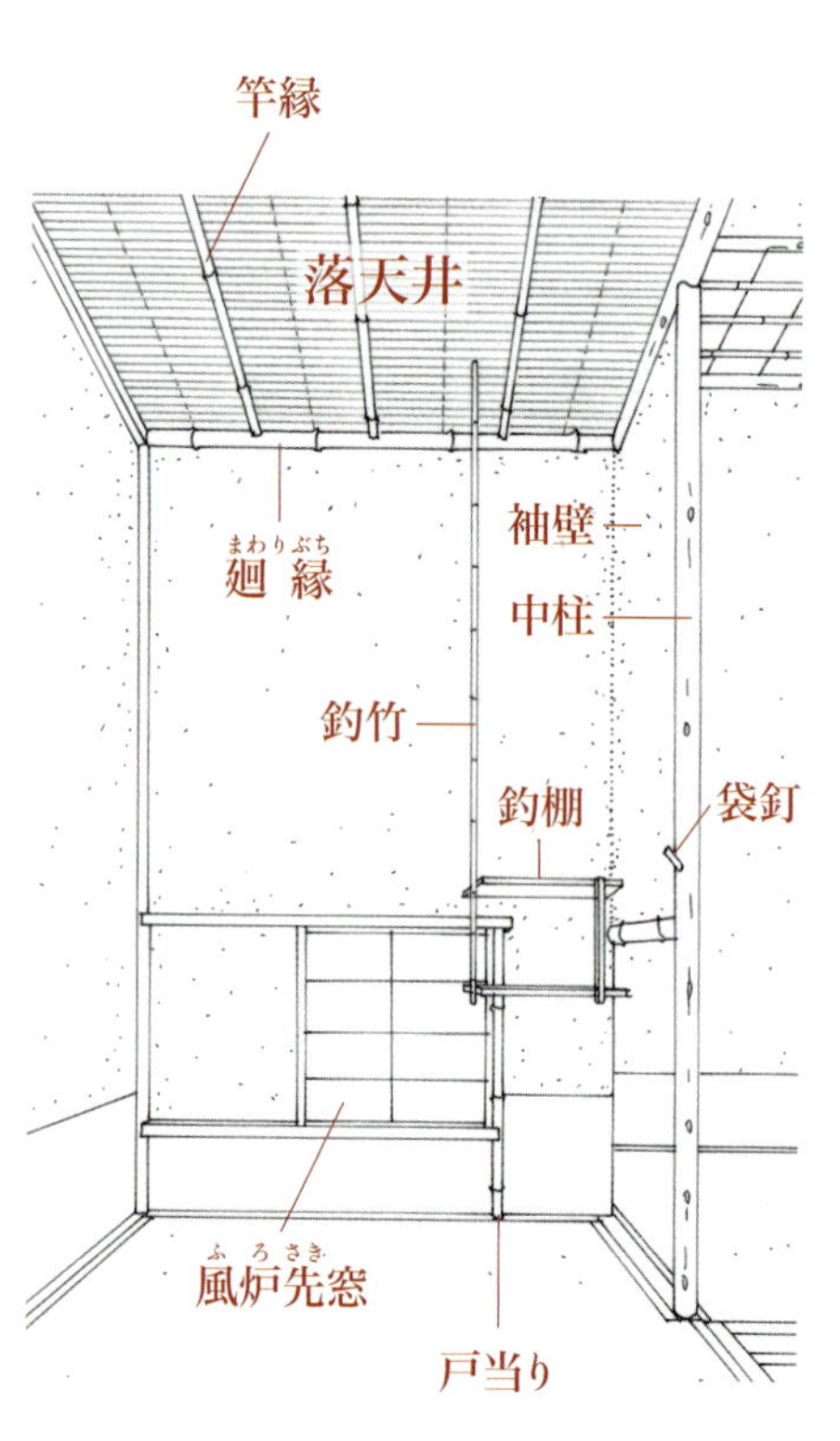

亭主から見た点前座まわり（台目構え）

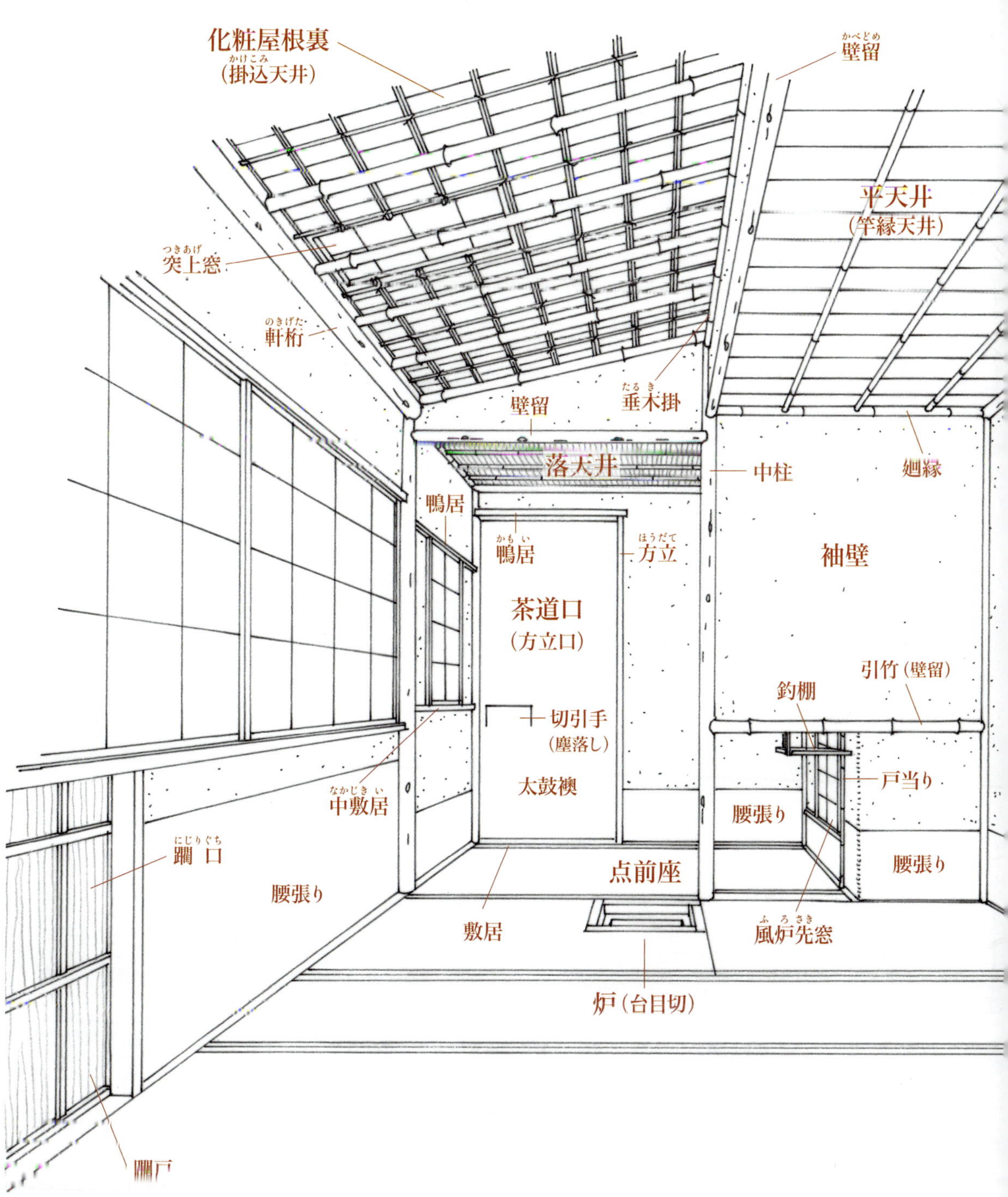
化粧屋根裏
（掛込天井）
壁留
平天井
（竿縁天井）
突上窓
軒桁
垂木掛
壁留
落天井
中柱
廻縁
鴨居
鴨居
方立
袖壁
茶道口
（方立口）
引竹（壁留）
釣棚
切引手
（塵落し）
戸当り
太鼓襖
中敷居
腰張り
躙口
腰張り
点前座
腰張り
敷居
風炉先窓
炉（台目切）
躙戸

炉の切り方（八炉の切り方）

炉は、茶室において釜を懸け、湯を沸かすための設備。炉の切り方には大きく入炉（いりろ）と出炉（でろ）がある。さらに入炉には向切（むこうぎり）と隅炉、出炉には四畳半切と台目切の四種があり、またそれらに本勝手と逆勝手がある。

本勝手

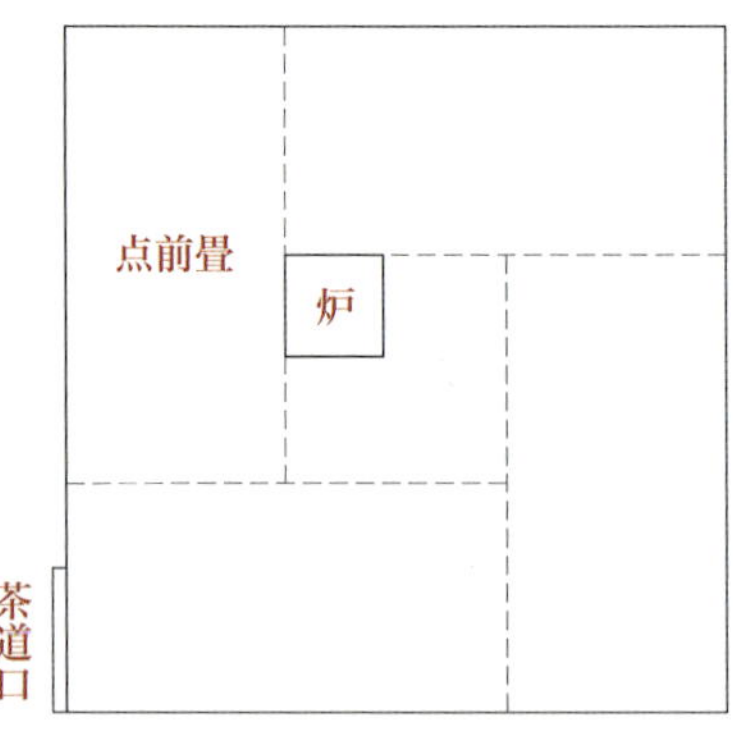

①四畳半切本勝手（出炉）

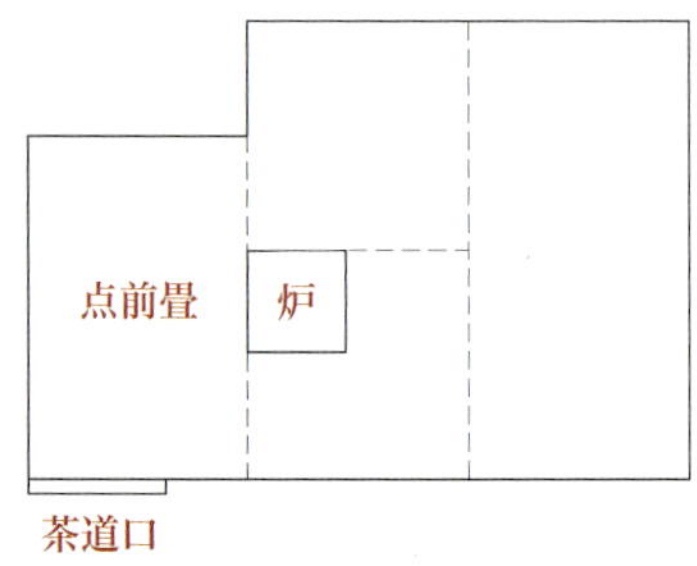

②台目切本勝手（出炉）

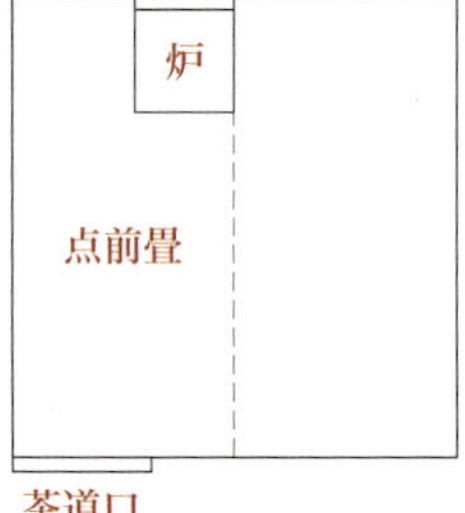

③向切（むこうぎり）本勝手（入炉）

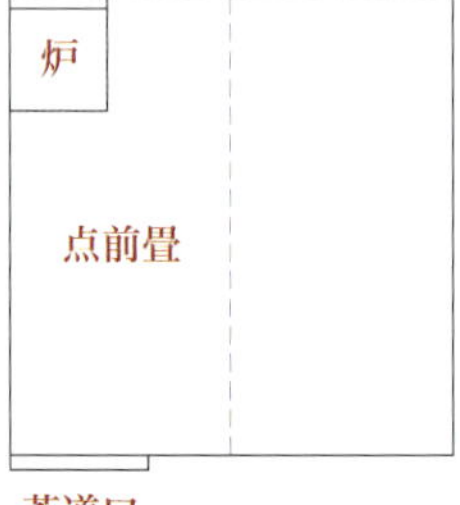

④隅炉本勝手（入炉）

逆勝手

点前畳
炉
茶道口

⑤四畳半切逆勝手（出炉）

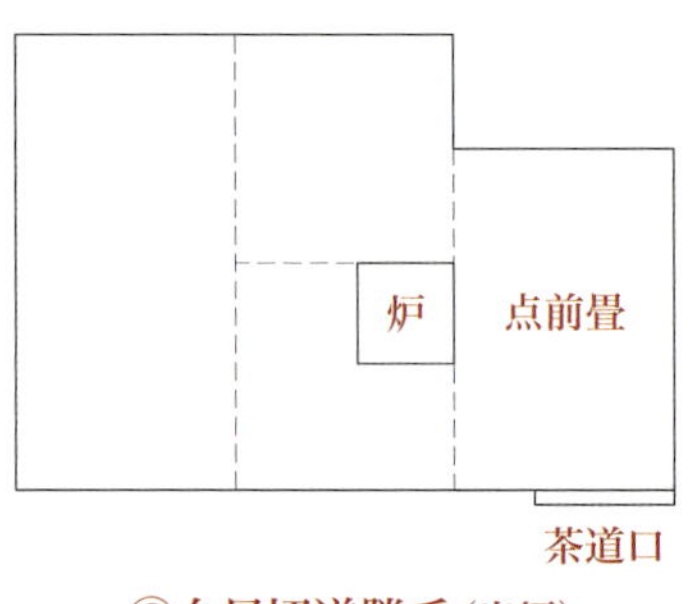

⑥台目切逆勝手（出炉）

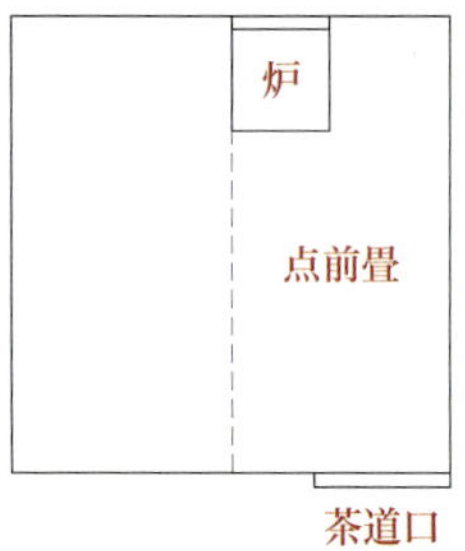

⑦向切逆勝手（入炉）

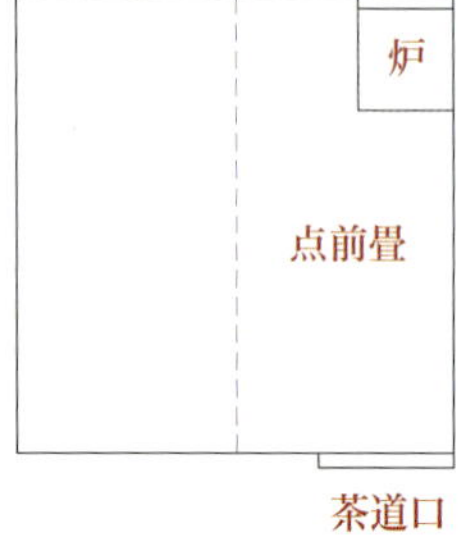

⑧隅炉逆勝手（入炉）

書院床の各部名称

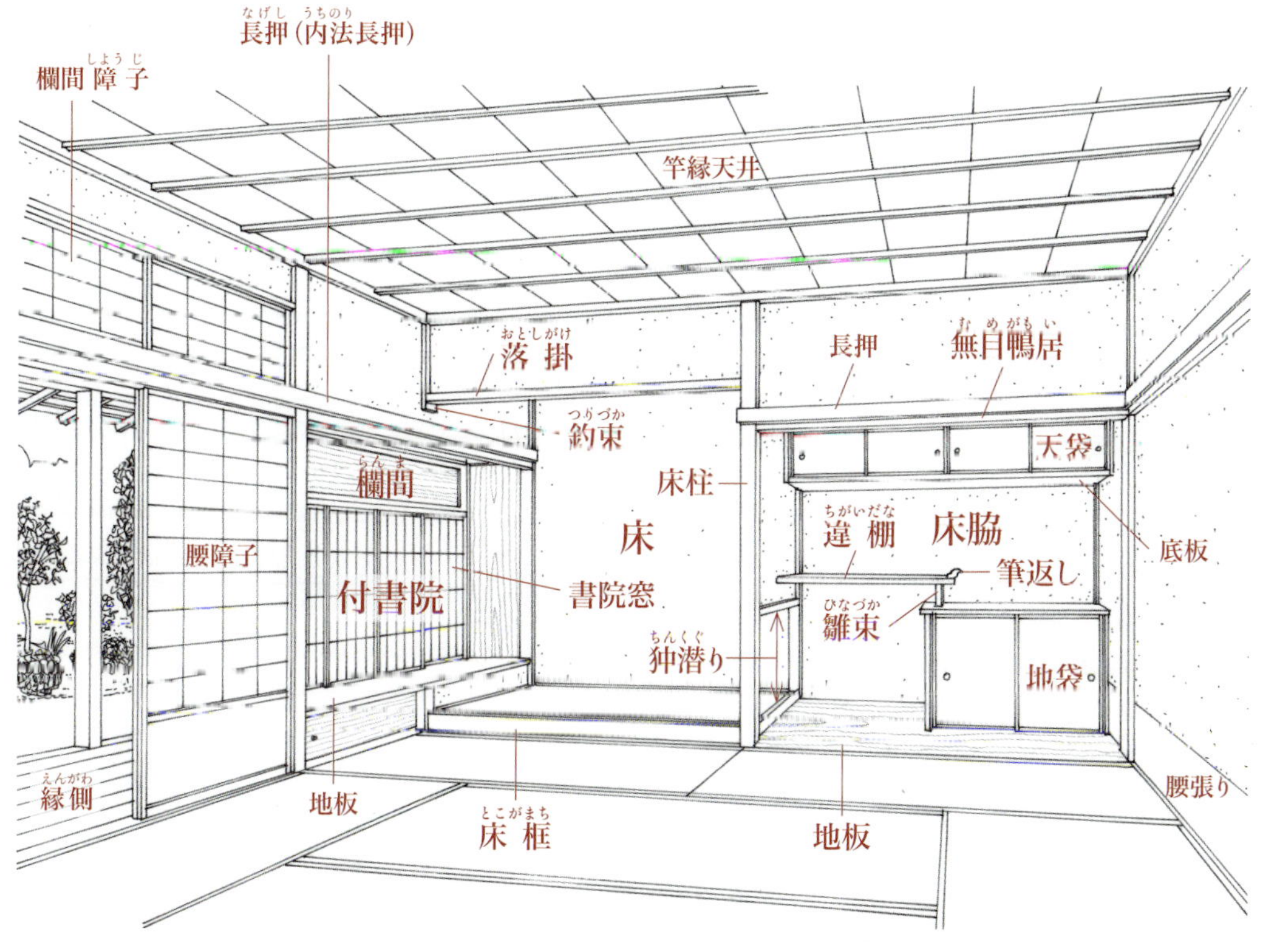

書院造における座敷飾は、床、違棚（ちがいだな）、付書院などで構成される。付書院は多くの場合、間口一間（いっけん）に幅一～二尺の地板を敷居（しきい）から一尺程度の高さに入れ、部屋から張り出して造られ、正面には小障子を建て、その上を欄間（らんま）とする。床脇には、何枚かの棚板を左右から上下に段違いに造り付けた飾棚が設けられ、天袋や地袋が付けられることが多い。

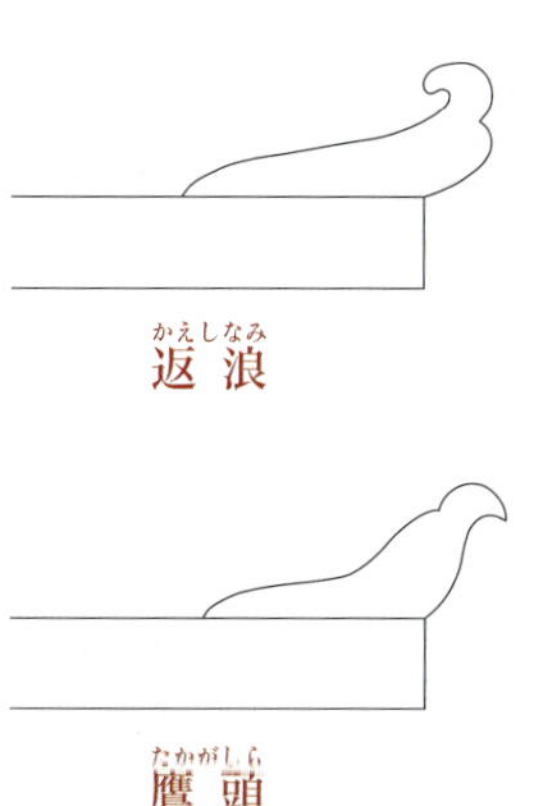

返浪（かえしなみ）

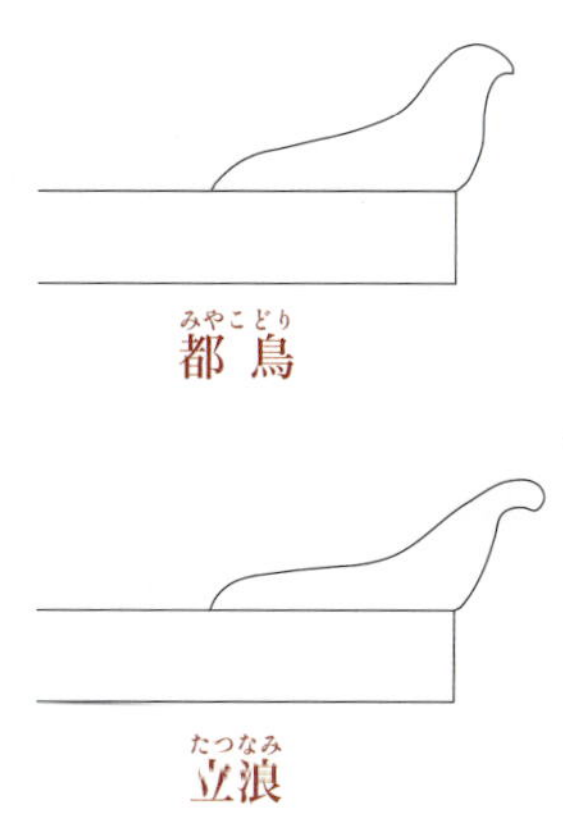

都鳥（みやこどり）

鷹頭（たかがしら）

立浪（たつなみ）

【筆返しのいろいろ】

違棚など、床脇の飾棚に付けた化粧の縁（ふち）にある筆返しは、断面の形状から都鳥（みやこどり）、立浪（たつなみ）など数種類の形状がある。

床まわりの釘（広間の場合）

床には、掛物を掛けるための軸釘を打ち、花入を掛けるため、床柱に花入釘（柱釘）、大平に中釘を打つ。床天井には花蛭釘、落掛には落掛花釘を打って釣花入を釣る。また床や四畳半席の点前座の入隅には柳釘を打つこともある。床脇には銅鑼や喚鐘を掛ける稲妻釘と、喚鐘の撞木を掛ける撞木釘、炉の上の天井には、釣釜を釣るための釜蛭釘が打たれることが多い。

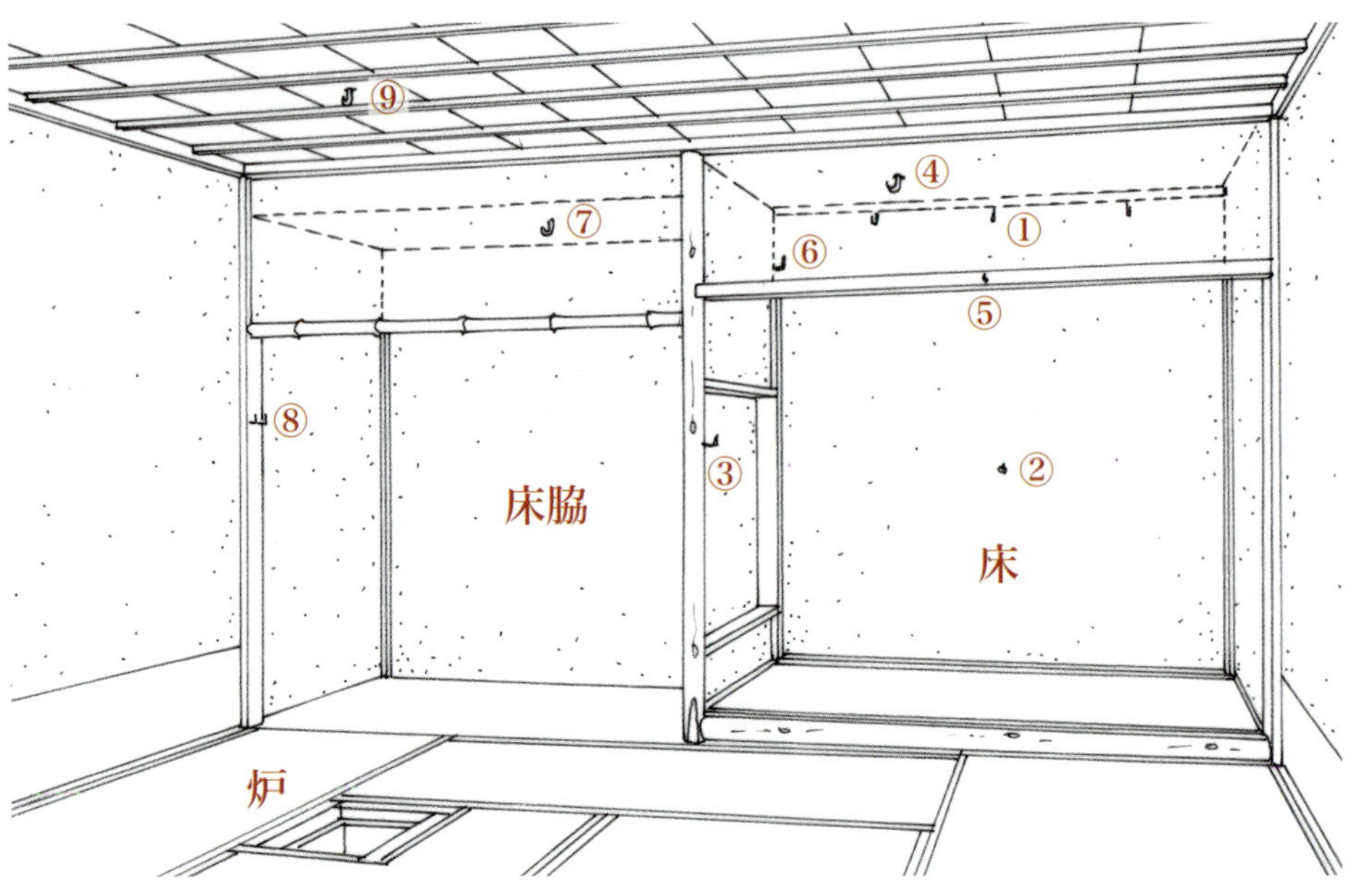

①軸釘（竹釘、稲妻走り釘と二重折釘など）、②中釘（無双釘、中釘用折釘）
③花入釘（柱釘）、④花蛭釘、⑤落掛花釘、⑥柳釘、⑦稲妻釘、⑧撞木釘、⑨釜蛭釘

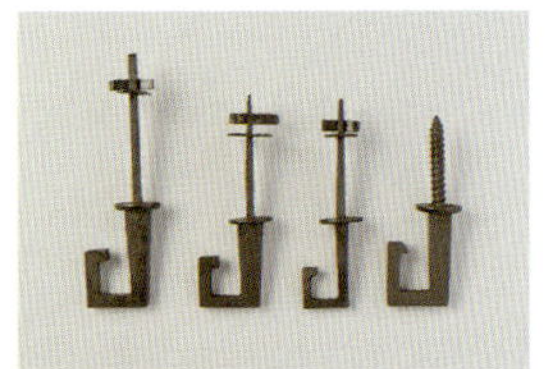

⑦稲妻釘
（左３点・栓差し、右・捻じ込み）

⑧撞木釘

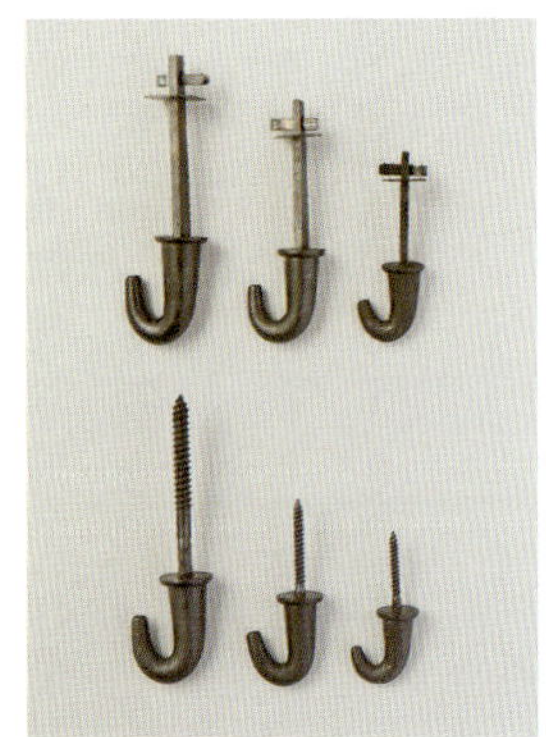

⑨釜蛭釘
（上・栓差し、下・捻じ込み）

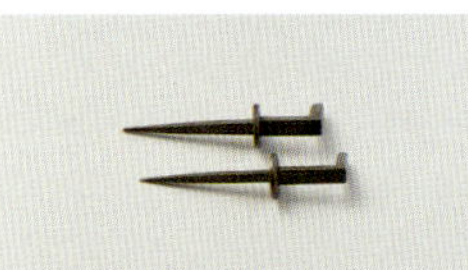

③花入釘（柱釘）

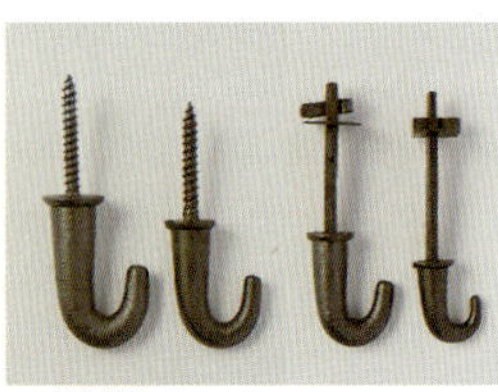

④花蛭釘
（左・捻じ込み、右・栓差し）

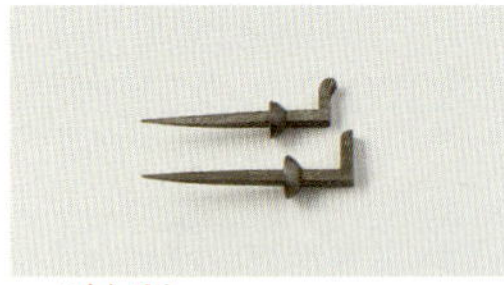

⑤落掛花釘

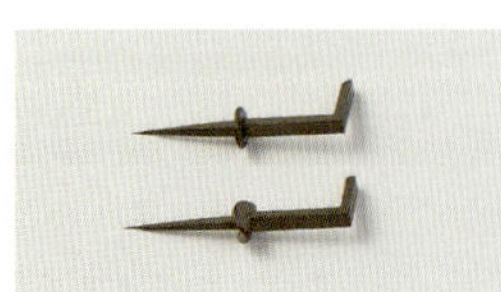

⑥柳釘
（上・平座、下・折れ座）

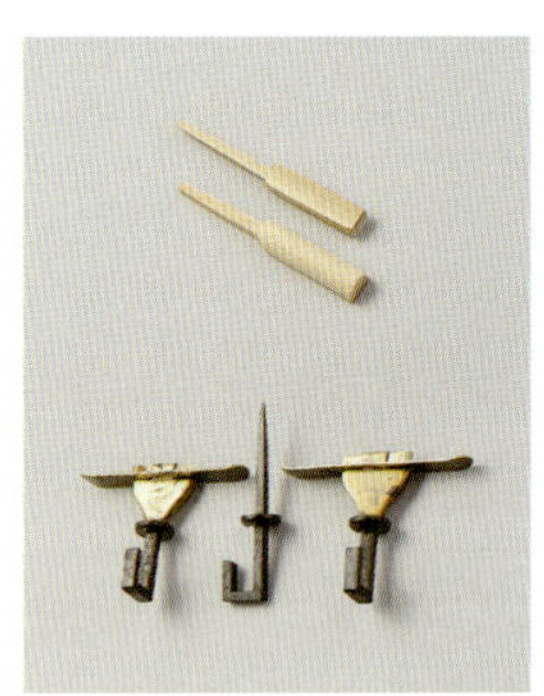

①軸釘
（上・竹釘、下・稲妻走り釘と二重折釘）

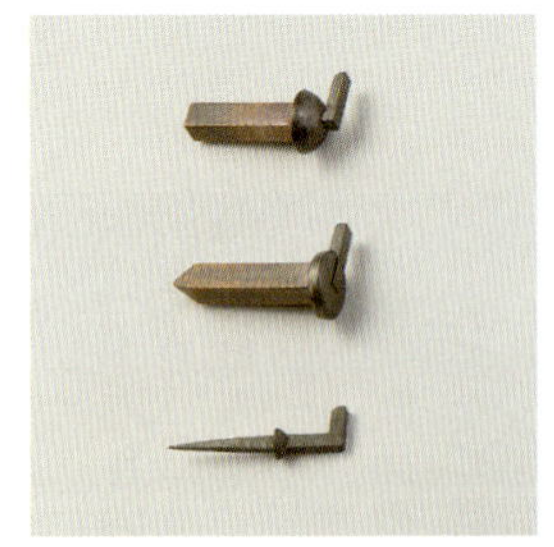

②中釘
（上・無双釘〈平沈〉、中・（無双釘〈丸浮〉、下・中釘用折釘）

客の出入り口と亭主の出入り口

茶室における客の出入り口には、躙口と貴人口がある。また亭主側の出入り口には、亭主のための茶道口と、給仕のための給仕口がある。基本的には床前に客が座り、亭主は茶道口から点前座に進み、客と相対する。

【客の出入り口—躙口と貴人口】

躙口は板戸を建てるものが一般的である。踏石から体を曲げ伏し、躙って出入りする。貴人口は、腰付の明障子の二枚引きを通例とする。躙口より開口の寸法は大きい。茶室によって躙口と貴人口が併設される場合、またどちらかのみしかない場合もある。

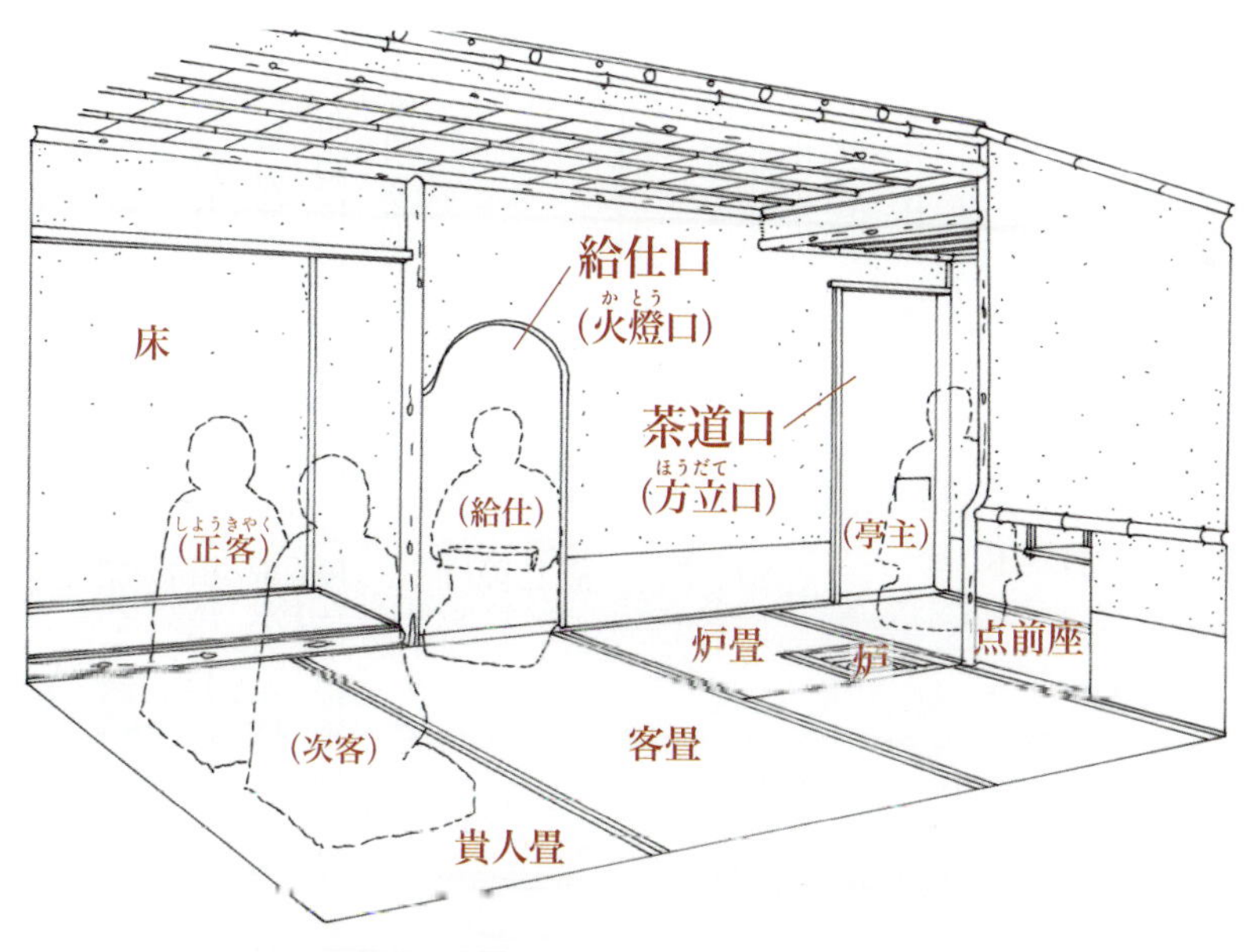

【亭主の出入り口—茶道口と給仕口】

茶道口は、茶を点てる亭主が出入りするためのもので、方立口の形式とするものが多い。給仕口は、亭主の補佐役である給仕の者が出入りするためのもので、主に懐石の際の給仕に使用する。火燈口の形式のものが多い。あるいは一つの口に二枚の建具を引違いに建て込み、一方を茶道口、他方を給仕口とすることもある。

茶室の窓（下地窓・連子窓・突上窓）

【下地窓】

土壁の一部を塗りのこすことによってあける窓。位置や形、大きさを自由に決めることができる。

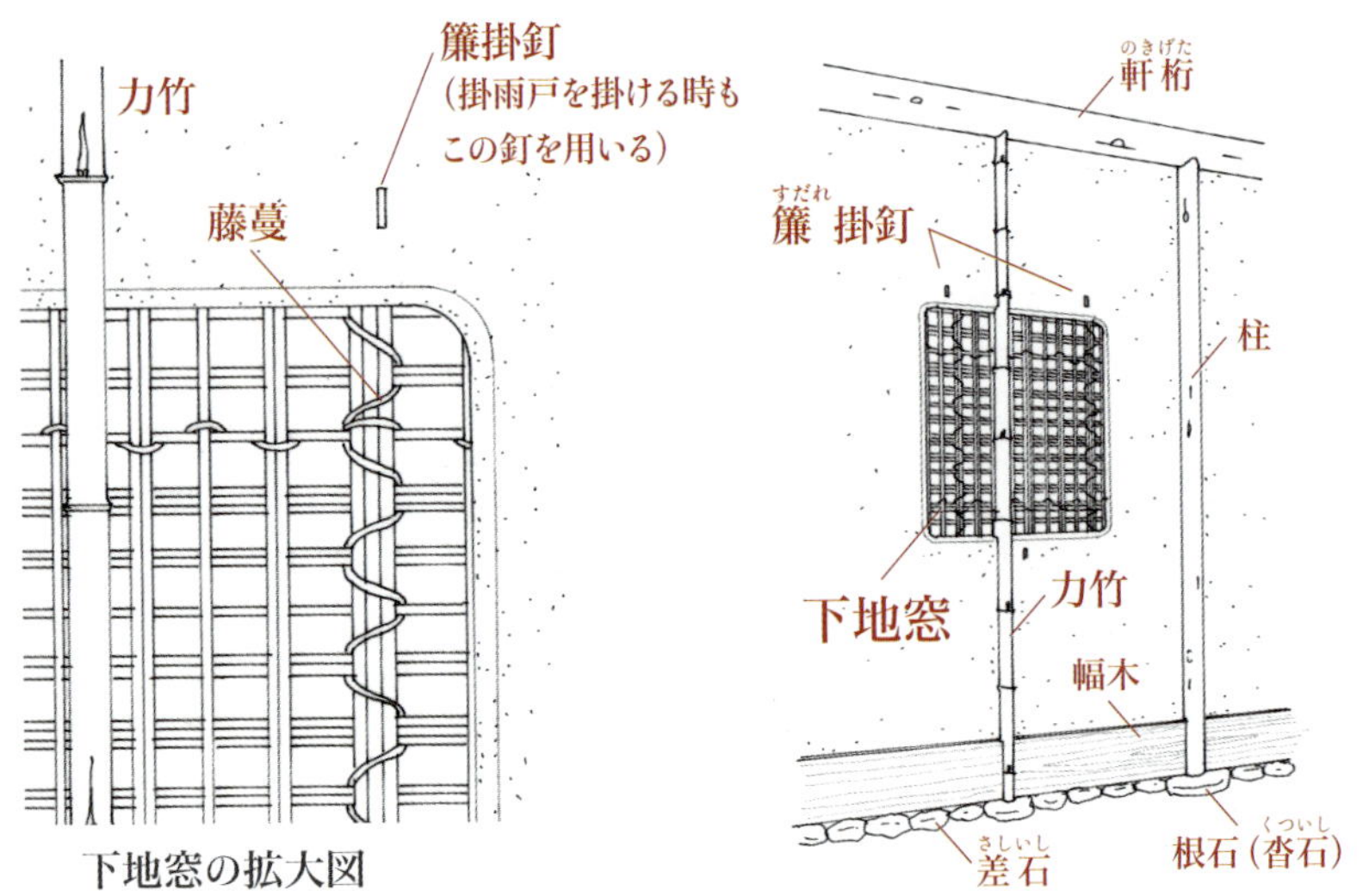

下地窓の拡大図

【連子窓】

連子子を竪、または横に並べ打ち付けた窓。茶室では敷鴨居の外側に白竹の連子竹を巻頭釘で打ちとめ、中ほど内側にあふち貫（付貫）を添え、内側に障子を引き違い建てとする。

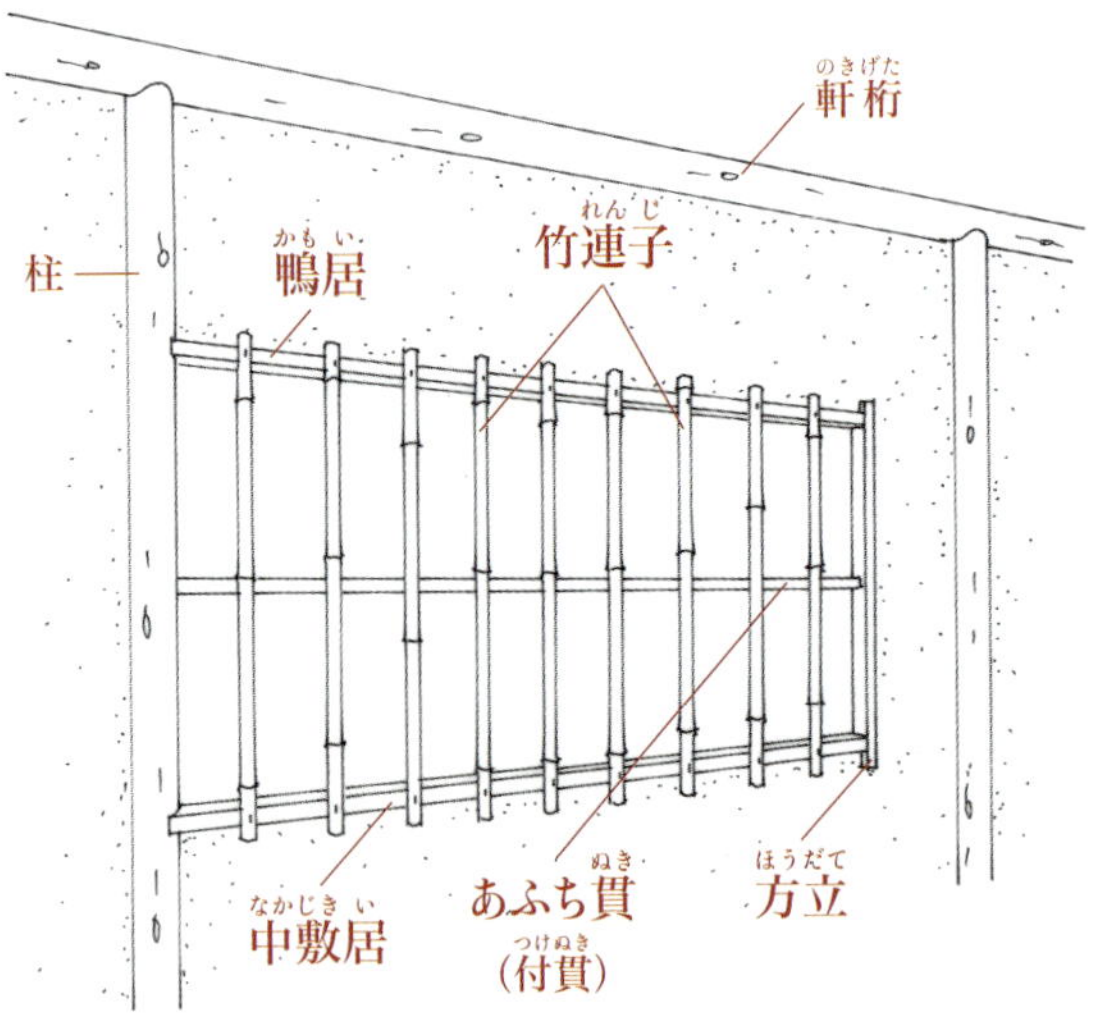

軒桁
柱
鴨居
竹連子
中敷居
あふち貫
（付貫）
方立

【突上窓】

掛込天井に設けられる窓。垂木一本を挟んで垂木一小間分を切りひらき、枠を付けて油障子と屋根地を葺いた突上戸（覆戸）を備える。

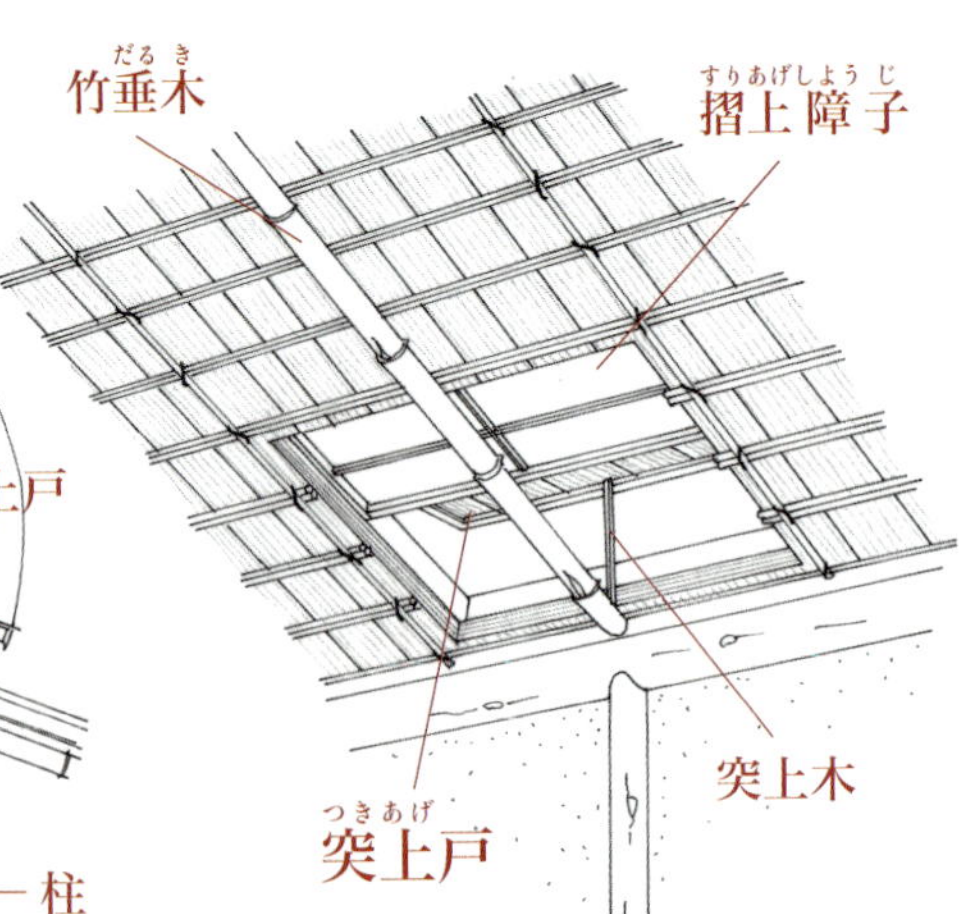

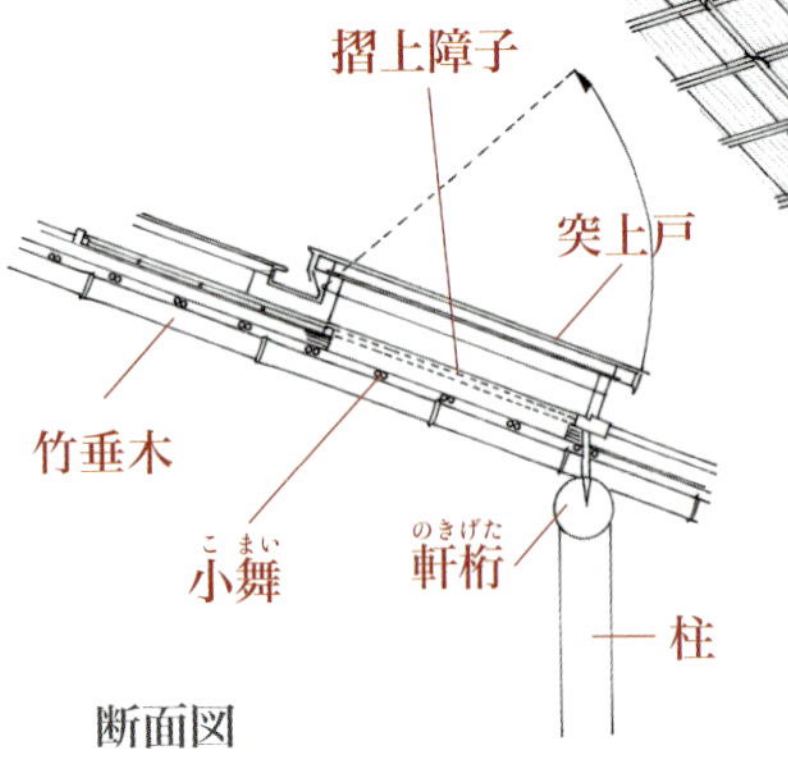

竹垂木
揺上障子
揺上 障子
突上戸
竹垂木
小舞
軒桁
柱
突上木
突上戸

断面図

障子のいろいろ

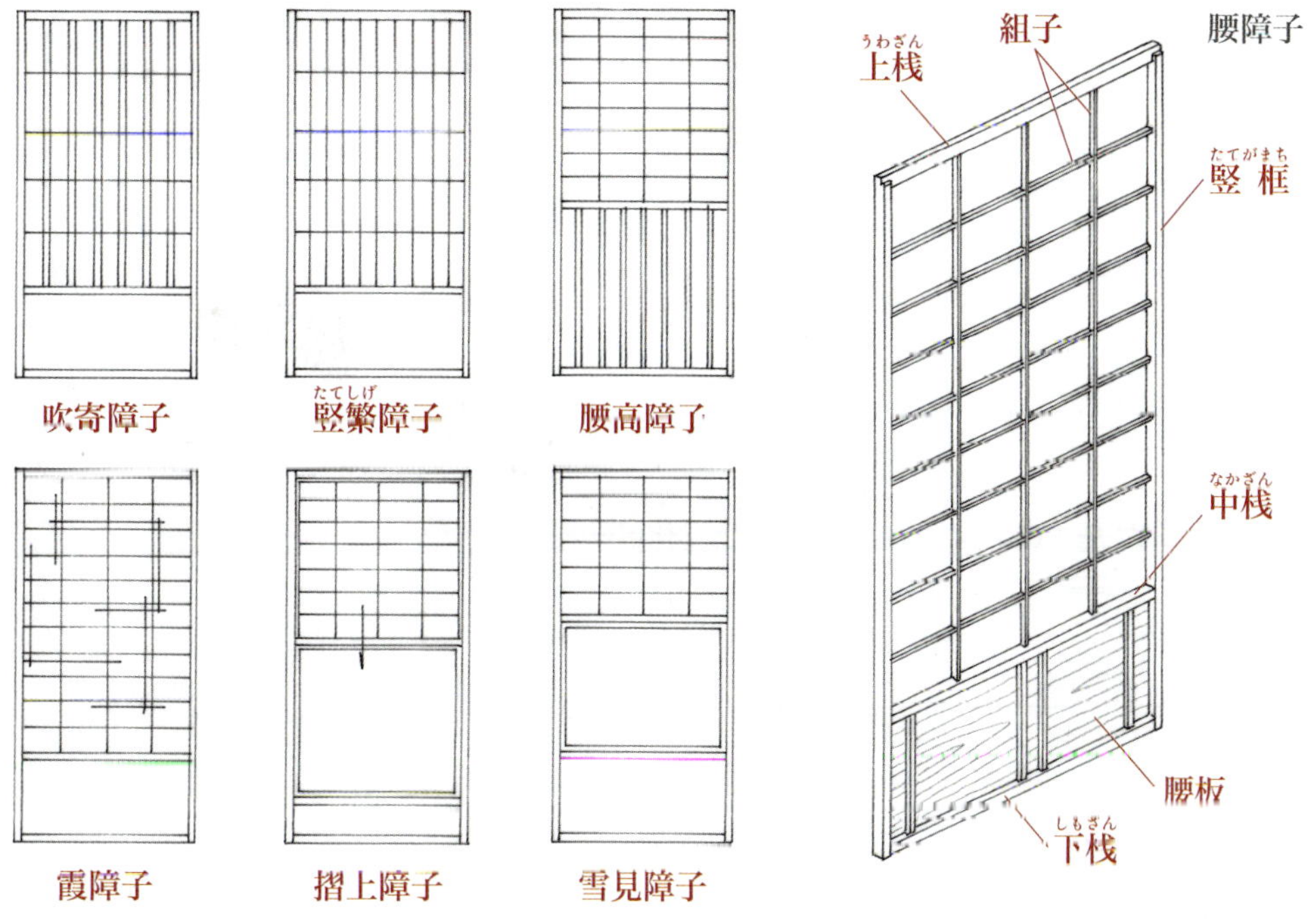

障子は上桟、下桟、竪框で構成される枠の中に組子を配し、外側に障子紙を張った建具。腰板や組子の意匠などで種々の分類がなされる。

欄間のいろいろ

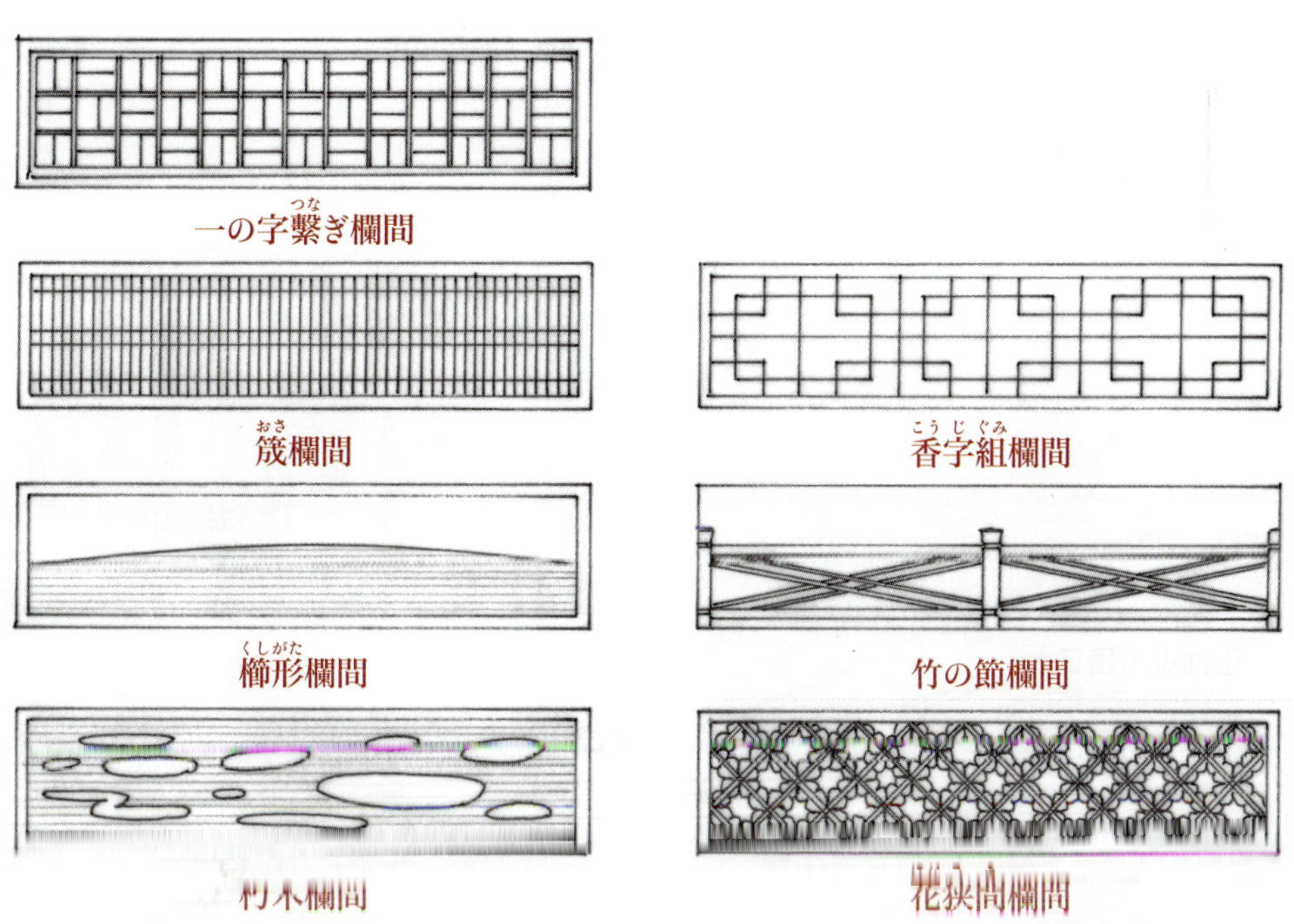

欄間は、天井と鴨居のあいだに設けられた開口部と、そこに取り付けられた部材のこと。障子や彫物、組子、透彫りの板がはめ込まれ、その意匠や取り付け方により、多くの種類がある。

茶室の天井

茶室の天井には、平天井、落天井、化粧屋根裏の三種類がある。平天井は天井面が平らな天井のこと。落天井も平らな天井で、平天井より一段低く張ったもの。下座としての姿勢を表すため、点前座に造られることが多い。化粧屋根裏は天井を張らず、屋根裏を化粧として見せるもの。軒の側や客座の出入り口の側に多く造られる。また平天井と組み合わせて掛込天井とすることもよく行われる。また天井の真行草として、平天井は真、落天井は行、化粧屋根裏は草の格に分けられる。

【天井の真行草―平天井・落天井・化粧屋根裏】

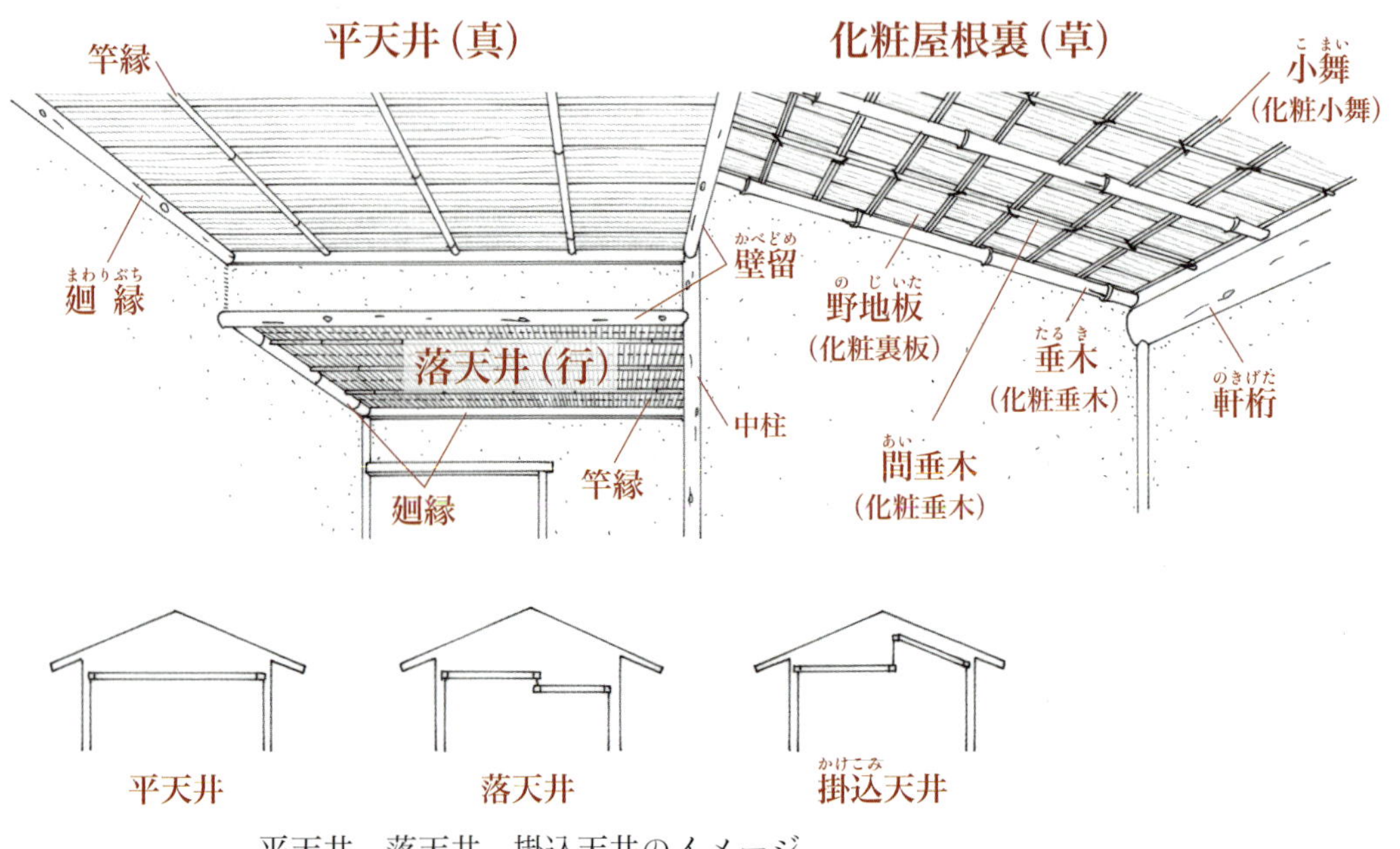

平天井、落天井、掛込天井のイメージ

【掛込天井】

掛込天井は、平天井と化粧屋根裏を組み合わせたもの。平天井と化粧屋根裏の接する境は、下り壁（垂れ壁）を設けることがある。

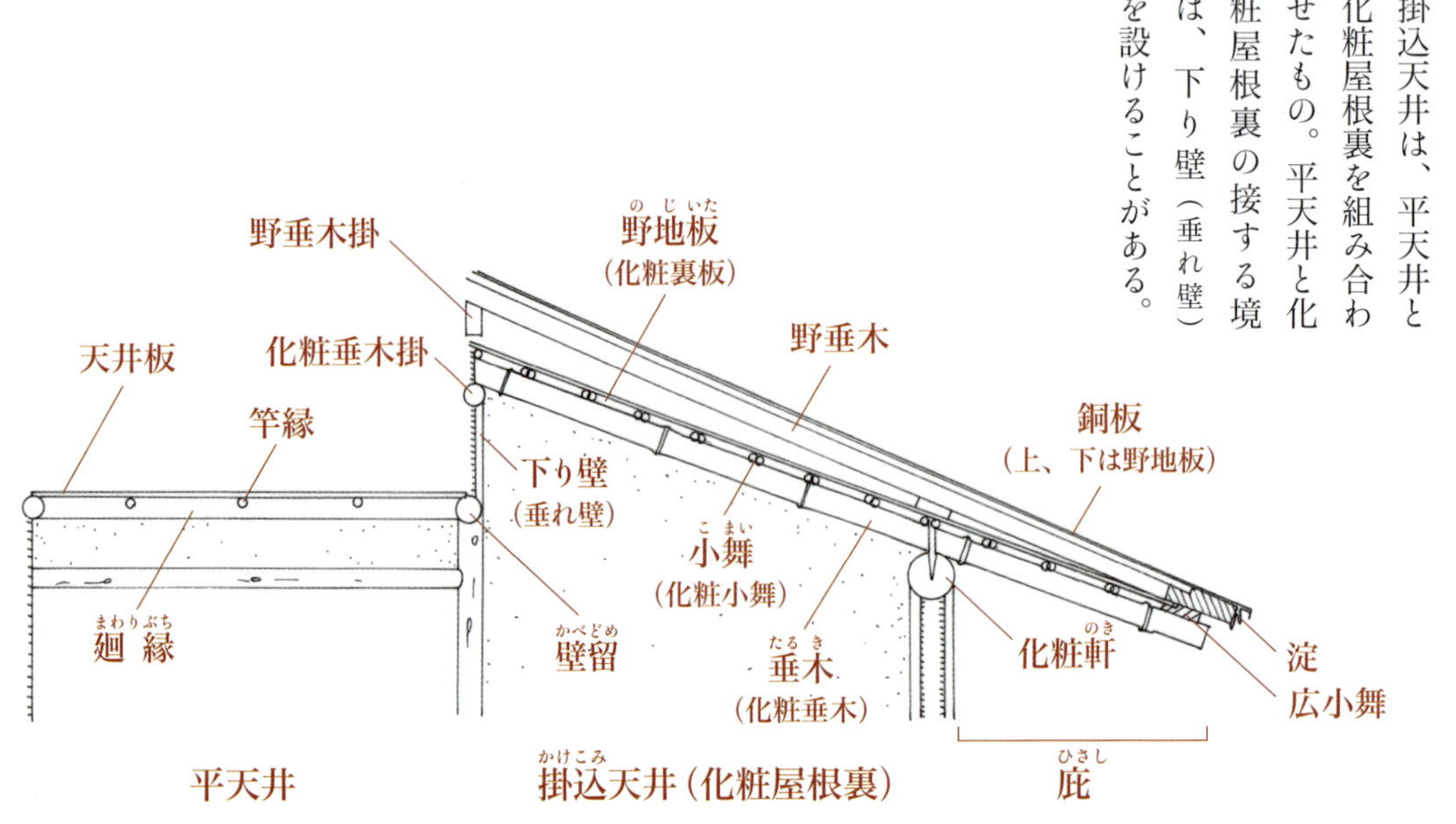

【竿縁天井】

天井板を一方向に張り、竿縁で押さえたもの。竿縁には、杉や檜材で猿頬面などの面取を施したものや、白竹や女竹のものがある。

竿縁

竿縁天井

【網代天井】

杉や椹などのへぎ板などを編んだ網代を天井面に張った天井。矢の上端の矢筈のように編んだ矢羽根網代、角が九〇度（方形）になるように編んだ角網代などがある。

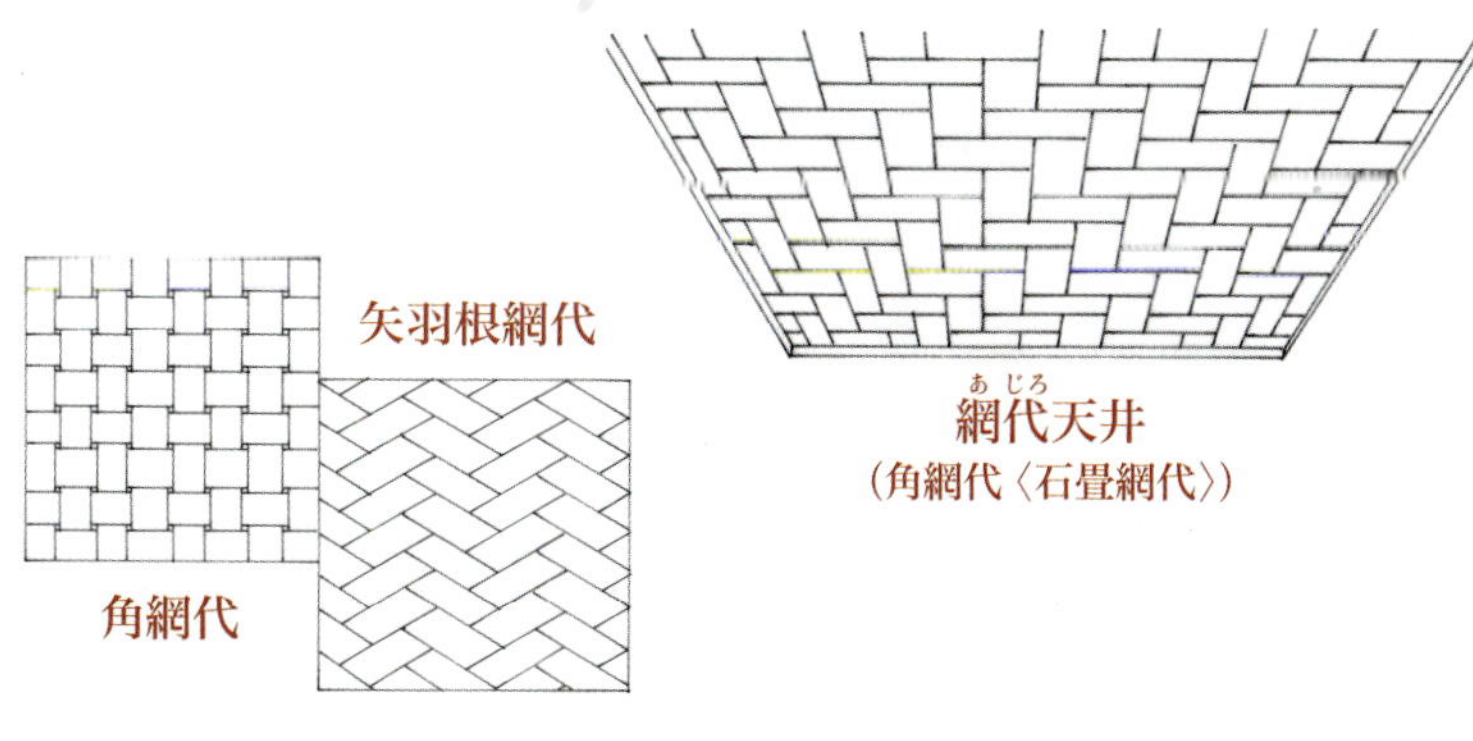

網代天井
（角網代〈石畳網代〉）

【格天井と折上天井】

格縁と呼ばれる角材で格子を造り、その上に板を張ったものが格天井。社寺建築や書院造など、格式の高い天井に用いる。折上天井は、天井長押から支輪などで曲面部を造って高くしたもの。さらに折上天井を二段に持ち上げた二重折上天井があり、極めて格の高い表現となる。

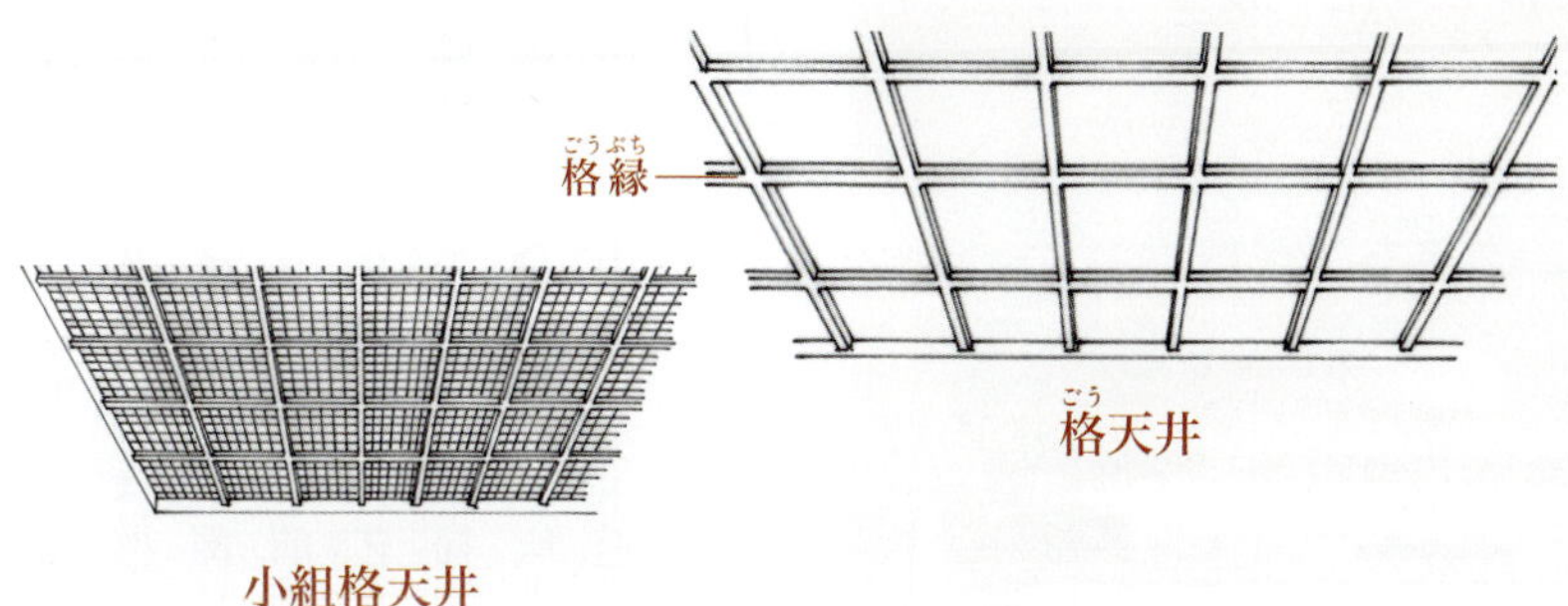

格天井

小組格天井

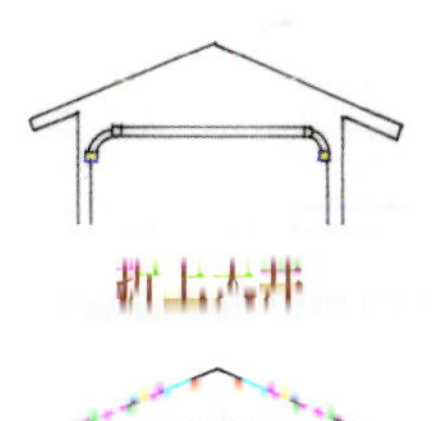

折上天井

二重折上天井

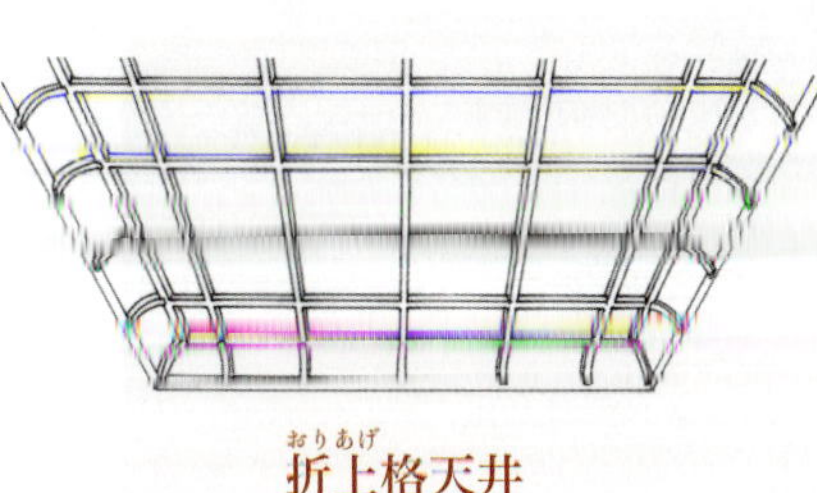

折上格天井

水屋棚の部分名称と荘り付け

【部分名称】

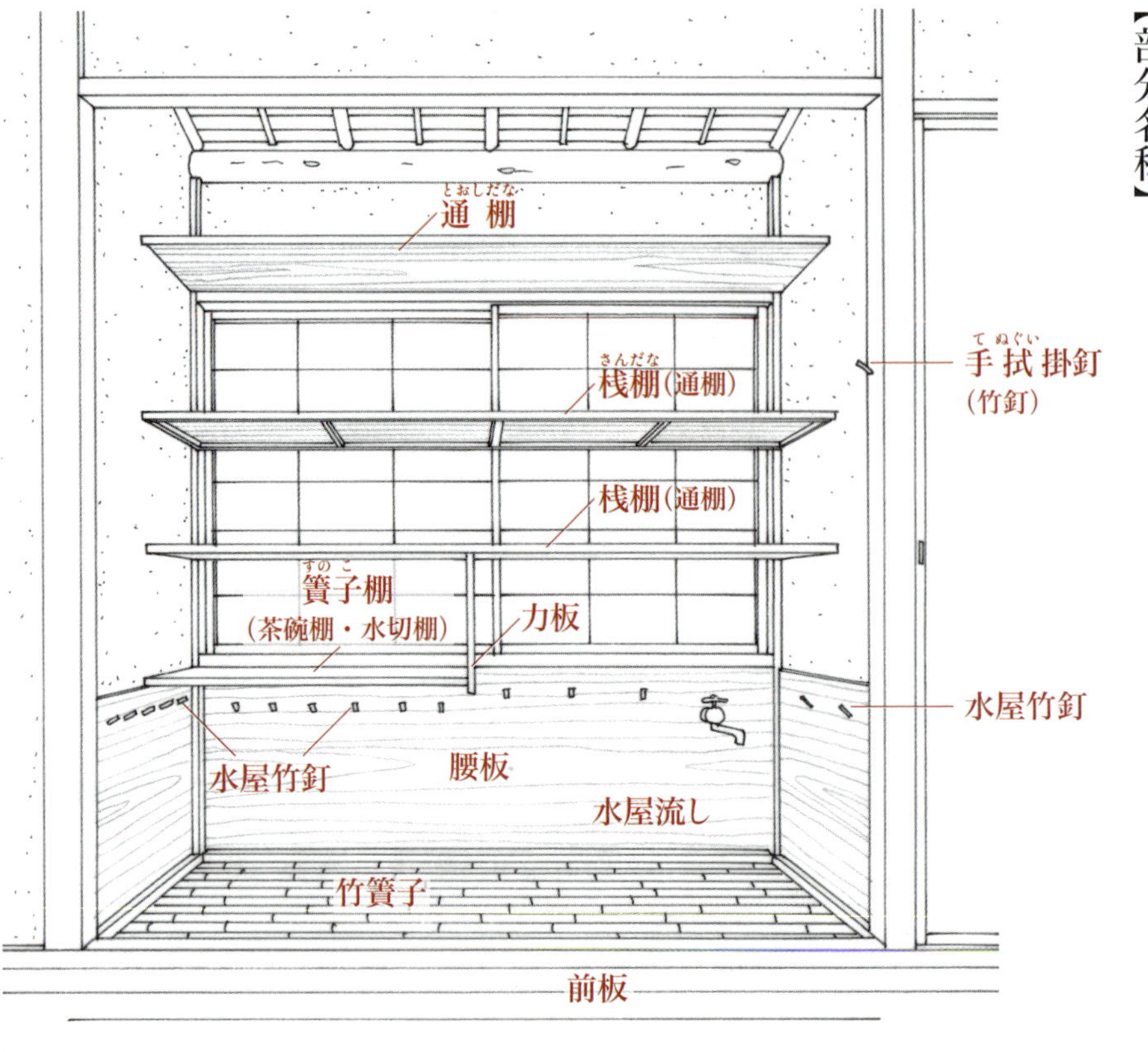

【荘り付け】

掲載のような水屋流しを囲む三方に腰板を構え、その上に三種類四段の棚がある水屋棚の形式では、棚は最下段に簀子棚、その上に下の桟棚（通棚）、その上に上の桟棚（通棚）、最上部は一枚板の通棚となる。水屋棚の最下層に水屋流しが設けられ、その手前側は板張りとし、その床下には炭入が設けられることもある。水屋棚の荘り付けは、簀子棚に蓋置、釜の蓋、茶碗を、下の桟棚には水指の蓋、茶掃箱、茶杓、茶入、薄茶器を、上の桟棚には炭斗、紙釜敷に香合、灰器と灰匙、香盆、四方盆、天目、天目台を、通棚には箱炭斗、半田、七事の小道具、花台が荘り置かれる。

大工道具のいろいろ

大工道具には鑿や錐、鉋、チョウナなど材を加工するものや、寸法を計る曲尺や間竿、墨壺など加工の目安となる印を付けるものなどがある。茶室、数寄屋の大工が有する大工道具は、他の大工のものと大差はないが、丸太を扱うという特質から独特の道具がある。鑿では丸鑿が重視され、墨壺とは別に水洗いすると消える弁柄を用いる朱壺なども ある。礎石や丸太の曲面を写し取る道具として、おさ定規や口引がある。

【材を加工する道具】

チョウナ（蛤刃）

平鉋

底決り鉋

裏丸鑿

叩鑿

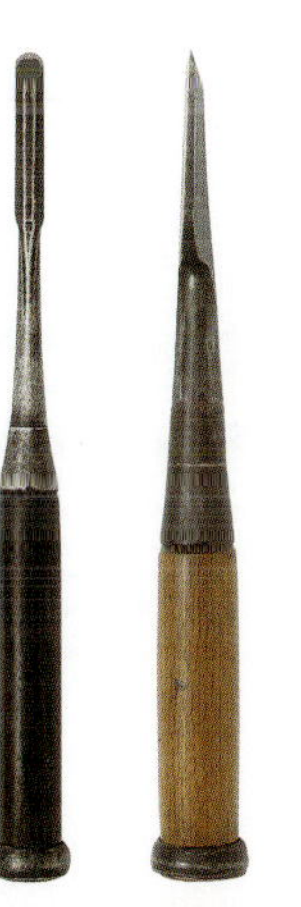
壺錐　鼠歯錐

【墨引きや線を写し取る道具】

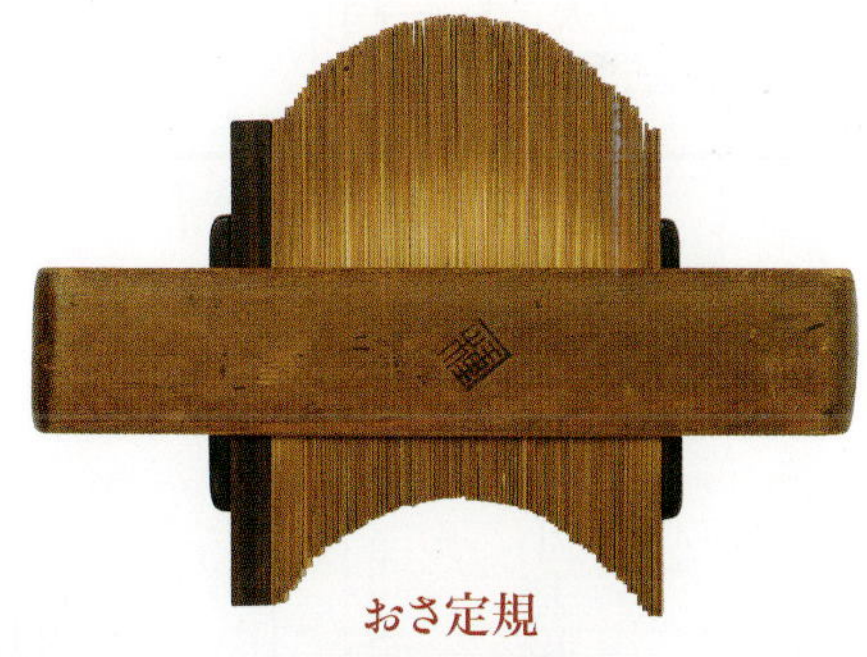
おさ定規

墨壺

口引

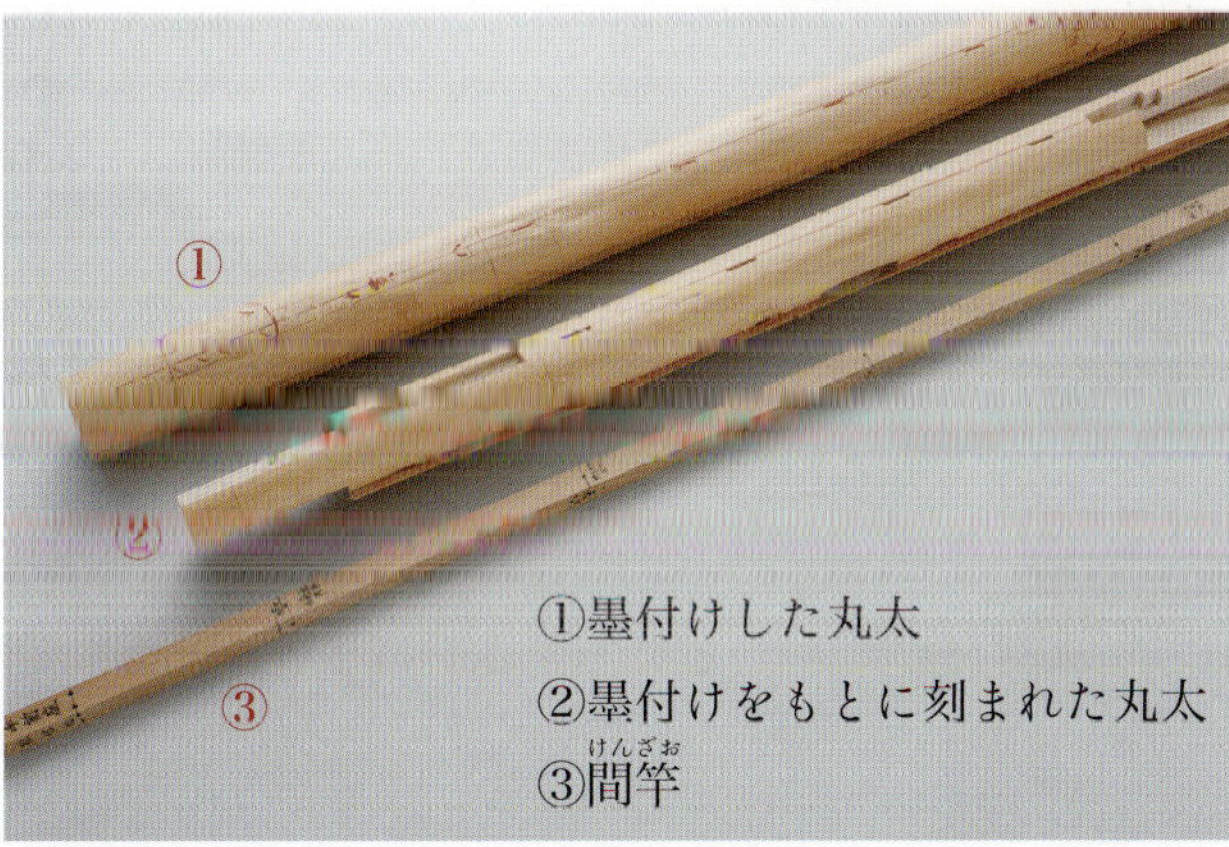

①墨付けした丸太
②墨付けをもとに刻まれた丸太
③間竿

茶室の骨組

茶室の骨組は、柱や桁などの構造体を形成する上で中心となる軸組と、上部の小屋組（和小屋）、最下部の基礎からなる。

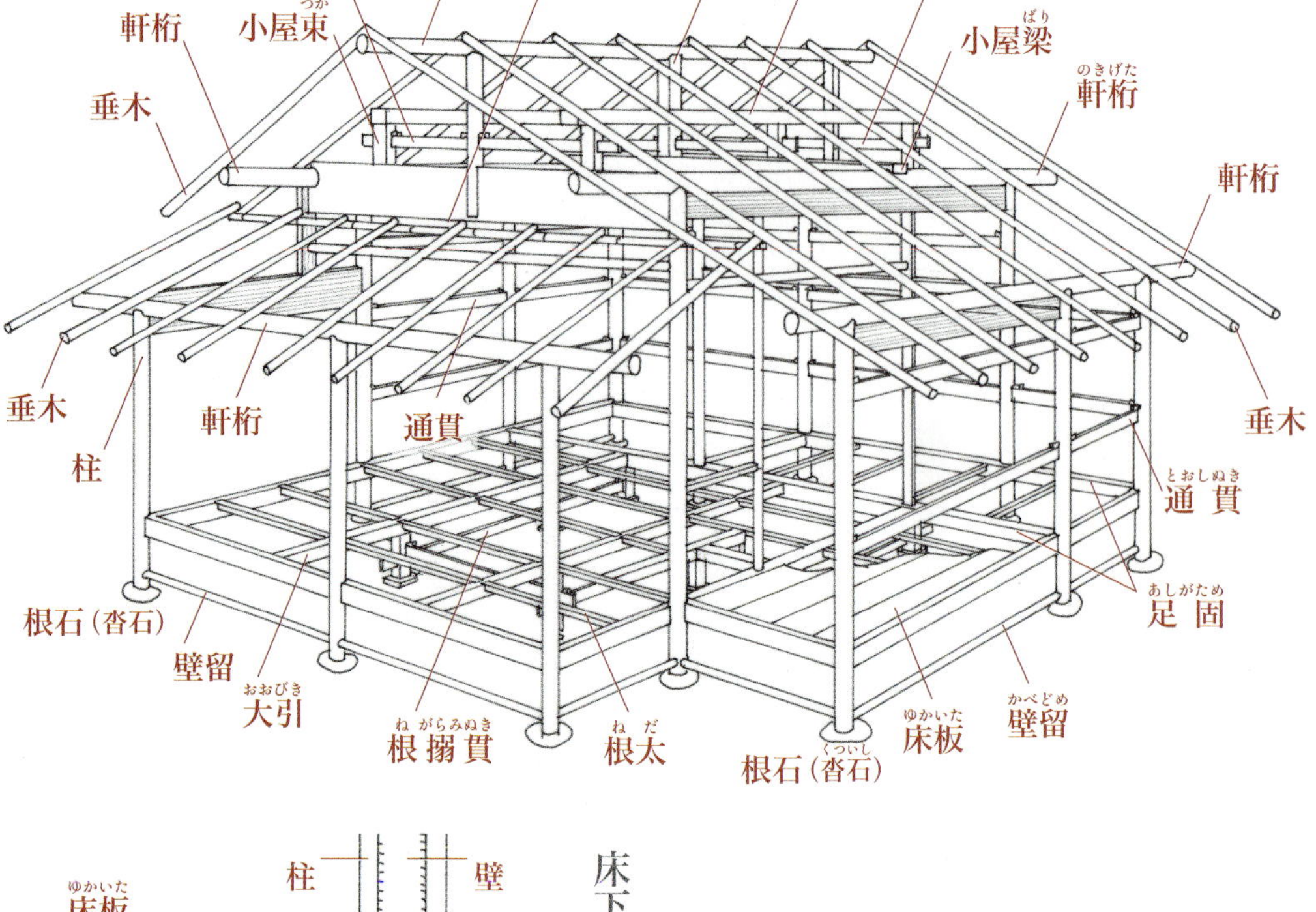

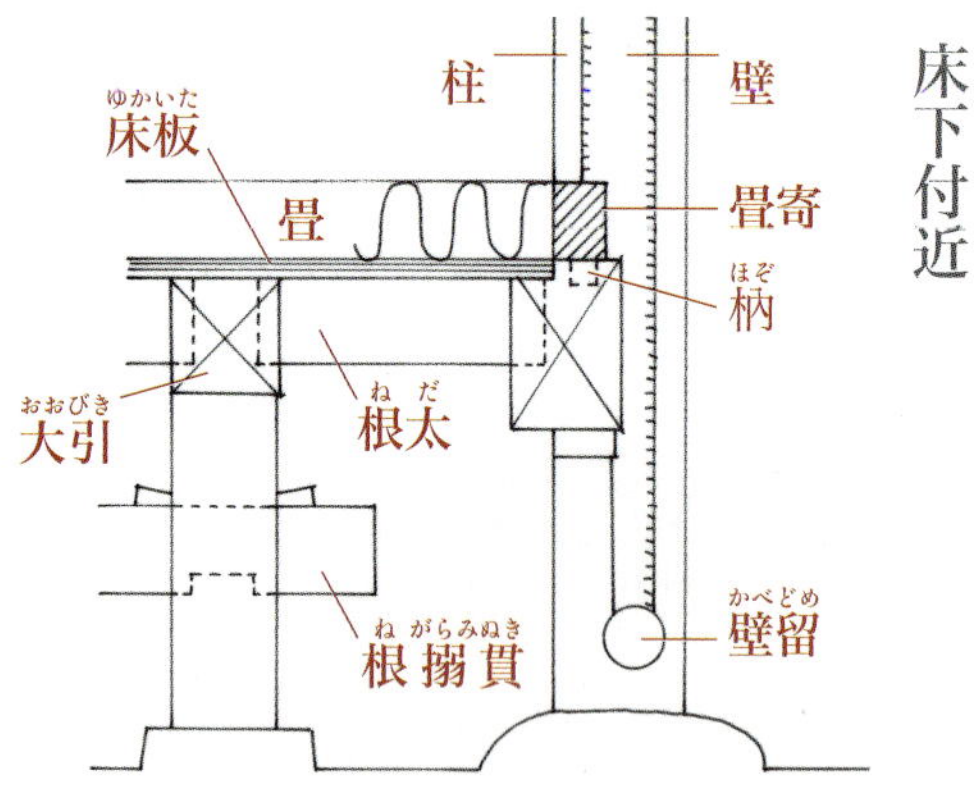

切壁下地工法

茶室などの壁下地を造る時、塗込貫を一尺間隔のひらきを目安に枠状に組み、そのあいだを小舞竹で掻き上げる。貫の厚みに下地小舞の竹が納まり、薄塗の壁下地ができ上がる。必要以外の貫を省き、代りに栈竹を一尺間隔に入れる工法もある。

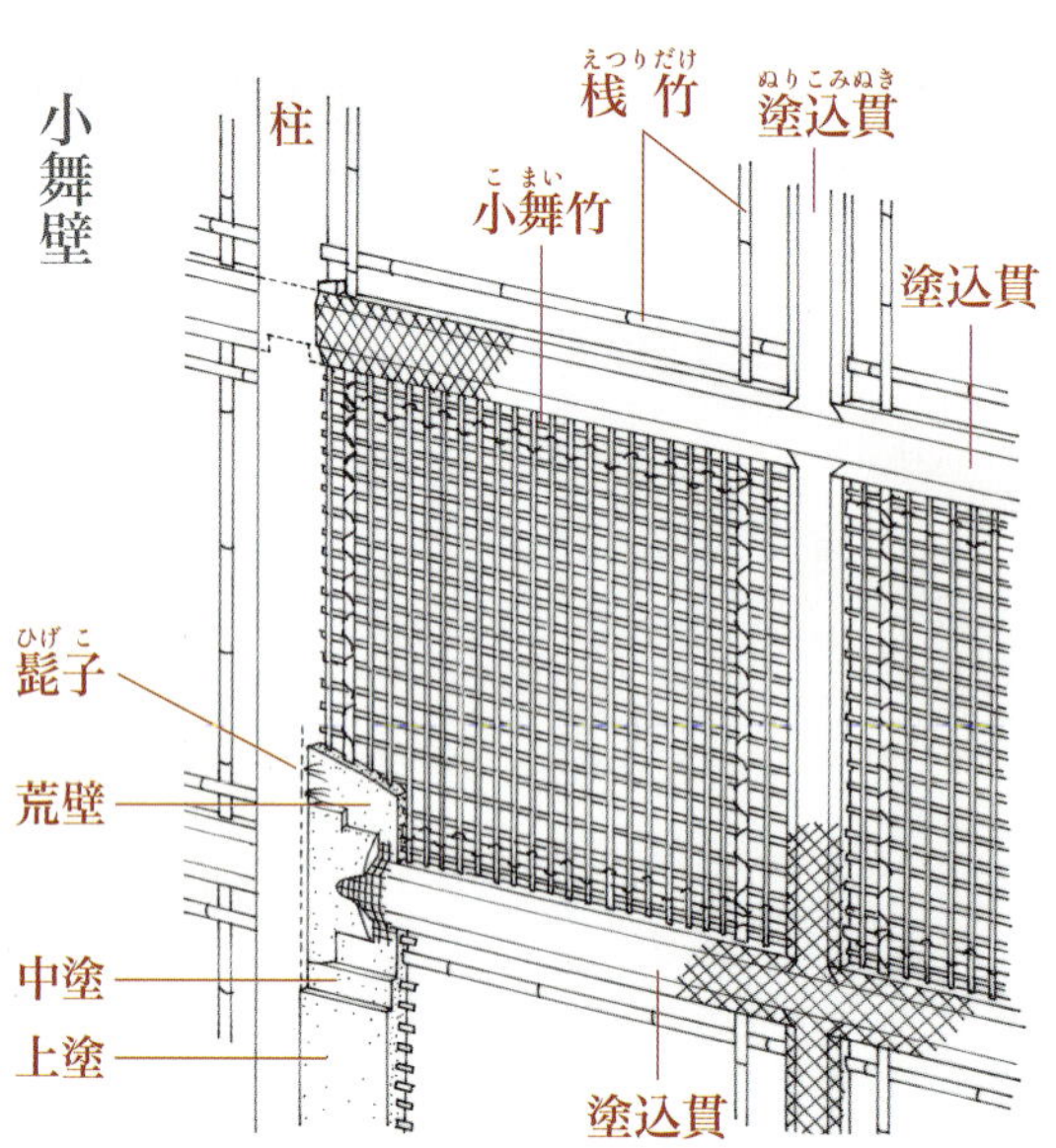

材のとり方

木目のうち、年輪を繊維方向に挽き、直線状の筋をなす模様を柾目、年輪の接線方向に挽く時に現れる模様を板目という。板目材の材面で、樹の心に向かった年輪の外側の肌を木表、年輪の内側の肌を木裏という。また樹の心をのこし、周囲を木取りして作った材を心持材といい、樹の心を除いて木取りを行った材を心去材という。

【柾目と板目】

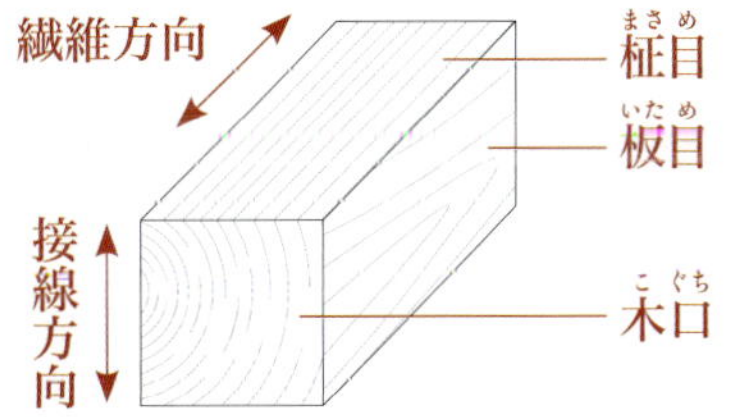

繊維方向
接線方向
柾目
板目
木口

【木表と木裏】

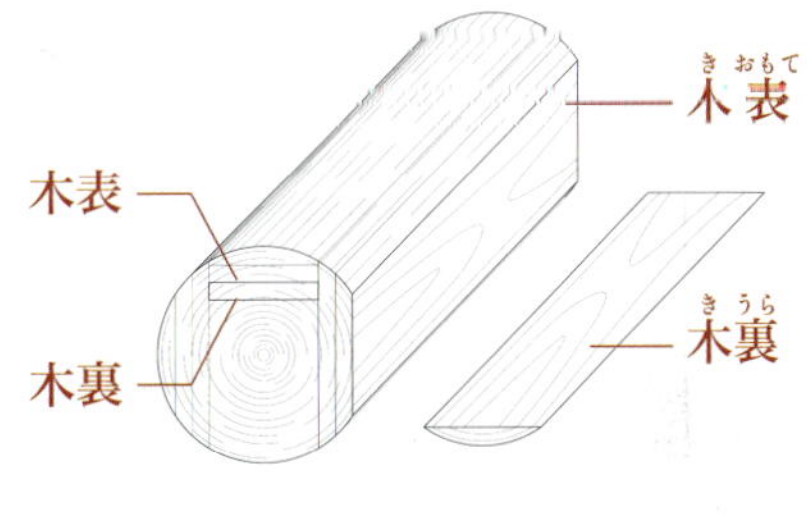

【心持材と心去材】

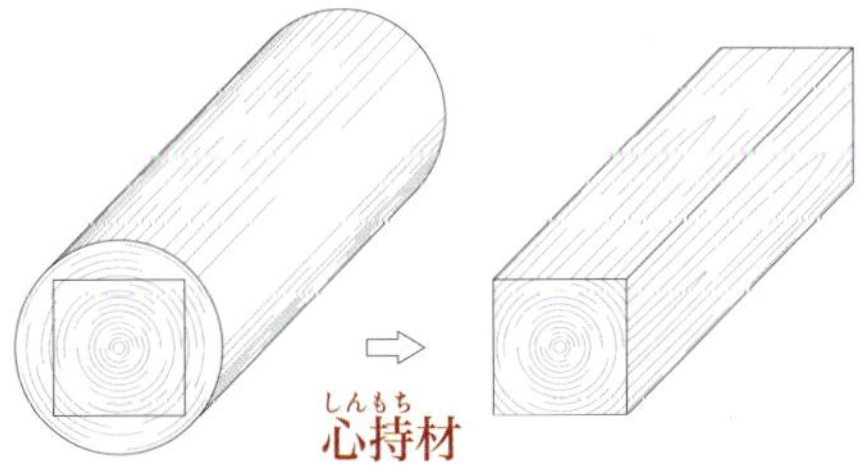

心持材
心去材

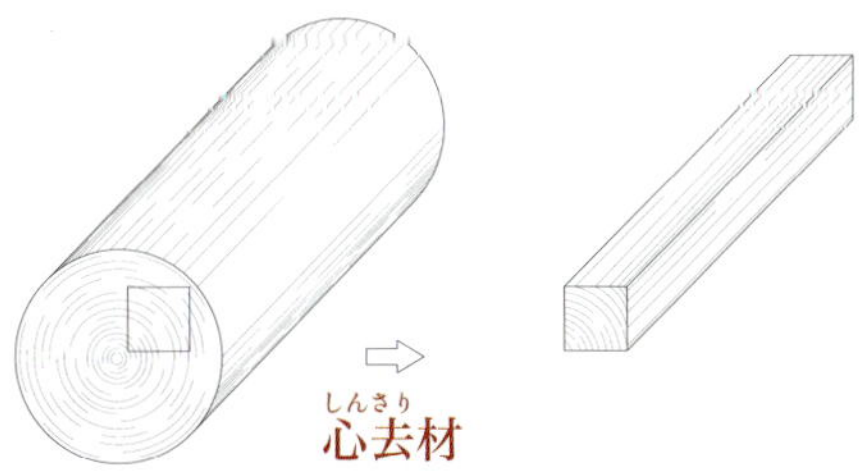

継手・仕口と矧合せ

継手とは、部材に真っ直ぐに継ぐ接合方法、または部分をいい、直角や斜めなどある角度を付けて接合する場合、仕口という。強度や意匠から様々な種類が考案された。矧合せは、幅の広い板を作るために、他の材を板幅方向に付着させる技法。実矧など多くの方法がある。

【主な継手・仕口の方法】

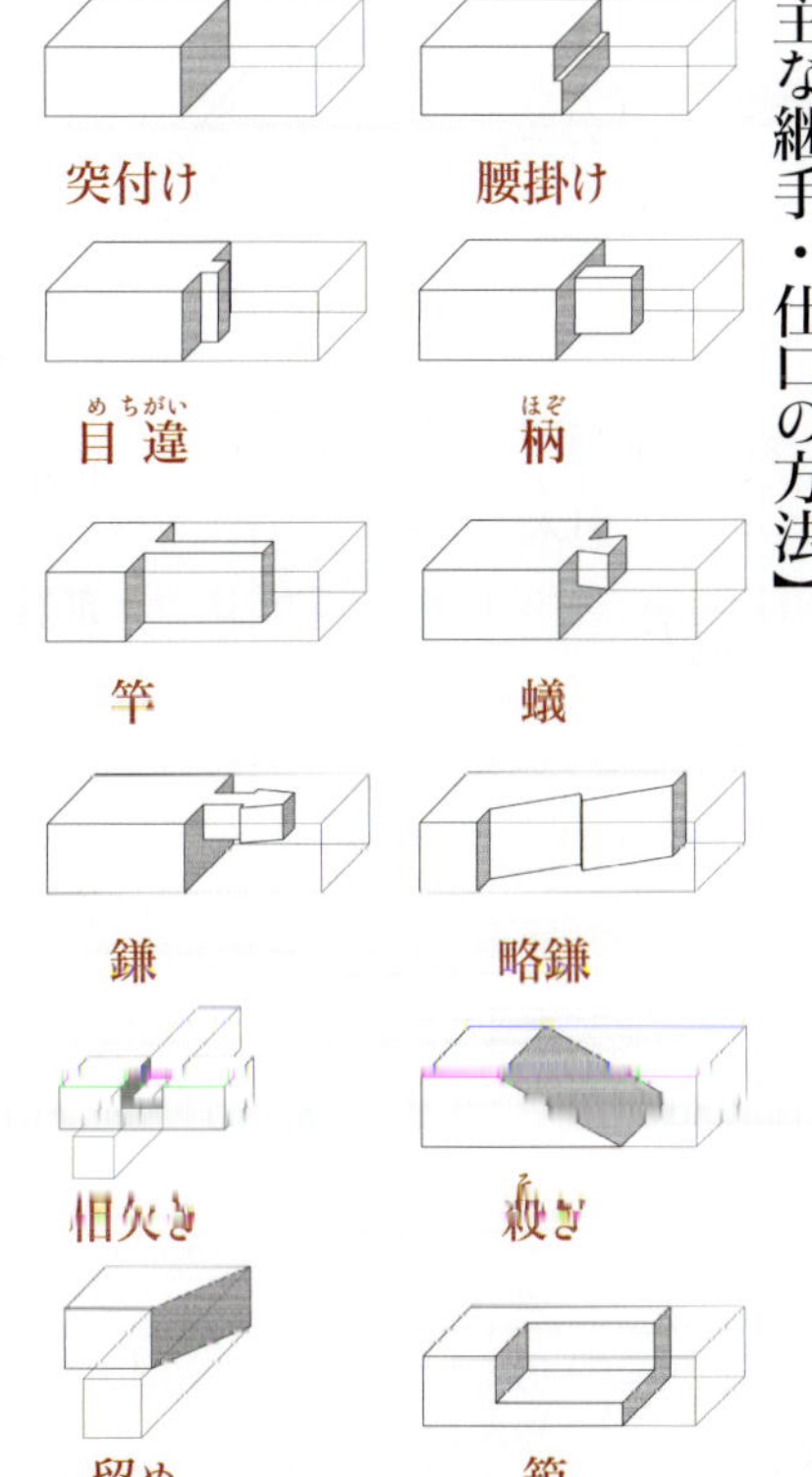

【主な矧合せの方法】

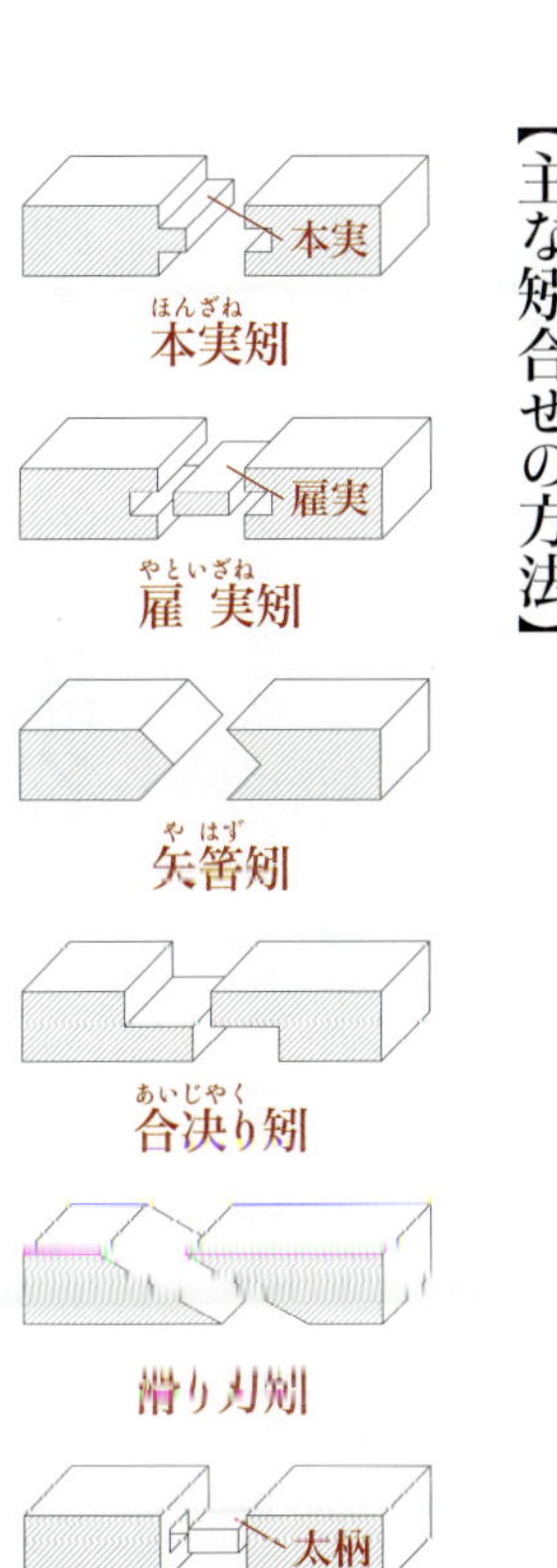

縁の種類

縁には、板の張り方により切目縁と榑縁などがある。切目縁は切目板（縁板）を敷居と直角方向に張り、板の木口が外側に現れるもの。榑縁は、榑板（縁板）を敷居と並行に並べ張ったもの。

【切目縁の部分名称】

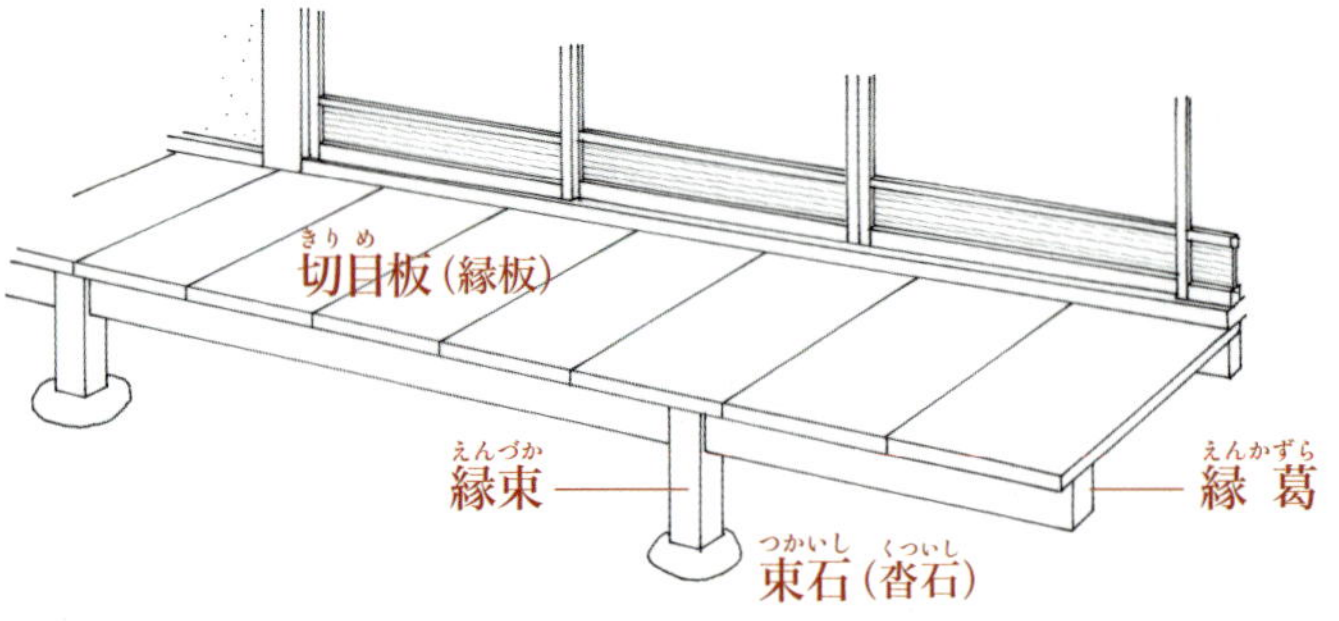

切目板（縁板）
縁束
縁葛
束石（沓石）

【榑縁の部分名称】

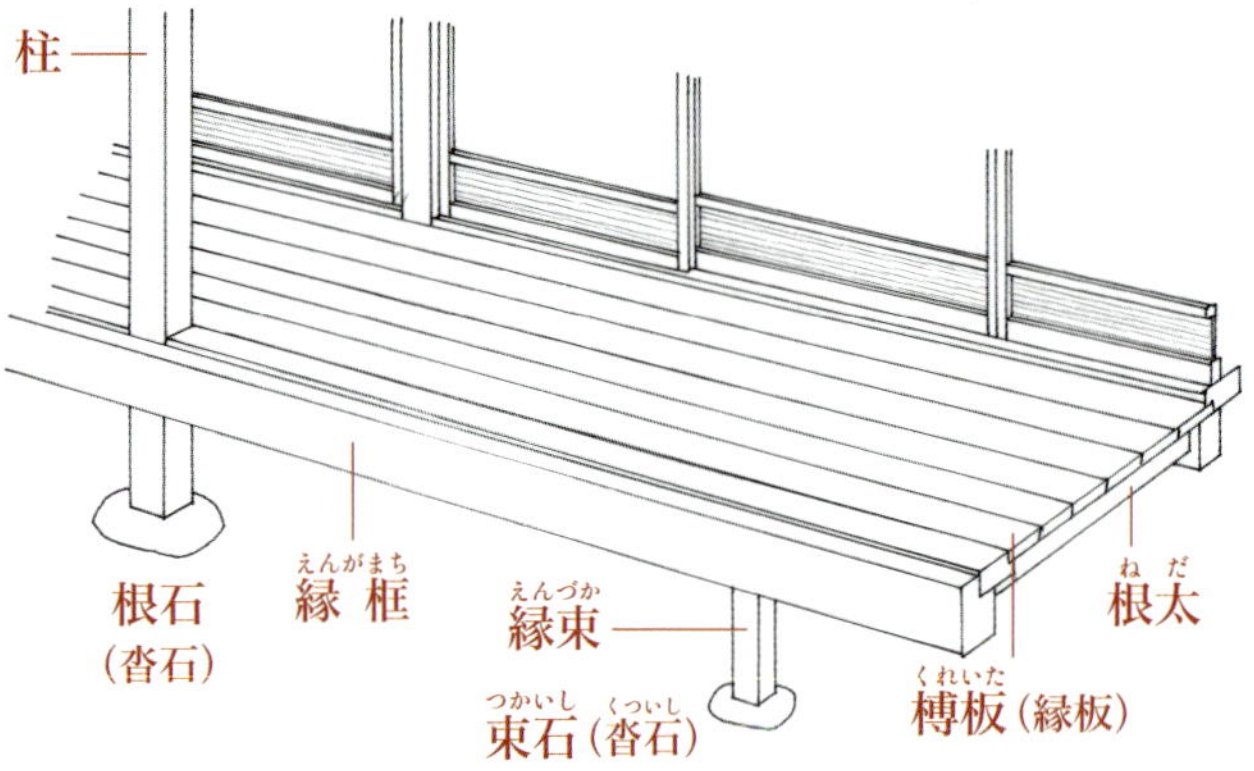

柱
根石（沓石）
縁框
縁束
根太
束石（沓石）
榑板（縁板）

門（腕木門）の各部名称

腕木門は、二本の親柱を横架材でつなぎ、柱の前後に腕木を貫通させてそれに出桁を渡した構成で、その上に切妻造の屋根をのせる。

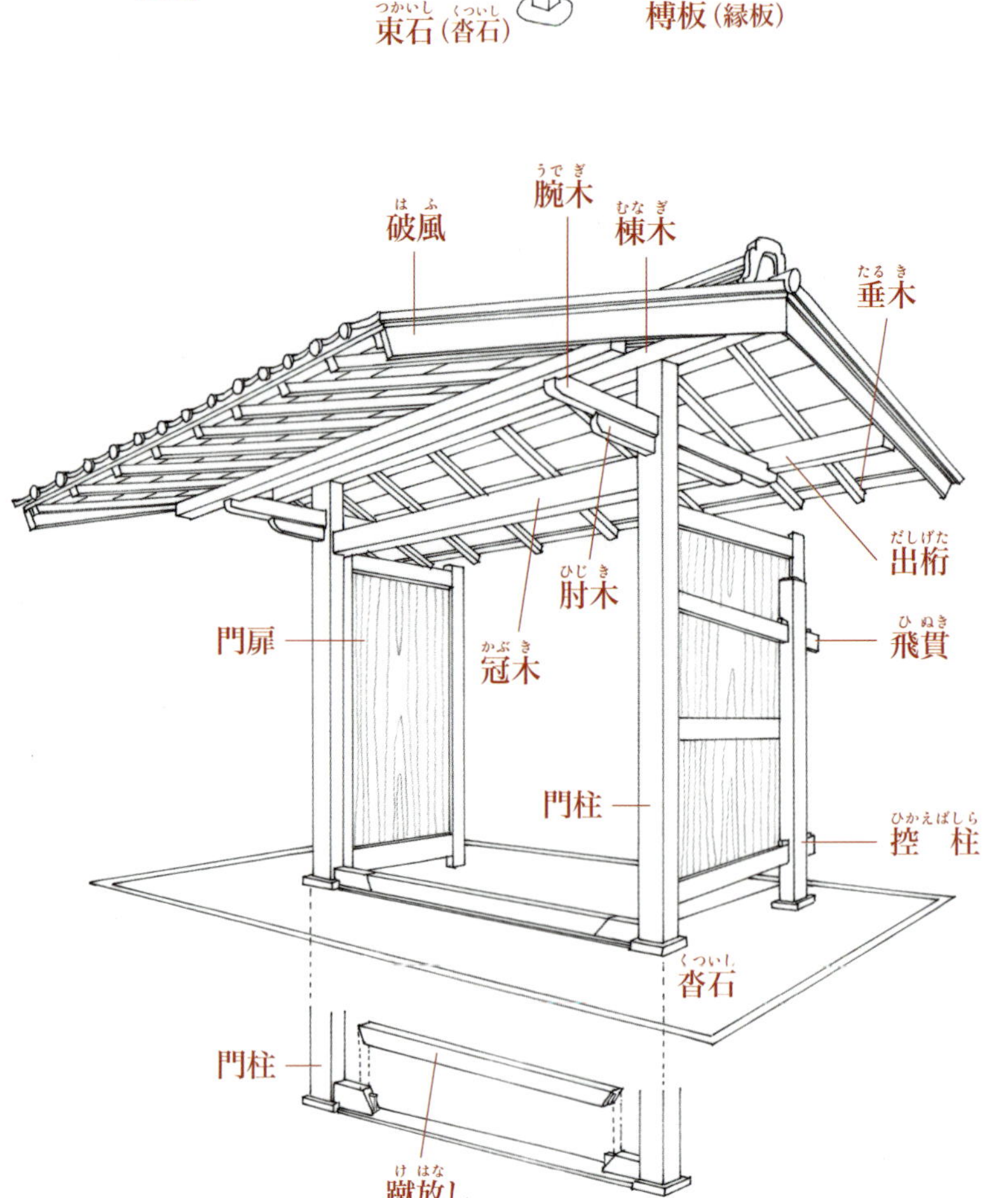

跋

昭和四十七年に刊行した『原色陶器大辞典』を嚆矢として、淡交社では『原色茶道大辞典』(昭和五十年)、『原色染織大辞典』(昭和五十二年)を続けて世に問い、その後も「古筆」「落款花押」「茶花」「利休」「茶席の禅語」など、茶の湯に関する大辞典を刊行してまいりました。各辞典はひろく茶の湯愛好家や研究者の方々から高い評価をいただき、一部を除いて現在も順調に版を重ねております。

茶室と露地に関する大辞典の編纂については、早くから中村昌生先生との間であたためていた企画でした。しかしながら、中村先生の著作である『数寄の空間』『茶室集成』『数寄屋と五十年』などの刊行が先んじてしまい、ようやく本格的に動き始めたのは平成二十四年四月のことでした。当時、先生は八十四歳。矍鑠(かくしゃく)という言葉はかえって失礼かと思えるほど精力的に仕事をされていましたが、年齢的には非常に大きな決断であったのではと推察いたします。

こうして中村先生に監修をお引き受けいただき、編集委員として建築関係では日向進、中村利則、池田俊彦、桐浴邦夫、そして西和夫の各先生にご参画いただくことになりました。さらに庭園や露地に関しては仲隆裕先生に、茶の湯全般に関しては倉澤行洋先生にご快諾いただき、現在望みうる最高の布陣がととのいました。

とはいえ、今回の辞典編纂はその項目選定から始めるという、文字通りゼロからのスタートです。茶室・露地に関する辞典としては、北尾春道編『数寄屋図解事典』(昭和三十四年　彰国社)と、重森三玲著『茶室茶庭事典』(昭和四十八年　誠文堂新光社)がわずかにあるくらいであり、一番の難関はこの項目選定にあったといえるでしょう。再三にわたって編集委員の先生方と項目を見直し、ようやくにして約四九〇〇の項目を選定。既刊の類書に比べて最多を数えることができました。

特に中村先生が序文に「茶室も茶の湯の道具であります」と記されているように、今回は茶室・露地関連の項目のみならず、関連する茶の湯の用語も充実させています。さらに大工・棟梁や大工道具についても立項し、最新の研究成果と情報を反映して構成いたしました。

また、近年研究の進む近代和風建築や煎茶室、そして日本各地の主な茶室なども可能な限り採録することを心がけてまいりました。

ところで当初、今回の辞典は、言葉の意味や用例を説明する「辞典」を念頭においておりましたが、編纂を進めるうちに、小項目主義をとりながらも各項目の内容を詳述しているということから、「事典」のタイトルを採用することにいたしました。各執筆者による詳細な解説は、その事物や事柄の核心を突く小論考と申してもよいかと存じます。

本事典の図版に関しては多くの写真家、関係各位に格別の配慮をいただきましたこと、厚く御礼申し上げますが、特に多数の写真を提供していただきました田畑みなお氏におかれましては、本事典編纂途中に急逝されました。茶室をはじめとする建造物などの撮影に長く情熱をそそがれた氏の仕事にあらためて敬意を表すとともに、引き続きご尽力をいただきました田畑朝惠氏にも衷心より感謝を申し上げます。

編集制作にあたっては編集局長・滝井真智子、副局長・森田真示の統括のもと事典編纂室において井上尚徳、八木歳春が実務に従事し、社外からは芦髙郁子氏の協力を得ました。編集局内においては他に河村尚子が図版収集、さらに安井善徳、関戸恵津子も加わっています。社外校正者として川口壽夫、直井陽子、前田伸治の各氏にもお願いしました。装丁につきましては大西和重、居上美智子、大西未生の三氏に本書の意を汲んだデザインをしていただいています。

こうして六年にも及ぶ苦難の編纂作業を経て、ようやく本事典を世に送り出すことになりました。刊行が中村先生の卆寿の記念に間に合わなかったのは版元としてまことに忸怩たるものがありますが、編集委員と執筆者の先生方、そしてご協力を賜りましたすべての皆様方に心より厚く御礼を申し上げる次第でございます。

平成三一年一月

淡交社 編集代表　平井 信

[監修者・編集委員　略歴]

監修

中村昌生（なかむら　まさお）

一九二七年、愛知県生まれ。京都大学助手、京都工芸繊維大学教授を経て、同大学名誉教授、福井工業大学名誉教授。工学博士（京都大学）。多年にわたり研究と創作を通じ、一貫して茶室・和風建築の伝統を追求。伝統建築技術の継承のため、一九八〇年に京都伝統建築技術協会を同志と設立、一九九〇年より同会理事長をつとめる。その他、桂離宮修理懇談会委員、文化財審議会専門委員、京都迎賓館懇談会委員、茶の湯文化学会会長などを歴任する。日本建築学会賞、日本芸術院賞、京都府文化賞特別功労賞、圓山記念文化賞、アカデミア賞などを受賞。京都市文化功労者。著書に『茶匠と建築』、『茶室の研究』、『茶苑の意匠』、『数寄屋と五十年』ほか。編著に『数寄屋建築集成』、『数寄屋邸宅集成』、『数寄の工匠』ほか。作品に新宿御苑楽羽亭（東京都新宿区）、山寺芭蕉記念館（山形市）、出羽遊心館（山形県酒田市）、兼六園時雨亭（石川県金沢市）など。

編集委員　五十音順

池田俊彦（いけだ　としひこ）

一九五五年、兵庫県生まれ。京都工芸繊維大学大学院修士課程修了。福井工業大学建設工学部助手、講師、准教授を経て現在、イケダ数寄屋研究所所長。著書に『和風建築の意匠』、共著に『茶道学大系第六巻　茶室・露地』、『国宝・重文の茶室』、『藪内家の茶道』、『金沢市史 資料編十七　建築・建設』ほか。

桐浴邦夫（きりさこ　くにお）

一九六〇年、和歌山県生まれ。京都工芸繊維大学大学院修士課程修了。現在、京都建築専門学校副校長。工学博士（東京大学）。著書に『近代の茶室と数寄屋』。主要論文に「近代数寄屋建築の黎明」、「武田五一『茶室建築』をめぐって」、「大正期の雑誌にみる茶室論の傾向について」、「『山上宗二記』にみる茶室」ほか。

倉澤行洋（くらさわ ゆきひろ）

一九三四年、長野県生まれ。京都大学大学院文学研究科博士課程修了。久松真一、西谷啓治に師事。神戸大学教授となり、同大学退官後、宝塚造形芸術大学（現宝塚大学）大学院に伝統芸術コースを新設。現在、神戸大学名誉教授、宝塚大学大学院特任教授、心茶会会長ほか。文学博士（京都大学）。著書に『藝道の哲学』、『珠光』ほか。

仲 隆裕（なか たかひろ）

一九六三年、京都府生まれ。千葉大学大学院園芸学研究科修士課程修了。京都市文化財保護課文化財保護技師、山中庭園研究所、千葉大学園芸学部助手などを経て、現在、京都造形芸術大学芸術学部教授。農学博士（京都大学）。共著に『植治の庭―小川治兵衛の世界』、『庭園史をあるく―日本・ヨーロッパ編』ほか。

中村利則（なかむら としのり）

一九四六年、石川県生まれ。京都工芸繊維大学大学院修士課程修了。現在、京都造形芸術大学芸術学部教授。著書に『町家の茶室』、編著に『茶道学大系第六巻 茶室・露地』、共編著に『茶の湯絵画資料集成』、共著に『茶室空間入門』、『日本名城集成 名古屋城』、『前田利家』、『冷泉家 時の絵巻』、『京の町家』ほか。

西 和夫（にし かずお）

一九三八年、東京都生まれ。東京工業大学大学院博士課程修了。日本工業大学助教授、神奈川大学教授を経て、同大学名誉教授となる。元日本建築史学会会長。工学博士（東京工業大学）。二〇一五年[illegible]月没。著書に『数寄空間を求めて』、『近世の数寄空間』、『三溪園の建築と原三溪』、共著に『建築の絵本 日本建築のかたち』ほか。

日向 進（ひゅうが すすむ）

一九四七年、京都府生まれ。京都工芸繊維大学大学院修士課程修了。福井工業大学講師、京都工芸繊維大学教授を経て現在、同大学名誉教授。工学博士（京都大学）。著書に『窓のはなし』、『近世京都の町・町家・町家大工』、『茶室に学ぶ 日本建築の粋』ほか。共著に『京都町触の研究』、『茶道学大系第六巻 茶室・露地』ほか。

茶室露地大事典

二〇一八年三月二〇日　初版発行

監　修　中村昌生

編　集　池田俊彦　桐浴邦夫　倉澤行洋　仲　隆裕
　　　　中村利則　西　和夫　日向　進

発行者　納屋嘉人

発行所　株式会社　淡交社

本社　〒六〇三-八五八八　京都市北区堀川通鞍馬口上ル
営業　(〇七五)四三二-五一五一
編集　(〇七五)四三二-五一六一
支社　〒一六二-〇〇六一　東京都新宿区市谷柳町三九-一
営業　(〇三)五二六九-七九四一
編集　(〇三)五二六九-一六九一
www.tankosha.co.jp

印刷・製本　図書印刷株式会社

ISBN978-4-473-04188-3